国家开放大学
教育统计年鉴

2015

李林曙　主编

中央广播电视大学出版社 · 北京

图书在版编目（CIP）数据

国家开放大学教育统计年鉴. 2015 / 李林曙主编
. —北京：中央广播电视大学出版社，2016. 12
ISBN 978 - 7 - 304 - 08349 - 6

Ⅰ. ①国… Ⅱ. ①李… Ⅲ. ①开放大学—教育统计—中国—2015—年鉴 Ⅳ. ①G724. 82 - 66

中国版本图书馆 CIP 数据核字（2016）第 316580 号

国家开放大学教育统计年鉴 2015
GUOJIA KAIFANG DAXUE JIAOYU TONGJI NIANJIAN 2015
李林曙 主编

出版·发行：中央广播电视大学出版社
电话：营销中心 010 - 66490011　　总编室 010 - 68182524
网址：http：//www. crtvup. com. cn
地址：北京市海淀区西四环中路 45 号　　**邮编**：100039
经销：新华书店北京发行所

策划编辑：邵慧平　　**版式设计**：赵 洋
责任编辑：许 进　　**责任校对**：张 娜
责任印制：赵连生

印刷：北京密云胶印厂
版本：2016 年 12 月第 1 版　　2016 年 12 月第 1 次印刷
开本：850mm × 1168mm 1/16　　**印张**：58　　**字数**：1485 千字

书号：ISBN 978 - 7 - 304 - 08349 - 6
定价：149. 00 元

（如有缺页或倒装，本社负责退换）

编者说明

《国家开放大学教育统计年鉴2015》是反映国家开放大学全国办学系统2015年教育发展情况的资料性工具书。本年鉴由国家开放大学事业发展与合作办学部根据国家开放大学总部及6所直属学院、5所行业学院、44所开放大学分部及其地方学院、学习中心的统计数据汇总编辑而成。

全书分为五部分，即基本情况、开放教育学生情况、教职工情况、资产及校舍情况、发展与比较。全书各部分都附有简要说明，对数据的统计指标、统计范围、统计方法、历史变动情况等作了必要的解释。

本年鉴引用的有关全国普通高校、成人高校的数据，来自当年教育部发展规划司印发的《中国教育事业发展统计简况》，全国高等网络教育的有关数据引自教育部教育管理信息中心，有关全国人口的数据引自《中国统计年鉴》。

本年鉴力求内容翔实，形式简洁，易读易查，以便更好地为国家开放大学全国办学系统的教学管理、学科建设、教育研究和发展规划以及其他国内外远程教育、成人继续教育的研究者提供参考和服务。

本年鉴的编辑工作得到了教育部发展规划司和教育部教育管理信息中心的支持，也得到了国家开放大学全国办学系统同仁的鼎力相助，在此一并表示感谢！由于数据编辑量大，且时间紧、人员少，难免舛误之处，敬请读者批评指正。

国家开放大学事业发展与合作办学部

2016年9月

《国家开放大学教育统计年鉴2015》

编 委 会

主要工作人员

序号	学校名称	信息部门负责人	填表人
1	国家开放大学	李彦忠	李静
2	北京开放大学	李春英	游思聪、费夕水
3	天津广播电视大学	陈肃	田楠
4	河北广播电视大学	孙智宏	王林娜
5	山西广播电视大学	周崇信	刘刚
6	内蒙古广播电视大学	史亚飞	陈慧
7	辽宁广播电视大学	阚国平	王一飞
8	沈阳广播电视大学	李浩然	张茜
9	大连广播电视大学	王龙伟	张怡玲
10	吉林广播电视大学	武兴国	李梦迪
11	长春广播电视大学	李丽	庞笑
12	黑龙江广播电视大学	李萍萍	吴亚琼
13	哈尔滨广播电视大学	马东海	杨世海
14	上海开放大学	薛伟	傅蕾
15	江苏开放大学	钱琦	符嫦娥
16	南京广播电视大学	赵振涯	叶萍
17	浙江广播电视大学	林世开	刘永鹏
18	宁波广播电视大学	俞叶飞	卢慧军
19	安徽广播电视大学	诸成斌	丁中
20	福建广播电视大学	马成斌	许勇
21	厦门市广播电视大学	王福龙	鄢宏杰
22	江西广播电视大学	熊江鹏	黄培清
23	山东广播电视大学	谢明浩	邹丽伟
24	青岛广播电视大学	刘跃进	庄晓明
25	河南广播电视大学	王海天	刘建华
26	湖北广播电视大学	张化斌	熊婷
27	武汉市广播电视大学	杨正秀	夏莉莎
28	湖南广播电视大学	徐志平	黄娜
29	广东开放大学	刘汉民	李岱
30	广州市广播电视大学	张文丰	温颖
31	深圳广播电视大学	崔水月	赵菲
32	广西广播电视大学	龙雪津	梁雨溟
33	海南广播电视大学	曾纪军	汤倩
34	四川广播电视大学	黄社运	许珩
35	成都广播电视大学	沈杰	邹科
36	重庆广播电视大学	南旭光	赵旻
37	贵州广播电视大学	何滨	印冰
38	云南开放大学	郭永琴	高玲、景帅
39	陕西广播电视大学	张翼	张安琪
40	西安广播电视大学	王强	咎佩
41	甘肃广播电视大学	曹向东	李静辉
42	青海广播电视大学	宋辉	王惠玲
43	宁夏广播电视大学	任全录	宋凌云
44	新疆广播电视大学	崔军	苏秀娟
45	兵团广播电视大学	宗风华	王爽
46	八一学院	张玉社	刘书言
47	北京实验学院	齐坤	郭志成
48	总参学院	王建民	乔建民
49	西藏学院	赵新宇	程勇
50	残疾人教育学院	段雪梅	段雪梅
51	空军学院	王建新	苑久富

各级学校设置情况

	分部代码	地方学院数	学习中心数
总计	**–**	**1897**	**1811**
北京	110	46	0
天津	120	38	0
河北	130	24	139
山西	140	28	96
内蒙古	150	43	71
辽宁	210	29	28
沈阳	211	40	0
大连	212	12	0
吉林	220	12	37
长春	221	13	0
黑龙江	230	32	78
哈尔滨	231	44	0
上海	310	38	0
江苏	320	17	77
南京	321	37	0
浙江	330	16	59
宁波	331	10	0
安徽	340	28	54
福建	350	15	64
厦门	351	9	0
江西	360	13	106
山东	370	40	132
青岛	371	14	0
河南	410	28	102
湖北	420	30	64
武汉	421	32	0
湖南	430	37	103
广东	440	27	98
广州	441	54	0
深圳	442	16	0
广西	450	87	36
海南	460	10	0
四川	510	41	121
成都	511	42	0
重庆	512	66	0
贵州	520	21	72
云南	530	148	31
陕西	610	31	90
西安	611	21	0

各级学校设置情况（续表）

	分部代码	地方学院数	学习中心数
甘肃	620	22	82
青海	630	24	0
宁夏	640	25	0
新疆	650	21	65
新疆兵团	651	19	6
八一学院	801	131	0
北京实验学院	802	11	0
总参学院	803	53	0
西藏学院	804	5	0
残疾人教育学院	805	38	0
空军学院	806	209	0
软件学院	901	22	0
汽车学院	902	7	0
机械工业学院	903	11	0
纺织学院	904	6	0
煤炭学院	905	4	0

目　录

I 基本情况

本章反映国家开放大学全国办学系统办学的基本情况。

主要内容包括：

• 开放教育学生情况；

• 非学历教育结业生情况；

• 教职工情况；

• 资产及校舍情况；

• 信息化建设情况。

统计时期与统计时点

1. 所有数据均按照教育年度进行统计。

2. 统计时点：是指统计数据的截止时间，即本学年初 9 月 1 日。如在籍生数、在校生数、教职工数、占地面积、固定资产总值等指标为统计时点数。

统计时期：是指统计数据的区间时间，即从上学年度的学年初 9 月 1 日至学年末 8 月 31 日时间区间。如招生数、毕业生数、非学历教育结业生数等指标为统计时期数。

简要说明

“资产及校舍情况”的数据为“学校产权”和“非学校产权”两项统计数据的合计。

1.1 开放教育

	合计			本科								
				合计			普通开放			一村一		
	毕业生	招生	在籍生	毕业生	招生	在籍生	毕业生	招生	在籍生	毕业生	招生	在籍生
总计	**858334**	**893373**	**3503872**	**249979**	**253611**	**1010753**	**249979**	**252459**	**1009601**	**0**	**1152**	**1152**
北京	15767	13469	85911	5896	5161	30989	5896	5161	30989	0	0	0
天津	13538	17853	55011	5230	6296	18205	5230	6296	18205	0	0	0
河北	39104	37568	128677	12108	11817	44179	12108	11817	44179	0	0	0
山西	19000	11706	53541	5417	4428	18124	5417	4428	18124	0	0	0
内蒙古	21643	31119	88712	8342	12449	34946	8342	12449	34946	0	0	0
辽宁	20947	24129	76260	5821	4840	19123	5821	4840	19123	0	0	0
沈阳	10230	20181	53954	2467	3167	10897	2467	3167	10897	0	0	0
大连	8357	9355	27701	2785	2159	7529	2785	2159	7529	0	0	0
吉林	19187	13099	55520	4452	2843	12802	4452	2843	12802	0	0	0
长春	6473	8694	24294	1438	2083	5029	1438	2083	5029	0	0	0
黑龙江	17406	19778	57103	4412	4076	12809	4412	4076	12809	0	0	0
哈尔滨	7032	13308	35022	1567	1846	6811	1567	1846	6811	0	0	0
上海	7689	5852	37461	7689	5852	37461	7689	5852	37461	0	0	0
江苏	35023	20208	118666	10323	8602	39056	10323	8602	39056	0	0	0
南京	4839	3384	21863	1435	1042	6104	1435	1042	6104	0	0	0
浙江	40717	32448	161061	15356	11117	53575	15356	11117	53575	0	0	0
宁波	7093	5440	30046	2732	2044	10993	2732	2044	10993	0	0	0
安徽	35374	32617	156557	12834	13217	57352	12834	13217	57352	0	0	0
福建	15682	18014	72484	5282	5331	23349	5282	5331	23349	0	0	0
厦门	786	611	4889	262	232	1495	262	232	1495	0	0	0
江西	28627	35847	111855	7830	8034	28926	7830	8034	28926	0	0	0
山东	32874	21459	90857	6872	5315	21367	6872	5315	21367	0	0	0
青岛	5261	7918	29116	990	1155	6370	990	1155	6370	0	0	0
河南	36406	34985	125313	9902	10237	34389	9902	10237	34389	0	0	0
湖北	26506	28250	101264	6175	6908	21692	6175	6908	21692	0	0	0
武汉	5591	5752	23505	904	1152	3810	904	1152	3810	0	0	0
湖南	37257	44170	143271	7185	8088	25689	7185	6936	24537	0	1152	1152
广东	52325	47318	225830	12526	10721	45964	12526	10721	45964	0	0	0
广州	20586	27785	107376	3624	6209	25457	3624	6209	25457	0	0	0
深圳	5814	6058	44049	694	1213	9608	694	1213	9608	0	0	0
广西	11937	13341	50587	2402	2226	10512	2402	2226	10512	0	0	0
海南	2872	4151	13778	601	907	3633	601	907	3633	0	0	0
四川	43971	45525	163823	13975	13621	47970	13975	13621	47970	0	0	0
成都	15873	17550	60228	5385	4997	16530	5385	4997	16530	0	0	0
重庆	34597	25941	112993	10233	7404	29264	10233	7404	29264	0	0	0
贵州	22807	26456	95543	7277	9025	30886	7277	9025	30886	0	0	0

学生情况

单位:人

专科											
合计			普通开放			一村一			助力计划		
毕业生	招生	在籍生	毕业生	招生	在籍生	毕业生	招生	在籍生	毕业生	招生	在籍生
608355	**639762**	**2493119**	**562057**	**569900**	**2293130**	**46298**	**46702**	**170259**	**0**	**23160**	**29730**
9871	8308	54922	9659	8199	53582	212	109	1340	0	0	0
8308	11557	36806	7155	8600	30098	1153	941	3487	0	2016	3221
26996	25751	84498	21407	20929	68480	5589	4736	15795	0	86	223
13583	7278	35417	12986	6237	33100	597	324	1247	0	717	1070
13301	18670	53766	11428	15725	45378	1873	2026	7213	0	919	1175
15126	19289	57137	14995	18598	55819	131	605	1125	0	86	193
7763	17014	43057	7751	16601	42553	12	1	53	0	412	451
5572	7196	20172	5493	6635	19451	79	46	206	0	515	515
14735	10256	42718	14735	10204	42665	0	52	52	0	0	1
5035	6611	19265	5035	6541	19146	0	0	0	0	70	119
12994	15702	44294	12213	13059	40079	781	2275	3802	0	368	413
5465	11462	28211	5326	11109	27603	139	75	264	0	278	344
0	0	0	0	0	0	0	0	0	0	0	0
24700	11606	79610	21412	10312	71421	3288	1294	8189	0	0	0
3404	2342	15759	3024	1843	13442	380	363	2181	0	136	136
25361	21331	107486	21199	16012	87807	4162	5285	19525	0	34	154
4361	3396	19053	4249	3362	18478	112	34	575	0	0	0
22540	19400	99205	21398	18931	94240	1142	386	4679	0	83	286
10400	12683	49135	9829	11615	46337	571	932	2655	0	136	143
524	379	3394	440	337	3165	84	42	229	0	0	0
20797	27813	82929	16618	22692	70363	4179	4718	11823	0	403	743
26002	16144	69490	20312	12815	55856	5690	2481	12587	0	848	1047
4271	6763	22746	3542	4050	18882	729	243	1373	0	2470	2491
26504	24748	90924	25699	24090	87391	805	658	3533	0	0	0
20331	21342	79572	20098	19950	75644	233	163	2609	0	1229	1319
4687	4600	19695	4575	4332	19234	112	129	322	0	139	139
30072	36082	117582	24767	28277	94055	5305	7121	22744	0	684	783
39799	36597	179866	38620	33965	174968	1179	2389	4655	0	243	243
16962	21576	81919	16817	18948	78160	145	48	238	0	2580	3521
5120	4845	34441	5120	4845	34441	0	0	0	0	0	0
9535	11115	40075	8955	10710	38615	580	405	1460	0	0	0
2271	3244	10145	1494	1646	6636	777	1598	3509	0	0	0
29996	31904	115853	29506	30030	112228	490	1088	2828	0	786	797
10488	12553	43698	10481	11890	42904	7	8	42	0	655	752
24364	18537	83729	24192	18199	82682	172	327	1033	0	11	14
15530	17431	64657	13870	16822	59892	1660	583	4739	0	26	26

1.1 开放教育

	合计			本科								
				合计			普通开放			一村一		
	毕业生	招生	在籍生	毕业生	招生	在籍生	毕业生	招生	在籍生	毕业生	招生	在籍生
云南	8854	7583	43757	2846	2079	11406	2846	2079	11406	0	0	0
陕西	29755	26987	111006	10180	9980	39053	10180	9980	39053	0	0	0
西安	11461	11670	61903	3331	4502	22575	3331	4502	22575	0	0	0
甘肃	19174	19738	82358	7422	7082	27902	7422	7082	27902	0	0	0
青海	5655	6462	22199	1831	2214	7073	1831	2214	7073	0	0	0
宁夏	6795	7504	33530	2664	3191	13422	2664	3191	13422	0	0	0
新疆	16935	25798	110160	4993	9518	40113	4993	9518	40113	0	0	0
新疆兵团	8557	11807	46884	2824	4554	17108	2824	4554	17108	0	0	0
八一学院	15734	26472	77906	445	2295	7497	445	2295	7497	0	0	0
北京实验学院	1568	2602	12435	279	414	2786	279	414	2786	0	0	0
总参学院	2272	3763	19579	363	578	3392	363	578	3392	0	0	0
西藏学院	801	1372	4780	142	485	1821	142	485	1821	0	0	0
残疾人教育学院	1033	1506	6017	236	492	1754	236	492	1754	0	0	0
空军学院	549	3601	20402	0	413	1956	0	413	1956	0	0	0
软件学院	0	2133	2464	0	0	0	0	0	0	0	0	0
汽车学院	0	900	1587	0	0	0	0	0	0	0	0	0
机械工业学院	0	686	1314	0	0	0	0	0	0	0	0	0
纺织学院	0	1077	1097	0	0	0	0	0	0	0	0	0
煤炭学院	0	373	373	0	0	0	0	0	0	0	0	0

学生情况(续表)

单位:人

专科											
合计			普通开放			一村一			助力计划		
毕业生	招生	在籍生	毕业生	招生	在籍生	毕业生	招生	在籍生	毕业生	招生	在籍生
6008	5504	32351	5278	3576	21795	730	1917	10545	0	11	11
19575	17007	71953	18738	15938	69430	837	619	2073	0	450	450
8130	7168	39328	8130	6747	38850	0	19	44	0	402	434
11752	12656	54456	10218	10934	47292	1534	1550	6857	0	172	307
3824	4248	15126	3819	3825	14493	5	86	155	0	337	478
4131	4313	20108	4082	4264	19869	49	30	220	0	19	19
11942	16280	70047	11821	16074	69082	121	180	939	0	26	26
5733	7253	29776	5102	6568	26836	631	685	2940	0	0	0
15289	24177	70409	15289	24177	70409	0	0	0	0	0	0
1289	2188	9649	1266	1413	8424	23	131	374	0	644	851
1909	3185	16187	1909	3185	16187	0	0	0	0	0	0
659	887	2959	659	887	2959	0	0	0	0	0	0
797	1014	4263	797	1014	4263	0	0	0	0	0	0
549	3188	18446	549	3188	18446	0	0	0	0	0	0
0	2133	2464	0	0	0	0	0	0	0	2133	2464
0	900	1587	0	0	0	0	0	0	0	900	1587
0	686	1314	0	0	0	0	0	0	0	686	1314
0	1077	1097	0	0	0	0	0	0	0	1077	1097
0	373	373	0	0	0	0	0	0	0	373	373

1.2 非学历教育

	合计	按项目类型分					按培训机构分				按教学方式分				
		知识普及型培训	服务型培训	专业技能型培训	高层次继续教育培训	其他培训	学校直接培训	委托行业、企业、机构培训	合作培训	其他	面授为主	依托互联网教学	依托远程视频会议系统教学	依托卫星通讯系统教学	远程与面授相结合
总计	**2921207**	**347776**	**325972**	**988285**	**1060366**	**198808**	**1266172**	**105289**	**1400270**	**149476**	**982129**	**1363055**	**3169**	**16179**	**501892**
北京	74097	32037	13089	14486	4063	10422	60246	26	2304	11521	70205	2257	0	0	1635
天津	34510	33150	0	1360	0	0	33210	0	1300	0	30884	0	0	0	1131
河北	166320	29774	94578	19803	13079	9086	34273	97	108157	23793	60322	73015	0	0	32783
山西	21656	1220	300	1800	6190	12146	9576	3190	8440	450	1932	11764	0	300	7660
内蒙古	23488	8283	1384	7626	3545	2650	12783	879	9776	50	9125	1095	0	0	13268
辽宁	12383	150	1291	1561	767	8614	3377	60	8946	0	12233	0	0	0	150
沈阳	83980	7000	0	76400	0	580	61000	400	2580	20000	9980	50000	0	0	0
大连	3380	2500	0	880	0	0	2930	0	450	0	3380	0	0	0	0
吉林	14648	2103	0	12545	0	0	14245	300	103	0	14245	0	0	0	403
长春	6452	3642	60	0	0	2750	0	0	6392	60	6392	0	0	0	60
黑龙江	14392	860	5470	7062	400	600	7604	800	5588	400	9612	0	0	0	4780
哈尔滨	8354	677	1000	6297	380	0	3480	0	4874	0	6974	1000	0	0	380
上海	10682	2966	3342	1962	40	2372	9961	350	371	0	6082	0	0	0	4600
江苏	66292	7942	16120	41030	1200	0	27086	1149	13853	24204	49092	11719	0	0	5249
南京	34627	18337	532	3253	8926	3579	30863	3579	185	0	8686	0	0	0	25941
浙江	128638	59076	5901	42970	20522	169	83987	4644	39740	267	112051	0	1450	0	15137
宁波	42086	1047	35484	2155	0	3400	41533	0	553	0	6383	55	189	0	35459
安徽	315456	23884	3354	62765	213433	12020	233333	0	82123	0	17600	275362	0	0	22494
福建	142130	300	9848	125196	6739	47	16923	300	124907	0	18543	108770	0	0	14817
厦门	2644	0	30	0	0	2614	2014	0	630	0	2644	0	0	0	0
江西	71230	6200	320	60710	1000	3000	10710	35270	25250	0	7590	24010	0	0	39630
山东	35392	500	9217	22345	2000	1330	20195	240	14957	0	15719	300	0	0	18373
青岛	2273	0	0	2098	125	50	2130	0	98	45	2228	45	0	0	0
河南	20880	4833	2953	8378	4516	200	14994	2953	2903	30	7923	0	0	0	12957
湖北	21221	6867	1100	8022	3732	1500	5417	1000	8878	5926	13213	4326	0	0	3682
武汉	8170	1110	3300	3760	0	0	4310	1000	2860	0	4510	0	0	0	3660
湖南	187611	13586	580	141651	31544	250	79650	0	102949	5012	26111	105052	0	0	56448
广东	125651	6487	17367	29730	51368	20699	74625	3887	46805	334	103305	18073	0	0	3682
广州	19122	12977	0	4570	1575	0	3057	2700	13365	0	5757	13365	0	0	0
深圳	2500	2000	500	0	0	0	2250	0	250	0	2420	0	80	0	0
广西	4183	2675	1450	58	0	0	1191	1460	1532	0	2675	0	1450	0	58
海南	26907	0	0	0	26907	0	0	0	26907	0	0	26907	0	0	0
四川	221665	2553	14420	108577	86279	9836	147820	4960	68855	30	145839	1150	0	0	73729
成都	4026	50	0	3396	80	500	3826	0	200	0	2632	0	0	0	1394
重庆	456422	5830	4653	27951	405568	12420	35572	1344	411363	8143	39857	406321	0	0	10244
贵州	69415	5758	1700	5495	56018	444	13357	278	51985	3795	18326	50227	0	0	862

结业生情况

单位：人

	按培训内容分								按学时数分				其中		
其他	党政管理	经营管理	专业技术	专业技能	农村实用	社会工作	知识普及	其他	25 小时以下	25～50 小时	50～100 小时	100 小时以上	与开放教育相关	学习成果可累积转换	发放证书
54783	**357385**	**46816**	**549749**	**875845**	**28587**	**115343**	**684890**	**262592**	**1072134**	**408973**	**562026**	**878074**	**347929**	**638527**	**1787901**
0	150	20	4138	14285	0	0	46081	9423	1891	1555	2979	67672	2331	196	17387
2495	0	0	0	1360	0	0	33150	0	33150	0	60	1300	360	60	23512
200	3851	0	18211	18946	40	82726	16676	25870	48248	14101	12498	91473	33166	48150	24131
0	12084	0	7490	800	0	0	1200	82	4102	1400	4706	11448	520	102	7872
0	7918	50	896	7812	368	516	3278	2650	2958	789	5693	14048	5372	8956	13911
0	98	60	1481	274	0	1706	150	8614	9755	371	20	2237	378	200	3524
24000	0	0	0	78400	0	0	5580	0	82580	0	1000	400	0	0	30580
0	0	0	0	880	0	0	500	2000	0	500	0	2880	450	0	2430
0	0	0	1500	10745	300	0	2103	0	0	2180	10065	2403	0	300	4480
0	0	0	6452	0	0	0	0	0	0	0	2810	3642	0	0	6392
0	650	2500	2071	2602	3939	920	1310	400	1220	200	1097	11875	5170	4633	7031
0	0	0	1000	6297	0	1057	0	0	817	1000	0	6537	4454	380	6157
0	219	590	639	3860	0	2372	2202	800	3849	3705	945	2183	5310	2466	8769
232	620	1816	17571	29436	663	777	8909	6500	27915	5300	25122	7955	31596	15621	50558
0	0	0	7085	25005	0	0	2537	0	5946	524	2319	25838	25250	9450	28388
0	865	12602	21438	56466	2419	852	31746	2250	35359	33570	22531	37178	17586	19740	77063
0	0	320	1448	1296	0	0	35855	3167	3431	37796	333	526	177	177	40311
0	53478	0	43586	203692	0	1800	12700	200	56281	45754	16374	197047	1014	196267	241902
0	0	0	12000	6509	0	10021	300	113300	15974	9776	116109	271	14474	19004	141800
0	0	0	2014	0	0	0	0	630	0	2614	30	0	0	0	2014
0	0	0	56060	8820	460	3000	2890	0	28410	3480	34780	4560	7140	7150	65380
1000	0	1116	16108	15305	0	300	760	1803	8046	4460	1334	21552	17639	17829	23039
0	0	50	125	2098	0	0	0	0	80	2098	95	0	2175	2045	2193
0	200	0	5516	12181	0	2953	30	0	11673	461	5347	3399	9983	9983	14219
0	0	0	12424	6164	1480	0	921	232	1001	8590	3700	7930	2962	3334	19301
0	0	180	2660	1720	200	300	3110	0	1800	2100	3650	620	500	1000	2110
0	20574	50	41312	122899	300	200	2062	214	5872	77715	31507	72517	3000	44390	74154
591	24240	200	67463	21520	230	1425	7614	2959	81420	14746	5900	23585	11896	18607	75175
0	0	12470	895	2270	0	2500	987	0	871	1223	963	16065	16602	15390	16475
0	0	0	500	0	0	0	2000	0	130	170	120	2080	0	2000	0
0	0	0	1483	54	0	0	2646	0	2092	559	58	1474	0	0	1413
0	26907	0	0	0	0	0	0	0	0	0	26907	0	0	0	0
947	7376	0	108336	91461	700	0	11400	2392	33099	33451	87783	67332	34378	117874	188772
0	80	0	200	3746	0	0	0	0	2032	200	160	1634	500	500	2914
0	5190	13733	19110	8561	480	615	400483	8250	407359	23191	14584	11288	15654	13448	287390
0	49166	0	9987	3792	1478	60	4632	300	6654	3290	51938	7533	8614	6356	12891

1.2 非学历教育

	合计	按项目类型分					按培训机构分				按教学方式分				
		知识普及型培训	服务型培训	专业技能型培训	高层次继续教育培训	其他培训	学校直接培训	委托行业、企业、机构培训	合作培训	其他	面授为主	依托互联网教学	依托远程视频会议系统教学	依托卫星通讯系统教学	远程与面授相结合
云南	16458	0	0	15758	700		15758	0	700	0	700	0	0	0	15758
陕西	61441	3894	4700	31514	9133	12200	25960	1613	13500	20368	34892	3000	0	0	19049
西安	65767	330	0	16669	12000	36768	49588	0	15879	300	1420	36468	0	15879	12000
甘肃	225800	34845	37920	38768	85997	28270	35668	2036	167178	20918	36221	138774	0	0	29987
青海	31024	0	31024	0	0	0	1024	30000	0	0	31024	0	0	0	0
宁夏	494	0	0	494	0	0	494	0	0	0	0	0	0	0	494
新疆	30665	903	2625	24330	2515	292	27307	774	2584	0	16727	0	0	0	13938
新疆兵团	6590	1430	300	4860	0	0	2760	0	0	3830	6590	0	0	0	0
残疾人教育学院	85	0	60	0	25	0	85	0	0	0	85	0	0	0	0

结业生情况(续表)

单位:人

	按培训内容分								按学时数分				其中		
其他	党政管理	经营管理	专业技术	专业技能	农村实用	社会工作	知识普及	其他	25 小时以下	25 ~ 50 小时	50 ~ 100 小时	100 小时以上	与开放教育相关	学习成果可累积转换	发放证书
0	700	0	0	15758	0	0	0	0	2700	0	0	13758	14458	14458	16458
4500	7500	0	20393	20809	200	0	4753	7786	4233	11808	24340	21060	29462	14985	27321
0	0	0	12000	16969	0	0	330	36468	28309	36468	690	300	730	100	28669
20818	133008	759	19542	28134	15030	1200	4309	23818	110280	17918	41689	55913	12835	7629	170195
0	0	0	0	1024	0	0	30000	0	0	0	0	31024	0	1024	1024
0	0	0	494	0	0	0	0	0	494	0	0	0	494	494	494
0	2511	0	3021	22350	0	43	256	2484	963	3435	1030	25237	9999	14229	16307
0	0	300	3100	1460	300	0	1430	0	1080	2450	760	2300	1300	0	3710
0	0	0	0	85	0	0	0	0	60	25	0	0	0	0	85

1.3 教职工情况

单位：人

	教职工									聘请校外教师
	合计	校本部教职工					科研机构人员	校办企业职工	其他附设机构人员	
		计	专任教师	行政人员	教辅人员	工勤人员				
总计	**100874**	**99963**	**67131**	**16189**	**11032**	**5611**	**434**	**267**	**210**	**35818**
国开总部	515	501	157	109	206	29	14	0	0	6
北京	1857	1839	902	581	247	109	2	0	16	1201
天津	1973	1944	1160	362	353	69	4	8	17	477
河北	4311	4242	2966	623	433	220	69	0	0	894
山西	2351	2341	1379	440	350	172	4	0	6	703
内蒙古	2814	2802	1749	421	388	244	10	0	2	655
辽宁	3594	3559	2317	701	390	151	29	6	0	444
沈阳	523	520	330	99	57	34	1	2	0	322
大连	475	472	274	122	42	34	3	0	0	255
吉林	2229	2223	1447	372	310	94	6	0	0	409
长春	704	699	551	82	53	13	5	0	0	38
黑龙江	2553	2546	1640	424	293	189	7	0	0	597
哈尔滨	1237	1237	721	269	182	65	0	0	0	252
上海	719	718	447	121	106	44	1	0	0	624
江苏	9729	9676	7283	978	845	570	18	20	15	862
南京	587	585	357	97	107	24	2	0	0	415
浙江	4372	4345	3046	725	421	153	11	16	0	1126
宁波	470	465	356	33	47	29	2	0	3	360
安徽	1679	1665	1005	314	283	63	13	0	1	1229
福建	697	697	295	229	140	33	0	0	0	313
厦门	222	222	66	96	43	17	0	0	0	23
江西	2186	2186	1622	267	207	90	0	0	0	857
山东	7272	7194	5505	820	477	392	57	20	1	727
青岛	454	450	320	70	41	19	4	0	0	385
河南	2850	2788	1780	452	386	170	5	28	29	476
湖北	4548	4513	3325	502	501	185	13	18	4	406
武汉	1506	1500	1112	138	144	106	4	2	0	414
湖南	3660	3619	2346	655	386	232	38	1	2	623
广东	4988	4904	3127	974	400	403	9	8	67	4575
广州	2011	2002	1082	606	194	120	2	0	7	569
深圳	1345	1253	551	380	201	121	0	90	2	888
广西	714	707	354	193	105	55	7	0	0	429
海南	289	289	87	102	83	17	0	0	0	68
四川	4553	4501	2793	953	436	319	42	6	4	1751
成都	777	753	445	140	115	53	8	8	8	399
重庆	2581	2565	1729	381	318	137	16	0	0	1353

1.3 教职工情况(续表)

单位:人

	教职工									聘请校外教师
	合计	校本部教职工					科研机构人员	校办企业职工	其他附设机构人员	
		计	专任教师	行政人员	教辅人员	工勤人员				
贵州	3581	3549	2749	451	253	96	15	8	9	1873
云南	1481	1481	1075	193	141	72	0	0	0	332
陕西	3514	3498	2403	560	343	192	0	7	9	1545
西安	545	538	118	115	279	26	2	0	5	396
甘肃	4191	4169	3371	358	282	158	9	13	0	1067
青海	458	457	339	59	40	19	1	0	0	199
宁夏	403	403	246	80	55	22	0	0	0	459
新疆	2389	2389	1615	355	219	200	0	0	0	643
新疆兵团	639	629	403	94	91	41	1	6	3	150
八一学院	137	137	83	15	38	1	0	0	0	3989
北京实验学院	23	23	0	23	0	0	0	0	0	0
总参学院	35	35	35	0	0	0	0	0	0	21
西藏学院	29	29	0	29	0	0	0	0	0	0
残疾人教育学院	90	90	68	12	1	9	0	0	0	19
空军学院	14	14	0	14	0	0	0	0	0	0

1.4 资产及校舍情况

	固定资产总值(万元)			图书(万册)	计算机(台)			教室(间)		占地面积(万平方米)	校舍建筑面积(万平方米)
	计	其中:教学科研仪器设备资产值	其中:信息化设备资产值		计	其中:教学用计算机 计	其中:平板电脑	计	其中:网络多媒体教室		
总计	**5380069.0524**	**1369956.0898**	**444193.9589**	**11439.6268**	**732615**	**567788**	**32032**	**161231**	**31739**	**12167.6907**	**4299.6306**
国开总部	111601.8200	2933.7700	6514.0000	10.9539	1926	831	2	33	10	1.5517	8.7542
北京	112612.2741	32884.3712	23694.9026	170.3761	16143	13591	1248	1206	890	66.0352	70.7536
天津	118414.5294	36226.6940	3960.1609	291.8591	17145	15066	150	2024	1167	206.7021	123.5671
河北	139507.9469	33424.3543	16924.0291	582.6661	28860	22051	2159	6375	1637	190.2905	102.7880
山西	43968.4313	12784.8722	8757.5624	181.3550	10378	7609	597	1155	406	50.1849	26.4950
内蒙古	135331.1471	32103.4751	10337.9609	508.3870	14261	10312	629	1580	639	248.2719	96.8967
辽宁	137861.1206	31691.9298	14108.3100	439.5300	18166	14164	832	1963	577	199.0175	114.3443
沈阳	20303.9103	4638.5599	2220.7399	46.4913	4749	3849	5	275	129	27.1381	10.4773
大连	13508.7598	4335.0000	3511.2699	31.7000	3951	3119	170	171	75	22.3133	7.0789
吉林	55796.5084	32615.6944	9430.9150	110.1831	9229	6789	832	1065	230	83.3251	40.8683
长春	46034.6496	11313.3901	3960.1200	33.0700	4897	3656	609	470	65	41.9750	27.4223
黑龙江	114798.7060	19652.1535	29792.5136	199.5227	11305	8019	236	1928	378	3010.2095	115.1960
哈尔滨	12401.3248	3458.8535	2370.2264	19.8200	3120	2549	70	342	157	27.2439	9.9579
上海	71666.0001	19769.2607	9654.6759	139.1292	13766	10638	561	1028	652	53.3919	34.1213
江苏	745402.5918	155829.8382	38955.5849	1085.6607	69390	55709	1939	7075	3536	1234.7539	462.5161
南京	60965.1966	6036.0965	5328.8619	17.3064	6259	4914	14	432	208	43.0478	9.1832
浙江	301700.6225	61009.6068	30412.3674	460.4515	46430	37688	299	4631	3604	423.1830	209.0508
宁波	32642.9352	12682.4549	5524.6918	32.6811	5614	4875	4	389	288	66.1127	18.4464
安徽	116516.0039	22422.2600	8840.4600	274.3400	11753	9524	92	1260	429	91.5262	36.6208
福建	19005.9104	8633.6599	2533.6401	56.1350	4294	3312	167	358	143	23.0996	15.2500
厦门	44590.4000	4609.2300	1835.2000	44.1600	3716	3304	51	127	98	35.0767	10.5727
江西	60613.8765	13513.7800	6951.6626	288.5806	11615	8853	1364	1167	322	111.0212	52.5877
山东	295163.0574	86046.3819	28787.9183	847.4762	49335	26132	2497	69962	1962	1148.1119	672.2743
青岛	45624.0450	18512.1200	4303.8550	73.9475	8059	5759	420	625	367	127.8476	39.3979
河南	155551.1345	53597.9611	5661.9600	691.7400	16911	13286	281	2666	584	319.6696	245.7891
湖北	514650.6900	151887.8603	22177.1600	611.8100	31405	24172	1762	3988	1144	1174.6142	261.8416
武汉	80687.0389	17430.1253	9265.8528	202.7570	12420	10446	97	1006	299	110.1690	85.9501
湖南	157534.4720	26353.8466	7997.7323	449.0948	22567	15197	1745	11541	2590	238.1655	116.1274
广东	147706.9006	40017.7760	16045.9607	352.3281	29916	23702	394	2667	1179	282.9459	111.6952
广州	120771.2419	38903.6802	13959.0800	204.7320	17607	15004	379	1401	1161	104.9906	68.6845
深圳	56121.6102	17345.4946	2310.2450	231.5229	61260	57861	1007	4428	491	35.9035	94.6360
广西	27880.5056	7158.5106	3773.3994	156.8300	6034	4082	1391	683	108	45.6948	19.2160
海南	4390.1201	1964.2600	1935.0200	10.1550	1395	1080	0	120	70	19.3650	5.4844
四川	247591.7615	106144.2355	14309.4438	554.5508	22066	17114	1468	2653	751	166.8881	107.2998
成都	43537.5999	8353.5200	1239.0000	53.5200	5144	4221	84	1045	669	16.4757	16.6589

1.4 资产及校舍情况(续表)

	固定资产总值(万元)			图书(万册)	计算机(台)			教室(间)		占地面积(万平方米)	校舍建筑面积(万平方米)
	计	其中:教学科研仪器设备资产值	其中:信息化设备资产值		计	其中:教学用计算机		计	其中:网络多媒体教室		
						计	其中:平板电脑				
重庆	149103.3115	23343.8051	11963.9208	127.6636	18818	12699	372	1440	776	165.2793	83.4027
贵州	350904.8149	64687.9544	17183.7231	506.1187	20055	14554	2811	2481	911	620.8256	288.7537
云南	87693.6692	15334.0897	2226.5200	101.1609	7545	6203	115	3825	181	165.9502	46.5496
陕西	74379.8198	20608.8500	5135.5560	415.4096	20422	14338	1531	2386	590	144.3462	118.1229
西安	6191.4999	3863.5901	1508.2200	12.5488	3178	1986	122	238	124	6.4125	2.9960
甘肃	156143.2034	37193.5945	14606.8775	384.0180	21180	16089	1478	9940	1052	368.5918	135.9379
青海	34364.9296	16162.9300	2572.7500	59.6000	5558	4203	271	539	182	261.2678	60.6810
宁夏	32596.5097	17773.2098	3879.3000	42.4680	7975	6911	926	609	292	132.5123	31.1372
新疆	49592.3612	20986.3489	4180.8990	269.5101	16833	13584	781	1266	403	182.4429	56.0558
新疆兵团	15295.0900	6165.5700	2593.4600	39.3960	4072	3099	70	335	179	68.7259	23.3435
八一学院	2573.0000	1038.0000	831.0000	0.0000	120	50	0	1	1	0.0800	0.2660
总参学院	0.0000	0.0000	0.0000	10.0000	10	10	0	2	2	0.0090	0.0090
西藏学院	340.0000	292.0000	0.0000	0.1200	251	220	0	50	21	0.4195	0.4195
残疾人教育学院	8436.0000	6221.0700	125.2500	6.7900	512	364	0	70	10	2.4147	1.8223
空军学院	0.0000	0.0000	0.0000	0.0000	5000	5000	0	210	0	2.1000	2.1300

1.5 信息化建设情况

	网络信息点数(个)		电子邮件系统用户数(个)	管理信息系统数据总量(GB)	数字资源量(GB)		信息化培训人次(人次)	信息化工作人员(人)	接入互联网出口带宽(M)
	计	其中:无线接入			计	其中:电子图书			
总计	**360387**	**39400**	**347258**	**1550971.82**	**5299494.15**	**1811427.42**	**420958**	**9379**	**323624**
国开总部	4050	103	1370	2500.00	20750.00	18550.00	150	17	600
北京	12542	1087	18613	12020.39	20451.71	5954.00	4759	110	3616
天津	5908	643	3953	12268.10	41587.80	8426.00	938	124	1824
河北	9025	944	7439	22923.55	34398.03	23578.23	36207	472	120130
山西	1932	204	4988	43932.92	16998.50	12075.10	12144	304	3870
内蒙古	8756	216	1167	12875.44	20713.08	6995.74	20464	348	5800
辽宁	9784	839	2507	7707.84	52057.41	5728.50	1717	249	5728
沈阳	2666	170	20592	227.00	124147.00	121874.50	1743	82	331
大连	801	0	215	210.00	6337.00	387.00	880	75	6240
吉林	3478	117	1466	4602.28	581846.85	28266.00	2744	190	2927
长春	2565	436	2374	1507.00	58486.00	1470.00	635	64	538
黑龙江	4641	362	2046	6498.30	8043.30	3051.00	4031	197	7228
哈尔滨	590	34	336	6793.70	6205.12	3319.37	76	76	1222
上海	5290	493	461	2870.55	13531.74	4488.76	1128	97	1181
江苏	53660	5208	49008	102246.50	238573.60	103440.60	29392	569	20625
南京	1343	18	102	112.00	160.00	98.00	5987	27	422
浙江	20025	1232	22501	16917.17	66560.66	35363.94	16277	331	12848
宁波	3738	84	3049	3394.45	7843.60	1541.12	162	48	2820
安徽	4821	407	25935	16722.22	51041.50	13798.33	6283	172	3284
福建	3027	146	691	2911.69	113157.51	87151.70	2930	74	11532
厦门	4790	481	638	1241.00	19519.00	18442.00	418	21	318
江西	3575	191	13974	7623.25	190707.10	80730.60	6736	212	2485
山东	25871	8122	5005	73655.89	1755234.58	351785.42	16573	1015	16238
青岛	1747	63	259	2383.62	6209.01	2246.12	1149	75	1544
河南	14784	716	6210	29335.50	24476.30	11194.00	22914	292	6312
湖北	7186	968	11829	119476.00	89666.30	42978.40	17385	418	4582
武汉	586	43	1091	4562.60	6720.00	820.50	633	48	1489
湖南	8293	1428	2472	141054.23	502607.34	41214.09	60810	375	8267
广东	19427	2594	4132	32142.00	32028.59	4611.95	11368	510	4924
广州	26187	2348	5154	4184.50	21362.00	3229.26	1985	142	5062
深圳	2462	362	1264	2498.00	5043.00	1838.00	1823	112	509
广西	6010	200	1854	2607.20	9198.90	5177.00	4006	93	852
海南	1200	12	98	35.60	17.60	0	84	24	690
四川	4691	595	4052	5338.68	100044.72	73408.08	48128	473	6414
成都	1521	197	1502	6501.62	12628.35	6113.87	2879	63	22266
重庆	15804	1971	2228	8582.69	15825.40	6899.44	15527	206	6185
贵州	4611	358	3371	148537.80	44466.28	18041.58	14431	337	5194

1.5 信息化建设情况(续表)

	网络信息点数(个)		电子邮件系统用户数(个)	管理信息系统数据总量(GB)	数字资源量(GB)		信息化培训人次（人次）	信息化工作人员(人)	接入互联网出口带宽(M)
	计	其中:无线接入			计	其中:电子图书			
云南	8893	360	914	583.95	43397.00	5159.00	414	82	2096
陕西	12016	2918	13992	514826.34	212870.51	105104.50	31979	356	5874
西安	1356	13	96	5091.00	7588.00	3034.60	405	51	400
甘肃	11387	1199	2645	128506.55	71446.00	21159.54	5584	365	4636
青海	2700	253	661	2266.15	112870.00	105371.80	449	75	700
宁夏	7405	267	12814	1551.00	1285.00	1215.00	102	42	878
新疆	6332	574	1745	17007.59	521808.11	413004.00	5618	202	2013
新疆兵团	2852	415	131	95.09	2282.11	146.50	516	42	632
八一学院	34	4	80281	11.32	3014.54	106.78	65	13	10
总参学院	0	0	10	1500.00	0	0	0	2	8
西藏学院	0	0	1	1.72	62.00	33.50	39	25	166
残疾人教育学院	25	5	22	10529.83	1426.00	4.00	291	82	112
空军学院	0	0	0	0	2800.00	2800.00	0	0	2

II 开放教育学生情况

本章反映国家开放大学全国办学系统开放教育学生的情况。

主要内容包括：

- 各学校开放教育学生情况；
- 开放教育在籍生年龄情况；
- 开放教育在籍生其他情况；
- 开放教育本科专业分布；
- 开放教育专科专业分布。

指标解释

- **开放教育**：即1999年4月教育部批准实施的“中央广播电视大学人才培养模式改革和开放教育试点”项目。开放教育实施本科（专科起点）和专科教育，实行学分制，课程成绩和获得的相应学分在学籍注册后8年内有效。
- **开放教育本科**：注册对象为具有国民教育系列高等专科毕业及以上学历者（相同或相近专业）。
- **开放教育专科**：注册对象为普通高中、职业高中、技工学校和中等专业学校毕业者。
- **毕业生数**：是指上学年度具有学籍的学生完成教学计划规定课程，考试合格，取得毕业证书的学生数。
- **招生数**：是指实际招收入学的新生数。
- **在籍生数**：是指具有有效学籍的学生数。
- **在校生数**：是指具有有效学籍并在本学年进行课程注册或参加考试的学生数。

2.1 各学校开放

	合计				本科										
					合计				普通开放				一村一		
	毕业生	招生		在籍生	毕业生	招生		在籍生	毕业生	招生		在籍生	毕业生	招生	
		计	其中：春季			计	其中：春季			计	其中：春季			计	其中：春季
总计	**858334**	**893373**	**435938**	**3503872**	**249979**	**253611**	**123866**	**1010753**	**249979**	**252459**	**123651**	**1009601**	**0**	**1152**	**215**
其中：女	459510	440476	209563	1732592	143170	139318	67842	541582	143170	138903	67763	541167	0	415	79
北京	**15767**	**13469**	**6641**	**85911**	**5896**	**5161**	**2416**	**30989**	**5896**	**5161**	**2416**	**30989**	**0**	**0**	**0**
其中：女	9627	7948	4027	45179	4090	3389	1648	18780	4090	3389	1648	18780	0	0	0
东城分校	536	595	287	3564	241	296	152	1615	241	296	152	1615	0	0	0
西城分校	396	190	118	1760	204	97	60	779	204	97	60	779	0	0	0
崇文分校	154	219	58	1201	71	173	34	597	71	173	34	597	0	0	0
宣武学院	335	234	91	1918	135	92	57	711	135	92	57	711	0	0	0
朝阳分校	685	646	291	3966	260	312	125	1738	260	312	125	1738	0	0	0
海淀分校	327	88	56	1543	123	39	22	655	123	39	22	655	0	0	0
丰台分校	300	179	85	1804	97	84	33	669	97	84	33	669	0	0	0
石景山分校	569	711	306	4800	257	442	127	2666	257	442	127	2666	0	0	0
通州分校	511	382	211	2320	186	199	98	994	186	199	98	994	0	0	0
房山分校	395	220	124	1103	111	69	38	389	111	69	38	389	0	0	0
昌平分校	323	304	137	1662	71	139	27	695	71	139	27	695	0	0	0
平谷分校	429	273	132	1619	211	133	59	744	211	133	59	744	0	0	0
怀柔分校	265	158	73	1622	129	73	29	794	129	73	29	794	0	0	0
密云分校	463	303	179	2122	245	165	96	1085	245	165	96	1085	0	0	0
延庆分校	623	438	174	2873	316	220	103	1081	316	220	103	1081	0	0	0
大兴分校	454	465	243	2699	194	227	124	1217	194	227	124	1217	0	0	0
顺义分校	1602	1069	567	5544	575	471	242	2139	575	471	242	2139	0	0	0
门头沟学院	407	322	153	2196	206	136	65	784	206	136	65	784	0	0	0
海淀卫校工作站	194	85	68	786	87	51	38	305	87	51	38	305	0	0	0
航三工作站	57	40	21	243	16	12	5	85	16	12	5	85	0	0	0
水务局工作站	128	211	0	1348	49	72	0	389	49	72	0	389	0	0	0
园林局工作站	34	0	0	475	0	0	0	0	0	0	0	0	0	0	0
纺织工作站	261	247	120	1263	83	104	59	481	83	104	59	481	0	0	0
国统局教学点 *	76	0	0	643	58	0	0	326	58	0	0	326	0	0	0
电科院工作站	4	0	0	28	4	0	0	8	4	0	0	8	0	0	0
矿山工作站	54	24	0	194	13	13	0	54	13	13	0	54	0	0	0
首钢工作站	54	71	48	436	14	0	0	47	14	0	0	47	0	0	0
开放教育学院金融学习中心	117	0	0	696	111	0	0	552	111	0	0	552	0	0	0
市培中心工作站	8	0	0	60	3	0	0	22	3	0	0	22	0	0	0
燕山分校	84	42	20	349	27	21	11	186	27	21	11	186	0	0	0
开放学院	1495	1824	905	12553	634	306	169	3705	634	306	169	3705	0	0	0
文化局工作站	46	34	21	288	6	25	13	126	6	25	13	126	0	0	0
崇文卫校工作站(即:东城区卫生学校工作站)	113	0	0	668	66	0	0	412	66	0	0	412	0	0	0
医药分校	246	378	232	1421	1	0	0	7	1	0	0	7	0	0	0
供销社分校	1115	1308	744	5969	226	255	146	1369	226	255	146	1369	0	0	0
北京卫校教学点	1388	1355	622	4928	760	907	472	2856	760	907	472	2856	0	0	0

教育学生情况

单位：人

	专科															
	合计				普通开放				一村一				助力计划			
		招生				招生				招生				招生		
在籍生	毕业生	计	其中：春季	在籍生	毕业生	计	其中：春季	在籍生	毕业生	计	其中：春季	在籍生	毕业生	计	其中：春季	在籍生
1152	**608355**	**639762**	**312072**	**2493119**	**562057**	**569900**	**280905**	**2293130**	**46298**	**46702**	**21175**	**170259**	**0**	**23160**	**9992**	**29730**
415	316340	301158	141721	1191010	300787	281564	133003	1133669	15553	15365	6759	52183	0	4229	1959	5158
0	**9871**	**8308**	**4225**	**54922**	**9659**	**8199**	**4151**	**53582**	**212**	**109**	**74**	**1340**	**0**	**0**	**0**	**0**
0	5537	4559	2379	26399	5473	4507	2344	25970	64	52	35	429	0	0	0	0
0	295	299	135	1949	295	299	135	1949	0	0	0	0	0	0	0	0
0	192	93	58	981	192	93	58	981	0	0	0	0	0	0	0	0
0	83	46	24	604	83	46	24	604	0	0	0	0	0	0	0	0
0	200	142	34	1207	200	142	34	1207	0	0	0	0	0	0	0	0
0	425	334	166	2228	425	334	166	2228	0	0	0	0	0	0	0	0
0	204	49	34	888	201	49	34	842	3	0	0	46	0	0	0	0
0	203	95	52	1135	200	95	52	1078	3	0	0	57	0	0	0	0
0	312	269	179	2134	312	269	179	2134	0	0	0	0	0	0	0	0
0	325	183	113	1326	290	183	113	1225	35	0	0	101	0	0	0	0
0	284	151	86	714	282	151	86	686	2	0	0	28	0	0	0	0
0	252	165	110	967	252	165	110	887	0	0	0	80	0	0	0	0
0	218	140	73	875	218	140	73	825	0	0	0	50	0	0	0	0
0	136	85	44	828	125	85	44	722	11	0	0	106	0	0	0	0
0	218	138	83	1037	205	97	52	848	13	41	31	189	0	0	0	0
0	307	218	71	1792	292	218	71	1695	15	0	0	97	0	0	0	0
0	260	238	119	1482	255	238	119	1416	5	0	0	66	0	0	0	0
0	1027	598	325	3405	913	530	282	3003	114	68	43	402	0	0	0	0
0	201	186	88	1412	190	186	88	1294	11	0	0	118	0	0	0	0
0	107	34	30	481	107	34	30	481	0	0	0	0	0	0	0	0
0	41	28	16	158	41	28	16	158	0	0	0	0	0	0	0	0
0	79	139	0	959	79	139	0	959	0	0	0	0	0	0	0	0
0	34	0	0	475	34	0	0	475	0	0	0	0	0	0	0	0
0	178	143	61	782	178	143	61	782	0	0	0	0	0	0	0	0
0	18	0	0	317	18	0	0	317	0	0	0	0	0	0	0	0
0	0	0	0	20	0	0	0	20	0	0	0	0	0	0	0	0
0	41	11	0	140	41	11	0	140	0	0	0	0	0	0	0	0
0	40	71	48	389	40	71	48	389	0	0	0	0	0	0	0	0
0	6	0	0	144	6	0	0	144	0	0	0	0	0	0	0	0
0	5	0	0	38	5	0	0	38	0	0	0	0	0	0	0	0
0	57	21	9	163	57	21	9	163	0	0	0	0	0	0	0	0
0	861	1518	736	8848	861	1518	736	8848	0	0	0	0	0	0	0	0
0	40	9	8	162	40	9	8	162	0	0	0	0	0	0	0	0
0	47	0	0	256	47	0	0	256	0	0	0	0	0	0	0	0
0	245	378	232	1414	245	378	232	1414	0	0	0	0	0	0	0	0
0	889	1053	598	4600	889	1053	598	4600	0	0	0	0	0	0	0	0
0	628	448	150	2072	628	448	150	2072	0	0	0	0	0	0	0	0

2.1 各学校开放

	合计				本科										
					合计				普通开放				一村一		
	毕业生	招生		在籍生	毕业生	招生		在籍生	毕业生	招生		在籍生	毕业生	招生	
		计	其中：春季			计	其中：春季			计	其中：春季			计	其中：春季
联大商务教学点	60	0	0	260	24	0	0	121	24	0	0	121	0	0	0
联大特教教学点	0	0	0	17	0	0	0	0	0	0	0	0	0	0	0
汽修学校工作站	220	151	129	1478	13	12	8	198	13	12	8	198	0	0	0
中德中心教学点	264	168	0	1029	0	0	0	0	0	0	0	0	0	0	0
市建职大工作站	60	12	0	198	17	5	0	51	17	5	0	51	0	0	0
市工干院工作站	138	169	117	910	21	0	0	167	21	0	0	167	0	0	0
一商干校工作站	41	0	0	156	0	0	0	0	0	0	0	0	0	0	0
供销学校工作站	317	15	15	1360	0	0	0	28	0	0	0	28	0	0	0
工贸学院工作站	82	0	0	946	0	0	0	0	0	0	0	0	0	0	0
电科职院工作站	11	0	0	125	11	0	0	62	11	0	0	62	0	0	0
经管学校工作站	75	15	4	435	20	11	4	80	20	11	4	80	0	0	0
工业技师工作站	24	175	0	386	0	0	0	0	0	0	0	0	0	0	0
铁路卫校工作站	53	103	64	536	0	0	0	0	0	0	0	0	0	0	0
昌平职校工作站	27	0	0	477	0	0	0	0	0	0	0	0	0	0	0
汽车技校工作站	71	0	0	108	0	0	0	0	0	0	0	0	0	0	0
民政学院工作站	0	0	0	7	0	0	0	0	0	0	0	0	0	0	0
昌平卫校工作站	61	225	216	675	0	0	0	0	0	0	0	0	0	0	0
青政院工作站	15	21	10	144	0	0	0	0	0	0	0	0	0	0	0
天津	**13538**	**17853**	**7594**	**55011**	**5230**	**6296**	**2821**	**18205**	**5230**	**6296**	**2821**	**18205**	**0**	**0**	**0**
其中：女	7165	8163	3672	24876	2906	3148	1481	9165	2906	3148	1481	9165	0	0	0
开放学院	1	0	0	0	1	0	0	0	1	0	0	0	0	0	0
新华分校	293	207	147	1243	134	84	54	439	134	84	54	439	0	0	0
南开分校	256	279	123	1032	150	125	60	469	150	125	60	469	0	0	0
河东分校	221	95	57	968	83	44	25	354	83	44	25	354	0	0	0
河西分校	715	392	183	2928	292	205	95	1194	292	205	95	1194	0	0	0
河北分校	181	114	22	867	129	69	10	476	129	69	10	476	0	0	0
红桥分校	358	244	90	1431	133	102	35	414	133	102	35	414	0	0	0
塘沽分校	188	113	60	689	103	31	15	251	103	31	15	251	0	0	0
汉沽分校	639	552	269	1765	357	262	136	895	357	262	136	895	0	0	0
大港分校	449	388	208	1532	134	119	73	437	134	119	73	437	0	0	0
东丽分校	700	441	204	2801	277	135	70	830	277	135	70	830	0	0	0
津南分校	577	506	241	1725	202	129	60	484	202	129	60	484	0	0	0
西青分校	620	772	325	2724	211	238	115	718	211	238	115	718	0	0	0
北辰分校	1027	1303	664	4495	344	403	198	1284	344	403	198	1284	0	0	0
武清分校	715	370	213	1753	172	125	64	421	172	125	64	421	0	0	0
静海分校	431	367	172	1352	155	96	52	325	155	96	52	325	0	0	0
宝坻分校	1219	996	511	3290	407	323	204	1072	407	323	204	1072	0	0	0
宁河分校	1352	1394	659	3402	550	398	222	1080	550	398	222	1080	0	0	0
化工局工作站	30	14	3	267	17	10	2	70	17	10	2	70	0	0	0
纺织局工作站	12	70	38	314	0	34	18	94	0	34	18	94	0	0	0

教育学生情况(续表1)

单位:人

在籍生	专科															
	合计				普通开放				一村一				助力计划			
	毕业生	招生		在籍生	毕业生	招生		在籍生	毕业生	招生		在籍生	毕业生	招生		在籍生
		计	其中:春季			计	其中:春季			计	其中:春季			计	其中:春季	
0	36	0	0	139	36	0	0	139	0	0	0	0	0	0	0	0
0	0	0	0	17	0	0	0	17	0	0	0	0	0	0	0	0
0	207	139	121	1280	207	139	121	1280	0	0	0	0	0	0	0	0
0	264	168	0	1029	264	168	0	1029	0	0	0	0	0	0	0	0
0	43	7	0	147	43	7	0	147	0	0	0	0	0	0	0	0
0	117	169	117	743	117	169	117	743	0	0	0	0	0	0	0	0
0	41	0	0	156	41	0	0	156	0	0	0	0	0	0	0	0
0	317	15	15	1332	317	15	15	1332	0	0	0	0	0	0	0	0
0	82	0	0	946	82	0	0	946	0	0	0	0	0	0	0	0
0	0	0	0	63	0	0	0	63	0	0	0	0	0	0	0	0
0	55	4	0	355	55	4	0	355	0	0	0	0	0	0	0	0
0	24	175	0	386	24	175	0	386	0	0	0	0	0	0	0	0
0	53	103	64	536	53	103	64	536	0	0	0	0	0	0	0	0
0	27	0	0	477	27	0	0	477	0	0	0	0	0	0	0	0
0	71	0	0	108	71	0	0	108	0	0	0	0	0	0	0	0
0	0	0	0	7	0	0	0	7	0	0	0	0	0	0	0	0
0	61	225	216	675	61	225	216	675	0	0	0	0	0	0	0	0
0	15	21	10	144	15	21	10	144	0	0	0	0	0	0	0	0
0	**8308**	**11557**	**4773**	**36806**	**7155**	**8600**	**3443**	**30098**	**1153**	**941**	**480**	**3487**	**0**	**2016**	**850**	**3221**
0	4259	5015	2191	15711	3866	4345	1861	14103	393	342	178	1159	0	328	152	449
0	0	0	0	0	0	0	0	0	0	0	0	0	0	0	0	0
0	159	123	93	804	159	123	93	804	0	0	0	0	0	0	0	0
0	106	154	63	563	106	45	15	419	0	0	0	0	0	109	48	144
0	138	51	32	614	138	51	32	614	0	0	0	0	0	0	0	0
0	423	187	88	1734	423	187	88	1734	0	0	0	0	0	0	0	0
0	52	45	12	391	52	45	12	391	0	0	0	0	0	0	0	0
0	225	142	55	1017	225	142	55	1017	0	0	0	0	0	0	0	0
0	85	82	45	438	85	82	45	436	0	0	0	2	0	0	0	0
0	282	290	133	870	281	290	133	867	1	0	0	3	0	0	0	0
0	315	269	135	1095	148	111	62	587	167	158	73	508	0	0	0	0
0	423	306	134	1971	410	274	114	1870	13	0	0	28	0	32	20	73
0	375	377	181	1241	374	352	173	1157	1	5	0	50	0	20	8	34
0	409	534	210	2006	394	505	204	1912	15	29	6	94	0	0	0	0
0	683	900	466	3211	582	750	394	2449	101	74	48	678	0	76	24	84
0	543	245	149	1332	212	146	74	757	331	99	75	575	0	0	0	0
0	276	271	120	1027	182	98	31	620	94	173	89	407	0	0	0	0
0	812	673	307	2218	499	426	188	1473	313	247	119	745	0	0	0	0
0	802	996	437	2322	752	913	401	2159	50	83	36	163	0	0	0	0
0	13	4	1	197	13	3	0	193	0	0	0	0	0	1	1	4
0	12	36	20	220	12	36	20	220	0	0	0	0	0	0	0	0

2.1 各学校开放

	合计				本科										
					合计				普通开放				一村一		
	毕业生	招生		在籍生	毕业生	招生		在籍生	毕业生	招生		在籍生	毕业生	招生	
		计	其中：春季			计	其中：春季			计	其中：春季			计	其中：春季
机械局工作站	62	96	48	599	18	17	11	72	18	17	11	72	0	0	0
渤海化工工作站	180	132	75	651	85	72	42	270	85	72	42	270	0	0	0
电大建工学院	248	92	60	952	183	59	40	554	183	59	40	554	0	0	0
一商局工作站	43	0	0	330	1	0	0	9	1	0	0	9	0	0	0
公用局工作站	0	0	0	203	0	0	0	64	0	0	0	64	0	0	0
财贸分校	256	598	339	2060	110	261	137	804	110	261	137	804	0	0	0
电大政法学院	36	0	0	130	32	0	0	85	32	0	0	85	0	0	0
蓟县分校	1253	1156	551	3722	426	405	187	1274	426	405	187	1274	0	0	0
经委工作站	0	0	0	11	0	0	0	11	0	0	0	11	0	0	0
旅游分校	0	0	0	7	0	0	0	0	0	0	0	0	0	0	0
天津市工程高级技工学校	256	0	0	378	4	0	0	14	4	0	0	14	0	0	0
天津电大经管学院	256	400	133	1184	153	228	100	576	153	228	100	576	0	0	0
天津电大文法学院	612	1404	727	2344	276	758	429	1214	276	758	429	1214	0	0	0
天津电大理工学院	106	330	113	613	44	218	60	372	44	218	60	372	0	0	0
天津电大国际学院	49	35	14	287	20	24	12	131	20	24	12	131	0	0	0
天津电大滨海学院	22	3332	666	4124	14	1322	295	1445	14	1322	295	1445	0	0	0
天津市劳动局旅游服务学校	0	0	0	1	0	0	0	0	0	0	0	0	0	0	0
天津市劳动经济学校	4	0	0	18	0	0	0	0	0	0	0	0	0	0	0
天津市物资贸易学校	124	0	0	21	13	0	0	3	13	0	0	3	0	0	0
天津轻工职业技术学院	0	0	0	7	0	0	0	0	0	0	0	0	0	0	0
天津市劳动保护学校	47	0	0	60	0	0	0	0	0	0	0	0	0	0	0
滨海新区实验学院学习中心	0	715	435	814	0	0	0	0	0	0	0	0	0	0	0
滨海新区实验学院荣程学习中心	0	92	35	697	0	0	0	0	0	0	0	0	0	0	0
滨海新区实验学院联合特钢学习中心	0	35	4	401	0	0	0	0	0	0	0	0	0	0	0
滨海新区实验学院长城学习中心	0	819	205	819	0	0	0	0	0	0	0	0	0	0	0
河北	**39104**	**37568**	**18172**	**128677**	**12108**	**11817**	**5747**	**44179**	**12108**	**11817**	**5747**	**44179**	**0**	**0**	**0**
其中：女	21127	20142	9808	68235	7677	7126	3552	26113	7677	7126	3552	26113	0	0	0
河北电大开放教育学院	511	578	277	2567	247	272	124	1296	247	272	124	1296	0	0	0
石家庄农校	186	105	65	989	0	0	0	0	0	0	0	0	0	0	0
邢台农校	291	157	87	757	0	0	0	0	0	0	0	0	0	0	0
霸州成人中专	85	0	0	180	0	0	0	0	0	0	0	0	0	0	0
河北石家庄幼儿师范学校	2	0	0	67	0	0	0	0	0	0	0	0	0	0	0
石家庄华药集团培训中心	0	57	30	298	0	0	0	0	0	0	0	0	0	0	0
石家庄广播电视大学	623	336	150	2286	222	130	48	878	222	130	48	878	0	0	0
石家庄广播电视大学正定分校	119	57	22	236	9	10	4	60	9	10	4	60	0	0	0
石家庄广播电视大学行唐分校	28	72	32	142	0	0	0	0	0	0	0	0	0	0	0
石家庄广播电视大学平山分校	40	28	18	113	0	0	0	0	0	0	0	0	0	0	0
石家庄广播电视大学鹿泉分校	59	36	20	111	0	0	0	0	0	0	0	0	0	0	0
石家庄广播电视大学藁城分校	217	160	77	630	50	37	18	164	50	37	18	164	0	0	0
石家庄广播电视大学高邑分校	99	34	13	217	0	0	0	0	0	0	0	0	0	0	0

教育学生情况(续表2)

单位:人

	专科															
	合计				普通开放				一村一				助力计划			
在籍生	毕业生	招生		在籍生	毕业生	招生		在籍生	毕业生	招生		在籍生	毕业生	招生		在籍生
		计	其中:春季			计	其中:春季			计	其中:春季			计	其中:春季	
0	44	79	37	527	44	13	8	458	0	0	0	0	0	66	29	69
0	95	60	33	381	95	47	20	368	0	0	0	0	0	13	13	13
0	65	33	20	398	65	33	20	398	0	0	0	0	0	0	0	0
0	42	0	0	321	42	0	0	321	0	0	0	0	0	0	0	0
0	0	0	0	139	0	0	0	139	0	0	0	0	0	0	0	0
0	146	337	202	1256	146	299	174	1187	0	0	0	0	0	38	28	69
0	4	0	0	45	4	0	0	45	0	0	0	0	0	0	0	0
0	827	751	364	2448	760	678	330	2214	67	73	34	234	0	0	0	0
0	0	0	0	0	0	0	0	0	0	0	0	0	0	0	0	0
0	0	0	0	7	0	0	0	7	0	0	0	0	0	0	0	0
0	252	0	0	364	252	0	0	364	0	0	0	0	0	0	0	0
0	103	172	33	608	103	172	33	608	0	0	0	0	0	0	0	0
0	336	646	298	1130	336	646	298	1130	0	0	0	0	0	0	0	0
0	62	112	53	241	62	112	53	241	0	0	0	0	0	0	0	0
0	29	11	2	156	29	11	2	156	0	0	0	0	0	0	0	0
0	8	2010	371	2679	8	2010	371	2679	0	0	0	0	0	0	0	0
0	0	0	0	1	0	0	0	1	0	0	0	0	0	0	0	0
0	4	0	0	18	4	0	0	18	0	0	0	0	0	0	0	0
0	111	0	0	18	111	0	0	18	0	0	0	0	0	0	0	0
0	0	0	0	7	0	0	0	7	0	0	0	0	0	0	0	0
0	47	0	0	60	47	0	0	60	0	0	0	0	0	0	0	0
0	0	715	435	814	0	0	0	0	0	0	0	0	0	715	435	814
0	0	92	35	697	0	0	0	0	0	0	0	0	0	92	35	697
0	0	35	4	401	0	0	0	0	0	0	0	0	0	35	4	401
0	0	819	205	819	0	0	0	0	0	0	0	0	0	819	205	819
0	**26996**	**25751**	**12425**	**84498**	**21407**	**20929**	**10214**	**68480**	**5589**	**4736**	**2176**	**15795**	**0**	**86**	**35**	**223**
0	13450	13016	6256	42122	11513	11411	5470	36832	1937	1582	771	5231	0	23	15	59
0	264	306	153	1271	264	305	152	1270	0	0	0	0	0	1	1	1
0	186	105	65	989	12	30	25	77	174	75	40	912	0	0	0	0
0	291	157	87	757	0	0	0	0	291	157	87	757	0	0	0	0
0	85	0	0	180	0	0	0	0	85	0	0	180	0	0	0	0
0	2	0	0	67	2	0	0	67	0	0	0	0	0	0	0	0
0	0	57	30	298	0	57	30	298	0	0	0	0	0	0	0	0
0	401	206	102	1408	399	206	102	1408	2	0	0	0	0	0	0	0
0	110	47	18	176	110	47	18	176	0	0	0	0	0	0	0	0
0	28	72	32	142	28	72	32	142	0	0	0	0	0	0	0	0
0	40	28	18	113	40	28	18	113	0	0	0	0	0	0	0	0
0	59	36	20	111	59	36	20	111	0	0	0	0	0	0	0	0
0	167	123	59	466	110	55	28	180	57	68	31	286	0	0	0	0
0	99	34	13	217	99	34	13	217	0	0	0	0	0	0	0	0

2.1 各学校开放

	合计				本科											
					合计				普通开放				一村一			
	毕业生	招生		在籍生	毕业生	招生		在籍生	毕业生	招生		在籍生	毕业生	招生		
		计	其中：春季			计	其中：春季			计	其中：春季			计	其中：春季	
石家庄广播电视大学元氏分校	28	28	0	136	1	8	0	28	1	8	0	28	0	0	0	
石家庄广播电视大学栾城分校	55	39	0	139	0	0	0	0	0	0	0	0	0	0	0	
石家庄广播电视大学深泽分校	18	13	5	43	0	4	2	4	0	4	2	4	0	0	0	
石家庄广播电视大学赞皇分校	0	0	0	56	0	0	0	0	0	0	0	0	0	0	0	
石家庄科技干部进修学院教学点	30	0	0	80	0	0	0	0	0	0	0	0	0	0	0	
石家庄市矿区电大工作站	141	149	83	471	0	24	18	91	0	24	18	91	0	0	0	
唐山广播电视大学	769	592	325	2694	253	266	151	1313	253	266	151	1313	0	0	0	
唐山广播电视大学丰润分校	240	225	155	656	0	0	0	1	0	0	0	1	0	0	0	
唐山广播电视大学玉田分校	564	612	346	1943	136	144	91	617	136	144	91	617	0	0	0	
唐山广播电视大学遵化分校	542	212	105	1584	131	15	15	447	131	15	15	447	0	0	0	
唐山广播电视大学迁西分校	701	316	200	1602	188	87	52	622	188	87	52	622	0	0	0	
唐山广播电视大学迁安分校	807	372	213	1704	254	123	72	611	254	123	72	611	0	0	0	
唐山广播电视大学丰南分校	970	834	420	2998	249	216	96	779	249	216	96	779	0	0	0	
唐山广播电视大学滦县分校	506	408	145	1661	114	77	34	394	114	77	34	394	0	0	0	
唐山广播电视大学滦南分校	49	29	23	104	0	0	0	0	0	0	0	0	0	0	0	
唐山广播电视大学乐亭分校	728	474	292	1927	202	129	81	694	202	129	81	694	0	0	0	
唐山广播电视大学唐海分校	387	525	265	1531	136	167	79	587	136	167	79	587	0	0	0	
唐山广播电视大学路南分校	154	98	50	426	0	0	0	0	0	0	0	0	0	0	0	
唐山广播电视大学古冶分校	582	330	199	1378	126	71	46	430	126	71	46	430	0	0	0	
唐山广播电视大学路北分校	11	41	1	85	0	0	0	0	0	0	0	0	0	0	0	
唐山广播电视大学开平分校	228	162	94	459	0	0	0	0	0	0	0	0	0	0	0	
唐山广播电视大学新区分校	6	0	0	25	0	0	0	0	0	0	0	0	0	0	0	
开平农广校	203	127	66	413	0	0	0	0	0	0	0	0	0	0	0	
迁安农广校	202	152	15	561	0	0	0	0	0	0	0	0	0	0	0	
唐山南堡经济开发区成人学校	0	102	67	377	0	3	0	3	0	3	0	3	0	0	0	
唐山市金桥中等专业学校	0	171	88	275	0	0	0	0	0	0	0	0	0	0	0	
秦皇岛广播电视大学	1238	948	510	4871	458	465	220	2129	458	465	220	2129	0	0	0	
秦皇岛广播电视大学青龙分校	302	253	131	1114	144	145	69	427	144	145	69	427	0	0	0	
秦皇岛广播电视大学昌黎分校	368	265	144	1051	131	89	51	363	131	89	51	363	0	0	0	
秦皇岛广播电视大学卢龙分校	482	627	318	1657	200	220	111	642	200	220	111	642	0	0	0	
山海关电大	102	75	40	212	0	0	0	0	0	0	0	0	0	0	0	
秦皇岛广播电视大学抚宁分校	242	263	132	605	102	99	48	292	102	99	48	292	0	0	0	
邯郸广播电视大学	1403	1458	627	5420	584	590	289	2495	584	590	289	2495	0	0	0	
邯郸广播电视大学武安分校	249	197	95	642	117	90	44	297	117	90	44	297	0	0	0	
邯郸广播电视大学曲周分校	224	219	115	592	89	75	47	238	89	75	47	238	0	0	0	
邯郸广播电视大学鸡泽分校	158	171	88	499	56	74	44	214	56	74	44	214	0	0	0	
邯郸广播电视大学峰峰矿区分校	283	229	133	723	86	73	49	199	86	73	49	199	0	0	0	
邯郸广播电视大学磁县分校	245	180	76	593	75	65	27	253	75	65	27	253	0	0	0	
邯郸广播电视大学大名分校	5	31	15	127	0	1	1	1	0	1	1	1	0	0	0	
邯郸广播电视大学涉县分校	137	98	52	436	60	36	15	152	60	36	15	152	0	0	0	

教育学生情况(续表3)

单位:人

	专科															
	合计				普通开放				一村一				助力计划			
在籍生	毕业生	招生		在籍生	毕业生	招生		在籍生	毕业生	招生		在籍生	毕业生	招生		在籍生
		计	其中:春季			计	其中:春季			计	其中:春季			计	其中:春季	
0	27	20	0	108	27	20	0	108	0	0	0	0	0	0	0	0
0	55	39	0	139	55	39	0	139	0	0	0	0	0	0	0	0
0	18	9	3	39	18	9	3	39	0	0	0	0	0	0	0	0
0	0	0	0	56	0	0	0	0	0	0	0	56	0	0	0	0
0	30	0	0	80	30	0	0	80	0	0	0	0	0	0	0	0
0	141	125	65	380	141	125	65	380	0	0	0	0	0	0	0	0
0	516	326	174	1381	516	326	174	1381	0	0	0	0	0	0	0	0
0	240	225	155	655	92	106	80	315	148	119	75	340	0	0	0	0
0	428	468	255	1326	205	276	147	827	223	192	108	499	0	0	0	0
0	411	197	90	1137	109	11	11	340	302	186	79	797	0	0	0	0
0	513	229	148	980	149	49	32	264	364	180	116	716	0	0	0	0
0	553	249	141	1093	553	249	141	1093	0	0	0	0	0	0	0	0
0	721	618	324	2219	643	588	307	1886	78	30	17	333	0	0	0	0
0	392	331	111	1267	274	173	101	880	118	158	10	387	0	0	0	0
0	49	29	23	104	49	29	23	104	0	0	0	0	0	0	0	0
0	526	345	211	1233	373	218	123	847	153	127	88	386	0	0	0	0
0	251	358	186	944	226	348	176	807	25	10	10	137	0	0	0	0
0	154	98	50	426	154	98	50	426	0	0	0	0	0	0	0	0
0	456	259	153	948	456	259	153	948	0	0	0	0	0	0	0	0
0	11	41	1	85	11	41	1	85	0	0	0	0	0	0	0	0
0	228	162	94	459	228	162	94	459	0	0	0	0	0	0	0	0
0	6	0	0	25	0	0	0	0	6	0	0	25	0	0	0	0
0	203	127	66	413	0	0	0	0	203	127	66	413	0	0	0	0
0	202	152	15	561	0	0	0	0	202	152	15	561	0	0	0	0
0	0	99	67	374	0	44	33	182	0	0	0	0	0	55	34	192
0	0	171	88	275	0	171	88	275	0	0	0	0	0	0	0	0
0	780	483	290	2742	779	483	290	2727	1	0	0	15	0	0	0	0
0	158	108	62	687	151	108	62	340	7	0	0	347	0	0	0	0
0	237	176	93	688	198	145	74	571	39	31	19	117	0	0	0	0
0	282	407	207	1015	282	407	207	1015	0	0	0	0	0	0	0	0
0	102	75	40	212	102	75	40	212	0	0	0	0	0	0	0	0
0	140	164	84	313	140	164	84	302	0	0	0	11	0	0	0	0
0	819	868	338	2925	760	837	327	2848	59	31	11	77	0	0	0	0
0	132	107	51	345	132	107	51	345	0	0	0	0	0	0	0	0
0	135	144	68	354	117	137	63	322	18	7	5	32	0	0	0	0
0	102	97	44	285	102	97	44	285	0	0	0	0	0	0	0	0
0	197	156	84	524	197	156	84	524	0	0	0	0	0	0	0	0
0	170	115	49	340	170	115	49	340	0	0	0	0	0	0	0	0
0	5	30	14	126	5	30	14	126	0	0	0	0	0	0	0	0
0	77	62	37	284	77	32	13	180	0	30	24	104	0	0	0	0

2.1 各学校开放

	合计				本科										
					合计				普通开放				一村一		
	毕业生	招生		在籍生	毕业生	招生		在籍生	毕业生	招生		在籍生	毕业生	招生	
		计	其中：春季			计	其中：春季			计	其中：春季			计	其中：春季
邯郸广播电视大学邱县工作站	72	131	48	334	0	41	14	103	0	41	14	103	0	0	0
邯郸广播电视大学馆陶分校	184	310	196	709	84	132	75	305	84	132	75	305	0	0	0
邯郸广播电视大学永年分校	509	483	236	1529	244	164	85	542	244	164	85	542	0	0	0
邯郸广播电视大学广平分校	41	68	36	180	0	19	9	35	0	19	9	35	0	0	0
邯郸广播电视大学魏县分校	0	65	24	118	0	31	12	31	0	31	12	31	0	0	0
邯郸广播电视大学肥乡分校	27	66	20	197	0	12	3	29	0	12	3	29	0	0	0
邯郸广播电视大学临漳分校	137	236	128	670	32	87	31	242	32	87	31	242	0	0	0
邯郸农校	62	0	0	13	0	0	0	0	0	0	0	0	0	0	0
邯郸市成安县电大工作站	51	171	115	382	0	60	44	132	0	60	44	132	0	0	0
承德广播电视大学	910	1102	457	3116	465	480	220	1458	465	480	220	1458	0	0	0
承德广播电视大学滦平分校	0	31	7	33	0	25	4	25	0	25	4	25	0	0	0
承德广播电视大学平泉分校	39	16	16	22	0	0	0	0	0	0	0	0	0	0	0
承德广播电视大学丰宁分校	0	56	32	56	0	0	0	0	0	0	0	0	0	0	0
承德广播电视大学宽城工作站	27	68	24	145	0	14	0	14	0	14	0	14	0	0	0
承德广播电视大学围场工作站	16	0	0	43	0	0	0	0	0	0	0	0	0	0	0
承德广播电视大学隆化分校	0	19	0	22	0	0	0	0	0	0	0	0	0	0	0
承德广播电视大学兴隆县分校	81	255	108	465	19	80	21	119	19	80	21	119	0	0	0
承德县工作站	0	44	14	45	0	6	0	6	0	6	0	6	0	0	0
邢台广播电视大学	1410	1043	536	6160	687	480	265	2982	687	480	265	2982	0	0	0
邢台广播电视大学宁晋分校	114	74	38	201	0	0	0	0	0	0	0	0	0	0	0
邢台广播电视大学巨鹿分校	99	74	33	199	0	1	0	1	0	1	0	1	0	0	0
邢台广播电视大学临西分校	114	183	108	594	79	91	60	330	79	91	60	330	0	0	0
邢台广播电视大学沙河分校	195	197	92	681	104	160	72	444	104	160	72	444	0	0	0
邢台广播电视大学任县工作站	188	463	228	1183	0	192	112	409	0	192	112	409	0	0	0
邢台广播电视大学威县分校	111	144	84	283	68	71	34	148	68	71	34	148	0	0	0
邢台广播电视大学广宗分校	24	80	0	218	0	30	0	62	0	30	0	62	0	0	0
邢台广播电视大学隆尧分校	22	58	12	185	0	0	0	0	0	0	0	0	0	0	0
邢台广播电视大学临城分校	0	5	0	5	0	0	0	0	0	0	0	0	0	0	0
邢台广播电视大学南宫分校.	6	63	41	128	0	0	0	0	0	0	0	0	0	0	0
邢台广播电视大学清河分校	66	80	41	337	0	23	6	98	0	23	6	98	0	0	0
邢台广播电视大学柏乡分校	0	36	22	85	0	0	0	0	0	0	0	0	0	0	0
邢台广播电视大学内邱分校	0	32	0	111	0	0	0	0	0	0	0	0	0	0	0
平乡县委党校	87	110	0	435	0	65	0	236	0	65	0	236	0	0	0
邢台南和县教师进修学校	0	106	50	339	0	0	0	0	0	0	0	0	0	0	0
保定广播电视大学	1738	1384	697	6075	704	520	246	2468	704	520	246	2468	0	0	0
保定广播电视大学涿州分校	683	686	322	2455	170	155	68	656	170	155	68	656	0	0	0
保定广播电视大学曲阳分校	421	660	212	1605	116	216	72	510	116	216	72	510	0	0	0
保定广播电视大学蠡县分校	326	352	126	885	152	88	37	272	152	88	37	272	0	0	0
保定广播电视大学涞源分校	1185	550	266	1874	294	192	91	680	294	192	91	680	0	0	0
保定广播电视大学雄县分校	100	81	16	510	35	4	3	198	35	4	3	198	0	0	0

教育学生情况(续表4)

单位:人

在籍生	专科															
	合计				普通开放				一村一				助力计划			
	毕业生	招生		在籍生	毕业生	招生		在籍生	毕业生	招生		在籍生	毕业生	招生		在籍生
		计	其中:春季			计	其中:春季			计	其中:春季			计	其中:春季	
0	72	90	34	231	72	90	34	231	0	0	0	0	0	0	0	0
0	100	178	121	404	100	177	121	396	0	1	0	8	0	0	0	0
0	265	319	151	987	257	299	142	939	8	20	9	48	0	0	0	0
0	41	49	27	145	41	49	27	145	0	0	0	0	0	0	0	0
0	0	34	12	87	0	34	12	87	0	0	0	0	0	0	0	0
0	27	54	17	168	27	54	17	168	0	0	0	0	0	0	0	0
0	105	149	97	428	104	139	87	333	1	10	10	95	0	0	0	0
0	62	0	0	13	0	0	0	0	62	0	0	13	0	0	0	0
0	51	111	71	250	51	111	71	250	0	0	0	0	0	0	0	0
0	445	622	237	1658	445	578	237	1614	0	44	0	44	0	0	0	0
0	0	6	3	8	0	4	3	6	0	2	0	2	0	0	0	0
0	39	16	16	22	39	16	16	22	0	0	0	0	0	0	0	0
0	0	56	32	56	0	56	32	56	0	0	0	0	0	0	0	0
0	27	54	24	131	27	54	24	131	0	0	0	0	0	0	0	0
0	16	0	0	43	0	0	0	2	16	0	0	41	0	0	0	0
0	0	19	0	22	0	19	0	22	0	0	0	0	0	0	0	0
0	62	175	87	346	62	106	68	277	0	64	19	64	0	5	0	5
0	0	38	14	39	0	38	14	39	0	0	0	0	0	0	0	0
0	723	563	271	3178	723	563	271	3178	0	0	0	0	0	0	0	0
0	114	74	38	201	114	74	38	201	0	0	0	0	0	0	0	0
0	99	73	33	198	37	30	13	77	62	43	20	121	0	0	0	0
0	35	92	48	264	35	92	48	264	0	0	0	0	0	0	0	0
0	91	37	20	237	75	37	20	208	16	0	0	29	0	0	0	0
0	188	271	116	774	188	252	116	710	0	19	0	64	0	0	0	0
0	43	73	50	135	43	65	42	127	0	8	8	8	0	0	0	0
0	24	50	0	156	24	50	0	156	0	0	0	0	0	0	0	0
0	22	58	12	185	22	58	12	185	0	0	0	0	0	0	0	0
0	0	5	0	5	0	5	0	5	0	0	0	0	0	0	0	0
0	6	63	41	128	6	63	41	128	0	0	0	0	0	0	0	0
0	66	57	35	239	66	57	35	239	0	0	0	0	0	0	0	0
0	0	36	22	85	0	36	22	85	0	0	0	0	0	0	0	0
0	0	32	0	111	0	32	0	111	0	0	0	0	0	0	0	0
0	87	45	0	199	87	45	0	199	0	0	0	0	0	0	0	0
0	0	106	50	339	0	106	50	339	0	0	0	0	0	0	0	0
0	1034	864	451	3607	1034	864	451	3607	0	0	0	0	0	0	0	0
0	513	531	254	1799	493	497	232	1724	20	34	22	75	0	0	0	0
0	305	444	140	1095	172	344	98	724	133	100	42	371	0	0	0	0
0	174	264	89	613	172	236	79	546	2	28	10	67	0	0	0	0
0	891	358	175	1194	152	69	32	239	739	289	143	955	0	0	0	0
0	65	77	13	312	51	50	10	172	14	27	3	140	0	0	0	0

	合计				本科										
					合计				普通开放				一村一		
	毕业生	招生		在籍生	毕业生	招生		在籍生	毕业生	招生		在籍生	毕业生	招生	
		计	其中：春季			计	其中：春季			计	其中：春季			计	其中：春季
保定广播电视大学定兴分校	387	516	258	1474	114	127	76	431	114	127	76	431	0	0	0
保定广播电视大学易县分校	414	487	210	1464	105	152	63	445	105	152	63	445	0	0	0
保定广播电视大学博野分校	164	230	88	632	31	60	26	202	31	60	26	202	0	0	0
保定广播电视大学安国分校	307	692	259	1487	47	83	31	249	47	83	31	249	0	0	0
保定广播电视大学望都分校	295	239	109	678	83	61	34	185	83	61	34	185	0	0	0
保定广播电视大学安新工作站	281	159	45	526	174	73	22	289	174	73	22	289	0	0	0
保定广播电视大学徐水分校	350	355	186	1008	59	65	28	225	59	65	28	225	0	0	0
保定广播电视大学容城分校	86	107	33	374	22	35	7	150	22	35	7	150	0	0	0
保定广播电视大学满城分校	592	570	266	1521	185	191	69	547	185	191	69	547	0	0	0
保定广播电视大学清苑分校	420	456	248	1214	81	84	43	255	81	84	43	255	0	0	0
保定广播电视大学涞水分校	625	991	476	2468	173	321	122	769	173	321	122	769	0	0	0
保定广播电视大学高阳分校	121	168	118	502	84	99	74	302	84	99	74	302	0	0	0
保定广播电视大学高碑店分校	477	463	222	1572	116	121	52	407	116	121	52	407	0	0	0
保定广播电视大学顺平分校	163	147	67	499	56	29	17	98	56	29	17	98	0	0	0
保定广播电视大学唐县分校	336	338	129	897	74	136	63	352	74	136	63	352	0	0	0
保定广播电视大学阜平分校	404	289	122	790	69	80	33	220	69	80	33	220	0	0	0
定州分校	0	0	0	8	0	0	0	0	0	0	0	0	0	0	0
张家口广播电视大学	339	474	290	1174	69	62	19	338	69	62	19	338	0	0	0
张家口广播电视大学怀来分校	405	425	214	954	87	111	53	334	87	111	53	334	0	0	0
张家口广播电视大学涿鹿分校	196	235	116	416	16	22	13	58	16	22	13	58	0	0	0
张家口广播电视大学蔚县分校	173	186	97	326	18	3	0	31	18	3	0	31	0	0	0
张家口广播电视大学阳原分校	99	148	46	328	28	13	6	81	28	13	6	81	0	0	0
张家口广播电视大学赤城分校	147	212	134	354	50	7	6	61	50	7	6	61	0	0	0
张家口广播电视大学万全电大	102	35	20	136	2	8	5	40	2	8	5	40	0	0	0
张家口广播电视大学尚义分校	0	73	52	193	0	0	0	0	0	0	0	0	0	0	0
张家口广播电视大学宣化分校	130	146	71	306	0	0	0	0	0	0	0	0	0	0	0
张家口广播电视大学沽源县分校	29	79	59	134	0	0	0	0	0	0	0	0	0	0	0
张家口广播电视大学张北分校	47	88	53	147	15	13	5	42	15	13	5	42	0	0	0
张家口广播电视大学康保分校	63	40	40	69	0	0	0	0	0	0	0	0	0	0	0
张家口广播电视大学怀安分校	24	0	0	32	0	0	0	0	0	0	0	0	0	0	0
沧州广播电视大学	1204	954	469	3583	691	500	272	1837	691	500	272	1837	0	0	0
沧州广播电视大学任丘分校	633	401	234	1338	273	211	134	645	273	211	134	645	0	0	0
沧州广播电视大学河间分校	495	463	212	1480	243	196	88	665	243	196	88	665	0	0	0
沧州广播电视大学泊头分校	0	15	10	20	0	0	0	0	0	0	0	0	0	0	0
沧州广播电视大学吴桥分校	253	200	63	753	70	81	30	268	70	81	30	268	0	0	0
沧州广播电视大学海兴分校	175	32	16	191	0	0	0	0	0	0	0	0	0	0	0
沧州广播电视大学黄骅分校	365	300	166	788	49	25	17	70	49	25	17	70	0	0	0
沧州广播电视大学盐山分校	87	251	103	575	0	89	36	163	0	89	36	163	0	0	0
沧州广播电视大学东光分校	0	66	35	82	0	0	0	0	0	0	0	0	0	0	0
沧州广播电视大学肃宁分校	119	54	23	283	0	0	0	0	0	0	0	0	0	0	0

教育学生情况(续表5)

单位:人

	专科															
	合计				普通开放				一村一				助力计划			
在籍生	毕业生	招生		在籍生	毕业生	招生		在籍生	毕业生	招生		在籍生	毕业生	招生		在籍生
		计	其中:春季			计	其中:春季			计	其中:春季			计	其中:春季	
0	273	389	182	1043	245	369	169	1001	28	20	13	42	0	0	0	0
0	309	335	147	1019	298	325	141	978	11	10	6	41	0	0	0	0
0	133	170	62	430	110	97	36	303	23	73	26	127	0	0	0	0
0	260	609	228	1238	185	503	195	1036	75	106	33	202	0	0	0	0
0	212	178	75	493	205	174	74	457	7	4	1	36	0	0	0	0
0	107	86	23	237	107	86	23	237	0	0	0	0	0	0	0	0
0	291	290	158	783	274	273	144	731	17	17	14	52	0	0	0	0
0	64	72	26	224	64	72	26	201	0	0	0	23	0	0	0	0
0	407	379	197	974	407	345	173	940	0	34	24	34	0	0	0	0
0	339	372	205	959	295	328	175	855	44	44	30	104	0	0	0	0
0	452	670	354	1699	364	488	257	1318	88	182	97	381	0	0	0	0
0	37	69	44	200	37	69	44	200	0	0	0	0	0	0	0	0
0	361	342	170	1165	205	174	93	669	156	168	77	496	0	0	0	0
0	107	118	50	401	37	52	20	160	70	66	30	241	0	0	0	0
0	262	202	66	545	247	202	66	530	15	0	0	15	0	0	0	0
0	335	209	89	570	322	209	89	568	13	0	0	2	0	0	0	0
0	0	0	0	8	0	0	0	8	0	0	0	0	0	0	0	0
0	270	412	271	836	136	268	163	600	134	144	108	236	0	0	0	0
0	318	314	161	620	253	138	62	367	65	176	99	253	0	0	0	0
0	180	213	103	358	44	59	27	112	136	154	76	246	0	0	0	0
0	155	183	97	295	59	179	97	204	96	4	0	91	0	0	0	0
0	71	135	40	247	62	124	33	222	9	11	7	25	0	0	0	0
0	97	205	128	293	79	205	128	291	18	0	0	2	0	0	0	0
0	100	27	15	96	13	5	4	25	87	22	11	71	0	0	0	0
0	0	73	52	193	0	0	0	0	0	73	52	193	0	0	0	0
0	130	146	71	306	61	17	12	97	69	129	59	209	0	0	0	0
0	29	79	59	134	0	0	0	0	29	79	59	134	0	0	0	0
0	32	75	48	105	12	3	2	22	20	72	46	83	0	0	0	0
0	63	40	40	69	0	8	8	8	63	32	32	61	0	0	0	0
0	24	0	0	32	0	0	0	0	24	0	0	32	0	0	0	0
0	513	454	197	1746	513	414	197	1621	0	40	0	125	0	0	0	0
0	360	190	100	693	360	178	100	648	0	12	0	45	0	0	0	0
0	252	267	124	815	252	238	124	717	0	29	0	98	0	0	0	0
0	0	15	10	20	0	15	10	20	0	0	0	0	0	0	0	0
0	183	119	33	485	183	64	33	350	0	55	0	135	0	0	0	0
0	175	32	16	191	21	32	16	73	154	0	0	118	0	0	0	0
0	316	275	149	718	316	263	149	687	0	12	0	31	0	0	0	0
0	87	162	67	412	87	139	67	339	0	23	0	73	0	0	0	0
0	0	66	35	82	0	66	35	82	0	0	0	0	0	0	0	0
0	119	54	23	283	119	49	23	226	0	5	0	57	0	0	0	0

2.1 各学校开放

	合计				本科										
					合计				普通开放				一村一		
	毕业生	招生		在籍生	毕业生	招生		在籍生	毕业生	招生		在籍生	毕业生	招生	
		计	其中：春季			计	其中：春季			计	其中：春季			计	其中：春季
廊坊广播电视大学	154	321	74	1051	80	91	28	413	80	91	28	413	0	0	0
廊坊广播电视大学三河分校	116	96	63	296	0	0	0	0	0	0	0	0	0	0	0
廊坊广播电视大学香河分校	339	329	166	998	112	139	90	467	112	139	90	467	0	0	0
廊坊广播电视大学文安分校	244	170	65	484	116	47	25	165	116	47	25	165	0	0	0
廊坊广播电视大学固安分校	89	171	71	427	18	54	20	123	18	54	20	123	0	0	0
廊坊广播电视大学霸州分校	7	95	43	155	1	24	11	41	1	24	11	41	0	0	0
廊坊广播电视大学永清分校	175	152	84	391	46	27	18	89	46	27	18	89	0	0	0
廊坊广播电视大学大城分校	205	253	87	671	88	77	26	208	88	77	26	208	0	0	0
廊坊广播电视大学大厂分校	87	41	24	111	0	0	0	0	0	0	0	0	0	0	0
廊坊广播电视大学开发区分校	168	79	31	347	0	0	0	0	0	0	0	0	0	0	0
衡水广播电视大学	1407	941	483	5684	562	446	236	2220	562	446	236	2220	0	0	0
衡水广播电视大学安平分校	148	210	108	530	72	119	64	293	72	119	64	293	0	0	0
衡水广播电视大学饶阳分校	134	157	95	444	78	97	65	247	78	97	65	247	0	0	0
衡水广播电视大学枣强分校	35	226	111	320	0	117	80	117	0	117	80	117	0	0	0
衡水电大故城县教师进修学校教学点	0	67	67	67	0	0	0	0	0	0	0	0	0	0	0
衡水电大阜城县教师进修学校教学点	0	46	27	88	0	0	0	0	0	0	0	0	0	0	0
衡水电大景县县教师进修学校教学点	0	146	78	178	0	20	0	20	0	20	0	20	0	0	0
衡水电大武强教师进修学校教学点	0	57	13	57	0	25	0	25	0	25	0	25	0	0	0
河北广播电视大学省直分校	26	0	0	270	0	0	0	0	0	0	0	0	0	0	0
省统计局培训中心	0	0	0	1	0	0	0	1	0	0	0	1	0	0	0
保定金专	1	0	0	22	1	0	0	22	1	0	0	22	0	0	0
保定机械电子技工学校	78	0	0	171	0	0	0	0	0	0	0	0	0	0	0
河北电大中德合力石家庄教学点	36	0	0	62	0	0	0	0	0	0	0	0	0	0	0
石家庄职业技术教育中心	8	0	0	15	0	0	0	0	0	0	0	0	0	0	0
定州电大	476	666	314	1937	177	222	110	703	177	222	110	703	0	0	0
辛集电大直属	0	34	0	34	0	10	0	10	0	10	0	10	0	0	0
山西	**19000**	**11706**	**6027**	**53541**	**5417**	**4428**	**2231**	**18124**	**5417**	**4428**	**2231**	**18124**	**0**	**0**	**0**
其中：女	9379	5423	2856	24283	2945	2352	1209	9269	2945	2352	1209	9269	0	0	0
山西电大省直属教学点	586	373	181	2366	268	195	88	1086	268	195	88	1086	0	0	0
省直同煤集团党校教学点	231	58	0	388	15	20	0	46	15	20	0	46	0	0	0
大同机车技师学院学习中心	87	331	197	1018	0	0	0	0	0	0	0	0	0	0	0
省直属大同大学教学点	60	0	0	39	15	0	0	9	15	0	0	9	0	0	0
太原电大直属教学点	169	125	53	834	56	65	26	262	56	65	26	262	0	0	0
太原电大杏花岭区教学点	11	7	7	26	6	3	3	10	6	3	3	10	0	0	0
太原电大万柏林区教学点	64	33	13	157	12	22	7	77	12	22	7	77	0	0	0
太原电大小店区教学点	66	28	7	159	34	16	5	67	34	16	5	67	0	0	0
太原市晋源区电大工作站	36	44	12	125	0	0	0	0	0	0	0	0	0	0	0
太原电大清徐县教学点	117	72	32	260	1	0	0	12	1	0	0	12	0	0	0
古交市电大工作站	43	12	5	77	0	0	0	0	0	0	0	0	0	0	0
太原电大卫校教学点	76	15	15	176	12	8	8	51	12	8	8	51	0	0	0

教育学生情况(续表6)

单位:人

	专科															
	合计				普通开放				一村一				助力计划			
		招生				招生				招生				招生		
在籍生	毕业生	计	其中:春季	在籍生	毕业生	计	其中:春季	在籍生	毕业生	计	其中:春季	在籍生	毕业生	计	其中:春季	在籍生
0	74	230	46	638	74	119	38	494	0	111	8	144	0	0	0	0
0	116	96	63	296	0	0	0	0	116	96	63	296	0	0	0	0
0	227	190	76	531	213	183	72	491	14	7	4	40	0	0	0	0
0	128	123	40	319	75	23	11	81	53	100	29	238	0	0	0	0
0	71	117	51	304	59	102	42	242	12	15	9	62	0	0	0	0
0	6	71	32	114	6	71	32	114	0	0	0	0	0	0	0	0
0	129	125	66	302	97	77	52	216	32	23	14	61	0	25	0	25
0	117	176	61	463	86	121	44	309	31	55	17	154	0	0	0	0
0	87	41	24	111	70	25	12	66	17	16	12	45	0	0	0	0
0	168	79	31	347	128	33	9	285	40	46	22	62	0	0	0	0
0	845	495	247	3464	653	481	247	2622	192	14	0	842	0	0	0	0
0	76	91	44	237	76	91	44	237	0	0	0	0	0	0	0	0
0	56	60	30	197	56	56	30	193	0	4	0	4	0	0	0	0
0	35	109	31	203	35	73	31	167	0	36	0	36	0	0	0	0
0	0	67	67	67	0	67	67	67	0	0	0	0	0	0	0	0
0	0	46	27	88	0	46	27	88	0	0	0	0	0	0	0	0
0	0	126	78	158	0	99	78	131	0	27	0	27	0	0	0	0
0	0	32	13	32	0	32	13	32	0	0	0	0	0	0	0	0
0	26	0	0	270	26	0	0	270	0	0	0	0	0	0	0	0
0	0	0	0	0	0	0	0	0	0	0	0	0	0	0	0	0
0	0	0	0	0	0	0	0	0	0	0	0	0	0	0	0	0
0	78	0	0	171	78	0	0	171	0	0	0	0	0	0	0	0
0	36	0	0	62	36	0	0	62	0	0	0	0	0	0	0	0
0	8	0	0	15	8	0	0	15	0	0	0	0	0	0	0	0
0	299	444	204	1234	296	423	193	1197	3	21	11	37	0	0	0	0
0	0	24	0	24	0	24	0	24	0	0	0	0	0	0	0	0
0	**13583**	**7278**	**3796**	**35417**	**12986**	**6237**	**3217**	**33100**	**597**	**324**	**195**	**1247**	**0**	**717**	**384**	**1070**
0	6434	3071	1647	15014	6196	2844	1502	14404	238	130	76	491	0	97	69	119
0	318	178	93	1280	318	178	93	1280	0	0	0	0	0	0	0	0
0	216	38	0	342	216	38	0	317	0	0	0	0	0	0	0	25
0	87	331	197	1018	87	331	197	1018	0	0	0	0	0	0	0	0
0	45	0	0	30	45	0	0	30	0	0	0	0	0	0	0	0
0	113	60	27	572	113	60	27	572	0	0	0	0	0	0	0	0
0	5	4	4	16	5	4	4	16	0	0	0	0	0	0	0	0
0	52	11	6	80	52	11	6	80	0	0	0	0	0	0	0	0
0	32	12	2	92	32	12	2	92	0	0	0	0	0	0	0	0
0	36	44	12	125	36	44	12	125	0	0	0	0	0	0	0	0
0	116	72	32	248	36	6	0	58	80	63	30	182	0	3	2	8
0	43	12	5	77	43	12	5	77	0	0	0	0	0	0	0	0
0	64	7	7	125	64	7	7	125	0	0	0	0	0	0	0	0

2.1 各学校开放

	合计				本科										
					合计				普通开放				一村一		
	毕业生	招生		在籍生	毕业生	招生		在籍生	毕业生	招生		在籍生	毕业生	招生	
		计	其中：春季			计	其中：春季			计	其中：春季			计	其中：春季
娄烦县教师进修学校	19	0	0	16	0	0	0	0	0	0	0	0	0	0	0
太原电大新化教学点	0	0	0	12	0	0	0	0	0	0	0	0	0	0	0
太原电大阳曲县教学点	0	0	0	4	0	0	0	0	0	0	0	0	0	0	0
太原电大教育培训教学点	0	23	0	23	0	0	0	0	0	0	0	0	0	0	0
大同电大直属教学点	113	121	46	402	41	49	18	170	41	49	18	170	0	0	0
大同电大灵丘县教学点	6	0	0	8	0	0	0	0	0	0	0	0	0	0	0
大同电大阳高县教学点	69	24	14	135	10	6	3	44	10	6	3	44	0	0	0
大同电大浑源县教学点	136	68	26	240	31	21	9	88	31	21	9	88	0	0	0
大同电大南郊区教学点	0	0	0	105	0	0	0	0	0	0	0	0	0	0	0
大同电大天镇县教学点	9	7	7	37	5	2	2	13	5	2	2	13	0	0	0
大同市大同县教师进修学校	4	0	0	14	0	0	0	0	0	0	0	0	0	0	0
山西电大左云县工作站	0	0	0	1	0	0	0	0	0	0	0	0	0	0	0
大同电大新荣区教学点	1	0	0	0	1	0	0	0	1	0	0	0	0	0	0
大同电大广灵县教学点	0	0	0	3	0	0	0	0	0	0	0	0	0	0	0
阳泉电大直属教学点	142	47	15	579	59	26	7	278	59	26	7	278	0	0	0
阳泉电大盂县教学点	90	0	0	123	17	0	0	33	17	0	0	33	0	0	0
阳泉电大阳煤教学点	269	76	47	968	60	21	9	280	60	21	9	280	0	0	0
阳泉电大郊区教学点	96	87	40	285	17	32	17	85	17	32	17	85	0	0	0
阳泉电大晋东厂教学点	257	175	84	682	31	52	29	173	31	52	29	173	0	0	0
阳泉电大平定县教学点	64	42	23	172	7	6	1	31	7	6	1	31	0	0	0
长治电大直属教学点	611	490	249	2499	256	213	101	856	256	213	101	856	0	0	0
长治分校长子教学点	243	173	74	644	80	82	25	217	80	82	25	217	0	0	0
长治电大潞城市教学点	202	113	48	580	18	32	11	81	18	32	11	81	0	0	0
长治电大黎城县教学点	45	50	27	212	0	0	0	0	0	0	0	0	0	0	0
长治电大屯留县教学点	271	168	101	771	82	57	31	237	82	57	31	237	0	0	0
长治电大壶关县教学点	13	9	3	26	0	0	0	0	0	0	0	0	0	0	0
长治电大沁源县教学点	293	201	131	879	103	78	49	298	103	78	49	298	0	0	0
长治电大潞安职校教学点	473	227	117	1092	95	88	49	255	95	88	49	255	0	0	0
长治电大襄垣县教学点	469	231	129	1023	35	37	21	89	35	37	21	89	0	0	0
沁县教师进修学校	157	139	73	473	73	73	36	195	73	73	36	195	0	0	0
晋城电大直属教学点	272	113	48	825	100	73	32	402	100	73	32	402	0	0	0
晋城阳城县教师进修校	9	6	0	13	3	6	0	10	3	6	0	10	0	0	0
晋城电大高平市教学点	107	22	8	142	24	8	0	31	24	8	0	31	0	0	0
晋城电大城区教学点	8	2	2	25	0	0	0	0	0	0	0	0	0	0	0
晋城市泽州县教学点	365	0	0	400	11	0	0	34	11	0	0	34	0	0	0
忻州电大直属教学点	23	0	0	74	19	0	0	53	19	0	0	53	0	0	0
忻府区教师进修校	294	164	92	494	104	87	48	209	104	87	48	209	0	0	0
忻州电大河曲县教学点	152	5	0	289	48	4	0	120	48	4	0	120	0	0	0
忻州电大保德县教学点	214	111	53	502	110	55	21	235	110	55	21	235	0	0	0
忻州电大偏关县教学点	41	0	0	187	7	0	0	90	7	0	0	90	0	0	0

教育学生情况(续表7)

单位:人

	专科															
	合计				普通开放				一村一				助力计划			
在籍生	毕业生	招生		在籍生	毕业生	招生		在籍生	毕业生	招生		在籍生	毕业生	招生		在籍生
		计	其中:春季			计	其中:春季			计	其中:春季			计	其中:春季	
0	19	0	0	16	19	0	0	16	0	0	0	0	0	0	0	0
0	0	0	0	12	0	0	0	12	0	0	0	0	0	0	0	0
0	0	0	0	4	0	0	0	4	0	0	0	0	0	0	0	0
0	0	23	0	23	0	23	0	23	0	0	0	0	0	0	0	0
0	72	72	28	232	72	72	28	232	0	0	0	0	0	0	0	0
0	6	0	0	8	0	0	0	0	6	0	0	8	0	0	0	0
0	59	18	11	91	59	18	11	91	0	0	0	0	0	0	0	0
0	105	47	17	152	105	47	17	152	0	0	0	0	0	0	0	0
0	0	0	0	105	0	0	0	105	0	0	0	0	0	0	0	0
0	4	5	5	24	4	5	5	24	0	0	0	0	0	0	0	0
0	4	0	0	14	4	0	0	14	0	0	0	0	0	0	0	0
0	0	0	0	1	0	0	0	1	0	0	0	0	0	0	0	0
0	0	0	0	0	0	0	0	0	0	0	0	0	0	0	0	0
0	0	0	0	3	0	0	0	3	0	0	0	0	0	0	0	0
0	83	21	8	301	83	21	8	301	0	0	0	0	0	0	0	0
0	73	0	0	90	73	0	0	90	0	0	0	0	0	0	0	0
0	209	55	38	688	209	29	22	634	0	0	0	0	0	26	16	54
0	79	55	23	200	79	49	21	185	0	0	0	0	0	6	2	15
0	226	123	55	509	226	123	55	509	0	0	0	0	0	0	0	0
0	57	36	22	141	57	36	22	141	0	0	0	0	0	0	0	0
0	355	277	148	1643	355	274	146	1640	0	0	0	0	0	3	2	3
0	163	91	49	427	163	91	49	427	0	0	0	0	0	0	0	0
0	184	81	37	499	184	81	37	499	0	0	0	0	0	0	0	0
0	45	50	27	212	45	50	27	212	0	0	0	0	0	0	0	0
0	189	111	70	534	189	92	58	503	0	0	0	0	0	19	12	31
0	13	9	3	26	13	9	3	26	0	0	0	0	0	0	0	0
0	190	123	82	581	190	98	68	540	0	0	0	0	0	25	14	41
0	378	139	68	837	378	54	22	680	0	0	0	0	0	85	46	157
0	434	194	108	934	434	136	71	807	0	0	0	0	0	58	37	127
0	84	66	37	278	84	66	37	278	0	0	0	0	0	0	0	0
0	172	40	16	423	172	38	16	421	0	0	0	0	0	2	0	2
0	6	0	0	3	6	0	0	3	0	0	0	0	0	0	0	0
0	83	14	8	111	83	14	8	111	0	0	0	0	0	0	0	0
0	8	2	2	25	8	2	2	25	0	0	0	0	0	0	0	0
0	354	0	0	366	354	0	0	366	0	0	0	0	0	0	0	0
0	4	0	0	21	4	0	0	21	0	0	0	0	0	0	0	0
0	190	77	44	285	190	77	44	285	0	0	0	0	0	0	0	0
0	104	1	0	169	104	1	0	169	0	0	0	0	0	0	0	0
0	104	56	32	267	104	45	27	226	0	0	0	10	0	11	5	31
0	34	0	0	97	34	0	0	97	0	0	0	0	0	0	0	0

2.1 各学校开放

	合计				本科										
					合计				普通开放				一村一		
	毕业生	招生		在籍生	毕业生	招生		在籍生	毕业生	招生		在籍生	毕业生	招生	
		计	其中：春季			计	其中：春季			计	其中：春季			计	其中：春季
忻州电大五寨县教学点	266	63	17	323	137	35	5	171	137	35	5	171	0	0	0
忻州电大五台县教学点	136	215	90	569	55	88	43	271	55	88	43	271	0	0	0
忻州电大商校教学点	13	10	7	81	4	4	3	22	4	4	3	22	0	0	0
忻州电大宁武县教学点	133	7	5	225	21	7	5	91	21	7	5	91	0	0	0
忻州电大岢岚县教学点	38	40	23	167	15	15	8	85	15	15	8	85	0	0	0
忻州电大静乐县教学点	209	124	50	500	81	55	15	246	81	55	15	246	0	0	0
代县教师进修学校	30	0	0	18	0	0	0	0	0	0	0	0	0	0	0
晋中电大直属教学点	500	128	58	1321	195	68	29	563	195	68	29	563	0	0	0
晋中电大介休市教学点	634	386	211	1872	191	179	94	690	191	179	94	690	0	0	0
晋中电大昔阳县教学点	130	76	50	256	33	12	9	64	33	12	9	64	0	0	0
晋中电大平遥县教学点	177	81	45	337	63	37	17	130	63	37	17	130	0	0	0
晋中电大太谷县教学点	72	33	7	139	37	14	4	79	37	14	4	79	0	0	0
晋中电大祁县教学点	131	91	56	314	47	30	15	128	47	30	15	128	0	0	0
晋中电大左权县教学点	114	36	21	274	18	15	10	89	18	15	10	89	0	0	0
晋中电大和顺县教学点	113	57	33	249	23	20	15	69	23	20	15	69	0	0	0
晋中电大榆社县教学点	113	96	56	289	22	24	14	93	22	24	14	93	0	0	0
晋中电大寿阳县教学点	18	48	36	291	4	21	15	137	4	21	15	137	0	0	0
晋中电大灵石县教学点	42	46	26	137	6	12	7	46	6	12	7	46	0	0	0
吕梁电大直属教学点	420	235	126	1142	198	126	68	584	198	126	68	584	0	0	0
吕梁电大方山县教学点	145	69	38	264	34	20	8	74	34	20	8	74	0	0	0
吕梁电大交城县教学点	37	46	14	170	9	14	3	83	9	14	3	83	0	0	0
吕梁电大文水县教学点	6	1	0	28	0	0	0	0	0	0	0	0	0	0	0
吕梁电大临县教学点	0	0	0	12	0	0	0	0	0	0	0	0	0	0	0
吕梁电大兴县教学点	151	110	46	384	36	36	17	139	36	36	17	139	0	0	0
吕梁电大中阳县教学点	63	41	24	180	23	17	15	72	23	17	15	72	0	0	0
吕梁电大岚县教学点	78	0	0	28	35	0	0	7	35	0	0	7	0	0	0
吕梁电大孝义市教学点	157	50	19	405	80	30	11	104	80	30	11	104	0	0	0
吕梁电大石楼县教学点	70	32	12	119	16	12	3	49	16	12	3	49	0	0	0
吕梁电大交口县教学点	224	81	40	486	17	26	11	178	17	26	11	178	0	0	0
孝义供电支公司教培中心	74	8	4	107	0	0	0	0	0	0	0	0	0	0	0
临汾电大直属教学点	639	97	53	679	67	47	29	272	67	47	29	272	0	0	0
临汾电大乡宁县教学点	82	50	27	217	42	45	23	132	42	45	23	132	0	0	0
临汾电大安泽县教学点	130	33	18	204	38	17	8	76	38	17	8	76	0	0	0
临汾电大洪洞县教学点	60	100	16	196	2	2	2	14	2	2	2	14	0	0	0
临汾电大隰县教学点	71	1	1	52	7	0	0	9	7	0	0	9	0	0	0
临汾电大翼城县教学点	64	0	0	68	9	0	0	17	9	0	0	17	0	0	0
临汾电大汾西县教学点	92	37	21	156	20	7	5	49	20	7	5	49	0	0	0
临汾电大霍州市教学点	149	56	32	326	11	20	12	87	11	20	12	87	0	0	0
临汾电大浮山县教学点	20	0	0	18	0	0	0	0	0	0	0	0	0	0	0
吉县车城联校	127	38	22	170	0	0	0	0	0	0	0	0	0	0	0

教育学生情况(续表8)

单位:人

	专科															
	合计				普通开放				一村一				助力计划			
在籍生	毕业生	招生 计	招生 其中:春季	在籍生	毕业生	招生 计	招生 其中:春季	在籍生	毕业生	招生 计	招生 其中:春季	在籍生	毕业生	招生 计	招生 其中:春季	在籍生
0	129	28	12	152	129	28	12	152	0	0	0	0	0	0	0	0
0	81	127	47	298	81	127	47	298	0	0	0	0	0	0	0	0
0	9	6	4	59	9	6	4	59	0	0	0	0	0	0	0	0
0	112	0	0	134	112	0	0	133	0	0	0	0	0	0	0	1
0	23	25	15	82	23	25	15	82	0	0	0	0	0	0	0	0
0	128	69	35	254	128	69	35	254	0	0	0	0	0	0	0	0
0	30	0	0	18	30	0	0	18	0	0	0	0	0	0	0	0
0	305	60	29	758	305	60	29	757	0	0	0	0	0	0	0	1
0	443	207	117	1182	443	186	110	1129	0	0	0	0	0	21	7	53
0	97	64	41	192	28	13	9	60	69	51	32	132	0	0	0	0
0	114	44	28	207	114	44	28	203	0	0	0	0	0	0	0	4
0	35	19	3	60	35	19	3	60	0	0	0	0	0	0	0	0
0	84	61	41	186	84	61	41	186	0	0	0	0	0	0	0	0
0	96	21	11	185	96	20	10	177	0	1	1	8	0	0	0	0
0	90	37	18	180	90	37	18	180	0	0	0	0	0	0	0	0
0	91	72	42	196	91	72	42	196	0	0	0	0	0	0	0	0
0	14	27	21	154	14	24	18	148	0	0	0	0	0	3	3	6
0	36	34	19	91	36	32	17	87	0	0	0	0	0	2	2	4
0	222	109	58	558	222	109	58	558	0	0	0	0	0	0	0	0
0	111	49	30	190	28	11	4	46	83	38	26	144	0	0	0	0
0	28	32	11	87	28	32	11	87	0	0	0	0	0	0	0	0
0	6	1	0	28	6	1	0	28	0	0	0	0	0	0	0	0
0	0	0	0	12	0	0	0	12	0	0	0	0	0	0	0	0
0	115	74	29	245	115	70	28	234	0	0	0	1	0	4	1	10
0	40	24	9	108	40	24	9	108	0	0	0	0	0	0	0	0
0	43	0	0	21	43	0	0	21	0	0	0	0	0	0	0	0
0	77	20	8	301	77	20	8	301	0	0	0	0	0	0	0	0
0	54	20	9	70	54	20	9	70	0	0	0	0	0	0	0	0
0	207	55	29	308	105	37	15	213	102	18	14	95	0	0	0	0
0	74	8	4	107	74	8	4	107	0	0	0	0	0	0	0	0
0	572	50	24	407	572	50	24	407	0	0	0	0	0	0	0	0
0	40	5	4	85	40	5	4	85	0	0	0	0	0	0	0	0
0	92	16	10	128	92	16	10	128	0	0	0	0	0	0	0	0
0	58	98	14	182	58	49	14	133	0	0	0	0	0	49	0	49
0	64	1	1	43	64	1	1	43	0	0	0	0	0	0	0	0
0	55	0	0	51	55	0	0	51	0	0	0	0	0	0	0	0
0	72	30	16	107	72	29	15	106	0	0	0	0	0	1	1	1
0	138	36	20	239	138	36	20	239	0	0	0	0	0	0	0	0
0	20	0	0	18	20	0	0	18	0	0	0	0	0	0	0	0
0	127	38	22	170	127	38	22	166	0	0	0	0	0	0	0	4

2.1 各学校开放

	合计				本科										
					合计				普通开放				一村一		
	毕业生	招生		在籍生	毕业生	招生		在籍生	毕业生	招生		在籍生	毕业生	招生	
		计	其中:春季			计	其中:春季			计	其中:春季			计	其中:春季
曲沃县职业高级中学	12	0	0	7	0	0	0	0	0	0	0	0	0	0	0
大宁县委党校	9	0	0	3	0	0	0	0	0	0	0	0	0	0	0
临汾市教师进修学校	15	12	12	26	0	0	0	0	0	0	0	0	0	0	0
中共蒲县县委党校	68	0	0	71	0	0	0	0	0	0	0	0	0	0	0
运城电大直属教学点	942	772	497	2710	315	220	118	839	315	220	118	839	0	0	0
运城电大河津市教学点	105	124	82	488	15	51	40	199	15	51	40	199	0	0	0
运城电大万荣县教学点	60	26	5	151	16	13	2	63	16	13	2	63	0	0	0
运城电大芮城县教学点	71	41	32	202	25	17	14	85	25	17	14	85	0	0	0
运城电大垣曲县教学点	112	141	55	596	58	87	32	287	58	87	32	287	0	0	0
运城电大夏县教学点	27	0	0	96	13	0	0	42	13	0	0	42	0	0	0
运城电大闻喜县教学点	72	111	57	431	30	47	25	176	30	47	25	176	0	0	0
运城电大临猗县教学点	30	78	50	144	10	38	25	72	10	38	25	72	0	0	0
运城电大永济市教学点	45	74	53	313	17	41	30	154	17	41	30	154	0	0	0
运城电大稷山县教学点	99	47	0	324	16	15	0	87	16	15	0	87	0	0	0
运城电大平陆县教学点	46	49	43	515	3	23	22	103	3	23	22	103	0	0	0
一村一农科技教学点	0	0	0	1	0	0	0	0	0	0	0	0	0	0	0
运城电大新绛县教学点	0	7	7	17	0	0	0	0	0	0	0	0	0	0	0
运城电大绛县教学点	9	50	26	125	0	20	13	20	0	20	13	20	0	0	0
运城盐湖教学点	0	0	0	13	0	0	0	0	0	0	0	0	0	0	0
朔州电大直属教学点	739	747	436	2490	284	368	215	1134	284	368	215	1134	0	0	0
朔州电大平鲁区教学点	119	144	93	472	58	76	43	205	58	76	43	205	0	0	0
朔州电大山阴县教学点	186	97	40	342	59	56	22	158	59	56	22	158	0	0	0
朔州电大怀仁县教学点	187	128	78	448	56	48	24	182	56	48	24	182	0	0	0
朔州电大应县教学点	176	198	117	536	73	96	63	244	73	96	63	244	0	0	0
中条山电大直属教学点	376	370	185	1309	126	169	82	486	126	169	82	486	0	0	0
公路电大直属教学点	284	122	63	748	99	62	35	344	99	62	35	344	0	0	0
省农广校直属教学点	64	41	27	165	0	0	0	0	0	0	0	0	0	0	0
农广校武乡教学点	0	0	0	1	0	0	0	0	0	0	0	0	0	0	0
省统计局直属教学点	987	552	260	2324	264	232	107	742	264	232	107	742	0	0	0
省直中化学习中心教学点	400	456	214	1996	134	116	67	692	134	116	67	692	0	0	0
省直柳林学习中心教学点	120	43	15	286	40	14	4	88	40	14	4	88	0	0	0
省直侯马学习中心教学点	200	28	0	409	68	11	0	164	68	11	0	164	0	0	0
省直临汾工商校学习中心教学点	170	115	65	567	59	53	27	198	59	53	27	198	0	0	0
省直原平学习中心教学点	151	0	0	127	64	0	0	44	64	0	0	44	0	0	0
省直繁峙学习中心教学点	232	178	94	610	53	63	42	169	53	63	42	169	0	0	0
山西电大中专部	76	320	131	1100	0	0	0	0	0	0	0	0	0	0	0
太原瀚源学习中心	0	21	7	21	0	0	0	0	0	0	0	0	0	0	0
内蒙古	**21643**	**31119**	**15483**	**88712**	**8342**	**12449**	**5869**	**34946**	**8342**	**12449**	**5869**	**34946**	**0**	**0**	**0**
其中:女	9211	12837	6174	36603	4025	6219	2846	16717	4025	6219	2846	16717	0	0	0
呼和浩特市电大	1004	1883	1035	5895	559	1067	559	2956	559	1067	559	2956	0	0	0

教育学生情况(续表9)

单位:人

	专科															
	合计				普通开放				一村一				助力计划			
在籍生	毕业生	招生		在籍生	毕业生	招生		在籍生	毕业生	招生		在籍生	毕业生	招生		在籍生
		计	其中:春季			计	其中:春季			计	其中:春季			计	其中:春季	
0	12	0	0	7	12	0	0	7	0	0	0	0	0	0	0	0
0	9	0	0	3	9	0	0	3	0	0	0	0	0	0	0	0
0	15	12	12	26	15	12	12	26	0	0	0	0	0	0	0	0
0	68	0	0	71	68	0	0	71	0	0	0	0	0	0	0	0
0	627	552	379	1871	570	256	136	1448	57	33	31	159	0	263	212	264
0	90	73	42	289	88	73	42	274	2	0	0	15	0	0	0	0
0	44	13	3	88	33	13	3	83	11	0	0	5	0	0	0	0
0	46	24	18	117	46	24	18	117	0	0	0	0	0	0	0	0
0	54	54	23	309	54	54	23	309	0	0	0	0	0	0	0	0
0	14	0	0	54	14	0	0	54	0	0	0	0	0	0	0	0
0	42	64	32	255	42	64	32	255	0	0	0	0	0	0	0	0
0	20	40	25	72	20	40	25	72	0	0	0	0	0	0	0	0
0	28	33	23	159	28	33	23	159	0	0	0	0	0	0	0	0
0	83	32	0	237	83	32	0	237	0	0	0	0	0	0	0	0
0	43	26	21	412	11	6	2	301	32	20	19	111	0	0	0	0
0	0	0	0	1	0	0	0	0	0	0	0	1	0	0	0	0
0	0	7	7	17	0	7	7	17	0	0	0	0	0	0	0	0
0	9	30	13	105	9	30	13	105	0	0	0	0	0	0	0	0
0	0	0	0	13	0	0	0	13	0	0	0	0	0	0	0	0
0	455	379	221	1356	455	357	214	1319	0	0	0	0	0	22	7	37
0	61	68	50	267	61	68	50	263	0	0	0	4	0	0	0	0
0	127	41	18	184	127	41	18	184	0	0	0	0	0	0	0	0
0	131	80	54	266	131	80	54	261	0	0	0	0	0	0	0	5
0	103	102	54	292	103	102	54	292	0	0	0	0	0	0	0	0
0	250	201	103	823	250	187	96	793	0	0	0	0	0	14	7	30
0	185	60	28	404	185	51	28	395	0	9	0	9	0	0	0	0
0	64	41	27	165	64	41	27	165	0	0	0	0	0	0	0	0
0	0	0	0	1	0	0	0	1	0	0	0	0	0	0	0	0
0	723	320	153	1582	723	320	153	1582	0	0	0	0	0	0	0	0
0	266	340	147	1304	266	261	146	1218	0	0	0	0	0	79	1	86
0	80	29	11	198	80	29	11	198	0	0	0	0	0	0	0	0
0	132	17	0	245	132	17	0	245	0	0	0	0	0	0	0	0
0	111	62	38	369	111	62	38	369	0	0	0	0	0	0	0	0
0	87	0	0	83	87	0	0	83	0	0	0	0	0	0	0	0
0	179	115	52	441	24	24	10	78	155	91	42	363	0	0	0	0
0	76	320	131	1100	76	320	131	1100	0	0	0	0	0	0	0	0
0	0	21	7	21	0	0	0	0	0	0	0	0	0	21	7	21
0	**13301**	**18670**	**9614**	**53766**	**11428**	**15725**	**8106**	**45378**	**1873**	**2026**	**976**	**7213**	**0**	**919**	**532**	**1175**
0	5186	6618	3328	19886	4705	5889	2970	17657	481	683	345	2142	0	46	13	87
0	445	816	476	2939	425	794	465	2741	20	1	1	171	0	21	10	27

2.1 各学校开放

	合计				本科										
					合计				普通开放				一村一		
	毕业生	招生		在籍生	毕业生	招生		在籍生	毕业生	招生		在籍生	毕业生	招生	
		计	其中：春季			计	其中：春季			计	其中：春季			计	其中：春季
呼和浩特市电大和林格尔县党校	70	185	164	298	0	0	0	0	0	0	0	0	0	0	0
呼和浩特市电大清水河县党校	157	103	22	236	0	0	0	0	0	0	0	0	0	0	0
呼和浩特市电大武川县教师进修学校	22	167	91	304	0	0	0	0	0	0	0	0	0	0	0
呼和浩特市电大托克托县教师进修学校	33	342	140	503	0	0	0	0	0	0	0	0	0	0	0
呼和浩特市电大土默特左旗电教站	56	69	30	251	0	0	0	0	0	0	0	0	0	0	0
呼市电大赛罕区教师进修学校	0	24	17	31	0	14	10	18	0	14	10	18	0	0	0
开放教育学院呼市赛汉区教师进修学校	7	0	0	13	0	0	0	10	0	0	0	10	0	0	0
包头市电大	886	1300	646	4074	355	572	261	1892	355	572	261	1892	0	0	0
土右党校电大教学点	336	531	256	1152	137	132	70	381	137	132	70	381	0	0	0
包头市电大固阳党校	268	388	168	974	96	100	36	320	96	100	36	320	0	0	0
包头市电大白云矿区教师进修学校	31	12	4	65	0	0	0	0	0	0	0	0	0	0	0
包头市电大达茂旗电大工作站	53	84	41	148	0	0	0	0	0	0	0	0	0	0	0
包头市轻工职业学院	0	49	33	140	0	0	0	0	0	0	0	0	0	0	0
包头市电大石拐区党校	43	0	0	67	0	0	0	0	0	0	0	0	0	0	0
包头市九原区党校	2	57	57	211	0	0	0	24	0	0	0	24	0	0	0
内蒙古中等职业技术学校	0	19	0	35	0	0	0	0	0	0	0	0	0	0	0
包头市电大东河区教师进修学校	1	0	0	4	0	0	0	0	0	0	0	0	0	0	0
赤峰市电大	649	1549	926	4173	395	916	469	2015	395	916	469	2015	0	0	0
赤峰市电大敖汉旗工作站	312	228	132	761	0	0	0	0	0	0	0	0	0	0	0
赤峰市电大翁牛特党校	1	0	0	10	0	0	0	0	0	0	0	0	0	0	0
赤峰市电大林西职教中心	0	0	0	4	0	0	0	0	0	0	0	0	0	0	0
赤峰市电大克什克腾旗教师进修学校	166	71	51	256	0	0	0	0	0	0	0	0	0	0	0
赤峰市电大阿鲁科尔沁旗职教中心	130	123	0	168	0	0	0	0	0	0	0	0	0	0	0
赤峰市电大元宝山区职教中	3	0	0	0	0	0	0	0	0	0	0	0	0	0	0
赤峰市电大巴林左旗党校	38	112	101	175	0	0	0	0	0	0	0	0	0	0	0
赤峰市电大平庄矿区职教中心	3	0	0	2	0	0	0	0	0	0	0	0	0	0	0
赤峰市电大巴林右旗工作站	5	20	0	46	0	0	0	0	0	0	0	0	0	0	0
赤峰市电大宁城县党校	66	13	7	59	0	0	0	0	0	0	0	0	0	0	0
兴安盟电大	2232	1923	821	6201	1041	1033	431	2848	1041	1033	431	2848	0	0	0
兴安盟电大科右前旗教师进修学校	63	44	18	151	0	0	0	0	0	0	0	0	0	0	0
扎赉特旗职工业余学校	0	40	22	40	0	0	0	0	0	0	0	0	0	0	0
内蒙古电大通辽分校	126	386	253	1408	35	202	116	399	35	202	116	399	0	0	0
科左后旗教师进修学校	13	0	0	4	0	0	0	0	0	0	0	0	0	0	0
锡林郭勒盟广播电视大学	473	1325	700	3532	172	413	168	1030	172	413	168	1030	0	0	0
锡林郭勒盟电大太仆寺旗教师进修学校	108	105	58	506	41	42	27	189	41	42	27	189	0	0	0
乌兰察布市电大	1070	2441	1364	5280	701	1403	840	3009	701	1403	840	3009	0	0	0
乌兰察布市电大凉城县党校	30	22	18	59	0	0	0	0	0	0	0	0	0	0	0
乌兰察布市电大察右后旗党校	71	45	20	152	0	0	0	0	0	0	0	0	0	0	0
乌兰察布市电大丰镇电大工作站	102	115	63	302	0	0	0	0	0	0	0	0	0	0	0
乌兰察布市电大化德县教师进修学校	91	78	22	227	0	0	0	0	0	0	0	0	0	0	0

教育学生情况(续表 10)

单位:人

在籍生	专科															
	合计				普通开放				一村一				助力计划			
	毕业生	招生		在籍生	毕业生	招生		在籍生	毕业生	招生		在籍生	毕业生	招生		在籍生
		计	其中:春季			计	其中:春季			计	其中:春季			计	其中:春季	
0	70	185	164	298	70	185	164	298	0	0	0	0	0	0	0	0
0	157	103	22	236	46	97	19	192	111	6	3	44	0	0	0	0
0	22	167	91	304	22	167	91	304	0	0	0	0	0	0	0	0
0	33	342	140	503	33	297	140	343	0	45	0	160	0	0	0	0
0	56	69	30	251	56	69	30	251	0	0	0	0	0	0	0	0
0	0	10	7	13	0	10	7	13	0	0	0	0	0	0	0	0
0	7	0	0	3	7	0	0	3	0	0	0	0	0	0	0	0
0	531	728	385	2182	459	678	359	2054	72	46	23	124	0	4	3	4
0	199	399	186	771	199	399	186	771	0	0	0	0	0	0	0	0
0	172	288	132	654	155	237	112	560	17	51	20	94	0	0	0	0
0	31	12	4	65	31	12	4	65	0	0	0	0	0	0	0	0
0	53	84	41	148	40	82	41	111	13	2	0	37	0	0	0	0
0	0	49	33	140	0	49	33	140	0	0	0	0	0	0	0	0
0	43	0	0	67	43	0	0	67	0	0	0	0	0	0	0	0
0	2	57	57	187	2	57	57	106	0	0	0	81	0	0	0	0
0	0	19	0	35	0	19	0	35	0	0	0	0	0	0	0	0
0	1	0	0	4	1	0	0	4	0	0	0	0	0	0	0	0
0	254	633	457	2158	231	582	429	1751	23	51	28	407	0	0	0	0
0	312	228	132	761	208	164	70	487	104	64	62	274	0	0	0	0
0	1	0	0	10	1	0	0	10	0	0	0	0	0	0	0	0
0	0	0	0	4	0	0	0	4	0	0	0	0	0	0	0	0
0	166	71	51	256	29	69	51	90	137	2	0	166	0	0	0	0
0	130	123	0	168	3	14	0	30	127	109	0	138	0	0	0	0
0	3	0	0	0	3	0	0	0	0	0	0	0	0	0	0	0
0	38	112	101	175	15	9	1	25	23	103	100	150	0	0	0	0
0	3	0	0	2	3	0	0	2	0	0	0	0	0	0	0	0
0	5	20	0	46	5	20	0	46	0	0	0	0	0	0	0	0
0	66	13	7	59	66	13	7	59	0	0	0	0	0	0	0	0
0	1191	890	390	3353	1182	831	390	3007	9	59	0	346	0	0	0	0
0	63	44	18	151	63	44	18	151	0	0	0	0	0	0	0	0
0	0	40	22	40	0	40	22	40	0	0	0	0	0	0	0	0
0	91	184	137	1009	91	184	137	746	0	0	0	263	0	0	0	0
0	13	0	0	4	13	0	0	4	0	0	0	0	0	0	0	0
0	301	912	532	2502	216	388	170	1243	85	205	75	814	0	319	287	445
0	67	63	31	317	25	21	7	121	42	42	24	196	0	0	0	0
0	369	1038	524	2271	344	676	337	1739	25	283	163	450	0	79	24	82
0	30	22	18	59	30	22	18	59	0	0	0	0	0	0	0	0
0	71	45	20	152	61	45	20	118	10	0	0	34	0	0	0	0
0	102	115	63	302	102	115	63	262	0	0	0	40	0	0	0	0
0	91	78	22	227	91	78	22	227	0	0	0	0	0	0	0	0

2.1 各学校开放

	合计				本科										
					合计				普通开放				一村一		
	毕业生	招生		在籍生	毕业生	招生		在籍生	毕业生	招生		在籍生	毕业生	招生	
		计	其中：春季			计	其中：春季			计	其中：春季			计	其中：春季
乌兰察布市电大兴和县党校	178	51	42	223	0	0	0	0	0	0	0	0	0	0	0
乌兰察布市电大察右前旗教师进修学校	74	40	28	111	0	0	0	0	0	0	0	0	0	0	0
乌兰察布市电大商都科技培训中心	53	35	24	114	0	0	0	0	0	0	0	0	0	0	0
乌兰察布市电大四子王旗电大工作站	37	20	13	46	0	0	0	0	0	0	0	0	0	0	0
乌兰察布市电大察右中旗党校	66	31	18	102	0	0	0	0	0	0	0	0	0	0	0
乌兰察布市电大卓资县党校	34	24	16	79	0	0	0	0	0	0	0	0	0	0	0
鄂尔多斯市电大	1270	984	594	3754	400	486	224	1403	400	486	224	1403	0	0	0
鄂尔多斯市电大准格尔旗教师进修学校	302	170	82	686	145	123	51	401	145	123	51	401	0	0	0
鄂市达拉特旗教研信息中心	220	0	0	227	99	0	0	107	99	0	0	107	0	0	0
杭锦旗教师进修学校	476	456	214	1349	242	237	120	746	242	237	120	746	0	0	0
鄂尔多斯市伊旗党校	204	119	63	461	123	82	46	281	123	82	46	281	0	0	0
乌审旗教师进修学校	54	77	46	263	0	0	0	0	0	0	0	0	0	0	0
鄂托克前旗教研中心	49	74	33	220	0	16	2	33	0	16	2	33	0	0	0
鄂尔多斯市理工学校	0	77	36	104	0	0	0	0	0	0	0	0	0	0	0
鄂尔多斯市达旗青少年活动中心	0	8	0	8	0	0	0	0	0	0	0	0	0	0	0
巴彦淖尔市电大	1767	1909	983	6629	907	1024	515	3500	907	1024	515	3500	0	0	0
巴彦淖尔市电大磴口县电大工作站	46	110	49	224	0	63	35	107	0	63	35	107	0	0	0
巴彦淖尔市电大五原县移动通信	146	166	82	443	82	84	40	230	82	84	40	230	0	0	0
乌拉特前旗干部职工培训基地教学点	108	226	125	614	0	75	38	161	0	75	38	161	0	0	0
巴彦淖尔市电大杭锦后旗职教中心	51	136	73	529	1	25	15	88	1	25	15	88	0	0	0
巴彦淖尔市电大乌拉特中旗检察院	119	237	125	607	18	138	79	304	18	138	79	304	0	0	0
巴彦淖尔市电大农牧场职工中专	160	128	36	395	38	56	18	142	38	56	18	142	0	0	0
巴彦淖尔市电大临河区农业广播学校	116	35	16	182	0	0	0	0	0	0	0	0	0	0	0
巴彦淖尔市后旗党校	0	33	17	95	0	0	0	0	0	0	0	0	0	0	0
巴彦淖尔市电大乌拉特后旗教育局	0	0	0	9	0	0	0	0	0	0	0	0	0	0	0
乌海市电大	423	414	206	1813	178	211	105	844	178	211	105	844	0	0	0
乌海市乌达星火职业培训中心	299	705	332	1502	111	302	150	562	111	302	150	562	0	0	0
阿拉善盟电大	653	648	303	2497	452	332	153	1276	452	332	153	1276	0	0	0
阿拉善盟电大阿右旗职教中心	22	8	8	84	0	0	0	0	0	0	0	0	0	0	0
阿拉善盟电大额济纳旗职业中学	19	7	7	82	0	0	0	0	0	0	0	0	0	0	0
呼伦贝尔市电大	840	660	378	1949	397	299	164	1107	397	299	164	1107	0	0	0
呼伦贝尔市电大根河市职业高中	128	271	175	499	0	164	68	236	0	164	68	236	0	0	0
呼伦贝尔市电大额尔古纳旗职业中学	63	100	27	267	0	52	27	65	0	52	27	65	0	0	0
呼伦贝尔市阿荣旗职业中等专业学校	67	70	39	174	0	0	0	0	0	0	0	0	0	0	0
呼伦贝尔市莫旗职业教育中心	27	51	11	131	0	0	0	0	0	0	0	0	0	0	0
呼伦贝尔市陈旗综合高中	65	99	66	273	0	0	0	0	0	0	0	0	0	0	0
呼伦贝尔市海拉尔区教师进修学校	86	64	40	271	0	0	0	0	0	0	0	0	0	0	0
呼伦贝尔市鄂温克旗教师进修学校	117	207	140	521	0	0	0	0	0	0	0	0	0	0	0
呼伦贝尔市新巴尔虎右旗教研培训中心	0	21	16	48	0	0	0	0	0	0	0	0	0	0	0
呼伦贝尔市新巴尔虎左旗教师教育培训中心	0	48	22	76	0	0	0	0	0	0	0	0	0	0	0

教育学生情况(续表11)

单位:人

在籍生	专科															
	合计				普通开放				一村一				助力计划			
	毕业生	招生		在籍生	毕业生	招生		在籍生	毕业生	招生		在籍生	毕业生	招生		在籍生
		计	其中:春季			计	其中:春季			计	其中:春季			计	其中:春季	
0	178	51	42	223	123	51	42	212	55	0	0	11	0	0	0	0
0	74	40	28	111	74	40	28	111	0	0	0	0	0	0	0	0
0	53	35	24	114	53	35	24	114	0	0	0	0	0	0	0	0
0	37	20	13	46	37	20	13	46	0	0	0	0	0	0	0	0
0	66	31	18	102	49	31	18	92	17	0	0	10	0	0	0	0
0	34	24	16	79	34	24	16	79	0	0	0	0	0	0	0	0
0	870	498	370	2351	764	428	357	2077	106	55	5	245	0	15	8	29
0	157	47	31	285	157	47	31	265	0	0	0	20	0	0	0	0
0	121	0	0	120	121	0	0	120	0	0	0	0	0	0	0	0
0	234	219	94	603	231	200	88	572	3	19	6	31	0	0	0	0
0	81	37	17	180	81	37	17	180	0	0	0	0	0	0	0	0
0	54	77	46	263	48	77	46	249	6	0	0	14	0	0	0	0
0	49	58	31	187	49	58	31	187	0	0	0	0	0	0	0	0
0	0	77	36	104	0	77	36	104	0	0	0	0	0	0	0	0
0	0	8	0	8	0	8	0	8	0	0	0	0	0	0	0	0
0	860	885	468	3129	859	846	463	3021	1	37	3	101	0	2	2	7
0	46	47	14	117	46	27	14	97	0	20	0	20	0	0	0	0
0	64	82	42	213	64	82	42	213		0	0	0	0	0	0	0
0	108	151	87	453	58	64	34	231	50	87	53	222	0	0	0	0
0	50	111	58	441	50	111	58	322	0	0	0	119	0	0	0	0
0	101	99	46	303	101	99	46	303	0	0	0	0	0	0	0	0
0	122	72	18	253	122	72	18	253		0	0	0	0	0	0	0
0	116	35	16	182	15	3	0	44	101	32	16	138	0	0	0	0
0	0	33	17	95	0	33	17	95	0	0	0	0	0	0	0	0
0	0	0	0	9	0	0	0	9	0	0	0	0	0	0	0	0
0	245	203	101	969	245	198	101	964	0	0	0	0	0	5	0	5
0	188	403	182	940	188	392	182	929	0	0	0	0	0	11	0	11
0	201	316	150	1221	182	218	113	957	19	79	30	166	0	19	7	98
0	22	8	8	84	22	8	8	84	0	0	0	0	0	0	0	0
0	19	7	7	82	19	7	7	82	0	0	0	0	0	0	0	0
0	443	361	214	842	360	226	135	564	83	120	71	240	0	15	8	38
0	128	107	107	263	0	0	0	27	128	107	107	236	0	0	0	0
0	63	48	0	202	30	48	0	174	33	0	0	28	0	0	0	0
0	67	70	39	174	66	59	28	111	1	11	11	63	0	0	0	0
0	27	51	11	131	27	36	11	86	0	15	0	45	0	0	0	0
0	65	99	66	273	56	99	66	252	9	0	0	21	0	0	0	0
0	86	64	40	271	86	64	40	241	0	0	0	30	0	0	0	0
0	117	207	140	521	117	174	120	453	0	33	20	68	0	0	0	0
0	0	21	16	48	0	6	1	13	0	15	15	35	0	0	0	0
0	0	48	22	76	0	22	6	29	0	26	16	47	0	0	0	0

2.1 各学校开放

	合计				本科										
					合计				普通开放				一村一		
	毕业生	招生		在籍生	毕业生	招生		在籍生	毕业生	招生		在籍生	毕业生	招生	
		计	其中：春季			计	其中：春季			计	其中：春季			计	其中：春季
满洲里市中等职业技术学校	0	61	61	61	0	0	0	0	0	0	0	0	0	0	0
鄂伦春教师进修学校	0	76	20	76	0	0	0	0	0	0	0	0	0	0	0
铁道学院电大	232	44	0	1004	80	44	0	649	80	44	0	649	0	0	0
霍林河矿区电大	56	25	12	182	24	10	6	92	24	10	6	92	0	0	0
开放教育学院薛家湾准能公司	27	74	49	139	0	0	0	0	0	0	0	0	0	0	0
开放教育学院四子王旗培训中心	78	0	0	73	0	0	0	0	0	0	0	0	0	0	0
开放教育学院托克托县高级职业中学	445	191	71	806	116	87	27	326	116	87	27	326	0	0	0
内蒙古电大开放教育学院	1018	1801	966	6225	516	789	337	2703	516	789	337	2703	0	0	0
开放教育学院土默特左旗教师进修学校	89	27	13	189	36	5	2	63	36	5	2	63	0	0	0
开放教育学院和林县职业高级中学	31	24	6	74	0	18	4	18	0	18	4	18	0	0	0
开放学院西乌旗财政局教学点	7	0	0	28	0	0	0	0	0	0	0	0	0	0	0
内蒙古广播电视大学财贸金融专修学院	227	253	92	853	92	128	49	369	92	128	49	369	0	0	0
内蒙古职工专修学院	106	110	51	236	91	53	26	147	91	53	26	147	0	0	0
锡盟正蓝旗财政局培训中心	10	0	0	23	0	0	0	0	0	0	0	0	0	0	0
内蒙古网络教育专修学院	0	36	28	53	0	0	0	0	0	0	0	0	0	0	0
呼和浩特市鸿德教育	0	143	42	178	0	0	0	0	0	0	0	0	0	0	0
内蒙古电力通讯职业技术学校	0	107	0	107	0	0	0	0	0	0	0	0	0	0	0
扎赉诺尔矿区电大	9	17	0	34	3	9	0	10	3	9	0	10	0	0	0
大雁矿区电大	179	18	0	104	69	12	0	43	69	12	0	43	0	0	0
内蒙古电大外国语学院	1	0	0	4	1	0	0	0	1	0	0	0	0	0	0
内蒙古计算机专修学院	315	1190	515	2743	101	364	140	766	101	364	140	766	0	0	0
内蒙古电大农学院	64	26	11	116	0	0	0	0	0	0	0	0	0	0	0
内蒙古正镶白旗农业广播电视学校	17	32	0	52	0	0	0	0	0	0	0	0	0	0	0
内蒙古阿荣旗农广校	119	0	0	72	0	0	0	0	0	0	0	0	0	0	0
内蒙古莫力达瓦达斡尔族自治旗农广校	96	45	45	101	0	0	0	0	0	0	0	0	0	0	0
通辽市科左中旗党校	0	62	0	282	0	0	0	0	0	0	0	0	0	0	0
内蒙古北方科技专修学院	351	1324	578	2879	115	427	148	950	115	427	148	950	0	0	0
内蒙古科技专修学院	0	0	0	85	0	0	0	0	0	0	0	0	0	0	0
内蒙古电大人文学院	85	1044	234	1797	12	127	32	332	12	127	32	332	0	0	0
内蒙古职工培训学院	547	551	286	1625	252	288	139	776	252	288	139	776	0	0	0
呼和浩特市恒联职业学校	209	441	116	1075	109	291	68	770	109	291	68	770	0	0	0
内蒙古扎兰屯职业学院	50	78	36	216	0	3	2	3	0	3	2	3	0	0	0
内蒙古满洲里市党校	1	0	0	5	0	0	0	0	0	0	0	0	0	0	0
内蒙古开鲁县教师进修学校	1	0	0	3	0	0	0	0	0	0	0	0	0	0	0
呼和浩特市悦鑫电子工程技术学校	213	464	191	1117	0	131	52	245	0	131	52	245	0	0	0
煤化专修直属	0	188	137	222	0	0	0	0	0	0	0	0	0	0	0
内蒙古动漫专修学院	0	208	158	208	0	0	0	0	0	0	0	0	0	0	0
内蒙古煤矿安全培训中心	0	87	0	87	0	0	0	0	0	0	0	0	0	0	0
辽宁	**20947**	**24129**	**11327**	**76260**	**5821**	**4840**	**2033**	**19123**	**5821**	**4840**	**2033**	**19123**	**0**	**0**	**0**
其中：女	10648	10845	5175	35774	2963	2342	964	9338	2963	2342	964	9338	0	0	0

教育学生情况(续表12)

单位:人

	专科															
	合计				普通开放				一村一				助力计划			
在籍生	毕业生	招生 计	招生 其中:春季	在籍生	毕业生	招生 计	招生 其中:春季	在籍生	毕业生	招生 计	招生 其中:春季	在籍生	毕业生	招生 计	招生 其中:春季	在籍生
0	0	61	61	61	0	61	61	61	0	0	0	0	0	0	0	0
0	0	76	20	76	0	31	0	31	0	45	20	45	0	0	0	0
0	152	0	0	355	152	0	0	355	0	0	0	0	0	0	0	0
0	32	15	6	90	32	15	6	90	0	0	0	0	0	0	0	0
0	27	74	49	139	27	74	49	139	0	0	0	0	0	0	0	0
0	78	0	0	73	24	0	0	7	54	0	0	66	0	0	0	0
0	329	104	44	480	329	104	44	480	0	0	0	0	0	0	0	0
0	502	1012	629	3522	502	829	446	3339	0	0	0	0	0	183	183	183
0	53	22	11	126	53	22	11	126	0	0	0	0	0	0	0	0
0	31	6	2	56	7	0	0	12	24	6	2	44	0	0	0	0
0	7	0	0	28	7	0	0	28	0	0	0	0	0	0	0	0
0	135	125	43	484	135	103	43	462	0	0	0	0	0	22	0	22
0	15	57	25	89	15	57	25	89	0	0	0	0	0	0	0	0
0	10	0	0	23	10	0	0	23	0	0	0	0	0	0	0	0
0	0	36	28	53	0	36	28	53	0	0	0	0	0	0	0	0
0	0	143	42	178	0	143	42	178	0	0	0	0	0	0	0	0
0	0	107	0	107	0	0	0	0	0	0	0	0	0	107	0	107
0	6	8	0	24	6	8	0	24	0	0	0	0	0	0	0	0
0	110	6	0	61	110	6	0	61	0	0	0	0	0	0	0	0
0	0	0	0	4	0	0	0	4	0	0	0	0	0	0	0	0
0	214	826	375	1977	214	826	375	1977	0	0	0	0	0	0	0	0
0	64	26	11	116	0	0	0	0	64	26	11	116	0	0	0	0
0	17	32	0	52	0	0	0	0	17	32	0	52	0	0	0	0
0	119	0	0	72	0	0	0	0	119	0	0	72	0	0	0	0
0	96	45	45	101	0	0	0	0	96	45	45	101	0	0	0	0
0	0	62	0	282	0	0	0	0	0	62	0	282	0	0	0	0
0	236	897	430	1929	236	891	430	1923	0	0	0	0	0	6	0	6
0	0	0	0	85	0	0	0	85	0	0	0	0	0	0	0	0
0	73	917	202	1465	42	901	188	1102	31	16	14	363	0	0	0	0
0	295	263	147	849	295	263	147	849	0	0	0	0	0	0	0	0
0	100	150	48	305	100	150	48	305	0	0	0	0	0	0	0	0
0	50	75	34	213	12	21	5	55	38	54	29	158	0	0	0	0
0	1	0	0	5	1	0	0	5	0	0	0	0	0	0	0	0
0	1	0	0	3	1	0	0	3	0	0	0	0	0	0	0	0
0	213	333	139	872	213	294	136	833	0	15	3	15	0	24	0	24
0	0	188	137	222	0	188	137	222	0	0	0	0	0	0	0	0
0	0	208	158	208	0	208	158	208	0	0	0	0	0	0	0	0
0	0	87	0	87	0	0	0	0	0	0	0	0	0	87	0	87
0	**15126**	**19289**	**9294**	**57137**	**14995**	**18598**	**8977**	**55819**	**131**	**605**	**261**	**1125**	**0**	**86**	**56**	**193**
0	7685	8503	4211	26436	7650	8321	4134	26094	35	182	77	334	0	0	0	8

2.1 各学校开放

	合计				本科										
					合计				普通开放				一村一		
	毕业生	招生		在籍生	毕业生	招生		在籍生	毕业生	招生		在籍生	毕业生	招生	
		计	其中：春季			计	其中：春季			计	其中：春季			计	其中：春季
鞍山电大分校	693	575	346	2449	195	130	77	611	195	130	77	611	0	0	0
鞍山电视大学台安分校	156	86	41	268	59	26	11	100	59	26	11	100	0	0	0
岫岩职教中心	108	91	36	298	21	17	8	66	21	17	8	66	0	0	0
抚顺电大分校	1471	899	543	3655	393	281	146	1153	393	281	146	1153	0	0	0
新宾电大	73	90	59	224	20	24	14	72	20	24	14	72	0	0	0
清原县电大	81	145	72	349	20	32	17	101	20	32	17	101	0	0	0
本溪电大分校	1151	1011	469	4581	374	316	136	1567	374	316	136	1567	0	0	0
桓仁县电大	11	24	7	149	0	0	0	0	0	0	0	0	0	0	0
本溪县电大	10	34	27	44	1	14	12	15	1	14	12	15	0	0	0
辽宁广播电视大学锦州分校	1311	423	224	2781	450	171	83	1006	450	171	83	1006	0	0	0
凌海工作站	13	23	14	69	8	3	2	12	8	3	2	12	0	0	0
义县电大	160	79	28	272	59	43	14	106	59	43	14	106	0	0	0
北宁电大	189	174	99	524	50	72	40	184	50	72	40	184	0	0	0
锦州电大黑山工作站	545	238	120	638	100	82	45	213	100	82	45	213	0	0	0
丹东电大分校	505	365	161	1152	105	120	58	393	105	120	58	393	0	0	0
宽甸县电大	458	356	168	1151	133	84	28	320	133	84	28	320	0	0	0
凤城市电大	0	0	0	10	0	0	0	3	0	0	0	3	0	0	0
凤城学院	508	245	105	961	208	125	38	475	208	125	38	475	0	0	0
丹东新区教学中心	0	211	211	413	0	0	0	0	0	0	0	0	0	0	0
营口电大分校	429	488	57	1964	307	443	31	1723	307	443	31	1723	0	0	0
鲅鱼圈县电大	211	160	81	432	29	45	23	103	29	45	23	103	0	0	0
大石桥县电大	268	218	106	675	77	65	25	210	77	65	25	210	0	0	0
盖州县电大	189	172	74	473	54	57	26	159	54	57	26	159	0	0	0
辽阳电大分校	1014	546	272	1872	304	190	104	716	304	190	104	716	0	0	0
朝阳电大分校	617	1019	438	2497	148	140	94	459	148	140	94	459	0	0	0
凌源电大	120	129	61	298	45	47	15	112	45	47	15	112	0	0	0
朝阳广播电视大学喀左教学中心	40	70	39	201	12	11	6	50	12	11	6	50	0	0	0
建平县电大	140	171	105	485	36	24	10	92	36	24	10	92	0	0	0
朝阳广播电视大学北票教学中心	46	55	28	160	13	24	16	78	13	24	16	78	0	0	0
阜新电大分校	586	635	245	1882	185	318	96	917	185	318	96	917	0	0	0
铁岭广播电视大学	578	573	215	2023	158	103	46	458	158	103	46	458	0	0	0
调兵山县电大	129	47	24	107	0	10	6	17	0	10	6	17	0	0	0
西丰县电大	12	19	7	58	1	0	0	1	1	0	0	1	0	0	0
昌图县电大	100	91	48	224	49	16	7	58	49	16	7	58	0	0	0
清河电厂电大工作站	11	213	201	218	0	7	4	7	0	7	4	7	0	0	0
盘锦电大分校	238	118	29	759	130	65	11	372	130	65	11	372	0	0	0
盘山县电大	220	252	136	778	63	54	25	212	63	54	25	212	0	0	0
辽河石油勘探局电大分校	1	0	0	32	0	0	0	7	0	0	0	7	0	0	0
葫芦岛电大分校	482	420	161	1284	138	196	54	426	138	196	54	426	0	0	0
绥中县电大	161	62	27	286	78	24	11	116	78	24	11	116	0	0	0

教育学生情况(续表13)

单位:人

在籍生	专科															
	合计				普通开放				一村一				助力计划			
	毕业生	招生		在籍生	毕业生	招生		在籍生	毕业生	招生		在籍生	毕业生	招生		在籍生
		计	其中:春季			计	其中:春季			计	其中:春季			计	其中:春季	
0	498	445	269	1838	498	445	269	1821	0	0	0	1	0	0	0	16
0	97	60	30	168	97	60	30	168	0	0	0	0	0	0	0	0
0	87	74	28	232	87	74	28	232	0	0	0	0	0	0	0	0
0	1078	618	397	2502	1078	618	397	2502	0	0	0	0	0	0	0	0
0	53	66	45	152	53	66	45	152	0	0	0	0	0	0	0	0
0	61	113	55	248	61	113	55	248	0	0	0	0	0	0	0	0
0	777	695	333	3014	777	623	269	2933	0	64	64	64	0	8	0	17
0	11	24	7	149	11	24	7	147	0	0	0	0	0	0	0	2
0	9	20	15	29	9	20	15	29	0	0	0	0	0	0	0	0
0	861	252	141	1775	861	252	141	1775	0	0	0	0	0	0	0	0
0	5	20	12	57	5	17	12	40	0	3	0	17	0	0	0	0
0	101	36	14	166	98	33	12	152	3	3	2	14	0	0	0	0
0	139	102	59	340	136	98	58	324	3	4	1	16	0	0	0	0
0	445	156	75	425	443	151	75	419	2	5	0	6	0	0	0	0
0	400	245	103	759	390	245	103	758	10	0	0	1	0	0	0	0
0	325	272	140	831	318	242	127	793	7	21	9	26	0	9	4	12
0	0	0	0	7	0	0	0	7	0	0	0	0	0	0	0	0
0	300	120	67	486	290	117	66	455	10	3	1	31	0	0	0	0
0	0	211	211	413	0	211	211	413	0	0	0	0	0	0	0	0
0	122	45	26	241	122	45	26	241	0	0	0	0	0	0	0	0
0	182	115	58	329	182	115	58	329	0	0	0	0	0	0	0	0
0	191	153	81	465	191	150	79	461	0	0	0	0	0	3	2	4
0	135	115	48	314	135	115	48	313	0	0	0	1	0	0	0	0
0	710	356	168	1156	710	356	168	1156	0	0	0	0	0	0	0	0
0	469	879	344	2038	445	825	336	1928	24	46	2	94	0	8	6	16
0	75	82	46	186	74	73	41	175	1	5	5	7	0	4	0	4
0	28	59	33	151	28	35	13	114	0	24	20	37	0	0	0	0
0	104	147	95	393	92	134	89	336	12	10	6	49	0	3	0	8
0	33	31	12	82	32	31	12	82	1	0	0	0	0	0	0	0
0	401	317	149	965	401	315	149	953	0	2	0	12	0	0	0	0
0	420	470	169	1565	420	321	162	1288	0	142	3	259	0	7	4	18
0	129	37	18	90	129	37	18	90	0	0	0	0	0	0	0	0
0	11	19	7	57	11	19	7	57	0	0	0	0	0	0	0	0
0	51	75	41	166	51	74	41	165	0	1	0	1	0	0	0	0
0	11	206	197	211	11	206	197	211	0	0	0	0	0	0	0	0
0	108	53	18	387	108	53	18	387	0	0	0	0	0	0	0	0
0	157	198	111	566	157	186	111	554	0	12	0	12	0	0	0	0
0	1	0	0	25	1	0	0	25	0	0	0	0	0	0	0	0
0	344	224	107	858	344	216	102	846	0	0	0	0	0	8	5	12
0	83	38	16	170	83	38	16	170	0	0	0	0	0	0	0	0

2.1 各学校开放

	合计				本科										
					合计				普通开放				一村一		
	毕业生	招生		在籍生	毕业生	招生		在籍生	毕业生	招生		在籍生	毕业生	招生	
		计	其中：春季			计	其中：春季			计	其中：春季			计	其中：春季
建昌电大	235	78	42	447	56	31	18	144	56	31	18	144	0	0	0
葫芦岛电大兴城教学点	235	140	83	467	19	32	15	86	19	32	15	86	0	0	0
辽宁电大开放教育学院	3252	7851	3756	25448	603	455	227	2994	603	455	227	2994	0	0	0
水利厅电大工作站	281	213	70	911	172	133	45	595	172	133	45	595	0	0	0
沈阳成教教学部	503	260	143	1163	151	91	41	444	151	91	41	444	0	0	0
全成教学部	825	407	210	1687	203	143	74	496	203	143	74	496	0	0	0
文学院教学部	2	0	0	53	1	0	0	15	1	0	0	15	0	0	0
沈阳职工大学教学部	410	221	101	981	59	43	25	238	59	43	25	238	0	0	0
沈阳药科大学高职高专电大	46	30	18	186	2	2	2	41	2	2	2	41	0	0	0
辽宁广播电视学校直属	1	0	0	28	1	0	0	0	1	0	0	0	0	0	0
彰武教学中心	311	125	100	583	85	21	21	189	85	21	21	189	0	0	0
辽宁电大辽中教学中心	267	271	133	667	89	91	44	230	89	91	44	230	0	0	0
辽宁电大新民教学中心	233	170	105	386	54	37	23	113	54	37	23	113	0	0	0
东陵万泉工作站	0	0	0	10	0	0	0	0	0	0	0	0	0	0	0
海城电大分校	325	198	90	751	115	57	23	223	115	57	23	223	0	0	0
东港电大分校	450	425	214	1321	150	144	81	407	150	144	81	407	0	0	0
沈阳机械学院	19	0	0	37	0	0	0	3	0	0	0	3	0	0	0
辽宁省医药商业协会	517	258	145	1283	38	4	2	38	38	4	2	38	0	0	0
辽宁电大辽宁医学院教学中心	0	0	0	8	0	0	0	0	0	0	0	0	0	0	0
辽宁装备制造职业技术学院成人教育学院	0	2738	907	2835	0	177	53	177	0	177	53	177	0	0	0
辽宁省农业技术学校	0	217	126	312	0	0	0	0	0	0	0	0	0	0	0
沈阳	**10230**	**20181**	**9010**	**53954**	**2467**	**3167**	**1625**	**10897**	**2467**	**3167**	**1625**	**10897**	**0**	**0**	**0**
其中:女	5085	8672	4144	24313	1241	1420	734	4992	1241	1420	734	4992	0	0	0
沈阳电大校本部(开放学院)	4239	1538	898	14210	1219	579	331	4609	1219	579	331	4609	0	0	0
沈阳电大新城子分校	87	103	48	271	15	25	13	61	15	25	13	61	0	0	0
沈阳电大康平分校	207	244	108	644	75	80	41	233	75	80	41	233	0	0	0
沈阳电大法库分校	233	193	78	673	77	66	29	226	77	66	29	226	0	0	0
沈阳电大苏家屯分校	183	188	88	714	44	38	15	159	44	38	15	159	0	0	0
沈阳电大东陵分校	245	137	94	707	25	15	8	51	25	15	8	51	0	0	0
沈阳电大新民分校	258	180	95	601	83	51	35	138	83	51	35	138	0	0	0
沈阳市于洪分校	107	90	40	312	18	14	4	74	18	14	4	74	0	0	0
沈阳电大辽中分校	54	105	35	190	2	0	0	21	2	0	0	21	0	0	0
沈阳电大市文化宫教学点	63	46	20	286	25	9	4	101	25	9	4	101	0	0	0
沈阳电大铁西成人教学点	51	2354	1038	3978	17	382	196	671	17	382	196	671	0	0	0
沈阳电大沈河教学点	200	50	50	379	27	11	11	78	27	11	11	78	0	0	0
沈阳电大鸿泰教学点	170	198	68	541	30	36	19	142	30	36	19	142	0	0	0
沈阳电大工人宫教学点	173	157	80	455	63	76	36	198	63	76	36	198	0	0	0
沈阳电大新北方教学点	10	637	439	677	3	2	0	20	3	2	0	20	0	0	0
沈阳电大继续教育学院教学点	693	190	132	1544	196	66	42	477	196	66	42	477	0	0	0
沈阳电大机电教学点	56	29	21	121	17	1	1	23	17	1	1	23	0	0	0

教育学生情况(续表14)

单位:人

	专科															
	合计				普通开放				一村一				助力计划			
在籍生	毕业生	招生		在籍生	毕业生	招生		在籍生	毕业生	招生		在籍生	毕业生	招生		在籍生
		计	其中:春季			计	其中:春季			计	其中:春季			计	其中:春季	
0	179	47	24	303	178	44	24	263	1	3	0	40	0	0	0	0
0	216	108	68	381	216	108	68	381	0	0	0	0	0	0	0	0
0	2649	7396	3529	22454	2649	7363	3496	22376	0	0	0	0	0	33	33	78
0	109	80	25	316	109	80	25	316	0	0	0	0	0	0	0	0
0	352	169	102	719	352	169	102	718	0	0	0	0	0	0	0	1
0	622	264	136	1191	622	264	136	1191	0	0	0	0	0	0	0	0
0	1	0	0	38	1	0	0	38	0	0	0	0	0	0	0	0
0	351	178	76	743	351	178	76	743	0	0	0	0	0	0	0	0
0	44	28	16	145	44	28	16	145	0	0	0	0	0	0	0	0
0	0	0	0	28	0	0	0	28	0	0	0	0	0	0	0	0
0	226	104	79	394	180	81	65	328	46	23	14	66	0	0	0	0
0	178	180	89	437	169	165	82	406	9	15	7	31	0	0	0	0
0	179	133	82	273	179	133	82	273	0	0	0	0	0	0	0	0
0	0	0	0	10	0	0	0	10	0	0	0	0	0	0	0	0
0	210	141	67	528	210	141	67	528	0	0	0	0	0	0	0	0
0	300	281	133	914	298	276	130	889	2	2	1	20	0	3	2	5
0	19	0	0	34	19	0	0	34	0	0	0	0	0	0	0	0
0	479	254	143	1245	479	254	143	1245	0	0	0	0	0	0	0	0
0	0	0	0	8	0	0	0	0	0	0	0	8	0	0	0	0
0	0	2561	854	2658	0	2561	854	2658	0	0	0	0	0	0	0	0
0	0	217	126	312	0	0	0	0	0	217	126	312	0	0	0	0
0	**7763**	**17014**	**7385**	**43057**	**7751**	**16601**	**7359**	**42553**	**12**	**1**	**1**	**53**	**0**	**412**	**25**	**451**
0	3844	7252	3410	19321	3837	7207	3405	19253	7	1	1	11	0	44	4	57
0	3020	959	567	9601	3020	922	542	9525	0	0	0	0	0	37	25	76
0	72	78	35	210	72	78	35	207	0	0	0	3	0	0	0	0
0	132	164	67	411	132	164	67	402	0	0	0	9	0	0	0	0
0	156	127	49	447	156	127	49	440	0	0	0	7	0	0	0	0
0	139	150	73	555	139	150	73	555	0	0	0	0	0	0	0	0
0	220	122	86	656	208	121	85	640	12	1	1	16	0	0	0	0
0	175	129	60	463	175	129	60	457	0	0	0	6	0	0	0	0
0	89	76	36	238	89	76	36	236	0	0	0	2	0	0	0	0
0	52	105	35	169	52	105	35	159	0	0	0	10	0	0	0	0
0	38	37	16	185	38	37	16	185	0	0	0	0	0	0	0	0
0	34	1972	842	3307	34	1972	842	3307	0	0	0	0	0	0	0	0
0	173	39	39	301	173	39	39	301	0	0	0	0	0	0	0	0
0	140	162	49	399	140	162	49	399	0	0	0	0	0	0	0	0
0	110	81	44	257	110	81	44	257	0	0	0	0	0	0	0	0
0	7	635	439	657	7	635	439	657	0	0	0	0	0	0	0	0
0	497	124	90	1067	497	124	90	1067	0	0	0	0	0	0	0	0
0	39	28	20	98	39	28	20	98	0	0	0	0	0	0	0	0

2.1 各学校开放

	合计				本科										
					合计				普通开放				一村一		
	毕业生	招生		在籍生	毕业生	招生		在籍生	毕业生	招生		在籍生	毕业生	招生	
		计	其中：春季			计	其中：春季			计	其中：春季			计	其中：春季
沈阳电大新华教学点	60	22	22	122	20	9	9	42	20	9	9	42	0	0	0
沈阳市汽车工程学校	128	884	258	2102	0	0	0	0	0	0	0	0	0	0	0
沈阳电大公用事业教学点	17	1064	405	1519	2	218	104	303	2	218	104	303	0	0	0
沈阳电大直属铁西分校	286	2508	1135	4612	57	313	161	625	57	313	161	625	0	0	0
沈阳电大直属沈河分校	402	1189	449	2965	93	135	55	434	93	135	55	434	0	0	0
沈阳电大直属皇姑分校	638	1037	440	2066	122	112	56	305	122	112	56	305	0	0	0
沈阳电大直属和平分校	541	3132	1513	6769	128	504	256	1142	128	504	256	1142	0	0	0
沈阳电大直属大东分校	934	2360	979	4872	109	405	199	744	109	405	199	744	0	0	0
2114701	0	0	0	4	0	0	0	0	0	0	0	0	0	0	0
沈阳万合汽车电子技术学校	0	0	0	41	0	0	0	0	0	0	0	0	0	0	0
沈阳市机电装备职业技术学校	3	0	0	8	0	0	0	0	0	0	0	0	0	0	0
沈阳广播电视大学机电技校教学点	129	0	0	278	0	0	0	0	0	0	0	0	0	0	0
沈阳电大直属浑南分校	63	719	239	1412	0	20	0	20	0	20	0	20	0	0	0
辽宁省酒店管理服务学校	0	3	0	10	0	0	0	0	0	0	0	0	0	0	0
沈阳外事服务学校教学点	0	39	38	65	0	0	0	0	0	0	0	0	0	0	0
沈阳市装备制造工程学校教学点	0	410	200	431	0	0	0	0	0	0	0	0	0	0	0
沈阳世润重工学习中心	0	318	0	318	0	0	0	0	0	0	0	0	0	0	0
沈阳日新明企业学院	0	51	0	51	0	0	0	0	0	0	0	0	0	0	0
沈阳电梯行业学院	0	6	0	6	0	0	0	0	0	0	0	0	0	0	0
大连	**8357**	**9355**	**4500**	**27701**	**2785**	**2159**	**1063**	**7529**	**2785**	**2159**	**1063**	**7529**	**0**	**0**	**0**
其中：女	4137	4422	2025	13158	1473	996	513	3494	1473	996	513	3494	0	0	0
市电大直属	4686	5565	2628	17350	1543	1254	593	4858	1543	1254	593	4858	0	0	0
大连广播电视大学庄河分校	507	247	113	1067	175	87	41	322	175	87	41	322	0	0	0
大连广播电视大学普兰店分校	312	578	289	1391	118	79	39	252	118	79	39	252	0	0	0
大连广播电视大学瓦房店分校	1064	924	415	2621	323	277	125	732	323	277	125	732	0	0	0
大连广播电视大学金州分校	934	965	583	2381	337	223	124	674	337	223	124	674	0	0	0
大连广播电视大学旅顺分校	320	237	103	832	120	78	50	261	120	78	50	261	0	0	0
长海县电大	153	152	91	395	45	48	22	124	45	48	22	124	0	0	0
大连电大甘井子分校	346	253	143	790	123	113	69	304	123	113	69	304	0	0	0
大连广播电视大学开发区分校	8	0	0	84	0	0	0	1	0	0	0	1	0	0	0
大连市科技干部进修学院	2	0	0	0	0	0	0	0	0	0	0	0	0	0	0
大连铁路卫生学校文化培训中心	25	0	0	5	1	0	0	1	1	0	0	1	0	0	0
长兴岛直属教学中心	0	3	0	3	0	0	0	0	0	0	0	0	0	0	0
技师学院教学中心	0	0	0	100	0	0	0	0	0	0	0	0	0	0	0
商教教学中心	0	431	135	682	0	0	0	0	0	0	0	0	0	0	0
吉林	**19187**	**13099**	**6468**	**55520**	**4452**	**2843**	**1450**	**12802**	**4452**	**2843**	**1450**	**12802**	**0**	**0**	**0**
其中：女	9473	5966	2986	24506	2514	1352	696	6717	2514	1352	696	6717	0	0	0
吉林广播电视大学直属学院	573	1221	509	4479	208	418	213	1397	208	418	213	1397	0	0	0
吉林司法警官学院	2271	3556	1162	8220	224	108	0	1263	224	108	0	1263	0	0	0
吉林省电子信息高级技术学校	1097	811	811	6094	147	0	0	577	147	0	0	577	0	0	0

教育学生情况(续表15)

单位:人

在籍生	专科															
	合计				普通开放				一村一				助力计划			
	毕业生	招生		在籍生	毕业生	招生		在籍生	毕业生	招生		在籍生	毕业生	招生		在籍生
		计	其中:春季			计	其中:春季			计	其中:春季			计	其中:春季	
0	40	13	13	80	40	13	13	80	0	0	0	0	0	0	0	0
0	128	884	258	2102	128	884	258	2102	0	0	0	0	0	0	0	0
0	15	846	301	1216	15	846	301	1216	0	0	0	0	0	0	0	0
0	229	2195	974	3987	229	2195	974	3987	0	0	0	0	0	0	0	0
0	309	1054	394	2531	309	1054	394	2531	0	0	0	0	0	0	0	0
0	516	925	384	1761	516	925	384	1761	0	0	0	0	0	0	0	0
0	413	2628	1257	5627	413	2628	1257	5627	0	0	0	0	0	0	0	0
0	825	1955	780	4128	825	1955	780	4128	0	0	0	0	0	0	0	0
0	0	0	0	4	0	0	0	4	0	0	0	0	0	0	0	0
0	0	0	0	41	0	0	0	41	0	0	0	0	0	0	0	0
0	3	0	0	8	3	0	0	8	0	0	0	0	0	0	0	0
0	129	0	0	278	129	0	0	278	0	0	0	0	0	0	0	0
0	63	699	239	1392	63	699	239	1392	0	0	0	0	0	0	0	0
0	0	3	0	10	0	3	0	10	0	0	0	0	0	0	0	0
0	0	39	38	65	0	39	38	65	0	0	0	0	0	0	0	0
0	0	410	200	431	0	410	200	431	0	0	0	0	0	0	0	0
0	0	318	0	318	0	0	0	0	0	0	0	0	0	318	0	318
0	0	51	0	51	0	0	0	0	0	0	0	0	0	51	0	51
0	0	6	0	6	0	0	0	0	0	0	0	0	0	6	0	6
0	**5572**	**7196**	**3437**	**20172**	**5493**	**6635**	**3079**	**19451**	**79**	**46**	**23**	**206**	**0**	**515**	**335**	**515**
0	2664	3426	1512	9664	2635	3401	1499	9571	29	19	8	87	0	6	5	6
0	3143	4311	2035	12492	3143	3796	1700	11977	0	0	0	0	0	515	335	515
0	332	160	72	745	332	160	72	745	0	0	0	0	0	0	0	0
0	194	499	250	1139	134	460	231	958	60	39	19	181	0	0	0	0
0	741	647	290	1889	741	647	290	1889	0	0	0	0	0	0	0	0
0	597	742	459	1707	597	742	459	1707	0	0	0	0	0	0	0	0
0	200	159	53	571	181	152	49	546	19	7	4	25	0	0	0	0
0	108	104	69	271	108	104	69	271	0	0	0	0	0	0	0	0
0	223	140	74	486	223	140	74	486	0	0	0	0	0	0	0	0
0	8	0	0	83	8	0	0	83	0	0	0	0	0	0	0	0
0	2	0	0	0	2	0	0	0	0	0	0	0	0	0	0	0
0	24	0	0	4	24	0	0	4	0	0	0	0	0	0	0	0
0	0	3	0	3	0	3	0	3	0	0	0	0	0	0	0	0
0	0	0	0	100	0	0	0	100	0	0	0	0	0	0	0	0
0	0	431	135	682	0	431	135	682	0	0	0	0	0	0	0	0
0	**14735**	**10256**	**5018**	**42718**	**14735**	**10204**	**4966**	**42665**	**0**	**52**	**52**	**52**	**0**	**0**	**0**	**1**
0	6959	4614	2290	17789	6959	4599	2275	17774	0	15	15	15	0	0	0	0
0	365	803	296	3082	365	803	296	3082	0	0	0	0	0	0	0	0
0	2047	3448	1162	6957	2047	3448	1162	6957	0	0	0	0	0	0	0	0
0	950	811	811	5517	950	811	811	5517	0	0	0	0	0	0	0	0

2.1 各学校开放

	合计				本科											
					合计				普通开放				一村一			
	毕业生	招生		在籍生	毕业生	招生		在籍生	毕业生	招生		在籍生	毕业生	招生	
		计	其中：春季			计	其中：春季			计	其中：春季			计	其中：春季
吉林科技职业技术学院	78	0	0	637	0	0	0	0	0	0	0	0	0	0	0
吉林广播电视大学吉林分校	1437	674	352	3438	605	150	60	857	605	150	60	857	0	0	0
吉林电大桦甸市分校	620	208	135	914	108	67	47	302	108	67	47	302	0	0	0
舒兰电大	640	406	222	1741	119	118	65	412	119	118	65	412	0	0	0
磐石电大	356	376	243	1161	40	91	53	269	40	91	53	269	0	0	0
吉林广播电视大学蛟河管理站	454	167	84	1057	100	51	33	261	100	51	33	261	0	0	0
吉林市北华万桥培训学校	0	44	0	44	0	0	0	0	0	0	0	0	0	0	0
吉林广播大学四平分校	1271	433	253	3498	375	205	125	914	375	205	125	914	0	0	0
吉林广播电视大学梨树县分校	62	30	18	101	0	8	7	11	0	8	7	11	0	0	0
吉林省广播电视大学公主岭工作站	7	1	0	129	0	0	0	28	0	0	0	28	0	0	0
吉林广播电视大学伊通县管理站	6	3	3	43	0	0	0	0	0	0	0	0	0	0	0
吉林广播电视大学双辽工作站	11	40	8	76	0	8	2	8	0	8	2	8	0	0	0
吉林广播电视大学延边分校	850	366	204	1722	309	145	80	748	309	145	80	748	0	0	0
吉林广播电视大学龙井市电大工作站	15	34	21	54	0	8	3	8	0	8	3	8	0	0	0
吉林电大敦化分校	497	433	248	2047	33	118	74	572	33	118	74	572	0	0	0
吉林广播电视大学汪清县电大工作站	258	178	76	521	0	38	24	81	0	38	24	81	0	0	0
珲春电大	70	113	38	303	0	21	9	21	0	21	9	21	0	0	0
吉林广播电视大学安图管理站	77	81	61	255	0	36	29	50	0	36	29	50	0	0	0
吉林广播电视大学图们市电大工作站	52	38	20	135	0	5	1	12	0	5	1	12	0	0	0
吉林广播电视大学和龙市管理站	23	24	11	82	0	5	2	11	0	5	2	11	0	0	0
吉林电大通化分校	1160	585	326	2413	403	221	112	816	403	221	112	816	0	0	0
梅河口市管理站	520	162	67	766	135	73	33	272	135	73	33	272	0	0	0
吉林广播电视大学集安分校	176	116	70	516	52	33	23	110	52	33	23	110	0	0	0
吉林广播电视大学辉南管理站	444	212	103	807	145	62	36	225	145	62	36	225	0	0	0
吉林广播电视大学柳河分校	164	94	48	355	34	27	18	79	34	27	18	79	0	0	0
吉林电大辽源分校	903	91	46	2062	220	27	13	347	220	27	13	347	0	0	0
东丰电大工作站	0	15	0	59	0	0	0	0	0	0	0	0	0	0	0
吉林广播电视大学东辽管理站	17	0	0	0	0	0	0	0	0	0	0	0	0	0	0
吉林广播电视大学白山分校	935	684	337	2822	443	308	156	1123	443	308	156	1123	0	0	0
吉林广播电视大学抚松县电大工作站	165	263	193	878	0	0	0	20	0	0	0	20	0	0	0
吉林广播电视大学靖宇县电大工作站	55	14	5	137	0	0	0	0	0	0	0	0	0	0	0
吉林广播电视大学长白县电大工作站	101	56	30	171	0	0	0	0	0	0	0	0	0	0	0
吉林广播电视大学临江市电大工作站	64	69	44	263	0	0	0	0	0	0	0	0	0	0	0
长白山中等职业技术学校	0	0	0	5	0	0	0	0	0	0	0	0	0	0	0
吉林电大白城分校直属教学点	626	301	122	1628	219	106	50	481	219	106	50	481	0	0	0
镇赉县电大管理站	94	117	69	348	27	36	20	123	27	36	20	123	0	0	0
大安电大工作站	102	209	109	487	0	84	53	124	0	84	53	124	0	0	0
洮南电大工作站	0	21	13	60	0	0	0	0	0	0	0	0	0	0	0
通榆电大工作站	423	78	36	534	115	28	13	161	115	28	13	161	0	0	0
松原分校直属教学点	709	262	132	2207	179	110	53	611	179	110	53	611	0	0	0

教育学生情况(续表16)

单位:人

	专科															
	合计				普通开放				一村一				助力计划			
在籍生	毕业生	招生 计	招生 其中:春季	在籍生	毕业生	招生 计	招生 其中:春季	在籍生	毕业生	招生 计	招生 其中:春季	在籍生	毕业生	招生 计	招生 其中:春季	在籍生
0	78	0	0	637	78	0	0	637	0	0	0	0	0	0	0	0
0	832	524	292	2581	832	524	292	2581	0	0	0	0	0	0	0	0
0	512	141	88	612	512	141	88	612	0	0	0	0	0	0	0	0
0	521	288	157	1329	521	288	157	1329	0	0	0	0	0	0	0	0
0	316	285	190	892	316	285	190	892	0	0	0	0	0	0	0	0
0	354	116	51	796	354	116	51	796	0	0	0	0	0	0	0	0
0	0	44	0	44	0	44	0	44	0	0	0	0	0	0	0	0
0	896	228	128	2584	896	228	128	2584	0	0	0	0	0	0	0	0
0	62	22	11	90	62	22	11	90	0	0	0	0	0	0	0	0
0	7	1	0	101	7	1	0	101	0	0	0	0	0	0	0	0
0	6	3	3	43	6	3	3	43	0	0	0	0	0	0	0	0
0	11	32	6	68	11	32	6	68	0	0	0	0	0	0	0	0
0	541	221	124	974	541	221	124	974	0	0	0	0	0	0	0	0
0	15	26	18	46	15	26	18	46	0	0	0	0	0	0	0	0
0	464	315	174	1475	464	315	174	1475	0	0	0	0	0	0	0	0
0	258	140	52	440	258	140	52	440	0	0	0	0	0	0	0	0
0	70	92	29	282	70	92	29	282	0	0	0	0	0	0	0	0
0	77	45	32	205	77	45	32	205	0	0	0	0	0	0	0	0
0	52	33	19	123	52	33	19	123	0	0	0	0	0	0	0	0
0	23	19	9	71	23	19	9	71	0	0	0	0	0	0	0	0
0	757	364	214	1597	757	364	214	1597	0	0	0	0	0	0	0	0
0	385	89	34	494	385	89	34	494	0	0	0	0	0	0	0	0
0	124	83	47	406	124	83	47	406	0	0	0	0	0	0	0	0
0	299	150	67	582	299	150	67	582	0	0	0	0	0	0	0	0
0	130	67	30	276	130	67	30	275	0	0	0	0	0	0	0	1
0	683	64	33	1715	683	64	33	1715	0	0	0	0	0	0	0	0
0	0	15	0	59	0	15	0	59	0	0	0	0	0	0	0	0
0	17	0	0	0	17	0	0	0	0	0	0	0	0	0	0	0
0	492	376	181	1699	492	376	181	1699	0	0	0	0	0	0	0	0
0	165	263	193	858	165	211	141	806	0	52	52	52	0	0	0	0
0	55	14	5	137	55	14	5	137	0	0	0	0	0	0	0	0
0	101	56	30	171	101	56	30	171	0	0	0	0	0	0	0	0
0	64	69	44	263	64	69	44	263	0	0	0	0	0	0	0	0
0	0	0	0	5	0	0	0	5	0	0	0	0	0	0	0	0
0	407	195	72	1147	407	195	72	1147	0	0	0	0	0	0	0	0
0	67	81	49	225	67	81	49	225	0	0	0	0	0	0	0	0
0	102	125	56	363	102	125	56	363	0	0	0	0	0	0	0	0
0	0	21	13	60	0	21	13	60	0	0	0	0	0	0	0	0
0	308	50	23	373	308	50	23	373	0	0	0	0	0	0	0	0
0	530	152	79	1596	530	152	79	1596	0	0	0	0	0	0	0	0

2.1 各学校开放

	合计				本科										
					合计				普通开放				一村一		
	毕业生	招生		在籍生	毕业生	招生		在籍生	毕业生	招生		在籍生	毕业生	招生	
		计	其中：春季			计	其中：春季			计	其中：春季			计	其中：春季
吉林广播电视大学前郭管理站	380	239	89	848	40	80	26	245	40	80	26	245	0	0	0
吉林广播电视大学长岭县管理站	33	165	99	453	0	18	9	24	0	18	9	24	0	0	0
吉林广播电视大学乾安管理站	43	5	5	65	0	0	0	0	0	0	0	0	0	0	0
扶余电大工作站	0	104	46	181	0	30	8	35	0	30	8	35	0	0	0
长春市建筑职工业余大学	1348	0	0	704	172	0	0	204	172	0	0	204	0	0	0
长春	**6473**	**8694**	**4237**	**24294**	**1438**	**2083**	**1047**	**5029**	**1438**	**2083**	**1047**	**5029**	**0**	**0**	**0**
其中：女	2729	3593	1739	9718	679	882	433	2171	679	882	433	2171	0	0	0
长春广播电视大学直属	5341	481	262	11801	1130	209	117	2711	1130	209	117	2711	0	0	0
长春电大榆树分校	256	0	0	208	64	0	0	88	64	0	0	88	0	0	0
长春电大九台分校	33	0	0	48	33	0	0	33	33	0	0	33	0	0	0
长春广播电视大学农安分校	31	110	48	244	21	20	12	68	21	20	12	68	0	0	0
德惠市职业技术学校	36	34	29	94	2	0	0	3	2	0	0	3	0	0	0
长春电大双阳分校	571	242	153	1244	188	62	37	334	188	62	37	334	0	0	0
长春市一中专教学点	86	83	65	156	0	0	0	0	0	0	0	0	0	0	0
机械工业学校教学点	119	165	165	361	0	0	0	0	0	0	0	0	0	0	0
长春医药化工工业技工学校	0	146	89	393	0	0	0	0	0	0	0	0	0	0	0
长春市东北科技职业技术学校	0	438	136	543	0	100	30	100	0	100	30	100	0	0	0
长春电大开放学院	0	6919	3290	9126	0	1692	851	1692	0	1692	851	1692	0	0	0
中铁十三局技师学院长光教学点	0	37	0	37	0	0	0	0	0	0	0	0	0	0	0
长春职工大学	0	39	0	39	0	0	0	0	0	0	0	0	0	0	0
黑龙江	**17406**	**19778**	**9010**	**57103**	**4412**	**4076**	**1930**	**12809**	**4412**	**4076**	**1930**	**12809**	**0**	**0**	**0**
其中：女	7337	7651	3354	24730	2022	1745	845	5629	2022	1745	845	5629	0	0	0
齐齐哈尔广播电视大学	1218	1444	663	5365	436	416	228	1254	436	416	228	1254	0	0	0
黑龙江广播电视大学龙江分校	23	79	46	299	4	17	7	71	4	17	7	71	0	0	0
黑龙江广播电视大学依安分校	648	314	151	944	213	113	51	302	213	113	51	302	0	0	0
黑龙江广播电视大学泰来分校	116	133	50	342	32	30	11	82	32	30	11	82	0	0	0
黑龙江广播电视大学甘南分校	202	100	29	434	47	34	8	122	47	34	8	122	0	0	0
黑龙江广播电视大学克东分校	138	159	79	389	32	35	18	98	32	35	18	98	0	0	0
黑龙江广播电视大学拜泉分校	59	89	36	189	9	21	6	44	9	21	6	44	0	0	0
黑龙江广播电视大学讷河分校	86	102	25	259	22	43	14	80	22	43	14	80	0	0	0
黑龙江省广播电视大学齐市富区分校	218	290	82	758	33	30	14	102	33	30	14	102	0	0	0
黑龙江广播电视大学富裕分校	53	94	39	278	20	17	7	59	20	17	7	59	0	0	0
黑龙江广播电视大学碾子山分校	125	82	37	265	43	43	17	109	43	43	17	109	0	0	0
牡丹江广播电视大学	285	79	26	528	98	33	14	185	98	33	14	185	0	0	0
黑龙江广播电视大学海林分校	50	71	36	159	0	0	0	0	0	0	0	0	0	0	0
黑龙江广播电视大学穆棱分校	218	141	71	556	57	53	29	189	57	53	29	189	0	0	0
林口分校	197	76	53	587	42	19	10	192	42	19	10	192	0	0	0
黑龙江广播电视大学东宁分校	154	133	80	462	53	46	24	168	53	46	24	168	0	0	0
黑龙江广播电视大学绥芬河分校	32	15	5	86	14	8	4	30	14	8	4	30	0	0	0
宁安分校	176	133	79	475	57	26	14	133	57	26	14	133	0	0	0

教育学生情况(续表17)

单位:人

	专科															
	合计				普通开放				一村一				助力计划			
在籍生	毕业生	招生		在籍生	毕业生	招生		在籍生	毕业生	招生		在籍生	毕业生	招生		在籍生
		计	其中:春季			计	其中:春季			计	其中:春季			计	其中:春季	
0	340	159	63	603	340	159	63	603	0	0	0	0	0	0	0	0
0	33	147	90	429	33	147	90	429	0	0	0	0	0	0	0	0
0	43	5	5	65	43	5	5	65	0	0	0	0	0	0	0	0
0	0	74	38	146	0	74	38	146	0	0	0	0	0	0	0	0
0	1176	0	0	500	1176	0	0	500	0	0	0	0	0	0	0	0
0	**5035**	**6611**	**3190**	**19265**	**5035**	**6541**	**3133**	**19146**	**0**	**0**	**0**	**0**	**0**	**70**	**57**	**119**
0	2050	2711	1306	7547	2050	2705	1303	7537	0	0	0	0	0	6	3	10
0	4211	272	145	9090	4211	266	139	9076	0	0	0	0	0	6	6	14
0	192	0	0	120	192	0	0	120	0	0	0	0	0	0	0	0
0	0	0	0	15	0	0	0	15	0	0	0	0	0	0	0	0
0	10	90	36	176	10	90	36	176	0	0	0	0	0	0	0	0
0	34	34	29	91	34	34	29	91	0	0	0	0	0	0	0	0
0	383	180	116	910	383	180	116	910	0	0	0	0	0	0	0	0
0	86	83	65	156	86	83	65	156	0	0	0	0	0	0	0	0
0	119	165	165	361	119	165	165	361	0	0	0	0	0	0	0	0
0	0	146	89	393	0	146	89	393	0	0	0	0	0	0	0	0
0	0	338	106	443	0	337	105	438	0	0	0	0	0	1	1	5
0	0	5227	2439	7434	0	5164	2389	7334	0	0	0	0	0	63	50	100
0	0	37	0	37	0	37	0	37	0	0	0	0	0	0	0	0
0	0	39	0	39	0	39	0	39	0	0	0	0	0	0	0	0
0	**12994**	**15702**	**7080**	**44294**	**12213**	**13059**	**5056**	**40079**	**781**	**2275**	**1971**	**3802**	**0**	**368**	**53**	**413**
0	5315	5906	2509	19101	5104	5400	2118	18210	211	479	386	860	0	27	5	31
0	782	1028	435	4111	781	974	431	4011	1	12	4	55	0	42	0	45
0	19	62	39	228	19	62	39	228	0	0	0	0	0	0	0	0
0	435	201	100	642	408	192	95	612	27	9	5	30	0	0	0	0
0	84	103	39	260	76	92	33	212	8	11	6	48	0	0	0	0
0	155	66	21	312	151	64	20	301	4	2	1	11	0	0	0	0
0	106	124	61	291	105	121	61	287	1	3	0	4	0	0	0	0
0	50	68	30	145	50	65	28	142	0	3	2	3	0	0	0	0
0	64	59	11	179	64	53	8	163	0	6	3	16	0	0	0	0
0	185	260	68	656	185	260	68	656	0	0	0	0	0	0	0	0
0	33	77	32	219	33	77	32	216	0	0	0	3	0	0	0	0
0	82	39	20	156	82	39	20	156	0	0	0	0	0	0	0	0
0	187	46	12	343	187	46	12	343	0	0	0	0	0	0	0	0
0	50	71	36	159	50	71	36	159	0	0	0	0	0	0	0	0
0	161	88	42	367	150	84	39	346	11	4	3	21	0	0	0	0
0	155	57	43	395	138	45	32	311	17	12	11	84	0	0	0	0
0	101	87	56	294	101	87	56	292	0	0	0	2	0	0	0	0
0	18	7	1	56	18	7	1	56	0	0	0	0	0	0	0	0
0	119	107	65	342	114	101	65	327	5	6	0	15	0	0	0	0

2.1 各学校开放

	合计				本科										
					合计				普通开放				一村一		
	毕业生	招生		在籍生	毕业生	招生		在籍生	毕业生	招生		在籍生	毕业生	招生	
		计	其中：春季			计	其中：春季			计	其中：春季			计	其中：春季
佳木斯广播电视大学	16	91	59	190	4	45	26	71	4	45	26	71	0	0	0
同江分校	23	1	1	14	0	0	0	0	0	0	0	0	0	0	0
黑龙江广播电视大学桦南分校	0	19	15	69	0	2	2	8	0	2	2	8	0	0	0
黑龙江广播电视大学桦川分校	5	9	6	17	0	2	1	5	0	2	1	5	0	0	0
黑龙江广播电视大学富锦分校	65	74	33	188	2	19	5	25	2	19	5	25	0	0	0
绥化广播电视大学	285	151	70	823	71	60	35	155	71	60	35	155	0	0	0
黑龙 江广播电视大学肇东分校	311	274	136	732	36	42	19	82	36	42	19	82	0	0	0
黑龙江广播电视大学望奎分校	122	98	58	291	2	34	19	87	2	34	19	87	0	0	0
黑龙江广播电视大学海伦分校	231	127	71	312	45	36	22	95	45	36	22	95	0	0	0
黑龙江广播电视大学庆安分校	45	69	5	126	4	7	0	18	4	7	0	18	0	0	0
黑龙江广播电视大学明水分校	85	77	46	192	0	0	0	0	0	0	0	0	0	0	0
绥棱分校	226	107	49	343	14	25	15	60	14	25	15	60	0	0	0
黑龙江广播电视大学兰西分校	176	100	47	369	72	35	11	148	72	35	11	148	0	0	0
黑龙江广播电视大学青冈分校	50	35	16	112	4	2	0	15	4	2	0	15	0	0	0
黑龙江广播电视大学安达分校	473	279	150	646	115	95	45	187	115	95	45	187	0	0	0
黑河广播电视大学	198	109	58	602	71	48	24	209	71	48	24	209	0	0	0
黑龙江广播电视大学嫩江分校	450	237	103	872	150	78	36	312	150	78	36	312	0	0	0
黑龙江广播电视大学逊克分校	163	109	68	327	61	36	21	126	61	36	21	126	0	0	0
黑龙江广播电视大学孙吴分校	78	68	43	164	24	22	12	55	24	22	12	55	0	0	0
黑龙江广播电视大学北安分校	317	291	127	1012	58	40	15	176	58	40	15	176	0	0	0
黑龙江广播电视大学五大连池分校	188	211	121	610	44	76	47	192	44	76	47	192	0	0	0
大兴安岭广播电视大学	230	117	50	623	73	39	14	203	73	39	14	203	0	0	0
塔河分校	0	0	0	5	0	0	0	0	0	0	0	0	0	0	0
漠河县电大工作站	0	0	0	3	0	0	0	0	0	0	0	0	0	0	0
呼中区委党校	11	0	0	22	0	0	0	0	0	0	0	0	0	0	0
伊春市广播电视大学	418	328	160	992	141	123	66	332	141	123	66	332	0	0	0
伊春市广播电视大学红星分校	24	0	0	18	0	0	0	0	0	0	0	0	0	0	0
黑龙江广播电视大学嘉荫分校	87	37	16	174	9	13	6	46	9	13	6	46	0	0	0
铁力分校	199	139	67	398	70	39	20	130	70	39	20	130	0	0	0
伊春市广播电视大学新青分校	9	0	0	0	0	0	0	0	0	0	0	0	0	0	0
伊春市广播电视大学朗乡分校	25	0	0	0	0	0	0	0	0	0	0	0	0	0	0
大庆广播电视大学	828	1660	676	4153	217	294	156	849	217	294	156	849	0	0	0
肇源分校	97	63	33	265	1	21	11	58	1	21	11	58	0	0	0
杜蒙分校	95	110	39	350	29	34	15	98	29	34	15	98	0	0	0
黑龙江广播电视大学林甸分校	503	399	205	1500	116	130	67	385	116	130	67	385	0	0	0
黑龙江广播电视大学肇州分校	236	207	78	611	59	53	21	180	59	53	21	180	0	0	0
鸡西广播电视大学	162	31	17	275	65	12	8	98	65	12	8	98	0	0	0
黑龙江广播电视大学虎林分校	159	117	84	545	54	34	21	153	54	34	21	153	0	0	0
密山分校	150	123	46	447	34	45	14	183	34	45	14	183	0	0	0
鹤岗广播电视大学	327	231	122	1039	129	84	40	359	129	84	40	359	0	0	0

教育学生情况(续表18)

单位:人

	专科															
	合计				普通开放				一村一				助力计划			
在籍生	毕业生	招生		在籍生	毕业生	招生		在籍生	毕业生	招生		在籍生	毕业生	招生		在籍生
		计	其中:春季			计	其中:春季			计	其中:春季			计	其中:春季	
0	12	46	33	119	12	46	33	119	0	0	0	0	0	0	0	0
0	23	1	1	14	23	1	1	14	0	0	0	0	0	0	0	0
0	0	17	13	61	0	17	13	61	0	0	0	0	0	0	0	0
0	5	7	5	12	5	7	5	12	0	0	0	0	0	0	0	0
0	63	55	28	163	63	53	26	161	0	2	2	2	0	0	0	0
0	214	91	35	668	214	91	35	668	0	0	0	0	0	0	0	0
0	275	232	117	650	208	172	88	511	67	60	29	139	0	0	0	0
0	120	64	39	204	120	64	39	204	0	0	0	0	0	0	0	0
0	186	91	49	217	181	88	47	212	5	3	2	5	0	0	0	0
0	41	62	5	108	41	61	5	107	0	1	0	1	0	0	0	0
0	85	77	46	192	85	77	46	192	0	0	0	0	0	0	0	0
0	212	82	34	283	89	57	25	187	123	25	9	96	0	0	0	0
0	104	65	36	221	100	61	33	205	4	4	3	16	0	0	0	0
0	46	33	16	97	42	19	9	71	4	14	7	25	0	0	0	1
0	358	184	105	459	350	161	92	416	8	23	13	43	0	0	0	0
0	127	61	34	393	114	61	34	380	13	0	0	13	0	0	0	0
0	300	159	67	560	282	154	64	543	18	5	3	17	0	0	0	0
0	102	73	47	201	94	71	46	190	8	2	1	11	0	0	0	0
0	54	46	31	109	54	46	31	109	0	0	0	0	0	0	0	0
0	259	251	112	836	67	73	39	222	192	176	72	612	0	2	1	2
0	144	135	74	418	110	99	52	310	34	36	22	108	0	0	0	0
0	157	78	36	420	157	78	36	420	0	0	0	0	0	0	0	0
0	0	0	0	5	0	0	0	5	0	0	0	0	0	0	0	0
0	0	0	0	3	0	0	0	3	0	0	0	0	0	0	0	0
0	11	0	0	22	11	0	0	22	0	0	0	0	0	0	0	0
0	277	205	94	660	277	205	94	660	0	0	0	0	0	0	0	0
0	24	0	0	18	24	0	0	18	0	0	0	0	0	0	0	0
0	78	24	10	128	78	24	10	128	0	0	0	0	0	0	0	0
0	129	100	47	268	129	94	46	258	0	6	1	10	0	0	0	0
0	9	0	0	0	9	0	0	0	0	0	0	0	0	0	0	0
0	25	0	0	0	25	0	0	0	0	0	0	0	0	0	0	0
0	611	1366	520	3304	611	1088	496	3015	0	0	0	0	0	278	24	289
0	96	42	22	207	89	41	21	192	7	1	1	15	0	0	0	0
0	66	76	24	252	64	65	19	220	2	11	5	32	0	0	0	0
0	387	269	138	1115	356	243	131	1033	31	26	7	82	0	0	0	0
0	177	154	57	431	177	154	57	431	0	0	0	0	0	0	0	0
0	97	19	9	177	93	18	9	159	4	1	0	17	0	0	0	1
0	105	83	63	392	103	81	62	381	2	0	0	7	0	2	1	4
0	116	78	32	264	116	78	32	264	0	0	0	0	0	0	0	0
0	198	147	82	680	197	141	82	671	1	6	0	8	0	0	0	1

2.1 各学校开放

	合计				本科											
					合计				普通开放				一村一			
	毕业生	招生		在籍生	毕业生	招生		在籍生	毕业生	招生		在籍生	毕业生	招生		
		计	其中：春季			计	其中：春季			计	其中：春季			计	其中：春季	
绥滨分校	172	105	66	348	74	33	20	116	74	33	20	116	0	0	0	
萝北分校	78	95	37	287	27	37	13	90	27	37	13	90	0	0	0	
双鸭山广播电视大学	597	424	216	1360	237	183	91	546	237	183	91	546	0	0	0	
黑龙江广播电视大学宝清分校	327	269	126	869	75	92	44	278	75	92	44	278	0	0	0	
黑龙江省广播电视大学 饶河分校	18	4	2	22	6	0	0	9	6	0	0	9	0	0	0	
黑龙江广播电视大学集贤电大	62	45	15	104	7	11	7	19	7	11	7	19	0	0	0	
七台河广播电视大学	396	248	109	1054	50	46	18	243	50	46	18	243	0	0	0	
黑龙江省农垦广播电视大学	193	70	23	411	48	30	7	126	48	30	7	126	0	0	0	
黑龙江广播电视大学宝泉岭分校	180	135	72	436	0	0	0	0	0	0	0	0	0	0	0	
黑龙江广播电视大学红兴隆分局电大	0	16	5	182	0	1	0	19	0	1	0	19	0	0	0	
建三江农垦电大分校	6	6	5	34	0	0	0	0	0	0	0	0	0	0	0	
黑龙江广播电视大学九三农管局分校	12	0	0	20	0	0	0	0	0	0	0	0	0	0	0	
黑龙江广播电视大学牡丹江农管局分校	172	121	78	356	30	28	21	90	30	28	21	90	0	0	0	
黑龙江广播电视大学北安农管局分校	93	71	42	249	20	22	12	58	20	22	12	58	0	0	0	
绥化农垦电大分校	18	15	8	34	0	4	2	4	0	4	2	4	0	0	0	
黑龙江农垦广播电视大学齐齐哈尔分校	32	20	7	83	7	5	3	13	7	5	3	13	0	0	0	
佳木斯农垦电大分校	29	10	10	106	0	0	0	0	0	0	0	0	0	0	0	
牡丹江林管局广播电视大学	828	402	190	1486	233	136	59	473	233	136	59	473	0	0	0	
松花江林区广播电视大学	626	477	209	1523	235	190	85	555	235	190	85	555	0	0	0	
黑龙江广播电视大学兴隆林业局分校	32	20	8	90	7	4	3	19	7	4	3	19	0	0	0	
黑龙江广播电视大学山河屯林业局分校	23	25	0	294	0	0	0	0	0	0	0	0	0	0	0	
黑龙江广播电视大学清河林业局分校	38	27	5	78	1	4	1	15	1	4	1	15	0	0	0	
黑龙江广播电视大学苇河林业局分校	17	14	2	36	0	0	0	0	0	0	0	0	0	0	0	
黑龙江广播电视大学方正林业局分校	20	35	17	84	6	7	2	17	6	7	2	17	0	0	0	
黑龙江广播电视大学沾河林业局分校	79	2	1	86	11	0	0	17	11	0	0	17	0	0	0	
黑龙江广播电视大学绥棱林业局分校	63	17	7	69	0	1	1	3	0	1	1	3	0	0	0	
黑龙江广播电视大学亚布力林业局分校	28	80	16	210	8	14	8	55	8	14	8	55	0	0	0	
黑龙江广播电视通北林业局分校	0	1	0	926	0	0	0	0	0	0	0	0	0	0	0	
佳木斯林业卫校	1	0	0	1355	0	0	0	0	0	0	0	0	0	0	0	
黑龙江广播电视大学直属分校	669	4130	2004	6200	171	206	64	759	171	206	64	759	0	0	0	
黑龙江水利专科学校分校	82	94	47	322	42	48	24	189	42	48	24	189	0	0	0	
黑龙江广播电视大学机械分校	20	0	0	234	0	0	0	0	0	0	0	0	0	0	0	
黑龙江广播电视大学中等专业学校直属教学点	114	604	189	1154	19	128	33	173	19	128	33	173	0	0	0	
牡丹江博大律师学院教学点	15	0	0	170	3	0	0	22	3	0	0	22	0	0	0	
黑龙江广播电视大学武警二支队教学点	977	2184	1028	4307	109	236	122	563	109	236	122	563	0	0	0	
哈尔滨电站集团高级技工学校	7	9	4	79	0	1	0	18	0	1	0	18	0	0	0	
302255	0	0	0	6	0	0	0	0	0	0	0	0	0	0	0	
佳木斯科技学院	102	371	0	459	0	0	0	0	0	0	0	0	0	0	0	
合江林业管理局广播电视大学	34	0	0	15	0	0	0	0	0	0	0	0	0	0	0	
国家统计局培训学院黑龙江分院分校	0	0	0	3	0	0	0	0	0	0	0	0	0	0	0	

教育学生情况(续表19)

单位:人

	专科															
	合计				普通开放				一村一				助力计划			
在籍生	毕业生	招生		在籍生	毕业生	招生		在籍生	毕业生	招生		在籍生	毕业生	招生		在籍生
		计	其中:春季			计	其中:春季			计	其中:春季			计	其中:春季	
0	98	72	46	232	98	65	43	225	0	7	3	7	0	0	0	0
0	51	58	24	197	51	58	24	197	0	0	0	0	0	0	0	0
0	360	241	125	814	360	241	125	814	0	0	0	0	0	0	0	0
0	252	177	82	591	252	177	82	579	0	0	0	12	0	0	0	0
0	12	4	2	13	12	4	2	13	0	0	0	0	0	0	0	0
0	55	34	8	85	55	34	8	85	0	0	0	0	0	0	0	0
0	346	202	91	811	330	170	74	655	16	27	12	126	0	5	5	30
0	145	40	16	285	59	37	14	151	86	3	2	134	0	0	0	0
0	180	135	72	436	180	135	72	436	0	0	0	0	0	0	0	0
0	0	15	5	163	0	11	5	110	0	4	0	53	0	0	0	0
0	6	6	5	34	6	3	2	29	0	3	3	5	0	0	0	0
0	12	0	0	20	12	0	0	14	0	0	0	6	0	0	0	0
0	142	93	57	266	85	58	40	147	57	35	17	119	0	0	0	0
0	73	49	30	191	59	37	22	122	14	12	8	69	0	0	0	0
0	18	11	6	30	7	7	2	20	11	4	4	10	0	0	0	0
0	25	15	4	70	25	15	4	70	0	0	0	0	0	0	0	0
0	29	10	10	106	29	10	10	106	0	0	0	0	0	0	0	0
0	595	266	131	1013	595	266	131	1013	0	0	0	0	0	0	0	0
0	391	287	124	968	391	287	124	968	0	0	0	0	0	0	0	0
0	25	16	5	71	25	16	5	71	0	0	0	0	0	0	0	0
0	23	25	0	294	23	25	0	294	0	0	0	0	0	0	0	0
0	37	23	4	63	37	23	4	63	0	0	0	0	0	0	0	0
0	17	14	2	36	17	14	2	36	0	0	0	0	0	0	0	0
0	14	28	15	67	14	28	15	67	0	0	0	0	0	0	0	0
0	68	2	1	69	68	2	1	69	0	0	0	0	0	0	0	0
0	63	16	6	66	63	16	6	66	0	0	0	0	0	0	0	0
0	20	66	8	155	20	66	8	155	0	0	0	0	0	0	0	0
0	0	1	0	926	0	1	0	926	0	0	0	0	0	0	0	0
0	1	0	0	1355	1	0	0	1355	0	0	0	0	0	0	0	0
0	498	3924	1940	5441	498	2214	230	3731	0	1710	1710	1710	0	0	0	0
0	40	46	23	133	40	46	23	133	0	0	0	0	0	0	0	0
0	20	0	0	234	20	0	0	234	0	0	0	0	0	0	0	0
0	95	476	156	981	95	476	156	981	0	0	0	0	0	0	0	0
0	12	0	0	148	12	0	0	148	0	0	0	0	0	0	0	0
0	868	1948	906	3744	868	1909	884	3704	0	0	0	0	0	39	22	40
0	7	8	4	61	7	8	4	61	0	0	0	0	0	0	0	0
0	0	0	0	6	0	0	0	6	0	0	0	0	0	0	0	0
0	102	371	0	459	102	371	0	459	0	0	0	0	0	0	0	0
0	34	0	0	15	34	0	0	15	0	0	0	0	0	0	0	0
0	0	0	0	3	0	0	0	3	0	0	0	0	0	0	0	0

	合计				本科										
					合计				普通开放				一村一		
	毕业生	招生		在籍生	毕业生	招生		在籍生	毕业生	招生		在籍生	毕业生	招生	
		计	其中:春季			计	其中:春季			计	其中:春季			计	其中:春季
黑龙江科技学院	112	0	0	156	0	0	0	0	0	0	0	0	0	0	0
黑龙江省人口计划生育教育发展中心	69	0	0	0	0	0	0	0	0	0	0	0	0	0	0
哈尔滨	**7032**	**13308**	**5724**	**35022**	**1567**	**1846**	**1022**	**6811**	**1567**	**1846**	**1022**	**6811**	**0**	**0**	**0**
其中:女	2897	5324	2289	14145	655	741	410	2889	655	741	410	2889	0	0	0
校本部	2844	6397	3529	21255	613	990	611	4101	613	990	611	4101	0	0	0
直属第二工作站	2	0	0	17	1	0	0	5	1	0	0	5	0	0	0
易代科技学校	18	53	30	92	0	0	0	0	0	0	0	0	0	0	0
哈铁分局工作站	16	0	0	103	10	0	0	80	10	0	0	80	0	0	0
阿城电大	310	193	100	792	86	74	41	274	86	74	41	274	0	0	0
呼兰电大	351	120	63	312	83	27	14	62	83	27	14	62	0	0	0
宾县电大	262	221	83	662	51	83	33	229	51	83	33	229	0	0	0
方正电大分校	93	62	26	223	18	13	8	47	18	13	8	47	0	0	0
依兰电大	352	201	108	681	83	58	28	196	83	58	28	196	0	0	0
哈尔滨电大助力学习中心	0	233	81	276	0	0	0	0	0	0	0	0	0	0	0
哈尔滨电大联通助力学习中心	0	45	16	68	0	0	0	0	0	0	0	0	0	0	0
双城电大分校	219	290	152	723	61	77	36	191	61	77	36	191	0	0	0
通河电大	84	81	34	176	15	20	12	31	15	20	12	31	0	0	0
木兰电大	148	150	76	403	34	48	31	126	34	48	31	126	0	0	0
延寿电大	226	131	58	424	31	33	12	95	31	33	12	95	0	0	0
巴彦电大	166	103	56	292	37	32	16	82	37	32	16	82	0	0	0
五常电大	290	253	116	863	86	116	72	330	86	116	72	330	0	0	0
尚志电大	461	281	112	863	71	57	24	221	71	57	24	221	0	0	0
黑龙江科技职业学校	139	1510	90	1585	0	0	0	0	0	0	0	0	0	0	0
哈尔滨电大直属道里区分校	485	283	141	1183	168	80	37	393	168	80	37	393	0	0	0
哈尔滨电大直属香坊区分校	434	603	216	1542	119	138	47	348	119	138	47	348	0	0	0
哈尔滨劳动技师学院	109	580	51	748	0	0	0	0	0	0	0	0	0	0	0
新星分校	23	129	83	350	0	0	0	0	0	0	0	0	0	0	0
哈尔滨工业美术设计学校	0	497	267	497	0	0	0	0	0	0	0	0	0	0	0
黑龙江医药卫生职业学校	0	532	139	532	0	0	0	0	0	0	0	0	0	0	0
哈尔滨蓝领职业培训学校	0	234	97	234	0	0	0	0	0	0	0	0	0	0	0
工会干校教学点	0	25	0	25	0	0	0	0	0	0	0	0	0	0	0
哈铁建工程技工学校	0	101	0	101	0	0	0	0	0	0	0	0	0	0	0
上海	**7689**	**5852**	**2904**	**37461**	**7689**	**5852**	**2904**	**37461**	**7689**	**5852**	**2904**	**37461**	**0**	**0**	**0**
其中:女	4627	3547	1771	19860	4627	3547	1771	19860	4627	3547	1771	19860	0	0	0
上海开放大学直属开放教育学院	0	0	0	55	0	0	0	55	0	0	0	55	0	0	0
开放教育学院国顺路教学点	0	0	0	4	0	0	0	4	0	0	0	4	0	0	0
开放教育学院中原教学点	0	0	0	2	0	0	0	2	0	0	0	2	0	0	0
上海开放大学虹口分校	91	39	25	597	91	39	25	597	91	39	25	597	0	0	0
上海开放大学闵行二分校	281	209	93	1156	281	209	93	1156	281	209	93	1156	0	0	0
上海开放大学宝山分校	391	158	62	1472	391	158	62	1472	391	158	62	1472	0	0	0
上海开放大学浦东东校	627	587	275	2868	627	587	275	2868	627	587	275	2868	0	0	0

教育学生情况(续表20)

单位:人

在籍生	专科															
	合计				普通开放				一村一				助力计划			
	毕业生	招生		在籍生	毕业生	招生		在籍生	毕业生	招生		在籍生	毕业生	招生		在籍生
		计	其中:春季			计	其中:春季			计	其中:春季			计	其中:春季	
0	112	0	0	156	112	0	0	156	0	0	0	0	0	0	0	0
0	69	0	0	0	69	0	0	0	0	0	0	0	0	0	0	0
0	**5465**	**11462**	**4702**	**28211**	**5326**	**11109**	**4574**	**27603**	**139**	**75**	**31**	**264**	**0**	**278**	**97**	**344**
0	2242	4583	1879	11256	2215	4539	1856	11155	27	10	3	56	0	34	20	45
0	2231	5407	2918	17154	2231	5407	2918	17154	0	0	0	0	0	0	0	0
0	1	0	0	12	1	0	0	12	0	0	0	0	0	0	0	0
0	18	53	30	92	18	53	30	92	0	0	0	0	0	0	0	0
0	6	0	0	23	6	0	0	23	0	0	0	0	0	0	0	0
0	224	119	59	518	223	117	57	506	1	2	2	12	0	0	0	0
0	268	93	49	250	268	93	49	250	0	0	0	0	0	0	0	0
0	211	138	50	433	211	138	50	433	0	0	0	0	0	0	0	0
0	75	49	18	176	75	49	18	176	0	0	0	0	0	0	0	0
0	269	143	80	485	248	127	71	445	21	16	9	40	0	0	0	0
0	0	233	81	276	0	0	0	0	0	0	0	0	0	233	81	276
0	0	45	16	68	0	0	0	0	0	0	0	0	0	45	16	68
0	158	213	116	532	158	213	116	532	0	0	0	0	0	0	0	0
0	69	61	22	145	69	61	22	145	0	0	0	0	0	0	0	0
0	114	102	45	277	114	98	42	269	0	4	3	8	0	0	0	0
0	195	98	46	329	165	84	36	276	30	14	10	53	0	0	0	0
0	129	71	40	210	129	71	40	210	0	0	0	0	0	0	0	0
0	204	137	44	533	122	101	39	393	82	36	5	140	0	0	0	0
0	390	224	88	642	385	221	86	631	5	3	2	11	0	0	0	0
0	139	1510	90	1585	139	1510	90	1585	0	0	0	0	0	0	0	0
0	317	203	104	790	317	203	104	790	0	0	0	0	0	0	0	0
0	315	465	169	1194	315	465	169	1194	0	0	0	0	0	0	0	0
0	109	580	51	748	109	580	51	748	0	0	0	0	0	0	0	0
0	23	129	83	350	23	129	83	350	0	0	0	0	0	0	0	0
0	0	497	267	497	0	497	267	497	0	0	0	0	0	0	0	0
0	0	532	139	532	0	532	139	532	0	0	0	0	0	0	0	0
0	0	234	97	234	0	234	97	234	0	0	0	0	0	0	0	0
0	0	25	0	25	0	25	0	25	0	0	0	0	0	0	0	0
0	0	101	0	101	0	101	0	101	0	0	0	0	0	0	0	0
0	**0**	**0**	**0**	**0**	**0**	**0**	**0**	**0**	**0**	**0**	**0**	**0**	**0**	**0**	**0**	**0**
0	0	0	0	0	0	0	0	0	0	0	0	0	0	0	0	0
0	0	0	0	0	0	0	0	0	0	0	0	0	0	0	0	0
0	0	0	0	0	0	0	0	0	0	0	0	0	0	0	0	0
0	0	0	0	0	0	0	0	0	0	0	0	0	0	0	0	0
0	0	0	0	0	0	0	0	0	0	0	0	0	0	0	0	0
0	0	0	0	0	0	0	0	0	0	0	0	0	0	0	0	0
0	0	0	0	0	0	0	0	0	0	0	0	0	0	0	0	0
0	0	0	0	0	0	0	0	0	0	0	0	0	0	0	0	0

2.1 各学校开放

	合计				本科										
					合计				普通开放				一村一		
	毕业生	招生		在籍生	毕业生	招生		在籍生	毕业生	招生		在籍生	毕业生	招生	
		计	其中：春季			计	其中：春季			计	其中：春季			计	其中：春季
浦东沪东	1	0	0	32	1	0	0	32	1	0	0	32	0	0	0
浦东上南	0	0	0	23	0	0	0	23	0	0	0	23	0	0	0
上海开放大学闵行一分校	606	432	245	3416	606	432	245	3416	606	432	245	3416	0	0	0
上海开放大学金山分校	383	372	211	1394	383	372	211	1394	383	372	211	1394	0	0	0
上海开放大学松江分校	641	399	168	2461	641	399	168	2461	641	399	168	2461	0	0	0
上海开放大学浦东南校	639	483	251	2636	639	483	251	2636	639	483	251	2636	0	0	0
南汇周浦	1	0	0	6	1	0	0	6	1	0	0	6	0	0	0
上海开放大学奉贤分校	458	457	211	2227	458	457	211	2227	458	457	211	2227	0	0	0
上海开放大学青浦分校	371	332	193	1893	371	332	193	1893	371	332	193	1893	0	0	0
上海开放大学崇明分校	399	331	161	1423	399	331	161	1423	399	331	161	1423	0	0	0
崇明长兴学习点	0	0	0	9	0	0	0	9	0	0	0	9	0	0	0
上海开放大学嘉定分校	360	243	132	1824	360	243	132	1824	360	243	132	1824	0	0	0
上海开放大学区县工业管理局分校	18	0	0	54	18	0	0	54	18	0	0	54	0	0	0
上海开放大学光明食品集团分校	51	29	29	259	51	29	29	259	51	29	29	259	0	0	0
上海开放大学闵行农广校教学点	0	0	0	6	0	0	0	6	0	0	0	6	0	0	0
上海开放大学浦农分校	144	136	72	618	144	136	72	618	144	136	72	618	0	0	0
上海开放大学百联集团分校	30	14	9	132	30	14	9	132	30	14	9	132	0	0	0
上海开放大学新世界集团分校	78	69	40	479	78	69	40	479	78	69	40	479	0	0	0
上海开放大学长宁分校	174	172	78	982	174	172	78	982	174	172	78	982	0	0	0
上海开放大学卢湾分校	86	0	0	213	86	0	0	213	86	0	0	213	0	0	0
上海开放大学杨浦分校	191	294	161	1086	191	294	161	1086	191	294	161	1086	0	0	0
上海开放大学黄浦分校	254	147	79	1281	254	147	79	1281	254	147	79	1281	0	0	0
黄浦乳山	1	0	0	91	1	0	0	91	1	0	0	91	0	0	0
上海开放大学普陀分校	268	198	67	1671	268	198	67	1671	268	198	67	1671	0	0	0
大同学院工作站	1	0	0	0	1	0	0	0	1	0	0	0	0	0	0
上海开放大学经济管理学校教学点	0	0	0	27	0	0	0	27	0	0	0	27	0	0	0
上海开放大学商业分校	45	27	27	273	45	27	27	273	45	27	27	273	0	0	0
上海开放大学西区分部	40	13	10	224	40	13	10	224	40	13	10	224	0	0	0
上海开放大学工程大分校	28	39	24	279	28	39	24	279	28	39	24	279	0	0	0
邮电分校	1	0	0	4	1	0	0	4	1	0	0	4	0	0	0
上海开放大学石化分校	34	0	0	63	34	0	0	63	34	0	0	63	0	0	0
公共管理学院	118	81	54	802	118	81	54	802	118	81	54	802	0	0	0
管理系	116	89	31	902	116	89	31	902	116	89	31	902	0	0	0
金融与会计系	87	38	0	479	87	38	0	479	87	38	0	479	0	0	0
外语系	18	0	0	202	18	0	0	202	18	0	0	202	0	0	0
文学艺术系	0	23	0	23	0	23	0	23	0	23	0	23	0	0	0
信息与工程学院	16	0	0	192	16	0	0	192	16	0	0	192	0	0	0
家政与健康管理系	90	121	45	279	90	121	45	279	90	121	45	279	0	0	0
上海开放大学徐汇财贸分校	170	121	65	1066	170	121	65	1066	170	121	65	1066	0	0	0
上海开放大学闸北分校	166	48	22	761	166	48	22	761	166	48	22	761	0	0	0

教育学生情况(续表21)

单位:人

	专科															
	合计				普通开放				一村一				助力计划			
在籍生	毕业生	招生 计	招生 其中:春季	在籍生	毕业生	招生 计	招生 其中:春季	在籍生	毕业生	招生 计	招生 其中:春季	在籍生	毕业生	招生 计	招生 其中:春季	在籍生
0	0	0	0	0	0	0	0	0	0	0	0	0	0	0	0	0
0	0	0	0	0	0	0	0	0	0	0	0	0	0	0	0	0
0	0	0	0	0	0	0	0	0	0	0	0	0	0	0	0	0
0	0	0	0	0	0	0	0	0	0	0	0	0	0	0	0	0
0	0	0	0	0	0	0	0	0	0	0	0	0	0	0	0	0
0	0	0	0	0	0	0	0	0	0	0	0	0	0	0	0	0
0	0	0	0	0	0	0	0	0	0	0	0	0	0	0	0	0
0	0	0	0	0	0	0	0	0	0	0	0	0	0	0	0	0
0	0	0	0	0	0	0	0	0	0	0	0	0	0	0	0	0
0	0	0	0	0	0	0	0	0	0	0	0	0	0	0	0	0
0	0	0	0	0	0	0	0	0	0	0	0	0	0	0	0	0
0	0	0	0	0	0	0	0	0	0	0	0	0	0	0	0	0
0	0	0	0	0	0	0	0	0	0	0	0	0	0	0	0	0
0	0	0	0	0	0	0	0	0	0	0	0	0	0	0	0	0
0	0	0	0	0	0	0	0	0	0	0	0	0	0	0	0	0
0	0	0	0	0	0	0	0	0	0	0	0	0	0	0	0	0
0	0	0	0	0	0	0	0	0	0	0	0	0	0	0	0	0
0	0	0	0	0	0	0	0	0	0	0	0	0	0	0	0	0
0	0	0	0	0	0	0	0	0	0	0	0	0	0	0	0	0
0	0	0	0	0	0	0	0	0	0	0	0	0	0	0	0	0
0	0	0	0	0	0	0	0	0	0	0	0	0	0	0	0	0
0	0	0	0	0	0	0	0	0	0	0	0	0	0	0	0	0
0	0	0	0	0	0	0	0	0	0	0	0	0	0	0	0	0
0	0	0	0	0	0	0	0	0	0	0	0	0	0	0	0	0
0	0	0	0	0	0	0	0	0	0	0	0	0	0	0	0	0
0	0	0	0	0	0	0	0	0	0	0	0	0	0	0	0	0
0	0	0	0	0	0	0	0	0	0	0	0	0	0	0	0	0
0	0	0	0	0	0	0	0	0	0	0	0	0	0	0	0	0
0	0	0	0	0	0	0	0	0	0	0	0	0	0	0	0	0
0	0	0	0	0	0	0	0	0	0	0	0	0	0	0	0	0
0	0	0	0	0	0	0	0	0	0	0	0	0	0	0	0	0
0	0	0	0	0	0	0	0	0	0	0	0	0	0	0	0	0
0	0	0	0	0	0	0	0	0	0	0	0	0	0	0	0	0
0	0	0	0	0	0	0	0	0	0	0	0	0	0	0	0	0
0	0	0	0	0	0	0	0	0	0	0	0	0	0	0	0	0
0	0	0	0	0	0	0	0	0	0	0	0	0	0	0	0	0
0	0	0	0	0	0	0	0	0	0	0	0	0	0	0	0	0
0	0	0	0	0	0	0	0	0	0	0	0	0	0	0	0	0
0	0	0	0	0	0	0	0	0	0	0	0	0	0	0	0	0
0	0	0	0	0	0	0	0	0	0	0	0	0	0	0	0	0

2.1 各学校开放

	合计				本科										
					合计				普通开放				一村一		
	毕业生	招生		在籍生	毕业生	招生		在籍生	毕业生	招生		在籍生	毕业生	招生	
		计	其中：春季			计	其中：春季			计	其中：春季			计	其中：春季
彭浦	0	0	0	23	0	0	0	23	0	0	0	23	0	0	0
上海开放大学静安分校	137	97	47	968	137	97	47	968	137	97	47	968	0	0	0
上海开放大学徐汇分校	78	54	17	524	78	54	17	524	78	54	17	524	0	0	0
江苏	**35023**	**20208**	**10126**	**118666**	**10323**	**8602**	**4072**	**39056**	**10323**	**8602**	**4072**	**39056**	**0**	**0**	**0**
其中：女	18857	10255	5001	56246	5957	4448	2125	19892	5957	4448	2125	19892	0	0	0
江苏电大直属学院直属点	288	223	119	999	0	0	0	0	0	0	0	0	0	0	0
江苏电大直属学院河海大学办学点	12	0	0	28	0	0	0	0	0	0	0	0	0	0	0
江苏钟山教育进修学院	59	0	0	123	0	0	0	0	0	0	0	0	0	0	0
南京博文培训学校	3	0	0	61	0	0	0	0	0	0	0	0	0	0	0
镇江市高等专科学校	167	88	42	481	58	21	10	169	58	21	10	169	0	0	0
镇江广播电视大学丹阳市分校	144	98	53	367	49	32	19	128	49	32	19	128	0	0	0
镇江扬中市电大分校	136	117	51	434	36	26	10	157	36	26	10	157	0	0	0
江苏广播电视大学句容学院	329	118	60	828	172	109	51	604	172	109	51	604	0	0	0
丹徒电大	12	32	0	147	0	0	0	0	0	0	0	0	0	0	0
镇江建委电大分校	165	97	46	820	32	47	23	346	32	47	23	346	0	0	0
常州市广播电视大学	1016	649	264	4734	416	426	171	2160	416	426	171	2160	0	0	0
江苏省广播电视大学武进分校	408	212	30	1529	160	145	30	699	160	145	30	699	0	0	0
常州市广播电视大学金坛分校	639	278	129	1906	262	245	112	915	262	245	112	915	0	0	0
常州市广播电视大学溧阳分校	546	195	116	1346	209	149	84	612	209	149	84	612	0	0	0
江苏广播电视大学武进学院(燎)	226	56	29	267	0	0	0	0	0	0	0	0	0	0	0
常州市广播电视大学溧阳分校(燎)	85	41	25	167	0	0	0	0	0	0	0	0	0	0	0
无锡市广播电视大学	2440	638	223	9610	332	203	53	1539	332	203	53	1539	0	0	0
无锡市广播电视大学锡山分校	401	137	110	896	250	121	100	705	250	121	100	705	0	0	0
无锡市广播电视大学江阴分校	108	0	0	277	28	0	0	48	28	0	0	48	0	0	0
江苏省广播电视大学宜兴分校	484	262	90	1186	222	134	71	644	222	134	71	644	0	0	0
无锡世纪科技进修学校	0	0	0	18	0	0	0	0	0	0	0	0	0	0	0
无锡市广播电视大学(燎)	40	6	5	150	0	0	0	0	0	0	0	0	0	0	0
无锡市广播电视大学江阴分校(燎)	125	0	0	313	0	0	0	0	0	0	0	0	0	0	0
苏州市广播电视大学	86	0	0	580	41	0	0	218	41	0	0	218	0	0	0
江苏省广播电视大学张家港学院	207	37	28	727	105	30	23	391	105	30	23	391	0	0	0
太仓市广播电视大学	339	285	180	1184	221	136	73	577	221	136	73	577	0	0	0
苏州市广播电视大学常熟分校	123	19	0	670	27	0	0	75	27	0	0	75	0	0	0
苏州市广播电视大学吴江市分校	69	0	0	262	43	0	0	98	43	0	0	98	0	0	0
苏州市广播电视大学昆山分校	322	198	133	1664	127	198	133	810	127	198	133	810	0	0	0
苏州市广播电视大学吴中分校	534	165	58	1478	234	111	35	791	234	111	35	791	0	0	0
江苏广播电视大学张家港学院(燎)	341	87	66	612	0	0	0	0	0	0	0	0	0	0	0
江苏电大燎校昆山分校(燎)	0	0	0	24	0	0	0	0	0	0	0	0	0	0	0
吴中电大	1	0	0	8	0	0	0	0	0	0	0	0	0	0	0
南通市广播电视大学	855	634	175	2286	139	476	104	1057	139	476	104	1057	0	0	0
南通市广播电视大学如东分校	452	234	130	1389	123	74	37	352	123	74	37	352	0	0	0

教育学生情况(续表22)

单位:人

在籍生	专科															
	合计				普通开放				一村一				助力计划			
	毕业生	招生		在籍生	毕业生	招生		在籍生	毕业生	招生		在籍生	毕业生	招生		在籍生
		计	其中:春季			计	其中:春季			计	其中:春季			计	其中:春季	
0	0	0	0	0	0	0	0	0	0	0	0	0	0	0	0	0
0	0	0	0	0	0	0	0	0	0	0	0	0	0	0	0	0
0	0	0	0	0	0	0	0	0	0	0	0	0	0	0	0	0
0	**24700**	**11606**	**6054**	**79610**	**21412**	**10312**	**5296**	**71421**	**3288**	**1294**	**758**	**8189**	**0**	**0**	**0**	**0**
0	12900	5807	2876	36354	11643	5376	2653	33426	1257	431	223	2928	0	0	0	0
0	288	223	119	999	288	223	119	999	0	0	0	0	0	0	0	0
0	12	0	0	28	12	0	0	28	0	0	0	0	0	0	0	0
0	59	0	0	123	59	0	0	123	0	0	0	0	0	0	0	0
0	3	0	0	61	3	0	0	61	0	0	0	0	0	0	0	0
0	109	67	32	312	60	17	5	128	49	50	27	184	0	0	0	0
0	95	66	34	239	95	66	34	239	0	0	0	0	0	0	0	0
0	100	91	41	277	100	91	41	277	0	0	0	0	0	0	0	0
0	157	9	9	224	157	9	9	224	0	0	0	0	0	0	0	0
0	12	32	0	147	12	32	0	147	0	0	0	0	0	0	0	0
0	133	50	23	474	114	48	21	462	19	2	2	12	0	0	0	0
0	600	223	93	2574	600	223	93	2574	0	0	0	0	0	0	0	0
0	248	67	0	830	248	67	0	594	0	0	0	236	0	0	0	0
0	377	33	17	991	288	29	17	945	89	4	0	46	0	0	0	0
0	337	46	32	734	337	46	32	734	0	0	0	0	0	0	0	0
0	226	56	29	267	0	0	0	0	226	56	29	267	0	0	0	0
0	85	41	25	167	0	0	0	0	85	41	25	167	0	0	0	0
0	2108	435	170	8071	2108	435	170	8065	0	0	0	6	0	0	0	0
0	151	16	10	191	151	16	10	191	0	0	0	0	0	0	0	0
0	80	0	0	229	80	0	0	229	0	0	0	0	0	0	0	0
0	262	128	19	542	262	128	19	542	0	0	0	0	0	0	0	0
0	0	0	0	18	0	0	0	18	0	0	0	0	0	0	0	0
0	40	6	5	150	0	0	0	0	40	6	5	150	0	0	0	0
0	125	0	0	313	0	0	0	0	125	0	0	313	0	0	0	0
0	45	0	0	362	45	0	0	362	0	0	0	0	0	0	0	0
0	102	7	5	336	102	7	5	329	0	0	0	7	0	0	0	0
0	118	149	107	607	118	149	107	607	0	0	0	0	0	0	0	0
0	96	19	0	595	65	0	0	388	31	19	0	207	0	0	0	0
0	26	0	0	164	26	0	0	164	0	0	0	0	0	0	0	0
0	195	0	0	854	195	0	0	854	0	0	0	0	0	0	0	0
0	300	54	23	687	184	0	0	447	116	54	23	240	0	0	0	0
0	341	87	66	612	0	0	0	0	341	87	66	612	0	0	0	0
0	0	0	0	24	0	0	0	0	0	0	0	24	0	0	0	0
0	1	0	0	8	0	0	0	0	1	0	0	8	0	0	0	0
0	716	158	71	1229	716	158	71	1229	0	0	0	0	0	0	0	0
0	329	160	93	1037	329	160	93	1037	0	0	0	0	0	0	0	0

2.1 各学校开放

	合计				本科										
					合计				普通开放				一村一		
	毕业生	招生		在籍生	毕业生	招生		在籍生	毕业生	招生		在籍生	毕业生	招生	
		计	其中：春季			计	其中：春季			计	其中：春季			计	其中：春季
南通市广播电视大学海门分校	184	75	35	655	59	37	13	203	59	37	13	203	0	0	0
南通市广播电视大学启东分校	201	90	46	548	104	52	32	286	104	52	32	286	0	0	0
南通市广播电视大学通州分校	324	206	91	1249	100	100	45	430	100	100	45	430	0	0	0
南通市广播电视大学海安分校	180	148	86	594	77	86	53	268	77	86	53	268	0	0	0
南通市广播电视大学如皋市分校	821	360	252	1606	148	76	42	321	148	76	42	321	0	0	0
扬州市广播电视大学	102	63	28	581	39	22	13	245	39	22	13	245	0	0	0
扬州市广播电视大学宝应分校	12	0	0	50	0	0	0	0	0	0	0	0	0	0	0
江苏广播电视大学江都学院	621	226	156	2227	196	123	65	587	196	123	65	587	0	0	0
扬州广播电视大学仪征分校	322	65	38	684	111	27	15	201	111	27	15	201	0	0	0
扬州市广播电视大学高邮分校	268	133	104	707	58	0	0	92	58	0	0	92	0	0	0
扬州市广播电视大学邗江分校	32	69	35	931	0	27	9	100	0	27	9	100	0	0	0
邗江燎原广播电视学校	0	0	0	149	0	0	0	0	0	0	0	0	0	0	0
徐州市广播电视大学	1055	1279	669	5389	378	728	384	2437	378	728	384	2437	0	0	0
徐州市广播电视大学铜山分校	289	108	65	654	40	26	18	137	40	26	18	137	0	0	0
徐州市广播电视大学邳州市分校	421	110	63	817	111	8	6	203	111	8	6	203	0	0	0
徐州市广播电视大学沛县分校	1951	1235	722	4993	575	460	256	1562	575	460	256	1562	0	0	0
徐州市广播电视大学新沂分校	128	35	23	326	24	15	7	97	24	15	7	97	0	0	0
徐州市广播电视大学睢宁分校	221	266	129	966	64	83	35	311	64	83	35	311	0	0	0
徐州市广播电视大学丰县分校	141	36	26	421	8	14	9	83	8	14	9	83	0	0	0
徐州市广播电视大学贾汪分校	252	161	93	379	7	7	7	11	7	7	7	11	0	0	0
徐州市广播电视大学大屯煤点(集团)公司分校	60	0	0	57	1	0	0	13	1	0	0	13	0	0	0
淮安市广播电视大学	1163	735	259	4586	364	299	155	1271	364	299	155	1271	0	0	0
淮安市广播电视大学楚州分校	660	657	375	2889	217	291	162	1096	217	291	162	1096	0	0	0
淮安市广播大学金湖分校	69	72	30	394	0	0	0	7	0	0	0	7	0	0	0
淮安市广播电视大学盱眙分校	511	305	145	1637	187	134	65	535	187	134	65	535	0	0	0
淮安市广播电视大学洪泽分校	207	209	104	687	82	66	37	244	82	66	37	244	0	0	0
淮安市广播电视大学淮阴区分校	147	82	82	687	34	3	3	57	34	3	3	57	0	0	0
淮安市广播电视大学涟水分校	386	125	48	855	128	43	27	318	128	43	27	318	0	0	0
盐城市广播电视大学	277	240	159	1011	121	58	32	341	121	58	32	341	0	0	0
盐城市广播电视大学大丰分校	469	245	102	2656	178	172	67	889	178	172	67	889	0	0	0
盐城市广播电视大学建湖分校	406	399	239	1634	103	73	33	262	103	73	33	262	0	0	0
盐城市广播电视大学射阳分校	513	521	253	1879	159	150	74	641	159	150	74	641	0	0	0
盐城市广播电视大学东台分校	535	271	153	1469	233	212	106	762	233	212	106	762	0	0	0
盐城市广播电视大学响水分校	170	45	31	434	54	6	5	154	54	6	5	154	0	0	0
盐城市广播电视大学滨海分校	322	344	189	1230	148	136	76	434	148	136	76	434	0	0	0
盐城市广播电视大学阜宁分校	760	326	158	2096	199	192	106	791	199	192	106	791	0	0	0
盐城市广播电视大学亭湖区电大	99	0	0	125	0	0	0	1	0	0	0	1	0	0	0
盐城市广播电视大学盐都分校	825	399	202	1895	349	237	114	965	349	237	114	965	0	0	0
盐城建筑工程学校	317	140	26	1068	13	2	0	59	13	2	0	59	0	0	0
连云港市广播电视大学	617	334	209	2279	150	140	72	774	150	140	72	774	0	0	0

教育学生情况(续表23)

单位:人

	专科															
	合计				普通开放				一村一				助力计划			
在籍生	毕业生	招生		在籍生	毕业生	招生		在籍生	毕业生	招生		在籍生	毕业生	招生		在籍生
		计	其中:春季			计	其中:春季			计	其中:春季			计	其中:春季	
0	125	38	22	452	125	38	22	452	0	0	0	0	0	0	0	0
0	97	38	14	262	97	38	14	262	0	0	0	0	0	0	0	0
0	224	106	46	819	224	106	46	819	0	0	0	0	0	0	0	0
0	103	62	33	326	103	62	33	326	0	0	0	0	0	0	0	0
0	673	284	210	1285	673	284	210	1284	0	0	0	1	0	0	0	0
0	63	41	15	336	63	41	15	336	0	0	0	0	0	0	0	0
0	12	0	0	50	12	0	0	50	0	0	0	0	0	0	0	0
0	425	103	91	1640	365	100	88	1151	60	3	3	489	0	0	0	0
0	211	38	23	483	191	38	23	452	20	0	0	31	0	0	0	0
0	210	133	104	615	210	133	104	615	0	0	0	0	0	0	0	0
0	32	42	26	831	32	42	26	831	0	0	0	0	0	0	0	0
0	0	0	0	149	0	0	0	0	0	0	0	149	0	0	0	0
0	677	551	285	2952	652	508	258	2868	25	43	27	84	0	0	0	0
0	249	82	47	517	163	77	44	433	86	5	3	84	0	0	0	0
0	310	102	57	614	310	102	57	614	0	0	0	0	0	0	0	0
0	1376	775	466	3431	1289	602	317	3034	87	173	149	397	0	0	0	0
0	104	20	16	229	104	20	16	229	0	0	0	0	0	0	0	0
0	157	183	94	655	157	134	52	606	0	49	42	49	0	0	0	0
0	133	22	17	338	128	20	16	332	5	2	1	6	0	0	0	0
0	245	154	86	368	167	154	86	360	78	0	0	8	0	0	0	0
0	59	0	0	44	59	0	0	44	0	0	0	0	0	0	0	0
0	799	436	104	3315	799	436	104	3315	0	0	0	0	0	0	0	0
0	443	366	213	1793	443	366	213	1793	0	0	0	0	0	0	0	0
0	69	72	30	387	66	64	24	325	3	8	6	62	0	0	0	0
0	324	171	80	1102	324	171	80	1102	0	0	0	0	0	0	0	0
0	125	143	67	443	125	143	67	443	0	0	0	0	0	0	0	0
0	113	79	79	630	113	79	79	630	0	0	0	0	0	0	0	0
0	258	82	21	537	258	82	21	537	0	0	0	0	0	0	0	0
0	156	182	127	670	155	171	121	639	1	11	6	31	0	0	0	0
0	291	73	35	1767	289	73	35	1767	2	0	0	0	0	0	0	0
0	303	326	206	1372	296	322	204	1359	7	4	2	13	0	0	0	0
0	354	371	179	1238	298	283	129	1040	56	88	50	198	0	0	0	0
0	302	59	47	707	302	59	47	707	0	0	0	0	0	0	0	0
0	116	39	26	280	116	39	26	280	0	0	0	0	0	0	0	0
0	174	208	113	796	169	198	106	708	5	10	7	88	0	0	0	0
0	561	134	52	1305	554	132	50	1289	7	2	2	16	0	0	0	0
0	99	0	0	124	99	0	0	124	0	0	0	0	0	0	0	0
0	476	162	88	930	467	156	86	896	9	6	2	34	0	0	0	0
0	304	138	26	1009	304	138	26	1009	0	0	0	0	0	0	0	0
0	467	194	137	1505	467	194	137	1503	0	0	0	2	0	0	0	0

2.1 各学校开放

	合计				本科										
					合计				普通开放				一村一		
	毕业生	招生		在籍生	毕业生	招生		在籍生	毕业生	招生		在籍生	毕业生	招生	
		计	其中:春季			计	其中:春季			计	其中:春季			计	其中:春季
连云港市广播电视大学东海分校	540	208	91	1240	184	141	66	590	184	141	66	590	0	0	0
连云港市广播电视大学港务局分校	319	155	85	670	105	74	42	327	105	74	42	327	0	0	0
连云港市广播电视大学赣榆分校	233	132	85	770	39	30	17	239	39	30	17	239	0	0	0
连云港市广播电视大学灌南分校	104	91	43	591	14	13	10	69	14	13	10	69	0	0	0
连云港市广播电视大学灌云分校	192	96	64	743	69	30	22	163	69	30	22	163	0	0	0
泰州市广播电视大学	777	191	120	1007	267	97	60	529	267	97	60	529	0	0	0
泰州市广播电视大学靖江分校	127	10	8	354	49	7	5	155	49	7	5	155	0	0	0
泰州市广播电视大学泰兴分校	36	3	0	142	10	3	0	30	10	3	0	30	0	0	0
泰州市广播电视大学兴化分校	601	587	302	1942	239	226	115	674	239	226	115	674	0	0	0
泰州市广播电视大学姜堰分校	53	23	8	145	17	11	5	76	17	11	5	76	0	0	0
靖江电大	29	0	0	37	0	0	0	0	0	0	0	0	0	0	0
靖江燎校	2	0	0	107	0	0	0	0	0	0	0	0	0	0	0
宿迁市广播电视大学	1192	829	358	5398	304	263	107	1520	304	263	107	1520	0	0	0
宿迁市广播电视大学泗阳分校	626	293	147	1633	215	100	51	548	215	100	51	548	0	0	0
宿迁市广播电视大学泗洪分校	444	298	156	1714	203	132	67	781	203	132	67	781	0	0	0
宿迁市广播电视大学沭阳分校	867	1289	682	5878	197	284	116	1344	197	284	116	1344	0	0	0
江苏省统计局	0	0	0	4	0	0	0	4	0	0	0	4	0	0	0
江苏省广播电视大学化工分校	120	62	29	484	32	32	11	197	32	32	11	197	0	0	0
江苏广播电视大学燎原学校直属点(燎)	358	151	64	1013	0	0	0	0	0	0	0	0	0	0	0
江苏电大燎校苏州电视中专分校(燎)	113	0	0	171	0	0	0	0	0	0	0	0	0	0	0
江苏电大燎校太仓市岳王分校(燎)	190	118	53	460	0	0	0	0	0	0	0	0	0	0	0
江苏电大燎校常州孟河镇成人学校(燎)	54	2	2	335	0	0	0	0	0	0	0	0	0	0	0
江苏电大燎校邗江公道分校(燎)	142	112	48	407	0	0	0	0	0	0	0	0	0	0	0
邗江霍桥镇成人学校(燎)	113	26	14	235	0	0	0	0	0	0	0	0	0	0	0
江阴市开明进修学校	299	138	84	561	0	0	0	0	0	0	0	0	0	0	0
江苏电大燎校宜兴市宜城镇农校(燎)	0	0	0	1	0	0	0	0	0	0	0	0	0	0	0
周铁燎校	0	0	0	2	0	0	0	0	0	0	0	0	0	0	0
常州建设高等职业技术学校	18	0	0	27	0	0	0	0	0	0	0	0	0	0	0
江苏广播电视大学直属点	274	371	96	1527	274	371	96	1527	274	371	96	1527	0	0	0
苏州工业园区	0	3	0	3	0	0	0	0	0	0	0	0	0	0	0
南京	**4839**	**3384**	**1563**	**21863**	**1435**	**1042**	**461**	**6104**	**1435**	**1042**	**461**	**6104**	**0**	**0**	**0**
其中:女	2958	1918	919	11058	892	637	260	3386	892	637	260	3386	0	0	0
南京电大开放教育直属教学部	498	485	159	2551	174	205	47	914	174	205	47	914	0	0	0
江宁电大	1017	518	223	3974	413	245	99	1457	413	245	99	1457	0	0	0
南京广播电视大学六合区分校	62	94	39	382	9	42	13	175	9	42	13	175	0	0	0
南京市广播电视大学高淳分校	238	266	106	922	141	111	49	395	141	111	49	395	0	0	0
南京广播电视大学溧水分校	471	478	245	2175	179	145	88	633	179	145	88	633	0	0	0
南京广播电视大学浦口分校	328	204	93	1305	119	70	28	404	119	70	28	404	0	0	0
南京广播电视大学玄武区分校	359	316	259	852	0	0	0	13	0	0	0	13	0	0	0
南京广播电视大学白下区分校	185	0	0	954	37	0	0	202	37	0	0	202	0	0	0

教育学生情况(续表 24)

单位:人

	专科															
	合计				普通开放				一村一				助力计划			
在籍生	毕业生	招生		在籍生	毕业生	招生		在籍生	毕业生	招生		在籍生	毕业生	招生		在籍生
		计	其中:春季			计	其中:春季			计	其中:春季			计	其中:春季	
0	356	67	25	650	352	67	25	642	4	0	0	8	0	0	0	0
0	214	81	43	343	214	81	43	343	0	0	0	0	0	0	0	0
0	194	102	68	531	193	102	68	502	1	0	0	29	0	0	0	0
0	90	78	33	522	76	62	21	396	14	16	12	126	0	0	0	0
0	123	66	42	580	123	66	42	580	0	0	0	0	0	0	0	0
0	510	94	60	478	209	94	60	388	301	0	0	90	0	0	0	0
0	78	3	3	199	77	3	3	182	1	0	0	17	0	0	0	0
0	26	0	0	112	26	0	0	112	0	0	0	0	0	0	0	0
0	362	361	187	1268	362	359	185	1255	0	2	2	13	0	0	0	0
0	36	12	3	69	36	12	3	69	0	0	0	0	0	0	0	0
0	29	0	0	37	0	0	0	0	29	0	0	37	0	0	0	0
0	2	0	0	107	0	0	0	0	2	0	0	107	0	0	0	0
0	888	566	251	3878	837	563	251	3764	51	3	0	114	0	0	0	0
0	411	193	96	1085	394	193	96	982	17	0	0	103	0	0	0	0
0	241	166	89	933	213	163	87	856	28	3	2	77	0	0	0	0
0	670	1005	566	4534	670	1005	566	4472	0	0	0	62	0	0	0	0
0	0	0	0	0	0	0	0	0	0	0	0	0	0	0	0	0
0	88	30	18	287	88	30	18	287	0	0	0	0	0	0	0	0
0	358	151	64	1013	1	0	0	0	357	151	64	1013	0	0	0	0
0	113	0	0	171	1	0	0	0	112	0	0	171	0	0	0	0
0	190	118	53	460	0	0	0	0	190	118	53	460	0	0	0	0
0	54	2	2	335	0	0	0	0	54	2	2	335	0	0	0	0
0	142	112	48	407	0	0	0	0	142	112	48	407	0	0	0	0
0	113	26	14	235	0	0	0	0	113	26	14	235	0	0	0	0
0	299	138	84	561	0	0	0	0	299	138	84	561	0	0	0	0
0	0	0	0	1	0	0	0	0	0	0	0	1	0	0	0	0
0	0	0	0	2	0	0	0	0	0	0	0	2	0	0	0	0
0	18	0	0	27	18	0	0	27	0	0	0	0	0	0	0	0
0	0	0	0	0	0	0	0	0	0	0	0	0	0	0	0	0
0	0	3	0	3	0	3	0	3	0	0	0	0	0	0	0	0
0	**3404**	**2342**	**1102**	**15759**	**3024**	**1843**	**932**	**13442**	**380**	**363**	**161**	**2181**	**0**	**136**	**9**	**136**
0	2066	1281	659	7672	1877	1120	585	6852	189	155	74	814	0	6	0	6
0	324	280	112	1637	239	183	73	1322	85	97	39	315	0	0	0	0
0	604	273	124	2517	498	245	110	1947	106	28	14	570	0	0	0	0
0	53	52	26	207	53	52	26	207	0	0	0	0	0	0	0	0
0	97	155	57	527	67	74	12	339	30	81	45	188	0	0	0	0
0	292	333	157	1542	246	274	133	1035	46	41	15	489	0	18	9	18
0	209	134	65	901	188	96	47	755	21	38	18	146	0	0	0	0
0	359	316	259	839	359	316	259	839	0	0	0	0	0	0	0	0
0	148	0	0	752	148	0	0	752	0	0	0	0	0	0	0	0

2.1 各学校开放

	合计				本科											
					合计				普通开放				一村一			
	毕业生	招生		在籍生	毕业生	招生		在籍生	毕业生	招生		在籍生	毕业生	招生	
		计	其中:春季			计	其中:春季			计	其中:春季			计	其中:春季
南京市广播电视大学秦淮区分校	128	37	25	828	50	37	25	321	50	37	25	321	0	0	0
南京广播电视大学建邺区分校	169	71	39	832	53	27	14	310	53	27	14	310	0	0	0
南京市广播电视大学鼓楼区分校	204	136	99	1489	28	7	3	334	28	7	3	334	0	0	0
南京电大下关区分校	120	0	0	586	16	0	0	90	16	0	0	90	0	0	0
南京广播电视大学栖霞分校	558	521	227	2628	182	145	91	677	182	145	91	677	0	0	0
南京广播电视大学汇文教学点	176	58	24	611	26	8	4	83	26	8	4	83	0	0	0
南京电大财经学校教学点	38	0	0	207	7	0	0	63	7	0	0	63	0	0	0
南京电大电子财校教学点	177	0	0	185	0	0	0	18	0	0	0	18	0	0	0
南京公安专科学校	1	0	0	15	1	0	0	15	1	0	0	15	0	0	0
南京工业技工学校	7	0	0	460	0	0	0	0	0	0	0	0	0	0	0
南京莫愁中等专业学校	0	0	0	1	0	0	0	0	0	0	0	0	0	0	0
南京汽车集团有限公司培训中心	97	62	25	479	0	0	0	0	0	0	0	0	0	0	0
南京金陵科技专修学院	6	0	0	289	0	0	0	0	0	0	0	0	0	0	0
江苏省职工科技活动中心	0	29	0	29	0	0	0	0	0	0	0	0	0	0	0
南京铁道车辆技师学院	0	89	0	89	0	0	0	0	0	0	0	0	0	0	0
南京市公用事业技工学校	0	20	0	20	0	0	0	0	0	0	0	0	0	0	0
浙江	**40717**	**32448**	**14217**	**161061**	**15356**	**11117**	**5500**	**53575**	**15356**	**11117**	**5500**	**53575**	**0**	**0**	**0**
其中:女	24647	17821	7729	87012	9830	6751	3260	31431	9830	6751	3260	31431	0	0	0
杭州广播电视大学	1098	194	107	4017	368	89	46	1372	368	89	46	1372	0	0	0
浙江广播电视大学建德分校	207	31	31	765	2	0	0	15	2	0	0	15	0	0	0
浙江广播电视大学桐庐学院	237	183	94	1340	57	36	17	248	57	36	17	248	0	0	0
浙江广播电视大学富阳学院	1328	906	387	4618	540	330	155	1490	540	330	155	1490	0	0	0
浙江广播电视大学临安分校	249	258	128	1196	13	16	11	62	13	16	11	62	0	0	0
浙江广播电视大学萧山学院	1336	906	539	4657	676	467	297	2163	676	467	297	2163	0	0	0
浙江广播电视大学余杭分校	168	173	126	1130	65	29	13	328	65	29	13	328	0	0	0
浙江广播电视大学淳安学院	474	293	154	1502	115	82	42	328	115	82	42	328	0	0	0
嘉兴广播电视大学	1076	924	365	5144	391	357	195	1657	391	357	195	1657	0	0	0
浙江广播电视大学嘉善学院	912	802	378	2989	212	102	53	446	212	102	53	446	0	0	0
浙江广播电视大学平湖学院	864	655	263	2844	294	238	90	831	294	238	90	831	0	0	0
浙江广播电视大学桐乡学院	724	761	312	2900	364	356	155	1172	364	356	155	1172	0	0	0
浙江广播电视大学海宁学院	1020	759	242	3174	117	9	0	132	117	9	0	132	0	0	0
浙江广播电视大学海盐学院	778	694	290	2996	305	226	133	848	305	226	133	848	0	0	0
湖州广播电视大学	1373	988	264	4973	595	261	102	1734	595	261	102	1734	0	0	0
浙江广播电视大学德清学院	894	935	418	3363	453	335	174	1252	453	335	174	1252	0	0	0
浙江广播电视大学长兴学院	1493	1178	509	5617	557	442	233	1765	557	442	233	1765	0	0	0
浙江广播电视大学安吉学院	728	688	263	2558	351	290	102	1113	351	290	102	1113	0	0	0
绍兴广播电视大学	328	279	129	2557	170	138	61	1145	170	138	61	1145	0	0	0
浙江广播电视大学绍兴学院	576	589	308	2665	214	210	150	717	214	210	150	717	0	0	0
浙江广播电视大学上虞学院	700	459	206	1726	186	152	76	465	186	152	76	465	0	0	0
浙江广播电视大学嵊州学院	428	326	153	1290	191	131	62	476	191	131	62	476	0	0	0

教育学生情况(续表25)

单位:人

	专科															
	合计				普通开放				一村一				助力计划			
在籍生	毕业生	招生		在籍生	毕业生	招生		在籍生	毕业生	招生		在籍生	毕业生	招生		在籍生
		计	其中:春季			计	其中:春季			计	其中:春季			计	其中:春季	
0	78	0	0	507	78	0	0	507	0	0	0	0	0	0	0	0
0	116	44	25	522	116	44	25	522	0	0	0	0	0	0	0	0
0	176	129	96	1155	176	129	96	1155	0	0	0	0	0	0	0	0
0	104	0	0	496	104	0	0	496	0	0	0	0	0	0	0	0
0	376	376	136	1951	284	298	106	1478	92	78	30	473	0	0	0	0
0	150	50	20	528	150	50	20	528	0	0	0	0	0	0	0	0
0	31	0	0	144	31	0	0	144	0	0	0	0	0	0	0	0
0	177	0	0	167	177	0	0	167	0	0	0	0	0	0	0	0
0	0	0	0	0	0	0	0	0	0	0	0	0	0	0	0	0
0	7	0	0	460	7	0	0	460	0	0	0	0	0	0	0	0
0	0	0	0	1	0	0	0	1	0	0	0	0	0	0	0	0
0	97	62	25	479	97	62	25	479	0	0	0	0	0	0	0	0
0	6	0	0	289	6	0	0	289	0	0	0	0	0	0	0	0
0	0	29	0	29	0	0	0	0	0	0	0	0	0	29	0	29
0	0	89	0	89	0	0	0	0	0	0	0	0	0	89	0	89
0	0	20	0	20	0	20	0	20	0	0	0	0	0	0	0	0
0	**25361**	**21331**	**8717**	**107486**	**21199**	**16012**	**7462**	**87807**	**4162**	**5285**	**1247**	**19525**	**0**	**34**	**8**	**154**
0	14817	11070	4469	55581	13091	8749	3956	48284	1726	2316	512	7276	0	5	1	21
0	730	105	61	2645	730	105	61	2645	0	0	0	0	0	0	0	0
0	205	31	31	750	205	31	31	741	0	0	0	9	0	0	0	0
0	180	147	77	1092	142	109	77	915	38	38	0	177	0	0	0	0
0	788	576	232	3128	751	516	232	2890	37	60	0	238	0	0	0	0
0	236	242	117	1134	146	133	117	790	90	109	0	344	0	0	0	0
0	660	439	242	2494	630	409	242	2343	30	30	0	151	0	0	0	0
0	103	144	113	802	93	110	79	677	10	34	34	125	0	0	0	0
0	359	211	112	1174	359	211	112	1168	0	0	0	6	0	0	0	0
0	685	567	170	3487	647	410	170	3013	38	145	0	368	0	12	0	106
0	700	700	325	2543	455	339	130	1602	245	361	195	941	0	0	0	0
0	570	417	173	2013	291	245	129	1332	279	172	44	681	0	0	0	0
0	360	405	157	1728	339	276	128	1520	21	129	29	208	0	0	0	0
0	903	750	242	3042	903	715	242	2996	0	25	0	25	0	10	0	21
0	473	468	157	2148	295	245	98	1395	178	223	59	753	0	0	0	0
0	778	727	162	3239	415	334	162	1901	363	393	0	1338	0	0	0	0
0	441	600	244	2111	340	384	186	1581	101	216	58	530	0	0	0	0
0	936	736	276	3852	870	604	255	3453	66	132	21	399	0	0	0	0
0	377	398	161	1445	303	284	109	1031	74	114	52	414	0	0	0	0
0	158	141	68	1412	126	141	68	1321	32	0	0	91	0	0	0	0
0	362	379	158	1948	362	359	158	1877	0	20	0	71	0	0	0	0
0	514	307	130	1261	491	277	130	1138	23	30	0	123	0	0	0	0
0	237	195	91	814	237	195	91	814	0	0	0	0	0	0	0	0

2.1 各学校开放

	合计				本科											
					合计				普通开放				一村一			
	毕业生	招生		在籍生	毕业生	招生		在籍生	毕业生	招生		在籍生	毕业生	招生	
		计	其中：春季			计	其中：春季			计	其中：春季			计	其中：春季
浙江广播电视大学新昌学院	591	494	247	2176	178	152	71	624	178	152	71	624	0	0	0
浙江广播电视大学诸暨学院	417	94	18	1065	199	76	13	596	199	76	13	596	0	0	0
舟山广播电视大学	1187	694	327	3602	680	409	210	1944	680	409	210	1944	0	0	0
浙江广播电视大学普陀分校	191	202	85	780	0	64	34	161	0	64	34	161	0	0	0
浙江广播电视大学岱山分校	390	537	264	1329	176	185	67	514	176	185	67	514	0	0	0
浙江广播电视大学嵊泗分校	170	185	82	504	77	111	48	251	77	111	48	251	0	0	0
金华广播电视大学	1833	1326	602	5798	780	609	301	2186	780	609	301	2186	0	0	0
浙江广播电视大学兰溪分校	183	231	146	931	23	39	24	221	23	39	24	221	0	0	0
浙江广播电视大学义乌学院	304	182	82	1386	127	58	38	388	127	58	38	388	0	0	0
浙江广播电视大学东阳学院	406	307	167	1364	197	118	68	508	197	118	68	508	0	0	0
浙江广播电视大学武义分校	206	148	65	550	50	54	19	117	50	54	19	117	0	0	0
浙江广播电视大学永康学院	267	437	255	1750	133	130	66	688	133	130	66	688	0	0	0
浙江广播电视大学磐安分校	233	296	113	866	95	120	52	320	95	120	52	320	0	0	0
浙江广播电视大学浦江分校	134	140	87	469	31	13	5	47	31	13	5	47	0	0	0
衢州广播电视大学	1427	1375	624	7524	606	508	252	2684	606	508	252	2684	0	0	0
浙江广播电视大学常山分校	351	369	162	1560	174	179	85	700	174	179	85	700	0	0	0
浙江广播电视大学龙游分校	374	299	115	1242	94	65	38	271	94	65	38	271	0	0	0
浙江广播电视大学开化分校	402	298	136	1432	189	121	60	604	189	121	60	604	0	0	0
浙江广播电视大学江山分校	705	512	238	2480	329	184	84	913	329	184	84	913	0	0	0
浙江广播电视大学柯城分校	235	78	43	532	95	32	19	161	95	32	19	161	0	0	0
台州广播电视大学	1251	1331	538	5629	564	499	260	2203	564	499	260	2203	0	0	0
浙江广播电视大学临海学院	757	786	312	3552	177	237	177	816	177	237	177	816	0	0	0
浙江广播电视大学温岭分校	471	539	257	2285	219	191	87	869	219	191	87	869	0	0	0
浙江广播电视大学玉环学院	364	402	160	1603	128	99	37	439	128	99	37	439	0	0	0
浙江广播电视大学黄岩分校	376	420	205	1474	168	155	82	534	168	155	82	534	0	0	0
浙江广播电视大学天台学院	478	461	153	4249	131	90	61	1955	131	90	61	1955	0	0	0
浙江广播电视大学仙居学院	322	283	133	3710	117	89	52	1968	117	89	52	1968	0	0	0
浙江广播电视大学三门学院	390	334	179	1576	172	142	76	605	172	142	76	605	0	0	0
丽水广播电视大学	1174	857	420	4030	637	400	173	1809	637	400	173	1809	0	0	0
浙江广播电视大学青田学院	546	467	184	1708	281	205	100	645	281	205	100	645	0	0	0
浙江广播电视大学缙云分校	319	209	77	1157	75	45	0	245	75	45	0	245	0	0	0
浙江广播电视大学遂昌分校	295	247	106	883	111	103	48	292	111	103	48	292	0	0	0
浙江广播电视大学景宁分校	245	310	123	947	129	166	48	465	129	166	48	465	0	0	0
浙江广播电视大学龙泉分校	312	264	107	960	109	95	48	315	109	95	48	315	0	0	0
浙江广播电视大学庆元分校	339	252	93	1182	181	124	59	577	181	124	59	577	0	0	0
浙江广播电视大学云和分校	156	207	63	797	92	90	21	349	92	90	21	349	0	0	0
浙江广播电视大学松阳分校	341	356	135	1264	125	140	64	472	125	140	64	472	0	0	0
温州广播电视大学	1005	615	279	4871	368	165	97	1635	368	165	97	1635	0	0	0
浙江广播电视大学永嘉学院	729	511	229	2941	118	83	42	482	118	83	42	482	0	0	0
浙江广播电视大学瑞安分校	594	312	148	2289	172	76	46	528	172	76	46	528	0	0	0

教育学生情况(续表26)

单位:人

	专科															
	合计				普通开放				一村一				助力计划			
		招生				招生				招生				招生		
在籍生	毕业生	计	其中:春季	在籍生	毕业生	计	其中:春季	在籍生	毕业生	计	其中:春季	在籍生	毕业生	计	其中:春季	在籍生
0	413	342	176	1552	379	310	174	1422	34	32	2	130	0	0	0	0
0	218	18	5	469	218	18	5	469	0	0	0	0	0	0	0	0
0	507	285	117	1658	456	245	117	1477	51	40	0	181	0	0	0	0
0	191	138	51	619	191	138	51	619	0	0	0	0	0	0	0	0
0	214	352	197	815	214	329	191	792	0	23	6	23	0	0	0	0
0	93	74	34	253	93	74	34	253	0	0	0	0	0	0	0	0
0	1053	717	301	3612	960	571	301	3060	93	146	0	552	0	0	0	0
0	160	192	122	710	160	192	122	710	0	0	0	0	0	0	0	0
0	177	124	44	998	129	69	44	719	48	55	0	279	0	0	0	0
0	209	189	99	856	181	98	38	589	28	91	61	267	0	0	0	0
0	156	94	46	433	156	94	46	433	0	0	0	0	0	0	0	0
0	134	307	189	1062	127	278	189	945	7	29	0	117	0	0	0	0
0	138	176	61	546	92	117	61	373	46	59	0	173	0	0	0	0
0	103	127	82	422	103	127	82	422	0	0	0	0	0	0	0	0
0	821	867	372	4840	728	817	372	4513	93	50	0	327	0	0	0	0
0	177	190	77	860	154	150	75	708	23	40	2	152	0	0	0	0
0	280	234	77	971	145	95	38	499	135	139	39	472	0	0	0	0
0	213	177	76	828	173	144	76	681	40	33	0	147	0	0	0	0
0	376	328	154	1567	350	287	145	1288	26	41	9	279	0	0	0	0
0	140	46	24	371	140	46	24	349	0	0	0	22	0	0	0	0
0	687	832	278	3426	491	590	188	2628	196	242	90	798	0	0	0	0
0	580	549	135	2736	463	423	95	2058	117	126	40	678	0	0	0	0
0	252	348	170	1416	163	174	94	937	89	174	76	479	0	0	0	0
0	236	303	123	1164	236	200	87	869	0	103	36	295	0	0	0	0
0	208	265	123	940	145	138	74	544	63	127	49	386	0	0	0	10
0	347	371	92	2294	162	144	30	1634	185	227	62	660	0	0	0	0
0	205	194	81	1742	124	117	38	1510	81	77	43	232	0	0	0	0
0	218	192	103	971	185	123	66	707	33	69	37	264	0	0	0	0
0	537	457	247	2221	499	405	247	1964	38	52	0	257	0	0	0	0
0	265	262	84	1063	242	227	84	895	23	35	0	168	0	0	0	0
0	244	164	77	912	234	164	77	865	10	0	0	47	0	0	0	0
0	184	144	58	591	144	104	58	393	40	40	0	198	0	0	0	0
0	116	144	75	482	89	85	50	326	27	59	25	156	0	0	0	0
0	203	169	59	645	151	109	52	467	52	60	7	178	0	0	0	0
0	158	128	34	605	119	72	34	424	39	56	0	181	0	0	0	0
0	64	117	42	448	51	87	42	311	13	30	0	137	0	0	0	0
0	216	216	71	792	156	139	71	510	60	77	0	282	0	0	0	0
0	637	450	182	3236	539	372	172	2842	98	78	10	394	0	0	0	0
0	611	428	187	2459	213	121	50	817	398	307	137	1642	0	0	0	0
0	422	236	102	1761	378	204	102	1535	44	32	0	226	0	0	0	0

	合计				本科										
					合计				普通开放				一村一		
	毕业生	招生		在籍生	毕业生	招生		在籍生	毕业生	招生		在籍生	毕业生	招生	
		计	其中：春季			计	其中：春季			计	其中：春季			计	其中：春季
浙江广播电视大学乐清分校	495	265	58	1580	106	0	0	95	106	0	0	95	0	0	0
浙江广播电视大学瓯海分校	421	160	52	1309	65	32	16	251	65	32	16	251	0	0	0
浙江广播电视大学平阳分校	180	176	59	932	3	0	0	5	3	0	0	5	0	0	0
浙江广播电视大学苍南分校	617	465	180	2497	55	34	18	194	55	34	18	194	0	0	0
浙江广播电视大学文成分校	210	253	57	860	35	51	21	141	35	51	21	141	0	0	0
浙江广播电视大学泰顺分校	56	77	37	264	0	0	0	0	0	0	0	0	0	0	0
浙江广播电视大学洞头分校	80	58	9	277	0	0	0	0	0	0	0	0	0	0	0
温州机电高级技工学校	1	0	0	64	0	0	0	0	0	0	0	0	0	0	0
浙江广播电视大学巨化分校	98	78	42	322	42	20	11	96	42	20	11	96	0	0	0
省直技校	0	0	0	13	0	0	0	0	0	0	0	0	0	0	0
浙江省统计教育培训中心教学点	0	0	0	34	0	0	0	14	0	0	0	14	0	0	0
浙江广播电视大学经贸分校	20	0	0	96	14	0	0	46	14	0	0	46	0	0	0
浙江广播电视大学工商学院	250	69	42	1006	134	30	21	409	134	30	21	409	0	0	0
浙江广播电视大学开放教育学院	469	379	202	1884	217	169	84	908	217	169	84	908	0	0	0
省直文科部	1	0	0	0	1	0	0	0	1	0	0	0	0	0	0
浙江经济管理职工大学	0	0	0	97	0	0	0	0	0	0	0	0	0	0	0
浙江广播电视大学水利水电学校教学点	60	15	15	240	40	13	13	152	40	13	13	152	0	0	0
特殊教育学院	0	0	0	3	0	0	0	0	0	0	0	0	0	0	0
杭州市交通职业高级中学	94	0	0	324	0	0	0	0	0	0	0	0	0	0	0
杭州东方舰桥教育培训中心	204	105	39	791	101	51	17	404	101	51	17	404	0	0	0
宁波	**7093**	**5440**	**2359**	**30046**	**2732**	**2044**	**936**	**10993**	**2732**	**2044**	**936**	**10993**	**0**	**0**	**0**
其中：女	4374	2984	1256	15974	1815	1301	572	6647	1815	1301	572	6647	0	0	0
宁波广播电视大学市校直属	1361	1325	513	8675	484	594	252	3358	484	594	252	3358	0	0	0
宁波广播电视大学鄞州学院	727	335	153	3029	311	163	94	1324	311	163	94	1324	0	0	0
宁波广播电视大学余姚学院	583	490	228	2932	203	150	81	715	203	150	81	715	0	0	0
宁波电大慈溪学院	751	736	354	3134	326	277	143	1231	326	277	143	1231	0	0	0
宁波广播电视大学宁海学院	770	446	199	2409	277	122	52	851	277	122	52	851	0	0	0
宁波电大象山分校	1075	747	319	3378	464	311	134	1330	464	311	134	1330	0	0	0
宁波电大奉化分校	869	699	301	3421	254	199	94	960	254	199	94	960	0	0	0
宁波广播电视大学镇海工作站	105	56	12	388	103	56	12	333	103	56	12	333	0	0	0
宁波广播电视大学北仑工作站	573	335	158	1504	242	100	50	520	242	100	50	520	0	0	0
江北电大工作站	279	271	122	1176	68	72	24	371	68	72	24	371	0	0	0
安徽	**35374**	**32617**	**15387**	**156557**	**12834**	**13217**	**6008**	**57352**	**12834**	**13217**	**6008**	**57352**	**0**	**0**	**0**
其中：女	21346	18796	8713	84271	7970	8043	3628	32930	7970	8043	3628	32930	0	0	0
省校开放教育学院	1946	1599	840	13942	926	893	452	6023	926	893	452	6023	0	0	0
合肥分校	636	545	270	4242	276	233	119	1724	276	233	119	1724	0	0	0
肥西县工作站	53	23	9	223	0	0	0	0	0	0	0	0	0	0	0
肥东县工作站	113	134	61	455	0	0	0	0	0	0	0	0	0	0	0
长丰县工作站	91	210	92	731	0	36	20	64	0	36	20	64	0	0	0
庐江县工作站	27	52	33	161	0	15	8	15	0	15	8	15	0	0	0

教育学生情况(续表 27)

单位:人

在籍生	专科															
	合计				普通开放				一村一				助力计划			
	毕业生	招生		在籍生	毕业生	招生		在籍生	毕业生	招生		在籍生	毕业生	招生		在籍生
		计	其中:春季			计	其中:春季			计	其中:春季			计	其中:春季	
0	389	265	58	1485	340	209	49	1157	49	56	9	328	0	0	0	0
0	356	128	36	1058	308	97	35	855	48	31	1	203	0	0	0	0
0	177	176	59	927	154	146	59	676	23	30	0	251	0	0	0	0
0	562	431	162	2303	463	399	162	1809	99	32	0	494	0	0	0	0
0	175	202	36	719	111	105	36	408	64	97	0	311	0	0	0	0
0	56	77	37	264	48	38	23	162	8	39	14	102	0	0	0	0
0	80	58	9	277	64	38	9	212	16	20	0	65	0	0	0	0
0	1	0	0	64	1	0	0	64	0	0	0	0	0	0	0	0
0	56	58	31	226	56	46	23	209	0	0	0	0	0	12	8	17
0	0	0	0	13	0	0	0	13	0	0	0	0	0	0	0	0
0	0	0	0	20	0	0	0	20	0	0	0	0	0	0	0	0
0	6	0	0	50	6	0	0	50	0	0	0	0	0	0	0	0
0	116	39	21	597	116	39	21	597	0	0	0	0	0	0	0	0
0	252	210	118	976	252	210	118	976	0	0	0	0	0	0	0	0
0	0	0	0	0	0	0	0	0	0	0	0	0	0	0	0	0
0	0	0	0	97	0	0	0	97	0	0	0	0	0	0	0	0
0	20	2	2	88	20	2	2	88	0	0	0	0	0	0	0	0
0	0	0	0	3	0	0	0	3	0	0	0	0	0	0	0	0
0	94	0	0	324	94	0	0	324	0	0	0	0	0	0	0	0
0	103	54	22	387	103	54	22	387	0	0	0	0	0	0	0	0
0	**4361**	**3396**	**1423**	**19053**	**4249**	**3362**	**1420**	**18478**	**112**	**34**	**3**	**575**	**0**	**0**	**0**	**0**
0	2559	1683	684	9327	2536	1669	683	9197	23	14	1	130	0	0	0	0
0	877	731	261	5317	877	731	261	5291	0	0	0	26	0	0	0	0
0	416	172	59	1705	397	165	57	1611	19	7	2	94	0	0	0	0
0	380	340	147	2217	370	338	146	2012	10	2	1	205	0	0	0	0
0	425	459	211	1903	425	434	211	1785	0	25	0	118	0	0	0	0
0	493	324	147	1558	412	324	147	1532	81	0	0	26	0	0	0	0
0	611	436	185	2048	611	436	185	2032	0	0	0	16	0	0	0	0
0	615	500	207	2461	613	500	207	2394	2	0	0	67	0	0	0	0
0	2	0	0	55	2	0	0	48	0	0	0	7	0	0	0	0
0	331	235	108	984	331	235	108	977	0	0	0	7	0	0	0	0
0	211	199	98	805	211	199	98	796	0	0	0	9	0	0	0	0
0	**22540**	**19400**	**9379**	**99205**	**21398**	**18931**	**9145**	**94240**	**1142**	**386**	**228**	**4679**	**0**	**83**	**6**	**286**
0	13376	10753	5085	51341	12991	10633	5018	50128	385	117	67	1173	0	3	0	40
0	1020	706	388	7919	1020	706	388	7919	0	0	0	0	0	0	0	0
0	360	312	151	2518	360	310	149	2516	0	0	0	0	0	2	2	2
0	53	23	9	223	53	23	9	223	0	0	0	0	0	0	0	0
0	113	134	61	455	113	134	61	455	0	0	0	0	0	0	0	0
0	91	174	72	667	91	174	72	667	0	0	0	0	0	0	0	0
0	27	37	25	146	27	37	25	146	0	0	0	0	0	0	0	0

2.1 各学校开放

	合计				本科										
					合计				普通开放				一村一		
	毕业生	招生		在籍生	毕业生	招生		在籍生	毕业生	招生		在籍生	毕业生	招生	
		计	其中：春季			计	其中：春季			计	其中：春季			计	其中：春季
居巢区	70	301	129	872	0	99	53	248	0	99	53	248	0	0	0
庐江县	0	0	0	10	0	0	0	0	0	0	0	0	0	0	0
蚌埠分校	1304	1228	606	6743	468	465	206	2342	468	465	206	2342	0	0	0
五河县工作站	326	285	88	986	131	98	36	347	131	98	36	347	0	0	0
怀远县工作站	443	417	164	1460	93	179	48	428	93	179	48	428	0	0	0
固镇县工作站	153	171	53	559	59	73	21	200	59	73	21	200	0	0	0
芜湖分校	1991	1593	657	10492	1033	764	332	4729	1033	764	332	4729	0	0	0
芜湖县工作站	166	74	6	765	0	0	0	0	0	0	0	0	0	0	0
繁昌县工作站	417	506	248	1725	115	117	71	493	115	117	71	493	0	0	0
南陵县工作站	1	62	39	290	0	4	0	4	0	4	0	4	0	0	0
无为县工作站	277	306	176	1114	34	63	39	227	34	63	39	227	0	0	0
安徽扬子职业技术学院	0	0	0	132	0	0	0	0	0	0	0	0	0	0	0
淮南分校	434	245	142	1862	145	126	82	850	145	126	82	850	0	0	0
凤台县工作站	169	250	93	649	17	56	23	143	17	56	23	143	0	0	0
化三建工作站	35	73	45	350	0	0	0	0	0	0	0	0	0	0	0
潘集区工作站	99	72	44	230	0	0	0	0	0	0	0	0	0	0	0
毛集区工作站	30	28	10	73	0	0	0	0	0	0	0	0	0	0	0
淮北分校	1309	795	339	4050	601	383	176	1701	601	383	176	1701	0	0	0
濉溪县工作站	1	0	0	8	0	0	0	0	0	0	0	0	0	0	0
马鞍山分校	1010	679	330	3828	387	333	167	1680	387	333	167	1680	0	0	0
当涂县工作站	350	239	121	964	121	111	61	414	121	111	61	414	0	0	0
含山县工作站	89	26	13	117	0	0	0	0	0	0	0	0	0	0	0
和县工作站	189	223	98	812	64	129	47	332	64	129	47	332	0	0	0
铜陵分校	1407	1241	559	5795	761	815	355	3165	761	815	355	3165	0	0	0
铜陵县工作站	106	43	20	324	0	0	0	0	0	0	0	0	0	0	0
铜陵金桥培训中心	327	246	96	1504	0	0	0	0	0	0	0	0	0	0	0
3402602	0	0	0	29	0	0	0	0	0	0	0	0	0	0	0
黄山分校	996	933	419	4419	491	468	196	1882	491	468	196	1882	0	0	0
黄山区工作站	129	97	51	479	41	48	23	151	41	48	23	151	0	0	0
祁门县工作站	101	93	66	317	0	0	0	0	0	0	0	0	0	0	0
歙县工作站	340	239	109	1129	113	83	38	328	113	83	38	328	0	0	0
休宁县工作站	125	123	74	456	36	35	19	167	36	35	19	167	0	0	0
黟县工作站	11	78	56	181	0	18	8	39	0	18	8	39	0	0	0
安庆分校	1123	1419	642	5762	483	620	275	2460	483	620	275	2460	0	0	0
桐城市工作站	125	119	34	365	65	46	19	138	65	46	19	138	0	0	0
望江县工作站	153	88	46	296	64	37	22	122	64	37	22	122	0	0	0
岳西县工作站	215	217	70	762	90	138	34	472	90	138	34	472	0	0	0
枞阳县工作站	122	111	53	639	45	50	24	229	45	50	24	229	0	0	0
怀宁县工作站	144	108	69	474	62	41	29	126	62	41	29	126	0	0	0
潜山县工作站	169	247	140	759	68	72	32	213	68	72	32	213	0	0	0

教育学生情况(续表28)

单位:人

	专科															
	合计				普通开放				一村一				助力计划			
在籍生	毕业生	招生		在籍生	毕业生	招生		在籍生	毕业生	招生		在籍生	毕业生	招生		在籍生
		计	其中:春季			计	其中:春季			计	其中:春季			计	其中:春季	
0	70	202	76	624	70	202	76	624	0	0	0	0	0	0	0	0
0	0	0	0	10	0	0	0	10	0	0	0	0	0	0	0	0
0	836	763	400	4401	817	751	399	4226	19	5	1	168	0	7	0	7
0	195	187	52	639	168	179	51	597	27	4	0	34	0	4	1	8
0	350	238	116	1032	329	238	116	826	21	0	0	206	0	0	0	0
0	94	98	32	359	74	98	32	296	20	0	0	63	0	0	0	0
0	958	829	325	5763	958	829	325	5763	0	0	0	0	0	0	0	0
0	166	74	6	765	166	74	6	750	0	0	0	15	0	0	0	0
0	302	389	177	1232	279	348	177	1127	23	41	0	105	0	0	0	0
0	1	58	39	286	0	58	39	218	1	0	0	68	0	0	0	0
0	243	243	137	887	243	243	137	887	0	0	0	0	0	0	0	0
0	0	0	0	132	0	0	0	132	0	0	0	0	0	0	0	0
0	289	119	60	1012	289	119	60	1012	0	0	0	0	0	0	0	0
0	152	194	70	506	152	194	70	506	0	0	0	0	0	0	0	0
0	35	73	45	350	35	73	45	350	0	0	0	0	0	0	0	0
0	99	72	44	230	99	72	44	230	0	0	0	0	0	0	0	0
0	30	28	10	73	30	22	5	61	0	6	5	12	0	0	0	0
0	708	412	163	2349	696	412	163	2255	12	0	0	94	0	0	0	0
0	1	0	0	8	1	0	0	8	0	0	0	0	0	0	0	0
0	623	346	163	2148	555	346	163	2056	68	0	0	92	0	0	0	0
0	229	128	60	550	229	128	60	550	0	0	0	0	0	0	0	0
0	89	26	13	117	89	26	13	117	0	0	0	0	0	0	0	0
0	125	94	51	480	125	94	51	480	0	0	0	0	0	0	0	0
0	646	426	204	2630	577	426	204	2509	69	0	0	121	0	0	0	0
0	106	43	20	324	106	43	20	324	0	0	0	0	0	0	0	0
0	327	246	96	1504	327	246	96	1504	0	0	0	0	0	0	0	0
0	0	0	0	29	0	0	0	29	0	0	0	0	0	0	0	0
0	505	465	223	2537	501	434	223	2386	4	5	0	125	0	26	0	26
0	88	49	28	328	64	49	28	273	24	0	0	55	0	0	0	0
0	101	93	66	317	70	48	21	207	31	45	45	110	0	0	0	0
0	227	156	71	801	188	156	71	655	39	0	0	146	0	0	0	0
0	89	88	55	289	61	59	26	235	28	29	29	54	0	0	0	0
0	11	60	48	142	11	22	10	68	0	38	38	74	0	0	0	0
0	640	799	367	3302	625	797	366	3280	15	0	0	20	0	2	1	2
0	60	73	15	227	60	73	15	227	0	0	0	0	0	0	0	0
0	89	51	24	174	89	51	24	174	0	0	0	0	0	0	0	0
0	125	79	36	290	125	79	36	290	0	0	0	0	0	0	0	0
0	77	61	29	410	77	61	29	410	0	0	0	0	0	0	0	0
0	82	67	40	348	82	67	40	348	0	0	0	0	0	0	0	0
0	101	175	108	546	101	175	108	546	0	0	0	0	0	0	0	0

2.1 各学校开放

	合计				本科										
					合计				普通开放				一村一		
	毕业生	招生		在籍生	毕业生	招生		在籍生	毕业生	招生		在籍生	毕业生	招生	
		计	其中：春季			计	其中：春季			计	其中：春季			计	其中：春季
太湖县工作站	52	44	12	253	11	24	7	115	11	24	7	115	0	0	0
宿松县	9	0	0	63	6	0	0	20	6	0	0	20	0	0	0
六安分校	654	781	391	2709	196	257	104	834	196	257	104	834	0	0	0
霍山县工作站	285	258	118	797	120	93	36	289	120	93	36	289	0	0	0
霍邱县工作站	209	173	107	658	0	6	0	6	0	6	0	6	0	0	0
金寨县工作站	126	334	244	561	0	0	0	0	0	0	0	0	0	0	0
寿县工作站	229	273	185	709	52	61	36	191	52	61	36	191	0	0	0
叶集区工作站	58	58	27	158	0	0	0	0	0	0	0	0	0	0	0
舒城县工作站	222	277	124	1252	57	66	24	250	57	66	24	250	0	0	0
阜阳分校	1720	1182	693	6131	727	715	441	2862	727	715	441	2862	0	0	0
颍上县工作站	54	31	15	138	0	0	0	0	0	0	0	0	0	0	0
界首市工作站	15	35	16	252	0	0	0	0	0	0	0	0	0	0	0
临泉县工作站	70	107	68	386	0	0	0	0	0	0	0	0	0	0	0
太和县工作站	172	119	60	437	0	0	0	0	0	0	0	0	0	0	0
宣城分校	620	788	460	2760	427	378	162	1691	427	378	162	1691	0	0	0
绩溪县工作站	26	15	0	55	0	0	0	0	0	0	0	0	0	0	0
宁国市工作站	412	376	135	1287	158	117	55	489	158	117	55	489	0	0	0
泾县工作站	180	206	114	962	63	100	54	311	63	100	54	311	0	0	0
郎溪县工作站	337	322	152	1199	36	119	53	356	36	119	53	356	0	0	0
旌德县	0	0	0	42	0	0	0	0	0	0	0	0	0	0	0
宣州区工作站	379	179	81	1402	0	0	0	0	0	0	0	0	0	0	0
广德县	99	0	0	613	35	0	0	120	35	0	0	120	0	0	0
合肥职业技术学院分校	182	33	33	807	119	16	16	459	119	16	16	459	0	0	0
和县	0	0	0	27	0	0	0	0	0	0	0	0	0	0	0
无为县	0	0	0	5	0	0	0	0	0	0	0	0	0	0	0
巢湖市工作站(县级市)	97	0	0	188	0	0	0	0	0	0	0	0	0	0	0
滁州分校	978	849	339	3862	433	382	158	1721	433	382	158	1721	0	0	0
定远县工作站	326	301	127	967	116	136	53	390	116	136	53	390	0	0	0
明光市工作站	246	270	130	813	0	76	41	112	0	76	41	112	0	0	0
天长市工作站	39	153	83	328	0	0	0	0	0	0	0	0	0	0	0
凤阳县工作站	157	141	50	454	7	21	10	72	7	21	10	72	0	0	0
来安县工作站	90	260	128	601	0	82	37	112	0	82	37	112	0	0	0
池州分校	1337	1135	535	4891	569	578	252	2316	569	578	252	2316	0	0	0
东至县工作站	182	319	171	958	74	161	84	375	74	161	84	375	0	0	0
青阳县工作站	115	217	100	999	0	85	19	178	0	85	19	178	0	0	0
石台县工作站	62	147	74	458	0	72	35	138	0	72	35	138	0	0	0
宿州分校	1654	1491	604	7836	647	687	287	2846	647	687	287	2846	0	0	0
泗县工作站	386	294	135	1200	115	98	38	359	115	98	38	359	0	0	0
萧县工作站	676	617	242	2222	160	213	81	659	160	213	81	659	0	0	0
砀山县工作站	99	84	35	313	17	28	7	91	17	28	7	91	0	0	0

教育学生情况(续表29)

单位:人

在籍生	专科															
	合计				普通开放				一村一				助力计划			
	毕业生	招生		在籍生	毕业生	招生		在籍生	毕业生	招生		在籍生	毕业生	招生		在籍生
		计	其中：春季			计	其中：春季			计	其中：春季			计	其中：春季	
0	41	20	5	138	41	20	5	138	0	0	0	0	0	0	0	0
0	3	0	0	43	3	0	0	43	0	0	0	0	0	0	0	0
0	458	524	287	1875	458	524	287	1875	0	0	0	0	0	0	0	0
0	165	165	82	508	165	165	82	508	0	0	0	0	0	0	0	0
0	209	167	107	652	209	167	107	652	0	0	0	0	0	0	0	0
0	126	334	244	561	126	334	244	561	0	0	0	0	0	0	0	0
0	177	212	149	518	177	212	149	518	0	0	0	0	0	0	0	0
0	58	58	27	158	58	58	27	158	0	0	0	0	0	0	0	0
0	165	211	100	1002	165	205	100	996	0	0	0	0	0	6	0	6
0	993	467	252	3269	993	466	251	3255	0	0	0	0	0	1	1	14
0	54	31	15	138	42	31	15	119	12	0	0	19	0	0	0	0
0	15	35	16	252	11	35	16	92	4	0	0	160	0	0	0	0
0	70	107	68	386	51	107	68	357	19	0	0	29	0	0	0	0
0	172	119	60	437	172	119	60	437	0	0	0	0	0	0	0	0
0	193	410	298	1069	178	410	298	977	15	0	0	15	0	0	0	77
0	26	15	0	55	26	15	0	55	0	0	0	0	0	0	0	0
0	254	259	80	798	228	259	80	791	26	0	0	7	0	0	0	0
0	117	106	60	651	117	106	60	576	0	0	0	0	0	0	0	75
0	301	203	99	843	269	162	99	725	32	41	0	118	0	0	0	0
0	0	0	0	42	0	0	0	42	0	0	0	0	0	0	0	0
0	379	179	81	1402	379	179	81	1402	0	0	0	0	0	0	0	0
0	64	0	0	493	62	0	0	464	2	0	0	29	0	0	0	0
0	63	17	17	348	63	17	17	348	0	0	0	0	0	0	0	0
0	0	0	0	27	0	0	0	27	0	0	0	0	0	0	0	0
0	0	0	0	5	0	0	0	5	0	0	0	0	0	0	0	0
0	97	0	0	188	97	0	0	188	0	0	0	0	0	0	0	0
0	545	467	181	2141	531	467	181	1934	14	0	0	207	0	0	0	0
0	210	165	74	577	210	165	74	577	0	0	0	0	0	0	0	0
0	246	194	89	701	246	194	89	693	0	0	0	8	0	0	0	0
0	39	153	83	328	11	153	83	282	28	0	0	46	0	0	0	0
0	150	120	40	382	150	120	40	382	0	0	0	0	0	0	0	0
0	90	178	91	489	90	178	91	489	0	0	0	0	0	0	0	0
0	768	557	283	2575	720	542	274	2510	48	11	9	57	0	4	0	8
0	108	158	87	583	107	158	87	493	1	0	0	90	0	0	0	0
0	115	132	81	821	103	132	81	666	12	0	0	155	0	0	0	0
0	62	75	39	320	54	73	39	249	8	2	0	71	0	0	0	0
0	1007	804	317	4990	968	756	311	4449	39	39	5	502	0	9	1	39
0	271	196	97	841	237	188	91	731	34	8	6	110	0	0	0	0
0	516	404	161	1563	430	404	161	1393	86	0	0	170	0	0	0	0
0	82	56	28	222	82	56	28	222	0	0	0	0	0	0	0	0

2.1 各学校开放

	合计				本科										
					合计				普通开放				一村一		
	毕业生	招生		在籍生	毕业生	招生		在籍生	毕业生	招生		在籍生	毕业生	招生	
		计	其中：春季			计	其中：春季			计	其中：春季			计	其中：春季
灵璧县工作站	288	260	100	1129	105	107	38	402	105	107	38	402	0	0	0
省直分校	1126	826	412	6814	470	388	193	2523	470	388	193	2523	0	0	0
亳州分校	1277	1243	588	4526	426	469	234	1594	426	469	234	1594	0	0	0
涡阳县工作站	365	385	154	1573	131	159	53	619	131	159	53	619	0	0	0
蒙城县工作站	1140	1088	481	4670	360	397	167	1517	360	397	167	1517	0	0	0
利辛县工作站	266	277	126	1003	121	94	49	368	121	94	49	368	0	0	0
省统计局培训中心	1	0	0	25	0	0	0	12	0	0	0	12	0	0	0
蚌埠机械学校	0	0	0	86	0	0	0	0	0	0	0	0	0	0	0
芜湖机械学校	59	0	0	541	0	0	0	0	0	0	0	0	0	0	0
合肥中山学校	7	12	7	74	0	0	0	0	0	0	0	0	0	0	0
合肥信息技术学校	0	0	0	232	0	0	0	0	0	0	0	0	0	0	0
安徽汽车工业学校	116	198	100	784	0	0	0	0	0	0	0	0	0	0	0
合肥大联合汽车职业培训学校	16	0	0	50	0	0	0	0	0	0	0	0	0	0	0
宿松县工作站	228	187	56	817	91	74	21	310	91	74	21	310	0	0	0
广德学院	609	734	365	2945	196	310	128	1189	196	310	128	1189	0	0	0
福建	**15682**	**18014**	**9484**	**72484**	**5282**	**5331**	**2635**	**23349**	**5282**	**5331**	**2635**	**23349**	**0**	**0**	**0**
其中：女	9479	9030	4162	40302	3347	3217	1556	13883	3347	3217	1556	13883	0	0	0
福州电大分校	735	1207	726	4115	260	187	145	1263	260	187	145	1263	0	0	0
福州电大分校闽侯县工作站	77	52	25	219	24	12	6	47	24	12	6	47	0	0	0
福州电大分校连江工作站	105	102	52	433	42	33	11	196	42	33	11	196	0	0	0
福州电大分校罗源工作站	139	137	53	552	59	41	4	252	59	41	4	252	0	0	0
福州电大分校闽清工作站	121	157	68	603	22	41	20	184	22	41	20	184	0	0	0
福州电大分校永泰工作站	168	45	23	275	47	10	6	89	47	10	6	89	0	0	0
福州电大分校平潭县工作站	26	7	3	106	10	2	1	39	10	2	1	39	0	0	0
福州电大分校长乐市工作站	109	78	15	320	56	25	9	147	56	25	9	147	0	0	0
福州电大分校福清市工作站	51	66	46	287	21	18	14	81	21	18	14	81	0	0	0
三明电大分校	291	394	219	1716	130	134	76	575	130	134	76	575	0	0	0
三明电大分校沙县工作站	220	165	95	705	108	55	29	233	108	55	29	233	0	0	0
三明电大分校将乐工作站	200	178	89	465	95	61	27	184	95	61	27	184	0	0	0
三明电大分校宁化工作站	159	257	147	638	55	118	79	281	55	118	79	281	0	0	0
三明电大分校清流县工作站	123	182	105	629	49	64	32	259	49	64	32	259	0	0	0
三明电大分校大田县工作站	175	159	89	619	64	42	19	175	64	42	19	175	0	0	0
三明电大分校尤溪工作站	322	383	211	1197	146	118	74	435	146	118	74	435	0	0	0
三明电大分校泰宁工作站	29	57	28	152	0	5	3	5	0	5	3	5	0	0	0
三明电大分校建宁工作站	58	76	42	303	35	28	12	171	35	28	12	171	0	0	0
三明电大分校明溪县工作站	71	104	50	308	34	41	14	145	34	41	14	145	0	0	0
宁德电大分校	484	419	209	1955	209	135	62	672	209	135	62	672	0	0	0
宁德电大分校福安市工作站	414	427	212	1888	166	132	69	597	166	132	69	597	0	0	0
宁德电大分校霞浦县工作站	300	256	122	1113	128	67	45	353	128	67	45	353	0	0	0
宁德电大分校周宁工作站	107	178	104	506	54	64	32	185	54	64	32	185	0	0	0

教育学生情况(续表30)

单位:人

	专科															
	合计				普通开放				一村一				助力计划			
在籍生	毕业生	招生 计	招生 其中:春季	在籍生	毕业生	招生 计	招生 其中:春季	在籍生	毕业生	招生 计	招生 其中:春季	在籍生	毕业生	招生 计	招生 其中:春季	在籍生
0	183	153	62	727	147	153	62	551	36	0	0	176	0	0	0	0
0	656	438	219	4291	656	438	219	4291	0	0	0	0	0	0	0	0
0	851	774	354	2932	766	774	354	2755	85	0	0	177	0	0	0	0
0	234	226	101	954	216	224	100	873	18	2	1	81	0	0	0	0
0	780	691	314	3153	597	631	275	2426	183	60	39	727	0	0	0	0
0	145	183	77	635	145	183	77	609	0	0	0	26	0	0	0	0
0	1	0	0	13	1	0	0	13	0	0	0	0	0	0	0	0
0	0	0	0	86	0	0	0	86	0	0	0	0	0	0	0	0
0	59	0	0	541	59	0	0	541	0	0	0	0	0	0	0	0
0	7	12	7	74	7	12	7	74	0	0	0	0	0	0	0	0
0	0	0	0	232	0	0	0	232	0	0	0	0	0	0	0	0
0	116	198	100	784	116	198	100	784	0	0	0	0	0	0	0	0
0	16	0	0	50	16	0	0	50	0	0	0	0	0	0	0	0
0	137	113	35	507	137	113	35	507	0	0	0	0	0	0	0	0
0	413	424	237	1756	374	352	187	1597	39	50	50	137	0	22	0	22
0	**10400**	**12683**	**6849**	**49135**	**9829**	**11615**	**6527**	**46337**	**571**	**932**	**252**	**2655**	**0**	**136**	**70**	**143**
0	6132	5813	2606	26419	5954	5553	2538	25844	178	252	62	565	0	8	6	10
0	475	1020	581	2852	475	1020	581	2844	0	0	0	8	0	0	0	0
0	53	40	19	172	52	40	19	166	1	0	0	6	0	0	0	0
0	63	69	41	237	63	69	41	237	0	0	0	0	0	0	0	0
0	80	96	49	300	80	96	49	296	0	0	0	4	0	0	0	0
0	99	116	48	419	99	116	48	419	0	0	0	0	0	0	0	0
0	121	35	17	186	121	35	17	163	0	0	0	23	0	0	0	0
0	16	5	2	67	16	5	2	67	0	0	0	0	0	0	0	0
0	53	53	6	173	53	53	6	173	0	0	0	0	0	0	0	0
0	30	48	32	206	30	48	32	206	0	0	0	0	0	0	0	0
0	161	260	143	1141	161	260	143	1141	0	0	0	0	0	0	0	0
0	112	110	66	472	99	81	37	408	13	29	29	64	0	0	0	0
0	105	117	62	281	85	93	57	244	20	24	5	37	0	0	0	0
0	104	139	68	357	99	139	68	334	5	0	0	23	0	0	0	0
0	74	118	73	370	74	118	73	370	0	0	0	0	0	0	0	0
0	111	117	70	444	111	117	70	444	0	0	0	0	0	0	0	0
0	176	265	137	762	157	216	133	684	19	49	4	78	0	0	0	0
0	29	52	25	147	29	52	25	147	0	0	0	0	0	0	0	0
0	23	48	30	132	23	48	30	132	0	0	0	0	0	0	0	0
0	37	63	36	163	37	63	36	163	0	0	0	0	0	0	0	0
0	275	284	147	1283	275	281	144	1273	0	0	0	0	0	3	3	10
0	248	295	143	1291	210	229	104	1072	38	66	39	219	0	0	0	0
0	172	189	77	760	118	136	75	641	54	53	2	119	0	0	0	0
0	53	114	72	321	53	114	72	321	0	0	0	0	0	0	0	0

2.1 各学校开放

	合计				本科										
					合计				普通开放				一村一		
	毕业生	招生		在籍生	毕业生	招生		在籍生	毕业生	招生		在籍生	毕业生	招生	
		计	其中：春季			计	其中：春季			计	其中：春季			计	其中：春季
宁德电大分校古田县工作站	71	30	26	171	10	14	10	54	10	14	10	54	0	0	0
宁德电大分校寿宁工作站	5	46	46	85	0	0	0	0	0	0	0	0	0	0	0
福建电大福鼎学院	428	419	189	2056	123	143	64	651	123	143	64	651	0	0	0
宁德电大分校蕉城区工作站	165	254	133	859	36	61	35	219	36	61	35	219	0	0	0
宁德电大分校屏南县工作站	29	21	21	76	0	0	0	0	0	0	0	0	0	0	0
南平电大分校	215	247	150	1394	75	70	42	498	75	70	42	498	0	0	0
南平电大分校建瓯工作站	122	139	87	555	27	34	18	140	27	34	18	140	0	0	0
南平电大分校顺昌县工作站	11	31	15	83	0	0	0	0	0	0	0	0	0	0	0
南平电大分校建阳工作站	156	213	107	789	44	76	36	329	44	76	36	329	0	0	0
南平电大分校浦城工作站	47	52	25	210	19	9	0	50	19	9	0	50	0	0	0
南平电大分校光泽工作站	117	115	62	413	40	50	28	174	40	50	28	174	0	0	0
南平分校电大松溪县工作站	65	31	19	178	0	0	0	0	0	0	0	0	0	0	0
南平电大分校武夷山工作站	7	50	37	135	0	10	10	17	0	10	10	17	0	0	0
南平电大分校政和县工作站	80	96	65	310	24	28	14	106	24	28	14	106	0	0	0
福建广播电视大学漳州分校	521	657	360	2876	175	231	115	1082	175	231	115	1082	0	0	0
漳州电大分校龙海工作站	104	83	45	322	42	30	16	148	42	30	16	148	0	0	0
漳州电大云霄工作站	295	249	135	1104	87	76	39	297	87	76	39	297	0	0	0
漳州诏安工作站	220	337	174	893	75	72	35	275	75	72	35	275	0	0	0
漳州电大分校长泰工作站	170	130	70	702	72	48	25	228	72	48	25	228	0	0	0
漳州电大分校南靖工作站	161	130	87	442	57	32	21	138	57	32	21	138	0	0	0
漳州电大分校平和工作站	79	56	19	281	27	20	10	109	27	20	10	109	0	0	0
漳州电大分校华安工作站	116	31	6	240	47	10	2	62	47	10	2	62	0	0	0
漳州电大分校东山工作站	112	144	68	603	34	42	15	170	34	42	15	170	0	0	0
泉州电大分校	339	345	164	2029	109	94	58	583	109	94	58	583	0	0	0
泉州电大分校晋江市工作站	268	259	145	1461	44	36	19	290	44	36	19	290	0	0	0
泉州电大分校南安工作站	177	249	166	842	73	41	20	203	73	41	20	203	0	0	0
泉州电大分校惠安工作站	69	135	67	593	21	36	13	174	21	36	13	174	0	0	0
泉州电大分校安溪工作站	265	161	132	495	46	20	10	84	46	20	10	84	0	0	0
泉州电大分校永春工作站	74	61	30	272	28	29	15	104	28	29	15	104	0	0	0
泉州电大分校德化工作站	67	95	51	358	23	35	11	116	23	35	11	116	0	0	0
泉州电大分校鲤城工作站	172	87	49	917	70	21	12	252	70	21	12	252	0	0	0
泉州电大分校泉港工作站	109	79	51	319	37	18	13	84	37	18	13	84	0	0	0
泉州电大分校石狮工作站	95	114	55	718	41	28	10	225	41	28	10	225	0	0	0
龙岩电大分校	540	580	250	1813	275	243	86	845	275	243	86	845	0	0	0
龙岩电大分校上杭工作站	175	167	13	679	76	69	0	370	76	69	0	370	0	0	0
龙岩电大分校长汀工作站	133	182	92	607	43	49	25	194	43	49	25	194	0	0	0
龙岩分校连城工作站	158	204	71	559	50	30	18	184	50	30	18	184	0	0	0
龙岩电大分校武平县工作站	50	203	144	463	0	67	52	112	0	67	52	112	0	0	0
龙岩电大分校永定县工作站	113	130	69	351	20	45	23	111	20	45	23	111	0	0	0
龙岩电大分校漳平工作站	69	29	16	118	0	0	0	0	0	0	0	0	0	0	0

教育学生情况(续表 31)

单位:人

	专科															
	合计				普通开放				一村一				助力计划			
在籍生	毕业生	招生		在籍生	毕业生	招生		在籍生	毕业生	招生		在籍生	毕业生	招生		在籍生
		计	其中:春季			计	其中:春季			计	其中:春季			计	其中:春季	
0	61	16	16	117	46	13	13	102	15	3	3	15	0	0	0	0
0	5	46	46	85	5	46	46	61	0	0	0	24	0	0	0	0
0	305	276	125	1405	249	247	125	1238	56	29	0	167	0	0	0	0
0	129	193	98	640	129	146	98	544	0	47	0	96	0	0	0	0
0	29	21	21	76	29	21	21	45	0	0	0	31	0	0	0	0
0	140	177	108	896	140	177	108	896	0	0	0	0	0	0	0	0
0	95	105	69	415	95	105	69	368	0	0	0	47	0	0	0	0
0	11	31	15	83	11	31	15	83	0	0	0	0	0	0	0	0
0	112	137	71	460	112	137	71	460	0	0	0	0	0	0	0	0
0	28	43	25	160	24	43	25	158	4	0	0	2	0	0	0	0
0	77	65	34	239	76	65	34	233	1	0	0	6	0	0	0	0
0	65	31	19	178	65	31	19	178	0	0	0	0	0	0	0	0
0	7	40	27	118	7	40	27	118	0	0	0	0	0	0	0	0
0	56	68	51	204	56	66	49	189	0	2	2	15	0	0	0	0
0	346	426	245	1794	346	379	205	1738	0	0	0	9	0	47	40	47
0	62	53	29	174	62	53	29	174	0	0	0	0	0	0	0	0
0	208	173	96	807	154	129	67	588	54	44	29	219	0	0	0	0
0	145	265	139	618	95	176	130	402	50	89	9	216	0	0	0	0
0	98	82	45	474	98	82	45	474	0	0	0	0	0	0	0	0
0	104	98	66	304	104	98	66	304	0	0	0	0	0	0	0	0
0	52	36	9	172	52	36	9	172	0	0	0	0	0	0	0	0
0	69	21	4	178	69	21	4	178	0	0	0	0	0	0	0	0
0	78	102	53	433	78	102	53	427	0	0	0	6	0	0	0	0
0	230	251	106	1446	230	180	106	1289	0	71	0	157	0	0	0	0
0	224	223	126	1171	184	185	126	1002	40	38	0	169	0	0	0	0
0	104	208	146	639	104	208	146	639	0	0	0	0	0	0	0	0
0	48	99	54	419	47	81	54	380	1	18	0	39	0	0	0	0
0	219	141	122	411	147	141	122	346	72	0	0	65	0	0	0	0
0	46	32	15	168	43	26	15	158	3	6	0	10	0	0	0	0
0	44	60	40	242	42	50	36	175	2	10	4	67	0	0	0	0
0	102	66	37	665	102	66	37	665	0	0	0	0	0	0	0	0
0	72	61	38	235	72	61	38	221	0	0	0	14	0	0	0	0
0	54	86	45	493	53	86	45	479	1	0	0	14	0	0	0	0
0	265	337	164	968	252	328	164	944	13	9	0	24	0	0	0	0
0	99	98	13	309	99	62	13	273	0	0	0	0	0	36	0	36
0	90	133	67	413	87	133	67	384	3	0	0	29	0	0	0	0
0	108	174	53	375	83	93	53	291	25	81	0	84	0	0	0	0
0	50	136	92	351	21	97	76	205	29	39	16	146	0	0	0	0
0	93	85	46	240	63	74	43	194	30	11	3	46	0	0	0	0
0	69	29	16	118	69	29	16	118	0	0	0	0	0	0	0	0

2.1 各学校开放

	合计				本科										
					合计				普通开放				一村一		
	毕业生	招生		在籍生	毕业生	招生		在籍生	毕业生	招生		在籍生	毕业生	招生	
		计	其中：春季			计	其中：春季			计	其中：春季			计	其中：春季
莆田电大分校	436	567	289	1968	181	231	107	809	181	231	107	809	0	0	0
莆田电大分校荔城区工作站	3	0	0	38	2	0	0	11	2	0	0	11	0	0	0
莆田分校仙游县电大工作站	106	93	50	390	57	39	21	202	57	39	21	202	0	0	0
永安电大分校	301	332	180	1443	106	94	40	454	106	94	40	454	0	0	0
邵武电大分校	492	563	231	2073	164	198	95	628	164	198	95	628	0	0	0
漳浦电大分校	286	511	297	1527	146	137	55	446	146	137	55	446	0	0	0
福建省人事厅直属点	892	929	474	4780	312	363	165	1972	312	363	165	1972	0	0	0
福建广播电视大学开放教育学院	1995	2908	1512	11824	467	888	424	3384	467	888	424	3384	0	0	0
福建电大梅山实验学院	278	361	207	1912	63	31	19	197	63	31	19	197	0	0	0
泉州闽南工贸学校	0	23	0	23	0	0	0	0	0	0	0	0	0	0	0
福建省监狱管理局教学点	240	0	0	31	0	0	0	0	0	0	0	0	0	0	0
厦门	**786**	**611**	**288**	**4889**	**262**	**232**	**100**	**1495**	**262**	**232**	**100**	**1495**	**0**	**0**	**0**
其中:女	541	367	178	2672	188	136	61	889	188	136	61	889	0	0	0
思明工作站	108	65	48	711	35	29	22	174	35	29	22	174	0	0	0
同安工作站	271	250	125	1111	67	72	33	396	67	72	33	396	0	0	0
杏林工作站	20	0	0	190	1	0	0	45	1	0	0	45	0	0	0
湖里工作站	2	0	0	61	0	0	0	21	0	0	0	21	0	0	0
厦门电大校直属学习点	165	126	58	1697	53	47	18	484	53	47	18	484	0	0	0
司法局工作站	1	0	0	58	1	0	0	33	1	0	0	33	0	0	0
武平工作站	193	106	44	564	90	56	24	258	90	56	24	258	0	0	0
洪文工作站	25	38	13	386	15	28	3	71	15	28	3	71	0	0	0
诚毅工作站	1	0	0	85	0	0	0	13	0	0	0	13	0	0	0
子轩教学点	0	26	0	26	0	0	0	0	0	0	0	0	0	0	0
江西	**28627**	**35847**	**18567**	**111855**	**7830**	**8034**	**3969**	**28926**	**7830**	**8034**	**3969**	**28926**	**0**	**0**	**0**
其中:女	15156	18002	9048	58180	4536	4452	2246	15695	4536	4452	2246	15695	0	0	0
江西电大开放学院	1034	3048	1178	9665	339	760	305	2991	339	760	305	2991	0	0	0
江西电大开放学院九江县教师进修学校教学点	144	114	66	489	27	14	5	116	27	14	5	116	0	0	0
江西电大开放学院第二机床厂电大工作站	0	0	0	6	0	0	0	0	0	0	0	0	0	0	0
江西电大开放学院井冈山市工作站	52	62	21	179	17	23	7	65	17	23	7	65	0	0	0
南昌工业技工学校	0	117	0	117	0	0	0	0	0	0	0	0	0	0	0
修水县职业中专	0	176	0	176	0	0	0	0	0	0	0	0	0	0	0
南昌职业学院	0	342	0	342	0	0	0	0	0	0	0	0	0	0	0
江西省统计局工作站	0	0	0	244	0	0	0	0	0	0	0	0	0	0	0
省电大直属南昌市建筑教育培训中心教学点	436	1074	417	2569	87	248	107	711	87	248	107	711	0	0	0
江西建设职业技术学院	20	0	0	84	0	0	0	0	0	0	0	0	0	0	0
江西电大开放学院江西省民盟教学点	0	0	0	6	0	0	0	0	0	0	0	0	0	0	0
江西旅游商贸职业学院	0	0	0	198	0	0	0	0	0	0	0	0	0	0	0
南昌电大分校本部	1797	3877	1577	8405	634	707	399	2132	634	707	399	2132	0	0	0
南昌市电大安义县工作站(工会职校)	146	142	70	459	56	39	18	165	56	39	18	165	0	0	0
南昌电大新建县教师进修学校教学点	245	348	221	1122	65	115	59	364	65	115	59	364	0	0	0

教育学生情况(续表32)

单位:人

	专科															
	合计				普通开放				一村一				助力计划			
在籍生	毕业生	招生计	招生其中:春季	在籍生	毕业生	招生计	招生其中:春季	在籍生	毕业生	招生计	招生其中:春季	在籍生	毕业生	招生计	招生其中:春季	在籍生
0	255	336	182	1159	254	336	182	1149	1	0	0	10	0	0	0	0
0	1	0	0	27	1	0	0	26	0	0	0	1	0	0	0	0
0	49	54	29	188	49	54	29	188	0	0	0	0	0	0	0	0
0	195	238	140	989	186	201	127	899	9	37	13	90	0	0	0	0
0	328	365	136	1445	316	278	126	1285	12	87	10	160	0	0	0	0
0	140	374	242	1081	140	374	242	1081	0	0	0	0	0	0	0	0
0	580	566	309	2808	580	566	309	2808	0	0	0	0	0	0	0	0
0	1528	2020	1088	8440	1528	1903	977	8323	0	90	84	90	0	27	27	27
0	215	330	188	1715	215	330	188	1709	0	0	0	6	0	0	0	0
0	0	23	0	23	0	0	0	0	0	0	0	0	0	23	0	23
0	240	0	0	31	240	0	0	31	0	0	0	0	0	0	0	0
0	**524**	**379**	**188**	**3394**	**440**	**337**	**166**	**3165**	**84**	**42**	**22**	**229**	**0**	**0**	**0**	**0**
0	353	231	117	1783	309	219	110	1707	44	12	7	76	0	0	0	0
0	73	36	26	537	73	36	26	537	0	0	0	0	0	0	0	0
0	204	178	92	715	139	136	70	541	65	42	22	174	0	0	0	0
0	19	0	0	145	0	0	0	90	19	0	0	55	0	0	0	0
0	2	0	0	40	2	0	0	40	0	0	0	0	0	0	0	0
0	112	79	40	1213	112	79	40	1213	0	0	0	0	0	0	0	0
0	0	0	0	25	0	0	0	25	0	0	0	0	0	0	0	0
0	103	50	20	306	103	50	20	306	0	0	0	0	0	0	0	0
0	10	10	10	315	10	10	10	315	0	0	0	0	0	0	0	0
0	1	0	0	72	1	0	0	72	0	0	0	0	0	0	0	0
0	0	26	0	26	0	26	0	26	0	0	0	0	0	0	0	0
0	**20797**	**27813**	**14598**	**82929**	**16618**	**22692**	**9910**	**70363**	**4179**	**4718**	**4627**	**11823**	**0**	**403**	**61**	**743**
0	10620	13550	6802	42485	9513	11888	5207	38673	1107	1618	1594	3675	0	44	1	137
0	695	2288	873	6674	695	2288	873	6674	0	0	0	0	0	0	0	0
0	117	100	61	373	93	72	34	265	24	28	27	108	0	0	0	0
0	0	0	0	6	0	0	0	6	0	0	0	0	0	0	0	0
0	35	39	14	114	34	39	14	109	1	0	0	5	0	0	0	0
0	0	117	0	117	0	117	0	117	0	0	0	0	0	0	0	0
0	0	176	0	176	0	176	0	176	0	0	0	0	0	0	0	0
0	0	342	0	342	0	215	0	215	0	0	0	0	0	127	0	127
0	0	0	0	244	0	0	0	244	0	0	0	0	0	0	0	0
0	349	826	310	1858	349	826	310	1858	0	0	0	0	0	0	0	0
0	20	0	0	84	20	0	0	84	0	0	0	0	0	0	0	0
0	0	0	0	6	0	0	0	6	0	0	0	0	0	0	0	0
0	0	0	0	198	0	0	0	198	0	0	0	0	0	0	0	0
0	1163	3170	1178	6273	1160	3082	1178	6171	3	0	0	14	0	88	0	88
0	90	103	52	294	51	69	18	214	39	34	34	80	0	0	0	0
0	180	233	162	758	110	127	56	492	70	106	106	266	0	0	0	0

2.1 各学校开放

	合计				本科										
					合计				普通开放				一村一		
	毕业生	招生		在籍生	毕业生	招生		在籍生	毕业生	招生		在籍生	毕业生	招生	
		计	其中：春季			计	其中：春季			计	其中：春季			计	其中：春季
南昌电大分校进贤县教师进修学校教学点	125	95	54	428	32	27	11	88	32	27	11	88	0	0	0
南昌市电大安义县教师进修学校教学点	66	67	33	220	39	27	9	98	39	27	9	98	0	0	0
南昌县教师进修学校	93	76	57	271	12	8	0	47	12	8	0	47	0	0	0
景德镇电大分校本部	640	580	335	2023	186	156	84	561	186	156	84	561	0	0	0
景德镇电大分校乐平市教师进修学校教学点	154	124	102	361	0	1	1	4	0	1	1	4	0	0	0
九江电大分校本部	1469	1196	583	4780	629	489	245	1960	629	489	245	1960	0	0	0
九江电大分校星子县工作站	193	163	88	493	83	72	29	198	83	72	29	198	0	0	0
九江电大分校瑞昌工作站(教师进修学校)	208	279	159	754	66	89	38	252	66	89	38	252	0	0	0
九江电大分校德安县工作站	171	139	78	536	71	39	20	241	71	39	20	241	0	0	0
九江电大分校永修县工作站	96	142	90	545	13	34	12	137	13	34	12	137	0	0	0
九江电大分校都昌县工作站	353	353	234	910	144	136	84	342	144	136	84	342	0	0	0
九江电大分校彭泽县工作站	192	437	230	1068	70	136	62	354	70	136	62	354	0	0	0
九江电大分校武宁县工作站	334	323	171	986	121	109	58	358	121	109	58	358	0	0	0
九江电大分校修水县工作站	376	276	168	1031	127	89	46	433	127	89	46	433	0	0	0
九江电大分校湖口县工作站	214	198	106	695	87	83	36	365	87	83	36	365	0	0	0
江西广播电视大学九江分校省武工作站	172	115	54	471	50	32	14	111	50	32	14	111	0	0	0
九江电大分校庐山工作站	45	39	24	134	10	16	10	64	10	16	10	64	0	0	0
共青城工作站	34	69	56	273	0	12	7	87	0	12	7	87	0	0	0
武警九江市支队	0	110	54	110	0	0	0	0	0	0	0	0	0	0	0
江西九江华雄化工有限公司学习中心	0	4	0	4	0	0	0	0	0	0	0	0	0	0	0
萍乡电大分校本部	1509	2201	943	7006	370	308	137	1168	370	308	137	1168	0	0	0
萍乡电大分校莲花县工作站	113	86	56	306	0	0	0	0	0	0	0	0	0	0	0
萍乡电大分校湘东区工作站	266	259	149	770	32	43	19	114	32	43	19	114	0	0	0
萍乡电大分校芦溪县工作站	279	384	262	1106	71	89	44	281	71	89	44	281	0	0	0
萍乡电大分校上栗县电大工作站	142	199	122	644	0	0	0	0	0	0	0	0	0	0	0
萍乡市卫生学校	294	61	32	790	0	0	0	0	0	0	0	0	0	0	0
江西大富乳业集团有限公司学习中心	0	0	0	9	0	0	0	0	0	0	0	0	0	0	0
新余电大分校本部	1452	1699	761	5439	402	270	144	1132	402	270	144	1132	0	0	0
新余电大分校分宜县工作站	144	117	51	467	55	40	17	135	55	40	17	135	0	0	0
康程达教育科技公司学习中心	0	159	49	159	0	0	0	0	0	0	0	0	0	0	0
鹰潭电大分校本部	837	624	361	2370	303	214	111	877	303	214	111	877	0	0	0
鹰潭电大分校贵溪市工作站	68	48	25	124	0	0	0	0	0	0	0	0	0	0	0
鹰潭应用工程学校	0	0	0	79	0	0	0	0	0	0	0	0	0	0	0
中共余江县委党校	18	0	0	44	0	0	0	0	0	0	0	0	0	0	0
赣州市电大校本部	1015	955	501	4101	364	386	193	1621	364	386	193	1621	0	0	0
赣州市电大中共信丰县委党校教学点	184	165	115	442	26	24	7	73	26	24	7	73	0	0	0
赣州市电大兴国县教师进修学校教学点	226	273	273	729	62	23	23	122	62	23	23	122	0	0	0
赣州市电大于都县教师进修学校教学点	0	0	0	9	0	0	0	8	0	0	0	8	0	0	0
大余县教师进修学校	190	160	100	524	52	13	8	78	52	13	8	78	0	0	0
赣州市电大石城县教师进修学校教学点	85	30	30	116	0	0	0	0	0	0	0	0	0	0	0

教育学生情况(续表 33)

单位:人

	专科															
	合计				普通开放				一村一				助力计划			
在籍生	毕业生	招生 计	招生 其中:春季	在籍生	毕业生	招生 计	招生 其中:春季	在籍生	毕业生	招生 计	招生 其中:春季	在籍生	毕业生	招生 计	招生 其中:春季	在籍生
0	93	68	43	340	51	43	18	174	42	25	25	166	0	0	0	0
0	27	40	24	122	27	40	24	122	0	0	0	0	0	0	0	0
0	81	68	57	224	22	21	10	84	59	47	47	140	0	0	0	0
0	454	424	251	1462	402	365	192	1312	52	59	59	150	0	0	0	0
0	154	123	101	357	80	50	28	195	74	73	73	162	0	0	0	0
0	840	707	338	2820	823	704	337	2811	17	2	1	8	0	1	0	1
0	110	91	59	295	86	70	38	248	24	21	21	47	0	0	0	0
0	142	190	121	502	93	145	76	410	49	45	45	92	0	0	0	0
0	100	100	58	295	79	82	40	252	21	18	18	43	0	0	0	0
0	83	108	78	408	71	77	47	325	12	31	31	83	0	0	0	0
0	209	217	150	568	90	138	71	375	119	79	79	193	0	0	0	0
0	122	301	168	714	102	248	115	601	20	53	53	113	0	0	0	0
0	213	214	113	628	155	166	65	519	58	48	48	109	0	0	0	0
0	249	187	122	598	154	108	44	397	95	79	78	201	0	0	0	0
0	127	115	70	330	95	76	31	267	32	39	39	63	0	0	0	0
0	122	83	40	360	122	83	40	360	0	0	0	0	0	0	0	0
0	35	23	14	70	35	23	14	70	0	0	0	0	0	0	0	0
0	34	57	49	186	27	14	6	136	7	43	43	50	0	0	0	0
0	0	110	54	110	0	110	54	110	0	0	0	0	0	0	0	0
0	0	4	0	4	0	0	0	0	0	0	0	0	0	4	0	4
0	1139	1893	806	5838	1118	1878	791	5788	21	15	15	50	0	0	0	0
0	113	86	56	306	44	39	9	191	69	47	47	115	0	0	0	0
0	234	216	130	656	190	180	94	569	44	36	36	87	0	0	0	0
0	208	295	218	825	208	219	142	655	0	76	76	170	0	0	0	0
0	142	199	122	644	113	151	74	512	29	48	48	132	0	0	0	0
0	294	61	32	790	294	61	32	790	0	0	0	0	0	0	0	0
0	0	0	0	9	0	0	0	0	0	0	0	0	0	0	0	9
0	1050	1429	617	4307	801	1189	429	3441	249	223	176	791	0	17	12	75
0	89	77	34	332	87	64	29	306	2	13	5	26	0	0	0	0
0	0	159	49	159	0	0	0	0	0	0	0	0	0	159	49	159
0	534	410	250	1493	439	287	127	1232	95	123	123	261	0	0	0	0
0	68	48	25	124	68	48	25	124	0	0	0	0	0	0	0	0
0	0	0	0	79	0	0	0	79	0	0	0	0	0	0	0	0
0	18	0	0	44	18	0	0	44	0	0	0	0	0	0	0	0
0	651	569	308	2480	602	542	283	2404	49	27	25	76	0	0	0	0
0	158	141	108	369	56	59	26	195	102	82	82	174	0	0	0	0
0	164	250	250	607	102	165	165	431	62	85	85	176	0	0	0	0
0	0	0	0	1	0	0	0	1	0	0	0	0	0	0	0	0
0	138	147	92	446	114	101	46	363	24	46	46	83	0	0	0	0
0	85	30	30	116	51	0	0	37	34	30	30	79	0	0	0	0

	合计				本科											
					合计				普通开放				一村一			
	毕业生	招生		在籍生	毕业生	招生		在籍生	毕业生	招生		在籍生	毕业生	招生	
		计	其中：春季			计	其中：春季			计	其中：春季			计	其中：春季
龙南教师进修学校	102	38	29	218	3	7	5	48	3	7	5	48	0	0	0
赣州市电大赣县教师进修学校教学点	40	21	20	114	0	0	0	0	0	0	0	0	0	0	0
赣州市电大中共上犹县委党校教学点	20	57	44	262	2	13	8	58	2	13	8	58	0	0	0
赣州市电大定南教师进修学校教学点	126	110	82	437	29	26	16	89	29	26	16	89	0	0	0
赣州市电大宁都县教师进修学校教学点	86	169	98	372	0	19	5	19	0	19	5	19	0	0	0
赣州市电大瑞金市工作站(教师进修学校)	249	269	188	877	53	76	44	271	53	76	44	271	0	0	0
赣州市电大寻乌县工作站(教师进修学校)	169	104	13	483	18	42	0	103	18	42	0	103	0	0	0
赣州市电大中共南康市委党校教学点	125	99	91	410	24	16	15	82	24	16	15	82	0	0	0
赣州市电大中共兴国县委党校教学点	41	365	136	612	4	51	21	128	4	51	21	128	0	0	0
赣州市电大中共崇义县委党校教学点	56	61	34	157	7	10	1	30	7	10	1	30	0	0	0
赣州市电大信丰县教师进修学校教学点	55	52	34	255	7	15	13	60	7	15	13	60	0	0	0
赣州市赣县党校	0	0	0	2	0	0	0	0	0	0	0	0	0	0	0
江西安远县委党校	28	43	43	260	0	0	0	45	0	0	0	45	0	0	0
江西会昌县职业技术学校	45	62	54	162	0	0	0	0	0	0	0	0	0	0	0
于都县委党校	209	714	332	1981	5	77	41	246	5	77	41	246	0	0	0
全南县教师进修学校	178	89	58	356	17	20	12	56	17	20	12	56	0	0	0
宜春市电大校本部	1014	1225	663	4317	273	290	154	1067	273	290	154	1067	0	0	0
宜春市电大奉新县工作站(教师进修学校)	267	205	123	665	83	80	29	234	83	80	29	234	0	0	0
宜春市电大樟树工作站(教师进修学校)	85	78	78	260	9	14	14	53	9	14	14	53	0	0	0
宜春市电大上高工作站(职工学校)	77	144	85	365	32	43	20	98	32	43	20	98	0	0	0
宜春市电大高安工作站(教师进修学校)	260	349	229	1033	45	78	56	220	45	78	56	220	0	0	0
宜春市电大宜丰县工作站(教师进修学校)	197	219	140	565	47	59	33	143	47	59	33	143	0	0	0
宜春市电大万载县教师进修学校教学点	261	221	122	787	59	57	22	237	59	57	22	237	0	0	0
宜春市电大丰城市教师进修学校教学点	340	629	375	1752	89	142	63	399	89	142	63	399	0	0	0
宜春市电大铜鼓县教师进修学校教学点	175	188	103	528	33	54	28	143	33	54	28	143	0	0	0
宜春市电大靖安县工作站	145	180	128	481	37	72	39	178	37	72	39	178	0	0	0
宜春市电大樟树职工学校教学点	124	110	60	304	11	22	19	47	11	22	19	47	0	0	0
宜春市电大中共丰城市委党校教学点	47	64	25	198	12	22	12	59	12	22	12	59	0	0	0
上高教师进修学校	188	353	207	802	47	69	34	190	47	69	34	190	0	0	0
高安市委党校	29	40	18	85	16	21	10	45	16	21	10	45	0	0	0
江西省轻工高级技校	0	0	0	14	0	0	0	0	0	0	0	0	0	0	0
宜春广播电视大学靖安分校	17	59	49	84	0	17	16	21	0	17	16	21	0	0	0
吉安电大分校本部	1494	732	337	4103	391	165	83	958	391	165	83	958	0	0	0
吉安电大分校中共遂川县委党校教学点	150	164	118	478	25	15	8	66	25	15	8	66	0	0	0
吉安电大分校永新县工作站	200	226	152	721	50	55	19	204	50	55	19	204	0	0	0
吉安电大分校中共永丰县委党校教学点	92	93	82	264	10	5	0	23	10	5	0	23	0	0	0
吉安电大分校吉水县教师进修学校教学点	77	76	48	320	0	0	0	0	0	0	0	0	0	0	0
吉安电大分校吉安县教师进修学校教学点	211	130	85	431	71	10	3	90	71	10	3	90	0	0	0
吉安电大分校中共泰和县委党校教学点	78	37	37	145	1	0	0	3	1	0	0	3	0	0	0
安福县教师进修学校	99	96	86	275	0	1	1	2	0	1	1	2	0	0	0

教育学生情况(续表34)

单位:人

在籍生	专科															
	合计				普通开放				一村一				助力计划			
	毕业生	招生		在籍生	毕业生	招生		在籍生	毕业生	招生		在籍生	毕业生	招生		在籍生
		计	其中:春季			计	其中:春季			计	其中:春季			计	其中:春季	
0	99	31	24	170	76	21	14	129	23	10	10	41	0	0	0	0
0	40	21	20	114	6	1	0	11	34	20	20	103	0	0	0	0
0	18	44	36	204	9	10	2	63	9	34	34	141	0	0	0	0
0	97	84	66	348	84	49	31	274	13	35	35	74	0	0	0	0
0	86	150	93	353	44	61	4	151	42	89	89	202	0	0	0	0
0	196	193	144	606	162	111	62	416	34	82	82	190	0	0	0	0
0	151	62	13	380	110	49	0	331	41	13	13	49	0	0	0	0
0	101	83	76	328	54	17	10	183	47	66	66	145	0	0	0	0
0	37	314	115	484	37	314	115	484	0	0	0	0	0	0	0	0
0	49	51	33	127	18	21	3	61	31	30	30	66	0	0	0	0
0	48	37	21	195	48	37	21	195	0	0	0	0	0	0	0	0
0	0	0	0	2	0	0	0	2	0	0	0	0	0	0	0	0
0	28	43	43	215	16	0	0	79	12	43	43	136	0	0	0	0
0	45	62	54	162	24	40	32	114	21	22	22	48	0	0	0	0
0	204	637	291	1735	123	542	196	1540	81	95	95	195	0	0	0	0
0	161	69	46	300	129	44	23	247	32	25	23	53	0	0	0	0
0	741	935	509	3250	680	869	447	3047	61	66	62	203	0	0	0	0
0	184	125	94	431	137	83	52	335	47	42	42	96	0	0	0	0
0	76	64	64	207	30	17	17	95	46	47	47	112	0	0	0	0
0	45	101	65	267	45	101	65	267	0	0	0	0	0	0	0	0
0	215	271	173	813	116	179	81	621	99	92	92	192	0	0	0	0
0	150	160	107	422	99	99	46	305	51	61	61	117	0	0	0	0
0	202	164	100	550	141	119	55	441	61	45	45	109	0	0	0	0
0	251	487	312	1353	157	320	145	952	94	167	167	401	0	0	0	0
0	142	134	75	385	85	107	48	337	57	27	27	48	0	0	0	0
0	108	108	89	303	71	44	25	171	37	64	64	132	0	0	0	0
0	113	88	41	257	113	88	41	257	0	0	0	0	0	0	0	0
0	35	42	13	139	31	32	9	114	4	10	4	25	0	0	0	0
0	141	284	173	612	103	223	112	479	38	61	61	133	0	0	0	0
0	13	19	8	40	13	19	8	40	0	0	0	0	0	0	0	0
0	0	0	0	14	0	0	0	14	0	0	0	0	0	0	0	0
0	17	42	33	63	17	42	33	63	0	0	0	0	0	0	0	0
0	1103	567	254	3145	1094	560	254	3119	9	0	0	19	0	7	0	7
0	125	149	110	412	46	65	31	175	79	84	79	237	0	0	0	0
0	150	171	133	517	77	75	37	264	73	96	96	253	0	0	0	0
0	82	88	82	241	30	16	10	93	52	72	72	148	0	0	0	0
0	77	76	48	320	13	28	0	148	64	48	48	172	0	0	0	0
0	140	120	82	341	74	60	22	167	66	60	60	174	0	0	0	0
0	77	37	37	142	2	0	0	8	75	37	37	134	0	0	0	0
0	99	95	85	273	47	32	22	121	52	63	63	152	0	0	0	0

2.1 各学校开放

	合计				本科										
					合计				普通开放				一村一		
	毕业生	招生		在籍生	毕业生	招生		在籍生	毕业生	招生		在籍生	毕业生	招生	
		计	其中：春季			计	其中：春季			计	其中：春季			计	其中：春季
万安县委党校	44	51	46	145	0	0	0	0	0	0	0	0	0	0	0
峡江县委党校	95	68	39	244	30	14	3	69	30	14	3	69	0	0	0
新干县委党校	47	31	31	124	1	0	0	15	1	0	0	15	0	0	0
武警吉安市支队	0	147	145	147	0	0	0	0	0	0	0	0	0	0	0
上饶市广播电视大学	862	715	371	2597	286	233	124	889	286	233	124	889	0	0	0
上饶市电大德兴市工作站	149	168	94	531	34	43	20	140	34	43	20	140	0	0	0
上饶市电大婺源县工作站	256	338	209	896	95	76	39	233	95	76	39	233	0	0	0
上饶市电大余干县工作站	223	221	143	552	82	45	13	149	82	45	13	149	0	0	0
上饶市电大铅山县工作站	172	367	177	832	53	65	42	166	53	65	42	166	0	0	0
上饶市电大弋阳县工作站	153	157	104	476	47	36	22	106	47	36	22	106	0	0	0
上饶市电大横峰县工作站	166	110	56	401	45	23	11	73	45	23	11	73	0	0	0
上饶市电大鄱阳县工作站	425	504	229	1278	98	114	46	349	98	114	46	349	0	0	0
上饶市电大玉山县工作站	238	293	125	839	92	62	30	244	92	62	30	244	0	0	0
上饶市电大万年县工作站	221	185	108	749	66	61	29	262	66	61	29	262	0	0	0
上饶市电大广丰县工作站	349	625	361	1629	34	85	32	209	34	85	32	209	0	0	0
上饶市电大上饶县工作站	228	211	160	763	53	36	21	176	53	36	21	176	0	0	0
抚州市电大校本部	1373	1259	748	5316	494	463	249	1848	494	463	249	1848	0	0	0
抚州市电大金溪县工作站	207	199	138	600	50	39	19	169	50	39	19	169	0	0	0
抚州市电大黎川县工作站	32	77	64	190	0	6	6	6	0	6	6	6	0	0	0
抚州市电大崇仁县工作站	0	109	104	251	0	3	2	3	0	3	2	3	0	0	0
抚州市电大资溪县工作站	63	64	45	163	18	15	9	41	18	15	9	41	0	0	0
抚州市电大南丰县工作站	141	123	88	382	32	19	9	102	32	19	9	102	0	0	0
抚州市电大乐安县工作站	9	74	41	287	0	25	0	25	0	25	0	25	0	0	0
抚州市电大南城县工作站	92	137	80	289	1	2	2	20	1	2	2	20	0	0	0
中共东乡县委党校	76	119	91	257	7	20	15	33	7	20	15	33	0	0	0
广昌县委党校	97	37	37	100	0	2	2	8	0	2	2	8	0	0	0
宜黄县委党校	122	82	71	217	0	13	11	20	0	13	11	20	0	0	0
九船电大分校	0	0	0	4	0	0	0	3	0	0	0	3	0	0	0
江西技师学院学习中心	0	0	0	273	0	0	0	0	0	0	0	0	0	0	0
山东	**32874**	**21459**	**10694**	**90857**	**6872**	**5315**	**2570**	**21367**	**6872**	**5315**	**2570**	**21367**	**0**	**0**	**0**
其中：女	16729	11156	5389	44891	3597	2860	1359	11100	3597	2860	1359	11100	0	0	0
济南广播电视大学直属	410	126	126	1717	110	0	0	287	110	0	0	287	0	0	0
济南广播电视大学商河县工作站	320	107	47	698	90	23	8	216	90	23	8	216	0	0	0
济南广播电视大学章丘分校	632	434	198	1859	191	87	48	457	191	87	48	457	0	0	0
济南电大平阴分校	4	4	1	12	0	0	0	0	0	0	0	0	0	0	0
济南电大长清工作站	384	122	64	898	88	37	21	211	88	37	21	211	0	0	0
济南广播电视大学历下教学点	162	0	0	144	38	0	0	67	38	0	0	67	0	0	0
济南广播电视大学济阳分校	470	220	109	993	100	57	24	265	100	57	24	265	0	0	0
济南－机床集团有限公司技工学校	4	0	0	7	0	0	0	0	0	0	0	0	0	0	0
济南电大高新开发区分校	423	476	232	1502	8	38	20	109	8	38	20	109	0	0	0

教育学生情况(续表35)

单位:人

	专科															
	合计				普通开放				一村一				助力计划			
在籍生	毕业生	招生		在籍生	毕业生	招生		在籍生	毕业生	招生		在籍生	毕业生	招生		在籍生
		计	其中:春季			计	其中:春季			计	其中:春季			计	其中:春季	
0	44	51	46	145	14	17	12	69	30	34	34	76	0	0	0	0
0	65	54	36	175	36	34	16	121	29	20	20	54	0	0	0	0
0	46	31	31	109	4	0	0	31	42	31	31	78	0	0	0	0
0	0	147	145	147	0	147	145	147	0	0	0	0	0	0	0	0
0	576	482	247	1708	568	457	222	1641	8	25	25	67	0	0	0	0
0	115	125	74	391	87	86	35	318	28	39	39	73	0	0	0	0
0	161	262	170	663	110	193	101	532	51	69	69	131	0	0	0	0
0	141	176	130	403	80	82	36	216	61	94	94	187	0	0	0	0
0	119	302	135	666	118	257	90	523	1	45	45	143	0	0	0	0
0	106	121	82	370	77	68	29	270	29	53	53	100	0	0	0	0
0	121	87	45	328	114	66	24	289	7	21	21	39	0	0	0	0
0	327	390	183	929	193	286	79	699	134	104	104	230	0	0	0	0
0	146	231	95	595	96	189	53	493	50	42	42	102	0	0	0	0
0	155	124	79	487	122	95	50	410	33	29	29	77	0	0	0	0
0	315	540	329	1420	248	456	245	1248	67	84	84	172	0	0	0	0
0	175	175	139	587	45	54	31	275	130	121	108	312	0	0	0	0
0	879	796	499	3468	820	673	376	3099	59	123	123	369	0	0	0	0
0	157	160	119	431	107	108	67	323	50	52	52	108	0	0	0	0
0	32	71	58	184	18	34	21	106	14	37	37	78	0	0	0	0
0	0	106	102	248	0	80	76	92	0	26	26	156	0	0	0	0
0	45	49	36	122	30	27	14	71	15	22	22	51	0	0	0	0
0	109	104	79	280	52	46	22	162	57	58	57	118	0	0	0	0
0	9	49	41	262	5	15	7	131	4	34	34	131	0	0	0	0
0	91	135	78	269	52	90	33	180	39	45	45	89	0	0	0	0
0	69	99	76	224	31	52	29	127	38	47	47	97	0	0	0	0
0	97	35	35	92	53	4	4	24	44	31	31	68	0	0	0	0
0	122	69	60	197	46	24	15	93	76	45	45	104	0	0	0	0
0	0	0	0	1	0	0	0	1	0	0	0	0	0	0	0	0
0	0	0	0	273	0	0	0	0	0	0	0	0	0	0	0	273
0	**26002**	**16144**	**8124**	**69490**	**20312**	**12815**	**6589**	**55856**	**5690**	**2481**	**1110**	**12587**	**0**	**848**	**425**	**1047**
0	13132	8296	4030	33791	11183	7341	3575	29613	1949	840	391	4031	0	115	64	147
0	300	126	126	1430	300	126	126	1430	0	0	0	0	0	0	0	0
0	230	84	39	482	203	79	36	337	27	5	3	145	0	0	0	0
0	441	347	150	1402	255	172	87	723	186	169	61	673	0	6	2	6
0	4	4	1	12	4	4	1	12	0	0	0	0	0	0	0	0
0	296	85	43	687	181	54	27	400	115	31	16	287	0	0	0	0
0	124	0	0	77	115	0	0	56	9	0	0	21	0	0	0	0
0	370	163	85	728	157	124	63	423	213	39	22	305	0	0	0	0
0	4	0	0	7	4	0	0	7	0	0	0	0	0	0	0	0
0	415	438	212	1393	58	82	41	193	357	349	167	1184	0	7	4	16

2.1 各学校开放

	合计				本科										
					合计				普通开放				一村一		
	毕业生	招生		在籍生	毕业生	招生		在籍生	毕业生	招生		在籍生	毕业生	招生	
		计	其中：春季			计	其中：春季			计	其中：春季			计	其中：春季
济南电大一机床职专分校	2	0	0	39	0	0	0	0	0	0	0	0	0	0	0
威海广播电视大学	307	630	359	1519	115	177	105	393	115	177	105	393	0	0	0
乳山电大	0	0	0	46	0	0	0	0	0	0	0	0	0	0	0
文登电大	1	0	0	158	1	0	0	10	1	0	0	10	0	0	0
淄博广播电视大学直属部	962	49	49	1353	255	4	4	311	255	4	4	311	0	0	0
淄博广播电视大学临淄分校	24	5	5	36	1	0	0	0	1	0	0	0	0	0	0
淄博广播电视大学淄川分校	371	224	124	754	128	72	42	289	128	72	42	289	0	0	0
淄博电大博山分校	58	0	0	172	0	0	0	88	0	0	0	88	0	0	0
淄博广播电视大学周村分校	450	37	16	296	147	27	11	116	147	27	11	116	0	0	0
淄博广播电视大学沂源分校	298	253	183	657	94	51	23	155	94	51	23	155	0	0	0
淄博桓台教师进修学校	423	0	0	456	78	0	0	79	78	0	0	79	0	0	0
淄博广播电视大学高青分校	68	24	11	113	19	4	3	28	19	4	3	28	0	0	0
淄博广播电视大学工商联工作站	4	0	0	28	0	0	0	3	0	0	0	3	0	0	0
淄博市工业学校	85	0	0	225	1	0	0	1	1	0	0	1	0	0	0
广饶县中等专业学校	0	0	0	7	0	0	0	0	0	0	0	0	0	0	0
枣庄广播电视大学直属学院	80	183	116	470	34	64	35	201	34	64	35	201	0	0	0
枣庄电大滕州分校	31	22	15	113	1	12	7	35	1	12	7	35	0	0	0
枣庄市团校	64	33	19	168	24	23	12	85	24	23	12	85	0	0	0
枣庄电大滕州市教师进修学校	212	492	275	1437	13	43	18	137	13	43	18	137	0	0	0
枣庄电大台儿庄分校	36	17	10	75	4	3	2	13	4	3	2	13	0	0	0
烟台电大直属	332	144	48	834	109	71	23	267	109	71	23	267	0	0	0
烟台开发区广播电视大学	643	121	64	1847	46	16	9	100	46	16	9	100	0	0	0
烟台电大牟平分校	160	195	100	459	36	38	19	98	36	38	19	98	0	0	0
烟台电大蓬莱二职专分校	42	49	43	137	1	0	0	12	1	0	0	12	0	0	0
烟台电大招远分校	603	67	26	757	24	7	6	21	24	7	6	21	0	0	0
烟台电大栖霞市高级职业学校	104	56	26	215	13	3	1	14	13	3	1	14	0	0	0
烟台电大龙口分校	346	98	53	518	73	12	4	59	73	12	4	59	0	0	0
莱阳广播电视大学	300	203	99	658	55	60	22	178	55	60	22	178	0	0	0
莱州市高级职业学校(莱州电大)	0	0	0	13	0	0	0	0	0	0	0	0	0	0	0
烟台电大信息工程学校分校	2	0	0	1	0	0	0	1	0	0	0	1	0	0	0
烟台水运技工学校	11	1	1	49	0	0	0	1	0	0	0	1	0	0	0
烟台第一职业中专学校	66	7	5	278	2	2	2	53	2	2	2	53	0	0	0
烟台国瑞财会培训中心	22	8	2	128	11	4	0	56	11	4	0	56	0	0	0
烟台电大海阳分校	115	45	3	241	17	16	0	39	17	16	0	39	0	0	0
烟台电大汽车工程分校	143	61	32	231	0	0	0	0	0	0	0	0	0	0	0
潍坊广播电视大学直属教学点	198	73	44	575	43	27	13	148	43	27	13	148	0	0	0
潍坊广播电视大学诸城分校	951	946	569	2865	179	226	77	615	179	226	77	615	0	0	0
潍坊广播电视大学寿光分校	425	46	19	964	93	3	2	188	93	3	2	188	0	0	0
潍坊广播电视大学青州分校	452	221	107	839	112	73	42	259	112	73	42	259	0	0	0
潍坊广播电视大学安丘分校	271	76	52	428	49	10	6	101	49	10	6	101	0	0	0

教育学生情况（续表36）

单位：人

	专科															
	合计				普通开放				一村一				助力计划			
在籍生	毕业生	招生		在籍生	毕业生	招生		在籍生	毕业生	招生		在籍生	毕业生	招生		在籍生
		计	其中：春季			计	其中：春季			计	其中：春季			计	其中：春季	
0	2	0	0	39	2	0	0	39	0	0	0	0	0	0	0	0
0	192	453	254	1126	190	387	230	1023	2	14	1	51	0	52	23	52
0	0	0	0	46	0	0	0	46	0	0	0	0	0	0	0	0
0	0	0	0	148	0	0	0	144	0	0	0	4	0	0	0	0
0	707	45	45	1042	678	44	44	972	29	1	1	70	0	0	0	0
0	23	5	5	36	23	0	0	31	0	5	5	5	0	0	0	0
0	243	152	82	465	204	138	73	438	39	11	9	24	0	3	0	3
0	58	0	0	84	53	0	0	81	5	0	0	3	0	0	0	0
0	303	10	5	180	261	10	5	150	42	0	0	30	0	0	0	0
0	204	202	160	502	204	113	71	407	0	0	0	0	0	89	89	95
0	345	0	0	377	345	0	0	330	0	0	0	47	0	0	0	0
0	49	20	8	85	49	20	8	85	0	0	0	0	0	0	0	0
0	4	0	0	25	4	0	0	25	0	0	0	0	0	0	0	0
0	84	0	0	224	83	0	0	224	1	0	0	0	0	0	0	0
0	0	0	0	7	0	0	0	7	0	0	0	0	0	0	0	0
0	46	119	81	269	46	119	81	269	0	0	0	0	0	0	0	0
0	30	10	8	78	30	10	8	77	0	0	0	1	0	0	0	0
0	40	10	7	83	40	10	7	83	0	0	0	0	0	0	0	0
0	199	449	257	1300	199	441	254	1289	0	0	0	0	0	8	3	11
0	32	14	8	62	32	14	8	62	0	0	0	0	0	0	0	0
0	223	73	25	567	205	73	25	502	18	0	0	65	0	0	0	0
0	597	105	55	1747	597	105	55	1747	0	0	0	0	0	0	0	0
0	124	157	81	361	124	157	81	361	0	0	0	0	0	0	0	0
0	41	49	43	125	41	49	43	122	0	0	0	3	0	0	0	0
0	579	60	20	736	579	60	20	736	0	0	0	0	0	0	0	0
0	91	53	25	201	91	53	25	201	0	0	0	0	0	0	0	0
0	273	86	49	459	273	86	49	459	0	0	0	0	0	0	0	0
0	245	143	77	480	245	128	67	452	0	0	0	8	0	15	10	20
0	0	0	0	13	0	0	0	0	0	0	0	13	0	0	0	0
0	2	0	0	0	2	0	0	0	0	0	0	0	0	0	0	0
0	11	1	1	48	11	1	1	48	0	0	0	0	0	0	0	0
0	64	5	3	225	64	5	3	225	0	0	0	0	0	0	0	0
0	11	4	2	72	11	4	2	52	0	0	0	20	0	0	0	0
0	98	29	3	202	98	29	3	202	0	0	0	0	0	0	0	0
0	143	61	32	231	35	36	18	74	108	25	14	157	0	0	0	0
0	155	46	31	427	114	40	27	368	41	5	4	58	0	1	0	1
0	772	720	492	2250	617	424	261	1564	155	208	166	598	0	88	65	88
0	332	43	17	776	212	15	13	615	120	27	3	160	0	1	1	1
0	340	148	65	580	340	105	45	536	0	4	1	5	0	39	19	39
0	222	66	46	327	150	42	30	208	72	15	11	110	0	9	5	9

2.1 各学校开放

	合计				本科										
					合计				普通开放				一村一		
	毕业生	招生		在籍生	毕业生	招生		在籍生	毕业生	招生		在籍生	毕业生	招生	
		计	其中：春季			计	其中：春季			计	其中：春季			计	其中：春季
潍坊广播电视大学高密分校	521	118	70	1007	140	48	27	336	140	48	27	336	0	0	0
潍坊广播电视大学临朐分校	261	153	79	680	64	38	20	185	64	38	20	185	0	0	0
潍坊广播电视大学昌乐分校	262	316	143	768	83	110	44	263	83	110	44	263	0	0	0
潍坊电大寒亭分校	29	5	2	50	7	5	2	26	7	5	2	26	0	0	0
潍坊电大昌邑分校	7	2	2	30	0	1	1	3	0	1	1	3	0	0	0
潍坊电大技师学院分校	115	1	0	169	11	1	0	26	11	1	0	26	0	0	0
临沂电大直属教学班	143	697	99	1971	37	121	28	566	37	121	28	566	0	0	0
兰山	6	0	0	31	0	0	0	6	0	0	0	6	0	0	0
沂南	0	0	0	6	0	0	0	1	0	0	0	1	0	0	0
郯城	1	0	0	6	1	0	0	2	1	0	0	2	0	0	0
临沂电大沂水分校	49	94	0	183	1	28	0	34	1	28	0	34	0	0	0
苍山	2	0	0	19	1	0	0	5	1	0	0	5	0	0	0
临沂电大费县分校	0	0	0	31	0	0	0	4	0	0	0	4	0	0	0
平邑	1	0	0	8	1	0	0	6	1	0	0	6	0	0	0
莒南	30	0	0	203	10	0	0	22	10	0	0	22	0	0	0
临沂广播电视大学蒙阴分校	0	0	0	8	0	0	0	2	0	0	0	2	0	0	0
临沂电大临沭分校	28	48	21	125	9	6	2	39	9	6	2	39	0	0	0
泰安电大直属学院	187	370	302	1013	53	72	43	235	53	72	43	235	0	0	0
泰安电大新泰分校	319	311	143	957	67	58	33	178	67	58	33	178	0	0	0
泰安电大肥城分校	113	83	33	237	14	16	8	61	14	16	8	61	0	0	0
泰安电大宁阳分校	254	272	169	795	62	99	56	262	62	99	56	262	0	0	0
泰安电大东平分校	61	37	18	179	24	10	5	31	24	10	5	31	0	0	0
泰安电大泰山区分校	91	7	2	131	2	0	0	1	2	0	0	1	0	0	0
泰安电大岱岳区教学点	80	53	21	214	0	7	2	21	0	7	2	21	0	0	0
济宁电大直属教学点	703	202	133	816	133	42	23	188	133	42	23	188	0	0	0
济宁电大任城区职业中等专业学校	0	125	41	425	0	5	0	5	0	5	0	5	0	0	0
济宁电大微山分校	93	0	0	36	0	0	0	10	0	0	0	10	0	0	0
鱼台县职业教育中心	3	35	16	91	0	4	2	16	0	4	2	16	0	0	0
济宁电大金乡分校	0	72	39	153	0	4	1	11	0	4	1	11	0	0	0
济宁电大嘉祥分校	15	8	5	33	9	4	1	13	9	4	1	13	0	0	0
济宁电大汶上分校	137	113	32	311	27	19	13	55	27	19	13	55	0	0	0
济宁电大泗水分校	75	86	45	222	11	27	12	81	11	27	12	81	0	0	0
济宁电大梁山分校	18	8	0	14	0	4	0	7	0	4	0	7	0	0	0
济宁电大曲阜分校	95	41	18	195	51	14	5	75	51	14	5	75	0	0	0
兖州	3	0	0	155	1	0	0	9	1	0	0	9	0	0	0
济宁电大邹城市卫生职工学校	0	0	0	2	0	0	0	0	0	0	0	0	0	0	0
兖州矿区电大分校	109	76	31	268	49	40	20	141	49	40	20	141	0	0	0
菏泽广播电视大学	657	418	233	1798	179	145	75	553	179	145	75	553	0	0	0
菏泽电大成武分校	97	32	16	234	18	13	7	47	18	13	7	47	0	0	0
菏泽电大郓城分校	78	61	26	220	36	21	8	70	36	21	8	70	0	0	0

教育学生情况(续表37)

单位:人

	专科															
	合计				普通开放				一村一				助力计划			
在籍生	毕业生	招生		在籍生	毕业生	招生		在籍生	毕业生	招生		在籍生	毕业生	招生		在籍生
		计	其中:春季			计	其中:春季			计	其中:春季			计	其中:春季	
0	381	70	43	671	350	67	40	629	31	3	3	42	0	0	0	0
0	197	115	59	495	150	90	38	332	47	13	9	141	0	12	12	22
0	179	206	99	505	166	191	93	456	13	13	4	44	0	2	2	5
0	22	0	0	24	22	0	0	24	0	0	0	0	0	0	0	0
0	7	1	1	27	7	1	1	27	0	0	0	0	0	0	0	0
0	104	0	0	143	90	0	0	110	14	0	0	33	0	0	0	0
0	106	576	71	1405	106	574	71	1391	0	2	0	14	0	0	0	0
0	6	0	0	25	0	0	0	7	6	0	0	18	0	0	0	0
0	0	0	0	5	0	0	0	0	0	0	0	5	0	0	0	0
0	0	0	0	4	0	0	0	4	0	0	0	0	0	0	0	0
0	48	66	0	149	48	66	0	148	0	0	0	1	0	0	0	0
0	1	0	0	14	1	0	0	14	0	0	0	0	0	0	0	0
0	0	0	0	27	0	0	0	27	0	0	0	0	0	0	0	0
0	0	0	0	2	0	0	0	2	0	0	0	0	0	0	0	0
0	20	0	0	181	15	0	0	55	5	0	0	126	0	0	0	0
0	0	0	0	6	0	0	0	6	0	0	0	0	0	0	0	0
0	19	42	19	86	19	40	17	82	0	2	2	4	0	0	0	0
0	134	298	259	778	132	97	59	367	2	201	200	411	0	0	0	0
0	252	253	110	779	192	146	106	487	60	106	3	291	0	1	1	1
0	99	67	25	176	99	64	24	173	0	1	1	1	0	2	0	2
0	192	173	113	533	127	67	42	255	65	22	12	125	0	84	59	153
0	37	27	13	148	34	25	12	102	3	1	1	45	0	1	0	1
0	89	7	2	130	89	7	2	130	0	0	0	0	0	0	0	0
0	80	46	19	193	75	45	18	189	5	1	1	4	0	0	0	0
0	570	160	110	628	559	155	105	621	11	0	0	2	0	5	5	5
0	0	120	41	420	0	120	41	420	0	0	0	0	0	0	0	0
0	93	0	0	26	2	0	0	5	91	0	0	21	0	0	0	0
0	3	31	14	75	3	31	14	75	0	0	0	0	0	0	0	0
0	0	68	38	142	0	54	27	99	0	11	9	40	0	3	2	3
0	6	4	4	20	6	4	4	20	0	0	0	0	0	0	0	0
0	110	94	19	256	63	41	19	130	47	53	0	126	0	0	0	0
0	64	59	33	141	45	56	30	117	19	3	3	24	0	0	0	0
0	18	4	0	7	18	4	0	7	0	0	0	0	0	0	0	0
0	44	27	13	120	44	27	13	120	0	0	0	0	0	0	0	0
0	2	0	0	146	1	0	0	30	1	0	0	116	0	0	0	0
0	0	0	0	2	0	0	0	2	0	0	0	0	0	0	0	0
0	60	36	11	127	60	26	11	117	0	0	0	0	0	10	0	10
0	478	273	158	1245	390	255	150	1169	88	5	5	63	0	13	3	13
0	79	19	9	187	79	19	9	187	0	0	0	0	0	0	0	0
0	42	40	18	150	41	38	18	135	1	2	0	15	0	0	0	0

2.1 各学校开放

	合计				本科											
					合计				普通开放				一村一			
	毕业生	招生		在籍生	毕业生	招生		在籍生	毕业生	招生		在籍生	毕业生	招生		
		计	其中：春季			计	其中：春季			计	其中：春季			计	其中：春季	
菏泽电大定陶分校	143	75	42	249	42	29	19	84	42	29	19	84	0	0	0	
菏泽电大单县教师进修学校	221	92	38	373	69	48	23	170	69	48	23	170	0	0	0	
菏泽电大鄄城分校	107	106	54	297	38	58	31	169	38	58	31	169	0	0	0	
菏泽电大巨野分校	179	249	74	559	94	156	35	291	94	156	35	291	0	0	0	
菏泽电大曹县教师进修学校	136	140	63	520	47	64	26	188	47	64	26	188	0	0	0	
菏泽电大东明分校	35	45	0	100	8	21	0	47	8	21	0	47	0	0	0	
聊城电大直属教学班	459	55	49	1305	31	10	9	145	31	10	9	145	0	0	0	
聊城电大冠县分校	21	13	12	59	6	7	7	23	6	7	7	23	0	0	0	
聊城电大临清分校	13	31	14	94	6	7	3	30	6	7	3	30	0	0	0	
聊城电大高唐分校	1	0	0	24	0	0	0	0	0	0	0	0	0	0	0	
聊城电大阳谷分校	1	11	3	27	0	3	1	3	0	3	1	3	0	0	0	
聊城电大东阿党校分校	0	24	12	75	0	7	0	7	0	7	0	7	0	0	0	
德州广播电视大学	814	474	183	3516	222	71	33	676	222	71	33	676	0	0	0	
德州电大齐河教师进修学校	93	49	18	166	0	2	2	4	0	2	2	4	0	0	0	
德州电大禹城教师进修学校	301	218	94	937	81	63	22	234	81	63	22	234	0	0	0	
德州电大平原教师进修学校	349	271	143	997	111	115	61	342	111	115	61	342	0	0	0	
德州电大武城教师进修学校	56	108	55	342	21	30	17	100	21	30	17	100	0	0	0	
德州电大夏津教师进修学校	176	104	68	419	86	41	22	190	86	41	22	190	0	0	0	
德州电大陵县分校	64	22	6	185	10	12	4	75	10	12	4	75	0	0	0	
德州电大临邑分校	22	37	21	95	4	9	7	25	4	9	7	25	0	0	0	
德州电大宁津分校	31	43	24	166	3	7	3	59	3	7	3	59	0	0	0	
德州电大乐陵教师进修学校	7	11	7	50	3	1	1	11	3	1	1	11	0	0	0	
德州电大庆云分校	53	59	32	171	5	25	20	43	5	25	20	43	0	0	0	
德州市德城区电大	38	0	0	200	0	0	0	0	0	0	0	0	0	0	0	
德州纺织技工学校	11	3	2	25	3	0	0	3	3	0	0	3	0	0	0	
滨州电大直属班	492	148	72	1338	157	53	21	480	157	53	21	480	0	0	0	
滨州广播电视大学惠民县分校	119	122	81	429	25	21	14	73	25	21	14	73	0	0	0	
滨州广播电视大学阳信分校	187	146	73	713	31	24	12	112	31	24	12	112	0	0	0	
滨州广播电视大学无棣分校	154	91	57	415	11	26	16	107	11	26	16	107	0	0	0	
滨州广播电视大学沾化县分校	155	136	66	336	43	59	33	145	43	59	33	145	0	0	0	
滨州广播电视大学博兴分校	630	322	209	1769	80	74	55	317	80	74	55	317	0	0	0	
滨州广播电视大学邹平分校	416	244	80	829	15	3	2	17	15	3	2	17	0	0	0	
滨州电大滨城区教学点	160	9	9	421	0	3	3	21	0	3	3	21	0	0	0	
滨州电大高级技校分校	14	0	0	28	0	0	0	0	0	0	0	0	0	0	0	
滨州电大开发区分校	11	21	12	45	0	0	0	0	0	0	0	0	0	0	0	
胜利油田电大	115	6	6	187	20	4	4	77	20	4	4	77	0	0	0	
济南铁路广播电视大学	5	0	0	82	0	0	0	0	0	0	0	0	0	0	0	
莱钢广播电视大学	146	145	97	470	103	46	22	232	103	46	22	232	0	0	0	
山东电大直属学院教学点	795	801	264	3444	207	133	66	821	207	133	66	821	0	0	0	
山东电大直属学院警官分校	12	0	0	95	10	0	0	86	10	0	0	86	0	0	0	

教育学生情况(续表38)

单位:人

	专科															
	合计				普通开放				一村一				助力计划			
在籍生	毕业生	招生		在籍生	毕业生	招生		在籍生	毕业生	招生		在籍生	毕业生	招生		在籍生
		计	其中:春季			计	其中:春季			计	其中:春季			计	其中:春季	
0	101	46	23	165	81	46	23	163	20	0	0	2	0	0	0	0
0	152	44	15	203	96	44	15	194	56	0	0	9	0	0	0	0
0	69	48	23	128	45	48	23	113	24	0	0	15	0	0	0	0
0	85	93	39	268	85	92	38	267	0	1	1	1	0	0	0	0
0	89	76	37	332	88	76	37	310	1	0	0	22	0	0	0	0
0	27	24	0	53	19	24	0	51	8	0	0	2	0	0	0	0
0	428	45	40	1160	42	20	19	368	386	25	21	792	0	0	0	0
0	15	6	5	36	15	6	5	35	0	0	0	1	0	0	0	0
0	7	24	11	64	7	24	11	64	0	0	0	0	0	0	0	0
0	1	0	0	24	1	0	0	2	0	0	0	22	0	0	0	0
0	1	8	2	24	1	5	2	20	0	3	0	4	0	0	0	0
0	0	17	12	68	0	17	12	66	0	0	0	2	0	0	0	0
0	592	403	150	2840	587	364	140	2709	5	13	4	103	0	26	6	28
0	93	47	16	162	93	44	14	159	0	1	0	1	0	2	2	2
0	220	155	72	703	216	113	49	589	4	26	14	93	0	16	9	21
0	238	156	82	655	214	133	67	599	24	21	14	51	0	2	1	5
0	35	78	38	242	35	73	34	237	0	5	4	5	0	0	0	0
0	90	63	46	229	90	63	46	229	0	0	0	0	0	0	0	0
0	54	10	2	110	51	8	1	103	3	2	1	7	0	0	0	0
0	18	28	14	70	18	28	14	70	0	0	0	0	0	0	0	0
0	28	36	21	107	28	36	21	107	0	0	0	0	0	0	0	0
0	4	10	6	39	4	10	6	39	0	0	0	0	0	0	0	0
0	48	34	12	128	48	33	11	126	0	1	1	2	0	0	0	0
0	38	0	0	200	0	0	0	9	38	0	0	191	0	0	0	0
0	8	3	2	22	8	3	2	22	0	0	0	0	0	0	0	0
0	335	95	51	858	334	94	50	826	1	1	1	32	0	0	0	0
0	94	101	67	356	89	101	67	348	5	0	0	8	0	0	0	0
0	156	122	61	601	107	111	56	510	49	11	5	91	0	0	0	0
0	143	65	41	308	143	65	41	300	0	0	0	8	0	0	0	0
0	112	77	33	191	108	77	33	184	4	0	0	7	0	0	0	0
0	550	248	154	1452	409	248	154	1136	141	0	0	316	0	0	0	0
0	401	241	78	812	186	211	61	590	215	30	17	222	0	0	0	0
0	160	6	6	400	5	6	6	44	155	0	0	356	0	0	0	0
0	14	0	0	28	14	0	0	28	0	0	0	0	0	0	0	0
0	11	21	12	45	11	21	12	45	0	0	0	0	0	0	0	0
0	95	2	2	110	95	2	2	110	0	0	0	0	0	0	0	0
0	5	0	0	82	5	0	0	73	0	0	0	9	0	0	0	0
0	43	99	75	238	43	99	75	238	0	0	0	0	0	0	0	0
0	588	668	198	2623	588	570	198	2525	0	0	0	0	0	98	0	98
0	2	0	0	9	2	0	0	9	0	0	0	0	0	0	0	0

2.1 各学校开放

	合计				本科										
					合计				普通开放				一村一		
	毕业生	招生		在籍生	毕业生	招生		在籍生	毕业生	招生		在籍生	毕业生	招生	
		计	其中：春季			计	其中：春季			计	其中：春季			计	其中：春季
直属学院山东省城市建设学校分校	1	0	0	15	0	0	0	0	0	0	0	0	0	0	0
国家统计局培训学院山东省分院	5	0	0	37	3	0	0	22	3	0	0	22	0	0	0
山东电大直属学院科培分校	686	461	251	1361	0	89	54	122	0	89	54	122	0	0	0
东营广播电视大学	1452	678	20	1805	69	115	10	269	69	115	10	269	0	0	0
日照广播电视大学	742	488	260	2781	236	179	92	1183	236	179	92	1183	0	0	0
东港电大	226	177	87	897	52	33	13	222	52	33	13	222	0	0	0
莒县教育局电大工作站	159	162	88	794	44	40	14	211	44	40	14	211	0	0	0
日照电大大五莲县教育局分校	185	149	73	367	60	27	12	85	60	27	12	85	0	0	0
日照电大岚山区教育局分校	291	54	22	349	56	15	2	61	56	15	2	61	0	0	0
日照电大工业学校分校	0	22	0	22	0	0	0	0	0	0	0	0	0	0	0
威海广播电视大学荣成分校	743	574	448	2350	161	74	35	390	161	74	35	390	0	0	0
山东德州汽车摩托车专修学院	141	24	0	444	0	0	0	0	0	0	0	0	0	0	0
莱芜市科技成人中等专业学校直属学习中心	648	801	399	2360	116	230	119	704	116	230	119	704	0	0	0
山东电大技师学院直属学习中心	0	0	0	1	0	0	0	0	0	0	0	0	0	0	0
山东电大兖州分校	881	424	260	1961	214	155	95	511	214	155	95	511	0	0	0
山东电大莒南分校	432	167	130	1377	90	27	18	244	90	27	18	244	0	0	0
山东电大莘县分校	241	55	25	478	17	19	8	50	17	19	8	50	0	0	0
山东电大德城区分校	538	873	334	2250	86	230	118	471	86	230	118	471	0	0	0
山东电大文登分校直属教学点	1125	530	257	2752	192	135	76	612	192	135	76	612	0	0	0
山东电大乳山分校直属教学点	186	218	144	724	1	7	4	11	1	7	4	11	0	0	0
山东电大兰山分校直属教学点	257	118	53	541	101	36	10	175	101	36	10	175	0	0	0
山东电大沂南分校直属教学点	220	223	116	672	63	54	25	187	63	54	25	187	0	0	0
山东电大郯城分校直属教学点	300	367	229	875	79	190	126	390	79	190	126	390	0	0	0
山东电大苍山分校直属教学点	176	184	107	715	42	48	22	220	42	48	22	220	0	0	0
山东电大平邑分校直属教学点	144	141	69	447	29	32	14	115	29	32	14	115	0	0	0
山东电大费县分校直属教学点	178	316	226	811	53	87	58	286	53	87	58	286	0	0	0
山东电大蒙阴分校直属教学点	61	97	61	306	12	9	4	57	12	9	4	57	0	0	0
新汶矿业职工大学分校直属班	0	6	4	30	0	0	0	0	0	0	0	0	0	0	0
青岛	**5261**	**7918**	**4362**	**29116**	**990**	**1155**	**386**	**6370**	**990**	**1155**	**386**	**6370**	**0**	**0**	**0**
其中：女	2439	3057	1495	13399	519	509	185	3380	519	509	185	3380	0	0	0
青岛广播电视大学直属分校	1641	4058	1801	12220	311	583	160	2881	311	583	160	2881	0	0	0
青岛开发区成人教育中心	287	84	0	1125	80	40	0	365	80	40	0	365	0	0	0
黄岛区教师进修学校	13	0	0	12	0	0	0	0	0	0	0	0	0	0	0
青岛城阳职业中专	42	27	15	374	0	0	0	0	0	0	0	0	0	0	0
青岛开发区职业中专	76	77	77	239	0	0	0	0	0	0	0	0	0	0	0
青岛广播电视大学直属市北学院（青岛市机械职工中等专业学校）	7	88	65	90	0	0	0	0	0	0	0	0	0	0	0
青岛广播电视大学直属李沧学院（青岛工贸职业学校）	15	25	17	53	0	0	0	0	0	0	0	0	0	0	0
青岛广播电视大学莱西分校	843	609	263	2430	240	203	79	777	240	203	79	777	0	0	0
青岛电大平度分校	298	250	100	1425	27	46	20	238	27	46	20	238	0	0	0
青岛广播电视大学胶州分校	473	635	543	2703	64	25	7	328	64	25	7	328	0	0	0

教育学生情况(续表39)

单位:人

	专科															
	合计				普通开放				一村一				助力计划			
在籍生	毕业生	招生		在籍生	毕业生	招生		在籍生	毕业生	招生		在籍生	毕业生	招生		在籍生
		计	其中:春季			计	其中:春季			计	其中:春季			计	其中:春季	
0	1	0	0	15	1	0	0	15	0	0	0	0	0	0	0	0
0	2	0	0	15	2	0	0	15	0	0	0	0	0	0	0	0
0	686	372	197	1239	686	372	197	1239	0	0	0	0	0	0	0	0
0	1383	563	10	1536	39	13	10	121	1344	550	0	1415	0	0	0	0
0	506	309	168	1598	489	262	151	1493	17	5	2	60	0	42	15	45
0	174	144	74	675	139	127	74	562	35	17	0	113	0	0	0	0
0	115	122	74	583	69	112	70	376	46	7	2	203	0	3	2	4
0	125	122	61	282	56	117	57	237	69	5	4	45	0	0	0	0
0	235	39	20	288	71	39	20	134	164	0	0	154	0	0	0	0
0	0	22	0	22	0	5	0	5	0	0	0	0	0	17	0	17
0	582	500	413	1960	565	456	369	1835	17	44	44	125	0	0	0	0
0	141	24	0	444	141	24	0	444	0	0	0	0	0	0	0	0
0	532	571	280	1656	458	504	256	1489	74	14	10	54	0	53	14	113
0	0	0	0	1	0	0	0	1	0	0	0	0	0	0	0	0
0	667	269	165	1450	419	198	115	872	248	66	45	573	0	5	5	5
0	342	140	112	1133	310	37	20	687	32	103	92	446	0	0	0	0
0	224	36	17	428	56	28	11	98	168	8	6	330	0	0	0	0
0	452	643	216	1779	263	515	163	1273	189	106	50	482	0	22	3	24
0	933	395	181	2140	870	283	115	1842	63	15	8	201	0	97	58	97
0	185	211	140	713	185	206	140	708	0	0	0	0	0	5	0	5
0	156	82	43	366	156	82	43	363	0	0	0	3	0	0	0	0
0	157	169	91	485	144	156	84	427	13	12	6	57	0	1	1	1
0	221	177	103	485	221	177	103	462	0	0	0	23	0	0	0	0
0	134	136	85	495	134	132	83	482	0	4	2	13	0	0	0	0
0	115	109	55	332	111	100	51	304	4	5	3	24	0	4	1	4
0	125	229	168	525	125	226	168	515	0	3	0	10	0	0	0	0
0	49	88	57	249	29	58	41	126	20	30	16	123	0	0	0	0
0	0	6	4	30	0	2	1	8	0	0	0	0	0	4	3	22
0	**4271**	**6763**	**3976**	**22746**	**3542**	**4050**	**2670**	**18882**	**729**	**243**	**16**	**1373**	**0**	**2470**	**1290**	**2491**
0	1920	2548	1310	10019	1677	2039	1144	9133	243	100	3	476	0	409	163	410
0	1330	3475	1641	9339	1232	1471	694	7176	98	0	0	138	0	2004	947	2025
0	207	44	0	760	207	44	0	706	0	0	0	54	0	0	0	0
0	13	0	0	12	13	0	0	12	0	0	0	0	0	0	0	0
0	42	27	15	374	42	27	15	374	0	0	0	0	0	0	0	0
0	76	77	77	239	76	77	77	239	0	0	0	0	0	0	0	0
0	7	88	65	90	7	0	0	2	0	0	0	0	0	88	65	88
0	15	25	17	53	15	17	17	45	0	0	0	0	0	8	0	8
0	603	406	184	1653	478	381	184	1488	125	0	0	140	0	25	0	25
0	271	204	80	1187	165	137	80	1005	106	55	0	170	0	12	0	12
0	409	610	536	2375	290	553	536	2075	119	54	0	297	0	3	0	3

2.1 各学校开放

	合计				本科											
					合计				普通开放				一村一		
	毕业生	招生		在籍生	毕业生	招生		在籍生	毕业生	招生		在籍生	毕业生	招生	
		计	其中:春季			计	其中:春季			计	其中:春季			计	其中:春季
青岛广播电视大学胶南分校	696	1008	844	3538	74	66	23	517	74	66	23	517	0	0	0
青岛广播电视大学即墨分校	475	356	158	1745	113	105	54	525	113	105	54	525	0	0	0
青岛电大崂山分校	114	135	56	564	5	12	4	151	5	12	4	151	0	0	0
青岛电大城阳分校	244	394	323	1801	44	8	6	252	44	8	6	252	0	0	0
青岛电大李沧分校	37	172	100	797	32	67	33	336	32	67	33	336	0	0	0
河南	**36406**	**34985**	**16813**	**125313**	**9902**	**10237**	**4996**	**34389**	**9902**	**10237**	**4996**	**34389**	**0**	**0**	**0**
其中:女	19812	17892	8520	63957	5600	5542	2717	18236	5600	5542	2717	18236	0	0	0
河南省直广播电视大学	2308	1843	905	8967	621	479	252	1978	621	479	252	1978	0	0	0
省直电大直属分校学习中心	143	75	40	786	0	2	2	4	0	2	2	4	0	0	0
省直电大河南省总工会干部学校学习中心	331	206	128	1265	0	50	20	102	0	50	20	102	0	0	0
省直电大中山教学部学习中心	96	89	37	484	18	18	8	73	18	18	8	73	0	0	0
郑州广播电视大学	1591	1146	574	5941	431	283	134	1457	431	283	134	1457	0	0	0
郑州广播电视大学登封市分校	116	72	17	318	0	0	0	0	0	0	0	0	0	0	0
郑州广播电视大学新郑市分校	16	0	0	32	0	0	0	0	0	0	0	0	0	0	0
郑州广播电视大学中牟县分校	258	174	99	540	0	0	0	0	0	0	0	0	0	0	0
郑州广播电视大学上街分校	135	91	52	316	43	30	20	126	43	30	20	126	0	0	0
郑州广播电视大学荥阳市分校	117	123	55	404	0	3	3	3	0	3	3	3	0	0	0
郑州广播电视大学新密市分校	211	89	45	446	7	3	1	17	7	3	1	17	0	0	0
郑州广播电视大学巩义市分校	231	200	0	742	61	78	0	248	61	78	0	248	0	0	0
开封广播电视大学	558	284	141	1165	189	139	69	529	189	139	69	529	0	0	0
开封广播电视大学尉氏县分校	352	255	135	787	84	79	43	183	84	79	43	183	0	0	0
开封广播电视大学文华学习中心	373	482	270	1443	137	166	80	557	137	166	80	557	0	0	0
开封广播电视大学通许县分校	123	136	71	480	0	27	9	44	0	27	9	44	0	0	0
开封广播电视大学兰考县分校	344	907	183	1644	131	117	65	373	131	117	65	373	0	0	0
开封广播电视大学杞县分校	9	51	34	98	0	0	0	0	0	0	0	0	0	0	0
洛阳广播电视大学	599	474	209	2245	252	188	79	859	252	188	79	859	0	0	0
洛阳广播电视大学偃师一分校	68	79	44	300	17	31	18	92	17	31	18	92	0	0	0
洛阳广播电视大学孟津县分校	57	66	30	209	24	14	5	47	24	14	5	47	0	0	0
洛阳广播电视大学伊川县分校	250	270	132	712	23	52	20	156	23	52	20	156	0	0	0
洛阳广播电视大学西工区学习中心	135	97	46	316	46	36	15	93	46	36	15	93	0	0	0
洛阳广播电视大学宜阳县分校	286	204	92	922	35	45	18	191	35	45	18	191	0	0	0
洛阳广播电视大学洛宁县分校	126	51	29	181	18	9	6	28	18	9	6	28	0	0	0
洛阳广播电视大学栾川县分校	324	134	55	547	74	37	8	170	74	37	8	170	0	0	0
洛阳广播电视大学新安县分校	264	264	106	735	74	89	41	234	74	89	41	234	0	0	0
洛阳广播电视大学汝阳县分校	292	311	157	794	104	104	53	282	104	104	53	282	0	0	0
洛阳广播电视大学嵩县分校	254	170	83	535	54	36	22	108	54	36	22	108	0	0	0
洛阳广播电视大学吉利区学习中心	126	84	40	327	13	25	6	123	13	25	6	123	0	0	0
新乡广播电视大学	1404	1355	647	4113	508	575	267	1491	508	575	267	1491	0	0	0
新乡广播电视大学新乡县分校	252	362	201	942	46	66	41	185	46	66	41	185	0	0	0
新乡广播电视大学辉县市分校	523	267	92	1130	176	83	33	401	176	83	33	401	0	0	0

教育学生情况(续表40)

单位:人

在籍生	专科															
	合计				普通开放				一村一				助力计划			
	毕业生	招生		在籍生	毕业生	招生		在籍生	毕业生	招生		在籍生	毕业生	招生		在籍生
		计	其中:春季			计	其中:春季			计	其中:春季			计	其中:春季	
0	622	942	821	3021	514	711	632	2631	108	0	0	159	0	231	189	231
0	362	251	104	1220	238	199	104	1005	124	52	0	215	0	0	0	0
0	109	123	52	413	109	71	36	312	0	52	16	101	0	0	0	0
0	200	386	317	1549	151	257	228	1351	49	30	0	99	0	99	89	99
0	5	105	67	461	5	105	67	461	0	0	0	0	0	0	0	0
0	**26504**	**24748**	**11817**	**90924**	**25699**	**24090**	**11555**	**87391**	**805**	**658**	**262**	**3533**	**0**	**0**	**0**	**0**
0	14212	12350	5803	45721	13923	12144	5727	44843	289	206	76	878	0	0	0	0
0	1687	1364	653	6989	1687	1364	653	6980	0	0	0	9	0	0	0	0
0	143	73	38	782	143	73	38	782	0	0	0	0	0	0	0	0
0	331	156	108	1163	331	156	108	1163	0	0	0	0	0	0	0	0
0	78	71	29	411	78	71	29	411	0	0	0	0	0	0	0	0
0	1160	863	440	4484	1160	863	440	4484	0	0	0	0	0	0	0	0
0	116	72	17	318	116	72	17	318	0	0	0	0	0	0	0	0
0	16	0	0	32	16	0	0	32	0	0	0	0	0	0	0	0
0	258	174	99	540	68	52	26	165	190	122	73	375	0	0	0	0
0	92	61	32	190	92	61	32	190	0	0	0	0	0	0	0	0
0	117	120	52	401	117	120	52	401	0	0	0	0	0	0	0	0
0	204	86	44	429	153	84	44	373	51	2	0	56	0	0	0	0
0	170	122	0	494	170	122	0	494	0	0	0	0	0	0	0	0
0	369	145	72	636	369	145	72	636	0	0	0	0	0	0	0	0
0	268	176	92	604	268	173	89	599	0	3	3	5	0	0	0	0
0	236	316	190	886	236	316	190	886	0	0	0	0	0	0	0	0
0	123	109	62	436	123	109	62	436	0	0	0	0	0	0	0	0
0	213	790	118	1271	213	790	118	1271	0	0	0	0	0	0	0	0
0	9	51	34	98	9	51	34	98	0	0	0	0	0	0	0	0
0	347	286	130	1386	347	286	130	1386	0	0	0	0	0	0	0	0
0	51	48	26	208	51	48	26	208	0	0	0	0	0	0	0	0
0	33	52	25	162	33	52	25	162	0	0	0	0	0	0	0	0
0	227	218	112	556	227	218	112	556	0	0	0	0	0	0	0	0
0	89	61	31	223	61	47	26	180	28	14	5	43	0	0	0	0
0	251	159	74	731	197	136	57	608	54	23	17	123	0	0	0	0
0	108	42	23	153	108	42	23	153	0	0	0	0	0	0	0	0
0	250	97	47	377	250	97	47	377	0	0	0	0	0	0	0	0
0	190	175	65	501	190	175	65	501	0	0	0	0	0	0	0	0
0	188	207	104	512	114	120	55	310	74	87	49	202	0	0	0	0
0	200	134	61	427	146	109	54	347	54	25	7	80	0	0	0	0
0	113	59	34	204	113	59	34	204	0	0	0	0	0	0	0	0
0	896	780	380	2622	885	776	378	2600	11	4	2	22	0	0	0	0
0	206	296	160	757	206	296	160	757	0	0	0	0	0	0	0	0
0	347	184	59	729	347	181	57	724	0	3	2	5	0	0	0	0

2.1 各学校开放

	合计				本科											
					合计				普通开放				一村一			
	毕业生	招生		在籍生	毕业生	招生		在籍生	毕业生	招生		在籍生	毕业生	招生	
		计	其中：春季			计	其中：春季			计	其中：春季			计	其中：春季
新乡广播电视大学原阳县分校	136	161	75	464	36	64	37	177	36	64	37	177	0	0	0
新乡广播电视大学获嘉县分校	207	274	126	801	54	102	39	250	54	102	39	250	0	0	0
新乡广播电视大学长垣县分校	184	256	111	608	65	44	19	144	65	44	19	144	0	0	0
新乡广播电视大学卫辉市分校	230	203	84	685	73	73	34	219	73	73	34	219	0	0	0
新乡广播电视大学延津县分校	250	144	59	540	77	30	9	138	77	30	9	138	0	0	0
新乡广播电视大学封丘县分校	51	151	77	289	0	39	18	44	0	39	18	44	0	0	0
焦作广播电视大学	677	744	290	3051	225	276	121	1073	225	276	121	1073	0	0	0
焦作广播电视大学修武县分校	204	141	53	505	65	56	23	176	65	56	23	176	0	0	0
焦作广播电视大学博爱县分校	323	270	118	972	77	93	44	283	77	93	44	283	0	0	0
焦作广播电视大学武陟县分校	392	320	115	1201	67	38	10	196	67	38	10	196	0	0	0
焦作广播电视大学孟州市分校	268	139	66	612	84	51	21	199	84	51	21	199	0	0	0
焦作广播电视大学沁阳市分校	324	310	150	1099	97	67	29	269	97	67	29	269	0	0	0
焦作广播电视大学温县分校	407	223	102	941	121	78	41	255	121	78	41	255	0	0	0
安阳广播电视大学	865	934	539	3099	251	303	188	938	251	303	188	938	0	0	0
安阳广播电视大学滑县分校	356	285	163	1020	89	68	38	248	89	68	38	248	0	0	0
安阳广播电视大学林州市分校	240	275	169	886	71	60	29	234	71	60	29	234	0	0	0
安阳广播电视大学内黄县分校	157	115	54	364	58	68	31	169	58	68	31	169	0	0	0
安阳广播电视大学汤阴县分校	151	171	101	447	34	50	30	147	34	50	30	147	0	0	0
濮阳广播电视大学	1209	1062	533	3487	430	379	186	1229	430	379	186	1229	0	0	0
濮阳广播电视大学南乐县分校	348	189	70	663	161	113	53	319	161	113	53	319	0	0	0
濮阳广播电视大学台前县分校	143	160	53	527	46	66	25	171	46	66	25	171	0	0	0
濮阳广播电视大学范县学习中心	20	28	0	105	0	0	0	0	0	0	0	0	0	0	0
濮阳广播电视大学清丰县分校	219	202	85	666	48	86	32	214	48	86	32	214	0	0	0
濮阳广播电视大学濮阳县分校	0	0	0	1	0	0	0	0	0	0	0	0	0	0	0
鹤壁广播电视大学	327	253	170	1283	48	35	24	228	48	35	24	228	0	0	0
鹤壁广播电视大学浚县分校	181	261	95	637	0	70	21	83	0	70	21	83	0	0	0
鹤壁广播电视大学淇县分校	199	141	72	431	0	15	10	23	0	15	10	23	0	0	0
商丘广播电视大学	855	1000	478	3135	198	328	153	854	198	328	153	854	0	0	0
商丘广播电视大学柘城县分校	61	0	0	79	4	0	0	15	4	0	0	15	0	0	0
商丘广播电视大学虞城县分校	75	46	21	268	0	0	0	0	0	0	0	0	0	0	0
永城市广播电视大学	202	316	157	890	15	33	19	80	15	33	19	80	0	0	0
商丘广播电视大学宁陵县分校	66	113	59	308	4	21	12	60	4	21	12	60	0	0	0
商丘电大睢县分校	158	208	103	628	0	30	24	34	0	30	24	34	0	0	0
商丘广播电视大学梁园区学习中心	50	61	40	184	0	33	26	39	0	33	26	39	0	0	0
夏邑分校	0	0	0	15	0	0	0	0	0	0	0	0	0	0	0
商丘广播电视大学工行学习中心	1	0	0	10	1	0	0	9	1	0	0	9	0	0	0
商丘广播电视大学民权县分校	0	199	73	335	0	0	0	0	0	0	0	0	0	0	0
三门峡广播电视大学	462	296	153	1232	214	137	67	540	214	137	67	540	0	0	0
三门峡广播电视大学继续教育学习中心	53	69	40	121	6	11	4	17	6	11	4	17	0	0	0
三门峡广播电视大学灵宝市分校	76	91	41	552	35	30	13	198	35	30	13	198	0	0	0

教育学生情况(续表41)

单位:人

在籍生	专科															
	合计				普通开放				一村一				助力计划			
	毕业生	招生		在籍生	毕业生	招生		在籍生	毕业生	招生		在籍生	毕业生	招生		在籍生
		计	其中:春季			计	其中:春季			计	其中:春季			计	其中:春季	
0	100	97	38	287	100	97	38	287	0	0	0	0	0	0	0	0
0	153	172	87	551	153	171	86	550	0	1	1	1	0	0	0	0
0	119	212	92	464	119	212	92	464	0	0	0	0	0	0	0	0
0	157	130	50	466	157	130	50	465	0	0	0	1	0	0	0	0
0	173	114	50	402	173	104	48	384	0	10	2	18	0	0	0	0
0	51	112	59	245	51	112	59	245	0	0	0	0	0	0	0	0
0	452	468	169	1978	442	434	151	1877	10	34	18	101	0	0	0	0
0	139	85	30	329	139	85	30	329	0	0	0	0	0	0	0	0
0	246	177	74	689	246	177	74	689	0	0	0	0	0	0	0	0
0	325	282	105	1005	325	282	105	1005	0	0	0	0	0	0	0	0
0	184	88	45	413	184	88	45	413	0	0	0	0	0	0	0	0
0	227	243	121	830	227	243	121	830	0	0	0	0	0	0	0	0
0	286	145	61	686	281	145	61	681	5	0	0	5	0	0	0	0
0	614	631	351	2161	608	605	349	2131	6	26	2	30	0	0	0	0
0	267	217	125	772	267	217	125	767	0	0	0	5	0	0	0	0
0	169	215	140	652	169	215	140	652	0	0	0	0	0	0	0	0
0	99	47	23	195	99	47	23	195	0	0	0	0	0	0	0	0
0	117	121	71	300	117	121	71	300	0	0	0	0	0	0	0	0
0	779	683	347	2258	779	680	346	2249	0	3	1	9	0	0	0	0
0	187	76	17	344	185	75	16	340	2	1	1	4	0	0	0	0
0	97	94	28	356	96	94	28	356	1	0	0	0	0	0	0	0
0	20	28	0	105	20	28	0	105	0	0	0	0	0	0	0	0
0	171	116	53	452	154	114	51	445	17	2	2	7	0	0	0	0
0	0	0	0	1	0	0	0	1	0	0	0	0	0	0	0	0
0	279	218	146	1055	279	208	136	1042	0	10	10	13	0	0	0	0
0	181	191	74	554	172	179	72	528	9	12	2	26	0	0	0	0
0	199	126	62	408	150	121	61	378	49	5	1	30	0	0	0	0
0	657	672	325	2281	641	653	316	2193	16	19	9	88	0	0	0	0
0	57	0	0	64	57	0	0	61	0	0	0	3	0	0	0	0
0	75	46	21	268	21	12	5	151	54	34	16	117	0	0	0	0
0	187	283	138	810	187	281	138	808	0	2	0	2	0	0	0	0
0	62	92	47	248	62	92	47	248	0	0	0	0	0	0	0	0
0	158	178	79	594	158	178	79	594	0	0	0	0	0	0	0	0
0	50	28	14	145	50	28	14	145	0	0	0	0	0	0	0	0
0	0	0	0	15	0	0	0	15	0	0	0	0	0	0	0	0
0	0	0	0	1	0	0	0	1	0	0	0	0	0	0	0	0
0	0	199	73	335	0	199	73	335	0	0	0	0	0	0	0	0
0	248	159	86	692	248	158	85	690	0	1	1	2	0	0	0	0
0	47	58	36	104	47	58	36	104	0	0	0	0	0	0	0	0
0	41	61	28	354	41	61	28	354	0	0	0	0	0	0	0	0

2.1 各学校开放

	合计				本科										
					合计				普通开放				一村一		
	毕业生	招生		在籍生	毕业生	招生		在籍生	毕业生	招生		在籍生	毕业生	招生	
		计	其中：春季			计	其中：春季			计	其中：春季			计	其中：春季
三门峡广播电视大学卢氏县分校	287	242	125	797	136	115	71	376	136	115	71	376	0	0	0
三门峡广播电视大学义马市分校	165	181	103	548	0	52	28	128	0	52	28	128	0	0	0
三门峡广播电视大学陕县分校	48	62	34	194	5	26	17	51	5	26	17	51	0	0	0
三门峡广播电视大学渑池县分校	232	227	92	742	50	69	24	217	50	69	24	217	0	0	0
平顶山广播电视大学	803	709	327	2602	208	246	134	849	208	246	134	849	0	0	0
平顶山广播电视大学宝丰县分校	392	315	174	1005	142	103	55	339	142	103	55	339	0	0	0
平顶山广播电视大学叶县分校	165	114	58	429	54	42	23	151	54	42	23	151	0	0	0
平顶山广播电视大学鲁山县分校	397	350	175	1008	86	129	53	418	86	129	53	418	0	0	0
平顶山广播电视大学汝州市分校	219	218	124	631	54	62	35	177	54	62	35	177	0	0	0
平顶山广播电视大学江河机械厂学习中心	28	20	20	121	12	12	12	29	12	12	12	29	0	0	0
平顶山广播电视大学舞钢市分校	452	210	104	790	105	76	40	240	105	76	40	240	0	0	0
平顶山广播电视大学郏县分校	99	88	31	480	18	31	15	147	18	31	15	147	0	0	0
驻马店广播电视大学	350	352	179	1346	127	86	39	439	127	86	39	439	0	0	0
驻马店广播电视大学上蔡县分校	90	195	134	512	28	34	26	112	28	34	26	112	0	0	0
驻马店广播电视大学泌阳县分校	72	186	58	414	30	72	31	152	30	72	31	152	0	0	0
驻马店广播电视大学西平县分校	67	103	47	440	13	16	8	60	13	16	8	60	0	0	0
驻马店广播电视大学汝南县分校	45	0	0	27	1	0	0	4	1	0	0	4	0	0	0
许昌广播电视大学	1404	1033	565	5524	467	388	223	1894	467	388	223	1894	0	0	0
许昌广播电视大学禹州市分校	347	300	135	1141	33	108	58	273	33	108	58	273	0	0	0
许昌广播电视大学长葛市分校	377	230	108	865	97	71	37	218	97	71	37	218	0	0	0
许昌广播电视大学鄢陵县分校	71	116	48	300	7	28	14	58	7	28	14	58	0	0	0
许昌广播电视大学襄城县分校	348	195	110	564	67	49	25	136	67	49	25	136	0	0	0
信阳广播电视大学	278	258	137	978	99	63	31	370	99	63	31	370	0	0	0
信阳广播电视大学罗山县分校	15	40	24	97	6	12	6	32	6	12	6	32	0	0	0
信阳广播电视大学光山县分校	48	82	37	226	10	36	20	75	10	36	20	75	0	0	0
信阳广播电视大学淮滨县分校	37	62	51	194	9	14	10	49	9	14	10	49	0	0	0
信阳广播电视大学息县分校	68	48	23	154	29	21	11	77	29	21	11	77	0	0	0
固始县	19	175	107	452	8	70	47	163	8	70	47	163	0	0	0
信阳广播电视大学职业技术学校学习中心	0	0	0	1	0	0	0	0	0	0	0	0	0	0	0
信阳广播电视大学新县分校	0	0	0	2	0	0	0	0	0	0	0	0	0	0	0
南阳广播电视大学	608	638	324	2094	170	211	98	591	170	211	98	591	0	0	0
南阳广播电视大学方城县分校	66	46	23	156	5	17	7	53	5	17	7	53	0	0	0
南阳广播电视大学新野县分校	124	205	102	490	26	47	27	119	26	47	27	119	0	0	0
南阳广播电视大学内乡县分校	14	53	33	106	0	11	6	13	0	11	6	13	0	0	0
南阳广播电视大学邓州市分校	202	122	42	332	67	40	10	109	67	40	10	109	0	0	0
南阳广播电视大学淅川县分校	291	243	128	887	57	57	37	200	57	57	37	200	0	0	0
南阳广播电视大学南召县分校	0	387	205	761	0	0	0	0	0	0	0	0	0	0	0
南阳广播电视大学唐河县分校	184	223	114	698	57	72	35	211	57	72	35	211	0	0	0
南阳广播电视大学社旗县分校	2	143	75	279	2	33	21	83	2	33	21	83	0	0	0
南阳广播电视大学西峡县分校	45	35	20	97	0	0	0	0	0	0	0	0	0	0	0

教育学生情况(续表 42)

单位:人

	专科															
	合计				普通开放				一村一				助力计划			
在籍生	毕业生	招生		在籍生	毕业生	招生		在籍生	毕业生	招生		在籍生	毕业生	招生		在籍生
		计	其中:春季			计	其中:春季			计	其中:春季			计	其中:春季	
0	151	127	54	421	150	125	53	415	1	2	1	6	0	0	0	0
0	165	129	75	420	165	129	75	420	0	0	0	0	0	0	0	0
0	43	36	17	143	43	36	17	143	0	0	0	0	0	0	0	0
0	182	158	68	525	182	158	68	525	0	0	0	0	0	0	0	0
0	595	463	193	1753	574	463	193	1742	21	0	0	11	0	0	0	0
0	250	212	119	666	247	212	119	666	3	0	0	0	0	0	0	0
0	111	72	35	278	111	72	35	277	0	0	0	1	0	0	0	0
0	311	221	122	590	267	221	122	573	44	0	0	17	0	0	0	0
0	165	156	89	454	165	156	89	454	0	0	0	0	0	0	0	0
0	16	8	8	92	16	8	8	92	0	0	0	0	0	0	0	0
0	347	134	64	550	347	134	64	550	0	0	0	0	0	0	0	0
0	81	57	16	333	81	57	16	333	0	0	0	0	0	0	0	0
0	223	266	140	907	222	266	140	907	1	0	0	0	0	0	0	0
0	62	161	108	400	62	159	108	398	0	2	0	2	0	0	0	0
0	42	114	27	262	42	114	27	262	0	0	0	0	0	0	0	0
0	54	87	39	380	54	87	39	380	0	0	0	0	0	0	0	0
0	44	0	0	23	44	0	0	23	0	0	0	0	0	0	0	0
0	937	645	342	3630	931	640	337	3414	6	5	5	216	0	0	0	0
0	314	192	77	868	314	192	77	868	0	0	0	0	0	0	0	0
0	280	159	71	647	280	159	71	647	0	0	0	0	0	0	0	0
0	64	88	34	242	64	71	34	225	0	17	0	17	0	0	0	0
0	281	146	85	428	281	146	85	428	0	0	0	0	0	0	0	0
0	179	195	106	608	179	195	106	608	0	0	0	0	0	0	0	0
0	9	28	18	65	9	28	18	65	0	0	0	0	0	0	0	0
0	38	46	17	151	38	46	17	151	0	0	0	0	0	0	0	0
0	28	48	41	145	28	48	41	145	0	0	0	0	0	0	0	0
0	39	27	12	77	39	27	12	77	0	0	0	0	0	0	0	0
0	11	105	60	289	11	105	60	289	0	0	0	0	0	0	0	0
0	0	0	0	1	0	0	0	1	0	0	0	0	0	0	0	0
0	0	0	0	2	0	0	0	2	0	0	0	0	0	0	0	0
0	438	427	226	1503	438	425	224	1500	0	2	2	3	0	0	0	0
0	61	29	16	103	61	29	16	103	0	0	0	0	0	0	0	0
0	98	158	75	371	98	157	75	370	0	1	0	1	0	0	0	0
0	14	42	27	93	14	42	27	93	0	0	0	0	0	0	0	0
0	135	82	32	223	135	82	32	223	0	0	0	0	0	0	0	0
0	234	186	91	687	234	185	91	685	0	1	0	2	0	0	0	0
0	0	387	205	761	0	387	205	761	0	0	0	0	0	0	0	0
0	127	151	79	487	127	151	79	487	0	0	0	0	0	0	0	0
0	0	110	54	196	0	110	54	196	0	0	0	0	0	0	0	0
0	45	35	20	97	45	35	20	97	0	0	0	0	0	0	0	0

2.1 各学校开放

	合计				本科										
					合计				普通开放				一村一		
	毕业生	招生		在籍生	毕业生	招生		在籍生	毕业生	招生		在籍生	毕业生	招生	
		计	其中：春季			计	其中：春季			计	其中：春季			计	其中：春季
桐柏县	0	140	51	140	0	0	0	0	0	0	0	0	0	0	0
周口广播电视大学	791	1125	544	3150	207	328	161	891	207	328	161	891	0	0	0
周口广播电视大学郸城县分校	143	95	45	347	58	34	8	110	58	34	8	110	0	0	0
周口广播电视大学太康县分校	3	0	0	74	0	0	0	0	0	0	0	0	0	0	0
周口广播电视大学沈丘县分校	446	502	164	1467	134	174	93	408	134	174	93	408	0	0	0
周口广播电视大学鹿邑县分校	358	760	355	2171	81	194	99	543	81	194	99	543	0	0	0
周口广播电视大学商水县分校	39	181	112	313	0	56	15	84	0	56	15	84	0	0	0
川汇区教学班	0	144	39	424	0	64	14	159	0	64	14	159	0	0	0
扶沟县	0	47	20	101	0	0	0	0	0	0	0	0	0	0	0
漯河广播电视大学	563	520	267	2248	113	142	64	643	113	142	64	643	0	0	0
临颍县	0	88	57	253	0	10	0	10	0	10	0	10	0	0	0
漯河广播电视大学舞阳分校	14	44	21	134	0	0	0	0	0	0	0	0	0	0	0
漯河电大漯河食品职业学院学习中心	39	0	0	312	0	0	0	0	0	0	0	0	0	0	0
中原油田广播电视大学	428	215	123	941	181	98	54	437	181	98	54	437	0	0	0
济源广播电视大学	853	920	490	3427	326	360	194	1202	326	360	194	1202	0	0	0
河南省工商行政管理广播电视大学	508	648	316	1899	174	146	72	479	174	146	72	479	0	0	0
河南广播电视大学华北水利水电学院学习中心	158	75	0	493	158	75	0	493	158	75	0	493	0	0	0
华北水利水电学院河南黄河河务局干部学校学习中心	28	8	0	59	0	0	0	0	0	0	0	0	0	0	0
华北水利水电学院中国水利水电十三局学习中心	22	0	0	35	0	0	0	0	0	0	0	0	0	0	0
华北水利水电学院山东省水利技术学院学习中心	50	16	0	127	0	0	0	0	0	0	0	0	0	0	0
华北水利水电学院山东水利职业学院学习中心	20	10	0	39	0	0	0	0	0	0	0	0	0	0	0
郑州铁路局广播电视大学	145	162	84	972	49	17	6	150	49	17	6	150	0	0	0
河南广播电视大学郑州航院学习中心	1	0	0	25	1	0	0	12	1	0	0	12	0	0	0
河南广播电视大学农医学院	78	0	0	1507	18	0	0	59	18	0	0	59	0	0	0
河南广播电视大学农医学院直属 2	13	0	0	165	0	0	0	0	0	0	0	0	0	0	0
河南广播电视大学农医学院睢县县委党校学习中心	5	0	0	87	0	0	0	0	0	0	0	0	0	0	0
项城市广播电视大学	200	265	130	927	29	68	32	206	29	68	32	206	0	0	0
永城电大	0	0	0	23	0	0	0	10	0	0	0	10	0	0	0
潢川县广播电视大学	155	280	179	752	41	81	49	248	41	81	49	248	0	0	0
中国一拖集团有限公司高级技工学校学习中心	0	0	0	26	0	0	0	0	0	0	0	0	0	0	0
中国软件协会电大项目郑州科技学习中心	0	0	0	101	0	0	0	0	0	0	0	0	0	0	0
夏邑县广播电视大学	242	312	176	923	20	60	33	153	20	60	33	153	0	0	0
周口市川汇区广播电视大学	98	0	0	116	39	0	0	34	39	0	0	34	0	0	0
固始县广播电视大学	148	0	0	44	48	0	0	19	48	0	0	19	0	0	0
湖北	**26506**	**28250**	**13387**	**101264**	**6175**	**6908**	**3591**	**21692**	**6175**	**6908**	**3591**	**21692**	**0**	**0**	**0**
其中：女	12715	13139	6165	45237	2983	3346	1768	10170	2983	3346	1768	10170	0	0	0
湖北电大校本部	814	1804	74	6039	95	72	14	605	95	72	14	605	0	0	0
湖北科技职业学院	938	658	97	2963	6	40	1	115	6	40	1	115	0	0	0
湖北电大鄂州学院	239	77	36	605	24	17	8	125	24	17	8	125	0	0	0
荆州电大校本部	979	936	476	4006	238	110	54	594	238	110	54	594	0	0	0

教育学生情况(续表43)

单位:人

	专科															
	合计				普通开放				一村一				助力计划			
在籍生	毕业生	招生 计	招生 其中:春季	在籍生	毕业生	招生 计	招生 其中:春季	在籍生	毕业生	招生 计	招生 其中:春季	在籍生	毕业生	招生 计	招生 其中:春季	在籍生
0	0	140	51	140	0	140	51	140	0	0	0	0	0	0	0	0
0	584	797	383	2259	584	751	363	2195	0	46	20	64	0	0	0	0
0	85	61	37	237	85	61	37	237	0	0	0	0	0	0	0	0
0	3	0	0	74	3	0	0	74	0	0	0	0	0	0	0	0
0	312	328	71	1059	312	207	70	881	0	121	1	178	0	0	0	0
0	277	566	256	1628	271	561	252	1616	6	5	4	12	0	0	0	0
0	39	125	97	229	39	125	97	229	0	0	0	0	0	0	0	0
0	0	80	25	265	0	80	25	265	0	0	0	0	0	0	0	0
0	0	47	20	101	0	47	20	101	0	0	0	0	0	0	0	0
0	450	378	203	1605	450	377	203	1597	0	1	0	8	0	0	0	0
0	0	78	57	243	0	78	57	243	0	0	0	0	0	0	0	0
0	14	44	21	134	14	44	21	134	0	0	0	0	0	0	0	0
0	39	0	0	312	30	0	0	267	9	0	0	45	0	0	0	0
0	247	117	69	504	247	117	69	504	0	0	0	0	0	0	0	0
0	527	560	296	2225	516	555	294	2201	11	5	2	24	0	0	0	0
0	334	502	244	1420	334	502	244	1420	0	0	0	0	0	0	0	0
0	0	0	0	0	0	0	0	0	0	0	0	0	0	0	0	0
0	28	8	0	59	28	8	0	59	0	0	0	0	0	0	0	0
0	22	0	0	35	22	0	0	35	0	0	0	0	0	0	0	0
0	50	16	0	127	50	16	0	127	0	0	0	0	0	0	0	0
0	20	10	0	39	20	10	0	39	0	0	0	0	0	0	0	0
0	96	145	78	822	96	145	78	822	0	0	0	0	0	0	0	0
0	0	0	0	13	0	0	0	13	0	0	0	0	0	0	0	0
0	60	0	0	1448	0	0	0	37	60	0	0	1411	0	0	0	0
0	13	0	0	165	13	0	0	165	0	0	0	0	0	0	0	0
0	5	0	0	87	0	0	0	0	5	0	0	87	0	0	0	0
0	171	197	98	721	171	197	98	721	0	0	0	0	0	0	0	0
0	0	0	0	13	0	0	0	13	0	0	0	0	0	0	0	0
0	114	199	130	504	114	199	130	499	0	0	0	5	0	0	0	0
0	0	0	0	26	0	0	0	26	0	0	0	0	0	0	0	0
0	0	0	0	101	0	0	0	101	0	0	0	0	0	0	0	0
0	222	252	143	770	215	245	140	729	7	7	3	41	0	0	0	0
0	59	0	0	82	59	0	0	82	0	0	0	0	0	0	0	0
0	100	0	0	25	100	0	0	25	0	0	0	0	0	0	0	0
0	**20331**	**21342**	**9796**	**79572**	**20098**	**19950**	**9572**	**75644**	**233**	**163**	**123**	**2609**	**0**	**1229**	**101**	**1319**
0	9732	9793	4397	35067	9688	9032	4356	33711	44	41	29	610	0	720	12	746
0	719	1732	60	5434	719	740	60	4442	0	0	0	0	0	992	0	992
0	932	618	96	2848	932	554	96	2784	0	0	0	0	0	64	0	64
0	215	60	28	480	215	60	28	480	0	0	0	0	0	0	0	0
0	741	826	422	3412	727	826	422	3386	14	0	0	26	0	0	0	0

2.1 各学校开放

	合计				本科										
					合计				普通开放				一村一		
	毕业生	招生		在籍生	毕业生	招生		在籍生	毕业生	招生		在籍生	毕业生	招生	
		计	其中：春季			计	其中：春季			计	其中：春季			计	其中：春季
荆州市广播电视大学荆州分校	42	0	0	40	9	0	0	8	9	0	0	8	0	0	0
荆州电大公安分校	16	18	0	164	0	0	0	0	0	0	0	0	0	0	0
荆州市广播电视大学松滋分校	170	221	111	581	63	51	27	193	63	51	27	193	0	0	0
荆州电大石首分校	152	102	62	277	62	35	24	89	62	35	24	89	0	0	0
荆州电大监利分校	91	232	119	763	20	57	25	113	20	57	25	113	0	0	0
荆州电大洪湖分校	179	187	102	637	51	76	45	202	51	76	45	202	0	0	0
黄冈电大校本部	1790	2599	1469	7595	553	1014	566	2446	553	1014	566	2446	0	0	0
黄冈广播电视大学浠水电大分校	502	480	259	1559	130	150	86	408	130	150	86	408	0	0	0
黄冈市电大蕲春分校	315	345	129	1042	52	46	24	171	52	46	24	171	0	0	0
黄冈电大武穴分校	291	139	25	531	34	18	4	86	34	18	4	86	0	0	0
黄冈电大英山分校	441	410	169	1280	75	191	70	442	75	191	70	442	0	0	0
黄冈电大罗田分校	367	312	156	1246	154	161	68	474	154	161	68	474	0	0	0
黄冈电大麻城分校	482	539	279	1744	106	70	39	278	106	70	39	278	0	0	0
黄冈电大红安分校	396	292	160	857	115	65	40	224	115	65	40	224	0	0	0
黄冈电大黄州分校	447	234	117	919	106	49	22	181	106	49	22	181	0	0	0
黄冈电大黄梅党校教学点	40	27	12	84	0	0	0	0	0	0	0	0	0	0	0
襄樊电大校本部	1455	1279	545	4521	266	315	147	945	266	315	147	945	0	0	0
襄樊电大谷城分校	122	147	95	306	33	32	18	61	33	32	18	61	0	0	0
襄樊电大枣阳分校	422	319	139	1011	60	78	31	187	60	78	31	187	0	0	0
襄樊电大南漳分校	245	131	66	577	59	35	24	129	59	35	24	129	0	0	0
襄阳区函授站	122	134	81	338	26	39	30	81	26	39	30	81	0	0	0
襄樊电大保康分校	242	242	242	544	73	73	73	150	73	73	73	150	0	0	0
老河口电大	399	323	157	1219	113	108	54	335	113	108	54	335	0	0	0
荆门东宝	4	0	0	98	4	0	0	25	4	0	0	25	0	0	0
宜昌电大校本部	1295	2197	1102	5785	455	718	374	1858	455	718	374	1858	0	0	0
宜昌市电大当阳分校	68	142	32	331	0	0	0	0	0	0	0	0	0	0	0
宜昌市电大远安分校	138	72	52	315	0	0	0	0	0	0	0	0	0	0	0
宜昌电大宜都分校	87	253	45	891	0	0	0	0	0	0	0	0	0	0	0
宜昌电大五峰分校	111	140	76	393	0	47	26	90	0	47	26	90	0	0	0
秭归电大分校	63	33	22	393	13	11	7	61	13	11	7	61	0	0	0
宜昌电大长阳分校	33	110	46	384	0	0	0	0	0	0	0	0	0	0	0
宜昌电大兴山分校	39	65	38	177	0	0	0	0	0	0	0	0	0	0	0
宜昌电大枝江分校	11	175	23	364	0	0	0	0	0	0	0	0	0	0	0
孝感电大校本部	833	283	156	2282	295	144	73	796	295	144	73	796	0	0	0
孝感电大汉川分校	134	66	24	353	19	15	4	44	19	15	4	44	0	0	0
孝感电大云梦分校	144	203	108	655	38	67	34	145	38	67	34	145	0	0	0
孝感电大安陆分校	159	194	88	651	36	46	27	133	36	46	27	133	0	0	0
孝感电大大悟分校	177	217	111	643	44	77	32	203	44	77	32	203	0	0	0
孝感电大孝南分校	170	247	129	942	55	97	53	264	55	97	53	264	0	0	0
孝感电大孝昌分校	210	274	130	842	36	83	41	226	36	83	41	226	0	0	0

教育学生情况(续表44)

单位:人

	专科															
	合计				普通开放				一村一				助力计划			
在籍生	毕业生	招生		在籍生	毕业生	招生		在籍生	毕业生	招生		在籍生	毕业生	招生		在籍生
		计	其中:春季			计	其中:春季			计	其中:春季			计	其中:春季	
0	33	0	0	32	33	0	0	19	0	0	0	13	0	0	0	0
0	16	18	0	164	16	18	0	105	0	0	0	59	0	0	0	0
0	107	170	84	388	106	163	77	349	1	7	7	39	0	0	0	0
0	90	67	38	188	90	67	38	179	0	0	0	9	0	0	0	0
0	71	175	94	650	71	175	94	453	0	0	0	197	0	0	0	0
0	128	111	57	435	128	111	57	343	0	0	0	92	0	0	0	0
0	1237	1585	903	5149	1234	1579	899	4955	3	6	4	194	0	0	0	0
0	372	330	173	1151	372	330	173	1151	0	0	0	0	0	0	0	0
0	263	299	105	871	261	299	105	786	2	0	0	85	0	0	0	0
0	257	121	21	445	254	121	21	366	3	0	0	79	0	0	0	0
0	366	219	99	838	366	219	99	814	0	0	0	24	0	0	0	0
0	213	151	88	772	207	151	88	701	6	0	0	71	0	0	0	0
0	376	469	240	1466	368	469	240	1350	8	0	0	116	0	0	0	0
0	281	227	120	633	281	227	120	633	0	0	0	0	0	0	0	0
0	341	185	95	738	341	185	95	738	0	0	0	0	0	0	0	0
0	40	27	12	84	40	27	12	84	0	0	0	0	0	0	0	0
0	1189	964	398	3576	1187	962	397	3568	2	2	1	8	0	0	0	0
0	89	115	77	245	89	115	77	245	0	0	0	0	0	0	0	0
0	362	241	108	824	362	241	108	823	0	0	0	1	0	0	0	0
0	186	96	42	448	186	95	42	446	0	1	0	2	0	0	0	0
0	96	95	51	257	96	95	51	257	0	0	0	0	0	0	0	0
0	169	169	169	394	169	169	169	394	0	0	0	0	0	0	0	0
0	286	215	103	884	286	215	103	884	0	0	0	0	0	0	0	0
0	0	0	0	73	0	0	0	73	0	0	0	0	0	0	0	0
0	840	1479	728	3927	840	1473	725	3921	0	0	0	0	0	6	3	6
0	68	142	32	331	68	142	32	331	0	0	0	0	0	0	0	0
0	138	72	52	315	138	72	52	315	0	0	0	0	0	0	0	0
0	87	253	45	891	87	253	45	891	0	0	0	0	0	0	0	0
0	111	93	50	303	111	93	50	303	0	0	0	0	0	0	0	0
0	50	22	15	332	50	22	15	332	0	0	0	0	0	0	0	0
0	33	110	46	384	33	110	46	384	0	0	0	0	0	0	0	0
0	39	65	38	177	39	65	38	177	0	0	0	0	0	0	0	0
0	11	175	23	364	11	175	23	364	0	0	0	0	0	0	0	0
0	538	139	83	1486	537	139	83	1422	1	0	0	64	0	0	0	0
0	115	51	20	309	108	51	20	161	7	0	0	148	0	0	0	0
0	106	136	74	510	106	136	74	509	0	0	0	1	0	0	0	0
0	123	148	61	518	122	148	61	455	1	0	0	63	0	0	0	0
0	133	140	79	440	131	140	79	364	2	0	0	76	0	0	0	0
0	115	150	76	678	115	150	76	655	0	0	0	23	0	0	0	0
0	174	191	89	616	173	191	89	576	1	0	0	40	0	0	0	0

2.1 各学校开放

	合计				本科										
					合计				普通开放				一村一		
	毕业生	招生		在籍生	毕业生	招生		在籍生	毕业生	招生		在籍生	毕业生	招生	
		计	其中：春季			计	其中：春季			计	其中：春季			计	其中：春季
孝感电大应城分校	137	191	116	594	70	66	50	151	70	66	50	151	0	0	0
孝感电大直属教学点	141	132	62	531	0	0	0	0	0	0	0	0	0	0	0
咸宁电大校本部	872	755	353	2785	124	155	54	472	124	155	54	472	0	0	0
咸宁电大通城分校	406	482	241	1325	118	106	61	366	118	106	61	366	0	0	0
咸宁电大通山分校	94	224	123	618	36	87	43	187	36	87	43	187	0	0	0
咸宁电大赤壁分校	302	282	169	914	34	61	28	180	34	61	28	180	0	0	0
咸宁电大嘉鱼分校	154	200	110	639	29	66	33	227	29	66	33	227	0	0	0
咸宁电大崇阳分校	237	126	63	584	75	22	9	134	75	22	9	134	0	0	0
咸宁广播电视大学咸安分校	11	221	128	624	2	0	0	36	2	0	0	36	0	0	0
十堰电大	758	494	253	2164	308	229	132	847	308	229	132	847	0	0	0
十堰电大丹江口分校	165	198	102	566	73	94	52	229	73	94	52	229	0	0	0
十堰电大郧县分校	185	194	69	753	80	76	10	201	80	76	10	201	0	0	0
十堰电大郧西分校	135	189	106	810	63	87	52	210	63	87	52	210	0	0	0
十堰电大房县分校	191	220	109	758	74	66	37	178	74	66	37	178	0	0	0
十堰电大竹山分校	195	205	96	679	72	65	34	171	72	65	34	171	0	0	0
十堰电大竹溪分校	256	273	156	1045	107	60	31	250	107	60	31	250	0	0	0
黄石市电大校本部	276	230	79	1626	65	66	28	299	65	66	28	299	0	0	0
黄石电大阳新分校	812	1071	765	4213	133	143	84	740	133	143	84	740	0	0	0
黄石电大大冶分校	442	434	255	1306	23	42	19	163	23	42	19	163	0	0	0
荆门电大钟祥	0	0	0	1	0	0	0	0	0	0	0	0	0	0	0
京山	0	0	0	4	0	0	0	0	0	0	0	0	0	0	0
恩施电大校本部	451	708	316	2949	128	133	52	505	128	133	52	505	0	0	0
恩施州电大恩施市分校	68	90	36	367	19	5	2	21	19	5	2	21	0	0	0
恩施州电大利川分校	64	58	36	415	19	7	7	66	19	7	7	66	0	0	0
恩施州电大建始分校	9	114	67	448	4	20	18	119	4	20	18	119	0	0	0
恩施州电大巴东分校	93	110	59	425	32	17	12	70	32	17	12	70	0	0	0
恩施州电大宣恩分校	81	108	45	543	25	16	8	75	25	16	8	75	0	0	0
恩施州电大咸丰分校	46	145	85	521	12	33	22	106	12	33	22	106	0	0	0
恩施州电大鹤峰分校	133	109	62	251	34	26	17	51	34	26	17	51	0	0	0
恩施州电大来凤分校	28	8	1	318	0	0	0	0	0	0	0	0	0	0	0
随州电大校本部	372	300	137	1721	111	98	54	328	111	98	54	328	0	0	0
随州电大广水分校	261	212	128	655	148	86	54	262	148	86	54	262	0	0	0
随州电大随县分校	122	29	15	138	0	0	0	0	0	0	0	0	0	0	0
仙桃电大	376	298	159	875	202	146	89	420	202	146	89	420	0	0	0
潜江电大	476	639	296	1732	132	231	131	588	132	231	131	588	0	0	0
天门电大	38	159	46	655	7	64	26	242	7	64	26	242	0	0	0
大冶有色电大	268	185	88	689	55	51	33	192	55	51	33	192	0	0	0
湖北电大江汉油田分校	60	54	25	286	21	21	11	86	21	21	11	86	0	0	0
湖北省统计干部培训中心	1	0	0	9	1	0	0	6	1	0	0	6	0	0	0
东风汽车公司高级技工学校	509	220	122	1462	0	29	16	79	0	29	16	79	0	0	0

教育学生情况(续表45)

单位:人

	专科															
	合计				普通开放				一村一				助力计划			
在籍生	毕业生	招生		在籍生	毕业生	招生		在籍生	毕业生	招生		在籍生	毕业生	招生		在籍生
		计	其中:春季			计	其中:春季			计	其中:春季			计	其中:春季	
0	67	125	66	443	65	124	65	377	2	1	1	66	0	0	0	0
0	141	132	62	531	141	132	62	531	0	0	0	0	0	0	0	0
0	748	600	299	2313	632	518	234	2167	116	6	2	46	0	76	63	100
0	288	376	180	959	288	372	179	943	0	4	1	16	0	0	0	0
0	58	137	80	431	51	137	80	424	7	0	0	7	0	0	0	0
0	268	221	141	734	268	177	111	653	0	0	0	37	0	44	30	44
0	125	134	77	412	125	132	75	407	0	2	2	5	0	0	0	0
0	162	104	54	450	162	104	54	450	0	0	0	0	0	0	0	0
0	9	221	128	588	7	221	128	515	2	0	0	73	0	0	0	0
0	450	265	121	1317	450	257	115	1286	0	1	1	14	0	7	5	17
0	92	104	50	337	92	104	50	314	0	0	0	23	0	0	0	0
0	105	118	59	552	103	117	59	466	2	1	0	86	0	0	0	0
0	72	102	54	600	68	102	54	498	4	0	0	102	0	0	0	0
0	117	154	72	580	116	154	72	437	1	0	0	143	0	0	0	0
0	123	140	62	508	121	140	62	481	2	0	0	27	0	0	0	0
0	149	213	125	795	144	213	125	653	5	0	0	142	0	0	0	0
0	211	164	51	1327	210	164	51	1306	1	0	0	21	0	0	0	0
0	679	928	681	3473	639	842	609	3182	40	86	72	259	0	0	0	32
0	419	392	236	1143	419	392	236	1143	0	0	0	0	0	0	0	0
0	0	0	0	1	0	0	0	1	0	0	0	0	0	0	0	0
0	0	0	0	4	0	0	0	4	0	0	0	0	0	0	0	0
0	323	575	264	2444	323	532	235	2348	0	42	29	95	0	1	0	1
0	49	85	34	346	49	85	34	346	0	0	0	0	0	0	0	0
0	45	51	29	349	45	51	29	349	0	0	0	0	0	0	0	0
0	5	94	49	329	5	90	46	312	0	4	3	17	0	0	0	0
0	61	93	47	355	61	93	47	355	0	0	0	0	0	0	0	0
0	56	92	37	468	56	92	37	468	0	0	0	0	0	0	0	0
0	34	112	63	415	34	112	63	415	0	0	0	0	0	0	0	0
0	99	83	45	200	99	83	45	200	0	0	0	0	0	0	0	0
0	28	8	1	318	28	8	1	318	0	0	0	0	0	0	0	0
0	261	202	83	1393	261	202	83	1393	0	0	0	0	0	0	0	0
0	113	126	74	393	113	126	74	393	0	0	0	0	0	0	0	0
0	122	29	15	138	122	29	15	138	0	0	0	0	0	0	0	0
0	174	152	70	455	174	152	70	455	0	0	0	0	0	0	0	0
0	344	408	165	1144	344	408	165	1144	0	0	0	0	0	0	0	0
0	31	95	20	413	31	95	20	413	0	0	0	0	0	0	0	0
0	213	134	55	497	213	99	55	462	0	0	0	0	0	35	0	35
0	39	33	14	200	39	33	14	200	0	0	0	0	0	0	0	0
0	0	0	0	3	0	0	0	3	0	0	0	0	0	0	0	0
0	509	191	106	1383	509	191	106	1383	0	0	0	0	0	0	0	0

2.1 各学校开放

	合计				本科										
					合计				普通开放				一村一		
	毕业生	招生		在籍生	毕业生	招生		在籍生	毕业生	招生		在籍生	毕业生	招生	
		计	其中：春季			计	其中：春季			计	其中：春季			计	其中：春季
湖北中山专修学院	49	7	0	201	15	2	0	94	15	2	0	94	0	0	0
武汉市仪表电子学校	185	0	0	850	0	0	0	31	0	0	0	31	0	0	0
武汉市交通学校	21	0	0	267	0	0	0	0	0	0	0	0	0	0	0
武汉交通职业学院教学点	33	36	16	290	0	11	3	17	0	11	3	17	0	0	0
钟祥分校	410	367	179	1482	132	107	52	403	132	107	52	403	0	0	0
京山电大	188	204	144	876	22	29	21	89	22	29	21	89	0	0	0
湖北电大荆楚学院	274	292	161	1047	14	67	41	191	14	67	41	191	0	0	0
荆门市东宝区成人教育中心	411	71	0	750	38	11	0	123	38	11	0	123	0	0	0
荆门掇刀区教学点	0	138	110	281	0	0	0	0	0	0	0	0	0	0	0
湖北电大沙洋学院	205	500	262	798	0	0	0	0	0	0	0	0	0	0	0
计生委宣教中心	0	0	0	29	0	0	0	0	0	0	0	0	0	0	0
湖北电大民建学院	131	97	65	320	0	0	0	0	0	0	0	0	0	0	0
武汉华中艺术学校教学点	0	13	13	122	0	0	0	0	0	0	0	0	0	0	0
湖北省机械工程学院教学点	0	0	0	6	0	0	0	0	0	0	0	0	0	0	0
武汉	**5591**	**5752**	**3110**	**23505**	**904**	**1152**	**634**	**3810**	**904**	**1152**	**634**	**3810**	**0**	**0**	**0**
其中：女	2731	2727	1438	10264	430	529	282	1653	430	529	282	1653	0	0	0
武汉市广播电视大学直属部	588	595	370	5929	122	132	87	949	122	132	87	949	0	0	0
江岸分校	114	53	33	415	33	30	20	108	33	30	20	108	0	0	0
江汉区分校	36	0	0	70	6	0	0	33	6	0	0	33	0	0	0
硚口区分校	122	145	47	500	8	7	4	41	8	7	4	41	0	0	0
汉阳区分校	335	169	120	853	80	41	20	151	80	41	20	151	0	0	0
洪山分校	87	87	70	459	24	26	22	143	24	26	22	143	0	0	0
青山区分校	298	159	76	638	74	50	20	183	74	50	20	183	0	0	0
东西湖区分校	304	242	167	1117	0	22	15	65	0	22	15	65	0	0	0
蔡甸区分校	423	390	215	1222	66	82	39	250	66	82	39	250	0	0	0
江夏区电大分校	438	312	148	1569	107	74	41	336	107	74	41	336	0	0	0
新洲区分校	954	1032	523	2810	259	406	183	933	259	406	183	933	0	0	0
武汉钢铁公司分校	153	95	61	495	26	20	11	113	26	20	11	113	0	0	0
黄陂区分校	311	345	180	953	67	130	76	231	67	130	76	231	0	0	0
武昌分校	65	17	3	114	12	8	1	27	12	8	1	27	0	0	0
汉南区分校	31	33	13	79	8	10	3	26	8	10	3	26	0	0	0
湖北娲石股份有限公司培训中心	284	351	165	707	0	0	0	0	0	0	0	0	0	0	0
武汉市交通委员会教育培训中心	1	0	0	85	0	0	0	0	0	0	0	0	0	0	0
武汉市广播电视大学公安教学点	166	181	130	444	12	79	79	186	12	79	79	186	0	0	0
武汉市第一轻工业学校	0	0	0	11	0	0	0	0	0	0	0	0	0	0	0
武汉软件工程职业学院武昌校区	557	92	63	1606	0	0	0	0	0	0	0	0	0	0	0
武汉市第一商业学校教学点	18	0	0	60	0	0	0	0	0	0	0	0	0	0	0
武汉市江夏区委党校	0	0	0	14	0	0	0	0	0	0	0	0	0	0	0
武汉应用科技学校	34	95	2	401	0	0	0	0	0	0	0	0	0	0	0
江汉大学卫生职业技术学院	1	0	0	28	0	0	0	0	0	0	0	0	0	0	0

教育学生情况(续表46)

单位:人

	专科															
	合计				普通开放				一村一				助力计划			
在籍生	毕业生	招生		在籍生	毕业生	招生		在籍生	毕业生	招生		在籍生	毕业生	招生		在籍生
		计	其中:春季			计	其中:春季			计	其中:春季			计	其中:春季	
0	34	5	0	107	34	5	0	107	0	0	0	0	0	0	0	0
0	185	0	0	819	185	0	0	819	0	0	0	0	0	0	0	0
0	21	0	0	267	21	0	0	267	0	0	0	0	0	0	0	0
0	33	25	13	273	33	25	13	273	0	0	0	0	0	0	0	0
0	278	260	127	1079	278	260	127	1075	0	0	0	0	0	0	0	4
0	166	175	123	787	166	175	123	787	0	0	0	0	0	0	0	0
0	260	225	120	856	260	221	120	852	0	0	0	0	0	4	0	4
0	373	60	0	627	373	60	0	627	0	0	0	0	0	0	0	0
0	0	138	110	281	0	138	110	261	0	0	0	0	0	0	0	20
0	205	500	262	798	205	500	262	798	0	0	0	0	0	0	0	0
0	0	0	0	29	0	0	0	29	0	0	0	0	0	0	0	0
0	131	97	65	320	131	97	65	320	0	0	0	0	0	0	0	0
0	0	13	13	122	0	13	13	122	0	0	0	0	0	0	0	0
0	0	0	0	6	0	0	0	6	0	0	0	0	0	0	0	0
0	**4687**	**4600**	**2476**	**19695**	**4575**	**4332**	**2346**	**19234**	**112**	**129**	**129**	**322**	**0**	**139**	**1**	**139**
0	2301	2198	1156	8611	2251	2090	1100	8449	50	56	56	110	0	52	0	52
0	466	463	283	4980	466	462	282	4979	0	0	0	0	0	1	1	1
0	81	23	13	307	81	23	13	307	0	0	0	0	0	0	0	0
0	30	0	0	37	30	0	0	37	0	0	0	0	0	0	0	0
0	114	138	43	459	114	138	43	459	0	0	0	0	0	0	0	0
0	255	128	100	702	255	128	100	702	0	0	0	0	0	0	0	0
0	63	61	48	316	63	61	48	316	0	0	0	0	0	0	0	0
0	224	109	56	455	224	109	56	455	0	0	0	0	0	0	0	0
0	304	220	152	1052	304	220	152	1052	0	0	0	0	0	0	0	0
0	357	308	176	972	357	308	176	972	0	0	0	0	0	0	0	0
0	331	238	107	1233	331	238	107	1233	0	0	0	0	0	0	0	0
0	695	626	340	1877	583	497	211	1569	112	129	129	308	0	0	0	0
0	127	75	50	382	127	75	50	382	0	0	0	0	0	0	0	0
0	244	215	104	722	244	215	104	722	0	0	0	0	0	0	0	0
0	53	9	2	87	53	7	2	85	0	0	0	0	0	2	0	2
0	23	23	10	53	23	23	10	53	0	0	0	0	0	0	0	0
0	284	351	165	707	284	351	165	707	0	0	0	0	0	0	0	0
0	1	0	0	85	1	0	0	85	0	0	0	0	0	0	0	0
0	154	102	51	258	154	102	51	258	0	0	0	0	0	0	0	0
0	0	0	0	11	0	0	0	11	0	0	0	0	0	0	0	0
0	557	92	63	1606	557	92	63	1606	0	0	0	0	0	0	0	0
0	18	0	0	60	18	0	0	60	0	0	0	0	0	0	0	0
0	0	0	0	14	0	0	0	0	0	0	0	14	0	0	0	0
0	34	95	2	401	34	95	2	401	0	0	0	0	0	0	0	0
0	1	0	0	28	1	0	0	28	0	0	0	0	0	0	0	0

2.1 各学校开放

	合计				本科											
					合计				普通开放				一村一			
	毕业生	招生		在籍生	毕业生	招生		在籍生	毕业生	招生		在籍生	毕业生	招生	
		计	其中：春季			计	其中：春季			计	其中：春季			计	其中：春季
武汉工业技术学校	271	460	256	2027	0	6	0	6	0	6	0	6	0	0	0
武汉商贸职业学院	0	93	90	93	0	0	0	0	0	0	0	0	0	0	0
武汉市第一轻工业学校	0	24	24	24	0	0	0	0	0	0	0	0	0	0	0
武汉软件工程职业学院光谷校区	0	582	354	582	0	26	13	26	0	26	13	26	0	0	0
武汉软件工程职业学院沌口电大分校	0	200	0	200	0	3	0	3	0	3	0	3	0	0	0
湖南	**37257**	**44170**	**20606**	**143271**	**7185**	**8088**	**3969**	**25689**	**7185**	**6936**	**3754**	**24537**	**0**	**1152**	**215**
其中：女	18652	22510	11206	70002	3517	3841	1960	12157	3517	3426	1881	11742	0	415	79
长沙电大分校直属点	1145	1198	770	6511	185	202	118	1063	185	179	118	1040	0	23	0
望城县电大工作站	279	230	75	722	53	73	29	184	53	34	29	145	0	39	0
浏阳教师进修学校	261	226	20	607	2	54	4	116	2	9	4	71	0	45	0
宁乡县教师进修学校	218	165	23	672	36	41	19	149	36	22	19	130	0	19	0
长沙县教师进修学校	202	176	7	431	0	54	0	54	0	0	0	0	0	54	0
宁乡玉潭点	72	71	34	194	0	0	0	0	0	0	0	0	0	0	0
长沙牛耳计算机培训中心	94	86	86	259	0	0	0	0	0	0	0	0	0	0	0
长沙航天工业学校	13	276	225	511	0	7	7	7	0	7	7	7	0	0	0
株洲电大分校直属点	1381	1158	608	5385	426	398	213	1529	426	386	213	1517	0	12	0
株洲县电大工作站	231	303	129	1039	24	39	16	148	24	33	16	142	0	6	0
株洲分校醴陵电大工作站	459	658	292	1922	39	98	39	233	39	91	39	226	0	7	0
攸县电大工作站	222	338	130	1388	30	47	24	135	30	38	24	126	0	9	0
茶陵县电大工作站	155	234	67	982	20	29	9	114	20	24	9	109	0	5	0
炎陵县电大工作站	183	149	67	534	54	24	13	145	54	21	13	142	0	3	0
株洲市中等职业学校	348	494	246	1066	0	0	0	0	0	0	0	0	0	0	0
湖南工贸技师学院教学点	8	267	164	588	0	0	0	0	0	0	0	0	0	0	0
湘潭电大分校直属点	2614	3160	1658	11826	836	781	395	2752	836	781	395	2752	0	0	0
湘乡市第一职业中专	109	93	52	465	0	0	0	0	0	0	0	0	0	0	0
湘乡市东山教学点	43	12	4	137	0	0	0	0	0	0	0	0	0	0	0
湘潭县财政局教学点	19	40	34	116	0	0	0	0	0	0	0	0	0	0	0
韶山市司法局教学点	146	2	1	203	1	0	0	1	1	0	0	1	0	0	0
湘潭新华电脑学校	51	119	10	342	0	0	0	0	0	0	0	0	0	0	0
湘潭远大科技职校	0	12	11	76	0	0	0	0	0	0	0	0	0	0	0
衡阳电大分校直属点	1273	3608	1688	8925	305	711	368	1855	305	654	368	1798	0	57	0
衡东农广校教学点	117	0	0	157	19	0	0	13	19	0	0	13	0	0	0
衡阳市城南电大站	92	12	0	337	13	4	0	28	13	4	0	28	0	0	0
祁东县电大教学点	111	1	0	507	7	1	0	25	7	1	0	25	0	0	0
衡阳电大常宁分校	66	6	0	311	0	0	0	0	0	0	0	0	0	0	0
耒阳师范学校教学点	449	458	226	2003	50	4	4	134	50	4	4	134	0	0	0
衡山县教师进修学校	65	0	0	129	0	0	0	0	0	0	0	0	0	0	0
湖南科技经贸职业学院	103	20	0	261	0	0	0	0	0	0	0	0	0	0	0
衡阳广播电视大学衡山分校	0	90	0	179	0	0	0	0	0	0	0	0	0	0	0
衡阳广播电视大学衡东分校	0	18	0	79	0	0	0	0	0	0	0	0	0	0	0

教育学生情况(续表47)

单位:人

	专科															
	合计				普通开放				一村一				助力计划			
在籍生	毕业生	招生		在籍生	毕业生	招生		在籍生	毕业生	招生		在籍生	毕业生	招生		在籍生
		计	其中:春季			计	其中:春季			计	其中:春季			计	其中:春季	
0	271	454	256	2021	271	454	256	2021	0	0	0	0	0	0	0	0
0	0	93	90	93	0	93	90	93	0	0	0	0	0	0	0	0
0	0	24	24	24	0	24	24	24	0	0	0	0	0	0	0	0
0	0	556	341	556	0	556	341	556	0	0	0	0	0	0	0	0
0	0	197	0	197	0	61	0	61	0	0	0	0	0	136	0	136
1152	**30072**	**36082**	**16637**	**117582**	**24767**	**28277**	**15316**	**94055**	**5305**	**7121**	**841**	**22744**	**0**	**684**	**480**	**783**
415	15135	18669	9246	57845	13461	16429	8866	51547	1674	2087	267	6132	0	153	113	166
23	960	996	652	5448	852	928	652	5105	108	68	0	343	0	0	0	0
39	226	157	46	538	105	61	46	269	121	96	0	269	0	0	0	0
45	259	172	16	491	79	48	16	165	180	124	0	326	0	0	0	0
19	182	124	4	523	31	4	4	54	151	120	0	469	0	0	0	0
54	202	122	7	377	56	7	7	107	146	115	0	270	0	0	0	0
0	72	71	34	194	72	71	34	194	0	0	0	0	0	0	0	0
0	94	86	86	259	94	86	86	259	0	0	0	0	0	0	0	0
0	13	269	218	504	13	269	218	504	0	0	0	0	0	0	0	0
12	955	760	395	3856	925	701	395	3449	30	59	0	407	0	0	0	0
6	207	264	113	891	171	206	113	676	36	58	0	215	0	0	0	0
7	420	560	253	1689	349	481	253	1431	71	79	0	258	0	0	0	0
9	192	291	106	1253	145	224	106	799	47	67	0	454	0	0	0	0
5	135	205	58	868	77	131	58	539	58	74	0	329	0	0	0	0
3	129	125	54	389	96	101	53	279	33	24	1	110	0	0	0	0
0	348	494	246	1066	348	494	246	1066	0	0	0	0	0	0	0	0
0	8	267	164	588	8	237	141	538	0	0	0	0	0	30	23	50
0	1778	2379	1263	9074	1454	2116	1135	7890	324	263	128	1184	0	0	0	0
0	109	93	52	465	16	9	6	50	93	84	46	415	0	0	0	0
0	43	12	4	137	43	12	4	137	0	0	0	0	0	0	0	0
0	19	40	34	116	19	40	34	116	0	0	0	0	0	0	0	0
0	145	2	1	202	145	2	1	202	0	0	0	0	0	0	0	0
0	51	119	10	342	51	119	10	342	0	0	0	0	0	0	0	0
0	0	12	11	76	0	12	11	76	0	0	0	0	0	0	0	0
57	968	2897	1320	7070	887	2166	1318	5527	81	730	2	1542	0	1	0	1
0	98	0	0	144	59	0	0	56	39	0	0	88	0	0	0	0
0	79	8	0	309	76	8	0	149	3	0	0	160	0	0	0	0
0	104	0	0	482	36	0	0	188	68	0	0	294	0	0	0	0
0	66	6	0	311	2	0	0	70	64	6	0	241	0	0	0	0
0	399	454	222	1869	303	454	222	1402	96	0	0	467	0	0	0	0
0	65	0	0	129	31	0	0	102	34	0	0	27	0	0	0	0
0	103	20	0	261	46	0	0	78	57	20	0	183	0	0	0	0
0	0	90	0	179	0	90	0	133	0	0	0	46	0	0	0	0
0	0	18	0	79	0	18	0	36	0	0	0	43	0	0	0	0

2.1 各学校开放

	合计				本科										
					合计				普通开放				一村一		
	毕业生	招生		在籍生	毕业生	招生		在籍生	毕业生	招生		在籍生	毕业生	招生	
		计	其中：春季			计	其中：春季			计	其中：春季			计	其中：春季
邵阳电大分校直属点	1294	2197	1016	5799	317	320	173	929	317	318	173	927	0	2	0
武冈市电大工作站	141	80	31	572	44	19	8	111	44	19	8	111	0	0	0
隆回县委党校	229	131	68	531	56	51	26	198	56	51	26	198	0	0	0
邵阳县电大工作站	38	8	8	34	0	0	0	0	0	0	0	0	0	0	0
洞口县成人中专校	164	123	81	423	45	27	22	110	45	27	22	110	0	0	0
绥宁县教师进修学校	55	20	16	63	6	0	0	8	6	0	0	8	0	0	0
新宁县电大工作站	221	164	76	554	25	51	24	157	25	51	24	157	0	0	0
城步县电大工作站	55	0	0	105	13	0	0	28	13	0	0	28	0	0	0
邵东县电大工作站	90	186	84	220	0	0	0	0	0	0	0	0	0	0	0
中共新邵县委党校	136	114	61	444	30	44	26	145	30	44	26	145	0	0	0
岳阳电大分校直属点	2692	5211	2488	13556	603	1107	559	2970	603	1038	524	2901	0	69	35
临湘市电大工作站	214	200	121	541	24	30	24	80	24	7	1	57	0	23	23
华容县电大工作站	91	203	203	648	3	42	42	52	3	0	0	10	0	42	42
平江县电大工作站	181	254	107	876	43	70	33	151	43	44	28	125	0	26	5
汨罗市电大工作站	101	176	98	386	6	5	0	16	6	5	0	16	0	0	0
湘阴县电大工作站	427	275	226	686	59	47	40	102	59	9	2	64	0	38	38
岳阳县电大工作站	176	250	53	700	9	55	16	91	9	23	16	59	0	32	0
岳阳市广播电视大学屈原教学点	55	87	87	364	0	0	0	0	0	0	0	0	0	0	0
湘北女子职业学校教学点	68	682	599	812	0	0	0	0	0	0	0	0	0	0	0
娄底电大分校直属点	1327	1155	531	3543	297	139	66	674	297	138	66	673	0	1	0
双峰县电大工作站	433	321	69	1433	53	14	4	70	53	9	4	65	0	5	0
冷水江市教学点	648	582	147	1865	131	139	60	421	131	139	60	421	0	0	0
涟源市教研师训中心	475	513	108	1526	92	73	39	237	92	68	39	232	0	5	0
新化县教师进修学校	361	320	148	1087	79	106	79	260	79	106	79	260	0	0	0
零陵电大分校直属点	658	413	145	2188	196	134	36	510	196	120	36	496	0	14	0
道县教师进修学校	689	608	330	1520	39	31	11	88	39	24	11	81	0	7	0
祁阳县电大工作站	107	252	120	652	12	29	6	47	12	12	6	30	0	17	0
蓝山县教师进修学校	165	125	58	431	30	38	27	108	30	29	27	99	0	9	0
新田县电大工作站	169	202	106	425	28	30	15	60	28	21	15	51	0	9	0
东安县教师进修学校	0	54	3	186	0	14	2	14	0	2	2	2	0	12	0
江永县教师进修学校	110	76	24	224	27	25	8	68	27	21	8	64	0	4	0
宁远县教师进修学校	225	141	53	492	51	40	14	145	51	24	14	129	0	16	0
江华县教师进修学校教学点	0	74	0	162	0	17	0	20	0	0	0	3	0	17	0
永州电大工商中专	0	0	0	108	0	0	0	0	0	0	0	0	0	0	0
郴州电大分校直属站	567	1083	256	3334	126	170	93	564	126	170	93	564	0	0	0
桂东县电大工作站	16	84	40	200	0	8	2	14	0	8	2	14	0	0	0
汝城县电大工作站	38	71	6	123	0	0	0	0	0	0	0	0	0	0	0
宜章县电大工作站	315	377	187	1011	101	76	41	243	101	76	41	243	0	0	0
桂阳县电大工作站	38	82	6	253	0	0	0	0	0	0	0	0	0	0	0
资兴市电大工作站	156	222	108	761	18	24	13	61	18	24	13	61	0	0	0

教育学生情况(续表48)

单位:人

在籍生	专科															
	合计				普通开放				一村一				助力计划			
	毕业生	招生		在籍生	毕业生	招生		在籍生	毕业生	招生		在籍生	毕业生	招生		在籍生
		计	其中:春季			计	其中:春季			计	其中:春季			计	其中:春季	
2	977	1877	843	4870	969	1864	834	4722	8	13	9	148	0	0	0	0
0	97	61	23	461	92	47	22	269	5	14	1	192	0	0	0	0
0	173	80	42	333	169	78	42	326	4	2	0	7	0	0	0	0
0	38	8	8	34	37	8	8	34	1	0	0	0	0	0	0	0
0	119	96	59	313	119	96	59	297	0	0	0	16	0	0	0	0
0	49	20	16	55	21	20	16	50	28	0	0	5	0	0	0	0
0	196	113	52	397	191	112	51	393	5	1	1	4	0	0	0	0
0	42	0	0	77	41	0	0	72	1	0	0	5	0	0	0	0
0	90	186	84	220	90	186	84	220	0	0	0	0	0	0	0	0
0	106	70	35	299	104	69	34	296	2	1	1	3	0	0	0	0
69	2089	4104	1929	10586	2017	3772	1757	9777	72	185	52	662	0	147	120	147
23	190	170	97	461	101	72	20	324	89	98	77	137	0	0	0	0
42	88	161	161	596	35	0	0	119	53	161	161	477	0	0	0	0
26	138	184	74	725	127	108	67	311	11	76	7	414	0	0	0	0
0	95	171	98	370	51	171	98	304	44	0	0	66	0	0	0	0
38	368	228	186	584	158	100	58	204	210	128	128	380	0	0	0	0
32	167	195	37	609	31	60	37	201	136	135	0	408	0	0	0	0
0	55	87	87	364	20	87	87	252	35	0	0	112	0	0	0	0
0	68	682	599	812	68	682	599	812	0	0	0	0	0	0	0	0
1	1030	1016	465	2869	1000	986	465	2690	30	30	0	179	0	0	0	0
5	380	307	65	1363	196	108	65	464	184	199	0	899	0	0	0	0
0	517	443	87	1444	352	243	87	726	165	200	0	718	0	0	0	0
5	383	440	69	1289	151	169	69	448	232	271	0	841	0	0	0	0
0	282	214	69	827	168	128	69	370	114	86	0	457	0	0	0	0
14	462	279	109	1678	440	184	108	1054	22	95	1	624	0	0	0	0
7	650	577	319	1432	623	535	319	1287	27	42	0	145	0	0	0	0
17	95	223	114	605	75	181	114	377	20	42	0	228	0	0	0	0
9	135	87	31	323	118	65	31	221	17	22	0	102	0	0	0	0
9	141	172	91	365	81	143	91	302	60	29	0	63	0	0	0	0
12	0	40	1	172	0	1	1	1	0	39	0	171	0	0	0	0
4	83	51	16	156	81	39	16	115	2	12	0	41	0	0	0	0
16	174	101	39	347	101	70	39	285	73	31	0	62	0	0	0	0
17	0	57	0	142	0	29	0	65	0	28	0	77	0	0	0	0
0	0	0	0	108	0	0	0	108	0	0	0	0	0	0	0	0
0	441	913	163	2770	414	391	163	1613	27	522	0	1157	0	0	0	0
0	16	76	38	186	15	76	38	180	1	0	0	6	0	0	0	0
0	38	71	6	123	38	27	6	79	0	44	0	44	0	0	0	0
0	214	301	146	768	207	245	143	681	7	56	3	87	0	0	0	0
0	38	82	6	253	35	33	6	113	3	49	0	140	0	0	0	0
0	138	198	95	700	98	185	85	624	40	13	10	76	0	0	0	0

2.1 各学校开放

	合计				本科										
					合计				普通开放				一村一		
	毕业生	招生		在籍生	毕业生	招生		在籍生	毕业生	招生		在籍生	毕业生	招生	
		计	其中：春季			计	其中：春季			计	其中：春季			计	其中：春季
安仁县教师进修学校	34	101	9	119	0	0	0	0	0	0	0	0	0	0	0
永兴县电大工作站	237	331	148	813	45	35	23	97	45	35	23	97	0	0	0
益阳电大分校直属点	861	2007	833	3969	308	408	149	887	308	289	149	768	0	119	0
沅江市教师进修学校	17	42	30	63	2	1	0	5	2	1	0	5	0	0	0
南县电大工作站	334	456	176	902	10	46	46	80	10	16	16	50	0	30	30
桃江县电大站	62	12	10	78	3	2	0	6	3	2	0	6	0	0	0
安化县教师进修学校	315	174	66	537	41	45	43	116	41	3	1	74	0	42	42
益阳分校第一职业中专学校	33	9	9	271	0	0	0	0	0	0	0	0	0	0	0
益阳分校湘益中专教学点	116	7	1	166	0	0	0	0	0	0	0	0	0	0	0
大通湖区电大工作站	6	27	23	55	0	0	0	0	0	0	0	0	0	0	0
常德电大分校直属点	1390	904	522	5064	169	257	128	775	169	228	128	746	0	29	0
安乡县电大工作站	106	202	66	418	2	26	13	65	2	26	13	65	0	0	0
汉寿县电大工作站	223	349	119	761	27	65	30	130	27	47	30	112	0	18	0
常德电大鼎城工作站	355	478	45	956	0	0	0	7	0	0	0	7	0	0	0
临澧县电大工作站	158	155	52	409	34	39	14	101	34	24	14	86	0	15	0
桃源县电大工作站	471	457	196	1215	64	143	62	308	64	90	62	255	0	53	0
石门县电大工作站	309	347	116	913	74	129	44	320	74	83	44	274	0	46	0
澧县电大工作站	177	314	87	828	21	73	14	180	21	29	14	136	0	44	0
常德广播电视大学武陵区分校	7	325	258	338	0	0	0	0	0	0	0	0	0	0	0
常德德山学习中心	0	108	94	127	0	0	0	0	0	0	0	0	0	0	0
桃源武陵职业技术学校	0	280	58	280	0	0	0	0	0	0	0	0	0	0	0
怀化电大分校直属点	1255	1129	625	4183	245	202	120	839	245	202	120	839	0	0	0
芷江县电大工作站	75	85	69	332	9	24	19	51	9	24	19	51	0	0	0
新晃县教师进修学校	14	55	55	93	2	18	18	28	2	18	18	28	0	0	0
会同县职业中专学校教学点	49	61	30	190	7	22	7	41	7	22	7	41	0	0	0
洪江市教师进修学校	87	120	32	277	15	34	14	62	15	23	14	51	0	11	0
怀化分校麻阳教师进修学校	49	5	5	46	0	1	1	9	0	1	1	9	0	0	0
辰溪县委党校	150	99	45	369	28	27	9	88	28	27	9	88	0	0	0
溆浦县教师进修学校	44	67	31	130	11	7	7	27	11	7	7	27	0	0	0
沅陵县远程教育站	141	189	52	497	22	43	14	127	22	20	14	104	0	23	0
靖州县教师进修学校教学点	65	88	41	281	0	0	0	1	0	0	0	1	0	0	0
通道县职业技术总校教学点	66	71	14	176	0	10	2	10	0	3	2	3	0	7	0
湖南电大怀化分校沅陵教学站	95	41	18	233	60	17	9	76	60	17	9	76	0	0	0
洪江区电大教学点	20	18	18	110	0	0	0	9	0	0	0	9	0	0	0
洪江市振华学校	88	13	13	390	0	0	0	0	0	0	0	0	0	0	0
怀化万昌中等职业学校教学点	1	163	163	334	0	0	0	0	0	0	0	0	0	0	0
自治州电大分校直属点	785	875	278	3480	255	127	64	750	255	127	64	750	0	0	0
凤凰县电大工作站	117	108	51	519	62	61	29	231	62	61	29	231	0	0	0
古丈县电大工作站	26	16	6	56	0	0	0	0	0	0	0	0	0	0	0
花垣县电大工作站	162	71	36	348	76	30	15	153	76	30	15	153	0	0	0

教育学生情况（续表49）

单位：人

	专科															
	合计				普通开放				一村一				助力计划			
在籍生	毕业生	招生		在籍生	毕业生	招生		在籍生	毕业生	招生		在籍生	毕业生	招生		在籍生
		计	其中：春季			计	其中：春季			计	其中：春季			计	其中：春季	
0	34	101	9	119	34	9	9	27	0	92	0	92	0	0	0	0
0	192	296	125	716	190	167	125	451	2	129	0	265	0	0	0	0
119	553	1599	684	3082	537	1458	565	2865	16	141	119	217	0	0	0	0
0	15	41	30	58	15	41	30	58	0	0	0	0	0	0	0	0
30	324	410	130	822	86	123	75	216	238	287	55	606	0	0	0	0
0	59	10	10	72	58	10	10	70	1	0	0	2	0	0	0	0
42	274	129	23	421	219	23	23	260	55	106	0	161	0	0	0	0
0	33	9	9	271	33	9	9	271	0	0	0	0	0	0	0	0
0	116	7	1	166	116	7	1	166	0	0	0	0	0	0	0	0
0	6	27	23	55	6	27	23	52	0	0	0	3	0	0	0	0
29	1221	647	394	4289	1190	573	394	3955	31	74	0	334	0	0	0	0
0	104	176	53	353	32	80	53	180	72	96	0	173	0	0	0	0
18	196	284	89	631	78	146	89	416	118	138	0	215	0	0	0	0
0	355	478	45	949	93	353	45	745	262	125	0	204	0	0	0	0
15	124	116	38	308	58	55	38	210	66	61	0	98	0	0	0	0
53	407	314	134	907	174	207	134	784	233	107	0	123	0	0	0	0
46	235	218	72	593	123	153	72	398	112	65	0	195	0	0	0	0
44	156	241	73	648	98	134	73	403	58	107	0	245	0	0	0	0
0	7	325	258	338	7	325	258	338	0	0	0	0	0	0	0	0
0	0	108	94	127	0	0	0	0	0	0	0	0	0	108	94	127
0	0	280	58	280	0	280	58	280	0	0	0	0	0	0	0	0
0	1010	927	505	3344	971	867	505	3154	39	26	0	156	0	34	0	34
0	66	61	50	281	47	61	50	228	19	0	0	53	0	0	0	0
0	12	37	37	65	12	37	37	58	0	0	0	7	0	0	0	0
0	42	39	23	149	7	39	23	116	35	0	0	33	0	0	0	0
11	72	86	18	215	52	47	18	156	20	39	0	59	0	0	0	0
0	49	4	4	37	19	4	4	27	30	0	0	10	0	0	0	0
0	122	72	36	281	90	72	36	235	32	0	0	46	0	0	0	0
0	33	60	24	103	33	34	24	77	0	26	0	26	0	0	0	0
23	119	146	38	370	9	18	4	51	110	128	34	319	0	0	0	0
0	65	88	41	280	65	61	41	234	0	27	0	46	0	0	0	0
7	66	61	12	166	17	19	12	28	49	42	0	138	0	0	0	0
0	35	24	9	157	34	24	9	106	1	0	0	51	0	0	0	0
0	20	18	18	101	20	18	18	101	0	0	0	0	0	0	0	0
0	88	13	13	390	88	13	13	390	0	0	0	0	0	0	0	0
0	1	163	163	334	1	163	163	334	0	0	0	0	0	0	0	0
0	530	748	214	2730	399	390	214	1551	131	358	0	1179	0	0	0	0
0	55	47	22	288	55	47	22	288	0	0	0	0	0	0	0	0
0	26	16	6	56	26	16	6	56	0	0	0	0	0	0	0	0
0	86	41	21	195	86	41	21	195	0	0	0	0	0	0	0	0

2.1 各学校开放

	合计				本科										
					合计				普通开放				一村一		
	毕业生	招生		在籍生	毕业生	招生		在籍生	毕业生	招生		在籍生	毕业生	招生	
		计	其中：春季			计	其中：春季			计	其中：春季			计	其中：春季
保靖县电大工作站	139	56	28	217	44	16	9	53	44	16	9	53	0	0	0
永顺县电大工作站	212	163	78	542	77	47	32	155	77	47	32	155	0	0	0
龙山县电大工作站	222	143	85	547	71	62	34	201	71	62	34	201	0	0	0
泸溪县电大工作站	168	68	35	255	80	42	19	123	80	42	19	123	0	0	0
张家界电大分校直属点	292	511	119	1353	110	170	55	425	110	103	55	358	0	67	0
慈利县电大工作站	438	373	178	1184	75	66	38	219	75	66	38	219	0	0	0
桑植县电大工作站	54	53	39	337	13	8	6	64	13	8	6	64	0	0	0
津市电大分校直属点	246	307	165	1306	37	61	26	165	37	40	26	144	0	21	0
岳化电大分校	70	16	8	194	26	9	5	78	26	9	5	78	0	0	0
湖南广播电视大学卫生分校直属教学点	171	10	1	523	0	0	0	0	0	0	0	0	0	0	0
益阳市卫校	36	0	0	33	2	0	0	5	2	0	0	5	0	0	0
湘南学院教学点	178	5	0	286	16	3	0	18	16	3	0	18	0	0	0
涟钢电大分校直属点	21	6	0	76	0	0	0	3	0	0	0	3	0	0	0
湖南电大开放教育学院	2797	940	632	7049	379	170	84	1161	379	170	84	1161	0	0	0
中南大学肝胆肠外科研究中心培训部	0	0	0	3	0	0	0	3	0	0	0	3	0	0	0
湖南信息职业技术学院长沙校区	12	0	0	297	0	0	0	0	0	0	0	0	0	0	0
长汽学习中心	0	364	243	424	0	0	0	0	0	0	0	0	0	0	0
湖南电大药学分校	247	0	0	617	0	0	0	0	0	0	0	0	0	0	0
广东	**52325**	**47318**	**22161**	**225830**	**12526**	**10721**	**4854**	**45964**	**12526**	**10721**	**4854**	**45964**	**0**	**0**	**0**
其中：女	30705	26272	12127	125807	6388	5950	2676	23435	6388	5950	2676	23435	0	0	0
广东开放大学直属学院	137	72	57	1816	52	18	11	527	52	18	11	527	0	0	0
广东第二师范学院	345	186	101	1322	59	48	33	233	59	48	33	233	0	0	0
广州海运集团有限公司培训中心	4	0	0	62	0	0	0	0	0	0	0	0	0	0	0
广州造船厂有限公司培训中心	88	313	155	681	0	0	0	0	0	0	0	0	0	0	0
广东开放大学法律分校	15	0	0	108	11	0	0	85	11	0	0	85	0	0	0
梅州市司法干部学校	2	0	0	51	0	0	0	0	0	0	0	0	0	0	0
广东开放大学公路分校	14	0	0	81	5	0	0	30	5	0	0	30	0	0	0
广东开放大学海关分校	6	0	0	28	6	0	0	28	6	0	0	28	0	0	0
珠海广播电视大学	1087	1154	461	14407	277	257	127	2729	277	257	127	2729	0	0	0
珠海市斗门区广播电视大学	185	173	95	990	0	0	0	0	0	0	0	0	0	0	0
珠海电大金湾校区	75	135	68	707	0	27	22	40	0	27	22	40	0	0	0
珠海电大南屏校区	90	15	10	543	0	0	0	0	0	0	0	0	0	0	0
4400902	0	0	0	13	0	0	0	0	0	0	0	0	0	0	0
汕头广播电视大学	843	984	312	5559	201	178	55	1032	201	178	55	1032	0	0	0
澄海广播电视大学	341	338	30	1622	85	16	0	143	85	16	0	143	0	0	0
潮阳市广播电视大学	1066	580	283	2521	417	140	86	860	417	140	86	860	0	0	0
汕头广播电视大学南澳县教学点	83	74	44	281	9	10	7	63	9	10	7	63	0	0	0
汕头广播电视大学濠江教学点	82	103	53	332	7	7	4	39	7	7	4	39	0	0	0
汕头广播电视大学潮南区教学点	288	309	103	822	103	47	27	212	103	47	27	212	0	0	0
汕头工艺美术学校	0	24	11	77	0	0	0	0	0	0	0	0	0	0	0

教育学生情况(续表50)

单位:人

	专科															
	合计				普通开放				一村一				助力计划			
		招生				招生				招生				招生		
在籍生	毕业生	计	其中:春季	在籍生	毕业生	计	其中:春季	在籍生	毕业生	计	其中:春季	在籍生	毕业生	计	其中:春季	在籍生
0	95	40	19	164	95	40	19	164	0	0	0	0	0	0	0	0
0	135	116	46	387	135	116	46	387	0	0	0	0	0	0	0	0
0	151	81	51	346	151	81	51	346	0	0	0	0	0	0	0	0
0	88	26	16	132	88	26	16	132	0	0	0	0	0	0	0	0
67	182	341	64	928	178	140	60	712	4	201	4	216	0	0	0	0
0	363	307	140	965	363	201	140	853	0	106	0	112	0	0	0	0
0	41	45	33	273	38	44	32	247	3	1	1	26	0	0	0	0
21	209	246	139	1141	209	218	139	1100	0	28	0	41	0	0	0	0
0	44	7	3	116	44	7	3	116	0	0	0	0	0	0	0	0
0	171	10	1	523	171	10	1	523	0	0	0	0	0	0	0	0
0	34	0	0	28	34	0	0	28	0	0	0	0	0	0	0	0
0	162	2	0	268	162	2	0	268	0	0	0	0	0	0	0	0
0	21	6	0	73	21	6	0	73	0	0	0	0	0	0	0	0
0	2418	770	548	5888	2418	770	548	5888	0	0	0	0	0	0	0	0
0	0	0	0	0	0	0	0	0	0	0	0	0	0	0	0	0
0	12	0	0	297	12	0	0	297	0	0	0	0	0	0	0	0
0	0	364	243	424	0	0	0	0	0	0	0	0	0	364	243	424
0	247	0	0	617	247	0	0	617	0	0	0	0	0	0	0	0
0	**39799**	**36597**	**17307**	**179866**	**38620**	**33965**	**15709**	**174968**	**1179**	**2389**	**1560**	**4655**	**0**	**243**	**38**	**243**
0	24317	20322	9451	102372	23976	19683	9080	101195	341	566	342	1104	0	73	29	73
0	85	54	46	1289	85	54	46	1289	0	0	0	0	0	0	0	0
0	286	138	68	1089	286	138	68	1089	0	0	0	0	0	0	0	0
0	4	0	0	62	4	0	0	62	0	0	0	0	0	0	0	0
0	88	313	155	681	88	313	155	681	0	0	0	0	0	0	0	0
0	4	0	0	23	4	0	0	23	0	0	0	0	0	0	0	0
0	2	0	0	51	2	0	0	51	0	0	0	0	0	0	0	0
0	9	0	0	51	9	0	0	51	0	0	0	0	0	0	0	0
0	0	0	0	0	0	0	0	0	0	0	0	0	0	0	0	0
0	810	897	334	11678	810	886	333	11667	0	0	0	0	0	11	1	11
0	185	173	95	990	185	173	95	990	0	0	0	0	0	0	0	0
0	75	108	46	667	72	108	46	598	3	0	0	69	0	0	0	0
0	90	15	10	543	90	15	10	543	0	0	0	0	0	0	0	0
0	0	0	0	13	0	0	0	13	0	0	0	0	0	0	0	0
0	642	806	257	4527	642	806	257	4527	0	0	0	0	0	0	0	0
0	256	322	30	1479	256	322	30	1479	0	0	0	0	0	0	0	0
0	649	440	197	1661	649	440	197	1661	0	0	0	0	0	0	0	0
0	74	64	37	218	74	64	37	218	0	0	0	0	0	0	0	0
0	75	96	49	293	75	96	49	293	0	0	0	0	0	0	0	0
0	185	262	76	610	185	262	76	610	0	0	0	0	0	0	0	0
0	0	24	11	77	0	24	11	77	0	0	0	0	0	0	0	0

2.1 各学校开放

	合计				本科										
					合计				普通开放				一村一		
	毕业生	招生		在籍生	毕业生	招生		在籍生	毕业生	招生		在籍生	毕业生	招生	
		计	其中：春季			计	其中：春季			计	其中：春季			计	其中：春季
韶关广播电视大学	1009	903	420	4965	376	288	141	1496	376	288	141	1496	0	0	0
曲江区广播电视大学	257	342	125	1129	71	67	34	221	71	67	34	221	0	0	0
仁化县广播电视大学	255	196	134	768	76	60	37	261	76	60	37	261	0	0	0
新丰县广播电视大学	209	224	117	804	71	72	40	322	71	72	40	322	0	0	0
翁源县广播电视大学	0	47	24	160	0	0	0	0	0	0	0	0	0	0	0
始兴县广播电视大学	216	237	147	769	73	100	63	269	73	100	63	269	0	0	0
南雄市广播电视大学	377	203	107	1216	161	104	59	460	161	104	59	460	0	0	0
乐昌市广播电视大学	325	304	184	986	104	71	26	306	104	71	26	306	0	0	0
乳源瑶族自治县广播电视大学	132	146	94	724	30	60	43	248	30	60	43	248	0	0	0
汕尾市广播电视大学	963	1123	501	5026	241	169	86	803	241	169	86	803	0	0	0
海丰县广播电视大学	604	553	293	2364	212	165	93	626	212	165	93	626	0	0	0
陆丰市广播电视大学	428	335	133	1429	130	100	41	388	130	100	41	388	0	0	0
广东省汕尾市陆河县广播电视大学	953	660	375	2777	181	104	70	377	181	104	70	377	0	0	0
梅州市广播电视大学	750	617	353	2722	230	150	75	626	230	150	75	626	0	0	0
梅州市梅江区广播电视大学	581	347	154	1865	171	95	44	489	171	95	44	489	0	0	0
蕉岭县广播电视大学	482	419	242	1543	149	114	72	364	149	114	72	364	0	0	0
广东省大埔县广播电视大学	474	372	202	1220	171	114	63	399	171	114	63	399	0	0	0
丰顺县广播电视大学	429	364	210	1227	139	95	53	330	139	95	53	330	0	0	0
五华县广播电视大学	748	579	315	1939	287	186	94	593	287	186	94	593	0	0	0
兴宁市广播电视大学	567	475	252	1510	198	137	69	531	198	137	69	531	0	0	0
平远县广播电视大学	542	352	187	1162	161	116	62	398	161	116	62	398	0	0	0
惠州市广播电视大学	1480	1085	392	7810	227	235	68	1295	227	235	68	1295	0	0	0
惠阳区广播电视大学	834	828	392	3439	252	236	135	851	252	236	135	851	0	0	0
惠东县广播电视大学	875	629	239	3215	242	168	70	777	242	168	70	777	0	0	0
博罗县广播电视大学	766	552	202	2722	214	141	61	673	214	141	61	673	0	0	0
广东省惠州市龙门县广播电视大学	368	264	93	1142	144	93	43	405	144	93	43	405	0	0	0
惠州市广播电视大学仲恺分校	0	5	5	66	0	0	0	0	0	0	0	0	0	0	0
东莞市广播电视大学	990	1242	553	5078	332	422	189	1269	332	422	189	1269	0	0	0
东莞市东坑镇成人文化技术学校	124	112	61	638	22	42	24	169	22	42	24	169	0	0	0
东莞市横沥镇成人文化技术学校	266	239	133	855	44	42	29	116	44	42	29	116	0	0	0
东莞市虎门镇成人文化技术学校	116	85	64	383	14	7	6	28	14	7	6	28	0	0	0
东莞市石碣镇成人文化技术学校	127	92	56	500	43	24	16	92	43	24	16	92	0	0	0
东莞市寮步镇成人文化技术学校	171	214	103	577	0	38	20	51	0	38	20	51	0	0	0
东莞市大岭山镇成人文化技术学校	35	17	17	91	0	0	0	0	0	0	0	0	0	0	0
东莞市常平成人文化技术学校	157	114	80	378	0	13	10	63	0	13	10	63	0	0	0
东莞市厚街镇成人文化技术学校	76	41	21	139	0	0	0	0	0	0	0	0	0	0	0
东莞市凤岗成人文化技术学校	82	114	51	383	0	0	0	0	0	0	0	0	0	0	0
中山市广播电视大学	901	1219	334	5299	256	314	90	1362	256	314	90	1362	0	0	0
中山市黄圃理工学校	248	324	107	1056	52	53	22	169	52	53	22	169	0	0	0
中山市小榄实验高级中学	84	192	31	732	31	36	10	147	31	36	10	147	0	0	0

教育学生情况(续表51)

单位:人

	专科															
	合计				普通开放				一村一				助力计划			
在籍生	毕业生	招生		在籍生	毕业生	招生		在籍生	毕业生	招生		在籍生	毕业生	招生		在籍生
		计	其中:春季			计	其中:春季			计	其中:春季			计	其中:春季	
0	633	615	279	3469	633	615	279	3469	0	0	0	0	0	0	0	0
0	186	275	91	908	186	275	91	908	0	0	0	0	0	0	0	0
0	179	136	97	507	179	91	52	417	0	45	45	90	0	0	0	0
0	138	152	77	482	138	152	77	482	0	0	0	0	0	0	0	0
0	0	47	24	160	0	47	24	160	0	0	0	0	0	0	0	0
0	143	137	84	500	143	137	84	500	0	0	0	0	0	0	0	0
0	216	99	48	756	216	99	48	756	0	0	0	0	0	0	0	0
0	221	233	158	680	221	233	158	680	0	0	0	0	0	0	0	0
0	102	86	51	476	102	86	51	476	0	0	0	0	0	0	0	0
0	722	954	415	4223	722	954	415	4223	0	0	0	0	0	0	0	0
0	392	388	200	1738	392	388	200	1738	0	0	0	0	0	0	0	0
0	298	235	92	1041	298	235	92	1041	0	0	0	0	0	0	0	0
0	772	556	305	2400	772	556	305	2400	0	0	0	0	0	0	0	0
0	520	467	278	2096	520	399	210	2028	0	68	68	68	0	0	0	0
0	410	252	110	1376	410	247	105	1371	0	5	5	5	0	0	0	0
0	333	305	170	1179	333	284	149	1158	0	21	21	21	0	0	0	0
0	303	258	139	821	303	223	104	786	0	35	35	35	0	0	0	0
0	290	269	157	897	290	236	124	864	0	33	33	33	0	0	0	0
0	461	393	221	1346	461	338	166	1291	0	55	55	55	0	0	0	0
0	369	338	183	979	369	283	128	924	0	55	55	55	0	0	0	0
0	381	236	125	764	381	209	98	737	0	27	27	27	0	0	0	0
0	1253	850	324	6515	1223	813	324	6369	30	37	0	146	0	0	0	0
0	582	592	257	2588	538	565	257	2489	44	27	0	99	0	0	0	0
0	633	461	169	2438	556	413	169	2196	77	48	0	242	0	0	0	0
0	552	411	141	2049	476	321	141	1709	76	90	0	340	0	0	0	0
0	224	171	50	737	212	136	50	653	12	35	0	84	0	0	0	0
0	0	5	5	66	0	5	5	66	0	0	0	0	0	0	0	0
0	658	820	364	3809	658	820	364	3809	0	0	0	0	0	0	0	0
0	102	70	37	469	102	70	37	464	0	0	0	5	0	0	0	0
0	222	197	104	739	222	197	104	739	0	0	0	0	0	0	0	0
0	102	78	58	355	102	78	58	355	0	0	0	0	0	0	0	0
0	84	68	40	408	84	68	40	408	0	0	0	0	0	0	0	0
0	171	176	83	526	171	176	83	526	0	0	0	0	0	0	0	0
0	35	17	17	91	35	17	17	91	0	0	0	0	0	0	0	0
0	157	101	70	315	157	101	70	315	0	0	0	0	0	0	0	0
0	76	41	21	139	76	41	21	139	0	0	0	0	0	0	0	0
0	82	114	51	383	82	114	51	383	0	0	0	0	0	0	0	0
0	645	905	244	3937	645	862	203	3818	0	18	16	94	0	25	25	25
0	196	271	85	887	196	271	85	887	0	0	0	0	0	0	0	0
0	53	156	21	585	53	90	21	519	0	0	0	0	0	66	0	66

2.1 各学校开放

	合计				本科										
					合计				普通开放				一村一		
	毕业生	招生		在籍生	毕业生	招生		在籍生	毕业生	招生		在籍生	毕业生	招生	
		计	其中：春季			计	其中：春季			计	其中：春季			计	其中：春季
中山市横栏理工学校教学点	173	2	2	455	0	0	0	0	0	0	0	0	0	0	0
中山市三乡理工学校教学点	96	61	4	252	0	3	0	3	0	3	0	3	0	0	0
中山市三角中学教学点	123	74	19	369	25	23	5	60	25	23	5	60	0	0	0
中山市坦洲镇成人文化技术学校	27	77	38	140	0	18	14	18	0	18	14	18	0	0	0
中山市火炬职业技术学院	33	0	0	181	0	0	0	10	0	0	0	10	0	0	0
中山市工贸技工学校	64	42	7	239	4	9	1	31	4	9	1	31	0	0	0
中山市广播电视大学民众教学点	0	46	16	98	0	0	0	0	0	0	0	0	0	0	0
江门市广播电视大学	1806	1602	721	10222	308	308	130	1828	308	308	130	1828	0	0	0
新会广播电视大学	755	646	459	3174	139	76	33	320	139	76	33	320	0	0	0
台山磐石电视大学	670	693	166	2558	166	405	58	816	166	405	58	816	0	0	0
开平市广播电视大学	634	578	161	3094	96	94	40	533	96	94	40	533	0	0	0
恩平市广播电视大学	381	326	117	1504	108	107	49	374	108	107	49	374	0	0	0
鹤山市广播电视大学	253	240	90	1035	121	109	22	304	121	109	22	304	0	0	0
佛山广播电视大学	952	834	322	7141	129	140	62	1129	129	140	62	1129	0	0	0
三水区广播电视大学	163	117	54	703	0	0	0	0	0	0	0	0	0	0	0
佛山市高明区广播电视大学	159	78	21	979	0	0	0	0	0	0	0	0	0	0	0
顺德区广播电视大学	36	15	15	208	0	0	0	10	0	0	0	10	0	0	0
4401804	0	0	0	136	0	0	0	0	0	0	0	0	0	0	0
阳江市广播电视大学	1611	1410	591	8208	607	607	266	2774	607	607	266	2774	0	0	0
阳春市广播电视大学	778	596	297	2926	204	159	91	620	204	159	91	620	0	0	0
阳江市广播电视大学阳西县教学点	101	125	55	442	31	47	22	170	31	47	22	170	0	0	0
阳江市广播电视大学闸坡分校	0	21	11	81	0	1	0	1	0	1	0	1	0	0	0
湛江市广播电视大学	1260	1354	682	5285	350	372	171	1353	350	372	171	1353	0	0	0
遂溪县广播电视大学	383	404	211	1158	89	66	29	204	89	66	29	204	0	0	0
廉江市广播电视大学	313	443	287	1184	0	0	0	0	0	0	0	0	0	0	0
吴川市广播电视大学	195	218	126	657	0	0	0	7	0	0	0	7	0	0	0
雷州市广播电视大学	937	626	376	2304	315	141	67	578	315	141	67	578	0	0	0
徐闻县广播电视大学	1029	528	299	1981	356	209	122	665	356	209	122	665	0	0	0
湛江市广播电视大学赤坎校区	279	387	163	1074	68	74	33	201	68	74	33	201	0	0	0
湛江市广播电视大学坡头校区	65	68	30	189	0	0	0	0	0	0	0	0	0	0	0
茂名广播电视大学	1446	1598	543	6218	244	322	162	1151	244	322	162	1151	0	0	0
高州市广播电视大学	267	159	89	895	0	0	0	4	0	0	0	4	0	0	0
化州市广播电视大学	421	235	101	1139	98	47	22	239	98	47	22	239	0	0	0
信宜市广播电视大学	966	1498	1054	4420	0	0	0	0	0	0	0	0	0	0	0
电白广播电视大学	205	94	36	527	53	27	14	140	53	27	14	140	0	0	0
茂名广播电视大学滨海新区教学点	0	10	10	10	0	0	0	0	0	0	0	0	0	0	0
肇庆广播电视大学	1000	915	439	5841	242	231	133	1275	242	231	133	1275	0	0	0
广宁县广播电视大学	396	329	175	1315	86	65	25	237	86	65	25	237	0	0	0
四会市广播电视大学	356	651	197	1758	91	376	57	600	91	376	57	600	0	0	0
怀集县广播电视大学	561	460	277	2464	218	95	65	642	218	95	65	642	0	0	0

教育学生情况(续表52)

单位:人

	专科															
	合计				普通开放				一村一				助力计划			
在籍生	毕业生	招生		在籍生	毕业生	招生		在籍生	毕业生	招生		在籍生	毕业生	招生		在籍生
		计	其中:春季			计	其中:春季			计	其中:春季			计	其中:春季	
0	173	2	2	455	173	2	2	455	0	0	0	0	0	0	0	0
0	96	58	4	249	96	58	4	249	0	0	0	0	0	0	0	0
0	98	51	14	309	98	51	14	309	0	0	0	0	0	0	0	0
0	27	59	24	122	27	59	24	122	0	0	0	0	0	0	0	0
0	33	0	0	171	33	0	0	171	0	0	0	0	0	0	0	0
0	60	33	6	208	60	33	6	208	0	0	0	0	0	0	0	0
0	0	46	16	98	0	46	16	98	0	0	0	0	0	0	0	0
0	1498	1294	591	8394	1498	1244	591	8344	0	0	0	0	0	50	0	50
0	616	570	426	2854	616	570	426	2854	0	0	0	0	0	0	0	0
0	504	288	108	1742	504	288	108	1742	0	0	0	0	0	0	0	0
0	538	484	121	2561	538	484	121	2561	0	0	0	0	0	0	0	0
0	273	219	68	1130	273	219	68	1130	0	0	0	0	0	0	0	0
0	132	131	68	731	132	131	68	731	0	0	0	0	0	0	0	0
0	823	694	260	6012	823	607	248	5925	0	0	0	0	0	87	12	87
0	163	117	54	703	163	117	54	703	0	0	0	0	0	0	0	0
0	159	78	21	979	159	78	21	979	0	0	0	0	0	0	0	0
0	36	15	15	198	36	15	15	198	0	0	0	0	0	0	0	0
0	0	0	0	136	0	0	0	136	0	0	0	0	0	0	0	0
0	1004	803	325	5434	1004	743	325	5374	0	60	0	60	0	0	0	0
0	574	437	206	2306	574	411	206	2280	0	26	0	26	0	0	0	0
0	70	78	33	272	70	78	33	272	0	0	0	0	0	0	0	0
0	0	20	11	80	0	20	11	80	0	0	0	0	0	0	0	0
0	910	982	511	3932	763	914	443	3705	147	68	68	227	0	0	0	0
0	294	338	182	954	229	210	84	710	65	128	98	244	0	0	0	0
0	313	443	287	1184	218	204	102	777	95	239	185	407	0	0	0	0
0	195	218	126	650	146	119	51	460	49	99	75	190	0	0	0	0
0	622	485	309	1726	519	204	104	1228	103	281	205	498	0	0	0	0
0	673	319	177	1316	593	266	124	1168	80	53	53	148	0	0	0	0
0	211	313	130	873	178	261	78	759	33	52	52	114	0	0	0	0
0	65	68	30	189	65	68	30	189	0	0	0	0	0	0	0	0
0	1202	1276	381	5067	1064	986	380	4611	138	286	1	452	0	4	0	4
0	267	159	89	891	267	159	89	891	0	0	0	0	0	0	0	0
0	323	188	79	900	323	188	79	900	0	0	0	0	0	0	0	0
0	966	1498	1054	4420	966	1498	1054	4420	0	0	0	0	0	0	0	0
0	152	67	22	387	152	67	22	387	0	0	0	0	0	0	0	0
0	0	10	10	10	0	10	10	10	0	0	0	0	0	0	0	0
0	758	684	306	4566	742	674	296	4549	16	10	10	17	0	0	0	0
0	310	264	150	1078	263	214	100	1027	47	50	50	51	0	0	0	0
0	265	275	140	1158	265	263	128	1146	0	12	12	12	0	0	0	0
0	343	365	212	1822	343	268	115	1725	0	97	97	97	0	0	0	0

2.1 各学校开放

	合计				本科										
					合计				普通开放				一村一		
	毕业生	招生		在籍生	毕业生	招生		在籍生	毕业生	招生		在籍生	毕业生	招生	
		计	其中：春季			计	其中：春季			计	其中：春季			计	其中：春季
高要广播电视大学	381	275	105	1411	116	47	15	317	116	47	15	317	0	0	0
德庆县广播电视大学	215	214	98	922	50	28	12	134	50	28	12	134	0	0	0
封开县广播电视大学	347	299	155	1000	129	69	26	265	129	69	26	265	0	0	0
肇庆电大高新区教学点	35	67	18	190	0	11	0	11	0	11	0	11	0	0	0
清远市广播电视大学	624	335	163	2932	155	76	41	534	155	76	41	534	0	0	0
广东省英德市广播电视大学	771	699	448	3786	88	72	31	465	88	72	31	465	0	0	0
阳山县广播电视大学	120	230	199	828	0	0	0	0	0	0	0	0	0	0	0
连州市广播电视大学	282	452	241	1213	61	114	47	249	61	114	47	249	0	0	0
连山县广播电视大学	138	182	128	627	0	0	0	0	0	0	0	0	0	0	0
连南瑶族自治县广播电视大学	231	228	136	958	0	0	0	0	0	0	0	0	0	0	0
佛冈县广播电视大学	236	220	157	863	0	0	0	0	0	0	0	0	0	0	0
潮州广播电视大学	677	702	340	2609	275	274	145	882	275	274	145	882	0	0	0
饶平县广播电视大学	167	196	96	627	67	71	33	198	67	71	33	198	0	0	0
潮安县广播电视大学	331	168	79	814	99	53	24	267	99	53	24	267	0	0	0
揭阳广播电视大学	683	441	217	2516	308	175	98	756	308	175	98	756	0	0	0
普宁市广播电视大学	331	379	225	1461	0	0	0	0	0	0	0	0	0	0	0
惠来县广播电视大学	468	289	157	1169	0	0	0	0	0	0	0	0	0	0	0
揭西县广播电视大学	191	276	151	711	0	0	0	0	0	0	0	0	0	0	0
揭东县广播电视大学	311	239	124	1032	43	56	20	242	43	56	20	242	0	0	0
河源市广播电视大学	974	812	135	4685	170	92	45	673	170	92	45	673	0	0	0
连平县广播电视大学	397	251	104	1153	91	63	23	288	91	63	23	288	0	0	0
和平县广播电视大学	332	182	95	1046	0	0	0	0	0	0	0	0	0	0	0
紫金县广播电视大学	678	475	199	2091	31	9	9	76	31	9	9	76	0	0	0
龙川电大	458	273	149	1357	87	47	24	279	87	47	24	279	0	0	0
云浮广播电视大学	627	640	262	2207	199	312	112	803	199	312	112	803	0	0	0
罗定市广播电视大学	271	370	295	923	0	0	0	0	0	0	0	0	0	0	0
新兴县广播电视大学	165	90	50	580	20	12	7	94	20	12	7	94	0	0	0
郁南县广播电视大学	238	148	88	720	52	30	19	139	52	30	19	139	0	0	0
云硫电大	0	0	0	4	0	0	0	0	0	0	0	0	0	0	0
广州	**20586**	**27785**	**12970**	**107376**	**3624**	**6209**	**3797**	**25457**	**3624**	**6209**	**3797**	**25457**	**0**	**0**	**0**
其中：女	12147	14360	6852	53190	2162	3482	2165	13213	2162	3482	2165	13213	0	0	0
广州电大东山分校	94	3	0	319	34	3	0	115	34	3	0	115	0	0	0
广州市电大海珠分校	1062	1172	425	4911	196	229	124	1019	196	229	124	1019	0	0	0
广州电大芳村分校	360	47	25	1205	42	6	5	193	42	6	5	193	0	0	0
广州电大荔湾分校	351	227	100	1293	79	88	68	434	79	88	68	434	0	0	0
广州电大越秀分校	310	214	73	1047	23	143	6	393	23	143	6	393	0	0	0
广州电大天河区分校	769	580	258	2256	169	204	109	699	169	204	109	699	0	0	0
广州电大开发区分校	964	740	361	2940	114	158	78	619	114	158	78	619	0	0	0
广州电大纺织分校	0	0	0	56	0	0	0	11	0	0	0	11	0	0	0
纺织服装	0	0	0	4	0	0	0	0	0	0	0	0	0	0	0

教育学生情况(续表53)

单位:人

	专科															
	合计				普通开放				一村一				助力计划			
在籍生	毕业生	招生		在籍生	毕业生	招生		在籍生	毕业生	招生		在籍生	毕业生	招生		在籍生
		计	其中:春季			计	其中:春季			计	其中:春季			计	其中:春季	
0	265	228	90	1094	265	191	53	1057	0	37	37	37	0	0	0	0
0	165	186	86	788	165	139	39	741	0	47	47	47	0	0	0	0
0	218	230	129	735	218	183	82	688	0	47	47	47	0	0	0	0
0	35	56	18	179	35	56	18	179	0	0	0	0	0	0	0	0
0	469	259	122	2398	469	259	122	2398	0	0	0	0	0	0	0	0
0	683	627	417	3321	569	592	417	3189	114	35	0	132	0	0	0	0
0	120	230	199	828	88	230	199	671	32	0	0	157	0	0	0	0
0	221	338	194	964	221	233	89	853	0	105	105	111	0	0	0	0
0	138	182	128	627	138	124	70	569	0	58	58	58	0	0	0	0
0	231	228	136	958	230	228	136	930	1	0	0	28	0	0	0	0
0	236	220	157	863	236	220	157	863	0	0	0	0	0	0	0	0
0	402	428	195	1727	402	428	195	1727	0	0	0	0	0	0	0	0
0	100	125	63	429	100	125	63	429	0	0	0	0	0	0	0	0
0	232	115	55	547	232	115	55	547	0	0	0	0	0	0	0	0
0	375	266	119	1760	375	266	119	1760	0	0	0	0	0	0	0	0
0	331	379	225	1461	331	379	225	1461	0	0	0	0	0	0	0	0
0	468	289	157	1169	468	289	157	1169	0	0	0	0	0	0	0	0
0	191	276	151	711	191	276	151	711	0	0	0	0	0	0	0	0
0	268	183	104	790	268	183	104	790	0	0	0	0	0	0	0	0
0	804	720	90	4012	804	720	90	4012	0	0	0	0	0	0	0	0
0	306	188	81	865	306	188	81	865	0	0	0	0	0	0	0	0
0	332	182	95	1046	332	182	95	1046	0	0	0	0	0	0	0	0
0	647	466	190	2015	647	466	190	2015	0	0	0	0	0	0	0	0
0	371	226	125	1078	371	226	125	1078	0	0	0	0	0	0	0	0
0	428	328	150	1404	427	328	150	1400	1	0	0	4	0	0	0	0
0	271	370	295	923	271	370	295	914	0	0	0	9	0	0	0	0
0	145	78	43	486	134	78	43	480	11	0	0	6	0	0	0	0
0	186	118	69	581	181	118	69	573	5	0	0	8	0	0	0	0
0	0	0	0	4	0	0	0	4	0	0	0	0	0	0	0	0
0	**16962**	**21576**	**9173**	**81919**	**16817**	**18948**	**8231**	**78160**	**145**	**48**	**3**	**238**	**0**	**2580**	**939**	**3521**
0	9985	10878	4687	39977	9935	10676	4602	39636	50	29	1	109	0	173	84	232
0	60	0	0	204	60	0	0	204	0	0	0	0	0	0	0	0
0	866	943	301	3892	866	607	234	3503	0	0	0	0	0	336	67	389
0	318	41	20	1012	318	41	20	1012	0	0	0	0	0	0	0	0
0	272	139	32	859	272	139	32	859	0	0	0	0	0	0	0	0
0	287	71	67	654	287	71	67	654	0	0	0	0	0	0	0	0
0	600	376	149	1557	600	376	149	1557	0	0	0	0	0	0	0	0
0	850	582	283	2321	850	550	283	2289	0	0	0	0	0	32	0	32
0	0	0	0	45	0	0	0	45	0	0	0	0	0	0	0	0
0	0	0	0	4	0	0	0	4	0	0	0	0	0	0	0	0

2.1 各学校开放

	合计				本科										
					合计				普通开放				一村一		
	毕业生	招生		在籍生	毕业生	招生		在籍生	毕业生	招生		在籍生	毕业生	招生	
		计	其中：春季			计	其中：春季			计	其中：春季			计	其中：春季
财经工作站	216	343	114	1680	0	116	103	130	0	116	103	130	0	0	0
广州造船	0	38	0	38	0	0	0	0	0	0	0	0	0	0	0
南方人才教育培训中心	422	334	156	1041	0	93	42	158	0	93	42	158	0	0	0
广州电大侨光分校	2047	2528	1296	11609	522	659	384	3337	522	659	384	3337	0	0	0
广州电大机电分校	759	97	90	3082	17	36	32	150	17	36	32	150	0	0	0
佰平工作站	344	736	201	1353	0	66	20	66	0	66	20	66	0	0	0
广州电大司法分校	858	871	312	4938	216	303	274	1703	216	303	274	1703	0	0	0
电器工业	0	532	271	806	0	0	0	0	0	0	0	0	0	0	0
广州市广播电视大学中奥物业工作站	1178	859	526	3124	82	235	152	644	82	235	152	644	0	0	0
中船集团广州教学点	0	47	29	47	0	0	0	0	0	0	0	0	0	0	0
轻职工作站	174	339	25	1313	0	0	0	0	0	0	0	0	0	0	0
广州电大番禺分校	1046	853	359	4313	174	173	94	985	174	173	94	985	0	0	0
广州电大从化分校	719	1222	870	3411	231	813	652	1424	231	813	652	1424	0	0	0
广州电大花都分校	1455	1051	343	5865	187	128	66	877	187	128	66	877	0	0	0
广州电大增城分校	1527	1351	414	6736	238	178	105	1196	238	178	105	1196	0	0	0
信息工程工作站	38	333	29	1034	0	7	0	7	0	7	0	7	0	0	0
广州电大统计局工作站	6	0	0	15	0	0	0	5	0	0	0	5	0	0	0
远东工作站	0	323	45	836	0	0	0	0	0	0	0	0	0	0	0
蓝星工作站	0	1778	958	3370	0	261	113	261	0	261	113	261	0	0	0
广师	0	85	74	85	0	0	0	0	0	0	0	0	0	0	0
广州电大黄埔工作站	176	255	127	967	0	0	0	3	0	0	0	3	0	0	0
广州电大东方分校	883	1126	463	4806	223	347	157	1736	223	347	157	1736	0	0	0
白云进修学院	0	0	0	1	0	0	0	0	0	0	0	0	0	0	0
广州金融人才培训中心	14	0	0	82	14	0	0	64	14	0	0	64	0	0	0
金融专科学校分校(银)	102	0	0	1010	79	0	0	813	79	0	0	813	0	0	0
广州电大广州港集团分校	426	836	207	2544	39	81	11	221	39	81	11	221	0	0	0
市政	2	0	0	0	2	0	0	0	2	0	0	0	0	0	0
广州电大珠江工作站	5	0	0	60	0	0	0	0	0	0	0	0	0	0	0
工贸分校	0	0	0	4	0	0	0	0	0	0	0	0	0	0	0
商贸学校工作站	16	0	0	116	0	0	0	0	0	0	0	0	0	0	0
广州康大职业技术学院	71	124	1	774	71	124	1	774	71	124	1	774	0	0	0
广州大学人文学院	56	52	0	257	4	0	0	16	4	0	0	16	0	0	0
广东科学技术职业学院人文社会科学系	55	0	0	213	55	0	0	213	55	0	0	213	0	0	0
广州市残疾学院	1	0	0	10	1	0	0	1	1	0	0	1	0	0	0
广州市广源工贸职业技术学校	56	20	10	205	0	0	0	0	0	0	0	0	0	0	0
华文法商	0	0	0	1	0	0	0	0	0	0	0	0	0	0	0
濂江	0	0	0	5	0	0	0	5	0	0	0	5	0	0	0
南沙浩今工作站	0	334	0	363	0	0	0	0	0	0	0	0	0	0	0
广东农工商职业技术学院	0	0	0	7	0	0	0	0	0	0	0	0	0	0	0
华侨教学点	0	202	91	202	0	0	0	0	0	0	0	0	0	0	0

教育学生情况(续表54)

单位:人

	专科															
	合计				普通开放				一村一				助力计划			
在籍生	毕业生	招生 计	招生 其中:春季	在籍生	毕业生	招生 计	招生 其中:春季	在籍生	毕业生	招生 计	招生 其中:春季	在籍生	毕业生	招生 计	招生 其中:春季	在籍生
0	216	227	11	1550	216	227	11	1550	0	0	0	0	0	0	0	0
0	0	38	0	38	0	38	0	38	0	0	0	0	0	0	0	0
0	422	241	114	883	422	241	114	883	0	0	0	0	0	0	0	0
0	1525	1869	912	8272	1525	1802	885	8205	0	0	0	0	0	67	27	67
0	742	61	58	2932	742	57	54	2928	0	0	0	0	0	4	4	4
0	344	670	181	1287	344	670	181	1287	0	0	0	0	0	0	0	0
0	642	568	38	3235	642	568	38	3235	0	0	0	0	0	0	0	0
0	0	532	271	806	0	52	23	54	0	0	0	0	0	480	248	752
0	1096	624	374	2480	1096	624	374	2480	0	0	0	0	0	0	0	0
0	0	47	29	47	0	0	0	0	0	0	0	0	0	47	29	47
0	174	339	25	1313	123	200	24	1040	51	46	1	180	0	93	0	93
0	872	680	265	3328	872	680	265	3328	0	0	0	0	0	0	0	0
0	488	409	218	1987	488	409	218	1987	0	0	0	0	0	0	0	0
0	1268	923	277	4988	1268	923	277	4988	0	0	0	0	0	0	0	0
0	1289	1173	309	5540	1289	1173	309	5540	0	0	0	0	0	0	0	0
0	38	326	29	1027	38	326	29	1027	0	0	0	0	0	0	0	0
0	6	0	0	10	6	0	0	10	0	0	0	0	0	0	0	0
0	0	323	45	836	0	323	45	836	0	0	0	0	0	0	0	0
0	0	1517	845	3109	0	1517	845	3109	0	0	0	0	0	0	0	0
0	0	85	74	85	0	85	74	85	0	0	0	0	0	0	0	0
0	176	255	127	964	176	255	127	964	0	0	0	0	0	0	0	0
0	660	779	306	3070	660	777	306	3068	0	0	0	0	0	2	0	2
0	0	0	0	1	0	0	0	1	0	0	0	0	0	0	0	0
0	0	0	0	18	0	0	0	18	0	0	0	0	0	0	0	0
0	23	0	0	197	23	0	0	197	0	0	0	0	0	0	0	0
0	387	755	196	2323	387	705	196	2273	0	0	0	0	0	50	0	50
0	0	0	0	0	0	0	0	0	0	0	0	0	0	0	0	0
0	5	0	0	60	5	0	0	60	0	0	0	0	0	0	0	0
0	0	0	0	4	0	0	0	4	0	0	0	0	0	0	0	0
0	16	0	0	116	16	0	0	116	0	0	0	0	0	0	0	0
0	0	0	0	0	0	0	0	0	0	0	0	0	0	0	0	0
0	52	52	0	241	52	52	0	241	0	0	0	0	0	0	0	0
0	0	0	0	0	0	0	0	0	0	0	0	0	0	0	0	0
0	0	0	0	9	0	0	0	9	0	0	0	0	0	0	0	0
0	56	20	10	205	56	20	10	205	0	0	0	0	0	0	0	0
0	0	0	0	1	0	0	0	1	0	0	0	0	0	0	0	0
0	0	0	0	0	0	0	0	0	0	0	0	0	0	0	0	0
0	0	334	0	363	0	0	0	29	0	0	0	0	0	334	0	334
0	0	0	0	7	0	0	0	7	0	0	0	0	0	0	0	0
0	0	202	91	202	0	201	91	201	0	0	0	0	0	1	0	1

	合计				本科										
					合计				普通开放				一村一		
	毕业生	招生		在籍生	毕业生	招生		在籍生	毕业生	招生		在籍生	毕业生	招生	
		计	其中:春季			计	其中:春季			计	其中:春季			计	其中:春季
广东省旅游职业技术学校	40	78	9	202	0	0	0	0	0	0	0	0	0	0	0
新邦物流	0	0	0	7	0	0	0	0	0	0	0	0	0	0	0
广州市幼儿师范学校	3	102	0	113	0	0	0	0	0	0	0	0	0	0	0
江南理工技校教学点	0	90	0	90	0	0	0	0	0	0	0	0	0	0	0
国家开放大学(广州)实验学院	0	2288	1699	2971	0	0	0	0	0	0	0	0	0	0	0
省冶金技校教学点	0	22	0	22	0	0	0	0	0	0	0	0	0	0	0
广州市广播电视大学直属学院	3927	5553	3009	23229	771	1758	1201	7024	771	1758	1201	7024	0	0	0
广州市广播电视大学人文与工程学院	26	0	0	121	24	0	0	73	24	0	0	73	0	0	0
财经学院	10	0	0	147	2	0	0	25	2	0	0	25	0	0	0
管理学院	18	0	0	120	15	0	0	63	15	0	0	63	0	0	0
深圳	**5814**	**6058**	**2138**	**44049**	**694**	**1213**	**659**	**9608**	**694**	**1213**	**659**	**9608**	**0**	**0**	**0**
其中:女	4024	3873	1441	26236	455	761	415	5638	455	761	415	5638	0	0	0
深圳电大校本部直属试点教学点	2819	2419	1063	21942	371	671	366	6051	371	671	366	6051	0	0	0
深圳广播电视大学光明试点教学点	125	13	5	899	5	0	0	25	5	0	0	25	0	0	0
深圳广播电视大学深圳统计局试点教学点	0	0	0	15	0	0	0	9	0	0	0	9	0	0	0
深圳广播电视大学深圳高级技工学校教学点	81	36	36	211	0	0	0	0	0	0	0	0	0	0	0
深圳市宝安区观澜成人文化技术学校教学点	83	91	24	382	0	7	0	24	0	7	0	24	0	0	0
深圳广播电视大学龙华教学点	184	182	122	731	10	31	17	107	10	31	17	107	0	0	0
深圳电大坪山成人文化技术学校教学点	259	489	296	1643	25	175	106	495	25	175	106	495	0	0	0
深圳电大直属东部华侨城教学点	52	0	0	303	0	0	0	50	0	0	0	50	0	0	0
深圳广播电视大学开放职校教学点	0	1154	12	4353	0	0	0	0	0	0	0	0	0	0	0
深圳广播电视大学富士康教学点	294	0	0	371	0	0	0	0	0	0	0	0	0	0	0
深圳电大蛇口试点教学点	304	475	94	2081	62	61	28	571	62	61	28	571	0	0	0
深圳广播电视大学宝安试点教学点	256	51	0	1552	30	0	0	313	30	0	0	313	0	0	0
深圳电大沙头角试点教学点	238	177	92	1683	42	42	17	403	42	42	17	403	0	0	0
深圳电大南山试点教学点	221	175	96	1238	46	47	34	383	46	47	34	383	0	0	0
深圳广播电视大学龙岗试点教学点	653	476	184	4941	77	124	55	850	77	124	55	850	0	0	0
深圳电大龙岗分校二职教学点	0	149	0	704	0	0	0	0	0	0	0	0	0	0	0
深圳广播电视大学罗湖教学点	94	31	31	426	22	15	15	201	22	15	15	201	0	0	0
深圳电大福田试点教学点	151	140	83	574	4	40	21	126	4	40	21	126	0	0	0
广西	**11937**	**13341**	**6625**	**50587**	**2402**	**2226**	**1167**	**10512**	**2402**	**2226**	**1167**	**10512**	**0**	**0**	**0**
其中:女	6838	7586	3776	28339	1333	1185	625	5661	1333	1185	625	5661	0	0	0
广西电大本部教学点	778	977	491	5194	203	290	139	1609	203	290	139	1609	0	0	0
梧州市分校	295	239	128	977	23	29	23	148	23	29	23	148	0	0	0
恭城县电大工作站	164	50	26	454	136	25	10	309	136	25	10	309	0	0	0
北流市电大工作站	67	59	35	228	0	0	0	0	0	0	0	0	0	0	0
巴马县电大工作站	154	131	65	433	28	19	9	67	28	19	9	67	0	0	0
南丹县电大工作站	0	42	9	100	0	0	0	0	0	0	0	0	0	0	0
富川县电大工作站	0	26	13	116	0	4	0	4	0	4	0	4	0	0	0
全州县电大工作站	17	0	0	84	0	0	0	19	0	0	0	19	0	0	0

教育学生情况(续表55)

单位:人

	专科															
	合计				普通开放				一村一				助力计划			
在籍生	毕业生	招生 计	招生 其中:春季	在籍生	毕业生	招生 计	招生 其中:春季	在籍生	毕业生	招生 计	招生 其中:春季	在籍生	毕业生	招生 计	招生 其中:春季	在籍生
0	40	78	9	202	40	78	9	202	0	0	0	0	0	0	0	0
0	0	0	0	7	0	0	0	7	0	0	0	0	0	0	0	0
0	3	102	0	113	3	102	0	113	0	0	0	0	0	0	0	0
0	0	90	0	90	0	39	0	39	0	0	0	0	0	51	0	51
0	0	2288	1699	2971	0	1837	1376	2475	0	0	0	0	0	451	323	496
0	0	22	0	22	0	11	0	11	0	0	0	0	0	11	0	11
0	3156	3795	1808	16205	3062	3172	1565	14955	94	2	2	58	0	621	241	1192
0	2	0	0	48	2	0	0	48	0	0	0	0	0	0	0	0
0	8	0	0	122	8	0	0	122	0	0	0	0	0	0	0	0
0	3	0	0	57	3	0	0	57	0	0	0	0	0	0	0	0
0	**5120**	**4845**	**1479**	**34441**	**5120**	**4845**	**1479**	**34441**	**0**	**0**	**0**	**0**	**0**	**0**	**0**	**0**
0	3569	3112	1026	20598	3569	3112	1026	20598	0	0	0	0	0	0	0	0
0	2448	1748	697	15891	2448	1748	697	15891	0	0	0	0	0	0	0	0
0	120	13	5	874	120	13	5	874	0	0	0	0	0	0	0	0
0	0	0	0	6	0	0	0	6	0	0	0	0	0	0	0	0
0	81	36	36	211	81	36	36	211	0	0	0	0	0	0	0	0
0	83	84	24	358	83	84	24	358	0	0	0	0	0	0	0	0
0	174	151	105	624	174	151	105	624	0	0	0	0	0	0	0	0
0	234	314	190	1148	234	314	190	1148	0	0	0	0	0	0	0	0
0	52	0	0	253	52	0	0	253	0	0	0	0	0	0	0	0
0	0	1154	12	4353	0	1154	12	4353	0	0	0	0	0	0	0	0
0	294	0	0	371	294	0	0	371	0	0	0	0	0	0	0	0
0	242	414	66	1510	242	414	66	1510	0	0	0	0	0	0	0	0
0	226	51	0	1239	226	51	0	1239	0	0	0	0	0	0	0	0
0	196	135	75	1280	196	135	75	1280	0	0	0	0	0	0	0	0
0	175	128	62	855	175	128	62	855	0	0	0	0	0	0	0	0
0	576	352	129	4091	576	352	129	4091	0	0	0	0	0	0	0	0
0	0	149	0	704	0	149	0	704	0	0	0	0	0	0	0	0
0	72	16	16	225	72	16	16	225	0	0	0	0	0	0	0	0
0	147	100	62	448	147	100	62	448	0	0	0	0	0	0	0	0
0	**9535**	**11115**	**5458**	**40075**	**8955**	**10710**	**5202**	**38615**	**580**	**405**	**256**	**1460**	**0**	**0**	**0**	**0**
0	5505	6401	3151	22678	5338	6282	3062	22283	167	119	89	395	0	0	0	0
0	575	687	352	3585	575	687	352	3585	0	0	0	0	0	0	0	0
0	272	210	105	829	243	196	103	792	29	14	2	37	0	0	0	0
0	28	25	16	145	27	19	10	131	1	6	6	14	0	0	0	0
0	67	59	35	228	65	59	35	216	2	0	0	12	0	0	0	0
0	126	112	56	366	105	111	55	347	21	1	1	19	0	0	0	0
0	0	42	9	100	0	40	8	81	0	2	1	19	0	0	0	0
0	0	22	13	112	0	22	13	95	0	0	0	17	0	0	0	0
0	17	0	0	65	6	0	0	47	11	0	0	18	0	0	0	0

2.1 各学校开放

	合计				本科										
					合计				普通开放				一村一		
	毕业生	招生		在籍生	毕业生	招生		在籍生	毕业生	招生		在籍生	毕业生	招生	
		计	其中：春季			计	其中：春季			计	其中：春季			计	其中：春季
灌阳县电大工作站	237	230	122	793	0	60	30	174	0	60	30	174	0	0	0
阳朔县电大工作站	144	129	59	397	9	24	10	65	9	24	10	65	0	0	0
容县教师进修学校	0	0	0	13	0	0	0	0	0	0	0	0	0	0	0
玉林市玉州区电大工作站	2	0	0	117	0	0	0	0	0	0	0	0	0	0	0
柳江县电大工作站	0	0	0	6	0	0	0	2	0	0	0	2	0	0	0
隆安县电大工作站	0	0	0	8	0	0	0	0	0	0	0	0	0	0	0
天峨县电大工作站	43	27	14	133	0	4	2	36	0	4	2	36	0	0	0
东兰县教师进修学校教学点	57	46	27	235	0	8	3	30	0	8	3	30	0	0	0
凤山县教师进修学校教学点	20	38	19	88	0	1	1	11	0	1	1	11	0	0	0
资源县教师进修学校教学点	135	115	47	297	7	26	16	70	7	26	16	70	0	0	0
贺州市八步区教学点	145	103	65	394	22	12	9	87	22	12	9	87	0	0	0
广西电大直属荔浦县教学点	13	0	0	19	1	0	0	3	1	0	0	3	0	0	0
广西电大南宁英泰直属教学点	0	0	0	26	0	0	0	0	0	0	0	0	0	0	0
广西电大公路教育培训中心教学点	86	74	0	316	0	0	0	0	0	0	0	0	0	0	0
广西电大水利工作站	0	0	0	16	0	0	0	0	0	0	0	0	0	0	0
广西金城江区委党校教学点	79	74	35	235	14	35	19	90	14	35	19	90	0	0	0
广西宜州市委党校教学点	8	85	19	115	0	3	2	4	0	3	2	4	0	0	0
广西电大直属融安教学点	1	0	0	0	0	0	0	0	0	0	0	0	0	0	0
柳州城职校教学点	0	10	0	12	0	0	0	0	0	0	0	0	0	0	0
永福县党校电大工作站	1	15	2	20	0	0	0	0	0	0	0	0	0	0	0
平乐县电大教学点	15	0	0	39	0	0	0	0	0	0	0	0	0	0	0
广西电大区直分校	353	8	8	1036	39	0	0	226	39	0	0	226	0	0	0
南宁市电大	352	6	6	1718	82	6	6	460	82	6	6	460	0	0	0
南宁市电大宾阳县工作站	10	0	0	27	0	0	0	0	0	0	0	0	0	0	0
南宁市电大邕宁区教师进修学校工作站	34	0	0	84	8	0	0	21	8	0	0	21	0	0	0
南宁市电大武鸣教学点	47	44	20	244	0	0	0	0	0	0	0	0	0	0	0
南宁市分校马山县工作站	7	0	0	77	0	0	0	0	0	0	0	0	0	0	0
南宁第六职业技术学校	31	80	63	253	0	2	2	2	0	2	2	2	0	0	0
横县教师进修学校电大工作站	55	11	6	122	0	0	0	0	0	0	0	0	0	0	0
隆安县电大工作站	64	36	23	108	0	0	0	0	0	0	0	0	0	0	0
柳州市电大	248	212	91	1167	67	96	40	430	67	96	40	430	0	0	0
柳州市电大鹿寨工作站	137	109	48	507	45	37	17	178	45	37	17	178	0	0	0
柳州市电大三江县教师进修学校电大工作站	33	0	0	135	21	0	0	71	21	0	0	71	0	0	0
柳江县电大工作站	5	9	5	19	0	0	0	0	0	0	0	0	0	0	0
桂林市电大	361	273	123	1241	100	86	47	400	100	86	47	400	0	0	0
桂林市电大龙胜县工作站	24	62	35	209	0	24	15	56	0	24	15	56	0	0	0
桂林市兴安师范学校教学点	24	0	0	81	0	0	0	0	0	0	0	0	0	0	0
桂林市第二技工学校	0	1	1	24	0	0	0	0	0	0	0	0	0	0	0
全州县电大工作站	0	90	34	90	0	15	6	15	0	15	6	15	0	0	0
荔浦县教学点	0	3	1	3	0	0	0	0	0	0	0	0	0	0	0

教育学生情况(续表 56)

单位:人

	专科															
	合计				普通开放				一村一				助力计划			
		招生				招生				招生				招生		
在籍生	毕业生	计	其中:春季	在籍生	毕业生	计	其中:春季	在籍生	毕业生	计	其中:春季	在籍生	毕业生	计	其中:春季	在籍生
0	237	170	92	619	237	164	89	605	0	6	3	14	0	0	0	0
0	135	105	49	332	77	101	48	283	58	4	1	49	0	0	0	0
0	0	0	0	13	0	0	0	13	0	0	0	0	0	0	0	0
0	2	0	0	117	2	0	0	117	0	0	0	0	0	0	0	0
0	0	0	0	4	0	0	0	4	0	0	0	0	0	0	0	0
0	0	0	0	8	0	0	0	3	0	0	0	5	0	0	0	0
0	43	23	12	97	43	23	12	97	0	0	0	0	0	0	0	0
0	57	38	24	205	55	26	12	191	2	12	12	14	0	0	0	0
0	20	37	18	77	17	33	18	70	3	4	0	7	0	0	0	0
0	128	89	31	227	91	85	31	219	37	4	0	8	0	0	0	0
0	123	91	56	307	111	91	56	296	12	0	0	11	0	0	0	0
0	12	0	0	16	12	0	0	16	0	0	0	0	0	0	0	0
0	0	0	0	26	0	0	0	26	0	0	0	0	0	0	0	0
0	86	74	0	316	86	74	0	316	0	0	0	0	0	0	0	0
0	0	0	0	16	0	0	0	16	0	0	0	0	0	0	0	0
0	65	39	16	145	65	39	16	145	0	0	0	0	0	0	0	0
0	8	82	17	111	8	82	17	111	0	0	0	0	0	0	0	0
0	1	0	0	0	1	0	0	0	0	0	0	0	0	0	0	0
0	0	10	0	12	0	10	0	12	0	0	0	0	0	0	0	0
0	1	15	2	20	1	15	2	20	0	0	0	0	0	0	0	0
0	15	0	0	39	15	0	0	39	0	0	0	0	0	0	0	0
0	314	8	8	810	314	8	8	810	0	0	0	0	0	0	0	0
0	270	0	0	1258	270	0	0	1258	0	0	0	0	0	0	0	0
0	10	0	0	27	10	0	0	27	0	0	0	0	0	0	0	0
0	26	0	0	63	26	0	0	63	0	0	0	0	0	0	0	0
0	47	44	20	244	47	44	20	244	0	0	0	0	0	0	0	0
0	7	0	0	77	6	0	0	77	1	0	0	0	0	0	0	0
0	31	78	61	251	31	78	61	251	0	0	0	0	0	0	0	0
0	55	11	6	122	55	11	6	122	0	0	0	0	0	0	0	0
0	64	36	23	108	14	36	23	107	50	0	0	1	0	0	0	0
0	181	116	51	737	181	116	51	737	0	0	0	0	0	0	0	0
0	92	72	31	329	92	72	31	329	0	0	0	0	0	0	0	0
0	12	0	0	64	12	0	0	64	0	0	0	0	0	0	0	0
0	5	9	5	19	5	9	5	19	0	0	0	0	0	0	0	0
0	261	187	76	841	261	184	74	838	0	3	2	3	0	0	0	0
0	24	38	20	153	0	18	5	54	24	20	15	99	0	0	0	0
0	24	0	0	81	24	0	0	81	0	0	0	0	0	0	0	0
0	0	1	1	24	0	1	1	24	0	0	0	0	0	0	0	0
0	0	75	28	75	0	70	23	70	0	5	5	5	0	0	0	0
0	0	3	1	3	0	3	1	3	0	0	0	0	0	0	0	0

2.1 各学校开放

	合计				本科										
					合计				普通开放				一村一		
	毕业生	招生		在籍生	毕业生	招生		在籍生	毕业生	招生		在籍生	毕业生	招生	
		计	其中:春季			计	其中:春季			计	其中:春季			计	其中:春季
平乐县电大教学点	0	26	16	26	0	0	0	0	0	0	0	0	0	0	0
南宁地区分校	76	364	148	721	24	46	23	133	24	46	23	133	0	0	0
天等县电大工作站	2	62	40	124	0	11	7	24	0	11	7	24	0	0	0
宁明县电大工作站	29	88	44	170	0	16	8	25	0	16	8	25	0	0	0
南地凭祥市电大工作站	24	56	43	75	0	7	6	7	0	7	6	7	0	0	0
南地大新县电大工作站	69	110	53	338	0	18	10	66	0	18	10	66	0	0	0
南地扶绥县电大工作站	28	59	25	205	0	7	4	66	0	7	4	66	0	0	0
南地崇左电大工作站	21	27	16	88	0	10	4	25	0	10	4	25	0	0	0
来宾市分校直属部	248	184	67	952	48	36	21	272	48	36	21	272	0	0	0
来宾市兴宾区财政局电大工作站	5	41	4	55	0	0	0	0	0	0	0	0	0	0	0
来宾市分校兴宾区直属点	29	12	8	136	8	8	4	54	8	8	4	54	0	0	0
来宾市分校合山市教育局教学点	78	198	111	418	9	45	17	112	9	45	17	112	0	0	0
来宾市忻城县教学点	12	0	0	38	2	0	0	4	2	0	0	4	0	0	0
象州县教师进修学校工作站	63	27	13	134	18	11	6	48	18	11	6	48	0	0	0
金秀县职业技术学校工作站	35	33	17	136	0	3	2	25	0	3	2	25	0	0	0
武宣县中等职业技术学校工作站	44	38	16	128	24	7	6	37	24	7	6	37	0	0	0
来宾市分校来宾校区教学点	64	11	3	143	3	1	1	4	3	1	1	4	0	0	0
贺州市分校	46	69	47	287	5	12	10	87	5	12	10	87	0	0	0
昭平县电大工作站	36	15	9	67	3	5	3	15	3	5	3	15	0	0	0
钟山县电大工作站	35	39	19	144	3	2	1	13	3	2	1	13	0	0	0
玉林师院分校博白工作站	17	21	21	282	16	0	0	117	16	0	0	117	0	0	0
百色市民族分校	428	442	189	2076	122	107	60	716	122	107	60	716	0	0	0
平果县教师进修学校	31	22	9	152	2	4	1	33	2	4	1	33	0	0	0
田阳县电大工作站	17	0	0	55	0	0	0	0	0	0	0	0	0	0	0
田林县电大工作站	0	6	2	16	0	0	0	0	0	0	0	0	0	0	0
那坡县电大工作站	16	21	9	76	0	0	0	0	0	0	0	0	0	0	0
乐业县教师进修学校电大工作站	29	5	0	78	0	0	0	0	0	0	0	0	0	0	0
百色电大分校凌云县教师进修学校电大站	22	63	7	225	0	0	0	0	0	0	0	0	0	0	0
靖西县教师进修学校电大工作站	14	2	2	101	9	0	0	6	9	0	0	6	0	0	0
西林县教师进修学校电大工作站	50	14	10	126	2	2	2	14	2	2	2	14	0	0	0
隆林县职业中专	1	4	1	50	0	0	0	0	0	0	0	0	0	0	0
田东县电大工作站	21	6	2	23	0	0	0	0	0	0	0	0	0	0	0
德保县电大工作站	4	2	2	2	0	0	0	0	0	0	0	0	0	0	0
河池市电大分校	0	14	8	118	0	2	1	19	0	2	1	19	0	0	0
罗城县电大工作站	542	434	230	1746	301	103	74	593	301	103	74	593	0	0	0
环江县教师进修学校教学点	90	79	51	367	18	13	9	58	18	13	9	58	0	0	0
都安县电大工作站	2	13	13	36	2	1	1	14	2	1	1	14	0	0	0
钦州市电大分校	413	193	120	1361	151	55	38	327	151	55	38	327	0	0	0
浦北县工作站	131	99	57	580	4	5	1	41	4	5	1	41	0	0	0
钦州分校灵山县电大工作站	36	11	8	60	0	0	0	5	0	0	0	5	0	0	0

教育学生情况(续表57)

单位:人

在籍生	专科															
	合计				普通开放				一村一				助力计划			
	毕业生	招生		在籍生	毕业生	招生		在籍生	毕业生	招生		在籍生	毕业生	招生		在籍生
		计	其中:春季			计	其中:春季			计	其中:春季			计	其中:春季	
0	0	26	16	26	0	26	16	26	0	0	0	0	0	0	0	0
0	52	318	125	588	52	313	125	576	0	5	0	12	0	0	0	0
0	2	51	33	100	2	51	33	100	0	0	0	0	0	0	0	0
0	29	72	36	145	29	72	36	145	0	0	0	0	0	0	0	0
0	24	49	37	68	24	49	37	68	0	0	0	0	0	0	0	0
0	69	92	43	272	63	82	36	251	6	10	7	21	0	0	0	0
0	28	52	21	139	28	52	21	139	0	0	0	0	0	0	0	0
0	21	17	12	63	21	17	12	63	0	0	0	0	0	0	0	0
0	200	148	46	680	147	145	43	635	53	3	3	45	0	0	0	0
0	5	41	4	55	5	41	4	55	0	0	0	0	0	0	0	0
0	21	4	4	82	21	4	4	82	0	0	0	0	0	0	0	0
0	69	153	94	306	69	153	94	306	0	0	0	0	0	0	0	0
0	10	0	0	34	10	0	0	34	0	0	0	0	0	0	0	0
0	45	16	7	86	45	16	7	86	0	0	0	0	0	0	0	0
0	35	30	15	111	35	30	15	111	0	0	0	0	0	0	0	0
0	20	31	10	91	20	31	10	91	0	0	0	0	0	0	0	0
0	61	10	2	139	61	10	2	139	0	0	0	0	0	0	0	0
0	41	57	37	200	41	57	37	200	0	0	0	0	0	0	0	0
0	33	10	6	52	33	10	6	52	0	0	0	0	0	0	0	0
0	32	37	18	131	30	35	18	114	2	2	0	17	0	0	0	0
0	1	21	21	165	1	21	21	126	0	0	0	39	0	0	0	0
0	306	335	129	1360	278	327	123	1232	28	8	6	128	0	0	0	0
0	29	18	8	119	23	18	8	107	6	0	0	12	0	0	0	0
0	17	0	0	55	2	0	0	1	15	0	0	54	0	0	0	0
0	0	6	2	16	0	6	2	16	0	0	0	0	0	0	0	0
0	16	21	9	76	16	21	9	76	0	0	0	0	0	0	0	0
0	29	5	0	78	24	5	0	57	5	0	0	21	0	0	0	0
0	22	63	7	225	22	63	7	225	0	0	0	0	0	0	0	0
0	5	2	2	95	0	2	2	20	5	0	0	75	0	0	0	0
0	48	12	8	112	48	12	8	112	0	0	0	0	0	0	0	0
0	1	4	1	50	0	4	1	22	1	0	0	28	0	0	0	0
0	21	6	2	23	21	6	2	23	0	0	0	0	0	0	0	0
0	4	2	2	2	4	2	2	2	0	0	0	0	0	0	0	0
0	0	12	7	99	0	12	7	99	0	0	0	0	0	0	0	0
0	241	331	156	1153	198	324	149	1055	43	7	7	98	0	0	0	0
0	72	66	42	309	65	63	40	278	7	3	2	31	0	0	0	0
0	0	12	12	22	0	12	12	22	0	0	0	0	0	0	0	0
0	262	138	82	1034	253	135	82	1024	9	3	0	10	0	0	0	0
0	127	94	56	539	127	94	56	539	0	0	0	0	0	0	0	0
0	36	11	8	55	36	11	8	55	0	0	0	0	0	0	0	0

	合计				本科										
					合计				普通开放				一村一		
	毕业生	招生		在籍生	毕业生	招生		在籍生	毕业生	招生		在籍生	毕业生	招生	
		计	其中：春季			计	其中：春季			计	其中：春季			计	其中：春季
钦州市钦北区委党校工作站	113	51	18	235	31	12	4	44	31	12	4	44	0	0	0
钦州地区电大工作站	0	0	0	3	0	0	0	0	0	0	0	0	0	0	0
北海市电大	629	676	348	2106	220	163	78	527	220	163	78	527	0	0	0
北海电大出口加工区教学点	185	91	42	437	0	0	0	0	0	0	0	0	0	0	0
电大检察分校	3	1	1	12	3	1	1	12	3	1	1	12	0	0	0
贵港市广播电视大学	1003	974	570	3795	158	112	64	554	158	112	64	554	0	0	0
贵港市电大平南工作站	286	435	257	1102	45	44	25	185	45	44	25	185	0	0	0
贵港市电大桂平工作站	385	507	223	1461	55	75	37	308	55	75	37	308	0	0	0
贵港市电大兴业县工作站	25	137	73	262	0	2	0	2	0	2	0	2	0	0	0
防城港市分校	643	1112	412	2945	171	206	107	641	171	206	107	641	0	0	0
防城区电大工作站	132	138	70	436	0	0	0	0	0	0	0	0	0	0	0
上思县电大工作站	117	77	41	330	0	0	0	0	0	0	0	0	0	0	0
东兴市工作站	27	22	13	78	0	0	0	0	0	0	0	0	0	0	0
玉林商校工作站	1048	2514	1344	5847	122	203	95	525	122	203	95	525	0	0	0
玉林商务工作站陆川县教学点	0	0	0	73	0	0	0	1	0	0	0	1	0	0	0
工商分校	1	0	0	183	0	0	0	20	0	0	0	20	0	0	0
广西电大水利工作站	49	172	72	274	2	18	6	45	2	18	6	45	0	0	0
水利工作站北海市水利局教学点	51	58	28	123	11	27	11	64	11	27	11	64	0	0	0
水利合山电厂培训中心教学点	11	52	33	92	5	20	13	37	5	20	13	37	0	0	0
南宁信息工程职校教学点	1	0	0	11	0	0	0	0	0	0	0	0	0	0	0
银行学校电大工作站	27	0	0	251	0	0	0	0	0	0	0	0	0	0	0
广西机械高级技校	147	0	0	606	0	0	0	0	0	0	0	0	0	0	0
海南	**2872**	**4151**	**1129**	**13778**	**601**	**907**	**415**	**3633**	**601**	**907**	**415**	**3633**	**0**	**0**	**0**
其中：女	1181	1719	502	5711	270	396	180	1481	270	396	180	1481	0	0	0
海南电大直属教学点	2872	3265	805	12322	601	907	415	3633	601	907	415	3633	0	0	0
海南省机电工程学校	0	0	0	4	0	0	0	0	0	0	0	0	0	0	0
海南电大直属儋州教学点	0	109	43	265	0	0	0	0	0	0	0	0	0	0	0
海南电大直属东方教学点	0	123	46	198	0	0	0	0	0	0	0	0	0	0	0
海南电大屯昌直属教学点	0	161	70	260	0	0	0	0	0	0	0	0	0	0	0
海南电大直属昌江教学点	0	24	21	92	0	0	0	0	0	0	0	0	0	0	0
海南电大直属五指山教学点	0	88	30	122	0	0	0	0	0	0	0	0	0	0	0
海南电大直属文昌教学点	0	112	29	170	0	0	0	0	0	0	0	0	0	0	0
海南电大直属琼海教学点	0	136	52	171	0	0	0	0	0	0	0	0	0	0	0
海南电大直属三亚教学点	0	88	33	129	0	0	0	0	0	0	0	0	0	0	0
呀诺达教学点	0	45	0	45	0	0	0	0	0	0	0	0	0	0	0
四川	**43971**	**45525**	**22529**	**163823**	**13975**	**13621**	**6746**	**47970**	**13975**	**13621**	**6746**	**47970**	**0**	**0**	**0**
其中：女	24748	24907	12141	89566	8368	8185	3998	28031	8368	8185	3998	28031	0	0	0
四川电大直属学院直属部	2666	2835	1485	9249	712	848	450	2536	712	848	450	2536	0	0	0
四川电大直属学院温江分校	115	123	55	412	44	43	19	149	44	43	19	149	0	0	0
四川电大直属学院省检察院教学点	1336	1650	693	4822	172	261	127	800	172	261	127	800	0	0	0

教育学生情况(续表58)

单位:人

	专科															
	合计				普通开放				一村一				助力计划			
在籍生	毕业生	招生		在籍生	毕业生	招生		在籍生	毕业生	招生		在籍生	毕业生	招生		在籍生
		计	其中:春季			计	其中:春季			计	其中:春季			计	其中:春季	
0	82	39	14	191	82	39	14	191	0	0	0	0	0	0	0	0
0	0	0	0	3	0	0	0	3	0	0	0	0	0	0	0	0
0	409	513	270	1579	405	497	265	1534	4	16	5	45	0	0	0	0
0	185	91	42	437	185	91	42	437	0	0	0	0	0	0	0	0
0	0	0	0	0	0	0	0	0	0	0	0	0	0	0	0	0
0	845	862	506	3241	720	724	368	2946	125	138	138	295	0	0	0	0
0	241	391	232	917	241	334	195	858	0	57	37	59	0	0	0	0
0	330	432	186	1153	330	370	185	1090	0	62	1	63	0	0	0	0
0	25	135	73	260	25	135	73	260	0	0	0	0	0	0	0	0
0	472	906	305	2304	457	903	303	2260	15	3	2	44	0	0	0	0
0	132	138	70	436	132	138	70	436	0	0	0	0	0	0	0	0
0	117	77	41	330	117	77	41	330	0	0	0	0	0	0	0	0
0	27	22	13	78	27	22	13	78	0	0	0	0	0	0	0	0
0	926	2311	1249	5322	921	2304	1249	5311	5	7	0	11	0	0	0	0
0	0	0	0	72	0	0	0	72	0	0	0	0	0	0	0	0
0	1	0	0	163	1	0	0	163	0	0	0	0	0	0	0	0
0	47	154	66	229	47	154	66	229	0	0	0	0	0	0	0	0
0	40	31	17	59	40	31	17	59	0	0	0	0	0	0	0	0
0	6	32	20	55	6	32	20	55	0	0	0	0	0	0	0	0
0	1	0	0	11	1	0	0	11	0	0	0	0	0	0	0	0
0	27	0	0	251	27	0	0	251	0	0	0	0	0	0	0	0
0	147	0	0	606	147	0	0	606	0	0	0	0	0	0	0	0
0	**2271**	**3244**	**714**	**10145**	**1494**	**1646**	**708**	**6636**	**777**	**1598**	**6**	**3509**	**0**	**0**	**0**	**0**
0	911	1323	322	4230	700	805	322	3202	211	518	0	1028	0	0	0	0
0	2271	2358	390	8689	1494	760	384	5180	777	1598	6	3509	0	0	0	0
0	0	0	0	4	0	0	0	4	0	0	0	0	0	0	0	0
0	0	109	43	265	0	109	43	265	0	0	0	0	0	0	0	0
0	0	123	46	198	0	123	46	198	0	0	0	0	0	0	0	0
0	0	161	70	260	0	161	70	260	0	0	0	0	0	0	0	0
0	0	24	21	92	0	24	21	92	0	0	0	0	0	0	0	0
0	0	88	30	122	0	88	30	122	0	0	0	0	0	0	0	0
0	0	112	29	170	0	112	29	170	0	0	0	0	0	0	0	0
0	0	136	52	171	0	136	52	171	0	0	0	0	0	0	0	0
0	0	88	33	129	0	88	33	129	0	0	0	0	0	0	0	0
0	0	45	0	45	0	45	0	45	0	0	0	0	0	0	0	0
0	**29996**	**31904**	**15783**	**115853**	**29506**	**30030**	**14551**	**112228**	**490**	**1088**	**736**	**2828**	**0**	**786**	**496**	**797**
0	16380	16722	8143	61535	16206	16244	7841	60605	174	302	200	753	0	176	102	177
0	1954	1987	1035	6713	1954	1987	1035	6702	0	0	0	11	0	0	0	0
0	71	80	36	263	71	80	36	263	0	0	0	0	0	0	0	0
0	1164	1389	566	4022	1164	1389	566	4022	0	0	0	0	0	0	0	0

2.1 各学校开放

	合计				本科										
					合计				普通开放				一村一		
	毕业生	招生		在籍生	毕业生	招生		在籍生	毕业生	招生		在籍生	毕业生	招生	
		计	其中:春季			计	其中:春季			计	其中:春季			计	其中:春季
四川电大直属学院省邮政分校	118	0	0	102	37	0	0	38	37	0	0	38	0	0	0
四川电大直属学院华西分校	298	233	99	889	205	129	50	559	205	129	50	559	0	0	0
四川电大直属学院幼师分校	507	360	191	1281	142	89	51	196	142	89	51	196	0	0	0
四川电大直属学院人才分校	377	314	147	1175	143	97	48	347	143	97	48	347	0	0	0
四川电大直属学院棠湖分校	164	316	165	806	68	69	35	193	68	69	35	193	0	0	0
四川电大直属学院大邑党校	293	207	101	856	123	82	46	353	123	82	46	353	0	0	0
四川电大直属学院郫县行政校	566	297	118	1597	179	63	26	405	179	63	26	405	0	0	0
四川电大直属学院工商管理分院	2415	1437	680	6634	551	386	187	1589	551	386	187	1589	0	0	0
四川电大直属学院龙泉行政校	460	518	247	1573	137	142	75	445	137	142	75	445	0	0	0
四川电大直属学院成都市继续教育中心	336	188	94	834	211	84	46	445	211	84	46	445	0	0	0
四川电大直属学院成都市就业训练中心	299	306	112	885	144	115	48	448	144	115	48	448	0	0	0
遂宁应用技术职业学校教学点	473	269	120	1646	191	85	48	591	191	85	48	591	0	0	0
凉山广播电视大学宁南工作站	226	226	126	663	124	91	47	265	124	91	47	265	0	0	0
凉山广播电视大学昭觉工作站	29	34	22	163	11	23	17	93	11	23	17	93	0	0	0
凉山广播电视大学甘洛工作站	64	39	18	149	36	25	11	86	36	25	11	86	0	0	0
西昌市教师进修学校	185	99	53	368	132	58	33	226	132	58	33	226	0	0	0
德昌县委党校	67	55	20	223	26	20	5	88	26	20	5	88	0	0	0
四川电大直属学院四川水利职业技术学院	1	0	0	0	1	0	0	0	1	0	0	0	0	0	0
四川戴氏教育有限公司	251	82	42	470	114	27	20	177	114	27	20	177	0	0	0
遂宁市行政学院	58	4	4	190	34	0	0	32	34	0	0	32	0	0	0
四川电大水电工程学院	7	1026	472	1685	0	184	88	272	0	184	88	272	0	0	0
四川省级机关电大直属部	845	642	295	2734	295	232	101	873	295	232	101	873	0	0	0
四川省级机关电大高新教学点	293	312	128	996	146	117	59	426	146	117	59	426	0	0	0
四川省级机关电大政治学院	1137	939	461	4039	376	314	168	1177	376	314	168	1177	0	0	0
成都铁路局电大直属部	1523	2887	1319	7675	314	693	338	1722	314	693	338	1722	0	0	0
德阳广播电视大学直属部	469	185	105	1902	230	61	35	800	230	61	35	800	0	0	0
德阳广播电视大学什邡市电大工作管理站	299	233	122	846	54	46	31	218	54	46	31	218	0	0	0
德阳广播电视大学广汉工作站	180	220	115	952	4	55	23	216	4	55	23	216	0	0	0
德阳广播电视大学绵竹工作站	166	148	87	553	37	43	25	147	37	43	25	147	0	0	0
德阳广播电视大学中江分校	221	188	72	667	79	62	21	234	79	62	21	234	0	0	0
德阳广播电视大学罗江工作站	68	91	54	396	6	5	5	30	6	5	5	30	0	0	0
德阳广播电视大学旌阳工作站	22	10	0	136	0	0	0	0	0	0	0	0	0	0	0
绵阳广播电视大学直属部	881	852	404	4097	276	243	120	1176	276	243	120	1176	0	0	0
绵阳广播电视大学江油分校	463	469	196	2001	109	129	55	542	109	129	55	542	0	0	0
绵阳广播电视大学三台分校	423	865	491	2267	33	105	45	277	33	105	45	277	0	0	0
绵阳广播电视大学盐亭分校	123	128	66	450	32	32	19	115	32	32	19	115	0	0	0
绵阳电大梓潼直属分校	102	187	187	903	0	0	0	0	0	0	0	0	0	0	0
安县职业中专学校	0	25	17	86	0	0	0	0	0	0	0	0	0	0	0
绵阳经济贸易中等专业学校	0	0	0	30	0	0	0	0	0	0	0	0	0	0	0
广元广播电视大学直属部	571	785	352	2919	228	325	127	1090	228	325	127	1090	0	0	0

教育学生情况(续表59)

单位:人

	专科															
	合计				普通开放				一村一				助力计划			
		招生				招生				招生				招生		
在籍生	毕业生	计	其中:春季	在籍生	毕业生	计	其中:春季	在籍生	毕业生	计	其中:春季	在籍生	毕业生	计	其中:春季	在籍生
0	81	0	0	64	81	0	0	64	0	0	0	0	0	0	0	0
0	93	104	49	330	93	104	49	330	0	0	0	0	0	0	0	0
0	365	271	140	1085	365	271	140	1085	0	0	0	0	0	0	0	0
0	234	217	99	828	234	217	99	828	0	0	0	0	0	0	0	0
0	96	247	130	613	96	247	130	613	0	0	0	0	0	0	0	0
0	170	125	55	503	170	125	55	503	0	0	0	0	0	0	0	0
0	387	234	92	1192	387	234	92	1192	0	0	0	0	0	0	0	0
0	1864	1051	493	5045	1864	1051	493	5045	0	0	0	0	0	0	0	0
0	323	376	172	1128	323	376	172	1128	0	0	0	0	0	0	0	0
0	125	104	48	389	125	104	48	389	0	0	0	0	0	0	0	0
0	155	191	64	437	155	191	64	437	0	0	0	0	0	0	0	0
0	282	184	72	1055	280	181	72	1024	2	3	0	31	0	0	0	0
0	102	135	79	398	102	135	79	398	0	0	0	0	0	0	0	0
0	18	11	5	70	18	11	5	70	0	0	0	0	0	0	0	0
0	28	14	7	63	28	14	7	63	0	0	0	0	0	0	0	0
0	53	41	20	142	53	41	20	142	0	0	0	0	0	0	0	0
0	41	35	15	135	41	35	15	129	0	0	0	6	0	0	0	0
0	0	0	0	0	0	0	0	0	0	0	0	0	0	0	0	0
0	137	55	22	293	137	55	22	293	0	0	0	0	0	0	0	0
0	24	4	4	158	23	3	3	121	1	1	1	37	0	0	0	0
0	7	842	384	1413	7	842	384	1413	0	0	0	0	0	0	0	0
0	550	410	194	1861	550	409	194	1860	0	1	0	1	0	0	0	0
0	147	195	69	570	147	195	69	570	0	0	0	0	0	0	0	0
0	761	625	293	2862	761	625	293	2862	0	0	0	0	0	0	0	0
0	1209	2194	981	5953	1209	2194	981	5953	0	0	0	0	0	0	0	0
0	239	124	70	1102	239	124	70	1102	0	0	0	0	0	0	0	0
0	245	187	91	628	245	187	91	628	0	0	0	0	0	0	0	0
0	176	165	92	736	176	165	92	736	0	0	0	0	0	0	0	0
0	129	105	62	406	129	105	62	406	0	0	0	0	0	0	0	0
0	142	126	51	433	142	126	51	433	0	0	0	0	0	0	0	0
0	62	86	49	366	62	86	49	366	0	0	0	0	0	0	0	0
0	22	10	0	136	0	0	0	8	22	10	0	128	0	0	0	0
0	605	609	284	2921	593	596	277	2706	12	13	7	215	0	0	0	0
0	354	340	141	1459	337	296	127	1330	17	44	14	129	0	0	0	0
0	390	760	446	1990	298	613	442	1525	92	147	4	465	0	0	0	0
0	91	96	47	335	80	57	26	228	11	39	21	107	0	0	0	0
0	102	187	187	903	95	179	179	843	7	8	8	60	0	0	0	0
0	0	25	17	86	0	25	17	86	0	0	0	0	0	0	0	0
0	0	0	0	30	0	0	0	30	0	0	0	0	0	0	0	0
0	343	460	225	1829	333	455	223	1783	10	5	2	46	0	0	0	0

2.1 各学校开放

	合计				本科										
					合计				普通开放				一村一		
	毕业生	招生		在籍生	毕业生	招生		在籍生	毕业生	招生		在籍生	毕业生	招生	
		计	其中：春季			计	其中：春季			计	其中：春季			计	其中：春季
广元广播电视大学剑阁分校	276	447	184	1590	107	132	57	577	107	132	57	577	0	0	0
广元广播电视大学旺苍工作站	170	145	74	521	62	64	39	192	62	64	39	192	0	0	0
广元广播电视大学苍溪分校	210	298	167	1211	93	108	60	493	93	108	60	493	0	0	0
广元广播电视大学青川工作站	119	195	125	480	37	74	47	181	37	74	47	181	0	0	0
旺苍县教师进修学校	87	68	27	313	42	34	15	133	42	34	15	133	0	0	0
遂宁广播电视大学蓬溪工作站	79	100	44	295	33	28	11	94	33	28	11	94	0	0	0
遂宁广播电视大学大英分校	151	161	82	774	32	61	34	247	32	61	34	247	0	0	0
遂宁广播电视大学射洪分校	439	303	138	1433	123	107	55	373	123	107	55	373	0	0	0
雅安广播电视大学直属部	376	276	141	1137	226	171	86	604	226	171	86	604	0	0	0
雅安广播电视大学汉源教师进修校	102	75	31	313	53	48	13	170	53	48	13	170	0	0	0
雅安广播电视大学名山教师进修校	11	63	19	86	4	46	11	57	4	46	11	57	0	0	0
雅安广播电视大学荥经教师进修校	132	97	38	294	75	46	20	135	75	46	20	135	0	0	0
雅安广播电视大学芦山教师进修校	9	0	0	7	7	0	0	1	7	0	0	1	0	0	0
雅安广播电视大学天全教师进修校	18	0	0	5	1	0	0	0	1	0	0	0	0	0	0
乐山广播电视大学直属部	314	225	102	1080	170	112	45	523	170	112	45	523	0	0	0
乐山广播电视大学五通分校	19	19	10	69	0	0	0	0	0	0	0	0	0	0	0
乐山沙湾区教师进修校	24	14	12	89	0	0	0	0	0	0	0	0	0	0	0
乐山广播电视大学井研分校	108	94	43	409	0	0	0	0	0	0	0	0	0	0	0
乐山广播电视大学夹江分校	57	64	28	201	0	0	0	0	0	0	0	0	0	0	0
乐山广播电视大学犍为分校	177	125	66	516	36	30	11	101	36	30	11	101	0	0	0
乐山广播电视大学峨眉分校	155	135	65	521	34	28	13	106	34	28	13	106	0	0	0
乐山广播电视大学五通桥成人教育中心教学点	0	0	0	7	0	0	0	0	0	0	0	0	0	0	0
内江广播电视大学直属部	677	613	288	1969	263	286	162	865	263	286	162	865	0	0	0
内江广播电视大学威远分校	236	223	110	784	76	49	31	238	76	49	31	238	0	0	0
内江广播电视大学隆昌分校	130	161	46	431	0	0	0	7	0	0	0	7	0	0	0
内江广播电视大学资中分校	405	402	167	1400	171	104	51	429	171	104	51	429	0	0	0
自贡广播电视大学直属部	836	858	428	3097	307	241	119	976	307	241	119	976	0	0	0
自贡电视广播大学荣县分校	529	632	345	1936	181	217	116	564	181	217	116	564	0	0	0
自贡广播电视大学富顺分校	455	833	487	2588	129	169	81	534	129	169	81	534	0	0	0
宜宾广播电视大学直属部	1094	1540	837	7798	295	335	200	1798	295	335	200	1798	0	0	0
宜宾广播电视大学南溪工作站	272	238	102	1103	81	69	35	303	81	69	35	303	0	0	0
宜宾广播电视大学珙县工作站	272	221	115	1061	28	38	18	186	28	38	18	186	0	0	0
宜宾广播电视大学江安工作站	245	310	167	1319	51	103	55	386	51	103	55	386	0	0	0
宜宾广播电视大学长宁工作站	79	257	168	673	16	47	25	160	16	47	25	160	0	0	0
宜宾广播电视大学筠连工作站	232	283	118	1531	43	40	23	262	43	40	23	262	0	0	0
宜宾广播电视大学屏山县工作站	58	43	15	256	11	10	3	70	11	10	3	70	0	0	0
宜宾广播电视大学高县工作站	48	187	89	512	7	19	12	48	7	19	12	48	0	0	0
宜宾广播电视大学兴文工作站	171	94	53	791	19	9	9	97	19	9	9	97	0	0	0
宜宾广播电视大学宜宾县电大工作站	177	314	151	1055	40	118	55	330	40	118	55	330	0	0	0
泸州广播电视大学直属部	853	820	415	3194	373	486	250	1412	373	486	250	1412	0	0	0

教育学生情况(续表60)

单位:人

	专科															
	合计				普通开放				一村一				助力计划			
在籍生	毕业生	招生		在籍生	毕业生	招生		在籍生	毕业生	招生		在籍生	毕业生	招生		在籍生
		计	其中:春季			计	其中:春季			计	其中:春季			计	其中:春季	
0	169	315	127	1013	169	314	126	965	0	1	1	48	0	0	0	0
0	108	81	35	329	108	81	35	328	0	0	0	1	0	0	0	0
0	117	190	107	718	115	189	106	709	2	1	1	9	0	0	0	0
0	82	121	78	299	82	121	78	299	0	0	0	0	0	0	0	0
0	45	34	12	180	45	34	12	180	0	0	0	0	0	0	0	0
0	46	72	33	201	46	72	33	201	0	0	0	0	0	0	0	0
0	119	100	48	527	119	100	48	415	0	0	0	112	0	0	0	0
0	316	196	83	1060	315	178	83	867	1	18	0	193	0	0	0	0
0	150	105	55	533	150	105	55	533	0	0	0	0	0	0	0	0
0	49	27	18	143	49	27	18	143	0	0	0	0	0	0	0	0
0	7	17	8	29	7	17	8	29	0	0	0	0	0	0	0	0
0	57	51	18	159	57	51	18	159	0	0	0	0	0	0	0	0
0	2	0	0	6	2	0	0	6	0	0	0	0	0	0	0	0
0	17	0	0	5	17	0	0	5	0	0	0	0	0	0	0	0
0	144	113	57	557	143	113	57	554	1	0	0	3	0	0	0	0
0	19	19	10	69	19	19	10	69	0	0	0	0	0	0	0	0
0	24	14	12	89	24	14	12	89	0	0	0	0	0	0	0	0
0	108	94	43	409	106	83	37	363	2	11	6	46	0	0	0	0
0	57	64	28	201	56	58	24	164	1	6	4	37	0	0	0	0
0	141	95	55	415	141	95	55	415	0	0	0	0	0	0	0	0
0	121	107	52	415	119	106	52	411	2	1	0	4	0	0	0	0
0	0	0	0	7	0	0	0	7	0	0	0	0	0	0	0	0
0	414	327	126	1104	413	327	126	1099	1	0	0	5	0	0	0	0
0	160	174	79	546	155	174	79	540	5	0	0	6	0	0	0	0
0	130	161	46	424	130	161	46	424	0	0	0	0	0	0	0	0
0	234	298	116	971	234	298	116	971	0	0	0	0	0	0	0	0
0	529	617	309	2121	529	617	309	2121	0	0	0	0	0	0	0	0
0	348	415	229	1372	339	410	226	1349	9	5	3	23	0	0	0	0
0	326	664	406	2054	326	664	406	2051	0	0	0	3	0	0	0	0
0	799	1205	637	6000	799	1191	631	5975	0	0	0	0	0	14	6	25
0	191	169	67	800	191	167	67	790	0	2	0	10	0	0	0	0
0	244	183	97	875	197	180	95	808	47	3	2	67	0	0	0	0
0	194	207	112	933	194	207	112	933	0	0	0	0	0	0	0	0
0	63	210	143	513	58	206	140	463	5	4	3	50	0	0	0	0
0	189	243	95	1269	189	230	88	1256	0	13	7	13	0	0	0	0
0	47	33	12	186	47	33	12	186	0	0	0	0	0	0	0	0
0	41	168	77	464	41	168	77	464	0	0	0	0	0	0	0	0
0	152	85	44	694	152	85	44	694	0	0	0	0	0	0	0	0
0	137	196	96	725	137	196	96	725	0	0	0	0	0	0	0	0
0	480	334	165	1782	477	333	164	1772	3	1	1	10	0	0	0	0

2.1 各学校开放

	合计				本科										
					合计				普通开放				一村一		
	毕业生	招生		在籍生	毕业生	招生		在籍生	毕业生	招生		在籍生	毕业生	招生	
		计	其中：春季			计	其中：春季			计	其中：春季			计	其中：春季
泸州广播电视大学泸县工作站	39	16	13	205	9	7	6	68	9	7	6	68	0	0	0
泸州广播电视大学古蔺工作站	30	0	0	80	1	0	0	23	1	0	0	23	0	0	0
泸州广播电视大学叙永工作站	131	0	0	199	50	0	0	46	50	0	0	46	0	0	0
泸州广播电视大学龙马潭工作站	18	18	6	71	0	0	0	0	0	0	0	0	0	0	0
泸州广播电视大学纳溪工作站	35	14	4	123	8	2	1	58	8	2	1	58	0	0	0
泸州市合江少岷职业高中	5	0	0	119	0	0	0	0	0	0	0	0	0	0	0
南充广播电视大学直属部	1477	1263	580	5587	600	519	259	2194	600	519	259	2194	0	0	0
南充广播电视大学高坪工作站	117	100	35	262	73	54	19	131	73	54	19	131	0	0	0
南充广播电视大学蓬安工作站	28	41	14	201	17	19	7	83	17	19	7	83	0	0	0
南充广播电视大学营山分校	141	135	71	450	52	51	20	154	52	51	20	154	0	0	0
南充广播电视大学阆中师范学校	147	95	46	446	75	37	15	190	75	37	15	190	0	0	0
南充广播电视大学南部工作站	30	45	34	175	0	18	16	37	0	18	16	37	0	0	0
南充广播电视大学西充分校	337	287	119	913	188	126	46	389	188	126	46	389	0	0	0
南充广播电视大学仪陇电大分校	59	67	49	177	19	26	21	62	19	26	21	62	0	0	0
达州广播电视大学直属部	617	775	392	2634	223	233	98	703	223	233	98	703	0	0	0
达州广播电视大学渠县工作站	148	212	96	512	40	62	29	127	40	62	29	127	0	0	0
四川广播电视大学开江分校	333	360	158	1098	134	122	61	389	134	122	61	389	0	0	0
达州广播电视大学大竹工作站	123	216	121	479	22	57	35	95	22	57	35	95	0	0	0
达州广播电视大学万源工作站	174	125	87	413	100	60	39	204	100	60	39	204	0	0	0
达州广播电视大学宣汉分校	215	164	73	600	56	48	20	174	56	48	20	174	0	0	0
达州广播电视大学达县分校	49	83	33	191	22	41	20	84	22	41	20	84	0	0	0
阿坝广播电视大学直属部	255	306	102	789	114	145	45	326	114	145	45	326	0	0	0
阿坝广播电视大学茂县工作站	76	15	9	55	53	9	6	30	53	9	6	30	0	0	0
阿坝广播电视大学九寨沟工作站	121	9	4	147	63	5	3	57	63	5	3	57	0	0	0
阿坝广播电视大学马尔康工作站	251	217	72	649	125	140	45	361	125	140	45	361	0	0	0
阿坝广播电视大学黑水分校	37	33	0	123	15	11	0	45	15	11	0	45	0	0	0
阿坝广播电视大学小金工作站	30	37	10	87	0	0	0	0	0	0	0	0	0	0	0
阿坝广播电视大学红原工作站	3	7	7	56	0	0	0	0	0	0	0	0	0	0	0
阿坝广播电视大学阿坝县工作站	0	13	7	39	0	0	0	0	0	0	0	0	0	0	0
阿坝广播电视大学壤塘县电大工作站	4	41	23	104	0	24	18	65	0	24	18	65	0	0	0
阿坝广播电视大学金川工作站	0	41	0	41	0	24	0	24	0	24	0	24	0	0	0
甘孜广播电视大学直属部	541	700	361	1833	196	317	163	690	196	317	163	690	0	0	0
色达县电大工作站	4	29	20	64	0	5	0	5	0	5	0	5	0	0	0
甘孜广播电视大学甘孜州行政学院	0	0	0	2	0	0	0	0	0	0	0	0	0	0	0
甘孜广播电视大学甘孜县教学点	0	12	0	12	0	0	0	0	0	0	0	0	0	0	0
凉山广播电视大学直属部	134	102	45	431	51	52	25	214	51	52	25	214	0	0	0
凉山广播电视大学会东县农业广播学校	21	48	27	154	0	0	0	0	0	0	0	0	0	0	0
越西县教师进修学校	78	57	30	150	28	30	15	61	28	30	15	61	0	0	0
金阳县教师进修校	31	63	30	142	0	40	18	68	0	40	18	68	0	0	0
攀枝花广播电视大学直属部	612	360	196	2169	213	151	86	784	213	151	86	784	0	0	0

教育学生情况(续表61)

单位:人

	专科															
	合计				普通开放				一村一				助力计划			
在籍生	毕业生	招生 计	招生 其中:春季	在籍生	毕业生	招生 计	招生 其中:春季	在籍生	毕业生	招生 计	招生 其中:春季	在籍生	毕业生	招生 计	招生 其中:春季	在籍生
0	30	9	7	137	30	9	7	137	0	0	0	0	0	0	0	0
0	29	0	0	57	28	0	0	42	1	0	0	15	0	0	0	0
0	81	0	0	153	81	0	0	153	0	0	0	0	0	0	0	0
0	18	18	6	71	16	18	6	63	2	0	0	8	0	0	0	0
0	27	12	3	65	27	12	3	65	0	0	0	0	0	0	0	0
0	5	0	0	119	5	0	0	119	0	0	0	0	0	0	0	0
0	877	744	321	3393	877	744	321	3393	0	0	0	0	0	0	0	0
0	44	46	16	131	44	46	16	131	0	0	0	0	0	0	0	0
0	11	22	7	118	11	22	7	118	0	0	0	0	0	0	0	0
0	89	84	51	296	89	84	51	296	0	0	0	0	0	0	0	0
0	72	58	31	256	72	57	31	244	0	1	0	12	0	0	0	0
0	30	27	18	138	23	26	18	114	7	1	0	24	0	0	0	0
0	149	161	73	524	149	157	73	519	0	4	0	5	0	0	0	0
0	40	41	28	115	40	41	28	115	0	0	0	0	0	0	0	0
0	394	542	294	1931	394	542	294	1927	0	0	0	4	0	0	0	0
0	108	150	67	385	108	150	67	385	0	0	0	0	0	0	0	0
0	199	238	97	709	196	230	95	696	3	8	2	13	0	0	0	0
0	101	159	86	384	101	159	86	384	0	0	0	0	0	0	0	0
0	74	65	48	209	74	65	48	209	0	0	0	0	0	0	0	0
0	159	116	53	426	159	116	53	426	0	0	0	0	0	0	0	0
0	27	42	13	107	27	42	13	107	0	0	0	0	0	0	0	0
0	141	161	57	463	141	161	57	463	0	0	0	0	0	0	0	0
0	23	6	3	25	20	6	3	25	3	0	0	0	0	0	0	0
0	58	4	1	90	58	4	1	85	0	0	0	5	0	0	0	0
0	126	77	27	288	126	77	27	288	0	0	0	0	0	0	0	0
0	22	22	0	78	22	22	0	78	0	0	0	0	0	0	0	0
0	30	37	10	87	30	37	10	87	0	0	0	0	0	0	0	0
0	3	7	7	56	3	7	7	56	0	0	0	0	0	0	0	0
0	0	13	7	39	0	13	7	39	0	0	0	0	0	0	0	0
0	4	17	5	39	4	17	5	39	0	0	0	0	0	0	0	0
0	0	17	0	17	0	17	0	17	0	0	0	0	0	0	0	0
0	345	383	198	1143	345	356	198	1116	0	27	0	27	0	0	0	0
0	4	24	20	59	4	24	20	59	0	0	0	0	0	0	0	0
0	0	0	0	2	0	0	0	2	0	0	0	0	0	0	0	0
0	0	12	0	12	0	12	0	12	0	0	0	0	0	0	0	0
0	83	50	20	217	83	50	20	217	0	0	0	0	0	0	0	0
0	21	48	27	154	20	48	27	152	1	0	0	2	0	0	0	0
0	50	27	15	89	49	23	15	84	1	4	0	5	0	0	0	0
0	31	23	12	74	31	23	12	74	0	0	0	0	0	0	0	0
0	399	209	110	1385	399	209	110	1385	0	0	0	0	0	0	0	0

2.1 各学校开放

	合计				本科										
					合计				普通开放				一村一		
	毕业生	招生		在籍生	毕业生	招生		在籍生	毕业生	招生		在籍生	毕业生	招生	
		计	其中：春季			计	其中：春季			计	其中：春季			计	其中：春季
会理第一职业中学	153	90	54	421	29	34	22	146	29	34	22	146	0	0	0
攀枝花广播电视大学米易工作站	131	122	63	346	32	24	12	76	32	24	12	76	0	0	0
攀枝花广播电视大学盐边工作站	38	0	0	50	17	0	0	19	17	0	0	19	0	0	0
攀枝花广播电视大学仁和分校	33	21	9	64	23	11	5	38	23	11	5	38	0	0	0
巴中广播电视大学直属部	130	355	184	904	41	126	72	295	41	126	72	295	0	0	0
巴中广播电视大学平昌分校	223	330	191	771	66	132	76	259	66	132	76	259	0	0	0
巴中广播电视大学通江工作站	145	301	199	788	45	87	48	229	45	87	48	229	0	0	0
巴中广播电视大学南江工作站	171	203	83	609	78	78	33	227	78	78	33	227	0	0	0
广安广播电视大学直属部	459	318	151	755	185	117	59	250	185	117	59	250	0	0	0
广安广播电视大学岳池工作站	173	902	749	1380	52	53	37	179	52	53	37	179	0	0	0
广安广播电视大学武胜教师进修校	89	113	48	348	44	59	20	171	44	59	20	171	0	0	0
广安广播电视大学邻水分校	88	92	44	288	31	41	22	113	31	41	22	113	0	0	0
建设厅广播电视大学直属部	728	481	347	1573	1	0	0	10	1	0	0	10	0	0	0
建设厅广播电视大学泸州市规划局职工培训中心	33	210	178	283	0	0	0	0	0	0	0	0	0	0	0
建设厅广播电视大学达州市建设局培训中心	167	265	28	699	0	0	0	0	0	0	0	0	0	0	0
建设厅广播电视大学宜宾市建设局教育培训中心	21	0	0	31	0	0	0	0	0	0	0	0	0	0	0
建设厅广播电视大学资阳市建业职工培训中心	64	152	31	312	0	0	0	0	0	0	0	0	0	0	0
建设厅广播电视大学广安市建筑技术培训中心	8	0	0	11	0	0	0	0	0	0	0	0	0	0	0
建设厅广播电视大学内江建设局培训中心	12	57	2	194	0	0	0	0	0	0	0	0	0	0	0
建设厅广播电视大学华西集团培训中心	79	0	0	229	0	0	0	0	0	0	0	0	0	0	0
建设厅广播电视大学德阳建设培训学校	133	87	52	286	0	0	0	0	0	0	0	0	0	0	0
建设厅广播电视大学四川省工业设备安装技工学校	166	44	10	290	4	0	0	7	4	0	0	7	0	0	0
建设厅广播电视大学南充教学部	90	20	0	195	0	0	0	0	0	0	0	0	0	0	0
建设厅广播电视大学成都市城建科技培训中心	140	106	41	378	0	0	0	0	0	0	0	0	0	0	0
金堂县建筑业协会	239	5	5	115	0	0	0	0	0	0	0	0	0	0	0
建设厅广播电视大学眉山市规划建设局培训中心	29	29	16	68	0	0	0	0	0	0	0	0	0	0	0
彭州市建筑业协会	178	317	178	833	115	129	74	339	115	129	74	339	0	0	0
建设厅广播电视大学乐山市市中区正心明德教育培训中心	0	19	16	19	0	0	0	0	0	0	0	0	0	0	0
建设厅广播电视大学自贡直属教学点学习中心	0	38	32	38	0	0	0	0	0	0	0	0	0	0	0
眉山广播电视大学直属部	647	408	181	2288	385	210	91	1207	385	210	91	1207	0	0	0
眉山广播电视大学仁寿分校	239	303	127	989	29	119	45	299	29	119	45	299	0	0	0
眉山广播电视大学丹棱分校	33	26	16	95	0	0	0	0	0	0	0	0	0	0	0
眉山广播电视大学彭山分校	142	146	66	538	0	34	12	64	0	34	12	64	0	0	0
眉山广播电视大学青神分校	22	35	13	112	0	0	0	0	0	0	0	0	0	0	0
眉山广播电视大学洪雅教师进修校	112	157	70	631	0	10	0	10	0	10	0	10	0	0	0
眉山广播电视大学眉山东坡区教师进修校	77	43	25	191	0	0	0	0	0	0	0	0	0	0	0
资阳广播电视大学直属部	968	737	322	2726	347	270	124	926	347	270	124	926	0	0	0
资阳广播电视大学简阳分校	409	351	151	1031	147	121	54	334	147	121	54	334	0	0	0
资阳广播电视大学安岳工作站	201	175	69	512	106	89	40	231	106	89	40	231	0	0	0
资阳广播电视大学乐至工作站	185	219	82	575	53	81	26	184	53	81	26	184	0	0	0

教育学生情况(续表62)

单位:人

在籍生	专科															
	合计				普通开放				一村一				助力计划			
	毕业生	招生		在籍生	毕业生	招生		在籍生	毕业生	招生		在籍生	毕业生	招生		在籍生
		计	其中:春季			计	其中:春季			计	其中:春季			计	其中:春季	
0	124	56	32	275	124	56	32	275	0	0	0	0	0	0	0	0
0	99	98	51	270	99	98	51	270	0	0	0	0	0	0	0	0
0	21	0	0	31	21	0	0	31	0	0	0	0	0	0	0	0
0	10	10	4	26	10	10	4	26	0	0	0	0	0	0	0	0
0	89	229	112	609	89	225	112	604	0	4	0	5	0	0	0	0
0	157	198	115	512	157	191	111	485	0	7	4	27	0	0	0	0
0	100	214	151	559	100	214	151	559	0	0	0	0	0	0	0	0
0	93	125	50	382	87	125	50	371	6	0	0	11	0	0	0	0
0	274	201	92	505	272	196	87	493	2	5	5	12	0	0	0	0
0	121	849	712	1201	110	161	72	502	11	688	640	699	0	0	0	0
0	45	54	28	177	45	54	28	177	0	0	0	0	0	0	0	0
0	57	51	22	175	57	51	22	175	0	0	0	0	0	0	0	0
0	727	481	347	1563	727	265	138	1347	0	0	0	0	0	216	209	216
0	33	210	178	283	33	21	12	94	0	0	0	0	0	189	166	189
0	167	265	28	699	167	89	0	523	0	0	0	0	0	176	28	176
0	21	0	0	31	21	0	0	31	0	0	0	0	0	0	0	0
0	64	152	31	312	64	75	31	235	0	0	0	0	0	77	0	77
0	8	0	0	11	8	0	0	11	0	0	0	0	0	0	0	0
0	12	57	2	194	12	46	0	183	0	0	0	0	0	11	2	11
0	79	0	0	229	79	0	0	229	0	0	0	0	0	0	0	0
0	133	87	52	286	133	57	31	256	0	0	0	0	0	30	21	30
0	162	44	10	283	162	44	10	262	0	0	0	21	0	0	0	0
0	90	20	0	195	90	20	0	195	0	0	0	0	0	0	0	0
0	140	106	41	378	140	106	41	378	0	0	0	0	0	0	0	0
0	239	5	5	115	39	5	5	69	200	0	0	46	0	0	0	0
0	29	29	16	68	29	13	0	52	0	0	0	0	0	16	16	16
0	63	188	104	494	63	188	104	487	0	0	0	7	0	0	0	0
0	0	19	16	19	0	0	0	0	0	0	0	0	0	19	16	19
0	0	38	32	38	0	0	0	0	0	0	0	0	0	38	32	38
0	262	198	90	1081	262	198	90	1081	0	0	0	0	0	0	0	0
0	210	184	82	690	210	184	82	690	0	0	0	0	0	0	0	0
0	33	26	16	95	33	26	16	95	0	0	0	0	0	0	0	0
0	142	112	54	474	142	112	54	474	0	0	0	0	0	0	0	0
0	22	35	13	112	22	35	13	112	0	0	0	0	0	0	0	0
0	112	147	70	621	112	147	70	621	0	0	0	0	0	0	0	0
0	77	43	25	191	77	43	25	191	0	0	0	0	0	0	0	0
0	621	467	198	1800	621	466	198	1799	0	1	0	1	0	0	0	0
0	262	230	97	697	262	230	97	695	0	0	0	2	0	0	0	0
0	95	86	29	281	95	85	29	280	0	1	0	1	0	0	0	0
0	132	138	56	391	132	138	56	391	0	0	0	0	0	0	0	0

2.1 各学校开放

	合计				本科										
					合计				普通开放				一村一		
	毕业生	招生		在籍生	毕业生	招生		在籍生	毕业生	招生		在籍生	毕业生	招生	
		计	其中:春季			计	其中:春季			计	其中:春季			计	其中:春季
墨池分校直属部	430	365	235	1516	231	181	110	686	231	181	110	686	0	0	0
四川电大直属部	915	609	278	3910	288	212	101	1362	288	212	101	1362	0	0	0
都江堰分校直属部	321	451	277	1279	97	156	116	340	97	156	116	340	0	0	0
成都	**15873**	**17550**	**8107**	**60228**	**5385**	**4997**	**2378**	**16530**	**5385**	**4997**	**2378**	**16530**	**0**	**0**	**0**
其中:女	8057	8590	4079	30121	2869	2851	1321	9142	2869	2851	1321	9142	0	0	0
成都电大龙泉分校	567	570	231	2445	218	167	88	741	218	167	88	741	0	0	0
成都电大彭州分校	544	388	170	1781	243	133	82	598	243	133	82	598	0	0	0
成都广播电视大学新都分校	252	225	106	746	122	55	26	233	122	55	26	233	0	0	0
成都电大双流分校	824	600	300	3087	341	174	95	743	341	174	95	743	0	0	0
成都电大崇州分校	742	621	296	2214	289	221	106	727	289	221	106	727	0	0	0
成都电大邛崃分校	75	57	21	305	18	15	4	70	18	15	4	70	0	0	0
成都电大郫县分校	286	127	76	773	95	43	21	241	95	43	21	241	0	0	0
成都电大温江分校	233	140	68	508	107	57	33	182	107	57	33	182	0	0	0
成都电大直属学院	5120	2432	1268	15185	2190	1035	519	5277	2190	1035	519	5277	0	0	0
交大分部	0	0	0	1	0	0	0	1	0	0	0	1	0	0	0
成都电大直属城西学院	383	387	196	1405	0	114	60	235	0	114	60	235	0	0	0
成都电大直属城北学院	181	350	133	745	0	47	0	60	0	47	0	60	0	0	0
成都电大直属城中教学点	142	919	481	2005	0	489	209	783	0	489	209	783	0	0	0
城东武侯	1	0	0	2	1	0	0	1	1	0	0	1	0	0	0
成都电大直属郭家桥教学点	580	880	422	2612	0	270	131	576	0	270	131	576	0	0	0
成都电大直属城东教学点	601	1332	606	2940	0	581	270	903	0	581	270	903	0	0	0
成都电大富士康教学点	132	115	14	231	0	0	0	0	0	0	0	0	0	0	0
成都电大直属学院大邑分校教学点	0	424	182	725	0	0	0	0	0	0	0	0	0	0	0
成都电大新校区直属教学点	0	410	159	453	0	0	0	0	0	0	0	0	0	0	0
天府新区教学点	0	298	139	328	0	0	0	0	0	0	0	0	0	0	0
成都市市政工程集团学习中心	0	7	5	27	0	0	0	0	0	0	0	0	0	0	0
四川嘉丰明视资讯有限公司学习中心	0	56	49	133	0	0	0	0	0	0	0	0	0	0	0
成都市市政工程城建培训中心教学点	0	399	134	399	0	0	0	0	0	0	0	0	0	0	0
成都电大青羊分校	991	733	380	2415	365	283	135	875	365	283	135	875	0	0	0
青白江	22	249	120	479	14	71	13	149	14	71	13	149	0	0	0
成都电大都江堰分校	305	227	117	793	141	57	36	247	141	57	36	247	0	0	0
成都电大新津分校	217	330	124	820	70	94	49	254	70	94	49	254	0	0	0
成都电大蒲江分校	159	79	28	289	119	46	17	128	119	46	17	128	0	0	0
成都电大电子工业分校	50	49	34	210	15	15	10	45	15	15	10	45	0	0	0
12 站	0	0	0	10	0	0	0	10	0	0	0	10	0	0	0
16 站	0	0	0	1	0	0	0	0	0	0	0	0	0	0	0
21 站	0	0	0	3	0	0	0	3	0	0	0	3	0	0	0
26 站	0	0	0	3	0	0	0	2	0	0	0	2	0	0	0
27 站	1	0	0	0	1	0	0	0	1	0	0	0	0	0	0
33 站商学院	1	0	0	0	1	0	0	0	1	0	0	0	0	0	0

教育学生情况(续表63)

单位:人

在籍生	专科															
	合计				普通开放				一村一				助力计划			
	毕业生	招生		在籍生	毕业生	招生		在籍生	毕业生	招生		在籍生	毕业生	招生		在籍生
		计	其中:春季			计	其中:春季			计	其中:春季			计	其中:春季	
0	199	184	125	830	199	184	125	830	0	0	0	0	0	0	0	0
0	627	397	177	2548	627	397	177	2548	0	0	0	0	0	0	0	0
0	224	295	161	939	224	295	161	939	0	0	0	0	0	0	0	0
0	**10488**	**12553**	**5729**	**43698**	**10481**	**11890**	**5675**	**42904**	**7**	**8**	**0**	**42**	**0**	**655**	**54**	**752**
0	5188	5739	2758	20979	5185	5704	2736	20891	3	5	0	17	0	30	22	71
0	349	403	143	1704	349	395	143	1680	0	1	0	17	0	7	0	7
0	301	255	88	1183	301	255	88	1183	0	0	0	0	0	0	0	0
0	130	170	80	513	130	170	80	507	0	0	0	6	0	0	0	0
0	483	426	205	2344	483	426	205	2344	0	0	0	0	0	0	0	0
0	453	400	190	1487	452	396	190	1473	1	4	0	14	0	0	0	0
0	57	42	17	235	57	42	17	235	0	0	0	0	0	0	0	0
0	191	84	55	532	191	84	55	532	0	0	0	0	0	0	0	0
0	126	83	35	326	126	83	35	326	0	0	0	0	0	0	0	0
0	2930	1397	749	9908	2930	1397	749	9908	0	0	0	0	0	0	0	0
0	0	0	0	0	0	0	0	0	0	0	0	0	0	0	0	0
0	383	273	136	1170	383	273	136	1170	0	0	0	0	0	0	0	0
0	181	303	133	685	181	303	133	685	0	0	0	0	0	0	0	0
0	142	430	272	1222	142	430	272	1222	0	0	0	0	0	0	0	0
0	0	0	0	1	0	0	0	1	0	0	0	0	0	0	0	0
0	580	610	291	2036	580	610	291	2036	0	0	0	0	0	0	0	0
0	601	751	336	2037	601	751	336	2037	0	0	0	0	0	0	0	0
0	132	115	14	231	132	115	14	231	0	0	0	0	0	0	0	0
0	0	424	182	725	0	421	182	722	0	3	0	3	0	0	0	0
0	0	410	159	453	0	410	159	453	0	0	0	0	0	0	0	0
0	0	298	139	328	0	298	139	328	0	0	0	0	0	0	0	0
0	0	7	5	27	0	0	0	0	0	0	0	0	0	7	5	27
0	0	56	49	133	0	0	0	0	0	0	0	0	0	56	49	133
0	0	399	134	399	0	399	134	399	0	0	0	0	0	0	0	0
0	626	450	245	1540	626	450	245	1540	0	0	0	0	0	0	0	0
0	8	178	107	330	8	178	107	330	0	0	0	0	0	0	0	0
0	164	170	81	546	164	170	81	546	0	0	0	0	0	0	0	0
0	147	236	75	566	141	236	75	564	6	0	0	2	0	0	0	0
0	40	33	11	161	40	33	11	161	0	0	0	0	0	0	0	0
0	35	34	24	165	35	34	24	165	0	0	0	0	0	0	0	0
0	0	0	0	0	0	0	0	0	0	0	0	0	0	0	0	0
0	0	0	0	1	0	0	0	1	0	0	0	0	0	0	0	0
0	0	0	0	0	0	0	0	0	0	0	0	0	0	0	0	0
0	0	0	0	1	0	0	0	1	0	0	0	0	0	0	0	0
0	0	0	0	0	0	0	0	0	0	0	0	0	0	0	0	0
0	0	0	0	0	0	0	0	0	0	0	0	0	0	0	0	0

2.1 各学校开放

	合计				本科										
					合计				普通开放				一村一		
	毕业生	招生		在籍生	毕业生	招生		在籍生	毕业生	招生		在籍生	毕业生	招生	
		计	其中：春季			计	其中：春季			计	其中：春季			计	其中：春季
成都电大金堂分校	414	229	92	1027	218	91	47	397	218	91	47	397	0	0	0
成都广播电视大学五冶分校	117	86	44	297	53	51	24	150	53	51	24	150	0	0	0
成都市建设学校	0	633	406	1976	0	0	0	0	0	0	0	0	0	0	0
成都电大784培训中心	133	171	47	496	58	53	25	158	58	53	25	158	0	0	0
成都电大西越教学点	430	593	291	1708	113	95	33	246	113	95	33	246	0	0	0
成都电大旅游分校	113	126	79	363	35	38	25	107	35	38	25	107	0	0	0
兴华学校	172	107	63	562	50	45	22	178	50	45	22	178	0	0	0
成都大鹏商贸学校	179	214	101	976	44	93	51	467	44	93	51	467	0	0	0
巴中信息技术学校	0	0	0	25	0	0	0	15	0	0	0	15	0	0	0
成都五月花计算机专业学校	122	161	63	1127	27	22	13	219	27	22	13	219	0	0	0
成都市蒲公英艺术学校	177	593	274	1058	85	145	64	264	85	145	64	264	0	0	0
成都电大青年职业学校教学点	1209	1208	580	3937	302	311	133	939	302	311	133	939	0	0	0
成都电大信息管理学校	398	425	200	1971	50	86	37	303	50	86	37	303	0	0	0
成都保险学校	0	0	0	3	0	0	0	3	0	0	0	3	0	0	0
成都市武侯区职业教育中心教学点	0	0	0	1	0	0	0	0	0	0	0	0	0	0	0
成都华大医药卫生学校	0	15	8	43	0	0	0	0	0	0	0	0	0	0	0
成都中德教育咨询有限公司学习中心	0	585	0	585	0	0	0	0	0	0	0	0	0	0	0
重庆	**34597**	**25941**	**12164**	**112993**	**10233**	**7404**	**3366**	**29264**	**10233**	**7404**	**3366**	**29264**	**0**	**0**	**0**
其中：女	22078	15187	7005	62875	6516	4157	1897	15429	6516	4157	1897	15429	0	0	0
渝中区电大分校	431	161	118	1408	226	48	23	512	226	48	23	512	0	0	0
开放教育学院	1646	1365	677	6375	495	344	183	1647	495	344	183	1647	0	0	0
重钢电大分校	175	67	42	1020	8	21	11	201	8	21	11	201	0	0	0
南岸区电大分校	714	234	131	2515	121	39	27	231	121	39	27	231	0	0	0
江津广播电视大学	1220	876	414	3474	303	268	120	996	303	268	120	996	0	0	0
九龙坡电大分校	1952	827	350	3908	615	213	94	903	615	213	94	903	0	0	0
江北区电大分校	269	86	42	628	77	25	16	186	77	25	16	186	0	0	0
沙坪坝区电大分校	781	322	195	2085	199	82	49	596	199	82	49	596	0	0	0
永川市广播电视大学	1994	1512	661	6036	651	427	193	1737	651	427	193	1737	0	0	0
北碚电大工作站	555	434	223	1577	125	104	49	372	125	104	49	372	0	0	0
荣昌电大分校	1091	897	435	3304	218	284	121	735	218	284	121	735	0	0	0
綦江县电大工作站	307	290	128	976	78	106	48	248	78	106	48	248	0	0	0
大渡口区电大分校	863	1147	584	3657	274	338	167	1188	274	338	167	1188	0	0	0
合川广播电视大学	1606	996	464	4726	378	318	140	1150	378	318	140	1150	0	0	0
长寿区电大分校	569	430	198	1852	174	140	58	537	174	140	58	537	0	0	0
铜梁电大分校	361	324	124	1178	103	119	54	370	103	119	54	370	0	0	0
渝北区电大分校	1306	523	278	2882	320	154	85	745	320	154	85	745	0	0	0
潼南县电大工作站	522	368	151	1523	186	107	46	478	186	107	46	478	0	0	0
大足县电大工作站	533	504	227	1790	207	200	88	724	207	200	88	724	0	0	0
巴南区电大分校	786	294	169	1954	143	47	31	239	143	47	31	239	0	0	0
重庆电大物流学院	1	0	0	43	0	0	0	0	0	0	0	0	0	0	0

教育学生情况(续表64)

单位:人

	专科															
	合计				普通开放				一村一				助力计划			
在籍生	毕业生	招生		在籍生	毕业生	招生		在籍生	毕业生	招生		在籍生	毕业生	招生		在籍生
		计	其中:春季			计	其中:春季			计	其中:春季			计	其中:春季	
0	196	138	45	630	196	138	45	630	0	0	0	0	0	0	0	0
0	64	35	20	147	64	35	20	147	0	0	0	0	0	0	0	0
0	0	633	406	1976	0	633	406	1976	0	0	0	0	0	0	0	0
0	75	118	22	338	75	118	22	338	0	0	0	0	0	0	0	0
0	317	498	258	1462	317	498	258	1462	0	0	0	0	0	0	0	0
0	78	88	54	256	78	88	54	256	0	0	0	0	0	0	0	0
0	122	62	41	384	122	62	41	384	0	0	0	0	0	0	0	0
0	135	121	50	509	135	121	50	509	0	0	0	0	0	0	0	0
0	0	0	0	10	0	0	0	10	0	0	0	0	0	0	0	0
0	95	139	50	908	95	139	50	908	0	0	0	0	0	0	0	0
0	92	448	210	794	92	448	210	794	0	0	0	0	0	0	0	0
0	907	897	447	2998	907	897	447	2998	0	0	0	0	0	0	0	0
0	348	339	163	1668	348	339	163	1668	0	0	0	0	0	0	0	0
0	0	0	0	0	0	0	0	0	0	0	0	0	0	0	0	0
0	0	0	0	1	0	0	0	1	0	0	0	0	0	0	0	0
0	0	15	8	43	0	15	8	43	0	0	0	0	0	0	0	0
0	0	585	0	585	0	0	0	0	0	0	0	0	0	585	0	585
0	**24364**	**18537**	**8798**	**83729**	**24192**	**18199**	**8621**	**82682**	**172**	**327**	**171**	**1033**	**0**	**11**	**6**	**14**
0	15562	11030	5108	47446	15500	10914	5044	47108	62	116	64	336	0	0	0	2
0	205	113	95	896	205	113	95	896	0	0	0	0	0	0	0	0
0	1151	1021	494	4728	1151	1021	494	4728	0	0	0	0	0	0	0	0
0	167	46	31	819	167	46	31	819	0	0	0	0	0	0	0	0
0	593	195	104	2284	593	195	104	2284	0	0	0	0	0	0	0	0
0	917	608	294	2478	917	608	294	2478	0	0	0	0	0	0	0	0
0	1337	614	256	3005	1337	608	253	2998	0	0	0	0	0	6	3	7
0	192	61	26	442	192	61	26	442	0	0	0	0	0	0	0	0
0	582	240	146	1489	582	240	146	1489	0	0	0	0	0	0	0	0
0	1343	1085	468	4299	1340	1056	461	4247	3	29	7	52	0	0	0	0
0	430	330	174	1205	430	330	174	1205	0	0	0	0	0	0	0	0
0	873	613	314	2569	873	613	314	2569	0	0	0	0	0	0	0	0
0	229	184	80	728	221	184	80	724	8	0	0	4	0	0	0	0
0	589	809	417	2469	589	809	417	2469	0	0	0	0	0	0	0	0
0	1228	678	324	3576	1228	678	324	3576	0	0	0	0	0	0	0	0
0	395	290	140	1315	395	290	140	1315	0	0	0	0	0	0	0	0
0	258	205	70	808	258	205	70	805	0	0	0	3	0	0	0	0
0	986	369	193	2137	985	369	193	2113	1	0	0	24	0	0	0	0
0	336	261	105	1045	336	261	105	1045	0	0	0	0	0	0	0	0
0	326	304	139	1066	326	304	139	1066	0	0	0	0	0	0	0	0
0	643	247	138	1715	643	247	138	1715	0	0	0	0	0	0	0	0
0	1	0	0	43	1	0	0	43	0	0	0	0	0	0	0	0

2.1 各学校开放

	合计				本科											
					合计				普通开放				一村一			
	毕业生	招生		在籍生	毕业生	招生		在籍生	毕业生	招生		在籍生	毕业生	招生		
		计	其中：春季			计	其中：春季			计	其中：春季			计	其中：春季	
璧山县电大分校	1110	830	376	3364	317	222	103	812	317	222	103	812	0	0	0	
经贸学院	687	1277	449	5544	90	31	16	491	90	31	16	491	0	0	0	
建筑工程学院	1322	896	476	5042	263	309	163	1537	263	309	163	1537	0	0	0	
万州广播电视大学	1691	863	434	4508	522	193	81	902	522	193	81	902	0	0	0	
开县电大工作站	1291	833	308	2988	566	429	114	1061	566	429	114	1061	0	0	0	
巫山县电大分校	492	221	118	1289	237	99	51	485	237	99	51	485	0	0	0	
巫溪县电大工作站	324	216	79	729	131	92	28	308	131	92	28	308	0	0	0	
奉节电大分校	592	475	262	1598	244	183	93	611	244	183	93	611	0	0	0	
城口县电大工作站	245	275	137	818	138	125	57	375	138	125	57	375	0	0	0	
云阳县电大工作站	299	217	103	939	79	85	47	309	79	85	47	309	0	0	0	
忠县电大工作站	363	266	121	947	128	114	56	357	128	114	56	357	0	0	0	
梁平县电大工作站	551	533	269	1585	230	132	41	484	230	132	41	484	0	0	0	
涪陵广播电视大学	2425	1720	852	8174	633	458	227	1901	633	458	227	1901	0	0	0	
南川区电大分校	481	391	165	1484	175	152	62	562	175	152	62	562	0	0	0	
垫江县电大分校	314	419	185	1300	119	143	64	432	119	143	64	432	0	0	0	
丰都县电大工作站	351	265	113	950	143	117	49	434	143	117	49	434	0	0	0	
武隆县电大分校	406	426	195	1670	173	133	61	475	173	133	61	475	0	0	0	
黔江广播电视大学	493	611	232	2812	175	128	54	628	175	128	54	628	0	0	0	
石柱县电大分校	577	609	316	2116	207	229	104	750	207	229	104	750	0	0	0	
食品医药学院	604	788	410	3028	0	0	0	1	0	0	0	1	0	0	0	
酉阳县电大分校	409	471	196	2423	181	162	70	819	181	162	70	819	0	0	0	
彭水县电大分校	421	468	204	1648	177	142	61	461	177	142	61	461	0	0	0	
秀山电大分校	471	556	238	1534	152	174	76	468	152	174	76	468	0	0	0	
企业管理学院	684	519	271	2856	183	142	74	660	183	142	74	660	0	0	0	
四川仪表工业学校	41	43	0	155	0	0	0	0	0	0	0	0	0	0	0	
铜梁电大工作站	8	0	0	74	7	0	0	8	7	0	0	8	0	0	0	
两江学院	225	96	44	479	62	26	11	138	62	26	11	138	0	0	0	
涪陵电大监狱教学点	38	0	0	28	0	0	0	0	0	0	0	0	0	0	0	
贵州	**22807**	**26456**	**12436**	**95543**	**7277**	**9025**	**4559**	**30886**	**7277**	**9025**	**4559**	**30886**	**0**	**0**	**0**	
其中:女	12035	14246	6654	48878	3883	5136	2556	16759	3883	5136	2556	16759	0	0	0	
贵州电大成人开放教育学院	938	748	350	4525	353	287	148	1457	353	287	148	1457	0	0	0	
成人开放教育学院册亨县农中教学点	211	164	102	674	47	45	32	174	47	45	32	174	0	0	0	
成人开放教育学院六枝教育培训中心教学点	63	98	37	304	18	49	15	126	18	49	15	126	0	0	0	
贵州电大白云区党校学习中心	0	0	0	3	0	0	0	0	0	0	0	0	0	0	0	
贵州电大成人开放教育学院织金教学点	266	148	95	520	117	68	47	200	117	68	47	200	0	0	0	
纳雍县进校教学点	154	116	51	241	34	55	37	80	34	55	37	80	0	0	0	
贵州电大成人开放教育学院兴仁职中教学点	272	402	160	991	39	69	38	196	39	69	38	196	0	0	0	
成人开放学院望谟职中学习中心	273	243	103	802	14	0	0	18	14	0	0	18	0	0	0	
贵州电大赤水市党校学习中心	0	0	0	2	0	0	0	0	0	0	0	0	0	0	0	
贵州电大成人开放学院丹寨教学点	107	180	94	343	30	60	43	109	30	60	43	109	0	0	0	

教育学生情况(续表65)

单位:人

	专科															
	合计				普通开放				一村一				助力计划			
在籍生	毕业生	招生 计	招生 其中:春季	在籍生	毕业生	招生 计	招生 其中:春季	在籍生	毕业生	招生 计	招生 其中:春季	在籍生	毕业生	招生 计	招生 其中:春季	在籍生
0	793	608	273	2552	793	608	273	2552	0	0	0	0	0	0	0	0
0	597	1246	433	5053	597	1246	433	5052	0	0	0	1	0	0	0	0
0	1059	587	313	3505	1059	587	313	3505	0	0	0	0	0	0	0	0
0	1169	670	353	3606	1169	670	353	3606	0	0	0	0	0	0	0	0
0	725	404	194	1927	718	390	190	1881	7	14	4	46	0	0	0	0
0	255	122	67	804	255	122	67	804	0	0	0	0	0	0	0	0
0	193	124	51	421	183	119	51	404	10	5	0	17	0	0	0	0
0	348	292	169	987	308	174	63	722	40	116	106	261	0	2	0	4
0	107	150	80	443	99	146	76	416	8	4	4	27	0	0	0	0
0	220	132	56	630	217	129	53	615	3	0	0	12	0	3	3	3
0	235	152	65	590	235	152	65	590	0	0	0	0	0	0	0	0
0	321	401	228	1101	320	400	228	1097	1	1	0	4	0	0	0	0
0	1792	1262	625	6273	1792	1215	578	6226	0	47	47	47	0	0	0	0
0	306	239	103	922	306	239	103	920	0	0	0	2	0	0	0	0
0	195	276	121	868	195	276	121	868	0	0	0	0	0	0	0	0
0	208	148	64	516	208	148	64	516	0	0	0	0	0	0	0	0
0	233	293	134	1195	233	293	134	1195	0	0	0	0	0	0	0	0
0	318	483	178	2184	249	379	178	1755	69	104	0	429	0	0	0	0
0	370	380	212	1366	358	378	212	1316	12	2	0	50	0	0	0	0
0	604	788	410	3027	604	788	410	3027	0	0	0	0	0	0	0	0
0	228	309	126	1604	219	309	126	1563	9	0	0	41	0	0	0	0
0	244	326	143	1187	244	321	140	1176	0	5	3	11	0	0	0	0
0	319	382	162	1066	319	382	162	1066	0	0	0	0	0	0	0	0
0	501	377	197	2196	500	377	197	2194	1	0	0	2	0	0	0	0
0	41	43	0	155	41	43	0	155	0	0	0	0	0	0	0	0
0	1	0	0	66	1	0	0	66	0	0	0	0	0	0	0	0
0	163	70	33	341	163	70	33	341	0	0	0	0	0	0	0	0
0	38	0	0	28	38	0	0	28	0	0	0	0	0	0	0	0
0	**15530**	**17431**	**7877**	**64657**	**13870**	**16822**	**7804**	**59892**	**1660**	**583**	**47**	**4739**	**0**	**26**	**26**	**26**
0	8152	9110	4098	32119	7543	8938	4083	31076	609	171	14	1042	0	1	1	1
0	585	461	202	3068	585	461	202	3068	0	0	0	0	0	0	0	0
0	164	119	70	500	164	119	70	500	0	0	0	0	0	0	0	0
0	45	49	22	178	45	49	22	178	0	0	0	0	0	0	0	0
0	0	0	0	3	0	0	0	3	0	0	0	0	0	0	0	0
0	149	80	48	320	144	80	48	291	5	0	0	29	0	0	0	0
0	120	61	14	161	119	61	14	143	1	0	0	18	0	0	0	0
0	233	333	122	795	233	333	122	795	0	0	0	0	0	0	0	0
0	259	243	103	784	259	243	103	784	0	0	0	0	0	0	0	0
0	0	0	0	2	0	0	0	2	0	0	0	0	0	0	0	0
0	77	120	51	234	77	120	51	234	0	0	0	0	0	0	0	0

2.1 各学校开放

	合计				本科										
					合计				普通开放				一村一		
	毕业生	招生		在籍生	毕业生	招生		在籍生	毕业生	招生		在籍生	毕业生	招生	
		计	其中：春季			计	其中：春季			计	其中：春季			计	其中：春季
从江县委党校学习中心	98	161	50	614	31	45	16	208	31	45	16	208	0	0	0
开阳职校学习中心	253	294	132	746	32	84	42	195	32	84	42	195	0	0	0
贵州电大毕节直属学习中心	433	125	51	966	158	41	23	365	158	41	23	365	0	0	0
毕节地区分校金沙进校教学点	2	0	0	22	0	0	0	0	0	0	0	0	0	0	0
贵州电大贵阳市分校	478	615	328	3219	117	179	106	1003	117	179	106	1003	0	0	0
贵州电大贵阳市分校息烽县工作站	2	0	0	22	0	0	0	0	0	0	0	0	0	0	0
贵阳分校清镇工作站	0	85	36	85	0	0	0	0	0	0	0	0	0	0	0
贵州电大遵义市分校	1617	1644	767	7769	441	515	251	2261	441	515	251	2261	0	0	0
遵义分校湄潭县工作站	220	222	130	864	41	50	25	189	41	50	25	189	0	0	0
遵义分校务川县工作站	308	428	207	1156	56	71	32	222	56	71	32	222	0	0	0
遵义分校桐梓工作站	341	520	240	1355	62	88	37	205	62	88	37	205	0	0	0
遵义分校绥阳县工作站	233	266	108	745	35	64	29	146	35	64	29	146	0	0	0
贵州电大遵义分校道真县工作站	91	83	67	427	25	16	0	124	25	16	0	124	0	0	0
遵义分校仁怀市工作站	669	684	331	2871	112	89	42	272	112	89	42	272	0	0	0
遵义分校凤冈县工作站	66	45	45	270	11	20	20	123	11	20	20	123	0	0	0
遵义分校正安县工作站	171	184	112	823	28	55	33	227	28	55	33	227	0	0	0
贵州电大遵义分校习水县工作站	236	258	133	1180	56	35	23	202	56	35	23	202	0	0	0
遵义分校余庆县工作站	124	153	75	467	52	68	34	171	52	68	34	171	0	0	0
遵义分校遵义县工作站	238	372	175	1391	44	63	23	240	44	63	23	240	0	0	0
贵州电大安顺市分校	735	958	394	3338	326	415	174	1399	326	415	174	1399	0	0	0
贵州电大安顺市分校紫云县工作站	54	78	46	384	25	42	26	140	25	42	26	140	0	0	0
安顺分校平坝县工作站	171	224	124	817	31	61	29	259	31	61	29	259	0	0	0
安顺分校普定县工作站	69	159	82	544	22	54	32	164	22	54	32	164	0	0	0
安顺分校镇宁自治县工作站	124	112	61	425	39	43	29	138	39	43	29	138	0	0	0
贵州电大黔南州分校	742	470	262	2860	228	182	93	1100	228	182	93	1100	0	0	0
黔南州分校三都县工作站	63	301	167	691	17	125	70	307	17	125	70	307	0	0	0
黔南州分校福泉县工作站	63	69	59	276	0	38	38	50	0	38	38	50	0	0	0
黔南州分校独山县工作站	133	229	136	491	13	85	63	169	13	85	63	169	0	0	0
黔南州电大长顺县工作站	18	20	6	188	4	0	0	4	4	0	0	4	0	0	0
黔南州分校瓮安县教学点	54	308	201	984	16	74	50	161	16	74	50	161	0	0	0
黔南州分校贵定县工作站	86	228	115	666	30	85	66	161	30	85	66	161	0	0	0
黔南分校龙里教学点	1	116	58	264	0	27	27	48	0	27	27	48	0	0	0
黔南州电大罗甸县教学点	88	108	68	521	19	7	7	84	19	7	7	84	0	0	0
黔南州分校平塘县教学点	54	134	54	520	15	90	46	197	15	90	46	197	0	0	0
黔南州分校惠水县工作站	40	79	44	408	0	0	0	16	0	0	0	16	0	0	0
黔南州分校荔波县工作站	125	289	169	825	42	118	76	307	42	118	76	307	0	0	0
黔东南分校	2117	2730	1274	9063	956	1202	584	3999	956	1202	584	3999	0	0	0
黔东南电大镇远工作站	74	0	0	2	15	0	0	0	15	0	0	0	0	0	0
黔东南州分校三穗县工作站	151	85	55	321	59	18	18	94	59	18	18	94	0	0	0
黔东南州分校天柱工作站	238	66	34	305	56	27	18	86	56	27	18	86	0	0	0

教育学生情况(续表66)

单位:人

	专科															
	合计				普通开放				一村一				助力计划			
		招生				招生				招生				招生		
在籍生	毕业生	计	其中:春季	在籍生	毕业生	计	其中:春季	在籍生	毕业生	计	其中:春季	在籍生	毕业生	计	其中:春季	在籍生
0	67	116	34	406	67	116	34	406	0	0	0	0	0	0	0	0
0	221	210	90	551	221	210	90	551	0	0	0	0	0	0	0	0
0	275	84	28	601	275	84	28	601	0	0	0	0	0	0	0	0
0	2	0	0	22	0	0	0	4	2	0	0	18	0	0	0	0
0	361	436	222	2216	286	365	222	1886	75	71	0	330	0	0	0	0
0	2	0	0	22	0	0	0	0	2	0	0	22	0	0	0	0
0	0	85	36	85	0	85	36	85	0	0	0	0	0	0	0	0
0	1176	1129	516	5508	1062	1129	516	5318	114	0	0	190	0	0	0	0
0	179	172	105	675	87	172	105	583	92	0	0	92	0	0	0	0
0	252	357	175	934	151	325	175	827	101	32	0	107	0	0	0	0
0	279	432	203	1150	277	432	203	1077	2	0	0	73	0	0	0	0
0	198	202	79	599	198	202	79	590	0	0	0	9	0	0	0	0
0	66	67	67	303	33	67	67	186	33	0	0	117	0	0	0	0
0	557	595	289	2599	556	595	289	2552	1	0	0	47	0	0	0	0
0	55	25	25	147	55	25	25	147	0	0	0	0	0	0	0	0
0	143	129	79	596	42	129	79	453	101	0	0	143	0	0	0	0
0	180	223	110	978	179	223	110	965	1	0	0	13	0	0	0	0
0	72	85	41	296	72	85	41	296	0	0	0	0	0	0	0	0
0	194	309	152	1151	193	309	152	1085	1	0	0	66	0	0	0	0
0	409	543	220	1939	386	467	220	1773	23	76	0	166	0	0	0	0
0	29	36	20	244	29	36	20	204	0	0	0	40	0	0	0	0
0	140	163	95	558	89	140	95	428	51	23	0	130	0	0	0	0
0	47	105	50	380	46	105	50	346	1	0	0	34	0	0	0	0
0	85	69	32	287	84	69	32	233	1	0	0	54	0	0	0	0
0	514	288	169	1760	344	288	169	1557	170	0	0	203	0	0	0	0
0	46	176	97	384	46	126	97	302	0	50	0	82	0	0	0	0
0	63	31	21	226	30	31	21	144	33	0	0	82	0	0	0	0
0	120	144	73	322	76	144	73	315	44	0	0	7	0	0	0	0
0	14	20	6	184	2	20	6	44	12	0	0	140	0	0	0	0
0	38	234	151	823	35	234	151	733	3	0	0	90	0	0	0	0
0	56	143	49	505	50	143	49	391	6	0	0	114	0	0	0	0
0	1	89	31	216	1	89	31	216	0	0	0	0	0	0	0	0
0	69	101	61	437	52	67	44	253	17	34	17	184	0	0	0	0
0	39	44	8	323	23	44	8	228	16	0	0	95	0	0	0	0
0	40	79	44	392	32	79	44	267	8	0	0	125	0	0	0	0
0	83	171	93	518	81	164	86	449	2	7	7	69	0	0	0	0
0	1161	1528	690	5064	970	1394	690	4762	191	134	0	302	0	0	0	0
0	59	0	0	2	59	0	0	2	0	0	0	0	0	0	0	0
0	92	67	37	227	92	67	37	227	0	0	0	0	0	0	0	0
0	182	39	16	219	154	39	16	213	28	0	0	6	0	0	0	0

2.1 各学校开放

	合计				本科										
					合计				普通开放				一村一		
	毕业生	招生		在籍生	毕业生	招生		在籍生	毕业生	招生		在籍生	毕业生	招生	
		计	其中:春季			计	其中:春季			计	其中:春季			计	其中:春季
黔东南州麻江县教学点	33	34	20	96	0	0	0	0	0	0	0	0	0	0	0
黔东南州分校台江县工作站	228	166	108	506	56	74	57	133	56	74	57	133	0	0	0
黔东南州分校锦屏县工作站	79	41	23	280	7	34	23	97	7	34	23	97	0	0	0
黔东南州分校剑河县工作站	175	93	18	440	70	27	0	171	70	27	0	171	0	0	0
黔东南州分校黎平县工作站	198	141	60	421	64	27	27	103	64	27	27	103	0	0	0
黔东南州分校施秉县教学点	43	134	73	365	0	29	29	50	0	29	29	50	0	0	0
黔东南分校黄平工作站	99	84	30	345	20	10	0	97	20	10	0	97	0	0	0
黔东南分校榕江教学点	34	125	65	321	0	15	15	15	0	15	15	15	0	0	0
黔东南州分校岑巩县教学点	54	100	44	300	21	19	0	70	21	19	0	70	0	0	0
贵州广播电视大学雷山工作站	39	33	0	114	0	0	0	0	0	0	0	0	0	0	0
黔东南分校镇远工作站	0	41	11	41	0	0	0	0	0	0	0	0	0	0	0
贵州电大黔西南州分校	1306	1469	615	5471	531	492	220	1955	531	492	220	1955	0	0	0
黔西南分校晴隆教学点	82	144	59	535	36	28	14	125	36	28	14	125	0	0	0
黔西南分校贞丰工作站	124	152	92	535	27	36	29	110	27	36	29	110	0	0	0
黔西南州分校安龙县教学点	110	209	65	560	37	63	20	141	37	63	20	141	0	0	0
贵州电大黔西南分校普安县教学点	116	227	86	708	54	111	43	253	54	111	43	253	0	0	0
贵州电大毕节地区分校	1156	1110	480	3699	394	406	219	1383	394	406	219	1383	0	0	0
贵州电大毕节分校大方县职校教学点	385	316	153	908	59	72	35	246	59	72	35	246	0	0	0
毕节地区分校赫章教学点	303	331	128	906	87	107	49	282	87	107	49	282	0	0	0
毕节分校威宁工作站	241	411	149	1309	11	12	0	130	11	12	0	130	0	0	0
毕节地区分校黔西工作站	253	199	81	852	108	55	24	209	108	55	24	209	0	0	0
毕节分校金沙县工作站	91	0	0	223	0	0	0	0	0	0	0	0	0	0	0
贵州电大六盘水市分校	589	820	409	2962	233	281	123	1058	233	281	123	1058	0	0	0
六盘水市分校盘县教学点	180	0	0	391	24	0	0	114	24	0	0	114	0	0	0
贵州电大铜仁地区分校	1564	1908	930	6604	648	928	447	3053	648	928	447	3053	0	0	0
贵州电大铜仁分校思南县工作站	211	281	124	709	87	125	67	309	87	125	67	309	0	0	0
铜仁分校印江县工作站	93	172	60	466	0	56	25	123	0	56	25	123	0	0	0
贵州电大铜仁分校石阡县工作站	155	140	52	769	3	0	0	4	3	0	0	4	0	0	0
贵州电大铜仁分校德江县工作站	88	245	138	568	0	139	79	201	0	139	79	201	0	0	0
铜仁分校玉屏县工作站	36	82	36	193	0	33	16	33	0	33	16	33	0	0	0
铜仁分校江口县工作站	150	212	124	510	46	93	85	191	46	93	85	191	0	0	0
贵州电大铜仁分校松桃县工作站	242	230	64	529	242	157	64	449	242	157	64	449	0	0	0
铜仁分校沿河县工作站	92	96	28	312	24	49	18	180	24	49	18	180	0	0	0
铜仁分校万山特区工作站	0	7	7	18	0	0	0	0	0	0	0	0	0	0	0
贵州电大水城钢铁集团分校	459	695	330	2048	144	212	64	552	144	212	64	552	0	0	0
○六一	3	0	0	17	3	0	0	17	3	0	0	17	0	0	0
贵州电大平坝黎阳机械公司工作站	0	0	0	4	0	0	0	0	0	0	0	0	0	0	0
贵州电大省劳动和社会保障厅工作站	732	1007	386	3218	375	526	225	1636	375	526	225	1636	0	0	0
云南	**8854**	**7583**	**3154**	**43757**	**2846**	**2079**	**1000**	**11406**	**2846**	**2079**	**1000**	**11406**	**0**	**0**	**0**
其中:女	4508	3865	1627	20622	1556	1203	579	5922	1556	1203	579	5922	0	0	0

教育学生情况(续表67)

单位:人

	专科															
	合计				普通开放				一村一				助力计划			
在籍生	毕业生	招生 计	招生 其中:春季	在籍生	毕业生	招生 计	招生 其中:春季	在籍生	毕业生	招生 计	招生 其中:春季	在籍生	毕业生	招生 计	招生 其中:春季	在籍生
0	33	34	20	96	33	34	20	96	0	0	0	0	0	0	0	0
0	172	92	51	373	118	92	51	337	54	0	0	36	0	0	0	0
0	72	7	0	183	43	7	0	102	29	0	0	81	0	0	0	0
0	105	66	18	269	105	66	18	269	0	0	0	0	0	0	0	0
0	134	114	33	318	106	85	33	276	28	29	0	42	0	0	0	0
0	43	105	44	315	43	105	44	315	0	0	0	0	0	0	0	0
0	79	74	30	248	79	74	30	248	0	0	0	0	0	0	0	0
0	34	110	50	306	34	110	50	306	0	0	0	0	0	0	0	0
0	33	81	44	230	33	66	29	215	0	15	15	15	0	0	0	0
0	39	33	0	114	39	33	0	113	0	0	0	1	0	0	0	0
0	0	41	11	41	0	41	11	41	0	0	0	0	0	0	0	0
0	775	977	395	3516	775	977	395	3497	0	0	0	19	0	0	0	0
0	46	116	45	410	44	116	45	352	2	0	0	58	0	0	0	0
0	97	116	63	425	96	116	63	389	1	0	0	36	0	0	0	0
0	73	146	45	419	72	146	45	377	1	0	0	42	0	0	0	0
0	62	116	43	455	61	116	43	434	1	0	0	21	0	0	0	0
0	762	704	261	2316	762	704	261	2292	0	0	0	24	0	0	0	0
0	326	244	118	662	265	244	118	612	61	0	0	50	0	0	0	0
0	216	224	79	624	186	224	79	574	30	0	0	50	0	0	0	0
0	230	399	149	1179	161	391	141	1090	69	8	8	89	0	0	0	0
0	145	144	57	643	145	144	57	600	0	0	0	43	0	0	0	0
0	91	0	0	223	91	0	0	223	0	0	0	0	0	0	0	0
0	356	539	286	1904	349	539	286	1815	7	0	0	89	0	0	0	0
0	156	0	0	277	69	0	0	113	87	0	0	164	0	0	0	0
0	916	980	483	3551	916	980	483	3536	0	0	0	15	0	0	0	0
0	124	156	57	400	124	156	57	387	0	0	0	13	0	0	0	0
0	93	116	35	343	45	62	35	192	48	54	0	151	0	0	0	0
0	152	140	52	765	47	140	52	399	105	0	0	366	0	0	0	0
0	88	106	59	367	88	106	59	367	0	0	0	0	0	0	0	0
0	36	49	20	160	36	49	20	160	0	0	0	0	0	0	0	0
0	104	119	39	319	104	69	39	189	0	50	0	130	0	0	0	0
0	0	73	0	80	0	73	0	73	0	0	0	7	0	0	0	0
0	68	47	10	132	68	47	10	132	0	0	0	0	0	0	0	0
0	0	7	7	18	0	7	7	18	0	0	0	0	0	0	0	0
0	315	483	266	1496	315	457	240	1470	0	0	0	0	0	26	26	26
0	0	0	0	0	0	0	0	0	0	0	0	0	0	0	0	0
0	0	0	0	4	0	0	0	4	0	0	0	0	0	0	0	0
0	357	481	161	1582	357	481	161	1582	0	0	0	0	0	0	0	0
0	**6008**	**5504**	**2154**	**32351**	**5278**	**3576**	**1454**	**21795**	**730**	**1917**	**692**	**10545**	**0**	**11**	**8**	**11**
0	2952	2662	1048	14700	2682	1859	758	10932	270	802	290	3767	0	1	0	1

2.1 各学校开放

	合计				本科											
					合计				普通开放				一村一			
	毕业生	招生		在籍生	毕业生	招生		在籍生	毕业生	招生		在籍生	毕业生	招生		
		计	其中：春季			计	其中：春季			计	其中：春季			计	其中：春季	
云南开放大学	1117	729	359	6500	463	315	203	2507	463	315	203	2507	0	0	0	
云南电大建水县农业广播电视学校教学点	22	35	18	155	0	0	0	0	0	0	0	0	0	0	0	
经济祥云教学点	0	0	0	2	0	0	0	0	0	0	0	0	0	0	0	
云南广播电视大学省直分校	0	0	0	47	0	0	0	0	0	0	0	0	0	0	0	
云南省交通高级技工学校	64	73	0	462	0	0	0	0	0	0	0	0	0	0	0	
昭通市巧家县电大工作站	0	4	0	30	0	0	0	4	0	0	0	4	0	0	0	
昭通市鲁甸县工作站	105	60	36	280	89	46	33	168	89	46	33	168	0	0	0	
水富县职业高级中学	23	82	37	211	0	33	18	73	0	33	18	73	0	0	0	
威信县工作站	13	0	0	35	1	0	0	0	1	0	0	0	0	0	0	
昭通市盐津县工作站	222	246	105	782	75	149	75	413	75	149	75	413	0	0	0	
彝良县电大工作站	38	76	25	542	33	34	6	148	33	34	6	148	0	0	0	
镇雄县教师进修学校	140	80	39	622	66	16	7	306	66	16	7	306	0	0	0	
昭通市永善县工作站	45	58	34	280	9	7	4	53	9	7	4	53	0	0	0	
德宏州盈江县电大工作站	0	0	0	30	0	0	0	0	0	0	0	0	0	0	0	
临沧地区耿马县电大工作站	61	46	23	349	11	7	5	106	11	7	5	106	0	0	0	
镇康电大工作站	161	116	45	536	15	28	14	125	15	28	14	125	0	0	0	
永德电大工作站(临沧)	126	142	96	622	64	53	27	244	64	53	27	244	0	0	0	
临沧地区凤庆县电大工作站	6	44	0	231	0	0	0	0	0	0	0	0	0	0	0	
沧源电大工作站	15	49	22	197	6	16	2	87	6	16	2	87	0	0	0	
沧源县委党校	20	0	0	103	8	0	0	66	8	0	0	66	0	0	0	
云县电大工作站	217	159	68	517	164	104	41	272	164	104	41	272	0	0	0	
双江职教中心	26	50	32	247	8	21	15	78	8	21	15	78	0	0	0	
昭通市绥江县电大工作站	45	63	39	173	38	16	12	86	38	16	12	86	0	0	0	
临沧市技工学校	0	0	0	210	0	0	0	0	0	0	0	0	0	0	0	
昭通市财贸学校	21	0	0	67	0	0	0	0	0	0	0	0	0	0	0	
大关县职业高级中学	3	51	28	106	0	26	13	40	0	26	13	40	0	0	0	
昭阳区工作站	0	64	46	64	0	0	0	0	0	0	0	0	0	0	0	
昆明广播电视大学	122	22	2	703	16	2	0	81	16	2	0	81	0	0	0	
石林县电大工作站	44	36	0	212	0	0	0	0	0	0	0	0	0	0	0	
富民县职业高级中学	62	13	0	107	11	3	0	32	11	3	0	32	0	0	0	
晋宁县教师进修学校	0	48	0	99	0	0	0	0	0	0	0	0	0	0	0	
嵩明县农广校	15	10	0	56	7	0	0	3	7	0	0	3	0	0	0	
中共宜良县委党校	78	231	0	659	10	11	0	56	10	11	0	56	0	0	0	
昆明东川区职业成人教育培训中心	14	28	0	103	0	0	0	0	0	0	0	0	0	0	0	
禄劝县委党校	53	55	0	195	0	8	0	19	0	8	0	19	0	0	0	
寻甸县教师进修学校	19	23	0	106	0	0	0	0	0	0	0	0	0	0	0	
玉溪电大分校	1	0	0	98	1	0	0	14	1	0	0	14	0	0	0	
峨山县职业中学	0	0	0	2	0	0	0	0	0	0	0	0	0	0	0	
华宁县教师进修学校	3	0	0	28	0	0	0	0	0	0	0	0	0	0	0	
新平县职业高级中学	2	34	0	164	0	0	0	0	0	0	0	0	0	0	0	

教育学生情况(续表68)

单位:人

在籍生	专科															
	合计				普通开放				一村一				助力计划			
	毕业生	招生		在籍生	毕业生	招生		在籍生	毕业生	招生		在籍生	毕业生	招生		在籍生
		计	其中:春季			计	其中:春季			计	其中:春季			计	其中:春季	
0	654	414	156	3993	573	312	57	2929	81	102	99	1064	0	0	0	0
0	22	35	18	155	0	0	0	0	22	35	18	155	0	0	0	0
0	0	0	0	2	0	0	0	2	0	0	0	0	0	0	0	0
0	0	0	0	47	0	0	0	47	0	0	0	0	0	0	0	0
0	64	73	0	462	64	73	0	462	0	0	0	0	0	0	0	0
0	0	4	0	26	0	4	0	15	0	0	0	11	0	0	0	0
0	16	14	3	112	15	10	3	107	1	4	0	5	0	0	0	0
0	23	49	19	138	23	49	19	138	0	0	0	0	0	0	0	0
0	12	0	0	35	12	0	0	35	0	0	0	0	0	0	0	0
0	147	97	30	369	143	97	30	358	4	0	0	11	0	0	0	0
0	5	42	19	394	5	37	14	262	0	5	5	132	0	0	0	0
0	74	64	32	316	57	27	17	127	17	37	15	189	0	0	0	0
0	36	51	30	227	31	37	24	143	5	14	6	84	0	0	0	0
0	0	0	0	30	0	0	0	0	0	0	0	30	0	0	0	0
0	50	39	18	243	47	39	18	229	3	0	0	14	0	0	0	0
0	146	88	31	411	140	78	26	358	6	10	5	53	0	0	0	0
0	62	89	69	378	56	40	20	166	6	49	49	212	0	0	0	0
0	6	44	0	231	6	0	0	53	0	44	0	178	0	0	0	0
0	9	33	20	110	9	26	16	76	0	7	4	34	0	0	0	0
0	12	0	0	37	12	0	0	37	0	0	0	0	0	0	0	0
0	53	55	27	245	45	38	20	154	8	17	7	91	0	0	0	0
0	18	29	17	169	14	24	16	98	4	5	1	71	0	0	0	0
0	7	47	27	87	7	47	27	86	0	0	0	1	0	0	0	0
0	0	0	0	210	0	0	0	210	0	0	0	0	0	0	0	0
0	21	0	0	67	21	0	0	67	0	0	0	0	0	0	0	0
0	3	25	15	66	3	21	13	50	0	4	2	16	0	0	0	0
0	0	64	46	64	0	64	46	64	0	0	0	0	0	0	0	0
0	106	20	2	622	37	4	2	364	69	16	0	258	0	0	0	0
0	44	36	0	212	2	0	0	4	42	36	0	208	0	0	0	0
0	51	10	0	75	25	0	0	27	26	10	0	48	0	0	0	0
0	0	48	0	99	0	0	0	0	0	48	0	99	0	0	0	0
0	8	10	0	53	0	0	0	0	8	10	0	53	0	0	0	0
0	68	220	0	603	34	31	0	154	34	189	0	449	0	0	0	0
0	14	28	0	103	0	0	0	0	14	28	0	103	0	0	0	0
0	53	47	0	176	30	0	0	0	23	47	0	176	0	0	0	0
0	19	23	0	106	7	0	0	14	12	23	0	92	0	0	0	0
0	0	0	0	84	0	0	0	0	0	0	0	84	0	0	0	0
0	0	0	0	2	0	0	0	0	0	0	0	2	0	0	0	0
0	3	0	0	28	2	0	0	7	1	0	0	21	0	0	0	0
0	2	34	0	164	1	0	0	3	1	34	0	161	0	0	0	0

	合计				本科										
					合计				普通开放				一村一		
	毕业生	招生		在籍生	毕业生	招生		在籍生	毕业生	招生		在籍生	毕业生	招生	
		计	其中：春季			计	其中：春季			计	其中：春季			计	其中：春季
徽江县农广校	0	0	0	12	0	0	0	0	0	0	0	0	0	0	0
易门职中	0	36	0	36	0	0	0	0	0	0	0	0	0	0	0
通海县教师进修学校	25	0	0	181	0	0	0	0	0	0	0	0	0	0	0
江川教师进修学校	1	26	13	128	0	9	4	52	0	9	4	52	0	0	0
元江县职业高级中学	0	31	27	158	0	0	0	0	0	0	0	0	0	0	0
华宁县职业高级中学	0	0	0	4	0	0	0	0	0	0	0	0	0	0	0
玉溪第二职业高级中学	0	0	0	13	0	0	0	0	0	0	0	0	0	0	0
思茅电大分校	263	84	37	1233	111	34	19	505	111	34	19	505	0	0	0
普洱市墨江县委党校电大工作站	68	74	42	342	42	0	0	55	42	0	0	55	0	0	0
思茅市景谷县教师进修学校教学点	32	67	28	208	0	11	2	33	0	11	2	33	0	0	0
宁洱县委党校	12	0	0	11	0	0	0	0	0	0	0	0	0	0	0
江城县教师进修学校	0	39	0	118	0	0	0	0	0	0	0	0	0	0	0
普洱市澜沧县委党校	0	0	0	47	0	0	0	0	0	0	0	0	0	0	0
镇沅县委党校	0	0	0	73	0	0	0	0	0	0	0	0	0	0	0
西双版纳电大分校	404	133	72	1635	117	108	53	606	117	108	53	606	0	0	0
西双版纳勐腊县电大工作站	0	0	0	4	0	0	0	0	0	0	0	0	0	0	0
西双版纳州勐海县电大工作站	13	0	0	35	0	0	0	0	0	0	0	0	0	0	0
勐腊县教师进修学校	0	7	7	26	0	0	0	0	0	0	0	0	0	0	0
红河分校	5	0	0	88	5	0	0	6	5	0	0	6	0	0	0
金平县工作站	128	106	35	553	7	4	0	28	7	4	0	28	0	0	0
蒙自教师进修学校	21	50	31	119	4	13	10	37	4	13	10	37	0	0	0
红河州石县屏教师进修学校	11	0	0	62	0	0	0	0	0	0	0	0	0	0	0
河口县教师进修学校	0	0	0	12	0	0	0	0	0	0	0	0	0	0	0
红河州红河县教师进修学校	118	50	15	411	4	0	0	44	4	0	0	44	0	0	0
红河州弥勒县高级职业中学教学点	0	0	0	3	0	0	0	0	0	0	0	0	0	0	0
红河州元阳县工作站(进校)	56	44	24	237	0	0	0	0	0	0	0	0	0	0	0
红河州建水县教师进修学校	107	0	0	160	1	0	0	0	1	0	0	0	0	0	0
红河州绿春县教师进修学校	288	144	60	718	202	86	30	317	202	86	30	317	0	0	0
个旧市第一职业高级中学	0	0	0	1	0	0	0	0	0	0	0	0	0	0	0
文山电大分校	8	0	0	93	6	0	0	25	6	0	0	25	0	0	0
文山分校广南县电大工作站	135	107	41	333	39	27	4	68	39	27	4	68	0	0	0
砚山县委党校	48	0	0	52	0	0	0	1	0	0	0	1	0	0	0
文山州丘北县工作站	286	43	19	369	217	22	9	219	217	22	9	219	0	0	0
文山县职业高级中学	0	0	0	14	0	0	0	0	0	0	0	0	0	0	0
云南省农业广播电视学校富宁分校	2	0	0	17	0	0	0	0	0	0	0	0	0	0	0
西畴县职业高级中学	0	0	0	6	0	0	0	0	0	0	0	0	0	0	0
麻栗坡县民族职业高级中学	9	4	1	19	0	4	1	7	0	4	1	7	0	0	0
马关县民族职业高级中学	1	0	0	1	0	0	0	0	0	0	0	0	0	0	0
曲靖电大分校	33	0	0	222	12	0	0	96	12	0	0	96	0	0	0
曲靖市麒麟区职业中学	71	21	19	289	21	9	7	93	21	9	7	93	0	0	0

教育学生情况(续表69)

单位:人

	专科															
	合计				普通开放				一村一				助力计划			
在籍生	毕业生	招生计	招生其中:春季	在籍生	毕业生	招生计	招生其中:春季	在籍生	毕业生	招生计	招生其中:春季	在籍生	毕业生	招生计	招生其中:春季	在籍生
0	0	0	0	12	0	0	0	0	0	0	0	12	0	0	0	0
0	0	36	0	36	0	0	0	0	0	36	0	36	0	0	0	0
0	25	0	0	181	25	0	0	4	0	0	0	177	0	0	0	0
0	1	17	9	76	1	17	9	76	0	0	0	0	0	0	0	0
0	0	31	27	158	0	4	3	19	0	27	24	139	0	0	0	0
0	0	0	0	4	0	0	0	2	0	0	0	2	0	0	0	0
0	0	0	0	13	0	0	0	13	0	0	0	0	0	0	0	0
0	152	50	18	728	142	50	18	627	10	0	0	101	0	0	0	0
0	26	74	42	287	26	17	17	104	0	57	25	183	0	0	0	0
0	32	56	26	175	17	18	9	43	15	38	17	132	0	0	0	0
0	12	0	0	11	0	0	0	0	12	0	0	11	0	0	0	0
0	0	39	0	118	0	0	0	0	0	39	0	118	0	0	0	0
0	0	0	0	47	0	0	0	0	0	0	0	47	0	0	0	0
0	0	0	0	73	0	0	0	0	0	0	0	73	0	0	0	0
0	287	25	19	1029	276	0	0	864	11	25	19	165	0	0	0	0
0	0	0	0	4	0	0	0	4	0	0	0	0	0	0	0	0
0	13	0	0	35	13	0	0	35	0	0	0	0	0	0	0	0
0	0	7	7	26	0	7	7	26	0	0	0	0	0	0	0	0
0	0	0	0	82	0	0	0	0	0	0	0	82	0	0	0	0
0	121	102	35	525	57	41	4	140	64	61	31	385	0	0	0	0
0	17	37	21	82	17	37	21	82	0	0	0	0	0	0	0	0
0	11	0	0	62	11	0	0	53	0	0	0	9	0	0	0	0
0	0	0	0	12	0	0	0	12	0	0	0	0	0	0	0	0
0	114	50	15	367	100	44	15	278	14	6	0	89	0	0	0	0
0	0	0	0	3	0	0	0	3	0	0	0	0	0	0	0	0
0	56	44	24	237	55	28	15	114	1	16	9	123	0	0	0	0
0	106	0	0	160	106	0	0	149	0	0	0	11	0	0	0	0
0	86	58	30	401	86	0	0	102	0	58	30	299	0	0	0	0
0	0	0	0	1	0	0	0	1	0	0	0	0	0	0	0	0
0	2	0	0	68	2	0	0	46	0	0	0	22	0	0	0	0
0	96	80	37	265	93	71	31	203	3	9	6	62	0	0	0	0
0	48	0	0	51	48	0	0	51	0	0	0	0	0	0	0	0
0	69	21	10	150	64	21	10	136	5	0	0	14	0	0	0	0
0	0	0	0	14	0	0	0	2	0	0	0	12	0	0	0	0
0	2	0	0	17	0	0	0	7	2	0	0	10	0	0	0	0
0	0	0	0	6	0	0	0	0	0	0	0	6	0	0	0	0
0	9	0	0	12	9	0	0	12	0	0	0	0	0	0	0	0
0	1	0	0	1	1	0	0	1	0	0	0	0	0	0	0	0
0	21	0	0	126	19	0	0	90	2	0	0	36	0	0	0	0
0	50	12	12	196	50	12	12	196	0	0	0	0	0	0	0	0

2.1 各学校开放

	合计				本科										
					合计				普通开放				一村一		
	毕业生	招生		在籍生	毕业生	招生		在籍生	毕业生	招生		在籍生	毕业生	招生	
		计	其中：春季			计	其中：春季			计	其中：春季			计	其中：春季
曲靖市工商职业技术学校	714	678	291	3628	124	98	51	632	124	98	51	632	0	0	0
曲靖市宣威市电大工作站(高级职业中学)	0	0	0	75	0	0	0	5	0	0	0	5	0	0	0
罗平农业广播电视学校	9	35	11	86	0	0	0	0	0	0	0	0	0	0	0
富源农业广播电视大学	0	0	0	3	0	0	0	0	0	0	0	0	0	0	0
会泽县农业广播电视学校	13	41	16	145	0	0	0	0	0	0	0	0	0	0	0
沾益县农业广播电视学校	2	0	0	9	0	0	0	0	0	0	0	0	0	0	0
云南省农业广播电视学校马龙县分校	0	0	0	3	0	0	0	0	0	0	0	0	0	0	0
沾益县职业培训教育中心	14	65	20	164	0	13	3	29	0	13	3	29	0	0	0
马龙县职业技术学校	0	14	11	55	0	5	4	20	0	5	4	20	0	0	0
昭通电大分校	4	0	0	129	3	0	0	12	3	0	0	12	0	0	0
楚雄电大分校	69	0	0	521	24	0	0	108	24	0	0	108	0	0	0
南华职中办学点	54	59	18	289	20	14	4	68	20	14	4	68	0	0	0
大姚县职中办学点	3	0	0	6	0	0	0	0	0	0	0	0	0	0	0
楚雄州永仁县委党校教学点	135	0	0	302	31	0	0	51	31	0	0	51	0	0	0
楚雄州牟定县职业高级中学教学点	76	24	0	275	13	2	0	20	13	2	0	20	0	0	0
元谋县委党校电大工作站	13	0	0	62	10	0	0	8	10	0	0	8	0	0	0
禄丰县职业高级中学教学点	166	10	10	242	0	0	0	0	0	0	0	0	0	0	0
楚雄州武定县委党校办学点	40	42	42	202	12	3	3	40	12	3	3	40	0	0	0
姚安县职业高级中学	0	7	3	24	0	0	0	0	0	0	0	0	0	0	0
楚雄职业高级中学	0	0	0	61	0	0	0	0	0	0	0	0	0	0	0
大理电大分校	5	0	0	100	2	0	0	41	2	0	0	41	0	0	0
大理漾濞县高级职业中学教学点	0	0	0	2	0	0	0	0	0	0	0	0	0	0	0
南涧职中(工作站)	66	95	39	319	19	22	10	64	19	22	10	64	0	0	0
大理州弥渡县教师进修学校	14	2	2	48	0	0	0	2	0	0	0	2	0	0	0
大理州剑川县教师进修学校教学点	12	0	0	57	0	0	0	0	0	0	0	0	0	0	0
大理州巍山县教师进修学校教学点	0	0	0	29	0	0	0	0	0	0	0	0	0	0	0
大理州洱源县教师进修学校教学点	18	0	0	95	0	0	0	0	0	0	0	0	0	0	0
省电大祥云县职业高级中学	45	56	30	430	1	13	4	33	1	13	4	33	0	0	0
宾川县职业高级中学	40	135	63	400	0	31	9	85	0	31	9	85	0	0	0
鹤庆县职业高级中学	5	9	2	18	0	3	0	3	0	3	0	3	0	0	0
巍山县职业高级中学	8	46	0	107	0	15	0	21	0	15	0	21	0	0	0
永平县职业高级中学	11	112	36	238	0	39	18	72	0	39	18	72	0	0	0
大理市中等职业学校	0	12	2	22	0	12	2	12	0	12	2	12	0	0	0
保山电大分校	668	482	211	3099	258	159	97	910	258	159	97	910	0	0	0
施甸县电大工作站	27	31	10	133	7	0	0	4	7	0	0	4	0	0	0
腾冲电大工作站	68	52	6	231	0	0	0	0	0	0	0	0	0	0	0
云南电大龙陵县工作站	27	130	51	305	0	0	0	0	0	0	0	0	0	0	0
昌宁工作站	153	65	31	416	69	23	9	160	69	23	9	160	0	0	0
临沧分校	120	266	116	994	75	123	54	523	75	123	54	523	0	0	0
临沧财贸学校	5	0	0	74	0	0	0	0	0	0	0	0	0	0	0

教育学生情况(续表70)

单位:人

	专科															
	合计				普通开放				一村一				助力计划			
在籍生	毕业生	招生		在籍生	毕业生	招生		在籍生	毕业生	招生		在籍生	毕业生	招生		在籍生
		计	其中:春季			计	其中:春季			计	其中:春季			计	其中:春季	
0	590	580	240	2996	590	580	240	2996	0	0	0	0	0	0	0	0
0	0	0	0	70	0	0	0	59	0	0	0	11	0	0	0	0
0	9	35	11	86	0	0	0	0	9	35	11	86	0	0	0	0
0	0	0	0	3	0	0	0	0	0	0	0	3	0	0	0	0
0	13	41	16	145	0	0	0	2	13	41	16	143	0	0	0	0
0	2	0	0	9	0	0	0	0	2	0	0	9	0	0	0	0
0	0	0	0	3	0	0	0	0	0	0	0	3	0	0	0	0
0	14	52	17	135	12	24	8	55	2	28	9	80	0	0	0	0
0	0	9	7	35	0	9	7	31	0	0	0	4	0	0	0	0
0	1	0	0	117	0	0	0	0	1	0	0	117	0	0	0	0
0	45	0	0	413	42	0	0	222	3	0	0	191	0	0	0	0
0	34	45	14	221	31	42	13	170	3	3	1	51	0	0	0	0
0	3	0	0	6	3	0	0	6	0	0	0	0	0	0	0	0
0	104	0	0	251	61	0	0	93	43	0	0	158	0	0	0	0
0	63	22	0	255	61	17	0	121	2	5	0	134	0	0	0	0
0	3	0	0	54	3	0	0	7	0	0	0	47	0	0	0	0
0	166	10	10	242	166	10	10	242	0	0	0	0	0	0	0	0
0	28	39	39	162	22	0	0	38	6	39	39	124	0	0	0	0
0	0	7	3	24	0	7	3	24	0	0	0	0	0	0	0	0
0	0	0	0	61	0	0	0	61	0	0	0	0	0	0	0	0
0	3	0	0	59	2	0	0	50	1	0	0	9	0	0	0	0
0	0	0	0	2	0	0	0	0	0	0	0	2	0	0	0	0
0	47	73	29	255	7	10	8	52	40	63	21	203	0	0	0	0
0	14	2	2	46	8	0	0	28	6	2	2	18	0	0	0	0
0	12	0	0	57	0	0	0	0	12	0	0	57	0	0	0	0
0	0	0	0	29	0	0	0	0	0	0	0	29	0	0	0	0
0	18	0	0	95	18	0	0	93	0	0	0	2	0	0	0	0
0	44	43	26	397	23	11	5	135	21	21	13	251	0	11	8	11
0	40	104	54	315	40	72	37	271	0	32	17	44	0	0	0	0
0	5	6	2	15	5	6	2	15	0	0	0	0	0	0	0	0
0	8	31	0	86	8	31	0	62	0	0	0	24	0	0	0	0
0	11	73	18	166	11	62	13	142	0	11	5	24	0	0	0	0
0	0	0	0	10	0	0	0	10	0	0	0	0	0	0	0	0
0	410	323	114	2189	407	281	101	1914	3	42	13	275	0	0	0	0
0	20	31	10	129	14	0	0	28	6	31	10	101	0	0	0	0
0	68	52	6	231	68	8	6	64	0	44	0	167	0	0	0	0
0	27	130	51	305	27	0	0	13	0	130	51	292	0	0	0	0
0	84	42	22	256	84	0	0	137	0	42	22	119	0	0	0	0
0	45	143	62	471	45	143	62	463	0	0	0	8	0	0	0	0
0	5	0	0	74	5	0	0	74	0	0	0	0	0	0	0	0

	合计				本科										
					合计				普通开放				一村一		
	毕业生	招生		在籍生	毕业生	招生		在籍生	毕业生	招生		在籍生	毕业生	招生	
		计	其中：春季			计	其中：春季			计	其中：春季			计	其中：春季
临沧云县电大工作站	0	0	0	16	0	0	0	0	0	0	0	0	0	0	0
临沧镇康工作站	0	0	0	22	0	0	0	0	0	0	0	0	0	0	0
临沧永德工作站	0	0	0	12	0	0	0	0	0	0	0	0	0	0	0
临沧沧源工作站	0	0	0	1	0	0	0	0	0	0	0	0	0	0	0
临沧耿马工作站	0	0	0	23	0	0	0	0	0	0	0	0	0	0	0
德宏直属教学点	0	0	0	9	0	0	0	0	0	0	0	0	0	0	0
德宏州盈江县电大工作站	22	64	64	364	0	0	0	42	0	0	0	42	0	0	0
德宏陇川电大工作站	0	0	0	19	0	0	0	0	0	0	0	0	0	0	0
梁河县职业高级中学	3	11	11	65	0	0	0	0	0	0	0	0	0	0	0
芒市职业教育中心	3	20	0	71	0	0	0	0	0	0	0	0	0	0	0
华坪县教师进修学校	0	29	7	99	0	18	3	33	0	18	3	33	0	0	0
丽江市委党校	0	0	0	20	0	0	0	0	0	0	0	0	0	0	0
永胜县职业高级中学	2	54	28	124	0	27	12	38	0	27	12	38	0	0	0
丽江市古城区职业高级中学	13	55	7	179	0	4	2	12	0	4	2	12	0	0	0
宁蒗县职业高级中学	9	34	14	68	0	6	0	6	0	6	0	6	0	0	0
丽江市玉龙县职业高级中学	1	68	47	112	0	2	0	2	0	2	0	2	0	0	0
云南电大政法分校	61	0	0	313	10	0	0	52	10	0	0	52	0	0	0
昆明职工开放学院	296	159	103	894	46	16	8	142	46	16	8	142	0	0	0
昆明五华新联大职业教育培训中心	3	0	0	69	0	0	0	0	0	0	0	0	0	0	0
文山州民族干部学校教学点	139	206	96	883	36	79	48	373	36	79	48	373	0	0	0
文山州民族干部学校	12	0	0	99	6	0	0	42	6	0	0	42	0	0	0
怒江电大分校	167	71	18	476	89	17	7	117	89	17	7	117	0	0	0
兰坪县中等职业技术学校	0	37	13	51	0	5	0	5	0	5	0	5	0	0	0
迪庆州民族中等专业学校	8	15	0	159	0	5	0	41	0	5	0	41	0	0	0
云南省林业技工学校	1	0	0	5	0	0	0	0	0	0	0	0	0	0	0
易门职业高级中学	0	0	0	1	0	0	0	0	0	0	0	0	0	0	0
通海县教师进修学校	0	0	0	1	0	0	0	0	0	0	0	0	0	0	0
江川教师进修学校	4	0	0	2	4	0	0	2	4	0	0	2	0	0	0
云南广播电视大学宣威工作站	439	404	187	1756	104	79	34	353	104	79	34	353	0	0	0
漾濞县职业高级中学	1	27	13	134	0	8	4	12	0	8	4	12	0	0	0
南涧职中(工作站)	3	0	0	22	0	0	0	0	0	0	0	0	0	0	0
弥渡县教师进修学校教学点	5	0	0	43	0	0	0	0	0	0	0	0	0	0	0
省电大祥云县职业高级中学	1	0	0	21	0	0	0	0	0	0	0	0	0	0	0
大理州剑川县教师进修学校教学点	0	0	0	4	0	0	0	0	0	0	0	0	0	0	0
云龙县民族职业高级中学	7	68	0	196	0	16	0	38	0	16	0	38	0	0	0
丽江市委党校	0	0	0	29	0	0	0	0	0	0	0	0	0	0	0
楚雄州武定县委党校办学点	2	0	0	22	0	0	0	0	0	0	0	0	0	0	0
陕西	**29755**	**26987**	**12877**	**111006**	**10180**	**9980**	**4745**	**39053**	**10180**	**9980**	**4745**	**39053**	**0**	**0**	**0**
其中:女	16093	13751	6507	56959	5841	5414	2595	21394	5841	5414	2595	21394	0	0	0
陕西电大开放教育学院	2589	3513	1797	17685	921	1191	552	5281	921	1191	552	5281	0	0	0

教育学生情况(续表 71)

单位:人

在籍生	专科															
	合计				普通开放				一村一				助力计划			
	毕业生	招生		在籍生	毕业生	招生		在籍生	毕业生	招生		在籍生	毕业生	招生		在籍生
		计	其中:春季			计	其中:春季			计	其中:春季			计	其中:春季	
0	0	0	0	16	0	0	0	0	0	0	0	16	0	0	0	0
0	0	0	0	22	0	0	0	7	0	0	0	15	0	0	0	0
0	0	0	0	12	0	0	0	0	0	0	0	12	0	0	0	0
0	0	0	0	1	0	0	0	0	0	0	0	1	0	0	0	0
0	0	0	0	23	0	0	0	15	0	0	0	8	0	0	0	0
0	0	0	0	9	0	0	0	0	0	0	0	9	0	0	0	0
0	22	64	64	322	14	28	28	136	8	36	36	186	0	0	0	0
0	0	0	0	19	0	0	0	0	0	0	0	19	0	0	0	0
0	3	11	11	65	2	9	9	47	1	2	2	18	0	0	0	0
0	3	20	0	71	3	0	0	16	0	20	0	55	0	0	0	0
0	0	11	4	66	0	11	4	66	0	0	0	0	0	0	0	0
0	0	0	0	20	0	0	0	0	0	0	0	20	0	0	0	0
0	2	27	16	86	2	27	16	86	0	0	0	0	0	0	0	0
0	13	51	5	167	13	51	5	167	0	0	0	0	0	0	0	0
0	9	28	14	62	9	22	13	40	0	6	1	22	0	0	0	0
0	1	66	47	110	1	66	47	110	0	0	0	0	0	0	0	0
0	51	0	0	261	51	0	0	261	0	0	0	0	0	0	0	0
0	250	143	95	752	250	143	95	727	0	0	0	25	0	0	0	0
0	3	0	0	69	3	0	0	69	0	0	0	0	0	0	0	0
0	103	127	48	510	103	127	48	510	0	0	0	0	0	0	0	0
0	6	0	0	57	6	0	0	57	0	0	0	0	0	0	0	0
0	78	54	11	359	78	46	10	227	0	8	1	132	0	0	0	0
0	0	32	13	46	0	10	5	17	0	22	8	29	0	0	0	0
0	8	10	0	118	0	8	0	42	8	2	0	76	0	0	0	0
0	1	0	0	5	1	0	0	5	0	0	0	0	0	0	0	0
0	0	0	0	1	0	0	0	0	0	0	0	1	0	0	0	0
0	0	0	0	1	0	0	0	0	0	0	0	1	0	0	0	0
0	0	0	0	0	0	0	0	0	0	0	0	0	0	0	0	0
0	335	325	153	1403	330	259	119	1034	5	66	34	369	0	0	0	0
0	1	19	9	122	1	1	1	9	0	18	8	113	0	0	0	0
0	3	0	0	22	0	0	0	0	3	0	0	22	0	0	0	0
0	5	0	0	43	0	0	0	0	5	0	0	43	0	0	0	0
0	1	0	0	21	0	0	0	1	1	0	0	20	0	0	0	0
0	0	0	0	4	0	0	0	0	0	0	0	4	0	0	0	0
0	7	52	0	158	7	30	0	117	0	22	0	41	0	0	0	0
0	0	0	0	29	0	0	0	0	0	0	0	29	0	0	0	0
0	2	0	0	22	2	0	0	10	0	0	0	12	0	0	0	0
0	**19575**	**17007**	**8132**	**71953**	**18738**	**15938**	**7559**	**69430**	**837**	**619**	**311**	**2073**	**0**	**450**	**262**	**450**
0	10252	8337	3912	35565	9911	7974	3719	34670	341	252	124	784	0	111	69	111
0	1668	2322	1245	12404	1668	2055	1056	12137	0	0	0	0	0	267	189	267

2.1 各学校开放

	合计				本科										
					合计				普通开放				一村一		
	毕业生	招生		在籍生	毕业生	招生		在籍生	毕业生	招生		在籍生	毕业生	招生	
		计	其中：春季			计	其中：春季			计	其中：春季			计	其中：春季
省教委成教中心	0	0	0	10	0	0	0	0	0	0	0	0	0	0	0
陕西省城市经济学校	9	27	0	92	0	0	0	0	0	0	0	0	0	0	0
延安分校直属教学点	1054	1004	432	4166	323	310	148	1164	323	310	148	1164	0	0	0
黄龙职业中学教学点	106	118	89	567	52	49	42	251	52	49	42	251	0	0	0
宜川工作站	151	119	67	344	65	55	32	159	65	55	32	159	0	0	0
延安电大富县党校教学点	107	100	48	346	42	49	26	131	42	49	26	131	0	0	0
吴旗县职教中心	204	178	75	518	74	71	29	209	74	71	29	209	0	0	0
延长职中教学点	194	185	113	731	67	64	30	261	67	64	30	261	0	0	0
黄陵教学点	365	88	35	759	92	38	15	215	92	38	15	215	0	0	0
子长县委党校教学点	118	124	60	513	34	45	24	183	34	45	24	183	0	0	0
志丹县职业中学	109	69	34	423	17	18	11	101	17	18	11	101	0	0	0
甘泉县职业中学	208	106	55	401	107	51	27	142	107	51	27	142	0	0	0
洛川职业中等专业学校	134	96	51	368	25	27	13	92	25	27	13	92	0	0	0
安塞县职业中学	12	38	22	126	6	29	16	91	6	29	16	91	0	0	0
延安分校延川直属教学点	0	4	0	4	0	0	0	0	0	0	0	0	0	0	0
延川职教中心	0	0	0	4	0	0	0	0	0	0	0	0	0	0	0
陕西电大榆林分校	1151	795	423	3335	294	298	150	1211	294	298	150	1211	0	0	0
府谷电大教学辅导站	561	428	238	1287	163	153	85	487	163	153	85	487	0	0	0
定边县电大教学辅导站	211	265	136	711	81	103	59	263	81	103	59	263	0	0	0
陕西电大靖边教学辅导站	463	224	115	845	241	107	53	384	241	107	53	384	0	0	0
横山县电大教学辅导站	105	139	60	374	35	55	28	152	35	55	28	152	0	0	0
陕西电大绥德辅导站	410	380	158	1507	186	159	63	709	186	159	63	709	0	0	0
米脂县电大教学辅导站	199	142	69	391	79	45	23	157	79	45	23	157	0	0	0
神木工作站	6	48	11	118	0	3	0	12	0	3	0	12	0	0	0
清涧工作站	222	209	105	640	68	87	47	262	68	87	47	262	0	0	0
子洲县电大教学辅导站	217	111	50	472	71	35	11	179	71	35	11	179	0	0	0
吴堡县电大教学辅导站	165	203	97	484	59	60	29	155	59	60	29	155	0	0	0
榆林市榆阳区电大教学辅导站	74	98	39	388	0	0	0	4	0	0	0	4	0	0	0
榆林分校佳县工作站	182	131	70	539	71	72	34	262	71	72	34	262	0	0	0
陕西广播电视大学咸阳分校	1822	1134	577	5454	744	444	205	2312	744	444	205	2312	0	0	0
兴平电大工作站	453	255	119	1082	90	85	43	345	90	85	43	345	0	0	0
咸阳分校旬邑高级职业中学	0	42	31	70	0	0	0	0	0	0	0	0	0	0	0
礼泉电大工作站	281	154	75	642	5	1	1	19	5	1	1	19	0	0	0
彬县工作站	99	51	24	323	0	0	0	0	0	0	0	0	0	0	0
淳化工作站	38	15	12	77	0	0	0	0	0	0	0	0	0	0	0
武功电大工作站	89	69	29	250	30	30	12	99	30	30	12	99	0	0	0
中共长武县委党校	13	28	13	131	1	14	4	56	1	14	4	56	0	0	0
永寿县职教中心	109	147	55	471	0	38	14	108	0	38	14	108	0	0	0
咸阳分校泾阳县教学点	137	110	63	477	9	34	21	113	9	34	21	113	0	0	0
咸阳分校乾县县委党校	0	82	52	167	0	0	0	0	0	0	0	0	0	0	0

教育学生情况(续表72)

单位:人

	专科															
	合计				普通开放				一村一				助力计划			
		招生				招生				招生				招生		
在籍生	毕业生	计	其中:春季	在籍生	毕业生	计	其中:春季	在籍生	毕业生	计	其中:春季	在籍生	毕业生	计	其中:春季	在籍生
0	0	0	0	10	0	0	0	10	0	0	0	0	0	0	0	0
0	9	27	0	92	9	27	0	92	0	0	0	0	0	0	0	0
0	731	694	284	3002	730	672	276	2961	1	0	0	19	0	22	8	22
0	54	69	47	316	54	59	46	276	0	10	1	40	0	0	0	0
0	86	64	35	185	86	64	35	185	0	0	0	0	0	0	0	0
0	65	51	22	215	65	47	22	211	0	0	0	0	0	4	0	4
0	130	107	46	309	130	107	46	309	0	0	0	0	0	0	0	0
0	127	121	83	470	127	121	83	470	0	0	0	0	0	0	0	0
0	273	50	20	544	273	50	20	544	0	0	0	0	0	0	0	0
0	84	79	36	330	84	70	36	321	0	0	0	0	0	9	0	9
0	92	51	23	322	92	51	23	322	0	0	0	0	0	0	0	0
0	101	55	28	259	101	49	27	228	0	6	1	31	0	0	0	0
0	109	69	38	276	109	69	38	276	0	0	0	0	0	0	0	0
0	6	9	6	35	6	8	5	34	0	1	1	1	0	0	0	0
0	0	4	0	4	0	4	0	4	0	0	0	0	0	0	0	0
0	0	0	0	4	0	0	0	4	0	0	0	0	0	0	0	0
0	857	497	273	2124	857	475	257	2102	0	0	0	0	0	22	16	22
0	398	275	153	800	240	98	40	315	158	177	113	485	0	0	0	0
0	130	162	77	448	90	76	33	234	40	86	44	214	0	0	0	0
0	222	117	62	461	172	81	45	342	50	36	17	119	0	0	0	0
0	70	84	32	222	58	74	30	205	12	10	2	17	0	0	0	0
0	224	221	95	798	223	221	95	780	1	0	0	18	0	0	0	0
0	120	97	46	234	120	96	45	222	0	1	1	12	0	0	0	0
0	6	45	11	106	3	39	10	72	3	5	1	33	0	1	0	1
0	154	122	58	378	145	104	48	322	9	18	10	56	0	0	0	0
0	146	76	39	293	135	67	37	274	11	4	2	14	0	5	0	5
0	106	143	68	329	104	143	68	305	2	0	0	24	0	0	0	0
0	74	98	39	384	38	56	19	229	36	42	20	155	0	0	0	0
0	111	59	36	277	103	59	36	277	8	0	0	0	0	0	0	0
0	1078	690	372	3142	1078	689	372	3141	0	0	0	0	0	1	0	1
0	363	170	76	737	363	170	76	737	0	0	0	0	0	0	0	0
0	0	42	31	70	0	42	31	70	0	0	0	0	0	0	0	0
0	276	153	74	623	276	153	74	623	0	0	0	0	0	0	0	0
0	99	51	24	323	99	51	24	323	0	0	0	0	0	0	0	0
0	38	15	12	77	38	15	12	77	0	0	0	0	0	0	0	0
0	59	39	17	151	59	39	17	151	0	0	0	0	0	0	0	0
0	12	14	9	75	12	14	9	75	0	0	0	0	0	0	0	0
0	109	109	41	363	109	109	41	363	0	0	0	0	0	0	0	0
0	128	76	42	364	128	76	42	364	0	0	0	0	0	0	0	0
0	0	82	52	167	0	82	52	167	0	0	0	0	0	0	0	0

2.1 各学校开放

	合计				本科										
					合计				普通开放				一村一		
	毕业生	招生		在籍生	毕业生	招生		在籍生	毕业生	招生		在籍生	毕业生	招生	
		计	其中：春季			计	其中：春季			计	其中：春季			计	其中：春季
陕西电大宝鸡市分校	1012	854	395	3915	389	360	167	1516	389	360	167	1516	0	0	0
岐山县工作站	86	23	23	167	44	7	7	73	44	7	7	73	0	0	0
凤翔县电大工作站	212	15	15	454	31	0	0	144	31	0	0	144	0	0	0
凤县农广校	46	8	8	72	0	0	0	0	0	0	0	0	0	0	0
宝鸡分校陈仓区工作站	83	72	42	287	0	9	5	34	0	9	5	34	0	0	0
宝鸡千阳县农广校	71	0	0	14	0	0	0	0	0	0	0	0	0	0	0
眉县农广校	21	0	0	27	0	0	0	0	0	0	0	0	0	0	0
扶风教师进修学校	46	28	14	105	0	0	0	0	0	0	0	0	0	0	0
太白县农业广播电视学校	23	18	4	94	0	0	0	0	0	0	0	0	0	0	0
宝鸡分校蔡家坡教学点	132	125	51	376	0	36	13	42	0	36	13	42	0	0	0
宝鸡分校麟游县教学点	0	2	0	43	0	0	0	0	0	0	0	0	0	0	0
宝鸡分校陇县教学点	0	22	4	30	0	0	0	0	0	0	0	0	0	0	0
宝鸡分校凤县教学点	0	14	0	14	0	2	0	2	0	2	0	2	0	0	0
宝鸡分校千阳县教学点	0	25	0	25	0	2	0	2	0	2	0	2	0	0	0
宝鸡分校凤翔县直属教学点	0	31	0	31	0	2	0	2	0	2	0	2	0	0	0
宝鸡分校眉县直属教学点	0	18	0	18	0	0	0	0	0	0	0	0	0	0	0
陕西省安康电大分校	1360	1272	573	4577	508	556	255	1992	508	556	255	1992	0	0	0
陕西省旬阳县师训教研中心	35	64	32	204	0	3	1	8	0	3	1	8	0	0	0
陕西省白河县职教中心	124	158	83	604	59	46	23	212	59	46	23	212	0	0	0
安康紫阳党校教学点	71	88	36	415	26	29	7	152	26	29	7	152	0	0	0
陕西省汉阴县县委党校	76	118	76	309	44	47	32	121	44	47	32	121	0	0	0
陕西省石泉县职教中心	198	196	100	684	74	68	44	191	74	68	44	191	0	0	0
陕西省平利县职教中心	137	228	121	656	39	85	46	232	39	85	46	232	0	0	0
安康市委党校	26	0	0	210	13	0	0	79	13	0	0	79	0	0	0
安康汉滨区电大工作站	32	100	45	158	0	0	0	0	0	0	0	0	0	0	0
安康分校宁陕县委党校	0	33	22	62	0	0	0	0	0	0	0	0	0	0	0
陕西电大汉中分校	2047	1628	786	6924	676	632	333	2614	676	632	333	2614	0	0	0
南郑县职业教育中心	13	37	6	172	0	0	0	14	0	0	0	14	0	0	0
镇巴县农业广播电视学校	152	112	32	432	51	58	15	196	51	58	15	196	0	0	0
略阳县工作站	237	160	87	608	50	63	33	249	50	63	33	249	0	0	0
宁强职中教学点	138	94	51	414	69	34	19	180	69	34	19	180	0	0	0
汉中分校西乡县委党校	0	69	27	137	0	0	0	0	0	0	0	0	0	0	0
汉中分校城固县委党校	0	47	20	65	0	0	0	0	0	0	0	0	0	0	0
陕西电大渭南分校直属教学点	1057	852	363	3725	281	290	133	1110	281	290	133	1110	0	0	0
华阴进校教学点	219	169	76	654	64	53	23	229	64	53	23	229	0	0	0
韩城进校教学点	188	86	49	451	49	13	9	105	49	13	9	105	0	0	0
陕西省大荔教师进修学校	108	157	82	411	22	43	18	127	22	43	18	127	0	0	0
陕西澄城县职业中专	107	99	50	254	17	26	12	57	17	26	12	57	0	0	0
陕西蒲城农校	199	238	123	680	16	60	31	118	16	60	31	118	0	0	0
潼关县财政局	2	4	0	41	0	1	0	5	0	1	0	5	0	0	0

教育学生情况(续表73)

单位:人

在籍生	专科															
	合计				普通开放				一村一				助力计划			
	毕业生	招生		在籍生	毕业生	招生		在籍生	毕业生	招生		在籍生	毕业生	招生		在籍生
		计	其中:春季			计	其中:春季			计	其中:春季			计	其中:春季	
0	623	494	228	2399	562	469	223	2325	61	14	5	63	0	11	0	11
0	42	16	16	94	42	16	16	94	0	0	0	0	0	0	0	0
0	181	15	15	310	181	15	15	310	0	0	0	0	0	0	0	0
0	46	8	8	72	46	8	8	72	0	0	0	0	0	0	0	0
0	83	63	37	253	83	63	37	253	0	0	0	0	0	0	0	0
0	71	0	0	14	2	0	0	0	69	0	0	14	0	0	0	0
0	21	0	0	27	21	0	0	25	0	0	0	2	0	0	0	0
0	46	28	14	105	46	28	14	105	0	0	0	0	0	0	0	0
0	23	18	4	94	11	18	4	70	12	0	0	24	0	0	0	0
0	132	89	38	334	132	89	38	334	0	0	0	0	0	0	0	0
0	0	2	0	43	0	2	0	4	0	0	0	39	0	0	0	0
0	0	22	4	30	0	22	4	30	0	0	0	0	0	0	0	0
0	0	12	0	12	0	12	0	12	0	0	0	0	0	0	0	0
0	0	23	0	23	0	23	0	23	0	0	0	0	0	0	0	0
0	0	29	0	29	0	28	0	28	0	1	0	1	0	0	0	0
0	0	18	0	18	0	18	0	18	0	0	0	0	0	0	0	0
0	852	716	318	2585	852	715	318	2584	0	0	0	0	0	1	0	1
0	35	61	31	196	35	61	31	196	0	0	0	0	0	0	0	0
0	65	112	60	392	65	105	54	385	0	7	6	7	0	0	0	0
0	45	59	29	263	45	59	29	243	0	0	0	20	0	0	0	0
0	32	71	44	188	32	71	44	188	0	0	0	0	0	0	0	0
0	124	128	56	493	124	124	52	442	0	4	4	51	0	0	0	0
0	98	143	75	424	98	143	75	424	0	0	0	0	0	0	0	0
0	13	0	0	131	13	0	0	131	0	0	0	0	0	0	0	0
0	32	100	45	158	32	100	45	158	0	0	0	0	0	0	0	0
0	0	33	22	62	0	33	22	62	0	0	0	0	0	0	0	0
0	1371	996	453	4310	1162	922	427	4054	209	74	26	256	0	0	0	0
0	13	37	6	158	13	37	6	158	0	0	0	0	0	0	0	0
0	101	54	17	236	96	50	15	222	5	4	2	14	0	0	0	0
0	187	97	54	359	187	97	54	359	0	0	0	0	0	0	0	0
0	69	60	32	234	69	60	32	234	0	0	0	0	0	0	0	0
0	0	69	27	137	0	69	27	137	0	0	0	0	0	0	0	0
0	0	47	20	65	0	47	20	65	0	0	0	0	0	0	0	0
0	776	562	230	2615	751	502	212	2546	25	20	14	29	0	40	4	40
0	155	116	53	425	155	116	53	425	0	0	0	0	0	0	0	0
0	139	73	40	346	139	50	24	323	0	0	0	0	0	23	16	23
0	86	114	64	284	84	111	64	281	2	3	0	3	0	0	0	0
0	90	73	38	197	90	73	38	197	0	0	0	0	0	0	0	0
0	183	178	92	562	183	178	92	562	0	0	0	0	0	0	0	0
0	2	3	0	36	2	3	0	36	0	0	0	0	0	0	0	0

2.1 各学校开放

	合计				本科										
					合计				普通开放				一村一		
	毕业生	招生		在籍生	毕业生	招生		在籍生	毕业生	招生		在籍生	毕业生	招生	
		计	其中：春季			计	其中：春季			计	其中：春季			计	其中：春季
富平县财政局	14	0	0	50	0	0	0	7	0	0	0	7	0	0	0
白水县财政局	43	47	22	137	15	17	8	55	15	17	8	55	0	0	0
渭南分校华县教师进修学校	36	56	32	118	11	20	10	42	11	20	10	42	0	0	0
渭南电大分校富平直属教学点	0	66	23	66	0	0	0	0	0	0	0	0	0	0	0
渭南电大分校合阳直属教学点	0	49	6	49	0	0	0	0	0	0	0	0	0	0	0
商洛分校	593	463	234	1777	260	218	120	840	260	218	120	840	0	0	0
洛南电大工作站	90	32	11	176	44	8	4	67	44	8	4	67	0	0	0
商洛分校山阳工作站	167	249	109	707	87	108	43	298	87	108	43	298	0	0	0
陕西电大商洛分校柞水工作站	117	112	46	523	43	43	14	217	43	43	14	217	0	0	0
镇安县职教中心	153	98	29	435	57	37	8	190	57	37	8	190	0	0	0
陕西电大商洛分校丹凤工作站	100	68	40	228	30	21	12	83	30	21	12	83	0	0	0
洛南县职教中心教学点	15	0	0	41	2	0	0	5	2	0	0	5	0	0	0
商南县职教中心	252	213	111	613	92	93	47	229	92	93	47	229	0	0	0
成教中心工作站镇安财校教学点	22	0	0	27	8	0	0	11	8	0	0	11	0	0	0
商州区工作站	0	0	0	3	0	0	0	0	0	0	0	0	0	0	0
陕西电大铜川分校	307	231	117	1106	68	95	52	428	68	95	52	428	0	0	0
陕西电大铜川分校宜君工作站	71	75	30	212	0	0	0	0	0	0	0	0	0	0	0
矿务局教学点	185	131	72	841	40	34	14	153	40	34	14	153	0	0	0
陕西航空工业管理局	397	823	396	1877	171	540	236	1060	171	540	236	1060	0	0	0
陕西广播电视大学航空工业局工作站秦岭教学点	114	95	48	398	41	42	20	178	41	42	20	178	0	0	0
陕西电大红原航空锻铸工业公司电大	0	0	0	8	0	0	0	1	0	0	0	1	0	0	0
西飞技术学院	66	42	8	312	0	0	0	6	0	0	0	6	0	0	0
中国飞行试验研究院航空机务技工学校	3	1	0	34	0	0	0	0	0	0	0	0	0	0	0
宝成工学院	0	5	3	5	0	0	0	0	0	0	0	0	0	0	0
电子局工作站	543	705	367	2305	188	252	117	970	188	252	117	970	0	0	0
电子局凌云	37	23	14	122	7	6	5	37	7	6	5	37	0	0	0
陕西建光技工学校	95	110	55	360	12	37	16	110	12	37	16	110	0	0	0
长岭培训中心	16	128	32	436	0	10	5	62	0	10	5	62	0	0	0
兵工局惠安教学点	35	74	49	170	0	0	0	0	0	0	0	0	0	0	0
陕西省兵器工业管理局	0	0	0	13	0	0	0	0	0	0	0	0	0	0	0
冶金局电大工作站	99	58	0	415	99	58	0	415	99	58	0	415	0	0	0
陕西省银行学校教学中心	53	0	0	283	19	0	0	34	19	0	0	34	0	0	0
陕西省城镇建设开发总公司	1	0	0	26	0	0	0	0	0	0	0	0	0	0	0
陕西通信技术学院	8	0	0	181	0	0	0	0	0	0	0	0	0	0	0
陕西省纺织职工大学	3	0	0	36	2	0	0	9	2	0	0	9	0	0	0
陕西省纺织工业协会教学点	15	9	8	110	0	0	0	0	0	0	0	0	0	0	0
陕西机械工人技术学校	0	0	0	1	0	0	0	0	0	0	0	0	0	0	0
陕西省水利技工学校	324	370	159	1529	141	164	76	731	141	164	76	731	0	0	0
陕西电大高新分校	446	447	150	1516	212	192	65	694	212	192	65	694	0	0	0
陕西省商务信息中心	898	390	212	2151	300	191	108	977	300	191	108	977	0	0	0

教育学生情况(续表 74)

单位:人

在籍生	专科															
	合计				普通开放				一村一				助力计划			
	毕业生	招生		在籍生	毕业生	招生		在籍生	毕业生	招生		在籍生	毕业生	招生		在籍生
		计	其中:春季			计	其中:春季			计	其中:春季			计	其中:春季	
0	14	0	0	43	14	0	0	43	0	0	0	0	0	0	0	0
0	28	30	14	82	28	30	14	82	0	0	0	0	0	0	0	0
0	25	36	22	76	25	34	20	74	0	2	2	2	0	0	0	0
0	0	66	23	66	0	66	23	66	0	0	0	0	0	0	0	0
0	0	49	6	49	0	49	6	49	0	0	0	0	0	0	0	0
0	333	245	114	937	333	245	114	936	0	0	0	1	0	0	0	0
0	46	24	7	109	16	7	0	59	30	17	7	50	0	0	0	0
0	80	141	66	409	80	141	66	409	0	0	0	0	0	0	0	0
0	74	69	32	306	71	69	32	296	3	0	0	10	0	0	0	0
0	96	61	21	245	96	61	21	245	0	0	0	0	0	0	0	0
0	70	47	28	145	70	47	28	145	0	0	0	0	0	0	0	0
0	13	0	0	36	13	0	0	36	0	0	0	0	0	0	0	0
0	160	120	64	384	160	120	64	384	0	0	0	0	0	0	0	0
0	14	0	0	16	14	0	0	16	0	0	0	0	0	0	0	0
0	0	0	0	3	0	0	0	3	0	0	0	0	0	0	0	0
0	239	136	65	678	220	131	63	650	19	2	2	25	0	3	0	3
0	71	75	30	212	0	0	0	0	71	75	30	212	0	0	0	0
0	145	97	58	688	145	56	29	647	0	0	0	0	0	41	29	41
0	226	283	160	817	226	283	160	817	0	0	0	0	0	0	0	0
0	73	53	28	220	73	53	28	220	0	0	0	0	0	0	0	0
0	0	0	0	7	0	0	0	7	0	0	0	0	0	0	0	0
0	66	42	8	306	66	42	8	306	0	0	0	0	0	0	0	0
0	3	1	0	34	3	1	0	34	0	0	0	0	0	0	0	0
0	0	5	3	5	0	5	3	5	0	0	0	0	0	0	0	0
0	355	453	250	1335	355	453	250	1335	0	0	0	0	0	0	0	0
0	30	17	9	85	30	17	9	85	0	0	0	0	0	0	0	0
0	83	73	39	250	83	73	39	250	0	0	0	0	0	0	0	0
0	16	118	27	374	16	118	27	374	0	0	0	0	0	0	0	0
0	35	74	49	170	35	74	49	170	0	0	0	0	0	0	0	0
0	0	0	0	13	0	0	0	13	0	0	0	0	0	0	0	0
0	0	0	0	0	0	0	0	0	0	0	0	0	0	0	0	0
0	34	0	0	249	34	0	0	249	0	0	0	0	0	0	0	0
0	1	0	0	26	1	0	0	26	0	0	0	0	0	0	0	0
0	8	0	0	181	8	0	0	181	0	0	0	0	0	0	0	0
0	1	0	0	27	1	0	0	27	0	0	0	0	0	0	0	0
0	15	9	8	110	15	9	8	110	0	0	0	0	0	0	0	0
0	0	0	0	1	0	0	0	1	0	0	0	0	0	0	0	0
0	183	206	83	798	183	206	83	798	0	0	0	0	0	0	0	0
0	234	255	85	822	234	255	85	822	0	0	0	0	0	0	0	0
0	598	199	104	1174	598	199	104	1174	0	0	0	0	0	0	0	0

2.1 各学校开放

	合计				本科										
					合计				普通开放				一村一		
	毕业生	招生		在籍生	毕业生	招生		在籍生	毕业生	招生		在籍生	毕业生	招生	
		计	其中:春季			计	其中:春季			计	其中:春季			计	其中:春季
陕西广播电视大学新城分校	2705	2391	1162	11136	1202	1119	547	4468	1202	1119	547	4468	0	0	0
陕西电大工运学院教学中心	771	596	268	2291	451	329	145	1271	451	329	145	1271	0	0	0
省计生协会	0	0	0	1	0	0	0	0	0	0	0	0	0	0	0
宝鸡农校教育中心	0	0	0	28	0	0	0	0	0	0	0	0	0	0	0
陕西省机电工程学校	23	0	0	326	0	0	0	0	0	0	0	0	0	0	0
陕西航空技术学院	113	24	4	537	0	0	0	0	0	0	0	0	0	0	0
西安庆华技工学校	0	0	0	1	0	0	0	0	0	0	0	0	0	0	0
西安华山技工学校	28	39	5	156	0	1	0	15	0	1	0	15	0	0	0
咸阳职业技术学院	172	0	0	539	4	0	0	15	4	0	0	15	0	0	0
陕西航天技术学院	0	0	0	18	0	0	0	0	0	0	0	0	0	0	0
西安铁路高级技工学校	0	0	0	73	0	0	0	0	0	0	0	0	0	0	0
陕西工业技术学院	0	0	0	33	0	0	0	0	0	0	0	0	0	0	0
陕西国防工业技师学校	0	56	36	133	0	0	0	0	0	0	0	0	0	0	0
能源工作站教学点	0	418	124	526	0	0	0	0	0	0	0	0	0	0	0
西安	**11461**	**11670**	**5199**	**61903**	**3331**	**4502**	**2127**	**22575**	**3331**	**4502**	**2127**	**22575**	**0**	**0**	**0**
其中:女	6844	6456	2951	33689	2074	2605	1251	12727	2074	2605	1251	12727	0	0	0
直属分校	20	0	0	0	7	0	0	0	7	0	0	0	0	0	0
现代教育培训学院工作站	81	403	200	1423	7	104	63	363	7	104	63	363	0	0	0
西安电大莲湖工作站	716	782	408	4367	131	293	152	1226	131	293	152	1226	0	0	0
长安分校	849	793	416	3228	400	414	214	1510	400	414	214	1510	0	0	0
临潼分校	344	314	169	1834	90	128	63	707	90	128	63	707	0	0	0
北洋工作站	3	0	0	23	0	0	0	8	0	0	0	8	0	0	0
翠华工作站	129	190	87	1099	29	42	24	277	29	42	24	277	0	0	0
蓝田分校	81	91	37	445	41	41	15	185	41	41	15	185	0	0	0
高陵分校	110	0	0	508	11	0	0	224	11	0	0	224	0	0	0
开放教育学院	15	0	0	0	7	0	0	0	7	0	0	0	0	0	0
直属一分校	3071	3386	1447	16291	1068	1349	648	6017	1068	1349	648	6017	0	0	0
直属二分校	2012	1337	615	9777	626	538	262	4244	626	538	262	4244	0	0	0
直属三分校	1710	2154	905	8736	364	787	355	3186	364	787	355	3186	0	0	0
西安电大城中分校	166	0	0	2601	70	0	0	614	70	0	0	614	0	0	0
西安电大城东分校	108	0	0	2095	47	0	0	722	47	0	0	722	0	0	0
西安电大周户分校	4	0	0	28	0	0	0	0	0	0	0	0	0	0	0
西安电大长兴分校	0	0	0	3	0	0	0	0	0	0	0	0	0	0	0
西安电大高新分校	605	757	289	3116	87	238	85	879	87	238	85	879	0	0	0
直属四分校	1437	1463	626	6329	346	568	246	2413	346	568	246	2413	0	0	0
甘肃	**19174**	**19738**	**8767**	**82358**	**7422**	**7082**	**3424**	**27902**	**7422**	**7082**	**3424**	**27902**	**0**	**0**	**0**
其中:女	10096	9802	4452	41622	4103	3958	1933	14947	4103	3958	1933	14947	0	0	0
甘肃电大兰州分校直属教学点	609	358	196	2840	239	164	99	980	239	164	99	980	0	0	0
甘肃电大兰州分校永登工作站	119	79	47	442	29	39	23	108	29	39	23	108	0	0	0
甘肃电大兰州分校红古党校工作站	63	115	49	375	25	50	22	132	25	50	22	132	0	0	0

教育学生情况(续表75)

单位:人

	专科															
	合计				普通开放				一村一				助力计划			
在籍生	毕业生	招生		在籍生	毕业生	招生		在籍生	毕业生	招生		在籍生	毕业生	招生		在籍生
		计	其中:春季			计	其中:春季			计	其中:春季			计	其中:春季	
0	1503	1272	615	6668	1503	1272	615	6668	0	0	0	0	0	0	0	0
0	320	267	123	1020	320	267	123	1020	0	0	0	0	0	0	0	0
0	0	0	0	1	0	0	0	1	0	0	0	0	0	0	0	0
0	0	0	0	28	0	0	0	16	0	0	0	12	0	0	0	0
0	23	0	0	326	23	0	0	326	0	0	0	0	0	0	0	0
0	113	24	4	537	113	24	4	537	0	0	0	0	0	0	0	0
0	0	0	0	1	0	0	0	1	0	0	0	0	0	0	0	0
0	28	38	5	141	28	38	5	141	0	0	0	0	0	0	0	0
0	168	0	0	524	168	0	0	524	0	0	0	0	0	0	0	0
0	0	0	0	18	0	0	0	18	0	0	0	0	0	0	0	0
0	0	0	0	73	0	0	0	73	0	0	0	0	0	0	0	0
0	0	0	0	33	0	0	0	33	0	0	0	0	0	0	0	0
0	0	56	36	133	0	56	36	133	0	0	0	0	0	0	0	0
0	0	418	124	526	0	418	124	526	0	0	0	0	0	0	0	0
0	**8130**	**7168**	**3072**	**39328**	**8130**	**6747**	**3056**	**38850**	**0**	**19**	**0**	**44**	**0**	**402**	**16**	**434**
0	4770	3851	1700	20962	4770	3766	1697	20870	0	8	0	9	0	77	3	83
0	13	0	0	0	13	0	0	0	0	0	0	0	0	0	0	0
0	74	299	137	1060	74	299	137	1060	0	0	0	0	0	0	0	0
0	585	489	256	3141	585	489	256	3141	0	0	0	0	0	0	0	0
0	449	379	202	1718	449	379	202	1718	0	0	0	0	0	0	0	0
0	254	186	106	1127	254	186	106	1127	0	0	0	0	0	0	0	0
0	3	0	0	15	3	0	0	15	0	0	0	0	0	0	0	0
0	100	148	63	822	100	148	63	822	0	0	0	0	0	0	0	0
0	40	50	22	260	40	50	22	260	0	0	0	0	0	0	0	0
0	99	0	0	284	99	0	0	284	0	0	0	0	0	0	0	0
0	8	0	0	0	8	0	0	0	0	0	0	0	0	0	0	0
0	2003	2037	799	10274	2003	1841	783	10053	0	5	0	5	0	191	16	216
0	1386	799	353	5533	1386	756	353	5465	0	6	0	31	0	37	0	37
0	1346	1367	550	5550	1346	1282	550	5458	0	6	0	6	0	79	0	86
0	96	0	0	1987	96	0	0	1987	0	0	0	0	0	0	0	0
0	61	0	0	1373	61	0	0	1373	0	0	0	0	0	0	0	0
0	4	0	0	28	4	0	0	28	0	0	0	0	0	0	0	0
0	0	0	0	3	0	0	0	3	0	0	0	0	0	0	0	0
0	518	519	204	2237	518	477	204	2195	0	0	0	0	0	42	0	42
0	1091	895	380	3916	1091	840	380	3861	0	2	0	2	0	53	0	53
0	**11752**	**12656**	**5343**	**54456**	**10218**	**10934**	**4613**	**47292**	**1534**	**1550**	**623**	**6857**	**0**	**172**	**107**	**307**
0	5993	5844	2519	26675	5505	5352	2301	24556	488	480	211	2060	0	12	7	59
0	370	194	97	1860	370	194	97	1860	0	0	0	0	0	0	0	0
0	90	40	24	334	90	40	24	334	0	0	0	0	0	0	0	0
0	38	65	27	243	38	65	27	243	0	0	0	0	0	0	0	0

2.1 各学校开放

	合计				本科										
					合计				普通开放				一村一		
	毕业生	招生		在籍生	毕业生	招生		在籍生	毕业生	招生		在籍生	毕业生	招生	
		计	其中：春季			计	其中：春季			计	其中：春季			计	其中：春季
甘肃电大兰州分校榆中工作站	74	161	89	504	22	44	22	108	22	44	22	108	0	0	0
兰州分校皋兰工作站	0	2	2	16	0	0	0	0	0	0	0	0	0	0	0
甘肃电大兰州分校永登党校工作站	124	86	46	308	49	37	25	97	49	37	25	97	0	0	0
甘肃电大兰州分校西固区工作站	87	69	33	282	29	38	21	150	29	38	21	150	0	0	0
甘肃电大兰州分校红古区工作站	145	72	32	425	21	19	9	110	21	19	9	110	0	0	0
甘肃电大兰州分校园艺学校教学点	63	10	7	211	12	0	0	9	12	0	0	9	0	0	0
甘肃电大天水分校直属教学点	382	556	192	1842	130	140	65	488	130	140	65	488	0	0	0
甘肃电大天水分校张家川工作站	181	247	93	840	77	123	67	495	77	123	67	495	0	0	0
甘肃电大天水分校清水工作站	89	227	60	584	41	76	34	243	41	76	34	243	0	0	0
甘肃电大天水分校武山工作站	166	205	83	564	33	20	14	68	33	20	14	68	0	0	0
甘肃电大天水分校麦积山区工作站	114	94	31	387	63	31	31	142	63	31	31	142	0	0	0
甘肃电大天水分校秦安工作站	241	208	102	835	119	91	62	357	119	91	62	357	0	0	0
甘肃电大天水分校甘谷工作站	152	336	167	958	66	67	19	235	66	67	19	235	0	0	0
天水分校天水农校教学点	0	0	0	6	0	0	0	0	0	0	0	0	0	0	0
甘肃电大白银分校直属教学点	658	478	266	2822	255	225	124	1046	255	225	124	1046	0	0	0
甘肃电大白银分校白银区工作站	88	119	73	351	16	22	16	81	16	22	16	81	0	0	0
甘肃电大白银分校景泰工作站	124	161	74	787	30	51	23	214	30	51	23	214	0	0	0
甘肃电大白银分校会宁工作站	37	313	74	642	13	82	25	215	13	82	25	215	0	0	0
甘肃电大白银分校靖远工作站	127	241	107	695	45	74	37	212	45	74	37	212	0	0	0
甘肃电大白银分校平川区工作站	130	75	47	479	42	25	17	131	42	25	17	131	0	0	0
甘肃电大白银分校靖煤教学点	91	40	37	166	23	8	7	35	23	8	7	35	0	0	0
甘肃电大白银分校会宁职专教学点	36	99	41	306	25	24	14	78	25	24	14	78	0	0	0
甘肃电大金昌分校直属教学点	587	446	236	2385	261	199	90	972	261	199	90	972	0	0	0
甘肃电大金昌分校永昌工作站	14	73	53	174	0	26	14	40	0	26	14	40	0	0	0
甘肃电大金昌分校金川区工作站	8	1	1	29	0	0	0	0	0	0	0	0	0	0	0
甘肃电大嘉峪关分校	671	410	189	2377	165	123	61	591	165	123	61	591	0	0	0
甘肃电大庆阳分校直属教学点	488	419	184	2674	204	136	71	929	204	136	71	929	0	0	0
甘肃电大庆阳分校环县工作站	61	177	49	435	5	30	6	53	5	30	6	53	0	0	0
甘肃电大庆阳分校合水工作站	84	125	68	381	48	50	31	212	48	50	31	212	0	0	0
甘肃电大庆阳分校正宁工作站	157	149	89	425	107	59	41	195	107	59	41	195	0	0	0
甘肃电大庆阳分校华池工作站	55	95	50	346	36	54	24	209	36	54	24	209	0	0	0
甘肃电大庆阳分校宁县工作站	37	100	45	217	9	32	17	75	9	32	17	75	0	0	0
甘肃电大庆阳分校庆城工作站	23	0	0	66	0	0	0	23	0	0	0	23	0	0	0
甘肃电大庆阳分校镇原工作站	131	115	55	320	80	40	26	135	80	40	26	135	0	0	0
甘肃电大平凉分校直属教学点	405	199	77	1869	151	66	22	492	151	66	22	492	0	0	0
甘肃电大平凉分校静宁工作站	152	222	44	589	14	55	18	137	14	55	18	137	0	0	0
甘肃电大平凉分校泾川工作站	63	201	51	541	9	24	10	75	9	24	10	75	0	0	0
甘肃电大平凉分校灵台工作站	193	219	54	603	96	59	21	216	96	59	21	216	0	0	0
甘肃电大平凉分校华亭工作站	132	87	37	695	76	45	20	328	76	45	20	328	0	0	0
甘肃电大平凉分校崇信工作站	69	52	23	209	28	19	10	64	28	19	10	64	0	0	0

教育学生情况(续表76)

单位:人

	专科															
	合计				普通开放				一村一				助力计划			
在籍生	毕业生	招生		在籍生	毕业生	招生		在籍生	毕业生	招生		在籍生	毕业生	招生		在籍生
		计	其中:春季			计	其中:春季			计	其中:春季			计	其中:春季	
0	52	117	67	396	52	87	37	248	0	30	30	148	0	0	0	0
0	0	2	2	16	0	2	2	5	0	0	0	11	0	0	0	0
0	75	49	21	211	53	40	18	150	22	9	3	61	0	0	0	0
0	58	31	12	132	58	31	12	132	0	0	0	0	0	0	0	0
0	124	53	23	315	124	53	23	315	0	0	0	0	0	0	0	0
0	51	10	7	202	51	10	7	202	0	0	0	0	0	0	0	0
0	252	416	127	1354	251	366	127	1163	1	50	0	191	0	0	0	0
0	104	124	26	345	64	116	26	247	40	8	0	98	0	0	0	0
0	48	151	26	341	37	76	26	240	11	75	0	101	0	0	0	0
0	133	185	69	496	117	174	69	359	16	11	0	137	0	0	0	0
0	51	63	0	245	32	39	0	162	19	24	0	83	0	0	0	0
0	122	117	40	478	63	87	27	321	59	30	13	157	0	0	0	0
0	86	269	148	723	40	168	54	340	46	101	94	383	0	0	0	0
0	0	0	0	6	0	0	0	6	0	0	0	0	0	0	0	0
0	403	253	142	1776	322	248	138	1498	81	3	3	273	0	2	1	5
0	72	97	57	270	72	67	37	214	0	30	20	56	0	0	0	0
0	94	110	51	573	93	91	35	506	1	19	16	67	0	0	0	0
0	24	231	49	427	3	99	10	122	21	132	39	305	0	0	0	0
0	82	167	70	483	62	90	35	290	20	77	35	193	0	0	0	0
0	88	50	30	348	88	49	29	312	0	1	1	36	0	0	0	0
0	68	32	30	131	68	19	18	115	0	0	0	0	0	13	12	16
0	11	75	27	228	11	56	12	136	0	17	13	90	0	2	2	2
0	326	247	146	1413	326	247	146	1413	0	0	0	0	0	0	0	0
0	14	47	39	134	14	20	12	77	0	27	27	57	0	0	0	0
0	8	1	1	29	8	1	1	29	0	0	0	0	0	0	0	0
0	506	287	128	1786	506	272	123	1755	0	0	0	0	0	15	5	31
0	284	283	113	1745	279	283	113	1729	5	0	0	16	0	0	0	0
0	56	147	43	382	41	147	43	307	15	0	0	75	0	0	0	0
0	36	75	37	169	29	69	37	159	7	6	0	10	0	0	0	0
0	50	90	48	230	46	87	45	217	4	3	3	13	0	0	0	0
0	19	41	26	137	19	41	26	137	0	0	0	0	0	0	0	0
0	28	68	28	142	26	37	20	93	2	31	8	49	0	0	0	0
0	23	0	0	43	23	0	0	43	0	0	0	0	0	0	0	0
0	51	75	29	185	27	57	20	148	24	18	9	37	0	0	0	0
0	254	133	55	1377	201	108	48	885	53	24	6	491	0	1	1	1
0	138	167	26	452	94	152	26	389	44	15	0	63	0	0	0	0
0	54	177	41	466	24	119	21	201	30	58	20	265	0	0	0	0
0	97	160	33	387	55	123	20	265	42	37	13	122	0	0	0	0
0	56	42	17	367	45	28	11	300	11	9	3	57	0	5	3	10
0	41	33	13	145	36	17	9	109	5	16	4	36	0	0	0	0

	合计				本科										
					合计				普通开放				一村一		
	毕业生	招生		在籍生	毕业生	招生		在籍生	毕业生	招生		在籍生	毕业生	招生	
		计	其中：春季			计	其中：春季			计	其中：春季			计	其中：春季
甘肃电大平凉分校庄浪工作站	163	262	50	734	69	52	16	186	69	52	16	186	0	0	0
甘肃电大陇南分校直属教学点	354	332	138	1466	203	145	58	689	203	145	58	689	0	0	0
甘肃电大陇南分校宕昌工作站	123	143	40	321	53	27	13	75	53	27	13	75	0	0	0
甘肃电大陇南分校康县工作站	68	79	45	315	8	12	6	68	8	12	6	68	0	0	0
甘肃电大陇南分校两当工作站	92	55	27	214	61	37	13	113	61	37	13	113	0	0	0
甘肃电大陇南分校文县工作站	138	193	80	550	56	65	35	160	56	65	35	160	0	0	0
甘肃电大陇南分校成县工作站	61	0	0	102	20	0	0	39	20	0	0	39	0	0	0
甘肃电大陇南分校礼县工作站	201	244	100	853	105	147	57	431	105	147	57	431	0	0	0
甘肃电大陇南分校徽县工作站	118	126	55	272	42	65	35	109	42	65	35	109	0	0	0
甘肃电大陇南分校西和工作站	52	65	15	188	7	0	0	5	7	0	0	5	0	0	0
甘肃电大定西分校直属教学点	1082	620	306	2511	555	229	116	902	555	229	116	902	0	0	0
甘肃电大定西分校陇西工作站	63	144	56	411	0	54	21	190	0	54	21	190	0	0	0
甘肃电大定西分校岷县工作站	516	513	204	1559	253	226	104	613	253	226	104	613	0	0	0
甘肃电大定西分校漳县工作站	403	379	165	1150	219	113	61	468	219	113	61	468	0	0	0
甘肃电大定西分校通渭工作站	285	293	77	869	119	88	37	391	119	88	37	391	0	0	0
甘肃电大定西分校渭源工作站	179	106	46	363	50	46	29	197	50	46	29	197	0	0	0
甘肃电大定西分校临洮工作站	205	168	28	582	68	48	8	149	68	48	8	149	0	0	0
甘肃电大武威分校直属教学点	97	1	0	438	31	0	0	139	31	0	0	139	0	0	0
甘肃电大武威分校天祝工作站	52	43	22	268	20	11	7	50	20	11	7	50	0	0	0
甘肃电大武威分校古浪工作站	177	85	10	484	43	15	7	87	43	15	7	87	0	0	0
甘肃电大武威分校民勤工作站	291	237	144	804	112	80	44	289	112	80	44	289	0	0	0
甘肃电大武威分校凉州区工作站	19	45	4	121	11	4	1	23	11	4	1	23	0	0	0
甘肃电大张掖分校直属教学点	139	240	96	1193	56	97	42	355	56	97	42	355	0	0	0
甘肃电大张掖分校高台工作站	94	70	21	371	49	25	4	95	49	25	4	95	0	0	0
甘肃电大张掖分校山丹工作站	51	69	34	239	24	29	12	78	24	29	12	78	0	0	0
甘肃电大张掖分校临泽工作站	49	93	47	242	31	31	17	74	31	31	17	74	0	0	0
甘肃电大张掖分校肃南教学点	52	39	21	208	12	16	9	54	12	16	9	54	0	0	0
甘肃电大酒泉分校直属教学点	655	685	303	3759	293	313	113	1167	293	313	113	1167	0	0	0
甘肃电大酒泉分校瓜州工作站	236	222	95	847	120	123	58	326	120	123	58	326	0	0	0
甘肃电大酒泉分校玉门工作站	206	206	96	1076	103	84	45	350	103	84	45	350	0	0	0
甘肃电大酒泉分校敦煌工作站	185	207	99	700	77	67	31	242	77	67	31	242	0	0	0
甘肃电大酒泉分校阿克塞工作站	101	102	53	325	62	56	29	180	62	56	29	180	0	0	0
甘肃电大酒泉分校肃北工作站	65	31	19	135	0	16	11	43	0	16	11	43	0	0	0
甘肃电大酒泉分校农垦工作站	0	0	0	13	0	0	0	0	0	0	0	0	0	0	0
甘肃电大甘南分校直属教学点	85	158	53	480	25	68	25	220	25	68	25	220	0	0	0
甘肃电大甘南分校舟曲工作站	174	181	59	522	91	93	37	266	91	93	37	266	0	0	0
甘肃电大甘南分校卓尼工作站	218	112	49	641	118	67	27	341	118	67	27	341	0	0	0
甘肃电大甘南分校临潭工作站	251	203	102	697	141	154	82	463	141	154	82	463	0	0	0
甘肃电大甘南分校迭部工作站	61	74	0	344	29	31	0	139	29	31	0	139	0	0	0
甘肃电大临夏分校直属教学点	481	560	292	2065	148	174	94	737	148	174	94	737	0	0	0

教育学生情况（续表77）

单位：人

	专科															
	合计				普通开放				一村一				助力计划			
在籍生	毕业生	招生		在籍生	毕业生	招生		在籍生	毕业生	招生		在籍生	毕业生	招生		在籍生
		计	其中：春季			计	其中：春季			计	其中：春季			计	其中：春季	
0	94	210	34	548	57	190	31	442	37	19	3	105	0	1	0	1
0	151	187	80	777	151	187	80	777	0	0	0	0	0	0	0	0
0	70	116	27	246	70	116	27	246	0	0	0	0	0	0	0	0
0	60	67	39	247	56	57	31	187	4	10	8	60	0	0	0	0
0	31	18	14	101	31	18	14	101	0	0	0	0	0	0	0	0
0	82	128	45	390	61	103	42	265	21	25	3	125	0	0	0	0
0	41	0	0	63	41	0	0	63	0	0	0	0	0	0	0	0
0	96	97	43	422	68	87	41	398	28	10	2	24	0	0	0	0
0	76	61	20	163	76	61	20	163	0	0	0	0	0	0	0	0
0	45	65	15	183	25	47	15	119	20	18	0	64	0	0	0	0
0	527	391	190	1609	402	343	156	1305	125	48	34	304	0	0	0	0
0	63	90	35	221	63	67	18	176	0	23	17	45	0	0	0	0
0	263	287	100	946	222	266	94	756	41	21	6	190	0	0	0	0
0	184	266	104	682	100	147	34	387	84	119	70	295	0	0	0	0
0	166	205	40	478	107	195	37	405	59	10	3	73	0	0	0	0
0	129	60	17	166	25	38	5	63	104	22	12	103	0	0	0	0
0	137	120	20	433	95	119	19	312	42	1	1	121	0	0	0	0
0	66	1	0	299	66	1	0	299	0	0	0	0	0	0	0	0
0	32	32	15	218	14	14	5	60	18	18	10	158	0	0	0	0
0	134	70	3	397	44	34	3	125	90	36	0	272	0	0	0	0
0	179	157	100	515	52	56	40	212	127	101	60	303	0	0	0	0
0	8	41	3	98	6	17	0	38	2	24	3	60	0	0	0	0
0	83	143	54	838	79	143	54	771	4	0	0	67	0	0	0	0
0	45	45	17	276	43	45	17	258	2	0	0	18	0	0	0	0
0	27	40	22	161	27	40	22	140	0	0	0	21	0	0	0	0
0	18	62	30	168	18	62	30	166	0	0	0	2	0	0	0	0
0	40	23	12	154	39	14	6	121	1	9	6	33	0	0	0	0
0	362	372	190	2592	349	309	185	2337	13	59	5	221	0	4	0	34
0	116	99	37	521	116	80	36	501	0	19	1	20	0	0	0	0
0	103	122	51	726	103	117	47	680	0	2	2	41	0	3	2	5
0	108	140	68	458	108	127	60	427	0	9	4	22	0	4	4	9
0	39	46	24	145	39	46	24	145	0	0	0	0	0	0	0	0
0	65	15	8	92	65	15	8	92	0	0	0	0	0	0	0	0
0	0	0	0	13	0	0	0	13	0	0	0	0	0	0	0	0
0	60	90	28	260	60	72	28	237	0	18	0	23	0	0	0	0
0	83	88	22	256	78	61	22	199	5	27	0	57	0	0	0	0
0	100	45	22	300	90	45	22	292	10	0	0	8	0	0	0	0
0	110	49	20	234	51	49	20	181	59	0	0	53	0	0	0	0
0	32	43	0	205	21	26	0	128	11	17	0	77	0	0	0	0
0	333	386	198	1328	311	379	195	1263	22	7	3	65	0	0	0	0

2.1 各学校开放

	合计				本科										
					合计				普通开放				一村一		
	毕业生	招生		在籍生	毕业生	招生		在籍生	毕业生	招生		在籍生	毕业生	招生	
		计	其中：春季			计	其中：春季			计	其中：春季			计	其中：春季
甘肃电大临夏分校和政工作站	88	128	68	501	33	56	32	229	33	56	32	229	0	0	0
甘肃电大临夏分校积石山工作站	57	122	45	273	15	27	18	87	15	27	18	87	0	0	0
甘肃电大临夏分校康乐工作站	99	116	39	435	41	37	10	159	41	37	10	159	0	0	0
甘肃电大临夏分校永靖工作站	86	52	17	240	46	23	8	88	46	23	8	88	0	0	0
甘肃电大临夏分校东乡工作站	16	12	7	49	1	4	2	9	1	4	2	9	0	0	0
甘肃电大临夏分校广河工作站	137	221	121	677	47	125	73	405	47	125	73	405	0	0	0
甘肃电大四〇四厂分校	0	0	0	11	0	0	0	5	0	0	0	5	0	0	0
甘肃电大农垦分校直属教学点	439	333	159	1650	94	121	60	386	94	121	60	386	0	0	0
甘肃电大农垦分校黄羊教学点	191	40	18	493	36	2	0	108	36	2	0	108	0	0	0
甘肃电大农垦河西分校直属教学点	458	768	439	3818	123	169	75	713	123	169	75	713	0	0	0
亚盛分校生地湾农场教学点	0	122	58	196	0	21	10	33	0	21	10	33	0	0	0
甘肃电大农垦河西分校金塔教学点	66	143	64	398	25	42	22	108	25	42	22	108	0	0	0
甘肃电大农垦河西分校敦煌教学点	25	95	56	302	7	41	24	107	7	41	24	107	0	0	0
甘肃电大农垦河西分校瓜州教学点	30	114	57	331	11	30	18	107	11	30	18	107	0	0	0
甘肃电大农垦河西分校玉门教学点	44	116	74	288	12	43	21	87	12	43	21	87	0	0	0
甘肃电大直属学院	1742	1889	952	9095	666	772	396	3607	666	772	396	3607	0	0	0
甘肃电大直属学院教学分部	194	165	68	567	55	64	24	230	55	64	24	230	0	0	0
直属学院高新经济开发区教学点	11	56	23	94	0	11	4	11	0	11	4	11	0	0	0
甘肃电大城建教学点	4	33	13	191	3	17	7	78	3	17	7	78	0	0	0
甘肃电大兰州石化公司工作站	5	2	2	42	0	0	0	0	0	0	0	0	0	0	0
甘肃电大水电五局工作站	273	216	82	1212	16	35	20	130	16	35	20	130	0	0	0
甘肃电大滨河分校	58	169	101	631	14	67	38	211	14	67	38	211	0	0	0
甘肃电大五〇四厂工作站	0	0	0	21	0	0	0	21	0	0	0	21	0	0	0
甘肃电大武威卫校工作站	61	0	0	311	0	0	0	0	0	0	0	0	0	0	0
甘肃电大陇南农校工作站	0	0	0	5	0	0	0	0	0	0	0	0	0	0	0
6203700	0	0	0	10	0	0	0	0	0	0	0	0	0	0	0
甘肃电大兰州铁路技工学校教学点	18	0	0	83	0	0	0	0	0	0	0	0	0	0	0
青海	**5655**	**6462**	**2813**	**22199**	**1831**	**2214**	**872**	**7073**	**1831**	**2214**	**872**	**7073**	**0**	**0**	**0**
其中：女	3127	3517	1531	12164	1047	1353	546	4146	1047	1353	546	4146	0	0	0
青海广播电视大学开放教育学院	1180	1468	711	5797	499	628	280	2371	499	628	280	2371	0	0	0
青海省文化艺术职业学校教学点	16	0	0	18	0	0	0	0	0	0	0	0	0	0	0
青海人事系统教学点	338	390	194	1212	145	148	65	498	145	148	65	498	0	0	0
果洛州广播电视大学	215	190	0	794	55	48	0	159	55	48	0	159	0	0	0
乐都县广播电视大学	147	181	85	641	58	69	26	201	58	69	26	201	0	0	0
互助县广播电视大学	132	167	65	607	34	35	17	113	34	35	17	113	0	0	0
海西州广播电视大学	374	378	153	1484	95	123	46	372	95	123	46	372	0	0	0
格尔木市广播电视大学	475	374	192	1407	122	84	35	235	122	84	35	235	0	0	0
都兰县广播电视大学	79	123	60	315	30	38	17	109	30	38	17	109	0	0	0
乌兰县广播电视大学	78	66	34	238	24	13	1	71	24	13	1	71	0	0	0
黄南州广播电视大学	248	264	95	932	89	124	46	406	89	124	46	406	0	0	0

教育学生情况(续表 78)

单位:人

	专科															
	合计				普通开放				一村一				助力计划			
在籍生	毕业生	招生		在籍生	毕业生	招生		在籍生	毕业生	招生		在籍生	毕业生	招生		在籍生
		计	其中:春季			计	其中:春季			计	其中:春季			计	其中:春季	
0	55	72	36	272	54	72	36	244	1	0	0	28	0	0	0	0
0	42	95	27	186	42	95	27	186	0	0	0	0	0	0	0	0
0	58	79	29	276	45	79	29	274	13	0	0	2	0	0	0	0
0	40	29	9	152	40	29	9	126	0	0	0	26	0	0	0	0
0	15	8	5	40	15	8	5	40	0	0	0	0	0	0	0	0
0	90	96	48	272	90	96	48	272	0	0	0	0	0	0	0	0
0	0	0	0	6	0	0	0	6	0	0	0	0	0	0	0	0
0	345	212	99	1264	345	212	99	1264	0	0	0	0	0	0	0	0
0	155	38	18	385	155	38	18	385	0	0	0	0	0	0	0	0
0	335	599	364	3105	335	477	287	2912	0	0	0	0	0	122	77	193
0	0	101	48	163	0	101	48	163	0	0	0	0	0	0	0	0
0	41	101	42	290	41	101	42	290	0	0	0	0	0	0	0	0
0	18	54	32	195	18	54	32	195	0	0	0	0	0	0	0	0
0	19	84	39	224	19	84	39	224	0	0	0	0	0	0	0	0
0	32	73	53	201	32	73	53	201	0	0	0	0	0	0	0	0
0	1076	1117	556	5488	1076	1117	556	5488	0	0	0	0	0	0	0	0
0	139	101	44	337	139	101	44	337	0	0	0	0	0	0	0	0
0	11	45	19	83	11	45	19	83	0	0	0	0	0	0	0	0
0	1	16	6	113	1	16	6	113	0	0	0	0	0	0	0	0
0	5	2	2	42	5	2	2	42	0	0	0	0	0	0	0	0
0	257	181	62	1082	257	181	62	1082	0	0	0	0	0	0	0	0
0	44	102	63	420	32	85	53	330	12	17	10	90	0	0	0	0
0	0	0	0	0	0	0	0	0	0	0	0	0	0	0	0	0
0	61	0	0	311	61	0	0	311	0	0	0	0	0	0	0	0
0	0	0	0	5	0	0	0	5	0	0	0	0	0	0	0	0
0	0	0	0	10	0	0	0	10	0	0	0	0	0	0	0	0
0	18	0	0	83	18	0	0	83	0	0	0	0	0	0	0	0
0	**3824**	**4248**	**1941**	**15126**	**3819**	**3825**	**1677**	**14493**	**5**	**86**	**86**	**155**	**0**	**337**	**178**	**478**
0	2080	2164	985	8018	2080	2035	883	7785	0	33	33	53	0	96	69	180
0	681	840	431	3426	681	632	267	3077	0	0	0	0	0	208	164	349
0	16	0	0	18	16	0	0	18	0	0	0	0	0	0	0	0
0	193	242	129	714	193	242	129	714	0	0	0	0	0	0	0	0
0	160	142	0	635	160	142	0	635	0	0	0	0	0	0	0	0
0	89	112	59	440	89	112	59	440	0	0	0	0	0	0	0	0
0	98	132	48	494	98	132	48	494	0	0	0	0	0	0	0	0
0	279	255	107	1112	279	238	100	1095	0	0	0	0	0	17	7	17
0	353	290	157	1172	353	272	150	1154	0	0	0	0	0	18	7	18
0	49	85	43	206	49	85	43	206	0	0	0	0	0	0	0	0
0	54	53	33	167	54	53	33	167	0	0	0	0	0	0	0	0
0	159	140	49	526	159	140	49	526	0	0	0	0	0	0	0	0

2.1 各学校开放

	合计				本科										
					合计				普通开放				一村一		
	毕业生	招生		在籍生	毕业生	招生		在籍生	毕业生	招生		在籍生	毕业生	招生	
		计	其中：春季			计	其中：春季			计	其中：春季			计	其中：春季
国家统计局培训学院青海分院	2	0	0	46	2	0	0	16	2	0	0	16	0	0	0
湟中县广播电视大学	402	447	237	1544	57	76	32	230	57	76	32	230	0	0	0
民和县广播电视大学	164	151	66	459	45	67	23	173	45	67	23	173	0	0	0
平安县广播电视大学	90	159	66	498	42	64	26	189	42	64	26	189	0	0	0
海南州广播电视大学	196	247	107	759	57	95	50	278	57	95	50	278	0	0	0
贵南	0	0	0	3	0	0	0	2	0	0	0	2	0	0	0
贵德县职业技术学校教学点	73	108	65	266	31	51	27	115	31	51	27	115	0	0	0
大通县广播电视大学	276	420	193	1201	103	76	36	245	103	76	36	245	0	0	0
黎明化工有限责任公司教学点	45	64	22	129	12	9	3	27	12	9	3	27	0	0	0
玉树州广播电视大学	245	440	88	983	51	182	39	393	51	182	39	393	0	0	0
化隆县广播电视大学	87	79	30	290	40	25	10	102	40	25	10	102	0	0	0
湟源县广播电视大学	152	164	75	580	39	47	20	174	39	47	20	174	0	0	0
循化县广播电视大学	134	157	90	416	67	63	35	199	67	63	35	199	0	0	0
海北州广播电视大学	337	259	123	984	102	86	32	264	102	86	32	264	0	0	0
门源县职业技术学校教学点	118	103	53	347	18	20	6	59	18	20	6	59	0	0	0
青海省畜牧兽医职业技术学院教学点	0	9	9	25	0	0	0	0	0	0	0	0	0	0	0
海南州职业技术学校教学点	52	54	0	224	14	43	0	72	14	43	0	72	0	0	0
宁夏	**6795**	**7504**	**3553**	**33530**	**2664**	**3191**	**1588**	**13422**	**2664**	**3191**	**1588**	**13422**	**0**	**0**	**0**
其中：女	4304	4756	2270	20076	1756	2153	1109	8487	1756	2153	1109	8487	0	0	0
直属一分校	992	1335	624	6468	356	747	376	2565	356	747	376	2565	0	0	0
石嘴山分校	1266	1228	610	7068	571	636	335	3283	571	636	335	3283	0	0	0
吴忠电大分校	612	621	341	2582	270	324	167	1115	270	324	167	1115	0	0	0
固原市电大工作站	63	55	23	203	44	54	22	148	44	54	22	148	0	0	0
宁夏青铜峡市电大工作站	163	186	84	1021	43	60	29	326	43	60	29	326	0	0	0
中宁教学点	381	300	145	1274	154	135	76	554	154	135	76	554	0	0	0
宁夏广播电视大学盐池县工作站	296	391	190	1215	99	146	66	445	99	146	66	445	0	0	0
宁夏广播电视大学同心工作站	291	173	86	850	131	92	37	393	131	92	37	393	0	0	0
宁夏中卫市电大	675	476	211	2171	269	154	79	744	269	154	79	744	0	0	0
永宁县电大工作站	709	509	243	2211	222	192	102	836	222	192	102	836	0	0	0
宁夏贺兰电大工作站	192	203	96	981	41	65	31	371	41	65	31	371	0	0	0
宁夏平罗电大工作站	361	872	426	2925	116	292	124	890	116	292	124	890	0	0	0
宁夏隆德县电大教学点	76	74	21	187	67	49	12	116	67	49	12	116	0	0	0
西吉教学点	10	61	39	145	8	15	12	70	8	15	12	70	0	0	0
彭阳县教学点	0	22	14	28	0	0	0	0	0	0	0	0	0	0	0
灵武市电大	0	15	7	15	0	0	0	0	0	0	0	0	0	0	0
固原教师进修学校	95	88	37	452	70	60	27	283	70	60	27	283	0	0	0
宁夏工业职业学院	334	41	25	973	126	31	19	461	126	31	19	461	0	0	0
宁夏新闻培训中心	279	295	149	2023	77	92	46	775	77	92	46	775	0	0	0
双玉学校	0	158	73	242	0	47	28	47	0	47	28	47	0	0	0
西夏区朔方教学点	0	260	109	355	0	0	0	0	0	0	0	0	0	0	0

教育学生情况(续表79)

单位:人

	专科															
	合计				普通开放				一村一				助力计划			
在籍生	毕业生	招生		在籍生	毕业生	招生		在籍生	毕业生	招生		在籍生	毕业生	招生		在籍生
		计	其中:春季			计	其中:春季			计	其中:春季			计	其中:春季	
0	0	0	0	30	0	0	0	30	0	0	0	0	0	0	0	0
0	345	371	205	1314	345	294	128	1237	0	77	77	77	0	0	0	0
0	119	84	43	286	119	84	43	286	0	0	0	0	0	0	0	0
0	48	95	40	309	48	95	40	309	0	0	0	0	0	0	0	0
0	139	152	57	481	139	152	57	481	0	0	0	0	0	0	0	0
0	0	0	0	1	0	0	0	1	0	0	0	0	0	0	0	0
0	42	57	38	151	42	57	38	151	0	0	0	0	0	0	0	0
0	173	344	157	956	173	250	157	811	0	0	0	51	0	94	0	94
0	33	55	19	102	33	55	19	102	0	0	0	0	0	0	0	0
0	194	258	49	590	194	258	49	590	0	0	0	0	0	0	0	0
0	47	54	20	188	47	54	20	188	0	0	0	0	0	0	0	0
0	113	117	55	406	113	117	55	406	0	0	0	0	0	0	0	0
0	67	94	55	217	62	94	55	215	5	0	0	2	0	0	0	0
0	235	173	91	720	235	173	91	720	0	0	0	0	0	0	0	0
0	100	83	47	288	100	83	47	288	0	0	0	0	0	0	0	0
0	0	9	9	25	0	0	0	0	0	9	9	25	0	0	0	0
0	38	11	0	152	38	11	0	152	0	0	0	0	0	0	0	0
0	**4131**	**4313**	**1965**	**20108**	**4082**	**4264**	**1943**	**19869**	**49**	**30**	**22**	**220**	**0**	**19**	**0**	**19**
0	2548	2603	1161	11589	2521	2588	1148	11487	27	15	13	102	0	0	0	0
0	636	588	248	3903	636	586	248	3901	0	2	0	2	0	0	0	0
0	695	592	275	3785	695	592	275	3781	0	0	0	4	0	0	0	0
0	342	297	174	1467	342	297	174	1467	0	0	0	0	0	0	0	0
0	19	1	1	55	19	1	1	55	0	0	0	0	0	0	0	0
0	120	126	55	695	120	126	55	695	0	0	0	0	0	0	0	0
0	227	165	69	720	227	165	69	720	0	0	0	0	0	0	0	0
0	197	245	124	770	197	240	119	744	0	5	5	26	0	0	0	0
0	160	81	49	457	160	81	49	457	0	0	0	0	0	0	0	0
0	406	322	132	1427	406	322	132	1427	0	0	0	0	0	0	0	0
0	487	317	141	1375	444	317	141	1341	43	0	0	34	0	0	0	0
0	151	138	65	610	151	138	65	610	0	0	0	0	0	0	0	0
0	245	580	302	2035	239	557	285	1882	6	23	17	153	0	0	0	0
0	9	25	9	71	9	25	9	71	0	0	0	0	0	0	0	0
0	2	46	27	75	2	46	27	75	0	0	0	0	0	0	0	0
0	0	22	14	28	0	22	14	28	0	0	0	0	0	0	0	0
0	0	15	7	15	0	15	7	15	0	0	0	0	0	0	0	0
0	25	28	10	169	25	28	10	168	0	0	0	1	0	0	0	0
0	208	10	6	512	208	10	6	512	0	0	0	0	0	0	0	0
0	202	203	103	1248	202	203	103	1248	0	0	0	0	0	0	0	0
0	0	111	45	195	0	111	45	195	0	0	0	0	0	0	0	0
0	0	260	109	355	0	260	109	355	0	0	0	0	0	0	0	0

2.1 各学校开放

	合计				本科										
					合计				普通开放				一村一		
	毕业生	招生		在籍生	毕业生	招生		在籍生	毕业生	招生		在籍生	毕业生	招生	
		计	其中：春季			计	其中：春季			计	其中：春季			计	其中：春季
国家开放大学西北煤矿机械制造高级技工学院落学习中心	0	19	0	19	0	0	0	0	0	0	0	0	0	0	0
国家开放大学兴庆区鲁宁教育培训中心教学点	0	93	0	93	0	0	0	0	0	0	0	0	0	0	0
红寺堡区电大工作站	0	29	0	29	0	0	0	0	0	0	0	0	0	0	0
新疆	**16935**	**25798**	**13502**	**110160**	**4993**	**9518**	**4838**	**40113**	**4993**	**9518**	**4838**	**40113**	**0**	**0**	**0**
其中:女	9713	13752	7077	58491	3081	5484	2729	22364	3081	5484	2729	22364	0	0	0
乌鲁木齐广播电视大学	45	24	18	493	24	6	5	201	24	6	5	201	0	0	0
哈密电大直属	841	1166	554	4710	314	476	223	1859	314	476	223	1859	0	0	0
哈密电大巴里坤分校	14	9	8	40	0	0	0	0	0	0	0	0	0	0	0
昌吉广播电视大学直属	864	1117	592	7440	296	497	274	3387	296	497	274	3387	0	0	0
昌吉电大玛纳斯教学点	161	169	78	1107	40	63	25	340	40	63	25	340	0	0	0
昌吉电大呼图壁县电大分校	183	214	125	1363	39	73	42	523	39	73	42	523	0	0	0
昌吉电大米泉工作站	414	471	243	1855	97	107	44	579	97	107	44	579	0	0	0
昌吉电大阜康分校	347	307	162	1507	78	116	59	480	78	116	59	480	0	0	0
昌吉电大吉木萨尔县教学点	219	290	130	1480	52	108	45	434	52	108	45	434	0	0	0
昌吉电大奇台电大分校	340	492	251	2175	111	143	59	731	111	143	59	731	0	0	0
昌吉电大木垒教学点	34	34	10	124	13	19	3	68	13	19	3	68	0	0	0
克拉玛依电大	93	94	54	571	33	50	25	298	33	50	25	298	0	0	0
阿勒泰广播电视大学	446	565	315	2356	168	240	120	966	168	240	120	966	0	0	0
阿勒泰电大布尔津县工作站	141	215	120	601	49	72	31	222	49	72	31	222	0	0	0
阿勒泰电大富蕴县工作站	115	140	58	473	41	70	33	208	41	70	33	208	0	0	0
阿勒泰福海县电大工作站	104	127	73	503	41	57	32	225	41	57	32	225	0	0	0
阿勒泰电大哈巴河县电大工作站	170	158	96	609	52	84	48	261	52	84	48	261	0	0	0
阿勒泰电大青河工作站	91	110	74	286	38	69	52	163	38	69	52	163	0	0	0
阿勒泰电大吉木乃县工作站	124	105	45	367	56	53	23	167	56	53	23	167	0	0	0
塔城地区广播电视大学	516	548	292	3070	130	237	111	1196	130	237	111	1196	0	0	0
塔城电大额敏县电大分校	214	149	77	798	70	74	38	302	70	74	38	302	0	0	0
乌苏市电大	211	150	65	782	57	49	16	243	57	49	16	243	0	0	0
沙湾县电大	98	116	63	552	34	43	21	213	34	43	21	213	0	0	0
塔城电大托里县电大分校	197	273	149	931	65	116	62	327	65	116	62	327	0	0	0
塔城电大裕民县电大分校	102	85	43	304	42	49	23	157	42	49	23	157	0	0	0
塔城电大和布克赛尔县电大分校	180	123	67	770	28	56	29	343	28	56	29	343	0	0	0
巴州广播电视大学直属	923	1974	1137	8480	331	712	403	2842	331	712	403	2842	0	0	0
巴州电大轮台县电大分校	80	266	142	729	27	46	27	203	27	46	27	203	0	0	0
巴州尉犁县广播电视大学	62	133	72	420	16	48	29	166	16	48	29	166	0	0	0
巴州若羌县电大	42	134	64	390	24	42	19	174	24	42	19	174	0	0	0
巴州电大且末县电大分校	68	185	98	490	9	59	32	172	9	59	32	172	0	0	0
巴州焉耆县电大	215	493	259	1236	76	169	89	452	76	169	89	452	0	0	0
巴州和静电大工作站	98	161	68	679	36	48	18	254	36	48	18	254	0	0	0
巴州电大和硕工作站	78	89	40	319	31	33	14	139	31	33	14	139	0	0	0
阿克苏广播电视大学	658	697	342	4326	188	285	154	1643	188	285	154	1643	0	0	0

教育学生情况(续表80)

单位:人

	专科															
	合计				普通开放				一村一				助力计划			
在籍生	毕业生	招生		在籍生	毕业生	招生		在籍生	毕业生	招生		在籍生	毕业生	招生		在籍生
		计	其中:春季			计	其中:春季			计	其中:春季			计	其中:春季	
0	0	19	0	19	0	0	0	0	0	0	0	0	0	19	0	19
0	0	93	0	93	0	93	0	93	0	0	0	0	0	0	0	0
0	0	29	0	29	0	29	0	29	0	0	0	0	0	0	0	0
0	**11942**	**16280**	**8664**	**70047**	**11821**	**16074**	**8543**	**69082**	**121**	**180**	**117**	**939**	**0**	**26**	**4**	**26**
0	6632	8268	4348	36127	6583	8221	4320	35866	49	43	26	257	0	4	2	4
0	21	18	13	292	21	18	13	292	0	0	0	0	0	0	0	0
0	527	690	331	2851	527	690	331	2851	0	0	0	0	0	0	0	0
0	14	9	8	40	14	9	8	40	0	0	0	0	0	0	0	0
0	568	620	318	4053	568	620	318	4050	0	0	0	3	0	0	0	0
0	121	106	53	767	113	106	53	747	8	0	0	20	0	0	0	0
0	144	141	83	840	143	141	83	833	1	0	0	7	0	0	0	0
0	317	364	199	1276	317	361	199	1273	0	2	0	2	0	1	0	1
0	269	191	103	1027	264	191	103	994	5	0	0	33	0	0	0	0
0	167	182	85	1046	164	180	85	1006	3	2	0	40	0	0	0	0
0	229	349	192	1444	217	335	183	1371	12	13	9	72	0	1	0	1
0	21	15	7	56	21	15	7	56	0	0	0	0	0	0	0	0
0	60	44	29	273	60	44	29	273	0	0	0	0	0	0	0	0
0	278	325	195	1390	267	272	148	1263	11	49	47	123	0	4	0	4
0	92	143	89	379	84	118	68	332	8	25	21	47	0	0	0	0
0	74	70	25	265	74	53	25	248	0	17	0	17	0	0	0	0
0	63	70	41	278	63	70	41	252	0	0	0	26	0	0	0	0
0	118	74	48	348	118	74	48	344	0	0	0	4	0	0	0	0
0	53	41	22	123	53	41	22	123	0	0	0	0	0	0	0	0
0	68	52	22	200	66	45	22	177	2	7	0	23	0	0	0	0
0	386	311	181	1874	373	293	166	1760	13	17	15	113	0	1	0	1
0	144	75	39	496	139	75	39	454	5	0	0	42	0	0	0	0
0	154	101	49	539	142	101	49	529	12	0	0	10	0	0	0	0
0	64	73	42	339	61	71	40	318	3	2	2	21	0	0	0	0
0	132	157	87	604	130	157	87	596	2	0	0	8	0	0	0	0
0	60	36	20	147	60	36	20	147	0	0	0	0	0	0	0	0
0	152	67	38	427	152	67	38	427	0	0	0	0	0	0	0	0
0	592	1262	734	5638	592	1253	729	5612	0	3	1	20	0	6	4	6
0	53	220	115	526	53	220	115	526	0	0	0	0	0	0	0	0
0	46	85	43	254	46	85	43	254	0	0	0	0	0	0	0	0
0	18	92	45	216	18	92	45	216	0	0	0	0	0	0	0	0
0	59	126	66	318	59	126	66	318	0	0	0	0	0	0	0	0
0	139	324	170	784	139	324	170	784	0	0	0	0	0	0	0	0
0	62	113	50	425	62	113	50	425	0	0	0	0	0	0	0	0
0	47	56	26	180	47	56	26	180	0	0	0	0	0	0	0	0
0	470	412	188	2683	470	412	188	2683	0	0	0	0	0	0	0	0

2.1 各学校开放

	合计				本科											
					合计				普通开放				一村一			
	毕业生	招生		在籍生	毕业生	招生		在籍生	毕业生	招生		在籍生	毕业生	招生	
		计	其中：春季			计	其中：春季			计	其中：春季			计	其中：春季
阿克苏电大乌什县分校	23	29	13	117	7	0	0	20	7	0	0	20	0	0	0
阿克苏电大阿瓦提县电大分校	51	103	39	305	20	56	16	149	20	56	16	149	0	0	0
阿克苏温宿县广播电视大学	176	315	156	840	71	124	62	341	71	124	62	341	0	0	0
柯坪县电大	0	30	12	86	0	0	0	0	0	0	0	0	0	0	0
阿克苏拜城县电大	198	256	134	877	28	85	43	228	28	85	43	228	0	0	0
新和县电大	0	1	1	29	0	0	0	0	0	0	0	0	0	0	0
阿克苏库车县教育局	58	315	155	685	0	66	33	112	0	66	33	112	0	0	0
阿克苏沙雅县教育局	151	209	88	687	47	96	39	325	47	96	39	325	0	0	0
博州电大直属	905	1418	797	5872	329	555	295	2253	329	555	295	2253	0	0	0
博州电大精河分校	90	117	67	477	29	69	41	269	29	69	41	269	0	0	0
新疆温泉县党校	42	41	22	148	0	0	0	0	0	0	0	0	0	0	0
奎屯市广播电视大学	272	223	104	1087	73	96	40	444	73	96	40	444	0	0	0
克孜勒苏电大	212	239	122	1483	59	122	64	616	59	122	64	616	0	0	0
克州电大阿克陶县教学点	137	415	174	973	17	161	81	365	17	161	81	365	0	0	0
克州广播电视大学阿合奇工作站	5	31	17	145	4	15	8	82	4	15	8	82	0	0	0
乌恰县电大	0	33	15	78	0	0	0	0	0	0	0	0	0	0	0
喀什广播电视大学	570	727	385	3180	266	383	238	1574	266	383	238	1574	0	0	0
喀什电大岳普湖县教学点	12	42	23	99	0	0	0	9	0	0	0	9	0	0	0
叶城县电大	29	54	18	181	0	20	8	53	0	20	8	53	0	0	0
喀什电大伽师县教学点	54	78	41	301	22	51	25	186	22	51	25	186	0	0	0
喀什电大泽普县教学点	18	0	0	9	0	0	0	1	0	0	0	1	0	0	0
莎车县党校电大教学点	11	0	0	19	0	0	0	0	0	0	0	0	0	0	0
麦盖提县电大	83	49	43	184	0	16	10	44	0	16	10	44	0	0	0
英吉沙县电大	6	26	9	84	0	12	4	40	0	12	4	40	0	0	0
塔什库尔干塔吉克自治县电大	76	78	49	163	0	30	22	44	0	30	22	44	0	0	0
和田电大直属	1012	2769	1372	10090	331	1042	538	4013	331	1042	538	4013	0	0	0
于田县广播电视大学	156	91	0	629	29	0	0	119	29	0	0	119	0	0	0
墨玉县电大	61	236	114	547	0	50	20	112	0	50	20	112	0	0	0
皮山县中等职业技术学校	14	161	82	315	0	0	0	0	0	0	0	0	0	0	0
洛浦县电大	23	87	0	196	0	0	0	0	0	0	0	0	0	0	0
策勒县电大	55	151	68	753	0	30	13	167	0	30	13	167	0	0	0
民丰县电大	62	190	106	562	0	63	29	108	0	63	29	108	0	0	0
伊犁州广播电视大学直属	709	594	301	4424	301	295	152	1780	301	295	152	1780	0	0	0
伊犁州电大特克斯县分校	224	145	70	719	57	57	27	295	57	57	27	295	0	0	0
伊犁州电大新源工作站	260	332	179	1610	35	135	71	584	35	135	71	584	0	0	0
伊犁州电大巩留县电大教学点	190	252	122	1287	56	95	55	457	56	95	55	457	0	0	0
伊犁州电大伊宁县工作站	176	312	179	1049	40	100	52	386	40	100	52	386	0	0	0
察布查尔县电大	92	193	113	688	0	51	25	113	0	51	25	113	0	0	0
昭苏县电大	132	144	66	509	0	55	26	151	0	55	26	151	0	0	0
尼勒克县职业培训中心教学点	35	98	55	283	0	0	0	0	0	0	0	0	0	0	0

教育学生情况(续表81)

单位:人

在籍生	专科															
	合计				普通开放				一村一				助力计划			
	毕业生	招生		在籍生	毕业生	招生		在籍生	毕业生	招生		在籍生	毕业生	招生		在籍生
		计	其中:春季			计	其中:春季			计	其中:春季			计	其中:春季	
0	16	29	13	97	16	29	13	97	0	0	0	0	0	0	0	0
0	31	47	23	156	31	47	23	156	0	0	0	0	0	0	0	0
0	105	191	94	499	105	191	94	499	0	0	0	0	0	0	0	0
0	0	30	12	86	0	30	12	86	0	0	0	0	0	0	0	0
0	170	171	91	649	170	171	91	649	0	0	0	0	0	0	0	0
0	0	1	1	29	0	1	1	29	0	0	0	0	0	0	0	0
0	58	249	122	573	58	249	122	573	0	0	0	0	0	0	0	0
0	104	113	49	362	104	113	49	362	0	0	0	0	0	0	0	0
0	576	863	502	3619	557	857	500	3515	19	6	2	104	0	0	0	0
0	61	48	26	208	61	48	26	208	0	0	0	0	0	0	0	0
0	42	41	22	148	42	41	22	148	0	0	0	0	0	0	0	0
0	199	127	64	643	199	127	64	643	0	0	0	0	0	0	0	0
0	153	117	58	867	153	117	58	867	0	0	0	0	0	0	0	0
0	120	254	93	608	120	254	93	608	0	0	0	0	0	0	0	0
0	1	16	9	63	1	16	9	63	0	0	0	0	0	0	0	0
0	0	33	15	78	0	33	15	78	0	0	0	0	0	0	0	0
0	304	344	147	1606	304	344	147	1606	0	0	0	0	0	0	0	0
0	12	42	23	90	12	42	23	90	0	0	0	0	0	0	0	0
0	29	34	10	128	29	18	10	112	0	16	0	16	0	0	0	0
0	32	27	16	115	32	27	16	115	0	0	0	0	0	0	0	0
0	18	0	0	8	18	0	0	8	0	0	0	0	0	0	0	0
0	11	0	0	19	11	0	0	19	0	0	0	0	0	0	0	0
0	83	33	33	140	83	33	33	140	0	0	0	0	0	0	0	0
0	6	14	5	44	6	14	5	44	0	0	0	0	0	0	0	0
0	76	48	27	119	76	48	27	119	0	0	0	0	0	0	0	0
0	681	1727	834	6077	681	1727	834	6077	0	0	0	0	0	0	0	0
0	127	91	0	510	127	91	0	510	0	0	0	0	0	0	0	0
0	61	186	94	435	61	186	94	435	0	0	0	0	0	0	0	0
0	14	161	82	315	14	161	82	315	0	0	0	0	0	0	0	0
0	23	87	0	196	23	87	0	196	0	0	0	0	0	0	0	0
0	55	121	55	586	55	121	55	586	0	0	0	0	0	0	0	0
0	62	127	77	454	62	127	77	454	0	0	0	0	0	0	0	0
0	408	299	149	2644	391	299	149	2491	17	0	0	153	0	0	0	0
0	167	88	43	424	167	88	43	424	0	0	0	0	0	0	0	0
0	225	197	108	1026	225	197	108	1026	0	0	0	0	0	0	0	0
0	134	157	67	830	134	157	67	830	0	0	0	0	0	0	0	0
0	136	212	127	663	136	212	127	663	0	0	0	0	0	0	0	0
0	92	142	88	575	92	142	88	562	0	0	0	13	0	0	0	0
0	132	89	40	358	132	89	40	358	0	0	0	0	0	0	0	0
0	35	98	55	283	35	98	55	283	0	0	0	0	0	0	0	0

2.1 各学校开放

	合计				本科											
					合计				普通开放				一村一			
	毕业生	招生		在籍生	毕业生	招生		在籍生	毕业生	招生		在籍生	毕业生	招生		
		计	其中：春季			计	其中：春季			计	其中：春季			计	其中：春季	
霍城县委党校教学点	11	154	79	392	0	0	0	0	0	0	0	0	0	0	0	
石河子广播电视大学	347	543	244	2831	91	224	100	1099	91	224	100	1099	0	0	0	
吐鲁番电大	280	539	256	2167	111	233	102	909	111	233	102	909	0	0	0	
吐鲁番电大鄯善工作站	156	314	161	915	83	115	57	385	83	115	57	385	0	0	0	
铁路电大	4	31	31	98	0	31	31	31	0	31	31	31	0	0	0	
乌石化广播电视大学	0	0	0	54	0	0	0	20	0	0	0	20	0	0	0	
新疆电大巴楚工作站	195	535	315	1655	42	224	133	603	42	224	133	603	0	0	0	
潞安新疆煤化工(集团)有限公司广播电视大学	166	78	0	623	29	25	0	149	29	25	0	149	0	0	0	
新疆电大直属学院	691	1299	805	6148	110	367	150	1539	110	367	150	1539	0	0	0	
财政厅电大	31	64	42	326	0	0	0	0	0	0	0	0	0	0	0	
新疆司法警官学校	186	274	274	845	0	0	0	0	0	0	0	0	0	0	0	
新疆兵团	**8557**	**11807**	**6407**	**46884**	**2824**	**4554**	**2389**	**17108**	**2824**	**4554**	**2389**	**17108**	**0**	**0**	**0**	
其中：女	5222	6382	3418	25453	1796	2786	1498	10059	1796	2786	1498	10059	0	0	0	
兵团电大校部	1429	2014	1145	7238	485	864	491	3001	485	864	491	3001	0	0	0	
农一师分校	337	580	280	2201	110	213	97	705	110	213	97	705	0	0	0	
农一师分校阿拉尔垦区教学点(一村一)	40	122	122	262	0	0	0	0	0	0	0	0	0	0	0	
农二师分校	677	733	370	2910	216	221	99	968	216	221	99	968	0	0	0	
兵团广播电视大学农二师分校22团教学点	0	0	0	4	0	0	0	0	0	0	0	0	0	0	0	
兵团广播电视大学农二师分校34团教学点	3	0	0	1	0	0	0	0	0	0	0	0	0	0	0	
兵团广播电视大学农二师分校38团教学点	1	0	0	4	0	0	0	0	0	0	0	0	0	0	0	
农三师分校	157	279	140	1228	69	166	88	604	69	166	88	604	0	0	0	
农三师分校图木舒克垦区教学点(一村一)	100	321	164	1048	0	0	0	0	0	0	0	0	0	0	0	
农四师分校	153	230	128	806	60	74	49	267	60	74	49	267	0	0	0	
农五师分校	419	595	309	2087	202	233	119	736	202	233	119	736	0	0	0	
农六师分校	521	689	301	2816	222	289	101	1018	222	289	101	1018	0	0	0	
农六师分校阜康工作站(一村一)	5	0	0	31	0	0	0	0	0	0	0	0	0	0	0	
农七师分校	290	450	235	2163	78	135	61	646	78	135	61	646	0	0	0	
农八师分校	377	519	214	2749	153	230	85	932	153	230	85	932	0	0	0	
农九师分校	369	421	253	1952	86	145	80	607	86	145	80	607	0	0	0	
农十师分校	314	475	208	1836	124	181	77	658	124	181	77	658	0	0	0	
农十三师分校	216	366	220	1385	62	124	70	425	62	124	70	425	0	0	0	
农十二师分校	272	415	207	1600	87	168	81	609	87	168	81	609	0	0	0	
兵团电大乌鲁木齐市专业技术岗位培训中心直属教学点	4	0	0	71	1	0	0	0	1	0	0	0	0	0	0	
农十四师分校	0	0	0	3	0	0	0	3	0	0	0	3	0	0	0	
兵团广播电视大学红山分校	1428	1997	1099	7754	501	889	495	3211	501	889	495	3211	0	0	0	
兵团广播电视大学北京路分校	1445	1601	1012	6735	368	622	396	2718	368	622	396	2718	0	0	0	
八一学院	**15734**	**26472**	**20063**	**77906**	**445**	**2295**	**1584**	**7497**	**445**	**2295**	**1584**	**7497**	**0**	**0**	**0**	
其中：女	1289	2386	1324	6970	132	438	256	1606	132	438	256	1606	0	0	0	
100003	170	548	379	1333	25	106	56	464	25	106	56	464	0	0	0	
KJ01A－KXY001	567	424	161	1836	22	142	54	581	22	142	54	581	0	0	0	

教育学生情况(续表82)

单位:人

	专科															
	合计				普通开放				一村一				助力计划			
在籍生	毕业生	招生		在籍生	毕业生	招生		在籍生	毕业生	招生		在籍生	毕业生	招生		在籍生
		计	其中:春季			计	其中:春季			计	其中:春季			计	其中:春季	
0	11	154	79	392	11	133	59	370	0	21	20	22	0	0	0	0
0	256	319	144	1732	256	319	144	1732	0	0	0	0	0	0	0	0
0	169	306	154	1258	169	306	154	1258	0	0	0	0	0	0	0	0
0	73	199	104	530	73	199	104	530	0	0	0	0	0	0	0	0
0	4	0	0	67	4	0	0	67	0	0	0	0	0	0	0	0
0	0	0	0	34	0	0	0	34	0	0	0	0	0	0	0	0
0	153	311	182	1052	153	311	182	1052	0	0	0	0	0	0	0	0
0	137	53	0	474	137	40	0	461	0	0	0	0	0	13	0	13
0	581	932	655	4609	581	932	655	4609	0	0	0	0	0	0	0	0
0	31	64	42	326	31	64	42	326	0	0	0	0	0	0	0	0
0	186	274	274	845	186	274	274	845	0	0	0	0	0	0	0	0
0	**5733**	**7253**	**4018**	**29776**	**5102**	**6568**	**3617**	**26836**	**631**	**685**	**401**	**2940**	**0**	**0**	**0**	**0**
0	3426	3596	1920	15394	3251	3452	1846	14811	175	144	74	583	0	0	0	0
0	944	1150	654	4237	944	1150	654	4237	0	0	0	0	0	0	0	0
0	227	367	183	1496	227	367	183	1496	0	0	0	0	0	0	0	0
0	40	122	122	262	0	0	0	0	40	122	122	262	0	0	0	0
0	461	512	271	1942	323	458	256	1689	138	54	15	253	0	0	0	0
0	0	0	0	4	0	0	0	4	0	0	0	0	0	0	0	0
0	3	0	0	1	3	0	0	1	0	0	0	0	0	0	0	0
0	1	0	0	4	1	0	0	4	0	0	0	0	0	0	0	0
0	88	113	52	624	88	113	52	624	0	0	0	0	0	0	0	0
0	100	321	164	1048	40	187	101	492	60	134	63	556	0	0	0	0
0	93	156	79	539	68	107	62	354	25	49	17	185	0	0	0	0
0	217	362	190	1351	130	297	152	970	87	65	38	381	0	0	0	0
0	299	400	200	1798	287	395	196	1761	12	5	4	37	0	0	0	0
0	5	0	0	31	0	0	0	0	5	0	0	31	0	0	0	0
0	212	315	174	1517	187	303	168	1367	25	12	6	150	0	0	0	0
0	224	289	129	1817	207	255	116	1689	17	34	13	128	0	0	0	0
0	283	276	173	1345	107	133	77	682	176	143	96	663	0	0	0	0
0	190	294	131	1178	144	227	104	884	46	67	27	294	0	0	0	0
0	154	242	150	960	154	242	150	960	0	0	0	0	0	0	0	0
0	185	247	126	991	185	247	126	991	0	0	0	0	0	0	0	0
0	3	0	0	71	3	0	0	71	0	0	0	0	0	0	0	0
0	0	0	0	0	0	0	0	0	0	0	0	0	0	0	0	0
0	927	1108	604	4543	927	1108	604	4543	0	0	0	0	0	0	0	0
0	1077	979	616	4017	1077	979	616	4017	0	0	0	0	0	0	0	0
0	**15289**	**24177**	**18479**	**70409**	**15289**	**24177**	**18479**	**70409**	**0**	**0**	**0**	**0**	**0**	**0**	**0**	**0**
0	1157	1948	1068	5364	1157	1948	1068	5364	0	0	0	0	0	0	0	0
0	145	442	323	869	145	442	323	869	0	0	0	0	0	0	0	0
0	545	282	107	1255	545	282	107	1255	0	0	0	0	0	0	0	0

2.1 各学校开放

	合计				本科											
					合计				普通开放				一村一			
	毕业生	招生		在籍生	毕业生	招生		在籍生	毕业生	招生		在籍生	毕业生	招生		
		计	其中：春季			计	其中：春季			计	其中：春季			计	其中：春季	
BJ05A－166003	8	0	0	266	0	0	0	4	0	0	0	4	0	0	0	
BJ02A－267004	143	299	299	1356	2	18	18	75	2	18	18	75	0	0	0	
BJ03A－393005	74	189	136	806	7	7	4	87	7	7	4	87	0	0	0	
BJ03A－336006	300	471	469	1559	0	27	25	94	0	27	25	94	0	0	0	
BJ03A－069007	31	338	276	1233	0	18	7	23	0	18	7	23	0	0	0	
BJ03A－325008	283	355	242	1401	0	12	8	19	0	12	8	19	0	0	0	
BJ05A－455011	669	1366	1073	3004	3	73	62	200	3	73	62	200	0	0	0	
BJ05A－195012	285	0	0	784	0	0	0	27	0	0	0	27	0	0	0	
BJ06A－BWQ014	589	427	357	1734	0	19	18	50	0	19	18	50	0	0	0	
BJ06A－400015	0	0	0	54	0	0	0	0	0	0	0	0	0	0	0	
BJ06A－055016	2	0	0	66	0	0	0	0	0	0	0	0	0	0	0	
BJ07A－TJQ017	0	0	0	11	0	0	0	0	0	0	0	0	0	0	0	
BJ10A－NJQ020	383	701	380	1409	13	91	64	217	13	91	64	217	0	0	0	
BJ10A－HLQ023	136	344	143	597	0	28	10	51	0	28	10	51	0	0	0	
BJ10A－XLQ025	0	0	0	4	0	0	0	0	0	0	0	0	0	0	0	
BJ11A－SLB030	10	23	23	46	0	0	0	0	0	0	0	0	0	0	0	
BJ13A－LQB032	49	62	39	281	0	0	0	0	0	0	0	0	0	0	0	
LZ01A－SLB001	0	0	0	1	0	0	0	0	0	0	0	0	0	0	0	
LZ01A－060002	169	444	205	1012	9	52	29	135	9	52	29	135	0	0	0	
LZ01A－070003	61	86	60	215	0	4	4	4	0	4	4	4	0	0	0	
LZ01A－090004	0	4	4	56	0	0	0	0	0	0	0	0	0	0	0	
LZ02A－SLB001	36	2	2	97	0	0	0	0	0	0	0	0	0	0	0	
LZ03A－210001	107	211	208	1195	0	12	11	13	0	12	11	13	0	0	0	
LZ04A－310001	192	370	363	2175	10	39	38	210	10	39	38	210	0	0	0	
LZ05A－XJJ001	306	666	587	1826	2	36	34	115	2	36	34	115	0	0	0	
LZ06A－NJQ001	131	95	95	379	0	12	12	34	0	12	12	34	0	0	0	
LZ07A－401901	50	154	98	581	0	29	12	62	0	29	12	62	0	0	0	
LZ08A－501901	154	93	54	497	0	18	7	28	0	18	7	28	0	0	0	
HJ01A－SLB001	45	144	99	450	0	7	3	12	0	7	3	12	0	0	0	
HJ02A－SYJ001	73	135	83	362	1	24	11	51	1	24	11	51	0	0	0	
HJ04A－BHJ001	82	257	201	469	0	38	23	69	0	38	23	69	0	0	0	
HJ05A－DHJ001	401	493	331	1347	17	44	26	176	17	44	26	176	0	0	0	
HJ05A－910002	2	0	0	185	0	0	0	0	0	0	0	0	0	0	0	
HJ04A－NHJ008	0	0	0	5	0	0	0	0	0	0	0	0	0	0	0	
HJ06A－NHJ001	278	279	214	968	3	15	10	70	3	15	10	70	0	0	0	
HJ06A－830003	0	0	0	1	0	0	0	0	0	0	0	0	0	0	0	
CD01A－100001	582	454	427	1757	11	37	32	126	11	37	32	126	0	0	0	
CD02A－XZJ001	1517	949	907	2889	0	6	6	17	0	6	6	17	0	0	0	
CD03A－200001	339	566	521	1587	12	17	15	117	12	17	15	117	0	0	0	
CD04A－YNQ001	132	168	129	553	1	18	15	51	1	18	15	51	0	0	0	

教育学生情况(续表83)

单位:人

在籍生	专科															
	合计				普通开放				一村一				助力计划			
	毕业生	招生		在籍生	毕业生	招生		在籍生	毕业生	招生		在籍生	毕业生	招生		在籍生
		计	其中:春季			计	其中:春季			计	其中:春季			计	其中:春季	
0	8	0	0	262	8	0	0	262	0	0	0	0	0	0	0	0
0	141	281	281	1281	141	281	281	1281	0	0	0	0	0	0	0	0
0	67	182	132	719	67	182	132	719	0	0	0	0	0	0	0	0
0	300	444	444	1465	300	444	444	1465	0	0	0	0	0	0	0	0
0	31	320	269	1210	31	320	269	1210	0	0	0	0	0	0	0	0
0	283	343	234	1382	283	343	234	1382	0	0	0	0	0	0	0	0
0	666	1293	1011	2804	666	1293	1011	2804	0	0	0	0	0	0	0	0
0	285	0	0	757	285	0	0	757	0	0	0	0	0	0	0	0
0	589	408	339	1684	589	408	339	1684	0	0	0	0	0	0	0	0
0	0	0	0	54	0	0	0	54	0	0	0	0	0	0	0	0
0	2	0	0	66	2	0	0	66	0	0	0	0	0	0	0	0
0	0	0	0	11	0	0	0	11	0	0	0	0	0	0	0	0
0	370	610	316	1192	370	610	316	1192	0	0	0	0	0	0	0	0
0	136	316	133	546	136	316	133	546	0	0	0	0	0	0	0	0
0	0	0	0	4	0	0	0	4	0	0	0	0	0	0	0	0
0	10	23	23	46	10	23	23	46	0	0	0	0	0	0	0	0
0	49	62	39	281	49	62	39	281	0	0	0	0	0	0	0	0
0	0	0	0	1	0	0	0	1	0	0	0	0	0	0	0	0
0	160	392	176	877	160	392	176	877	0	0	0	0	0	0	0	0
0	61	82	56	211	61	82	56	211	0	0	0	0	0	0	0	0
0	0	4	4	56	0	4	4	56	0	0	0	0	0	0	0	0
0	36	2	2	97	36	2	2	97	0	0	0	0	0	0	0	0
0	107	199	197	1182	107	199	197	1182	0	0	0	0	0	0	0	0
0	182	331	325	1965	182	331	325	1965	0	0	0	0	0	0	0	0
0	304	630	553	1711	304	630	553	1711	0	0	0	0	0	0	0	0
0	131	83	83	345	131	83	83	345	0	0	0	0	0	0	0	0
0	50	125	86	519	50	125	86	519	0	0	0	0	0	0	0	0
0	154	75	47	469	154	75	47	469	0	0	0	0	0	0	0	0
0	45	137	96	438	45	137	96	438	0	0	0	0	0	0	0	0
0	72	111	72	311	72	111	72	311	0	0	0	0	0	0	0	0
0	82	219	178	400	82	219	178	400	0	0	0	0	0	0	0	0
0	384	449	305	1171	384	449	305	1171	0	0	0	0	0	0	0	0
0	2	0	0	185	2	0	0	185	0	0	0	0	0	0	0	0
0	0	0	0	5	0	0	0	5	0	0	0	0	0	0	0	0
0	275	264	204	898	275	264	204	898	0	0	0	0	0	0	0	0
0	0	0	0	1	0	0	0	1	0	0	0	0	0	0	0	0
0	571	417	395	1631	571	417	395	1631	0	0	0	0	0	0	0	0
0	1517	943	901	2872	1517	943	901	2872	0	0	0	0	0	0	0	0
0	327	549	506	1470	327	549	506	1470	0	0	0	0	0	0	0	0
0	131	150	114	502	131	150	114	502	0	0	0	0	0	0	0	0

	合计				本科										
					合计				普通开放				一村一		
	毕业生	招生		在籍生	毕业生	招生		在籍生	毕业生	招生		在籍生	毕业生	招生	
		计	其中：春季			计	其中：春季			计	其中：春季			计	其中：春季
CD05A－201901	104	125	73	486	0	18	10	42	0	18	10	42	0	0	0
CD06A－SLB001	0	27	0	37	0	4	0	4	0	4	0	4	0	0	0
WJ01A－KMW001	69	0	0	299	3	0	0	109	3	0	0	109	0	0	0
WJ02A－JLW001	4	17	0	33	0	0	0	0	0	0	0	0	0	0	0
WJ04A－JSX001	0	39	19	113	0	0	0	0	0	0	0	0	0	0	0
WX28A－CQZ001	0	43	29	73	0	0	0	0	0	0	0	0	0	0	0
WX12A－LNZ001	0	17	17	22	0	0	0	0	0	0	0	0	0	0	0
WX24A－HIN001	0	65	65	79	0	0	0	0	0	0	0	0	0	0	0
WX11A－XJZ001	0	44	44	110	0	0	0	0	0	0	0	0	0	0	0
WX16A－JXZ001	0	21	21	27	0	0	0	0	0	0	0	0	0	0	0
WX01A－XZJ001	0	23	23	49	0	0	0	0	0	0	0	0	0	0	0
WX22A－GDZ001	0	65	65	136	0	0	0	0	0	0	0	0	0	0	0
WX26A－HUB001	0	138	138	183	0	0	0	0	0	0	0	0	0	0	0
WX20A－JSZ001	0	29	29	65	0	0	0	0	0	0	0	0	0	0	0
WX04A－HEB001	0	40	40	53	0	0	0	0	0	0	0	0	0	0	0
WX08A－GSZ001	0	25	25	53	0	0	0	0	0	0	0	0	0	0	0
WX25A－HEN001	0	41	41	66	0	0	0	0	0	0	0	0	0	0	0
WX31A－YNZ001	0	24	24	29	0	0	0	0	0	0	0	0	0	0	0
WX10A－NXZ001	0	3	3	9	0	0	0	0	0	0	0	0	0	0	0
WX06A－NMZ001	0	24	24	54	0	0	0	0	0	0	0	0	0	0	0
WX23A－GXZ001	0	57	57	74	0	0	0	0	0	0	0	0	0	0	0
WX18A－AHZ001	0	38	38	83	0	0	0	0	0	0	0	0	0	0	0
WX14A－HLJ001	0	29	29	42	0	0	0	0	0	0	0	0	0	0	0
WX21A－SHZ001	0	51	51	79	0	0	0	0	0	0	0	0	0	0	0
WX29A－SCZ001	0	34	34	79	0	0	0	0	0	0	0	0	0	0	0
WX09A－QHZ001	0	34	34	56	0	0	0	0	0	0	0	0	0	0	0
WX17A－FJZ001	0	9	9	27	0	0	0	0	0	0	0	0	0	0	0
WX15A－SDZ001	0	147	147	159	0	0	0	0	0	0	0	0	0	0	0
WX27A－HUN001	0	17	17	25	0	0	0	0	0	0	0	0	0	0	0
WX33A－NSG001	0	41	41	41	0	0	0	0	0	0	0	0	0	0	0
WX02A－BJZ001	0	88	88	111	0	0	0	0	0	0	0	0	0	0	0
WX19A－ZJZ001	0	51	51	116	0	0	0	0	0	0	0	0	0	0	0
WX30A－GZZ001	0	24	24	28	0	0	0	0	0	0	0	0	0	0	0
WX05A－JIN001	0	103	103	171	0	0	0	0	0	0	0	0	0	0	0
WX03A－TJZ001	0	48	48	48	0	0	0	0	0	0	0	0	0	0	0
WX32A－XZZ001	0	14	14	19	0	0	0	0	0	0	0	0	0	0	0
WX07A－SXZ001	0	91	91	113	0	0	0	0	0	0	0	0	0	0	0
WX13A－JLZ001	0	2	2	2	0	0	0	0	0	0	0	0	0	0	0
JN01A－375001	3	0	0	48	3	0	0	18	3	0	0	18	0	0	0
JN02A－146001	194	278	276	642	6	17	15	60	6	17	15	60	0	0	0

教育学生情况(续表84)

单位:人

在籍生	专科															
	合计				普通开放				一村一				助力计划			
	毕业生	招生		在籍生	毕业生	招生		在籍生	毕业生	招生		在籍生	毕业生	招生		在籍生
		计	其中:春季			计	其中:春季			计	其中:春季			计	其中:春季	
0	104	107	63	444	104	107	63	444	0	0	0	0	0	0	0	0
0	0	23	0	33	0	23	0	33	0	0	0	0	0	0	0	0
0	66	0	0	190	66	0	0	190	0	0	0	0	0	0	0	0
0	4	17	0	33	4	17	0	33	0	0	0	0	0	0	0	0
0	0	39	19	113	0	39	19	113	0	0	0	0	0	0	0	0
0	0	43	29	73	0	43	29	73	0	0	0	0	0	0	0	0
0	0	17	17	22	0	17	17	22	0	0	0	0	0	0	0	0
0	0	65	65	79	0	65	65	79	0	0	0	0	0	0	0	0
0	0	44	44	110	0	44	44	110	0	0	0	0	0	0	0	0
0	0	21	21	27	0	21	21	27	0	0	0	0	0	0	0	0
0	0	23	23	49	0	23	23	49	0	0	0	0	0	0	0	0
0	0	65	65	136	0	65	65	136	0	0	0	0	0	0	0	0
0	0	138	138	183	0	138	138	183	0	0	0	0	0	0	0	0
0	0	29	29	65	0	29	29	65	0	0	0	0	0	0	0	0
0	0	40	40	53	0	40	40	53	0	0	0	0	0	0	0	0
0	0	25	25	53	0	25	25	53	0	0	0	0	0	0	0	0
0	0	41	41	66	0	41	41	66	0	0	0	0	0	0	0	0
0	0	24	24	29	0	24	24	29	0	0	0	0	0	0	0	0
0	0	3	3	9	0	3	3	9	0	0	0	0	0	0	0	0
0	0	24	24	54	0	24	24	54	0	0	0	0	0	0	0	0
0	0	57	57	74	0	57	57	74	0	0	0	0	0	0	0	0
0	0	38	38	83	0	38	38	83	0	0	0	0	0	0	0	0
0	0	29	29	42	0	29	29	42	0	0	0	0	0	0	0	0
0	0	51	51	79	0	51	51	79	0	0	0	0	0	0	0	0
0	0	34	34	79	0	34	34	79	0	0	0	0	0	0	0	0
0	0	34	34	56	0	34	34	56	0	0	0	0	0	0	0	0
0	0	9	9	27	0	9	9	27	0	0	0	0	0	0	0	0
0	0	147	147	159	0	147	147	159	0	0	0	0	0	0	0	0
0	0	17	17	25	0	17	17	25	0	0	0	0	0	0	0	0
0	0	41	41	41	0	41	41	41	0	0	0	0	0	0	0	0
0	0	88	88	111	0	88	88	111	0	0	0	0	0	0	0	0
0	0	51	51	116	0	51	51	116	0	0	0	0	0	0	0	0
0	0	24	24	28	0	24	24	28	0	0	0	0	0	0	0	0
0	0	103	103	171	0	103	103	171	0	0	0	0	0	0	0	0
0	0	48	48	48	0	48	48	48	0	0	0	0	0	0	0	0
0	0	14	14	19	0	14	14	19	0	0	0	0	0	0	0	0
0	0	91	91	113	0	91	91	113	0	0	0	0	0	0	0	0
0	0	2	2	2	0	2	2	2	0	0	0	0	0	0	0	0
0	0	0	0	30	0	0	0	30	0	0	0	0	0	0	0	0
0	188	261	261	582	188	261	261	582	0	0	0	0	0	0	0	0

2.1 各学校开放

	合计				本科										
					合计				普通开放				一村一		
	毕业生	招生		在籍生	毕业生	招生		在籍生	毕业生	招生		在籍生	毕业生	招生	
		计	其中：春季			计	其中：春季			计	其中：春季			计	其中：春季
JN03A - 320001	102	300	250	698	0	21	20	80	0	21	20	80	0	0	0
JN04A - 521001	137	772	647	1237	1	38	26	67	1	38	26	67	0	0	0
JN05A - 251901	62	45	26	162	0	4	2	8	0	4	2	8	0	0	0
JN06A - SDQ001	53	196	137	577	0	27	24	42	0	27	24	42	0	0	0
EP01A - 620001	78	106	56	245	1	15	9	37	1	15	9	37	0	0	0
EP02A - 351001	104	379	254	906	0	18	11	44	0	18	11	44	0	0	0
EP03A - 101001	124	415	203	1063	1	34	19	85	1	34	19	85	0	0	0
GZ01A - 610001	50	171	123	459	1	21	16	67	1	21	16	67	0	0	0
GZ02A - SLB001	427	233	128	631	0	22	9	25	0	22	9	25	0	0	0
GZ03A - 100001	175	239	202	1017	14	29	21	127	14	29	21	127	0	0	0
GZ04A - 200001	534	1038	949	3062	13	96	87	337	13	96	87	337	0	0	0
GZ06A - GDQ001	79	103	103	560	0	61	61	139	0	61	61	139	0	0	0
GZ05A - LQB001	157	267	183	611	0	49	32	100	0	49	32	100	0	0	0
GZ10A - 301901	73	311	215	791	0	43	33	73	0	43	33	73	0	0	0
GZ07A - HNQ001	68	228	185	396	0	11	9	13	0	11	9	13	0	0	0
GZ08A - GXQ001	0	50	50	60	0	0	0	0	0	0	0	0	0	0	0
NJ01A - SJQ001	595	811	490	3410	87	234	156	1022	87	234	156	1022	0	0	0
NJ02A - 118001	113	103	57	723	100	45	31	300	100	45	31	300	0	0	0
8011703	1	0	0	147	0	0	0	0	0	0	0	0	0	0	0
NJ05A - 111001	705	1059	747	3046	15	27	24	150	15	27	24	150	0	0	0
NJ06A - 011001	553	1191	872	4020	16	151	92	329	16	151	92	329	0	0	0
NJ07A - FJQ001	268	513	344	1740	3	28	23	120	3	28	23	120	0	0	0
NJ04A - 061002	872	1065	777	2987	36	67	57	311	36	67	57	311	0	0	0
NJ09A - ZJQ001	195	278	162	799	3	38	13	117	3	38	13	117	0	0	0
NJ01A - 681001	40	77	22	128	0	7	3	7	0	7	3	7	0	0	0
NJ11A - 151901	208	415	265	871	0	43	31	82	0	43	31	82	0	0	0
SY01A - 301001	281	468	346	1236	4	46	34	112	4	46	34	112	0	0	0
SY02A - 631001	109	607	357	1341	0	10	10	47	0	10	10	47	0	0	0
SY03A - LNQ001	200	369	238	956	0	22	17	62	0	22	17	62	0	0	0
SY04A - HLQ001	0	148	109	362	0	9	6	9	0	9	6	9	0	0	0
SY05A - 521001	625	1309	1055	3185	0	91	69	170	0	91	69	170	0	0	0
SY06A - JLQ001	16	123	112	154	0	0	0	0	0	0	0	0	0	0	0
北京实验学院	**1568**	**2602**	**1075**	**12435**	**279**	**414**	**200**	**2786**	**279**	**414**	**200**	**2786**	**0**	**0**	**0**
其中：女	1056	1209	556	6435	178	249	124	1592	178	249	124	1592	0	0	0
南海学习中心校本部	960	1465	642	8167	120	157	76	1221	120	157	76	1221	0	0	0
佛山市禅城区德轩教育培训中心	0	66	16	73	0	0	0	0	0	0	0	0	0	0	0
国家开放大学南海实验学院佛山市汽运集团学习中心	0	238	73	238	0	0	0	0	0	0	0	0	0	0	0
中央电大学习中心(北京)	106	188	114	1277	35	59	28	484	35	59	28	484	0	0	0
国家开放大学北京实验学院万通汽修学习中心	0	168	0	168	0	0	0	0	0	0	0	0	0	0	0
太原学习中心	492	377	191	1960	116	153	75	855	116	153	75	855	0	0	0

教育学生情况(续表85)

单位:人

	专科															
	合计				普通开放				一村一				助力计划			
在籍生	毕业生	招生		在籍生	毕业生	招生		在籍生	毕业生	招生		在籍生	毕业生	招生		在籍生
		计	其中:春季			计	其中:春季			计	其中:春季			计	其中:春季	
0	102	279	230	618	102	279	230	618	0	0	0	0	0	0	0	0
0	136	734	621	1170	136	734	621	1170	0	0	0	0	0	0	0	0
0	62	41	24	154	62	41	24	154	0	0	0	0	0	0	0	0
0	53	169	113	535	53	169	113	535	0	0	0	0	0	0	0	0
0	77	91	47	208	77	91	47	208	0	0	0	0	0	0	0	0
0	104	361	243	862	104	361	243	862	0	0	0	0	0	0	0	0
0	123	381	184	978	123	381	184	978	0	0	0	0	0	0	0	0
0	49	150	107	392	49	150	107	392	0	0	0	0	0	0	0	0
0	427	211	119	606	427	211	119	606	0	0	0	0	0	0	0	0
0	161	210	181	890	161	210	181	890	0	0	0	0	0	0	0	0
0	521	942	862	2725	521	942	862	2725	0	0	0	0	0	0	0	0
0	79	42	42	421	79	42	42	421	0	0	0	0	0	0	0	0
0	157	218	151	511	157	218	151	511	0	0	0	0	0	0	0	0
0	73	268	182	718	73	268	182	718	0	0	0	0	0	0	0	0
0	68	217	176	383	68	217	176	383	0	0	0	0	0	0	0	0
0	0	50	50	60	0	50	50	60	0	0	0	0	0	0	0	0
0	508	577	334	2388	508	577	334	2388	0	0	0	0	0	0	0	0
0	13	58	26	423	13	58	26	423	0	0	0	0	0	0	0	0
0	1	0	0	147	1	0	0	147	0	0	0	0	0	0	0	0
0	690	1032	723	2896	690	1032	723	2896	0	0	0	0	0	0	0	0
0	537	1040	780	3691	537	1040	780	3691	0	0	0	0	0	0	0	0
0	265	485	321	1620	265	485	321	1620	0	0	0	0	0	0	0	0
0	836	998	720	2676	836	998	720	2676	0	0	0	0	0	0	0	0
0	192	240	149	682	192	240	149	682	0	0	0	0	0	0	0	0
0	40	70	19	121	40	70	19	121	0	0	0	0	0	0	0	0
0	208	372	234	789	208	372	234	789	0	0	0	0	0	0	0	0
0	277	422	312	1124	277	422	312	1124	0	0	0	0	0	0	0	0
0	109	597	347	1294	109	597	347	1294	0	0	0	0	0	0	0	0
0	200	347	221	894	200	347	221	894	0	0	0	0	0	0	0	0
0	0	139	103	353	0	139	103	353	0	0	0	0	0	0	0	0
0	625	1218	986	3015	625	1218	986	3015	0	0	0	0	0	0	0	0
0	16	123	112	154	16	123	112	154	0	0	0	0	0	0	0	0
0	**1289**	**2188**	**875**	**9649**	**1266**	**1413**	**639**	**8424**	**23**	**131**	**125**	**374**	**0**	**644**	**111**	**851**
0	878	960	432	4843	872	859	386	4644	6	22	21	95	0	79	25	104
0	840	1308	566	6946	817	960	412	6200	23	131	125	374	0	217	29	372
0	0	66	16	73	0	0	0	0	0	0	0	0	0	66	16	73
0	0	238	73	238	0	73	35	73	0	0	0	0	0	165	38	165
0	71	129	86	793	71	101	58	720	0	0	0	0	0	28	28	73
0	0	168	0	168	0	0	0	0	0	0	0	0	0	168	0	168
0	376	224	116	1105	376	224	116	1105	0	0	0	0	0	0	0	0

2.1 各学校开放

	合计				本科										
					合计				普通开放				一村一		
	毕业生	招生		在籍生	毕业生	招生		在籍生	毕业生	招生		在籍生	毕业生	招生	
		计	其中：春季			计	其中：春季			计	其中：春季			计	其中：春季
中央电大学习中心(东北财大)	6	6	2	100	4	4	2	56	4	4	2	56	0	0	0
中央电大 TCL 学习中心	0	0	0	87	0	0	0	0	0	0	0	0	0	0	0
中央电大北京大学医学部教学点	3	0	0	14	3	0	0	14	3	0	0	14	0	0	0
中央广播电视大学中国政法大学学习中心	1	0	0	50	1	0	0	13	1	0	0	13	0	0	0
国家开放大学统计学习中心	0	94	37	301	0	41	19	143	0	41	19	143	0	0	0
总参学院	**2272**	**3763**	**2595**	**19579**	**363**	**578**	**368**	**3392**	**363**	**578**	**368**	**3392**	**0**	**0**	**0**
其中：女	596	982	541	3900	146	171	89	1008	146	171	89	1008	0	0	0
西安通信学院直属	0	0	0	46	0	0	0	0	0	0	0	0	0	0	0
宣化通信士官学校学区	70	0	0	11	0	0	0	0	0	0	0	0	0	0	0
炮兵学院南京分院学区	577	651	284	3023	134	133	64	823	134	133	64	823	0	0	0
工程兵指挥学院学区	1	0	0	0	1	0	0	0	1	0	0	0	0	0	0
郑州防空兵学院学区法律专业班	0	0	0	21	0	0	0	0	0	0	0	0	0	0	0
总参管理保障部学区	7	85	85	277	0	0	0	0	0	0	0	0	0	0	0
总参警卫局学区	47	408	408	1278	0	0	0	0	0	0	0	0	0	0	0
南京陆军指挥学院学区	71	211	159	539	0	13	6	34	0	13	6	34	0	0	0
信息工程大学学区	31	96	96	584	22	96	96	552	22	96	96	552	0	0	0
理工大学通信工程学院学区	78	0	0	280	25	0	0	162	25	0	0	162	0	0	0
理工大学指挥自动化学院学区	40	0	0	21	0	0	0	11	0	0	0	11	0	0	0
理工大学工程兵工程学院学区	0	0	0	3	0	0	0	0	0	0	0	0	0	0	0
理工大学气象学院学区	0	0	0	26	0	0	0	0	0	0	0	0	0	0	0
理工大学理学院学区	32	0	0	95	27	0	0	71	27	0	0	71	0	0	0
兵种部机关学区	1	0	0	27	0	0	0	0	0	0	0	0	0	0	0
炮兵学院学区	346	922	505	2602	97	99	53	430	97	99	53	430	0	0	0
广州军体院学区	190	267	205	2219	8	30	11	439	8	30	11	439	0	0	0
西南学区	260	352	331	4208	0	0	0	0	0	0	0	0	0	0	0
武汉军械士官学校	45	0	0	154	45	0	0	120	45	0	0	120	0	0	0
武警上海市总队政治部宣传处	135	91	91	1207	0	11	11	95	0	11	11	95	0	0	0
总参学院直属教学点	57	76	76	453	4	18	18	110	4	18	18	110	0	0	0
62192 部队	284	481	276	2323	0	178	109	545	0	178	109	545	0	0	0
江苏省消防总队培训基地学区	0	123	79	182	0	0	0	0	0	0	0	0	0	0	0
西藏学院	**801**	**1372**	**669**	**4780**	**142**	**485**	**256**	**1821**	**142**	**485**	**256**	**1821**	**0**	**0**	**0**
其中：女	398	590	288	2142	72	251	123	961	72	251	123	961	0	0	0
国家开放大学西藏学院拉萨学习中心	518	470	251	2310	98	164	91	887	98	164	91	887	0	0	0
国家开放大学西藏学院日喀则学习中心	66	71	32	386	4	36	18	146	4	36	18	146	0	0	0
国家开放大学西藏学院山南学习中心	217	214	97	1107	40	69	34	414	40	69	34	414	0	0	0
西藏学院林芝地区学习中心	0	143	83	218	0	32	32	67	0	32	32	67	0	0	0
西藏学院昌都地区学习中心	0	474	206	759	0	184	81	307	0	184	81	307	0	0	0
残疾人教育学院	**1033**	**1506**	**472**	**6017**	**236**	**492**	**136**	**1754**	**236**	**492**	**136**	**1754**	**0**	**0**	**0**
其中：女	571	761	235	2830	146	253	70	916	146	253	70	916	0	0	0
大连电大教学点	34	16	0	64	0	0	0	0	0	0	0	0	0	0	0

教育学生情况(续表 86)

单位:人

	专科															
	合计				普通开放				一村一				助力计划			
在籍生	毕业生	招生		在籍生	毕业生	招生		在籍生	毕业生	招生		在籍生	毕业生	招生		在籍生
		计	其中:春季			计	其中:春季			计	其中:春季			计	其中:春季	
0	2	2	0	44	2	2	0	44	0	0	0	0	0	0	0	0
0	0	0	0	87	0	0	0	87	0	0	0	0	0	0	0	0
0	0	0	0	0	0	0	0	0	0	0	0	0	0	0	0	0
0	0	0	0	37	0	0	0	37	0	0	0	0	0	0	0	0
0	0	53	18	158	0	53	18	158	0	0	0	0	0	0	0	0
0	**1909**	**3185**	**2227**	**16187**	**1909**	**3185**	**2227**	**16187**	**0**	**0**	**0**	**0**	**0**	**0**	**0**	**0**
0	450	811	452	2892	450	811	452	2892	0	0	0	0	0	0	0	0
0	0	0	0	46	0	0	0	46	0	0	0	0	0	0	0	0
0	70	0	0	11	70	0	0	11	0	0	0	0	0	0	0	0
0	443	518	220	2200	443	518	220	2200	0	0	0	0	0	0	0	0
0	0	0	0	0	0	0	0	0	0	0	0	0	0	0	0	0
0	0	0	0	21	0	0	0	21	0	0	0	0	0	0	0	0
0	7	85	85	277	7	85	85	277	0	0	0	0	0	0	0	0
0	47	408	408	1278	47	408	408	1278	0	0	0	0	0	0	0	0
0	71	198	153	505	71	198	153	505	0	0	0	0	0	0	0	0
0	9	0	0	32	9	0	0	32	0	0	0	0	0	0	0	0
0	53	0	0	118	53	0	0	118	0	0	0	0	0	0	0	0
0	40	0	0	10	40	0	0	10	0	0	0	0	0	0	0	0
0	0	0	0	3	0	0	0	3	0	0	0	0	0	0	0	0
0	0	0	0	26	0	0	0	26	0	0	0	0	0	0	0	0
0	5	0	0	24	5	0	0	24	0	0	0	0	0	0	0	0
0	1	0	0	27	1	0	0	27	0	0	0	0	0	0	0	0
0	249	823	452	2172	249	823	452	2172	0	0	0	0	0	0	0	0
0	182	237	194	1780	182	237	194	1780	0	0	0	0	0	0	0	0
0	260	352	331	4208	260	352	331	4208	0	0	0	0	0	0	0	0
0	0	0	0	34	0	0	0	34	0	0	0	0	0	0	0	0
0	135	80	80	1112	135	80	80	1112	0	0	0	0	0	0	0	0
0	53	58	58	343	53	58	58	343	0	0	0	0	0	0	0	0
0	284	303	167	1778	284	303	167	1778	0	0	0	0	0	0	0	0
0	0	123	79	182	0	123	79	182	0	0	0	0	0	0	0	0
0	**659**	**887**	**413**	**2959**	**659**	**887**	**413**	**2959**	**0**	**0**	**0**	**0**	**0**	**0**	**0**	**0**
0	326	339	165	1181	326	339	165	1181	0	0	0	0	0	0	0	0
0	420	306	160	1423	420	306	160	1423	0	0	0	0	0	0	0	0
0	62	35	14	240	62	35	14	240	0	0	0	0	0	0	0	0
0	177	145	63	693	177	145	63	693	0	0	0	0	0	0	0	0
0	0	111	51	151	0	111	51	151	0	0	0	0	0	0	0	0
0	0	290	125	452	0	290	125	452	0	0	0	0	0	0	0	0
0	**797**	**1014**	**336**	**4263**	**797**	**1014**	**336**	**4263**	**0**	**0**	**0**	**0**	**0**	**0**	**0**	**0**
0	425	508	165	1914	425	508	165	1914	0	0	0	0	0	0	0	0
0	34	16	0	64	34	16	0	64	0	0	0	0	0	0	0	0

2.1 各学校开放

	合计				本科										
					合计				普通开放				一村一		
	毕业生	招生		在籍生	毕业生	招生		在籍生	毕业生	招生		在籍生	毕业生	招生	
		计	其中：春季			计	其中：春季			计	其中：春季			计	其中：春季
哈尔滨电大教学点	119	60	0	250	60	21	0	87	60	21	0	87	0	0	0
南京电大教学点	55	42	24	331	27	24	15	206	27	24	15	206	0	0	0
青岛电大教学点	10	8	0	82	1	5	0	42	1	5	0	42	0	0	0
深圳电大学习中心	23	17	0	129	13	10	0	82	13	10	0	82	0	0	0
宁波电大教学点	1	0	0	19	0	0	0	8	0	0	0	8	0	0	0
武汉电大教学点	81	73	6	865	28	15	2	155	28	15	2	155	0	0	0
成都广播电视大学	32	0	0	59	0	0	0	13	0	0	0	13	0	0	0
江门电大教学点	29	25	0	68	0	25	0	35	0	25	0	35	0	0	0
郑州电大教学点	46	0	0	427	7	0	0	41	7	0	0	41	0	0	0
广州电大教学点	49	48	12	210	15	20	9	79	15	20	9	79	0	0	0
内蒙古包头电大	15	65	39	193	1	31	18	60	1	31	18	60	0	0	0
内蒙古广播电视大学	69	64	43	225	18	30	17	117	18	30	17	117	0	0	0
盐城市广播电视大学	16	20	0	311	0	0	0	0	0	0	0	0	0	0	0
宁夏电大开放教育学院	12	37	0	116	0	0	0	0	0	0	0	0	0	0	0
厦门市广播电视大学	16	0	0	131	4	0	0	36	4	0	0	36	0	0	0
天津广播电视大学	34	121	56	226	5	21	8	66	5	21	8	66	0	0	0
西安广播电视大学	43	74	0	287	8	42	0	129	8	42	0	129	0	0	0
四川德阳广播电视大学	0	5	5	28	0	0	0	0	0	0	0	0	0	0	0
甘肃广播电视大学	67	25	15	69	16	12	8	13	16	12	8	13	0	0	0
广西广播电视大学	17	9	4	116	0	0	0	0	0	0	0	0	0	0	0
江苏广播电视大学昆山学院	11	25	0	94	0	17	0	43	0	17	0	43	0	0	0
珠海广播电视大学	11	1	0	12	0	0	0	0	0	0	0	0	0	0	0
长春广播电视大学	48	45	15	170	0	29	11	96	0	29	11	96	0	0	0
连云港广播电视大学	15	26	0	88	0	16	0	49	0	16	0	49	0	0	0
沈阳广播电视大学	69	128	46	333	15	24	12	85	15	24	12	85	0	0	0
柳州市广播电视大学	25	7	0	28	0	0	0	0	0	0	0	0	0	0	0
甘肃电大农垦河西分校教学点	4	0	0	10	0	0	0	0	0	0	0	0	0	0	0
甘肃电大金昌分校教学点	2	11	6	14	0	0	0	0	0	0	0	0	0	0	0
中央电大残疾人教育嘉峪关教学中心	0	4	0	12	0	4	0	5	0	4	0	5	0	0	0
中央电大残疾人教育新疆学院	80	150	29	229	18	75	8	120	18	75	8	120	0	0	0
国家开放大学残疾人教育周口教学中心	0	15	12	69	0	0	0	10	0	0	0	10	0	0	0
国家开放大学残疾人教育番禺教学中心	0	2	2	7	0	0	0	0	0	0	0	0	0	0	0
国家开放大学残疾人教育学院教学中心(巴州)	0	38	26	56	0	0	0	0	0	0	0	0	0	0	0
国家开放大学残疾人教育学院教学中心(乌兰察布)	0	190	96	534	0	71	28	177	0	71	28	177	0	0	0
国家开放大学残疾人教育学院教学中心(惠州)	0	41	36	41	0	0	0	0	0	0	0	0	0	0	0
国家开放大学残疾人教育安徽学院	0	114	0	114	0	0	0	0	0	0	0	0	0	0	0
空军学院	**549**	**3601**	**3601**	**20402**	**0**	**413**	**413**	**1956**	**0**	**413**	**413**	**1956**	**0**	**0**	**0**
其中:女	2	70	70	217	0	26	26	81	0	26	26	81	0	0	0
A00	8	23	23	307	0	2	2	87	0	2	2	87	0	0	0
A01	0	18	18	43	0	0	0	0	0	0	0	0	0	0	0

教育学生情况(续表87)

单位:人

	专科															
	合计				普通开放				一村一				助力计划			
在籍生	毕业生	招生		在籍生	毕业生	招生		在籍生	毕业生	招生		在籍生	毕业生	招生		在籍生
		计	其中:春季			计	其中:春季			计	其中:春季			计	其中:春季	
0	59	39	0	163	59	39	0	163	0	0	0	0	0	0	0	0
0	28	18	9	125	28	18	9	125	0	0	0	0	0	0	0	0
0	9	3	0	40	9	3	0	40	0	0	0	0	0	0	0	0
0	10	7	0	47	10	7	0	47	0	0	0	0	0	0	0	0
0	1	0	0	11	1	0	0	11	0	0	0	0	0	0	0	0
0	53	58	4	710	53	58	4	710	0	0	0	0	0	0	0	0
0	32	0	0	46	32	0	0	46	0	0	0	0	0	0	0	0
0	29	0	0	33	29	0	0	33	0	0	0	0	0	0	0	0
0	39	0	0	386	39	0	0	386	0	0	0	0	0	0	0	0
0	34	28	3	131	34	28	3	131	0	0	0	0	0	0	0	0
0	14	34	21	133	14	34	21	133	0	0	0	0	0	0	0	0
0	51	34	26	108	51	34	26	108	0	0	0	0	0	0	0	0
0	16	20	0	311	16	20	0	311	0	0	0	0	0	0	0	0
0	12	37	0	116	12	37	0	116	0	0	0	0	0	0	0	0
0	12	0	0	95	12	0	0	95	0	0	0	0	0	0	0	0
0	29	100	48	160	29	100	48	160	0	0	0	0	0	0	0	0
0	35	32	0	158	35	32	0	158	0	0	0	0	0	0	0	0
0	0	5	5	28	0	5	5	28	0	0	0	0	0	0	0	0
0	51	13	7	56	51	13	7	56	0	0	0	0	0	0	0	0
0	17	9	4	116	17	9	4	116	0	0	0	0	0	0	0	0
0	11	8	0	51	11	8	0	51	0	0	0	0	0	0	0	0
0	11	1	0	12	11	1	0	12	0	0	0	0	0	0	0	0
0	48	16	4	74	48	16	4	74	0	0	0	0	0	0	0	0
0	15	10	0	39	15	10	0	39	0	0	0	0	0	0	0	0
0	54	104	34	248	54	104	34	248	0	0	0	0	0	0	0	0
0	25	7	0	28	25	7	0	28	0	0	0	0	0	0	0	0
0	4	0	0	10	4	0	0	10	0	0	0	0	0	0	0	0
0	2	11	6	14	2	11	6	14	0	0	0	0	0	0	0	0
0	0	0	0	7	0	0	0	7	0	0	0	0	0	0	0	0
0	62	75	21	109	62	75	21	109	0	0	0	0	0	0	0	0
0	0	15	12	59	0	15	12	59	0	0	0	0	0	0	0	0
0	0	2	2	7	0	2	2	7	0	0	0	0	0	0	0	0
0	0	38	26	56	0	38	26	56	0	0	0	0	0	0	0	0
0	0	119	68	357	0	119	68	357	0	0	0	0	0	0	0	0
0	0	41	36	41	0	41	36	41	0	0	0	0	0	0	0	0
0	0	114	0	114	0	114	0	114	0	0	0	0	0	0	0	0
0	**549**	**3188**	**3188**	**18446**	**549**	**3188**	**3188**	**18446**	**0**	**0**	**0**	**0**	**0**	**0**	**0**	**0**
0	2	44	44	136	2	44	44	136	0	0	0	0	0	0	0	0
0	8	21	21	220	8	21	21	220	0	0	0	0	0	0	0	0
0	0	18	18	43	0	18	18	43	0	0	0	0	0	0	0	0

2.1 各学校开放

	合计				本科											
					合计				普通开放				一村一			
	毕业生	招生		在籍生	毕业生	招生		在籍生	毕业生	招生		在籍生	毕业生	招生		
		计	其中：春季			计	其中：春季			计	其中：春季			计	其中：春季	
A02	0	0	0	68	0	0	0	9	0	0	0	9	0	0	0	
A03	0	13	13	14	0	0	0	0	0	0	0	0	0	0	0	
A08	2	7	7	56	0	0	0	5	0	0	0	5	0	0	0	
A09	0	0	0	1	0	0	0	0	0	0	0	0	0	0	0	
A11	3	27	27	58	0	9	9	9	0	9	9	9	0	0	0	
A12	0	0	0	4	0	0	0	0	0	0	0	0	0	0	0	
A13	4	0	0	11	0	0	0	0	0	0	0	0	0	0	0	
B00	3	0	0	4	0	0	0	0	0	0	0	0	0	0	0	
C00	0	8	8	215	0	2	2	37	0	2	2	37	0	0	0	
D00	13	21	21	118	0	5	5	18	0	5	5	18	0	0	0	
E01	1	0	0	65	0	0	0	13	0	0	0	13	0	0	0	
E02	0	5	5	14	0	0	0	0	0	0	0	0	0	0	0	
E03	1	6	6	64	0	0	0	1	0	0	0	1	0	0	0	
E04	0	38	38	158	0	4	4	4	0	4	4	4	0	0	0	
E05	4	15	15	186	0	6	6	20	0	6	6	20	0	0	0	
E06	0	0	0	51	0	0	0	0	0	0	0	0	0	0	0	
E07	0	23	23	158	0	2	2	6	0	2	2	6	0	0	0	
E08	0	74	74	324	0	3	3	3	0	3	3	3	0	0	0	
E09	0	55	55	247	0	0	0	0	0	0	0	0	0	0	0	
E10	2	0	0	22	0	0	0	0	0	0	0	0	0	0	0	
E11	0	58	58	159	0	9	9	9	0	9	9	9	0	0	0	
E12	40	15	15	141	0	3	3	17	0	3	3	17	0	0	0	
E13	4	3	3	39	0	1	1	1	0	1	1	1	0	0	0	
E14	0	0	0	25	0	0	0	0	0	0	0	0	0	0	0	
E15	11	22	22	141	0	1	1	10	0	1	1	10	0	0	0	
E16	0	55	55	191	0	10	10	10	0	10	10	10	0	0	0	
E17	0	24	24	103	0	4	4	4	0	4	4	4	0	0	0	
E18	40	16	16	285	0	1	1	18	0	1	1	18	0	0	0	
E19	0	0	0	21	0	0	0	0	0	0	0	0	0	0	0	
E20	0	0	0	14	0	0	0	0	0	0	0	0	0	0	0	
E21	0	15	15	35	0	0	0	0	0	0	0	0	0	0	0	
E22	0	34	34	136	0	8	8	8	0	8	8	8	0	0	0	
E23	0	18	18	26	0	2	2	2	0	2	2	2	0	0	0	
E24	0	0	0	11	0	0	0	0	0	0	0	0	0	0	0	
E25	0	12	12	50	0	1	1	4	0	1	1	4	0	0	0	
E26	0	4	4	9	0	0	0	0	0	0	0	0	0	0	0	
E27	0	18	18	74	0	2	2	2	0	2	2	2	0	0	0	
E28	0	41	41	78	0	7	7	7	0	7	7	7	0	0	0	
E29	0	8	8	62	0	0	0	0	0	0	0	0	0	0	0	
E30	0	13	13	47	0	1	1	1	0	1	1	1	0	0	0	

教育学生情况(续表88)

单位:人

	专科															
	合计				普通开放				一村一				助力计划			
在籍生	毕业生	招生		在籍生	毕业生	招生		在籍生	毕业生	招生		在籍生	毕业生	招生		在籍生
		计	其中:春季			计	其中:春季			计	其中:春季			计	其中:春季	
0	0	0	0	59	0	0	0	59	0	0	0	0	0	0	0	0
0	0	13	13	14	0	13	13	14	0	0	0	0	0	0	0	0
0	2	7	7	51	2	7	7	51	0	0	0	0	0	0	0	0
0	0	0	0	1	0	0	0	1	0	0	0	0	0	0	0	0
0	3	18	18	49	3	18	18	49	0	0	0	0	0	0	0	0
0	0	0	0	4	0	0	0	4	0	0	0	0	0	0	0	0
0	4	0	0	11	4	0	0	11	0	0	0	0	0	0	0	0
0	3	0	0	4	3	0	0	4	0	0	0	0	0	0	0	0
0	0	6	6	178	0	6	6	178	0	0	0	0	0	0	0	0
0	13	16	16	100	13	16	16	100	0	0	0	0	0	0	0	0
0	1	0	0	52	1	0	0	52	0	0	0	0	0	0	0	0
0	0	5	5	14	0	5	5	14	0	0	0	0	0	0	0	0
0	1	6	6	63	1	6	6	63	0	0	0	0	0	0	0	0
0	0	34	34	154	0	34	34	154	0	0	0	0	0	0	0	0
0	4	9	9	166	4	9	9	166	0	0	0	0	0	0	0	0
0	0	0	0	51	0	0	0	51	0	0	0	0	0	0	0	0
0	0	21	21	152	0	21	21	152	0	0	0	0	0	0	0	0
0	0	71	71	321	0	71	71	321	0	0	0	0	0	0	0	0
0	0	55	55	247	0	55	55	247	0	0	0	0	0	0	0	0
0	2	0	0	22	2	0	0	22	0	0	0	0	0	0	0	0
0	0	49	49	150	0	49	49	150	0	0	0	0	0	0	0	0
0	40	12	12	124	40	12	12	124	0	0	0	0	0	0	0	0
0	4	2	2	38	4	2	2	38	0	0	0	0	0	0	0	0
0	0	0	0	25	0	0	0	25	0	0	0	0	0	0	0	0
0	11	21	21	131	11	21	21	131	0	0	0	0	0	0	0	0
0	0	45	45	181	0	45	45	181	0	0	0	0	0	0	0	0
0	0	20	20	99	0	20	20	99	0	0	0	0	0	0	0	0
0	40	15	15	267	40	15	15	267	0	0	0	0	0	0	0	0
0	0	0	0	21	0	0	0	21	0	0	0	0	0	0	0	0
0	0	0	0	14	0	0	0	14	0	0	0	0	0	0	0	0
0	0	15	15	35	0	15	15	35	0	0	0	0	0	0	0	0
0	0	26	26	128	0	26	26	128	0	0	0	0	0	0	0	0
0	0	16	16	24	0	16	16	24	0	0	0	0	0	0	0	0
0	0	0	0	11	0	0	0	11	0	0	0	0	0	0	0	0
0	0	11	11	46	0	11	11	46	0	0	0	0	0	0	0	0
0	0	4	4	9	0	4	4	9	0	0	0	0	0	0	0	0
0	0	16	16	72	0	16	16	72	0	0	0	0	0	0	0	0
0	0	34	34	71	0	34	34	71	0	0	0	0	0	0	0	0
0	0	8	8	62	0	8	8	62	0	0	0	0	0	0	0	0
0	0	12	12	46	0	12	12	46	0	0	0	0	0	0	0	0

	合计				本科										
					合计				普通开放				一村一		
	毕业生	招生		在籍生	毕业生	招生		在籍生	毕业生	招生		在籍生	毕业生	招生	
		计	其中:春季			计	其中:春季			计	其中:春季			计	其中:春季
E31	0	15	15	15	0	0	0	0	0	0	0	0	0	0	0
E32	0	29	29	29	0	0	0	0	0	0	0	0	0	0	0
E33	0	31	31	31	0	0	0	0	0	0	0	0	0	0	0
F01	0	0	0	12	0	0	0	0	0	0	0	0	0	0	0
F03	1	0	0	129	0	0	0	6	0	0	0	6	0	0	0
F04	0	0	0	95	0	0	0	22	0	0	0	22	0	0	0
F05	0	6	6	23	0	0	0	0	0	0	0	0	0	0	0
F06	5	62	62	212	0	10	10	39	0	10	10	39	0	0	0
F07	0	10	10	107	0	2	2	18	0	2	2	18	0	0	0
F08	0	36	36	229	0	6	6	24	0	6	6	24	0	0	0
F10	0	10	10	100	0	0	0	0	0	0	0	0	0	0	0
F11	0	0	0	6	0	0	0	0	0	0	0	0	0	0	0
F12	55	57	57	312	0	8	8	49	0	8	8	49	0	0	0
F13	10	47	47	204	0	4	4	22	0	4	4	22	0	0	0
F14	5	32	32	194	0	5	5	25	0	5	5	25	0	0	0
F15	3	31	31	235	0	3	3	21	0	3	3	21	0	0	0
F16	0	0	0	142	0	0	0	0	0	0	0	0	0	0	0
F18	0	59	59	171	0	0	0	0	0	0	0	0	0	0	0
F20	0	10	10	48	0	0	0	0	0	0	0	0	0	0	0
F26	0	0	0	5	0	0	0	0	0	0	0	0	0	0	0
F28	0	4	4	4	0	0	0	0	0	0	0	0	0	0	0
F30	0	5	5	5	0	0	0	0	0	0	0	0	0	0	0
F31	0	1	1	1	0	0	0	0	0	0	0	0	0	0	0
G01	19	27	27	118	0	4	4	14	0	4	4	14	0	0	0
G03	1	13	13	302	0	1	1	33	0	1	1	33	0	0	0
G05	0	0	0	99	0	0	0	0	0	0	0	0	0	0	0
G06	2	12	12	135	0	0	0	0	0	0	0	0	0	0	0
G07	2	74	74	212	0	17	17	26	0	17	17	26	0	0	0
G08	0	0	0	103	0	0	0	7	0	0	0	7	0	0	0
G09	2	1	1	87	0	0	0	3	0	0	0	3	0	0	0
G10	6	1	1	301	0	1	1	2	0	1	1	2	0	0	0
G11	0	0	0	144	0	0	0	4	0	0	0	4	0	0	0
G12	3	51	51	179	0	13	13	19	0	13	13	19	0	0	0
G13	2	94	94	314	0	2	2	6	0	2	2	6	0	0	0
G14	0	15	15	153	0	1	1	1	0	1	1	1	0	0	0
G15	7	12	12	129	0	1	1	3	0	1	1	3	0	0	0
G16	0	5	5	91	0	0	0	0	0	0	0	0	0	0	0
G17	0	31	31	150	0	0	0	3	0	0	0	3	0	0	0
G18	5	60	60	138	0	0	0	0	0	0	0	0	0	0	0
G19	0	18	18	77	0	0	0	0	0	0	0	0	0	0	0

教育学生情况(续表89)

单位:人

	专科															
	合计				普通开放				一村一				助力计划			
		招生				招生				招生				招生		
在籍生	毕业生	计	其中:春季	在籍生	毕业生	计	其中:春季	在籍生	毕业生	计	其中:春季	在籍生	毕业生	计	其中:春季	在籍生
0	0	15	15	15	0	15	15	15	0	0	0	0	0	0	0	0
0	0	29	29	29	0	29	29	29	0	0	0	0	0	0	0	0
0	0	31	31	31	0	31	31	31	0	0	0	0	0	0	0	0
0	0	0	0	12	0	0	0	12	0	0	0	0	0	0	0	0
0	1	0	0	123	1	0	0	123	0	0	0	0	0	0	0	0
0	0	0	0	73	0	0	0	73	0	0	0	0	0	0	0	0
0	0	6	6	23	0	6	6	23	0	0	0	0	0	0	0	0
0	5	52	52	173	5	52	52	173	0	0	0	0	0	0	0	0
0	0	8	8	89	0	8	8	89	0	0	0	0	0	0	0	0
0	0	30	30	205	0	30	30	205	0	0	0	0	0	0	0	0
0	0	10	10	100	0	10	10	100	0	0	0	0	0	0	0	0
0	0	0	0	6	0	0	0	6	0	0	0	0	0	0	0	0
0	55	49	49	263	55	49	49	263	0	0	0	0	0	0	0	0
0	10	43	43	182	10	43	43	182	0	0	0	0	0	0	0	0
0	5	27	27	169	5	27	27	169	0	0	0	0	0	0	0	0
0	3	28	28	214	3	28	28	214	0	0	0	0	0	0	0	0
0	0	0	0	142	0	0	0	142	0	0	0	0	0	0	0	0
0	0	59	59	171	0	59	59	171	0	0	0	0	0	0	0	0
0	0	10	10	48	0	10	10	48	0	0	0	0	0	0	0	0
0	0	0	0	5	0	0	0	5	0	0	0	0	0	0	0	0
0	0	4	4	4	0	4	4	4	0	0	0	0	0	0	0	0
0	0	5	5	5	0	5	5	5	0	0	0	0	0	0	0	0
0	0	1	1	1	0	1	1	1	0	0	0	0	0	0	0	0
0	19	23	23	104	19	23	23	104	0	0	0	0	0	0	0	0
0	1	12	12	269	1	12	12	269	0	0	0	0	0	0	0	0
0	0	0	0	99	0	0	0	99	0	0	0	0	0	0	0	0
0	2	12	12	135	2	12	12	135	0	0	0	0	0	0	0	0
0	2	57	57	186	2	57	57	186	0	0	0	0	0	0	0	0
0	0	0	0	96	0	0	0	96	0	0	0	0	0	0	0	0
0	2	1	1	84	2	1	1	84	0	0	0	0	0	0	0	0
0	6	0	0	299	6	0	0	299	0	0	0	0	0	0	0	0
0	0	0	0	140	0	0	0	140	0	0	0	0	0	0	0	0
0	3	38	38	160	3	38	38	160	0	0	0	0	0	0	0	0
0	2	92	92	308	2	92	92	308	0	0	0	0	0	0	0	0
0	0	14	14	152	0	14	14	152	0	0	0	0	0	0	0	0
0	7	11	11	126	7	11	11	126	0	0	0	0	0	0	0	0
0	0	5	5	91	0	5	5	91	0	0	0	0	0	0	0	0
0	0	31	31	147	0	31	31	147	0	0	0	0	0	0	0	0
0	5	60	60	138	5	60	60	138	0	0	0	0	0	0	0	0
0	0	18	18	77	0	18	18	77	0	0	0	0	0	0	0	0

	合计				本科										
					合计				普通开放				一村一		
	毕业生	招生		在籍生	毕业生	招生		在籍生	毕业生	招生		在籍生	毕业生	招生	
		计	其中：春季			计	其中：春季			计	其中：春季			计	其中：春季
G20	3	15	15	56	0	0	0	0	0	0	0	0	0	0	0
G21	0	7	7	88	0	0	0	3	0	0	0	3	0	0	0
G22	0	4	4	12	0	0	0	0	0	0	0	0	0	0	0
G23	0	6	6	30	0	0	0	0	0	0	0	0	0	0	0
G24	0	19	19	33	0	0	0	0	0	0	0	0	0	0	0
G25	0	13	13	31	0	0	0	0	0	0	0	0	0	0	0
G26	0	10	10	19	0	0	0	0	0	0	0	0	0	0	0
G27	0	1	1	7	0	0	0	0	0	0	0	0	0	0	0
H01	4	6	6	84	0	0	0	13	0	0	0	13	0	0	0
H03	11	26	26	100	0	0	0	0	0	0	0	0	0	0	0
H04	0	1	1	52	0	0	0	0	0	0	0	0	0	0	0
H05	5	101	101	287	0	8	8	27	0	8	8	27	0	0	0
H06	2	59	59	300	0	4	4	47	0	4	4	47	0	0	0
H07	0	18	18	196	0	5	5	6	0	5	5	6	0	0	0
H08	1	71	71	279	0	3	3	18	0	3	3	18	0	0	0
H09	1	0	0	19	0	0	0	0	0	0	0	0	0	0	0
H10	10	16	16	136	0	1	1	13	0	1	1	13	0	0	0
H11	10	28	28	188	0	8	8	32	0	8	8	32	0	0	0
H12	0	0	0	28	0	0	0	0	0	0	0	0	0	0	0
H13	0	18	18	73	0	0	0	0	0	0	0	0	0	0	0
H14	6	32	32	75	0	0	0	0	0	0	0	0	0	0	0
H15	4	28	28	144	0	8	8	26	0	8	8	26	0	0	0
H16	1	4	4	42	0	2	2	7	0	2	2	7	0	0	0
H17	0	4	4	31	0	0	0	0	0	0	0	0	0	0	0
H18	0	6	6	104	0	0	0	0	0	0	0	0	0	0	0
J01	0	0	0	62	0	0	0	0	0	0	0	0	0	0	0
J03	0	12	12	57	0	0	0	11	0	0	0	11	0	0	0
J04	0	0	0	6	0	0	0	0	0	0	0	0	0	0	0
J05	0	25	25	90	0	8	8	21	0	8	8	21	0	0	0
J06	0	0	0	29	0	0	0	0	0	0	0	0	0	0	0
J07	4	12	12	86	0	5	5	45	0	5	5	45	0	0	0
J08	0	11	11	87	0	1	1	17	0	1	1	17	0	0	0
J09	0	7	7	12	0	5	5	5	0	5	5	5	0	0	0
J10	0	8	8	156	0	2	2	33	0	2	2	33	0	0	0
J11	11	9	9	94	0	1	1	16	0	1	1	16	0	0	0
J12	7	25	25	170	0	4	4	28	0	4	4	28	0	0	0
J13	0	0	0	67	0	0	0	19	0	0	0	19	0	0	0
J14	0	29	29	82	0	0	0	0	0	0	0	0	0	0	0
J15	0	55	55	168	0	17	17	31	0	17	17	31	0	0	0
J16	0	15	15	58	0	0	0	0	0	0	0	0	0	0	0

教育学生情况(续表90)

单位:人

	专科															
	合计				普通开放				一村一				助力计划			
在籍生	毕业生	招生		在籍生	毕业生	招生		在籍生	毕业生	招生		在籍生	毕业生	招生		在籍生
		计	其中:春季			计	其中:春季			计	其中:春季			计	其中:春季	
0	3	15	15	56	3	15	15	56	0	0	0	0	0	0	0	0
0	0	7	7	85	0	7	7	85	0	0	0	0	0	0	0	0
0	0	4	4	12	0	4	4	12	0	0	0	0	0	0	0	0
0	0	6	6	30	0	6	6	30	0	0	0	0	0	0	0	0
0	0	19	19	33	0	19	19	33	0	0	0	0	0	0	0	0
0	0	13	13	31	0	13	13	31	0	0	0	0	0	0	0	0
0	0	10	10	19	0	10	10	19	0	0	0	0	0	0	0	0
0	0	1	1	7	0	1	1	7	0	0	0	0	0	0	0	0
0	4	6	6	71	4	6	6	71	0	0	0	0	0	0	0	0
0	11	26	26	100	11	26	26	100	0	0	0	0	0	0	0	0
0	0	1	1	52	0	1	1	52	0	0	0	0	0	0	0	0
0	5	93	93	260	5	93	93	260	0	0	0	0	0	0	0	0
0	2	55	55	253	2	55	55	253	0	0	0	0	0	0	0	0
0	0	13	13	190	0	13	13	190	0	0	0	0	0	0	0	0
0	1	68	68	261	1	68	68	261	0	0	0	0	0	0	0	0
0	1	0	0	19	1	0	0	19	0	0	0	0	0	0	0	0
0	10	15	15	123	10	15	15	123	0	0	0	0	0	0	0	0
0	10	20	20	156	10	20	20	156	0	0	0	0	0	0	0	0
0	0	0	0	28	0	0	0	28	0	0	0	0	0	0	0	0
0	0	18	18	73	0	18	18	73	0	0	0	0	0	0	0	0
0	6	32	32	75	6	32	32	75	0	0	0	0	0	0	0	0
0	4	20	20	118	4	20	20	118	0	0	0	0	0	0	0	0
0	1	2	2	35	1	2	2	35	0	0	0	0	0	0	0	0
0	0	4	4	31	0	4	4	31	0	0	0	0	0	0	0	0
0	0	6	6	104	0	6	6	104	0	0	0	0	0	0	0	0
0	0	0	0	62	0	0	0	62	0	0	0	0	0	0	0	0
0	0	12	12	46	0	12	12	46	0	0	0	0	0	0	0	0
0	0	0	0	6	0	0	0	6	0	0	0	0	0	0	0	0
0	0	17	17	69	0	17	17	69	0	0	0	0	0	0	0	0
0	0	0	0	29	0	0	0	29	0	0	0	0	0	0	0	0
0	4	7	7	41	4	7	7	41	0	0	0	0	0	0	0	0
0	0	10	10	70	0	10	10	70	0	0	0	0	0	0	0	0
0	0	2	2	7	0	2	2	7	0	0	0	0	0	0	0	0
0	0	6	6	123	0	6	6	123	0	0	0	0	0	0	0	0
0	11	8	8	78	11	8	8	78	0	0	0	0	0	0	0	0
0	7	21	21	142	7	21	21	142	0	0	0	0	0	0	0	0
0	0	0	0	48	0	0	0	48	0	0	0	0	0	0	0	0
0	0	29	29	82	0	29	29	82	0	0	0	0	0	0	0	0
0	0	38	38	137	0	38	38	137	0	0	0	0	0	0	0	0
0	0	15	15	58	0	15	15	58	0	0	0	0	0	0	0	0

	合计				本科										
					合计				普通开放				一村一		
	毕业生	招生		在籍生	毕业生	招生		在籍生	毕业生	招生		在籍生	毕业生	招生	
		计	其中：春季			计	其中：春季			计	其中：春季			计	其中：春季
J17	0	24	24	111	0	4	4	21	0	4	4	21	0	0	0
J18	5	29	29	125	0	6	6	17	0	6	6	17	0	0	0
J19	1	17	17	104	0	4	4	39	0	4	4	39	0	0	0
J20	0	6	6	63	0	0	0	20	0	0	0	20	0	0	0
J21	0	18	18	59	0	4	4	4	0	4	4	4	0	0	0
J22	0	5	5	14	0	0	0	0	0	0	0	0	0	0	0
J23	0	36	36	89	0	0	0	0	0	0	0	0	0	0	0
J24	1	7	7	42	0	0	0	0	0	0	0	0	0	0	0
J25	0	6	6	29	0	0	0	0	0	0	0	0	0	0	0
J26	0	6	6	39	0	0	0	0	0	0	0	0	0	0	0
J27	0	0	0	11	0	0	0	0	0	0	0	0	0	0	0
J28	0	5	5	45	0	0	0	0	0	0	0	0	0	0	0
J29	0	4	4	40	0	2	2	3	0	2	2	3	0	0	0
J30	0	5	5	20	0	0	0	0	0	0	0	0	0	0	0
J31	0	17	17	45	0	0	0	0	0	0	0	0	0	0	0
J33	3	22	22	51	0	4	4	11	0	4	4	11	0	0	0
J35	0	3	3	10	0	0	0	0	0	0	0	0	0	0	0
J36	0	0	0	13	0	0	0	0	0	0	0	0	0	0	0
J37	0	22	22	74	0	3	3	3	0	3	3	3	0	0	0
J38	0	8	8	37	0	0	0	0	0	0	0	0	0	0	0
J39	0	0	0	33	0	0	0	0	0	0	0	0	0	0	0
J40	0	0	0	8	0	0	0	0	0	0	0	0	0	0	0
K01	8	42	42	141	0	13	13	29	0	13	13	29	0	0	0
K03	48	51	51	287	0	0	0	10	0	0	0	10	0	0	0
K04	8	15	15	91	0	2	2	17	0	2	2	17	0	0	0
K05	7	12	12	208	0	0	0	9	0	0	0	9	0	0	0
K06	3	35	35	193	0	3	3	25	0	3	3	25	0	0	0
K07	0	26	26	123	0	6	6	20	0	6	6	20	0	0	0
K08	0	7	7	89	0	2	2	15	0	2	2	15	0	0	0
K09	0	12	12	92	0	2	2	10	0	2	2	10	0	0	0
K10	2	39	39	120	0	5	5	17	0	5	5	17	0	0	0
K11	0	67	67	225	0	9	9	12	0	9	9	12	0	0	0
K12	0	0	0	74	0	0	0	0	0	0	0	0	0	0	0
K13	2	22	22	124	0	7	7	26	0	7	7	26	0	0	0
K14	6	12	12	184	0	0	0	13	0	0	0	13	0	0	0
K15	19	0	0	102	0	0	0	1	0	0	0	1	0	0	0
K16	5	7	7	48	0	3	3	6	0	3	3	6	0	0	0
K18	1	0	0	72	0	0	0	6	0	0	0	6	0	0	0
K19	0	0	0	77	0	0	0	9	0	0	0	9	0	0	0
K20	6	44	44	203	0	11	11	42	0	11	11	42	0	0	0

教育学生情况(续表91)

单位:人

	专科															
	合计				普通开放				一村一				助力计划			
在籍生	毕业生	招生		在籍生	毕业生	招生		在籍生	毕业生	招生		在籍生	毕业生	招生		在籍生
		计	其中:春季			计	其中:春季			计	其中:春季			计	其中:春季	
0	0	20	20	90	0	20	20	90	0	0	0	0	0	0	0	0
0	5	23	23	108	5	23	23	108	0	0	0	0	0	0	0	0
0	1	13	13	65	1	13	13	65	0	0	0	0	0	0	0	0
0	0	6	6	43	0	6	6	43	0	0	0	0	0	0	0	0
0	0	14	14	55	0	14	14	55	0	0	0	0	0	0	0	0
0	0	5	5	14	0	5	5	14	0	0	0	0	0	0	0	0
0	0	36	36	89	0	36	36	89	0	0	0	0	0	0	0	0
0	1	7	7	42	1	7	7	42	0	0	0	0	0	0	0	0
0	0	6	6	29	0	6	6	29	0	0	0	0	0	0	0	0
0	0	6	6	39	0	6	6	39	0	0	0	0	0	0	0	0
0	0	0	0	11	0	0	0	11	0	0	0	0	0	0	0	0
0	0	5	5	45	0	5	5	45	0	0	0	0	0	0	0	0
0	0	2	2	37	0	2	2	37	0	0	0	0	0	0	0	0
0	0	5	5	20	0	5	5	20	0	0	0	0	0	0	0	0
0	0	17	17	45	0	17	17	45	0	0	0	0	0	0	0	0
0	3	18	18	40	3	18	18	40	0	0	0	0	0	0	0	0
0	0	3	3	10	0	3	3	10	0	0	0	0	0	0	0	0
0	0	0	0	13	0	0	0	13	0	0	0	0	0	0	0	0
0	0	19	19	71	0	19	19	71	0	0	0	0	0	0	0	0
0	0	8	8	37	0	8	8	37	0	0	0	0	0	0	0	0
0	0	0	0	33	0	0	0	33	0	0	0	0	0	0	0	0
0	0	0	0	8	0	0	0	8	0	0	0	0	0	0	0	0
0	8	29	29	112	8	29	29	112	0	0	0	0	0	0	0	0
0	48	51	51	277	48	51	51	277	0	0	0	0	0	0	0	0
0	8	13	13	74	8	13	13	74	0	0	0	0	0	0	0	0
0	7	12	12	199	7	12	12	199	0	0	0	0	0	0	0	0
0	3	32	32	168	3	32	32	168	0	0	0	0	0	0	0	0
0	0	20	20	103	0	20	20	103	0	0	0	0	0	0	0	0
0	0	5	5	74	0	5	5	74	0	0	0	0	0	0	0	0
0	0	10	10	82	0	10	10	82	0	0	0	0	0	0	0	0
0	2	34	34	103	2	34	34	103	0	0	0	0	0	0	0	0
0	0	58	58	213	0	58	58	213	0	0	0	0	0	0	0	0
0	0	0	0	74	0	0	0	74	0	0	0	0	0	0	0	0
0	2	15	15	98	2	15	15	98	0	0	0	0	0	0	0	0
0	6	12	12	171	6	12	12	171	0	0	0	0	0	0	0	0
0	19	0	0	101	19	0	0	101	0	0	0	0	0	0	0	0
0	5	4	4	42	5	4	4	42	0	0	0	0	0	0	0	0
0	1	0	0	66	1	0	0	66	0	0	0	0	0	0	0	0
0	0	0	0	68	0	0	0	68	0	0	0	0	0	0	0	0
0	6	33	33	161	6	33	33	161	0	0	0	0	0	0	0	0

2.1 各学校开放

	合计				本科											
					合计				普通开放				一村一			
	毕业生	招生		在籍生	毕业生	招生		在籍生	毕业生	招生		在籍生	毕业生	招生		
		计	其中：春季			计	其中：春季			计	其中：春季			计	其中：春季	
K21	0	0	0	6	0	0	0	0	0	0	0	0	0	0	0	
K22	5	11	11	229	0	2	2	20	0	2	2	20	0	0	0	
K23	8	25	25	82	0	0	0	13	0	0	0	13	0	0	0	
K24	0	5	5	61	0	0	0	0	0	0	0	0	0	0	0	
K25	0	0	0	38	0	0	0	0	0	0	0	0	0	0	0	
K26	0	0	0	89	0	0	0	0	0	0	0	0	0	0	0	
L01	3	12	12	270	0	2	2	95	0	2	2	95	0	0	0	
L00 分校临时 L04	0	0	0	3	0	0	0	0	0	0	0	0	0	0	0	
L05	3	4	4	130	0	4	4	4	0	4	4	4	0	0	0	
L00 分校 L06	0	38	38	132	0	0	0	0	0	0	0	0	0	0	0	
L07	4	3	3	160	0	0	0	9	0	0	0	9	0	0	0	
L08	5	60	60	468	0	14	14	91	0	14	14	91	0	0	0	
L09	7	0	0	77	0	0	0	16	0	0	0	16	0	0	0	
L10	0	0	0	7	0	0	0	0	0	0	0	0	0	0	0	
L00 分校 L11	3	8	8	21	0	0	0	0	0	0	0	0	0	0	0	
L12	0	2	2	11	0	0	0	0	0	0	0	0	0	0	0	
L13	0	0	0	11	0	0	0	0	0	0	0	0	0	0	0	
L15	0	0	0	3	0	0	0	0	0	0	0	0	0	0	0	
L16	0	3	3	17	0	0	0	0	0	0	0	0	0	0	0	
K17	13	0	0	19	0	0	0	0	0	0	0	0	0	0	0	
L18	0	24	24	44	0	0	0	0	0	0	0	0	0	0	0	
L20	0	6	6	6	0	0	0	0	0	0	0	0	0	0	0	
L21	0	20	20	20	0	0	0	0	0	0	0	0	0	0	0	
L22	0	5	5	5	0	0	0	0	0	0	0	0	0	0	0	
M00	0	50	50	364	0	13	13	85	0	13	13	85	0	0	0	
M01	4	32	32	177	0	1	1	1	0	1	1	1	0	0	0	
M02	12	79	79	295	0	3	3	11	0	3	3	11	0	0	0	
M03	0	20	20	119	0	2	2	13	0	2	2	13	0	0	0	
M04	0	37	37	70	0	0	0	0	0	0	0	0	0	0	0	
M05	0	48	48	68	0	0	0	0	0	0	0	0	0	0	0	
M06	0	18	18	29	0	0	0	0	0	0	0	0	0	0	0	
M07	0	15	15	21	0	0	0	0	0	0	0	0	0	0	0	
P03	0	26	26	36	0	1	1	1	0	1	1	1	0	0	0	
Q00	2	0	0	505	0	0	0	0	0	0	0	0	0	0	0	
R00	0	1	1	6	0	0	0	0	0	0	0	0	0	0	0	
S00	0	0	0	11	0	0	0	0	0	0	0	0	0	0	0	
S01	0	0	0	25	0	0	0	0	0	0	0	0	0	0	0	
S02	0	0	0	6	0	0	0	0	0	0	0	0	0	0	0	
T00	0	0	0	4	0	0	0	0	0	0	0	0	0	0	0	
T01	5	29	29	152	0	14	14	32	0	14	14	32	0	0	0	

教育学生情况(续表 92)

单位:人

	专科															
	合计				普通开放				一村一				助力计划			
在籍生	毕业生	招生		在籍生	毕业生	招生		在籍生	毕业生	招生		在籍生	毕业生	招生		在籍生
		计	其中:春季			计	其中:春季			计	其中:春季			计	其中:春季	
0	0	0	0	6	0	0	0	6	0	0	0	0	0	0	0	0
0	5	9	9	209	5	9	9	209	0	0	0	0	0	0	0	0
0	8	25	25	69	8	25	25	69	0	0	0	0	0	0	0	0
0	0	5	5	61	0	5	5	61	0	0	0	0	0	0	0	0
0	0	0	0	38	0	0	0	38	0	0	0	0	0	0	0	0
0	0	0	0	89	0	0	0	89	0	0	0	0	0	0	0	0
0	3	10	10	175	3	10	10	175	0	0	0	0	0	0	0	0
0	0	0	0	3	0	0	0	3	0	0	0	0	0	0	0	0
0	3	0	0	126	3	0	0	126	0	0	0	0	0	0	0	0
0	0	38	38	132	0	38	38	132	0	0	0	0	0	0	0	0
0	4	3	3	151	4	3	3	151	0	0	0	0	0	0	0	0
0	5	46	46	377	5	46	46	377	0	0	0	0	0	0	0	0
0	7	0	0	61	7	0	0	61	0	0	0	0	0	0	0	0
0	0	0	0	7	0	0	0	7	0	0	0	0	0	0	0	0
0	3	8	8	21	3	8	8	21	0	0	0	0	0	0	0	0
0	0	2	2	11	0	2	2	11	0	0	0	0	0	0	0	0
0	0	0	0	11	0	0	0	11	0	0	0	0	0	0	0	0
0	0	0	0	3	0	0	0	3	0	0	0	0	0	0	0	0
0	0	3	3	17	0	3	3	17	0	0	0	0	0	0	0	0
0	13	0	0	19	13	0	0	19	0	0	0	0	0	0	0	0
0	0	24	24	44	0	24	24	44	0	0	0	0	0	0	0	0
0	0	6	6	6	0	6	6	6	0	0	0	0	0	0	0	0
0	0	20	20	20	0	20	20	20	0	0	0	0	0	0	0	0
0	0	5	5	5	0	5	5	5	0	0	0	0	0	0	0	0
0	0	37	37	279	0	37	37	279	0	0	0	0	0	0	0	0
0	4	31	31	176	4	31	31	176	0	0	0	0	0	0	0	0
0	12	76	76	284	12	76	76	284	0	0	0	0	0	0	0	0
0	0	18	18	106	0	18	18	106	0	0	0	0	0	0	0	0
0	0	37	37	70	0	37	37	70	0	0	0	0	0	0	0	0
0	0	48	48	68	0	48	48	68	0	0	0	0	0	0	0	0
0	0	18	18	29	0	18	18	29	0	0	0	0	0	0	0	0
0	0	15	15	21	0	15	15	21	0	0	0	0	0	0	0	0
0	0	25	25	35	0	25	25	35	0	0	0	0	0	0	0	0
0	2	0	0	505	2	0	0	505	0	0	0	0	0	0	0	0
0	0	1	1	6	0	1	1	6	0	0	0	0	0	0	0	0
0	0	0	0	11	0	0	0	11	0	0	0	0	0	0	0	0
0	0	0	0	25	0	0	0	25	0	0	0	0	0	0	0	0
0	0	0	0	6	0	0	0	6	0	0	0	0	0	0	0	0
0	0	0	0	4	0	0	0	4	0	0	0	0	0	0	0	0
0	5	15	15	120	5	15	15	120	0	0	0	0	0	0	0	0

2.1 各学校开放

	合计				本科										
					合计				普通开放				一村一		
	毕业生	招生		在籍生	毕业生	招生		在籍生	毕业生	招生		在籍生	毕业生	招生	
		计	其中：春季			计	其中：春季			计	其中：春季			计	其中：春季
T02	0	16	16	104	0	4	4	19	0	4	4	19	0	0	0
T03	0	19	19	33	0	0	0	0	0	0	0	0	0	0	0
T04	0	30	30	35	0	0	0	0	0	0	0	0	0	0	0
X00	2	44	44	264	0	12	12	59	0	12	12	59	0	0	0
Y00	0	19	19	100	0	6	6	29	0	6	6	29	0	0	0
Z00	4	12	12	40	0	2	2	3	0	2	2	3	0	0	0
软件学院	**0**	**2133**	**2133**	**2464**	**0**	**0**	**0**	**0**	**0**	**0**	**0**	**0**	**0**	**0**	**0**
其中：女	0	719	719	813	0	0	0	0	0	0	0	0	0	0	0
浙江艺峰学习中心	0	15	15	26	0	0	0	0	0	0	0	0	0	0	0
成都泽远学习中心	0	0	0	8	0	0	0	0	0	0	0	0	0	0	0
中关村软件园学习中心	0	46	46	46	0	0	0	0	0	0	0	0	0	0	0
东软睿道学习中心	0	86	86	88	0	0	0	0	0	0	0	0	0	0	0
广西云尚学习中心	0	0	0	1	0	0	0	0	0	0	0	0	0	0	0
苏宁学习中心	0	0	0	63	0	0	0	0	0	0	0	0	0	0	0
泉州南洋学习中心	0	52	52	52	0	0	0	0	0	0	0	0	0	0	0
武汉弘立学习中心	0	86	86	86	0	0	0	0	0	0	0	0	0	0	0
jili	0	5	5	5	0	0	0	0	0	0	0	0	0	0	0
安徽决策学习中心	0	37	37	37	0	0	0	0	0	0	0	0	0	0	0
天津天软学习中心	0	160	160	160	0	0	0	0	0	0	0	0	0	0	0
达内学习中心	0	12	12	14	0	0	0	0	0	0	0	0	0	0	0
武汉新课标学习中心	0	22	22	65	0	0	0	0	0	0	0	0	0	0	0
郑州思英学习中心	0	416	416	617	0	0	0	0	0	0	0	0	0	0	0
浙江偲博学习中心	0	55	55	55	0	0	0	0	0	0	0	0	0	0	0
大连尚观学习中心	0	341	341	341	0	0	0	0	0	0	0	0	0	0	0
厦门博智学习中心	0	44	44	44	0	0	0	0	0	0	0	0	0	0	0
上海华文学习中心	0	88	88	88	0	0	0	0	0	0	0	0	0	0	0
苏州博德学习中心	0	131	131	131	0	0	0	0	0	0	0	0	0	0	0
上海文鼎益荣学习中心	0	170	170	170	0	0	0	0	0	0	0	0	0	0	0
郑州高端学习中心	0	334	334	334	0	0	0	0	0	0	0	0	0	0	0
重庆思翰学习中心	0	33	33	33	0	0	0	0	0	0	0	0	0	0	0
汽车学院	**0**	**900**	**283**	**1587**	**0**	**0**	**0**	**0**	**0**	**0**	**0**	**0**	**0**	**0**	**0**
其中：女	0	94	32	110	0	0	0	0	0	0	0	0	0	0	0
国家开放大学汽车学院德州汽摩学习中心	0	469	75	1070	0	0	0	0	0	0	0	0	0	0	0
国家开放大学汽车学院北京公交技校学习中心	0	50	0	115	0	0	0	0	0	0	0	0	0	0	0
国家开放大学汽车学院宁波交通学校学习中心	0	87	55	87	0	0	0	0	0	0	0	0	0	0	0
国家开放大学汽车学院徐州汽车学会学习中心	0	65	58	86	0	0	0	0	0	0	0	0	0	0	0
国家开放大学汽车学院武汉交通学校学习中心	0	114	38	114	0	0	0	0	0	0	0	0	0	0	0
国家开放大学汽车学院北京昌平职校学习中心	0	36	19	36	0	0	0	0	0	0	0	0	0	0	0
国家开放大学汽车学院陕西三和专修学院学习中心	0	79	38	79	0	0	0	0	0	0	0	0	0	0	0
机械工业学院	**0**	**686**	**120**	**1314**	**0**	**0**	**0**	**0**	**0**	**0**	**0**	**0**	**0**	**0**	**0**

教育学生情况(续表93)

单位:人

在籍生	专科															
	合计				普通开放				一村一				助力计划			
	毕业生	招生		在籍生	毕业生	招生		在籍生	毕业生	招生		在籍生	毕业生	招生		在籍生
		计	其中:春季			计	其中:春季			计	其中:春季			计	其中:春季	
0	0	12	12	85	0	12	12	85	0	0	0	0	0	0	0	0
0	0	19	19	33	0	19	19	33	0	0	0	0	0	0	0	0
0	0	30	30	35	0	30	30	35	0	0	0	0	0	0	0	0
0	2	32	32	205	2	32	32	205	0	0	0	0	0	0	0	0
0	0	13	13	71	0	13	13	71	0	0	0	0	0	0	0	0
0	4	10	10	37	4	10	10	37	0	0	0	0	0	0	0	0
0	**0**	**2133**	**2133**	**2464**	**0**	**0**	**0**	**0**	**0**	**0**	**0**	**0**	**0**	**2133**	**2133**	**2464**
0	0	719	719	813	0	0	0	0	0	0	0	0	0	719	719	813
0	0	15	15	26	0	0	0	0	0	0	0	0	0	15	15	26
0	0	0	0	8	0	0	0	0	0	0	0	0	0	0	0	8
0	0	46	46	46	0	0	0	0	0	0	0	0	0	46	46	46
0	0	86	86	88	0	0	0	0	0	0	0	0	0	86	86	88
0	0	0	0	1	0	0	0	0	0	0	0	0	0	0	0	1
0	0	0	0	63	0	0	0	0	0	0	0	0	0	0	0	63
0	0	52	52	52	0	0	0	0	0	0	0	0	0	52	52	52
0	0	86	86	86	0	0	0	0	0	0	0	0	0	86	86	86
0	0	5	5	5	0	0	0	0	0	0	0	0	0	5	5	5
0	0	37	37	37	0	0	0	0	0	0	0	0	0	37	37	37
0	0	160	160	160	0	0	0	0	0	0	0	0	0	160	160	160
0	0	12	12	14	0	0	0	0	0	0	0	0	0	12	12	14
0	0	22	22	65	0	0	0	0	0	0	0	0	0	22	22	65
0	0	416	416	617	0	0	0	0	0	0	0	0	0	416	416	617
0	0	55	55	55	0	0	0	0	0	0	0	0	0	55	55	55
0	0	341	341	341	0	0	0	0	0	0	0	0	0	341	341	341
0	0	44	44	44	0	0	0	0	0	0	0	0	0	44	44	44
0	0	88	88	88	0	0	0	0	0	0	0	0	0	88	88	88
0	0	131	131	131	0	0	0	0	0	0	0	0	0	131	131	131
0	0	170	170	170	0	0	0	0	0	0	0	0	0	170	170	170
0	0	334	334	334	0	0	0	0	0	0	0	0	0	334	334	334
0	0	33	33	33	0	0	0	0	0	0	0	0	0	33	33	33
0	**0**	**900**	**283**	**1587**	**0**	**0**	**0**	**0**	**0**	**0**	**0**	**0**	**0**	**900**	**283**	**1587**
0	0	94	32	110	0	0	0	0	0	0	0	0	0	94	32	110
0	0	469	75	1070	0	0	0	0	0	0	0	0	0	469	75	1070
0	0	50	0	115	0	0	0	0	0	0	0	0	0	50	0	115
0	0	87	55	87	0	0	0	0	0	0	0	0	0	87	55	87
0	0	65	58	86	0	0	0	0	0	0	0	0	0	65	58	86
0	0	114	38	114	0	0	0	0	0	0	0	0	0	114	38	114
0	0	36	19	36	0	0	0	0	0	0	0	0	0	36	19	36
0	0	79	38	79	0	0	0	0	0	0	0	0	0	79	38	79
0	**0**	**686**	**120**	**1314**	**0**	**0**	**0**	**0**	**0**	**0**	**0**	**0**	**0**	**686**	**120**	**1314**

2.1 各学校开放

	合计				本科										
					合计				普通开放				一村一		
	毕业生	招生		在籍生	毕业生	招生		在籍生	毕业生	招生		在籍生	毕业生	招生	
		计	其中：春季			计	其中：春季			计	其中：春季			计	其中：春季
其中：女	0	58	14	125	0	0	0	0	0	0	0	0	0	0	0
机械工业保定机械电子技校学习中心	0	10	6	25	0	0	0	0	0	0	0	0	0	0	0
机械工业北京工贸技师学院学习中心	0	149	0	149	0	0	0	0	0	0	0	0	0	0	0
机械工业安徽芜湖技师学院学习中心	0	83	8	139	0	0	0	0	0	0	0	0	0	0	0
机械工业石家庄市机械技校学习中心	0	28	0	41	0	0	0	0	0	0	0	0	0	0	0
机械工业广西机械高级技校学习中心	0	152	6	360	0	0	0	0	0	0	0	0	0	0	0
机械工业陕西航空技师学院学习中心	0	72	13	173	0	0	0	0	0	0	0	0	0	0	0
机械工业河南机电职业学院学习中心	0	16	0	16	0	0	0	0	0	0	0	0	0	0	0
机械工业沈阳职院汽车分院学习中心	0	0	0	122	0	0	0	0	0	0	0	0	0	0	0
机械工业北京市汽车高级技校学习中心	0	49	43	70	0	0	0	0	0	0	0	0	0	0	0
机械工业湖南汽车技师学院学习中心	0	102	31	194	0	0	0	0	0	0	0	0	0	0	0
机械工业哈电站集团学习中心（哈电高级技工学校）	0	25	13	25	0	0	0	0	0	0	0	0	0	0	0
纺织学院	**0**	**1077**	**336**	**1097**	**0**	**0**	**0**	**0**	**0**	**0**	**0**	**0**	**0**	**0**	**0**
其中：女	0	399	135	406	0	0	0	0	0	0	0	0	0	0	0
国家开放大学纺织学院国开中纺（北京）教育科技中心学习中心	0	27	27	33	0	0	0	0	0	0	0	0	0	0	0
国家开放大学纺织学院江苏邳州市经济管理干部学校学习中心	0	11	0	14	0	0	0	0	0	0	0	0	0	0	0
国家开放大学纺织学院宁夏银川市兴庆区西夏远程教育培训学习中心	0	84	38	88	0	0	0	0	0	0	0	0	0	0	0
国家开放大学纺织学院江西科技管理专修学院学习中心	0	606	161	613	0	0	0	0	0	0	0	0	0	0	0
国家开放大学纺织学院杭州龙津专修学校学习中心	0	6	4	6	0	0	0	0	0	0	0	0	0	0	0
国家开放大学纺织学院上海杨浦区东华职业进修学校学习中心	0	343	106	343	0	0	0	0	0	0	0	0	0	0	0
煤炭学院	**0**	**373**	**0**	**373**	**0**	**0**	**0**	**0**	**0**	**0**	**0**	**0**	**0**	**0**	**0**
山西晋城无烟煤矿业集团有限责任公司	0	358	0	358	0	0	0	0	0	0	0	0	0	0	0
平顶山工业职业技术学院	0	9	0	9	0	0	0	0	0	0	0	0	0	0	0
鄂尔多斯市煤炭技工学校	0	4	0	4	0	0	0	0	0	0	0	0	0	0	0
阜新矿务局职工大学	0	2	0	2	0	0	0	0	0	0	0	0	0	0	0

教育学生情况(续表 94)

单位:人

	专科															
	合计				普通开放				一村一				助力计划			
在籍生	毕业生	招生		在籍生	毕业生	招生		在籍生	毕业生	招生		在籍生	毕业生	招生		在籍生
		计	其中:春季			计	其中:春季			计	其中:春季			计	其中:春季	
0	0	58	14	125	0	0	0	0	0	0	0	0	0	58	14	125
0	0	10	6	25	0	0	0	0	0	0	0	0	0	10	6	25
0	0	149	0	149	0	0	0	0	0	0	0	0	0	149	0	149
0	0	83	8	139	0	0	0	0	0	0	0	0	0	83	8	139
0	0	28	0	41	0	0	0	0	0	0	0	0	0	28	0	41
0	0	152	6	360	0	0	0	0	0	0	0	0	0	152	6	360
0	0	72	13	173	0	0	0	0	0	0	0	0	0	72	13	173
0	0	16	0	16	0	0	0	0	0	0	0	0	0	16	0	16
0	0	0	0	122	0	0	0	0	0	0	0	0	0	0	0	122
0	0	49	43	70	0	0	0	0	0	0	0	0	0	49	43	70
0	0	102	31	194	0	0	0	0	0	0	0	0	0	102	31	194
0	0	25	13	25	0	0	0	0	0	0	0	0	0	25	13	25
0	**0**	**1077**	**336**	**1097**	**0**	**0**	**0**	**0**	**0**	**0**	**0**	**0**	**0**	**1077**	**336**	**1097**
0	0	399	135	406	0	0	0	0	0	0	0	0	0	399	135	406
0	0	27	27	33	0	0	0	0	0	0	0	0	0	27	27	33
0	0	11	0	14	0	0	0	0	0	0	0	0	0	11	0	14
0	0	84	38	88	0	0	0	0	0	0	0	0	0	84	38	88
0	0	606	161	613	0	0	0	0	0	0	0	0	0	606	161	613
0	0	6	4	6	0	0	0	0	0	0	0	0	0	6	4	6
0	0	343	106	343	0	0	0	0	0	0	0	0	0	343	106	343
0	**0**	**373**	**0**	**373**	**0**	**0**	**0**	**0**	**0**	**0**	**0**	**0**	**0**	**373**	**0**	**373**
0	0	358	0	358	0	0	0	0	0	0	0	0	0	358	0	358
0	0	9	0	9	0	0	0	0	0	0	0	0	0	9	0	9
0	0	4	0	4	0	0	0	0	0	0	0	0	0	4	0	4
0	0	2	0	2	0	0	0	0	0	0	0	0	0	2	0	2

2.2 开放教育在籍生年龄情况

	合计	≤20 岁		21～25 岁		26～30 岁		≥31 岁	
	学生数	学生数	占比	学生数	占比	学生数	占比	学生数	占比
总计	**3503872**	**649325**	**18.53%**	**1127895**	**32.19%**	**779876**	**22.26%**	**946776**	**27.02%**
开放教育本科	1010753	36989	3.66%	368361	36.44%	315439	31.21%	289964	28.69%
普通开放	1009601	36976	3.66%	368130	36.46%	315142	31.21%	289353	28.66%
一村一	1152	13	1.13%	231	20.05%	297	25.78%	611	53.04%
开放教育专科	2493119	612336	24.56%	759534	30.47%	464437	18.63%	656812	26.34%
普通开放	2293130	578809	25.24%	723948	31.57%	432428	18.86%	557945	24.33%
一村一	170259	14980	8.80%	32468	19.07%	29457	17.30%	93354	54.83%
助力计划	29730	18547	62.38%	3118	10.49%	2552	8.58%	5513	18.54%
北京	**85911**	**13758**	**16.01%**	**31548**	**36.72%**	**23546**	**27.41%**	**17059**	**19.86%**
开放教育本科	30989	1042	3.36%	11171	36.05%	10789	34.82%	7987	25.77%
普通开放	30989	1042	3.36%	11171	36.05%	10789	34.82%	7987	25.77%
开放教育专科	54922	12716	23.15%	20377	37.10%	12757	23.23%	9072	16.52%
普通开放	53582	12667	23.64%	20031	37.38%	12375	23.10%	8509	15.88%
一村一	1340	49	3.66%	346	25.82%	382	28.51%	563	42.01%
天津	**55011**	**8815**	**16.02%**	**18480**	**33.59%**	**13427**	**24.41%**	**14289**	**25.97%**
开放教育本科	18205	741	4.07%	6394	35.12%	5844	32.10%	5226	28.71%
普通开放	18205	741	4.07%	6394	35.12%	5844	32.10%	5226	28.71%
开放教育专科	36806	8074	21.94%	12086	32.84%	7583	20.60%	9063	24.62%
普通开放	30098	6606	21.95%	10494	34.87%	6350	21.10%	6648	22.09%
一村一	3487	720	20.65%	1043	29.91%	640	18.35%	1084	31.09%
助力计划	3221	748	23.22%	549	17.04%	593	18.41%	1331	41.32%
河北	**128677**	**14592**	**11.34%**	**43825**	**34.06%**	**32165**	**25.00%**	**38095**	**29.61%**
开放教育本科	44179	1451	3.28%	18088	40.94%	13318	30.15%	11322	25.63%
普通开放	44179	1451	3.28%	18088	40.94%	13318	30.15%	11322	25.63%
开放教育专科	84498	13141	15.55%	25737	30.46%	18847	22.30%	26773	31.68%
普通开放	68480	11168	16.31%	22118	32.30%	15581	22.75%	19613	28.64%
一村一	15795	1926	12.19%	3568	22.59%	3221	20.39%	7080	44.82%
助力计划	223	47	21.08%	51	22.87%	45	20.18%	80	35.87%
山西	**53541**	**8879**	**16.58%**	**18800**	**35.11%**	**12066**	**22.54%**	**13796**	**25.77%**
开放教育本科	18124	701	3.87%	7275	40.14%	5417	29.89%	4731	26.10%
普通开放	18124	701	3.87%	7275	40.14%	5417	29.89%	4731	26.10%
开放教育专科	35417	8178	23.09%	11525	32.54%	6649	18.77%	9065	25.60%
普通开放	33100	7523	22.73%	10984	33.18%	6293	19.01%	8300	25.08%
一村一	1247	182	14.60%	331	26.54%	229	18.36%	505	40.50%
助力计划	1070	473	44.21%	210	19.63%	127	11.87%	260	24.30%
内蒙古	**88712**	**12682**	**14.30%**	**31928**	**35.99%**	**19681**	**22.19%**	**24421**	**27.53%**
开放教育本科	34946	1847	5.29%	16176	46.29%	9389	26.87%	7534	21.56%
普通开放	34946	1847	5.29%	16176	46.29%	9389	26.87%	7534	21.56%

2.2 开放教育在籍生年龄情况(续表1)

	合计	≤20岁		21~25岁		26~30岁		≥31岁	
	学生数	学生数	占比	学生数	占比	学生数	占比	学生数	占比
开放教育专科	53766	10835	20.15%	15752	29.30%	10292	19.14%	16887	31.41%
普通开放	45378	9897	21.81%	14484	31.92%	8980	19.79%	12017	26.48%
一村一	7213	441	6.11%	1144	15.86%	1214	16.83%	4414	61.20%
助力计划	1175	497	42.30%	124	10.55%	98	8.34%	456	38.81%
辽宁	**76260**	**25086**	**32.90%**	**19158**	**25.12%**	**14725**	**19.31%**	**17291**	**22.67%**
开放教育本科	19123	1617	8.46%	7547	39.47%	5567	29.11%	4392	22.97%
普通开放	19123	1617	8.46%	7547	39.47%	5567	29.11%	4392	22.97%
开放教育专科	57137	23469	41.07%	11611	20.32%	9158	16.03%	12899	22.58%
普通开放	55819	23237	41.63%	11392	20.41%	8960	16.05%	12230	21.91%
一村一	1125	130	11.56%	195	17.33%	168	14.93%	632	56.18%
助力计划	193	102	52.85%	24	12.44%	30	15.54%	37	19.17%
沈阳	**53954**	**18258**	**33.84%**	**12447**	**23.07%**	**10384**	**19.25%**	**12865**	**23.84%**
开放教育本科	10897	581	5.33%	3330	30.56%	3471	31.85%	3515	32.26%
普通开放	10897	581	5.33%	3330	30.56%	3471	31.85%	3515	32.26%
开放教育专科	43057	17677	41.05%	9117	21.17%	6913	16.06%	9350	21.72%
普通开放	42553	17400	40.89%	9070	21.31%	6868	16.14%	9215	21.66%
一村一	53	1	1.89%	3	5.66%	5	9.43%	44	83.02%
助力计划	451	276	61.20%	44	9.76%	40	8.87%	91	20.18%
大连	**27701**	**10340**	**37.33%**	**6651**	**24.01%**	**5388**	**19.45%**	**5322**	**19.21%**
开放教育本科	7529	636	8.45%	2567	34.09%	2440	32.41%	1886	25.05%
普通开放	7529	636	8.45%	2567	34.09%	2440	32.41%	1886	25.05%
开放教育专科	20172	9704	48.11%	4084	20.25%	2948	14.61%	3436	17.03%
普通开放	19451	9127	46.92%	4024	20.69%	2907	14.95%	3393	17.44%
一村一	206	64	31.07%	59	28.64%	41	19.90%	42	20.39%
助力计划	515	513	99.61%	1	0.19%	0	0.00%	1	0.19%
吉林	**55520**	**8331**	**15.01%**	**16736**	**30.14%**	**12458**	**22.44%**	**17995**	**32.41%**
开放教育本科	12802	357	2.79%	3985	31.13%	3780	29.53%	4680	36.56%
普通开放	12802	357	2.79%	3985	31.13%	3780	29.53%	4680	36.56%
开放教育专科	42718	7974	18.67%	12751	29.85%	8678	20.31%	13315	31.17%
普通开放	42665	7972	18.69%	12741	29.86%	8668	20.32%	13284	31.14%
一村一	52	1	1.92%	10	19.23%	10	19.23%	31	59.62%
助力计划	1	1	100.00%	0	0.00%	0	0.00%	0	0.00%
长春	**24294**	**7160**	**29.47%**	**6086**	**25.05%**	**4373**	**18.00%**	**6675**	**27.48%**
开放教育本科	5029	288	5.73%	1514	30.11%	1425	28.34%	1802	35.83%
普通开放	5029	288	5.73%	1514	30.11%	1425	28.34%	1802	35.83%
开放教育专科	19265	6872	35.67%	4572	23.73%	2948	15.30%	4873	25.29%
普通开放	19146	6845	35.75%	4542	23.72%	2928	15.29%	4831	25.23%
助力计划	119	27	22.69%	30	25.21%	20	16.81%	42	35.29%

2.2 开放教育在籍生年龄情况(续表2)

	合计	≤20岁		21~25岁		26~30岁		≥31岁	
	学生数	学生数	占比	学生数	占比	学生数	占比	学生数	占比
黑龙江	**57103**	**12864**	**22.53%**	**14977**	**26.23%**	**11061**	**19.37%**	**18201**	**31.87%**
开放教育本科	12809	723	5.64%	4535	35.40%	3377	26.36%	4174	32.59%
普通开放	12809	723	5.64%	4535	35.40%	3377	26.36%	4174	32.59%
开放教育专科	44294	12141	27.41%	10442	23.57%	7684	17.35%	14027	31.67%
普通开放	40079	11516	28.73%	9970	24.88%	7152	17.84%	11441	28.55%
一村一	3802	294	7.73%	441	11.60%	524	13.78%	2543	66.89%
助力计划	413	331	80.15%	31	7.51%	8	1.94%	43	10.41%
哈尔滨	**35022**	**13317**	**38.02%**	**8124**	**23.20%**	**5583**	**15.94%**	**7998**	**22.84%**
开放教育本科	6811	400	5.87%	2246	32.98%	1945	28.56%	2220	32.59%
普通开放	6811	400	5.87%	2246	32.98%	1945	28.56%	2220	32.59%
开放教育专科	28211	12917	45.79%	5878	20.84%	3638	12.90%	5778	20.48%
普通开放	27603	12648	45.82%	5789	20.97%	3584	12.98%	5582	20.22%
一村一	264	22	8.33%	51	19.32%	32	12.12%	159	60.23%
助力计划	344	247	71.80%	38	11.05%	22	6.40%	37	10.76%
上海	**37461**	**693**	**1.85%**	**11163**	**29.80%**	**13152**	**35.11%**	**12453**	**33.24%**
开放教育本科	37461	693	1.85%	11163	29.80%	13152	35.11%	12453	33.24%
普通开放	37461	693	1.85%	11163	29.80%	13152	35.11%	12453	33.24%
江苏	**118666**	**19492**	**16.43%**	**43461**	**36.62%**	**24705**	**20.82%**	**31008**	**26.13%**
开放教育本科	39056	2531	6.48%	14931	38.23%	10714	27.43%	10880	27.86%
普通开放	39056	2531	6.48%	14931	38.23%	10714	27.43%	10880	27.86%
开放教育专科	79610	16961	21.31%	28530	35.84%	13991	17.57%	20128	25.28%
普通开放	71421	16078	22.51%	25821	36.15%	12665	17.73%	16857	23.60%
一村一	8189	883	10.78%	2709	33.08%	1326	16.19%	3271	39.94%
南京	**21863**	**4371**	**19.99%**	**8721**	**39.89%**	**4705**	**21.52%**	**4066**	**18.60%**
开放教育本科	6104	355	5.82%	2338	38.30%	1831	30.00%	1580	25.88%
普通开放	6104	355	5.82%	2338	38.30%	1831	30.00%	1580	25.88%
开放教育专科	15759	4016	25.48%	6383	40.50%	2874	18.24%	2486	15.78%
普通开放	13442	3129	23.28%	5644	41.99%	2609	19.41%	2060	15.33%
一村一	2181	766	35.12%	733	33.61%	262	12.01%	420	19.26%
助力计划	136	121	88.97%	6	4.41%	3	2.21%	6	4.41%
浙江	**161061**	**25681**	**15.94%**	**55808**	**34.65%**	**36442**	**22.63%**	**43130**	**26.78%**
开放教育本科	53575	2258	4.21%	21782	40.66%	15928	29.73%	13607	25.40%
普通开放	53575	2258	4.21%	21782	40.66%	15928	29.73%	13607	25.40%
开放教育专科	107486	23423	21.79%	34026	31.66%	20514	19.09%	29523	27.47%
普通开放	87807	21637	24.64%	30586	34.83%	16986	19.34%	18598	21.18%
一村一	19525	1758	9.00%	3430	17.57%	3509	17.97%	10828	55.46%
助力计划	154	28	18.18%	10	6.49%	19	12.34%	97	62.99%
宁波	**30046**	**6513**	**21.68%**	**9832**	**32.72%**	**7349**	**24.46%**	**6352**	**21.14%**

2.2 开放教育在籍生年龄情况(续表3)

	合计	≤20岁		21~25岁		26~30岁		≥31岁	
	学生数	学生数	占比	学生数	占比	学生数	占比	学生数	占比
开放教育本科	10993	694	6.31%	4238	38.55%	3637	33.08%	2424	22.05%
普通开放	10993	694	6.31%	4238	38.55%	3637	33.08%	2424	22.05%
开放教育专科	19053	5819	30.54%	5594	29.36%	3712	19.48%	3928	20.62%
普通开放	18478	5808	31.43%	5548	30.02%	3640	19.70%	3482	18.84%
一村一	575	11	1.91%	46	8.00%	72	12.52%	446	77.57%
安徽	**156557**	**17388**	**11.11%**	**61043**	**38.99%**	**36688**	**23.43%**	**41438**	**26.47%**
开放教育本科	57352	2105	3.67%	25470	44.41%	16740	29.19%	13037	22.73%
普通开放	57352	2105	3.67%	25470	44.41%	16740	29.19%	13037	22.73%
开放教育专科	99205	15283	15.41%	35573	35.86%	19948	20.11%	28401	28.63%
普通开放	94240	15193	16.12%	35096	37.24%	19427	20.61%	24524	26.02%
一村一	4679	72	1.54%	435	9.30%	484	10.34%	3688	78.82%
助力计划	286	18	6.29%	42	14.69%	37	12.94%	189	66.08%
福建	**72484**	**8401**	**11.59%**	**24356**	**33.60%**	**17654**	**24.36%**	**22073**	**30.45%**
开放教育本科	23349	528	2.26%	8360	35.80%	7099	30.40%	7362	31.53%
普通开放	23349	528	2.26%	8360	35.80%	7099	30.40%	7362	31.53%
开放教育专科	49135	7873	16.02%	15996	32.56%	10555	21.48%	14711	29.94%
普通开放	46337	7719	16.66%	15631	33.73%	10148	21.90%	12839	27.71%
一村一	2655	103	3.88%	344	12.96%	384	14.46%	1824	68.70%
助力计划	143	51	35.66%	21	14.69%	23	16.08%	48	33.57%
厦门	**4889**	**285**	**5.83%**	**1930**	**39.48%**	**1362**	**27.86%**	**1312**	**26.84%**
开放教育本科	1495	26	1.74%	452	30.23%	518	34.65%	499	33.38%
普通开放	1495	26	1.74%	452	30.23%	518	34.65%	499	33.38%
开放教育专科	3394	259	7.63%	1478	43.55%	844	24.87%	813	23.95%
普通开放	3165	256	8.09%	1429	45.15%	800	25.28%	680	21.48%
一村一	229	3	1.31%	49	21.40%	44	19.21%	133	58.08%
江西	**111855**	**17941**	**16.04%**	**30065**	**26.88%**	**23258**	**20.79%**	**40591**	**36.29%**
开放教育本科	28926	1363	4.71%	9724	33.62%	7874	27.22%	9965	34.45%
普通开放	28926	1363	4.71%	9724	33.62%	7874	27.22%	9965	34.45%
开放教育专科	82929	16578	19.99%	20341	24.53%	15384	18.55%	30626	36.93%
普通开放	70363	15295	21.74%	18024	25.62%	13297	18.90%	23747	33.75%
一村一	11823	626	5.29%	2275	19.24%	2073	17.53%	6849	57.93%
助力计划	743	657	88.43%	42	5.65%	14	1.88%	30	4.04%
山东	**90857**	**22991**	**25.30%**	**23795**	**26.19%**	**16843**	**18.54%**	**27228**	**29.97%**
开放教育本科	21367	885	4.14%	7377	34.53%	5830	27.29%	7275	34.05%
普通开放	21367	885	4.14%	7377	34.53%	5830	27.29%	7275	34.05%
开放教育专科	69490	22106	31.81%	16418	23.63%	11013	15.85%	19953	28.71%
普通开放	55856	19327	34.60%	13823	24.75%	8996	16.11%	13710	24.55%
一村一	12587	2172	17.26%	2487	19.76%	1905	15.13%	6023	47.85%

2.2 开放教育在籍生年龄情况(续表4)

	合计	≤20 岁		21~25 岁		26~30 岁		≥31 岁	
	学生数	学生数	占比	学生数	占比	学生数	占比	学生数	占比
助力计划	1047	607	57.98%	108	10.32%	112	10.70%	220	21.01%
青岛	**29116**	**13224**	**45.42%**	**5992**	**20.58%**	**3599**	**12.36%**	**6301**	**21.64%**
开放教育本科	6370	355	5.57%	2145	33.67%	1626	25.53%	2244	35.23%
普通开放	6370	355	5.57%	2145	33.67%	1626	25.53%	2244	35.23%
开放教育专科	22746	12869	56.58%	3847	16.91%	1973	8.67%	4057	17.84%
普通开放	18882	10411	55.14%	3614	19.14%	1777	9.41%	3080	16.31%
一村一	1373	120	8.74%	183	13.33%	162	11.80%	908	66.13%
助力计划	2491	2338	93.86%	50	2.01%	34	1.36%	69	2.77%
河南	**125313**	**13540**	**10.80%**	**43900**	**35.03%**	**28946**	**23.10%**	**38927**	**31.06%**
开放教育本科	34389	981	2.85%	13550	39.40%	9732	28.30%	10126	29.45%
普通开放	34389	981	2.85%	13550	39.40%	9732	28.30%	10126	29.45%
开放教育专科	90924	12559	13.81%	30350	33.38%	19214	21.13%	28801	31.68%
普通开放	87391	12277	14.05%	29704	33.99%	18713	21.41%	26697	30.55%
一村一	3533	282	7.98%	646	18.28%	501	14.18%	2104	59.55%
湖北	**101264**	**20675**	**20.42%**	**31003**	**30.62%**	**17499**	**17.28%**	**32087**	**31.69%**
开放教育本科	21692	629	2.90%	6524	30.08%	5340	24.62%	9199	42.41%
普通开放	21692	629	2.90%	6524	30.08%	5340	24.62%	9199	42.41%
开放教育专科	79572	20046	25.19%	24479	30.76%	12159	15.28%	22888	28.76%
普通开放	75644	18724	24.75%	24124	31.89%	11766	15.55%	21030	27.80%
一村一	2609	54	2.07%	345	13.22%	380	14.56%	1830	70.14%
助力计划	1319	1268	96.13%	10	0.76%	13	0.99%	28	2.12%
武汉	**23505**	**5540**	**23.57%**	**8731**	**37.15%**	**4092**	**17.41%**	**5142**	**21.88%**
开放教育本科	3810	205	5.38%	1250	32.81%	1071	28.11%	1284	33.70%
普通开放	3810	205	5.38%	1250	32.81%	1071	28.11%	1284	33.70%
开放教育专科	19695	5335	27.09%	7481	37.98%	3021	15.34%	3858	19.59%
普通开放	19234	5186	26.96%	7454	38.75%	2975	15.47%	3619	18.82%
一村一	322	12	3.73%	26	8.07%	46	14.29%	238	73.91%
助力计划	139	137	98.56%	1	0.72%	0	0.00%	1	0.72%
湖南	**143271**	**37329**	**26.05%**	**34484**	**24.07%**	**25949**	**18.11%**	**45509**	**31.76%**
开放教育本科	25689	823	3.20%	7895	30.73%	7251	28.23%	9720	37.84%
普通开放	24537	810	3.30%	7664	31.23%	6954	28.34%	9109	37.12%
一村一	1152	13	1.13%	231	20.05%	297	25.78%	611	53.04%
开放教育专科	117582	36506	31.05%	26589	22.61%	18698	15.90%	35789	30.44%
普通开放	94055	34877	37.08%	23161	24.62%	14732	15.66%	21285	22.63%
一村一	22744	885	3.89%	3422	15.05%	3957	17.40%	14480	63.67%
助力计划	783	744	95.02%	6	0.77%	9	1.15%	24	3.07%
广东	**225830**	**45700**	**20.24%**	**78862**	**34.92%**	**49907**	**22.10%**	**51361**	**22.74%**
开放教育本科	45964	944	2.05%	16286	35.43%	14398	31.32%	14336	31.19%

2.2 开放教育在籍生年龄情况(续表5)

	合计	≤20岁		21~25岁		26~30岁		≥31岁	
	学生数	学生数	占比	学生数	占比	学生数	占比	学生数	占比
普通开放	45964	944	2.05%	16286	35.43%	14398	31.32%	14336	31.19%
开放教育专科	179866	44756	24.88%	62576	34.79%	35509	19.74%	37025	20.58%
普通开放	174968	44558	25.47%	62210	35.56%	34994	20.00%	33206	18.98%
一村一	4655	94	2.02%	330	7.09%	476	10.23%	3755	80.67%
助力计划	243	104	42.80%	36	14.81%	39	16.05%	64	26.34%
广州	**107376**	**41599**	**38.74%**	**30314**	**28.23%**	**18060**	**16.82%**	**17403**	**16.21%**
开放教育本科	25457	1913	7.51%	8695	34.16%	7908	31.06%	6941	27.27%
普通开放	25457	1913	7.51%	8695	34.16%	7908	31.06%	6941	27.27%
开放教育专科	81919	39686	48.45%	21619	26.39%	10152	12.39%	10462	12.77%
普通开放	78160	36498	46.70%	21412	27.40%	10028	12.83%	10222	13.08%
一村一	238	196	82.35%	34	14.29%	6	2.52%	2	0.84%
助力计划	3521	2992	84.98%	173	4.91%	118	3.35%	238	6.76%
深圳	**44049**	**13504**	**30.66%**	**13940**	**31.65%**	**10124**	**22.98%**	**6481**	**14.71%**
开放教育本科	9608	147	1.53%	2559	26.63%	4045	42.10%	2857	29.74%
普通开放	9608	147	1.53%	2559	26.63%	4045	42.10%	2857	29.74%
开放教育专科	34441	13357	38.78%	11381	33.04%	6079	17.65%	3624	10.52%
普通开放	34441	13357	38.78%	11381	33.04%	6079	17.65%	3624	10.52%
广西	**50587**	**6090**	**12.04%**	**13597**	**26.88%**	**13176**	**26.05%**	**17724**	**35.04%**
开放教育本科	10512	124	1.18%	2276	21.65%	3476	33.07%	4636	44.10%
普通开放	10512	124	1.18%	2276	21.65%	3476	33.07%	4636	44.10%
开放教育专科	40075	5966	14.89%	11321	28.25%	9700	24.20%	13088	32.66%
普通开放	38615	5932	15.36%	11174	28.94%	9375	24.28%	12134	31.42%
一村一	1460	34	2.33%	147	10.07%	325	22.26%	954	65.34%
海南	**13778**	**829**	**6.02%**	**3277**	**23.78%**	**3296**	**23.92%**	**6376**	**46.28%**
开放教育本科	3633	38	1.05%	1010	27.80%	1231	33.88%	1354	37.27%
普通开放	3633	38	1.05%	1010	27.80%	1231	33.88%	1354	37.27%
开放教育专科	10145	791	7.80%	2267	22.35%	2065	20.35%	5022	49.50%
普通开放	6636	683	10.29%	1832	27.61%	1493	22.50%	2628	39.60%
一村一	3509	108	3.08%	435	12.40%	572	16.30%	2394	68.22%
四川	**163823**	**23586**	**14.40%**	**52273**	**31.91%**	**40231**	**24.56%**	**47733**	**29.14%**
开放教育本科	47970	1539	3.21%	16763	34.94%	15747	32.83%	13921	29.02%
普通开放	47970	1539	3.21%	16763	34.94%	15747	32.83%	13921	29.02%
开放教育专科	115853	22047	19.03%	35510	30.65%	24484	21.13%	33812	29.19%
普通开放	112228	21902	19.52%	35077	31.26%	23933	21.33%	31316	27.90%
一村一	2828	101	3.57%	272	9.62%	360	12.73%	2095	74.08%
助力计划	797	44	5.52%	161	20.20%	191	23.96%	401	50.31%
成都	**60228**	**14735**	**24.47%**	**17242**	**28.63%**	**12734**	**21.14%**	**15517**	**25.76%**
开放教育本科	16530	729	4.41%	5433	32.87%	5126	31.01%	5242	31.71%

2.2 开放教育在籍生年龄情况(续表6)

	合计	≤20岁		21～25岁		26～30岁		≥31岁	
	学生数	学生数	占比	学生数	占比	学生数	占比	学生数	占比
普通开放	16530	729	4.41%	5433	32.87%	5126	31.01%	5242	31.71%
开放教育专科	43698	14006	32.05%	11809	27.02%	7608	17.41%	10275	23.51%
普通开放	42904	13466	31.39%	11684	27.23%	7561	17.62%	10193	23.76%
一村一	42	0	0.00%	4	9.52%	8	19.05%	30	71.43%
助力计划	752	540	71.81%	121	16.09%	39	5.19%	52	6.91%
重庆	**112993**	**23044**	**20.39%**	**35307**	**31.25%**	**26643**	**23.58%**	**27999**	**24.78%**
开放教育本科	29264	1074	3.67%	10404	35.55%	9511	32.50%	8275	28.28%
普通开放	29264	1074	3.67%	10404	35.55%	9511	32.50%	8275	28.28%
开放教育专科	83729	21970	26.24%	24903	29.74%	17132	20.46%	19724	23.56%
普通开放	82682	21893	26.48%	24687	29.86%	16915	20.46%	19187	23.21%
一村一	1033	73	7.07%	213	20.62%	217	21.01%	530	51.31%
助力计划	14	4	28.57%	3	21.43%	0	0.00%	7	50.00%
贵州	**95543**	**15542**	**16.27%**	**32231**	**33.73%**	**25667**	**26.86%**	**22103**	**23.13%**
开放教育本科	30886	694	2.25%	10539	34.12%	11601	37.56%	8052	26.07%
普通开放	30886	694	2.25%	10539	34.12%	11601	37.56%	8052	26.07%
开放教育专科	64657	14848	22.96%	21692	33.55%	14066	21.75%	14051	21.73%
普通开放	59892	14640	24.44%	20874	34.85%	13109	21.89%	11269	18.82%
一村一	4739	208	4.39%	815	17.20%	955	20.15%	2761	58.26%
助力计划	26	0	0.00%	3	11.54%	2	7.69%	21	80.77%
云南	**43757**	**5908**	**13.50%**	**13219**	**30.21%**	**10158**	**23.21%**	**14472**	**33.07%**
开放教育本科	11406	125	1.10%	2961	25.96%	3775	33.10%	4545	39.85%
普通开放	11406	125	1.10%	2961	25.96%	3775	33.10%	4545	39.85%
开放教育专科	32351	5783	17.88%	10258	31.71%	6383	19.73%	9927	30.69%
普通开放	21795	4593	21.07%	7679	35.23%	3978	18.25%	5545	25.44%
一村一	10545	1188	11.27%	2578	24.45%	2405	22.81%	4374	41.48%
助力计划	11	2	18.18%	1	9.09%	0	0.00%	8	72.73%
陕西	**111006**	**14010**	**12.62%**	**43043**	**38.78%**	**28173**	**25.38%**	**25780**	**23.22%**
开放教育本科	39053	1160	2.97%	15403	39.44%	12895	33.02%	9595	24.57%
普通开放	39053	1160	2.97%	15403	39.44%	12895	33.02%	9595	24.57%
开放教育专科	71953	12850	17.86%	27640	38.41%	15278	21.23%	16185	22.49%
普通开放	69430	12348	17.78%	27161	39.12%	14826	21.35%	15095	21.74%
一村一	2073	209	10.08%	419	20.21%	414	19.97%	1031	49.73%
助力计划	450	293	65.11%	60	13.33%	38	8.44%	59	13.11%
西安	**61903**	**5699**	**9.21%**	**24291**	**39.24%**	**18600**	**30.05%**	**13313**	**21.51%**
开放教育本科	22575	461	2.04%	7991	35.40%	8718	38.62%	5405	23.94%
普通开放	22575	461	2.04%	7991	35.40%	8718	38.62%	5405	23.94%
开放教育专科	39328	5238	13.32%	16300	41.45%	9882	25.13%	7908	20.11%
普通开放	38850	5082	13.08%	16170	41.62%	9819	25.27%	7779	20.02%
一村一	44	0	0.00%	0	0.00%	3	6.82%	41	93.18%
助力计划	434	156	35.94%	130	29.95%	60	13.82%	88	20.28%
甘肃	**82358**	**10979**	**13.33%**	**27700**	**33.63%**	**21153**	**25.68%**	**22526**	**27.35%**

2.2 开放教育在籍生年龄情况(续表7)

	合计	≤20岁		21~25岁		26~30岁		≥31岁	
	学生数	学生数	占比	学生数	占比	学生数	占比	学生数	占比
开放教育本科	27902	904	3.24%	9957	35.69%	10161	36.42%	6880	24.66%
普通开放	27902	904	3.24%	9957	35.69%	10161	36.42%	6880	24.66%
开放教育专科	54456	10075	18.50%	17743	32.58%	10992	20.19%	15646	28.73%
普通开放	47292	9210	19.47%	16165	34.18%	9697	20.50%	12220	25.84%
一村一	6857	693	10.11%	1532	22.34%	1257	18.33%	3375	49.22%
助力计划	307	172	56.03%	46	14.98%	38	12.38%	51	16.61%
青海	**22199**	**5199**	**23.42%**	**8172**	**36.81%**	**4112**	**18.52%**	**4716**	**21.24%**
开放教育本科	7073	293	4.14%	3025	42.77%	2050	28.98%	1705	24.11%
普通开放	7073	293	4.14%	3025	42.77%	2050	28.98%	1705	24.11%
开放教育专科	15126	4906	32.43%	5147	34.03%	2062	13.63%	3011	19.91%
普通开放	14493	4561	31.47%	5041	34.78%	2032	14.02%	2859	19.73%
一村一	155	1	0.65%	22	14.19%	17	10.97%	115	74.19%
助力计划	478	344	71.97%	84	17.57%	13	2.72%	37	7.74%
宁夏	**33530**	**3826**	**11.41%**	**12368**	**36.89%**	**8756**	**26.11%**	**8580**	**25.59%**
开放教育本科	13422	446	3.32%	4946	36.85%	4428	32.99%	3602	26.84%
普通开放	13422	446	3.32%	4946	36.85%	4428	32.99%	3602	26.84%
开放教育专科	20108	3380	16.81%	7422	36.91%	4328	21.52%	4978	24.76%
普通开放	19869	3357	16.90%	7390	37.19%	4283	21.56%	4839	24.35%
一村一	220	5	2.27%	31	14.09%	45	20.45%	139	63.18%
助力计划	19	18	94.74%	1	5.26%	0	0.00%	0	0.00%
新疆	**110160**	**11724**	**10.64%**	**41687**	**37.84%**	**30846**	**28.00%**	**25903**	**23.51%**
开放教育本科	40113	779	1.94%	15465	38.55%	14066	35.07%	9803	24.44%
普通开放	40113	779	1.94%	15465	38.55%	14066	35.07%	9803	24.44%
开放教育专科	70047	10945	15.63%	26222	37.43%	16780	23.96%	16100	22.98%
普通开放	69082	10890	15.76%	26041	37.70%	16594	24.02%	15557	22.52%
一村一	939	44	4.69%	174	18.53%	184	19.60%	537	57.19%
助力计划	26	11	42.31%	7	26.92%	2	7.69%	6	23.08%
新疆兵团	**46884**	**6291**	**13.42%**	**18399**	**39.24%**	**11384**	**24.28%**	**10810**	**23.06%**
开放教育本科	17108	525	3.07%	7154	41.82%	5398	31.55%	4031	23.56%
普通开放	17108	525	3.07%	7154	41.82%	5398	31.55%	4031	23.56%
开放教育专科	29776	5766	19.36%	11245	37.77%	5986	20.10%	6779	22.77%
普通开放	26836	5378	20.04%	10267	38.26%	5396	20.11%	5795	21.59%
一村一	2940	388	13.20%	978	33.27%	590	20.07%	984	33.47%
八一学院	**77906**	**17439**	**22.38%**	**19145**	**24.57%**	**9001**	**11.55%**	**32321**	**41.49%**
开放教育本科	7497	133	1.77%	2252	30.04%	2183	29.12%	2929	39.07%
普通开放	7497	133	1.77%	2252	30.04%	2183	29.12%	2929	39.07%
开放教育专科	70409	17306	24.58%	16893	23.99%	6818	9.68%	29392	41.74%
普通开放	70409	17306	24.58%	16893	23.99%	6818	9.68%	29392	41.74%
北京实验学院	**12435**	**4184**	**33.65%**	**3988**	**32.07%**	**2340**	**18.82%**	**1923**	**15.46%**
开放教育本科	2786	37	1.33%	906	32.52%	1059	38.01%	784	28.14%

2.2 开放教育在籍生年龄情况(续表8)

	合计	≤20岁		21~25岁		26~30岁		≥31岁	
	学生数	学生数	占比	学生数	占比	学生数	占比	学生数	占比
普通开放	2786	37	1.33%	906	32.52%	1059	38.01%	784	28.14%
开放教育专科	9649	4147	42.98%	3082	31.94%	1281	13.28%	1139	11.80%
普通开放	8424	3413	40.52%	2858	33.93%	1186	14.08%	967	11.48%
一村一	374	61	16.31%	163	43.58%	52	13.90%	98	26.20%
助力计划	851	673	79.08%	61	7.17%	43	5.05%	74	8.70%
总参学院	**19579**	**4428**	**22.62%**	**5185**	**26.48%**	**2510**	**12.82%**	**7456**	**38.08%**
开放教育本科	3392	47	1.39%	760	22.41%	790	23.29%	1795	52.92%
普通开放	3392	47	1.39%	760	22.41%	790	23.29%	1795	52.92%
开放教育专科	16187	4381	27.06%	4425	27.34%	1720	10.63%	5661	34.97%
普通开放	16187	4381	27.06%	4425	27.34%	1720	10.63%	5661	34.97%
西藏学院	**4780**	**198**	**4.14%**	**1690**	**35.36%**	**1525**	**31.90%**	**1367**	**28.60%**
开放教育本科	1821	13	0.71%	506	27.79%	762	41.85%	540	29.65%
普通开放	1821	13	0.71%	506	27.79%	762	41.85%	540	29.65%
开放教育专科	2959	185	6.25%	1184	40.01%	763	25.79%	827	27.95%
普通开放	2959	185	6.25%	1184	40.01%	763	25.79%	827	27.95%
残疾人教育学院	**6017**	**467**	**7.76%**	**1267**	**21.06%**	**1100**	**18.28%**	**3183**	**52.90%**
开放教育本科	1754	34	1.94%	345	19.67%	364	20.75%	1011	57.64%
普通开放	1754	34	1.94%	345	19.67%	364	20.75%	1011	57.64%
开放教育专科	4263	433	10.16%	922	21.63%	736	17.26%	2172	50.95%
普通开放	4263	433	10.16%	922	21.63%	736	17.26%	2172	50.95%
空军学院	**20402**	**2235**	**10.95%**	**6821**	**33.43%**	**2558**	**12.54%**	**8788**	**43.07%**
开放教育本科	1956	15	0.77%	698	35.69%	642	32.82%	601	30.73%
普通开放	1956	15	0.77%	698	35.69%	642	32.82%	601	30.73%
开放教育专科	18446	2220	12.04%	6123	33.19%	1916	10.39%	8187	44.38%
普通开放	18446	2220	12.04%	6123	33.19%	1916	10.39%	8187	44.38%
软件学院	**2464**	**611**	**24.80%**	**543**	**22.04%**	**509**	**20.66%**	**801**	**32.51%**
开放教育专科	2464	611	24.80%	543	22.04%	509	20.66%	801	32.51%
助力计划	2464	611	24.80%	543	22.04%	509	20.66%	801	32.51%
汽车学院	**1587**	**1567**	**98.74%**	**13**	**0.82%**	**5**	**0.32%**	**2**	**0.13%**
开放教育专科	1587	1567	98.74%	13	0.82%	5	0.32%	2	0.13%
助力计划	1587	1567	98.74%	13	0.82%	5	0.32%	2	0.13%
机械工业学院	**1314**	**1241**	**94.44%**	**46**	**3.50%**	**12**	**0.91%**	**15**	**1.14%**
开放教育专科	1314	1241	94.44%	46	3.50%	12	0.91%	15	1.14%
助力计划	1314	1241	94.44%	46	3.50%	12	0.91%	15	1.14%
纺织学院	**1097**	**187**	**17.05%**	**227**	**20.69%**	**193**	**17.59%**	**490**	**44.67%**
开放教育专科	1097	187	17.05%	227	20.69%	193	17.59%	490	44.67%
助力计划	1097	187	17.05%	227	20.69%	193	17.59%	490	44.67%
煤炭学院	**373**	**357**	**95.71%**	**4**	**1.07%**	**3**	**0.80%**	**9**	**2.41%**
开放教育专科	373	357	95.71%	4	1.07%	3	0.80%	9	2.41%
助力计划	373	357	95.71%	4	1.07%	3	0.80%	9	2.41%

2.3 开放教育在籍生其他情况

单位:人

	共产党员	共青团员	民主党派	少数民族	残疾人
总计	**328727**	**1221802**	**31400**	**272854**	**2057**
开放教育本科	140925	332181	8422	81397	821
普通开放	140122	332133	8414	81277	821
一村一	803	48	8	120	0
开放教育专科	187802	889621	22978	191457	1236
普通开放	136386	849671	21343	173228	1236
一村一	50773	30557	1131	17065	0
助力计划	643	9393	504	1164	0
北京	**3927**	**49299**	**960**	**4805**	**21**
开放教育本科	2160	17514	296	1785	7
普通开放	2160	17514	296	1785	7
开放教育专科	1767	31785	664	3020	14
普通开放	1560	31292	644	2967	14
一村一	207	493	20	53	0
天津	**3612**	**19067**	**325**	**1807**	**3**
开放教育本科	1768	6742	84	572	2
普通开放	1768	6742	84	572	2
开放教育专科	1844	12325	241	1235	1
普通开放	1348	10822	209	1055	1
一村一	363	1062	18	78	0
助力计划	133	441	14	102	0
河北	**16650**	**26210**	**985**	**5914**	**3**
开放教育本科	7211	10000	266	2296	1
普通开放	7211	10000	266	2296	1
开放教育专科	9439	16210	719	3618	2
普通开放	5904	13975	591	2829	2
一村一	3520	2208	127	785	0
助力计划	15	27	1	4	0
山西	**3540**	**15636**	**503**	**203**	**0**
开放教育本科	1891	4987	161	73	0
普通开放	1891	4987	161	73	0
开放教育专科	1649	10649	342	130	0
普通开放	1503	10166	313	125	0
一村一	117	185	11	1	0
助力计划	29	298	18	4	0
内蒙古	**8812**	**19067**	**673**	**19898**	**3**
开放教育本科	3678	7373	252	8068	1
普通开放	3678	7373	252	8068	1
开放教育专科	5134	11694	421	11830	2

2.3 开放教育在籍生其他情况(续表1)

单位:人

	共产党员	共青团员	民主党派	少数民族	残疾人
普通开放	2608	10364	354	9238	2
一村一	2452	925	55	2470	0
助力计划	74	405	12	122	0
辽宁	**4397**	**19532**	**666**	**13388**	**2**
开放教育本科	2006	5729	116	3371	0
普通开放	2006	5729	116	3371	0
开放教育专科	2391	13803	550	10017	2
普通开放	2235	13646	531	9769	2
一村一	153	118	16	209	0
助力计划	3	39	3	39	0
沈阳	**1573**	**15541**	**634**	**7465**	**14**
开放教育本科	760	3085	97	1275	7
普通开放	760	3085	97	1275	7
开放教育专科	813	12456	537	6190	7
普通开放	793	12292	525	6127	7
一村一	18	10	0	6	0
助力计划	2	154	12	57	0
大连	**1569**	**14881**	**414**	**2520**	**0**
开放教育本科	755	3616	98	492	0
普通开放	755	3616	98	492	0
开放教育专科	814	11265	316	2028	0
普通开放	799	10944	303	1953	0
一村一	15	88	7	8	0
助力计划	0	233	6	67	0
吉林	**5290**	**13059**	**372**	**4783**	**0**
开放教育本科	2358	3034	84	1394	0
普通开放	2358	3034	84	1394	0
开放教育专科	2932	10025	288	3389	0
普通开放	2903	10017	288	3389	0
一村一	29	8	0	0	0
长春	**420**	**7297**	**15**	**1547**	**0**
开放教育本科	181	742	3	325	0
普通开放	181	742	3	325	0
开放教育专科	239	6555	12	1222	0
普通开放	238	6517	12	1220	0
助力计划	1	38	0	2	0
黑龙江	**4628**	**14935**	**580**	**2480**	**6**
开放教育本科	1360	2589	134	576	2
普通开放	1360	2589	134	576	2

2.3 开放教育在籍生其他情况(续表2)

单位:人

	共产党员	共青团员	民主党派	少数民族	残疾人
开放教育专科	3268	12346	446	1904	4
普通开放	1614	11911	415	1731	4
一村一	1643	283	26	161	0
助力计划	11	152	5	12	0
哈尔滨	**1045**	**7506**	**345**	**1773**	**0**
开放教育本科	435	1331	48	310	0
普通开放	435	1331	48	310	0
开放教育专科	610	6175	297	1463	0
普通开放	575	6042	293	1427	0
一村一	31	36	2	25	0
助力计划	4	97	2	11	0
上海	**2657**	**17339**	**570**	**328**	**182**
开放教育本科	2657	17339	570	328	126
普通开放	2657	17339	570	328	126
开放教育专科	0	0	0	0	56
普通开放	0	0	0	0	56
江苏	8298	42240	981	366	0
开放教育本科	4116	13399	355	142	0
普通开放	4116	13399	355	142	0
开放教育专科	4182	28841	626	224	0
普通开放	3091	26789	548	173	0
一村一	1091	2052	78	51	0
南京	**1139**	**11230**	**192**	**272**	**9**
开放教育本科	582	3099	53	86	4
普通开放	582	3099	53	86	4
开放教育专科	557	8131	139	186	5
普通开放	404	7085	120	174	5
一村一	153	1035	15	11	0
助力计划	0	11	4	1	0
浙江	**15651**	**70080**	**198**	**1345**	**116**
开放教育本科	8247	24599	57	354	32
普通开放	8247	24599	57	354	32
开放教育专科	7404	45481	141	991	84
普通开放	4441	41832	117	786	84
一村一	2944	3624	24	204	0
助力计划	19	25	0	1	0
宁波	**2129**	**14396**	**241**	**240**	**13**
开放教育本科	1259	5915	74	55	1
普通开放	1259	5915	74	55	1

2.3 开放教育在籍生其他情况(续表3)

单位:人

	共产党员	共青团员	民主党派	少数民族	残疾人
开放教育专科	870	8481	167	185	12
普通开放	575	8409	163	182	12
一村一	295	72	4	3	0
安徽	**17355**	**71717**	**1525**	**1847**	**5**
开放教育本科	8270	27414	501	753	0
普通开放	8270	27414	501	753	0
开放教育专科	9085	44303	1024	1094	5
普通开放	6434	43375	1014	1078	5
一村一	2620	908	5	14	0
助力计划	31	20	5	2	0
福建	**6880**	**16435**	**695**	**1218**	**0**
开放教育本科	3177	6204	221	362	0
普通开放	3177	6204	221	362	0
开放教育专科	3703	10231	474	856	0
普通开放	2580	10017	454	768	0
一村一	1116	162	18	81	0
助力计划	7	52	2	7	0
厦门	**301**	**1966**	**39**	**70**	**0**
开放教育本科	171	601	7	16	0
普通开放	171	601	7	16	0
开放教育专科	130	1365	32	54	0
普通开放	99	1318	28	54	0
一村一	31	47	4	0	0
江西	**7414**	**23035**	**662**	**583**	**3**
开放教育本科	2040	5517	128	84	1
普通开放	2040	5517	128	84	1
开放教育专科	5374	17518	534	499	2
普通开放	1817	16104	343	444	2
一村一	3555	1208	181	34	0
助力计划	2	206	10	21	0
山东	**7519**	**27903**	**799**	**843**	**7**
开放教育本科	2495	5174	178	176	2
普通开放	2495	5174	178	176	2
开放教育专科	5024	22729	621	667	5
普通开放	2128	19911	529	557	5
一村一	2857	2353	71	102	0
助力计划	39	465	21	8	0
青岛	**1747**	**12883**	**222**	**227**	**0**
开放教育本科	779	1749	63	36	0

2.3 开放教育在籍生其他情况(续表4)

单位:人

	共产党员	共青团员	民主党派	少数民族	残疾人
普通开放	779	1749	63	36	0
开放教育专科	968	11134	159	191	0
普通开放	369	10034	130	163	0
一村一	577	220	4	2	0
助力计划	22	880	25	26	0
河南	**12682**	**41309**	**1184**	**2142**	**1**
开放教育本科	5338	10507	296	706	1
普通开放	5338	10507	296	706	1
开放教育专科	7344	30802	888	1436	0
普通开放	6219	30029	861	1399	0
一村一	1125	773	27	37	0
湖北	**7290**	**30834**	**1027**	**5594**	**2**
开放教育本科	2847	3804	201	1065	1
普通开放	2847	3804	201	1065	1
开放教育专科	4443	27030	826	4529	1
普通开放	3542	25393	785	4457	1
一村一	897	717	27	57	0
助力计划	4	920	14	15	0
武汉	**1392**	**12069**	**298**	**269**	**24**
开放教育本科	567	1247	46	21	16
普通开放	567	1247	46	21	16
开放教育专科	825	10822	252	248	8
普通开放	671	10788	252	247	8
一村一	154	27	0	0	0
助力计划	0	7	0	1	0
湖南	**16654**	**46934**	**1201**	**14989**	**10**
开放教育本科	4227	5524	251	3223	2
普通开放	3424	5476	243	3103	2
一村一	803	48	8	120	0
开放教育专科	12427	41410	950	11766	8
普通开放	3557	36603	852	9485	8
一村一	8868	4493	86	2218	0
助力计划	2	314	12	63	0
广东	**18029**	**79274**	**2401**	**3480**	**17**
开放教育本科	7111	14366	450	443	4
普通开放	7111	14366	450	443	4
开放教育专科	10918	64908	1951	3037	13
普通开放	7557	64528	1921	2944	13
一村一	3357	345	27	84	0

2.3 开放教育在籍生其他情况(续表5)

单位:人

	共产党员	共青团员	民主党派	少数民族	残疾人
助力计划	4	35	3	9	0
广州	**5197**	**39726**	**999**	**1203**	**0**
开放教育本科	2373	10235	160	252	0
普通开放	2373	10235	160	252	0
开放教育专科	2824	29491	839	951	0
普通开放	2802	28444	800	901	0
一村一	2	125	2	4	0
助力计划	20	922	37	46	0
深圳	**1734**	**22193**	**165**	**1386**	**1**
开放教育本科	1087	4810	43	278	0
普通开放	1087	4810	43	278	0
开放教育专科	647	17383	122	1108	1
普通开放	647	17383	122	1108	1
广西	**4021**	**12943**	**516**	**17834**	**59**
开放教育本科	1689	2551	67	4374	3
普通开放	1689	2551	67	4374	3
开放教育专科	2332	10392	449	13460	56
普通开放	1664	10221	440	12694	56
一村一	668	171	9	766	0
海南	**3282**	**2349**	**98**	**2463**	**1**
开放教育本科	672	945	22	463	0
普通开放	672	945	22	463	0
开放教育专科	2610	1404	76	2000	1
普通开放	683	1146	62	808	1
一村一	1927	258	14	1192	0
四川	**16954**	**55689**	**2485**	**6696**	**28**
开放教育本科	7598	15775	708	2471	5
普通开放	7598	15775	708	2471	5
开放教育专科	9356	39914	1777	4225	23
普通开放	7515	39569	1740	4169	23
一村一	1770	281	23	51	0
助力计划	71	64	14	5	0
成都	**3744**	**20416**	**675**	**1335**	**121**
开放教育本科	1981	4961	168	368	46
普通开放	1981	4961	168	368	46
开放教育专科	1763	15455	507	967	75
普通开放	1741	15405	498	934	75
一村一	13	14	0	0	0
助力计划	9	36	9	33	0

2.3 开放教育在籍生其他情况(续表6)

单位:人

	共产党员	共青团员	民主党派	少数民族	残疾人
重庆	**8584**	**45424**	**1276**	**10605**	**3**
开放教育本科	3826	11093	308	2806	0
普通开放	3826	11093	308	2806	0
开放教育专科	4758	34331	968	7799	3
普通开放	4394	34047	956	7385	3
一村一	363	279	12	414	0
助力计划	1	5	0	0	0
贵州	**10960**	**21408**	**788**	**36626**	**1**
开放教育本科	5341	6296	193	13841	0
普通开放	5341	6296	193	13841	0
开放教育专科	5619	15112	595	22785	1
普通开放	3828	14380	580	20350	1
一村一	1790	731	15	2432	0
助力计划	1	1	0	3	0
云南	**8061**	**16448**	**396**	**14051**	**1**
开放教育本科	3048	3213	110	3826	0
普通开放	3048	3213	110	3826	0
开放教育专科	5013	13235	286	10225	1
普通开放	1864	10306	186	6142	1
一村一	3148	2929	100	4082	0
助力计划	1	0	0	1	0
陕西	**10662**	**34846**	**867**	**958**	**31**
开放教育本科	5955	10454	262	333	1
普通开放	5955	10454	262	333	1
开放教育专科	4707	24392	605	625	30
普通开放	4312	23799	549	616	30
一村一	380	403	51	6	0
助力计划	15	190	5	3	0
西安	**4867**	**29301**	**703**	**939**	**0**
开放教育本科	3036	9886	249	362	0
普通开放	3036	9886	249	362	0
开放教育专科	1831	19415	454	577	0
普通开放	1764	19276	444	563	0
一村一	28	0	0	0	0
助力计划	39	139	10	14	0
甘肃	**9896**	**22385**	**819**	**6157**	**330**
开放教育本科	4846	6251	274	2743	77
普通开放	4846	6251	274	2743	77
开放教育专科	5050	16134	545	3414	253

2.3 开放教育在籍生其他情况(续表7)

单位:人

	共产党员	共青团员	民主党派	少数民族	残疾人
普通开放	3366	15225	498	2992	253
一村一	1670	826	29	418	0
助力计划	14	83	18	4	0
青海	**1862**	**7551**	**423**	**7870**	**14**
开放教育本科	936	2694	122	2505	4
普通开放	936	2694	122	2505	4
开放教育专科	926	4857	301	5365	10
普通开放	845	4741	290	5225	10
一村一	78	8	0	38	0
助力计划	3	108	11	102	0
宁夏	**2780**	**11164**	**206**	**6337**	**0**
开放教育本科	1726	4242	72	2496	0
普通开放	1726	4242	72	2496	0
开放教育专科	1054	6922	134	3841	0
普通开放	1037	6854	134	3804	0
一村一	17	52	0	32	0
助力计划	0	16	0	5	0
新疆	**10945**	**42296**	**1145**	**41142**	**19**
开放教育本科	6665	15180	355	11871	6
普通开放	6665	15180	355	11871	6
开放教育专科	4280	27116	790	29271	13
普通开放	3996	26905	788	28687	13
一村一	283	207	2	578	0
助力计划	1	4	0	6	0
新疆兵团	**3326**	**15839**	**410**	**6140**	**0**
开放教育本科	1859	5788	139	2067	0
普通开放	1859	5788	139	2067	0
开放教育专科	1467	10051	271	4073	0
普通开放	1114	9353	254	3716	0
一村一	353	698	17	357	0
八一学院	**22753**	**47487**	**86**	**4215**	**0**
开放教育本科	5608	1063	12	319	0
普通开放	5608	1063	12	319	0
开放教育专科	17145	46424	74	3896	0
普通开放	17145	46424	74	3896	0
北京实验学院	**754**	**5549**	**188**	**197**	**0**
开放教育本科	346	1075	26	57	0
普通开放	346	1075	26	57	0
开放教育专科	408	4474	162	140	0

2.3 开放教育在籍生其他情况(续表8)

单位:人

	共产党员	共青团员	民主党派	少数民族	残疾人
普通开放	306	4181	123	121	0
一村一	95	123	4	1	0
助力计划	7	170	35	18	0
总参学院	**4536**	**9966**	**108**	**941**	**0**
开放教育本科	1497	854	8	47	0
普通开放	1497	854	8	47	0
开放教育专科	3039	9112	100	894	0
普通开放	3039	9112	100	894	0
西藏学院	**1827**	**1977**	**74**	**3559**	**2**
开放教育本科	866	678	16	1301	0
普通开放	866	678	16	1301	0
开放教育专科	961	1299	58	2258	2
普通开放	961	1299	58	2258	2
残疾人教育学院	**443**	**1276**	**52**	**444**	**1005**
开放教育本科	222	297	18	139	469
普通开放	222	297	18	139	469
开放教育专科	221	979	34	305	536
普通开放	221	979	34	305	536
空军学院	**8880**	**11059**	**18**	**1010**	**0**
开放教育本科	1302	640	0	91	0
普通开放	1302	640	0	91	0
开放教育专科	7578	10419	18	919	0
普通开放	7578	10419	18	919	0
软件学院	**36**	**306**	**75**	**94**	**0**
开放教育专科	36	306	75	94	0
助力计划	36	306	75	94	0
汽车学院	**2**	**1267**	**47**	**24**	**0**
开放教育专科	2	1267	47	24	0
助力计划	2	1267	47	24	0
机械工业学院	**5**	**885**	**61**	**199**	**0**
开放教育专科	5	885	61	199	0
助力计划	5	885	61	199	0
纺织学院	**11**	**22**	**13**	**32**	**0**
开放教育专科	11	22	13	32	0
助力计划	11	22	13	32	0
煤炭学院	**5**	**356**	**0**	**1**	**0**
开放教育专科	5	356	0	1	0
助力计划	5	356	0	1	0

2.4 开放教育本科专业分布

单位：人

专业与学校	合计				普通开放				一村一			
	毕业生	招生		在籍生	毕业生	招生		在籍生	毕业生	招生		在籍生
		计	其中:春季			计	其中:春季			计	其中:春季	
总计	**249979**	**253611**	**123866**	**1010753**	**249979**	**252459**	**123651**	**1009601**	**0**	**1152**	**215**	**1152**
园艺	**326**	**170**	**39**	**500**	**326**	**170**	**39**	**500**	**0**	**0**	**0**	**0**
天津	5	0	0	2	5	0	0	2	0	0	0	0
河北	20	26	7	43	20	26	7	43	0	0	0	0
山西	9	0	0	0	9	0	0	0	0	0	0	0
内蒙古	37	30	0	45	37	30	0	45	0	0	0	0
辽宁	4	5	2	5	4	5	2	5	0	0	0	0
吉林	2	0	0	7	2	0	0	7	0	0	0	0
哈尔滨	2	0	0	2	2	0	0	2	0	0	0	0
江西	10	12	12	26	10	12	12	26	0	0	0	0
山东	20	0	0	8	20	0	0	8	0	0	0	0
湖北	10	0	0	5	10	0	0	5	0	0	0	0
武汉	7	14	0	21	7	14	0	21	0	0	0	0
湖南	5	13	0	18	5	13	0	18	0	0	0	0
广西	2	0	0	2	2	0	0	2	0	0	0	0
贵州	0	9	9	9	0	9	9	9	0	0	0	0
云南	13	9	9	51	13	9	9	51	0	0	0	0
陕西	35	40	0	59	35	40	0	59	0	0	0	0
西安	10	12	0	37	10	12	0	37	0	0	0	0
甘肃	104	0	0	89	104	0	0	89	0	0	0	0
宁夏	0	0	0	2	0	0	0	2	0	0	0	0
新疆	13	0	0	29	13	0	0	29	0	0	0	0
新疆兵团	18	0	0	40	18	0	0	40	0	0	0	0
英语	**1990**	**638**	**268**	**8489**	**1990**	**638**	**268**	**8489**	**0**	**0**	**0**	**0**
北京	41	0	0	236	41	0	0	236	0	0	0	0
天津	19	3	1	91	19	3	1	91	0	0	0	0
河北	93	64	26	230	93	64	26	230	0	0	0	0
山西	65	22	13	123	65	22	13	123	0	0	0	0
内蒙古	27	40	21	128	27	40	21	128	0	0	0	0
辽宁	26	18	1	135	26	18	1	135	0	0	0	0
沈阳	8	0	0	59	8	0	0	59	0	0	0	0
大连	3	0	0	14	3	0	0	14	0	0	0	0
吉林	17	7	3	25	17	7	3	25	0	0	0	0
长春	4	0	0	11	4	0	0	11	0	0	0	0
黑龙江	31	18	0	63	31	18	0	63	0	0	0	0
哈尔滨	6	1	0	38	6	1	0	38	0	0	0	0
上海	81	0	0	1118	81	0	0	1118	0	0	0	0
江苏	11	1	1	91	11	1	1	91	0	0	0	0
浙江	30	0	0	296	30	0	0	296	0	0	0	0
宁波	31	0	0	334	31	0	0	334	0	0	0	0
安徽	84	23	6	508	84	23	6	508	0	0	0	0
福建	7	0	0	71	7	0	0	71	0	0	0	0
厦门	6	0	0	61	6	0	0	61	0	0	0	0

2.4 开放教育本科专业分布(续表1)

单位:人

专业与学校	合计				普通开放				一村一			
	毕业生	招生		在籍生	毕业生	招生		在籍生	毕业生	招生		在籍生
		计	其中:春季			计	其中:春季			计	其中:春季	
江西	87	25	17	120	87	25	17	120	0	0	0	0
山东	72	37	17	126	72	37	17	126	0	0	0	0
青岛	8	0	0	39	8	0	0	39	0	0	0	0
河南	101	64	24	270	101	64	24	270	0	0	0	0
湖北	77	47	24	280	77	47	24	280	0	0	0	0
武汉	3	0	0	19	3	0	0	19	0	0	0	0
湖南	96	26	14	213	96	26	14	213	0	0	0	0
广东	84	10	5	788	84	10	5	788	0	0	0	0
广州	40	0	0	456	40	0	0	456	0	0	0	0
深圳	44	0	0	484	44	0	0	484	0	0	0	0
广西	13	6	0	76	13	6	0	76	0	0	0	0
海南	0	0	0	2	0	0	0	2	0	0	0	0
四川	206	86	40	357	206	86	40	357	0	0	0	0
成都	9	8	0	28	9	8	0	28	0	0	0	0
重庆	39	5	3	101	39	5	3	101	0	0	0	0
贵州	80	16	9	164	80	16	9	164	0	0	0	0
云南	57	28	16	93	57	28	16	93	0	0	0	0
陕西	82	19	1	214	82	19	1	214	0	0	0	0
西安	24	13	1	142	24	13	1	142	0	0	0	0
甘肃	172	39	22	444	172	39	22	444	0	0	0	0
青海	0	0	0	3	0	0	0	3	0	0	0	0
宁夏	50	5	0	83	50	5	0	83	0	0	0	0
新疆	39	7	3	265	39	7	3	265	0	0	0	0
新疆兵团	15	0	0	37	15	0	0	37	0	0	0	0
北京实验学院	2	0	0	53	2	0	0	53	0	0	0	0
学前教育	**6372**	**11577**	**5329**	**33311**	**6372**	**11577**	**5329**	**33311**	**0**	**0**	**0**	**0**
北京	141	317	160	1169	141	317	160	1169	0	0	0	0
天津	317	322	139	908	317	322	139	908	0	0	0	0
河北	235	491	229	1275	235	491	229	1275	0	0	0	0
山西	100	151	104	449	100	151	104	449	0	0	0	0
内蒙古	123	543	165	1023	123	543	165	1023	0	0	0	0
辽宁	38	105	18	397	38	105	18	397	0	0	0	0
沈阳	46	136	61	275	46	136	61	275	0	0	0	0
大连	39	35	15	118	39	35	15	118	0	0	0	0
吉林	8	38	14	71	8	38	14	71	0	0	0	0
长春	11	78	34	123	11	78	34	123	0	0	0	0
黑龙江	33	48	20	160	33	48	20	160	0	0	0	0
哈尔滨	14	41	19	118	14	41	19	118	0	0	0	0
上海	172	91	28	442	172	91	28	442	0	0	0	0
江苏	421	565	315	1759	421	565	315	1759	0	0	0	0
南京	12	46	5	150	12	46	5	150	0	0	0	0
浙江	1271	1122	502	4148	1271	1122	502	4148	0	0	0	0
宁波	150	222	114	844	150	222	114	844	0	0	0	0

2.4 开放教育本科专业分布(续表2)

单位:人

专业与学校	合计				普通开放				一村一			
	毕业生	招生		在籍生	毕业生	招生		在籍生	毕业生	招生		在籍生
		计	其中:春季			计	其中:春季			计	其中:春季	
安徽	361	658	277	2083	361	658	277	2083	0	0	0	0
福建	280	583	285	1744	280	583	285	1744	0	0	0	0
厦门	18	10	5	63	18	10	5	63	0	0	0	0
江西	37	202	88	430	37	202	88	430	0	0	0	0
山东	319	515	215	1456	319	515	215	1456	0	0	0	0
青岛	51	93	36	1017	51	93	36	1017	0	0	0	0
河南	144	216	108	569	144	216	108	569	0	0	0	0
湖北	94	246	124	531	94	246	124	531	0	0	0	0
武汉	39	114	60	198	39	114	60	198	0	0	0	0
湖南	80	240	129	646	80	240	129	646	0	0	0	0
广东	133	277	172	674	133	277	172	674	0	0	0	0
广州	144	372	237	948	144	372	237	948	0	0	0	0
深圳	0	0	0	7	0	0	0	7	0	0	0	0
广西	143	178	95	646	143	178	95	646	0	0	0	0
海南	24	41	12	95	24	41	12	95	0	0	0	0
四川	352	695	295	1836	352	695	295	1836	0	0	0	0
成都	115	342	139	886	115	342	139	886	0	0	0	0
重庆	260	385	153	1091	260	385	153	1091	0	0	0	0
贵州	135	667	339	1366	135	667	339	1366	0	0	0	0
云南	99	128	45	417	99	128	45	417	0	0	0	0
陕西	166	373	185	1037	166	373	185	1037	0	0	0	0
西安	32	194	69	503	32	194	69	503	0	0	0	0
甘肃	98	249	110	595	98	249	110	595	0	0	0	0
青海	31	75	38	181	31	75	38	181	0	0	0	0
宁夏	54	127	67	331	54	127	67	331	0	0	0	0
新疆	14	167	71	318	14	167	71	318	0	0	0	0
新疆兵团	18	67	30	159	18	67	30	159	0	0	0	0
北京实验学院	0	12	3	55	0	12	3	55	0	0	0	0
小学教育	**2847**	**3971**	**1939**	**13789**	**2847**	**3971**	**1939**	**13789**	**0**	**0**	**0**	**0**
北京	7	0	0	56	7	0	0	56	0	0	0	0
天津	61	43	28	178	61	43	28	178	0	0	0	0
河北	499	608	294	1826	499	608	294	1826	0	0	0	0
山西	66	61	16	238	66	61	16	238	0	0	0	0
内蒙古	135	291	165	648	135	291	165	648	0	0	0	0
辽宁	118	157	15	532	118	157	15	532	0	0	0	0
沈阳	0	2	0	4	0	2	0	4	0	0	0	0
吉林	14	73	57	172	14	73	57	172	0	0	0	0
长春	0	0	0	1	0	0	0	1	0	0	0	0
黑龙江	22	26	15	80	22	26	15	80	0	0	0	0
上海	94	56	54	199	94	56	54	199	0	0	0	0
江苏	253	189	104	1263	253	189	104	1263	0	0	0	0
南京	8	0	0	41	8	0	0	41	0	0	0	0
浙江	121	144	93	573	121	144	93	573	0	0	0	0

2.4 开放教育本科专业分布(续表3)

单位:人

专业与学校	合计				普通开放				一村一			
	毕业生	招生		在籍生	毕业生	招生		在籍生	毕业生	招生		在籍生
		计	其中:春季			计	其中:春季			计	其中:春季	
宁波	21	7	4	86	21	7	4	86	0	0	0	0
安徽	140	189	71	660	140	189	71	660	0	0	0	0
福建	167	162	89	748	167	162	89	748	0	0	0	0
山东	122	137	49	436	122	137	49	436	0	0	0	0
青岛	3	0	0	2	3	0	0	2	0	0	0	0
河南	187	294	139	853	187	294	139	853	0	0	0	0
湖北	43	61	36	156	43	61	36	156	0	0	0	0
武汉	36	19	8	83	36	19	8	83	0	0	0	0
湖南	30	106	55	294	30	106	55	294	0	0	0	0
广东	68	232	118	653	68	232	118	653	0	0	0	0
深圳	0	24	9	62	0	24	9	62	0	0	0	0
广西	37	54	24	168	37	54	24	168	0	0	0	0
海南	5	18	9	82	5	18	9	82	0	0	0	0
四川	122	172	95	548	122	172	95	548	0	0	0	0
成都	65	31	13	135	65	31	13	135	0	0	0	0
重庆	7	27	10	50	7	27	10	50	0	0	0	0
贵州	32	124	75	371	32	124	75	371	0	0	0	0
云南	76	61	36	313	76	61	36	313	0	0	0	0
陕西	39	71	26	246	39	71	26	246	0	0	0	0
西安	15	21	5	105	15	21	5	105	0	0	0	0
甘肃	65	98	42	401	65	98	42	401	0	0	0	0
青海	52	46	5	166	52	46	5	166	0	0	0	0
宁夏	43	90	46	333	43	90	46	333	0	0	0	0
新疆	64	268	130	994	64	268	130	994	0	0	0	0
新疆兵团	10	9	4	33	10	9	4	33	0	0	0	0
物流管理	**1426**	**1012**	**511**	**7778**	**1426**	**1012**	**511**	**7778**	**0**	**0**	**0**	**0**
北京	49	44	26	208	49	44	26	208	0	0	0	0
天津	53	13	8	174	53	13	8	174	0	0	0	0
内蒙古	1	7	2	16	1	7	2	16	0	0	0	0
辽宁	0	3	0	40	0	3	0	40	0	0	0	0
沈阳	30	36	17	145	30	36	17	145	0	0	0	0
大连	6	0	0	44	6	0	0	44	0	0	0	0
吉林	5	4	0	13	5	4	0	13	0	0	0	0
长春	0	0	0	3	0	0	0	3	0	0	0	0
哈尔滨	11	11	4	36	11	11	4	36	0	0	0	0
上海	667	376	164	3734	667	376	164	3734	0	0	0	0
江苏	125	73	40	373	125	73	40	373	0	0	0	0
南京	13	0	0	4	13	0	0	4	0	0	0	0
浙江	17	20	15	99	17	20	15	99	0	0	0	0
宁波	43	27	12	221	43	27	12	221	0	0	0	0
安徽	64	47	26	267	64	47	26	267	0	0	0	0
厦门	11	0	0	28	11	0	0	28	0	0	0	0
山东	26	23	19	110	26	23	19	110	0	0	0	0

2.4 开放教育本科专业分布(续表4)

单位:人

专业与学校	合计				普通开放				一村一			
	毕业生	招生		在籍生	毕业生	招生		在籍生	毕业生	招生		在籍生
		计	其中:春季			计	其中:春季			计	其中:春季	
青岛	4	21	10	71	4	21	10	71	0	0	0	0
河南	8	15	7	59	8	15	7	59	0	0	0	0
湖北	13	17	10	69	13	17	10	69	0	0	0	0
武汉	7	6	5	47	7	6	5	47	0	0	0	0
湖南	23	20	11	83	23	20	11	83	0	0	0	0
广东	27	33	18	232	27	33	18	232	0	0	0	0
广州	96	83	41	683	96	83	41	683	0	0	0	0
深圳	27	16	10	324	27	16	10	324	0	0	0	0
广西	3	13	6	44	3	13	6	44	0	0	0	0
海南	0	0	0	5	0	0	0	5	0	0	0	0
四川	5	0	0	44	5	0	0	44	0	0	0	0
成都	21	19	7	64	21	19	7	64	0	0	0	0
重庆	5	1	1	45	5	1	1	45	0	0	0	0
云南	1	3	2	8	1	3	2	8	0	0	0	0
陕西	11	32	20	113	11	32	20	113	0	0	0	0
西安	18	18	10	144	18	18	10	144	0	0	0	0
甘肃	12	11	7	54	12	11	7	54	0	0	0	0
青海	5	0	0	10	5	0	0	10	0	0	0	0
宁夏	3	2	2	41	3	2	2	41	0	0	0	0
新疆	4	0	0	20	4	0	0	20	0	0	0	0
新疆兵团	12	18	11	103	12	18	11	103	0	0	0	0
土木工程	**18788**	**22483**	**10853**	**87807**	**18788**	**22483**	**10853**	**87807**	**0**	**0**	**0**	**0**
北京	217	279	99	1555	217	279	99	1555	0	0	0	0
天津	404	312	125	1253	404	312	125	1253	0	0	0	0
河北	595	848	398	2799	595	848	398	2799	0	0	0	0
山西	396	399	184	1620	396	399	184	1620	0	0	0	0
内蒙古	557	780	386	2358	557	780	386	2358	0	0	0	0
辽宁	740	559	227	2490	740	559	227	2490	0	0	0	0
沈阳	408	451	227	1708	408	451	227	1708	0	0	0	0
大连	317	187	80	875	317	187	80	875	0	0	0	0
吉林	410	349	141	1315	410	349	141	1315	0	0	0	0
长春	209	293	141	812	209	293	141	812	0	0	0	0
黑龙江	435	375	177	1293	435	375	177	1293	0	0	0	0
哈尔滨	149	195	122	729	149	195	122	729	0	0	0	0
江苏	1469	1192	532	5592	1469	1192	532	5592	0	0	0	0
南京	54	38	19	267	54	38	19	267	0	0	0	0
浙江	1364	1147	604	5526	1364	1147	604	5526	0	0	0	0
宁波	155	152	58	551	155	152	58	551	0	0	0	0
安徽	1137	1495	679	6614	1137	1495	679	6614	0	0	0	0
福建	90	352	172	1117	90	352	172	1117	0	0	0	0
厦门	0	14	9	30	0	14	9	30	0	0	0	0
江西	761	1649	812	5264	761	1649	812	5264	0	0	0	0
山东	710	502	268	2217	710	502	268	2217	0	0	0	0

2.4 开放教育本科专业分布(续表5)

单位:人

专业与学校	合计				普通开放				一村一			
	毕业生	招生		在籍生	毕业生	招生		在籍生	毕业生	招生		在籍生
		计	其中:春季			计	其中:春季			计	其中:春季	
青岛	144	175	61	702	144	175	61	702	0	0	0	0
河南	811	1069	543	3482	811	1069	543	3482	0	0	0	0
湖北	515	857	435	2532	515	857	435	2532	0	0	0	0
武汉	55	96	58	255	55	96	58	255	0	0	0	0
湖南	473	630	354	2104	473	630	354	2104	0	0	0	0
广东	378	422	197	1762	378	422	197	1762	0	0	0	0
广州	0	24	9	30	0	24	9	30	0	0	0	0
深圳	39	56	34	538	39	56	34	538	0	0	0	0
广西	62	135	80	477	62	135	80	477	0	0	0	0
海南	58	69	29	347	58	69	29	347	0	0	0	0
四川	1308	1538	779	5556	1308	1538	779	5556	0	0	0	0
成都	740	864	418	2794	740	864	418	2794	0	0	0	0
重庆	1007	893	476	4527	1007	893	476	4527	0	0	0	0
贵州	382	504	197	1946	382	504	197	1946	0	0	0	0
云南	59	113	56	516	59	113	56	516	0	0	0	0
陕西	650	920	420	3133	650	920	420	3133	0	0	0	0
西安	480	802	403	3575	480	802	403	3575	0	0	0	0
甘肃	317	525	223	1888	317	525	223	1888	0	0	0	0
青海	0	8	1	8	0	8	1	8	0	0	0	0
宁夏	190	296	149	1198	190	296	149	1198	0	0	0	0
新疆	179	444	214	2217	179	444	214	2217	0	0	0	0
新疆兵团	364	475	257	2144	364	475	257	2144	0	0	0	0
北京实验学院	0	0	0	91	0	0	0	91	0	0	0	0
水利水电工程	**2249**	**3159**	**1378**	**9945**	**2249**	**3159**	**1378**	**9945**	**0**	**0**	**0**	**0**
北京	31	51	0	258	31	51	0	258	0	0	0	0
天津	42	83	47	151	42	83	47	151	0	0	0	0
山西	64	0	0	33	64	0	0	33	0	0	0	0
内蒙古	131	148	51	422	131	148	51	422	0	0	0	0
辽宁	181	226	47	686	181	226	47	686	0	0	0	0
大连	0	8	0	31	0	8	0	31	0	0	0	0
吉林	163	197	84	537	163	197	84	537	0	0	0	0
长春	48	60	26	144	48	60	26	144	0	0	0	0
黑龙江	81	111	53	367	81	111	53	367	0	0	0	0
哈尔滨	35	65	33	135	35	65	33	135	0	0	0	0
江苏	0	0	0	1	0	0	0	1	0	0	0	0
浙江	40	13	13	152	40	13	13	152	0	0	0	0
安徽	1	102	34	202	1	102	34	202	0	0	0	0
山东	56	77	30	216	56	77	30	216	0	0	0	0
河南	371	303	107	1156	371	303	107	1156	0	0	0	0
湖北	94	209	117	651	94	209	117	651	0	0	0	0
武汉	3	9	3	14	3	9	3	14	0	0	0	0
湖南	55	87	44	275	55	87	44	275	0	0	0	0
广东	50	40	20	198	50	40	20	198	0	0	0	0

2.4 开放教育本科专业分布(续表6)

单位:人

专业与学校	合计				普通开放				一村一			
	毕业生	招生		在籍生	毕业生	招生		在籍生	毕业生	招生		在籍生
		计	其中:春季			计	其中:春季			计	其中:春季	
广西	59	77	30	214	59	77	30	214	0	0	0	0
海南	20	27	15	103	20	27	15	103	0	0	0	0
四川	7	215	100	356	7	215	100	356	0	0	0	0
成都	0	17	4	30	0	17	4	30	0	0	0	0
重庆	3	16	9	46	3	16	9	46	0	0	0	0
贵州	194	240	125	602	194	240	125	602	0	0	0	0
云南	44	53	28	265	44	53	28	265	0	0	0	0
陕西	280	294	131	1183	280	294	131	1183	0	0	0	0
西安	1	0	0	29	1	0	0	29	0	0	0	0
甘肃	99	201	102	722	99	201	102	722	0	0	0	0
青海	23	16	11	54	23	16	11	54	0	0	0	0
宁夏	10	109	66	250	10	109	66	250	0	0	0	0
新疆	36	63	28	321	36	63	28	321	0	0	0	0
新疆兵团	27	42	20	141	27	42	20	141	0	0	0	0
数学与应用数学	**555**	**500**	**191**	**2014**	**555**	**500**	**191**	**2014**	**0**	**0**	**0**	**0**
天津	1	0	0	24	1	0	0	24	0	0	0	0
河北	1	0	0	0	1	0	0	0	0	0	0	0
山西	11	0	0	0	11	0	0	0	0	0	0	0
内蒙古	1	5	2	16	1	5	2	16	0	0	0	0
辽宁	0	0	0	1	0	0	0	1	0	0	0	0
吉林	0	2	1	8	0	2	1	8	0	0	0	0
黑龙江	5	17	4	31	5	17	4	31	0	0	0	0
江苏	0	0	0	1	0	0	0	1	0	0	0	0
安徽	1	24	0	69	1	24	0	69	0	0	0	0
江西	0	0	0	8	0	0	0	8	0	0	0	0
山东	31	27	9	105	31	27	9	105	0	0	0	0
河南	77	78	37	272	77	78	37	272	0	0	0	0
湖北	52	62	40	206	52	62	40	206	0	0	0	0
武汉	0	0	0	1	0	0	0	1	0	0	0	0
湖南	17	22	7	84	17	22	7	84	0	0	0	0
广东	16	0	0	22	16	0	0	22	0	0	0	0
广西	4	10	4	51	4	10	4	51	0	0	0	0
四川	112	60	0	204	112	60	0	204	0	0	0	0
成都	0	0	0	4	0	0	0	4	0	0	0	0
贵州	121	103	58	432	121	103	58	432	0	0	0	0
云南	23	6	1	91	23	6	1	91	0	0	0	0
陕西	32	14	8	107	32	14	8	107	0	0	0	0
西安	0	43	11	118	0	43	11	118	0	0	0	0
甘肃	45	26	8	125	45	26	8	125	0	0	0	0
宁夏	0	1	1	2	0	1	1	2	0	0	0	0
新疆	5	0	0	32	5	0	0	32	0	0	0	0
市场营销	**729**	**1226**	**589**	**4344**	**729**	**1226**	**589**	**4344**	**0**	**0**	**0**	**0**
天津	2	2	1	7	2	2	1	7	0	0	0	0

2.4 开放教育本科专业分布(续表7)

单位:人

专业与学校	合计				普通开放				一村一			
	毕业生	招生		在籍生	毕业生	招生		在籍生	毕业生	招生		在籍生
		计	其中:春季			计	其中:春季			计	其中:春季	
河北	9	59	31	199	9	59	31	199	0	0	0	0
内蒙古	5	36	1	56	5	36	1	56	0	0	0	0
辽宁	6	20	6	55	6	20	6	55	0	0	0	0
沈阳	23	57	19	142	23	57	19	142	0	0	0	0
大连	13	0	0	8	13	0	0	8	0	0	0	0
吉林	4	6	5	8	4	6	5	8	0	0	0	0
哈尔滨	7	5	3	68	7	5	3	68	0	0	0	0
江苏	100	138	49	380	100	138	49	380	0	0	0	0
浙江	34	51	7	232	34	51	7	232	0	0	0	0
安徽	153	230	112	888	153	230	112	888	0	0	0	0
山东	58	49	32	215	58	49	32	215	0	0	0	0
青岛	4	8	3	26	4	8	3	26	0	0	0	0
河南	23	81	45	189	23	81	45	189	0	0	0	0
湖北	15	82	47	262	15	82	47	262	0	0	0	0
武汉	3	3	0	23	3	3	0	23	0	0	0	0
湖南	24	70	44	211	24	70	44	211	0	0	0	0
广东	36	37	16	180	36	37	16	180	0	0	0	0
广州	12	112	71	282	12	112	71	282	0	0	0	0
深圳	3	34	19	178	3	34	19	178	0	0	0	0
广西	7	6	4	27	7	6	4	27	0	0	0	0
四川	94	0	0	92	94	0	0	92	0	0	0	0
成都	30	23	9	115	30	23	9	115	0	0	0	0
重庆	10	13	4	54	10	13	4	54	0	0	0	0
贵州	0	10	10	20	0	10	10	20	0	0	0	0
云南	0	2	0	2	0	2	0	2	0	0	0	0
西安	1	0	0	10	1	0	0	10	0	0	0	0
甘肃	25	70	40	239	25	70	40	239	0	0	0	0
青海	5	0	0	11	5	0	0	11	0	0	0	0
宁夏	8	8	2	46	8	8	2	46	0	0	0	0
新疆	1	0	0	18	1	0	0	18	0	0	0	0
新疆兵团	14	14	9	101	14	14	9	101	0	0	0	0
社会工作	**2139**	**1980**	**919**	**8842**	**2139**	**1980**	**919**	**8842**	**0**	**0**	**0**	**0**
北京	124	35	26	407	124	35	26	407	0	0	0	0
天津	25	620	349	723	25	620	349	723	0	0	0	0
河北	0	11	6	98	0	11	6	98	0	0	0	0
山西	0	0	0	1	0	0	0	1	0	0	0	0
内蒙古	1	5	3	18	1	5	3	18	0	0	0	0
沈阳	0	12	7	25	0	12	7	25	0	0	0	0
大连	19	0	0	10	19	0	0	10	0	0	0	0
吉林	1059	42	20	2367	1059	42	20	2367	0	0	0	0
长春	0	2	2	5	0	2	2	5	0	0	0	0
黑龙江	0	11	2	19	0	11	2	19	0	0	0	0
哈尔滨	0	1	1	1	0	1	1	1	0	0	0	0

2.4 开放教育本科专业分布(续表8)

单位:人

专业与学校	合计				普通开放				一村一			
	毕业生	招生		在籍生	毕业生	招生		在籍生	毕业生	招生		在籍生
		计	其中:春季			计	其中:春季			计	其中:春季	
上海	288	147	124	1213	288	147	124	1213	0	0	0	0
南京	0	1	0	7	0	1	0	7	0	0	0	0
浙江	118	4	2	194	118	4	2	194	0	0	0	0
宁波	4	5	3	52	4	5	3	52	0	0	0	0
安徽	75	80	10	203	75	80	10	203	0	0	0	0
厦门	14	19	9	91	14	19	9	91	0	0	0	0
青岛	0	7	1	258	0	7	1	258	0	0	0	0
武汉	0	21	19	82	0	21	19	82	0	0	0	0
湖南	17	0	0	16	17	0	0	16	0	0	0	0
广东	76	121	21	391	76	121	21	391	0	0	0	0
广州	22	57	21	129	22	57	21	129	0	0	0	0
深圳	22	115	58	324	22	115	58	324	0	0	0	0
广西	1	10	0	22	1	10	0	22	0	0	0	0
成都	18	82	31	248	18	82	31	248	0	0	0	0
重庆	3	1	1	4	3	1	1	4	0	0	0	0
云南	1	0	0	7	1	0	0	7	0	0	0	0
陕西	0	38	26	72	0	38	26	72	0	0	0	0
西安	0	8	7	17	0	8	7	17	0	0	0	0
青海	0	14	2	16	0	14	2	16	0	0	0	0
新疆	12	0	0	32	12	0	0	32	0	0	0	0
新疆兵团	14	120	62	217	14	120	62	217	0	0	0	0
北京实验学院	24	9	5	62	24	9	5	62	0	0	0	0
残疾人教育学院	202	382	101	1511	202	382	101	1511	0	0	0	0
商务英语(国际商务方向)	**446**	**759**	**339**	**3280**	**446**	**759**	**339**	**3280**	**0**	**0**	**0**	**0**
北京	21	76	42	186	21	76	42	186	0	0	0	0
天津	5	21	11	55	5	21	11	55	0	0	0	0
沈阳	4	26	13	75	4	26	13	75	0	0	0	0
哈尔滨	4	11	6	30	4	11	6	30	0	0	0	0
上海	158	175	80	907	158	175	80	907	0	0	0	0
浙江	38	18	8	142	38	18	8	142	0	0	0	0
宁波	23	89	12	279	23	89	12	279	0	0	0	0
安徽	21	44	20	212	21	44	20	212	0	0	0	0
厦门	2	0	0	13	2	0	0	13	0	0	0	0
青岛	1	6	2	26	1	6	2	26	0	0	0	0
湖南	2	4	0	29	2	4	0	29	0	0	0	0
广东	89	123	52	582	89	123	52	582	0	0	0	0
广州	49	90	54	357	49	90	54	357	0	0	0	0
深圳	26	75	39	376	26	75	39	376	0	0	0	0
西安	3	0	0	10	3	0	0	10	0	0	0	0
北京实验学院	0	1	0	1	0	1	0	1	0	0	0	0
软件工程	**3**	**0**	**0**	**58**	**3**	**0**	**0**	**58**	**0**	**0**	**0**	**0**
大连	0	0	0	5	0	0	0	5	0	0	0	0
广州	3	0	0	53	3	0	0	53	0	0	0	0

2.4 开放教育本科专业分布(续表9)

单位:人

专业与学校	合计				普通开放				一村一			
	毕业生	招生		在籍生	毕业生	招生		在籍生	毕业生	招生		在籍生
		计	其中:春季			计	其中:春季			计	其中:春季	
经济学	**42**	**0**	**0**	**390**	**42**	**0**	**0**	**390**	**0**	**0**	**0**	**0**
北京	28	0	0	182	28	0	0	182	0	0	0	0
内蒙古	0	0	0	2	0	0	0	2	0	0	0	0
黑龙江	0	0	0	3	0	0	0	3	0	0	0	0
江苏	0	0	0	4	0	0	0	4	0	0	0	0
浙江	0	0	0	24	0	0	0	24	0	0	0	0
安徽	0	0	0	5	0	0	0	5	0	0	0	0
山东	0	0	0	9	0	0	0	9	0	0	0	0
青岛	0	0	0	2	0	0	0	2	0	0	0	0
湖北	0	0	0	6	0	0	0	6	0	0	0	0
湖南	0	0	0	16	0	0	0	16	0	0	0	0
广东	3	0	0	25	3	0	0	25	0	0	0	0
广州	0	0	0	5	0	0	0	5	0	0	0	0
广西	1	0	0	7	1	0	0	7	0	0	0	0
海南	0	0	0	1	0	0	0	1	0	0	0	0
四川	0	0	0	9	0	0	0	9	0	0	0	0
贵州	3	0	0	29	3	0	0	29	0	0	0	0
云南	3	0	0	16	3	0	0	16	0	0	0	0
甘肃	1	0	0	7	1	0	0	7	0	0	0	0
青海	1	0	0	12	1	0	0	12	0	0	0	0
新疆	2	0	0	26	2	0	0	26	0	0	0	0
金融学	**11289**	**8561**	**4258**	**41344**	**11289**	**8561**	**4258**	**41344**	**0**	**0**	**0**	**0**
北京	401	64	30	2468	401	64	30	2468	0	0	0	0
天津	144	37	22	372	144	37	22	372	0	0	0	0
河北	428	397	205	1745	428	397	205	1745	0	0	0	0
山西	179	125	60	635	179	125	60	635	0	0	0	0
内蒙古	832	690	328	2522	832	690	328	2522	0	0	0	0
辽宁	277	257	131	930	277	257	131	930	0	0	0	0
沈阳	165	154	93	517	165	154	93	517	0	0	0	0
大连	73	25	18	196	73	25	18	196	0	0	0	0
吉林	95	54	29	225	95	54	29	225	0	0	0	0
长春	86	136	78	329	86	136	78	329	0	0	0	0
黑龙江	314	234	109	800	314	234	109	800	0	0	0	0
哈尔滨	163	112	62	521	163	112	62	521	0	0	0	0
上海	31	0	0	191	31	0	0	191	0	0	0	0
江苏	147	132	64	655	147	132	64	655	0	0	0	0
南京	2	11	0	28	2	11	0	28	0	0	0	0
浙江	531	295	147	1826	531	295	147	1826	0	0	0	0
宁波	103	63	32	493	103	63	32	493	0	0	0	0
安徽	938	521	277	3154	938	521	277	3154	0	0	0	0
福建	241	145	73	1167	241	145	73	1167	0	0	0	0
厦门	0	0	0	2	0	0	0	2	0	0	0	0
江西	804	679	342	2525	804	679	342	2525	0	0	0	0

2.4 开放教育本科专业分布(续表10)

单位:人

专业与学校	合计				普通开放				一村一			
	毕业生	招生		在籍生	毕业生	招生		在籍生	毕业生	招生		在籍生
		计	其中:春季			计	其中:春季			计	其中:春季	
山东	491	300	140	1380	491	300	140	1380	0	0	0	0
青岛	38	28	10	216	38	28	10	216	0	0	0	0
河南	704	659	310	2223	704	659	310	2223	0	0	0	0
湖北	525	404	211	1409	525	404	211	1409	0	0	0	0
武汉	58	41	24	171	58	41	24	171	0	0	0	0
湖南	362	300	167	1231	362	300	167	1231	0	0	0	0
广东	185	191	67	853	185	191	67	853	0	0	0	0
广州	127	193	53	1497	127	193	53	1497	0	0	0	0
深圳	52	93	46	829	52	93	46	829	0	0	0	0
广西	59	60	34	303	59	60	34	303	0	0	0	0
海南	0	31	16	31	0	31	16	31	0	0	0	0
四川	664	479	273	2060	664	479	273	2060	0	0	0	0
成都	189	200	98	626	189	200	98	626	0	0	0	0
重庆	284	155	70	869	284	155	70	869	0	0	0	0
贵州	191	153	78	489	191	153	78	489	0	0	0	0
云南	42	37	21	166	42	37	21	166	0	0	0	0
陕西	496	397	197	1742	496	397	197	1742	0	0	0	0
西安	100	103	48	497	100	103	48	497	0	0	0	0
甘肃	441	341	158	1514	441	341	158	1514	0	0	0	0
青海	93	42	21	338	93	42	21	338	0	0	0	0
宁夏	71	52	27	375	71	52	27	375	0	0	0	0
新疆	131	131	62	916	131	131	62	916	0	0	0	0
新疆兵团	17	23	16	134	17	23	16	134	0	0	0	0
北京实验学院	15	17	11	174	15	17	11	174	0	0	0	0
教育技术学	**5**	**0**	**0**	**21**	**5**	**0**	**0**	**21**	**0**	**0**	**0**	**0**
天津	0	0	0	18	0	0	0	18	0	0	0	0
山东	2	0	0	0	2	0	0	0	0	0	0	0
云南	1	0	0	1	1	0	0	1	0	0	0	0
甘肃	1	0	0	0	1	0	0	0	0	0	0	0
新疆	0	0	0	1	0	0	0	1	0	0	0	0
新疆兵团	1	0	0	1	1	0	0	1	0	0	0	0
计算机科学与技术	**4044**	**4811**	**2323**	**18872**	**4044**	**4811**	**2323**	**18872**	**0**	**0**	**0**	**0**
北京	90	49	23	510	90	49	23	510	0	0	0	0
天津	50	46	21	196	50	46	21	196	0	0	0	0
河北	0	75	22	87	0	75	22	87	0	0	0	0
山西	85	42	20	241	85	42	20	241	0	0	0	0
内蒙古	320	555	238	1506	320	555	238	1506	0	0	0	0
辽宁	164	154	68	631	164	154	68	631	0	0	0	0
沈阳	87	143	62	452	87	143	62	452	0	0	0	0
大连	40	15	6	110	40	15	6	110	0	0	0	0
吉林	180	178	103	555	180	178	103	555	0	0	0	0
长春	64	125	69	316	64	125	69	316	0	0	0	0
黑龙江	243	220	117	700	243	220	117	700	0	0	0	0

2.4 开放教育本科专业分布(续表11)

单位:人

专业与学校	合计				普通开放				一村一			
	毕业生	招生		在籍生	毕业生	招生		在籍生	毕业生	招生		在籍生
		计	其中:春季			计	其中:春季			计	其中:春季	
哈尔滨	74	88	55	316	74	88	55	316	0	0	0	0
上海	34	0	0	437	34	0	0	437	0	0	0	0
江苏	218	200	89	817	218	200	89	817	0	0	0	0
南京	7	15	5	56	7	15	5	56	0	0	0	0
浙江	155	121	67	585	155	121	67	585	0	0	0	0
宁波	15	40	16	171	15	40	16	171	0	0	0	0
安徽	212	248	106	1128	212	248	106	1128	0	0	0	0
福建	101	98	37	433	101	98	37	433	0	0	0	0
江西	140	154	63	589	140	154	63	589	0	0	0	0
山东	138	102	45	399	138	102	45	399	0	0	0	0
青岛	22	18	2	76	22	18	2	76	0	0	0	0
河南	216	242	130	827	216	242	130	827	0	0	0	0
湖北	157	213	99	633	157	213	99	633	0	0	0	0
武汉	18	30	22	121	18	30	22	121	0	0	0	0
湖南	151	158	90	649	151	158	90	649	0	0	0	0
广东	84	97	37	509	84	97	37	509	0	0	0	0
广州	38	66	26	360	38	66	26	360	0	0	0	0
深圳	19	36	17	319	19	36	17	319	0	0	0	0
广西	33	17	5	133	33	17	5	133	0	0	0	0
海南	18	17	12	106	18	17	12	106	0	0	0	0
四川	218	252	153	793	218	252	153	793	0	0	0	0
成都	52	73	37	197	52	73	37	197	0	0	0	0
重庆	24	8	1	143	24	8	1	143	0	0	0	0
贵州	47	47	21	290	47	47	21	290	0	0	0	0
云南	38	39	21	172	38	39	21	172	0	0	0	0
陕西	188	217	88	795	188	217	88	795	0	0	0	0
西安	62	81	28	423	62	81	28	423	0	0	0	0
甘肃	112	112	58	559	112	112	58	559	0	0	0	0
青海	9	47	12	129	9	47	12	129	0	0	0	0
宁夏	17	21	10	195	17	21	10	195	0	0	0	0
新疆	71	182	110	824	71	182	110	824	0	0	0	0
新疆兵团	33	53	25	175	33	53	25	175	0	0	0	0
八一学院	0	114	87	200	0	114	87	200	0	0	0	0
北京实验学院	0	3	0	9	0	3	0	9	0	0	0	0
机械设计制造及其自动化	**3166**	**4184**	**1931**	**15743**	**3166**	**4184**	**1931**	**15743**	**0**	**0**	**0**	**0**
北京	14	16	12	231	14	16	12	231	0	0	0	0
天津	85	572	159	908	85	572	159	908	0	0	0	0
河北	0	37	10	42	0	37	10	42	0	0	0	0
山西	102	117	56	452	102	117	56	452	0	0	0	0
内蒙古	106	271	108	760	106	271	108	760	0	0	0	0
辽宁	220	202	76	847	220	202	76	847	0	0	0	0
沈阳	111	164	87	654	111	164	87	654	0	0	0	0
大连	41	29	18	147	41	29	18	147	0	0	0	0

2.4 开放教育本科专业分布(续表12)

单位:人

专业与学校	合计				普通开放				一村一			
	毕业生	招生		在籍生	毕业生	招生		在籍生	毕业生	招生		在籍生
		计	其中:春季			计	其中:春季			计	其中:春季	
吉林	45	33	12	126	45	33	12	126	0	0	0	0
长春	82	116	61	245	82	116	61	245	0	0	0	0
黑龙江	58	97	59	271	58	97	59	271	0	0	0	0
哈尔滨	37	65	39	176	37	65	39	176	0	0	0	0
上海	62	0	0	363	62	0	0	363	0	0	0	0
江苏	256	360	160	1245	256	360	160	1245	0	0	0	0
南京	18	34	14	129	18	34	14	129	0	0	0	0
浙江	132	120	91	479	132	120	91	479	0	0	0	0
宁波	0	21	13	53	0	21	13	53	0	0	0	0
安徽	157	151	76	837	157	151	76	837	0	0	0	0
江西	0	0	0	3	0	0	0	3	0	0	0	0
山东	189	130	68	609	189	130	68	609	0	0	0	0
青岛	17	98	12	295	17	98	12	295	0	0	0	0
河南	89	124	67	458	89	124	67	458	0	0	0	0
湖北	97	139	61	449	97	139	61	449	0	0	0	0
武汉	11	43	25	139	11	43	25	139	0	0	0	0
湖南	76	102	55	353	76	102	55	353	0	0	0	0
广东	13	19	11	152	13	19	11	152	0	0	0	0
广州	24	36	32	153	24	36	32	153	0	0	0	0
广西	5	46	30	88	5	46	30	88	0	0	0	0
海南	0	0	0	4	0	0	0	4	0	0	0	0
四川	233	278	145	905	233	278	145	905	0	0	0	0
成都	125	85	32	316	125	85	32	316	0	0	0	0
重庆	52	53	42	283	52	53	42	283	0	0	0	0
贵州	12	0	0	1	12	0	0	1	0	0	0	0
云南	5	0	0	24	5	0	0	24	0	0	0	0
陕西	312	224	103	1144	312	224	103	1144	0	0	0	0
西安	135	104	48	871	135	104	48	871	0	0	0	0
甘肃	80	96	52	399	80	96	52	399	0	0	0	0
青海	9	1	0	15	9	1	0	15	0	0	0	0
宁夏	109	121	58	677	109	121	58	677	0	0	0	0
新疆	13	32	11	232	13	32	11	232	0	0	0	0
新疆兵团	34	48	28	208	34	48	28	208	0	0	0	0
会计学	**41358**	**34689**	**16866**	**152125**	**41358**	**34688**	**16865**	**152124**	**0**	**1**	**1**	**1**
北京	1063	712	321	4745	1063	712	321	4745	0	0	0	0
天津	1107	519	259	2658	1107	519	259	2658	0	0	0	0
河北	1289	1240	573	5044	1289	1240	573	5044	0	0	0	0
山西	755	560	266	2368	755	560	266	2368	0	0	0	0
内蒙古	1096	1571	796	4747	1096	1571	796	4747	0	0	0	0
辽宁	877	717	329	2801	877	717	329	2801	0	0	0	0
沈阳	225	264	129	968	225	264	129	968	0	0	0	0
大连	410	232	133	932	410	232	133	932	0	0	0	0
吉林	516	366	175	1488	516	366	175	1488	0	0	0	0

2.4 开放教育本科专业分布(续表13)

单位:人

专业与学校	合计				普通开放				一村一			
	毕业生	招生		在籍生	毕业生	招生		在籍生	毕业生	招生		在籍生
		计	其中:春季			计	其中:春季			计	其中:春季	
长春	153	191	79	479	153	191	79	479	0	0	0	0
黑龙江	551	539	249	1655	551	539	249	1655	0	0	0	0
哈尔滨	182	198	100	685	182	198	100	685	0	0	0	0
上海	1449	1065	532	6709	1449	1065	532	6709	0	0	0	0
江苏	3073	2032	985	9613	3073	2032	985	9613	0	0	0	0
南京	399	209	81	1393	399	209	81	1393	0	0	0	0
浙江	5175	3140	1593	14855	5175	3140	1593	14855	0	0	0	0
宁波	1038	508	244	2954	1038	508	244	2954	0	0	0	0
安徽	3008	2706	1196	12187	3008	2706	1196	12187	0	0	0	0
福建	1809	1546	747	6713	1809	1546	747	6713	0	0	0	0
厦门	107	87	29	523	107	87	29	523	0	0	0	0
江西	1152	859	445	3391	1152	859	445	3391	0	0	0	0
山东	1140	626	298	3207	1140	626	298	3207	0	0	0	0
青岛	214	123	63	938	214	123	63	938	0	0	0	0
河南	1442	1161	561	4180	1442	1161	561	4180	0	0	0	0
湖北	629	686	347	2178	629	686	347	2178	0	0	0	0
武汉	66	76	38	255	66	76	38	255	0	0	0	0
湖南	1120	818	427	3200	1120	817	426	3199	0	1	1	1
广东	1898	1653	799	7598	1898	1653	799	7598	0	0	0	0
广州	557	769	473	3275	557	769	473	3275	0	0	0	0
深圳	118	234	137	2075	118	234	137	2075	0	0	0	0
广西	342	214	111	1408	342	214	111	1408	0	0	0	0
海南	98	129	65	651	98	129	65	651	0	0	0	0
四川	1599	1403	730	5303	1599	1403	730	5303	0	0	0	0
成都	640	513	242	1786	640	513	242	1786	0	0	0	0
重庆	1031	1041	468	3407	1031	1041	468	3407	0	0	0	0
贵州	538	810	388	3133	538	810	388	3133	0	0	0	0
云南	200	186	90	879	200	186	90	879	0	0	0	0
陕西	1230	1126	542	4772	1230	1126	542	4772	0	0	0	0
西安	595	566	272	3100	595	566	272	3100	0	0	0	0
甘肃	508	549	246	1967	508	549	246	1967	0	0	0	0
青海	266	350	161	1058	266	350	161	1058	0	0	0	0
宁夏	397	375	155	2060	397	375	155	2060	0	0	0	0
新疆	790	1381	682	5783	790	1381	682	5783	0	0	0	0
新疆兵团	450	555	266	2365	450	555	266	2365	0	0	0	0
北京实验学院	56	84	44	639	56	84	44	639	0	0	0	0
护理学	**11386**	**12194**	**5793**	**39179**	**11386**	**12194**	**5793**	**39179**	**0**	**0**	**0**	**0**
北京	1004	996	529	4018	1004	996	529	4018	0	0	0	0
河北	629	313	161	1970	629	313	161	1970	0	0	0	0
内蒙古	38	931	383	1182	38	931	383	1182	0	0	0	0
辽宁	8	22	12	52	8	22	12	52	0	0	0	0
沈阳	0	13	0	13	0	13	0	13	0	0	0	0
吉林	107	26	13	125	107	26	13	125	0	0	0	0

2.4 开放教育本科专业分布(续表14)

单位:人

专业与学校	合计				普通开放				一村一			
	毕业生	招生		在籍生	毕业生	招生		在籍生	毕业生	招生		在籍生
		计	其中:春季			计	其中:春季			计	其中:春季	
长春	19	22	11	44	19	22	11	44	0	0	0	0
黑龙江	107	84	32	284	107	84	32	284	0	0	0	0
哈尔滨	0	33	24	34	0	33	24	34	0	0	0	0
上海	364	271	119	930	364	271	119	930	0	0	0	0
安徽	1226	1501	715	4820	1226	1501	715	4820	0	0	0	0
江西	582	466	272	1807	582	466	272	1807	0	0	0	0
河南	546	432	158	1390	546	432	158	1390	0	0	0	0
湖北	152	176	92	444	152	176	92	444	0	0	0	0
武汉	7	5	1	35	7	5	1	35	0	0	0	0
湖南	74	93	55	274	74	93	55	274	0	0	0	0
四川	1913	1984	914	6233	1913	1984	914	6233	0	0	0	0
成都	0	348	121	714	0	348	121	714	0	0	0	0
重庆	2009	0	0	989	2009	0	0	989	0	0	0	0
贵州	517	1265	547	3505	517	1265	547	3505	0	0	0	0
云南	40	44	20	153	40	44	20	153	0	0	0	0
陕西	755	620	288	2682	755	620	288	2682	0	0	0	0
西安	126	127	53	735	126	127	53	735	0	0	0	0
甘肃	476	597	277	1950	476	597	277	1950	0	0	0	0
青海	180	324	134	813	180	324	134	813	0	0	0	0
宁夏	274	757	420	1829	274	757	420	1829	0	0	0	0
新疆兵团	233	742	442	2152	233	742	442	2152	0	0	0	0
北京实验学院	0	2	0	2	0	2	0	2	0	0	0	0
行政管理	**57148**	**61203**	**30638**	**234891**	**57148**	**60202**	**30467**	**233890**	**0**	**1001**	**171**	**1001**
北京	1608	1494	721	8448	1608	1494	721	8448	0	0	0	0
天津	1713	2541	1260	6436	1713	2541	1260	6436	0	0	0	0
河北	3058	2840	1385	11649	3058	2840	1385	11649	0	0	0	0
山西	2036	1727	895	6755	2036	1727	895	6755	0	0	0	0
内蒙古	2267	2944	1439	9128	2267	2944	1439	9128	0	0	0	0
辽宁	952	826	389	3109	952	826	389	3109	0	0	0	0
沈阳	555	815	431	2570	555	815	431	2570	0	0	0	0
大连	681	639	328	1767	681	639	328	1767	0	0	0	0
吉林	410	455	255	1263	410	455	255	1263	0	0	0	0
长春	227	329	143	766	227	329	143	766	0	0	0	0
黑龙江	1221	1054	504	3308	1221	1054	504	3308	0	0	0	0
哈尔滨	452	543	299	2141	452	543	299	2141	0	0	0	0
上海	2568	2121	1040	12073	2568	2121	1040	12073	0	0	0	0
江苏	1793	1765	785	7419	1793	1765	785	7419	0	0	0	0
南京	469	443	216	2057	469	443	216	2057	0	0	0	0
浙江	2499	1914	943	8143	2499	1914	943	8143	0	0	0	0
宁波	598	486	259	2737	598	486	259	2737	0	0	0	0
安徽	1019	1158	589	4757	1019	1158	589	4757	0	0	0	0
福建	965	1176	602	4851	965	1176	602	4851	0	0	0	0
厦门	0	32	17	58	0	32	17	58	0	0	0	0

2.4 开放教育本科专业分布(续表15)

单位:人

专业与学校	合计				普通开放				一村一			
	毕业生	招生		在籍生	毕业生	招生		在籍生	毕业生	招生		在籍生
		计	其中:春季			计	其中:春季			计	其中:春季	
江西	1024	1087	546	3494	1024	1087	546	3494	0	0	0	0
山东	1222	1035	537	3903	1222	1035	537	3903	0	0	0	0
青岛	214	268	62	1308	214	268	62	1308	0	0	0	0
河南	1609	2014	987	6260	1609	2014	987	6260	0	0	0	0
湖北	1712	1729	876	5446	1712	1729	876	5446	0	0	0	0
武汉	423	494	253	1746	423	494	253	1746	0	0	0	0
湖南	1935	2807	1197	7172	1935	1806	1026	6171	0	1001	171	1001
广东	5994	4409	2118	18888	5994	4409	2118	18888	0	0	0	0
广州	1394	1913	1097	8286	1394	1913	1097	8286	0	0	0	0
深圳	237	358	197	2491	237	358	197	2491	0	0	0	0
广西	534	598	309	2490	534	598	309	2490	0	0	0	0
海南	141	271	115	966	141	271	115	966	0	0	0	0
四川	2182	2064	1059	7527	2182	2064	1059	7527	0	0	0	0
成都	856	818	413	2654	856	818	413	2654	0	0	0	0
重庆	1896	1557	668	5624	1896	1557	668	5624	0	0	0	0
贵州	1616	1866	1013	6475	1616	1866	1013	6475	0	0	0	0
云南	486	362	179	2082	486	362	179	2082	0	0	0	0
陕西	2400	2660	1257	9327	2400	2660	1257	9327	0	0	0	0
西安	801	1380	689	6017	801	1380	689	6017	0	0	0	0
甘肃	2143	1989	997	7683	2143	1989	997	7683	0	0	0	0
青海	501	549	216	1808	501	549	216	1808	0	0	0	0
宁夏	428	473	236	2274	428	473	236	2274	0	0	0	0
新疆	831	1498	741	5970	831	1498	741	5970	0	0	0	0
新疆兵团	612	1069	564	3805	612	1069	564	3805	0	0	0	0
八一学院	377	1334	894	5087	377	1334	894	5087	0	0	0	0
北京实验学院	102	178	92	905	102	178	92	905	0	0	0	0
总参学院	334	523	342	2968	334	523	342	2968	0	0	0	0
西藏学院	53	262	148	1130	53	262	148	1130	0	0	0	0
空军学院	0	336	336	1670	0	336	336	1670	0	0	0	0
汉语言文学	**17327**	**15266**	**7110**	**58774**	**17327**	**15266**	**7110**	**58774**	**0**	**0**	**0**	**0**
北京	29	21	12	195	29	21	12	195	0	0	0	0
天津	26	24	9	197	26	24	9	197	0	0	0	0
河北	1447	1455	713	4530	1447	1455	713	4530	0	0	0	0
山西	600	372	168	1602	600	372	168	1602	0	0	0	0
内蒙古	306	400	196	1054	306	400	196	1054	0	0	0	0
辽宁	221	119	33	496	221	119	33	496	0	0	0	0
沈阳	43	84	57	220	43	84	57	220	0	0	0	0
大连	1	0	0	6	1	0	0	6	0	0	0	0
吉林	268	234	137	733	268	234	137	733	0	0	0	0
长春	71	93	61	222	71	93	61	222	0	0	0	0
黑龙江	271	196	100	652	271	196	100	652	0	0	0	0
哈尔滨	55	63	34	225	55	63	34	225	0	0	0	0
上海	6	23	0	49	6	23	0	49	0	0	0	0

2.4 开放教育本科专业分布(续表16)

单位:人

专业与学校	合计				普通开放				一村一			
	毕业生	招生		在籍生	毕业生	招生		在籍生	毕业生	招生		在籍生
		计	其中:春季			计	其中:春季			计	其中:春季	
江苏	165	92	46	720	165	92	46	720	0	0	0	0
南京	1	0	0	10	1	0	0	10	0	0	0	0
浙江	372	226	98	2352	372	226	98	2352	0	0	0	0
宁波	67	90	31	274	67	90	31	274	0	0	0	0
安徽	865	887	375	3410	865	887	375	3410	0	0	0	0
福建	154	91	35	458	154	91	35	458	0	0	0	0
厦门	8	0	0	28	8	0	0	28	0	0	0	0
江西	373	304	134	1199	373	304	134	1199	0	0	0	0
山东	706	535	207	1855	706	535	207	1855	0	0	0	0
青岛	14	17	4	71	14	17	4	71	0	0	0	0
河南	1232	1183	607	3903	1232	1183	607	3903	0	0	0	0
湖北	756	615	349	2044	756	615	349	2044	0	0	0	0
武汉	20	43	32	124	20	43	32	124	0	0	0	0
湖南	631	562	311	1855	631	562	311	1855	0	0	0	0
广东	791	715	213	2327	791	715	213	2327	0	0	0	0
广州	13	10	6	40	13	10	6	40	0	0	0	0
广西	371	245	134	1420	371	245	134	1420	0	0	0	0
海南	46	36	17	175	46	36	17	175	0	0	0	0
四川	1412	1289	602	4220	1412	1289	602	4220	0	0	0	0
成都	117	47	23	167	117	47	23	167	0	0	0	0
重庆	879	1083	447	3060	879	1083	447	3060	0	0	0	0
贵州	844	633	307	2568	844	633	307	2568	0	0	0	0
云南	648	417	197	2223	648	417	197	2223	0	0	0	0
陕西	1188	681	354	3369	1188	681	354	3369	0	0	0	0
西安	78	117	42	821	78	117	42	821	0	0	0	0
甘肃	774	574	249	2521	774	574	249	2521	0	0	0	0
青海	260	297	111	914	260	297	111	914	0	0	0	0
宁夏	243	209	104	784	243	209	104	784	0	0	0	0
新疆	675	949	455	4565	675	949	455	4565	0	0	0	0
新疆兵团	273	213	93	1025	273	213	93	1025	0	0	0	0
北京实验学院	7	22	7	91	7	22	7	91	0	0	0	0
汉语言	**66**	**217**	**122**	**947**	**66**	**217**	**122**	**947**	**0**	**0**	**0**	**0**
新疆	66	217	122	947	66	217	122	947	0	0	0	0
广告学	**278**	**286**	**86**	**2177**	**278**	**286**	**86**	**2177**	**0**	**0**	**0**	**0**
北京	32	58	7	419	32	58	7	419	0	0	0	0
天津	12	6	4	67	12	6	4	67	0	0	0	0
山西	0	0	0	8	0	0	0	8	0	0	0	0
内蒙古	13	4	1	29	13	4	1	29	0	0	0	0
沈阳	2	4	1	21	2	4	1	21	0	0	0	0
大连	2	0	0	18	2	0	0	18	0	0	0	0
吉林	9	3	1	15	9	3	1	15	0	0	0	0
长春	0	0	0	2	0	0	0	2	0	0	0	0
哈尔滨	16	8	5	56	16	8	5	56	0	0	0	0

2.4 开放教育本科专业分布(续表17)

单位:人

专业与学校	合计				普通开放				一村一			
	毕业生	招生		在籍生	毕业生	招生		在籍生	毕业生	招生		在籍生
		计	其中:春季			计	其中:春季			计	其中:春季	
南京	0	14	4	22	0	14	4	22	0	0	0	0
浙江	2	0	0	41	2	0	0	41	0	0	0	0
宁波	9	4	1	78	9	4	1	78	0	0	0	0
安徽	19	35	15	251	19	35	15	251	0	0	0	0
江西	0	0	0	3	0	0	0	3	0	0	0	0
山东	8	0	0	21	8	0	0	21	0	0	0	0
河南	0	0	0	3	0	0	0	3	0	0	0	0
湖北	3	0	0	12	3	0	0	12	0	0	0	0
武汉	3	0	0	12	3	0	0	12	0	0	0	0
湖南	13	15	6	91	13	15	6	91	0	0	0	0
广东	1	0	0	10	1	0	0	10	0	0	0	0
广州	52	60	13	421	52	60	13	421	0	0	0	0
深圳	10	15	4	203	10	15	4	203	0	0	0	0
广西	1	2	0	17	1	2	0	17	0	0	0	0
海南	0	0	0	1	0	0	0	1	0	0	0	0
四川	0	0	0	3	0	0	0	3	0	0	0	0
成都	8	2	0	27	8	2	0	27	0	0	0	0
陕西	11	8	4	47	11	8	4	47	0	0	0	0
西安	16	0	0	57	16	0	0	57	0	0	0	0
甘肃	2	0	0	12	2	0	0	12	0	0	0	0
宁夏	1	2	0	23	1	2	0	23	0	0	0	0
新疆	1	0	0	13	1	0	0	13	0	0	0	0
北京实验学院	0	3	2	4	0	3	2	4	0	0	0	0
残疾人教育学院	32	43	18	170	32	43	18	170	0	0	0	0
公共事业管理	**7210**	**5467**	**2804**	**23846**	**7210**	**5467**	**2804**	**23846**	**0**	**0**	**0**	**0**
北京	1	0	0	15	1	0	0	15	0	0	0	0
天津	56	12	6	153	56	12	6	153	0	0	0	0
河北	450	544	313	1643	450	544	313	1643	0	0	0	0
山西	128	132	62	549	128	132	62	549	0	0	0	0
内蒙古	56	83	43	291	56	83	43	291	0	0	0	0
辽宁	168	86	16	452	168	86	16	452	0	0	0	0
沈阳	54	36	14	168	54	36	14	168	0	0	0	0
大连	15	3	0	28	15	3	0	28	0	0	0	0
吉林	21	9	8	39	21	9	8	39	0	0	0	0
长春	22	15	15	50	22	15	15	50	0	0	0	0
黑龙江	15	0	0	19	15	0	0	19	0	0	0	0
哈尔滨	0	0	0	1	0	0	0	1	0	0	0	0
上海	139	33	0	243	139	33	0	243	0	0	0	0
江苏	14	0	0	329	14	0	0	329	0	0	0	0
浙江	167	52	35	2199	167	52	35	2199	0	0	0	0
安徽	99	56	35	394	99	56	35	394	0	0	0	0
福建	73	27	16	397	73	27	16	397	0	0	0	0
江西	1033	926	385	3556	1033	926	385	3556	0	0	0	0

2.4 开放教育本科专业分布(续表18)

单位:人

专业与学校	合计				普通开放				一村一			
	毕业生	招生		在籍生	毕业生	招生		在籍生	毕业生	招生		在籍生
		计	其中:春季			计	其中:春季			计	其中:春季	
山东	319	191	105	811	319	191	105	811	0	0	0	0
青岛	70	36	18	269	70	36	18	269	0	0	0	0
湖北	229	253	146	744	229	253	146	744	0	0	0	0
武汉	22	7	4	41	22	7	4	41	0	0	0	0
湖南	220	229	122	784	220	229	122	784	0	0	0	0
广东	211	395	49	792	211	395	49	792	0	0	0	0
广州	130	803	653	1274	130	803	653	1274	0	0	0	0
广西	57	24	10	153	57	24	10	153	0	0	0	0
四川	588	263	147	1286	588	263	147	1286	0	0	0	0
成都	1037	255	155	1058	1037	255	155	1058	0	0	0	0
重庆	131	127	53	421	131	127	53	421	0	0	0	0
贵州	245	85	41	625	245	85	41	625	0	0	0	0
云南	287	207	107	1029	287	207	107	1029	0	0	0	0
陕西	271	161	62	1033	271	161	62	1033	0	0	0	0
西安	222	191	77	1246	222	191	77	1246	0	0	0	0
甘肃	381	221	105	1158	381	221	105	1158	0	0	0	0
青海	17	0	0	16	17	0	0	16	0	0	0	0
宁夏	193	5	2	333	193	5	2	333	0	0	0	0
新疆	50	0	0	168	50	0	0	168	0	0	0	0
新疆兵团	15	0	0	50	15	0	0	50	0	0	0	0
北京实验学院	4	0	0	29	4	0	0	29	0	0	0	0
工商管理	**21044**	**21621**	**10697**	**95931**	**21044**	**21621**	**10697**	**95931**	**0**	**0**	**0**	**0**
北京	655	587	306	3775	655	587	306	3775	0	0	0	0
天津	449	779	203	2039	449	779	203	2039	0	0	0	0
河北	385	465	224	2044	385	465	224	2044	0	0	0	0
山西	225	171	98	898	225	171	98	898	0	0	0	0
内蒙古	308	358	180	1213	308	358	180	1213	0	0	0	0
辽宁	716	524	268	2279	716	524	268	2279	0	0	0	0
沈阳	363	404	224	1605	363	404	224	1605	0	0	0	0
大连	761	593	274	2085	761	593	274	2085	0	0	0	0
吉林	225	155	78	681	225	155	78	681	0	0	0	0
长春	360	477	259	1138	360	477	259	1138	0	0	0	0
黑龙江	243	282	131	823	243	282	131	823	0	0	0	0
哈尔滨	112	155	78	580	112	155	78	580	0	0	0	0
上海	1473	1472	741	8346	1473	1472	741	8346	0	0	0	0
江苏	1214	1033	471	4569	1214	1033	471	4569	0	0	0	0
南京	326	189	95	1555	326	189	95	1555	0	0	0	0
浙江	1109	894	486	4486	1109	894	486	4486	0	0	0	0
宁波	223	182	63	1006	223	182	63	1006	0	0	0	0
安徽	1055	867	416	5231	1055	867	416	5231	0	0	0	0
福建	152	166	86	825	152	166	86	825	0	0	0	0
厦门	34	29	12	323	34	29	12	323	0	0	0	0
江西	813	897	452	3273	813	897	452	3273	0	0	0	0

2.4 开放教育本科专业分布(续表19)

单位:人

专业与学校	合计				普通开放				一村一			
	毕业生	招生		在籍生	毕业生	招生		在籍生	毕业生	招生		在籍生
		计	其中:春季			计	其中:春季			计	其中:春季	
山东	546	604	327	2311	546	604	327	2311	0	0	0	0
青岛	93	171	69	609	93	171	69	609	0	0	0	0
河南	710	671	357	2663	710	671	357	2663	0	0	0	0
湖北	430	520	247	1679	430	520	247	1679	0	0	0	0
武汉	79	94	61	294	79	94	61	294	0	0	0	0
湖南	711	736	376	2696	711	736	376	2696	0	0	0	0
广东	593	591	255	3570	593	591	255	3570	0	0	0	0
广州	465	1158	638	4230	465	1158	638	4230	0	0	0	0
深圳	64	107	57	896	64	107	57	896	0	0	0	0
广西	161	114	56	768	161	114	56	768	0	0	0	0
海南	86	141	57	591	86	141	57	591	0	0	0	0
四川	1179	1152	587	4571	1179	1152	587	4571	0	0	0	0
成都	946	932	466	3259	946	932	466	3259	0	0	0	0
重庆	1144	902	442	4212	1144	902	442	4212	0	0	0	0
贵州	210	174	99	977	210	174	99	977	0	0	0	0
云南	69	53	23	373	69	53	23	373	0	0	0	0
陕西	948	992	455	4072	948	992	455	4072	0	0	0	0
西安	505	534	258	3239	505	534	258	3239	0	0	0	0
甘肃	266	221	99	1162	266	221	99	1162	0	0	0	0
青海	49	43	17	220	49	43	17	220	0	0	0	0
宁夏	194	118	68	960	194	118	68	960	0	0	0	0
新疆	178	239	121	1611	178	239	121	1611	0	0	0	0
新疆兵团	165	231	131	1019	165	231	131	1019	0	0	0	0
八一学院	0	379	258	660	0	379	258	660	0	0	0	0
北京实验学院	51	65	28	504	51	65	28	504	0	0	0	0
西藏学院	1	0	0	11	1	0	0	11	0	0	0	0
法学	**37609**	**37474**	**18813**	**145620**	**37609**	**37324**	**18770**	**145470**	**0**	**150**	**43**	**150**
北京	340	362	102	1908	340	362	102	1908	0	0	0	0
天津	654	341	169	1595	654	341	169	1595	0	0	0	0
河北	2970	2344	1150	8955	2970	2344	1150	8955	0	0	0	0
山西	589	549	289	2150	589	549	289	2150	0	0	0	0
内蒙古	1978	2750	1356	7746	1978	2750	1356	7746	0	0	0	0
辽宁	1103	839	395	3173	1103	839	395	3173	0	0	0	0
沈阳	329	346	173	1202	329	346	173	1202	0	0	0	0
大连	364	393	191	1135	364	393	191	1135	0	0	0	0
吉林	894	612	314	3029	894	612	314	3029	0	0	0	0
长春	82	146	68	339	82	146	68	339	0	0	0	0
黑龙江	782	764	358	2281	782	764	358	2281	0	0	0	0
哈尔滨	248	251	138	919	248	251	138	919	0	0	0	0
上海	103	22	22	502	103	22	22	502	0	0	0	0
江苏	1064	830	431	4225	1064	830	431	4225	0	0	0	0
南京	126	42	22	385	126	42	22	385	0	0	0	0
浙江	2181	1836	796	7223	2181	1836	796	7223	0	0	0	0

2.4 开放教育本科专业分布(续表20)

单位:人

专业与学校	合计				普通开放				一村一			
	毕业生	招生		在籍生	毕业生	招生		在籍生	毕业生	招生		在籍生
		计	其中:春季			计	其中:春季			计	其中:春季	
宁波	252	148	74	860	252	148	74	860	0	0	0	0
安徽	2147	2154	963	9240	2147	2154	963	9240	0	0	0	0
福建	1243	985	493	4825	1243	985	493	4825	0	0	0	0
厦门	62	41	19	275	62	41	19	275	0	0	0	0
江西	1014	774	401	3238	1014	774	401	3238	0	0	0	0
山东	688	415	199	1928	688	415	199	1928	0	0	0	0
青岛	93	86	33	445	93	86	33	445	0	0	0	0
河南	1632	1631	809	5631	1632	1631	809	5631	0	0	0	0
湖北	565	590	328	1921	565	590	328	1921	0	0	0	0
武汉	44	37	21	129	44	37	21	129	0	0	0	0
湖南	1063	1033	497	3358	1063	883	454	3208	0	150	43	150
广东	1796	1356	686	5758	1796	1356	686	5758	0	0	0	0
广州	458	463	373	2978	458	463	373	2978	0	0	0	0
深圳	33	50	32	502	33	50	32	502	0	0	0	0
广西	506	408	231	1981	506	408	231	1981	0	0	0	0
海南	105	127	68	473	105	127	68	473	0	0	0	0
四川	1781	1691	827	6067	1781	1691	827	6067	0	0	0	0
成都	417	338	170	1422	417	338	170	1422	0	0	0	0
重庆	1449	1137	518	4338	1449	1137	518	4338	0	0	0	0
贵州	2100	2304	1236	7839	2100	2304	1236	7839	0	0	0	0
云南	654	328	149	2520	654	328	149	2520	0	0	0	0
陕西	1086	1093	578	3906	1086	1093	578	3906	0	0	0	0
西安	107	188	106	879	107	188	106	879	0	0	0	0
甘肃	1300	1150	628	4400	1300	1150	628	4400	0	0	0	0
青海	330	402	143	1301	330	402	143	1301	0	0	0	0
宁夏	379	420	175	1626	379	420	175	1626	0	0	0	0
新疆	1810	3940	2088	14800	1810	3940	2088	14800	0	0	0	0
新疆兵团	483	850	413	3033	483	850	413	3033	0	0	0	0
八一学院	68	468	345	1550	68	468	345	1550	0	0	0	0
北京实验学院	18	18	8	167	18	18	8	167	0	0	0	0
总参学院	29	55	26	424	29	55	26	424	0	0	0	0
西藏学院	88	223	108	680	88	223	108	680	0	0	0	0
残疾人教育学院	2	67	17	73	2	67	17	73	0	0	0	0
空军学院	0	77	77	286	0	77	77	286	0	0	0	0
财务管理	**137**	**163**	**70**	**736**	**137**	**163**	**70**	**736**	**0**	**0**	**0**	**0**
山西	7	0	0	2	7	0	0	2	0	0	0	0
内蒙古	4	7	5	36	4	7	5	36	0	0	0	0
辽宁	2	1	0	12	2	1	0	12	0	0	0	0
沈阳	14	20	10	74	14	20	10	74	0	0	0	0
上海	0	0	0	5	0	0	0	5	0	0	0	0
安徽	52	41	10	232	52	41	10	232	0	0	0	0
山东	9	10	5	45	9	10	5	45	0	0	0	0
河南	0	0	0	1	0	0	0	1	0	0	0	0

2.4 开放教育本科专业分布(续表21)

单位:人

专业与学校	合计				普通开放				一村一			
	毕业生	招生		在籍生	毕业生	招生		在籍生	毕业生	招生		在籍生
		计	其中:春季			计	其中:春季			计	其中:春季	
湖北	7	2	2	35	7	2	2	35	0	0	0	0
湖南	7	17	8	37	7	17	8	37	0	0	0	0
广西	1	9	4	17	1	9	4	17	0	0	0	0
贵州	10	15	7	45	10	15	7	45	0	0	0	0
云南	0	3	0	5	0	3	0	5	0	0	0	0
甘肃	0	13	1	13	0	13	1	13	0	0	0	0
新疆	8	0	0	11	8	0	0	11	0	0	0	0
新疆兵团	16	25	18	166	16	25	18	166	0	0	0	0

专业与学校	合计				普通开放			
	毕业生	招生		在籍生	毕业生	招生		在籍生
		计	其中:春季			计	其中:春季	
总计	**608355**	**639762**	**312072**	**2493119**	**562057**	**569900**	**280905**	**2293130**
作物生产技术	**77**	**58**	**30**	**574**	**0**	**0**	**0**	**0**
安徽	0	0	0	7	0	0	0	0
江西	1	0	0	10	0	0	0	0
山东	3	0	0	17	0	0	0	0
青岛	0	0	0	153	0	0	0	0
湖北	2	34	22	76	0	0	0	0
湖南	1	0	0	10	0	0	0	0
贵州	4	0	0	157	0	0	0	0
云南	2	3	0	96	0	0	0	0
陕西	62	18	7	44	0	0	0	0
新疆	2	3	1	4	0	0	0	0
种子生产与经营	**0**	**0**	**0**	**7**	**0**	**0**	**0**	**0**
河北	0	0	0	2	0	0	0	0
内蒙古	0	0	0	1	0	0	0	0
新疆	0	0	0	3	0	0	0	0
新疆兵团	0	0	0	1	0	0	0	0
中草药栽培技术	**141**	**59**	**3**	**172**	**0**	**0**	**0**	**0**
辽宁	3	2	1	5	0	0	0	0
山东	1	0	0	2	0	0	0	0
湖南	0	0	0	1	0	0	0	0
广西	0	2	2	2	0	0	0	0
贵州	132	50	0	140	0	0	0	0
云南	0	1	0	1	0	0	0	0
陕西	3	0	0	3	0	0	0	0
甘肃	2	4	0	18	0	0	0	0
园艺技术	**999**	**1164**	**305**	**3834**	**0**	**0**	**0**	**0**
天津	1	0	0	0	0	0	0	0
河北	17	22	7	54	0	0	0	0
内蒙古	0	9	8	49	0	0	0	0
辽宁	6	57	22	58	0	0	0	0
黑龙江	15	10	6	17	0	0	0	0
哈尔滨	0	3	0	3	0	0	0	0
浙江	470	715	0	2244	0	0	0	0
福建	0	47	43	49	0	0	0	0
江西	165	177	164	369	0	0	0	0
山东	25	17	10	69	0	0	0	0

专科专业分布

单位:人

一村一				助力计划			
毕业生	招生		在籍生	毕业生	招生		在籍生
	计	其中:春季			计	其中:春季	
46298	**46702**	**21175**	**170259**	**0**	**23160**	**9992**	**29730**
77	**58**	**30**	**574**	**0**	**0**	**0**	**0**
0	0	0	7	0	0	0	0
1	0	0	10	0	0	0	0
3	0	0	17	0	0	0	0
0	0	0	153	0	0	0	0
2	34	22	76	0	0	0	0
1	0	0	10	0	0	0	0
4	0	0	157	0	0	0	0
2	3	0	96	0	0	0	0
62	18	7	44	0	0	0	0
2	3	1	4	0	0	0	0
0	**0**	**0**	**7**	**0**	**0**	**0**	**0**
0	0	0	2	0	0	0	0
0	0	0	1	0	0	0	0
0	0	0	3	0	0	0	0
0	0	0	1	0	0	0	0
141	**59**	**3**	**172**	**0**	**0**	**0**	**0**
3	2	1	5	0	0	0	0
1	0	0	2	0	0	0	0
0	0	0	1	0	0	0	0
0	2	2	2	0	0	0	0
132	50	0	140	0	0	0	0
0	1	0	1	0	0	0	0
3	0	0	3	0	0	0	0
2	4	0	18	0	0	0	0
999	**1164**	**305**	**3834**	**0**	**0**	**0**	**0**
1	0	0	0	0	0	0	0
17	22	7	54	0	0	0	0
0	9	8	49	0	0	0	0
6	57	22	58	0	0	0	0
15	10	6	17	0	0	0	0
0	3	0	3	0	0	0	0
470	715	0	2244	0	0	0	0
0	47	43	49	0	0	0	0
165	177	164	369	0	0	0	0
25	17	10	69	0	0	0	0

2.5 开放教育

专业与学校	合计				普通开放			
	毕业生	招生		在籍生	毕业生	招生		在籍生
		计	其中:春季			计	其中:春季	
河南	9	25	19	265	0	0	0	0
湖北	0	0	0	27	0	0	0	0
湖南	24	0	0	70	0	0	0	0
广西	5	7	2	15	0	0	0	0
四川	0	0	0	6	0	0	0	0
贵州	13	0	0	27	0	0	0	0
云南	9	22	5	158	0	0	0	0
陕西	26	15	7	87	0	0	0	0
西安	0	8	0	8	0	0	0	0
甘肃	178	25	10	195	0	0	0	0
宁夏	26	1	1	17	0	0	0	0
新疆	2	1	0	18	0	0	0	0
新疆兵团	8	3	1	29	0	0	0	0
园艺	**868**	**681**	**366**	**3562**	**868**	**681**	**366**	**3562**
北京	34	0	0	475	34	0	0	475
河北	155	90	47	387	155	90	47	387
山西	71	52	28	186	71	52	28	186
内蒙古	7	6	0	29	7	6	0	29
吉林	46	14	5	90	46	14	5	90
黑龙江	131	109	60	397	131	109	60	397
哈尔滨	35	26	16	73	35	26	16	73
宁波	0	0	0	1	0	0	0	1
福建	0	0	0	1	0	0	0	1
江西	13	15	3	45	13	15	3	45
山东	4	2	2	7	4	2	2	7
河南	0	38	22	62	0	38	22	62
湖北	13	31	19	131	13	31	19	131
武汉	12	16	3	72	12	16	3	72
湖南	9	34	28	85	9	34	28	85
深圳	0	0	0	2	0	0	0	2
广西	0	0	0	3	0	0	0	3
四川	0	0	0	4	0	0	0	4
成都	0	5	2	42	0	5	2	42
贵州	0	0	0	1	0	0	0	1
云南	8	3	1	41	8	3	1	41
陕西	41	61	35	197	41	61	35	197
西安	2	0	0	6	2	0	0	6

专科专业分布(续表 1)

单位:人

一村一				助力计划			
毕业生	招生		在籍生	毕业生	招生		在籍生
	计	其中:春季			计	其中:春季	
9	25	19	265	0	0	0	0
0	0	0	27	0	0	0	0
24	0	0	70	0	0	0	0
5	7	2	15	0	0	0	0
0	0	0	6	0	0	0	0
13	0	0	27	0	0	0	0
9	22	5	158	0	0	0	0
26	15	7	87	0	0	0	0
0	8	0	8	0	0	0	0
178	25	10	195	0	0	0	0
26	1	1	17	0	0	0	0
2	1	0	18	0	0	0	0
8	3	1	29	0	0	0	0
0	**0**	**0**	**0**	**0**	**0**	**0**	**0**
0	0	0	0	0	0	0	0
0	0	0	0	0	0	0	0
0	0	0	0	0	0	0	0
0	0	0	0	0	0	0	0
0	0	0	0	0	0	0	0
0	0	0	0	0	0	0	0
0	0	0	0	0	0	0	0
0	0	0	0	0	0	0	0
0	0	0	0	0	0	0	0
0	0	0	0	0	0	0	0
0	0	0	0	0	0	0	0
0	0	0	0	0	0	0	0
0	0	0	0	0	0	0	0
0	0	0	0	0	0	0	0
0	0	0	0	0	0	0	0
0	0	0	0	0	0	0	0
0	0	0	0	0	0	0	0
0	0	0	0	0	0	0	0
0	0	0	0	0	0	0	0
0	0	0	0	0	0	0	0
0	0	0	0	0	0	0	0
0	0	0	0	0	0	0	0
0	0	0	0	0	0	0	0

专业与学校	合计				普通开放			
	毕业生	招生		在籍生	毕业生	招生		在籍生
		计	其中:春季			计	其中:春季	
甘肃	268	165	87	1177	268	165	87	1177
宁夏	4	0	0	1	4	0	0	1
新疆	15	13	7	43	15	13	7	43
新疆兵团	0	1	1	4	0	1	1	4
园林技术	**1066**	**1349**	**244**	**4290**	**0**	**0**	**0**	**0**
天津	15	1	1	8	0	0	0	0
河北	67	18	6	115	0	0	0	0
山西	0	7	7	21	0	0	0	0
内蒙古	5	28	14	57	0	0	0	0
辽宁	0	4	3	32	0	0	0	0
黑龙江	1	9	3	11	0	0	0	0
江苏	75	55	33	269	0	0	0	0
浙江	670	926	6	2817	0	0	0	0
安徽	0	3	0	51	0	0	0	0
江西	0	103	103	109	0	0	0	0
山东	116	17	9	164	0	0	0	0
青岛	0	0	0	6	0	0	0	0
河南	46	81	20	165	0	0	0	0
湖南	18	7	6	129	0	0	0	0
广西	10	18	6	34	0	0	0	0
贵州	0	0	0	27	0	0	0	0
云南	13	15	11	84	0	0	0	0
陕西	4	5	0	17	0	0	0	0
西安	0	10	0	10	0	0	0	0
宁夏	3	6	6	26	0	0	0	0
新疆	15	9	6	60	0	0	0	0
新疆兵团	8	27	4	78	0	0	0	0
应用化工技术	**789**	**593**	**169**	**3268**	**789**	**0**	**0**	**2193**
天津	2	169	25	349	2	0	0	154
河北	0	55	34	216	0	0	0	24
山西	38	11	1	86	38	0	0	70
内蒙古	0	28	14	83	0	0	0	14
辽宁	0	0	0	1	0	0	0	1
吉林	26	0	0	16	26	0	0	16
黑龙江	29	10	5	91	29	0	0	74
江苏	12	0	0	8	12	0	0	8
浙江	15	24	8	158	15	0	0	25

专科专业分布(续表2)

单位:人

一村一				助力计划			
毕业生	招生		在籍生	毕业生	招生		在籍生
	计	其中:春季			计	其中:春季	
0	0	0	0	0	0	0	0
0	0	0	0	0	0	0	0
0	0	0	0	0	0	0	0
0	0	0	0	0	0	0	0
1066	**1349**	**244**	**4290**	**0**	**0**	**0**	**0**
15	1	1	8	0	0	0	0
67	18	6	115	0	0	0	0
0	7	7	21	0	0	0	0
5	28	14	57	0	0	0	0
0	4	3	32	0	0	0	0
1	9	3	11	0	0	0	0
75	55	33	269	0	0	0	0
670	926	6	2817	0	0	0	0
0	3	0	51	0	0	0	0
0	103	103	109	0	0	0	0
116	17	9	164	0	0	0	0
0	0	0	6	0	0	0	0
46	81	20	165	0	0	0	0
18	7	6	129	0	0	0	0
10	18	6	34	0	0	0	0
0	0	0	27	0	0	0	0
13	15	11	84	0	0	0	0
4	5	0	17	0	0	0	0
0	10	0	10	0	0	0	0
3	6	6	26	0	0	0	0
15	9	6	60	0	0	0	0
8	27	4	78	0	0	0	0
0	**0**	**0**	**0**	**0**	**593**	**169**	**1075**
0	0	0	0	0	169	25	195
0	0	0	0	0	55	34	192
0	0	0	0	0	11	1	16
0	0	0	0	0	28	14	69
0	0	0	0	0	0	0	0
0	0	0	0	0	0	0	0
0	0	0	0	0	10	5	17
0	0	0	0	0	0	0	0
0	0	0	0	0	24	8	133

2.5 开放教育

专业与学校	合计				普通开放			
	毕业生	招生		在籍生	毕业生	招生		在籍生
		计	其中:春季			计	其中:春季	
安徽	0	27	1	102	0	0	0	0
江西	17	5	1	33	17	0	0	28
山东	85	14	10	254	85	0	0	235
青岛	0	19	0	44	0	0	0	25
河南	43	0	0	111	43	0	0	111
湖北	20	0	0	65	20	0	0	65
湖南	18	0	0	28	18	0	0	28
云南	6	0	0	34	6	0	0	34
陕西	238	82	37	703	238	0	0	621
甘肃	30	6	4	119	30	0	0	105
青海	152	40	29	440	152	0	0	331
宁夏	17	0	0	51	17	0	0	51
新疆	22	0	0	91	22	0	0	91
新疆兵团	19	0	0	82	19	0	0	82
北京实验学院	0	103	0	103	0	0	0	0
英语	**2508**	**2551**	**997**	**21010**	**2508**	**2551**	**997**	**21010**
北京	32	22	7	579	32	22	7	579
天津	44	20	2	213	44	20	2	213
河北	12	13	7	66	12	13	7	66
内蒙古	9	14	13	59	9	14	13	59
辽宁	49	9	1	109	49	9	1	109
沈阳	46	156	93	437	46	156	93	437
大连	12	0	0	6	12	0	0	6
吉林	13	3	1	60	13	3	1	60
长春	9	233	3	359	9	233	3	359
黑龙江	103	128	66	439	103	128	66	439
哈尔滨	14	159	43	380	14	159	43	380
江苏	1	0	0	80	1	0	0	80
南京	0	0	0	9	0	0	0	9
浙江	86	57	30	763	86	57	30	763
宁波	72	10	4	570	72	10	4	570
安徽	35	31	19	564	35	31	19	564
福建	2	0	0	84	2	0	0	84
厦门	0	0	0	72	0	0	0	72
江西	42	33	13	202	42	33	13	202
山东	11	5	1	66	11	5	1	66
青岛	18	8	6	279	18	8	6	279

专科专业分布(续表3)

单位:人

一村一				助力计划			
毕业生	招生		在籍生	毕业生	招生		在籍生
	计	其中:春季			计	其中:春季	
0	0	0	0	0	27	1	102
0	0	0	0	0	5	1	5
0	0	0	0	0	14	10	19
0	0	0	0	0	19	0	19
0	0	0	0	0	0	0	0
0	0	0	0	0	0	0	0
0	0	0	0	0	0	0	0
0	0	0	0	0	0	0	0
0	0	0	0	0	82	37	82
0	0	0	0	0	6	4	14
0	0	0	0	0	40	29	109
0	0	0	0	0	0	0	0
0	0	0	0	0	0	0	0
0	0	0	0	0	0	0	0
0	0	0	0	0	103	0	103
0	**0**	**0**	**0**	**0**	**0**	**0**	**0**
0	0	0	0	0	0	0	0
0	0	0	0	0	0	0	0
0	0	0	0	0	0	0	0
0	0	0	0	0	0	0	0
0	0	0	0	0	0	0	0
0	0	0	0	0	0	0	0
0	0	0	0	0	0	0	0
0	0	0	0	0	0	0	0
0	0	0	0	0	0	0	0
0	0	0	0	0	0	0	0
0	0	0	0	0	0	0	0
0	0	0	0	0	0	0	0
0	0	0	0	0	0	0	0
0	0	0	0	0	0	0	0
0	0	0	0	0	0	0	0
0	0	0	0	0	0	0	0
0	0	0	0	0	0	0	0
0	0	0	0	0	0	0	0
0	0	0	0	0	0	0	0
0	0	0	0	0	0	0	0

专业与学校	合计				普通开放			
	毕业生	招生		在籍生	毕业生	招生		在籍生
		计	其中:春季			计	其中:春季	
河南	45	36	18	227	45	36	18	227
湖北	42	21	8	181	42	21	8	181
武汉	8	4	2	130	8	4	2	130
湖南	67	192	145	600	67	192	145	600
广东	778	503	196	7279	778	503	196	7279
广州	487	541	185	3240	487	541	185	3240
深圳	263	256	104	2432	263	256	104	2432
广西	5	4	1	73	5	4	1	73
四川	5	0	0	71	5	0	0	71
成都	8	8	0	42	8	8	0	42
重庆	3	2	2	12	3	2	2	12
贵州	7	0	0	33	7	0	0	33
云南	5	1	0	27	5	1	0	27
陕西	20	17	6	153	20	17	6	153
西安	22	13	2	254	22	13	2	254
甘肃	21	13	6	161	21	13	6	161
宁夏	0	0	0	3	0	0	0	3
新疆	49	3	0	188	49	3	0	188
新疆兵团	0	0	0	6	0	0	0	6
北京实验学院	44	18	12	448	44	18	12	448
残疾人教育学院	19	18	1	54	19	18	1	54
音乐教育	**0**	**0**	**0**	**25**	**0**	**0**	**0**	**25**
黑龙江	0	0	0	25	0	0	0	25
冶金技术	**0**	**261**	**11**	**980**	**0**	**0**	**0**	**0**
天津	0	261	11	980	0	0	0	0
药学	**7573**	**12209**	**6045**	**38826**	**7573**	**12209**	**6045**	**38826**
北京	425	593	308	2666	425	593	308	2666
天津	0	17	4	51	0	17	4	51
河北	347	1314	598	3246	347	1314	598	3246
山西	1	0	0	2	1	0	0	2
内蒙古	12	126	67	259	12	126	67	259
辽宁	923	645	375	2661	923	645	375	2661
沈阳	417	714	388	1640	417	714	388	1640
大连	0	149	46	488	0	149	46	488
黑龙江	105	377	165	803	105	377	165	803
哈尔滨	0	116	18	116	0	116	18	116
江苏	1240	395	266	1813	1240	395	266	1813

专科专业分布(续表4)

单位:人

一村一				助力计划			
毕业生	招生		在籍生	毕业生	招生		在籍生
	计	其中:春季			计	其中:春季	
0	0	0	0	0	0	0	0
0	0	0	0	0	0	0	0
0	0	0	0	0	0	0	0
0	0	0	0	0	0	0	0
0	0	0	0	0	0	0	0
0	0	0	0	0	0	0	0
0	0	0	0	0	0	0	0
0	0	0	0	0	0	0	0
0	0	0	0	0	0	0	0
0	0	0	0	0	0	0	0
0	0	0	0	0	0	0	0
0	0	0	0	0	0	0	0
0	0	0	0	0	0	0	0
0	0	0	0	0	0	0	0
0	0	0	0	0	0	0	0
0	0	0	0	0	0	0	0
0	0	0	0	0	0	0	0
0	0	0	0	0	0	0	0
0	0	0	0	0	0	0	0
0	0	0	0	0	0	0	0
0	0	0	0	0	0	0	0
0	**0**	**0**	**0**	**0**	**0**	**0**	**0**
0	0	0	0	0	0	0	0
0	**0**	**0**	**0**	**0**	**261**	**11**	**980**
0	0	0	0	0	261	11	980
0	**0**	**0**	**0**	**0**	**0**	**0**	**0**
0	0	0	0	0	0	0	0
0	0	0	0	0	0	0	0
0	0	0	0	0	0	0	0
0	0	0	0	0	0	0	0
0	0	0	0	0	0	0	0
0	0	0	0	0	0	0	0
0	0	0	0	0	0	0	0
0	0	0	0	0	0	0	0
0	0	0	0	0	0	0	0
0	0	0	0	0	0	0	0
0	0	0	0	0	0	0	0

专业与学校	合计				普通开放			
	毕业生	招生		在籍生	毕业生	招生		在籍生
		计	其中:春季			计	其中:春季	
南京	9	0	0	25	9	0	0	25
浙江	0	0	0	13	0	0	0	13
宁波	69	77	44	450	69	77	44	450
安徽	96	388	211	1068	96	388	211	1068
江西	355	778	362	2263	355	778	362	2263
山东	98	250	101	452	98	250	101	452
青岛	1	0	0	6	1	0	0	6
河南	3	0	0	74	3	0	0	74
湖北	84	165	14	572	84	165	14	572
武汉	16	34	20	108	16	34	20	108
湖南	503	506	246	2381	503	506	246	2381
广西	89	244	112	598	89	244	112	598
海南	35	28	20	219	35	28	20	219
四川	560	1361	663	4631	560	1361	663	4631
成都	40	285	107	676	40	285	107	676
重庆	1398	1925	1044	6333	1398	1925	1044	6333
贵州	35	211	107	537	35	211	107	537
云南	59	151	78	463	59	151	78	463
陕西	135	280	144	739	135	280	144	739
西安	103	392	175	1022	103	392	175	1022
甘肃	301	466	239	1681	301	466	239	1681
宁夏	106	173	91	582	106	173	91	582
新疆兵团	8	49	32	188	8	49	32	188
药品经营与管理	**494**	**580**	**256**	**2030**	**494**	**580**	**256**	**2030**
内蒙古	0	1	1	4	0	1	1	4
辽宁	13	34	15	106	13	34	15	106
沈阳	21	39	4	105	21	39	4	105
吉林	29	23	8	134	29	23	8	134
哈尔滨	83	206	78	508	83	206	78	508
安徽	290	175	87	639	290	175	87	639
河南	9	0	0	37	9	0	0	37
湖南	15	24	13	79	15	24	13	79
成都	0	1	0	1	0	1	0	1
重庆	8	1	0	38	8	1	0	38
贵州	1	38	29	93	1	38	29	93
云南	5	16	7	122	5	16	7	122
陕西	1	4	2	10	1	4	2	10

专科专业分布(续表5)

单位:人

一村一				助力计划			
毕业生	招生		在籍生	毕业生	招生		在籍生
	计	其中:春季			计	其中:春季	
0	0	0	0	0	0	0	0
0	0	0	0	0	0	0	0
0	0	0	0	0	0	0	0
0	0	0	0	0	0	0	0
0	0	0	0	0	0	0	0
0	0	0	0	0	0	0	0
0	0	0	0	0	0	0	0
0	0	0	0	0	0	0	0
0	0	0	0	0	0	0	0
0	0	0	0	0	0	0	0
0	0	0	0	0	0	0	0
0	0	0	0	0	0	0	0
0	0	0	0	0	0	0	0
0	0	0	0	0	0	0	0
0	0	0	0	0	0	0	0
0	0	0	0	0	0	0	0
0	0	0	0	0	0	0	0
0	0	0	0	0	0	0	0
0	0	0	0	0	0	0	0
0	0	0	0	0	0	0	0
0	0	0	0	0	0	0	0
0	0	0	0	0	0	0	0
0	0	0	0	0	0	0	0
0	**0**	**0**	**0**	**0**	**0**	**0**	**0**
0	0	0	0	0	0	0	0
0	0	0	0	0	0	0	0
0	0	0	0	0	0	0	0
0	0	0	0	0	0	0	0
0	0	0	0	0	0	0	0
0	0	0	0	0	0	0	0
0	0	0	0	0	0	0	0
0	0	0	0	0	0	0	0
0	0	0	0	0	0	0	0
0	0	0	0	0	0	0	0
0	0	0	0	0	0	0	0
0	0	0	0	0	0	0	0
0	0	0	0	0	0	0	0

专业与学校	合计				普通开放			
	毕业生	招生		在籍生	毕业生	招生		在籍生
		计	其中:春季			计	其中:春季	
西安	0	1	0	1	0	1	0	1
甘肃	13	13	8	123	13	13	8	123
新疆兵团	6	4	4	30	6	4	4	30
眼视光技术	**0**	**21**	**9**	**97**	**0**	**0**	**0**	**0**
成都	0	16	9	92	0	0	0	0
西安	0	5	0	5	0	0	0	0
烟草栽培技术	**52**	**5**	**5**	**233**	**0**	**0**	**0**	**0**
福建	0	4	4	37	0	0	0	0
山东	17	0	0	14	0	0	0	0
湖南	0	0	0	10	0	0	0	0
广西	0	0	0	3	0	0	0	0
四川	2	0	0	12	0	0	0	0
贵州	24	0	0	76	0	0	0	0
云南	9	1	1	81	0	0	0	0
学前教育	**52520**	**57924**	**27455**	**190416**	**52520**	**57924**	**27455**	**190416**
北京	293	530	322	1652	293	530	322	1652
天津	934	875	435	2576	934	875	435	2576
河北	1971	2040	987	6418	1971	2040	987	6418
山西	1120	294	151	1437	1120	294	151	1437
内蒙古	496	738	357	1806	496	738	357	1806
辽宁	1038	1504	634	4750	1038	1504	634	4750
沈阳	615	1449	634	3459	615	1449	634	3459
大连	169	900	401	1763	169	900	401	1763
吉林	477	418	236	1360	477	418	236	1360
长春	448	580	339	1316	448	580	339	1316
黑龙江	409	597	158	1327	409	597	158	1327
哈尔滨	134	500	108	887	134	500	108	887
江苏	1952	1155	483	5946	1952	1155	483	5946
南京	201	165	129	442	201	165	129	442
浙江	3321	2598	987	12315	3321	2598	987	12315
宁波	228	194	76	916	228	194	76	916
安徽	2839	2613	1310	9440	2839	2613	1310	9440
福建	799	1176	511	4432	799	1176	511	4432
厦门	35	24	11	101	35	24	11	101
江西	1115	2184	1046	5621	1115	2184	1046	5621
山东	3873	3492	1611	11182	3873	3492	1611	11182
青岛	550	802	402	3406	550	802	402	3406

专科专业分布(续表6)

单位:人

一村一				助力计划			
毕业生	招生		在籍生	毕业生	招生		在籍生
	计	其中:春季			计	其中:春季	
0	0	0	0	0	0	0	0
0	0	0	0	0	0	0	0
0	0	0	0	0	0	0	0
0	**0**	**0**	**0**	**0**	**21**	**9**	**97**
0	0	0	0	0	16	9	92
0	0	0	0	0	5	0	5
52	**5**	**5**	**233**	**0**	**0**	**0**	**0**
0	4	4	37	0	0	0	0
17	0	0	14	0	0	0	0
0	0	0	10	0	0	0	0
0	0	0	3	0	0	0	0
2	0	0	12	0	0	0	0
24	0	0	76	0	0	0	0
9	1	1	81	0	0	0	0
0	**0**	**0**	**0**	**0**	**0**	**0**	**0**
0	0	0	0	0	0	0	0
0	0	0	0	0	0	0	0
0	0	0	0	0	0	0	0
0	0	0	0	0	0	0	0
0	0	0	0	0	0	0	0
0	0	0	0	0	0	0	0
0	0	0	0	0	0	0	0
0	0	0	0	0	0	0	0
0	0	0	0	0	0	0	0
0	0	0	0	0	0	0	0
0	0	0	0	0	0	0	0
0	0	0	0	0	0	0	0
0	0	0	0	0	0	0	0
0	0	0	0	0	0	0	0
0	0	0	0	0	0	0	0
0	0	0	0	0	0	0	0
0	0	0	0	0	0	0	0
0	0	0	0	0	0	0	0
0	0	0	0	0	0	0	0
0	0	0	0	0	0	0	0
0	0	0	0	0	0	0	0

专业与学校	合计				普通开放			
	毕业生	招生		在籍生	毕业生	招生		在籍生
		计	其中:春季			计	其中:春季	
河南	2197	1617	702	5842	2197	1617	702	5842
湖北	1945	1836	853	6392	1945	1836	853	6392
武汉	381	571	319	1393	381	571	319	1393
湖南	3671	5257	2768	13711	3671	5257	2768	13711
广东	3810	4436	2535	15508	3810	4436	2535	15508
广州	2093	2477	1255	7376	2093	2477	1255	7376
深圳	169	384	52	959	169	384	52	959
广西	1589	2221	1045	6494	1589	2221	1045	6494
海南	80	133	28	414	80	133	28	414
四川	2700	2809	1483	9326	2700	2809	1483	9326
成都	842	935	482	3251	842	935	482	3251
重庆	3334	2132	900	8596	3334	2132	900	8596
贵州	1669	3031	1344	8800	1669	3031	1344	8800
云南	375	405	163	1796	375	405	163	1796
陕西	2059	1488	669	6200	2059	1488	669	6200
西安	745	437	213	2188	745	437	213	2188
甘肃	518	817	300	2225	518	817	300	2225
青海	512	565	225	2329	512	565	225	2329
宁夏	286	443	214	1418	286	443	214	1418
新疆	402	784	351	2689	402	784	351	2689
新疆兵团	41	120	57	410	41	120	57	410
北京实验学院	85	198	169	547	85	198	169	547
信用管理	**195**	**24**	**9**	**578**	**195**	**24**	**9**	**578**
天津	194	24	9	576	194	24	9	576
深圳	1	0	0	1	1	0	0	1
重庆	0	0	0	1	0	0	0	1
信息系统开发与维护	**371**	**168**	**99**	**1120**	**371**	**168**	**99**	**1120**
辽宁	219	110	70	335	219	110	70	335
沈阳	24	32	14	142	24	32	14	142
大连	3	0	0	25	3	0	0	25
哈尔滨	23	3	2	49	23	3	2	49
浙江	24	0	0	80	24	0	0	80
厦门	0	0	0	25	0	0	0	25
山东	4	0	0	4	4	0	0	4
湖北	0	0	0	1	0	0	0	1
湖南	19	0	0	252	19	0	0	252
广东	11	0	0	46	11	0	0	46

专科专业分布(续表7)

单位:人

一村一				助力计划			
毕业生	招生		在籍生	毕业生	招生		在籍生
	计	其中:春季			计	其中:春季	
0	0	0	0	0	0	0	0
0	0	0	0	0	0	0	0
0	0	0	0	0	0	0	0
0	0	0	0	0	0	0	0
0	0	0	0	0	0	0	0
0	0	0	0	0	0	0	0
0	0	0	0	0	0	0	0
0	0	0	0	0	0	0	0
0	0	0	0	0	0	0	0
0	0	0	0	0	0	0	0
0	0	0	0	0	0	0	0
0	0	0	0	0	0	0	0
0	0	0	0	0	0	0	0
0	0	0	0	0	0	0	0
0	0	0	0	0	0	0	0
0	0	0	0	0	0	0	0
0	0	0	0	0	0	0	0
0	0	0	0	0	0	0	0
0	0	0	0	0	0	0	0
0	0	0	0	0	0	0	0
0	0	0	0	0	0	0	0
0	0	0	0	0	0	0	0
0	**0**	**0**	**0**	**0**	**0**	**0**	**0**
0	0	0	0	0	0	0	0
0	0	0	0	0	0	0	0
0	0	0	0	0	0	0	0
0	**0**	**0**	**0**	**0**	**0**	**0**	**0**
0	0	0	0	0	0	0	0
0	0	0	0	0	0	0	0
0	0	0	0	0	0	0	0
0	0	0	0	0	0	0	0
0	0	0	0	0	0	0	0
0	0	0	0	0	0	0	0
0	0	0	0	0	0	0	0
0	0	0	0	0	0	0	0
0	0	0	0	0	0	0	0
0	0	0	0	0	0	0	0

专业与学校	合计				普通开放			
	毕业生	招生		在籍生	毕业生	招生		在籍生
		计	其中:春季			计	其中:春季	
广西	0	0	0	1	0	0	0	1
四川	3	0	0	10	3	0	0	10
成都	38	23	13	124	38	23	13	124
重庆	0	0	0	1	0	0	0	1
新疆	3	0	0	25	3	0	0	25
信息管理	**0**	**1618**	**1215**	**1835**	**0**	**0**	**0**	**0**
河北	0	25	0	25	0	0	0	0
山东	0	91	19	91	0	0	0	0
成都	0	20	20	21	0	0	0	0
西安	0	161	16	186	0	0	0	0
北京实验学院	0	55	34	102	0	0	0	0
软件学院	0	1021	1021	1157	0	0	0	0
纺织学院	0	245	105	253	0	0	0	0
小学教育	**8595**	**9768**	**3964**	**35757**	**8595**	**9768**	**3964**	**35757**
天津	16	5	1	43	16	5	1	43
河北	814	1142	460	2784	814	1142	460	2784
山西	110	27	16	310	110	27	16	310
内蒙古	255	379	173	1028	255	379	173	1028
辽宁	63	34	18	138	63	34	18	138
沈阳	17	38	18	105	17	38	18	105
吉林	226	177	101	717	226	177	101	717
长春	0	0	0	17	0	0	0	17
黑龙江	76	92	41	294	76	92	41	294
哈尔滨	12	24	11	67	12	24	11	67
江苏	137	95	40	955	137	95	40	955
浙江	36	9	3	203	36	9	3	203
宁波	0	0	0	4	0	0	0	4
安徽	452	343	131	1784	452	343	131	1784
福建	129	82	29	505	129	82	29	505
江西	143	145	67	592	143	145	67	592
山东	116	161	89	507	116	161	89	507
河南	1199	764	306	3574	1199	764	306	3574
湖北	269	369	234	1341	269	369	234	1341
武汉	103	22	8	195	103	22	8	195
湖南	535	1649	750	3447	535	1649	750	3447
广东	763	436	129	2558	763	436	129	2558
广西	243	375	167	1240	243	375	167	1240

专科专业分布(续表8)

单位:人

一村一				助力计划			
毕业生	招生		在籍生	毕业生	招生		在籍生
	计	其中:春季			计	其中:春季	
0	0	0	0	0	0	0	0
0	0	0	0	0	0	0	0
0	0	0	0	0	0	0	0
0	0	0	0	0	0	0	0
0	0	0	0	0	0	0	0
0	**0**	**0**	**0**	**0**	**1618**	**1215**	**1835**
0	0	0	0	0	25	0	25
0	0	0	0	0	91	19	91
0	0	0	0	0	20	20	21
0	0	0	0	0	161	16	186
0	0	0	0	0	55	34	102
0	0	0	0	0	1021	1021	1157
0	0	0	0	0	245	105	253
0	**0**	**0**	**0**	**0**	**0**	**0**	**0**
0	0	0	0	0	0	0	0
0	0	0	0	0	0	0	0
0	0	0	0	0	0	0	0
0	0	0	0	0	0	0	0
0	0	0	0	0	0	0	0
0	0	0	0	0	0	0	0
0	0	0	0	0	0	0	0
0	0	0	0	0	0	0	0
0	0	0	0	0	0	0	0
0	0	0	0	0	0	0	0
0	0	0	0	0	0	0	0
0	0	0	0	0	0	0	0
0	0	0	0	0	0	0	0
0	0	0	0	0	0	0	0
0	0	0	0	0	0	0	0
0	0	0	0	0	0	0	0
0	0	0	0	0	0	0	0
0	0	0	0	0	0	0	0
0	0	0	0	0	0	0	0
0	0	0	0	0	0	0	0
0	0	0	0	0	0	0	0
0	0	0	0	0	0	0	0
0	0	0	0	0	0	0	0

专业与学校	合计				普通开放			
	毕业生	招生		在籍生	毕业生	招生		在籍生
		计	其中:春季			计	其中:春季	
海南	28	22	5	85	28	22	5	85
四川	362	438	199	1733	362	438	199	1733
成都	239	57	19	373	239	57	19	373
重庆	63	54	18	207	63	54	18	207
贵州	366	174	81	1033	366	174	81	1033
云南	289	179	84	974	289	179	84	974
陕西	95	84	41	584	95	84	41	584
西安	47	11	4	162	47	11	4	162
甘肃	365	1163	83	2610	365	1163	83	2610
青海	191	167	62	613	191	167	62	613
宁夏	117	110	60	663	117	110	60	663
新疆	585	723	394	3485	585	723	394	3485
新疆兵团	134	218	122	827	134	218	122	827
乡镇企业管理	**11636**	**8826**	**4546**	**36960**	**5**	**0**	**0**	**0**
北京	140	68	43	361	1	0	0	0
天津	789	568	298	1862	0	0	0	0
河北	2949	2454	1184	8712	0	0	0	0
山西	301	177	101	666	0	0	0	0
内蒙古	83	103	58	378	0	0	0	0
辽宁	0	59	53	85	0	0	0	0
大连	60	39	19	175	0	0	0	0
黑龙江	183	145	58	526	0	0	0	0
江苏	2107	827	425	5644	2	0	0	0
南京	307	232	110	1645	0	0	0	0
浙江	1623	2064	958	7206	2	0	0	0
安徽	0	0	0	10	0	0	0	0
福建	12	13	0	85	0	0	0	0
江西	353	403	371	1005	0	0	0	0
山东	1389	547	342	3485	0	0	0	0
青岛	28	0	0	14	0	0	0	0
河南	424	235	125	984	0	0	0	0
湖南	446	258	48	1802	0	0	0	0
广东	31	0	0	22	0	0	0	0
广西	49	21	15	139	0	0	0	0
四川	9	0	0	34	0	0	0	0
重庆	2	0	0	25	0	0	0	0
贵州	12	0	0	160	0	0	0	0

专科专业分布(续表9)

单位:人

一村一				助力计划			
毕业生	招生		在籍生	毕业生	招生		在籍生
	计	其中:春季			计	其中:春季	
0	0	0	0	0	0	0	0
0	0	0	0	0	0	0	0
0	0	0	0	0	0	0	0
0	0	0	0	0	0	0	0
0	0	0	0	0	0	0	0
0	0	0	0	0	0	0	0
0	0	0	0	0	0	0	0
0	0	0	0	0	0	0	0
0	0	0	0	0	0	0	0
0	0	0	0	0	0	0	0
0	0	0	0	0	0	0	0
0	0	0	0	0	0	0	0
0	0	0	0	0	0	0	0
11631	**8826**	**4546**	**36960**	**0**	**0**	**0**	**0**
139	68	43	361	0	0	0	0
789	568	298	1862	0	0	0	0
2949	2454	1184	8712	0	0	0	0
301	177	101	666	0	0	0	0
83	103	58	378	0	0	0	0
0	59	53	85	0	0	0	0
60	39	19	175	0	0	0	0
183	145	58	526	0	0	0	0
2105	827	425	5644	0	0	0	0
307	232	110	1645	0	0	0	0
1621	2064	958	7206	0	0	0	0
0	0	0	10	0	0	0	0
12	13	0	85	0	0	0	0
353	403	371	1005	0	0	0	0
1389	547	342	3485	0	0	0	0
28	0	0	14	0	0	0	0
424	235	125	984	0	0	0	0
446	258	48	1802	0	0	0	0
31	0	0	22	0	0	0	0
49	21	15	139	0	0	0	0
9	0	0	34	0	0	0	0
2	0	0	25	0	0	0	0
12	0	0	160	0	0	0	0

专业与学校	合计				普通开放			
	毕业生	招生		在籍生	毕业生	招生		在籍生
		计	其中:春季			计	其中:春季	
云南	16	61	14	283	0	0	0	0
陕西	243	308	146	895	0	0	0	0
甘肃	58	113	62	394	0	0	0	0
新疆	0	5	4	15	0	0	0	0
新疆兵团	15	19	11	84	0	0	0	0
北京实验学院	7	107	101	264	0	0	0	0
乡村旅游开发与管理	**0**	**162**	**53**	**328**	**0**	**162**	**53**	**328**
海南	0	162	53	328	0	162	53	328
现代文员	**485**	**0**	**0**	**2294**	**485**	**0**	**0**	**2294**
内蒙古	1	0	0	19	1	0	0	19
辽宁	40	0	0	40	40	0	0	40
沈阳	10	0	0	30	10	0	0	30
吉林	2	0	0	32	2	0	0	32
长春	5	0	0	40	5	0	0	40
哈尔滨	22	0	0	50	22	0	0	50
江苏	1	0	0	17	1	0	0	17
南京	9	0	0	95	9	0	0	95
浙江	0	0	0	10	0	0	0	10
宁波	39	0	0	82	39	0	0	82
安徽	124	0	0	475	124	0	0	475
厦门	0	0	0	7	0	0	0	7
山东	10	0	0	15	10	0	0	15
青岛	0	0	0	3	0	0	0	3
河南	41	0	0	111	41	0	0	111
湖北	9	0	0	263	9	0	0	263
武汉	0	0	0	19	0	0	0	19
湖南	20	0	0	206	20	0	0	206
广东	27	0	0	149	27	0	0	149
广州	12	0	0	48	12	0	0	48
广西	2	0	0	21	2	0	0	21
四川	0	0	0	28	0	0	0	28
成都	0	0	0	6	0	0	0	6
重庆	70	0	0	142	70	0	0	142
云南	12	0	0	44	12	0	0	44
陕西	12	0	0	128	12	0	0	128
甘肃	6	0	0	157	6	0	0	157
新疆	11	0	0	55	11	0	0	55

专科专业分布(续表 10)

单位:人

一村一				助力计划			
毕业生	招生		在籍生	毕业生	招生		在籍生
	计	其中:春季			计	其中:春季	
16	61	14	283	0	0	0	0
243	308	146	895	0	0	0	0
58	113	62	394	0	0	0	0
0	5	4	15	0	0	0	0
15	19	11	84	0	0	0	0
7	107	101	264	0	0	0	0
0	**0**	**0**	**0**	**0**	**0**	**0**	**0**
0	0	0	0	0	0	0	0
0	**0**	**0**	**0**	**0**	**0**	**0**	**0**
0	0	0	0	0	0	0	0
0	0	0	0	0	0	0	0
0	0	0	0	0	0	0	0
0	0	0	0	0	0	0	0
0	0	0	0	0	0	0	0
0	0	0	0	0	0	0	0
0	0	0	0	0	0	0	0
0	0	0	0	0	0	0	0
0	0	0	0	0	0	0	0
0	0	0	0	0	0	0	0
0	0	0	0	0	0	0	0
0	0	0	0	0	0	0	0
0	0	0	0	0	0	0	0
0	0	0	0	0	0	0	0
0	0	0	0	0	0	0	0
0	0	0	0	0	0	0	0
0	0	0	0	0	0	0	0
0	0	0	0	0	0	0	0
0	0	0	0	0	0	0	0
0	0	0	0	0	0	0	0
0	0	0	0	0	0	0	0
0	0	0	0	0	0	0	0
0	0	0	0	0	0	0	0
0	0	0	0	0	0	0	0
0	0	0	0	0	0	0	0
0	0	0	0	0	0	0	0
0	0	0	0	0	0	0	0
0	0	0	0	0	0	0	0

专业与学校	合计				普通开放			
	毕业生	招生		在籍生	毕业生	招生		在籍生
		计	其中:春季			计	其中:春季	
新疆兵团	0	0	0	2	0	0	0	2
物业管理	**2191**	**2171**	**1172**	**9770**	**2191**	**2171**	**1172**	**9770**
北京	94	166	118	637	94	166	118	637
天津	0	0	0	3	0	0	0	3
河北	24	30	15	122	24	30	15	122
山西	1	0	0	0	1	0	0	0
内蒙古	8	7	5	32	8	7	5	32
辽宁	51	4	3	57	51	4	3	57
沈阳	44	62	38	234	44	62	38	234
大连	12	0	0	33	12	0	0	33
吉林	165	5	2	270	165	5	2	270
黑龙江	26	35	15	125	26	35	15	125
哈尔滨	30	17	6	73	30	17	6	73
南京	1	0	0	7	1	0	0	7
浙江	2	0	0	23	2	0	0	23
宁波	0	1	0	28	0	1	0	28
安徽	31	52	31	329	31	52	31	329
福建	1	0	0	2	1	0	0	2
江西	15	43	22	101	15	43	22	101
山东	83	19	9	138	83	19	9	138
青岛	1	0	0	29	1	0	0	29
河南	45	72	36	264	45	72	36	264
湖北	44	92	57	186	44	92	57	186
武汉	3	27	5	47	3	27	5	47
湖南	37	69	34	299	37	69	34	299
广东	125	93	31	499	125	93	31	499
广州	114	166	80	730	114	166	80	730
深圳	108	23	7	317	108	23	7	317
广西	25	48	15	173	25	48	15	173
海南	22	32	21	128	22	32	21	128
四川	246	244	117	974	246	244	117	974
成都	165	155	76	687	165	155	76	687
重庆	67	68	31	307	67	68	31	307
贵州	10	0	0	11	10	0	0	11
云南	3	3	2	34	3	3	2	34
陕西	120	130	66	550	120	130	66	550
西安	153	171	82	846	153	171	82	846

专科专业分布(续表11)

单位:人

一村一				助力计划			
毕业生	招生		在籍生	毕业生	招生		在籍生
	计	其中:春季			计	其中:春季	
0	0	0	0	0	0	0	0
0	**0**	**0**	**0**	**0**	**0**	**0**	**0**
0	0	0	0	0	0	0	0
0	0	0	0	0	0	0	0
0	0	0	0	0	0	0	0
0	0	0	0	0	0	0	0
0	0	0	0	0	0	0	0
0	0	0	0	0	0	0	0
0	0	0	0	0	0	0	0
0	0	0	0	0	0	0	0
0	0	0	0	0	0	0	0
0	0	0	0	0	0	0	0
0	0	0	0	0	0	0	0
0	0	0	0	0	0	0	0
0	0	0	0	0	0	0	0
0	0	0	0	0	0	0	0
0	0	0	0	0	0	0	0
0	0	0	0	0	0	0	0
0	0	0	0	0	0	0	0
0	0	0	0	0	0	0	0
0	0	0	0	0	0	0	0
0	0	0	0	0	0	0	0
0	0	0	0	0	0	0	0
0	0	0	0	0	0	0	0
0	0	0	0	0	0	0	0
0	0	0	0	0	0	0	0
0	0	0	0	0	0	0	0
0	0	0	0	0	0	0	0
0	0	0	0	0	0	0	0
0	0	0	0	0	0	0	0
0	0	0	0	0	0	0	0
0	0	0	0	0	0	0	0
0	0	0	0	0	0	0	0
0	0	0	0	0	0	0	0
0	0	0	0	0	0	0	0
0	0	0	0	0	0	0	0
0	0	0	0	0	0	0	0

专业与学校	合计				普通开放			
	毕业生	招生		在籍生	毕业生	招生		在籍生
		计	其中:春季			计	其中:春季	
甘肃	27	26	14	196	27	26	14	196
青海	25	8	3	44	25	8	3	44
宁夏	6	13	9	88	6	13	9	88
新疆	24	0	0	58	24	0	0	58
新疆兵团	17	16	10	87	17	16	10	87
八一学院	214	273	211	976	214	273	211	976
总参学院	2	1	1	26	2	1	1	26
物流管理	**5157**	**5285**	**3065**	**29764**	**5157**	**4363**	**2547**	**28754**
北京	154	67	43	1179	154	67	43	1179
天津	211	28	16	971	211	28	16	971
河北	27	38	16	158	27	38	16	158
山西	4	6	3	20	4	6	3	20
内蒙古	8	18	15	58	8	18	15	58
辽宁	117	127	78	524	117	127	78	524
沈阳	93	186	89	473	93	159	89	446
大连	33	0	0	338	33	0	0	338
吉林	11	3	2	130	11	3	2	130
长春	36	8	8	98	36	8	8	98
黑龙江	27	19	5	359	27	19	5	359
哈尔滨	16	60	39	161	16	40	28	126
江苏	503	172	99	1731	503	172	99	1731
南京	50	81	26	445	50	81	26	445
浙江	77	66	46	501	77	66	46	501
宁波	102	51	19	539	102	51	19	539
安徽	97	118	61	832	97	118	61	832
福建	109	19	15	271	109	19	15	264
厦门	16	13	0	298	16	13	0	298
江西	0	1	0	2	0	0	0	0
山东	139	48	23	440	139	48	23	440
青岛	143	472	351	1350	143	251	251	1129
河南	55	55	23	324	55	55	23	324
湖北	149	107	61	777	149	102	61	772
武汉	127	28	12	387	127	28	12	387
湖南	89	143	68	534	89	143	68	534
广东	421	557	311	3303	421	507	286	3253
广州	634	567	228	3049	634	531	192	3006
深圳	326	201	31	2242	326	201	31	2242

专科专业分布(续表12)

单位:人

一村一				助力计划			
毕业生	招生		在籍生	毕业生	招生		在籍生
	计	其中:春季			计	其中:春季	
0	0	0	0	0	0	0	0
0	0	0	0	0	0	0	0
0	0	0	0	0	0	0	0
0	0	0	0	0	0	0	0
0	0	0	0	0	0	0	0
0	0	0	0	0	0	0	0
0	0	0	0	0	0	0	0
0	**0**	**0**	**0**	**0**	**922**	**518**	**1010**
0	0	0	0	0	0	0	0
0	0	0	0	0	0	0	0
0	0	0	0	0	0	0	0
0	0	0	0	0	0	0	0
0	0	0	0	0	0	0	0
0	0	0	0	0	0	0	0
0	0	0	0	0	27	0	27
0	0	0	0	0	0	0	0
0	0	0	0	0	0	0	0
0	0	0	0	0	0	0	0
0	0	0	0	0	0	0	0
0	0	0	0	0	20	11	35
0	0	0	0	0	0	0	0
0	0	0	0	0	0	0	0
0	0	0	0	0	0	0	0
0	0	0	0	0	0	0	0
0	0	0	0	0	0	0	0
0	0	0	0	0	0	0	7
0	0	0	0	0	0	0	0
0	0	0	0	0	1	0	2
0	0	0	0	0	0	0	0
0	0	0	0	0	221	100	221
0	0	0	0	0	0	0	0
0	0	0	0	0	5	0	5
0	0	0	0	0	0	0	0
0	0	0	0	0	0	0	0
0	0	0	0	0	50	25	50
0	0	0	0	0	36	36	43
0	0	0	0	0	0	0	0

专业与学校	合计				普通开放			
	毕业生	招生		在籍生	毕业生	招生		在籍生
		计	其中:春季			计	其中:春季	
广西	110	76	46	754	110	76	46	754
四川	182	191	102	771	182	177	96	746
成都	143	142	65	421	143	142	65	421
重庆	137	60	28	573	137	60	28	573
贵州	0	0	0	7	0	0	0	7
云南	10	8	5	100	10	8	5	100
陕西	67	68	30	519	67	68	30	519
西安	64	118	11	627	64	11	11	513
甘肃	34	42	19	302	34	38	18	298
青海	18	0	0	18	18	0	0	18
宁夏	3	6	4	107	3	6	4	107
新疆	17	0	0	65	17	0	0	65
新疆兵团	59	35	20	298	59	35	20	298
八一学院	490	706	571	2390	490	706	571	2390
北京实验学院	0	0	0	19	0	0	0	19
空军学院	49	137	137	822	49	137	137	822
软件学院	0	278	278	314	0	0	0	0
纺织学院	0	159	61	163	0	0	0	0
文秘	**116**	**231**	**161**	**717**	**116**	**231**	**161**	**717**
北京	0	0	0	9	0	0	0	9
内蒙古	0	0	0	10	0	0	0	10
沈阳	0	1	0	1	0	1	0	1
吉林	2	0	0	1	2	0	0	1
宁波	17	85	55	189	17	85	55	189
安徽	0	7	6	11	0	7	6	11
山东	10	0	0	2	10	0	0	2
湖北	22	0	0	159	22	0	0	159
武汉	2	4	0	6	2	4	0	6
湖南	29	127	97	230	29	127	97	230
广州	0	0	0	24	0	0	0	24
深圳	18	0	0	48	18	0	0	48
广西	6	0	0	4	6	0	0	4
重庆	0	0	0	2	0	0	0	2
陕西	0	0	0	2	0	0	0	2
甘肃	5	6	3	17	5	6	3	17
新疆	2	1	0	2	2	1	0	2
新疆兵团	3	0	0	0	3	0	0	0

专科专业分布(续表13)

单位:人

一村一				助力计划			
毕业生	招生		在籍生	毕业生	招生		在籍生
	计	其中:春季			计	其中:春季	
0	0	0	0	0	0	0	0
0	0	0	0	0	14	6	25
0	0	0	0	0	0	0	0
0	0	0	0	0	0	0	0
0	0	0	0	0	0	0	0
0	0	0	0	0	0	0	0
0	0	0	0	0	0	0	0
0	0	0	0	0	107	0	114
0	0	0	0	0	4	1	4
0	0	0	0	0	0	0	0
0	0	0	0	0	0	0	0
0	0	0	0	0	0	0	0
0	0	0	0	0	0	0	0
0	0	0	0	0	0	0	0
0	0	0	0	0	0	0	0
0	0	0	0	0	0	0	0
0	0	0	0	0	278	278	314
0	0	0	0	0	159	61	163
0	**0**	**0**	**0**	**0**	**0**	**0**	**0**
0	0	0	0	0	0	0	0
0	0	0	0	0	0	0	0
0	0	0	0	0	0	0	0
0	0	0	0	0	0	0	0
0	0	0	0	0	0	0	0
0	0	0	0	0	0	0	0
0	0	0	0	0	0	0	0
0	0	0	0	0	0	0	0
0	0	0	0	0	0	0	0
0	0	0	0	0	0	0	0
0	0	0	0	0	0	0	0
0	0	0	0	0	0	0	0
0	0	0	0	0	0	0	0
0	0	0	0	0	0	0	0
0	0	0	0	0	0	0	0
0	0	0	0	0	0	0	0
0	0	0	0	0	0	0	0
0	0	0	0	0	0	0	0

专业与学校	合计				普通开放			
	毕业生	招生		在籍生	毕业生	招生		在籍生
		计	其中:春季			计	其中:春季	
网络营销	**0**	**378**	**123**	**1165**	**0**	**378**	**123**	**1165**
深圳	0	265	59	1039	0	265	59	1039
残疾人教育学院	0	113	64	126	0	113	64	126
网络技术	**0**	**791**	**336**	**825**	**0**	**0**	**0**	**0**
内蒙古	0	0	0	16	0	0	0	0
江西	0	4	0	4	0	0	0	0
青岛	0	222	89	222	0	0	0	0
湖北	0	3	0	3	0	0	0	0
广东	0	3	0	3	0	0	0	0
广州	0	229	3	229	0	0	0	0
成都	0	20	20	20	0	0	0	0
软件学院	0	193	193	211	0	0	0	0
纺织学院	0	117	31	117	0	0	0	0
体育教育	**0**	**60**	**0**	**60**	**0**	**60**	**0**	**60**
河北	0	60	0	60	0	60	0	60
特种动物养殖	**3**	**0**	**0**	**32**	**0**	**0**	**0**	**0**
湖南	3	0	0	31	0	0	0	0
广西	0	0	0	1	0	0	0	0
水利水电工程与管理	**4252**	**4694**	**2024**	**16277**	**4252**	**4694**	**2024**	**16277**
北京	52	112	0	652	52	112	0	652
天津	33	5	4	43	33	5	4	43
山西	23	0	0	7	23	0	0	7
内蒙古	88	155	76	439	88	155	76	439
辽宁	134	124	32	414	134	124	32	414
大连	11	0	0	14	11	0	0	14
吉林	246	163	69	626	246	163	69	626
长春	123	166	66	371	123	166	66	371
黑龙江	107	141	66	360	107	141	66	360
哈尔滨	79	86	48	179	79	86	48	179
江苏	0	0	0	2	0	0	0	2
浙江	20	2	2	92	20	2	2	92
安徽	94	223	142	496	94	223	142	496
福建	5	4	4	48	5	4	4	48
江西	148	213	116	587	148	213	116	587
山东	131	112	52	351	131	112	52	351
河南	464	435	161	1270	464	435	161	1270
湖北	168	301	172	825	168	301	172	825

专科专业分布(续表14)

单位:人

一村一				助力计划			
毕业生	招生		在籍生	毕业生	招生		在籍生
	计	其中:春季			计	其中:春季	
0	**0**	**0**	**0**	**0**	**0**	**0**	**0**
0	0	0	0	0	0	0	0
0	0	0	0	0	0	0	0
0	**0**	**0**	**0**	**0**	**791**	**336**	**825**
0	0	0	0	0	0	0	16
0	0	0	0	0	4	0	4
0	0	0	0	0	222	89	222
0	0	0	0	0	3	0	3
0	0	0	0	0	3	0	3
0	0	0	0	0	229	3	229
0	0	0	0	0	20	20	20
0	0	0	0	0	193	193	211
0	0	0	0	0	117	31	117
0	**0**	**0**	**0**	**0**	**0**	**0**	**0**
0	0	0	0	0	0	0	0
3	**0**	**0**	**32**	**0**	**0**	**0**	**0**
3	0	0	31	0	0	0	0
0	0	0	1	0	0	0	0
0	**0**	**0**	**0**	**0**	**0**	**0**	**0**
0	0	0	0	0	0	0	0
0	0	0	0	0	0	0	0
0	0	0	0	0	0	0	0
0	0	0	0	0	0	0	0
0	0	0	0	0	0	0	0
0	0	0	0	0	0	0	0
0	0	0	0	0	0	0	0
0	0	0	0	0	0	0	0
0	0	0	0	0	0	0	0
0	0	0	0	0	0	0	0
0	0	0	0	0	0	0	0
0	0	0	0	0	0	0	0
0	0	0	0	0	0	0	0
0	0	0	0	0	0	0	0
0	0	0	0	0	0	0	0
0	0	0	0	0	0	0	0
0	0	0	0	0	0	0	0
0	0	0	0	0	0	0	0

专业与学校	合计				普通开放			
	毕业生	招生		在籍生	毕业生	招生		在籍生
		计	其中:春季			计	其中:春季	
武汉	10	27	1	75	10	27	1	75
湖南	161	176	79	520	161	176	79	520
广东	67	51	26	305	67	51	26	305
广西	170	225	106	475	170	225	106	475
海南	64	40	24	120	64	40	24	120
四川	448	570	233	1840	448	570	233	1840
成都	0	57	18	115	0	57	18	115
重庆	8	11	3	49	8	11	3	49
贵州	305	243	99	1009	305	243	99	1009
云南	130	89	28	548	130	89	28	548
陕西	301	315	133	973	301	315	133	973
西安	1	0	0	32	1	0	0	32
甘肃	390	323	127	1818	390	323	127	1818
青海	53	64	27	153	53	64	27	153
宁夏	47	76	29	277	47	76	29	277
新疆	84	47	20	456	84	47	20	456
新疆兵团	87	138	61	736	87	138	61	736
数字媒体设计与制作	**824**	**1564**	**446**	**9394**	**824**	**1202**	**319**	**8856**
北京	52	230	38	1273	52	230	38	1273
天津	5	0	0	114	5	0	0	114
内蒙古	0	32	0	32	0	32	0	32
辽宁	16	331	102	738	16	331	102	732
沈阳	6	40	19	125	6	30	19	115
大连	0	0	0	2	0	0	0	2
长春	29	0	0	79	29	0	0	79
黑龙江	0	6	0	6	0	0	0	0
哈尔滨	9	36	14	121	9	16	13	93
江苏	72	0	0	168	72	0	0	168
南京	4	0	0	90	4	0	0	90
浙江	0	0	0	4	0	0	0	4
安徽	8	10	5	132	8	10	5	132
福建	0	0	0	28	0	0	0	28
厦门	14	1	1	295	14	1	1	295
江西	0	48	0	187	0	0	0	0
山东	26	22	20	233	26	22	20	233
青岛	20	195	127	293	20	48	47	146
湖北	7	0	0	99	7	0	0	99

专科专业分布(续表 15)

单位:人

一村一				助力计划			
毕业生	招生		在籍生	毕业生	招生		在籍生
	计	其中:春季			计	其中:春季	
0	0	0	0	0	0	0	0
0	0	0	0	0	0	0	0
0	0	0	0	0	0	0	0
0	0	0	0	0	0	0	0
0	0	0	0	0	0	0	0
0	0	0	0	0	0	0	0
0	0	0	0	0	0	0	0
0	0	0	0	0	0	0	0
0	0	0	0	0	0	0	0
0	0	0	0	0	0	0	0
0	0	0	0	0	0	0	0
0	0	0	0	0	0	0	0
0	0	0	0	0	0	0	0
0	0	0	0	0	0	0	0
0	0	0	0	0	0	0	0
0	0	0	0	0	0	0	0
0	0	0	0	0	0	0	0
0	**0**	**0**	**0**	**0**	**362**	**127**	**538**
0	0	0	0	0	0	0	0
0	0	0	0	0	0	0	0
0	0	0	0	0	0	0	0
0	0	0	0	0	0	0	6
0	0	0	0	0	10	0	10
0	0	0	0	0	0	0	0
0	0	0	0	0	0	0	0
0	0	0	0	0	6	0	6
0	0	0	0	0	20	1	28
0	0	0	0	0	0	0	0
0	0	0	0	0	0	0	0
0	0	0	0	0	0	0	0
0	0	0	0	0	0	0	0
0	0	0	0	0	0	0	0
0	0	0	0	0	0	0	0
0	0	0	0	0	48	0	187
0	0	0	0	0	0	0	0
0	0	0	0	0	147	80	147
0	0	0	0	0	0	0	0

专业与学校	合计				普通开放			
	毕业生	招生		在籍生	毕业生	招生		在籍生
		计	其中:春季			计	其中:春季	
武汉	11	5	0	93	11	3	0	91
湖南	6	19	7	136	6	19	7	136
广东	167	111	28	1155	167	38	15	1082
广州	4	0	0	224	4	0	0	224
深圳	149	302	31	2155	149	302	31	2155
广西	7	9	4	73	7	9	4	73
成都	0	1	0	2	0	1	0	2
贵州	2	0	0	36	2	0	0	36
陕西	13	28	1	153	13	28	1	153
西安	0	0	0	2	0	0	0	2
甘肃	1	1	1	6	1	1	1	6
青海	7	0	0	22	7	0	0	22
宁夏	1	1	0	23	1	1	0	23
新疆	0	0	0	12	0	0	0	12
北京实验学院	29	23	0	123	29	0	0	80
残疾人教育学院	159	80	15	1124	159	80	15	1124
软件学院	0	33	33	36	0	0	0	0
数控技术	**2158**	**1410**	**636**	**24913**	**2158**	**0**	**0**	**23095**
北京	46	0	0	725	46	0	0	725
天津	238	136	72	718	238	0	0	581
河北	40	0	0	241	40	0	0	241
山西	98	0	0	282	98	0	0	282
内蒙古	9	2	1	335	9	0	0	333
辽宁	57	0	0	326	57	0	0	326
沈阳	109	2	0	423	109	0	0	421
大连	11	0	0	114	11	0	0	114
吉林	108	0	0	1422	108	0	0	1422
长春	40	0	0	180	40	0	0	179
黑龙江	56	0	0	445	56	0	0	445
哈尔滨	26	34	9	153	26	0	0	115
江苏	241	0	0	3395	241	0	0	3395
南京	15	0	0	364	15	0	0	364
浙江	30	0	0	738	30	0	0	738
宁波	17	0	0	166	17	0	0	166
安徽	54	0	0	1136	54	0	0	1136
福建	4	0	0	56	4	0	0	56
厦门	0	0	0	23	0	0	0	23

专科专业分布（续表 16）

单位：人

一村一				助力计划			
毕业生	招生		在籍生	毕业生	招生		在籍生
	计	其中：春季			计	其中：春季	
0	0	0	0	0	2	0	2
0	0	0	0	0	0	0	0
0	0	0	0	0	73	13	73
0	0	0	0	0	0	0	0
0	0	0	0	0	0	0	0
0	0	0	0	0	0	0	0
0	0	0	0	0	0	0	0
0	0	0	0	0	0	0	0
0	0	0	0	0	0	0	0
0	0	0	0	0	0	0	0
0	0	0	0	0	0	0	0
0	0	0	0	0	0	0	0
0	0	0	0	0	0	0	0
0	0	0	0	0	0	0	0
0	0	0	0	0	23	0	43
0	0	0	0	0	0	0	0
0	0	0	0	0	33	33	36
0	**0**	**0**	**0**	**0**	**1410**	**636**	**1818**
0	0	0	0	0	0	0	0
0	0	0	0	0	136	72	137
0	0	0	0	0	0	0	0
0	0	0	0	0	0	0	0
0	0	0	0	0	2	1	2
0	0	0	0	0	0	0	0
0	0	0	0	0	2	0	2
0	0	0	0	0	0	0	0
0	0	0	0	0	0	0	0
0	0	0	0	0	0	0	1
0	0	0	0	0	0	0	0
0	0	0	0	0	34	9	38
0	0	0	0	0	0	0	0
0	0	0	0	0	0	0	0
0	0	0	0	0	0	0	0
0	0	0	0	0	0	0	0
0	0	0	0	0	0	0	0
0	0	0	0	0	0	0	0
0	0	0	0	0	0	0	0

2.5 开放教育

专业与学校	合计				普通开放			
	毕业生	招生		在籍生	毕业生	招生		在籍生
		计	其中:春季			计	其中:春季	
江西	12	0	0	158	12	0	0	119
山东	152	42	27	871	152	0	0	798
青岛	40	417	246	688	40	0	0	265
河南	50	0	0	358	50	0	0	358
湖北	182	1	0	2915	182	0	0	2914
武汉	38	5	0	400	38	0	0	395
湖南	93	91	67	1285	93	0	0	1182
广东	31	0	0	411	31	0	0	411
广州	95	299	136	984	95	0	0	666
深圳	1	0	0	27	1	0	0	27
广西	14	0	0	395	14	0	0	395
四川	26	0	0	125	26	0	0	125
成都	4	0	0	53	4	0	0	53
重庆	31	0	0	470	31	0	0	469
贵州	0	0	0	101	0	0	0	101
云南	14	0	0	76	14	0	0	76
陕西	50	0	0	1757	50	0	0	1757
西安	48	30	0	981	48	0	0	951
甘肃	19	0	0	446	19	0	0	446
宁夏	29	11	0	282	29	0	0	271
新疆	12	0	0	169	12	0	0	169
新疆兵团	18	0	0	43	18	0	0	43
八一学院	0	0	0	11	0	0	0	11
北京实验学院	0	0	0	11	0	0	0	11
空军学院	0	0	0	20	0	0	0	20
机械工业学院	0	340	78	634	0	0	0	0
室内设计技术	**1**	**0**	**0**	**33**	**1**	**0**	**0**	**33**
北京	0	0	0	8	0	0	0	8
天津	0	0	0	2	0	0	0	2
浙江	0	0	0	2	0	0	0	2
安徽	0	0	0	2	0	0	0	2
广州	0	0	0	5	0	0	0	5
深圳	1	0	0	14	1	0	0	14
室内设计	**416**	**970**	**378**	**3405**	**416**	**970**	**378**	**3405**
北京	0	30	0	30	0	30	0	30
哈尔滨	14	330	81	510	14	330	81	510
浙江	49	18	0	197	49	18	0	197

专科专业分布(续表17)

单位:人

一村一				助力计划			
毕业生	招生		在籍生	毕业生	招生		在籍生
	计	其中:春季			计	其中:春季	
0	0	0	0	0	0	0	39
0	0	0	0	0	42	27	73
0	0	0	0	0	417	246	423
0	0	0	0	0	0	0	0
0	0	0	0	0	1	0	1
0	0	0	0	0	5	0	5
0	0	0	0	0	91	67	103
0	0	0	0	0	0	0	0
0	0	0	0	0	299	136	318
0	0	0	0	0	0	0	0
0	0	0	0	0	0	0	0
0	0	0	0	0	0	0	0
0	0	0	0	0	0	0	0
0	0	0	0	0	0	0	1
0	0	0	0	0	0	0	0
0	0	0	0	0	0	0	0
0	0	0	0	0	0	0	0
0	0	0	0	0	30	0	30
0	0	0	0	0	0	0	0
0	0	0	0	0	11	0	11
0	0	0	0	0	0	0	0
0	0	0	0	0	0	0	0
0	0	0	0	0	0	0	0
0	0	0	0	0	0	0	0
0	0	0	0	0	0	0	0
0	0	0	0	0	340	78	634
0	**0**	**0**	**0**	**0**	**0**	**0**	**0**
0	0	0	0	0	0	0	0
0	0	0	0	0	0	0	0
0	0	0	0	0	0	0	0
0	0	0	0	0	0	0	0
0	0	0	0	0	0	0	0
0	0	0	0	0	0	0	0
0	**0**	**0**	**0**	**0**	**0**	**0**	**0**
0	0	0	0	0	0	0	0
0	0	0	0	0	0	0	0
0	0	0	0	0	0	0	0

专业与学校	合计				普通开放			
	毕业生	招生		在籍生	毕业生	招生		在籍生
		计	其中:春季			计	其中:春季	
安徽	36	16	7	198	36	16	7	198
青岛	0	7	5	7	0	7	5	7
湖南	5	61	56	117	5	61	56	117
广东	150	189	65	1129	150	189	65	1129
广州	73	159	84	373	73	159	84	373
深圳	54	54	16	417	54	54	16	417
广西	0	13	11	17	0	13	11	17
成都	0	65	39	133	0	65	39	133
重庆	0	1	0	4	0	1	0	4
贵州	8	0	0	39	8	0	0	39
陕西	9	8	3	69	9	8	3	69
西安	18	17	9	151	18	17	9	151
新疆	0	0	0	3	0	0	0	3
新疆兵团	0	2	2	8	0	2	2	8
北京实验学院	0	0	0	3	0	0	0	3
食品加工技术	**207**	**110**	**43**	**821**	**0**	**0**	**0**	**0**
河北	5	8	1	31	0	0	0	0
内蒙古	0	1	1	16	0	0	0	0
黑龙江	7	6	4	13	0	0	0	0
山东	43	42	32	223	0	0	0	0
河南	94	5	2	281	0	0	0	0
湖北	3	0	0	56	0	0	0	0
湖南	3	0	0	9	0	0	0	0
广州	51	46	1	180	0	0	0	0
广西	1	2	2	2	0	0	0	0
新疆	0	0	0	5	0	0	0	0
新疆兵团	0	0	0	5	0	0	0	0
涉外旅游	**0**	**16**	**0**	**40**	**0**	**16**	**0**	**40**
海南	0	16	0	40	0	16	0	40
社会工作	**3053**	**2916**	**943**	**11373**	**3053**	**2916**	**943**	**11373**
北京	83	10	10	176	83	10	10	176
天津	13	273	123	369	13	273	123	369
河北	0	10	9	103	0	10	9	103
内蒙古	8	16	15	69	8	16	15	69
辽宁	0	40	25	61	0	40	25	61
沈阳	0	30	13	46	0	30	13	46
大连	31	10	10	74	31	10	10	74

专科专业分布(续表18)

单位:人

一村一				助力计划			
毕业生	招生		在籍生	毕业生	招生		在籍生
	计	其中:春季			计	其中:春季	
0	0	0	0	0	0	0	0
0	0	0	0	0	0	0	0
0	0	0	0	0	0	0	0
0	0	0	0	0	0	0	0
0	0	0	0	0	0	0	0
0	0	0	0	0	0	0	0
0	0	0	0	0	0	0	0
0	0	0	0	0	0	0	0
0	0	0	0	0	0	0	0
0	0	0	0	0	0	0	0
0	0	0	0	0	0	0	0
0	0	0	0	0	0	0	0
0	0	0	0	0	0	0	0
0	0	0	0	0	0	0	0
0	0	0	0	0	0	0	0
207	**110**	**43**	**821**	**0**	**0**	**0**	**0**
5	8	1	31	0	0	0	0
0	1	1	16	0	0	0	0
7	6	4	13	0	0	0	0
43	42	32	223	0	0	0	0
94	5	2	281	0	0	0	0
3	0	0	56	0	0	0	0
3	0	0	9	0	0	0	0
51	46	1	180	0	0	0	0
1	2	2	2	0	0	0	0
0	0	0	5	0	0	0	0
0	0	0	5	0	0	0	0
0	**0**	**0**	**0**	**0**	**0**	**0**	**0**
0	0	0	0	0	0	0	0
0	**0**	**0**	**0**	**0**	**0**	**0**	**0**
0	0	0	0	0	0	0	0
0	0	0	0	0	0	0	0
0	0	0	0	0	0	0	0
0	0	0	0	0	0	0	0
0	0	0	0	0	0	0	0
0	0	0	0	0	0	0	0
0	0	0	0	0	0	0	0

2.5 开放教育

专业与学校	合计				普通开放			
	毕业生	招生		在籍生	毕业生	招生		在籍生
		计	其中:春季			计	其中:春季	
吉林	1426	193	102	2490	1426	193	102	2490
长春	2	4	4	9	2	4	4	9
黑龙江	34	19	7	68	34	19	7	68
南京	0	7	0	144	0	7	0	144
浙江	18	4	4	60	18	4	4	60
宁波	6	23	1	93	6	23	1	93
安徽	45	67	13	178	45	67	13	178
厦门	14	32	17	128	14	32	17	128
江西	23	363	10	399	23	363	10	399
山东	2	0	0	2	2	0	0	2
青岛	0	0	0	2	0	0	0	2
河南	0	53	19	87	0	53	19	87
湖北	8	0	0	114	8	0	0	114
武汉	17	43	34	62	17	43	34	62
湖南	48	50	3	153	48	50	3	153
广东	168	180	22	768	168	180	22	768
广州	68	69	9	176	68	69	9	176
深圳	182	231	48	1530	182	231	48	1530
广西	49	50	3	163	49	50	3	163
成都	7	79	30	227	7	79	30	227
重庆	0	5	5	20	0	5	5	20
云南	2	0	0	28	2	0	0	28
陕西	15	18	10	68	15	18	10	68
西安	1	8	4	28	1	8	4	28
甘肃	1	2	0	13	1	2	0	13
青海	9	21	7	54	9	21	7	54
宁夏	0	11	4	11	0	11	4	11
新疆	35	56	32	212	35	56	32	212
新疆兵团	102	170	86	447	102	170	86	447
八一学院	74	87	65	339	74	87	65	339
北京实验学院	1	49	16	136	1	49	16	136
残疾人教育学院	561	633	183	2266	561	633	183	2266
设施农业技术	**922**	**739**	**290**	**3576**	**0**	**0**	**0**	**0**
河北	7	2	0	32	0	0	0	0
内蒙古	78	57	55	171	0	0	0	0
辽宁	1	27	21	61	0	0	0	0
黑龙江	55	53	28	208	0	0	0	0

专科专业分布(续表19)

单位:人

一村一				助力计划			
毕业生	招生		在籍生	毕业生	招生		在籍生
	计	其中:春季			计	其中:春季	
0	0	0	0	0	0	0	0
0	0	0	0	0	0	0	0
0	0	0	0	0	0	0	0
0	0	0	0	0	0	0	0
0	0	0	0	0	0	0	0
0	0	0	0	0	0	0	0
0	0	0	0	0	0	0	0
0	0	0	0	0	0	0	0
0	0	0	0	0	0	0	0
0	0	0	0	0	0	0	0
0	0	0	0	0	0	0	0
0	0	0	0	0	0	0	0
0	0	0	0	0	0	0	0
0	0	0	0	0	0	0	0
0	0	0	0	0	0	0	0
0	0	0	0	0	0	0	0
0	0	0	0	0	0	0	0
0	0	0	0	0	0	0	0
0	0	0	0	0	0	0	0
0	0	0	0	0	0	0	0
0	0	0	0	0	0	0	0
0	0	0	0	0	0	0	0
0	0	0	0	0	0	0	0
0	0	0	0	0	0	0	0
0	0	0	0	0	0	0	0
0	0	0	0	0	0	0	0
0	0	0	0	0	0	0	0
0	0	0	0	0	0	0	0
0	0	0	0	0	0	0	0
0	0	0	0	0	0	0	0
0	0	0	0	0	0	0	0
922	**739**	**290**	**3576**	**0**	**0**	**0**	**0**
7	2	0	32	0	0	0	0
78	57	55	171	0	0	0	0
1	27	21	61	0	0	0	0
55	53	28	208	0	0	0	0

专业与学校	合计				普通开放			
	毕业生	招生		在籍生	毕业生	招生		在籍生
		计	其中:春季			计	其中:春季	
哈尔滨	0	4	2	5	0	0	0	0
安徽	45	29	29	199	0	0	0	0
江西	0	29	27	30	0	0	0	0
山东	8	0	0	7	0	0	0	0
河南	5	7	3	93	0	0	0	0
湖北	11	1	0	535	0	0	0	0
湖南	33	8	1	281	0	0	0	0
广西	6	4	4	17	0	0	0	0
四川	0	36	33	43	0	0	0	0
贵州	380	199	17	622	0	0	0	0
云南	4	16	6	95	0	0	0	0
陕西	33	23	16	95	0	0	0	0
甘肃	198	211	34	760	0	0	0	0
青海	0	0	0	51	0	0	0	0
新疆	5	0	0	7	0	0	0	0
新疆兵团	53	33	14	264	0	0	0	0
商务韩语	**44**	**1**	**0**	**79**	**44**	**1**	**0**	**79**
天津	1	0	0	3	1	0	0	3
沈阳	25	1	0	43	25	1	0	43
吉林	5	0	0	19	5	0	0	19
黑龙江	1	0	0	1	1	0	0	1
青岛	12	0	0	13	12	0	0	13
人力资源管理	**1662**	**2816**	**1391**	**8257**	**1662**	**2816**	**1391**	**8257**
北京	0	97	0	97	0	97	0	97
天津	22	21	9	89	22	21	9	89
河北	59	223	97	458	59	223	97	458
内蒙古	20	44	24	102	20	44	24	102
辽宁	55	171	71	449	55	171	71	449
大连	256	92	63	569	256	92	63	569
吉林	13	7	6	46	13	7	6	46
黑龙江	44	67	27	157	44	67	27	157
哈尔滨	4	72	39	151	4	72	39	151
浙江	36	24	11	101	36	24	11	101
安徽	147	293	116	851	147	293	116	851
厦门	24	10	10	99	24	10	10	99
湖北	27	70	35	160	27	70	35	160
武汉	0	3	1	9	0	3	1	9

专科专业分布(续表20)

单位:人

一村一				助力计划			
毕业生	招生		在籍生	毕业生	招生		在籍生
	计	其中:春季			计	其中:春季	
0	4	2	5	0	0	0	0
45	29	29	199	0	0	0	0
0	29	27	30	0	0	0	0
8	0	0	7	0	0	0	0
5	7	3	93	0	0	0	0
11	1	0	535	0	0	0	0
33	8	1	281	0	0	0	0
6	4	4	17	0	0	0	0
0	36	33	43	0	0	0	0
380	199	17	622	0	0	0	0
4	16	6	95	0	0	0	0
33	23	16	95	0	0	0	0
198	211	34	760	0	0	0	0
0	0	0	51	0	0	0	0
5	0	0	7	0	0	0	0
53	33	14	264	0	0	0	0
0	**0**	**0**	**0**	**0**	**0**	**0**	**0**
0	0	0	0	0	0	0	0
0	0	0	0	0	0	0	0
0	0	0	0	0	0	0	0
0	0	0	0	0	0	0	0
0	0	0	0	0	0	0	0
0	**0**	**0**	**0**	**0**	**0**	**0**	**0**
0	0	0	0	0	0	0	0
0	0	0	0	0	0	0	0
0	0	0	0	0	0	0	0
0	0	0	0	0	0	0	0
0	0	0	0	0	0	0	0
0	0	0	0	0	0	0	0
0	0	0	0	0	0	0	0
0	0	0	0	0	0	0	0
0	0	0	0	0	0	0	0
0	0	0	0	0	0	0	0
0	0	0	0	0	0	0	0
0	0	0	0	0	0	0	0
0	0	0	0	0	0	0	0
0	0	0	0	0	0	0	0

专业与学校	合计				普通开放			
	毕业生	招生		在籍生	毕业生	招生		在籍生
		计	其中:春季			计	其中:春季	
湖南	138	249	135	692	138	249	135	692
广东	151	162	59	800	151	162	59	800
广州	82	356	229	731	82	356	229	731
深圳	143	102	37	485	143	102	37	485
广西	7	41	7	60	7	41	7	60
成都	83	130	63	364	83	130	63	364
重庆	18	23	9	100	18	23	9	100
贵州	85	66	38	295	85	66	38	295
陕西	30	28	11	98	30	28	11	98
甘肃	0	10	0	10	0	10	0	10
宁夏	15	20	6	94	15	20	6	94
新疆	3	23	5	95	3	23	5	95
新疆兵团	193	307	181	964	193	307	181	964
北京实验学院	7	5	2	31	7	5	2	31
空军学院	0	100	100	100	0	100	100	100
人口与家庭	**1525**	**53**	**34**	**1345**	**1525**	**53**	**34**	**1345**
天津	47	0	0	34	47	0	0	34
山西	12	1	1	19	12	1	1	19
内蒙古	8	0	0	15	8	0	0	15
沈阳	41	0	0	21	41	0	0	21
黑龙江	69	0	0	0	69	0	0	0
宁波	0	0	0	33	0	0	0	33
安徽	750	38	29	806	750	38	29	806
河南	107	6	0	167	107	6	0	167
湖北	140	0	0	47	140	0	0	47
湖南	20	0	0	35	20	0	0	35
广东	35	0	0	46	35	0	0	46
广州	14	0	0	2	14	0	0	2
广西	15	0	0	5	15	0	0	5
重庆	0	0	0	3	0	0	0	3
贵州	234	0	0	51	234	0	0	51
陕西	29	8	4	57	29	8	4	57
甘肃	4	0	0	3	4	0	0	3
新疆	0	0	0	1	0	0	0	1
人口管理	3	0	0	14	3	0	0	14
湖南	3	0	0	14	3	0	0	14
热能动力设备与应用	**0**	**97**	**0**	**97**	**0**	**0**	**0**	**0**

专科专业分布(续表21)

单位:人

一村一				助力计划			
毕业生	招生		在籍生	毕业生	招生		在籍生
	计	其中:春季			计	其中:春季	
0	0	0	0	0	0	0	0
0	0	0	0	0	0	0	0
0	0	0	0	0	0	0	0
0	0	0	0	0	0	0	0
0	0	0	0	0	0	0	0
0	0	0	0	0	0	0	0
0	0	0	0	0	0	0	0
0	0	0	0	0	0	0	0
0	0	0	0	0	0	0	0
0	0	0	0	0	0	0	0
0	0	0	0	0	0	0	0
0	0	0	0	0	0	0	0
0	0	0	0	0	0	0	0
0	0	0	0	0	0	0	0
0	0	0	0	0	0	0	0
0	**0**	**0**	**0**	**0**	**0**	**0**	**0**
0	0	0	0	0	0	0	0
0	0	0	0	0	0	0	0
0	0	0	0	0	0	0	0
0	0	0	0	0	0	0	0
0	0	0	0	0	0	0	0
0	0	0	0	0	0	0	0
0	0	0	0	0	0	0	0
0	0	0	0	0	0	0	0
0	0	0	0	0	0	0	0
0	0	0	0	0	0	0	0
0	0	0	0	0	0	0	0
0	0	0	0	0	0	0	0
0	0	0	0	0	0	0	0
0	0	0	0	0	0	0	0
0	0	0	0	0	0	0	0
0	0	0	0	0	0	0	0
0	0	0	0	0	0	0	0
0	0	0	0	0	0	0	0
0	0	0	0	0	0	0	0
0	0	0	0	0	0	0	0
0	0	0	0	0	97	0	97

专业与学校	合计				普通开放			
	毕业生	招生		在籍生	毕业生	招生		在籍生
		计	其中:春季			计	其中:春季	
内蒙古	0	97	0	97	0	0	0	0
汽车检测与维修技术	**0**	**5169**	**1803**	**7044**	**0**	**0**	**0**	**0**
天津	0	211	148	211	0	0	0	0
山西	0	59	43	59	0	0	0	0
内蒙古	0	7	5	7	0	0	0	0
大连	0	252	170	252	0	0	0	0
吉林	0	0	0	1	0	0	0	0
长春	0	19	19	20	0	0	0	0
黑龙江	0	158	9	159	0	0	0	0
哈尔滨	0	5	4	5	0	0	0	0
南京	0	53	9	53	0	0	0	0
安徽	0	7	3	23	0	0	0	0
福建	0	58	30	58	0	0	0	0
江西	0	261	49	312	0	0	0	0
山东	0	132	49	153	0	0	0	0
青岛	0	824	379	824	0	0	0	0
湖北	0	115	52	120	0	0	0	0
湖南	0	211	133	246	0	0	0	0
广州	0	896	356	1635	0	0	0	0
成都	0	585	0	585	0	0	0	0
重庆	0	5	3	6	0	0	0	0
西安	0	7	0	7	0	0	0	0
甘肃	0	24	12	34	0	0	0	0
新疆	0	7	4	7	0	0	0	0
北京实验学院	0	302	61	425	0	0	0	0
汽车学院	0	762	231	1418	0	0	0	0
机械工业学院	0	135	18	350	0	0	0	0
纺织学院	0	74	16	74	0	0	0	0
汽车技术服务与营销	**0**	**291**	**111**	**402**	**0**	**0**	**0**	**0**
内蒙古	0	1	0	1	0	0	0	0
南京	0	29	0	29	0	0	0	0
安徽	0	2	1	2	0	0	0	0
江西	0	3	0	3	0	0	0	0
山东	0	8	6	8	0	0	0	0
湖南	0	0	0	9	0	0	0	0
广东	0	1	0	1	0	0	0	0
广州	0	55	20	115	0	0	0	0

专科专业分布(续表22)

单位:人

一村一				助力计划			
毕业生	招生		在籍生	毕业生	招生		在籍生
	计	其中:春季			计	其中:春季	
0	0	0	0	0	97	0	97
0	**0**	**0**	**0**	**0**	**5169**	**1803**	**7044**
0	0	0	0	0	211	148	211
0	0	0	0	0	59	43	59
0	0	0	0	0	7	5	7
0	0	0	0	0	252	170	252
0	0	0	0	0	0	0	1
0	0	0	0	0	19	19	20
0	0	0	0	0	158	9	159
0	0	0	0	0	5	4	5
0	0	0	0	0	53	9	53
0	0	0	0	0	7	3	23
0	0	0	0	0	58	30	58
0	0	0	0	0	261	49	312
0	0	0	0	0	132	49	153
0	0	0	0	0	824	379	824
0	0	0	0	0	115	52	120
0	0	0	0	0	211	133	246
0	0	0	0	0	896	356	1635
0	0	0	0	0	585	0	585
0	0	0	0	0	5	3	6
0	0	0	0	0	7	0	7
0	0	0	0	0	24	12	34
0	0	0	0	0	7	4	7
0	0	0	0	0	302	61	425
0	0	0	0	0	762	231	1418
0	0	0	0	0	135	18	350
0	0	0	0	0	74	16	74
0	**0**	**0**	**0**	**0**	**291**	**111**	**402**
0	0	0	0	0	1	0	1
0	0	0	0	0	29	0	29
0	0	0	0	0	2	1	2
0	0	0	0	0	3	0	3
0	0	0	0	0	8	6	8
0	0	0	0	0	0	0	9
0	0	0	0	0	1	0	1
0	0	0	0	0	55	20	115

专业与学校	合计				普通开放			
	毕业生	招生		在籍生	毕业生	招生		在籍生
		计	其中:春季			计	其中:春季	
成都	0	7	0	7	0	0	0	0
重庆	0	0	0	1	0	0	0	0
甘肃	0	4	0	4	0	0	0	0
北京实验学院	0	11	0	21	0	0	0	0
软件学院	0	32	32	32	0	0	0	0
汽车学院	0	138	52	169	0	0	0	0
汽车	**3855**	**10633**	**4906**	**33492**	**3855**	**10633**	**4906**	**33492**
北京	459	332	104	2383	459	332	104	2383
天津	16	4	4	73	16	4	4	73
河北	53	68	41	256	53	68	41	256
山西	76	298	109	1055	76	298	109	1055
内蒙古	4	52	21	103	4	52	21	103
辽宁	119	2012	805	3686	119	2012	805	3686
沈阳	113	1607	505	2839	113	1607	505	2839
大连	22	159	0	203	22	159	0	203
吉林	171	218	187	788	171	218	187	788
长春	164	437	189	825	164	437	189	825
黑龙江	153	415	148	781	153	415	148	781
哈尔滨	109	1046	285	1733	109	1046	285	1733
江苏	96	212	137	1006	96	212	137	1006
南京	73	29	5	501	73	29	5	501
浙江	148	70	2	700	148	70	2	700
宁波	12	114	63	346	12	114	63	346
安徽	200	308	159	1632	200	308	159	1632
山东	370	120	88	1245	370	120	88	1245
青岛	2	63	63	146	2	63	63	146
河南	0	0	0	10	0	0	0	10
湖北	143	249	117	1007	143	249	117	1007
武汉	21	64	54	239	21	64	54	239
湖南	277	295	182	1105	277	295	182	1105
广东	44	218	183	692	44	218	183	692
广州	272	0	0	1162	272	0	0	1162
广西	80	181	97	463	80	181	97	463
海南	0	0	0	14	0	0	0	14
四川	31	193	94	600	31	193	94	600
成都	93	182	123	851	93	182	123	851
重庆	11	188	54	398	11	188	54	398

专科专业分布(续表23)

单位:人

一村一				助力计划			
毕业生	招生		在籍生	毕业生	招生		在籍生
	计	其中:春季			计	其中:春季	
0	0	0	0	0	7	0	7
0	0	0	0	0	0	0	1
0	0	0	0	0	4	0	4
0	0	0	0	0	11	0	21
0	0	0	0	0	32	32	32
0	0	0	0	0	138	52	169
0	**0**	**0**	**0**	**0**	**0**	**0**	**0**
0	0	0	0	0	0	0	0
0	0	0	0	0	0	0	0
0	0	0	0	0	0	0	0
0	0	0	0	0	0	0	0
0	0	0	0	0	0	0	0
0	0	0	0	0	0	0	0
0	0	0	0	0	0	0	0
0	0	0	0	0	0	0	0
0	0	0	0	0	0	0	0
0	0	0	0	0	0	0	0
0	0	0	0	0	0	0	0
0	0	0	0	0	0	0	0
0	0	0	0	0	0	0	0
0	0	0	0	0	0	0	0
0	0	0	0	0	0	0	0
0	0	0	0	0	0	0	0
0	0	0	0	0	0	0	0
0	0	0	0	0	0	0	0
0	0	0	0	0	0	0	0
0	0	0	0	0	0	0	0
0	0	0	0	0	0	0	0
0	0	0	0	0	0	0	0
0	0	0	0	0	0	0	0
0	0	0	0	0	0	0	0
0	0	0	0	0	0	0	0
0	0	0	0	0	0	0	0
0	0	0	0	0	0	0	0
0	0	0	0	0	0	0	0
0	0	0	0	0	0	0	0
0	0	0	0	0	0	0	0

专业与学校	合计				普通开放			
	毕业生	招生		在籍生	毕业生	招生		在籍生
		计	其中:春季			计	其中:春季	
贵州	0	12	12	99	0	12	12	99
云南	85	92	22	740	85	92	22	740
陕西	9	43	12	691	9	43	12	691
西安	7	0	0	78	7	0	0	78
甘肃	1	59	23	190	1	59	23	190
宁夏	0	84	25	123	0	84	25	123
新疆	1	0	0	0	1	0	0	0
新疆兵团	3	34	22	101	3	34	22	101
八一学院	350	881	677	2094	350	881	677	2094
北京实验学院	3	0	0	244	3	0	0	244
空军学院	64	294	294	2290	64	294	294	2290
农业经济管理	**8248**	**9194**	**4734**	**33245**	**3**	**0**	**0**	**0**
北京	16	0	0	121	1	0	0	0
天津	8	2	2	124	0	0	0	0
河北	591	348	133	1289	0	0	0	0
山西	128	103	60	333	0	0	0	0
内蒙古	381	261	127	1261	0	0	0	0
辽宁	6	66	17	110	0	0	0	0
吉林	0	52	52	52	0	0	0	0
黑龙江	275	1803	1753	2224	0	0	0	0
哈尔滨	13	13	2	53	0	0	0	0
江苏	448	200	160	669	0	0	0	0
南京	3	41	15	235	2	0	0	0
浙江	380	316	155	1949	0	0	0	0
宁波	40	0	0	20	0	0	0	0
安徽	532	120	45	1763	0	0	0	0
福建	80	254	87	502	0	0	0	0
江西	1084	1246	1246	2921	0	0	0	0
山东	1315	450	74	2781	0	0	0	0
青岛	324	0	0	235	0	0	0	0
河南	36	5	3	201	0	0	0	0
湖北	50	22	16	1288	0	0	0	0
武汉	112	65	65	258	0	0	0	0
湖南	865	1390	107	3775	0	0	0	0
广西	16	2	2	212	0	0	0	0
海南	264	825	0	1657	0	0	0	0
四川	200	201	118	876	0	0	0	0

专科专业分布(续表24)

单位:人

一村一				助力计划			
毕业生	招生		在籍生	毕业生	招生		在籍生
	计	其中:春季			计	其中:春季	
0	0	0	0	0	0	0	0
0	0	0	0	0	0	0	0
0	0	0	0	0	0	0	0
0	0	0	0	0	0	0	0
0	0	0	0	0	0	0	0
0	0	0	0	0	0	0	0
0	0	0	0	0	0	0	0
0	0	0	0	0	0	0	0
0	0	0	0	0	0	0	0
0	0	0	0	0	0	0	0
0	0	0	0	0	0	0	0
8245	**9194**	**4734**	**33245**	**0**	**0**	**0**	**0**
15	0	0	121	0	0	0	0
8	2	2	124	0	0	0	0
591	348	133	1289	0	0	0	0
128	103	60	333	0	0	0	0
381	261	127	1261	0	0	0	0
6	66	17	110	0	0	0	0
0	52	52	52	0	0	0	0
275	1803	1753	2224	0	0	0	0
13	13	2	53	0	0	0	0
448	200	160	669	0	0	0	0
1	41	15	235	0	0	0	0
380	316	155	1949	0	0	0	0
40	0	0	20	0	0	0	0
532	120	45	1763	0	0	0	0
80	254	87	502	0	0	0	0
1084	1246	1246	2921	0	0	0	0
1315	450	74	2781	0	0	0	0
324	0	0	235	0	0	0	0
36	5	3	201	0	0	0	0
50	22	16	1288	0	0	0	0
112	65	65	258	0	0	0	0
865	1390	107	3775	0	0	0	0
16	2	2	212	0	0	0	0
264	825	0	1657	0	0	0	0
200	201	118	876	0	0	0	0

专业与学校	合计				普通开放			
	毕业生	招生		在籍生	毕业生	招生		在籍生
		计	其中:春季			计	其中:春季	
成都	0	0	0	11	0	0	0	0
重庆	19	32	0	166	0	0	0	0
贵州	75	50	0	944	0	0	0	0
云南	306	751	252	4314	0	0	0	0
陕西	112	27	14	100	0	0	0	0
甘肃	277	339	125	1618	0	0	0	0
新疆	7	7	6	60	0	0	0	0
新疆兵团	285	203	98	1123	0	0	0	0
农村信息管理	**290**	**54**	**12**	**675**	**0**	**0**	**0**	**0**
天津	1	0	0	2	0	0	0	0
河北	3	0	0	1	0	0	0	0
浙江	0	0	0	15	0	0	0	0
安徽	23	9	0	43	0	0	0	0
山东	207	37	11	476	0	0	0	0
湖南	10	0	0	63	0	0	0	0
广西	46	0	0	46	0	0	0	0
云南	0	7	1	27	0	0	0	0
陕西	0	1	0	2	0	0	0	0
农村金融	14	0	0	130	14	0	0	130
北京	14	0	0	130	14	0	0	130
农村行政管理	**18410**	**20903**	**9507**	**70703**	**0**	**0**	**0**	**0**
北京	58	41	31	809	0	0	0	0
天津	272	354	174	1406	0	0	0	0
河北	1779	1738	775	5128	0	0	0	0
山西	131	18	14	133	0	0	0	0
内蒙古	851	1118	443	4058	0	0	0	0
辽宁	7	297	106	438	0	0	0	0
沈阳	12	1	1	53	0	0	0	0
大连	19	7	4	31	0	0	0	0
黑龙江	107	91	43	331	0	0	0	0
哈尔滨	61	22	8	87	0	0	0	0
江苏	654	207	138	1566	0	0	0	0
南京	51	59	29	227	0	0	0	0
浙江	483	458	84	2152	0	0	0	0
宁波	72	34	3	555	0	0	0	0
安徽	475	186	135	2444	0	0	0	0
福建	453	574	85	1872	0	0	0	0

专科专业分布(续表25)

单位:人

一村一				助力计划			
毕业生	招生		在籍生	毕业生	招生		在籍生
	计	其中:春季			计	其中:春季	
0	0	0	11	0	0	0	0
19	32	0	166	0	0	0	0
75	50	0	944	0	0	0	0
306	751	252	4314	0	0	0	0
112	27	14	100	0	0	0	0
277	339	125	1618	0	0	0	0
7	7	6	60	0	0	0	0
285	203	98	1123	0	0	0	0
290	**54**	**12**	**675**	**0**	**0**	**0**	**0**
1	0	0	2	0	0	0	0
3	0	0	1	0	0	0	0
0	0	0	15	0	0	0	0
23	9	0	43	0	0	0	0
207	37	11	476	0	0	0	0
10	0	0	63	0	0	0	0
46	0	0	46	0	0	0	0
0	7	1	27	0	0	0	0
0	1	0	2	0	0	0	0
0	0	0	0	0	0	0	0
0	0	0	0	0	0	0	0
18410	**20903**	**9507**	**70703**	**0**	**0**	**0**	**0**
58	41	31	809	0	0	0	0
272	354	174	1406	0	0	0	0
1779	1738	775	5128	0	0	0	0
131	18	14	133	0	0	0	0
851	1118	443	4058	0	0	0	0
7	297	106	438	0	0	0	0
12	1	1	53	0	0	0	0
19	7	4	31	0	0	0	0
107	91	43	331	0	0	0	0
61	22	8	87	0	0	0	0
654	207	138	1566	0	0	0	0
51	59	29	227	0	0	0	0
483	458	84	2152	0	0	0	0
72	34	3	555	0	0	0	0
475	186	135	2444	0	0	0	0
453	574	85	1872	0	0	0	0

专业与学校	合计				普通开放			
	毕业生	招生		在籍生	毕业生	招生		在籍生
		计	其中:春季			计	其中:春季	
厦门	84	42	22	229	0	0	0	0
江西	2517	2680	2647	7156	0	0	0	0
山东	2242	961	443	4208	0	0	0	0
青岛	377	243	16	965	0	0	0	0
河南	121	103	63	1077	0	0	0	0
湖北	20	66	58	259	0	0	0	0
武汉	0	64	64	64	0	0	0	0
湖南	3731	4786	548	15166	0	0	0	0
广东	1148	2389	1560	4633	0	0	0	0
广西	370	280	191	769	0	0	0	0
海南	513	767	0	1589	0	0	0	0
四川	195	701	501	1373	0	0	0	0
成都	1	7	0	28	0	0	0	0
重庆	110	255	159	702	0	0	0	0
贵州	123	23	23	941	0	0	0	0
云南	256	935	367	4655	0	0	0	0
陕西	89	82	35	304	0	0	0	0
西安	0	0	0	25	0	0	0	0
甘肃	741	692	280	3303	0	0	0	0
青海	5	77	77	79	0	0	0	0
宁夏	17	18	15	136	0	0	0	0
新疆	17	123	76	412	0	0	0	0
新疆兵团	232	380	265	1230	0	0	0	0
北京实验学院	16	24	24	110	0	0	0	0
农产品加工与品质管理	**0**	**600**	**370**	**600**	**0**	**600**	**370**	**600**
河北	0	600	370	600	0	600	370	600
模具设计与制造	**0**	**53**	**1**	**80**	**0**	**0**	**0**	**0**
山东	0	1	1	1	0	0	0	0
机械工业学院	0	52	0	79	0	0	0	0
美术教育	**2**	**0**	**0**	**15**	**2**	**0**	**0**	**15**
天津	0	0	0	1	0	0	0	1
陕西	0	0	0	1	0	0	0	1
青海	2	0	0	8	2	0	0	8
北京实验学院	0	0	0	5	0	0	0	5
煤矿开采技术	**0**	**118**	**0**	**118**	**0**	**0**	**0**	**0**
煤炭学院	0	118	0	118	0	0	0	0
煤矿安全技术与管理	**817**	**292**	**125**	**1729**	**817**	**0**	**0**	**1193**

专科专业分布(续表26)

单位:人

一村一				助力计划			
毕业生	招生		在籍生	毕业生	招生		在籍生
	计	其中:春季			计	其中:春季	
84	42	22	229	0	0	0	0
2517	2680	2647	7156	0	0	0	0
2242	961	443	4208	0	0	0	0
377	243	16	965	0	0	0	0
121	103	63	1077	0	0	0	0
20	66	58	259	0	0	0	0
0	64	64	64	0	0	0	0
3731	4786	548	15166	0	0	0	0
1148	2389	1560	4633	0	0	0	0
370	280	191	769	0	0	0	0
513	767	0	1589	0	0	0	0
195	701	501	1373	0	0	0	0
1	7	0	28	0	0	0	0
110	255	159	702	0	0	0	0
123	23	23	941	0	0	0	0
256	935	367	4655	0	0	0	0
89	82	35	304	0	0	0	0
0	0	0	25	0	0	0	0
741	692	280	3303	0	0	0	0
5	77	77	79	0	0	0	0
17	18	15	136	0	0	0	0
17	123	76	412	0	0	0	0
232	380	265	1230	0	0	0	0
16	24	24	110	0	0	0	0
0	**0**	**0**	**0**	**0**	**0**	**0**	**0**
0	0	0	0	0	0	0	0
0	**0**	**0**	**0**	**0**	**53**	**1**	**80**
0	0	0	0	0	1	1	1
0	0	0	0	0	52	0	79
0	**0**	**0**	**0**	**0**	**0**	**0**	**0**
0	0	0	0	0	0	0	0
0	0	0	0	0	0	0	0
0	0	0	0	0	0	0	0
0	0	0	0	0	0	0	0
0	**0**	**0**	**0**	**0**	**118**	**0**	**118**
0	0	0	0	0	118	0	118
0	**0**	**0**	**0**	**0**	**292**	**125**	**536**

2.5 开放教育

专业与学校	合计				普通开放			
	毕业生	招生		在籍生	毕业生	招生		在籍生
		计	其中:春季			计	其中:春季	
山西	817	244	98	1641	817	0	0	1193
内蒙古	0	19	19	50	0	0	0	0
江西	0	0	0	4	0	0	0	0
山东	0	6	0	6	0	0	0	0
湖北	0	2	1	2	0	0	0	0
陕西	0	4	1	4	0	0	0	0
甘肃	0	8	6	13	0	0	0	0
新疆	0	9	0	9	0	0	0	0
旅游	**2993**	**4214**	**2013**	**18199**	**2993**	**4214**	**2013**	**18199**
北京	51	37	7	604	51	37	7	604
天津	2	21	10	49	2	21	10	49
河北	92	58	23	313	92	58	23	313
山西	21	15	4	121	21	15	4	121
内蒙古	3	25	22	112	3	25	22	112
辽宁	28	198	131	561	28	198	131	561
沈阳	430	537	285	1831	430	537	285	1831
大连	5	103	48	358	5	103	48	358
吉林	103	4	2	139	103	4	2	139
长春	214	258	159	576	214	258	159	576
黑龙江	61	146	40	333	61	146	40	333
哈尔滨	58	362	106	698	58	362	106	698
江苏	92	77	45	495	92	77	45	495
南京	14	6	0	150	14	6	0	150
浙江	96	8	3	408	96	8	3	408
宁波	39	7	0	100	39	7	0	100
安徽	124	70	26	657	124	70	26	657
福建	0	0	0	7	0	0	0	7
厦门	0	0	0	13	0	0	0	13
江西	0	0	0	11	0	0	0	11
山东	205	175	136	732	205	175	136	732
青岛	12	7	0	40	12	7	0	40
河南	114	69	26	456	114	69	26	456
湖北	94	100	47	655	94	100	47	655
武汉	11	10	1	155	11	10	1	155
湖南	269	985	501	2282	269	985	501	2282
广东	51	70	15	577	51	70	15	577
广州	172	124	17	598	172	124	17	598

专科专业分布(续表27)

单位:人

一村一				助力计划			
毕业生	招生		在籍生	毕业生	招生		在籍生
	计	其中:春季			计	其中:春季	
0	0	0	0	0	244	98	448
0	0	0	0	0	19	19	50
0	0	0	0	0	0	0	4
0	0	0	0	0	6	0	6
0	0	0	0	0	2	1	2
0	0	0	0	0	4	1	4
0	0	0	0	0	8	6	13
0	0	0	0	0	9	0	9
0	**0**	**0**	**0**	**0**	**0**	**0**	**0**
0	0	0	0	0	0	0	0
0	0	0	0	0	0	0	0
0	0	0	0	0	0	0	0
0	0	0	0	0	0	0	0
0	0	0	0	0	0	0	0
0	0	0	0	0	0	0	0
0	0	0	0	0	0	0	0
0	0	0	0	0	0	0	0
0	0	0	0	0	0	0	0
0	0	0	0	0	0	0	0
0	0	0	0	0	0	0	0
0	0	0	0	0	0	0	0
0	0	0	0	0	0	0	0
0	0	0	0	0	0	0	0
0	0	0	0	0	0	0	0
0	0	0	0	0	0	0	0
0	0	0	0	0	0	0	0
0	0	0	0	0	0	0	0
0	0	0	0	0	0	0	0
0	0	0	0	0	0	0	0
0	0	0	0	0	0	0	0
0	0	0	0	0	0	0	0
0	0	0	0	0	0	0	0
0	0	0	0	0	0	0	0
0	0	0	0	0	0	0	0
0	0	0	0	0	0	0	0
0	0	0	0	0	0	0	0
0	0	0	0	0	0	0	0

专业与学校	合计				普通开放			
	毕业生	招生		在籍生	毕业生	招生		在籍生
		计	其中:春季			计	其中:春季	
深圳	66	181	64	1124	66	181	64	1124
广西	48	30	14	276	48	30	14	276
海南	55	37	14	349	55	37	14	349
四川	6	85	66	254	6	85	66	254
成都	79	97	60	632	79	97	60	632
重庆	50	29	5	428	50	29	5	428
贵州	18	28	14	82	18	28	14	82
云南	122	63	35	526	122	63	35	526
陕西	41	71	27	502	41	71	27	502
西安	32	21	13	211	32	21	13	211
甘肃	48	60	32	278	48	60	32	278
青海	14	10	3	161	14	10	3	161
宁夏	37	15	8	223	37	15	8	223
新疆	13	7	0	92	13	7	0	92
新疆兵团	3	8	4	30	3	8	4	30
林业技术	**986**	**813**	**334**	**2859**	**0**	**0**	**0**	**0**
天津	31	12	3	49	0	0	0	0
河北	3	28	13	40	0	0	0	0
山西	5	6	2	15	0	0	0	0
内蒙古	315	283	164	768	0	0	0	0
辽宁	47	45	18	143	0	0	0	0
黑龙江	61	63	26	206	0	0	0	0
哈尔滨	49	20	9	78	0	0	0	0
江苏	0	0	0	1	0	0	0	0
浙江	132	186	7	620	0	0	0	0
安徽	18	11	7	39	0	0	0	0
福建	26	12	7	48	0	0	0	0
江西	0	0	0	1	0	0	0	0
山东	55	13	8	36	0	0	0	0
湖北	0	0	0	2	0	0	0	0
湖南	69	0	0	138	0	0	0	0
广西	9	10	2	32	0	0	0	0
四川	10	0	0	20	0	0	0	0
重庆	21	12	6	30	0	0	0	0
贵州	1	0	0	29	0	0	0	0
云南	10	20	9	204	0	0	0	0
陕西	104	79	42	277	0	0	0	0

专科专业分布(续表28)

单位:人

一村一				助力计划			
毕业生	招生		在籍生	毕业生	招生		在籍生
	计	其中:春季			计	其中:春季	
0	0	0	0	0	0	0	0
0	0	0	0	0	0	0	0
0	0	0	0	0	0	0	0
0	0	0	0	0	0	0	0
0	0	0	0	0	0	0	0
0	0	0	0	0	0	0	0
0	0	0	0	0	0	0	0
0	0	0	0	0	0	0	0
0	0	0	0	0	0	0	0
0	0	0	0	0	0	0	0
0	0	0	0	0	0	0	0
0	0	0	0	0	0	0	0
0	0	0	0	0	0	0	0
0	0	0	0	0	0	0	0
0	0	0	0	0	0	0	0
986	**813**	**334**	**2859**	**0**	**0**	**0**	**0**
31	12	3	49	0	0	0	0
3	28	13	40	0	0	0	0
5	6	2	15	0	0	0	0
315	283	164	768	0	0	0	0
47	45	18	143	0	0	0	0
61	63	26	206	0	0	0	0
49	20	9	78	0	0	0	0
0	0	0	1	0	0	0	0
132	186	7	620	0	0	0	0
18	11	7	39	0	0	0	0
26	12	7	48	0	0	0	0
0	0	0	1	0	0	0	0
55	13	8	36	0	0	0	0
0	0	0	2	0	0	0	0
69	0	0	138	0	0	0	0
9	10	2	32	0	0	0	0
10	0	0	20	0	0	0	0
21	12	6	30	0	0	0	0
1	0	0	29	0	0	0	0
10	20	9	204	0	0	0	0
104	79	42	277	0	0	0	0

专业与学校	合计				普通开放			
	毕业生	招生		在籍生	毕业生	招生		在籍生
		计	其中:春季			计	其中:春季	
甘肃	0	4	3	4	0	0	0	0
新疆	17	8	7	66	0	0	0	0
新疆兵团	3	1	1	13	0	0	0	0
粮油储藏与检测技术	**0**	**5**	**3**	**6**	**0**	**0**	**0**	**0**
黑龙江	0	5	3	6	0	0	0	0
粮食工程	**0**	**1**	**1**	**1**	**0**	**0**	**0**	**0**
黑龙江	0	1	1	1	0	0	0	0
连锁经营	**0**	**137**	**77**	**299**	**0**	**0**	**0**	**122**
广州	0	137	77	299	0	0	0	122
老年服务与管理	**0**	**10**	**9**	**12**	**0**	**10**	**9**	**12**
山西	0	3	2	3	0	3	2	3
成都	0	7	7	9	0	7	7	9
劳动与社会保障	**61**	**166**	**151**	**361**	**61**	**166**	**151**	**361**
福建	61	130	129	266	61	130	129	266
青海	0	36	22	95	0	36	22	95
矿山机电	**0**	**159**	**0**	**159**	**0**	**0**	**0**	**0**
煤炭学院	0	159	0	159	0	0	0	0
矿井通风与安全	**0**	**96**	**0**	**96**	**0**	**0**	**0**	**0**
煤炭学院	0	96	0	96	0	0	0	0
金融	**7179**	**7665**	**3601**	**31840**	**7179**	**7665**	**3601**	**31840**
北京	77	97	42	1237	77	97	42	1237
天津	1	7	4	18	1	7	4	18
河北	188	234	110	849	188	234	110	849
山西	80	33	7	226	80	33	7	226
内蒙古	474	312	138	1499	474	312	138	1499
辽宁	385	399	214	1224	385	399	214	1224
沈阳	73	259	127	599	73	259	127	599
大连	36	12	12	108	36	12	12	108
吉林	104	77	45	288	104	77	45	288
长春	67	262	131	543	67	262	131	543
黑龙江	384	442	222	1503	384	442	222	1503
哈尔滨	161	278	97	727	161	278	97	727
江苏	0	0	0	1	0	0	0	1
浙江	78	51	35	494	78	51	35	494
宁波	12	1	0	116	12	1	0	116
安徽	315	235	120	1388	315	235	120	1388
福建	44	58	23	344	44	58	23	344

专科专业分布（续表 29）

单位：人

一村一				助力计划			
毕业生	招生		在籍生	毕业生	招生		在籍生
	计	其中：春季			计	其中：春季	
0	4	3	4	0	0	0	0
17	8	7	66	0	0	0	0
3	1	1	13	0	0	0	0
0	**0**	**0**	**0**	**0**	**5**	**3**	**6**
0	0	0	0	0	5	3	6
0	**0**	**0**	**0**	**0**	**1**	**1**	**1**
0	0	0	0	0	1	1	1
0	**0**	**0**	**0**	**0**	**137**	**77**	**177**
0	0	0	0	0	137	77	177
0	**0**	**0**	**0**	**0**	**0**	**0**	**0**
0	0	0	0	0	0	0	0
0	0	0	0	0	0	0	0
0	**0**	**0**	**0**	**0**	**0**	**0**	**0**
0	0	0	0	0	0	0	0
0	0	0	0	0	0	0	0
0	**0**	**0**	**0**	**0**	**159**	**0**	**159**
0	0	0	0	0	159	0	159
0	**0**	**0**	**0**	**0**	**96**	**0**	**96**
0	0	0	0	0	96	0	96
0	**0**	**0**	**0**	**0**	**0**	**0**	**0**
0	0	0	0	0	0	0	0
0	0	0	0	0	0	0	0
0	0	0	0	0	0	0	0
0	0	0	0	0	0	0	0
0	0	0	0	0	0	0	0
0	0	0	0	0	0	0	0
0	0	0	0	0	0	0	0
0	0	0	0	0	0	0	0
0	0	0	0	0	0	0	0
0	0	0	0	0	0	0	0
0	0	0	0	0	0	0	0
0	0	0	0	0	0	0	0
0	0	0	0	0	0	0	0
0	0	0	0	0	0	0	0
0	0	0	0	0	0	0	0
0	0	0	0	0	0	0	0
0	0	0	0	0	0	0	0

专业与学校	合计				普通开放			
	毕业生	招生		在籍生	毕业生	招生		在籍生
		计	其中:春季			计	其中:春季	
厦门	0	0	0	20	0	0	0	20
江西	561	701	332	2129	561	701	332	2129
山东	567	277	161	1455	567	277	161	1455
青岛	44	24	13	157	44	24	13	157
河南	623	758	358	2507	623	758	358	2507
湖北	420	383	183	1480	420	383	183	1480
武汉	123	71	37	420	123	71	37	420
湖南	284	446	241	1519	284	446	241	1519
广东	98	296	51	1132	98	296	51	1132
广州	267	182	45	1161	267	182	45	1161
深圳	60	114	48	663	60	114	48	663
广西	133	184	96	783	133	184	96	783
海南	0	41	19	79	0	41	19	79
四川	317	308	152	1497	317	308	152	1497
成都	101	145	69	411	101	145	69	411
重庆	144	91	41	485	144	91	41	485
贵州	45	63	26	353	45	63	26	353
云南	58	36	16	256	58	36	16	256
陕西	340	311	129	1431	340	311	129	1431
西安	47	58	24	287	47	58	24	287
甘肃	331	268	145	1359	331	268	145	1359
青海	9	17	6	53	9	17	6	53
宁夏	9	16	2	119	9	16	2	119
新疆	72	62	32	676	72	62	32	676
新疆兵团	10	11	5	84	10	11	5	84
北京实验学院	37	45	43	160	37	45	43	160
教育管理	**3589**	**2392**	**1202**	**11362**	**3589**	**2392**	**1202**	**11362**
天津	1	0	0	0	1	0	0	0
河北	411	462	272	1208	411	462	272	1208
山西	158	50	20	408	158	50	20	408
内蒙古	24	45	27	125	24	45	27	125
辽宁	0	0	0	1	0	0	0	1
大连	1	0	0	4	1	0	0	4
吉林	5	10	8	43	5	10	8	43
长春	0	0	0	9	0	0	0	9
黑龙江	5	25	10	38	5	25	10	38
浙江	0	0	0	38	0	0	0	38

专科专业分布(续表30)

单位:人

一村一				助力计划			
毕业生	招生		在籍生	毕业生	招生		在籍生
	计	其中:春季			计	其中:春季	
0	0	0	0	0	0	0	0
0	0	0	0	0	0	0	0
0	0	0	0	0	0	0	0
0	0	0	0	0	0	0	0
0	0	0	0	0	0	0	0
0	0	0	0	0	0	0	0
0	0	0	0	0	0	0	0
0	0	0	0	0	0	0	0
0	0	0	0	0	0	0	0
0	0	0	0	0	0	0	0
0	0	0	0	0	0	0	0
0	0	0	0	0	0	0	0
0	0	0	0	0	0	0	0
0	0	0	0	0	0	0	0
0	0	0	0	0	0	0	0
0	0	0	0	0	0	0	0
0	0	0	0	0	0	0	0
0	0	0	0	0	0	0	0
0	0	0	0	0	0	0	0
0	0	0	0	0	0	0	0
0	0	0	0	0	0	0	0
0	0	0	0	0	0	0	0
0	0	0	0	0	0	0	0
0	0	0	0	0	0	0	0
0	0	0	0	0	0	0	0
0	0	0	0	0	0	0	0
0	0	0	0	0	0	0	0
0	0	0	0	0	0	0	0
0	0	0	0	0	0	0	0
0	0	0	0	0	0	0	0
0	0	0	0	0	0	0	0
0	0	0	0	0	0	0	0
0	0	0	0	0	0	0	0
0	0	0	0	0	0	0	0
0	0	0	0	0	0	0	0
0	0	0	0	0	0	0	0
0	0	0	0	0	0	0	0

专业与学校	合计				普通开放			
	毕业生	招生		在籍生	毕业生	招生		在籍生
		计	其中:春季			计	其中:春季	
安徽	25	17	8	107	25	17	8	107
福建	30	8	7	329	30	8	7	329
江西	901	660	327	3063	901	660	327	3063
山东	144	65	34	270	144	65	34	270
青岛	28	15	12	153	28	15	12	153
河南	4	2	0	39	4	2	0	39
湖北	165	133	67	573	165	133	67	573
武汉	33	8	2	109	33	8	2	109
湖南	138	161	77	496	138	161	77	496
广东	429	141	77	1136	429	141	77	1136
广州	155	178	59	581	155	178	59	581
广西	107	61	39	277	107	61	39	277
海南	5	0	0	4	5	0	0	4
四川	87	0	0	285	87	0	0	285
成都	114	36	19	131	114	36	19	131
重庆	62	11	7	180	62	11	7	180
贵州	101	63	32	320	101	63	32	320
云南	141	35	18	297	141	35	18	297
陕西	60	46	23	236	60	46	23	236
西安	205	81	24	619	205	81	24	619
甘肃	48	79	33	260	48	79	33	260
宁夏	2	0	0	4	2	0	0	4
新疆	0	0	0	19	0	0	0	19
健康管理	**0**	**1**	**0**	**1**	**0**	**1**	**0**	**1**
广西	0	1	0	1	0	1	0	1
建筑施工与管理	**41503**	**40281**	**20491**	**161529**	**41503**	**40281**	**20491**	**161529**
北京	653	384	202	2858	653	384	202	2858
天津	192	179	86	770	192	179	86	770
河北	1520	1570	736	5140	1520	1570	736	5140
山西	377	236	112	1245	377	236	112	1245
内蒙古	605	789	459	2369	605	789	459	2369
辽宁	1115	1031	541	3574	1115	1031	541	3574
沈阳	681	1099	527	3249	681	1099	527	3249
大连	665	489	307	1850	665	489	307	1850
吉林	1096	989	496	3234	1096	989	496	3234
长春	351	497	214	1484	351	497	214	1484
黑龙江	844	806	343	2786	844	806	343	2786

专科专业分布(续表 31)

单位:人

一村一				助力计划			
毕业生	招生		在籍生	毕业生	招生		在籍生
	计	其中:春季			计	其中:春季	
0	0	0	0	0	0	0	0
0	0	0	0	0	0	0	0
0	0	0	0	0	0	0	0
0	0	0	0	0	0	0	0
0	0	0	0	0	0	0	0
0	0	0	0	0	0	0	0
0	0	0	0	0	0	0	0
0	0	0	0	0	0	0	0
0	0	0	0	0	0	0	0
0	0	0	0	0	0	0	0
0	0	0	0	0	0	0	0
0	0	0	0	0	0	0	0
0	0	0	0	0	0	0	0
0	0	0	0	0	0	0	0
0	0	0	0	0	0	0	0
0	0	0	0	0	0	0	0
0	0	0	0	0	0	0	0
0	0	0	0	0	0	0	0
0	0	0	0	0	0	0	0
0	0	0	0	0	0	0	0
0	0	0	0	0	0	0	0
0	0	0	0	0	0	0	0
0	0	0	0	0	0	0	0
0	**0**	**0**	**0**	**0**	**0**	**0**	**0**
0	0	0	0	0	0	0	0
0	**0**	**0**	**0**	**0**	**0**	**0**	**0**
0	0	0	0	0	0	0	0
0	0	0	0	0	0	0	0
0	0	0	0	0	0	0	0
0	0	0	0	0	0	0	0
0	0	0	0	0	0	0	0
0	0	0	0	0	0	0	0
0	0	0	0	0	0	0	0
0	0	0	0	0	0	0	0
0	0	0	0	0	0	0	0
0	0	0	0	0	0	0	0
0	0	0	0	0	0	0	0

专业与学校	合计				普通开放			
	毕业生	招生		在籍生	毕业生	招生		在籍生
		计	其中:春季			计	其中:春季	
哈尔滨	440	536	309	1894	440	536	309	1894
江苏	3107	1248	671	9372	3107	1248	671	9372
南京	131	78	36	618	131	78	36	618
浙江	1410	1140	624	6212	1410	1140	624	6212
宁波	297	238	74	1245	297	238	74	1245
安徽	1976	1934	968	9754	1976	1934	968	9754
福建	584	943	568	3393	584	943	568	3393
厦门	12	6	6	173	12	6	6	173
江西	1724	3357	1595	9317	1724	3357	1595	9317
山东	1625	868	515	3929	1625	868	515	3929
青岛	314	387	288	1383	314	387	288	1383
河南	2180	2860	1530	9418	2180	2860	1530	9418
湖北	2035	2318	1015	6584	2035	2318	1015	6584
武汉	238	240	124	871	238	240	124	871
湖南	1288	1605	979	5370	1288	1605	979	5370
广东	936	910	405	4698	936	910	405	4698
广州	66	104	54	453	66	104	54	453
广西	389	639	299	1754	389	639	299	1754
海南	81	54	28	346	81	54	28	346
四川	4665	3798	1768	14978	4665	3798	1768	14978
成都	2448	2130	1198	8459	2448	2130	1198	8459
重庆	2791	1817	995	9916	2791	1817	995	9916
贵州	585	665	303	2804	585	665	303	2804
云南	339	225	82	1324	339	225	82	1324
陕西	1084	1285	591	4962	1084	1285	591	4962
西安	947	831	405	4251	947	831	405	4251
甘肃	713	752	358	2975	713	752	358	2975
宁夏	277	262	125	1367	277	262	125	1367
新疆	326	471	270	2599	326	471	270	2599
新疆兵团	396	502	279	2537	396	502	279	2537
北京实验学院	0	9	6	14	0	9	6	14
家庭农场经营管理	**0**	**9**	**9**	**9**	**0**	**0**	**0**	**0**
福建	0	9	9	9	0	0	0	0
计算机信息管理	**8755**	**9849**	**4998**	**45544**	**8755**	**9849**	**4998**	**45544**
北京	116	78	10	1194	116	78	10	1194
天津	168	27	13	472	168	27	13	472
河北	268	244	128	1100	268	244	128	1100

专科专业分布(续表32)

单位:人

一村一				助力计划			
毕业生	招生		在籍生	毕业生	招生		在籍生
	计	其中:春季			计	其中:春季	
0	0	0	0	0	0	0	0
0	0	0	0	0	0	0	0
0	0	0	0	0	0	0	0
0	0	0	0	0	0	0	0
0	0	0	0	0	0	0	0
0	0	0	0	0	0	0	0
0	0	0	0	0	0	0	0
0	0	0	0	0	0	0	0
0	0	0	0	0	0	0	0
0	0	0	0	0	0	0	0
0	0	0	0	0	0	0	0
0	0	0	0	0	0	0	0
0	0	0	0	0	0	0	0
0	0	0	0	0	0	0	0
0	0	0	0	0	0	0	0
0	0	0	0	0	0	0	0
0	0	0	0	0	0	0	0
0	0	0	0	0	0	0	0
0	0	0	0	0	0	0	0
0	0	0	0	0	0	0	0
0	0	0	0	0	0	0	0
0	0	0	0	0	0	0	0
0	0	0	0	0	0	0	0
0	0	0	0	0	0	0	0
0	0	0	0	0	0	0	0
0	0	0	0	0	0	0	0
0	0	0	0	0	0	0	0
0	0	0	0	0	0	0	0
0	0	0	0	0	0	0	0
0	0	0	0	0	0	0	0
0	**9**	**9**	**9**	**0**	**0**	**0**	**0**
0	9	9	9	0	0	0	0
0	**0**	**0**	**0**	**0**	**0**	**0**	**0**
0	0	0	0	0	0	0	0
0	0	0	0	0	0	0	0
0	0	0	0	0	0	0	0

专业与学校	合计				普通开放			
	毕业生	招生		在籍生	毕业生	招生		在籍生
		计	其中:春季			计	其中:春季	
内蒙古	395	754	415	1944	395	754	415	1944
辽宁	58	223	98	540	58	223	98	540
大连	22	13	12	134	22	13	12	134
吉林	404	499	274	1712	404	499	274	1712
长春	143	241	111	660	143	241	111	660
黑龙江	448	631	203	1583	448	631	203	1583
哈尔滨	284	337	159	841	284	337	159	841
江苏	728	306	166	3057	728	306	166	3057
南京	1	42	42	85	1	42	42	85
浙江	266	176	78	1474	266	176	78	1474
宁波	17	6	5	136	17	6	5	136
安徽	148	177	110	1174	148	177	110	1174
福建	1	0	0	46	1	0	0	46
江西	451	650	211	1955	451	650	211	1955
山东	424	243	97	1565	424	243	97	1565
河南	432	550	320	2034	432	550	320	2034
湖北	478	517	233	3503	478	517	233	3503
武汉	119	147	29	1073	119	147	29	1073
湖南	475	592	284	1887	475	592	284	1887
广东	597	559	248	3135	597	559	248	3135
广州	117	64	36	405	117	64	36	405
深圳	103	0	0	641	103	0	0	641
广西	121	114	53	595	121	114	53	595
海南	36	29	13	167	36	29	13	167
四川	297	543	276	1793	297	543	276	1793
成都	8	17	8	50	8	17	8	50
重庆	120	113	48	803	120	113	48	803
贵州	58	104	59	435	58	104	59	435
云南	99	74	35	773	99	74	35	773
陕西	237	215	100	1591	237	215	100	1591
西安	227	58	41	1069	227	58	41	1069
甘肃	237	155	75	1427	237	155	75	1427
宁夏	14	20	9	96	14	20	9	96
新疆	173	174	90	1341	173	174	90	1341
新疆兵团	67	52	29	208	67	52	29	208
八一学院	398	1105	880	2846	398	1105	880	2846
计算机网络技术	**6531**	**8110**	**3717**	**37983**	**6531**	**8110**	**3717**	**37983**

专科专业分布(续表33)

单位:人

一村一				助力计划			
毕业生	招生		在籍生	毕业生	招生		在籍生
	计	其中:春季			计	其中:春季	
0	0	0	0	0	0	0	0
0	0	0	0	0	0	0	0
0	0	0	0	0	0	0	0
0	0	0	0	0	0	0	0
0	0	0	0	0	0	0	0
0	0	0	0	0	0	0	0
0	0	0	0	0	0	0	0
0	0	0	0	0	0	0	0
0	0	0	0	0	0	0	0
0	0	0	0	0	0	0	0
0	0	0	0	0	0	0	0
0	0	0	0	0	0	0	0
0	0	0	0	0	0	0	0
0	0	0	0	0	0	0	0
0	0	0	0	0	0	0	0
0	0	0	0	0	0	0	0
0	0	0	0	0	0	0	0
0	0	0	0	0	0	0	0
0	0	0	0	0	0	0	0
0	0	0	0	0	0	0	0
0	0	0	0	0	0	0	0
0	0	0	0	0	0	0	0
0	0	0	0	0	0	0	0
0	0	0	0	0	0	0	0
0	0	0	0	0	0	0	0
0	0	0	0	0	0	0	0
0	0	0	0	0	0	0	0
0	0	0	0	0	0	0	0
0	0	0	0	0	0	0	0
0	0	0	0	0	0	0	0
0	0	0	0	0	0	0	0
0	0	0	0	0	0	0	0
0	0	0	0	0	0	0	0
0	0	0	0	0	0	0	0
0	0	0	0	0	0	0	0
0	0	0	0	0	0	0	0
0	**0**	**0**	**0**	**0**	**0**	**0**	**0**

2.5 开放教育

专业与学校	合计				普通开放			
	毕业生	招生		在籍生	毕业生	招生		在籍生
		计	其中:春季			计	其中:春季	
北京	98	148	46	1003	98	148	46	1003
天津	73	26	8	351	73	26	8	351
河北	48	56	22	252	48	56	22	252
山西	302	184	73	987	302	184	73	987
内蒙古	240	352	203	1254	240	352	203	1254
辽宁	326	293	177	1300	326	293	177	1300
沈阳	240	795	321	1731	240	795	321	1731
大连	50	188	141	526	50	188	141	526
吉林	329	185	79	852	329	185	79	852
长春	160	227	104	612	160	227	104	612
黑龙江	351	482	126	1397	351	482	126	1397
哈尔滨	68	276	121	791	68	276	121	791
江苏	168	298	165	1631	168	298	165	1631
南京	0	0	0	27	0	0	0	27
浙江	104	151	40	701	104	151	40	701
宁波	21	10	5	102	21	10	5	102
安徽	426	364	160	2622	426	364	160	2622
福建	172	300	147	1208	172	300	147	1208
山东	163	127	30	536	163	127	30	536
青岛	86	128	126	586	86	128	126	586
河南	301	267	135	1406	301	267	135	1406
湖北	434	349	165	2206	434	349	165	2206
武汉	109	115	52	628	109	115	52	628
湖南	377	578	345	2523	377	578	345	2523
广东	392	457	208	3108	392	457	208	3108
广州	375	651	301	2821	375	651	301	2821
深圳	151	263	37	1601	151	263	37	1601
广西	77	84	50	463	77	84	50	463
四川	188	0	0	291	188	0	0	291
成都	80	128	40	386	80	128	40	386
重庆	4	0	0	33	4	0	0	33
贵州	56	33	8	183	56	33	8	183
云南	43	35	22	478	43	35	22	478
陕西	245	221	100	1369	245	221	100	1369
西安	7	0	0	43	7	0	0	43
甘肃	61	44	22	199	61	44	22	199
青海	86	110	25	478	86	110	25	478

专科专业分布(续表34)

单位:人

一村一				助力计划			
毕业生	招生		在籍生	毕业生	招生		在籍生
	计	其中:春季			计	其中:春季	
0	0	0	0	0	0	0	0
0	0	0	0	0	0	0	0
0	0	0	0	0	0	0	0
0	0	0	0	0	0	0	0
0	0	0	0	0	0	0	0
0	0	0	0	0	0	0	0
0	0	0	0	0	0	0	0
0	0	0	0	0	0	0	0
0	0	0	0	0	0	0	0
0	0	0	0	0	0	0	0
0	0	0	0	0	0	0	0
0	0	0	0	0	0	0	0
0	0	0	0	0	0	0	0
0	0	0	0	0	0	0	0
0	0	0	0	0	0	0	0
0	0	0	0	0	0	0	0
0	0	0	0	0	0	0	0
0	0	0	0	0	0	0	0
0	0	0	0	0	0	0	0
0	0	0	0	0	0	0	0
0	0	0	0	0	0	0	0
0	0	0	0	0	0	0	0
0	0	0	0	0	0	0	0
0	0	0	0	0	0	0	0
0	0	0	0	0	0	0	0
0	0	0	0	0	0	0	0
0	0	0	0	0	0	0	0
0	0	0	0	0	0	0	0
0	0	0	0	0	0	0	0
0	0	0	0	0	0	0	0
0	0	0	0	0	0	0	0
0	0	0	0	0	0	0	0
0	0	0	0	0	0	0	0
0	0	0	0	0	0	0	0
0	0	0	0	0	0	0	0
0	0	0	0	0	0	0	0
0	0	0	0	0	0	0	0

专业与学校	合计				普通开放			
	毕业生	招生		在籍生	毕业生	招生		在籍生
		计	其中:春季			计	其中:春季	
宁夏	29	57	26	386	29	57	26	386
新疆	63	37	14	371	63	37	14	371
新疆兵团	3	12	7	47	3	12	7	47
北京实验学院	20	28	15	209	20	28	15	209
空军学院	5	51	51	285	5	51	51	285
计算机软件测试	**0**	**0**	**0**	**15**	**0**	**0**	**0**	**15**
深圳	0	0	0	15	0	0	0	15
计算机及应用	**42**	**119**	**119**	**1949**	**42**	**119**	**119**	**1949**
八一学院	2	0	0	541	2	0	0	541
空军学院	40	119	119	1408	40	119	119	1408
机械制造与自动化	**12100**	**17860**	**8326**	**56384**	**12100**	**17860**	**8326**	**56384**
北京	149	175	0	801	149	175	0	801
天津	191	415	66	956	191	415	66	956
河北	249	365	168	850	249	365	168	850
山西	113	353	229	928	113	353	229	928
内蒙古	208	680	384	1535	208	680	384	1535
辽宁	643	1517	676	4095	643	1517	676	4095
沈阳	432	1914	671	3530	432	1914	671	3530
大连	315	596	304	1219	315	596	304	1219
吉林	508	538	146	3470	508	538	146	3470
长春	594	661	415	1730	594	661	415	1730
黑龙江	366	613	244	1173	366	613	244	1173
哈尔滨	214	649	215	1386	214	649	215	1386
江苏	899	550	273	3218	899	550	273	3218
南京	20	14	3	104	20	14	3	104
浙江	385	660	297	2172	385	660	297	2172
宁波	71	281	136	867	71	281	136	867
安徽	207	273	126	1055	207	273	126	1055
福建	19	0	0	15	19	0	0	15
江西	155	229	99	705	155	229	99	705
山东	1025	503	311	2583	1025	503	311	2583
青岛	405	215	215	1535	405	215	215	1535
河南	279	612	273	1448	279	612	273	1448
湖北	729	944	374	2697	729	944	374	2697
武汉	83	123	80	236	83	123	80	236
湖南	795	1119	606	3086	795	1119	606	3086
广东	220	474	249	1553	220	474	249	1553

专科专业分布(续表35)

单位:人

一村一				助力计划			
毕业生	招生		在籍生	毕业生	招生		在籍生
	计	其中:春季			计	其中:春季	
0	0	0	0	0	0	0	0
0	0	0	0	0	0	0	0
0	0	0	0	0	0	0	0
0	0	0	0	0	0	0	0
0	0	0	0	0	0	0	0
0	**0**	**0**	**0**	**0**	**0**	**0**	**0**
0	0	0	0	0	0	0	0
0	**0**	**0**	**0**	**0**	**0**	**0**	**0**
0	0	0	0	0	0	0	0
0	0	0	0	0	0	0	0
0	**0**	**0**	**0**	**0**	**0**	**0**	**0**
0	0	0	0	0	0	0	0
0	0	0	0	0	0	0	0
0	0	0	0	0	0	0	0
0	0	0	0	0	0	0	0
0	0	0	0	0	0	0	0
0	0	0	0	0	0	0	0
0	0	0	0	0	0	0	0
0	0	0	0	0	0	0	0
0	0	0	0	0	0	0	0
0	0	0	0	0	0	0	0
0	0	0	0	0	0	0	0
0	0	0	0	0	0	0	0
0	0	0	0	0	0	0	0
0	0	0	0	0	0	0	0
0	0	0	0	0	0	0	0
0	0	0	0	0	0	0	0
0	0	0	0	0	0	0	0
0	0	0	0	0	0	0	0
0	0	0	0	0	0	0	0
0	0	0	0	0	0	0	0
0	0	0	0	0	0	0	0
0	0	0	0	0	0	0	0
0	0	0	0	0	0	0	0
0	0	0	0	0	0	0	0
0	0	0	0	0	0	0	0
0	0	0	0	0	0	0	0

专业与学校	合计				普通开放			
	毕业生	招生		在籍生	毕业生	招生		在籍生
		计	其中:春季			计	其中:春季	
广州	882	598	278	4030	882	598	278	4030
深圳	0	36	36	36	0	36	36	36
广西	120	200	85	546	120	200	85	546
四川	273	436	216	1165	273	436	216	1165
成都	131	423	218	959	131	423	218	959
重庆	147	131	41	546	147	131	41	546
贵州	0	22	22	87	0	22	22	87
云南	12	16	12	52	12	16	12	52
陕西	448	391	151	2165	448	391	151	2165
西安	147	51	48	322	147	51	48	322
甘肃	74	176	87	544	74	176	87	544
青海	70	70	51	295	70	70	51	295
宁夏	127	173	98	645	127	173	98	645
新疆	22	31	12	212	22	31	12	212
新疆兵团	46	121	64	392	46	121	64	392
八一学院	327	512	347	1440	327	512	347	1440
空军学院	0	0	0	1	0	0	0	1
机械制造生产管理	**0**	**443**	**283**	**456**	**0**	**0**	**0**	**0**
大连	0	263	165	263	0	0	0	0
山东	0	55	43	62	0	0	0	0
湖北	0	0	0	4	0	0	0	0
湖南	0	19	16	19	0	0	0	0
广州	0	19	16	19	0	0	0	0
软件学院	0	36	36	38	0	0	0	0
纺织学院	0	51	7	51	0	0	0	0
机械电子工程与管理	**0**	**123**	**85**	**128**	**0**	**0**	**0**	**0**
广州	0	123	85	128	0	0	0	0
机电一体化技术	**0**	**3711**	**1401**	**4645**	**0**	**0**	**0**	**0**
天津	0	469	183	742	0	0	0	0
内蒙古	0	91	49	198	0	0	0	0
沈阳	0	162	4	188	0	0	0	0
长春	0	11	11	11	0	0	0	0
哈尔滨	0	72	2	72	0	0	0	0
南京	0	54	0	54	0	0	0	0
安徽	0	9	0	116	0	0	0	0
福建	0	78	40	78	0	0	0	0
江西	0	18	11	76	0	0	0	0

专科专业分布(续表36)

单位:人

一村一				助力计划			
毕业生	招生		在籍生	毕业生	招生		在籍生
	计	其中:春季			计	其中:春季	
0	0	0	0	0	0	0	0
0	0	0	0	0	0	0	0
0	0	0	0	0	0	0	0
0	0	0	0	0	0	0	0
0	0	0	0	0	0	0	0
0	0	0	0	0	0	0	0
0	0	0	0	0	0	0	0
0	0	0	0	0	0	0	0
0	0	0	0	0	0	0	0
0	0	0	0	0	0	0	0
0	0	0	0	0	0	0	0
0	0	0	0	0	0	0	0
0	0	0	0	0	0	0	0
0	0	0	0	0	0	0	0
0	0	0	0	0	0	0	0
0	0	0	0	0	0	0	0
0	0	0	0	0	0	0	0
0	**0**	**0**	**0**	**0**	**443**	**283**	**456**
0	0	0	0	0	263	165	263
0	0	0	0	0	55	43	62
0	0	0	0	0	0	0	4
0	0	0	0	0	19	16	19
0	0	0	0	0	19	16	19
0	0	0	0	0	36	36	38
0	0	0	0	0	51	7	51
0	**0**	**0**	**0**	**0**	**123**	**85**	**128**
0	0	0	0	0	123	85	128
0	**0**	**0**	**0**	**0**	**3711**	**1401**	**4645**
0	0	0	0	0	469	183	742
0	0	0	0	0	91	49	198
0	0	0	0	0	162	4	188
0	0	0	0	0	11	11	11
0	0	0	0	0	72	2	72
0	0	0	0	0	54	0	54
0	0	0	0	0	9	0	116
0	0	0	0	0	78	40	78
0	0	0	0	0	18	11	76

专业与学校	合计				普通开放			
	毕业生	招生		在籍生	毕业生	招生		在籍生
		计	其中:春季			计	其中:春季	
山东	0	364	176	463	0	0	0	0
青岛	0	392	274	407	0	0	0	0
湖北	0	36	0	40	0	0	0	0
广东	0	116	0	116	0	0	0	0
广州	0	523	25	557	0	0	0	0
重庆	0	6	3	6	0	0	0	0
西安	0	50	0	50	0	0	0	0
甘肃	0	94	67	121	0	0	0	0
青海	0	124	30	124	0	0	0	0
宁夏	0	7	0	7	0	0	0	0
新疆	0	4	0	4	0	0	0	0
北京实验学院	0	150	16	157	0	0	0	0
软件学院	0	418	418	527	0	0	0	0
机械工业学院	0	116	7	176	0	0	0	0
纺织学院	0	347	85	355	0	0	0	0
会展策划与管理	**103**	**480**	**323**	**1025**	**103**	**0**	**0**	**367**
天津	95	421	268	926	95	0	0	353
安徽	0	4	0	5	0	0	0	0
广州	8	0	0	39	8	0	0	14
软件学院	0	55	55	55	0	0	0	0
会计学	**73906**	**56105**	**26484**	**280572**	**73906**	**56105**	**26484**	**280572**
北京	1254	779	385	6041	1254	779	385	6041
天津	946	686	303	3220	946	686	303	3220
河北	2295	1868	902	7582	2295	1868	902	7582
山西	1197	534	263	3099	1197	534	263	3099
内蒙古	1170	1443	794	4621	1170	1443	794	4621
辽宁	1855	1423	770	5106	1855	1423	770	5106
沈阳	376	758	429	2263	376	758	429	2263
大连	652	540	247	1846	652	540	247	1846
吉林	1326	949	459	3453	1326	949	459	3453
长春	236	374	121	908	236	374	121	908
黑龙江	1078	892	398	3096	1078	892	398	3096
哈尔滨	482	504	246	1946	482	504	246	1946
江苏	4122	1503	752	11954	4122	1503	752	11954
南京	588	284	86	2327	588	284	86	2327
浙江	6017	3419	1667	21810	6017	3419	1667	21810
宁波	994	498	204	3430	994	498	204	3430

专科专业分布(续表37)

单位:人

一村一				助力计划			
毕业生	招生		在籍生	毕业生	招生		在籍生
	计	其中:春季			计	其中:春季	
0	0	0	0	0	364	176	463
0	0	0	0	0	392	274	407
0	0	0	0	0	36	0	40
0	0	0	0	0	116	0	116
0	0	0	0	0	523	25	557
0	0	0	0	0	6	3	6
0	0	0	0	0	50	0	50
0	0	0	0	0	94	67	121
0	0	0	0	0	124	30	124
0	0	0	0	0	7	0	7
0	0	0	0	0	4	0	4
0	0	0	0	0	150	16	157
0	0	0	0	0	418	418	527
0	0	0	0	0	116	7	176
0	0	0	0	0	347	85	355
0	**0**	**0**	**0**	**0**	**480**	**323**	**658**
0	0	0	0	0	421	268	573
0	0	0	0	0	4	0	5
0	0	0	0	0	0	0	25
0	0	0	0	0	55	55	55
0	**0**	**0**	**0**	**0**	**0**	**0**	**0**
0	0	0	0	0	0	0	0
0	0	0	0	0	0	0	0
0	0	0	0	0	0	0	0
0	0	0	0	0	0	0	0
0	0	0	0	0	0	0	0
0	0	0	0	0	0	0	0
0	0	0	0	0	0	0	0
0	0	0	0	0	0	0	0
0	0	0	0	0	0	0	0
0	0	0	0	0	0	0	0
0	0	0	0	0	0	0	0
0	0	0	0	0	0	0	0
0	0	0	0	0	0	0	0
0	0	0	0	0	0	0	0
0	0	0	0	0	0	0	0
0	0	0	0	0	0	0	0

专业与学校	合计				普通开放			
	毕业生	招生		在籍生	毕业生	招生		在籍生
		计	其中:春季			计	其中:春季	
安徽	4107	2967	1380	17236	4107	2967	1380	17236
福建	2539	1781	830	10128	2539	1781	830	10128
厦门	156	92	45	837	156	92	45	837
江西	2168	1966	863	7986	2168	1966	863	7986
山东	2740	1120	613	6421	2740	1120	613	6421
青岛	486	403	241	2068	486	403	241	2068
河南	3145	2535	1191	10036	3145	2535	1191	10036
湖北	1673	1553	780	5971	1673	1553	780	5971
武汉	354	249	142	1483	354	249	142	1483
湖南	2692	2318	1285	9282	2692	2318	1285	9282
广东	7913	4897	2003	33283	7913	4897	2003	33283
广州	2643	2665	1050	10895	2643	2665	1050	10895
深圳	1176	857	297	6768	1176	857	297	6768
广西	1241	942	474	4825	1241	942	474	4825
海南	220	189	71	921	220	189	71	921
四川	3290	3219	1541	12667	3290	3219	1541	12667
成都	1239	1224	590	4458	1239	1224	590	4458
重庆	2670	2280	1079	9544	2670	2280	1079	9544
贵州	1189	1437	634	6077	1189	1437	634	6077
云南	487	253	97	2001	487	253	97	2001
陕西	1718	1303	615	6434	1718	1303	615	6434
西安	939	685	309	4474	939	685	309	4474
甘肃	741	686	327	3868	741	686	327	3868
青海	434	424	196	1504	434	424	196	1504
宁夏	601	456	186	2768	601	456	186	2768
新疆	1620	1973	1076	9391	1620	1973	1076	9391
新疆兵团	726	854	452	4134	726	854	452	4134
北京实验学院	353	243	59	1935	353	243	59	1935
残疾人教育学院	58	80	32	475	58	80	32	475
化学工程与工艺	**0**	**106**	**106**	**106**	**0**	**0**	**0**	**0**
广州	0	106	106	106	0	0	0	0
护理学	**11386**	**7001**	**3224**	**41113**	**11386**	**7001**	**3224**	**41113**
北京	799	683	400	3558	799	683	400	3558
河北	223	83	54	529	223	83	54	529
山西	1	0	0	26	1	0	0	26
内蒙古	55	198	109	491	55	198	109	491
辽宁	51	22	9	177	51	22	9	177

专科专业分布(续表38)

单位:人

一村一				助力计划			
毕业生	招生		在籍生	毕业生	招生		在籍生
	计	其中:春季			计	其中:春季	
0	0	0	0	0	0	0	0
0	0	0	0	0	0	0	0
0	0	0	0	0	0	0	0
0	0	0	0	0	0	0	0
0	0	0	0	0	0	0	0
0	0	0	0	0	0	0	0
0	0	0	0	0	0	0	0
0	0	0	0	0	0	0	0
0	0	0	0	0	0	0	0
0	0	0	0	0	0	0	0
0	0	0	0	0	0	0	0
0	0	0	0	0	0	0	0
0	0	0	0	0	0	0	0
0	0	0	0	0	0	0	0
0	0	0	0	0	0	0	0
0	0	0	0	0	0	0	0
0	0	0	0	0	0	0	0
0	0	0	0	0	0	0	0
0	0	0	0	0	0	0	0
0	0	0	0	0	0	0	0
0	0	0	0	0	0	0	0
0	0	0	0	0	0	0	0
0	0	0	0	0	0	0	0
0	0	0	0	0	0	0	0
0	0	0	0	0	0	0	0
0	0	0	0	0	0	0	0
0	0	0	0	0	0	0	0
0	0	0	0	0	0	0	0
0	0	0	0	0	0	0	0
0	**0**	**0**	**0**	**0**	**106**	**106**	**106**
0	0	0	0	0	106	106	106
0	**0**	**0**	**0**	**0**	**0**	**0**	**0**
0	0	0	0	0	0	0	0
0	0	0	0	0	0	0	0
0	0	0	0	0	0	0	0
0	0	0	0	0	0	0	0
0	0	0	0	0	0	0	0

专业与学校	合计				普通开放			
	毕业生	招生		在籍生	毕业生	招生		在籍生
		计	其中:春季			计	其中:春季	
沈阳	0	17	0	17	0	17	0	17
吉林	185	37	16	321	185	37	16	321
长春	16	0	0	129	16	0	0	129
黑龙江	273	72	31	3350	273	72	31	3350
哈尔滨	0	1176	503	1624	0	1176	503	1624
宁波	44	16	7	136	44	16	7	136
安徽	673	192	83	1572	673	192	83	1572
江西	811	489	246	3441	811	489	246	3441
山东	33	12	2	205	33	12	2	205
青岛	1	0	0	17	1	0	0	17
河南	216	80	34	577	216	80	34	577
湖北	138	72	30	488	138	72	30	488
武汉	72	3	2	167	72	3	2	167
湖南	250	163	128	938	250	163	128	938
广西	125	69	33	381	125	69	33	381
四川	1588	991	413	5043	1588	991	413	5043
成都	56	132	55	525	56	132	55	525
重庆	1566	0	0	2841	1566	0	0	2841
贵州	696	677	232	2458	696	677	232	2458
云南	161	126	59	628	161	126	59	628
陕西	897	335	159	2434	897	335	159	2434
西安	310	41	17	956	310	41	17	956
甘肃	1114	518	224	3996	1114	518	224	3996
青海	119	72	23	409	119	72	23	409
宁夏	202	159	76	751	202	159	76	751
新疆兵团	711	566	279	2928	711	566	279	2928
行政管理	**153964**	**155685**	**81346**	**567958**	**153964**	**155685**	**81346**	**567958**
北京	2985	2313	1300	13409	2985	2313	1300	13409
天津	2694	5142	2177	13300	2694	5142	2177	13300
河北	7640	6646	3365	22043	7640	6646	3365	22043
山西	6375	3387	1811	15985	6375	3387	1811	15985
内蒙古	3638	4611	2397	13782	3638	4611	2397	13782
辽宁	3277	3069	1521	9300	3277	3069	1521	9300
沈阳	2467	3901	1866	10703	2467	3901	1866	10703
大连	2115	2055	926	5844	2115	2055	926	5844
吉林	2650	2892	1276	8258	2650	2892	1276	8258
长春	934	859	457	3238	934	859	457	3238

专科专业分布(续表39)

单位:人

一村一				助力计划			
毕业生	招生		在籍生	毕业生	招生		在籍生
	计	其中:春季			计	其中:春季	
0	0	0	0	0	0	0	0
0	0	0	0	0	0	0	0
0	0	0	0	0	0	0	0
0	0	0	0	0	0	0	0
0	0	0	0	0	0	0	0
0	0	0	0	0	0	0	0
0	0	0	0	0	0	0	0
0	0	0	0	0	0	0	0
0	0	0	0	0	0	0	0
0	0	0	0	0	0	0	0
0	0	0	0	0	0	0	0
0	0	0	0	0	0	0	0
0	0	0	0	0	0	0	0
0	0	0	0	0	0	0	0
0	0	0	0	0	0	0	0
0	0	0	0	0	0	0	0
0	0	0	0	0	0	0	0
0	0	0	0	0	0	0	0
0	0	0	0	0	0	0	0
0	0	0	0	0	0	0	0
0	0	0	0	0	0	0	0
0	0	0	0	0	0	0	0
0	0	0	0	0	0	0	0
0	0	0	0	0	0	0	0
0	0	0	0	0	0	0	0
0	0	0	0	0	0	0	0
0	0	0	0	0	0	0	0
0	0	0	0	0	0	0	0
0	0	0	0	0	0	0	0
0	0	0	0	0	0	0	0
0	0	0	0	0	0	0	0
0	0	0	0	0	0	0	0
0	0	0	0	0	0	0	0
0	0	0	0	0	0	0	0
0	0	0	0	0	0	0	0
0	0	0	0	0	0	0	0
0	0	0	0	0	0	0	0

专业与学校	合计				普通开放			
	毕业生	招生		在籍生	毕业生	招生		在籍生
		计	其中:春季			计	其中:春季	
黑龙江	3881	3490	1589	9993	3881	3490	1589	9993
哈尔滨	1882	1551	797	5715	1882	1551	797	5715
江苏	3413	2053	1058	11003	3413	2053	1058	11003
南京	871	612	282	3111	871	612	282	3111
浙江	5010	3982	1986	18688	5010	3982	1986	18688
宁波	1410	1071	516	5056	1410	1071	516	5056
安徽	2107	2342	1079	8764	2107	2342	1079	8764
福建	3295	4786	2821	15835	3295	4786	2821	15835
厦门	0	36	14	49	0	36	14	49
江西	3307	4125	1718	11856	3307	4125	1718	11856
山东	3934	2433	1355	10150	3934	2433	1355	10150
青岛	800	844	561	3760	800	844	561	3760
河南	5598	5546	2516	17731	5598	5546	2516	17731
湖北	6017	5797	2903	18957	6017	5797	2903	18957
武汉	1947	1836	1067	6666	1947	1836	1067	6666
湖南	5842	5139	2861	17430	5842	5139	2861	17430
广东	16006	13545	6282	59284	16006	13545	6282	59284
广州	4953	4759	2215	17866	4953	4759	2215	17866
深圳	1021	675	324	4793	1021	675	324	4793
广西	2182	2580	1274	8871	2182	2580	1274	8871
海南	420	464	224	1715	420	464	224	1715
四川	5510	6107	2955	20658	5510	6107	2955	20658
成都	1933	2252	1006	7328	1933	2252	1006	7328
重庆	4481	4101	1876	15571	4481	4101	1876	15571
贵州	4506	5217	2587	18433	4506	5217	2587	18433
云南	1280	750	309	4542	1280	750	309	4542
陕西	5736	5287	2643	18466	5736	5287	2643	18466
西安	2451	2462	1083	11439	2451	2462	1083	11439
甘肃	2464	2187	1056	9913	2464	2187	1056	9913
青海	1060	1178	559	4126	1060	1178	559	4126
宁夏	1088	1220	545	4871	1088	1220	545	4871
新疆	2046	2618	1378	11668	2046	2618	1378	11668
新疆兵团	1421	1797	1013	6106	1421	1797	1013	6106
八一学院	8838	12358	9561	35851	8838	12358	9561	35851
北京实验学院	330	318	169	1485	330	318	169	1485
总参学院	1291	2312	1477	9672	1291	2312	1477	9672
西藏学院	484	736	347	2108	484	736	347	2108

专科专业分布(续表40)

单位:人

一村一				助力计划			
毕业生	招生		在籍生	毕业生	招生		在籍生
	计	其中:春季			计	其中:春季	
0	0	0	0	0	0	0	0
0	0	0	0	0	0	0	0
0	0	0	0	0	0	0	0
0	0	0	0	0	0	0	0
0	0	0	0	0	0	0	0
0	0	0	0	0	0	0	0
0	0	0	0	0	0	0	0
0	0	0	0	0	0	0	0
0	0	0	0	0	0	0	0
0	0	0	0	0	0	0	0
0	0	0	0	0	0	0	0
0	0	0	0	0	0	0	0
0	0	0	0	0	0	0	0
0	0	0	0	0	0	0	0
0	0	0	0	0	0	0	0
0	0	0	0	0	0	0	0
0	0	0	0	0	0	0	0
0	0	0	0	0	0	0	0
0	0	0	0	0	0	0	0
0	0	0	0	0	0	0	0
0	0	0	0	0	0	0	0
0	0	0	0	0	0	0	0
0	0	0	0	0	0	0	0
0	0	0	0	0	0	0	0
0	0	0	0	0	0	0	0
0	0	0	0	0	0	0	0
0	0	0	0	0	0	0	0
0	0	0	0	0	0	0	0
0	0	0	0	0	0	0	0
0	0	0	0	0	0	0	0
0	0	0	0	0	0	0	0
0	0	0	0	0	0	0	0
0	0	0	0	0	0	0	0
0	0	0	0	0	0	0	0
0	0	0	0	0	0	0	0
0	0	0	0	0	0	0	0
0	0	0	0	0	0	0	0

专业与学校	合计				普通开放			
	毕业生	招生		在籍生	毕业生	招生		在籍生
		计	其中:春季			计	其中:春季	
空军学院	374	2244	2244	12566	374	2244	2244	12566
焊接技术及自动化	**0**	**364**	**137**	**615**	**0**	**0**	**0**	**173**
天津	0	72	49	72	0	0	0	0
辽宁	0	29	24	171	0	0	0	117
沈阳	0	95	2	95	0	0	0	0
长春	0	8	8	66	0	0	0	56
黑龙江	0	71	20	71	0	0	0	0
哈尔滨	0	39	3	56	0	0	0	0
山东	0	14	11	14	0	0	0	0
青岛	0	7	6	7	0	0	0	0
青海	0	0	0	19	0	0	0	0
宁夏	0	1	0	1	0	0	0	0
新疆	0	1	0	1	0	0	0	0
机械工业学院	0	27	14	42	0	0	0	0
汉语言文学	**9686**	**7877**	**3738**	**32574**	**9686**	**7877**	**3738**	**32574**
北京	1	0	0	29	1	0	0	29
天津	8	1	0	50	8	1	0	50
河北	354	366	131	1059	354	366	131	1059
山西	345	183	87	850	345	183	87	850
内蒙古	137	129	37	352	137	129	37	352
辽宁	106	49	31	238	106	49	31	238
吉林	235	162	87	600	235	162	87	600
长春	148	116	58	349	148	116	58	349
黑龙江	363	226	113	685	363	226	113	685
哈尔滨	104	178	87	361	104	178	87	361
江苏	27	9	9	79	27	9	9	79
浙江	19	8	3	758	19	8	3	758
安徽	111	118	58	595	111	118	58	595
福建	0	0	0	7	0	0	0	7
江西	116	71	34	316	116	71	34	316
山东	396	255	119	881	396	255	119	881
青岛	0	1	1	10	0	1	1	10
河南	1747	1490	741	5547	1747	1490	741	5547
湖北	474	434	244	1918	474	434	244	1918
湖南	415	240	122	1316	415	240	122	1316
广东	484	260	149	1801	484	260	149	1801
广州	0	0	0	6	0	0	0	6

专科专业分布(续表41)

单位:人

一村一				助力计划			
毕业生	招生		在籍生	毕业生	招生		在籍生
	计	其中:春季			计	其中:春季	
0	0	0	0	0	0	0	0
0	**0**	**0**	**0**	**0**	**364**	**137**	**442**
0	0	0	0	0	72	49	72
0	0	0	0	0	29	24	54
0	0	0	0	0	95	2	95
0	0	0	0	0	8	8	10
0	0	0	0	0	71	20	71
0	0	0	0	0	39	3	56
0	0	0	0	0	14	11	14
0	0	0	0	0	7	6	7
0	0	0	0	0	0	0	19
0	0	0	0	0	1	0	1
0	0	0	0	0	1	0	1
0	0	0	0	0	27	14	42
0	**0**	**0**	**0**	**0**	**0**	**0**	**0**
0	0	0	0	0	0	0	0
0	0	0	0	0	0	0	0
0	0	0	0	0	0	0	0
0	0	0	0	0	0	0	0
0	0	0	0	0	0	0	0
0	0	0	0	0	0	0	0
0	0	0	0	0	0	0	0
0	0	0	0	0	0	0	0
0	0	0	0	0	0	0	0
0	0	0	0	0	0	0	0
0	0	0	0	0	0	0	0
0	0	0	0	0	0	0	0
0	0	0	0	0	0	0	0
0	0	0	0	0	0	0	0
0	0	0	0	0	0	0	0
0	0	0	0	0	0	0	0
0	0	0	0	0	0	0	0
0	0	0	0	0	0	0	0
0	0	0	0	0	0	0	0
0	0	0	0	0	0	0	0
0	0	0	0	0	0	0	0
0	0	0	0	0	0	0	0

专业与学校	合计				普通开放			
	毕业生	招生		在籍生	毕业生	招生		在籍生
		计	其中:春季			计	其中:春季	
深圳	0	0	0	15	0	0	0	15
广西	189	221	116	1118	189	221	116	1118
海南	25	16	6	93	25	16	6	93
四川	689	700	398	2256	689	700	398	2256
成都	9	19	9	51	9	19	9	51
重庆	420	319	142	1449	420	319	142	1449
贵州	292	181	80	761	292	181	80	761
云南	231	130	65	666	231	130	65	666
陕西	1043	661	311	2832	1043	661	311	2832
西安	117	40	13	404	117	40	13	404
甘肃	278	528	93	1505	278	528	93	1505
青海	283	301	152	1068	283	301	152	1068
宁夏	13	9	5	94	13	9	5	94
新疆	482	442	228	2345	482	442	228	2345
新疆兵团	25	14	9	110	25	14	9	110
汉语言	**189**	**224**	**112**	**1690**	**189**	**224**	**112**	**1690**
新疆	189	224	112	1690	189	224	112	1690
国际经济与贸易	**212**	**303**	**157**	**1434**	**212**	**303**	**157**	**1434**
大连	0	49	0	149	0	49	0	149
浙江	6	15	10	66	6	15	10	66
宁波	71	43	20	567	71	43	20	567
厦门	0	0	0	34	0	0	0	34
山东	68	61	54	207	68	61	54	207
青岛	62	111	71	289	62	111	71	289
武汉	2	0	0	43	2	0	0	43
湖南	3	13	0	31	3	13	0	31
广州	0	0	0	5	0	0	0	5
深圳	0	0	0	21	0	0	0	21
广西	0	10	2	14	0	10	2	14
云南	0	1	0	7	0	1	0	7
新疆	0	0	0	1	0	0	0	1
广告	**1413**	**1630**	**626**	**11494**	**1413**	**1630**	**626**	**11494**
北京	21	45	37	461	21	45	37	461
天津	14	39	1	216	14	39	1	216
山西	3	0	0	32	3	0	0	32
内蒙古	9	30	16	87	9	30	16	87
辽宁	18	3	3	74	18	3	3	74

专科专业分布(续表42)

单位:人

一村一				助力计划			
毕业生	招生		在籍生	毕业生	招生		在籍生
	计	其中:春季			计	其中:春季	
0	0	0	0	0	0	0	0
0	0	0	0	0	0	0	0
0	0	0	0	0	0	0	0
0	0	0	0	0	0	0	0
0	0	0	0	0	0	0	0
0	0	0	0	0	0	0	0
0	0	0	0	0	0	0	0
0	0	0	0	0	0	0	0
0	0	0	0	0	0	0	0
0	0	0	0	0	0	0	0
0	0	0	0	0	0	0	0
0	0	0	0	0	0	0	0
0	0	0	0	0	0	0	0
0	0	0	0	0	0	0	0
0	0	0	0	0	0	0	0
0	0	0	0	0	0	0	0
0	0	0	0	0	0	0	0
0	0	0	0	0	0	0	0
0	0	0	0	0	0	0	0
0	0	0	0	0	0	0	0
0	0	0	0	0	0	0	0
0	0	0	0	0	0	0	0
0	0	0	0	0	0	0	0
0	0	0	0	0	0	0	0
0	0	0	0	0	0	0	0
0	0	0	0	0	0	0	0
0	0	0	0	0	0	0	0
0	0	0	0	0	0	0	0
0	0	0	0	0	0	0	0
0	0	0	0	0	0	0	0
0	0	0	0	0	0	0	0
0	0	0	0	0	0	0	0
0	0	0	0	0	0	0	0
0	0	0	0	0	0	0	0
0	0	0	0	0	0	0	0
0	0	0	0	0	0	0	0
0	0	0	0	0	0	0	0

专业与学校	合计				普通开放			
	毕业生	招生		在籍生	毕业生	招生		在籍生
		计	其中:春季			计	其中:春季	
沈阳	12	47	35	345	12	47	35	345
大连	7	24	0	37	7	24	0	37
吉林	4	24	22	130	4	24	22	130
长春	204	141	45	507	204	141	45	507
黑龙江	13	81	4	294	13	81	4	294
哈尔滨	29	109	40	308	29	109	40	308
江苏	0	0	0	13	0	0	0	13
南京	17	11	11	228	17	11	11	228
浙江	46	48	19	428	46	48	19	428
宁波	35	35	2	228	35	35	2	228
安徽	73	41	19	687	73	41	19	687
福建	8	0	0	167	8	0	0	167
厦门	0	0	0	30	0	0	0	30
江西	0	0	0	6	0	0	0	6
山东	32	25	21	231	32	25	21	231
河南	68	42	13	473	68	42	13	473
湖北	104	50	46	329	104	50	46	329
武汉	30	2	0	487	30	2	0	487
湖南	123	111	52	938	123	111	52	938
广东	169	216	67	1544	169	216	67	1544
广州	134	285	45	993	134	285	45	993
深圳	38	41	21	360	38	41	21	360
广西	4	36	23	111	4	36	23	111
四川	4	0	0	32	4	0	0	32
成都	44	34	25	257	44	34	25	257
重庆	24	5	3	136	24	5	3	136
云南	5	1	0	14	5	1	0	14
陕西	20	22	13	468	20	22	13	468
西安	67	46	24	414	67	46	24	414
甘肃	21	30	13	270	21	30	13	270
宁夏	4	1	1	70	4	1	1	70
新疆	7	0	0	35	7	0	0	35
新疆兵团	2	5	5	54	2	5	5	54
光伏发电技术及应用	**50**	**28**	**13**	**227**	**50**	**0**	**0**	**185**
沈阳	7	1	0	7	7	0	0	6
江苏	1	0	0	12	1	0	0	12
浙江	28	10	0	65	28	0	0	44

专科专业分布(续表43)

单位:人

一村一				助力计划			
毕业生	招生		在籍生	毕业生	招生		在籍生
	计	其中:春季			计	其中:春季	
0	0	0	0	0	0	0	0
0	0	0	0	0	0	0	0
0	0	0	0	0	0	0	0
0	0	0	0	0	0	0	0
0	0	0	0	0	0	0	0
0	0	0	0	0	0	0	0
0	0	0	0	0	0	0	0
0	0	0	0	0	0	0	0
0	0	0	0	0	0	0	0
0	0	0	0	0	0	0	0
0	0	0	0	0	0	0	0
0	0	0	0	0	0	0	0
0	0	0	0	0	0	0	0
0	0	0	0	0	0	0	0
0	0	0	0	0	0	0	0
0	0	0	0	0	0	0	0
0	0	0	0	0	0	0	0
0	0	0	0	0	0	0	0
0	0	0	0	0	0	0	0
0	0	0	0	0	0	0	0
0	0	0	0	0	0	0	0
0	0	0	0	0	0	0	0
0	0	0	0	0	0	0	0
0	0	0	0	0	0	0	0
0	0	0	0	0	0	0	0
0	0	0	0	0	0	0	0
0	0	0	0	0	0	0	0
0	0	0	0	0	0	0	0
0	0	0	0	0	0	0	0
0	0	0	0	0	0	0	0
0	0	0	0	0	0	0	0
0	0	0	0	0	0	0	0
0	0	0	0	0	0	0	0
0	**0**	**0**	**0**	**0**	**28**	**13**	**42**
0	0	0	0	0	1	0	1
0	0	0	0	0	0	0	0
0	0	0	0	0	10	0	21

2.5 开放教育

专业与学校	合计				普通开放			
	毕业生	招生		在籍生	毕业生	招生		在籍生
		计	其中:春季			计	其中:春季	
江西	2	0	0	43	2	0	0	42
河南	0	0	0	10	0	0	0	10
湖北	0	0	0	25	0	0	0	25
甘肃	12	7	3	55	12	0	0	46
青海	0	10	10	10	0	0	0	0
观光农业	**226**	**573**	**38**	**2192**	**0**	**0**	**0**	**0**
北京	0	0	0	49	0	0	0	0
内蒙古	0	0	0	37	0	0	0	0
南京	21	31	7	74	0	0	0	0
浙江	85	423	25	1374	0	0	0	0
山东	28	0	0	9	0	0	0	0
湖南	4	1	0	49	0	0	0	0
广西	0	2	0	2	0	0	0	0
海南	0	6	6	263	0	0	0	0
贵州	88	110	0	334	0	0	0	0
陕西	0	0	0	1	0	0	0	0
工商管理	**61830**	**65516**	**33173**	**283269**	**61830**	**65516**	**33173**	**283269**
北京	1053	905	497	6626	1053	905	497	6626
天津	532	652	117	3106	532	652	117	3106
河北	725	747	382	3517	725	747	382	3517
山西	453	242	139	1972	453	242	139	1972
内蒙古	552	845	333	2706	552	845	333	2706
辽宁	2259	2206	1107	7350	2259	2206	1107	7350
沈阳	691	1574	755	4829	691	1574	755	4829
大连	651	615	253	2124	651	615	253	2124
吉林	2821	1514	773	6691	2821	1514	773	6691
长春	859	1129	544	3818	859	1129	544	3818
黑龙江	914	1076	404	3294	914	1076	404	3294
哈尔滨	385	767	398	2492	385	767	398	2492
江苏	3110	1526	799	9662	3110	1526	799	9662
南京	749	442	246	3501	749	442	246	3501
浙江	2426	2164	1079	12449	2426	2164	1079	12449
宁波	458	398	144	2188	458	398	144	2188
安徽	2851	2974	1529	16177	2851	2974	1529	16177
福建	609	769	469	3307	609	769	469	3307
厦门	110	98	52	776	110	98	52	776
江西	2726	4669	1846	13446	2726	4669	1846	13446

专科专业分布(续表44)

单位:人

一村一				助力计划			
毕业生	招生		在籍生	毕业生	招生		在籍生
	计	其中:春季			计	其中:春季	
0	0	0	0	0	0	0	1
0	0	0	0	0	0	0	0
0	0	0	0	0	0	0	0
0	0	0	0	0	7	3	9
0	0	0	0	0	10	10	10
226	**573**	**38**	**2192**	**0**	**0**	**0**	**0**
0	0	0	49	0	0	0	0
0	0	0	37	0	0	0	0
21	31	7	74	0	0	0	0
85	423	25	1374	0	0	0	0
28	0	0	9	0	0	0	0
4	1	0	49	0	0	0	0
0	2	0	2	0	0	0	0
0	6	6	263	0	0	0	0
88	110	0	334	0	0	0	0
0	0	0	1	0	0	0	0
0	**0**	**0**	**0**	**0**	**0**	**0**	**0**
0	0	0	0	0	0	0	0
0	0	0	0	0	0	0	0
0	0	0	0	0	0	0	0
0	0	0	0	0	0	0	0
0	0	0	0	0	0	0	0
0	0	0	0	0	0	0	0
0	0	0	0	0	0	0	0
0	0	0	0	0	0	0	0
0	0	0	0	0	0	0	0
0	0	0	0	0	0	0	0
0	0	0	0	0	0	0	0
0	0	0	0	0	0	0	0
0	0	0	0	0	0	0	0
0	0	0	0	0	0	0	0
0	0	0	0	0	0	0	0
0	0	0	0	0	0	0	0
0	0	0	0	0	0	0	0
0	0	0	0	0	0	0	0
0	0	0	0	0	0	0	0
0	0	0	0	0	0	0	0

专业与学校	合计				普通开放			
	毕业生	招生		在籍生	毕业生	招生		在籍生
		计	其中:春季			计	其中:春季	
山东	2560	1429	774	7335	2560	1429	774	7335
青岛	385	451	290	2395	385	451	290	2395
河南	2775	2828	1592	11275	2775	2828	1592	11275
湖北	2605	2603	1213	9356	2605	2603	1213	9356
武汉	473	502	251	2785	473	502	251	2785
湖南	3449	3783	2067	12859	3449	3783	2067	12859
广东	2593	3013	1338	18745	2593	3013	1338	18745
广州	1832	3056	1625	12160	1832	3056	1625	12160
深圳	602	416	187	3530	602	416	187	3530
广西	860	1184	619	4151	860	1184	619	4151
海南	275	238	102	1091	275	238	102	1091
四川	4364	4625	2218	17944	4364	4625	2218	17944
成都	1662	1870	836	6975	1662	1870	836	6975
重庆	3849	2895	1343	14263	3849	2895	1343	14263
贵州	473	547	273	2970	473	547	273	2970
云南	532	327	162	2137	532	327	162	2137
陕西	1615	1522	744	6485	1615	1522	744	6485
西安	907	969	412	5697	907	969	412	5697
甘肃	655	560	300	3164	655	560	300	3164
青海	242	201	90	913	242	201	90	913
宁夏	390	316	128	2196	390	316	128	2196
新疆	572	579	362	4263	572	579	362	4263
新疆兵团	313	373	189	1875	313	373	189	1875
八一学院	2570	5416	3992	15625	2570	5416	3992	15625
北京实验学院	282	318	87	2251	282	318	87	2251
总参学院	61	183	113	798	61	183	113	798
工程造价管理	**6541**	**4570**	**2341**	**24371**	**6541**	**4570**	**2341**	**24371**
北京	177	108	72	683	177	108	72	683
天津	46	48	23	213	46	48	23	213
河北	27	53	36	141	27	53	36	141
内蒙古	47	46	35	224	47	46	35	224
辽宁	92	38	25	231	92	38	25	231
沈阳	49	81	40	216	49	81	40	216
大连	34	0	0	27	34	0	0	27
吉林	13	16	3	35	13	16	3	35
黑龙江	69	48	18	237	69	48	18	237
哈尔滨	60	84	58	296	60	84	58	296

专科专业分布(续表 45)

单位:人

一村一				助力计划			
毕业生	招生		在籍生	毕业生	招生		在籍生
	计	其中:春季			计	其中:春季	
0	0	0	0	0	0	0	0
0	0	0	0	0	0	0	0
0	0	0	0	0	0	0	0
0	0	0	0	0	0	0	0
0	0	0	0	0	0	0	0
0	0	0	0	0	0	0	0
0	0	0	0	0	0	0	0
0	0	0	0	0	0	0	0
0	0	0	0	0	0	0	0
0	0	0	0	0	0	0	0
0	0	0	0	0	0	0	0
0	0	0	0	0	0	0	0
0	0	0	0	0	0	0	0
0	0	0	0	0	0	0	0
0	0	0	0	0	0	0	0
0	0	0	0	0	0	0	0
0	0	0	0	0	0	0	0
0	0	0	0	0	0	0	0
0	0	0	0	0	0	0	0
0	0	0	0	0	0	0	0
0	0	0	0	0	0	0	0
0	0	0	0	0	0	0	0
0	0	0	0	0	0	0	0
0	0	0	0	0	0	0	0
0	0	0	0	0	0	0	0
0	0	0	0	0	0	0	0
0	0	0	0	0	0	0	0
0	0	0	0	0	0	0	0
0	0	0	0	0	0	0	0
0	0	0	0	0	0	0	0
0	0	0	0	0	0	0	0
0	0	0	0	0	0	0	0
0	0	0	0	0	0	0	0
0	0	0	0	0	0	0	0
0	0	0	0	0	0	0	0
0	0	0	0	0	0	0	0
0	0	0	0	0	0	0	0

专业与学校	合计				普通开放			
	毕业生	招生		在籍生	毕业生	招生		在籍生
		计	其中:春季			计	其中:春季	
江苏	331	102	56	999	331	102	56	999
浙江	201	91	39	621	201	91	39	621
宁波	31	82	12	234	31	82	12	234
安徽	288	172	82	1432	288	172	82	1432
江西	94	197	95	648	94	197	95	648
山东	208	62	25	375	208	62	25	375
河南	155	190	101	707	155	190	101	707
湖北	120	75	34	496	120	75	34	496
武汉	53	21	12	155	53	21	12	155
湖南	101	92	62	420	101	92	62	420
广东	192	241	117	1244	192	241	117	1244
深圳	90	64	31	484	90	64	31	484
广西	18	24	16	105	18	24	16	105
海南	41	22	9	137	41	22	9	137
四川	1119	763	382	3706	1119	763	382	3706
成都	439	314	155	1505	439	314	155	1505
重庆	1138	521	302	2949	1138	521	302	2949
贵州	66	60	29	309	66	60	29	309
云南	15	43	9	154	15	43	9	154
陕西	303	203	103	1065	303	203	103	1065
西安	386	225	103	1712	386	225	103	1712
甘肃	202	206	96	807	202	206	96	807
宁夏	50	21	13	185	50	21	13	185
新疆	113	81	49	697	113	81	49	697
新疆兵团	173	176	99	922	173	176	99	922
服装设计与加工	**0**	**55**	**4**	**67**	**0**	**0**	**0**	**0**
青岛	0	20	4	20	0	0	0	0
广州	0	35	0	47	0	0	0	0
风能与动力技术	**0**	**16**	**7**	**89**	**0**	**0**	**0**	**0**
甘肃	0	16	7	89	0	0	0	0
法学	**53077**	**53348**	**26962**	**191893**	**53077**	**52904**	**26861**	**191449**
北京	321	115	83	1300	321	115	83	1300
天津	335	76	26	856	335	76	26	856
河北	3839	2513	1228	8763	3839	2513	1228	8763
山西	747	339	162	1902	747	339	162	1902
内蒙古	2649	3629	1859	8748	2649	3629	1859	8748
辽宁	1779	1121	524	3915	1779	1121	524	3915

专科专业分布(续表 46)

单位:人

一村一				助力计划			
毕业生	招生		在籍生	毕业生	招生		在籍生
	计	其中:春季			计	其中:春季	
0	0	0	0	0	0	0	0
0	0	0	0	0	0	0	0
0	0	0	0	0	0	0	0
0	0	0	0	0	0	0	0
0	0	0	0	0	0	0	0
0	0	0	0	0	0	0	0
0	0	0	0	0	0	0	0
0	0	0	0	0	0	0	0
0	0	0	0	0	0	0	0
0	0	0	0	0	0	0	0
0	0	0	0	0	0	0	0
0	0	0	0	0	0	0	0
0	0	0	0	0	0	0	0
0	0	0	0	0	0	0	0
0	0	0	0	0	0	0	0
0	0	0	0	0	0	0	0
0	0	0	0	0	0	0	0
0	0	0	0	0	0	0	0
0	0	0	0	0	0	0	0
0	0	0	0	0	0	0	0
0	0	0	0	0	0	0	0
0	0	0	0	0	0	0	0
0	0	0	0	0	0	0	0
0	0	0	0	0	0	0	0
0	0	0	0	0	0	0	0
0	**0**	**0**	**0**	**0**	**55**	**4**	**67**
0	0	0	0	0	20	4	20
0	0	0	0	0	35	0	47
0	**0**	**0**	**0**	**0**	**16**	**7**	**89**
0	0	0	0	0	16	7	89
0	**444**	**101**	**444**	**0**	**0**	**0**	**0**
0	0	0	0	0	0	0	0
0	0	0	0	0	0	0	0
0	0	0	0	0	0	0	0
0	0	0	0	0	0	0	0
0	0	0	0	0	0	0	0
0	0	0	0	0	0	0	0

专业与学校	合计				普通开放			
	毕业生	招生		在籍生	毕业生	招生		在籍生
		计	其中:春季			计	其中:春季	
沈阳	657	811	360	2299	657	811	360	2299
大连	328	420	190	1155	328	420	190	1155
吉林	1814	1051	537	5017	1814	1051	537	5017
长春	192	179	83	618	192	179	83	618
黑龙江	1603	1212	527	3646	1603	1212	527	3646
哈尔滨	518	464	235	1400	518	464	235	1400
江苏	1025	527	262	3328	1025	527	262	3328
南京	54	4	0	138	54	4	0	138
浙江	1053	1012	444	4568	1053	1012	444	4568
宁波	54	58	27	263	54	58	27	263
安徽	2593	2263	1039	9815	2593	2263	1039	9815
福建	1380	1501	938	5621	1380	1501	938	5621
厦门	59	25	10	185	59	25	10	185
江西	1692	1591	884	5168	1692	1591	884	5168
山东	975	762	328	2802	975	762	328	2802
青岛	127	92	47	502	127	92	47	502
河南	3506	2930	1327	9850	3506	2930	1327	9850
湖北	1020	943	529	3126	1020	943	529	3126
武汉	124	47	26	388	124	47	26	388
湖南	1721	1514	692	4831	1721	1070	591	4387
广东	1480	1382	619	5702	1480	1382	619	5702
广州	719	618	61	3793	719	618	61	3793
深圳	7	21	0	129	7	21	0	129
广西	751	671	334	2535	751	671	334	2535
海南	107	123	71	386	107	123	71	386
四川	2395	2527	1205	8993	2395	2527	1205	8993
成都	375	528	196	1693	375	528	196	1693
重庆	1418	1152	517	4813	1418	1152	517	4813
贵州	2950	3924	1788	12223	2950	3924	1788	12223
云南	725	514	143	2838	725	514	143	2838
陕西	1532	1370	628	4572	1532	1370	628	4572
西安	86	116	40	480	86	116	40	480
甘肃	1160	1452	771	4909	1160	1452	771	4909
青海	533	581	226	1745	533	581	226	1745
宁夏	591	592	277	2303	591	592	277	2303
新疆	4796	7723	4109	25879	4796	7723	4109	25879
新疆兵团	510	951	563	3041	510	951	563	3041

专科专业分布(续表47)

单位:人

一村一				助力计划			
毕业生	招生		在籍生	毕业生	招生		在籍生
	计	其中:春季			计	其中:春季	
0	0	0	0	0	0	0	0
0	0	0	0	0	0	0	0
0	0	0	0	0	0	0	0
0	0	0	0	0	0	0	0
0	0	0	0	0	0	0	0
0	0	0	0	0	0	0	0
0	0	0	0	0	0	0	0
0	0	0	0	0	0	0	0
0	0	0	0	0	0	0	0
0	0	0	0	0	0	0	0
0	0	0	0	0	0	0	0
0	0	0	0	0	0	0	0
0	0	0	0	0	0	0	0
0	0	0	0	0	0	0	0
0	0	0	0	0	0	0	0
0	0	0	0	0	0	0	0
0	0	0	0	0	0	0	0
0	0	0	0	0	0	0	0
0	0	0	0	0	0	0	0
0	444	101	444	0	0	0	0
0	0	0	0	0	0	0	0
0	0	0	0	0	0	0	0
0	0	0	0	0	0	0	0
0	0	0	0	0	0	0	0
0	0	0	0	0	0	0	0
0	0	0	0	0	0	0	0
0	0	0	0	0	0	0	0
0	0	0	0	0	0	0	0
0	0	0	0	0	0	0	0
0	0	0	0	0	0	0	0
0	0	0	0	0	0	0	0
0	0	0	0	0	0	0	0
0	0	0	0	0	0	0	0
0	0	0	0	0	0	0	0
0	0	0	0	0	0	0	0
0	0	0	0	0	0	0	0
0	0	0	0	0	0	0	0

专业与学校	合计				普通开放			
	毕业生	招生		在籍生	毕业生	招生		在籍生
		计	其中:春季			计	其中:春季	
八一学院	2026	2839	2175	8296	2026	2839	2175	8296
北京实验学院	18	10	4	112	18	10	4	112
总参学院	555	689	636	5691	555	689	636	5691
西藏学院	175	151	66	851	175	151	66	851
残疾人教育学院	0	90	41	218	0	90	41	218
空军学院	3	125	125	487	3	125	125	487
动画	**201**	**217**	**54**	**888**	**201**	**217**	**54**	**888**
天津	2	0	0	1	2	0	0	1
浙江	1	0	0	2	1	0	0	2
广州	198	217	54	885	198	217	54	885
电子信息技术	**14**	**174**	**123**	**629**	**14**	**174**	**123**	**629**
广州	0	56	5	162	0	56	5	162
空军学院	14	118	118	467	14	118	118	467
电子信息工程技术	**0**	**614**	**473**	**1280**	**0**	**0**	**0**	**532**
天津	0	52	26	52	0	0	0	0
黑龙江	0	0	0	1	0	0	0	0
江西	0	3	0	3	0	0	0	0
山东	0	31	23	60	0	0	0	0
青岛	0	103	99	103	0	0	0	0
湖北	0	76	45	120	0	0	0	0
湖南	0	282	213	853	0	0	0	532
软件学院	0	67	67	88	0	0	0	0
电子商务	**3240**	**5556**	**2050**	**24333**	**3240**	**5556**	**2050**	**24333**
北京	79	0	0	588	79	0	0	588
天津	79	9	2	271	79	9	2	271
河北	26	36	10	211	26	36	10	211
内蒙古	111	59	12	386	111	59	12	386
辽宁	21	66	19	234	21	66	19	234
沈阳	6	99	9	199	6	99	9	199
大连	41	169	67	263	41	169	67	263
吉林	22	1	0	51	22	1	0	51
长春	0	0	0	157	0	0	0	157
黑龙江	16	207	26	301	16	207	26	301
哈尔滨	13	241	158	828	13	241	158	828
江苏	132	84	15	1476	132	84	15	1476
南京	215	68	66	1031	215	68	66	1031
浙江	185	239	53	1039	185	239	53	1039

专科专业分布(续表48)

单位:人

一村一				助力计划			
毕业生	招生		在籍生	毕业生	招生		在籍生
	计	其中:春季			计	其中:春季	
0	0	0	0	0	0	0	0
0	0	0	0	0	0	0	0
0	0	0	0	0	0	0	0
0	0	0	0	0	0	0	0
0	0	0	0	0	0	0	0
0	0	0	0	0	0	0	0
0	**0**	**0**	**0**	**0**	**0**	**0**	**0**
0	0	0	0	0	0	0	0
0	0	0	0	0	0	0	0
0	0	0	0	0	0	0	0
0	**0**	**0**	**0**	**0**	**0**	**0**	**0**
0	0	0	0	0	0	0	0
0	0	0	0	0	0	0	0
0	**0**	**0**	**0**	**0**	**614**	**473**	**748**
0	0	0	0	0	52	26	52
0	0	0	0	0	0	0	1
0	0	0	0	0	3	0	3
0	0	0	0	0	31	23	60
0	0	0	0	0	103	99	103
0	0	0	0	0	76	45	120
0	0	0	0	0	282	213	321
0	0	0	0	0	67	67	88
0	**0**	**0**	**0**	**0**	**0**	**0**	**0**
0	0	0	0	0	0	0	0
0	0	0	0	0	0	0	0
0	0	0	0	0	0	0	0
0	0	0	0	0	0	0	0
0	0	0	0	0	0	0	0
0	0	0	0	0	0	0	0
0	0	0	0	0	0	0	0
0	0	0	0	0	0	0	0
0	0	0	0	0	0	0	0
0	0	0	0	0	0	0	0
0	0	0	0	0	0	0	0
0	0	0	0	0	0	0	0
0	0	0	0	0	0	0	0
0	0	0	0	0	0	0	0

专业与学校	合计				普通开放			
	毕业生	招生		在籍生	毕业生	招生		在籍生
		计	其中:春季			计	其中:春季	
宁波	54	31	5	275	54	31	5	275
安徽	46	68	24	433	46	68	24	433
福建	1	0	0	19	1	0	0	19
江西	0	175	0	175	0	175	0	175
山东	57	37	9	256	57	37	9	256
青岛	1	190	28	259	1	190	28	259
河南	70	87	31	475	70	87	31	475
湖北	217	327	80	1683	217	327	80	1683
武汉	55	110	60	330	55	110	60	330
湖南	658	960	479	2774	658	960	479	2774
广东	312	691	334	3501	312	691	334	3501
广州	270	905	264	2812	270	905	264	2812
深圳	282	175	42	1343	282	175	42	1343
广西	57	56	30	366	57	56	30	366
四川	2	0	0	54	2	0	0	54
成都	72	93	46	339	72	93	46	339
重庆	52	163	105	984	52	163	105	984
贵州	7	0	0	74	7	0	0	74
云南	0	0	0	1	0	0	0	1
陕西	3	16	5	127	3	16	5	127
西安	5	0	0	55	5	0	0	55
甘肃	7	21	13	175	7	21	13	175
宁夏	0	0	0	4	0	0	0	4
新疆	5	0	0	11	5	0	0	11
新疆兵团	4	1	1	39	4	1	1	39
北京实验学院	57	172	57	734	57	172	57	734
电气自动化技术	**0**	**1463**	**638**	**2192**	**0**	**0**	**0**	**418**
天津	0	225	68	259	0	0	0	0
河北	0	6	1	6	0	0	0	0
山西	0	175	71	175	0	0	0	0
内蒙古	0	283	210	299	0	0	0	0
辽宁	0	57	32	522	0	0	0	391
沈阳	0	95	19	108	0	0	0	0
长春	0	30	17	102	0	0	0	27
黑龙江	0	111	11	117	0	0	0	0
哈尔滨	0	51	35	55	0	0	0	0
安徽	0	11	0	12	0	0	0	0

专科专业分布(续表49)

单位:人

一村一				助力计划			
毕业生	招生		在籍生	毕业生	招生		在籍生
	计	其中:春季			计	其中:春季	
0	0	0	0	0	0	0	0
0	0	0	0	0	0	0	0
0	0	0	0	0	0	0	0
0	0	0	0	0	0	0	0
0	0	0	0	0	0	0	0
0	0	0	0	0	0	0	0
0	0	0	0	0	0	0	0
0	0	0	0	0	0	0	0
0	0	0	0	0	0	0	0
0	0	0	0	0	0	0	0
0	0	0	0	0	0	0	0
0	0	0	0	0	0	0	0
0	0	0	0	0	0	0	0
0	0	0	0	0	0	0	0
0	0	0	0	0	0	0	0
0	0	0	0	0	0	0	0
0	0	0	0	0	0	0	0
0	0	0	0	0	0	0	0
0	0	0	0	0	0	0	0
0	0	0	0	0	0	0	0
0	0	0	0	0	0	0	0
0	0	0	0	0	0	0	0
0	0	0	0	0	0	0	0
0	0	0	0	0	0	0	0
0	0	0	0	0	0	0	0
0	0	0	0	0	0	0	0
0	**0**	**0**	**0**	**0**	**1463**	**638**	**1774**
0	0	0	0	0	225	68	259
0	0	0	0	0	6	1	6
0	0	0	0	0	175	71	175
0	0	0	0	0	283	210	299
0	0	0	0	0	57	32	131
0	0	0	0	0	95	19	108
0	0	0	0	0	30	17	75
0	0	0	0	0	111	11	117
0	0	0	0	0	51	35	55
0	0	0	0	0	11	0	12

专业与学校	合计				普通开放			
	毕业生	招生		在籍生	毕业生	招生		在籍生
		计	其中:春季			计	其中:春季	
江西	0	4	0	51	0	0	0	0
山东	0	90	60	91	0	0	0	0
青岛	0	3	0	3	0	0	0	0
湖北	0	6	2	6	0	0	0	0
武汉	0	1	1	1	0	0	0	0
广州	0	122	79	122	0	0	0	0
陕西	0	92	0	92	0	0	0	0
青海	0	83	29	136	0	0	0	0
新疆	0	1	0	1	0	0	0	0
机械工业学院	0	16	3	33	0	0	0	0
纺织学院	0	1	0	1	0	0	0	0
电力系统自动化技术	**0**	**37**	**0**	**37**	**0**	**0**	**0**	**0**
西安	0	37	0	37	0	0	0	0
道路桥梁工程施工与管理	**1117**	**1451**	**628**	**4790**	**1117**	**1451**	**628**	**4790**
内蒙古	101	190	99	539	101	190	99	539
辽宁	77	45	23	254	77	45	23	254
吉林	81	32	24	158	81	32	24	158
长春	61	169	82	419	61	169	82	419
浙江	4	0	0	8	4	0	0	8
安徽	0	35	5	124	0	35	5	124
江西	6	32	19	93	6	32	19	93
山东	42	130	9	246	42	130	9	246
河南	117	151	73	450	117	151	73	450
湖北	103	116	59	368	103	116	59	368
武汉	0	2	2	10	0	2	2	10
湖南	119	42	22	151	119	42	22	151
广西	97	111	27	404	97	111	27	404
四川	149	136	76	524	149	136	76	524
成都	0	32	10	33	0	32	10	33
重庆	45	24	13	122	45	24	13	122
贵州	19	26	7	75	19	26	7	75
陕西	32	65	20	237	32	65	20	237
西安	38	2	0	156	38	2	0	156
甘肃	15	99	54	278	15	99	54	278
青海	0	0	0	74	0	0	0	74
宁夏	6	10	2	24	6	10	2	24
新疆	5	2	2	36	5	2	2	36

专科专业分布(续表50)

单位:人

一村一				助力计划			
毕业生	招生		在籍生	毕业生	招生		在籍生
	计	其中:春季			计	其中:春季	
0	0	0	0	0	4	0	51
0	0	0	0	0	90	60	91
0	0	0	0	0	3	0	3
0	0	0	0	0	6	2	6
0	0	0	0	0	1	1	1
0	0	0	0	0	122	79	122
0	0	0	0	0	92	0	92
0	0	0	0	0	83	29	136
0	0	0	0	0	1	0	1
0	0	0	0	0	16	3	33
0	0	0	0	0	1	0	1
0	**0**	**0**	**0**	**0**	**37**	**0**	**37**
0	0	0	0	0	37	0	37
0	**0**	**0**	**0**	**0**	**0**	**0**	**0**
0	0	0	0	0	0	0	0
0	0	0	0	0	0	0	0
0	0	0	0	0	0	0	0
0	0	0	0	0	0	0	0
0	0	0	0	0	0	0	0
0	0	0	0	0	0	0	0
0	0	0	0	0	0	0	0
0	0	0	0	0	0	0	0
0	0	0	0	0	0	0	0
0	0	0	0	0	0	0	0
0	0	0	0	0	0	0	0
0	0	0	0	0	0	0	0
0	0	0	0	0	0	0	0
0	0	0	0	0	0	0	0
0	0	0	0	0	0	0	0
0	0	0	0	0	0	0	0
0	0	0	0	0	0	0	0
0	0	0	0	0	0	0	0
0	0	0	0	0	0	0	0
0	0	0	0	0	0	0	0
0	0	0	0	0	0	0	0
0	0	0	0	0	0	0	0
0	0	0	0	0	0	0	0

专业与学校	合计				普通开放			
	毕业生	招生		在籍生	毕业生	招生		在籍生
		计	其中:春季			计	其中:春季	
新疆兵团	0	0	0	7	0	0	0	7
畜牧兽医	**2480**	**2063**	**815**	**7818**	**1**	**0**	**0**	**0**
天津	35	4	2	29	0	0	0	0
河北	168	116	55	388	0	0	0	0
山西	32	13	11	79	0	0	0	0
内蒙古	138	118	63	272	0	0	0	0
辽宁	61	48	20	193	0	0	0	0
黑龙江	75	89	48	250	0	0	0	0
哈尔滨	16	13	10	38	0	0	0	0
江苏	6	5	2	40	0	0	0	0
浙江	210	116	12	666	0	0	0	0
安徽	49	28	12	123	0	0	0	0
福建	0	19	17	19	0	0	0	0
江西	59	80	69	222	0	0	0	0
山东	241	397	181	1092	0	0	0	0
河南	70	197	27	467	0	0	0	0
湖北	146	40	27	303	0	0	0	0
湖南	94	160	12	683	0	0	0	0
广西	68	57	30	186	0	0	0	0
四川	74	150	84	464	0	0	0	0
重庆	20	28	6	110	0	0	0	0
贵州	547	122	7	789	0	0	0	0
云南	105	85	26	533	0	0	0	0
陕西	155	58	43	228	0	0	0	0
西安	0	1	0	1	0	0	0	0
甘肃	30	62	18	188	0	0	0	0
青海	0	9	9	25	0	0	0	0
宁夏	3	5	0	41	0	0	0	0
新疆	53	24	17	282	0	0	0	0
新疆兵团	25	19	7	107	1	0	0	0
畜牧	**242**	**162**	**141**	**885**	**1**	**0**	**0**	**0**
天津	1	0	0	7	0	0	0	0
河北	0	2	2	3	0	0	0	0
内蒙古	22	48	43	145	0	0	0	0
黑龙江	2	6	2	16	0	0	0	0
浙江	24	0	0	120	0	0	0	0
山东	0	0	0	2	0	0	0	0

专科专业分布(续表51)

单位:人

一村一				助力计划			
毕业生	招生		在籍生	毕业生	招生		在籍生
	计	其中:春季			计	其中:春季	
0	0	0	0	0	0	0	0
2479	**2063**	**815**	**7818**	**0**	**0**	**0**	**0**
35	4	2	29	0	0	0	0
168	116	55	388	0	0	0	0
32	13	11	79	0	0	0	0
138	118	63	272	0	0	0	0
61	48	20	193	0	0	0	0
75	89	48	250	0	0	0	0
16	13	10	38	0	0	0	0
6	5	2	40	0	0	0	0
210	116	12	666	0	0	0	0
49	28	12	123	0	0	0	0
0	19	17	19	0	0	0	0
59	80	69	222	0	0	0	0
241	397	181	1092	0	0	0	0
70	197	27	467	0	0	0	0
146	40	27	303	0	0	0	0
94	160	12	683	0	0	0	0
68	57	30	186	0	0	0	0
74	150	84	464	0	0	0	0
20	28	6	110	0	0	0	0
547	122	7	789	0	0	0	0
105	85	26	533	0	0	0	0
155	58	43	228	0	0	0	0
0	1	0	1	0	0	0	0
30	62	18	188	0	0	0	0
0	9	9	25	0	0	0	0
3	5	0	41	0	0	0	0
53	24	17	282	0	0	0	0
24	19	7	107	0	0	0	0
241	**162**	**141**	**885**	**0**	**0**	**0**	**0**
1	0	0	7	0	0	0	0
0	2	2	3	0	0	0	0
22	48	43	145	0	0	0	0
2	6	2	16	0	0	0	0
24	0	0	120	0	0	0	0
0	0	0	2	0	0	0	0

专业与学校	合计				普通开放			
	毕业生	招生		在籍生	毕业生	招生		在籍生
		计	其中:春季			计	其中:春季	
湖北	0	0	0	18	0	0	0	0
湖南	4	0	0	15	0	0	0	0
广州	94	2	2	58	0	0	0	0
成都	6	1	0	3	0	0	0	0
贵州	31	0	0	95	1	0	0	0
云南	0	0	0	6	0	0	0	0
陕西	2	3	1	7	0	0	0	0
甘肃	50	100	91	377	0	0	0	0
新疆	3	0	0	7	0	0	0	0
新疆兵团	3	0	0	6	0	0	0	0
城市燃气工程技术	**0**	**772**	**490**	**772**	**0**	**0**	**0**	**0**
四川	0	772	490	772	0	0	0	0
城市轨道交通运营管理	**567**	**6682**	**2212**	**12295**	**567**	**4727**	**1706**	**10290**
北京	85	143	120	519	85	143	120	519
山西	0	114	102	114	0	0	0	0
内蒙古	0	34	0	34	0	0	0	0
辽宁	9	1750	879	2739	9	1750	879	2739
沈阳	49	411	119	672	49	391	119	652
大连	11	52	52	178	11	52	52	178
长春	0	0	0	13	0	0	0	13
黑龙江	0	611	0	611	0	611	0	611
哈尔滨	18	993	301	1241	18	956	269	1186
宁波	79	32	1	118	79	32	1	118
安徽	0	1	1	1	0	0	0	0
江西	0	56	0	56	0	0	0	0
青岛	4	98	16	367	4	3	3	272
河南	55	17	7	310	55	17	7	310
湖北	0	985	1	986	0	0	0	0
武汉	0	131	0	131	0	0	0	0
湖南	2	87	51	104	2	6	0	19
广州	78	187	88	635	78	187	88	635
深圳	83	184	7	1213	83	184	7	1213
广西	0	6	4	9	0	6	4	9
成都	29	291	96	1362	29	284	91	1335
重庆	63	29	10	311	63	29	10	311
云南	1	0	0	9	1	0	0	9
陕西	0	258	219	258	0	34	30	34

专科专业分布(续表 52)

单位:人

一村一				助力计划			
毕业生	招生		在籍生	毕业生	招生		在籍生
	计	其中:春季			计	其中:春季	
0	0	0	18	0	0	0	0
4	0	0	15	0	0	0	0
94	2	2	58	0	0	0	0
6	1	0	3	0	0	0	0
30	0	0	95	0	0	0	0
0	0	0	6	0	0	0	0
2	3	1	7	0	0	0	0
50	100	91	377	0	0	0	0
3	0	0	7	0	0	0	0
3	0	0	6	0	0	0	0
0	**0**	**0**	**0**	**0**	**772**	**490**	**772**
0	0	0	0	0	772	490	772
0	**0**	**0**	**0**	**0**	**1955**	**506**	**2005**
0	0	0	0	0	0	0	0
0	0	0	0	0	114	102	114
0	0	0	0	0	34	0	34
0	0	0	0	0	0	0	0
0	0	0	0	0	20	0	20
0	0	0	0	0	0	0	0
0	0	0	0	0	0	0	0
0	0	0	0	0	0	0	0
0	0	0	0	0	37	32	55
0	0	0	0	0	0	0	0
0	0	0	0	0	1	1	1
0	0	0	0	0	56	0	56
0	0	0	0	0	95	13	95
0	0	0	0	0	0	0	0
0	0	0	0	0	985	1	986
0	0	0	0	0	131	0	131
0	0	0	0	0	81	51	85
0	0	0	0	0	0	0	0
0	0	0	0	0	0	0	0
0	0	0	0	0	0	0	0
0	0	0	0	0	7	5	27
0	0	0	0	0	0	0	0
0	0	0	0	0	0	0	0
0	0	0	0	0	224	189	224

专业与学校	合计				普通开放			
	毕业生	招生		在籍生	毕业生	招生		在籍生
		计	其中:春季			计	其中:春季	
西安	1	5	0	32	1	0	0	27
甘肃	0	13	6	14	0	11	5	11
青海	0	80	80	80	0	0	0	0
新疆兵团	0	31	21	89	0	31	21	89
软件学院	0	0	0	6	0	0	0	0
纺织学院	0	83	31	83	0	0	0	0
茶叶生产加工技术	**323**	**110**	**0**	**863**	**0**	**0**	**0**	**0**
浙江	87	81	0	362	0	0	0	0
福建	0	0	0	34	0	0	0	0
山东	0	0	0	2	0	0	0	0
湖北	1	0	0	45	0	0	0	0
湖南	0	0	0	1	0	0	0	0
贵州	231	29	0	398	0	0	0	0
云南	0	0	0	8	0	0	0	0
陕西	4	0	0	13	0	0	0	0
茶叶评审与营销	**0**	**126**	**55**	**244**	**0**	**59**	**37**	**177**
福建	0	56	34	174	0	56	34	174
湖南	0	70	21	70	0	3	3	3
茶文化	**58**	**63**	**6**	**166**	**58**	**63**	**6**	**166**
安徽	0	7	2	18	0	7	2	18
福建	37	2	2	51	37	2	2	51
江西	21	6	2	49	21	6	2	49
重庆	0	48	0	48	0	48	0	48
采矿工程	**1226**	**597**	**384**	**2978**	**1226**	**0**	**0**	**2111**
山西	443	114	69	993	443	0	0	735
内蒙古	77	357	234	595	77	0	0	193
辽宁	2	0	0	11	2	0	0	9
吉林	69	0	0	12	69	0	0	12
长春	0	2	2	2	0	0	0	0
黑龙江	174	6	4	139	174	0	0	104
安徽	30	22	0	82	30	0	0	57
山东	0	0	0	6	0	0	0	0
河南	56	0	0	124	56	0	0	124
湖北	0	0	0	32	0	0	0	0
湖南	3	0	0	6	3	0	0	6
广西	25	0	0	18	25	0	0	18
重庆	0	0	0	5	0	0	0	5

专科专业分布(续表 53)

单位:人

一村一				助力计划			
毕业生	招生		在籍生	毕业生	招生		在籍生
	计	其中:春季			计	其中:春季	
0	0	0	0	0	5	0	5
0	0	0	0	0	2	1	3
0	0	0	0	0	80	80	80
0	0	0	0	0	0	0	0
0	0	0	0	0	0	0	6
0	0	0	0	0	83	31	83
323	**110**	**0**	**863**	**0**	**0**	**0**	**0**
87	81	0	362	0	0	0	0
0	0	0	34	0	0	0	0
0	0	0	2	0	0	0	0
1	0	0	45	0	0	0	0
0	0	0	1	0	0	0	0
231	29	0	398	0	0	0	0
0	0	0	8	0	0	0	0
4	0	0	13	0	0	0	0
0	**67**	**18**	**67**	**0**	**0**	**0**	**0**
0	0	0	0	0	0	0	0
0	67	18	67	0	0	0	0
0	**0**	**0**	**0**	**0**	**0**	**0**	**0**
0	0	0	0	0	0	0	0
0	0	0	0	0	0	0	0
0	0	0	0	0	0	0	0
0	0	0	0	0	0	0	0
0	**0**	**0**	**0**	**0**	**597**	**384**	**867**
0	0	0	0	0	114	69	258
0	0	0	0	0	357	234	402
0	0	0	0	0	0	0	2
0	0	0	0	0	0	0	0
0	0	0	0	0	2	2	2
0	0	0	0	0	6	4	35
0	0	0	0	0	22	0	25
0	0	0	0	0	0	0	6
0	0	0	0	0	0	0	0
0	0	0	0	0	0	0	32
0	0	0	0	0	0	0	0
0	0	0	0	0	0	0	0
0	0	0	0	0	0	0	0

专业与学校	合计				普通开放			
	毕业生	招生		在籍生	毕业生	招生		在籍生
		计	其中:春季			计	其中:春季	
贵州	86	26	26	129	86	0	0	103
云南	24	11	8	76	24	0	0	65
陕西	140	48	35	498	140	0	0	450
甘肃	33	7	6	88	33	0	0	72
宁夏	11	0	0	51	11	0	0	51
新疆	52	4	0	111	52	0	0	107
新疆兵团	1	0	0	0	1	0	0	0
表演艺术	**26**	**0**	**0**	**37**	**26**	**0**	**0**	**37**
深圳	26	0	0	37	26	0	0	37

专科专业分布(续表54)

单位:人

一村一				助力计划			
毕业生	招生		在籍生	毕业生	招生		在籍生
	计	其中:春季			计	其中:春季	
0	0	0	0	0	26	26	26
0	0	0	0	0	11	8	11
0	0	0	0	0	48	35	48
0	0	0	0	0	7	6	16
0	0	0	0	0	0	0	0
0	0	0	0	0	4	0	4
0	0	0	0	0	0	0	0
0	**0**	**0**	**0**	**0**	**0**	**0**	**0**
0	0	0	0	0	0	0	0

III 教职工情况

本章反映国家开放大学全国办学系统教职工的情况。

主要内容包括：

• 各学校教职工情况；

• 教职工职称情况；

• 专任教师、聘请校外教师岗位分类情况；

• 专任教师、聘请校外教师学历（位）情况；

• 专任教师年龄情况；

• 专任教师分学科情况。

指标解释

• 教职工数：是指在各级各类学校（机构）全职工作，并由各级各类学校（机构）支付工资的编制或聘任制人员数。

• 专任教师：是指具有教师资格，专职从事教学工作的人员。

• 行政人员：是指专职从事学校行政和教学业务管理工作的人员。

• 教辅人员：是指从事教学辅助工作，为教学服务的人员。

• 工勤人员：是指从事后勤保障工作的工人和勤杂人员，不包括由校办工厂、农场支付工资的工作人员。

• 科研机构人员：是指经上级主管部门批准成立，有明确研究方向和任务的科研所（室）的全部工作人员。

• 其他附设机构人员：是指在学校附属的印刷厂、出版社、医务室等机构中，由教育经费支付工资的人员。

• 聘请校外教师：是指学校聘请的国内外其他高校及科研机构的教师和退休教师（含本校退休教师）。聘期为一学期及以上。

• 本学年不授课专任教师：是指本学年内未承担教学工作的专任教师。

• 双师型：是指同时具备中级以上教师资格和行业能力资格，从事职业教育工作的教师。

3.1 各学校教职工情况

单位：人

	教职工									聘请校外教师
	合计	校本部教职工					科研机构人员	校办企业职工	其他附设机构人员	
		计	专任教师	行政人员	教辅人员	工勤人员				
总计	**100874**	**99963**	**67131**	**16189**	**11032**	**5611**	**434**	**267**	**210**	**35818**
其中：女	46403	45965	32327	6374	5491	1773	191	156	91	13242
国开总部	**515**	**501**	**157**	**109**	**206**	**29**	**14**			**6**
其中：女	260	253	89	57	105	2	7			3
北京	**1857**	**1839**	**902**	**581**	**247**	**109**	**2**	**0**	**16**	**1201**
其中：女	1118	1116	611	349	136	20	0	0	2	694
北京开放大学	290	282	111	134	27	10	2	0	6	288
东城分校	43	43	11	22	8	2	0	0	0	89
西城分校	31	31	17	14	0	0	0	0	0	71
崇文分校	91	91	38	36	16	1	0	0	0	26
宣武学院	23	23	13	10	0	0	0	0	0	65
朝阳分校	64	64	20	24	18	2	0	0	0	47
海淀分校	105	105	70	20	7	8	0	0	0	6
丰台分校	81	81	62	11	0	8	0	0	0	0
石景山分校	114	114	51	31	26	6	0	0	0	0
房山分校	54	54	37	7	0	10	0	0	0	18
昌平分校	24	24	20	3	1	0	0	0	0	0
平谷分校	36	36	24	12	0	0	0	0	0	37
怀柔分校	22	22	3	12	6	1	0	0	0	32
密云分校	52	52	14	11	22	5	0	0	0	49
延庆分校	37	37	15	20	0	2	0	0	0	21
大兴分校	89	89	37	42	5	5	0	0	0	20
顺义分校	57	57	44	3	3	7	0	0	0	110
门头沟学院	32	32	15	10	7	0	0	0	0	58
水务局工作站	152	152	79	50	11	12	0	0	0	15
纺织工作站	73	73	28	15	16	14	0	0	0	27
矿山工作站	35	25	19	6	0	0	0	0	10	0
首钢工作站	34	34	11	6	12	5	0	0	0	17
燕山分校	16	16	9	1	5	1	0	0	0	16
开放学院	16	16	2	13	1	0	0	0	0	41
医药分校	76	76	40	14	17	5	0	0	0	10
供销社分校	54	54	28	22	1	3	0	0	0	55
北京卫校教学点	65	65	30	10	25	0	0	0	0	43
中德中心教学点	13	13	5	6	2	0	0	0	0	8
供销学校工作站	18	18	14	4	0	0	0	0	0	3
工业技师工作站	43	43	25	8	8	2	0	0	0	15
铁路卫校工作站	10	10	10	0	0	0	0	0	0	4
昌平职校工作站	7	7	0	4	3	0	0	0	0	10
天津	**1973**	**1944**	**1160**	**362**	**353**	**69**	**4**	**8**	**17**	**477**
其中：女	1044	1037	677	143	194	23	1	0	6	227

3.1 各学校教职工情况(续表1)

单位:人

	教职工									聘请校外教师
	合计	校本部教职工					科研机构人员	校办企业职工	其他附设机构人员	
		计	专任教师	行政人员	教辅人员	工勤人员				
天津广播电视大学	255	255	76	29	143	7	0	0	0	0
新华分校	99	99	74	8	12	5	0	0	0	37
南开分校	37	35	30	3	2	0	2	0	0	0
河东分校	73	73	44	6	16	7	0	0	0	3
河西分校	61	61	48	5	4	4	0	0	0	13
河北分校	43	43	33	4	6	0	0	0	0	19
红桥分校	37	37	30	7	0	0	0	0	0	12
塘沽分校	19	19	11	0	8	0	0	0	0	3
汉沽分校	25	25	16	7	2	0	0	0	0	22
大港分校	126	113	75	18	14	6	0	2	11	2
东丽分校	59	59	45	6	8	0	0	0	0	31
津南分校	53	53	43	10	0	0	0	0	0	41
西青分校	49	49	24	9	12	4	0	0	0	28
北辰分校	36	36	7	9	20	0	0	0	0	50
武清分校	85	85	35	21	27	2	0	0	0	36
静海分校	40	40	28	6	6	0	0	0	0	5
宝坻分校	56	56	40	7	4	5	0	0	0	53
宁河分校	51	51	25	26	0	0	0	0	0	42
化工局工作站	29	29	22	2	5	0	0	0	0	8
纺织局工作站	18	18	10	3	5	0	0	0	0	0
机械局工作站	25	25	19	1	5	0	0	0	0	10
渤海化工工作站	71	71	54	5	11	1	0	0	0	16
电大建工学院	38	38	25	1	10	2	0	0	0	3
一商局工作站	11	10	4	4	2	0	1	0	0	6
财贸分校	101	95	67	26	2	0	0	0	6	24
电大政法学院	40	40	36	4	0	0	0	0	0	0
蓟县分校	95	94	70	9	14	1	1	0	0	0
天津市劳动保护学校	341	335	169	126	15	25	0	6	0	13
河北	**4311**	**4242**	**2966**	**623**	**433**	**220**	**69**	**0**	**0**	**894**
其中:女	2323	2277	1772	243	213	49	46	0	0	409
河北广播电视大学	201	201	54	107	22	18	0	0	0	37
石家庄广播电视大学	73	73	21	27	24	1	0	0	0	0
石家庄广播电视大学正定分校	38	38	30	3	4	1	0	0	0	6
石家庄广播电视大学行唐分校	18	18	8	2	8	0	0	0	0	13
石家庄广播电视大学平山分校	32	32	20	5	4	3	0	0	0	22
石家庄广播电视大学鹿泉分校	36	36	23	5	5	3	0	0	0	0
石家庄广播电视大学藁城分校	21	21	7	2	12	0	0	0	0	0
石家庄广播电视大学高邑分校	34	34	32	2	0	0	0	0	0	12
石家庄广播电视大学元氏分校	35	35	30	2	0	3	0	0	0	0
石家庄广播电视大学栾城分校	7	7	6	1	0	0	0	0	0	7

3.1 各学校教职工情况(续表2)

单位:人

	教职工										聘请校外教师
	合计	校本部教职工						科研机构人员	校办企业职工	其他附设机构人员	
		计	专任教师	行政人员	教辅人员	工勤人员					
石家庄广播电视大学深泽分校	12	12	9	2	0	1		0	0	0	11
石家庄广播电视大学赞皇分校	63	63	44	3	5	11		0	0	0	6
石家庄科技干部进修学院教学点	20	20	15	5	0	0		0	0	0	0
石家庄市矿区电大工作站	69	69	62	3	0	4		0	0	0	6
辛集分校	6	6	6	0	0	0		0	0	0	0
唐山广播电视大学	135	135	93	4	17	21		0	0	0	0
唐山广播电视大学丰润分校	38	38	13	10	7	8		0	0	0	0
唐山广播电视大学玉田分校	29	29	22	3	4	0		0	0	0	4
唐山广播电视大学遵化分校	31	31	31	0	0	0		0	0	0	0
唐山广播电视大学迁西分校	46	46	36	4	3	3		0	0	0	0
唐山广播电视大学迁安分校	69	69	63	4	2	0		0	0	0	0
唐山广播电视大学丰南分校	61	61	38	8	9	6		0	0	0	29
唐山广播电视大学滦县分校	37	37	37	0	0	0		0	0	0	0
唐山广播电视大学滦南分校	27	27	27	0	0	0		0	0	0	0
唐山广播电视大学乐亭分校	40	40	35	5	0	0		0	0	0	0
唐山广播电视大学唐海分校	30	30	15	4	11	0		0	0	0	20
唐山广播电视大学路南分校	32	32	32	0	0	0		0	0	0	0
唐山广播电视大学古冶分校	72	72	72	0	0	0		0	0	0	5
唐山广播电视大学路北分校	46	46	12	12	21	1		0	0	0	2
唐山广播电视大学开平分校	10	10	10	0	0	0		0	0	0	0
开平农广校	11	11	7	3	1	0		0	0	0	0
迁安农广校	31	31	25	3	0	3		0	0	0	0
秦皇岛广播电视大学	122	122	39	82	0	1		0	0	0	0
秦皇岛广播电视大学青龙分校	16	16	14	2	0	0		0	0	0	5
秦皇岛广播电视大学昌黎分校	36	36	36	0	0	0		0	0	0	0
秦皇岛广播电视大学卢龙分校	86	86	70	5	9	2		0	0	0	0
山海关电大	16	16	10	3	3	0		0	0	0	6
秦皇岛广播电视大学抚宁分校	17	17	17	0	0	0		0	0	0	0
邯郸广播电视大学	62	62	21	36	4	1		0	0	0	9
邯郸广播电视大学武安分校	25	25	19	6	0	0		0	0	0	10
邯郸广播电视大学曲周分校	11	11	11	0	0	0		0	0	0	25
邯郸广播电视大学鸡泽分校	14	14	14	0	0	0		0	0	0	5
邯郸广播电视大学峰峰矿区分校	37	37	37	0	0	0		0	0	0	7
邯郸广播电视大学磁县分校	27	27	20	2	5	0		0	0	0	0
邯郸广播电视大学大名分校	7	7	7	0	0	0		0	0	0	5
邯郸广播电视大学涉县分校	7	7	7	0	0	0		0	0	0	0
邯郸广播电视大学邱县工作站	4	4	4	0	0	0		0	0	0	0
邯郸广播电视大学永年分校	50	50	19	11	16	4		0	0	0	13
邯郸广播电视大学广平分校	14	14	14	0	0	0		0	0	0	0
邯郸广播电视大学魏县分校	2	2	1	1	0	0		0	0	0	0

3.1 各学校教职工情况(续表3)

单位:人

	教职工									聘请校外教师
	合计	校本部教职工					科研机构人员	校办企业职工	其他附设机构人员	
		计	专任教师	行政人员	教辅人员	工勤人员				
邯郸广播电视大学肥乡分校	14	14	14	0	0	0	0	0	0	0
邯郸广播电视大学临漳分校	61	61	61	0	0	0	0	0	0	30
邯郸市成安县电大工作站	17	17	16	1	0	0	0	0	0	5
承德广播电视大学	161	161	85	22	28	26	0	0	0	0
承德广播电视大学滦平分校	4	4	0	4	0	0	0	0	0	12
承德广播电视大学平泉分校	34	34	32	2	0	0	0	0	0	0
承德广播电视大学丰宁分校	8	8	8	0	0	0	0	0	0	35
承德广播电视大学宽城工作站	24	24	15	1	5	3	0	0	0	12
承德广播电视大学围场工作站	11	11	9	2	0	0	0	0	0	10
承德广播电视大学隆化分校	31	31	16	2	10	3	0	0	0	0
承德广播电视大学兴隆县分校	29	29	17	11	0	1	0	0	0	43
承德县工作站	7	7	0	7	0	0	0	0	0	0
邢台广播电视大学	67	67	67	0	0	0	0	0	0	0
邢台广播电视大学宁晋分校	34	34	34	0	0	0	0	0	0	0
邢台广播电视大学巨鹿分校	17	17	13	2	1	1	0	0	0	0
邢台广播电视大学临西分校	5	5	5	0	0	0	0	0	0	0
邢台广播电视大学沙河分校	4	4	2	2	0	0	0	0	0	4
邢台广播电视大学任县工作站	32	32	32	0	0	0	0	0	0	0
邢台广播电视大学威县分校	24	24	15	2	7	0	0	0	0	0
邢台广播电视大学广宗分校	5	5	5	0	0	0	0	0	0	20
邢台广播电视大学隆尧分校	6	6	6	0	0	0	0	0	0	0
邢台广播电视大学南宫分校.	11	11	11	0	0	0	0	0	0	12
邢台广播电视大学清河分校	5	5	5	0	0	0	0	0	0	2
邢台广播电视大学内邱分校	9	9	4	3	1	1	0	0	0	2
平乡县委党校	13	13	13	0	0	0	0	0	0	0
邢台南和县教师进修学校	26	26	26	0	0	0	0	0	0	0
保定广播电视大学	135	135	63	26	35	11	0	0	0	44
保定广播电视大学涿州分校	29	29	29	0	0	0	0	0	0	11
保定广播电视大学曲阳分校	30	30	30	0	0	0	0	0	0	0
保定广播电视大学蠡县分校	49	49	24	7	10	8	0	0	0	2
保定广播电视大学涞源分校	27	27	26	0	0	1	0	0	0	12
保定广播电视大学雄县分校	6	6	6	0	0	0	0	0	0	0
保定广播电视大学定兴分校	30	30	22	3	5	0	0	0	0	8
保定广播电视大学易县分校	14	14	12	2	0	0	0	0	0	15
保定广播电视大学博野分校	38	38	37	0	0	1	0	0	0	8
保定广播电视大学安国分校	22	22	20	1	1	0	0	0	0	30
保定广播电视大学望都分校	15	15	12	3	0	0	0	0	0	18
保定广播电视大学安新工作站	8	8	8	0	0	0	0	0	0	5
保定广播电视大学徐水分校	29	29	23	3	2	1	0	0	0	13
保定广播电视大学容城分校	6	6	0	1	5	0	0	0	0	0

3.1 各学校教职工情况(续表4)

单位:人

	教职工									聘请校外教师
	合计	校本部教职工					科研机构人员	校办企业职工	其他附设机构人员	
		计	专任教师	行政人员	教辅人员	工勤人员				
保定广播电视大学满城分校	122	71	52	9	6	4	51	0	0	0
保定广播电视大学清苑分校	16	16	12	4	0	0	0	0	0	0
保定广播电视大学涞水分校	25	25	20	5	0	0	0	0	0	70
保定广播电视大学高阳分校	11	11	7	3	1	0	0	0	0	17
保定广播电视大学高碑店分校	30	30	15	10	4	1	0	0	0	35
保定广播电视大学顺平分校	16	16	14	0	2	0	0	0	0	15
保定广播电视大学唐县分校	10	10	8	2	0	0	0	0	0	12
保定广播电视大学阜平分校	18	18	13	5	0	0	0	0	0	10
定州分校	12	12	12	0	0	0	0	0	0	8
张家口广播电视大学	70	70	70	0	0	0	0	0	0	0
张家口广播电视大学怀来分校	13	13	13	0	0	0	0	0	0	10
张家口广播电视大学涿鹿分校	8	8	6	2	0	0	0	0	0	17
张家口广播电视大学蔚县分校	8	8	8	0	0	0	0	0	0	0
张家口广播电视大学阳原分校	11	11	9	0	2	0	0	0	0	6
张家口广播电视大学赤城分校	24	24	5	2	12	5	0	0	0	0
张家口广播电视大学万全电大	8	8	8	0	0	0	0	0	0	2
张家口广播电视大学尚义分校	10	10	7	0	2	1	0	0	0	6
张家口广播电视大学宣化分校	11	11	0	3	6	2	0	0	0	0
张家口广播电视大学沽源县分校	4	4	2	2	0	0	0	0	0	0
张家口广播电视大学张北分校	31	31	8	0	21	2	0	0	0	13
张家口广播电视大学康保分校	56	56	56	0	0	0	0	0	0	0
张家口广播电视大学怀安分校	8	8	7	0	0	1	0	0	0	0
沧州广播电视大学	74	74	54	14	0	6	0	0	0	0
沧州广播电视大学任丘分校	14	14	14	0	0	0	0	0	0	20
沧州广播电视大学河间分校	29	29	29	0	0	0	0	0	0	7
沧州广播电视大学泊头分校	12	12	7	1	4	0	0	0	0	2
沧州广播电视大学吴桥分校	4	4	4	0	0	0	0	0	0	6
沧州广播电视大学海兴分校	26	26	18	8	0	0	0	0	0	0
沧州广播电视大学黄骅分校	29	29	29	0	0	0	0	0	0	3
沧州广播电视大学盐山分校	31	31	25	3	2	1	0	0	0	3
沧州广播电视大学东光分校	6	6	6	0	0	0	0	0	0	0
沧州广播电视大学肃宁分校	15	15	15	0	0	0	0	0	0	0
廊坊广播电视大学	112	112	85	4	22	1	0	0	0	0
廊坊广播电视大学三河分校	22	22	4	3	12	3	0	0	0	0
廊坊广播电视大学香河分校	20	20	20	0	0	0	0	0	0	10
廊坊广播电视大学文安分校	22	22	10	3	8	1	0	0	0	4
廊坊广播电视大学固安分校	52	52	39	2	4	7	0	0	0	0
廊坊广播电视大学霸州分校	18	18	18	0	0	0	0	0	0	0
廊坊广播电视大学永清分校	7	7	7	0	0	0	0	0	0	0
廊坊广播电视大学大城分校	24	24	16	5	3	0	0	0	0	0

3.1 各学校教职工情况(续表5)

单位:人

	教职工									聘请校外教师
	合计	校本部教职工					科研机构人员	校办企业职工	其他附设机构人员	
		计	专任教师	行政人员	教辅人员	工勤人员				
廊坊广播电视大学大厂分校	30	30	13	9	4	4	0	0	0	0
廊坊广播电视大学开发区分校	5	5	2	3	0	0	0	0	0	0
衡水广播电视大学	97	79	37	12	12	18	18	0	0	0
衡水广播电视大学安平分校	24	24	9	11	0	4	0	0	0	0
衡水广播电视大学枣强分校	21	21	10	9	0	2	0	0	0	0
河北广播电视大学省直分校	35	35	25	5	0	5	0	0	0	0
山西	**2351**	**2341**	**1379**	**440**	**350**	**172**	**4**	**0**	**6**	**703**
其中:女	1159	1155	797	157	162	39	4	0	0	326
山西电大省直属教学点	220	216	104	60	37	15	4	0	0	0
省直同煤集团党校教学点	117	117	17	67	33	0	0	0	0	0
大同机车技师学院学习中心	31	31	20	6	5	0	0	0	0	0
省直属大同大学教学点	4	4	4	0	0	0	0	0	0	0
太原电大直属教学点	85	85	52	9	14	10	0	0	0	7
太原电大杏花岭区教学点	25	25	24	0	0	1	0	0	0	0
太原电大万柏林区教学点	14	14	6	4	4	0	0	0	0	0
太原电大小店区教学点	41	41	25	7	5	4	0	0	0	30
太原市晋源区电大工作站	4	4	1	2	1	0	0	0	0	10
太原电大清徐县教学点	7	7	7	0	0	0	0	0	0	9
古交市电大工作站	10	10	6	2	1	1	0	0	0	0
太原电大卫校教学点	8	8	4	1	2	1	0	0	0	0
娄烦县教师进修学校	22	22	11	3	6	2	0	0	0	12
大同电大直属教学点	43	43	13	12	9	9	0	0	0	18
大同电大灵丘县教学点	15	15	14	0	0	1	0	0	0	0
大同电大阳高县教学点	3	3	3	0	0	0	0	0	0	12
大同电大浑源县教学点	42	42	2	11	27	2	0	0	0	40
阳泉电大直属教学点	52	52	35	8	8	1	0	0	0	20
阳泉电大盂县教学点	18	18	18	0	0	0	0	0	0	0
阳泉电大阳煤教学点	20	20	15	5	0	0	0	0	0	1
阳泉电大郊区教学点	19	19	19	0	0	0	0	0	0	0
阳泉电大晋东厂教学点	6	6	4	2	0	0	0	0	0	18
阳泉电大平定县教学点	24	24	18	2	0	4	0	0	0	5
长治电大直属教学点	26	26	13	5	5	3	0	0	0	0
长治电大潞城市教学点	28	28	26	0	2	0	0	0	0	2
晋城电大直属教学点	66	66	43	11	10	2	0	0	0	0
晋城阳城县教师进修校	13	13	12	0	0	1	0	0	0	0
晋城电大高平市教学点	27	27	25	0	2	0	0	0	0	0
晋城电大城区教学点	18	18	13	3	0	2	0	0	0	0
晋城市泽州县教学点	59	59	46	9	4	0	0	0	0	0
忻州电大直属教学点	9	9	2	7	0	0	0	0	0	0
忻州电大静乐县教学点	38	38	27	3	5	3	0	0	0	10

3.1 各学校教职工情况(续表6)

单位:人

	教职工									聘请校外教师
	合计	校本部教职工					科研机构人员	校办企业职工	其他附设机构人员	
		计	专任教师	行政人员	教辅人员	工勤人员				
晋中电大直属教学点	52	52	45	7	0	0	0	0	0	0
晋中电大介休市教学点	15	15	9	2	3	1	0	0	0	54
晋中电大昔阳县教学点	15	15	11	0	2	2	0	0	0	8
晋中电大平遥县教学点	25	19	18	1	0	0	0	0	6	5
晋中电大太谷县教学点	8	8	4	4	0	0	0	0	0	8
晋中电大祁县教学点	12	12	7	2	2	1	0	0	0	0
晋中电大左权县教学点	14	14	14	0	0	0	0	0	0	0
晋中电大和顺县教学点	10	10	10	0	0	0	0	0	0	4
晋中电大榆社县教学点	17	17	15	0	2	0	0	0	0	8
晋中电大寿阳县教学点	21	21	21	0	0	0	0	0	0	14
晋中电大灵石县教学点	13	13	13	0	0	0	0	0	0	0
吕梁电大直属教学点	38	38	2	10	24	2	0	0	0	40
吕梁电大交城县教学点	8	8	1	2	5	0	0	0	0	3
吕梁电大临县教学点	7	7	7	0	0	0	0	0	0	10
吕梁电大兴县教学点	23	23	18	2	3	0	0	0	0	17
吕梁电大中阳县教学点	16	16	16	0	0	0	0	0	0	14
吕梁电大孝义市教学点	8	8	0	8	0	0	0	0	0	13
吕梁电大石楼县教学点	16	16	10	2	2	2	0	0	0	4
吕梁电大交口县教学点	15	15	9	2	2	2	0	0	0	4
临汾电大直属教学点	52	52	17	8	13	14	0	0	0	0
临汾电大乡宁县教学点	20	20	13	3	1	3	0	0	0	3
临汾电大安泽县教学点	22	22	16	6	0	0	0	0	0	5
临汾电大洪洞县教学点	19	19	15	2	2	0	0	0	0	0
临汾电大隰县教学点	8	8	1	3	3	1	0	0	0	2
临汾电大翼城县教学点	52	52	17	8	13	14	0	0	0	0
临汾电大汾西县教学点	13	13	12	0	0	1	0	0	0	6
临汾电大霍州市教学点	13	13	13	0	0	0	0	0	0	0
临汾电大浮山县教学点	5	5	0	2	3	0	0	0	0	2
吉县车城联校	4	4	0	1	0	3	0	0	0	0
曲沃县职业高级中学	3	3	0	1	0	2	0	0	0	0
大宁县委党校	3	3	0	1	0	2	0	0	0	0
临汾市教师进修学校	3	3	0	1	0	2	0	0	0	0
中共蒲县县委党校	11	11	5	3	3	0	0	0	0	2
运城电大直属教学点	44	44	11	15	11	7	0	0	0	38
运城电大河津市教学点	30	30	20	0	5	5	0	0	0	0
运城电大万荣县教学点	19	19	16	0	2	1	0	0	0	0
运城电大芮城县教学点	19	19	15	0	2	2	0	0	0	10
运城电大垣曲县教学点	24	24	14	3	4	3	0	0	0	8
运城电大夏县教学点	25	25	23	0	1	1	0	0	0	4
运城电大闻喜县教学点	27	27	24	2	0	1	0	0	0	0

3.1 各学校教职工情况(续表7)

单位:人

	教职工									聘请校外教师
	合计	校本部教职工					科研机构人员	校办企业职工	其他附设机构人员	
		计	专任教师	行政人员	教辅人员	工勤人员				
运城电大临猗县教学点	20	20	17	0	2	1	0	0	0	0
运城电大永济市教学点	10	10	7	3	0	0	0	0	0	0
运城电大稷山县教学点	15	15	6	2	5	2	0	0	0	0
运城电大平陆县教学点	21	21	16	3	0	2	0	0	0	0
运城电大绛县教学点	35	35	20	5	5	5	0	0	0	15
朔州电大直属教学点	15	15	15	0	0	0	0	0	0	11
朔州电大平鲁区教学点	39	39	9	30	0	0	0	0	0	0
朔州电大山阴县教学点	7	7	6	1	0	0	0	0	0	3
朔州电大怀仁县教学点	16	16	11	3	2	0	0	0	0	11
朔州电大应县教学点	32	32	27	2	2	1	0	0	0	10
中条山电大直属教学点	38	38	20	9	5	4	0	0	0	28
公路电大直属教学点	38	38	12	12	14	0	0	0	0	31
省农广校直属教学点	12	12	8	2	2	0	0	0	0	0
省统计局直属教学点	10	10	0	6	2	2	0	0	0	23
省直中化学习中心教学点	25	25	7	4	0	14	0	0	0	66
省直柳林学习中心教学点	15	15	10	0	3	2	0	0	0	11
省直侯马学习中心教学点	34	34	18	5	8	3	0	0	0	14
省直临汾工商校学习中心教学点	58	58	35	11	12	0	0	0	0	0
省直原平学习中心教学点	5	5	5	0	0	0	0	0	0	0
省直繁峙学习中心教学点	43	43	39	2	0	2	0	0	0	0
内蒙古	**2814**	**2802**	**1749**	**421**	**388**	**244**	**10**	**0**	**2**	**655**
其中:女	1378	1372	931	186	173	82	4	0	2	280
内蒙古广播电视大学	239	239	103	50	51	35	0	0	0	6
呼和浩特市电大	38	38	19	6	13	0	0	0	0	0
呼和浩特市电大和林格尔县党校	13	13	7	4	2	0	0	0	0	7
呼和浩特市电大清水河县党校	6	6	6	0	0	0	0	0	0	0
呼和浩特市电大武川县教师进修学校	3	3	2	0	1	0	0	0	0	0
呼和浩特市电大托克托县教师进修学校	5	5	2	1	2	0	0	0	0	0
呼和浩特市电大土默特左旗电教站	25	25	13	5	5	2	0	0	0	3
呼市电大赛罕区教师进修学校	15	15	10	1	4	0	0	0	0	0
开放教育学院呼市赛汉区教师进修学校	15	15	10	1	4	0	0	0	0	0
包头市电大	54	54	10	17	26	1	0	0	0	40
土右党校电大教学点	20	20	8	7	3	2	0	0	0	0
包头市电大固阳党校	16	16	11	2	1	2	0	0	0	0
包头市电大白云矿区教师进修学校	4	4	4	0	0	0	0	0	0	0
包头市电大达茂旗电大工作站	15	15	13	2	0	0	0	0	0	13
包头市轻工职业学院	3	3	3	0	0	0	0	0	0	0
包头市电大石拐区党校	5	5	3	2	0	0	0	0	0	0
包头市九原区党校	12	12	3	5	4	0	0	0	0	8
内蒙古中等职业技术学校	16	16	16	0	0	0	0	0	0	0

3.1 各学校教职工情况(续表8)

单位:人

	教职工									聘请校外教师
	合计	校本部教职工					科研机构人员	校办企业职工	其他附设机构人员	
		计	专任教师	行政人员	教辅人员	工勤人员				
赤峰市电大	37	37	19	5	8	5	0	0	0	0
赤峰市电大敖汉旗工作站	12	12	12	0	0	0	0	0	0	0
赤峰市电大翁牛特党校	12	12	12	0	0	0	0	0	0	0
赤峰市电大林西职教中心	17	17	12	2	3	0	0	0	0	0
赤峰市电大克什克腾旗教师进修学校	39	39	28	5	3	3	0	0	0	12
赤峰市电大阿鲁科尔沁旗职教中心	3	3	3	0	0	0	0	0	0	0
赤峰市电大元宝山区职教中	48	48	35	5	4	4	0	0	0	0
赤峰市电大巴林左旗党校	25	25	12	4	4	5	0	0	0	14
赤峰市电大平庄矿区职教中心	4	4	0	1	2	1	0	0	0	0
赤峰市电大巴林右旗工作站	13	13	13	0	0	0	0	0	0	0
赤峰市电大宁城县党校	54	54	34	6	8	6	0	0	0	0
兴安盟电大	37	37	30	3	0	4	0	0	0	26
兴安盟电大科右前旗教师进修学校	95	95	85	0	0	10	0	0	0	0
扎赉特旗职工业余学校	6	6	4	1	0	1	0	0	0	13
内蒙古电大通辽分校	40	40	27	6	7	0	0	0	0	0
通辽市奈曼旗教师进修学校	15	15	12	1	1	1	0	0	0	0
科左后旗教师进修学校	13	13	10	1	1	1	0	0	0	0
锡林郭勒盟广播电视大学	19	19	8	11	0	0	0	0	0	30
锡林郭勒盟电大太仆寺旗教师进修学校	22	22	21	1	0	0	0	0	0	0
乌兰察布市电大	80	80	45	5	20	10	0	0	0	0
乌兰察布市电大凉城县党校	29	29	19	6	0	4	0	0	0	0
乌兰察布市电大察右后旗党校	17	17	6	1	5	5	0	0	0	0
乌兰察布市电大丰镇电大工作站	15	15	13	2	0	0	0	0	0	3
乌兰察布市电大化德县教师进修学校	23	23	18	3	2	0	0	0	0	0
乌兰察布市电大兴和县党校	11	11	11	0	0	0	0	0	0	0
乌兰察布市电大察右前旗教师进修学校	8	8	5	1	0	2	0	0	0	0
乌兰察布市电大商都科技培训中心	6	6	6	0	0	0	0	0	0	2
乌兰察布市电大四子王旗电大工作站	23	23	18	3	2	0	0	0	0	0
乌兰察布市电大察右中旗党校	45	45	22	2	15	6	0	0	0	3
乌兰察布市电大卓资县党校	11	11	8	3	0	0	0	0	0	0
鄂尔多斯市电大	16	16	3	7	4	2	0	0	0	13
鄂尔多斯市电大准格尔旗教师进修学校	9	9	0	1	8	0	0	0	0	0
鄂市达拉特旗教研信息中心	32	32	26	3	2	1	0	0	0	0
杭锦旗教师进修学校	10	10	10	0	0	0	0	0	0	0
鄂尔多斯市伊旗党校	13	13	7	6	0	0	0	0	0	0
乌审旗教师进修学校	23	23	15	2	2	4	0	0	0	0
鄂托克前旗教研中心	22	22	21	0	0	1	0	0	0	0
鄂尔多斯市理工学校	3	3	0	2	1	0	0	0	0	6
鄂尔多斯市达旗青少年活动中心	16	16	7	4	3	2	0	0	0	0
巴彦淖尔市电大	53	53	51	0	0	2	0	0	0	0

3.1 各学校教职工情况(续表9)

单位:人

	教职工									聘请校外教师
	合计	校本部教职工					科研机构人员	校办企业职工	其他附设机构人员	
		计	专任教师	行政人员	教辅人员	工勤人员				
巴彦淖尔市电大磴口县电大工作站	15	15	11	2	0	2	0	0	0	8
巴彦淖尔市电大五原县移动通信	14	14	8	3	2	1	0	0	0	5
乌拉特前旗干部职工培训基地教学点	28	28	22	3	2	1	0	0	0	14
巴彦淖尔市电大杭锦后旗职教中心	16	16	12	4	0	0	0	0	0	4
巴彦淖尔市电大乌拉特中旗检察院	15	15	11	2	0	2	0	0	0	7
巴彦淖尔市电大农牧场职工中专	2	2	2	0	0	0	0	0	0	0
巴彦淖尔市电大临河区农业广播学校	9	9	8	1	0	0	0	0	0	7
巴彦淖尔市后旗党校	13	13	5	8	0	0	0	0	0	8
乌海市电大	64	64	22	25	14	3	0	0	0	8
乌海市乌达星火职业培训中心	25	25	10	10	3	2	0	0	0	8
阿拉善盟电大	30	30	13	4	13	0	0	0	0	0
阿拉善盟电大阿右旗职教中心	36	36	26	4	4	2	0	0	0	4
阿拉善盟电大额济纳旗职业中学	16	16	16	0	0	0	0	0	0	0
呼伦贝尔市电大	126	126	47	11	23	45	0	0	0	0
呼伦贝尔市电大根河市职业高中	52	43	21	6	10	6	7	0	2	3
呼伦贝尔市电大额尔古纳旗职业中学	28	28	18	4	2	4	0	0	0	0
呼伦贝尔市阿荣旗职业中等专业学校	13	13	10	2	1	0	0	0	0	0
呼伦贝尔市莫旗职业教育中心	10	10	7	2	1	0	0	0	0	3
呼伦贝尔市陈旗综合高中	47	47	25	5	15	2	0	0	0	0
呼伦贝尔市鄂温克旗教师进修学校	23	23	20	2	0	1	0	0	0	0
呼伦贝尔市新巴尔虎右旗教研培训中心	40	40	40	0	0	0	0	0	0	0
呼伦贝尔市新巴尔虎左旗教师教育培训中心	10	10	9	1	0	0	0	0	0	11
满洲里市中等职业技术学校	81	81	67	4	3	7	0	0	0	19
鄂伦春教师进修学校	27	27	15	4	2	6	0	0	0	0
铁道学院电大	10	10	8	2	0	0	0	0	0	0
霍林河矿区电大	12	12	8	2	2	0	0	0	0	6
开放教育学院薛家湾准能公司	15	15	13	0	0	2	0	0	0	3
开放教育学院四子王旗培训中心	39	39	39	0	0	0	0	0	0	0
开放教育学院托克托县高级职业中学	24	24	16	3	3	2	0	0	0	9
开放教育学院土默特左旗教师进修学校	20	20	10	10	0	0	0	0	0	0
开放教育学院和林县职业高级中学	11	11	8	3	0	0	0	0	0	0
内蒙古广播电视大学财贸金融专修学院	28	28	16	2	9	1	0	0	0	46
内蒙古职工专修学院	12	12	5	3	2	2	0	0	0	5
锡盟正蓝旗财政局培训中心	2	2	0	2	0	0	0	0	0	2
内蒙古网络教育专修学院	25	25	18	3	3	1	0	0	0	13
呼和浩特市鸿德教育	9	9	4	3	1	1	0	0	0	29
内蒙古电力通讯职业技术学校	26	26	23	3	0	0	0	0	0	2
扎赉诺尔矿区电大	18	18	10	3	2	3	0	0	0	2
大雁矿区电大	21	21	16	4	1	0	0	0	0	6
内蒙古计算机专修学院	45	43	8	13	20	2	2	0	0	26

3.1 各学校教职工情况(续表10)

单位:人

	教职工									聘请校外教师
	合计	校本部教职工					科研机构人员	校办企业职工	其他附设机构人员	
		计	专任教师	行政人员	教辅人员	工勤人员				
内蒙古正镶白旗农业广播电视学校	3	3	2	0	0	1	0	0	0	27
内蒙古阿荣旗农广校	8	8	8	0	0	0	0	0	0	0
内蒙古莫力达瓦达斡尔族自治旗农广校	2	2	0	2	0	0	0	0	0	5
通辽市科左中旗党校	34	34	20	8	1	5	0	0	0	10
内蒙古北方科技专修学院	33	32	14	10	6	2	1	0	0	15
内蒙古电大人文学院	11	11	0	5	4	2	0	0	0	79
内蒙古职工培训学院	15	15	9	3	3	0	0	0	0	17
呼和浩特市恒联职业学校	22	22	12	4	4	2	0	0	0	18
内蒙古扎兰屯职业学院	38	38	31	3	2	2	0	0	0	0
呼和浩特市悦鑫电子工程技术学校	18	18	10	1	0	7	0	0	0	0
煤化专修直属	35	35	23	7	3	2	0	0	0	13
内蒙古动漫专修学院	35	35	22	6	6	1	0	0	0	14
内蒙古煤矿安全培训中心	23	23	20	3	0	0	0	0	0	0
辽宁	**3594**	**3559**	**2317**	**701**	**390**	**151**	**29**	**6**	**0**	**444**
其中:女	1913	1897	1338	296	223	40	14	2	0	158
辽宁广播电视大学	676	676	438	133	94	11	0	0	0	9
鞍山电大分校	85	85	50	28	2	5	0	0	0	11
鞍山电视大学台安分校	13	13	6	4	2	1	0	0	0	4
岫岩职教中心	11	11	4	3	4	0	0	0	0	0
抚顺电大分校	418	418	217	104	64	33	0	0	0	1
新宾电大	13	13	9	1	3	0	0	0	0	0
本溪电大分校	149	149	85	46	9	9	0	0	0	0
本溪县电大	9	9	5	2	1	1	0	0	0	0
辽宁广播电视大学锦州分校	97	97	60	21	12	4	0	0	0	21
凌海工作站	45	45	35	5	5	0	0	0	0	0
义县电大	16	16	14	2	0	0	0	0	0	3
北宁电大	43	36	23	5	8	0	7	0	0	0
锦州电大黑山工作站	64	55	35	6	6	8	3	6	0	0
丹东电大分校	74	74	31	24	16	3	0	0	0	40
宽甸县电大	30	30	30	0	0	0	0	0	0	20
凤城学院	16	16	13	1	0	2	0	0	0	91
营口电大分校	216	216	189	19	6	2	0	0	0	7
鲅鱼圈县电大	26	26	26	0	0	0	0	0	0	4
盖州县电大	50	43	30	7	6	0	7	0	0	6
辽阳电大分校	75	75	44	28	1	2	0	0	0	0
朝阳电大分校	86	86	58	4	22	2	0	0	0	0
凌源电大	60	60	39	10	9	2	0	0	0	2
朝阳广播电视大学喀左教学中心	40	40	30	3	5	2	0	0	0	6
建平县电大	43	37	28	4	3	2	6	0	0	0
朝阳广播电视大学北票教学中心	20	20	18	1	1	0	0	0	0	0

3.1 各学校教职工情况(续表 11)

单位:人

	教职工									聘请校外教师
	合计	校本部教职工					科研机构人员	校办企业职工	其他附设机构人员	
		计	专任教师	行政人员	教辅人员	工勤人员				
阜新电大分校	54	52	38	14	0	0	2	0	0	8
铁岭广播电视大学	45	45	32	2	9	2	0	0	0	4
调兵山县电大	0	0	0	0	0	0	0	0	0	4
西丰县电大	0	0	0	0	0	0	0	0	0	2
昌图县电大	18	16	8	2	6	0	2	0	0	3
清河电厂电大工作站	0	0	0	0	0	0	0	0	0	10
盘锦电大分校	494	494	289	141	39	25	0	0	0	86
盘山县电大	14	14	9	3	2	0	0	0	0	13
葫芦岛电大分校	98	98	67	14	16	1	0	0	0	0
绥中县电大	15	15	13	0	0	2	0	0	0	0
葫芦岛电大兴城教学点	24	24	15	5	3	1	0	0	0	5
水利厅电大工作站	273	273	202	28	22	21	0	0	0	0
沈阳成教教学部	29	29	12	9	6	2	0	0	0	5
沈阳职工大学教学部	13	13	13	0	0	0	0	0	0	0
沈阳药科大学高职高专电大	33	33	26	7	0	0	0	0	0	1
辽宁电大辽中教学中心	28	28	13	5	2	8	0	0	0	10
辽宁电大新民教学中心	33	31	18	7	6	0	2	0	0	4
海城电大分校	26	26	26	0	0	0	0	0	0	2
东港电大分校	22	22	19	3	0	0	0	0	0	62
沈阳	**523**	**520**	**330**	**99**	**57**	**34**	**1**	**2**	**0**	**322**
其中:女	278	276	204	38	25	9	0	2	0	166
沈阳广播电视大学	263	263	142	64	27	30	0	0	0	248
沈阳电大康平分校	13	13	0	10	3	0	0	0	0	0
沈阳电大法库分校	22	22	15	3	4	0	0	0	0	10
沈阳电大苏家屯分校	51	51	48	1	1	1	0	0	0	0
沈阳电大新民分校	40	40	32	1	6	1	0	0	0	4
沈阳市于洪分校	57	57	45	2	8	2	0	0	0	0
沈阳电大鸿泰教学点	36	34	27	4	3	0	0	2	0	43
沈阳电大公用事业教学点	20	19	10	4	5	0	1	0	0	17
沈阳电大直属和平分校	8	8	1	7	0	0	0	0	0	0
沈阳电大直属浑南分校	5	5	2	3	0	0	0	0	0	0
辽宁省酒店管理服务学校	8	8	8	0	0	0	0	0	0	0
大连	**475**	**472**	**274**	**122**	**42**	**34**	**3**	**0**	**0**	**255**
其中:女	265	262	162	63	23	14	3	0	0	161
大连广播电视大学	160	160	53	75	19	13	0	0	0	108
大连广播电视大学庄河分校	35	35	30	4	1	0	0	0	0	12
大连广播电视大学普兰店分校	49	49	34	7	0	8	0	0	0	0
大连广播电视大学瓦房店分校	82	79	54	7	12	6	3	0	0	27
大连广播电视大学金州分校	50	50	34	3	9	4	0	0	0	27
大连广播电视大学旅顺分校	27	27	21	4	0	2	0	0	0	35

3.1 各学校教职工情况(续表12)

单位:人

	教职工									聘请校外教师
	合计	校本部教职工					科研机构人员	校办企业职工	其他附设机构人员	
		计	专任教师	行政人员	教辅人员	工勤人员				
长海县电大	25	25	23	1	0	1	0	0	0	11
大连电大甘井子分校	47	47	25	21	1	0	0	0	0	35
吉林	**2229**	**2223**	**1447**	**372**	**310**	**94**	**6**	**0**	**0**	**409**
其中:女	1147	1146	852	144	145	5	1	0	0	205
吉林广播电视大学	161	161	80	33	37	11	0	0	0	40
吉林广播电视大学直属学院	161	161	80	33	37	11	0	0	0	40
吉林司法警官学院	161	161	80	33	37	11	0	0	0	40
吉林省电子信息高级技术学校	161	161	80	33	37	11	0	0	0	40
吉林科技职业技术学院	161	161	80	33	37	11	0	0	0	40
吉林广播电视大学吉林分校	79	79	63	14	0	2	0	0	0	0
吉林电大桦甸市分校	21	21	21	0	0	0	0	0	0	22
舒兰电大	21	21	12	9	0	0	0	0	0	11
磐石电大	21	21	19	1	0	1	0	0	0	3
吉林广播电视大学蛟河管理站	23	23	23	0	0	0	0	0	0	0
吉林市北华万桥培训学校	9	9	5	2	2	0	0	0	0	6
吉林广播大学四平分校	129	129	98	23	2	6	0	0	0	31
吉林广播电视大学梨树县分校	20	20	10	0	10	0	0	0	0	0
吉林省广播电视大学公主岭工作站	16	16	10	4	0	2	0	0	0	0
吉林广播电视大学伊通县管理站	30	30	22	4	2	2	0	0	0	0
吉林广播电视大学双辽工作站	26	26	26	0	0	0	0	0	0	0
吉林广播电视大学延边分校	33	33	25	7	1	0	0	0	0	4
吉林广播电视大学龙井市电大工作站	38	38	20	4	14	0	0	0	0	0
吉林电大敦化分校	49	46	27	8	6	5	3	0	0	15
吉林广播电视大学汪清县电大工作站	18	18	15	3	0	0	0	0	0	0
珲春电大	44	44	32	9	2	1	0	0	0	2
吉林广播电视大学安图管理站	6	6	6	0	0	0	0	0	0	15
吉林广播电视大学图们市电大工作站	9	9	9	0	0	0	0	0	0	0
吉林广播电视大学和龙市管理站	32	32	29	3	0	0	0	0	0	0
吉林电大通化分校	84	84	36	36	9	3	0	0	0	0
梅河口市管理站	41	41	26	6	9	0	0	0	0	9
吉林广播电视大学集安分校	33	33	29	0	4	0	0	0	0	7
吉林广播电视大学辉南管理站	24	24	24	0	0	0	0	0	0	0
吉林广播电视大学柳河分校	32	32	26	4	2	0	0	0	0	0
吉林电大辽源分校	35	35	30	5	0	0	0	0	0	2
东丰电大工作站	10	10	10	0	0	0	0	0	0	0
吉林广播电视大学东辽管理站	5	5	5	0	0	0	0	0	0	0
吉林广播电视大学白山分校	43	43	34	7	0	2	0	0	0	5
吉林广播电视大学抚松县电大工作站	19	19	12	4	3	0	0	0	0	12
吉林广播电视大学靖宇县电大工作站	10	10	9	1	0	0	0	0	0	12
吉林广播电视大学长白县电大工作站	5	5	5	0	0	0	0	0	0	3

3.1 各学校教职工情况(续表13)

单位:人

	教职工									聘请校外教师
	合计	校本部教职工					科研机构人员	校办企业职工	其他附设机构人员	
		计	专任教师	行政人员	教辅人员	工勤人员				
吉林广播电视大学临江市电大工作站	27	27	20	2	5	0	0	0	0	1
长白山中等职业技术学校	60	60	41	5	10	4	0	0	0	0
吉林电大白城分校直属教学点	50	50	41	9	0	0	0	0	0	21
镇赉县电大管理站	13	13	13	0	0	0	0	0	0	0
大安电大工作站	23	23	14	9	0	0	0	0	0	0
洮南电大工作站	20	20	20	0	0	0	0	0	0	0
通榆电大工作站	38	35	29	3	2	1	3	0	0	8
松原分校直属教学点	49	49	17	10	17	5	0	0	0	0
吉林广播电视大学前郭管理站	33	33	33	0	0	0	0	0	0	5
吉林广播电视大学长岭县管理站	18	18	18	0	0	0	0	0	0	0
吉林广播电视大学乾安管理站	29	29	11	3	12	3	0	0	0	0
扶余电大工作站	12	12	9	0	3	0	0	0	0	15
长春市建筑职工业余大学	87	87	63	12	10	2	0	0	0	0
长春	**704**	**699**	**551**	**82**	**53**	**13**	**5**	**0**	**0**	**38**
其中:女	418	418	347	37	33	1	0	0	0	13
长春广播电视大学直属	149	149	104	24	17	4	0	0	0	11
长春电大榆树分校	35	35	23	6	5	1	0	0	0	0
长春电大九台分校	35	30	23	5	2	0	5	0	0	0
长春广播电视大学农安分校	14	14	12	1	1	0	0	0	0	5
德惠市职业技术学校	53	53	45	5	3	0	0	0	0	0
长春电大双阳分校	95	95	59	15	15	6	0	0	0	0
长春市一中专教学点	24	24	21	0	3	0	0	0	0	0
机械工业学校教学点	165	165	165	0	0	0	0	0	0	0
长春医药化工工业技工学校	27	27	27	0	0	0	0	0	0	0
长春市东北科技职业技术学校	45	45	26	14	5	0	0	0	0	10
中铁十三局技师学院长光教学点	30	30	24	4	2	0	0	0	0	0
长春职工大学	32	32	22	8	0	2	0	0	0	12
黑龙江	**2553**	**2546**	**1640**	**424**	**293**	**189**	**7**	**0**	**0**	**597**
其中:女	1321	1317	924	177	152	64	4	0	0	289
黑龙江广播电视大学	327	327	170	49	78	30	0	0	0	42
齐齐哈尔广播电视大学	47	47	18	22	1	6	0	0	0	83
黑龙江广播电视大学龙江分校	15	15	13	2	0	0	0	0	0	0
黑龙江广播电视大学依安分校	49	49	43	3	3	0	0	0	0	3
黑龙江广播电视大学甘南分校	16	16	10	2	3	1	0	0	0	2
黑龙江广播电视大学克东分校	35	35	25	5	2	3	0	0	0	20
黑龙江广播电视大学拜泉分校	20	20	11	0	9	0	0	0	0	9
黑龙江省广播电视大学齐市富区分校	7	7	0	3	4	0	0	0	0	44
黑龙江广播电视大学富裕分校	6	6	5	1	0	0	0	0	0	0
黑龙江广播电视大学碾子山分校	13	13	10	3	0	0	0	0	0	0
牡丹江广播电视大学	50	50	21	12	14	3	0	0	0	0

3.1 各学校教职工情况(续表14)

单位:人

	教职工									聘请校外教师
	合计	校本部教职工					科研机构人员	校办企业职工	其他附设机构人员	
		计	专任教师	行政人员	教辅人员	工勤人员				
黑龙江广播电视大学穆棱分校	8	8	7	1	0	0	0	0	0	10
林口分校	11	11	9	2	0	0	0	0	0	0
宁安分校	9	9	9	0	0	0	0	0	0	17
佳木斯广播电视大学	144	144	95	30	10	9	0	0	0	9
同江分校	8	8	6	1	0	1	0	0	0	9
黑龙江广播电视大学富锦分校	6	6	6	0	0	0	0	0	0	4
绥化广播电视大学	28	28	25	2	0	1	0	0	0	28
黑龙 江广播电视大学肇东分校	99	99	78	7	8	6	0	0	0	0
黑龙江广播电视大学望奎分校	27	27	7	10	7	3	0	0	0	2
黑龙江广播电视大学海伦分校	21	21	12	4	5	0	0	0	0	0
黑龙江广播电视大学庆安分校	62	62	45	4	10	3	0	0	0	10
黑龙江广播电视大学明水分校	8	8	4	1	2	1	0	0	0	5
绥棱分校	25	25	15	7	3	0	0	0	0	0
黑龙江广播电视大学兰西分校	14	14	13	0	0	1	0	0	0	8
黑龙江广播电视大学青冈分校	25	25	23	2	0	0	0	0	0	6
黑龙江广播电视大学安达分校	28	28	13	5	7	3	0	0	0	0
黑河广播电视大学	14	14	10	0	3	1	0	0	0	27
黑龙江广播电视大学嫩江分校	102	102	87	8	7	0	0	0	0	9
黑龙江广播电视大学逊克分校	17	17	15	2	0	0	0	0	0	9
黑龙江广播电视大学孙吴分校	4	4	4	0	0	0	0	0	0	0
黑龙江广播电视大学北安分校	44	44	36	8	0	0	0	0	0	0
黑龙江广播电视大学五大连池分校	38	35	32	3	0	0	3	0	0	8
大兴安岭广播电视大学	8	8	8	0	0	0	0	0	0	15
伊春市广播电视大学	39	39	12	18	7	2	0	0	0	0
黑龙江广播电视大学嘉荫分校	12	12	9	2	0	1	0	0	0	7
铁力分校	39	39	23	7	5	4	0	0	0	0
大庆广播电视大学	106	106	81	0	0	25	0	0	0	0
杜蒙分校	31	31	27	4	0	0	0	0	0	0
黑龙江广播电视大学肇州分校	5	5	5	0	0	0	0	0	0	0
鸡西广播电视大学	71	71	59	12	0	0	0	0	0	0
鹤岗广播电视大学	34	34	21	9	1	3	0	0	0	4
双鸭山广播电视大学	32	32	25	6	0	1	0	0	0	20
黑龙江省广播电视大学 饶河分校	10	10	8	1	1	0	0	0	0	0
黑龙江广播电视大学集贤电大	12	12	7	5	0	0	0	0	0	5
七台河广播电视大学	29	29	29	0	0	0	0	0	0	1
黑龙江省农垦广播电视大学	154	154	81	23	24	26	0	0	0	13
黑龙江广播电视大学宝泉岭分校	69	69	40	15	6	8	0	0	0	0
黑龙江广播电视大学红兴隆分局电大	73	73	33	15	10	15	0	0	0	0
建三江农垦电大分校	71	71	31	6	25	9	0	0	0	27
黑龙江广播电视大学九三农管局分校	19	19	7	3	7	2	0	0	0	0

3.1 各学校教职工情况(续表15)

单位:人

	教职工									聘请校外教师
	合计	校本部教职工					科研机构人员	校办企业职工	其他附设机构人员	
		计	专任教师	行政人员	教辅人员	工勤人员				
黑龙江广播电视大学牡丹江农管局分校	37	37	13	10	5	9	0	0	0	12
黑龙江广播电视大学北安农管局分校	198	198	128	42	19	9	0	0	0	0
绥化农垦电大分校	25	25	18	7	0	0	0	0	0	15
黑龙江农垦广播电视大学齐齐哈尔分校	39	39	32	7	0	0	0	0	0	0
佳木斯农垦电大分校	8	8	6	2	0	0	0	0	0	0
牡丹江林管局广播电视大学	27	27	20	4	2	1	0	0	0	41
松花江林区广播电视大学	43	39	23	12	2	2	4	0	0	36
黑龙江广播电视大学兴隆林业局分校	3	3	2	1	0	0	0	0	0	0
黑龙江广播电视大学山河屯林业局分校	2	2	1	1	0	0	0	0	0	0
黑龙江广播电视大学清河林业局分校	8	8	5	2	1	0	0	0	0	5
黑龙江广播电视大学苇河林业局分校	2	2	1	1	0	0	0	0	0	0
黑龙江广播电视大学方正林业局分校	4	4	4	0	0	0	0	0	0	0
黑龙江广播电视大学沾河林业局分校	7	7	0	7	0	0	0	0	0	22
黑龙江广播电视大学绥棱林业局分校	1	1	0	1	0	0	0	0	0	7
黑龙江广播电视大学亚布力林业局分校	6	6	4	1	1	0	0	0	0	3
黑龙江广播电视通北林业局分校	2	2	0	1	1	0	0	0	0	0
哈尔滨	**1237**	**1237**	**721**	**269**	**182**	**65**	**0**	**0**	**0**	**252**
其中:女	685	685	415	137	116	17	0	0	0	127
校本部	114	114	50	25	36	3	0	0	0	48
阿城电大	21	21	17	2	0	2	0	0	0	41
呼兰电大	21	21	14	4	2	1	0	0	0	4
宾县电大	19	19	15	2	0	2	0	0	0	20
方正电大分校	27	27	13	2	10	2	0	0	0	13
依兰电大	19	19	16	0	3	0	0	0	0	10
双城电大分校	19	19	8	2	9	0	0	0	0	7
通河电大	20	20	10	2	7	1	0	0	0	0
木兰电大	11	11	5	0	5	1	0	0	0	17
延寿电大	13	13	11	2	0	0	0	0	0	0
巴彦电大	8	8	8	0	0	0	0	0	0	14
五常电大	25	25	18	3	3	1	0	0	0	48
尚志电大	25	25	14	6	4	1	0	0	0	3
黑龙江科技职业学校	51	51	32	16	1	2	0	0	0	0
哈尔滨电大直属道里区分校	7	7	2	3	2	0	0	0	0	8
哈尔滨电大直属香坊区分校	22	22	10	3	9	0	0	0	0	0
哈尔滨劳动技师学院	397	397	224	105	51	17	0	0	0	0
新星分校	18	18	14	2	1	1	0	0	0	6
哈尔滨工业美术设计学校	53	53	44	2	5	2	0	0	0	0
黑龙江医药卫生职业学校	128	128	89	20	19	0	0	0	0	7
哈尔滨蓝领职业培训学校	148	148	61	57	8	22	0	0	0	0
工会干校教学点	29	29	16	2	5	6	0	0	0	2

3.1 各学校教职工情况(续表16)

单位:人

	教职工									聘请校外教师
	合计	校本部教职工					科研机构人员	校办企业职工	其他附设机构人员	
		计	专任教师	行政人员	教辅人员	工勤人员				
哈铁建工程技工学校	42	42	30	9	2	1	0	0	0	4
上海	**719**	**718**	**447**	**121**	**106**	**44**	**1**	**0**	**0**	**624**
其中:女	411	411	281	64	57	9	0	0	0	248
上海开放大学闵行二分校	42	42	29	0	10	3	0	0	0	41
上海开放大学浦东东校	41	41	36	3	1	1	0	0	0	106
上海开放大学金山分校	61	61	55	0	3	3	0	0	0	5
上海开放大学松江分校	50	50	40	4	3	3	0	0	0	85
上海开放大学青浦分校	74	74	46	14	6	8	0	0	0	32
上海开放大学崇明分校	30	30	16	4	9	1	0	0	0	32
上海开放大学嘉定分校	29	28	15	5	8	0	1	0	0	18
上海开放大学光明食品集团分校	19	19	11	8	0	0	0	0	0	15
上海开放大学浦农分校	11	11	4	2	2	3	0	0	0	6
上海开放大学百联集团分校	22	22	17	5	0	0	0	0	0	1
上海开放大学新世界集团分校	43	43	10	26	0	7	0	0	0	93
上海开放大学长宁分校	83	83	52	16	8	7	0	0	0	28
上海开放大学黄浦分校	130	130	87	10	28	5	0	0	0	37
上海开放大学商业分校	35	35	18	5	11	1	0	0	0	26
上海开放大学徐汇财贸分校	31	31	6	10	13	2	0	0	0	64
上海开放大学闸北分校	18	18	5	9	4	0	0	0	0	35
江苏	**9729**	**9676**	**7283**	**978**	**845**	**570**	**18**	**20**	**15**	**862**
其中:女	4472	4451	3566	329	400	156	3	13	5	315
江苏开放大学	602	602	320	83	164	35	0	0	0	141
江苏电大直属学院直属点	6	6	0	6	0	0	0	0	0	19
江苏电大直属学院河海大学办学点	24	24	3	6	15	0	0	0	0	6
江苏钟山教育进修学院	0	0	0	0	0	0	0	0	0	28
镇江市高等专科学校	590	590	406	77	91	16	0	0	0	27
镇江广播电视大学丹阳市分校	25	25	21	4	0	0	0	0	0	0
镇江扬中市电大分校	27	27	27	0	0	0	0	0	0	1
江苏广播电视大学句容学院	264	264	224	7	23	10	0	0	0	35
丹徒电大	47	47	36	7	4	0	0	0	0	0
镇江建委电大分校	44	43	29	8	6	0	0	1	0	0
常州市广播电视大学	178	178	126	33	11	8	0	0	0	4
江苏省广播电视大学武进分校	230	230	216	0	0	14	0	0	0	0
常州市广播电视大学金坛分校	125	125	61	14	44	6	0	0	0	7
常州市广播电视大学溧阳分校	135	135	114	13	6	2	0	0	0	11
江苏广播电视大学武进学院(燎)	230	230	216	0	0	14	0	0	0	0
常州市广播电视大学溧阳分校(燎)	135	135	114	13	6	2	0	0	0	11
无锡市广播电视大学	238	238	175	28	31	4	0	0	0	67
无锡市广播电视大学锡山分校	13	13	7	2	2	2	0	0	0	8
无锡市广播电视大学江阴分校	94	94	65	12	12	5	0	0	0	0

3.1 各学校教职工情况(续表 17)

单位:人

	教职工									聘请校外教师
	合计	校本部教职工					科研机构人员	校办企业职工	其他附设机构人员	
		计	专任教师	行政人员	教辅人员	工勤人员				
江苏省广播电视大学宜兴分校	102	102	70	16	13	3	0	0	0	0
无锡市广播电视大学(燎)	238	238	175	28	31	4	0	0	0	67
无锡市广播电视大学江阴分校(燎)	94	94	65	12	12	5	0	0	0	0
苏州市广播电视大学	141	141	104	27	6	4	0	0	0	37
江苏省广播电视大学张家港学院	186	186	147	6	11	22	0	0	0	14
太仓市广播电视大学	52	52	44	2	4	2	0	0	0	7
苏州市广播电视大学常熟分校	42	42	30	12	0	0	0	0	0	0
苏州市广播电视大学昆山分校	32	32	24	4	4	0	0	0	0	14
苏州市广播电视大学吴中分校	318	318	277	10	14	17	0	0	0	46
江苏广播电视大学张家港学院(燎)	186	186	147	6	11	22	0	0	0	14
南通市广播电视大学	218	218	150	59	0	9	0	0	0	0
南通市广播电视大学如东分校	440	440	368	5	18	49	0	0	0	0
南通市广播电视大学海门分校	17	17	12	5	0	0	0	0	0	6
南通市广播电视大学启东分校	100	100	84	6	8	2	0	0	0	0
南通市广播电视大学通州分校	45	45	39	3	2	1	0	0	0	0
南通市广播电视大学海安分校	62	60	50	4	2	4	2	0	0	0
南通市广播电视大学如皋市分校	107	107	95	0	8	4	0	0	0	0
扬州市广播电视大学	116	107	68	25	8	6	3	0	6	0
扬州市广播电视大学宝应分校	65	65	48	7	5	5	0	0	0	6
江苏广播电视大学江都学院	78	78	63	10	5	0	0	0	0	3
扬州广播电视大学仪征分校	54	54	48	6	0	0	0	0	0	12
扬州市广播电视大学高邮分校	188	188	159	9	10	10	0	0	0	0
扬州市广播电视大学邗江分校	135	135	99	26	10	0	0	0	0	0
徐州市广播电视大学	184	182	95	40	32	15	2	0	0	45
徐州市广播电视大学铜山分校	41	41	25	3	9	4	0	0	0	0
徐州市广播电视大学邳州市分校	51	51	30	4	12	5	0	0	0	0
徐州市广播电视大学沛县分校	130	130	102	13	3	12	0	0	0	8
徐州市广播电视大学新沂分校	84	84	50	4	1	29	0	0	0	0
徐州市广播电视大学睢宁分校	57	54	48	2	2	2	0	0	3	8
徐州市广播电视大学丰县分校	67	67	56	7	4	0	0	0	0	0
徐州市广播电视大学贾汪分校	37	37	37	0	0	0	0	0	0	0
淮安市广播电视大学	66	66	47	4	12	3	0	0	0	16
淮安市广播电视大学楚州分校	78	78	69	5	3	1	0	0	0	1
淮安市广播电视大学金湖分校	37	37	27	5	3	2	0	0	0	0
淮安市广播电视大学盱眙分校	61	61	57	1	3	0	0	0	0	0
淮安市广播电视大学洪泽分校	36	36	26	5	1	4	0	0	0	0
淮安市广播电视大学淮阴区分校	37	37	30	6	0	1	0	0	0	0
淮安市广播电视大学涟水分校	45	45	45	0	0	0	0	0	0	0
盐城市广播电视大学	136	136	104	29	0	3	0	0	0	0
盐城市广播电视大学大丰分校	177	173	144	14	11	4	4	0	0	30

3.1 各学校教职工情况(续表18)

单位:人

	教职工									聘请校外教师
	合计	校本部教职工					科研机构人员	校办企业职工	其他附设机构人员	
		计	专任教师	行政人员	教辅人员	工勤人员				
盐城市广播电视大学建湖分校	51	51	42	9	0	0	0	0	0	0
盐城市广播电视大学射阳分校	81	81	72	0	0	9	0	0	0	0
盐城市广播电视大学东台分校	52	52	43	5	0	4	0	0	0	3
盐城市广播电视大学响水分校	162	143	131	3	0	9	0	19	0	10
盐城市广播电视大学滨海分校	19	19	10	1	0	8	0	0	0	0
盐城市广播电视大学阜宁分校	132	123	111	7	0	5	3	0	6	3
盐城市广播电视大学亭湖区电大	17	17	11	6	0	0	0	0	0	15
盐城市广播电视大学盐都分校	35	35	19	6	7	3	0	0	0	0
盐城建筑工程学校	27	27	25	2	0	0	0	0	0	0
连云港市广播电视大学	138	138	117	11	5	5	0	0	0	0
连云港市广播电视大学东海分校	27	27	23	0	0	4	0	0	0	0
连云港市广播电视大学赣榆分校	27	27	23	3	1	0	0	0	0	0
连云港市广播电视大学灌南分校	317	317	220	25	40	32	0	0	0	46
连云港市广播电视大学灌云分校	30	30	23	3	0	4	0	0	0	0
灌南燎校	317	317	220	25	40	32	0	0	0	46
泰州市广播电视大学	63	63	50	3	10	0	0	0	0	0
泰州市广播电视大学靖江分校	29	29	24	2	2	1	0	0	0	0
泰州市广播电视大学泰兴分校	289	289	162	79	7	41	0	0	0	0
泰州市广播电视大学兴化分校	42	42	25	5	9	3	0	0	0	0
泰州市广播电视大学姜堰分校	39	39	29	3	2	5	0	0	0	0
宿迁市广播电视大学	267	267	241	4	6	16	0	0	0	6
宿迁市广播电视大学泗阳分校	46	46	26	3	6	11	0	0	0	0
宿迁市广播电视大学泗洪分校	16	16	12	1	2	1	0	0	0	0
宿迁市广播电视大学沭阳分校	46	42	36	3	3	0	4	0	0	12
江苏省广播电视大学化工分校	33	33	15	10	5	3	0	0	0	6
江苏电大燎校苏州电视中专分校(燎)	3	3	3	0	0	0	0	0	0	0
江苏电大燎校太仓市岳王分校(燎)	15	15	8	3	3	1	0	0	0	0
江苏电大燎校常州孟河镇成人学校(燎)	10	10	10	0	0	0	0	0	0	0
江苏电大燎校邗江公道分校(燎)	8	8	6	1	1	0	0	0	0	8
邗江霍桥镇成人学校(燎)	29	29	20	9	0	0	0	0	0	8
江阴市开明进修学校	15	15	8	3	3	1	0	0	0	0
南京	**587**	**585**	**357**	**97**	**107**	**24**	**2**	**0**	**0**	**415**
其中:女	281	279	169	38	64	8	2	0	0	141
南京广播电视大学	290	288	154	53	78	3	2	0	0	206
江宁电大	39	39	31	2	4	2	0	0	0	68
南京广播电视大学六合区分校	61	61	36	6	13	6	0	0	0	0
南京广播电视大学溧水分校	41	41	30	6	3	2	0	0	0	10
南京广播电视大学浦口分校	25	25	19	2	2	2	0	0	0	0
南京广播电视大学玄武区分校	12	12	5	5	0	2	0	0	0	0
南京市广播电视大学秦淮区分校	7	7	6	0	0	1	0	0	0	20

3.1 各学校教职工情况(续表19)

单位:人

	教职工									聘请校外教师
	合计	校本部教职工					科研机构人员	校办企业职工	其他附设机构人员	
		计	专任教师	行政人员	教辅人员	工勤人员				
南京市广播电视大学鼓楼区分校	19	19	12	2	4	1	0	0	0	56
南京广播电视大学栖霞分校	26	26	23	0	0	3	0	0	0	19
南京广播电视大学汇文教学点	22	22	14	6	1	1	0	0	0	16
南京汽车集团有限公司培训中心	45	45	27	15	2	1	0	0	0	20
浙江	**4372**	**4345**	**3046**	**725**	**421**	**153**	**11**	**16**	**0**	**1126**
其中:女	2074	2060	1511	254	234	61	6	8	0	450
浙江广播电视大学	265	256	74	135	43	4	9	0	0	312
杭州广播电视大学	525	525	295	94	127	9	0	0	0	70
浙江广播电视大学建德分校	27	27	20	3	3	1	0	0	0	11
浙江广播电视大学桐庐学院	60	60	47	3	7	3	0	0	0	0
浙江广播电视大学富阳学院	174	174	150	9	10	5	0	0	0	35
浙江广播电视大学临安分校	36	36	32	4	0	0	0	0	0	0
浙江广播电视大学萧山学院	92	92	87	4	0	1	0	0	0	69
浙江广播电视大学余杭分校	140	140	128	5	2	5	0	0	0	23
浙江广播电视大学淳安学院	35	35	32	0	2	1	0	0	0	0
嘉兴广播电视大学	51	51	38	6	7	0	0	0	0	0
浙江广播电视大学嘉善学院	38	38	29	5	3	1	0	0	0	0
浙江广播电视大学平湖学院	40	40	25	2	13	0	0	0	0	0
浙江广播电视大学桐乡学院	28	28	21	5	2	0	0	0	0	23
浙江广播电视大学海宁学院	38	38	33	3	0	2	0	0	0	5
浙江广播电视大学海盐学院	27	27	24	0	1	2	0	0	0	0
湖州广播电视大学	552	536	418	97	13	8	0	16	0	197
浙江广播电视大学德清学院	39	39	29	3	3	4	0	0	0	20
浙江广播电视大学长兴学院	118	118	85	27	4	2	0	0	0	29
浙江广播电视大学安吉学院	26	26	21	5	0	0	0	0	0	15
绍兴广播电视大学	31	31	0	17	13	1	0	0	0	78
浙江广播电视大学绍兴学院	31	31	29	1	1	0	0	0	0	0
浙江广播电视大学上虞学院	42	42	35	4	3	0	0	0	0	13
浙江广播电视大学嵊州学院	38	38	36	1	0	1	0	0	0	0
浙江广播电视大学新昌学院	35	35	17	11	1	6	0	0	0	1
浙江广播电视大学诸暨学院	45	45	45	0	0	0	0	0	0	0
舟山广播电视大学	62	62	51	4	5	2	0	0	0	0
浙江广播电视大学普陀分校	14	14	10	0	4	0	0	0	0	3
浙江广播电视大学岱山分校	12	12	12	0	0	0	0	0	0	16
浙江广播电视大学嵊泗分校	18	18	17	0	0	1	0	0	0	0
金华广播电视大学	307	307	248	19	11	29	0	0	0	0
浙江广播电视大学兰溪分校	22	22	22	0	0	0	0	0	0	0
浙江广播电视大学义乌学院	32	32	25	0	0	7	0	0	0	0
浙江广播电视大学东阳学院	26	26	14	2	9	1	0	0	0	0
浙江广播电视大学武义分校	36	36	16	9	9	2	0	0	0	18

3.1 各学校教职工情况(续表20)

单位:人

	教职工									聘请校外教师
	合计	校本部教职工					科研机构人员	校办企业职工	其他附设机构人员	
		计	专任教师	行政人员	教辅人员	工勤人员				
浙江广播电视大学永康学院	25	25	21	3	1	0	0	0	0	0
浙江广播电视大学磐安分校	11	11	11	0	0	0	0	0	0	0
浙江广播电视大学浦江分校	10	10	7	3	0	0	0	0	0	0
衢州广播电视大学	43	43	36	7	0	0	0	0	0	15
浙江广播电视大学常山分校	14	14	8	3	0	3	0	0	0	1
浙江广播电视大学龙游分校	20	20	12	0	5	3	0	0	0	33
浙江广播电视大学开化分校	14	14	7	3	0	4	0	0	0	0
浙江广播电视大学江山分校	14	14	10	2	0	2	0	0	0	0
浙江广播电视大学柯城分校	15	15	6	4	2	3	0	0	0	20
台州广播电视大学	125	125	69	33	23	0	0	0	0	0
浙江广播电视大学临海学院	54	54	44	5	5	0	0	0	0	0
浙江广播电视大学温岭分校	50	50	42	0	3	5	0	0	0	0
浙江广播电视大学玉环学院	39	39	24	4	9	2	0	0	0	0
浙江广播电视大学黄岩分校	22	22	17	4	0	1	0	0	0	0
浙江广播电视大学天台学院	60	58	46	3	8	1	2	0	0	0
浙江广播电视大学仙居学院	42	42	28	12	0	2	0	0	0	0
浙江广播电视大学三门学院	33	33	26	4	2	1	0	0	0	0
丽水广播电视大学	59	59	46	0	12	1	0	0	0	0
浙江广播电视大学青田学院	25	25	22	0	0	3	0	0	0	0
浙江广播电视大学缙云分校	33	33	20	5	7	1	0	0	0	0
浙江广播电视大学遂昌分校	15	15	15	0	0	0	0	0	0	0
浙江广播电视大学景宁分校	14	14	13	1	0	0	0	0	0	0
浙江广播电视大学龙泉分校	13	13	6	2	4	1	0	0	0	0
浙江广播电视大学庆元分校	22	22	14	1	5	2	0	0	0	0
浙江广播电视大学云和分校	11	11	6	5	0	0	0	0	0	0
浙江广播电视大学松阳分校	19	19	15	1	0	3	0	0	0	0
温州广播电视大学	83	83	53	20	7	3	0	0	0	49
浙江广播电视大学永嘉学院	46	46	39	3	3	1	0	0	0	0
浙江广播电视大学瑞安分校	40	40	34	3	2	1	0	0	0	27
浙江广播电视大学乐清分校	24	24	15	1	2	6	0	0	0	11
浙江广播电视大学瓯海分校	17	17	17	0	0	0	0	0	0	0
浙江广播电视大学平阳分校	23	23	6	13	4	0	0	0	0	0
浙江广播电视大学苍南分校	22	22	17	5	0	0	0	0	0	0
浙江广播电视大学文成分校	18	18	13	3	2	0	0	0	0	15
浙江广播电视大学泰顺分校	16	16	10	4	2	0	0	0	0	0
浙江广播电视大学洞头分校	24	24	13	7	2	2	0	0	0	0
浙江广播电视大学巨化分校	41	41	28	8	3	2	0	0	0	0
浙江广播电视大学经贸分校	30	30	15	14	1	0	0	0	0	16
浙江广播电视大学工商学院	67	67	22	32	11	2	0	0	0	0
浙江广播电视大学水利水电学校教学点	28	28	22	6	0	0	0	0	0	1

3.1 各学校教职工情况(续表21)

单位:人

	教职工									聘请校外教师
	合计	校本部教职工					科研机构人员	校办企业职工	其他附设机构人员	
		计	专任教师	行政人员	教辅人员	工勤人员				
杭州东方舰桥教育培训中心	29	29	6	23	0	0	0	0	0	0
宁波	**470**	**465**	**356**	**33**	**47**	**29**	**2**	**0**	**3**	**360**
其中:女	256	253	200	12	25	16	1	0	2	141
宁波广播电视大学	145	145	98	13	31	3	0	0	0	88
宁波广播电视大学鄞州学院	45	42	35	3	1	3	0	0	3	80
宁波广播电视大学余姚学院	34	34	31	0	1	2	0	0	0	38
宁波电大慈溪学院	51	49	26	5	4	14	2	0	0	38
宁波广播电视大学宁海学院	26	26	24	2	0	0	0	0	0	18
宁波电大象山分校	40	40	35	2	0	3	0	0	0	23
宁波电大奉化分校	28	28	28	0	0	0	0	0	0	30
宁波广播电视大学镇海工作站	51	51	45	5	1	0	0	0	0	8
宁波广播电视大学北仑工作站	30	30	25	3	2	0	0	0	0	9
江北电大工作站	20	20	9	0	7	4	0	0	0	28
安徽	**1679**	**1665**	**1005**	**314**	**283**	**63**	**13**	**0**	**1**	**1229**
其中:女	629	625	380	102	123	20	3	0	1	376
安徽广播电视大学	299	299	140	63	81	15	0	0	0	138
肥西县工作站	13	13	8	3	2	0	0	0	0	0
肥东县工作站	22	22	18	4	0	0	0	0	0	0
庐江县工作站	51	51	45	2	3	1	0	0	0	6
居巢区	12	12	2	3	3	4	0	0	0	10
蚌埠分校	44	44	30	14	0	0	0	0	0	20
怀远县工作站	12	12	0	3	9	0	0	0	0	22
固镇县工作站	20	20	14	2	3	1	0	0	0	12
芜湖分校	42	42	16	26	0	0	0	0	0	120
无为县工作站	29	29	26	3	0	0	0	0	0	4
淮北分校	32	32	12	10	9	1	0	0	0	75
马鞍山分校	103	99	47	23	29	0	4	0	0	7
当涂县工作站	103	99	47	23	29	0	4	0	0	7
和县工作站	32	32	26	2	4	0	0	0	0	8
铜陵分校	43	43	26	10	7	0	0	0	0	35
黄山分校	44	44	16	7	19	2	0	0	0	56
黟县工作站	18	18	11	0	0	7	0	0	0	0
安庆分校	92	92	72	7	10	3	0	0	0	145
桐城市工作站	8	8	7	1	0	0	0	0	0	15
岳西县工作站	7	7	5	2	0	0	0	0	0	20
怀宁县工作站	12	12	12	0	0	0	0	0	0	12
潜山县工作站	22	22	17	3	2	0	0	0	0	20
太湖县工作站	5	5	5	0	0	0	0	0	0	18
六安分校	32	32	25	5	0	2	0	0	0	53
叶集区工作站	29	29	14	3	8	4	0	0	0	0

3.1 各学校教职工情况(续表22)

单位:人

	教职工									聘请校外教师
	合计	校本部教职工					科研机构人员	校办企业职工	其他附设机构人员	
		计	专任教师	行政人员	教辅人员	工勤人员				
舒城县工作站	16	15	8	5	1	1	0	0	1	18
阜阳分校	51	51	29	6	13	3	0	0	0	58
颍上县工作站	18	18	9	9	0	0	0	0	0	5
界首市工作站	3	3	3	0	0	0	0	0	0	4
临泉县工作站	10	10	6	3	0	1	0	0	0	20
宣城分校	61	61	51	4	6	0	0	0	0	5
绩溪县工作站	2	2	1	1	0	0	0	0	0	0
泾县工作站	14	14	12	2	0	0	0	0	0	7
郎溪县工作站	20	20	8	6	4	2	0	0	0	14
旌德县	77	77	49	11	9	8	0	0	0	2
宣州区工作站	33	33	13	5	10	5	0	0	0	10
滁州分校	43	43	29	14	0	0	0	0	0	26
凤阳县工作站	19	19	10	4	5	0	0	0	0	26
宿州分校	33	33	21	4	7	1	0	0	0	50
萧县工作站	18	18	18	0	0	0	0	0	0	0
砀山县工作站	9	9	9	0	0	0	0	0	0	11
灵璧县工作站	16	16	16	0	0	0	0	0	0	9
省直分校	46	46	27	14	5	0	0	0	0	67
亳州分校	24	24	24	0	0	0	0	0	0	69
广德学院	40	35	21	7	5	2	5	0	0	25
福建	**697**	**697**	**295**	**229**	**140**	**33**	**0**	**0**	**0**	**313**
其中:女	309	309	147	76	75	11	0	0	0	126
福建广播电视大学	351	351	106	119	105	21	0	0	0	14
福州电大分校	29	29	6	23	0	0	0	0	0	11
福州电大分校闽侯县工作站	0	0	0	0	0	0	0	0	0	13
福州电大分校罗源工作站	11	11	0	1	8	2	0	0	0	18
福州电大分校闽清工作站	11	11	10	1	0	0	0	0	0	19
福州电大分校永泰工作站	14	14	10	1	3	0	0	0	0	7
福州电大分校长乐市工作站	13	13	8	3	2	0	0	0	0	14
福州电大分校福清市工作站	18	18	18	0	0	0	0	0	0	5
三明电大分校清流县工作站	8	8	8	0	0	0	0	0	0	15
福建广播电视大学漳州分校	58	58	39	13	0	6	0	0	0	40
漳州电大分校南靖工作站	8	8	7	1	0	0	0	0	0	14
泉州电大分校	38	38	13	19	4	2	0	0	0	17
泉州电大分校晋江市工作站	5	5	0	5	0	0	0	0	0	0
泉州电大分校南安工作站	11	11	0	3	8	0	0	0	0	15
泉州电大分校惠安工作站	2	2	2	0	0	0	0	0	0	3
泉州电大分校安溪工作站	7	7	4	2	1	0	0	0	0	11
泉州电大分校永春工作站	12	12	6	3	3	0	0	0	0	9
泉州电大分校德化工作站	6	6	6	0	0	0	0	0	0	18

3.1 各学校教职工情况(续表23)

单位:人

	教职工									聘请校外教师
	合计	校本部教职工					科研机构人员	校办企业职工	其他附设机构人员	
		计	专任教师	行政人员	教辅人员	工勤人员				
泉州电大分校鲤城工作站	41	41	14	22	3	2	0	0	0	10
泉州电大分校泉港工作站	7	7	2	2	3	0	0	0	0	15
泉州电大分校石狮工作站	9	9	5	4	0	0	0	0	0	9
龙岩电大分校	28	28	24	4	0	0	0	0	0	36
龙岩电大分校武平县工作站	10	10	7	3	0	0	0	0	0	0
厦门	**222**	**222**	**66**	**96**	**43**	**17**	**0**	**0**	**0**	**23**
其中:女	129	129	49	43	28	9	0	0	0	15
思明工作站	4	4	0	3	0	1	0	0	0	0
同安工作站	8	8	0	1	4	3	0	0	0	0
杏林工作站	10	10	0	2	7	1	0	0	0	0
厦门电大校直属学习点	190	190	59	87	32	12	0	0	0	23
武平工作站	10	10	7	3	0	0	0	0	0	0
江西	**2186**	**2186**	**1622**	**267**	**207**	**90**	**0**	**0**	**0**	**857**
其中:女	813	813	597	66	128	22	0	0	0	232
江西广播电视大学	284	284	190	39	35	20	0	0	0	14
江西电大开放学院九江县教师进修学校教学点	34	34	27	5	1	1	0	0	0	0
江西电大开放学院井冈山市工作站	3	3	3	0	0	0	0	0	0	5
南昌电大分校本部	37	37	37	0	0	0	0	0	0	112
南昌市电大安义县工作站(工会职校)	11	11	4	6	0	1	0	0	0	9
南昌电大分校进贤县教师进修学校教学点	106	106	60	25	16	5	0	0	0	13
南昌市电大安义县教师进修学校教学点	10	10	9	1	0	0	0	0	0	10
南昌县教师进修学校	21	21	21	0	0	0	0	0	0	0
景德镇电大分校本部	24	24	16	6	1	1	0	0	0	15
景德镇电大分校乐平市教师进修学校教学点	53	53	43	8	0	2	0	0	0	15
九江电大分校本部	47	47	34	10	0	3	0	0	0	0
九江电大分校星子县工作站	17	17	12	4	0	1	0	0	0	0
九江电大分校瑞昌工作站(教师进修学校)	30	30	25	2	1	2	0	0	0	0
九江电大分校德安县工作站	11	11	11	0	0	0	0	0	0	10
九江电大分校永修县工作站	17	17	9	4	3	1	0	0	0	4
九江电大分校都昌县工作站	27	27	24	3	0	0	0	0	0	12
九江电大分校彭泽县工作站	28	28	28	0	0	0	0	0	0	0
九江电大分校武宁县工作站	24	24	16	5	3	0	0	0	0	7
九江电大分校修水县工作站	15	15	10	5	0	0	0	0	0	0
九江电大分校湖口县工作站	14	14	12	2	0	0	0	0	0	5
江西广播电视大学九江分校省武工作站	16	16	16	0	0	0	0	0	0	5
九江电大分校庐山工作站	20	20	20	0	0	0	0	0	0	0
共青城工作站	11	11	9	2	0	0	0	0	0	0
萍乡电大分校本部	89	89	28	6	46	9	0	0	0	205
萍乡电大分校湘东区工作站	31	31	28	3	0	0	0	0	0	4
萍乡电大分校芦溪县工作站	35	35	21	5	6	3	0	0	0	8

3.1 各学校教职工情况(续表24)

单位:人

	教职工									聘请校外教师
	合计	校本部教职工					科研机构人员	校办企业职工	其他附设机构人员	
		计	专任教师	行政人员	教辅人员	工勤人员				
萍乡电大分校上栗县电大工作站	21	21	21	0	0	0	0	0	0	0
萍乡市卫生学校	45	45	45	0	0	0	0	0	0	0
新余电大分校本部	42	42	32	6	0	4	0	0	0	0
新余电大分校分宜县工作站	6	6	6	0	0	0	0	0	0	44
鹰潭电大分校本部	22	22	13	8	0	1	0	0	0	31
鹰潭电大分校贵溪市工作站	28	28	18	8	1	1	0	0	0	8
赣州市电大校本部	34	34	24	5	3	2	0	0	0	24
赣州市电大中共信丰县委党校教学点	9	9	9	0	0	0	0	0	0	2
赣州市电大兴国县教师进修学校教学点	54	54	44	10	0	0	0	0	0	6
大余县教师进修学校	16	16	16	0	0	0	0	0	0	0
赣州市电大石城县教师进修学校教学点	6	6	6	0	0	0	0	0	0	0
龙南教师进修学校	33	33	10	4	17	2	0	0	0	16
赣州市电大赣县教师进修学校教学点	26	26	26	0	0	0	0	0	0	0
赣州市电大中共上犹县委党校教学点	7	7	7	0	0	0	0	0	0	0
赣州市电大定南教师进修学校教学点	17	17	17	0	0	0	0	0	0	10
赣州市电大宁都县教师进修学校教学点	24	24	11	12	0	1	0	0	0	25
赣州市电大寻乌县工作站(教师进修学校)	18	18	12	3	2	1	0	0	0	0
赣州市电大中共南康市委党校教学点	27	27	13	6	3	5	0	0	0	0
赣州市电大中共兴国县委党校教学点	20	20	5	7	7	1	0	0	0	0
赣州市电大信丰县教师进修学校教学点	16	16	14	1	0	1	0	0	0	5
江西会昌县职业技术学校	50	50	40	1	9	0	0	0	0	0
全南县教师进修学校	11	11	9	1	0	1	0	0	0	10
宜春市电大宜丰县工作站(教师进修学校)	17	17	17	0	0	0	0	0	0	6
吉安电大分校本部	136	136	126	10	0	0	0	0	0	0
吉安电大分校吉水县教师进修学校教学点	15	15	14	1	0	0	0	0	0	0
吉安电大分校吉安县教师进修学校教学点	14	14	13	0	0	1	0	0	0	0
万安县委党校	13	13	11	1	1	0	0	0	0	0
峡江县委党校	19	19	9	2	6	2	0	0	0	0
上饶市广播电视大学	32	32	26	4	0	2	0	0	0	46
上饶市电大德兴市工作站	20	20	18	1	1	0	0	0	0	4
上饶市电大婺源县工作站	12	12	12	0	0	0	0	0	0	5
上饶市电大余干县工作站	12	12	8	2	2	0	0	0	0	4
上饶市电大铅山县工作站	24	24	16	4	4	0	0	0	0	4
上饶市电大弋阳县工作站	18	18	14	2	1	1	0	0	0	12
上饶市电大横峰县工作站	12	12	12	0	0	0	0	0	0	5
上饶市电大鄱阳县工作站	46	46	13	2	30	1	0	0	0	0
上饶市电大玉山县工作站	16	16	16	0	0	0	0	0	0	15
上饶市电大万年县工作站	40	40	30	4	4	2	0	0	0	6
上饶市电大广丰县工作站	35	35	31	4	0	0	0	0	0	0
上饶市电大上饶县工作站	24	24	18	3	2	1	0	0	0	10

3.1 各学校教职工情况(续表25)

单位:人

	教职工									聘请校外教师
	合计	校本部教职工					科研机构人员	校办企业职工	其他附设机构人员	
		计	专任教师	行政人员	教辅人员	工勤人员				
抚州市电大校本部	41	41	29	5	0	7	0	0	0	18
抚州市电大金溪县工作站	9	9	9	0	0	0	0	0	0	9
抚州市电大黎川县工作站	5	5	5	0	0	0	0	0	0	22
抚州市电大崇仁县工作站	10	10	6	4	0	0	0	0	0	20
抚州市电大资溪县工作站	3	3	3	0	0	0	0	0	0	6
抚州市电大南丰县工作站	15	15	15	0	0	0	0	0	0	0
抚州市电大乐安县工作站	4	4	4	0	0	0	0	0	0	8
抚州市电大南城县工作站	8	8	6	0	1	1	0	0	0	10
中共东乡县委党校	19	19	13	4	0	2	0	0	0	0
广昌县委党校	13	13	11	1	0	1	0	0	0	7
宜黄县委党校	7	7	6	0	1	0	0	0	0	6
山东	**7272**	**7194**	**5505**	**820**	**477**	**392**	**57**	**20**	**1**	**727**
其中:女	2780	2744	2098	268	212	166	28	7	1	287
山东广播电视大学	208	208	122	62	17	7	0	0	0	82
济南广播电视大学直属	60	58	36	10	12	0	2	0	0	0
济南广播电视大学商河县工作站	14	14	12	0	0	2	0	0	0	3
济南广播电视大学章丘分校	45	45	37	8	0	0	0	0	0	0
济南电大平阴分校	15	15	15	0	0	0	0	0	0	0
济南电大长清工作站	68	68	50	11	6	1	0	0	0	0
济南广播电视大学济阳分校	30	30	20	6	2	2	0	0	0	0
威海广播电视大学	111	111	51	52	2	6	0	0	0	0
淄博广播电视大学直属部	58	58	25	7	2	24	0	0	0	33
淄博广播电视大学临淄分校	10	10	10	0	0	0	0	0	0	0
淄博广播电视大学淄川分校	30	30	26	4	0	0	0	0	0	0
淄博电大博山分校	16	16	16	0	0	0	0	0	0	0
淄博广播电视大学周村分校	28	28	28	0	0	0	0	0	0	5
淄博广播电视大学沂源分校	12	12	12	0	0	0	0	0	0	0
淄博桓台教师进修学校	6	6	6	0	0	0	0	0	0	0
淄博广播电视大学高青分校	10	10	10	0	0	0	0	0	0	0
淄博市工业学校	10	10	10	0	0	0	0	0	0	0
枣庄广播电视大学直属学院	1108	1108	743	236	114	15	0	0	0	76
枣庄电大滕州分校	861	830	732	47	32	19	11	20	0	0
枣庄市团校	22	22	16	4	0	2	0	0	0	16
枣庄电大台儿庄分校	31	31	26	0	5	0	0	0	0	0
烟台电大直属	15	15	13	0	0	2	0	0	0	0
烟台开发区广播电视大学	206	206	184	12	2	8	0	0	0	34
烟台电大牟平分校	42	42	42	0	0	0	0	0	0	0
烟台电大蓬莱二职专分校	7	7	7	0	0	0	0	0	0	0
烟台电大招远分校	20	20	20	0	0	0	0	0	0	0
烟台电大栖霞市高级职业学校	84	84	69	5	7	3	0	0	0	0

3.1 各学校教职工情况(续表26)

单位:人

	教职工									聘请校外教师
	合计	校本部教职工					科研机构人员	校办企业职工	其他附设机构人员	
		计	专任教师	行政人员	教辅人员	工勤人员				
烟台电大龙口分校	5	5	5	0	0	0	0	0	0	0
莱阳广播电视大学	50	50	41	4	5	0	0	0	0	0
烟台第一职业中专学校	6	6	6	0	0	0	0	0	0	0
烟台国瑞财会培训中心	6	6	6	0	0	0	0	0	0	0
烟台电大海阳分校	263	263	261	2	0	0	0	0	0	0
烟台电大汽车工程分校	12	12	12	0	0	0	0	0	0	0
潍坊广播电视大学直属教学点	39	39	9	28	2	0	0	0	0	90
潍坊广播电视大学诸城分校	31	31	31	0	0	0	0	0	0	0
潍坊广播电视大学寿光分校	10	10	10	0	0	0	0	0	0	20
潍坊广播电视大学青州分校	47	47	41	3	3	0	0	0	0	5
潍坊广播电视大学安丘分校	40	40	36	1	0	3	0	0	0	43
潍坊广播电视大学高密分校	36	36	30	1	5	0	0	0	0	0
潍坊广播电视大学临朐分校	36	36	30	1	5	0	0	0	0	0
潍坊广播电视大学昌乐分校	40	40	36	3	1	0	0	0	0	43
潍坊电大寒亭分校	14	12	6	4	2	0	2	0	0	3
潍坊电大技师学院分校	11	11	11	0	0	0	0	0	0	0
临沂电大直属教学班	84	84	84	0	0	0	0	0	0	18
泰安电大直属学院	21	21	17	3	1	0	0	0	0	0
泰安电大新泰分校	54	54	54	0	0	0	0	0	0	0
泰安电大肥城分校	54	52	33	2	8	9	2	0	0	0
泰安电大宁阳分校	11	11	11	0	0	0	0	0	0	0
泰安电大东平分校	32	32	32	0	0	0	0	0	0	5
泰安电大岱岳区教学点	20	19	16	1	2	0	1	0	0	11
济宁电大直属教学点	45	45	25	20	0	0	0	0	0	0
济宁电大任城区职业中等专业学校	63	63	44	2	9	8	0	0	0	0
济宁电大微山分校	5	5	5	0	0	0	0	0	0	0
济宁电大金乡分校	50	50	46	3	0	1	0	0	0	0
济宁电大嘉祥分校	21	21	16	2	2	1	0	0	0	0
济宁电大汶上分校	60	60	54	4	2	0	0	0	0	4
济宁电大曲阜分校	39	39	39	0	0	0	0	0	0	0
兖州矿区电大分校	724	724	390	72	74	188	0	0	0	0
菏泽广播电视大学	20	20	3	17	0	0	0	0	0	35
菏泽电大成武分校	45	45	27	10	8	0	0	0	0	22
菏泽电大定陶分校	32	32	18	4	4	6	0	0	0	4
菏泽电大鄄城分校	4	4	2	2	0	0	0	0	0	0
菏泽电大曹县教师进修学校	62	62	44	8	6	4	0	0	0	9
聊城电大直属教学班	39	39	30	9	0	0	0	0	0	0
聊城电大冠县分校	24	24	17	7	0	0	0	0	0	0
德州广播电视大学	87	87	39	7	34	7	0	0	0	0
德州电大齐河教师进修学校	38	38	30	8	0	0	0	0	0	17

3.1 各学校教职工情况(续表 27)

单位:人

	教职工									聘请校外教师
	合计	校本部教职工					科研机构人员	校办企业职工	其他附设机构人员	
		计	专任教师	行政人员	教辅人员	工勤人员				
德州电大禹城教师进修学校	14	14	14	0	0	0	0	0	0	0
德州电大平原教师进修学校	42	41	29	6	3	3	0	0	1	5
德州电大武城教师进修学校	21	21	18	2	0	1	0	0	0	8
德州电大夏津教师进修学校	18	18	16	2	0	0	0	0	0	4
德州电大陵县分校	9	9	9	0	0	0	0	0	0	0
德州电大宁津分校	3	3	3	0	0	0	0	0	0	13
德州电大乐陵教师进修学校	12	12	7	2	2	1	0	0	0	3
德州电大庆云分校	16	16	12	2	2	0	0	0	0	6
德州纺织技工学校	14	14	14	0	0	0	0	0	0	7
滨州电大直属班	233	233	210	18	0	5	0	0	0	0
滨州广播电视大学惠民县分校	115	115	105	10	0	0	0	0	0	0
滨州广播电视大学沾化县分校	79	79	72	1	6	0	0	0	0	0
滨州电大开发区分校	4	4	3	1	0	0	0	0	0	0
莱钢广播电视大学	71	71	29	20	18	4	0	0	0	0
日照广播电视大学	11	11	0	11	0	0	0	0	0	0
莒县教育局电大工作站	4	4	4	0	0	0	0	0	0	10
威海广播电视大学荣成分校	40	40	30	4	0	6	0	0	0	0
山东德州汽车摩托车专修学院	75	75	40	8	21	6	0	0	0	4
莱芜市科技成人中等专业学校直属学习中心	67	67	52	7	4	4	0	0	0	20
山东电大兖州分校	92	92	78	9	0	5	0	0	0	9
山东电大莒南分校	264	264	251	4	0	9	0	0	0	0
山东电大德城区分校	14	14	6	3	3	2	0	0	0	55
山东电大文登分校直属教学点	146	146	146	0	0	0	0	0	0	0
山东电大乳山分校直属教学点	106	73	37	6	21	9	33	0	0	0
山东电大兰山分校直属教学点	55	55	53	0	1	1	0	0	0	0
山东电大沂南分校直属教学点	21	21	20	1	0	0	0	0	0	5
山东电大郯城分校直属教学点	27	27	27	0	0	0	0	0	0	0
山东电大苍山分校直属教学点	39	33	14	6	5	8	6	0	0	0
山东电大平邑分校直属教学点	208	208	183	0	15	10	0	0	0	0
山东电大蒙阴分校直属教学点	45	45	38	5	2	0	0	0	0	0
青岛	**454**	**450**	**320**	**70**	**41**	**19**	**4**	**0**	**0**	**385**
其中:女	230	229	172	33	17	7	1	0	0	174
青岛广播电视大学直属分校	104	104	56	38	7	3	0	0	0	382
青岛开发区成人教育中心	28	28	22	5	1	0	0	0	0	0
青岛城阳职业中专	10	10	10	0	0	0	0	0	0	0
青岛广播电视大学直属市北学院(青岛市机械职工中等专业学校)	15	15	10	5	0	0	0	0	0	0
青岛广播电视大学直属李沧学院(青岛工贸职业学校)	14	14	14	0	0	0	0	0	0	0
青岛广播电视大学莱西分校	53	50	33	5	6	6	3	0	0	3
青岛电大平度分校	58	57	45	2	7	3	1	0	0	0

3.1 各学校教职工情况(续表 28)

单位:人

	教职工									聘请校外教师
	合计	校本部教职工					科研机构人员	校办企业职工	其他附设机构人员	
		计	专任教师	行政人员	教辅人员	工勤人员				
青岛广播电视大学胶州分校	42	42	30	4	6	2	0	0	0	0
青岛广播电视大学胶南分校	19	19	19	0	0	0	0	0	0	0
青岛广播电视大学即墨分校	33	33	31	2	0	0	0	0	0	0
青岛电大崂山分校	8	8	8	0	0	0	0	0	0	0
青岛电大城阳分校	70	70	42	9	14	5	0	0	0	0
河南	**2850**	**2788**	**1780**	**452**	**386**	**170**	**5**	**28**	**29**	**476**
其中:女	1281	1252	826	196	163	67	5	10	14	186
河南广播电视大学	421	421	229	81	106	5	0	0	0	0
河南省直广播电视大学	21	21	12	3	3	3	0	0	0	26
洛阳广播电视大学	66	66	35	12	18	1	0	0	0	20
洛阳广播电视大学孟津县分校	29	29	29	0	0	0	0	0	0	8
洛阳广播电视大学新安县分校	22	22	12	5	0	5	0	0	0	15
洛阳广播电视大学汝阳县分校	51	51	29	4	12	6	0	0	0	13
洛阳广播电视大学吉利区学习中心	8	8	5	1	1	1	0	0	0	5
新乡广播电视大学辉县市分校	22	22	22	0	0	0	0	0	0	65
焦作广播电视大学	51	51	31	2	5	13	0	0	0	0
安阳广播电视大学林州市分校	7	7	7	0	0	0	0	0	0	32
濮阳广播电视大学	25	25	9	8	8	0	0	0	0	0
濮阳广播电视大学南乐县分校	17	15	8	4	2	1	2	0	0	9
濮阳广播电视大学台前县分校	17	17	11	3	2	1	0	0	0	5
濮阳广播电视大学范县学习中心	11	11	8	2	1	0	0	0	0	0
濮阳广播电视大学清丰县分校	7	7	0	3	4	0	0	0	0	0
鹤壁广播电视大学	51	51	31	15	5	0	0	0	0	0
鹤壁广播电视大学淇县分校	33	33	27	5	1	0	0	0	0	6
商丘广播电视大学	111	111	84	18	9	0	0	0	0	0
三门峡广播电视大学	12	12	0	2	10	0	0	0	0	36
三门峡广播电视大学继续教育学习中心	17	17	0	5	10	2	0	0	0	16
三门峡广播电视大学灵宝市分校	8	8	8	0	0	0	0	0	0	7
三门峡广播电视大学卢氏县分校	20	20	11	0	8	1	0	0	0	12
平顶山广播电视大学	469	441	276	61	85	19	0	28	0	30
平顶山广播电视大学宝丰县分校	38	38	38	0	0	0	0	0	0	0
平顶山广播电视大学叶县分校	34	34	16	17	0	1	0	0	0	32
平顶山广播电视大学鲁山县分校	42	42	42	0	0	0	0	0	0	0
平顶山广播电视大学汝州市分校	32	32	32	0	0	0	0	0	0	12
平顶山广播电视大学江河机械厂学习中心	14	14	12	1	0	1	0	0	0	0
平顶山广播电视大学郏县分校	18	18	9	3	4	2	0	0	0	9
驻马店广播电视大学	63	63	47	7	5	4	0	0	0	0
许昌广播电视大学	318	318	208	41	18	51	0	0	0	26
许昌广播电视大学长葛市分校	50	50	43	2	5	0	0	0	0	0
许昌广播电视大学襄城县分校	38	38	38	0	0	0	0	0	0	15

3.1 各学校教职工情况(续表29)

单位:人

	教职工									聘请校外教师
	合计	校本部教职工					科研机构人员	校办企业职工	其他附设机构人员	
		计	专任教师	行政人员	教辅人员	工勤人员				
信阳广播电视大学	31	31	31	0	0	0	0	0	0	0
信阳广播电视大学罗山县分校	40	40	28	5	4	3	0	0	0	15
信阳广播电视大学光山县分校	65	65	61	4	0	0	0	0	0	0
固始县	27	27	27	0	0	0	0	0	0	1
南阳广播电视大学	58	58	26	14	13	5	0	0	0	23
漯河广播电视大学	60	60	50	8	2	0	0	0	0	0
临颍县	31	31	14	10	0	7	0	0	0	0
漯河广播电视大学舞阳分校	8	8	5	3	0	0	0	0	0	0
中原油田广播电视大学	65	65	41	10	6	8	0	0	0	11
济源广播电视大学	49	49	8	41	0	0	0	0	0	0
河南省工商行政管理广播电视大学	153	124	58	30	16	20	0	0	29	14
郑州铁路局广播电视大学	60	57	19	14	16	8	3	0	0	5
项城市广播电视大学	60	60	43	8	7	2	0	0	0	8
湖北	**4548**	**4513**	**3325**	**502**	**501**	**185**	**13**	**18**	**4**	**406**
其中:女	1632	1617	1172	180	208	57	3	11	1	138
湖北广播电视大学	394	394	242	95	45	12	0	0	0	0
荆州电大校本部	23	23	15	6	2	0	0	0	0	0
荆州电大公安分校	38	38	16	8	9	5	0	0	0	3
荆州市广播电视大学松滋分校	45	45	33	7	3	2	0	0	0	8
荆州电大石首分校	20	20	20	0	0	0	0	0	0	0
荆州电大监利分校	9	9	0	2	7	0	0	0	0	0
荆州电大洪湖分校	16	16	7	2	6	1	0	0	0	9
黄冈电大校本部	47	47	21	20	6	0	0	0	0	20
黄冈广播电视大学浠水电大分校	9	9	7	2	0	0	0	0	0	0
黄冈市电大蕲春分校	36	35	26	4	3	2	0	1	0	0
黄冈电大武穴分校	21	21	13	2	4	2	0	0	0	4
黄冈电大英山分校	8	8	5	1	2	0	0	0	0	0
黄冈电大罗田分校	21	21	13	6	2	0	0	0	0	4
黄冈电大麻城分校	19	19	6	4	9	0	0	0	0	8
黄冈电大红安分校	20	20	18	2	0	0	0	0	0	0
黄冈电大黄州分校	25	25	15	3	2	5	0	0	0	0
黄冈电大黄梅党校教学点	21	21	11	3	3	4	0	0	0	5
襄樊电大校本部	241	241	172	20	33	16	0	0	0	0
襄樊电大谷城分校	27	27	18	0	9	0	0	0	0	0
襄樊电大枣阳分校	36	33	24	2	5	2	3	0	0	0
襄樊电大南漳分校	31	31	22	2	6	1	0	0	0	0
襄阳区函授站	22	22	11	7	4	0	0	0	0	11
襄樊电大保康分校	150	150	120	9	15	6	0	0	0	0
老河口电大	63	63	50	2	11	0	0	0	0	0
宜昌电大校本部	53	53	34	4	8	7	0	0	0	41

3.1 各学校教职工情况(续表30)

单位:人

	教职工									聘请校外教师
	合计	校本部教职工					科研机构人员	校办企业职工	其他附设机构人员	
		计	专任教师	行政人员	教辅人员	工勤人员				
宜昌市电大当阳分校	24	24	14	5	3	2	0	0	0	0
宜昌市电大远安分校	41	41	32	0	9	0	0	0	0	2
宜昌电大宜都分校	47	47	45	0	2	0	0	0	0	0
宜昌电大五峰分校	15	15	15	0	0	0	0	0	0	0
秭归电大分校	29	29	22	4	2	1	0	0	0	0
宜昌电大长阳分校	18	18	18	0	0	0	0	0	0	0
宜昌电大兴山分校	103	103	89	0	6	8	0	0	0	0
宜昌电大枝江分校	8	8	4	2	2	0	0	0	0	0
孝感电大校本部	31	31	19	4	3	5	0	0	0	0
孝感电大汉川分校	14	14	14	0	0	0	0	0	0	0
孝感电大云梦分校	33	33	31	1	1	0	0	0	0	0
孝感电大安陆分校	26	26	14	2	10	0	0	0	0	0
孝感电大大悟分校	25	25	20	2	3	0	0	0	0	0
孝感电大孝南分校	21	21	9	5	7	0	0	0	0	13
孝感电大孝昌分校	27	27	27	0	0	0	0	0	0	0
孝感电大应城分校	14	14	14	0	0	0	0	0	0	0
咸宁电大校本部	30	30	27	0	0	3	0	0	0	0
咸宁电大通城分校	24	24	23	1	0	0	0	0	0	0
咸宁电大通山分校	29	27	16	4	5	2	2	0	0	5
咸宁电大赤壁分校	28	28	16	5	6	1	0	0	0	3
咸宁电大嘉鱼分校	13	13	13	0	0	0	0	0	0	4
咸宁电大崇阳分校	32	32	23	4	4	1	0	0	0	0
咸宁广播电视大学咸安分校	52	49	25	5	13	6	3	0	0	2
十堰电大	66	66	48	9	7	2	0	0	0	0
十堰电大丹江口分校	16	16	13	1	1	1	0	0	0	48
十堰电大郧县分校	61	61	52	8	1	0	0	0	0	3
十堰电大郧西分校	61	61	56	3	1	1	0	0	0	13
十堰电大房县分校	88	88	68	10	7	3	0	0	0	3
十堰电大竹山分校	40	40	33	3	4	0	0	0	0	3
十堰电大竹溪分校	45	45	34	4	3	4	0	0	0	0
黄石市电大校本部	98	94	55	31	7	1	0	0	4	6
黄石电大阳新分校	273	273	237	4	32	0	0	0	0	63
黄石电大大冶分校	32	32	25	0	1	6	0	0	0	3
恩施电大校本部	51	51	41	2	8	0	0	0	0	28
恩施州电大恩施市分校	36	33	30	3	0	0	3	0	0	0
恩施州电大利川分校	13	13	10	2	1	0	0	0	0	0
恩施州电大建始分校	179	179	165	14	0	0	0	0	0	0
恩施州电大巴东分校	120	120	94	7	19	0	0	0	0	0
恩施州电大宣恩分校	45	45	8	2	30	5	0	0	0	0
恩施州电大咸丰分校	40	40	40	0	0	0	0	0	0	0

3.1 各学校教职工情况(续表31)

单位:人

	教职工									聘请校外教师
	合计	校本部教职工					科研机构人员	校办企业职工	其他附设机构人员	
		计	专任教师	行政人员	教辅人员	工勤人员				
恩施州电大鹤峰分校	40	40	40	0	0	0	0	0	0	0
恩施州电大来凤分校	98	98	88	2	5	3	0	0	0	5
随州电大校本部	69	69	53	6	5	5	0	0	0	0
随州电大广水分校	23	23	16	4	2	1	0	0	0	0
仙桃电大	80	80	44	10	20	6	0	0	0	0
潜江电大	40	40	35	3	0	2	0	0	0	0
天门电大	48	48	43	3	2	0	0	0	0	0
大冶有色电大	67	67	33	23	6	5	0	0	0	3
湖北电大江汉油田分校	45	45	36	9	0	0	0	0	0	10
东风汽车公司高级技工学校	31	31	17	9	5	0	0	0	0	0
湖北中山专修学院	6	6	2	2	2	0	0	0	0	2
武汉市仪表电子学校	10	10	5	1	4	0	0	0	0	10
武汉市交通学校	226	226	178	24	20	4	0	0	0	36
武汉交通职业学院教学点	12	12	12	0	0	0	0	0	0	0
钟祥分校	169	160	101	13	16	30	2	7	0	0
京山电大	28	28	20	6	0	2	0	0	0	0
湖北电大荆楚学院	65	65	56	9	0	0	0	0	0	0
荆门市东宝区成人教育中心	19	19	16	0	2	1	0	0	0	10
湖北电大沙洋学院	42	42	25	7	8	2	0	0	0	8
计生委宣教中心	39	39	28	4	3	4	0	0	0	6
湖北电大民建学院	48	38	19	7	9	3	0	10	0	4
武汉	**1506**	**1500**	**1112**	**138**	**144**	**106**	**4**	**2**	**0**	**414**
其中:女	580	580	453	53	62	12	0	0	0	161
武汉市广播电视大学直属部	107	107	81	13	13	0	0	0	0	32
江岸分校	24	24	15	5	4	0	0	0	0	0
江汉区分校	26	26	18	2	1	5	0	0	0	0
硚口区分校	23	23	14	7	2	0	0	0	0	0
汉阳区分校	37	37	29	0	2	6	0	0	0	0
洪山分校	30	30	21	9	0	0	0	0	0	18
青山区分校	19	19	16	2	0	1	0	0	0	35
东西湖区分校	42	42	36	2	0	4	0	0	0	0
蔡甸区分校	24	24	15	5	4	0	0	0	0	0
江夏区电大分校	48	48	40	4	4	0	0	0	0	0
新洲区分校	89	89	66	9	7	7	0	0	0	7
武汉钢铁公司分校	811	811	625	37	85	64	0	0	0	279
黄陂区分校	36	32	20	6	2	4	4	0	0	0
武昌分校	20	20	16	2	2	0	0	0	0	5
湖北娲石股份有限公司培训中心	43	41	32	4	3	2	0	2	0	5
武汉市交通委员会教育培训中心	13	13	7	4	2	0	0	0	0	0
武汉市广播电视大学公安教学点	38	38	16	8	9	5	0	0	0	3

3.1 各学校教职工情况(续表32)

单位:人

	教职工									聘请校外教师
	合计	校本部教职工					科研机构人员	校办企业职工	其他附设机构人员	
		计	专任教师	行政人员	教辅人员	工勤人员				
武汉软件工程职业学院武昌校区	13	13	7	2	1	3	0	0	0	4
武汉市第一商业学校教学点	4	4	0	4	0	0	0	0	0	0
武汉应用科技学校	50	50	30	13	2	5	0	0	0	20
武汉工业技术学校	9	9	8	0	1	0	0	0	0	6
湖南	**3660**	**3619**	**2346**	**655**	**386**	**232**	**38**	**1**	**2**	**623**
其中:女	1554	1541	1054	182	215	90	12	0	1	211
湖南广播电视大学	422	422	216	111	77	18	0	0	0	62
长沙电大分校直属点	75	75	17	28	23	7	0	0	0	61
望城县电大工作站	19	19	9	1	9	0	0	0	0	0
浏阳教师进修学校	35	35	23	6	4	2	0	0	0	9
宁乡县教师进修学校	19	19	9	4	6	0	0	0	0	8
长沙县教师进修学校	13	12	7	3	1	1	1	0	0	3
宁乡玉潭点	8	8	4	3	0	1	0	0	0	0
长沙牛耳计算机培训中心	40	40	20	0	20	0	0	0	0	0
长沙航天工业学校	155	155	105	20	20	10	0	0	0	15
株洲电大分校直属点	83	83	58	0	11	14	0	0	0	25
攸县电大工作站	143	139	78	14	18	29	2	1	1	16
茶陵县电大工作站	109	98	80	4	9	5	11	0	0	25
炎陵县电大工作站	47	47	37	4	4	2	0	0	0	4
湘潭电大分校直属点	55	55	24	19	6	6	0	0	0	76
湘乡市第一职业中专	85	85	50	17	8	10	0	0	0	6
湘乡市东山教学点	8	8	6	2	0	0	0	0	0	0
湘潭县财政局教学点	28	28	15	13	0	0	0	0	0	8
韶山市司法局教学点	110	100	68	9	3	20	10	0	0	16
湘潭新华电脑学校	8	8	6	2	0	0	0	0	0	0
衡阳电大分校直属点	88	88	55	23	0	10	0	0	0	0
衡阳市城南电大站	16	16	11	3	2	0	0	0	0	19
祁东县电大教学点	37	37	34	3	0	0	0	0	0	8
衡阳电大常宁分校	23	23	16	5	1	1	0	0	0	7
耒阳师范学校教学点	17	17	10	3	4	0	0	0	0	2
湖南科技经贸职业学院	18	18	15	3	0	0	0	0	0	0
衡阳广播电视大学衡山分校	19	19	13	4	2	0	0	0	0	0
衡阳广播电视大学衡东分校	21	21	14	7	0	0	0	0	0	0
邵阳电大分校直属点	59	58	19	7	26	6	1	0	0	2
武冈市电大工作站	21	21	21	0	0	0	0	0	0	0
隆回县委党校	20	20	12	3	3	2	0	0	0	10
城步县电大工作站	49	49	49	0	0	0	0	0	0	0
岳阳电大分校直属点	115	115	40	38	28	9	0	0	0	4
临湘市电大工作站	50	50	34	6	8	2	0	0	0	6
华容县电大工作站	7	7	7	0	0	0	0	0	0	0

3.1 各学校教职工情况(续表33)

单位:人

	教职工									聘请校外教师
	合计	校本部教职工					科研机构人员	校办企业职工	其他附设机构人员	
		计	专任教师	行政人员	教辅人员	工勤人员				
汨罗市电大工作站	74	74	48	12	10	4	0	0	0	0
岳阳县电大工作站	28	28	28	0	0	0	0	0	0	0
岳阳市广播电视大学屈原教学点	36	33	15	6	6	6	3	0	0	7
湘北女子职业学校教学点	67	60	41	8	7	4	6	0	1	0
娄底电大分校直属点	56	56	41	8	6	1	0	0	0	14
双峰县电大工作站	20	20	20	0	0	0	0	0	0	13
冷水江市教学点	21	21	21	0	0	0	0	0	0	13
涟源市教研师训中心	56	56	36	16	0	4	0	0	0	12
新化县教师进修学校	23	23	23	0	0	0	0	0	0	13
零陵电大分校直属点	39	39	27	7	2	3	0	0	0	29
新田县电大工作站	24	24	18	3	3	0	0	0	0	5
江永县教师进修学校	15	15	11	2	1	1	0	0	0	5
郴州电大分校直属站	62	62	32	23	0	7	0	0	0	7
桂东县电大工作站	12	12	7	3	2	0	0	0	0	0
汝城县电大工作站	6	6	4	2	0	0	0	0	0	2
宜章县电大工作站	11	11	11	0	0	0	0	0	0	4
桂阳县电大工作站	6	6	3	3	0	0	0	0	0	0
资兴市电大工作站	11	11	9	2	0	0	0	0	0	0
益阳电大分校直属点	93	93	19	56	18	0	0	0	0	7
常德电大分校直属点	48	48	36	7	0	5	0	0	0	20
安乡县电大工作站	31	31	23	3	3	2	0	0	0	0
汉寿县电大工作站	18	18	17	1	0	0	0	0	0	0
临澧县电大工作站	17	17	16	0	0	1	0	0	0	0
桃源县电大工作站	18	18	4	3	11	0	0	0	0	8
石门县电大工作站	44	44	24	13	1	6	0	0	0	0
澧县电大工作站	44	44	40	4	0	0	0	0	0	5
常德广播电视大学武陵区分校	23	23	17	4	2	0	0	0	0	0
怀化电大分校直属点	44	44	44	0	0	0	0	0	0	0
自治州电大分校直属点	55	51	40	5	4	2	4	0	0	8
凤凰县电大工作站	40	40	11	20	8	1	0	0	0	10
古丈县电大工作站	9	9	5	2	1	1	0	0	0	0
花垣县电大工作站	37	37	32	3	0	2	0	0	0	10
保靖县电大工作站	33	33	31	2	0	0	0	0	0	0
永顺县电大工作站	98	98	78	10	0	10	0	0	0	0
龙山县电大工作站	21	21	21	0	0	0	0	0	0	0
泸溪县电大工作站	36	36	32	4	0	0	0	0	0	0
张家界电大分校直属点	17	17	11	3	0	3	0	0	0	7
桑植县电大工作站	19	19	19	0	0	0	0	0	0	3
津市电大分校直属点	52	52	36	10	3	3	0	0	0	9
岳化电大分校	35	35	24	11	0	0	0	0	0	0

3.1　各学校教职工情况(续表34)

单位:人

	教职工									聘请校外教师
	合计	校本部教职工					科研机构人员	校办企业职工	其他附设机构人员	
		计	专任教师	行政人员	教辅人员	工勤人员				
湖南广播电视大学卫生分校直属教学点	86	86	68	8	3	7	0	0	0	20
涟钢电大分校直属点	78	78	51	21	2	4	0	0	0	0
湖南电大药学分校	75	75	70	5	0	0	0	0	0	0
广东	**4988**	**4904**	**3127**	**974**	**400**	**403**	**9**	**8**	**67**	**4575**
其中:女	2294	2255	1486	392	205	172	4	6	29	1910
广东开放大学	654	645	345	267	19	14	9	0	0	3199
珠海广播电视大学	145	145	64	54	20	7	0	0	0	64
珠海市斗门区广播电视大学	30	22	18	2	2	0	0	8	0	16
汕头广播电视大学	144	144	100	28	2	14	0	0	0	2
澄海广播电视大学	162	162	132	22	6	2	0	0	0	18
潮阳市广播电视大学	46	46	21	15	10	0	0	0	0	20
汕头广播电视大学南澳县教学点	13	13	11	0	1	1	0	0	0	2
汕头广播电视大学濠江教学点	18	18	11	2	3	2	0	0	0	2
汕头广播电视大学潮南区教学点	12	12	3	8	0	1	0	0	0	12
韶关广播电视大学	41	41	24	10	3	4	0	0	0	42
曲江区广播电视大学	41	41	25	1	7	8	0	0	0	8
仁化县广播电视大学	30	30	23	2	2	3	0	0	0	0
新丰县广播电视大学	37	37	21	3	6	7	0	0	0	0
翁源县广播电视大学	43	43	28	5	0	10	0	0	0	0
始兴县广播电视大学	30	30	23	7	0	0	0	0	0	0
南雄市广播电视大学	40	40	23	8	4	5	0	0	0	2
乐昌市广播电视大学	29	29	18	8	0	3	0	0	0	0
乳源瑶族自治县广播电视大学	17	17	8	4	0	5	0	0	0	2
汕尾市广播电视大学	66	66	51	4	7	4	0	0	0	61
海丰县广播电视大学	36	36	15	8	8	5	0	0	0	21
陆丰市广播电视大学	21	21	8	6	4	3	0	0	0	15
广东省汕尾市陆河县广播电视大学	25	25	17	3	3	2	0	0	0	35
梅州市广播电视大学	41	41	16	14	5	6	0	0	0	72
梅州市梅江区广播电视大学	30	30	17	5	8	0	0	0	0	40
蕉岭县广播电视大学	32	32	28	0	4	0	0	0	0	0
广东省大埔县广播电视大学	12	12	6	3	3	0	0	0	0	28
丰顺县广播电视大学	12	12	2	10	0	0	0	0	0	16
五华县广播电视大学	18	18	8	4	5	1	0	0	0	30
兴宁市广播电视大学	17	17	16	0	0	1	0	0	0	23
平远县广播电视大学	23	23	8	6	0	9	0	0	0	18
惠州市广播电视大学	141	141	92	17	12	20	0	0	0	28
惠阳区广播电视大学	40	40	25	5	4	6	0	0	0	1
惠东县广播电视大学	30	30	17	4	0	9	0	0	0	26
博罗县广播电视大学	31	31	18	5	3	5	0	0	0	26
广东省惠州市龙门县广播电视大学	24	24	19	4	0	1	0	0	0	6

3.1 各学校教职工情况(续表35)

单位:人

	教职工									聘请校外教师
	合计	校本部教职工					科研机构人员	校办企业职工	其他附设机构人员	
		计	专任教师	行政人员	教辅人员	工勤人员				
东莞市广播电视大学	70	70	25	13	21	11	0	0	0	86
中山市广播电视大学	105	105	46	32	23	4	0	0	0	30
江门市广播电视大学	110	110	61	37	7	5	0	0	0	23
新会广播电视大学	26	26	14	1	9	2	0	0	0	21
台山磐石电视大学	27	27	18	8	0	1	0	0	0	3
开平市广播电视大学	62	62	59	0	0	3	0	0	0	0
恩平市广播电视大学	28	28	14	10	2	2	0	0	0	0
鹤山市广播电视大学	30	30	24	1	3	2	0	0	0	7
佛山广播电视大学	76	76	42	17	17	0	0	0	0	0
三水区广播电视大学	32	32	20	7	5	0	0	0	0	2
佛山市高明区广播电视大学	16	16	10	5	0	1	0	0	0	15
阳江市广播电视大学	59	59	40	12	6	1	0	0	0	60
阳春市广播电视大学	51	51	40	3	7	1	0	0	0	13
湛江市广播电视大学	89	89	46	28	9	6	0	0	0	48
遂溪县广播电视大学	42	42	35	0	3	4	0	0	0	0
廉江市广播电视大学	16	16	9	7	0	0	0	0	0	18
吴川市广播电视大学	40	40	22	9	2	7	0	0	0	0
雷州市广播电视大学	66	66	30	18	4	14	0	0	0	4
徐闻县广播电视大学	75	75	47	0	0	28	0	0	0	26
茂名广播电视大学	118	118	73	33	7	5	0	0	0	83
化州市广播电视大学	59	59	50	2	3	4	0	0	0	0
肇庆广播电视大学	51	51	38	4	3	6	0	0	0	37
广宁县广播电视大学	71	71	63	0	0	8	0	0	0	9
四会市广播电视大学	166	99	44	26	16	13	0	0	67	0
怀集县广播电视大学	27	27	24	3	0	0	0	0	0	35
高要广播电视大学	35	35	27	3	2	3	0	0	0	25
德庆县广播电视大学	46	46	38	6	0	2	0	0	0	0
封开县广播电视大学	31	31	9	9	1	12	0	0	0	28
清远市广播电视大学	42	42	34	3	5	0	0	0	0	6
阳山县广播电视大学	139	139	117	1	12	9	0	0	0	7
连州市广播电视大学	94	94	83	3	0	8	0	0	0	0
连南瑶族自治县广播电视大学	28	28	26	2	0	0	0	0	0	6
佛冈县广播电视大学	48	48	34	9	3	2	0	0	0	0
潮州广播电视大学	29	29	17	10	0	2	0	0	0	69
饶平县广播电视大学	21	21	4	9	6	2	0	0	0	20
潮安县广播电视大学	26	26	13	7	5	1	0	0	0	16
揭阳广播电视大学	38	38	27	7	0	4	0	0	0	15
揭西县广播电视大学	33	33	12	8	13	0	0	0	0	2
河源市广播电视大学	187	187	118	18	28	23	0	0	0	11
连平县广播电视大学	100	100	76	4	0	20	0	0	0	0

3.1 各学校教职工情况(续表36)

单位:人

	教职工									聘请校外教师
	合计	校本部教职工					科研机构人员	校办企业职工	其他附设机构人员	
		计	专任教师	行政人员	教辅人员	工勤人员				
和平县广播电视大学	184	184	130	33	11	10	0	0	0	0
紫金县广播电视大学	128	128	111	9	4	4	0	0	0	0
龙川电大	66	66	52	4	5	5	0	0	0	0
云浮广播电视大学	32	32	20	3	2	7	0	0	0	15
罗定市广播电视大学	15	15	7	4	4	0	0	0	0	0
郁南县广播电视大学	23	23	17	2	1	3	0	0	0	0
广州	**2011**	**2002**	**1082**	**606**	**194**	**120**	**2**	**0**	**7**	**569**
其中:女	1120	1111	629	335	105	42	2	0	7	288
广州市广播电视大学	342	342	74	207	42	19	0	0	0	142
广州电大东山分校	11	11	5	4	2	0	0	0	0	16
广州电大芳村分校	32	32	17	7	3	5	0	0	0	5
广州电大荔湾分校	32	32	17	7	3	5	0	0	0	5
广州电大越秀分校	33	33	20	5	2	6	0	0	0	8
广州电大天河区分校	29	28	10	11	4	3	1	0	0	46
广州电大侨光分校	122	122	38	57	9	18	0	0	0	130
广州电大机电分校	493	486	250	198	19	19	0	0	7	0
广州电大司法分校	122	122	82	27	7	6	0	0	0	25
轻职工作站	67	66	57	5	2	2	1	0	0	0
广州电大番禺分校	33	33	30	3	0	0	0	0	0	27
广州电大花都分校	87	87	49	15	22	1	0	0	0	50
广州电大增城分校	227	227	188	9	24	6	0	0	0	22
蓝星工作站	0	0	0	0	0	0	0	0	0	35
广州电大黄埔工作站	208	208	135	14	35	24	0	0	0	15
广州电大东方分校	32	32	0	17	15	0	0	0	0	43
广州康大职业技术学院	24	24	21	3	0	0	0	0	0	0
广州大学人文学院	10	10	5	5	0	0	0	0	0	0
广州市幼儿师范学校	107	107	84	12	5	6	0	0	0	0
深圳	**1345**	**1253**	**551**	**380**	**201**	**121**	**0**	**90**	**2**	**888**
其中:女	649	569	257	142	116	54	0	78	2	390
深圳广播电视大学	507	462	168	124	101	69	0	45	0	621
深圳广播电视大学光明试点教学点	22	22	8	3	8	3	0	0	0	3
深圳广播电视大学深圳高级技工学校教学点	366	366	190	130	34	12	0	0	0	0
深圳市宝安区观澜成人文化技术学校教学点	4	2	0	0	2	0	0	0	2	14
深圳广播电视大学龙华教学点	8	8	8	0	0	0	0	0	0	25
深圳电大坪山成人文化技术学校教学点	3	3	0	2	1	0	0	0	0	48
深圳电大直属东部华侨城教学点	30	30	0	23	2	5	0	0	0	17
深圳广播电视大学开放职校教学点	98	98	89	4	5	0	0	0	0	23
深圳电大蛇口试点教学点	72	27	12	8	5	2	0	45	0	48
深圳广播电视大学宝安试点教学点	64	64	18	29	8	9	0	0	0	0
深圳电大沙头角试点教学点	39	39	9	23	2	5	0	0	0	34

3.1 各学校教职工情况(续表 37)

单位:人

	教职工									聘请校外教师
	合计	校本部教职工					科研机构人员	校办企业职工	其他附设机构人员	
		计	专任教师	行政人员	教辅人员	工勤人员				
深圳电大南山试点教学点	41	41	15	15	11	0	0	0	0	30
深圳广播电视大学龙岗试点教学点	68	68	26	14	17	11	0	0	0	20
深圳电大福田试点教学点	23	23	8	5	5	5	0	0	0	5
广西	**714**	**707**	**354**	**193**	**105**	**55**	**7**	**0**	**0**	**429**
其中:女	324	320	184	72	43	21	4	0	0	168
广西广播电视大学	235	235	140	51	21	23	0	0	0	169
梧州市分校	29	29	14	9	3	3	0	0	0	1
岑溪市电大工作站	5	5	0	2	3	0	0	0	0	0
广西电大直属荔浦县教学点	1	1	0	1	0	0	0	0	0	0
广西宜州市委党校教学点	1	1	0	1	0	0	0	0	0	0
广西电大直属融安教学点	1	1	0	1	0	0	0	0	0	0
南宁市电大	21	21	0	19	2	0	0	0	0	16
隆安县电大工作站	22	22	16	3	0	3	0	0	0	0
柳州市电大	30	30	20	5	0	5	0	0	0	6
柳州市电大鹿寨工作站	15	15	2	13	0	0	0	0	0	18
桂林市电大	46	46	7	2	34	3	0	0	0	0
桂林市电大龙胜县工作站	9	9	7	1	1	0	0	0	0	3
来宾市分校直属部	18	18	13	2	1	2	0	0	0	25
来宾市兴宾区财政局电大工作站	3	3	2	1	0	0	0	0	0	8
来宾市分校兴宾区直属点	3	3	0	3	0	0	0	0	0	5
来宾市分校合山市教育局教学点	3	3	2	1	0	0	0	0	0	8
来宾市忻城县教学点	3	3	0	3	0	0	0	0	0	5
象州县教师进修学校工作站	3	3	0	3	0	0	0	0	0	5
金秀县职业技术学校工作站	18	18	13	2	1	2	0	0	0	25
武宣县中等职业技术学校工作站	3	3	0	3	0	0	0	0	0	5
来宾市分校来宾校区教学点	18	18	13	2	1	2	0	0	0	25
钦州市电大分校	24	22	4	11	5	2	2	0	0	20
浦北县工作站	24	22	4	11	5	2	2	0	0	20
钦州分校灵山县电大工作站	13	10	2	5	2	1	3	0	0	0
钦州市钦北区委党校工作站	8	8	3	2	2	1	0	0	0	2
北海市电大	36	36	32	2	0	2	0	0	0	0
合浦县电大工作站	4	4	2	1	1	0	0	0	0	0
北海电大出口加工区教学点	4	4	2	1	1	0	0	0	0	0
电大检察分校	18	18	10	3	4	1	0	0	0	0
贵港市广播电视大学	52	52	19	15	15	3	0	0	0	35
贵港市电大平南工作站	1	1	0	1	0	0	0	0	0	4
贵港市电大桂平工作站	1	1	0	1	0	0	0	0	0	4
贵港市电大兴业县工作站	7	7	7	0	0	0	0	0	0	0
玉林商校工作站	35	35	20	12	3	0	0	0	0	20
海南	**289**	**289**	**87**	**102**	**83**	**17**	**0**	**0**	**0**	**68**

3.1 各学校教职工情况(续表38)

单位:人

	教职工									聘请校外教师
	合计	校本部教职工					科研机构人员	校办企业职工	其他附设机构人员	
		计	专任教师	行政人员	教辅人员	工勤人员				
其中:女	119	119	52	43	21	3	0	0	0	23
海南广播电视大学	179	179	87	65	10	17	0	0	0	68
海南电大直属儋州教学点	8	8	0	2	6	0	0	0	0	0
海南电大直属东方教学点	14	14	0	6	8	0	0	0	0	0
海南电大屯昌直属教学点	10	10	0	4	6	0	0	0	0	0
海南电大直属昌江教学点	34	34	0	7	27	0	0	0	0	0
海南电大直属五指山教学点	7	7	0	2	5	0	0	0	0	0
海南电大直属文昌教学点	18	18	0	6	12	0	0	0	0	0
海南电大直属琼海教学点	1	1	0	1	0	0	0	0	0	0
海南电大直属三亚教学点	8	8	0	3	5	0	0	0	0	0
呀诺达教学点	10	10	0	6	4	0	0	0	0	0
四川	**4553**	**4501**	**2793**	**953**	**436**	**319**	**42**	**6**	**4**	**1751**
其中:女	2006	1981	1211	427	245	98	17	6	2	628
四川广播电视大学	496	464	240	124	51	49	32	0	0	137
四川电大直属学院直属部	146	146	30	85	27	4	0	0	0	11
四川电大直属学院温江分校	8	8	4	2	1	1	0	0	0	7
四川电大直属学院省检察院教学点	9	9	9	0	0	0	0	0	0	5
四川电大直属学院省邮政分校	32	32	12	14	0	6	0	0	0	0
四川电大直属学院华西分校	10	10	5	2	3	0	0	0	0	11
四川电大直属学院幼师分校	27	24	9	9	3	3	3	0	0	11
四川电大直属学院人才分校	11	11	5	6	0	0	0	0	0	33
四川电大直属学院棠湖分校	17	17	9	4	2	2	0	0	0	6
四川电大直属学院大邑党校	10	10	4	1	1	4	0	0	0	10
四川电大直属学院郫县行政校	32	32	18	9	0	5	0	0	0	5
四川电大直属学院工商管理分院	38	38	9	23	3	3	0	0	0	19
四川电大直属学院龙泉行政校	13	13	4	3	4	2	0	0	0	5
四川电大直属学院成都市继续教育中心	19	19	7	9	3	0	0	0	0	0
四川电大直属学院成都市就业训练中心	22	22	15	6	1	0	0	0	0	20
遂宁应用技术职业学校教学点	67	67	58	7	2	0	0	0	0	50
凉山广播电视大学宁南工作站	6	6	5	0	0	1	0	0	0	28
凉山广播电视大学昭觉工作站	9	9	7	1	1	0	0	0	0	0
凉山广播电视大学甘洛工作站	15	15	11	4	0	0	0	0	0	8
西昌市教师进修学校	19	19	11	8	0	0	0	0	0	12
德昌县委党校	1	1	1	0	0	0	0	0	0	0
四川戴氏教育有限公司	24	18	9	3	3	3	0	6	0	12
遂宁市行政学院	32	32	28	4	0	0	0	0	0	12
四川电大水电工程学院	71	71	35	18	14	4	0	0	0	18
四川省级机关电大直属部	97	97	32	65	0	0	0	0	0	23
四川省级机关电大高新教学点	5	5	0	5	0	0	0	0	0	18
四川省级机关电大政治学院	14	14	5	8	1	0	0	0	0	25

3.1 各学校教职工情况(续表39)

单位:人

	教职工									聘请校外教师
	合计	校本部教职工					科研机构人员	校办企业职工	其他附设机构人员	
		计	专任教师	行政人员	教辅人员	工勤人员				
成都铁路局电大直属部	68	68	33	12	21	2	0	0	0	78
德阳广播电视大学直属部	98	98	26	50	9	13	0	0	0	26
德阳广播电视大学什邡市电大工作管理站	27	27	22	2	0	3	0	0	0	5
德阳广播电视大学广汉工作站	12	12	7	2	2	1	0	0	0	16
德阳广播电视大学绵竹工作站	5	5	3	1	1	0	0	0	0	10
德阳广播电视大学中江分校	46	46	34	11	0	1	0	0	0	7
德阳广播电视大学罗江工作站	30	30	20	3	5	2	0	0	0	6
德阳广播电视大学旌阳工作站	33	33	15	8	8	2	0	0	0	4
绵阳广播电视大学直属部	73	73	54	9	8	2	0	0	0	0
绵阳广播电视大学江油分校	45	45	42	0	2	1	0	0	0	16
绵阳广播电视大学三台分校	58	58	21	9	22	6	0	0	0	0
绵阳广播电视大学盐亭分校	147	147	127	12	5	3	0	0	0	0
绵阳电大梓潼直属分校	17	17	13	1	2	1	0	0	0	0
安县职业中专学校	21	21	21	0	0	0	0	0	0	0
广元广播电视大学直属部	64	64	44	15	0	5	0	0	0	2
广元广播电视大学剑阁分校	51	51	29	13	5	4	0	0	0	0
广元广播电视大学旺苍工作站	52	52	48	0	3	1	0	0	0	37
广元广播电视大学苍溪分校	25	25	24	1	0	0	0	0	0	8
遂宁广播电视大学蓬溪工作站	12	12	10	0	0	2	0	0	0	15
遂宁广播电视大学大英分校	8	8	7	1	0	0	0	0	0	35
遂宁广播电视大学射洪分校	22	22	16	2	2	2	0	0	0	15
雅安广播电视大学直属部	30	30	23	7	0	0	0	0	0	0
乐山广播电视大学直属部	29	27	24	3	0	0	0	0	2	0
乐山广播电视大学五通分校	4	4	3	1	0	0	0	0	0	6
乐山沙湾区教师进修校	10	10	6	2	1	1	0	0	0	3
乐山广播电视大学井研分校	20	20	12	4	3	1	0	0	0	4
乐山广播电视大学夹江分校	4	4	3	1	0	0	0	0	0	6
乐山广播电视大学犍为分校	13	13	6	4	2	1	0	0	0	10
乐山广播电视大学峨眉分校	18	18	8	10	0	0	0	0	0	12
内江广播电视大学直属部	37	37	28	8	0	1	0	0	0	10
内江广播电视大学隆昌分校	13	13	13	0	0	0	0	0	0	0
自贡广播电视大学直属部	50	50	30	11	9	0	0	0	0	14
自贡电视广播大学荣县分校	30	30	27	1	0	2	0	0	0	12
自贡广播电视大学富顺分校	33	33	25	3	3	2	0	0	0	15
宜宾广播电视大学直属部	42	42	29	13	0	0	0	0	0	55
宜宾广播电视大学南溪工作站	33	33	25	4	3	1	0	0	0	10
宜宾广播电视大学珙县工作站	20	20	16	2	2	0	0	0	0	12
宜宾广播电视大学江安工作站	12	12	10	2	0	0	0	0	0	10
宜宾广播电视大学长宁工作站	32	30	12	2	10	6	0	0	2	5
宜宾广播电视大学筠连工作站	17	17	13	0	0	4	0	0	0	11

3.1　各学校教职工情况(续表40)

单位:人

	教职工									聘请校外教师
	合计	校本部教职工					科研机构人员	校办企业职工	其他附设机构人员	
		计	专任教师	行政人员	教辅人员	工勤人员				
宜宾广播电视大学屏山县工作站	9	9	4	2	2	1	0	0	0	0
宜宾广播电视大学高县工作站	16	16	8	3	4	1	0	0	0	0
宜宾广播电视大学兴文工作站	40	40	33	5	2	0	0	0	0	14
宜宾广播电视大学宜宾县电大工作站	49	44	38	0	5	1	5	0	0	10
泸州广播电视大学直属部	192	192	140	27	11	14	0	0	0	18
泸州广播电视大学泸县工作站	37	37	31	3	2	1	0	0	0	0
泸州广播电视大学古蔺工作站	43	43	37	4	0	2	0	0	0	5
泸州广播电视大学叙永工作站	10	10	10	0	0	0	0	0	0	0
泸州广播电视大学龙马潭工作站	10	10	8	1	1	0	0	0	0	6
泸州广播电视大学纳溪工作站	43	43	36	3	2	2	0	0	0	0
泸州市合江少岷职业高中	40	40	20	6	8	6	0	0	0	4
南充广播电视大学直属部	39	39	32	4	0	3	0	0	0	34
南充广播电视大学高坪工作站	4	4	1	2	1	0	0	0	0	9
南充广播电视大学南部工作站	15	15	15	0	0	0	0	0	0	24
南充广播电视大学西充分校	22	22	20	0	0	2	0	0	0	10
南充广播电视大学仪陇电大分校	21	21	21	0	0	0	0	0	0	5
达州广播电视大学直属部	180	180	90	36	11	43	0	0	0	0
达州广播电视大学渠县工作站	9	9	6	1	1	1	0	0	0	21
四川广播电视大学开江分校	28	28	19	3	3	3	0	0	0	18
达州广播电视大学大竹工作站	29	29	29	0	0	0	0	0	0	10
达州广播电视大学万源工作站	35	35	25	0	5	5	0	0	0	0
达州广播电视大学宣汉分校	16	16	16	0	0	0	0	0	0	5
达州广播电视大学达县分校	21	21	13	8	0	0	0	0	0	8
阿坝广播电视大学直属部	36	36	24	6	2	4	0	0	0	37
甘孜广播电视大学直属部	96	96	51	19	11	15	0	0	0	0
越西县教师进修学校	6	6	6	0	0	0	0	0	0	15
金阳县教师进修校	14	14	3	4	7	0	0	0	0	6
攀枝花广播电视大学直属部	44	44	35	4	4	1	0	0	0	5
会理第一职业中学	0	0	0	0	0	0	0	0	0	21
攀枝花广播电视大学米易工作站	0	0	0	0	0	0	0	0	0	10
攀枝花广播电视大学盐边工作站	0	0	0	0	0	0	0	0	0	2
攀枝花广播电视大学仁和分校	0	0	0	0	0	0	0	0	0	5
巴中广播电视大学直属部	27	27	11	8	0	8	0	0	0	54
巴中广播电视大学平昌分校	19	19	18	0	0	1	0	0	0	0
巴中广播电视大学通江工作站	11	11	11	0	0	0	0	0	0	0
巴中广播电视大学南江工作站	11	11	10	1	0	0	0	0	0	12
广安广播电视大学直属部	87	87	58	14	6	9	0	0	0	57
广安广播电视大学岳池工作站	56	56	48	5	3	0	0	0	0	28
广安广播电视大学武胜教师进修校	20	20	15	3	1	1	0	0	0	9
广安广播电视大学邻水分校	23	23	19	1	0	3	0	0	0	10

3.1 各学校教职工情况(续表41)

单位:人

	教职工									聘请校外教师
	合计	校本部教职工					科研机构人员	校办企业职工	其他附设机构人员	
		计	专任教师	行政人员	教辅人员	工勤人员				
建设厅广播电视大学直属部	28	28	9	8	10	1	0	0	0	51
建设厅广播电视大学泸州市规划局职工培训中心	6	6	2	0	2	2	0	0	0	2
建设厅广播电视大学达州市建设局培训中心	21	21	11	2	5	3	0	0	0	11
建设厅广播电视大学宜宾市建设局教育培训中心	6	6	2	0	2	2	0	0	0	2
建设厅广播电视大学资阳市建业职工培训中心	12	12	3	3	6	0	0	0	0	6
建设厅广播电视大学广安市建筑技术培训中心	11	11	2	5	2	2	0	0	0	3
建设厅广播电视大学内江建设局培训中心	16	16	4	7	3	2	0	0	0	8
建设厅广播电视大学华西集团培训中心	21	21	3	11	4	3	0	0	0	7
建设厅广播电视大学德阳建设培训学校	30	30	10	5	13	2	0	0	0	9
建设厅广播电视大学四川省工业设备安装技工学校	14	14	3	3	6	2	0	0	0	6
建设厅广播电视大学南充教学部	21	21	8	8	3	2	0	0	0	8
建设厅广播电视大学成都市城建科技培训中心	9	9	2	6	0	1	0	0	0	10
金堂县建筑业协会	16	16	5	5	4	2	0	0	0	6
建设厅广播电视大学眉山市规划建设局培训中心	12	12	3	3	3	3	0	0	0	13
眉山广播电视大学直属部	20	20	17	3	0	0	0	0	0	10
眉山广播电视大学仁寿分校	33	33	22	6	5	0	0	0	0	8
眉山广播电视大学丹棱分校	10	10	7	2	1	0	0	0	0	6
眉山广播电视大学彭山分校	15	15	6	1	8	0	0	0	0	10
眉山广播电视大学青神分校	17	17	10	4	2	1	0	0	0	6
眉山广播电视大学洪雅教师进修校	13	13	10	2	0	1	0	0	0	10
眉山广播电视大学眉山东坡区教师进修校	82	82	74	4	2	2	0	0	0	3
资阳广播电视大学直属部	30	30	19	11	0	0	0	0	0	52
资阳广播电视大学简阳分校	13	13	13	0	0	0	0	0	0	9
资阳广播电视大学安岳工作站	5	5	5	0	0	0	0	0	0	8
资阳广播电视大学乐至工作站	39	37	23	8	5	1	2	0	0	21
墨池分校直属部	17	17	8	7	1	1	0	0	0	33
四川电大直属部	51	51	30	14	7	0	0	0	0	0
都江堰分校直属部	16	16	10	2	2	2	0	0	0	0
成都	**777**	**753**	**445**	**140**	**115**	**53**	**8**	**8**	**8**	**399**
其中:女	362	352	219	59	54	20	2	5	3	143
成都广播电视大学	98	98	68	19	7	4	0	0	0	0
成都电大龙泉分校	56	38	19	8	5	6	6	8	4	30
成都电大彭州分校	32	32	21	5	5	1	0	0	0	38
成都广播电视大学新都分校	12	12	0	3	7	2	0	0	0	8
成都电大邛崃分校	26	26	15	4	6	1	0	0	0	5
成都电大郫县分校	24	24	13	3	4	4	0	0	0	36
成都电大温江分校	60	58	36	3	13	6	2	0	0	36
成都电大直属学院	25	25	15	4	4	2	0	0	0	7
成都电大直属城西学院	9	9	1	8	0	0	0	0	0	40
成都电大直属城北学院	30	28	13	5	8	2	0	0	2	5

3.1 各学校教职工情况(续表42)

单位:人

	教职工									聘请校外教师
	合计	校本部教职工					科研机构人员	校办企业职工	其他附设机构人员	
		计	专任教师	行政人员	教辅人员	工勤人员				
成都电大直属城中教学点	32	32	32	0	0	0	0	0	0	8
成都电大直属城东教学点	3	3	3	0	0	0	0	0	0	10
成都电大富士康教学点	25	25	15	4	4	2	0	0	0	7
成都电大直属学院大邑分校教学点	2	2	2	0	0	0	0	0	0	10
成都电大青羊分校	6	6	6	0	0	0	0	0	0	21
青白江	3	3	3	0	0	0	0	0	0	10
成都电大新津分校	18	18	5	9	4	0	0	0	0	38
成都电大蒲江分校	28	28	19	6	2	1	0	0	0	8
成都电大金堂分校	24	24	18	2	3	1	0	0	0	3
成都广播电视大学五冶分校	6	6	6	0	0	0	0	0	0	11
成都市建设学校	47	47	32	8	5	2	0	0	0	6
成都电大西越教学点	27	27	23	2	2	0	0	0	0	20
成都电大旅游分校	28	28	18	3	5	2	0	0	0	13
兴华学校	30	28	13	5	8	2	0	0	2	5
成都市蒲公英艺术学校	28	28	13	5	8	2	0	0	0	5
成都电大青年职业学校教学点	35	35	2	11	12	10	0	0	0	0
成都电大信息管理学校	63	63	34	23	3	3	0	0	0	19
重庆	**2581**	**2565**	**1729**	**381**	**318**	**137**	**16**	**0**	**0**	**1353**
其中:女	1104	1098	761	135	156	46	6	0	0	586
重庆广播电视大学	742	742	415	138	172	17	0	0	0	449
渝中区电大分校	13	13	9	4	0	0	0	0	0	51
开放教育学院	64	64	30	15	19	0	0	0	0	34
重钢电大分校	30	30	20	7	3	0	0	0	0	0
南岸区电大分校	9	9	9	0	0	0	0	0	0	40
江津广播电视大学	48	48	37	7	0	4	0	0	0	48
九龙坡电大分校	32	32	27	5	0	0	0	0	0	87
江北区电大分校	11	11	9	2	0	0	0	0	0	1
沙坪坝区电大分校	29	29	26	3	0	0	0	0	0	12
永川市广播电视大学	38	38	31	5	1	1	0	0	0	2
北碚电大工作站	15	15	15	0	0	0	0	0	0	5
荣昌电大分校	65	65	56	4	0	5	0	0	0	0
綦江县电大工作站	29	29	27	0	2	0	0	0	0	4
大渡口区电大分校	6	6	5	1	0	0	0	0	0	32
合川广播电视大学	62	62	57	3	0	2	0	0	0	31
长寿区电大分校	29	29	24	5	0	0	0	0	0	14
铜梁电大分校	27	27	17	5	4	1	0	0	0	0
渝北区电大分校	42	42	19	9	6	8	0	0	0	18
潼南县电大工作站	50	50	42	4	4	0	0	0	0	0
大足县电大工作站	59	59	42	5	6	6	0	0	0	28
巴南区电大分校	37	37	24	6	4	3	0	0	0	0

3.1 各学校教职工情况(续表43)

单位:人

	教职工									聘请校外教师
	合计	校本部教职工					科研机构人员	校办企业职工	其他附设机构人员	
		计	专任教师	行政人员	教辅人员	工勤人员				
璧山县电大分校	57	57	38	10	5	4	0	0	0	0
经贸学院	170	170	130	26	5	9	0	0	0	48
建筑工程学院	157	157	65	26	43	23	0	0	0	43
万州广播电视大学	42	42	30	4	7	1	0	0	0	109
开县电大工作站	73	73	71	0	0	2	0	0	0	0
巫山县电大分校	79	79	67	0	9	3	0	0	0	5
巫溪县电大工作站	24	24	18	2	4	0	0	0	0	15
奉节电大分校	16	16	8	2	4	2	0	0	0	19
城口县电大工作站	27	27	20	4	3	0	0	0	0	7
云阳县电大工作站	6	6	4	1	0	1	0	0	0	4
忠县电大工作站	6	6	5	1	0	0	0	0	0	19
梁平县电大工作站	26	26	23	1	0	2	0	0	0	12
涪陵广播电视大学	56	40	27	12	0	1	16	0	0	116
南川区电大分校	39	39	30	5	0	4	0	0	0	0
垫江县电大分校	31	31	24	3	0	4	0	0	0	0
丰都县电大工作站	6	6	6	0	0	0	0	0	0	15
武隆县电大分校	38	38	35	2	0	1	0	0	0	8
黔江广播电视大学	36	36	27	5	3	1	0	0	0	0
石柱县电大分校	31	31	27	0	3	1	0	0	0	12
食品医药学院	53	53	22	25	0	6	0	0	0	15
酉阳县电大分校	38	38	24	3	8	3	0	0	0	0
彭水县电大分校	44	44	43	0	0	1	0	0	0	0
秀山电大分校	19	19	15	4	0	0	0	0	0	40
企业管理学院	70	70	29	17	3	21	0	0	0	10
贵州	**3581**	**3549**	**2749**	**451**	**253**	**96**	**15**	**8**	**9**	**1873**
其中:女	1446	1432	1147	169	92	24	7	1	6	633
贵州广播电视大学	525	519	305	161	46	7	6	0	0	269
贵州电大成人开放教育学院	0	0	0	0	0	0	0	0	0	54
成人开放教育学院册亨县农中教学点	31	31	25	2	4	0	0	0	0	10
成人开放教育学院六枝教育培训中心教学点	62	62	44	14	2	2	0	0	0	7
贵州电大成人开放教育学院织金教学点	17	17	15	2	0	0	0	0	0	10
纳雍县进校教学点	48	48	30	0	18	0	0	0	0	15
贵州电大成人开放教育学院兴仁职中教学点	125	125	81	15	26	3	0	0	0	0
成人开放学院望谟职中学习中心	59	59	53	2	1	3	0	0	0	30
贵州电大成人开放学院丹寨教学点	18	18	10	5	3	0	0	0	0	12
从江县委党校学习中心	13	13	8	2	0	3	0	0	0	0
开阳职校学习中心	24	24	20	1	2	1	0	0	0	0
贵州电大毕节直属学习中心	173	173	146	15	10	2	0	0	0	6
贵州电大贵阳市分校	35	35	24	6	3	2	0	0	0	25
贵州电大遵义市分校	26	26	21	4	0	1	0	0	0	32

3.1 各学校教职工情况(续表44)

单位:人

	教职工									聘请校外教师
	合计	校本部教职工					科研机构人员	校办企业职工	其他附设机构人员	
		计	专任教师	行政人员	教辅人员	工勤人员				
遵义分校湄潭县工作站	23	23	17	1	5	0	0	0	0	20
遵义分校务川县工作站	28	28	28	0	0	0	0	0	0	2
遵义分校桐梓工作站	108	108	108	0	0	0	0	0	0	28
遵义分校绥阳县工作站	81	81	66	11	2	2	0	0	0	20
贵州电大遵义分校道真县工作站	43	43	37	2	2	2	0	0	0	0
遵义分校赤天化工作站	29	29	14	2	10	3	0	0	0	7
遵义分校仁怀市工作站	161	161	141	15	3	2	0	0	0	0
遵义分校凤冈县工作站	30	28	7	10	7	4	2	0	0	24
遵义分校正安县工作站	18	18	18	0	0	0	0	0	0	26
贵州电大遵义分校习水县工作站	123	123	116	2	0	5	0	0	0	224
遵义分校余庆县工作站	121	121	121	0	0	0	0	0	0	0
遵义分校遵义县工作站	125	101	80	10	5	6	7	8	9	17
贵州电大安顺市分校	34	34	25	7	0	2	0	0	0	41
贵州电大安顺市分校紫云县工作站	7	7	7	0	0	0	0	0	0	6
安顺分校普定县工作站	48	48	27	8	11	2	0	0	0	18
安顺分校镇宁自治县工作站	14	14	5	7	1	1	0	0	0	0
贵州电大黔南州分校	34	34	20	12	0	2	0	0	0	64
黔南州分校福泉县工作站	10	10	10	0	0	0	0	0	0	7
黔南州分校独山县工作站	87	87	87	0	0	0	0	0	0	27
黔南州电大长顺县工作站	17	17	17	0	0	0	0	0	0	0
黔南州分校瓮安县教学点	17	17	17	0	0	0	0	0	0	0
黔南州电大罗甸县教学点	30	30	30	0	0	0	0	0	0	0
黔南州分校惠水县工作站	55	55	32	11	10	2	0	0	0	28
黔南州分校荔波县工作站	15	15	15	0	0	0	0	0	0	5
黔东南分校	54	54	33	14	0	7	0	0	0	46
黔东南电大镇远工作站	1	1	1	0	0	0	0	0	0	0
黔东南州分校三穗县工作站	2	2	2	0	0	0	0	0	0	0
黔东南州分校天柱工作站	18	18	18	0	0	0	0	0	0	20
黔东南州麻江县教学点	1	1	1	0	0	0	0	0	0	51
黔东南州分校台江县工作站	42	42	35	7	0	0	0	0	0	5
黔东南州分校锦屏县工作站	0	0	0	0	0	0	0	0	0	85
黔东南州分校剑河县工作站	30	30	17	3	8	2	0	0	0	0
黔东南州分校黎平县工作站	80	80	74	1	4	1	0	0	0	251
黔东南州分校施秉县教学点	4	4	4	0	0	0	0	0	0	8
黔东南分校黄平工作站	8	8	6	1	1	0	0	0	0	15
黔东南分校榕江教学点	3	3	3	0	0	0	0	0	0	0
黔东南州分校岑巩县教学点	10	10	10	0	0	0	0	0	0	0
贵州广播电视大学雷山工作站	47	47	47	0	0	0	0	0	0	0
贵州电大黔西南州分校	61	61	22	15	20	4	0	0	0	35
黔西南分校晴隆教学点	21	21	19	2	0	0	0	0	0	10

3.1 各学校教职工情况(续表45)

单位:人

	教职工									聘请校外教师
	合计	校本部教职工 计	专任教师	行政人员	教辅人员	工勤人员	科研机构人员	校办企业职工	其他附设机构人员	
黔西南分校贞丰工作站	7	7	7	0	0	0	0	0	0	0
黔西南州分校安龙县教学点	60	60	25	18	16	1	0	0	0	0
贵州电大黔西南分校普安县教学点	42	42	23	6	13	0	0	0	0	41
贵州电大毕节地区分校	21	21	21	0	0	0	0	0	0	13
贵州电大毕节分校大方县职校教学点	21	21	17	2	2	0	0	0	0	6
毕节地区分校赫章教学点	16	16	16	0	0	0	0	0	0	0
毕节分校威宁工作站	13	13	10	1	1	1	0	0	0	0
毕节地区分校黔西工作站	12	12	8	2	1	1	0	0	0	13
贵州电大六盘水市分校	35	35	25	6	0	4	0	0	0	0
六盘水市分校盘县教学点	32	32	23	0	0	9	0	0	0	18
贵州电大铜仁地区分校	28	28	20	6	0	2	0	0	0	51
贵州电大铜仁分校思南县工作站	190	190	180	6	0	4	0	0	0	0
铜仁分校印江县工作站	88	88	81	4	0	3	0	0	0	10
贵州电大铜仁分校石阡县工作站	16	16	16	0	0	0	0	0	0	8
贵州电大铜仁分校德江县工作站	78	78	55	7	16	0	0	0	0	0
铜仁分校玉屏县工作站	5	5	5	0	0	0	0	0	0	12
铜仁分校江口县工作站	3	3	3	0	0	0	0	0	0	22
贵州电大铜仁分校松桃县工作站	14	14	14	0	0	0	0	0	0	23
铜仁分校沿河县工作站	3	3	3	0	0	0	0	0	0	22
贵州电大水城钢铁集团分校	101	101	78	23	0	0	0	0	0	74
云南	**1481**	**1481**	**1075**	**193**	**141**	**72**	**0**	**0**	**0**	**332**
其中:女	777	777	602	72	79	24	0	0	0	172
云南开放大学	709	709	532	78	86	13	0	0	0	205
昆明广播电视大学	73	73	61	6	0	6	0	0	0	0
石林县电大工作站	19	19	9	8	0	2	0	0	0	0
富民县职业高级中学	19	19	12	5	0	2	0	0	0	0
晋宁县教师进修学校	19	19	16	0	0	3	0	0	0	0
嵩明县农广校	2	2	2	0	0	0	0	0	0	0
中共宜良县委党校	17	17	13	4	0	0	0	0	0	4
昆明东川区职业成人教育培训中心	20	20	12	8	0	0	0	0	0	4
禄劝县委党校	17	17	9	6	0	2	0	0	0	0
寻甸县教师进修学校	23	23	14	6	0	3	0	0	0	2
思茅电大分校	28	28	16	2	0	10	0	0	0	0
西双版纳电大分校	277	277	213	24	32	8	0	0	0	14
保山电大分校	53	53	32	13	1	7	0	0	0	60
云南电大政法分校	89	89	58	12	12	7	0	0	0	0
昆明职工开放学院	22	22	8	5	6	3	0	0	0	43
文山州民族干部学校教学点	47	47	34	8	2	3	0	0	0	0
文山州民族干部学校	47	47	34	8	2	3	0	0	0	0
陕西	**3514**	**3498**	**2403**	**560**	**343**	**192**	**0**	**7**	**9**	**1545**

3.1 各学校教职工情况(续表46)

单位:人

	教职工									聘请校外教师
	合计	校本部教职工					科研机构人员	校办企业职工	其他附设机构人员	
		计	专任教师	行政人员	教辅人员	工勤人员				
其中:女	1459	1454	1061	199	136	58	0	3	2	580
陕西广播电视大学	352	352	242	51	45	14	0	0	0	113
陕西电大开放教育学院	0	0	0	0	0	0	0	0	0	86
陕西省城市经济学校	88	88	58	14	9	7	0	0	0	0
延安分校直属教学点	63	63	56	3	0	4	0	0	0	21
黄龙职业中学教学点	43	43	28	4	11	0	0	0	0	0
宜川工作站	39	39	28	8	0	3	0	0	0	0
延安电大富县党校教学点	12	12	12	0	0	0	0	0	0	6
吴旗县职教中心	48	48	30	5	10	3	0	0	0	14
延长职中教学点	13	13	10	1	0	2	0	0	0	0
黄陵教学点	12	12	6	2	2	2	0	0	0	3
子长县委党校教学点	14	14	9	3	0	2	0	0	0	18
志丹县职业中学	20	20	15	3	0	2	0	0	0	15
甘泉县职业中学	41	41	32	8	0	1	0	0	0	0
洛川职业中等专业学校	38	38	28	4	2	4	0	0	0	0
安塞县职业中学	47	47	47	0	0	0	0	0	0	0
陕西电大榆林分校	51	51	31	11	5	4	0	0	0	11
米脂县电大教学辅导站	18	17	16	1	0	0	0	0	1	0
神木工作站	6	6	6	0	0	0	0	0	0	0
吴堡县电大教学辅导站	22	22	14	2	5	1	0	0	0	6
陕西广播电视大学咸阳分校	115	115	93	22	0	0	0	0	0	68
兴平电大工作站	15	15	5	5	5	0	0	0	0	15
咸阳分校旬邑高级职业中学	15	15	5	5	5	0	0	0	0	15
礼泉电大工作站	60	60	60	0	0	0	0	0	0	2
彬县工作站	23	23	18	2	3	0	0	0	0	2
淳化工作站	35	35	18	7	6	4	0	0	0	6
武功电大工作站	17	17	6	6	4	1	0	0	0	10
永寿县职教中心	28	28	28	0	0	0	0	0	0	10
咸阳分校泾阳县教学点	16	12	4	5	3	0	0	2	2	10
咸阳分校乾县县委党校	14	14	7	1	5	1	0	0	0	19
陕西电大宝鸡市分校	33	33	24	8	0	1	0	0	0	76
岐山县工作站	13	13	8	3	2	0	0	0	0	2
凤翔县电大工作站	18	18	10	3	4	1	0	0	0	20
凤县农广校	3	3	1	1	0	1	0	0	0	19
宝鸡分校陈仓区工作站	25	25	22	3	0	0	0	0	0	0
扶风教师进修学校	17	17	15	1	1	0	0	0	0	15
太白县农业广播电视学校	24	24	22	2	0	0	0	0	0	0
宝鸡分校蔡家坡教学点	3	3	3	0	0	0	0	0	0	0
陕西省安康电大分校	19	19	13	5	0	1	0	0	0	51
陕西省旬阳县师训教研中心	38	38	33	5	0	0	0	0	0	0

3.1 各学校教职工情况(续表47)

单位:人

	教职工									聘请校外教师
	合计	校本部教职工					科研机构人员	校办企业职工	其他附设机构人员	
		计	专任教师	行政人员	教辅人员	工勤人员				
陕西省白河县职教中心	13	13	9	2	2	0	0	0	0	4
安康紫阳党校教学点	14	14	8	3	3	0	0	0	0	13
陕西省汉阴县县委党校	12	12	5	1	2	4	0	0	0	7
陕西省石泉县职教中心	15	15	15	0	0	0	0	0	0	0
陕西省平利县职教中心	15	15	15	0	0	0	0	0	0	0
安康汉滨区电大工作站	10	10	10	0	0	0	0	0	0	12
安康分校宁陕县委党校	8	8	4	4	0	0	0	0	0	10
陕西电大汉中分校	22	22	12	3	1	6	0	0	0	145
南郑县职业教育中心	15	15	10	3	2	0	0	0	0	0
镇巴县农业广播电视学校	6	6	0	1	5	0	0	0	0	15
略阳县工作站	21	21	13	2	6	0	0	0	0	0
宁强职中教学点	20	20	8	5	5	2	0	0	0	10
陕西电大渭南分校直属教学点	30	30	17	6	7	0	0	0	0	78
华阴进校教学点	15	15	7	2	2	4	0	0	0	5
韩城进校教学点	30	30	20	3	5	2	0	0	0	12
陕西省大荔教师进修学校	8	8	0	5	3	0	0	0	0	0
陕西澄城县职业中专	7	7	7	0	0	0	0	0	0	5
陕西蒲城农校	67	67	45	15	4	3	0	0	0	0
潼关县财政局	12	12	6	4	2	0	0	0	0	0
白水县财政局	8	2	2	0	0	0	0	0	6	7
渭南分校华县教师进修学校	6	6	0	0	6	0	0	0	0	0
渭南电大分校富平直属教学点	4	4	2	1	1	0	0	0	0	0
渭南电大分校合阳直属教学点	4	4	0	4	0	0	0	0	0	0
商洛分校	28	28	21	2	1	4	0	0	0	36
洛南电大工作站	22	22	11	7	2	2	0	0	0	0
商洛分校山阳工作站	38	38	28	3	5	2	0	0	0	10
陕西电大商洛分校柞水工作站	29	29	20	4	5	0	0	0	0	10
镇安县职教中心	155	155	136	9	5	5	0	0	0	0
陕西电大商洛分校丹凤工作站	6	6	6	0	0	0	0	0	0	8
洛南县职教中心教学点	10	10	10	0	0	0	0	0	0	0
商南县职教中心	24	24	15	4	4	1	0	0	0	0
成教中心工作站镇安财校教学点	9	9	8	1	0	0	0	0	0	16
陕西电大铜川分校	28	28	13	12	0	3	0	0	0	49
陕西电大铜川分校宜君工作站	12	12	4	3	2	3	0	0	0	0
矿务局教学点	16	16	16	0	0	0	0	0	0	15
陕西航空工业管理局	229	229	127	49	38	15	0	0	0	10
陕西广播电视大学航空工业局工作站秦岭教学点	32	32	23	5	1	3	0	0	0	13
西飞技术学院	78	78	58	11	4	5	0	0	0	27
中国飞行试验研究院航空机务技工学校	47	47	23	12	6	6	0	0	0	3
电子局工作站	170	165	118	38	9	0	0	5	0	9

3.1 各学校教职工情况(续表48)

单位:人

	教职工									聘请校外教师
	合计	校本部教职工					科研机构人员	校办企业职工	其他附设机构人员	
		计	专任教师	行政人员	教辅人员	工勤人员				
电子局凌云	14	14	14	0	0	0	0	0	0	3
陕西建光技工学校	14	14	14	0	0	0	0	0	0	3
长岭培训中心	32	32	26	6	0	0	0	0	0	0
兵工局惠安教学点	28	28	7	7	10	4	0	0	0	4
冶金局电大工作站	56	56	47	4	0	5	0	0	0	0
陕西通信技术学院	129	129	83	38	7	1	0	0	0	0
陕西省纺织工业协会教学点	12	12	6	4	1	1	0	0	0	2
陕西省水利技工学校	34	34	26	1	3	4	0	0	0	10
陕西电大高新分校	52	52	20	12	12	8	0	0	0	86
陕西省商务信息中心	37	37	13	13	0	11	0	0	0	40
陕西广播电视大学新城分校	158	158	66	27	38	27	0	0	0	172
陕西电大工运学院教学中心	80	80	60	15	4	1	0	0	0	60
陕西航空技术学院	55	55	53	2	0	0	0	0	0	0
西安华山技工学校	21	21	14	3	3	1	0	0	0	3
咸阳职业技术学院	39	39	39	0	0	0	0	0	0	0
西安	**545**	**538**	**118**	**115**	**279**	**26**	**2**	**0**	**5**	**396**
其中:女	346	341	73	65	199	4	0	0	5	197
西安广播电视大学	383	383	46	59	255	23	0	0	0	0
现代教育培训学院工作站	25	23	6	15	2	0	2	0	0	34
西安电大莲湖工作站	47	47	22	15	10	0	0	0	0	0
长安分校	16	16	0	16	0	0	0	0	0	71
临潼分校	30	30	30	0	0	0	0	0	0	40
翠华工作站	15	10	0	3	7	0	0	0	5	0
高陵分校	29	29	14	7	5	3	0	0	0	0
直属一分校	0	0	0	0	0	0	0	0	0	71
直属二分校	0	0	0	0	0	0	0	0	0	84
直属三分校	0	0	0	0	0	0	0	0	0	5
西安电大高新分校	0	0	0	0	0	0	0	0	0	36
直属四分校	0	0	0	0	0	0	0	0	0	55
甘肃	**4191**	**4169**	**3371**	**358**	**282**	**158**	**9**	**13**	**0**	**1067**
其中:女	1587	1586	1383	63	93	47	1	0	0	323
甘肃广播电视大学	217	217	136	56	20	5	0	0	0	27
甘肃电大兰州分校直属教学点	41	41	31	8	0	2	0	0	0	35
甘肃电大兰州分校永登工作站	30	30	28	0	2	0	0	0	0	0
甘肃电大兰州分校红古党校工作站	12	12	8	0	4	0	0	0	0	4
甘肃电大兰州分校榆中工作站	22	22	18	4	0	0	0	0	0	22
兰州分校皋兰工作站	8	8	7	1	0	0	0	0	0	10
甘肃电大兰州分校永登党校工作站	15	15	3	5	3	4	0	0	0	0
甘肃电大兰州分校西固区工作站	9	9	7	1	0	1	0	0	0	10
甘肃电大兰州分校红古区工作站	36	36	31	2	3	0	0	0	0	11

3.1 各学校教职工情况(续表49)

单位:人

	教职工										聘请校外教师
	合计	校本部教职工					科研机构人员	校办企业职工	其他附设机构人员		
		计	专任教师	行政人员	教辅人员	工勤人员					
甘肃电大兰州分校园艺学校教学点	20	20	16	0	4	0	0	0	0		0
甘肃电大天水分校直属教学点	64	64	40	16	1	7	0	0	0		10
甘肃电大天水分校张家川工作站	81	74	48	4	18	4	7	0	0		1
甘肃电大天水分校清水工作站	37	37	32	1	4	0	0	0	0		7
甘肃电大天水分校武山工作站	21	21	20	0	0	1	0	0	0		12
甘肃电大天水分校麦积山区工作站	26	24	18	3	2	1	2	0	0		4
甘肃电大天水分校秦安工作站	17	17	15	2	0	0	0	0	0		7
甘肃电大天水分校甘谷工作站	40	40	32	5	2	1	0	0	0		28
甘肃电大白银分校直属教学点	35	35	31	3	0	1	0	0	0		0
甘肃电大白银分校白银区工作站	29	29	22	1	3	3	0	0	0		13
甘肃电大白银分校景泰工作站	29	29	22	1	3	3	0	0	0		13
甘肃电大白银分校会宁工作站	24	24	24	0	0	0	0	0	0		0
甘肃电大白银分校靖远工作站	99	99	99	0	0	0	0	0	0		0
甘肃电大白银分校平川区工作站	22	22	22	0	0	0	0	0	0		0
甘肃电大白银分校靖煤教学点	28	28	27	1	0	0	0	0	0		10
甘肃电大白银分校会宁职专教学点	21	21	21	0	0	0	0	0	0		26
甘肃电大金昌分校直属教学点	20	20	19	0	0	1	0	0	0		7
甘肃电大金昌分校永昌工作站	2	2	1	1	0	0	0	0	0		5
甘肃电大金昌分校金川区工作站	1	1	1	0	0	0	0	0	0		0
甘肃电大嘉峪关分校	40	40	36	2	1	1	0	0	0		40
甘肃电大庆阳分校直属教学点	51	51	34	5	8	4	0	0	0		7
甘肃电大庆阳分校环县工作站	112	112	76	8	20	8	0	0	0		8
甘肃电大庆阳分校合水工作站	110	110	74	12	24	0	0	0	0		8
甘肃电大庆阳分校正宁工作站	61	61	56	2	2	1	0	0	0		12
甘肃电大庆阳分校华池工作站	115	115	97	2	13	3	0	0	0		0
甘肃电大庆阳分校宁县工作站	21	21	16	5	0	0	0	0	0		2
甘肃电大庆阳分校镇原工作站	57	57	46	5	6	0	0	0	0		0
甘肃电大平凉分校直属教学点	28	28	17	0	11	0	0	0	0		40
甘肃电大平凉分校静宁工作站	12	12	5	2	5	0	0	0	0		0
甘肃电大平凉分校泾川工作站	10	10	8	2	0	0	0	0	0		8
甘肃电大平凉分校灵台工作站	23	23	23	0	0	0	0	0	0		13
甘肃电大平凉分校华亭工作站	41	41	41	0	0	0	0	0	0		2
甘肃电大平凉分校崇信工作站	9	9	6	3	0	0	0	0	0		8
甘肃电大平凉分校庄浪工作站	13	13	6	2	2	3	0	0	0		12
甘肃电大陇南分校直属教学点	27	27	24	0	0	3	0	0	0		0
甘肃电大陇南分校宕昌工作站	25	25	19	4	2	0	0	0	0		4
甘肃电大陇南分校康县工作站	24	24	21	1	0	2	0	0	0		20
甘肃电大陇南分校两当工作站	13	13	13	0	0	0	0	0	0		0
甘肃电大陇南分校文县工作站	15	15	15	0	0	0	0	0	0		0
甘肃电大陇南分校礼县工作站	19	19	19	0	0	0	0	0	0		14

3.1 各学校教职工情况(续表50)

单位:人

	教职工									聘请校外教师
	合计	校本部教职工					科研机构人员	校办企业职工	其他附设机构人员	
		计	专任教师	行政人员	教辅人员	工勤人员				
甘肃电大陇南分校徽县工作站	27	27	16	8	3	0	0	0	0	0
甘肃电大陇南分校西和工作站	23	23	22	1	0	0	0	0	0	0
甘肃电大定西分校直属教学点	42	42	30	6	0	6	0	0	0	0
甘肃电大定西分校陇西工作站	10	10	10	0	0	0	0	0	0	0
甘肃电大定西分校岷县工作站	53	53	53	0	0	0	0	0	0	44
甘肃电大定西分校漳县工作站	7	7	6	1	0	0	0	0	0	0
甘肃电大定西分校通渭工作站	163	163	159	4	0	0	0	0	0	149
甘肃电大定西分校渭源工作站	15	15	14	1	0	0	0	0	0	0
甘肃电大定西分校临洮工作站	22	22	16	3	3	0	0	0	0	0
甘肃电大武威分校直属教学点	454	454	432	6	10	6	0	0	0	0
甘肃电大武威分校天祝工作站	53	53	43	5	2	3	0	0	0	5
甘肃电大武威分校古浪工作站	23	23	16	3	4	0	0	0	0	2
甘肃电大武威分校民勤工作站	18	18	16	2	0	0	0	0	0	20
甘肃电大武威分校凉州区工作站	3	3	0	3	0	0	0	0	0	13
甘肃电大张掖分校直属教学点	22	22	13	3	5	1	0	0	0	149
甘肃电大张掖分校高台工作站	208	208	187	0	12	9	0	0	0	0
甘肃电大张掖分校山丹工作站	44	44	40	2	1	1	0	0	0	6
甘肃电大张掖分校临泽工作站	25	25	25	0	0	0	0	0	0	0
甘肃电大张掖分校肃南教学点	49	49	38	0	5	6	0	0	0	0
甘肃电大酒泉分校直属教学点	30	30	23	7	0	0	0	0	0	35
甘肃电大酒泉分校瓜州工作站	12	12	9	3	0	0	0	0	0	0
甘肃电大酒泉分校玉门工作站	15	15	13	1	1	0	0	0	0	5
甘肃电大酒泉分校敦煌工作站	17	17	12	1	3	1	0	0	0	8
甘肃电大酒泉分校肃北工作站	14	14	10	4	0	0	0	0	0	8
甘肃电大甘南分校直属教学点	17	17	13	3	0	1	0	0	0	17
甘肃电大甘南分校舟曲工作站	16	16	10	5	1	0	0	0	0	13
甘肃电大甘南分校卓尼工作站	21	21	4	4	13	0	0	0	0	14
甘肃电大甘南分校临潭工作站	60	60	55	0	2	3	0	0	0	0
甘肃电大甘南分校迭部工作站	41	41	9	2	28	2	0	0	0	7
甘肃电大临夏分校直属教学点	85	85	57	9	9	10	0	0	0	0
甘肃电大临夏分校和政工作站	32	32	27	2	0	3	0	0	0	0
甘肃电大临夏分校积石山工作站	28	28	21	0	2	5	0	0	0	0
甘肃电大临夏分校康乐工作站	13	13	13	0	0	0	0	0	0	0
甘肃电大临夏分校永靖工作站	10	10	10	0	0	0	0	0	0	6
甘肃电大临夏分校东乡工作站	15	15	14	1	0	0	0	0	0	0
甘肃电大临夏分校广河工作站	10	10	10	0	0	0	0	0	0	6
甘肃电大农垦分校直属教学点	81	81	57	12	0	12	0	0	0	0
甘肃电大农垦分校黄羊教学点	21	21	13	4	0	4	0	0	0	0
甘肃电大农垦河西分校直属教学点	95	95	83	8	0	4	0	0	0	0
亚盛分校生地湾农场教学点	5	5	5	0	0	0	0	0	0	0

3.1 各学校教职工情况(续表 51)

单位:人

	教职工									聘请校外教师
	合计	校本部教职工					科研机构人员	校办企业职工	其他附设机构人员	
		计	专任教师	行政人员	教辅人员	工勤人员				
甘肃电大农垦河西分校金塔教学点	8	8	8	0	0	0	0	0	0	0
甘肃电大农垦河西分校敦煌教学点	6	6	6	0	0	0	0	0	0	0
甘肃电大农垦河西分校瓜州教学点	6	6	6	0	0	0	0	0	0	0
甘肃电大农垦河西分校玉门教学点	6	6	6	0	0	0	0	0	0	0
甘肃电大直属学院教学分部	7	7	0	2	5	0	0	0	0	0
甘肃电大兰州石化公司工作站	21	21	19	1	0	1	0	0	0	19
甘肃电大水电五局工作站	271	258	174	58	6	20	0	13	0	58
甘肃电大滨河分校	100	100	87	8	4	1	0	0	0	18
甘肃电大兰州铁路技工学校教学点	35	35	30	5	0	0	0	0	0	5
青海	**458**	**457**	**339**	**59**	**40**	**19**	**1**	**0**	**0**	**199**
其中:女	199	199	162	13	19	5	0	0	0	68
青海广播电视大学	105	105	65	16	19	5	0	0	0	0
果洛州广播电视大学	23	23	14	5	0	4	0	0	0	23
乐都县广播电视大学	21	21	15	4	2	0	0	0	0	15
互助县广播电视大学	17	17	12	5	0	0	0	0	0	10
海西州广播电视大学	20	20	14	2	4	0	0	0	0	41
格尔木市广播电视大学	18	18	11	3	2	2	0	0	0	0
都兰县广播电视大学	6	6	6	0	0	0	0	0	0	5
乌兰县广播电视大学	13	13	10	1	2	0	0	0	0	4
黄南州广播电视大学	10	10	10	0	0	0	0	0	0	11
湟中县广播电视大学	51	50	39	6	4	1	1	0	0	22
民和县广播电视大学	22	22	14	5	1	2	0	0	0	0
平安县广播电视大学	9	9	8	1	0	0	0	0	0	0
海南州广播电视大学	48	48	40	3	3	2	0	0	0	15
贵德县职业技术学校教学点	6	6	6	0	0	0	0	0	0	6
大通县广播电视大学	0	0	0	0	0	0	0	0	0	16
玉树州广播电视大学	3	3	0	2	0	1	0	0	0	0
化隆县广播电视大学	19	19	12	3	3	1	0	0	0	11
湟源县广播电视大学	39	39	37	1	0	1	0	0	0	20
海北州广播电视大学	28	28	26	2	0	0	0	0	0	0
宁夏	**403**	**403**	**246**	**80**	**55**	**22**	**0**	**0**	**0**	**459**
其中:女	173	173	102	40	25	6	0	0	0	184
宁夏广播电视大学	123	123	76	30	8	9	0	0	0	103
直属一分校	14	14	6	8	0	0	0	0	0	97
石嘴山分校	50	50	28	8	9	5	0	0	0	26
吴忠电大分校	12	12	12	0	0	0	0	0	0	50
宁夏青铜峡市电大工作站	10	10	4	6	0	0	0	0	0	10
中宁教学点	5	5	2	1	2	0	0	0	0	28
宁夏广播电视大学盐池县工作站	29	29	10	3	12	4	0	0	0	15
宁夏广播电视大学同心工作站	22	22	10	3	7	2	0	0	0	21

3.1 各学校教职工情况(续表52)

单位:人

	教职工									聘请校外教师
	合计	校本部教职工					科研机构人员	校办企业职工	其他附设机构人员	
		计	专任教师	行政人员	教辅人员	工勤人员				
宁夏中卫市电大	37	37	28	3	6	0	0	0	0	27
永宁县电大工作站	6	6	3	1	2	0	0	0	0	36
宁夏贺兰电大工作站	17	17	7	7	2	1	0	0	0	28
宁夏平罗电大工作站	17	17	14	3	0	0	0	0	0	15
宁夏隆德县电大教学点	31	31	29	2	0	0	0	0	0	2
西吉教学点	21	21	17	1	2	1	0	0	0	1
宁夏新闻培训中心	9	9	0	4	5	0	0	0	0	0
新疆	**2389**	**2389**	**1615**	**355**	**219**	**200**	**0**	**0**	**0**	**643**
其中:女	1235	1235	905	150	123	57	0	0	0	284
新疆广播电视大学	150	150	37	83	19	11	0	0	0	0
乌鲁木齐广播电视大学	20	20	16	4	0	0	0	0	0	8
哈密电大直属	79	79	69	6	0	4	0	0	0	12
昌吉广播电视大学直属	59	59	11	19	24	5	0	0	0	1
昌吉电大玛纳斯教学点	42	42	28	8	3	3	0	0	0	20
昌吉电大呼图壁县电大分校	59	59	32	11	8	8	0	0	0	27
昌吉电大米泉工作站	72	72	70	0	0	2	0	0	0	18
昌吉电大阜康分校	21	21	16	3	1	1	0	0	0	5
昌吉电大奇台电大分校	21	21	15	4	2	0	0	0	0	0
昌吉电大木垒教学点	34	34	28	3	0	3	0	0	0	0
克拉玛依电大	120	120	58	20	22	20	0	0	0	0
阿勒泰广播电视大学	53	53	38	11	0	4	0	0	0	12
阿勒泰电大布尔津县工作站	8	8	6	1	1	0	0	0	0	16
阿勒泰电大富蕴县工作站	7	7	7	0	0	0	0	0	0	16
阿勒泰福海县电大工作站	14	14	12	1	0	1	0	0	0	10
阿勒泰电大哈巴河县电大工作站	4	4	0	1	3	0	0	0	0	14
阿勒泰电大青河工作站	3	3	0	0	3	0	0	0	0	15
阿勒泰电大吉木乃县工作站	8	8	8	0	0	0	0	0	0	12
塔城地区广播电视大学	61	61	48	7	0	6	0	0	0	13
塔城电大额敏县电大分校	40	40	28	5	5	2	0	0	0	0
乌苏市电大	8	8	8	0	0	0	0	0	0	0
沙湾县电大	15	15	15	0	0	0	0	0	0	2
塔城电大托里县电大分校	16	16	9	2	1	4	0	0	0	2
塔城电大裕民县电大分校	27	27	25	2	0	0	0	0	0	0
塔城电大和布克赛尔县电大分校	17	17	17	0	0	0	0	0	0	0
巴州广播电视大学直属	31	31	31	0	0	0	0	0	0	94
巴州尉犁县广播电视大学	34	34	34	0	0	0	0	0	0	0
巴州若羌县电大	9	9	5	3	1	0	0	0	0	10
巴州焉耆县电大	28	28	28	0	0	0	0	0	0	0
巴州和静电大工作站	0	0	0	0	0	0	0	0	0	13
巴州电大和硕工作站	4	4	0	2	2	0	0	0	0	16

3.1 各学校教职工情况(续表53)

单位:人

	教职工									聘请校外教师
	合计	校本部教职工					科研机构人员	校办企业职工	其他附设机构人员	
		计	专任教师	行政人员	教辅人员	工勤人员				
阿克苏广播电视大学	36	36	31	3	2	0	0	0	0	10
阿克苏电大乌什县分校	12	12	8	2	0	2	0	0	0	10
阿克苏电大阿瓦提县电大分校	7	7	5	1	1	0	0	0	0	5
阿克苏温宿县广播电视大学	5	5	5	0	0	0	0	0	0	5
柯坪县电大	7	7	5	2	0	0	0	0	0	0
阿克苏拜城县电大	10	10	7	0	1	2	0	0	0	8
新和县电大	3	3	1	1	1	0	0	0	0	0
阿克苏库车县教育局	10	10	10	0	0	0	0	0	0	6
阿克苏沙雅县教育局	5	5	3	2	0	0	0	0	0	11
博州电大直属	82	82	54	7	4	17	0	0	0	22
博州电大精河分校	4	4	4	0	0	0	0	0	0	23
新疆温泉县党校	9	9	6	3	0	0	0	0	0	5
奎屯市广播电视大学	11	11	5	2	3	1	0	0	0	20
克孜勒苏电大	51	51	44	5	0	2	0	0	0	20
克州电大阿克陶县教学点	47	47	28	6	10	3	0	0	0	0
克州广播电视大学阿合奇工作站	10	10	10	0	0	0	0	0	0	10
乌恰县电大	15	15	7	4	0	4	0	0	0	8
喀什广播电视大学	294	294	248	33	11	2	0	0	0	0
和田电大直属	73	73	60	2	0	11	0	0	0	0
伊犁州广播电视大学直属	56	56	38	9	2	7	0	0	0	9
伊犁州电大特克斯县分校	12	12	6	2	3	1	0	0	0	5
伊犁州电大新源工作站	37	37	15	5	11	6	0	0	0	8
伊犁州电大巩留县电大教学点	16	16	16	0	0	0	0	0	0	20
伊犁州电大伊宁县工作站	23	23	15	3	5	0	0	0	0	15
察布查尔县电大	32	32	15	5	4	8	0	0	0	15
尼勒克县职业培训中心教学点	15	15	11	4	0	0	0	0	0	6
霍城县委党校教学点	19	19	12	5	0	2	0	0	0	5
石河子广播电视大学	38	38	19	9	9	1	0	0	0	15
吐鲁番电大	56	56	49	4	3	0	0	0	0	0
吐鲁番电大鄯善工作站	8	8	8	0	0	0	0	0	0	18
铁路电大	60	60	17	5	26	12	0	0	0	3
潞安新疆煤化工(集团)有限公司广播电视大学	43	43	23	9	6	5	0	0	0	25
新疆司法警官学校	219	219	131	26	22	40	0	0	0	0
新疆兵团	**639**	**629**	**403**	**94**	**91**	**41**	**1**	**6**	**3**	**150**
其中:女	335	331	226	40	53	12	0	4	0	90
兵团广播电视大学	92	92	41	38	10	3	0	0	0	58
农一师分校	18	18	14	1	1	2	0	0	0	42
农二师分校	90	90	45	6	33	6	0	0	0	13
农三师分校	6	6	5	1	0	0	0	0	0	3
农五师分校	70	70	33	5	17	15	0	0	0	0

3.1 各学校教职工情况(续表54)

单位:人

	教职工									聘请校外教师
	合计	校本部教职工					科研机构人员	校办企业职工	其他附设机构人员	
		计	专任教师	行政人员	教辅人员	工勤人员				
农六师分校	101	96	79	9	4	4	0	5	0	0
农七师分校	54	49	43	2	3	1	1	1	3	0
农八师分校	38	38	19	9	9	1	0	0	0	15
农九师分校	46	46	30	5	5	6	0	0	0	0
农十师分校	41	41	30	3	6	2	0	0	0	8
农十三师分校	38	38	29	5	3	1	0	0	0	11
农十二师分校	45	45	35	10	0	0	0	0	0	0
八一学院	**137**	**137**	**83**	**15**	**38**	**1**	**0**	**0**	**0**	**3989**
其中:女	51	51	27	8	15	1	0	0	0	302
国家开放大学八一学院	137	137	83	15	38	1	0	0	0	3989
北京实验学院	**23**	**23**	**0**	**23**	**0**	**0**	**0**	**0**	**0**	**0**
其中:女	13	13	0	13	0	0	0	0	0	0
中央电大学习中心(北京)	23	23	0	23	0	0	0	0	0	0
总参学院	**35**	**35**	**35**	**0**	**0**	**0**	**0**	**0**	**0**	**21**
其中:女	0	0	0	0	0	0	0	0	0	2
国家开放大学总参学院	35	35	35	0	0	0	0	0	0	21
西藏学院	**29**	**29**	**0**	**29**	**0**	**0**	**0**	**0**	**0**	**0**
其中:女	10	10	0	10	0	0	0	0	0	0
国家开放大学西藏学院	18	18	0	18	0	0	0	0	0	0
国家开放大学西藏学院日喀则学习中心	2	2	0	2	0	0	0	0	0	0
国家开放大学西藏学院山南学习中心	3	3	0	3	0	0	0	0	0	0
西藏学院林芝地区学习中心	2	2	0	2	0	0	0	0	0	0
西藏学院昌都地区学习中心	4	4	0	4	0	0	0	0	0	0
残疾人教育学院	**90**	**90**	**68**	**12**	**1**	**9**	**0**	**0**	**0**	**19**
其中:女	54	54	46	4	1	3	0	0	0	12
国家开放大学残疾人教育学院	4	4	4	0	0	0	0	0	0	0
青岛电大教学点	23	23	12	6	1	4	0	0	0	10
宁夏电大开放教育学院	16	16	16	0	0	0	0	0	0	0
长春广播电视大学	17	17	16	1	0	0	0	0	0	3
柳州市广播电视大学	30	30	20	5	0	5	0	0	0	6
空军学院	**14**	**14**	**0**	**14**	**0**	**0**	**0**	**0**	**0**	**0**
国家开放大学空军学院	14	14	0	14	0	0	0	0	0	0

3.2 教职工

	校本部教职工							
	计	正高级	副高级	中级	初级	未定职级	其中：专任教师	
							计	正高级
总计	**99963**	**2407**	**25892**	**40595**	**17379**	**13690**	**67131**	**1787**
国开总部	**501**	**26**	**118**	**213**	**67**	**77**	**157**	**16**
北京	1839	24	285	783	339	408	902	14
天津	1944	78	688	700	259	219	1160	64
河北	4242	121	1341	2063	470	247	2966	79
山西	2341	31	476	983	545	306	1379	20
内蒙古	2802	88	975	949	310	480	1749	67
辽宁	3559	144	909	1482	567	457	2317	132
沈阳	520	45	181	154	19	121	330	39
大连	472	15	234	141	44	38	274	11
吉林	2223	74	552	824	434	339	1447	55
长春	699	22	203	303	135	36	551	17
黑龙江	2546	115	936	907	354	234	1640	93
哈尔滨	1237	96	240	400	211	290	721	71
上海	718	4	123	355	111	125	447	3
江苏	9676	119	2953	4102	1514	988	7283	78
南京	585	7	185	218	105	70	357	3
浙江	4345	87	1195	2047	562	454	3046	69
宁波	465	2	130	237	37	59	356	1
安徽	1665	17	329	711	314	294	1005	10
福建	697	43	170	276	136	72	295	30
厦门	222	5	54	94	39	30	66	3
江西	2186	91	842	789	281	183	1622	73
山东	7194	220	2048	2758	1307	861	5505	181
青岛	450	4	115	208	76	47	320	4
河南	2788	29	549	1257	558	395	1780	26
湖北	4513	85	1411	2126	642	249	3325	55
武汉	1500	33	513	652	188	114	1112	28
湖南	3619	111	1055	1627	507	319	2346	55
广东	4904	36	652	2189	1051	976	3127	25
广州	2002	7	260	628	448	659	1082	5
深圳	1253	68	318	326	85	456	551	40
广西	707	17	93	334	134	129	354	6
海南	289	5	21	63	44	156	87	3
四川	4501	69	1197	1772	722	741	2793	51
成都	753	43	154	304	112	140	445	32
重庆	2565	59	629	940	475	462	1729	52
贵州	3549	48	668	1143	1221	469	2749	34

职称情况

单位:人

				聘请校外教师					
副高级	中级	初级	未定职级	计	正高级	副高级	中级	初级	未定职级
20208	**30460**	**11808**	**2868**	**35818**	**1478**	**10676**	**17223**	**4157**	**2284**
79	**58**	**2**	**2**	**6**	**4**	**2**	**0**	**0**	**0**
207	464	153	64	1201	60	339	630	89	83
492	420	167	17	477	20	303	130	5	19
961	1562	336	28	894	37	418	380	46	13
339	623	342	55	703	31	328	318	23	3
754	643	191	94	655	69	268	247	18	53
738	1064	294	89	444	21	202	200	16	5
147	122	11	11	322	25	129	142	25	1
171	84	8	0	255	36	137	75	7	0
419	667	245	61	409	50	258	92	4	5
175	247	102	10	38	0	7	26	5	0
690	623	213	21	597	32	286	235	24	20
158	268	126	98	252	16	123	61	11	41
102	280	43	19	624	19	116	361	57	71
2396	3356	1161	292	862	41	289	301	109	122
136	149	52	17	415	15	118	209	7	66
965	1587	312	113	1126	20	340	523	120	123
111	210	30	4	360	9	133	184	26	8
255	519	180	41	1229	20	433	624	145	7
84	125	44	12	313	19	120	143	29	2
30	25	8	0	23	8	11	3	1	0
670	637	220	22	857	52	389	305	99	12
1739	2347	1064	174	727	89	286	243	45	64
97	159	49	11	385	0	116	162	105	2
430	904	372	48	476	30	203	205	34	4
1114	1665	424	67	406	25	161	131	54	35
428	539	103	14	414	5	82	219	107	1
697	1119	356	119	623	29	206	268	38	82
505	1725	742	130	4575	34	842	2630	917	152
188	459	307	123	569	9	52	245	151	112
189	164	45	113	888	15	235	431	75	132
67	227	47	7	429	10	86	270	58	5
14	47	21	2	68	1	20	34	5	8
975	1256	418	93	1751	110	698	729	153	61
118	215	57	23	399	35	102	168	40	54
523	740	330	84	1353	47	339	663	256	48
537	921	942	315	1873	37	423	948	382	83

3.2 教职工

	校本部教职工							
	计	正高级	副高级	中级	初级	未定职级	其中:专任教师	
							计	正高级
云南	1481	38	348	667	275	153	1075	30
陕西	3498	110	887	1492	644	365	2403	90
西安	538	5	56	110	51	316	118	4
甘肃	4169	77	832	1711	1112	437	3371	53
青海	457	14	184	166	62	31	339	12
宁夏	403	12	135	148	47	61	246	12
新疆	2389	23	477	940	546	403	1615	9
新疆兵团	629	17	103	202	176	131	403	13
八一学院	137	15	31	32	5	54	83	13
北京实验学院	23	1	0	1	17	4	0	0
总参学院	35	0	15	20	0	0	35	0
西藏学院	29	0	2	6	6	15	0	0
残疾人教育学院	90	7	15	38	15	15	68	6
空军学院	14	0	5	4	0	5	0	0

职称情况(续表)

单位:人

				聘请校外教师					
副高级	中级	初级	未定职级	计	正高级	副高级	中级	初级	未定职级
318	522	190	15	332	9	57	108	35	123
709	1112	422	70	1545	142	627	695	63	18
38	56	16	4	396	48	129	191	26	2
688	1440	987	203	1067	12	381	501	124	49
146	131	48	2	199	9	89	61	20	20
100	90	28	16	459	99	209	122	29	0
387	678	437	104	643	10	328	241	17	47
63	136	146	45	150	10	55	72	3	10
29	25	5	11	3989	58	185	2676	552	518
0	0	0	0	0	0	0	0	0	0
15	20	0	0	21	0	13	8	0	0
0	0	0	0	0	0	0	0	0	0
15	30	12	5	19	1	3	13	2	0
0	0	0	0	0	0	0	0	0	0

3.3 专任教师、聘请校外教师岗位分类情况

单位：人

	本学年授课专任教师				本学年授课聘请校外教师				本学年不授课专任教师				
	合计	公共课基础课	专业课		合计	公共课基础课	专业课		合计	进修	科研	病休	其他
			计	其中：双师型			计	其中：双师型					
总计	**64619**	**25270**	**39349**	**10942**	**35818**	**10213**	**25605**	**3718**	**2512**	**418**	**207**	**93**	**1794**
正高级	1717	634	1083	399	1478	423	1055	219	70	12	6	4	48
副高级	19653	7777	11876	4266	10676	2894	7782	1639	555	78	53	28	396
中级	29430	11264	18166	6277	17223	4934	12289	1860	1030	206	68	41	715
初级	11155	4564	6591	0	4157	1307	2850	0	653	113	66	18	456
未定职级	2664	1031	1633	0	2284	655	1629	0	204	9	14	2	179
国开总部	**157**	**41**	**116**	**0**	**6**	**1**	**5**	**0**	**0**	**0**	**0**	**0**	**0**
正高级	16	8	8	0	4	1	3	0	0	0	0	0	0
副高级	79	25	54	0	2	0	2	0	0	0	0	0	0
中级	58	7	51	0	0	0	0	0	0	0	0	0	0
初级	2	1	1	0	0	0	0	0	0	0	0	0	0
未定职级	2	0	2	0	0	0	0	0	0	0	0	0	0
北京	**681**	**239**	**442**	**66**	**1201**	**237**	**964**	**93**	**221**	**37**	**110**	**10**	**64**
正高级	11	2	9	1	60	10	50	7	3	1	2	0	0
副高级	170	61	109	23	339	54	285	44	37	6	26	2	3
中级	382	127	255	42	630	128	502	42	82	13	34	4	31
初级	90	33	57	0	89	43	46	0	63	14	39	3	7
未定职级	28	16	12	0	83	2	81	0	36	3	9	1	23
天津	**1141**	**373**	**768**	**191**	**477**	**151**	**326**	**57**	**19**	**0**	**2**	**3**	**14**
正高级	64	32	32	3	20	9	11	0	0	0	0	0	0
副高级	482	136	346	101	303	85	218	38	10	0	2	1	7
中级	414	142	272	87	130	43	87	19	6	0	0	1	5
初级	164	57	107	0	5	0	5	0	3	0	0	1	2
未定职级	17	6	11	0	19	14	5	0	0	0	0	0	0
河北	**2857**	**1386**	**1471**	**242**	**894**	**312**	**582**	**117**	**109**	**29**	**2**	**0**	**78**
正高级	79	33	46	10	37	17	20	5	0	0	0	0	0
副高级	929	460	469	89	418	151	267	59	32	6	0	0	26
中级	1499	724	775	143	380	121	259	53	63	20	1	0	42
初级	322	157	165	0	46	22	24	0	14	3	1	0	10
未定职级	28	12	16	0	13	1	12	0	0	0	0	0	0
山西	**1271**	**759**	**512**	**60**	**703**	**278**	**425**	**43**	**108**	**37**	**0**	**2**	**69**
正高级	20	16	4	1	31	16	15	2	0	0	0	0	0
副高级	317	181	136	18	328	142	186	22	22	7	0	1	14
中级	568	352	216	41	318	115	203	19	55	21	0	0	34
初级	316	185	131	0	23	5	18	0	26	9	0	1	16
未定职级	50	25	25	0	3	0	3	0	5	0	0	0	5
内蒙古	**1652**	**929**	**723**	**232**	**655**	**225**	**430**	**83**	**97**	**29**	**0**	**10**	**58**
正高级	64	34	30	9	69	27	42	6	3	0	0	3	0
副高级	732	416	316	126	268	91	177	53	22	4	0	3	15

3.3 专任教师、聘请校外教师岗位分类情况(续表1)

单位:人

	本学年授课专任教师				本学年授课聘请校外教师				本学年不授课专任教师				
	合计	公共课基础课	专业课		合计	公共课基础课	专业课		合计	进修	科研	病休	其他
			计	其中:双师型			计	其中:双师型					
中级	608	334	274	97	247	70	177	24	35	17	0	1	17
初级	166	95	71	0	18	13	5	0	25	7	0	3	15
未定职级	82	50	32	0	53	24	29	0	12	1	0	0	11
辽宁	**2203**	**521**	**1682**	**608**	**444**	**109**	**335**	**38**	**114**	**0**	**29**	**3**	**82**
正高级	124	27	97	48	21	6	15	2	8	0	2	0	6
副高级	698	145	553	258	202	47	155	22	40	0	2	3	35
中级	1030	259	771	302	200	50	150	14	34	0	7	0	27
初级	273	72	201	0	16	6	10	0	21	0	13	0	8
未定职级	78	18	60	0	5	0	5	0	11	0	5	0	6
沈阳	**322**	**78**	**244**	**122**	**322**	**44**	**278**	**88**	**8**	**2**	**0**	**2**	**4**
正高级	39	1	38	10	25	3	22	4	0	0	0	0	0
副高级	143	29	114	61	129	22	107	44	4	0	0	1	3
中级	119	38	81	51	142	13	129	40	3	2	0	1	0
初级	10	1	9	0	25	6	19	0	1	0	0	0	1
未定职级	11	9	2	0	1	0	1	0	0	0	0	0	0
大连	**272**	**100**	**172**	**21**	**255**	**68**	**187**	**9**	**2**	**0**	**0**	**1**	**1**
正高级	11	5	6	1	36	7	29	0	0	0	0	0	0
副高级	169	61	108	19	137	43	94	3	2	0	0	1	1
中级	84	33	51	1	75	18	57	6	0	0	0	0	0
初级	8	1	7	0	7	0	7	0	0	0	0	0	0
未定职级	0	0	0	0	0	0	0	0	0	0	0	0	0
吉林	**1420**	**616**	**804**	**170**	**409**	**48**	**361**	**22**	**27**	**0**	**0**	**2**	**25**
正高级	54	25	29	6	50	4	46	3	1	0	0	1	0
副高级	402	169	233	74	258	19	239	12	17	0	0	1	16
中级	660	293	367	90	92	17	75	7	7	0	0	0	7
初级	243	88	155	0	4	3	1	0	2	0	0	0	2
未定职级	61	41	20	0	5	5	0	0	0	0	0	0	0
长春	**551**	**152**	**399**	**42**	**38**	**10**	**28**	**0**	**0**	**0**	**0**	**0**	**0**
正高级	17	2	15	0	0	0	0	0	0	0	0	0	0
副高级	175	42	133	24	7	0	7	0	0	0	0	0	0
中级	247	66	181	18	26	5	21	0	0	0	0	0	0
初级	102	39	63	0	5	5	0	0	0	0	0	0	0
未定职级	10	3	7	0	0	0	0	0	0	0	0	0	0
黑龙江	**1553**	**616**	**937**	**253**	**597**	**167**	**430**	**80**	**87**	**0**	**0**	**9**	**78**
正高级	78	31	47	27	32	12	20	5	15	0	0	0	15
副高级	666	258	408	124	286	77	209	44	24	0	0	5	19
中级	587	240	347	102	235	68	167	31	36	0	0	2	34
初级	201	81	120	0	24	7	17	0	12	0	0	2	10
未定职级	21	6	15	0	20	3	17	0	0	0	0	0	0

3.3 专任教师、聘请校外教师岗位分类情况(续表2)

单位:人

	本学年授课专任教师				本学年授课聘请校外教师				本学年不授课专任教师				
	合计	公共课基础课	专业课		合计	公共课基础课	专业课		合计	进修	科研	病休	其他
			计	其中:双师型			计	其中:双师型					
哈尔滨	**721**	**257**	**464**	**72**	**252**	**64**	**188**	**16**	**0**	**0**	**0**	**0**	**0**
正高级	71	32	39	4	16	3	13	4	0	0	0	0	0
副高级	158	60	98	15	123	26	97	9	0	0	0	0	0
中级	268	82	186	53	61	26	35	3	0	0	0	0	0
初级	126	56	70	0	11	1	10	0	0	0	0	0	0
未定职级	98	27	71	0	41	8	33	0	0	0	0	0	0
上海	**446**	**128**	**318**	**79**	**624**	**111**	**513**	**13**	**1**	**0**	**0**	**0**	**1**
正高级	3	0	3	1	19	1	18	0	0	0	0	0	0
副高级	102	23	79	24	116	21	95	6	0	0	0	0	0
中级	279	85	194	54	361	65	296	7	1	0	0	0	1
初级	43	10	33	0	57	12	45	0	0	0	0	0	0
未定职级	19	10	9	0	71	12	59	0	0	0	0	0	0
江苏	**7145**	**2620**	**4525**	**2339**	**862**	**192**	**670**	**275**	**138**	**18**	**10**	**4**	**106**
正高级	77	16	61	48	41	6	35	24	1	0	0	0	1
副高级	2363	926	1437	985	289	61	228	124	33	3	2	1	27
中级	3273	1152	2121	1306	301	70	231	127	83	15	8	3	57
初级	1142	457	685	0	109	18	91	0	19	0	0	0	19
未定职级	290	69	221	0	122	37	85	0	2	0	0	0	2
南京	**331**	**123**	**208**	**108**	**415**	**157**	**258**	**113**	**26**	**0**	**0**	**0**	**26**
正高级	3	0	3	3	15	8	7	5	0	0	0	0	0
副高级	126	46	80	56	118	40	78	51	10	0	0	0	10
中级	140	58	82	49	209	85	124	57	9	0	0	0	9
初级	45	15	30	0	7	5	2	0	7	0	0	0	7
未定职级	17	4	13	0	66	19	47	0	0	0	0	0	0
浙江	**3012**	**935**	**2077**	**718**	**1126**	**206**	**920**	**101**	**34**	**2**	**9**	**0**	**23**
正高级	68	20	48	31	20	7	13	3	1	0	0	0	1
副高级	953	349	604	237	340	56	284	52	12	0	5	0	7
中级	1572	462	1110	450	523	93	430	46	15	2	4	0	9
初级	309	82	227	0	120	27	93	0	3	0	0	0	3
未定职级	110	22	88	0	123	23	100	0	3	0	0	0	3
宁波	**337**	**104**	**233**	**44**	**360**	**73**	**287**	**23**	**19**	**0**	**0**	**0**	**19**
正高级	1	0	1	1	9	0	9	1	0	0	0	0	0
副高级	106	42	64	13	133	20	113	12	5	0	0	0	5
中级	199	52	147	30	184	40	144	10	11	0	0	0	11
初级	27	8	19	0	26	7	19	0	3	0	0	0	3
未定职级	4	2	2	0	8	6	2	0	0	0	0	0	0
安徽	**959**	**370**	**589**	**90**	**1229**	**264**	**965**	**115**	**46**	**15**	**0**	**0**	**31**
正高级	10	3	7	0	20	6	14	2	0	0	0	0	0
副高级	247	96	151	27	433	88	345	42	8	3	0	0	5

3.3 专任教师、聘请校外教师岗位分类情况(续表3)

单位:人

	本学年授课专任教师				本学年授课聘请校外教师				本学年不授课专任教师				
	合计	公共课基础课	专业课		合计	公共课基础课	专业课		合计	进修	科研	病休	其他
			计	其中:双师型			计	其中:双师型					
中级	491	187	304	63	624	136	488	71	28	12	0	0	16
初级	172	68	104	0	145	30	115	0	8	0	0	0	8
未定职级	39	16	23	0	7	4	3	0	2	0	0	0	2
福建	**280**	**100**	**180**	**37**	**313**	**53**	**260**	**53**	**15**	**0**	**0**	**0**	**15**
正高级	28	18	10	5	19	5	14	3	2	0	0	0	2
副高级	81	28	53	17	120	27	93	29	3	0	0	0	3
中级	121	42	79	15	143	20	123	21	4	0	0	0	4
初级	43	10	33	0	29	1	28	0	1	0	0	0	1
未定职级	7	2	5	0	2	0	2	0	5	0	0	0	5
厦门	**66**	**10**	**56**	**26**	**23**	**2**	**21**	**0**	**0**	**0**	**0**	**0**	**0**
正高级	3	1	2	1	8	0	8	0	0	0	0	0	0
副高级	30	8	22	16	11	2	9	0	0	0	0	0	0
中级	25	1	24	9	3	0	3	0	0	0	0	0	0
初级	8	0	8	0	1	0	1	0	0	0	0	0	0
未定职级	0	0	0	0	0	0	0	0	0	0	0	0	0
江西	**1597**	**697**	**900**	**226**	**857**	**302**	**555**	**167**	**25**	**0**	**0**	**0**	**25**
正高级	66	34	32	16	52	21	31	12	7	0	0	0	7
副高级	654	292	362	104	389	116	273	85	16	0	0	0	16
中级	635	256	379	106	305	103	202	70	2	0	0	0	2
初级	220	106	114	0	99	62	37	0	0	0	0	0	0
未定职级	22	9	13	0	12	0	12	0	0	0	0	0	0
山东	**5188**	**2199**	**2989**	**627**	**727**	**203**	**524**	**164**	**317**	**29**	**4**	**4**	**280**
正高级	176	54	122	28	89	18	71	28	5	0	0	0	5
副高级	1680	754	926	264	286	93	193	81	59	18	4	0	37
中级	2218	896	1322	335	243	82	161	55	129	7	0	2	120
初级	967	434	533	0	45	10	35	0	97	4	0	2	91
未定职级	147	61	86	0	64	0	64	0	27	0	0	0	27
青岛	**320**	**105**	**215**	**21**	**385**	**166**	**219**	**29**	**0**	**0**	**0**	**0**	**0**
正高级	4	0	4	0	0	0	0	0	0	0	0	0	0
副高级	97	31	66	4	116	61	55	11	0	0	0	0	0
中级	159	51	108	17	162	70	92	18	0	0	0	0	0
初级	49	18	31	0	105	34	71	0	0	0	0	0	0
未定职级	11	5	6	0	2	1	1	0	0	0	0	0	0
河南	**1757**	**666**	**1091**	**276**	**476**	**181**	**295**	**85**	**23**	**17**	**0**	**0**	**6**
正高级	26	12	14	2	30	12	18	5	0	0	0	0	0
副高级	424	171	253	92	203	89	114	36	6	3	0	0	3
中级	900	319	581	182	205	68	137	44	4	1	0	0	3
初级	359	148	211	0	34	9	25	0	13	13	0	0	0
未定职级	48	16	32	0	4	3	1	0	0	0	0	0	0

3.3 专任教师、聘请校外教师岗位分类情况(续表4)

单位:人

	本学年授课专任教师				本学年授课聘请校外教师				本学年不授课专任教师				
	合计	公共课基础课	专业课		合计	公共课基础课	专业课		合计	进修	科研	病休	其他
			计	其中:双师型			计	其中:双师型					
湖北	**3137**	**1289**	**1848**	**533**	**406**	**106**	**300**	**94**	**188**	**49**	**0**	**10**	**129**
正高级	54	18	36	11	25	2	23	5	1	1	0	0	0
副高级	1085	420	665	175	161	62	99	41	29	2	0	6	21
中级	1557	656	901	347	131	28	103	48	108	34	0	4	70
初级	375	167	208	0	54	14	40	0	49	11	0	0	38
未定职级	66	28	38	0	35	0	35	0	1	1	0	0	0
武汉	**1071**	**346**	**725**	**393**	**414**	**74**	**340**	**160**	**41**	**8**	**6**	**3**	**24**
正高级	26	13	13	9	5	1	4	2	2	0	2	0	0
副高级	408	153	255	169	82	22	60	42	20	2	2	0	16
中级	523	143	380	215	219	34	185	116	16	5	1	3	7
初级	100	36	64	0	107	16	91	0	3	1	1	0	1
未定职级	14	1	13	0	1	1	0	0	0	0	0	0	0
湖南	**2273**	**965**	**1308**	**195**	**623**	**176**	**447**	**72**	**73**	**1**	**22**	**4**	**46**
正高级	55	19	36	7	29	3	26	12	0	0	0	0	0
副高级	676	269	407	72	206	61	145	26	21	1	7	0	13
中级	1087	477	610	116	268	65	203	34	32	0	4	3	25
初级	337	162	175	0	38	10	28	0	19	0	11	0	8
未定职级	118	38	80	0	82	37	45	0	1	0	0	1	0
广东	**3109**	**1015**	**2094**	**564**	**4575**	**1381**	**3194**	**140**	**18**	**0**	**0**	**2**	**16**
正高级	25	4	21	16	34	11	23	5	0	0	0	0	0
副高级	503	144	359	132	842	254	588	34	2	0	0	0	2
中级	1718	550	1168	416	2630	730	1900	101	7	0	0	2	5
初级	733	251	482	0	917	316	601	0	9	0	0	0	9
未定职级	130	66	64	0	152	70	82	0	0	0	0	0	0
广州	**1064**	**309**	**755**	**243**	**569**	**125**	**444**	**34**	**18**	**9**	**0**	**0**	**9**
正高级	5	1	4	0	9	0	9	3	0	0	0	0	0
副高级	187	57	130	64	52	7	45	8	1	0	0	0	1
中级	454	151	303	179	245	48	197	23	5	3	0	0	2
初级	301	79	222	0	151	35	116	0	6	2	0	0	4
未定职级	117	21	96	0	112	35	77	0	6	4	0	0	2
深圳	**543**	**292**	**251**	**27**	**888**	**207**	**681**	**53**	**8**	**0**	**0**	**0**	**8**
正高级	40	34	6	1	15	5	10	3	0	0	0	0	0
副高级	188	126	62	5	235	61	174	21	1	0	0	0	1
中级	162	86	76	21	431	99	332	29	2	0	0	0	2
初级	45	18	27	0	75	28	47	0	0	0	0	0	0
未定职级	108	28	80	0	132	14	118	0	5	0	0	0	5
广西	**343**	**75**	**268**	**29**	**429**	**95**	**334**	**43**	**11**	**3**	**0**	**3**	**5**
正高级	6	1	5	1	10	2	8	3	0	0	0	0	0
副高级	66	12	54	9	86	19	67	13	1	0	0	0	1

3.3 专任教师、聘请校外教师岗位分类情况(续表5)

单位:人

	本学年授课专任教师				本学年授课聘请校外教师				本学年不授课专任教师				
	合计	公共课基础课	专业课		合计	公共课基础课	专业课		合计	进修	科研	病休	其他
			计	其中:双师型			计	其中:双师型					
中级	220	45	175	19	270	57	213	27	7	2	0	3	2
初级	44	16	28	0	58	12	46	0	3	1	0	0	2
未定职级	7	1	6	0	5	5	0	0	0	0	0	0	0
海南	**71**	**13**	**58**	**0**	**68**	**5**	**63**	**1**	**16**	**0**	**0**	**0**	**16**
正高级	2	0	2	0	1	0	1	0	1	0	0	0	1
副高级	12	1	11	0	20	1	19	0	2	0	0	0	2
中级	39	10	29	0	34	4	30	1	8	0	0	0	8
初级	16	2	14	0	5	0	5	0	5	0	0	0	5
未定职级	2	0	2	0	8	0	8	0	0	0	0	0	0
四川	**2638**	**1194**	**1444**	**313**	**1751**	**560**	**1191**	**280**	**155**	**8**	**5**	**1**	**141**
正高级	49	26	23	4	110	43	67	11	2	0	0	0	2
副高级	930	405	525	171	698	186	512	170	45	1	1	1	42
中级	1191	533	658	138	729	267	462	99	65	0	4	0	61
初级	382	193	189	0	153	45	108	0	36	7	0	0	29
未定职级	86	37	49	0	61	19	42	0	7	0	0	0	7
成都	**417**	**170**	**247**	**37**	**399**	**144**	**255**	**19**	**28**	**4**	**0**	**8**	**16**
正高级	32	12	20	3	35	13	22	3	0	0	0	0	0
副高级	115	44	71	13	102	35	67	6	3	0	0	2	1
中级	197	81	116	21	168	54	114	10	18	1	0	4	13
初级	50	22	28	0	40	20	20	0	7	3	0	2	2
未定职级	23	11	12	0	54	22	32	0	0	0	0	0	0
重庆	**1681**	**570**	**1111**	**413**	**1353**	**214**	**1139**	**110**	**48**	**13**	**0**	**0**	**35**
正高级	52	12	40	30	47	14	33	6	0	0	0	0	0
副高级	517	169	348	135	339	73	266	55	6	1	0	0	5
中级	732	240	492	248	663	85	578	49	8	0	0	0	8
初级	302	116	186	0	256	29	227	0	28	12	0	0	16
未定职级	78	33	45	0	48	13	35	0	6	0	0	0	6
贵州	**2593**	**992**	**1601**	**278**	**1873**	**442**	**1431**	**454**	**156**	**19**	**0**	**2**	**135**
正高级	26	10	16	12	37	10	27	7	8	8	0	0	0
副高级	520	194	326	105	423	110	313	120	17	10	0	0	7
中级	902	367	535	161	948	174	774	327	19	1	0	1	17
初级	880	314	566	0	382	134	248	0	62	0	0	1	61
未定职级	265	107	158	0	83	14	69	0	50	0	0	0	50
云南	**1054**	**338**	**716**	**196**	**332**	**157**	**175**	**19**	**21**	**16**	**2**	**0**	**3**
正高级	28	12	16	3	9	0	9	2	2	2	0	0	0
副高级	316	104	212	68	57	36	21	4	2	1	1	0	0
中级	508	168	340	125	108	69	39	13	14	10	1	0	3
初级	187	49	138	0	35	31	4	0	3	3	0	0	0
未定职级	15	5	10	0	123	21	102	0	0	0	0	0	0

3.3 专任教师、聘请校外教师岗位分类情况(续表6)

单位:人

	本学年授课专任教师				本学年授课聘请校外教师				本学年不授课专任教师				
	合计	公共课基础课	专业课		合计	公共课基础课	专业课		合计	进修	科研	病休	其他
			计	其中:双师型			计	其中:双师型					
陕西	**2335**	**921**	**1414**	**410**	**1545**	**417**	**1128**	**182**	**68**	**52**	**0**	**1**	**15**
正高级	89	24	65	29	142	38	104	20	1	0	0	0	1
副高级	703	257	446	158	627	160	467	93	6	6	0	0	0
中级	1080	417	663	223	695	175	520	69	32	28	0	1	3
初级	394	188	206	0	63	36	27	0	28	18	0	0	10
未定职级	69	35	34	0	18	8	10	0	1	0	0	0	1
西安	**94**	**34**	**60**	**2**	**396**	**92**	**304**	**15**	**24**	**1**	**0**	**0**	**23**
正高级	1	0	1	0	48	22	26	4	3	0	0	0	3
副高级	31	14	17	0	129	32	97	6	7	1	0	0	6
中级	51	16	35	2	191	34	157	5	5	0	0	0	5
初级	11	4	7	0	26	4	22	0	5	0	0	0	5
未定职级	0	0	0	0	2	0	2	0	4	0	0	0	4
甘肃	**3315**	**1440**	**1875**	**388**	**1067**	**330**	**737**	**106**	**56**	**12**	**0**	**0**	**44**
正高级	49	20	29	11	12	1	11	2	4	0	0	0	4
副高级	681	297	384	128	381	127	254	50	7	1	0	0	6
中级	1411	645	766	249	501	159	342	54	29	7	0	0	22
初级	971	378	593	0	124	28	96	0	16	4	0	0	12
未定职级	203	100	103	0	49	15	34	0	0	0	0	0	0
青海	**334**	**130**	**204**	**38**	**199**	**52**	**147**	**40**	**5**	**0**	**0**	**0**	**5**
正高级	12	3	9	0	9	3	6	3	0	0	0	0	0
副高级	145	56	89	16	89	19	70	18	1	0	0	0	1
中级	127	45	82	22	61	26	35	19	4	0	0	0	4
初级	48	25	23	0	20	4	16	0	0	0	0	0	0
未定职级	2	1	1	0	20	0	20	0	0	0	0	0	0
宁夏	**246**	**76**	**170**	**20**	**459**	**117**	**342**	**37**	**0**	**0**	**0**	**0**	**0**
正高级	12	4	8	0	99	28	71	1	0	0	0	0	0
副高级	100	34	66	7	209	61	148	19	0	0	0	0	0
中级	90	22	68	13	122	17	105	17	0	0	0	0	0
初级	28	5	23	0	29	11	18	0	0	0	0	0	0
未定职级	16	11	5	0	0	0	0	0	0	0	0	0	0
新疆	**1515**	**694**	**821**	**151**	**643**	**113**	**530**	**63**	**100**	**5**	**6**	**9**	**80**
正高级	9	5	4	0	10	1	9	0	0	0	0	0	0
副高级	366	151	215	61	328	58	270	32	21	1	1	0	19
中级	636	252	384	90	241	39	202	31	42	3	4	6	29
初级	407	236	171	0	17	4	13	0	30	1	1	3	25
未定职级	97	50	47	0	47	11	36	0	7	0	0	0	7
新疆兵团	**361**	**189**	**172**	**38**	**150**	**16**	**134**	**12**	**42**	**3**	**0**	**0**	**39**
正高级	13	1	12	6	10	1	9	6	0	0	0	0	0
副高级	62	27	35	6	55	3	52	2	1	1	0	0	0

3.3 专任教师、聘请校外教师岗位分类情况（续表 7）

单位：人

	本学年授课专任教师				本学年授课聘请校外教师				本学年不授课专任教师				
	合计	公共课基础课	专业课		合计	公共课基础课	专业课		合计	进修	科研	病休	其他
			计	其中：双师型			计	其中：双师型					
中级	134	64	70	26	72	6	66	4	2	2	0	0	0
初级	120	76	44	0	3	2	1	0	26	0	0	0	26
未定职级	32	21	11	0	10	4	6	0	13	0	0	0	13
八一学院	**83**	**31**	**52**	**0**	**3989**	**1748**	**2241**	**0**	**0**	**0**	**0**	**0**	**0**
正高级	13	5	8	0	58	26	32	0	0	0	0	0	0
副高级	29	11	18	0	185	69	116	0	0	0	0	0	0
中级	25	7	18	0	2676	1247	1429	0	0	0	0	0	0
初级	5	2	3	0	552	202	350	0	0	0	0	0	0
未定职级	11	6	5	0	518	204	314	0	0	0	0	0	0
总参学院	**35**	**35**	**0**	**0**	**21**	**13**	**8**	**0**	**0**	**0**	**0**	**0**	**0**
正高级	0	0	0	0	0	0	0	0	0	0	0	0	0
副高级	15	15	0	0	13	5	8	0	0	0	0	0	0
中级	20	20	0	0	8	8	0	0	0	0	0	0	0
初级	0	0	0	0	0	0	0	0	0	0	0	0	0
未定职级	0	0	0	0	0	0	0	0	0	0	0	0	0
残疾人教育学院	**68**	**28**	**40**	**4**	**19**	**5**	**14**	**0**	**0**	**0**	**0**	**0**	**0**
正高级	6	4	2	0	1	0	1	0	0	0	0	0	0
副高级	15	8	7	1	3	2	1	0	0	0	0	0	0
中级	30	11	19	3	13	3	10	0	0	0	0	0	0
初级	12	3	9	0	2	0	2	0	0	0	0	0	0
未定职级	5	2	3	0	0	0	0	0	0	0	0	0	0

3.4 专任教师、聘请校外

	专任教师														
	合计			博士研究生			硕士研究生			本科			专科及以下		
	计	其中:获学位		计	其中:获学位		计	其中:获学位		计	其中:获学位		计	其中:获学位	
		博士	硕士		博士	硕士		博士	硕士		博士	硕士		博士	硕士
总计	**67131**	**595**	**13515**	**783**	**527**	**197**	**8691**	**26**	**7746**	**55037**	**42**	**5510**	**2620**	**0**	**62**
正高级	1787	130	531	163	110	34	349	9	255	1264	11	241	11	0	1
副高级	20208	232	3764	318	215	82	2157	7	1765	17349	10	1901	384	0	16
中级	30460	198	6788	262	177	78	4272	6	3928	24808	15	2769	1118	0	13
初级	11808	26	1823	25	16	3	1378	4	1292	9621	6	509	784	0	19
未定职级	2868	9	609	15	9	0	535	0	506	1995	0	90	323	0	13
国开总部	**157**	**48**	**77**	**48**	**48**	**0**	**59**	**0**	**59**	**50**	**0**	**18**	**0**	**0**	**0**
正高级	16	3	6	3	3	0	4	0	4	9	0	2	0	0	0
副高级	79	16	43	16	16	0	28	0	28	35	0	15	0	0	0
中级	58	27	26	27	27	0	25	0	25	6	0	1	0	0	0
初级	2	0	2	0	0	0	2	0	2	0	0	0	0	0	0
未定职级	2	2	0	2	2	0	0	0	0	0	0	0	0	0	0
北京	**902**	**37**	**288**	**37**	**36**	**1**	**266**	**1**	**249**	**580**	**0**	**38**	**19**	**0**	**0**
正高级	14	5	4	4	4	0	4	1	3	6	0	1	0	0	0
副高级	207	9	62	9	9	0	54	0	49	144	0	13	0	0	0
中级	464	18	172	19	18	1	159	0	148	284	0	23	2	0	0
初级	153	5	37	5	5	0	36	0	36	104	0	1	8	0	0
未定职级	64	0	13	0	0	0	13	0	13	42	0	0	9	0	0
天津	**1160**	**32**	**343**	**12**	**12**	**0**	**285**	**15**	**215**	**855**	**5**	**128**	**8**	**0**	**0**
正高级	64	16	12	6	6	0	42	5	7	16	5	5	0	0	0
副高级	492	10	115	5	5	0	92	5	68	395	0	47	0	0	0
中级	420	2	162	1	1	0	108	1	102	305	0	60	6	0	0
初级	167	4	48	0	0	0	37	4	32	128	0	16	2	0	0
未定职级	17	0	6	0	0	0	6	0	6	11	0	0	0	0	0
河北	**2966**	**1**	**272**	**1**	**1**	**0**	**97**	**0**	**71**	**2733**	**0**	**201**	**135**	**0**	**0**
正高级	79	0	21	0	0	0	5	0	5	73	0	16	1	0	0
副高级	961	0	88	0	0	0	32	0	23	907	0	65	22	0	0
中级	1562	1	124	1	1	0	44	0	30	1439	0	94	78	0	0
初级	336	0	31	0	0	0	9	0	7	299	0	24	28	0	0
未定职级	28	0	8	0	0	0	7	0	6	15	0	2	6	0	0
山西	**1379**	**4**	**131**	**0**	**0**	**0**	**126**	**2**	**73**	**1158**	**2**	**58**	**95**	**0**	**0**
正高级	20	1	2	0	0	0	2	1	1	18	0	1	0	0	0
副高级	339	3	26	0	0	0	35	1	11	300	2	15	4	0	0
中级	623	0	66	0	0	0	62	0	34	518	0	32	43	0	0
初级	342	0	27	0	0	0	17	0	17	284	0	10	41	0	0
未定职级	55	0	10	0	0	0	10	0	10	38	0	0	7	0	0
内蒙古	**1749**	**4**	**221**	**4**	**4**	**0**	**139**	**0**	**108**	**1519**	**0**	**103**	**87**	**0**	**10**
正高级	67	3	14	3	3	0	10	0	6	54	0	8	0	0	0
副高级	754	1	81	1	1	0	43	0	36	678	0	37	32	0	8
中级	643	0	91	0	0	0	62	0	50	550	0	39	31	0	2
初级	191	0	27	0	0	0	19	0	12	162	0	15	10	0	0
未定职级	94	0	8	0	0	0	5	0	4	75	0	4	14	0	0
辽宁	**2317**	**18**	**663**	**16**	**16**	**0**	**547**	**2**	**516**	**1734**	**0**	**147**	**20**	**0**	**0**
正高级	132	5	26	5	5	0	23	0	21	104	0	5	0	0	0
副高级	738	4	165	4	4	0	123	0	113	609	0	52	2	0	0
中级	1064	9	330	7	7	0	267	2	250	782	0	80	8	0	0
初级	294	0	119	0	0	0	115	0	113	174	0	6	5	0	0
未定职级	89	0	23	0	0	0	19	0	19	65	0	4	5	0	0
沈阳	**330**	**6**	**113**	**7**	**6**	**1**	**33**	**0**	**33**	**289**	**0**	**79**	**1**	**0**	**0**
正高级	39	2	20	3	2	1	11	0	11	25	0	8	0	0	0

教师学历(位)情况

单位:人

聘请校外教师														
合计			博士研究生			硕士研究生			本科			专科及以下		
计	其中:获学位		计	其中:获学位		计	其中:获学位		计	其中:获学位		计	其中:获学位	
	博士	硕士		博士	硕士		博士	硕士		博士	硕士		博士	硕士
35818	**531**	**8838**	**748**	**375**	**139**	**7899**	**80**	**6428**	**26116**	**76**	**2257**	**1055**	**0**	**14**
1478	157	562	196	134	42	542	14	388	737	9	132	3	0	0
10676	225	2926	324	149	76	2636	48	1996	7608	28	845	108	0	9
17223	120	4093	161	70	15	3481	14	2982	13167	36	1091	414	0	5
4157	14	772	30	8	6	699	4	632	3093	2	134	335	0	0
2284	15	485	37	14	0	541	0	430	1511	1	55	195	0	0
6	**0**	**0**	**0**	**0**	**0**	**0**	**0**	**0**	**6**	**0**	**0**	**0**	**0**	**0**
4	0	0	0	0	0	0	0	0	4	0	0	0	0	0
2	0	0	0	0	0	0	0	0	2	0	0	0	0	0
0	0	0	0	0	0	0	0	0	0	0	0	0	0	0
0	0	0	0	0	0	0	0	0	0	0	0	0	0	0
0	0	0	0	0	0	0	0	0	0	0	0	0	0	0
1201	**67**	**669**	**75**	**66**	**5**	**658**	**0**	**644**	**468**	**1**	**20**	**0**	**0**	**0**
60	21	18	22	21	0	22	0	18	16	0	0	0	0	0
339	19	162	24	19	2	153	0	147	162	0	13	0	0	0
630	22	382	24	21	3	374	0	372	232	1	7	0	0	0
89	2	62	2	2	0	62	0	62	25	0	0	0	0	0
83	3	45	3	3	0	47	0	45	33	0	0	0	0	0
477	**1**	**60**	**1**	**1**	**0**	**71**	**0**	**35**	**405**	**0**	**25**	**0**	**0**	**0**
20	0	11	0	0	0	11	0	11	9	0	0	0	0	0
303	1	41	1	1	0	42	0	23	260	0	18	0	0	0
130	0	8	0	0	0	18	0	1	112	0	7	0	0	0
5	0	0	0	0	0	0	0	0	5	0	0	0	0	0
19	0	0	0	0	0	0	0	0	19	0	0	0	0	0
894	**6**	**98**	**17**	**6**	**0**	**97**	**0**	**62**	**764**	**0**	**36**	**16**	**0**	**0**
37	3	10	3	3	0	13	0	7	21	0	3	0	0	0
418	2	40	7	2	0	45	0	19	360	0	21	6	0	0
380	1	38	7	1	0	31	0	31	337	0	7	5	0	0
46	0	10	0	0	0	5	0	5	41	0	5	0	0	0
13	0	0	0	0	0	3	0	0	5	0	0	5	0	0
703	**12**	**122**	**12**	**12**	**0**	**102**	**0**	**67**	**587**	**0**	**55**	**2**	**0**	**0**
31	3	12	3	3	0	15	0	8	13	0	4	0	0	0
328	9	52	9	9	0	56	0	30	261	0	22	2	0	0
318	0	58	0	0	0	31	0	29	287	0	29	0	0	0
23	0	0	0	0	0	0	0	0	23	0	0	0	0	0
3	0	0	0	0	0	0	0	0	3	0	0	0	0	0
655	**6**	**101**	**18**	**6**	**2**	**100**	**0**	**58**	**510**	**0**	**41**	**27**	**0**	**0**
69	2	29	8	2	2	25	0	21	36	0	6	0	0	0
268	4	37	8	4	0	33	0	17	227	0	20	0	0	0
247	0	33	2	0	0	36	0	18	186	0	15	23	0	0
18	0	1	0	0	0	3	0	1	15	0	0	0	0	0
53	0	1	0	0	0	3	0	1	46	0	0	4	0	0
444	**1**	**39**	**1**	**1**	**0**	**59**	**0**	**28**	**363**	**0**	**11**	**21**	**0**	**0**
21	0	8	0	0	0	5	0	5	16	0	3	0	0	0
202	0	16	0	0	0	38	0	10	160	0	6	4	0	0
200	1	15	1	1	0	16	0	13	171	0	2	12	0	0
16	0	0	0	0	0	0	0	0	16	0	0	0	0	0
5	0	0	0	0	0	0	0	0	0	0	0	5	0	0
322	**7**	**110**	**11**	**0**	**11**	**88**	**7**	**81**	**222**	**0**	**18**	**1**	**0**	**0**
25	3	17	3	0	3	15	3	12	7	0	2	0	0	0

3.4 专任教师、聘请校外

	专任教师														
	合计			博士研究生			硕士研究生			本科			专科及以下		
	计	其中:获学位		计	其中:获学位		计	其中:获学位		计	其中:获学位		计	其中:获学位	
		博士	硕士		博士	硕士		博士	硕士		博士	硕士		博士	硕士
副高级	147	3	47	3	3	0	13	0	13	131	0	34	0	0	0
中级	122	1	43	1	1	0	9	0	9	111	0	34	1	0	0
初级	11	0	0	0	0	0	0	0	0	11	0	0	0	0	0
未定职级	11	0	3	0	0	0	0	0	0	11	0	3	0	0	0
大连	**274**	**2**	**43**	**2**	**2**	**0**	**43**	**0**	**36**	**225**	**0**	**7**	**4**	**0**	**0**
正高级	11	0	11	0	0	0	10	0	10	1	0	1	0	0	0
副高级	171	2	22	2	2	0	23	0	17	145	0	5	1	0	0
中级	84	0	9	0	0	0	9	0	8	72	0	1	3	0	0
初级	8	0	1	0	0	0	1	0	1	7	0	0	0	0	0
未定职级	0	0	0	0	0	0	0	0	0	0	0	0	0	0	0
吉林	**1447**	**42**	**288**	**21**	**21**	**0**	**263**	**0**	**262**	**1114**	**21**	**26**	**49**	**0**	**0**
正高级	55	1	20	0	0	0	15	0	15	40	1	5	0	0	0
副高级	419	15	66	10	10	0	60	0	59	348	5	7	1	0	0
中级	667	22	142	11	11	0	135	0	135	494	11	7	27	0	0
初级	245	4	22	0	0	0	15	0	15	213	4	7	17	0	0
未定职级	61	0	38	0	0	0	38	0	38	19	0	0	4	0	0
长春	**551**	**1**	**78**	**0**	**0**	**0**	**80**	**0**	**78**	**446**	**1**	**0**	**25**	**0**	**0**
正高级	17	0	1	0	0	0	1	0	1	16	0	0	0	0	0
副高级	175	0	27	0	0	0	27	0	27	144	0	0	4	0	0
中级	247	1	36	0	0	0	36	0	36	202	1	0	9	0	0
初级	102	0	14	0	0	0	16	0	14	81	0	0	5	0	0
未定职级	10	0	0	0	0	0	0	0	0	3	0	0	7	0	0
黑龙江	**1640**	**2**	**243**	**2**	**2**	**0**	**94**	**0**	**94**	**1494**	**0**	**149**	**50**	**0**	**0**
正高级	93	0	40	0	0	0	8	0	8	85	0	32	0	0	0
副高级	690	1	77	1	1	0	21	0	21	661	0	56	7	0	0
中级	623	1	75	1	1	0	24	0	24	575	0	51	23	0	0
初级	213	0	47	0	0	0	39	0	39	156	0	8	18	0	0
未定职级	21	0	4	0	0	0	2	0	2	17	0	2	2	0	0
哈尔滨	**721**	**1**	**67**	**1**	**1**	**0**	**66**	**0**	**49**	**578**	**0**	**18**	**76**	**0**	**0**
正高级	71	0	4	0	0	0	3	0	2	68	0	2	0	0	0
副高级	158	0	17	0	0	0	9	0	8	118	0	9	31	0	0
中级	268	1	32	1	1	0	30	0	28	219	0	4	18	0	0
初级	126	0	8	0	0	0	10	0	5	93	0	3	23	0	0
未定职级	98	0	6	0	0	0	14	0	6	80	0	0	4	0	0
上海	**447**	**5**	**192**	**4**	**4**	**0**	**110**	**0**	**108**	**326**	**1**	**84**	**7**	**0**	**0**
正高级	3	0	1	0	0	0	0	0	0	3	0	1	0	0	0
副高级	102	3	38	2	2	0	19	0	19	81	1	19	0	0	0
中级	280	1	128	1	1	0	67	0	65	205	0	63	7	0	0
初级	43	1	21	1	1	0	20	0	20	22	0	1	0	0	0
未定职级	19	0	4	0	0	0	4	0	4	15	0	0	0	0	0
江苏	**7283**	**56**	**2149**	**59**	**48**	**0**	**857**	**3**	**757**	**6272**	**5**	**1390**	**95**	**0**	**2**
正高级	78	18	20	26	15	0	12	0	6	38	3	14	2	0	0
副高级	2396	20	740	19	19	0	230	0	167	2140	1	573	7	0	0
中级	3356	14	1139	10	10	0	472	3	443	2836	1	696	38	0	0
初级	1161	0	167	0	0	0	88	0	86	1038	0	81	35	0	0
未定职级	292	4	83	4	4	0	55	0	55	220	0	26	13	0	2
南京	**357**	**3**	**130**	**1**	**1**	**0**	**71**	**0**	**69**	**276**	**2**	**61**	**9**	**0**	**0**
正高级	3	0	2	0	0	0	0	0	0	3	0	2	0	0	0
副高级	136	1	51	1	1	0	21	0	19	114	0	32	0	0	0
中级	149	1	59	0	0	0	37	0	37	107	1	22	5	0	0

教师学历(位)情况(续表1)

单位:人

聘请校外教师														
合计			博士研究生			硕士研究生			本科			专科及以下		
计	其中:获学位		计	其中:获学位		计	其中:获学位		计	其中:获学位		计	其中:获学位	
	博士	硕士		博士	硕士		博士	硕士		博士	硕士		博士	硕士
129	4	43	8	0	8	33	4	29	88	0	6	0	0	0
142	0	44	0	0	0	35	0	35	106	0	9	1	0	0
25	0	5	0	0	0	5	0	5	20	0	0	0	0	0
1	0	1	0	0	0	0	0	0	1	0	1	0	0	0
255	**1**	**104**	**4**	**0**	**0**	**133**	**0**	**87**	**118**	**1**	**17**	**0**	**0**	**0**
36	1	10	0	0	0	29	0	8	7	1	2	0	0	0
137	0	47	4	0	0	57	0	36	76	0	11	0	0	0
75	0	40	0	0	0	40	0	36	35	0	4	0	0	0
7	0	7	0	0	0	7	0	7	0	0	0	0	0	0
0	0	0	0	0	0	0	0	0	0	0	0	0	0	0
409	**37**	**210**	**25**	**15**	**10**	**193**	**0**	**193**	**191**	**22**	**7**	**0**	**0**	**0**
50	12	35	20	10	10	22	0	22	8	2	3	0	0	0
258	12	170	5	5	0	166	0	166	87	7	4	0	0	0
92	13	5	0	0	0	5	0	5	87	13	0	0	0	0
4	0	0	0	0	0	0	0	0	4	0	0	0	0	0
5	0	0	0	0	0	0	0	0	5	0	0	0	0	0
38	**0**	**0**	**0**	**0**	**0**	**0**	**0**	**0**	**38**	**0**	**0**	**0**	**0**	**0**
0	0	0	0	0	0	0	0	0	0	0	0	0	0	0
7	0	0	0	0	0	0	0	0	7	0	0	0	0	0
26	0	0	0	0	0	0	0	0	26	0	0	0	0	0
5	0	0	0	0	0	0	0	0	5	0	0	0	0	0
0	0	0	0	0	0	0	0	0	0	0	0	0	0	0
597	**0**	**101**	**1**	**0**	**1**	**53**	**0**	**53**	**528**	**0**	**47**	**15**	**0**	**0**
32	0	14	0	0	0	10	0	10	22	0	4	0	0	0
286	0	33	0	0	0	6	0	6	275	0	27	5	0	0
235	0	30	0	0	0	21	0	21	204	0	9	10	0	0
24	0	11	1	0	1	3	0	3	20	0	7	0	0	0
20	0	13	0	0	0	13	0	13	7	0	0	0	0	0
252	**6**	**41**	**7**	**6**	**1**	**57**	**0**	**23**	**188**	**0**	**17**	**0**	**0**	**0**
16	4	3	5	4	1	6	0	2	5	0	0	0	0	0
123	1	19	1	1	0	27	0	4	95	0	15	0	0	0
61	0	5	0	0	0	10	0	3	51	0	2	0	0	0
11	0	0	0	0	0	0	0	0	11	0	0	0	0	0
41	1	14	1	1	0	14	0	14	26	0	0	0	0	0
624	**23**	**290**	**26**	**22**	**2**	**265**	**1**	**252**	**327**	**0**	**36**	**6**	**0**	**0**
19	2	7	2	2	0	5	0	5	12	0	2	0	0	0
116	12	58	13	11	2	54	1	53	49	0	3	0	0	0
361	6	181	8	6	0	157	0	154	191	0	27	5	0	0
57	2	33	2	2	0	39	0	30	16	0	3	0	0	0
71	1	11	1	1	0	10	0	10	59	0	1	1	0	0
862	**30**	**285**	**32**	**28**	**0**	**253**	**2**	**198**	**493**	**0**	**83**	**84**	**0**	**4**
41	9	22	9	9	0	26	0	22	6	0	0	0	0	0
289	17	137	18	15	0	102	2	92	154	0	41	15	0	4
301	4	82	4	4	0	84	0	51	185	0	31	28	0	0
109	0	15	0	0	0	9	0	9	87	0	6	13	0	0
122	0	29	1	0	0	32	0	24	61	0	5	28	0	0
415	**5**	**132**	**13**	**5**	**0**	**160**	**0**	**88**	**224**	**0**	**44**	**18**	**0**	**0**
15	2	7	3	2	0	7	0	3	5	0	4	0	0	0
118	0	44	4	0	0	52	0	32	61	0	12	1	0	0
209	3	68	6	3	0	87	0	42	112	0	26	4	0	0

3.4 专任教师、聘请校外

	专任教师														
	合计			博士研究生			硕士研究生			本科			专科及以下		
	计	其中:获学位		计	其中:获学位		计	其中:获学位		计	其中:获学位		计	其中:获学位	
		博士	硕士		博士	硕士		博士	硕士		博士	硕士		博士	硕士
初级	52	1	10	0	0	0	6	0	6	42	1	4	4	0	0
未定职级	17	0	8	0	0	0	7	0	7	10	0	1	0	0	0
浙江	**3046**	**34**	**935**	**32**	**32**	**0**	**544**	**1**	**534**	**2421**	**1**	**401**	**49**	**0**	**0**
正高级	69	3	29	3	3	0	11	0	11	55	0	18	0	0	0
副高级	965	17	190	15	15	0	66	1	64	872	1	126	12	0	0
中级	1587	13	529	13	13	0	289	0	283	1260	0	246	25	0	0
初级	312	0	106	0	0	0	97	0	95	204	0	11	11	0	0
未定职级	113	1	81	1	1	0	81	0	81	30	0	0	1	0	0
宁波	**356**	**1**	**97**	**1**	**1**	**0**	**39**	**0**	**39**	**314**	**0**	**58**	**2**	**0**	**0**
正高级	1	0	0	0	0	0	0	0	0	1	0	0	0	0	0
副高级	111	1	22	1	1	0	9	0	9	101	0	13	0	0	0
中级	210	0	65	0	0	0	22	0	22	186	0	43	2	0	0
初级	30	0	10	0	0	0	8	0	8	22	0	2	0	0	0
未定职级	4	0	0	0	0	0	0	0	0	4	0	0	0	0	0
安徽	**1005**	**9**	**263**	**9**	**9**	**0**	**149**	**0**	**143**	**807**	**0**	**120**	**40**	**0**	**0**
正高级	10	0	5	0	0	0	5	0	5	3	0	0	2	0	0
副高级	255	6	57	6	6	0	40	0	39	207	0	18	2	0	0
中级	519	0	174	0	0	0	82	0	77	412	0	97	25	0	0
初级	180	3	20	3	3	0	15	0	15	151	0	5	11	0	0
未定职级	41	0	7	0	0	0	7	0	7	34	0	0	0	0	0
福建	**295**	**9**	**104**	**9**	**9**	**0**	**73**	**0**	**71**	**196**	**0**	**33**	**17**	**0**	**0**
正高级	30	4	3	4	4	0	3	0	1	23	0	2	0	0	0
副高级	84	1	25	1	1	0	8	0	8	72	0	17	3	0	0
中级	125	4	47	4	4	0	35	0	35	73	0	12	13	0	0
初级	44	0	20	0	0	0	18	0	18	26	0	2	0	0	0
未定职级	12	0	9	0	0	0	9	0	9	2	0	0	1	0	0
厦门	**66**	**6**	**40**	**6**	**6**	**0**	**35**	**0**	**32**	**24**	**0**	**8**	**1**	**0**	**0**
正高级	3	1	1	1	1	0	1	0	1	1	0	0	0	0	0
副高级	30	5	16	5	5	0	13	0	10	12	0	6	0	0	0
中级	25	0	17	0	0	0	15	0	15	9	0	2	1	0	0
初级	8	0	6	0	0	0	6	0	6	2	0	0	0	0	0
未定职级	0	0	0	0	0	0	0	0	0	0	0	0	0	0	0
江西	**1622**	**3**	**157**	**3**	**3**	**0**	**90**	**0**	**55**	**1447**	**0**	**102**	**82**	**0**	**0**
正高级	73	2	8	2	2	0	3	0	3	68	0	5	0	0	0
副高级	670	1	52	1	1	0	23	0	11	618	0	41	28	0	0
中级	637	0	85	0	0	0	52	0	32	547	0	53	38	0	0
初级	220	0	11	0	0	0	11	0	8	196	0	3	13	0	0
未定职级	22	0	1	0	0	0	1	0	1	18	0	0	3	0	0
山东	**5505**	**132**	**1241**	**296**	**131**	**165**	**772**	**0**	**694**	**4174**	**1**	**382**	**263**	**0**	**0**
正高级	181	31	69	57	30	27	10	0	10	114	1	32	0	0	0
副高级	1739	54	279	119	54	65	142	0	104	1431	0	110	47	0	0
中级	2347	47	716	120	47	73	440	0	421	1686	0	222	101	0	0
初级	1064	0	153	0	0	0	149	0	135	826	0	18	89	0	0
未定职级	174	0	24	0	0	0	31	0	24	117	0	0	26	0	0
青岛	**320**	**0**	**72**	**0**	**0**	**0**	**33**	**0**	**33**	**284**	**0**	**39**	**3**	**0**	**0**
正高级	4	0	4	0	0	0	2	0	2	2	0	2	0	0	0
副高级	97	0	15	0	0	0	5	0	5	92	0	10	0	0	0
中级	159	0	34	0	0	0	22	0	22	134	0	12	3	0	0
初级	49	0	16	0	0	0	1	0	1	48	0	15	0	0	0
未定职级	11	0	3	0	0	0	3	0	3	8	0	0	0	0	0

教师学历(位)情况(续表2)

单位:人

聘请校外教师														
合计			博士研究生			硕士研究生			本科			专科及以下		
计	其中:获学位		计	其中:获学位		计	其中:获学位		计	其中:获学位		计	其中:获学位	
	博士	硕士		博士	硕士		博士	硕士		博士	硕士		博士	硕士
7	0	1	0	0	0	1	0	1	5	0	0	1	0	0
66	0	12	0	0	0	13	0	10	41	0	2	12	0	0
1126	**31**	**475**	**34**	**25**	**9**	**364**	**6**	**345**	**695**	**0**	**121**	**33**	**0**	**0**
20	4	6	4	4	0	2	0	2	12	0	4	2	0	0
340	18	140	22	16	6	99	2	97	203	0	37	16	0	0
523	8	249	7	4	3	196	4	191	312	0	55	8	0	0
120	1	42	1	1	0	31	0	31	85	0	11	3	0	0
123	0	38	0	0	0	36	0	24	83	0	14	4	0	0
360	**10**	**117**	**10**	**10**	**0**	**138**	**0**	**88**	**212**	**0**	**29**	**0**	**0**	**0**
9	3	5	3	3	0	4	0	3	2	0	2	0	0	0
133	6	46	6	6	0	62	0	34	65	0	12	0	0	0
184	1	59	1	1	0	66	0	47	117	0	12	0	0	0
26	0	2	0	0	0	2	0	2	24	0	0	0	0	0
8	0	5	0	0	0	4	0	2	4	0	3	0	0	0
1229	**13**	**486**	**16**	**11**	**5**	**466**	**1**	**393**	**742**	**1**	**88**	**5**	**0**	**0**
20	2	10	4	2	2	8	0	7	8	0	1	0	0	0
433	7	140	7	5	2	161	1	107	265	1	31	0	0	0
624	4	282	5	4	1	244	0	226	375	0	55	0	0	0
145	0	52	0	0	0	51	0	51	92	0	1	2	0	0
7	0	2	0	0	0	2	0	2	2	0	0	3	0	0
313	**3**	**82**	**5**	**3**	**0**	**76**	**0**	**66**	**230**	**0**	**16**	**2**	**0**	**0**
19	1	6	3	1	0	7	0	5	9	0	1	0	0	0
120	1	30	1	1	0	28	0	22	90	0	8	1	0	0
143	1	27	1	1	0	22	0	20	119	0	7	1	0	0
29	0	18	0	0	0	18	0	18	11	0	0	0	0	0
2	0	1	0	0	0	1	0	1	1	0	0	0	0	0
23	**3**	**12**	**3**	**3**	**0**	**13**	**0**	**12**	**7**	**0**	**0**	**0**	**0**	**0**
8	2	5	2	2	0	5	0	5	1	0	0	0	0	0
11	1	4	1	1	0	4	0	4	6	0	0	0	0	0
3	0	3	0	0	0	3	0	3	0	0	0	0	0	0
1	0	0	0	0	0	1	0	0	0	0	0	0	0	0
0	0	0	0	0	0	0	0	0	0	0	0	0	0	0
857	**2**	**138**	**33**	**2**	**0**	**147**	**0**	**107**	**657**	**0**	**31**	**20**	**0**	**0**
52	1	13	1	1	0	15	0	7	36	0	6	0	0	0
389	1	65	11	1	0	55	0	41	321	0	24	2	0	0
305	0	49	21	0	0	66	0	48	202	0	1	16	0	0
99	0	11	0	0	0	11	0	11	86	0	0	2	0	0
12	0	0	0	0	0	0	0	0	12	0	0	0	0	0
727	**39**	**252**	**64**	**23**	**0**	**113**	**1**	**106**	**538**	**15**	**142**	**12**	**0**	**4**
89	21	24	17	15	0	17	1	12	54	5	12	1	0	0
286	12	106	10	2	0	49	0	48	225	10	56	2	0	2
243	1	104	12	1	0	35	0	34	191	0	68	5	0	2
45	0	10	3	0	0	4	0	4	38	0	6	0	0	0
64	5	8	22	5	0	8	0	8	30	0	0	4	0	0
385	**0**	**36**	**0**	**0**	**0**	**11**	**0**	**11**	**374**	**0**	**25**	**0**	**0**	**0**
0	0	0	0	0	0	0	0	0	0	0	0	0	0	0
116	0	9	0	0	0	2	0	2	114	0	7	0	0	0
162	0	17	0	0	0	5	0	5	157	0	12	0	0	0
105	0	9	0	0	0	3	0	3	102	0	6	0	0	0
2	0	1	0	0	0	1	0	1	1	0	0	0	0	0

3.4 专任教师、聘请校外

	专任教师														
	合计			博士研究生			硕士研究生			本科			专科及以下		
	计	其中:获学位		计	其中:获学位		计	其中:获学位		计	其中:获学位		计	其中:获学位	
		博士	硕士		博士	硕士		博士	硕士		博士	硕士		博士	硕士
河南	**1780**	**5**	**405**	**4**	**4**	**0**	**314**	**0**	**287**	**1419**	**1**	**118**	**43**	**0**	**0**
正高级	26	1	6	0	0	0	3	0	3	23	1	3	0	0	0
副高级	430	2	95	2	2	0	70	0	64	358	0	31	0	0	0
中级	904	2	181	2	2	0	129	0	117	750	0	64	23	0	0
初级	372	0	116	0	0	0	102	0	96	257	0	20	13	0	0
未定职级	48	0	7	0	0	0	10	0	7	31	0	0	7	0	0
湖北	**3325**	**11**	**437**	**12**	**9**	**3**	**234**	**2**	**192**	**2912**	**0**	**235**	**167**	**0**	**7**
正高级	55	6	21	4	4	0	18	2	13	33	0	8	0	0	0
副高级	1114	0	122	3	0	3	80	0	55	1001	0	62	30	0	2
中级	1665	1	177	1	1	0	76	0	69	1500	0	106	88	0	2
初级	424	4	108	4	4	0	52	0	47	329	0	58	39	0	3
未定职级	67	0	9	0	0	0	8	0	8	49	0	1	10	0	0
武汉	**1112**	**1**	**224**	**2**	**1**	**1**	**164**	**0**	**108**	**819**	**0**	**113**	**127**	**0**	**2**
正高级	28	0	7	0	0	0	13	0	4	15	0	3	0	0	0
副高级	428	1	107	2	1	1	73	0	45	332	0	61	21	0	0
中级	539	0	98	0	0	0	68	0	49	392	0	47	79	0	2
初级	103	0	12	0	0	0	10	0	10	75	0	2	18	0	0
未定职级	14	0	0	0	0	0	0	0	0	5	0	0	9	0	0
湖南	**2346**	**7**	**269**	**7**	**7**	**0**	**184**	**0**	**177**	**2062**	**0**	**87**	**93**	**0**	**5**
正高级	55	2	11	2	2	0	5	0	3	48	0	8	0	0	0
副高级	697	0	109	0	0	0	77	0	75	599	0	29	21	0	5
中级	1119	4	108	4	4	0	72	0	69	1008	0	39	35	0	0
初级	356	0	30	0	0	0	23	0	23	299	0	7	34	0	0
未定职级	119	1	11	1	1	0	7	0	7	108	0	4	3	0	0
广东	**3127**	**18**	**618**	**19**	**18**	**1**	**462**	**0**	**439**	**2451**	**0**	**178**	**195**	**0**	**0**
正高级	25	3	14	3	3	0	11	0	10	10	0	4	1	0	0
副高级	505	3	106	3	3	0	58	0	53	432	0	53	12	0	0
中级	1725	11	411	12	11	1	314	0	297	1313	0	113	86	0	0
初级	742	0	59	0	0	0	52	0	52	602	0	7	88	0	0
未定职级	130	1	28	1	1	0	27	0	27	94	0	1	8	0	0
广州	**1082**	**4**	**197**	**4**	**4**	**0**	**133**	**0**	**125**	**889**	**0**	**72**	**56**	**0**	**0**
正高级	5	0	4	0	0	0	2	0	2	3	0	2	0	0	0
副高级	188	4	59	4	4	0	29	0	27	148	0	32	7	0	0
中级	459	0	91	0	0	0	62	0	60	380	0	31	17	0	0
初级	307	0	22	0	0	0	17	0	16	271	0	6	19	0	0
未定职级	123	0	21	0	0	0	23	0	20	87	0	1	13	0	0
深圳	**551**	**11**	**223**	**21**	**11**	**0**	**242**	**0**	**219**	**253**	**0**	**4**	**35**	**0**	**0**
正高级	40	2	16	7	2	0	15	0	15	18	0	1	0	0	0
副高级	189	5	108	10	5	0	119	0	107	52	0	1	8	0	0
中级	164	3	74	3	3	0	84	0	73	66	0	1	11	0	0
初级	45	1	6	1	1	0	6	0	6	33	0	0	5	0	0
未定职级	113	0	19	0	0	0	18	0	18	84	0	1	11	0	0
广西	**354**	**3**	**96**	**3**	**3**	**0**	**81**	**0**	**66**	**264**	**0**	**30**	**6**	**0**	**0**
正高级	6	1	0	1	1	0	1	0	0	4	0	0	0	0	0
副高级	67	1	16	1	1	0	18	0	11	47	0	5	1	0	0
中级	227	1	60	1	1	0	46	0	40	175	0	20	5	0	0
初级	47	0	14	0	0	0	11	0	10	36	0	4	0	0	0
未定职级	7	0	6	0	0	0	5	0	5	2	0	1	0	0	0
海南	**87**	**0**	**35**	**0**	**0**	**0**	**21**	**0**	**21**	**66**	**0**	**14**	**0**	**0**	**0**
正高级	3	0	0	0	0	0	0	0	0	3	0	0	0	0	0

教师学历(位)情况(续表3)

单位:人

聘请校外教师														
合计			博士研究生			硕士研究生			本科			专科及以下		
计	其中:获学位		计	其中:获学位		计	其中:获学位		计	其中:获学位		计	其中:获学位	
	博士	硕士		博士	硕士		博士	硕士		博士	硕士		博士	硕士
476	**0**	**111**	**0**	**0**	**0**	**110**	**0**	**57**	**356**	**0**	**54**	**10**	**0**	**0**
30	0	8	0	0	0	5	0	2	25	0	6	0	0	0
203	0	43	0	0	0	42	0	23	161	0	20	0	0	0
205	0	55	0	0	0	57	0	31	138	0	24	10	0	0
34	0	5	0	0	0	6	0	1	28	0	4	0	0	0
4	0	0	0	0	0	0	0	0	4	0	0	0	0	0
406	**3**	**49**	**11**	**3**	**0**	**31**	**0**	**14**	**312**	**0**	**35**	**52**	**0**	**0**
25	3	3	9	3	0	3	0	2	13	0	1	0	0	0
161	0	28	0	0	0	17	0	11	135	0	17	9	0	0
131	0	18	0	0	0	1	0	1	117	0	17	13	0	0
54	0	0	0	0	0	0	0	0	34	0	0	20	0	0
35	0	0	2	0	0	10	0	0	13	0	0	10	0	0
414	**4**	**62**	**4**	**4**	**0**	**53**	**0**	**50**	**357**	**0**	**12**	**0**	**0**	**0**
5	3	2	3	3	0	2	0	2	0	0	0	0	0	0
82	0	37	0	0	0	28	0	26	54	0	11	0	0	0
219	1	21	1	1	0	20	0	20	198	0	1	0	0	0
107	0	2	0	0	0	2	0	2	105	0	0	0	0	0
1	0	0	0	0	0	1	0	0	0	0	0	0	0	0
623	**4**	**163**	**7**	**4**	**1**	**121**	**0**	**103**	**491**	**0**	**59**	**4**	**0**	**0**
29	0	6	0	0	0	6	0	5	23	0	1	0	0	0
206	2	57	3	2	0	52	0	40	151	0	17	0	0	0
268	1	78	3	1	1	41	0	36	221	0	41	3	0	0
38	0	10	0	0	0	10	0	10	28	0	0	0	0	0
82	1	12	1	1	0	12	0	12	68	0	0	1	0	0
4575	**35**	**658**	**16**	**13**	**3**	**487**	**1**	**425**	**3834**	**21**	**230**	**238**	**0**	**0**
34	5	9	6	5	1	16	0	6	12	0	2	0	0	0
842	4	179	3	2	1	134	1	116	694	1	62	11	0	0
2630	24	411	5	4	1	283	0	250	2234	20	160	108	0	0
917	0	49	0	0	0	44	0	43	769	0	6	104	0	0
152	2	10	2	2	0	10	0	10	125	0	0	15	0	0
569	**1**	**256**	**3**	**1**	**2**	**207**	**0**	**170**	**356**	**0**	**84**	**3**	**0**	**0**
9	0	7	1	0	1	4	0	4	4	0	2	0	0	0
52	1	27	2	1	1	21	0	20	29	0	6	0	0	0
245	0	128	0	0	0	94	0	87	148	0	41	3	0	0
151	0	68	0	0	0	42	0	37	109	0	31	0	0	0
112	0	26	0	0	0	46	0	22	66	0	4	0	0	0
888	**8**	**260**	**21**	**7**	**1**	**285**	**1**	**164**	**555**	**0**	**92**	**27**	**0**	**3**
15	2	5	3	2	0	6	0	5	6	0	0	0	0	0
235	5	89	13	4	1	105	1	73	114	0	13	3	0	2
431	1	132	5	1	0	113	0	57	300	0	74	13	0	1
75	0	15	0	0	0	15	0	10	50	0	5	10	0	0
132	0	19	0	0	0	46	0	19	85	0	0	1	0	0
429	**1**	**34**	**1**	**1**	**0**	**42**	**0**	**29**	**382**	**0**	**5**	**4**	**0**	**0**
10	0	5	0	0	0	4	0	3	6	0	2	0	0	0
86	0	11	0	0	0	20	0	11	66	0	0	0	0	0
270	1	12	1	1	0	11	0	9	258	0	3	0	0	0
58	0	6	0	0	0	7	0	6	51	0	0	0	0	0
5	0	0	0	0	0	0	0	0	1	0	0	4	0	0
68	**4**	**28**	**4**	**4**	**0**	**28**	**0**	**28**	**29**	**0**	**0**	**7**	**0**	**0**
1	0	1	0	0	0	1	0	1	0	0	0	0	0	0

3.4 专任教师、聘请校外

	专任教师														
	合计			博士研究生			硕士研究生			本科			专科及以下		
	计	其中:获学位		计	其中:获学位		计	其中:获学位		计	其中:获学位		计	其中:获学位	
		博士	硕士		博士	硕士		博士	硕士		博士	硕士		博士	硕士
副高级	14	0	9	0	0	0	3	0	3	11	0	6	0	0	0
中级	47	0	24	0	0	0	17	0	17	30	0	7	0	0	0
初级	21	0	1	0	0	0	0	0	0	21	0	1	0	0	0
未定职级	2	0	1	0	0	0	1	0	1	1	0	0	0	0	0
四川	**2793**	**15**	**394**	**19**	**15**	**4**	**349**	**0**	**307**	**2358**	**0**	**83**	**67**	**0**	**0**
正高级	51	1	15	3	1	2	14	0	12	34	0	1	0	0	0
副高级	975	11	101	13	11	2	86	0	76	874	0	23	2	0	0
中级	1256	2	197	2	2	0	173	0	159	1053	0	38	28	0	0
初级	418	1	61	1	1	0	64	0	50	331	0	11	22	0	0
未定职级	93	0	20	0	0	0	12	0	10	66	0	10	15	0	0
成都	**445**	**3**	**164**	**29**	**3**	**0**	**100**	**0**	**82**	**310**	**0**	**82**	**6**	**0**	**0**
正高级	32	0	15	3	0	0	23	0	15	6	0	0	0	0	0
副高级	118	3	43	8	3	0	28	0	22	82	0	21	0	0	0
中级	215	0	86	6	0	0	41	0	38	164	0	48	4	0	0
初级	57	0	20	6	0	0	8	0	7	41	0	13	2	0	0
未定职级	23	0	0	6	0	0	0	0	0	17	0	0	0	0	0
重庆	**1729**	**11**	**443**	**11**	**11**	**0**	**377**	**0**	**338**	**1278**	**0**	**101**	**63**	**0**	**4**
正高级	52	3	36	3	3	0	16	0	15	32	0	20	1	0	1
副高级	523	6	106	6	6	0	75	0	63	429	0	42	13	0	1
中级	740	1	211	1	1	0	194	0	176	522	0	33	23	0	2
初级	330	1	64	1	1	0	69	0	61	245	0	3	15	0	0
未定职级	84	0	26	0	0	0	23	0	23	50	0	3	11	0	0
贵州	**2749**	**4**	**203**	**4**	**4**	**0**	**169**	**0**	**142**	**2421**	**0**	**61**	**155**	**0**	**0**
正高级	34	2	7	2	2	0	12	0	4	20	0	3	0	0	0
副高级	537	2	48	2	2	0	35	0	23	489	0	25	11	0	0
中级	921	0	55	0	0	0	39	0	36	842	0	19	40	0	0
初级	942	0	55	0	0	0	45	0	43	826	0	12	71	0	0
未定职级	315	0	38	0	0	0	38	0	36	244	0	2	33	0	0
云南	**1075**	**21**	**413**	**21**	**21**	**0**	**239**	**0**	**237**	**807**	**0**	**176**	**8**	**0**	**0**
正高级	30	5	14	5	5	0	2	0	2	23	0	12	0	0	0
副高级	318	11	115	11	11	0	34	0	32	272	0	83	1	0	0
中级	522	5	201	5	5	0	129	0	129	387	0	72	1	0	0
初级	190	0	73	0	0	0	64	0	64	120	0	9	6	0	0
未定职级	15	0	10	0	0	0	10	0	10	5	0	0	0	0	0
陕西	**2403**	**7**	**290**	**31**	**7**	**15**	**255**	**0**	**192**	**2002**	**0**	**78**	**115**	**0**	**5**
正高级	90	2	19	6	2	4	16	0	12	67	0	3	1	0	0
副高级	709	3	98	18	3	7	88	0	65	593	0	26	10	0	0
中级	1112	2	132	5	2	2	122	0	89	947	0	36	38	0	5
初级	422	0	38	2	0	2	26	0	23	353	0	13	41	0	0
未定职级	70	0	3	0	0	0	3	0	3	42	0	0	25	0	0
西安	**118**	**1**	**43**	**1**	**1**	**0**	**30**	**0**	**25**	**82**	**0**	**18**	**5**	**0**	**0**
正高级	4	0	3	0	0	0	1	0	1	3	0	2	0	0	0
副高级	38	0	9	0	0	0	6	0	3	29	0	6	3	0	0
中级	56	1	20	1	1	0	12	0	10	41	0	10	2	0	0
初级	16	0	7	0	0	0	7	0	7	9	0	0	0	0	0
未定职级	4	0	4	0	0	0	4	0	4	0	0	0	0	0	0
甘肃	**3371**	**3**	**292**	**6**	**3**	**3**	**169**	**0**	**146**	**2997**	**0**	**143**	**199**	**0**	**0**
正高级	53	2	5	2	2	0	1	0	1	48	0	4	2	0	0
副高级	688	0	67	1	0	1	33	0	24	630	0	42	24	0	0
中级	1440	1	148	2	1	1	67	0	55	1284	0	92	87	0	0

教师学历(位)情况(续表4)

单位:人

聘请校外教师														
合计			博士研究生			硕士研究生			本科			专科及以下		
计	其中:获学位		计	其中:获学位		计	其中:获学位		计	其中:获学位		计	其中:获学位	
	博士	硕士		博士	硕士		博士	硕士		博士	硕士		博士	硕士
20	3	5	3	3	0	5	0	5	11	0	0	1	0	0
34	1	18	1	1	0	18	0	18	15	0	0	0	0	0
5	0	2	0	0	0	2	0	2	3	0	0	0	0	0
8	0	2	0	0	0	2	0	2	0	0	0	6	0	0
1751	**32**	**398**	**56**	**30**	**15**	**474**	**2**	**287**	**1208**	**0**	**96**	**13**	**0**	**0**
110	10	32	20	10	10	17	0	14	73	0	8	0	0	0
698	13	143	27	13	5	184	0	105	479	0	33	8	0	0
729	3	151	4	3	0	188	0	118	532	0	33	5	0	0
153	5	52	4	3	0	57	2	39	92	0	13	0	0	0
61	1	20	1	1	0	28	0	11	32	0	9	0	0	0
399	**26**	**136**	**42**	**16**	**13**	**147**	**8**	**105**	**190**	**2**	**18**	**20**	**0**	**0**
35	6	17	6	5	1	20	1	16	9	0	0	0	0	0
102	10	45	19	8	10	45	1	29	38	1	6	0	0	0
168	7	64	6	3	0	71	4	52	91	0	12	0	0	0
40	2	6	8	0	2	7	2	4	25	0	0	0	0	0
54	1	4	3	0	0	4	0	4	27	1	0	20	0	0
1353	**35**	**633**	**17**	**12**	**4**	**625**	**23**	**568**	**697**	**0**	**61**	**14**	**0**	**0**
47	5	26	8	4	4	21	1	15	18	0	7	0	0	0
339	27	95	6	5	0	108	22	75	224	0	20	1	0	0
663	3	299	3	3	0	290	0	272	362	0	27	8	0	0
256	0	190	0	0	0	188	0	188	64	0	2	4	0	0
48	0	23	0	0	0	18	0	18	29	0	5	1	0	0
1873	**9**	**333**	**38**	**7**	**6**	**130**	**2**	**117**	**1501**	**0**	**207**	**204**	**0**	**3**
37	6	16	7	6	0	2	0	1	28	0	15	0	0	0
423	1	117	21	1	3	50	0	45	343	0	68	9	0	1
948	2	161	10	0	3	45	2	39	820	0	117	73	0	2
382	0	21	0	0	0	15	0	14	258	0	7	109	0	0
83	0	18	0	0	0	18	0	18	52	0	0	13	0	0
332	**0**	**116**	**11**	**0**	**11**	**105**	**0**	**105**	**191**	**0**	**0**	**25**	**0**	**0**
9	0	3	3	0	3	0	0	0	6	0	0	0	0	0
57	0	11	8	0	8	3	0	3	45	0	0	1	0	0
108	0	3	0	0	0	3	0	3	92	0	0	13	0	0
35	0	1	0	0	0	1	0	1	30	0	0	4	0	0
123	0	98	0	0	0	98	0	98	18	0	0	7	0	0
1545	**20**	**511**	**35**	**12**	**16**	**507**	**8**	**398**	**995**	**0**	**97**	**8**	**0**	**0**
142	9	40	7	6	1	56	3	36	79	0	3	0	0	0
627	10	233	24	6	15	237	4	180	366	0	38	0	0	0
695	1	196	4	0	0	187	1	157	500	0	39	4	0	0
63	0	35	0	0	0	22	0	20	40	0	15	1	0	0
18	0	7	0	0	0	5	0	5	10	0	2	3	0	0
396	**24**	**223**	**30**	**8**	**20**	**179**	**11**	**164**	**187**	**5**	**39**	**0**	**0**	**0**
48	6	30	7	3	2	21	2	18	20	1	10	0	0	0
129	7	63	13	1	12	51	6	44	65	0	7	0	0	0
191	9	112	7	4	3	97	3	92	87	2	17	0	0	0
26	2	16	3	0	3	9	0	9	14	2	4	0	0	0
2	0	2	0	0	0	1	0	1	1	0	1	0	0	0
1067	**5**	**62**	**16**	**5**	**0**	**53**	**0**	**44**	**983**	**0**	**18**	**15**	**0**	**0**
12	0	0	0	0	0	1	0	0	11	0	0	0	0	0
381	4	32	11	4	0	31	0	24	337	0	8	2	0	0
501	1	29	5	1	0	20	0	19	473	0	10	3	0	0

3.4 专任教师、聘请校外

	专任教师														
	合计			博士研究生			硕士研究生			本科			专科及以下		
	计	其中：获学位		计	其中：获学位		计	其中：获学位		计	其中：获学位		计	其中：获学位	
		博士	硕士		博士	硕士		博士	硕士		博士	硕士		博士	硕士
初级	987	0	59	1	0	1	54	0	53	875	0	5	57	0	0
未定职级	203	0	13	0	0	0	14	0	13	160	0	0	29	0	0
青海	**339**	**1**	**50**	**7**	**1**	**3**	**33**	**0**	**27**	**290**	**0**	**20**	**9**	**0**	**0**
正高级	12	0	4	0	0	0	0	0	0	12	0	4	0	0	0
副高级	146	1	18	7	1	3	8	0	5	128	0	10	3	0	0
中级	131	0	23	0	0	0	22	0	19	103	0	4	6	0	0
初级	48	0	5	0	0	0	3	0	3	45	0	2	0	0	0
未定职级	2	0	0	0	0	0	0	0	0	2	0	0	0	0	0
宁夏	**246**	**2**	**36**	**0**	**0**	**0**	**9**	**0**	**8**	**224**	**2**	**28**	**13**	**0**	**0**
正高级	12	0	2	0	0	0	1	0	1	11	0	1	0	0	0
副高级	100	0	10	0	0	0	3	0	2	94	0	8	3	0	0
中级	90	1	15	0	0	0	1	0	1	89	1	14	0	0	0
初级	28	1	7	0	0	0	2	0	2	26	1	5	0	0	0
未定职级	16	0	2	0	0	0	2	0	2	4	0	0	10	0	0
新疆	**1615**	**2**	**346**	**2**	**2**	**0**	**122**	**0**	**108**	**1402**	**0**	**211**	**89**	**0**	**27**
正高级	9	0	0	0	0	0	0	0	0	8	0	0	1	0	0
副高级	387	2	50	2	2	0	50	0	39	324	0	11	11	0	0
中级	678	0	108	0	0	0	34	0	31	615	0	77	29	0	0
初级	437	0	140	0	0	0	25	0	25	387	0	99	25	0	16
未定职级	104	0	48	0	0	0	13	0	13	68	0	24	23	0	11
新疆兵团	**403**	**0**	**37**	**0**	**0**	**0**	**36**	**0**	**31**	**341**	**0**	**6**	**26**	**0**	**0**
正高级	13	0	1	0	0	0	1	0	1	12	0	0	0	0	0
副高级	63	0	10	0	0	0	11	0	8	52	0	2	0	0	0
中级	136	0	24	0	0	0	21	0	20	108	0	4	7	0	0
初级	146	0	1	0	0	0	1	0	1	138	0	0	7	0	0
未定职级	45	0	1	0	0	0	2	0	1	31	0	0	12	0	0
八一学院	**83**	**9**	**47**	**9**	**9**	**0**	**45**	**0**	**45**	**29**	**0**	**2**	**0**	**0**	**0**
正高级	13	5	8	5	5	0	8	0	8	0	0	0	0	0	0
副高级	29	4	20	4	4	0	18	0	18	7	0	2	0	0	0
中级	25	0	16	0	0	0	16	0	16	9	0	0	0	0	0
初级	5	0	0	0	0	0	0	0	0	5	0	0	0	0	0
未定职级	11	0	3	0	0	0	3	0	3	8	0	0	0	0	0
总参学院	**35**	**0**	**35**	**0**	**0**	**0**	**35**	**0**	**35**	**0**	**0**	**0**	**0**	**0**	**0**
正高级	0	0	0	0	0	0	0	0	0	0	0	0	0	0	0
副高级	15	0	15	0	0	0	15	0	15	0	0	0	0	0	0
中级	20	0	20	0	0	0	20	0	20	0	0	0	0	0	0
初级	0	0	0	0	0	0	0	0	0	0	0	0	0	0	0
未定职级	0	0	0	0	0	0	0	0	0	0	0	0	0	0	0
残疾人教育学院	**68**	**0**	**11**	**0**	**0**	**0**	**17**	**0**	**11**	**45**	**0**	**0**	**6**	**0**	**0**
正高级	6	0	0	0	0	0	1	0	0	5	0	0	0	0	0
副高级	15	0	2	0	0	0	4	0	2	11	0	0	0	0	0
中级	30	0	7	0	0	0	10	0	7	18	0	0	2	0	0
初级	12	0	2	0	0	0	2	0	2	8	0	0	2	0	0
未定职级	5	0	0	0	0	0	0	0	0	3	0	0	2	0	0

教师学历(位)情况(续表5)

单位:人

聘请校外教师														
合计			博士研究生			硕士研究生			本科			专科及以下		
计	其中:获学位		计	其中:获学位		计	其中:获学位		计	其中:获学位		计	其中:获学位	
	博士	硕士		博士	硕士		博士	硕士		博士	硕士		博士	硕士
124	0	1	0	0	0	1	0	1	119	0	0	4	0	0
49	0	0	0	0	0	0	0	0	43	0	0	6	0	0
199	**0**	**5**	**0**	**0**	**0**	**6**	**0**	**2**	**179**	**0**	**3**	**14**	**0**	**0**
9	0	3	0	0	0	3	0	2	6	0	1	0	0	0
89	0	2	0	0	0	2	0	0	87	0	2	0	0	0
61	0	0	0	0	0	0	0	0	57	0	0	4	0	0
20	0	0	0	0	0	1	0	0	19	0	0	0	0	0
20	0	0	0	0	0	0	0	0	10	0	0	10	0	0
459	**7**	**120**	**5**	**2**	**1**	**127**	**2**	**54**	**327**	**3**	**65**	**0**	**0**	**0**
99	3	24	3	2	1	33	1	12	63	0	11	0	0	0
209	4	63	2	0	0	54	1	32	153	3	31	0	0	0
122	0	30	0	0	0	26	0	9	96	0	21	0	0	0
29	0	3	0	0	0	14	0	1	15	0	2	0	0	0
0	0	0	0	0	0	0	0	0	0	0	0	0	0	0
643	**7**	**129**	**21**	**0**	**0**	**24**	**2**	**17**	**581**	**5**	**112**	**17**	**0**	**0**
10	1	4	0	0	0	6	1	4	4	0	0	0	0	0
328	6	73	9	0	0	14	1	9	296	5	64	9	0	0
241	0	52	6	0	0	4	0	4	228	0	48	3	0	0
17	0	0	6	0	0	0	0	0	11	0	0	0	0	0
47	0	0	0	0	0	0	0	0	42	0	0	5	0	0
150	**2**	**31**	**1**	**0**	**0**	**39**	**2**	**28**	**104**	**0**	**3**	**6**	**0**	**0**
10	1	1	0	0	0	2	1	1	8	0	0	0	0	0
55	1	10	0	0	0	13	1	10	42	0	0	0	0	0
72	0	19	1	0	0	23	0	16	47	0	3	1	0	0
3	0	1	0	0	0	1	0	1	2	0	0	0	0	0
10	0	0	0	0	0	0	0	0	5	0	0	5	0	0
3989	0	529	0	0	0	471	0	471	3406	0	58	112	0	0
58	0	48	0	0	0	44	0	44	14	0	4	0	0	0
185	0	108	0	0	0	80	0	80	105	0	28	0	0	0
2676	0	310	0	0	0	292	0	292	2352	0	18	32	0	0
552	0	0	0	0	0	0	0	0	494	0	0	58	0	0
518	0	63	0	0	0	55	0	55	441	0	8	22	0	0
21	0	21	0	0	0	21	0	21	0	0	0	0	0	0
0	0	0	0	0	0	0	0	0	0	0	0	0	0	0
13	0	13	0	0	0	13	0	13	0	0	0	0	0	0
8	0	8	0	0	0	8	0	8	0	0	0	0	0	0
0	0	0	0	0	0	0	0	0	0	0	0	0	0	0
0	0	0	0	0	0	0	0	0	0	0	0	0	0	0
19	**1**	**10**	**1**	**1**	**0**	**10**	**0**	**10**	**8**	**0**	**0**	**0**	**0**	**0**
1	1	0	1	1	0	0	0	0	0	0	0	0	0	0
3	0	3	0	0	0	3	0	3	0	0	0	0	0	0
13	0	7	0	0	0	7	0	7	6	0	0	0	0	0
2	0	0	0	0	0	0	0	0	2	0	0	0	0	0
0	0	0	0	0	0	0	0	0	0	0	0	0	0	0

3.5 专任教师年龄情况

单位:人

	合计	29岁及以下	30~34岁	35~39岁	40~44岁	45~49岁	50~54岁	55~59岁	60~64岁	65岁及以上
总计	**67131**	**7887**	**12067**	**12438**	**12312**	**11399**	**8231**	**2662**	**115**	**20**
正高级	1787	22	31	63	241	410	676	300	37	7
副高级	20208	86	419	2212	4665	6239	4965	1578	40	4
中级	30460	1498	7262	8008	6397	4230	2321	703	32	9
初级	11808	4542	3774	1889	894	427	208	70	4	0
未定职级	2868	1739	581	266	115	93	61	11	2	0
国开总部	**157**	**3**	**34**	**30**	**17**	**7**	**41**	**25**	**0**	**0**
正高级	16	0	0	0	1	0	7	8	0	0
副高级	79	0	6	11	11	7	29	15	0	0
中级	58	1	26	19	5	0	5	2	0	0
初级	2	1	1	0	0	0	0	0	0	0
未定职级	2	1	1	0	0	0	0	0	0	0
北京	**902**	**88**	**159**	**185**	**136**	**161**	**142**	**30**	**1**	**0**
正高级	14	0	0	0	1	3	8	2	0	0
副高级	207	0	1	14	41	64	75	12	0	0
中级	464	6	89	132	82	86	54	15	0	0
初级	153	55	48	32	9	4	4	1	0	0
未定职级	64	27	21	7	3	4	1	0	1	0
天津	**1160**	**156**	**216**	**183**	**188**	**191**	**165**	**61**	**0**	**0**
正高级	64	0	0	1	16	14	19	14	0	0
副高级	492	1	32	66	89	134	130	40	0	0
中级	420	47	127	105	75	43	16	7	0	0
初级	167	92	56	11	8	0	0	0	0	0
未定职级	17	16	1	0	0	0	0	0	0	0
河北	**2966**	**97**	**341**	**601**	**750**	**646**	**445**	**86**	**0**	**0**
正高级	79	0	0	0	5	20	36	18	0	0
副高级	961	0	2	92	232	340	248	47	0	0
中级	1562	14	205	415	483	268	156	21	0	0
初级	336	64	129	91	29	18	5	0	0	0
未定职级	28	19	5	3	1	0	0	0	0	0
山西	**1379**	**88**	**193**	**242**	**295**	**276**	**219**	**61**	**5**	**0**
正高级	20	0	0	0	0	13	4	2	1	0
副高级	339	0	0	10	76	105	114	32	2	0
中级	623	4	76	135	173	126	84	23	2	0
初级	342	42	106	96	46	32	17	3	0	0
未定职级	55	42	11	1	0	0	0	1	0	0
内蒙古	**1749**	**100**	**210**	**277**	**359**	**405**	**312**	**71**	**11**	**4**
正高级	67	2	0	3	5	21	28	3	3	2
副高级	754	3	22	48	165	254	204	51	7	0
中级	643	11	94	181	160	119	61	14	1	2
初级	191	51	73	30	25	1	9	2	0	0
未定职级	94	33	21	15	4	10	10	1	0	0

3.5 专任教师年龄情况(续表1)

单位:人

	合计	29岁及以下	30~34岁	35~39岁	40~44岁	45~49岁	50~54岁	55~59岁	60~64岁	65岁及以上
辽宁	**2317**	**276**	**577**	**383**	**389**	**331**	**267**	**85**	**4**	**5**
正高级	132	0	0	0	7	31	70	21	2	1
副高级	738	1	19	86	198	216	162	54	0	2
中级	1064	53	444	278	167	79	30	9	2	2
初级	294	169	100	9	13	2	1	0	0	0
未定职级	89	53	14	10	4	3	4	1	0	0
沈阳	**330**	**10**	**49**	**72**	**60**	**68**	**52**	**19**	**0**	**0**
正高级	39	0	0	0	4	9	15	11	0	0
副高级	147	0	1	25	27	55	32	7	0	0
中级	122	3	47	42	24	4	1	1	0	0
初级	11	5	0	1	5	0	0	0	0	0
未定职级	11	2	1	4	0	0	4	0	0	0
大连	**274**	**4**	**22**	**36**	**67**	**80**	**47**	**17**	**1**	**0**
正高级	11	0	0	0	2	3	3	3	0	0
副高级	171	0	0	18	49	65	31	8	0	0
中级	84	2	20	17	16	12	12	4	1	0
初级	8	2	2	1	0	0	1	2	0	0
未定职级	0	0	0	0	0	0	0	0	0	0
吉林	**1447**	**246**	**225**	**236**	**223**	**247**	**203**	**67**	**0**	**0**
正高级	55	0	0	0	1	9	28	17	0	0
副高级	419	0	0	82	87	110	106	34	0	0
中级	667	105	151	102	114	115	65	15	0	0
初级	245	85	70	51	21	13	4	1	0	0
未定职级	61	56	4	1	0	0	0	0	0	0
长春	**551**	**67**	**106**	**90**	**118**	**89**	**62**	**19**	**0**	**0**
正高级	17	0	0	0	2	6	4	5	0	0
副高级	175	0	1	14	47	49	50	14	0	0
中级	247	15	57	71	64	34	6	0	0	0
初级	102	49	41	5	5	0	2	0	0	0
未定职级	10	3	7	0	0	0	0	0	0	0
黑龙江	**1640**	**93**	**280**	**279**	**314**	**335**	**255**	**84**	**0**	**0**
正高级	93	0	1	0	15	27	31	19	0	0
副高级	690	0	21	101	139	203	170	56	0	0
中级	623	13	163	143	146	98	54	6	0	0
初级	213	69	90	31	14	6	0	3	0	0
未定职级	21	11	5	4	0	1	0	0	0	0
哈尔滨	**721**	**101**	**120**	**138**	**146**	**121**	**63**	**32**	**0**	**0**
正高级	71	0	0	0	11	13	24	23	0	0

3.5 专任教师年龄情况(续表2)

单位:人

	合计	29岁及以下	30~34岁	35~39岁	40~44岁	45~49岁	50~54岁	55~59岁	60~64岁	65岁及以上
副高级	158	0	1	18	39	71	23	6	0	0
中级	268	6	69	86	69	24	12	2	0	0
初级	126	57	32	17	10	8	1	1	0	0
未定职级	98	38	18	17	17	5	3	0	0	0
上海	**447**	**39**	**79**	**80**	**74**	**56**	**75**	**40**	**2**	**2**
正高级	3	0	0	0	0	0	0	3	0	0
副高级	102	0	6	12	12	24	32	16	0	0
中级	280	2	52	67	60	32	43	20	2	2
初级	43	27	12	1	2	0	0	1	0	0
未定职级	19	10	9	0	0	0	0	0	0	0
江苏	**7283**	**915**	**1553**	**1582**	**1431**	**996**	**600**	**189**	**17**	**0**
正高级	78	0	1	3	19	11	25	11	8	0
副高级	2396	4	13	383	776	678	416	121	5	0
中级	3356	106	1139	1060	576	285	137	50	3	0
初级	1161	557	372	131	59	16	19	6	1	0
未定职级	292	248	28	5	1	6	3	1	0	0
南京	**357**	**19**	**71**	**95**	**56**	**54**	**46**	**15**	**0**	**1**
正高级	3	0	0	0	1	0	1	0	0	1
副高级	136	0	0	32	33	32	30	9	0	0
中级	149	3	45	48	18	16	13	6	0	0
初级	52	13	17	13	4	3	2	0	0	0
未定职级	17	3	9	2	0	3	0	0	0	0
浙江	**3046**	**288**	**452**	**631**	**508**	**465**	**491**	**205**	**6**	**0**
正高级	69	0	0	0	5	12	39	13	0	0
副高级	965	0	10	89	193	252	283	136	2	0
中级	1587	43	342	505	295	187	158	54	3	0
初级	312	149	90	35	13	12	10	2	1	0
未定职级	113	96	10	2	2	2	1	0	0	0
宁波	**356**	**17**	**45**	**98**	**67**	**56**	**56**	**16**	**1**	**0**
正高级	1	0	0	0	0	0	0	0	1	0
副高级	111	0	2	14	21	29	36	9	0	0
中级	210	5	31	78	44	25	20	7	0	0
初级	30	8	12	6	2	2	0	0	0	0
未定职级	4	4	0	0	0	0	0	0	0	0
安徽	**1005**	**98**	**218**	**197**	**182**	**154**	**123**	**33**	**0**	**0**
正高级	10	0	0	0	1	4	5	0	0	0
副高级	255	0	7	41	51	65	68	23	0	0
中级	519	33	133	114	112	71	46	10	0	0

3.5 专任教师年龄情况(续表3)

单位:人

	合计	29岁及以下	30~34岁	35~39岁	40~44岁	45~49岁	50~54岁	55~59岁	60~64岁	65岁及以上
初级	180	47	67	36	15	12	3	0	0	0
未定职级	41	18	11	6	3	2	1	0	0	0
福建	**295**	**26**	**38**	**50**	**62**	**45**	**52**	**19**	**3**	**0**
正高级	30	0	0	0	16	5	7	2	0	0
副高级	84	0	0	4	18	21	28	12	1	0
中级	125	1	23	36	25	17	16	5	2	0
初级	44	15	14	9	3	2	1	0	0	0
未定职级	12	10	1	1	0	0	0	0	0	0
厦门	**66**	**4**	**10**	**13**	**11**	**17**	**7**	**4**	**0**	**0**
正高级	3	0	0	2	1	0	0	0	0	0
副高级	30	0	1	3	9	8	5	4	0	0
中级	25	1	6	8	1	7	2	0	0	0
初级	8	3	3	0	0	2	0	0	0	0
未定职级	0	0	0	0	0	0	0	0	0	0
江西	**1622**	**124**	**151**	**272**	**328**	**394**	**281**	**71**	**1**	**0**
正高级	73	0	1	7	7	21	24	12	1	0
副高级	670	2	10	46	120	251	194	47	0	0
中级	637	40	76	174	171	112	55	9	0	0
初级	220	64	63	44	30	9	7	3	0	0
未定职级	22	18	1	1	0	1	1	0	0	0
山东	**5505**	**779**	**1094**	**857**	**905**	**1126**	**595**	**134**	**10**	**5**
正高级	181	5	5	7	23	44	60	26	8	3
副高级	1739	49	106	139	299	670	381	91	2	2
中级	2347	262	540	490	525	374	139	17	0	0
初级	1064	380	395	204	51	24	10	0	0	0
未定职级	174	83	48	17	7	14	5	0	0	0
青岛	**320**	**29**	**55**	**53**	**50**	**65**	**51**	**17**	**0**	**0**
正高级	4	0	0	0	0	1	2	1	0	0
副高级	97	0	0	4	9	30	39	15	0	0
中级	159	5	28	44	39	33	9	1	0	0
初级	49	15	25	5	2	1	1	0	0	0
未定职级	11	9	2	0	0	0	0	0	0	0
河南	**1780**	**254**	**370**	**395**	**310**	**265**	**124**	**60**	**2**	**0**
正高级	26	0	0	0	1	6	14	4	1	0
副高级	430	0	6	49	112	144	79	39	1	0
中级	904	59	235	291	173	101	29	16	0	0
初级	372	169	121	46	21	14	1	0	0	0
未定职级	48	26	8	9	3	0	1	1	0	0

3.5 专任教师年龄情况(续表4)

单位:人

	合计	29岁及以下	30~34岁	35~39岁	40~44岁	45~49岁	50~54岁	55~59岁	60~64岁	65岁及以上
湖北	**3325**	**378**	**480**	**544**	**636**	**658**	**450**	**175**	**4**	**0**
正高级	55	0	1	3	9	19	16	5	2	0
副高级	1114	1	14	74	228	370	319	107	1	0
中级	1665	159	318	387	374	257	107	62	1	0
初级	424	176	133	70	25	11	8	1	0	0
未定职级	67	42	14	10	0	1	0	0	0	0
武汉	**1112**	**23**	**138**	**150**	**145**	**203**	**257**	**195**	**1**	**0**
正高级	28	0	1	2	7	7	7	4	0	0
副高级	428	0	4	40	54	116	138	75	1	0
中级	539	3	107	95	68	67	98	101	0	0
初级	103	20	25	12	14	6	11	15	0	0
未定职级	14	0	1	1	2	7	3	0	0	0
湖南	**2346**	**218**	**342**	**518**	**471**	**373**	**311**	**112**	**1**	**0**
正高级	55	0	0	5	6	18	19	6	1	0
副高级	697	8	12	92	186	174	166	59	0	0
中级	1119	63	181	324	231	159	120	41	0	0
初级	356	104	111	79	32	22	3	5	0	0
未定职级	119	43	38	18	16	0	3	1	0	0
广东	**3127**	**412**	**653**	**509**	**545**	**508**	**371**	**128**	**1**	**0**
正高级	25	0	0	0	1	6	11	7	0	0
副高级	505	0	3	40	116	142	146	58	0	0
中级	1725	63	432	357	343	299	177	53	1	0
初级	742	263	197	103	80	56	33	10	0	0
未定职级	130	86	21	9	5	5	4	0	0	0
广州	**1082**	**221**	**276**	**201**	**148**	**123**	**88**	**18**	**7**	**0**
正高级	5	0	0	0	0	1	3	1	0	0
副高级	188	5	8	20	45	51	46	10	3	0
中级	459	25	126	129	82	61	31	4	1	0
初级	307	123	111	40	15	8	6	2	2	0
未定职级	123	68	31	12	6	2	2	1	1	0
深圳	**551**	**118**	**139**	**94**	**71**	**92**	**26**	**11**	**0**	**0**
正高级	40	10	10	5	8	4	1	2	0	0
副高级	189	0	30	36	39	64	15	5	0	0
中级	164	20	56	37	21	19	9	2	0	0
初级	45	21	17	5	1	1	0	0	0	0
未定职级	113	67	26	11	2	4	1	2	0	0
广西	**354**	**18**	**73**	**71**	**59**	**49**	**72**	**12**	**0**	**0**
正高级	6	0	0	0	0	2	2	2	0	0

3.5 专任教师年龄情况(续表5)

单位:人

	合计	29岁及以下	30~34岁	35~39岁	40~44岁	45~49岁	50~54岁	55~59岁	60~64岁	65岁及以上
副高级	67	0	1	7	11	10	33	5	0	0
中级	227	2	51	53	45	37	34	5	0	0
初级	47	11	19	11	3	0	3	0	0	0
未定职级	7	5	2	0	0	0	0	0	0	0
海南	**87**	**12**	**23**	**13**	**8**	**18**	**10**	**3**	**0**	**0**
正高级	3	0	0	0	0	0	3	0	0	0
副高级	14	0	0	1	1	8	2	2	0	0
中级	47	3	17	9	6	7	4	1	0	0
初级	21	8	6	2	1	3	1	0	0	0
未定职级	2	1	0	1	0	0	0	0	0	0
四川	**2793**	**208**	**489**	**525**	**537**	**547**	**343**	**127**	**15**	**2**
正高级	51	0	0	0	4	16	21	9	1	0
副高级	975	3	11	93	245	305	228	85	5	0
中级	1256	58	300	328	247	201	83	28	9	2
初级	418	113	150	86	35	19	10	5	0	0
未定职级	93	34	28	18	6	6	1	0	0	0
成都	**445**	**49**	**83**	**107**	**90**	**45**	**59**	**11**	**0**	**1**
正高级	32	4	5	5	10	0	6	2	0	0
副高级	118	6	4	22	35	26	21	4	0	0
中级	215	14	59	60	36	14	26	5	0	1
初级	57	22	10	10	7	5	3	0	0	0
未定职级	23	3	5	10	2	0	3	0	0	0
重庆	**1729**	**212**	**357**	**226**	**275**	**270**	**282**	**102**	**5**	**0**
正高级	52	0	0	3	4	7	26	9	3	0
副高级	523	0	5	37	80	143	185	71	2	0
中级	740	22	231	137	168	103	60	19	0	0
初级	330	149	96	45	18	15	6	1	0	0
未定职级	84	41	25	4	5	2	5	2	0	0
贵州	**2749**	**810**	**519**	**433**	**359**	**337**	**234**	**54**	**3**	**0**
正高级	34	0	0	1	5	7	17	3	1	0
副高级	537	0	18	80	133	150	117	38	1	0
中级	921	55	244	237	160	122	90	12	1	0
初级	942	496	219	108	55	56	7	1	0	0
未定职级	315	259	38	7	6	2	3	0	0	0
云南	**1075**	**138**	**194**	**213**	**161**	**173**	**156**	**38**	**2**	**0**
正高级	30	0	0	1	1	11	13	3	1	0
副高级	318	0	3	40	66	88	98	22	1	0
中级	522	24	139	145	89	69	44	12	0	0

3.5 专任教师年龄情况(续表6)

单位:人

	合计	29岁及以下	30~34岁	35~39岁	40~44岁	45~49岁	50~54岁	55~59岁	60~64岁	65岁及以上
初级	190	100	52	26	5	5	1	1	0	0
未定职级	15	14	0	1	0	0	0	0	0	0
陕西	**2403**	**252**	**433**	**518**	**490**	**338**	**266**	**102**	**4**	**0**
正高级	90	1	6	10	11	11	29	22	0	0
副高级	709	1	27	108	174	177	157	62	3	0
中级	1112	61	237	309	270	144	73	17	1	0
初级	422	152	146	82	31	3	7	1	0	0
未定职级	70	37	17	9	4	3	0	0	0	0
西安	**118**	**18**	**14**	**23**	**24**	**24**	**12**	**1**	**2**	**0**
正高级	4	0	0	0	0	2	1	0	1	0
副高级	38	2	0	7	9	10	9	1	0	0
中级	56	5	11	14	11	12	2	0	1	0
初级	16	7	3	2	4	0	0	0	0	0
未定职级	4	4	0	0	0	0	0	0	0	0
甘肃	**3371**	**556**	**746**	**644**	**591**	**518**	**264**	**51**	**1**	**0**
正高级	53	0	0	4	12	12	24	1	0	0
副高级	688	0	0	45	165	281	158	38	1	0
中级	1440	46	339	417	342	205	79	12	0	0
初级	987	388	351	168	67	11	2	0	0	0
未定职级	203	122	56	10	5	9	1	0	0	0
青海	**339**	**36**	**71**	**55**	**66**	**74**	**22**	**14**	**1**	**0**
正高级	12	0	0	0	1	4	3	3	1	0
副高级	146	0	7	9	48	59	13	10	0	0
中级	131	11	48	39	15	11	6	1	0	0
初级	48	23	16	7	2	0	0	0	0	0
未定职级	2	2	0	0	0	0	0	0	0	0
宁夏	**246**	**21**	**33**	**39**	**65**	**65**	**17**	**5**	**1**	**0**
正高级	12	0	0	0	4	3	3	1	1	0
副高级	100	0	0	14	31	39	14	2	0	0
中级	90	4	19	19	24	22	0	2	0	0
初级	28	13	8	2	4	1	0	0	0	0
未定职级	16	4	6	4	2	0	0	0	0	0
新疆	**1615**	**141**	**212**	**383**	**416**	**262**	**160**	**38**	**3**	**0**
正高级	9	0	0	0	4	0	5	0	0	0
副高级	387	0	2	32	110	125	93	23	2	0
中级	678	12	87	205	195	114	52	12	1	0
初级	437	90	99	114	99	23	9	3	0	0
未定职级	104	39	24	32	8	0	1	0	0	0

3.5　专任教师年龄情况(续表 7)

单位:人

	合计	29 岁及以下	30～34 岁	35～39 岁	40～44 岁	45～49 岁	50～54 岁	55～59 岁	60～64 岁	65 岁及以上
新疆兵团	**403**	**98**	**90**	**72**	**78**	**37**	**27**	**1**	**0**	**0**
正高级	13	0	0	0	5	3	5	0	0	0
副高级	63	0	0	8	22	13	19	1	0	0
中级	136	0	21	51	42	19	3	0	0	0
初级	146	65	60	11	9	1	0	0	0	0
未定职级	45	33	9	2	0	1	0	0	0	0
八一学院	**83**	**12**	**17**	**18**	**14**	**11**	**8**	**3**	**0**	**0**
正高级	13	0	0	1	3	3	5	1	0	0
副高级	29	0	2	5	9	8	3	2	0	0
中级	25	2	11	10	2	0	0	0	0	0
初级	5	4	1	0	0	0	0	0	0	0
未定职级	11	6	3	2	0	0	0	0	0	0
总参学院	**35**	**0**	**0**	**0**	**0**	**20**	**15**	**0**	**0**	**0**
正高级	0	0	0	0	0	0	0	0	0	0
副高级	15	0	0	0	0	0	15	0	0	0
中级	20	0	0	0	0	20	0	0	0	0
初级	0	0	0	0	0	0	0	0	0	0
未定职级	0	0	0	0	0	0	0	0	0	0
残疾人教育学院	**68**	**15**	**17**	**7**	**17**	**4**	**7**	**1**	**0**	**0**
正高级	6	0	0	0	2	1	2	1	0	0
副高级	15	0	1	1	5	3	5	0	0	0
中级	30	6	10	5	9	0	0	0	0	0
初级	12	6	5	1	0	0	0	0	0	0
未定职级	5	3	1	0	1	0	0	0	0	0

3.6 专任教师

	合计	哲学	经济学	法学	教育学		文学	
					计	其中:体育	计	其中:外语
总计	**67131**	**3124**	**6885**	**5271**	**8620**	**1343**	**11856**	**4511**
正高级	1787	131	242	159	238	17	240	70
副高级	20208	1219	2175	1621	2620	361	3702	1283
中级	30460	1303	3169	2489	3812	622	5541	2337
初级	11808	365	1046	846	1541	287	2018	715
未定职级	2868	106	253	156	409	56	355	106
国开总部	**157**	**1**	**22**	**16**	**22**	**0**	**30**	**11**
正高级	16	1	4	1	1	0	5	0
副高级	79	0	14	6	15	0	12	7
中级	58	0	4	9	5	0	12	4
初级	2	0	0	0	0	0	1	0
未定职级	2	0	0	0	1	0	0	0
北京	**902**	**20**	**97**	**61**	**75**	**6**	**160**	**83**
正高级	14	0	2	0	5	0	0	0
副高级	207	6	22	9	14	2	46	24
中级	464	9	57	38	39	2	90	45
初级	153	3	13	13	9	2	22	13
未定职级	64	2	3	1	8	0	2	1
天津	**1160**	**50**	**183**	**98**	**111**	**13**	**171**	**86**
正高级	64	7	14	10	7	0	0	0
副高级	492	20	82	51	47	4	88	44
中级	420	20	62	28	42	6	61	33
初级	167	3	25	9	13	3	20	8
未定职级	17	0	0	0	2	0	2	1
河北	**2966**	**204**	**298**	**359**	**516**	**45**	**552**	**154**
正高级	79	5	13	9	4	0	11	7
副高级	961	83	99	114	167	15	188	51
中级	1562	93	156	198	289	26	277	79
初级	336	21	30	33	48	4	74	17
未定职级	28	2	0	5	8	0	2	0
山西	**1379**	**95**	**143**	**131**	**203**	**13**	**254**	**65**
正高级	20	6	1	2	3	0	4	0
副高级	339	27	41	28	43	2	71	18
中级	623	44	73	70	98	6	91	22
初级	342	15	24	29	52	5	73	22
未定职级	55	3	4	2	7	0	15	3
内蒙古	**1749**	**109**	**208**	**216**	**193**	**25**	**284**	**98**
正高级	67	2	9	4	14	0	13	5

分学科情况

单位:人

历史学	理学	工学		农学		医学	管理学	艺术学
		计	其中:计算机	计	其中:林学			
1437	**6845**	**12971**	**5567**	**1331**	**291**	**1225**	**5672**	**1894**
48	195	282	87	41	6	38	154	19
506	2373	3357	1351	408	84	284	1615	328
613	2835	6063	2879	586	130	540	2611	898
225	1170	2615	1020	221	52	273	1007	481
45	272	654	230	75	19	90	285	168
1	**6**	**30**	**16**	**9**	**4**	**5**	**12**	**3**
0	1	3	3	0	0	0	0	0
1	3	16	10	4	0	3	5	0
0	1	11	3	4	3	2	7	3
0	1	0	0	0	0	0	0	0
0	0	0	0	1	1	0	0	0
3	**89**	**217**	**89**	**3**	**1**	**41**	**97**	**39**
0	0	3	2	0	0	1	3	0
1	28	40	16	1	0	18	20	2
2	47	87	49	0	0	19	48	28
0	7	59	21	2	1	2	19	4
0	7	28	1	0	0	1	7	5
13	**122**	**256**	**74**	**7**	**1**	**2**	**138**	**9**
0	10	7	4	2	0	0	7	0
7	54	86	27	1	0	0	55	1
4	45	84	30	4	1	2	65	3
1	12	68	13	0	0	0	11	5
1	1	11	0	0	0	0	0	0
85	**227**	**325**	**175**	**78**	**9**	**27**	**232**	**63**
3	9	14	4	2	1	0	9	0
22	78	90	49	29	2	8	73	10
51	121	180	102	29	5	18	113	37
7	19	37	19	16	1	1	36	14
2	0	4	1	2	0	0	1	2
54	**107**	**168**	**104**	**14**	**2**	**3**	**178**	**29**
0	2	0	0	0	0	0	2	0
12	41	34	15	4	2	0	36	2
24	41	85	52	4	0	0	79	14
17	22	43	31	5	0	1	48	13
1	1	6	6	1	0	2	13	0
65	**169**	**256**	**141**	**72**	**17**	**11**	**132**	**34**
3	7	9	1	3	0	0	2	1

3.6 专任教师

	合计	哲学	经济学	法学	教育学		文学	
					计	其中:体育	计	其中:外语
副高级	754	66	84	107	97	13	113	34
中级	643	27	94	72	57	9	116	44
初级	191	7	17	23	21	3	34	14
未定职级	94	7	4	10	4	0	8	1
辽宁	**2317**	**74**	**260**	**195**	**246**	**59**	**353**	**134**
正高级	132	2	19	17	11	1	23	1
副高级	738	34	85	73	102	18	117	46
中级	1064	36	114	81	92	30	173	68
初级	294	2	33	19	27	4	32	13
未定职级	89	0	9	5	14	6	8	6
沈阳	**330**	**12**	**48**	**39**	**35**	**9**	**66**	**35**
正高级	39	2	6	2	3	1	3	2
副高级	147	5	26	20	13	5	39	21
中级	122	4	16	14	13	3	22	11
初级	11	1	0	2	5	0	2	1
未定职级	11	0	0	1	1	0	0	0
大连	**274**	**13**	**48**	**34**	**29**	**6**	**50**	**25**
正高级	11	1	4	1	0	0	2	1
副高级	171	10	28	22	23	5	30	14
中级	84	2	15	11	6	1	18	10
初级	8	0	1	0	0	0	0	0
未定职级	0	0	0	0	0	0	0	0
吉林	**1447**	**67**	**154**	**193**	**158**	**8**	**306**	**140**
正高级	55	4	11	0	16	0	14	11
副高级	419	18	50	56	25	0	90	41
中级	667	31	69	93	75	6	143	77
初级	245	12	23	35	26	2	50	11
未定职级	61	2	1	9	16	0	9	0
长春	**551**	**17**	**36**	**23**	**95**	**8**	**92**	**39**
正高级	17	4	1	0	1	0	6	1
副高级	175	4	8	4	39	4	18	13
中级	247	5	20	17	29	3	52	20
初级	102	4	7	2	25	1	14	3
未定职级	10	0	0	0	1	0	2	2
黑龙江	**1640**	**70**	**202**	**189**	**184**	**33**	**297**	**92**
正高级	93	5	10	11	8	0	10	3
副高级	690	36	93	90	83	13	112	34
中级	623	19	83	70	69	17	121	34

分学科情况(续表1)

单位:人

历史学	理学	工学		农学		医学	管理学	艺术学
		计	其中:计算机	计	其中:林学			
33	85	67	37	28	8	4	55	15
19	45	113	65	35	7	6	47	12
6	19	34	15	4	2	1	20	5
4	13	33	23	2	0	0	8	1
28	**213**	**606**	**201**	**58**	**15**	**59**	**172**	**53**
3	19	25	2	3	0	1	8	1
14	72	157	48	14	2	19	47	4
10	79	303	116	30	11	32	81	33
1	37	90	25	8	1	5	28	12
0	6	31	10	3	1	2	8	3
9	**18**	**70**	**41**	**0**	**0**	**1**	**27**	**5**
1	3	14	5	0	0	0	5	0
6	9	23	14	0	0	0	6	0
2	5	32	21	0	0	1	8	5
0	0	1	1	0	0	0	0	0
0	1	0	0	0	0	0	8	0
7	**24**	**50**	**27**	**0**	**0**	**0**	**17**	**2**
0	0	1	0	0	0	0	2	0
3	13	29	14	0	0	0	11	2
4	9	15	11	0	0	0	4	0
0	2	5	2	0	0	0	0	0
0	0	0	0	0	0	0	0	0
29	**106**	**311**	**151**	**31**	**6**	**19**	**59**	**14**
1	1	6	2	1	0	0	1	0
4	38	100	66	13	0	6	18	1
20	56	128	57	13	4	11	22	6
4	5	67	26	4	2	1	11	7
0	6	10	0	0	0	1	7	0
8	**95**	**135**	**78**	**5**	**2**	**0**	**30**	**15**
0	1	2	1	0	0	0	1	1
1	38	45	15	1	1	0	10	7
6	31	69	51	1	1	0	13	4
1	21	16	9	3	0	0	6	3
0	4	3	2	0	0	0	0	0
33	**155**	**268**	**125**	**59**	**11**	**31**	**132**	**20**
0	13	16	6	2	0	0	17	1
18	62	101	49	27	6	16	48	4
13	54	110	51	21	2	12	43	8

3.6 专任教师

	合计	哲学	经济学	法学	教育学		文学	
					计	其中:体育	计	其中:外语
初级	213	10	14	17	22	3	49	17
未定职级	21	0	2	1	2	0	5	4
哈尔滨	**721**	**24**	**52**	**35**	**58**	**20**	**129**	**33**
正高级	71	3	7	3	3	0	5	2
副高级	158	9	16	11	10	7	27	8
中级	268	7	16	12	22	8	48	8
初级	126	4	8	6	16	4	33	8
未定职级	98	1	5	3	7	1	16	7
上海	**447**	**10**	**54**	**16**	**38**	**1**	**83**	**59**
正高级	3	0	0	0	1	0	0	0
副高级	102	5	17	3	13	0	21	16
中级	280	5	30	13	20	1	52	36
初级	43	0	4	0	4	0	6	3
未定职级	19	0	3	0	0	0	4	4
江苏	**7283**	**210**	**650**	**348**	**834**	**211**	**1409**	**679**
正高级	78	4	1	11	21	1	4	1
副高级	2396	97	225	107	301	71	474	199
中级	3356	83	310	175	336	91	681	382
初级	1161	23	95	51	135	38	217	87
未定职级	292	3	19	4	41	10	33	10
南京	**357**	**6**	**35**	**18**	**36**	**7**	**51**	**21**
正高级	3	0	1	0	0	0	1	0
副高级	136	6	18	6	12	2	22	10
中级	149	0	7	9	17	3	17	6
初级	52	0	8	1	7	2	7	4
未定职级	17	0	1	2	0	0	4	1
浙江	**3046**	**119**	**372**	**151**	**352**	**81**	**647**	**276**
正高级	69	7	13	1	10	2	13	5
副高级	965	43	102	38	97	16	226	80
中级	1587	50	181	86	174	46	347	168
初级	312	9	52	21	54	14	47	16
未定职级	113	10	24	5	17	3	14	7
宁波	**356**	**21**	**54**	**17**	**40**	**9**	**89**	**54**
正高级	1	0	0	0	0	0	1	0
副高级	111	9	14	1	12	2	36	17
中级	210	10	37	15	22	7	45	31
初级	30	2	3	1	6	0	5	4
未定职级	4	0	0	0	0	0	2	2

分学科情况(续表2)

单位:人

历史学	理学	工学		农学		医学	管理学	艺术学
		计	其中:计算机	计	其中:林学			
2	26	37	17	8	3	3	20	5
0	0	4	2	1	0	0	4	2
11	**122**	**132**	**50**	**8**	**2**	**79**	**46**	**25**
2	24	17	4	1	1	4	2	0
6	29	21	12	1	0	11	16	1
1	39	54	15	5	0	34	18	12
0	17	21	6	0	0	14	4	3
2	13	19	13	1	1	16	6	9
2	**19**	**74**	**58**	**0**	**0**	**0**	**117**	**34**
0	0	0	0	0	0	0	2	0
1	6	8	5	0	0	0	24	4
1	12	55	44	0	0	0	72	20
0	1	6	5	0	0	0	14	8
0	0	5	4	0	0	0	5	2
131	**1040**	**1833**	**681**	**89**	**11**	**18**	**451**	**270**
0	9	16	2	1	0	0	10	1
61	340	549	195	24	1	1	157	60
54	460	879	363	35	5	6	212	125
13	186	308	101	21	4	5	53	54
3	45	81	20	8	1	6	19	30
1	**38**	**92**	**46**	**1**	**0**	**0**	**61**	**18**
0	0	0	0	0	0	0	1	0
1	13	33	16	1	0	0	21	3
0	23	42	19	0	0	0	26	8
0	2	12	6	0	0	0	10	5
0	0	5	5	0	0	0	3	2
39	**294**	**637**	**313**	**39**	**7**	**12**	**259**	**125**
0	5	13	1	2	0	0	1	4
16	159	157	76	7	1	1	98	21
21	115	387	202	21	2	6	126	73
2	14	64	27	1	0	5	25	18
0	1	16	7	8	4	0	9	9
5	**29**	**61**	**48**	**0**	**0**	**0**	**36**	**4**
0	0	0	0	0	0	0	0	0
2	14	11	9	0	0	0	12	0
3	13	43	32	0	0	0	19	3
0	2	7	7	0	0	0	3	1
0	0	0	0	0	0	0	2	0

	合计	哲学	经济学	法学	教育学		文学	
					计	其中:体育	计	其中:外语
安徽	**1005**	**44**	**128**	**106**	**132**	**11**	**195**	**65**
正高级	10	0	1	3	1	0	1	0
副高级	255	13	40	27	30	2	49	13
中级	519	26	66	56	71	7	101	37
初级	180	4	13	16	23	2	39	13
未定职级	41	1	8	4	7	0	5	2
福建	**295**	**4**	**31**	**26**	**37**	**3**	**76**	**24**
正高级	30	0	3	1	5	0	7	0
副高级	84	0	13	8	12	2	20	8
中级	125	2	9	13	16	1	34	12
初级	44	2	6	4	2	0	14	4
未定职级	12	0	0	0	2	0	1	0
厦门	**66**	**3**	**10**	**4**	**10**	**0**	**19**	**8**
正高级	3	0	1	0	2	0	0	0
副高级	30	2	7	1	4	0	8	2
中级	25	1	1	2	4	0	9	4
初级	8	0	1	1	0	0	2	2
未定职级	0	0	0	0	0	0	0	0
江西	**1622**	**75**	**144**	**126**	**311**	**12**	**284**	**112**
正高级	73	7	11	6	9	0	7	3
副高级	670	34	47	51	133	6	123	39
中级	637	22	67	55	131	4	119	59
初级	220	10	17	14	35	2	27	11
未定职级	22	2	2	0	3	0	8	0
山东	**5505**	**262**	**509**	**308**	**818**	**134**	**727**	**287**
正高级	181	14	28	13	23	6	24	6
副高级	1739	109	165	95	229	52	248	87
中级	2347	112	209	149	353	61	329	150
初级	1064	24	78	47	167	13	116	43
未定职级	174	3	29	4	46	2	10	1
青岛	**320**	**11**	**44**	**23**	**33**	**7**	**57**	**37**
正高级	4	0	3	0	0	0	0	0
副高级	97	4	6	9	10	2	21	11
中级	159	5	30	11	19	5	27	18
初级	49	1	4	2	4	0	7	6
未定职级	11	1	1	1	0	0	2	2
河南	**1780**	**106**	**189**	**157**	**209**	**30**	**272**	**105**
正高级	26	3	4	2	3	0	5	2

分学科情况(续表3)

单位:人

历史学	理学	工学		农学		医学	管理学	艺术学
		计	其中:计算机	计	其中:林学			
16	**77**	**177**	**108**	**15**	**3**	**20**	**81**	**14**
0	0	2	2	0	0	0	2	0
6	28	38	21	3	1	5	12	4
8	35	94	50	10	1	6	42	4
2	13	35	29	2	1	8	21	4
0	1	8	6	0	0	1	4	2
6	**21**	**54**	**35**	**2**	**0**	**0**	**37**	**1**
4	1	1	1	0	0	0	8	0
0	8	9	6	2	0	0	11	1
2	10	28	18	0	0	0	11	0
0	2	10	7	0	0	0	4	0
0	0	6	3	0	0	0	3	0
0	**5**	**2**	**0**	**0**	**0**	**0**	**12**	**1**
0	0	0	0	0	0	0	0	0
0	3	1	0	0	0	0	4	0
0	2	1	0	0	0	0	5	0
0	0	0	0	0	0	0	3	1
0	0	0	0	0	0	0	0	0
48	**121**	**197**	**104**	**33**	**10**	**55**	**189**	**39**
3	6	5	4	1	0	4	13	1
28	58	57	34	17	5	17	95	10
13	46	72	42	8	2	29	53	22
3	11	59	23	6	3	5	27	6
1	0	4	1	1	0	0	1	0
184	**794**	**1040**	**343**	**134**	**55**	**237**	**371**	**121**
8	26	22	10	4	1	7	10	2
68	287	287	86	66	27	48	107	30
67	292	469	178	50	21	103	167	47
40	179	209	56	11	5	75	84	34
1	10	53	13	3	1	4	3	8
8	**31**	**78**	**30**	**1**	**0**	**2**	**25**	**7**
1	0	0	0	0	0	0	0	0
2	15	15	1	0	0	0	14	1
4	10	40	22	1	0	2	6	4
1	5	20	6	0	0	0	4	1
0	1	3	1	0	0	0	1	1
36	**197**	**386**	**138**	**27**	**5**	**22**	**124**	**55**
0	1	5	1	2	0	0	0	1

3.6 专任教师

	合计	哲学	经济学	法学	教育学		文学	
					计	其中:体育	计	其中:外语
副高级	430	34	56	32	45	3	67	22
中级	904	60	89	81	118	16	138	60
初级	372	7	33	37	39	10	58	21
未定职级	48	2	7	5	4	1	4	0
湖北	**3325**	**216**	**304**	**224**	**408**	**87**	**549**	**203**
正高级	55	6	10	8	7	0	3	1
副高级	1114	74	92	78	175	22	224	77
中级	1665	114	153	107	170	52	248	108
初级	424	17	46	24	45	11	68	16
未定职级	67	5	3	7	11	2	6	1
武汉	**1112**	**62**	**167**	**51**	**94**	**24**	**129**	**51**
正高级	28	2	6	2	4	0	2	1
副高级	428	31	56	14	46	9	55	19
中级	539	26	84	32	37	10	59	24
初级	103	3	21	3	7	5	13	7
未定职级	14	0	0	0	0	0	0	0
湖南	**2346**	**117**	**210**	**204**	**271**	**56**	**431**	**152**
正高级	55	1	4	4	7	3	9	0
副高级	697	32	75	48	68	16	124	41
中级	1119	65	89	103	139	28	216	87
初级	356	14	34	36	47	6	66	18
未定职级	119	5	8	13	10	3	16	6
广东	**3127**	**120**	**361**	**200**	**385**	**77**	**716**	**269**
正高级	25	3	3	3	3	1	8	5
副高级	505	29	56	18	53	1	133	48
中级	1725	64	206	126	222	44	390	150
初级	742	22	85	49	87	26	161	58
未定职级	130	2	11	4	20	5	24	8
广州	**1082**	**12**	**102**	**65**	**174**	**37**	**204**	**84**
正高级	5	0	0	1	1	0	0	0
副高级	188	1	22	19	35	6	42	10
中级	459	9	45	26	66	15	96	47
初级	307	2	27	15	51	12	58	25
未定职级	123	0	8	4	21	4	8	2
深圳	**551**	**20**	**102**	**20**	**27**	**6**	**72**	**39**
正高级	40	2	8	1	1	0	2	0
副高级	189	5	40	5	2	0	25	6
中级	164	9	28	9	10	0	17	10

分学科情况(续表4)

单位:人

历史学	理学	工学		农学		医学	管理学	艺术学
		计	其中:计算机	计	其中:林学			
9	59	86	29	6	0	6	24	6
22	93	191	77	13	5	13	61	25
5	39	90	27	6	0	3	34	21
0	5	14	4	0	0	0	5	2
106	**329**	**633**	**262**	**91**	**20**	**76**	**292**	**97**
2	2	10	2	0	0	2	5	0
34	112	170	72	32	7	15	100	8
61	190	328	151	52	12	49	140	53
7	22	113	32	6	1	7	40	29
2	3	12	5	1	0	3	7	7
11	**75**	**337**	**101**	**6**	**1**	**6**	**150**	**24**
0	1	10	2	0	0	0	1	0
6	35	124	23	4	1	2	49	6
4	38	166	57	0	0	4	77	12
1	1	29	19	2	0	0	17	6
0	0	8	0	0	0	0	6	0
67	**256**	**457**	**229**	**41**	**6**	**45**	**207**	**40**
1	8	9	1	1	0	6	4	1
18	124	141	62	9	0	4	51	3
27	103	220	121	24	3	11	93	29
15	15	75	38	1	1	9	40	4
6	6	12	7	6	2	15	19	3
31	**278**	**588**	**322**	**27**	**8**	**2**	**311**	**108**
0	0	5	2	0	0	0	0	0
8	72	84	42	4	1	1	35	12
18	131	311	178	16	6	1	196	44
4	69	155	81	7	1	0	62	41
1	6	33	19	0	0	0	18	11
8	**37**	**327**	**124**	**1**	**0**	**1**	**99**	**52**
0	1	0	0	0	0	0	2	0
4	7	39	15	0	0	0	14	5
2	22	131	58	0	0	0	42	20
2	3	103	39	0	0	0	28	18
0	4	54	12	1	0	1	13	9
0	**54**	**112**	**54**	**9**	**0**	**1**	**52**	**82**
0	10	11	5	0	0	0	3	2
0	30	38	15	3	0	0	15	26
0	11	32	11	0	0	0	28	20

3.6 专任教师

	合计	哲学	经济学	法学	教育学		文学	
					计	其中:体育	计	其中:外语
初级	45	1	4	3	0	0	8	8
未定职级	113	3	22	2	14	6	20	15
广西	**354**	**12**	**43**	**37**	**30**	**4**	**88**	**27**
正高级	6	0	1	1	0	0	2	0
副高级	67	4	16	6	4	0	20	4
中级	227	8	26	26	20	1	51	19
初级	47	0	0	4	5	3	15	4
未定职级	7	0	0	0	1	0	0	0
海南	**87**	**10**	**4**	**7**	**2**	**0**	**18**	**6**
正高级	3	0	1	0	0	0	1	0
副高级	14	3	1	1	0	0	2	1
中级	47	6	2	3	2	0	10	4
初级	21	1	0	2	0	0	5	1
未定职级	2	0	0	1	0	0	0	0
四川	**2793**	**151**	**275**	**215**	**436**	**44**	**481**	**130**
正高级	51	7	8	2	8	0	1	1
副高级	975	92	102	80	147	12	170	38
中级	1256	40	112	103	197	27	217	67
初级	418	9	40	21	67	5	84	21
未定职级	93	3	13	9	17	0	9	3
成都	**445**	**30**	**46**	**27**	**67**	**0**	**63**	**27**
正高级	32	3	7	1	7	0	5	1
副高级	118	5	13	7	22	0	17	8
中级	215	4	14	16	31	0	34	15
初级	57	7	6	3	7	0	7	3
未定职级	23	11	6	0	0	0	0	0
重庆	**1729**	**101**	**142**	**126**	**205**	**18**	**270**	**96**
正高级	52	6	2	3	5	0	9	3
副高级	523	32	41	38	83	7	101	35
中级	740	43	59	54	80	6	107	38
初级	330	9	33	26	31	4	49	20
未定职级	84	11	7	5	6	1	4	0
贵州	**2749**	**167**	**237**	**317**	**387**	**74**	**427**	**127**
正高级	34	2	1	7	7	0	6	1
副高级	537	78	42	92	73	7	70	16
中级	921	37	114	98	141	31	165	64
初级	942	37	71	111	125	33	131	40
未定职级	315	13	9	9	41	3	55	6

分学科情况(续表5)

单位:人

历史学	理学	工学		农学		医学	管理学	艺术学
		计	其中:计算机	计	其中:林学			
0	1	12	9	1	0	0	3	12
0	2	19	14	5	0	1	3	22
5	**27**	**76**	**45**	**1**	**0**	**5**	**29**	**1**
0	0	1	0	0	0	1	0	0
2	1	12	4	0	0	0	2	0
3	17	51	34	0	0	3	22	0
0	8	10	6	1	0	0	4	0
0	1	2	1	0	0	1	1	1
0	**8**	**13**	**7**	**7**	**0**	**1**	**17**	**0**
0	0	0	0	1	0	0	0	0
0	1	1	1	0	0	0	5	0
0	5	8	6	4	0	1	6	0
0	2	4	0	1	0	0	6	0
0	0	0	0	1	0	0	0	0
67	**255**	**387**	**159**	**61**	**12**	**59**	**309**	**97**
2	3	9	2	0	0	5	6	0
23	105	105	43	23	4	22	91	15
33	105	202	85	31	6	23	147	46
6	41	63	21	6	2	8	46	27
3	1	8	8	1	0	1	19	9
6	**39**	**96**	**30**	**5**	**1**	**9**	**48**	**9**
2	2	2	2	1	0	0	2	0
1	11	24	8	1	1	3	13	1
2	21	56	20	3	0	4	23	7
1	3	11	0	0	0	1	10	1
0	2	3	0	0	0	1	0	0
23	**109**	**380**	**136**	**9**	**3**	**40**	**230**	**94**
0	8	11	2	0	0	2	5	1
9	44	98	31	5	3	8	49	15
11	44	163	66	4	0	10	110	55
2	11	95	35	0	0	12	42	20
1	2	13	2	0	0	8	24	3
62	**345**	**425**	**201**	**64**	**14**	**56**	**184**	**78**
1	4	2	2	0	0	0	3	1
18	48	63	35	9	1	12	27	5
19	108	118	68	19	4	22	54	26
17	122	180	74	28	6	20	69	31
7	63	62	22	8	3	2	31	15

	合计	哲学	经济学	法学	教育学		文学	
					计	其中:体育	计	其中:外语
云南	**1075**	**53**	**88**	**91**	**122**	**20**	**176**	**70**
正高级	30	1	1	3	6	0	4	0
副高级	318	14	34	26	36	8	49	12
中级	522	28	34	47	63	6	93	47
初级	190	10	19	15	14	5	27	11
未定职级	15	0	0	0	3	1	3	0
陕西	**2403**	**139**	**289**	**161**	**315**	**36**	**417**	**147**
正高级	90	12	12	5	19	1	10	3
副高级	709	51	93	52	103	8	112	34
中级	1112	57	142	79	130	15	184	71
初级	422	15	39	24	55	10	98	35
未定职级	70	4	3	1	8	2	13	4
西安	**118**	**5**	**16**	**9**	**9**	**0**	**23**	**2**
正高级	4	1	1	0	0	0	1	0
副高级	38	3	2	1	4	0	8	1
中级	56	1	12	3	4	0	11	1
初级	16	0	0	4	0	0	3	0
未定职级	4	0	1	1	1	0	0	0
甘肃	**3371**	**172**	**257**	**247**	**474**	**73**	**628**	**237**
正高级	53	5	7	5	6	1	7	2
副高级	688	44	47	55	103	13	124	31
中级	1440	82	124	118	206	18	298	124
初级	987	32	60	54	135	37	176	76
未定职级	203	9	19	15	24	4	23	4
青海	**339**	**9**	**22**	**43**	**46**	**3**	**91**	**17**
正高级	12	0	0	3	3	0	3	0
副高级	146	7	9	18	23	2	42	8
中级	131	2	11	16	18	1	32	6
初级	48	0	2	5	2	0	13	3
未定职级	2	0	0	1	0	0	1	0
宁夏	**246**	**14**	**36**	**15**	**39**	**2**	**28**	**9**
正高级	12	1	0	2	1	0	3	1
副高级	100	8	18	6	17	1	10	6
中级	90	3	9	3	18	0	14	1
初级	28	1	7	0	1	0	0	0
未定职级	16	1	2	4	2	1	1	1
新疆	**1615**	**62**	**160**	**275**	**312**	**19**	**318**	**70**
正高级	9	0	1	4	0	0	1	0

分学科情况(续表6)

单位:人

历史学	理学	工学		农学		医学	管理学	艺术学
		计	其中:计算机	计	其中:林学			
24	**122**	**214**	**75**	**27**	**6**	**43**	**75**	**40**
1	5	5	0	3	0	0	1	0
7	55	67	20	4	1	6	14	6
12	54	103	37	17	5	10	37	24
2	8	39	18	3	0	22	22	9
2	0	0	0	0	0	5	1	1
68	**208**	**487**	**188**	**73**	**12**	**56**	**135**	**55**
8	5	9	2	5	2	1	4	0
28	51	126	38	21	1	17	40	15
24	99	246	110	28	6	26	70	27
7	39	91	35	13	1	12	18	11
1	14	15	3	6	2	0	3	2
1	**7**	**16**	**8**	**1**	**0**	**5**	**23**	**3**
0	0	1	1	0	0	0	0	0
1	3	6	4	0	0	2	8	0
0	4	8	3	1	0	2	8	2
0	0	1	0	0	0	1	6	1
0	0	0	0	0	0	0	1	0
88	**306**	**579**	**256**	**164**	**40**	**123**	**261**	**72**
2	6	2	2	3	1	4	5	1
13	70	117	44	35	7	13	54	13
34	115	203	110	71	15	53	115	21
33	92	214	92	40	14	39	79	33
6	23	43	8	15	3	14	8	4
2	**26**	**42**	**25**	**0**	**0**	**22**	**32**	**4**
0	1	2	2	0	0	0	0	0
2	9	10	7	0	0	12	11	3
0	11	19	14	0	0	7	14	1
0	5	11	2	0	0	3	7	0
0	0	0	0	0	0	0	0	0
1	**19**	**41**	**19**	**2**	**1**	**13**	**34**	**4**
0	1	1	1	0	0	0	3	0
0	11	14	7	0	0	2	14	0
1	4	16	9	1	1	7	11	3
0	2	9	2	1	0	3	3	1
0	1	1	0	0	0	1	3	0
36	**158**	**159**	**106**	**32**	**6**	**4**	**81**	**18**
0	0	1	0	1	0	0	1	0

3.6 专任教师

	合计	哲学	经济学	法学	教育学		文学	
					计	其中:体育	计	其中:外语
副高级	387	23	45	71	46	3	86	25
中级	678	24	65	122	124	7	156	26
初级	437	15	33	61	107	9	65	18
未定职级	104	0	16	17	35	0	10	1
新疆兵团	**403**	**19**	**36**	**25**	**31**	**12**	**59**	**24**
正高级	13	2	1	3	1	0	2	1
副高级	63	6	7	6	3	0	16	4
中级	136	5	15	13	9	2	17	8
初级	146	6	10	2	14	9	20	10
未定职级	45	0	3	1	4	1	4	1
八一学院	**83**	**0**	**0**	**15**	**0**	**0**	**0**	**0**
正高级	13	0	0	4	0	0	0	0
副高级	29	0	0	8	0	0	0	0
中级	25	0	0	3	0	0	0	0
初级	5	0	0	0	0	0	0	0
未定职级	11	0	0	0	0	0	0	0
总参学院	**35**	**6**	**7**	**3**	**4**	**0**	**0**	**0**
正高级	0	0	0	0	0	0	0	0
副高级	15	3	4	3	0	0	0	0
中级	20	3	3	0	4	0	0	0
初级	0	0	0	0	0	0	0	0
未定职级	0	0	0	0	0	0	0	0
残疾人教育学院	**68**	**0**	**10**	**5**	**7**	**0**	**15**	**2**
正高级	6	0	1	0	1	0	2	0
副高级	15	0	2	0	1	0	6	0
中级	30	0	7	4	4	0	3	2
初级	12	0	0	1	1	0	2	0
未定职级	5	0	0	0	0	0	2	0

分学科情况(续表7)

单位:人

历史学	理学	工学		农学		医学	管理学	艺术学
		计	其中:计算机	计	其中:林学			
6	36	38	21	4	1	1	25	6
9	38	75	54	19	2	1	37	8
20	65	42	28	8	3	2	15	4
1	19	3	3	0	0	0	3	0
8	**65**	**98**	**27**	**25**	**0**	**9**	**17**	**11**
0	0	2	0	2	0	0	0	0
3	7	4	2	5	0	0	6	0
2	31	20	13	12	0	4	7	1
3	17	56	8	6	0	4	1	7
0	10	16	4	0	0	1	3	3
0	**0**	**36**	**9**	**0**	**0**	**0**	**32**	**0**
0	0	6	3	0	0	0	3	0
0	0	13	5	0	0	0	8	0
0	0	9	1	0	0	0	13	0
0	0	2	0	0	0	0	3	0
0	0	6	0	0	0	0	5	0
0	**0**	**0**	**0**	**0**	**0**	**0**	**15**	**0**
0	0	0	0	0	0	0	0	0
0	0	0	0	0	0	0	5	0
0	0	0	0	0	0	0	10	0
0	0	0	0	0	0	0	0	0
0	0	0	0	0	0	0	0	0
1	**3**	**13**	**8**	**0**	**0**	**5**	**4**	**5**
0	0	2	1	0	0	0	0	0
1	1	3	2	0	0	1	0	0
0	0	6	3	0	0	0	3	3
0	2	2	2	0	0	1	1	2
0	0	0	0	0	0	3	0	0

IV　资产及校舍情况

本章反映国家开放大学全国办学系统资产及校舍的情况。

主要内容包括：

• 学校产权资产情况；

• 非学校产权资产情况；

• 学校产权校舍建筑面积；

• 非学校产权校舍建筑面积。

指标解释

• **学校产权 - 独立使用**：是指供开放教育独立使用的、属于学校产权的资产/校舍建筑面积。

• **学校产权 - 共同使用**：是指开放教育和其他教育形式共同使用的、属于学校产权的资产/校舍建筑面积。

• **非学校产权 - 独立使用**：是指供开放教育独立使用的、不属于学校产权的资产/校舍建筑面积。

• **非学校产权 - 共同使用**：是指开放教育和其他教育形式共同使用的、不属于学校产权的资产/校舍建筑面积。

• **固定资产总值**：是指使用期限超过一年，单位价值在 1 000 元以上（其中：专用设备单位价值在 1 500 元以上），并在使用过程中基本保持原有物质形态的资产的总值。单位价值虽未达到规定标准，但是耐用时间在一年以上的大批同类物资，作为固定资产管理。学校的固定资产一般分为六类：房屋及构筑物，专用设备，通用设备，文物和陈列品，图书、档案，家具、用具、装具及动植物。

• **教学、科研仪器设备资产值**：是指学校固定资产中用于教学、实验、科研等仪器设备的资产值。

• **信息化设备资产值**：包含计入固定资产的服务器、PC 机、交换机、路由器、防火墙、存储设备、打印机、投影仪、扫描仪、以及软件等的资产值。

• **图书**：是指学校图书馆及院系（所）资料（情报）室拥有的正式出版书籍。

• **计算机数**：是指计入学校固定资产或未计入学校固定资产但已投入使用的个人台式机、笔记本计算机和智能电视、平板电脑（Pad）的台数。

• **教学用计算机**：即 PC，包括台式机、笔记本计算机及可联网的智能电视。

• **教学用平板电脑**：即 Pad，指显示屏在 7 英寸以上的智能 Pad。

• **教室（间）**：是指学校里进行教学的房间。

• **网络多媒体教室**：是指接入互联网或校园网、并可实现数字教育资源等多媒体教学内容向全体学生展示功能的教室。可为专用教室，也可在普通教室中配置相关设备实现相关功能。

• **占地面积**：是指学校具有国家颁发的土地使用权证所占用的土地面积。不包括农场、林场的占地面积。

• **教室（平方米）：**包括各种一般教室（小教室、中教室、合班教室、阶梯教室）、制图教室及附属用房等。艺术院校教室包括公共基础课（文化课）、专业基础课、专业课教室（琴房、形体房、画室、各种中、小型排练用房等）及附属用房等。

• **图书馆：**包括各种单独建设的阅览室、书库、目录厅、出纳厅、内部业务用房（采编室、装订室、业务咨询辅导室、业务资料编辑室、美工室等）、技术设备用房（微机室、缩微照像室、暗室、图书消毒室、声像控制室、复印室等）、办公及辅助用房（行政办公室、会议室、接待室、读者衣物寄存处、饮水处等），其他建筑中的阅览室、图书室、资料室等不计入图书馆用房面积，应计入其服务的各类功能用房面积。

• **实验室、实习场所：**包括教学实验用房（公共基础课、专业基础课、专业课所需的各种实验室、计算机房、语音室及附属用房）；实习实训用房（包括工程训练中心）；自选科研项目及学生科技创新用房；研究生学习、实验、科研补助用房。艺术院校的实验室习惯称实习及附属用房，其内容包括大型观摩、排练、实习演出、展览陈列、摄影棚、洗印车间等用房。

• **专用科研用房：**是指科学研究、设计、开发、使用的用房，不同于用于公共教学的实验室。

• **体育馆：**非体育院校的体育馆主要包括风雨操场、体育馆、游泳馆、健身房、乒乓球（羽毛球）房、体操房、体质测试用房及器械库、淋浴、更衣室、卫生间等附属用房。

• **会堂：**是指供集会或举行文化、学术会议的独立建筑。

• **行政办公用房：**包括校行政办公用房和学院办公用房。校行政办公用房包括校级党政办公室、会议室、校史室、档案室、文印室、广播室、接待室、网络中心、财务结算中心等。院系办公用房包括院系党政（团）办公室、教师办公室、教研室、学籍档案室、资料室、会议室及接待室等。

• **学生宿舍（公寓）：**包括居室、盥洗室、厕所、公用活动室、管理人员办公室等。

• **学生食堂：**包括餐厅、厨房及附属用房（主副食加工间、主副食库、餐具库、冷库、配餐间、炊事员更衣室、淋浴室、休息室、厕所等）、食堂办公室等。

• **教工宿舍（公寓）：**是指学校产权的不出售给个人的用于周转的公寓、外籍专家楼、人才楼、院士楼等。

• **教工食堂：**包括居室、盥洗室、厕所、公用活动室、管理人员办公室等。

• **生活福利及附属用房：**包括医务室（所、院）、公共浴室、食堂工人集体宿舍、汽车库（公车）、服务用房（小型超市、洗衣房等）、综合修理用房、总务仓库、锅炉房、水泵房、变电所（配电房）、消防用房、环卫绿化用房、室外厕所、传达警卫室等。大学、专门学院师生活动用房主要包括学生会、学生社团、心理咨询、帮困助学、勤工俭学、就业指导等用房，文娱活动用房，教职工（含离退休人员）活动及管理用房。

• **教工住宅：**是指学校拥有全部产权或部分产权的教职工住宅。

• **其他用房：**包括人防工程，地下停车场（库），商业用房，产业用房，对外招生的附中、附小、幼儿园，对外开放的医院，交流中心、接待中心，师范院校的培训中心等。

4.1 学校产权资产情况

	固定资产总值(万元)			图书(万册)	计算机(台)			教室(间)		占地面积(平方米)
	计	其中：教学、科研仪器设备资产值	其中：信息化设备资产值		计	其中：教学用计算机		计	其中：网络多媒体教室	
						计	其中：平板电脑			
总计	**4870620.9438**	**1247385.9197**	**395991.1789**	**9341.9179**	**642046**	**510169**	**27213**	**142731**	**26447**	**80206299.58**
独立使用	2996243.8761	777505.3690	239626.0415	4778.7065	424759	342582	17834	59042	16078	29119039.02
共同使用	1874377.0674	469880.5510	156365.1374	4563.2114	217287	167587	9379	83689	10369	51087260.55
国开总部	**111601.8200**	**2933.7700**	**6514.0000**	**10.9539**	**1926**	**831**	**2**	**33**	**10**	**15517.00**
独立使用	111601.8200	2933.7700	6514.0000	10.9539	1926	831	2	33	10	15517.00
北京	**90576.5844**	**28156.8912**	**19327.3725**	**120.7811**	**13347**	**11433**	**499**	**1025**	**738**	**405674.49**
独立使用	70115.0544	16769.1913	13096.3725	68.2011	7742	6482	419	611	361	196312.49
共同使用	20461.5300	11387.7000	6231.0000	52.5800	5605	4951	80	414	377	209362.00
北京开放大学	13882.4805	7685.6899	5019.5801	4.6234	1665	1395	2	179	42	26142.97
独立使用	13882.4805	7685.6899	5019.5801	4.6234	1665	1395	2	179	42	26142.97
东城分校	467.9700	324.2100	72.9800	0.0100	293	198	0	13	13	23806.00
独立使用	467.9700	324.2100	72.9800	0.0000	293	198	0	0	0	0.00
共同使用	0.0000	0.0000	0.0000	0.0100	0	0	0	13	13	23806.00
西城分校	1493.0000	638.0000	798.0000	10.7100	854	654	0	48	36	0.00
独立使用	0.0000	0.0000	0.0000	10.7100	0	0	0	0	0	0.00
共同使用	1493.0000	638.0000	798.0000	0.0000	854	654	0	48	36	0.00
崇文分校	12587.0000	720.0000	168.0000	5.1000	550	389	0	39	36	21000.00
独立使用	12587.0000	720.0000	168.0000	5.1000	550	389	0	39	36	21000.00
宣武学院	419.0000	239.0000	180.0000	0.5000	180	150	0	0	0	0.00
独立使用	419.0000	239.0000	180.0000	0.5000	180	150	0	0	0	0.00
朝阳分校	4578.0000	2087.0000	0.0000	7.7000	988	893	0	40	40	34706.00
共同使用	4578.0000	2087.0000	0.0000	7.7000	988	893	0	40	40	34706.00
海淀分校	0.0000	0.0000	0.0000	6.0000	0	0	0	0	0	0.00
独立使用	0.0000	0.0000	0.0000	6.0000	0	0	0	0	0	0.00
丰台分校	3120.0000	232.8000	10.0000	4.9000	310	242	0	27	22	20996.00
独立使用	3120.0000	232.8000	10.0000	4.9000	310	242	0	27	22	20996.00
石景山分校	13047.5830	430.8325	730.8256	13.9980	689	535	0	68	63	12067.10
独立使用	13047.5830	430.8325	730.8256	13.9980	689	535	0	68	63	12067.10
昌平分校	969.0000	529.0000	3.0000	1.0000	470	440	250	21	9	4500.00
独立使用	969.0000	529.0000	3.0000	1.0000	470	440	250	21	9	4500.00
平谷分校	555.2500	2.8500	437.5000	0.6000	200	160	0	14	14	5000.00
独立使用	555.2500	2.8500	437.5000	0.6000	200	160	0	14	14	3400.00
共同使用	0.0000	0.0000	0.0000	0.0000	0	0	0	0	0	1600.00
怀柔分校	233.2700	0.0000	141.0100	0.0000	194	164	0	0	0	0.00
独立使用	233.2700	0.0000	141.0100	0.0000	194	164	0	0	0	0.00
密云分校	993.0412	421.0783	571.9629	0.4300	253	253	0	19	19	3459.00
独立使用	993.0412	421.0783	571.9629	0.4300	253	253	0	19	19	3459.00
延庆分校	1517.0000	20.6900	502.0000	0.3500	237	230	7	17	17	9713.00
独立使用	1517.0000	20.6900	502.0000	0.0000	237	230	7	17	17	0.00
共同使用	0.0000	0.0000	0.0000	0.3500	0	0	0	0	0	9713.00
大兴分校	2601.7200	1358.0800	1243.6300	0.3497	617	617	0	29	29	3829.42
独立使用	2601.7200	1358.0800	1243.6300	0.3497	617	617	0	29	29	3829.42
顺义分校	317.0000	317.0000	0.0000	2.0000	491	471	20	15	15	16668.00

4.1 学校产权资产情况(续表1)

	固定资产总值(万元)			图书(万册)	计算机(台)			教室(间)		占地面积(平方米)
	计	其中:教学、科研仪器设备资产值	其中:信息化设备资产值		计	其中:教学用计算机		计	其中:网络多媒体教室	
						计	其中:平板电脑			
独立使用	317.0000	317.0000	0.0000	2.0000	491	471	20	15	15	16668.00
门头沟学院	882.0000	240.0000	300.0000	0.0000	200	165	0	27	27	0.00
独立使用	882.0000	240.0000	300.0000	0.0000	156	121	0	7	7	0.00
共同使用	0.0000	0.0000	0.0000	0.0000	44	44	0	20	20	0.00
水务局工作站	6251.2798	3118.5801	3132.7000	8.9900	643	377	0	30	30	40000.00
独立使用	6251.2798	3118.5801	3132.7000	8.9900	643	377	0	30	30	40000.00
矿山工作站	788.0000	436.0000	352.0000	1.0000	105	100	0	20	15	4800.00
独立使用	788.0000	436.0000	352.0000	1.0000	105	100	0	20	15	4800.00
燕山分校	11183.4600	593.3805	31.1840	1.0000	189	140	20	15	5	2700.00
独立使用	11183.4600	593.3805	31.1840	1.0000	189	140	20	15	5	2700.00
医药分校	3053.5300	1836.7000	942.0000	12.6000	310	290	0	23	23	9100.00
共同使用	3053.5300	1836.7000	942.0000	12.6000	310	290	0	23	23	9100.00
供销社分校	420.0000	220.0000	180.0000	0.0000	180	150	0	61	32	5400.00
独立使用	0.0000	0.0000	0.0000	0.0000	0	0	0	61	32	5400.00
共同使用	420.0000	220.0000	180.0000	0.0000	180	150	0	0	0	0.00
北京卫校教学点	3217.0000	2406.0000	811.0000	9.9200	1129	840	0	56	56	63785.00
独立使用	0.0000	0.0000	0.0000	0.0000	0	0	0	0	0	1350.00
共同使用	3217.0000	2406.0000	811.0000	9.9200	1129	840	0	56	56	62435.00
供销学校工作站	0.0000	0.0000	0.0000	7.0000	600	580	0	40	15	44002.00
共同使用	0.0000	0.0000	0.0000	7.0000	600	580	0	40	15	44002.00
铁路卫校工作站	300.0000	100.0000	200.0000	7.0000	500	500	120	50	6	30000.00
独立使用	300.0000	100.0000	200.0000	7.0000	500	500	120	50	6	30000.00
昌平职校工作站	7700.0000	4200.0000	3500.0000	15.0000	1500	1500	80	174	174	24000.00
共同使用	7700.0000	4200.0000	3500.0000	15.0000	1500	1500	80	174	174	24000.00
天津	**63721.5294**	**19463.6940**	**3960.1609**	**115.1700**	**10128**	**8544**	**150**	**1645**	**1090**	**692995.00**
独立使用	44984.8894	14725.7240	2484.6909	79.8300	6326	5163	127	477	118	369301.00
共同使用	18736.6400	4737.9700	1475.4700	35.3400	3802	3381	23	1168	972	323694.00
天津广播电视大学	10223.5859	4372.0005	507.5609	12.3800	856	632	0	94	39	16723.00
独立使用	10223.5859	4372.0005	507.5609	12.3800	856	632	0	94	39	16723.00
新华分校	5693.0000	1132.0000	60.0000	6.7000	450	350	0	23	1	13500.00
独立使用	5693.0000	1132.0000	60.0000	6.7000	450	350	0	23	1	13500.00
南开分校	711.5000	88.5000	0.0000	3.1300	330	330	0	47	16	13478.00
共同使用	711.5000	88.5000	0.0000	3.1300	330	330	0	47	16	13478.00
河东分校	716.8200	272.4700	168.4700	6.7200	256	163	0	19	19	3600.00
共同使用	716.8200	272.4700	168.4700	6.7200	256	163	0	19	19	3600.00
河西分校	87.2400	33.1400	51.1300	5.6100	400	350	0	4	4	48426.00
独立使用	87.2400	33.1400	51.1300	5.6100	400	350	0	4	4	48426.00
河北分校	46.5000	41.5000	5.0000	3.0000	370	350	0	2	1	0.00
独立使用	46.5000	41.5000	5.0000	3.0000	370	350	0	2	1	0.00
汉沽分校	278.0000	228.0000	50.0000	1.0000	250	150	0	16	2	2858.00
独立使用	278.0000	228.0000	50.0000	1.0000	250	150	0	16	2	2858.00
大港分校	3100.0000	2400.0000	350.0000	8.0000	1200	1100	60	22	10	125860.00
独立使用	3100.0000	2400.0000	350.0000	8.0000	1200	1100	60	22	10	125860.00

4.1 学校产权资产情况(续表2)

	固定资产总值(万元)			图书(万册)	计算机(台)			教室(间)		占地面积(平方米)
	计	其中：教学、科研仪器设备资产值	其中：信息化设备资产值		计	其中：教学用计算机 计	其中：平板电脑	计	其中：网络多媒体教室	
东丽分校	1290.0000	326.0000	50.0000	20.0000	346	300	0	30	8	10382.00
独立使用	1290.0000	326.0000	50.0000	20.0000	346	300	0	30	8	10382.00
津南分校	3340.7200	0.0000	0.0000	5.2400	1271	1216	15	80	80	80000.00
共同使用	3340.7200	0.0000	0.0000	5.2400	1271	1216	15	80	80	80000.00
西青分校	394.0000	138.0000	75.0000	2.5000	252	245	7	18	5	5000.00
独立使用	394.0000	138.0000	75.0000	2.5000	252	245	7	18	5	5000.00
北辰分校	2924.0000	544.0000	0.0000	0.0000	300	0	0	35	4	20700.00
独立使用	2924.0000	544.0000	0.0000	0.0000	300	0	0	35	4	20700.00
武清分校	1266.0000	386.0000	350.0000	0.5500	410	410	0	28	6	2079.00
独立使用	1266.0000	386.0000	350.0000	0.5500	410	410	0	28	6	2079.00
静海分校	2640.0000	721.0000	115.0000	6.0000	749	650	0	40	20	87458.00
共同使用	2640.0000	721.0000	115.0000	6.0000	749	650	0	40	20	87458.00
宝坻分校	1461.0000	553.0000	14.0000	1.9500	422	360	6	35	5	13435.00
共同使用	1461.0000	553.0000	14.0000	1.9500	422	360	6	35	5	13435.00
宁河分校	434.0000	284.0000	6.0000	1.2000	180	136	0	15	4	12000.00
独立使用	434.0000	284.0000	6.0000	1.2000	180	136	0	15	4	12000.00
化工局工作站	680.0000	0.0000	680.0000	0.0000	0	0	0	0	0	0.00
独立使用	680.0000	0.0000	680.0000	0.0000	0	0	0	0	0	0.00
纺织局工作站	442.0000	199.0000	243.0000	0.0000	160	160	0	26	5	25858.00
共同使用	442.0000	199.0000	243.0000	0.0000	160	160	0	26	5	25858.00
渤海化工工作站	3087.0000	357.0000	0.0000	4.5000	200	200	40	11	7	29000.00
独立使用	3087.0000	357.0000	0.0000	4.5000	200	200	40	11	7	29000.00
电大建工学院	5.0000	0.0000	5.0000	0.0000	210	150	0	21	21	20024.00
共同使用	5.0000	0.0000	5.0000	0.0000	210	150	0	21	21	20024.00
一商局工作站	80.6000	0.0000	80.0000	0.0000	0	0	0	0	0	0.00
共同使用	80.6000	0.0000	80.0000	0.0000	0	0	0	0	0	0.00
财贸分校	175.0000	59.0000	5.0000	8.0000	304	302	2	800	800	25841.00
共同使用	175.0000	59.0000	5.0000	8.0000	304	302	2	800	800	25841.00
电大政法学院	957.0000	254.0000	0.0000	13.2000	120	100	20	40	2	4000.00
独立使用	957.0000	254.0000	0.0000	13.2000	120	100	20	40	2	4000.00
蓟县分校	9164.0000	2845.0000	845.0000	4.3000	100	50	0	100	6	54000.00
共同使用	9164.0000	2845.0000	845.0000	4.3000	100	50	0	100	6	54000.00
天津市劳动保护学校	14524.5635	4230.0835	300.0000	1.1900	992	840	0	139	25	78773.00
独立使用	14524.5635	4230.0835	300.0000	1.1900	992	840	0	139	25	78773.00
河北	**122536.5771**	**31265.8543**	**16591.4291**	**430.3150**	**25623**	**19650**	**1948**	**5299**	**1500**	**1601618.16**
独立使用	25921.3272	5824.0578	2293.0000	96.8050	7689	5350	796	3300	696	266604.80
共同使用	96615.2499	25441.7965	14298.4291	333.5100	17934	14300	1152	1999	804	1335013.36
河北广播电视大学	6031.1021	584.8036	3388.6111	7.3900	1927	950	0	81	70	53328.00
共同使用	6031.1021	584.8036	3388.6111	7.3900	1927	950	0	81	70	53328.00
石家庄广播电视大学	34009.8398	9146.0000	5244.0000	79.5400	6048	5822	0	256	188	220445.00
共同使用	34009.8398	9146.0000	5244.0000	79.5400	6048	5822	0	256	188	220445.00
石家庄广播电视大学正定分校	660.0000	60.0000	40.0000	2.2000	180	150	0	10	6	14000.00
独立使用	660.0000	60.0000	40.0000	2.2000	180	150	0	10	6	14000.00

4.1 学校产权资产情况(续表3)

	固定资产总值(万元)			图书(万册)	计算机(台)			教室(间)		占地面积(平方米)
	计	其中:教学、科研仪器设备资产值	其中:信息化设备资产值		计	其中:教学用计算机		计	其中:网络多媒体教室	
						计	其中:平板电脑			
石家庄广播电视大学行唐分校	3.0000	2.0000	1.0000	1.0000	42	28	1	9	4	920.00
独立使用	3.0000	2.0000	1.0000	0.0000	12	8	1	2	1	570.00
共同使用	0.0000	0.0000	0.0000	1.0000	30	20	0	7	3	350.00
石家庄广播电视大学平山分校	52.0000	40.0000	10.0000	1.2000	85	80	5	3	3	6000.00
独立使用	52.0000	40.0000	10.0000	1.2000	85	80	5	3	3	6000.00
石家庄广播电视大学鹿泉分校	70.0000	20.0000	50.0000	5.0000	80	80	0	8	2	9510.00
独立使用	70.0000	20.0000	50.0000	5.0000	80	80	0	8	2	9510.00
石家庄广播电视大学藁城分校	30.0000	25.0000	5.0000	3.0000	170	120	10	11	6	13240.00
独立使用	30.0000	25.0000	5.0000	3.0000	170	120	10	11	6	13240.00
石家庄广播电视大学高邑分校	80.0000	60.0000	20.0000	2.0000	106	106	0	8	2	2668.00
独立使用	80.0000	60.0000	20.0000	2.0000	106	106	0	8	2	2668.00
石家庄广播电视大学元氏分校	232.0000	50.0000	0.0000	2.7000	85	70	0	6	6	6667.00
独立使用	232.0000	50.0000	0.0000	2.7000	85	70	0	6	6	6667.00
石家庄广播电视大学栾城分校	1000.0000	0.0000	400.0000	3.0100	145	145	3	4	4	6300.00
独立使用	0.0000	0.0000	0.0000	0.0100	5	5	0	0	0	0.00
共同使用	1000.0000	0.0000	400.0000	3.0000	140	140	3	4	4	6300.00
石家庄广播电视大学深泽分校	0.0000	0.0000	0.0000	0.0000	60	50	0	6	1	2800.00
独立使用	0.0000	0.0000	0.0000	0.0000	60	50	0	6	1	2800.00
石家庄广播电视大学赞皇分校	1000.0000	200.0000	50.0000	0.0000	100	80	80	6	6	9990.00
共同使用	1000.0000	200.0000	50.0000	0.0000	100	80	80	6	6	9990.00
石家庄科技干部进修学院教学点	0.0000	0.0000	0.0000	0.0000	65	65	5	8	3	3500.00
独立使用	0.0000	0.0000	0.0000	0.0000	65	65	5	8	3	3500.00
辛集分校	0.0000	0.0000	0.0000	1.5000	150	150	0	8	3	3500.00
共同使用	0.0000	0.0000	0.0000	1.5000	150	150	0	8	3	3500.00
唐山广播电视大学	3165.8455	1204.7273	112.2580	4.0000	352	350	0	38	6	25067.00
共同使用	3165.8455	1204.7273	112.2580	4.0000	352	350	0	38	6	25067.00
唐山广播电视大学丰润分校	24130.0000	2900.0000	1200.0000	11.0000	800	561	51	77	11	135200.00
独立使用	4130.0000	900.0000	200.0000	1.0000	63	50	0	8	1	2000.00
共同使用	20000.0000	2000.0000	1000.0000	10.0000	737	511	51	69	10	133200.00
唐山广播电视大学玉田分校	1152.3500	252.0700	662.2800	5.2300	260	200	200	36	36	14000.00
独立使用	200.0000	60.0000	0.0000	0.0000	0	0	0	18	18	2000.00
共同使用	952.3500	192.0700	662.2800	5.2300	260	200	200	18	18	12000.00
唐山广播电视大学遵化分校	262.0000	162.0000	100.0000	0.3000	180	180	0	9	3	2200.00
独立使用	262.0000	162.0000	100.0000	0.3000	180	180	0	9	3	2200.00
唐山广播电视大学迁西分校	683.0800	0.0000	189.9900	0.5000	154	154	154	10	10	3000.00
独立使用	0.0000	0.0000	0.0000	0.5000	154	154	154	10	10	3000.00
共同使用	683.0800	0.0000	189.9900	0.0000	0	0	0	0	0	0.00
唐山广播电视大学丰南分校	1000.0000	280.0000	580.0000	10.0000	266	192	8	17	4	16271.00
共同使用	1000.0000	280.0000	580.0000	10.0000	266	192	8	17	4	16271.00
唐山广播电视大学滦县分校	171.2000	87.0000	70.0000	0.5000	146	146	2	21	6	2000.00
共同使用	171.2000	87.0000	70.0000	0.5000	146	146	2	21	6	2000.00
唐山广播电视大学滦南分校	1806.5000	1321.0000	150.5000	0.6500	878	848	648	444	61	120727.00
独立使用	2.5000	2.0000	0.5000	0.0000	200	200	200	12	3	0.00

4.1 学校产权资产情况(续表4)

	固定资产总值(万元)			图书(万册)	计算机(台)			教室(间)		占地面积(平方米)
	计	其中:教学、科研仪器设备资产值	其中:信息化设备资产值		计	其中:教学用计算机 计	其中:平板电脑	计	其中:网络多媒体教室	
共同使用	1804.0000	1319.0000	150.0000	0.6500	678	648	448	432	58	120727.00
唐山广播电视大学乐亭分校	135.0000	0.0000	135.0000	0.5000	177	177	177	2	0	2200.00
独立使用	135.0000	0.0000	135.0000	0.5000	177	177	177	2	0	0.00
共同使用	0.0000	0.0000	0.0000	0.0000	0	0	0	0	0	2200.00
唐山广播电视大学唐海分校	1056.0000	497.0000	559.0000	4.5000	541	541	0	25	25	66700.00
共同使用	1056.0000	497.0000	559.0000	4.5000	541	541	0	25	25	66700.00
唐山广播电视大学路南分校	237.6200	47.0000	47.0000	30.0000	130	90	5	12	4	6217.20
独立使用	237.6200	47.0000	47.0000	30.0000	130	90	5	12	4	6087.20
共同使用	0.0000	0.0000	0.0000	0.0000	0	0	0	0	0	130.00
唐山广播电视大学古冶分校	375.2958	144.5700	103.2800	0.0000	180	0	0	13	12	8375.00
独立使用	375.2958	144.5700	103.2800	0.0000	180	0	0	13	12	8375.00
唐山广播电视大学路北分校	161.0900	161.0864	0.0000	1.2400	146	146	0	10	2	3293.00
独立使用	161.0900	161.0864	0.0000	1.2400	146	146	0	10	2	3293.00
唐山广播电视大学开平分校	100.0000	20.0000	2.0000	0.2000	71	70	1	10	2	2000.00
独立使用	100.0000	20.0000	2.0000	0.1000	71	70	1	10	2	2000.00
共同使用	0.0000	0.0000	0.0000	0.1000	0	0	0	0	0	0.00
开平农广校	51.5400	22.7100	0.0000	0.0000	46	46	0	0	0	0.00
独立使用	51.5400	22.7100	0.0000	0.0000	46	46	0	0	0	0.00
迁安农广校	35.0000	35.0000	0.0000	1.0000	80	0	0	5	3	813.60
独立使用	35.0000	35.0000	0.0000	1.0000	80	0	0	5	3	813.60
秦皇岛广播电视大学	2665.0000	236.0000	30.0000	3.1950	600	500	0	150	30	35575.00
独立使用	2665.0000	236.0000	30.0000	3.1950	600	500	0	150	30	35575.00
秦皇岛广播电视大学青龙分校	85.0000	70.0000	15.0000	0.0000	500	0	0	25	5	5700.00
独立使用	60.0000	50.0000	10.0000	0.0000	500	0	0	25	5	3600.00
共同使用	25.0000	20.0000	5.0000	0.0000	0	0	0	0	0	2100.00
秦皇岛广播电视大学昌黎分校	145.0700	113.8600	0.0000	0.1500	135	90	0	0	0	0.00
独立使用	145.0700	113.8600	0.0000	0.1500	135	90	0	0	0	0.00
秦皇岛广播电视大学卢龙分校	294.0514	155.8714	138.1800	1.5800	236	228	0	116	1	7000.00
独立使用	294.0514	155.8714	138.1800	1.5800	236	228	0	116	1	7000.00
山海关电大	45.0000	14.0000	28.0000	0.0000	46	34	0	0	0	0.00
独立使用	0.0000	0.0000	0.0000	0.0000	46	34	0	0	0	0.00
共同使用	45.0000	14.0000	28.0000	0.0000	0	0	0	0	0	0.00
秦皇岛广播电视大学抚宁分校	876.0000	629.0000	247.0000	41.0000	550	325	0	58	5	28809.00
独立使用	100.0000	30.0000	70.0000	1.0000	50	25	0	8	1	2080.00
共同使用	776.0000	599.0000	177.0000	40.0000	500	300	0	50	4	26729.00
邯郸广播电视大学	1157.9865	1157.9865	0.0000	1.9900	264	221	0	12	12	3300.00
共同使用	1157.9865	1157.9865	0.0000	1.9900	264	221	0	12	12	3300.00
邯郸广播电视大学武安分校	85.0000	5.0000	8.0000	1.0000	70	52	0	11	1	4300.00
独立使用	85.0000	5.0000	8.0000	1.0000	70	52	0	11	1	4300.00
邯郸广播电视大学鸡泽分校	50.0000	50.0000	0.0000	1.0000	150	0	0	32	2	26500.00
独立使用	50.0000	50.0000	0.0000	0.0000	60	0	0	4	0	0.00
共同使用	0.0000	0.0000	0.0000	1.0000	90	0	0	28	2	26500.00
邯郸广播电视大学峰峰矿区分校	30.0000	30.0000	0.0000	0.0000	150	0	0	33	2	20067.00

4.1 学校产权资产情况(续表5)

	固定资产总值(万元)			图书(万册)	计算机(台)			教室(间)		占地面积(平方米)
	计	其中:教学、科研仪器设备资产值	其中:信息化设备资产值		计	其中:教学用计算机		计	其中:网络多媒体教室	
						计	其中:平板电脑			
独立使用	30.0000	30.0000	0.0000	0.0000	60	0	0	3	0	0.00
共同使用	0.0000	0.0000	0.0000	0.0000	90	0	0	30	2	20067.00
邯郸广播电视大学磁县分校	100.0000	90.0000	10.0000	1.5000	30	10	0	5	1	1000.00
独立使用	100.0000	90.0000	10.0000	1.5000	30	10	0	5	1	1000.00
邯郸广播电视大学大名分校	4.0000	2.0000	1.0000	0.0000	2	2	0	5	1	680.00
独立使用	4.0000	2.0000	1.0000	0.0000	2	2	0	1	1	80.00
共同使用	0.0000	0.0000	0.0000	0.0000	0	0	0	4	0	600.00
邯郸广播电视大学涉县分校	39.2000	30.2000	1.0000	0.5000	82	12	0	2	1	150.00
独立使用	39.2000	30.2000	1.0000	0.5000	12	2	0	1	1	150.00
共同使用	0.0000	0.0000	0.0000	0.0000	70	10	0	1	0	0.00
邯郸广播电视大学邱县工作站	0.0000	0.0000	0.0000	0.0000	4	4	0	0	0	0.00
独立使用	0.0000	0.0000	0.0000	0.0000	4	4	0	0	0	0.00
邯郸广播电视大学馆陶分校	3.0000	0.0000	0.0000	0.0000	10	10	0	0	0	0.00
独立使用	3.0000	0.0000	0.0000	0.0000	10	10	0	0	0	0.00
邯郸广播电视大学永年分校	57.0000	48.0000	9.0000	0.0000	80	60	0	9	3	670.00
独立使用	57.0000	48.0000	9.0000	0.0000	80	60	0	9	3	670.00
邯郸市成安县电大工作站	48.8500	30.1500	18.7000	0.0000	0	0	0	2	0	0.00
独立使用	48.8500	30.1500	18.7000	0.0000	0	0	0	0	0	0.00
共同使用	0.0000	0.0000	0.0000	0.0000	0	0	0	2	0	0.00
承德广播电视大学	2665.0000	141.0000	30.0000	8.2900	490	306	0	41	15	30934.00
共同使用	2665.0000	141.0000	30.0000	8.2900	490	306	0	41	15	30934.00
承德广播电视大学滦平分校	133.0000	113.0000	20.0000	22.0000	100	0	0	6	2	13000.00
共同使用	133.0000	113.0000	20.0000	22.0000	100	0	0	6	2	13000.00
承德广播电视大学平泉分校	0.0000	0.0000	0.0000	4.0000	204	204	204	45	45	12000.00
共同使用	0.0000	0.0000	0.0000	4.0000	204	204	204	45	45	12000.00
承德广播电视大学丰宁分校	9800.0000	2635.0000	180.0000	30.0000	510	360	120	240	130	202590.00
共同使用	9800.0000	2635.0000	180.0000	30.0000	510	360	120	240	130	202590.00
承德广播电视大学宽城工作站	2000.0000	1000.0000	500.0000	5.0000	230	0	0	50	50	60060.00
共同使用	2000.0000	1000.0000	500.0000	5.0000	230	0	0	50	50	60060.00
承德广播电视大学围场工作站	48.0000	46.0000	0.0000	0.0000	4	4	0	9	0	0.00
共同使用	48.0000	46.0000	0.0000	0.0000	4	4	0	9	0	0.00
承德广播电视大学隆化分校	2000.0000	1700.0000	300.0000	3.0000	267	254	13	30	5	66700.00
共同使用	2000.0000	1700.0000	300.0000	3.0000	267	254	13	30	5	66700.00
承德广播电视大学兴隆县分校	47.0000	27.0000	20.0000	10.0000	80	0	0	9	1	5400.00
共同使用	47.0000	27.0000	20.0000	10.0000	80	0	0	9	1	5400.00
承德县工作站	7.7045	0.0000	3.6600	0.0000	7	0	0	0	0	0.00
共同使用	7.7045	0.0000	3.6600	0.0000	7	0	0	0	0	0.00
邢台广播电视大学	1150.0000	50.0000	165.0000	2.2000	400	300	0	9	9	19085.00
共同使用	1150.0000	50.0000	165.0000	2.2000	400	300	0	9	9	19085.00
邢台广播电视大学宁晋分校	50.0000	20.0000	25.0000	2.0000	70	20	0	9	5	9000.00
独立使用	15.0000	0.0000	15.0000	2.0000	70	20	0	3	2	6000.00
共同使用	35.0000	20.0000	10.0000	0.0000	0	0	0	6	3	3000.00
邢台广播电视大学巨鹿分校	156.0000	150.0000	6.0000	2.0000	35	34	1	10	10	3820.80

4.1 学校产权资产情况(续表6)

	固定资产总值(万元)			图书(万册)	计算机(台)			教室(间)		占地面积(平方米)
	计	其中:教学、科研仪器设备资产值	其中:信息化设备资产值		计	其中:教学用计算机		计	其中:网络多媒体教室	
						计	其中:平板电脑			
共同使用	156.0000	150.0000	6.0000	2.0000	35	34	1	10	10	3820.80
邢台广播电视大学临西分校	0.0000	0.0000	0.0000	0.0000	12	12	0	0	0	0.00
独立使用	0.0000	0.0000	0.0000	0.0000	5	5	0	0	0	0.00
共同使用	0.0000	0.0000	0.0000	0.0000	7	7	0	0	0	0.00
邢台广播电视大学广宗分校	200.0000	0.0000	0.0000	0.0000	90	0	0	2	2	4635.00
独立使用	200.0000	0.0000	0.0000	0.0000	90	0	0	2	2	4635.00
邢台广播电视大学隆尧分校	10.0000	10.0000	0.0000	3.5000	97	90	0	30	30	780.00
独立使用	0.0000	0.0000	0.0000	0.0000	7	0	0	0	0	80.00
共同使用	10.0000	10.0000	0.0000	3.5000	90	90	0	30	30	700.00
邢台广播电视大学南宫分校.	21.5000	5.5000	16.0000	0.2300	25	0	0	0	0	0.00
独立使用	21.5000	5.5000	16.0000	0.2300	25	0	0	0	0	0.00
邢台广播电视大学内邱分校	55.0000	50.0000	5.0000	0.5000	2	1	1	1	1	500.00
独立使用	55.0000	50.0000	5.0000	0.5000	2	1	1	1	1	500.00
邢台南和县教师进修学校	5.0000	3.0000	2.0000	3.0000	90	80	10	6	2	0.00
共同使用	5.0000	3.0000	2.0000	3.0000	90	80	10	6	2	0.00
保定广播电视大学	8167.0000	966.9000	549.0000	0.7000	520	360	0	50	20	23782.00
独立使用	8167.0000	966.9000	549.0000	0.7000	520	360	0	50	20	23782.00
保定广播电视大学涿州分校	134.0000	47.0000	47.0000	0.1700	215	185	0	12	12	5060.00
独立使用	134.0000	47.0000	47.0000	0.1700	215	185	0	12	12	5060.00
保定广播电视大学曲阳分校	79.2100	60.2100	8.0000	0.7100	79	79	1	0	0	0.00
共同使用	79.2100	60.2100	8.0000	0.7100	79	79	1	0	0	0.00
保定广播电视大学蠡县分校	65.0000	35.0000	30.0000	0.5000	115	70	5	10	3	5200.00
独立使用	65.0000	35.0000	30.0000	0.5000	115	70	5	10	3	5200.00
保定广播电视大学涞源分校	18.0000	7.4000	2.6000	0.4000	90	90	0	3	3	2300.00
独立使用	18.0000	7.4000	2.6000	0.4000	90	90	0	3	3	2300.00
保定广播电视大学雄县分校	45.0000	27.0000	18.0000	0.2000	42	33	0	0	0	75.00
独立使用	0.0000	0.0000	0.0000	0.2000	0	0	0	0	0	75.00
共同使用	45.0000	27.0000	18.0000	0.0000	42	33	0	0	0	0.00
保定广播电视大学定兴分校	82.0000	15.0000	24.0000	1.0000	90	1	0	6	3	1400.00
独立使用	82.0000	15.0000	24.0000	1.0000	90	1	0	6	3	1400.00
保定广播电视大学易县分校	11.5000	10.0000	1.5000	0.0000	0	0	0	0	0	200.00
独立使用	9.0000	8.0000	1.0000	0.0000	0	0	0	0	0	0.00
共同使用	2.5000	2.0000	0.5000	0.0000	0	0	0	0	0	200.00
保定广播电视大学博野分校	99.0000	39.0000	30.0000	0.2800	56	34	0	2	2	750.00
独立使用	0.0000	0.0000	0.0000	0.2800	22	0	0	0	0	750.00
共同使用	99.0000	39.0000	30.0000	0.0000	34	34	0	2	2	0.00
保定广播电视大学安国分校	50.0000	3.0000	45.0000	0.5200	100	85	0	20	3	1750.00
独立使用	50.0000	3.0000	45.0000	0.0000	100	85	0	10	3	750.00
共同使用	0.0000	0.0000	0.0000	0.5200	0	0	0	10	0	1000.00
保定广播电视大学望都分校	21.3100	10.8100	10.4400	1.0000	47	47	0	4	1	9800.00
独立使用	21.3100	10.8100	10.4400	1.0000	47	47	0	4	1	9800.00
保定广播电视大学徐水分校	390.0000	50.0000	30.0000	1.2000	150	150	0	14	8	17394.00
独立使用	390.0000	50.0000	30.0000	1.2000	150	150	0	14	8	17394.00

4.1 学校产权资产情况(续表7)

	固定资产总值(万元)			图书(万册)	计算机(台)			教室(间)		占地面积(平方米)
	计	其中:教学、科研仪器设备资产值	其中:信息化设备资产值		计	其中:教学用计算机 计	其中:平板电脑	计	其中:网络多媒体教室	
保定广播电视大学容城分校	2.0000	0.0000	0.0000	0.0000	5	0	0	2	0	280.00
独立使用	1.0000	0.0000	0.0000	0.0000	5	0	0	1	0	80.00
共同使用	1.0000	0.0000	0.0000	0.0000	0	0	0	1	0	200.00
保定广播电视大学满城分校	400.0000	300.0000	50.0000	1.7000	126	76	76	48	6	9865.00
独立使用	400.0000	300.0000	50.0000	1.7000	126	76	76	48	6	9865.00
保定广播电视大学清苑分校	130.0000	80.0000	50.0000	3.0000	227	216	11	13	4	3500.00
独立使用	100.0000	50.0000	50.0000	1.0000	137	126	11	8	2	2000.00
共同使用	30.0000	30.0000	0.0000	2.0000	90	90	0	5	2	1500.00
保定广播电视大学涞水分校	34.0000	0.0000	29.0000	0.1000	28	28	0	0	0	0.00
独立使用	34.0000	0.0000	29.0000	0.1000	28	28	0	0	0	0.00
保定广播电视大学高阳分校	128.0000	12.0000	2.0000	1.1000	86	0	0	3	2	1120.00
独立使用	55.0000	5.0000	1.0000	0.5000	13	0	0	1	1	450.00
共同使用	73.0000	7.0000	1.0000	0.6000	73	0	0	2	1	670.00
保定广播电视大学高碑店分校	3.5000	3.0000	0.0000	0.0000	110	80	30	1	1	3000.00
独立使用	3.5000	3.0000	0.0000	0.0000	110	80	30	1	1	1500.00
共同使用	0.0000	0.0000	0.0000	0.0000	0	0	0	0	0	1500.00
保定广播电视大学顺平分校	0.0000	0.0000	0.0000	0.1000	18	2	0	0	0	0.00
共同使用	0.0000	0.0000	0.0000	0.1000	18	2	0	0	0	0.00
保定广播电视大学阜平分校	41.0000	40.0000	1.0000	1.5000	105	100	5	18	6	1000.00
独立使用	41.0000	40.0000	1.0000	1.5000	105	100	5	18	6	1000.00
定州分校	50.0000	50.0000	0.0000	11.0000	70	60	0	7	1	400.00
独立使用	50.0000	50.0000	0.0000	6.0000	60	50	0	3	1	350.00
共同使用	0.0000	0.0000	0.0000	5.0000	10	10	0	4	0	50.00
张家口广播电视大学	60.0000	40.0000	20.0000	0.7000	400	300	0	18	8	25974.00
共同使用	60.0000	40.0000	20.0000	0.7000	400	300	0	18	8	25974.00
张家口广播电视大学怀来分校	53.0000	0.0000	0.0000	1.0000	96	82	0	0	0	0.00
共同使用	53.0000	0.0000	0.0000	1.0000	96	82	0	0	0	0.00
张家口广播电视大学蔚县分校	1000.0000	820.0000	20.0000	8.0000	300	60	0	20	10	12000.00
独立使用	200.0000	120.0000	10.0000	2.0000	150	30	0	10	5	2000.00
共同使用	800.0000	700.0000	10.0000	6.0000	150	30	0	10	5	10000.00
张家口广播电视大学阳原分校	0.0000	0.0000	0.0000	1.0000	12	12	1	0	0	0.00
独立使用	0.0000	0.0000	0.0000	1.0000	12	12	1	0	0	0.00
张家口广播电视大学万全电大	0.0000	0.0000	0.0000	0.0000	50	0	0	1	1	300.00
共同使用	0.0000	0.0000	0.0000	0.0000	50	0	0	1	1	300.00
张家口广播电视大学尚义分校	0.0000	0.0000	0.0000	0.8000	40	40	40	1	1	900.00
独立使用	0.0000	0.0000	0.0000	0.8000	40	40	40	1	1	900.00
张家口广播电视大学宣化分校	275.0000	32.0000	0.0000	0.4500	95	89	6	5	5	21315.00
共同使用	275.0000	32.0000	0.0000	0.4500	95	89	6	5	5	21315.00
张家口广播电视大学沽源县分校	14.0000	5.0000	5.0000	0.0000	12	12	0	0	0	0.00
独立使用	4.0000	2.0000	2.0000	0.0000	3	3	0	0	0	0.00
共同使用	10.0000	3.0000	3.0000	0.0000	9	9	0	0	0	0.00
张家口广播电视大学张北分校	76.0000	76.0000	0.0000	0.5400	85	85	2	4	1	12000.00
共同使用	76.0000	76.0000	0.0000	0.5400	85	85	2	4	1	12000.00

4.1 学校产权资产情况(续表8)

	固定资产总值(万元)			图书(万册)	计算机(台)			教室(间)		占地面积(平方米)
	计	其中:教学、科研仪器设备资产值	其中:信息化设备资产值		计	其中:教学用计算机 计	其中:平板电脑	计	其中:网络多媒体教室	
张家口广播电视大学康保分校	45.0000	40.0000	5.0000	2.0000	35	30	5	1	1	8000.00
独立使用	45.0000	40.0000	5.0000	2.0000	35	30	5	1	1	8000.00
沧州广播电视大学	136.0000	46.0000	46.0000	0.0000	320	320	0	37	4	8743.56
共同使用	136.0000	46.0000	46.0000	0.0000	320	320	0	37	4	8743.56
沧州广播电视大学任丘分校	135.0000	5.0000	120.0000	0.5000	60	48	0	4	2	1200.00
独立使用	135.0000	5.0000	120.0000	0.5000	60	48	0	4	2	1200.00
沧州广播电视大学河间分校	0.0000	0.0000	0.0000	0.0300	80	54	15	30	1	2100.00
独立使用	0.0000	0.0000	0.0000	0.0300	80	54	15	20	1	1600.00
共同使用	0.0000	0.0000	0.0000	0.0000	0	0	0	10	0	500.00
沧州广播电视大学吴桥分校	50.0000	40.0000	10.0000	14.0000	60	4	0	12	3	3075.00
独立使用	0.0000	0.0000	0.0000	2.0000	30	4	0	2	1	75.00
共同使用	50.0000	40.0000	10.0000	12.0000	30	0	0	10	2	3000.00
沧州广播电视大学海兴分校	652.0000	308.0000	55.0000	5.2600	44	44	44	3	3	615.00
独立使用	652.0000	308.0000	55.0000	5.2600	44	44	44	3	3	615.00
沧州广播电视大学黄骅分校	50.0000	0.0000	50.0000	0.0000	100	0	0	20	5	732.00
独立使用	50.0000	0.0000	50.0000	0.0000	100	0	0	20	5	540.00
共同使用	0.0000	0.0000	0.0000	0.0000	0	0	0	0	0	192.00
沧州广播电视大学盐山分校	34.0000	10.0000	21.0000	0.0000	60	57	0	0	0	0.00
独立使用	34.0000	10.0000	21.0000	0.0000	60	57	0	0	0	0.00
沧州广播电视大学东光分校	30.0000	20.0000	0.5000	0.2000	100	10	3	3	1	900.00
独立使用	0.0000	0.0000	0.0000	0.0000	0	0	0	0	0	600.00
共同使用	30.0000	20.0000	0.5000	0.2000	100	10	3	3	1	300.00
沧州广播电视大学肃宁分校	20.0000	20.0000	0.0000	0.5000	40	40	5	0	0	0.00
独立使用	20.0000	20.0000	0.0000	0.5000	40	40	5	0	0	0.00
廊坊广播电视大学	1618.0717	463.6191	241.6300	1.7000	458	458	0	70	23	30215.00
共同使用	1618.0717	463.6191	241.6300	1.7000	458	458	0	70	23	30215.00
廊坊广播电视大学三河分校	0.0000	0.0000	0.0000	20.0000	220	150	0	6	4	15000.00
共同使用	0.0000	0.0000	0.0000	20.0000	220	150	0	6	4	15000.00
廊坊广播电视大学香河分校	5.0000	3.0000	2.0000	0.0000	40	40	0	0	0	350.00
独立使用	5.0000	3.0000	2.0000	0.0000	40	40	0	0	0	350.00
廊坊广播电视大学文安分校	7.0000	0.0000	6.0000	2.0000	46	35	0	15	15	520.00
独立使用	2.0000	0.0000	1.0000	0.0000	46	35	0	5	5	520.00
共同使用	5.0000	0.0000	5.0000	2.0000	0	0	0	10	10	0.00
廊坊广播电视大学固安分校	0.0000	0.0000	0.0000	6.0000	130	130	0	30	3	2500.00
共同使用	0.0000	0.0000	0.0000	6.0000	130	130	0	30	3	2500.00
廊坊广播电视大学霸州分校	600.0000	40.0000	20.0000	3.0000	200	200	0	126	6	6000.00
独立使用	300.0000	20.0000	10.0000	0.0000	0	0	0	6	3	0.00
共同使用	300.0000	20.0000	10.0000	3.0000	200	200	0	120	3	6000.00
廊坊广播电视大学永清分校	85.0000	85.0000	0.0000	0.3000	35	35	0	2	2	1021.00
独立使用	85.0000	85.0000	0.0000	0.3000	35	35	0	2	2	1021.00
廊坊广播电视大学大城分校	74.3000	65.0000	0.3000	0.0000	50	50	0	20	3	1400.00
独立使用	74.3000	65.0000	0.3000	0.0000	50	50	0	20	3	1400.00
廊坊广播电视大学大厂分校	1445.3600	424.3800	0.0000	4.1000	254	209	0	39	2	20020.00

4.1 学校产权资产情况(续表9)

	固定资产总值(万元)			图书(万册)	计算机(台)			教室(间)		占地面积(平方米)
	计	其中:教学、科研仪器设备资产值	其中:信息化设备资产值		计	其中:教学用计算机		计	其中:网络多媒体教室	
						计	其中:平板电脑			
独立使用	0.0000	0.0000	0.0000	0.0000	52	50	0	3	0	0.00
共同使用	1445.3600	424.3800	0.0000	4.1000	202	159	0	36	2	20020.00
廊坊广播电视大学开发区分校	11.5000	7.0000	3.0000	2.1000	120	115	0	7	5	80.00
独立使用	4.5000	2.0000	1.0000	0.1000	40	35	0	2	1	40.00
共同使用	7.0000	5.0000	2.0000	2.0000	80	80	0	5	4	40.00
衡水广播电视大学	3133.0000	628.0000	50.0000	1.8600	350	310	0	2436	426	1000.00
独立使用	3133.0000	628.0000	50.0000	1.8600	350	310	0	2436	426	1000.00
衡水广播电视大学安平分校	456.0000	100.0000	50.0000	0.8000	20	15	0	30	2	350.00
独立使用	456.0000	100.0000	50.0000	0.8000	20	15	0	30	2	350.00
衡水广播电视大学枣强分校	311.0000	87.0000	0.0000	1.0000	100	80	0	36	28	10244.00
独立使用	311.0000	87.0000	0.0000	1.0000	100	80	0	36	28	10244.00
河北广播电视大学省直分校	486.0000	210.0000	40.0000	1.5000	60	30	0	0	0	5000.00
共同使用	486.0000	210.0000	40.0000	1.5000	60	30	0	0	0	5000.00
山西	**38183.3413**	**12014.5222**	**6334.3223**	**135.2900**	**8376**	**6254**	**543**	**884**	**312**	**320460.50**
独立使用	33251.1513	8115.1722	5542.8823	90.6400	6203	4491	538	670	200	195352.00
共同使用	4932.1900	3899.3500	791.4400	44.6500	2173	1763	5	214	112	125108.50
山西电大省直属教学点	11021.3604	2361.3501	2291.7200	4.5000	906	707	0	88	10	32666.00
独立使用	11021.3604	2361.3501	2291.7200	4.5000	906	707	0	88	10	32666.00
省直同煤集团党校教学点	165.0000	45.0000	120.0000	0.0000	130	0	0	13	9	18015.00
独立使用	165.0000	45.0000	120.0000	0.0000	0	0	0	0	0	0.00
共同使用	0.0000	0.0000	0.0000	0.0000	130	0	0	13	9	18015.00
省直属大同大学教学点	0.0000	0.0000	0.0000	0.0600	3	3	1	0	0	0.00
独立使用	0.0000	0.0000	0.0000	0.0600	3	3	1	0	0	0.00
太原电大直属教学点	607.0000	266.0000	258.0000	1.5800	511	292	0	0	0	0.00
独立使用	607.0000	266.0000	258.0000	1.5800	511	292	0	0	0	0.00
太原电大杏花岭区教学点	110.0000	75.0000	35.0000	1.0000	69	69	0	3	2	800.00
独立使用	110.0000	75.0000	35.0000	1.0000	69	69	0	3	2	800.00
太原电大万柏林区教学点	50.0000	39.0000	11.0000	0.0000	5	4	1	0	0	500.00
共同使用	50.0000	39.0000	11.0000	0.0000	5	4	1	0	0	500.00
太原电大小店区教学点	69.0000	69.0000	0.0000	0.0000	76	62	0	20	8	650.00
独立使用	69.0000	69.0000	0.0000	0.0000	76	62	0	20	8	650.00
太原市晋源区电大工作站	60.0000	60.0000	0.0000	0.0000	32	30	0	3	1	360.00
共同使用	60.0000	60.0000	0.0000	0.0000	32	30	0	3	1	360.00
太原电大清徐县教学点	175.9200	34.9200	0.0000	0.6000	50	50	0	4	2	700.00
独立使用	175.9200	34.9200	0.0000	0.6000	50	50	0	4	2	700.00
古交市电大工作站	0.0000	0.0000	0.0000	0.1000	0	0	0	0	0	0.00
独立使用	0.0000	0.0000	0.0000	0.1000	0	0	0	0	0	0.00
太原电大卫校教学点	80.0000	65.0000	0.0000	2.6000	100	96	96	10	4	690.00
独立使用	80.0000	65.0000	0.0000	0.0000	100	96	96	10	4	690.00
共同使用	0.0000	0.0000	0.0000	2.6000	0	0	0	0	0	0.00
娄烦县教师进修学校	11.3500	1.3500	10.0000	0.5000	32	18	0	0	0	0.00
共同使用	11.3500	1.3500	10.0000	0.5000	32	18	0	0	0	0.00
大同电大直属教学点	431.8000	24.5000	84.3000	4.2000	150	150	150	16	2	3400.00

4.1 学校产权资产情况(续表10)

	固定资产总值(万元)			图书(万册)	计算机(台)			教室(间)		占地面积(平方米)
	计	其中:教学、科研仪器设备资产值	其中:信息化设备资产值		计	其中:教学用计算机 计	其中:教学用计算机 其中:平板电脑	计	其中:网络多媒体教室	
独立使用	431.8000	24.5000	84.3000	4.2000	150	150	150	16	2	3400.00
大同电大灵丘县教学点	0.0000	0.0000	0.0000	0.0000	40	40	0	17	1	340.00
独立使用	0.0000	0.0000	0.0000	0.0000	40	40	0	8	1	160.00
共同使用	0.0000	0.0000	0.0000	0.0000	0	0	0	9	0	180.00
大同电大浑源县教学点	0.0000	0.0000	0.0000	0.5000	5	3	2	1	1	300.00
独立使用	0.0000	0.0000	0.0000	0.5000	5	3	2	1	1	300.00
阳泉电大直属教学点	530.0239	218.6970	203.4700	1.5000	180	115	0	10	10	3066.00
独立使用	530.0239	218.6970	203.4700	1.5000	180	115	0	10	10	3066.00
阳泉电大盂县教学点	50.0000	50.0000	0.0000	2.0000	144	72	0	15	3	5320.00
独立使用	50.0000	50.0000	0.0000	2.0000	72	72	0	15	3	5320.00
共同使用	0.0000	0.0000	0.0000	0.0000	72	0	0	0	0	0.00
阳泉电大阳煤教学点	1000.0000	600.0000	400.0000	10.0000	660	660	0	56	50	53000.00
共同使用	1000.0000	600.0000	400.0000	10.0000	660	660	0	56	50	53000.00
阳泉电大郊区教学点	14.0000	6.0000	8.0000	0.4000	90	70	4	5	3	800.00
独立使用	14.0000	6.0000	8.0000	0.4000	90	70	4	5	3	800.00
阳泉电大晋东厂教学点	210.0000	0.0000	0.0000	0.5000	30	30	3	10	1	825.00
独立使用	210.0000	0.0000	0.0000	0.5000	30	30	3	10	1	825.00
阳泉电大平定县教学点	183.0000	60.0000	60.0000	0.2800	63	40	0	6	2	5518.00
独立使用	183.0000	60.0000	60.0000	0.2800	63	40	0	6	2	5518.00
长治电大直属教学点	1557.0000	818.0000	435.0000	8.2900	897	665	27	80	20	33591.00
独立使用	1557.0000	818.0000	435.0000	7.2900	697	515	27	40	10	20251.00
共同使用	0.0000	0.0000	0.0000	1.0000	200	150	0	40	10	13340.00
长治电大潞城市教学点	92.0000	47.0000	45.0000	0.1900	57	49	0	9	1	7534.00
独立使用	92.0000	47.0000	45.0000	0.1900	57	49	0	9	1	7534.00
晋城电大直属教学点	1181.2574	112.9990	416.7044	0.6900	313	230	0	0	0	0.00
独立使用	1181.2574	112.9990	416.7044	0.6900	313	230	0	0	0	0.00
晋城电大高平市教学点	100.0000	5.0000	10.0000	2.0000	100	60	0	10	4	3000.00
独立使用	100.0000	5.0000	10.0000	2.0000	100	60	0	10	4	3000.00
忻州电大直属教学点	1.5000	0.7000	0.8000	2.0000	110	110	20	12	10	13070.00
独立使用	1.5000	0.7000	0.8000	0.0000	40	40	20	2	0	370.00
共同使用	0.0000	0.0000	0.0000	2.0000	70	70	0	10	10	12700.00
忻州电大静乐县教学点	3000.0000	50.0000	20.0000	0.5000	40	30	1	6	1	2300.00
独立使用	3000.0000	50.0000	20.0000	0.5000	40	30	1	6	1	2300.00
晋中电大介休市教学点	158.1600	78.1600	80.0000	0.7100	0	0	0	10	0	2507.00
独立使用	158.1600	78.1600	80.0000	0.7100	0	0	0	10	0	2507.00
晋中电大昔阳县教学点	0.0000	0.0000	0.0000	1.0000	14	0	0	0	0	500.00
独立使用	0.0000	0.0000	0.0000	1.0000	14	0	0	0	0	500.00
晋中电大平遥县教学点	57.0000	0.5900	34.8000	0.4000	67	45	0	0	0	0.00
独立使用	57.0000	0.5900	34.8000	0.4000	67	45	0	0	0	0.00
晋中电大太谷县教学点	3000.0000	2600.0000	400.0000	0.0000	1	1	1	0	0	0.00
独立使用	1500.0000	1300.0000	200.0000	0.0000	1	1	1	0	0	0.00
共同使用	1500.0000	1300.0000	200.0000	0.0000	0	0	0	0	0	0.00
晋中电大祁县教学点	40.0000	15.0000	25.0000	0.1000	40	35	0	0	0	0.00

4.1 学校产权资产情况(续表11)

	固定资产总值(万元)			图书(万册)	计算机(台)			教室(间)		占地面积(平方米)
	计	其中:教学、科研仪器设备资产值	其中:信息化设备资产值		计	其中:教学用计算机		计	其中:网络多媒体教室	
						计	其中:平板电脑			
独立使用	40.0000	15.0000	25.0000	0.0000	40	35	0	0	0	0.00
共同使用	0.0000	0.0000	0.0000	0.1000	0	0	0	0	0	0.00
晋中电大左权县教学点	300.0000	200.0000	100.0000	2.0000	50	40	0	2	2	3600.00
独立使用	300.0000	200.0000	100.0000	2.0000	50	40	0	2	2	600.00
共同使用	0.0000	0.0000	0.0000	0.0000	0	0	0	0	0	3000.00
晋中电大和顺县教学点	138.6500	26.2000	1.8300	0.1100	50	50	0	5	1	6128.00
独立使用	138.6500	26.2000	1.8300	0.1100	50	50	0	5	1	6128.00
晋中电大榆社县教学点	110.0000	40.0000	20.0000	1.2000	50	40	0	18	3	840.00
独立使用	110.0000	40.0000	20.0000	1.2000	50	40	0	18	3	840.00
晋中电大寿阳县教学点	10.5000	10.5000	0.0000	1.0000	100	0	0	5	2	1200.00
独立使用	10.5000	10.5000	0.0000	1.0000	100	0	0	5	2	1200.00
晋中电大灵石县教学点	68.4800	65.0000	0.0000	0.0000	62	52	0	0	0	0.00
独立使用	68.4800	65.0000	0.0000	0.0000	62	52	0	0	0	0.00
吕梁电大直属教学点	221.9200	126.4700	95.4500	0.6300	175	90	0	3	3	1920.00
独立使用	221.9200	126.4700	95.4500	0.6300	175	90	0	3	3	1920.00
吕梁电大兴县教学点	120.0000	21.0000	18.0000	2.0000	60	60	60	2	1	435.00
独立使用	120.0000	21.0000	18.0000	2.0000	60	60	60	2	1	435.00
吕梁电大中阳县教学点	180.0000	55.0000	30.0000	1.0000	80	64	0	8	2	2000.00
独立使用	180.0000	55.0000	30.0000	1.0000	80	64	0	8	2	2000.00
吕梁电大孝义市教学点	0.0000	0.0000	0.0000	0.1500	70	55	0	0	0	0.00
独立使用	0.0000	0.0000	0.0000	0.1500	70	55	0	0	0	0.00
吕梁电大石楼县教学点	120.0000	30.0000	15.0000	4.0000	60	60	6	4	1	900.00
独立使用	120.0000	30.0000	15.0000	2.0000	30	30	3	4	1	900.00
共同使用	0.0000	0.0000	0.0000	2.0000	30	30	3	0	0	0.00
吕梁电大交口县教学点	120.0000	30.0000	15.0000	3.0000	33	33	5	5	1	1000.00
独立使用	120.0000	30.0000	15.0000	3.0000	33	33	5	5	1	1000.00
孝义供电支公司教培中心	14.0000	7.0000	5.0000	20.0000	55	21	2	8	4	40.00
独立使用	6.0000	4.0000	2.0000	10.0000	5	1	1	3	2	10.00
共同使用	8.0000	3.0000	3.0000	10.0000	50	20	1	5	2	30.00
临汾电大直属教学点	298.0000	210.0000	10.0000	0.8000	200	80	0	3	3	5795.00
独立使用	298.0000	210.0000	10.0000	0.8000	200	80	0	3	3	5795.00
临汾电大乡宁县教学点	0.0000	0.0000	0.0000	0.8000	43	41	0	0	0	400.00
共同使用	0.0000	0.0000	0.0000	0.8000	43	41	0	0	0	400.00
临汾电大安泽县教学点	0.0000	0.0000	0.0000	0.0000	30	30	0	3	1	4333.00
共同使用	0.0000	0.0000	0.0000	0.0000	30	30	0	3	1	4333.00
临汾电大洪洞县教学点	0.0000	0.0000	0.0000	1.0000	60	60	0	10	1	18000.00
独立使用	0.0000	0.0000	0.0000	1.0000	60	60	0	10	1	18000.00
临汾电大翼城县教学点	298.0000	210.0000	10.0000	0.8000	200	80	0	3	3	5795.00
独立使用	298.0000	210.0000	10.0000	0.8000	200	80	0	3	3	5795.00
临汾电大汾西县教学点	67.0000	33.0000	20.0000	0.1500	76	76	65	6	1	1000.00
独立使用	67.0000	33.0000	20.0000	0.1500	76	76	65	6	1	1000.00
临汾电大霍州市教学点	300.0000	200.0000	100.0000	2.0000	60	40	0	6	1	6450.00
独立使用	300.0000	200.0000	100.0000	2.0000	60	40	0	6	1	6450.00

4.1 学校产权资产情况(续表12)

	固定资产总值(万元)			图书(万册)	计算机(台)			教室(间)		占地面积(平方米)
	计	其中:教学、科研仪器设备资产值	其中:信息化设备资产值		计	其中:教学用计算机		计	其中:网络多媒体教室	
						计	其中:平板电脑			
临汾电大浮山县教学点	0.0000	0.0000	0.0000	1.0000	40	35	0	5	1	300.00
独立使用	0.0000	0.0000	0.0000	1.0000	35	35	0	3	0	100.00
共同使用	0.0000	0.0000	0.0000	0.0000	5	0	0	2	1	200.00
吉县车城联校	10.0000	0.0000	5.0000	0.0000	30	30	0	4	1	1000.00
共同使用	10.0000	0.0000	5.0000	0.0000	30	30	0	4	1	1000.00
曲沃县职业高级中学	0.0000	0.0000	0.0000	0.0000	10	10	0	4	1	2500.00
共同使用	0.0000	0.0000	0.0000	0.0000	10	10	0	4	1	2500.00
大宁县委党校	0.0000	0.0000	0.0000	0.0500	20	20	0	4	1	860.00
共同使用	0.0000	0.0000	0.0000	0.0500	20	20	0	4	1	860.00
临汾市教师进修学校	0.0000	0.0000	0.0000	0.0000	10	10	0	3	1	1500.00
共同使用	0.0000	0.0000	0.0000	0.0000	10	10	0	3	1	1500.00
中共蒲县县委党校	50.0000	50.0000	0.0000	0.5000	50	50	0	3	1	1800.00
共同使用	50.0000	50.0000	0.0000	0.5000	50	50	0	3	1	1800.00
运城电大直属教学点	1696.2600	255.7100	221.6700	0.5000	200	150	0	33	3	5200.00
独立使用	1696.2600	255.7100	221.6700	0.5000	200	150	0	33	3	5200.00
运城电大河津市教学点	0.0000	0.0000	0.0000	0.3600	50	40	2	10	1	0.00
独立使用	0.0000	0.0000	0.0000	0.3600	50	40	2	10	1	0.00
运城电大万荣县教学点	150.0000	60.0000	30.0000	1.0000	40	36	36	5	1	4000.00
独立使用	150.0000	60.0000	30.0000	1.0000	40	36	36	5	1	4000.00
运城电大芮城县教学点	210.0000	160.0000	50.0000	0.1000	40	30	0	6	2	6660.00
独立使用	210.0000	160.0000	50.0000	0.1000	40	30	0	6	2	6660.00
运城电大垣曲县教学点	196.0000	120.0000	76.0000	3.5000	55	41	41	5	1	3300.00
独立使用	60.0000	40.0000	20.0000	1.5000	41	41	41	1	1	0.00
共同使用	136.0000	80.0000	56.0000	2.0000	14	0	0	4	0	3300.00
运城电大夏县教学点	60.0000	50.0000	10.0000	11.0000	40	0	0	7	7	1660.00
独立使用	50.0000	40.0000	10.0000	10.0000	10	0	0	3	3	830.00
共同使用	10.0000	10.0000	0.0000	1.0000	30	0	0	4	4	830.00
运城电大闻喜县教学点	130.0000	70.0000	60.0000	3.0000	65	65	0	5	1	1360.00
独立使用	130.0000	70.0000	60.0000	3.0000	65	65	0	5	1	1360.00
运城电大临猗县教学点	18.0000	10.0000	8.0000	2.0000	50	48	0	2	1	2400.00
独立使用	18.0000	10.0000	8.0000	2.0000	50	48	0	2	1	2400.00
运城电大永济市教学点	8.0000	0.0000	0.0000	1.0000	30	28	1	5	1	2400.00
独立使用	8.0000	0.0000	0.0000	1.0000	30	28	1	5	1	2400.00
运城电大稷山县教学点	66.1696	1.3760	21.1380	2.0000	50	42	8	6	1	1934.00
独立使用	66.1696	1.3760	21.1380	2.0000	50	42	8	6	1	1934.00
运城电大平陆县教学点	51.0000	29.0000	10.0000	2.0000	12	0	0	37	12	300.00
独立使用	0.0000	0.0000	0.0000	0.0000	0	0	0	5	0	0.00
共同使用	51.0000	29.0000	10.0000	2.0000	12	0	0	32	12	300.00
运城电大绛县教学点	483.0000	460.0000	3.0000	0.4000	60	60	0	12	1	2270.00
独立使用	0.0000	0.0000	0.0000	0.2000	0	0	0	11	0	710.00
共同使用	483.0000	460.0000	3.0000	0.2000	60	60	0	1	1	1560.00
朔州电大直属教学点	1140.0000	1117.0000	0.0000	0.0400	223	200	0	0	0	0.00
独立使用	0.0000	0.0000	0.0000	0.0400	0	0	0	0	0	0.00

4.1 学校产权资产情况(续表13)

	固定资产总值(万元)			图书(万册)	计算机(台)			教室(间)		占地面积(平方米)
	计	其中：教学、科研仪器设备资产值	其中：信息化设备资产值		计	其中:教学用计算机 计	其中:平板电脑	计	其中:网络多媒体教室	
共同使用	1140.0000	1117.0000	0.0000	0.0000	223	200	0	0	0	0.00
朔州电大平鲁区教学点	18.1500	0.0000	0.0000	0.0000	0	0	0	0	0	0.00
独立使用	18.1500	0.0000	0.0000	0.0000	0	0	0	0	0	0.00
朔州电大山阴县教学点	4.0000	0.0000	0.0000	0.0000	29	22	0	1	0	178.00
独立使用	4.0000	0.0000	0.0000	0.0000	29	22	0	1	0	126.00
共同使用	0.0000	0.0000	0.0000	0.0000	0	0	0	0	0	52.00
朔州电大应县教学点	33.0000	21.0000	12.0000	3.0000	48	41	0	2	1	430.00
独立使用	33.0000	21.0000	12.0000	3.0000	48	41	0	2	1	430.00
公路电大直属教学点	407.3400	148.3000	79.6400	3.9000	280	280	0	5	1	4000.00
共同使用	407.3400	148.3000	79.6400	3.9000	280	280	0	5	1	4000.00
省农广校直属教学点	0.0000	0.0000	0.0000	0.5000	10	10	1	5	0	400.00
独立使用	0.0000	0.0000	0.0000	0.5000	10	10	1	2	0	0.00
共同使用	0.0000	0.0000	0.0000	0.0000	0	0	0	3	0	400.00
省直中化学习中心教学点	985.0000	85.0000	0.0000	1.3000	120	10	0	12	2	2450.00
独立使用	985.0000	85.0000	0.0000	1.3000	120	10	0	12	2	2450.00
省直柳林学习中心教学点	130.0000	16.0000	95.0000	1.0000	60	35	0	0	0	0.00
独立使用	130.0000	16.0000	95.0000	1.0000	60	35	0	0	0	0.00
省直侯马学习中心教学点	15.5000	1.7000	13.8000	6.0000	75	50	0	5	5	948.50
共同使用	15.5000	1.7000	13.8000	6.0000	75	50	0	5	5	948.50
省直临汾工商校学习中心教学点	5000.0000	192.0000	120.0000	2.8000	130	103	10	102	10	11322.00
独立使用	5000.0000	192.0000	120.0000	2.8000	130	103	10	102	10	11322.00
省直原平学习中心教学点	0.0000	0.0000	0.0000	0.0000	0	0	0	1	0	0.00
共同使用	0.0000	0.0000	0.0000	0.0000	0	0	0	1	0	0.00
省直繁峙学习中心教学点	1000.0000	200.0000	130.0000	1.5000	120	100	0	100	80	12000.00
独立使用	1000.0000	200.0000	130.0000	1.5000	120	100	0	100	80	12000.00
内蒙古	**66031.3670**	**21447.7151**	**8609.9909**	**299.0940**	**10850**	**7693**	**588**	**1154**	**502**	**1329367.64**
独立使用	32358.5848	10637.7500	4977.6149	149.6710	7241	5171	491	473	176	475561.00
共同使用	33672.7822	10809.9651	3632.3760	149.4230	3609	2522	97	681	326	853806.64
内蒙古广播电视大学	7418.3999	1436.8000	2096.9299	11.4400	1080	600	0	35	35	60560.00
独立使用	7418.3999	1436.8000	2096.9299	11.4400	1080	600	0	35	35	60560.00
呼和浩特市电大	160.0000	150.0000	5.0000	0.0000	200	180	1	4	2	880.00
独立使用	160.0000	150.0000	5.0000	0.0000	200	180	1	4	2	880.00
呼和浩特市电大和林格尔县党校	8.0000	8.0000	0.0000	0.3000	25	25	0	3	1	3600.00
共同使用	8.0000	8.0000	0.0000	0.3000	25	25	0	3	1	3600.00
呼和浩特市电大清水河县党校	80.0000	0.0000	0.0000	3.0000	30	10	0	3	0	2000.00
独立使用	80.0000	0.0000	0.0000	3.0000	30	10	0	3	0	2000.00
呼和浩特市电大武川县教师进修学校	0.0000	0.0000	0.0000	0.1000	0	0	0	0	0	0.00
独立使用	0.0000	0.0000	0.0000	0.1000	0	0	0	0	0	0.00
呼和浩特市电大托克托县教师进修学校	54.0000	54.0000	0.0000	0.3900	56	56	0	6	2	1080.00
独立使用	24.0000	24.0000	0.0000	0.1600	46	46	0	4	1	480.00
共同使用	30.0000	30.0000	0.0000	0.2300	10	10	0	2	1	600.00
呼和浩特市电大土默特左旗电教站	19.0000	5.0000	14.0000	0.0000	30	6	0	12	1	8000.00
独立使用	19.0000	5.0000	14.0000	0.0000	30	6	0	12	1	8000.00

4.1 学校产权资产情况(续表14)

	固定资产总值(万元)			图书(万册)	计算机(台)			教室(间)		占地面积(平方米)
	计	其中:教学、科研仪器设备资产值	其中:信息化设备资产值		计	其中:教学用计算机		计	其中:网络多媒体教室	
						计	其中:平板电脑			
呼市电大赛罕区教师进修学校	0.0000	0.0000	0.0000	17.0000	70	25	15	2	1	400.00
独立使用	0.0000	0.0000	0.0000	9.0000	50	25	15	1	1	200.00
共同使用	0.0000	0.0000	0.0000	8.0000	20	0	0	1	0	200.00
开放教育学院呼市赛汉区教师进修学校	0.0000	0.0000	0.0000	17.0000	70	25	15	2	0	400.00
独立使用	0.0000	0.0000	0.0000	9.0000	50	25	15	1	0	200.00
共同使用	0.0000	0.0000	0.0000	8.0000	20	0	0	1	0	200.00
包头市电大	479.0000	250.0000	164.0000	4.2000	332	224	56	32	6	8200.00
独立使用	479.0000	250.0000	164.0000	4.2000	332	224	56	32	6	8200.00
土右党校电大教学点	80.0000	80.0000	0.0000	1.5000	100	100	0	2	1	2300.00
独立使用	60.0000	60.0000	0.0000	1.5000	100	100	0	1	1	2100.00
共同使用	20.0000	20.0000	0.0000	0.0000	0	0	0	1	0	200.00
包头市电大固阳党校	20.0000	5.0000	10.0000	1.0000	55	40	0	4	1	1000.00
独立使用	20.0000	5.0000	10.0000	1.0000	55	40	0	4	1	1000.00
包头市电大白云矿区教师进修学校	45.0000	30.0000	0.0000	1.5000	26	24	0	5	1	1500.00
独立使用	45.0000	30.0000	0.0000	1.5000	26	24	0	5	1	1500.00
包头市电大达茂旗电大工作站	10000.0000	200.0000	1000.0000	1.0000	100	100	0	5	2	29203.00
独立使用	0.0000	0.0000	0.0000	1.0000	0	0	0	0	0	0.00
共同使用	10000.0000	200.0000	1000.0000	0.0000	100	100	0	5	2	29203.00
包头市轻工职业学院	15.0000	10.0000	5.0000	1.0000	10	8	0	2	1	500.00
独立使用	15.0000	10.0000	5.0000	1.0000	10	8	0	2	1	500.00
包头市电大石拐区党校	5.0000	0.0000	0.0000	1.0000	45	18	15	2	1	500.00
独立使用	5.0000	0.0000	0.0000	1.0000	45	18	15	2	1	500.00
包头市九原区党校	50.0000	30.0000	20.0000	0.0310	45	18	2	5	2	3000.00
独立使用	50.0000	30.0000	20.0000	0.0310	45	18	2	0	0	0.00
共同使用	0.0000	0.0000	0.0000	0.0000	0	0	0	5	2	3000.00
内蒙古中等职业技术学校	25.0000	10.0000	0.0000	0.0000	100	95	0	0	0	1300.00
独立使用	0.0000	0.0000	0.0000	0.0000	20	20	0	0	0	300.00
共同使用	25.0000	10.0000	0.0000	0.0000	80	75	0	0	0	1000.00
赤峰市电大	123.0000	110.0000	10.0000	0.0000	55	55	0	0	0	0.00
独立使用	123.0000	110.0000	10.0000	0.0000	55	55	0	0	0	0.00
赤峰市电大敖汉旗工作站	44.1000	12.5000	31.6000	0.7200	40	30	1	3	1	349.00
独立使用	44.1000	12.5000	31.6000	0.7200	40	30	1	3	1	349.00
赤峰市电大翁牛特党校	15.0000	10.0000	0.5000	1.0000	48	40	0	2	2	0.00
独立使用	15.0000	10.0000	0.5000	1.0000	48	40	0	2	2	0.00
赤峰市电大林西职教中心	110.0000	20.0000	30.0000	0.0000	40	40	0	20	10	1800.00
独立使用	0.0000	0.0000	0.0000	0.0000	20	20	0	10	5	900.00
共同使用	110.0000	20.0000	30.0000	0.0000	20	20	0	10	5	900.00
赤峰市电大克什克腾旗教师进修学校	551.0000	0.0000	0.0000	20.0000	164	164	1	64	5	41333.54
共同使用	551.0000	0.0000	0.0000	20.0000	164	164	1	64	5	41333.54
赤峰市电大元宝山区职教中	300.0000	100.0000	60.0000	1.0000	60	40	0	4	1	5500.00
独立使用	300.0000	100.0000	60.0000	1.0000	60	40	0	4	1	2500.00
共同使用	0.0000	0.0000	0.0000	0.0000	0	0	0	0	0	3000.00
赤峰市电大巴林左旗党校	2375.3999	2356.3999	18.7000	0.9700	25	0	0	10	3	16660.00

4.1 学校产权资产情况(续表15)

	固定资产总值(万元)			图书(万册)	计算机(台)			教室(间)		占地面积(平方米)
	计	其中:教学、科研仪器设备资产值	其中:信息化设备资产值		计	其中:教学用计算机 计	其中:平板电脑	计	其中:网络多媒体教室	
独立使用	2375.3999	2356.3999	18.7000	0.9700	25	0	0	10	3	16660.00
赤峰市电大平庄矿区职教中心	0.0000	0.0000	0.0000	0.0000	5	0	0	4	2	0.00
独立使用	0.0000	0.0000	0.0000	0.0000	5	0	0	4	2	0.00
赤峰市电大巴林右旗工作站	0.0000	0.0000	0.0000	1.0000	15	10	0	4	0	360.00
独立使用	0.0000	0.0000	0.0000	1.0000	15	10	0	4	0	360.00
赤峰市电大宁城县党校	50.0000	30.0000	10.0000	1.0300	58	40	0	10	2	24000.00
独立使用	30.0000	15.0000	8.0000	1.0000	40	40	0	9	1	12000.00
共同使用	20.0000	15.0000	2.0000	0.0300	18	0	0	1	1	12000.00
兴安盟电大	968.0000	241.0000	72.0000	2.0000	241	160	0	31	7	16000.00
独立使用	968.0000	241.0000	72.0000	2.0000	241	160	0	31	7	16000.00
兴安盟电大科右前旗教师进修学校	130.0000	75.0000	18.0000	1.7000	120	72	0	7	7	11000.00
独立使用	130.0000	75.0000	18.0000	1.7000	120	72	0	7	7	11000.00
扎赉特旗职工业余学校	45.3400	10.0000	8.0000	0.5000	17	17	0	10	1	900.00
独立使用	45.3400	10.0000	8.0000	0.5000	17	17	0	9	0	900.00
共同使用	0.0000	0.0000	0.0000	0.0000	0	0	0	1	1	0.00
内蒙古电大通辽分校	250.0000	160.0000	15.0000	9.0000	340	140	0	26	4	25600.00
独立使用	250.0000	160.0000	15.0000	0.0000	340	140	0	6	4	2600.00
共同使用	0.0000	0.0000	0.0000	9.0000	0	0	0	20	0	23000.00
通辽市奈曼旗教师进修学校	850.0000	120.0000	1.0000	5.0000	80	60	0	3	2	40000.00
独立使用	850.0000	120.0000	1.0000	5.0000	80	60	0	3	2	40000.00
科左后旗教师进修学校	750.0000	35.0000	2.0000	1.0000	55	40	0	3	3	51000.00
独立使用	750.0000	35.0000	2.0000	1.0000	55	40	0	3	3	1000.00
共同使用	0.0000	0.0000	0.0000	0.0000	0	0	0	0	0	50000.00
锡林郭勒盟电大太仆寺旗教师进修学校	510.0000	187.0000	0.0000	5.0000	90	72	0	12	3	7000.00
共同使用	510.0000	187.0000	0.0000	5.0000	90	72	0	12	3	7000.00
乌兰察布市电大	1140.0000	529.0000	30.0000	0.9600	230	230	0	19	3	4000.00
独立使用	1140.0000	529.0000	30.0000	0.9600	230	230	0	19	3	4000.00
乌兰察布市电大凉城县党校	100.0000	20.0000	0.0000	2.0000	21	17	4	4	2	1000.00
共同使用	100.0000	20.0000	0.0000	2.0000	21	17	4	4	2	1000.00
乌兰察布市电大察右后旗党校	0.0000	0.0000	0.0000	1.5000	30	12	2	3	1	2500.00
独立使用	0.0000	0.0000	0.0000	1.5000	30	12	2	3	1	2500.00
乌兰察布市电大丰镇电大工作站	46.0000	25.0000	21.0000	1.5000	50	50	8	5	1	3100.00
独立使用	46.0000	25.0000	21.0000	1.5000	50	50	8	5	1	3100.00
乌兰察布市电大化德县教师进修学校	76.0000	64.0000	12.0000	0.6000	70	70	4	18	6	2400.00
独立使用	38.0000	32.0000	6.0000	0.3000	35	35	2	9	3	1200.00
共同使用	38.0000	32.0000	6.0000	0.3000	35	35	2	9	3	1200.00
乌兰察布市电大兴和县党校	900.0000	90.0000	21.0000	1.0600	70	65	5	19	1	13332.00
共同使用	900.0000	90.0000	21.0000	1.0600	70	65	5	19	1	13332.00
乌兰察布市电大四子王旗电大工作站	76.0000	64.0000	12.0000	0.6000	70	70	4	18	6	2400.00
独立使用	38.0000	32.0000	6.0000	0.3000	35	35	2	9	3	1200.00
共同使用	38.0000	32.0000	6.0000	0.3000	35	35	2	9	3	1200.00
乌兰察布市电大察右中旗党校	1080.0000	23.0000	16.0000	3.7800	86	68	2	3	1	2680.00
独立使用	1080.0000	23.0000	16.0000	3.7800	86	68	2	3	1	2680.00

4.1 学校产权资产情况(续表16)

	固定资产总值(万元)			图书(万册)	计算机(台)			教室(间)		占地面积(平方米)
	计	其中:教学、科研仪器设备资产值	其中:信息化设备资产值		计	其中:教学用计算机 计	其中:平板电脑	计	其中:网络多媒体教室	
乌兰察布市电大卓资县党校	0.0000	0.0000	0.0000	1.0000	7	4	0	3	1	2300.00
独立使用	0.0000	0.0000	0.0000	1.0000	4	3	0	3	1	2300.00
共同使用	0.0000	0.0000	0.0000	0.0000	3	1	0	0	0	0.00
鄂尔多斯市电大	8000.0000	450.0000	250.0000	30.0000	150	120	0	20	10	1772.00
独立使用	8000.0000	450.0000	250.0000	30.0000	150	120	0	10	5	1772.00
共同使用	0.0000	0.0000	0.0000	0.0000	0	0	0	10	5	0.00
鄂市达拉特旗教研信息中心	10.0000	4.0000	6.0000	0.5000	15	15	0	8	1	350.00
共同使用	10.0000	4.0000	6.0000	0.5000	15	15	0	8	1	350.00
杭锦旗教师进修学校	780.0000	320.0000	0.0000	6.0000	80	40	0	2	1	4000.00
独立使用	780.0000	320.0000	0.0000	6.0000	80	40	0	2	1	4000.00
鄂尔多斯市伊旗党校	20.0000	18.0000	2.0000	3.0000	30	0	0	16	2	4950.00
独立使用	20.0000	18.0000	2.0000	3.0000	30	0	0	6	2	1450.00
共同使用	0.0000	0.0000	0.0000	0.0000	0	0	0	10	0	3500.00
乌审旗教师进修学校	40.0000	28.0000	2.0000	1.2000	40	0	0	9	2	1200.00
独立使用	20.0000	18.0000	1.0000	1.2000	0	0	0	6	2	1000.00
共同使用	20.0000	10.0000	1.0000	0.0000	40	0	0	3	0	200.00
鄂托克前旗教研中心	480.0000	300.0000	180.0000	12.0000	80	60	60	1	1	3564.00
独立使用	480.0000	300.0000	180.0000	12.0000	80	60	60	1	1	3564.00
鄂尔多斯市理工学校	3760.0000	2060.0000	200.0000	30.0000	150	150	0	3	3	3000.00
共同使用	3760.0000	2060.0000	200.0000	30.0000	150	150	0	3	3	3000.00
鄂尔多斯市达旗青少年活动中心	10.0000	10.0000	0.0000	0.8000	150	50	0	5	1	6200.00
独立使用	0.0000	0.0000	0.0000	0.0000	0	0	0	0	0	1200.00
共同使用	10.0000	10.0000	0.0000	0.8000	150	50	0	5	1	5000.00
巴彦淖尔市电大	302.5400	191.0000	111.5300	1.7800	260	200	2	12	7	18751.00
独立使用	302.5400	191.0000	111.5300	1.7800	260	200	2	12	7	18751.00
巴彦淖尔市电大磴口县电大工作站	11.0000	3.0000	7.0000	0.5500	13	13	0	2	0	600.00
独立使用	10.0000	3.0000	7.0000	0.5500	13	13	0	1	0	150.00
共同使用	1.0000	0.0000	0.0000	0.0000	0	0	0	1	0	450.00
巴彦淖尔市电大五原县移动通信	8.5000	6.0000	2.5000	0.2800	13	0	0	0	0	0.00
独立使用	8.5000	6.0000	2.5000	0.2800	13	0	0	0	0	0.00
乌拉特前旗干部职工培训基地教学点	390.0000	120.0000	24.0000	5.1000	185	125	60	8	2	4331.00
独立使用	390.0000	120.0000	24.0000	5.1000	185	125	60	8	2	4331.00
巴彦淖尔市电大杭锦后旗职教中心	10300.0000	4006.0000	1620.0000	4.6000	664	360	82	130	120	13500.00
独立使用	500.0000	6.0000	420.0000	0.0000	64	60	2	20	20	1500.00
共同使用	9800.0000	4000.0000	1200.0000	4.6000	600	300	80	110	100	12000.00
巴彦淖尔市电大乌拉特中旗检察院	11.0000	3.0000	7.0000	0.5500	0	0	0	0	0	320.00
独立使用	10.0000	3.0000	7.0000	0.5500	0	0	0	0	0	0.00
共同使用	1.0000	0.0000	0.0000	0.0000	0	0	0	0	0	320.00
巴彦淖尔市电大临河区农业广播学校	15.0000	6.0000	9.0000	0.3000	25	25	0	0	0	0.00
独立使用	15.0000	6.0000	9.0000	0.3000	25	25	0	0	0	0.00
巴彦淖尔市后旗党校	16.7700	10.5400	6.2300	0.9000	11	6	0	2	1	314.00
独立使用	16.7700	10.5400	6.2300	0.9000	11	6	0	2	1	314.00
乌海市电大	929.0000	566.0000	229.0000	4.5100	152	128	128	99	99	31200.00

4.1 学校产权资产情况(续表17)

	固定资产总值(万元)			图书(万册)	计算机(台)			教室(间)		占地面积(平方米)
	计	其中:教学、科研仪器设备资产值	其中:信息化设备资产值		计	其中:教学用计算机		计	其中:网络多媒体教室	
						计	其中:平板电脑			
独立使用	929.0000	566.0000	229.0000	0.0000	152	128	128	0	0	0.00
共同使用	0.0000	0.0000	0.0000	4.5100	0	0	0	99	99	31200.00
乌海市乌达星火职业培训中心	160.0000	10.0000	0.0000	0.0000	170	120	100	28	3	700.00
独立使用	160.0000	10.0000	0.0000	0.0000	170	120	100	18	3	200.00
共同使用	0.0000	0.0000	0.0000	0.0000	0	0	0	10	0	500.00
阿拉善盟电大	565.0000	345.0000	190.0000	9.0000	228	200	0	9	9	44035.00
共同使用	565.0000	345.0000	190.0000	9.0000	228	200	0	9	9	44035.00
阿拉善盟电大阿右旗职教中心	1000.0000	900.0000	0.0000	11.0000	100	60	1	15	15	35000.00
共同使用	1000.0000	900.0000	0.0000	11.0000	100	60	1	15	15	35000.00
阿拉善盟电大额济纳旗职业中学	60.0000	30.0000	30.0000	2.0000	60	0	0	2	1	620.00
独立使用	60.0000	30.0000	30.0000	0.0000	30	0	0	0	0	160.00
共同使用	0.0000	0.0000	0.0000	2.0000	30	0	0	2	1	460.00
呼伦贝尔市电大	2250.3501	859.5800	35.0860	7.4030	462	350	0	43	4	134124.00
共同使用	2250.3501	859.5800	35.0860	7.4030	462	350	0	43	4	134124.00
呼伦贝尔市电大根河市职业高中	177.0000	98.0000	79.0000	0.6500	50	50	0	10	3	13000.00
共同使用	177.0000	98.0000	79.0000	0.6500	50	50	0	10	3	13000.00
呼伦贝尔市电大额尔古纳旗职业中学	729.0000	689.0000	40.0000	0.3000	53	53	0	26	2	48000.00
共同使用	729.0000	689.0000	40.0000	0.3000	53	53	0	26	2	48000.00
呼伦贝尔市阿荣旗职业中等专业学校	648.6600	56.0000	320.3400	2.0000	200	150	0	47	30	25269.00
共同使用	648.6600	56.0000	320.3400	2.0000	200	150	0	47	30	25269.00
呼伦贝尔市莫旗职业教育中心	428.0000	48.0000	300.0000	0.2000	240	120	0	8	4	22253.00
独立使用	428.0000	48.0000	300.0000	0.0000	120	60	0	0	0	0.00
共同使用	0.0000	0.0000	0.0000	0.2000	120	60	0	8	4	22253.00
呼伦贝尔市陈旗综合高中	13.5000	7.6000	3.2500	0.5000	45	45	0	35	5	100000.00
共同使用	13.5000	7.6000	3.2500	0.5000	45	45	0	35	5	100000.00
呼伦贝尔市海拉尔区教师进修学校	500.0000	200.0000	300.0000	1.2000	150	0	0	8	6	21000.00
共同使用	500.0000	200.0000	300.0000	1.2000	150	0	0	8	6	21000.00
呼伦贝尔市鄂温克旗教师进修学校	360.0000	105.0000	0.0000	1.3000	30	6	1	5	1	4935.00
独立使用	0.0000	0.0000	0.0000	0.3000	24	0	0	0	0	0.00
共同使用	360.0000	105.0000	0.0000	1.0000	6	6	1	5	1	4935.00
呼伦贝尔市新巴尔虎左旗教师教育培训中心	1.5000	1.5000	0.0000	0.0000	20	0	0	0	0	0.00
独立使用	1.5000	1.5000	0.0000	0.0000	20	0	0	0	0	0.00
满洲里市中等职业技术学校	836.9350	761.8100	75.1250	5.0000	420	385	0	38	8	170000.00
独立使用	836.9350	761.8100	75.1250	5.0000	420	385	0	38	8	170000.00
鄂伦春教师进修学校	420.9721	72.6851	26.0000	2.0000	62	60	0	6	2	11400.00
共同使用	420.9721	72.6851	26.0000	2.0000	62	60	0	6	2	11400.00
铁道学院电大	170.0000	56.0000	73.0000	2.0000	200	180	0	15	5	1200.00
独立使用	170.0000	56.0000	73.0000	2.0000	200	180	0	15	5	1200.00
霍林河矿区电大	565.0000	420.0000	145.0000	2.1000	100	80	0	18	2	4800.00
独立使用	565.0000	420.0000	145.0000	2.1000	100	80	0	18	2	4800.00
开放教育学院薛家湾准能公司	190.1000	178.1000	1.2000	3.0000	220	220	0	12	2	1000.00
独立使用	135.1000	128.1000	0.7000	0.0000	220	220	0	12	2	1000.00
共同使用	55.0000	50.0000	0.5000	3.0000	0	0	0	0	0	0.00

4.1 学校产权资产情况(续表18)

	固定资产总值(万元)			图书(万册)	计算机(台)			教室(间)		占地面积(平方米)
	计	其中:教学、科研仪器设备资产值	其中:信息化设备资产值		计	其中:教学用计算机 计	其中:平板电脑	计	其中:网络多媒体教室	
开放教育学院四子王旗培训中心	245.0000	155.0000	0.0000	5.0000	45	44	0	1	1	4362.10
共同使用	245.0000	155.0000	0.0000	5.0000	45	44	0	1	1	4362.10
开放教育学院土默特左旗教师进修学校	52.0000	0.0000	43.0000	1.0000	42	42	0	6	1	30560.00
独立使用	0.0000	0.0000	0.0000	0.0000	0	0	0	6	1	0.00
共同使用	52.0000	0.0000	43.0000	1.0000	42	42	0	0	0	30560.00
开放教育学院和林县职业高级中学	96.0000	32.0000	35.0000	2.5800	132	91	0	8	2	400.00
独立使用	0.0000	0.0000	0.0000	0.0800	2	2	0	0	0	280.00
共同使用	96.0000	32.0000	35.0000	2.5000	130	89	0	8	2	120.00
内蒙古广播电视大学财贸金融专修学院	48.5000	25.0000	22.5000	1.5000	42	39	4	0	0	0.00
独立使用	10.5000	5.0000	4.5000	0.2600	12	10	3	0	0	0.00
共同使用	38.0000	20.0000	18.0000	1.2400	30	29	1	0	0	0.00
内蒙古职工专修学院	11.0000	0.0000	8.0000	0.3000	130	0	0	0	0	0.00
独立使用	11.0000	0.0000	8.0000	0.3000	130	0	0	0	0	0.00
锡盟正蓝旗财政局培训中心	17.0000	5.0000	10.0000	0.0000	30	0	0	3	1	1300.00
独立使用	17.0000	5.0000	10.0000	0.0000	30	0	0	1	1	500.00
共同使用	0.0000	0.0000	0.0000	0.0000	0	0	0	2	0	800.00
内蒙古网络教育专修学院	40.0000	3.0000	14.0000	2.0000	80	80	5	0	0	0.00
独立使用	10.0000	1.0000	4.0000	1.0000	30	30	5	0	0	0.00
共同使用	30.0000	2.0000	10.0000	1.0000	50	50	0	0	0	0.00
呼和浩特市鸿德教育	20.0000	10.0000	10.0000	0.1000	59	50	0	0	0	0.00
独立使用	20.0000	10.0000	10.0000	0.1000	59	50	0	0	0	0.00
扎赉诺尔矿区电大	520.0000	460.0000	60.0000	3.8000	140	100	0	40	4	110000.00
独立使用	0.0000	0.0000	0.0000	0.0000	0	0	0	10	2	0.00
共同使用	520.0000	460.0000	60.0000	3.8000	140	100	0	30	2	110000.00
大雁矿区电大	471.0000	301.0000	170.0000	3.3400	175	135	0	18	5	31200.00
独立使用	471.0000	301.0000	170.0000	3.3400	175	135	0	18	5	31200.00
内蒙古计算机专修学院	141.0000	91.0000	30.0000	2.0000	210	160	0	0	0	0.00
独立使用	141.0000	91.0000	30.0000	2.0000	210	160	0	0	0	0.00
内蒙古正镶白旗农业广播电视学校	0.8000	0.2000	0.5000	0.0200	2	0	0	0	0	20.00
独立使用	0.5000	0.1000	0.3000	0.0200	2	0	0	0	0	20.00
共同使用	0.3000	0.1000	0.2000	0.0000	0	0	0	0	0	0.00
内蒙古阿荣旗农广校	240.0000	79.0000	86.0000	0.0000	8	8	0	5	2	500.00
独立使用	240.0000	79.0000	86.0000	0.0000	8	8	0	5	2	500.00
内蒙古莫力达瓦达斡尔族自治旗农广校	0.0000	0.0000	0.0000	0.0000	3	0	0	0	0	0.00
独立使用	0.0000	0.0000	0.0000	0.0000	3	0	0	0	0	0.00
通辽市科左中旗党校	800.0000	700.0000	100.0000	2.0000	100	100	0	2	2	20000.00
独立使用	800.0000	700.0000	100.0000	2.0000	100	100	0	2	2	20000.00
内蒙古北方科技专修学院	50.0000	31.0000	10.0000	0.0000	53	53	0	0	0	0.00
独立使用	50.0000	31.0000	10.0000	0.0000	53	53	0	0	0	0.00
内蒙古职工培训学院	11.0000	3.0000	8.0000	0.0000	130	130	0	0	0	0.00
独立使用	11.0000	3.0000	8.0000	0.0000	130	130	0	0	0	0.00
呼和浩特市悦鑫电子工程技术学校	100.0000	22.0000	15.0000	0.3000	150	150	0	0	0	0.00
独立使用	100.0000	22.0000	15.0000	0.3000	150	150	0	0	0	0.00

4.1 学校产权资产情况(续表19)

	固定资产总值(万元)			图书(万册)	计算机(台)			教室(间)		占地面积(平方米)
	计	其中:教学、科研仪器设备资产值	其中:信息化设备资产值		计	其中:教学用计算机 计	其中:平板电脑	计	其中:网络多媒体教室	
内蒙古动漫专修学院	60.0000	40.0000	10.0000	0.0500	30	20	10	0	0	0.00
独立使用	40.0000	30.0000	10.0000	0.0500	30	20	10	0	0	0.00
共同使用	20.0000	10.0000	0.0000	0.0000	0	0	0	0	0	0.00
辽宁	**126894.7202**	**30006.5598**	**13349.7600**	**411.5800**	**16247**	**12873**	**832**	**1707**	**531**	**1878066.70**
独立使用	25663.8999	7012.4900	5552.8100	154.3300	8347	6662	422	659	163	506825.70
共同使用	101230.8203	22994.0698	7796.9500	257.2500	7900	6211	410	1048	368	1371241.00
辽宁广播电视大学	4869.3999	501.5800	1073.8000	2.0000	1238	707	0	30	26	17095.00
独立使用	4869.3999	501.5800	1073.8000	2.0000	1238	707	0	30	26	17095.00
鞍山电大分校	1729.0000	196.0000	547.0000	10.0000	500	430	0	34	23	12155.00
独立使用	1729.0000	196.0000	547.0000	10.0000	500	430	0	34	23	12155.00
鞍山电视大学台安分校	20.0000	15.0000	1.0000	0.0000	20	20	0	0	0	0.00
独立使用	20.0000	15.0000	1.0000	0.0000	20	20	0	0	0	0.00
岫岩职教中心	218.0000	60.0000	22.0000	1.0000	65	60	0	12	2	5000.00
独立使用	12.0000	4.0000	1.0000	0.0000	5	0	0	4	0	0.00
共同使用	206.0000	56.0000	21.0000	1.0000	60	60	0	8	2	5000.00
抚顺电大分校	49886.9492	2867.3101	1457.5500	25.4000	1705	1335	0	120	95	420492.00
共同使用	49886.9492	2867.3101	1457.5500	25.4000	1705	1335	0	120	95	420492.00
新宾电大	1205.0000	400.0000	0.0000	1.0000	250	200	0	31	5	35150.00
独立使用	5.0000	0.0000	0.0000	0.0000	0	0	0	3	0	150.00
共同使用	1200.0000	400.0000	0.0000	1.0000	250	200	0	28	5	35000.00
本溪电大分校	1230.1400	876.9100	0.0000	0.8300	840	496	344	30	6	6652.70
独立使用	1230.1400	876.9100	0.0000	0.8300	840	496	344	30	6	6652.70
本溪县电大	2460.0000	2188.0000	272.0000	1.4000	360	330	0	22	1	67000.00
独立使用	0.0000	0.0000	0.0000	0.1000	60	40	0	3	0	0.00
共同使用	2460.0000	2188.0000	272.0000	1.3000	300	290	0	19	1	67000.00
辽宁广播电视大学锦州分校	1010.0000	114.0000	254.8100	3.8000	438	315	0	19	18	5690.00
独立使用	1010.0000	114.0000	254.8100	3.8000	438	315	0	19	18	5690.00
凌海工作站	237.0000	200.0000	5.0000	5.0000	400	300	200	24	7	40000.00
共同使用	237.0000	200.0000	5.0000	5.0000	400	300	200	24	7	40000.00
义县电大	7678.0000	142.0000	117.2000	3.2000	351	325	42	35	9	33220.00
独立使用	78.0000	16.0000	15.2000	0.5000	31	25	2	5	1	720.00
共同使用	7600.0000	126.0000	102.0000	2.7000	320	300	40	30	8	32500.00
北宁电大	4950.0000	640.0000	320.0000	2.0000	440	348	0	80	6	112061.00
独立使用	4950.0000	640.0000	320.0000	2.0000	440	348	0	80	6	112061.00
锦州电大黑山工作站	180.0000	150.0000	20.0000	2.0000	150	120	0	32	1	5000.00
共同使用	180.0000	150.0000	20.0000	2.0000	150	120	0	32	1	5000.00
宽甸县电大	0.0000	0.0000	0.0000	0.0000	55	55	0	8	2	990.00
独立使用	0.0000	0.0000	0.0000	0.0000	55	55	0	8	2	990.00
凤城学院	2670.0000	23.0000	120.0000	3.0000	120	95	0	15	4	2520.00
独立使用	570.0000	23.0000	120.0000	0.0000	120	95	0	5	4	520.00
共同使用	2100.0000	0.0000	0.0000	3.0000	0	0	0	10	0	2000.00
营口电大分校	5353.0000	1595.0000	1958.0000	34.5700	1386	1187	3	178	13	150000.00
独立使用	3553.0000	1595.0000	1958.0000	34.5700	1386	1187	3	178	13	150000.00

4.1 学校产权资产情况(续表20)

	固定资产总值(万元)			图书(万册)	计算机(台)			教室(间)		占地面积(平方米)
	计	其中:教学、科研仪器设备资产值	其中:信息化设备资产值		计	其中:教学用计算机		计	其中:网络多媒体教室	
						计	其中:平板电脑			
共同使用	1800.0000	0.0000	0.0000	0.0000	0	0	0	0	0	0.00
鲅鱼圈县电大	20.0000	18.0000	2.0000	8.0000	120	120	0	8	1	2000.00
独立使用	20.0000	18.0000	2.0000	8.0000	120	120	0	8	1	2000.00
盖州县电大	170.0000	80.0000	75.0000	3.5000	230	230	230	7	7	3000.00
独立使用	50.0000	20.0000	15.0000	1.5000	60	60	60	3	3	2000.00
共同使用	120.0000	60.0000	60.0000	2.0000	170	170	170	4	4	1000.00
辽阳电大分校	14262.3301	9087.2500	2000.0000	24.0000	288	260	0	215	38	21654.00
独立使用	0.0000	0.0000	0.0000	0.0000	288	260	0	17	8	0.00
共同使用	14262.3301	9087.2500	2000.0000	24.0000	0	0	0	198	30	21654.00
朝阳电大分校	688.0000	403.0000	285.0000	1.3000	330	0	0	8	6	1000.00
共同使用	688.0000	403.0000	285.0000	1.3000	330	0	0	8	6	1000.00
凌源电大	1010.0000	1000.0000	10.0000	15.0000	70	60	0	8	0	600.00
独立使用	1010.0000	1000.0000	10.0000	10.0000	70	60	0	8	0	600.00
共同使用	0.0000	0.0000	0.0000	5.0000	0	0	0	0	0	0.00
建平县电大	1400.0000	800.0000	600.0000	10.0000	1050	1050	0	74	10	142071.00
独立使用	0.0000	0.0000	0.0000	10.0000	1050	1050	0	74	10	142071.00
共同使用	1400.0000	800.0000	600.0000	0.0000	0	0	0	0	0	0.00
阜新电大分校	1684.0000	884.0000	800.0000	20.0000	215	215	0	15	3	6657.00
独立使用	1684.0000	884.0000	800.0000	20.0000	215	215	0	15	3	6657.00
铁岭广播电视大学	720.3600	0.0000	0.0000	2.0000	341	341	0	20	4	9414.00
独立使用	720.3600	0.0000	0.0000	2.0000	341	341	0	20	4	9414.00
西丰县电大	5.0000	0.0000	0.0000	0.0000	5	5	0	0	0	0.00
独立使用	5.0000	0.0000	0.0000	0.0000	5	5	0	0	0	0.00
昌图县电大	111.0000	0.0000	62.0000	0.0000	120	120	0	6	2	0.00
独立使用	111.0000	0.0000	62.0000	0.0000	120	120	0	6	2	0.00
盘锦电大分校	19050.5410	6616.5098	2974.3999	48.5000	1915	1236	0	182	182	287797.00
共同使用	19050.5410	6616.5098	2974.3999	48.5000	1915	1236	0	182	182	287797.00
盘山县电大	6.0000	5.0000	1.0000	0.5000	57	57	0	37	3	1200.00
独立使用	6.0000	5.0000	1.0000	0.5000	57	57	0	30	3	1000.00
共同使用	0.0000	0.0000	0.0000	0.0000	0	0	0	7	0	200.00
葫芦岛电大分校	331.0000	309.0000	22.0000	38.0500	221	181	1	248	0	404598.00
独立使用	291.0000	269.0000	22.0000	0.0000	221	181	1	0	0	0.00
共同使用	40.0000	40.0000	0.0000	38.0500	0	0	0	248	0	404598.00
绥中县电大	20.0000	20.0000	0.0000	0.2000	50	35	0	22	1	450.00
独立使用	20.0000	20.0000	0.0000	0.2000	50	35	0	2	1	450.00
共同使用	0.0000	0.0000	0.0000	0.0000	0	0	0	20	0	0.00
葫芦岛电大兴城教学点	70.0000	60.0000	10.0000	45.0000	100	0	0	6	2	1700.00
独立使用	70.0000	60.0000	10.0000	45.0000	100	0	0	6	2	1700.00
沈阳成教教学部	690.0000	235.0000	160.0000	0.5300	75	75	10	5	2	0.00
独立使用	690.0000	235.0000	160.0000	0.5300	75	75	10	5	2	0.00
沈阳职工大学教学部	0.0000	0.0000	0.0000	2.0000	2000	2000	0	10	7	40000.00
共同使用	0.0000	0.0000	0.0000	2.0000	2000	2000	0	10	7	40000.00
沈阳药科大学高职高专电大	470.0000	360.0000	110.0000	95.0000	312	208	0	103	23	0.00

4.1 学校产权资产情况(续表21)

	固定资产总值(万元)			图书（万册）	计算机(台)			教室(间)		占地面积（平方米）
	计	其中：教学、科研仪器设备资产值	其中：信息化设备资产值		计	其中：教学用计算机 计	其中：平板电脑	计	其中：网络多媒体教室	
独立使用	470.0000	360.0000	110.0000	0.0000	12	8	0	3	3	0.00
共同使用	0.0000	0.0000	0.0000	95.0000	300	200	0	100	20	0.00
辽宁电大辽中教学中心	78.0000	20.0000	10.0000	1.0000	40	35	2	10	1	900.00
独立使用	78.0000	20.0000	10.0000	1.0000	40	35	2	10	1	900.00
辽宁电大新民教学中心	80.0000	80.0000	0.0000	1.5000	100	82	0	12	8	11000.00
独立使用	80.0000	80.0000	0.0000	1.5000	100	82	0	12	8	11000.00
海城电大分校	332.0000	0.0000	0.0000	0.3000	120	90	0	17	5	8000.00
独立使用	332.0000	0.0000	0.0000	0.3000	120	90	0	17	5	8000.00
东港电大分校	2000.0000	60.0000	60.0000	0.0000	170	150	0	24	8	23000.00
独立使用	2000.0000	60.0000	60.0000	0.0000	170	150	0	24	8	15000.00
共同使用	0.0000	0.0000	0.0000	0.0000	0	0	0	0	0	8000.00
沈阳	**20199.4103**	**4544.0599**	**2210.7399**	**45.9913**	**4671**	**3771**	**5**	**215**	**120**	**270204.00**
独立使用	17535.4103	4200.0599	2112.7399	43.5100	4418	3616	0	192	116	240234.00
共同使用	2664.0000	344.0000	98.0000	2.4813	253	155	5	23	4	29970.00
沈阳广播电视大学	11336.7305	2182.6699	1303.6899	21.8100	2673	2191	0	97	49	25954.00
独立使用	11336.7305	2182.6699	1303.6899	21.8100	2673	2191	0	97	49	25954.00
沈阳电大康平分校	275.8000	65.0000	32.5800	1.8000	95	95	0	7	3	6670.00
独立使用	275.8000	65.0000	32.5800	1.8000	95	95	0	7	3	6670.00
沈阳电大法库分校	201.5000	180.5000	20.0000	1.8000	95	95	0	8	8	12050.00
独立使用	201.5000	180.5000	20.0000	1.8000	95	95	0	8	8	12050.00
沈阳电大苏家屯分校	3396.3799	1606.8900	476.4700	4.5000	1150	1045	0	32	32	58560.00
独立使用	3396.3799	1606.8900	476.4700	4.5000	1150	1045	0	32	32	58560.00
沈阳电大新民分校	1825.0000	145.0000	280.0000	2.6000	210	150	0	18	3	67000.00
独立使用	1825.0000	145.0000	280.0000	2.6000	210	150	0	18	3	67000.00
沈阳市于洪分校	2664.0000	344.0000	98.0000	2.4813	253	155	5	23	4	29970.00
共同使用	2664.0000	344.0000	98.0000	2.4813	253	155	5	23	4	29970.00
沈阳电大公用事业教学点	500.0000	20.0000	0.0000	10.0000	155	0	0	20	20	0.00
独立使用	500.0000	20.0000	0.0000	10.0000	155	0	0	20	20	0.00
辽宁省酒店管理服务学校	0.0000	0.0000	0.0000	1.0000	40	40	0	10	1	70000.00
独立使用	0.0000	0.0000	0.0000	1.0000	40	40	0	10	1	70000.00
大连	**13508.7598**	**4335.0000**	**3511.2699**	**31.7000**	**3951**	**3119**	**170**	**156**	**67**	**214634.00**
独立使用	11692.7598	3901.0000	3489.2699	26.2000	3501	2919	170	134	64	196652.00
共同使用	1816.0000	434.0000	22.0000	5.5000	450	200	0	22	3	17982.00
大连广播电视大学	6267.7598	2624.0000	2798.6699	10.0400	1960	1611	0	36	36	7067.00
独立使用	6267.7598	2624.0000	2798.6699	10.0400	1960	1611	0	36	36	7067.00
大连广播电视大学庄河分校	562.0000	128.0000	434.0000	0.0000	180	100	0	0	0	0.00
独立使用	562.0000	128.0000	434.0000	0.0000	180	100	0	0	0	0.00
大连广播电视大学普兰店分校	300.0000	90.0000	90.0000	10.0000	160	150	150	3	3	9012.00
独立使用	300.0000	90.0000	90.0000	10.0000	160	150	150	3	3	9012.00
大连广播电视大学瓦房店分校	2528.0000	655.0000	122.0000	4.6800	638	580	20	48	8	58464.00
独立使用	2528.0000	655.0000	122.0000	4.6800	638	580	20	48	8	58464.00
大连广播电视大学金州分校	1816.0000	434.0000	22.0000	5.5000	450	200	0	22	3	17982.00
共同使用	1816.0000	434.0000	22.0000	5.5000	450	200	0	22	3	17982.00

4.1 学校产权资产情况(续表22)

	固定资产总值(万元)			图书(万册)	计算机(台)			教室(间)		占地面积(平方米)
	计	其中:教学、科研仪器设备资产值	其中:信息化设备资产值		计	其中:教学用计算机		计	其中:网络多媒体教室	
						计	其中:平板电脑			
大连广播电视大学旅顺分校	558.0000	0.0000	0.0000	0.1800	162	135	0	17	5	110000.00
独立使用	558.0000	0.0000	0.0000	0.1800	162	135	0	17	5	110000.00
长海县电大	716.0000	128.0000	3.6000	0.6000	165	165	0	8	1	4269.00
独立使用	716.0000	128.0000	3.6000	0.6000	165	165	0	8	1	4269.00
大连电大甘井子分校	761.0000	276.0000	41.0000	0.7000	236	178	0	22	11	7840.00
独立使用	761.0000	276.0000	41.0000	0.7000	236	178	0	22	11	7840.00
吉林	**54651.5084**	**31630.6944**	**9270.9150**	**107.1831**	**8709**	**6319**	**692**	**986**	**197**	**573738.67**
独立使用	43539.1102	25980.7982	8105.0150	75.9631	6574	4873	499	679	111	202077.00
共同使用	11112.3982	5649.8962	1165.9000	31.2200	2135	1446	193	307	86	371661.67
吉林广播电视大学	5809.5200	3944.1899	1340.0000	7.5300	521	410	40	56	5	8469.00
独立使用	5809.5200	3944.1899	1340.0000	7.5300	521	410	40	56	5	8469.00
吉林广播电视大学直属学院	5809.5200	3944.1899	1340.0000	7.5300	521	410	40	56	5	8469.00
独立使用	5809.5200	3944.1899	1340.0000	7.5300	521	410	40	56	5	8469.00
吉林司法警官学院	5809.5200	3944.1899	1340.0000	7.5300	521	410	40	56	5	8469.00
独立使用	5809.5200	3944.1899	1340.0000	7.5300	521	410	40	56	5	8469.00
吉林省电子信息高级技术学校	5809.5200	3944.1899	1340.0000	7.5300	521	410	40	56	5	8469.00
独立使用	5809.5200	3944.1899	1340.0000	7.5300	521	410	40	56	5	8469.00
吉林科技职业技术学院	5809.5200	3944.1899	1340.0000	7.5300	521	410	40	56	5	8469.00
独立使用	5809.5200	3944.1899	1340.0000	7.5300	521	410	40	56	5	8469.00
吉林广播电视大学吉林分校	553.0000	256.0000	0.0000	1.1300	349	279	0	0	0	0.00
独立使用	553.0000	256.0000	0.0000	1.1300	349	279	0	0	0	0.00
吉林电大桦甸市分校	855.0000	610.0000	245.0000	0.2000	256	200	20	8	2	3650.00
独立使用	855.0000	610.0000	245.0000	0.2000	256	200	20	8	2	3650.00
舒兰电大	136.0000	58.0000	50.0000	0.9000	88	66	0	5	2	2100.00
独立使用	136.0000	58.0000	50.0000	0.9000	88	66	0	5	2	2100.00
磐石电大	138.0000	64.0000	38.0000	1.0000	110	90	0	16	3	2960.00
独立使用	138.0000	64.0000	38.0000	1.0000	110	90	0	8	3	2060.00
共同使用	0.0000	0.0000	0.0000	0.0000	0	0	0	8	0	900.00
吉林广播电视大学蛟河管理站	15.0000	5.0000	10.0000	2.0000	86	51	0	13	3	13500.00
独立使用	15.0000	5.0000	10.0000	2.0000	86	51	0	13	3	13500.00
吉林广播大学四平分校	820.0000	9.0000	0.0000	0.7000	120	120	0	20	2	3961.00
独立使用	820.0000	9.0000	0.0000	0.7000	120	120	0	20	2	3961.00
吉林广播电视大学梨树县分校	16.0000	16.0000	0.0000	0.0000	28	20	0	20	2	2080.00
独立使用	16.0000	16.0000	0.0000	0.0000	28	20	0	20	2	2080.00
吉林广播电视大学伊通县管理站	7.0000	6.0000	0.0000	1.0000	150	150	100	17	3	12300.00
独立使用	0.0000	0.0000	0.0000	0.0000	50	50	30	0	0	300.00
共同使用	7.0000	6.0000	0.0000	1.0000	100	100	70	17	3	12000.00
吉林广播电视大学双辽工作站	38.5000	3.5000	35.0000	0.0000	57	57	0	7	3	433.00
独立使用	38.5000	3.5000	35.0000	0.0000	57	57	0	7	3	433.00
吉林广播电视大学延边分校	233.5665	111.2660	9.3750	1.1800	196	116	0	10	2	1650.00
独立使用	233.5665	111.2660	9.3750	1.1800	196	116	0	10	2	1650.00
吉林广播电视大学龙井市电大工作站	112.9000	110.0000	2.9000	0.0000	150	124	0	11	5	37314.00
共同使用	112.9000	110.0000	2.9000	0.0000	150	124	0	11	5	37314.00

4.1 学校产权资产情况(续表23)

	固定资产总值(万元)			图书(万册)	计算机(台)			教室(间)		占地面积(平方米)
	计	其中:教学、科研仪器设备资产值	其中:信息化设备资产值		计	其中:教学用计算机		计	其中:网络多媒体教室	
						计	其中:平板电脑			
吉林电大敦化分校	4200.0000	4000.0000	20.0000	5.0000	400	0	0	110	8	100000.00
独立使用	2100.0000	2000.0000	10.0000	1.5000	200	0	0	22	2	20000.00
共同使用	2100.0000	2000.0000	10.0000	3.5000	200	0	0	88	6	80000.00
吉林广播电视大学汪清县电大工作站	700.0000	600.0000	100.0000	2.0000	350	300	0	25	5	40000.00
共同使用	700.0000	600.0000	100.0000	2.0000	350	300	0	25	5	40000.00
珲春电大	812.0000	0.0000	312.0000	2.0000	350	350	3	4	4	11500.00
共同使用	812.0000	0.0000	312.0000	2.0000	350	350	3	4	4	11500.00
吉林广播电视大学安图管理站	2153.7500	871.5100	0.0000	4.0000	94	94	0	20	6	20300.67
独立使用	0.0000	0.0000	0.0000	0.0000	94	94	0	0	0	0.00
共同使用	2153.7500	871.5100	0.0000	4.0000	0	0	0	20	6	20300.67
吉林广播电视大学图们市电大工作站	380.0000	80.0000	40.0000	4.0000	100	20	1	8	4	30000.00
独立使用	0.0000	0.0000	0.0000	0.0000	100	20	1	0	0	0.00
共同使用	380.0000	80.0000	40.0000	4.0000	0	0	0	8	4	30000.00
吉林广播电视大学和龙市管理站	492.0000	427.0000	65.0000	1.9000	110	90	20	30	2	10307.00
共同使用	492.0000	427.0000	65.0000	1.9000	110	90	20	30	2	10307.00
吉林电大通化分校	1195.0000	642.2300	97.0000	1.1000	180	100	0	23	8	20466.00
独立使用	1195.0000	642.2300	97.0000	1.1000	180	100	0	23	8	20466.00
梅河口市管理站	755.9100	196.2000	150.6400	5.2000	206	140	0	0	0	0.00
独立使用	755.9100	196.2000	150.6400	5.2000	206	140	0	0	0	0.00
吉林广播电视大学集安分校	64.7482	43.3862	3.0000	0.3000	105	66	0	6	1	996.00
独立使用	0.0000	0.0000	0.0000	0.0000	0	0	0	6	1	996.00
共同使用	64.7482	43.3862	3.0000	0.3000	105	66	0	0	0	0.00
吉林广播电视大学辉南管理站	45.0000	12.0000	10.0000	1.0000	50	45	2	0	0	0.00
独立使用	45.0000	12.0000	10.0000	1.0000	50	45	2	0	0	0.00
吉林广播电视大学柳河分校	2400.0000	1900.0000	500.0000	2.0000	200	190	0	26	12	12000.00
独立使用	1200.0000	950.0000	250.0000	1.0000	100	95	0	13	6	6000.00
共同使用	1200.0000	950.0000	250.0000	1.0000	100	95	0	13	6	6000.00
吉林电大辽源分校	972.0000	58.0000	26.0000	3.5000	190	188	2	128	2	1068.00
独立使用	972.0000	58.0000	26.0000	3.5000	190	188	2	128	2	1068.00
东丰电大工作站	90.0000	50.0000	40.0000	2.0000	60	50	0	6	3	400.00
独立使用	90.0000	50.0000	40.0000	2.0000	60	50	0	6	3	400.00
吉林广播电视大学东辽管理站	15.0000	0.0000	15.0000	0.0000	50	41	0	0	0	0.00
共同使用	15.0000	0.0000	15.0000	0.0000	50	41	0	0	0	0.00
吉林广播电视大学白山分校	210.0000	210.0000	0.0000	0.0000	155	155	0	4	4	7500.00
独立使用	210.0000	210.0000	0.0000	0.0000	155	155	0	4	4	7500.00
吉林广播电视大学抚松县电大工作站	90.0000	80.0000	10.0000	0.5000	95	15	0	0	0	1600.00
独立使用	90.0000	80.0000	10.0000	0.5000	15	15	0	0	0	1600.00
共同使用	0.0000	0.0000	0.0000	0.0000	80	0	0	0	0	0.00
吉林广播电视大学靖宇县电大工作站	50.0000	26.0000	21.0000	0.2500	38	30	0	0	0	0.00
独立使用	50.0000	26.0000	21.0000	0.2500	38	30	0	0	0	0.00
吉林广播电视大学长白县电大工作站	50.0000	20.0000	0.0000	1.0000	35	30	1	3	2	600.00
独立使用	0.0000	0.0000	0.0000	1.0000	35	30	1	0	0	0.00
共同使用	50.0000	20.0000	0.0000	0.0000	0	0	0	3	2	600.00

4.1 学校产权资产情况(续表24)

	固定资产总值(万元)			图书(万册)	计算机(台)			教室(间)		占地面积(平方米)
	计	其中:教学、科研仪器设备资产值	其中:信息化设备资产值		计	其中:教学用计算机 计	其中:平板电脑	计	其中:网络多媒体教室	
吉林广播电视大学临江市电大工作站	17.0000	11.0000	6.0000	10.0000	130	100	0	6	2	0.00
独立使用	17.0000	11.0000	6.0000	0.0000	30	0	0	6	2	0.00
共同使用	0.0000	0.0000	0.0000	10.0000	100	100	0	0	0	0.00
长白山中等职业技术学校	950.0000	300.0000	100.0000	1.7000	123	45	0	24	8	20391.00
独立使用	950.0000	300.0000	100.0000	1.7000	123	45	0	24	8	20391.00
吉林电大白城分校直属教学点	767.0000	182.5000	6.0000	0.3800	157	157	0	12	2	4217.00
独立使用	767.0000	182.5000	6.0000	0.3800	157	157	0	12	2	4217.00
镇赉县电大管理站	30.0000	30.0000	0.0000	0.5000	40	10	10	0	0	0.00
独立使用	30.0000	30.0000	0.0000	0.5000	40	10	10	0	0	0.00
大安电大工作站	0.0000	0.0000	0.0000	0.0000	260	60	1	4	2	0.00
独立使用	0.0000	0.0000	0.0000	0.0000	260	60	1	4	2	0.00
洮南电大工作站	875.0000	252.0000	148.0000	0.7200	100	80	0	19	13	36100.00
共同使用	875.0000	252.0000	148.0000	0.7200	100	80	0	19	13	36100.00
通榆电大工作站	2100.0000	260.0000	200.0000	0.8000	280	100	100	60	30	85000.00
共同使用	2100.0000	260.0000	200.0000	0.8000	280	100	100	60	30	85000.00
松原分校直属教学点	768.0000	130.0000	146.0000	5.0000	120	120	0	3	3	12000.00
独立使用	768.0000	130.0000	146.0000	5.0000	120	120	0	3	3	12000.00
吉林广播电视大学前郭管理站	221.0000	3.0000	0.0000	0.0000	140	140	140	0	0	0.00
独立使用	221.0000	3.0000	0.0000	0.0000	140	140	140	0	0	0.00
吉林广播电视大学长岭县管理站	19.0000	16.0000	3.0000	1.0000	40	30	22	1	1	700.00
独立使用	19.0000	16.0000	3.0000	1.0000	40	30	22	1	1	700.00
吉林广播电视大学乾安管理站	80.0000	45.0000	35.0000	0.0000	120	60	0	2	1	400.00
独立使用	30.0000	15.0000	15.0000	0.0000	60	60	0	1	1	260.00
共同使用	50.0000	30.0000	20.0000	0.0000	60	0	0	1	0	140.00
扶余电大工作站	5.0000	5.0000	0.0000	1.0000	70	70	70	2	2	2200.00
独立使用	5.0000	5.0000	0.0000	1.0000	70	70	70	2	2	700.00
共同使用	0.0000	0.0000	0.0000	0.0000	0	0	0	0	0	1500.00
长春市建筑职工业余大学	2171.5337	210.1525	127.0000	4.5731	166	120	0	53	20	33700.00
独立使用	2171.5337	210.1525	127.0000	4.5731	166	120	0	53	20	33700.00
长春	**46034.6496**	**11313.3901**	**3960.1200**	**33.0700**	**4877**	**3656**	**609**	**415**	**53**	**404750.00**
独立使用	19660.5998	5916.6000	3016.0000	16.2100	2267	1730	20	190	26	200035.00
共同使用	26374.0498	5396.7900	944.1200	16.8600	2610	1926	589	225	27	204715.00
长春广播电视大学直属	5825.7998	2517.8000	956.0000	4.9100	727	500	0	55	5	20400.00
独立使用	5825.7998	2517.8000	956.0000	4.9100	727	500	0	55	5	20400.00
长春电大榆树分校	3193.0000	100.0000	15.0000	1.2000	150	120	0	5	4	33185.00
独立使用	3193.0000	100.0000	15.0000	1.2000	150	120	0	5	4	33185.00
长春电大九台分校	5404.0000	430.0000	69.6600	1.5000	183	183	0	70	3	48500.00
共同使用	5404.0000	430.0000	69.6600	1.5000	183	183	0	70	3	48500.00
长春广播电视大学农安分校	25.8000	22.8000	3.0000	3.0000	70	70	0	0	0	0.00
独立使用	25.8000	22.8000	3.0000	3.0000	70	70	0	0	0	0.00
德惠市职业技术学校	6000.0000	800.0000	400.0000	2.0000	300	240	0	50	10	60000.00
独立使用	6000.0000	800.0000	400.0000	2.0000	300	240	0	50	10	60000.00
长春电大双阳分校	1616.0000	776.0000	840.0000	1.2000	220	120	0	60	5	46450.00

4.1 学校产权资产情况(续表25)

	固定资产总值(万元)			图书(万册)	计算机(台)			教室(间)		占地面积(平方米)
	计	其中:教学、科研仪器设备资产值	其中:信息化设备资产值		计	其中:教学用计算机		计	其中:网络多媒体教室	
						计	其中:平板电脑			
独立使用	1616.0000	776.0000	840.0000	1.2000	220	120	0	60	5	46450.00
长春市一中专教学点	1230.0000	510.0000	720.0000	5.0000	880	600	0	34	7	24304.00
共同使用	1230.0000	510.0000	720.0000	5.0000	880	600	0	34	7	24304.00
机械工业学校教学点	13468.0498	4176.7900	139.4600	5.2900	1087	703	589	71	10	79511.00
共同使用	13468.0498	4176.7900	139.4600	5.2900	1087	703	589	71	10	79511.00
长春医药化工工业技工学校	6052.0000	180.0000	15.0000	5.0000	260	260	0	40	7	32000.00
共同使用	6052.0000	180.0000	15.0000	5.0000	260	260	0	40	7	32000.00
长春市东北科技职业技术学校	1000.0000	700.0000	2.0000	1.9000	600	500	0	0	0	0.00
独立使用	1000.0000	700.0000	2.0000	1.9000	600	500	0	0	0	0.00
中铁十三局技师学院长光教学点	2000.0000	1000.0000	800.0000	2.0000	200	180	20	20	2	40000.00
独立使用	2000.0000	1000.0000	800.0000	2.0000	200	180	20	20	2	40000.00
长春职工大学	220.0000	100.0000	0.0000	0.0700	200	180	0	10	0	20400.00
共同使用	220.0000	100.0000	0.0000	0.0700	200	180	0	10	0	20400.00
黑龙江	**67601.9859**	**12707.0335**	**4886.4136**	**142.1027**	**8732**	**5992**	**104**	**1191**	**307**	**1865089.35**
独立使用	22140.3877	7345.4835	3140.4136	55.7800	4755	3522	103	577	152	339857.35
共同使用	45461.5983	5361.5500	1746.0000	86.3227	3977	2470	1	614	155	1525232.00
黑龙江广播电视大学	7987.6802	3279.8899	1340.5601	15.0000	1046	941	0	56	56	11600.00
独立使用	7987.6802	3279.8899	1340.5601	15.0000	1046	941	0	56	56	11600.00
齐齐哈尔广播电视大学	530.0000	280.0000	250.0000	1.3700	258	0	0	26	5	10090.00
独立使用	530.0000	280.0000	250.0000	1.3700	258	0	0	26	5	10090.00
黑龙江广播电视大学龙江分校	3460.0000	400.0000	60.0000	1.3000	205	120	0	9	9	68158.00
独立使用	0.0000	0.0000	0.0000	0.0000	5	0	0	0	0	0.00
共同使用	3460.0000	400.0000	60.0000	1.3000	200	120	0	9	9	68158.00
黑龙江广播电视大学依安分校	306.0000	53.0000	46.0000	0.0000	86	66	0	2	1	2000.00
共同使用	306.0000	53.0000	46.0000	0.0000	86	66	0	2	1	2000.00
黑龙江广播电视大学克东分校	60.0000	30.0000	30.0000	1.0000	80	60	2	18	3	15800.00
独立使用	60.0000	30.0000	30.0000	1.0000	80	60	2	18	3	13800.00
共同使用	0.0000	0.0000	0.0000	0.0000	0	0	0	0	0	2000.00
黑龙江广播电视大学拜泉分校	0.0000	0.0000	0.0000	9.1000	120	0	0	6	0	56000.00
独立使用	0.0000	0.0000	0.0000	1.1000	60	0	0	3	0	10000.00
共同使用	0.0000	0.0000	0.0000	8.0000	60	0	0	3	0	46000.00
黑龙江省广播电视大学齐市富区分校	50.0000	20.0000	30.0000	0.0000	35	35	0	1	1	14100.00
共同使用	50.0000	20.0000	30.0000	0.0000	35	35	0	1	1	14100.00
黑龙江广播电视大学富裕分校	12.0000	0.0000	12.0000	1.0000	26	0	0	0	0	0.00
独立使用	12.0000	0.0000	12.0000	0.0000	26	0	0	0	0	0.00
共同使用	0.0000	0.0000	0.0000	1.0000	0	0	0	0	0	0.00
黑龙江广播电视大学碾子山分校	693.0390	103.3418	20.0000	0.0000	89	30	1	15	2	0.00
独立使用	693.0390	103.3418	20.0000	0.0000	30	30	1	4	2	0.00
共同使用	0.0000	0.0000	0.0000	0.0000	59	0	0	11	0	0.00
牡丹江广播电视大学	24.0000	9.0000	15.0000	1.5000	26	22	0	0	0	330.00
独立使用	24.0000	9.0000	15.0000	1.5000	26	22	0	0	0	330.00
黑龙江广播电视大学穆棱分校	27.3000	12.0000	15.3000	0.3000	27	20	0	4	1	0.00
独立使用	27.3000	12.0000	15.3000	0.3000	27	20	0	4	1	0.00

4.1 学校产权资产情况(续表 26)

	固定资产总值(万元)			图书(万册)	计算机(台)			教室(间)		占地面积(平方米)
	计	其中:教学、科研仪器设备资产值	其中:信息化设备资产值		计	其中:教学用计算机 计	其中:平板电脑	计	其中:网络多媒体教室	
林口分校	52.0000	30.0000	22.0000	0.6000	40	10	0	3	1	867.00
独立使用	52.0000	30.0000	22.0000	0.6000	40	10	0	3	1	867.00
宁安分校	18.5000	14.0000	3.0000	0.9800	40	32	0	0	0	0.00
独立使用	18.5000	14.0000	3.0000	0.9800	40	32	0	0	0	0.00
佳木斯广播电视大学	745.9000	197.1000	24.8000	3.7200	329	279	40	110	16	47600.00
独立使用	745.9000	197.1000	24.8000	3.7200	329	279	40	110	16	47600.00
同江分校	118.0000	68.0000	48.0000	0.0000	92	80	0	0	0	0.00
独立使用	118.0000	68.0000	48.0000	0.0000	12	0	0	0	0	0.00
共同使用	0.0000	0.0000	0.0000	0.0000	80	80	0	0	0	0.00
黑龙江广播电视大学富锦分校	25.2000	11.5000	13.7000	0.0000	30	30	0	4	0	5520.00
独立使用	16.0000	6.5000	9.5000	0.0000	6	6	0	0	0	2260.00
共同使用	9.2000	5.0000	4.2000	0.0000	24	24	0	4	0	3260.00
绥化广播电视大学	425.7000	114.6000	107.0000	0.1100	140	120	0	12	5	920.00
独立使用	425.7000	114.6000	107.0000	0.1100	140	120	0	12	5	920.00
黑龙 江广播电视大学肇东分校	168.0000	96.0000	70.0000	0.8000	200	150	0	50	0	13000.00
独立使用	158.0000	88.0000	70.0000	0.8000	200	150	0	50	0	13000.00
共同使用	10.0000	8.0000	0.0000	0.0000	0	0	0	0	0	0.00
黑龙江广播电视大学望奎分校	47.0000	26.5000	18.4000	1.8000	45	35	0	1	1	900.00
独立使用	46.0000	26.0000	18.0000	1.8000	45	35	0	1	1	900.00
共同使用	1.0000	0.5000	0.4000	0.0000	0	0	0	0	0	0.00
黑龙江广播电视大学海伦分校	28.0000	25.0000	1.8000	0.2000	30	20	0	5	1	20000.00
独立使用	28.0000	25.0000	1.8000	0.2000	30	20	0	5	1	20000.00
黑龙江广播电视大学庆安分校	128.5000	103.5000	25.0000	2.0000	150	100	0	38	26	25000.00
共同使用	128.5000	103.5000	25.0000	2.0000	150	100	0	38	26	25000.00
黑龙江广播电视大学明水分校	3710.0000	10.0000	0.0000	1.5000	300	290	10	15	1	4700.00
独立使用	10.0000	10.0000	0.0000	0.5000	100	90	10	5	1	1000.00
共同使用	3700.0000	0.0000	0.0000	1.0000	200	200	0	10	0	3700.00
绥棱分校	1740.0000	200.0000	100.0000	0.0000	240	150	5	35	25	22300.00
独立使用	1740.0000	200.0000	100.0000	0.0000	240	150	5	35	25	22300.00
黑龙江广播电视大学兰西分校	67.0000	21.0000	46.0000	2.8000	80	65	0	12	0	5000.00
独立使用	67.0000	21.0000	46.0000	2.8000	80	65	0	12	0	5000.00
黑龙江广播电视大学青冈分校	64.0000	20.0000	44.0000	2.9600	70	40	0	3	1	995.00
共同使用	64.0000	20.0000	44.0000	2.9600	70	40	0	3	1	995.00
黑龙江广播电视大学安达分校	6.0000	4.0000	0.5000	0.2000	60	45	0	3	1	4500.00
独立使用	6.0000	4.0000	0.5000	0.2000	60	45	0	3	1	4500.00
黑河广播电视大学	40.0000	40.0000	0.0000	0.0200	100	70	0	165	50	1000.00
独立使用	0.0000	0.0000	0.0000	0.0200	0	0	0	0	0	0.00
共同使用	40.0000	40.0000	0.0000	0.0000	100	70	0	165	50	1000.00
黑龙江广播电视大学嫩江分校	1800.0000	340.0000	0.0000	0.8200	288	230	0	30	4	53000.00
独立使用	1800.0000	340.0000	0.0000	0.8200	288	230	0	30	4	53000.00
黑龙江广播电视大学逊克分校	0.0000	0.0000	0.0000	2.0000	0	0	0	0	0	0.00
共同使用	0.0000	0.0000	0.0000	2.0000	0	0	0	0	0	0.00
黑龙江广播电视大学孙吴分校	0.0000	0.0000	0.0000	1.5000	50	0	0	1	1	20000.00

4.1 学校产权资产情况(续表27)

	固定资产总值(万元)			图书(万册)	计算机(台)			教室(间)		占地面积(平方米)
	计	其中:教学、科研仪器设备资产值	其中:信息化设备资产值		计	其中:教学用计算机		计	其中:网络多媒体教室	
						计	其中:平板电脑			
独立使用	0.0000	0.0000	0.0000	0.0000	30	0	0	0	0	0.00
共同使用	0.0000	0.0000	0.0000	1.5000	20	0	0	1	1	20000.00
黑龙江广播电视大学北安分校	280.0000	248.0000	32.0000	0.0000	0	0	0	0	0	0.00
独立使用	99.0000	67.0000	32.0000	0.0000	0	0	0	0	0	0.00
共同使用	181.0000	181.0000	0.0000	0.0000	0	0	0	0	0	0.00
黑龙江广播电视大学五大连池分校	1000.0000	200.0000	100.0000	1.1000	101	60	0	10	2	15000.00
独立使用	1000.0000	200.0000	100.0000	1.1000	101	60	0	10	2	15000.00
大兴安岭广播电视大学	0.0000	0.0000	0.0000	10.0000	560	360	0	23	4	500600.00
独立使用	0.0000	0.0000	0.0000	5.0000	60	60	0	13	2	300.00
共同使用	0.0000	0.0000	0.0000	5.0000	500	300	0	10	2	500300.00
伊春市广播电视大学	805.0460	0.0000	330.6635	1.0000	130	120	0	10	6	11525.00
独立使用	805.0460	0.0000	330.6635	1.0000	130	120	0	10	6	11525.00
铁力分校	35.0000	35.0000	0.0000	4.0000	66	66	0	6	2	15150.00
独立使用	0.0000	0.0000	0.0000	0.0000	6	6	0	0	0	150.00
共同使用	35.0000	35.0000	0.0000	4.0000	60	60	0	6	2	15000.00
杜蒙分校	175.0000	175.0000	0.0000	1.0000	165	130	0	24	4	10000.00
独立使用	175.0000	175.0000	0.0000	0.0000	0	0	0	0	0	0.00
共同使用	0.0000	0.0000	0.0000	1.0000	165	130	0	24	4	10000.00
黑龙江广播电视大学肇州分校	0.0000	0.0000	0.0000	0.0000	30	0	0	0	0	0.00
独立使用	0.0000	0.0000	0.0000	0.0000	30	0	0	0	0	0.00
鸡西广播电视大学	530.0000	73.0000	0.0000	8.3000	120	120	0	22	2	566600.00
独立使用	530.0000	73.0000	0.0000	8.3000	120	120	0	12	2	13800.00
共同使用	0.0000	0.0000	0.0000	0.0000	0	0	0	10	0	552800.00
鹤岗广播电视大学	385.0000	0.0000	0.0000	0.0000	104	70	0	13	0	2135.35
独立使用	385.0000	0.0000	0.0000	0.0000	104	70	0	13	0	2135.35
双鸭山广播电视大学	174.3125	84.6419	0.0000	0.1600	107	107	0	18	0	4300.00
独立使用	174.3125	84.6419	0.0000	0.1600	107	107	0	18	0	4300.00
黑龙江省广播电视大学 饶河分校	295.0000	245.0000	50.0000	0.0000	140	140	0	10	2	35000.00
独立使用	295.0000	245.0000	50.0000	0.0000	140	140	0	10	2	35000.00
黑龙江广播电视大学集贤电大	8.8000	8.8000	0.0000	0.1000	60	60	0	4	1	1300.00
独立使用	8.8000	8.8000	0.0000	0.1000	60	60	0	4	1	1300.00
七台河广播电视大学	21026.0000	282.0000	579.0000	22.5000	660	550	0	198	25	16254.00
共同使用	21026.0000	282.0000	579.0000	22.5000	660	550	0	198	25	16254.00
黑龙江省农垦广播电视大学	6045.7983	894.8500	432.7000	11.6427	487	359	0	24	23	24427.00
共同使用	6045.7983	894.8500	432.7000	11.6427	487	359	0	24	23	24427.00
黑龙江广播电视大学宝泉岭分校	6460.0000	910.0000	410.0000	15.0000	300	180	30	120	10	60000.00
独立使用	1960.0000	310.0000	110.0000	5.0000	240	180	30	100	10	20000.00
共同使用	4500.0000	600.0000	300.0000	10.0000	60	0	0	20	0	40000.00
黑龙江广播电视大学红兴隆分局电大	2135.3999	680.0000	11.5000	5.8000	140	110	0	50	2	154674.00
独立使用	135.0000	120.0000	0.0000	0.0000	0	0	0	0	0	0.00
共同使用	2000.4000	560.0000	11.5000	5.8000	140	110	0	50	2	154674.00
黑龙江广播电视大学九三农管局分校	62.0000	41.0000	21.0000	0.2000	65	40	0	2	2	13000.00
共同使用	62.0000	41.0000	21.0000	0.2000	65	40	0	2	2	13000.00

4.1 学校产权资产情况(续表28)

	固定资产总值(万元)			图书(万册)	计算机(台)			教室(间)		占地面积(平方米)
	计	其中:教学、科研仪器设备资产值	其中:信息化设备资产值		计	其中:教学用计算机		计	其中:网络多媒体教室	
						计	其中:平板电脑			
黑龙江广播电视大学牡丹江农管局分校	1152.7000	60.7000	66.0000	3.0000	80	60	0	12	3	3000.00
共同使用	1152.7000	60.7000	66.0000	3.0000	80	60	0	12	3	3000.00
绥化农垦电大分校	3800.0000	2980.0000	323.2000	0.6500	22	22	0	3	0	2000.00
独立使用	1300.0000	980.0000	320.0000	0.0000	6	6	0	0	0	0.00
共同使用	2500.0000	2000.0000	3.2000	0.6500	16	16	0	3	0	2000.00
黑龙江农垦广播电视大学齐齐哈尔分校	150.0000	42.0000	98.0000	0.2700	40	30	0	4	1	364.00
共同使用	150.0000	42.0000	98.0000	0.2700	40	30	0	4	1	364.00
佳木斯农垦电大分校	60.0000	35.0000	25.0000	2.5000	670	90	0	5	2	8000.00
独立使用	25.0000	20.0000	5.0000	0.5000	100	60	0	2	1	1000.00
共同使用	35.0000	15.0000	20.0000	2.0000	570	30	0	3	1	7000.00
牡丹江林管局广播电视大学	423.0000	112.0000	0.0000	1.8000	116	84	0	2	2	17200.00
独立使用	423.0000	112.0000	0.0000	1.8000	116	84	0	2	2	17200.00
松花江林区广播电视大学	108.1100	66.3100	34.2900	0.0000	177	90	0	0	0	0.00
独立使用	108.1100	66.3100	34.2900	0.0000	177	90	0	0	0	0.00
黑龙江广播电视大学兴隆林业局分校	0.0000	0.0000	0.0000	0.0000	3	3	0	0	0	0.00
独立使用	0.0000	0.0000	0.0000	0.0000	3	3	0	0	0	0.00
黑龙江广播电视大学山河屯林业局分校	0.0000	0.0000	0.0000	0.0000	1	1	0	1	1	80.00
独立使用	0.0000	0.0000	0.0000	0.0000	1	1	0	1	1	80.00
黑龙江广播电视大学清河林业局分校	6.0000	0.0000	0.0000	0.5000	50	50	1	0	0	0.00
独立使用	6.0000	0.0000	0.0000	0.0000	0	0	0	0	0	0.00
共同使用	0.0000	0.0000	0.0000	0.5000	50	50	1	0	0	0.00
黑龙江广播电视大学苇河林业局分校	12.0000	12.0000	0.0000	0.0000	11	11	0	0	0	0.00
独立使用	12.0000	12.0000	0.0000	0.0000	11	11	0	0	0	0.00
黑龙江广播电视大学沾河林业局分校	122.0000	11.3000	15.0000	0.0000	30	24	0	4	1	840.00
独立使用	122.0000	11.3000	15.0000	0.0000	30	24	0	4	1	840.00
黑龙江广播电视大学亚布力林业局分校	17.0000	2.0000	15.0000	0.0000	15	15	15	2	1	260.00
独立使用	12.0000	2.0000	10.0000	0.0000	15	15	15	1	0	60.00
共同使用	5.0000	0.0000	5.0000	0.0000	0	0	0	1	1	200.00
哈尔滨	**12401.3248**	**3458.8535**	**2370.2264**	**19.6200**	**3070**	**2499**	**70**	**271**	**90**	**232148.67**
独立使用	10951.3248	2962.0335	2234.4264	18.9700	3055	2484	70	250	88	179678.47
共同使用	1450.0000	496.8200	135.8000	0.6500	15	15	0	21	2	52470.20
校本部	5290.0049	817.3335	1975.9264	5.5000	896	770	0	27	27	12796.00
独立使用	5290.0049	817.3335	1975.9264	5.5000	896	770	0	27	27	12796.00
阿城电大	96.0000	69.0000	27.0000	0.0000	100	80	0	12	3	10000.00
独立使用	96.0000	69.0000	27.0000	0.0000	100	80	0	12	3	10000.00
呼兰电大	300.0000	100.0000	43.0000	0.0000	100	70	0	5	1	600.00
独立使用	300.0000	100.0000	43.0000	0.0000	100	70	0	5	1	600.00
宾县电大	158.0000	100.0000	10.0000	0.2000	100	50	0	10	2	1800.00
独立使用	158.0000	100.0000	10.0000	0.2000	100	50	0	10	2	1800.00
方正电大分校	198.0000	84.0000	40.0000	1.0000	40	26	0	15	1	4000.00
独立使用	198.0000	84.0000	40.0000	1.0000	40	26	0	15	1	4000.00
依兰电大	128.0000	69.9000	0.0000	0.0000	100	80	0	14	2	1303.00
独立使用	128.0000	69.9000	0.0000	0.0000	100	80	0	14	2	1303.00

4.1 学校产权资产情况(续表29)

	固定资产总值(万元)			图书(万册)	计算机(台)			教室(间)		占地面积(平方米)
	计	其中:教学、科研仪器设备资产值	其中:信息化设备资产值		计	其中:教学用计算机 计	其中:教学用计算机 其中:平板电脑	计	其中:网络多媒体教室	
双城电大分校	1321.0000	160.0000	60.0000	1.0000	82	70	0	12	3	5000.00
独立使用	1321.0000	160.0000	60.0000	1.0000	82	70	0	12	3	5000.00
通河电大	500.0000	400.0000	100.0000	1.0000	122	120	0	30	5	45000.00
独立使用	0.0000	0.0000	0.0000	1.0000	122	120	0	30	5	1000.00
共同使用	500.0000	400.0000	100.0000	0.0000	0	0	0	0	0	44000.00
木兰电大	148.0000	84.0000	22.0000	0.5000	48	40	0	11	2	2000.00
独立使用	148.0000	84.0000	22.0000	0.5000	48	40	0	11	2	2000.00
延寿电大	35.0000	8.0000	1.0000	0.5000	30	25	0	3	1	500.00
独立使用	35.0000	8.0000	1.0000	0.5000	30	25	0	3	1	500.00
巴彦电大	300.0000	30.0000	2.0000	0.6000	60	60	0	10	2	900.00
独立使用	300.0000	30.0000	2.0000	0.6000	60	60	0	10	2	900.00
五常电大	490.0000	175.0000	3.0000	1.0000	100	80	0	30	10	7000.00
独立使用	490.0000	175.0000	3.0000	1.0000	100	80	0	30	10	7000.00
尚志电大	300.0000	120.5000	11.5000	0.8000	125	100	10	12	2	1240.00
独立使用	300.0000	120.5000	11.5000	0.8000	125	100	10	12	2	1240.00
黑龙江科技职业学校	100.0000	30.0000	30.0000	1.0000	100	50	0	18	1	25000.00
独立使用	100.0000	30.0000	30.0000	1.0000	100	50	0	18	1	25000.00
哈尔滨电大直属道里区分校	30.0000	0.0000	3.0000	0.0000	40	35	0	5	0	570.00
独立使用	30.0000	0.0000	3.0000	0.0000	40	35	0	5	0	570.00
哈尔滨电大直属香坊区分校	3.5000	1.5000	2.0000	0.0000	0	0	0	0	0	0.00
独立使用	3.5000	1.5000	2.0000	0.0000	0	0	0	0	0	0.00
新星分校	564.0000	64.0000	4.0000	0.1000	100	46	0	30	20	28683.00
独立使用	564.0000	64.0000	4.0000	0.1000	100	46	0	30	20	28683.00
哈尔滨工业美术设计学校	0.0000	0.0000	0.0000	2.0000	160	100	60	6	6	77000.00
独立使用	0.0000	0.0000	0.0000	2.0000	160	100	60	6	6	77000.00
黑龙江医药卫生职业学校	1329.8199	905.5300	0.0000	2.8000	227	227	0	0	0	0.00
独立使用	1329.8199	905.5300	0.0000	2.8000	227	227	0	0	0	0.00
哈尔滨蓝领职业培训学校	0.0000	0.0000	0.0000	0.0000	100	80	0	0	0	0.00
独立使用	0.0000	0.0000	0.0000	0.0000	100	80	0	0	0	0.00
工会干校教学点	0.0000	0.0000	0.0000	0.5000	200	150	0	0	0	0.00
独立使用	0.0000	0.0000	0.0000	0.5000	200	150	0	0	0	0.00
哈铁建工程技工学校	1110.0000	240.0900	35.8000	1.1200	240	240	0	21	2	8756.67
独立使用	160.0000	143.2700	0.0000	0.4700	225	225	0	0	0	286.47
共同使用	950.0000	96.8200	35.8000	0.6500	15	15	0	21	2	8470.20
上海	**31807.2298**	**13745.5807**	**6024.5659**	**63.1792**	**8782**	**6767**	**561**	**646**	**494**	**300759.30**
独立使用	19519.1079	7168.3121	3185.7176	16.9892	3923	3128	245	367	278	182181.30
共同使用	12288.1219	6577.2686	2838.8484	46.1900	4859	3639	316	279	216	118578.00
上海开放大学闵行二分校	1583.8186	82.9224	141.6191	0.9197	479	335	0	26	26	10000.30
独立使用	1583.8186	82.9224	141.6191	0.9197	479	335	0	26	26	10000.30
上海开放大学浦东东校	4039.2778	2153.5601	1456.5800	0.0000	650	520	82	75	75	8291.00
独立使用	4039.2778	2153.5601	1456.5800	0.0000	650	520	82	75	75	8291.00
上海开放大学金山分校	1128.8712	346.3778	225.0000	5.4000	316	286	2	40	5	17851.00
独立使用	0.0000	0.0000	0.0000	0.0000	0	0	0	25	4	7800.00

4.1 学校产权资产情况(续表30)

	固定资产总值(万元)			图书(万册)	计算机(台)			教室(间)		占地面积(平方米)
	计	其中:教学、科研仪器设备资产值	其中:信息化设备资产值		计	其中:教学用计算机 计	其中:平板电脑	计	其中:网络多媒体教室	
共同使用	1128.8712	346.3778	225.0000	5.4000	316	286	2	15	1	10051.00
上海开放大学松江分校	1702.7600	712.3400	100.0000	0.5000	654	483	0	34	8	7725.00
独立使用	1702.7600	712.3400	100.0000	0.5000	654	483	0	34	8	7725.00
上海开放大学青浦分校	670.0000	350.0000	50.0000	0.0000	560	0	0	45	40	21350.00
独立使用	0.0000	0.0000	0.0000	0.0000	198	0	0	25	25	0.00
共同使用	670.0000	350.0000	50.0000	0.0000	362	0	0	20	15	21350.00
上海开放大学崇明分校	1646.0000	822.1200	0.0000	2.3000	464	464	31	32	25	12050.00
独立使用	1646.0000	822.1200	0.0000	2.3000	464	464	31	32	25	12050.00
上海开放大学嘉定分校	1228.2200	790.3500	221.6000	1.6000	587	258	0	0	0	0.00
独立使用	1228.2200	790.3500	221.6000	0.0000	0	0	0	0	0	0.00
共同使用	0.0000	0.0000	0.0000	1.6000	587	258	0	0	0	0.00
上海开放大学光明食品集团分校	216.7600	77.6000	45.0000	5.0000	135	75	75	0	0	0.00
共同使用	216.7600	77.6000	45.0000	5.0000	135	75	75	0	0	0.00
上海开放大学浦农分校	90.0000	60.0000	3.0000	0.5000	100	100	0	5	5	26600.00
独立使用	90.0000	60.0000	3.0000	0.5000	100	100	0	5	5	26600.00
上海开放大学百联集团分校	108.0000	25.0000	83.0000	4.0000	270	260	0	18	18	96000.00
独立使用	28.0000	5.0000	23.0000	2.0000	70	60	0	12	12	48000.00
共同使用	80.0000	20.0000	60.0000	2.0000	200	200	0	6	6	48000.00
上海开放大学长宁分校	6995.7969	1626.1708	849.9693	3.4000	882	840	124	73	53	23581.00
独立使用	6995.7969	1626.1708	849.9693	3.4000	882	840	124	73	53	23581.00
上海开放大学黄浦分校	5192.4907	2667.2908	2158.8484	10.1900	1739	1440	99	132	106	15415.00
共同使用	5192.4907	2667.2908	2158.8484	10.1900	1739	1440	99	132	106	15415.00
上海开放大学商业分校	5022.0000	3136.0000	302.0000	22.0000	1520	1380	140	106	88	23762.00
独立使用	22.0000	20.0000	2.0000	0.0000	0	0	0	0	0	0.00
共同使用	5000.0000	3116.0000	300.0000	22.0000	1520	1380	140	106	88	23762.00
上海开放大学西区分部	1942.3290	879.1863	274.1492	7.3695	250	200	8	60	45	38134.00
独立使用	1942.3290	879.1863	274.1492	7.3695	250	200	8	60	45	38134.00
上海开放大学徐汇财贸分校	240.9056	16.6625	113.8000	0.0000	176	126	0	0	0	0.00
独立使用	240.9056	16.6625	113.8000	0.0000	176	126	0	0	0	0.00
江苏	**699930.8294**	**152141.7581**	**37841.5849**	**1048.8007**	**66550**	**53184**	**1939**	**6689**	**3277**	**11545728.20**
独立使用	398811.6210	78773.8101	11857.3401	478.4022	36302	30688	1021	4584	2086	4142034.00
共同使用	301119.2085	73367.9481	25984.2449	570.3985	30248	22496	918	2105	1191	7403694.20
江苏开放大学	77173.6875	7196.0640	6219.3730	0.0000	5189	3715	24	116	114	152551.20
共同使用	77173.6875	7196.0640	6219.3730	0.0000	5189	3715	24	116	114	152551.20
江苏电大直属学院河海大学办学点	150.0000	150.0000	0.0000	100.0000	150	150	0	30	10	600.00
共同使用	150.0000	150.0000	0.0000	100.0000	150	150	0	30	10	600.00
江苏钟山教育进修学院	3.3000	0.0000	0.0000	0.0000	3	3	0	3	1	110.00
独立使用	3.3000	0.0000	0.0000	0.0000	3	3	0	3	1	110.00
镇江市高等专科学校	33534.9570	8703.4102	4398.2002	65.3000	3530	2620	0	117	112	4408990.00
共同使用	33534.9570	8703.4102	4398.2002	65.3000	3530	2620	0	117	112	4408990.00
镇江广播电视大学丹阳市分校	300.0000	200.0000	100.0000	3.0000	100	100	0	3	1	29390.00
独立使用	300.0000	200.0000	100.0000	3.0000	100	100	0	3	1	29390.00
镇江扬中市电大分校	600.0000	550.0000	50.0000	8.5000	670	360	0	9	6	130000.00

4.1 学校产权资产情况(续表31)

	固定资产总值(万元)			图书(万册)	计算机(台)			教室(间)		占地面积(平方米)
	计	其中:教学、科研仪器设备资产值	其中:信息化设备资产值		计	其中:教学用计算机 计	其中:教学用计算机 其中:平板电脑	计	其中:网络多媒体教室	
共同使用	600.0000	550.0000	50.0000	8.5000	670	360	0	9	6	130000.00
江苏广播电视大学句容学院	3827.0000	3647.0000	160.0000	11.5000	1366	1093	0	126	106	176675.00
独立使用	3827.0000	3647.0000	160.0000	11.5000	1366	1093	0	126	106	176675.00
丹徒电大	8194.3301	7894.3301	300.0000	11.4000	210	150	0	4	4	190589.00
独立使用	8194.3301	7894.3301	300.0000	11.4000	210	150	0	4	4	190589.00
镇江建委电大分校	618.9500	583.9500	35.0000	2.8000	101	80	2	35	4	15300.00
独立使用	618.9500	583.9500	35.0000	2.8000	101	80	2	35	4	15300.00
常州市广播电视大学	5346.2900	1151.8400	892.1300	10.2300	656	565	64	52	43	27573.00
独立使用	5346.2900	1151.8400	892.1300	10.2300	656	565	64	52	43	27573.00
江苏省广播电视大学武进分校	29660.0000	3220.0000	96.0000	0.0000	800	800	0	150	150	199000.00
独立使用	29660.0000	3220.0000	96.0000	0.0000	800	800	0	150	150	199000.00
常州市广播电视大学金坛分校	9950.0000	5400.0000	1710.0000	11.2000	1160	1062	80	99	4	154077.00
独立使用	0.0000	0.0000	0.0000	0.0000	0	0	0	30	3	0.00
共同使用	9950.0000	5400.0000	1710.0000	11.2000	1160	1062	80	69	1	154077.00
常州市广播电视大学溧阳分校	4224.0000	941.0000	325.0000	8.9000	1300	1000	0	75	45	95190.00
独立使用	4224.0000	941.0000	325.0000	8.9000	1300	1000	0	75	45	95190.00
江苏广播电视大学武进学院(燎)	29660.0000	3220.0000	96.0000	14.3000	800	800	0	150	150	199000.00
独立使用	29660.0000	3220.0000	96.0000	14.3000	800	800	0	150	150	199000.00
常州市广播电视大学溧阳分校(燎)	4224.0000	941.0000	325.0000	8.9000	1300	1000	0	75	45	95190.00
独立使用	4224.0000	941.0000	325.0000	8.9000	1300	1000	0	75	45	95190.00
无锡市广播电视大学	17539.5527	2820.2043	2184.6514	17.2800	1890	1463	15	146	114	49243.80
共同使用	17539.5527	2820.2043	2184.6514	17.2800	1890	1463	15	146	114	49243.80
无锡市广播电视大学锡山分校	97.0000	0.0000	80.0000	0.0000	239	220	1	6	5	876.00
独立使用	97.0000	0.0000	80.0000	0.0000	239	220	1	6	5	876.00
无锡市广播电视大学江阴分校	1048.0000	230.0000	30.0000	5.0000	280	250	0	32	10	110.00
独立使用	1048.0000	230.0000	30.0000	5.0000	280	250	0	32	10	110.00
江苏省广播电视大学宜兴分校	1793.0000	248.0000	43.0000	0.1700	500	450	0	24	6	3664.00
独立使用	1793.0000	248.0000	43.0000	0.1700	500	450	0	24	6	3664.00
无锡市广播电视大学(燎)	17700.3906	2961.7600	2392.2100	16.7800	2283	1591	15	146	114	49243.80
共同使用	17700.3906	2961.7600	2392.2100	16.7800	2283	1591	15	146	114	49243.80
无锡市广播电视大学江阴分校(燎)	1048.0000	230.0000	30.0000	5.0000	280	250	0	32	10	8600.00
独立使用	1048.0000	230.0000	30.0000	5.0000	280	250	0	32	10	8600.00
苏州市广播电视大学	4920.1699	783.6200	643.8400	13.8600	581	479	0	94	5	40002.00
独立使用	4920.1699	783.6200	643.8400	13.8600	581	479	0	94	5	40002.00
江苏省广播电视大学张家港学院	12006.0000	1366.0000	340.0000	10.1661	980	820	30	96	84	132000.00
独立使用	12006.0000	1366.0000	340.0000	10.1661	980	820	30	96	84	132000.00
太仓市广播电视大学	9132.0000	4582.0000	3000.0000	3.2000	300	220	0	30	15	160946.00
共同使用	9132.0000	4582.0000	3000.0000	3.2000	300	220	0	30	15	160946.00
苏州市广播电视大学常熟分校	6800.0000	1500.0000	550.0000	12.5000	280	250	0	30	8	8658.00
独立使用	6800.0000	1500.0000	550.0000	12.5000	280	250	0	30	8	8658.00
苏州市广播电视大学昆山分校	6623.4102	2983.2000	1030.5000	8.9100	1017	749	0	65	65	86666.00
共同使用	6623.4102	2983.2000	1030.5000	8.9100	1017	749	0	65	65	86666.00
江苏广播电视大学张家港学院(燎)	12006.0000	1366.0000	340.0000	10.1661	980	820	30	96	84	132000.00

4.1 学校产权资产情况(续表32)

	固定资产总值(万元)			图书(万册)	计算机(台)			教室(间)		占地面积(平方米)
	计	其中:教学、科研仪器设备资产值	其中:信息化设备资产值		计	其中:教学用计算机 计	其中:平板电脑	计	其中:网络多媒体教室	
独立使用	12006.0000	1366.0000	340.0000	10.1661	980	820	30	96	84	132000.00
南通市广播电视大学	14046.0000	1012.0000	938.2003	7.1071	1386	1060	2	81	81	0.00
共同使用	14046.0000	1012.0000	938.2003	7.1071	1386	1060	2	81	81	0.00
南通市广播电视大学如东分校	10214.0000	2547.0000	0.0000	10.0000	1500	1500	0	131	131	159251.00
独立使用	10214.0000	2547.0000	0.0000	10.0000	1500	1500	0	131	131	159251.00
南通市广播电视大学海门分校	871.0000	797.0000	55.0000	2.5800	432	411	0	116	10	31000.00
共同使用	871.0000	797.0000	55.0000	2.5800	432	411	0	116	10	31000.00
南通市广播电视大学启东分校	9670.9004	2988.3000	317.0000	0.0000	1260	877	327	96	68	124000.00
共同使用	9670.9004	2988.3000	317.0000	0.0000	1260	877	327	96	68	124000.00
南通市广播电视大学通州分校	15900.0000	9000.0000	1500.0000	11.0000	110	100	0	50	2	200000.00
共同使用	15900.0000	9000.0000	1500.0000	11.0000	110	100	0	50	2	200000.00
南通市广播电视大学海安分校	4750.8999	870.4000	749.5000	11.0000	1000	960	0	72	72	0.00
独立使用	4750.8999	870.4000	749.5000	11.0000	1000	960	0	0	0	0.00
共同使用	0.0000	0.0000	0.0000	0.0000	0	0	0	72	72	0.00
南通市广播电视大学如皋市分校	3500.0000	1000.0000	600.0000	24.5000	1350	1230	62	90	32	15600.00
独立使用	3500.0000	1000.0000	600.0000	24.5000	1350	1230	62	90	32	15600.00
扬州市广播电视大学	19200.0000	300.0000	120.0000	25.5000	950	5	3	40	10	45200.00
独立使用	1200.0000	300.0000	120.0000	0.5000	150	5	3	40	10	3200.00
共同使用	18000.0000	0.0000	0.0000	25.0000	800	0	0	0	0	42000.00
扬州市广播电视大学宝应分校	8550.0000	8350.0000	200.0000	5.0000	470	400	0	370	40	18681.00
独立使用	8550.0000	8350.0000	200.0000	5.0000	470	400	0	370	40	18681.00
江苏广播电视大学江都学院	10102.0000	1285.0000	458.0000	10.0000	500	410	0	160	0	0.00
共同使用	10102.0000	1285.0000	458.0000	10.0000	500	410	0	160	0	0.00
扬州广播电视大学仪征分校	2400.0000	879.5000	148.0000	5.2000	260	190	0	560	60	35335.00
独立使用	2400.0000	879.5000	148.0000	5.2000	260	190	0	560	60	35335.00
扬州市广播电视大学高邮分校	12501.0098	2432.4199	194.5000	19.6000	1015	965	50	98	9	136186.00
共同使用	12501.0098	2432.4199	194.5000	19.6000	1015	965	50	98	9	136186.00
扬州市广播电视大学邗江分校	4480.0000	898.0000	386.0000	6.0000	400	380	0	76	70	71978.00
独立使用	4480.0000	898.0000	386.0000	6.0000	400	380	0	76	70	71978.00
徐州市广播电视大学	7276.0498	3272.0601	0.0000	9.7600	1250	746	0	111	19	68003.40
共同使用	7276.0498	3272.0601	0.0000	9.7600	1250	746	0	111	19	68003.40
徐州市广播电视大学铜山分校	444.0000	62.5000	8.0000	0.6000	80	60	30	5	1	2700.00
独立使用	444.0000	62.5000	8.0000	0.6000	80	60	30	5	1	2700.00
徐州市广播电视大学邳州市分校	38000.0000	3062.0000	0.0000	11.4000	1178	1178	0	10	10	171828.00
独立使用	38000.0000	3062.0000	0.0000	11.4000	1178	1178	0	10	10	171828.00
徐州市广播电视大学沛县分校	17166.0000	1536.0000	220.0000	13.2000	650	580	520	104	25	12376.00
独立使用	17166.0000	1536.0000	220.0000	13.2000	650	580	520	104	25	12376.00
徐州市广播电视大学新沂分校	2535.0000	740.0000	50.0000	11.0000	277	198	10	30	6	204600.00
独立使用	1000.0000	500.0000	25.0000	6.0000	157	98	5	20	4	104600.00
共同使用	1535.0000	240.0000	25.0000	5.0000	120	100	5	10	2	100000.00
徐州市广播电视大学睢宁分校	4312.0000	886.0000	120.0000	39.0000	920	920	0	6	1	113390.00
独立使用	0.0000	0.0000	0.0000	25.0000	700	700	0	6	1	0.00
共同使用	4312.0000	886.0000	120.0000	14.0000	220	220	0	0	0	113390.00

4.1 学校产权资产情况(续表33)

	固定资产总值(万元)			图书(万册)	计算机(台)			教室(间)		占地面积(平方米)
	计	其中:教学、科研仪器设备资产值	其中:信息化设备资产值		计	其中:教学用计算机 计	其中:平板电脑	计	其中:网络多媒体教室	
徐州市广播电视大学丰县分校	3000.0000	1000.0000	150.0000	10.1000	200	120	0	30	4	17000.00
共同使用	3000.0000	1000.0000	150.0000	10.1000	200	120	0	30	4	17000.00
徐州市广播电视大学贾汪分校	110.0000	100.0000	10.0000	1.2000	120	50	0	6	6	4223.00
独立使用	110.0000	100.0000	10.0000	1.2000	120	50	0	6	6	4223.00
淮安市广播电视大学	8696.2305	2205.1399	520.0000	11.9400	1165	852	0	168	126	231440.00
独立使用	0.0000	0.0000	0.0000	0.0000	115	102	0	30	2	2334.00
共同使用	8696.2305	2205.1399	520.0000	11.9400	1050	750	0	138	124	229106.00
淮安市广播电视大学楚州分校	11460.2002	860.0000	600.2000	5.1000	880	680	200	10	3	12198.00
独立使用	11460.2002	860.0000	600.2000	5.1000	880	680	200	10	3	12198.00
淮安市广播大学金湖分校	10103.0000	202.0000	4.0000	20.0000	1200	950	50	110	20	58000.00
独立使用	10000.0000	101.0000	2.0000	20.0000	1200	950	50	100	20	58000.00
共同使用	103.0000	101.0000	2.0000	0.0000	0	0	0	10	0	0.00
淮安市广播电视大学盱眙分校	1996.0000	1878.0000	58.0000	31.0000	250	250	2	21	5	84000.00
独立使用	0.0000	0.0000	0.0000	0.0000	250	250	2	21	5	0.00
共同使用	1996.0000	1878.0000	58.0000	31.0000	0	0	0	0	0	84000.00
淮安市广播电视大学洪泽分校	768.0000	653.0000	0.0000	0.8000	186	180	0	18	6	8004.00
独立使用	768.0000	653.0000	0.0000	0.8000	186	180	0	18	6	8004.00
淮安市广播电视大学淮阴区分校	2414.5000	997.1000	0.0000	49.2000	357	318	0	41	40	1885.00
独立使用	56.0000	9.8000	0.0000	1.2000	129	120	0	13	12	385.00
共同使用	2358.5000	987.3000	0.0000	48.0000	228	198	0	28	28	1500.00
淮安市广播电视大学涟水分校	700.0000	350.0000	350.0000	2.0000	180	170	10	50	3	20502.00
独立使用	700.0000	350.0000	350.0000	2.0000	180	170	10	50	3	20502.00
盐城市广播电视大学	5305.0000	141.9800	113.2000	0.0000	226	226	0	5	5	53360.00
共同使用	5305.0000	141.9800	113.2000	0.0000	226	226	0	5	5	53360.00
盐城市广播电视大学大丰分校	10436.7100	3167.1399	526.7700	13.4100	1784	1230	0	60	38	107389.00
独立使用	10436.7100	3167.1399	526.7700	13.4100	1784	1230	0	60	38	107389.00
盐城市广播电视大学建湖分校	3418.0000	147.0000	18.0000	5.2000	256	150	0	20	3	30045.00
独立使用	3418.0000	147.0000	18.0000	5.2000	256	150	0	20	3	30045.00
盐城市广播电视大学射阳分校	1423.0000	1423.0000	0.0000	5.4000	200	200	0	6	5	25979.00
独立使用	1423.0000	1423.0000	0.0000	5.4000	200	200	0	6	5	25979.00
盐城市广播电视大学东台分校	1204.0000	353.5000	5.0000	3.0000	219	193	0	34	6	25233.00
独立使用	1204.0000	353.5000	5.0000	3.0000	219	193	0	34	6	25233.00
盐城市广播电视大学响水分校	6140.0000	1808.0000	260.0000	12.0000	800	650	0	72	36	192000.00
独立使用	6140.0000	1808.0000	260.0000	12.0000	800	650	0	72	36	192000.00
盐城市广播电视大学滨海分校	470.0000	320.0000	0.0000	4.0000	240	212	28	21	3	19965.00
共同使用	470.0000	320.0000	0.0000	4.0000	240	212	28	21	3	19965.00
盐城市广播电视大学阜宁分校	470.0000	320.0000	120.0000	4.0000	240	212	0	21	3	19965.00
独立使用	470.0000	320.0000	120.0000	4.0000	240	212	0	21	3	19965.00
盐城市广播电视大学亭湖区电大	340.0000	85.0000	50.0000	0.5000	120	100	0	21	1	24680.00
独立使用	340.0000	85.0000	50.0000	0.5000	120	100	0	21	1	24680.00
盐城市广播电视大学盐都分校	0.0000	0.0000	0.0000	0.0000	120	99	0	15	2	6540.00
独立使用	0.0000	0.0000	0.0000	0.0000	120	99	0	15	2	6540.00
盐城建筑工程学校	3054.7000	2904.7000	150.0000	8.3000	330	295	50	24	4	650.00

4.1 学校产权资产情况(续表34)

	固定资产总值(万元)			图书(万册)	计算机(台)			教室(间)		占地面积(平方米)
	计	其中:教学、科研仪器设备资产值	其中:信息化设备资产值		计	其中:教学用计算机 计	其中:平板电脑	计	其中:网络多媒体教室	
独立使用	995.1000	970.1000	25.0000	1.8000	30	30	0	12	1	350.00
共同使用	2059.6001	1934.6000	125.0000	6.5000	300	265	50	12	3	300.00
连云港市广播电视大学	5429.0000	3276.0000	687.0000	19.8000	1580	1320	0	160	65	82674.00
独立使用	5429.0000	3276.0000	687.0000	19.8000	1580	1320	0	160	65	82674.00
连云港市广播电视大学东海分校	3200.0000	500.0000	95.0000	2.5000	280	240	0	30	6	4000.00
独立使用	3200.0000	500.0000	95.0000	2.5000	280	240	0	30	6	4000.00
连云港市广播电视大学赣榆分校	230.0000	180.0000	50.0000	14.2000	450	300	0	6	2	120000.00
独立使用	230.0000	180.0000	50.0000	14.2000	450	300	0	6	2	120000.00
连云港市广播电视大学灌南分校	23000.0000	3000.0000	540.0000	13.5000	682	630	0	135	120	277222.00
独立使用	23000.0000	3000.0000	540.0000	13.5000	682	630	0	135	120	277222.00
连云港市广播电视大学灌云分校	990.0000	620.0000	370.0000	9.6000	520	400	0	62	8	69360.00
独立使用	0.0000	0.0000	0.0000	0.0000	0	0	0	0	0	150.00
共同使用	990.0000	620.0000	370.0000	9.6000	520	400	0	62	8	69210.00
灌南燎校	23000.0000	3000.0000	540.0000	13.8000	682	630	0	135	120	277272.00
独立使用	23000.0000	3000.0000	540.0000	13.8000	682	630	0	135	120	277272.00
泰州市广播电视大学	6422.9199	6386.5098	36.4100	72.6914	3326	2816	0	82	82	773473.00
共同使用	6422.9199	6386.5098	36.4100	72.6914	3326	2816	0	82	82	773473.00
泰州市广播电视大学靖江分校	1540.0000	735.0000	96.0000	11.8000	980	780	0	109	48	43200.00
独立使用	1540.0000	735.0000	96.0000	11.8000	980	780	0	109	48	43200.00
泰州市广播电视大学泰兴分校	27991.6504	3071.2400	300.0000	16.0000	1759	1307	0	100	50	300000.00
独立使用	27991.6504	3071.2400	300.0000	16.0000	1759	1307	0	100	50	300000.00
泰州市广播电视大学兴化分校	1300.0000	1200.0000	100.0000	3.0000	50	0	0	12	1	5000.00
独立使用	1300.0000	1200.0000	100.0000	3.0000	50	0	0	12	1	5000.00
泰州市广播电视大学姜堰分校	465.0000	465.0000	0.0000	5.4000	420	320	320	5	5	73300.00
共同使用	465.0000	465.0000	0.0000	5.4000	420	320	320	5	5	73300.00
宿迁市广播电视大学	27307.0605	2676.8701	0.0000	15.4000	1264	1039	0	246	86	266800.00
独立使用	27307.0605	2676.8701	0.0000	15.4000	1264	1039	0	246	86	266800.00
宿迁市广播电视大学泗阳分校	2800.0000	200.0000	100.0000	2.0000	120	100	0	100	40	23000.00
独立使用	2800.0000	200.0000	100.0000	2.0000	120	100	0	100	40	23000.00
宿迁市广播电视大学泗洪分校	10012.0000	1479.0000	0.0000	4.5000	650	580	0	123	48	147407.00
独立使用	10012.0000	1479.0000	0.0000	4.5000	650	580	0	123	48	147407.00
宿迁市广播电视大学沭阳分校	1060.0000	360.0000	0.0000	32.0000	400	380	4	180	115	15860.00
独立使用	1060.0000	360.0000	0.0000	0.0000	200	190	2	60	35	6300.00
共同使用	0.0000	0.0000	0.0000	32.0000	200	190	2	120	80	9560.00
江苏省广播电视大学化工分校	3629.9600	740.0200	319.9000	5.7000	690	600	0	82	46	84306.00
独立使用	3629.9600	740.0200	319.9000	5.7000	690	600	0	82	46	84306.00
江苏电大燎校苏州电视中专分校(燎)	0.0000	0.0000	0.0000	1.0000	45	0	0	0	0	0.00
独立使用	0.0000	0.0000	0.0000	1.0000	0	0	0	0	0	0.00
共同使用	0.0000	0.0000	0.0000	0.0000	45	0	0	0	0	0.00
江苏电大燎校太仓市岳王分校(燎)	1320.0000	60.0000	50.0000	30.0000	100	0	0	4	0	600.00
独立使用	1320.0000	60.0000	50.0000	30.0000	100	0	0	4	0	600.00
江苏电大燎校常州孟河镇成人学校(燎)	1500.0000	300.0000	100.0000	0.5000	450	350	0	6	5	0.00
独立使用	1500.0000	300.0000	100.0000	0.5000	450	350	0	6	5	0.00

4.1 学校产权资产情况(续表35)

	固定资产总值(万元)			图书(万册)	计算机(台)			教室(间)		占地面积(平方米)
	计	其中:教学、科研仪器设备资产值	其中:信息化设备资产值		计	其中:教学用计算机 计	其中:平板电脑	计	其中:网络多媒体教室	
江苏电大燎校邗江公道分校(燎)	410.0000	70.0000	60.0000	1.8000	50	45	0	1	1	3300.00
独立使用	410.0000	70.0000	60.0000	1.8000	50	45	0	1	1	3300.00
邗江霍桥镇成人学校(燎)	2555.0000	19.0000	7.0000	3.9500	211	180	0	70	35	66023.00
共同使用	2555.0000	19.0000	7.0000	3.9500	211	180	0	70	35	66023.00
南京	**60965.1966**	**6036.0965**	**5328.8619**	**16.4064**	**6259**	**4914**	**14**	**277**	**179**	**392757.27**
独立使用	58695.7386	5710.0602	5143.3999	3.2200	5411	4247	14	238	140	216828.00
共同使用	2269.4580	326.0363	185.4620	13.1864	848	667	0	39	39	175929.27
南京广播电视大学	52972.3086	4689.6802	4489.3999	1.9500	4346	3439	14	138	80	331489.00
独立使用	52972.3086	4689.6802	4489.3999	1.5000	4346	3439	14	138	80	173501.00
共同使用	0.0000	0.0000	0.0000	0.4500	0	0	0	0	0	157988.00
江宁电大	2352.0000	440.0000	20.0000	0.8200	319	269	0	28	16	22840.00
独立使用	2352.0000	440.0000	20.0000	0.8200	319	269	0	28	16	22840.00
南京广播电视大学六合区分校	326.1500	2.4330	24.4520	2.5064	152	102	0	0	0	0.00
共同使用	326.1500	2.4330	24.4520	2.5064	152	102	0	0	0	0.00
南京广播电视大学溧水分校	0.0000	0.0000	0.0000	10.0000	350	300	0	10	10	2000.00
共同使用	0.0000	0.0000	0.0000	10.0000	350	300	0	10	10	2000.00
南京广播电视大学浦口分校	1624.0000	9.2600	268.0000	0.8000	140	100	0	24	11	19405.00
独立使用	1624.0000	9.2600	268.0000	0.8000	140	100	0	24	11	19405.00
南京广播电视大学玄武区分校	1175.3080	323.6033	41.0100	0.1300	190	165	0	29	29	15941.27
共同使用	1175.3080	323.6033	41.0100	0.1300	190	165	0	29	29	15941.27
南京市广播电视大学秦淮区分校	521.4300	270.1200	117.0000	0.0000	170	103	0	5	2	1082.00
独立使用	521.4300	270.1200	117.0000	0.0000	170	103	0	5	2	1082.00
南京市广播电视大学鼓楼区分校	219.0000	96.0000	40.0000	0.1000	100	80	0	30	18	0.00
独立使用	219.0000	96.0000	40.0000	0.1000	100	80	0	30	18	0.00
南京广播电视大学栖霞分校	955.0000	173.0000	200.0000	0.0000	256	256	0	13	13	0.00
独立使用	955.0000	173.0000	200.0000	0.0000	256	256	0	13	13	0.00
南京广播电视大学汇文教学点	52.0000	32.0000	9.0000	0.0000	80	0	0	0	0	0.00
独立使用	52.0000	32.0000	9.0000	0.0000	80	0	0	0	0	0.00
南京汽车集团有限公司培训中心	768.0000	0.0000	120.0000	0.1000	156	100	0	0	0	0.00
共同使用	768.0000	0.0000	120.0000	0.1000	156	100	0	0	0	0.00
浙江	**301700.6225**	**61009.6068**	**30412.3674**	**364.4515**	**39820**	**31528**	**294**	**2557**	**1541**	**3256950.30**
独立使用	241454.9543	52873.1166	25981.3774	282.0103	33130	26249	293	1976	1199	2118500.30
共同使用	60245.6682	8136.4902	4430.9900	82.4412	6690	5279	1	581	342	1138450.00
浙江广播电视大学	15555.7852	4407.5474	6358.2314	11.3640	2489	1944	11	68	68	48225.00
独立使用	15555.7852	4407.5474	6358.2314	11.3640	2489	1944	11	68	68	48225.00
杭州广播电视大学	99999.8984	9822.1191	6391.1909	63.5301	6831	5521	71	334	142	524700.00
独立使用	99999.8984	9822.1191	6391.1909	63.5301	6831	5521	71	334	142	524700.00
浙江广播电视大学建德分校	642.2000	280.9900	299.5500	1.9000	150	100	0	31	17	5050.00
独立使用	642.2000	280.9900	299.5500	0.0000	150	100	0	31	17	5050.00
共同使用	0.0000	0.0000	0.0000	1.9000	0	0	0	0	0	0.00
浙江广播电视大学桐庐学院	5120.0000	912.0000	230.0000	0.0000	285	285	0	24	24	56633.00
独立使用	5120.0000	912.0000	230.0000	0.0000	285	285	0	24	24	56633.00
浙江广播电视大学富阳学院	3105.0000	1130.0000	754.0000	6.3600	548	258	0	30	27	0.00

4.1 学校产权资产情况(续表36)

	固定资产总值(万元)			图书(万册)	计算机(台)			教室(间)		占地面积(平方米)
	计	其中:教学、科研仪器设备资产值	其中:信息化设备资产值		计	其中:教学用计算机		计	其中:网络多媒体教室	
						计	其中:平板电脑			
独立使用	3105.0000	1130.0000	754.0000	6.3600	548	258	0	30	27	0.00
浙江广播电视大学临安分校	535.0000	350.2100	180.2000	1.2912	280	244	0	20	7	8491.00
共同使用	535.0000	350.2100	180.2000	1.2912	280	244	0	20	7	8491.00
浙江广播电视大学萧山学院	10864.9102	1046.0000	998.0000	3.0560	867	763	0	76	69	105886.30
独立使用	10864.9102	1046.0000	998.0000	3.0560	867	763	0	76	69	105886.30
浙江广播电视大学余杭分校	1450.0000	748.0000	98.8000	4.8510	963	680	0	85	85	54746.00
独立使用	1450.0000	748.0000	98.8000	4.8510	963	680	0	85	85	54746.00
浙江广播电视大学淳安学院	400.0000	300.0000	80.0000	4.3000	214	170	0	14	3	45066.00
独立使用	400.0000	300.0000	80.0000	4.3000	214	170	0	14	3	45066.00
嘉兴广播电视大学	1790.0000	1407.8000	375.1000	1.6000	626	626	0	43	43	45089.00
独立使用	1790.0000	1407.8000	375.1000	1.6000	626	626	0	43	43	45089.00
浙江广播电视大学嘉善学院	2326.5200	390.8000	233.6000	1.0000	380	337	0	30	22	33000.00
独立使用	2326.5200	390.8000	233.6000	1.0000	380	337	0	30	22	33000.00
浙江广播电视大学平湖学院	425.0200	97.9000	327.1200	1.5000	371	338	40	19	19	12272.00
独立使用	425.0200	97.9000	327.1200	1.5000	371	338	40	19	19	6580.00
共同使用	0.0000	0.0000	0.0000	0.0000	0	0	0	0	0	5692.00
浙江广播电视大学桐乡学院	1099.1899	651.0700	338.0000	0.5400	368	348	0	19	19	16000.00
独立使用	1099.1899	651.0700	338.0000	0.5400	368	348	0	19	19	16000.00
浙江广播电视大学海宁学院	548.7500	449.7500	99.0000	1.0000	509	509	0	18	18	15014.00
独立使用	548.7500	449.7500	99.0000	1.0000	509	509	0	18	18	15014.00
浙江广播电视大学海盐学院	356.2000	29.0000	191.1000	0.4000	259	0	0	30	16	36900.00
独立使用	356.2000	29.0000	191.1000	0.4000	259	0	0	30	16	36900.00
湖州广播电视大学	33125.8984	8435.1201	485.0000	76.9200	4948	3421	0	247	144	471571.00
独立使用	33125.8984	8435.1201	485.0000	76.9200	4948	3421	0	247	144	471571.00
浙江广播电视大学德清学院	1334.4873	256.7000	125.6000	2.1600	265	165	0	35	14	25700.00
独立使用	1334.4873	256.7000	125.6000	2.1600	265	165	0	35	14	25700.00
浙江广播电视大学长兴学院	3563.8000	534.9000	341.0000	3.0000	312	260	0	38	4	31742.00
共同使用	3563.8000	534.9000	341.0000	3.0000	312	260	0	38	4	31742.00
浙江广播电视大学安吉学院	780.0000	250.0000	50.0000	3.0000	130	100	0	14	14	10005.00
独立使用	780.0000	250.0000	50.0000	3.0000	130	100	0	14	14	10005.00
绍兴广播电视大学	100.0000	30.0000	0.0000	0.2000	230	150	0	30	5	7006.00
独立使用	100.0000	30.0000	0.0000	0.2000	230	150	0	30	5	7006.00
浙江广播电视大学绍兴学院	800.0000	450.0000	0.0000	1.0000	1200	800	0	200	150	179554.00
共同使用	800.0000	450.0000	0.0000	1.0000	1200	800	0	200	150	179554.00
浙江广播电视大学上虞学院	887.0000	166.0000	62.7000	0.0000	360	300	0	19	5	16380.00
独立使用	887.0000	166.0000	62.7000	0.0000	360	300	0	19	5	16380.00
浙江广播电视大学嵊州学院	0.0000	0.0000	0.0000	0.0000	0	0	0	15	8	8440.00
独立使用	0.0000	0.0000	0.0000	0.0000	0	0	0	15	8	8440.00
浙江广播电视大学新昌学院	2805.0000	158.0000	160.0000	4.3000	260	260	0	16	8	17980.00
独立使用	2805.0000	158.0000	160.0000	4.3000	260	260	0	16	8	17980.00
浙江广播电视大学诸暨学院	14.0000	8.0000	6.0000	3.0000	3	3	0	2	2	10212.00
独立使用	14.0000	8.0000	6.0000	3.0000	0	0	0	2	2	10212.00
共同使用	0.0000	0.0000	0.0000	0.0000	3	3	0	0	0	0.00

4.1 学校产权资产情况(续表37)

	固定资产总值(万元)			图书(万册)	计算机(台)			教室(间)		占地面积(平方米)
	计	其中:教学、科研仪器设备资产值	其中:信息化设备资产值		计	其中:教学用计算机 计	其中:平板电脑	计	其中:网络多媒体教室	
舟山广播电视大学	1048.7000	306.7000	200.0000	0.0000	500	300	0	32	12	7336.00
独立使用	1048.7000	306.7000	200.0000	0.0000	500	300	0	32	12	7336.00
浙江广播电视大学普陀分校	224.6000	70.5000	0.0000	0.1400	111	87	0	8	4	1295.00
独立使用	224.6000	70.5000	0.0000	0.1400	111	87	0	8	4	1295.00
浙江广播电视大学岱山分校	178.9000	84.0000	0.0000	0.0700	129	129	1	7	3	990.00
独立使用	178.9000	84.0000	0.0000	0.0700	129	129	1	7	3	990.00
浙江广播电视大学嵊泗分校	117.0000	3.0000	65.0000	0.1200	100	60	0	9	1	100.00
独立使用	117.0000	3.0000	65.0000	0.1200	100	60	0	9	1	100.00
金华广播电视大学	6687.3999	1466.5500	1430.0000	25.9000	2496	2160	0	173	135	155582.00
独立使用	0.0000	0.0000	0.0000	0.0000	280	235	0	35	15	9188.00
共同使用	6687.3999	1466.5500	1430.0000	25.9000	2216	1925	0	138	120	146394.00
浙江广播电视大学兰溪分校	306.0000	181.0000	57.0000	0.0000	101	55	0	4	4	908.00
独立使用	306.0000	181.0000	57.0000	0.0000	101	55	0	4	4	908.00
浙江广播电视大学义乌学院	850.0000	287.0000	195.0000	0.0000	230	200	0	24	10	22633.00
独立使用	850.0000	287.0000	195.0000	0.0000	230	200	0	24	10	22633.00
浙江广播电视大学武义分校	2428.3999	192.6000	0.0000	2.3000	150	120	1	15	5	27328.00
共同使用	2428.3999	192.6000	0.0000	2.3000	150	120	1	15	5	27328.00
浙江广播电视大学永康学院	7542.7402	554.5500	471.3200	4.1500	558	419	0	60	36	132195.00
共同使用	7542.7402	554.5500	471.3200	4.1500	558	419	0	60	36	132195.00
浙江广播电视大学磐安分校	234.4200	90.7300	142.6900	0.1000	100	100	0	5	5	1330.00
独立使用	234.4200	90.7300	142.6900	0.1000	100	100	0	5	5	1330.00
浙江广播电视大学浦江分校	376.0000	62.0000	105.0000	0.0000	150	135	8	12	3	1500.00
独立使用	376.0000	62.0000	105.0000	0.0000	150	135	8	12	3	1500.00
衢州广播电视大学	1733.9700	214.8500	317.2200	1.0000	280	280	0	38	5	25000.00
独立使用	1733.9700	214.8500	317.2200	1.0000	280	280	0	38	5	25000.00
浙江广播电视大学常山分校	1524.2300	238.6200	198.7000	0.9800	158	143	15	17	6	3540.00
独立使用	1524.2300	238.6200	198.7000	0.9800	158	143	15	17	6	3300.00
共同使用	0.0000	0.0000	0.0000	0.0000	0	0	0	0	0	240.00
浙江广播电视大学龙游分校	427.0000	222.0000	92.0000	0.5100	171	142	0	11	11	1029.00
独立使用	427.0000	222.0000	92.0000	0.5100	171	142	0	11	11	1029.00
浙江广播电视大学开化分校	130.7500	65.0000	45.0000	0.4700	118	108	0	11	8	0.00
独立使用	130.7500	65.0000	45.0000	0.4700	118	108	0	11	8	0.00
浙江广播电视大学江山分校	244.0000	200.0000	0.0000	0.9000	150	135	3	22	6	390.00
独立使用	244.0000	200.0000	0.0000	0.9000	150	135	3	22	6	390.00
浙江广播电视大学柯城分校	93.0000	75.0000	18.0000	0.1500	65	62	3	10	1	10000.00
独立使用	93.0000	75.0000	18.0000	0.1500	65	62	3	10	1	10000.00
台州广播电视大学	6114.8999	2121.3999	1561.0000	42.8000	1395	595	110	72	72	59030.00
独立使用	6114.8999	2121.3999	1561.0000	42.8000	1395	595	110	72	72	59030.00
浙江广播电视大学临海学院	1750.0000	1450.0000	300.0000	2.2000	455	433	0	38	6	7000.00
独立使用	1750.0000	1450.0000	300.0000	2.2000	455	433	0	38	6	7000.00
浙江广播电视大学温岭分校	1056.5300	0.0000	302.2700	1.2500	200	200	0	17	13	5676.00
独立使用	1056.5300	0.0000	302.2700	1.2500	200	200	0	17	13	5676.00
浙江广播电视大学玉环学院	7490.0000	7217.0000	273.0000	1.0000	346	291	0	33	29	29550.00

4.1 学校产权资产情况(续表38)

	固定资产总值(万元)			图书(万册)	计算机(台)			教室(间)		占地面积(平方米)
	计	其中:教学、科研仪器设备资产值	其中:信息化设备资产值		计	其中:教学用计算机 计	其中:平板电脑	计	其中:网络多媒体教室	
独立使用	7490.0000	7217.0000	273.0000	1.0000	346	291	0	33	29	29550.00
浙江广播电视大学黄岩分校	841.0000	207.8000	624.0000	1.4000	200	180	0	10	10	1971.00
独立使用	841.0000	207.8000	624.0000	1.4000	200	180	0	10	10	1971.00
浙江广播电视大学天台学院	600.0000	500.0000	100.0000	2.6000	540	540	0	21	15	216108.00
独立使用	600.0000	500.0000	100.0000	0.0000	540	540	0	0	0	0.00
共同使用	0.0000	0.0000	0.0000	2.6000	0	0	0	21	15	216108.00
浙江广播电视大学仙居学院	922.9000	160.0000	250.0000	1.2000	195	154	0	20	10	75337.00
独立使用	922.9000	160.0000	250.0000	1.2000	195	154	0	20	10	75337.00
浙江广播电视大学三门学院	1456.0000	32.0000	80.0000	1.0000	153	153	0	9	7	9219.00
独立使用	1456.0000	32.0000	80.0000	1.0000	153	153	0	9	7	9219.00
丽水广播电视大学	1396.0000	8.0000	409.2300	1.4800	320	320	0	23	0	4220.00
独立使用	1396.0000	8.0000	409.2300	1.4800	320	320	0	23	0	4220.00
浙江广播电视大学青田学院	700.0000	280.0000	0.0000	0.7000	200	150	0	14	12	550.00
独立使用	700.0000	280.0000	0.0000	0.7000	200	150	0	14	12	550.00
浙江广播电视大学缙云分校	1269.0000	257.0000	257.0000	1.1000	300	250	0	14	1	52023.00
独立使用	1269.0000	257.0000	257.0000	1.1000	300	250	0	14	1	52023.00
浙江广播电视大学遂昌分校	250.0000	150.0000	25.0000	1.0000	150	150	0	12	7	4509.00
独立使用	250.0000	150.0000	25.0000	1.0000	150	150	0	12	7	4509.00
浙江广播电视大学景宁分校	265.0000	119.0000	2.0000	0.0000	118	100	0	6	6	1980.00
独立使用	265.0000	119.0000	2.0000	0.0000	118	100	0	6	6	1980.00
浙江广播电视大学龙泉分校	50.0000	8.0000	42.0000	0.0000	120	100	0	0	0	0.00
独立使用	50.0000	8.0000	42.0000	0.0000	120	100	0	0	0	0.00
浙江广播电视大学庆元分校	78.4000	45.7000	32.7000	0.5000	98	98	22	0	0	0.00
独立使用	78.4000	45.7000	32.7000	0.5000	98	98	22	0	0	0.00
浙江广播电视大学云和分校	200.2500	133.2500	2.0000	0.2200	70	60	0	8	4	1215.00
独立使用	200.2500	133.2500	2.0000	0.2200	70	60	0	7	4	1215.00
共同使用	0.0000	0.0000	0.0000	0.0000	0	0	0	1	0	0.00
浙江广播电视大学松阳分校	134.0000	81.0000	26.0000	0.4592	184	184	0	0	0	0.00
独立使用	134.0000	81.0000	26.0000	0.4592	184	184	0	0	0	0.00
温州广播电视大学	3819.0000	890.0000	0.0000	5.5000	1013	863	0	0	0	20694.00
独立使用	3819.0000	890.0000	0.0000	5.5000	1013	863	0	0	0	20694.00
浙江广播电视大学永嘉学院	13433.0000	1360.0000	685.0000	7.5000	1014	963	2	67	58	112070.00
独立使用	13433.0000	1360.0000	685.0000	7.5000	1014	963	2	67	58	112070.00
浙江广播电视大学瑞安分校	426.0000	255.0000	171.0000	0.9900	317	317	0	23	6	1964.00
独立使用	426.0000	255.0000	171.0000	0.9900	317	317	0	23	6	1964.00
浙江广播电视大学乐清分校	525.0000	410.0000	115.0000	0.0000	160	140	0	6	6	1000.00
独立使用	525.0000	410.0000	115.0000	0.0000	160	140	0	6	6	1000.00
浙江广播电视大学瓯海分校	877.0000	65.0000	56.0000	1.2800	131	111	0	8	8	415.00
独立使用	877.0000	65.0000	56.0000	1.2800	131	111	0	8	8	415.00
浙江广播电视大学平阳分校	300.0000	52.0000	0.0000	1.0400	123	118	5	10	7	2200.00
独立使用	300.0000	52.0000	0.0000	1.0400	123	118	5	10	7	2200.00
浙江广播电视大学苍南分校	51.8000	32.0000	12.0000	1.1600	240	239	1	20	8	1198.00
独立使用	51.8000	32.0000	12.0000	1.1600	240	239	1	20	8	1198.00

4.1 学校产权资产情况(续表39)

	固定资产总值(万元)			图书(万册)	计算机(台)			教室(间)		占地面积(平方米)
	计	其中:教学、科研仪器设备资产值	其中:信息化设备资产值		计	其中:教学用计算机 计	其中:平板电脑	计	其中:网络多媒体教室	
浙江广播电视大学文成分校	1159.0750	309.1000	259.5750	3.3000	305	265	0	24	4	17000.00
独立使用	1159.0750	309.1000	259.5750	3.3000	305	265	0	24	4	17000.00
浙江广播电视大学泰顺分校	1056.0000	356.0000	80.0000	0.5100	100	95	1	9	2	6506.00
独立使用	1056.0000	356.0000	80.0000	0.5100	100	95	1	9	2	6506.00
浙江广播电视大学洞头分校	447.0000	360.0000	85.0000	2.0900	317	232	0	24	20	15131.00
独立使用	447.0000	360.0000	85.0000	2.0900	317	232	0	24	20	15131.00
浙江广播电视大学巨化分校	100.0000	80.0000	20.0000	6.0000	140	40	0	12	6	1280.00
独立使用	100.0000	80.0000	20.0000	0.0000	40	40	0	8	3	980.00
共同使用	0.0000	0.0000	0.0000	6.0000	100	0	0	4	3	300.00
浙江广播电视大学经贸分校	784.0000	392.0000	392.0000	1.0000	100	100	0	10	10	11880.00
独立使用	784.0000	392.0000	392.0000	1.0000	100	100	0	10	10	11880.00
浙江广播电视大学工商学院	3558.0000	2388.0000	671.0000	6.7200	330	260	0	48	24	30000.00
独立使用	3558.0000	2388.0000	671.0000	6.7200	330	260	0	48	24	30000.00
浙江广播电视大学水利水电学校教学点	38688.3281	4587.6802	2008.4700	34.3000	1871	1508	0	84	2	390406.00
共同使用	38688.3281	4587.6802	2008.4700	34.3000	1871	1508	0	84	2	390406.00
杭州东方舰桥教育培训中心	126.6700	76.6700	50.0000	1.0900	200	102	0	0	0	0.00
独立使用	126.6700	76.6700	50.0000	1.0900	200	102	0	0	0	0.00
宁波	**32642.9352**	**12682.4549**	**5524.6918**	**25.6811**	**5504**	**4765**	**4**	**314**	**263**	**393307.00**
独立使用	29569.9352	10382.4549	4751.6918	17.0111	4309	3850	4	247	196	255137.00
共同使用	3073.0000	2300.0000	773.0000	8.6700	1195	915	0	67	67	138170.00
宁波广播电视大学	9912.2754	1881.4547	1401.7719	9.4311	1294	1135	4	78	75	34647.00
独立使用	9912.2754	1881.4547	1401.7719	9.4311	1294	1135	4	78	75	34647.00
宁波广播电视大学鄞州学院	643.0000	22.5000	620.5000	0.0000	776	776	0	26	6	25266.00
独立使用	643.0000	22.5000	620.5000	0.0000	776	776	0	26	6	25266.00
宁波广播电视大学余姚学院	9632.0498	5570.9502	217.4000	0.6500	360	340	0	25	13	119988.00
独立使用	9632.0498	5570.9502	217.4000	0.6500	360	340	0	25	13	119988.00
宁波电大慈溪学院	1233.3101	706.1700	331.1800	0.6700	562	562	0	18	18	2505.00
独立使用	1233.3101	706.1700	331.1800	0.6700	562	562	0	18	18	2505.00
宁波广播电视大学宁海学院	494.0000	151.6000	329.0000	0.4000	209	209	0	16	16	2785.00
独立使用	494.0000	151.6000	329.0000	0.4000	209	209	0	16	16	2785.00
宁波电大象山分校	2395.0000	1095.0000	1300.0000	1.4000	330	250	0	39	39	31850.00
独立使用	2395.0000	1095.0000	1300.0000	1.4000	330	250	0	39	39	31850.00
宁波电大奉化分校	813.0000	360.0000	200.0000	0.6500	355	355	0	15	9	5336.00
独立使用	813.0000	360.0000	200.0000	0.6500	355	355	0	15	9	5336.00
宁波广播电视大学镇海工作站	3073.0000	2300.0000	773.0000	8.6700	1195	915	0	67	67	138170.00
共同使用	3073.0000	2300.0000	773.0000	8.6700	1195	915	0	67	67	138170.00
宁波广播电视大学北仑工作站	3886.0000	341.0000	280.0000	2.4000	279	223	0	16	14	22541.00
独立使用	3886.0000	341.0000	280.0000	2.4000	279	223	0	16	14	22541.00
江北电大工作站	561.3000	253.7800	71.8400	1.4100	144	0	0	14	6	10219.00
独立使用	561.3000	253.7800	71.8400	1.4100	144	0	0	14	6	10219.00
安徽	**116169.0039**	**22237.2600**	**8690.4600**	**236.6400**	**11363**	**9438**	**92**	**1133**	**388**	**882176.41**
独立使用	50362.3339	14661.6700	4924.9700	85.4900	7745	6585	47	664	226	302204.76
共同使用	65806.6700	7575.5900	3765.4900	151.1500	3618	2853	45	469	162	579971.65

4.1 学校产权资产情况(续表40)

	固定资产总值(万元)			图书(万册)	计算机(台)			教室(间)		占地面积(平方米)
	计	其中:教学、科研仪器设备资产值	其中:信息化设备资产值		计	其中:教学用计算机 计	其中:平板电脑	计	其中:网络多媒体教室	
安徽广播电视大学	8915.2500	1852.5100	1504.8900	14.3500	1183	767	5	85	37	54020.00
独立使用	8915.2500	1852.5100	1504.8900	14.3500	1183	767	5	85	37	54020.00
肥西县工作站	6000.0000	2000.0000	1500.0000	5.0000	200	150	0	60	5	226666.00
共同使用	6000.0000	2000.0000	1500.0000	5.0000	200	150	0	60	5	226666.00
肥东县工作站	50.0000	30.0000	20.0000	50.0000	500	490	0	10	3	20000.00
共同使用	50.0000	30.0000	20.0000	50.0000	500	490	0	10	3	20000.00
庐江县工作站	40100.0000	230.0000	270.0000	10.5000	280	270	0	68	5	2040.00
独立使用	100.0000	30.0000	70.0000	0.5000	40	30	0	8	1	240.00
共同使用	40000.0000	200.0000	200.0000	10.0000	240	240	0	60	4	1800.00
居巢区	20.0000	10.0000	10.0000	0.2000	50	50	0	11	2	1000.00
独立使用	20.0000	10.0000	10.0000	0.2000	50	50	0	11	2	1000.00
蚌埠分校	1181.0000	326.0000	100.0000	6.5000	316	282	0	24	10	25758.00
独立使用	1181.0000	326.0000	100.0000	6.5000	316	282	0	24	10	25758.00
怀远县工作站	15.4000	0.0000	14.4000	0.3000	44	34	0	0	0	0.00
独立使用	15.4000	0.0000	14.4000	0.3000	44	34	0	0	0	0.00
固镇县工作站	506.0000	183.0000	45.0000	3.6400	330	320	0	6	6	65759.00
独立使用	15.0000	0.0000	15.0000	0.8000	5	0	0	0	0	60.00
共同使用	491.0000	183.0000	30.0000	2.8400	325	320	0	6	6	65699.00
芜湖分校	2034.1700	441.5900	35.4900	0.4000	400	20	0	43	29	11145.00
共同使用	2034.1700	441.5900	35.4900	0.4000	400	20	0	43	29	11145.00
无为县工作站	120.0000	22.0000	98.0000	1.2000	180	128	0	15	2	8000.00
独立使用	120.0000	22.0000	98.0000	1.2000	180	128	0	15	2	8000.00
淮北分校	0.0000	0.0000	0.0000	2.2200	110	0	0	18	10	4241.00
独立使用	0.0000	0.0000	0.0000	1.7200	100	0	0	8	8	1241.00
共同使用	0.0000	0.0000	0.0000	0.5000	10	0	0	10	2	3000.00
马鞍山分校	7843.0000	5300.0000	440.0000	12.7000	700	700	0	60	24	80000.00
独立使用	7843.0000	5300.0000	440.0000	12.7000	700	700	0	60	24	80000.00
当涂县工作站	75.1200	32.1400	42.9800	12.7000	91	70	0	0	0	0.00
独立使用	75.1200	32.1400	42.9800	0.0000	87	68	0	0	0	0.00
共同使用	0.0000	0.0000	0.0000	12.7000	4	2	0	0	0	0.00
和县工作站	3503.0000	2408.0000	1089.0000	0.0000	245	204	0	67	25	68000.00
共同使用	3503.0000	2408.0000	1089.0000	0.0000	245	204	0	67	25	68000.00
铜陵分校	1099.4000	635.7000	463.7000	20.0000	480	480	0	26	5	7818.89
独立使用	1099.4000	635.7000	463.7000	0.0000	480	480	0	26	5	6892.24
共同使用	0.0000	0.0000	0.0000	20.0000	0	0	0	0	0	926.65
黄山分校	422.0000	190.0000	10.0000	0.5500	277	235	0	14	14	2725.00
独立使用	422.0000	190.0000	10.0000	0.5500	277	235	0	14	14	2725.00
黟县工作站	204.3739	20.0000	5.0000	3.0000	60	45	3	5	4	5744.00
独立使用	204.3739	20.0000	5.0000	0.0000	15	0	0	0	0	5744.00
共同使用	0.0000	0.0000	0.0000	3.0000	45	45	3	5	4	0.00
安庆分校	1650.0000	710.0000	325.0000	4.6000	490	430	0	43	15	16032.00
独立使用	1650.0000	710.0000	325.0000	4.6000	490	430	0	43	15	16032.00
桐城市工作站	350.0000	300.0000	1.0000	1.0000	100	94	0	7	3	600.00

4.1 学校产权资产情况(续表41)

	固定资产总值(万元)			图书(万册)	计算机(台)			教室(间)		占地面积(平方米)
	计	其中:教学、科研仪器设备资产值	其中:信息化设备资产值		计	其中:教学用计算机		计	其中:网络多媒体教室	
						计	其中:平板电脑			
独立使用	350.0000	300.0000	1.0000	1.0000	100	94	0	7	3	600.00
岳西县工作站	100.0000	30.0000	10.0000	0.4000	50	40	0	9	2	550.00
共同使用	100.0000	30.0000	10.0000	0.4000	50	40	0	9	2	550.00
怀宁县工作站	500.0000	51.0000	59.0000	2.0000	110	96	0	15	6	4913.00
独立使用	500.0000	51.0000	59.0000	2.0000	110	96	0	15	6	4913.00
潜山县工作站	800.0000	780.0000	20.0000	2.3000	100	75	22	12	2	10900.00
共同使用	800.0000	780.0000	20.0000	2.3000	100	75	22	12	2	10900.00
太湖县工作站	30.0000	20.0000	10.0000	0.0000	60	53	0	0	0	0.00
独立使用	30.0000	20.0000	10.0000	0.0000	60	53	0	0	0	0.00
六安分校	720.0000	420.0000	300.0000	1.3000	200	200	0	9	9	3800.00
独立使用	720.0000	420.0000	300.0000	1.3000	200	200	0	9	9	3800.00
叶集区工作站	125.0000	0.0000	125.0000	0.4000	462	462	0	24	4	10000.00
独立使用	0.0000	0.0000	0.0000	0.2000	200	200	0	0	0	0.00
共同使用	125.0000	0.0000	125.0000	0.2000	262	262	0	24	4	10000.00
舒城县工作站	228.5700	99.6000	79.5000	0.5000	85	60	0	12	9	3343.32
独立使用	200.5700	85.6000	65.5000	0.3000	60	45	0	10	7	2535.32
共同使用	28.0000	14.0000	14.0000	0.2000	25	15	0	2	2	808.00
阜阳分校	1439.0000	107.0000	107.0000	0.0000	229	168	0	33	8	28438.20
独立使用	1439.0000	107.0000	107.0000	0.0000	229	168	0	33	8	28438.20
颍上县工作站	66.0000	35.0000	30.0000	2.0000	100	98	0	0	0	336.00
独立使用	66.0000	35.0000	30.0000	2.0000	100	98	0	0	0	126.00
共同使用	0.0000	0.0000	0.0000	0.0000	0	0	0	0	0	210.00
界首市工作站	21.0000	2.0000	19.0000	0.0000	36	30	0	9	3	484.00
独立使用	21.0000	2.0000	19.0000	0.0000	36	30	0	9	3	484.00
临泉县工作站	103.1000	62.1000	41.0000	3.0000	125	115	0	0	0	0.00
独立使用	103.1000	62.1000	41.0000	3.0000	125	115	0	0	0	0.00
宣城分校	4000.0000	1000.0000	500.0000	2.4000	400	400	0	30	0	2400.00
独立使用	0.0000	0.0000	0.0000	0.0000	200	200	0	0	0	0.00
共同使用	4000.0000	1000.0000	500.0000	2.4000	200	200	0	30	0	2400.00
绩溪县工作站	0.0000	0.0000	0.0000	0.0000	1	0	0	0	0	0.00
独立使用	0.0000	0.0000	0.0000	0.0000	1	0	0	0	0	0.00
泾县工作站	6155.0000	187.0000	162.0000	18.2100	542	480	0	66	58	133333.00
共同使用	6155.0000	187.0000	162.0000	18.2100	542	480	0	66	58	133333.00
郎溪县工作站	0.0000	0.0000	0.0000	4.1200	128	128	10	18	2	2140.00
独立使用	0.0000	0.0000	0.0000	4.1200	128	128	10	18	2	2140.00
旌德县	1820.5000	102.0000	60.0000	4.0000	203	100	15	30	2	16034.00
独立使用	0.0000	0.0000	0.0000	0.0000	3	0	0	0	0	0.00
共同使用	1820.5000	102.0000	60.0000	4.0000	200	100	15	30	2	16034.00
宣州区工作站	1000.0000	500.0000	0.0000	12.0000	180	130	35	60	10	1300.00
独立使用	800.0000	400.0000	0.0000	10.0000	160	120	30	50	8	900.00
共同使用	200.0000	100.0000	0.0000	2.0000	20	10	5	10	2	400.00
滁州分校	730.0000	350.0000	250.0000	6.0000	600	547	0	33	8	3168.00
独立使用	730.0000	350.0000	250.0000	6.0000	600	547	0	33	8	3168.00

4.1 学校产权资产情况(续表42)

	固定资产总值(万元)			图书(万册)	计算机(台)			教室(间)		占地面积(平方米)
	计	其中:教学、科研仪器设备资产值	其中:信息化设备资产值		计	其中:教学用计算机 计	其中:平板电脑	计	其中:网络多媒体教室	
凤阳县工作站	110.0000	110.0000	0.0000	11.0000	200	200	0	16	16	150.00
独立使用	10.0000	10.0000	0.0000	1.0000	50	50	0	6	6	50.00
共同使用	100.0000	100.0000	0.0000	10.0000	150	150	0	10	10	100.00
宿州分校	44.1200	42.6200	1.5000	2.2000	267	267	0	19	10	5000.00
独立使用	44.1200	42.6200	1.5000	2.2000	267	267	0	19	10	5000.00
萧县工作站	1300.0000	80.0000	15.0000	0.0000	140	120	0	20	3	1532.00
独立使用	1300.0000	80.0000	15.0000	0.0000	140	120	0	20	3	1532.00
砀山县工作站	40.0000	15.0000	20.0000	0.5000	33	24	0	0	0	0.00
独立使用	40.0000	15.0000	20.0000	0.5000	33	24	0	0	0	0.00
灵璧县工作站	0.0000	0.0000	0.0000	0.0000	65	45	2	0	0	0.00
独立使用	0.0000	0.0000	0.0000	0.0000	65	45	2	0	0	0.00
省直分校	1492.0000	291.0000	29.0000	2.4000	295	245	0	27	17	2806.00
独立使用	1492.0000	291.0000	29.0000	2.4000	295	245	0	27	17	2806.00
亳州分校	19856.0000	3112.0000	858.0000	3.0500	516	456	0	94	15	34000.00
独立使用	19856.0000	3112.0000	858.0000	3.0500	516	456	0	94	15	34000.00
广德学院	1400.0000	150.0000	20.0000	10.0000	200	130	0	35	5	18000.00
独立使用	1000.0000	150.0000	20.0000	3.0000	100	80	0	20	3	10000.00
共同使用	400.0000	0.0000	0.0000	7.0000	100	50	0	15	2	8000.00
福建	**18675.9104**	**8563.6599**	**2533.6401**	**45.6850**	**3894**	**2912**	**167**	**302**	**128**	**152769.53**
独立使用	14464.2704	7044.6599	1913.7001	38.7300	3046	2218	67	221	84	122468.53
共同使用	4211.6400	1519.0000	619.9400	6.9550	848	694	100	81	44	30301.00
福建广播电视大学	9771.4004	4574.5898	1196.0601	21.3600	976	518	0	74	12	77670.00
独立使用	9771.4004	4574.5898	1196.0601	21.3600	976	518	0	74	12	77670.00
福州电大分校	625.3900	528.8300	0.0000	0.7000	340	155	3	23	12	1306.00
独立使用	625.3900	528.8300	0.0000	0.7000	340	155	3	23	12	1306.00
福州电大分校闽侯县工作站	827.0000	810.0000	17.0000	2.0000	204	204	104	32	25	12000.00
独立使用	5.0000	4.0000	1.0000	0.0000	4	4	4	2	2	0.00
共同使用	822.0000	806.0000	16.0000	2.0000	200	200	100	30	23	12000.00
福州电大分校罗源工作站	356.0000	200.0000	156.0000	0.2000	120	100	0	10	3	3331.00
独立使用	356.0000	200.0000	156.0000	0.2000	120	100	0	10	3	3331.00
福州电大分校闽清工作站	163.0000	4.5600	0.0000	0.1000	60	40	0	7	3	506.00
独立使用	133.0000	4.5600	0.0000	0.1000	60	40	0	7	3	506.00
共同使用	30.0000	0.0000	0.0000	0.0000	0	0	0	0	0	0.00
福州电大分校永泰工作站	35.0000	20.0000	15.0000	0.3000	36	30	0	6	2	400.00
独立使用	35.0000	20.0000	15.0000	0.3000	36	30	0	6	2	400.00
福州电大分校福清市工作站	1710.0000	205.0000	105.0000	3.0200	100	100	10	18	10	3272.00
独立使用	10.0000	5.0000	5.0000	0.0200	100	100	10	2	2	500.00
共同使用	1700.0000	200.0000	100.0000	3.0000	0	0	0	16	8	2772.00
三明电大分校清流县工作站	109.7400	42.1100	8.2300	0.6900	70	60	50	5	4	2000.00
独立使用	109.7400	42.1100	8.2300	0.6900	70	60	50	5	4	1000.00
共同使用	0.0000	0.0000	0.0000	0.0000	0	0	0	0	0	1000.00
福建广播电视大学漳州分校	1272.7400	100.5700	200.4100	0.0000	313	264	0	15	12	12366.53
独立使用	1272.7400	100.5700	200.4100	0.0000	313	264	0	15	12	12366.53

4.1 学校产权资产情况(续表43)

	固定资产总值(万元)			图书(万册)	计算机(台)			教室(间)		占地面积(平方米)
	计	其中:教学、科研仪器设备资产值	其中:信息化设备资产值		计	其中:教学用计算机 计	其中:平板电脑	计	其中:网络多媒体教室	
漳州电大分校南靖工作站	20.0000	13.0000	7.0000	2.0000	70	40	0	1	1	1900.00
独立使用	20.0000	13.0000	7.0000	2.0000	70	40	0	1	1	1900.00
泉州电大分校	875.6400	0.0000	452.4400	0.5000	423	274	0	20	8	2264.00
共同使用	875.6400	0.0000	452.4400	0.5000	423	274	0	20	8	2264.00
泉州电大分校晋江市工作站	0.0000	0.0000	0.0000	0.1000	220	200	0	8	2	0.00
独立使用	0.0000	0.0000	0.0000	0.0500	220	200	0	8	2	0.00
共同使用	0.0000	0.0000	0.0000	0.0500	0	0	0	0	0	0.00
泉州电大分校南安工作站	110.0000	60.0000	50.0000	0.2100	90	90	0	3	3	13489.00
独立使用	110.0000	60.0000	50.0000	0.2100	90	90	0	3	3	13489.00
泉州电大分校惠安工作站	100.0000	20.0000	80.0000	0.0500	90	80	0	10	3	800.00
独立使用	100.0000	20.0000	80.0000	0.0500	90	80	0	10	3	800.00
泉州电大分校安溪工作站	70.0000	20.0000	0.0000	5.0000	100	100	0	2	2	200.00
独立使用	50.0000	20.0000	0.0000	5.0000	0	0	0	2	2	200.00
共同使用	20.0000	0.0000	0.0000	0.0000	100	100	0	0	0	0.00
泉州电大分校永春工作站	226.0000	25.0000	1.5000	0.2050	65	60	0	5	3	1000.00
共同使用	226.0000	25.0000	1.5000	0.2050	65	60	0	5	3	1000.00
泉州电大分校德化工作站	30.0000	10.0000	0.0000	0.0500	60	40	0	15	1	1200.00
独立使用	30.0000	10.0000	0.0000	0.0500	60	40	0	15	1	1200.00
泉州电大分校鲤城工作站	236.0000	186.0000	50.0000	2.0000	171	171	0	0	0	0.00
独立使用	236.0000	186.0000	50.0000	2.0000	171	171	0	0	0	0.00
泉州电大分校泉港工作站	105.0000	21.0000	74.0000	0.5000	74	74	0	5	3	1600.00
独立使用	105.0000	21.0000	74.0000	0.5000	74	74	0	5	3	600.00
共同使用	0.0000	0.0000	0.0000	0.0000	0	0	0	0	0	1000.00
泉州电大分校石狮工作站	538.0000	488.0000	50.0000	1.2000	60	60	0	10	2	10265.00
共同使用	538.0000	488.0000	50.0000	1.2000	60	60	0	10	2	10265.00
龙岩电大分校	1152.0000	1152.0000	0.0000	2.0000	156	156	0	23	15	3700.00
独立使用	1152.0000	1152.0000	0.0000	2.0000	156	156	0	23	15	3700.00
龙岩电大分校武平县工作站	343.0000	83.0000	71.0000	3.5000	96	96	0	10	2	3500.00
独立使用	343.0000	83.0000	71.0000	3.5000	96	96	0	10	2	3500.00
厦门	**44590.4000**	**4609.2300**	**1835.2000**	**44.1600**	**3716**	**3304**	**51**	**111**	**85**	**348766.88**
独立使用	967.4000	116.2300	131.2000	4.0300	315	276	51	29	21	4168.88
共同使用	43623.0000	4493.0000	1704.0000	40.1300	3401	3028	0	82	64	344598.00
思明工作站	0.0000	0.0000	0.0000	0.0000	109	0	0	9	9	0.00
独立使用	0.0000	0.0000	0.0000	0.0000	9	0	0	9	9	0.00
共同使用	0.0000	0.0000	0.0000	0.0000	100	0	0	0	0	0.00
同安工作站	232.4000	4.5000	20.2000	0.4800	140	129	0	0	0	0.00
独立使用	232.4000	4.5000	20.2000	0.4800	140	129	0	0	0	0.00
杏林工作站	392.0000	28.7300	40.0000	0.0500	70	51	51	10	10	668.88
独立使用	392.0000	28.7300	40.0000	0.0500	70	51	51	10	10	668.88
厦门电大校直属学习点	43623.0000	4493.0000	1704.0000	40.1300	3301	3028	0	82	64	344598.00
共同使用	43623.0000	4493.0000	1704.0000	40.1300	3301	3028	0	82	64	344598.00
武平工作站	343.0000	83.0000	71.0000	3.5000	96	96	0	10	2	3500.00
独立使用	343.0000	83.0000	71.0000	3.5000	96	96	0	10	2	3500.00

4.1 学校产权资产情况(续表44)

	固定资产总值(万元)			图书(万册)	计算机(台)			教室(间)		占地面积(平方米)
	计	其中:教学、科研仪器设备资产值	其中:信息化设备资产值		计	其中:教学用计算机 计	其中:平板电脑	计	其中:网络多媒体教室	
江西	**57397.8765**	**11235.2800**	**6334.9626**	**270.8806**	**10933**	**8435**	**1352**	**1061**	**309**	**1006065.00**
独立使用	50223.7765	10219.6800	5843.1826	232.3306	9675	7357	1220	799	259	687685.00
共同使用	7174.1000	1015.6000	491.7800	38.5500	1258	1078	132	262	50	318380.00
江西广播电视大学	17562.1191	3658.0200	3204.0000	15.0000	3003	2538	926	34	34	108943.00
独立使用	17562.1191	3658.0200	3204.0000	15.0000	3003	2538	926	34	34	108943.00
江西电大开放学院九江县教师进修学校教学点	1000.0000	100.0000	0.0000	1.5000	133	100	0	3	3	13200.00
独立使用	1000.0000	100.0000	0.0000	1.5000	133	100	0	3	3	13200.00
江西电大开放学院井冈山市工作站	73.0000	20.0000	5.0000	0.6000	15	9	0	0	0	90.00
独立使用	73.0000	20.0000	5.0000	0.6000	15	9	0	0	0	90.00
南昌电大分校本部	1177.0000	493.0000	37.0000	28.0000	330	255	0	22	22	2264.00
独立使用	1177.0000	493.0000	37.0000	28.0000	330	255	0	22	22	2264.00
南昌市电大安义县工作站(工会职校)	500.0000	100.0000	50.0000	1.0000	56	50	1	9	2	1200.00
独立使用	500.0000	100.0000	50.0000	1.0000	56	50	1	9	2	1200.00
南昌电大分校进贤县教师进修学校教学点	430.0000	10.0000	25.0000	1.0000	80	0	0	32	4	28600.00
独立使用	0.0000	0.0000	0.0000	0.0000	30	0	0	0	0	0.00
共同使用	430.0000	10.0000	25.0000	1.0000	50	0	0	32	4	28600.00
南昌市电大安义县教师进修学校教学点	5.0000	5.0000	0.0000	0.0000	31	21	0	8	0	10956.00
独立使用	5.0000	5.0000	0.0000	0.0000	31	21	0	8	0	10956.00
南昌县教师进修学校	0.0000	0.0000	0.0000	0.8000	85	60	0	6	3	3310.00
独立使用	0.0000	0.0000	0.0000	0.8000	85	60	0	6	3	3310.00
景德镇电大分校乐平市教师进修学校教学点	191.1900	45.5000	40.0000	0.1506	100	100	1	5	1	7260.00
独立使用	191.1900	45.5000	40.0000	0.1506	100	100	1	5	1	7260.00
九江电大分校本部	3545.9614	0.0000	431.4626	2.0000	313	61	61	35	10	11500.00
独立使用	3545.9614	0.0000	431.4626	2.0000	313	61	61	35	10	11500.00
九江电大分校星子县工作站	20.0000	8.0000	12.0000	3.0000	50	40	2	6	1	6500.00
独立使用	20.0000	8.0000	12.0000	3.0000	50	40	2	6	1	6500.00
九江电大分校瑞昌工作站(教师进修学校)	120.0000	29.0000	0.0000	0.8000	40	30	0	8	3	8320.00
独立使用	120.0000	29.0000	0.0000	0.8000	40	30	0	8	3	8320.00
九江电大分校德安县工作站	30.0000	30.0000	0.0000	0.5000	40	40	10	2	2	23800.00
独立使用	30.0000	30.0000	0.0000	0.5000	40	40	10	2	2	23800.00
九江电大分校永修县工作站	120.0000	48.0000	13.0000	1.0000	128	100	0	22	2	20000.00
独立使用	40.0000	10.0000	3.0000	0.2000	58	50	0	2	1	0.00
共同使用	80.0000	38.0000	10.0000	0.8000	70	50	0	20	1	20000.00
九江电大分校都昌县工作站	56.5000	41.0000	3.0000	0.2000	232	96	50	32	2	13286.00
独立使用	56.5000	41.0000	3.0000	0.2000	146	96	50	16	2	13200.00
共同使用	0.0000	0.0000	0.0000	0.0000	86	0	0	16	0	86.00
九江电大分校彭泽县工作站	130.0000	20.0000	2.0000	3.0000	700	660	0	60	6	13332.00
独立使用	130.0000	20.0000	2.0000	0.0000	100	60	0	10	1	6666.00
共同使用	0.0000	0.0000	0.0000	3.0000	600	600	0	50	5	6666.00
九江电大分校武宁县工作站	410.0000	120.0000	0.0000	3.7000	51	50	1	8	1	4000.00
独立使用	410.0000	120.0000	0.0000	0.2000	51	50	1	8	1	4000.00
共同使用	0.0000	0.0000	0.0000	3.5000	0	0	0	0	0	0.00
九江电大分校修水县工作站	30.0000	5.0000	20.0000	0.5000	55	40	0	11	1	750.00

4.1 学校产权资产情况(续表45)

	固定资产总值(万元)			图书(万册)	计算机(台)			教室(间)		占地面积(平方米)
	计	其中:教学、科研仪器设备资产值	其中:信息化设备资产值		计	其中:教学用计算机 计	其中:平板电脑	计	其中:网络多媒体教室	
独立使用	30.0000	5.0000	20.0000	0.5000	55	40	0	11	1	750.00
九江电大分校湖口县工作站	113.0000	16.0000	10.0000	0.2000	68	52	16	7	2	5504.00
独立使用	113.0000	16.0000	10.0000	0.2000	68	52	16	7	2	5504.00
江西广播电视大学九江分校省武工作站	220.0000	150.0000	0.0000	1.0000	28	18	5	13	5	310.00
独立使用	150.0000	100.0000	0.0000	1.0000	26	16	5	5	5	130.00
共同使用	70.0000	50.0000	0.0000	0.0000	2	2	0	8	0	180.00
九江电大分校庐山工作站	150.0000	15.0000	2.0000	1.0000	0	0	0	2	2	4630.00
独立使用	150.0000	15.0000	2.0000	0.5000	0	0	0	2	2	4630.00
共同使用	0.0000	0.0000	0.0000	0.5000	0	0	0	0	0	0.00
共青城工作站	30.0000	20.0000	1.1000	1.0000	60	60	0	0	0	0.00
共同使用	30.0000	20.0000	1.1000	1.0000	60	60	0	0	0	0.00
萍乡电大分校本部	1257.0500	333.7900	383.2500	1.3000	321	254	0	34	9	5770.00
独立使用	1257.0500	333.7900	383.2500	1.3000	321	254	0	34	9	5770.00
萍乡电大分校湘东区工作站	30.0000	10.0000	20.0000	0.5000	30	30	2	0	0	0.00
独立使用	30.0000	10.0000	20.0000	0.5000	30	30	2	0	0	0.00
萍乡电大分校芦溪县工作站	662.0000	128.0000	84.0000	2.0000	165	140	75	20	4	10200.00
独立使用	650.0000	120.0000	80.0000	1.5000	115	90	25	10	4	10000.00
共同使用	12.0000	8.0000	4.0000	0.5000	50	50	50	10	0	200.00
萍乡电大分校上栗县电大工作站	25.0000	10.0000	15.0000	1.2000	80	0	0	2	2	2450.00
独立使用	25.0000	10.0000	15.0000	1.2000	80	0	0	2	2	2450.00
萍乡市卫生学校	0.0000	0.0000	0.0000	12.0000	150	0	0	65	65	0.00
独立使用	0.0000	0.0000	0.0000	12.0000	150	0	0	65	65	0.00
新余电大分校本部	1006.0000	900.0000	106.0000	1.0000	196	150	0	60	10	10666.00
独立使用	1006.0000	900.0000	106.0000	1.0000	196	150	0	60	10	10666.00
新余电大分校分宜县工作站	600.0000	30.0000	10.0000	0.5000	80	60	0	10	1	4200.00
独立使用	40.0000	30.0000	10.0000	0.5000	80	60	0	10	1	4200.00
共同使用	560.0000	0.0000	0.0000	0.0000	0	0	0	0	0	0.00
鹰潭电大分校本部	720.0000	207.0000	145.0000	3.0000	230	210	0	30	4	1400.00
独立使用	720.0000	207.0000	145.0000	3.0000	230	210	0	30	4	1400.00
鹰潭电大分校贵溪市工作站	220.0000	62.0000	158.0000	2.3000	35	35	35	12	2	3223.00
独立使用	200.0000	50.0000	150.0000	2.3000	23	23	23	8	2	3223.00
共同使用	20.0000	12.0000	8.0000	0.0000	12	12	12	4	0	0.00
赣州市电大校本部	214.0000	191.0000	23.0000	0.9600	274	274	0	43	2	6460.00
独立使用	214.0000	191.0000	23.0000	0.9600	274	274	0	43	2	6460.00
赣州市电大中共信丰县委党校教学点	12.0000	8.0000	1.3000	20.0000	50	35	15	12	2	9990.00
独立使用	12.0000	8.0000	1.3000	20.0000	50	35	15	12	2	9990.00
赣州市电大兴国县教师进修学校教学点	458.0000	75.0000	17.0000	3.5000	100	70	0	20	2	19980.00
独立使用	458.0000	75.0000	17.0000	3.0000	100	70	0	20	2	19980.00
共同使用	0.0000	0.0000	0.0000	0.5000	0	0	0	0	0	0.00
大余县教师进修学校	0.0000	0.0000	0.0000	0.5000	15	15	14	10	1	6533.00
共同使用	0.0000	0.0000	0.0000	0.5000	15	15	14	10	1	6533.00
赣州市电大石城县教师进修学校教学点	500.0000	0.0000	30.0000	0.5000	60	50	50	6	0	2100.00
共同使用	500.0000	0.0000	30.0000	0.5000	60	50	50	6	0	2100.00

4.1 学校产权资产情况(续表46)

	固定资产总值(万元)			图书(万册)	计算机(台)			教室(间)		占地面积(平方米)
	计	其中:教学、科研仪器设备资产值	其中:信息化设备资产值		计	其中:教学用计算机 计	其中:平板电脑	计	其中:网络多媒体教室	
龙南教师进修学校	28.0000	25.0000	2.0000	0.0000	85	60	0	13	3	0.00
独立使用	28.0000	25.0000	2.0000	0.0000	85	60	0	13	3	0.00
赣州市电大赣县教师进修学校教学点	63.0000	36.0000	0.0000	15.0000	50	50	0	8	1	1000.00
独立使用	63.0000	36.0000	0.0000	15.0000	50	50	0	8	1	1000.00
赣州市电大中共上犹县委党校教学点	50.0000	0.0000	30.0000	1.5000	30	29	1	5	2	1000.00
独立使用	50.0000	0.0000	30.0000	1.5000	30	29	1	5	2	1000.00
赣州市电大宁都县教师进修学校教学点	1.0000	0.0000	0.0000	1.0000	50	40	0	12	2	1540.00
独立使用	1.0000	0.0000	0.0000	1.0000	50	40	0	12	2	1540.00
赣州市电大寻乌县工作站(教师进修学校)	290.7000	0.0000	0.0000	3.0000	50	30	0	8	6	4000.00
独立使用	290.7000	0.0000	0.0000	3.0000	50	30	0	8	6	4000.00
赣州市电大中共南康市委党校教学点	732.5000	14.0000	1.2000	2.5300	60	40	0	5	1	4000.00
独立使用	732.5000	14.0000	1.2000	2.5300	60	40	0	5	1	4000.00
赣州市电大中共兴国县委党校教学点	5000.0000	1000.0000	500.0000	10.0000	140	120	20	20	2	3600.00
独立使用	5000.0000	1000.0000	500.0000	10.0000	140	120	20	20	2	3600.00
赣州市电大信丰县教师进修学校教学点	20.0000	12.0000	8.0000	1.5000	51	51	20	6	1	1315.00
独立使用	20.0000	12.0000	8.0000	1.5000	51	51	20	6	1	1315.00
江西会昌县职业技术学校	7200.0000	1050.0000	80.0000	3.0000	400	0	0	50	8	118059.00
独立使用	7200.0000	1050.0000	80.0000	3.0000	400	0	0	50	8	118059.00
全南县教师进修学校	20.0000	18.0000	0.0000	5.0000	30	20	0	4	0	2331.00
独立使用	20.0000	18.0000	0.0000	5.0000	30	20	0	4	0	2331.00
宜春市电大宜丰县工作站(教师进修学校)	93.0000	10.0000	1.0000	0.7000	50	35	2	12	2	3300.00
独立使用	93.0000	10.0000	1.0000	0.7000	50	35	2	12	2	3300.00
吉安电大分校本部	1660.5000	459.1000	280.1800	11.6000	867	867	0	61	32	84590.00
独立使用	0.0000	0.0000	0.0000	0.0000	867	867	0	0	0	0.00
共同使用	1660.5000	459.1000	280.1800	11.6000	0	0	0	61	32	84590.00
吉安电大分校吉水县教师进修学校教学点	96.7559	0.0000	0.0000	1.2000	45	10	3	3	3	4730.00
独立使用	96.7559	0.0000	0.0000	1.2000	45	10	3	3	3	4730.00
吉安电大分校吉安县教师进修学校教学点	144.6000	0.0000	0.0000	0.5700	20	15	1	10	2	13840.00
独立使用	0.0000	0.0000	0.0000	0.5700	20	15	1	10	2	13840.00
共同使用	144.6000	0.0000	0.0000	0.0000	0	0	0	0	0	0.00
万安县委党校	40.0000	2.0000	0.3000	0.2000	11	3	0	3	1	4000.00
独立使用	40.0000	2.0000	0.3000	0.2000	11	3	0	3	1	4000.00
上饶市广播电视大学	935.0000	209.0000	56.0000	39.3800	205	156	1	16	5	6781.00
独立使用	935.0000	209.0000	56.0000	39.3800	205	156	1	16	5	6781.00
上饶市电大德兴市工作站	24.0000	10.0000	10.0000	1.0000	60	59	1	6	0	3100.00
独立使用	24.0000	10.0000	10.0000	1.0000	0	0	0	0	0	100.00
共同使用	0.0000	0.0000	0.0000	0.0000	60	59	1	6	0	3000.00
上饶市电大婺源县工作站	1227.0000	265.0000	62.0000	4.8000	120	100	0	20	2	37296.00
独立使用	1227.0000	265.0000	62.0000	4.8000	120	100	0	20	2	37296.00
上饶市电大余干县工作站	30.0000	10.0000	20.0000	6.0000	21	15	15	7	1	2600.00
独立使用	30.0000	10.0000	20.0000	6.0000	21	15	15	7	1	2600.00
上饶市电大铅山县工作站	486.0000	10.0000	40.0000	1.0000	100	100	0	20	2	6666.00
独立使用	486.0000	10.0000	40.0000	1.0000	100	100	0	20	2	6666.00

4.1 学校产权资产情况(续表47)

	固定资产总值(万元)			图书(万册)	计算机(台)			教室(间)		占地面积(平方米)
	计	其中:教学、科研仪器设备资产值	其中:信息化设备资产值		计	其中:教学用计算机 计	其中:平板电脑	计	其中:网络多媒体教室	
上饶市电大弋阳县工作站	18.0000	15.0000	3.0000	0.0000	40	40	0	0	0	0.00
独立使用	18.0000	15.0000	3.0000	0.0000	40	40	0	0	0	0.00
上饶市电大横峰县工作站	1227.0000	265.0000	140.0000	4.7000	120	110	0	20	2	37285.00
独立使用	220.0000	65.0000	62.0000	0.0000	120	110	0	0	0	0.00
共同使用	1007.0000	200.0000	78.0000	4.7000	0	0	0	20	2	37285.00
上饶市电大鄱阳县工作站	1200.0000	80.0000	20.0000	10.0000	80	80	0	4	0	800.00
独立使用	600.0000	40.0000	10.0000	5.0000	40	40	0	2	0	400.00
共同使用	600.0000	40.0000	10.0000	5.0000	40	40	0	2	0	400.00
上饶市电大玉山县工作站	141.0000	11.0000	20.0000	0.8000	16	13	0	0	0	0.00
独立使用	141.0000	11.0000	20.0000	0.8000	16	13	0	0	0	0.00
上饶市电大万年县工作站	2000.0000	162.0000	7.0000	2.3000	60	60	5	8	2	122740.00
共同使用	2000.0000	162.0000	7.0000	2.3000	60	60	5	8	2	122740.00
上饶市电大广丰县工作站	1024.0000	117.0000	15.0000	15.0000	120	80	0	15	5	113364.00
独立使用	1024.0000	117.0000	15.0000	15.0000	120	80	0	15	5	113364.00
上饶市电大上饶县工作站	99.0000	70.0000	29.0000	0.0000	90	70	0	13	1	3000.00
独立使用	99.0000	70.0000	29.0000	0.0000	90	70	0	13	1	3000.00
抚州市电大校本部	714.0000	158.8700	39.1700	4.5300	200	160	0	31	5	30006.00
独立使用	714.0000	158.8700	39.1700	4.5300	200	160	0	31	5	30006.00
抚州市电大金溪县工作站	32.0000	7.0000	1.0000	0.2000	55	55	7	0	0	0.00
独立使用	32.0000	7.0000	1.0000	0.2000	55	55	7	0	0	0.00
抚州市电大黎川县工作站	55.0000	32.0000	23.0000	0.3600	8	2	2	2	0	220.00
独立使用	55.0000	32.0000	23.0000	0.3600	8	2	2	2	0	220.00
抚州市电大崇仁县工作站	72.0000	26.0000	36.0000	1.5000	35	32	3	5	1	2310.00
独立使用	36.0000	13.0000	18.0000	1.5000	35	32	3	5	1	2310.00
共同使用	36.0000	13.0000	18.0000	0.0000	0	0	0	0	0	0.00
抚州市电大资溪县工作站	2.0000	1.0000	1.0000	1.0000	40	40	0	2	0	700.00
独立使用	1.0000	0.5000	0.5000	0.0000	0	0	0	0	0	200.00
共同使用	1.0000	0.5000	0.5000	1.0000	40	40	0	2	0	500.00
抚州市电大南丰县工作站	105.0000	33.0000	12.0000	0.0000	25	5	0	6	1	1000.00
独立使用	100.0000	30.0000	10.0000	0.0000	20	5	0	5	1	500.00
共同使用	5.0000	3.0000	2.0000	0.0000	5	0	0	1	0	500.00
抚州市电大南城县工作站	17.0000	8.0000	9.0000	0.1500	50	50	1	4	1	865.00
独立使用	17.0000	8.0000	9.0000	0.1500	50	50	1	4	1	865.00
中共东乡县委党校	18.0000	0.0000	18.0000	2.1500	48	40	0	6	3	5000.00
共同使用	18.0000	0.0000	18.0000	2.1500	48	40	0	6	3	5000.00
广昌县委党校	4.0000	1.0000	3.0000	2.0000	63	50	6	3	1	2300.00
独立使用	4.0000	1.0000	3.0000	2.0000	63	50	6	3	1	2300.00
宜黄县委党校	910.0000	230.0000	20.0000	2.0000	54	45	0	4	1	12000.00
独立使用	910.0000	230.0000	20.0000	2.0000	54	45	0	4	1	12000.00
山东	**286545.7273**	**84463.9419**	**28603.2183**	**785.1062**	**33853**	**24855**	**2092**	**69386**	**1720**	**10125355.76**
独立使用	90057.7592	22096.6860	4696.4210	211.6880	12271	8591	1413	6805	542	2487598.35
共同使用	196487.9681	62367.2559	23906.7973	573.4182	21582	16264	679	62581	1178	7637757.41
山东广播电视大学	27813.5508	3493.0000	105.0000	15.7150	1225	780	0	53	25	106173.00

4.1 学校产权资产情况(续表48)

	固定资产总值(万元)			图书(万册)	计算机(台)			教室(间)		占地面积(平方米)
	计	其中:教学、科研仪器设备资产值	其中:信息化设备资产值		计	其中:教学用计算机 计	其中:平板电脑	计	其中:网络多媒体教室	
独立使用	27813.5508	3493.0000	105.0000	15.7150	1225	780	0	53	25	106173.00
济南广播电视大学直属	3000.0000	1000.0000	2000.0000	30.0000	500	400	20	50	15	30000.00
独立使用	3000.0000	1000.0000	2000.0000	30.0000	500	400	20	50	15	30000.00
济南广播电视大学商河县工作站	0.0000	0.0000	0.0000	0.5000	40	40	40	22	6	3330.00
独立使用	0.0000	0.0000	0.0000	0.5000	40	40	40	22	6	3330.00
济南广播电视大学章丘分校	1088.0000	476.0000	12.0000	0.9490	205	205	185	16	2	38862.00
独立使用	1086.0000	475.0000	11.0000	0.9490	205	205	185	16	2	38862.00
共同使用	2.0000	1.0000	1.0000	0.0000	0	0	0	0	0	0.00
济南电大平阴分校	6856.8301	6396.2598	460.5700	9.6800	1120	860	0	104	43	121441.00
共同使用	6856.8301	6396.2598	460.5700	9.6800	1120	860	0	104	43	121441.00
济南电大长清工作站	143.7588	97.2095	0.0000	0.4475	90	60	0	0	0	0.00
独立使用	143.7588	97.2095	0.0000	0.4475	90	60	0	0	0	0.00
济南广播电视大学济阳分校	50.0000	0.0000	12.0000	2.0000	56	31	0	19	1	13624.00
独立使用	50.0000	0.0000	12.0000	1.0000	25	0	0	19	1	13624.00
共同使用	0.0000	0.0000	0.0000	1.0000	31	31	0	0	0	0.00
威海广播电视大学	390.0000	100.0000	3.0000	12.0000	1400	100	0	125	2	6514.00
独立使用	390.0000	100.0000	3.0000	0.0000	400	100	0	14	2	0.00
共同使用	0.0000	0.0000	0.0000	12.0000	1000	0	0	111	0	6514.00
淄博广播电视大学直属部	3000.0000	2000.0000	440.0000	29.0000	2500	2500	0	534	264	240000.00
共同使用	3000.0000	2000.0000	440.0000	29.0000	2500	2500	0	534	264	240000.00
淄博广播电视大学临淄分校	15200.0000	8150.0000	7050.0000	0.0000	240	240	0	4	0	2000.00
独立使用	200.0000	150.0000	50.0000	0.0000	40	40	0	4	0	2000.00
共同使用	15000.0000	8000.0000	7000.0000	0.0000	200	200	0	0	0	0.00
淄博广播电视大学淄川分校	0.0000	0.0000	0.0000	1.0000	250	120	25	1	1	20.00
独立使用	0.0000	0.0000	0.0000	1.0000	250	120	25	1	1	20.00
淄博广播电视大学周村分校	3897.3000	3397.3000	400.0000	12.0000	988	988	357	6	4	101763.82
独立使用	3897.3000	3397.3000	400.0000	12.0000	988	988	357	6	4	101763.82
淄博广播电视大学沂源分校	8000.0000	2000.0000	270.0000	2.0000	360	0	0	22	2	396000.00
独立使用	8000.0000	2000.0000	270.0000	2.0000	360	0	0	22	2	396000.00
淄博桓台教师进修学校	0.0000	0.0000	0.0000	0.0000	10	10	0	5	0	350.00
独立使用	0.0000	0.0000	0.0000	0.0000	10	10	0	5	0	350.00
淄博广播电视大学高青分校	15008.0000	8005.0000	7003.0000	0.0000	240	240	0	3	2	2000.00
独立使用	8.0000	5.0000	3.0000	0.0000	40	40	0	3	2	2000.00
共同使用	15000.0000	8000.0000	7000.0000	0.0000	200	200	0	0	0	0.00
淄博市工业学校	15200.0000	7050.0000	1050.0000	0.0000	240	240	0	4	4	2000.00
独立使用	200.0000	50.0000	50.0000	0.0000	40	40	0	4	4	2000.00
共同使用	15000.0000	7000.0000	1000.0000	0.0000	200	200	0	0	0	0.00
枣庄广播电视大学直属学院	5000.0000	651.0000	0.0000	100.0000	1500	1200	7	426	265	593756.00
共同使用	5000.0000	651.0000	0.0000	100.0000	1500	1200	7	426	265	593756.00
枣庄电大滕州分校	3632.5701	3632.5701	0.0000	36.0000	742	550	64	234	187	660000.00
独立使用	3632.5701	3632.5701	0.0000	36.0000	742	550	64	234	187	660000.00
枣庄市团校	443.0000	2.0000	27.0000	0.5000	54	21	0	6	4	10645.00
独立使用	443.0000	2.0000	27.0000	0.5000	54	21	0	6	4	10645.00

4.1 学校产权资产情况(续表49)

	固定资产总值(万元)			图书(万册)	计算机(台)			教室(间)		占地面积(平方米)
	计	其中:教学、科研仪器设备资产值	其中:信息化设备资产值		计	其中:教学用计算机 计	其中:平板电脑	计	其中:网络多媒体教室	
烟台电大直属	70.0000	60.0000	10.0000	0.0500	158	140	0	3	1	260.00
独立使用	25.0000	20.0000	5.0000	0.0000	58	40	0	1	1	80.00
共同使用	45.0000	40.0000	5.0000	0.0500	100	100	0	2	0	180.00
烟台开发区广播电视大学	2973.8999	1149.9000	0.0000	1.6400	1060	860	0	120	90	107226.00
独立使用	2973.8999	1149.9000	0.0000	1.6400	1060	860	0	120	90	107226.00
烟台电大牟平分校	2012.0000	1812.0000	2.0000	20.0000	950	950	0	50	12	106560.00
独立使用	12.0000	12.0000	0.0000	0.0000	50	50	0	0	0	100.00
共同使用	2000.0000	1800.0000	2.0000	20.0000	900	900	0	50	12	106460.00
烟台电大蓬莱二职专分校	4000.0000	1000.0000	700.0000	13.0000	857	507	204	85	83	62459.00
独立使用	2000.0000	0.0000	0.0000	0.0000	7	7	4	4	2	0.00
共同使用	2000.0000	1000.0000	700.0000	13.0000	850	500	200	81	81	62459.00
烟台电大招远分校	52.0000	15.0000	11.0000	1.3000	157	157	0	40	3	580.00
独立使用	12.0000	5.0000	1.0000	0.3000	7	7	0	0	0	80.00
共同使用	40.0000	10.0000	10.0000	1.0000	150	150	0	40	3	500.00
烟台电大栖霞市高级职业学校	2100.0000	1500.0000	600.0000	8.3000	210	120	90	6	2	100050.00
共同使用	2100.0000	1500.0000	600.0000	8.3000	210	120	90	6	2	100050.00
烟台电大龙口分校	100.0000	100.0000	0.0000	0.0000	80	0	0	30	0	100.00
独立使用	50.0000	50.0000	0.0000	0.0000	0	0	0	0	0	0.00
共同使用	50.0000	50.0000	0.0000	0.0000	80	0	0	30	0	100.00
烟台第一职业中专学校	1000.0000	800.0000	100.0000	1.0000	120	90	30	7	1	70.00
共同使用	1000.0000	800.0000	100.0000	1.0000	120	90	30	7	1	70.00
烟台电大海阳分校	6522.0000	905.3000	362.0000	3.1200	800	230	15	60	12	127854.00
独立使用	6522.0000	905.3000	362.0000	3.1200	800	230	15	60	12	127854.00
烟台电大汽车工程分校	72089.5781	6404.5762	2194.6973	75.0102	1958	1458	0	332	64	743400.00
共同使用	72089.5781	6404.5762	2194.6973	75.0102	1958	1458	0	332	64	743400.00
潍坊广播电视大学直属教学点	0.0000	0.0000	0.0000	23.4200	1440	1400	0	200	50	262130.00
共同使用	0.0000	0.0000	0.0000	23.4200	1440	1400	0	200	50	262130.00
潍坊广播电视大学诸城分校	5226.0000	3626.0000	1600.0000	0.0000	360	360	0	92	0	791373.00
独立使用	0.0000	0.0000	0.0000	0.0000	60	60	0	12	0	0.00
共同使用	5226.0000	3626.0000	1600.0000	0.0000	300	300	0	80	0	791373.00
潍坊广播电视大学寿光分校	1220.0000	5.0000	70.0000	17.0000	130	130	0	90	22	1601000.00
独立使用	20.0000	5.0000	10.0000	1.0000	50	50	0	10	2	1000.00
共同使用	1200.0000	0.0000	60.0000	16.0000	80	80	0	80	20	1600000.00
潍坊广播电视大学青州分校	3260.0000	1135.0000	46.5000	8.2000	350	80	6	88	11	9850.00
独立使用	260.0000	35.0000	1.5000	0.2000	50	50	1	8	1	950.00
共同使用	3000.0000	1100.0000	45.0000	8.0000	300	30	5	80	10	8900.00
潍坊广播电视大学安丘分校	1234.0000	80.0000	0.0000	1.2000	150	150	0	18	3	5000.00
独立使用	1234.0000	80.0000	0.0000	1.2000	150	150	0	18	3	5000.00
潍坊广播电视大学高密分校	31.0000	31.0000	0.0000	12.0000	240	120	0	24	2	8000.00
共同使用	31.0000	31.0000	0.0000	12.0000	240	120	0	24	2	8000.00
潍坊广播电视大学临朐分校	31.0000	0.0000	0.0000	2.0000	50	50	0	50	0	18000.00
独立使用	0.0000	0.0000	0.0000	0.0000	10	10	0	0	0	0.00
共同使用	31.0000	0.0000	0.0000	2.0000	40	40	0	50	0	18000.00

4.1 学校产权资产情况(续表50)

	固定资产总值(万元)			图书(万册)	计算机(台)			教室(间)		占地面积(平方米)
	计	其中:教学、科研仪器设备资产值	其中:信息化设备资产值		计	其中:教学用计算机 计	其中:平板电脑	计	其中:网络多媒体教室	
潍坊广播电视大学昌乐分校	155.1800	69.0800	0.0000	0.6000	174	174	60	8	2	2000.00
独立使用	77.5900	34.5400	0.0000	0.3000	87	87	30	4	2	2000.00
共同使用	77.5900	34.5400	0.0000	0.3000	87	87	30	4	0	0.00
潍坊电大寒亭分校	0.0000	0.0000	0.0000	1.0000	20	0	0	10	6	1000.00
独立使用	0.0000	0.0000	0.0000	1.0000	20	0	0	10	6	1000.00
临沂电大直属教学班	70.0000	7.0000	20.0000	13.1000	60	60	0	2	1	57210.00
独立使用	70.0000	7.0000	20.0000	3.1000	60	60	0	2	1	600.00
共同使用	0.0000	0.0000	0.0000	10.0000	0	0	0	0	0	56610.00
泰安电大直属学院	85.0000	75.0000	0.0000	10.0000	215	215	0	16	4	40000.00
独立使用	85.0000	75.0000	0.0000	0.0000	15	15	0	6	4	0.00
共同使用	0.0000	0.0000	0.0000	10.0000	200	200	0	10	0	40000.00
泰安电大新泰分校	230.0000	38.0000	2.0000	1.5000	300	180	18	14	4	668.00
独立使用	30.0000	12.0000	1.0000	0.3000	150	60	0	2	1	98.00
共同使用	200.0000	26.0000	1.0000	1.2000	150	120	18	12	3	570.00
泰安电大肥城分校	3500.0000	850.0000	200.0000	8.0000	150	120	5	8	2	21000.00
独立使用	3500.0000	850.0000	200.0000	8.0000	150	120	5	8	2	21000.00
泰安电大宁阳分校	0.0000	0.0000	0.0000	3.0000	100	90	0	3	0	3000.00
独立使用	0.0000	0.0000	0.0000	3.0000	100	90	0	3	0	3000.00
泰安电大东平分校	2500.0000	1800.0000	30.0000	20.0000	180	27	0	20	5	3900.00
独立使用	1500.0000	1000.0000	20.0000	10.0000	160	15	0	16	3	3900.00
共同使用	1000.0000	800.0000	10.0000	10.0000	20	12	0	4	2	0.00
泰安电大岱岳区教学点	23.0000	15.0000	7.0000	3.0000	150	100	30	42	30	11500.00
独立使用	15.0000	10.0000	5.0000	2.0000	90	50	20	12	10	6000.00
共同使用	8.0000	5.0000	2.0000	1.0000	60	50	10	30	20	5500.00
济宁电大直属教学点	235.0000	130.0000	101.0000	60.0000	108	100	0	15	3	211238.00
独立使用	15.0000	10.0000	1.0000	0.0000	8	0	0	0	0	200.00
共同使用	220.0000	120.0000	100.0000	60.0000	100	100	0	15	3	211038.00
济宁电大任城区职业中等专业学校	649.0000	76.0000	0.0000	0.4000	63	45	0	45	3	29866.00
独立使用	649.0000	76.0000	0.0000	0.4000	63	45	0	45	3	29866.00
济宁电大微山分校	0.0000	0.0000	0.0000	1.3000	140	110	0	66	9	29270.00
独立使用	0.0000	0.0000	0.0000	1.3000	140	110	0	66	9	29270.00
济宁电大金乡分校	4000.0000	400.0000	0.0000	1.5000	193	150	0	35	5	63200.00
共同使用	4000.0000	400.0000	0.0000	1.5000	193	150	0	35	5	63200.00
济宁电大嘉祥分校	4200.0000	2560.0000	862.0000	15.0000	466	400	0	77	3	13334.00
独立使用	0.0000	0.0000	0.0000	0.0000	46	40	0	4	0	0.00
共同使用	4200.0000	2560.0000	862.0000	15.0000	420	360	0	73	3	13334.00
济宁电大汶上分校	160.0000	30.0000	60.0000	0.0000	260	20	20	80	4	76678.00
独立使用	100.0000	20.0000	40.0000	0.0000	60	0	0	20	4	66678.00
共同使用	60.0000	10.0000	20.0000	0.0000	200	20	20	60	0	10000.00
济宁电大曲阜分校	25.0000	12.0000	8.0000	3.0000	300	200	0	17	5	910.00
独立使用	25.0000	12.0000	8.0000	2.0000	200	150	0	13	4	630.00
共同使用	0.0000	0.0000	0.0000	1.0000	100	50	0	4	1	280.00
兖州矿区电大分校	11491.6699	1469.3800	544.7300	18.5000	697	532	0	91	3	200022.41

4.1 学校产权资产情况(续表51)

	固定资产总值(万元)			图书(万册)	计算机(台)			教室(间)		占地面积(平方米)
	计	其中:教学、科研仪器设备资产值	其中:信息化设备资产值		计	其中:教学用计算机 计	其中:平板电脑	计	其中:网络多媒体教室	
共同使用	11491.6699	1469.3800	544.7300	18.5000	697	532	0	91	3	200022.41
菏泽广播电视大学	10.0000	0.0000	0.0000	0.0000	150	130	0	3	3	0.00
独立使用	10.0000	0.0000	0.0000	0.0000	150	130	0	3	3	0.00
菏泽电大成武分校	0.0390	0.0180	0.0110	0.1160	240	16	5	3	1	980.00
独立使用	0.0390	0.0180	0.0110	0.0580	120	16	5	3	1	980.00
共同使用	0.0000	0.0000	0.0000	0.0580	120	0	0	0	0	0.00
菏泽电大定陶分校	5000.0000	1000.0000	100.0000	10.0000	300	200	200	90	15	70000.00
独立使用	5000.0000	1000.0000	100.0000	10.0000	300	200	200	90	15	70000.00
菏泽电大鄄城分校	10.0000	0.0000	0.0000	1.0000	2	0	0	0	0	100.00
独立使用	10.0000	0.0000	0.0000	1.0000	2	0	0	0	0	100.00
菏泽电大曹县教师进修学校	5600.0000	127.0000	8.0000	23.0000	153	120	110	18	4	210000.00
独立使用	5600.0000	127.0000	8.0000	23.0000	153	120	110	18	4	210000.00
聊城电大直属教学班	103.0000	103.0000	0.0000	0.0000	200	200	0	5	1	800.00
独立使用	31.0000	31.0000	0.0000	0.0000	0	0	0	0	0	260.00
共同使用	72.0000	72.0000	0.0000	0.0000	200	200	0	5	1	540.00
聊城电大冠县分校	10.0000	5.0000	5.0000	0.0000	60	0	0	10	1	2600.00
独立使用	10.0000	5.0000	5.0000	0.0000	0	0	0	10	1	2600.00
共同使用	0.0000	0.0000	0.0000	0.0000	60	0	0	0	0	0.00
德州广播电视大学	705.0000	616.0000	89.0000	2.7100	410	353	0	1662	2	46952.00
独立使用	9.0000	0.0000	9.0000	0.2100	10	3	0	4	0	53.00
共同使用	696.0000	616.0000	80.0000	2.5000	400	350	0	1658	2	46899.00
德州电大齐河教师进修学校	340.0000	120.0000	85.0000	3.0000	70	50	2	11	1	9990.00
独立使用	340.0000	120.0000	85.0000	3.0000	70	50	2	11	1	9990.00
德州电大禹城教师进修学校	10.0000	5.0000	5.0000	0.0000	160	160	0	3	3	1170.00
独立使用	10.0000	5.0000	5.0000	0.0000	20	20	0	3	3	470.00
共同使用	0.0000	0.0000	0.0000	0.0000	140	140	0	0	0	700.00
德州电大平原教师进修学校	63.0000	10.0000	51.0000	1.1000	120	120	10	30	30	20000.00
共同使用	63.0000	10.0000	51.0000	1.1000	120	120	10	30	30	20000.00
德州电大武城教师进修学校	201.0000	77.0000	4.0000	1.0000	65	60	0	56	8	16679.00
共同使用	201.0000	77.0000	4.0000	1.0000	65	60	0	56	8	16679.00
德州电大夏津教师进修学校	130.0000	110.0000	10.0000	5.0000	60	60	0	12	8	4900.00
独立使用	20.0000	10.0000	0.0000	0.0000	0	0	0	0	0	0.00
共同使用	110.0000	100.0000	10.0000	5.0000	60	60	0	12	8	4900.00
德州电大陵县分校	100.0000	60.0000	40.0000	1.5000	145	60	60	13	3	40000.00
独立使用	40.0000	20.0000	20.0000	0.5000	65	60	60	4	1	11000.00
共同使用	60.0000	40.0000	20.0000	1.0000	80	0	0	9	2	29000.00
德州电大临邑分校	0.0000	0.0000	0.0000	1.5000	0	0	0	548	0	938.00
独立使用	0.0000	0.0000	0.0000	1.5000	0	0	0	174	0	419.00
共同使用	0.0000	0.0000	0.0000	0.0000	0	0	0	374	0	519.00
德州电大乐陵教师进修学校	1250.0000	0.0000	6.0000	5.0000	260	173	87	360	120	8832.00
独立使用	0.0000	0.0000	0.0000	0.0000	18	18	0	0	0	0.00
共同使用	1250.0000	0.0000	6.0000	5.0000	242	155	87	360	120	8832.00
德州电大庆云分校	3000.0000	200.0000	30.0000	5.0000	90	60	0	2	1	3890.00

4.1 学校产权资产情况(续表52)

	固定资产总值(万元)			图书(万册)	计算机(台)			教室(间)		占地面积(平方米)
	计	其中:教学、科研仪器设备资产值	其中:信息化设备资产值		计	其中:教学用计算机 计	其中:平板电脑	计	其中:网络多媒体教室	
共同使用	3000.0000	200.0000	30.0000	5.0000	90	60	0	2	1	3890.00
滨州电大直属班	0.0000	0.0000	0.0000	0.0000	0	0	0	57044	0	440674.00
共同使用	0.0000	0.0000	0.0000	0.0000	0	0	0	57044	0	440674.00
滨州广播电视大学惠民县分校	0.0000	0.0000	0.0000	0.0000	0	0	0	5184	0	0.00
独立使用	0.0000	0.0000	0.0000	0.0000	0	0	0	5184	0	0.00
滨州广播电视大学沾化县分校	2538.0000	438.0000	82.0000	4.8000	279	200	0	30	20	270367.75
独立使用	2538.0000	438.0000	82.0000	4.8000	279	200	0	30	20	270367.75
滨州电大开发区分校	100.0000	50.0000	0.0000	0.1000	50	40	0	50	0	7250.00
独立使用	100.0000	50.0000	0.0000	0.1000	50	40	0	50	0	7250.00
山东电大直属学院教学点	23.3000	16.5000	6.8000	0.0000	178	158	158	8	3	0.00
独立使用	0.0000	0.0000	0.0000	0.0000	28	8	8	0	0	0.00
共同使用	23.3000	16.5000	6.8000	0.0000	150	150	150	8	3	0.00
东营广播电视大学	0.0000	0.0000	0.0000	0.0000	0	0	0	170	90	1132057.00
独立使用	0.0000	0.0000	0.0000	0.0000	0	0	0	20	10	0.00
共同使用	0.0000	0.0000	0.0000	0.0000	0	0	0	150	80	1132057.00
日照广播电视大学	0.0000	0.0000	0.0000	0.0000	111	0	0	0	0	0.00
独立使用	0.0000	0.0000	0.0000	0.0000	111	0	0	0	0	0.00
莒县教育局电大工作站	760.0000	410.0000	350.0000	33.0000	150	0	0	9	9	11000.00
独立使用	110.0000	60.0000	50.0000	3.0000	0	0	0	0	0	1000.00
共同使用	650.0000	350.0000	300.0000	30.0000	150	0	0	9	9	10000.00
威海广播电视大学荣成分校	5000.0000	1500.0000	0.0000	10.0000	135	135	95	40	5	266505.00
独立使用	0.0000	0.0000	0.0000	0.0000	135	135	95	0	0	1000.00
共同使用	5000.0000	1500.0000	0.0000	10.0000	0	0	0	40	5	265505.00
山东德州汽车摩托车专修学院	1480.0000	1100.0000	210.0000	15.0000	580	540	12	53	9	51949.00
独立使用	300.0000	200.0000	70.0000	5.0000	130	120	6	21	2	2000.00
共同使用	1180.0000	900.0000	140.0000	10.0000	450	420	6	32	7	49949.00
莱芜市科技成人中等专业学校直属学习中心	1132.0000	145.0000	40.0000	1.5000	100	98	2	112	2	3500.00
独立使用	1132.0000	145.0000	40.0000	1.5000	100	98	2	112	2	3500.00
山东电大兖州分校	2873.8701	157.3000	33.9100	0.0000	241	133	133	38	4	10747.00
独立使用	2873.8701	157.3000	33.9100	0.0000	241	133	133	38	4	10747.00
山东电大莒南分校	8339.0000	309.0000	30.0000	17.1000	1247	1036	0	60	41	99300.00
独立使用	1118.0000	164.0000	14.0000	12.3000	485	456	0	46	35	49650.00
共同使用	7221.0000	145.0000	16.0000	4.8000	762	580	0	14	6	49650.00
山东电大德城区分校	1220.0000	491.0000	410.0000	1.3000	720	700	20	27	6	28786.00
独立使用	1220.0000	491.0000	410.0000	1.3000	720	700	20	27	6	19805.00
共同使用	0.0000	0.0000	0.0000	0.0000	0	0	0	0	0	8981.00
山东电大文登分校直属教学点	1700.0000	1000.0000	300.0000	10.0000	800	200	0	120	0	20000.00
独立使用	200.0000	100.0000	100.0000	0.0000	0	0	0	0	0	0.00
共同使用	1500.0000	900.0000	200.0000	10.0000	800	200	0	120	0	20000.00
山东电大乳山分校直属教学点	62.0000	30.0000	32.0000	10.0000	590	580	0	10	10	90000.00
独立使用	62.0000	30.0000	32.0000	0.0000	90	80	0	10	10	0.00
共同使用	0.0000	0.0000	0.0000	10.0000	500	500	0	0	0	90000.00
山东电大兰山分校直属教学点	985.1804	137.5483	0.0000	3.2485	169	122	0	27	5	13006.78

4.1 学校产权资产情况(续表53)

	固定资产总值(万元)			图书(万册)	计算机(台)			教室(间)		占地面积(平方米)
	计	其中:教学、科研仪器设备资产值	其中:信息化设备资产值		计	其中:教学用计算机 计	其中:平板电脑	计	其中:网络多媒体教室	
独立使用	985.1804	137.5483	0.0000	3.2485	169	122	0	27	5	13006.78
山东电大沂南分校直属教学点	500.0000	40.0000	20.0000	1.0000	120	120	0	10	10	3000.00
共同使用	500.0000	40.0000	20.0000	1.0000	120	120	0	10	10	3000.00
山东电大郯城分校直属教学点	163.0000	45.0000	50.0000	6.0000	215	32	16	20	5	4500.00
独立使用	99.0000	15.0000	25.0000	1.0000	15	12	6	2	1	100.00
共同使用	64.0000	30.0000	25.0000	5.0000	200	20	10	18	4	4400.00
山东电大苍山分校直属教学点	200.0000	20.0000	2.0000	2.2000	300	240	0	17	4	40000.00
独立使用	200.0000	20.0000	2.0000	1.2000	150	120	0	15	3	30000.00
共同使用	0.0000	0.0000	0.0000	1.0000	150	120	0	2	1	10000.00
山东电大平邑分校直属教学点	2023.0000	750.0000	80.0000	7.0000	600	500	6	2	1	91332.00
共同使用	2023.0000	750.0000	80.0000	7.0000	600	500	6	2	1	91332.00
山东电大蒙阴分校直属教学点	2946.0000	2786.0000	160.0000	4.0000	377	349	0	51	23	66363.00
共同使用	2946.0000	2786.0000	160.0000	4.0000	377	349	0	51	23	66363.00
青岛	**38691.0450**	**15012.1200**	**2203.8550**	**62.9475**	**7419**	**5409**	**420**	**455**	**237**	**928316.20**
独立使用	10101.0450	4145.1200	718.8550	34.7943	3423	2546	420	186	68	201017.20
共同使用	28590.0000	10867.0000	1485.0000	28.1532	3996	2863	0	269	169	727299.00
青岛广播电视大学直属分校	1974.6851	1510.7300	148.3550	3.7052	564	416	200	19	5	2476.20
独立使用	1974.6851	1510.7300	148.3550	3.7052	564	416	200	19	5	2476.20
青岛开发区成人教育中心	120.0000	70.0000	30.0000	0.0000	150	150	0	8	2	747.00
独立使用	120.0000	70.0000	30.0000	0.0000	150	150	0	8	2	747.00
青岛城阳职业中专	1400.1100	1400.1100	0.0000	8.8200	642	405	0	45	40	43330.00
独立使用	1400.1100	1400.1100	0.0000	8.8200	642	405	0	45	40	43330.00
青岛广播电视大学直属市北学院(青岛市机械职工中等专业学校)	412.0000	71.0000	3.5000	3.0000	134	105	0	8	5	800.00
独立使用	412.0000	71.0000	3.5000	0.0000	48	45	0	4	2	560.00
共同使用	0.0000	0.0000	0.0000	3.0000	86	60	0	4	3	240.00
青岛广播电视大学莱西分校	1033.0000	353.0000	258.0000	2.2100	399	300	0	30	2	20020.00
独立使用	1033.0000	353.0000	258.0000	2.2100	399	300	0	30	2	20020.00
青岛电大平度分校	8984.0000	3362.0000	312.0000	12.5000	1575	1167	0	94	94	386788.00
独立使用	1261.0000	0.0000	0.0000	12.5000	150	120	0	8	8	1750.00
共同使用	7723.0000	3362.0000	312.0000	0.0000	1425	1047	0	86	86	385038.00
青岛广播电视大学胶州分校	15599.0000	5194.0000	0.0000	15.5000	1645	1066	0	126	83	337285.00
独立使用	0.0000	0.0000	0.0000	0.0000	80	30	0	6	3	450.00
共同使用	15599.0000	5194.0000	0.0000	15.5000	1565	1036	0	120	80	336835.00
青岛广播电视大学即墨分校	721.2500	444.2800	276.0000	1.7591	310	280	0	11	4	27788.00
独立使用	721.2500	444.2800	276.0000	1.7591	310	280	0	11	4	27788.00
青岛电大崂山分校	5268.0000	2311.0000	1173.0000	9.6532	920	720	0	59	0	5186.00
共同使用	5268.0000	2311.0000	1173.0000	9.6532	920	720	0	59	0	5186.00
青岛电大城阳分校	3179.0000	296.0000	3.0000	5.8000	1080	800	220	55	2	103896.00
独立使用	3179.0000	296.0000	3.0000	5.8000	1080	800	220	55	2	103896.00
河南	**154228.1345**	**52743.9611**	**5552.9600**	**684.3400**	**16720**	**13226**	**279**	**2614**	**559**	**3119886.44**
独立使用	36593.2332	18561.8212	1862.2200	135.8400	7759	6176	192	695	199	259469.00
共同使用	117634.9009	34182.1399	3690.7400	548.5000	8961	7050	87	1919	360	2860417.44
河南广播电视大学	11263.3330	4683.9512	0.0000	43.9500	3957	3163	0	97	97	24775.00

4.1 学校产权资产情况(续表54)

	固定资产总值(万元)			图书(万册)	计算机(台)			教室(间)		占地面积(平方米)
	计	其中:教学、科研仪器设备资产值	其中:信息化设备资产值		计	其中:教学用计算机 计	其中:平板电脑	计	其中:网络多媒体教室	
独立使用	11263.3330	4683.9512	0.0000	43.9500	3957	3163	0	97	97	24775.00
河南省直广播电视大学	285.0000	14.0000	41.0000	0.0000	208	205	3	35	10	2365.00
独立使用	285.0000	14.0000	41.0000	0.0000	208	205	3	35	10	2365.00
洛阳广播电视大学	3191.0000	596.0000	103.0000	2.0700	310	240	0	35	8	40900.00
独立使用	3191.0000	596.0000	103.0000	2.0700	310	240	0	35	8	40900.00
洛阳广播电视大学孟津县分校	350.0000	100.0000	30.0000	2.5000	72	57	0	12	4	4436.00
独立使用	350.0000	100.0000	30.0000	2.5000	72	57	0	12	4	4436.00
洛阳广播电视大学新安县分校	50.0000	6.0000	10.0000	2.0000	40	39	1	60	3	14352.00
共同使用	50.0000	6.0000	10.0000	2.0000	40	39	1	60	3	14352.00
洛阳广播电视大学汝阳县分校	2000.0000	300.0000	150.0000	0.1000	180	110	10	50	15	5500.00
共同使用	2000.0000	300.0000	150.0000	0.1000	180	110	10	50	15	5500.00
洛阳广播电视大学吉利区学习中心	6.5000	3.8000	2.0000	2.0000	9	7	2	4	0	800.00
独立使用	3.5000	1.8000	1.0000	1.0000	7	6	1	4	0	500.00
共同使用	3.0000	2.0000	1.0000	1.0000	2	1	1	0	0	300.00
新乡广播电视大学辉县市分校	20.0000	10.0000	10.0000	5.0000	33	30	0	33	3	1600.00
独立使用	20.0000	10.0000	10.0000	5.0000	33	30	0	33	3	1600.00
焦作广播电视大学	0.0000	0.0000	0.0000	42.3000	120	100	0	21	12	3000.00
共同使用	0.0000	0.0000	0.0000	42.3000	120	100	0	21	12	3000.00
安阳广播电视大学林州市分校	80.0000	40.0000	0.0000	1.0000	35	30	30	1	1	2800.00
独立使用	40.0000	20.0000	0.0000	1.0000	35	30	30	1	1	2800.00
共同使用	40.0000	20.0000	0.0000	0.0000	0	0	0	0	0	0.00
濮阳广播电视大学	184.0000	130.0000	54.0000	10.0000	130	120	0	26	2	3800.00
独立使用	184.0000	130.0000	54.0000	10.0000	130	120	0	26	2	3800.00
濮阳广播电视大学南乐县分校	0.0000	0.0000	0.0000	4.2000	45	45	0	20	2	13990.00
独立使用	0.0000	0.0000	0.0000	3.2000	45	45	0	20	2	8860.00
共同使用	0.0000	0.0000	0.0000	1.0000	0	0	0	0	0	5130.00
濮阳广播电视大学台前县分校	32.0000	13.0000	5.0000	3.0000	45	30	0	12	3	14007.00
独立使用	32.0000	13.0000	5.0000	3.0000	45	30	0	12	3	14007.00
濮阳广播电视大学范县学习中心	350.0000	180.0000	7.0000	24.0000	240	150	6	69	21	8900.00
独立使用	50.0000	30.0000	2.0000	4.0000	60	30	2	9	3	900.00
共同使用	300.0000	150.0000	5.0000	20.0000	180	120	4	60	18	8000.00
濮阳广播电视大学清丰县分校	20.0000	14.0000	2.0000	0.4000	5	0	0	11	2	200.00
独立使用	10.0000	7.0000	1.0000	0.2000	0	0	0	6	0	100.00
共同使用	10.0000	7.0000	1.0000	0.2000	5	0	0	5	2	100.00
鹤壁广播电视大学	317.0000	65.0000	65.0000	15.0000	150	120	120	30	3	0.00
独立使用	317.0000	65.0000	65.0000	0.0000	150	120	120	30	3	0.00
共同使用	0.0000	0.0000	0.0000	15.0000	0	0	0	0	0	0.00
鹤壁广播电视大学淇县分校	345.0000	265.0000	3.0000	15.3000	152	137	2	40	8	100000.00
独立使用	65.0000	45.0000	1.0000	0.3000	22	17	2	4	2	200.00
共同使用	280.0000	220.0000	2.0000	15.0000	130	120	0	36	6	99800.00
商丘广播电视大学	4700.0000	3562.2600	520.0000	100.0000	1400	1290	0	402	0	218678.00
独立使用	0.0000	0.0000	0.0000	0.0000	0	0	0	2	0	0.00
共同使用	4700.0000	3562.2600	520.0000	100.0000	1400	1290	0	400	0	218678.00

4.1 学校产权资产情况(续表55)

	固定资产总值(万元)			图书(万册)	计算机(台)			教室(间)		占地面积(平方米)
	计	其中:教学、科研仪器设备资产值	其中:信息化设备资产值		计	其中:教学用计算机		计	其中:网络多媒体教室	
						计	其中:平板电脑			
三门峡广播电视大学	2000.0000	1500.0000	500.0000	100.0000	135	110	0	50	35	2300.00
独立使用	0.0000	0.0000	0.0000	0.0000	0	0	0	0	0	300.00
共同使用	2000.0000	1500.0000	500.0000	100.0000	135	110	0	50	35	2000.00
三门峡广播电视大学继续教育学习中心	128.0000	2.0000	23.0000	0.5000	52	45	3	4	1	220.00
独立使用	128.0000	2.0000	23.0000	0.5000	52	45	3	4	1	220.00
三门峡广播电视大学灵宝市分校	0.0000	0.0000	0.0000	0.0000	100	80	0	7	2	200.00
独立使用	0.0000	0.0000	0.0000	0.0000	50	40	0	7	2	200.00
共同使用	0.0000	0.0000	0.0000	0.0000	50	40	0	0	0	0.00
三门峡广播电视大学卢氏县分校	500.0000	80.0000	60.0000	1.0000	40	40	0	30	2	1000.00
独立使用	500.0000	80.0000	60.0000	1.0000	40	40	0	30	2	1000.00
平顶山广播电视大学	39200.0000	9150.0000	410.0000	56.0000	1600	1200	56	245	106	510400.00
共同使用	39200.0000	9150.0000	410.0000	56.0000	1600	1200	56	245	106	510400.00
平顶山广播电视大学宝丰县分校	40.0000	20.0000	20.0000	2.2000	100	80	2	54	2	7000.00
独立使用	0.0000	0.0000	0.0000	1.1000	0	0	0	0	0	0.00
共同使用	40.0000	20.0000	20.0000	1.1000	100	80	2	54	2	7000.00
平顶山广播电视大学叶县分校	17.5000	4.0000	12.5000	1.0000	44	34	10	30	7	3400.00
独立使用	17.5000	4.0000	12.5000	1.0000	44	34	10	30	7	3400.00
平顶山广播电视大学鲁山县分校	10.0000	0.0000	10.0000	2.0000	80	80	0	6	2	5336.00
独立使用	10.0000	0.0000	10.0000	2.0000	80	80	0	6	2	5336.00
平顶山广播电视大学汝州市分校	80.0000	30.0000	15.0000	5.0000	83	60	15	4	2	8800.00
独立使用	80.0000	30.0000	15.0000	5.0000	75	60	15	4	2	8800.00
共同使用	0.0000	0.0000	0.0000	0.0000	8	0	0	0	0	0.00
平顶山广播电视大学江河机械厂学习中心	100.0000	0.0000	20.0000	4.5000	30	28	0	6	1	400.00
独立使用	100.0000	0.0000	20.0000	3.2000	30	28	0	6	1	200.00
共同使用	0.0000	0.0000	0.0000	1.3000	0	0	0	0	0	200.00
平顶山广播电视大学郏县分校	100.0000	0.0000	0.0000	0.6000	45	15	2	21	5	25707.00
独立使用	0.0000	0.0000	0.0000	0.0000	5	5	2	0	0	1731.00
共同使用	100.0000	0.0000	0.0000	0.6000	40	10	0	21	5	23976.00
驻马店广播电视大学	55.0000	14.0000	41.0000	0.0000	208	206	2	35	10	2085.00
独立使用	55.0000	14.0000	41.0000	0.0000	208	206	2	35	10	2085.00
许昌广播电视大学	21435.5605	2189.3401	536.2200	22.6000	933	920	13	101	0	390000.00
独立使用	2725.5601	2189.3401	536.2200	0.0000	0	0	0	0	0	0.00
共同使用	18710.0000	0.0000	0.0000	22.6000	933	920	13	101	0	390000.00
许昌广播电视大学长葛市分校	4470.0000	1340.0000	680.0000	17.6000	500	500	0	154	24	630000.00
独立使用	430.0000	300.0000	130.0000	0.6000	200	200	0	14	4	10000.00
共同使用	4040.0000	1040.0000	550.0000	17.0000	300	300	0	140	20	620000.00
许昌广播电视大学襄城县分校	1070.0000	440.0000	27.0000	5.0000	120	120	0	55	30	64000.00
独立使用	530.0000	120.0000	15.0000	2.0000	60	60	0	23	10	12000.00
共同使用	540.0000	320.0000	12.0000	3.0000	60	60	0	32	20	52000.00
信阳广播电视大学	995.5000	255.5000	115.5000	5.1000	325	0	0	20	2	13000.00
独立使用	995.5000	255.5000	115.5000	5.1000	325	0	0	20	2	13000.00
信阳广播电视大学罗山县分校	2000.0000	260.0000	120.0000	8.1000	430	310	0	38	10	28181.00
独立使用	800.0000	260.0000	120.0000	4.5000	130	130	0	6	2	10389.00

4.1 学校产权资产情况(续表56)

	固定资产总值(万元)			图书(万册)	计算机(台)			教室(间)		占地面积(平方米)
	计	其中:教学、科研仪器设备资产值	其中:信息化设备资产值		计	其中:教学用计算机 计	其中:平板电脑	计	其中:网络多媒体教室	
共同使用	1200.0000	0.0000	0.0000	3.6000	300	180	0	32	8	17792.00
信阳广播电视大学光山县分校	10.5000	7.0000	0.0000	4.2000	130	103	0	10	2	9338.00
独立使用	2.5000	2.0000	0.0000	0.7000	7	3	0	2	1	300.00
共同使用	8.0000	5.0000	0.0000	3.5000	123	100	0	8	1	9038.00
固始县	15000.0000	15000.0000	0.0000	9.0000	340	280	0	21	0	60344.44
独立使用	7000.0000	7000.0000	0.0000	3.0000	260	250	0	15	0	3000.00
共同使用	8000.0000	8000.0000	0.0000	6.0000	80	30	0	6	0	57344.44
南阳广播电视大学	1877.0000	707.0000	0.0000	13.0000	485	420	0	68	0	40678.00
独立使用	1877.0000	707.0000	0.0000	13.0000	485	420	0	68	0	40678.00
漯河广播电视大学	25798.5508	5757.8799	151.1400	12.0000	1566	1185	0	288	72	386860.00
共同使用	25798.5508	5757.8799	151.1400	12.0000	1566	1185	0	288	72	386860.00
临颍县	975.0000	3.0000	29.0000	0.0000	55	40	0	8	3	13429.00
共同使用	975.0000	3.0000	29.0000	0.0000	55	40	0	8	3	13429.00
漯河广播电视大学舞阳分校	3.0000	2.0000	1.0000	0.0000	4	2	2	0	0	0.00
独立使用	0.0000	0.0000	0.0000	0.0000	4	2	2	0	0	0.00
共同使用	3.0000	2.0000	1.0000	0.0000	0	0	0	0	0	0.00
中原油田广播电视大学	622.0000	377.0000	100.0000	3.1000	202	100	0	60	4	266688.00
独立使用	0.0000	0.0000	0.0000	0.0000	0	0	0	32	0	0.00
共同使用	622.0000	377.0000	100.0000	3.1000	202	100	0	28	4	266688.00
济源广播电视大学	1001.0000	254.0000	77.6000	65.6000	242	165	0	22	12	53360.00
共同使用	1001.0000	254.0000	77.6000	65.6000	242	165	0	22	12	53360.00
河南省工商行政管理广播电视大学	3745.8401	1374.2300	120.0000	15.6600	450	320	0	43	10	36685.00
独立使用	3745.8401	1374.2300	120.0000	15.6600	450	320	0	43	10	36685.00
郑州铁路局广播电视大学	4706.8501	3444.0000	1262.0000	53.2600	720	360	0	60	8	12372.00
独立使用	767.0000	458.0000	309.0000	1.2600	60	60	0	12	2	1086.00
共同使用	3939.8501	2986.0000	953.0000	52.0000	660	300	0	48	6	11286.00
项城市广播电视大学	5093.0000	550.0000	220.0000	4.5000	570	550	0	216	13	88000.00
独立使用	1018.5000	50.0000	22.0000	0.0000	120	100	0	12	3	3816.00
共同使用	4074.5000	500.0000	198.0000	4.5000	450	450	0	204	10	84184.00
湖北	**511406.6900**	**151147.8603**	**22160.1600**	**604.7100**	**30896**	**23905**	**1762**	**3908**	**1128**	**11659156.08**
独立使用	211907.0000	100766.8801	8896.1900	262.7100	10207	7749	1235	1808	328	1455932.38
共同使用	299499.6899	50380.9803	13263.9700	342.0000	20689	16156	527	2100	800	10203223.70
湖北广播电视大学	29547.7500	4445.3301	2115.7500	20.8000	1477	1263	0	472	51	83399.00
独立使用	29547.7500	4445.3301	2115.7500	20.8000	1477	1263	0	472	51	83399.00
荆州电大校本部	650.0000	50.0000	10.0000	2.1000	119	82	0	26	3	28412.68
独立使用	650.0000	50.0000	10.0000	2.1000	119	82	0	26	3	28412.68
荆州电大公安分校	4310.0000	678.0000	62.0000	3.0000	380	320	0	35	5	84709.00
独立使用	4310.0000	678.0000	62.0000	3.0000	380	320	0	35	5	84709.00
荆州市广播电视大学松滋分校	378.0000	45.0000	27.0000	4.0000	98	45	45	12	5	575.00
独立使用	355.0000	33.0000	22.0000	1.8000	65	33	33	8	3	450.00
共同使用	23.0000	12.0000	5.0000	2.2000	33	12	12	4	2	125.00
荆州电大石首分校	50.0000	0.0000	50.0000	0.5200	73	52	0	0	0	0.00
独立使用	50.0000	0.0000	50.0000	0.5200	73	52	0	0	0	0.00

4.1 学校产权资产情况(续表 57)

	固定资产总值(万元)			图书(万册)	计算机(台)			教室(间)		占地面积(平方米)
	计	其中:教学、科研仪器设备资产值	其中:信息化设备资产值		计	其中:教学用计算机 计	其中:平板电脑	计	其中:网络多媒体教室	
荆州电大监利分校	200.0000	30.0000	0.0000	0.8000	45	36	0	2	1	6600.00
独立使用	200.0000	30.0000	0.0000	0.8000	45	36	0	2	1	6600.00
荆州电大洪湖分校	120.0000	0.0000	25.0000	1.6000	40	35	5	7	0	1980.00
独立使用	120.0000	0.0000	25.0000	1.6000	40	35	5	7	0	1980.00
黄冈电大校本部	14385.0000	61.0000	15.0000	2.0000	255	21	2	22	2	79310.00
独立使用	14385.0000	61.0000	15.0000	2.0000	255	21	2	22	2	79310.00
黄冈广播电视大学浠水电大分校	922.0000	610.0000	200.0000	1.1000	240	0	0	67	61	10050.00
独立使用	0.0000	0.0000	0.0000	0.0000	0	0	0	2	1	0.00
共同使用	922.0000	610.0000	200.0000	1.1000	240	0	0	65	60	10050.00
黄冈市电大蕲春分校	10714.0000	1060.0000	200.0000	5.0000	400	390	9	65	7	67222.00
独立使用	1214.0000	110.0000	42.0000	0.0000	100	90	9	10	2	0.00
共同使用	9500.0000	950.0000	158.0000	5.0000	300	300	0	55	5	67222.00
黄冈电大武穴分校	76.0000	43.0000	33.0000	2.1000	60	0	0	10	1	5000.00
独立使用	76.0000	43.0000	33.0000	2.1000	60	0	0	10	1	5000.00
黄冈电大英山分校	30.0000	15.0000	15.0000	0.4000	46	41	0	10	1	240.00
独立使用	30.0000	15.0000	15.0000	0.2000	46	41	0	10	1	120.00
共同使用	0.0000	0.0000	0.0000	0.2000	0	0	0	0	0	120.00
黄冈电大罗田分校	12000.0000	5000.0000	1000.0000	13.0000	300	300	0	3	2	128600.00
共同使用	12000.0000	5000.0000	1000.0000	13.0000	300	300	0	3	2	128600.00
黄冈电大麻城分校	115.0000	75.0000	40.0000	2.5000	359	359	0	12	2	3000.00
独立使用	0.0000	0.0000	0.0000	0.0000	9	9	0	0	0	0.00
共同使用	115.0000	75.0000	40.0000	2.5000	350	350	0	12	2	3000.00
黄冈电大红安分校	10540.0000	1265.0000	198.0000	5.0000	350	160	0	52	6	56700.00
独立使用	1200.0000	115.0000	37.0000	0.0000	100	80	0	10	2	0.00
共同使用	9340.0000	1150.0000	161.0000	5.0000	250	80	0	42	4	56700.00
黄冈电大黄州分校	405.4000	6.7000	2.0000	2.0000	138	115	0	20	3	3680.00
独立使用	405.4000	6.7000	2.0000	1.0000	138	115	0	20	3	3680.00
共同使用	0.0000	0.0000	0.0000	1.0000	0	0	0	0	0	0.00
黄冈电大黄梅党校教学点	1335.0000	100.0000	13.0000	2.0000	50	30	0	4	4	8658.00
独立使用	1335.0000	100.0000	13.0000	2.0000	50	30	0	4	4	8658.00
襄樊电大校本部	8850.0000	3350.0000	1290.0000	22.0000	500	350	0	32	4	161077.00
独立使用	8850.0000	3350.0000	1290.0000	22.0000	500	350	0	32	4	161077.00
襄樊电大谷城分校	50.0000	15.0000	15.0000	3.0000	250	200	50	150	5	38000.00
独立使用	40.0000	10.0000	10.0000	1.0000	50	45	40	30	1	12000.00
共同使用	10.0000	5.0000	5.0000	2.0000	200	155	10	120	4	26000.00
襄樊电大枣阳分校	1000.0000	300.0000	30.0000	3.0000	200	18	2	12	6	11362.60
独立使用	1000.0000	300.0000	30.0000	3.0000	200	18	2	12	6	11362.60
襄樊电大南漳分校	4458.0000	482.0000	167.0000	5.1000	560	480	0	3	3	27801.00
独立使用	0.0000	0.0000	0.0000	0.0000	0	0	0	1	1	27801.00
共同使用	4458.0000	482.0000	167.0000	5.1000	560	480	0	2	2	0.00
襄阳区函授站	0.0000	0.0000	0.0000	1.5000	36	30	6	10	4	1600.00
独立使用	0.0000	0.0000	0.0000	1.5000	36	30	6	5	2	800.00
共同使用	0.0000	0.0000	0.0000	0.0000	0	0	0	5	2	800.00

4.1 学校产权资产情况(续表58)

	固定资产总值(万元)			图书(万册)	计算机(台)	其中:教学用计算机		教室(间)		占地面积(平方米)
	计	其中:教学、科研仪器设备资产值	其中:信息化设备资产值		计	计	其中:平板电脑	计	其中:网络多媒体教室	
襄樊电大保康分校	2565.0000	393.0000	65.0000	1.0000	296	240	0	57	37	51454.00
独立使用	0.0000	0.0000	0.0000	1.0000	0	0	0	0	0	0.00
共同使用	2565.0000	393.0000	65.0000	0.0000	296	240	0	57	37	51454.00
老河口电大	3997.0000	97.0000	25.0000	0.4300	276	276	2	30	2	166098.00
独立使用	0.0000	0.0000	0.0000	0.0000	11	11	2	0	0	0.00
共同使用	3997.0000	97.0000	25.0000	0.4300	265	265	0	30	2	166098.00
宜昌电大校本部	887.0900	13.4000	149.6300	12.1000	180	130	5	25	3	11495.00
独立使用	887.0900	13.4000	149.6300	12.1000	180	130	5	25	3	11495.00
宜昌市电大当阳分校	3800.0000	1200.0000	210.0000	34.0000	600	530	0	48	6	71000.00
独立使用	100.0000	50.0000	50.0000	2.0000	100	80	0	5	1	1000.00
共同使用	3700.0000	1150.0000	160.0000	32.0000	500	450	0	43	5	70000.00
宜昌市电大远安分校	3470.0000	500.0000	50.0000	4.4000	525	525	0	66	29	121400.00
独立使用	40.0000	40.0000	0.0000	0.0000	0	0	0	4	0	0.00
共同使用	3430.0000	460.0000	50.0000	4.4000	525	525	0	62	29	121400.00
宜昌电大宜都分校	4763.0000	1529.0000	350.0000	1.3500	540	540	45	70	10	147067.00
共同使用	4763.0000	1529.0000	350.0000	1.3500	540	540	45	70	10	147067.00
宜昌电大五峰分校	2157.0000	610.0000	350.0000	3.0000	230	156	0	34	4	8480.00
独立使用	190.0000	60.0000	50.0000	0.0000	50	40	0	5	0	980.00
共同使用	1967.0000	550.0000	300.0000	3.0000	180	116	0	29	4	7500.00
秭归电大分校	4336.5898	1351.0000	239.0000	5.2300	840	760	120	55	6	62016.20
共同使用	4336.5898	1351.0000	239.0000	5.2300	840	760	120	55	6	62016.20
宜昌电大长阳分校	3850.0000	350.0000	480.0000	2.0000	200	180	0	12	2	6000.00
独立使用	0.0000	0.0000	0.0000	2.0000	0	0	0	2	1	500.00
共同使用	3850.0000	350.0000	480.0000	0.0000	200	180	0	10	1	5500.00
宜昌电大兴山分校	3764.0000	978.0000	300.0000	6.0000	495	370	125	55	25	40044.00
共同使用	3764.0000	978.0000	300.0000	6.0000	495	370	125	55	25	40044.00
宜昌电大枝江分校	705.0000	500.0000	205.0000	10.0000	260	230	0	42	6	8260.00
独立使用	25.0000	20.0000	5.0000	1.0000	60	50	0	3	1	260.00
共同使用	680.0000	480.0000	200.0000	9.0000	200	180	0	39	5	8000.00
孝感电大校本部	350.0000	200.0000	125.0000	15.0000	200	20	2	15	3	6671.00
独立使用	350.0000	200.0000	125.0000	5.0000	200	20	2	15	3	6671.00
共同使用	0.0000	0.0000	0.0000	10.0000	0	0	0	0	0	0.00
孝感电大汉川分校	880.0000	550.0000	330.0000	0.0000	64	64	64	15	2	0.00
独立使用	880.0000	550.0000	330.0000	0.0000	64	64	64	15	2	0.00
孝感电大云梦分校	600.0000	480.0000	120.0000	2.0000	200	200	0	48	4	75.00
共同使用	600.0000	480.0000	120.0000	2.0000	200	200	0	48	4	75.00
孝感电大安陆分校	15000.0000	3000.0000	1000.0000	5.0000	600	500	0	60	15	90000.00
独立使用	15000.0000	3000.0000	1000.0000	5.0000	600	500	0	60	15	90000.00
孝感电大大悟分校	6825.0000	153.0000	225.0000	12.0000	280	280	0	66	4	43290.00
独立使用	125.0000	3.0000	5.0000	1.0000	45	45	0	6	2	1260.00
共同使用	6700.0000	150.0000	220.0000	11.0000	235	235	0	60	2	42030.00
孝感电大孝南分校	29.2600	23.4500	5.8100	0.5000	66	66	0	2	2	2000.00
独立使用	29.2600	23.4500	5.8100	0.5000	66	66	0	2	2	2000.00

4.1 学校产权资产情况(续表 59)

	固定资产总值(万元)			图书(万册)	计算机(台)			教室(间)		占地面积(平方米)
	计	其中:教学、科研仪器设备资产值	其中:信息化设备资产值		计	其中:教学用计算机 计	其中:平板电脑	计	其中:网络多媒体教室	
孝感电大孝昌分校	200.0000	1.0000	2.0000	0.2000	60	50	0	24	1	51948.00
独立使用	200.0000	1.0000	2.0000	0.2000	60	50	0	24	1	51948.00
孝感电大应城分校	236.0000	176.0000	60.0000	0.0000	60	40	0	20	3	0.00
独立使用	236.0000	176.0000	60.0000	0.0000	60	40	0	20	3	0.00
咸宁电大校本部	1512.0000	400.0000	140.0000	1.5700	120	90	0	20	1	13673.00
独立使用	1512.0000	400.0000	140.0000	1.5700	120	90	0	20	1	13673.00
咸宁电大通城分校	2606.2000	2400.2000	76.0000	4.8700	85	85	35	69	16	1372.00
独立使用	890.2000	834.2000	56.0000	1.0200	50	50	25	58	9	560.00
共同使用	1716.0000	1566.0000	20.0000	3.8500	35	35	10	11	7	812.00
咸宁电大通山分校	405.0000	350.0000	55.0000	1.0000	210	180	120	19	19	4800.00
独立使用	51.0000	50.0000	1.0000	0.5000	30	0	0	9	9	1800.00
共同使用	354.0000	300.0000	54.0000	0.5000	180	180	120	10	10	3000.00
咸宁电大赤壁分校	235.0000	235.0000	0.0000	15.0000	80	80	0	100	10	27294.00
独立使用	200.0000	200.0000	0.0000	0.0000	40	40	0	100	10	27000.00
共同使用	35.0000	35.0000	0.0000	15.0000	40	40	0	0	0	294.00
咸宁电大嘉鱼分校	9000.0000	150.0000	60.0000	11.0000	131	0	0	12	7	995.00
独立使用	8000.0000	100.0000	40.0000	9.0000	11	0	0	7	2	690.00
共同使用	1000.0000	50.0000	20.0000	2.0000	120	0	0	5	5	305.00
咸宁电大崇阳分校	2748.1001	134.7000	62.1000	4.5000	236	56	56	72	8	10077.00
独立使用	858.3000	46.3000	28.3000	1.0300	56	40	40	12	2	8067.00
共同使用	1889.8000	88.4000	33.8000	3.4700	180	16	16	60	6	2010.00
咸宁广播电视大学咸安分校	210.0000	4.0000	18.0000	1.0000	100	60	0	10	2	1235.00
独立使用	200.0000	3.0000	10.0000	1.0000	100	60	0	10	2	1235.00
共同使用	10.0000	1.0000	8.0000	0.0000	0	0	0	0	0	0.00
十堰电大	973.0000	568.8000	64.0000	7.2000	202	135	0	25	3	120000.00
独立使用	973.0000	568.8000	64.0000	7.2000	202	135	0	25	3	120000.00
十堰电大丹江口分校	558.0000	49.0000	49.0000	0.9000	85	85	16	6	6	600.00
独立使用	213.0000	8.0000	8.0000	0.5000	20	20	16	3	3	600.00
共同使用	345.0000	41.0000	41.0000	0.4000	65	65	0	3	3	0.00
十堰电大郧县分校	8500.0000	2100.0000	2000.0000	10.0000	400	300	1	60	7	5000.00
共同使用	8500.0000	2100.0000	2000.0000	10.0000	400	300	1	60	7	5000.00
十堰电大郧西分校	8100.0000	2015.0000	2070.0000	10.5000	400	300	2	36	7	5200.00
独立使用	100.0000	15.0000	70.0000	0.5000	100	100	0	6	1	200.00
共同使用	8000.0000	2000.0000	2000.0000	10.0000	300	200	2	30	6	5000.00
十堰电大房县分校	1115.0000	965.0000	150.0000	1.2000	320	293	50	32	3	87791.00
共同使用	1115.0000	965.0000	150.0000	1.2000	320	293	50	32	3	87791.00
十堰电大竹山分校	2300.0000	800.0000	350.0000	5.0000	200	180	4	46	8	24389.00
共同使用	2300.0000	800.0000	350.0000	5.0000	200	180	4	46	8	24389.00
十堰电大竹溪分校	4025.0000	85.0000	15.0000	4.0000	350	250	100	20	15	38628.00
独立使用	4025.0000	85.0000	15.0000	4.0000	350	250	100	20	15	38628.00
黄石市电大校本部	994.0000	325.0000	669.0000	14.0000	300	280	0	64	13	15300.00
独立使用	994.0000	325.0000	669.0000	0.0000	300	280	0	64	13	5000.00
共同使用	0.0000	0.0000	0.0000	14.0000	0	0	0	0	0	10300.00

4.1 学校产权资产情况(续表60)

	固定资产总值(万元)			图书(万册)	计算机(台)			教室(间)		占地面积(平方米)
	计	其中:教学、科研仪器设备资产值	其中:信息化设备资产值		计	其中:教学用计算机 计	其中:平板电脑	计	其中:网络多媒体教室	
黄石电大阳新分校	6866.0000	312.0000	400.0000	0.4800	700	580	0	78	44	77860.00
独立使用	1552.0000	22.0000	280.0000	0.2500	300	200	0	22	8	0.00
共同使用	5314.0000	290.0000	120.0000	0.2300	400	380	0	56	36	77860.00
黄石电大大冶分校	155.0000	55.0000	0.0000	1.5500	60	60	0	7	0	0.00
独立使用	155.0000	55.0000	0.0000	1.5500	60	60	0	7	0	0.00
恩施电大校本部	105.0000	63.0000	32.0000	3.7000	500	500	0	28	6	13000.00
独立使用	0.0000	0.0000	0.0000	0.0000	0	0	0	28	6	0.00
共同使用	105.0000	63.0000	32.0000	3.7000	500	500	0	0	0	13000.00
恩施州电大恩施市分校	1330.0000	330.0000	100.0000	5.0000	600	500	0	35	35	166666.50
共同使用	1330.0000	330.0000	100.0000	5.0000	600	500	0	35	35	166666.50
恩施州电大利川分校	0.0000	0.0000	0.0000	0.3000	504	480	0	1	1	180.00
独立使用	0.0000	0.0000	0.0000	0.3000	4	0	0	0	0	60.00
共同使用	0.0000	0.0000	0.0000	0.0000	500	480	0	1	1	120.00
恩施州电大建始分校	60183.0000	59641.0000	500.0000	45.0000	500	500	450	50	45	50522.00
独立使用	60183.0000	59641.0000	500.0000	45.0000	500	500	450	50	45	50522.00
恩施州电大巴东分校	523.0000	121.5000	385.0000	2.6000	484	484	0	48	16	23516.00
独立使用	18.0000	1.5000	0.0000	0.1000	4	4	0	24	8	380.00
共同使用	505.0000	120.0000	385.0000	2.5000	480	480	0	24	8	23136.00
恩施州电大宣恩分校	8000.0000	1000.0000	80.0000	10.0000	100	98	0	40	24	82584.00
独立使用	50.0000	30.0000	20.0000	0.5000	56	54	0	5	5	666.00
共同使用	7950.0000	970.0000	60.0000	9.5000	44	44	0	35	19	81918.00
恩施州电大咸丰分校	3460.0000	2860.0000	0.0000	2.3000	658	592	0	64	64	55860.00
独立使用	60.0000	60.0000	0.0000	0.2000	80	72	0	6	6	430.00
共同使用	3400.0000	2800.0000	0.0000	2.1000	578	520	0	58	58	55430.00
恩施州电大鹤峰分校	30000.0000	20000.0000	100.0000	8.0000	400	300	5	70	5	24000.00
独立使用	30000.0000	20000.0000	100.0000	8.0000	400	300	5	70	5	24000.00
恩施州电大来凤分校	2163.3000	293.3000	0.0000	7.3500	492	400	0	64	25	60000.00
共同使用	2163.3000	293.3000	0.0000	7.3500	492	400	0	64	25	60000.00
随州电大校本部	6500.0000	1800.0000	250.0000	20.0000	432	400	400	60	6	5500.00
独立使用	6500.0000	1800.0000	250.0000	20.0000	432	400	400	60	6	5500.00
随州电大广水分校	140.0000	60.0000	40.0000	3.5000	410	410	2	55	40	40000.00
独立使用	70.0000	30.0000	20.0000	1.5000	60	60	2	15	5	5000.00
共同使用	70.0000	30.0000	20.0000	2.0000	350	350	0	40	35	35000.00
仙桃电大	841.0000	234.0000	120.0000	3.7600	150	80	0	50	0	26147.00
独立使用	841.0000	234.0000	120.0000	3.7600	150	80	0	50	0	26147.00
潜江电大	318.0000	50.0000	35.0000	0.6100	62	50	0	6	1	9314.00
独立使用	318.0000	50.0000	35.0000	0.6100	62	50	0	6	1	9314.00
天门电大	283.0000	265.0000	18.0000	5.0000	136	80	2	7	1	2460.00
独立使用	283.0000	265.0000	18.0000	5.0000	136	80	2	7	1	2460.00
大冶有色电大	700.0000	184.0000	62.0000	3.2000	190	160	0	22	12	29837.00
独立使用	700.0000	184.0000	62.0000	3.2000	190	160	0	22	12	29837.00
湖北电大江汉油田分校	4635.0000	1065.0000	340.0000	19.0000	400	280	10	120	4	318315.00
独立使用	4635.0000	1065.0000	340.0000	19.0000	400	280	10	120	4	318315.00

4.1 学校产权资产情况(续表61)

	固定资产总值(万元)			图书(万册)	计算机(台)			教室(间)		占地面积(平方米)
	计	其中:教学、科研仪器设备资产值	其中:信息化设备资产值		计	其中:教学用计算机 计	其中:平板电脑	计	其中:网络多媒体教室	
东风汽车公司高级技工学校	989.0000	15.0000	10.0000	1.0000	50	40	10	10	2	8945.00
独立使用	989.0000	15.0000	10.0000	1.0000	50	40	10	10	2	8945.00
湖北中山专修学院	55.0000	42.2000	12.7000	0.9200	80	78	2	0	0	0.00
独立使用	55.0000	42.2000	12.7000	0.9200	80	78	2	0	0	0.00
武汉市仪表电子学校	5000.0000	3000.0000	200.0000	1.1000	850	545	0	22	7	1.10
独立使用	0.0000	0.0000	0.0000	0.1000	50	45	0	2	2	0.10
共同使用	5000.0000	3000.0000	200.0000	1.0000	800	500	0	20	5	1.00
武汉市交通学校	17099.0000	4032.0000	549.0000	12.0000	1418	1203	0	108	79	144553.00
共同使用	17099.0000	4032.0000	549.0000	12.0000	1418	1203	0	108	79	144553.00
武汉交通职业学院教学点	90372.0000	6462.4102	429.9800	86.5100	3080	1827	0	190	70	6828480.00
共同使用	90372.0000	6462.4102	429.9800	86.5100	3080	1827	0	190	70	6828480.00
钟祥分校	4120.0000	545.0000	350.0000	4.6000	350	350	0	16	4	68034.00
独立使用	4120.0000	545.0000	350.0000	4.6000	350	350	0	16	4	68034.00
京山电大	410.0000	70.0000	39.0000	20.0000	130	120	0	16	2	5496.00
独立使用	410.0000	70.0000	39.0000	20.0000	130	120	0	16	2	5496.00
湖北电大荆楚学院	61706.0000	7451.8701	2385.1899	12.9000	2548	1813	7	278	150	1439157.00
独立使用	0.0000	0.0000	0.0000	2.9000	0	0	0	0	0	0.00
共同使用	61706.0000	7451.8701	2385.1899	10.0000	2548	1813	7	278	150	1439157.00
湖北电大沙洋学院	555.0000	60.0000	95.0000	2.0000	250	0	0	48	14	120000.00
独立使用	55.0000	20.0000	35.0000	0.0000	50	0	0	8	4	0.00
共同使用	500.0000	40.0000	60.0000	2.0000	200	0	0	40	10	120000.00
计生委宣教中心	3000.0000	800.0000	2.0000	1.5000	95	17	8	4	2	5000.00
独立使用	1000.0000	500.0000	1.0000	1.0000	45	5	3	1	1	1000.00
共同使用	2000.0000	300.0000	1.0000	0.5000	50	12	5	3	1	4000.00
湖北电大民建学院	66.0000	18.0000	48.0000	12.3600	100	100	0	50	4	2100.00
独立使用	66.0000	18.0000	48.0000	1.6800	0	0	0	25	4	900.00
共同使用	0.0000	0.0000	0.0000	10.6800	100	100	0	25	0	1200.00
武汉	**80430.4389**	**17256.5253**	**9261.8528**	**175.7800**	**12296**	**10355**	**97**	**951**	**288**	**1076989.00**
独立使用	78184.4389	16116.5253	8784.8528	91.2000	10336	8915	37	726	211	1019559.00
共同使用	2246.0000	1140.0000	477.0000	84.5800	1960	1440	60	225	77	57430.00
武汉市广播电视大学直属部	60288.5117	12525.0303	7833.5498	68.5700	8071	7115	2	400	158	811075.00
独立使用	60288.5117	12525.0303	7833.5498	68.5700	8071	7115	2	400	158	811075.00
江岸分校	0.0000	0.0000	0.0000	0.5000	120	120	0	15	3	3333.00
独立使用	0.0000	0.0000	0.0000	0.5000	120	120	0	15	3	3333.00
硚口区分校	230.0000	180.0000	50.0000	0.0000	90	56	0	0	0	0.00
独立使用	230.0000	180.0000	50.0000	0.0000	90	56	0	0	0	0.00
汉阳区分校	0.0000	0.0000	0.0000	2.0000	170	140	0	10	3	2610.00
独立使用	0.0000	0.0000	0.0000	2.0000	170	140	0	10	3	2610.00
洪山分校	216.0000	0.0000	5.0000	4.5000	200	120	0	10	2	2065.00
共同使用	216.0000	0.0000	5.0000	4.5000	200	120	0	10	2	2065.00
青山区分校	396.0000	181.0000	0.0000	1.1000	120	104	0	23	3	6667.00
独立使用	396.0000	181.0000	0.0000	1.1000	120	104	0	23	3	6667.00
东西湖区分校	951.0000	703.0000	148.0000	1.0000	166	166	0	5	5	7236.00

4.1 学校产权资产情况(续表62)

	固定资产总值(万元)			图书(万册)	计算机(台)			教室(间)		占地面积(平方米)
	计	其中:教学、科研仪器设备资产值	其中:信息化设备资产值		计	其中:教学用计算机 计	其中:平板电脑	计	其中:网络多媒体教室	
独立使用	951.0000	703.0000	148.0000	1.0000	166	166	0	5	5	7236.00
蔡甸区分校	0.0000	0.0000	0.0000	0.0000	120	120	0	10	2	3330.00
独立使用	0.0000	0.0000	0.0000	0.0000	120	120	0	10	2	3330.00
江夏区电大分校	782.3000	128.0000	42.0000	1.3600	450	340	0	150	6	28549.00
独立使用	482.3000	68.0000	30.0000	0.8600	150	100	0	80	3	10000.00
共同使用	300.0000	60.0000	12.0000	0.5000	300	240	0	70	3	18549.00
新洲区分校	697.0000	75.0000	5.0000	1.2000	200	80	0	5	3	13601.00
独立使用	697.0000	75.0000	5.0000	1.2000	200	80	0	5	3	13601.00
武汉钢铁公司分校	163.0000	91.0000	72.0000	60.0000	1200	850	0	135	66	23600.00
独立使用	63.0000	36.0000	27.0000	0.0000	0	0	0	15	3	2600.00
共同使用	100.0000	55.0000	45.0000	60.0000	1200	850	0	120	63	21000.00
黄陂区分校	466.0000	419.0000	45.0000	2.0000	170	150	20	24	4	6900.00
独立使用	466.0000	419.0000	45.0000	2.0000	170	150	20	24	4	6900.00
武昌分校	476.6000	235.3000	241.3000	0.2000	90	62	0	22	3	0.00
独立使用	476.6000	235.3000	241.3000	0.0000	90	62	0	6	3	0.00
共同使用	0.0000	0.0000	0.0000	0.2000	0	0	0	16	0	0.00
湖北娲石股份有限公司培训中心	971.8000	399.1000	173.4000	8.4000	200	160	15	19	7	46600.00
独立使用	971.8000	399.1000	173.4000	7.1000	200	160	15	19	7	41600.00
共同使用	0.0000	0.0000	0.0000	1.3000	0	0	0	0	0	5000.00
武汉市交通委员会教育培训中心	842.2272	132.0950	125.6030	3.8700	209	150	0	51	6	15735.00
独立使用	842.2272	132.0950	125.6030	3.8700	209	150	0	51	6	15735.00
武汉市广播电视大学公安教学点	4310.0000	678.0000	62.0000	3.0000	380	320	0	35	5	84709.00
独立使用	4310.0000	678.0000	62.0000	3.0000	380	320	0	35	5	84709.00
武汉软件工程职业学院武昌校区	8000.0000	480.0000	40.0000	0.0000	80	72	0	23	3	8658.00
独立使用	8000.0000	480.0000	40.0000	0.0000	80	72	0	23	3	8658.00
武汉市第一商业学校教学点	1000.0000	600.0000	400.0000	6.0000	50	50	0	5	5	10000.00
共同使用	1000.0000	600.0000	400.0000	6.0000	50	50	0	5	5	10000.00
武汉应用科技学校	620.0000	420.0000	11.0000	2.0800	150	120	0	0	0	0.00
共同使用	620.0000	420.0000	11.0000	2.0800	150	120	0	0	0	0.00
武汉工业技术学校	20.0000	10.0000	8.0000	10.0000	60	60	60	9	4	2321.00
独立使用	10.0000	5.0000	4.0000	0.0000	0	0	0	5	0	1505.00
共同使用	10.0000	5.0000	4.0000	10.0000	60	60	60	4	4	816.00
湖南	**153006.4620**	**24983.2966**	**7861.2223**	**411.7628**	**21081**	**14259**	**1733**	**8211**	**2519**	**2217280.51**
独立使用	124562.0464	15324.6610	5698.2223	243.4780	15769	10565	1575	7521	2233	1221392.17
共同使用	28444.4156	9658.6356	2163.0000	168.2848	5312	3694	158	690	286	995888.34
湖南广播电视大学	22620.0508	2577.3000	1202.4000	28.4100	3114	1490	6	68	49	98725.00
独立使用	22620.0508	2577.3000	1202.4000	28.4100	3114	1490	6	68	49	98725.00
长沙电大分校直属点	1996.8000	305.0000	986.0000	1.0000	463	388	10	1800	1800	3000.00
独立使用	1996.8000	305.0000	986.0000	1.0000	463	388	10	1800	1800	3000.00
望城县电大工作站.	190.0000	160.0000	25.0000	8.3000	120	120	120	20	3	19637.00
独立使用	190.0000	160.0000	25.0000	8.3000	120	120	120	20	3	19637.00
浏阳教师进修学校	4000.0000	3000.0000	1000.0000	2.0000	240	210	60	30	18	13320.00
共同使用	4000.0000	3000.0000	1000.0000	2.0000	240	210	60	30	18	13320.00

4.1 学校产权资产情况(续表63)

	固定资产总值(万元)			图书(万册)	计算机(台)			教室(间)		占地面积(平方米)
	计	其中:教学、科研仪器设备资产值	其中:信息化设备资产值		计	其中:教学用计算机 计	其中:平板电脑	计	其中:网络多媒体教室	
宁乡县教师进修学校	2800.0000	150.0000	80.0000	4.0000	210	180	0	12	4	34000.00
独立使用	2800.0000	150.0000	80.0000	4.0000	210	180	0	12	4	34000.00
长沙县教师进修学校	10.0000	5.0000	5.0000	50.0000	12	12	3	8	5	2000.00
独立使用	10.0000	5.0000	5.0000	0.0000	10	10	3	0	0	0.00
共同使用	0.0000	0.0000	0.0000	50.0000	2	2	0	8	5	2000.00
长沙牛耳计算机培训中心	35.0000	20.0000	15.0000	0.2000	850	850	850	15	2	1086.00
独立使用	35.0000	20.0000	15.0000	0.2000	850	850	850	15	2	1086.00
长沙航天工业学校	450.0000	400.0000	50.0000	2.0000	150	100	0	40	20	3870.00
独立使用	150.0000	100.0000	50.0000	1.0000	100	50	0	40	20	3620.00
共同使用	300.0000	300.0000	0.0000	1.0000	50	50	0	0	0	250.00
株洲电大分校直属点	133.8000	58.0000	55.8000	0.0000	300	300	36	33	33	3190.00
独立使用	133.8000	58.0000	55.8000	0.0000	300	300	36	33	33	0.00
共同使用	0.0000	0.0000	0.0000	0.0000	0	0	0	0	0	3190.00
攸县电大工作站	3150.0000	1128.0000	60.0000	7.2768	648	580	0	40	6	350040.00
独立使用	50.0000	8.0000	0.0000	0.0000	4	0	0	0	0	0.00
共同使用	3100.0000	1120.0000	60.0000	7.2768	644	580	0	40	6	350040.00
茶陵县电大工作站	135.0000	60.0000	55.0000	4.5000	200	200	0	30	30	72036.00
独立使用	10.0000	10.0000	0.0000	0.0000	6	6	0	1	1	0.00
共同使用	125.0000	50.0000	55.0000	4.5000	194	194	0	29	29	72036.00
炎陵县电大工作站	1156.8000	198.0000	100.0000	8.0000	285	205	30	42	15	16650.00
共同使用	1156.8000	198.0000	100.0000	8.0000	285	205	30	42	15	16650.00
湘潭电大分校直属点	5013.6299	1209.4600	6.5000	20.0000	486	431	55	0	0	98292.30
独立使用	5013.6299	1209.4600	6.5000	20.0000	486	431	55	0	0	98292.30
湘乡市第一职业中专	20000.0000	80.0000	20.0000	5.0000	400	16	6	80	20	0.00
独立使用	20000.0000	80.0000	20.0000	5.0000	400	16	6	80	20	0.00
湘乡市东山教学点	320.0000	12.0000	20.0000	2.0000	100	12	4	12	2	0.00
独立使用	320.0000	12.0000	20.0000	2.0000	100	12	4	12	2	0.00
湘潭县财政局教学点	3620.0000	158.0000	9.8000	12.0000	360	40	36	56	16	6000.00
独立使用	3620.0000	158.0000	9.8000	12.0000	360	40	36	56	16	6000.00
韶山市司法局教学点	9668.0000	200.0000	32.0000	8.0000	400	60	27	68	6	85325.00
独立使用	9668.0000	200.0000	32.0000	8.0000	400	60	27	68	6	85325.00
衡阳电大分校直属点	0.0000	0.0000	0.0000	3.0000	586	380	0	12	0	41060.00
独立使用	0.0000	0.0000	0.0000	3.0000	586	380	0	12	0	41060.00
衡阳市城南电大站	0.0000	0.0000	0.0000	2.0000	47	35	4	4	3	800.00
独立使用	0.0000	0.0000	0.0000	2.0000	47	35	4	4	3	800.00
祁东县电大教学点	0.0000	0.0000	0.0000	30.0000	70	70	6	13	1	5600.00
独立使用	0.0000	0.0000	0.0000	30.0000	70	70	6	13	1	5600.00
衡阳电大常宁分校	410.0000	340.0000	12.0000	4.0000	186	186	2	15	15	300.00
独立使用	50.0000	40.0000	2.0000	1.0000	6	6	2	1	1	0.00
共同使用	360.0000	300.0000	10.0000	3.0000	180	180	0	14	14	300.00
耒阳师范学校教学点	7400.0000	1020.0000	100.0000	14.4000	426	0	0	50	44	106560.00
独立使用	100.0000	30.0000	10.0000	0.5000	10	0	0	10	4	1000.00
共同使用	7300.0000	990.0000	90.0000	13.9000	416	0	0	40	40	105560.00

4.1 学校产权资产情况(续表64)

	固定资产总值(万元)			图书(万册)	计算机(台)			教室(间)		占地面积(平方米)
	计	其中:教学、科研仪器设备资产值	其中:信息化设备资产值		计	其中:教学用计算机		计	其中:网络多媒体教室	
						计	其中:平板电脑			
湖南科技经贸职业学院	0.0000	0.0000	0.0000	1.5000	40	30	5	4	3	0.00
独立使用	0.0000	0.0000	0.0000	1.5000	40	30	5	4	3	0.00
衡阳广播电视大学衡山分校	2373.0000	568.0000	0.0000	7.0000	333	312	0	56	38	132053.45
独立使用	0.0000	0.0000	0.0000	0.0000	0	0	0	10	6	0.00
共同使用	2373.0000	568.0000	0.0000	7.0000	333	312	0	46	32	132053.45
衡阳广播电视大学衡东分校	876.0000	86.0000	125.0000	0.6000	160	0	0	30	7	14149.00
独立使用	876.0000	86.0000	125.0000	0.6000	160	0	0	30	7	14149.00
邵阳电大分校直属点	1050.9165	298.1360	189.0023	1.1500	262	220	0	22	8	45066.70
独立使用	1050.9165	298.1360	189.0023	1.1500	262	220	0	22	8	45066.70
武冈市电大工作站	142.0000	42.0000	1.0000	2.0000	60	60	60	16	2	8000.00
独立使用	142.0000	42.0000	1.0000	2.0000	60	60	60	16	2	8000.00
隆回县委党校	41.0000	40.0000	1.0000	3.0000	60	20	0	16	3	28698.00
独立使用	41.0000	40.0000	1.0000	3.0000	60	20	0	16	3	28698.00
城步县电大工作站	618.0000	197.0000	420.5000	5.1000	300	20	0	2	1	34490.00
独立使用	618.0000	197.0000	420.5000	5.1000	300	20	0	2	1	34490.00
岳阳电大分校直属点	2468.7700	321.5400	0.0000	5.0000	850	700	0	36	12	25346.00
独立使用	2468.7700	321.5400	0.0000	5.0000	850	700	0	36	12	25346.00
临湘市电大工作站	9800.0000	1200.0000	100.0000	5.0000	350	350	150	35	35	6600.00
独立使用	9800.0000	1200.0000	100.0000	5.0000	350	350	150	35	35	6600.00
华容县电大工作站	566.0000	76.0000	30.0000	2.0000	85	85	60	25	5	19294.00
独立使用	566.0000	76.0000	30.0000	2.0000	85	85	60	25	5	19294.00
平江县电大工作站	100.0000	80.0000	10.0000	2.0000	120	120	0	2	2	20000.00
独立使用	100.0000	80.0000	10.0000	2.0000	120	120	0	2	2	20000.00
汨罗市电大工作站	566.0000	76.0000	30.0000	2.2000	85	64	0	2	2	14929.00
独立使用	566.0000	76.0000	30.0000	2.2000	85	64	0	2	2	14929.00
岳阳县电大工作站	320.0000	265.0000	55.0000	2.4000	140	140	20	3	3	24000.00
独立使用	260.0000	220.0000	40.0000	1.6000	120	120	10	2	2	18000.00
共同使用	60.0000	45.0000	15.0000	0.8000	20	20	10	1	1	6000.00
岳阳市广播电视大学屈原教学点	140.0000	36.0000	56.0000	8.0000	280	90	50	20	13	4500.00
独立使用	78.0000	24.0000	25.0000	3.0000	120	50	20	8	5	1500.00
共同使用	62.0000	12.0000	31.0000	5.0000	160	40	30	12	8	3000.00
湘北女子职业学校教学点	5886.4355	1036.4355	280.0000	4.7000	615	580	15	64	50	69838.00
独立使用	2000.0000	300.0000	120.0000	1.7000	300	280	8	26	20	29838.00
共同使用	3886.4355	736.4356	160.0000	3.0000	315	300	7	38	30	40000.00
娄底电大分校直属点	0.0000	0.0000	0.0000	0.0000	192	74	0	19	5	72719.00
独立使用	0.0000	0.0000	0.0000	0.0000	192	74	0	19	5	72719.00
双峰县电大工作站	745.0000	109.0000	0.0000	2.5360	178	178	0	4623	2	29970.00
独立使用	0.0000	0.0000	0.0000	1.2680	0	0	0	4593	0	0.00
共同使用	745.0000	109.0000	0.0000	1.2680	178	178	0	30	2	29970.00
冷水江市教学点	972.0000	54.0000	100.0000	40.0000	185	120	32	28	8	5860.00
独立使用	972.0000	54.0000	100.0000	10.0000	185	120	32	28	8	5860.00
共同使用	0.0000	0.0000	0.0000	30.0000	0	0	0	0	0	0.00
涟源市教研师训中心	796.0000	214.0000	108.0000	0.4000	216	158	4	20	4	21312.00

4.1 学校产权资产情况(续表65)

	固定资产总值(万元)			图书(万册)	计算机(台)			教室(间)		占地面积(平方米)
	计	其中:教学、科研仪器设备资产值	其中:信息化设备资产值		计	其中:教学用计算机 计	其中:教学用计算机 其中:平板电脑	计	其中:网络多媒体教室	
共同使用	796.0000	214.0000	108.0000	0.4000	216	158	4	20	4	21312.00
新化县教师进修学校	856.0000	158.0000	20.0000	2.1000	250	150	0	39	5	10670.00
独立使用	856.0000	158.0000	20.0000	2.1000	200	150	0	19	5	10670.00
共同使用	0.0000	0.0000	0.0000	0.0000	50	0	0	20	0	0.00
零陵电大分校直属点	672.0000	270.0000	125.0000	2.5000	250	250	0	30	20	27972.00
独立使用	672.0000	270.0000	125.0000	2.5000	200	200	0	14	6	27972.00
共同使用	0.0000	0.0000	0.0000	0.0000	50	50	0	16	14	0.00
新田县电大工作站	428.0000	320.0000	108.0000	0.0000	85	85	0	1	1	6600.00
独立使用	0.0000	0.0000	0.0000	0.0000	0	0	0	0	0	4800.00
共同使用	428.0000	320.0000	108.0000	0.0000	85	85	0	1	1	1800.00
江永县教师进修学校	221.0000	176.0000	10.0000	10.0000	60	60	0	8	6	2684.00
独立使用	221.0000	176.0000	10.0000	4.0000	60	60	0	8	6	2000.00
共同使用	0.0000	0.0000	0.0000	6.0000	0	0	0	0	0	684.00
郴州电大分校直属站	2104.0000	620.0000	410.0000	10.0000	900	900	0	30	14	18600.00
独立使用	2104.0000	620.0000	410.0000	10.0000	900	900	0	30	14	18600.00
桂东县电大工作站	1050.0000	450.0000	0.0000	2.4000	328	268	0	30	4	10463.00
独立使用	1050.0000	450.0000	0.0000	2.4000	328	268	0	30	4	10463.00
汝城县电大工作站	200.0000	52.0000	30.0000	0.0000	0	0	0	100	1	6727.00
共同使用	200.0000	52.0000	30.0000	0.0000	0	0	0	100	1	6727.00
宜章县电大工作站	155.0000	150.0000	0.0000	2.0000	53	38	10	6	2	0.17
独立使用	155.0000	150.0000	0.0000	2.0000	53	38	10	6	2	0.17
桂阳县电大工作站	1560.0000	630.0000	0.0000	5.6800	460	380	2	28	28	40002.00
共同使用	1560.0000	630.0000	0.0000	5.6800	460	380	2	28	28	40002.00
资兴市电大工作站	800.0000	600.0000	200.0000	8.0000	620	0	0	28	1	69200.00
独立使用	0.0000	0.0000	0.0000	0.0000	20	0	0	0	0	0.00
共同使用	800.0000	600.0000	200.0000	8.0000	600	0	0	28	1	69200.00
益阳电大分校直属点	0.0000	0.0000	0.0000	1.0000	300	0	0	98	13	24854.00
独立使用	0.0000	0.0000	0.0000	1.0000	300	0	0	49	0	24854.00
共同使用	0.0000	0.0000	0.0000	0.0000	0	0	0	49	13	0.00
常德电大分校直属点	2420.2651	300.0000	42.0000	0.0000	400	350	0	46	12	33300.00
独立使用	2420.2651	300.0000	42.0000	0.0000	400	350	0	46	12	33300.00
汉寿县电大工作站	328.8500	95.0000	85.0000	0.0000	150	110	0	9	3	10502.10
共同使用	328.8500	95.0000	85.0000	0.0000	150	110	0	9	3	10502.10
常德电大鼎城工作站	110.0000	25.0000	30.0000	0.0000	40	40	5	3	3	1000.00
独立使用	100.0000	20.0000	30.0000	0.0000	40	40	5	2	2	1000.00
共同使用	10.0000	5.0000	0.0000	0.0000	0	0	0	1	1	0.00
临澧县电大工作站	329.0000	120.0000	20.0000	0.8000	62	62	0	24	0	16008.00
独立使用	329.0000	120.0000	20.0000	0.8000	62	62	0	24	0	16008.00
桃源县电大工作站	257.0000	160.0000	50.0000	0.3000	42	38	16	8	1	9191.00
独立使用	257.0000	160.0000	50.0000	0.3000	38	38	16	8	1	9191.00
共同使用	0.0000	0.0000	0.0000	0.0000	4	0	0	0	0	0.00
石门县电大工作站	380.0000	335.0000	45.0000	5.0000	200	150	0	38	2	33826.00
独立使用	380.0000	335.0000	45.0000	3.5000	200	150	0	3	2	1200.00

4.1 学校产权资产情况(续表66)

	固定资产总值(万元)			图书(万册)	计算机(台)			教室(间)		占地面积(平方米)
	计	其中:教学、科研仪器设备资产值	其中:信息化设备资产值		计	其中:教学用计算机 计	其中:平板电脑	计	其中:网络多媒体教室	
共同使用	0.0000	0.0000	0.0000	1.5000	0	0	0	35	0	32626.00
澧县电大工作站	0.0000	0.0000	0.0000	8.0000	100	100	0	2	2	33350.00
独立使用	0.0000	0.0000	0.0000	8.0000	100	100	0	2	2	33350.00
常德广播电视大学武陵区分校	131.3300	26.0000	0.0000	1.5000	80	60	0	7	5	2964.00
共同使用	131.3300	26.0000	0.0000	1.5000	80	60	0	7	5	2964.00
怀化电大分校直属点	5000.0000	200.0000	159.0000	0.0000	300	210	0	22	2	2566.00
独立使用	5000.0000	200.0000	159.0000	0.0000	300	210	0	22	2	2566.00
自治州电大分校直属点	4002.0000	1860.0000	300.0000	2.3000	316	280	26	28	6	54000.00
独立使用	4002.0000	1860.0000	300.0000	2.3000	316	280	26	28	6	54000.00
凤凰县电大工作站	145.0000	114.0000	23.0000	2.0000	117	80	0	13	1	7032.00
独立使用	145.0000	114.0000	23.0000	2.0000	117	80	0	13	1	7032.00
古丈县电大工作站	20.1140	5.2250	0.2200	0.0500	14	14	0	3	0	120.00
独立使用	20.1140	5.2250	0.2200	0.0500	14	14	0	3	0	120.00
花垣县电大工作站	185.0000	100.0000	85.0000	0.0000	160	122	0	0	0	0.00
独立使用	185.0000	100.0000	85.0000	0.0000	160	122	0	0	0	0.00
保靖县电大工作站	149.0000	109.0000	40.0000	3.0000	50	50	5	8	3	6700.00
独立使用	149.0000	109.0000	40.0000	3.0000	50	50	5	8	3	6700.00
龙山县电大工作站	162.0000	35.0000	15.0000	6.0000	40	40	3	13	2	12340.00
独立使用	162.0000	35.0000	15.0000	6.0000	40	40	3	13	2	12340.00
泸溪县电大工作站	51.7000	6.2000	14.0000	0.0000	90	56	0	0	0	0.00
独立使用	48.7000	5.0000	13.0000	0.0000	90	56	0	0	0	0.00
共同使用	3.0000	1.2000	1.0000	0.0000	0	0	0	0	0	0.00
津市电大分校直属点	629.0000	207.0000	100.0000	3.0600	400	380	0	20	3	28005.00
共同使用	629.0000	207.0000	100.0000	3.0600	400	380	0	20	3	28005.00
岳化电大分校	90.0000	80.0000	10.0000	5.4000	200	200	15	26	12	7696.79
共同使用	90.0000	80.0000	10.0000	5.4000	200	200	15	26	12	7696.79
湖南电大药学分校	20000.0000	2000.0000	600.0000	20.0000	850	600	0	72	72	202591.00
独立使用	20000.0000	2000.0000	600.0000	20.0000	850	600	0	72	72	202591.00
广东	**147166.9006**	**39477.7760**	**16045.9607**	**347.0781**	**27944**	**21938**	**394**	**2605**	**1152**	**2765942.86**
独立使用	128794.9006	34627.7760	14041.2307	323.2098	25280	19676	394	2309	1022	2256930.66
共同使用	18372.0000	4850.0000	2004.7300	23.8683	2664	2262	0	296	130	509012.20
广东开放大学	5092.6201	2617.6599	2474.9600	63.2400	1282	528	36	28	17	740838.00
独立使用	5092.6201	2617.6599	2474.9600	63.2400	1282	528	36	28	17	740838.00
珠海广播电视大学	3693.0337	1049.0000	151.6000	0.4400	967	458	0	45	38	22798.30
独立使用	3693.0337	1049.0000	151.6000	0.4400	967	458	0	45	38	22798.30
珠海市斗门区广播电视大学	205.8954	50.8891	78.9896	0.5200	191	191	0	11	11	5149.00
独立使用	205.8954	50.8891	78.9896	0.5200	191	191	0	11	11	5149.00
汕头广播电视大学	4702.1699	848.0000	0.0000	11.9400	682	682	0	94	40	11016.00
独立使用	4702.1699	848.0000	0.0000	11.9400	682	682	0	94	40	11016.00
澄海广播电视大学	14662.0000	3276.0000	536.0000	6.6683	1665	1525	0	158	69	105200.00
共同使用	14662.0000	3276.0000	536.0000	6.6683	1665	1525	0	158	69	105200.00
潮阳市广播电视大学	560.0000	260.0000	300.0000	1.6000	170	170	0	48	0	16142.00
独立使用	560.0000	260.0000	300.0000	1.6000	170	170	0	48	0	16142.00

4.1 学校产权资产情况(续表67)

	固定资产总值(万元)			图书(万册)	计算机(台)			教室(间)		占地面积(平方米)
	计	其中:教学、科研仪器设备资产值	其中:信息化设备资产值		计	其中:教学用计算机 计	其中:平板电脑	计	其中:网络多媒体教室	
汕头广播电视大学南澳县教学点	139.3000	64.3900	25.0000	0.8000	82	82	0	0	0	0.00
独立使用	139.3000	64.3900	25.0000	0.8000	82	82	0	0	0	0.00
汕头广播电视大学濠江教学点	469.4000	69.4000	400.0000	13.0000	195	195	0	28	6	33433.20
独立使用	119.4000	69.4000	50.0000	9.0000	190	190	0	22	0	21978.00
共同使用	350.0000	0.0000	350.0000	4.0000	5	5	0	6	6	11455.20
汕头广播电视大学潮南区教学点	65.0000	55.0000	10.0000	0.8000	60	50	5	11	3	3000.00
独立使用	65.0000	55.0000	10.0000	0.8000	60	50	5	11	3	3000.00
韶关广播电视大学	1275.0000	555.5000	1.5000	3.6000	282	222	0	30	4	131630.00
独立使用	1275.0000	555.5000	1.5000	3.6000	282	222	0	30	4	131630.00
曲江区广播电视大学	980.0000	140.0000	100.0000	4.7000	150	120	0	14	4	8018.00
独立使用	980.0000	140.0000	100.0000	4.7000	150	120	0	14	4	8018.00
仁化县广播电视大学	167.4100	138.6400	28.7700	2.9100	120	90	0	10	0	16576.00
独立使用	167.4100	138.6400	28.7700	2.9100	120	90	0	10	0	16576.00
新丰县广播电视大学	393.3635	21.9325	47.9400	1.0022	112	79	0	12	1	28191.00
独立使用	393.3635	21.9325	47.9400	1.0022	112	79	0	12	1	28191.00
翁源县广播电视大学	1164.0000	107.0000	1057.0000	6.0000	117	117	0	30	8	50195.00
独立使用	1164.0000	107.0000	1057.0000	6.0000	117	117	0	30	8	50195.00
始兴县广播电视大学	488.0000	68.0000	0.0000	5.0000	86	56	0	12	2	7721.00
独立使用	488.0000	68.0000	0.0000	5.0000	86	56	0	12	2	7721.00
南雄市广播电视大学	251.0000	125.0000	26.0000	0.4800	126	100	0	18	2	15000.00
独立使用	251.0000	125.0000	26.0000	0.4800	126	100	0	18	2	15000.00
乐昌市广播电视大学	610.5000	533.5000	77.0000	2.7000	150	100	0	11	2	9323.00
独立使用	610.5000	533.5000	77.0000	2.7000	150	100	0	11	2	9323.00
乳源瑶族自治县广播电视大学	439.0000	79.0000	7.0000	0.6500	47	30	0	11	1	4220.00
独立使用	439.0000	79.0000	7.0000	0.6500	47	30	0	11	1	4220.00
汕尾市广播电视大学	3345.0000	557.0000	46.0000	0.5200	806	554	1	35	0	14608.00
独立使用	3345.0000	557.0000	46.0000	0.5200	806	554	1	35	0	14608.00
海丰县广播电视大学	380.0000	0.0000	30.0000	4.0000	350	320	0	30	5	6100.00
独立使用	380.0000	0.0000	30.0000	4.0000	350	320	0	30	5	6100.00
陆丰市广播电视大学	1024.0000	0.0000	0.0000	1.2000	150	150	0	1	1	8434.00
独立使用	1024.0000	0.0000	0.0000	1.2000	150	150	0	1	1	8434.00
广东省汕尾市陆河县广播电视大学	931.5549	313.8248	175.0024	1.8125	170	140	0	14	7	0.00
独立使用	931.5549	313.8248	175.0024	1.8125	170	140	0	14	7	0.00
梅州市广播电视大学	1779.0000	594.0000	107.0000	2.5000	356	289	0	40	10	4600.00
独立使用	1779.0000	594.0000	107.0000	2.5000	356	289	0	40	10	4600.00
梅州市梅江区广播电视大学	1200.0000	520.0000	310.0000	1.0000	160	130	0	28	5	7900.00
独立使用	1200.0000	520.0000	310.0000	1.0000	160	130	0	28	5	7900.00
蕉岭县广播电视大学	849.0000	319.0000	9.0000	2.2000	317	317	0	16	2	7998.00
独立使用	849.0000	319.0000	9.0000	2.2000	317	317	0	16	2	7998.00
广东省大埔县广播电视大学	180.0000	10.0000	10.0000	1.4000	160	20	0	16	2	2898.00
独立使用	180.0000	10.0000	10.0000	1.4000	160	20	0	16	2	2898.00
丰顺县广播电视大学	372.8400	106.8400	106.2800	1.2400	190	190	0	20	5	20000.00
独立使用	372.8400	106.8400	106.2800	1.2400	190	190	0	20	5	20000.00

4.1 学校产权资产情况(续表68)

	固定资产总值(万元)			图书(万册)	计算机(台)			教室(间)		占地面积(平方米)
	计	其中:教学、科研仪器设备资产值	其中:信息化设备资产值		计	其中:教学用计算机 计	其中:平板电脑	计	其中:网络多媒体教室	
五华县广播电视大学	602.0000	229.0000	50.0000	5.6200	120	90	0	20	4	5510.00
独立使用	602.0000	229.0000	50.0000	5.6200	120	90	0	20	4	5510.00
兴宁市广播电视大学	615.0000	454.0000	161.0000	1.5000	262	196	30	25	6	1250.00
独立使用	615.0000	454.0000	161.0000	1.5000	262	196	30	25	6	1250.00
平远县广播电视大学	432.0000	432.0000	0.0000	1.5200	100	100	0	15	2	5000.00
独立使用	432.0000	432.0000	0.0000	1.5200	100	100	0	15	2	5000.00
惠州市广播电视大学	6411.9717	867.0000	636.0000	4.0400	525	395	0	65	22	17706.00
独立使用	6411.9717	867.0000	636.0000	4.0400	525	395	0	65	22	17706.00
惠阳区广播电视大学	453.0000	320.0000	0.0000	2.5000	250	214	0	35	14	8474.00
独立使用	453.0000	320.0000	0.0000	2.5000	250	214	0	35	14	8474.00
惠东县广播电视大学	110.2500	52.0300	2.0000	1.5000	165	40	0	15	3	600.00
独立使用	110.2500	52.0300	2.0000	1.5000	165	40	0	15	3	600.00
博罗县广播电视大学	1635.2142	240.1051	175.1241	0.9045	130	110	0	30	3	2700.00
独立使用	1635.2142	240.1051	175.1241	0.9045	130	110	0	30	3	2700.00
广东省惠州市龙门县广播电视大学	320.5812	271.3732	40.3520	0.0503	83	55	0	17	3	3300.54
独立使用	320.5812	271.3732	40.3520	0.0503	83	55	0	17	3	3300.54
东莞市广播电视大学	3911.4199	852.0000	0.0000	1.6100	450	450	0	100	50	0.00
独立使用	3911.4199	852.0000	0.0000	1.6100	450	450	0	100	50	0.00
中山市广播电视大学	667.1000	430.8000	38.1000	2.9800	550	350	0	0	0	0.00
独立使用	667.1000	430.8000	38.1000	2.9800	550	350	0	0	0	0.00
江门市广播电视大学	7860.1338	1363.7000	788.2000	7.1800	811	586	13	79	70	0.00
独立使用	7860.1338	1363.7000	788.2000	7.1800	811	586	13	79	70	0.00
新会广播电视大学	1163.3400	101.8800	0.0000	1.0000	203	183	0	20	16	10000.00
独立使用	1163.3400	101.8800	0.0000	1.0000	203	183	0	20	16	10000.00
台山磐石电视大学	669.1000	190.0000	32.0000	5.3000	350	300	0	16	16	3050.00
独立使用	669.1000	190.0000	32.0000	5.3000	350	300	0	16	16	3050.00
开平市广播电视大学	2493.1997	400.6000	260.6000	4.8000	733	666	0	46	40	47524.00
独立使用	2493.1997	400.6000	260.6000	4.8000	733	666	0	46	40	47524.00
恩平市广播电视大学	2134.6001	732.6000	0.0000	4.2890	550	513	0	40	22	106773.00
独立使用	2134.6001	732.6000	0.0000	4.2890	550	513	0	40	22	106773.00
鹤山市广播电视大学	926.7507	307.0700	82.0000	4.3000	228	180	0	25	9	7722.00
独立使用	926.7507	307.0700	82.0000	4.3000	228	180	0	25	9	7722.00
佛山广播电视大学	3925.5901	1462.2000	660.0000	7.0000	600	500	10	60	40	16657.00
独立使用	3925.5901	1462.2000	660.0000	7.0000	600	500	10	60	40	16657.00
三水区广播电视大学	324.0000	176.0000	0.0000	1.0000	112	78	0	16	16	10000.00
独立使用	324.0000	176.0000	0.0000	1.0000	112	78	0	16	16	10000.00
佛山市高明区广播电视大学	600.4359	114.2496	103.2498	1.8400	153	153	0	14	12	3966.00
独立使用	600.4359	114.2496	103.2498	1.8400	153	153	0	14	12	3966.00
阳江市广播电视大学	5829.0000	1304.0000	839.0000	2.0000	750	650	0	54	39	16943.00
独立使用	5829.0000	1304.0000	839.0000	2.0000	750	650	0	54	39	16943.00
阳春市广播电视大学	2428.4700	1016.2000	808.9400	3.7500	829	699	0	58	54	16482.00
独立使用	2428.4700	1016.2000	808.9400	3.7500	829	699	0	58	54	16482.00
湛江市广播电视大学	1881.0000	1043.0000	838.0000	8.7000	690	480	0	85	25	19093.00

4.1 学校产权资产情况(续表69)

	固定资产总值(万元)			图书(万册)	计算机(台)			教室(间)		占地面积(平方米)
	计	其中:教学、科研仪器设备资产值	其中:信息化设备资产值		计	其中:教学用计算机		计	其中:网络多媒体教室	
						计	其中:平板电脑			
共同使用	1881.0000	1043.0000	838.0000	8.7000	690	480	0	85	25	19093.00
遂溪县广播电视大学	1192.1122	28.1120	83.0028	2.3121	178	155	105	24	9	4000.15
独立使用	1192.1122	28.1120	83.0028	2.3121	178	155	105	24	9	4000.15
廉江市广播电视大学	626.0000	238.0000	30.0000	4.5000	190	170	0	10	2	5250.00
独立使用	626.0000	238.0000	30.0000	4.5000	190	170	0	10	2	5250.00
吴川市广播电视大学	619.0000	400.0000	219.0000	3.0000	130	110	0	17	8	17000.00
共同使用	619.0000	400.0000	219.0000	3.0000	130	110	0	17	8	17000.00
雷州市广播电视大学	1223.0000	390.0000	240.0000	2.1000	208	150	0	20	10	6859.00
独立使用	1223.0000	390.0000	240.0000	2.1000	208	150	0	20	10	6859.00
徐闻县广播电视大学	1820.0000	1070.0000	750.0000	7.0000	210	180	0	29	6	16500.00
独立使用	1820.0000	1070.0000	750.0000	7.0000	210	180	0	29	6	16500.00
茂名广播电视大学	4500.0000	1640.7200	500.0000	11.0000	726	600	0	46	38	17467.00
独立使用	4500.0000	1640.7200	500.0000	11.0000	726	600	0	46	38	17467.00
化州市广播电视大学	1485.8500	230.0000	4.0000	4.8000	138	125	0	20	5	71928.00
独立使用	1485.8500	230.0000	4.0000	4.8000	138	125	0	20	5	71928.00
肇庆广播电视大学	2584.0000	826.0000	463.0000	4.9000	555	455	0	45	40	8454.00
独立使用	2584.0000	826.0000	463.0000	4.9000	555	455	0	45	40	8454.00
广宁县广播电视大学	1221.0000	390.0000	1.2000	3.2400	310	280	0	23	6	30000.00
独立使用	1221.0000	390.0000	1.2000	3.2400	310	280	0	23	6	30000.00
四会市广播电视大学	3854.0000	1730.0000	158.0000	10.0000	600	430	0	120	20	119500.00
独立使用	3854.0000	1730.0000	158.0000	10.0000	600	430	0	120	20	119500.00
怀集县广播电视大学	1180.0000	371.0000	70.0000	3.2600	430	370	0	27	19	3743.00
独立使用	1180.0000	371.0000	70.0000	3.2600	430	370	0	27	19	3743.00
高要广播电视大学	513.0000	153.5000	25.0000	2.0000	160	130	0	13	13	13500.00
独立使用	513.0000	153.5000	25.0000	2.0000	160	130	0	13	13	13500.00
德庆县广播电视大学	2196.6001	631.0000	186.0000	6.3500	580	530	0	28	8	100000.00
独立使用	2196.6001	631.0000	186.0000	6.3500	580	530	0	28	8	100000.00
封开县广播电视大学	136.0000	61.0000	2.0000	2.7000	78	60	0	7	1	310.00
独立使用	136.0000	61.0000	2.0000	2.7000	78	60	0	7	1	310.00
清远市广播电视大学	1526.0000	322.0000	1.5000	0.8000	250	220	0	19	0	11322.00
独立使用	1526.0000	322.0000	1.5000	0.8000	250	220	0	19	0	11322.00
阳山县广播电视大学	5198.0000	1248.0000	518.0000	14.5892	790	644	0	85	25	54823.00
独立使用	5198.0000	1248.0000	518.0000	14.5892	790	644	0	85	25	54823.00
连州市广播电视大学	1651.0000	449.0000	0.0000	2.0000	287	212	0	35	20	55487.00
独立使用	1651.0000	449.0000	0.0000	2.0000	287	212	0	35	20	55487.00
连南瑶族自治县广播电视大学	860.0000	131.0000	61.7300	1.5000	174	142	0	16	8	349670.00
共同使用	860.0000	131.0000	61.7300	1.5000	174	142	0	16	8	349670.00
佛冈县广播电视大学	602.8000	173.8000	123.7300	4.6000	155	150	0	11	11	8000.00
独立使用	602.8000	173.8000	123.7300	4.6000	155	150	0	11	11	8000.00
潮州广播电视大学	1040.0000	311.0000	64.0000	5.3000	300	270	0	30	10	2482.00
独立使用	1040.0000	311.0000	64.0000	5.3000	300	270	0	30	10	2482.00
饶平县广播电视大学	512.0000	4.0000	0.0000	0.9200	105	105	105	15	3	4200.00
独立使用	512.0000	4.0000	0.0000	0.9200	105	105	105	15	3	4200.00

4.1 学校产权资产情况(续表70)

	固定资产总值(万元)				计算机(台)			教室(间)		占地面积(平方米)
	计	其中:教学、科研仪器设备资产值	其中:信息化设备资产值	图书(万册)	计	其中:教学用计算机 计	其中:教学用计算机 其中:平板电脑	计	其中:网络多媒体教室	
潮安县广播电视大学	496.0000	43.0000	65.0000	6.0000	125	0	0	20	0	10670.00
独立使用	496.0000	43.0000	65.0000	6.0000	125	0	0	20	0	10670.00
揭阳广播电视大学	742.6000	394.9000	131.6000	2.6000	325	0	0	25	20	3368.00
独立使用	742.6000	394.9000	131.6000	2.6000	325	0	0	25	20	3368.00
揭西县广播电视大学	522.9937	235.3600	12.0000	1.7500	90	0	0	10	1	1100.00
独立使用	522.9937	235.3600	12.0000	1.7500	90	0	0	10	1	1100.00
河源市广播电视大学	6606.0000	127.0000	245.0000	8.7700	760	600	0	75	40	46000.00
独立使用	6606.0000	127.0000	245.0000	8.7700	760	600	0	75	40	46000.00
连平县广播电视大学	817.1100	230.0000	20.0000	3.6500	250	150	0	30	22	26480.00
独立使用	817.1100	230.0000	20.0000	3.6500	250	150	0	30	22	26480.00
和平县广播电视大学	5742.0000	873.0000	260.0000	5.1000	695	606	89	70	50	59100.00
独立使用	5742.0000	873.0000	260.0000	5.1000	695	606	89	70	50	59100.00
紫金县广播电视大学	2580.0000	1129.0000	20.0000	4.1000	420	380	0	50	10	65432.00
独立使用	2580.0000	1129.0000	20.0000	4.1000	420	380	0	50	10	65432.00
龙川电大	1448.0000	438.0000	62.0000	2.3000	350	293	0	22	22	17363.00
独立使用	1448.0000	438.0000	62.0000	2.3000	350	293	0	8	8	10769.00
共同使用	0.0000	0.0000	0.0000	0.0000	0	0	0	14	14	6594.00
云浮广播电视大学	2276.5901	300.0000	70.5900	0.0000	338	298	0	29	12	46666.67
独立使用	2276.5901	300.0000	70.5900	0.0000	338	298	0	29	12	46666.67
罗定市广播电视大学	272.0000	0.0000	0.0000	0.0000	100	80	0	16	1	4329.00
独立使用	272.0000	0.0000	0.0000	0.0000	100	80	0	16	1	4329.00
郁南县广播电视大学	310.0000	70.0000	30.0000	0.6300	150	150	0	12	1	1200.00
独立使用	310.0000	70.0000	30.0000	0.6300	150	150	0	12	1	1200.00
广州	**116645.8120**	**38223.6802**	**13913.0800**	**190.7320**	**17209**	**14836**	**349**	**1182**	**1000**	**741888.71**
独立使用	109163.8120	33205.6802	11591.0800	176.6320	15465	13233	348	1117	947	681122.71
共同使用	7482.0000	5018.0000	2322.0000	14.1000	1744	1603	1	65	53	60766.00
广州市广播电视大学	30244.7109	6406.5498	250.0000	44.3200	2380	2380	177	127	127	40724.00
独立使用	30244.7109	6406.5498	250.0000	44.3200	2380	2380	177	127	127	40724.00
广州电大东山分校	513.0000	151.0000	0.0000	11.0000	178	146	0	0	0	0.00
独立使用	513.0000	151.0000	0.0000	11.0000	178	146	0	0	0	0.00
广州电大芳村分校	165.0000	20.0000	115.0000	0.0000	188	188	0	6	0	0.00
独立使用	165.0000	20.0000	115.0000	0.0000	188	188	0	0	0	0.00
共同使用	0.0000	0.0000	0.0000	0.0000	0	0	0	6	0	0.00
广州电大荔湾分校	165.0000	20.0000	115.0000	0.0000	188	188	0	6	0	0.00
独立使用	165.0000	20.0000	115.0000	0.0000	188	188	0	0	0	0.00
共同使用	0.0000	0.0000	0.0000	0.0000	0	0	0	6	0	0.00
广州电大越秀分校	4746.0000	1218.0000	0.0000	13.9300	1219	989	0	129	129	18042.00
独立使用	4746.0000	1218.0000	0.0000	13.9300	1219	989	0	129	129	18042.00
广州电大天河区分校	0.0000	0.0000	0.0000	0.0000	0	0	0	28	4	0.00
独立使用	0.0000	0.0000	0.0000	0.0000	0	0	0	28	4	0.00
广州电大侨光分校	4656.0000	3142.0000	1372.0000	10.0000	880	750	0	43	43	13333.00
共同使用	4656.0000	3142.0000	1372.0000	10.0000	880	750	0	43	43	13333.00
广州电大机电分校	22487.6309	11716.8604	2830.7600	10.6100	2600	1624	4	141	141	94936.00

4.1 学校产权资产情况(续表71)

	固定资产总值(万元)			图书(万册)	计算机(台)			教室(间)		占地面积(平方米)
	计	其中:教学、科研仪器设备资产值	其中:信息化设备资产值		计	其中:教学用计算机 计	其中:平板电脑	计	其中:网络多媒体教室	
独立使用	22487.6309	11716.8604	2830.7600	10.6100	2600	1624	4	141	141	94936.00
广州电大司法分校	5600.0000	3600.0000	2000.0000	12.0000	834	834	0	100	100	95077.00
独立使用	5600.0000	3600.0000	2000.0000	12.0000	834	834	0	100	100	95077.00
广州市广播电视大学中奥物业工作站	113.0000	92.0000	10.0000	2.0000	260	198	100	102	102	26970.00
独立使用	113.0000	92.0000	10.0000	2.0000	260	198	100	102	102	26970.00
轻职工作站	2826.0000	1876.0000	950.0000	4.1000	850	849	1	10	10	47433.00
共同使用	2826.0000	1876.0000	950.0000	4.1000	850	849	1	10	10	47433.00
广州电大番禺分校	2366.0000	925.0000	600.0000	0.5600	721	649	0	24	4	10097.00
独立使用	2366.0000	925.0000	600.0000	0.5600	721	649	0	24	4	10097.00
广州电大花都分校	5699.0000	1414.0000	1429.0000	5.7820	1002	1002	0	50	50	16185.00
独立使用	5699.0000	1414.0000	1429.0000	5.7820	1002	1002	0	50	50	16185.00
广州电大增城分校	3346.0000	1464.0000	1882.0000	3.7300	1231	1090	59	109	89	199800.00
独立使用	3346.0000	1464.0000	1882.0000	3.7300	1231	1090	59	109	89	199800.00
蓝星工作站	180.0000	120.0000	10.0000	5.0000	64	34	8	21	21	30.00
独立使用	180.0000	120.0000	10.0000	5.0000	60	30	8	21	21	30.00
共同使用	0.0000	0.0000	0.0000	0.0000	4	4	0	0	0	0.00
广州电大黄埔工作站	2754.0000	1019.0000	0.0000	5.3000	812	551	0	44	8	60504.00
独立使用	2754.0000	1019.0000	0.0000	5.3000	812	551	0	44	8	60504.00
广州电大东方分校	25.0000	15.0000	10.0000	0.0000	260	220	0	0	0	0.00
独立使用	25.0000	15.0000	10.0000	0.0000	260	220	0	0	0	0.00
广州康大职业技术学院	25251.0000	3191.4800	1595.2100	49.8600	2952	2722	0	196	128	93007.71
独立使用	25251.0000	3191.4800	1595.2100	49.8600	2952	2722	0	196	128	93007.71
广州大学人文学院	0.0000	0.0000	0.0000	0.0000	30	20	0	3	1	0.00
独立使用	0.0000	0.0000	0.0000	0.0000	20	20	0	3	1	0.00
共同使用	0.0000	0.0000	0.0000	0.0000	10	0	0	0	0	0.00
广州市幼儿师范学校	5508.4702	1832.7900	744.1100	12.5400	560	402	0	43	43	25750.00
独立使用	5508.4702	1832.7900	744.1100	12.5400	560	402	0	43	43	25750.00
深圳	**31873.7098**	**11380.8046**	**2263.2450**	**145.2629**	**55180**	**53860**	**1005**	**1074**	**312**	**107934.40**
独立使用	31873.7098	11380.8046	2263.2450	144.7629	55170	53858	1004	1074	312	107934.40
共同使用	0.0000	0.0000	0.0000	0.5000	10	2	1	0	0	0.00
深圳广播电视大学	10127.9902	8400.0000	0.0000	4.5000	2080	1690	1	68	68	6492.00
独立使用	10127.9902	8400.0000	0.0000	4.5000	2080	1690	1	68	68	6492.00
深圳广播电视大学光明试点教学点	400.0000	200.0000	150.0000	2.5000	70	62	4	10	3	34100.00
独立使用	400.0000	200.0000	150.0000	2.0000	60	60	3	10	3	34100.00
共同使用	0.0000	0.0000	0.0000	0.5000	10	2	1	0	0	0.00
深圳广播电视大学深圳高级技工学校教学点	1000.0000	500.0000	500.0000	100.0000	50000	50000	1000	800	100	5000.00
独立使用	1000.0000	500.0000	500.0000	100.0000	50000	50000	1000	800	100	5000.00
深圳广播电视大学龙华教学点	116.0000	86.0000	30.0000	1.5500	80	80	0	3	3	2870.00
独立使用	116.0000	86.0000	30.0000	1.5500	80	80	0	3	3	2870.00
深圳电大坪山成人文化技术学校教学点	1465.0200	0.0000	207.3500	0.5000	100	80	0	12	12	2918.40
独立使用	1465.0200	0.0000	207.3500	0.5000	100	80	0	12	12	2918.40
深圳广播电视大学开放职校教学点	4670.0000	0.0000	0.0000	3.6129	920	830	0	50	50	0.00
独立使用	4670.0000	0.0000	0.0000	3.6129	920	830	0	50	50	0.00

4.1 学校产权资产情况(续表72)

	固定资产总值(万元)			图书(万册)	计算机(台)			教室(间)		占地面积(平方米)
	计	其中:教学、科研仪器设备资产值	其中:信息化设备资产值		计	其中:教学用计算机 计	其中:平板电脑	计	其中:网络多媒体教室	
深圳电大蛇口试点教学点	1328.0000	489.0000	839.0000	14.9000	170	130	0	29	3	6400.00
独立使用	1328.0000	489.0000	839.0000	14.9000	170	130	0	29	3	6400.00
深圳广播电视大学宝安试点教学点	220.0000	188.0000	32.0000	3.0000	132	0	0	30	3	22448.00
独立使用	220.0000	188.0000	32.0000	3.0000	132	0	0	30	3	22448.00
深圳电大南山试点教学点	8612.0000	612.0000	12.0000	10.0000	980	350	0	32	32	13497.00
独立使用	8612.0000	612.0000	12.0000	10.0000	980	350	0	32	32	13497.00
深圳广播电视大学龙岗试点教学点	1094.6996	682.8046	411.8950	2.6000	508	508	0	28	28	4209.00
独立使用	1094.6996	682.8046	411.8950	2.6000	508	508	0	28	28	4209.00
深圳电大福田试点教学点	2840.0000	223.0000	81.0000	2.1000	140	130	0	12	10	10000.00
独立使用	2840.0000	223.0000	81.0000	2.1000	140	130	0	12	10	10000.00
广西	**24915.5056**	**6141.5106**	**3522.3994**	**38.8500**	**2653**	**2154**	**138**	**376**	**75**	**338002.76**
独立使用	23815.5056	6141.5106	3522.3994	37.3500	2596	2097	111	333	74	333902.76
共同使用	1100.0000	0.0000	0.0000	1.5000	57	57	27	43	1	4100.00
广西广播电视大学	11489.2656	614.8707	2083.0994	11.9700	802	654	0	36	21	120975.74
独立使用	11489.2656	614.8707	2083.0994	11.9700	802	654	0	36	21	120975.74
梧州市分校	902.2400	901.7400	0.5000	0.5100	100	70	0	27	7	3464.00
独立使用	902.2400	901.7400	0.5000	0.5100	100	70	0	27	7	3464.00
岑溪市电大工作站	2.0000	2.0000	0.0000	0.0000	3	0	0	0	0	0.00
独立使用	2.0000	2.0000	0.0000	0.0000	3	0	0	0	0	0.00
南丹县电大工作站	0.0000	0.0000	0.0000	0.0200	37	37	0	7	0	0.02
独立使用	0.0000	0.0000	0.0000	0.0200	7	7	0	2	0	0.02
共同使用	0.0000	0.0000	0.0000	0.0000	30	30	0	5	0	0.00
南宁市电大	0.0000	0.0000	0.0000	3.3000	80	80	0	20	11	3892.00
独立使用	0.0000	0.0000	0.0000	3.3000	80	80	0	20	11	3892.00
隆安县电大工作站	0.0000	0.0000	0.0000	2.4000	27	27	27	12	0	0.00
独立使用	0.0000	0.0000	0.0000	0.9000	0	0	0	0	0	0.00
共同使用	0.0000	0.0000	0.0000	1.5000	27	27	27	12	0	0.00
柳州市电大	233.0000	195.0000	0.2000	2.5900	103	83	0	0	0	0.00
独立使用	233.0000	195.0000	0.2000	2.5900	103	83	0	0	0	0.00
桂林市电大	426.0000	353.5000	67.0000	2.8100	230	150	0	16	4	141800.00
独立使用	426.0000	353.5000	67.0000	2.8100	230	150	0	16	4	141800.00
桂林市电大龙胜县工作站	255.0000	7.0000	15.0000	0.0000	34	24	24	8	2	0.00
独立使用	255.0000	7.0000	15.0000	0.0000	34	24	24	2	1	0.00
共同使用	0.0000	0.0000	0.0000	0.0000	0	0	0	6	1	0.00
来宾市分校直属部	208.0000	122.5000	20.0000	0.6300	96	72	1	10	3	9920.00
独立使用	208.0000	122.5000	20.0000	0.6300	96	72	1	10	3	9920.00
北海市电大	765.0000	48.0000	0.0000	0.6000	230	190	36	20	10	9000.00
独立使用	765.0000	48.0000	0.0000	0.6000	230	190	36	20	10	9000.00
合浦县电大工作站	5.0000	3.0000	0.0000	0.6000	52	52	0	18	1	3000.00
独立使用	5.0000	3.0000	0.0000	0.6000	52	52	0	18	1	3000.00
北海电大出口加工区教学点	5.0000	3.0000	1.0000	0.1000	48	40	0	0	0	0.00
独立使用	5.0000	3.0000	1.0000	0.1000	48	40	0	0	0	0.00
电大检察分校	1272.0000	13.1000	20.6000	1.5200	46	30	0	0	0	0.00

4.1 学校产权资产情况(续表73)

	固定资产总值(万元)			图书(万册)	计算机(台)			教室(间)		占地面积(平方米)
	计	其中:教学、科研仪器设备资产值	其中:信息化设备资产值		计	其中:教学用计算机 计	其中:平板电脑	计	其中:网络多媒体教室	
独立使用	172.0000	13.1000	20.6000	1.5200	46	30	0	0	0	0.00
共同使用	1100.0000	0.0000	0.0000	0.0000	0	0	0	0	0	0.00
贵港市广播电视大学	1317.0000	555.0000	315.0000	1.5000	500	430	0	32	8	19571.00
独立使用	1317.0000	555.0000	315.0000	1.5000	500	430	0	32	8	19571.00
贵港市电大桂平工作站	5000.0000	3000.0000	1000.0000	5.0000	150	100	50	50	4	4200.00
独立使用	5000.0000	3000.0000	1000.0000	5.0000	150	100	50	50	4	4200.00
贵港市电大兴业县工作站	0.0000	0.0000	0.0000	0.0000	15	15	0	20	0	4180.00
独立使用	0.0000	0.0000	0.0000	0.0000	15	15	0	0	0	80.00
共同使用	0.0000	0.0000	0.0000	0.0000	0	0	0	20	0	4100.00
玉林商校工作站	3036.0000	322.8000	0.0000	5.3000	100	100	0	100	4	18000.00
独立使用	3036.0000	322.8000	0.0000	5.3000	100	100	0	100	4	18000.00
海南	**4200.1201**	**1884.2600**	**1825.0200**	**9.3500**	**1078**	**837**	**0**	**68**	**36**	**156884.00**
独立使用	4050.1201	1824.2600	1735.0200	9.3500	1078	837	0	53	28	132791.00
共同使用	150.0000	60.0000	90.0000	0.0000	0	0	0	15	8	24093.00
海南广播电视大学	4044.1201	1821.2600	1732.5200	9.3000	930	698	0	38	24	82791.00
独立使用	4044.1201	1821.2600	1732.5200	9.3000	930	698	0	38	24	82791.00
海南电大直属昌江教学点	150.0000	60.0000	90.0000	0.0000	115	109	0	15	8	24093.00
独立使用	0.0000	0.0000	0.0000	0.0000	115	109	0	0	0	0.00
共同使用	150.0000	60.0000	90.0000	0.0000	0	0	0	15	8	24093.00
海南电大直属五指山教学点	0.0000	0.0000	0.0000	0.0500	33	30	0	15	4	50000.00
独立使用	0.0000	0.0000	0.0000	0.0500	33	30	0	15	4	50000.00
海南电大直属琼海教学点	6.0000	3.0000	2.5000	0.0000	0	0	0	0	0	0.00
独立使用	6.0000	3.0000	2.5000	0.0000	0	0	0	0	0	0.00
四川	**220628.0115**	**95469.4855**	**13785.4438**	**290.4541**	**18988**	**15026**	**1262**	**2033**	**572**	**1223529.57**
独立使用	169479.1015	87286.2755	9806.7538	181.6591	13914	11216	739	1432	377	766377.57
共同使用	51148.9100	8183.2100	3978.6901	108.7950	5074	3810	523	601	195	457152.00
四川广播电视大学	28064.0410	3730.0410	3087.6250	16.4500	1877	1560	4	245	91	201790.38
独立使用	28064.0410	3730.0410	3087.6250	16.4500	1877	1560	4	245	91	201790.38
四川电大直属学院直属部	213.8000	88.1000	0.0000	0.0000	336	336	5	5	5	550.00
独立使用	213.8000	88.1000	0.0000	0.0000	336	336	5	5	5	550.00
四川电大直属学院温江分校	33.5000	22.8000	1.1500	1.3600	45	29	5	0	0	0.00
独立使用	33.5000	22.8000	1.1500	1.3600	45	29	5	0	0	0.00
四川电大直属学院省检察院教学点	84.3400	65.2500	9.6500	0.0000	126	113	0	0	0	0.00
独立使用	84.3400	65.2500	9.6500	0.0000	126	113	0	0	0	0.00
四川电大直属学院省邮政分校	1306.3500	93.5500	133.3501	4.2000	315	275	0	35	5	800.00
共同使用	1306.3500	93.5500	133.3501	4.2000	315	275	0	35	5	800.00
四川电大直属学院华西分校	0.0000	0.0000	0.0000	0.0000	8	0	0	0	0	0.00
独立使用	0.0000	0.0000	0.0000	0.0000	8	0	0	0	0	0.00
四川电大直属学院幼师分校	70.0000	10.0000	40.0000	0.0000	120	60	0	8	4	150.00
独立使用	35.0000	5.0000	20.0000	0.0000	60	60	0	4	4	0.00
共同使用	35.0000	5.0000	20.0000	0.0000	60	0	0	4	0	150.00
四川电大直属学院人才分校	59.8000	56.8000	0.0000	0.0000	80	0	0	10	0	0.00
独立使用	59.8000	56.8000	0.0000	0.0000	80	0	0	10	0	0.00

4.1 学校产权资产情况(续表74)

	固定资产总值(万元)			图书(万册)	计算机(台)			教室(间)		占地面积(平方米)
	计	其中:教学、科研仪器设备资产值	其中:信息化设备资产值		计	其中:教学用计算机		计	其中:网络多媒体教室	
						计	其中:平板电脑			
四川电大直属学院棠湖分校	46.3600	44.3600	0.0000	0.9800	150	150	0	0	0	0.00
独立使用	46.3600	44.3600	0.0000	0.9800	150	150	0	0	0	0.00
四川电大直属学院大邑党校	6.0000	4.0000	1.0000	0.3000	42	42	0	0	0	0.00
独立使用	6.0000	4.0000	1.0000	0.3000	42	42	0	0	0	0.00
四川电大直属学院郫县行政校	1570.0000	1350.0000	150.0000	1.6000	110	110	110	16	3	14000.00
独立使用	1570.0000	1350.0000	150.0000	1.6000	110	110	110	16	3	14000.00
四川电大直属学院工商管理分院	40.1000	20.1000	20.0000	1.1000	348	285	6	0	0	0.00
独立使用	40.1000	20.1000	20.0000	1.1000	348	285	6	0	0	0.00
四川电大直属学院龙泉行政校	25.0000	10.0000	5.0000	0.0000	130	30	0	0	0	0.00
独立使用	25.0000	10.0000	5.0000	0.0000	30	30	0	0	0	0.00
共同使用	0.0000	0.0000	0.0000	0.0000	100	0	0	0	0	0.00
四川电大直属学院成都市继续教育中心	20.0000	20.0000	0.0000	0.0000	48	48	0	18	12	0.00
独立使用	20.0000	20.0000	0.0000	0.0000	48	48	0	12	12	0.00
共同使用	0.0000	0.0000	0.0000	0.0000	0	0	0	6	0	0.00
四川电大直属学院成都市就业训练中心	98.0000	0.0000	8.0000	0.0000	60	50	10	0	0	0.00
独立使用	98.0000	0.0000	8.0000	0.0000	60	50	10	0	0	0.00
遂宁应用技术职业学校教学点	3013.0000	653.0000	28.5000	9.2000	699	649	0	60	5	99789.00
独立使用	3013.0000	653.0000	28.5000	9.2000	699	649	0	60	5	99789.00
凉山广播电视大学宁南工作站	62.7000	30.4000	32.3000	0.7400	45	45	5	0	0	0.00
独立使用	62.7000	30.4000	32.3000	0.7400	45	45	5	0	0	0.00
凉山广播电视大学昭觉工作站	120.0000	80.0000	10.0000	0.0600	40	35	0	5	1	1050.00
独立使用	0.0000	0.0000	0.0000	0.0000	0	0	0	5	1	1050.00
共同使用	120.0000	80.0000	10.0000	0.0600	40	35	0	0	0	0.00
凉山广播电视大学甘洛工作站	150.0000	22.0000	56.0000	2.1000	35	21	0	4	1	4000.00
独立使用	150.0000	22.0000	56.0000	2.1000	35	21	0	4	1	4000.00
西昌市教师进修学校	153.0000	75.0000	15.0000	6.3000	105	90	0	9	1	3117.00
独立使用	153.0000	75.0000	15.0000	6.3000	105	90	0	9	1	3117.00
德昌县委党校	32.0000	11.0000	8.7000	0.1000	29	29	0	4	3	1786.00
独立使用	32.0000	11.0000	8.7000	0.1000	29	29	0	4	3	1786.00
四川戴氏教育有限公司	40.9000	0.0000	0.0000	1.4000	60	60	0	0	0	0.00
独立使用	28.3500	0.0000	0.0000	0.2000	20	20	0	0	0	0.00
共同使用	12.5500	0.0000	0.0000	1.2000	40	40	0	0	0	0.00
遂宁市行政学院	90.0000	35.0000	55.0000	39.0000	135	135	25	12	4	14498.00
共同使用	90.0000	35.0000	55.0000	39.0000	135	135	25	12	4	14498.00
四川电大水电工程学院	266.3500	71.3500	0.0000	0.0000	132	132	0	6	2	362.00
独立使用	266.3500	71.3500	0.0000	0.0000	132	132	0	6	2	362.00
四川省级机关电大直属部	2281.0000	415.0000	186.0000	5.3000	310	178	0	23	10	10666.00
独立使用	0.0000	0.0000	0.0000	0.0000	35	0	0	0	0	0.00
共同使用	2281.0000	415.0000	186.0000	5.3000	275	178	0	23	10	10666.00
四川省级机关电大高新教学点	90000.0000	72000.0000	2000.0000	0.0000	30	30	0	0	0	0.00
独立使用	90000.0000	72000.0000	2000.0000	0.0000	30	30	0	0	0	0.00
四川省级机关电大政治学院	0.0000	0.0000	0.0000	0.0000	5	4	1	0	0	0.00
独立使用	0.0000	0.0000	0.0000	0.0000	5	4	1	0	0	0.00

4.1 学校产权资产情况(续表75)

	固定资产总值(万元)			图书(万册)	计算机(台)			教室(间)		占地面积(平方米)
	计	其中:教学、科研仪器设备资产值	其中:信息化设备资产值		计	其中:教学用计算机 计	其中:平板电脑	计	其中:网络多媒体教室	
成都铁路局电大直属部	137.0000	100.0000	2.0000	1.0000	130	95	0	0	0	0.00
独立使用	137.0000	100.0000	2.0000	1.0000	130	95	0	0	0	0.00
德阳广播电视大学直属部	2356.5500	992.5400	139.4000	8.7450	490	405	0	68	18	26510.00
共同使用	2356.5500	992.5400	139.4000	8.7450	490	405	0	68	18	26510.00
德阳广播电视大学什邡市电大工作管理站	155.0000	65.0000	14.0000	2.0000	100	95	0	8	2	2640.00
独立使用	155.0000	65.0000	14.0000	2.0000	100	95	0	8	2	2640.00
德阳广播电视大学广汉工作站	108.0000	70.0000	35.0000	0.2000	50	42	0	20	1	3300.00
独立使用	108.0000	70.0000	35.0000	0.2000	50	42	0	20	1	3300.00
德阳广播电视大学绵竹工作站	110.0000	70.0000	35.0000	0.0000	47	42	0	20	1	3300.00
独立使用	110.0000	70.0000	35.0000	0.0000	47	42	0	20	1	3300.00
德阳广播电视大学中江分校	413.2000	108.2000	101.0000	18.0000	254	249	0	7	3	7593.00
独立使用	413.2000	108.2000	101.0000	18.0000	254	249	0	7	3	7593.00
德阳广播电视大学罗江工作站	285.0000	103.0000	10.0000	5.0000	160	130	3	30	2	560.00
独立使用	285.0000	103.0000	10.0000	5.0000	160	130	3	30	2	560.00
德阳广播电视大学旌阳工作站	155.0000	55.0000	32.0000	3.5000	110	80	0	10	4	3000.00
独立使用	155.0000	55.0000	32.0000	0.0000	0	0	0	0	0	0.00
共同使用	0.0000	0.0000	0.0000	3.5000	110	80	0	10	4	3000.00
绵阳广播电视大学直属部	5276.2798	679.6520	281.4200	2.5522	431	431	0	66	34	13333.00
独立使用	5276.2798	679.6520	281.4200	2.5522	431	431	0	66	34	13333.00
绵阳广播电视大学江油分校	1430.0000	147.0000	30.0000	2.0000	200	150	30	11	3	14400.00
独立使用	1430.0000	147.0000	30.0000	2.0000	200	150	30	11	3	14400.00
绵阳广播电视大学三台分校	1800.0000	560.0000	8.0000	4.7800	180	130	0	20	1	13256.00
独立使用	1800.0000	560.0000	8.0000	2.7800	180	130	0	20	1	13256.00
共同使用	0.0000	0.0000	0.0000	2.0000	0	0	0	0	0	0.00
绵阳广播电视大学盐亭分校	3000.0000	1000.0000	200.0000	3.5000	350	300	0	60	3	56400.00
独立使用	0.0000	0.0000	0.0000	0.0000	0	0	0	6	0	400.00
共同使用	3000.0000	1000.0000	200.0000	3.5000	350	300	0	54	3	56000.00
绵阳电大梓潼直属分校	17.0000	11.0000	5.0000	1.0000	65	55	8	0	0	0.00
独立使用	15.0000	10.0000	5.0000	1.0000	65	55	8	0	0	0.00
共同使用	2.0000	1.0000	0.0000	0.0000	0	0	0	0	0	0.00
安县职业中专学校	20.0000	20.0000	0.0000	1.0000	200	0	0	30	5	66000.00
共同使用	20.0000	20.0000	0.0000	1.0000	200	0	0	30	5	66000.00
广元广播电视大学直属部	318.0000	215.0000	103.0000	0.8000	377	304	0	16	7	7200.00
独立使用	318.0000	215.0000	103.0000	0.8000	377	304	0	16	7	7200.00
广元广播电视大学剑阁分校	155.0000	150.0000	5.0000	2.0000	150	100	50	20	4	7800.00
独立使用	155.0000	150.0000	5.0000	2.0000	150	100	50	20	4	7800.00
广元广播电视大学旺苍工作站	2000.0000	20.0000	5.2000	0.2000	60	60	60	2	2	3600.00
独立使用	1000.0000	10.0000	2.6000	0.0800	40	40	40	2	2	1800.00
共同使用	1000.0000	10.0000	2.6000	0.1200	20	20	20	0	0	1800.00
广元广播电视大学苍溪分校	1999.0000	85.0000	50.0000	2.0000	120	0	0	8	1	15207.00
独立使用	1999.0000	85.0000	50.0000	2.0000	120	0	0	8	1	15207.00
遂宁广播电视大学蓬溪工作站	320.4300	266.8500	8.0000	3.3000	28	17	0	12	2	4662.00
独立使用	320.4300	266.8500	8.0000	3.3000	28	17	0	12	2	4662.00

4.1 学校产权资产情况(续表76)

	固定资产总值(万元)			图书(万册)	计算机(台)			教室(间)		占地面积(平方米)
	计	其中:教学、科研仪器设备资产值	其中:信息化设备资产值		计	其中:教学用计算机 计	其中:平板电脑	计	其中:网络多媒体教室	
遂宁广播电视大学大英分校	25.0000	15.0000	10.0000	1.9000	50	37	0	22	2	6890.00
独立使用	25.0000	15.0000	10.0000	1.9000	50	37	0	22	2	6890.00
遂宁广播电视大学射洪分校	143.0000	82.0000	39.0000	3.0000	90	0	0	12	2	4978.00
独立使用	143.0000	82.0000	39.0000	3.0000	90	0	0	12	2	4978.00
雅安广播电视大学直属部	390.0000	1.2500	0.0000	0.0000	150	120	120	22	4	0.00
独立使用	390.0000	1.2500	0.0000	0.0000	150	120	120	22	4	0.00
乐山广播电视大学直属部	235.0000	45.0000	0.0000	2.6000	650	400	0	18	8	19659.00
独立使用	235.0000	45.0000	0.0000	1.2000	650	400	0	18	8	9559.00
共同使用	0.0000	0.0000	0.0000	1.4000	0	0	0	0	0	10100.00
乐山广播电视大学五通分校	35.0000	5.0000	1.0000	0.0000	6	5	1	0	0	0.00
独立使用	6.0000	5.0000	1.0000	0.0000	6	5	1	0	0	0.00
共同使用	29.0000	0.0000	0.0000	0.0000	0	0	0	0	0	0.00
乐山广播电视大学井研分校	205.0000	155.0000	6.0000	0.5000	30	1	0	4	2	472.00
独立使用	205.0000	155.0000	6.0000	0.5000	30	1	0	4	2	472.00
乐山广播电视大学夹江分校	35.0000	5.0000	1.0000	0.0000	6	5	1	0	0	0.00
独立使用	6.0000	5.0000	1.0000	0.0000	6	5	1	0	0	0.00
共同使用	29.0000	0.0000	0.0000	0.0000	0	0	0	0	0	0.00
乐山广播电视大学犍为分校	87.6200	52.0400	22.5600	0.2000	50	45	0	7	1	3330.00
独立使用	87.6200	52.0400	22.5600	0.2000	50	45	0	4	1	0.00
共同使用	0.0000	0.0000	0.0000	0.0000	0	0	0	3	0	3330.00
乐山广播电视大学峨眉分校	59.0000	48.0000	10.0000	0.5000	50	41	0	0	0	0.00
独立使用	59.0000	48.0000	10.0000	0.5000	50	41	0	0	0	0.00
内江广播电视大学直属部	880.0000	126.0000	119.0000	1.5000	290	240	0	26	5	6072.00
独立使用	880.0000	126.0000	119.0000	1.5000	290	240	0	26	5	6072.00
内江广播电视大学隆昌分校	900.0000	300.0000	50.0000	1.2000	60	45	0	20	2	9179.00
独立使用	900.0000	300.0000	50.0000	1.2000	60	45	0	20	2	9179.00
自贡广播电视大学直属部	1223.0000	56.0000	547.6000	5.5000	380	325	0	26	13	30958.00
独立使用	1223.0000	56.0000	547.6000	5.5000	380	325	0	26	13	30958.00
自贡电视广播大学荣县分校	298.0000	26.0000	75.0000	1.1000	125	105	0	18	4	9607.00
独立使用	298.0000	26.0000	75.0000	1.1000	125	105	0	18	4	9607.00
自贡广播电视大学富顺分校	39.0000	39.0000	0.0000	1.0000	120	80	10	18	2	3939.00
独立使用	39.0000	39.0000	0.0000	1.0000	120	80	10	18	2	3939.00
宜宾广播电视大学直属部	2531.0000	200.0000	500.0000	2.0000	300	240	10	50	10	14522.00
独立使用	2531.0000	200.0000	500.0000	2.0000	300	240	10	50	10	14522.00
宜宾广播电视大学南溪工作站	51.6000	3.2000	47.8000	0.4669	128	98	0	7	5	0.00
独立使用	51.6000	3.2000	47.8000	0.4669	128	98	0	7	5	0.00
宜宾广播电视大学珙县工作站	500.0000	22.0000	2.0000	1.0000	70	50	0	5	0	3000.00
独立使用	500.0000	22.0000	2.0000	1.0000	70	50	0	5	0	3000.00
宜宾广播电视大学长宁工作站	21320.0000	2280.0000	1200.0000	2.1000	554	500	450	55	55	92400.00
独立使用	320.0000	280.0000	0.0000	0.0000	54	50	50	0	0	0.00
共同使用	21000.0000	2000.0000	1200.0000	2.1000	500	450	400	55	55	92400.00
宜宾广播电视大学筠连工作站	1645.0000	70.0000	30.0000	5.0000	112	110	2	22	0	9539.00
独立使用	1435.0000	60.0000	20.0000	3.0000	82	80	2	12	0	4339.00

4.1 学校产权资产情况(续表 77)

	固定资产总值(万元)			图书(万册)	计算机(台)			教室(间)		占地面积(平方米)
	计	其中:教学、科研仪器设备资产值	其中:信息化设备资产值		计	其中:教学用计算机		计	其中:网络多媒体教室	
						计	其中:平板电脑			
共同使用	210.0000	10.0000	10.0000	2.0000	30	30	0	10	0	5200.00
宜宾广播电视大学屏山县工作站	60.0000	25.0000	10.0000	0.0000	40	20	0	6	2	3000.00
独立使用	30.0000	20.0000	5.0000	0.0000	20	20	0	5	1	0.00
共同使用	30.0000	5.0000	5.0000	0.0000	20	0	0	1	1	3000.00
宜宾广播电视大学高县工作站	134.0000	15.0000	20.0000	0.0000	20	20	0	5	2	3183.00
独立使用	134.0000	15.0000	20.0000	0.0000	20	20	0	5	2	3183.00
宜宾广播电视大学宜宾县电大工作站	1580.0000	120.0000	80.0000	2.1000	120	80	60	6	2	2000.00
独立使用	1580.0000	120.0000	80.0000	2.1000	120	80	60	6	2	2000.00
泸州广播电视大学直属部	1307.0000	391.4500	33.4500	5.1000	277	204	0	35	4	52068.00
独立使用	1307.0000	391.4500	33.4500	5.1000	277	204	0	35	4	52068.00
泸州广播电视大学泸县工作站	790.0000	66.0000	38.0000	2.5000	168	122	80	12	6	6848.00
独立使用	790.0000	66.0000	38.0000	2.5000	168	122	80	12	6	6848.00
泸州广播电视大学古蔺工作站	247.0000	0.0000	0.0000	2.0000	118	0	0	4	2	8114.00
共同使用	247.0000	0.0000	0.0000	2.0000	118	0	0	4	2	8114.00
泸州广播电视大学叙永工作站	435.0000	10.0000	363.0000	3.0000	120	70	70	15	2	4798.00
共同使用	435.0000	10.0000	363.0000	3.0000	120	70	70	15	2	4798.00
泸州广播电视大学龙马潭工作站	28.9000	9.9000	9.0000	3.5000	22	20	0	11	3	3000.00
独立使用	28.9000	9.9000	9.0000	3.5000	22	20	0	11	3	3000.00
泸州广播电视大学纳溪工作站	28.8000	0.0000	6.8000	1.8000	158	112	2	10	0	9990.00
独立使用	0.0000	0.0000	0.0000	0.0000	108	106	2	0	0	0.00
共同使用	28.8000	0.0000	6.8000	1.8000	50	6	0	10	0	9990.00
泸州市合江少岷职业高中	175.6500	36.7700	11.8000	0.0000	67	48	0	30	3	8500.00
独立使用	175.6500	36.7700	11.8000	0.0000	67	48	0	30	3	8500.00
南充广播电视大学直属部	1988.1600	222.5900	240.0000	5.0000	366	103	0	53	11	12139.00
独立使用	1988.1600	222.5900	240.0000	5.0000	366	103	0	53	11	12139.00
南充广播电视大学高坪工作站	3.0000	2.0000	1.0000	0.8000	4	0	0	0	0	0.00
独立使用	3.0000	2.0000	1.0000	0.8000	4	0	0	0	0	0.00
南充广播电视大学南部工作站	100.0000	20.0000	10.0000	2.0000	50	50	0	8	2	1700.00
独立使用	50.0000	10.0000	5.0000	1.0000	25	25	0	4	1	1500.00
共同使用	50.0000	10.0000	5.0000	1.0000	25	25	0	4	1	200.00
南充广播电视大学西充分校	2200.0000	9.0000	100.0000	1.8000	175	175	0	12	1	9000.00
独立使用	2200.0000	9.0000	100.0000	1.8000	175	175	0	12	1	9000.00
南充广播电视大学仪陇电大分校	500.0000	350.0000	80.0000	5.0000	100	80	0	8	2	1200.00
独立使用	500.0000	350.0000	80.0000	5.0000	100	80	0	8	2	1200.00
达州广播电视大学直属部	5503.0000	831.0000	350.0000	4.1500	457	385	2	13	12	42081.00
共同使用	5503.0000	831.0000	350.0000	4.1500	457	385	2	13	12	42081.00
达州广播电视大学渠县工作站	35.8000	8.5000	0.2000	0.5200	42	42	0	8	2	791.00
独立使用	35.8000	8.5000	0.2000	0.5200	42	42	0	8	2	791.00
四川广播电视大学开江分校	21.0000	16.0000	5.0000	3.1000	50	40	3	9	5	21334.00
独立使用	0.0000	0.0000	0.0000	0.0000	0	0	0	0	0	10667.00
共同使用	21.0000	16.0000	5.0000	3.1000	50	40	3	9	5	10667.00
达州广播电视大学大竹工作站	523.0000	60.0000	0.0000	1.5000	85	51	1	20	2	9816.00
共同使用	523.0000	60.0000	0.0000	1.5000	85	51	1	20	2	9816.00

4.1 学校产权资产情况(续表78)

	固定资产总值(万元)			图书(万册)	计算机(台)			教室(间)		占地面积(平方米)
	计	其中:教学、科研仪器设备资产值	其中:信息化设备资产值		计	其中:教学用计算机 计	其中:平板电脑	计	其中:网络多媒体教室	
达州广播电视大学万源工作站	5000.0000	600.0000	500.0000	5.0000	120	85	15	35	18	20000.00
独立使用	3000.0000	500.0000	400.0000	4.0000	100	85	15	15	15	12000.00
共同使用	2000.0000	100.0000	100.0000	1.0000	20	0	0	20	3	8000.00
达州广播电视大学宣汉分校	38.5000	38.5000	0.0000	0.3500	30	30	30	2	2	765.00
独立使用	38.5000	38.5000	0.0000	0.3500	30	30	30	2	2	765.00
达州广播电视大学达县分校	100.0000	52.0000	48.0000	1.6000	25	25	0	7	2	1500.00
共同使用	100.0000	52.0000	48.0000	1.6000	25	25	0	7	2	1500.00
阿坝广播电视大学直属部	514.0000	514.0000	0.0000	0.2000	250	230	0	11	3	6552.00
独立使用	514.0000	514.0000	0.0000	0.2000	250	230	0	11	3	6552.00
甘孜广播电视大学直属部	7500.0000	800.0000	200.0000	5.0000	257	147	0	30	15	13330.00
共同使用	7500.0000	800.0000	200.0000	5.0000	257	147	0	30	15	13330.00
金阳县教师进修校	130.0000	26.5000	25.0000	1.0000	124	115	6	6	2	2784.00
独立使用	130.0000	26.5000	25.0000	1.0000	124	115	6	6	2	2784.00
攀枝花广播电视大学直属部	2087.8806	302.9325	306.5188	5.0000	288	244	3	30	9	14667.00
独立使用	2087.8806	302.9325	306.5188	5.0000	288	244	3	30	9	14667.00
巴中广播电视大学直属部	637.7800	600.0000	37.7800	0.8000	270	240	3	8	8	10384.00
独立使用	637.7800	600.0000	37.7800	0.8000	270	240	3	8	8	10384.00
巴中广播电视大学平昌分校	90.0000	57.0000	33.0000	0.0500	52	32	0	0	0	0.00
独立使用	90.0000	57.0000	33.0000	0.0500	52	32	0	0	0	0.00
巴中广播电视大学通江工作站	0.0000	0.0000	0.0000	1.2000	20	10	0	6	0	358.00
独立使用	0.0000	0.0000	0.0000	1.2000	20	10	0	6	0	358.00
巴中广播电视大学南江工作站	125.0000	120.0000	5.0000	1.4000	76	60	0	0	0	1200.00
独立使用	125.0000	120.0000	5.0000	0.8000	75	60	0	0	0	1200.00
共同使用	0.0000	0.0000	0.0000	0.6000	1	0	0	0	0	0.00
广安广播电视大学直属部	1600.0000	180.0000	20.0000	2.5000	134	114	0	36	2	8594.00
独立使用	1600.0000	180.0000	20.0000	2.5000	134	114	0	36	2	8594.00
广安广播电视大学岳池工作站	1850.0000	79.0000	62.5000	0.8500	150	130	20	30	6	5795.00
独立使用	1850.0000	79.0000	62.5000	0.8500	150	130	20	30	6	5795.00
广安广播电视大学武胜教师进修校	247.0000	26.0000	20.0000	1.2000	79	74	5	12	1	9568.00
独立使用	247.0000	26.0000	20.0000	1.2000	79	74	5	12	1	9568.00
广安广播电视大学邻水分校	300.0000	55.0000	22.0000	0.5000	60	0	0	10	2	3350.00
独立使用	300.0000	55.0000	22.0000	0.5000	60	0	0	10	2	3350.00
建设厅广播电视大学直属部	130.0000	53.2000	23.0000	12.0000	120	120	10	50	5	900.00
独立使用	130.0000	53.2000	23.0000	12.0000	120	120	10	32	5	900.00
共同使用	0.0000	0.0000	0.0000	0.0000	0	0	0	18	0	0.00
建设厅广播电视大学泸州市规划局职工培训中心	100.0000	10.0000	0.0000	0.0000	15	15	0	10	1	720.00
独立使用	100.0000	10.0000	0.0000	0.0000	15	15	0	10	1	720.00
建设厅广播电视大学达州市建设局培训中心	300.2100	273.2100	27.0000	0.2000	76	76	2	14	4	2535.19
独立使用	300.2100	273.2100	27.0000	0.2000	0	0	0	0	0	2535.19
共同使用	0.0000	0.0000	0.0000	0.0000	76	76	2	14	4	0.00
建设厅广播电视大学宜宾市建设局教育培训中心	9.0000	6.0000	3.0000	0.5000	20	20	3	12	0	500.00
独立使用	9.0000	6.0000	3.0000	0.5000	20	20	3	12	0	500.00
建设厅广播电视大学资阳市建业职工培训中心	9.7000	8.5000	1.2000	0.0300	15	15	0	4	1	1314.50

4.1 学校产权资产情况(续表 79)

	固定资产总值(万元)			图书(万册)	计算机(台)			教室(间)		占地面积(平方米)
	计	其中:教学、科研仪器设备资产值	其中:信息化设备资产值		计	其中:教学用计算机		计	其中:网络多媒体教室	
						计	其中:平板电脑			
独立使用	9.7000	8.5000	1.2000	0.0300	15	15	0	4	1	1314.50
建设厅广播电视大学内江建设局培训中心	78.0000	50.0000	28.0000	0.0000	20	17	0	0	0	0.00
共同使用	78.0000	50.0000	28.0000	0.0000	20	17	0	0	0	0.00
建设厅广播电视大学德阳建设培训学校	44.0000	44.0000	0.0000	0.2000	86	86	0	9	4	8495.00
独立使用	44.0000	44.0000	0.0000	0.2000	86	86	0	9	4	8495.00
建设厅广播电视大学四川省工业设备安装技工学校	9.7000	8.5000	1.2000	0.3000	15	15	0	4	1	1314.50
独立使用	9.7000	8.5000	1.2000	0.3000	15	15	0	4	1	1314.50
建设厅广播电视大学南充教学部	0.0000	0.0000	0.0000	0.0800	40	40	0	8	2	50.00
独立使用	0.0000	0.0000	0.0000	0.0800	40	40	0	0	0	50.00
共同使用	0.0000	0.0000	0.0000	0.0000	0	0	0	8	2	0.00
金堂县建筑业协会	17.0000	15.0000	2.0000	0.5000	46	26	20	6	2	250.00
独立使用	17.0000	15.0000	2.0000	0.5000	46	26	20	6	2	250.00
建设厅广播电视大学眉山市规划建设局培训中心	300.0000	20.0000	50.0000	0.0000	35	30	2	2	1	120.00
独立使用	300.0000	20.0000	50.0000	0.0000	35	30	2	2	1	60.00
共同使用	0.0000	0.0000	0.0000	0.0000	0	0	0	0	0	60.00
眉山广播电视大学直属部	609.0000	99.0000	97.0000	2.1300	145	110	0	16	4	6000.00
独立使用	504.5000	54.5000	90.5000	2.0100	125	110	0	16	4	4000.00
共同使用	104.5000	44.5000	6.5000	0.1200	20	0	0	0	0	2000.00
眉山广播电视大学仁寿分校	47.0000	32.0000	15.0000	0.0000	50	41	0	15	1	6000.00
独立使用	47.0000	32.0000	15.0000	0.0000	50	41	0	15	1	3000.00
共同使用	0.0000	0.0000	0.0000	0.0000	0	0	0	0	0	3000.00
眉山广播电视大学丹棱分校	5.0000	4.0000	1.0000	2.0000	10	5	0	0	0	0.00
独立使用	5.0000	4.0000	1.0000	2.0000	10	5	0	0	0	0.00
眉山广播电视大学彭山分校	1500.0000	800.0000	170.0000	8.0000	180	167	4	5	5	1700.00
独立使用	500.0000	200.0000	50.0000	3.0000	60	47	4	2	2	500.00
共同使用	1000.0000	600.0000	120.0000	5.0000	120	120	0	3	3	1200.00
眉山广播电视大学青神分校	64.0000	4.0000	22.5000	0.1000	39	39	0	4	1	3275.00
独立使用	64.0000	4.0000	22.5000	0.1000	39	39	0	4	1	3275.00
眉山广播电视大学洪雅教师进修校	210.0000	100.0000	110.0000	5.0000	62	50	0	6	1	2100.00
独立使用	210.0000	100.0000	110.0000	5.0000	62	50	0	6	1	2100.00
眉山广播电视大学眉山东坡区教师进修校	620.0000	220.0000	400.0000	1.8000	510	490	0	40	20	46933.00
共同使用	620.0000	220.0000	400.0000	1.8000	510	490	0	40	20	46933.00
资阳广播电视大学直属部	301.0000	39.0000	135.0000	0.0300	230	170	0	29	9	18781.00
独立使用	301.0000	39.0000	135.0000	0.0300	230	170	0	29	9	18781.00
资阳广播电视大学简阳分校	50.0000	25.0000	25.0000	1.0000	60	50	0	6	0	3300.00
独立使用	50.0000	25.0000	25.0000	1.0000	60	50	0	6	0	3300.00
资阳广播电视大学安岳工作站	20.0000	15.0000	3.0000	0.3000	34	30	0	7	1	600.00
独立使用	20.0000	15.0000	3.0000	0.3000	34	30	0	7	1	600.00
资阳广播电视大学乐至工作站	585.0000	418.0000	167.0000	3.0000	125	100	0	21	4	0.00
共同使用	585.0000	418.0000	167.0000	3.0000	125	100	0	21	4	0.00
墨池分校直属部	160.4500	63.2500	56.3500	0.5000	105	100	5	15	2	1224.00
独立使用	160.4500	63.2500	56.3500	0.5000	105	100	5	15	2	1224.00
四川电大直属部	1004.6100	332.7000	236.5400	0.0000	378	378	0	62	15	3144.00

4.1 学校产权资产情况(续表80)

	固定资产总值(万元)			图书(万册)	计算机(台)			教室(间)		占地面积(平方米)
	计	其中:教学、科研仪器设备资产值	其中:信息化设备资产值		计	其中:教学用计算机 计	其中:平板电脑	计	其中:网络多媒体教室	
独立使用	172.4500	28.0800	18.5000	0.0000	68	68	0	8	2	1135.00
共同使用	832.1600	304.6200	218.0400	0.0000	310	310	0	54	13	2009.00
都江堰分校直属部	69.9500	28.5000	1.3500	0.9300	55	50	0	0	0	0.00
独立使用	69.9500	28.5000	1.3500	0.9300	55	50	0	0	0	0.00
成都	**42867.5999**	**7993.5200**	**1119.0000**	**51.9900**	**4344**	**3421**	**84**	**962**	**648**	**130579.48**
独立使用	42267.5999	7593.5200	919.0000	38.8900	3854	3031	84	954	645	114704.48
共同使用	600.0000	400.0000	200.0000	13.1000	490	390	0	8	3	15875.00
成都广播电视大学	3787.1699	2017.9000	0.0000	9.2200	962	762	31	130	10	12587.48
独立使用	3787.1699	2017.9000	0.0000	9.2200	962	762	31	130	10	12587.48
成都电大龙泉分校	0.0000	0.0000	0.0000	0.0000	150	计	0	26	2	0.00
独立使用	0.0000	0.0000	0.0000	0.0000	70	70	0	26	2	0.00
共同使用	0.0000	0.0000	0.0000	0.0000	80	0	0	0	0	0.00
成都电大彭州分校	301.0000	86.0000	30.0000	1.3600	80	50	0	0	0	0.00
独立使用	301.0000	86.0000	30.0000	1.3600	60	50	0	0	0	0.00
共同使用	0.0000	0.0000	0.0000	0.0000	20	0	0	0	0	0.00
成都广播电视大学新都分校	164.4000	63.7200	60.0000	0.6700	100	90	0	8	4	2743.00
独立使用	164.4000	63.7200	60.0000	0.6700	100	90	0	8	4	2743.00
成都电大崇州分校	461.0000	291.0000	100.0000	4.0000	103	70	0	15	2	4230.00
独立使用	461.0000	291.0000	100.0000	4.0000	103	70	0	15	2	4230.00
成都电大邛崃分校	36000.0000	4600.0000	500.0000	0.0000	1000	700	0	80	80	57000.00
独立使用	36000.0000	4600.0000	500.0000	0.0000	1000	700	0	80	80	57000.00
成都电大郫县分校	360.0000	65.0000	58.0000	1.3000	138	100	0	16	1	5779.00
独立使用	360.0000	65.0000	58.0000	1.3000	138	100	0	16	1	5779.00
成都电大温江分校	600.0000	400.0000	200.0000	2.0000	150	150	0	6	3	2260.00
共同使用	600.0000	400.0000	200.0000	2.0000	150	150	0	6	3	2260.00
成都电大直属学院	50.0000	40.0000	0.0000	1.0000	40	30	10	10	10	500.00
独立使用	50.0000	40.0000	0.0000	1.0000	40	30	10	10	10	400.00
共同使用	0.0000	0.0000	0.0000	0.0000	0	0	0	0	0	100.00
成都电大直属城西学院	5.4000	5.0000	0.0000	0.0000	12	11	0	0	0	0.00
独立使用	5.4000	5.0000	0.0000	0.0000	12	11	0	0	0	0.00
成都电大直属城北学院	40.0000	0.0000	0.0000	3.0000	100	90	10	15	3	450.00
独立使用	40.0000	0.0000	0.0000	3.0000	100	90	10	15	3	450.00
成都电大直属城中教学点	50.0000	36.0000	0.0000	0.0000	68	55	0	5	1	1000.00
独立使用	50.0000	36.0000	0.0000	0.0000	68	55	0	5	1	600.00
共同使用	0.0000	0.0000	0.0000	0.0000	0	0	0	0	0	400.00
成都电大直属城东教学点	0.0000	0.0000	0.0000	10.0000	327	327	0	37	3	7796.00
独立使用	0.0000	0.0000	0.0000	0.0000	87	87	0	35	3	381.00
共同使用	0.0000	0.0000	0.0000	10.0000	240	240	0	2	0	7415.00
成都电大富士康教学点	50.0000	40.0000	0.0000	1.0000	40	30	10	10	10	500.00
独立使用	50.0000	40.0000	0.0000	1.0000	40	30	10	10	10	400.00
共同使用	0.0000	0.0000	0.0000	0.0000	0	0	0	0	0	100.00
成都电大青羊分校	314.0000	113.0000	23.0000	1.1400	83	60	0	11	2	5600.00
独立使用	314.0000	113.0000	23.0000	1.1400	83	60	0	11	2	0.00

4.1 学校产权资产情况(续表 81)

	固定资产总值(万元)			图书(万册)	计算机(台)			教室(间)		占地面积(平方米)
	计	其中:教学、科研仪器设备资产值	其中:信息化设备资产值		计	其中:教学用计算机 计	其中:平板电脑	计	其中:网络多媒体教室	
共同使用	0.0000	0.0000	0.0000	0.0000	0	0	0	0	0	5600.00
青白江	0.0000	0.0000	0.0000	0.0000	59	0	0	0	0	0.00
独立使用	0.0000	0.0000	0.0000	0.0000	59	0	0	0	0	0.00
成都电大新津分校	215.0000	120.0000	55.0000	0.7500	124	89	0	12	3	2700.00
独立使用	215.0000	120.0000	55.0000	0.7500	124	89	0	12	3	2700.00
成都电大蒲江分校	0.0000	0.0000	0.0000	4.6000	280	260	0	30	4	0.00
独立使用	0.0000	0.0000	0.0000	4.6000	280	260	0	30	4	0.00
成都电大金堂分校	138.0000	37.0000	37.0000	1.2000	80	80	0	15	2	6696.00
独立使用	138.0000	37.0000	37.0000	1.2000	80	80	0	15	2	6696.00
成都广播电视大学五冶分校	198.0000	13.0000	50.0000	3.3300	39	39	0	10	2	6336.00
独立使用	198.0000	13.0000	50.0000	3.3300	39	39	0	10	2	6336.00
成都市建设学校	0.0000	0.0000	0.0000	0.0000	200	180	10	2	2	12000.00
独立使用	0.0000	0.0000	0.0000	0.0000	200	180	10	2	2	12000.00
成都电大西越教学点	3.8300	2.1000	1.0000	0.3200	5	4	0	5	0	302.00
独立使用	3.8300	2.1000	1.0000	0.3200	5	4	0	5	0	302.00
成都电大旅游分校	4.8000	2.8000	2.0000	0.2000	6	5	1	0	0	0.00
独立使用	4.8000	2.8000	2.0000	0.2000	6	5	1	0	0	0.00
兴华学校	27.0000	25.0000	0.0000	2.8000	45	43	2	4	1	350.00
独立使用	27.0000	25.0000	0.0000	2.8000	45	43	2	4	1	350.00
成都市蒲公英艺术学校	40.0000	0.0000	0.0000	3.0000	100	90	10	15	3	450.00
独立使用	40.0000	0.0000	0.0000	3.0000	100	90	10	15	3	450.00
成都电大青年职业学校教学点	0.0000	0.0000	0.0000	0.0000	0	0	0	500	500	1300.00
独立使用	0.0000	0.0000	0.0000	0.0000	0	0	0	500	500	1300.00
成都电大信息管理学校	58.0000	36.0000	3.0000	1.1000	53	36	0	0	0	0.00
独立使用	58.0000	36.0000	3.0000	0.0000	53	36	0	0	0	0.00
共同使用	0.0000	0.0000	0.0000	1.1000	0	0	0	0	0	0.00
重庆	**146917.6315**	**23343.8051**	**11963.9208**	**123.6636**	**18767**	**12649**	**372**	**1324**	**742**	**1623286.96**
独立使用	127061.5815	21071.7351	10461.0908	110.4636	16804	11049	328	1179	658	1575419.21
共同使用	19856.0500	2272.0700	1502.8300	13.2000	1963	1600	44	145	84	47867.75
重庆广播电视大学	87163.3125	8747.4199	6246.9028	53.2176	6916	4040	26	472	301	893733.00
独立使用	87163.3125	8747.4199	6246.9028	53.2176	6916	4040	26	472	301	893733.00
渝中区电大分校	127.0000	28.0000	30.0000	0.7200	140	120	0	10	4	1030.00
独立使用	127.0000	28.0000	30.0000	0.7200	140	120	0	10	4	1030.00
重钢电大分校	1584.7100	605.2300	0.0000	0.8000	70	60	0	13	3	65962.00
独立使用	1584.7100	605.2300	0.0000	0.8000	70	60	0	13	3	65962.00
南岸区电大分校	740.0000	100.0000	5.0000	0.5000	160	140	0	35	15	3300.00
独立使用	740.0000	100.0000	5.0000	0.5000	160	140	0	35	15	3300.00
江津广播电视大学	3469.0000	554.0000	212.0000	2.7000	236	236	0	31	6	29763.00
独立使用	3469.0000	554.0000	212.0000	2.7000	236	236	0	31	6	29763.00
九龙坡电大分校	947.3600	231.5800	25.3600	0.6200	276	231	0	13	5	6269.00
独立使用	947.3600	231.5800	25.3600	0.6200	276	231	0	13	5	6269.00
江北区电大分校	2200.0000	1500.0000	700.0000	2.0000	240	240	0	30	10	12000.00
共同使用	2200.0000	1500.0000	700.0000	2.0000	240	240	0	30	10	12000.00

4.1 学校产权资产情况(续表82)

	固定资产总值(万元)			图书(万册)	计算机(台)			教室(间)		占地面积(平方米)
	计	其中:教学、科研仪器设备资产值	其中:信息化设备资产值		计	其中:教学用计算机 计	其中:平板电脑	计	其中:网络多媒体教室	
沙坪坝区电大分校	456.0000	292.0000	152.0000	4.0000	260	180	0	24	2	23800.00
独立使用	456.0000	292.0000	152.0000	4.0000	260	180	0	24	2	23800.00
永川市广播电视大学	3080.5500	353.0000	303.4700	2.1500	255	205	0	40	11	23303.00
独立使用	3080.5500	353.0000	303.4700	2.1500	255	205	0	40	11	23303.00
北碚电大工作站	662.0000	420.0000	242.0000	3.0000	170	170	0	2	2	7932.00
独立使用	662.0000	420.0000	242.0000	3.0000	170	170	0	2	2	7932.00
荣昌电大分校	1428.2200	1428.2200	0.0000	2.6000	300	250	50	32	8	16675.00
独立使用	1428.2200	1428.2200	0.0000	2.6000	300	250	50	32	8	16675.00
綦江县电大工作站	310.0000	283.0000	27.0000	2.3200	204	132	36	0	0	0.00
独立使用	310.0000	283.0000	27.0000	2.3200	204	132	36	0	0	0.00
大渡口区电大分校	229.0000	62.0000	57.0000	0.0900	150	150	0	6	6	1288.00
独立使用	229.0000	62.0000	57.0000	0.0900	150	150	0	6	6	1288.00
合川广播电视大学	737.0000	9.8500	228.0000	3.0000	180	180	12	21	4	6456.00
共同使用	737.0000	9.8500	228.0000	3.0000	180	180	12	21	4	6456.00
长寿区电大分校	446.1300	266.8300	178.1500	2.5000	183	163	0	35	14	14130.00
独立使用	446.1300	266.8300	178.1500	2.5000	183	163	0	35	14	14130.00
铜梁电大分校	1449.5000	762.0000	170.0000	4.3700	105	75	30	19	5	22000.00
独立使用	1449.5000	762.0000	170.0000	4.3700	75	45	0	19	5	22000.00
共同使用	0.0000	0.0000	0.0000	0.0000	30	30	30	0	0	0.00
渝北区电大分校	371.9000	13.2000	41.7000	0.0000	139	117	22	8	3	4667.00
独立使用	371.9000	13.2000	41.7000	0.0000	139	117	22	8	3	3488.00
共同使用	0.0000	0.0000	0.0000	0.0000	0	0	0	0	0	1179.00
潼南县电大工作站	1430.0000	430.0000	100.0000	2.4025	200	180	0	15	7	23687.00
独立使用	1430.0000	430.0000	100.0000	2.4025	200	180	0	15	7	23687.00
大足县电大工作站	599.0000	46.0000	248.0000	0.0000	130	104	4	0	0	0.00
独立使用	478.0000	23.0000	224.0000	0.0000	65	52	2	0	0	0.00
共同使用	121.0000	23.0000	24.0000	0.0000	65	52	2	0	0	0.00
巴南区电大分校	610.0000	0.0000	0.0000	2.0000	220	220	80	23	4	11236.00
独立使用	610.0000	0.0000	0.0000	2.0000	220	220	80	23	4	11236.00
璧山县电大分校	800.0000	80.0000	50.0000	2.0000	180	100	0	15	7	10060.00
共同使用	800.0000	80.0000	50.0000	2.0000	180	100	0	15	7	10060.00
经贸学院	9780.0000	3880.0000	200.0000	2.2010	3200	1500	0	160	160	153180.00
独立使用	9780.0000	3880.0000	200.0000	2.2010	3200	1500	0	160	160	153180.00
建筑工程学院	477.0500	72.7200	404.3300	0.2525	907	773	0	52	51	1738.75
独立使用	0.0000	0.0000	0.0000	0.2525	0	0	0	0	0	0.00
共同使用	477.0500	72.7200	404.3300	0.0000	907	773	0	52	51	1738.75
万州广播电视大学	967.4400	346.2300	275.1500	2.1500	374	314	0	24	13	46076.00
独立使用	967.4400	346.2300	275.1500	2.1500	374	314	0	24	13	46076.00
开县电大工作站	1466.0000	397.0000	30.0000	1.7500	301	231	0	23	4	8045.00
独立使用	1466.0000	397.0000	30.0000	1.7500	301	231	0	23	4	8045.00
巫山县电大分校	14650.0000	348.0000	38.0000	2.0000	311	219	0	28	12	134552.00
独立使用	0.0000	0.0000	0.0000	2.0000	311	219	0	28	12	134552.00
共同使用	14650.0000	348.0000	38.0000	0.0000	0	0	0	0	0	0.00

4.1 学校产权资产情况(续表83)

	固定资产总值(万元)			图书(万册)	计算机(台)			教室(间)		占地面积(平方米)
	计	其中:教学、科研仪器设备资产值	其中:信息化设备资产值		计	其中:教学用计算机		计	其中:网络多媒体教室	
						计	其中:平板电脑			
巫溪县电大工作站	63.0000	20.5000	25.5000	2.5000	66	43	0	11	1	4700.00
独立使用	0.0000	0.0000	0.0000	0.5000	43	43	0	0	0	0.00
共同使用	63.0000	20.5000	25.5000	2.0000	23	0	0	11	1	4700.00
奉节电大分校	487.5000	21.0000	155.0000	1.8000	250	250	10	0	0	0.00
独立使用	487.5000	21.0000	155.0000	1.8000	250	250	10	0	0	0.00
城口县电大工作站	143.0000	73.0000	70.0000	2.1000	120	120	0	5	1	1336.00
独立使用	143.0000	73.0000	70.0000	2.1000	120	120	0	5	1	1336.00
云阳县电大工作站	350.0000	300.0000	50.0000	0.0000	120	90	0	5	2	1534.00
独立使用	175.0000	150.0000	25.0000	0.0000	120	90	0	5	2	1534.00
共同使用	175.0000	150.0000	25.0000	0.0000	0	0	0	0	0	0.00
忠县电大工作站	110.0000	50.0000	60.0000	0.3000	70	50	12	0	0	0.00
独立使用	110.0000	50.0000	60.0000	0.3000	70	50	12	0	0	0.00
梁平县电大工作站	535.0000	210.0000	325.0000	2.4000	160	120	5	22	6	7126.00
独立使用	535.0000	210.0000	325.0000	2.4000	160	120	5	22	6	7126.00
涪陵广播电视大学	1051.0000	185.0000	220.0000	3.0000	250	200	0	25	15	13320.00
独立使用	1051.0000	185.0000	220.0000	3.0000	250	200	0	25	15	13320.00
南川区电大分校	95.0000	82.0000	3.5000	1.0000	170	120	0	0	0	0.00
独立使用	95.0000	82.0000	3.5000	1.0000	170	120	0	0	0	0.00
垫江县电大分校	342.0000	62.0000	2.0000	0.5000	150	150	0	11	5	16983.00
独立使用	342.0000	62.0000	2.0000	0.5000	150	150	0	11	5	16983.00
丰都县电大工作站	121.0000	1.5000	33.0000	1.5000	65	57	0	7	1	207.00
独立使用	121.0000	1.5000	33.0000	1.5000	65	57	0	7	1	207.00
武隆县电大分校	1097.0000	60.0000	87.0000	0.8100	170	130	0	2	0	612.00
独立使用	1097.0000	60.0000	87.0000	0.8100	170	130	0	2	0	612.00
黔江广播电视大学	1462.6072	220.0000	288.0000	0.0000	244	154	45	28	4	6655.00
独立使用	1462.6072	220.0000	288.0000	0.0000	244	154	45	28	4	6655.00
石柱县电大分校	633.0000	68.0000	8.0000	3.4000	170	140	0	16	11	11734.00
共同使用	633.0000	68.0000	8.0000	3.4000	170	140	0	16	11	11734.00
食品医药学院	546.6200	33.0000	10.0000	1.2000	168	85	0	13	12	8653.00
独立使用	546.6200	33.0000	10.0000	1.2000	0	0	0	13	12	8653.00
共同使用	0.0000	0.0000	0.0000	0.0000	168	85	0	0	0	0.00
酉阳县电大分校	905.0000	235.0000	100.0000	1.3200	105	100	0	4	2	18050.00
独立使用	905.0000	235.0000	100.0000	1.3200	105	100	0	4	2	18050.00
彭水县电大分校	76.5500	68.2500	8.3000	0.0000	230	180	0	0	0	0.00
独立使用	76.5500	68.2500	8.3000	0.0000	230	180	0	0	0	0.00
秀山电大分校	207.0000	59.0000	10.0000	1.5000	130	110	40	12	4	1600.00
独立使用	207.0000	59.0000	10.0000	0.7000	130	110	40	12	4	1600.00
共同使用	0.0000	0.0000	0.0000	0.8000	0	0	0	0	0	0.00
企业管理学院	2511.1819	339.2753	544.5580	0.9900	322	220	0	32	21	9894.21
独立使用	2511.1819	339.2753	544.5580	0.9900	322	220	0	32	21	9894.21
贵州	**320795.2496**	**52747.2044**	**15479.7031**	**406.0237**	**17642**	**12488**	**2342**	**2143**	**860**	**4998904.23**
独立使用	218694.6681	27710.4158	10196.4134	222.6037	10526	7045	235	1053	411	1789451.96
共同使用	102100.5815	25036.7886	5283.2897	183.4200	7116	5443	2107	1090	449	3209452.26

4.1 学校产权资产情况(续表 84)

	固定资产总值(万元)			图书(万册)	计算机(台)			教室(间)		占地面积(平方米)
	计	其中:教学、科研仪器设备资产值	其中:信息化设备资产值		计	其中:教学用计算机 计	其中:平板电脑	计	其中:网络多媒体教室	
贵州广播电视大学	74793.0547	8048.8477	7440.3584	35.0500	3158	2687	0	275	90	348135.00
独立使用	74793.0547	8048.8477	7440.3584	35.0500	3158	2687	0	275	90	348135.00
成人开放教育学院册亨县农中教学点	6700.0000	3100.0000	20.0000	2.5000	150	120	120	42	2	26141.00
独立使用	6700.0000	3100.0000	20.0000	2.5000	150	120	120	42	2	26141.00
成人开放教育学院六枝教育培训中心教学点	635.0000	125.0000	20.0000	0.9752	182	100	0	14	2	29200.00
独立使用	635.0000	125.0000	20.0000	0.9752	182	100	0	14	2	29200.00
贵州电大成人开放教育学院织金教学点	1658.0000	650.0000	45.0000	0.6000	38	30	0	5	3	15065.00
独立使用	0.0000	0.0000	0.0000	0.6000	38	30	0	5	3	0.00
共同使用	1658.0000	650.0000	45.0000	0.0000	0	0	0	0	0	15065.00
纳雍县进校教学点	4900.0000	2500.0000	18.0000	0.6000	65	50	0	21	6	150000.00
独立使用	4900.0000	2500.0000	18.0000	0.6000	65	50	0	21	6	150000.00
贵州电大成人开放教育学院兴仁职中教学点	3537.0000	1406.0000	0.0000	2.2690	238	238	0	59	52	79200.00
独立使用	3537.0000	1406.0000	0.0000	2.2690	238	238	0	59	52	79200.00
成人开放学院望谟职中学习中心	2946.3899	400.2500	0.0000	1.0000	351	351	0	84	23	45000.00
独立使用	2946.3899	400.2500	0.0000	1.0000	351	351	0	72	23	45000.00
共同使用	0.0000	0.0000	0.0000	0.0000	0	0	0	12	0	0.00
贵州电大成人开放学院丹寨教学点	8000.0000	5000.0000	34.0000	1.0000	50	31	3	1	1	4361.58
独立使用	8000.0000	5000.0000	34.0000	1.0000	50	31	3	1	1	4361.58
从江县委党校学习中心	439.0000	23.0000	8.0000	1.0000	34	32	2	10	5	7429.85
共同使用	439.0000	23.0000	8.0000	1.0000	34	32	2	10	5	7429.85
开阳职校学习中心	9500.0000	40.0000	10.0000	16.2117	338	0	0	2	2	85938.00
独立使用	9500.0000	40.0000	10.0000	16.2117	338	0	0	2	2	85938.00
贵州电大毕节直属学习中心	75000.0000	52.0000	0.0000	2.5000	723	560	45	16	6	305330.00
独立使用	75000.0000	52.0000	0.0000	2.5000	723	560	45	16	6	305330.00
贵州电大贵阳市分校	1298.7390	352.9000	0.0000	2.5600	302	248	0	27	15	3976.47
独立使用	1298.7390	352.9000	0.0000	2.5600	302	248	0	27	15	3976.47
贵州电大遵义市分校	540.9022	29.0292	495.1420	0.0000	226	226	0	18	14	1085.80
独立使用	540.9022	29.0292	495.1420	0.0000	226	226	0	18	14	1085.80
遵义分校湄潭县工作站	1400.0000	1200.0000	200.0000	10.0000	295	293	2	60	20	51511.00
独立使用	0.0000	0.0000	0.0000	0.0000	5	5	0	0	0	320.00
共同使用	1400.0000	1200.0000	200.0000	10.0000	290	288	2	60	20	51191.00
遵义分校务川县工作站	607.0000	600.0000	7.0000	3.0000	300	300	0	30	7	1100.00
独立使用	505.0000	500.0000	5.0000	1.0000	150	150	0	20	5	500.00
共同使用	102.0000	100.0000	2.0000	2.0000	150	150	0	10	2	600.00
遵义分校桐梓工作站	1368.2800	285.5100	0.0000	14.0000	346	306	306	75	75	140070.00
共同使用	1368.2800	285.5100	0.0000	14.0000	346	306	306	75	75	140070.00
遵义分校绥阳县工作站	2422.0000	1979.0000	443.0000	0.8000	818	153	6	51	4	20124.00
独立使用	0.0000	0.0000	0.0000	0.8000	0	0	0	0	0	0.00
共同使用	2422.0000	1979.0000	443.0000	0.0000	818	153	6	51	4	20124.00
贵州电大遵义分校道真县工作站	54.0000	40.0000	8.0000	2.0000	200	200	0	31	31	1707520.62
独立使用	40.0000	30.0000	4.0000	0.0000	50	50	0	1	1	0.00
共同使用	14.0000	10.0000	4.0000	2.0000	150	150	0	30	30	1707520.62
遵义分校赤天化工作站	13523.8604	1608.3600	429.1600	1.2000	645	515	479	77	58	14574.00

4.1 学校产权资产情况(续表85)

	固定资产总值(万元)			图书(万册)	计算机(台)			教室(间)		占地面积(平方米)
	计	其中:教学、科研仪器设备资产值	其中:信息化设备资产值		计	其中:教学用计算机 计	其中:平板电脑	计	其中:网络多媒体教室	
共同使用	13523.8604	1608.3600	429.1600	1.2000	645	515	479	77	58	14574.00
遵义分校仁怀市工作站	14407.0000	1790.0000	520.0000	2.0000	405	399	35	87	65	114000.00
共同使用	14407.0000	1790.0000	520.0000	2.0000	405	399	35	87	65	114000.00
遵义分校凤冈县工作站	30000.0000	2000.0000	1000.0000	2.0000	63	46	10	5	3	9000.00
共同使用	30000.0000	2000.0000	1000.0000	2.0000	63	46	10	5	3	9000.00
遵义分校正安县工作站	429.6800	91.5800	9.1200	2.1300	120	90	0	36	6	25000.00
独立使用	0.0000	0.0000	0.0000	0.0000	0	0	0	36	6	0.00
共同使用	429.6800	91.5800	9.1200	2.1300	120	90	0	0	0	25000.00
贵州电大遵义分校习水县工作站	5029.0000	952.0000	0.0000	2.0000	390	356	356	18	18	12700.00
共同使用	5029.0000	952.0000	0.0000	2.0000	390	356	356	18	18	12700.00
遵义分校余庆县工作站	14.0000	9.0000	0.0000	3.0000	900	0	0	58	8	37625.00
独立使用	6.0000	5.0000	0.0000	3.0000	900	0	0	50	5	37625.00
共同使用	8.0000	4.0000	0.0000	0.0000	0	0	0	8	3	0.00
遵义分校遵义县工作站	1000.0000	600.0000	400.0000	40.0000	400	0	0	16	8	250010.00
独立使用	500.0000	300.0000	200.0000	20.0000	200	0	0	8	4	10000.00
共同使用	500.0000	300.0000	200.0000	20.0000	200	0	0	8	4	240010.00
贵州电大安顺市分校	390.0000	98.0000	120.0000	3.1432	421	248	0	30	4	15300.32
独立使用	390.0000	98.0000	120.0000	3.1432	421	248	0	30	4	15300.32
贵州电大安顺市分校紫云县工作站	22.5000	22.5000	0.0000	1.0000	38	32	0	5	1	1000.00
独立使用	22.5000	22.5000	0.0000	1.0000	38	32	0	5	1	1000.00
安顺分校普定县工作站	380.0000	200.0000	100.0000	0.4500	213	213	0	25	20	1200.00
独立使用	0.0000	0.0000	0.0000	0.0000	3	3	0	0	0	0.00
共同使用	380.0000	200.0000	100.0000	0.4500	210	210	0	25	20	1200.00
安顺分校镇宁自治县工作站	10.0000	8.0000	0.0000	1.0000	40	40	0	1	1	1468.00
独立使用	10.0000	8.0000	0.0000	1.0000	40	40	0	1	1	1468.00
贵州电大黔南州分校	480.0000	56.0000	27.0000	1.2000	150	110	0	13	0	31345.00
独立使用	480.0000	56.0000	27.0000	1.2000	150	110	0	13	0	31345.00
黔南州分校福泉县工作站	90.0000	35.0000	20.0000	3.0000	100	80	20	40	2	1000.00
独立使用	40.0000	30.0000	10.0000	0.0000	0	0	0	20	0	500.00
共同使用	50.0000	5.0000	10.0000	3.0000	100	80	20	20	2	500.00
黔南州分校独山县工作站	30000.0000	3000.0000	1000.0000	55.5000	1000	600	20	180	120	354844.00
独立使用	15000.0000	1500.0000	500.0000	37.0000	500	300	10	90	60	177422.00
共同使用	15000.0000	1500.0000	500.0000	18.5000	500	300	10	90	60	177422.00
黔南州电大长顺县工作站	12.0000	5.0000	5.0000	1.0000	64	50	4	10	4	5000.00
独立使用	12.0000	5.0000	5.0000	1.0000	64	50	4	10	4	5000.00
黔南州分校瓮安县教学点	12.0000	5.0000	5.0000	1.0000	64	50	4	10	4	5000.00
独立使用	12.0000	5.0000	5.0000	1.0000	64	50	4	10	4	5000.00
黔南州分校惠水县工作站	0.0000	0.0000	0.0000	0.0000	2	0	0	0	0	0.00
共同使用	0.0000	0.0000	0.0000	0.0000	2	0	0	0	0	0.00
黔南州分校荔波县工作站	1200.0000	548.0000	642.0000	6.0800	80	60	4	8	8	6550.00
独立使用	765.0000	350.0000	406.0000	0.5000	40	30	2	4	4	3800.00
共同使用	435.0000	198.0000	236.0000	5.5800	40	30	2	4	4	2750.00
黔东南分校	1177.0609	74.6384	159.4097	10.0000	260	200	0	9	3	33800.00

4.1 学校产权资产情况(续表86)

	固定资产总值(万元)			图书(万册)	计算机(台)			教室(间)		占地面积(平方米)
	计	其中：教学、科研仪器设备资产值	其中：信息化设备资产值		计	其中：教学用计算机 计	其中：平板电脑	计	其中：网络多媒体教室	
共同使用	1177.0609	74.6384	159.4097	10.0000	260	200	0	9	3	33800.00
黔东南州分校岑巩县教学点	5000.0000	4000.0000	1000.0000	0.0000	150	100	50	20	3	20000.00
共同使用	5000.0000	4000.0000	1000.0000	0.0000	150	100	50	20	3	20000.00
贵州电大黔西南州分校	844.9000	81.0000	5.0000	0.7146	263	200	2	48	5	9926.01
独立使用	844.9000	81.0000	5.0000	0.7146	263	200	2	48	5	9926.01
黔西南分校晴隆教学点	1260.0000	41.0000	21.0000	2.5600	80	51	3	8	4	14900.00
独立使用	1260.0000	41.0000	21.0000	0.0000	80	51	3	8	4	13780.00
共同使用	0.0000	0.0000	0.0000	2.5600	0	0	0	0	0	1120.00
黔西南分校贞丰工作站	40.0000	0.0000	40.0000	0.0000	100	90	0	20	3	2000.00
共同使用	40.0000	0.0000	40.0000	0.0000	100	90	0	20	3	2000.00
黔西南州分校安龙县教学点	400.0000	200.0000	0.0000	20.0000	300	280	20	30	30	12600.00
共同使用	400.0000	200.0000	0.0000	20.0000	300	280	20	30	30	12600.00
贵州电大黔西南分校普安县教学点	207.5000	150.0000	40.0000	2.0000	600	500	0	30	5	120000.00
独立使用	141.5000	100.0000	30.0000	1.0000	300	250	0	0	0	60000.00
共同使用	66.0000	50.0000	10.0000	1.0000	300	250	0	30	5	60000.00
贵州电大毕节地区分校	97.6100	73.2300	0.0000	0.0000	136	136	0	0	0	0.00
独立使用	97.6100	73.2300	0.0000	0.0000	136	136	0	0	0	0.00
贵州电大毕节分校大方县职校教学点	143.0000	140.0000	3.0000	0.3000	160	130	0	115	3	98000.49
独立使用	3.0000	0.0000	3.0000	0.3000	0	0	0	15	0	0.00
共同使用	140.0000	140.0000	0.0000	0.0000	160	130	0	100	3	98000.49
毕节地区分校赫章教学点	6.0000	4.0000	2.0000	0.0000	64	64	0	10	2	902.84
独立使用	6.0000	4.0000	2.0000	0.0000	4	4	0	0	0	46.66
共同使用	0.0000	0.0000	0.0000	0.0000	60	60	0	10	2	856.18
毕节分校威宁工作站	630.0000	320.0000	310.0000	18.0000	260	260	0	80	10	4000.00
共同使用	630.0000	320.0000	310.0000	18.0000	260	260	0	80	10	4000.00
贵州电大六盘水市分校	5596.3921	45.9790	150.4130	50.0000	300	218	2	5	3	44600.00
独立使用	5596.3921	45.9790	150.4130	50.0000	300	218	2	5	3	44600.00
六盘水市分校盘县教学点	92.0000	56.0000	15.6000	34.0000	95	86	3	30	3	25531.00
独立使用	50.0000	30.0000	8.0000	18.0000	35	30	2	10	2	24531.00
共同使用	42.0000	26.0000	7.6000	16.0000	60	56	1	20	1	1000.00
贵州电大铜仁地区分校	670.0000	120.0000	100.0000	0.0800	237	200	0	27	10	0.00
独立使用	670.0000	120.0000	100.0000	0.0800	237	200	0	27	10	0.00
贵州电大铜仁分校思南县工作站	7169.7002	7169.7002	0.0000	3.0000	905	855	805	88	3	68000.00
共同使用	7169.7002	7169.7002	0.0000	3.0000	905	855	805	88	3	68000.00
贵州电大铜仁分校石阡县工作站	20.0000	0.0000	0.0000	4.6000	60	0	0	95	0	159600.00
独立使用	20.0000	0.0000	0.0000	1.6000	20	0	0	15	0	600.00
共同使用	0.0000	0.0000	0.0000	3.0000	40	0	0	80	0	159000.00
贵州电大铜仁分校德江县工作站	380.0000	200.0000	80.0000	4.0000	268	256	4	77	77	399600.25
独立使用	190.0000	100.0000	40.0000	2.0000	212	200	2	65	65	199800.12
共同使用	190.0000	100.0000	40.0000	2.0000	56	56	2	12	12	199800.12
铜仁分校玉屏县工作站	0.0000	0.0000	0.0000	0.0000	40	35	35	6	4	1500.00
独立使用	0.0000	0.0000	0.0000	0.0000	40	35	35	6	4	1500.00
铜仁分校江口县工作站	92.0000	82.0000	0.0000	2.5000	10	10	0	0	0	220.00

4.1 学校产权资产情况(续表87)

	固定资产总值(万元)			图书(万册)	计算机(台)			教室(间)		占地面积(平方米)
	计	其中:教学、科研仪器设备资产值	其中:信息化设备资产值		计	其中:教学用计算机 计	其中:平板电脑	计	其中:网络多媒体教室	
独立使用	32.0000	32.0000	0.0000	0.5000	10	10	0	0	0	100.00
共同使用	60.0000	50.0000	0.0000	2.0000	0	0	0	0	0	120.00
贵州电大铜仁分校松桃县工作站	0.0000	0.0000	0.0000	0.0000	0	0	0	1	0	9999.00
独立使用	0.0000	0.0000	0.0000	0.0000	0	0	0	1	0	100.00
共同使用	0.0000	0.0000	0.0000	0.0000	0	0	0	0	0	9899.00
铜仁分校沿河县工作站	70.0000	30.0000	20.0000	30.0000	5	3	2	2	2	220.00
独立使用	50.0000	20.0000	10.0000	10.0000	3	2	1	1	1	120.00
共同使用	20.0000	10.0000	10.0000	20.0000	2	1	1	1	1	100.00
贵州电大水城钢铁集团分校	4099.6802	3099.6799	507.5000	2.5000	440	0	0	2	2	66700.00
独立使用	4099.6802	3099.6799	507.5000	2.5000	440	0	0	2	2	66700.00
云南	**87693.6692**	**15334.0897**	**2226.5200**	**101.1609**	**7465**	**6123**	**115**	**3815**	**181**	**1659502.00**
独立使用	80143.3090	12375.2597	1660.0000	70.4809	6455	5665	115	3700	106	782588.00
共同使用	7550.3602	2958.8300	566.5200	30.6800	1010	458	0	115	75	876914.00
云南开放大学	71806.0391	10646.0098	1380.0000	54.7000	5050	4538	0	88	40	534203.00
独立使用	71806.0391	10646.0098	1380.0000	54.7000	5050	4538	0	88	40	534203.00
昆明广播电视大学	712.1200	271.3500	0.0000	3.4000	240	110	0	28	3	17424.00
共同使用	712.1200	271.3500	0.0000	3.4000	240	110	0	28	3	17424.00
石林县电大工作站	200.0000	0.0000	30.0000	0.3000	60	50	0	10	1	0.00
独立使用	200.0000	0.0000	30.0000	0.3000	60	50	0	10	1	0.00
富民县职业高级中学	328.3000	156.0000	92.0000	1.1000	106	99	99	50	1	19334.00
独立使用	328.3000	156.0000	92.0000	1.1000	106	99	99	50	1	19334.00
晋宁县教师进修学校	251.0300	116.4500	0.0000	1.0000	93	53	0	7	1	1974.00
独立使用	251.0300	116.4500	0.0000	1.0000	93	53	0	7	1	1974.00
中共宜良县委党校	130.0000	30.0000	100.0000	3.0000	130	120	2	15	2	7500.00
独立使用	130.0000	30.0000	100.0000	3.0000	130	120	2	13	2	4000.00
共同使用	0.0000	0.0000	0.0000	0.0000	0	0	0	2	0	3500.00
昆明东川区职业成人教育培训中心	0.0000	0.0000	0.0000	3.0000	130	120	2	15	2	7500.00
独立使用	0.0000	0.0000	0.0000	3.0000	130	120	2	15	2	7500.00
禄劝县委党校	152.0000	136.0000	0.0000	0.6000	143	100	10	5	2	0.00
独立使用	152.0000	136.0000	0.0000	0.6000	143	100	10	5	2	0.00
寻甸县教师进修学校	37.0000	10.0000	8.0000	1.5000	80	80	2	19	8	14319.00
独立使用	37.0000	10.0000	8.0000	1.5000	80	80	2	19	8	14319.00
思茅电大分校	0.0000	0.0000	0.0000	1.2000	0	0	0	961	0	18009.00
独立使用	0.0000	0.0000	0.0000	1.2000	0	0	0	961	0	18009.00
西双版纳电大分校	6758.2402	2607.4800	566.5200	27.2800	720	348	0	85	72	832190.00
共同使用	6758.2402	2607.4800	566.5200	27.2800	720	348	0	85	72	832190.00
保山电大分校	1771.2100	63.0700	0.0000	0.6900	192	192	0	40	20	9641.00
独立使用	1771.2100	63.0700	0.0000	0.6900	192	192	0	40	20	9641.00
云南电大政法分校	5187.7300	987.7300	0.0000	0.8909	285	127	0	57	9	171408.00
独立使用	5187.7300	987.7300	0.0000	0.8909	285	127	0	57	9	171408.00
昆明职工开放学院	280.0000	230.0000	50.0000	0.9000	100	100	0	15	6	2200.00
独立使用	280.0000	230.0000	50.0000	0.9000	100	100	0	15	6	2200.00
文山州民族干部学校教学点	40.0000	40.0000	0.0000	0.8000	68	43	0	1220	7	11900.00

4.1 学校产权资产情况(续表88)

	固定资产总值(万元)			图书(万册)	计算机(台)			教室(间)		占地面积(平方米)
	计	其中:教学、科研仪器设备资产值	其中:信息化设备资产值		计	其中:教学用计算机 计	其中:平板电脑	计	其中:网络多媒体教室	
独立使用	0.0000	0.0000	0.0000	0.8000	43	43	0	1220	7	0.00
共同使用	40.0000	40.0000	0.0000	0.0000	25	0	0	0	0	11900.00
文山州民族干部学校	40.0000	40.0000	0.0000	0.8000	68	43	0	1200	7	11900.00
独立使用	0.0000	0.0000	0.0000	0.8000	43	43	0	1200	7	0.00
共同使用	40.0000	40.0000	0.0000	0.0000	25	0	0	0	0	11900.00
陕西	**69040.2198**	**19229.1700**	**4853.5560**	**243.2496**	**16243**	**12683**	**1240**	**1833**	**534**	**1183324.40**
独立使用	60741.8298	16110.0700	4127.5360	167.4796	12118	9793	1018	1356	398	873480.00
共同使用	8298.3900	3119.1000	726.0200	75.7700	4125	2890	222	477	136	309844.40
陕西广播电视大学	24656.4297	2769.2400	565.3660	9.4094	2098	1628	0	174	122	179789.00
独立使用	24656.4297	2769.2400	565.3660	9.4094	2098	1628	0	174	122	179789.00
陕西省城市经济学校	3880.4700	1203.6300	0.0000	2.6000	300	200	0	26	26	18000.00
独立使用	3880.4700	1203.6300	0.0000	2.6000	300	200	0	26	26	18000.00
延安分校直属教学点	853.8300	399.6300	0.0000	1.5600	360	212	0	30	6	16860.00
独立使用	853.8300	399.6300	0.0000	1.5600	360	212	0	30	6	16860.00
黄龙职业中学教学点	120.0000	40.0000	70.0000	10.0000	50	50	50	17	3	5582.00
独立使用	120.0000	40.0000	70.0000	10.0000	50	50	50	17	3	5582.00
宜川工作站	2419.0000	1219.6000	0.0000	4.0000	207	195	5	4	0	12773.40
独立使用	0.0000	0.0000	0.0000	0.0000	7	0	0	0	0	0.00
共同使用	2419.0000	1219.6000	0.0000	4.0000	200	195	5	4	0	12773.40
延安电大富县党校教学点	125.0000	75.0000	35.0000	3.0000	35	32	3	7	2	4340.00
独立使用	105.0000	70.0000	30.0000	3.0000	32	32	3	7	2	4340.00
共同使用	20.0000	5.0000	5.0000	0.0000	3	0	0	0	0	0.00
吴旗县职教中心	1000.0000	400.0000	80.0000	5.0000	180	176	4	15	3	16000.00
共同使用	1000.0000	400.0000	80.0000	5.0000	180	176	4	15	3	16000.00
延长职中教学点	100.0000	100.0000	0.0000	2.0000	100	100	2	90	1	13300.00
独立使用	100.0000	100.0000	0.0000	2.0000	100	100	2	90	1	13300.00
黄陵教学点	256.0000	0.0000	0.0000	1.5000	180	148	2	22	2	28444.00
独立使用	0.0000	0.0000	0.0000	0.0000	50	48	2	7	0	5790.00
共同使用	256.0000	0.0000	0.0000	1.5000	130	100	0	15	2	22654.00
子长县委党校教学点	64.3000	44.0000	20.3000	2.8000	50	37	3	1	1	2700.00
独立使用	64.3000	44.0000	20.3000	2.8000	50	37	3	1	1	2700.00
甘泉县职业中学	102.0000	11.0000	0.0000	1.7800	71	62	0	34	1	17355.00
独立使用	102.0000	11.0000	0.0000	1.7800	71	62	0	34	1	17355.00
洛川职业中等专业学校	204.0000	182.0000	22.0000	3.9802	378	248	248	12	4	68026.00
独立使用	204.0000	182.0000	22.0000	3.9802	378	248	248	12	4	68026.00
安塞县职业中学	18.0000	0.0000	0.0000	2.0000	122	102	0	8	1	20670.00
独立使用	18.0000	0.0000	0.0000	2.0000	122	102	0	6	1	20670.00
共同使用	0.0000	0.0000	0.0000	0.0000	0	0	0	2	0	0.00
陕西电大榆林分校	788.3400	153.1700	121.3400	0.9800	222	217	5	19	3	8671.00
独立使用	788.3400	153.1700	121.3400	0.9800	222	217	5	19	3	8671.00
米脂县电大教学辅导站	87.1000	60.0000	5.0000	0.0900	74	74	14	6	2	1425.00
独立使用	87.1000	60.0000	5.0000	0.0900	74	74	14	6	2	1425.00
神木工作站	287.6000	61.2000	8.0000	0.2000	80	80	80	5	2	300.00

4.1 学校产权资产情况(续表89)

	固定资产总值(万元)			图书(万册)	计算机(台)			教室(间)		占地面积(平方米)
	计	其中:教学、科研仪器设备资产值	其中:信息化设备资产值		计	其中:教学用计算机 计	其中:平板电脑	计	其中:网络多媒体教室	
独立使用	287.6000	61.2000	8.0000	0.2000	80	80	80	5	2	300.00
吴堡县电大教学辅导站	305.0000	23.0000	20.0000	0.2100	60	60	0	2	1	820.00
独立使用	305.0000	23.0000	20.0000	0.2100	60	60	0	2	1	820.00
陕西广播电视大学咸阳分校	943.6700	511.6700	99.8000	3.1300	513	466	4	13	5	8080.00
独立使用	943.6700	511.6700	99.8000	3.1300	513	466	4	13	5	8080.00
兴平电大工作站	0.0000	0.0000	0.0000	1.0000	50	50	50	11	1	10000.00
独立使用	0.0000	0.0000	0.0000	1.0000	50	50	50	11	1	10000.00
咸阳分校旬邑高级职业中学	1045.0000	118.0000	83.0000	0.0000	251	0	0	104	0	12089.00
独立使用	745.0000	66.0000	5.0000	0.0000	0	0	0	50	0	0.00
共同使用	300.0000	52.0000	78.0000	0.0000	251	0	0	54	0	12089.00
礼泉电大工作站	26.0000	26.0000	0.0000	1.1000	58	58	58	12	2	2960.00
独立使用	26.0000	26.0000	0.0000	1.1000	58	58	58	12	2	2960.00
彬县工作站	260.0000	23.0000	237.0000	1.5000	600	0	0	124	12	10000.00
独立使用	0.0000	0.0000	0.0000	0.0000	3	0	0	5	2	320.00
共同使用	260.0000	23.0000	237.0000	1.5000	597	0	0	119	10	9680.00
淳化工作站	777.8700	59.0000	0.0000	3.6000	65	65	0	32	5	10125.00
共同使用	777.8700	59.0000	0.0000	3.6000	65	65	0	32	5	10125.00
武功电大工作站	2.0000	1.0000	1.0000	4.0000	60	0	0	12	1	2000.00
独立使用	2.0000	1.0000	1.0000	4.0000	30	0	0	6	1	1000.00
共同使用	0.0000	0.0000	0.0000	0.0000	30	0	0	6	0	1000.00
永寿县职教中心	300.0000	0.0000	0.0000	14.0000	80	0	0	0	0	28000.00
共同使用	300.0000	0.0000	0.0000	14.0000	80	0	0	0	0	28000.00
咸阳分校泾阳县教学点	42.0000	30.0000	12.0000	0.8000	26	26	0	1	1	365.00
共同使用	42.0000	30.0000	12.0000	0.8000	26	26	0	1	1	365.00
咸阳分校乾县县委党校	0.0000	0.0000	0.0000	1.0000	20	20	20	11	1	0.00
独立使用	0.0000	0.0000	0.0000	1.0000	20	20	20	11	1	0.00
陕西电大宝鸡市分校	468.1700	97.6900	0.0000	1.4500	356	302	0	0	0	0.00
独立使用	468.1700	97.6900	0.0000	1.4500	356	302	0	0	0	0.00
岐山县工作站	300.0000	80.0000	0.0000	3.0000	400	350	0	15	7	6200.00
共同使用	300.0000	80.0000	0.0000	3.0000	400	350	0	15	7	6200.00
凤翔县电大工作站	320.0000	260.0000	60.0000	10.0000	80	80	18	15	6	9000.00
独立使用	120.0000	90.0000	30.0000	4.0000	30	30	5	5	4	4000.00
共同使用	200.0000	170.0000	30.0000	6.0000	50	50	13	10	2	5000.00
凤县农广校	2.0000	2.0000	0.0000	0.0000	4	4	0	0	0	0.00
独立使用	2.0000	2.0000	0.0000	0.0000	4	4	0	0	0	0.00
宝鸡分校陈仓区工作站	85.0000	80.0000	5.0000	3.0000	96	96	0	10	1	4477.00
独立使用	85.0000	80.0000	5.0000	3.0000	96	96	0	10	1	4477.00
扶风教师进修学校	0.0000	0.0000	0.0000	2.7200	68	4	3	16	7	7560.00
独立使用	0.0000	0.0000	0.0000	1.3600	68	4	3	13	7	7410.00
共同使用	0.0000	0.0000	0.0000	1.3600	0	0	0	3	0	150.00
太白县农业广播电视学校	1354.0000	300.0000	0.0000	1.0000	156	146	0	10	3	13340.00
独立使用	1354.0000	300.0000	0.0000	1.0000	156	146	0	10	3	13340.00
陕西省安康电大分校	495.0000	252.0000	10.0000	0.5400	188	150	0	33	2	5022.00

4.1 学校产权资产情况(续表 90)

	固定资产总值(万元)			图书(万册)	计算机(台)			教室(间)		占地面积(平方米)
	计	其中:教学、科研仪器设备资产值	其中:信息化设备资产值		计	其中:教学用计算机 计	其中:平板电脑	计	其中:网络多媒体教室	
独立使用	495.0000	252.0000	10.0000	0.5400	188	150	0	33	2	5022.00
陕西省旬阳县师训教研中心	55.0000	0.0000	30.0000	0.6000	32	30	2	6	1	760.00
独立使用	55.0000	0.0000	30.0000	0.6000	32	30	2	6	1	760.00
陕西省白河县职教中心	500.0000	110.0000	0.0000	6.1000	100	96	0	10	8	2300.00
共同使用	500.0000	110.0000	0.0000	6.1000	100	96	0	10	8	2300.00
陕西省汉阴县县委党校	150.0000	10.0000	9.0000	0.8000	10	10	0	5	1	8100.00
独立使用	150.0000	10.0000	9.0000	0.8000	10	10	0	5	1	8100.00
陕西省石泉县职教中心	10.0000	4.0000	6.0000	5.5000	200	200	0	29	5	958.00
独立使用	1.0000	1.0000	0.0000	0.5000	3	3	0	1	0	24.00
共同使用	9.0000	3.0000	6.0000	5.0000	197	197	0	28	5	934.00
陕西省平利县职教中心	280.0000	150.0000	80.0000	3.0000	250	200	200	16	16	5000.00
共同使用	280.0000	150.0000	80.0000	3.0000	250	200	200	16	16	5000.00
安康汉滨区电大工作站	36.9300	0.0000	36.9300	0.0000	63	63	0	2	1	400.00
独立使用	36.9300	0.0000	36.9300	0.0000	63	63	0	2	1	400.00
安康分校宁陕县委党校	97.0000	7.0000	0.0000	0.5000	11	2	2	5	1	3434.00
独立使用	97.0000	7.0000	0.0000	0.5000	11	2	2	5	1	3434.00
陕西电大汉中分校	938.2000	668.7000	233.5000	1.4000	297	216	0	15	3	5802.00
独立使用	938.2000	668.7000	233.5000	1.4000	297	216	0	15	3	5802.00
南郑县职业教育中心	350.0000	5.0000	50.0000	0.3000	100	90	0	10	2	2400.00
共同使用	350.0000	5.0000	50.0000	0.3000	100	90	0	10	2	2400.00
镇巴县农业广播电视学校	213.0000	147.0000	42.0000	1.3400	80	60	0	8	1	2800.00
独立使用	213.0000	147.0000	42.0000	1.3400	80	60	0	8	1	2800.00
略阳县工作站	85.0000	13.0000	8.0000	7.0000	125	120	0	12	4	73370.00
独立使用	5.0000	2.0000	3.0000	1.0000	5	0	0	2	1	255.00
共同使用	80.0000	11.0000	5.0000	6.0000	120	120	0	10	3	73115.00
宁强职中教学点	120.0000	100.0000	5.0000	0.0000	60	0	0	8	2	800.00
独立使用	120.0000	100.0000	5.0000	0.0000	0	0	0	0	0	0.00
共同使用	0.0000	0.0000	0.0000	0.0000	60	0	0	8	2	800.00
陕西电大渭南分校直属教学点	211.5600	0.0000	0.0000	0.5000	169	103	0	66	0	10000.00
独立使用	211.5600	0.0000	0.0000	0.5000	169	103	0	66	0	10000.00
华阴进校教学点	48.5400	12.5000	36.0000	0.2400	48	48	0	8	1	3089.00
独立使用	48.5400	12.5000	36.0000	0.2400	48	48	0	8	1	3089.00
韩城进校教学点	63.5200	23.5000	40.0200	0.2000	60	50	0	7	2	4998.00
共同使用	63.5200	23.5000	40.0200	0.2000	60	50	0	7	2	4998.00
陕西省大荔教师进修学校	219.0000	189.0000	4.0000	0.0700	44	44	0	12	2	560.00
独立使用	11.0000	7.0000	4.0000	0.0700	4	4	0	12	2	560.00
共同使用	208.0000	182.0000	0.0000	0.0000	40	40	0	0	0	0.00
陕西澄城县职业中专	17.0000	16.0000	1.0000	1.8000	300	300	0	3	0	700.00
共同使用	17.0000	16.0000	1.0000	1.8000	300	300	0	3	0	700.00
陕西蒲城农校	200.0000	0.0000	2.0000	0.0100	100	100	0	12	2	500.00
独立使用	200.0000	0.0000	2.0000	0.0000	0	0	0	10	0	500.00
共同使用	0.0000	0.0000	0.0000	0.0100	100	100	0	2	2	0.00
渭南分校华县教师进修学校	5.0000	0.0000	0.0000	0.4000	0	0	0	2	1	100.00

4.1 学校产权资产情况(续表91)

	固定资产总值(万元)			图书(万册)	计算机(台)			教室(间)		占地面积(平方米)
	计	其中:教学、科研仪器设备资产值	其中:信息化设备资产值		计	其中:教学用计算机 计	其中:平板电脑	计	其中:网络多媒体教室	
独立使用	5.0000	0.0000	0.0000	0.4000	0	0	0	2	1	100.00
渭南电大分校富平直属教学点	0.0000	0.0000	0.0000	0.1200	3	0	0	3	0	400.00
独立使用	0.0000	0.0000	0.0000	0.1200	3	0	0	3	0	400.00
渭南电大分校合阳直属教学点	13.0000	7.0000	6.0000	0.0000	0	0	0	2	0	70.00
独立使用	13.0000	7.0000	6.0000	0.0000	0	0	0	0	0	70.00
共同使用	0.0000	0.0000	0.0000	0.0000	0	0	0	2	0	0.00
商洛分校	722.0000	221.0000	13.0000	1.6100	176	176	176	22	9	6000.00
独立使用	722.0000	221.0000	13.0000	1.6100	176	176	176	22	9	6000.00
洛南电大工作站	286.0000	40.0000	12.0000	1.8000	96	80	0	16	3	8881.00
共同使用	286.0000	40.0000	12.0000	1.8000	96	80	0	16	3	8881.00
镇安县职教中心	6852.8501	890.0000	480.0000	7.9000	560	520	0	52	52	30000.00
独立使用	6852.8501	890.0000	480.0000	7.9000	560	520	0	52	52	30000.00
洛南县职教中心教学点	265.0000	12.0000	40.0000	0.1300	93	90	0	42	6	10496.00
独立使用	265.0000	12.0000	40.0000	0.1300	93	90	0	42	6	10496.00
成教中心工作站镇安财校教学点	78.0000	26.0000	8.0000	1.0000	31	31	0	12	3	894.00
独立使用	78.0000	26.0000	8.0000	1.0000	31	31	0	12	3	894.00
陕西电大铜川分校	210.0000	128.0000	82.0000	0.7000	200	200	0	28	4	750.00
独立使用	210.0000	128.0000	82.0000	0.7000	200	200	0	28	4	750.00
陕西电大铜川分校宜君工作站	50.0000	42.0000	8.0000	1.0000	45	30	0	2	1	300.00
独立使用	50.0000	42.0000	8.0000	1.0000	45	30	0	2	1	300.00
矿务局教学点	365.0000	270.0000	95.0000	10.5000	435	435	0	65	62	67000.00
独立使用	85.0000	60.0000	25.0000	2.2000	35	35	0	5	2	320.00
共同使用	280.0000	210.0000	70.0000	8.3000	400	400	0	60	60	66680.00
陕西航空工业管理局	2224.0000	834.0000	310.0000	15.8000	479	479	0	30	8	43867.00
独立使用	2224.0000	834.0000	310.0000	15.8000	479	479	0	30	8	43867.00
陕西广播电视大学航空工业局工作站秦岭教学点	580.0000	580.0000	0.0000	1.6000	60	50	40	20	3	9830.00
独立使用	580.0000	580.0000	0.0000	1.6000	60	50	40	20	3	9830.00
西飞技术学院	850.0000	720.0000	120.0000	9.2000	380	260	0	52	5	22136.00
独立使用	850.0000	720.0000	120.0000	9.2000	380	260	0	42	5	15136.00
共同使用	0.0000	0.0000	0.0000	0.0000	0	0	0	10	0	7000.00
中国飞行试验研究院航空机务技工学校	35.0000	20.0000	5.0000	1.0000	60	60	60	50	2	33350.00
独立使用	35.0000	20.0000	5.0000	1.0000	60	60	60	50	2	33350.00
电子局工作站	218.6000	215.3000	3.3000	6.8000	220	210	0	4	3	5400.00
独立使用	218.6000	215.3000	3.3000	6.8000	220	210	0	4	3	5400.00
电子局凌云	480.0000	380.0000	30.0000	3.0000	73	53	20	20	2	3300.00
独立使用	480.0000	380.0000	30.0000	3.0000	53	53	20	10	2	300.00
共同使用	0.0000	0.0000	0.0000	0.0000	20	0	0	10	0	3000.00
陕西建光技工学校	0.0000	0.0000	0.0000	1.0000	40	30	5	1	0	2000.00
独立使用	0.0000	0.0000	0.0000	1.0000	40	30	5	1	0	2000.00
长岭培训中心	76.0000	5.0000	15.0000	5.0000	310	250	160	30	7	54860.00
独立使用	76.0000	5.0000	15.0000	5.0000	310	250	160	30	7	54860.00
兵工局惠安教学点	100.0000	50.0000	0.0000	1.0000	70	50	0	20	10	6000.00
独立使用	100.0000	50.0000	0.0000	1.0000	70	50	0	20	10	6000.00

4.1 学校产权资产情况(续表92)

	固定资产总值(万元)			图书(万册)	计算机(台)			教室(间)		占地面积(平方米)
	计	其中:教学、科研仪器设备资产值	其中:信息化设备资产值		计	其中:教学用计算机 计	其中:平板电脑	计	其中:网络多媒体教室	
冶金局电大工作站	273.2400	133.3400	20.0000	0.6000	120	100	0	16	3	5200.00
独立使用	273.2400	133.3400	20.0000	0.6000	120	100	0	16	3	5200.00
陕西通信技术学院	2100.0000	1500.0000	350.0000	7.0000	830	761	0	35	18	64000.00
独立使用	1800.0000	1200.0000	350.0000	5.0000	630	561	0	26	15	54000.00
共同使用	300.0000	300.0000	0.0000	2.0000	200	200	0	9	3	10000.00
陕西省纺织工业协会教学点	30.0000	15.0000	10.0000	0.6000	30	25	3	6	1	3000.00
独立使用	30.0000	15.0000	10.0000	0.1000	30	25	3	6	1	3000.00
共同使用	0.0000	0.0000	0.0000	0.5000	0	0	0	0	0	0.00
陕西省水利技工学校	160.0000	81.0000	79.0000	15.2100	220	200	0	50	10	60.00
独立使用	160.0000	81.0000	79.0000	15.2100	220	200	0	50	10	60.00
陕西电大高新分校	770.0000	35.0000	14.0000	1.5000	80	80	0	5	1	8470.00
独立使用	770.0000	35.0000	14.0000	1.5000	80	80	0	5	1	8470.00
陕西省商务信息中心	50.0000	30.0000	20.0000	0.0000	70	55	0	0	0	0.00
共同使用	50.0000	30.0000	20.0000	0.0000	70	55	0	0	0	0.00
陕西广播电视大学新城分校	892.0000	530.0000	151.0000	4.2500	550	200	0	24	17	6900.00
独立使用	892.0000	530.0000	151.0000	4.2500	550	200	0	24	17	6900.00
陕西电大工运学院教学中心	1200.0000	230.0000	131.0000	1.4000	325	220	3	4	4	2100.00
独立使用	1200.0000	230.0000	131.0000	1.4000	325	220	3	4	4	2100.00
陕西航空技术学院	2012.0000	1842.0000	110.0000	6.1000	600	500	0	30	7	102892.00
独立使用	2012.0000	1842.0000	110.0000	6.1000	600	500	0	30	7	102892.00
西安华山技工学校	170.0000	105.0000	13.0000	3.0000	100	68	0	20	4	8024.00
独立使用	170.0000	105.0000	13.0000	3.0000	100	68	0	20	4	8024.00
咸阳职业技术学院	2690.0000	250.0000	690.0000	1.7200	300	300	0	45	2	6800.00
独立使用	2690.0000	250.0000	690.0000	1.7200	300	300	0	45	2	6800.00
西安	**5997.4999**	**3798.5901**	**1508.2200**	**6.8488**	**2637**	**1649**	**52**	**161**	**119**	**15546.00**
独立使用	805.3700	435.7400	225.2700	3.6200	862	476	52	63	48	4289.00
共同使用	5192.1299	3362.8501	1282.9500	3.2288	1775	1173	0	98	71	11257.00
西安广播电视大学	5189.1299	3360.8501	1282.9500	3.2288	1452	850	0	75	52	11257.00
共同使用	5189.1299	3360.8501	1282.9500	3.2288	1452	850	0	75	52	11257.00
现代教育培训学院工作站	88.6700	55.0500	26.6700	0.2200	73	55	2	2	2	105.00
独立使用	88.6700	55.0500	26.6700	0.2200	73	55	2	2	2	105.00
长安分校	285.4000	101.8900	109.6000	0.5500	205	12	12	3	3	750.00
独立使用	285.4000	101.8900	109.6000	0.5500	205	12	12	3	3	750.00
临潼分校	299.0000	214.0000	85.0000	2.8500	136	136	0	15	15	2334.00
独立使用	299.0000	214.0000	85.0000	2.8500	136	136	0	15	15	2334.00
翠华工作站	19.3000	14.8000	0.0000	0.0000	33	3	3	2	2	400.00
独立使用	16.3000	12.8000	0.0000	0.0000	33	3	3	2	2	400.00
共同使用	3.0000	2.0000	0.0000	0.0000	0	0	0	0	0	0.00
直属一分校	0.0000	0.0000	0.0000	0.0000	323	323	0	23	19	0.00
共同使用	0.0000	0.0000	0.0000	0.0000	323	323	0	23	19	0.00
直属二分校	0.0000	0.0000	0.0000	0.0000	230	200	0	26	15	0.00
独立使用	0.0000	0.0000	0.0000	0.0000	230	200	0	26	15	0.00
直属三分校	0.0000	0.0000	0.0000	0.0000	35	30	5	0	0	0.00

4.1 学校产权资产情况(续表93)

	固定资产总值(万元)			图书(万册)	计算机(台)			教室(间)		占地面积(平方米)
	计	其中：教学、科研仪器设备资产值	其中：信息化设备资产值		计	其中：教学用计算机		计	其中：网络多媒体教室	
						计	其中：平板电脑			
独立使用	0.0000	0.0000	0.0000	0.0000	35	30	5	0	0	0.00
西安电大高新分校	112.0000	52.0000	0.0000	0.0000	110	0	0	15	11	700.00
独立使用	112.0000	52.0000	0.0000	0.0000	110	0	0	15	11	700.00
直属四分校	4.0000	0.0000	4.0000	0.0000	40	40	30	0	0	0.00
独立使用	4.0000	0.0000	4.0000	0.0000	40	40	30	0	0	0.00
甘肃	**125020.7831**	**31531.6045**	**14341.5775**	**317.9380**	**17430**	**13264**	**978**	**9312**	**799**	**3109314.96**
独立使用	53504.7570	11729.8447	5037.0674	118.5410	7643	5978	416	7996	236	522102.89
共同使用	71516.0261	19801.7599	9304.5101	199.3970	9787	7286	562	1316	563	2587212.07
甘肃广播电视大学	9610.5000	2136.1699	2149.0901	7.6600	1504	1031	6	61	26	4908.00
共同使用	9610.5000	2136.1699	2149.0901	7.6600	1504	1031	6	61	26	4908.00
甘肃电大兰州分校直属教学点	645.0000	381.0000	0.0000	0.4000	350	300	0	10	10	8666.71
独立使用	645.0000	381.0000	0.0000	0.4000	350	300	0	10	10	8666.71
甘肃电大兰州分校永登工作站	300.0000	100.0000	50.0000	0.6000	120	100	0	10	3	44000.00
独立使用	300.0000	100.0000	50.0000	0.6000	120	100	0	10	3	44000.00
甘肃电大兰州分校红古党校工作站	0.0000	0.0000	0.0000	0.4000	62	62	0	5	1	2854.00
共同使用	0.0000	0.0000	0.0000	0.4000	62	62	0	5	1	2854.00
甘肃电大兰州分校榆中工作站	413.0000	62.0000	21.0000	1.0000	100	100	0	10	2	3000.00
独立使用	413.0000	62.0000	21.0000	1.0000	100	100	0	10	2	3000.00
兰州分校皋兰工作站	0.0000	0.0000	0.0000	0.6000	51	41	0	0	0	1500.00
独立使用	0.0000	0.0000	0.0000	0.6000	10	0	0	0	0	1500.00
共同使用	0.0000	0.0000	0.0000	0.0000	41	41	0	0	0	0.00
甘肃电大兰州分校永登党校工作站	0.0000	0.0000	0.0000	1.7000	0	0	0	0	0	0.00
共同使用	0.0000	0.0000	0.0000	1.7000	0	0	0	0	0	0.00
甘肃电大兰州分校西固区工作站	582.0000	500.0000	82.0000	0.6200	51	41	0	5	2	1500.00
独立使用	582.0000	500.0000	82.0000	0.6200	10	0	0	0	0	1500.00
共同使用	0.0000	0.0000	0.0000	0.0000	41	41	0	5	2	0.00
甘肃电大兰州分校红古区工作站	0.0000	0.0000	0.0000	0.0000	0	0	0	4350	0	0.00
独立使用	0.0000	0.0000	0.0000	0.0000	0	0	0	4350	0	0.00
甘肃电大天水分校直属教学点	1447.0000	617.3000	458.0000	1.1000	260	260	0	60	3	7900.00
独立使用	1447.0000	617.3000	458.0000	1.1000	260	260	0	60	3	7900.00
甘肃电大天水分校张家川工作站	30.0000	23.0000	7.0000	10.5000	400	350	21	26	1	900.00
独立使用	6.0000	3.0000	3.0000	10.0000	80	50	1	4	0	100.00
共同使用	24.0000	20.0000	4.0000	0.5000	320	300	20	22	1	800.00
甘肃电大天水分校清水工作站	50.5000	16.0000	34.0000	21.0000	10	0	0	5	0	20330.00
独立使用	50.5000	16.0000	34.0000	1.0000	5	0	0	5	0	6523.00
共同使用	0.0000	0.0000	0.0000	20.0000	5	0	0	0	0	13807.00
甘肃电大天水分校武山工作站	282.0000	67.0000	90.0000	4.1000	90	90	0	10	0	6722.00
独立使用	282.0000	67.0000	90.0000	4.1000	90	90	0	10	0	6722.00
甘肃电大天水分校麦积山区工作站	71.0000	40.0000	27.0000	0.3200	88	60	5	9	3	12000.00
独立使用	71.0000	40.0000	27.0000	0.3200	88	60	5	9	3	3100.00
共同使用	0.0000	0.0000	0.0000	0.0000	0	0	0	0	0	8900.00
甘肃电大天水分校秦安工作站	3000.0000	500.0000	100.0000	2.2000	450	400	0	60	2	74037.00
共同使用	3000.0000	500.0000	100.0000	2.2000	450	400	0	60	2	74037.00

4.1 学校产权资产情况(续表94)

	固定资产总值(万元)			图书	计算机(台)			教室(间)		占地面积
	计	其中:教学、科研仪器设备资产值	其中:信息化设备资产值	(万册)	计	其中:教学用计算机		计	其中:网络多媒体教室	(平方米)
						计	其中:平板电脑			
甘肃电大天水分校甘谷工作站	17108.0000	32.0000	0.7000	0.0000	100	54	0	5	3	0.00
独立使用	17108.0000	32.0000	0.7000	0.0000	100	54	0	5	3	0.00
甘肃电大白银分校直属教学点	3030.0000	30.0000	100.0000	2.0000	180	160	0	8	8	7233.00
独立使用	3030.0000	30.0000	100.0000	2.0000	180	160	0	8	8	7233.00
甘肃电大白银分校白银区工作站	155.0000	58.0000	30.0000	0.5000	61	0	0	9	4	1328.00
独立使用	155.0000	58.0000	30.0000	0.5000	61	0	0	9	4	1328.00
甘肃电大白银分校景泰工作站	155.0000	58.0000	30.0000	0.5000	61	0	0	9	4	1328.00
独立使用	155.0000	58.0000	30.0000	0.5000	61	0	0	9	4	1328.00
甘肃电大白银分校会宁工作站	267.0000	90.0000	0.0000	0.5150	50	40	40	8	3	6177.00
独立使用	267.0000	90.0000	0.0000	0.5150	50	40	40	8	3	6177.00
甘肃电大白银分校靖远工作站	2450.4900	865.0000	153.0000	4.7000	320	260	0	108	10	66900.00
独立使用	50.0000	5.0000	3.0000	1.1000	20	0	0	10	2	200.00
共同使用	2400.4900	860.0000	150.0000	3.6000	300	260	0	98	8	66700.00
甘肃电大白银分校平川区工作站	0.0000	0.0000	0.0000	0.0000	60	60	60	5	1	0.00
独立使用	0.0000	0.0000	0.0000	0.0000	60	60	60	0	0	0.00
共同使用	0.0000	0.0000	0.0000	0.0000	0	0	0	5	1	0.00
甘肃电大白银分校靖煤教学点	58.0000	34.1200	0.0000	2.0000	75	55	0	20	0	5800.00
独立使用	58.0000	34.1200	0.0000	2.0000	75	55	0	20	0	5800.00
甘肃电大白银分校会宁职专教学点	0.0000	0.0000	0.0000	0.0000	210	0	0	4	2	0.00
共同使用	0.0000	0.0000	0.0000	0.0000	210	0	0	4	2	0.00
甘肃电大金昌分校直属教学点	700.0000	250.0000	40.0000	5.0000	260	215	45	16	7	1000.00
独立使用	700.0000	250.0000	40.0000	5.0000	260	215	45	16	7	1000.00
甘肃电大嘉峪关分校	1482.0000	553.0000	100.0000	2.0000	512	460	0	27	19	36685.00
独立使用	1482.0000	553.0000	100.0000	2.0000	512	460	0	27	19	36685.00
甘肃电大庆阳分校直属教学点	1055.0000	0.0000	297.0000	2.4000	300	230	0	4	0	36018.00
独立使用	1055.0000	0.0000	297.0000	1.2000	300	230	0	4	0	18009.00
共同使用	0.0000	0.0000	0.0000	1.2000	0	0	0	0	0	18009.00
甘肃电大庆阳分校环县工作站	7000.0000	2850.0000	1000.0000	2.0000	500	400	0	100	6	47765.00
独立使用	7000.0000	2850.0000	1000.0000	2.0000	500	400	0	100	6	28000.00
共同使用	0.0000	0.0000	0.0000	0.0000	0	0	0	0	0	19765.00
甘肃电大庆阳分校合水工作站	3133.1499	777.1500	203.1000	4.8000	301	243	0	35	33	29997.30
共同使用	3133.1499	777.1500	203.1000	4.8000	301	243	0	35	33	29997.30
甘肃电大庆阳分校正宁工作站	2315.0000	1787.0000	528.0000	4.4000	300	198	30	40	20	44022.00
独立使用	2315.0000	1787.0000	528.0000	4.4000	300	198	30	40	20	44022.00
甘肃电大庆阳分校华池工作站	1123.9861	243.3147	164.3454	2.3217	187	167	0	36	36	17475.00
独立使用	1123.9861	243.3147	164.3454	2.3217	187	167	0	0	0	17475.00
共同使用	0.0000	0.0000	0.0000	0.0000	0	0	0	36	36	0.00
甘肃电大庆阳分校宁县工作站	1785.0000	340.0000	112.0000	0.8500	240	200	0	4	4	41251.00
共同使用	1785.0000	340.0000	112.0000	0.8500	240	200	0	4	4	41251.00
甘肃电大庆阳分校镇原工作站	164.9000	161.9000	3.0000	3.4000	210	210	0	2870	0	23345.00
独立使用	85.9000	82.9000	3.0000	3.4000	210	210	0	2870	0	23345.00
共同使用	79.0000	79.0000	0.0000	0.0000	0	0	0	0	0	0.00
甘肃电大平凉分校直属教学点	748.0000	208.0000	515.0000	10.0000	258	258	30	13	13	2380.00

4.1 学校产权资产情况(续表95)

	固定资产总值(万元)			图书(万册)	计算机(台)			教室(间)		占地面积(平方米)
	计	其中:教学、科研仪器设备资产值	其中:信息化设备资产值		计	其中:教学用计算机 计	其中:平板电脑	计	其中:网络多媒体教室	
独立使用	748.0000	208.0000	515.0000	10.0000	258	258	30	13	13	2380.00
甘肃电大平凉分校静宁工作站	3000.0000	500.0000	300.0000	10.0000	300	250	0	60	5	20000.00
共同使用	3000.0000	500.0000	300.0000	10.0000	300	250	0	60	5	20000.00
甘肃电大平凉分校华亭工作站	34.8000	16.4000	18.4000	0.0000	0	0	0	0	0	0.00
独立使用	34.8000	16.4000	18.4000	0.0000	0	0	0	0	0	0.00
甘肃电大平凉分校庄浪工作站	15.4300	12.0000	3.1100	0.3300	7	7	0	0	0	168.00
独立使用	15.4300	12.0000	3.1100	0.3300	7	7	0	0	0	0.00
共同使用	0.0000	0.0000	0.0000	0.0000	0	0	0	0	0	168.00
甘肃电大陇南分校直属教学点	475.0000	0.0000	15.0000	0.0000	180	0	0	38	3	6147.18
独立使用	475.0000	0.0000	15.0000	0.0000	180	0	0	38	3	6147.18
甘肃电大陇南分校宕昌工作站	5600.0000	500.0000	0.0000	1.5000	240	180	0	50	16	53333.00
独立使用	2800.0000	500.0000	0.0000	0.0000	240	180	0	50	16	0.00
共同使用	2800.0000	0.0000	0.0000	1.5000	0	0	0	0	0	53333.00
甘肃电大陇南分校康县工作站	74.4509	25.6700	4.0820	0.6543	60	60	0	4	3	4515.00
独立使用	74.4509	25.6700	4.0820	0.6543	60	60	0	4	3	4515.00
甘肃电大陇南分校两当工作站	99.7100	6.0000	30.1900	0.0000	42	29	0	5	2	0.00
独立使用	99.7100	6.0000	30.1900	0.0000	42	29	0	5	2	0.00
甘肃电大陇南分校文县工作站	19.2500	0.0000	19.2500	0.0000	55	40	0	1	0	0.00
独立使用	19.2500	0.0000	19.2500	0.0000	55	40	0	1	0	0.00
甘肃电大陇南分校礼县工作站	120.0000	95.0000	25.0000	0.0000	65	50	0	9	3	3390.00
独立使用	120.0000	95.0000	25.0000	0.0000	65	50	0	9	3	3390.00
甘肃电大陇南分校西和工作站	189.0000	150.0000	39.0000	16.0000	108	102	102	33	6	23058.00
独立使用	38.0000	30.0000	8.0000	0.0000	26	22	22	2	2	630.00
共同使用	151.0000	120.0000	31.0000	16.0000	82	80	80	31	4	22428.00
甘肃电大定西分校直属教学点	683.0000	120.0000	60.0000	0.5000	200	150	50	40	10	36818.40
独立使用	683.0000	120.0000	60.0000	0.0000	0	0	0	0	0	0.00
共同使用	0.0000	0.0000	0.0000	0.5000	200	150	50	40	10	36818.40
甘肃电大定西分校陇西工作站	30.0000	15.0000	10.0000	0.0000	300	240	0	10	2	233450.00
共同使用	30.0000	15.0000	10.0000	0.0000	300	240	0	10	2	233450.00
甘肃电大定西分校岷县工作站	2000.0000	150.0000	0.0000	5.5000	320	150	0	40	36	105051.00
独立使用	0.0000	0.0000	0.0000	0.0000	9	0	0	0	0	95.00
共同使用	2000.0000	150.0000	0.0000	5.5000	311	150	0	40	36	104956.00
甘肃电大定西分校漳县工作站	2546.5400	116.0000	80.0000	2.0000	200	200	0	4	4	55744.00
共同使用	2546.5400	116.0000	80.0000	2.0000	200	200	0	4	4	55744.00
甘肃电大定西分校通渭工作站	1061.0000	360.0000	14.0000	14.0000	282	260	0	36	6	21804.00
共同使用	1061.0000	360.0000	14.0000	14.0000	282	260	0	36	6	21804.00
甘肃电大定西分校渭源工作站	400.0000	80.0000	0.0000	0.8000	120	105	0	10	3	1002.00
独立使用	400.0000	80.0000	0.0000	0.8000	120	105	0	10	3	1002.00
甘肃电大定西分校临洮工作站	431.0000	341.0000	89.0000	8.0000	160	160	0	0	0	72000.00
共同使用	431.0000	341.0000	89.0000	8.0000	160	160	0	0	0	72000.00
甘肃电大武威分校直属教学点	19652.0293	4908.6499	1599.0000	36.6500	1300	1000	0	120	25	554161.00
独立使用	0.0000	0.0000	0.0000	8.0000	0	0	0	0	0	0.00
共同使用	19652.0293	4908.6499	1599.0000	28.6500	1300	1000	0	120	25	554161.00

4.1 学校产权资产情况(续表96)

	固定资产总值(万元)			图书(万册)	计算机(台)			教室(间)		占地面积(平方米)
	计	其中:教学、科研仪器设备资产值	其中:信息化设备资产值		计	其中:教学用计算机 计	其中:平板电脑	计	其中:网络多媒体教室	
甘肃电大武威分校天祝工作站	1200.0000	1000.0000	200.0000	1.5000	190	130	50	33	6	1900.00
独立使用	0.0000	0.0000	0.0000	0.0000	40	30	0	0	0	0.00
共同使用	1200.0000	1000.0000	200.0000	1.5000	150	100	50	33	6	1900.00
甘肃电大武威分校古浪工作站	180.0000	120.0000	60.0000	1.0000	360	300	0	30	4	21140.00
独立使用	0.0000	0.0000	0.0000	1.0000	0	0	0	0	0	0.00
共同使用	180.0000	120.0000	60.0000	0.0000	360	300	0	30	4	21140.00
甘肃电大武威分校民勤工作站	230.0000	55.0000	27.0000	1.8000	72	56	0	46	30	5120.00
独立使用	230.0000	55.0000	27.0000	1.8000	72	56	0	46	30	5120.00
甘肃电大武威分校凉州区工作站	12.0000	12.0000	0.0000	0.1000	26	26	0	0	0	60.00
独立使用	12.0000	12.0000	0.0000	0.1000	26	26	0	0	0	60.00
甘肃电大张掖分校直属教学点	547.0000	28.0000	280.0000	0.1000	130	0	0	21	4	2952.00
独立使用	547.0000	28.0000	280.0000	0.1000	130	0	0	21	4	2952.00
甘肃电大张掖分校高台工作站	2885.6169	1013.3900	1872.2200	5.2600	528	328	0	58	56	202875.00
共同使用	2885.6169	1013.3900	1872.2200	5.2600	528	328	0	58	56	202875.00
甘肃电大张掖分校山丹工作站	2345.0000	642.0000	245.0000	3.6100	300	200	0	40	29	68667.00
独立使用	2345.0000	642.0000	245.0000	3.6100	300	200	0	30	20	68667.00
共同使用	0.0000	0.0000	0.0000	0.0000	0	0	0	10	9	0.00
甘肃电大张掖分校临泽工作站	4100.0000	546.0000	88.0000	10.0000	208	178	0	78	52	91908.00
独立使用	100.0000	10.0000	10.0000	0.0000	3	1	0	1	1	750.00
共同使用	4000.0000	536.0000	78.0000	10.0000	205	177	0	77	51	91158.00
甘肃电大张掖分校肃南教学点	938.0000	85.0000	0.0000	1.7650	108	58	0	15	15	5600.00
共同使用	938.0000	85.0000	0.0000	1.7650	108	58	0	15	15	5600.00
甘肃电大酒泉分校直属教学点	6600.0000	4560.0000	2040.0000	46.0000	580	580	0	12	4	167600.00
独立使用	600.0000	360.0000	240.0000	7.0000	220	220	0	12	4	12500.00
共同使用	6000.0000	4200.0000	1800.0000	39.0000	360	360	0	0	0	155100.00
甘肃电大酒泉分校瓜州工作站	566.0000	76.0000	60.0000	1.3332	0	0	0	0	0	0.00
共同使用	566.0000	76.0000	60.0000	1.3332	0	0	0	0	0	0.00
甘肃电大酒泉分校玉门工作站	7.1000	0.4000	6.6000	0.0000	0	0	0	0	0	0.00
共同使用	7.1000	0.4000	6.6000	0.0000	0	0	0	0	0	0.00
甘肃电大酒泉分校敦煌工作站	0.0000	0.0000	0.0000	0.0000	50	0	0	1	1	0.00
独立使用	0.0000	0.0000	0.0000	0.0000	50	0	0	1	1	0.00
甘肃电大酒泉分校阿克塞工作站	3.0000	0.0000	0.0000	2.0000	0	0	0	0	0	0.00
独立使用	3.0000	0.0000	0.0000	2.0000	0	0	0	0	0	0.00
甘肃电大酒泉分校肃北工作站	36.0000	18.0000	0.2000	0.8000	40	16	16	3	1	600.00
独立使用	36.0000	18.0000	0.2000	0.0000	0	0	0	0	0	0.00
共同使用	0.0000	0.0000	0.0000	0.8000	40	16	16	3	1	600.00
甘肃电大甘南分校直属教学点	1422.0000	7.0000	21.0000	0.0000	170	170	170	3	3	5028.07
共同使用	1422.0000	7.0000	21.0000	0.0000	170	170	170	3	3	5028.07
甘肃电大甘南分校舟曲工作站	80.0000	30.0000	50.0000	0.0000	91	76	0	10	2	2000.00
独立使用	80.0000	30.0000	50.0000	0.0000	91	76	0	10	2	882.00
共同使用	0.0000	0.0000	0.0000	0.0000	0	0	0	0	0	1118.00
甘肃电大甘南分校卓尼工作站	95.0000	50.0000	45.0000	0.5000	80	80	80	12	2	4200.00
共同使用	95.0000	50.0000	45.0000	0.5000	80	80	80	12	2	4200.00

4.1 学校产权资产情况(续表 97)

	固定资产总值(万元)			图书(万册)	计算机(台)			教室(间)		占地面积(平方米)
	计	其中:教学、科研仪器设备资产值	其中:信息化设备资产值		计	其中:教学用计算机 计	其中:平板电脑	计	其中:网络多媒体教室	
甘肃电大甘南分校临潭工作站	463.4000	80.8000	0.0000	0.2000	130	100	0	9	3	4100.00
独立使用	463.4000	80.8000	0.0000	0.2000	130	100	0	9	3	4100.00
甘肃电大甘南分校迭部工作站	12.0000	11.0000	1.0000	1.0000	44	30	30	9	2	9333.30
共同使用	12.0000	11.0000	1.0000	1.0000	44	30	30	9	2	9333.30
甘肃电大临夏分校直属教学点	705.3400	181.3400	2.3000	1.0600	182	180	180	22	2	25858.00
独立使用	705.3400	181.3400	2.3000	1.0600	182	180	180	22	2	25858.00
甘肃电大临夏分校积石山工作站	0.0000	0.0000	0.0000	1.1000	2	0	0	4	0	1030.00
独立使用	0.0000	0.0000	0.0000	1.1000	2	0	0	4	0	1030.00
甘肃电大临夏分校康乐工作站	344.0000	0.0000	0.0000	0.0088	70	70	60	8	1	5200.00
共同使用	344.0000	0.0000	0.0000	0.0088	70	70	60	8	1	5200.00
甘肃电大临夏分校广河工作站	11.0000	1.0000	0.0000	0.0000	40	30	0	8	1	600.00
独立使用	11.0000	1.0000	0.0000	0.0000	40	30	0	8	1	600.00
甘肃电大农垦分校直属教学点	822.6000	615.0000	205.0000	3.8500	450	60	0	70	5	161008.00
共同使用	822.6000	615.0000	205.0000	3.8500	450	60	0	70	5	161008.00
甘肃电大农垦分校黄羊教学点	610.0000	320.0000	85.0000	3.8000	161	135	0	250	192	161008.00
共同使用	610.0000	320.0000	85.0000	3.8000	161	135	0	250	192	161008.00
甘肃电大农垦河西分校直属教学点	1563.0000	445.0000	254.0000	3.0000	344	323	2	62	3	67723.00
独立使用	1563.0000	445.0000	254.0000	3.0000	344	323	2	62	3	1430.00
共同使用	0.0000	0.0000	0.0000	0.0000	0	0	0	0	0	66293.00
亚盛分校生地湾农场教学点	25.0000	13.0000	0.0000	23.0000	42	0	0	0	0	0.00
独立使用	25.0000	13.0000	0.0000	23.0000	21	0	0	0	0	0.00
共同使用	0.0000	0.0000	0.0000	0.0000	21	0	0	0	0	0.00
甘肃电大农垦河西分校金塔教学点	88.0000	22.0000	11.5000	0.5100	68	30	0	8	1	200.00
独立使用	88.0000	22.0000	11.5000	0.5100	68	30	0	8	1	200.00
甘肃电大农垦河西分校敦煌教学点	224.0000	99.0000	32.0000	0.5000	75	73	0	0	0	0.00
独立使用	224.0000	99.0000	32.0000	0.5000	75	73	0	0	0	0.00
甘肃电大农垦河西分校瓜州教学点	30.0000	21.0000	9.0000	0.5000	42	42	0	0	0	0.00
独立使用	30.0000	21.0000	9.0000	0.5000	42	42	0	0	0	0.00
甘肃电大农垦河西分校玉门教学点	68.0000	19.0000	12.0000	0.1000	82	70	0	1	1	0.00
独立使用	68.0000	19.0000	12.0000	0.1000	82	70	0	1	1	0.00
甘肃电大直属学院	1.0000	1.0000	0.0000	0.0000	0	0	0	0	0	0.00
独立使用	1.0000	1.0000	0.0000	0.0000	0	0	0	0	0	0.00
甘肃电大直属学院教学分部	319.9900	15.0000	4.9900	0.2000	54	50	1	10	1	1063.00
独立使用	319.9900	15.0000	4.9900	0.2000	54	50	1	10	1	1063.00
甘肃电大兰州石化公司工作站	0.0000	0.0000	0.0000	1.5000	0	0	0	0	0	0.00
独立使用	0.0000	0.0000	0.0000	1.5000	0	0	0	0	0	0.00
甘肃电大水电五局工作站	730.0000	545.0000	29.5000	1.5200	431	334	0	62	8	239760.00
共同使用	730.0000	545.0000	29.5000	1.5200	431	334	0	62	8	239760.00
甘肃电大滨河分校	2164.0000	724.0000	100.0000	1.8000	320	291	0	25	20	90000.00
独立使用	2164.0000	724.0000	100.0000	1.8000	320	291	0	25	20	90000.00
甘肃电大兰州铁路技工学校教学点	0.0000	0.0000	0.0000	3.0000	300	220	0	0	0	15118.00
独立使用	0.0000	0.0000	0.0000	3.0000	300	220	0	0	0	15118.00
青海	**14237.3998**	**4192.9300**	**1544.7500**	**19.4700**	**2823**	**2431**	**151**	**210**	**75**	**1725604.40**

4.1 学校产权资产情况(续表98)

	固定资产总值(万元)			图书	计算机(台)			教室(间)		占地面积
	计	其中:教学、科研仪器设备资产值	其中:信息化设备资产值	(万册)	计	其中:教学用计算机 计	其中:平板电脑	计	其中:网络多媒体教室	(平方米)
独立使用	4819.5500	1303.6500	433.0000	5.3700	1097	932	89	64	24	55542.00
共同使用	9417.8498	2889.2800	1111.7500	14.1000	1726	1499	62	146	51	1670062.40
青海广播电视大学	3300.0000	503.0000	334.0000	2.9400	630	510	84	27	19	10655.00
独立使用	3300.0000	503.0000	334.0000	2.9400	630	510	84	27	19	10655.00
格尔木市广播电视大学	2260.0000	895.0000	725.0000	8.0000	373	343	32	46	6	11600.00
共同使用	2260.0000	895.0000	725.0000	8.0000	373	343	32	46	6	11600.00
都兰县广播电视大学	140.0000	34.0000	75.0000	0.1500	114	108	0	22	2	39878.00
独立使用	20.0000	14.0000	5.0000	0.0500	6	0	0	2	0	78.00
共同使用	120.0000	20.0000	70.0000	0.1000	108	108	0	20	2	39800.00
湟中县广播电视大学	5925.5498	1813.1300	244.0400	0.0000	1155	1008	0	56	39	73067.40
独立使用	0.0000	0.0000	0.0000	0.0000	85	80	0	1	0	0.00
共同使用	5925.5498	1813.1300	244.0400	0.0000	1070	928	0	55	39	73067.40
平安县广播电视大学	164.0000	150.0000	14.0000	2.0000	202	202	5	8	2	35334.00
独立使用	164.0000	150.0000	14.0000	2.0000	202	202	5	8	2	35334.00
海南州广播电视大学	670.0000	20.0000	5.0000	5.0000	130	90	0	12	2	133333.00
共同使用	670.0000	20.0000	5.0000	5.0000	130	90	0	12	2	133333.00
贵德县职业技术学校教学点	15.0000	6.0000	0.0000	0.0000	14	0	0	0	0	0.00
独立使用	15.0000	6.0000	0.0000	0.0000	14	0	0	0	0	0.00
玉树州广播电视大学	100.0000	50.0000	25.0000	0.0000	0	0	0	0	0	1400000.00
共同使用	100.0000	50.0000	25.0000	0.0000	0	0	0	0	0	1400000.00
化隆县广播电视大学	342.3000	91.1500	42.7100	1.0000	45	30	30	13	2	12262.00
共同使用	342.3000	91.1500	42.7100	1.0000	45	30	30	13	2	12262.00
湟源县广播电视大学	1320.5500	630.6500	80.0000	0.3800	160	140	0	26	3	9475.00
独立使用	1320.5500	630.6500	80.0000	0.3800	160	140	0	26	3	9475.00
宁夏	**20071.9097**	**14759.0098**	**3550.9000**	**21.9680**	**6672**	**5708**	**877**	**389**	**185**	**1061256.09**
独立使用	7774.0098	4774.0100	2178.0000	4.8500	4686	4244	877	155	94	426034.00
共同使用	12297.8999	9985.0000	1372.9000	17.1180	1986	1464	0	234	91	635222.09
宁夏广播电视大学	7247.0098	4922.0098	2325.0000	8.1000	4597	3838	666	269	98	561297.00
独立使用	6017.0098	4003.0100	2014.0000	1.1000	3710	3312	666	105	71	403711.00
共同使用	1230.0000	919.0000	311.0000	7.0000	887	526	0	164	27	157586.00
直属一分校	407.0000	300.0000	107.0000	0.0000	214	200	0	11	11	5000.00
共同使用	407.0000	300.0000	107.0000	0.0000	214	200	0	11	11	5000.00
石嘴山分校	0.0000	0.0000	0.0000	0.3500	280	270	200	12	5	7320.00
独立使用	0.0000	0.0000	0.0000	0.3500	280	270	200	12	5	7320.00
吴忠电大分校	425.0000	292.0000	25.0000	0.5000	165	165	4	12	5	1200.00
独立使用	410.0000	292.0000	20.0000	0.3000	150	150	4	10	4	900.00
共同使用	15.0000	0.0000	5.0000	0.2000	15	15	0	2	1	300.00
宁夏青铜峡市电大工作站	30.0000	15.0000	0.0000	0.0000	44	40	0	0	0	0.00
独立使用	0.0000	0.0000	0.0000	0.0000	44	40	0	0	0	0.00
共同使用	30.0000	15.0000	0.0000	0.0000	0	0	0	0	0	0.00
中宁教学点	2.0000	0.0000	0.0000	1.0000	100	100	2	2	2	400.00
独立使用	2.0000	0.0000	0.0000	1.0000	100	100	2	2	2	400.00
宁夏广播电视大学盐池县工作站	30.0000	12.0000	18.0000	0.1000	40	40	0	2	1	440.00

4.1 学校产权资产情况(续表99)

	固定资产总值(万元)			图书(万册)	计算机(台)			教室(间)		占地面积(平方米)
	计	其中:教学、科研仪器设备资产值	其中:信息化设备资产值		计	其中:教学用计算机 计	其中:平板电脑	计	其中:网络多媒体教室	
独立使用	30.0000	12.0000	18.0000	0.1000	40	40	0	1	1	440.00
共同使用	0.0000	0.0000	0.0000	0.0000	0	0	0	1	0	0.00
宁夏广播电视大学同心工作站	100.0000	100.0000	0.0000	1.0000	56	56	0	5	1	2743.00
独立使用	100.0000	100.0000	0.0000	1.0000	56	56	0	5	1	2743.00
宁夏中卫市电大	3242.8999	2303.0000	939.9000	6.0000	750	603	0	20	20	336996.00
共同使用	3242.8999	2303.0000	939.9000	6.0000	750	603	0	20	20	336996.00
永宁县电大工作站	1000.0000	300.0000	108.0000	0.5000	120	100	5	19	9	10000.00
独立使用	1000.0000	300.0000	108.0000	0.5000	120	100	5	19	9	10000.00
宁夏平罗电大工作站	15.0000	7.0000	8.0000	0.5000	86	76	0	1	1	320.00
独立使用	15.0000	7.0000	8.0000	0.5000	86	76	0	1	1	320.00
宁夏隆德县电大教学点	7173.0000	6388.0000	0.0000	3.9180	120	120	0	36	32	135340.09
共同使用	7173.0000	6388.0000	0.0000	3.9180	120	120	0	36	32	135340.09
宁夏新闻培训中心	400.0000	120.0000	20.0000	0.0000	100	100	0	0	0	200.00
独立使用	200.0000	60.0000	10.0000	0.0000	100	100	0	0	0	200.00
共同使用	200.0000	60.0000	10.0000	0.0000	0	0	0	0	0	0.00
新疆	**47118.3812**	**19265.0689**	**3626.8990**	**239.7101**	**16150**	**13158**	**735**	**1124**	**370**	**1536557.70**
独立使用	31580.3912	8847.2790	2769.6990	108.8001	6676	4813	488	760	298	543473.70
共同使用	15537.9900	10417.7900	857.2000	130.9100	9474	8345	247	364	72	993084.00
新疆广播电视大学	4533.1899	0.7700	0.0000	2.7800	563	563	0	16	6	7895.00
独立使用	4533.1899	0.7700	0.0000	2.7800	563	563	0	16	6	7895.00
乌鲁木齐广播电视大学	0.0000	0.0000	0.0000	56.0000	5075	5050	0	60	6	666000.00
独立使用	0.0000	0.0000	0.0000	0.0000	75	50	0	10	2	1000.00
共同使用	0.0000	0.0000	0.0000	56.0000	5000	5000	0	50	4	665000.00
哈密电大直属	2217.0000	1955.0000	262.0000	1.5000	267	255	50	45	10	9800.00
独立使用	2217.0000	1955.0000	262.0000	1.5000	267	255	50	45	10	9800.00
昌吉广播电视大学直属	1545.6600	1345.6100	200.0500	0.0500	240	180	0	58	44	16650.00
独立使用	1545.6600	1345.6100	200.0500	0.0500	240	180	0	58	44	16650.00
昌吉电大玛纳斯教学点	5.0000	2.0000	1.0000	10.0000	240	230	0	10	2	0.00
独立使用	4.0000	2.0000	1.0000	10.0000	240	230	0	10	2	0.00
共同使用	1.0000	0.0000	0.0000	0.0000	0	0	0	0	0	0.00
昌吉电大呼图壁县电大分校	1408.0000	312.0000	275.0000	3.4000	180	124	55	30	30	43546.00
独立使用	1408.0000	312.0000	275.0000	3.4000	180	124	55	30	30	43546.00
昌吉电大米泉工作站	3982.4299	294.0000	294.2500	3.5700	252	0	0	27	26	30000.00
独立使用	3982.4299	294.0000	294.2500	3.5700	252	0	0	27	26	30000.00
昌吉电大阜康分校	300.0000	280.0000	0.0000	4.0000	153	153	0	19	19	19430.00
独立使用	300.0000	280.0000	0.0000	4.0000	153	153	0	19	19	19430.00
昌吉电大奇台电大分校	2001.0000	1192.0000	352.0000	5.9800	582	502	0	30	30	90775.00
共同使用	2001.0000	1192.0000	352.0000	5.9800	582	502	0	30	30	90775.00
昌吉电大木垒教学点	196.0000	51.0000	89.0000	1.0000	90	90	0	5	2	4372.00
独立使用	196.0000	51.0000	89.0000	1.0000	90	90	0	5	2	4372.00
克拉玛依电大	5880.0000	5852.0000	28.0000	13.0000	525	233	0	15	15	96486.00
共同使用	5880.0000	5852.0000	28.0000	13.0000	525	233	0	15	15	96486.00
阿勒泰广播电视大学	650.0000	370.0000	10.0000	0.1500	194	176	0	10	4	13320.00

4.1 学校产权资产情况(续表100)

	固定资产总值(万元)			图书(万册)	计算机(台)			教室(间)		占地面积(平方米)
	计	其中:教学、科研仪器设备资产值	其中:信息化设备资产值		计	其中:教学用计算机 计	其中:平板电脑	计	其中:网络多媒体教室	
独立使用	650.0000	370.0000	10.0000	0.1500	194	176	0	10	4	13320.00
阿勒泰电大布尔津县工作站	40.0000	0.0000	40.0000	0.3800	94	94	0	6	2	2100.00
独立使用	40.0000	0.0000	40.0000	0.0000	24	24	0	0	0	0.00
共同使用	0.0000	0.0000	0.0000	0.3800	70	70	0	6	2	2100.00
阿勒泰电大富蕴县工作站	100.0000	60.0000	40.0000	0.2000	35	30	0	3	1	1000.00
共同使用	100.0000	60.0000	40.0000	0.2000	35	30	0	3	1	1000.00
阿勒泰福海县电大工作站	183.2500	161.6700	20.0000	0.5000	35	35	0	1	1	1200.00
共同使用	183.2500	161.6700	20.0000	0.5000	35	35	0	1	1	1200.00
阿勒泰电大青河工作站	42.0000	8.0000	25.0000	0.3000	36	30	0	6	1	4000.00
独立使用	0.0000	0.0000	0.0000	0.0000	6	0	0	6	1	0.00
共同使用	42.0000	8.0000	25.0000	0.3000	30	30	0	0	0	4000.00
阿勒泰电大吉木乃县工作站	36.0000	0.0000	0.0000	0.0000	180	0	0	6	6	0.00
独立使用	36.0000	0.0000	0.0000	0.0000	90	0	0	6	6	0.00
共同使用	0.0000	0.0000	0.0000	0.0000	90	0	0	0	0	0.00
塔城地区广播电视大学	1367.0000	20.0000	20.0000	2.0000	252	186	0	32	5	2180.00
独立使用	1367.0000	20.0000	20.0000	2.0000	252	186	0	32	5	2180.00
塔城电大额敏县电大分校	75.4000	10.0000	65.4000	2.1000	106	100	6	7	6	7500.00
共同使用	75.4000	10.0000	65.4000	2.1000	106	100	6	7	6	7500.00
乌苏市电大	10.0000	10.0000	0.0000	0.0000	28	20	0	10	1	6080.00
独立使用	10.0000	10.0000	0.0000	0.0000	28	20	0	10	1	3080.00
共同使用	0.0000	0.0000	0.0000	0.0000	0	0	0	0	0	3000.00
沙湾县电大	63.0000	5.0000	50.0000	32.0000	100	80	0	6	4	33966.00
独立使用	63.0000	5.0000	50.0000	32.0000	100	80	0	6	4	33966.00
塔城电大托里县电大分校	512.0000	0.5000	25.2000	0.2000	41	41	0	5	1	21000.00
共同使用	512.0000	0.5000	25.2000	0.2000	41	41	0	5	1	21000.00
塔城电大裕民县电大分校	0.0000	0.0000	0.0000	1.5000	0	0	0	0	0	0.00
独立使用	0.0000	0.0000	0.0000	1.5000	0	0	0	0	0	0.00
塔城电大和布克赛尔县电大分校	0.0000	0.0000	0.0000	1.5000	35	35	0	16	1	9900.00
独立使用	0.0000	0.0000	0.0000	1.5000	35	35	0	8	1	6300.00
共同使用	0.0000	0.0000	0.0000	0.0000	0	0	0	8	0	3600.00
巴州广播电视大学直属	22.0000	10.0000	10.0000	1.2000	380	60	0	32	6	5826.00
独立使用	22.0000	10.0000	10.0000	1.2000	380	60	0	32	6	5826.00
巴州尉犁县广播电视大学	157.0000	2.0000	35.0000	1.6400	56	1	0	7	2	1200.00
独立使用	0.0000	0.0000	0.0000	1.6400	54	0	0	7	2	0.00
共同使用	157.0000	2.0000	35.0000	0.0000	2	1	0	0	0	1200.00
巴州若羌县电大	56.0000	56.0000	0.0000	0.0000	48	0	0	2	2	0.00
共同使用	56.0000	56.0000	0.0000	0.0000	48	0	0	2	2	0.00
巴州焉耆县电大	1204.0000	500.0000	223.0000	0.2500	317	280	240	33	3	7305.00
共同使用	1204.0000	500.0000	223.0000	0.2500	317	280	240	33	3	7305.00
阿克苏广播电视大学	811.9000	320.0000	42.0000	10.0000	302	302	256	28	9	7259.40
独立使用	811.9000	320.0000	42.0000	10.0000	302	302	256	28	9	7259.40
阿克苏电大乌什县分校	100.0000	50.0000	50.0000	2.0000	50	40	0	5	1	6000.00
独立使用	100.0000	50.0000	50.0000	2.0000	50	40	0	5	1	6000.00

4.1 学校产权资产情况(续表101)

	固定资产总值(万元)			图书(万册)	计算机(台)			教室(间)		占地面积(平方米)
	计	其中:教学、科研仪器设备资产值	其中:信息化设备资产值		计	其中:教学用计算机		计	其中:网络多媒体教室	
						计	其中:平板电脑			
阿克苏温宿县广播电视大学	80.0000	55.0000	19.0000	0.0000	50	26	0	30	0	4000.00
独立使用	30.0000	25.0000	4.0000	0.0000	0	0	0	0	0	0.00
共同使用	50.0000	30.0000	15.0000	0.0000	50	26	0	30	0	4000.00
柯坪县电大	300.0000	0.0000	0.0000	1.0000	2	2	0	4	0	650.00
共同使用	300.0000	0.0000	0.0000	1.0000	2	2	0	4	0	650.00
阿克苏拜城县电大	0.0000	0.0000	0.0000	0.3000	50	40	0	5	2	3800.00
独立使用	0.0000	0.0000	0.0000	0.3000	50	40	0	5	2	3800.00
新和县电大	18.0000	5.0000	13.0000	4.0000	43	2	1	2	1	500.00
共同使用	18.0000	5.0000	13.0000	4.0000	43	2	1	2	1	500.00
阿克苏库车县教育局	20.0000	10.0000	6.0000	0.8000	0	0	0	0	0	0.00
独立使用	20.0000	10.0000	6.0000	0.8000	0	0	0	0	0	0.00
阿克苏沙雅县教育局	30.0000	25.0000	0.0000	0.0000	41	40	0	3	1	200.00
共同使用	30.0000	25.0000	0.0000	0.0000	41	40	0	3	1	200.00
博州电大直属	1106.0000	111.0000	303.0000	6.1800	226	142	0	30	3	35819.00
独立使用	1106.0000	111.0000	303.0000	6.1800	226	142	0	30	3	35819.00
博州电大精河分校	23.0000	17.5000	5.5000	0.0000	40	0	0	0	0	0.00
独立使用	23.0000	17.5000	5.5000	0.0000	40	0	0	0	0	0.00
新疆温泉县党校	656.7000	606.7200	12.0000	0.3000	36	36	0	3	1	3930.00
共同使用	656.7000	606.7200	12.0000	0.3000	36	36	0	3	1	3930.00
奎屯市广播电视大学	348.0200	130.4800	17.7300	0.1000	124	10	2	15	2	912.70
独立使用	348.0200	130.4800	17.7300	0.1000	124	10	2	15	2	912.70
克孜勒苏电大	300.0000	200.0000	100.0000	1.0000	200	150	0	10	4	2870.00
独立使用	300.0000	200.0000	100.0000	1.0000	200	150	0	10	4	2870.00
克州电大阿克陶县教学点	100.0000	50.0000	30.0000	8.0000	60	0	0	6	0	300.00
独立使用	100.0000	50.0000	30.0000	0.0000	60	0	0	0	0	0.00
共同使用	0.0000	0.0000	0.0000	8.0000	0	0	0	6	0	300.00
克州广播电视大学阿合奇工作站	39.0000	25.0000	14.0000	1.0000	36	25	0	1	1	156.00
独立使用	39.0000	25.0000	14.0000	1.0000	36	25	0	1	1	156.00
乌恰县电大	130.0000	100.0000	0.0000	0.2000	50	0	0	2	2	2200.00
独立使用	130.0000	100.0000	0.0000	0.2000	50	0	0	2	2	2200.00
喀什广播电视大学	20.0000	20.0000	0.0000	3.1301	304	267	106	98	11	34858.60
独立使用	20.0000	20.0000	0.0000	3.1301	304	267	106	98	11	34858.60
和田电大直属	1220.0000	1020.0000	200.0000	1.0000	350	300	0	63	7	15548.00
独立使用	1220.0000	1020.0000	200.0000	1.0000	350	300	0	63	7	15548.00
于田县广播电视大学	300.0000	300.0000	0.0000	1.0000	350	300	0	20	0	2900.00
共同使用	300.0000	300.0000	0.0000	1.0000	350	300	0	20	0	2900.00
墨玉县电大	350.0000	350.0000	0.0000	1.0000	350	300	0	30	0	2800.00
共同使用	350.0000	350.0000	0.0000	1.0000	350	300	0	30	0	2800.00
皮山县中等职业技术学校	300.0000	300.0000	0.0000	1.0000	350	300	0	20	0	2700.00
共同使用	300.0000	300.0000	0.0000	1.0000	350	300	0	20	0	2700.00
洛浦县电大	300.0000	300.0000	0.0000	1.0000	350	300	0	20	0	3000.00
共同使用	300.0000	300.0000	0.0000	1.0000	350	300	0	20	0	3000.00
策勒县电大	300.0000	0.0000	0.0000	1.0000	350	300	0	20	0	3000.00

4.1 学校产权资产情况(续表102)

	固定资产总值(万元)			图书(万册)	计算机(台)			教室(间)		占地面积(平方米)
	计	其中:教学、科研仪器设备资产值	其中:信息化设备资产值		计	其中:教学用计算机 计	其中:平板电脑	计	其中:网络多媒体教室	
共同使用	300.0000	0.0000	0.0000	1.0000	350	300	0	20	0	3000.00
民丰县电大	300.0000	300.0000	0.0000	1.0000	350	300	0	20	0	3000.00
共同使用	300.0000	300.0000	0.0000	1.0000	350	300	0	20	0	3000.00
伊犁州广播电视大学直属	1428.0000	389.0000	62.0000	2.0000	341	335	4	10	5	7430.00
独立使用	1428.0000	389.0000	62.0000	2.0000	341	335	4	10	5	7430.00
伊犁州电大特克斯县分校	38.0000	15.0000	20.0000	0.0800	92	80	12	10	2	1560.00
独立使用	38.0000	15.0000	20.0000	0.0800	92	80	12	10	2	1560.00
伊犁州电大新源工作站	2300.0000	344.7000	0.8000	0.2000	120	0	0	18	2	51948.00
共同使用	2300.0000	344.7000	0.8000	0.2000	120	0	0	18	2	51948.00
伊犁州电大巩留县电大教学点	147.1100	117.1100	30.0000	2.0000	102	4	0	6	4	10000.00
独立使用	147.1100	117.1100	30.0000	0.0000	20	0	0	6	4	10000.00
共同使用	0.0000	0.0000	0.0000	2.0000	82	4	0	0	0	0.00
伊犁州电大伊宁县工作站	408.0000	125.0000	41.0000	0.5800	80	64	0	14	2	0.00
独立使用	408.0000	125.0000	41.0000	0.5800	80	64	0	14	2	0.00
察布查尔县电大	183.3113	42.1990	9.9690	30.0000	100	100	0	12	3	7008.00
独立使用	183.3113	42.1990	9.9690	0.0000	20	20	0	12	3	7008.00
共同使用	0.0000	0.0000	0.0000	30.0000	80	80	0	0	0	0.00
尼勒克县职业培训中心教学点	700.0000	70.0000	25.0000	0.5000	68	67	1	2	2	3350.00
独立使用	700.0000	70.0000	25.0000	0.5000	68	67	1	2	2	3350.00
霍城县委党校教学点	121.6400	14.2000	2.8000	0.5000	39	33	0	8	2	9990.00
共同使用	121.6400	14.2000	2.8000	0.5000	39	33	0	8	2	9990.00
石河子广播电视大学	1507.5000	289.0000	85.0000	3.9000	230	180	0	33	16	10196.00
独立使用	1507.5000	289.0000	85.0000	3.9000	230	180	0	33	16	10196.00
吐鲁番电大	160.0000	25.0000	20.0000	0.5000	200	170	0	17	17	41292.00
独立使用	160.0000	25.0000	20.0000	0.5000	200	170	0	17	17	41292.00
潞安新疆煤化工(集团)有限公司广播电视大学	1373.0000	500.0000	15.1500	1.7000	170	170	0	19	10	51600.00
独立使用	1373.0000	500.0000	15.1500	1.7000	170	170	0	19	10	51600.00
新疆司法警官学校	5013.2700	540.6100	438.0500	7.5400	440	225	2	43	24	104249.00
独立使用	5013.2700	540.6100	438.0500	7.5400	440	225	2	43	24	104249.00
新疆兵团	**12152.4600**	**3941.7400**	**2433.4600**	**39.0760**	**3544**	**2591**	**50**	**290**	**150**	**583396.00**
独立使用	5636.6800	3276.7200	789.4600	23.9460	1186	742	45	99	44	58394.00
共同使用	6515.7800	665.0200	1644.0000	15.1300	2358	1849	5	191	106	525002.00
兵团广播电视大学	4978.0000	10.7500	890.0000	2.7300	870	870	0	20	20	12378.00
共同使用	4978.0000	10.7500	890.0000	2.7300	870	870	0	20	20	12378.00
农一师分校	0.0000	0.0000	0.0000	2.6800	145	0	0	0	0	0.00
独立使用	0.0000	0.0000	0.0000	2.6800	145	0	0	0	0	0.00
农二师分校	140.0000	20.0000	120.0000	7.0000	400	300	0	50	16	144000.00
共同使用	140.0000	20.0000	120.0000	7.0000	400	300	0	50	16	144000.00
农三师分校	130.5900	11.1100	0.0000	0.1000	300	293	2	40	4	103407.00
共同使用	130.5900	11.1100	0.0000	0.1000	300	293	2	40	4	103407.00
农五师分校	460.1900	345.1600	115.0000	0.0000	200	150	3	20	5	49417.00
共同使用	460.1900	345.1600	115.0000	0.0000	200	150	3	20	5	49417.00
农六师分校	204.9100	186.0000	18.9100	6.0000	400	90	0	60	60	210000.00

4.1 学校产权资产情况(续表103)

	固定资产总值(万元)			图书(万册)	计算机(台)			教室(间)		占地面积(平方米)
	计	其中:教学、科研仪器设备资产值	其中:信息化设备资产值		计	其中:教学用计算机 计	其中:平板电脑	计	其中:网络多媒体教室	
独立使用	18.9100	0.0000	18.9100	1.0000	0	0	0	0	0	0.00
共同使用	186.0000	186.0000	0.0000	5.0000	400	90	0	60	60	210000.00
农七师分校	1301.0000	148.0000	969.0000	2.7100	506	396	0	3	2	28008.00
独立使用	680.0000	56.0000	450.0000	2.4100	318	250	0	2	1	22208.00
共同使用	621.0000	92.0000	519.0000	0.3000	188	146	0	1	1	5800.00
农八师分校	1507.5000	289.0000	85.0000	3.9000	230	180	0	33	16	10196.00
独立使用	1507.5000	289.0000	85.0000	3.9000	230	180	0	33	16	10196.00
农九师分校	2587.0000	2324.0000	0.0000	2.5000	220	160	5	49	20	10990.00
独立使用	2587.0000	2324.0000	0.0000	2.5000	220	160	5	49	20	10990.00
农十师分校	743.2700	607.7200	135.5500	1.4560	173	102	40	0	0	0.00
独立使用	743.2700	607.7200	135.5500	1.4560	173	102	40	0	0	0.00
农十三师分校	100.0000	0.0000	100.0000	10.0000	100	50	0	15	7	15000.00
独立使用	100.0000	0.0000	100.0000	10.0000	100	50	0	15	7	15000.00
八一学院	**2573.0000**	**1038.0000**	**831.0000**	**0.0000**	**120**	**50**	**0**	**1**	**1**	**800.00**
独立使用	2573.0000	1038.0000	831.0000	0.0000	120	50	0	1	1	800.00
国家开放大学八一学院	2573.0000	1038.0000	831.0000	0.0000	120	50	0	1	1	800.00
独立使用	2573.0000	1038.0000	831.0000	0.0000	120	50	0	1	1	800.00
总参学院	**0.0000**	**0.0000**	**0.0000**	**0.0000**	**10**	**10**	**0**	**1**	**1**	**50.00**
独立使用	0.0000	0.0000	0.0000	0.0000	10	10	0	1	1	50.00
国家开放大学总参学院	0.0000	0.0000	0.0000	0.0000	10	10	0	1	1	50.00
独立使用	0.0000	0.0000	0.0000	0.0000	10	10	0	1	1	50.00
西藏学院	**340.0000**	**292.0000**	**0.0000**	**0.1200**	**251**	**220**	**0**	**0**	**0**	**0.00**
独立使用	340.0000	292.0000	0.0000	0.1200	251	220	0	0	0	0.00
国家开放大学西藏学院	160.0000	130.0000	0.0000	0.0600	80	60	0	0	0	0.00
独立使用	160.0000	130.0000	0.0000	0.0600	80	60	0	0	0	0.00
国家开放大学西藏学院日喀则学习中心	40.0000	35.0000	0.0000	0.0100	37	35	0	0	0	0.00
独立使用	40.0000	35.0000	0.0000	0.0100	37	35	0	0	0	0.00
国家开放大学西藏学院山南学习中心	65.0000	60.0000	0.0000	0.0200	53	50	0	0	0	0.00
独立使用	65.0000	60.0000	0.0000	0.0200	53	50	0	0	0	0.00
西藏学院林芝地区学习中心	35.0000	32.0000	0.0000	0.0100	32	30	0	0	0	0.00
独立使用	35.0000	32.0000	0.0000	0.0100	32	30	0	0	0	0.00
西藏学院昌都地区学习中心	40.0000	35.0000	0.0000	0.0200	49	45	0	0	0	0.00
独立使用	40.0000	35.0000	0.0000	0.0200	49	45	0	0	0	0.00
残疾人教育学院	**8233.0000**	**6195.0000**	**90.2000**	**5.5900**	**303**	**183**	**0**	**22**	**3**	**12467.00**
独立使用	8233.0000	6195.0000	90.2000	5.5900	303	183	0	22	3	12467.00
宁夏电大开放教育学院	8000.0000	6000.0000	90.0000	3.0000	200	100	0	22	3	12467.00
独立使用	8000.0000	6000.0000	90.0000	3.0000	200	100	0	22	3	12467.00
柳州市广播电视大学	233.0000	195.0000	0.2000	2.5900	103	83	0	0	0	0.00
独立使用	233.0000	195.0000	0.2000	2.5900	103	83	0	0	0	0.00
空军学院	**0.0000**	**0.0000**	**0.0000**	**0.0000**	**5000**	**5000**	**0**	**210**	**0**	**21000.00**
独立使用	0.0000	0.0000	0.0000	0.0000	5000	5000	0	210	0	21000.00
国家开放大学空军学院	0.0000	0.0000	0.0000	0.0000	5000	5000	0	210	0	21000.00
独立使用	0.0000	0.0000	0.0000	0.0000	5000	5000	0	210	0	21000.00

4.2 非学校产权资产情况

	固定资产总值(万元)			图书(万册)	计算机(台)			教室(间)		占地面积(平方米)
	计	其中:教学、科研仪器设备资产值	其中:信息化设备资产值		计	其中:教学用计算机 计	其中:平板电脑	计	其中:网络多媒体教室	
总计	**509448.1086**	**122570.1702**	**48202.7800**	**2097.7089**	**90569**	**57619**	**4819**	**18500**	**5292**	**41470607.40**
独立使用	111596.3193	16474.7301	4313.3100	393.9111	32535	14534	1744	4550	2590	2044357.28
共同使用	397851.7891	106095.4401	43889.4700	1703.7978	58034	43085	3075	13950	2702	39426250.11
北京	**22035.6897**	**4727.4800**	**4367.5300**	**49.5950**	**2796**	**2158**	**749**	**181**	**152**	**254678.00**
独立使用	2908.3000	760.0000	650.0000	6.7450	987	687	687	37	27	6527.00
共同使用	19127.3896	3967.4800	3717.5300	42.8500	1809	1471	62	144	125	248151.00
宣武学院	0.0000	0.0000	0.0000	0.0000	0	0	0	15	15	8000.00
独立使用	0.0000	0.0000	0.0000	0.0000	0	0	0	3	3	0.00
共同使用	0.0000	0.0000	0.0000	0.0000	0	0	0	12	12	8000.00
海淀分校	9642.3896	2412.4800	3271.5300	7.1500	640	472	60	32	32	16210.00
共同使用	9642.3896	2412.4800	3271.5300	7.1500	640	472	60	32	32	16210.00
房山分校	2378.3000	260.0000	650.0000	1.3450	687	687	687	52	52	13320.00
独立使用	2378.3000	260.0000	650.0000	1.3450	687	687	687	0	0	0.00
共同使用	0.0000	0.0000	0.0000	0.0000	0	0	0	52	52	13320.00
怀柔分校	0.0000	0.0000	0.0000	0.0000	0	0	0	13	9	780.00
独立使用	0.0000	0.0000	0.0000	0.0000	0	0	0	13	9	780.00
门头沟学院	0.0000	0.0000	0.0000	0.4000	12	12	0	0	0	1347.00
独立使用	0.0000	0.0000	0.0000	0.4000	0	0	0	0	0	1347.00
共同使用	0.0000	0.0000	0.0000	0.0000	12	12	0	0	0	0.00
纺织工作站	2974.0000	0.0000	0.0000	0.0000	410	327	0	13	13	1468.00
共同使用	2974.0000	0.0000	0.0000	0.0000	410	327	0	13	13	1468.00
首钢工作站	301.0000	55.0000	246.0000	34.0000	97	80	0	10	3	187253.00
共同使用	301.0000	55.0000	246.0000	34.0000	97	80	0	10	3	187253.00
供销社分校	740.0000	700.0000	0.0000	5.0000	350	0	0	21	15	6300.00
独立使用	530.0000	500.0000	0.0000	5.0000	300	0	0	21	15	4400.00
共同使用	210.0000	200.0000	0.0000	0.0000	50	0	0	0	0	1900.00
中德中心教学点	5000.0000	500.0000	0.0000	0.7000	280	280	0	15	5	10000.00
共同使用	5000.0000	500.0000	0.0000	0.7000	280	280	0	15	5	10000.00
工业技师工作站	1000.0000	800.0000	200.0000	1.0000	320	300	2	10	8	10000.00
共同使用	1000.0000	800.0000	200.0000	1.0000	320	300	2	10	8	10000.00
天津	**54693.0000**	**16763.0000**	**0.0000**	**176.6891**	**7017**	**6522**	**0**	**379**	**77**	**1374026.00**
独立使用	6366.0000	47.0000	0.0000	0.0000	224	224	0	9	4	0.00
共同使用	48327.0000	16716.0000	0.0000	176.6891	6793	6298	0	370	73	1374026.00
河北分校	47.0000	47.0000	0.0000	0.0000	224	224	0	9	4	103672.00
独立使用	47.0000	47.0000	0.0000	0.0000	224	224	0	9	4	0.00
共同使用	0.0000	0.0000	0.0000	0.0000	0	0	0	0	0	103672.00
红桥分校	1240.0000	1240.0000	0.0000	7.5000	614	520	0	20	6	0.00
共同使用	1240.0000	1240.0000	0.0000	7.5000	614	520	0	20	6	0.00
塘沽分校	27016.0000	6850.0000	0.0000	59.9300	3657	3378	0	307	56	610305.00
共同使用	27016.0000	6850.0000	0.0000	59.9300	3657	3378	0	307	56	610305.00
大港分校	0.0000	0.0000	0.0000	0.0000	1	0	0	0	0	0.00
共同使用	0.0000	0.0000	0.0000	0.0000	1	0	0	0	0	0.00
宁河分校	820.0000	780.0000	0.0000	3.0000	0	0	0	0	0	14136.00

4.2 非学校产权资产情况(续表1)

	固定资产总值(万元)			图书(万册)	计算机(台)			教室(间)		占地面积(平方米)
	计	其中:教学、科研仪器设备资产值	其中:信息化设备资产值		计	其中:教学用计算机 计	其中:教学用计算机 其中:平板电脑	计	其中:网络多媒体教室	
共同使用	820.0000	780.0000	0.0000	3.0000	0	0	0	0	0	14136.00
化工局工作站	18851.0000	7446.0000	0.0000	85.8100	2121	2040	0	39	9	481208.00
共同使用	18851.0000	7446.0000	0.0000	85.8100	2121	2040	0	39	9	481208.00
机械局工作站	0.0000	0.0000	0.0000	0.8491	100	100	0	2	0	96773.00
共同使用	0.0000	0.0000	0.0000	0.8491	100	100	0	2	0	96773.00
一商局工作站	400.0000	400.0000	0.0000	19.6000	300	260	0	2	2	67932.00
共同使用	400.0000	400.0000	0.0000	19.6000	300	260	0	2	2	67932.00
蓟县分校	6319.0000	0.0000	0.0000	0.0000	0	0	0	0	0	0.00
独立使用	6319.0000	0.0000	0.0000	0.0000	0	0	0	0	0	0.00
河北	**16971.3698**	**2158.5000**	**332.6000**	**152.3511**	**3237**	**2401**	**211**	**1076**	**137**	**301287.00**
独立使用	503.8400	158.2000	40.5000	12.4811	466	312	2	169	25	11359.00
共同使用	16467.5298	2000.3000	292.1000	139.8700	2771	2089	209	907	112	289928.00
石家庄广播电视大学	5704.2998	60.0000	0.0000	0.0000	0	0	0	0	0	119675.00
共同使用	5704.2998	60.0000	0.0000	0.0000	0	0	0	0	0	119675.00
石家庄广播电视大学行唐分校	20.0000	14.0000	6.0000	0.0000	30	20	0	7	3	5000.00
共同使用	20.0000	14.0000	6.0000	0.0000	30	20	0	7	3	5000.00
石家庄市矿区电大工作站	59.7700	0.0000	54.0000	2.0000	150	150	0	30	7	6300.00
共同使用	59.7700	0.0000	54.0000	2.0000	150	150	0	30	7	6300.00
唐山广播电视大学迁安分校	140.0000	60.0000	24.0000	3.6000	122	122	2	6	6	0.00
独立使用	140.0000	60.0000	24.0000	3.6000	122	122	2	6	6	0.00
唐山广播电视大学乐亭分校	0.0000	0.0000	0.0000	0.0000	0	0	0	0	0	1100.00
共同使用	0.0000	0.0000	0.0000	0.0000	0	0	0	0	0	1100.00
开平农广校	0.0000	0.0000	0.0000	0.0000	0	0	0	9	2	400.00
独立使用	0.0000	0.0000	0.0000	0.0000	0	0	0	9	2	400.00
秦皇岛广播电视大学昌黎分校	186.5400	0.0000	0.0000	0.0000	0	0	0	15	2	3179.00
独立使用	186.5400	0.0000	0.0000	0.0000	0	0	0	15	2	3179.00
山海关电大	0.0000	0.0000	0.0000	0.3211	110	110	0	12	4	1601.00
独立使用	0.0000	0.0000	0.0000	0.1211	0	0	0	10	2	611.00
共同使用	0.0000	0.0000	0.0000	0.2000	110	110	0	2	2	990.00
邯郸广播电视大学武安分校	40.0000	0.0000	0.0000	0.0000	0	0	0	0	0	220.00
独立使用	40.0000	0.0000	0.0000	0.0000	0	0	0	0	0	220.00
邯郸广播电视大学曲周分校	4.9000	1.9000	3.0000	0.9000	70	10	0	8	2	6000.00
独立使用	0.0000	0.0000	0.0000	0.0000	10	10	0	0	0	0.00
共同使用	4.9000	1.9000	3.0000	0.9000	60	0	0	8	2	6000.00
邯郸广播电视大学大名分校	50.0000	10.0000	4.0000	3.1000	10	0	0	30	1	2800.00
共同使用	50.0000	10.0000	4.0000	3.1000	10	0	0	30	1	2800.00
邯郸广播电视大学邱县工作站	0.0000	0.0000	0.0000	2.0000	13	0	0	300	0	200.00
独立使用	0.0000	0.0000	0.0000	0.0000	2	0	0	0	0	0.00
共同使用	0.0000	0.0000	0.0000	2.0000	11	0	0	300	0	200.00
邯郸广播电视大学馆陶分校	0.0000	0.0000	0.0000	0.7000	32	32	0	40	2	5300.00
共同使用	0.0000	0.0000	0.0000	0.7000	32	32	0	40	2	5300.00
邯郸广播电视大学永年分校	0.0000	0.0000	0.0000	4.0000	40	40	0	11	3	4000.00
共同使用	0.0000	0.0000	0.0000	4.0000	40	40	0	11	3	4000.00

4.2 非学校产权资产情况(续表2)

	固定资产总值(万元)			图书(万册)	计算机(台)			教室(间)		占地面积(平方米)
	计	其中:教学、科研仪器设备资产值	其中:信息化设备资产值		计	其中:教学用计算机		计	其中:网络多媒体教室	
						计	其中:平板电脑			
邯郸广播电视大学广平分校	20.0000	0.0000	15.0000	0.5000	60	50	0	6	6	2000.00
共同使用	20.0000	0.0000	15.0000	0.5000	60	50	0	6	6	2000.00
邯郸广播电视大学魏县分校	20.0000	0.0000	0.0000	0.0000	2	0	0	3	1	1200.00
共同使用	20.0000	0.0000	0.0000	0.0000	2	0	0	3	1	1200.00
邯郸广播电视大学肥乡分校	5.0000	3.0000	2.0000	60.0000	120	115	5	32	10	2212.00
共同使用	5.0000	3.0000	2.0000	60.0000	120	115	5	32	10	2212.00
邯郸市成安县电大工作站	0.0000	0.0000	0.0000	0.0000	4	0	0	2	0	200.00
共同使用	0.0000	0.0000	0.0000	0.0000	4	0	0	2	0	200.00
承德广播电视大学围场工作站	0.0000	0.0000	0.0000	2.0000	66	66	0	22	10	500.00
共同使用	0.0000	0.0000	0.0000	2.0000	66	66	0	22	10	500.00
承德县工作站	99.0600	38.4000	38.4000	0.0500	101	101	0	8	2	694.00
共同使用	99.0600	38.4000	38.4000	0.0500	101	101	0	8	2	694.00
邢台广播电视大学临西分校	4.4000	3.2000	1.2000	1.0000	14	7	0	11	3	200.00
独立使用	2.2000	2.2000	0.0000	0.0000	7	5	0	2	0	0.00
共同使用	2.2000	1.0000	1.2000	1.0000	7	2	0	9	3	200.00
邢台广播电视大学沙河分校	0.0000	0.0000	0.0000	0.0000	64	60	0	4	4	2000.00
共同使用	0.0000	0.0000	0.0000	0.0000	64	60	0	4	4	2000.00
邢台广播电视大学任县工作站	60.0000	30.0000	5.0000	1.5000	90	80	0	15	2	5328.00
共同使用	60.0000	30.0000	5.0000	1.5000	90	80	0	15	2	5328.00
邢台广播电视大学威县分校	52.0000	26.0000	0.0000	20.0000	30	30	0	4	1	600.00
共同使用	52.0000	26.0000	0.0000	20.0000	30	30	0	4	1	600.00
邢台广播电视大学南宫分校.	61.0000	55.0000	6.0000	0.5500	75	0	0	12	2	210.00
共同使用	61.0000	55.0000	6.0000	0.5500	75	0	0	12	2	210.00
邢台广播电视大学清河分校	9000.0000	1000.0000	0.0000	5.1000	210	202	202	21	6	70000.00
共同使用	9000.0000	1000.0000	0.0000	5.1000	210	202	202	21	6	70000.00
邢台广播电视大学内邱分校	150.0000	132.0000	18.0000	1.0000	60	60	2	1	1	493.00
共同使用	150.0000	132.0000	18.0000	1.0000	60	60	2	1	1	493.00
平乡县委党校	0.0000	0.0000	0.0000	0.1500	30	30	0	10	0	850.00
共同使用	0.0000	0.0000	0.0000	0.1500	30	30	0	10	0	850.00
邢台南和县教师进修学校	0.0000	0.0000	0.0000	0.0000	0	0	0	0	0	23000.00
共同使用	0.0000	0.0000	0.0000	0.0000	0	0	0	0	0	23000.00
保定广播电视大学曲阳分校	0.0000	0.0000	0.0000	0.0000	0	0	0	1	1	560.00
独立使用	0.0000	0.0000	0.0000	0.0000	0	0	0	1	1	0.00
共同使用	0.0000	0.0000	0.0000	0.0000	0	0	0	0	0	560.00
保定广播电视大学雄县分校	0.0000	0.0000	0.0000	2.0000	0	0	0	6	6	450.00
共同使用	0.0000	0.0000	0.0000	2.0000	0	0	0	6	6	450.00
保定广播电视大学定兴分校	0.0000	0.0000	0.0000	0.0000	0	0	0	18	3	100.00
共同使用	0.0000	0.0000	0.0000	0.0000	0	0	0	18	3	100.00
保定广播电视大学易县分校	40.0000	30.0000	0.0000	2.0000	166	0	0	40	0	500.00
独立使用	0.0000	0.0000	0.0000	0.5000	10	0	0	0	0	120.00
共同使用	40.0000	30.0000	0.0000	1.5000	156	0	0	40	0	380.00
保定广播电视大学安国分校	0.0000	0.0000	0.0000	0.0000	0	0	0	10	0	7440.00
独立使用	0.0000	0.0000	0.0000	0.0000	0	0	0	0	0	2630.00

4.2 非学校产权资产情况(续表3)

	固定资产总值(万元)			图书(万册)	计算机(台)			教室(间)		占地面积(平方米)
	计	其中:教学、科研仪器设备资产值	其中:信息化设备资产值		计	其中:教学用计算机 计	其中:平板电脑	计	其中:网络多媒体教室	
共同使用	0.0000	0.0000	0.0000	0.0000	0	0	0	10	0	4810.00
保定广播电视大学安新工作站	25.0000	6.0000	16.0000	0.4000	50	50	0	16	1	755.00
独立使用	10.0000	6.0000	4.0000	0.4000	10	10	0	0	0	80.00
共同使用	15.0000	0.0000	12.0000	0.0000	40	40	0	16	1	675.00
保定广播电视大学容城分校	50.2000	30.0000	20.0000	0.0000	20	20	0	0	0	0.00
独立使用	0.1000	0.0000	0.0000	0.0000	0	0	0	0	0	0.00
共同使用	50.1000	30.0000	20.0000	0.0000	20	20	0	0	0	0.00
保定广播电视大学涞水分校	62.0000	10.0000	52.0000	1.9000	150	150	0	15	3	2000.00
独立使用	0.0000	0.0000	0.0000	0.0000	0	0	0	0	0	400.00
共同使用	62.0000	10.0000	52.0000	1.9000	150	150	0	15	3	1600.00
保定广播电视大学高阳分校	0.0000	0.0000	0.0000	0.0000	0	0	0	22	2	0.00
共同使用	0.0000	0.0000	0.0000	0.0000	0	0	0	22	2	0.00
保定广播电视大学顺平分校	309.2000	8.0000	15.0000	0.3000	50	50	0	13	3	2600.00
共同使用	309.2000	8.0000	15.0000	0.3000	50	50	0	13	3	2600.00
保定广播电视大学唐县分校	23.0000	9.0000	1.5000	2.0000	80	80	0	20	3	1000.00
独立使用	23.0000	9.0000	1.5000	0.5000	30	30	0	0	0	800.00
共同使用	0.0000	0.0000	0.0000	1.5000	50	50	0	20	3	200.00
保定广播电视大学阜平分校	2.0000	1.0000	1.0000	0.0000	0	0	0	0	0	0.00
独立使用	2.0000	1.0000	1.0000	0.0000	0	0	0	0	0	0.00
定州分校	10.0000	7.0000	2.0000	8.0000	620	500	0	125	4	300.00
独立使用	0.0000	0.0000	0.0000	5.0000	120	100	0	100	4	100.00
共同使用	10.0000	7.0000	2.0000	3.0000	500	400	0	25	0	200.00
张家口广播电视大学怀来分校	0.0000	0.0000	0.0000	0.0000	0	0	0	15	1	706.00
共同使用	0.0000	0.0000	0.0000	0.0000	0	0	0	15	1	706.00
张家口广播电视大学涿鹿分校	38.0000	20.0000	18.0000	7.5600	65	65	0	18	3	462.00
独立使用	0.0000	0.0000	0.0000	0.3600	5	5	0	0	0	147.00
共同使用	38.0000	20.0000	18.0000	7.2000	60	60	0	18	3	315.00
张家口广播电视大学蔚县分校	700.0000	580.0000	20.0000	8.0000	300	60	0	20	10	12000.00
独立使用	100.0000	80.0000	10.0000	2.0000	150	30	0	10	5	2000.00
共同使用	600.0000	500.0000	10.0000	6.0000	150	30	0	10	5	10000.00
张家口广播电视大学阳原分校	0.0000	0.0000	0.0000	0.0000	30	30	0	12	3	480.00
独立使用	0.0000	0.0000	0.0000	0.0000	0	0	0	6	0	120.00
共同使用	0.0000	0.0000	0.0000	0.0000	30	30	0	6	3	360.00
张家口广播电视大学赤城分校	0.0000	0.0000	0.0000	4.5200	80	41	0	2	2	3300.00
共同使用	0.0000	0.0000	0.0000	4.5200	80	41	0	2	2	3300.00
张家口广播电视大学沽源县分校	0.0000	0.0000	0.0000	0.0000	0	0	0	3	0	300.00
独立使用	0.0000	0.0000	0.0000	0.0000	0	0	0	0	0	40.00
共同使用	0.0000	0.0000	0.0000	0.0000	0	0	0	3	0	260.00
张家口广播电视大学怀安分校	0.0000	0.0000	0.0000	0.0000	8	0	0	1	0	0.00
共同使用	0.0000	0.0000	0.0000	0.0000	8	0	0	1	0	0.00
沧州广播电视大学河间分校	0.0000	0.0000	0.0000	0.0000	0	0	0	3	0	200.00
共同使用	0.0000	0.0000	0.0000	0.0000	0	0	0	3	0	200.00
沧州广播电视大学泊头分校	11.0000	0.0000	10.5000	0.2000	35	30	0	4	1	220.00

4.2 非学校产权资产情况(续表4)

	固定资产总值(万元)			图书(万册)	计算机(台)			教室(间)		占地面积(平方米)
	计	其中:教学、科研仪器设备资产值	其中:信息化设备资产值		计	其中:教学用计算机 计	其中:平板电脑	计	其中:网络多媒体教室	
共同使用	11.0000	0.0000	10.5000	0.2000	35	30	0	4	1	220.00
沧州广播电视大学盐山分校	0.0000	0.0000	0.0000	0.0000	0	0	0	34	3	892.00
独立使用	0.0000	0.0000	0.0000	0.0000	0	0	0	10	3	392.00
共同使用	0.0000	0.0000	0.0000	0.0000	0	0	0	24	0	500.00
沧州广播电视大学肃宁分校	0.0000	0.0000	0.0000	0.0000	0	0	0	2	2	320.00
独立使用	0.0000	0.0000	0.0000	0.0000	0	0	0	0	0	120.00
共同使用	0.0000	0.0000	0.0000	0.0000	0	0	0	2	2	200.00
廊坊广播电视大学香河分校	24.0000	24.0000	0.0000	2.0000	80	40	0	57	6	1140.00
共同使用	24.0000	24.0000	0.0000	2.0000	80	40	0	57	6	1140.00
廊坊广播电视大学霸州分校	0.0000	0.0000	0.0000	5.0000	0	0	0	0	0	300.00
共同使用	0.0000	0.0000	0.0000	5.0000	0	0	0	0	0	300.00
山西	**5785.0900**	**770.3500**	**2423.2400**	**46.0650**	**2002**	**1355**	**54**	**271**	**94**	**181388.34**
独立使用	1597.0000	76.0000	1006.0000	6.2100	169	139	11	91	38	5224.00
共同使用	4188.0900	694.3500	1417.2400	39.8550	1833	1216	43	180	56	176164.34
省直同煤集团党校教学点	0.0000	0.0000	0.0000	3.3000	0	0	0	0	0	66667.00
共同使用	0.0000	0.0000	0.0000	3.3000	0	0	0	0	0	66667.00
大同机车技师学院学习中心	0.0000	0.0000	0.0000	5.0000	300	260	0	7	0	64132.00
共同使用	0.0000	0.0000	0.0000	5.0000	300	260	0	7	0	64132.00
省直属大同大学教学点	0.0000	0.0000	0.0000	0.0000	0	0	0	2	0	400.00
共同使用	0.0000	0.0000	0.0000	0.0000	0	0	0	2	0	400.00
太原电大直属教学点	0.0000	0.0000	0.0000	0.0000	0	0	0	17	6	2000.00
独立使用	0.0000	0.0000	0.0000	0.0000	0	0	0	17	6	0.00
共同使用	0.0000	0.0000	0.0000	0.0000	0	0	0	0	0	2000.00
太原电大杏花岭区教学点	0.0000	0.0000	0.0000	0.0000	0	0	0	8	0	0.00
共同使用	0.0000	0.0000	0.0000	0.0000	0	0	0	8	0	0.00
太原电大万柏林区教学点	0.0000	0.0000	0.0000	0.0000	40	40	0	4	1	80.00
共同使用	0.0000	0.0000	0.0000	0.0000	40	40	0	4	1	80.00
古交市电大工作站	7.0000	0.0000	2.0000	0.0000	40	0	0	5	2	5000.00
共同使用	7.0000	0.0000	2.0000	0.0000	40	0	0	5	2	5000.00
娄烦县教师进修学校	0.0000	0.0000	0.0000	0.0000	0	0	0	6	2	576.00
共同使用	0.0000	0.0000	0.0000	0.0000	0	0	0	6	2	576.00
大同电大阳高县教学点	10.0000	10.0000	0.0000	0.2000	20	20	0	1	1	200.00
独立使用	10.0000	10.0000	0.0000	0.2000	0	0	0	0	0	200.00
共同使用	0.0000	0.0000	0.0000	0.0000	20	20	0	1	1	0.00
阳泉电大盂县教学点	50.0000	50.0000	0.0000	0.0000	72	72	0	15	3	0.00
独立使用	50.0000	50.0000	0.0000	0.0000	72	72	0	15	3	0.00
晋城电大直属教学点	0.0000	0.0000	0.0000	0.0000	0	0	0	30	20	2900.00
独立使用	0.0000	0.0000	0.0000	0.0000	0	0	0	30	20	500.00
共同使用	0.0000	0.0000	0.0000	0.0000	0	0	0	0	0	2400.00
晋城阳城县教师进修校	0.0000	0.0000	0.0000	1.0000	70	60	0	4	2	2200.00
共同使用	0.0000	0.0000	0.0000	1.0000	70	60	0	4	2	2200.00
晋城电大城区教学点	468.0000	290.0000	25.0000	1.1500	308	180	0	8	4	2000.00
共同使用	468.0000	290.0000	25.0000	1.1500	308	180	0	8	4	2000.00

4.2 非学校产权资产情况(续表5)

	固定资产总值(万元)			图书(万册)	计算机(台)			教室(间)		占地面积(平方米)
	计	其中:教学、科研仪器设备资产值	其中:信息化设备资产值		计	其中:教学用计算机		计	其中:网络多媒体教室	
						计	其中:平板电脑			
晋城市泽州县教学点	311.0000	52.0000	0.0000	6.2000	110	65	0	40	4	5933.00
共同使用	311.0000	52.0000	0.0000	6.2000	110	65	0	40	4	5933.00
忻州电大静乐县教学点	1000.0000	10.0000	0.0000	0.0000	0	0	0	0	0	700.00
共同使用	1000.0000	10.0000	0.0000	0.0000	0	0	0	0	0	700.00
晋中电大直属教学点	0.0000	0.0000	0.0000	0.0000	120	0	0	3	0	1000.00
共同使用	0.0000	0.0000	0.0000	0.0000	120	0	0	3	0	1000.00
晋中电大平遥县教学点	0.0000	0.0000	0.0000	0.0000	0	0	0	5	1	626.00
独立使用	0.0000	0.0000	0.0000	0.0000	0	0	0	2	1	464.00
共同使用	0.0000	0.0000	0.0000	0.0000	0	0	0	3	0	162.00
晋中电大太谷县教学点	3000.0000	0.0000	2200.0000	0.0000	50	0	0	2	2	1200.00
独立使用	1500.0000	0.0000	1000.0000	0.0000	0	0	0	0	0	0.00
共同使用	1500.0000	0.0000	1200.0000	0.0000	50	0	0	2	2	1200.00
晋中电大祁县教学点	0.0000	0.0000	0.0000	0.0000	0	0	0	10	2	400.00
共同使用	0.0000	0.0000	0.0000	0.0000	0	0	0	10	2	400.00
晋中电大灵石县教学点	0.0000	0.0000	0.0000	0.0000	0	0	0	2	1	310.00
独立使用	0.0000	0.0000	0.0000	0.0000	0	0	0	2	1	310.00
吕梁电大交城县教学点	0.0000	0.0000	0.0000	0.0000	0	0	0	0	0	40.00
共同使用	0.0000	0.0000	0.0000	0.0000	0	0	0	0	0	40.00
吕梁电大兴县教学点	70.0000	57.0000	11.0000	0.0000	40	40	40	1	0	270.00
共同使用	70.0000	57.0000	11.0000	0.0000	40	40	40	1	0	270.00
吕梁电大孝义市教学点	0.0000	0.0000	0.0000	0.0000	0	0	0	4	1	430.00
独立使用	0.0000	0.0000	0.0000	0.0000	0	0	0	4	1	430.00
孝义供电支公司教培中心	6.0000	3.0000	2.0000	15.0000	4	3	2	10	4	50.00
独立使用	3.0000	1.0000	1.0000	5.0000	2	2	1	3	2	20.00
共同使用	3.0000	2.0000	1.0000	10.0000	2	1	1	7	2	30.00
临汾电大隰县教学点	0.0000	0.0000	0.0000	0.0150	30	0	0	0	0	0.00
独立使用	0.0000	0.0000	0.0000	0.0100	30	0	0	0	0	0.00
共同使用	0.0000	0.0000	0.0000	0.0050	0	0	0	0	0	0.00
临汾电大汾西县教学点	0.0000	0.0000	0.0000	0.0000	0	0	0	0	0	5000.00
共同使用	0.0000	0.0000	0.0000	0.0000	0	0	0	0	0	5000.00
曲沃县职业高级中学	0.0000	0.0000	0.0000	0.0000	30	0	0	0	0	0.00
共同使用	0.0000	0.0000	0.0000	0.0000	30	0	0	0	0	0.00
临汾市教师进修学校	0.0000	0.0000	0.0000	0.0000	25	0	0	0	0	0.00
共同使用	0.0000	0.0000	0.0000	0.0000	25	0	0	0	0	0.00
运城电大河津市教学点	34.0000	15.0000	5.0000	0.0000	0	0	0	0	0	3000.00
独立使用	34.0000	15.0000	5.0000	0.0000	0	0	0	0	0	0.00
共同使用	0.0000	0.0000	0.0000	0.0000	0	0	0	0	0	3000.00
朔州电大直属教学点	0.0000	0.0000	0.0000	0.0000	0	0	0	27	15	3000.00
共同使用	0.0000	0.0000	0.0000	0.0000	0	0	0	27	15	3000.00
朔州电大平鲁区教学点	0.0000	0.0000	0.0000	0.0000	25	25	0	0	0	300.00
独立使用	0.0000	0.0000	0.0000	0.0000	25	25	0	0	0	300.00
朔州电大怀仁县教学点	9.9000	7.6000	1.5000	1.3000	62	48	2	2	1	324.00
共同使用	9.9000	7.6000	1.5000	1.3000	62	48	2	2	1	324.00

4.2 非学校产权资产情况(续表6)

	固定资产总值(万元)			图书(万册)	计算机(台)			教室(间)		占地面积(平方米)
	计	其中:教学、科研仪器设备资产值	其中:信息化设备资产值		计	其中:教学用计算机 计	其中:平板电脑	计	其中:网络多媒体教室	
中条山电大直属教学点	819.1900	275.7500	176.7400	1.9000	246	202	0	28	6	5600.34
共同使用	819.1900	275.7500	176.7400	1.9000	246	202	0	28	6	5600.34
省农广校直属教学点	0.0000	0.0000	0.0000	0.0000	0	0	0	0	0	1300.00
独立使用	0.0000	0.0000	0.0000	0.0000	0	0	0	0	0	400.00
共同使用	0.0000	0.0000	0.0000	0.0000	0	0	0	0	0	900.00
省统计局直属教学点	0.0000	0.0000	0.0000	1.0000	340	340	10	3	3	800.00
独立使用	0.0000	0.0000	0.0000	1.0000	40	40	10	3	3	800.00
共同使用	0.0000	0.0000	0.0000	0.0000	300	300	0	0	0	0.00
省直中化学习中心教学点	0.0000	0.0000	0.0000	0.0000	0	0	0	12	12	1350.00
共同使用	0.0000	0.0000	0.0000	0.0000	0	0	0	12	12	1350.00
省直柳林学习中心教学点	0.0000	0.0000	0.0000	0.0000	0	0	0	15	1	3600.00
独立使用	0.0000	0.0000	0.0000	0.0000	0	0	0	15	1	1800.00
共同使用	0.0000	0.0000	0.0000	0.0000	0	0	0	0	0	1800.00
省直原平学习中心教学点	0.0000	0.0000	0.0000	10.0000	70	0	0	0	0	0.00
共同使用	0.0000	0.0000	0.0000	10.0000	70	0	0	0	0	0.00
内蒙古	**69299.7800**	**10655.7600**	**1727.9700**	**209.2930**	**3411**	**2619**	**41**	**426**	**137**	**1153351.00**
独立使用	698.9000	537.8000	73.9000	19.5200	1517	964	16	137	59	32928.00
共同使用	68600.8800	10117.9601	1654.0700	189.7730	1894	1655	25	289	78	1120423.00
呼和浩特市电大武川县教师进修学校	0.0000	0.0000	0.0000	0.0000	0	0	0	0	0	100.00
共同使用	0.0000	0.0000	0.0000	0.0000	0	0	0	0	0	100.00
呼和浩特市电大托克托县教师进修学校	54.0000	54.0000	0.0000	0.4600	0	0	0	6	0	500.00
独立使用	24.0000	24.0000	0.0000	0.2300	0	0	0	4	0	300.00
共同使用	30.0000	30.0000	0.0000	0.2300	0	0	0	2	0	200.00
包头市电大达茂旗电大工作站	10000.0000	200.0000	1000.0000	1.0000	100	100	0	5	2	29203.00
共同使用	10000.0000	200.0000	1000.0000	1.0000	100	100	0	5	2	29203.00
内蒙古中等职业技术学校	0.0000	0.0000	0.0000	0.0000	0	0	0	12	0	0.00
独立使用	0.0000	0.0000	0.0000	0.0000	0	0	0	3	0	0.00
共同使用	0.0000	0.0000	0.0000	0.0000	0	0	0	9	0	0.00
赤峰市电大	0.0000	0.0000	0.0000	0.0000	0	0	0	0	0	2500.00
共同使用	0.0000	0.0000	0.0000	0.0000	0	0	0	0	0	2500.00
赤峰市电大阿鲁科尔沁旗职教中心	0.0000	0.0000	0.0000	0.0000	0	0	0	2	0	100.00
独立使用	0.0000	0.0000	0.0000	0.0000	0	0	0	2	0	100.00
锡林郭勒盟广播电视大学	53132.0000	7126.8501	0.0000	95.0000	118	102	0	65	2	642350.00
独立使用	0.0000	0.0000	0.0000	0.0000	118	102	0	5	2	1681.00
共同使用	53132.0000	7126.8501	0.0000	95.0000	0	0	0	60	0	640669.00
乌兰察布市电大察右前旗教师进修学校	6.0000	0.0000	0.0000	1.0000	9	9	0	3	2	2500.00
独立使用	0.0000	0.0000	0.0000	1.0000	9	9	0	0	0	0.00
共同使用	6.0000	0.0000	0.0000	0.0000	0	0	0	3	2	2500.00
乌兰察布市电大商都科技培训中心	12.0000	12.0000	0.0000	1.0000	40	40	0	2	2	480.00
独立使用	6.0000	6.0000	0.0000	0.5000	20	20	0	1	1	240.00
共同使用	6.0000	6.0000	0.0000	0.5000	20	20	0	1	1	240.00
乌审旗教师进修学校	40.0000	18.0000	5.0000	1.2000	80	0	0	6	0	1200.00
独立使用	20.0000	8.0000	2.0000	1.2000	40	0	0	3	0	1000.00

4.2 非学校产权资产情况(续表7)

	固定资产总值(万元)			图书(万册)	计算机(台)			教室(间)		占地面积(平方米)
	计	其中:教学、科研仪器设备资产值	其中:信息化设备资产值		计	其中:教学用计算机 计	其中:平板电脑	计	其中:网络多媒体教室	
共同使用	20.0000	10.0000	3.0000	0.0000	40	0	0	3	0	200.00
巴彦淖尔市电大磴口县电大工作站	0.0000	0.0000	0.0000	0.0000	0	0	0	4	1	570.00
独立使用	0.0000	0.0000	0.0000	0.0000	0	0	0	3	1	270.00
共同使用	0.0000	0.0000	0.0000	0.0000	0	0	0	1	0	300.00
巴彦淖尔市电大五原县移动通信	25.0000	20.0000	5.0000	0.0000	40	0	0	6	1	12665.00
独立使用	0.0000	0.0000	0.0000	0.0000	0	0	0	0	0	120.00
共同使用	25.0000	20.0000	5.0000	0.0000	40	0	0	6	1	12545.00
巴彦淖尔市电大乌拉特中旗检察院	0.0000	0.0000	0.0000	0.0000	10	10	1	1	0	260.00
独立使用	0.0000	0.0000	0.0000	0.0000	10	10	1	1	0	260.00
巴彦淖尔市电大农牧场职工中专	0.0000	0.0000	0.0000	0.0000	5	3	2	10	3	100.00
独立使用	0.0000	0.0000	0.0000	0.0000	5	3	2	0	0	100.00
共同使用	0.0000	0.0000	0.0000	0.0000	0	0	0	10	3	0.00
巴彦淖尔市电大临河区农业广播学校	0.0000	0.0000	0.0000	0.0000	0	0	0	2	0	430.00
独立使用	0.0000	0.0000	0.0000	0.0000	0	0	0	1	0	230.00
共同使用	0.0000	0.0000	0.0000	0.0000	0	0	0	1	0	200.00
呼伦贝尔市新巴尔虎左旗教师教育培训中心	0.0000	0.0000	0.0000	0.0000	33	33	0	1	0	0.00
共同使用	0.0000	0.0000	0.0000	0.0000	33	33	0	1	0	0.00
开放教育学院薛家湾准能公司	187.6000	182.9000	4.7000	7.0000	890	500	0	32	21	8040.00
独立使用	182.0000	182.0000	0.0000	0.0000	890	500	0	32	21	0.00
共同使用	5.6000	0.9000	4.7000	7.0000	0	0	0	0	0	8040.00
开放教育学院托克托县高级职业中学	10.0000	9.0000	1.0000	0.3500	40	35	5	8	1	450.00
独立使用	0.0000	0.0000	0.0000	0.1500	0	0	0	2	0	150.00
共同使用	10.0000	9.0000	1.0000	0.2000	40	35	5	6	1	300.00
内蒙古广播电视大学财贸金融专修学院	0.0000	0.0000	0.0000	2.6300	149	149	0	32	2	124029.00
独立使用	0.0000	0.0000	0.0000	2.0000	0	0	0	6	1	560.00
共同使用	0.0000	0.0000	0.0000	0.6300	149	149	0	26	1	123469.00
内蒙古职工专修学院	0.0000	0.0000	0.0000	0.0000	0	0	0	4	3	820.00
独立使用	0.0000	0.0000	0.0000	0.0000	0	0	0	2	1	580.00
共同使用	0.0000	0.0000	0.0000	0.0000	0	0	0	2	2	240.00
内蒙古网络教育专修学院	0.0000	0.0000	0.0000	20.0000	100	100	0	25	2	810.00
独立使用	0.0000	0.0000	0.0000	10.0000	0	0	0	5	1	200.00
共同使用	0.0000	0.0000	0.0000	10.0000	100	100	0	20	1	610.00
呼和浩特市鸿德教育	0.0000	0.0000	0.0000	0.0000	300	300	0	30	5	12020.00
共同使用	0.0000	0.0000	0.0000	0.0000	300	300	0	30	5	12020.00
内蒙古电力通讯职业技术学校	100.0000	50.0000	20.0000	1.3000	110	90	10	12	10	3500.00
独立使用	100.0000	50.0000	20.0000	1.3000	110	90	10	12	10	3500.00
内蒙古计算机专修学院	0.0000	0.0000	0.0000	0.0000	0	0	0	15	8	10300.00
共同使用	0.0000	0.0000	0.0000	0.0000	0	0	0	15	8	10300.00
内蒙古正镶白旗农业广播电视学校	0.5000	0.1000	0.1000	0.0000	0	0	0	5	0	2000.00
独立使用	0.2000	0.1000	0.1000	0.0000	0	0	0	0	0	0.00
共同使用	0.3000	0.0000	0.0000	0.0000	0	0	0	5	0	2000.00
内蒙古莫力达瓦达斡尔族自治旗农广校	2000.0000	21.0000	16.0000	1.0000	0	0	0	2	2	1922.00
共同使用	2000.0000	21.0000	16.0000	1.0000	0	0	0	2	2	1922.00

4.2 非学校产权资产情况(续表8)

	固定资产总值(万元)			图书(万册)	计算机(台)			教室(间)		占地面积(平方米)
	计	其中:教学、科研仪器设备资产值	其中:信息化设备资产值		计	其中:教学用计算机		计	其中:网络多媒体教室	
						计	其中:平板电脑			
内蒙古北方科技专修学院	0.0000	0.0000	0.0000	1.0000	0	0	0	7	2	2700.00
独立使用	0.0000	0.0000	0.0000	0.0000	0	0	0	5	2	2000.00
共同使用	0.0000	0.0000	0.0000	1.0000	0	0	0	2	0	700.00
内蒙古电大人文学院	287.7000	195.0000	38.2000	1.5600	80	0	0	18	6	7120.00
独立使用	257.7000	195.0000	38.2000	1.5600	80	0	0	18	6	7120.00
共同使用	30.0000	0.0000	0.0000	0.0000	0	0	0	0	0	0.00
内蒙古职工培训学院	0.0000	0.0000	0.0000	0.0000	0	0	0	4	3	820.00
独立使用	0.0000	0.0000	0.0000	0.0000	0	0	0	2	1	580.00
共同使用	0.0000	0.0000	0.0000	0.0000	0	0	0	2	2	240.00
呼和浩特市恒联职业学校	111.0000	93.2000	4.0000	0.0000	305	300	3	29	6	7600.00
独立使用	49.0000	32.7000	4.0000	0.0000	105	100	3	5	2	800.00
共同使用	62.0000	60.5000	0.0000	0.0000	200	200	0	24	4	6800.00
内蒙古扎兰屯职业学院	3244.7800	2628.7100	616.0700	10.1900	454	300	20	40	36	260661.00
共同使用	3244.7800	2628.7100	616.0700	10.1900	454	300	20	40	36	260661.00
呼和浩特市悦鑫电子工程技术学校	0.0000	0.0000	0.0000	0.0000	0	0	0	12	6	2212.00
独立使用	0.0000	0.0000	0.0000	0.0000	0	0	0	12	6	1948.00
共同使用	0.0000	0.0000	0.0000	0.0000	0	0	0	0	0	264.00
煤化专修直属	50.0000	30.0000	14.9000	63.9800	248	248	0	12	4	2189.00
独立使用	40.0000	30.0000	9.6000	0.9800	30	30	0	4	2	189.00
共同使用	10.0000	0.0000	5.3000	63.0000	218	218	0	8	2	2000.00
内蒙古动漫专修学院	30.0000	10.0000	0.0000	0.6000	100	100	0	9	2	11000.00
独立使用	20.0000	10.0000	0.0000	0.6000	100	100	0	9	2	11000.00
共同使用	10.0000	0.0000	0.0000	0.0000	0	0	0	0	0	0.00
内蒙古煤矿安全培训中心	9.2000	5.0000	3.0000	0.0230	200	200	0	5	5	2200.00
共同使用	9.2000	5.0000	3.0000	0.0230	200	200	0	5	5	2200.00
辽宁	**10966.4004**	**1685.3700**	**758.5500**	**27.9500**	**1919**	**1291**	**0**	**256**	**46**	**112108.10**
独立使用	22.0000	18.0000	4.0000	1.3500	90	71	0	56	29	4198.10
共同使用	10944.4004	1667.3700	754.5500	26.6000	1829	1220	0	200	17	107910.00
辽宁广播电视大学	0.0000	0.0000	0.0000	0.0000	0	0	0	10	10	0.00
独立使用	0.0000	0.0000	0.0000	0.0000	0	0	0	10	10	0.00
鞍山电视大学台安分校	20.0000	0.0000	5.0000	0.0000	20	0	0	10	1	1140.00
独立使用	0.0000	0.0000	0.0000	0.0000	0	0	0	0	0	180.00
共同使用	20.0000	0.0000	5.0000	0.0000	20	0	0	10	1	960.00
本溪电大分校	0.0000	0.0000	0.0000	0.0000	0	0	0	28	17	2298.10
独立使用	0.0000	0.0000	0.0000	0.0000	0	0	0	28	17	2298.10
丹东电大分校	587.0000	203.0000	0.0000	0.3000	349	210	0	50	6	4000.00
共同使用	587.0000	203.0000	0.0000	0.3000	349	210	0	50	6	4000.00
营口电大分校	1800.0000	0.0000	0.0000	0.0000	0	0	0	0	0	0.00
共同使用	1800.0000	0.0000	0.0000	0.0000	0	0	0	0	0	0.00
朝阳电大分校	0.0000	0.0000	0.0000	0.0000	0	0	0	23	0	10000.00
共同使用	0.0000	0.0000	0.0000	0.0000	0	0	0	23	0	10000.00
凌源电大	0.0000	0.0000	0.0000	5.0000	0	0	0	0	0	0.00
共同使用	0.0000	0.0000	0.0000	5.0000	0	0	0	0	0	0.00

4.2 非学校产权资产情况(续表9)

	固定资产总值(万元)			图书(万册)	计算机(台)			教室(间)		占地面积(平方米)
	计	其中:教学、科研仪器设备资产值	其中:信息化设备资产值		计	其中:教学用计算机		计	其中:网络多媒体教室	
						计	其中:平板电脑			
朝阳广播电视大学喀左教学中心	20.0000	18.0000	2.0000	4.0000	90	90	0	23	3	5300.00
独立使用	20.0000	18.0000	2.0000	0.0000	30	30	0	3	1	300.00
共同使用	0.0000	0.0000	0.0000	4.0000	60	60	0	20	2	5000.00
朝阳广播电视大学北票教学中心	15.0000	12.0000	3.0000	0.4000	100	0	0	10	3	2500.00
独立使用	2.0000	0.0000	2.0000	0.1000	10	0	0	0	0	140.00
共同使用	13.0000	12.0000	1.0000	0.3000	90	0	0	10	3	2360.00
调兵山县电大	0.0000	0.0000	0.0000	0.0000	30	0	0	3	0	100.00
共同使用	0.0000	0.0000	0.0000	0.0000	30	0	0	3	0	100.00
清河电厂电大工作站	0.0000	0.0000	0.0000	0.0000	30	0	0	5	0	200.00
共同使用	0.0000	0.0000	0.0000	0.0000	30	0	0	5	0	200.00
水利厅电大工作站	8524.4004	1452.3700	748.5500	17.0000	1200	991	0	69	5	85390.00
独立使用	0.0000	0.0000	0.0000	0.0000	50	41	0	0	0	200.00
共同使用	8524.4004	1452.3700	748.5500	17.0000	1150	950	0	69	5	85190.00
沈阳成教教学部	0.0000	0.0000	0.0000	1.2500	0	0	0	5	1	380.00
独立使用	0.0000	0.0000	0.0000	1.2500	0	0	0	5	1	380.00
辽宁电大辽中教学中心	0.0000	0.0000	0.0000	0.0000	100	0	0	20	0	800.00
独立使用	0.0000	0.0000	0.0000	0.0000	0	0	0	10	0	700.00
共同使用	0.0000	0.0000	0.0000	0.0000	100	0	0	10	0	100.00
沈阳	**104.5000**	**94.5000**	**10.0000**	**0.5000**	**78**	**78**	**0**	**60**	**9**	**1177.00**
独立使用	104.5000	94.5000	10.0000	0.5000	78	78	0	60	9	1177.00
沈阳广播电视大学	54.5000	54.5000	0.0000	0.0000	0	0	0	48	0	0.00
独立使用	54.5000	54.5000	0.0000	0.0000	0	0	0	48	0	0.00
沈阳电大鸿泰教学点	50.0000	40.0000	10.0000	0.5000	48	48	0	7	7	500.00
独立使用	50.0000	40.0000	10.0000	0.5000	48	48	0	7	7	500.00
沈阳电大直属和平分校	0.0000	0.0000	0.0000	0.0000	30	30	0	5	2	677.00
独立使用	0.0000	0.0000	0.0000	0.0000	30	30	0	5	2	677.00
大连	**0.0000**	**0.0000**	**0.0000**	**0.0000**	**0**	**0**	**0**	**15**	**8**	**8499.00**
共同使用	0.0000	0.0000	0.0000	0.0000	0	0	0	15	8	8499.00
大连广播电视大学庄河分校	0.0000	0.0000	0.0000	0.0000	0	0	0	15	8	8499.00
共同使用	0.0000	0.0000	0.0000	0.0000	0	0	0	15	8	8499.00
吉林	**1145.0000**	**985.0000**	**160.0000**	**3.0000**	**520**	**470**	**140**	**79**	**33**	**259512.00**
独立使用	107.0000	82.0000	25.0000	0.0000	140	90	40	51	29	65607.00
共同使用	1038.0000	903.0000	135.0000	3.0000	380	380	100	28	4	193905.00
吉林广播电视大学吉林分校	0.0000	0.0000	0.0000	0.0000	0	0	0	12	12	13330.00
独立使用	0.0000	0.0000	0.0000	0.0000	0	0	0	12	12	0.00
共同使用	0.0000	0.0000	0.0000	0.0000	0	0	0	0	0	13330.00
吉林广播电视大学蛟河管理站	15.0000	5.0000	10.0000	0.0000	0	0	0	0	0	0.00
独立使用	7.0000	2.0000	5.0000	0.0000	0	0	0	0	0	0.00
共同使用	8.0000	3.0000	5.0000	0.0000	0	0	0	0	0	0.00
吉林市北华万桥培训学校	500.0000	380.0000	120.0000	0.0000	400	380	130	5	3	1000.00
独立使用	100.0000	80.0000	20.0000	0.0000	100	80	30	3	1	600.00
共同使用	400.0000	300.0000	100.0000	0.0000	300	300	100	2	2	400.00
梅河口市管理站	0.0000	0.0000	0.0000	0.0000	0	0	0	20	6	53000.00

4.2 非学校产权资产情况(续表10)

	固定资产总值(万元)			图书(万册)	计算机(台)			教室(间)		占地面积(平方米)
	计	其中:教学、科研仪器设备资产值	其中:信息化设备资产值		计	其中:教学用计算机		计	其中:网络多媒体教室	
						计	其中:平板电脑			
独立使用	0.0000	0.0000	0.0000	0.0000	0	0	0	20	6	53000.00
吉林广播电视大学辉南管理站	0.0000	0.0000	0.0000	0.0000	0	0	0	5	1	1000.00
独立使用	0.0000	0.0000	0.0000	0.0000	0	0	0	4	1	1000.00
共同使用	0.0000	0.0000	0.0000	0.0000	0	0	0	1	0	0.00
吉林广播电视大学东辽管理站	0.0000	0.0000	0.0000	0.0000	0	0	0	1	0	345.00
共同使用	0.0000	0.0000	0.0000	0.0000	0	0	0	1	0	345.00
吉林广播电视大学白山分校	0.0000	0.0000	0.0000	0.0000	0	0	0	0	0	7500.00
独立使用	0.0000	0.0000	0.0000	0.0000	0	0	0	0	0	7500.00
吉林广播电视大学抚松县电大工作站	630.0000	600.0000	30.0000	3.0000	80	80	0	20	2	180000.00
独立使用	0.0000	0.0000	0.0000	0.0000	0	0	0	0	0	170.00
共同使用	630.0000	600.0000	30.0000	3.0000	80	80	0	20	2	179830.00
吉林广播电视大学靖宇县电大工作站	0.0000	0.0000	0.0000	0.0000	0	0	0	5	5	917.00
独立使用	0.0000	0.0000	0.0000	0.0000	0	0	0	5	5	917.00
镇赉县电大管理站	0.0000	0.0000	0.0000	0.0000	40	10	10	5	2	1500.00
独立使用	0.0000	0.0000	0.0000	0.0000	40	10	10	5	2	1500.00
吉林广播电视大学前郭管理站	0.0000	0.0000	0.0000	0.0000	0	0	0	6	2	920.00
独立使用	0.0000	0.0000	0.0000	0.0000	0	0	0	2	2	920.00
共同使用	0.0000	0.0000	0.0000	0.0000	0	0	0	4	0	0.00
长春	**0.0000**	**0.0000**	**0.0000**	**0.0000**	**20**	**0**	**0**	**55**	**12**	**15000.00**
独立使用	0.0000	0.0000	0.0000	0.0000	20	0	0	4	1	0.00
共同使用	0.0000	0.0000	0.0000	0.0000	0	0	0	51	11	15000.00
长春广播电视大学农安分校	0.0000	0.0000	0.0000	0.0000	0	0	0	4	1	0.00
独立使用	0.0000	0.0000	0.0000	0.0000	0	0	0	4	1	0.00
长春市一中专教学点	0.0000	0.0000	0.0000	0.0000	20	0	0	0	0	0.00
独立使用	0.0000	0.0000	0.0000	0.0000	20	0	0	0	0	0.00
长春市东北科技职业技术学校	0.0000	0.0000	0.0000	0.0000	0	0	0	51	11	15000.00
共同使用	0.0000	0.0000	0.0000	0.0000	0	0	0	51	11	15000.00
黑龙江	**47196.7200**	**6945.1200**	**24906.1000**	**57.4200**	**2573**	**2027**	**132**	**737**	**71**	**28237006.00**
独立使用	2534.7100	17.2200	4.7000	0.0000	437	397	0	219	2	22534.00
共同使用	44662.0100	6927.9000	24901.4000	57.4200	2136	1630	132	518	69	28214472.00
黑龙江广播电视大学甘南分校	224.0000	27.0000	10.0000	2.0000	50	30	30	4	1	4000.00
共同使用	224.0000	27.0000	10.0000	2.0000	50	30	30	4	1	4000.00
黑龙江广播电视大学克东分校	36.0000	20.0000	0.0000	0.0000	30	20	0	10	0	6300.00
独立使用	18.0000	10.0000	0.0000	0.0000	30	20	0	5	0	3000.00
共同使用	18.0000	10.0000	0.0000	0.0000	0	0	0	5	0	3300.00
黑龙江广播电视大学拜泉分校	0.0000	0.0000	0.0000	0.0000	130	0	0	0	0	130.00
独立使用	0.0000	0.0000	0.0000	0.0000	30	0	0	0	0	30.00
共同使用	0.0000	0.0000	0.0000	0.0000	100	0	0	0	0	100.00
黑龙江广播电视大学富裕分校	0.0000	0.0000	0.0000	1.0000	0	0	0	2	1	500.00
独立使用	0.0000	0.0000	0.0000	0.0000	0	0	0	2	1	500.00
共同使用	0.0000	0.0000	0.0000	1.0000	0	0	0	0	0	0.00
牡丹江广播电视大学	0.0000	0.0000	0.0000	0.0000	0	0	0	4	1	330.00
独立使用	0.0000	0.0000	0.0000	0.0000	0	0	0	4	1	0.00

4.2 非学校产权资产情况(续表11)

	固定资产总值(万元)			图书(万册)	计算机(台)			教室(间)		占地面积(平方米)
	计	其中:教学、科研仪器设备资产值	其中:信息化设备资产值		计	其中:教学用计算机 计	其中:平板电脑	计	其中:网络多媒体教室	
共同使用	0.0000	0.0000	0.0000	0.0000	0	0	0	0	0	330.00
黑龙江广播电视大学穆棱分校	0.0000	0.0000	0.0000	0.0000	0	0	0	0	0	330.00
独立使用	0.0000	0.0000	0.0000	0.0000	0	0	0	0	0	150.00
共同使用	0.0000	0.0000	0.0000	0.0000	0	0	0	0	0	180.00
宁安分校	0.0000	0.0000	0.0000	0.0000	0	0	0	2	1	530.00
独立使用	0.0000	0.0000	0.0000	0.0000	0	0	0	1	0	230.00
共同使用	0.0000	0.0000	0.0000	0.0000	0	0	0	1	1	300.00
佳木斯广播电视大学	0.0000	0.0000	0.0000	0.0000	0	0	0	0	0	1500.00
独立使用	0.0000	0.0000	0.0000	0.0000	0	0	0	0	0	674.00
共同使用	0.0000	0.0000	0.0000	0.0000	0	0	0	0	0	826.00
同江分校	120.0000	118.0000	0.0000	3.8200	0	0	0	30	5	9580.00
共同使用	120.0000	118.0000	0.0000	3.8200	0	0	0	30	5	9580.00
黑龙江广播电视大学富锦分校	31.4200	9.9200	6.3000	0.6000	26	26	0	4	1	8300.00
独立使用	15.7100	6.7200	4.3000	0.0000	16	16	0	1	0	4150.00
共同使用	15.7100	3.2000	2.0000	0.6000	10	10	0	3	1	4150.00
黑龙江广播电视大学望奎分校	2.0000	0.5000	1.4000	0.0000	0	0	0	0	0	330.00
独立使用	1.0000	0.5000	0.4000	0.0000	0	0	0	0	0	0.00
共同使用	1.0000	0.0000	1.0000	0.0000	0	0	0	0	0	330.00
黑龙江广播电视大学逊克分校	1242.0000	258.7000	159.0000	1.3000	205	205	0	23	4	18000.00
共同使用	1242.0000	258.7000	159.0000	1.3000	205	205	0	23	4	18000.00
黑龙江广播电视大学北安分校	181.0000	181.0000	0.0000	5.0000	0	0	0	50	10	27340.00
共同使用	181.0000	181.0000	0.0000	5.0000	0	0	0	50	10	27340.00
黑龙江广播电视大学五大连池分校	9000.0000	3000.0000	600.0000	3.1000	300	200	0	20	20	58000.00
共同使用	9000.0000	3000.0000	600.0000	3.1000	300	200	0	20	20	58000.00
黑龙江广播电视大学嘉荫分校	1045.0000	94.0000	0.0000	0.5000	80	80	2	17	2	13042.00
共同使用	1045.0000	94.0000	0.0000	0.5000	80	80	2	17	2	13042.00
大庆广播电视大学	0.0000	0.0000	0.0000	0.0000	350	350	0	0	0	6240.00
独立使用	0.0000	0.0000	0.0000	0.0000	350	350	0	0	0	0.00
共同使用	0.0000	0.0000	0.0000	0.0000	0	0	0	0	0	6240.00
杜蒙分校	0.0000	0.0000	0.0000	2.0000	0	0	0	0	0	20000.00
共同使用	0.0000	0.0000	0.0000	2.0000	0	0	0	0	0	20000.00
黑龙江广播电视大学肇州分校	0.0000	0.0000	0.0000	0.0000	0	0	0	5	0	18000.00
独立使用	0.0000	0.0000	0.0000	0.0000	0	0	0	5	0	0.00
共同使用	0.0000	0.0000	0.0000	0.0000	0	0	0	0	0	18000.00
鸡西广播电视大学	0.0000	0.0000	0.0000	0.0000	0	0	0	500	0	27737136.00
独立使用	0.0000	0.0000	0.0000	0.0000	0	0	0	200	0	13800.00
共同使用	0.0000	0.0000	0.0000	0.0000	0	0	0	300	0	27723336.00
黑龙江广播电视大学集贤电大	0.0000	0.0000	0.0000	0.0000	0	0	0	0	0	200.00
共同使用	0.0000	0.0000	0.0000	0.0000	0	0	0	0	0	200.00
七台河广播电视大学	0.0000	0.0000	0.0000	22.5000	660	550	0	0	0	16254.00
共同使用	0.0000	0.0000	0.0000	22.5000	660	550	0	0	0	16254.00
建三江农垦电大分校	3050.0000	750.0000	0.0000	5.0000	300	200	100	30	20	100000.00
共同使用	3050.0000	750.0000	0.0000	5.0000	300	200	100	30	20	100000.00

4.2 非学校产权资产情况(续表12)

	固定资产总值(万元)			图书(万册)	计算机(台)			教室(间)		占地面积(平方米)
	计	其中:教学、科研仪器设备资产值	其中:信息化设备资产值		计	其中:教学用计算机 计	其中:平板电脑	计	其中:网络多媒体教室	
黑龙江广播电视大学北安农管局分校	3265.3000	486.0000	120.0000	4.5000	376	300	0	15	2	186024.00
共同使用	3265.3000	486.0000	120.0000	4.5000	376	300	0	15	2	186024.00
绥化农垦电大分校	5000.0000	2000.0000	9.4000	6.1000	47	47	0	10	1	1880.00
独立使用	2500.0000	0.0000	0.0000	0.0000	0	0	0	0	0	0.00
共同使用	2500.0000	2000.0000	9.4000	6.1000	47	47	0	10	1	1880.00
松花江林区广播电视大学	0.0000	0.0000	0.0000	0.0000	0	0	0	1	0	0.00
独立使用	0.0000	0.0000	0.0000	0.0000	0	0	0	1	0	0.00
黑龙江广播电视大学兴隆林业局分校	0.0000	0.0000	0.0000	0.0000	0	0	0	1	0	50.00
共同使用	0.0000	0.0000	0.0000	0.0000	0	0	0	1	0	50.00
黑龙江广播电视大学清河林业局分校	0.0000	0.0000	0.0000	0.0000	0	0	0	3	1	150.00
共同使用	0.0000	0.0000	0.0000	0.0000	0	0	0	3	1	150.00
黑龙江广播电视大学苇河林业局分校	0.0000	0.0000	0.0000	0.0000	11	11	0	1	0	120.00
独立使用	0.0000	0.0000	0.0000	0.0000	11	11	0	0	0	0.00
共同使用	0.0000	0.0000	0.0000	0.0000	0	0	0	1	0	120.00
黑龙江广播电视大学沾河林业局分校	0.0000	0.0000	0.0000	0.0000	0	0	0	0	0	2500.00
共同使用	0.0000	0.0000	0.0000	0.0000	0	0	0	0	0	2500.00
黑龙江广播电视大学绥棱林业局分校	24000.0000	0.0000	24000.0000	0.0000	8	8	0	2	1	0.00
共同使用	24000.0000	0.0000	24000.0000	0.0000	8	8	0	2	1	0.00
黑龙江广播电视大学亚布力林业局分校	0.0000	0.0000	0.0000	0.0000	0	0	0	3	0	240.00
共同使用	0.0000	0.0000	0.0000	0.0000	0	0	0	3	0	240.00
哈尔滨	**0.0000**	**0.0000**	**0.0000**	**0.2000**	**50**	**50**	**0**	**71**	**67**	**40290.00**
独立使用	0.0000	0.0000	0.0000	0.2000	50	50	0	71	67	40290.00
哈尔滨电大直属香坊区分校	0.0000	0.0000	0.0000	0.2000	50	50	0	7	3	500.00
独立使用	0.0000	0.0000	0.0000	0.2000	50	50	0	7	3	500.00
黑龙江医药卫生职业学校	0.0000	0.0000	0.0000	0.0000	0	0	0	44	44	36290.00
独立使用	0.0000	0.0000	0.0000	0.0000	0	0	0	44	44	36290.00
哈尔滨蓝领职业培训学校	0.0000	0.0000	0.0000	0.0000	0	0	0	20	20	3500.00
独立使用	0.0000	0.0000	0.0000	0.0000	0	0	0	20	20	3500.00
上海	**39858.7703**	**6023.6801**	**3630.1100**	**75.9500**	**4984**	**3871**	**0**	**382**	**158**	**233160.00**
独立使用	93.4500	58.3400	33.1100	1.0000	489	429	0	136	101	29426.00
共同使用	39765.3203	5965.3401	3597.0000	74.9500	4495	3442	0	246	57	203734.00
上海开放大学浦东东校	0.0000	0.0000	0.0000	0.0000	0	0	0	22	22	8921.00
独立使用	0.0000	0.0000	0.0000	0.0000	0	0	0	22	22	8921.00
上海开放大学崇明分校	0.0000	0.0000	0.0000	0.0000	0	0	0	0	0	22270.00
共同使用	0.0000	0.0000	0.0000	0.0000	0	0	0	0	0	22270.00
上海开放大学嘉定分校	8276.3203	2404.3401	0.0000	25.9500	1691	1038	0	39	27	83316.00
共同使用	8276.3203	2404.3401	0.0000	25.9500	1691	1038	0	39	27	83316.00
上海开放大学光明食品集团分校	0.0000	0.0000	0.0000	0.0000	0	0	0	22	0	1600.00
独立使用	0.0000	0.0000	0.0000	0.0000	0	0	0	15	0	200.00
共同使用	0.0000	0.0000	0.0000	0.0000	0	0	0	7	0	1400.00
上海开放大学百联集团分校	24.0000	6.0000	18.0000	0.0000	70	60	0	6	6	800.00
独立使用	24.0000	6.0000	18.0000	0.0000	70	60	0	6	6	800.00
上海开放大学新世界集团分校	56.4500	42.3400	14.1100	1.0000	419	369	0	26	26	3822.00

4.2 非学校产权资产情况(续表13)

	固定资产总值(万元)			图书（万册）	计算机(台)			教室(间)		占地面积（平方米）
	计	其中：教学、科研仪器设备资产值	其中：信息化设备资产值		计	其中：教学用计算机 计	其中：平板电脑	计	其中：网络多媒体教室	
独立使用	56.4500	42.3400	14.1100	1.0000	419	369	0	26	26	3822.00
上海开放大学商业分校	13.0000	10.0000	1.0000	0.0000	0	0	0	0	0	0.00
独立使用	13.0000	10.0000	1.0000	0.0000	0	0	0	0	0	0.00
上海开放大学西区分部	0.0000	0.0000	0.0000	0.0000	0	0	0	60	45	30534.00
独立使用	0.0000	0.0000	0.0000	0.0000	0	0	0	60	45	15267.00
共同使用	0.0000	0.0000	0.0000	0.0000	0	0	0	0	0	15267.00
上海开放大学徐汇财贸分校	0.0000	0.0000	0.0000	0.0000	0	0	0	7	2	416.00
独立使用	0.0000	0.0000	0.0000	0.0000	0	0	0	7	2	416.00
上海开放大学闸北分校	31489.0000	3561.0000	3597.0000	49.0000	2804	2404	0	200	30	81481.00
共同使用	31489.0000	3561.0000	3597.0000	49.0000	2804	2404	0	200	30	81481.00
江苏	**45471.7625**	**3688.0801**	**1114.0000**	**36.8600**	**2840**	**2525**	**0**	**386**	**259**	**801811.00**
独立使用	43016.8789	3658.0801	1064.0000	33.8600	2540	2225	0	361	256	211111.00
共同使用	2454.8835	30.0000	50.0000	3.0000	300	300	0	25	3	590700.00
江苏电大直属学院河海大学办学点	30.0000	30.0000	0.0000	0.0000	10	5	0	0	0	50.00
独立使用	30.0000	30.0000	0.0000	0.0000	10	5	0	0	0	50.00
无锡市广播电视大学	1172.4436	0.0000	0.0000	0.0000	0	0	0	0	0	0.00
共同使用	1172.4436	0.0000	0.0000	0.0000	0	0	0	0	0	0.00
无锡市广播电视大学(燎)	1172.4399	0.0000	0.0000	0.0000	0	0	0	0	0	0.00
共同使用	1172.4399	0.0000	0.0000	0.0000	0	0	0	0	0	0.00
苏州市广播电视大学吴中分校	41645.8789	3547.0801	1014.0000	13.8600	2330	2220	0	335	256	200461.00
独立使用	41645.8789	3547.0801	1014.0000	13.8600	2330	2220	0	335	256	200461.00
南通市广播电视大学海安分校	0.0000	0.0000	0.0000	0.0000	0	0	0	0	0	313020.00
共同使用	0.0000	0.0000	0.0000	0.0000	0	0	0	0	0	313020.00
徐州市广播电视大学睢宁分校	31.0000	31.0000	0.0000	0.0000	0	0	0	0	0	201680.00
独立使用	21.0000	21.0000	0.0000	0.0000	0	0	0	0	0	0.00
共同使用	10.0000	10.0000	0.0000	0.0000	0	0	0	0	0	201680.00
连云港市广播电视大学东海分校	0.0000	0.0000	0.0000	0.0000	0	0	0	0	0	1500.00
共同使用	0.0000	0.0000	0.0000	0.0000	0	0	0	0	0	1500.00
泰州市广播电视大学泰兴分校	0.0000	0.0000	0.0000	0.0000	0	0	0	0	0	38500.00
共同使用	0.0000	0.0000	0.0000	0.0000	0	0	0	0	0	38500.00
江苏电大燎校太仓市岳王分校(燎)	1320.0000	60.0000	50.0000	20.0000	200	0	0	26	0	600.00
独立使用	1320.0000	60.0000	50.0000	20.0000	200	0	0	26	0	600.00
江苏电大燎校常州孟河镇成人学校(燎)	0.0000	0.0000	0.0000	0.0000	0	0	0	0	0	10000.00
独立使用	0.0000	0.0000	0.0000	0.0000	0	0	0	0	0	10000.00
江阴市开明进修学校	100.0000	20.0000	50.0000	3.0000	300	300	0	25	3	36000.00
共同使用	100.0000	20.0000	50.0000	3.0000	300	300	0	25	3	36000.00
南京	**0.0000**	**0.0000**	**0.0000**	**0.9000**	**0**	**0**	**0**	**155**	**29**	**37720.25**
独立使用	0.0000	0.0000	0.0000	0.9000	0	0	0	43	2	6067.00
共同使用	0.0000	0.0000	0.0000	0.0000	0	0	0	112	27	31653.25
南京广播电视大学	0.0000	0.0000	0.0000	0.0000	0	0	0	30	0	9700.00
独立使用	0.0000	0.0000	0.0000	0.0000	0	0	0	25	0	4900.00
共同使用	0.0000	0.0000	0.0000	0.0000	0	0	0	5	0	4800.00
南京广播电视大学六合区分校	0.0000	0.0000	0.0000	0.0000	0	0	0	25	5	10492.00

4.2 非学校产权资产情况(续表 14)

	固定资产总值(万元)			图书(万册)	计算机(台)	其中:教学用计算机		教室(间)		占地面积(平方米)
	计	其中:教学、科研仪器设备资产值	其中:信息化设备资产值		计	计	其中:平板电脑	计	其中:网络多媒体教室	
共同使用	0.0000	0.0000	0.0000	0.0000	0	0	0	25	5	10492.00
南京市广播电视大学秦淮区分校	0.0000	0.0000	0.0000	0.0000	0	0	0	26	2	1311.25
共同使用	0.0000	0.0000	0.0000	0.0000	0	0	0	26	2	1311.25
南京广播电视大学汇文教学点	0.0000	0.0000	0.0000	0.9000	0	0	0	18	2	1167.00
独立使用	0.0000	0.0000	0.0000	0.9000	0	0	0	18	2	1167.00
南京汽车集团有限公司培训中心	0.0000	0.0000	0.0000	0.0000	0	0	0	56	20	15050.00
共同使用	0.0000	0.0000	0.0000	0.0000	0	0	0	56	20	15050.00
浙江	**0.0000**	**0.0000**	**0.0000**	**96.0000**	**6610**	**6160**	**5**	**2074**	**2063**	**974879.25**
独立使用	0.0000	0.0000	0.0000	0.0000	245	220	0	1162	1157	198271.24
共同使用	0.0000	0.0000	0.0000	96.0000	6365	5940	5	912	906	776608.00
湖州广播电视大学	0.0000	0.0000	0.0000	0.0000	0	0	0	0	0	181598.00
独立使用	0.0000	0.0000	0.0000	0.0000	0	0	0	0	0	181598.00
浙江广播电视大学东阳学院	0.0000	0.0000	0.0000	96.0000	6610	6160	5	214	211	646177.25
独立使用	0.0000	0.0000	0.0000	0.0000	245	220	0	9	7	869.24
共同使用	0.0000	0.0000	0.0000	96.0000	6365	5940	5	205	204	645308.00
浙江广播电视大学常山分校	0.0000	0.0000	0.0000	0.0000	0	0	0	0	0	240.00
共同使用	0.0000	0.0000	0.0000	0.0000	0	0	0	0	0	240.00
浙江广播电视大学龙游分校	0.0000	0.0000	0.0000	0.0000	0	0	0	0	0	5400.00
独立使用	0.0000	0.0000	0.0000	0.0000	0	0	0	0	0	5400.00
浙江广播电视大学开化分校	0.0000	0.0000	0.0000	0.0000	0	0	0	0	0	2500.00
独立使用	0.0000	0.0000	0.0000	0.0000	0	0	0	0	0	2500.00
台州广播电视大学	0.0000	0.0000	0.0000	0.0000	0	0	0	0	0	128590.00
独立使用	0.0000	0.0000	0.0000	0.0000	0	0	0	0	0	1000.00
共同使用	0.0000	0.0000	0.0000	0.0000	0	0	0	0	0	127590.00
浙江广播电视大学龙泉分校	0.0000	0.0000	0.0000	0.0000	0	0	0	5	2	844.00
独立使用	0.0000	0.0000	0.0000	0.0000	0	0	0	5	2	844.00
浙江广播电视大学庆元分校	0.0000	0.0000	0.0000	0.0000	0	0	0	8	3	2600.00
独立使用	0.0000	0.0000	0.0000	0.0000	0	0	0	0	0	2600.00
共同使用	0.0000	0.0000	0.0000	0.0000	0	0	0	8	3	0.00
浙江广播电视大学松阳分校	0.0000	0.0000	0.0000	0.0000	0	0	0	8	8	2580.00
独立使用	0.0000	0.0000	0.0000	0.0000	0	0	0	5	5	1380.00
共同使用	0.0000	0.0000	0.0000	0.0000	0	0	0	3	3	1200.00
浙江广播电视大学乐清分校	0.0000	0.0000	0.0000	0.0000	0	0	0	15	15	1600.00
独立使用	0.0000	0.0000	0.0000	0.0000	0	0	0	15	15	1600.00
杭州东方舰桥教育培训中心	0.0000	0.0000	0.0000	0.0000	0	0	0	1824	1824	2750.00
独立使用	0.0000	0.0000	0.0000	0.0000	0	0	0	1128	1128	480.00
共同使用	0.0000	0.0000	0.0000	0.0000	0	0	0	696	696	2270.00
宁波	**0.0000**	**0.0000**	**0.0000**	**7.0000**	**110**	**110**	**0**	**75**	**25**	**267820.00**
独立使用	0.0000	0.0000	0.0000	0.0000	0	0	0	41	11	7832.00
共同使用	0.0000	0.0000	0.0000	7.0000	110	110	0	34	14	259988.00
宁波广播电视大学	0.0000	0.0000	0.0000	0.0000	0	0	0	12	9	7832.00
独立使用	0.0000	0.0000	0.0000	0.0000	0	0	0	12	9	7832.00
宁波广播电视大学鄞州学院	0.0000	0.0000	0.0000	7.0000	0	0	0	29	2	242788.00

4.2 非学校产权资产情况(续表15)

	固定资产总值(万元)			图书(万册)	计算机(台)			教室(间)		占地面积(平方米)
	计	其中：教学、科研仪器设备资产值	其中：信息化设备资产值		计	其中：教学用计算机 计	其中：平板电脑	计	其中：网络多媒体教室	
独立使用	0.0000	0.0000	0.0000	0.0000	0	0	0	29	2	0.00
共同使用	0.0000	0.0000	0.0000	7.0000	0	0	0	0	0	242788.00
宁波广播电视大学宁海学院	0.0000	0.0000	0.0000	0.0000	110	110	0	34	14	17200.00
共同使用	0.0000	0.0000	0.0000	0.0000	110	110	0	34	14	17200.00
安徽	**347.0000**	**185.0000**	**150.0000**	**37.7000**	**390**	**86**	**0**	**127**	**41**	**33085.30**
独立使用	217.0000	105.0000	100.0000	1.2000	113	24	0	108	27	8651.30
共同使用	130.0000	80.0000	50.0000	36.5000	277	62	0	19	14	24434.00
怀远县工作站	0.0000	0.0000	0.0000	0.0000	0	0	0	11	1	2000.00
独立使用	0.0000	0.0000	0.0000	0.0000	0	0	0	11	1	2000.00
淮北分校	0.0000	0.0000	0.0000	36.0000	220	0	0	12	11	3200.00
独立使用	0.0000	0.0000	0.0000	1.0000	20	0	0	2	1	200.00
共同使用	0.0000	0.0000	0.0000	35.0000	200	0	0	10	10	3000.00
当涂县工作站	0.0000	0.0000	0.0000	0.0000	2	2	0	12	10	960.00
独立使用	0.0000	0.0000	0.0000	0.0000	0	0	0	8	6	660.00
共同使用	0.0000	0.0000	0.0000	0.0000	2	2	0	4	4	300.00
太湖县工作站	30.0000	30.0000	0.0000	1.5000	60	60	0	4	2	490.00
独立使用	0.0000	0.0000	0.0000	0.0000	0	0	0	4	2	270.00
共同使用	30.0000	30.0000	0.0000	1.5000	60	60	0	0	0	220.00
叶集区工作站	17.0000	5.0000	0.0000	0.2000	58	24	0	0	0	1500.00
独立使用	17.0000	5.0000	0.0000	0.2000	58	24	0	0	0	1000.00
共同使用	0.0000	0.0000	0.0000	0.0000	0	0	0	0	0	500.00
颍上县工作站	0.0000	0.0000	0.0000	0.0000	0	0	0	15	5	900.00
独立使用	0.0000	0.0000	0.0000	0.0000	0	0	0	15	5	100.00
共同使用	0.0000	0.0000	0.0000	0.0000	0	0	0	0	0	800.00
临泉县工作站	0.0000	0.0000	0.0000	0.0000	0	0	0	15	5	1000.00
独立使用	0.0000	0.0000	0.0000	0.0000	0	0	0	15	5	100.00
共同使用	0.0000	0.0000	0.0000	0.0000	0	0	0	0	0	900.00
绩溪县工作站	0.0000	0.0000	0.0000	0.0000	0	0	0	1	0	40.00
独立使用	0.0000	0.0000	0.0000	0.0000	0	0	0	1	0	40.00
旌德县	0.0000	0.0000	0.0000	0.0000	50	0	0	0	0	1514.00
独立使用	0.0000	0.0000	0.0000	0.0000	35	0	0	0	0	0.00
共同使用	0.0000	0.0000	0.0000	0.0000	15	0	0	0	0	1514.00
宣州区工作站	300.0000	150.0000	150.0000	0.0000	0	0	0	0	0	700.00
独立使用	200.0000	100.0000	100.0000	0.0000	0	0	0	0	0	500.00
共同使用	100.0000	50.0000	50.0000	0.0000	0	0	0	0	0	200.00
砀山县工作站	0.0000	0.0000	0.0000	0.0000	0	0	0	2	2	611.80
独立使用	0.0000	0.0000	0.0000	0.0000	0	0	0	2	2	611.80
灵璧县工作站	0.0000	0.0000	0.0000	0.0000	0	0	0	40	5	169.50
独立使用	0.0000	0.0000	0.0000	0.0000	0	0	0	40	5	169.50
广德学院	0.0000	0.0000	0.0000	0.0000	0	0	0	15	0	20000.00
独立使用	0.0000	0.0000	0.0000	0.0000	0	0	0	10	0	3000.00
共同使用	0.0000	0.0000	0.0000	0.0000	0	0	0	5	0	17000.00
福建	**330.0000**	**70.0000**	**0.0000**	**10.4500**	**400**	**400**	**0**	**56**	**15**	**78226.00**

4.2 非学校产权资产情况(续表16)

	固定资产总值(万元)			图书(万册)	计算机(台)			教室(间)		占地面积(平方米)
	计	其中:教学、科研仪器设备资产值	其中:信息化设备资产值		计	其中:教学用计算机 计	其中:平板电脑	计	其中:网络多媒体教室	
独立使用	60.0000	20.0000	0.0000	0.0000	0	0	0	24	6	53693.00
共同使用	270.0000	50.0000	0.0000	10.4500	400	400	0	32	9	24533.00
福州电大分校长乐市工作站	120.0000	0.0000	0.0000	1.9500	100	100	0	14	4	4533.00
共同使用	120.0000	0.0000	0.0000	1.9500	100	100	0	14	4	4533.00
泉州电大分校晋江市工作站	0.0000	0.0000	0.0000	0.0000	0	0	0	10	0	1500.00
独立使用	0.0000	0.0000	0.0000	0.0000	0	0	0	10	0	1500.00
泉州电大分校安溪工作站	210.0000	70.0000	0.0000	8.5000	300	300	0	20	7	70000.00
独立使用	60.0000	20.0000	0.0000	0.0000	0	0	0	2	2	50000.00
共同使用	150.0000	50.0000	0.0000	8.5000	300	300	0	18	5	20000.00
泉州电大分校鲤城工作站	0.0000	0.0000	0.0000	0.0000	0	0	0	12	4	2113.00
独立使用	0.0000	0.0000	0.0000	0.0000	0	0	0	12	4	2113.00
泉州电大分校泉港工作站	0.0000	0.0000	0.0000	0.0000	0	0	0	0	0	80.00
独立使用	0.0000	0.0000	0.0000	0.0000	0	0	0	0	0	80.00
厦门	**0.0000**	**0.0000**	**0.0000**	**0.0000**	**0**	**0**	**0**	**16**	**13**	**2000.00**
独立使用	0.0000	0.0000	0.0000	0.0000	0	0	0	16	13	2000.00
同安工作站	0.0000	0.0000	0.0000	0.0000	0	0	0	16	13	2000.00
独立使用	0.0000	0.0000	0.0000	0.0000	0	0	0	16	13	2000.00
江西	**3216.0000**	**2278.5000**	**616.7000**	**17.7000**	**682**	**418**	**12**	**106**	**13**	**104147.00**
独立使用	576.0000	160.0000	100.6000	5.0000	322	175	0	76	4	31545.00
共同使用	2640.0000	2118.5000	516.1000	12.7000	360	243	12	30	9	72602.00
江西电大开放学院井冈山市工作站	0.0000	0.0000	0.0000	0.0000	40	40	0	4	0	360.00
共同使用	0.0000	0.0000	0.0000	0.0000	40	40	0	4	0	360.00
南昌市电大安义县工作站(工会职校)	0.0000	0.0000	0.0000	0.0000	0	0	0	0	0	4800.00
独立使用	0.0000	0.0000	0.0000	0.0000	0	0	0	0	0	1200.00
共同使用	0.0000	0.0000	0.0000	0.0000	0	0	0	0	0	3600.00
南昌电大分校进贤县教师进修学校教学点	0.0000	0.0000	0.0000	0.0000	0	0	0	0	0	400.00
共同使用	0.0000	0.0000	0.0000	0.0000	0	0	0	0	0	400.00
景德镇电大分校本部	357.0000	144.0000	90.0000	3.0000	222	145	0	30	2	3967.00
独立使用	357.0000	144.0000	90.0000	0.0000	222	145	0	30	2	3967.00
共同使用	0.0000	0.0000	0.0000	3.0000	0	0	0	0	0	0.00
九江电大分校德安县工作站	50.0000	50.0000	0.0000	2.0000	60	60	0	1	0	45000.00
共同使用	50.0000	50.0000	0.0000	2.0000	60	60	0	1	0	45000.00
九江电大分校彭泽县工作站	0.0000	0.0000	0.0000	6.0000	0	0	0	0	0	0.00
独立使用	0.0000	0.0000	0.0000	3.0000	0	0	0	0	0	0.00
共同使用	0.0000	0.0000	0.0000	3.0000	0	0	0	0	0	0.00
共青城工作站	0.0000	0.0000	0.0000	0.0000	0	0	0	20	2	15000.00
独立使用	0.0000	0.0000	0.0000	0.0000	0	0	0	20	2	15000.00
萍乡电大分校湘东区工作站	2500.0000	2000.0000	500.0000	1.5000	73	73	12	10	4	5133.00
共同使用	2500.0000	2000.0000	500.0000	1.5000	73	73	12	10	4	5133.00
萍乡电大分校芦溪县工作站	10.0000	7.5000	2.5000	0.0000	30	10	0	11	0	1312.00
独立使用	8.0000	6.0000	2.0000	0.0000	10	10	0	10	0	1212.00
共同使用	2.0000	1.5000	0.5000	0.0000	20	0	0	1	0	100.00
萍乡电大分校上栗县电大工作站	0.0000	0.0000	0.0000	0.0000	0	0	0	0	0	800.00

4.2 非学校产权资产情况(续表17)

	固定资产总值(万元)			图书(万册)	计算机(台)			教室(间)		占地面积(平方米)
	计	其中:教学、科研仪器设备资产值	其中:信息化设备资产值		计	其中:教学用计算机 计	其中:平板电脑	计	其中:网络多媒体教室	
共同使用	0.0000	0.0000	0.0000	0.0000	0	0	0	0	0	800.00
上饶市电大弋阳县工作站	0.0000	0.0000	0.0000	0.0000	0	0	0	1	1	3299.00
共同使用	0.0000	0.0000	0.0000	0.0000	0	0	0	1	1	3299.00
上饶市电大鄱阳县工作站	10.0000	1.0000	0.2000	4.0000	40	40	0	2	0	100.00
独立使用	5.0000	0.5000	0.1000	2.0000	20	20	0	1	0	50.00
共同使用	5.0000	0.5000	0.1000	2.0000	20	20	0	1	0	50.00
上饶市电大玉山县工作站	200.0000	6.0000	6.0000	0.0000	0	0	0	11	0	9666.00
独立使用	200.0000	6.0000	6.0000	0.0000	0	0	0	11	0	9666.00
抚州市电大金溪县工作站	9.0000	7.0000	1.0000	0.0000	0	0	0	2	1	410.00
独立使用	0.0000	0.0000	0.0000	0.0000	0	0	0	1	0	150.00
共同使用	9.0000	7.0000	1.0000	0.0000	0	0	0	1	1	260.00
抚州市电大黎川县工作站	38.0000	26.0000	12.0000	1.2000	42	0	0	4	2	2000.00
共同使用	38.0000	26.0000	12.0000	1.2000	42	0	0	4	2	2000.00
抚州市电大资溪县工作站	2.0000	1.0000	1.0000	0.0000	80	0	0	4	0	600.00
独立使用	1.0000	0.5000	0.5000	0.0000	40	0	0	2	0	100.00
共同使用	1.0000	0.5000	0.5000	0.0000	40	0	0	2	0	500.00
抚州市电大南丰县工作站	10.0000	6.0000	4.0000	0.0000	35	0	0	2	0	300.00
独立使用	5.0000	3.0000	2.0000	0.0000	30	0	0	1	0	200.00
共同使用	5.0000	3.0000	2.0000	0.0000	5	0	0	1	0	100.00
抚州市电大乐安县工作站	30.0000	30.0000	0.0000	0.0000	60	50	0	4	1	11000.00
共同使用	30.0000	30.0000	0.0000	0.0000	60	50	0	4	1	11000.00
山东	**8617.3301**	**1582.4400**	**184.7000**	**62.3700**	**15482**	**1277**	**405**	**576**	**242**	**1355763.00**
独立使用	5298.3301	1042.8900	64.8000	15.8500	13187	827	385	260	133	170351.00
共同使用	3319.0000	539.5500	119.9000	46.5200	2295	450	20	316	109	1185412.00
济南广播电视大学章丘分校	2.0000	0.0000	1.0000	0.0000	0	0	0	0	0	0.00
独立使用	1.0000	0.0000	0.0000	0.0000	0	0	0	0	0	0.00
共同使用	1.0000	0.0000	1.0000	0.0000	0	0	0	0	0	0.00
济南电大长清工作站	0.0000	0.0000	0.0000	0.0000	0	0	0	65	5	8432.00
独立使用	0.0000	0.0000	0.0000	0.0000	0	0	0	65	5	8432.00
烟台电大蓬莱二职专分校	0.0000	0.0000	0.0000	0.0000	0	0	0	0	0	58985.00
独立使用	0.0000	0.0000	0.0000	0.0000	0	0	0	0	0	58985.00
莱阳广播电视大学	70.0000	50.0000	20.0000	0.0000	150	145	5	15	2	4402.00
独立使用	70.0000	50.0000	20.0000	0.0000	150	145	5	15	2	4402.00
烟台国瑞财会培训中心	5.0000	5.0000	0.0000	11.0000	90	60	0	4	2	1200.00
独立使用	5.0000	5.0000	0.0000	6.0000	90	60	0	4	2	1000.00
共同使用	0.0000	0.0000	0.0000	5.0000	0	0	0	0	0	200.00
潍坊广播电视大学昌乐分校	0.0000	0.0000	0.0000	0.0000	0	0	0	2	1	3000.00
共同使用	0.0000	0.0000	0.0000	0.0000	0	0	0	2	1	3000.00
泰安电大新泰分校	0.0000	0.0000	0.0000	0.0000	12	10	0	0	0	230.00
共同使用	0.0000	0.0000	0.0000	0.0000	12	10	0	0	0	230.00
泰安电大岱岳区教学点	7.0000	4.0000	1.7000	1.5000	100	100	0	50	30	11300.00
独立使用	4.0000	2.0000	0.8000	0.5000	40	40	0	30	10	4700.00
共同使用	3.0000	2.0000	0.9000	1.0000	60	60	0	20	20	6600.00

4.2 非学校产权资产情况(续表18)

	固定资产总值(万元)			图书(万册)	计算机(台)			教室(间)		占地面积(平方米)
	计	其中:教学、科研仪器设备资产值	其中:信息化设备资产值		计	其中:教学用计算机 计	其中:平板电脑	计	其中:网络多媒体教室	
济宁电大汶上分校	120.0000	20.0000	40.0000	0.0000	200	40	40	80	4	150.00
独立使用	60.0000	10.0000	20.0000	0.0000	100	20	20	20	4	50.00
共同使用	60.0000	10.0000	20.0000	0.0000	100	20	20	60	0	100.00
德州电大宁津分校	0.0000	0.0000	0.0000	0.0000	63	60	0	0	0	0.00
独立使用	0.0000	0.0000	0.0000	0.0000	3	0	0	0	0	0.00
共同使用	0.0000	0.0000	0.0000	0.0000	60	60	0	0	0	0.00
德州纺织技工学校	55.0000	18.5500	12.0000	0.5200	57	57	0	25	6	3800.00
独立使用	0.0000	0.0000	0.0000	0.0000	57	57	0	0	0	0.00
共同使用	55.0000	18.5500	12.0000	0.5200	0	0	0	25	6	3800.00
滨州广播电视大学惠民县分校	2288.3301	633.8900	0.0000	0.8500	138	125	0	30	30	4824.00
独立使用	2288.3301	633.8900	0.0000	0.8500	138	125	0	30	30	4824.00
莱钢广播电视大学	1270.0000	280.0000	0.0000	8.5000	12500	380	360	80	80	86000.00
独立使用	1270.0000	280.0000	0.0000	8.5000	12500	380	360	80	80	86000.00
东营广播电视大学	0.0000	0.0000	0.0000	30.0000	1778	300	0	150	80	1132057.00
共同使用	0.0000	0.0000	0.0000	30.0000	1778	300	0	150	80	1132057.00
山东德州汽车摩托车专修学院	0.0000	0.0000	0.0000	0.0000	68	0	0	22	0	9590.00
独立使用	0.0000	0.0000	0.0000	0.0000	8	0	0	2	0	500.00
共同使用	0.0000	0.0000	0.0000	0.0000	60	0	0	20	0	9090.00
山东电大莒南分校	2700.0000	21.0000	10.0000	0.0000	26	0	0	10	0	1112.00
独立使用	1500.0000	12.0000	4.0000	0.0000	1	0	0	4	0	458.00
共同使用	1200.0000	9.0000	6.0000	0.0000	25	0	0	6	0	654.00
山东电大德城区分校	0.0000	0.0000	0.0000	0.0000	0	0	0	10	2	28681.00
共同使用	0.0000	0.0000	0.0000	0.0000	0	0	0	10	2	28681.00
山东电大文登分校直属教学点	2100.0000	550.0000	100.0000	10.0000	300	0	0	33	0	2000.00
独立使用	100.0000	50.0000	20.0000	0.0000	100	0	0	10	0	1000.00
共同使用	2000.0000	500.0000	80.0000	10.0000	200	0	0	23	0	1000.00
青岛	**6933.0000**	**3500.0000**	**2100.0000**	**11.0000**	**640**	**350**	**0**	**170**	**130**	**350160.00**
独立使用	100.0000	0.0000	0.0000	0.0000	60	60	0	10	0	2080.00
共同使用	6833.0000	3500.0000	2100.0000	11.0000	580	290	0	160	130	348080.00
青岛广播电视大学直属市北学院(青岛市机械职工中等专业学校)	300.0000	0.0000	0.0000	0.0000	0	0	0	40	0	10080.00
独立使用	100.0000	0.0000	0.0000	0.0000	0	0	0	10	0	2080.00
共同使用	200.0000	0.0000	0.0000	0.0000	0	0	0	30	0	8000.00
青岛广播电视大学直属李沧学院(青岛工贸职业学校)	600.0000	500.0000	100.0000	4.5000	300	10	0	10	10	22000.00
共同使用	600.0000	500.0000	100.0000	4.5000	300	10	0	10	10	22000.00
青岛广播电视大学莱西分校	1033.0000	0.0000	0.0000	0.0000	0	0	0	0	0	0.00
共同使用	1033.0000	0.0000	0.0000	0.0000	0	0	0	0	0	0.00
青岛广播电视大学胶南分校	5000.0000	3000.0000	2000.0000	6.5000	340	340	0	120	120	318080.00
独立使用	0.0000	0.0000	0.0000	0.0000	60	60	0	0	0	0.00
共同使用	5000.0000	3000.0000	2000.0000	6.5000	280	280	0	120	120	318080.00
河南	**1323.0000**	**854.0000**	**109.0000**	**7.4000**	**191**	**60**	**2**	**52**	**25**	**76810.00**
独立使用	500.0000	327.0000	81.0000	2.2000	65	1	0	24	12	17010.00
共同使用	823.0000	527.0000	28.0000	5.2000	126	59	2	28	13	59800.00

4.2 非学校产权资产情况(续表19)

	固定资产总值(万元)			图书(万册)	计算机(台)			教室(间)		占地面积(平方米)
	计	其中:教学、科研仪器设备资产值	其中:信息化设备资产值		计	其中:教学用计算机 计	其中:平板电脑	计	其中:网络多媒体教室	
洛阳广播电视大学吉利区学习中心	9.0000	0.0000	7.0000	1.0000	30	28	2	1	1	1000.00
共同使用	9.0000	0.0000	7.0000	1.0000	30	28	2	1	1	1000.00
安阳广播电视大学林州市分校	80.0000	40.0000	0.0000	0.0000	0	0	0	0	0	0.00
独立使用	40.0000	20.0000	0.0000	0.0000	0	0	0	0	0	0.00
共同使用	40.0000	20.0000	0.0000	0.0000	0	0	0	0	0	0.00
濮阳广播电视大学台前县分校	14.0000	0.0000	0.0000	0.0000	0	0	0	0	0	0.00
共同使用	14.0000	0.0000	0.0000	0.0000	0	0	0	0	0	0.00
濮阳广播电视大学清丰县分校	20.0000	14.0000	2.0000	0.4000	10	0	0	10	2	200.00
独立使用	10.0000	7.0000	1.0000	0.2000	5	0	0	5	0	100.00
共同使用	10.0000	7.0000	1.0000	0.2000	5	0	0	5	2	100.00
三门峡广播电视大学继续教育学习中心	0.0000	0.0000	0.0000	0.0000	30	30	0	9	5	1310.00
独立使用	0.0000	0.0000	0.0000	0.0000	0	0	0	7	4	1110.00
共同使用	0.0000	0.0000	0.0000	0.0000	30	30	0	2	1	200.00
许昌广播电视大学襄城县分校	1200.0000	800.0000	100.0000	5.0000	120	2	0	27	16	64000.00
独立使用	450.0000	300.0000	80.0000	2.0000	60	1	0	12	8	12000.00
共同使用	750.0000	500.0000	20.0000	3.0000	60	1	0	15	8	52000.00
信阳广播电视大学光山县分校	0.0000	0.0000	0.0000	0.0000	1	0	0	1	0	500.00
共同使用	0.0000	0.0000	0.0000	0.0000	1	0	0	1	0	500.00
固始县	0.0000	0.0000	0.0000	0.0000	0	0	0	0	0	1200.00
独立使用	0.0000	0.0000	0.0000	0.0000	0	0	0	0	0	200.00
共同使用	0.0000	0.0000	0.0000	0.0000	0	0	0	0	0	1000.00
漯河广播电视大学舞阳分校	0.0000	0.0000	0.0000	1.0000	0	0	0	4	1	5000.00
共同使用	0.0000	0.0000	0.0000	1.0000	0	0	0	4	1	5000.00
河南省工商行政管理广播电视大学	0.0000	0.0000	0.0000	0.0000	0	0	0	0	0	3600.00
独立使用	0.0000	0.0000	0.0000	0.0000	0	0	0	0	0	3600.00
湖北	**3244.0000**	**740.0000**	**17.0000**	**7.1000**	**509**	**267**	**0**	**80**	**16**	**86986.00**
独立使用	1234.0000	423.0000	10.0000	2.5000	132	41	0	41	8	52326.00
共同使用	2010.0000	317.0000	7.0000	4.6000	377	226	0	39	8	34660.00
荆州电大校本部	0.0000	0.0000	0.0000	0.0000	0	0	0	0	0	1.00
共同使用	0.0000	0.0000	0.0000	0.0000	0	0	0	0	0	1.00
荆州市广播电视大学松滋分校	33.0000	18.0000	3.0000	2.6000	24	12	0	4	2	4909.00
独立使用	23.0000	12.0000	2.0000	1.5000	12	6	0	2	1	2355.00
共同使用	10.0000	6.0000	1.0000	1.1000	12	6	0	2	1	2554.00
荆州电大石首分校	0.0000	0.0000	0.0000	0.0000	0	0	0	6	3	940.00
独立使用	0.0000	0.0000	0.0000	0.0000	0	0	0	6	3	940.00
襄阳区函授站	0.0000	0.0000	0.0000	0.0000	0	0	0	0	0	100.00
独立使用	0.0000	0.0000	0.0000	0.0000	0	0	0	0	0	50.00
共同使用	0.0000	0.0000	0.0000	0.0000	0	0	0	0	0	50.00
宜昌市电大远安分校	900.0000	100.0000	0.0000	0.0000	120	120	0	3	3	0.00
共同使用	900.0000	100.0000	0.0000	0.0000	120	120	0	3	3	0.00
咸宁电大赤壁分校	2.0000	0.0000	2.0000	0.0000	0	0	0	0	0	0.00
独立使用	2.0000	0.0000	2.0000	0.0000	0	0	0	0	0	0.00
咸宁电大嘉鱼分校	0.0000	0.0000	0.0000	0.0000	10	0	0	5	0	596.00

4.2 非学校产权资产情况(续表20)

	固定资产总值(万元)			图书(万册)	计算机(台)			教室(间)		占地面积(平方米)
	计	其中:教学、科研仪器设备资产值	其中:信息化设备资产值		计	其中:教学用计算机 计	其中:平板电脑	计	其中:网络多媒体教室	
独立使用	0.0000	0.0000	0.0000	0.0000	5	0	0	3	0	281.00
共同使用	0.0000	0.0000	0.0000	0.0000	5	0	0	2	0	315.00
咸宁广播电视大学咸安分校	200.0000	22.0000	10.0000	0.0000	0	0	0	0	0	0.00
独立使用	100.0000	11.0000	5.0000	0.0000	0	0	0	0	0	0.00
共同使用	100.0000	11.0000	5.0000	0.0000	0	0	0	0	0	0.00
黄石电大阳新分校	9.0000	0.0000	0.0000	0.0000	0	0	0	0	0	0.00
独立使用	9.0000	0.0000	0.0000	0.0000	0	0	0	0	0	0.00
恩施州电大利川分校	0.0000	0.0000	0.0000	0.0000	0	0	0	1	1	0.00
共同使用	0.0000	0.0000	0.0000	0.0000	0	0	0	1	1	0.00
恩施州电大咸丰分校	0.0000	0.0000	0.0000	1.0000	0	0	0	0	0	0.00
独立使用	0.0000	0.0000	0.0000	0.5000	0	0	0	0	0	0.00
共同使用	0.0000	0.0000	0.0000	0.5000	0	0	0	0	0	0.00
恩施州电大鹤峰分校	600.0000	200.0000	0.0000	0.0000	0	0	0	0	0	22000.00
独立使用	600.0000	200.0000	0.0000	0.0000	0	0	0	0	0	21000.00
共同使用	0.0000	0.0000	0.0000	0.0000	0	0	0	0	0	1000.00
天门电大	0.0000	0.0000	0.0000	0.0000	0	0	0	0	0	240.00
共同使用	0.0000	0.0000	0.0000	0.0000	0	0	0	0	0	240.00
湖北中山专修学院	0.0000	0.0000	0.0000	0.0000	0	0	0	21	2	25000.00
独立使用	0.0000	0.0000	0.0000	0.0000	0	0	0	8	2	25000.00
共同使用	0.0000	0.0000	0.0000	0.0000	0	0	0	13	0	0.00
荆门市东宝区成人教育中心	0.0000	0.0000	0.0000	3.5000	205	135	0	15	5	32500.00
独立使用	0.0000	0.0000	0.0000	0.5000	55	35	0	5	2	2500.00
共同使用	0.0000	0.0000	0.0000	3.0000	150	100	0	10	3	30000.00
湖北电大沙洋学院	0.0000	0.0000	0.0000	0.0000	50	0	0	0	0	0.00
共同使用	0.0000	0.0000	0.0000	0.0000	50	0	0	0	0	0.00
计生委宣教中心	1500.0000	400.0000	2.0000	0.0000	0	0	0	0	0	0.00
独立使用	500.0000	200.0000	1.0000	0.0000	0	0	0	0	0	0.00
共同使用	1000.0000	200.0000	1.0000	0.0000	0	0	0	0	0	0.00
湖北电大民建学院	0.0000	0.0000	0.0000	0.0000	100	0	0	25	0	700.00
独立使用	0.0000	0.0000	0.0000	0.0000	60	0	0	17	0	200.00
共同使用	0.0000	0.0000	0.0000	0.0000	40	0	0	8	0	500.00
武汉	**256.6000**	**173.6000**	**4.0000**	**26.9770**	**124**	**91**	**0**	**55**	**11**	**24701.00**
独立使用	10.0000	5.0000	2.0000	5.0000	2	0	0	2	1	1013.00
共同使用	246.6000	168.6000	2.0000	21.9770	122	91	0	53	10	23688.00
江汉区分校	236.6000	163.6000	0.0000	1.9770	120	91	0	18	4	2461.00
共同使用	236.6000	163.6000	0.0000	1.9770	120	91	0	18	4	2461.00
硚口区分校	0.0000	0.0000	0.0000	0.0000	0	0	0	5	5	400.00
独立使用	0.0000	0.0000	0.0000	0.0000	0	0	0	1	1	400.00
共同使用	0.0000	0.0000	0.0000	0.0000	0	0	0	4	4	0.00
武汉钢铁公司分校	0.0000	0.0000	0.0000	20.0000	0	0	0	0	0	0.00
共同使用	0.0000	0.0000	0.0000	20.0000	0	0	0	0	0	0.00
武汉应用科技学校	0.0000	0.0000	0.0000	0.0000	0	0	0	30	2	20667.00
共同使用	0.0000	0.0000	0.0000	0.0000	0	0	0	30	2	20667.00

4.2 非学校产权资产情况(续表21)

	固定资产总值(万元)			图书(万册)	计算机(台)			教室(间)		占地面积(平方米)
	计	其中:教学、科研仪器设备资产值	其中:信息化设备资产值		计	其中:教学用计算机 计	其中:平板电脑	计	其中:网络多媒体教室	
武汉工业技术学校	20.0000	10.0000	4.0000	5.0000	4	0	0	2	0	1173.00
独立使用	10.0000	5.0000	2.0000	5.0000	2	0	0	1	0	613.00
共同使用	10.0000	5.0000	2.0000	0.0000	2	0	0	1	0	560.00
湖南	**4528.0100**	**1370.5500**	**136.5100**	**37.3320**	**1486**	**938**	**12**	**3330**	**71**	**164374.00**
独立使用	4357.0000	1313.0500	26.0000	16.5000	724	330	7	174	60	73373.00
共同使用	171.0100	57.5000	110.5100	20.8320	762	608	5	3156	11	91001.00
湖南广播电视大学	1168.0000	0.0000	0.0000	0.0000	0	0	0	0	0	6950.00
独立使用	1168.0000	0.0000	0.0000	0.0000	0	0	0	0	0	6950.00
长沙电大分校直属点	0.0000	0.0000	0.0000	0.0000	0	0	0	0	0	7423.00
独立使用	0.0000	0.0000	0.0000	0.0000	0	0	0	0	0	7423.00
长沙县教师进修学校	55.0000	44.0000	11.0000	10.0000	0	0	0	20	0	10500.00
独立使用	50.0000	40.0000	10.0000	0.0000	0	0	0	5	0	500.00
共同使用	5.0000	4.0000	1.0000	10.0000	0	0	0	15	0	10000.00
宁乡玉潭点	106.0000	100.0000	6.0000	2.0000	30	26	0	8	1	2000.00
独立使用	106.0000	100.0000	6.0000	2.0000	30	26	0	8	1	2000.00
湘潭电大分校直属点	0.0000	0.0000	0.0000	0.0000	0	0	0	79	19	0.00
独立使用	0.0000	0.0000	0.0000	0.0000	0	0	0	79	19	0.00
湘潭新华电脑学校	200.0000	16.0000	0.0000	2.0000	200	16	2	6	1	3000.00
独立使用	200.0000	16.0000	0.0000	2.0000	200	16	2	6	1	3000.00
岳阳县电大工作站	50.0000	36.0000	14.0000	0.5000	30	30	10	3	3	8000.00
独立使用	30.0000	21.0000	9.0000	0.3000	20	20	5	2	2	6000.00
共同使用	20.0000	15.0000	5.0000	0.2000	10	10	5	1	1	2000.00
新化县教师进修学校	0.0000	0.0000	0.0000	0.0000	350	0	0	25	0	21000.00
独立使用	0.0000	0.0000	0.0000	0.0000	200	0	0	5	0	1000.00
共同使用	0.0000	0.0000	0.0000	0.0000	150	0	0	20	0	20000.00
资兴市电大工作站	0.0000	0.0000	0.0000	2.0000	0	0	0	0	0	0.00
独立使用	0.0000	0.0000	0.0000	2.0000	0	0	0	0	0	0.00
安乡县电大工作站	25.0000	10.0000	15.0000	8.6320	80	80	0	9	2	55630.00
共同使用	25.0000	10.0000	15.0000	8.6320	80	80	0	9	2	55630.00
常德电大鼎城工作站	2.0000	1.0000	1.0000	1.0000	2	0	0	2	0	1000.00
独立使用	2.0000	1.0000	1.0000	1.0000	2	0	0	1	0	1000.00
共同使用	0.0000	0.0000	0.0000	0.0000	0	0	0	1	0	0.00
桃源县电大工作站	0.0000	0.0000	0.0000	0.0000	8	0	0	0	0	0.00
独立使用	0.0000	0.0000	0.0000	0.0000	4	0	0	0	0	0.00
共同使用	0.0000	0.0000	0.0000	0.0000	4	0	0	0	0	0.00
花垣县电大工作站	0.0000	0.0000	0.0000	1.0000	0	0	0	12	2	5000.00
独立使用	0.0000	0.0000	0.0000	1.0000	0	0	0	8	2	2500.00
共同使用	0.0000	0.0000	0.0000	0.0000	0	0	0	4	0	2500.00
张家界电大分校直属点	118.0100	28.5000	89.5100	0.0000	165	165	0	17	1	666.00
共同使用	118.0100	28.5000	89.5100	0.0000	165	165	0	17	1	666.00
桑植县电大工作站	3.0000	0.0000	0.0000	2.0000	20	20	0	6	3	205.00
共同使用	3.0000	0.0000	0.0000	2.0000	20	20	0	6	3	205.00
湖南广播电视大学卫生分校直属教学点	0.0000	0.0000	0.0000	0.0000	333	333	0	3083	4	0.00

4.2 非学校产权资产情况(续表22)

	固定资产总值(万元)			图书(万册)	计算机(台)			教室(间)		占地面积(平方米)
	计	其中:教学、科研仪器设备资产值	其中:信息化设备资产值		计	其中:教学用计算机 计	其中:平板电脑	计	其中:网络多媒体教室	
共同使用	0.0000	0.0000	0.0000	0.0000	333	333	0	3083	4	0.00
涟钢电大分校直属点	2801.0000	1135.0500	0.0000	8.2000	268	268	0	60	35	43000.00
独立使用	2801.0000	1135.0500	0.0000	8.2000	268	268	0	60	35	43000.00
广东	**540.0000**	**540.0000**	**0.0000**	**5.2500**	**1972**	**1764**	**0**	**62**	**27**	**63516.00**
独立使用	500.0000	500.0000	0.0000	4.2500	1916	1708	0	62	27	35144.00
共同使用	40.0000	40.0000	0.0000	1.0000	56	56	0	0	0	28372.00
广东开放大学	0.0000	0.0000	0.0000	0.0000	0	0	0	0	0	15000.00
共同使用	0.0000	0.0000	0.0000	0.0000	0	0	0	0	0	15000.00
汕头广播电视大学南澳县教学点	0.0000	0.0000	0.0000	0.0000	0	0	0	10	4	1200.00
独立使用	0.0000	0.0000	0.0000	0.0000	0	0	0	10	4	1200.00
汕头广播电视大学濠江教学点	500.0000	500.0000	0.0000	4.2500	1700	1500	0	0	0	8800.00
独立使用	500.0000	500.0000	0.0000	4.2500	1700	1500	0	0	0	8800.00
汕头广播电视大学潮南区教学点	0.0000	0.0000	0.0000	1.0000	0	0	0	0	0	6000.00
共同使用	0.0000	0.0000	0.0000	1.0000	0	0	0	0	0	6000.00
中山市广播电视大学	0.0000	0.0000	0.0000	0.0000	0	0	0	38	19	19425.00
独立使用	0.0000	0.0000	0.0000	0.0000	0	0	0	38	19	19425.00
三水区广播电视大学	0.0000	0.0000	0.0000	0.0000	124	124	0	0	0	0.00
独立使用	0.0000	0.0000	0.0000	0.0000	124	124	0	0	0	0.00
佛山市高明区广播电视大学	40.0000	40.0000	0.0000	0.0000	56	56	0	0	0	0.00
共同使用	40.0000	40.0000	0.0000	0.0000	56	56	0	0	0	0.00
湛江市广播电视大学	0.0000	0.0000	0.0000	0.0000	92	84	0	14	4	1213.00
独立使用	0.0000	0.0000	0.0000	0.0000	92	84	0	14	4	1213.00
连平县广播电视大学	0.0000	0.0000	0.0000	0.0000	0	0	0	0	0	5284.00
共同使用	0.0000	0.0000	0.0000	0.0000	0	0	0	0	0	5284.00
龙川电大	0.0000	0.0000	0.0000	0.0000	0	0	0	0	0	6594.00
独立使用	0.0000	0.0000	0.0000	0.0000	0	0	0	0	0	4506.00
共同使用	0.0000	0.0000	0.0000	0.0000	0	0	0	0	0	2088.00
广州	**4125.4299**	**680.0000**	**46.0000**	**14.0000**	**398**	**168**	**30**	**219**	**161**	**308017.62**
独立使用	3925.4299	560.0000	0.0000	14.0000	198	168	30	200	147	282252.62
共同使用	200.0000	120.0000	46.0000	0.0000	200	0	0	19	14	25765.00
广州电大东山分校	0.0000	0.0000	0.0000	0.0000	0	0	0	14	7	148.00
独立使用	0.0000	0.0000	0.0000	0.0000	0	0	0	14	7	148.00
广州电大芳村分校	0.0000	0.0000	0.0000	0.0000	0	0	0	8	0	0.00
独立使用	0.0000	0.0000	0.0000	0.0000	0	0	0	8	0	0.00
广州电大荔湾分校	0.0000	0.0000	0.0000	0.0000	0	0	0	8	0	0.00
独立使用	0.0000	0.0000	0.0000	0.0000	0	0	0	8	0	0.00
广州电大天河区分校	700.0000	560.0000	0.0000	14.0000	198	168	30	0	0	1690.00
独立使用	700.0000	560.0000	0.0000	14.0000	198	168	30	0	0	1690.00
广州电大侨光分校	0.0000	0.0000	0.0000	0.0000	0	0	0	0	0	2500.00
共同使用	0.0000	0.0000	0.0000	0.0000	0	0	0	0	0	2500.00
广州市广播电视大学中奥物业工作站	0.0000	0.0000	0.0000	0.0000	0	0	0	102	102	13950.00
独立使用	0.0000	0.0000	0.0000	0.0000	0	0	0	102	102	13950.00
轻职工作站	0.0000	0.0000	0.0000	0.0000	0	0	0	20	20	6792.00

4.2　非学校产权资产情况(续表23)

	固定资产总值(万元)			图书(万册)	计算机(台)			教室(间)		占地面积(平方米)
	计	其中:教学、科研仪器设备资产值	其中:信息化设备资产值		计	其中:教学用计算机 计	其中:平板电脑	计	其中:网络多媒体教室	
独立使用	0.0000	0.0000	0.0000	0.0000	0	0	0	20	20	5657.00
共同使用	0.0000	0.0000	0.0000	0.0000	0	0	0	0	0	1135.00
蓝星工作站	200.0000	120.0000	46.0000	0.0000	200	0	0	4	4	180.00
独立使用	0.0000	0.0000	0.0000	0.0000	0	0	0	4	4	150.00
共同使用	200.0000	120.0000	46.0000	0.0000	200	0	0	0	0	30.00
广州电大东方分校	0.0000	0.0000	0.0000	0.0000	0	0	0	45	26	5300.00
独立使用	0.0000	0.0000	0.0000	0.0000	0	0	0	26	12	3200.00
共同使用	0.0000	0.0000	0.0000	0.0000	0	0	0	19	14	2100.00
广州康大职业技术学院	3225.4299	0.0000	0.0000	0.0000	0	0	0	18	2	257277.62
独立使用	3225.4299	0.0000	0.0000	0.0000	0	0	0	18	2	257277.62
广州大学人文学院	0.0000	0.0000	0.0000	0.0000	0	0	0	0	0	20180.00
独立使用	0.0000	0.0000	0.0000	0.0000	0	0	0	0	0	180.00
共同使用	0.0000	0.0000	0.0000	0.0000	0	0	0	0	0	20000.00
深圳	**24247.9004**	**5964.6899**	**47.0000**	**86.2600**	**6080**	**4001**	**2**	**3354**	**179**	**251101.00**
独立使用	20258.9004	3355.6899	0.0000	53.5100	5001	3106	0	147	147	183767.00
共同使用	3989.0000	2609.0000	47.0000	32.7500	1079	895	2	3207	32	67334.00
深圳广播电视大学	23383.9004	5584.6899	0.0000	85.7200	5826	3821	0	175	175	245746.00
独立使用	20258.9004	3355.6899	0.0000	53.5100	5001	3106	0	147	147	183767.00
共同使用	3125.0000	2229.0000	0.0000	32.2100	825	715	0	28	28	61979.00
深圳市宝安区观澜成人文化技术学校教学点	14.0000	0.0000	14.0000	0.0000	45	0	0	5	0	1000.00
共同使用	14.0000	0.0000	14.0000	0.0000	45	0	0	5	0	1000.00
深圳电大直属东部华侨城教学点	0.0000	0.0000	0.0000	0.0000	0	0	0	3150	0	0.00
共同使用	0.0000	0.0000	0.0000	0.0000	0	0	0	3150	0	0.00
深圳电大沙头角试点教学点	850.0000	380.0000	33.0000	0.5400	209	180	2	24	4	4355.00
共同使用	850.0000	380.0000	33.0000	0.5400	209	180	2	24	4	4355.00
广西	**2965.0000**	**1017.0000**	**251.0000**	**117.9800**	**3381**	**1928**	**1253**	**307**	**33**	**118945.00**
独立使用	0.0000	0.0000	0.0000	0.5600	35	35	1	43	3	15380.00
共同使用	2965.0000	1017.0000	251.0000	117.4200	3346	1893	1252	264	30	103565.00
岑溪市电大工作站	0.0000	0.0000	0.0000	0.0000	0	0	0	8	0	180.00
独立使用	0.0000	0.0000	0.0000	0.0000	0	0	0	0	0	180.00
共同使用	0.0000	0.0000	0.0000	0.0000	0	0	0	8	0	0.00
广西电大直属荔浦县教学点	0.0000	0.0000	0.0000	0.0000	6	6	0	2	0	0.00
独立使用	0.0000	0.0000	0.0000	0.0000	3	3	0	0	0	0.00
共同使用	0.0000	0.0000	0.0000	0.0000	3	3	0	2	0	0.00
广西宜州市委党校教学点	0.0000	0.0000	0.0000	0.0000	4	4	0	2	0	0.00
独立使用	0.0000	0.0000	0.0000	0.0000	2	2	0	0	0	0.00
共同使用	0.0000	0.0000	0.0000	0.0000	2	2	0	2	0	0.00
广西电大直属融安教学点	0.0000	0.0000	0.0000	0.0000	4	4	0	2	0	0.00
独立使用	0.0000	0.0000	0.0000	0.0000	2	2	0	0	0	0.00
共同使用	0.0000	0.0000	0.0000	0.0000	2	2	0	2	0	0.00
隆安县电大工作站	124.0000	108.0000	16.0000	0.0000	0	0	0	0	0	500.00
共同使用	124.0000	108.0000	16.0000	0.0000	0	0	0	0	0	500.00
柳州市电大	0.0000	0.0000	0.0000	0.0000	97	97	0	25	5	8000.00

4.2 非学校产权资产情况(续表24)

	固定资产总值(万元)			图书(万册)	计算机(台)			教室(间)		占地面积(平方米)
	计	其中:教学、科研仪器设备资产值	其中:信息化设备资产值		计	其中:教学用计算机 计	其中:平板电脑	计	其中:网络多媒体教室	
独立使用	0.0000	0.0000	0.0000	0.0000	0	0	0	0	0	8000.00
共同使用	0.0000	0.0000	0.0000	0.0000	97	97	0	25	5	0.00
柳州市电大鹿寨工作站	0.0000	0.0000	0.0000	0.5600	43	43	1	18	0	600.00
独立使用	0.0000	0.0000	0.0000	0.5600	15	15	1	8	0	500.00
共同使用	0.0000	0.0000	0.0000	0.0000	28	28	0	10	0	100.00
桂林市电大龙胜县工作站	0.0000	0.0000	0.0000	0.0000	0	0	0	2	1	0.00
独立使用	0.0000	0.0000	0.0000	0.0000	0	0	0	2	1	0.00
来宾市兴宾区财政局电大工作站	62.0000	16.0000	12.0000	0.0200	50	45	1	8	1	400.00
共同使用	62.0000	16.0000	12.0000	0.0200	50	45	1	8	1	400.00
来宾市分校兴宾区直属点	0.0000	0.0000	0.0000	0.0000	6	6	0	3	0	0.00
独立使用	0.0000	0.0000	0.0000	0.0000	3	3	0	0	0	0.00
共同使用	0.0000	0.0000	0.0000	0.0000	3	3	0	3	0	0.00
来宾市分校合山市教育局教学点	410.0000	296.0000	75.0000	20.0000	370	370	170	11	7	440.00
共同使用	410.0000	296.0000	75.0000	20.0000	370	370	170	11	7	440.00
来宾市忻城县教学点	0.0000	0.0000	0.0000	0.0000	6	6	0	3	0	200.00
独立使用	0.0000	0.0000	0.0000	0.0000	3	3	0	0	0	100.00
共同使用	0.0000	0.0000	0.0000	0.0000	3	3	0	3	0	100.00
象州县教师进修学校工作站	0.0000	0.0000	0.0000	0.0000	8	8	0	3	0	200.00
独立使用	0.0000	0.0000	0.0000	0.0000	4	4	0	0	0	100.00
共同使用	0.0000	0.0000	0.0000	0.0000	4	4	0	3	0	100.00
金秀县职业技术学校工作站	100.0000	60.0000	20.0000	5.0000	50	45	1	10	2	4500.00
共同使用	100.0000	60.0000	20.0000	5.0000	50	45	1	10	2	4500.00
武宣县中等职业技术学校工作站	0.0000	0.0000	0.0000	0.0000	6	6	0	1	0	200.00
独立使用	0.0000	0.0000	0.0000	0.0000	3	3	0	0	0	100.00
共同使用	0.0000	0.0000	0.0000	0.0000	3	3	0	1	0	100.00
来宾市分校来宾校区教学点	69.0000	45.0000	5.0000	0.3000	65	60	0	8	2	1780.00
共同使用	69.0000	45.0000	5.0000	0.3000	65	60	0	8	2	1780.00
钦州市电大分校	360.0000	240.0000	110.0000	83.1000	2218	1080	1080	138	12	66065.00
共同使用	360.0000	240.0000	110.0000	83.1000	2218	1080	1080	138	12	66065.00
钦州分校灵山县电大工作站	1280.0000	120.0000	10.0000	6.0000	360	60	0	0	0	18560.00
共同使用	1280.0000	120.0000	10.0000	6.0000	360	60	0	0	0	18560.00
钦州市钦北区委党校工作站	560.0000	132.0000	3.0000	3.0000	8	8	0	10	1	6820.00
共同使用	560.0000	132.0000	3.0000	3.0000	8	8	0	10	1	6820.00
北海电大出口加工区教学点	0.0000	0.0000	0.0000	0.0000	0	0	0	3	1	1000.00
独立使用	0.0000	0.0000	0.0000	0.0000	0	0	0	3	1	1000.00
电大检察分校	0.0000	0.0000	0.0000	0.0000	0	0	0	30	1	5320.00
独立使用	0.0000	0.0000	0.0000	0.0000	0	0	0	30	1	5320.00
贵港市电大平南工作站	0.0000	0.0000	0.0000	0.0000	80	80	0	0	0	0.00
共同使用	0.0000	0.0000	0.0000	0.0000	80	80	0	0	0	0.00
贵港市电大兴业县工作站	0.0000	0.0000	0.0000	0.0000	0	0	0	20	0	4180.00
独立使用	0.0000	0.0000	0.0000	0.0000	0	0	0	0	0	80.00
共同使用	0.0000	0.0000	0.0000	0.0000	0	0	0	20	0	4100.00
海南	**190.0000**	**80.0000**	**110.0000**	**0.8050**	**317**	**243**	**0**	**52**	**34**	**36766.00**

4.2 非学校产权资产情况(续表25)

	固定资产总值(万元)			图书(万册)	计算机(台)			教室(间)		占地面积(平方米)
	计	其中:教学、科研仪器设备资产值	其中:信息化设备资产值		计	其中:教学用计算机 计	其中:平板电脑	计	其中:网络多媒体教室	
独立使用	190.0000	80.0000	110.0000	0.8000	242	218	0	48	30	25366.00
共同使用	0.0000	0.0000	0.0000	0.0050	75	25	0	4	4	11400.00
海南电大直属儋州教学点	0.0000	0.0000	0.0000	0.4000	30	25	0	10	10	400.00
独立使用	0.0000	0.0000	0.0000	0.4000	30	25	0	10	10	400.00
海南电大直属东方教学点	0.0000	0.0000	0.0000	0.4000	32	30	0	5	2	800.00
独立使用	0.0000	0.0000	0.0000	0.4000	32	30	0	5	2	0.00
共同使用	0.0000	0.0000	0.0000	0.0000	0	0	0	0	0	800.00
海南电大屯昌直属教学点	0.0000	0.0000	0.0000	0.0000	37	32	0	7	2	10000.00
独立使用	0.0000	0.0000	0.0000	0.0000	37	32	0	7	2	0.00
共同使用	0.0000	0.0000	0.0000	0.0000	0	0	0	0	0	10000.00
海南电大直属文昌教学点	100.0000	50.0000	50.0000	0.0000	46	41	0	13	7	1000.00
独立使用	100.0000	50.0000	50.0000	0.0000	46	41	0	13	7	1000.00
海南电大直属琼海教学点	0.0000	0.0000	0.0000	0.0000	40	35	0	5	2	2500.00
独立使用	0.0000	0.0000	0.0000	0.0000	40	35	0	5	2	2500.00
海南电大直属三亚教学点	90.0000	30.0000	60.0000	0.0000	32	30	0	6	5	20666.00
独立使用	90.0000	30.0000	60.0000	0.0000	32	30	0	6	5	20666.00
呀诺达教学点	0.0000	0.0000	0.0000	0.0050	100	50	0	6	6	1400.00
独立使用	0.0000	0.0000	0.0000	0.0000	25	25	0	2	2	800.00
共同使用	0.0000	0.0000	0.0000	0.0050	75	25	0	4	4	600.00
四川	**26963.7500**	**10674.7500**	**524.0000**	**264.0967**	**3078**	**2088**	**206**	**620**	**179**	**445351.33**
独立使用	8875.7500	189.2500	61.0000	112.0200	228	48	0	226	37	179511.33
共同使用	18088.0000	10485.5000	463.0000	152.0767	2850	2040	206	394	142	265840.00
四川广播电视大学	0.0000	0.0000	0.0000	0.0000	0	0	0	0	0	139641.33
独立使用	0.0000	0.0000	0.0000	0.0000	0	0	0	0	0	139641.33
四川电大直属学院直属部	80.2500	32.7500	0.0000	0.0000	0	0	0	23	3	1700.00
独立使用	80.2500	32.7500	0.0000	0.0000	0	0	0	23	3	1000.00
共同使用	0.0000	0.0000	0.0000	0.0000	0	0	0	0	0	700.00
四川电大直属学院温江分校	0.0000	0.0000	0.0000	0.0000	0	0	0	7	1	760.00
独立使用	0.0000	0.0000	0.0000	0.0000	0	0	0	7	1	760.00
四川电大直属学院省检察院教学点	0.0000	0.0000	0.0000	1.3600	0	0	0	16	4	500.00
独立使用	0.0000	0.0000	0.0000	1.3600	0	0	0	16	4	500.00
四川电大直属学院华西分校	50.0000	35.0000	15.0000	0.0000	47	47	0	10	0	2180.00
独立使用	30.0000	20.0000	10.0000	0.0000	32	32	0	2	0	380.00
共同使用	20.0000	15.0000	5.0000	0.0000	15	15	0	8	0	1800.00
四川电大直属学院幼师分校	70.0000	10.0000	40.0000	0.0000	120	0	0	24	0	688.00
独立使用	35.0000	5.0000	20.0000	0.0000	60	0	0	12	0	188.00
共同使用	35.0000	5.0000	20.0000	0.0000	60	0	0	12	0	500.00
四川电大直属学院人才分校	0.0000	0.0000	0.0000	0.0000	0	0	0	20	0	870.00
独立使用	0.0000	0.0000	0.0000	0.0000	0	0	0	20	0	620.00
共同使用	0.0000	0.0000	0.0000	0.0000	0	0	0	0	0	250.00
四川电大直属学院棠湖分校	0.0000	0.0000	0.0000	0.0000	0	0	0	7	2	767.00
独立使用	0.0000	0.0000	0.0000	0.0000	0	0	0	7	2	767.00
四川电大直属学院大邑党校	0.0000	0.0000	0.0000	0.0000	0	0	0	8	1	730.00

4.2 非学校产权资产情况(续表26)

	固定资产总值(万元)			图书(万册)	计算机(台)			教室(间)		占地面积(平方米)
	计	其中:教学、科研仪器设备资产值	其中:信息化设备资产值		计	其中:教学用计算机 计	其中:平板电脑	计	其中:网络多媒体教室	
独立使用	0.0000	0.0000	0.0000	0.0000	0	0	0	8	1	730.00
四川电大直属学院工商管理分院	0.0000	0.0000	0.0000	0.0000	0	0	0	21	5	11000.00
独立使用	0.0000	0.0000	0.0000	0.0000	0	0	0	21	5	11000.00
四川电大直属学院龙泉行政校	0.0000	0.0000	0.0000	1.0000	0	0	0	11	2	450.00
独立使用	0.0000	0.0000	0.0000	1.0000	0	0	0	3	1	100.00
共同使用	0.0000	0.0000	0.0000	0.0000	0	0	0	8	1	350.00
四川电大直属学院成都市继续教育中心	0.0000	0.0000	0.0000	0.0000	0	0	0	10	0	500.00
独立使用	0.0000	0.0000	0.0000	0.0000	0	0	0	5	0	200.00
共同使用	0.0000	0.0000	0.0000	0.0000	0	0	0	5	0	300.00
四川电大直属学院成都市就业训练中心	0.0000	0.0000	0.0000	0.0000	0	0	0	2	2	370.00
独立使用	0.0000	0.0000	0.0000	0.0000	0	0	0	2	2	140.00
共同使用	0.0000	0.0000	0.0000	0.0000	0	0	0	0	0	230.00
凉山广播电视大学宁南工作站	0.0000	0.0000	0.0000	0.0000	0	0	0	8	1	640.00
独立使用	0.0000	0.0000	0.0000	0.0000	0	0	0	1	1	52.00
共同使用	0.0000	0.0000	0.0000	0.0000	0	0	0	7	0	588.00
四川戴氏教育有限公司	0.0000	0.0000	0.0000	0.0000	0	0	0	20	6	920.00
独立使用	0.0000	0.0000	0.0000	0.0000	0	0	0	4	1	150.00
共同使用	0.0000	0.0000	0.0000	0.0000	0	0	0	16	5	770.00
四川电大水电工程学院	0.0000	0.0000	0.0000	0.0000	0	0	0	8	2	423.00
独立使用	0.0000	0.0000	0.0000	0.0000	0	0	0	8	2	423.00
四川省级机关电大高新教学点	0.0000	0.0000	0.0000	0.0000	0	0	0	1	0	200.00
共同使用	0.0000	0.0000	0.0000	0.0000	0	0	0	1	0	200.00
四川省级机关电大政治学院	0.0000	0.0000	0.0000	0.0000	0	0	0	5	0	450.00
独立使用	0.0000	0.0000	0.0000	0.0000	0	0	0	0	0	100.00
共同使用	0.0000	0.0000	0.0000	0.0000	0	0	0	5	0	350.00
成都铁路局电大直属部	0.0000	0.0000	0.0000	0.0000	0	0	0	19	3	1061.00
独立使用	0.0000	0.0000	0.0000	0.0000	0	0	0	19	3	1061.00
绵阳广播电视大学江油分校	0.0000	0.0000	0.0000	0.0000	0	0	0	0	0	8000.00
共同使用	0.0000	0.0000	0.0000	0.0000	0	0	0	0	0	8000.00
绵阳电大梓潼直属分校	0.0000	0.0000	0.0000	0.0000	0	0	0	7	1	955.00
独立使用	0.0000	0.0000	0.0000	0.0000	0	0	0	7	1	0.00
共同使用	0.0000	0.0000	0.0000	0.0000	0	0	0	0	0	955.00
安县职业中专学校	0.0000	0.0000	0.0000	1.0000	0	0	0	0	0	0.00
独立使用	0.0000	0.0000	0.0000	1.0000	0	0	0	0	0	0.00
乐山广播电视大学直属部	8323.0000	0.0000	0.0000	0.0000	150	130	0	0	0	16243.00
独立使用	8323.0000	0.0000	0.0000	0.0000	0	0	0	0	0	8323.00
共同使用	0.0000	0.0000	0.0000	0.0000	150	130	0	0	0	7920.00
乐山广播电视大学五通分校	0.0000	0.0000	0.0000	0.0000	66	65	1	10	4	360.00
独立使用	0.0000	0.0000	0.0000	0.0000	0	0	0	0	0	100.00
共同使用	0.0000	0.0000	0.0000	0.0000	66	65	1	10	4	260.00
乐山沙湾区教师进修校	66.0000	29.0000	7.0000	0.0000	64	33	1	5	3	2800.00
独立使用	2.0000	2.0000	0.0000	0.0000	3	3	0	0	0	100.00
共同使用	64.0000	27.0000	7.0000	0.0000	61	30	1	5	3	2700.00

4.2 非学校产权资产情况(续表27)

	固定资产总值(万元)			图书(万册)	计算机(台)	其中:教学用计算机		教室(间)		占地面积(平方米)
	计	其中:教学、科研仪器设备资产值	其中:信息化设备资产值		计	计	其中:平板电脑	计	其中:网络多媒体教室	
乐山广播电视大学井研分校	0.0000	0.0000	0.0000	1.0000	0	0	0	0	0	0.00
共同使用	0.0000	0.0000	0.0000	1.0000	0	0	0	0	0	0.00
乐山广播电视大学夹江分校	0.0000	0.0000	0.0000	0.0000	66	65	1	3	0	380.00
独立使用	0.0000	0.0000	0.0000	0.0000	0	0	0	0	0	120.00
共同使用	0.0000	0.0000	0.0000	0.0000	66	65	1	3	0	260.00
乐山广播电视大学峨眉分校	0.0000	0.0000	0.0000	0.0000	0	0	0	22	1	1200.00
独立使用	0.0000	0.0000	0.0000	0.0000	0	0	0	10	1	500.00
共同使用	0.0000	0.0000	0.0000	0.0000	0	0	0	12	0	700.00
宜宾广播电视大学南溪工作站	0.0000	0.0000	0.0000	0.0000	0	0	0	0	0	1230.00
独立使用	0.0000	0.0000	0.0000	0.0000	0	0	0	0	0	800.00
共同使用	0.0000	0.0000	0.0000	0.0000	0	0	0	0	0	430.00
宜宾广播电视大学江安工作站	740.0000	630.0000	80.0000	1.5000	60	60	0	12	2	9070.00
共同使用	740.0000	630.0000	80.0000	1.5000	60	60	0	12	2	9070.00
宜宾广播电视大学屏山县工作站	60.0000	10.0000	10.0000	0.0000	40	0	0	10	0	6000.00
独立使用	30.0000	5.0000	5.0000	0.0000	20	0	0	5	0	3000.00
共同使用	30.0000	5.0000	5.0000	0.0000	20	0	0	5	0	3000.00
宜宾广播电视大学兴文工作站	517.0000	112.0000	15.0000	1.0200	170	120	20	10	4	600.00
共同使用	517.0000	112.0000	15.0000	1.0200	170	120	20	10	4	600.00
宜宾广播电视大学宜宾县电大工作站	2500.0000	300.0000	100.0000	3.5000	200	170	150	50	4	4002.00
共同使用	2500.0000	300.0000	100.0000	3.5000	200	170	150	50	4	4002.00
南充广播电视大学高坪工作站	4.0000	2.0000	2.0000	0.0000	10	10	0	4	1	500.00
共同使用	4.0000	2.0000	2.0000	0.0000	10	10	0	4	1	500.00
南充广播电视大学南部工作站	0.0000	0.0000	0.0000	0.0000	0	0	0	0	0	100.00
共同使用	0.0000	0.0000	0.0000	0.0000	0	0	0	0	0	100.00
达州广播电视大学渠县工作站	0.0000	0.0000	0.0000	0.0000	0	0	0	0	0	150.00
独立使用	0.0000	0.0000	0.0000	0.0000	0	0	0	0	0	150.00
越西县教师进修学校	385.0000	50.0000	30.0000	2.0000	55	40	0	2	1	200.00
共同使用	385.0000	50.0000	30.0000	2.0000	55	40	0	2	1	200.00
会理第一职业中学	8000.5000	8000.0000	0.0000	80.0000	900	720	0	72	72	13333.00
共同使用	8000.5000	8000.0000	0.0000	80.0000	900	720	0	72	72	13333.00
攀枝花广播电视大学米易工作站	3549.0000	815.0000	0.0000	1.3000	250	200	0	50	5	90000.00
共同使用	3549.0000	815.0000	0.0000	1.3000	250	200	0	50	5	90000.00
攀枝花广播电视大学盐边工作站	12.0000	10.0000	2.0000	0.1000	48	48	0	4	0	3500.00
独立使用	12.0000	10.0000	2.0000	0.1000	3	3	0	4	0	230.00
共同使用	0.0000	0.0000	0.0000	0.0000	45	45	0	0	0	3270.00
攀枝花广播电视大学仁和分校	558.0000	60.0000	45.0000	1.8567	134	100	0	4	1	10110.00
共同使用	558.0000	60.0000	45.0000	1.8567	134	100	0	4	1	10110.00
巴中广播电视大学平昌分校	0.0000	0.0000	0.0000	0.0000	0	0	0	8	2	1060.00
独立使用	0.0000	0.0000	0.0000	0.0000	0	0	0	8	2	700.00
共同使用	0.0000	0.0000	0.0000	0.0000	0	0	0	0	0	360.00
巴中广播电视大学南江工作站	0.0000	0.0000	0.0000	96.0000	0	0	0	0	0	96.00
独立使用	0.0000	0.0000	0.0000	96.0000	0	0	0	0	0	96.00
建设厅广播电视大学直属部	0.0000	0.0000	0.0000	0.0000	0	0	0	18	3	2200.00

4.2 非学校产权资产情况(续表28)

	固定资产总值(万元)			图书(万册)	计算机(台)			教室(间)		占地面积(平方米)
	计	其中:教学、科研仪器设备资产值	其中:信息化设备资产值		计	其中:教学用计算机 计	其中:平板电脑	计	其中:网络多媒体教室	
独立使用	0.0000	0.0000	0.0000	0.0000	0	0	0	0	0	1900.00
共同使用	0.0000	0.0000	0.0000	0.0000	0	0	0	18	3	300.00
建设厅广播电视大学广安市建筑技术培训中心	10.0000	7.0000	3.0000	0.1000	15	15	3	3	1	200.00
独立使用	0.0000	0.0000	0.0000	0.0000	0	0	0	3	1	200.00
共同使用	10.0000	7.0000	3.0000	0.1000	15	15	3	0	0	0.00
建设厅广播电视大学内江建设局培训中心	0.0000	0.0000	0.0000	0.0000	0	0	0	6	3	1500.00
共同使用	0.0000	0.0000	0.0000	0.0000	0	0	0	6	3	1500.00
建设厅广播电视大学华西集团培训中心	60.0000	50.0000	10.0000	0.1000	15	15	0	5	1	250.00
独立使用	0.0000	0.0000	0.0000	0.0000	0	0	0	3	1	150.00
共同使用	60.0000	50.0000	10.0000	0.1000	15	15	0	2	0	100.00
建设厅广播电视大学成都市城建科技培训中心	50.0000	30.0000	20.0000	0.2000	38	30	30	3	1	800.00
共同使用	50.0000	30.0000	20.0000	0.2000	38	30	30	3	1	800.00
眉山广播电视大学直属部	1483.0000	255.0000	0.0000	2.0600	110	100	0	16	4	13932.00
独立使用	200.5000	30.5000	0.0000	0.5600	10	10	0	16	4	3000.00
共同使用	1282.5000	224.5000	0.0000	1.5000	100	90	0	0	0	10932.00
眉山广播电视大学仁寿分校	70.0000	50.0000	20.0000	45.0000	300	0	0	40	10	86000.00
共同使用	70.0000	50.0000	20.0000	45.0000	300	0	0	40	10	86000.00
眉山广播电视大学丹棱分校	0.0000	0.0000	0.0000	0.0000	0	0	0	4	2	220.00
独立使用	0.0000	0.0000	0.0000	0.0000	0	0	0	1	0	220.00
共同使用	0.0000	0.0000	0.0000	0.0000	0	0	0	3	2	0.00
眉山广播电视大学彭山分校	112.0000	83.0000	2.5000	20.0000	160	60	0	2	0	3500.00
独立使用	99.0000	80.0000	1.5000	12.0000	100	0	0	1	0	2000.00
共同使用	13.0000	3.0000	1.0000	8.0000	60	60	0	1	0	1500.00
眉山广播电视大学青神分校	64.0000	4.0000	22.5000	0.0000	0	0	0	0	0	0.00
独立使用	64.0000	4.0000	22.5000	0.0000	0	0	0	0	0	0.00
眉山广播电视大学洪雅教师进修校	200.0000	100.0000	100.0000	5.0000	60	60	0	20	20	2900.00
共同使用	200.0000	100.0000	100.0000	5.0000	60	60	0	20	20	2900.00
都江堰分校直属部	0.0000	0.0000	0.0000	0.0000	0	0	0	10	1	110.00
独立使用	0.0000	0.0000	0.0000	0.0000	0	0	0	10	1	110.00
成都	**670.0000**	**360.0000**	**120.0000**	**1.5300**	**800**	**800**	**0**	**83**	**21**	**34178.00**
独立使用	70.0000	60.0000	0.0000	0.0300	500	500	0	45	14	4838.00
共同使用	600.0000	300.0000	120.0000	1.5000	300	300	0	38	7	29340.00
成都电大彭州分校	0.0000	0.0000	0.0000	0.0000	0	0	0	13	3	2048.00
独立使用	0.0000	0.0000	0.0000	0.0000	0	0	0	13	3	1948.00
共同使用	0.0000	0.0000	0.0000	0.0000	0	0	0	0	0	100.00
成都电大直属城西学院	0.0000	0.0000	0.0000	0.0000	40	40	0	12	6	730.00
独立使用	0.0000	0.0000	0.0000	0.0000	0	0	0	4	0	270.00
共同使用	0.0000	0.0000	0.0000	0.0000	40	40	0	8	6	460.00
成都电大直属学院大邑分校教学点	0.0000	0.0000	0.0000	0.0000	50	50	0	7	1	390.00
独立使用	0.0000	0.0000	0.0000	0.0000	50	50	0	5	1	390.00
共同使用	0.0000	0.0000	0.0000	0.0000	0	0	0	2	0	0.00
青白江	0.0000	0.0000	0.0000	0.0000	0	0	0	4	0	320.00
独立使用	0.0000	0.0000	0.0000	0.0000	0	0	0	4	0	320.00

4.2 非学校产权资产情况(续表 29)

	固定资产总值(万元)			图书(万册)	计算机(台)			教室(间)		占地面积(平方米)
	计	其中:教学、科研仪器设备资产值	其中:信息化设备资产值		计	其中:教学用计算机 计	其中:教学用计算机 其中:平板电脑	计	其中:网络多媒体教室	
成都电大蒲江分校	0.0000	0.0000	0.0000	0.0000	0	0	0	0	0	23400.00
共同使用	0.0000	0.0000	0.0000	0.0000	0	0	0	0	0	23400.00
成都电大西越教学点	600.0000	300.0000	120.0000	1.2000	260	260	0	25	0	5000.00
共同使用	600.0000	300.0000	120.0000	1.2000	260	260	0	25	0	5000.00
成都电大旅游分校	0.0000	0.0000	0.0000	0.3000	0	0	0	5	1	500.00
独立使用	0.0000	0.0000	0.0000	0.0000	0	0	0	2	0	120.00
共同使用	0.0000	0.0000	0.0000	0.3000	0	0	0	3	1	380.00
成都电大青年职业学校教学点	70.0000	60.0000	0.0000	0.0300	450	450	0	8	7	1230.00
独立使用	70.0000	60.0000	0.0000	0.0300	450	450	0	8	7	1230.00
成都电大信息管理学校	0.0000	0.0000	0.0000	0.0000	0	0	0	9	3	560.00
独立使用	0.0000	0.0000	0.0000	0.0000	0	0	0	9	3	560.00
重庆	**2185.6800**	**0.0000**	**0.0000**	**4.0000**	**51**	**50**	**0**	**116**	**34**	**29506.00**
独立使用	2018.4000	0.0000	0.0000	2.0000	0	0	0	42	28	8731.00
共同使用	167.2800	0.0000	0.0000	2.0000	51	50	0	74	6	20775.00
南岸区电大分校	0.0000	0.0000	0.0000	0.0000	0	0	0	0	0	2790.00
共同使用	0.0000	0.0000	0.0000	0.0000	0	0	0	0	0	2790.00
綦江县电大工作站	1000.0000	0.0000	0.0000	0.0000	0	0	0	17	17	12700.00
独立使用	1000.0000	0.0000	0.0000	0.0000	0	0	0	17	17	2450.00
共同使用	0.0000	0.0000	0.0000	0.0000	0	0	0	0	0	10250.00
大足县电大工作站	0.0000	0.0000	0.0000	4.0000	0	0	0	8	2	2432.00
独立使用	0.0000	0.0000	0.0000	2.0000	0	0	0	0	0	135.00
共同使用	0.0000	0.0000	0.0000	2.0000	0	0	0	8	2	2297.00
奉节电大分校	167.2800	0.0000	0.0000	0.0000	0	0	0	20	5	2788.00
独立使用	0.0000	0.0000	0.0000	0.0000	0	0	0	5	5	0.00
共同使用	167.2800	0.0000	0.0000	0.0000	0	0	0	15	0	2788.00
忠县电大工作站	0.0000	0.0000	0.0000	0.0000	0	0	0	18	5	0.00
独立使用	0.0000	0.0000	0.0000	0.0000	0	0	0	6	2	0.00
共同使用	0.0000	0.0000	0.0000	0.0000	0	0	0	12	3	0.00
南川区电大分校	1018.4000	0.0000	0.0000	0.0000	0	0	0	4	1	3996.00
独立使用	1018.4000	0.0000	0.0000	0.0000	0	0	0	4	1	2546.00
共同使用	0.0000	0.0000	0.0000	0.0000	0	0	0	0	0	1450.00
丰都县电大工作站	0.0000	0.0000	0.0000	0.0000	51	50	0	26	1	600.00
共同使用	0.0000	0.0000	0.0000	0.0000	51	50	0	26	1	600.00
武隆县电大分校	0.0000	0.0000	0.0000	0.0000	0	0	0	13	0	600.00
共同使用	0.0000	0.0000	0.0000	0.0000	0	0	0	13	0	600.00
彭水县电大分校	0.0000	0.0000	0.0000	0.0000	0	0	0	10	3	3600.00
独立使用	0.0000	0.0000	0.0000	0.0000	0	0	0	10	3	3600.00
贵州	**30109.5653**	**11940.7500**	**1704.0200**	**100.0950**	**2413**	**2066**	**469**	**338**	**51**	**1209351.61**
独立使用	2194.6000	1458.2000	667.8000	34.4950	800	672	212	108	18	47858.69
共同使用	27914.9653	10482.5500	1036.2200	65.6000	1613	1394	257	230	33	1161492.92
黔南州分校福泉县工作站	15.0000	1.0000	0.0000	0.0000	0	0	0	0	0	100.00
独立使用	5.0000	0.0000	0.0000	0.0000	0	0	0	0	0	0.00
共同使用	10.0000	1.0000	0.0000	0.0000	0	0	0	0	0	100.00

4.2 非学校产权资产情况(续表30)

	固定资产总值(万元)			图书(万册)	计算机(台)			教室(间)		占地面积(平方米)
	计	其中:教学、科研仪器设备资产值	其中:信息化设备资产值		计	其中:教学用计算机		计	其中:网络多媒体教室	
						计	其中:平板电脑			
黔南州分校荔波县工作站	1200.0000	548.0000	642.0000	6.0000	80	80	4	8	8	6550.00
独立使用	765.0000	350.0000	406.0000	0.5000	40	40	2	4	4	3800.00
共同使用	435.0000	198.0000	236.0000	5.5000	40	40	2	4	4	2750.00
黔东南电大镇远工作站	1559.0000	132.0000	0.0000	0.0000	64	60	0	44	2	34530.00
共同使用	1559.0000	132.0000	0.0000	0.0000	64	60	0	44	2	34530.00
黔东南州分校三穗县工作站	0.0000	0.0000	0.0000	20.0000	0	0	0	14	0	1000.00
共同使用	0.0000	0.0000	0.0000	20.0000	0	0	0	14	0	1000.00
黔东南州分校天柱工作站	7.0000	3.0000	3.0000	0.6000	58	40	0	10	2	13213.00
共同使用	7.0000	3.0000	3.0000	0.6000	58	40	0	10	2	13213.00
黔东南州麻江县教学点	13.0000	8.0000	5.0000	0.0000	220	150	50	10	3	33000.00
共同使用	13.0000	8.0000	5.0000	0.0000	220	150	50	10	3	33000.00
黔东南州分校台江县工作站	0.0000	0.0000	0.0000	5.0000	70	70	0	10	2	0.00
共同使用	0.0000	0.0000	0.0000	5.0000	70	70	0	10	2	0.00
黔东南州分校锦屏县工作站	1000.0000	800.0000	200.0000	4.5000	300	200	100	20	2	1000.00
独立使用	1000.0000	800.0000	200.0000	4.5000	300	200	100	20	2	1000.00
黔东南州分校剑河县工作站	13000.0000	300.0000	200.0000	0.5000	125	3	3	30	6	6705.83
共同使用	13000.0000	300.0000	200.0000	0.5000	125	3	3	30	6	6705.83
黔东南州分校黎平县工作站	8727.0000	8658.0000	49.0000	7.0000	270	270	0	6	5	359.00
独立使用	36.0000	12.0000	24.0000	3.0000	60	60	0	1	1	73.00
共同使用	8691.0000	8646.0000	25.0000	4.0000	210	210	0	5	4	286.00
黔东南州分校施秉县教学点	3780.0000	840.0000	462.0000	0.0000	320	311	0	31	0	3700.00
独立使用	80.0000	20.0000	12.0000	0.0000	10	1	0	5	0	200.00
共同使用	3700.0000	820.0000	450.0000	0.0000	310	310	0	26	0	3500.00
黔东南分校黄平工作站	244.9653	161.7500	79.0200	10.0000	258	258	208	16	3	1380.00
独立使用	6.0000	5.2000	0.8000	0.0000	8	8	8	6	0	480.00
共同使用	238.9653	156.5500	78.2200	10.0000	250	250	200	10	3	900.00
黔东南分校榕江教学点	0.0000	0.0000	0.0000	3.0000	300	300	100	30	4	1060506.00
独立使用	0.0000	0.0000	0.0000	0.0000	200	200	100	0	0	0.00
共同使用	0.0000	0.0000	0.0000	3.0000	100	100	0	30	4	1060506.00
毕节地区分校赫章教学点	0.0000	0.0000	0.0000	0.0000	0	0	0	6	0	894.74
独立使用	0.0000	0.0000	0.0000	0.0000	0	0	0	1	0	38.56
共同使用	0.0000	0.0000	0.0000	0.0000	0	0	0	5	0	856.18
毕节地区分校黔西工作站	48.0000	11.0000	35.0000	0.5000	30	30	0	7	1	385.78
共同使用	48.0000	11.0000	35.0000	0.5000	30	30	0	7	1	385.78
六盘水市分校盘县教学点	27.0000	14.0000	7.0000	34.0000	70	62	2	22	2	32467.00
独立使用	16.0000	8.0000	4.0000	18.0000	35	32	1	10	1	30667.00
共同使用	11.0000	6.0000	3.0000	16.0000	35	30	1	12	1	1800.00
铜仁分校印江县工作站	281.0000	261.0000	20.0000	7.9950	145	130	0	60	10	10600.00
独立使用	281.0000	261.0000	20.0000	7.9950	145	130	0	60	10	10600.00
贵州电大铜仁分校德江县工作站	7.6000	3.0000	2.0000	1.0000	3	2	2	2	0	2000.26
独立使用	5.6000	2.0000	1.0000	0.5000	2	1	1	1	0	1000.13
共同使用	2.0000	1.0000	1.0000	0.5000	1	1	1	1	0	1000.13
铜仁分校江口县工作站	200.0000	200.0000	0.0000	0.0000	100	100	0	12	1	960.00

4.2 非学校产权资产情况(续表31)

	固定资产总值(万元)			图书(万册)	计算机(台)			教室(间)		占地面积(平方米)
	计	其中:教学、科研仪器设备资产值	其中:信息化设备资产值		计	其中:教学用计算机 计	其中:平板电脑	计	其中:网络多媒体教室	
共同使用	200.0000	200.0000	0.0000	0.0000	100	100	0	12	1	960.00
云南	**0.0000**	**0.0000**	**0.0000**	**0.0000**	**80**	**80**	**0**	**10**	**0**	**0.00**
独立使用	0.0000	0.0000	0.0000	0.0000	0	0	0	10	0	0.00
共同使用	0.0000	0.0000	0.0000	0.0000	80	80	0	0	0	0.00
云南开放大学	0.0000	0.0000	0.0000	0.0000	0	0	0	10	0	0.00
独立使用	0.0000	0.0000	0.0000	0.0000	0	0	0	10	0	0.00
昆明广播电视大学	0.0000	0.0000	0.0000	0.0000	80	80	0	0	0	0.00
共同使用	0.0000	0.0000	0.0000	0.0000	80	80	0	0	0	0.00
陕西	**5339.6000**	**1379.6800**	**282.0000**	**172.1600**	**4179**	**1655**	**291**	**553**	**56**	**260138.00**
独立使用	537.1000	280.2800	22.5000	30.3300	733	137	59	92	5	32791.00
共同使用	4802.5000	1099.4000	259.5000	141.8300	3446	1518	232	461	51	227347.00
神木工作站	0.0000	0.0000	0.0000	0.0000	50	50	50	0	0	0.00
共同使用	0.0000	0.0000	0.0000	0.0000	50	50	50	0	0	0.00
咸阳分校旬邑高级职业中学	410.0000	145.0000	63.0000	73.0000	420	0	0	50	0	25942.00
独立使用	180.0000	45.0000	8.0000	28.0000	180	0	0	20	0	10291.00
共同使用	230.0000	100.0000	55.0000	45.0000	240	0	0	30	0	15651.00
永寿县职教中心	300.0000	0.0000	0.0000	14.0000	80	0	0	0	0	28000.00
共同使用	300.0000	0.0000	0.0000	14.0000	80	0	0	0	0	28000.00
陕西电大宝鸡市分校	0.0000	0.0000	0.0000	0.0000	0	0	0	0	0	10960.00
共同使用	0.0000	0.0000	0.0000	0.0000	0	0	0	0	0	10960.00
宝鸡分校蔡家坡教学点	0.0000	0.0000	0.0000	0.0000	55	55	55	0	0	280.00
独立使用	0.0000	0.0000	0.0000	0.0000	55	55	55	0	0	280.00
安康紫阳党校教学点	0.0000	0.0000	0.0000	1.0000	30	30	0	13	1	1290.00
独立使用	0.0000	0.0000	0.0000	1.0000	30	30	0	13	1	1290.00
安康汉滨区电大工作站	0.0000	0.0000	0.0000	0.0000	50	50	0	3	1	240.00
共同使用	0.0000	0.0000	0.0000	0.0000	50	50	0	3	1	240.00
韩城进校教学点	0.0000	0.0000	0.0000	0.2000	0	0	0	5	5	0.00
独立使用	0.0000	0.0000	0.0000	0.2000	0	0	0	1	1	0.00
共同使用	0.0000	0.0000	0.0000	0.0000	0	0	0	4	4	0.00
潼关县财政局	25.0000	15.0000	10.0000	0.0300	22	18	2	2	1	300.00
独立使用	0.0000	0.0000	0.0000	0.0300	0	0	0	0	0	0.00
共同使用	25.0000	15.0000	10.0000	0.0000	22	18	2	2	1	300.00
白水县财政局	30.0000	11.0000	0.0000	0.0000	41	40	1	3	1	500.00
共同使用	30.0000	11.0000	0.0000	0.0000	41	40	1	3	1	500.00
洛南电大工作站	286.0000	40.0000	12.0000	1.8000	96	80	0	16	3	8881.00
共同使用	286.0000	40.0000	12.0000	1.8000	96	80	0	16	3	8881.00
商洛分校山阳工作站	12.0000	12.0000	0.0000	1.6000	1500	120	80	226	9	3900.00
共同使用	12.0000	12.0000	0.0000	1.6000	1500	120	80	226	9	3900.00
陕西电大商洛分校柞水工作站	2107.8000	680.5000	147.0000	26.6000	817	317	98	77	7	26602.00
独立使用	10.3000	5.8000	4.5000	0.0000	458	42	4	4	1	562.00
共同使用	2097.5000	674.7000	142.5000	26.6000	359	275	94	73	6	26040.00
陕西电大商洛分校丹凤工作站	90.0000	30.0000	0.0000	1.0000	51	51	0	18	6	1332.00
共同使用	90.0000	30.0000	0.0000	1.0000	51	51	0	18	6	1332.00

4.2 非学校产权资产情况(续表32)

	固定资产总值(万元)			图书(万册)	计算机(台)			教室(间)		占地面积(平方米)
	计	其中：教学、科研仪器设备资产值	其中：信息化设备资产值		计	其中：教学用计算机 计	其中：平板电脑	计	其中：网络多媒体教室	
洛南县职教中心教学点	265.0000	12.0000	40.0000	0.1300	93	90	0	42	6	10496.00
共同使用	265.0000	12.0000	40.0000	0.1300	93	90	0	42	6	10496.00
商南县职教中心	276.8000	229.4800	10.0000	1.1000	250	130	0	8	2	10140.00
独立使用	276.8000	229.4800	10.0000	1.1000	10	10	0	8	2	10140.00
共同使用	0.0000	0.0000	0.0000	0.0000	240	120	0	0	0	0.00
陕西电大铜川分校宜君工作站	0.0000	0.0000	0.0000	0.0000	0	0	0	0	0	300.00
共同使用	0.0000	0.0000	0.0000	0.0000	0	0	0	0	0	300.00
陕西航空工业管理局	1377.0000	114.7000	0.0000	6.4000	219	219	0	20	8	43687.00
共同使用	1377.0000	114.7000	0.0000	6.4000	219	219	0	20	8	43687.00
西飞技术学院	0.0000	0.0000	0.0000	0.0000	0	0	0	0	0	17988.00
独立使用	0.0000	0.0000	0.0000	0.0000	0	0	0	0	0	9988.00
共同使用	0.0000	0.0000	0.0000	0.0000	0	0	0	0	0	8000.00
中国飞行试验研究院航空机务技工学校	0.0000	0.0000	0.0000	20.0000	0	0	0	0	0	0.00
共同使用	0.0000	0.0000	0.0000	20.0000	0	0	0	0	0	0.00
陕西省纺织工业协会教学点	70.0000	0.0000	0.0000	0.0000	0	0	0	0	0	0.00
独立使用	70.0000	0.0000	0.0000	0.0000	0	0	0	0	0	0.00
陕西电大高新分校	0.0000	0.0000	0.0000	0.3000	160	160	0	20	3	1300.00
共同使用	0.0000	0.0000	0.0000	0.3000	160	160	0	20	3	1300.00
陕西省商务信息中心	90.0000	90.0000	0.0000	25.0000	245	245	5	7	3	68000.00
独立使用	0.0000	0.0000	0.0000	0.0000	0	0	0	3	0	240.00
共同使用	90.0000	90.0000	0.0000	25.0000	245	245	5	4	3	67760.00
陕西广播电视大学新城分校	0.0000	0.0000	0.0000	0.0000	0	0	0	43	0	0.00
独立使用	0.0000	0.0000	0.0000	0.0000	0	0	0	43	0	0.00
西安	**194.0000**	**65.0000**	**0.0000**	**5.7000**	**541**	**337**	**70**	**77**	**5**	**48579.00**
独立使用	3.0000	2.0000	0.0000	0.0000	40	40	30	7	2	29485.00
共同使用	191.0000	63.0000	0.0000	5.7000	501	297	40	70	3	19094.00
现代教育培训学院工作站	0.0000	0.0000	0.0000	2.9000	50	50	0	9	1	6420.00
独立使用	0.0000	0.0000	0.0000	0.0000	0	0	0	1	0	120.00
共同使用	0.0000	0.0000	0.0000	2.9000	50	50	0	8	1	6300.00
西安电大莲湖工作站	166.0000	38.0000	0.0000	1.2000	181	0	0	8	0	2140.00
共同使用	166.0000	38.0000	0.0000	1.2000	181	0	0	8	0	2140.00
长安分校	0.0000	0.0000	0.0000	0.0000	0	0	0	12	0	4000.00
共同使用	0.0000	0.0000	0.0000	0.0000	0	0	0	12	0	4000.00
翠华工作站	28.0000	27.0000	0.0000	0.0000	145	145	0	0	0	1260.00
独立使用	3.0000	2.0000	0.0000	0.0000	0	0	0	0	0	260.00
共同使用	25.0000	25.0000	0.0000	0.0000	145	145	0	0	0	1000.00
高陵分校	0.0000	0.0000	0.0000	1.6000	85	62	0	9	1	4154.00
共同使用	0.0000	0.0000	0.0000	1.6000	85	62	0	9	1	4154.00
直属三分校	0.0000	0.0000	0.0000	0.0000	0	0	0	0	0	405.00
独立使用	0.0000	0.0000	0.0000	0.0000	0	0	0	0	0	105.00
共同使用	0.0000	0.0000	0.0000	0.0000	0	0	0	0	0	300.00
西安电大高新分校	0.0000	0.0000	0.0000	0.0000	0	0	0	19	0	29000.00
独立使用	0.0000	0.0000	0.0000	0.0000	0	0	0	4	0	29000.00

4.2 非学校产权资产情况(续表33)

	固定资产总值(万元)			图书(万册)	计算机(台)			教室(间)		占地面积(平方米)
	计	其中:教学、科研仪器设备资产值	其中:信息化设备资产值		计	其中:教学用计算机 计	其中:平板电脑	计	其中:网络多媒体教室	
共同使用	0.0000	0.0000	0.0000	0.0000	0	0	0	15	0	0.00
直属四分校	0.0000	0.0000	0.0000	0.0000	80	80	70	20	3	1200.00
独立使用	0.0000	0.0000	0.0000	0.0000	40	40	30	2	2	0.00
共同使用	0.0000	0.0000	0.0000	0.0000	40	40	40	18	1	1200.00
甘肃	**31122.4202**	**5661.9900**	**265.3000**	**66.0800**	**3750**	**2825**	**500**	**628**	**253**	**576603.00**
独立使用	912.3000	225.4000	0.0000	2.5800	298	249	205	26	6	20487.00
共同使用	30210.1201	5436.5900	265.3000	63.5000	3452	2576	295	602	247	556116.00
甘肃电大兰州分校榆中工作站	0.0000	0.0000	0.0000	1.0100	0	0	0	0	0	100.00
共同使用	0.0000	0.0000	0.0000	1.0100	0	0	0	0	0	100.00
甘肃电大兰州分校永登党校工作站	292.0000	136.0000	12.0000	0.0000	86	70	0	8	2	6000.00
共同使用	292.0000	136.0000	12.0000	0.0000	86	70	0	8	2	6000.00
甘肃电大兰州分校园艺学校教学点	17.7400	17.7400	0.0000	0.0000	140	140	0	10	2	21800.00
共同使用	17.7400	17.7400	0.0000	0.0000	140	140	0	10	2	21800.00
甘肃电大天水分校清水工作站	5606.0000	975.0000	0.0000	20.0000	725	400	0	240	120	0.00
独立使用	0.0000	0.0000	0.0000	0.0000	5	0	0	0	0	0.00
共同使用	5606.0000	975.0000	0.0000	20.0000	720	400	0	240	120	0.00
甘肃电大天水分校甘谷工作站	1042.8400	223.0900	0.0000	1.0000	68	68	0	0	0	15333.00
共同使用	1042.8400	223.0900	0.0000	1.0000	68	68	0	0	0	15333.00
甘肃电大白银分校平川区工作站	0.0000	0.0000	0.0000	0.0000	0	0	0	0	0	12000.00
共同使用	0.0000	0.0000	0.0000	0.0000	0	0	0	0	0	12000.00
甘肃电大白银分校会宁职专教学点	0.0000	0.0000	0.0000	0.0000	0	0	0	0	0	72900.00
共同使用	0.0000	0.0000	0.0000	0.0000	0	0	0	0	0	72900.00
甘肃电大金昌分校永昌工作站	150.0000	68.0000	82.0000	3.0000	80	80	0	2	2	5360.00
共同使用	150.0000	68.0000	82.0000	3.0000	80	80	0	2	2	5360.00
甘肃电大金昌分校金川区工作站	35.0000	14.0000	0.0000	1.0000	54	45	0	3	1	120.00
共同使用	35.0000	14.0000	0.0000	1.0000	54	45	0	3	1	120.00
甘肃电大庆阳分校镇原工作站	94.9000	91.0000	0.0000	0.0000	0	0	0	0	0	0.00
独立使用	82.9000	79.0000	0.0000	0.0000	0	0	0	0	0	0.00
共同使用	12.0000	12.0000	0.0000	0.0000	0	0	0	0	0	0.00
甘肃电大平凉分校泾川工作站	10641.0000	1418.0000	146.0000	6.6000	436	436	0	41	0	38911.00
共同使用	10641.0000	1418.0000	146.0000	6.6000	436	436	0	41	0	38911.00
甘肃电大平凉分校灵台工作站	2305.8000	417.0000	7.8000	0.9000	200	183	0	72	60	0.00
共同使用	2305.8000	417.0000	7.8000	0.9000	200	183	0	72	60	0.00
甘肃电大平凉分校华亭工作站	251.8000	235.8000	0.0000	1.5300	228	164	0	35	3	17095.00
独立使用	0.0000	0.0000	0.0000	0.0000	48	44	0	1	1	420.00
共同使用	251.8000	235.8000	0.0000	1.5300	180	120	0	34	2	16675.00
甘肃电大平凉分校崇信工作站	2562.8501	491.0000	0.0000	1.6600	159	100	0	28	18	33300.00
共同使用	2562.8501	491.0000	0.0000	1.6600	159	100	0	28	18	33300.00
甘肃电大平凉分校庄浪工作站	361.0000	162.0000	0.0000	6.1300	263	263	0	15	3	23980.00
独立使用	0.0000	0.0000	0.0000	0.3300	0	0	0	0	0	0.00
共同使用	361.0000	162.0000	0.0000	5.8000	263	263	0	15	3	23980.00
甘肃电大陇南分校徽县工作站	773.1500	363.9600	0.0000	5.0000	211	195	195	11	3	14433.00
共同使用	773.1500	363.9600	0.0000	5.0000	211	195	195	11	3	14433.00

4.2 非学校产权资产情况(续表34)

	固定资产总值(万元)			图书(万册)	计算机(台)			教室(间)		占地面积(平方米)
	计	其中:教学、科研仪器设备资产值	其中:信息化设备资产值		计	其中:教学用计算机 计	其中:平板电脑	计	其中:网络多媒体教室	
甘肃电大武威分校古浪工作站	0.0000	0.0000	0.0000	0.0000	0	0	0	30	4	16800.00
共同使用	0.0000	0.0000	0.0000	0.0000	0	0	0	30	4	16800.00
甘肃电大武威分校凉州区工作站	0.0000	0.0000	0.0000	0.0000	0	0	0	2	1	1080.00
共同使用	0.0000	0.0000	0.0000	0.0000	0	0	0	2	1	1080.00
甘肃电大酒泉分校瓜州工作站	1757.0000	352.0000	0.0000	0.0000	223	223	0	30	15	52734.00
共同使用	1757.0000	352.0000	0.0000	0.0000	223	223	0	30	15	52734.00
甘肃电大酒泉分校玉门工作站	3913.8401	382.4000	0.0000	4.7500	250	120	120	35	6	197932.00
独立使用	0.4000	0.4000	0.0000	0.2500	50	20	20	5	1	500.00
共同使用	3913.4399	382.0000	0.0000	4.5000	200	100	100	30	5	197432.00
甘肃电大酒泉分校敦煌工作站	125.0000	115.0000	0.0000	10.0000	250	0	0	24	5	0.00
独立使用	10.0000	0.0000	0.0000	0.0000	0	0	0	0	0	0.00
共同使用	115.0000	115.0000	0.0000	10.0000	250	0	0	24	5	0.00
甘肃电大酒泉分校阿克塞工作站	17.0000	13.0000	0.0000	1.0000	18	9	0	2	1	90.00
独立使用	7.0000	4.0000	0.0000	1.0000	9	0	0	0	0	20.00
共同使用	10.0000	9.0000	0.0000	0.0000	9	9	0	2	1	70.00
甘肃电大酒泉分校肃北工作站	0.0000	0.0000	0.0000	0.0000	0	0	0	0	0	600.00
共同使用	0.0000	0.0000	0.0000	0.0000	0	0	0	0	0	600.00
甘肃电大临夏分校和政工作站	304.0000	1.0000	2.0000	0.5000	64	64	0	15	2	17962.00
共同使用	304.0000	1.0000	2.0000	0.5000	64	64	0	15	2	17962.00
甘肃电大临夏分校积石山工作站	0.0000	0.0000	0.0000	0.0000	0	0	0	0	0	8000.00
独立使用	0.0000	0.0000	0.0000	0.0000	0	0	0	0	0	8000.00
甘肃电大临夏分校永靖工作站	22.5000	7.0000	15.5000	0.0000	85	80	0	3	1	8000.00
共同使用	22.5000	7.0000	15.5000	0.0000	85	80	0	3	1	8000.00
甘肃电大临夏分校东乡工作站	37.0000	37.0000	0.0000	1.0000	25	0	0	6	0	526.00
独立使用	0.0000	0.0000	0.0000	0.0000	1	0	0	4	0	0.00
共同使用	37.0000	37.0000	0.0000	1.0000	24	0	0	2	0	526.00
亚盛分校生地湾农场教学点	0.0000	0.0000	0.0000	0.0000	0	0	0	6	1	110.00
独立使用	0.0000	0.0000	0.0000	0.0000	0	0	0	6	1	110.00
甘肃电大农垦河西分校敦煌教学点	0.0000	0.0000	0.0000	0.0000	0	0	0	3	0	582.00
独立使用	0.0000	0.0000	0.0000	0.0000	0	0	0	3	0	582.00
甘肃电大农垦河西分校瓜州教学点	0.0000	0.0000	0.0000	1.0000	0	0	0	0	0	635.00
独立使用	0.0000	0.0000	0.0000	1.0000	0	0	0	0	0	635.00
甘肃电大农垦河西分校玉门教学点	0.0000	0.0000	0.0000	0.0000	0	0	0	0	0	220.00
独立使用	0.0000	0.0000	0.0000	0.0000	0	0	0	0	0	220.00
甘肃电大兰州石化公司工作站	812.0000	142.0000	0.0000	0.0000	185	185	185	7	3	10000.00
独立使用	812.0000	142.0000	0.0000	0.0000	185	185	185	7	3	10000.00
青海	**20127.5298**	**11970.0000**	**1028.0000**	**40.1300**	**2735**	**1772**	**120**	**329**	**107**	**887073.60**
独立使用	450.0000	427.0000	14.0000	3.1200	236	118	0	50	11	11135.00
共同使用	19677.5298	11543.0000	1014.0000	37.0100	2499	1654	120	279	96	875938.60
果洛州广播电视大学	867.0000	288.0000	40.0000	21.6000	90	67	0	9	3	731.60
共同使用	867.0000	288.0000	40.0000	21.6000	90	67	0	9	3	731.60
乐都县广播电视大学	7970.0000	4260.0000	51.0000	2.2000	348	348	0	54	46	43490.00
独立使用	80.0000	60.0000	11.0000	2.1000	68	68	0	6	6	200.00

4.2 非学校产权资产情况(续表35)

	固定资产总值(万元)			图书(万册)	计算机(台)			教室(间)		占地面积(平方米)
	计	其中:教学、科研仪器设备资产值	其中:信息化设备资产值		计	其中:教学用计算机 计	其中:平板电脑	计	其中:网络多媒体教室	
共同使用	7890.0000	4200.0000	40.0000	0.1000	280	280	0	48	40	43290.00
互助县广播电视大学	4325.5298	2044.0000	350.0000	7.0100	815	453	0	120	15	114533.00
独立使用	0.0000	0.0000	0.0000	0.0000	55	50	0	7	0	900.00
共同使用	4325.5298	2044.0000	350.0000	7.0100	760	403	0	113	15	113633.00
海西州广播电视大学	2215.0000	2215.0000	0.0000	1.5000	427	0	0	68	20	20000.00
独立使用	365.0000	365.0000	0.0000	0.0000	112	0	0	36	5	10000.00
共同使用	1850.0000	1850.0000	0.0000	1.5000	315	0	0	32	15	10000.00
乌兰县广播电视大学	31.0000	17.0000	14.0000	0.0200	40	40	0	6	2	360.00
独立使用	5.0000	2.0000	3.0000	0.0200	0	0	0	0	0	30.00
共同使用	26.0000	15.0000	11.0000	0.0000	40	40	0	6	2	330.00
黄南州广播电视大学	154.0000	136.0000	18.0000	2.0000	180	160	0	26	4	16675.00
共同使用	154.0000	136.0000	18.0000	2.0000	180	160	0	26	4	16675.00
民和县广播电视大学	415.0000	310.0000	105.0000	0.8000	260	160	0	25	7	446700.00
共同使用	415.0000	310.0000	105.0000	0.8000	260	160	0	25	7	446700.00
平安县广播电视大学	0.0000	0.0000	0.0000	1.0000	1	0	0	1	0	5.00
独立使用	0.0000	0.0000	0.0000	1.0000	1	0	0	1	0	5.00
贵德县职业技术学校教学点	0.0000	0.0000	0.0000	0.0000	0	0	0	4	0	32016.00
共同使用	0.0000	0.0000	0.0000	0.0000	0	0	0	4	0	32016.00
大通县广播电视大学	4000.0000	2600.0000	400.0000	2.0000	394	394	0	12	6	72703.00
共同使用	4000.0000	2600.0000	400.0000	2.0000	394	394	0	12	6	72703.00
海北州广播电视大学	150.0000	100.0000	50.0000	2.0000	180	150	120	4	4	139860.00
共同使用	150.0000	100.0000	50.0000	2.0000	180	150	120	4	4	139860.00
宁夏	**12524.6000**	**3014.2000**	**328.4000**	**20.5000**	**1303**	**1203**	**49**	**220**	**107**	**263867.00**
独立使用	17.6000	12.2000	5.4000	1.0000	69	67	13	9	8	1520.00
共同使用	12507.0000	3002.0000	323.0000	19.5000	1234	1136	36	211	99	262347.00
宁夏广播电视大学	300.0000	100.0000	0.0000	10.6000	385	340	29	108	45	69300.00
独立使用	0.0000	0.0000	0.0000	0.0000	64	64	10	8	8	1320.00
共同使用	300.0000	100.0000	0.0000	10.6000	321	276	19	100	37	67980.00
吴忠电大分校	20.0000	12.0000	7.0000	6.6000	1	0	0	2	0	16480.00
独立使用	15.0000	10.0000	5.0000	1.0000	1	0	0	1	0	200.00
共同使用	5.0000	2.0000	2.0000	5.6000	0	0	0	1	0	16280.00
宁夏青铜峡市电大工作站	0.0000	0.0000	0.0000	0.0000	0	0	0	6	1	1000.00
共同使用	0.0000	0.0000	0.0000	0.0000	0	0	0	6	1	1000.00
中宁教学点	300.0000	100.0000	0.0000	1.0000	20	20	0	40	1	9000.00
共同使用	300.0000	100.0000	0.0000	1.0000	20	20	0	40	1	9000.00
宁夏广播电视大学盐池县工作站	0.0000	0.0000	0.0000	0.0000	45	45	0	2	2	700.00
共同使用	0.0000	0.0000	0.0000	0.0000	45	45	0	2	2	700.00
宁夏平罗电大工作站	11902.0000	2800.0000	321.0000	2.3000	848	795	17	58	58	167127.00
共同使用	11902.0000	2800.0000	321.0000	2.3000	848	795	17	58	58	167127.00
西吉教学点	2.6000	2.2000	0.4000	0.0000	4	3	3	4	0	260.00
独立使用	2.6000	2.2000	0.4000	0.0000	4	3	3	0	0	0.00
共同使用	0.0000	0.0000	0.0000	0.0000	0	0	0	4	0	260.00
新疆	**2473.9800**	**1721.2800**	**554.0000**	**29.8000**	**683**	**426**	**46**	**142**	**33**	**287871.00**

4.2 非学校产权资产情况(续表36)

	固定资产总值(万元)			图书(万册)	计算机(台)			教室(间)		占地面积(平方米)
	计	其中:教学、科研仪器设备资产值	其中:信息化设备资产值		计	其中:教学用计算机 计	其中:平板电脑	计	其中:网络多媒体教室	
独立使用	109.5000	80.8000	7.0000	3.6000	126	82	46	13	2	13522.00
共同使用	2364.4800	1640.4800	547.0000	26.2000	557	344	0	129	31	274349.00
昌吉电大玛纳斯教学点	3.0000	0.0000	0.0000	0.0000	0	0	0	0	0	0.00
独立使用	1.0000	0.0000	0.0000	0.0000	0	0	0	0	0	0.00
共同使用	2.0000	0.0000	0.0000	0.0000	0	0	0	0	0	0.00
阿勒泰电大富蕴县工作站	0.0000	0.0000	0.0000	0.0000	0	0	0	0	0	1700.00
共同使用	0.0000	0.0000	0.0000	0.0000	0	0	0	0	0	1700.00
阿勒泰电大哈巴河县电大工作站	73.5000	50.8000	2.0000	0.3000	50	46	46	10	10	500.00
独立使用	73.5000	50.8000	2.0000	0.3000	50	46	46	0	0	500.00
共同使用	0.0000	0.0000	0.0000	0.0000	0	0	0	10	10	0.00
塔城电大裕民县电大分校	15.0000	0.0000	15.0000	0.0000	34	30	0	1	1	250.00
独立使用	0.0000	0.0000	0.0000	0.0000	0	0	0	0	0	30.00
共同使用	15.0000	0.0000	15.0000	0.0000	34	30	0	1	1	220.00
巴州尉犁县广播电视大学	0.0000	0.0000	0.0000	0.0000	0	0	0	0	0	6400.00
共同使用	0.0000	0.0000	0.0000	0.0000	0	0	0	0	0	6400.00
巴州若羌县电大	56.0000	56.0000	0.0000	0.0000	48	0	0	2	2	38404.00
共同使用	56.0000	56.0000	0.0000	0.0000	48	0	0	2	2	38404.00
巴州和静电大工作站	13.4800	13.4800	0.0000	0.0000	0	0	0	30	0	740.00
共同使用	13.4800	13.4800	0.0000	0.0000	0	0	0	30	0	740.00
巴州电大和硕工作站	15.0000	15.0000	0.0000	0.0000	50	50	0	4	4	450.00
共同使用	15.0000	15.0000	0.0000	0.0000	50	50	0	4	4	450.00
阿克苏电大阿瓦提县电大分校	0.0000	0.0000	0.0000	1.0000	80	75	0	25	2	24000.00
独立使用	0.0000	0.0000	0.0000	0.0000	40	35	0	5	0	0.00
共同使用	0.0000	0.0000	0.0000	1.0000	40	40	0	20	2	24000.00
阿克苏库车县教育局	200.0000	25.0000	30.0000	2.0000	56	51	0	14	1	20000.00
独立使用	0.0000	0.0000	0.0000	0.0000	1	1	0	2	1	0.00
共同使用	200.0000	25.0000	30.0000	2.0000	55	50	0	12	0	20000.00
博州电大精河分校	0.0000	0.0000	0.0000	4.2000	0	0	0	9	2	136530.00
共同使用	0.0000	0.0000	0.0000	4.2000	0	0	0	9	2	136530.00
克州电大阿克陶县教学点	200.0000	50.0000	120.0000	12.0000	120	0	0	6	0	900.00
共同使用	200.0000	50.0000	120.0000	12.0000	120	0	0	6	0	900.00
喀什广播电视大学	0.0000	0.0000	0.0000	3.3000	0	0	0	0	0	12992.00
独立使用	0.0000	0.0000	0.0000	3.3000	0	0	0	0	0	12992.00
伊犁州电大巩留县电大教学点	0.0000	0.0000	0.0000	0.0000	0	0	0	10	0	10000.00
共同使用	0.0000	0.0000	0.0000	0.0000	0	0	0	10	0	10000.00
吐鲁番电大鄯善工作站	35.0000	30.0000	5.0000	0.0000	35	0	0	6	1	0.00
独立使用	35.0000	30.0000	5.0000	0.0000	35	0	0	6	1	0.00
铁路电大	1863.0000	1481.0000	382.0000	7.0000	210	174	0	25	10	35005.00
共同使用	1863.0000	1481.0000	382.0000	7.0000	210	174	0	25	10	35005.00
新疆兵团	**3142.6300**	**2223.8300**	**160.0000**	**0.3200**	**528**	**508**	**20**	**45**	**29**	**103863.00**
独立使用	1228.8300	340.8300	130.0000	0.0000	0	0	0	27	11	86800.00
共同使用	1913.8000	1883.0000	30.0000	0.3200	528	508	20	18	18	17063.00
农一师分校	1228.8300	340.8300	130.0000	0.0000	0	0	0	15	8	14000.00

4.2 非学校产权资产情况(续表37)

	固定资产总值(万元)			图书(万册)	计算机(台)			教室(间)		占地面积(平方米)
	计	其中:教学、科研仪器设备资产值	其中:信息化设备资产值		计	其中:教学用计算机 计	其中:平板电脑	计	其中:网络多媒体教室	
独立使用	1228.8300	340.8300	130.0000	0.0000	0	0	0	15	8	14000.00
农十师分校	0.0000	0.0000	0.0000	0.0000	0	0	0	12	3	72800.00
独立使用	0.0000	0.0000	0.0000	0.0000	0	0	0	12	3	72800.00
农十三师分校	30.0000	0.0000	30.0000	0.0000	65	65	0	0	0	80.00
共同使用	30.0000	0.0000	30.0000	0.0000	65	65	0	0	0	80.00
农十二师分校	1883.8000	1883.0000	0.0000	0.3200	463	443	20	18	18	16983.00
共同使用	1883.8000	1883.0000	0.0000	0.3200	463	443	20	18	18	16983.00
总参学院	**0.0000**	**0.0000**	**0.0000**	**10.0000**	**0**	**0**	**0**	**1**	**1**	**40.00**
共同使用	0.0000	0.0000	0.0000	10.0000	0	0	0	1	1	40.00
国家开放大学总参学院	0.0000	0.0000	0.0000	10.0000	0	0	0	1	1	40.00
共同使用	0.0000	0.0000	0.0000	10.0000	0	0	0	1	1	40.00
西藏学院	**0.0000**	**0.0000**	**0.0000**	**0.0000**	**0**	**0**	**0**	**50**	**21**	**4195.00**
独立使用	0.0000	0.0000	0.0000	0.0000	0	0	0	13	13	1975.00
共同使用	0.0000	0.0000	0.0000	0.0000	0	0	0	37	8	2220.00
国家开放大学西藏学院	0.0000	0.0000	0.0000	0.0000	0	0	0	15	3	1560.00
独立使用	0.0000	0.0000	0.0000	0.0000	0	0	0	3	3	840.00
共同使用	0.0000	0.0000	0.0000	0.0000	0	0	0	12	0	720.00
国家开放大学西藏学院日喀则学习中心	0.0000	0.0000	0.0000	0.0000	0	0	0	8	2	495.00
独立使用	0.0000	0.0000	0.0000	0.0000	0	0	0	2	2	135.00
共同使用	0.0000	0.0000	0.0000	0.0000	0	0	0	6	0	360.00
国家开放大学西藏学院山南学习中心	0.0000	0.0000	0.0000	0.0000	0	0	0	11	11	855.00
独立使用	0.0000	0.0000	0.0000	0.0000	0	0	0	3	3	375.00
共同使用	0.0000	0.0000	0.0000	0.0000	0	0	0	8	8	480.00
西藏学院林芝地区学习中心	0.0000	0.0000	0.0000	0.0000	0	0	0	6	2	480.00
独立使用	0.0000	0.0000	0.0000	0.0000	0	0	0	2	2	240.00
共同使用	0.0000	0.0000	0.0000	0.0000	0	0	0	4	0	240.00
西藏学院昌都地区学习中心	0.0000	0.0000	0.0000	0.0000	0	0	0	10	3	805.00
独立使用	0.0000	0.0000	0.0000	0.0000	0	0	0	3	3	385.00
共同使用	0.0000	0.0000	0.0000	0.0000	0	0	0	7	0	420.00
残疾人教育学院	**203.0000**	**26.0700**	**35.0500**	**1.2000**	**209**	**181**	**0**	**48**	**7**	**11680.00**
独立使用	0.0000	0.0000	0.0000	0.6000	56	42	0	0	0	9200.00
共同使用	203.0000	26.0700	35.0500	0.6000	153	139	0	48	7	2480.00
青岛电大教学点	203.0000	26.0700	35.0500	1.2000	112	84	0	23	2	3680.00
独立使用	0.0000	0.0000	0.0000	0.6000	56	42	0	0	0	1200.00
共同使用	203.0000	26.0700	35.0500	0.6000	56	42	0	23	2	2480.00
柳州市广播电视大学	0.0000	0.0000	0.0000	0.0000	97	97	0	25	5	8000.00
独立使用	0.0000	0.0000	0.0000	0.0000	0	0	0	0	0	8000.00
共同使用	0.0000	0.0000	0.0000	0.0000	97	97	0	25	5	0.00

4.3 学校产权校舍

	合计	教学科研及辅助用房						
		计	教室	图书馆	实验室、实习场所	专用科研用房	体育馆	会堂
总计	**37742928.33**	**18601930.90**	**9643425.92**	**1824253.92**	**4601055.51**	**543437.85**	**1186781.69**	**802976.01**
独立使用	18200479.86	9123853.27	5026304.23	813498.28	2105944.51	253777.82	509993.34	414335.09
共同使用	19542448.48	9478077.63	4617121.69	1010755.64	2495111.00	289660.03	676788.35	388640.92
国开总部	**87542.00**	**26936.00**	**4377.00**	**13920.00**	**8202.00**	**0.00**	**437.00**	**0.00**
独立使用	87542.00	26936.00	4377.00	13920.00	8202.00	0.00	437.00	0.00
北京	**549942.66**	**374168.73**	**174380.54**	**20188.22**	**61415.37**	**11615.00**	**52019.00**	**54550.60**
独立使用	170593.26	88746.03	64150.84	6522.22	15685.67	325.00	0.00	2062.30
共同使用	379349.40	285422.70	110229.70	13666.00	45729.70	11290.00	52019.00	52488.30
北京开放大学	52224.23	21781.79	13267.26	1900.00	6294.53	0.00	0.00	320.00
独立使用	52224.23	21781.79	13267.26	1900.00	6294.53	0.00	0.00	320.00
东城分校	23806.00	10358.00	6552.00	597.00	2688.00	0.00	0.00	521.00
共同使用	23806.00	10358.00	6552.00	597.00	2688.00	0.00	0.00	521.00
西城分校	42000.00	29000.00	24300.00	1500.00	1400.00	0.00	0.00	1800.00
共同使用	42000.00	29000.00	24300.00	1500.00	1400.00	0.00	0.00	1800.00
崇文分校	9129.00	4765.00	4006.00	214.00	120.00	325.00	0.00	100.00
独立使用	9129.00	4765.00	4006.00	214.00	120.00	325.00	0.00	100.00
朝阳分校	25740.40	17963.00	15937.00	72.00	0.00	0.00	1714.00	240.00
共同使用	25740.40	17963.00	15937.00	72.00	0.00	0.00	1714.00	240.00
丰台分校	15840.00	9354.00	9234.00	120.00	0.00	0.00	0.00	0.00
独立使用	15840.00	9354.00	9234.00	120.00	0.00	0.00	0.00	0.00
石景山分校	20463.85	7256.76	6498.72	235.40	305.64	0.00	0.00	217.00
独立使用	20463.85	7256.76	6498.72	235.40	305.64	0.00	0.00	217.00
昌平分校	4422.00	3750.00	3550.00	100.00	0.00	0.00	0.00	100.00
独立使用	4422.00	3750.00	3550.00	100.00	0.00	0.00	0.00	100.00
平谷分校	2283.00	1460.00	1220.00	0.00	240.00	0.00	0.00	0.00
独立使用	2283.00	1460.00	1220.00	0.00	240.00	0.00	0.00	0.00
密云分校	3600.00	2640.00	1890.00	0.00	750.00	0.00	0.00	0.00
独立使用	3600.00	2640.00	1890.00	0.00	750.00	0.00	0.00	0.00
延庆分校	6612.00	4778.00	3048.00	0.00	1658.00	0.00	0.00	72.00
独立使用	6612.00	4778.00	3048.00	0.00	1658.00	0.00	0.00	72.00
大兴分校	5496.18	3501.48	2365.86	71.82	876.50	0.00	0.00	187.30
独立使用	5006.18	3501.48	2365.86	71.82	876.50	0.00	0.00	187.30
共同使用	490.00	0.00	0.00	0.00	0.00	0.00	0.00	0.00
顺义分校	6420.00	4600.00	2800.00	0.00	1300.00	0.00	0.00	500.00
独立使用	6420.00	4600.00	2800.00	0.00	1300.00	0.00	0.00	500.00
门头沟学院	2254.00	1510.00	1354.00	14.00	142.00	0.00	0.00	0.00
独立使用	1254.00	510.00	354.00	14.00	142.00	0.00	0.00	0.00

建筑面积

单位:平方米

行政办公用房	生活用房						教工住宅	其他用房
	计	学生宿舍（公寓）	学生食堂	教工宿舍（公寓）	教工食堂	生活福利及附属用房		
3192182.26	**11346540.92**	**7588592.03**	**1726777.00**	**933190.17**	**275393.04**	**822588.69**	**3386213.50**	**1216060.77**
1935735.56	5510084.20	3691979.04	824399.63	368534.82	140951.98	484218.73	1332100.26	298706.58
1256446.70	5836456.72	3896612.99	902377.37	564655.35	134441.06	338369.96	2054113.24	917354.19
15821.00	**7019.00**	**0.00**	**0.00**	**0.00**	**898.00**	**6121.00**	**26043.00**	**11723.00**
15821.00	7019.00	0.00	0.00	0.00	898.00	6121.00	26043.00	11723.00
69091.84	**92641.61**	**31601.52**	**13818.18**	**4649.00**	**6538.40**	**36034.51**	**10722.28**	**3318.20**
38312.84	35885.91	10702.72	3618.68	779.00	2155.00	18630.51	7491.28	157.20
30779.00	56755.70	20898.80	10199.50	3870.00	4383.40	17404.00	3231.00	3161.00
12844.26	10610.90	0.00	0.00	489.00	1096.00	9025.90	6987.28	0.00
12844.26	10610.90	0.00	0.00	489.00	1096.00	9025.90	6987.28	0.00
2248.00	11200.00	0.00	350.00	0.00	579.00	10271.00	0.00	0.00
2248.00	11200.00	0.00	350.00	0.00	579.00	10271.00	0.00	0.00
11000.00	2000.00	2000.00	0.00	0.00	0.00	0.00	0.00	0.00
11000.00	2000.00	2000.00	0.00	0.00	0.00	0.00	0.00	0.00
3485.00	879.00	0.00	0.00	0.00	0.00	879.00	0.00	0.00
3485.00	879.00	0.00	0.00	0.00	0.00	879.00	0.00	0.00
2310.00	5467.40	2208.00	2890.00	0.00	79.40	290.00	0.00	0.00
2310.00	5467.40	2208.00	2890.00	0.00	79.40	290.00	0.00	0.00
6236.00	250.00	0.00	0.00	0.00	0.00	250.00	0.00	0.00
6236.00	250.00	0.00	0.00	0.00	0.00	250.00	0.00	0.00
2579.68	10627.41	2124.72	972.68	0.00	0.00	7530.01	0.00	0.00
2579.68	10627.41	2124.72	972.68	0.00	0.00	7530.01	0.00	0.00
182.00	490.00	0.00	0.00	0.00	280.00	210.00	0.00	0.00
182.00	490.00	0.00	0.00	0.00	280.00	210.00	0.00	0.00
540.00	283.00	0.00	0.00	0.00	193.00	90.00	0.00	0.00
540.00	283.00	0.00	0.00	0.00	193.00	90.00	0.00	0.00
960.00	0.00	0.00	0.00	0.00	0.00	0.00	0.00	0.00
960.00	0.00	0.00	0.00	0.00	0.00	0.00	0.00	0.00
1098.00	736.00	0.00	0.00	0.00	586.00	150.00	0.00	0.00
1098.00	736.00	0.00	0.00	0.00	586.00	150.00	0.00	0.00
1278.90	558.60	0.00	0.00	0.00	490.00	68.60	0.00	157.20
1278.90	68.60	0.00	0.00	0.00	0.00	68.60	0.00	157.20
0.00	490.00	0.00	0.00	0.00	490.00	0.00	0.00	0.00
1100.00	720.00	0.00	400.00	210.00	0.00	110.00	0.00	0.00
1100.00	720.00	0.00	400.00	210.00	0.00	110.00	0.00	0.00
744.00	0.00	0.00	0.00	0.00	0.00	0.00	0.00	0.00
744.00	0.00	0.00	0.00	0.00	0.00	0.00	0.00	0.00

4.3 学校产权校舍

	合计	教学科研及辅助用房						
		计	教室	图书馆	实验室、实习场所	专用科研用房	体育馆	会堂
共同使用	1000.00	1000.00	1000.00	0.00	0.00	0.00	0.00	0.00
水务局工作站	21648.00	8693.00	3163.00	3247.00	2283.00	0.00	0.00	0.00
独立使用	21648.00	8693.00	3163.00	3247.00	2283.00	0.00	0.00	0.00
矿山工作站	9541.00	5264.00	5044.00	112.00	108.00	0.00	0.00	0.00
独立使用	9541.00	5264.00	5044.00	112.00	108.00	0.00	0.00	0.00
燕山分校	3600.00	2642.00	2210.00	108.00	108.00	0.00	0.00	216.00
独立使用	3600.00	2642.00	2210.00	108.00	108.00	0.00	0.00	216.00
医药分校	15633.00	12871.70	4646.70	140.00	6413.70	1429.00	0.00	242.30
共同使用	15633.00	12871.70	4646.70	140.00	6413.70	1429.00	0.00	242.30
供销社分校	5400.00	5100.00	3500.00	0.00	1500.00	0.00	0.00	100.00
独立使用	5400.00	5100.00	3500.00	0.00	1500.00	0.00	0.00	100.00
北京卫校教学点	41456.00	20615.00	5403.00	1036.00	13546.00	0.00	0.00	630.00
独立使用	600.00	250.00	0.00	0.00	0.00	0.00	0.00	250.00
共同使用	40856.00	20365.00	5403.00	1036.00	13546.00	0.00	0.00	380.00
供销学校工作站	14653.00	6506.00	3086.00	460.00	1960.00	0.00	1000.00	0.00
共同使用	14653.00	6506.00	3086.00	460.00	1960.00	0.00	1000.00	0.00
铁路卫校工作站	2550.00	2400.00	2000.00	400.00	0.00	0.00	0.00	0.00
独立使用	2550.00	2400.00	2000.00	400.00	0.00	0.00	0.00	0.00
昌平职校工作站	215171.00	187359.00	49305.00	9861.00	19722.00	9861.00	49305.00	49305.00
共同使用	215171.00	187359.00	49305.00	9861.00	19722.00	9861.00	49305.00	49305.00
天津	**594078.00**	**394859.00**	**216689.00**	**58495.00**	**84474.00**	**2714.00**	**25523.00**	**6964.00**
独立使用	269936.00	156285.00	88517.00	7553.00	51223.00	600.00	3750.00	4642.00
共同使用	324142.00	238574.00	128172.00	50942.00	33251.00	2114.00	21773.00	2322.00
天津广播电视大学	31622.00	11655.00	5952.00	926.00	3925.00	0.00	0.00	852.00
独立使用	31622.00	11655.00	5952.00	926.00	3925.00	0.00	0.00	852.00
新华分校	10400.00	6041.00	2824.00	817.00	2080.00	0.00	0.00	320.00
独立使用	10400.00	6041.00	2824.00	817.00	2080.00	0.00	0.00	320.00
南开分校	11129.00	6320.00	5299.00	285.00	233.00	0.00	0.00	503.00
共同使用	11129.00	6320.00	5299.00	285.00	233.00	0.00	0.00	503.00
河东分校	5822.00	5117.00	857.00	80.00	4000.00	0.00	0.00	180.00
共同使用	5822.00	5117.00	857.00	80.00	4000.00	0.00	0.00	180.00
河西分校	33070.00	24953.00	17458.00	570.00	5925.00	0.00	0.00	1000.00
独立使用	33070.00	24953.00	17458.00	570.00	5925.00	0.00	0.00	1000.00
河北分校	500.00	500.00	500.00	0.00	0.00	0.00	0.00	0.00
独立使用	500.00	500.00	500.00	0.00	0.00	0.00	0.00	0.00
汉沽分校	2858.00	1595.00	1271.00	54.00	270.00	0.00	0.00	0.00
独立使用	2858.00	1595.00	1271.00	54.00	270.00	0.00	0.00	0.00

建筑面积(续表1)

单位:平方米

行政办公用房	生活用房						教工住宅	其他用房
	计	学生宿舍（公寓）	学生食堂	教工宿舍（公寓）	教工食堂	生活福利及附属用房		
0.00	0.00	0.00	0.00	0.00	0.00	0.00	0.00	0.00
1868.00	11087.00	8578.00	2246.00	0.00	0.00	263.00	0.00	0.00
1868.00	11087.00	8578.00	2246.00	0.00	0.00	263.00	0.00	0.00
4277.00	0.00	0.00	0.00	0.00	0.00	0.00	0.00	0.00
4277.00	0.00	0.00	0.00	0.00	0.00	0.00	0.00	0.00
320.00	134.00	0.00	0.00	80.00	0.00	54.00	504.00	0.00
320.00	134.00	0.00	0.00	80.00	0.00	54.00	504.00	0.00
1292.00	1469.30	946.80	522.50	0.00	0.00	0.00	0.00	0.00
1292.00	1469.30	946.80	522.50	0.00	0.00	0.00	0.00	0.00
300.00	0.00	0.00	0.00	0.00	0.00	0.00	0.00	0.00
300.00	0.00	0.00	0.00	0.00	0.00	0.00	0.00	0.00
4067.00	16774.00	7698.00	1841.00	870.00	280.00	6085.00	0.00	0.00
350.00	0.00	0.00	0.00	0.00	0.00	0.00	0.00	0.00
3717.00	16774.00	7698.00	1841.00	870.00	280.00	6085.00	0.00	0.00
730.00	4186.00	1978.00	1528.00	0.00	680.00	0.00	3231.00	0.00
730.00	4186.00	1978.00	1528.00	0.00	680.00	0.00	3231.00	0.00
150.00	0.00	0.00	0.00	0.00	0.00	0.00	0.00	0.00
150.00	0.00	0.00	0.00	0.00	0.00	0.00	0.00	0.00
9482.00	15169.00	6068.00	3068.00	3000.00	2275.00	758.00	0.00	3161.00
9482.00	15169.00	6068.00	3068.00	3000.00	2275.00	758.00	0.00	3161.00
41057.00	**141974.00**	**94616.00**	**20391.00**	**2230.00**	**2014.00**	**22723.00**	**15007.00**	**1181.00**
22913.00	78750.00	46584.00	13023.00	630.00	754.00	17759.00	10807.00	1181.00
18144.00	63224.00	48032.00	7368.00	1600.00	1260.00	4964.00	4200.00	0.00
6046.00	6662.00	4457.00	1066.00	0.00	0.00	1139.00	7259.00	0.00
6046.00	6662.00	4457.00	1066.00	0.00	0.00	1139.00	7259.00	0.00
2419.00	840.00	840.00	0.00	0.00	0.00	0.00	0.00	1100.00
2419.00	840.00	840.00	0.00	0.00	0.00	0.00	0.00	1100.00
3644.00	1165.00	0.00	0.00	0.00	0.00	1165.00	0.00	0.00
3644.00	1165.00	0.00	0.00	0.00	0.00	1165.00	0.00	0.00
505.00	200.00	0.00	0.00	0.00	200.00	0.00	0.00	0.00
505.00	200.00	0.00	0.00	0.00	200.00	0.00	0.00	0.00
3211.00	4906.00	4000.00	600.00	0.00	210.00	96.00	0.00	0.00
3211.00	4906.00	4000.00	600.00	0.00	210.00	96.00	0.00	0.00
0.00	0.00	0.00	0.00	0.00	0.00	0.00	0.00	0.00
0.00	0.00	0.00	0.00	0.00	0.00	0.00	0.00	0.00
767.00	496.00	0.00	0.00	0.00	0.00	496.00	0.00	0.00
767.00	496.00	0.00	0.00	0.00	0.00	496.00	0.00	0.00

4.3 学校产权校舍

	合计	教学科研及辅助用房						
		计	教室	图书馆	实验室、实习场所	专用科研用房	体育馆	会堂
大港分校	55230.00	12730.00	4955.00	1253.00	6522.00	0.00	0.00	0.00
独立使用	55230.00	12730.00	4955.00	1253.00	6522.00	0.00	0.00	0.00
东丽分校	11798.00	3715.00	2984.00	198.00	533.00	0.00	0.00	0.00
独立使用	11798.00	3715.00	2984.00	198.00	533.00	0.00	0.00	0.00
津南分校	140599.00	113810.00	55796.00	29007.00	8802.00	1614.00	18591.00	0.00
共同使用	140599.00	113810.00	55796.00	29007.00	8802.00	1614.00	18591.00	0.00
西青分校	2551.00	2176.00	1746.00	150.00	280.00	0.00	0.00	0.00
独立使用	2551.00	2176.00	1746.00	150.00	280.00	0.00	0.00	0.00
北辰分校	4810.00	2962.00	2496.00	34.00	432.00	0.00	0.00	0.00
独立使用	4810.00	2962.00	2496.00	34.00	432.00	0.00	0.00	0.00
武清分校	5630.00	4870.00	4020.00	90.00	760.00	0.00	0.00	0.00
独立使用	5630.00	4870.00	4020.00	90.00	760.00	0.00	0.00	0.00
静海分校	70200.00	43478.00	24000.00	4378.00	14000.00	0.00	1100.00	0.00
共同使用	70200.00	43478.00	24000.00	4378.00	14000.00	0.00	1100.00	0.00
宝坻分校	7706.00	6796.00	6634.00	162.00	0.00	0.00	0.00	0.00
共同使用	7706.00	6796.00	6634.00	162.00	0.00	0.00	0.00	0.00
宁河分校	11000.00	10500.00	7500.00	500.00	500.00	0.00	2000.00	0.00
独立使用	11000.00	10500.00	7500.00	500.00	500.00	0.00	2000.00	0.00
纺织局工作站	39510.00	29278.00	14639.00	13957.00	100.00	0.00	582.00	0.00
共同使用	39510.00	29278.00	14639.00	13957.00	100.00	0.00	582.00	0.00
渤海化工工作站	20652.00	16002.00	11152.00	316.00	534.00	600.00	1750.00	1650.00
独立使用	20652.00	16002.00	11152.00	316.00	534.00	600.00	1750.00	1650.00
电大建工学院	15980.00	15275.00	9847.00	873.00	4116.00	0.00	0.00	439.00
共同使用	15980.00	15275.00	9847.00	873.00	4116.00	0.00	0.00	439.00
财贸分校	15000.00	12000.00	9600.00	1200.00	500.00	0.00	500.00	200.00
共同使用	15000.00	12000.00	9600.00	1200.00	500.00	0.00	500.00	200.00
电大政法学院	4140.00	3460.00	1900.00	1000.00	260.00	0.00	0.00	300.00
独立使用	4140.00	3460.00	1900.00	1000.00	260.00	0.00	0.00	300.00
蓟县分校	18196.00	6500.00	1500.00	1000.00	1500.00	500.00	1000.00	1000.00
共同使用	18196.00	6500.00	1500.00	1000.00	1500.00	500.00	1000.00	1000.00
天津市劳动保护学校	75675.00	55126.00	23759.00	1645.00	29202.00	0.00	0.00	520.00
独立使用	75675.00	55126.00	23759.00	1645.00	29202.00	0.00	0.00	520.00
河北	**884397.24**	**482919.68**	**250759.86**	**31770.10**	**135700.80**	**10674.00**	**31373.00**	**22641.92**
独立使用	213547.20	110095.80	74750.50	8135.70	8641.60	7759.00	780.00	10029.00
共同使用	670850.04	372823.88	176009.36	23634.40	127059.20	2915.00	30593.00	12612.92
河北广播电视大学	57236.00	13455.00	5764.00	833.00	6858.00	0.00	0.00	0.00
共同使用	57236.00	13455.00	5764.00	833.00	6858.00	0.00	0.00	0.00

建筑面积(续表2)

单位:平方米

行政办公用房	生活用房						教工住宅	其他用房
	计	学生宿舍(公寓)	学生食堂	教工宿舍(公寓)	教工食堂	生活福利及附属用房		
4500.00	38000.00	19000.00	6800.00	0.00	0.00	12200.00	0.00	0.00
4500.00	38000.00	19000.00	6800.00	0.00	0.00	12200.00	0.00	0.00
916.00	7086.00	3543.00	1320.00	540.00	0.00	1683.00	0.00	81.00
916.00	7086.00	3543.00	1320.00	540.00	0.00	1683.00	0.00	81.00
8191.00	18598.00	16984.00	1614.00	0.00	0.00	0.00	0.00	0.00
8191.00	18598.00	16984.00	1614.00	0.00	0.00	0.00	0.00	0.00
240.00	135.00	0.00	0.00	0.00	80.00	55.00	0.00	0.00
240.00	135.00	0.00	0.00	0.00	80.00	55.00	0.00	0.00
840.00	960.00	528.00	48.00	0.00	384.00	0.00	48.00	0.00
840.00	960.00	528.00	48.00	0.00	384.00	0.00	48.00	0.00
440.00	320.00	0.00	150.00	90.00	30.00	50.00	0.00	0.00
440.00	320.00	0.00	150.00	90.00	30.00	50.00	0.00	0.00
2758.00	23964.00	20011.00	3953.00	0.00	0.00	0.00	0.00	0.00
2758.00	23964.00	20011.00	3953.00	0.00	0.00	0.00	0.00	0.00
250.00	660.00	0.00	120.00	0.00	60.00	480.00	0.00	0.00
250.00	660.00	0.00	120.00	0.00	60.00	480.00	0.00	0.00
0.00	0.00	0.00	0.00	0.00	0.00	0.00	500.00	0.00
0.00	0.00	0.00	0.00	0.00	0.00	0.00	500.00	0.00
0.00	6032.00	2830.00	681.00	0.00	0.00	2521.00	4200.00	0.00
0.00	6032.00	2830.00	681.00	0.00	0.00	2521.00	4200.00	0.00
1000.00	650.00	100.00	0.00	0.00	50.00	500.00	3000.00	0.00
1000.00	650.00	100.00	0.00	0.00	50.00	500.00	3000.00	0.00
0.00	705.00	207.00	0.00	0.00	0.00	498.00	0.00	0.00
0.00	705.00	207.00	0.00	0.00	0.00	498.00	0.00	0.00
100.00	2900.00	1500.00	500.00	100.00	500.00	300.00	0.00	0.00
100.00	2900.00	1500.00	500.00	100.00	500.00	300.00	0.00	0.00
80.00	600.00	200.00	300.00	0.00	0.00	100.00	0.00	0.00
80.00	600.00	200.00	300.00	0.00	0.00	100.00	0.00	0.00
2696.00	9000.00	6500.00	500.00	1500.00	500.00	0.00	0.00	0.00
2696.00	9000.00	6500.00	500.00	1500.00	500.00	0.00	0.00	0.00
2454.00	18095.00	13916.00	2739.00	0.00	0.00	1440.00	0.00	0.00
2454.00	18095.00	13916.00	2739.00	0.00	0.00	1440.00	0.00	0.00
124516.74	**218715.72**	**139721.00**	**30240.50**	**28090.00**	**10140.50**	**10523.72**	**50299.00**	**7946.10**
46722.00	31730.30	13883.00	3340.00	5837.00	2083.00	6587.30	22089.00	2910.10
77794.74	186985.42	125838.00	26900.50	22253.00	8057.50	3936.42	28210.00	5036.00
17010.00	10331.00	7911.00	2180.00	0.00	240.00	0.00	16440.00	0.00
17010.00	10331.00	7911.00	2180.00	0.00	240.00	0.00	16440.00	0.00

4.3 学校产权校舍

	合计	教学科研及辅助用房						
		计	教室	图书馆	实验室、实习场所	专用科研用房	体育馆	会堂
石家庄广播电视大学	161682.00	109607.00	60547.00	9718.00	35359.00	0.00	1435.00	2548.00
共同使用	161682.00	109607.00	60547.00	9718.00	35359.00	0.00	1435.00	2548.00
石家庄广播电视大学正定分校	7720.00	4750.00	4000.00	250.00	200.00	0.00	0.00	300.00
独立使用	7720.00	4750.00	4000.00	250.00	200.00	0.00	0.00	300.00
石家庄广播电视大学行唐分校	60.00	60.00	60.00	0.00	0.00	0.00	0.00	0.00
独立使用	30.00	30.00	30.00	0.00	0.00	0.00	0.00	0.00
共同使用	30.00	30.00	30.00	0.00	0.00	0.00	0.00	0.00
石家庄广播电视大学平山分校	6000.00	2000.00	600.00	200.00	1000.00	0.00	0.00	200.00
独立使用	6000.00	2000.00	600.00	200.00	1000.00	0.00	0.00	200.00
石家庄广播电视大学鹿泉分校	9510.00	490.00	400.00	30.00	60.00	0.00	0.00	0.00
独立使用	9510.00	490.00	400.00	30.00	60.00	0.00	0.00	0.00
石家庄广播电视大学藁城分校	22280.00	19080.00	9740.00	3000.00	60.00	120.00	160.00	6000.00
独立使用	22280.00	19080.00	9740.00	3000.00	60.00	120.00	160.00	6000.00
石家庄广播电视大学高邑分校	2668.00	1993.00	870.00	260.00	260.00	603.00	0.00	0.00
独立使用	2668.00	1993.00	870.00	260.00	260.00	603.00	0.00	0.00
石家庄广播电视大学元氏分校	2982.00	770.00	360.00	80.00	80.00	0.00	0.00	250.00
独立使用	2982.00	770.00	360.00	80.00	80.00	0.00	0.00	250.00
石家庄广播电视大学栾城分校	1960.00	1200.00	600.00	60.00	120.00	120.00	0.00	300.00
独立使用	40.00	0.00	0.00	0.00	0.00	0.00	0.00	0.00
共同使用	1920.00	1200.00	600.00	60.00	120.00	120.00	0.00	300.00
石家庄广播电视大学深泽分校	510.00	470.00	360.00	50.00	60.00	0.00	0.00	0.00
独立使用	510.00	470.00	360.00	50.00	60.00	0.00	0.00	0.00
石家庄广播电视大学赞皇分校	12028.00	1340.00	220.00	300.00	100.00	120.00	0.00	600.00
共同使用	12028.00	1340.00	220.00	300.00	100.00	120.00	0.00	600.00
石家庄科技干部进修学院教学点	580.00	400.00	300.00	0.00	50.00	0.00	0.00	50.00
独立使用	580.00	400.00	300.00	0.00	50.00	0.00	0.00	50.00
辛集分校	65.00	14.00	8.00	1.00	1.00	1.00	2.00	1.00
共同使用	65.00	14.00	8.00	1.00	1.00	1.00	2.00	1.00
唐山广播电视大学	15905.00	11220.00	9110.00	350.00	980.00	280.00	200.00	300.00
共同使用	15905.00	11220.00	9110.00	350.00	980.00	280.00	200.00	300.00
唐山广播电视大学丰润分校	13028.00	6880.00	3900.00	100.00	2480.00	200.00	0.00	200.00
独立使用	900.00	400.00	400.00	0.00	0.00	0.00	0.00	0.00
共同使用	12128.00	6480.00	3500.00	100.00	2480.00	200.00	0.00	200.00
唐山广播电视大学玉田分校	18696.00	14256.00	14000.00	36.00	20.00	0.00	0.00	200.00
独立使用	6696.00	2256.00	2000.00	36.00	20.00	0.00	0.00	200.00
共同使用	12000.00	12000.00	12000.00	0.00	0.00	0.00	0.00	0.00
唐山广播电视大学遵化分校	1434.80	476.80	280.90	36.00	159.90	0.00	0.00	0.00

建筑面积(续表3)

单位:平方米

行政办公用房	生活用房						教工住宅	其他用房
	计	学生宿舍(公寓)	学生食堂	教工宿舍(公寓)	教工食堂	生活福利及附属用房		
14092.00	37983.00	34938.00	2869.00	0.00	0.00	176.00	0.00	0.00
14092.00	37983.00	34938.00	2869.00	0.00	0.00	176.00	0.00	0.00
1000.00	1970.00	1520.00	200.00	0.00	50.00	200.00	0.00	0.00
1000.00	1970.00	1520.00	200.00	0.00	50.00	200.00	0.00	0.00
0.00	0.00	0.00	0.00	0.00	0.00	0.00	0.00	0.00
0.00	0.00	0.00	0.00	0.00	0.00	0.00	0.00	0.00
0.00	0.00	0.00	0.00	0.00	0.00	0.00	0.00	0.00
4000.00	0.00	0.00	0.00	0.00	0.00	0.00	0.00	0.00
4000.00	0.00	0.00	0.00	0.00	0.00	0.00	0.00	0.00
2420.00	3400.00	0.00	0.00	3200.00	200.00	0.00	3200.00	0.00
2420.00	3400.00	0.00	0.00	3200.00	200.00	0.00	3200.00	0.00
1000.00	2100.00	500.00	400.00	500.00	400.00	300.00	0.00	100.00
1000.00	2100.00	500.00	400.00	500.00	400.00	300.00	0.00	100.00
305.00	0.00	0.00	0.00	0.00	0.00	0.00	0.00	370.00
305.00	0.00	0.00	0.00	0.00	0.00	0.00	0.00	370.00
720.00	1492.00	0.00	0.00	0.00	0.00	1492.00	0.00	0.00
720.00	1492.00	0.00	0.00	0.00	0.00	1492.00	0.00	0.00
520.00	240.00	0.00	0.00	0.00	240.00	0.00	0.00	0.00
40.00	0.00	0.00	0.00	0.00	0.00	0.00	0.00	0.00
480.00	240.00	0.00	0.00	0.00	240.00	0.00	0.00	0.00
40.00	0.00	0.00	0.00	0.00	0.00	0.00	0.00	0.00
40.00	0.00	0.00	0.00	0.00	0.00	0.00	0.00	0.00
360.00	10328.00	6000.00	2000.00	1728.00	300.00	300.00	0.00	0.00
360.00	10328.00	6000.00	2000.00	1728.00	300.00	300.00	0.00	0.00
180.00	0.00	0.00	0.00	0.00	0.00	0.00	0.00	0.00
180.00	0.00	0.00	0.00	0.00	0.00	0.00	0.00	0.00
9.00	42.00	40.00	1.00	0.00	1.00	0.00	0.00	0.00
9.00	42.00	40.00	1.00	0.00	1.00	0.00	0.00	0.00
1055.00	3630.00	2980.00	650.00	0.00	0.00	0.00	0.00	0.00
1055.00	3630.00	2980.00	650.00	0.00	0.00	0.00	0.00	0.00
1598.00	4550.00	2000.00	500.00	2000.00	50.00	0.00	0.00	0.00
0.00	500.00	0.00	0.00	500.00	0.00	0.00	0.00	0.00
1598.00	4050.00	2000.00	500.00	1500.00	50.00	0.00	0.00	0.00
3000.00	1340.00	540.00	400.00	0.00	400.00	0.00	0.00	100.00
3000.00	1340.00	540.00	400.00	0.00	400.00	0.00	0.00	100.00
0.00	0.00	0.00	0.00	0.00	0.00	0.00	0.00	0.00
564.50	0.00	0.00	0.00	0.00	0.00	0.00	0.00	393.50

4.3 学校产权校舍

	合计	教学科研及辅助用房						
		计	教室	图书馆	实验室、实习场所	专用科研用房	体育馆	会堂
独立使用	1434.80	476.80	280.90	36.00	159.90	0.00	0.00	0.00
唐山广播电视大学迁西分校	1960.00	1110.00	1050.00	60.00	0.00	0.00	0.00	0.00
独立使用	1960.00	1110.00	1050.00	60.00	0.00	0.00	0.00	0.00
唐山广播电视大学丰南分校	6239.00	2484.00	1591.00	65.00	828.00	0.00	0.00	0.00
共同使用	6239.00	2484.00	1591.00	65.00	828.00	0.00	0.00	0.00
唐山广播电视大学滦县分校	847.00	245.00	214.00	31.00	0.00	0.00	0.00	0.00
共同使用	847.00	245.00	214.00	31.00	0.00	0.00	0.00	0.00
唐山广播电视大学滦南分校	43530.00	24298.00	6009.00	300.00	17679.00	0.00	0.00	310.00
独立使用	750.00	630.00	510.00	0.00	120.00	0.00	0.00	0.00
共同使用	42780.00	23668.00	5499.00	300.00	17559.00	0.00	0.00	310.00
唐山广播电视大学乐亭分校	23.00	5.00	2.00	1.00	2.00	0.00	0.00	0.00
独立使用	21.00	3.00	2.00	1.00	0.00	0.00	0.00	0.00
共同使用	2.00	2.00	0.00	0.00	2.00	0.00	0.00	0.00
唐山广播电视大学唐海分校	9489.80	6821.60	1485.00	158.40	178.20	0.00	5000.00	0.00
独立使用	178.20	0.00	0.00	0.00	0.00	0.00	0.00	0.00
共同使用	9311.60	6821.60	1485.00	158.40	178.20	0.00	5000.00	0.00
唐山广播电视大学路南分校	3658.00	2708.00	1454.00	1000.00	54.00	100.00	0.00	100.00
独立使用	3658.00	2708.00	1454.00	1000.00	54.00	100.00	0.00	100.00
唐山广播电视大学古冶分校	2230.60	1111.40	909.60	0.00	201.80	0.00	0.00	0.00
独立使用	2230.60	1111.40	909.60	0.00	201.80	0.00	0.00	0.00
唐山广播电视大学路北分校	1920.00	1370.00	800.00	100.00	200.00	120.00	0.00	150.00
独立使用	1920.00	1370.00	800.00	100.00	200.00	120.00	0.00	150.00
唐山广播电视大学开平分校	840.00	500.00	400.00	50.00	50.00	0.00	0.00	0.00
独立使用	840.00	500.00	400.00	50.00	50.00	0.00	0.00	0.00
迁安农广校	813.60	389.60	291.00	48.70	49.90	0.00	0.00	0.00
独立使用	813.60	389.60	291.00	48.70	49.90	0.00	0.00	0.00
秦皇岛广播电视大学	25817.00	9249.00	8849.00	400.00	0.00	0.00	0.00	0.00
独立使用	25817.00	9249.00	8849.00	400.00	0.00	0.00	0.00	0.00
秦皇岛广播电视大学青龙分校	4060.00	3598.00	2348.00	0.00	1250.00	0.00	0.00	0.00
独立使用	4060.00	3598.00	2348.00	0.00	1250.00	0.00	0.00	0.00
秦皇岛广播电视大学卢龙分校	6787.00	2187.00	1487.00	200.00	200.00	0.00	0.00	300.00
独立使用	6787.00	2187.00	1487.00	200.00	200.00	0.00	0.00	300.00
秦皇岛广播电视大学抚宁分校	29914.00	18914.00	10020.00	1000.00	7894.00	0.00	0.00	0.00
独立使用	3020.00	2320.00	2320.00	0.00	0.00	0.00	0.00	0.00
共同使用	26894.00	16594.00	7700.00	1000.00	7894.00	0.00	0.00	0.00
邯郸广播电视大学	3889.00	2694.00	570.00	0.00	2124.00	0.00	0.00	0.00
独立使用	118.00	0.00	0.00	0.00	0.00	0.00	0.00	0.00

建筑面积(续表4)

单位:平方米

行政办公用房	生活用房						教工住宅	其他用房
	计	学生宿舍(公寓)	学生食堂	教工宿舍(公寓)	教工食堂	生活福利及附属用房		
564.50	0.00	0.00	0.00	0.00	0.00	0.00	0.00	393.50
320.00	530.00	0.00	0.00	0.00	0.00	530.00	0.00	0.00
320.00	530.00	0.00	0.00	0.00	0.00	530.00	0.00	0.00
828.00	2927.00	2295.00	632.00	0.00	0.00	0.00	0.00	0.00
828.00	2927.00	2295.00	632.00	0.00	0.00	0.00	0.00	0.00
335.00	267.00	0.00	0.00	0.00	0.00	267.00	0.00	0.00
335.00	267.00	0.00	0.00	0.00	0.00	267.00	0.00	0.00
2653.00	14002.00	11765.00	1937.00	0.00	300.00	0.00	0.00	2577.00
120.00	0.00	0.00	0.00	0.00	0.00	0.00	0.00	0.00
2533.00	14002.00	11765.00	1937.00	0.00	300.00	0.00	0.00	2577.00
17.00	0.00	0.00	0.00	0.00	0.00	0.00	0.00	1.00
17.00	0.00	0.00	0.00	0.00	0.00	0.00	0.00	1.00
0.00	0.00	0.00	0.00	0.00	0.00	0.00	0.00	0.00
178.20	2490.00	960.00	1170.00	120.00	240.00	0.00	0.00	0.00
178.20	0.00	0.00	0.00	0.00	0.00	0.00	0.00	0.00
0.00	2490.00	960.00	1170.00	120.00	240.00	0.00	0.00	0.00
300.00	150.00	0.00	0.00	0.00	50.00	100.00	0.00	500.00
300.00	150.00	0.00	0.00	0.00	50.00	100.00	0.00	500.00
472.70	646.50	0.00	0.00	0.00	0.00	646.50	0.00	0.00
472.70	646.50	0.00	0.00	0.00	0.00	646.50	0.00	0.00
350.00	100.00	0.00	0.00	0.00	0.00	100.00	0.00	100.00
350.00	100.00	0.00	0.00	0.00	0.00	100.00	0.00	100.00
340.00	0.00	0.00	0.00	0.00	0.00	0.00	0.00	0.00
340.00	0.00	0.00	0.00	0.00	0.00	0.00	0.00	0.00
262.60	86.80	0.00	0.00	0.00	0.00	86.80	0.00	74.60
262.60	86.80	0.00	0.00	0.00	0.00	86.80	0.00	74.60
3415.00	4505.00	3381.00	1124.00	0.00	0.00	0.00	8648.00	0.00
3415.00	4505.00	3381.00	1124.00	0.00	0.00	0.00	8648.00	0.00
462.00	0.00	0.00	0.00	0.00	0.00	0.00	0.00	0.00
462.00	0.00	0.00	0.00	0.00	0.00	0.00	0.00	0.00
2800.00	1800.00	0.00	0.00	100.00	90.00	1610.00	0.00	0.00
2800.00	1800.00	0.00	0.00	100.00	90.00	1610.00	0.00	0.00
2300.00	8700.00	0.00	6500.00	2200.00	0.00	0.00	0.00	0.00
700.00	0.00	0.00	0.00	0.00	0.00	0.00	0.00	0.00
1600.00	8700.00	0.00	6500.00	2200.00	0.00	0.00	0.00	0.00
1077.00	118.00	0.00	0.00	0.00	118.00	0.00	0.00	0.00
0.00	118.00	0.00	0.00	0.00	118.00	0.00	0.00	0.00

4.3 学校产权校舍

	合计	教学科研及辅助用房						
		计	教室	图书馆	实验室、实习场所	专用科研用房	体育馆	会堂
共同使用	3771.00	2694.00	570.00	0.00	2124.00	0.00	0.00	0.00
邯郸广播电视大学武安分校	835.00	465.00	450.00	15.00	0.00	0.00	0.00	0.00
独立使用	835.00	465.00	450.00	15.00	0.00	0.00	0.00	0.00
邯郸广播电视大学鸡泽分校	4040.00	3940.00	3420.00	120.00	0.00	0.00	0.00	400.00
独立使用	120.00	120.00	120.00	0.00	0.00	0.00	0.00	0.00
共同使用	3920.00	3820.00	3300.00	120.00	0.00	0.00	0.00	400.00
邯郸广播电视大学峰峰矿区分校	5180.00	4820.00	3780.00	60.00	180.00	0.00	0.00	800.00
独立使用	300.00	180.00	180.00	0.00	0.00	0.00	0.00	0.00
共同使用	4880.00	4640.00	3600.00	60.00	180.00	0.00	0.00	800.00
邯郸广播电视大学磁县分校	10.00	5.00	5.00	0.00	0.00	0.00	0.00	0.00
独立使用	9.00	5.00	5.00	0.00	0.00	0.00	0.00	0.00
共同使用	1.00	0.00	0.00	0.00	0.00	0.00	0.00	0.00
邯郸广播电视大学大名分校	680.00	440.00	260.00	0.00	60.00	60.00	0.00	60.00
独立使用	80.00	60.00	60.00	0.00	0.00	0.00	0.00	0.00
共同使用	600.00	380.00	200.00	0.00	60.00	60.00	0.00	60.00
邯郸广播电视大学涉县分校	275.00	170.00	100.00	20.00	0.00	0.00	0.00	50.00
独立使用	225.00	120.00	50.00	20.00	0.00	0.00	0.00	50.00
共同使用	50.00	50.00	50.00	0.00	0.00	0.00	0.00	0.00
邯郸广播电视大学邱县工作站	30.00	0.00	0.00	0.00	0.00	0.00	0.00	0.00
独立使用	30.00	0.00	0.00	0.00	0.00	0.00	0.00	0.00
邯郸广播电视大学永年分校	810.00	486.00	486.00	0.00	0.00	0.00	0.00	0.00
独立使用	810.00	486.00	486.00	0.00	0.00	0.00	0.00	0.00
邯郸市成安县电大工作站	310.00	80.00	80.00	0.00	0.00	0.00	0.00	0.00
共同使用	310.00	80.00	80.00	0.00	0.00	0.00	0.00	0.00
承德广播电视大学	38656.00	11824.00	4304.00	707.00	6163.00	0.00	0.00	650.00
共同使用	38656.00	11824.00	4304.00	707.00	6163.00	0.00	0.00	650.00
承德广播电视大学滦平分校	9320.00	2770.00	450.00	1000.00	120.00	0.00	0.00	1200.00
共同使用	9320.00	2770.00	450.00	1000.00	120.00	0.00	0.00	1200.00
承德广播电视大学平泉分校	7350.00	7300.00	4300.00	3000.00	0.00	0.00	0.00	0.00
共同使用	7350.00	7300.00	4300.00	3000.00	0.00	0.00	0.00	0.00
承德广播电视大学丰宁分校	74640.00	48280.00	22000.00	320.00	24910.00	400.00	300.00	350.00
共同使用	74640.00	48280.00	22000.00	320.00	24910.00	400.00	300.00	350.00
承德广播电视大学宽城工作站	15600.00	10000.00	5000.00	1000.00	1000.00	500.00	2000.00	500.00
共同使用	15600.00	10000.00	5000.00	1000.00	1000.00	500.00	2000.00	500.00
承德广播电视大学围场工作站	370.00	240.00	180.00	0.00	0.00	0.00	0.00	60.00
共同使用	370.00	240.00	180.00	0.00	0.00	0.00	0.00	60.00
承德广播电视大学隆化分校	48900.00	37600.00	1500.00	300.00	16000.00	0.00	19000.00	800.00

建筑面积（续表5）

单位：平方米

行政办公用房	生活用房						教工住宅	其他用房
	计	学生宿舍（公寓）	学生食堂	教工宿舍（公寓）	教工食堂	生活福利及附属用房		
1077.00	0.00	0.00	0.00	0.00	0.00	0.00	0.00	0.00
240.00	30.00	0.00	0.00	0.00	30.00	0.00	0.00	100.00
240.00	30.00	0.00	0.00	0.00	30.00	0.00	0.00	100.00
0.00	0.00	0.00	0.00	0.00	0.00	0.00	0.00	100.00
0.00	0.00	0.00	0.00	0.00	0.00	0.00	0.00	0.00
0.00	0.00	0.00	0.00	0.00	0.00	0.00	0.00	100.00
240.00	0.00	0.00	0.00	0.00	0.00	0.00	0.00	120.00
0.00	0.00	0.00	0.00	0.00	0.00	0.00	0.00	120.00
240.00	0.00	0.00	0.00	0.00	0.00	0.00	0.00	0.00
3.00	0.00	0.00	0.00	0.00	0.00	0.00	0.00	2.00
3.00	0.00	0.00	0.00	0.00	0.00	0.00	0.00	1.00
0.00	0.00	0.00	0.00	0.00	0.00	0.00	0.00	1.00
40.00	200.00	120.00	80.00	0.00	0.00	0.00	0.00	0.00
20.00	0.00	0.00	0.00	0.00	0.00	0.00	0.00	0.00
20.00	200.00	120.00	80.00	0.00	0.00	0.00	0.00	0.00
105.00	0.00	0.00	0.00	0.00	0.00	0.00	0.00	0.00
105.00	0.00	0.00	0.00	0.00	0.00	0.00	0.00	0.00
0.00	0.00	0.00	0.00	0.00	0.00	0.00	0.00	0.00
30.00	0.00	0.00	0.00	0.00	0.00	0.00	0.00	0.00
30.00	0.00	0.00	0.00	0.00	0.00	0.00	0.00	0.00
324.00	0.00	0.00	0.00	0.00	0.00	0.00	0.00	0.00
324.00	0.00	0.00	0.00	0.00	0.00	0.00	0.00	0.00
150.00	0.00	0.00	0.00	0.00	0.00	0.00	0.00	80.00
150.00	0.00	0.00	0.00	0.00	0.00	0.00	0.00	80.00
15867.00	7165.00	5596.00	680.00	154.00	285.00	450.00	3800.00	0.00
15867.00	7165.00	5596.00	680.00	154.00	285.00	450.00	3800.00	0.00
4830.00	1720.00	0.00	0.00	220.00	1500.00	0.00	0.00	0.00
4830.00	1720.00	0.00	0.00	220.00	1500.00	0.00	0.00	0.00
50.00	0.00	0.00	0.00	0.00	0.00	0.00	0.00	0.00
50.00	0.00	0.00	0.00	0.00	0.00	0.00	0.00	0.00
2600.00	19140.00	16800.00	1700.00	160.00	120.00	360.00	4000.00	620.00
2600.00	19140.00	16800.00	1700.00	160.00	120.00	360.00	4000.00	620.00
1000.00	4600.00	2000.00	2000.00	400.00	200.00	0.00	0.00	0.00
1000.00	4600.00	2000.00	2000.00	400.00	200.00	0.00	0.00	0.00
80.00	0.00	0.00	0.00	0.00	0.00	0.00	0.00	50.00
80.00	0.00	0.00	0.00	0.00	0.00	0.00	0.00	50.00
1600.00	8000.00	5000.00	800.00	300.00	1600.00	300.00	1200.00	500.00

4.3 学校产权校舍

	合计	教学科研及辅助用房						
		计	教室	图书馆	实验室、实习场所	专用科研用房	体育馆	会堂
共同使用	48900.00	37600.00	1500.00	300.00	16000.00	0.00	19000.00	800.00
承德广播电视大学兴隆县分校	3600.00	1600.00	1500.00	0.00	0.00	0.00	0.00	100.00
共同使用	3600.00	1600.00	1500.00	0.00	0.00	0.00	0.00	100.00
邢台广播电视大学	5785.00	2036.00	1160.00	42.00	96.00	30.00	540.00	168.00
共同使用	5785.00	2036.00	1160.00	42.00	96.00	30.00	540.00	168.00
邢台广播电视大学宁晋分校	750.00	490.00	280.00	70.00	70.00	70.00	0.00	0.00
独立使用	680.00	420.00	210.00	70.00	70.00	70.00	0.00	0.00
共同使用	70.00	70.00	70.00	0.00	0.00	0.00	0.00	0.00
邢台广播电视大学巨鹿分校	846.00	636.00	270.00	30.00	153.00	30.00	45.00	108.00
共同使用	846.00	636.00	270.00	30.00	153.00	30.00	45.00	108.00
邢台广播电视大学广宗分校	2281.00	1153.00	1069.00	84.00	0.00	0.00	0.00	0.00
独立使用	2281.00	1153.00	1069.00	84.00	0.00	0.00	0.00	0.00
邢台广播电视大学隆尧分校	44.00	35.00	30.00	5.00	0.00	0.00	0.00	0.00
独立使用	9.00	0.00	0.00	0.00	0.00	0.00	0.00	0.00
共同使用	35.00	35.00	30.00	5.00	0.00	0.00	0.00	0.00
邢台广播电视大学内邱分校	117.00	52.00	52.00	0.00	0.00	0.00	0.00	0.00
独立使用	117.00	52.00	52.00	0.00	0.00	0.00	0.00	0.00
邢台南和县教师进修学校	1026.00	918.00	648.00	54.00	54.00	54.00	0.00	108.00
共同使用	1026.00	918.00	648.00	54.00	54.00	54.00	0.00	108.00
保定广播电视大学	22035.00	10050.00	9200.00	140.00	510.00	0.00	0.00	200.00
独立使用	22035.00	10050.00	9200.00	140.00	510.00	0.00	0.00	200.00
保定广播电视大学涿州分校	2860.00	2860.00	1700.00	50.00	350.00	170.00	120.00	470.00
独立使用	2860.00	2860.00	1700.00	50.00	350.00	170.00	120.00	470.00
保定广播电视大学蠡县分校	5200.00	750.00	550.00	50.00	150.00	0.00	0.00	0.00
独立使用	5200.00	750.00	550.00	50.00	150.00	0.00	0.00	0.00
保定广播电视大学涞源分校	468.00	86.00	43.00	43.00	0.00	0.00	0.00	0.00
独立使用	468.00	86.00	43.00	43.00	0.00	0.00	0.00	0.00
保定广播电视大学雄县分校	75.00	0.00	0.00	0.00	0.00	0.00	0.00	0.00
共同使用	75.00	0.00	0.00	0.00	0.00	0.00	0.00	0.00
保定广播电视大学定兴分校	1900.00	1000.00	500.00	390.00	110.00	0.00	0.00	0.00
独立使用	1900.00	1000.00	500.00	390.00	110.00	0.00	0.00	0.00
保定广播电视大学博野分校	750.00	150.00	100.00	50.00	0.00	0.00	0.00	0.00
独立使用	650.00	50.00	0.00	50.00	0.00	0.00	0.00	0.00
共同使用	100.00	100.00	100.00	0.00	0.00	0.00	0.00	0.00
保定广播电视大学安国分校	1870.00	1710.00	1600.00	30.00	50.00	30.00	0.00	0.00
独立使用	870.00	710.00	600.00	30.00	50.00	30.00	0.00	0.00
共同使用	1000.00	1000.00	1000.00	0.00	0.00	0.00	0.00	0.00

建筑面积(续表6)

单位:平方米

行政办公用房	生活用房						教工住宅	其他用房
	计	学生宿舍（公寓）	学生食堂	教工宿舍（公寓）	教工食堂	生活福利及附属用房		
1600.00	8000.00	5000.00	800.00	300.00	1600.00	300.00	1200.00	500.00
1000.00	1000.00	800.00	200.00	0.00	0.00	0.00	0.00	0.00
1000.00	1000.00	800.00	200.00	0.00	0.00	0.00	0.00	0.00
1050.00	1139.00	320.00	638.00	96.00	0.00	85.00	1560.00	0.00
1050.00	1139.00	320.00	638.00	96.00	0.00	85.00	1560.00	0.00
260.00	0.00	0.00	0.00	0.00	0.00	0.00	0.00	0.00
260.00	0.00	0.00	0.00	0.00	0.00	0.00	0.00	0.00
0.00	0.00	0.00	0.00	0.00	0.00	0.00	0.00	0.00
165.00	0.00	0.00	0.00	0.00	0.00	0.00	0.00	45.00
165.00	0.00	0.00	0.00	0.00	0.00	0.00	0.00	45.00
800.00	328.00	0.00	0.00	0.00	0.00	328.00	0.00	0.00
800.00	328.00	0.00	0.00	0.00	0.00	328.00	0.00	0.00
7.00	2.00	0.00	0.00	1.00	1.00	0.00	0.00	0.00
7.00	2.00	0.00	0.00	1.00	1.00	0.00	0.00	0.00
0.00	0.00	0.00	0.00	0.00	0.00	0.00	0.00	0.00
65.00	0.00	0.00	0.00	0.00	0.00	0.00	0.00	0.00
65.00	0.00	0.00	0.00	0.00	0.00	0.00	0.00	0.00
0.00	108.00	0.00	0.00	0.00	108.00	0.00	0.00	0.00
0.00	108.00	0.00	0.00	0.00	108.00	0.00	0.00	0.00
7200.00	4785.00	4025.00	500.00	0.00	200.00	60.00	0.00	0.00
7200.00	4785.00	4025.00	500.00	0.00	200.00	60.00	0.00	0.00
0.00	0.00	0.00	0.00	0.00	0.00	0.00	0.00	0.00
0.00	0.00	0.00	0.00	0.00	0.00	0.00	0.00	0.00
3750.00	200.00	0.00	0.00	0.00	200.00	0.00	0.00	500.00
3750.00	200.00	0.00	0.00	0.00	200.00	0.00	0.00	500.00
322.00	0.00	0.00	0.00	0.00	0.00	0.00	0.00	60.00
322.00	0.00	0.00	0.00	0.00	0.00	0.00	0.00	60.00
75.00	0.00	0.00	0.00	0.00	0.00	0.00	0.00	0.00
75.00	0.00	0.00	0.00	0.00	0.00	0.00	0.00	0.00
900.00	0.00	0.00	0.00	0.00	0.00	0.00	0.00	0.00
900.00	0.00	0.00	0.00	0.00	0.00	0.00	0.00	0.00
550.00	50.00	0.00	0.00	0.00	50.00	0.00	0.00	0.00
550.00	50.00	0.00	0.00	0.00	50.00	0.00	0.00	0.00
0.00	0.00	0.00	0.00	0.00	0.00	0.00	0.00	0.00
160.00	0.00	0.00	0.00	0.00	0.00	0.00	0.00	0.00
160.00	0.00	0.00	0.00	0.00	0.00	0.00	0.00	0.00
0.00	0.00	0.00	0.00	0.00	0.00	0.00	0.00	0.00

4.3 学校产权校舍

	合计	教学科研及辅助用房						
		计	教室	图书馆	实验室、实习场所	专用科研用房	体育馆	会堂
保定广播电视大学望都分校	960.00	320.00	160.00	40.00	80.00	0.00	0.00	40.00
独立使用	960.00	320.00	160.00	40.00	80.00	0.00	0.00	40.00
保定广播电视大学徐水分校	2080.00	1320.00	720.00	80.00	300.00	20.00	0.00	200.00
独立使用	2080.00	1320.00	720.00	80.00	300.00	20.00	0.00	200.00
保定广播电视大学容城分校	280.00	130.00	130.00	0.00	0.00	0.00	0.00	0.00
独立使用	110.00	30.00	30.00	0.00	0.00	0.00	0.00	0.00
共同使用	170.00	100.00	100.00	0.00	0.00	0.00	0.00	0.00
保定广播电视大学满城分校	4840.00	3298.00	3130.00	112.00	56.00	0.00	0.00	0.00
独立使用	4840.00	3298.00	3130.00	112.00	56.00	0.00	0.00	0.00
保定广播电视大学清苑分校	1280.00	960.00	540.00	240.00	120.00	60.00	0.00	0.00
独立使用	560.00	360.00	240.00	60.00	60.00	0.00	0.00	0.00
共同使用	720.00	600.00	300.00	180.00	60.00	60.00	0.00	0.00
保定广播电视大学高阳分校	1453.00	658.00	608.00	50.00	0.00	0.00	0.00	0.00
独立使用	483.00	208.00	158.00	50.00	0.00	0.00	0.00	0.00
共同使用	970.00	450.00	450.00	0.00	0.00	0.00	0.00	0.00
保定广播电视大学高碑店分校	1620.00	1320.00	1200.00	30.00	0.00	0.00	0.00	90.00
独立使用	1620.00	1320.00	1200.00	30.00	0.00	0.00	0.00	90.00
保定广播电视大学阜平分校	4850.00	4745.00	4500.00	200.00	0.00	45.00	0.00	0.00
独立使用	4850.00	4745.00	4500.00	200.00	0.00	45.00	0.00	0.00
定州分校	555.00	400.00	400.00	0.00	0.00	0.00	0.00	0.00
独立使用	505.00	350.00	350.00	0.00	0.00	0.00	0.00	0.00
共同使用	50.00	50.00	50.00	0.00	0.00	0.00	0.00	0.00
张家口广播电视大学	18760.00	3460.00	500.00	1500.00	60.00	400.00	0.00	1000.00
共同使用	18760.00	3460.00	500.00	1500.00	60.00	400.00	0.00	1000.00
张家口广播电视大学蔚县分校	40755.00	11855.00	2625.00	150.00	960.00	6900.00	800.00	420.00
独立使用	12620.00	7720.00	515.00	75.00	320.00	6300.00	300.00	210.00
共同使用	28135.00	4135.00	2110.00	75.00	640.00	600.00	500.00	210.00
张家口广播电视大学万全电大	325.00	290.00	210.00	50.00	30.00	0.00	0.00	0.00
共同使用	325.00	290.00	210.00	50.00	30.00	0.00	0.00	0.00
张家口广播电视大学尚义分校	540.00	480.00	100.00	60.00	150.00	0.00	130.00	40.00
独立使用	540.00	480.00	100.00	60.00	150.00	0.00	130.00	40.00
张家口广播电视大学宣化分校	185.00	185.00	150.00	35.00	0.00	0.00	0.00	0.00
共同使用	185.00	185.00	150.00	35.00	0.00	0.00	0.00	0.00
张家口广播电视大学张北分校	870.00	400.00	300.00	40.00	60.00	0.00	0.00	0.00
共同使用	870.00	400.00	300.00	40.00	60.00	0.00	0.00	0.00
张家口广播电视大学康保分校	1320.00	552.00	192.00	48.00	96.00	96.00	0.00	120.00
独立使用	1320.00	552.00	192.00	48.00	96.00	96.00	0.00	120.00

建筑面积(续表7)

单位:平方米

行政办公用房	生活用房						教工住宅	其他用房
	计	学生宿舍(公寓)	学生食堂	教工宿舍(公寓)	教工食堂	生活福利及附属用房		
160.00	320.00	160.00	0.00	80.00	40.00	40.00	0.00	160.00
160.00	320.00	160.00	0.00	80.00	40.00	40.00	0.00	160.00
600.00	160.00	0.00	0.00	0.00	0.00	160.00	0.00	0.00
600.00	160.00	0.00	0.00	0.00	0.00	160.00	0.00	0.00
60.00	40.00	0.00	0.00	0.00	0.00	40.00	0.00	50.00
30.00	20.00	0.00	0.00	0.00	0.00	20.00	0.00	30.00
30.00	20.00	0.00	0.00	0.00	0.00	20.00	0.00	20.00
1542.00	0.00	0.00	0.00	0.00	0.00	0.00	0.00	0.00
1542.00	0.00	0.00	0.00	0.00	0.00	0.00	0.00	0.00
320.00	0.00	0.00	0.00	0.00	0.00	0.00	0.00	0.00
200.00	0.00	0.00	0.00	0.00	0.00	0.00	0.00	0.00
120.00	0.00	0.00	0.00	0.00	0.00	0.00	0.00	0.00
795.00	0.00	0.00	0.00	0.00	0.00	0.00	0.00	0.00
275.00	0.00	0.00	0.00	0.00	0.00	0.00	0.00	0.00
520.00	0.00	0.00	0.00	0.00	0.00	0.00	0.00	0.00
300.00	0.00	0.00	0.00	0.00	0.00	0.00	0.00	0.00
300.00	0.00	0.00	0.00	0.00	0.00	0.00	0.00	0.00
75.00	30.00	0.00	0.00	0.00	30.00	0.00	0.00	0.00
75.00	30.00	0.00	0.00	0.00	30.00	0.00	0.00	0.00
125.00	30.00	0.00	0.00	0.00	0.00	30.00	0.00	0.00
125.00	30.00	0.00	0.00	0.00	0.00	30.00	0.00	0.00
0.00	0.00	0.00	0.00	0.00	0.00	0.00	0.00	0.00
1800.00	13500.00	10500.00	200.00	1200.00	1600.00	0.00	0.00	0.00
1800.00	13500.00	10500.00	200.00	1200.00	1600.00	0.00	0.00	0.00
700.00	26100.00	9000.00	700.00	15000.00	400.00	1000.00	1200.00	900.00
350.00	3750.00	2000.00	350.00	1000.00	200.00	200.00	500.00	300.00
350.00	22350.00	7000.00	350.00	14000.00	200.00	800.00	700.00	600.00
35.00	0.00	0.00	0.00	0.00	0.00	0.00	0.00	0.00
35.00	0.00	0.00	0.00	0.00	0.00	0.00	0.00	0.00
60.00	0.00	0.00	0.00	0.00	0.00	0.00	0.00	0.00
60.00	0.00	0.00	0.00	0.00	0.00	0.00	0.00	0.00
0.00	0.00	0.00	0.00	0.00	0.00	0.00	0.00	0.00
0.00	0.00	0.00	0.00	0.00	0.00	0.00	0.00	0.00
330.00	140.00	0.00	0.00	0.00	80.00	60.00	0.00	0.00
330.00	140.00	0.00	0.00	0.00	80.00	60.00	0.00	0.00
360.00	408.00	192.00	96.00	96.00	24.00	0.00	0.00	0.00
360.00	408.00	192.00	96.00	96.00	24.00	0.00	0.00	0.00

4.3 学校产权校舍

	合计	教学科研及辅助用房						
		计	教室	图书馆	实验室、实习场所	专用科研用房	体育馆	会堂
沧州广播电视大学	8743.56	4499.68	2597.76	0.00	0.00	0.00	1300.00	601.92
共同使用	8743.56	4499.68	2597.76	0.00	0.00	0.00	1300.00	601.92
沧州广播电视大学任丘分校	1200.00	1100.00	700.00	0.00	400.00	0.00	0.00	0.00
独立使用	1200.00	1100.00	700.00	0.00	400.00	0.00	0.00	0.00
沧州广播电视大学河间分校	2420.00	2220.00	2100.00	60.00	60.00	0.00	0.00	0.00
独立使用	1860.00	1660.00	1600.00	30.00	30.00	0.00	0.00	0.00
共同使用	560.00	560.00	500.00	30.00	30.00	0.00	0.00	0.00
沧州广播电视大学吴桥分校	1135.00	995.00	420.00	100.00	70.00	35.00	70.00	300.00
独立使用	785.00	645.00	70.00	100.00	70.00	35.00	70.00	300.00
共同使用	350.00	350.00	350.00	0.00	0.00	0.00	0.00	0.00
沧州广播电视大学海兴分校	615.00	505.00	465.00	40.00	0.00	0.00	0.00	0.00
独立使用	615.00	505.00	465.00	40.00	0.00	0.00	0.00	0.00
沧州广播电视大学黄骅分校	1372.00	732.00	540.00	72.00	72.00	0.00	0.00	48.00
独立使用	1372.00	732.00	540.00	72.00	72.00	0.00	0.00	48.00
沧州广播电视大学东光分校	600.00	550.00	300.00	100.00	100.00	50.00	0.00	0.00
独立使用	300.00	250.00	0.00	100.00	100.00	50.00	0.00	0.00
共同使用	300.00	300.00	300.00	0.00	0.00	0.00	0.00	0.00
廊坊广播电视大学	19788.88	8550.60	6851.60	119.00	800.00	60.00	70.00	650.00
共同使用	19788.88	8550.60	6851.60	119.00	800.00	60.00	70.00	650.00
廊坊广播电视大学三河分校	1550.00	1200.00	300.00	500.00	0.00	0.00	200.00	200.00
独立使用	50.00	0.00	0.00	0.00	0.00	0.00	0.00	0.00
共同使用	1500.00	1200.00	300.00	500.00	0.00	0.00	200.00	200.00
廊坊广播电视大学香河分校	500.00	0.00	0.00	0.00	0.00	0.00	0.00	0.00
独立使用	500.00	0.00	0.00	0.00	0.00	0.00	0.00	0.00
廊坊广播电视大学文安分校	24.00	19.00	15.00	0.00	2.00	0.00	1.00	1.00
独立使用	10.00	5.00	5.00	0.00	0.00	0.00	0.00	0.00
共同使用	14.00	14.00	10.00	0.00	2.00	0.00	1.00	1.00
廊坊广播电视大学固安分校	980.00	260.00	30.00	50.00	30.00	0.00	0.00	150.00
共同使用	980.00	260.00	30.00	50.00	30.00	0.00	0.00	150.00
廊坊广播电视大学霸州分校	153.00	137.00	126.00	1.00	8.00	0.00	0.00	2.00
独立使用	12.00	6.00	6.00	0.00	0.00	0.00	0.00	0.00
共同使用	141.00	131.00	120.00	1.00	8.00	0.00	0.00	2.00
廊坊广播电视大学永清分校	550.00	130.00	50.00	30.00	20.00	0.00	0.00	30.00
独立使用	250.00	130.00	50.00	30.00	20.00	0.00	0.00	30.00
共同使用	300.00	0.00	0.00	0.00	0.00	0.00	0.00	0.00
廊坊广播电视大学大城分校	1400.00	864.00	864.00	0.00	0.00	0.00	0.00	0.00
独立使用	1400.00	864.00	864.00	0.00	0.00	0.00	0.00	0.00

建筑面积(续表 8)

单位:平方米

行政办公用房	生活用房						教工住宅	其他用房
	计	学生宿舍（公寓）	学生食堂	教工宿舍（公寓）	教工食堂	生活福利及附属用房		
1267.00	2533.88	1672.00	0.00	175.00	180.00	506.88	0.00	443.00
1267.00	2533.88	1672.00	0.00	175.00	180.00	506.88	0.00	443.00
100.00	0.00	0.00	0.00	0.00	0.00	0.00	0.00	0.00
100.00	0.00	0.00	0.00	0.00	0.00	0.00	0.00	0.00
200.00	0.00	0.00	0.00	0.00	0.00	0.00	0.00	0.00
200.00	0.00	0.00	0.00	0.00	0.00	0.00	0.00	0.00
0.00	0.00	0.00	0.00	0.00	0.00	0.00	0.00	0.00
140.00	0.00	0.00	0.00	0.00	0.00	0.00	0.00	0.00
140.00	0.00	0.00	0.00	0.00	0.00	0.00	0.00	0.00
0.00	0.00	0.00	0.00	0.00	0.00	0.00	0.00	0.00
110.00	0.00	0.00	0.00	0.00	0.00	0.00	0.00	0.00
110.00	0.00	0.00	0.00	0.00	0.00	0.00	0.00	0.00
280.00	360.00	0.00	0.00	360.00	0.00	0.00	0.00	0.00
280.00	360.00	0.00	0.00	360.00	0.00	0.00	0.00	0.00
50.00	0.00	0.00	0.00	0.00	0.00	0.00	0.00	0.00
50.00	0.00	0.00	0.00	0.00	0.00	0.00	0.00	0.00
0.00	0.00	0.00	0.00	0.00	0.00	0.00	0.00	0.00
2608.74	8119.54	6481.00	513.50	0.00	513.50	611.54	510.00	0.00
2608.74	8119.54	6481.00	513.50	0.00	513.50	611.54	510.00	0.00
50.00	300.00	0.00	0.00	0.00	300.00	0.00	0.00	0.00
50.00	0.00	0.00	0.00	0.00	0.00	0.00	0.00	0.00
0.00	300.00	0.00	0.00	0.00	300.00	0.00	0.00	0.00
500.00	0.00	0.00	0.00	0.00	0.00	0.00	0.00	0.00
500.00	0.00	0.00	0.00	0.00	0.00	0.00	0.00	0.00
5.00	0.00	0.00	0.00	0.00	0.00	0.00	0.00	0.00
5.00	0.00	0.00	0.00	0.00	0.00	0.00	0.00	0.00
0.00	0.00	0.00	0.00	0.00	0.00	0.00	0.00	0.00
720.00	0.00	0.00	0.00	0.00	0.00	0.00	0.00	0.00
720.00	0.00	0.00	0.00	0.00	0.00	0.00	0.00	0.00
16.00	0.00	0.00	0.00	0.00	0.00	0.00	0.00	0.00
6.00	0.00	0.00	0.00	0.00	0.00	0.00	0.00	0.00
10.00	0.00	0.00	0.00	0.00	0.00	0.00	0.00	0.00
320.00	100.00	0.00	0.00	0.00	0.00	100.00	0.00	0.00
20.00	100.00	0.00	0.00	0.00	0.00	100.00	0.00	0.00
300.00	0.00	0.00	0.00	0.00	0.00	0.00	0.00	0.00
536.00	0.00	0.00	0.00	0.00	0.00	0.00	0.00	0.00
536.00	0.00	0.00	0.00	0.00	0.00	0.00	0.00	0.00

4.3 学校产权校舍

	合计	教学科研及辅助用房						
		计	教室	图书馆	实验室、实习场所	专用科研用房	体育馆	会堂
廊坊广播电视大学大厂分校	8575.00	6570.00	2340.00	1500.00	2495.00	0.00	0.00	235.00
独立使用	600.00	555.00	180.00	0.00	375.00	0.00	0.00	0.00
共同使用	7975.00	6015.00	2160.00	1500.00	2120.00	0.00	0.00	235.00
廊坊广播电视大学开发区分校	80.00	80.00	80.00	0.00	0.00	0.00	0.00	0.00
独立使用	40.00	40.00	40.00	0.00	0.00	0.00	0.00	0.00
共同使用	40.00	40.00	40.00	0.00	0.00	0.00	0.00	0.00
衡水广播电视大学	12017.00	4209.00	2436.00	125.00	1167.00	0.00	0.00	481.00
独立使用	12017.00	4209.00	2436.00	125.00	1167.00	0.00	0.00	481.00
衡水广播电视大学安平分校	760.00	500.00	240.00	30.00	30.00	0.00	0.00	200.00
独立使用	760.00	500.00	240.00	30.00	30.00	0.00	0.00	200.00
衡水广播电视大学枣强分校	7785.00	1333.00	1223.00	110.00	0.00	0.00	0.00	0.00
独立使用	7785.00	1333.00	1223.00	110.00	0.00	0.00	0.00	0.00
河北广播电视大学省直分校	500.00	0.00	0.00	0.00	0.00	0.00	0.00	0.00
独立使用	500.00	0.00	0.00	0.00	0.00	0.00	0.00	0.00
山西	**223645.50**	**91271.50**	**66531.50**	**6955.00**	**8143.00**	**589.00**	**650.00**	**8403.00**
独立使用	177196.00	69301.00	51093.00	4543.00	7259.00	539.00	647.00	5220.00
共同使用	46449.50	21970.50	15438.50	2412.00	884.00	50.00	3.00	3183.00
山西电大省直属教学点	77561.00	21614.00	18022.00	500.00	2692.00	0.00	0.00	400.00
独立使用	77561.00	21614.00	18022.00	500.00	2692.00	0.00	0.00	400.00
省直同煤集团党校教学点	18015.00	6647.00	6347.00	300.00	0.00	0.00	0.00	0.00
共同使用	18015.00	6647.00	6347.00	300.00	0.00	0.00	0.00	0.00
太原电大杏花岭区教学点	800.00	360.00	280.00	80.00	0.00	0.00	0.00	0.00
独立使用	800.00	360.00	280.00	80.00	0.00	0.00	0.00	0.00
太原电大小店区教学点	2225.00	985.00	240.00	111.00	334.00	0.00	0.00	300.00
独立使用	2225.00	985.00	240.00	111.00	334.00	0.00	0.00	300.00
太原市晋源区电大工作站	360.00	300.00	300.00	0.00	0.00	0.00	0.00	0.00
共同使用	360.00	300.00	300.00	0.00	0.00	0.00	0.00	0.00
太原电大清徐县教学点	730.00	200.00	200.00	0.00	0.00	0.00	0.00	0.00
独立使用	730.00	200.00	200.00	0.00	0.00	0.00	0.00	0.00
太原电大卫校教学点	5430.00	3300.00	600.00	1200.00	300.00	0.00	0.00	1200.00
独立使用	730.00	600.00	600.00	0.00	0.00	0.00	0.00	0.00
共同使用	4700.00	2700.00	0.00	1200.00	300.00	0.00	0.00	1200.00
大同电大直属教学点	2720.00	571.00	463.00	108.00	0.00	0.00	0.00	0.00
独立使用	2720.00	571.00	463.00	108.00	0.00	0.00	0.00	0.00
大同电大灵丘县教学点	500.00	320.00	320.00	0.00	0.00	0.00	0.00	0.00
独立使用	160.00	160.00	160.00	0.00	0.00	0.00	0.00	0.00
共同使用	340.00	160.00	160.00	0.00	0.00	0.00	0.00	0.00

建筑面积(续表9)

单位：平方米

行政办公用房	生活用房						教工住宅	其他用房
	计	学生宿舍（公寓）	学生食堂	教工宿舍（公寓）	教工食堂	生活福利及附属用房		
45.00	1960.00	660.00	1300.00	0.00	0.00	0.00	0.00	0.00
45.00	0.00	0.00	0.00	0.00	0.00	0.00	0.00	0.00
0.00	1960.00	660.00	1300.00	0.00	0.00	0.00	0.00	0.00
0.00	0.00	0.00	0.00	0.00	0.00	0.00	0.00	0.00
0.00	0.00	0.00	0.00	0.00	0.00	0.00	0.00	0.00
0.00	0.00	0.00	0.00	0.00	0.00	0.00	0.00	0.00
2210.00	2309.00	1565.00	270.00	0.00	0.00	474.00	3289.00	0.00
2210.00	2309.00	1565.00	270.00	0.00	0.00	474.00	3289.00	0.00
150.00	110.00	0.00	0.00	0.00	0.00	110.00	0.00	0.00
150.00	110.00	0.00	0.00	0.00	0.00	110.00	0.00	0.00
0.00	0.00	0.00	0.00	0.00	0.00	0.00	6452.00	0.00
0.00	0.00	0.00	0.00	0.00	0.00	0.00	6452.00	0.00
500.00	0.00	0.00	0.00	0.00	0.00	0.00	0.00	0.00
500.00	0.00	0.00	0.00	0.00	0.00	0.00	0.00	0.00
50616.00	**36129.00**	**18157.00**	**7320.00**	**2914.00**	**2246.00**	**5492.00**	**44309.00**	**1320.00**
40735.00	21615.00	11169.00	3001.00	2632.00	903.00	3910.00	44307.00	1238.00
9881.00	14514.00	6988.00	4319.00	282.00	1343.00	1582.00	2.00	82.00
12817.00	8670.00	5266.00	1167.00	400.00	0.00	1837.00	34460.00	0.00
12817.00	8670.00	5266.00	1167.00	400.00	0.00	1837.00	34460.00	0.00
5445.00	5923.00	3366.00	1057.00	0.00	0.00	1500.00	0.00	0.00
5445.00	5923.00	3366.00	1057.00	0.00	0.00	1500.00	0.00	0.00
440.00	0.00	0.00	0.00	0.00	0.00	0.00	0.00	0.00
440.00	0.00	0.00	0.00	0.00	0.00	0.00	0.00	0.00
1200.00	40.00	0.00	0.00	0.00	0.00	40.00	0.00	0.00
1200.00	40.00	0.00	0.00	0.00	0.00	40.00	0.00	0.00
60.00	0.00	0.00	0.00	0.00	0.00	0.00	0.00	0.00
60.00	0.00	0.00	0.00	0.00	0.00	0.00	0.00	0.00
500.00	30.00	0.00	0.00	0.00	30.00	0.00	0.00	0.00
500.00	30.00	0.00	0.00	0.00	30.00	0.00	0.00	0.00
90.00	2000.00	0.00	1200.00	0.00	800.00	0.00	0.00	40.00
90.00	0.00	0.00	0.00	0.00	0.00	0.00	0.00	40.00
0.00	2000.00	0.00	1200.00	0.00	800.00	0.00	0.00	0.00
1949.00	200.00	140.00	60.00	0.00	0.00	0.00	0.00	0.00
1949.00	200.00	140.00	60.00	0.00	0.00	0.00	0.00	0.00
0.00	180.00	0.00	0.00	0.00	180.00	0.00	0.00	0.00
0.00	0.00	0.00	0.00	0.00	0.00	0.00	0.00	0.00
0.00	180.00	0.00	0.00	0.00	180.00	0.00	0.00	0.00

4.3 学校产权校舍

	合计	教学科研及辅助用房						
		计	教室	图书馆	实验室、实习场所	专用科研用房	体育馆	会堂
大同电大浑源县教学点	3040.00	2240.00	1120.00	0.00	1120.00	0.00	0.00	0.00
独立使用	3040.00	2240.00	1120.00	0.00	1120.00	0.00	0.00	0.00
阳泉电大直属教学点	8229.00	2033.00	1164.00	170.00	699.00	0.00	0.00	0.00
独立使用	8229.00	2033.00	1164.00	170.00	699.00	0.00	0.00	0.00
阳泉电大盂县教学点	3780.00	840.00	360.00	120.00	0.00	0.00	0.00	360.00
独立使用	3780.00	840.00	360.00	120.00	0.00	0.00	0.00	360.00
阳泉电大阳煤教学点	2530.00	2470.00	1440.00	500.00	30.00	0.00	0.00	500.00
独立使用	60.00	0.00	0.00	0.00	0.00	0.00	0.00	0.00
共同使用	2470.00	2470.00	1440.00	500.00	30.00	0.00	0.00	500.00
阳泉电大郊区教学点	440.00	220.00	160.00	30.00	0.00	0.00	0.00	30.00
独立使用	440.00	220.00	160.00	30.00	0.00	0.00	0.00	30.00
阳泉电大晋东厂教学点	920.00	780.00	640.00	0.00	60.00	0.00	0.00	80.00
独立使用	920.00	780.00	640.00	0.00	60.00	0.00	0.00	80.00
阳泉电大平定县教学点	4355.00	1116.00	472.00	117.00	97.00	0.00	0.00	430.00
独立使用	4355.00	1116.00	472.00	117.00	97.00	0.00	0.00	430.00
长治电大直属教学点	7019.00	4200.00	4000.00	200.00	0.00	0.00	0.00	0.00
独立使用	4939.00	2200.00	2000.00	200.00	0.00	0.00	0.00	0.00
共同使用	2080.00	2000.00	2000.00	0.00	0.00	0.00	0.00	0.00
长治电大潞城市教学点	2300.00	1240.00	1200.00	20.00	20.00	0.00	0.00	0.00
独立使用	1200.00	1200.00	1200.00	0.00	0.00	0.00	0.00	0.00
共同使用	1100.00	40.00	0.00	20.00	20.00	0.00	0.00	0.00
晋城电大高平市教学点	3000.00	2000.00	2000.00	0.00	0.00	0.00	0.00	0.00
独立使用	3000.00	2000.00	2000.00	0.00	0.00	0.00	0.00	0.00
忻州电大直属教学点	32.00	14.00	8.00	2.00	2.00	0.00	1.00	1.00
独立使用	20.00	5.00	5.00	0.00	0.00	0.00	0.00	0.00
共同使用	12.00	9.00	3.00	2.00	2.00	0.00	1.00	1.00
忻州电大静乐县教学点	2300.00	1450.00	500.00	200.00	300.00	100.00	200.00	150.00
独立使用	2300.00	1450.00	500.00	200.00	300.00	100.00	200.00	150.00
晋中电大介休市教学点	2507.00	2110.00	1732.00	20.00	125.00	0.00	96.00	137.00
独立使用	2507.00	2110.00	1732.00	20.00	125.00	0.00	96.00	137.00
晋中电大昔阳县教学点	500.00	0.00	0.00	0.00	0.00	0.00	0.00	0.00
独立使用	500.00	0.00	0.00	0.00	0.00	0.00	0.00	0.00
晋中电大太谷县教学点	4.00	0.00	0.00	0.00	0.00	0.00	0.00	0.00
独立使用	4.00	0.00	0.00	0.00	0.00	0.00	0.00	0.00
晋中电大左权县教学点	700.00	500.00	150.00	50.00	300.00	0.00	0.00	0.00
独立使用	700.00	500.00	150.00	50.00	300.00	0.00	0.00	0.00
晋中电大和顺县教学点	3268.00	1098.00	576.00	80.00	142.00	0.00	0.00	300.00

建筑面积(续表10)

单位:平方米

行政办公用房	生活用房						教工住宅	其他用房
	计	学生宿舍(公寓)	学生食堂	教工宿舍(公寓)	教工食堂	生活福利及附属用房		
800.00	0.00	0.00	0.00	0.00	0.00	0.00	0.00	0.00
800.00	0.00	0.00	0.00	0.00	0.00	0.00	0.00	0.00
2942.00	1001.00	0.00	0.00	0.00	0.00	1001.00	2253.00	0.00
2942.00	1001.00	0.00	0.00	0.00	0.00	1001.00	2253.00	0.00
2700.00	240.00	0.00	0.00	0.00	240.00	0.00	0.00	0.00
2700.00	240.00	0.00	0.00	0.00	240.00	0.00	0.00	0.00
60.00	0.00	0.00	0.00	0.00	0.00	0.00	0.00	0.00
60.00	0.00	0.00	0.00	0.00	0.00	0.00	0.00	0.00
0.00	0.00	0.00	0.00	0.00	0.00	0.00	0.00	0.00
70.00	150.00	0.00	0.00	150.00	0.00	0.00	0.00	0.00
70.00	150.00	0.00	0.00	150.00	0.00	0.00	0.00	0.00
140.00	0.00	0.00	0.00	0.00	0.00	0.00	0.00	0.00
140.00	0.00	0.00	0.00	0.00	0.00	0.00	0.00	0.00
847.00	701.00	137.00	0.00	0.00	306.00	258.00	1691.00	0.00
847.00	701.00	137.00	0.00	0.00	306.00	258.00	1691.00	0.00
0.00	1128.00	631.00	0.00	80.00	91.00	326.00	1691.00	0.00
0.00	1048.00	631.00	0.00	0.00	91.00	326.00	1691.00	0.00
0.00	80.00	0.00	0.00	80.00	0.00	0.00	0.00	0.00
460.00	600.00	260.00	140.00	200.00	0.00	0.00	0.00	0.00
0.00	0.00	0.00	0.00	0.00	0.00	0.00	0.00	0.00
460.00	600.00	260.00	140.00	200.00	0.00	0.00	0.00	0.00
200.00	0.00	0.00	0.00	0.00	0.00	0.00	0.00	800.00
200.00	0.00	0.00	0.00	0.00	0.00	0.00	0.00	800.00
15.00	3.00	1.00	1.00	0.00	1.00	0.00	0.00	0.00
15.00	0.00	0.00	0.00	0.00	0.00	0.00	0.00	0.00
0.00	3.00	1.00	1.00	0.00	1.00	0.00	0.00	0.00
450.00	400.00	200.00	100.00	100.00	0.00	0.00	0.00	0.00
450.00	400.00	200.00	100.00	100.00	0.00	0.00	0.00	0.00
218.00	179.00	79.00	20.00	20.00	0.00	60.00	0.00	0.00
218.00	179.00	79.00	20.00	20.00	0.00	60.00	0.00	0.00
500.00	0.00	0.00	0.00	0.00	0.00	0.00	0.00	0.00
500.00	0.00	0.00	0.00	0.00	0.00	0.00	0.00	0.00
4.00	0.00	0.00	0.00	0.00	0.00	0.00	0.00	0.00
4.00	0.00	0.00	0.00	0.00	0.00	0.00	0.00	0.00
200.00	0.00	0.00	0.00	0.00	0.00	0.00	0.00	0.00
200.00	0.00	0.00	0.00	0.00	0.00	0.00	0.00	0.00
1540.00	630.00	217.00	207.00	0.00	0.00	206.00	0.00	0.00

4.3 学校产权校舍

	合计	教学科研及辅助用房						
		计	教室	图书馆	实验室、实习场所	专用科研用房	体育馆	会堂
独立使用	3268.00	1098.00	576.00	80.00	142.00	0.00	0.00	300.00
晋中电大榆社县教学点	1910.00	1350.00	300.00	100.00	250.00	0.00	0.00	700.00
独立使用	1910.00	1350.00	300.00	100.00	250.00	0.00	0.00	700.00
晋中电大寿阳县教学点	2000.00	1600.00	800.00	600.00	200.00	0.00	0.00	0.00
独立使用	2000.00	1600.00	800.00	600.00	200.00	0.00	0.00	0.00
吕梁电大直属教学点	1920.00	1120.00	1120.00	0.00	0.00	0.00	0.00	0.00
独立使用	1920.00	1120.00	1120.00	0.00	0.00	0.00	0.00	0.00
吕梁电大兴县教学点	705.00	395.00	80.00	45.00	270.00	0.00	0.00	0.00
独立使用	435.00	125.00	80.00	45.00	0.00	0.00	0.00	0.00
共同使用	270.00	270.00	0.00	0.00	270.00	0.00	0.00	0.00
吕梁电大中阳县教学点	1190.00	490.00	440.00	50.00	0.00	0.00	0.00	0.00
独立使用	1190.00	490.00	440.00	50.00	0.00	0.00	0.00	0.00
吕梁电大石楼县教学点	800.00	400.00	120.00	20.00	20.00	0.00	0.00	240.00
独立使用	800.00	400.00	120.00	20.00	20.00	0.00	0.00	240.00
吕梁电大交口县教学点	865.00	460.00	120.00	20.00	20.00	0.00	0.00	300.00
独立使用	865.00	460.00	120.00	20.00	20.00	0.00	0.00	300.00
孝义供电支公司教培中心	50.00	20.00	3.00	4.00	3.00	3.00	3.00	4.00
独立使用	23.00	9.00	2.00	2.00	1.00	1.00	1.00	2.00
共同使用	27.00	11.00	1.00	2.00	2.00	2.00	2.00	2.00
临汾电大直属教学点	2355.00	635.00	530.00	45.00	60.00	0.00	0.00	0.00
独立使用	2355.00	635.00	530.00	45.00	60.00	0.00	0.00	0.00
临汾电大乡宁县教学点	1450.00	100.00	0.00	100.00	0.00	0.00	0.00	0.00
独立使用	1450.00	100.00	0.00	100.00	0.00	0.00	0.00	0.00
临汾电大安泽县教学点	3230.00	592.00	556.00	18.00	0.00	18.00	0.00	0.00
共同使用	3230.00	592.00	556.00	18.00	0.00	18.00	0.00	0.00
临汾电大洪洞县教学点	2600.00	2400.00	1600.00	100.00	100.00	200.00	200.00	200.00
独立使用	2600.00	2400.00	1600.00	100.00	100.00	200.00	200.00	200.00
临汾电大翼城县教学点	2355.00	635.00	530.00	45.00	60.00	0.00	0.00	0.00
独立使用	2355.00	635.00	530.00	45.00	60.00	0.00	0.00	0.00
临汾电大汾西县教学点	2000.00	900.00	600.00	100.00	200.00	0.00	0.00	0.00
独立使用	2000.00	900.00	600.00	100.00	200.00	0.00	0.00	0.00
临汾电大霍州市教学点	1360.00	760.00	100.00	60.00	0.00	0.00	0.00	600.00
独立使用	1360.00	760.00	100.00	60.00	0.00	0.00	0.00	600.00
临汾电大浮山县教学点	210.00	90.00	80.00	10.00	0.00	0.00	0.00	0.00
独立使用	30.00	30.00	30.00	0.00	0.00	0.00	0.00	0.00
共同使用	180.00	60.00	50.00	10.00	0.00	0.00	0.00	0.00
吉县车城联校	1010.00	600.00	500.00	0.00	0.00	0.00	0.00	100.00

建筑面积(续表11)

单位:平方米

行政办公用房	生活用房						教工住宅	其他用房
	计	学生宿舍（公寓）	学生食堂	教工宿舍（公寓）	教工食堂	生活福利及附属用房		
1540.00	630.00	217.00	207.00	0.00	0.00	206.00	0.00	0.00
560.00	0.00	0.00	0.00	0.00	0.00	0.00	0.00	0.00
560.00	0.00	0.00	0.00	0.00	0.00	0.00	0.00	0.00
400.00	0.00	0.00	0.00	0.00	0.00	0.00	0.00	0.00
400.00	0.00	0.00	0.00	0.00	0.00	0.00	0.00	0.00
800.00	0.00	0.00	0.00	0.00	0.00	0.00	0.00	0.00
800.00	0.00	0.00	0.00	0.00	0.00	0.00	0.00	0.00
310.00	0.00	0.00	0.00	0.00	0.00	0.00	0.00	0.00
310.00	0.00	0.00	0.00	0.00	0.00	0.00	0.00	0.00
0.00	0.00	0.00	0.00	0.00	0.00	0.00	0.00	0.00
300.00	400.00	300.00	100.00	0.00	0.00	0.00	0.00	0.00
300.00	400.00	300.00	100.00	0.00	0.00	0.00	0.00	0.00
400.00	0.00	0.00	0.00	0.00	0.00	0.00	0.00	0.00
400.00	0.00	0.00	0.00	0.00	0.00	0.00	0.00	0.00
405.00	0.00	0.00	0.00	0.00	0.00	0.00	0.00	0.00
405.00	0.00	0.00	0.00	0.00	0.00	0.00	0.00	0.00
4.00	18.00	3.00	3.00	4.00	4.00	4.00	4.00	4.00
2.00	8.00	1.00	1.00	2.00	2.00	2.00	2.00	2.00
2.00	10.00	2.00	2.00	2.00	2.00	2.00	2.00	2.00
400.00	800.00	300.00	100.00	400.00	0.00	0.00	520.00	0.00
400.00	800.00	300.00	100.00	400.00	0.00	0.00	520.00	0.00
682.00	668.00	326.00	108.00	0.00	54.00	180.00	0.00	0.00
682.00	668.00	326.00	108.00	0.00	54.00	180.00	0.00	0.00
490.00	2148.00	1659.00	489.00	0.00	0.00	0.00	0.00	0.00
490.00	2148.00	1659.00	489.00	0.00	0.00	0.00	0.00	0.00
200.00	0.00	0.00	0.00	0.00	0.00	0.00	0.00	0.00
200.00	0.00	0.00	0.00	0.00	0.00	0.00	0.00	0.00
400.00	800.00	300.00	100.00	400.00	0.00	0.00	520.00	0.00
400.00	800.00	300.00	100.00	400.00	0.00	0.00	520.00	0.00
0.00	1100.00	400.00	500.00	200.00	0.00	0.00	0.00	0.00
0.00	1100.00	400.00	500.00	200.00	0.00	0.00	0.00	0.00
600.00	0.00	0.00	0.00	0.00	0.00	0.00	0.00	0.00
600.00	0.00	0.00	0.00	0.00	0.00	0.00	0.00	0.00
40.00	0.00	0.00	0.00	0.00	0.00	0.00	0.00	80.00
0.00	0.00	0.00	0.00	0.00	0.00	0.00	0.00	0.00
40.00	0.00	0.00	0.00	0.00	0.00	0.00	0.00	80.00
260.00	150.00	0.00	0.00	0.00	70.00	80.00	0.00	0.00

4.3 学校产权校舍

	合计	教学科研及辅助用房						
		计	教室	图书馆	实验室、实习场所	专用科研用房	体育馆	会堂
共同使用	1010.00	600.00	500.00	0.00	0.00	0.00	0.00	100.00
曲沃县职业高级中学	960.00	450.00	400.00	50.00	0.00	0.00	0.00	0.00
共同使用	960.00	450.00	400.00	50.00	0.00	0.00	0.00	0.00
大宁县委党校	1050.00	450.00	400.00	50.00	0.00	0.00	0.00	0.00
共同使用	1050.00	450.00	400.00	50.00	0.00	0.00	0.00	0.00
临汾市教师进修学校	740.00	340.00	300.00	40.00	0.00	0.00	0.00	0.00
共同使用	740.00	340.00	300.00	40.00	0.00	0.00	0.00	0.00
中共蒲县县委党校	370.00	350.00	120.00	30.00	0.00	0.00	0.00	200.00
共同使用	370.00	350.00	120.00	30.00	0.00	0.00	0.00	200.00
运城电大直属教学点	7256.00	3628.00	3328.00	300.00	0.00	0.00	0.00	0.00
独立使用	7256.00	3628.00	3328.00	300.00	0.00	0.00	0.00	0.00
运城电大河津市教学点	660.00	380.00	300.00	30.00	0.00	0.00	0.00	50.00
独立使用	660.00	380.00	300.00	30.00	0.00	0.00	0.00	50.00
运城电大万荣县教学点	1284.00	444.00	240.00	48.00	48.00	48.00	0.00	60.00
独立使用	1284.00	444.00	240.00	48.00	48.00	48.00	0.00	60.00
运城电大芮城县教学点	708.00	588.00	527.00	61.00	0.00	0.00	0.00	0.00
独立使用	708.00	588.00	527.00	61.00	0.00	0.00	0.00	0.00
运城电大垣曲县教学点	800.00	420.00	300.00	60.00	0.00	0.00	0.00	60.00
独立使用	60.00	60.00	60.00	0.00	0.00	0.00	0.00	0.00
共同使用	740.00	360.00	240.00	60.00	0.00	0.00	0.00	60.00
运城电大夏县教学点	828.00	668.00	378.00	30.00	30.00	30.00	0.00	200.00
独立使用	542.00	422.00	162.00	30.00	30.00	0.00	0.00	200.00
共同使用	286.00	246.00	216.00	0.00	0.00	30.00	0.00	0.00
运城电大闻喜县教学点	2150.00	1580.00	1250.00	0.00	0.00	0.00	0.00	330.00
独立使用	2150.00	1580.00	1250.00	0.00	0.00	0.00	0.00	330.00
运城电大临猗县教学点	990.00	710.00	600.00	60.00	50.00	0.00	0.00	0.00
独立使用	990.00	710.00	600.00	60.00	50.00	0.00	0.00	0.00
运城电大永济市教学点	5026.00	930.00	500.00	100.00	80.00	150.00	0.00	100.00
独立使用	5026.00	930.00	500.00	100.00	80.00	150.00	0.00	100.00
运城电大稷山县教学点	1770.00	660.00	300.00	40.00	80.00	40.00	150.00	50.00
独立使用	1770.00	660.00	300.00	40.00	80.00	40.00	150.00	50.00
运城电大平陆县教学点	1300.00	930.00	380.00	50.00	0.00	0.00	0.00	500.00
独立使用	200.00	130.00	80.00	50.00	0.00	0.00	0.00	0.00
共同使用	1100.00	800.00	300.00	0.00	0.00	0.00	0.00	500.00
运城电大绛县教学点	2270.00	1340.00	1100.00	0.00	120.00	0.00	0.00	120.00
独立使用	710.00	560.00	500.00	0.00	60.00	0.00	0.00	0.00
共同使用	1560.00	780.00	600.00	0.00	60.00	0.00	0.00	120.00

建筑面积(续表12)

单位:平方米

行政办公用房	生活用房						教工住宅	其他用房
	计	学生宿舍(公寓)	学生食堂	教工宿舍(公寓)	教工食堂	生活福利及附属用房		
260.00	150.00	0.00	0.00	0.00	70.00	80.00	0.00	0.00
260.00	250.00	0.00	150.00	0.00	100.00	0.00	0.00	0.00
260.00	250.00	0.00	150.00	0.00	100.00	0.00	0.00	0.00
300.00	300.00	0.00	200.00	0.00	100.00	0.00	0.00	0.00
300.00	300.00	0.00	200.00	0.00	100.00	0.00	0.00	0.00
230.00	170.00	0.00	100.00	0.00	70.00	0.00	0.00	0.00
230.00	170.00	0.00	100.00	0.00	70.00	0.00	0.00	0.00
20.00	0.00	0.00	0.00	0.00	0.00	0.00	0.00	0.00
20.00	0.00	0.00	0.00	0.00	0.00	0.00	0.00	0.00
3628.00	0.00	0.00	0.00	0.00	0.00	0.00	0.00	0.00
3628.00	0.00	0.00	0.00	0.00	0.00	0.00	0.00	0.00
280.00	0.00	0.00	0.00	0.00	0.00	0.00	0.00	0.00
280.00	0.00	0.00	0.00	0.00	0.00	0.00	0.00	0.00
240.00	600.00	312.00	48.00	240.00	0.00	0.00	0.00	0.00
240.00	600.00	312.00	48.00	240.00	0.00	0.00	0.00	0.00
120.00	0.00	0.00	0.00	0.00	0.00	0.00	0.00	0.00
120.00	0.00	0.00	0.00	0.00	0.00	0.00	0.00	0.00
160.00	220.00	200.00	0.00	0.00	20.00	0.00	0.00	0.00
0.00	0.00	0.00	0.00	0.00	0.00	0.00	0.00	0.00
160.00	220.00	200.00	0.00	0.00	20.00	0.00	0.00	0.00
160.00	0.00	0.00	0.00	0.00	0.00	0.00	0.00	0.00
120.00	0.00	0.00	0.00	0.00	0.00	0.00	0.00	0.00
40.00	0.00	0.00	0.00	0.00	0.00	0.00	0.00	0.00
570.00	0.00	0.00	0.00	0.00	0.00	0.00	0.00	0.00
570.00	0.00	0.00	0.00	0.00	0.00	0.00	0.00	0.00
0.00	280.00	200.00	0.00	50.00	30.00	0.00	0.00	0.00
0.00	280.00	200.00	0.00	50.00	30.00	0.00	0.00	0.00
170.00	710.00	300.00	90.00	270.00	50.00	0.00	3000.00	216.00
170.00	710.00	300.00	90.00	270.00	50.00	0.00	3000.00	216.00
200.00	910.00	360.00	100.00	400.00	50.00	0.00	0.00	0.00
200.00	910.00	360.00	100.00	400.00	50.00	0.00	0.00	0.00
50.00	300.00	0.00	300.00	0.00	0.00	0.00	20.00	0.00
50.00	0.00	0.00	0.00	0.00	0.00	0.00	20.00	0.00
0.00	300.00	0.00	300.00	0.00	0.00	0.00	0.00	0.00
350.00	580.00	500.00	80.00	0.00	0.00	0.00	0.00	0.00
150.00	0.00	0.00	0.00	0.00	0.00	0.00	0.00	0.00
200.00	580.00	500.00	80.00	0.00	0.00	0.00	0.00	0.00

4.3 学校产权校舍

	合计	教学科研及辅助用房						
		计	教室	图书馆	实验室、实习场所	专用科研用房	体育馆	会堂
朔州电大山阴县教学点	126.00	30.00	30.00	0.00	0.00	0.00	0.00	0.00
独立使用	126.00	30.00	30.00	0.00	0.00	0.00	0.00	0.00
朔州电大应县教学点	430.00	230.00	100.00	0.00	130.00	0.00	0.00	0.00
独立使用	430.00	230.00	100.00	0.00	130.00	0.00	0.00	0.00
公路电大直属教学点	4000.00	1400.00	800.00	100.00	200.00	0.00	0.00	300.00
共同使用	4000.00	1400.00	800.00	100.00	200.00	0.00	0.00	300.00
省农广校直属教学点	1300.00	500.00	300.00	0.00	0.00	0.00	0.00	200.00
独立使用	400.00	100.00	100.00	0.00	0.00	0.00	0.00	0.00
共同使用	900.00	400.00	200.00	0.00	0.00	0.00	0.00	200.00
省直中化学习中心教学点	2450.00	1650.00	1300.00	350.00	0.00	0.00	0.00	0.00
独立使用	2450.00	1650.00	1300.00	350.00	0.00	0.00	0.00	0.00
省直侯马学习中心教学点	948.50	534.50	504.50	30.00	0.00	0.00	0.00	0.00
共同使用	948.50	534.50	504.50	30.00	0.00	0.00	0.00	0.00
省直临汾工商校学习中心教学点	4300.00	1800.00	1800.00	0.00	0.00	0.00	0.00	0.00
独立使用	4300.00	1800.00	1800.00	0.00	0.00	0.00	0.00	0.00
省直原平学习中心教学点	4.00	4.00	1.00	1.00	1.00	0.00	0.00	1.00
独立使用	3.00	3.00	0.00	1.00	1.00	0.00	0.00	1.00
共同使用	1.00	1.00	1.00	0.00	0.00	0.00	0.00	0.00
省直繁峙学习中心教学点	2650.00	2100.00	1500.00	400.00	0.00	0.00	0.00	200.00
独立使用	2650.00	2100.00	1500.00	400.00	0.00	0.00	0.00	200.00
内蒙古	**433356.68**	**265476.68**	**158868.68**	**29277.00**	**48313.00**	**3768.00**	**6808.00**	**18442.00**
独立使用	219369.68	124719.68	93671.68	13255.00	9482.00	1301.00	1534.00	5476.00
共同使用	213987.00	140757.00	65197.00	16022.00	38831.00	2467.00	5274.00	12966.00
内蒙古广播电视大学	34157.00	14003.00	11050.00	1523.00	1030.00	0.00	0.00	400.00
独立使用	34157.00	14003.00	11050.00	1523.00	1030.00	0.00	0.00	400.00
呼和浩特市电大	880.00	360.00	360.00	0.00	0.00	0.00	0.00	0.00
独立使用	880.00	360.00	360.00	0.00	0.00	0.00	0.00	0.00
呼和浩特市电大和林格尔县党校	455.00	335.00	320.00	15.00	0.00	0.00	0.00	0.00
共同使用	455.00	335.00	320.00	15.00	0.00	0.00	0.00	0.00
呼和浩特市电大清水河县党校	2470.00	2240.00	190.00	50.00	2000.00	0.00	0.00	0.00
独立使用	470.00	240.00	190.00	50.00	0.00	0.00	0.00	0.00
共同使用	2000.00	2000.00	0.00	0.00	2000.00	0.00	0.00	0.00
呼和浩特市电大托克托县教师进修学校	1080.00	720.00	480.00	120.00	120.00	0.00	0.00	0.00
独立使用	480.00	360.00	240.00	60.00	60.00	0.00	0.00	0.00
共同使用	600.00	360.00	240.00	60.00	60.00	0.00	0.00	0.00
呼和浩特市电大土默特左旗电教站	8000.00	4200.00	3700.00	200.00	0.00	0.00	0.00	300.00
独立使用	8000.00	4200.00	3700.00	200.00	0.00	0.00	0.00	300.00

建筑面积(续表 13)

单位:平方米

行政办公用房	生活用房						教工住宅	其他用房
	计	学生宿舍(公寓)	学生食堂	教工宿舍(公寓)	教工食堂	生活福利及附属用房		
46.00	0.00	0.00	0.00	0.00	0.00	0.00	0.00	50.00
46.00	0.00	0.00	0.00	0.00	0.00	0.00	0.00	50.00
120.00	0.00	0.00	0.00	0.00	0.00	0.00	0.00	80.00
120.00	0.00	0.00	0.00	0.00	0.00	0.00	0.00	80.00
1000.00	1600.00	1000.00	600.00	0.00	0.00	0.00	0.00	0.00
1000.00	1600.00	1000.00	600.00	0.00	0.00	0.00	0.00	0.00
800.00	0.00	0.00	0.00	0.00	0.00	0.00	0.00	0.00
300.00	0.00	0.00	0.00	0.00	0.00	0.00	0.00	0.00
500.00	0.00	0.00	0.00	0.00	0.00	0.00	0.00	0.00
800.00	0.00	0.00	0.00	0.00	0.00	0.00	0.00	0.00
800.00	0.00	0.00	0.00	0.00	0.00	0.00	0.00	0.00
414.00	0.00	0.00	0.00	0.00	0.00	0.00	0.00	0.00
414.00	0.00	0.00	0.00	0.00	0.00	0.00	0.00	0.00
500.00	2000.00	1700.00	300.00	0.00	0.00	0.00	0.00	0.00
500.00	2000.00	1700.00	300.00	0.00	0.00	0.00	0.00	0.00
0.00	0.00	0.00	0.00	0.00	0.00	0.00	0.00	0.00
0.00	0.00	0.00	0.00	0.00	0.00	0.00	0.00	0.00
0.00	0.00	0.00	0.00	0.00	0.00	0.00	0.00	0.00
300.00	50.00	0.00	0.00	0.00	50.00	0.00	150.00	50.00
300.00	50.00	0.00	0.00	0.00	50.00	0.00	150.00	50.00
54106.00	**103264.00**	**60280.00**	**26972.00**	**1360.00**	**1913.00**	**12739.00**	**3902.00**	**6608.00**
37757.00	49301.00	25035.00	11930.00	658.00	1353.00	10325.00	3901.00	3691.00
16349.00	53963.00	35245.00	15042.00	702.00	560.00	2414.00	1.00	2917.00
8581.00	11573.00	3720.00	1200.00	0.00	0.00	6653.00	0.00	0.00
8581.00	11573.00	3720.00	1200.00	0.00	0.00	6653.00	0.00	0.00
520.00	0.00	0.00	0.00	0.00	0.00	0.00	0.00	0.00
520.00	0.00	0.00	0.00	0.00	0.00	0.00	0.00	0.00
120.00	0.00	0.00	0.00	0.00	0.00	0.00	0.00	0.00
120.00	0.00	0.00	0.00	0.00	0.00	0.00	0.00	0.00
180.00	50.00	0.00	50.00	0.00	0.00	0.00	0.00	0.00
180.00	50.00	0.00	50.00	0.00	0.00	0.00	0.00	0.00
0.00	0.00	0.00	0.00	0.00	0.00	0.00	0.00	0.00
360.00	0.00	0.00	0.00	0.00	0.00	0.00	0.00	0.00
120.00	0.00	0.00	0.00	0.00	0.00	0.00	0.00	0.00
240.00	0.00	0.00	0.00	0.00	0.00	0.00	0.00	0.00
1000.00	500.00	0.00	300.00	0.00	200.00	0.00	300.00	2000.00
1000.00	500.00	0.00	300.00	0.00	200.00	0.00	300.00	2000.00

4.3 学校产权校舍

	合计	教学科研及辅助用房						
		计	教室	图书馆	实验室、实习场所	专用科研用房	体育馆	会堂
呼市电大赛罕区教师进修学校	1002.00	1000.00	300.00	150.00	150.00	400.00	0.00	0.00
独立使用	602.00	600.00	200.00	100.00	100.00	200.00	0.00	0.00
共同使用	400.00	400.00	100.00	50.00	50.00	200.00	0.00	0.00
开放教育学院呼市赛汉区教师进修学校	1002.00	1000.00	300.00	150.00	150.00	400.00	0.00	0.00
独立使用	602.00	600.00	200.00	100.00	100.00	200.00	0.00	0.00
共同使用	400.00	400.00	100.00	50.00	50.00	200.00	0.00	0.00
包头市电大	4314.00	2609.00	1512.00	577.00	420.00	0.00	0.00	100.00
独立使用	4314.00	2609.00	1512.00	577.00	420.00	0.00	0.00	100.00
土右党校电大教学点	2300.00	800.00	400.00	100.00	60.00	60.00	80.00	100.00
独立使用	2100.00	600.00	200.00	100.00	60.00	60.00	80.00	100.00
共同使用	200.00	200.00	200.00	0.00	0.00	0.00	0.00	0.00
包头市电大固阳党校	26.00	11.00	4.00	4.00	1.00	1.00	0.00	1.00
独立使用	26.00	11.00	4.00	4.00	1.00	1.00	0.00	1.00
包头市电大白云矿区教师进修学校	570.00	260.00	260.00	0.00	0.00	0.00	0.00	0.00
独立使用	570.00	260.00	260.00	0.00	0.00	0.00	0.00	0.00
包头市电大达茂旗电大工作站	29400.00	24400.00	12400.00	3000.00	1000.00	1500.00	500.00	6000.00
共同使用	29400.00	24400.00	12400.00	3000.00	1000.00	1500.00	500.00	6000.00
包头市轻工职业学院	350.00	300.00	200.00	100.00	0.00	0.00	0.00	0.00
独立使用	350.00	300.00	200.00	100.00	0.00	0.00	0.00	0.00
包头市电大石拐区党校	112.00	80.00	80.00	0.00	0.00	0.00	0.00	0.00
独立使用	112.00	80.00	80.00	0.00	0.00	0.00	0.00	0.00
包头市九原区党校	245.00	215.00	40.00	40.00	15.00	30.00	30.00	60.00
独立使用	205.00	175.00	0.00	40.00	15.00	30.00	30.00	60.00
共同使用	40.00	40.00	40.00	0.00	0.00	0.00	0.00	0.00
赤峰市电大敖汉旗工作站	349.00	277.00	150.00	54.00	73.00	0.00	0.00	0.00
独立使用	349.00	277.00	150.00	54.00	73.00	0.00	0.00	0.00
赤峰市电大翁牛特党校	5780.00	1260.00	1000.00	60.00	200.00	0.00	0.00	0.00
独立使用	5780.00	1260.00	1000.00	60.00	200.00	0.00	0.00	0.00
赤峰市电大林西职教中心	690.00	630.00	240.00	130.00	130.00	130.00	0.00	0.00
独立使用	440.00	400.00	120.00	100.00	100.00	80.00	0.00	0.00
共同使用	250.00	230.00	120.00	30.00	30.00	50.00	0.00	0.00
赤峰市电大克什克腾旗教师进修学校	14024.00	6796.00	2430.00	176.00	3937.00	0.00	0.00	253.00
共同使用	14024.00	6796.00	2430.00	176.00	3937.00	0.00	0.00	253.00
赤峰市电大元宝山区职教中	560.00	240.00	180.00	60.00	0.00	0.00	0.00	0.00
独立使用	560.00	240.00	180.00	60.00	0.00	0.00	0.00	0.00
赤峰市电大巴林左旗党校	8866.00	4948.00	2818.00	138.00	92.00	0.00	1000.00	900.00
独立使用	5637.00	4948.00	2818.00	138.00	92.00	0.00	1000.00	900.00

建筑面积（续表14）

单位：平方米

行政办公用房	生活用房						教工住宅	其他用房
	计	学生宿舍（公寓）	学生食堂	教工宿舍（公寓）	教工食堂	生活福利及附属用房		
2.00	0.00	0.00	0.00	0.00	0.00	0.00	0.00	0.00
2.00	0.00	0.00	0.00	0.00	0.00	0.00	0.00	0.00
0.00	0.00	0.00	0.00	0.00	0.00	0.00	0.00	0.00
2.00	0.00	0.00	0.00	0.00	0.00	0.00	0.00	0.00
2.00	0.00	0.00	0.00	0.00	0.00	0.00	0.00	0.00
0.00	0.00	0.00	0.00	0.00	0.00	0.00	0.00	0.00
1705.00	0.00	0.00	0.00	0.00	0.00	0.00	0.00	0.00
1705.00	0.00	0.00	0.00	0.00	0.00	0.00	0.00	0.00
200.00	1300.00	900.00	200.00	200.00	0.00	0.00	0.00	0.00
200.00	1300.00	900.00	200.00	200.00	0.00	0.00	0.00	0.00
0.00	0.00	0.00	0.00	0.00	0.00	0.00	0.00	0.00
6.00	9.00	5.00	1.00	2.00	1.00	0.00	0.00	0.00
6.00	9.00	5.00	1.00	2.00	1.00	0.00	0.00	0.00
0.00	140.00	0.00	0.00	0.00	140.00	0.00	0.00	170.00
0.00	140.00	0.00	0.00	0.00	140.00	0.00	0.00	170.00
400.00	4600.00	3000.00	1000.00	500.00	100.00	0.00	0.00	0.00
400.00	4600.00	3000.00	1000.00	500.00	100.00	0.00	0.00	0.00
50.00	0.00	0.00	0.00	0.00	0.00	0.00	0.00	0.00
50.00	0.00	0.00	0.00	0.00	0.00	0.00	0.00	0.00
32.00	0.00	0.00	0.00	0.00	0.00	0.00	0.00	0.00
32.00	0.00	0.00	0.00	0.00	0.00	0.00	0.00	0.00
0.00	30.00	0.00	30.00	0.00	0.00	0.00	0.00	0.00
0.00	30.00	0.00	30.00	0.00	0.00	0.00	0.00	0.00
0.00	0.00	0.00	0.00	0.00	0.00	0.00	0.00	0.00
72.00	0.00	0.00	0.00	0.00	0.00	0.00	0.00	0.00
72.00	0.00	0.00	0.00	0.00	0.00	0.00	0.00	0.00
3000.00	1520.00	1000.00	500.00	20.00	0.00	0.00	0.00	0.00
3000.00	1520.00	1000.00	500.00	20.00	0.00	0.00	0.00	0.00
40.00	20.00	0.00	0.00	20.00	0.00	0.00	0.00	0.00
40.00	0.00	0.00	0.00	0.00	0.00	0.00	0.00	0.00
0.00	20.00	0.00	0.00	20.00	0.00	0.00	0.00	0.00
1321.00	5907.00	2200.00	3501.00	0.00	0.00	206.00	0.00	0.00
1321.00	5907.00	2200.00	3501.00	0.00	0.00	206.00	0.00	0.00
120.00	0.00	0.00	0.00	0.00	0.00	0.00	0.00	200.00
120.00	0.00	0.00	0.00	0.00	0.00	0.00	0.00	200.00
689.00	3229.00	2771.00	420.00	0.00	38.00	0.00	0.00	0.00
689.00	0.00	0.00	0.00	0.00	0.00	0.00	0.00	0.00

4.3 学校产权校舍

	合计	教学科研及辅助用房						
		计	教室	图书馆	实验室、实习场所	专用科研用房	体育馆	会堂
共同使用	3229.00	0.00	0.00	0.00	0.00	0.00	0.00	0.00
赤峰市电大平庄矿区职教中心	13.00	8.00	6.00	2.00	0.00	0.00	0.00	0.00
独立使用	8.00	7.00	6.00	1.00	0.00	0.00	0.00	0.00
共同使用	5.00	1.00	0.00	1.00	0.00	0.00	0.00	0.00
赤峰市电大巴林右旗工作站	360.00	320.00	160.00	80.00	80.00	0.00	0.00	0.00
独立使用	360.00	320.00	160.00	80.00	80.00	0.00	0.00	0.00
赤峰市电大宁城县党校	5989.00	2305.00	880.00	160.00	0.00	0.00	0.00	1265.00
独立使用	5869.00	2185.00	760.00	160.00	0.00	0.00	0.00	1265.00
共同使用	120.00	120.00	120.00	0.00	0.00	0.00	0.00	0.00
兴安盟电大	8170.00	3200.00	2750.00	300.00	150.00	0.00	0.00	0.00
独立使用	8170.00	3200.00	2750.00	300.00	150.00	0.00	0.00	0.00
兴安盟电大科右前旗教师进修学校	4700.00	2450.00	2270.00	180.00	0.00	0.00	0.00	0.00
独立使用	4700.00	2450.00	2270.00	180.00	0.00	0.00	0.00	0.00
扎赉特旗职工业余学校	847.68	807.68	807.68	0.00	0.00	0.00	0.00	0.00
独立使用	807.68	767.68	767.68	0.00	0.00	0.00	0.00	0.00
共同使用	40.00	40.00	40.00	0.00	0.00	0.00	0.00	0.00
内蒙古电大通辽分校	8670.00	6090.00	2000.00	1090.00	920.00	0.00	2000.00	80.00
独立使用	1670.00	1090.00	800.00	90.00	120.00	0.00	0.00	80.00
共同使用	7000.00	5000.00	1200.00	1000.00	800.00	0.00	2000.00	0.00
通辽市奈曼旗教师进修学校	1700.00	500.00	300.00	80.00	0.00	0.00	0.00	120.00
独立使用	1700.00	500.00	300.00	80.00	0.00	0.00	0.00	120.00
科左后旗教师进修学校	1570.00	700.00	300.00	200.00	0.00	0.00	0.00	200.00
独立使用	340.00	300.00	300.00	0.00	0.00	0.00	0.00	0.00
共同使用	1230.00	400.00	0.00	200.00	0.00	0.00	0.00	200.00
锡林郭勒盟电大太仆寺旗教师进修学校	5834.00	3400.00	2880.00	120.00	180.00	40.00	0.00	180.00
共同使用	5834.00	3400.00	2880.00	120.00	180.00	40.00	0.00	180.00
乌兰察布市电大	7240.00	5200.00	3000.00	300.00	1500.00	100.00	0.00	300.00
独立使用	7240.00	5200.00	3000.00	300.00	1500.00	100.00	0.00	300.00
乌兰察布市电大凉城县党校	1152.00	576.00	426.00	50.00	0.00	0.00	0.00	100.00
共同使用	1152.00	576.00	426.00	50.00	0.00	0.00	0.00	100.00
乌兰察布市电大察右后旗党校	48.00	21.00	11.00	2.00	4.00	2.00	1.00	1.00
独立使用	48.00	21.00	11.00	2.00	4.00	2.00	1.00	1.00
乌兰察布市电大丰镇电大工作站	9.00	9.00	5.00	1.00	1.00	0.00	1.00	1.00
独立使用	9.00	9.00	5.00	1.00	1.00	0.00	1.00	1.00
乌兰察布市电大化德县教师进修学校	620.00	408.00	123.00	38.00	57.00	57.00	0.00	133.00
独立使用	611.00	399.00	114.00	38.00	57.00	57.00	0.00	133.00
共同使用	9.00	9.00	9.00	0.00	0.00	0.00	0.00	0.00

建筑面积(续表15)

单位:平方米

行政办公用房	生活用房						教工住宅	其他用房
	计	学生宿舍（公寓）	学生食堂	教工宿舍（公寓）	教工食堂	生活福利及附属用房		
0.00	3229.00	2771.00	420.00	0.00	38.00	0.00	0.00	0.00
1.00	4.00	1.00	1.00	1.00	1.00	0.00	0.00	0.00
1.00	0.00	0.00	0.00	0.00	0.00	0.00	0.00	0.00
0.00	4.00	1.00	1.00	1.00	1.00	0.00	0.00	0.00
40.00	0.00	0.00	0.00	0.00	0.00	0.00	0.00	0.00
40.00	0.00	0.00	0.00	0.00	0.00	0.00	0.00	0.00
576.00	3108.00	1386.00	1060.00	78.00	524.00	60.00	0.00	0.00
576.00	3108.00	1386.00	1060.00	78.00	524.00	60.00	0.00	0.00
0.00	0.00	0.00	0.00	0.00	0.00	0.00	0.00	0.00
2500.00	2470.00	1500.00	500.00	0.00	0.00	470.00	0.00	0.00
2500.00	2470.00	1500.00	500.00	0.00	0.00	470.00	0.00	0.00
1450.00	800.00	500.00	300.00	0.00	0.00	0.00	0.00	0.00
1450.00	800.00	500.00	300.00	0.00	0.00	0.00	0.00	0.00
40.00	0.00	0.00	0.00	0.00	0.00	0.00	0.00	0.00
40.00	0.00	0.00	0.00	0.00	0.00	0.00	0.00	0.00
0.00	0.00	0.00	0.00	0.00	0.00	0.00	0.00	0.00
380.00	2200.00	1000.00	1000.00	0.00	0.00	200.00	0.00	0.00
380.00	200.00	0.00	0.00	0.00	0.00	200.00	0.00	0.00
0.00	2000.00	1000.00	1000.00	0.00	0.00	0.00	0.00	0.00
200.00	1000.00	600.00	400.00	0.00	0.00	0.00	0.00	0.00
200.00	1000.00	600.00	400.00	0.00	0.00	0.00	0.00	0.00
70.00	800.00	600.00	200.00	0.00	0.00	0.00	0.00	0.00
40.00	0.00	0.00	0.00	0.00	0.00	0.00	0.00	0.00
30.00	800.00	600.00	200.00	0.00	0.00	0.00	0.00	0.00
320.00	1860.00	1600.00	260.00	0.00	0.00	0.00	0.00	254.00
320.00	1860.00	1600.00	260.00	0.00	0.00	0.00	0.00	254.00
1000.00	1040.00	680.00	360.00	0.00	0.00	0.00	0.00	0.00
1000.00	1040.00	680.00	360.00	0.00	0.00	0.00	0.00	0.00
576.00	0.00	0.00	0.00	0.00	0.00	0.00	0.00	0.00
576.00	0.00	0.00	0.00	0.00	0.00	0.00	0.00	0.00
10.00	17.00	10.00	2.00	3.00	1.00	1.00	0.00	0.00
10.00	17.00	10.00	2.00	3.00	1.00	1.00	0.00	0.00
0.00	0.00	0.00	0.00	0.00	0.00	0.00	0.00	0.00
0.00	0.00	0.00	0.00	0.00	0.00	0.00	0.00	0.00
152.00	0.00	0.00	0.00	0.00	0.00	0.00	0.00	60.00
152.00	0.00	0.00	0.00	0.00	0.00	0.00	0.00	60.00
0.00	0.00	0.00	0.00	0.00	0.00	0.00	0.00	0.00

4.3 学校产权校舍

	合计	教学科研及辅助用房						
		计	教室	图书馆	实验室、实习场所	专用科研用房	体育馆	会堂
乌兰察布市电大兴和县党校	2355.00	1425.00	760.00	30.00	50.00	35.00	50.00	500.00
共同使用	2355.00	1425.00	760.00	30.00	50.00	35.00	50.00	500.00
乌兰察布市电大四子王旗电大工作站	620.00	408.00	123.00	38.00	57.00	57.00	0.00	133.00
独立使用	611.00	399.00	114.00	38.00	57.00	57.00	0.00	133.00
共同使用	9.00	9.00	9.00	0.00	0.00	0.00	0.00	0.00
乌兰察布市电大察右中旗党校	1814.00	986.00	580.00	86.00	0.00	0.00	80.00	240.00
独立使用	1814.00	986.00	580.00	86.00	0.00	0.00	80.00	240.00
乌兰察布市电大卓资县党校	870.00	700.00	500.00	200.00	0.00	0.00	0.00	0.00
独立使用	870.00	700.00	500.00	200.00	0.00	0.00	0.00	0.00
鄂尔多斯市电大	1652.00	1002.00	1002.00	0.00	0.00	0.00	0.00	0.00
独立使用	1650.00	1000.00	1000.00	0.00	0.00	0.00	0.00	0.00
共同使用	2.00	2.00	2.00	0.00	0.00	0.00	0.00	0.00
鄂尔多斯市电大准格尔旗教师进修学校	1.00	0.00	0.00	0.00	0.00	0.00	0.00	0.00
独立使用	1.00	0.00	0.00	0.00	0.00	0.00	0.00	0.00
鄂市达拉特旗教研信息中心	350.00	250.00	100.00	50.00	100.00	0.00	0.00	0.00
共同使用	350.00	250.00	100.00	50.00	100.00	0.00	0.00	0.00
杭锦旗教师进修学校	4122.00	522.00	2.00	180.00	120.00	60.00	0.00	160.00
独立使用	2062.00	262.00	2.00	90.00	60.00	30.00	0.00	80.00
共同使用	2060.00	260.00	0.00	90.00	60.00	30.00	0.00	80.00
鄂尔多斯市伊旗党校	8540.00	8060.00	4350.00	3620.00	0.00	0.00	90.00	0.00
独立使用	1540.00	1060.00	850.00	120.00	0.00	0.00	90.00	0.00
共同使用	7000.00	7000.00	3500.00	3500.00	0.00	0.00	0.00	0.00
乌审旗教师进修学校	33.00	16.00	6.00	2.00	2.00	2.00	2.00	2.00
独立使用	17.00	8.00	3.00	1.00	1.00	1.00	1.00	1.00
共同使用	16.00	8.00	3.00	1.00	1.00	1.00	1.00	1.00
鄂托克前旗教研中心	6.00	5.00	2.00	1.00	1.00	1.00	0.00	0.00
独立使用	6.00	5.00	2.00	1.00	1.00	1.00	0.00	0.00
鄂尔多斯市理工学校	3000.00	2880.00	380.00	500.00	2000.00	0.00	0.00	0.00
独立使用	20.00	0.00	0.00	0.00	0.00	0.00	0.00	0.00
共同使用	2980.00	2880.00	380.00	500.00	2000.00	0.00	0.00	0.00
鄂尔多斯市达旗青少年活动中心	12.00	10.00	5.00	1.00	1.00	1.00	1.00	1.00
独立使用	5.00	3.00	0.00	0.00	0.00	1.00	1.00	1.00
共同使用	7.00	7.00	5.00	1.00	1.00	0.00	0.00	0.00
巴彦淖尔市电大	8122.00	3479.00	2379.00	260.00	350.00	0.00	0.00	490.00
独立使用	8122.00	3479.00	2379.00	260.00	350.00	0.00	0.00	490.00
巴彦淖尔市电大磴口县电大工作站	946.00	946.00	900.00	46.00	0.00	0.00	0.00	0.00
独立使用	450.00	450.00	450.00	0.00	0.00	0.00	0.00	0.00

建筑面积(续表16)

单位:平方米

行政办公用房	生活用房						教工住宅	其他用房
	计	学生宿舍(公寓)	学生食堂	教工宿舍(公寓)	教工食堂	生活福利及附属用房		
180.00	600.00	300.00	300.00	0.00	0.00	0.00	0.00	150.00
180.00	600.00	300.00	300.00	0.00	0.00	0.00	0.00	150.00
152.00	0.00	0.00	0.00	0.00	0.00	0.00	0.00	60.00
152.00	0.00	0.00	0.00	0.00	0.00	0.00	0.00	60.00
0.00	0.00	0.00	0.00	0.00	0.00	0.00	0.00	0.00
760.00	68.00	0.00	0.00	0.00	68.00	0.00	0.00	0.00
760.00	68.00	0.00	0.00	0.00	68.00	0.00	0.00	0.00
120.00	50.00	0.00	0.00	0.00	0.00	50.00	0.00	0.00
120.00	50.00	0.00	0.00	0.00	0.00	50.00	0.00	0.00
650.00	0.00	0.00	0.00	0.00	0.00	0.00	0.00	0.00
650.00	0.00	0.00	0.00	0.00	0.00	0.00	0.00	0.00
0.00	0.00	0.00	0.00	0.00	0.00	0.00	0.00	0.00
1.00	0.00	0.00	0.00	0.00	0.00	0.00	0.00	0.00
1.00	0.00	0.00	0.00	0.00	0.00	0.00	0.00	0.00
100.00	0.00	0.00	0.00	0.00	0.00	0.00	0.00	0.00
100.00	0.00	0.00	0.00	0.00	0.00	0.00	0.00	0.00
1200.00	0.00	0.00	0.00	0.00	0.00	0.00	0.00	2400.00
600.00	0.00	0.00	0.00	0.00	0.00	0.00	0.00	1200.00
600.00	0.00	0.00	0.00	0.00	0.00	0.00	0.00	1200.00
480.00	0.00	0.00	0.00	0.00	0.00	0.00	0.00	0.00
480.00	0.00	0.00	0.00	0.00	0.00	0.00	0.00	0.00
0.00	0.00	0.00	0.00	0.00	0.00	0.00	0.00	0.00
3.00	10.00	2.00	2.00	2.00	2.00	2.00	2.00	2.00
2.00	5.00	1.00	1.00	1.00	1.00	1.00	1.00	1.00
1.00	5.00	1.00	1.00	1.00	1.00	1.00	1.00	1.00
1.00	0.00	0.00	0.00	0.00	0.00	0.00	0.00	0.00
1.00	0.00	0.00	0.00	0.00	0.00	0.00	0.00	0.00
120.00	0.00	0.00	0.00	0.00	0.00	0.00	0.00	0.00
20.00	0.00	0.00	0.00	0.00	0.00	0.00	0.00	0.00
100.00	0.00	0.00	0.00	0.00	0.00	0.00	0.00	0.00
2.00	0.00	0.00	0.00	0.00	0.00	0.00	0.00	0.00
2.00	0.00	0.00	0.00	0.00	0.00	0.00	0.00	0.00
0.00	0.00	0.00	0.00	0.00	0.00	0.00	0.00	0.00
1981.00	2662.00	1250.00	390.00	150.00	50.00	822.00	0.00	0.00
1981.00	2662.00	1250.00	390.00	150.00	50.00	822.00	0.00	0.00
0.00	0.00	0.00	0.00	0.00	0.00	0.00	0.00	0.00
0.00	0.00	0.00	0.00	0.00	0.00	0.00	0.00	0.00

4.3 学校产权校舍

	合计	教学科研及辅助用房						
		计	教室	图书馆	实验室、实习场所	专用科研用房	体育馆	会堂
共同使用	496.00	496.00	450.00	46.00	0.00	0.00	0.00	0.00
乌拉特前旗干部职工培训基地教学点	1250.00	800.00	500.00	50.00	50.00	50.00	50.00	100.00
独立使用	1250.00	800.00	500.00	50.00	50.00	50.00	50.00	100.00
巴彦淖尔市电大杭锦后旗职教中心	14520.00	12400.00	10200.00	600.00	1000.00	0.00	0.00	600.00
独立使用	2800.00	2400.00	2200.00	0.00	200.00	0.00	0.00	0.00
共同使用	11720.00	10000.00	8000.00	600.00	800.00	0.00	0.00	600.00
巴彦淖尔市电大乌拉特中旗检察院	60.00	60.00	0.00	60.00	0.00	0.00	0.00	0.00
独立使用	60.00	60.00	0.00	60.00	0.00	0.00	0.00	0.00
巴彦淖尔市后旗党校	314.00	146.00	146.00	0.00	0.00	0.00	0.00	0.00
独立使用	314.00	146.00	146.00	0.00	0.00	0.00	0.00	0.00
乌海市电大	5922.00	2810.00	1980.00	110.00	620.00	0.00	0.00	100.00
独立使用	750.00	0.00	0.00	0.00	0.00	0.00	0.00	0.00
共同使用	5172.00	2810.00	1980.00	110.00	620.00	0.00	0.00	100.00
乌海市乌达星火职业培训中心	1700.00	1400.00	1300.00	100.00	0.00	0.00	0.00	0.00
独立使用	1200.00	900.00	800.00	100.00	0.00	0.00	0.00	0.00
共同使用	500.00	500.00	500.00	0.00	0.00	0.00	0.00	0.00
阿拉善盟电大	6032.00	4890.00	9.00	1647.00	3234.00	0.00	0.00	0.00
共同使用	6032.00	4890.00	9.00	1647.00	3234.00	0.00	0.00	0.00
阿拉善盟电大阿右旗职教中心	24.00	17.00	6.00	1.00	6.00	2.00	0.00	2.00
独立使用	4.00	1.00	0.00	0.00	0.00	1.00	0.00	0.00
共同使用	20.00	16.00	6.00	1.00	6.00	1.00	0.00	2.00
阿拉善盟电大额济纳旗职业中学	720.00	660.00	320.00	60.00	120.00	0.00	60.00	100.00
共同使用	720.00	660.00	320.00	60.00	120.00	0.00	60.00	100.00
呼伦贝尔市电大	30293.00	20032.00	7205.00	400.00	12427.00	0.00	0.00	0.00
共同使用	30293.00	20032.00	7205.00	400.00	12427.00	0.00	0.00	0.00
呼伦贝尔市电大根河市职业高中	2945.00	1185.00	450.00	105.00	90.00	90.00	0.00	450.00
共同使用	2945.00	1185.00	450.00	105.00	90.00	90.00	0.00	450.00
呼伦贝尔市电大额尔古纳旗职业中学	4330.00	3844.00	1288.00	928.00	1628.00	0.00	0.00	0.00
共同使用	4330.00	3844.00	1288.00	928.00	1628.00	0.00	0.00	0.00
呼伦贝尔市阿荣旗职业中等专业学校	23217.00	16631.00	5300.00	300.00	5431.00	0.00	2100.00	3500.00
共同使用	23217.00	16631.00	5300.00	300.00	5431.00	0.00	2100.00	3500.00
呼伦贝尔市莫旗职业教育中心	1954.00	1126.00	540.00	120.00	266.00	0.00	0.00	200.00
共同使用	1954.00	1126.00	540.00	120.00	266.00	0.00	0.00	200.00
呼伦贝尔市陈旗综合高中	4825.00	1325.00	880.00	55.00	200.00	0.00	0.00	190.00
共同使用	4825.00	1325.00	880.00	55.00	200.00	0.00	0.00	190.00
呼伦贝尔市海拉尔区教师进修学校	5310.00	1580.00	840.00	80.00	160.00	0.00	500.00	0.00
共同使用	5310.00	1580.00	840.00	80.00	160.00	0.00	500.00	0.00

建筑面积(续表 17)

单位:平方米

行政办公用房	生活用房						教工住宅	其他用房
	计	学生宿舍(公寓)	学生食堂	教工宿舍(公寓)	教工食堂	生活福利及附属用房		
0.00	0.00	0.00	0.00	0.00	0.00	0.00	0.00	0.00
450.00	0.00	0.00	0.00	0.00	0.00	0.00	0.00	0.00
450.00	0.00	0.00	0.00	0.00	0.00	0.00	0.00	0.00
400.00	1720.00	1200.00	400.00	0.00	120.00	0.00	0.00	0.00
400.00	0.00	0.00	0.00	0.00	0.00	0.00	0.00	0.00
0.00	1720.00	1200.00	400.00	0.00	120.00	0.00	0.00	0.00
0.00	0.00	0.00	0.00	0.00	0.00	0.00	0.00	0.00
0.00	0.00	0.00	0.00	0.00	0.00	0.00	0.00	0.00
168.00	0.00	0.00	0.00	0.00	0.00	0.00	0.00	0.00
168.00	0.00	0.00	0.00	0.00	0.00	0.00	0.00	0.00
750.00	2362.00	1100.00	346.00	0.00	0.00	916.00	0.00	0.00
750.00	0.00	0.00	0.00	0.00	0.00	0.00	0.00	0.00
0.00	2362.00	1100.00	346.00	0.00	0.00	916.00	0.00	0.00
300.00	0.00	0.00	0.00	0.00	0.00	0.00	0.00	0.00
300.00	0.00	0.00	0.00	0.00	0.00	0.00	0.00	0.00
0.00	0.00	0.00	0.00	0.00	0.00	0.00	0.00	0.00
1142.00	0.00	0.00	0.00	0.00	0.00	0.00	0.00	0.00
1142.00	0.00	0.00	0.00	0.00	0.00	0.00	0.00	0.00
3.00	2.00	0.00	1.00	0.00	0.00	1.00	0.00	2.00
3.00	0.00	0.00	0.00	0.00	0.00	0.00	0.00	0.00
0.00	2.00	0.00	1.00	0.00	0.00	1.00	0.00	2.00
60.00	0.00	0.00	0.00	0.00	0.00	0.00	0.00	0.00
60.00	0.00	0.00	0.00	0.00	0.00	0.00	0.00	0.00
2066.00	8195.00	5442.00	2753.00	0.00	0.00	0.00	0.00	0.00
2066.00	8195.00	5442.00	2753.00	0.00	0.00	0.00	0.00	0.00
180.00	1380.00	360.00	300.00	180.00	300.00	240.00	0.00	200.00
180.00	1380.00	360.00	300.00	180.00	300.00	240.00	0.00	200.00
336.00	0.00	0.00	0.00	0.00	0.00	0.00	0.00	150.00
336.00	0.00	0.00	0.00	0.00	0.00	0.00	0.00	150.00
1540.00	5046.00	4690.00	356.00	0.00	0.00	0.00	0.00	0.00
1540.00	5046.00	4690.00	356.00	0.00	0.00	0.00	0.00	0.00
350.00	478.00	350.00	128.00	0.00	0.00	0.00	0.00	0.00
350.00	478.00	350.00	128.00	0.00	0.00	0.00	0.00	0.00
300.00	2650.00	1200.00	400.00	0.00	0.00	1050.00	0.00	550.00
300.00	2650.00	1200.00	400.00	0.00	0.00	1050.00	0.00	550.00
350.00	3100.00	2800.00	300.00	0.00	0.00	0.00	0.00	280.00
350.00	3100.00	2800.00	300.00	0.00	0.00	0.00	0.00	280.00

4.3 学校产权校舍

	合计	教学科研及辅助用房						
		计	教室	图书馆	实验室、实习场所	专用科研用房	体育馆	会堂
呼伦贝尔市鄂温克旗教师进修学校	4935.00	2040.00	1560.00	180.00	300.00	0.00	0.00	0.00
共同使用	4935.00	2040.00	1560.00	180.00	300.00	0.00	0.00	0.00
满洲里市中等职业技术学校	26331.00	9006.00	5942.00	0.00	3064.00	0.00	0.00	0.00
独立使用	26331.00	9006.00	5942.00	0.00	3064.00	0.00	0.00	0.00
鄂伦春教师进修学校	2461.00	964.00	465.00	126.00	100.00	0.00	63.00	210.00
共同使用	2461.00	964.00	465.00	126.00	100.00	0.00	63.00	210.00
铁道学院电大	7845.00	4365.00	2400.00	1245.00	180.00	220.00	0.00	320.00
独立使用	7845.00	4365.00	2400.00	1245.00	180.00	220.00	0.00	320.00
霍林河矿区电大	34356.00	33456.00	27900.00	4940.00	616.00	0.00	0.00	0.00
独立使用	34356.00	33456.00	27900.00	4940.00	616.00	0.00	0.00	0.00
开放教育学院薛家湾准能公司	3970.00	3440.00	2240.00	1000.00	200.00	0.00	0.00	0.00
独立使用	3970.00	3440.00	2240.00	1000.00	200.00	0.00	0.00	0.00
开放教育学院四子王旗培训中心	3200.00	1620.00	1200.00	240.00	180.00	0.00	0.00	0.00
独立使用	800.00	0.00	0.00	0.00	0.00	0.00	0.00	0.00
共同使用	2400.00	1620.00	1200.00	240.00	180.00	0.00	0.00	0.00
开放教育学院土默特左旗教师进修学校	2245.00	386.00	6.00	80.00	80.00	130.00	0.00	90.00
独立使用	2245.00	386.00	6.00	80.00	80.00	130.00	0.00	90.00
开放教育学院和林县职业高级中学	16120.00	8920.00	4200.00	1800.00	2300.00	320.00	0.00	300.00
共同使用	16120.00	8920.00	4200.00	1800.00	2300.00	320.00	0.00	300.00
锡盟正蓝旗财政局培训中心	940.00	240.00	240.00	0.00	0.00	0.00	0.00	0.00
独立使用	320.00	120.00	120.00	0.00	0.00	0.00	0.00	0.00
共同使用	620.00	120.00	120.00	0.00	0.00	0.00	0.00	0.00
扎赉诺尔矿区电大	12700.00	8400.00	7000.00	400.00	1000.00	0.00	0.00	0.00
独立使用	3950.00	2950.00	2500.00	100.00	350.00	0.00	0.00	0.00
共同使用	8750.00	5450.00	4500.00	300.00	650.00	0.00	0.00	0.00
大雁矿区电大	12000.00	9200.00	8850.00	350.00	0.00	0.00	0.00	0.00
独立使用	12000.00	9200.00	8850.00	350.00	0.00	0.00	0.00	0.00
内蒙古正镶白旗农业广播电视学校	20.00	0.00	0.00	0.00	0.00	0.00	0.00	0.00
独立使用	20.00	0.00	0.00	0.00	0.00	0.00	0.00	0.00
内蒙古阿荣旗农广校	550.00	250.00	250.00	0.00	0.00	0.00	0.00	0.00
独立使用	550.00	250.00	250.00	0.00	0.00	0.00	0.00	0.00
通辽市科左中旗党校	6270.00	916.00	230.00	36.00	110.00	80.00	200.00	260.00
独立使用	6270.00	916.00	230.00	36.00	110.00	80.00	200.00	260.00
辽宁	**1044603.13**	**540676.02**	**209866.06**	**70378.94**	**175248.94**	**8067.74**	**35465.93**	**41648.41**
独立使用	206830.02	109634.64	70018.44	8156.05	22887.99	420.00	2448.75	5703.41
共同使用	837773.11	431041.38	139847.62	62222.89	152360.95	7647.74	33017.18	35945.00
辽宁广播电视大学	15827.90	3751.54	3751.54	0.00	0.00	0.00	0.00	0.00

建筑面积(续表18)

单位:平方米

行政办公用房	生活用房						教工住宅	其他用房
	计	学生宿舍（公寓）	学生食堂	教工宿舍（公寓）	教工食堂	生活福利及附属用房		
2765.00	0.00	0.00	0.00	0.00	0.00	0.00	0.00	130.00
2765.00	0.00	0.00	0.00	0.00	0.00	0.00	0.00	130.00
800.00	16525.00	9259.00	6096.00	0.00	300.00	870.00	0.00	0.00
800.00	16525.00	9259.00	6096.00	0.00	300.00	870.00	0.00	0.00
692.00	805.00	630.00	175.00	0.00	0.00	0.00	0.00	0.00
692.00	805.00	630.00	175.00	0.00	0.00	0.00	0.00	0.00
1200.00	2280.00	1800.00	280.00	150.00	50.00	0.00	0.00	0.00
1200.00	2280.00	1800.00	280.00	150.00	50.00	0.00	0.00	0.00
520.00	380.00	0.00	0.00	0.00	0.00	380.00	0.00	0.00
520.00	380.00	0.00	0.00	0.00	0.00	380.00	0.00	0.00
530.00	0.00	0.00	0.00	0.00	0.00	0.00	0.00	0.00
530.00	0.00	0.00	0.00	0.00	0.00	0.00	0.00	0.00
780.00	800.00	0.00	0.00	0.00	0.00	800.00	0.00	0.00
0.00	800.00	0.00	0.00	0.00	0.00	800.00	0.00	0.00
780.00	0.00	0.00	0.00	0.00	0.00	0.00	0.00	0.00
1859.00	0.00	0.00	0.00	0.00	0.00	0.00	0.00	0.00
1859.00	0.00	0.00	0.00	0.00	0.00	0.00	0.00	0.00
300.00	6900.00	4500.00	2400.00	0.00	0.00	0.00	0.00	0.00
300.00	6900.00	4500.00	2400.00	0.00	0.00	0.00	0.00	0.00
700.00	0.00	0.00	0.00	0.00	0.00	0.00	0.00	0.00
200.00	0.00	0.00	0.00	0.00	0.00	0.00	0.00	0.00
500.00	0.00	0.00	0.00	0.00	0.00	0.00	0.00	0.00
2000.00	2300.00	1500.00	800.00	0.00	0.00	0.00	0.00	0.00
1000.00	0.00	0.00	0.00	0.00	0.00	0.00	0.00	0.00
1000.00	2300.00	1500.00	800.00	0.00	0.00	0.00	0.00	0.00
1600.00	1200.00	1200.00	0.00	0.00	0.00	0.00	0.00	0.00
1600.00	1200.00	1200.00	0.00	0.00	0.00	0.00	0.00	0.00
20.00	0.00	0.00	0.00	0.00	0.00	0.00	0.00	0.00
20.00	0.00	0.00	0.00	0.00	0.00	0.00	0.00	0.00
300.00	0.00	0.00	0.00	0.00	0.00	0.00	0.00	0.00
300.00	0.00	0.00	0.00	0.00	0.00	0.00	0.00	0.00
180.00	1574.00	1224.00	260.00	54.00	18.00	18.00	3600.00	0.00
180.00	1574.00	1224.00	260.00	54.00	18.00	18.00	3600.00	0.00
71555.10	**397091.79**	**292343.14**	**62283.55**	**13631.00**	**8592.92**	**20241.18**	**4105.00**	**31175.21**
28723.10	59135.07	42351.36	9950.00	200.00	1742.71	4891.00	1000.00	8337.21
42832.00	337956.72	249991.78	52333.55	13431.00	6850.21	15350.18	3105.00	22838.00
7120.00	4956.36	3105.36	0.00	0.00	0.00	1851.00	0.00	0.00

4.3 学校产权校舍

	合计	教学科研及辅助用房						
		计	教室	图书馆	实验室、实习场所	专用科研用房	体育馆	会堂
独立使用	15827.90	3751.54	3751.54	0.00	0.00	0.00	0.00	0.00
鞍山电大分校	10155.00	4110.00	2730.00	80.00	1000.00	0.00	0.00	300.00
独立使用	10155.00	4110.00	2730.00	80.00	1000.00	0.00	0.00	300.00
岫岩职教中心	1458.00	1338.00	600.00	470.00	108.00	0.00	0.00	160.00
独立使用	240.00	200.00	200.00	0.00	0.00	0.00	0.00	0.00
共同使用	1218.00	1138.00	400.00	470.00	108.00	0.00	0.00	160.00
抚顺电大分校	171888.00	100571.00	38317.00	24996.00	24916.00	1067.00	11275.00	0.00
共同使用	171888.00	100571.00	38317.00	24996.00	24916.00	1067.00	11275.00	0.00
新宾电大	16200.00	2940.00	1950.00	120.00	120.00	0.00	0.00	750.00
独立使用	210.00	150.00	150.00	0.00	0.00	0.00	0.00	0.00
共同使用	15990.00	2790.00	1800.00	120.00	120.00	0.00	0.00	750.00
本溪电大分校	10756.12	3580.10	2129.90	234.05	460.99	0.00	348.75	406.41
独立使用	10756.12	3580.10	2129.90	234.05	460.99	0.00	348.75	406.41
本溪县电大	13890.00	7490.00	5040.00	400.00	1450.00	300.00	0.00	300.00
独立使用	480.00	400.00	400.00	0.00	0.00	0.00	0.00	0.00
共同使用	13410.00	7090.00	4640.00	400.00	1450.00	300.00	0.00	300.00
辽宁广播电视大学锦州分校	7898.00	2740.00	1611.00	314.00	590.00	0.00	0.00	225.00
独立使用	7898.00	2740.00	1611.00	314.00	590.00	0.00	0.00	225.00
凌海工作站	8700.00	4900.00	3000.00	400.00	1000.00	0.00	0.00	500.00
共同使用	8700.00	4900.00	3000.00	400.00	1000.00	0.00	0.00	500.00
义县电大	8064.00	4584.00	2520.00	480.00	660.00	84.00	0.00	840.00
独立使用	1320.00	1080.00	720.00	120.00	120.00	0.00	0.00	120.00
共同使用	6744.00	3504.00	1800.00	360.00	540.00	84.00	0.00	720.00
北宁电大	39655.00	17897.00	9586.00	180.00	8131.00	0.00	0.00	0.00
独立使用	39655.00	17897.00	9586.00	180.00	8131.00	0.00	0.00	0.00
锦州电大黑山工作站	5950.00	3200.00	2000.00	400.00	300.00	0.00	0.00	500.00
共同使用	5950.00	3200.00	2000.00	400.00	300.00	0.00	0.00	500.00
宽甸县电大	990.00	510.00	420.00	0.00	90.00	0.00	0.00	0.00
独立使用	990.00	510.00	420.00	0.00	90.00	0.00	0.00	0.00
凤城学院	27.00	18.00	15.00	0.00	3.00	0.00	0.00	0.00
独立使用	12.00	6.00	5.00	0.00	1.00	0.00	0.00	0.00
共同使用	15.00	12.00	10.00	0.00	2.00	0.00	0.00	0.00
营口电大分校	84416.00	47916.00	32085.00	4421.00	8850.00	200.00	2100.00	260.00
独立使用	84416.00	47916.00	32085.00	4421.00	8850.00	200.00	2100.00	260.00
鲅鱼圈县电大	15.00	13.00	8.00	1.00	2.00	0.00	0.00	2.00
独立使用	15.00	13.00	8.00	1.00	2.00	0.00	0.00	2.00
盖州县电大	4704.00	1554.00	304.00	150.00	200.00	100.00	0.00	800.00

建筑面积(续表19)

单位:平方米

行政办公用房	生活用房						教工住宅	其他用房
	计	学生宿舍(公寓)	学生食堂	教工宿舍(公寓)	教工食堂	生活福利及附属用房		
7120.00	4956.36	3105.36	0.00	0.00	0.00	1851.00	0.00	0.00
2550.00	0.00	0.00	0.00	0.00	0.00	0.00	0.00	3495.00
2550.00	0.00	0.00	0.00	0.00	0.00	0.00	0.00	3495.00
120.00	0.00	0.00	0.00	0.00	0.00	0.00	0.00	0.00
40.00	0.00	0.00	0.00	0.00	0.00	0.00	0.00	0.00
80.00	0.00	0.00	0.00	0.00	0.00	0.00	0.00	0.00
5192.00	54697.00	41765.00	9583.00	0.00	0.00	3349.00	0.00	11428.00
5192.00	54697.00	41765.00	9583.00	0.00	0.00	3349.00	0.00	11428.00
460.00	4800.00	3800.00	1000.00	0.00	0.00	0.00	0.00	8000.00
60.00	0.00	0.00	0.00	0.00	0.00	0.00	0.00	0.00
400.00	4800.00	3800.00	1000.00	0.00	0.00	0.00	0.00	8000.00
1772.10	911.71	150.00	0.00	0.00	761.71	0.00	0.00	4492.21
1772.10	911.71	150.00	0.00	0.00	761.71	0.00	0.00	4492.21
1000.00	5400.00	4350.00	1050.00	0.00	0.00	0.00	0.00	0.00
80.00	0.00	0.00	0.00	0.00	0.00	0.00	0.00	0.00
920.00	5400.00	4350.00	1050.00	0.00	0.00	0.00	0.00	0.00
1206.00	3952.00	3382.00	450.00	0.00	120.00	0.00	0.00	0.00
1206.00	3952.00	3382.00	450.00	0.00	120.00	0.00	0.00	0.00
2000.00	1600.00	1000.00	600.00	0.00	0.00	0.00	0.00	200.00
2000.00	1600.00	1000.00	600.00	0.00	0.00	0.00	0.00	200.00
920.00	2560.00	1200.00	800.00	60.00	300.00	200.00	0.00	0.00
240.00	0.00	0.00	0.00	0.00	0.00	0.00	0.00	0.00
680.00	2560.00	1200.00	800.00	60.00	300.00	200.00	0.00	0.00
4374.00	17384.00	11994.00	3200.00	0.00	200.00	1990.00	0.00	0.00
4374.00	17384.00	11994.00	3200.00	0.00	200.00	1990.00	0.00	0.00
100.00	2550.00	1500.00	1000.00	0.00	50.00	0.00	0.00	100.00
100.00	2550.00	1500.00	1000.00	0.00	50.00	0.00	0.00	100.00
480.00	0.00	0.00	0.00	0.00	0.00	0.00	0.00	0.00
480.00	0.00	0.00	0.00	0.00	0.00	0.00	0.00	0.00
8.00	1.00	0.00	0.00	0.00	1.00	0.00	0.00	0.00
6.00	0.00	0.00	0.00	0.00	0.00	0.00	0.00	0.00
2.00	1.00	0.00	0.00	0.00	1.00	0.00	0.00	0.00
6000.00	29300.00	22700.00	6000.00	200.00	200.00	200.00	1000.00	200.00
6000.00	29300.00	22700.00	6000.00	200.00	200.00	200.00	1000.00	200.00
2.00	0.00	0.00	0.00	0.00	0.00	0.00	0.00	0.00
2.00	0.00	0.00	0.00	0.00	0.00	0.00	0.00	0.00
200.00	2950.00	2000.00	600.00	200.00	150.00	0.00	0.00	0.00

4.3 学校产权校舍

	合计	教学科研及辅助用房						
		计	教室	图书馆	实验室、实习场所	专用科研用房	体育馆	会堂
独立使用	1200.00	1000.00	300.00	0.00	200.00	100.00	0.00	400.00
共同使用	3504.00	554.00	4.00	150.00	0.00	0.00	0.00	400.00
辽阳电大分校	107248.84	54434.13	37574.99	3865.14	8646.03	0.00	3747.97	600.00
独立使用	850.00	850.00	850.00	0.00	0.00	0.00	0.00	0.00
共同使用	106398.84	53584.13	36724.99	3865.14	8646.03	0.00	3747.97	600.00
朝阳电大分校	1533.00	422.00	322.00	0.00	40.00	60.00	0.00	0.00
共同使用	1533.00	422.00	322.00	0.00	40.00	60.00	0.00	0.00
凌源电大	332.00	327.00	7.00	200.00	60.00	60.00	0.00	0.00
独立使用	332.00	327.00	7.00	200.00	60.00	60.00	0.00	0.00
建平县电大	31704.00	18373.00	8357.00	2120.00	3780.00	2000.00	0.00	2116.00
独立使用	8357.00	8357.00	8357.00	0.00	0.00	0.00	0.00	0.00
共同使用	23347.00	10016.00	0.00	2120.00	3780.00	2000.00	0.00	2116.00
阜新电大分校	70700.00	20862.00	300.00	4999.00	7887.00	0.00	2076.00	5600.00
独立使用	400.00	300.00	300.00	0.00	0.00	0.00	0.00	0.00
共同使用	70300.00	20562.00	0.00	4999.00	7887.00	0.00	2076.00	5600.00
铁岭广播电视大学	4350.00	2715.00	1259.00	375.00	1081.00	0.00	0.00	0.00
独立使用	4350.00	2715.00	1259.00	375.00	1081.00	0.00	0.00	0.00
昌图县电大	1442.00	882.00	752.00	130.00	0.00	0.00	0.00	0.00
独立使用	1442.00	882.00	752.00	130.00	0.00	0.00	0.00	0.00
盘锦电大分校	145756.27	69667.25	19500.63	8398.75	29516.92	3761.74	7820.21	669.00
共同使用	145756.27	69667.25	19500.63	8398.75	29516.92	3761.74	7820.21	669.00
盘山县电大	52.00	45.00	37.00	1.00	5.00	0.00	1.00	1.00
独立使用	14.00	8.00	7.00	1.00	0.00	0.00	0.00	0.00
共同使用	38.00	37.00	30.00	0.00	5.00	0.00	1.00	1.00
葫芦岛电大分校	196881.00	122534.00	19819.00	7344.00	65000.00	345.00	7597.00	22429.00
共同使用	196881.00	122534.00	19819.00	7344.00	65000.00	345.00	7597.00	22429.00
绥中县电大	1290.00	1290.00	1150.00	100.00	0.00	0.00	0.00	40.00
独立使用	290.00	290.00	150.00	100.00	0.00	0.00	0.00	40.00
共同使用	1000.00	1000.00	1000.00	0.00	0.00	0.00	0.00	0.00
葫芦岛电大兴城教学点	1300.00	772.00	300.00	50.00	372.00	0.00	0.00	50.00
独立使用	1300.00	772.00	300.00	50.00	372.00	0.00	0.00	50.00
沈阳成教教学部	650.00	500.00	260.00	100.00	80.00	60.00	0.00	0.00
独立使用	650.00	500.00	260.00	100.00	80.00	60.00	0.00	0.00
沈阳职工大学教学部	1420.00	960.00	480.00	200.00	50.00	30.00	0.00	200.00
共同使用	1420.00	960.00	480.00	200.00	50.00	30.00	0.00	200.00
沈阳药科大学高职高专电大	60800.00	28800.00	10300.00	8000.00	9000.00	0.00	500.00	1000.00
独立使用	300.00	300.00	300.00	0.00	0.00	0.00	0.00	0.00

建筑面积(续表20)

单位:平方米

行政办公用房	生活用房						教工住宅	其他用房
	计	学生宿舍(公寓)	学生食堂	教工宿舍(公寓)	教工食堂	生活福利及附属用房		
200.00	0.00	0.00	0.00	0.00	0.00	0.00	0.00	0.00
0.00	2950.00	2000.00	600.00	200.00	150.00	0.00	0.00	0.00
4707.00	45002.71	36851.34	3620.00	0.00	2198.21	2333.16	3105.00	0.00
0.00	0.00	0.00	0.00	0.00	0.00	0.00	0.00	0.00
4707.00	45002.71	36851.34	3620.00	0.00	2198.21	2333.16	3105.00	0.00
262.00	0.00	0.00	0.00	0.00	0.00	0.00	0.00	849.00
262.00	0.00	0.00	0.00	0.00	0.00	0.00	0.00	849.00
5.00	0.00	0.00	0.00	0.00	0.00	0.00	0.00	0.00
5.00	0.00	0.00	0.00	0.00	0.00	0.00	0.00	0.00
2186.00	11145.00	5098.00	3154.00	2035.00	550.00	308.00	0.00	0.00
0.00	0.00	0.00	0.00	0.00	0.00	0.00	0.00	0.00
2186.00	11145.00	5098.00	3154.00	2035.00	550.00	308.00	0.00	0.00
9180.00	40658.00	31534.00	6494.00	0.00	644.00	1986.00	0.00	0.00
100.00	0.00	0.00	0.00	0.00	0.00	0.00	0.00	0.00
9080.00	40658.00	31534.00	6494.00	0.00	644.00	1986.00	0.00	0.00
1472.00	163.00	0.00	0.00	0.00	163.00	0.00	0.00	0.00
1472.00	163.00	0.00	0.00	0.00	163.00	0.00	0.00	0.00
0.00	560.00	370.00	120.00	0.00	70.00	0.00	0.00	0.00
0.00	560.00	370.00	120.00	0.00	70.00	0.00	0.00	0.00
4458.00	69370.01	46256.44	14239.55	1136.00	1414.00	6324.02	0.00	2261.00
4458.00	69370.01	46256.44	14239.55	1136.00	1414.00	6324.02	0.00	2261.00
6.00	1.00	0.00	0.00	0.00	1.00	0.00	0.00	0.00
6.00	0.00	0.00	0.00	0.00	0.00	0.00	0.00	0.00
0.00	1.00	0.00	0.00	0.00	1.00	0.00	0.00	0.00
1705.00	72642.00	63037.00	8093.00	0.00	1512.00	0.00	0.00	0.00
1705.00	72642.00	63037.00	8093.00	0.00	1512.00	0.00	0.00	0.00
0.00	0.00	0.00	0.00	0.00	0.00	0.00	0.00	0.00
0.00	0.00	0.00	0.00	0.00	0.00	0.00	0.00	0.00
0.00	0.00	0.00	0.00	0.00	0.00	0.00	0.00	0.00
500.00	28.00	0.00	0.00	0.00	28.00	0.00	0.00	0.00
500.00	28.00	0.00	0.00	0.00	28.00	0.00	0.00	0.00
100.00	0.00	0.00	0.00	0.00	0.00	0.00	0.00	50.00
100.00	0.00	0.00	0.00	0.00	0.00	0.00	0.00	50.00
60.00	400.00	0.00	400.00	0.00	0.00	0.00	0.00	0.00
60.00	400.00	0.00	400.00	0.00	0.00	0.00	0.00	0.00
11000.00	21000.00	10000.00	1000.00	10000.00	0.00	0.00	0.00	0.00
0.00	0.00	0.00	0.00	0.00	0.00	0.00	0.00	0.00

4.3 学校产权校舍

	合计	教学科研及辅助用房						
		计	教室	图书馆	实验室、实习场所	专用科研用房	体育馆	会堂
共同使用	60500.00	28500.00	10000.00	8000.00	9000.00	0.00	500.00	1000.00
辽宁电大辽中教学中心	900.00	700.00	300.00	50.00	200.00	0.00	0.00	150.00
独立使用	900.00	700.00	300.00	50.00	200.00	0.00	0.00	150.00
辽宁电大新民教学中心	7780.00	7200.00	600.00	1800.00	1200.00	0.00	0.00	3600.00
独立使用	7780.00	7200.00	600.00	1800.00	1200.00	0.00	0.00	3600.00
海城电大分校	3270.00	1460.00	860.00	0.00	450.00	0.00	0.00	150.00
独立使用	3270.00	1460.00	860.00	0.00	450.00	0.00	0.00	150.00
东港电大分校	6600.00	1620.00	1620.00	0.00	0.00	0.00	0.00	0.00
独立使用	3420.00	1620.00	1620.00	0.00	0.00	0.00	0.00	0.00
共同使用	3180.00	0.00	0.00	0.00	0.00	0.00	0.00	0.00
沈阳	**97227.00**	**60359.00**	**24102.00**	**7087.00**	**18631.00**	**1.00**	**9351.00**	**1187.00**
独立使用	87336.00	56697.00	22607.00	6960.00	16991.00	1.00	9351.00	787.00
共同使用	9891.00	3662.00	1495.00	127.00	1640.00	0.00	0.00	400.00
沈阳广播电视大学	24583.00	21440.00	13027.00	6200.00	2213.00	0.00	0.00	0.00
独立使用	24583.00	21440.00	13027.00	6200.00	2213.00	0.00	0.00	0.00
沈阳电大康平分校	4580.00	1020.00	560.00	100.00	240.00	0.00	0.00	120.00
独立使用	4580.00	1020.00	560.00	100.00	240.00	0.00	0.00	120.00
沈阳电大法库分校	12050.00	8600.00	900.00	120.00	260.00	0.00	7200.00	120.00
独立使用	12050.00	8600.00	900.00	120.00	260.00	0.00	7200.00	120.00
沈阳电大苏家屯分校	37596.00	22256.00	5846.00	389.00	13634.00	0.00	2150.00	237.00
独立使用	37596.00	22256.00	5846.00	389.00	13634.00	0.00	2150.00	237.00
沈阳电大新民分校	8440.00	3340.00	2240.00	150.00	640.00	0.00	0.00	310.00
独立使用	8440.00	3340.00	2240.00	150.00	640.00	0.00	0.00	310.00
沈阳市于洪分校	9891.00	3662.00	1495.00	127.00	1640.00	0.00	0.00	400.00
共同使用	9891.00	3662.00	1495.00	127.00	1640.00	0.00	0.00	400.00
沈阳电大公用事业教学点	77.00	32.00	25.00	1.00	4.00	1.00	1.00	0.00
独立使用	77.00	32.00	25.00	1.00	4.00	1.00	1.00	0.00
辽宁省酒店管理服务学校	9.00	9.00	9.00	0.00	0.00	0.00	0.00	0.00
独立使用	9.00	9.00	9.00	0.00	0.00	0.00	0.00	0.00
沈阳电梯行业学院	1.00	0.00	0.00	0.00	0.00	0.00	0.00	0.00
独立使用	1.00	0.00	0.00	0.00	0.00	0.00	0.00	0.00
大连	**63692.00**	**35725.00**	**27595.00**	**1934.00**	**3190.00**	**0.00**	**675.00**	**2331.00**
独立使用	53629.00	27580.00	19450.00	1934.00	3190.00	0.00	675.00	2331.00
共同使用	10063.00	8145.00	8145.00	0.00	0.00	0.00	0.00	0.00
大连广播电视大学	19451.00	7994.00	5561.00	510.00	341.00	0.00	675.00	907.00
独立使用	19451.00	7994.00	5561.00	510.00	341.00	0.00	675.00	907.00
大连广播电视大学普兰店分校	6443.00	4712.00	2600.00	156.00	1129.00	0.00	0.00	827.00

建筑面积（续表21）

单位：平方米

行政办公用房	生活用房						教工住宅	其他用房
	计	学生宿舍（公寓）	学生食堂	教工宿舍（公寓）	教工食堂	生活福利及附属用房		
11000.00	21000.00	10000.00	1000.00	10000.00	0.00	0.00	0.00	0.00
100.00	0.00	0.00	0.00	0.00	0.00	0.00	0.00	100.00
100.00	0.00	0.00	0.00	0.00	0.00	0.00	0.00	100.00
200.00	380.00	200.00	180.00	0.00	0.00	0.00	0.00	0.00
200.00	380.00	200.00	180.00	0.00	0.00	0.00	0.00	0.00
310.00	1500.00	450.00	0.00	0.00	200.00	850.00	0.00	0.00
310.00	1500.00	450.00	0.00	0.00	200.00	850.00	0.00	0.00
1800.00	3180.00	1600.00	700.00	0.00	30.00	850.00	0.00	0.00
1800.00	0.00	0.00	0.00	0.00	0.00	0.00	0.00	0.00
0.00	3180.00	1600.00	700.00	0.00	30.00	850.00	0.00	0.00
11602.00	**20620.00**	**9355.00**	**4933.00**	**342.00**	**1863.00**	**4127.00**	**1200.00**	**3446.00**
10723.00	15720.00	6255.00	3133.00	342.00	1863.00	4127.00	1200.00	2996.00
879.00	4900.00	3100.00	1800.00	0.00	0.00	0.00	0.00	450.00
0.00	1943.00	0.00	1000.00	0.00	760.00	183.00	1200.00	0.00
0.00	1943.00	0.00	1000.00	0.00	760.00	183.00	1200.00	0.00
2970.00	590.00	0.00	0.00	0.00	200.00	390.00	0.00	0.00
2970.00	590.00	0.00	0.00	0.00	200.00	390.00	0.00	0.00
1300.00	2150.00	1930.00	220.00	0.00	0.00	0.00	0.00	0.00
1300.00	2150.00	1930.00	220.00	0.00	0.00	0.00	0.00	0.00
4637.00	7707.00	3500.00	812.00	0.00	102.00	3293.00	0.00	2996.00
4637.00	7707.00	3500.00	812.00	0.00	102.00	3293.00	0.00	2996.00
1800.00	3300.00	800.00	1100.00	340.00	800.00	260.00	0.00	0.00
1800.00	3300.00	800.00	1100.00	340.00	800.00	260.00	0.00	0.00
879.00	4900.00	3100.00	1800.00	0.00	0.00	0.00	0.00	450.00
879.00	4900.00	3100.00	1800.00	0.00	0.00	0.00	0.00	450.00
15.00	30.00	25.00	1.00	2.00	1.00	1.00	0.00	0.00
15.00	30.00	25.00	1.00	2.00	1.00	1.00	0.00	0.00
0.00	0.00	0.00	0.00	0.00	0.00	0.00	0.00	0.00
0.00	0.00	0.00	0.00	0.00	0.00	0.00	0.00	0.00
1.00	0.00	0.00	0.00	0.00	0.00	0.00	0.00	0.00
1.00	0.00	0.00	0.00	0.00	0.00	0.00	0.00	0.00
6813.00	**20986.00**	**5016.00**	**4177.00**	**92.00**	**1449.00**	**10252.00**	**168.00**	**0.00**
5553.00	20328.00	4884.00	3651.00	92.00	1449.00	10252.00	168.00	0.00
1260.00	658.00	132.00	526.00	0.00	0.00	0.00	0.00	0.00
2487.00	8802.00	0.00	824.00	0.00	642.00	7336.00	168.00	0.00
2487.00	8802.00	0.00	824.00	0.00	642.00	7336.00	168.00	0.00
608.00	1123.00	656.00	275.00	20.00	172.00	0.00	0.00	0.00

4.3 学校产权校舍

	合计	教学科研及辅助用房					体育馆	会堂
		计	教室	图书馆	实验室、实习场所	专用科研用房		
独立使用	6443.00	4712.00	2600.00	156.00	1129.00	0.00	0.00	827.00
大连广播电视大学瓦房店分校	18200.00	10909.00	8019.00	1000.00	1600.00	0.00	0.00	290.00
独立使用	18200.00	10909.00	8019.00	1000.00	1600.00	0.00	0.00	290.00
大连广播电视大学金州分校	10063.00	8145.00	8145.00	0.00	0.00	0.00	0.00	0.00
共同使用	10063.00	8145.00	8145.00	0.00	0.00	0.00	0.00	0.00
大连广播电视大学旅顺分校	1689.00	954.00	650.00	80.00	0.00	0.00	0.00	224.00
独立使用	1689.00	954.00	650.00	80.00	0.00	0.00	0.00	224.00
长海县电大	4269.00	890.00	740.00	15.00	120.00	0.00	0.00	15.00
独立使用	4269.00	890.00	740.00	15.00	120.00	0.00	0.00	15.00
大连电大甘井子分校	3577.00	2121.00	1880.00	173.00	0.00	0.00	0.00	68.00
独立使用	3577.00	2121.00	1880.00	173.00	0.00	0.00	0.00	68.00
吉林	**366156.64**	**176835.93**	**105928.12**	**10462.25**	**40201.21**	**1073.00**	**7745.00**	**11426.35**
独立使用	254520.00	108297.00	75678.00	8797.00	15892.00	573.00	380.00	6977.00
共同使用	111636.64	68538.93	30250.12	1665.25	24309.21	500.00	7365.00	4449.35
吉林广播电视大学	27580.00	8490.00	6550.00	980.00	480.00	0.00	0.00	480.00
独立使用	27580.00	8490.00	6550.00	980.00	480.00	0.00	0.00	480.00
吉林广播电视大学直属学院	27580.00	8490.00	6550.00	980.00	480.00	0.00	0.00	480.00
独立使用	27580.00	8490.00	6550.00	980.00	480.00	0.00	0.00	480.00
吉林司法警官学院	27580.00	8490.00	6550.00	980.00	480.00	0.00	0.00	480.00
独立使用	27580.00	8490.00	6550.00	980.00	480.00	0.00	0.00	480.00
吉林省电子信息高级技术学校	27580.00	8490.00	6550.00	980.00	480.00	0.00	0.00	480.00
独立使用	27580.00	8490.00	6550.00	980.00	480.00	0.00	0.00	480.00
吉林科技职业技术学院	27580.00	8490.00	6550.00	980.00	480.00	0.00	0.00	480.00
独立使用	27580.00	8490.00	6550.00	980.00	480.00	0.00	0.00	480.00
吉林电大桦甸市分校	3650.00	1824.00	920.00	81.00	481.00	63.00	80.00	199.00
独立使用	3650.00	1824.00	920.00	81.00	481.00	63.00	80.00	199.00
舒兰电大	1123.00	1123.00	1050.00	23.00	50.00	0.00	0.00	0.00
独立使用	1123.00	1123.00	1050.00	23.00	50.00	0.00	0.00	0.00
磐石电大	2960.00	1680.00	1500.00	60.00	120.00	0.00	0.00	0.00
独立使用	2060.00	780.00	600.00	60.00	120.00	0.00	0.00	0.00
共同使用	900.00	900.00	900.00	0.00	0.00	0.00	0.00	0.00
吉林广播电视大学蛟河管理站	22982.00	12948.00	8648.00	400.00	3600.00	0.00	0.00	300.00
独立使用	22982.00	12948.00	8648.00	400.00	3600.00	0.00	0.00	300.00
吉林广播大学四平分校	7174.00	5699.00	5164.00	75.00	240.00	50.00	0.00	170.00
独立使用	7174.00	5699.00	5164.00	75.00	240.00	50.00	0.00	170.00
吉林广播电视大学梨树县分校	20.00	20.00	20.00	0.00	0.00	0.00	0.00	0.00
独立使用	20.00	20.00	20.00	0.00	0.00	0.00	0.00	0.00

建筑面积(续表22)

单位:平方米

行政办公用房	生活用房						教工住宅	其他用房
	计	学生宿舍（公寓）	学生食堂	教工宿舍（公寓）	教工食堂	生活福利及附属用房		
608.00	1123.00	656.00	275.00	20.00	172.00	0.00	0.00	0.00
1299.00	5992.00	3850.00	1602.00	0.00	540.00	0.00	0.00	0.00
1299.00	5992.00	3850.00	1602.00	0.00	540.00	0.00	0.00	0.00
1260.00	658.00	132.00	526.00	0.00	0.00	0.00	0.00	0.00
1260.00	658.00	132.00	526.00	0.00	0.00	0.00	0.00	0.00
195.00	540.00	0.00	0.00	0.00	80.00	460.00	0.00	0.00
195.00	540.00	0.00	0.00	0.00	80.00	460.00	0.00	0.00
360.00	3019.00	378.00	950.00	72.00	15.00	1604.00	0.00	0.00
360.00	3019.00	378.00	950.00	72.00	15.00	1604.00	0.00	0.00
604.00	852.00	0.00	0.00	0.00	0.00	852.00	0.00	0.00
604.00	852.00	0.00	0.00	0.00	0.00	852.00	0.00	0.00
55825.14	**55811.57**	**29164.35**	**16929.22**	**950.00**	**2620.00**	**6148.00**	**71250.00**	**6434.00**
45967.00	22608.00	11047.00	3228.00	50.00	2320.00	5963.00	71250.00	6398.00
9858.14	33203.57	18117.35	13701.22	900.00	300.00	185.00	0.00	36.00
5380.00	1200.00	0.00	0.00	0.00	400.00	800.00	12510.00	0.00
5380.00	1200.00	0.00	0.00	0.00	400.00	800.00	12510.00	0.00
5380.00	1200.00	0.00	0.00	0.00	400.00	800.00	12510.00	0.00
5380.00	1200.00	0.00	0.00	0.00	400.00	800.00	12510.00	0.00
5380.00	1200.00	0.00	0.00	0.00	400.00	800.00	12510.00	0.00
5380.00	1200.00	0.00	0.00	0.00	400.00	800.00	12510.00	0.00
5380.00	1200.00	0.00	0.00	0.00	400.00	800.00	12510.00	0.00
5380.00	1200.00	0.00	0.00	0.00	400.00	800.00	12510.00	0.00
5380.00	1200.00	0.00	0.00	0.00	400.00	800.00	12510.00	0.00
5380.00	1200.00	0.00	0.00	0.00	400.00	800.00	12510.00	0.00
286.00	540.00	385.00	155.00	0.00	0.00	0.00	0.00	1000.00
286.00	540.00	385.00	155.00	0.00	0.00	0.00	0.00	1000.00
0.00	0.00	0.00	0.00	0.00	0.00	0.00	0.00	0.00
0.00	0.00	0.00	0.00	0.00	0.00	0.00	0.00	0.00
1000.00	160.00	0.00	0.00	0.00	60.00	100.00	0.00	120.00
1000.00	160.00	0.00	0.00	0.00	60.00	100.00	0.00	120.00
0.00	0.00	0.00	0.00	0.00	0.00	0.00	0.00	0.00
1900.00	3550.00	2670.00	880.00	0.00	0.00	0.00	0.00	4584.00
1900.00	3550.00	2670.00	880.00	0.00	0.00	0.00	0.00	4584.00
1475.00	0.00	0.00	0.00	0.00	0.00	0.00	0.00	0.00
1475.00	0.00	0.00	0.00	0.00	0.00	0.00	0.00	0.00
0.00	0.00	0.00	0.00	0.00	0.00	0.00	0.00	0.00
0.00	0.00	0.00	0.00	0.00	0.00	0.00	0.00	0.00

4.3 学校产权校舍

	合计	教学科研及辅助用房						
		计	教室	图书馆	实验室、实习场所	专用科研用房	体育馆	会堂
吉林广播电视大学伊通县管理站	10900.00	7000.00	5500.00	200.00	1000.00	0.00	0.00	300.00
独立使用	100.00	0.00	0.00	0.00	0.00	0.00	0.00	0.00
共同使用	10800.00	7000.00	5500.00	200.00	1000.00	0.00	0.00	300.00
吉林广播电视大学双辽工作站	863.00	703.00	631.00	12.00	60.00	0.00	0.00	0.00
独立使用	863.00	703.00	631.00	12.00	60.00	0.00	0.00	0.00
吉林广播电视大学延边分校	3350.00	3050.00	3000.00	50.00	0.00	0.00	0.00	0.00
独立使用	3350.00	3050.00	3000.00	50.00	0.00	0.00	0.00	0.00
吉林广播电视大学龙井市电大工作站	3582.00	1110.00	900.00	90.00	0.00	0.00	120.00	0.00
共同使用	3582.00	1110.00	900.00	90.00	0.00	0.00	120.00	0.00
吉林电大敦化分校	34100.00	29500.00	12200.00	400.00	11000.00	200.00	3000.00	2700.00
独立使用	4600.00	3800.00	2200.00	200.00	1000.00	100.00	0.00	300.00
共同使用	29500.00	25700.00	10000.00	200.00	10000.00	100.00	3000.00	2400.00
吉林广播电视大学汪清县电大工作站	590.00	440.00	80.00	240.00	0.00	0.00	0.00	120.00
共同使用	590.00	440.00	80.00	240.00	0.00	0.00	0.00	120.00
珲春电大	6022.00	4073.00	1412.00	110.00	2406.00	0.00	145.00	0.00
共同使用	6022.00	4073.00	1412.00	110.00	2406.00	0.00	145.00	0.00
吉林广播电视大学安图管理站	13583.64	11428.93	7208.12	120.25	3600.21	0.00	0.00	500.35
共同使用	13583.64	11428.93	7208.12	120.25	3600.21	0.00	0.00	500.35
吉林广播电视大学图们市电大工作站	2100.00	1300.00	500.00	300.00	100.00	100.00	300.00	0.00
共同使用	2100.00	1300.00	500.00	300.00	100.00	100.00	300.00	0.00
吉林广播电视大学和龙市管理站	5786.00	4374.00	720.00	54.00	300.00	0.00	3000.00	300.00
共同使用	5786.00	4374.00	720.00	54.00	300.00	0.00	3000.00	300.00
吉林电大通化分校	11436.00	4638.00	2312.00	1076.00	813.00	0.00	300.00	137.00
独立使用	11436.00	4638.00	2312.00	1076.00	813.00	0.00	300.00	137.00
吉林广播电视大学集安分校	1992.00	1010.00	660.00	200.00	0.00	0.00	0.00	150.00
独立使用	1992.00	1010.00	660.00	200.00	0.00	0.00	0.00	150.00
吉林广播电视大学柳河分校	2170.00	1670.00	1400.00	50.00	100.00	0.00	0.00	120.00
独立使用	1470.00	970.00	700.00	50.00	100.00	0.00	0.00	120.00
共同使用	700.00	700.00	700.00	0.00	0.00	0.00	0.00	0.00
吉林电大辽源分校	5425.00	3487.00	2097.00	308.00	1082.00	0.00	0.00	0.00
独立使用	5425.00	3487.00	2097.00	308.00	1082.00	0.00	0.00	0.00
东丰电大工作站	400.00	210.00	120.00	60.00	30.00	0.00	0.00	0.00
独立使用	400.00	210.00	120.00	60.00	30.00	0.00	0.00	0.00
吉林广播电视大学白山分校	2005.00	1195.00	935.00	260.00	0.00	0.00	0.00	0.00
独立使用	2005.00	1195.00	935.00	260.00	0.00	0.00	0.00	0.00
吉林广播电视大学抚松县电大工作站	670.00	0.00	0.00	0.00	0.00	0.00	0.00	0.00
独立使用	670.00	0.00	0.00	0.00	0.00	0.00	0.00	0.00

建筑面积(续表 23)

单位:平方米

行政办公用房	生活用房						教工住宅	其他用房
	计	学生宿舍(公寓)	学生食堂	教工宿舍(公寓)	教工食堂	生活福利及附属用房		
1100.00	2800.00	1500.00	1000.00	100.00	200.00	0.00	0.00	0.00
100.00	0.00	0.00	0.00	0.00	0.00	0.00	0.00	0.00
1000.00	2800.00	1500.00	1000.00	100.00	200.00	0.00	0.00	0.00
160.00	0.00	0.00	0.00	0.00	0.00	0.00	0.00	0.00
160.00	0.00	0.00	0.00	0.00	0.00	0.00	0.00	0.00
300.00	0.00	0.00	0.00	0.00	0.00	0.00	0.00	0.00
300.00	0.00	0.00	0.00	0.00	0.00	0.00	0.00	0.00
1311.00	1125.00	540.00	400.00	0.00	0.00	185.00	0.00	36.00
1311.00	1125.00	540.00	400.00	0.00	0.00	185.00	0.00	36.00
1300.00	3300.00	2500.00	800.00	0.00	0.00	0.00	0.00	0.00
300.00	500.00	500.00	0.00	0.00	0.00	0.00	0.00	0.00
1000.00	2800.00	2000.00	800.00	0.00	0.00	0.00	0.00	0.00
50.00	100.00	0.00	0.00	100.00	0.00	0.00	0.00	0.00
50.00	100.00	0.00	0.00	100.00	0.00	0.00	0.00	0.00
575.00	1374.00	1127.00	247.00	0.00	0.00	0.00	0.00	0.00
575.00	1374.00	1127.00	247.00	0.00	0.00	0.00	0.00	0.00
550.14	1604.57	1200.35	404.22	0.00	0.00	0.00	0.00	0.00
550.14	1604.57	1200.35	404.22	0.00	0.00	0.00	0.00	0.00
100.00	700.00	200.00	300.00	100.00	100.00	0.00	0.00	0.00
100.00	700.00	200.00	300.00	100.00	100.00	0.00	0.00	0.00
212.00	1200.00	950.00	250.00	0.00	0.00	0.00	0.00	0.00
212.00	1200.00	950.00	250.00	0.00	0.00	0.00	0.00	0.00
1224.00	5432.00	3609.00	1030.00	0.00	0.00	793.00	0.00	142.00
1224.00	5432.00	3609.00	1030.00	0.00	0.00	793.00	0.00	142.00
500.00	0.00	0.00	0.00	0.00	0.00	0.00	0.00	482.00
500.00	0.00	0.00	0.00	0.00	0.00	0.00	0.00	482.00
300.00	200.00	0.00	0.00	0.00	200.00	0.00	0.00	0.00
300.00	200.00	0.00	0.00	0.00	200.00	0.00	0.00	0.00
0.00	0.00	0.00	0.00	0.00	0.00	0.00	0.00	0.00
1938.00	0.00	0.00	0.00	0.00	0.00	0.00	0.00	0.00
1938.00	0.00	0.00	0.00	0.00	0.00	0.00	0.00	0.00
120.00	0.00	0.00	0.00	0.00	0.00	0.00	0.00	70.00
120.00	0.00	0.00	0.00	0.00	0.00	0.00	0.00	70.00
540.00	270.00	0.00	0.00	0.00	0.00	270.00	0.00	0.00
540.00	270.00	0.00	0.00	0.00	0.00	270.00	0.00	0.00
670.00	0.00	0.00	0.00	0.00	0.00	0.00	0.00	0.00
670.00	0.00	0.00	0.00	0.00	0.00	0.00	0.00	0.00

4.3 学校产权校舍

	合计	教学科研及辅助用房						
		计	教室	图书馆	实验室、实习场所	专用科研用房	体育馆	会堂
吉林广播电视大学长白县电大工作站	280.00	210.00	210.00	0.00	0.00	0.00	0.00	0.00
独立使用	70.00	0.00	0.00	0.00	0.00	0.00	0.00	0.00
共同使用	210.00	210.00	210.00	0.00	0.00	0.00	0.00	0.00
吉林广播电视大学临江市电大工作站	14.00	11.00	6.00	1.00	3.00	0.00	0.00	1.00
独立使用	9.00	6.00	6.00	0.00	0.00	0.00	0.00	0.00
共同使用	5.00	5.00	0.00	1.00	3.00	0.00	0.00	1.00
长白山中等职业技术学校	5766.00	3730.00	720.00	120.00	2320.00	360.00	0.00	210.00
独立使用	5766.00	3730.00	720.00	120.00	2320.00	360.00	0.00	210.00
吉林电大白城分校直属教学点	4063.00	2015.00	1480.00	111.00	424.00	0.00	0.00	0.00
独立使用	4063.00	2015.00	1480.00	111.00	424.00	0.00	0.00	0.00
大安电大工作站	1228.00	1138.00	150.00	300.00	400.00	0.00	0.00	288.00
独立使用	490.00	400.00	150.00	150.00	100.00	0.00	0.00	0.00
共同使用	738.00	738.00	0.00	150.00	300.00	0.00	0.00	288.00
洮南电大工作站	27124.00	2904.00	1200.00	101.00	1002.00	300.00	0.00	301.00
独立使用	24.00	4.00	0.00	1.00	2.00	0.00	0.00	1.00
共同使用	27100.00	2900.00	1200.00	100.00	1000.00	300.00	0.00	300.00
通榆电大工作站	9880.00	7580.00	860.00	80.00	5600.00	0.00	800.00	240.00
共同使用	9880.00	7580.00	860.00	80.00	5600.00	0.00	800.00	240.00
松原分校直属教学点	18630.00	6960.00	3850.00	130.00	350.00	0.00	0.00	2630.00
独立使用	18630.00	6960.00	3850.00	130.00	350.00	0.00	0.00	2630.00
吉林广播电视大学长岭县管理站	500.00	120.00	120.00	0.00	0.00	0.00	0.00	0.00
独立使用	500.00	120.00	120.00	0.00	0.00	0.00	0.00	0.00
吉林广播电视大学乾安管理站	400.00	170.00	140.00	30.00	0.00	0.00	0.00	0.00
独立使用	260.00	90.00	80.00	10.00	0.00	0.00	0.00	0.00
共同使用	140.00	80.00	60.00	20.00	0.00	0.00	0.00	0.00
扶余电大工作站	700.00	565.00	525.00	40.00	0.00	0.00	0.00	0.00
独立使用	700.00	565.00	525.00	40.00	0.00	0.00	0.00	0.00
长春市建筑职工业余大学	16788.00	10500.00	6940.00	480.00	2720.00	0.00	0.00	360.00
独立使用	16788.00	10500.00	6940.00	480.00	2720.00	0.00	0.00	360.00
长春	**252808.00**	**145824.00**	**85358.00**	**5378.00**	**34808.00**	**1794.00**	**17186.00**	**1300.00**
独立使用	108641.00	59414.00	47993.00	2964.00	7107.00	200.00	0.00	1150.00
共同使用	144167.00	86410.00	37365.00	2414.00	27701.00	1594.00	17186.00	150.00
长春广播电视大学直属	26750.00	13860.00	12320.00	360.00	680.00	200.00	0.00	300.00
独立使用	26750.00	13860.00	12320.00	360.00	680.00	200.00	0.00	300.00
长春电大榆树分校	16590.00	9693.00	8573.00	120.00	450.00	0.00	0.00	550.00
独立使用	16590.00	9693.00	8573.00	120.00	450.00	0.00	0.00	550.00
长春电大九台分校	8846.00	3266.00	2780.00	56.00	430.00	0.00	0.00	0.00

建筑面积（续表24）

单位：平方米

行政办公用房	生活用房						教工住宅	其他用房
	计	学生宿舍（公寓）	学生食堂	教工宿舍（公寓）	教工食堂	生活福利及附属用房		
70.00	0.00	0.00	0.00	0.00	0.00	0.00	0.00	0.00
70.00	0.00	0.00	0.00	0.00	0.00	0.00	0.00	0.00
0.00	0.00	0.00	0.00	0.00	0.00	0.00	0.00	0.00
3.00	0.00	0.00	0.00	0.00	0.00	0.00	0.00	0.00
3.00	0.00	0.00	0.00	0.00	0.00	0.00	0.00	0.00
0.00	0.00	0.00	0.00	0.00	0.00	0.00	0.00	0.00
720.00	1316.00	1026.00	180.00	50.00	60.00	0.00	0.00	0.00
720.00	1316.00	1026.00	180.00	50.00	60.00	0.00	0.00	0.00
758.00	1290.00	537.00	253.00	0.00	0.00	500.00	0.00	0.00
758.00	1290.00	537.00	253.00	0.00	0.00	500.00	0.00	0.00
90.00	0.00	0.00	0.00	0.00	0.00	0.00	0.00	0.00
90.00	0.00	0.00	0.00	0.00	0.00	0.00	0.00	0.00
0.00	0.00	0.00	0.00	0.00	0.00	0.00	0.00	0.00
3018.00	21202.00	10602.00	10000.00	600.00	0.00	0.00	0.00	0.00
18.00	2.00	2.00	0.00	0.00	0.00	0.00	0.00	0.00
3000.00	21200.00	10600.00	10000.00	600.00	0.00	0.00	0.00	0.00
2000.00	300.00	0.00	300.00	0.00	0.00	0.00	0.00	0.00
2000.00	300.00	0.00	300.00	0.00	0.00	0.00	0.00	0.00
2670.00	300.00	0.00	0.00	0.00	0.00	300.00	8700.00	0.00
2670.00	300.00	0.00	0.00	0.00	0.00	300.00	8700.00	0.00
380.00	0.00	0.00	0.00	0.00	0.00	0.00	0.00	0.00
380.00	0.00	0.00	0.00	0.00	0.00	0.00	0.00	0.00
230.00	0.00	0.00	0.00	0.00	0.00	0.00	0.00	0.00
170.00	0.00	0.00	0.00	0.00	0.00	0.00	0.00	0.00
60.00	0.00	0.00	0.00	0.00	0.00	0.00	0.00	0.00
135.00	0.00	0.00	0.00	0.00	0.00	0.00	0.00	0.00
135.00	0.00	0.00	0.00	0.00	0.00	0.00	0.00	0.00
3240.00	3048.00	2318.00	730.00	0.00	0.00	0.00	0.00	0.00
3240.00	3048.00	2318.00	730.00	0.00	0.00	0.00	0.00	0.00
35493.00	**71491.00**	**42568.00**	**14287.00**	**90.00**	**490.00**	**14056.00**	**0.00**	**0.00**
15453.00	33774.00	17609.00	8051.00	0.00	120.00	7994.00	0.00	0.00
20040.00	37717.00	24959.00	6236.00	90.00	370.00	6062.00	0.00	0.00
11553.00	1337.00	0.00	1217.00	0.00	120.00	0.00	0.00	0.00
11553.00	1337.00	0.00	1217.00	0.00	120.00	0.00	0.00	0.00
1200.00	5697.00	3293.00	2010.00	0.00	0.00	394.00	0.00	0.00
1200.00	5697.00	3293.00	2010.00	0.00	0.00	394.00	0.00	0.00
1120.00	4460.00	3140.00	550.00	90.00	310.00	370.00	0.00	0.00

4.3 学校产权校舍

	合计	教学科研及辅助用房						
		计	教室	图书馆	实验室、实习场所	专用科研用房	体育馆	会堂
共同使用	8846.00	3266.00	2780.00	56.00	430.00	0.00	0.00	0.00
德惠市职业技术学校	37000.00	18500.00	13500.00	1500.00	3500.00	0.00	0.00	0.00
独立使用	37000.00	18500.00	13500.00	1500.00	3500.00	0.00	0.00	0.00
长春电大双阳分校	12301.00	5861.00	3600.00	484.00	1477.00	0.00	0.00	300.00
独立使用	12301.00	5861.00	3600.00	484.00	1477.00	0.00	0.00	300.00
长春市一中专教学点	19482.00	14169.00	11026.00	703.00	450.00	1130.00	860.00	0.00
共同使用	19482.00	14169.00	11026.00	703.00	450.00	1130.00	860.00	0.00
机械工业学校教学点	79377.00	47329.00	6577.00	705.00	23721.00	0.00	16326.00	0.00
共同使用	79377.00	47329.00	6577.00	705.00	23721.00	0.00	16326.00	0.00
长春医药化工工业技工学校	8762.00	5346.00	3982.00	150.00	600.00	464.00	0.00	150.00
共同使用	8762.00	5346.00	3982.00	150.00	600.00	464.00	0.00	150.00
中铁十三局技师学院长光教学点	16000.00	11500.00	10000.00	500.00	1000.00	0.00	0.00	0.00
独立使用	16000.00	11500.00	10000.00	500.00	1000.00	0.00	0.00	0.00
长春职工大学	27700.00	16300.00	13000.00	800.00	2500.00	0.00	0.00	0.00
共同使用	27700.00	16300.00	13000.00	800.00	2500.00	0.00	0.00	0.00
黑龙江	**737452.50**	**386624.80**	**260342.38**	**20249.15**	**56714.84**	**2149.43**	**35285.00**	**11884.00**
独立使用	316549.50	156728.80	89185.38	7775.15	31025.84	1407.43	20272.00	7063.00
共同使用	420903.00	229896.00	171157.00	12474.00	25689.00	742.00	15013.00	4821.00
黑龙江广播电视大学	113778.00	43425.00	13660.00	1430.00	5000.00	335.00	19000.00	4000.00
独立使用	113778.00	43425.00	13660.00	1430.00	5000.00	335.00	19000.00	4000.00
齐齐哈尔广播电视大学	5330.00	2298.00	2298.00	0.00	0.00	0.00	0.00	0.00
独立使用	5330.00	2298.00	2298.00	0.00	0.00	0.00	0.00	0.00
黑龙江广播电视大学龙江分校	6710.00	3338.00	570.00	120.00	2348.00	0.00	0.00	300.00
共同使用	6710.00	3338.00	570.00	120.00	2348.00	0.00	0.00	300.00
黑龙江广播电视大学依安分校	970.00	760.00	400.00	0.00	120.00	0.00	0.00	240.00
共同使用	970.00	760.00	400.00	0.00	120.00	0.00	0.00	240.00
黑龙江广播电视大学克东分校	2900.00	2700.00	1800.00	200.00	700.00	0.00	0.00	0.00
独立使用	2900.00	2700.00	1800.00	200.00	700.00	0.00	0.00	0.00
黑龙江广播电视大学拜泉分校	330.00	330.00	330.00	0.00	0.00	0.00	0.00	0.00
独立使用	150.00	150.00	150.00	0.00	0.00	0.00	0.00	0.00
共同使用	180.00	180.00	180.00	0.00	0.00	0.00	0.00	0.00
黑龙江省广播电视大学齐市富区分校	4520.00	4520.00	4520.00	0.00	0.00	0.00	0.00	0.00
共同使用	4520.00	4520.00	4520.00	0.00	0.00	0.00	0.00	0.00
黑龙江广播电视大学碾子山分校	4821.00	3981.00	2736.00	0.00	1245.00	0.00	0.00	0.00
独立使用	1021.00	981.00	736.00	0.00	245.00	0.00	0.00	0.00
共同使用	3800.00	3000.00	2000.00	0.00	1000.00	0.00	0.00	0.00
黑龙江广播电视大学穆棱分校	150.00	150.00	150.00	0.00	0.00	0.00	0.00	0.00

建筑面积(续表25)

单位:平方米

行政办公用房	生活用房						教工住宅	其他用房
	计	学生宿舍（公寓）	学生食堂	教工宿舍（公寓）	教工食堂	生活福利及附属用房		
1120.00	4460.00	3140.00	550.00	90.00	310.00	370.00	0.00	0.00
900.00	17600.00	7000.00	3000.00	0.00	0.00	7600.00	0.00	0.00
900.00	17600.00	7000.00	3000.00	0.00	0.00	7600.00	0.00	0.00
1800.00	4640.00	3316.00	1324.00	0.00	0.00	0.00	0.00	0.00
1800.00	4640.00	3316.00	1324.00	0.00	0.00	0.00	0.00	0.00
4077.00	1236.00	1236.00	0.00	0.00	0.00	0.00	0.00	0.00
4077.00	1236.00	1236.00	0.00	0.00	0.00	0.00	0.00	0.00
4614.00	27434.00	18622.00	4705.00	0.00	0.00	4107.00	0.00	0.00
4614.00	27434.00	18622.00	4705.00	0.00	0.00	4107.00	0.00	0.00
229.00	3187.00	1961.00	981.00	0.00	60.00	185.00	0.00	0.00
229.00	3187.00	1961.00	981.00	0.00	60.00	185.00	0.00	0.00
0.00	4500.00	4000.00	500.00	0.00	0.00	0.00	0.00	0.00
0.00	4500.00	4000.00	500.00	0.00	0.00	0.00	0.00	0.00
10000.00	1400.00	0.00	0.00	0.00	0.00	1400.00	0.00	0.00
10000.00	1400.00	0.00	0.00	0.00	0.00	1400.00	0.00	0.00
66099.79	**207357.16**	**149085.66**	**33179.00**	**1253.00**	**1785.50**	**22054.00**	**72501.00**	**4869.75**
43502.79	75027.16	42705.66	15373.00	203.00	467.50	16278.00	36491.00	4799.75
22597.00	132330.00	106380.00	17806.00	1050.00	1318.00	5776.00	36010.00	70.00
17977.00	18824.00	8692.00	2771.00	0.00	0.00	7361.00	33552.00	0.00
17977.00	18824.00	8692.00	2771.00	0.00	0.00	7361.00	33552.00	0.00
3032.00	0.00	0.00	0.00	0.00	0.00	0.00	0.00	0.00
3032.00	0.00	0.00	0.00	0.00	0.00	0.00	0.00	0.00
60.00	3312.00	1709.00	1523.00	0.00	80.00	0.00	0.00	0.00
60.00	3312.00	1709.00	1523.00	0.00	80.00	0.00	0.00	0.00
210.00	0.00	0.00	0.00	0.00	0.00	0.00	0.00	0.00
210.00	0.00	0.00	0.00	0.00	0.00	0.00	0.00	0.00
200.00	0.00	0.00	0.00	0.00	0.00	0.00	0.00	0.00
200.00	0.00	0.00	0.00	0.00	0.00	0.00	0.00	0.00
0.00	0.00	0.00	0.00	0.00	0.00	0.00	0.00	0.00
0.00	0.00	0.00	0.00	0.00	0.00	0.00	0.00	0.00
0.00	0.00	0.00	0.00	0.00	0.00	0.00	0.00	0.00
0.00	0.00	0.00	0.00	0.00	0.00	0.00	0.00	0.00
0.00	0.00	0.00	0.00	0.00	0.00	0.00	0.00	0.00
0.00	840.00	0.00	0.00	0.00	0.00	840.00	0.00	0.00
0.00	40.00	0.00	0.00	0.00	0.00	40.00	0.00	0.00
0.00	800.00	0.00	0.00	0.00	0.00	800.00	0.00	0.00
0.00	0.00	0.00	0.00	0.00	0.00	0.00	0.00	0.00

4.3 学校产权校舍

	合计	教学科研及辅助用房						
		计	教室	图书馆	实验室、实习场所	专用科研用房	体育馆	会堂
独立使用	150.00	150.00	150.00	0.00	0.00	0.00	0.00	0.00
林口分校	23.00	9.00	3.00	1.00	1.00	1.00	1.00	2.00
独立使用	23.00	9.00	3.00	1.00	1.00	1.00	1.00	2.00
佳木斯广播电视大学	15017.00	10178.00	7068.00	560.00	1660.00	0.00	0.00	890.00
独立使用	15017.00	10178.00	7068.00	560.00	1660.00	0.00	0.00	890.00
黑龙江广播电视大学富锦分校	5470.00	3550.00	1150.00	1000.00	300.00	400.00	600.00	100.00
独立使用	2210.00	1200.00	0.00	500.00	150.00	200.00	300.00	50.00
共同使用	3260.00	2350.00	1150.00	500.00	150.00	200.00	300.00	50.00
绥化广播电视大学	4500.00	3980.00	3000.00	120.00	240.00	0.00	0.00	620.00
独立使用	4500.00	3980.00	3000.00	120.00	240.00	0.00	0.00	620.00
黑龙 江广播电视大学肇东分校	12400.00	10000.00	9000.00	200.00	200.00	200.00	200.00	200.00
独立使用	12400.00	10000.00	9000.00	200.00	200.00	200.00	200.00	200.00
黑龙江广播电视大学望奎分校	730.00	530.00	300.00	80.00	50.00	0.00	0.00	100.00
独立使用	730.00	530.00	300.00	80.00	50.00	0.00	0.00	100.00
黑龙江广播电视大学海伦分校	3600.00	650.00	420.00	26.00	0.00	0.00	0.00	204.00
独立使用	3600.00	650.00	420.00	26.00	0.00	0.00	0.00	204.00
黑龙江广播电视大学庆安分校	19000.00	14300.00	3800.00	200.00	3000.00	0.00	7000.00	300.00
共同使用	19000.00	14300.00	3800.00	200.00	3000.00	0.00	7000.00	300.00
黑龙江广播电视大学明水分校	4700.00	4500.00	2600.00	200.00	1000.00	200.00	500.00	0.00
独立使用	1000.00	800.00	600.00	100.00	0.00	100.00	0.00	0.00
共同使用	3700.00	3700.00	2000.00	100.00	1000.00	100.00	500.00	0.00
绥棱分校	16477.00	8877.00	4000.00	0.00	4877.00	0.00	0.00	0.00
独立使用	16477.00	8877.00	4000.00	0.00	4877.00	0.00	0.00	0.00
黑龙江广播电视大学兰西分校	1500.00	1000.00	750.00	150.00	100.00	0.00	0.00	0.00
独立使用	1500.00	1000.00	750.00	150.00	100.00	0.00	0.00	0.00
黑龙江广播电视大学青冈分校	995.00	324.00	204.00	60.00	60.00	0.00	0.00	0.00
共同使用	995.00	324.00	204.00	60.00	60.00	0.00	0.00	0.00
黑龙江广播电视大学安达分校	4500.00	2500.00	2300.00	100.00	0.00	0.00	0.00	100.00
独立使用	4500.00	2500.00	2300.00	100.00	0.00	0.00	0.00	100.00
黑河广播电视大学	243621.00	119600.00	99739.00	6893.00	9723.00	242.00	1170.00	1833.00
共同使用	243621.00	119600.00	99739.00	6893.00	9723.00	242.00	1170.00	1833.00
黑龙江广播电视大学嫩江分校	10070.00	7350.00	3280.00	280.00	3320.00	0.00	470.00	0.00
独立使用	10070.00	7350.00	3280.00	280.00	3320.00	0.00	470.00	0.00
黑龙江广播电视大学孙吴分校	2586.00	1326.00	888.00	216.00	222.00	0.00	0.00	0.00
共同使用	2586.00	1326.00	888.00	216.00	222.00	0.00	0.00	0.00
黑龙江广播电视大学五大连池分校	1350.00	1050.00	650.00	100.00	300.00	0.00	0.00	0.00
独立使用	1350.00	1050.00	650.00	100.00	300.00	0.00	0.00	0.00

建筑面积(续表26)

单位:平方米

行政办公用房	生活用房						教工住宅	其他用房
	计	学生宿舍（公寓）	学生食堂	教工宿舍（公寓）	教工食堂	生活福利及附属用房		
0.00	0.00	0.00	0.00	0.00	0.00	0.00	0.00	0.00
11.00	3.00	0.00	0.00	1.00	1.00	1.00	0.00	0.00
11.00	3.00	0.00	0.00	1.00	1.00	1.00	0.00	0.00
1440.00	3220.00	1720.00	828.00	0.00	0.00	672.00	179.00	0.00
1440.00	3220.00	1720.00	828.00	0.00	0.00	672.00	179.00	0.00
300.00	1500.00	800.00	200.00	200.00	200.00	100.00	20.00	100.00
150.00	800.00	400.00	100.00	150.00	100.00	50.00	10.00	50.00
150.00	700.00	400.00	100.00	50.00	100.00	50.00	10.00	50.00
520.00	0.00	0.00	0.00	0.00	0.00	0.00	0.00	0.00
520.00	0.00	0.00	0.00	0.00	0.00	0.00	0.00	0.00
200.00	700.00	500.00	200.00	0.00	0.00	0.00	0.00	1500.00
200.00	700.00	500.00	200.00	0.00	0.00	0.00	0.00	1500.00
200.00	0.00	0.00	0.00	0.00	0.00	0.00	0.00	0.00
200.00	0.00	0.00	0.00	0.00	0.00	0.00	0.00	0.00
1350.00	1600.00	900.00	700.00	0.00	0.00	0.00	0.00	0.00
1350.00	1600.00	900.00	700.00	0.00	0.00	0.00	0.00	0.00
1000.00	3700.00	2500.00	1000.00	0.00	200.00	0.00	0.00	0.00
1000.00	3700.00	2500.00	1000.00	0.00	200.00	0.00	0.00	0.00
200.00	0.00	0.00	0.00	0.00	0.00	0.00	0.00	0.00
200.00	0.00	0.00	0.00	0.00	0.00	0.00	0.00	0.00
0.00	0.00	0.00	0.00	0.00	0.00	0.00	0.00	0.00
5600.00	2000.00	1300.00	700.00	0.00	0.00	0.00	0.00	0.00
5600.00	2000.00	1300.00	700.00	0.00	0.00	0.00	0.00	0.00
500.00	0.00	0.00	0.00	0.00	0.00	0.00	0.00	0.00
500.00	0.00	0.00	0.00	0.00	0.00	0.00	0.00	0.00
671.00	0.00	0.00	0.00	0.00	0.00	0.00	0.00	0.00
671.00	0.00	0.00	0.00	0.00	0.00	0.00	0.00	0.00
2000.00	0.00	0.00	0.00	0.00	0.00	0.00	0.00	0.00
2000.00	0.00	0.00	0.00	0.00	0.00	0.00	0.00	0.00
6020.00	82001.00	69954.00	8163.00	440.00	138.00	3306.00	36000.00	0.00
6020.00	82001.00	69954.00	8163.00	440.00	138.00	3306.00	36000.00	0.00
1680.00	1040.00	0.00	480.00	0.00	0.00	560.00	0.00	0.00
1680.00	1040.00	0.00	480.00	0.00	0.00	560.00	0.00	0.00
240.00	1020.00	0.00	300.00	0.00	0.00	720.00	0.00	0.00
240.00	1020.00	0.00	300.00	0.00	0.00	720.00	0.00	0.00
300.00	0.00	0.00	0.00	0.00	0.00	0.00	0.00	0.00
300.00	0.00	0.00	0.00	0.00	0.00	0.00	0.00	0.00

4.3 学校产权校舍

	合计	教学科研及辅助用房						
		计	教室	图书馆	实验室、实习场所	专用科研用房	体育馆	会堂
大兴安岭广播电视大学	27.00	26.00	15.00	2.00	5.00	0.00	2.00	2.00
独立使用	22.00	21.00	13.00	1.00	5.00	0.00	1.00	1.00
共同使用	5.00	5.00	2.00	1.00	0.00	0.00	1.00	1.00
伊春市广播电视大学	6965.98	1991.72	1171.43	142.86	506.00	171.43	0.00	0.00
独立使用	6965.98	1991.72	1171.43	142.86	506.00	171.43	0.00	0.00
铁力分校	7400.00	4200.00	3000.00	150.00	850.00	0.00	0.00	200.00
独立使用	100.00	0.00	0.00	0.00	0.00	0.00	0.00	0.00
共同使用	7300.00	4200.00	3000.00	150.00	850.00	0.00	0.00	200.00
杜蒙分校	12072.00	7898.00	1080.00	105.00	6713.00	0.00	0.00	0.00
独立使用	10992.00	6818.00	0.00	105.00	6713.00	0.00	0.00	0.00
共同使用	1080.00	1080.00	1080.00	0.00	0.00	0.00	0.00	0.00
鸡西广播电视大学	43227.00	25822.00	20170.00	2452.00	3200.00	0.00	0.00	0.00
独立使用	43127.00	25722.00	20070.00	2452.00	3200.00	0.00	0.00	0.00
共同使用	100.00	100.00	100.00	0.00	0.00	0.00	0.00	0.00
鹤岗广播电视大学	5155.00	2056.00	1506.00	236.00	314.00	0.00	0.00	0.00
独立使用	5155.00	2056.00	1506.00	236.00	314.00	0.00	0.00	0.00
双鸭山广播电视大学	4300.00	3300.00	3300.00	0.00	0.00	0.00	0.00	0.00
独立使用	4300.00	3300.00	3300.00	0.00	0.00	0.00	0.00	0.00
黑龙江省广播电视大学 饶河分校	9800.00	6700.00	5700.00	100.00	600.00	0.00	0.00	300.00
独立使用	9800.00	6700.00	5700.00	100.00	600.00	0.00	0.00	300.00
黑龙江广播电视大学集贤电大	1300.00	1000.00	760.00	0.00	240.00	0.00	0.00	0.00
独立使用	1300.00	1000.00	760.00	0.00	240.00	0.00	0.00	0.00
七台河广播电视大学	64317.00	41369.00	37829.00	1140.00	1800.00	0.00	600.00	0.00
独立使用	20848.00	0.00	0.00	0.00	0.00	0.00	0.00	0.00
共同使用	43469.00	41369.00	37829.00	1140.00	1800.00	0.00	600.00	0.00
黑龙江省农垦广播电视大学	34994.00	12950.00	3775.00	2435.00	2040.00	0.00	3500.00	1200.00
共同使用	34994.00	12950.00	3775.00	2435.00	2040.00	0.00	3500.00	1200.00
黑龙江广播电视大学宝泉岭分校	18300.00	10000.00	7500.00	500.00	2000.00	0.00	0.00	0.00
独立使用	8400.00	7000.00	4500.00	500.00	2000.00	0.00	0.00	0.00
共同使用	9900.00	3000.00	3000.00	0.00	0.00	0.00	0.00	0.00
黑龙江广播电视大学红兴隆分局电大	19322.00	5942.00	2000.00	200.00	2000.00	0.00	1742.00	0.00
共同使用	19322.00	5942.00	2000.00	200.00	2000.00	0.00	1742.00	0.00
黑龙江广播电视大学九三农管局分校	1527.00	513.00	252.00	36.00	128.00	0.00	0.00	97.00
共同使用	1527.00	513.00	252.00	36.00	128.00	0.00	0.00	97.00
黑龙江广播电视大学牡丹江农管局分校	7411.00	2211.00	1767.00	100.00	344.00	0.00	0.00	0.00
共同使用	7411.00	2211.00	1767.00	100.00	344.00	0.00	0.00	0.00
绥化农垦电大分校	2000.00	2000.00	2000.00	0.00	0.00	0.00	0.00	0.00

建筑面积(续表27)

单位:平方米

行政办公用房	生活用房						教工住宅	其他用房
	计	学生宿舍(公寓)	学生食堂	教工宿舍(公寓)	教工食堂	生活福利及附属用房		
1.00	0.00	0.00	0.00	0.00	0.00	0.00	0.00	0.00
1.00	0.00	0.00	0.00	0.00	0.00	0.00	0.00	0.00
0.00	0.00	0.00	0.00	0.00	0.00	0.00	0.00	0.00
514.30	2200.00	1500.00	500.00	0.00	0.00	200.00	0.00	2259.96
514.30	2200.00	1500.00	500.00	0.00	0.00	200.00	0.00	2259.96
200.00	3000.00	2500.00	400.00	100.00	0.00	0.00	0.00	0.00
100.00	0.00	0.00	0.00	0.00	0.00	0.00	0.00	0.00
100.00	3000.00	2500.00	400.00	100.00	0.00	0.00	0.00	0.00
54.00	4120.00	3720.00	280.00	0.00	120.00	0.00	0.00	0.00
54.00	4120.00	3720.00	280.00	0.00	120.00	0.00	0.00	0.00
0.00	0.00	0.00	0.00	0.00	0.00	0.00	0.00	0.00
2870.00	11785.00	5631.00	1440.00	0.00	0.00	4714.00	2750.00	0.00
2870.00	11785.00	5631.00	1440.00	0.00	0.00	4714.00	2750.00	0.00
0.00	0.00	0.00	0.00	0.00	0.00	0.00	0.00	0.00
1051.00	2048.00	0.00	96.00	52.00	0.00	1900.00	0.00	0.00
1051.00	2048.00	0.00	96.00	52.00	0.00	1900.00	0.00	0.00
1000.00	0.00	0.00	0.00	0.00	0.00	0.00	0.00	0.00
1000.00	0.00	0.00	0.00	0.00	0.00	0.00	0.00	0.00
500.00	2600.00	2000.00	600.00	0.00	0.00	0.00	0.00	0.00
500.00	2600.00	2000.00	600.00	0.00	0.00	0.00	0.00	0.00
300.00	0.00	0.00	0.00	0.00	0.00	0.00	0.00	0.00
300.00	0.00	0.00	0.00	0.00	0.00	0.00	0.00	0.00
2100.00	20848.00	13990.00	6378.00	0.00	0.00	480.00	0.00	0.00
0.00	20848.00	13990.00	6378.00	0.00	0.00	480.00	0.00	0.00
2100.00	0.00	0.00	0.00	0.00	0.00	0.00	0.00	0.00
3480.00	18564.00	13704.00	3500.00	160.00	300.00	900.00	0.00	0.00
3480.00	18564.00	13704.00	3500.00	160.00	300.00	900.00	0.00	0.00
1100.00	7200.00	6000.00	600.00	300.00	0.00	300.00	0.00	0.00
1100.00	300.00	0.00	0.00	0.00	0.00	300.00	0.00	0.00
0.00	6900.00	6000.00	600.00	300.00	0.00	0.00	0.00	0.00
6200.00	7180.00	5980.00	1200.00	0.00	0.00	0.00	0.00	0.00
6200.00	7180.00	5980.00	1200.00	0.00	0.00	0.00	0.00	0.00
525.00	489.00	269.00	220.00	0.00	0.00	0.00	0.00	0.00
525.00	489.00	269.00	220.00	0.00	0.00	0.00	0.00	0.00
1500.00	3700.00	3200.00	500.00	0.00	0.00	0.00	0.00	0.00
1500.00	3700.00	3200.00	500.00	0.00	0.00	0.00	0.00	0.00
0.00	0.00	0.00	0.00	0.00	0.00	0.00	0.00	0.00

	合计	教学科研及辅助用房						
		计	教室	图书馆	实验室、实习场所	专用科研用房	体育馆	会堂
共同使用	2000.00	2000.00	2000.00	0.00	0.00	0.00	0.00	0.00
黑龙江农垦广播电视大学齐齐哈尔分校	951.00	527.00	300.00	123.00	104.00	0.00	0.00	0.00
共同使用	951.00	527.00	300.00	123.00	104.00	0.00	0.00	0.00
佳木斯农垦电大分校	6800.00	5100.00	1200.00	500.00	1200.00	600.00	500.00	1100.00
独立使用	3300.00	2500.00	600.00	300.00	400.00	400.00	300.00	500.00
共同使用	3500.00	2600.00	600.00	200.00	800.00	200.00	200.00	600.00
牡丹江林管局广播电视大学	4688.52	1140.08	747.95	91.29	204.84	0.00	0.00	96.00
独立使用	4688.52	1140.08	747.95	91.29	204.84	0.00	0.00	96.00
黑龙江广播电视大学山河屯林业局分校	2.00	1.00	1.00	0.00	0.00	0.00	0.00	0.00
独立使用	2.00	1.00	1.00	0.00	0.00	0.00	0.00	0.00
黑龙江广播电视大学沾河林业局分校	840.00	650.00	650.00	0.00	0.00	0.00	0.00	0.00
独立使用	840.00	650.00	650.00	0.00	0.00	0.00	0.00	0.00
黑龙江广播电视大学亚布力林业局分校	4.00	2.00	2.00	0.00	0.00	0.00	0.00	0.00
独立使用	3.00	1.00	1.00	0.00	0.00	0.00	0.00	0.00
共同使用	1.00	1.00	1.00	0.00	0.00	0.00	0.00	0.00
黑龙江广播电视通北林业局分校	1.00	0.00	0.00	0.00	0.00	0.00	0.00	0.00
共同使用	1.00	0.00	0.00	0.00	0.00	0.00	0.00	0.00
哈尔滨	**81729.00**	**46307.00**	**31111.00**	**2298.00**	**5310.00**	**930.00**	**4810.00**	**1848.00**
独立使用	78639.00	44527.00	30091.00	1998.00	5130.00	750.00	4810.00	1748.00
共同使用	3090.00	1780.00	1020.00	300.00	180.00	180.00	0.00	100.00
哈尔滨广播电视大学校本部	12767.00	6720.00	4180.00	190.00	890.00	0.00	1460.00	0.00
独立使用	12767.00	6720.00	4180.00	190.00	890.00	0.00	1460.00	0.00
阿城电大	750.00	560.00	500.00	60.00	0.00	0.00	0.00	0.00
独立使用	750.00	560.00	500.00	60.00	0.00	0.00	0.00	0.00
呼兰电大	400.00	280.00	180.00	0.00	100.00	0.00	0.00	0.00
独立使用	400.00	280.00	180.00	0.00	100.00	0.00	0.00	0.00
宾县电大	1800.00	1450.00	750.00	100.00	200.00	200.00	100.00	100.00
独立使用	1800.00	1450.00	750.00	100.00	200.00	200.00	100.00	100.00
方正电大分校	1800.00	1300.00	800.00	500.00	0.00	0.00	0.00	0.00
独立使用	1800.00	1300.00	800.00	500.00	0.00	0.00	0.00	0.00
依兰电大	929.00	632.00	574.00	18.00	40.00	0.00	0.00	0.00
独立使用	929.00	632.00	574.00	18.00	40.00	0.00	0.00	0.00
双城电大分校	8490.00	5030.00	1200.00	200.00	3000.00	0.00	0.00	630.00
独立使用	8490.00	5030.00	1200.00	200.00	3000.00	0.00	0.00	630.00
通河电大	1700.00	900.00	500.00	100.00	100.00	100.00	0.00	100.00
独立使用	500.00	500.00	500.00	0.00	0.00	0.00	0.00	0.00
共同使用	1200.00	400.00	0.00	100.00	100.00	100.00	0.00	100.00

建筑面积(续表28)

单位:平方米

行政办公用房	生活用房						教工住宅	其他用房
	计	学生宿舍(公寓)	学生食堂	教工宿舍(公寓)	教工食堂	生活福利及附属用房		
0.00	0.00	0.00	0.00	0.00	0.00	0.00	0.00	0.00
140.00	264.00	164.00	100.00	0.00	0.00	0.00	0.00	20.00
140.00	264.00	164.00	100.00	0.00	0.00	0.00	0.00	20.00
500.00	1200.00	0.00	500.00	0.00	700.00	0.00	0.00	0.00
300.00	500.00	0.00	300.00	0.00	200.00	0.00	0.00	0.00
200.00	700.00	0.00	200.00	0.00	500.00	0.00	0.00	0.00
209.49	2399.16	2352.66	0.00	0.00	46.50	0.00	0.00	939.79
209.49	2399.16	2352.66	0.00	0.00	46.50	0.00	0.00	939.79
1.00	0.00	0.00	0.00	0.00	0.00	0.00	0.00	0.00
1.00	0.00	0.00	0.00	0.00	0.00	0.00	0.00	0.00
140.00	0.00	0.00	0.00	0.00	0.00	0.00	0.00	50.00
140.00	0.00	0.00	0.00	0.00	0.00	0.00	0.00	50.00
2.00	0.00	0.00	0.00	0.00	0.00	0.00	0.00	0.00
2.00	0.00	0.00	0.00	0.00	0.00	0.00	0.00	0.00
0.00	0.00	0.00	0.00	0.00	0.00	0.00	0.00	0.00
1.00	0.00	0.00	0.00	0.00	0.00	0.00	0.00	0.00
1.00	0.00	0.00	0.00	0.00	0.00	0.00	0.00	0.00
8727.00	**24945.00**	**11600.00**	**6458.00**	**2710.00**	**1635.00**	**2542.00**	**0.00**	**1750.00**
8137.00	24225.00	11600.00	6258.00	2490.00	1435.00	2442.00	0.00	1750.00
590.00	720.00	0.00	200.00	220.00	200.00	100.00	0.00	0.00
1905.00	4142.00	1485.00	400.00	90.00	305.00	1862.00	0.00	0.00
1905.00	4142.00	1485.00	400.00	90.00	305.00	1862.00	0.00	0.00
190.00	0.00	0.00	0.00	0.00	0.00	0.00	0.00	0.00
190.00	0.00	0.00	0.00	0.00	0.00	0.00	0.00	0.00
120.00	0.00	0.00	0.00	0.00	0.00	0.00	0.00	0.00
120.00	0.00	0.00	0.00	0.00	0.00	0.00	0.00	0.00
200.00	0.00	0.00	0.00	0.00	0.00	0.00	0.00	150.00
200.00	0.00	0.00	0.00	0.00	0.00	0.00	0.00	150.00
500.00	0.00	0.00	0.00	0.00	0.00	0.00	0.00	0.00
500.00	0.00	0.00	0.00	0.00	0.00	0.00	0.00	0.00
297.00	0.00	0.00	0.00	0.00	0.00	0.00	0.00	0.00
297.00	0.00	0.00	0.00	0.00	0.00	0.00	0.00	0.00
180.00	3280.00	3000.00	200.00	0.00	0.00	80.00	0.00	0.00
180.00	3280.00	3000.00	200.00	0.00	0.00	80.00	0.00	0.00
200.00	600.00	0.00	200.00	100.00	200.00	100.00	0.00	0.00
0.00	0.00	0.00	0.00	0.00	0.00	0.00	0.00	0.00
200.00	600.00	0.00	200.00	100.00	200.00	100.00	0.00	0.00

4.3 学校产权校舍

	合计	教学科研及辅助用房						
		计	教室	图书馆	实验室、实习场所	专用科研用房	体育馆	会堂
木兰电大	990.00	260.00	192.00	20.00	0.00	0.00	0.00	48.00
独立使用	990.00	260.00	192.00	20.00	0.00	0.00	0.00	48.00
延寿电大	920.00	520.00	300.00	100.00	120.00	0.00	0.00	0.00
独立使用	920.00	520.00	300.00	100.00	120.00	0.00	0.00	0.00
巴彦电大	980.00	880.00	780.00	0.00	0.00	100.00	0.00	0.00
独立使用	980.00	880.00	780.00	0.00	0.00	100.00	0.00	0.00
五常电大	3780.00	2280.00	2000.00	30.00	100.00	50.00	50.00	50.00
独立使用	3780.00	2280.00	2000.00	30.00	100.00	50.00	50.00	50.00
尚志电大	1730.00	1020.00	720.00	80.00	60.00	40.00	0.00	120.00
独立使用	1730.00	1020.00	720.00	80.00	60.00	40.00	0.00	120.00
黑龙江科技职业学校	9000.00	3000.00	1000.00	300.00	200.00	0.00	1000.00	500.00
独立使用	9000.00	3000.00	1000.00	300.00	200.00	0.00	1000.00	500.00
哈尔滨电大直属道里区分校	350.00	280.00	280.00	0.00	0.00	0.00	0.00	0.00
独立使用	350.00	280.00	280.00	0.00	0.00	0.00	0.00	0.00
新星分校	5273.00	3315.00	3315.00	0.00	0.00	0.00	0.00	0.00
独立使用	5273.00	3315.00	3315.00	0.00	0.00	0.00	0.00	0.00
哈尔滨工业美术设计学校	28000.00	16500.00	12820.00	400.00	420.00	360.00	2200.00	300.00
独立使用	28000.00	16500.00	12820.00	400.00	420.00	360.00	2200.00	300.00
哈铁建工程技工学校	2070.00	1380.00	1020.00	200.00	80.00	80.00	0.00	0.00
独立使用	180.00	0.00	0.00	0.00	0.00	0.00	0.00	0.00
共同使用	1890.00	1380.00	1020.00	200.00	80.00	80.00	0.00	0.00
上海	**196072.96**	**121557.07**	**76374.51**	**12450.13**	**22855.13**	**400.00**	**5181.00**	**4296.30**
独立使用	108269.33	64164.16	46119.16	6553.00	5235.00	300.00	3352.00	2605.00
共同使用	87803.63	57392.91	30255.35	5897.13	17620.13	100.00	1829.00	1691.30
上海开放大学闵行二分校	3530.00	2630.00	2200.00	60.00	250.00	0.00	0.00	120.00
独立使用	3530.00	2630.00	2200.00	60.00	250.00	0.00	0.00	120.00
上海开放大学浦东东校	8721.00	5003.00	4503.00	50.00	50.00	0.00	200.00	200.00
独立使用	8721.00	5003.00	4503.00	50.00	50.00	0.00	200.00	200.00
上海开放大学金山分校	13860.00	5518.00	5248.00	40.00	230.00	0.00	0.00	0.00
独立使用	6680.00	1906.00	1906.00	0.00	0.00	0.00	0.00	0.00
共同使用	7180.00	3612.00	3342.00	40.00	230.00	0.00	0.00	0.00
上海开放大学松江分校	7406.00	6800.00	6500.00	0.00	100.00	200.00	0.00	0.00
独立使用	7406.00	6800.00	6500.00	0.00	100.00	200.00	0.00	0.00
上海开放大学青浦分校	21990.00	18750.00	9500.00	8350.00	700.00	200.00	0.00	0.00
独立使用	12050.00	10250.00	4800.00	4850.00	500.00	100.00	0.00	0.00
共同使用	9940.00	8500.00	4700.00	3500.00	200.00	100.00	0.00	0.00
上海开放大学崇明分校	9406.00	6280.00	5580.00	200.00	500.00	0.00	0.00	0.00

建筑面积(续表29)

单位:平方米

行政办公用房	生活用房						教工住宅	其他用房
	计	学生宿舍（公寓）	学生食堂	教工宿舍（公寓）	教工食堂	生活福利及附属用房		
330.00	0.00	0.00	0.00	0.00	0.00	0.00	0.00	400.00
330.00	0.00	0.00	0.00	0.00	0.00	0.00	0.00	400.00
400.00	0.00	0.00	0.00	0.00	0.00	0.00	0.00	0.00
400.00	0.00	0.00	0.00	0.00	0.00	0.00	0.00	0.00
100.00	0.00	0.00	0.00	0.00	0.00	0.00	0.00	0.00
100.00	0.00	0.00	0.00	0.00	0.00	0.00	0.00	0.00
1500.00	0.00	0.00	0.00	0.00	0.00	0.00	0.00	0.00
1500.00	0.00	0.00	0.00	0.00	0.00	0.00	0.00	0.00
180.00	330.00	0.00	0.00	0.00	330.00	0.00	0.00	200.00
180.00	330.00	0.00	0.00	0.00	330.00	0.00	0.00	200.00
1500.00	3500.00	1800.00	600.00	200.00	600.00	300.00	0.00	1000.00
1500.00	3500.00	1800.00	600.00	200.00	600.00	300.00	0.00	1000.00
70.00	0.00	0.00	0.00	0.00	0.00	0.00	0.00	0.00
70.00	0.00	0.00	0.00	0.00	0.00	0.00	0.00	0.00
285.00	1673.00	1115.00	558.00	0.00	0.00	0.00	0.00	0.00
285.00	1673.00	1115.00	558.00	0.00	0.00	0.00	0.00	0.00
200.00	11300.00	4200.00	4500.00	2200.00	200.00	200.00	0.00	0.00
200.00	11300.00	4200.00	4500.00	2200.00	200.00	200.00	0.00	0.00
570.00	120.00	0.00	0.00	120.00	0.00	0.00	0.00	0.00
180.00	0.00	0.00	0.00	0.00	0.00	0.00	0.00	0.00
390.00	120.00	0.00	0.00	120.00	0.00	0.00	0.00	0.00
24214.61	**45566.28**	**12283.00**	**6152.00**	**1046.00**	**952.00**	**25133.28**	**0.00**	**4735.00**
13495.67	25974.50	7570.00	2330.00	846.00	852.00	14376.50	0.00	4635.00
10718.94	19591.78	4713.00	3822.00	200.00	100.00	10756.78	0.00	100.00
620.00	280.00	0.00	0.00	0.00	0.00	280.00	0.00	0.00
620.00	280.00	0.00	0.00	0.00	0.00	280.00	0.00	0.00
1000.00	1218.00	573.00	0.00	0.00	445.00	200.00	0.00	1500.00
1000.00	1218.00	573.00	0.00	0.00	445.00	200.00	0.00	1500.00
2819.00	2388.00	0.00	0.00	0.00	0.00	2388.00	0.00	3135.00
1639.00	0.00	0.00	0.00	0.00	0.00	0.00	0.00	3135.00
1180.00	2388.00	0.00	0.00	0.00	0.00	2388.00	0.00	0.00
606.00	0.00	0.00	0.00	0.00	0.00	0.00	0.00	0.00
606.00	0.00	0.00	0.00	0.00	0.00	0.00	0.00	0.00
2140.00	1000.00	500.00	200.00	200.00	100.00	0.00	0.00	100.00
1800.00	0.00	0.00	0.00	0.00	0.00	0.00	0.00	0.00
340.00	1000.00	500.00	200.00	200.00	100.00	0.00	0.00	100.00
1100.00	2026.00	650.00	280.00	846.00	0.00	250.00	0.00	0.00

4.3 学校产权校舍

	合计	教学科研及辅助用房						
		计	教室	图书馆	实验室、实习场所	专用科研用房	体育馆	会堂
独立使用	9406.00	6280.00	5580.00	200.00	500.00	0.00	0.00	0.00
上海开放大学浦农分校	14.00	7.00	5.00	0.00	0.00	0.00	1.00	1.00
独立使用	14.00	7.00	5.00	0.00	0.00	0.00	1.00	1.00
上海开放大学百联集团分校	32.00	24.00	22.00	0.00	0.00	0.00	0.00	2.00
独立使用	23.00	19.00	18.00	0.00	0.00	0.00	0.00	1.00
共同使用	9.00	5.00	4.00	0.00	0.00	0.00	0.00	1.00
上海开放大学长宁分校	35732.00	14575.00	7135.00	683.00	2985.00	0.00	2263.00	1509.00
独立使用	35732.00	14575.00	7135.00	683.00	2985.00	0.00	2263.00	1509.00
上海开放大学黄浦分校	37205.63	22577.91	15845.35	706.13	4336.13	0.00	0.00	1690.30
共同使用	37205.63	22577.91	15845.35	706.13	4336.13	0.00	0.00	1690.30
上海开放大学商业分校	33569.00	22698.00	6364.00	1651.00	12854.00	0.00	1829.00	0.00
独立使用	100.00	0.00	0.00	0.00	0.00	0.00	0.00	0.00
共同使用	33469.00	22698.00	6364.00	1651.00	12854.00	0.00	1829.00	0.00
上海开放大学西区分部	24607.33	16694.16	13472.16	710.00	850.00	0.00	888.00	774.00
独立使用	24607.33	16694.16	13472.16	710.00	850.00	0.00	888.00	774.00
江苏	**4442467.66**	**2400181.17**	**1286350.14**	**221630.06**	**699263.09**	**44115.84**	**89414.40**	**59407.64**
独立使用	2238525.14	1167058.50	658461.50	91903.00	331525.00	5498.00	42118.00	37553.00
共同使用	2203942.52	1233122.67	627888.64	129727.06	367738.09	38617.84	47296.40	21854.64
江苏开放大学	216959.55	120750.40	69112.40	10050.00	30696.60	0.00	10891.40	0.00
共同使用	216959.55	120750.40	69112.40	10050.00	30696.60	0.00	10891.40	0.00
江苏电大直属学院河海大学办学点	400.00	400.00	100.00	100.00	0.00	0.00	100.00	100.00
共同使用	400.00	400.00	100.00	100.00	0.00	0.00	100.00	100.00
江苏钟山教育进修学院	3.00	3.00	3.00	0.00	0.00	0.00	0.00	0.00
独立使用	3.00	3.00	3.00	0.00	0.00	0.00	0.00	0.00
镇江市高等专科学校	235452.00	108350.00	52653.00	6253.00	44340.00	0.00	3004.00	2100.00
共同使用	235452.00	108350.00	52653.00	6253.00	44340.00	0.00	3004.00	2100.00
镇江广播电视大学丹阳市分校	9392.00	5332.00	3363.00	1174.00	475.00	0.00	0.00	320.00
独立使用	9392.00	5332.00	3363.00	1174.00	475.00	0.00	0.00	320.00
镇江扬中市电大分校	24611.00	11743.00	6680.00	1200.00	3663.00	0.00	0.00	200.00
共同使用	24611.00	11743.00	6680.00	1200.00	3663.00	0.00	0.00	200.00
江苏广播电视大学句容学院	81734.00	61526.00	12530.00	1339.00	42904.00	655.00	3598.00	500.00
独立使用	81734.00	61526.00	12530.00	1339.00	42904.00	655.00	3598.00	500.00
丹徒电大	58166.00	23790.00	9935.00	1632.00	12223.00	0.00	0.00	0.00
独立使用	58166.00	23790.00	9935.00	1632.00	12223.00	0.00	0.00	0.00
镇江建委电大分校	9380.00	5000.00	4000.00	500.00	500.00	0.00	0.00	0.00
独立使用	9380.00	5000.00	4000.00	500.00	500.00	0.00	0.00	0.00
常州市广播电视大学	27093.00	13336.00	8042.00	684.00	3374.00	0.00	782.00	454.00

建筑面积(续表30)

单位:平方米

行政办公用房	生活用房						教工住宅	其他用房
	计	学生宿舍(公寓)	学生食堂	教工宿舍(公寓)	教工食堂	生活福利及附属用房		
1100.00	2026.00	650.00	280.00	846.00	0.00	250.00	0.00	0.00
5.00	2.00	0.00	1.00	0.00	1.00	0.00	0.00	0.00
5.00	2.00	0.00	1.00	0.00	1.00	0.00	0.00	0.00
6.00	2.00	0.00	2.00	0.00	0.00	0.00	0.00	0.00
3.00	1.00	0.00	1.00	0.00	0.00	0.00	0.00	0.00
3.00	1.00	0.00	1.00	0.00	0.00	0.00	0.00	0.00
4283.00	16874.00	5922.00	120.00	0.00	406.00	10426.00	0.00	0.00
4283.00	16874.00	5922.00	120.00	0.00	406.00	10426.00	0.00	0.00
7595.94	7031.78	0.00	0.00	0.00	0.00	7031.78	0.00	0.00
7595.94	7031.78	0.00	0.00	0.00	0.00	7031.78	0.00	0.00
1700.00	9171.00	4213.00	3621.00	0.00	0.00	1337.00	0.00	0.00
100.00	0.00	0.00	0.00	0.00	0.00	0.00	0.00	0.00
1600.00	9171.00	4213.00	3621.00	0.00	0.00	1337.00	0.00	0.00
2339.67	5573.50	425.00	1928.00	0.00	0.00	3220.50	0.00	0.00
2339.67	5573.50	425.00	1928.00	0.00	0.00	3220.50	0.00	0.00
357207.25	**1534605.93**	**1002229.13**	**289028.64**	**73227.24**	**31407.01**	**138713.91**	**67751.94**	**82721.38**
165419.00	858091.64	548559.80	167177.84	49192.00	19094.00	74068.00	37327.00	10629.00
191788.25	676514.29	453669.33	121850.80	24035.24	12313.01	64645.91	30424.94	72092.38
26617.00	65335.21	35413.00	6842.00	1305.62	0.00	21774.59	4256.94	0.00
26617.00	65335.21	35413.00	6842.00	1305.62	0.00	21774.59	4256.94	0.00
0.00	0.00	0.00	0.00	0.00	0.00	0.00	0.00	0.00
0.00	0.00	0.00	0.00	0.00	0.00	0.00	0.00	0.00
0.00	0.00	0.00	0.00	0.00	0.00	0.00	0.00	0.00
0.00	0.00	0.00	0.00	0.00	0.00	0.00	0.00	0.00
16004.00	93500.00	67914.00	14622.00	1385.00	500.00	9079.00	17598.00	0.00
16004.00	93500.00	67914.00	14622.00	1385.00	500.00	9079.00	17598.00	0.00
512.00	3548.00	2188.00	1250.00	0.00	110.00	0.00	0.00	0.00
512.00	3548.00	2188.00	1250.00	0.00	110.00	0.00	0.00	0.00
2580.00	10288.00	7154.00	1885.00	360.00	400.00	489.00	0.00	0.00
2580.00	10288.00	7154.00	1885.00	360.00	400.00	489.00	0.00	0.00
1660.00	18267.00	12295.00	3424.00	2224.00	200.00	124.00	0.00	281.00
1660.00	18267.00	12295.00	3424.00	2224.00	200.00	124.00	0.00	281.00
3864.00	29710.00	14517.00	3047.00	2744.00	800.00	8602.00	0.00	802.00
3864.00	29710.00	14517.00	3047.00	2744.00	800.00	8602.00	0.00	802.00
2000.00	2380.00	1380.00	1000.00	0.00	0.00	0.00	0.00	0.00
2000.00	2380.00	1380.00	1000.00	0.00	0.00	0.00	0.00	0.00
2658.00	11099.00	7188.00	1784.00	49.00	0.00	2078.00	0.00	0.00

4.3 学校产权校舍

	合计	教学科研及辅助用房						
		计	教室	图书馆	实验室、实习场所	专用科研用房	体育馆	会堂
独立使用	27093.00	13336.00	8042.00	684.00	3374.00	0.00	782.00	454.00
江苏省广播电视大学武进分校	98132.00	49891.00	27311.00	3175.00	12437.00	0.00	5750.00	1218.00
独立使用	98132.00	49891.00	27311.00	3175.00	12437.00	0.00	5750.00	1218.00
常州市广播电视大学金坛分校	52759.00	32716.00	14591.00	1000.00	17125.00	0.00	0.00	0.00
独立使用	1550.00	1550.00	1500.00	50.00	0.00	0.00	0.00	0.00
共同使用	51209.00	31166.00	13091.00	950.00	17125.00	0.00	0.00	0.00
常州市广播电视大学溧阳分校	48037.00	31903.00	19690.00	2832.00	7737.00	0.00	0.00	1644.00
独立使用	48037.00	31903.00	19690.00	2832.00	7737.00	0.00	0.00	1644.00
江苏广播电视大学武进学院(燎)	98132.00	49891.00	27311.00	3175.00	12437.00	0.00	5750.00	1218.00
独立使用	98132.00	49891.00	27311.00	3175.00	12437.00	0.00	5750.00	1218.00
常州市广播电视大学溧阳分校(燎)	48037.00	31903.00	19690.00	2832.00	7737.00	0.00	0.00	1644.00
独立使用	48037.00	31903.00	19690.00	2832.00	7737.00	0.00	0.00	1644.00
无锡市广播电视大学	62747.77	29402.27	15858.61	1700.00	6979.42	2270.92	0.00	2593.32
共同使用	62747.77	29402.27	15858.61	1700.00	6979.42	2270.92	0.00	2593.32
无锡市广播电视大学锡山分校	460.00	248.00	248.00	0.00	0.00	0.00	0.00	0.00
独立使用	460.00	248.00	248.00	0.00	0.00	0.00	0.00	0.00
无锡市广播电视大学江阴分校	8400.00	6600.00	6600.00	0.00	0.00	0.00	0.00	0.00
独立使用	8400.00	6600.00	6600.00	0.00	0.00	0.00	0.00	0.00
江苏省广播电视大学宜兴分校	3664.00	2446.00	1932.00	0.00	0.00	0.00	0.00	514.00
独立使用	3664.00	2446.00	1932.00	0.00	0.00	0.00	0.00	514.00
无锡市广播电视大学(燎)	62747.77	29402.27	15858.61	1700.00	6979.42	2270.92	0.00	2593.32
共同使用	62747.77	29402.27	15858.61	1700.00	6979.42	2270.92	0.00	2593.32
无锡市广播电视大学江阴分校(燎)	8400.00	6600.00	6600.00	0.00	0.00	0.00	0.00	0.00
独立使用	8400.00	6600.00	6600.00	0.00	0.00	0.00	0.00	0.00
苏州市广播电视大学	24448.00	11752.00	7921.00	2599.00	0.00	0.00	554.00	678.00
独立使用	24448.00	11752.00	7921.00	2599.00	0.00	0.00	554.00	678.00
江苏省广播电视大学张家港学院	61571.00	30865.00	20223.00	2153.00	2480.00	0.00	3009.00	3000.00
独立使用	61571.00	30865.00	20223.00	2153.00	2480.00	0.00	3009.00	3000.00
太仓市广播电视大学	163946.00	83699.00	23209.00	12296.00	42614.00	0.00	3480.00	2100.00
共同使用	163946.00	83699.00	23209.00	12296.00	42614.00	0.00	3480.00	2100.00
苏州市广播电视大学常熟分校	7940.00	6920.00	6000.00	200.00	500.00	100.00	0.00	120.00
独立使用	7940.00	6920.00	6000.00	200.00	500.00	100.00	0.00	120.00
苏州市广播电视大学昆山分校	32899.58	18407.19	11590.02	1550.06	5267.11	0.00	0.00	0.00
共同使用	32899.58	18407.19	11590.02	1550.06	5267.11	0.00	0.00	0.00
江苏广播电视大学张家港学院(燎)	61571.00	30865.00	20223.00	2153.00	2480.00	0.00	3009.00	3000.00
独立使用	61571.00	30865.00	20223.00	2153.00	2480.00	0.00	3009.00	3000.00
南通市广播电视大学	44745.00	22535.00	13747.00	1879.00	6333.00	0.00	0.00	576.00

建筑面积(续表31)

单位:平方米

行政办公用房	生活用房						教工住宅	其他用房
	计	学生宿舍(公寓)	学生食堂	教工宿舍(公寓)	教工食堂	生活福利及附属用房		
2658.00	11099.00	7188.00	1784.00	49.00	0.00	2078.00	0.00	0.00
3700.00	44541.00	30221.00	5986.00	3836.00	1216.00	3282.00	0.00	0.00
3700.00	44541.00	30221.00	5986.00	3836.00	1216.00	3282.00	0.00	0.00
3339.00	16704.00	13032.00	3672.00	0.00	0.00	0.00	0.00	0.00
0.00	0.00	0.00	0.00	0.00	0.00	0.00	0.00	0.00
3339.00	16704.00	13032.00	3672.00	0.00	0.00	0.00	0.00	0.00
1261.00	14873.00	8973.00	2851.00	1000.00	1322.00	727.00	0.00	0.00
1261.00	14873.00	8973.00	2851.00	1000.00	1322.00	727.00	0.00	0.00
3700.00	44541.00	30221.00	5986.00	3836.00	1216.00	3282.00	0.00	0.00
3700.00	44541.00	30221.00	5986.00	3836.00	1216.00	3282.00	0.00	0.00
1261.00	14873.00	8973.00	2851.00	1000.00	1322.00	727.00	0.00	0.00
1261.00	14873.00	8973.00	2851.00	1000.00	1322.00	727.00	0.00	0.00
9773.11	20298.70	15061.06	2750.33	1187.31	1300.00	0.00	0.00	3273.69
9773.11	20298.70	15061.06	2750.33	1187.31	1300.00	0.00	0.00	3273.69
86.00	0.00	0.00	0.00	0.00	0.00	0.00	0.00	126.00
86.00	0.00	0.00	0.00	0.00	0.00	0.00	0.00	126.00
1800.00	0.00	0.00	0.00	0.00	0.00	0.00	0.00	0.00
1800.00	0.00	0.00	0.00	0.00	0.00	0.00	0.00	0.00
1218.00	0.00	0.00	0.00	0.00	0.00	0.00	0.00	0.00
1218.00	0.00	0.00	0.00	0.00	0.00	0.00	0.00	0.00
9773.11	20298.70	15061.06	2750.33	1187.31	1300.00	0.00	0.00	3273.69
9773.11	20298.70	15061.06	2750.33	1187.31	1300.00	0.00	0.00	3273.69
1800.00	0.00	0.00	0.00	0.00	0.00	0.00	0.00	0.00
1800.00	0.00	0.00	0.00	0.00	0.00	0.00	0.00	0.00
1275.00	11421.00	10343.00	878.00	0.00	200.00	0.00	0.00	0.00
1275.00	11421.00	10343.00	878.00	0.00	200.00	0.00	0.00	0.00
4445.00	26261.00	16257.00	5160.00	650.00	500.00	3694.00	0.00	0.00
4445.00	26261.00	16257.00	5160.00	650.00	500.00	3694.00	0.00	0.00
4266.00	61714.00	39474.00	8206.00	4009.00	1256.00	8769.00	0.00	14267.00
4266.00	61714.00	39474.00	8206.00	4009.00	1256.00	8769.00	0.00	14267.00
500.00	200.00	0.00	0.00	0.00	200.00	0.00	0.00	320.00
500.00	200.00	0.00	0.00	0.00	200.00	0.00	0.00	320.00
3812.03	10680.36	8645.21	1420.14	0.00	615.01	0.00	0.00	0.00
3812.03	10680.36	8645.21	1420.14	0.00	615.01	0.00	0.00	0.00
4445.00	26261.00	16257.00	5160.00	650.00	500.00	3694.00	0.00	0.00
4445.00	26261.00	16257.00	5160.00	650.00	500.00	3694.00	0.00	0.00
2772.00	19438.00	17445.00	1260.00	0.00	440.00	293.00	0.00	0.00

	合计	教学科研及辅助用房						
		计	教室	图书馆	实验室、实习场所	专用科研用房	体育馆	会堂
共同使用	44745.00	22535.00	13747.00	1879.00	6333.00	0.00	0.00	576.00
南通市广播电视大学如东分校	69887.00	30671.00	23479.00	2469.00	3623.00	0.00	0.00	1100.00
独立使用	69887.00	30671.00	23479.00	2469.00	3623.00	0.00	0.00	1100.00
南通市广播电视大学海门分校	14185.00	6609.00	4068.00	650.00	1641.00	0.00	0.00	250.00
共同使用	14185.00	6609.00	4068.00	650.00	1641.00	0.00	0.00	250.00
南通市广播电视大学启东分校	66188.00	41149.00	13038.00	3810.00	21856.00	0.00	900.00	1545.00
共同使用	66188.00	41149.00	13038.00	3810.00	21856.00	0.00	900.00	1545.00
南通市广播电视大学通州分校	25000.00	10500.00	4000.00	300.00	6000.00	0.00	0.00	200.00
独立使用	21000.00	6500.00	0.00	300.00	6000.00	0.00	0.00	200.00
共同使用	4000.00	4000.00	4000.00	0.00	0.00	0.00	0.00	0.00
南通市广播电视大学海安分校	30679.00	12318.00	9452.00	700.00	1766.00	0.00	0.00	400.00
独立使用	700.00	300.00	0.00	300.00	0.00	0.00	0.00	0.00
共同使用	29979.00	12018.00	9452.00	400.00	1766.00	0.00	0.00	400.00
南通市广播电视大学如皋市分校	39930.00	21680.00	12000.00	880.00	8000.00	0.00	0.00	800.00
独立使用	39930.00	21680.00	12000.00	880.00	8000.00	0.00	0.00	800.00
扬州市广播电视大学	73.00	53.00	40.00	1.00	8.00	2.00	1.00	1.00
独立使用	68.00	48.00	40.00	0.00	8.00	0.00	0.00	0.00
共同使用	5.00	5.00	0.00	1.00	0.00	2.00	1.00	1.00
扬州市广播电视大学宝应分校	24681.00	14478.00	13569.00	82.00	0.00	0.00	0.00	827.00
独立使用	24681.00	14478.00	13569.00	82.00	0.00	0.00	0.00	827.00
江苏广播电视大学江都学院	138772.00	32754.00	18464.00	3000.00	9917.00	0.00	0.00	1373.00
共同使用	138772.00	32754.00	18464.00	3000.00	9917.00	0.00	0.00	1373.00
扬州广播电视大学仪征分校	22693.00	5370.00	3520.00	330.00	500.00	0.00	400.00	620.00
独立使用	22693.00	5370.00	3520.00	330.00	500.00	0.00	400.00	620.00
扬州市广播电视大学高邮分校	52520.00	27485.00	13324.00	0.00	13194.00	0.00	0.00	967.00
共同使用	52520.00	27485.00	13324.00	0.00	13194.00	0.00	0.00	967.00
扬州市广播电视大学邗江分校	62091.00	30154.00	15077.00	10615.00	810.00	3652.00	0.00	0.00
独立使用	62091.00	30154.00	15077.00	10615.00	810.00	3652.00	0.00	0.00
徐州市广播电视大学	51037.86	27155.54	19618.00	1750.00	5137.54	200.00	0.00	450.00
共同使用	51037.86	27155.54	19618.00	1750.00	5137.54	200.00	0.00	450.00
徐州市广播电视大学铜山分校	13490.00	3560.00	1780.00	1600.00	120.00	60.00	0.00	0.00
独立使用	13490.00	3560.00	1780.00	1600.00	120.00	60.00	0.00	0.00
徐州市广播电视大学邳州市分校	111000.00	68465.00	50665.00	1800.00	16000.00	0.00	0.00	0.00
独立使用	111000.00	68465.00	50665.00	1800.00	16000.00	0.00	0.00	0.00
徐州市广播电视大学沛县分校	52283.00	30941.00	24190.00	1765.00	4986.00	0.00	0.00	0.00
独立使用	52283.00	30941.00	24190.00	1765.00	4986.00	0.00	0.00	0.00
徐州市广播电视大学新沂分校	26664.00	8180.00	3780.00	1400.00	1400.00	0.00	0.00	1600.00

建筑面积(续表32)

单位:平方米

行政办公用房	生活用房						教工住宅	其他用房
	计	学生宿舍(公寓)	学生食堂	教工宿舍(公寓)	教工食堂	生活福利及附属用房		
2772.00	19438.00	17445.00	1260.00	0.00	440.00	293.00	0.00	0.00
6570.00	29856.00	15650.00	7817.00	2007.00	583.00	3799.00	2790.00	0.00
6570.00	29856.00	15650.00	7817.00	2007.00	583.00	3799.00	2790.00	0.00
1502.00	6074.00	5298.00	600.00	0.00	150.00	26.00	0.00	0.00
1502.00	6074.00	5298.00	600.00	0.00	150.00	26.00	0.00	0.00
1969.00	20204.00	11968.00	3015.00	2744.00	0.00	2477.00	0.00	2866.00
1969.00	20204.00	11968.00	3015.00	2744.00	0.00	2477.00	0.00	2866.00
700.00	10000.00	8000.00	1400.00	200.00	60.00	340.00	3800.00	0.00
700.00	10000.00	8000.00	1400.00	200.00	60.00	340.00	3800.00	0.00
0.00	0.00	0.00	0.00	0.00	0.00	0.00	0.00	0.00
1400.00	16961.00	9642.00	7057.00	0.00	262.00	0.00	0.00	0.00
400.00	0.00	0.00	0.00	0.00	0.00	0.00	0.00	0.00
1000.00	16961.00	9642.00	7057.00	0.00	262.00	0.00	0.00	0.00
400.00	14450.00	6300.00	6000.00	0.00	350.00	1800.00	2300.00	1100.00
400.00	14450.00	6300.00	6000.00	0.00	350.00	1800.00	2300.00	1100.00
20.00	0.00	0.00	0.00	0.00	0.00	0.00	0.00	0.00
20.00	0.00	0.00	0.00	0.00	0.00	0.00	0.00	0.00
0.00	0.00	0.00	0.00	0.00	0.00	0.00	0.00	0.00
1868.00	8335.00	6946.00	1389.00	0.00	0.00	0.00	0.00	0.00
1868.00	8335.00	6946.00	1389.00	0.00	0.00	0.00	0.00	0.00
17349.00	52423.00	33831.00	18592.00	0.00	0.00	0.00	0.00	36246.00
17349.00	52423.00	33831.00	18592.00	0.00	0.00	0.00	0.00	36246.00
1700.00	6803.00	5178.00	1245.00	120.00	50.00	210.00	8820.00	0.00
1700.00	6803.00	5178.00	1245.00	120.00	50.00	210.00	8820.00	0.00
6156.00	18879.00	12054.00	6825.00	0.00	0.00	0.00	0.00	0.00
6156.00	18879.00	12054.00	6825.00	0.00	0.00	0.00	0.00	0.00
4266.00	26811.00	21752.00	2009.00	400.00	2650.00	0.00	0.00	860.00
4266.00	26811.00	21752.00	2009.00	400.00	2650.00	0.00	0.00	860.00
4049.00	17433.32	13908.00	2377.00	0.00	150.00	998.32	2400.00	0.00
4049.00	17433.32	13908.00	2377.00	0.00	150.00	998.32	2400.00	0.00
1000.00	6930.00	5800.00	1000.00	60.00	70.00	0.00	2000.00	0.00
1000.00	6930.00	5800.00	1000.00	60.00	70.00	0.00	2000.00	0.00
13870.00	28665.00	22515.00	4150.00	0.00	2000.00	0.00	0.00	0.00
13870.00	28665.00	22515.00	4150.00	0.00	2000.00	0.00	0.00	0.00
3635.00	17707.00	13020.00	4002.00	235.00	450.00	0.00	0.00	0.00
3635.00	17707.00	13020.00	4002.00	235.00	450.00	0.00	0.00	0.00
1000.00	16484.00	3564.00	800.00	2800.00	1800.00	7520.00	1000.00	0.00

4.3 学校产权校舍

	合计	教学科研及辅助用房						
		计	教室	图书馆	实验室、实习场所	专用科研用房	体育馆	会堂
独立使用	13332.00	4090.00	1890.00	700.00	700.00	0.00	0.00	800.00
共同使用	13332.00	4090.00	1890.00	700.00	700.00	0.00	0.00	800.00
徐州市广播电视大学睢宁分校	49763.00	20815.00	11045.00	936.00	7034.00	0.00	0.00	1800.00
独立使用	49763.00	20815.00	11045.00	936.00	7034.00	0.00	0.00	1800.00
徐州市广播电视大学丰县分校	12600.00	7800.00	4000.00	1000.00	2000.00	0.00	0.00	800.00
共同使用	12600.00	7800.00	4000.00	1000.00	2000.00	0.00	0.00	800.00
徐州市广播电视大学贾汪分校	4387.00	1253.00	719.00	80.00	160.00	0.00	80.00	214.00
独立使用	4387.00	1253.00	719.00	80.00	160.00	0.00	80.00	214.00
淮安市广播电视大学	317649.00	249966.00	185563.00	8500.00	49383.00	0.00	5520.00	1000.00
独立使用	2040.00	2040.00	2040.00	0.00	0.00	0.00	0.00	0.00
共同使用	315609.00	247926.00	183523.00	8500.00	49383.00	0.00	5520.00	1000.00
淮安市广播电视大学楚州分校	36861.00	17600.00	10000.00	1200.00	6400.00	0.00	0.00	0.00
独立使用	36861.00	17600.00	10000.00	1200.00	6400.00	0.00	0.00	0.00
淮安市广播大学金湖分校	79600.00	48400.00	40000.00	5000.00	1700.00	300.00	700.00	700.00
独立使用	50700.00	30600.00	25000.00	3000.00	1500.00	100.00	500.00	500.00
共同使用	28900.00	17800.00	15000.00	2000.00	200.00	200.00	200.00	200.00
淮安市广播电视大学盱眙分校	6700.00	3000.00	1800.00	300.00	400.00	0.00	200.00	300.00
独立使用	2600.00	1800.00	1800.00	0.00	0.00	0.00	0.00	0.00
共同使用	4100.00	1200.00	0.00	300.00	400.00	0.00	200.00	300.00
淮安市广播电视大学洪泽分校	2200.00	1740.00	986.00	54.00	520.00	0.00	0.00	180.00
独立使用	2200.00	1740.00	986.00	54.00	520.00	0.00	0.00	180.00
淮安市广播电视大学淮阴区分校	4626.00	2405.00	1505.00	254.00	416.00	0.00	0.00	230.00
独立使用	697.00	599.00	385.00	86.00	128.00	0.00	0.00	0.00
共同使用	3929.00	1806.00	1120.00	168.00	288.00	0.00	0.00	230.00
淮安市广播电视大学涟水分校	20502.00	10821.00	9000.00	500.00	0.00	421.00	500.00	400.00
独立使用	20502.00	10821.00	9000.00	500.00	0.00	421.00	500.00	400.00
盐城市广播电视大学	40827.00	26554.00	5831.00	9440.00	2100.00	0.00	9183.00	0.00
共同使用	40827.00	26554.00	5831.00	9440.00	2100.00	0.00	9183.00	0.00
盐城市广播电视大学大丰分校	95113.00	41092.00	29092.00	4000.00	8000.00	0.00	0.00	0.00
独立使用	95113.00	41092.00	29092.00	4000.00	8000.00	0.00	0.00	0.00
盐城市广播电视大学建湖分校	18755.00	12929.00	5174.00	750.00	6600.00	0.00	0.00	405.00
独立使用	18755.00	12929.00	5174.00	750.00	6600.00	0.00	0.00	405.00
盐城市广播电视大学射阳分校	17224.00	5316.00	4560.00	108.00	348.00	0.00	0.00	300.00
独立使用	17224.00	5316.00	4560.00	108.00	348.00	0.00	0.00	300.00
盐城市广播电视大学东台分校	12801.00	7018.00	3719.00	200.00	2599.00	0.00	0.00	500.00
独立使用	12801.00	7018.00	3719.00	200.00	2599.00	0.00	0.00	500.00
盐城市广播电视大学响水分校	54282.00	28483.00	5968.00	550.00	21169.00	0.00	796.00	0.00

建筑面积(续表33)

单位:平方米

行政办公用房	生活用房						教工住宅	其他用房
	计	学生宿舍(公寓)	学生食堂	教工宿舍(公寓)	教工食堂	生活福利及附属用房		
500.00	8242.00	1782.00	400.00	1400.00	900.00	3760.00	500.00	0.00
500.00	8242.00	1782.00	400.00	1400.00	900.00	3760.00	500.00	0.00
14404.00	14544.00	8744.00	5600.00	0.00	0.00	200.00	0.00	0.00
14404.00	14544.00	8744.00	5600.00	0.00	0.00	200.00	0.00	0.00
1000.00	3800.00	2000.00	1000.00	400.00	400.00	0.00	0.00	0.00
1000.00	3800.00	2000.00	1000.00	400.00	400.00	0.00	0.00	0.00
672.00	1772.00	820.00	326.00	514.00	67.00	45.00	90.00	600.00
672.00	1772.00	820.00	326.00	514.00	67.00	45.00	90.00	600.00
6915.00	60768.00	34848.00	10892.00	0.00	1856.00	13172.00	0.00	0.00
0.00	0.00	0.00	0.00	0.00	0.00	0.00	0.00	0.00
6915.00	60768.00	34848.00	10892.00	0.00	1856.00	13172.00	0.00	0.00
2000.00	12245.00	6155.00	5370.00	0.00	0.00	720.00	2460.00	2556.00
2000.00	12245.00	6155.00	5370.00	0.00	0.00	720.00	2460.00	2556.00
15000.00	10000.00	2000.00	2000.00	2000.00	2000.00	2000.00	6000.00	200.00
10000.00	5000.00	1000.00	1000.00	1000.00	1000.00	1000.00	5000.00	100.00
5000.00	5000.00	1000.00	1000.00	1000.00	1000.00	1000.00	1000.00	100.00
800.00	1700.00	1000.00	600.00	0.00	100.00	0.00	0.00	1200.00
800.00	0.00	0.00	0.00	0.00	0.00	0.00	0.00	0.00
0.00	1700.00	1000.00	600.00	0.00	100.00	0.00	0.00	1200.00
460.00	0.00	0.00	0.00	0.00	0.00	0.00	0.00	0.00
460.00	0.00	0.00	0.00	0.00	0.00	0.00	0.00	0.00
336.00	1756.00	1360.00	280.00	68.00	48.00	0.00	0.00	129.00
98.00	0.00	0.00	0.00	0.00	0.00	0.00	0.00	0.00
238.00	1756.00	1360.00	280.00	68.00	48.00	0.00	0.00	129.00
681.00	7000.00	800.00	0.00	6000.00	0.00	200.00	0.00	2000.00
681.00	7000.00	800.00	0.00	6000.00	0.00	200.00	0.00	2000.00
1978.00	12295.00	8919.00	1328.00	0.00	0.00	2048.00	0.00	0.00
1978.00	12295.00	8919.00	1328.00	0.00	0.00	2048.00	0.00	0.00
4969.00	49052.00	33463.00	5966.00	0.00	100.00	9523.00	0.00	0.00
4969.00	49052.00	33463.00	5966.00	0.00	100.00	9523.00	0.00	0.00
1604.00	4222.00	2288.00	1734.00	0.00	200.00	0.00	0.00	0.00
1604.00	4222.00	2288.00	1734.00	0.00	200.00	0.00	0.00	0.00
1791.00	4270.00	3525.00	635.00	0.00	0.00	110.00	5847.00	0.00
1791.00	4270.00	3525.00	635.00	0.00	0.00	110.00	5847.00	0.00
1503.00	3900.00	3500.00	0.00	400.00	0.00	0.00	380.00	0.00
1503.00	3900.00	3500.00	0.00	400.00	0.00	0.00	380.00	0.00
914.00	24801.00	11795.00	2430.00	7397.00	0.00	3179.00	0.00	84.00

	合计	教学科研及辅助用房						
		计	教室	图书馆	实验室、实习场所	专用科研用房	体育馆	会堂
独立使用	54282.00	28483.00	5968.00	550.00	21169.00	0.00	796.00	0.00
盐城市广播电视大学滨海分校	16321.00	6186.00	5247.00	719.00	0.00	0.00	220.00	0.00
共同使用	16321.00	6186.00	5247.00	719.00	0.00	0.00	220.00	0.00
盐城市广播电视大学阜宁分校	14035.00	7298.00	4939.00	400.00	750.00	0.00	0.00	1209.00
独立使用	14035.00	7298.00	4939.00	400.00	750.00	0.00	0.00	1209.00
盐城市广播电视大学亭湖区电大	8200.00	6200.00	6100.00	0.00	100.00	0.00	0.00	0.00
独立使用	8200.00	6200.00	6100.00	0.00	100.00	0.00	0.00	0.00
盐城市广播电视大学盐都分校	6560.00	2240.00	2240.00	0.00	0.00	0.00	0.00	0.00
独立使用	6560.00	2240.00	2240.00	0.00	0.00	0.00	0.00	0.00
盐城建筑工程学校	8950.00	2500.00	1000.00	450.00	600.00	50.00	0.00	400.00
独立使用	650.00	500.00	500.00	0.00	0.00	0.00	0.00	0.00
共同使用	8300.00	2000.00	500.00	450.00	600.00	50.00	0.00	400.00
连云港市广播电视大学	58518.00	32162.00	13203.00	7564.00	3021.00	0.00	4824.00	3550.00
独立使用	58518.00	32162.00	13203.00	7564.00	3021.00	0.00	4824.00	3550.00
连云港市广播电视大学东海分校	16410.00	4308.00	3478.00	250.00	0.00	430.00	0.00	150.00
独立使用	8930.00	4308.00	3478.00	250.00	0.00	430.00	0.00	150.00
共同使用	7480.00	0.00	0.00	0.00	0.00	0.00	0.00	0.00
连云港市广播电视大学赣榆分校	51249.00	33650.00	24000.00	890.00	4260.00	0.00	0.00	4500.00
独立使用	51249.00	33650.00	24000.00	890.00	4260.00	0.00	0.00	4500.00
连云港市广播电视大学灌南分校	90100.00	46479.00	15980.00	2200.00	23891.00	0.00	4408.00	0.00
独立使用	90100.00	46479.00	15980.00	2200.00	23891.00	0.00	4408.00	0.00
连云港市广播电视大学灌云分校	69360.00	53300.00	26300.00	500.00	25000.00	0.00	0.00	1500.00
独立使用	150.00	0.00	0.00	0.00	0.00	0.00	0.00	0.00
共同使用	69210.00	53300.00	26300.00	500.00	25000.00	0.00	0.00	1500.00
灌南燎校	90100.00	46479.00	15980.00	2200.00	23891.00	0.00	4408.00	0.00
独立使用	90100.00	46479.00	15980.00	2200.00	23891.00	0.00	4408.00	0.00
泰州市广播电视大学	355251.00	204691.00	56254.00	48238.00	62145.00	31524.00	6530.00	0.00
共同使用	355251.00	204691.00	56254.00	48238.00	62145.00	31524.00	6530.00	0.00
泰州市广播电视大学靖江分校	33601.00	15189.00	5426.00	3100.00	3913.00	0.00	1650.00	1100.00
独立使用	33601.00	15189.00	5426.00	3100.00	3913.00	0.00	1650.00	1100.00
泰州市广播电视大学泰兴分校	108699.00	55817.00	32267.00	1970.00	20956.00	0.00	0.00	624.00
独立使用	108699.00	55817.00	32267.00	1970.00	20956.00	0.00	0.00	624.00
泰州市广播电视大学兴化分校	1520.00	1120.00	800.00	70.00	100.00	0.00	0.00	150.00
独立使用	1520.00	1120.00	800.00	70.00	100.00	0.00	0.00	150.00
泰州市广播电视大学姜堰分校	11224.00	8384.00	4534.00	150.00	3500.00	0.00	0.00	200.00
共同使用	11224.00	8384.00	4534.00	150.00	3500.00	0.00	0.00	200.00
宿迁市广播电视大学	170440.14	68462.50	35196.50	7000.00	26266.00	0.00	0.00	0.00

建筑面积(续表34)

单位:平方米

行政办公用房	生活用房						教工住宅	其他用房
	计	学生宿舍（公寓）	学生食堂	教工宿舍（公寓）	教工食堂	生活福利及附属用房		
914.00	24801.00	11795.00	2430.00	7397.00	0.00	3179.00	0.00	84.00
1105.00	4340.00	0.00	3180.00	1160.00	0.00	0.00	490.00	4200.00
1105.00	4340.00	0.00	3180.00	1160.00	0.00	0.00	490.00	4200.00
3092.00	3645.00	2687.00	680.00	0.00	0.00	278.00	0.00	0.00
3092.00	3645.00	2687.00	680.00	0.00	0.00	278.00	0.00	0.00
150.00	1850.00	1750.00	100.00	0.00	0.00	0.00	0.00	0.00
150.00	1850.00	1750.00	100.00	0.00	0.00	0.00	0.00	0.00
1920.00	2400.00	2400.00	0.00	0.00	0.00	0.00	0.00	0.00
1920.00	2400.00	2400.00	0.00	0.00	0.00	0.00	0.00	0.00
150.00	6300.00	3000.00	3000.00	0.00	200.00	100.00	0.00	0.00
150.00	0.00	0.00	0.00	0.00	0.00	0.00	0.00	0.00
0.00	6300.00	3000.00	3000.00	0.00	200.00	100.00	0.00	0.00
2300.00	24056.00	15231.00	8125.00	200.00	100.00	400.00	0.00	0.00
2300.00	24056.00	15231.00	8125.00	200.00	100.00	400.00	0.00	0.00
4622.00	4600.00	1500.00	3100.00	0.00	0.00	0.00	2880.00	0.00
4622.00	0.00	0.00	0.00	0.00	0.00	0.00	0.00	0.00
0.00	4600.00	1500.00	3100.00	0.00	0.00	0.00	2880.00	0.00
1800.00	15799.00	10000.00	4500.00	666.00	0.00	633.00	0.00	0.00
1800.00	15799.00	10000.00	4500.00	666.00	0.00	633.00	0.00	0.00
3261.00	40000.00	24000.00	16000.00	0.00	0.00	0.00	0.00	360.00
3261.00	40000.00	24000.00	16000.00	0.00	0.00	0.00	0.00	360.00
1500.00	14060.00	1560.00	7500.00	4500.00	500.00	0.00	0.00	500.00
150.00	0.00	0.00	0.00	0.00	0.00	0.00	0.00	0.00
1350.00	14060.00	1560.00	7500.00	4500.00	500.00	0.00	0.00	500.00
3261.00	40000.00	24000.00	16000.00	0.00	0.00	0.00	0.00	360.00
3261.00	40000.00	24000.00	16000.00	0.00	0.00	0.00	0.00	360.00
56541.00	94019.00	84980.00	6218.00	2321.00	500.00	0.00	0.00	0.00
56541.00	94019.00	84980.00	6218.00	2321.00	500.00	0.00	0.00	0.00
890.00	14182.00	2960.00	2326.00	344.00	131.00	8421.00	3340.00	0.00
890.00	14182.00	2960.00	2326.00	344.00	131.00	8421.00	3340.00	0.00
12970.00	39912.00	34515.00	4900.00	0.00	497.00	0.00	0.00	0.00
12970.00	39912.00	34515.00	4900.00	0.00	497.00	0.00	0.00	0.00
400.00	0.00	0.00	0.00	0.00	0.00	0.00	0.00	0.00
400.00	0.00	0.00	0.00	0.00	0.00	0.00	0.00	0.00
500.00	2340.00	1740.00	480.00	0.00	120.00	0.00	0.00	0.00
500.00	2340.00	1740.00	480.00	0.00	120.00	0.00	0.00	0.00
8118.00	93859.64	66844.80	12658.84	9738.00	2000.00	2618.00	0.00	0.00

4.3 学校产权校舍

	合计	教学科研及辅助用房						
		计	教室	图书馆	实验室、实习场所	专用科研用房	体育馆	会堂
独立使用	170440.14	68462.50	35196.50	7000.00	26266.00	0.00	0.00	0.00
宿迁市广播电视大学泗阳分校	16305.00	8133.00	5100.00	1300.00	373.00	0.00	1100.00	260.00
独立使用	16305.00	8133.00	5100.00	1300.00	373.00	0.00	1100.00	260.00
宿迁市广播电视大学泗洪分校	59934.00	33228.00	12705.00	170.00	19753.00	0.00	0.00	600.00
独立使用	59934.00	33228.00	12705.00	170.00	19753.00	0.00	0.00	600.00
宿迁市广播电视大学沭阳分校	45940.00	41740.00	21220.00	15860.00	2600.00	1500.00	0.00	560.00
独立使用	12600.00	12600.00	6300.00	6300.00	0.00	0.00	0.00	0.00
共同使用	33340.00	29140.00	14920.00	9560.00	2600.00	1500.00	0.00	560.00
江苏省广播电视大学化工分校	40276.00	17907.00	12445.00	1406.00	2682.00	0.00	0.00	1374.00
独立使用	40276.00	17907.00	12445.00	1406.00	2682.00	0.00	0.00	1374.00
江苏电大燎校苏州电视中专分校(燎)	145.00	100.00	0.00	100.00	0.00	0.00	0.00	0.00
独立使用	45.00	0.00	0.00	0.00	0.00	0.00	0.00	0.00
共同使用	100.00	100.00	0.00	100.00	0.00	0.00	0.00	0.00
江苏电大燎校太仓市岳王分校(燎)	3.00	2.00	2.00	0.00	0.00	0.00	0.00	0.00
独立使用	3.00	2.00	2.00	0.00	0.00	0.00	0.00	0.00
江苏电大燎校常州孟河镇成人学校(燎)	500.00	500.00	500.00	0.00	0.00	0.00	0.00	0.00
独立使用	500.00	500.00	500.00	0.00	0.00	0.00	0.00	0.00
江苏电大燎校邗江公道分校(燎)	1020.00	800.00	480.00	80.00	80.00	80.00	0.00	80.00
独立使用	1020.00	800.00	480.00	80.00	80.00	80.00	0.00	80.00
邗江霍桥镇成人学校(燎)	31015.00	15115.00	4906.00	613.00	1313.00	600.00	7067.00	616.00
共同使用	31015.00	15115.00	4906.00	613.00	1313.00	600.00	7067.00	616.00
南京	**49565.70**	**20129.30**	**15349.15**	**1447.23**	**2208.14**	**0.00**	**0.00**	**1124.78**
独立使用	35347.00	13939.00	10949.00	1047.00	1268.00	0.00	0.00	675.00
共同使用	14218.70	6190.30	4400.15	400.23	940.14	0.00	0.00	449.78
南京广播电视大学	1459.00	920.00	480.00	440.00	0.00	0.00	0.00	0.00
独立使用	1459.00	920.00	480.00	440.00	0.00	0.00	0.00	0.00
江宁电大	18411.00	6760.00	5750.00	250.00	760.00	0.00	0.00	0.00
独立使用	18411.00	6760.00	5750.00	250.00	760.00	0.00	0.00	0.00
南京广播电视大学溧水分校	1950.00	1500.00	800.00	200.00	500.00	0.00	0.00	0.00
共同使用	1950.00	1500.00	800.00	200.00	500.00	0.00	0.00	0.00
南京广播电视大学浦口分校	8969.00	2892.00	2187.00	180.00	0.00	0.00	0.00	525.00
独立使用	8969.00	2892.00	2187.00	180.00	0.00	0.00	0.00	525.00
南京广播电视大学玄武区分校	12268.70	4690.30	3600.15	200.23	440.14	0.00	0.00	449.78
共同使用	12268.70	4690.30	3600.15	200.23	440.14	0.00	0.00	449.78
南京市广播电视大学秦淮区分校	615.00	392.00	392.00	0.00	0.00	0.00	0.00	0.00
独立使用	615.00	392.00	392.00	0.00	0.00	0.00	0.00	0.00
南京市广播电视大学鼓楼区分校	993.00	675.00	540.00	27.00	108.00	0.00	0.00	0.00

建筑面积(续表35)

单位:平方米

行政办公用房	生活用房						教工住宅	其他用房
	计	学生宿舍（公寓）	学生食堂	教工宿舍（公寓）	教工食堂	生活福利及附属用房		
8118.00	93859.64	66844.80	12658.84	9738.00	2000.00	2618.00	0.00	0.00
450.00	7722.00	3600.00	500.00	2522.00	100.00	1000.00	0.00	0.00
450.00	7722.00	3600.00	500.00	2522.00	100.00	1000.00	0.00	0.00
7889.00	18817.00	12352.00	6465.00	0.00	0.00	0.00	0.00	0.00
7889.00	18817.00	12352.00	6465.00	0.00	0.00	0.00	0.00	0.00
3500.00	700.00	700.00	0.00	0.00	0.00	0.00	0.00	0.00
0.00	0.00	0.00	0.00	0.00	0.00	0.00	0.00	0.00
3500.00	700.00	700.00	0.00	0.00	0.00	0.00	0.00	0.00
1880.00	20489.00	9374.00	2573.00	0.00	0.00	8542.00	0.00	0.00
1880.00	20489.00	9374.00	2573.00	0.00	0.00	8542.00	0.00	0.00
45.00	0.00	0.00	0.00	0.00	0.00	0.00	0.00	0.00
45.00	0.00	0.00	0.00	0.00	0.00	0.00	0.00	0.00
0.00	0.00	0.00	0.00	0.00	0.00	0.00	0.00	0.00
1.00	0.00	0.00	0.00	0.00	0.00	0.00	0.00	0.00
1.00	0.00	0.00	0.00	0.00	0.00	0.00	0.00	0.00
0.00	0.00	0.00	0.00	0.00	0.00	0.00	0.00	0.00
0.00	0.00	0.00	0.00	0.00	0.00	0.00	0.00	0.00
60.00	80.00	0.00	0.00	0.00	0.00	80.00	0.00	80.00
60.00	80.00	0.00	0.00	0.00	0.00	80.00	0.00	80.00
2200.00	6363.00	3380.00	999.00	1008.00	316.00	660.00	1300.00	6037.00
2200.00	6363.00	3380.00	999.00	1008.00	316.00	660.00	1300.00	6037.00
5279.85	**16977.36**	**15310.35**	**932.77**	**0.00**	**470.24**	**264.00**	**4379.00**	**2800.19**
3658.00	11371.00	10160.00	847.00	0.00	100.00	264.00	4379.00	2000.00
1621.85	5606.36	5150.35	85.77	0.00	370.24	0.00	0.00	800.19
539.00	0.00	0.00	0.00	0.00	0.00	0.00	0.00	0.00
539.00	0.00	0.00	0.00	0.00	0.00	0.00	0.00	0.00
1862.00	5410.00	5088.00	322.00	0.00	0.00	0.00	4379.00	0.00
1862.00	5410.00	5088.00	322.00	0.00	0.00	0.00	4379.00	0.00
100.00	300.00	0.00	0.00	0.00	300.00	0.00	0.00	50.00
100.00	300.00	0.00	0.00	0.00	300.00	0.00	0.00	50.00
480.00	5597.00	5072.00	525.00	0.00	0.00	0.00	0.00	0.00
480.00	5597.00	5072.00	525.00	0.00	0.00	0.00	0.00	0.00
1521.85	5306.36	5150.35	85.77	0.00	70.24	0.00	0.00	750.19
1521.85	5306.36	5150.35	85.77	0.00	70.24	0.00	0.00	750.19
223.00	0.00	0.00	0.00	0.00	0.00	0.00	0.00	0.00
223.00	0.00	0.00	0.00	0.00	0.00	0.00	0.00	0.00
54.00	264.00	0.00	0.00	0.00	0.00	264.00	0.00	0.00

4.3 学校产权校舍

	合计	教学科研及辅助用房						
		计	教室	图书馆	实验室、实习场所	专用科研用房	体育馆	会堂
独立使用	993.00	675.00	540.00	27.00	108.00	0.00	0.00	0.00
南京广播电视大学栖霞分校	4900.00	2300.00	1600.00	150.00	400.00	0.00	0.00	150.00
独立使用	4900.00	2300.00	1600.00	150.00	400.00	0.00	0.00	150.00
浙江	**1755222.59**	**878794.66**	**429197.00**	**77513.00**	**296567.66**	**1524.00**	**40093.00**	**33900.00**
独立使用	1306000.59	664198.66	333823.00	64738.00	205139.66	1374.00	27620.00	31504.00
共同使用	449222.00	214596.00	95374.00	12775.00	91428.00	150.00	12473.00	2396.00
浙江广播电视大学	40920.00	21150.00	15253.00	5097.00	0.00	0.00	800.00	0.00
独立使用	40920.00	21150.00	15253.00	5097.00	0.00	0.00	800.00	0.00
杭州广播电视大学	350643.59	200732.66	62087.00	24054.00	88741.66	0.00	4310.00	21540.00
独立使用	350643.59	200732.66	62087.00	24054.00	88741.66	0.00	4310.00	21540.00
浙江广播电视大学建德分校	5050.00	3707.00	3519.00	87.00	0.00	0.00	0.00	101.00
独立使用	5050.00	3707.00	3519.00	87.00	0.00	0.00	0.00	101.00
浙江广播电视大学桐庐学院	19120.00	6273.00	4583.00	0.00	0.00	0.00	1000.00	690.00
独立使用	19120.00	6273.00	4583.00	0.00	0.00	0.00	1000.00	690.00
浙江广播电视大学富阳学院	40615.00	11160.00	8487.00	1553.00	1120.00	0.00	0.00	0.00
独立使用	40615.00	11160.00	8487.00	1553.00	1120.00	0.00	0.00	0.00
浙江广播电视大学临安分校	8491.00	2878.00	1230.00	180.00	543.00	0.00	925.00	0.00
共同使用	8491.00	2878.00	1230.00	180.00	543.00	0.00	925.00	0.00
浙江广播电视大学萧山学院	50418.00	27517.00	12095.00	5789.00	6721.00	0.00	2912.00	0.00
独立使用	50418.00	27517.00	12095.00	5789.00	6721.00	0.00	2912.00	0.00
浙江广播电视大学余杭分校	56601.00	28059.00	18253.00	2000.00	3500.00	0.00	3306.00	1000.00
独立使用	56601.00	28059.00	18253.00	2000.00	3500.00	0.00	3306.00	1000.00
浙江广播电视大学淳安学院	45066.00	7850.00	4000.00	300.00	1000.00	150.00	2000.00	400.00
独立使用	45066.00	7850.00	4000.00	300.00	1000.00	150.00	2000.00	400.00
嘉兴广播电视大学	29616.00	14828.00	13419.00	347.00	1062.00	0.00	0.00	0.00
独立使用	29616.00	14828.00	13419.00	347.00	1062.00	0.00	0.00	0.00
浙江广播电视大学嘉善学院	11500.00	3826.00	3146.00	60.00	310.00	0.00	0.00	310.00
独立使用	11500.00	3826.00	3146.00	60.00	310.00	0.00	0.00	310.00
浙江广播电视大学平湖学院	12272.00	5471.00	5471.00	0.00	0.00	0.00	0.00	0.00
独立使用	6580.00	5471.00	5471.00	0.00	0.00	0.00	0.00	0.00
共同使用	5692.00	0.00	0.00	0.00	0.00	0.00	0.00	0.00
浙江广播电视大学桐乡学院	6679.00	5860.00	4800.00	160.00	720.00	0.00	0.00	180.00
独立使用	6679.00	5860.00	4800.00	160.00	720.00	0.00	0.00	180.00
浙江广播电视大学海宁学院	16000.00	11237.00	10364.00	225.00	450.00	0.00	0.00	198.00
独立使用	16000.00	11237.00	10364.00	225.00	450.00	0.00	0.00	198.00
浙江广播电视大学海盐学院	27363.00	16051.00	5376.00	360.00	3278.00	0.00	6461.00	576.00
独立使用	27363.00	16051.00	5376.00	360.00	3278.00	0.00	6461.00	576.00

建筑面积(续表36)

单位:平方米

行政办公用房	生活用房 计	学生宿舍(公寓)	学生食堂	教工宿舍(公寓)	教工食堂	生活福利及附属用房	教工住宅	其他用房
54.00	264.00	0.00	0.00	0.00	0.00	264.00	0.00	0.00
500.00	100.00	0.00	0.00	0.00	100.00	0.00	0.00	2000.00
500.00	100.00	0.00	0.00	0.00	100.00	0.00	0.00	2000.00
176860.94	**656210.21**	**465615.80**	**107298.90**	**27663.51**	**22042.00**	**33590.00**	**19389.00**	**23967.78**
141140.94	460937.21	340713.80	73322.90	13998.51	7151.00	25751.00	19389.00	20334.78
35720.00	195273.00	124902.00	33976.00	13665.00	14891.00	7839.00	0.00	3633.00
1583.00	17707.00	12736.00	2848.00	1553.00	570.00	0.00	0.00	480.00
1583.00	17707.00	12736.00	2848.00	1553.00	570.00	0.00	0.00	480.00
26188.94	122142.21	99125.80	20472.90	2543.51	0.00	0.00	0.00	1579.78
26188.94	122142.21	99125.80	20472.90	2543.51	0.00	0.00	0.00	1579.78
1005.00	338.00	0.00	0.00	0.00	232.00	106.00	0.00	0.00
1005.00	338.00	0.00	0.00	0.00	232.00	106.00	0.00	0.00
5040.00	7807.00	4809.00	756.00	0.00	756.00	1486.00	0.00	0.00
5040.00	7807.00	4809.00	756.00	0.00	756.00	1486.00	0.00	0.00
1968.00	26822.00	13411.00	8657.00	1837.00	1080.00	1837.00	0.00	665.00
1968.00	26822.00	13411.00	8657.00	1837.00	1080.00	1837.00	0.00	665.00
800.00	4413.00	2037.00	307.00	0.00	0.00	2069.00	0.00	400.00
800.00	4413.00	2037.00	307.00	0.00	0.00	2069.00	0.00	400.00
3521.00	19380.00	15308.00	3804.00	0.00	70.00	198.00	0.00	0.00
3521.00	19380.00	15308.00	3804.00	0.00	70.00	198.00	0.00	0.00
2332.00	15712.00	11203.00	4000.00	0.00	509.00	0.00	0.00	10498.00
2332.00	15712.00	11203.00	4000.00	0.00	509.00	0.00	0.00	10498.00
13000.00	12216.00	5000.00	2500.00	3136.00	580.00	1000.00	12000.00	0.00
13000.00	12216.00	5000.00	2500.00	3136.00	580.00	1000.00	12000.00	0.00
6232.00	8556.00	6535.00	1475.00	0.00	0.00	546.00	0.00	0.00
6232.00	8556.00	6535.00	1475.00	0.00	0.00	546.00	0.00	0.00
2085.00	5589.00	0.00	3162.00	1509.00	0.00	918.00	0.00	0.00
2085.00	5589.00	0.00	3162.00	1509.00	0.00	918.00	0.00	0.00
1109.00	5692.00	3346.00	2346.00	0.00	0.00	0.00	0.00	0.00
1109.00	0.00	0.00	0.00	0.00	0.00	0.00	0.00	0.00
0.00	5692.00	3346.00	2346.00	0.00	0.00	0.00	0.00	0.00
819.00	0.00	0.00	0.00	0.00	0.00	0.00	0.00	0.00
819.00	0.00	0.00	0.00	0.00	0.00	0.00	0.00	0.00
563.00	4200.00	4200.00	0.00	0.00	0.00	0.00	0.00	0.00
563.00	4200.00	4200.00	0.00	0.00	0.00	0.00	0.00	0.00
5328.00	5984.00	5984.00	0.00	0.00	0.00	0.00	0.00	0.00
5328.00	5984.00	5984.00	0.00	0.00	0.00	0.00	0.00	0.00

4.3 学校产权校舍

	合计	教学科研及辅助用房						
		计	教室	图书馆	实验室、实习场所	专用科研用房	体育馆	会堂
湖州广播电视大学	212382.00	117409.00	25631.00	12175.00	74018.00	0.00	4372.00	1213.00
独立使用	212382.00	117409.00	25631.00	12175.00	74018.00	0.00	4372.00	1213.00
浙江广播电视大学德清学院	5510.00	3900.00	2540.00	150.00	260.00	500.00	0.00	450.00
独立使用	5510.00	3900.00	2540.00	150.00	260.00	500.00	0.00	450.00
浙江广播电视大学长兴学院	16939.00	7993.00	7033.00	240.00	600.00	120.00	0.00	0.00
共同使用	16939.00	7993.00	7033.00	240.00	600.00	120.00	0.00	0.00
浙江广播电视大学安吉学院	1398.00	800.00	720.00	80.00	0.00	0.00	0.00	0.00
独立使用	1398.00	800.00	720.00	80.00	0.00	0.00	0.00	0.00
绍兴广播电视大学	7006.00	5046.00	4806.00	200.00	0.00	0.00	0.00	40.00
独立使用	7006.00	5046.00	4806.00	200.00	0.00	0.00	0.00	40.00
浙江广播电视大学绍兴学院	96693.00	50283.00	25436.00	0.00	20141.00	0.00	3506.00	1200.00
共同使用	96693.00	50283.00	25436.00	0.00	20141.00	0.00	3506.00	1200.00
浙江广播电视大学上虞学院	7150.00	4155.00	2855.00	650.00	650.00	0.00	0.00	0.00
独立使用	7150.00	4155.00	2855.00	650.00	650.00	0.00	0.00	0.00
浙江广播电视大学嵊州学院	5846.00	2246.00	1580.00	282.00	0.00	384.00	0.00	0.00
独立使用	5846.00	2246.00	1580.00	282.00	0.00	384.00	0.00	0.00
浙江广播电视大学新昌学院	7380.00	3554.00	2754.00	182.00	182.00	0.00	0.00	436.00
独立使用	7380.00	3554.00	2754.00	182.00	182.00	0.00	0.00	436.00
浙江广播电视大学诸暨学院	4132.00	500.00	1.00	0.00	0.00	0.00	499.00	0.00
独立使用	4132.00	500.00	1.00	0.00	0.00	0.00	499.00	0.00
舟山广播电视大学	7240.00	4240.00	2240.00	200.00	0.00	0.00	1500.00	300.00
独立使用	7240.00	4240.00	2240.00	200.00	0.00	0.00	1500.00	300.00
浙江广播电视大学普陀分校	2915.00	1930.00	1930.00	0.00	0.00	0.00	0.00	0.00
独立使用	2915.00	1930.00	1930.00	0.00	0.00	0.00	0.00	0.00
浙江广播电视大学岱山分校	4500.00	2885.00	2485.00	320.00	80.00	0.00	0.00	0.00
独立使用	3305.00	2485.00	2485.00	0.00	0.00	0.00	0.00	0.00
共同使用	1195.00	400.00	0.00	320.00	80.00	0.00	0.00	0.00
浙江广播电视大学嵊泗分校	800.00	600.00	540.00	20.00	0.00	0.00	0.00	40.00
独立使用	800.00	600.00	540.00	20.00	0.00	0.00	0.00	40.00
金华广播电视大学	107165.00	50053.00	25431.00	4393.00	17105.00	30.00	1898.00	1196.00
独立使用	12976.00	9456.00	9456.00	0.00	0.00	0.00	0.00	0.00
共同使用	94189.00	40597.00	15975.00	4393.00	17105.00	30.00	1898.00	1196.00
浙江广播电视大学兰溪分校	1649.00	1140.00	1140.00	0.00	0.00	0.00	0.00	0.00
独立使用	1649.00	1140.00	1140.00	0.00	0.00	0.00	0.00	0.00
浙江广播电视大学义乌学院	10409.00	1627.00	1627.00	0.00	0.00	0.00	0.00	0.00
独立使用	10409.00	1627.00	1627.00	0.00	0.00	0.00	0.00	0.00
浙江广播电视大学武义分校	17271.00	8800.00	6900.00	600.00	1300.00	0.00	0.00	0.00

建筑面积(续表 37)

单位:平方米

行政办公用房	生活用房						教工住宅	其他用房
	计	学生宿舍(公寓)	学生食堂	教工宿舍(公寓)	教工食堂	生活福利及附属用房		
9786.00	85187.00	73488.00	6514.00	0.00	1515.00	3670.00	0.00	0.00
9786.00	85187.00	73488.00	6514.00	0.00	1515.00	3670.00	0.00	0.00
1150.00	460.00	0.00	280.00	0.00	180.00	0.00	0.00	0.00
1150.00	460.00	0.00	280.00	0.00	180.00	0.00	0.00	0.00
1640.00	7016.00	4682.00	1730.00	324.00	0.00	280.00	0.00	290.00
1640.00	7016.00	4682.00	1730.00	324.00	0.00	280.00	0.00	290.00
398.00	200.00	0.00	0.00	0.00	0.00	200.00	0.00	0.00
398.00	200.00	0.00	0.00	0.00	0.00	200.00	0.00	0.00
1600.00	0.00	0.00	0.00	0.00	0.00	0.00	0.00	360.00
1600.00	0.00	0.00	0.00	0.00	0.00	0.00	0.00	360.00
8113.00	38297.00	21835.00	7695.00	6202.00	2565.00	0.00	0.00	0.00
8113.00	38297.00	21835.00	7695.00	6202.00	2565.00	0.00	0.00	0.00
805.00	2190.00	1590.00	600.00	0.00	0.00	0.00	0.00	0.00
805.00	2190.00	1590.00	600.00	0.00	0.00	0.00	0.00	0.00
1834.00	1766.00	0.00	0.00	733.00	293.00	740.00	0.00	0.00
1834.00	1766.00	0.00	0.00	733.00	293.00	740.00	0.00	0.00
647.00	3179.00	2174.00	938.00	0.00	0.00	67.00	0.00	0.00
647.00	3179.00	2174.00	938.00	0.00	0.00	67.00	0.00	0.00
499.00	3133.00	2530.00	603.00	0.00	0.00	0.00	0.00	0.00
499.00	3133.00	2530.00	603.00	0.00	0.00	0.00	0.00	0.00
3000.00	0.00	0.00	0.00	0.00	0.00	0.00	0.00	0.00
3000.00	0.00	0.00	0.00	0.00	0.00	0.00	0.00	0.00
0.00	0.00	0.00	0.00	0.00	0.00	0.00	0.00	985.00
0.00	0.00	0.00	0.00	0.00	0.00	0.00	0.00	985.00
820.00	795.00	0.00	0.00	0.00	330.00	465.00	0.00	0.00
820.00	0.00	0.00	0.00	0.00	0.00	0.00	0.00	0.00
0.00	795.00	0.00	0.00	0.00	330.00	465.00	0.00	0.00
200.00	0.00	0.00	0.00	0.00	0.00	0.00	0.00	0.00
200.00	0.00	0.00	0.00	0.00	0.00	0.00	0.00	0.00
7458.00	46711.00	34243.00	7532.00	2152.00	940.00	1844.00	0.00	2943.00
1009.00	2511.00	2511.00	0.00	0.00	0.00	0.00	0.00	0.00
6449.00	44200.00	31732.00	7532.00	2152.00	940.00	1844.00	0.00	2943.00
509.00	0.00	0.00	0.00	0.00	0.00	0.00	0.00	0.00
509.00	0.00	0.00	0.00	0.00	0.00	0.00	0.00	0.00
2147.00	6635.00	3164.00	1854.00	1617.00	0.00	0.00	0.00	0.00
2147.00	6635.00	3164.00	1854.00	1617.00	0.00	0.00	0.00	0.00
1000.00	7471.00	4333.00	2538.00	0.00	0.00	600.00	0.00	0.00

	合计	教学科研及辅助用房						
		计	教室	图书馆	实验室、实习场所	专用科研用房	体育馆	会堂
共同使用	17271.00	8800.00	6900.00	600.00	1300.00	0.00	0.00	0.00
浙江广播电视大学永康学院	44833.00	18222.00	12978.00	1821.00	3423.00	0.00	0.00	0.00
共同使用	44833.00	18222.00	12978.00	1821.00	3423.00	0.00	0.00	0.00
浙江广播电视大学磐安分校	495.00	345.00	300.00	45.00	0.00	0.00	0.00	0.00
独立使用	495.00	345.00	300.00	45.00	0.00	0.00	0.00	0.00
浙江广播电视大学浦江分校	1919.00	1479.00	1369.00	10.00	0.00	0.00	60.00	40.00
独立使用	1919.00	1479.00	1369.00	10.00	0.00	0.00	60.00	40.00
衢州广播电视大学	10200.00	5600.00	5200.00	400.00	0.00	0.00	0.00	0.00
独立使用	10200.00	5600.00	5200.00	400.00	0.00	0.00	0.00	0.00
浙江广播电视大学常山分校	3090.00	2510.00	1740.00	160.00	230.00	160.00	100.00	120.00
独立使用	3090.00	2510.00	1740.00	160.00	230.00	160.00	100.00	120.00
浙江广播电视大学龙游分校	856.00	856.00	856.00	0.00	0.00	0.00	0.00	0.00
独立使用	856.00	856.00	856.00	0.00	0.00	0.00	0.00	0.00
浙江广播电视大学开化分校	2000.00	1120.00	720.00	100.00	300.00	0.00	0.00	0.00
独立使用	2000.00	1120.00	720.00	100.00	300.00	0.00	0.00	0.00
浙江广播电视大学江山分校	2406.00	1864.00	1864.00	0.00	0.00	0.00	0.00	0.00
独立使用	2406.00	1864.00	1864.00	0.00	0.00	0.00	0.00	0.00
浙江广播电视大学柯城分校	20.00	20.00	10.00	10.00	0.00	0.00	0.00	0.00
独立使用	20.00	20.00	10.00	10.00	0.00	0.00	0.00	0.00
台州广播电视大学	38694.00	25320.00	20191.00	0.00	4729.00	0.00	0.00	400.00
独立使用	38694.00	25320.00	20191.00	0.00	4729.00	0.00	0.00	400.00
浙江广播电视大学临海学院	11950.00	9000.00	8550.00	300.00	0.00	0.00	0.00	150.00
独立使用	11950.00	9000.00	8550.00	300.00	0.00	0.00	0.00	150.00
浙江广播电视大学温岭分校	5676.00	3005.00	2455.00	110.00	220.00	0.00	0.00	220.00
独立使用	5676.00	3005.00	2455.00	110.00	220.00	0.00	0.00	220.00
浙江广播电视大学玉环学院	10934.00	7082.00	4382.00	200.00	2000.00	0.00	0.00	500.00
独立使用	10934.00	7082.00	4382.00	200.00	2000.00	0.00	0.00	500.00
浙江广播电视大学黄岩分校	1720.00	600.00	550.00	50.00	0.00	0.00	0.00	0.00
独立使用	1720.00	600.00	550.00	50.00	0.00	0.00	0.00	0.00
浙江广播电视大学天台学院	25523.00	7185.00	6400.00	305.00	480.00	0.00	0.00	0.00
独立使用	8818.00	480.00	0.00	0.00	480.00	0.00	0.00	0.00
共同使用	16705.00	6705.00	6400.00	305.00	0.00	0.00	0.00	0.00
浙江广播电视大学仙居学院	11690.00	4541.00	3991.00	550.00	0.00	0.00	0.00	0.00
独立使用	11690.00	4541.00	3991.00	550.00	0.00	0.00	0.00	0.00
浙江广播电视大学三门学院	10495.00	4474.00	4400.00	74.00	0.00	0.00	0.00	0.00
独立使用	10495.00	4474.00	4400.00	74.00	0.00	0.00	0.00	0.00
丽水广播电视大学	4220.00	1670.00	1150.00	130.00	270.00	0.00	0.00	120.00

建筑面积(续表38)

单位:平方米

行政办公用房	生活用房						教工住宅	其他用房
	计	学生宿舍（公寓）	学生食堂	教工宿舍（公寓）	教工食堂	生活福利及附属用房		
1000.00	7471.00	4333.00	2538.00	0.00	0.00	600.00	0.00	0.00
2895.00	23716.00	13924.00	4224.00	3810.00	1056.00	702.00	0.00	0.00
2895.00	23716.00	13924.00	4224.00	3810.00	1056.00	702.00	0.00	0.00
120.00	30.00	0.00	0.00	0.00	0.00	30.00	0.00	0.00
120.00	30.00	0.00	0.00	0.00	0.00	30.00	0.00	0.00
180.00	132.00	0.00	0.00	0.00	72.00	60.00	0.00	128.00
180.00	132.00	0.00	0.00	0.00	72.00	60.00	0.00	128.00
1000.00	3600.00	3000.00	600.00	0.00	0.00	0.00	0.00	0.00
1000.00	3600.00	3000.00	600.00	0.00	0.00	0.00	0.00	0.00
130.00	390.00	0.00	0.00	0.00	180.00	210.00	0.00	60.00
130.00	390.00	0.00	0.00	0.00	180.00	210.00	0.00	60.00
0.00	0.00	0.00	0.00	0.00	0.00	0.00	0.00	0.00
0.00	0.00	0.00	0.00	0.00	0.00	0.00	0.00	0.00
800.00	80.00	0.00	0.00	0.00	0.00	80.00	0.00	0.00
800.00	80.00	0.00	0.00	0.00	0.00	80.00	0.00	0.00
464.00	78.00	0.00	0.00	0.00	78.00	0.00	0.00	0.00
464.00	78.00	0.00	0.00	0.00	78.00	0.00	0.00	0.00
0.00	0.00	0.00	0.00	0.00	0.00	0.00	0.00	0.00
0.00	0.00	0.00	0.00	0.00	0.00	0.00	0.00	0.00
4355.00	9019.00	9019.00	0.00	0.00	0.00	0.00	0.00	0.00
4355.00	9019.00	9019.00	0.00	0.00	0.00	0.00	0.00	0.00
550.00	2400.00	2200.00	0.00	0.00	0.00	200.00	0.00	0.00
550.00	2400.00	2200.00	0.00	0.00	0.00	200.00	0.00	0.00
1973.00	698.00	0.00	0.00	0.00	0.00	698.00	0.00	0.00
1973.00	698.00	0.00	0.00	0.00	0.00	698.00	0.00	0.00
3852.00	0.00	0.00	0.00	0.00	0.00	0.00	0.00	0.00
3852.00	0.00	0.00	0.00	0.00	0.00	0.00	0.00	0.00
820.00	300.00	0.00	0.00	0.00	0.00	300.00	0.00	0.00
820.00	300.00	0.00	0.00	0.00	0.00	300.00	0.00	0.00
280.00	18000.00	8000.00	0.00	0.00	10000.00	0.00	58.00	0.00
280.00	8000.00	8000.00	0.00	0.00	0.00	0.00	58.00	0.00
0.00	10000.00	0.00	0.00	0.00	10000.00	0.00	0.00	0.00
1727.00	5422.00	3347.00	2075.00	0.00	0.00	0.00	0.00	0.00
1727.00	5422.00	3347.00	2075.00	0.00	0.00	0.00	0.00	0.00
994.00	4804.00	2430.00	316.00	500.00	50.00	1508.00	0.00	223.00
994.00	4804.00	2430.00	316.00	500.00	50.00	1508.00	0.00	223.00
380.00	1170.00	620.00	150.00	300.00	0.00	100.00	1000.00	0.00

4.3 学校产权校舍

	合计	教学科研及辅助用房						
		计	教室	图书馆	实验室、实习场所	专用科研用房	体育馆	会堂
独立使用	4220.00	1670.00	1150.00	130.00	270.00	0.00	0.00	120.00
浙江广播电视大学青田学院	5146.00	4475.00	4000.00	0.00	0.00	0.00	300.00	175.00
独立使用	5146.00	4475.00	4000.00	0.00	0.00	0.00	300.00	175.00
浙江广播电视大学缙云分校	9063.00	3664.00	2151.00	140.00	1373.00	0.00	0.00	0.00
独立使用	9063.00	3664.00	2151.00	140.00	1373.00	0.00	0.00	0.00
浙江广播电视大学遂昌分校	1500.00	1200.00	1200.00	0.00	0.00	0.00	0.00	0.00
独立使用	1500.00	1200.00	1200.00	0.00	0.00	0.00	0.00	0.00
浙江广播电视大学景宁分校	2000.00	1200.00	1000.00	120.00	80.00	0.00	0.00	0.00
独立使用	2000.00	1200.00	1000.00	120.00	80.00	0.00	0.00	0.00
浙江广播电视大学云和分校	893.00	733.00	693.00	40.00	0.00	0.00	0.00	0.00
独立使用	805.00	645.00	605.00	40.00	0.00	0.00	0.00	0.00
共同使用	88.00	88.00	88.00	0.00	0.00	0.00	0.00	0.00
温州广播电视大学	28781.00	1130.00	0.00	500.00	630.00	0.00	0.00	0.00
独立使用	28781.00	1130.00	0.00	500.00	630.00	0.00	0.00	0.00
浙江广播电视大学永嘉学院	51784.00	23320.00	12723.00	3278.00	7319.00	0.00	0.00	0.00
独立使用	51784.00	23320.00	12723.00	3278.00	7319.00	0.00	0.00	0.00
浙江广播电视大学瑞安分校	2694.00	2489.00	2489.00	0.00	0.00	0.00	0.00	0.00
独立使用	2694.00	2489.00	2489.00	0.00	0.00	0.00	0.00	0.00
浙江广播电视大学乐清分校	1000.00	800.00	800.00	0.00	0.00	0.00	0.00	0.00
独立使用	1000.00	800.00	800.00	0.00	0.00	0.00	0.00	0.00
浙江广播电视大学瓯海分校	1100.00	770.00	770.00	0.00	0.00	0.00	0.00	0.00
独立使用	1100.00	770.00	770.00	0.00	0.00	0.00	0.00	0.00
浙江广播电视大学平阳分校	3441.00	2715.00	1385.00	1110.00	40.00	180.00	0.00	0.00
独立使用	3441.00	2715.00	1385.00	1110.00	40.00	180.00	0.00	0.00
浙江广播电视大学苍南分校	3540.00	2040.00	1900.00	140.00	0.00	0.00	0.00	0.00
独立使用	3540.00	2040.00	1900.00	140.00	0.00	0.00	0.00	0.00
浙江广播电视大学文成分校	9997.00	6111.00	4244.00	150.00	1717.00	0.00	0.00	0.00
独立使用	9997.00	6111.00	4244.00	150.00	1717.00	0.00	0.00	0.00
浙江广播电视大学泰顺分校	4280.00	1401.00	650.00	30.00	511.00	0.00	0.00	210.00
独立使用	4280.00	1401.00	650.00	30.00	511.00	0.00	0.00	210.00
浙江广播电视大学洞头分校	10300.00	6600.00	2250.00	2200.00	2150.00	0.00	0.00	0.00
独立使用	10300.00	6600.00	2250.00	2200.00	2150.00	0.00	0.00	0.00
浙江广播电视大学巨化分校	1280.00	780.00	600.00	0.00	180.00	0.00	0.00	0.00
独立使用	980.00	480.00	300.00	0.00	180.00	0.00	0.00	0.00
共同使用	300.00	300.00	300.00	0.00	0.00	0.00	0.00	0.00
浙江广播电视大学经贸分校	13988.00	2980.00	1784.00	170.00	0.00	0.00	0.00	1026.00
独立使用	13988.00	2980.00	1784.00	170.00	0.00	0.00	0.00	1026.00

建筑面积(续表39)

单位:平方米

行政办公用房	生活用房						教工住宅	其他用房
	计	学生宿舍(公寓)	学生食堂	教工宿舍(公寓)	教工食堂	生活福利及附属用房		
380.00	1170.00	620.00	150.00	300.00	0.00	100.00	1000.00	0.00
0.00	671.00	525.00	146.00	0.00	0.00	0.00	0.00	0.00
0.00	671.00	525.00	146.00	0.00	0.00	0.00	0.00	0.00
1667.00	2376.00	0.00	0.00	0.00	0.00	2376.00	0.00	1356.00
1667.00	2376.00	0.00	0.00	0.00	0.00	2376.00	0.00	1356.00
300.00	0.00	0.00	0.00	0.00	0.00	0.00	0.00	0.00
300.00	0.00	0.00	0.00	0.00	0.00	0.00	0.00	0.00
200.00	0.00	0.00	0.00	0.00	0.00	0.00	600.00	0.00
200.00	0.00	0.00	0.00	0.00	0.00	0.00	600.00	0.00
160.00	0.00	0.00	0.00	0.00	0.00	0.00	0.00	0.00
160.00	0.00	0.00	0.00	0.00	0.00	0.00	0.00	0.00
0.00	0.00	0.00	0.00	0.00	0.00	0.00	0.00	0.00
6580.00	17071.00	15758.00	1313.00	0.00	0.00	0.00	0.00	4000.00
6580.00	17071.00	15758.00	1313.00	0.00	0.00	0.00	0.00	4000.00
10740.00	17724.00	13529.00	4195.00	0.00	0.00	0.00	0.00	0.00
10740.00	17724.00	13529.00	4195.00	0.00	0.00	0.00	0.00	0.00
0.00	205.00	0.00	0.00	0.00	205.00	0.00	0.00	0.00
0.00	205.00	0.00	0.00	0.00	205.00	0.00	0.00	0.00
150.00	50.00	0.00	0.00	0.00	50.00	0.00	0.00	0.00
150.00	50.00	0.00	0.00	0.00	50.00	0.00	0.00	0.00
330.00	0.00	0.00	0.00	0.00	0.00	0.00	0.00	0.00
330.00	0.00	0.00	0.00	0.00	0.00	0.00	0.00	0.00
330.00	140.00	70.00	0.00	0.00	0.00	70.00	256.00	0.00
330.00	140.00	70.00	0.00	0.00	0.00	70.00	256.00	0.00
1500.00	0.00	0.00	0.00	0.00	0.00	0.00	0.00	0.00
1500.00	0.00	0.00	0.00	0.00	0.00	0.00	0.00	0.00
1160.00	2726.00	2121.00	375.00	0.00	0.00	230.00	0.00	0.00
1160.00	2726.00	2121.00	375.00	0.00	0.00	230.00	0.00	0.00
466.00	2413.00	1020.00	415.00	270.00	511.00	197.00	0.00	0.00
466.00	2413.00	1020.00	415.00	270.00	511.00	197.00	0.00	0.00
880.00	2820.00	935.00	830.00	0.00	0.00	1055.00	0.00	0.00
880.00	2820.00	935.00	830.00	0.00	0.00	1055.00	0.00	0.00
500.00	0.00	0.00	0.00	0.00	0.00	0.00	0.00	0.00
500.00	0.00	0.00	0.00	0.00	0.00	0.00	0.00	0.00
0.00	0.00	0.00	0.00	0.00	0.00	0.00	0.00	0.00
350.00	10658.00	2926.00	2185.00	0.00	0.00	5547.00	0.00	0.00
350.00	10658.00	2926.00	2185.00	0.00	0.00	5547.00	0.00	0.00

4.3 学校产权校舍

	合计	教学科研及辅助用房						
		计	教室	图书馆	实验室、实习场所	专用科研用房	体育馆	会堂
浙江广播电视大学工商学院	34149.00	9403.00	6686.00	750.00	898.00	0.00	0.00	1069.00
独立使用	34149.00	9403.00	6686.00	750.00	898.00	0.00	0.00	1069.00
浙江广播电视大学水利水电学校教学点	146826.00	78330.00	19034.00	4916.00	48236.00	0.00	6144.00	0.00
共同使用	146826.00	78330.00	19034.00	4916.00	48236.00	0.00	6144.00	0.00
宁波	**135033.33**	**86364.50**	**42396.00**	**3908.00**	**29670.50**	**0.00**	**6684.00**	**3706.00**
独立使用	86945.33	54313.50	32226.00	2908.00	13913.50	0.00	1560.00	3706.00
共同使用	48088.00	32051.00	10170.00	1000.00	15757.00	0.00	5124.00	0.00
宁波广播电视大学	20852.33	10161.50	3213.00	1518.00	4590.50	0.00	0.00	840.00
独立使用	20852.33	10161.50	3213.00	1518.00	4590.50	0.00	0.00	840.00
宁波广播电视大学鄞州学院	9837.00	6697.00	4170.00	0.00	2527.00	0.00	0.00	0.00
独立使用	9837.00	6697.00	4170.00	0.00	2527.00	0.00	0.00	0.00
宁波广播电视大学余姚学院	19035.00	13583.00	4600.00	1030.00	4834.00	0.00	1560.00	1559.00
独立使用	19035.00	13583.00	4600.00	1030.00	4834.00	0.00	1560.00	1559.00
宁波电大慈溪学院	5911.00	5326.00	4886.00	60.00	380.00	0.00	0.00	0.00
独立使用	5911.00	5326.00	4886.00	60.00	380.00	0.00	0.00	0.00
宁波广播电视大学宁海学院	1460.00	1160.00	1160.00	0.00	0.00	0.00	0.00	0.00
独立使用	1460.00	1160.00	1160.00	0.00	0.00	0.00	0.00	0.00
宁波电大象山分校	8823.00	7313.00	7313.00	0.00	0.00	0.00	0.00	0.00
独立使用	8823.00	7313.00	7313.00	0.00	0.00	0.00	0.00	0.00
宁波电大奉化分校	3871.00	2241.00	1711.00	80.00	450.00	0.00	0.00	0.00
独立使用	3871.00	2241.00	1711.00	80.00	450.00	0.00	0.00	0.00
宁波广播电视大学镇海工作站	48088.00	32051.00	10170.00	1000.00	15757.00	0.00	5124.00	0.00
共同使用	48088.00	32051.00	10170.00	1000.00	15757.00	0.00	5124.00	0.00
宁波广播电视大学北仑工作站	11110.00	5352.00	2903.00	150.00	992.00	0.00	0.00	1307.00
独立使用	11110.00	5352.00	2903.00	150.00	992.00	0.00	0.00	1307.00
江北电大工作站	6046.00	2480.00	2270.00	70.00	140.00	0.00	0.00	0.00
独立使用	6046.00	2480.00	2270.00	70.00	140.00	0.00	0.00	0.00
安徽	**360232.89**	**212642.69**	**127960.04**	**25346.65**	**37661.00**	**4015.00**	**6069.00**	**11591.00**
独立使用	271044.24	161350.04	96600.04	22072.00	27053.00	3827.00	3907.00	7891.00
共同使用	89188.65	51292.65	31360.00	3274.65	10608.00	188.00	2162.00	3700.00
安徽广播电视大学	60018.00	21934.00	6553.00	573.00	13258.00	0.00	1200.00	350.00
独立使用	60018.00	21934.00	6553.00	573.00	13258.00	0.00	1200.00	350.00
肥西县工作站	2500.00	2000.00	2000.00	0.00	0.00	0.00	0.00	0.00
共同使用	2500.00	2000.00	2000.00	0.00	0.00	0.00	0.00	0.00
肥东县工作站	4080.00	4000.00	800.00	400.00	1000.00	0.00	800.00	1000.00
共同使用	4080.00	4000.00	800.00	400.00	1000.00	0.00	800.00	1000.00
庐江县工作站	62.00	43.00	30.00	1.00	8.00	2.00	1.00	1.00

建筑面积(续表40)

单位:平方米

行政办公用房	生活用房						教工住宅	其他用房
	计	学生宿舍(公寓)	学生食堂	教工宿舍(公寓)	教工食堂	生活福利及附属用房		
3025.00	16246.00	11445.00	2259.00	0.00	220.00	2322.00	5475.00	0.00
3025.00	16246.00	11445.00	2259.00	0.00	220.00	2322.00	5475.00	0.00
14823.00	53673.00	43013.00	7604.00	1177.00	0.00	1879.00	0.00	0.00
14823.00	53673.00	43013.00	7604.00	1177.00	0.00	1879.00	0.00	0.00
16764.15	**31904.68**	**13850.37**	**5682.00**	**2381.00**	**3610.05**	**6381.26**	**0.00**	**0.00**
15625.15	17006.68	7627.37	1772.00	1140.00	1653.05	4814.26	0.00	0.00
1139.00	14898.00	6223.00	3910.00	1241.00	1957.00	1567.00	0.00	0.00
3847.15	6843.68	5564.37	590.00	0.00	249.05	440.26	0.00	0.00
3847.15	6843.68	5564.37	590.00	0.00	249.05	440.26	0.00	0.00
2263.00	877.00	0.00	200.00	0.00	20.00	657.00	0.00	0.00
2263.00	877.00	0.00	200.00	0.00	20.00	657.00	0.00	0.00
1914.00	3538.00	0.00	0.00	0.00	170.00	3368.00	0.00	0.00
1914.00	3538.00	0.00	0.00	0.00	170.00	3368.00	0.00	0.00
465.00	120.00	0.00	0.00	60.00	0.00	60.00	0.00	0.00
465.00	120.00	0.00	0.00	60.00	0.00	60.00	0.00	0.00
300.00	0.00	0.00	0.00	0.00	0.00	0.00	0.00	0.00
300.00	0.00	0.00	0.00	0.00	0.00	0.00	0.00	0.00
1510.00	0.00	0.00	0.00	0.00	0.00	0.00	0.00	0.00
1510.00	0.00	0.00	0.00	0.00	0.00	0.00	0.00	0.00
350.00	1280.00	797.00	262.00	0.00	0.00	221.00	0.00	0.00
350.00	1280.00	797.00	262.00	0.00	0.00	221.00	0.00	0.00
1139.00	14898.00	6223.00	3910.00	1241.00	1957.00	1567.00	0.00	0.00
1139.00	14898.00	6223.00	3910.00	1241.00	1957.00	1567.00	0.00	0.00
4576.00	1182.00	0.00	0.00	0.00	1114.00	68.00	0.00	0.00
4576.00	1182.00	0.00	0.00	0.00	1114.00	68.00	0.00	0.00
400.00	3166.00	1266.00	720.00	1080.00	100.00	0.00	0.00	0.00
400.00	3166.00	1266.00	720.00	1080.00	100.00	0.00	0.00	0.00
31489.20	**86808.00**	**58765.00**	**14113.00**	**2886.00**	**1026.00**	**10018.00**	**23082.00**	**6211.00**
26897.20	60091.00	40718.00	9003.00	1082.00	674.00	8614.00	18580.00	4126.00
4592.00	26717.00	18047.00	5110.00	1804.00	352.00	1404.00	4502.00	2085.00
8208.00	22315.00	15605.00	3100.00	0.00	0.00	3610.00	7561.00	0.00
8208.00	22315.00	15605.00	3100.00	0.00	0.00	3610.00	7561.00	0.00
500.00	0.00	0.00	0.00	0.00	0.00	0.00	0.00	0.00
500.00	0.00	0.00	0.00	0.00	0.00	0.00	0.00	0.00
80.00	0.00	0.00	0.00	0.00	0.00	0.00	0.00	0.00
80.00	0.00	0.00	0.00	0.00	0.00	0.00	0.00	0.00
2.00	4.00	1.00	1.00	1.00	1.00	0.00	1.00	12.00

4.3 学校产权校舍

	合计	教学科研及辅助用房						
		计	教室	图书馆	实验室、实习场所	专用科研用房	体育馆	会堂
独立使用	13.00	10.00	6.00	0.00	4.00	0.00	0.00	0.00
共同使用	49.00	33.00	24.00	1.00	4.00	2.00	1.00	1.00
居巢区	15.00	12.00	11.00	1.00	0.00	0.00	0.00	0.00
独立使用	15.00	12.00	11.00	1.00	0.00	0.00	0.00	0.00
蚌埠分校	13877.00	5007.00	3288.00	506.00	653.00	0.00	0.00	560.00
独立使用	13877.00	5007.00	3288.00	506.00	653.00	0.00	0.00	560.00
固镇县工作站	64.00	45.00	30.00	2.00	8.00	4.00	0.00	1.00
共同使用	64.00	45.00	30.00	2.00	8.00	4.00	0.00	1.00
芜湖分校	11145.00	7415.00	5500.00	75.00	900.00	0.00	260.00	680.00
共同使用	11145.00	7415.00	5500.00	75.00	900.00	0.00	260.00	680.00
无为县工作站	27.00	22.00	17.00	1.00	3.00	0.00	0.00	1.00
独立使用	27.00	22.00	17.00	1.00	3.00	0.00	0.00	1.00
淮北分校	4080.00	3630.00	2390.00	540.00	700.00	0.00	0.00	0.00
独立使用	2080.00	1630.00	1390.00	40.00	200.00	0.00	0.00	0.00
共同使用	2000.00	2000.00	1000.00	500.00	500.00	0.00	0.00	0.00
马鞍山分校	83995.00	69737.00	35206.00	18334.00	8735.00	3666.00	120.00	3676.00
独立使用	83995.00	69737.00	35206.00	18334.00	8735.00	3666.00	120.00	3676.00
和县工作站	28840.00	12280.00	8200.00	600.00	2800.00	180.00	0.00	500.00
共同使用	28840.00	12280.00	8200.00	600.00	2800.00	180.00	0.00	500.00
铜陵分校	7818.89	6934.69	6008.04	926.65	0.00	0.00	0.00	0.00
独立使用	6892.24	6008.04	6008.04	0.00	0.00	0.00	0.00	0.00
共同使用	926.65	926.65	0.00	926.65	0.00	0.00	0.00	0.00
黄山分校	3460.00	2900.00	2600.00	90.00	0.00	0.00	0.00	210.00
独立使用	3460.00	2900.00	2600.00	90.00	0.00	0.00	0.00	210.00
黟县工作站	5744.00	5744.00	5744.00	0.00	0.00	0.00	0.00	0.00
共同使用	5744.00	5744.00	5744.00	0.00	0.00	0.00	0.00	0.00
安庆分校	17075.00	10091.00	6117.00	560.00	1814.00	0.00	0.00	1600.00
独立使用	17075.00	10091.00	6117.00	560.00	1814.00	0.00	0.00	1600.00
桐城市工作站	1000.00	880.00	760.00	60.00	60.00	0.00	0.00	0.00
独立使用	1000.00	880.00	760.00	60.00	60.00	0.00	0.00	0.00
岳西县工作站	550.00	470.00	430.00	20.00	20.00	0.00	0.00	0.00
共同使用	550.00	470.00	430.00	20.00	20.00	0.00	0.00	0.00
怀宁县工作站	4210.00	1247.00	870.00	0.00	232.00	0.00	87.00	58.00
独立使用	4210.00	1247.00	870.00	0.00	232.00	0.00	87.00	58.00
六安分校	3880.00	2160.00	1400.00	60.00	420.00	80.00	0.00	200.00
独立使用	3880.00	2160.00	1400.00	60.00	420.00	80.00	0.00	200.00
叶集区工作站	6294.00	1824.00	24.00	0.00	0.00	0.00	900.00	900.00

建筑面积(续表41)

单位:平方米

行政办公用房	生活用房						教工住宅	其他用房
	计	学生宿舍(公寓)	学生食堂	教工宿舍(公寓)	教工食堂	生活福利及附属用房		
1.00	0.00	0.00	0.00	0.00	0.00	0.00	0.00	2.00
1.00	4.00	1.00	1.00	1.00	1.00	0.00	1.00	10.00
0.00	0.00	0.00	0.00	0.00	0.00	0.00	0.00	3.00
0.00	0.00	0.00	0.00	0.00	0.00	0.00	0.00	3.00
1129.00	4022.00	2976.00	576.00	0.00	0.00	470.00	3719.00	0.00
1129.00	4022.00	2976.00	576.00	0.00	0.00	470.00	3719.00	0.00
15.00	3.00	1.00	1.00	1.00	0.00	0.00	1.00	0.00
15.00	3.00	1.00	1.00	1.00	0.00	0.00	1.00	0.00
1770.00	840.00	0.00	0.00	0.00	150.00	690.00	0.00	1120.00
1770.00	840.00	0.00	0.00	0.00	150.00	690.00	0.00	1120.00
5.00	0.00	0.00	0.00	0.00	0.00	0.00	0.00	0.00
5.00	0.00	0.00	0.00	0.00	0.00	0.00	0.00	0.00
370.00	80.00	0.00	0.00	80.00	0.00	0.00	0.00	0.00
370.00	80.00	0.00	0.00	80.00	0.00	0.00	0.00	0.00
0.00	0.00	0.00	0.00	0.00	0.00	0.00	0.00	0.00
675.00	13583.00	9221.00	239.00	0.00	223.00	3900.00	0.00	0.00
675.00	13583.00	9221.00	239.00	0.00	223.00	3900.00	0.00	0.00
1600.00	9560.00	7600.00	1400.00	0.00	0.00	560.00	4500.00	900.00
1600.00	9560.00	7600.00	1400.00	0.00	0.00	560.00	4500.00	900.00
884.20	0.00	0.00	0.00	0.00	0.00	0.00	0.00	0.00
884.20	0.00	0.00	0.00	0.00	0.00	0.00	0.00	0.00
0.00	0.00	0.00	0.00	0.00	0.00	0.00	0.00	0.00
510.00	50.00	0.00	0.00	0.00	0.00	50.00	0.00	0.00
510.00	50.00	0.00	0.00	0.00	0.00	50.00	0.00	0.00
0.00	0.00	0.00	0.00	0.00	0.00	0.00	0.00	0.00
0.00	0.00	0.00	0.00	0.00	0.00	0.00	0.00	0.00
3314.00	3670.00	2700.00	970.00	0.00	0.00	0.00	0.00	0.00
3314.00	3670.00	2700.00	970.00	0.00	0.00	0.00	0.00	0.00
120.00	0.00	0.00	0.00	0.00	0.00	0.00	0.00	0.00
120.00	0.00	0.00	0.00	0.00	0.00	0.00	0.00	0.00
80.00	0.00	0.00	0.00	0.00	0.00	0.00	0.00	0.00
80.00	0.00	0.00	0.00	0.00	0.00	0.00	0.00	0.00
406.00	0.00	0.00	0.00	0.00	0.00	0.00	1300.00	1257.00
406.00	0.00	0.00	0.00	0.00	0.00	0.00	1300.00	1257.00
620.00	0.00	0.00	0.00	0.00	0.00	0.00	0.00	1100.00
620.00	0.00	0.00	0.00	0.00	0.00	0.00	0.00	1100.00
720.00	3750.00	1170.00	750.00	1000.00	450.00	380.00	0.00	0.00

4.3 学校产权校舍

	合计	教学科研及辅助用房						
		计	教室	图书馆	实验室、实习场所	专用科研用房	体育馆	会堂
独立使用	6270.00	1800.00	0.00	0.00	0.00	0.00	900.00	900.00
共同使用	24.00	24.00	24.00	0.00	0.00	0.00	0.00	0.00
舒城县工作站	1555.00	1250.00	990.00	50.00	90.00	0.00	0.00	120.00
独立使用	1070.00	980.00	840.00	50.00	90.00	0.00	0.00	0.00
共同使用	485.00	270.00	150.00	0.00	0.00	0.00	0.00	120.00
阜阳分校	14700.00	10000.00	7500.00	1500.00	1000.00	0.00	0.00	0.00
独立使用	14700.00	10000.00	7500.00	1500.00	1000.00	0.00	0.00	0.00
界首市工作站	316.00	186.00	186.00	0.00	0.00	0.00	0.00	0.00
独立使用	316.00	186.00	186.00	0.00	0.00	0.00	0.00	0.00
宣城分校	22100.00	5100.00	1800.00	500.00	700.00	0.00	1100.00	1000.00
独立使用	6800.00	0.00	0.00	0.00	0.00	0.00	0.00	0.00
共同使用	15300.00	5100.00	1800.00	500.00	700.00	0.00	1100.00	1000.00
泾县工作站	2621.00	2535.00	770.00	0.00	1500.00	0.00	0.00	265.00
独立使用	86.00	0.00	0.00	0.00	0.00	0.00	0.00	0.00
共同使用	2535.00	2535.00	770.00	0.00	1500.00	0.00	0.00	265.00
郎溪县工作站	2140.00	1840.00	1530.00	110.00	0.00	80.00	0.00	120.00
独立使用	2140.00	1840.00	1530.00	110.00	0.00	80.00	0.00	120.00
旌德县	13375.00	7140.00	3715.00	198.00	3145.00	0.00	0.00	82.00
共同使用	13375.00	7140.00	3715.00	198.00	3145.00	0.00	0.00	82.00
宣州区工作站	6380.00	3650.00	1775.00	100.00	75.00	0.00	1600.00	100.00
独立使用	4875.00	2375.00	625.00	50.00	50.00	0.00	1600.00	50.00
共同使用	1505.00	1275.00	1150.00	50.00	25.00	0.00	0.00	50.00
滁州分校	4167.00	2235.00	1711.00	45.00	479.00	0.00	0.00	0.00
独立使用	4167.00	2235.00	1711.00	45.00	479.00	0.00	0.00	0.00
凤阳县工作站	52.00	42.00	30.00	2.00	6.00	3.00	1.00	0.00
独立使用	20.00	13.00	10.00	1.00	1.00	1.00	0.00	0.00
共同使用	32.00	29.00	20.00	1.00	5.00	2.00	1.00	0.00
宿州分校	4870.00	3070.00	3000.00	20.00	50.00	0.00	0.00	0.00
独立使用	4870.00	3070.00	3000.00	20.00	50.00	0.00	0.00	0.00
萧县工作站	1532.00	1532.00	1532.00	0.00	0.00	0.00	0.00	0.00
独立使用	1532.00	1532.00	1532.00	0.00	0.00	0.00	0.00	0.00
省直分校	2806.00	1901.00	1736.00	0.00	0.00	0.00	0.00	165.00
独立使用	2806.00	1901.00	1736.00	0.00	0.00	0.00	0.00	165.00
亳州分校	24807.00	13766.00	13696.00	70.00	0.00	0.00	0.00	0.00
独立使用	24807.00	13766.00	13696.00	70.00	0.00	0.00	0.00	0.00
广德学院	77.00	20.00	11.00	2.00	5.00	0.00	0.00	2.00
独立使用	43.00	14.00	8.00	1.00	4.00	0.00	0.00	1.00

建筑面积(续表42)

单位:平方米

行政办公用房	生活用房						教工住宅	其他用房
	计	学生宿舍(公寓)	学生食堂	教工宿舍(公寓)	教工食堂	生活福利及附属用房		
720.00	3750.00	1170.00	750.00	1000.00	450.00	380.00	0.00	0.00
0.00	0.00	0.00	0.00	0.00	0.00	0.00	0.00	0.00
210.00	50.00	0.00	0.00	0.00	0.00	50.00	0.00	45.00
90.00	0.00	0.00	0.00	0.00	0.00	0.00	0.00	0.00
120.00	50.00	0.00	0.00	0.00	0.00	50.00	0.00	45.00
3400.00	0.00	0.00	0.00	0.00	0.00	0.00	0.00	1300.00
3400.00	0.00	0.00	0.00	0.00	0.00	0.00	0.00	1300.00
93.00	0.00	0.00	0.00	0.00	0.00	0.00	0.00	37.00
93.00	0.00	0.00	0.00	0.00	0.00	0.00	0.00	37.00
800.00	10200.00	7000.00	1200.00	1800.00	200.00	0.00	6000.00	0.00
800.00	0.00	0.00	0.00	0.00	0.00	0.00	6000.00	0.00
0.00	10200.00	7000.00	1200.00	1800.00	200.00	0.00	0.00	0.00
69.00	0.00	0.00	0.00	0.00	0.00	0.00	0.00	17.00
69.00	0.00	0.00	0.00	0.00	0.00	0.00	0.00	17.00
0.00	0.00	0.00	0.00	0.00	0.00	0.00	0.00	0.00
300.00	0.00	0.00	0.00	0.00	0.00	0.00	0.00	0.00
300.00	0.00	0.00	0.00	0.00	0.00	0.00	0.00	0.00
396.00	5839.00	3433.00	2406.00	0.00	0.00	0.00	0.00	0.00
396.00	5839.00	3433.00	2406.00	0.00	0.00	0.00	0.00	0.00
230.00	2100.00	1200.00	600.00	0.00	0.00	300.00	0.00	400.00
200.00	1900.00	1200.00	500.00	0.00	0.00	200.00	0.00	400.00
30.00	200.00	0.00	100.00	0.00	0.00	100.00	0.00	0.00
1932.00	0.00	0.00	0.00	0.00	0.00	0.00	0.00	0.00
1932.00	0.00	0.00	0.00	0.00	0.00	0.00	0.00	0.00
5.00	5.00	0.00	1.00	0.00	0.00	4.00	0.00	0.00
5.00	2.00	0.00	0.00	0.00	0.00	2.00	0.00	0.00
0.00	3.00	0.00	1.00	0.00	0.00	2.00	0.00	0.00
1800.00	0.00	0.00	0.00	0.00	0.00	0.00	0.00	0.00
1800.00	0.00	0.00	0.00	0.00	0.00	0.00	0.00	0.00
0.00	0.00	0.00	0.00	0.00	0.00	0.00	0.00	0.00
0.00	0.00	0.00	0.00	0.00	0.00	0.00	0.00	0.00
905.00	0.00	0.00	0.00	0.00	0.00	0.00	0.00	0.00
905.00	0.00	0.00	0.00	0.00	0.00	0.00	0.00	0.00
340.00	10701.00	7834.00	2867.00	0.00	0.00	0.00	0.00	0.00
340.00	10701.00	7834.00	2867.00	0.00	0.00	0.00	0.00	0.00
1.00	36.00	24.00	2.00	4.00	2.00	4.00	0.00	20.00
1.00	18.00	12.00	1.00	2.00	1.00	2.00	0.00	10.00

4.3 学校产权校舍

	合计	教学科研及辅助用房						
		计	教室	图书馆	实验室、实习场所	专用科研用房	体育馆	会堂
共同使用	34.00	6.00	3.00	1.00	1.00	0.00	0.00	1.00
福建	**139277.53**	**63498.53**	**31567.53**	**9928.00**	**14527.00**	**2771.00**	**2954.00**	**1751.00**
独立使用	107424.53	49747.53	24846.53	8418.00	14287.00	201.00	1694.00	301.00
共同使用	31853.00	13751.00	6721.00	1510.00	240.00	2570.00	1260.00	1450.00
福建广播电视大学	73901.00	34807.00	13237.00	6500.00	13914.00	0.00	1156.00	0.00
独立使用	73901.00	34807.00	13237.00	6500.00	13914.00	0.00	1156.00	0.00
福州电大分校	576.00	480.00	480.00	0.00	0.00	0.00	0.00	0.00
独立使用	576.00	480.00	480.00	0.00	0.00	0.00	0.00	0.00
福州电大分校闽侯县工作站	4500.00	2290.00	2030.00	60.00	90.00	20.00	0.00	90.00
独立使用	60.00	30.00	30.00	0.00	0.00	0.00	0.00	0.00
共同使用	4440.00	2260.00	2000.00	60.00	90.00	20.00	0.00	90.00
福州电大分校罗源工作站	2040.00	1680.00	840.00	720.00	60.00	0.00	60.00	0.00
独立使用	2040.00	1680.00	840.00	720.00	60.00	0.00	60.00	0.00
福州电大分校闽清工作站	1712.00	868.00	790.00	78.00	0.00	0.00	0.00	0.00
独立使用	1024.00	868.00	790.00	78.00	0.00	0.00	0.00	0.00
共同使用	688.00	0.00	0.00	0.00	0.00	0.00	0.00	0.00
福州电大分校永泰工作站	1802.00	500.00	500.00	0.00	0.00	0.00	0.00	0.00
独立使用	1802.00	500.00	500.00	0.00	0.00	0.00	0.00	0.00
福州电大分校福清市工作站	12300.00	6200.00	1000.00	900.00	100.00	2500.00	1200.00	500.00
独立使用	400.00	200.00	200.00	0.00	0.00	0.00	0.00	0.00
共同使用	11900.00	6000.00	800.00	900.00	100.00	2500.00	1200.00	500.00
三明电大分校清流县工作站	3330.00	920.00	240.00	60.00	150.00	150.00	160.00	160.00
独立使用	2700.00	700.00	240.00	60.00	100.00	100.00	100.00	100.00
共同使用	630.00	220.00	0.00	0.00	50.00	50.00	60.00	60.00
福建广播电视大学漳州分校	12366.53	2679.53	2301.53	0.00	0.00	0.00	378.00	0.00
独立使用	12366.53	2679.53	2301.53	0.00	0.00	0.00	378.00	0.00
漳州电大分校南靖工作站	14.00	8.00	4.00	1.00	2.00	0.00	0.00	1.00
独立使用	14.00	8.00	4.00	1.00	2.00	0.00	0.00	1.00
泉州电大分校	6094.00	2081.00	2081.00	0.00	0.00	0.00	0.00	0.00
共同使用	6094.00	2081.00	2081.00	0.00	0.00	0.00	0.00	0.00
泉州电大分校晋江市工作站	500.00	500.00	500.00	0.00	0.00	0.00	0.00	0.00
独立使用	500.00	500.00	500.00	0.00	0.00	0.00	0.00	0.00
泉州电大分校南安工作站	3925.00	2248.00	2000.00	248.00	0.00	0.00	0.00	0.00
独立使用	3925.00	2248.00	2000.00	248.00	0.00	0.00	0.00	0.00
泉州电大分校惠安工作站	17.00	13.00	10.00	1.00	1.00	1.00	0.00	0.00
独立使用	17.00	13.00	10.00	1.00	1.00	1.00	0.00	0.00
泉州电大分校安溪工作站	6.00	2.00	2.00	0.00	0.00	0.00	0.00	0.00

建筑面积(续表43)

单位:平方米

行政办公用房	生活用房						教工住宅	其他用房
	计	学生宿舍(公寓)	学生食堂	教工宿舍(公寓)	教工食堂	生活福利及附属用房		
0.00	18.00	12.00	1.00	2.00	1.00	2.00	0.00	10.00
18267.00	**46653.00**	**23007.00**	**7890.00**	**1600.00**	**4581.00**	**9575.00**	**5808.00**	**5051.00**
16016.00	35928.00	19467.00	6510.00	100.00	1851.00	8000.00	2300.00	3433.00
2251.00	10725.00	3540.00	1380.00	1500.00	2730.00	1575.00	3508.00	1618.00
9624.00	29470.00	15160.00	6410.00	0.00	0.00	7900.00	0.00	0.00
9624.00	29470.00	15160.00	6410.00	0.00	0.00	7900.00	0.00	0.00
96.00	0.00	0.00	0.00	0.00	0.00	0.00	0.00	0.00
96.00	0.00	0.00	0.00	0.00	0.00	0.00	0.00	0.00
330.00	1380.00	1000.00	200.00	150.00	30.00	0.00	500.00	0.00
30.00	0.00	0.00	0.00	0.00	0.00	0.00	0.00	0.00
300.00	1380.00	1000.00	200.00	150.00	30.00	0.00	500.00	0.00
160.00	0.00	0.00	0.00	0.00	0.00	0.00	0.00	200.00
160.00	0.00	0.00	0.00	0.00	0.00	0.00	0.00	200.00
796.00	0.00	0.00	0.00	0.00	0.00	0.00	0.00	48.00
156.00	0.00	0.00	0.00	0.00	0.00	0.00	0.00	0.00
640.00	0.00	0.00	0.00	0.00	0.00	0.00	0.00	48.00
100.00	0.00	0.00	0.00	0.00	0.00	0.00	0.00	1202.00
100.00	0.00	0.00	0.00	0.00	0.00	0.00	0.00	1202.00
1200.00	3700.00	500.00	200.00	500.00	2500.00	0.00	0.00	1200.00
100.00	0.00	0.00	0.00	0.00	0.00	0.00	0.00	100.00
1100.00	3700.00	500.00	200.00	500.00	2500.00	0.00	0.00	1100.00
860.00	750.00	150.00	150.00	150.00	150.00	150.00	550.00	250.00
800.00	500.00	100.00	100.00	100.00	100.00	100.00	500.00	200.00
60.00	250.00	50.00	50.00	50.00	50.00	50.00	50.00	50.00
2760.00	5586.00	3907.00	0.00	0.00	1679.00	0.00	0.00	1341.00
2760.00	5586.00	3907.00	0.00	0.00	1679.00	0.00	0.00	1341.00
6.00	0.00	0.00	0.00	0.00	0.00	0.00	0.00	0.00
6.00	0.00	0.00	0.00	0.00	0.00	0.00	0.00	0.00
0.00	2795.00	1990.00	780.00	0.00	0.00	25.00	798.00	420.00
0.00	2795.00	1990.00	780.00	0.00	0.00	25.00	798.00	420.00
0.00	0.00	0.00	0.00	0.00	0.00	0.00	0.00	0.00
0.00	0.00	0.00	0.00	0.00	0.00	0.00	0.00	0.00
1677.00	0.00	0.00	0.00	0.00	0.00	0.00	0.00	0.00
1677.00	0.00	0.00	0.00	0.00	0.00	0.00	0.00	0.00
4.00	0.00	0.00	0.00	0.00	0.00	0.00	0.00	0.00
4.00	0.00	0.00	0.00	0.00	0.00	0.00	0.00	0.00
4.00	0.00	0.00	0.00	0.00	0.00	0.00	0.00	0.00

	合计	教学科研及辅助用房						
		计	教室	图书馆	实验室、实习场所	专用科研用房	体育馆	会堂
独立使用	5.00	2.00	2.00	0.00	0.00	0.00	0.00	0.00
共同使用	1.00	0.00	0.00	0.00	0.00	0.00	0.00	0.00
泉州电大分校永春工作站	350.00	350.00	300.00	50.00	0.00	0.00	0.00	0.00
共同使用	350.00	350.00	300.00	50.00	0.00	0.00	0.00	0.00
泉州电大分校德化工作站	1550.00	1130.00	960.00	70.00	100.00	0.00	0.00	0.00
独立使用	1550.00	1130.00	960.00	70.00	100.00	0.00	0.00	0.00
泉州电大分校泉港工作站	550.00	550.00	500.00	50.00	0.00	0.00	0.00	0.00
独立使用	550.00	550.00	500.00	50.00	0.00	0.00	0.00	0.00
泉州电大分校石狮工作站	7750.00	2840.00	1540.00	500.00	0.00	0.00	0.00	800.00
共同使用	7750.00	2840.00	1540.00	500.00	0.00	0.00	0.00	800.00
龙岩电大分校	4510.00	2110.00	1100.00	600.00	110.00	100.00	0.00	200.00
独立使用	4510.00	2110.00	1100.00	600.00	110.00	100.00	0.00	200.00
龙岩电大分校武平县工作站	1484.00	1242.00	1152.00	90.00	0.00	0.00	0.00	0.00
独立使用	1484.00	1242.00	1152.00	90.00	0.00	0.00	0.00	0.00
厦门	**103727.00**	**57202.00**	**22097.00**	**9389.00**	**23678.00**	**0.00**	**0.00**	**2038.00**
独立使用	3434.00	2292.00	2152.00	140.00	0.00	0.00	0.00	0.00
共同使用	100293.00	54910.00	19945.00	9249.00	23678.00	0.00	0.00	2038.00
思明工作站	1200.00	500.00	500.00	0.00	0.00	0.00	0.00	0.00
独立使用	1200.00	500.00	500.00	0.00	0.00	0.00	0.00	0.00
杏林工作站	750.00	550.00	500.00	50.00	0.00	0.00	0.00	0.00
独立使用	750.00	550.00	500.00	50.00	0.00	0.00	0.00	0.00
厦门电大校直属学习点	100293.00	54910.00	19945.00	9249.00	23678.00	0.00	0.00	2038.00
共同使用	100293.00	54910.00	19945.00	9249.00	23678.00	0.00	0.00	2038.00
武平工作站	1484.00	1242.00	1152.00	90.00	0.00	0.00	0.00	0.00
独立使用	1484.00	1242.00	1152.00	90.00	0.00	0.00	0.00	0.00
江西	**487864.76**	**198031.20**	**137599.20**	**11674.00**	**22322.00**	**2317.00**	**10627.00**	**13492.00**
独立使用	363735.76	148251.20	102055.20	9417.00	17497.00	2086.00	7242.00	9954.00
共同使用	124129.00	49780.00	35544.00	2257.00	4825.00	231.00	3385.00	3538.00
江西广播电视大学	80586.00	27244.00	18150.00	1800.00	7294.00	0.00	0.00	0.00
独立使用	80586.00	27244.00	18150.00	1800.00	7294.00	0.00	0.00	0.00
江西电大开放学院九江县教师进修学校教学点	3.00	3.00	3.00	0.00	0.00	0.00	0.00	0.00
独立使用	3.00	3.00	3.00	0.00	0.00	0.00	0.00	0.00
江西电大开放学院井冈山市工作站	90.00	0.00	0.00	0.00	0.00	0.00	0.00	0.00
独立使用	90.00	0.00	0.00	0.00	0.00	0.00	0.00	0.00
南昌电大分校本部	9525.76	4205.00	4099.00	53.00	53.00	0.00	0.00	0.00
独立使用	9525.76	4205.00	4099.00	53.00	53.00	0.00	0.00	0.00
南昌市电大安义县工作站(工会职校)	1200.00	1080.00	600.00	60.00	100.00	0.00	120.00	200.00

建筑面积(续表44)

单位:平方米

行政办公用房	生活用房						教工住宅	其他用房
	计	学生宿舍(公寓)	学生食堂	教工宿舍(公寓)	教工食堂	生活福利及附属用房		
3.00	0.00	0.00	0.00	0.00	0.00	0.00	0.00	0.00
1.00	0.00	0.00	0.00	0.00	0.00	0.00	0.00	0.00
0.00	0.00	0.00	0.00	0.00	0.00	0.00	0.00	0.00
0.00	0.00	0.00	0.00	0.00	0.00	0.00	0.00	0.00
60.00	0.00	0.00	0.00	0.00	0.00	0.00	0.00	360.00
60.00	0.00	0.00	0.00	0.00	0.00	0.00	0.00	360.00
0.00	0.00	0.00	0.00	0.00	0.00	0.00	0.00	0.00
0.00	0.00	0.00	0.00	0.00	0.00	0.00	0.00	0.00
150.00	2600.00	0.00	150.00	800.00	150.00	1500.00	2160.00	0.00
150.00	2600.00	0.00	150.00	800.00	150.00	1500.00	2160.00	0.00
300.00	300.00	300.00	0.00	0.00	0.00	0.00	1800.00	0.00
300.00	300.00	300.00	0.00	0.00	0.00	0.00	1800.00	0.00
140.00	72.00	0.00	0.00	0.00	72.00	0.00	0.00	30.00
140.00	72.00	0.00	0.00	0.00	72.00	0.00	0.00	30.00
5532.00	**40513.00**	**33822.00**	**4402.00**	**2217.00**	**72.00**	**0.00**	**0.00**	**480.00**
590.00	72.00	0.00	0.00	0.00	72.00	0.00	0.00	480.00
4942.00	40441.00	33822.00	4402.00	2217.00	0.00	0.00	0.00	0.00
250.00	0.00	0.00	0.00	0.00	0.00	0.00	0.00	450.00
250.00	0.00	0.00	0.00	0.00	0.00	0.00	0.00	450.00
200.00	0.00	0.00	0.00	0.00	0.00	0.00	0.00	0.00
200.00	0.00	0.00	0.00	0.00	0.00	0.00	0.00	0.00
4942.00	40441.00	33822.00	4402.00	2217.00	0.00	0.00	0.00	0.00
4942.00	40441.00	33822.00	4402.00	2217.00	0.00	0.00	0.00	0.00
140.00	72.00	0.00	0.00	0.00	72.00	0.00	0.00	30.00
140.00	72.00	0.00	0.00	0.00	72.00	0.00	0.00	30.00
55404.00	**188870.56**	**122388.00**	**25704.80**	**9349.00**	**3453.76**	**27975.00**	**32581.00**	**12978.00**
36560.00	140963.56	90519.00	19621.80	5448.00	1777.76	23597.00	30264.00	7697.00
18844.00	47907.00	31869.00	6083.00	3901.00	1676.00	4378.00	2317.00	5281.00
4800.00	44162.00	37662.00	6500.00	0.00	0.00	0.00	0.00	4380.00
4800.00	44162.00	37662.00	6500.00	0.00	0.00	0.00	0.00	4380.00
0.00	0.00	0.00	0.00	0.00	0.00	0.00	0.00	0.00
0.00	0.00	0.00	0.00	0.00	0.00	0.00	0.00	0.00
90.00	0.00	0.00	0.00	0.00	0.00	0.00	0.00	0.00
90.00	0.00	0.00	0.00	0.00	0.00	0.00	0.00	0.00
368.00	2116.76	0.00	0.00	0.00	101.76	2015.00	2836.00	0.00
368.00	2116.76	0.00	0.00	0.00	101.76	2015.00	2836.00	0.00
120.00	0.00	0.00	0.00	0.00	0.00	0.00	0.00	0.00

4.3 学校产权校舍

	合计	教学科研及辅助用房						
		计	教室	图书馆	实验室、实习场所	专用科研用房	体育馆	会堂
独立使用	960.00	960.00	600.00	60.00	100.00	0.00	0.00	200.00
共同使用	240.00	120.00	0.00	0.00	0.00	0.00	120.00	0.00
南昌电大分校进贤县教师进修学校教学点	7330.00	2340.00	1920.00	60.00	120.00	0.00	120.00	120.00
共同使用	7330.00	2340.00	1920.00	60.00	120.00	0.00	120.00	120.00
南昌市电大安义县教师进修学校教学点	8800.00	2520.00	2520.00	0.00	0.00	0.00	0.00	0.00
独立使用	8800.00	2520.00	2520.00	0.00	0.00	0.00	0.00	0.00
南昌县教师进修学校	3310.00	2060.00	500.00	100.00	100.00	100.00	1000.00	260.00
独立使用	3310.00	2060.00	500.00	100.00	100.00	100.00	1000.00	260.00
景德镇电大分校乐平市教师进修学校教学点	7260.00	3533.00	500.00	1000.00	0.00	0.00	0.00	2033.00
独立使用	7260.00	3533.00	500.00	1000.00	0.00	0.00	0.00	2033.00
九江电大分校本部	37595.00	13850.00	12750.00	720.00	380.00	0.00	0.00	0.00
独立使用	37595.00	13850.00	12750.00	720.00	380.00	0.00	0.00	0.00
九江电大分校星子县工作站	3838.00	1158.00	320.00	30.00	80.00	40.00	258.00	430.00
独立使用	3838.00	1158.00	320.00	30.00	80.00	40.00	258.00	430.00
九江电大分校瑞昌工作站(教师进修学校)	2735.00	1291.00	1291.00	0.00	0.00	0.00	0.00	0.00
独立使用	2735.00	1291.00	1291.00	0.00	0.00	0.00	0.00	0.00
九江电大分校德安县工作站	11728.00	4076.00	2060.00	918.00	0.00	0.00	0.00	1098.00
独立使用	11728.00	4076.00	2060.00	918.00	0.00	0.00	0.00	1098.00
九江电大分校永修县工作站	3630.00	1210.00	850.00	80.00	200.00	80.00	0.00	0.00
独立使用	300.00	100.00	100.00	0.00	0.00	0.00	0.00	0.00
共同使用	3330.00	1110.00	750.00	80.00	200.00	80.00	0.00	0.00
九江电大分校都昌县工作站	4723.00	2325.00	2025.00	0.00	0.00	0.00	0.00	300.00
独立使用	4523.00	2125.00	1825.00	0.00	0.00	0.00	0.00	300.00
共同使用	200.00	200.00	200.00	0.00	0.00	0.00	0.00	0.00
九江电大分校彭泽县工作站	47300.00	13800.00	10800.00	300.00	800.00	0.00	1000.00	900.00
独立使用	4400.00	1400.00	800.00	0.00	300.00	0.00	0.00	300.00
共同使用	42900.00	12400.00	10000.00	300.00	500.00	0.00	1000.00	600.00
九江电大分校武宁县工作站	1122.00	701.00	560.00	21.00	120.00	0.00	0.00	0.00
独立使用	1122.00	701.00	560.00	21.00	120.00	0.00	0.00	0.00
九江电大分校修水县工作站	750.00	750.00	400.00	50.00	0.00	0.00	0.00	300.00
独立使用	750.00	750.00	400.00	50.00	0.00	0.00	0.00	300.00
九江电大分校湖口县工作站	5542.00	1000.00	600.00	100.00	100.00	0.00	100.00	100.00
独立使用	5542.00	1000.00	600.00	100.00	100.00	0.00	100.00	100.00
江西广播电视大学九江分校省武工作站	310.00	260.00	70.00	10.00	20.00	0.00	80.00	80.00
独立使用	130.00	80.00	50.00	10.00	20.00	0.00	0.00	0.00
共同使用	180.00	180.00	20.00	0.00	0.00	0.00	80.00	80.00
九江电大分校庐山工作站	2880.00	1000.00	385.00	18.00	597.00	0.00	0.00	0.00

建筑面积(续表45)

单位:平方米

行政办公用房	生活用房						教工住宅	其他用房
	计	学生宿舍（公寓）	学生食堂	教工宿舍（公寓）	教工食堂	生活福利及附属用房		
0.00	0.00	0.00	0.00	0.00	0.00	0.00	0.00	0.00
120.00	0.00	0.00	0.00	0.00	0.00	0.00	0.00	0.00
660.00	2000.00	1200.00	620.00	0.00	0.00	180.00	0.00	2330.00
660.00	2000.00	1200.00	620.00	0.00	0.00	180.00	0.00	2330.00
700.00	0.00	0.00	0.00	0.00	0.00	0.00	5580.00	0.00
700.00	0.00	0.00	0.00	0.00	0.00	0.00	5580.00	0.00
300.00	950.00	600.00	300.00	0.00	50.00	0.00	0.00	0.00
300.00	950.00	600.00	300.00	0.00	50.00	0.00	0.00	0.00
0.00	3727.00	1000.00	1000.00	727.00	0.00	1000.00	0.00	0.00
0.00	3727.00	1000.00	1000.00	727.00	0.00	1000.00	0.00	0.00
5300.00	14705.00	6627.00	660.00	0.00	0.00	7418.00	3740.00	0.00
5300.00	14705.00	6627.00	660.00	0.00	0.00	7418.00	3740.00	0.00
500.00	1900.00	1500.00	0.00	0.00	120.00	280.00	0.00	280.00
500.00	1900.00	1500.00	0.00	0.00	120.00	280.00	0.00	280.00
360.00	1084.00	459.00	344.00	0.00	0.00	281.00	0.00	0.00
360.00	1084.00	459.00	344.00	0.00	0.00	281.00	0.00	0.00
852.00	6400.00	2600.00	1000.00	0.00	0.00	2800.00	400.00	0.00
852.00	6400.00	2600.00	1000.00	0.00	0.00	2800.00	400.00	0.00
200.00	1900.00	1200.00	600.00	0.00	100.00	0.00	0.00	320.00
200.00	0.00	0.00	0.00	0.00	0.00	0.00	0.00	0.00
0.00	1900.00	1200.00	600.00	0.00	100.00	0.00	0.00	320.00
1026.00	1372.00	772.00	400.00	0.00	200.00	0.00	0.00	0.00
1026.00	1372.00	772.00	400.00	0.00	200.00	0.00	0.00	0.00
0.00	0.00	0.00	0.00	0.00	0.00	0.00	0.00	0.00
13000.00	20500.00	20000.00	300.00	0.00	200.00	0.00	0.00	0.00
3000.00	0.00	0.00	0.00	0.00	0.00	0.00	0.00	0.00
10000.00	20500.00	20000.00	300.00	0.00	200.00	0.00	0.00	0.00
306.00	115.00	0.00	0.00	0.00	115.00	0.00	0.00	0.00
306.00	115.00	0.00	0.00	0.00	115.00	0.00	0.00	0.00
0.00	0.00	0.00	0.00	0.00	0.00	0.00	0.00	0.00
0.00	0.00	0.00	0.00	0.00	0.00	0.00	0.00	0.00
500.00	4042.00	812.00	212.00	300.00	118.00	2600.00	0.00	0.00
500.00	4042.00	812.00	212.00	300.00	118.00	2600.00	0.00	0.00
50.00	0.00	0.00	0.00	0.00	0.00	0.00	0.00	0.00
50.00	0.00	0.00	0.00	0.00	0.00	0.00	0.00	0.00
0.00	0.00	0.00	0.00	0.00	0.00	0.00	0.00	0.00
0.00	833.00	200.00	0.00	300.00	333.00	0.00	1047.00	0.00

4.3 学校产权校舍

	合计	教学科研及辅助用房						
		计	教室	图书馆	实验室、实习场所	专用科研用房	体育馆	会堂
独立使用	2880.00	1000.00	385.00	18.00	597.00	0.00	0.00	0.00
萍乡电大分校本部	7712.00	6360.00	5756.00	216.00	100.00	0.00	0.00	288.00
独立使用	7712.00	6360.00	5756.00	216.00	100.00	0.00	0.00	288.00
萍乡电大分校芦溪县工作站	4381.00	1813.00	700.00	118.00	165.00	100.00	200.00	530.00
独立使用	2678.00	1240.00	500.00	50.00	90.00	50.00	100.00	450.00
共同使用	1703.00	573.00	200.00	68.00	75.00	50.00	100.00	80.00
萍乡电大分校上栗县电大工作站	2950.00	1450.00	500.00	50.00	100.00	50.00	700.00	50.00
独立使用	2450.00	950.00	500.00	50.00	100.00	50.00	200.00	50.00
共同使用	500.00	500.00	0.00	0.00	0.00	0.00	500.00	0.00
萍乡市卫生学校	104.00	83.00	65.00	2.00	15.00	0.00	0.00	1.00
独立使用	74.00	65.00	65.00	0.00	0.00	0.00	0.00	0.00
共同使用	30.00	18.00	0.00	2.00	15.00	0.00	0.00	1.00
新余电大分校本部	6780.00	2500.00	1950.00	100.00	450.00	0.00	0.00	0.00
独立使用	6780.00	2500.00	1950.00	100.00	450.00	0.00	0.00	0.00
新余电大分校分宜县工作站	3000.00	1400.00	900.00	100.00	200.00	0.00	100.00	100.00
独立使用	3000.00	1400.00	900.00	100.00	200.00	0.00	100.00	100.00
鹰潭电大分校本部	10112.00	5475.00	5183.00	71.00	221.00	0.00	0.00	0.00
独立使用	10112.00	5475.00	5183.00	71.00	221.00	0.00	0.00	0.00
鹰潭电大分校贵溪市工作站	2755.00	2695.00	924.00	189.00	567.00	567.00	252.00	196.00
独立使用	2335.00	2275.00	567.00	126.00	567.00	567.00	252.00	196.00
共同使用	420.00	420.00	357.00	63.00	0.00	0.00	0.00	0.00
赣州市电大校本部	12900.00	6300.00	5904.00	246.00	150.00	0.00	0.00	0.00
独立使用	12900.00	6300.00	5904.00	246.00	150.00	0.00	0.00	0.00
赣州市电大中共信丰县委党校教学点	61.00	16.00	12.00	1.00	2.00	0.00	0.00	1.00
独立使用	61.00	16.00	12.00	1.00	2.00	0.00	0.00	1.00
赣州市电大兴国县教师进修学校教学点	18853.00	4923.00	3563.00	260.00	880.00	20.00	0.00	200.00
独立使用	18853.00	4923.00	3563.00	260.00	880.00	20.00	0.00	200.00
大余县教师进修学校	592.00	492.00	492.00	0.00	0.00	0.00	0.00	0.00
共同使用	592.00	492.00	492.00	0.00	0.00	0.00	0.00	0.00
赣州市电大石城县教师进修学校教学点	2100.00	700.00	600.00	20.00	0.00	0.00	0.00	80.00
共同使用	2100.00	700.00	600.00	20.00	0.00	0.00	0.00	80.00
龙南教师进修学校	2016.00	1152.00	576.00	72.00	288.00	0.00	72.00	144.00
独立使用	2016.00	1152.00	576.00	72.00	288.00	0.00	72.00	144.00
赣州市电大赣县教师进修学校教学点	2878.00	892.00	503.00	63.00	63.00	0.00	0.00	263.00
独立使用	2878.00	892.00	503.00	63.00	63.00	0.00	0.00	263.00
赣州市电大中共上犹县委党校教学点	1300.00	1300.00	800.00	100.00	100.00	50.00	30.00	220.00
独立使用	1300.00	1300.00	800.00	100.00	100.00	50.00	30.00	220.00

建筑面积(续表46)

单位:平方米

行政办公用房	生活用房						教工住宅	其他用房
	计	学生宿舍(公寓)	学生食堂	教工宿舍(公寓)	教工食堂	生活福利及附属用房		
0.00	833.00	200.00	0.00	300.00	333.00	0.00	1047.00	0.00
1102.00	250.00	0.00	200.00	0.00	0.00	50.00	0.00	0.00
1102.00	250.00	0.00	200.00	0.00	0.00	50.00	0.00	0.00
348.00	2050.00	1000.00	500.00	200.00	120.00	230.00	0.00	170.00
288.00	1060.00	500.00	250.00	100.00	60.00	150.00	0.00	90.00
60.00	990.00	500.00	250.00	100.00	60.00	80.00	0.00	80.00
600.00	700.00	100.00	100.00	100.00	200.00	200.00	100.00	100.00
600.00	700.00	100.00	100.00	100.00	200.00	200.00	100.00	100.00
0.00	0.00	0.00	0.00	0.00	0.00	0.00	0.00	0.00
1.00	20.00	16.00	3.00	0.00	1.00	0.00	0.00	0.00
1.00	8.00	8.00	0.00	0.00	0.00	0.00	0.00	0.00
0.00	12.00	8.00	3.00	0.00	1.00	0.00	0.00	0.00
600.00	2600.00	2000.00	500.00	0.00	0.00	100.00	1080.00	0.00
600.00	2600.00	2000.00	500.00	0.00	0.00	100.00	1080.00	0.00
1000.00	300.00	0.00	0.00	0.00	100.00	200.00	0.00	300.00
1000.00	300.00	0.00	0.00	0.00	100.00	200.00	0.00	300.00
725.00	1000.00	900.00	100.00	0.00	0.00	0.00	2912.00	0.00
725.00	1000.00	900.00	100.00	0.00	0.00	0.00	2912.00	0.00
60.00	0.00	0.00	0.00	0.00	0.00	0.00	0.00	0.00
60.00	0.00	0.00	0.00	0.00	0.00	0.00	0.00	0.00
0.00	0.00	0.00	0.00	0.00	0.00	0.00	0.00	0.00
300.00	2820.00	2260.00	540.00	0.00	0.00	20.00	3480.00	0.00
300.00	2820.00	2260.00	540.00	0.00	0.00	20.00	3480.00	0.00
7.00	33.00	32.00	1.00	0.00	0.00	0.00	0.00	5.00
7.00	33.00	32.00	1.00	0.00	0.00	0.00	0.00	5.00
528.00	13302.00	12000.00	200.00	0.00	0.00	1102.00	0.00	100.00
528.00	13302.00	12000.00	200.00	0.00	0.00	1102.00	0.00	100.00
100.00	0.00	0.00	0.00	0.00	0.00	0.00	0.00	0.00
100.00	0.00	0.00	0.00	0.00	0.00	0.00	0.00	0.00
70.00	0.00	0.00	0.00	0.00	0.00	0.00	0.00	1330.00
70.00	0.00	0.00	0.00	0.00	0.00	0.00	0.00	1330.00
864.00	0.00	0.00	0.00	0.00	0.00	0.00	0.00	0.00
864.00	0.00	0.00	0.00	0.00	0.00	0.00	0.00	0.00
0.00	1986.00	689.00	263.00	0.00	0.00	1034.00	0.00	0.00
0.00	1986.00	689.00	263.00	0.00	0.00	1034.00	0.00	0.00
0.00	0.00	0.00	0.00	0.00	0.00	0.00	0.00	0.00
0.00	0.00	0.00	0.00	0.00	0.00	0.00	0.00	0.00

4.3 学校产权校舍

	合计	教学科研及辅助用房						
		计	教室	图书馆	实验室、实习场所	专用科研用房	体育馆	会堂
赣州市电大宁都县教师进修学校教学点	1540.00	1070.00	1070.00	0.00	0.00	0.00	0.00	0.00
独立使用	1540.00	1070.00	1070.00	0.00	0.00	0.00	0.00	0.00
赣州市电大寻乌县工作站(教师进修学校)	2552.00	1482.00	1306.00	120.00	56.00	0.00	0.00	0.00
独立使用	2552.00	1482.00	1306.00	120.00	56.00	0.00	0.00	0.00
赣州市电大中共南康市委党校教学点	2500.00	1610.00	1490.00	120.00	0.00	0.00	0.00	0.00
独立使用	2500.00	1610.00	1490.00	120.00	0.00	0.00	0.00	0.00
赣州市电大中共兴国县委党校教学点	106.00	39.00	30.00	2.00	2.00	2.00	1.00	2.00
独立使用	106.00	39.00	30.00	2.00	2.00	2.00	1.00	2.00
赣州市电大信丰县教师进修学校教学点	27.00	8.00	6.00	1.00	0.00	0.00	0.00	1.00
独立使用	27.00	8.00	6.00	1.00	0.00	0.00	0.00	1.00
江西会昌县职业技术学校	19620.00	10300.00	3600.00	500.00	3000.00	500.00	1200.00	1500.00
独立使用	19500.00	10300.00	3600.00	500.00	3000.00	500.00	1200.00	1500.00
共同使用	120.00	0.00	0.00	0.00	0.00	0.00	0.00	0.00
全南县教师进修学校	746.00	432.00	324.00	27.00	0.00	0.00	0.00	81.00
独立使用	746.00	432.00	324.00	27.00	0.00	0.00	0.00	81.00
宜春市电大宜丰县工作站(教师进修学校)	1600.00	1200.00	1080.00	80.00	40.00	0.00	0.00	0.00
独立使用	1600.00	1200.00	1080.00	80.00	40.00	0.00	0.00	0.00
吉安电大分校本部	41158.00	20064.00	14057.00	1218.00	1966.00	0.00	864.00	1959.00
共同使用	41158.00	20064.00	14057.00	1218.00	1966.00	0.00	864.00	1959.00
吉安电大分校吉水县教师进修学校教学点	1465.00	312.00	312.00	0.00	0.00	0.00	0.00	0.00
独立使用	1465.00	312.00	312.00	0.00	0.00	0.00	0.00	0.00
吉安电大分校吉安县教师进修学校教学点	4817.00	1360.00	1180.00	60.00	60.00	0.00	0.00	60.00
独立使用	4817.00	1360.00	1180.00	60.00	60.00	0.00	0.00	60.00
万安县委党校	2000.00	950.00	800.00	50.00	0.00	0.00	0.00	100.00
独立使用	2000.00	950.00	800.00	50.00	0.00	0.00	0.00	100.00
上饶市广播电视大学	5838.00	1637.20	1457.20	180.00	0.00	0.00	0.00	0.00
独立使用	5838.00	1637.20	1457.20	180.00	0.00	0.00	0.00	0.00
上饶市电大德兴市工作站	3000.00	600.00	300.00	50.00	50.00	0.00	100.00	100.00
共同使用	3000.00	600.00	300.00	50.00	50.00	0.00	100.00	100.00
上饶市电大婺源县工作站	10104.00	6036.00	4600.00	180.00	1000.00	0.00	0.00	256.00
独立使用	10104.00	6036.00	4600.00	180.00	1000.00	0.00	0.00	256.00
上饶市电大余干县工作站	580.00	470.00	420.00	50.00	0.00	0.00	0.00	0.00
独立使用	580.00	470.00	420.00	50.00	0.00	0.00	0.00	0.00
上饶市电大铅山县工作站	4300.00	3000.00	1800.00	200.00	200.00	200.00	300.00	300.00
独立使用	4300.00	3000.00	1800.00	200.00	200.00	200.00	300.00	300.00
上饶市电大横峰县工作站	10009.00	5990.00	4560.00	178.00	998.00	0.00	0.00	254.00
独立使用	468.00	178.00	0.00	178.00	0.00	0.00	0.00	0.00

建筑面积(续表47)

单位:平方米

行政办公用房	生活用房						教工住宅	其他用房
	计	学生宿舍(公寓)	学生食堂	教工宿舍(公寓)	教工食堂	生活福利及附属用房		
470.00	0.00	0.00	0.00	0.00	0.00	0.00	0.00	0.00
470.00	0.00	0.00	0.00	0.00	0.00	0.00	0.00	0.00
230.00	840.00	0.00	0.00	0.00	0.00	840.00	0.00	0.00
230.00	840.00	0.00	0.00	0.00	0.00	840.00	0.00	0.00
510.00	380.00	0.00	140.00	240.00	0.00	0.00	0.00	0.00
510.00	380.00	0.00	140.00	240.00	0.00	0.00	0.00	0.00
10.00	34.00	20.00	2.00	10.00	1.00	1.00	20.00	3.00
10.00	34.00	20.00	2.00	10.00	1.00	1.00	20.00	3.00
8.00	5.00	4.00	1.00	0.00	0.00	0.00	0.00	6.00
8.00	5.00	4.00	1.00	0.00	0.00	0.00	0.00	6.00
920.00	8400.00	5400.00	3000.00	0.00	0.00	0.00	0.00	0.00
800.00	8400.00	5400.00	3000.00	0.00	0.00	0.00	0.00	0.00
120.00	0.00	0.00	0.00	0.00	0.00	0.00	0.00	0.00
162.00	100.00	0.00	0.00	0.00	100.00	0.00	0.00	52.00
162.00	100.00	0.00	0.00	0.00	100.00	0.00	0.00	52.00
400.00	0.00	0.00	0.00	0.00	0.00	0.00	0.00	0.00
400.00	0.00	0.00	0.00	0.00	0.00	0.00	0.00	0.00
5801.00	14133.00	5880.00	2978.00	950.00	308.00	4017.00	1160.00	0.00
5801.00	14133.00	5880.00	2978.00	950.00	308.00	4017.00	1160.00	0.00
1153.00	0.00	0.00	0.00	0.00	0.00	0.00	0.00	0.00
1153.00	0.00	0.00	0.00	0.00	0.00	0.00	0.00	0.00
929.00	2528.00	400.00	280.00	200.00	28.00	1620.00	0.00	0.00
929.00	2528.00	400.00	280.00	200.00	28.00	1620.00	0.00	0.00
300.00	750.00	500.00	100.00	50.00	50.00	50.00	0.00	0.00
300.00	750.00	500.00	100.00	50.00	50.00	50.00	0.00	0.00
1355.00	2845.80	2400.00	445.80	0.00	0.00	0.00	0.00	0.00
1355.00	2845.80	2400.00	445.80	0.00	0.00	0.00	0.00	0.00
700.00	580.00	500.00	80.00	0.00	0.00	0.00	0.00	1120.00
700.00	580.00	500.00	80.00	0.00	0.00	0.00	0.00	1120.00
800.00	2200.00	1600.00	600.00	0.00	0.00	0.00	1068.00	0.00
800.00	2200.00	1600.00	600.00	0.00	0.00	0.00	1068.00	0.00
50.00	0.00	0.00	0.00	0.00	0.00	0.00	0.00	60.00
50.00	0.00	0.00	0.00	0.00	0.00	0.00	0.00	60.00
800.00	400.00	100.00	100.00	100.00	100.00	0.00	0.00	100.00
800.00	400.00	100.00	100.00	100.00	100.00	0.00	0.00	100.00
790.00	2173.00	1580.00	593.00	0.00	0.00	0.00	1056.00	0.00
290.00	0.00	0.00	0.00	0.00	0.00	0.00	0.00	0.00

4.3 学校产权校舍

	合计	教学科研及辅助用房						
		计	教室	图书馆	实验室、实习场所	专用科研用房	体育馆	会堂
共同使用	9541.00	5812.00	4560.00	0.00	998.00	0.00	0.00	254.00
上饶市电大鄱阳县工作站	5200.00	3200.00	1200.00	400.00	200.00	200.00	1000.00	200.00
独立使用	2600.00	1600.00	600.00	200.00	100.00	100.00	500.00	100.00
共同使用	2600.00	1600.00	600.00	200.00	100.00	100.00	500.00	100.00
上饶市电大万年县工作站	2715.00	1605.00	537.00	105.00	800.00	0.00	0.00	163.00
共同使用	2715.00	1605.00	537.00	105.00	800.00	0.00	0.00	163.00
上饶市电大广丰县工作站	6590.00	1751.00	1436.00	163.00	152.00	0.00	0.00	0.00
独立使用	6590.00	1751.00	1436.00	163.00	152.00	0.00	0.00	0.00
上饶市电大上饶县工作站	1600.00	700.00	500.00	0.00	200.00	0.00	0.00	0.00
独立使用	1600.00	700.00	500.00	0.00	200.00	0.00	0.00	0.00
抚州市电大校本部	13280.00	3600.00	3300.00	100.00	200.00	0.00	0.00	0.00
独立使用	13280.00	3600.00	3300.00	100.00	200.00	0.00	0.00	0.00
抚州市电大黎川县工作站	220.00	160.00	120.00	40.00	0.00	0.00	0.00	0.00
独立使用	220.00	160.00	120.00	40.00	0.00	0.00	0.00	0.00
抚州市电大崇仁县工作站	10122.00	1660.00	860.00	120.00	0.00	280.00	120.00	280.00
独立使用	10122.00	1660.00	860.00	120.00	0.00	280.00	120.00	280.00
抚州市电大资溪县工作站	340.00	340.00	200.00	140.00	0.00	0.00	0.00	0.00
独立使用	100.00	100.00	0.00	100.00	0.00	0.00	0.00	0.00
共同使用	240.00	240.00	200.00	40.00	0.00	0.00	0.00	0.00
抚州市电大南丰县工作站	32.00	16.00	6.00	2.00	2.00	2.00	2.00	2.00
独立使用	18.00	10.00	5.00	1.00	1.00	1.00	1.00	1.00
共同使用	14.00	6.00	1.00	1.00	1.00	1.00	1.00	1.00
抚州市电大南城县工作站	1516.00	1302.00	651.00	442.00	103.00	106.00	0.00	0.00
独立使用	1516.00	1302.00	651.00	442.00	103.00	106.00	0.00	0.00
中共东乡县委党校	5000.00	800.00	750.00	50.00	0.00	0.00	0.00	0.00
共同使用	5000.00	800.00	750.00	50.00	0.00	0.00	0.00	0.00
广昌县委党校	2114.00	1378.00	216.00	26.00	28.00	20.00	1008.00	80.00
独立使用	1898.00	1378.00	216.00	26.00	28.00	20.00	1008.00	80.00
共同使用	216.00	0.00	0.00	0.00	0.00	0.00	0.00	0.00
宜黄县委党校	8422.00	3002.00	600.00	142.00	0.00	0.00	2000.00	260.00
独立使用	8422.00	3002.00	600.00	142.00	0.00	0.00	2000.00	260.00
山东	**6343716.04**	**2582199.00**	**1302120.51**	**277117.44**	**628914.48**	**124137.25**	**162893.41**	**87015.91**
独立使用	1133275.60	603806.83	387934.27	30990.00	114328.56	11931.00	33297.00	25326.00
共同使用	5210440.44	1978392.17	914186.24	246127.44	514585.92	112206.25	129596.41	61689.91
山东广播电视大学	105409.00	22446.00	11359.00	1566.00	680.00	550.00	1500.00	6791.00
独立使用	105409.00	22446.00	11359.00	1566.00	680.00	550.00	1500.00	6791.00
济南广播电视大学直属	7620.00	4620.00	4000.00	200.00	400.00	20.00	0.00	0.00

建筑面积(续表48)

单位:平方米

行政办公用房	生活用房 计	学生宿舍(公寓)	学生食堂	教工宿舍(公寓)	教工食堂	生活福利及附属用房	教工住宅	其他用房
500.00	2173.00	1580.00	593.00	0.00	0.00	0.00	1056.00	0.00
400.00	1200.00	300.00	300.00	200.00	200.00	200.00	200.00	200.00
200.00	600.00	100.00	200.00	100.00	100.00	100.00	100.00	100.00
200.00	600.00	200.00	100.00	100.00	100.00	100.00	100.00	100.00
312.00	798.00	0.00	0.00	0.00	798.00	0.00	0.00	0.00
312.00	798.00	0.00	0.00	0.00	798.00	0.00	0.00	0.00
679.00	4160.00	1773.00	622.00	320.00	0.00	1445.00	0.00	0.00
679.00	4160.00	1773.00	622.00	320.00	0.00	1445.00	0.00	0.00
400.00	500.00	500.00	0.00	0.00	0.00	0.00	0.00	0.00
400.00	500.00	500.00	0.00	0.00	0.00	0.00	0.00	0.00
980.00	2800.00	2400.00	400.00	0.00	0.00	0.00	5900.00	0.00
980.00	2800.00	2400.00	400.00	0.00	0.00	0.00	5900.00	0.00
60.00	0.00	0.00	0.00	0.00	0.00	0.00	0.00	0.00
60.00	0.00	0.00	0.00	0.00	0.00	0.00	0.00	0.00
12.00	6330.00	2600.00	540.00	2900.00	0.00	290.00	2000.00	120.00
12.00	6330.00	2600.00	540.00	2900.00	0.00	290.00	2000.00	120.00
0.00	0.00	0.00	0.00	0.00	0.00	0.00	0.00	0.00
0.00	0.00	0.00	0.00	0.00	0.00	0.00	0.00	0.00
0.00	0.00	0.00	0.00	0.00	0.00	0.00	0.00	0.00
2.00	10.00	2.00	2.00	2.00	2.00	2.00	2.00	2.00
1.00	5.00	1.00	1.00	1.00	1.00	1.00	1.00	1.00
1.00	5.00	1.00	1.00	1.00	1.00	1.00	1.00	1.00
214.00	0.00	0.00	0.00	0.00	0.00	0.00	0.00	0.00
214.00	0.00	0.00	0.00	0.00	0.00	0.00	0.00	0.00
200.00	4000.00	800.00	450.00	2750.00	0.00	0.00	0.00	0.00
200.00	4000.00	800.00	450.00	2750.00	0.00	0.00	0.00	0.00
120.00	616.00	400.00	108.00	0.00	108.00	0.00	0.00	0.00
120.00	400.00	400.00	0.00	0.00	0.00	0.00	0.00	0.00
0.00	216.00	0.00	108.00	0.00	108.00	0.00	0.00	0.00
1200.00	2220.00	1600.00	620.00	0.00	0.00	0.00	0.00	2000.00
1200.00	2220.00	1600.00	620.00	0.00	0.00	0.00	0.00	2000.00
338418.20	**1765638.85**	**1166103.83**	**237883.17**	**276211.84**	**18505.29**	**66934.73**	**1288149.18**	**369310.81**
117337.62	322562.16	270642.97	37534.09	7154.70	2718.00	4512.40	79998.18	9570.81
221080.58	1443076.69	895460.86	200349.08	269057.14	15787.29	62422.33	1208151.00	359740.00
24788.00	25298.00	17180.00	6438.00	365.00	220.00	1095.00	31475.00	1402.00
24788.00	25298.00	17180.00	6438.00	365.00	220.00	1095.00	31475.00	1402.00
400.00	2600.00	2000.00	600.00	0.00	0.00	0.00	0.00	0.00

4.3 学校产权校舍

	合计	教学科研及辅助用房						
		计	教室	图书馆	实验室、实习场所	专用科研用房	体育馆	会堂
独立使用	7620.00	4620.00	4000.00	200.00	400.00	20.00	0.00	0.00
济南广播电视大学商河县工作站	920.00	500.00	440.00	20.00	40.00	0.00	0.00	0.00
独立使用	920.00	500.00	440.00	20.00	40.00	0.00	0.00	0.00
济南广播电视大学章丘分校	39.00	24.00	20.00	1.00	1.00	1.00	0.00	1.00
独立使用	39.00	24.00	20.00	1.00	1.00	1.00	0.00	1.00
济南电大平阴分校	63281.00	34284.00	10626.00	5574.00	13682.00	3301.00	1101.00	0.00
共同使用	63281.00	34284.00	10626.00	5574.00	13682.00	3301.00	1101.00	0.00
济南广播电视大学济阳分校	1620.00	1026.00	972.00	54.00	0.00	0.00	0.00	0.00
独立使用	1620.00	1026.00	972.00	54.00	0.00	0.00	0.00	0.00
威海广播电视大学	32538.00	12424.00	6562.00	3802.00	400.00	1000.00	300.00	360.00
独立使用	15378.00	8864.00	4732.00	3772.00	300.00	0.00	0.00	60.00
共同使用	17160.00	3560.00	1830.00	30.00	100.00	1000.00	300.00	300.00
淄博广播电视大学直属部	1400000.00	334434.00	206890.00	38000.00	67802.00	16950.00	2200.00	2592.00
共同使用	1400000.00	334434.00	206890.00	38000.00	67802.00	16950.00	2200.00	2592.00
淄博广播电视大学临淄分校	8.00	4.00	4.00	0.00	0.00	0.00	0.00	0.00
独立使用	8.00	4.00	4.00	0.00	0.00	0.00	0.00	0.00
淄博广播电视大学淄川分校	11.00	11.00	6.00	1.00	2.00	2.00	0.00	0.00
独立使用	11.00	11.00	6.00	1.00	2.00	2.00	0.00	0.00
淄博电大博山分校	3640.00	940.00	0.00	820.00	40.00	30.00	20.00	30.00
共同使用	3640.00	940.00	0.00	820.00	40.00	30.00	20.00	30.00
淄博广播电视大学周村分校	41607.40	24629.20	7822.00	100.00	14151.20	0.00	2111.00	445.00
独立使用	41607.40	24629.20	7822.00	100.00	14151.20	0.00	2111.00	445.00
淄博广播电视大学沂源分校	34.00	29.00	22.00	1.00	4.00	0.00	0.00	2.00
独立使用	34.00	29.00	22.00	1.00	4.00	0.00	0.00	2.00
淄博桓台教师进修学校	350.00	350.00	350.00	0.00	0.00	0.00	0.00	0.00
独立使用	350.00	350.00	350.00	0.00	0.00	0.00	0.00	0.00
淄博广播电视大学高青分校	8.00	4.00	4.00	0.00	0.00	0.00	0.00	0.00
独立使用	8.00	4.00	4.00	0.00	0.00	0.00	0.00	0.00
淄博市工业学校	8.00	4.00	4.00	0.00	0.00	0.00	0.00	0.00
独立使用	8.00	4.00	4.00	0.00	0.00	0.00	0.00	0.00
枣庄广播电视大学直属学院	67637.00	18500.00	14500.00	600.00	2400.00	0.00	1000.00	0.00
共同使用	67637.00	18500.00	14500.00	600.00	2400.00	0.00	1000.00	0.00
枣庄电大滕州分校	268050.00	151700.00	120000.00	8000.00	10000.00	4500.00	8000.00	1200.00
独立使用	268050.00	151700.00	120000.00	8000.00	10000.00	4500.00	8000.00	1200.00
枣庄市团校	1700.00	1200.00	1000.00	0.00	0.00	0.00	0.00	200.00
独立使用	1700.00	1200.00	1000.00	0.00	0.00	0.00	0.00	200.00
枣庄电大台儿庄分校	35896.00	9296.00	0.00	1420.00	5626.00	0.00	0.00	2250.00

建筑面积(续表49)

单位:平方米

行政办公用房	生活用房						教工住宅	其他用房
	计	学生宿舍(公寓)	学生食堂	教工宿舍(公寓)	教工食堂	生活福利及附属用房		
400.00	2600.00	2000.00	600.00	0.00	0.00	0.00	0.00	0.00
360.00	40.00	0.00	0.00	0.00	0.00	40.00	0.00	20.00
360.00	40.00	0.00	0.00	0.00	0.00	40.00	0.00	20.00
10.00	5.00	1.00	1.00	1.00	1.00	1.00	0.00	0.00
10.00	5.00	1.00	1.00	1.00	1.00	1.00	0.00	0.00
8721.00	20276.00	16316.00	3960.00	0.00	0.00	0.00	0.00	0.00
8721.00	20276.00	16316.00	3960.00	0.00	0.00	0.00	0.00	0.00
540.00	0.00	0.00	0.00	0.00	0.00	0.00	0.00	54.00
540.00	0.00	0.00	0.00	0.00	0.00	0.00	0.00	54.00
6514.00	8600.00	4300.00	3000.00	1000.00	300.00	0.00	5000.00	0.00
6514.00	0.00	0.00	0.00	0.00	0.00	0.00	0.00	0.00
0.00	8600.00	4300.00	3000.00	1000.00	300.00	0.00	5000.00	0.00
25508.00	525430.00	271035.00	29000.00	223833.00	546.00	1016.00	194085.00	320543.00
25508.00	525430.00	271035.00	29000.00	223833.00	546.00	1016.00	194085.00	320543.00
4.00	0.00	0.00	0.00	0.00	0.00	0.00	0.00	0.00
4.00	0.00	0.00	0.00	0.00	0.00	0.00	0.00	0.00
0.00	0.00	0.00	0.00	0.00	0.00	0.00	0.00	0.00
0.00	0.00	0.00	0.00	0.00	0.00	0.00	0.00	0.00
300.00	2400.00	400.00	1000.00	0.00	1000.00	0.00	0.00	0.00
300.00	2400.00	400.00	1000.00	0.00	1000.00	0.00	0.00	0.00
3978.00	10553.00	7309.00	2000.00	251.70	0.00	992.30	0.00	2447.20
3978.00	10553.00	7309.00	2000.00	251.70	0.00	992.30	0.00	2447.20
5.00	0.00	0.00	0.00	0.00	0.00	0.00	0.00	0.00
5.00	0.00	0.00	0.00	0.00	0.00	0.00	0.00	0.00
0.00	0.00	0.00	0.00	0.00	0.00	0.00	0.00	0.00
0.00	0.00	0.00	0.00	0.00	0.00	0.00	0.00	0.00
4.00	0.00	0.00	0.00	0.00	0.00	0.00	0.00	0.00
4.00	0.00	0.00	0.00	0.00	0.00	0.00	0.00	0.00
4.00	0.00	0.00	0.00	0.00	0.00	0.00	0.00	0.00
4.00	0.00	0.00	0.00	0.00	0.00	0.00	0.00	0.00
2000.00	36802.00	30000.00	3000.00	1500.00	512.00	1790.00	10335.00	0.00
2000.00	36802.00	30000.00	3000.00	1500.00	512.00	1790.00	10335.00	0.00
34000.00	82350.00	80000.00	2000.00	0.00	350.00	0.00	0.00	0.00
34000.00	82350.00	80000.00	2000.00	0.00	350.00	0.00	0.00	0.00
500.00	0.00	0.00	0.00	0.00	0.00	0.00	0.00	0.00
500.00	0.00	0.00	0.00	0.00	0.00	0.00	0.00	0.00
4244.00	12802.00	5200.00	6936.00	0.00	500.00	166.00	6800.00	2754.00

4.3 学校产权校舍

	合计	教学科研及辅助用房						
		计	教室	图书馆	实验室、实习场所	专用科研用房	体育馆	会堂
独立使用	40.00	0.00	0.00	0.00	0.00	0.00	0.00	0.00
共同使用	35856.00	9296.00	0.00	1420.00	5626.00	0.00	0.00	2250.00
烟台电大直属	820.00	600.00	300.00	300.00	0.00	0.00	0.00	0.00
独立使用	290.00	100.00	100.00	0.00	0.00	0.00	0.00	0.00
共同使用	530.00	500.00	200.00	300.00	0.00	0.00	0.00	0.00
烟台开发区广播电视大学	70221.00	42610.00	32099.00	2300.00	8211.00	0.00	0.00	0.00
独立使用	70221.00	42610.00	32099.00	2300.00	8211.00	0.00	0.00	0.00
烟台电大牟平分校	38100.00	23300.00	800.00	1500.00	20000.00	0.00	0.00	1000.00
独立使用	100.00	0.00	0.00	0.00	0.00	0.00	0.00	0.00
共同使用	38000.00	23300.00	800.00	1500.00	20000.00	0.00	0.00	1000.00
烟台电大蓬莱二职专分校	73249.00	60873.00	14297.00	1500.00	7548.00	14293.00	22135.00	1100.00
独立使用	4.00	4.00	4.00	0.00	0.00	0.00	0.00	0.00
共同使用	73245.00	60869.00	14293.00	1500.00	7548.00	14293.00	22135.00	1100.00
烟台电大招远分校	62.00	52.00	40.00	1.00	5.00	3.00	1.00	2.00
独立使用	2.00	0.00	0.00	0.00	0.00	0.00	0.00	0.00
共同使用	60.00	52.00	40.00	1.00	5.00	3.00	1.00	2.00
烟台电大栖霞市高级职业学校	22800.00	10400.00	3600.00	1000.00	2000.00	600.00	1200.00	2000.00
独立使用	600.00	0.00	0.00	0.00	0.00	0.00	0.00	0.00
共同使用	22200.00	10400.00	3600.00	1000.00	2000.00	600.00	1200.00	2000.00
烟台电大龙口分校	36.00	34.00	30.00	1.00	1.00	0.00	0.00	2.00
独立使用	2.00	1.00	0.00	0.00	0.00	0.00	0.00	1.00
共同使用	34.00	33.00	30.00	1.00	1.00	0.00	0.00	1.00
烟台第一职业中专学校	16400.00	6600.00	2000.00	1000.00	2000.00	600.00	400.00	600.00
独立使用	600.00	0.00	0.00	0.00	0.00	0.00	0.00	0.00
共同使用	15800.00	6600.00	2000.00	1000.00	2000.00	600.00	400.00	600.00
烟台电大海阳分校	157261.00	39762.00	24722.00	640.00	12000.00	0.00	0.00	2400.00
独立使用	157261.00	39762.00	24722.00	640.00	12000.00	0.00	0.00	2400.00
烟台电大汽车工程分校	305211.00	195550.00	68670.00	20286.00	106594.00	0.00	0.00	0.00
共同使用	305211.00	195550.00	68670.00	20286.00	106594.00	0.00	0.00	0.00
潍坊广播电视大学直属教学点	180324.00	57573.00	23289.00	7754.00	18966.00	0.00	3680.00	3884.00
共同使用	180324.00	57573.00	23289.00	7754.00	18966.00	0.00	3680.00	3884.00
潍坊广播电视大学诸城分校	266919.00	161052.00	93332.00	20302.00	33900.00	600.00	9318.00	3600.00
独立使用	2112.00	1512.00	1512.00	0.00	0.00	0.00	0.00	0.00
共同使用	264807.00	159540.00	91820.00	20302.00	33900.00	600.00	9318.00	3600.00
潍坊广播电视大学寿光分校	1226036.00	269536.00	121236.00	36000.00	41000.00	50300.00	10500.00	10500.00
独立使用	11036.00	4536.00	1236.00	1000.00	1000.00	300.00	500.00	500.00
共同使用	1215000.00	265000.00	120000.00	35000.00	40000.00	50000.00	10000.00	10000.00

建筑面积(续表50)

单位:平方米

行政办公用房	生活用房						教工住宅	其他用房
	计	学生宿舍(公寓)	学生食堂	教工宿舍(公寓)	教工食堂	生活福利及附属用房		
40.00	0.00	0.00	0.00	0.00	0.00	0.00	0.00	0.00
4204.00	12802.00	5200.00	6936.00	0.00	500.00	166.00	6800.00	2754.00
220.00	0.00	0.00	0.00	0.00	0.00	0.00	0.00	0.00
190.00	0.00	0.00	0.00	0.00	0.00	0.00	0.00	0.00
30.00	0.00	0.00	0.00	0.00	0.00	0.00	0.00	0.00
2700.00	20211.00	13211.00	7000.00	0.00	0.00	0.00	3498.00	1202.00
2700.00	20211.00	13211.00	7000.00	0.00	0.00	0.00	3498.00	1202.00
300.00	9500.00	3000.00	4000.00	1000.00	1200.00	300.00	0.00	5000.00
100.00	0.00	0.00	0.00	0.00	0.00	0.00	0.00	0.00
200.00	9500.00	3000.00	4000.00	1000.00	1200.00	300.00	0.00	5000.00
3269.00	9107.00	5931.00	2167.00	0.00	0.00	1009.00	0.00	0.00
0.00	0.00	0.00	0.00	0.00	0.00	0.00	0.00	0.00
3269.00	9107.00	5931.00	2167.00	0.00	0.00	1009.00	0.00	0.00
2.00	8.00	5.00	1.00	1.00	1.00	0.00	0.00	0.00
2.00	0.00	0.00	0.00	0.00	0.00	0.00	0.00	0.00
0.00	8.00	5.00	1.00	1.00	1.00	0.00	0.00	0.00
600.00	10400.00	5500.00	3000.00	1000.00	600.00	300.00	1000.00	400.00
600.00	0.00	0.00	0.00	0.00	0.00	0.00	0.00	0.00
0.00	10400.00	5500.00	3000.00	1000.00	600.00	300.00	1000.00	400.00
2.00	0.00	0.00	0.00	0.00	0.00	0.00	0.00	0.00
1.00	0.00	0.00	0.00	0.00	0.00	0.00	0.00	0.00
1.00	0.00	0.00	0.00	0.00	0.00	0.00	0.00	0.00
1000.00	8800.00	5500.00	2000.00	500.00	400.00	400.00	0.00	0.00
600.00	0.00	0.00	0.00	0.00	0.00	0.00	0.00	0.00
400.00	8800.00	5500.00	2000.00	500.00	400.00	400.00	0.00	0.00
4148.00	112595.00	107477.00	5118.00	0.00	0.00	0.00	0.00	756.00
4148.00	112595.00	107477.00	5118.00	0.00	0.00	0.00	0.00	756.00
6050.00	103611.00	81900.00	11305.00	4446.00	2951.00	3009.00	0.00	0.00
6050.00	103611.00	81900.00	11305.00	4446.00	2951.00	3009.00	0.00	0.00
16319.00	59987.00	35317.00	7758.00	2843.00	1298.00	12771.00	46445.00	0.00
16319.00	59987.00	35317.00	7758.00	2843.00	1298.00	12771.00	46445.00	0.00
11402.00	80455.00	57738.00	9355.00	9300.00	2000.00	2062.00	11228.00	2782.00
600.00	0.00	0.00	0.00	0.00	0.00	0.00	0.00	0.00
10802.00	80455.00	57738.00	9355.00	9300.00	2000.00	2062.00	11228.00	2782.00
50500.00	0.00	0.00	0.00	0.00	0.00	0.00	906000.00	0.00
500.00	0.00	0.00	0.00	0.00	0.00	0.00	6000.00	0.00
50000.00	0.00	0.00	0.00	0.00	0.00	0.00	900000.00	0.00

4.3 学校产权校舍

	合计	教学科研及辅助用房						
		计	教室	图书馆	实验室、实习场所	专用科研用房	体育馆	会堂
潍坊广播电视大学青州分校	63410.00	40350.00	8800.00	1050.00	3200.00	300.00	24000.00	3000.00
独立使用	14910.00	14650.00	800.00	150.00	200.00	0.00	12000.00	1500.00
共同使用	48500.00	25700.00	8000.00	900.00	3000.00	300.00	12000.00	1500.00
潍坊广播电视大学安丘分校	8810.00	2050.00	1230.00	260.00	360.00	0.00	0.00	200.00
独立使用	8810.00	2050.00	1230.00	260.00	360.00	0.00	0.00	200.00
潍坊广播电视大学高密分校	18.00	18.00	12.00	1.00	4.00	0.00	0.00	1.00
共同使用	18.00	18.00	12.00	1.00	4.00	0.00	0.00	1.00
潍坊广播电视大学临朐分校	50.00	50.00	50.00	0.00	0.00	0.00	0.00	0.00
共同使用	50.00	50.00	50.00	0.00	0.00	0.00	0.00	0.00
潍坊广播电视大学昌乐分校	710.00	510.00	510.00	0.00	0.00	0.00	0.00	0.00
独立使用	700.00	500.00	500.00	0.00	0.00	0.00	0.00	0.00
共同使用	10.00	10.00	10.00	0.00	0.00	0.00	0.00	0.00
潍坊电大寒亭分校	1000.00	900.00	200.00	200.00	200.00	100.00	100.00	100.00
独立使用	1000.00	900.00	200.00	200.00	200.00	100.00	100.00	100.00
临沂电大直属教学班	5900.00	2100.00	200.00	290.00	410.00	100.00	1000.00	100.00
独立使用	600.00	400.00	200.00	100.00	100.00	0.00	0.00	0.00
共同使用	5300.00	1700.00	0.00	190.00	310.00	100.00	1000.00	100.00
泰安电大直属学院	7900.00	6800.00	3050.00	1050.00	500.00	0.00	2000.00	200.00
独立使用	1100.00	500.00	450.00	50.00	0.00	0.00	0.00	0.00
共同使用	6800.00	6300.00	2600.00	1000.00	500.00	0.00	2000.00	200.00
泰安电大新泰分校	75.00	23.00	14.00	1.00	4.00	2.00	1.00	1.00
独立使用	28.00	2.00	2.00	0.00	0.00	0.00	0.00	0.00
共同使用	47.00	21.00	12.00	1.00	4.00	2.00	1.00	1.00
泰安电大肥城分校	28800.00	2500.00	2000.00	200.00	50.00	50.00	100.00	100.00
独立使用	28800.00	2500.00	2000.00	200.00	50.00	50.00	100.00	100.00
泰安电大宁阳分校	22.00	15.00	10.00	1.00	1.00	1.00	1.00	1.00
独立使用	17.00	15.00	10.00	1.00	1.00	1.00	1.00	1.00
共同使用	5.00	0.00	0.00	0.00	0.00	0.00	0.00	0.00
泰安电大东平分校	5500.00	2900.00	1500.00	200.00	1000.00	200.00	0.00	0.00
独立使用	4500.00	1900.00	500.00	200.00	1000.00	200.00	0.00	0.00
共同使用	1000.00	1000.00	1000.00	0.00	0.00	0.00	0.00	0.00
泰安电大岱岳区教学点	11500.00	4600.00	800.00	800.00	1200.00	300.00	800.00	700.00
独立使用	6000.00	1700.00	600.00	300.00	200.00	100.00	300.00	200.00
共同使用	5500.00	2900.00	200.00	500.00	1000.00	200.00	500.00	500.00
济宁电大直属教学点	355999.00	215551.00	109146.00	59861.00	10602.00	10000.00	12356.00	13586.00
共同使用	355999.00	215551.00	109146.00	59861.00	10602.00	10000.00	12356.00	13586.00
济宁电大任城区职业中等专业学校	6141.99	1714.36	1424.00	0.00	290.36	0.00	0.00	0.00

建筑面积(续表51)

单位:平方米

行政办公用房	生活用房						教工住宅	其他用房
	计	学生宿舍(公寓)	学生食堂	教工宿舍(公寓)	教工食堂	生活福利及附属用房		
2160.00	20600.00	12100.00	5000.00	1500.00	500.00	1500.00	0.00	300.00
160.00	100.00	100.00	0.00	0.00	0.00	0.00	0.00	0.00
2000.00	20500.00	12000.00	5000.00	1500.00	500.00	1500.00	0.00	300.00
2000.00	4660.00	3000.00	500.00	860.00	300.00	0.00	0.00	100.00
2000.00	4660.00	3000.00	500.00	860.00	300.00	0.00	0.00	100.00
0.00	0.00	0.00	0.00	0.00	0.00	0.00	0.00	0.00
0.00	0.00	0.00	0.00	0.00	0.00	0.00	0.00	0.00
0.00	0.00	0.00	0.00	0.00	0.00	0.00	0.00	0.00
0.00	0.00	0.00	0.00	0.00	0.00	0.00	0.00	0.00
200.00	0.00	0.00	0.00	0.00	0.00	0.00	0.00	0.00
200.00	0.00	0.00	0.00	0.00	0.00	0.00	0.00	0.00
0.00	0.00	0.00	0.00	0.00	0.00	0.00	0.00	0.00
100.00	0.00	0.00	0.00	0.00	0.00	0.00	0.00	0.00
100.00	0.00	0.00	0.00	0.00	0.00	0.00	0.00	0.00
2350.00	1450.00	840.00	260.00	200.00	150.00	0.00	0.00	0.00
200.00	0.00	0.00	0.00	0.00	0.00	0.00	0.00	0.00
2150.00	1450.00	840.00	260.00	200.00	150.00	0.00	0.00	0.00
1100.00	0.00	0.00	0.00	0.00	0.00	0.00	0.00	0.00
600.00	0.00	0.00	0.00	0.00	0.00	0.00	0.00	0.00
500.00	0.00	0.00	0.00	0.00	0.00	0.00	0.00	0.00
4.00	48.00	48.00	0.00	0.00	0.00	0.00	0.00	0.00
2.00	24.00	24.00	0.00	0.00	0.00	0.00	0.00	0.00
2.00	24.00	24.00	0.00	0.00	0.00	0.00	0.00	0.00
6000.00	200.00	0.00	0.00	200.00	0.00	0.00	20000.00	100.00
6000.00	200.00	0.00	0.00	200.00	0.00	0.00	20000.00	100.00
2.00	5.00	1.00	1.00	1.00	1.00	1.00	0.00	0.00
2.00	0.00	0.00	0.00	0.00	0.00	0.00	0.00	0.00
0.00	5.00	1.00	1.00	1.00	1.00	1.00	0.00	0.00
100.00	2500.00	1500.00	0.00	1000.00	0.00	0.00	0.00	0.00
100.00	2500.00	1500.00	0.00	1000.00	0.00	0.00	0.00	0.00
0.00	0.00	0.00	0.00	0.00	0.00	0.00	0.00	0.00
400.00	4700.00	500.00	400.00	2800.00	400.00	600.00	1500.00	300.00
200.00	2900.00	300.00	200.00	2000.00	100.00	300.00	1000.00	200.00
200.00	1800.00	200.00	200.00	800.00	300.00	300.00	500.00	100.00
2630.00	126046.00	68876.00	52351.00	0.00	600.00	4219.00	11772.00	0.00
2630.00	126046.00	68876.00	52351.00	0.00	600.00	4219.00	11772.00	0.00
1516.00	1131.30	347.20	276.00	0.00	0.00	508.10	1423.18	357.15

4.3 学校产权校舍

	合计	教学科研及辅助用房						
		计	教室	图书馆	实验室、实习场所	专用科研用房	体育馆	会堂
独立使用	6141.99	1714.36	1424.00	0.00	290.36	0.00	0.00	0.00
济宁电大微山分校	8764.00	5345.00	5145.00	0.00	200.00	0.00	0.00	0.00
独立使用	8764.00	5345.00	5145.00	0.00	200.00	0.00	0.00	0.00
济宁电大金乡分校	6100.00	4800.00	3600.00	600.00	600.00	0.00	0.00	0.00
共同使用	6100.00	4800.00	3600.00	600.00	600.00	0.00	0.00	0.00
济宁电大嘉祥分校	82526.00	37737.00	11806.00	360.00	7576.00	24.00	17671.00	300.00
独立使用	196.00	160.00	160.00	0.00	0.00	0.00	0.00	0.00
共同使用	82330.00	37577.00	11646.00	360.00	7576.00	24.00	17671.00	300.00
济宁电大汶上分校	410.00	269.00	160.00	100.00	2.00	4.00	2.00	1.00
独立使用	270.00	219.00	110.00	100.00	2.00	4.00	2.00	1.00
共同使用	140.00	50.00	50.00	0.00	0.00	0.00	0.00	0.00
济宁电大曲阜分校	24.00	19.00	9.00	2.00	5.00	1.00	0.00	2.00
独立使用	15.00	11.00	4.00	1.00	4.00	1.00	0.00	1.00
共同使用	9.00	8.00	5.00	1.00	1.00	0.00	0.00	1.00
兖州矿区电大分校	85924.72	50740.48	25370.24	14902.66	5237.04	3837.04	0.00	1393.50
共同使用	85924.72	50740.48	25370.24	14902.66	5237.04	3837.04	0.00	1393.50
菏泽广播电视大学	400.00	200.00	200.00	0.00	0.00	0.00	0.00	0.00
独立使用	400.00	200.00	200.00	0.00	0.00	0.00	0.00	0.00
菏泽电大成武分校	980.00	600.00	280.00	120.00	100.00	0.00	100.00	0.00
独立使用	980.00	600.00	280.00	120.00	100.00	0.00	100.00	0.00
菏泽电大定陶分校	38000.00	20000.00	10000.00	3000.00	7000.00	0.00	0.00	0.00
独立使用	38000.00	20000.00	10000.00	3000.00	7000.00	0.00	0.00	0.00
菏泽电大鄄城分校	100.00	0.00	0.00	0.00	0.00	0.00	0.00	0.00
独立使用	100.00	0.00	0.00	0.00	0.00	0.00	0.00	0.00
菏泽电大曹县教师进修学校	9551.00	4731.00	1286.00	245.00	325.00	120.00	2335.00	420.00
独立使用	9551.00	4731.00	1286.00	245.00	325.00	120.00	2335.00	420.00
聊城电大直属教学班	800.00	540.00	360.00	0.00	480.00	0.00	0.00	0.00
独立使用	260.00	0.00	0.00	0.00	0.00	0.00	0.00	0.00
共同使用	540.00	540.00	360.00	0.00	180.00	0.00	0.00	0.00
聊城电大冠县分校	2004.00	1004.00	504.00	200.00	100.00	100.00	50.00	50.00
独立使用	2004.00	1004.00	504.00	200.00	100.00	100.00	50.00	50.00
德州广播电视大学	15743.00	2660.00	1758.00	266.00	636.00	0.00	0.00	0.00
独立使用	1050.00	100.00	100.00	0.00	0.00	0.00	0.00	0.00
共同使用	14693.00	2560.00	1658.00	266.00	636.00	0.00	0.00	0.00
德州电大齐河教师进修学校	1715.00	615.00	495.00	50.00	0.00	0.00	0.00	70.00
独立使用	1715.00	615.00	495.00	50.00	0.00	0.00	0.00	70.00
德州电大禹城教师进修学校	1170.00	1020.00	320.00	200.00	0.00	0.00	500.00	0.00

建筑面积(续表52)

单位:平方米

行政办公用房	生活用房						教工住宅	其他用房
	计	学生宿舍(公寓)	学生食堂	教工宿舍(公寓)	教工食堂	生活福利及附属用房		
1516.00	1131.30	347.20	276.00	0.00	0.00	508.10	1423.18	357.15
755.00	1364.00	500.00	864.00	0.00	0.00	0.00	0.00	1300.00
755.00	1364.00	500.00	864.00	0.00	0.00	0.00	0.00	1300.00
1300.00	0.00	0.00	0.00	0.00	0.00	0.00	0.00	0.00
1300.00	0.00	0.00	0.00	0.00	0.00	0.00	0.00	0.00
2444.00	14345.00	13075.00	1150.00	120.00	0.00	0.00	12000.00	16000.00
36.00	0.00	0.00	0.00	0.00	0.00	0.00	0.00	0.00
2408.00	14345.00	13075.00	1150.00	120.00	0.00	0.00	12000.00	16000.00
21.00	100.00	20.00	20.00	20.00	20.00	20.00	10.00	10.00
1.00	50.00	10.00	10.00	10.00	10.00	10.00	0.00	0.00
20.00	50.00	10.00	10.00	10.00	10.00	10.00	10.00	10.00
3.00	2.00	1.00	1.00	0.00	0.00	0.00	0.00	0.00
2.00	2.00	1.00	1.00	0.00	0.00	0.00	0.00	0.00
1.00	0.00	0.00	0.00	0.00	0.00	0.00	0.00	0.00
0.00	35184.24	27173.92	4196.87	0.00	1216.29	2597.16	0.00	0.00
0.00	35184.24	27173.92	4196.87	0.00	1216.29	2597.16	0.00	0.00
200.00	0.00	0.00	0.00	0.00	0.00	0.00	0.00	0.00
200.00	0.00	0.00	0.00	0.00	0.00	0.00	0.00	0.00
80.00	300.00	200.00	100.00	0.00	0.00	0.00	0.00	0.00
80.00	300.00	200.00	100.00	0.00	0.00	0.00	0.00	0.00
5000.00	13000.00	10000.00	3000.00	0.00	0.00	0.00	0.00	0.00
5000.00	13000.00	10000.00	3000.00	0.00	0.00	0.00	0.00	0.00
100.00	0.00	0.00	0.00	0.00	0.00	0.00	0.00	0.00
100.00	0.00	0.00	0.00	0.00	0.00	0.00	0.00	0.00
860.00	3820.00	2550.00	620.00	220.00	0.00	430.00	0.00	140.00
860.00	3820.00	2550.00	620.00	220.00	0.00	430.00	0.00	140.00
260.00	0.00	0.00	0.00	0.00	0.00	0.00	0.00	0.00
260.00	0.00	0.00	0.00	0.00	0.00	0.00	0.00	0.00
0.00	0.00	0.00	0.00	0.00	0.00	0.00	0.00	0.00
1000.00	0.00	0.00	0.00	0.00	0.00	0.00	0.00	0.00
1000.00	0.00	0.00	0.00	0.00	0.00	0.00	0.00	0.00
1791.00	5078.00	3578.00	1500.00	0.00	0.00	0.00	6214.00	0.00
150.00	0.00	0.00	0.00	0.00	0.00	0.00	800.00	0.00
1641.00	5078.00	3578.00	1500.00	0.00	0.00	0.00	5414.00	0.00
100.00	1000.00	900.00	100.00	0.00	0.00	0.00	0.00	0.00
100.00	1000.00	900.00	100.00	0.00	0.00	0.00	0.00	0.00
150.00	0.00	0.00	0.00	0.00	0.00	0.00	0.00	0.00

4.3 学校产权校舍

	合计	教学科研及辅助用房					体育馆	会堂
		计	教室	图书馆	实验室、实习场所	专用科研用房		
独立使用	470.00	320.00	320.00	0.00	0.00	0.00	0.00	0.00
共同使用	700.00	700.00	0.00	200.00	0.00	0.00	500.00	0.00
德州电大平原教师进修学校	6470.00	2500.00	1250.00	950.00	100.00	100.00	0.00	100.00
共同使用	6470.00	2500.00	1250.00	950.00	100.00	100.00	0.00	100.00
德州电大武城教师进修学校	2563.00	1643.00	1343.00	60.00	120.00	0.00	0.00	120.00
共同使用	2563.00	1643.00	1343.00	60.00	120.00	0.00	0.00	120.00
德州电大夏津教师进修学校	4800.00	3000.00	2100.00	500.00	100.00	200.00	0.00	100.00
共同使用	4800.00	3000.00	2100.00	500.00	100.00	200.00	0.00	100.00
德州电大陵县分校	15069.00	6940.00	512.00	217.00	272.00	143.00	5600.00	196.00
独立使用	521.00	444.00	252.00	56.00	80.00	0.00	0.00	56.00
共同使用	14548.00	6496.00	260.00	161.00	192.00	143.00	5600.00	140.00
德州电大临邑分校	1516.00	1226.00	548.00	280.00	280.00	80.00	38.00	0.00
独立使用	458.00	313.00	174.00	40.00	40.00	40.00	19.00	0.00
共同使用	1058.00	913.00	374.00	240.00	240.00	40.00	19.00	0.00
德州电大乐陵教师进修学校	6490.00	1760.00	720.00	330.00	580.00	10.00	0.00	120.00
独立使用	10.00	0.00	0.00	0.00	0.00	0.00	0.00	0.00
共同使用	6480.00	1760.00	720.00	330.00	580.00	10.00	0.00	120.00
德州电大庆云分校	900.00	540.00	360.00	60.00	60.00	0.00	60.00	0.00
共同使用	900.00	540.00	360.00	60.00	60.00	0.00	60.00	0.00
滨州电大直属班	440673.72	203705.69	57044.00	20546.78	108778.88	4440.21	5846.41	7049.41
共同使用	440673.72	203705.69	57044.00	20546.78	108778.88	4440.21	5846.41	7049.41
滨州广播电视大学惠民县分校	16845.00	10234.00	5184.00	0.00	5050.00	0.00	0.00	0.00
独立使用	16845.00	10234.00	5184.00	0.00	5050.00	0.00	0.00	0.00
滨州广播电视大学沾化县分校	34950.96	27860.00	1500.00	200.00	26000.00	0.00	0.00	160.00
独立使用	34950.96	27860.00	1500.00	200.00	26000.00	0.00	0.00	160.00
滨州电大开发区分校	3980.00	2000.00	2000.00	0.00	0.00	0.00	0.00	0.00
独立使用	3980.00	2000.00	2000.00	0.00	0.00	0.00	0.00	0.00
山东电大直属学院教学点	26.00	12.00	12.00	0.00	0.00	0.00	0.00	0.00
独立使用	8.00	0.00	0.00	0.00	0.00	0.00	0.00	0.00
共同使用	18.00	12.00	12.00	0.00	0.00	0.00	0.00	0.00
东营广播电视大学	325395.00	218985.00	182857.00	3050.00	28603.00	0.00	3475.00	1000.00
独立使用	80000.00	80000.00	80000.00	0.00	0.00	0.00	0.00	0.00
共同使用	245395.00	138985.00	102857.00	3050.00	28603.00	0.00	3475.00	1000.00
莒县教育局电大工作站	24.00	19.00	5.00	2.00	6.00	2.00	2.00	2.00
独立使用	9.00	7.00	0.00	1.00	3.00	1.00	1.00	1.00
共同使用	15.00	12.00	5.00	1.00	3.00	1.00	1.00	1.00
威海广播电视大学荣成分校	40.00	40.00	40.00	0.00	0.00	0.00	0.00	0.00

建筑面积(续表53)

单位:平方米

行政办公用房	生活用房						教工住宅	其他用房
	计	学生宿舍(公寓)	学生食堂	教工宿舍(公寓)	教工食堂	生活福利及附属用房		
150.00	0.00	0.00	0.00	0.00	0.00	0.00	0.00	0.00
0.00	0.00	0.00	0.00	0.00	0.00	0.00	0.00	0.00
420.00	1250.00	700.00	400.00	50.00	0.00	100.00	2100.00	200.00
420.00	1250.00	700.00	400.00	50.00	0.00	100.00	2100.00	200.00
360.00	560.00	400.00	160.00	0.00	0.00	0.00	0.00	0.00
360.00	560.00	400.00	160.00	0.00	0.00	0.00	0.00	0.00
1000.00	0.00	0.00	0.00	0.00	0.00	0.00	0.00	800.00
1000.00	0.00	0.00	0.00	0.00	0.00	0.00	0.00	800.00
189.00	1340.00	321.00	340.00	126.00	186.00	367.00	0.00	6600.00
77.00	0.00	0.00	0.00	0.00	0.00	0.00	0.00	0.00
112.00	1340.00	321.00	340.00	126.00	186.00	367.00	0.00	6600.00
290.00	0.00	0.00	0.00	0.00	0.00	0.00	0.00	0.00
145.00	0.00	0.00	0.00	0.00	0.00	0.00	0.00	0.00
145.00	0.00	0.00	0.00	0.00	0.00	0.00	0.00	0.00
20.00	4580.00	3350.00	1200.00	30.00	0.00	0.00	0.00	130.00
10.00	0.00	0.00	0.00	0.00	0.00	0.00	0.00	0.00
10.00	4580.00	3350.00	1200.00	30.00	0.00	0.00	0.00	130.00
60.00	300.00	300.00	0.00	0.00	0.00	0.00	0.00	0.00
60.00	300.00	300.00	0.00	0.00	0.00	0.00	0.00	0.00
48811.58	188156.45	140214.94	20491.21	9392.14	0.00	18058.17	0.00	0.00
48811.58	188156.45	140214.94	20491.21	9392.14	0.00	18058.17	0.00	0.00
1915.00	4696.00	3510.00	673.00	190.00	0.00	323.00	0.00	0.00
1915.00	4696.00	3510.00	673.00	190.00	0.00	323.00	0.00	0.00
1210.62	5808.34	3770.50	2037.84	0.00	0.00	0.00	0.00	72.00
1210.62	5808.34	3770.50	2037.84	0.00	0.00	0.00	0.00	72.00
980.00	1000.00	800.00	200.00	0.00	0.00	0.00	0.00	0.00
980.00	1000.00	800.00	200.00	0.00	0.00	0.00	0.00	0.00
14.00	0.00	0.00	0.00	0.00	0.00	0.00	0.00	0.00
8.00	0.00	0.00	0.00	0.00	0.00	0.00	0.00	0.00
6.00	0.00	0.00	0.00	0.00	0.00	0.00	0.00	0.00
14446.00	91964.00	67585.00	16989.00	0.00	100.00	7290.00	0.00	0.00
0.00	0.00	0.00	0.00	0.00	0.00	0.00	0.00	0.00
14446.00	91964.00	67585.00	16989.00	0.00	100.00	7290.00	0.00	0.00
2.00	3.00	2.00	0.00	0.00	1.00	0.00	0.00	0.00
1.00	1.00	1.00	0.00	0.00	0.00	0.00	0.00	0.00
1.00	2.00	1.00	0.00	0.00	1.00	0.00	0.00	0.00
0.00	0.00	0.00	0.00	0.00	0.00	0.00	0.00	0.00

4.3 学校产权校舍

	合计	教学科研及辅助用房						
		计	教室	图书馆	实验室、实习场所	专用科研用房	体育馆	会堂
共同使用	40.00	40.00	40.00	0.00	0.00	0.00	0.00	0.00
山东德州汽车摩托车专修学院	74403.00	35653.00	20512.00	2000.00	11229.00	0.00	0.00	1912.00
独立使用	20321.00	19741.00	18512.00	0.00	1229.00	0.00	0.00	0.00
共同使用	54082.00	15912.00	2000.00	2000.00	10000.00	0.00	0.00	1912.00
莱芜市科技成人中等专业学校直属学习中心	19662.00	13884.00	6590.00	5978.00	936.00	20.00	360.00	0.00
独立使用	19662.00	13884.00	6590.00	5978.00	936.00	20.00	360.00	0.00
山东电大兖州分校	10747.00	4145.00	4145.00	0.00	0.00	0.00	0.00	0.00
独立使用	10747.00	4145.00	4145.00	0.00	0.00	0.00	0.00	0.00
山东电大莒南分校	140826.00	90752.00	30071.00	3009.00	21647.00	11244.00	12026.00	12755.00
独立使用	105017.00	70468.00	28000.00	1423.00	19562.00	5814.00	5816.00	9853.00
共同使用	35809.00	20284.00	2071.00	1586.00	2085.00	5430.00	6210.00	2902.00
山东电大德城区分校	7101.00	5471.00	2148.00	150.00	2933.00	0.00	0.00	240.00
独立使用	7101.00	5471.00	2148.00	150.00	2933.00	0.00	0.00	240.00
山东电大文登分校直属教学点	186.00	160.00	120.00	2.00	18.00	7.00	2.00	11.00
独立使用	23.00	15.00	0.00	1.00	6.00	6.00	1.00	1.00
共同使用	163.00	145.00	120.00	1.00	12.00	1.00	1.00	10.00
山东电大乳山分校直属教学点	5580.00	3360.00	360.00	0.00	1000.00	0.00	1000.00	1000.00
独立使用	2280.00	1360.00	360.00	0.00	1000.00	0.00	0.00	0.00
共同使用	3300.00	2000.00	0.00	0.00	0.00	0.00	1000.00	1000.00
山东电大兰山分校直属教学点	8985.25	3122.27	1881.27	108.00	563.00	0.00	0.00	570.00
独立使用	8985.25	3122.27	1881.27	108.00	563.00	0.00	0.00	570.00
山东电大沂南分校直属教学点	3280.00	3080.00	3000.00	80.00	0.00	0.00	0.00	0.00
独立使用	240.00	40.00	0.00	40.00	0.00	0.00	0.00	0.00
共同使用	3040.00	3040.00	3000.00	40.00	0.00	0.00	0.00	0.00
山东电大郯城分校直属教学点	8550.00	8550.00	4750.00	2200.00	1200.00	0.00	0.00	400.00
独立使用	610.00	610.00	250.00	160.00	0.00	0.00	0.00	200.00
共同使用	7940.00	7940.00	4500.00	2040.00	1200.00	0.00	0.00	200.00
山东电大苍山分校直属教学点	48.00	29.00	13.00	2.00	7.00	2.00	2.00	3.00
独立使用	35.00	20.00	10.00	1.00	5.00	1.00	1.00	2.00
共同使用	13.00	9.00	3.00	1.00	2.00	1.00	1.00	1.00
山东电大平邑分校直属教学点	48634.00	28808.00	8483.00	300.00	8630.00	0.00	10000.00	1395.00
共同使用	48634.00	28808.00	8483.00	300.00	8630.00	0.00	10000.00	1395.00
山东电大蒙阴分校直属教学点	18108.00	9991.00	5337.00	390.00	3566.00	0.00	0.00	698.00
独立使用	60.00	0.00	0.00	0.00	0.00	0.00	0.00	0.00
共同使用	18048.00	9991.00	5337.00	390.00	3566.00	0.00	0.00	698.00
青岛	375899.00	205531.00	102883.00	22896.00	52790.00	4886.00	19356.00	2720.00
独立使用	117766.00	53535.00	32773.00	2918.00	15970.00	0.00	1285.00	589.00

建筑面积(续表 54)

单位:平方米

行政办公用房	生活用房						教工住宅	其他用房
	计	学生宿舍(公寓)	学生食堂	教工宿舍(公寓)	教工食堂	生活福利及附属用房		
0.00	0.00	0.00	0.00	0.00	0.00	0.00	0.00	0.00
9305.00	29267.00	19002.00	6000.00	0.00	0.00	4265.00	0.00	178.00
500.00	0.00	0.00	0.00	0.00	0.00	0.00	0.00	80.00
8805.00	29267.00	19002.00	6000.00	0.00	0.00	4265.00	0.00	98.00
4534.00	1244.00	128.00	108.00	504.00	450.00	54.00	0.00	0.00
4534.00	1244.00	128.00	108.00	504.00	450.00	54.00	0.00	0.00
3007.00	3595.00	2636.00	696.00	0.00	0.00	263.00	0.00	0.00
3007.00	3595.00	2636.00	696.00	0.00	0.00	263.00	0.00	0.00
4673.00	27852.00	10141.00	4908.00	10951.00	1303.00	549.00	17260.00	289.00
2849.00	15746.00	10090.00	3327.00	550.00	1285.00	494.00	15800.00	154.00
1824.00	12106.00	51.00	1581.00	10401.00	18.00	55.00	1460.00	135.00
620.00	1010.00	614.00	396.00	0.00	0.00	0.00	0.00	0.00
620.00	1010.00	614.00	396.00	0.00	0.00	0.00	0.00	0.00
2.00	20.00	5.00	2.00	5.00	2.00	6.00	2.00	2.00
1.00	5.00	1.00	1.00	1.00	1.00	1.00	1.00	1.00
1.00	15.00	4.00	1.00	4.00	1.00	5.00	1.00	1.00
120.00	2100.00	400.00	400.00	1000.00	200.00	100.00	0.00	0.00
120.00	800.00	400.00	400.00	0.00	0.00	0.00	0.00	0.00
0.00	1300.00	0.00	0.00	1000.00	200.00	100.00	0.00	0.00
732.00	3947.52	2081.27	866.25	1000.00	0.00	0.00	0.00	1183.46
732.00	3947.52	2081.27	866.25	1000.00	0.00	0.00	0.00	1183.46
200.00	0.00	0.00	0.00	0.00	0.00	0.00	0.00	0.00
200.00	0.00	0.00	0.00	0.00	0.00	0.00	0.00	0.00
0.00	0.00	0.00	0.00	0.00	0.00	0.00	0.00	0.00
0.00	0.00	0.00	0.00	0.00	0.00	0.00	0.00	0.00
0.00	0.00	0.00	0.00	0.00	0.00	0.00	0.00	0.00
0.00	0.00	0.00	0.00	0.00	0.00	0.00	0.00	0.00
6.00	9.00	2.00	2.00	2.00	2.00	1.00	2.00	2.00
6.00	6.00	1.00	1.00	2.00	1.00	1.00	1.00	2.00
0.00	3.00	1.00	1.00	0.00	1.00	0.00	1.00	0.00
3780.00	12715.00	10560.00	1055.00	0.00	1100.00	0.00	0.00	3331.00
3780.00	12715.00	10560.00	1055.00	0.00	1100.00	0.00	0.00	3331.00
703.00	6858.00	5051.00	980.00	0.00	95.00	732.00	0.00	556.00
60.00	0.00	0.00	0.00	0.00	0.00	0.00	0.00	0.00
643.00	6858.00	5051.00	980.00	0.00	95.00	732.00	0.00	556.00
31937.00	129743.00	89465.00	30005.00	883.00	4359.00	5031.00	3549.00	5139.00
13849.00	41694.00	24283.00	9715.00	883.00	1782.00	5031.00	3549.00	5139.00

4.3 学校产权校舍

	合计	教学科研及辅助用房						
		计	教室	图书馆	实验室、实习场所	专用科研用房	体育馆	会堂
共同使用	258133.00	151996.00	70110.00	19978.00	36820.00	4886.00	18071.00	2131.00
青岛广播电视大学直属分校	6860.00	5820.00	5300.00	440.00	80.00	0.00	0.00	0.00
独立使用	6860.00	5820.00	5300.00	440.00	80.00	0.00	0.00	0.00
青岛开发区成人教育中心	747.00	540.00	540.00	0.00	0.00	0.00	0.00	0.00
独立使用	747.00	540.00	540.00	0.00	0.00	0.00	0.00	0.00
青岛城阳职业中专	33262.00	13305.00	7129.00	480.00	5696.00	0.00	0.00	0.00
独立使用	33262.00	13305.00	7129.00	480.00	5696.00	0.00	0.00	0.00
青岛广播电视大学直属市北学院（青岛市机械职工中等专业学校）	800.00	650.00	570.00	0.00	80.00	0.00	0.00	0.00
独立使用	560.00	410.00	330.00	0.00	80.00	0.00	0.00	0.00
共同使用	240.00	240.00	240.00	0.00	0.00	0.00	0.00	0.00
青岛广播电视大学莱西分校	24456.00	6656.00	3258.00	608.00	1893.00	0.00	405.00	492.00
独立使用	24456.00	6656.00	3258.00	608.00	1893.00	0.00	405.00	492.00
青岛电大平度分校	109106.00	59010.00	21720.00	2950.00	18840.00	0.00	15500.00	0.00
独立使用	4106.00	3670.00	3560.00	0.00	110.00	0.00	0.00	0.00
共同使用	105000.00	55340.00	18160.00	2950.00	18730.00	0.00	15500.00	0.00
青岛广播电视大学胶州分校	105372.00	64183.00	43371.00	11842.00	8470.00	0.00	0.00	500.00
独立使用	1320.00	1040.00	1040.00	0.00	0.00	0.00	0.00	0.00
共同使用	104052.00	63143.00	42331.00	11842.00	8470.00	0.00	0.00	500.00
青岛广播电视大学即墨分校	3371.00	2218.00	1120.00	290.00	711.00	0.00	0.00	97.00
独立使用	3371.00	2218.00	1120.00	290.00	711.00	0.00	0.00	97.00
青岛电大崂山分校	48841.00	33273.00	9379.00	5186.00	9620.00	4886.00	2571.00	1631.00
共同使用	48841.00	33273.00	9379.00	5186.00	9620.00	4886.00	2571.00	1631.00
青岛电大城阳分校	43084.00	19876.00	10496.00	1100.00	7400.00	0.00	880.00	0.00
独立使用	43084.00	19876.00	10496.00	1100.00	7400.00	0.00	880.00	0.00
河南	**2446044.59**	**867694.59**	**427343.59**	**85760.00**	**220991.00**	**6801.00**	**78879.00**	**47920.00**
独立使用	330510.59	140654.59	81894.59	5056.00	15394.00	1721.00	31409.00	5180.00
共同使用	2115534.00	727040.00	345449.00	80704.00	205597.00	5080.00	47470.00	42740.00
河南广播电视大学	66771.00	17484.00	17484.00	0.00	0.00	0.00	0.00	0.00
独立使用	66771.00	17484.00	17484.00	0.00	0.00	0.00	0.00	0.00
河南省直广播电视大学	2085.00	1653.00	797.00	89.00	440.00	0.00	0.00	327.00
独立使用	2085.00	1653.00	797.00	89.00	440.00	0.00	0.00	327.00
洛阳广播电视大学	25452.59	11882.59	8393.59	380.00	600.00	0.00	2009.00	500.00
独立使用	25452.59	11882.59	8393.59	380.00	600.00	0.00	2009.00	500.00
洛阳广播电视大学孟津县分校	4841.00	3680.00	3000.00	300.00	200.00	0.00	0.00	180.00
独立使用	4841.00	3680.00	3000.00	300.00	200.00	0.00	0.00	180.00
洛阳广播电视大学新安县分校	7580.00	1420.00	800.00	100.00	240.00	80.00	0.00	200.00

建筑面积(续表55)

单位:平方米

行政办公用房	生活用房						教工住宅	其他用房
	计	学生宿舍(公寓)	学生食堂	教工宿舍(公寓)	教工食堂	生活福利及附属用房		
18088.00	88049.00	65182.00	20290.00	0.00	2577.00	0.00	0.00	0.00
1000.00	40.00	0.00	0.00	40.00	0.00	0.00	0.00	0.00
1000.00	40.00	0.00	0.00	40.00	0.00	0.00	0.00	0.00
207.00	0.00	0.00	0.00	0.00	0.00	0.00	0.00	0.00
207.00	0.00	0.00	0.00	0.00	0.00	0.00	0.00	0.00
4547.00	13259.00	6446.00	1600.00	0.00	182.00	5031.00	2151.00	0.00
4547.00	13259.00	6446.00	1600.00	0.00	182.00	5031.00	2151.00	0.00
100.00	0.00	0.00	0.00	0.00	0.00	0.00	0.00	50.00
100.00	0.00	0.00	0.00	0.00	0.00	0.00	0.00	50.00
0.00	0.00	0.00	0.00	0.00	0.00	0.00	0.00	0.00
3126.00	13276.00	7337.00	4896.00	843.00	200.00	0.00	1398.00	0.00
3126.00	13276.00	7337.00	4896.00	843.00	200.00	0.00	1398.00	0.00
9933.00	40163.00	30477.00	9686.00	0.00	0.00	0.00	0.00	0.00
436.00	0.00	0.00	0.00	0.00	0.00	0.00	0.00	0.00
9497.00	40163.00	30477.00	9686.00	0.00	0.00	0.00	0.00	0.00
5230.00	35959.00	25986.00	8973.00	0.00	1000.00	0.00	0.00	0.00
280.00	0.00	0.00	0.00	0.00	0.00	0.00	0.00	0.00
4950.00	35959.00	25986.00	8973.00	0.00	1000.00	0.00	0.00	0.00
1153.00	0.00	0.00	0.00	0.00	0.00	0.00	0.00	0.00
1153.00	0.00	0.00	0.00	0.00	0.00	0.00	0.00	0.00
3641.00	11927.00	8719.00	1631.00	0.00	1577.00	0.00	0.00	0.00
3641.00	11927.00	8719.00	1631.00	0.00	1577.00	0.00	0.00	0.00
3000.00	15119.00	10500.00	3219.00	0.00	1400.00	0.00	0.00	5089.00
3000.00	15119.00	10500.00	3219.00	0.00	1400.00	0.00	0.00	5089.00
165533.00	**608811.00**	**439466.00**	**75818.00**	**41427.00**	**10655.00**	**41445.00**	**488672.00**	**315334.00**
36081.00	65588.00	40201.00	11362.00	8757.00	1280.00	3988.00	83689.00	4498.00
129452.00	543223.00	399265.00	64456.00	32670.00	9375.00	37457.00	404983.00	310836.00
13924.00	13441.00	10441.00	1800.00	0.00	0.00	1200.00	21922.00	0.00
13924.00	13441.00	10441.00	1800.00	0.00	0.00	1200.00	21922.00	0.00
432.00	0.00	0.00	0.00	0.00	0.00	0.00	0.00	0.00
432.00	0.00	0.00	0.00	0.00	0.00	0.00	0.00	0.00
3550.00	5020.00	4820.00	0.00	0.00	100.00	100.00	5000.00	0.00
3550.00	5020.00	4820.00	0.00	0.00	100.00	100.00	5000.00	0.00
300.00	536.00	324.00	72.00	140.00	0.00	0.00	225.00	100.00
300.00	536.00	324.00	72.00	140.00	0.00	0.00	225.00	100.00
240.00	1820.00	1500.00	220.00	0.00	40.00	60.00	3960.00	140.00

4.3 学校产权校舍

	合计	教学科研及辅助用房						
		计	教室	图书馆	实验室、实习场所	专用科研用房	体育馆	会堂
共同使用	7580.00	1420.00	800.00	100.00	240.00	80.00	0.00	200.00
洛阳广播电视大学汝阳县分校	4700.00	1020.00	900.00	0.00	0.00	0.00	0.00	120.00
共同使用	4700.00	1020.00	900.00	0.00	0.00	0.00	0.00	120.00
洛阳广播电视大学吉利区学习中心	670.00	550.00	500.00	50.00	0.00	0.00	0.00	0.00
独立使用	670.00	550.00	500.00	50.00	0.00	0.00	0.00	0.00
新乡广播电视大学辉县市分校	1600.00	600.00	600.00	0.00	0.00	0.00	0.00	0.00
独立使用	1600.00	600.00	600.00	0.00	0.00	0.00	0.00	0.00
焦作广播电视大学	3000.00	3000.00	2500.00	0.00	500.00	0.00	0.00	0.00
共同使用	3000.00	3000.00	2500.00	0.00	500.00	0.00	0.00	0.00
安阳广播电视大学林州市分校	2500.00	2500.00	2000.00	200.00	200.00	0.00	0.00	100.00
独立使用	2500.00	2500.00	2000.00	200.00	200.00	0.00	0.00	100.00
濮阳广播电视大学	3907.00	2927.00	2777.00	150.00	0.00	0.00	0.00	0.00
独立使用	3907.00	2927.00	2777.00	150.00	0.00	0.00	0.00	0.00
濮阳广播电视大学南乐县分校	10750.00	9210.00	4150.00	800.00	1100.00	760.00	2000.00	400.00
独立使用	8860.00	7570.00	4150.00	600.00	800.00	720.00	1000.00	300.00
共同使用	1890.00	1640.00	0.00	200.00	300.00	40.00	1000.00	100.00
濮阳广播电视大学台前县分校	385.00	280.00	210.00	70.00	0.00	0.00	0.00	0.00
独立使用	385.00	280.00	210.00	70.00	0.00	0.00	0.00	0.00
濮阳广播电视大学范县学习中心	6548.00	2368.00	1120.00	918.00	330.00	0.00	0.00	0.00
独立使用	1410.00	150.00	120.00	30.00	0.00	0.00	0.00	0.00
共同使用	5138.00	2218.00	1000.00	888.00	330.00	0.00	0.00	0.00
濮阳广播电视大学清丰县分校	5530.00	2920.00	220.00	600.00	700.00	300.00	700.00	400.00
独立使用	3490.00	1800.00	100.00	300.00	500.00	100.00	500.00	300.00
共同使用	2040.00	1120.00	120.00	300.00	200.00	200.00	200.00	100.00
鹤壁广播电视大学	15830.00	14230.00	8900.00	720.00	2310.00	0.00	1500.00	800.00
独立使用	10200.00	9200.00	8900.00	0.00	300.00	0.00	0.00	0.00
共同使用	5630.00	5030.00	0.00	720.00	2010.00	0.00	1500.00	800.00
鹤壁广播电视大学淇县分校	9780.00	5380.00	3080.00	600.00	800.00	0.00	300.00	600.00
独立使用	480.00	280.00	280.00	0.00	0.00	0.00	0.00	0.00
共同使用	9300.00	5100.00	2800.00	600.00	800.00	0.00	300.00	600.00
商丘广播电视大学	421044.00	156789.00	58576.00	24155.00	45658.00	0.00	10000.00	18400.00
独立使用	600.00	200.00	200.00	0.00	0.00	0.00	0.00	0.00
共同使用	420444.00	156589.00	58376.00	24155.00	45658.00	0.00	10000.00	18400.00
三门峡广播电视大学	16800.00	16500.00	2000.00	10000.00	500.00	0.00	4000.00	0.00
独立使用	300.00	0.00	0.00	0.00	0.00	0.00	0.00	0.00
共同使用	16500.00	16500.00	2000.00	10000.00	500.00	0.00	4000.00	0.00
三门峡广播电视大学继续教育学习中心	220.00	220.00	220.00	0.00	0.00	0.00	0.00	0.00

建筑面积(续表56)

单位:平方米

行政办公用房	生活用房						教工住宅	其他用房
	计	学生宿舍（公寓）	学生食堂	教工宿舍（公寓）	教工食堂	生活福利及附属用房		
240.00	1820.00	1500.00	220.00	0.00	40.00	60.00	3960.00	140.00
380.00	3300.00	2000.00	1300.00	0.00	0.00	0.00	0.00	0.00
380.00	3300.00	2000.00	1300.00	0.00	0.00	0.00	0.00	0.00
120.00	0.00	0.00	0.00	0.00	0.00	0.00	0.00	0.00
120.00	0.00	0.00	0.00	0.00	0.00	0.00	0.00	0.00
300.00	0.00	0.00	0.00	0.00	0.00	0.00	0.00	700.00
300.00	0.00	0.00	0.00	0.00	0.00	0.00	0.00	700.00
0.00	0.00	0.00	0.00	0.00	0.00	0.00	0.00	0.00
0.00	0.00	0.00	0.00	0.00	0.00	0.00	0.00	0.00
0.00	0.00	0.00	0.00	0.00	0.00	0.00	0.00	0.00
0.00	0.00	0.00	0.00	0.00	0.00	0.00	0.00	0.00
980.00	0.00	0.00	0.00	0.00	0.00	0.00	0.00	0.00
980.00	0.00	0.00	0.00	0.00	0.00	0.00	0.00	0.00
90.00	1250.00	0.00	800.00	0.00	450.00	0.00	0.00	200.00
90.00	1000.00	0.00	600.00	0.00	400.00	0.00	0.00	200.00
0.00	250.00	0.00	200.00	0.00	50.00	0.00	0.00	0.00
105.00	0.00	0.00	0.00	0.00	0.00	0.00	0.00	0.00
105.00	0.00	0.00	0.00	0.00	0.00	0.00	0.00	0.00
90.00	4090.00	2600.00	800.00	600.00	90.00	0.00	0.00	0.00
30.00	1230.00	600.00	300.00	300.00	30.00	0.00	0.00	0.00
60.00	2860.00	2000.00	500.00	300.00	60.00	0.00	0.00	0.00
180.00	1530.00	400.00	140.00	450.00	140.00	400.00	600.00	300.00
100.00	990.00	300.00	90.00	300.00	100.00	200.00	400.00	200.00
80.00	540.00	100.00	50.00	150.00	40.00	200.00	200.00	100.00
1000.00	600.00	0.00	300.00	0.00	300.00	0.00	0.00	0.00
1000.00	0.00	0.00	0.00	0.00	0.00	0.00	0.00	0.00
0.00	600.00	0.00	300.00	0.00	300.00	0.00	0.00	0.00
1200.00	3200.00	2000.00	600.00	500.00	100.00	0.00	0.00	0.00
200.00	0.00	0.00	0.00	0.00	0.00	0.00	0.00	0.00
1000.00	3200.00	2000.00	600.00	500.00	100.00	0.00	0.00	0.00
10428.00	73968.00	61968.00	10000.00	0.00	0.00	2000.00	179859.00	0.00
400.00	0.00	0.00	0.00	0.00	0.00	0.00	0.00	0.00
10028.00	73968.00	61968.00	10000.00	0.00	0.00	2000.00	179859.00	0.00
300.00	0.00	0.00	0.00	0.00	0.00	0.00	0.00	0.00
300.00	0.00	0.00	0.00	0.00	0.00	0.00	0.00	0.00
0.00	0.00	0.00	0.00	0.00	0.00	0.00	0.00	0.00
0.00	0.00	0.00	0.00	0.00	0.00	0.00	0.00	0.00

4.3 学校产权校舍

	合计	教学科研及辅助用房						
		计	教室	图书馆	实验室、实习场所	专用科研用房	体育馆	会堂
独立使用	220.00	220.00	220.00	0.00	0.00	0.00	0.00	0.00
三门峡广播电视大学灵宝市分校	200.00	200.00	200.00	0.00	0.00	0.00	0.00	0.00
独立使用	200.00	200.00	200.00	0.00	0.00	0.00	0.00	0.00
三门峡广播电视大学卢氏县分校	3300.00	2900.00	2900.00	0.00	0.00	0.00	0.00	0.00
独立使用	3300.00	2900.00	2900.00	0.00	0.00	0.00	0.00	0.00
平顶山广播电视大学	191372.00	71188.00	37797.00	7970.00	19000.00	0.00	2980.00	3441.00
共同使用	191372.00	71188.00	37797.00	7970.00	19000.00	0.00	2980.00	3441.00
平顶山广播电视大学宝丰县分校	22980.00	3580.00	1700.00	280.00	400.00	600.00	200.00	400.00
独立使用	10640.00	940.00	0.00	140.00	200.00	300.00	100.00	200.00
共同使用	12340.00	2640.00	1700.00	140.00	200.00	300.00	100.00	200.00
平顶山广播电视大学叶县分校	1800.00	1530.00	900.00	30.00	90.00	90.00	150.00	270.00
独立使用	1800.00	1530.00	900.00	30.00	90.00	90.00	150.00	270.00
平顶山广播电视大学鲁山县分校	4180.00	2440.00	2200.00	60.00	120.00	60.00	0.00	0.00
独立使用	4180.00	2440.00	2200.00	60.00	120.00	60.00	0.00	0.00
平顶山广播电视大学汝州市分校	45.00	26.00	20.00	2.00	2.00	1.00	0.00	1.00
独立使用	45.00	26.00	20.00	2.00	2.00	1.00	0.00	1.00
平顶山广播电视大学江河机械厂学习中心	810.00	500.00	50.00	50.00	400.00	0.00	0.00	0.00
独立使用	350.00	100.00	50.00	50.00	0.00	0.00	0.00	0.00
共同使用	460.00	400.00	0.00	0.00	400.00	0.00	0.00	0.00
平顶山广播电视大学郏县分校	1250.00	990.00	700.00	60.00	30.00	0.00	0.00	200.00
独立使用	60.00	0.00	0.00	0.00	0.00	0.00	0.00	0.00
共同使用	1190.00	990.00	700.00	60.00	30.00	0.00	0.00	200.00
驻马店广播电视大学	2085.00	1653.00	797.00	89.00	440.00	0.00	0.00	327.00
独立使用	2085.00	1653.00	797.00	89.00	440.00	0.00	0.00	327.00
许昌广播电视大学	251419.00	115512.00	41000.00	12600.00	59212.00	0.00	0.00	2700.00
共同使用	251419.00	115512.00	41000.00	12600.00	59212.00	0.00	0.00	2700.00
许昌广播电视大学长葛市分校	630000.00	70500.00	13000.00	10000.00	28500.00	4000.00	5000.00	10000.00
独立使用	10000.00	9500.00	1000.00	0.00	8500.00	0.00	0.00	0.00
共同使用	620000.00	61000.00	12000.00	10000.00	20000.00	4000.00	5000.00	10000.00
许昌广播电视大学襄城县分校	6577.00	1689.00	1014.00	106.00	269.00	100.00	100.00	100.00
独立使用	5128.00	1060.00	807.00	84.00	169.00	0.00	0.00	0.00
共同使用	1449.00	629.00	207.00	22.00	100.00	100.00	100.00	100.00
信阳广播电视大学	12670.00	2380.00	2060.00	100.00	220.00	0.00	0.00	0.00
独立使用	12670.00	2380.00	2060.00	100.00	220.00	0.00	0.00	0.00
信阳广播电视大学罗山县分校	30706.00	13394.00	920.00	420.00	10389.00	0.00	0.00	1665.00
独立使用	6365.00	1165.00	240.00	120.00	380.00	0.00	0.00	425.00
共同使用	24341.00	12229.00	680.00	300.00	10009.00	0.00	0.00	1240.00

建筑面积(续表 57)

单位:平方米

行政办公用房	生活用房						教工住宅	其他用房
	计	学生宿舍（公寓）	学生食堂	教工宿舍（公寓）	教工食堂	生活福利及附属用房		
0.00	0.00	0.00	0.00	0.00	0.00	0.00	0.00	0.00
0.00	0.00	0.00	0.00	0.00	0.00	0.00	0.00	0.00
0.00	0.00	0.00	0.00	0.00	0.00	0.00	0.00	0.00
400.00	0.00	0.00	0.00	0.00	0.00	0.00	0.00	0.00
400.00	0.00	0.00	0.00	0.00	0.00	0.00	0.00	0.00
10932.00	80454.00	59840.00	5860.00	4620.00	1064.00	9070.00	28798.00	0.00
10932.00	80454.00	59840.00	5860.00	4620.00	1064.00	9070.00	28798.00	0.00
800.00	6400.00	3200.00	1600.00	1600.00	0.00	0.00	12000.00	200.00
400.00	3200.00	1600.00	800.00	800.00	0.00	0.00	6000.00	100.00
400.00	3200.00	1600.00	800.00	800.00	0.00	0.00	6000.00	100.00
180.00	0.00	0.00	0.00	0.00	0.00	0.00	0.00	90.00
180.00	0.00	0.00	0.00	0.00	0.00	0.00	0.00	90.00
540.00	0.00	0.00	0.00	0.00	0.00	0.00	0.00	1200.00
540.00	0.00	0.00	0.00	0.00	0.00	0.00	0.00	1200.00
8.00	10.00	10.00	0.00	0.00	0.00	0.00	1.00	0.00
8.00	10.00	10.00	0.00	0.00	0.00	0.00	1.00	0.00
210.00	100.00	0.00	0.00	0.00	0.00	100.00	0.00	0.00
150.00	100.00	0.00	0.00	0.00	0.00	100.00	0.00	0.00
60.00	0.00	0.00	0.00	0.00	0.00	0.00	0.00	0.00
260.00	0.00	0.00	0.00	0.00	0.00	0.00	0.00	0.00
60.00	0.00	0.00	0.00	0.00	0.00	0.00	0.00	0.00
200.00	0.00	0.00	0.00	0.00	0.00	0.00	0.00	0.00
432.00	0.00	0.00	0.00	0.00	0.00	0.00	0.00	0.00
432.00	0.00	0.00	0.00	0.00	0.00	0.00	0.00	0.00
47600.00	88307.00	71600.00	10500.00	0.00	2000.00	4207.00	0.00	0.00
47600.00	88307.00	71600.00	10500.00	0.00	2000.00	4207.00	0.00	0.00
20500.00	129000.00	75000.00	10000.00	20000.00	4000.00	20000.00	100000.00	310000.00
500.00	0.00	0.00	0.00	0.00	0.00	0.00	0.00	0.00
20000.00	129000.00	75000.00	10000.00	20000.00	4000.00	20000.00	100000.00	310000.00
354.00	1833.00	1033.00	200.00	200.00	200.00	200.00	2501.00	200.00
254.00	1313.00	913.00	100.00	100.00	100.00	100.00	2401.00	100.00
100.00	520.00	120.00	100.00	100.00	100.00	100.00	100.00	100.00
1475.00	3827.00	3110.00	200.00	417.00	0.00	100.00	4988.00	0.00
1475.00	3827.00	3110.00	200.00	417.00	0.00	100.00	4988.00	0.00
4749.00	12563.00	4863.00	6000.00	0.00	300.00	1400.00	0.00	0.00
1900.00	3300.00	1200.00	2000.00	0.00	100.00	0.00	0.00	0.00
2849.00	9263.00	3663.00	4000.00	0.00	200.00	1400.00	0.00	0.00

4.3 学校产权校舍

	合计	教学科研及辅助用房						
		计	教室	图书馆	实验室、实习场所	专用科研用房	体育馆	会堂
信阳广播电视大学光山县分校	23648.00	1440.00	900.00	120.00	150.00	90.00	90.00	90.00
独立使用	16620.00	330.00	180.00	30.00	90.00	30.00	0.00	0.00
共同使用	7028.00	1110.00	720.00	90.00	60.00	60.00	90.00	90.00
固始县	69138.00	34998.00	3528.00	750.00	1020.00	500.00	28000.00	1200.00
独立使用	42374.00	27004.00	504.00	300.00	400.00	200.00	25000.00	600.00
共同使用	26764.00	7994.00	3024.00	450.00	620.00	300.00	3000.00	600.00
南阳广播电视大学	37888.00	13380.00	10065.00	482.00	683.00	0.00	2150.00	0.00
独立使用	37888.00	13380.00	10065.00	482.00	683.00	0.00	2150.00	0.00
漯河广播电视大学	409607.00	207761.00	161037.00	6836.00	38038.00	0.00	0.00	1850.00
共同使用	409607.00	207761.00	161037.00	6836.00	38038.00	0.00	0.00	1850.00
临颍县	3831.00	1144.00	828.00	103.00	0.00	0.00	0.00	213.00
共同使用	3831.00	1144.00	828.00	103.00	0.00	0.00	0.00	213.00
中原油田广播电视大学	13300.00	6500.00	3000.00	200.00	1200.00	100.00	800.00	1200.00
独立使用	5300.00	2900.00	1600.00	200.00	400.00	100.00	400.00	200.00
共同使用	8000.00	3600.00	1400.00	0.00	800.00	0.00	400.00	1000.00
济源广播电视大学	11230.00	9040.00	4860.00	2920.00	1200.00	0.00	0.00	60.00
共同使用	11230.00	9040.00	4860.00	2920.00	1200.00	0.00	0.00	60.00
河南省工商行政管理广播电视大学	33043.00	8600.00	5300.00	1200.00	580.00	120.00	0.00	1400.00
独立使用	33043.00	8600.00	5300.00	1200.00	580.00	120.00	0.00	1400.00
郑州铁路局广播电视大学	4630.00	2610.00	1840.00	0.00	270.00	0.00	300.00	200.00
独立使用	830.00	710.00	480.00	0.00	80.00	0.00	100.00	50.00
共同使用	3800.00	1900.00	1360.00	0.00	190.00	0.00	200.00	150.00
项城市广播电视大学	70342.00	39126.00	12500.00	2250.00	5200.00	0.00	18600.00	576.00
独立使用	3861.00	2860.00	2860.00	0.00	0.00	0.00	0.00	0.00
共同使用	66481.00	36266.00	9640.00	2250.00	5200.00	0.00	18600.00	576.00
湖北	**2575766.05**	**1114654.21**	**514740.57**	**137786.94**	**361814.13**	**15807.00**	**44821.59**	**39683.98**
独立使用	1360066.00	536949.00	232076.00	75672.00	190255.00	6331.00	13424.00	19191.00
共同使用	1215700.06	577705.21	282664.57	62114.94	171559.13	9476.00	31397.59	20492.98
湖北广播电视大学	139740.00	61976.00	60267.00	1709.00	0.00	0.00	0.00	0.00
独立使用	139740.00	61976.00	60267.00	1709.00	0.00	0.00	0.00	0.00
荆州电大校本部	10479.00	3449.00	2600.00	109.00	390.00	0.00	0.00	350.00
独立使用	10479.00	3449.00	2600.00	109.00	390.00	0.00	0.00	350.00
荆州电大公安分校	29266.00	15178.00	7800.00	1680.00	5098.00	0.00	400.00	200.00
独立使用	29266.00	15178.00	7800.00	1680.00	5098.00	0.00	400.00	200.00
荆州市广播电视大学松滋分校	16025.00	10727.00	4517.00	3031.00	1002.00	863.00	756.00	558.00
独立使用	9915.00	6793.00	3046.00	2030.00	501.00	412.00	502.00	302.00
共同使用	6110.00	3934.00	1471.00	1001.00	501.00	451.00	254.00	256.00

建筑面积(续表58)

单位:平方米

行政办公用房	生活用房						教工住宅	其他用房
	计	学生宿舍(公寓)	学生食堂	教工宿舍(公寓)	教工食堂	生活福利及附属用房		
2461.00	3547.00	3014.00	533.00	0.00	0.00	0.00	14512.00	1688.00
90.00	0.00	0.00	0.00	0.00	0.00	0.00	14512.00	1688.00
2371.00	3547.00	3014.00	533.00	0.00	0.00	0.00	0.00	0.00
3480.00	14590.00	4410.00	4500.00	4500.00	700.00	480.00	15800.00	270.00
280.00	7170.00	2210.00	1500.00	3000.00	300.00	160.00	7800.00	120.00
3200.00	7420.00	2200.00	3000.00	1500.00	400.00	320.00	8000.00	150.00
2800.00	12508.00	6673.00	2150.00	3200.00	0.00	485.00	9200.00	0.00
2800.00	12508.00	6673.00	2150.00	3200.00	0.00	485.00	9200.00	0.00
21857.00	111773.00	98880.00	12893.00	0.00	0.00	0.00	68216.00	0.00
21857.00	111773.00	98880.00	12893.00	0.00	0.00	0.00	68216.00	0.00
611.00	1830.00	1080.00	750.00	0.00	0.00	0.00	0.00	246.00
611.00	1830.00	1080.00	750.00	0.00	0.00	0.00	0.00	246.00
2600.00	4200.00	3000.00	600.00	300.00	300.00	0.00	0.00	0.00
800.00	1600.00	1000.00	200.00	300.00	100.00	0.00	0.00	0.00
1800.00	2600.00	2000.00	400.00	0.00	200.00	0.00	0.00	0.00
2100.00	0.00	0.00	0.00	0.00	0.00	0.00	90.00	0.00
2100.00	0.00	0.00	0.00	0.00	0.00	0.00	90.00	0.00
3200.00	10243.00	7000.00	1500.00	200.00	0.00	1543.00	11000.00	0.00
3200.00	10243.00	7000.00	1500.00	200.00	0.00	1543.00	11000.00	0.00
620.00	1400.00	900.00	250.00	0.00	250.00	0.00	0.00	0.00
20.00	100.00	0.00	50.00	0.00	50.00	0.00	0.00	0.00
600.00	1300.00	900.00	200.00	0.00	200.00	0.00	0.00	0.00
3745.00	17471.00	9800.00	2250.00	4700.00	621.00	100.00	10000.00	0.00
761.00	0.00	0.00	0.00	0.00	0.00	0.00	240.00	0.00
2984.00	17471.00	9800.00	2250.00	4700.00	621.00	100.00	9760.00	0.00
217013.58	**951049.33**	**666213.02**	**113893.85**	**109335.00**	**15675.28**	**45932.18**	**244373.00**	**48675.95**
152984.00	467613.00	336042.00	43682.00	50729.00	4193.00	32967.00	176725.00	25795.00
64029.58	483436.33	330171.02	70211.85	58606.00	11482.28	12965.18	67648.00	22880.95
7108.00	54656.00	47098.00	6677.00	410.00	471.00	0.00	16000.00	0.00
7108.00	54656.00	47098.00	6677.00	410.00	471.00	0.00	16000.00	0.00
860.00	2170.00	1570.00	300.00	120.00	0.00	180.00	3930.00	70.00
860.00	2170.00	1570.00	300.00	120.00	0.00	180.00	3930.00	70.00
3360.00	10728.00	8000.00	1575.00	640.00	380.00	133.00	0.00	0.00
3360.00	10728.00	8000.00	1575.00	640.00	380.00	133.00	0.00	0.00
691.00	4016.00	754.00	718.00	1701.00	354.00	489.00	312.00	279.00
235.00	2579.00	500.00	450.00	1250.00	123.00	256.00	154.00	154.00
456.00	1437.00	254.00	268.00	451.00	231.00	233.00	158.00	125.00

4.3 学校产权校舍

	合计	教学科研及辅助用房						
		计	教室	图书馆	实验室、实习场所	专用科研用房	体育馆	会堂
荆州电大监利分校	1725.00	600.00	480.00	60.00	60.00	0.00	0.00	0.00
独立使用	1725.00	600.00	480.00	60.00	60.00	0.00	0.00	0.00
荆州电大洪湖分校	2140.00	700.00	540.00	80.00	80.00	0.00	0.00	0.00
独立使用	2140.00	700.00	540.00	80.00	80.00	0.00	0.00	0.00
黄冈电大校本部	15518.00	8217.00	1180.00	1600.00	4036.00	0.00	0.00	1401.00
独立使用	15518.00	8217.00	1180.00	1600.00	4036.00	0.00	0.00	1401.00
黄冈广播电视大学浠水电大分校	19254.00	4602.00	3540.00	96.00	720.00	120.00	0.00	126.00
独立使用	414.00	378.00	300.00	78.00	0.00	0.00	0.00	0.00
共同使用	18840.00	4224.00	3240.00	18.00	720.00	120.00	0.00	126.00
黄冈市电大蕲春分校	21530.00	6290.00	5200.00	0.00	590.00	200.00	0.00	300.00
独立使用	2600.00	1900.00	1600.00	0.00	200.00	100.00	0.00	0.00
共同使用	18930.00	4390.00	3600.00	0.00	390.00	100.00	0.00	300.00
黄冈电大武穴分校	10635.00	2055.00	600.00	220.00	80.00	115.00	1000.00	40.00
独立使用	10635.00	2055.00	600.00	220.00	80.00	115.00	1000.00	40.00
黄冈电大英山分校	5500.00	5080.00	360.00	100.00	1500.00	0.00	3000.00	120.00
独立使用	5500.00	5080.00	360.00	100.00	1500.00	0.00	3000.00	120.00
黄冈电大罗田分校	32.00	23.00	15.00	1.00	3.00	2.00	1.00	1.00
共同使用	32.00	23.00	15.00	1.00	3.00	2.00	1.00	1.00
黄冈电大麻城分校	2500.00	2000.00	1000.00	0.00	0.00	0.00	0.00	1000.00
独立使用	200.00	0.00	0.00	0.00	0.00	0.00	0.00	0.00
共同使用	2300.00	2000.00	1000.00	0.00	0.00	0.00	0.00	1000.00
黄冈电大红安分校	13900.00	6300.00	4800.00	0.00	500.00	400.00	0.00	600.00
独立使用	2100.00	1600.00	1400.00	0.00	200.00	0.00	0.00	0.00
共同使用	11800.00	4700.00	3400.00	0.00	300.00	400.00	0.00	600.00
黄冈电大黄州分校	5420.00	1610.00	1400.00	0.00	210.00	0.00	0.00	0.00
独立使用	5420.00	1610.00	1400.00	0.00	210.00	0.00	0.00	0.00
黄冈电大黄梅党校教学点	6900.00	1650.00	500.00	50.00	100.00	0.00	600.00	400.00
独立使用	6900.00	1650.00	500.00	50.00	100.00	0.00	600.00	400.00
襄樊电大校本部	69011.00	13964.00	4540.00	2707.00	3628.00	0.00	0.00	3089.00
独立使用	69011.00	13964.00	4540.00	2707.00	3628.00	0.00	0.00	3089.00
襄樊电大谷城分校	37800.00	18000.00	12000.00	500.00	3000.00	1500.00	500.00	500.00
独立使用	12000.00	5000.00	3000.00	500.00	1000.00	500.00	0.00	0.00
共同使用	25800.00	13000.00	9000.00	0.00	2000.00	1000.00	500.00	500.00
襄樊电大枣阳分校	11412.00	3130.00	1500.00	170.00	300.00	160.00	0.00	1000.00
独立使用	11412.00	3130.00	1500.00	170.00	300.00	160.00	0.00	1000.00
襄樊电大南漳分校	27801.00	5818.00	710.00	5108.00	0.00	0.00	0.00	0.00
独立使用	22193.00	210.00	210.00	0.00	0.00	0.00	0.00	0.00

建筑面积(续表59)

单位:平方米

行政办公用房	生活用房						教工住宅	其他用房
	计	学生宿舍(公寓)	学生食堂	教工宿舍(公寓)	教工食堂	生活福利及附属用房		
240.00	885.00	690.00	120.00	15.00	60.00	0.00	0.00	0.00
240.00	885.00	690.00	120.00	15.00	60.00	0.00	0.00	0.00
140.00	0.00	0.00	0.00	0.00	0.00	0.00	1300.00	0.00
140.00	0.00	0.00	0.00	0.00	0.00	0.00	1300.00	0.00
1616.00	5685.00	3019.00	2666.00	0.00	0.00	0.00	0.00	0.00
1616.00	5685.00	3019.00	2666.00	0.00	0.00	0.00	0.00	0.00
54.00	5148.00	4788.00	280.00	0.00	80.00	0.00	9450.00	0.00
36.00	0.00	0.00	0.00	0.00	0.00	0.00	0.00	0.00
18.00	5148.00	4788.00	280.00	0.00	80.00	0.00	9450.00	0.00
2040.00	9000.00	6000.00	1200.00	400.00	900.00	500.00	3000.00	1200.00
700.00	0.00	0.00	0.00	0.00	0.00	0.00	0.00	0.00
1340.00	9000.00	6000.00	1200.00	400.00	900.00	500.00	3000.00	1200.00
1200.00	780.00	360.00	60.00	0.00	0.00	360.00	5400.00	1200.00
1200.00	780.00	360.00	60.00	0.00	0.00	360.00	5400.00	1200.00
120.00	300.00	0.00	0.00	0.00	200.00	100.00	0.00	0.00
120.00	300.00	0.00	0.00	0.00	200.00	100.00	0.00	0.00
2.00	7.00	3.00	1.00	2.00	1.00	0.00	0.00	0.00
2.00	7.00	3.00	1.00	2.00	1.00	0.00	0.00	0.00
200.00	300.00	0.00	0.00	300.00	0.00	0.00	0.00	0.00
200.00	0.00	0.00	0.00	0.00	0.00	0.00	0.00	0.00
0.00	300.00	0.00	0.00	300.00	0.00	0.00	0.00	0.00
1000.00	3300.00	700.00	1000.00	400.00	700.00	500.00	2000.00	1300.00
500.00	0.00	0.00	0.00	0.00	0.00	0.00	0.00	0.00
500.00	3300.00	700.00	1000.00	400.00	700.00	500.00	2000.00	1300.00
350.00	1760.00	600.00	160.00	0.00	0.00	1000.00	1700.00	0.00
350.00	1760.00	600.00	160.00	0.00	0.00	1000.00	1700.00	0.00
800.00	2650.00	1800.00	500.00	0.00	0.00	350.00	1000.00	800.00
800.00	2650.00	1800.00	500.00	0.00	0.00	350.00	1000.00	800.00
6046.00	28218.00	15128.00	2627.00	4800.00	200.00	5463.00	20783.00	0.00
6046.00	28218.00	15128.00	2627.00	4800.00	200.00	5463.00	20783.00	0.00
3000.00	14800.00	6000.00	1000.00	6000.00	300.00	1500.00	1500.00	500.00
500.00	6500.00	3000.00	1000.00	2500.00	0.00	0.00	0.00	0.00
2500.00	8300.00	3000.00	0.00	3500.00	300.00	1500.00	1500.00	500.00
922.00	2000.00	1040.00	160.00	300.00	200.00	300.00	5200.00	160.00
922.00	2000.00	1040.00	160.00	300.00	200.00	300.00	5200.00	160.00
1068.00	15795.00	1035.00	1200.00	13560.00	0.00	0.00	0.00	5120.00
1068.00	15795.00	1035.00	1200.00	13560.00	0.00	0.00	0.00	5120.00

	合计	教学科研及辅助用房						
		计	教室	图书馆	实验室、实习场所	专用科研用房	体育馆	会堂
共同使用	5608.00	5608.00	500.00	5108.00	0.00	0.00	0.00	0.00
襄阳区函授站	1100.00	800.00	500.00	100.00	0.00	100.00	0.00	100.00
独立使用	900.00	600.00	300.00	100.00	0.00	100.00	0.00	100.00
共同使用	200.00	200.00	200.00	0.00	0.00	0.00	0.00	0.00
襄樊电大保康分校	44851.00	9919.00	7334.00	283.00	2302.00	0.00	0.00	0.00
共同使用	44851.00	9919.00	7334.00	283.00	2302.00	0.00	0.00	0.00
老河口电大	50128.00	11197.00	4500.00	1825.00	3696.00	0.00	1176.00	0.00
独立使用	45628.00	6697.00	0.00	1825.00	3696.00	0.00	1176.00	0.00
共同使用	4500.00	4500.00	4500.00	0.00	0.00	0.00	0.00	0.00
宜昌电大校本部	36000.00	4330.00	3000.00	480.00	350.00	0.00	0.00	500.00
独立使用	36000.00	4330.00	3000.00	480.00	350.00	0.00	0.00	500.00
宜昌市电大当阳分校	15280.00	6150.00	4800.00	300.00	500.00	0.00	0.00	550.00
独立使用	780.00	750.00	500.00	100.00	100.00	0.00	0.00	50.00
共同使用	14500.00	5400.00	4300.00	200.00	400.00	0.00	0.00	500.00
宜昌市电大远安分校	55960.00	37960.00	9100.00	500.00	7080.00	0.00	19580.00	1700.00
独立使用	1100.00	1100.00	1100.00	0.00	0.00	0.00	0.00	0.00
共同使用	54860.00	36860.00	8000.00	500.00	7080.00	0.00	19580.00	1700.00
宜昌电大宜都分校	32830.00	17834.00	6004.00	307.00	7460.00	0.00	1963.00	2100.00
独立使用	100.00	0.00	0.00	0.00	0.00	0.00	0.00	0.00
共同使用	32730.00	17834.00	6004.00	307.00	7460.00	0.00	1963.00	2100.00
宜昌电大五峰分校	14810.00	4540.00	3350.00	350.00	600.00	0.00	0.00	240.00
独立使用	570.00	450.00	450.00	0.00	0.00	0.00	0.00	0.00
共同使用	14240.00	4090.00	2900.00	350.00	600.00	0.00	0.00	240.00
秭归电大分校	33191.00	15318.00	5956.00	400.00	7462.00	1000.00	0.00	500.00
共同使用	33191.00	15318.00	5956.00	400.00	7462.00	1000.00	0.00	500.00
宜昌电大长阳分校	4580.00	1920.00	1100.00	200.00	420.00	0.00	0.00	200.00
独立使用	260.00	200.00	200.00	0.00	0.00	0.00	0.00	0.00
共同使用	4320.00	1720.00	900.00	200.00	420.00	0.00	0.00	200.00
宜昌电大兴山分校	18800.00	9900.00	5200.00	0.00	4700.00	0.00	0.00	0.00
共同使用	18800.00	9900.00	5200.00	0.00	4700.00	0.00	0.00	0.00
宜昌电大枝江分校	15460.00	5800.00	2500.00	200.00	500.00	0.00	2000.00	600.00
独立使用	260.00	200.00	200.00	0.00	0.00	0.00	0.00	0.00
共同使用	15200.00	5600.00	2300.00	200.00	500.00	0.00	2000.00	600.00
孝感电大校本部	12400.00	2750.00	1000.00	0.00	400.00	0.00	1000.00	350.00
独立使用	11500.00	1850.00	1000.00	0.00	200.00	0.00	500.00	150.00
共同使用	900.00	900.00	0.00	0.00	200.00	0.00	500.00	200.00
孝感电大汉川分校	2980.00	2400.00	1400.00	0.00	300.00	0.00	500.00	200.00

建筑面积(续表60)

单位:平方米

行政办公用房	生活用房						教工住宅	其他用房
	计	学生宿舍(公寓)	学生食堂	教工宿舍(公寓)	教工食堂	生活福利及附属用房		
0.00	0.00	0.00	0.00	0.00	0.00	0.00	0.00	0.00
300.00	0.00	0.00	0.00	0.00	0.00	0.00	0.00	0.00
300.00	0.00	0.00	0.00	0.00	0.00	0.00	0.00	0.00
0.00	0.00	0.00	0.00	0.00	0.00	0.00	0.00	0.00
1317.00	23498.00	10737.00	2261.00	9221.00	1279.00	0.00	9985.00	132.00
1317.00	23498.00	10737.00	2261.00	9221.00	1279.00	0.00	9985.00	132.00
4421.00	21510.00	12417.00	972.00	7663.00	0.00	458.00	13000.00	0.00
4421.00	21510.00	12417.00	972.00	7663.00	0.00	458.00	13000.00	0.00
0.00	0.00	0.00	0.00	0.00	0.00	0.00	0.00	0.00
3000.00	13490.00	6050.00	600.00	490.00	150.00	6200.00	15180.00	0.00
3000.00	13490.00	6050.00	600.00	490.00	150.00	6200.00	15180.00	0.00
130.00	9000.00	5000.00	3000.00	0.00	1000.00	0.00	0.00	0.00
30.00	0.00	0.00	0.00	0.00	0.00	0.00	0.00	0.00
100.00	9000.00	5000.00	3000.00	0.00	1000.00	0.00	0.00	0.00
600.00	17400.00	8300.00	3000.00	5100.00	500.00	500.00	0.00	0.00
0.00	0.00	0.00	0.00	0.00	0.00	0.00	0.00	0.00
600.00	17400.00	8300.00	3000.00	5100.00	500.00	500.00	0.00	0.00
4600.00	10396.00	1587.00	4770.00	2327.00	200.00	1512.00	0.00	0.00
100.00	0.00	0.00	0.00	0.00	0.00	0.00	0.00	0.00
4500.00	10396.00	1587.00	4770.00	2327.00	200.00	1512.00	0.00	0.00
1120.00	9150.00	8250.00	400.00	0.00	100.00	400.00	0.00	0.00
120.00	0.00	0.00	0.00	0.00	0.00	0.00	0.00	0.00
1000.00	9150.00	8250.00	400.00	0.00	100.00	400.00	0.00	0.00
3183.00	14690.00	12713.00	1977.00	0.00	0.00	0.00	0.00	0.00
3183.00	14690.00	12713.00	1977.00	0.00	0.00	0.00	0.00	0.00
760.00	1000.00	600.00	200.00	0.00	0.00	200.00	800.00	100.00
60.00	0.00	0.00	0.00	0.00	0.00	0.00	0.00	0.00
700.00	1000.00	600.00	200.00	0.00	0.00	200.00	800.00	100.00
3200.00	5700.00	4400.00	1300.00	0.00	0.00	0.00	0.00	0.00
3200.00	5700.00	4400.00	1300.00	0.00	0.00	0.00	0.00	0.00
660.00	9000.00	6000.00	2800.00	0.00	200.00	0.00	0.00	0.00
60.00	0.00	0.00	0.00	0.00	0.00	0.00	0.00	0.00
600.00	9000.00	6000.00	2800.00	0.00	200.00	0.00	0.00	0.00
1500.00	3950.00	2000.00	200.00	800.00	150.00	800.00	3000.00	1200.00
1500.00	3950.00	2000.00	200.00	800.00	150.00	800.00	3000.00	1200.00
0.00	0.00	0.00	0.00	0.00	0.00	0.00	0.00	0.00
400.00	80.00	0.00	0.00	0.00	80.00	0.00	0.00	100.00

	合计	教学科研及辅助用房						
		计	教室	图书馆	实验室、实习场所	专用科研用房	体育馆	会堂
独立使用	2200.00	1700.00	1400.00	0.00	300.00	0.00	0.00	0.00
共同使用	780.00	700.00	0.00	0.00	0.00	0.00	500.00	200.00
孝感电大云梦分校	20318.00	6818.00	6500.00	300.00	18.00	0.00	0.00	0.00
共同使用	20318.00	6818.00	6500.00	300.00	18.00	0.00	0.00	0.00
孝感电大安陆分校	59400.00	37500.00	30000.00	2000.00	2000.00	2000.00	1000.00	500.00
独立使用	59400.00	37500.00	30000.00	2000.00	2000.00	2000.00	1000.00	500.00
孝感电大大悟分校	58727.00	12286.00	9854.00	292.00	1430.00	350.00	0.00	360.00
独立使用	1720.00	360.00	360.00	0.00	0.00	0.00	0.00	0.00
共同使用	57007.00	11926.00	9494.00	292.00	1430.00	350.00	0.00	360.00
孝感电大孝南分校	1080.00	400.00	400.00	0.00	0.00	0.00	0.00	0.00
独立使用	1080.00	400.00	400.00	0.00	0.00	0.00	0.00	0.00
孝感电大孝昌分校	11770.00	1460.00	1360.00	40.00	60.00	0.00	0.00	0.00
独立使用	11770.00	1460.00	1360.00	40.00	60.00	0.00	0.00	0.00
孝感电大应城分校	1900.00	1500.00	1200.00	0.00	300.00	0.00	0.00	0.00
独立使用	1900.00	1500.00	1200.00	0.00	300.00	0.00	0.00	0.00
咸宁电大校本部	9180.00	2150.00	1800.00	150.00	200.00	0.00	0.00	0.00
独立使用	9180.00	2150.00	1800.00	150.00	200.00	0.00	0.00	0.00
咸宁电大通城分校	6578.00	2860.00	1430.00	154.00	832.00	118.00	0.00	326.00
独立使用	568.00	328.00	150.00	50.00	128.00	0.00	0.00	0.00
共同使用	6010.00	2532.00	1280.00	104.00	704.00	118.00	0.00	326.00
咸宁电大通山分校	8250.00	3550.00	1600.00	300.00	500.00	100.00	0.00	1050.00
独立使用	4950.00	1150.00	1000.00	0.00	0.00	100.00	0.00	50.00
共同使用	3300.00	2400.00	600.00	300.00	500.00	0.00	0.00	1000.00
咸宁电大赤壁分校	6690.00	2000.00	2000.00	0.00	0.00	0.00	0.00	0.00
独立使用	6690.00	2000.00	2000.00	0.00	0.00	0.00	0.00	0.00
咸宁电大嘉鱼分校	13772.00	3900.00	1280.00	680.00	280.00	210.00	800.00	650.00
独立使用	1130.00	860.00	640.00	80.00	40.00	50.00	0.00	50.00
共同使用	12642.00	3040.00	640.00	600.00	240.00	160.00	800.00	600.00
咸宁电大崇阳分校	12739.00	8050.00	7200.00	210.00	120.00	120.00	0.00	400.00
独立使用	3779.00	1390.00	1200.00	90.00	0.00	0.00	0.00	100.00
共同使用	8960.00	6660.00	6000.00	120.00	120.00	120.00	0.00	300.00
咸宁广播电视大学咸安分校	850.00	450.00	300.00	30.00	60.00	20.00	0.00	40.00
独立使用	850.00	450.00	300.00	30.00	60.00	20.00	0.00	40.00
十堰电大	11149.00	3010.00	2790.00	100.00	120.00	0.00	0.00	0.00
独立使用	11149.00	3010.00	2790.00	100.00	120.00	0.00	0.00	0.00
十堰电大丹江口分校	1440.00	990.00	720.00	90.00	0.00	0.00	0.00	180.00
独立使用	810.00	360.00	90.00	90.00	0.00	0.00	0.00	180.00

建筑面积(续表61)

单位:平方米

行政办公用房	生活用房						教工住宅	其他用房
	计	学生宿舍(公寓)	学生食堂	教工宿舍(公寓)	教工食堂	生活福利及附属用房		
400.00	0.00	0.00	0.00	0.00	0.00	0.00	0.00	100.00
0.00	80.00	0.00	0.00	0.00	80.00	0.00	0.00	0.00
1500.00	6600.00	5000.00	1450.00	150.00	0.00	0.00	5400.00	0.00
1500.00	6600.00	5000.00	1450.00	150.00	0.00	0.00	5400.00	0.00
200.00	21700.00	20000.00	1000.00	0.00	500.00	200.00	0.00	0.00
200.00	21700.00	20000.00	1000.00	0.00	500.00	200.00	0.00	0.00
1301.00	25690.00	4300.00	1000.00	20150.00	0.00	240.00	13450.00	6000.00
60.00	650.00	0.00	0.00	650.00	0.00	0.00	650.00	0.00
1241.00	25040.00	4300.00	1000.00	19500.00	0.00	240.00	12800.00	6000.00
600.00	80.00	0.00	0.00	0.00	80.00	0.00	0.00	0.00
600.00	80.00	0.00	0.00	0.00	80.00	0.00	0.00	0.00
180.00	4200.00	3200.00	460.00	0.00	0.00	540.00	5880.00	50.00
180.00	4200.00	3200.00	460.00	0.00	0.00	540.00	5880.00	50.00
400.00	0.00	0.00	0.00	0.00	0.00	0.00	0.00	0.00
400.00	0.00	0.00	0.00	0.00	0.00	0.00	0.00	0.00
1500.00	2530.00	1950.00	250.00	0.00	0.00	330.00	3000.00	0.00
1500.00	2530.00	1950.00	250.00	0.00	0.00	330.00	3000.00	0.00
240.00	3478.00	2540.00	708.00	0.00	230.00	0.00	0.00	0.00
240.00	0.00	0.00	0.00	0.00	0.00	0.00	0.00	0.00
0.00	3478.00	2540.00	708.00	0.00	230.00	0.00	0.00	0.00
300.00	1300.00	300.00	500.00	0.00	300.00	200.00	3000.00	100.00
200.00	500.00	300.00	0.00	0.00	0.00	200.00	3000.00	100.00
100.00	800.00	0.00	500.00	0.00	300.00	0.00	0.00	0.00
1000.00	2190.00	1500.00	590.00	100.00	0.00	0.00	1500.00	0.00
1000.00	2190.00	1500.00	590.00	100.00	0.00	0.00	1500.00	0.00
1622.00	7500.00	4000.00	1800.00	0.00	1200.00	500.00	0.00	750.00
20.00	100.00	0.00	0.00	0.00	0.00	100.00	0.00	150.00
1602.00	7400.00	4000.00	1800.00	0.00	1200.00	400.00	0.00	600.00
180.00	3534.00	600.00	800.00	1575.00	559.00	0.00	975.00	0.00
180.00	1234.00	0.00	0.00	975.00	259.00	0.00	975.00	0.00
0.00	2300.00	600.00	800.00	600.00	300.00	0.00	0.00	0.00
400.00	0.00	0.00	0.00	0.00	0.00	0.00	0.00	0.00
400.00	0.00	0.00	0.00	0.00	0.00	0.00	0.00	0.00
875.00	2664.00	2376.00	288.00	0.00	0.00	0.00	4600.00	0.00
875.00	2664.00	2376.00	288.00	0.00	0.00	0.00	4600.00	0.00
180.00	180.00	0.00	0.00	0.00	0.00	180.00	0.00	90.00
180.00	180.00	0.00	0.00	0.00	0.00	180.00	0.00	90.00

4.3 学校产权校舍

	合计	教学科研及辅助用房						
		计	教室	图书馆	实验室、实习场所	专用科研用房	体育馆	会堂
共同使用	630.00	630.00	630.00	0.00	0.00	0.00	0.00	0.00
十堰电大郧县分校	104.00	39.00	30.00	1.00	5.00	0.00	0.00	3.00
共同使用	104.00	39.00	30.00	1.00	5.00	0.00	0.00	3.00
十堰电大郧西分校	1560.00	990.00	720.00	90.00	0.00	0.00	0.00	180.00
独立使用	360.00	90.00	90.00	0.00	0.00	0.00	0.00	0.00
共同使用	1200.00	900.00	630.00	90.00	0.00	0.00	0.00	180.00
十堰电大房县分校	16870.00	6320.00	3694.00	0.00	2109.00	0.00	0.00	517.00
共同使用	16870.00	6320.00	3694.00	0.00	2109.00	0.00	0.00	517.00
十堰电大竹山分校	24389.00	15000.00	2400.00	300.00	12000.00	0.00	0.00	300.00
共同使用	24389.00	15000.00	2400.00	300.00	12000.00	0.00	0.00	300.00
十堰电大竹溪分校	16396.00	6550.00	3250.00	150.00	1500.00	100.00	1050.00	500.00
独立使用	16396.00	6550.00	3250.00	150.00	1500.00	100.00	1050.00	500.00
黄石市电大校本部	28651.00	8651.00	5000.00	1000.00	1351.00	200.00	500.00	600.00
独立使用	18351.00	6351.00	5000.00	0.00	1351.00	0.00	0.00	0.00
共同使用	10300.00	2300.00	0.00	1000.00	0.00	200.00	500.00	600.00
黄石电大阳新分校	86823.00	32809.00	19573.00	560.00	8526.00	1234.00	1000.00	1916.00
独立使用	86801.00	32787.00	19551.00	560.00	8526.00	1234.00	1000.00	1916.00
共同使用	22.00	22.00	22.00	0.00	0.00	0.00	0.00	0.00
黄石电大大冶分校	3060.00	850.00	800.00	50.00	0.00	0.00	0.00	0.00
独立使用	3060.00	850.00	800.00	50.00	0.00	0.00	0.00	0.00
恩施电大校本部	16050.00	8000.00	6000.00	500.00	500.00	0.00	0.00	1000.00
独立使用	16050.00	8000.00	6000.00	500.00	500.00	0.00	0.00	1000.00
恩施州电大恩施市分校	66320.00	29400.00	10600.00	4210.00	8460.00	3960.00	1250.00	920.00
共同使用	66320.00	29400.00	10600.00	4210.00	8460.00	3960.00	1250.00	920.00
恩施州电大利川分校	21.00	10.00	8.00	0.00	0.00	0.00	1.00	1.00
独立使用	1.00	0.00	0.00	0.00	0.00	0.00	0.00	0.00
共同使用	20.00	10.00	8.00	0.00	0.00	0.00	1.00	1.00
恩施州电大建始分校	62.00	55.00	45.00	0.00	10.00	0.00	0.00	0.00
独立使用	62.00	55.00	45.00	0.00	10.00	0.00	0.00	0.00
恩施州电大巴东分校	33173.15	11603.15	9280.00	0.00	1883.15	240.00	0.00	200.00
独立使用	4960.00	4780.00	4780.00	0.00	0.00	0.00	0.00	0.00
共同使用	28213.15	6823.15	4500.00	0.00	1883.15	240.00	0.00	200.00
恩施州电大宣恩分校	17607.00	17607.00	7776.00	80.00	9751.00	0.00	0.00	0.00
独立使用	400.00	400.00	400.00	0.00	0.00	0.00	0.00	0.00
共同使用	17207.00	17207.00	7376.00	80.00	9751.00	0.00	0.00	0.00
恩施州电大咸丰分校	27170.00	13620.00	6620.00	3800.00	800.00	0.00	1800.00	600.00
独立使用	470.00	420.00	420.00	0.00	0.00	0.00	0.00	0.00

建筑面积(续表62)

单位:平方米

行政办公用房	生活用房						教工住宅	其他用房
	计	学生宿舍(公寓)	学生食堂	教工宿舍(公寓)	教工食堂	生活福利及附属用房		
0.00	0.00	0.00	0.00	0.00	0.00	0.00	0.00	0.00
4.00	61.00	60.00	1.00	0.00	0.00	0.00	0.00	0.00
4.00	61.00	60.00	1.00	0.00	0.00	0.00	0.00	0.00
180.00	270.00	180.00	90.00	0.00	0.00	0.00	0.00	120.00
0.00	270.00	180.00	90.00	0.00	0.00	0.00	0.00	0.00
180.00	0.00	0.00	0.00	0.00	0.00	0.00	0.00	120.00
400.00	7891.00	2366.00	350.00	4905.00	270.00	0.00	0.00	2259.00
400.00	7891.00	2366.00	350.00	4905.00	270.00	0.00	0.00	2259.00
2500.00	4000.00	3000.00	1000.00	0.00	0.00	0.00	0.00	2889.00
2500.00	4000.00	3000.00	1000.00	0.00	0.00	0.00	0.00	2889.00
1000.00	8046.00	4986.00	1560.00	1000.00	200.00	300.00	600.00	200.00
1000.00	8046.00	4986.00	1560.00	1000.00	200.00	300.00	600.00	200.00
5000.00	10000.00	5000.00	2800.00	0.00	200.00	2000.00	5000.00	0.00
5000.00	2000.00	0.00	0.00	0.00	0.00	2000.00	5000.00	0.00
0.00	8000.00	5000.00	2800.00	0.00	200.00	0.00	0.00	0.00
22576.00	22576.00	17334.00	3926.00	0.00	0.00	1316.00	8752.00	110.00
22576.00	22576.00	17334.00	3926.00	0.00	0.00	1316.00	8752.00	110.00
0.00	0.00	0.00	0.00	0.00	0.00	0.00	0.00	0.00
350.00	1800.00	1500.00	150.00	0.00	150.00	0.00	0.00	60.00
350.00	1800.00	1500.00	150.00	0.00	150.00	0.00	0.00	60.00
1300.00	3250.00	2200.00	760.00	240.00	50.00	0.00	3500.00	0.00
1300.00	3250.00	2200.00	760.00	240.00	50.00	0.00	3500.00	0.00
5310.00	18110.00	11410.00	5400.00	400.00	600.00	300.00	13000.00	500.00
5310.00	18110.00	11410.00	5400.00	400.00	600.00	300.00	13000.00	500.00
3.00	8.00	4.00	3.00	0.00	1.00	0.00	0.00	0.00
1.00	0.00	0.00	0.00	0.00	0.00	0.00	0.00	0.00
2.00	8.00	4.00	3.00	0.00	1.00	0.00	0.00	0.00
2.00	5.00	1.00	1.00	2.00	1.00	0.00	0.00	0.00
2.00	5.00	1.00	1.00	2.00	1.00	0.00	0.00	0.00
3880.00	10330.00	5200.00	1800.00	1000.00	500.00	1830.00	6800.00	560.00
180.00	0.00	0.00	0.00	0.00	0.00	0.00	0.00	0.00
3700.00	10330.00	5200.00	1800.00	1000.00	500.00	1830.00	6800.00	560.00
0.00	0.00	0.00	0.00	0.00	0.00	0.00	0.00	0.00
0.00	0.00	0.00	0.00	0.00	0.00	0.00	0.00	0.00
0.00	0.00	0.00	0.00	0.00	0.00	0.00	0.00	0.00
550.00	13000.00	7100.00	5500.00	0.00	400.00	0.00	0.00	0.00
50.00	0.00	0.00	0.00	0.00	0.00	0.00	0.00	0.00

4.3 学校产权校舍

	合计	教学科研及辅助用房						
		计	教室	图书馆	实验室、实习场所	专用科研用房	体育馆	会堂
共同使用	26700.00	13200.00	6200.00	3800.00	800.00	0.00	1800.00	600.00
恩施州电大鹤峰分校	27300.00	9000.00	5000.00	1000.00	2000.00	0.00	0.00	1000.00
独立使用	27300.00	9000.00	5000.00	1000.00	2000.00	0.00	0.00	1000.00
恩施州电大来凤分校	17885.00	9421.00	4464.00	0.00	4957.00	0.00	0.00	0.00
共同使用	17885.00	9421.00	4464.00	0.00	4957.00	0.00	0.00	0.00
随州电大校本部	37760.00	15917.00	7357.00	270.00	8290.00	0.00	0.00	0.00
独立使用	37760.00	15917.00	7357.00	270.00	8290.00	0.00	0.00	0.00
随州电大广水分校	40063.50	40063.50	5001.50	35002.00	0.00	60.00	0.00	0.00
独立使用	40030.00	40030.00	5000.00	35000.00	0.00	30.00	0.00	0.00
共同使用	33.50	33.50	1.50	2.00	0.00	30.00	0.00	0.00
仙桃电大	15200.00	5570.00	5100.00	150.00	200.00	0.00	0.00	120.00
独立使用	15200.00	5570.00	5100.00	150.00	200.00	0.00	0.00	120.00
潜江电大	3450.00	680.00	480.00	100.00	100.00	0.00	0.00	0.00
独立使用	3450.00	680.00	480.00	100.00	100.00	0.00	0.00	0.00
天门电大	6280.00	400.00	180.00	40.00	20.00	80.00	0.00	80.00
独立使用	6280.00	400.00	180.00	40.00	20.00	80.00	0.00	80.00
大冶有色电大	12516.00	4220.00	1550.00	0.00	2210.00	0.00	0.00	460.00
独立使用	12516.00	4220.00	1550.00	0.00	2210.00	0.00	0.00	460.00
湖北电大江汉油田分校	67177.00	39275.00	17898.00	2177.00	14071.00	0.00	1586.00	3543.00
独立使用	67177.00	39275.00	17898.00	2177.00	14071.00	0.00	1586.00	3543.00
东风汽车公司高级技工学校	4850.00	2450.00	1500.00	150.00	300.00	200.00	0.00	300.00
独立使用	4850.00	2450.00	1500.00	150.00	300.00	200.00	0.00	300.00
武汉市仪表电子学校	51300.00	7100.00	2100.00	1000.00	2000.00	1000.00	0.00	1000.00
独立使用	200.00	100.00	100.00	0.00	0.00	0.00	0.00	0.00
共同使用	51100.00	7000.00	2000.00	1000.00	2000.00	1000.00	0.00	1000.00
武汉市交通学校	146737.00	75360.00	17523.00	9928.00	46654.00	0.00	0.00	1255.00
共同使用	146737.00	75360.00	17523.00	9928.00	46654.00	0.00	0.00	1255.00
武汉交通职业学院教学点	391198.00	183240.00	56008.00	18469.00	105080.00	1100.00	1147.00	1436.00
独立使用	335190.00	127232.00	0.00	18469.00	105080.00	1100.00	1147.00	1436.00
共同使用	56008.00	56008.00	56008.00	0.00	0.00	0.00	0.00	0.00
钟祥分校	77088.00	24043.00	2240.00	718.00	21085.00	0.00	0.00	0.00
独立使用	77088.00	24043.00	2240.00	718.00	21085.00	0.00	0.00	0.00
京山电大	5088.00	1255.00	1031.00	40.00	0.00	0.00	0.00	184.00
独立使用	5088.00	1255.00	1031.00	40.00	0.00	0.00	0.00	184.00
湖北电大荆楚学院	301182.41	145355.56	67504.07	31174.94	42594.98	0.00	1318.59	2762.98
共同使用	301182.41	145355.56	67504.07	31174.94	42594.98	0.00	1318.59	2762.98
湖北电大沙洋学院	11060.00	6080.00	3720.00	180.00	1200.00	120.00	360.00	500.00

建筑面积(续表63)

单位:平方米

行政办公用房	生活用房						教工住宅	其他用房
	计	学生宿舍(公寓)	学生食堂	教工宿舍(公寓)	教工食堂	生活福利及附属用房		
500.00	13000.00	7100.00	5500.00	0.00	400.00	0.00	0.00	0.00
2000.00	6300.00	3000.00	1000.00	2000.00	100.00	200.00	5000.00	5000.00
2000.00	6300.00	3000.00	1000.00	2000.00	100.00	200.00	5000.00	5000.00
0.00	7838.00	5734.00	1227.00	0.00	0.00	877.00	0.00	626.00
0.00	7838.00	5734.00	1227.00	0.00	0.00	877.00	0.00	626.00
2607.00	12936.00	9442.00	1458.00	850.00	189.00	997.00	6300.00	0.00
2607.00	12936.00	9442.00	1458.00	850.00	189.00	997.00	6300.00	0.00
0.00	0.00	0.00	0.00	0.00	0.00	0.00	0.00	0.00
0.00	0.00	0.00	0.00	0.00	0.00	0.00	0.00	0.00
0.00	0.00	0.00	0.00	0.00	0.00	0.00	0.00	0.00
2000.00	3930.00	1870.00	500.00	60.00	200.00	1300.00	3700.00	0.00
2000.00	3930.00	1870.00	500.00	60.00	200.00	1300.00	3700.00	0.00
240.00	880.00	0.00	520.00	0.00	0.00	360.00	1650.00	0.00
240.00	880.00	0.00	520.00	0.00	0.00	360.00	1650.00	0.00
600.00	300.00	0.00	150.00	0.00	150.00	0.00	4900.00	80.00
600.00	300.00	0.00	150.00	0.00	150.00	0.00	4900.00	80.00
839.00	2537.00	1598.00	500.00	0.00	0.00	439.00	0.00	4920.00
839.00	2537.00	1598.00	500.00	0.00	0.00	439.00	0.00	4920.00
5242.00	22660.00	18414.00	3788.00	0.00	0.00	458.00	0.00	0.00
5242.00	22660.00	18414.00	3788.00	0.00	0.00	458.00	0.00	0.00
500.00	1600.00	1000.00	500.00	0.00	0.00	100.00	0.00	300.00
500.00	1600.00	1000.00	500.00	0.00	0.00	100.00	0.00	300.00
2100.00	42100.00	30000.00	2000.00	10000.00	100.00	0.00	0.00	0.00
100.00	0.00	0.00	0.00	0.00	0.00	0.00	0.00	0.00
2000.00	42100.00	30000.00	2000.00	10000.00	100.00	0.00	0.00	0.00
12331.00	59046.00	45602.00	9808.00	0.00	0.00	3636.00	0.00	0.00
12331.00	59046.00	45602.00	9808.00	0.00	0.00	3636.00	0.00	0.00
59752.00	142068.00	119698.00	1626.00	12304.00	320.00	8120.00	4596.00	1542.00
59752.00	142068.00	119698.00	1626.00	12304.00	320.00	8120.00	4596.00	1542.00
0.00	0.00	0.00	0.00	0.00	0.00	0.00	0.00	0.00
3918.00	25308.00	20302.00	5006.00	0.00	0.00	0.00	20442.00	3377.00
3918.00	25308.00	20302.00	5006.00	0.00	0.00	0.00	20442.00	3377.00
460.00	1328.00	884.00	217.00	0.00	0.00	227.00	2033.00	12.00
460.00	1328.00	884.00	217.00	0.00	0.00	227.00	2033.00	12.00
11543.58	138713.33	125574.02	11407.85	0.00	1610.28	121.18	0.00	5569.95
11543.58	138713.33	125574.02	11407.85	0.00	1610.28	121.18	0.00	5569.95
1180.00	900.00	200.00	200.00	200.00	200.00	100.00	2500.00	400.00

	合计	教学科研及辅助用房						
		计	教室	图书馆	实验室、实习场所	专用科研用房	体育馆	会堂
独立使用	660.00	480.00	480.00	0.00	0.00	0.00	0.00	0.00
共同使用	10400.00	5600.00	3240.00	180.00	1200.00	120.00	360.00	500.00
计生委宣教中心	8881.00	1881.00	411.00	20.00	1000.00	50.00	400.00	0.00
独立使用	7531.00	531.00	111.00	20.00	0.00	0.00	400.00	0.00
共同使用	1350.00	1350.00	300.00	0.00	1000.00	50.00	0.00	0.00
湖北电大民建学院	3693.00	2728.00	2150.00	115.00	170.00	85.00	133.00	75.00
独立使用	1393.00	1198.00	950.00	50.00	75.00	30.00	63.00	30.00
共同使用	2300.00	1530.00	1200.00	65.00	95.00	55.00	70.00	45.00
武汉	**823707.23**	**430795.05**	**178727.90**	**60644.28**	**117189.39**	**25775.48**	**38970.00**	**9488.00**
独立使用	497474.62	245210.27	117784.60	32765.00	45708.39	25244.28	16366.00	7342.00
共同使用	326232.61	185584.78	60943.30	27879.28	71481.00	531.20	22604.00	2146.00
武汉市广播电视大学直属部	382300.00	189407.00	82102.00	29784.00	33731.00	24711.00	13506.00	5573.00
独立使用	382300.00	189407.00	82102.00	29784.00	33731.00	24711.00	13506.00	5573.00
江岸分校	1020.00	670.00	670.00	0.00	0.00	0.00	0.00	0.00
独立使用	1020.00	670.00	670.00	0.00	0.00	0.00	0.00	0.00
汉阳区分校	2358.00	1613.00	1212.00	65.00	147.00	0.00	0.00	189.00
独立使用	2358.00	1613.00	1212.00	65.00	147.00	0.00	0.00	189.00
洪山分校	2065.00	900.00	500.00	200.00	0.00	0.00	0.00	200.00
共同使用	2065.00	900.00	500.00	200.00	0.00	0.00	0.00	200.00
青山区分校	2558.00	1928.00	1836.00	92.00	0.00	0.00	0.00	0.00
独立使用	2558.00	1928.00	1836.00	92.00	0.00	0.00	0.00	0.00
东西湖区分校	3901.00	1640.00	1328.00	108.00	44.00	0.00	0.00	160.00
独立使用	3901.00	1640.00	1328.00	108.00	44.00	0.00	0.00	160.00
蔡甸区分校	1020.00	670.00	670.00	0.00	0.00	0.00	0.00	0.00
独立使用	1020.00	670.00	670.00	0.00	0.00	0.00	0.00	0.00
江夏区电大分校	15612.00	13630.00	10076.00	354.00	3200.00	0.00	0.00	0.00
独立使用	10324.00	8342.00	6038.00	204.00	2100.00	0.00	0.00	0.00
共同使用	5288.00	5288.00	4038.00	150.00	1100.00	0.00	0.00	0.00
新洲区分校	10620.00	4180.00	1860.00	235.00	285.00	0.00	1800.00	0.00
独立使用	10620.00	4180.00	1860.00	235.00	285.00	0.00	1800.00	0.00
武汉钢铁公司分校	316685.00	178848.00	56641.00	27326.00	70331.00	100.00	22554.00	1896.00
独立使用	1480.00	1480.00	1480.00	0.00	0.00	0.00	0.00	0.00
共同使用	315205.00	177368.00	55161.00	27326.00	70331.00	100.00	22554.00	1896.00
黄陂区分校	7627.00	1660.00	1305.00	65.00	80.00	50.00	0.00	160.00
独立使用	7627.00	1660.00	1305.00	65.00	80.00	50.00	0.00	160.00
武昌分校	4657.23	2221.05	1320.90	153.28	200.39	546.48	0.00	0.00
独立使用	1806.62	535.27	181.60	0.00	200.39	153.28	0.00	0.00

建筑面积(续表64)

单位:平方米

行政办公用房	生活用房						教工住宅	其他用房
	计	学生宿舍(公寓)	学生食堂	教工宿舍(公寓)	教工食堂	生活福利及附属用房		
180.00	0.00	0.00	0.00	0.00	0.00	0.00	0.00	0.00
1000.00	900.00	200.00	200.00	200.00	200.00	100.00	2500.00	400.00
2000.00	0.00	0.00	0.00	0.00	0.00	0.00	4000.00	1000.00
2000.00	0.00	0.00	0.00	0.00	0.00	0.00	4000.00	1000.00
0.00	0.00	0.00	0.00	0.00	0.00	0.00	0.00	0.00
160.00	550.00	149.00	75.00	150.00	60.00	116.00	255.00	0.00
60.00	135.00	0.00	75.00	0.00	60.00	0.00	0.00	0.00
100.00	415.00	149.00	0.00	150.00	0.00	116.00	255.00	0.00
57531.32	**326896.86**	**262255.80**	**31483.90**	**5414.16**	**5633.00**	**22110.00**	**5363.00**	**3121.00**
43249.35	201256.00	169898.00	18401.00	1140.00	4524.00	7293.00	5283.00	2476.00
14281.97	125640.86	92357.80	13082.90	4274.16	1109.00	14817.00	80.00	645.00
29222.00	163671.00	143763.00	13656.00	0.00	2767.00	3485.00	0.00	0.00
29222.00	163671.00	143763.00	13656.00	0.00	2767.00	3485.00	0.00	0.00
350.00	0.00	0.00	0.00	0.00	0.00	0.00	0.00	0.00
350.00	0.00	0.00	0.00	0.00	0.00	0.00	0.00	0.00
618.00	127.00	0.00	0.00	0.00	57.00	70.00	0.00	0.00
618.00	127.00	0.00	0.00	0.00	57.00	70.00	0.00	0.00
500.00	80.00	0.00	0.00	0.00	80.00	0.00	0.00	585.00
500.00	80.00	0.00	0.00	0.00	80.00	0.00	0.00	585.00
180.00	450.00	350.00	0.00	0.00	0.00	100.00	0.00	0.00
180.00	450.00	350.00	0.00	0.00	0.00	100.00	0.00	0.00
1382.00	879.00	280.00	0.00	0.00	0.00	599.00	0.00	0.00
1382.00	879.00	280.00	0.00	0.00	0.00	599.00	0.00	0.00
350.00	0.00	0.00	0.00	0.00	0.00	0.00	0.00	0.00
350.00	0.00	0.00	0.00	0.00	0.00	0.00	0.00	0.00
1832.00	150.00	0.00	0.00	0.00	0.00	150.00	0.00	0.00
1832.00	150.00	0.00	0.00	0.00	0.00	150.00	0.00	0.00
0.00	0.00	0.00	0.00	0.00	0.00	0.00	0.00	0.00
591.00	2921.00	2461.00	400.00	60.00	0.00	0.00	2928.00	0.00
591.00	2921.00	2461.00	400.00	60.00	0.00	0.00	2928.00	0.00
13463.00	124374.00	91889.00	12729.00	4049.00	960.00	14747.00	0.00	0.00
0.00	0.00	0.00	0.00	0.00	0.00	0.00	0.00	0.00
13463.00	124374.00	91889.00	12729.00	4049.00	960.00	14747.00	0.00	0.00
377.00	3250.00	2150.00	800.00	0.00	300.00	0.00	2340.00	0.00
377.00	3250.00	2150.00	800.00	0.00	300.00	0.00	2340.00	0.00
1539.32	896.86	408.80	302.90	185.16	0.00	0.00	0.00	0.00
1271.35	0.00	0.00	0.00	0.00	0.00	0.00	0.00	0.00

4.3 学校产权校舍

	合计	教学科研及辅助用房						
		计	教室	图书馆	实验室、实习场所	专用科研用房	体育馆	会堂
共同使用	2850.61	1685.78	1139.30	153.28	0.00	393.20	0.00	0.00
湖北娲石股份有限公司培训中心	20307.00	8324.00	2824.00	300.00	3300.00	300.00	600.00	1000.00
独立使用	20307.00	8324.00	2824.00	300.00	3300.00	300.00	600.00	1000.00
武汉市交通委员会教育培训中心	12699.00	5157.00	4302.00	182.00	673.00	0.00	0.00	0.00
独立使用	12699.00	5157.00	4302.00	182.00	673.00	0.00	0.00	0.00
武汉市广播电视大学公安教学点	29266.00	15178.00	7800.00	1680.00	5098.00	0.00	400.00	200.00
独立使用	29266.00	15178.00	7800.00	1680.00	5098.00	0.00	400.00	200.00
武汉软件工程职业学院武昌校区	8683.00	3976.00	3976.00	0.00	0.00	0.00	0.00	0.00
独立使用	8683.00	3976.00	3976.00	0.00	0.00	0.00	0.00	0.00
武汉市第一商业学校教学点	8.00	5.00	5.00	0.00	0.00	0.00	0.00	0.00
共同使用	8.00	5.00	5.00	0.00	0.00	0.00	0.00	0.00
武汉工业技术学校	2321.00	788.00	300.00	100.00	100.00	68.00	110.00	110.00
独立使用	1505.00	450.00	200.00	50.00	50.00	30.00	60.00	60.00
共同使用	816.00	338.00	100.00	50.00	50.00	38.00	50.00	50.00
湖南	**1034097.27**	**460117.25**	**250092.77**	**37540.43**	**88633.63**	**6529.00**	**54780.00**	**22541.42**
独立使用	737549.28	321886.46	173870.98	29731.43	68138.63	4076.00	30583.00	15486.42
共同使用	296547.99	138230.79	76221.79	7809.00	20495.00	2453.00	24197.00	7055.00
湖南广播电视大学	86370.00	38060.00	13366.00	4107.00	10169.00	0.00	9414.00	1004.00
独立使用	86370.00	38060.00	13366.00	4107.00	10169.00	0.00	9414.00	1004.00
长沙电大分校直属点	3680.00	2580.00	1740.00	120.00	720.00	0.00	0.00	0.00
独立使用	3680.00	2580.00	1740.00	120.00	720.00	0.00	0.00	0.00
望城县电大工作站	24999.00	13931.00	13803.00	128.00	0.00	0.00	0.00	0.00
独立使用	24999.00	13931.00	13803.00	128.00	0.00	0.00	0.00	0.00
浏阳教师进修学校	119.00	67.00	34.00	30.00	1.00	1.00	0.00	1.00
共同使用	119.00	67.00	34.00	30.00	1.00	1.00	0.00	1.00
宁乡县教师进修学校	3720.00	1420.00	900.00	100.00	120.00	0.00	0.00	300.00
独立使用	3720.00	1420.00	900.00	100.00	120.00	0.00	0.00	300.00
长沙县教师进修学校	2280.00	1800.00	1800.00	0.00	0.00	0.00	0.00	0.00
共同使用	2280.00	1800.00	1800.00	0.00	0.00	0.00	0.00	0.00
长沙牛耳计算机培训中心	4560.00	1350.00	1250.00	100.00	0.00	0.00	0.00	0.00
独立使用	4560.00	1350.00	1250.00	100.00	0.00	0.00	0.00	0.00
长沙航天工业学校	3870.00	1970.00	800.00	300.00	200.00	200.00	400.00	70.00
独立使用	3620.00	1720.00	800.00	300.00	50.00	100.00	400.00	70.00
共同使用	250.00	250.00	0.00	0.00	150.00	100.00	0.00	0.00
株洲电大分校直属点	6440.00	5274.00	5274.00	0.00	0.00	0.00	0.00	0.00
独立使用	6440.00	5274.00	5274.00	0.00	0.00	0.00	0.00	0.00
攸县电大工作站	24096.00	23771.00	14167.00	968.00	8135.00	0.00	0.00	501.00

建筑面积(续表65)

单位:平方米

行政办公用房	生活用房						教工住宅	其他用房
	计	学生宿舍(公寓)	学生食堂	教工宿舍(公寓)	教工食堂	生活福利及附属用房		
267.97	896.86	408.80	302.90	185.16	0.00	0.00	0.00	0.00
1248.00	9635.00	6795.00	1000.00	240.00	1000.00	600.00	0.00	1100.00
1248.00	9635.00	6795.00	1000.00	240.00	1000.00	600.00	0.00	1100.00
2338.00	3908.00	1292.00	470.00	0.00	0.00	2146.00	0.00	1296.00
2338.00	3908.00	1292.00	470.00	0.00	0.00	2146.00	0.00	1296.00
3360.00	10728.00	8000.00	1575.00	640.00	380.00	133.00	0.00	0.00
3360.00	10728.00	8000.00	1575.00	640.00	380.00	133.00	0.00	0.00
0.00	4707.00	4307.00	400.00	0.00	0.00	0.00	0.00	0.00
0.00	4707.00	4307.00	400.00	0.00	0.00	0.00	0.00	0.00
1.00	2.00	0.00	1.00	0.00	1.00	0.00	0.00	0.00
1.00	2.00	0.00	1.00	0.00	1.00	0.00	0.00	0.00
180.00	1118.00	560.00	150.00	240.00	88.00	80.00	95.00	140.00
130.00	830.00	500.00	100.00	200.00	20.00	10.00	15.00	80.00
50.00	288.00	60.00	50.00	40.00	68.00	70.00	80.00	60.00
98196.55	**344561.50**	**200768.48**	**58005.73**	**51389.30**	**8611.25**	**25786.74**	**103356.10**	**27865.87**
74237.35	251600.50	158834.48	36762.73	30716.30	6104.25	19182.74	71330.10	18494.87
23959.20	92961.00	41934.00	21243.00	20673.00	2507.00	6604.00	32026.00	9371.00
18858.00	25531.13	18821.13	2923.00	0.00	1461.00	2326.00	3602.00	318.87
18858.00	25531.13	18821.13	2923.00	0.00	1461.00	2326.00	3602.00	318.87
1100.00	0.00	0.00	0.00	0.00	0.00	0.00	0.00	0.00
1100.00	0.00	0.00	0.00	0.00	0.00	0.00	0.00	0.00
6228.00	2640.00	0.00	120.00	0.00	120.00	2400.00	2200.00	0.00
6228.00	2640.00	0.00	120.00	0.00	120.00	2400.00	2200.00	0.00
0.00	52.00	50.00	1.00	0.00	1.00	0.00	0.00	0.00
0.00	52.00	50.00	1.00	0.00	1.00	0.00	0.00	0.00
600.00	1700.00	1000.00	400.00	0.00	0.00	300.00	0.00	0.00
600.00	1700.00	1000.00	400.00	0.00	0.00	300.00	0.00	0.00
400.00	80.00	0.00	0.00	0.00	0.00	80.00	0.00	0.00
400.00	80.00	0.00	0.00	0.00	0.00	80.00	0.00	0.00
210.00	3000.00	2850.00	150.00	0.00	0.00	0.00	0.00	0.00
210.00	3000.00	2850.00	150.00	0.00	0.00	0.00	0.00	0.00
300.00	1500.00	800.00	200.00	300.00	100.00	100.00	100.00	0.00
300.00	1500.00	800.00	200.00	300.00	100.00	100.00	100.00	0.00
0.00	0.00	0.00	0.00	0.00	0.00	0.00	0.00	0.00
838.00	328.00	0.00	0.00	0.00	0.00	328.00	0.00	0.00
838.00	328.00	0.00	0.00	0.00	0.00	328.00	0.00	0.00
85.00	0.00	0.00	0.00	0.00	0.00	0.00	240.00	0.00

4.3 学校产权校舍

	合计	教学科研及辅助用房						
		计	教室	图书馆	实验室、实习场所	专用科研用房	体育馆	会堂
独立使用	120.00	0.00	0.00	0.00	0.00	0.00	0.00	0.00
共同使用	23976.00	23771.00	14167.00	968.00	8135.00	0.00	0.00	501.00
茶陵县电大工作站	15925.00	7950.00	2240.00	140.00	500.00	270.00	4500.00	300.00
独立使用	235.00	210.00	140.00	0.00	0.00	70.00	0.00	0.00
共同使用	15690.00	7740.00	2100.00	140.00	500.00	200.00	4500.00	300.00
炎陵县电大工作站	15021.00	6991.00	5343.00	198.00	1200.00	0.00	0.00	250.00
共同使用	15021.00	6991.00	5343.00	198.00	1200.00	0.00	0.00	250.00
湘乡市第一职业中专	13042.00	7715.00	3420.00	1000.00	1808.00	120.00	767.00	600.00
独立使用	13042.00	7715.00	3420.00	1000.00	1808.00	120.00	767.00	600.00
湘乡市东山教学点	3610.00	1640.00	1200.00	200.00	240.00	0.00	0.00	0.00
独立使用	3610.00	1640.00	1200.00	200.00	240.00	0.00	0.00	0.00
湘潭县财政局教学点	15326.00	2800.00	1000.00	0.00	340.00	120.00	300.00	1040.00
独立使用	15326.00	2800.00	1000.00	0.00	340.00	120.00	300.00	1040.00
韶山市司法局教学点	31455.00	17712.00	3800.00	280.00	1820.00	0.00	10812.00	1000.00
独立使用	31455.00	17712.00	3800.00	280.00	1820.00	0.00	10812.00	1000.00
衡阳电大分校直属点	28500.00	18098.00	6500.00	1200.00	8478.00	620.00	0.00	1300.00
独立使用	28500.00	18098.00	6500.00	1200.00	8478.00	620.00	0.00	1300.00
衡阳市城南电大站	470.00	290.00	230.00	0.00	60.00	0.00	0.00	0.00
独立使用	470.00	290.00	230.00	0.00	60.00	0.00	0.00	0.00
祁东县电大教学点	5265.00	2258.00	2186.00	60.00	12.00	0.00	0.00	0.00
独立使用	5265.00	2258.00	2186.00	60.00	12.00	0.00	0.00	0.00
衡阳电大常宁分校	8360.00	2800.00	400.00	500.00	200.00	300.00	800.00	600.00
独立使用	660.00	400.00	200.00	200.00	0.00	0.00	0.00	0.00
共同使用	7700.00	2400.00	200.00	300.00	200.00	300.00	800.00	600.00
耒阳师范学校教学点	47100.00	10100.00	5000.00	400.00	2000.00	100.00	600.00	2000.00
独立使用	1500.00	900.00	900.00	0.00	0.00	0.00	0.00	0.00
共同使用	45600.00	9200.00	4100.00	400.00	2000.00	100.00	600.00	2000.00
湖南科技经贸职业学院	450.00	290.00	230.00	0.00	60.00	0.00	0.00	0.00
独立使用	450.00	290.00	230.00	0.00	60.00	0.00	0.00	0.00
衡阳广播电视大学衡山分校	31962.00	9460.00	2758.00	3837.00	2865.00	0.00	0.00	0.00
独立使用	774.00	200.00	200.00	0.00	0.00	0.00	0.00	0.00
共同使用	31188.00	9260.00	2558.00	3837.00	2865.00	0.00	0.00	0.00
衡阳广播电视大学衡东分校	8709.00	2626.00	2057.00	193.00	216.00	0.00	0.00	160.00
独立使用	8709.00	2626.00	2057.00	193.00	216.00	0.00	0.00	160.00
邵阳电大分校直属点	6500.00	3450.00	2180.00	200.00	540.00	0.00	200.00	330.00
独立使用	6500.00	3450.00	2180.00	200.00	540.00	0.00	200.00	330.00
武冈市电大工作站	6900.00	3100.00	2000.00	100.00	300.00	100.00	300.00	300.00

建筑面积(续表66)

单位:平方米

行政办公用房	生活用房						教工住宅	其他用房
	计	学生宿舍(公寓)	学生食堂	教工宿舍(公寓)	教工食堂	生活福利及附属用房		
0.00	0.00	0.00	0.00	0.00	0.00	0.00	120.00	0.00
85.00	0.00	0.00	0.00	0.00	0.00	0.00	120.00	0.00
925.00	5550.00	3200.00	500.00	0.00	350.00	1500.00	1500.00	0.00
25.00	0.00	0.00	0.00	0.00	0.00	0.00	0.00	0.00
900.00	5550.00	3200.00	500.00	0.00	350.00	1500.00	1500.00	0.00
2610.00	5420.00	2710.00	2310.00	0.00	400.00	0.00	0.00	0.00
2610.00	5420.00	2710.00	2310.00	0.00	400.00	0.00	0.00	0.00
512.00	4815.00	4015.00	800.00	0.00	0.00	0.00	0.00	0.00
512.00	4815.00	4015.00	800.00	0.00	0.00	0.00	0.00	0.00
200.00	1470.00	1200.00	120.00	80.00	35.00	35.00	300.00	0.00
200.00	1470.00	1200.00	120.00	80.00	35.00	35.00	300.00	0.00
256.00	6870.00	5520.00	1200.00	0.00	150.00	0.00	5400.00	0.00
256.00	6870.00	5520.00	1200.00	0.00	150.00	0.00	5400.00	0.00
2807.00	10936.00	2647.00	1100.00	3798.00	0.00	3391.00	0.00	0.00
2807.00	10936.00	2647.00	1100.00	3798.00	0.00	3391.00	0.00	0.00
1363.00	6219.00	4200.00	1300.00	719.00	0.00	0.00	2820.00	0.00
1363.00	6219.00	4200.00	1300.00	719.00	0.00	0.00	2820.00	0.00
120.00	0.00	0.00	0.00	0.00	0.00	0.00	0.00	60.00
120.00	0.00	0.00	0.00	0.00	0.00	0.00	0.00	60.00
904.00	2103.00	1458.00	485.00	0.00	0.00	160.00	0.00	0.00
904.00	2103.00	1458.00	485.00	0.00	0.00	160.00	0.00	0.00
360.00	5200.00	3200.00	600.00	1000.00	100.00	300.00	0.00	0.00
60.00	200.00	200.00	0.00	0.00	0.00	0.00	0.00	0.00
300.00	5000.00	3000.00	600.00	1000.00	100.00	300.00	0.00	0.00
1000.00	22000.00	10000.00	10000.00	600.00	400.00	1000.00	12000.00	2000.00
100.00	0.00	0.00	0.00	0.00	0.00	0.00	500.00	0.00
900.00	22000.00	10000.00	10000.00	600.00	400.00	1000.00	11500.00	2000.00
100.00	0.00	0.00	0.00	0.00	0.00	0.00	0.00	60.00
100.00	0.00	0.00	0.00	0.00	0.00	0.00	0.00	60.00
574.00	18286.00	8215.00	2855.00	5369.00	84.00	1763.00	1142.00	2500.00
574.00	0.00	0.00	0.00	0.00	0.00	0.00	0.00	0.00
0.00	18286.00	8215.00	2855.00	5369.00	84.00	1763.00	1142.00	2500.00
741.00	5247.00	3451.00	800.00	392.00	120.00	484.00	0.00	95.00
741.00	5247.00	3451.00	800.00	392.00	120.00	484.00	0.00	95.00
520.00	2530.00	1600.00	320.00	160.00	200.00	250.00	0.00	0.00
520.00	2530.00	1600.00	320.00	160.00	200.00	250.00	0.00	0.00
300.00	1600.00	1000.00	300.00	0.00	100.00	200.00	1600.00	300.00

4.3 学校产权校舍

	合计	教学科研及辅助用房						
		计	教室	图书馆	实验室、实习场所	专用科研用房	体育馆	会堂
独立使用	6900.00	3100.00	2000.00	100.00	300.00	100.00	300.00	300.00
隆回县委党校	13050.00	6750.00	2800.00	300.00	1500.00	150.00	500.00	1500.00
独立使用	13050.00	6750.00	2800.00	300.00	1500.00	150.00	500.00	1500.00
城步县电大工作站	14015.00	9170.00	8530.00	60.00	220.00	120.00	100.00	140.00
独立使用	14015.00	9170.00	8530.00	60.00	220.00	120.00	100.00	140.00
岳阳电大分校直属点	26689.85	9299.24	2298.24	600.00	4851.00	400.00	400.00	750.00
独立使用	26589.85	9199.24	2298.24	600.00	4851.00	300.00	400.00	750.00
共同使用	100.00	100.00	0.00	0.00	0.00	100.00	0.00	0.00
临湘市电大工作站	85.00	57.00	35.00	2.00	14.00	2.00	2.00	2.00
独立使用	59.00	45.00	35.00	1.00	6.00	1.00	1.00	1.00
共同使用	26.00	12.00	0.00	1.00	8.00	1.00	1.00	1.00
华容县电大工作站	23230.00	17468.00	8934.00	4467.00	3727.00	100.00	0.00	240.00
独立使用	23230.00	17468.00	8934.00	4467.00	3727.00	100.00	0.00	240.00
平江县电大工作站	13350.00	800.00	300.00	50.00	50.00	50.00	50.00	300.00
独立使用	13350.00	800.00	300.00	50.00	50.00	50.00	50.00	300.00
汨罗市电大工作站	10529.00	4567.00	3727.00	100.00	400.00	0.00	0.00	340.00
独立使用	10529.00	4567.00	3727.00	100.00	400.00	0.00	0.00	340.00
岳阳县电大工作站	24000.00	6030.00	3000.00	600.00	260.00	320.00	1500.00	350.00
独立使用	18000.00	4480.00	2800.00	300.00	60.00	120.00	1000.00	200.00
共同使用	6000.00	1550.00	200.00	300.00	200.00	200.00	500.00	150.00
岳阳市广播电视大学屈原教学点	28560.00	6260.00	2300.00	700.00	350.00	250.00	2300.00	360.00
独立使用	15060.00	4260.00	800.00	200.00	350.00	250.00	2300.00	360.00
共同使用	13500.00	2000.00	1500.00	500.00	0.00	0.00	0.00	0.00
湘北女子职业学校教学点	51069.00	23991.00	18431.00	600.00	3000.00	1005.00	505.00	450.00
独立使用	41069.00	13991.00	8431.00	600.00	3000.00	1005.00	505.00	450.00
共同使用	10000.00	10000.00	10000.00	0.00	0.00	0.00	0.00	0.00
娄底电大分校直属点	31818.00	10948.00	6300.00	800.00	2848.00	400.00	0.00	600.00
独立使用	31818.00	10948.00	6300.00	800.00	2848.00	400.00	0.00	600.00
双峰县电大工作站	15548.00	7454.00	7335.00	111.00	8.00	0.00	0.00	0.00
独立使用	12980.00	4886.00	4767.00	111.00	8.00	0.00	0.00	0.00
共同使用	2568.00	2568.00	2568.00	0.00	0.00	0.00	0.00	0.00
冷水江市教学点	6898.00	3738.00	3068.00	80.00	100.00	0.00	240.00	250.00
独立使用	6898.00	3738.00	3068.00	80.00	100.00	0.00	240.00	250.00
涟源市教研师训中心	28290.00	3640.00	2000.00	120.00	120.00	0.00	1000.00	400.00
共同使用	28290.00	3640.00	2000.00	120.00	120.00	0.00	1000.00	400.00
新化县教师进修学校	8654.00	4460.00	1860.00	500.00	500.00	500.00	500.00	600.00
独立使用	5354.00	2760.00	1660.00	200.00	200.00	200.00	200.00	300.00

建筑面积(续表67)

单位:平方米

行政办公用房	生活用房						教工住宅	其他用房
	计	学生宿舍(公寓)	学生食堂	教工宿舍(公寓)	教工食堂	生活福利及附属用房		
300.00	1600.00	1000.00	300.00	0.00	100.00	200.00	1600.00	300.00
1100.00	3200.00	2400.00	600.00	0.00	200.00	0.00	0.00	2000.00
1100.00	3200.00	2400.00	600.00	0.00	200.00	0.00	0.00	2000.00
740.00	2705.00	1100.00	100.00	1300.00	85.00	120.00	800.00	600.00
740.00	2705.00	1100.00	100.00	1300.00	85.00	120.00	800.00	600.00
3514.44	7207.07	5489.33	492.50	0.00	492.50	732.74	6669.10	0.00
3514.44	7207.07	5489.33	492.50	0.00	492.50	732.74	6669.10	0.00
0.00	0.00	0.00	0.00	0.00	0.00	0.00	0.00	0.00
2.00	16.00	2.00	2.00	8.00	2.00	2.00	8.00	2.00
1.00	8.00	1.00	1.00	4.00	1.00	1.00	4.00	1.00
1.00	8.00	1.00	1.00	4.00	1.00	1.00	4.00	1.00
512.00	4770.00	1100.00	500.00	2970.00	100.00	100.00	240.00	240.00
512.00	4770.00	1100.00	500.00	2970.00	100.00	100.00	240.00	240.00
50.00	6500.00	3000.00	1000.00	1000.00	1000.00	500.00	1000.00	5000.00
50.00	6500.00	3000.00	1000.00	1000.00	1000.00	500.00	1000.00	5000.00
512.00	4970.00	1300.00	500.00	2970.00	100.00	100.00	240.00	240.00
512.00	4970.00	1300.00	500.00	2970.00	100.00	100.00	240.00	240.00
400.00	12800.00	2400.00	600.00	8800.00	600.00	400.00	4000.00	770.00
300.00	9900.00	1200.00	300.00	8000.00	300.00	100.00	3000.00	320.00
100.00	2900.00	1200.00	300.00	800.00	300.00	300.00	1000.00	450.00
6500.00	15800.00	5000.00	2300.00	8100.00	400.00	0.00	0.00	0.00
2500.00	8300.00	2000.00	2300.00	3600.00	400.00	0.00	0.00	0.00
4000.00	7500.00	3000.00	0.00	4500.00	0.00	0.00	0.00	0.00
380.00	25544.00	21007.00	3773.00	0.00	324.00	440.00	1154.00	0.00
380.00	25544.00	21007.00	3773.00	0.00	324.00	440.00	1154.00	0.00
0.00	0.00	0.00	0.00	0.00	0.00	0.00	0.00	0.00
3800.00	4070.00	1200.00	300.00	0.00	300.00	2270.00	13000.00	0.00
3800.00	4070.00	1200.00	300.00	0.00	300.00	2270.00	13000.00	0.00
683.00	3239.00	2388.00	0.00	0.00	0.00	851.00	4172.00	0.00
683.00	3239.00	2388.00	0.00	0.00	0.00	851.00	4172.00	0.00
0.00	0.00	0.00	0.00	0.00	0.00	0.00	0.00	0.00
1740.00	1420.00	1340.00	80.00	0.00	0.00	0.00	0.00	0.00
1740.00	1420.00	1340.00	80.00	0.00	0.00	0.00	0.00	0.00
850.00	10400.00	800.00	400.00	8000.00	400.00	800.00	12700.00	700.00
850.00	10400.00	800.00	400.00	8000.00	400.00	800.00	12700.00	700.00
634.00	2760.00	1380.00	280.00	300.00	400.00	400.00	400.00	400.00
334.00	1860.00	1280.00	80.00	100.00	200.00	200.00	200.00	200.00

4.3 学校产权校舍

	合计	教学科研及辅助用房						
		计	教室	图书馆	实验室、实习场所	专用科研用房	体育馆	会堂
共同使用	3300.00	1700.00	200.00	300.00	300.00	300.00	300.00	300.00
零陵电大分校直属点	13100.00	9450.00	8200.00	0.00	0.00	0.00	0.00	1250.00
独立使用	10100.00	6450.00	5200.00	0.00	0.00	0.00	0.00	1250.00
共同使用	3000.00	3000.00	3000.00	0.00	0.00	0.00	0.00	0.00
新田县电大工作站	4290.00	2350.00	1880.00	90.00	160.00	0.00	0.00	220.00
独立使用	300.00	0.00	0.00	0.00	0.00	0.00	0.00	0.00
共同使用	3990.00	2350.00	1880.00	90.00	160.00	0.00	0.00	220.00
江永县教师进修学校	990.00	370.00	240.00	50.00	40.00	40.00	0.00	0.00
独立使用	990.00	370.00	240.00	50.00	40.00	40.00	0.00	0.00
郴州电大分校直属站	26800.00	8960.00	5180.00	1000.00	1580.00	200.00	0.00	1000.00
独立使用	26800.00	8960.00	5180.00	1000.00	1580.00	200.00	0.00	1000.00
桂东县电大工作站	8318.00	3036.00	1583.00	450.00	856.00	0.00	0.00	147.00
独立使用	8318.00	3036.00	1583.00	450.00	856.00	0.00	0.00	147.00
汝城县电大工作站	6170.00	3020.00	2400.00	120.00	120.00	0.00	200.00	180.00
共同使用	6170.00	3020.00	2400.00	120.00	120.00	0.00	200.00	180.00
宜章县电大工作站	13.00	5.00	3.00	1.00	0.00	0.00	0.00	1.00
独立使用	13.00	5.00	3.00	1.00	0.00	0.00	0.00	1.00
桂阳县电大工作站	16320.00	10160.00	5080.00	120.00	3180.00	800.00	0.00	980.00
共同使用	16320.00	10160.00	5080.00	120.00	3180.00	800.00	0.00	980.00
资兴市电大工作站	48.00	42.00	28.00	1.00	10.00	1.00	0.00	2.00
共同使用	48.00	42.00	28.00	1.00	10.00	1.00	0.00	2.00
益阳电大分校直属点	26281.00	10245.00	9800.00	325.00	0.00	0.00	0.00	120.00
独立使用	21381.00	5345.00	4900.00	325.00	0.00	0.00	0.00	120.00
共同使用	4900.00	4900.00	4900.00	0.00	0.00	0.00	0.00	0.00
常德电大分校直属点	29564.00	14684.00	12914.00	340.00	1430.00	0.00	0.00	0.00
独立使用	29564.00	14684.00	12914.00	340.00	1430.00	0.00	0.00	0.00
汉寿县电大工作站	3489.00	1113.00	1113.00	0.00	0.00	0.00	0.00	0.00
共同使用	3489.00	1113.00	1113.00	0.00	0.00	0.00	0.00	0.00
常德电大鼎城工作站	1740.00	900.00	200.00	10.00	250.00	210.00	0.00	230.00
独立使用	610.00	200.00	100.00	10.00	50.00	10.00	0.00	30.00
共同使用	1130.00	700.00	100.00	0.00	200.00	200.00	0.00	200.00
临澧县电大工作站	5730.00	2868.00	2212.00	130.00	130.00	0.00	0.00	396.00
独立使用	5730.00	2868.00	2212.00	130.00	130.00	0.00	0.00	396.00
桃源县电大工作站	3000.00	1900.00	1700.00	200.00	0.00	0.00	0.00	0.00
独立使用	3000.00	1900.00	1700.00	200.00	0.00	0.00	0.00	0.00
石门县电大工作站	33826.00	18526.00	2100.00	180.00	180.00	150.00	15796.00	120.00
独立使用	3200.00	200.00	200.00	0.00	0.00	0.00	0.00	0.00

建筑面积(续表68)

单位:平方米

行政办公用房	生活用房						教工住宅	其他用房
	计	学生宿舍(公寓)	学生食堂	教工宿舍(公寓)	教工食堂	生活福利及附属用房		
300.00	900.00	100.00	200.00	200.00	200.00	200.00	200.00	200.00
2250.00	1250.00	0.00	1250.00	0.00	0.00	0.00	0.00	150.00
2250.00	1250.00	0.00	1250.00	0.00	0.00	0.00	0.00	150.00
0.00	0.00	0.00	0.00	0.00	0.00	0.00	0.00	0.00
460.00	1150.00	800.00	230.00	0.00	120.00	0.00	300.00	30.00
0.00	0.00	0.00	0.00	0.00	0.00	0.00	300.00	0.00
460.00	1150.00	800.00	230.00	0.00	120.00	0.00	0.00	30.00
30.00	440.00	350.00	60.00	0.00	30.00	0.00	0.00	150.00
30.00	440.00	350.00	60.00	0.00	30.00	0.00	0.00	150.00
3480.00	5160.00	3600.00	660.00	0.00	0.00	900.00	4300.00	4900.00
3480.00	5160.00	3600.00	660.00	0.00	0.00	900.00	4300.00	4900.00
640.00	4642.00	2258.00	2230.00	0.00	0.00	154.00	0.00	0.00
640.00	4642.00	2258.00	2230.00	0.00	0.00	154.00	0.00	0.00
200.00	1170.00	800.00	200.00	100.00	10.00	60.00	1600.00	180.00
200.00	1170.00	800.00	200.00	100.00	10.00	60.00	1600.00	180.00
3.00	0.00	0.00	0.00	0.00	0.00	0.00	0.00	5.00
3.00	0.00	0.00	0.00	0.00	0.00	0.00	0.00	5.00
650.00	4460.00	2960.00	1500.00	0.00	0.00	0.00	0.00	1050.00
650.00	4460.00	2960.00	1500.00	0.00	0.00	0.00	0.00	1050.00
4.00	2.00	0.00	1.00	0.00	1.00	0.00	0.00	0.00
4.00	2.00	0.00	1.00	0.00	1.00	0.00	0.00	0.00
1759.00	6975.00	5888.00	300.00	437.00	0.00	350.00	5354.00	1948.00
1759.00	6975.00	5888.00	300.00	437.00	0.00	350.00	5354.00	1948.00
0.00	0.00	0.00	0.00	0.00	0.00	0.00	0.00	0.00
1207.00	10768.00	9030.00	1738.00	0.00	0.00	0.00	2905.00	0.00
1207.00	10768.00	9030.00	1738.00	0.00	0.00	0.00	2905.00	0.00
342.00	1600.00	1600.00	0.00	0.00	0.00	0.00	0.00	434.00
342.00	1600.00	1600.00	0.00	0.00	0.00	0.00	0.00	434.00
100.00	680.00	200.00	120.00	200.00	40.00	120.00	60.00	0.00
100.00	260.00	100.00	20.00	100.00	20.00	20.00	50.00	0.00
0.00	420.00	100.00	100.00	100.00	20.00	100.00	10.00	0.00
810.00	2052.00	1558.00	224.00	0.00	0.00	270.00	0.00	0.00
810.00	2052.00	1558.00	224.00	0.00	0.00	270.00	0.00	0.00
600.00	500.00	0.00	0.00	0.00	0.00	500.00	0.00	0.00
600.00	500.00	0.00	0.00	0.00	0.00	500.00	0.00	0.00
11600.00	2700.00	1200.00	1380.00	0.00	120.00	0.00	0.00	1000.00
3000.00	0.00	0.00	0.00	0.00	0.00	0.00	0.00	0.00

	合计	教学科研及辅助用房						
		计	教室	图书馆	实验室、实习场所	专用科研用房	体育馆	会堂
共同使用	30626	18326.00	1900.00	180.00	180.00	150.00	15796.00	120.00
澧县电大工作站	6362.00	3000.00	1847.00	37.00	112.00	0.00	502.00	502.00
独立使用	6362.00	3000.00	1847.00	37.00	112.00	0.00	502.00	502.00
常德广播电视大学武陵区分校	858.00	528.00	324.00	54.00	0.00	0.00	0.00	150.00
共同使用	858.00	528.00	324.00	54.00	0.00	0.00	0.00	150.00
怀化电大分校直属点	20570.00	5120.00	5120.00	0.00	0.00	0.00	0.00	0.00
独立使用	20570.00	5120.00	5120.00	0.00	0.00	0.00	0.00	0.00
自治州电大分校直属点	12299.93	7123.22	3775.74	262.43	147.63	0.00	2592.00	345.42
独立使用	12299.93	7123.22	3775.74	262.43	147.63	0.00	2592.00	345.42
凤凰县电大工作站	7032.00	770.00	600.00	60.00	60.00	0.00	0.00	50.00
独立使用	7032.00	770.00	600.00	60.00	60.00	0.00	0.00	50.00
古丈县电大工作站	500.00	150.00	120.00	30.00	0.00	0.00	0.00	0.00
独立使用	500.00	150.00	120.00	30.00	0.00	0.00	0.00	0.00
保靖县电大工作站	5042.50	615.00	315.00	100.00	200.00	0.00	0.00	0.00
独立使用	5042.50	615.00	315.00	100.00	200.00	0.00	0.00	0.00
龙山县电大工作站	2338.00	838.00	642.00	86.00	0.00	0.00	0.00	110.00
独立使用	2338.00	838.00	642.00	86.00	0.00	0.00	0.00	110.00
津市电大分校直属点	10225.00	3346.00	1680.00	0.00	966.00	0.00	0.00	700.00
共同使用	10225.00	3346.00	1680.00	0.00	966.00	0.00	0.00	700.00
岳化电大分校	10183.99	7696.79	7046.79	150.00	0.00	0.00	500.00	0.00
共同使用	10183.99	7696.79	7046.79	150.00	0.00	0.00	500.00	0.00
湖南电大药学分校	84492.00	41166.00	9393.00	10493.00	21280.00	0.00	0.00	0.00
独立使用	84492.00	41166.00	9393.00	10493.00	21280.00	0.00	0.00	0.00
广东	**1098047.45**	**618720.59**	**415091.31**	**29014.87**	**143412.30**	**1628.11**	**9672.00**	**19902.00**
独立使用	942594.45	530948.59	370674.31	27237.87	103182.30	1480.11	9472.00	18902.00
共同使用	155453.00	87772.00	44417.00	1777.00	40230.00	148.00	200.00	1000.00
广东开放大学	22389.00	3570.00	1200.00	1220.00	1090.00	60.00	0.00	0.00
独立使用	22389.00	3570.00	1200.00	1220.00	1090.00	60.00	0.00	0.00
珠海广播电视大学	18048.00	14751.00	10564.00	0.00	0.00	0.00	4187.00	0.00
独立使用	18048.00	14751.00	10564.00	0.00	0.00	0.00	4187.00	0.00
珠海市斗门区广播电视大学	2006.34	1442.49	1185.49	62.00	195.00	0.00	0.00	0.00
独立使用	2006.34	1442.49	1185.49	62.00	195.00	0.00	0.00	0.00
汕头广播电视大学	30489.60	19955.80	13416.30	1633.50	3701.00	0.00	0.00	1205.00
独立使用	30489.60	19955.80	13416.30	1633.50	3701.00	0.00	0.00	1205.00
澄海广播电视大学	84700.00	50370.00	19320.00	0.00	31050.00	0.00	0.00	0.00
共同使用	84700.00	50370.00	19320.00	0.00	31050.00	0.00	0.00	0.00
潮阳市广播电视大学	8969.00	5169.00	3636.00	100.00	1253.00	0.00	0.00	180.00

建筑面积（续表69）

单位：平方米

行政办公用房	生活用房						教工住宅	其他用房
	计	学生宿舍（公寓）	学生食堂	教工宿舍（公寓）	教工食堂	生活福利及附属用房		
8600	2700.00	1200.00	1380.00	0.00	120.00	0.00	0.00	1000.00
372.00	2990.00	2560.00	430.00	0.00	0.00	0.00	0.00	0.00
372.00	2990.00	2560.00	430.00	0.00	0.00	0.00	0.00	0.00
270.00	0.00	0.00	0.00	0.00	0.00	0.00	0.00	60.00
270.00	0.00	0.00	0.00	0.00	0.00	0.00	0.00	60.00
2400.00	5750.00	3400.00	850.00	0.00	0.00	1500.00	6500.00	800.00
2400.00	5750.00	3400.00	850.00	0.00	0.00	1500.00	6500.00	800.00
614.41	4562.30	2371.14	349.91	1666.30	174.95	0.00	0.00	0.00
614.41	4562.30	2371.14	349.91	1666.30	174.95	0.00	0.00	0.00
150.00	335.00	120.00	175.00	0.00	40.00	0.00	4800.00	977.00
150.00	335.00	120.00	175.00	0.00	40.00	0.00	4800.00	977.00
100.00	120.00	0.00	0.00	0.00	20.00	100.00	0.00	130.00
100.00	120.00	0.00	0.00	0.00	20.00	100.00	0.00	130.00
178.50	4249.00	915.88	182.32	3120.00	30.80	0.00	0.00	0.00
178.50	4249.00	915.88	182.32	3120.00	30.80	0.00	0.00	0.00
500.00	1000.00	800.00	200.00	0.00	0.00	0.00	0.00	0.00
500.00	1000.00	800.00	200.00	0.00	0.00	0.00	0.00	0.00
500.00	3363.00	2198.00	665.00	0.00	0.00	500.00	2250.00	766.00
500.00	3363.00	2198.00	665.00	0.00	0.00	500.00	2250.00	766.00
2487.20	0.00	0.00	0.00	0.00	0.00	0.00	0.00	0.00
2487.20	0.00	0.00	0.00	0.00	0.00	0.00	0.00	0.00
3161.00	40165.00	32316.00	7849.00	0.00	0.00	0.00	0.00	0.00
3161.00	40165.00	32316.00	7849.00	0.00	0.00	0.00	0.00	0.00
89238.49	**300811.69**	**195416.04**	**39661.62**	**29607.53**	**3164.00**	**32962.50**	**75230.00**	**14046.68**
80410.49	257033.69	162384.04	32137.62	29399.53	3164.00	29948.50	60970.00	13231.68
8828.00	43778.00	33032.00	7524.00	208.00	0.00	3014.00	14260.00	815.00
14570.00	800.00	200.00	200.00	400.00	0.00	0.00	0.00	3449.00
14570.00	800.00	200.00	200.00	400.00	0.00	0.00	0.00	3449.00
1612.00	1685.00	509.00	400.00	0.00	0.00	776.00	0.00	0.00
1612.00	1685.00	509.00	400.00	0.00	0.00	776.00	0.00	0.00
411.35	152.50	0.00	0.00	80.00	0.00	72.50	0.00	0.00
411.35	152.50	0.00	0.00	80.00	0.00	72.50	0.00	0.00
3543.30	3422.00	1115.00	300.00	762.00	0.00	1245.00	0.00	3568.50
3543.30	3422.00	1115.00	300.00	762.00	0.00	1245.00	0.00	3568.50
3920.00	30410.00	24920.00	4580.00	0.00	0.00	910.00	0.00	0.00
3920.00	30410.00	24920.00	4580.00	0.00	0.00	910.00	0.00	0.00
2500.00	1300.00	0.00	0.00	1200.00	100.00	0.00	0.00	0.00

4.3 学校产权校舍

	合计	教学科研及辅助用房						
		计	教室	图书馆	实验室、实习场所	专用科研用房	体育馆	会堂
独立使用	8969	5169.00	3636.00	100.00	1253.00	0.00	0.00	180.00
汕头广播电视大学濠江教学点	21031.60	14017.00	8705.00	601.00	3943.00	408.00	360.00	0.00
独立使用	7951.60	2373.00	1562.00	130.00	61.00	260.00	360.00	0.00
共同使用	13080.00	11644.00	7143.00	471.00	3882.00	148.00	0.00	0.00
汕头广播电视大学潮南区教学点	2620.00	600.00	450.00	0.00	0.00	60.00	0.00	90.00
独立使用	2240.00	600.00	450.00	0.00	0.00	60.00	0.00	90.00
共同使用	380.00	0.00	0.00	0.00	0.00	0.00	0.00	0.00
韶关广播电视大学	8612.00	7408.00	4634.00	675.00	1404.00	0.00	20.00	675.00
独立使用	8612.00	7408.00	4634.00	675.00	1404.00	0.00	20.00	675.00
曲江区广播电视大学	8018.00	4239.00	3212.00	262.00	765.00	0.00	0.00	0.00
独立使用	8018.00	4239.00	3212.00	262.00	765.00	0.00	0.00	0.00
仁化县广播电视大学	6627.00	2354.00	2147.00	78.00	129.00	0.00	0.00	0.00
独立使用	6627.00	2354.00	2147.00	78.00	129.00	0.00	0.00	0.00
新丰县广播电视大学	5265.00	1678.00	1540.00	138.00	0.00	0.00	0.00	0.00
独立使用	5265.00	1678.00	1540.00	138.00	0.00	0.00	0.00	0.00
翁源县广播电视大学	13972.00	7953.00	5108.00	195.00	2300.00	0.00	0.00	350.00
独立使用	13972.00	7953.00	5108.00	195.00	2300.00	0.00	0.00	350.00
始兴县广播电视大学	8590.00	3930.00	3466.00	65.00	0.00	0.00	0.00	399.00
独立使用	8590.00	3930.00	3466.00	65.00	0.00	0.00	0.00	399.00
南雄市广播电视大学	3200.00	1220.00	1080.00	60.00	80.00	0.00	0.00	0.00
独立使用	3200.00	1220.00	1080.00	60.00	80.00	0.00	0.00	0.00
乐昌市广播电视大学	6218.00	2252.00	1536.00	247.00	294.00	0.00	0.00	175.00
独立使用	6218.00	2252.00	1536.00	247.00	294.00	0.00	0.00	175.00
乳源瑶族自治县广播电视大学	5722.00	1609.00	1200.00	200.00	209.00	0.00	0.00	0.00
独立使用	5722.00	1609.00	1200.00	200.00	209.00	0.00	0.00	0.00
汕尾市广播电视大学	17988.00	12505.00	12155.00	0.00	0.00	0.00	0.00	350.00
独立使用	17988.00	12505.00	12155.00	0.00	0.00	0.00	0.00	350.00
海丰县广播电视大学	7340.00	3650.00	3350.00	150.00	150.00	0.00	0.00	0.00
独立使用	7340.00	3650.00	3350.00	150.00	150.00	0.00	0.00	0.00
陆丰市广播电视大学	4753.00	2738.00	1767.00	52.00	667.00	0.00	0.00	252.00
独立使用	4753.00	2738.00	1767.00	52.00	667.00	0.00	0.00	252.00
广东省汕尾市陆河县广播电视大学	3130.00	2710.00	2010.00	0.00	280.00	0.00	0.00	420.00
独立使用	3130.00	2710.00	2010.00	0.00	280.00	0.00	0.00	420.00
梅州市广播电视大学	10050.00	9340.00	8460.00	30.00	100.00	250.00	0.00	500.00
独立使用	10050.00	9340.00	8460.00	30.00	100.00	250.00	0.00	500.00
梅州市梅江区广播电视大学	8000.00	5000.00	4000.00	250.00	0.00	100.00	200.00	450.00
独立使用	8000.00	5000.00	4000.00	250.00	0.00	100.00	200.00	450.00

建筑面积(续表70)

单位:平方米

行政办公用房	生活用房						教工住宅	其他用房
	计	学生宿舍（公寓）	学生食堂	教工宿舍（公寓）	教工食堂	生活福利及附属用房		
2500	1300.00	0.00	0.00	1200.00	100.00	0.00	0.00	0.00
2385.00	4517.60	2241.00	840.60	1211.00	225.00	0.00	112.00	0.00
1694.00	3772.60	1883.00	661.60	1003.00	225.00	0.00	112.00	0.00
691.00	745.00	358.00	179.00	208.00	0.00	0.00	0.00	0.00
200.00	1820.00	1000.00	380.00	380.00	60.00	0.00	0.00	0.00
200.00	1440.00	1000.00	0.00	380.00	60.00	0.00	0.00	0.00
0.00	380.00	0.00	380.00	0.00	0.00	0.00	0.00	0.00
498.00	706.00	378.00	0.00	328.00	0.00	0.00	0.00	0.00
498.00	706.00	378.00	0.00	328.00	0.00	0.00	0.00	0.00
474.00	2794.00	1148.00	364.00	0.00	0.00	1282.00	511.00	0.00
474.00	2794.00	1148.00	364.00	0.00	0.00	1282.00	511.00	0.00
733.00	931.00	290.00	0.00	0.00	0.00	641.00	2609.00	0.00
733.00	931.00	290.00	0.00	0.00	0.00	641.00	2609.00	0.00
1150.00	0.00	0.00	0.00	0.00	0.00	0.00	0.00	2437.00
1150.00	0.00	0.00	0.00	0.00	0.00	0.00	0.00	2437.00
230.00	4867.00	3903.00	964.00	0.00	0.00	0.00	922.00	0.00
230.00	4867.00	3903.00	964.00	0.00	0.00	0.00	922.00	0.00
686.00	3974.00	2839.00	1135.00	0.00	0.00	0.00	0.00	0.00
686.00	3974.00	2839.00	1135.00	0.00	0.00	0.00	0.00	0.00
360.00	1590.00	1250.00	260.00	0.00	0.00	80.00	0.00	30.00
360.00	1590.00	1250.00	260.00	0.00	0.00	80.00	0.00	30.00
447.00	2227.00	0.00	1799.00	275.00	0.00	153.00	1292.00	0.00
447.00	2227.00	0.00	1799.00	275.00	0.00	153.00	1292.00	0.00
400.00	0.00	0.00	0.00	0.00	0.00	0.00	3713.00	0.00
400.00	0.00	0.00	0.00	0.00	0.00	0.00	3713.00	0.00
560.00	3134.00	0.00	0.00	1055.00	0.00	2079.00	1789.00	0.00
560.00	3134.00	0.00	0.00	1055.00	0.00	2079.00	1789.00	0.00
330.00	2576.00	150.00	0.00	150.00	20.00	2256.00	784.00	0.00
330.00	2576.00	150.00	0.00	150.00	20.00	2256.00	784.00	0.00
206.00	1809.00	781.00	232.00	0.00	40.00	756.00	0.00	0.00
206.00	1809.00	781.00	232.00	0.00	40.00	756.00	0.00	0.00
300.00	120.00	0.00	0.00	0.00	0.00	120.00	0.00	0.00
300.00	120.00	0.00	0.00	0.00	0.00	120.00	0.00	0.00
660.00	50.00	0.00	0.00	0.00	0.00	50.00	0.00	0.00
660.00	50.00	0.00	0.00	0.00	0.00	50.00	0.00	0.00
600.00	400.00	0.00	0.00	0.00	0.00	400.00	0.00	2000.00
600.00	400.00	0.00	0.00	0.00	0.00	400.00	0.00	2000.00

4.3 学校产权校舍

	合计	教学科研及辅助用房						
		计	教室	图书馆	实验室、实习场所	专用科研用房	体育馆	会堂
蕉岭县广播电视大学	3538	2410.00	1530.00	180.00	700.00	0.00	0.00	0.00
独立使用	3538.00	2410.00	1530.00	180.00	700.00	0.00	0.00	0.00
广东省大埔县广播电视大学	3980.00	3280.00	2180.00	300.00	600.00	0.00	0.00	200.00
独立使用	3980.00	3280.00	2180.00	300.00	600.00	0.00	0.00	200.00
丰顺县广播电视大学	9420.00	5920.00	4880.00	70.00	570.00	0.00	0.00	400.00
独立使用	9420.00	5920.00	4880.00	70.00	570.00	0.00	0.00	400.00
五华县广播电视大学	5510.00	3200.00	2500.00	100.00	300.00	0.00	150.00	150.00
独立使用	5510.00	3200.00	2500.00	100.00	300.00	0.00	150.00	150.00
兴宁市广播电视大学	3815.00	3277.00	2738.00	331.00	40.00	0.00	0.00	168.00
独立使用	3815.00	3277.00	2738.00	331.00	40.00	0.00	0.00	168.00
平远县广播电视大学	5000.00	2600.00	2400.00	80.00	120.00	0.00	0.00	0.00
独立使用	5000.00	2600.00	2400.00	80.00	120.00	0.00	0.00	0.00
惠州市广播电视大学	29363.00	19424.00	15932.00	870.00	1730.00	0.00	352.00	540.00
独立使用	29363.00	19424.00	15932.00	870.00	1730.00	0.00	352.00	540.00
惠阳区广播电视大学	8474.00	7604.00	7130.00	200.00	274.00	0.00	0.00	0.00
独立使用	8474.00	7604.00	7130.00	200.00	274.00	0.00	0.00	0.00
惠东县广播电视大学	1300.00	1050.00	900.00	100.00	0.00	0.00	0.00	50.00
独立使用	1300.00	1050.00	900.00	100.00	0.00	0.00	0.00	50.00
博罗县广播电视大学	6465.00	6105.00	5785.00	120.00	200.00	0.00	0.00	0.00
独立使用	6465.00	6105.00	5785.00	120.00	200.00	0.00	0.00	0.00
广东省惠州市龙门县广播电视大学	2477.93	1157.80	951.20	30.30	176.30	0.00	0.00	0.00
独立使用	2477.93	1157.80	951.20	30.30	176.30	0.00	0.00	0.00
东莞市广播电视大学	30757.00	20870.00	20267.00	603.00	0.00	0.00	0.00	0.00
独立使用	30757.00	20870.00	20267.00	603.00	0.00	0.00	0.00	0.00
江门市广播电视大学	41106.00	16505.00	8891.00	1304.00	3473.00	0.00	1957.00	880.00
独立使用	41106.00	16505.00	8891.00	1304.00	3473.00	0.00	1957.00	880.00
新会广播电视大学	5060.00	3880.00	1862.00	94.00	1924.00	0.00	0.00	0.00
独立使用	5060.00	3880.00	1862.00	94.00	1924.00	0.00	0.00	0.00
台山磐石电视大学	9253.00	5277.00	3713.00	300.00	950.00	0.00	0.00	314.00
独立使用	9253.00	5277.00	3713.00	300.00	950.00	0.00	0.00	314.00
开平市广播电视大学	19811.00	11258.00	3626.00	384.00	6062.00	0.00	1186.00	0.00
独立使用	19811.00	11258.00	3626.00	384.00	6062.00	0.00	1186.00	0.00
恩平市广播电视大学	19719.00	13707.00	3581.00	3253.00	3620.00	0.00	0.00	3253.00
独立使用	19719.00	13707.00	3581.00	3253.00	3620.00	0.00	0.00	3253.00
鹤山市广播电视大学	9050.00	5595.00	5275.00	256.00	64.00	0.00	0.00	0.00
独立使用	9050.00	5595.00	5275.00	256.00	64.00	0.00	0.00	0.00
佛山广播电视大学	18665.00	15212.00	4739.00	498.00	9242.00	0.00	0.00	733.00

建筑面积(续表 71)

单位:平方米

行政办公用房	生活用房						教工住宅	其他用房
	计	学生宿舍(公寓)	学生食堂	教工宿舍(公寓)	教工食堂	生活福利及附属用房		
500	628.00	0.00	0.00	0.00	0.00	628.00	0.00	0.00
500.00	628.00	0.00	0.00	0.00	0.00	628.00	0.00	0.00
500.00	200.00	0.00	0.00	200.00	0.00	0.00	0.00	0.00
500.00	200.00	0.00	0.00	200.00	0.00	0.00	0.00	0.00
550.00	2450.00	2300.00	150.00	0.00	0.00	0.00	500.00	0.00
550.00	2450.00	2300.00	150.00	0.00	0.00	0.00	500.00	0.00
200.00	910.00	360.00	250.00	200.00	80.00	20.00	1200.00	0.00
200.00	910.00	360.00	250.00	200.00	80.00	20.00	1200.00	0.00
518.00	20.00	0.00	0.00	0.00	0.00	20.00	0.00	0.00
518.00	20.00	0.00	0.00	0.00	0.00	20.00	0.00	0.00
1200.00	1200.00	1080.00	120.00	0.00	0.00	0.00	0.00	0.00
1200.00	1200.00	1080.00	120.00	0.00	0.00	0.00	0.00	0.00
1035.00	8904.00	6682.00	1084.00	0.00	200.00	938.00	0.00	0.00
1035.00	8904.00	6682.00	1084.00	0.00	200.00	938.00	0.00	0.00
220.00	250.00	0.00	0.00	160.00	90.00	0.00	0.00	400.00
220.00	250.00	0.00	0.00	160.00	90.00	0.00	0.00	400.00
200.00	50.00	0.00	0.00	0.00	0.00	50.00	0.00	0.00
200.00	50.00	0.00	0.00	0.00	0.00	50.00	0.00	0.00
360.00	0.00	0.00	0.00	0.00	0.00	0.00	0.00	0.00
360.00	0.00	0.00	0.00	0.00	0.00	0.00	0.00	0.00
677.42	562.53	0.00	0.00	562.53	0.00	0.00	0.00	80.18
677.42	562.53	0.00	0.00	562.53	0.00	0.00	0.00	80.18
1535.00	7252.00	5947.00	900.00	0.00	0.00	405.00	1100.00	0.00
1535.00	7252.00	5947.00	900.00	0.00	0.00	405.00	1100.00	0.00
5365.00	19236.00	9609.00	775.00	5326.00	105.00	3421.00	0.00	0.00
5365.00	19236.00	9609.00	775.00	5326.00	105.00	3421.00	0.00	0.00
1180.00	0.00	0.00	0.00	0.00	0.00	0.00	0.00	0.00
1180.00	0.00	0.00	0.00	0.00	0.00	0.00	0.00	0.00
1620.00	2356.00	1100.00	376.00	0.00	50.00	830.00	0.00	0.00
1620.00	2356.00	1100.00	376.00	0.00	50.00	830.00	0.00	0.00
467.00	8006.00	2455.00	1679.00	2410.00	142.00	1320.00	0.00	80.00
467.00	8006.00	2455.00	1679.00	2410.00	142.00	1320.00	0.00	80.00
1528.00	3634.00	2599.00	895.00	0.00	100.00	40.00	850.00	0.00
1528.00	3634.00	2599.00	895.00	0.00	100.00	40.00	850.00	0.00
320.00	3135.00	0.00	0.00	2126.00	0.00	1009.00	0.00	0.00
320.00	3135.00	0.00	0.00	2126.00	0.00	1009.00	0.00	0.00
2122.00	1331.00	0.00	0.00	904.00	427.00	0.00	0.00	0.00

4.3 学校产权校舍

	合计	教学科研及辅助用房						
		计	教室	图书馆	实验室、实习场所	专用科研用房	体育馆	会堂
独立使用	18665	15212.00	4739.00	498.00	9242.00	0.00	0.00	733.00
三水区广播电视大学	3993.00	2532.00	1891.00	63.00	370.00	0.00	208.00	0.00
独立使用	3993.00	2532.00	1891.00	63.00	370.00	0.00	208.00	0.00
佛山市高明区广播电视大学	3876.00	2711.00	2087.00	156.00	312.00	0.00	156.00	0.00
独立使用	3876.00	2711.00	2087.00	156.00	312.00	0.00	156.00	0.00
阳江市广播电视大学	17145.00	13625.00	9643.00	412.00	3120.00	0.00	0.00	450.00
独立使用	17145.00	13625.00	9643.00	412.00	3120.00	0.00	0.00	450.00
阳春市广播电视大学	17398.00	9904.00	6661.00	625.00	2028.00	0.00	0.00	590.00
独立使用	17398.00	9904.00	6661.00	625.00	2028.00	0.00	0.00	590.00
湛江市广播电视大学	28400.00	13200.00	9100.00	600.00	2300.00	0.00	200.00	1000.00
共同使用	28400.00	13200.00	9100.00	600.00	2300.00	0.00	200.00	1000.00
遂溪县广播电视大学	4230.98	2900.50	2200.32	400.07	0.00	300.11	0.00	0.00
独立使用	4230.98	2900.50	2200.32	400.07	0.00	300.11	0.00	0.00
廉江市广播电视大学	12410.00	7137.00	3537.00	2828.00	484.00	0.00	0.00	288.00
独立使用	12410.00	7137.00	3537.00	2828.00	484.00	0.00	0.00	288.00
吴川市广播电视大学	12000.00	4920.00	3800.00	320.00	800.00	0.00	0.00	0.00
共同使用	12000.00	4920.00	3800.00	320.00	800.00	0.00	0.00	0.00
雷州市广播电视大学	5374.00	2281.00	1826.00	105.00	210.00	0.00	0.00	140.00
独立使用	5374.00	2281.00	1826.00	105.00	210.00	0.00	0.00	140.00
徐闻县广播电视大学	11489.00	2794.00	2649.00	65.00	80.00	0.00	0.00	0.00
独立使用	11489.00	2794.00	2649.00	65.00	80.00	0.00	0.00	0.00
茂名广播电视大学	38181.00	13804.00	8520.00	728.00	2836.00	0.00	300.00	1420.00
独立使用	38181.00	13804.00	8520.00	728.00	2836.00	0.00	300.00	1420.00
化州市广播电视大学	26650.00	10500.00	8000.00	600.00	1200.00	200.00	0.00	500.00
独立使用	26650.00	10500.00	8000.00	600.00	1200.00	200.00	0.00	500.00
肇庆广播电视大学	15860.00	6245.00	4111.00	468.00	1450.00	0.00	216.00	0.00
独立使用	15860.00	6245.00	4111.00	468.00	1450.00	0.00	216.00	0.00
广宁县广播电视大学	14528.00	8991.00	7231.00	400.00	1360.00	0.00	0.00	0.00
独立使用	14528.00	8991.00	7231.00	400.00	1360.00	0.00	0.00	0.00
四会市广播电视大学	35599.00	23909.00	14685.00	1084.00	6900.00	0.00	0.00	1240.00
独立使用	35599.00	23909.00	14685.00	1084.00	6900.00	0.00	0.00	1240.00
怀集县广播电视大学	7049.00	5993.00	5147.00	243.00	603.00	0.00	0.00	0.00
独立使用	6403.00	5799.00	5147.00	192.00	460.00	0.00	0.00	0.00
共同使用	646.00	194.00	0.00	51.00	143.00	0.00	0.00	0.00
高要广播电视大学	5508.00	5018.00	4778.00	90.00	150.00	0.00	0.00	0.00
独立使用	5508.00	5018.00	4778.00	90.00	150.00	0.00	0.00	0.00
德庆县广播电视大学	20588.00	9841.00	6451.00	1000.00	2390.00	0.00	0.00	0.00

建筑面积(续表72)

单位:平方米

行政办公用房	生活用房						教工住宅	其他用房
	计	学生宿舍（公寓）	学生食堂	教工宿舍（公寓）	教工食堂	生活福利及附属用房		
2122	1331.00	0.00	0.00	904.00	427.00	0.00	0.00	0.00
592.00	447.00	193.00	0.00	61.00	193.00	0.00	0.00	422.00
592.00	447.00	193.00	0.00	61.00	193.00	0.00	0.00	422.00
536.00	480.00	0.00	0.00	434.00	0.00	46.00	0.00	149.00
536.00	480.00	0.00	0.00	434.00	0.00	46.00	0.00	149.00
1000.00	2520.00	1560.00	260.00	0.00	0.00	700.00	0.00	0.00
1000.00	2520.00	1560.00	260.00	0.00	0.00	700.00	0.00	0.00
1329.00	5145.00	3892.00	397.00	0.00	0.00	856.00	920.00	100.00
1329.00	5145.00	3892.00	397.00	0.00	0.00	856.00	920.00	100.00
1400.00	4200.00	3600.00	600.00	0.00	0.00	0.00	9600.00	0.00
1400.00	4200.00	3600.00	600.00	0.00	0.00	0.00	9600.00	0.00
580.42	750.06	500.04	250.02	0.00	0.00	0.00	0.00	0.00
580.42	750.06	500.04	250.02	0.00	0.00	0.00	0.00	0.00
834.00	939.00	625.00	202.00	104.00	0.00	8.00	3500.00	0.00
834.00	939.00	625.00	202.00	104.00	0.00	8.00	3500.00	0.00
820.00	1600.00	1200.00	400.00	0.00	0.00	0.00	4660.00	0.00
820.00	1600.00	1200.00	400.00	0.00	0.00	0.00	4660.00	0.00
175.00	0.00	0.00	0.00	0.00	0.00	0.00	2918.00	0.00
175.00	0.00	0.00	0.00	0.00	0.00	0.00	2918.00	0.00
1200.00	995.00	500.00	50.00	360.00	35.00	50.00	6500.00	0.00
1200.00	995.00	500.00	50.00	360.00	35.00	50.00	6500.00	0.00
1881.00	12322.00	8156.00	952.00	130.00	50.00	3034.00	10174.00	0.00
1881.00	12322.00	8156.00	952.00	130.00	50.00	3034.00	10174.00	0.00
1800.00	6350.00	4500.00	310.00	600.00	110.00	830.00	8000.00	0.00
1800.00	6350.00	4500.00	310.00	600.00	110.00	830.00	8000.00	0.00
2005.00	7610.00	6196.00	354.00	1060.00	0.00	0.00	0.00	0.00
2005.00	7610.00	6196.00	354.00	1060.00	0.00	0.00	0.00	0.00
480.00	5057.00	4423.00	419.00	215.00	0.00	0.00	0.00	0.00
480.00	5057.00	4423.00	419.00	215.00	0.00	0.00	0.00	0.00
2594.00	9096.00	4481.00	1229.00	2830.00	100.00	456.00	0.00	0.00
2594.00	9096.00	4481.00	1229.00	2830.00	100.00	456.00	0.00	0.00
658.00	398.00	224.00	102.00	0.00	0.00	72.00	0.00	0.00
502.00	102.00	0.00	102.00	0.00	0.00	0.00	0.00	0.00
156.00	296.00	224.00	0.00	0.00	0.00	72.00	0.00	0.00
250.00	240.00	0.00	0.00	0.00	0.00	240.00	0.00	0.00
250.00	240.00	0.00	0.00	0.00	0.00	240.00	0.00	0.00
460.00	10221.00	8400.00	635.00	868.00	318.00	0.00	0.00	66.00

4.3 学校产权校舍

	合计	教学科研及辅助用房						
		计	教室	图书馆	实验室、实习场所	专用科研用房	体育馆	会堂
独立使用	20588	9841.00	6451.00	1000.00	2390.00	0.00	0.00	0.00
封开县广播电视大学	2840.00	2630.00	2150.00	180.00	300.00	0.00	0.00	0.00
独立使用	2840.00	2630.00	2150.00	180.00	300.00	0.00	0.00	0.00
清远市广播电视大学	9806.00	6542.00	5239.00	185.00	1118.00	0.00	0.00	0.00
独立使用	9806.00	6542.00	5239.00	185.00	1118.00	0.00	0.00	0.00
阳山县广播电视大学	39447.00	17971.00	8907.00	408.00	8656.00	0.00	0.00	0.00
独立使用	39447.00	17971.00	8907.00	408.00	8656.00	0.00	0.00	0.00
连州市广播电视大学	24798.00	15535.00	5400.00	180.00	9955.00	0.00	0.00	0.00
独立使用	24798.00	15535.00	5400.00	180.00	9955.00	0.00	0.00	0.00
连南瑶族自治县广播电视大学	9760.00	4856.00	2966.00	135.00	1755.00	0.00	0.00	0.00
共同使用	9760.00	4856.00	2966.00	135.00	1755.00	0.00	0.00	0.00
佛冈县广播电视大学	7231.00	2557.00	1404.00	93.00	1060.00	0.00	0.00	0.00
独立使用	7231.00	2557.00	1404.00	93.00	1060.00	0.00	0.00	0.00
潮州广播电视大学	18460.00	16165.00	13535.00	350.00	2200.00	0.00	0.00	80.00
独立使用	18460.00	16165.00	13535.00	350.00	2200.00	0.00	0.00	80.00
饶平县广播电视大学	2506.00	2160.00	1580.00	130.00	290.00	0.00	0.00	160.00
独立使用	2506.00	2160.00	1580.00	130.00	290.00	0.00	0.00	160.00
潮安县广播电视大学	2100.00	1300.00	940.00	120.00	240.00	0.00	0.00	0.00
独立使用	2100.00	1300.00	940.00	120.00	240.00	0.00	0.00	0.00
揭阳广播电视大学	4400.00	3650.00	2850.00	100.00	300.00	0.00	0.00	400.00
独立使用	4400.00	3650.00	2850.00	100.00	300.00	0.00	0.00	400.00
揭西县广播电视大学	2000.00	1275.00	1115.00	40.00	120.00	0.00	0.00	0.00
独立使用	2000.00	1275.00	1115.00	40.00	120.00	0.00	0.00	0.00
河源市广播电视大学	49441.00	23434.00	16976.00	688.00	4570.00	0.00	0.00	1200.00
独立使用	49441.00	23434.00	16976.00	688.00	4570.00	0.00	0.00	1200.00
连平县广播电视大学	9529.00	4420.00	1900.00	150.00	1690.00	150.00	80.00	450.00
独立使用	9529.00	4420.00	1900.00	150.00	1690.00	150.00	80.00	450.00
和平县广播电视大学	35400.00	15911.00	11205.00	162.00	4544.00	0.00	0.00	0.00
独立使用	35400.00	15911.00	11205.00	162.00	4544.00	0.00	0.00	0.00
紫金县广播电视大学	15336.00	2000.00	2000.00	0.00	0.00	0.00	0.00	0.00
独立使用	15336.00	2000.00	2000.00	0.00	0.00	0.00	0.00	0.00
龙川电大	18045.00	8394.00	6594.00	500.00	1300.00	0.00	0.00	0.00
独立使用	11558.00	5806.00	4506.00	300.00	1000.00	0.00	0.00	0.00
共同使用	6487.00	2588.00	2088.00	200.00	300.00	0.00	0.00	0.00
云浮广播电视大学	21197.00	12332.00	11621.00	175.00	536.00	0.00	0.00	0.00
独立使用	21197.00	12332.00	11621.00	175.00	536.00	0.00	0.00	0.00
罗定市广播电视大学	3650.00	3270.00	2470.00	100.00	450.00	0.00	0.00	250.00

建筑面积(续表73)

单位:平方米

行政办公用房	生活用房						教工住宅	其他用房
	计	学生宿舍(公寓)	学生食堂	教工宿舍(公寓)	教工食堂	生活福利及附属用房		
460	10221.00	8400.00	635.00	868.00	318.00	0.00	0.00	66.00
210.00	0.00	0.00	0.00	0.00	0.00	0.00	0.00	0.00
210.00	0.00	0.00	0.00	0.00	0.00	0.00	0.00	0.00
280.00	2474.00	1446.00	248.00	510.00	40.00	230.00	510.00	0.00
280.00	2474.00	1446.00	248.00	510.00	40.00	230.00	510.00	0.00
1600.00	14422.00	11163.00	1666.00	1593.00	0.00	0.00	5454.00	0.00
1600.00	14422.00	11163.00	1666.00	1593.00	0.00	0.00	5454.00	0.00
2152.00	7111.00	3088.00	3143.00	480.00	0.00	400.00	0.00	0.00
2152.00	7111.00	3088.00	3143.00	480.00	0.00	400.00	0.00	0.00
1454.00	2635.00	1682.00	385.00	0.00	0.00	568.00	0.00	815.00
1454.00	2635.00	1682.00	385.00	0.00	0.00	568.00	0.00	815.00
296.00	1898.00	1640.00	258.00	0.00	0.00	0.00	2480.00	0.00
296.00	1898.00	1640.00	258.00	0.00	0.00	0.00	2480.00	0.00
675.00	1620.00	1200.00	420.00	0.00	0.00	0.00	0.00	0.00
675.00	1620.00	1200.00	420.00	0.00	0.00	0.00	0.00	0.00
346.00	0.00	0.00	0.00	0.00	0.00	0.00	0.00	0.00
346.00	0.00	0.00	0.00	0.00	0.00	0.00	0.00	0.00
420.00	160.00	0.00	0.00	0.00	0.00	160.00	220.00	0.00
420.00	160.00	0.00	0.00	0.00	0.00	160.00	220.00	0.00
300.00	450.00	0.00	0.00	450.00	0.00	0.00	0.00	0.00
300.00	450.00	0.00	0.00	450.00	0.00	0.00	0.00	0.00
300.00	425.00	0.00	0.00	0.00	0.00	425.00	0.00	0.00
300.00	425.00	0.00	0.00	0.00	0.00	425.00	0.00	0.00
547.00	22916.00	19356.00	1851.00	1409.00	300.00	0.00	2544.00	0.00
547.00	22916.00	19356.00	1851.00	1409.00	300.00	0.00	2544.00	0.00
500.00	4609.00	2500.00	1909.00	0.00	0.00	200.00	0.00	0.00
500.00	4609.00	2500.00	1909.00	0.00	0.00	200.00	0.00	0.00
1000.00	18489.00	18139.00	350.00	0.00	0.00	0.00	0.00	0.00
1000.00	18489.00	18139.00	350.00	0.00	0.00	0.00	0.00	0.00
1400.00	11936.00	8248.00	3544.00	144.00	0.00	0.00	0.00	0.00
1400.00	11936.00	8248.00	3544.00	144.00	0.00	0.00	0.00	0.00
1161.00	6440.00	2543.00	1500.00	600.00	200.00	1597.00	1600.00	450.00
774.00	2928.00	1495.00	500.00	600.00	200.00	133.00	1600.00	450.00
387.00	3512.00	1048.00	1000.00	0.00	0.00	1464.00	0.00	0.00
780.00	7317.00	3105.00	444.00	0.00	179.00	3589.00	768.00	0.00
780.00	7317.00	3105.00	444.00	0.00	179.00	3589.00	768.00	0.00
250.00	130.00	0.00	100.00	30.00	0.00	0.00	0.00	0.00

4.3 学校产权校舍

	合计	教学科研及辅助用房						
		计	教室	图书馆	实验室、实习场所	专用科研用房	体育馆	会堂
独立使用	3650	3270.00	2470.00	100.00	450.00	0.00	0.00	250.00
郁南县广播电视大学	1320.00	1220.00	900.00	40.00	80.00	100.00	100.00	0.00
独立使用	1320.00	1220.00	900.00	40.00	80.00	100.00	100.00	0.00
广州	**530724.51**	**304455.54**	**149915.66**	**19611.00**	**103284.30**	**1187.00**	**23517.58**	**6940.00**
独立使用	487155.51	279218.54	142078.66	15004.00	93391.30	587.00	22017.58	6140.00
共同使用	43569.00	25237.00	7837.00	4607.00	9893.00	600.00	1500.00	800.00
广州市广播电视大学	92853.00	53621.00	34088.00	7730.00	9793.00	0.00	700.00	1310.00
独立使用	92853.00	53621.00	34088.00	7730.00	9793.00	0.00	700.00	1310.00
广州电大芳村分校	500.00	500.00	260.00	240.00	0.00	0.00	0.00	0.00
共同使用	500.00	500.00	260.00	240.00	0.00	0.00	0.00	0.00
广州电大荔湾分校	1000.00	1000.00	500.00	260.00	240.00	0.00	0.00	0.00
共同使用	1000.00	1000.00	500.00	260.00	240.00	0.00	0.00	0.00
广州电大越秀分校	26839.00	22635.00	7547.00	869.00	4637.00	0.00	9266.00	316.00
独立使用	26839.00	22635.00	7547.00	869.00	4637.00	0.00	9266.00	316.00
广州电大天河区分校	5412.00	3838.00	2435.00	129.00	0.00	210.00	300.00	764.00
独立使用	5412.00	3838.00	2435.00	129.00	0.00	210.00	300.00	764.00
广州电大侨光分校	15892.00	9127.00	6727.00	1000.00	1400.00	0.00	0.00	0.00
共同使用	15892.00	9127.00	6727.00	1000.00	1400.00	0.00	0.00	0.00
广州电大机电分校	86966.00	52568.00	19443.00	2328.00	30420.00	377.00	0.00	0.00
独立使用	86966.00	52568.00	19443.00	2328.00	30420.00	377.00	0.00	0.00
广州电大司法分校	58174.00	16451.00	9785.00	591.00	1498.00	0.00	3223.00	1354.00
独立使用	58174.00	16451.00	9785.00	591.00	1498.00	0.00	3223.00	1354.00
广州市广播电视大学中奥物业工作站	13950.00	6950.00	5850.00	100.00	200.00	0.00	400.00	400.00
独立使用	13950.00	6950.00	5850.00	100.00	200.00	0.00	400.00	400.00
轻职工作站	14777.00	8210.00	350.00	107.00	7753.00	0.00	0.00	0.00
共同使用	14777.00	8210.00	350.00	107.00	7753.00	0.00	0.00	0.00
广州电大番禺分校	11112.00	5985.00	3840.00	240.00	1800.00	0.00	0.00	105.00
独立使用	11112.00	5985.00	3840.00	240.00	1800.00	0.00	0.00	105.00
广州电大花都分校	16190.00	5205.00	2265.00	500.00	2040.00	0.00	0.00	400.00
独立使用	16190.00	5205.00	2265.00	500.00	2040.00	0.00	0.00	400.00
广州电大增城分校	56140.00	19978.00	13868.00	120.00	5990.00	0.00	0.00	0.00
独立使用	56140.00	19978.00	13868.00	120.00	5990.00	0.00	0.00	0.00
蓝星工作站	30.00	30.00	30.00	0.00	0.00	0.00	0.00	0.00
独立使用	30.00	30.00	30.00	0.00	0.00	0.00	0.00	0.00
广州电大黄埔工作站	28192.00	13198.00	6799.00	804.00	4977.00	0.00	0.00	618.00
独立使用	28192.00	13198.00	6799.00	804.00	4977.00	0.00	0.00	618.00
广州康大职业技术学院	65655.51	64757.54	29228.66	0.00	27918.30	0.00	7610.58	0.00

建筑面积(续表74)

单位:平方米

行政办公用房	生活用房						教工住宅	其他用房
	计	学生宿舍(公寓)	学生食堂	教工宿舍(公寓)	教工食堂	生活福利及附属用房		
250	130.00	0.00	100.00	30.00	0.00	0.00	0.00	0.00
100.00	0.00	0.00	0.00	0.00	0.00	0.00	0.00	0.00
100.00	0.00	0.00	0.00	0.00	0.00	0.00	0.00	0.00
49603.97	**141030**	**98461.00**	**23204.00**	**5035.00**	**10983.00**	**3347.00**	**21791.00**	**13844.00**
45175.97	127126.00	92304.00	20657.00	5035.00	5783.00	3347.00	21791.00	13844.00
4428.00	13904.00	6157.00	2547.00	0.00	5200.00	0.00	0.00	0.00
16370.00	22779.00	16928.00	3841.00	700.00	1310.00	0.00	83.00	0.00
16370.00	22779.00	16928.00	3841.00	700.00	1310.00	0.00	83.00	0.00
0.00	0.00	0.00	0.00	0.00	0.00	0.00	0.00	0.00
0.00	0.00	0.00	0.00	0.00	0.00	0.00	0.00	0.00
0.00	0.00	0.00	0.00	0.00	0.00	0.00	0.00	0.00
0.00	0.00	0.00	0.00	0.00	0.00	0.00	0.00	0.00
2922.00	1282.00	0.00	256.00	0.00	66.00	960.00	0.00	0.00
2922.00	1282.00	0.00	256.00	0.00	66.00	960.00	0.00	0.00
510.00	764.00	294.00	0.00	320.00	150.00	0.00	0.00	300.00
510.00	764.00	294.00	0.00	320.00	150.00	0.00	0.00	300.00
1251.00	5514.00	4714.00	800.00	0.00	0.00	0.00	0.00	0.00
1251.00	5514.00	4714.00	800.00	0.00	0.00	0.00	0.00	0.00
4388.00	27667.00	24364.00	1663.00	0.00	1640.00	0.00	0.00	2343.00
4388.00	27667.00	24364.00	1663.00	0.00	1640.00	0.00	0.00	2343.00
7115.00	20617.00	13891.00	2925.00	834.00	1680.00	1287.00	13991.00	0.00
7115.00	20617.00	13891.00	2925.00	834.00	1680.00	1287.00	13991.00	0.00
1000.00	6000.00	4000.00	300.00	600.00	100.00	1000.00	0.00	0.00
1000.00	6000.00	4000.00	300.00	600.00	100.00	1000.00	0.00	0.00
3177.00	3390.00	1443.00	1747.00	0.00	200.00	0.00	0.00	0.00
3177.00	3390.00	1443.00	1747.00	0.00	200.00	0.00	0.00	0.00
595.00	1000.00	0.00	0.00	750.00	250.00	0.00	3532.00	0.00
595.00	1000.00	0.00	0.00	750.00	250.00	0.00	3532.00	0.00
300.00	5929.00	4809.00	500.00	420.00	100.00	100.00	0.00	4756.00
300.00	5929.00	4809.00	500.00	420.00	100.00	100.00	0.00	4756.00
3225.00	25377.00	16366.00	7600.00	1411.00	0.00	0.00	1115.00	6445.00
3225.00	25377.00	16366.00	7600.00	1411.00	0.00	0.00	1115.00	6445.00
0.00	0.00	0.00	0.00	0.00	0.00	0.00	0.00	0.00
0.00	0.00	0.00	0.00	0.00	0.00	0.00	0.00	0.00
6287.00	5637.00	3506.00	1737.00	0.00	394.00	0.00	3070.00	0.00
6287.00	5637.00	3506.00	1737.00	0.00	394.00	0.00	3070.00	0.00
897.97	0.00	0.00	0.00	0.00	0.00	0.00	0.00	0.00

	合计	教学科研及辅助用房						
		计	教室	图书馆	实验室、实习场所	专用科研用房	体育馆	会堂
独立使用	65655.51	64757.54	29228.66	0.00	27918.30	0.00	7610.58	0.00
广州大学人文学院	11660.00	6580.00	180.00	3000.00	500.00	600.00	1500.00	800.00
独立使用	260.00	180.00	180.00	0.00	0.00	0.00	0.00	0.00
共同使用	11400.00	6400.00	0.00	3000.00	500.00	600.00	1500.00	800.00
广州市幼儿师范学校	25382.00	13822.00	6720.00	1593.00	4118.00	0.00	518.00	873.00
独立使用	25382.00	13822.00	6720.00	1593.00	4118.00	0.00	518.00	873.00
深圳	**815096.00**	**482866.00**	**143277.00**	**53254.00**	**110589.00**	**100000.00**	**53900.00**	**21846.00**
独立使用	815096.00	482866.00	143277.00	53254.00	110589.00	100000.00	53900.00	21846.00
深圳广播电视大学	19990.00	11003.00	8103.00	0.00	2900.00	0.00	0.00	0.00
独立使用	19990.00	11003.00	8103.00	0.00	2900.00	0.00	0.00	0.00
深圳广播电视大学光明试点教学点	2110.00	900.00	500.00	100.00	200.00	0.00	0.00	100.00
独立使用	2110.00	900.00	500.00	100.00	200.00	0.00	0.00	100.00
深圳广播电视大学深圳高级技工学校教学点	700000.00	420000.00	100000.00	50000.00	100000.00	100000.00	50000.00	20000.00
独立使用	700000.00	420000.00	100000.00	50000.00	100000.00	100000.00	50000.00	20000.00
深圳广播电视大学龙华教学点	2870.00	2250.00	2020.00	80.00	150.00	0.00	0.00	0.00
独立使用	2870.00	2250.00	2020.00	80.00	150.00	0.00	0.00	0.00
深圳电大坪山成人文化技术学校教学点	5687.00	4657.00	4567.00	40.00	0.00	0.00	0.00	50.00
独立使用	5687.00	4657.00	4567.00	40.00	0.00	0.00	0.00	50.00
深圳广播电视大学开放职校教学点	23427.00	15940.00	11210.00	436.00	4174.00	0.00	0.00	120.00
独立使用	23427.00	15940.00	11210.00	436.00	4174.00	0.00	0.00	120.00
深圳电大蛇口试点教学点	8450.00	5790.00	3640.00	1500.00	0.00	0.00	450.00	200.00
独立使用	8450.00	5790.00	3640.00	1500.00	0.00	0.00	450.00	200.00
深圳广播电视大学宝安试点教学点	17478.00	7235.00	6479.00	272.00	484.00	0.00	0.00	0.00
独立使用	17478.00	7235.00	6479.00	272.00	484.00	0.00	0.00	0.00
深圳电大南山试点教学点	17397.00	2973.00	1860.00	237.00	0.00	0.00	0.00	876.00
独立使用	17397.00	2973.00	1860.00	237.00	0.00	0.00	0.00	876.00
深圳广播电视大学龙岗试点教学点	9025.00	6484.00	3437.00	489.00	2358.00	0.00	0.00	200.00
独立使用	9025.00	6484.00	3437.00	489.00	2358.00	0.00	0.00	200.00
深圳电大福田试点教学点	8662.00	5634.00	1461.00	100.00	323.00	0.00	3450.00	300.00
独立使用	8662.00	5634.00	1461.00	100.00	323.00	0.00	3450.00	300.00
广西	**131074.00**	**59493.00**	**45314.00**	**6114.00**	**5220.00**	**125.00**	**670.00**	**2050.00**
独立使用	124817.00	53836.00	40207.00	6064.00	5120.00	125.00	470.00	1850.00
共同使用	6257.00	5657.00	5107.00	50.00	100.00	0.00	200.00	200.00
广西广播电视大学	55389.00	19035.00	14960.00	1377.00	2148.00	0.00	0.00	550.00
独立使用	55389.00	19035.00	14960.00	1377.00	2148.00	0.00	0.00	550.00
梧州市分校	5004.00	2287.00	1266.00	471.00	0.00	0.00	0.00	550.00
独立使用	5004.00	2287.00	1266.00	471.00	0.00	0.00	0.00	550.00

建筑面积(续表75)

单位:平方米

行政办公用房	生活用房						教工住宅	其他用房
	计	学生宿舍(公寓)	学生食堂	教工宿舍(公寓)	教工食堂	生活福利及附属用房		
897.97	0.00	0.00	0.00	0.00	0.00	0.00	0.00	0.00
80.00	5000.00	0.00	0.00	0.00	5000.00	0.00	0.00	0.00
80.00	0.00	0.00	0.00	0.00	0.00	0.00	0.00	0.00
0.00	5000.00	0.00	0.00	0.00	5000.00	0.00	0.00	0.00
1486.00	10074.00	8146.00	1835.00	0.00	93.00	0.00	0.00	0.00
1486.00	10074.00	8146.00	1835.00	0.00	93.00	0.00	0.00	0.00
69880.00	**244005**	**106829.00**	**50796.00**	**53877.00**	**21507.00**	**10996.00**	**15738.00**	**2607.00**
69880.00	244005.00	106829.00	50796.00	53877.00	21507.00	10996.00	15738.00	2607.00
2877.00	672.00	0.00	0.00	172.00	380.00	120.00	5438.00	0.00
2877.00	672.00	0.00	0.00	172.00	380.00	120.00	5438.00	0.00
300.00	610.00	300.00	80.00	200.00	30.00	0.00	0.00	300.00
300.00	610.00	300.00	80.00	200.00	30.00	0.00	0.00	300.00
50000.00	220000.00	100000.00	50000.00	50000.00	20000.00	0.00	10000.00	0.00
50000.00	220000.00	100000.00	50000.00	50000.00	20000.00	0.00	10000.00	0.00
320.00	300.00	0.00	0.00	300.00	0.00	0.00	0.00	0.00
320.00	300.00	0.00	0.00	300.00	0.00	0.00	0.00	0.00
450.00	330.00	0.00	0.00	240.00	90.00	0.00	0.00	250.00
450.00	330.00	0.00	0.00	240.00	90.00	0.00	0.00	250.00
3569.00	2266.00	720.00	120.00	172.00	300.00	954.00	300.00	1352.00
3569.00	2266.00	720.00	120.00	172.00	300.00	954.00	300.00	1352.00
2660.00	0.00	0.00	0.00	0.00	0.00	0.00	0.00	0.00
2660.00	0.00	0.00	0.00	0.00	0.00	0.00	0.00	0.00
4095.00	5443.00	425.00	0.00	2593.00	425.00	2000.00	0.00	705.00
4095.00	5443.00	425.00	0.00	2593.00	425.00	2000.00	0.00	705.00
2806.00	11618.00	3900.00	596.00	0.00	0.00	7122.00	0.00	0.00
2806.00	11618.00	3900.00	596.00	0.00	0.00	7122.00	0.00	0.00
2341.00	200.00	0.00	0.00	200.00	0.00	0.00	0.00	0.00
2341.00	200.00	0.00	0.00	200.00	0.00	0.00	0.00	0.00
462.00	2566.00	1484.00	0.00	0.00	282.00	800.00	0.00	0.00
462.00	2566.00	1484.00	0.00	0.00	282.00	800.00	0.00	0.00
15792.00	**31178**	**17511.00**	**2809.00**	**5011.00**	**1926.00**	**3921.00**	**24511.00**	**100.00**
15692.00	30678.00	17511.00	2309.00	5011.00	1926.00	3921.00	24511.00	100.00
100.00	500.00	0.00	500.00	0.00	0.00	0.00	0.00	0.00
11009.00	8547.00	4952.00	690.00	2555.00	200.00	150.00	16798.00	0.00
11009.00	8547.00	4952.00	690.00	2555.00	200.00	150.00	16798.00	0.00
366.00	2351.00	1880.00	471.00	0.00	0.00	0.00	0.00	0.00
366.00	2351.00	1880.00	471.00	0.00	0.00	0.00	0.00	0.00

	合计	教学科研及辅助用房						
		计	教室	图书馆	实验室、实习场所	专用科研用房	体育馆	会堂
南丹县电大工作站	10	10.00	10.00	0.00	0.00	0.00	0.00	0.00
独立使用	3.00	3.00	3.00	0.00	0.00	0.00	0.00	0.00
共同使用	7.00	7.00	7.00	0.00	0.00	0.00	0.00	0.00
南宁市电大	10804.00	3492.00	2756.00	192.00	544.00	0.00	0.00	0.00
独立使用	10804.00	3492.00	2756.00	192.00	544.00	0.00	0.00	0.00
隆安县电大工作站	600.00	600.00	600.00	0.00	0.00	0.00	0.00	0.00
共同使用	600.00	600.00	600.00	0.00	0.00	0.00	0.00	0.00
桂林市电大	17149.00	10088.00	6870.00	700.00	1518.00	0.00	400.00	600.00
独立使用	17149.00	10088.00	6870.00	700.00	1518.00	0.00	400.00	600.00
桂林市电大龙胜县工作站	2072.00	1052.00	502.00	50.00	100.00	0.00	200.00	200.00
独立使用	522.00	2.00	2.00	0.00	0.00	0.00	0.00	0.00
共同使用	1550.00	1050.00	500.00	50.00	100.00	0.00	200.00	200.00
来宾市分校直属部	3232.00	1487.00	1159.00	164.00	164.00	0.00	0.00	0.00
独立使用	3232.00	1487.00	1159.00	164.00	164.00	0.00	0.00	0.00
北海市电大	4264.00	2818.00	2748.00	45.00	0.00	25.00	0.00	0.00
独立使用	4264.00	2818.00	2748.00	45.00	0.00	25.00	0.00	0.00
合浦县电大工作站	1920.00	1720.00	870.00	800.00	30.00	0.00	20.00	0.00
独立使用	1920.00	1720.00	870.00	800.00	30.00	0.00	20.00	0.00
贵港市广播电视大学	9767.00	6287.00	5877.00	110.00	300.00	0.00	0.00	0.00
独立使用	9767.00	6287.00	5877.00	110.00	300.00	0.00	0.00	0.00
贵港市电大桂平工作站	8520.00	4900.00	2500.00	2000.00	100.00	100.00	50.00	150.00
独立使用	8520.00	4900.00	2500.00	2000.00	100.00	100.00	50.00	150.00
贵港市电大兴业县工作站	4180.00	4000.00	4000.00	0.00	0.00	0.00	0.00	0.00
独立使用	80.00	0.00	0.00	0.00	0.00	0.00	0.00	0.00
共同使用	4100.00	4000.00	4000.00	0.00	0.00	0.00	0.00	0.00
玉林商校工作站	8163.00	1717.00	1196.00	205.00	316.00	0.00	0.00	0.00
独立使用	8163.00	1717.00	1196.00	205.00	316.00	0.00	0.00	0.00
海南	**46409.00**	**15866.00**	**12774.00**	**1075.00**	**1757.00**	**0.00**	**0.00**	**260.00**
独立使用	45779.00	15236.00	12144.00	1075.00	1757.00	0.00	0.00	260.00
共同使用	630.00	630.00	630.00	0.00	0.00	0.00	0.00	0.00
海南广播电视大学	42619.00	14236.00	11144.00	1075.00	1757.00	0.00	0.00	260.00
独立使用	42619.00	14236.00	11144.00	1075.00	1757.00	0.00	0.00	260.00
海南电大直属昌江教学点	690.00	630.00	630.00	0.00	0.00	0.00	0.00	0.00
独立使用	60.00	0.00	0.00	0.00	0.00	0.00	0.00	0.00
共同使用	630.00	630.00	630.00	0.00	0.00	0.00	0.00	0.00
海南电大直属五指山教学点	3100.00	1000.00	1000.00	0.00	0.00	0.00	0.00	0.00
独立使用	3100.00	1000.00	1000.00	0.00	0.00	0.00	0.00	0.00

建筑面积(续表 76)

单位:平方米

行政办公用房	生活用房						教工住宅	其他用房
	计	学生宿舍(公寓)	学生食堂	教工宿舍(公寓)	教工食堂	生活福利及附属用房		
0	0.00	0.00	0.00	0.00	0.00	0.00	0.00	0.00
0.00	0.00	0.00	0.00	0.00	0.00	0.00	0.00	0.00
0.00	0.00	0.00	0.00	0.00	0.00	0.00	0.00	0.00
1294.00	2522.00	2364.00	78.00	0.00	0.00	80.00	3496.00	0.00
1294.00	2522.00	2364.00	78.00	0.00	0.00	80.00	3496.00	0.00
0.00	0.00	0.00	0.00	0.00	0.00	0.00	0.00	0.00
0.00	0.00	0.00	0.00	0.00	0.00	0.00	0.00	0.00
800.00	6261.00	984.00	110.00	0.00	1576.00	3591.00	0.00	0.00
800.00	6261.00	984.00	110.00	0.00	1576.00	3591.00	0.00	0.00
100.00	920.00	0.00	500.00	420.00	0.00	0.00	0.00	0.00
100.00	420.00	0.00	0.00	420.00	0.00	0.00	0.00	0.00
0.00	500.00	0.00	500.00	0.00	0.00	0.00	0.00	0.00
650.00	130.00	100.00	30.00	0.00	0.00	0.00	965.00	0.00
650.00	130.00	100.00	30.00	0.00	0.00	0.00	965.00	0.00
510.00	936.00	0.00	0.00	856.00	80.00	0.00	0.00	0.00
510.00	936.00	0.00	0.00	856.00	80.00	0.00	0.00	0.00
200.00	0.00	0.00	0.00	0.00	0.00	0.00	0.00	0.00
200.00	0.00	0.00	0.00	0.00	0.00	0.00	0.00	0.00
300.00	3180.00	2500.00	200.00	480.00	0.00	0.00	0.00	0.00
300.00	3180.00	2500.00	200.00	480.00	0.00	0.00	0.00	0.00
200.00	2970.00	2000.00	100.00	700.00	70.00	100.00	350.00	100.00
200.00	2970.00	2000.00	100.00	700.00	70.00	100.00	350.00	100.00
180.00	0.00	0.00	0.00	0.00	0.00	0.00	0.00	0.00
80.00	0.00	0.00	0.00	0.00	0.00	0.00	0.00	0.00
100.00	0.00	0.00	0.00	0.00	0.00	0.00	0.00	0.00
183.00	3361.00	2731.00	630.00	0.00	0.00	0.00	2902.00	0.00
183.00	3361.00	2731.00	630.00	0.00	0.00	0.00	2902.00	0.00
3530.00	**13074**	**9584.00**	**1515.00**	**1975.00**	**0.00**	**0.00**	**12989.00**	**950.00**
3530.00	13074.00	9584.00	1515.00	1975.00	0.00	0.00	12989.00	950.00
0.00	0.00	0.00	0.00	0.00	0.00	0.00	0.00	0.00
3170.00	11274.00	8784.00	1515.00	975.00	0.00	0.00	12989.00	950.00
3170.00	11274.00	8784.00	1515.00	975.00	0.00	0.00	12989.00	950.00
60.00	0.00	0.00	0.00	0.00	0.00	0.00	0.00	0.00
60.00	0.00	0.00	0.00	0.00	0.00	0.00	0.00	0.00
0.00	0.00	0.00	0.00	0.00	0.00	0.00	0.00	0.00
300.00	1800.00	800.00	0.00	1000.00	0.00	0.00	0.00	0.00
300.00	1800.00	800.00	0.00	1000.00	0.00	0.00	0.00	0.00

4.3 学校产权校舍

	合计	教学科研及辅助用房						
		计	教室	图书馆	实验室、实习场所	专用科研用房	体育馆	会堂
四川	**857011.48**	**390013.40**	**265396.88**	**20486.00**	**66793.86**	**4440.00**	**15064.00**	**17832.66**
独立使用	599726.97	276107.61	189115.09	14552.00	48581.86	3430.00	6392.00	14036.66
共同使用	257284.51	113905.79	76281.79	5934.00	18212.00	1010.00	8672.00	3796.00
四川广播电视大学	146009.23	61172.50	23334.00	3089.00	29048.00	0.00	2520.00	3181.50
独立使用	146009.23	61172.50	23334.00	3089.00	29048.00	0.00	2520.00	3181.50
四川电大直属学院直属部	550.00	400.00	400.00	0.00	0.00	0.00	0.00	0.00
独立使用	550.00	400.00	400.00	0.00	0.00	0.00	0.00	0.00
四川电大直属学院省邮政分校	1080.00	780.00	630.00	150.00	0.00	0.00	0.00	0.00
共同使用	1080.00	780.00	630.00	150.00	0.00	0.00	0.00	0.00
四川电大直属学院幼师分校	920.00	800.00	800.00	0.00	0.00	0.00	0.00	0.00
独立使用	740.00	740.00	740.00	0.00	0.00	0.00	0.00	0.00
共同使用	180.00	60.00	60.00	0.00	0.00	0.00	0.00	0.00
四川电大直属学院人才分校	500.00	500.00	500.00	0.00	0.00	0.00	0.00	0.00
独立使用	500.00	500.00	500.00	0.00	0.00	0.00	0.00	0.00
四川电大直属学院郫县行政校	10670.00	9320.00	8000.00	60.00	100.00	60.00	800.00	300.00
独立使用	10670.00	9320.00	8000.00	60.00	100.00	60.00	800.00	300.00
四川电大直属学院成都市继续教育中心	700.00	700.00	700.00	0.00	0.00	0.00	0.00	0.00
独立使用	500.00	500.00	500.00	0.00	0.00	0.00	0.00	0.00
共同使用	200.00	200.00	200.00	0.00	0.00	0.00	0.00	0.00
遂宁应用技术职业学校教学点	41694.00	6635.00	3240.00	850.00	1745.00	0.00	0.00	800.00
独立使用	41694.00	6635.00	3240.00	850.00	1745.00	0.00	0.00	800.00
凉山广播电视大学昭觉工作站	700.00	700.00	400.00	100.00	200.00	0.00	0.00	0.00
独立使用	700.00	700.00	400.00	100.00	200.00	0.00	0.00	0.00
凉山广播电视大学甘洛工作站	3680.00	370.00	300.00	30.00	0.00	0.00	0.00	40.00
独立使用	3680.00	370.00	300.00	30.00	0.00	0.00	0.00	40.00
西昌市教师进修学校	4350.00	650.00	500.00	120.00	0.00	0.00	0.00	30.00
独立使用	4350.00	650.00	500.00	120.00	0.00	0.00	0.00	30.00
德昌县委党校	2690.00	1340.00	700.00	70.00	100.00	70.00	300.00	100.00
独立使用	2690.00	1340.00	700.00	70.00	100.00	70.00	300.00	100.00
遂宁市行政学院	14498.00	2800.00	1100.00	800.00	0.00	200.00	400.00	300.00
共同使用	14498.00	2800.00	1100.00	800.00	0.00	200.00	400.00	300.00
四川电大水电工程学院	332.00	282.00	282.00	0.00	0.00	0.00	0.00	0.00
独立使用	332.00	282.00	282.00	0.00	0.00	0.00	0.00	0.00
四川省级机关电大直属部	14239.00	7683.00	6453.00	450.00	300.00	0.00	0.00	480.00
共同使用	14239.00	7683.00	6453.00	450.00	300.00	0.00	0.00	480.00
德阳广播电视大学直属部	29637.00	10408.00	5945.00	351.00	4112.00	0.00	0.00	0.00
共同使用	29637.00	10408.00	5945.00	351.00	4112.00	0.00	0.00	0.00

建筑面积(续表77)

单位:平方米

行政办公用房	生活用房						教工住宅	其他用房
	计	学生宿舍(公寓)	学生食堂	教工宿舍(公寓)	教工食堂	生活福利及附属用房		
123404.77	**226450.7**	**154142.10**	**30749.12**	**15117.97**	**4327.00**	**22114.51**	**87589.19**	**29553.43**
96117.77	144060.10	102718.62	17410.00	8948.97	3801.00	11181.51	57110.07	26331.43
27287.00	82390.60	51423.48	13339.12	6169.00	526.00	10933.00	30479.12	3222.00
18430.00	49180.08	36737.80	4706.00	1824.77	1892.00	4019.51	4091.07	13135.59
18430.00	49180.08	36737.80	4706.00	1824.77	1892.00	4019.51	4091.07	13135.59
150.00	0.00	0.00	0.00	0.00	0.00	0.00	0.00	0.00
150.00	0.00	0.00	0.00	0.00	0.00	0.00	0.00	0.00
300.00	0.00	0.00	0.00	0.00	0.00	0.00	0.00	0.00
300.00	0.00	0.00	0.00	0.00	0.00	0.00	0.00	0.00
120.00	0.00	0.00	0.00	0.00	0.00	0.00	0.00	0.00
0.00	0.00	0.00	0.00	0.00	0.00	0.00	0.00	0.00
120.00	0.00	0.00	0.00	0.00	0.00	0.00	0.00	0.00
0.00	0.00	0.00	0.00	0.00	0.00	0.00	0.00	0.00
0.00	0.00	0.00	0.00	0.00	0.00	0.00	0.00	0.00
1350.00	0.00	0.00	0.00	0.00	0.00	0.00	0.00	0.00
1350.00	0.00	0.00	0.00	0.00	0.00	0.00	0.00	0.00
0.00	0.00	0.00	0.00	0.00	0.00	0.00	0.00	0.00
0.00	0.00	0.00	0.00	0.00	0.00	0.00	0.00	0.00
0.00	0.00	0.00	0.00	0.00	0.00	0.00	0.00	0.00
9437.00	17122.00	12101.00	3716.00	0.00	105.00	1200.00	8500.00	0.00
9437.00	17122.00	12101.00	3716.00	0.00	105.00	1200.00	8500.00	0.00
0.00	0.00	0.00	0.00	0.00	0.00	0.00	0.00	0.00
0.00	0.00	0.00	0.00	0.00	0.00	0.00	0.00	0.00
510.00	0.00	0.00	0.00	0.00	0.00	0.00	2800.00	0.00
510.00	0.00	0.00	0.00	0.00	0.00	0.00	2800.00	0.00
400.00	300.00	0.00	0.00	300.00	0.00	0.00	3000.00	0.00
400.00	300.00	0.00	0.00	300.00	0.00	0.00	3000.00	0.00
200.00	1100.00	1000.00	100.00	0.00	0.00	0.00	0.00	50.00
200.00	1100.00	1000.00	100.00	0.00	0.00	0.00	0.00	50.00
720.00	4863.00	2800.00	900.00	0.00	0.00	1163.00	6115.00	0.00
720.00	4863.00	2800.00	900.00	0.00	0.00	1163.00	6115.00	0.00
50.00	0.00	0.00	0.00	0.00	0.00	0.00	0.00	0.00
50.00	0.00	0.00	0.00	0.00	0.00	0.00	0.00	0.00
4030.00	1381.00	0.00	500.00	0.00	0.00	881.00	1145.00	0.00
4030.00	1381.00	0.00	500.00	0.00	0.00	881.00	1145.00	0.00
3066.00	16163.00	6704.00	1135.00	0.00	0.00	8324.00	0.00	0.00
3066.00	16163.00	6704.00	1135.00	0.00	0.00	8324.00	0.00	0.00

4.3 学校产权校舍

	合计	教学科研及辅助用房						
		计	教室	图书馆	实验室、实习场所	专用科研用房	体育馆	会堂
德阳广播电视大学什邡市电大工作管理站	3552	2809.00	2809.00	0.00	0.00	0.00	0.00	0.00
独立使用	3552.00	2809.00	2809.00	0.00	0.00	0.00	0.00	0.00
德阳广播电视大学广汉工作站	830.00	630.00	630.00	0.00	0.00	0.00	0.00	0.00
独立使用	830.00	630.00	630.00	0.00	0.00	0.00	0.00	0.00
德阳广播电视大学绵竹工作站	830.00	630.00	630.00	0.00	0.00	0.00	0.00	0.00
独立使用	830.00	630.00	630.00	0.00	0.00	0.00	0.00	0.00
德阳广播电视大学中江分校	6967.00	1285.00	1125.00	80.00	80.00	0.00	0.00	0.00
独立使用	6967.00	1285.00	1125.00	80.00	80.00	0.00	0.00	0.00
德阳广播电视大学罗江工作站	1550.00	1400.00	1400.00	0.00	0.00	0.00	0.00	0.00
独立使用	1550.00	1400.00	1400.00	0.00	0.00	0.00	0.00	0.00
德阳广播电视大学旌阳工作站	2680.00	2280.00	2000.00	80.00	0.00	0.00	0.00	200.00
共同使用	2680.00	2280.00	2000.00	80.00	0.00	0.00	0.00	200.00
绵阳广播电视大学直属部	31545.50	18356.71	12567.69	300.00	3672.86	0.00	0.00	1816.16
独立使用	31545.50	18356.71	12567.69	300.00	3672.86	0.00	0.00	1816.16
绵阳广播电视大学江油分校	4760.00	1360.00	700.00	60.00	0.00	0.00	0.00	600.00
独立使用	4760.00	1360.00	700.00	60.00	0.00	0.00	0.00	600.00
绵阳广播电视大学三台分校	4190.00	1730.00	1080.00	120.00	150.00	100.00	200.00	80.00
独立使用	4190.00	1730.00	1080.00	120.00	150.00	100.00	200.00	80.00
绵阳广播电视大学盐亭分校	16870.00	4390.00	3000.00	100.00	1200.00	0.00	0.00	90.00
独立使用	400.00	300.00	300.00	0.00	0.00	0.00	0.00	0.00
共同使用	16470.00	4090.00	2700.00	100.00	1200.00	0.00	0.00	90.00
安县职业中专学校	15820.00	6620.00	140.00	280.00	200.00	600.00	5000.00	400.00
共同使用	15820.00	6620.00	140.00	280.00	200.00	600.00	5000.00	400.00
广元广播电视大学直属部	14918.00	4119.00	3735.00	0.00	384.00	0.00	0.00	0.00
独立使用	14918.00	4119.00	3735.00	0.00	384.00	0.00	0.00	0.00
广元广播电视大学剑阁分校	4690.00	2002.00	800.00	72.00	800.00	0.00	0.00	330.00
独立使用	4690.00	2002.00	800.00	72.00	800.00	0.00	0.00	330.00
广元广播电视大学旺苍工作站	3072.00	1632.00	512.00	120.00	0.00	0.00	800.00	200.00
独立使用	732.00	632.00	512.00	120.00	0.00	0.00	0.00	0.00
共同使用	2340.00	1000.00	0.00	0.00	0.00	0.00	800.00	200.00
广元广播电视大学苍溪分校	6800.00	1400.00	770.00	100.00	280.00	0.00	0.00	250.00
独立使用	6800.00	1400.00	770.00	100.00	280.00	0.00	0.00	250.00
遂宁广播电视大学蓬溪工作站	3015.00	1489.00	1092.00	72.00	0.00	0.00	0.00	325.00
独立使用	3015.00	1489.00	1092.00	72.00	0.00	0.00	0.00	325.00
遂宁广播电视大学大英分校	4692.00	798.00	432.00	54.00	108.00	54.00	0.00	150.00
独立使用	4692.00	798.00	432.00	54.00	108.00	54.00	0.00	150.00
遂宁广播电视大学射洪分校	4776.00	3840.00	3480.00	100.00	180.00	0.00	0.00	80.00

建筑面积(续表78)

单位:平方米

行政办公用房	生活用房						教工住宅	其他用房
	计	学生宿舍(公寓)	学生食堂	教工宿舍(公寓)	教工食堂	生活福利及附属用房		
743	0.00	0.00	0.00	0.00	0.00	0.00	0.00	0.00
743.00	0.00	0.00	0.00	0.00	0.00	0.00	0.00	0.00
200.00	0.00	0.00	0.00	0.00	0.00	0.00	0.00	0.00
200.00	0.00	0.00	0.00	0.00	0.00	0.00	0.00	0.00
200.00	0.00	0.00	0.00	0.00	0.00	0.00	0.00	0.00
200.00	0.00	0.00	0.00	0.00	0.00	0.00	0.00	0.00
881.00	4401.00	1500.00	580.00	1800.00	0.00	521.00	0.00	400.00
881.00	4401.00	1500.00	580.00	1800.00	0.00	521.00	0.00	400.00
150.00	0.00	0.00	0.00	0.00	0.00	0.00	0.00	0.00
150.00	0.00	0.00	0.00	0.00	0.00	0.00	0.00	0.00
200.00	100.00	0.00	0.00	0.00	100.00	0.00	0.00	100.00
200.00	100.00	0.00	0.00	0.00	100.00	0.00	0.00	100.00
2045.93	9956.02	7146.82	1389.00	1420.20	0.00	0.00	710.00	476.84
2045.93	9956.02	7146.82	1389.00	1420.20	0.00	0.00	710.00	476.84
1500.00	1900.00	900.00	1000.00	0.00	0.00	0.00	0.00	0.00
1500.00	1900.00	900.00	1000.00	0.00	0.00	0.00	0.00	0.00
560.00	1700.00	1500.00	150.00	0.00	50.00	0.00	0.00	200.00
560.00	1700.00	1500.00	150.00	0.00	50.00	0.00	0.00	200.00
720.00	3900.00	2600.00	1200.00	0.00	0.00	100.00	7560.00	300.00
100.00	0.00	0.00	0.00	0.00	0.00	0.00	0.00	0.00
620.00	3900.00	2600.00	1200.00	0.00	0.00	100.00	7560.00	300.00
2000.00	7200.00	6000.00	200.00	1000.00	0.00	0.00	0.00	0.00
2000.00	7200.00	6000.00	200.00	1000.00	0.00	0.00	0.00	0.00
3116.00	3859.00	3559.00	300.00	0.00	0.00	0.00	3824.00	0.00
3116.00	3859.00	3559.00	300.00	0.00	0.00	0.00	3824.00	0.00
2648.00	0.00	0.00	0.00	0.00	0.00	0.00	0.00	40.00
2648.00	0.00	0.00	0.00	0.00	0.00	0.00	0.00	40.00
100.00	1340.00	780.00	200.00	240.00	120.00	0.00	0.00	0.00
100.00	0.00	0.00	0.00	0.00	0.00	0.00	0.00	0.00
0.00	1340.00	780.00	200.00	240.00	120.00	0.00	0.00	0.00
4900.00	0.00	0.00	0.00	0.00	0.00	0.00	0.00	500.00
4900.00	0.00	0.00	0.00	0.00	0.00	0.00	0.00	500.00
180.00	1346.00	1097.00	249.00	0.00	0.00	0.00	0.00	0.00
180.00	1346.00	1097.00	249.00	0.00	0.00	0.00	0.00	0.00
240.00	2222.00	1850.00	80.00	0.00	100.00	192.00	1432.00	0.00
240.00	2222.00	1850.00	80.00	0.00	100.00	192.00	1432.00	0.00
476.00	400.00	400.00	0.00	0.00	0.00	0.00	0.00	60.00

4.3 学校产权校舍

	合计	教学科研及辅助用房						
		计	教室	图书馆	实验室、实习场所	专用科研用房	体育馆	会堂
独立使用	4776	3840.00	3480.00	100.00	180.00	0.00	0.00	80.00
雅安广播电视大学直属部	8118.00	3479.00	3359.00	120.00	0.00	0.00	0.00	0.00
独立使用	8118.00	3479.00	3359.00	120.00	0.00	0.00	0.00	0.00
乐山广播电视大学直属部	18237.00	11246.00	7896.00	1150.00	1400.00	0.00	500.00	300.00
独立使用	16487.00	9496.00	7896.00	400.00	400.00	0.00	500.00	300.00
共同使用	1750.00	1750.00	0.00	750.00	1000.00	0.00	0.00	0.00
乐山广播电视大学井研分校	472.00	272.00	252.00	20.00	0.00	0.00	0.00	0.00
独立使用	472.00	272.00	252.00	20.00	0.00	0.00	0.00	0.00
乐山广播电视大学犍为分校	820.00	500.00	500.00	0.00	0.00	0.00	0.00	0.00
独立使用	550.00	230.00	230.00	0.00	0.00	0.00	0.00	0.00
共同使用	270.00	270.00	270.00	0.00	0.00	0.00	0.00	0.00
内江广播电视大学直属部	10620.00	2834.00	1255.00	384.00	650.00	480.00	0.00	65.00
独立使用	10620.00	2834.00	1255.00	384.00	650.00	480.00	0.00	65.00
内江广播电视大学隆昌分校	5645.00	1716.00	1080.00	60.00	300.00	0.00	0.00	276.00
独立使用	5645.00	1716.00	1080.00	60.00	300.00	0.00	0.00	276.00
自贡广播电视大学直属部	37594.00	30351.00	27670.00	400.00	410.00	0.00	870.00	1001.00
独立使用	37594.00	30351.00	27670.00	400.00	410.00	0.00	870.00	1001.00
自贡电视广播大学荣县分校	8393.00	3200.00	2800.00	100.00	100.00	200.00	0.00	0.00
独立使用	8393.00	3200.00	2800.00	100.00	100.00	200.00	0.00	0.00
自贡广播电视大学富顺分校	3760.00	1660.00	1000.00	80.00	160.00	240.00	0.00	180.00
独立使用	3760.00	1660.00	1000.00	80.00	160.00	240.00	0.00	180.00
宜宾广播电视大学直属部	13378.00	7630.00	6871.00	759.00	0.00	0.00	0.00	0.00
独立使用	13378.00	7630.00	6871.00	759.00	0.00	0.00	0.00	0.00
宜宾广播电视大学南溪工作站	1200.00	960.00	530.00	30.00	200.00	0.00	0.00	200.00
独立使用	800.00	560.00	530.00	30.00	0.00	0.00	0.00	0.00
共同使用	400.00	400.00	0.00	0.00	200.00	0.00	0.00	200.00
宜宾广播电视大学珙县工作站	1900.00	1000.00	600.00	100.00	100.00	0.00	0.00	200.00
独立使用	1900.00	1000.00	600.00	100.00	100.00	0.00	0.00	200.00
宜宾广播电视大学长宁工作站	25274.00	13700.00	8600.00	1900.00	3200.00	0.00	0.00	0.00
独立使用	200.00	0.00	0.00	0.00	0.00	0.00	0.00	0.00
共同使用	25074.00	13700.00	8600.00	1900.00	3200.00	0.00	0.00	0.00
宜宾广播电视大学筠连工作站	2135.00	1335.00	1100.00	200.00	0.00	0.00	0.00	35.00
独立使用	1535.00	835.00	700.00	100.00	0.00	0.00	0.00	35.00
共同使用	600.00	500.00	400.00	100.00	0.00	0.00	0.00	0.00
宜宾广播电视大学屏山县工作站	2000.00	2000.00	2000.00	0.00	0.00	0.00	0.00	0.00
独立使用	1000.00	1000.00	1000.00	0.00	0.00	0.00	0.00	0.00
共同使用	1000.00	1000.00	1000.00	0.00	0.00	0.00	0.00	0.00

建筑面积(续表 79)

单位:平方米

行政办公用房	生活用房						教工住宅	其他用房
	计	学生宿舍(公寓)	学生食堂	教工宿舍(公寓)	教工食堂	生活福利及附属用房		
476	400.00	400.00	0.00	0.00	0.00	0.00	0.00	60.00
1231.00	2798.00	2698.00	100.00	0.00	0.00	0.00	610.00	0.00
1231.00	2798.00	2698.00	100.00	0.00	0.00	0.00	610.00	0.00
1108.00	3069.00	2742.00	250.00	0.00	0.00	77.00	2814.00	0.00
1108.00	3069.00	2742.00	250.00	0.00	0.00	77.00	2814.00	0.00
0.00	0.00	0.00	0.00	0.00	0.00	0.00	0.00	0.00
200.00	0.00	0.00	0.00	0.00	0.00	0.00	0.00	0.00
200.00	0.00	0.00	0.00	0.00	0.00	0.00	0.00	0.00
300.00	0.00	0.00	0.00	0.00	0.00	0.00	0.00	20.00
300.00	0.00	0.00	0.00	0.00	0.00	0.00	0.00	20.00
0.00	0.00	0.00	0.00	0.00	0.00	0.00	0.00	0.00
1050.00	3184.00	2542.00	482.00	0.00	0.00	160.00	3552.00	0.00
1050.00	3184.00	2542.00	482.00	0.00	0.00	160.00	3552.00	0.00
420.00	2709.00	2435.00	274.00	0.00	0.00	0.00	0.00	800.00
420.00	2709.00	2435.00	274.00	0.00	0.00	0.00	0.00	800.00
1230.00	4693.00	2380.00	1200.00	113.00	1000.00	0.00	1320.00	0.00
1230.00	4693.00	2380.00	1200.00	113.00	1000.00	0.00	1320.00	0.00
1250.00	580.00	0.00	0.00	0.00	130.00	450.00	480.00	2883.00
1250.00	580.00	0.00	0.00	0.00	130.00	450.00	480.00	2883.00
960.00	1100.00	800.00	86.00	0.00	0.00	214.00	0.00	40.00
960.00	1100.00	800.00	86.00	0.00	0.00	214.00	0.00	40.00
1576.00	4172.00	3372.00	0.00	800.00	0.00	0.00	0.00	0.00
1576.00	4172.00	3372.00	0.00	800.00	0.00	0.00	0.00	0.00
240.00	0.00	0.00	0.00	0.00	0.00	0.00	0.00	0.00
240.00	0.00	0.00	0.00	0.00	0.00	0.00	0.00	0.00
0.00	0.00	0.00	0.00	0.00	0.00	0.00	0.00	0.00
500.00	200.00	0.00	0.00	0.00	0.00	200.00	0.00	200.00
500.00	200.00	0.00	0.00	0.00	0.00	200.00	0.00	200.00
200.00	10466.00	7118.00	3348.00	0.00	0.00	0.00	0.00	908.00
200.00	0.00	0.00	0.00	0.00	0.00	0.00	0.00	0.00
0.00	10466.00	7118.00	3348.00	0.00	0.00	0.00	0.00	908.00
500.00	0.00	0.00	0.00	0.00	0.00	0.00	300.00	0.00
400.00	0.00	0.00	0.00	0.00	0.00	0.00	300.00	0.00
100.00	0.00	0.00	0.00	0.00	0.00	0.00	0.00	0.00
0.00	0.00	0.00	0.00	0.00	0.00	0.00	0.00	0.00
0.00	0.00	0.00	0.00	0.00	0.00	0.00	0.00	0.00
0.00	0.00	0.00	0.00	0.00	0.00	0.00	0.00	0.00

4.3 学校产权校舍

	合计	教学科研及辅助用房						
		计	教室	图书馆	实验室、实习场所	专用科研用房	体育馆	会堂
宜宾广播电视大学高县工作站	3183	3183.00	3183.00	0.00	0.00	0.00	0.00	0.00
独立使用	3183.00	3183.00	3183.00	0.00	0.00	0.00	0.00	0.00
宜宾广播电视大学宜宾县电大工作站	3725.00	725.00	450.00	25.00	0.00	0.00	0.00	250.00
独立使用	3725.00	725.00	450.00	25.00	0.00	0.00	0.00	250.00
泸州广播电视大学直属部	3590.00	811.00	11.00	0.00	800.00	0.00	0.00	0.00
独立使用	3590.00	811.00	11.00	0.00	800.00	0.00	0.00	0.00
泸州广播电视大学泸县工作站	7410.00	2160.00	720.00	200.00	180.00	360.00	400.00	300.00
独立使用	7410.00	2160.00	720.00	200.00	180.00	360.00	400.00	300.00
泸州广播电视大学古蔺工作站	8726.00	746.00	540.00	63.00	63.00	0.00	0.00	80.00
共同使用	8726.00	746.00	540.00	63.00	63.00	0.00	0.00	80.00
泸州广播电视大学叙永工作站	5126.00	2795.00	2795.00	0.00	0.00	0.00	0.00	0.00
共同使用	5126.00	2795.00	2795.00	0.00	0.00	0.00	0.00	0.00
泸州广播电视大学龙马潭工作站	1820.00	920.00	800.00	90.00	0.00	30.00	0.00	0.00
独立使用	1820.00	920.00	800.00	90.00	0.00	30.00	0.00	0.00
泸州广播电视大学纳溪工作站	5270.00	2940.00	1990.00	0.00	950.00	0.00	0.00	0.00
共同使用	5270.00	2940.00	1990.00	0.00	950.00	0.00	0.00	0.00
泸州市合江少岷职业高中	4700.00	1950.00	1700.00	80.00	170.00	0.00	0.00	0.00
独立使用	4700.00	1950.00	1700.00	80.00	170.00	0.00	0.00	0.00
南充广播电视大学直属部	37205.00	10980.00	8605.00	660.00	230.00	0.00	596.00	889.00
独立使用	37205.00	10980.00	8605.00	660.00	230.00	0.00	596.00	889.00
南充广播电视大学南部工作站	4503.00	3953.00	3.00	2250.00	0.00	1150.00	50.00	500.00
独立使用	4501.00	3951.00	1.00	2250.00	0.00	1150.00	50.00	500.00
共同使用	2.00	2.00	2.00	0.00	0.00	0.00	0.00	0.00
南充广播电视大学西充分校	8800.00	820.00	670.00	0.00	150.00	0.00	0.00	0.00
独立使用	8800.00	820.00	670.00	0.00	150.00	0.00	0.00	0.00
南充广播电视大学仪陇电大分校	3500.00	2370.00	1500.00	250.00	300.00	200.00	0.00	120.00
独立使用	3500.00	2370.00	1500.00	250.00	300.00	200.00	0.00	120.00
达州广播电视大学直属部	26981.00	8308.00	6096.00	100.00	1798.00	0.00	0.00	314.00
共同使用	26981.00	8308.00	6096.00	100.00	1798.00	0.00	0.00	314.00
达州广播电视大学渠县工作站	791.00	470.00	380.00	40.00	50.00	0.00	0.00	0.00
独立使用	791.00	470.00	380.00	40.00	50.00	0.00	0.00	0.00
四川广播电视大学开江分校	8493.00	1300.00	1300.00	0.00	0.00	0.00	0.00	0.00
共同使用	8493.00	1300.00	1300.00	0.00	0.00	0.00	0.00	0.00
达州广播电视大学大竹工作站	6952.00	1474.00	1200.00	0.00	0.00	0.00	89.00	185.00
共同使用	6952.00	1474.00	1200.00	0.00	0.00	0.00	89.00	185.00
达州广播电视大学万源工作站	4000.00	3700.00	1200.00	300.00	1800.00	0.00	200.00	200.00
独立使用	1500.00	1400.00	600.00	300.00	500.00	0.00	0.00	0.00

建筑面积(续表80)

单位:平方米

行政办公用房	生活用房						教工住宅	其他用房
	计	学生宿舍(公寓)	学生食堂	教工宿舍(公寓)	教工食堂	生活福利及附属用房		
0	0.00	0.00	0.00	0.00	0.00	0.00	0.00	0.00
0.00	0.00	0.00	0.00	0.00	0.00	0.00	0.00	0.00
1500.00	0.00	0.00	0.00	0.00	0.00	0.00	0.00	1500.00
1500.00	0.00	0.00	0.00	0.00	0.00	0.00	0.00	1500.00
1548.00	1117.00	0.00	462.00	655.00	0.00	0.00	0.00	114.00
1548.00	1117.00	0.00	462.00	655.00	0.00	0.00	0.00	114.00
150.00	1240.00	160.00	200.00	800.00	80.00	0.00	3600.00	260.00
150.00	1240.00	160.00	200.00	800.00	80.00	0.00	3600.00	260.00
450.00	4030.00	350.00	40.00	3600.00	40.00	0.00	3500.00	0.00
450.00	4030.00	350.00	40.00	3600.00	40.00	0.00	3500.00	0.00
2331.00	0.00	0.00	0.00	0.00	0.00	0.00	0.00	0.00
2331.00	0.00	0.00	0.00	0.00	0.00	0.00	0.00	0.00
500.00	400.00	0.00	0.00	0.00	0.00	400.00	0.00	0.00
500.00	400.00	0.00	0.00	0.00	0.00	400.00	0.00	0.00
0.00	280.00	0.00	0.00	120.00	80.00	80.00	1830.00	220.00
0.00	280.00	0.00	0.00	120.00	80.00	80.00	1830.00	220.00
907.00	1780.00	1420.00	240.00	0.00	0.00	120.00	0.00	63.00
907.00	1780.00	1420.00	240.00	0.00	0.00	120.00	0.00	63.00
15565.00	3726.00	1900.00	480.00	140.00	0.00	1206.00	6934.00	0.00
15565.00	3726.00	1900.00	480.00	140.00	0.00	1206.00	6934.00	0.00
50.00	500.00	200.00	300.00	0.00	0.00	0.00	0.00	0.00
50.00	500.00	200.00	300.00	0.00	0.00	0.00	0.00	0.00
0.00	0.00	0.00	0.00	0.00	0.00	0.00	0.00	0.00
380.00	4000.00	3700.00	0.00	0.00	300.00	0.00	3600.00	0.00
380.00	4000.00	3700.00	0.00	0.00	300.00	0.00	3600.00	0.00
1130.00	0.00	0.00	0.00	0.00	0.00	0.00	0.00	0.00
1130.00	0.00	0.00	0.00	0.00	0.00	0.00	0.00	0.00
6886.00	11267.00	8774.00	2193.00	0.00	0.00	300.00	0.00	520.00
6886.00	11267.00	8774.00	2193.00	0.00	0.00	300.00	0.00	520.00
120.00	120.00	120.00	0.00	0.00	0.00	0.00	81.00	0.00
120.00	120.00	120.00	0.00	0.00	0.00	0.00	81.00	0.00
650.00	1129.00	0.00	396.00	649.00	84.00	0.00	5414.00	0.00
650.00	1129.00	0.00	396.00	649.00	84.00	0.00	5414.00	0.00
525.00	228.00	0.00	126.00	0.00	102.00	0.00	4725.00	0.00
525.00	228.00	0.00	126.00	0.00	102.00	0.00	4725.00	0.00
200.00	0.00	0.00	0.00	0.00	0.00	0.00	0.00	100.00
0.00	0.00	0.00	0.00	0.00	0.00	0.00	0.00	100.00

4.3 学校产权校舍

	合计	教学科研及辅助用房						
		计	教室	图书馆	实验室、实习场所	专用科研用房	体育馆	会堂
共同使用	2500	2300.00	600.00	0.00	1300.00	0.00	200.00	200.00
达州广播电视大学宣汉分校	805.00	470.00	270.00	30.00	120.00	0.00	0.00	50.00
独立使用	805.00	470.00	270.00	30.00	120.00	0.00	0.00	50.00
达州广播电视大学达县分校	1160.00	800.00	800.00	0.00	0.00	0.00	0.00	0.00
共同使用	1160.00	800.00	800.00	0.00	0.00	0.00	0.00	0.00
阿坝广播电视大学直属部	6552.00	2041.00	1800.00	181.00	0.00	0.00	0.00	60.00
独立使用	6552.00	2041.00	1800.00	181.00	0.00	0.00	0.00	60.00
甘孜广播电视大学直属部	18245.00	6165.00	5785.00	380.00	0.00	0.00	0.00	0.00
共同使用	18245.00	6165.00	5785.00	380.00	0.00	0.00	0.00	0.00
金阳县教师进修校	4133.00	3179.00	2600.00	256.00	182.00	56.00	0.00	85.00
独立使用	4133.00	3179.00	2600.00	256.00	182.00	56.00	0.00	85.00
攀枝花广播电视大学直属部	14231.00	9424.00	7524.00	40.00	1200.00	0.00	0.00	660.00
独立使用	14231.00	9424.00	7524.00	40.00	1200.00	0.00	0.00	660.00
巴中广播电视大学直属部	3753.00	2509.00	2509.00	0.00	0.00	0.00	0.00	0.00
独立使用	3753.00	2509.00	2509.00	0.00	0.00	0.00	0.00	0.00
巴中广播电视大学通江工作站	358.00	218.00	143.00	30.00	0.00	0.00	0.00	45.00
独立使用	358.00	218.00	143.00	30.00	0.00	0.00	0.00	45.00
巴中广播电视大学南江工作站	900.00	150.00	0.00	50.00	0.00	0.00	0.00	100.00
独立使用	900.00	150.00	0.00	50.00	0.00	0.00	0.00	100.00
广安广播电视大学直属部	24588.00	10682.00	7100.00	900.00	2682.00	0.00	0.00	0.00
独立使用	24588.00	10682.00	7100.00	900.00	2682.00	0.00	0.00	0.00
广安广播电视大学岳池工作站	5795.00	2320.00	950.00	350.00	750.00	150.00	0.00	120.00
独立使用	5795.00	2320.00	950.00	350.00	750.00	150.00	0.00	120.00
广安广播电视大学武胜教师进修校	4856.00	1747.00	1747.00	0.00	0.00	0.00	0.00	0.00
独立使用	4856.00	1747.00	1747.00	0.00	0.00	0.00	0.00	0.00
广安广播电视大学邻水分校	2820.00	940.00	800.00	40.00	0.00	0.00	0.00	100.00
独立使用	2820.00	940.00	800.00	40.00	0.00	0.00	0.00	100.00
建设厅广播电视大学直属部	4240.00	3940.00	3530.00	150.00	200.00	0.00	0.00	60.00
独立使用	2740.00	2440.00	2030.00	150.00	200.00	0.00	0.00	60.00
共同使用	1500.00	1500.00	1500.00	0.00	0.00	0.00	0.00	0.00
建设厅广播电视大学泸州市规划局职工培训中心	720.00	720.00	720.00	0.00	0.00	0.00	0.00	0.00
独立使用	720.00	720.00	720.00	0.00	0.00	0.00	0.00	0.00
建设厅广播电视大学达州市建设局培训中心	4441.75	2920.79	2920.79	0.00	0.00	0.00	0.00	0.00
独立使用	380.24	0.00	0.00	0.00	0.00	0.00	0.00	0.00
共同使用	4061.51	2920.79	2920.79	0.00	0.00	0.00	0.00	0.00
建设厅广播电视大学宜宾市建设局教育培训中心	500.00	500.00	500.00	0.00	0.00	0.00	0.00	0.00
独立使用	500.00	500.00	500.00	0.00	0.00	0.00	0.00	0.00

建筑面积(续表81)

单位:平方米

行政办公用房	生活用房						教工住宅	其他用房
	计	学生宿舍(公寓)	学生食堂	教工宿舍(公寓)	教工食堂	生活福利及附属用房		
200	0.00	0.00	0.00	0.00	0.00	0.00	0.00	0.00
300.00	0.00	0.00	0.00	0.00	0.00	0.00	0.00	35.00
300.00	0.00	0.00	0.00	0.00	0.00	0.00	0.00	35.00
360.00	0.00	0.00	0.00	0.00	0.00	0.00	0.00	0.00
360.00	0.00	0.00	0.00	0.00	0.00	0.00	0.00	0.00
1000.00	3054.00	2588.00	466.00	0.00	0.00	0.00	0.00	457.00
1000.00	3054.00	2588.00	466.00	0.00	0.00	0.00	0.00	457.00
3270.00	7636.00	6195.00	1441.00	0.00	0.00	0.00	0.00	1174.00
3270.00	7636.00	6195.00	1441.00	0.00	0.00	0.00	0.00	1174.00
206.00	432.00	0.00	0.00	256.00	0.00	176.00	266.00	50.00
206.00	432.00	0.00	0.00	256.00	0.00	176.00	266.00	50.00
2407.00	2400.00	2400.00	0.00	0.00	0.00	0.00	0.00	0.00
2407.00	2400.00	2400.00	0.00	0.00	0.00	0.00	0.00	0.00
1244.00	0.00	0.00	0.00	0.00	0.00	0.00	0.00	0.00
1244.00	0.00	0.00	0.00	0.00	0.00	0.00	0.00	0.00
130.00	0.00	0.00	0.00	0.00	0.00	0.00	0.00	10.00
130.00	0.00	0.00	0.00	0.00	0.00	0.00	0.00	10.00
450.00	0.00	0.00	0.00	0.00	0.00	0.00	0.00	300.00
450.00	0.00	0.00	0.00	0.00	0.00	0.00	0.00	300.00
1200.00	7706.00	4400.00	600.00	600.00	0.00	2106.00	5000.00	0.00
1200.00	7706.00	4400.00	600.00	600.00	0.00	2106.00	5000.00	0.00
350.00	450.00	450.00	0.00	0.00	0.00	0.00	2500.00	175.00
350.00	450.00	450.00	0.00	0.00	0.00	0.00	2500.00	175.00
282.00	0.00	0.00	0.00	0.00	0.00	0.00	1696.00	1131.00
282.00	0.00	0.00	0.00	0.00	0.00	0.00	1696.00	1131.00
260.00	120.00	0.00	0.00	0.00	120.00	0.00	0.00	1500.00
260.00	120.00	0.00	0.00	0.00	120.00	0.00	0.00	1500.00
300.00	0.00	0.00	0.00	0.00	0.00	0.00	0.00	0.00
300.00	0.00	0.00	0.00	0.00	0.00	0.00	0.00	0.00
0.00	0.00	0.00	0.00	0.00	0.00	0.00	0.00	0.00
0.00	0.00	0.00	0.00	0.00	0.00	0.00	0.00	0.00
0.00	0.00	0.00	0.00	0.00	0.00	0.00	0.00	0.00
380.24	950.60	760.48	190.12	0.00	0.00	0.00	190.12	0.00
380.24	0.00	0.00	0.00	0.00	0.00	0.00	0.00	0.00
0.00	950.60	760.48	190.12	0.00	0.00	0.00	190.12	0.00
0.00	0.00	0.00	0.00	0.00	0.00	0.00	0.00	0.00
0.00	0.00	0.00	0.00	0.00	0.00	0.00	0.00	0.00

4.3 学校产权校舍

	合计	教学科研及辅助用房						
		计	教室	图书馆	实验室、实习场所	专用科研用房	体育馆	会堂
建设厅广播电视大学资阳市建业职工培训中心	1314.5	1102.20	1102.20	0.00	0.00	0.00	0.00	0.00
独立使用	1314.50	1102.20	1102.20	0.00	0.00	0.00	0.00	0.00
建设厅广播电视大学德阳建设培训学校	6151.00	4021.00	1949.00	370.00	1150.00	140.00	156.00	256.00
独立使用	4537.00	4021.00	1949.00	370.00	1150.00	140.00	156.00	256.00
共同使用	1614.00	0.00	0.00	0.00	0.00	0.00	0.00	0.00
建设厅广播电视大学四川省工业设备安装技工学校	1314.50	1102.20	1102.20	0.00	0.00	0.00	0.00	0.00
独立使用	1314.50	1102.20	1102.20	0.00	0.00	0.00	0.00	0.00
建设厅广播电视大学南充教学部	500.00	450.00	450.00	0.00	0.00	0.00	0.00	0.00
共同使用	500.00	450.00	450.00	0.00	0.00	0.00	0.00	0.00
金堂县建筑业协会	1000.00	750.00	550.00	20.00	60.00	.60.00	0.00	60.00
独立使用	1000.00	750.00	550.00	20.00	60.00	60.00	0.00	60.00
建设厅广播电视大学眉山市规划建设局培训中心	730.00	610.00	60.00	160.00	100.00	60.00	80.00	150.00
独立使用	180.00	120.00	60.00	60.00	0.00	0.00	0.00	0.00
共同使用	550.00	490.00	0.00	100.00	100.00	60.00	80.00	150.00
眉山广播电视大学直属部	2353.00	2023.00	2023.00	0.00	0.00	0.00	0.00	0.00
独立使用	2353.00	2023.00	2023.00	0.00	0.00	0.00	0.00	0.00
眉山广播电视大学仁寿分校	2300.00	1100.00	1100.00	0.00	0.00	0.00	0.00	0.00
独立使用	2300.00	1100.00	1100.00	0.00	0.00	0.00	0.00	0.00
眉山广播电视大学彭山分校	3020.00	2200.00	1200.00	150.00	550.00	0.00	0.00	300.00
独立使用	1320.00	600.00	400.00	50.00	50.00	0.00	0.00	100.00
共同使用	1700.00	1600.00	800.00	100.00	500.00	0.00	0.00	200.00
眉山广播电视大学青神分校	1681.00	950.00	550.00	120.00	120.00	80.00	0.00	80.00
独立使用	1681.00	950.00	550.00	120.00	120.00	80.00	0.00	80.00
眉山广播电视大学洪雅教师进修校	2100.00	1296.00	1200.00	48.00	0.00	0.00	0.00	48.00
独立使用	2100.00	1296.00	1200.00	48.00	0.00	0.00	0.00	48.00
眉山广播电视大学眉山东坡区教师进修校	22295.00	13618.00	9850.00	80.00	2088.00	0.00	1600.00	0.00
共同使用	22295.00	13618.00	9850.00	80.00	2088.00	0.00	1600.00	0.00
资阳广播电视大学直属部	6181.00	3832.00	3112.00	0.00	720.00	0.00	0.00	0.00
独立使用	6181.00	3832.00	3112.00	0.00	720.00	0.00	0.00	0.00
资阳广播电视大学简阳分校	1486.00	454.00	428.00	12.00	0.00	0.00	0.00	14.00
独立使用	1486.00	454.00	428.00	12.00	0.00	0.00	0.00	14.00
资阳广播电视大学安岳工作站	600.00	500.00	500.00	0.00	0.00	0.00	0.00	0.00
独立使用	600.00	500.00	500.00	0.00	0.00	0.00	0.00	0.00
资阳广播电视大学乐至工作站	8870.00	6455.00	3654.00	150.00	1201.00	150.00	503.00	797.00
共同使用	8870.00	6455.00	3654.00	150.00	1201.00	150.00	503.00	797.00
墨池分校直属部	1484.00	1224.00	1224.00	0.00	0.00	0.00	0.00	0.00
独立使用	1484.00	1224.00	1224.00	0.00	0.00	0.00	0.00	0.00

建筑面积(续表82)

单位:平方米

行政办公用房	生活用房						教工住宅	其他用房
	计	学生宿舍(公寓)	学生食堂	教工宿舍(公寓)	教工食堂	生活福利及附属用房		
212.3	0.00	0.00	0.00	0.00	0.00	0.00	0.00	0.00
212.30	0.00	0.00	0.00	0.00	0.00	0.00	0.00	0.00
516.00	1614.00	1344.00	270.00	0.00	0.00	0.00	0.00	0.00
516.00	0.00	0.00	0.00	0.00	0.00	0.00	0.00	0.00
0.00	1614.00	1344.00	270.00	0.00	0.00	0.00	0.00	0.00
212.30	0.00	0.00	0.00	0.00	0.00	0.00	0.00	0.00
212.30	0.00	0.00	0.00	0.00	0.00	0.00	0.00	0.00
50.00	0.00	0.00	0.00	0.00	0.00	0.00	0.00	0.00
50.00	0.00	0.00	0.00	0.00	0.00	0.00	0.00	0.00
150.00	0.00	0.00	0.00	0.00	0.00	0.00	0.00	100.00
150.00	0.00	0.00	0.00	0.00	0.00	0.00	0.00	100.00
120.00	0.00	0.00	0.00	0.00	0.00	0.00	0.00	0.00
60.00	0.00	0.00	0.00	0.00	0.00	0.00	0.00	0.00
60.00	0.00	0.00	0.00	0.00	0.00	0.00	0.00	0.00
330.00	0.00	0.00	0.00	0.00	0.00	0.00	0.00	0.00
330.00	0.00	0.00	0.00	0.00	0.00	0.00	0.00	0.00
1200.00	0.00	0.00	0.00	0.00	0.00	0.00	0.00	0.00
1200.00	0.00	0.00	0.00	0.00	0.00	0.00	0.00	0.00
220.00	300.00	200.00	0.00	0.00	0.00	100.00	0.00	300.00
120.00	300.00	200.00	0.00	0.00	0.00	100.00	0.00	300.00
100.00	0.00	0.00	0.00	0.00	0.00	0.00	0.00	0.00
60.00	460.00	420.00	0.00	0.00	0.00	40.00	0.00	211.00
60.00	460.00	420.00	0.00	0.00	0.00	40.00	0.00	211.00
240.00	264.00	0.00	0.00	240.00	24.00	0.00	0.00	300.00
240.00	264.00	0.00	0.00	240.00	24.00	0.00	0.00	300.00
200.00	8477.00	6632.00	1200.00	560.00	0.00	85.00	0.00	0.00
200.00	8477.00	6632.00	1200.00	560.00	0.00	85.00	0.00	0.00
2349.00	0.00	0.00	0.00	0.00	0.00	0.00	0.00	0.00
2349.00	0.00	0.00	0.00	0.00	0.00	0.00	0.00	0.00
112.00	0.00	0.00	0.00	0.00	0.00	0.00	0.00	920.00
112.00	0.00	0.00	0.00	0.00	0.00	0.00	0.00	920.00
100.00	0.00	0.00	0.00	0.00	0.00	0.00	0.00	0.00
100.00	0.00	0.00	0.00	0.00	0.00	0.00	0.00	0.00
1049.00	1366.00	1366.00	0.00	0.00	0.00	0.00	0.00	0.00
1049.00	1366.00	1366.00	0.00	0.00	0.00	0.00	0.00	0.00
260.00	0.00	0.00	0.00	0.00	0.00	0.00	0.00	0.00
260.00	0.00	0.00	0.00	0.00	0.00	0.00	0.00	0.00

4.3 学校产权校舍

	合计	教学科研及辅助用房						
		计	教室	图书馆	实验室、实习场所	专用科研用房	体育馆	会堂
四川电大直属部	7406	6801.00	6801.00	0.00	0.00	0.00	0.00	0.00
独立使用	905.00	300.00	300.00	0.00	0.00	0.00	0.00	0.00
共同使用	6501.00	6501.00	6501.00	0.00	0.00	0.00	0.00	0.00
成都	**155356.00**	**87050.00**	**55344.00**	**2816.00**	**18908.00**	**1302.00**	**4258.00**	**4422.00**
独立使用	150142.00	83095.00	51389.00	2816.00	18908.00	1302.00	4258.00	4422.00
共同使用	5214.00	3955.00	3955.00	0.00	0.00	0.00	0.00	0.00
成都广播电视大学	80864.00	44190.00	24550.00	1300.00	11080.00	1000.00	2880.00	3380.00
独立使用	80864.00	44190.00	24550.00	1300.00	11080.00	1000.00	2880.00	3380.00
成都电大龙泉分校	37.00	34.00	28.00	1.00	0.00	2.00	1.00	2.00
独立使用	36.00	34.00	28.00	1.00	0.00	2.00	1.00	2.00
共同使用	1.00	0.00	0.00	0.00	0.00	0.00	0.00	0.00
成都广播电视大学新都分校	4203.00	1177.00	1177.00	0.00	0.00	0.00	0.00	0.00
独立使用	4203.00	1177.00	1177.00	0.00	0.00	0.00	0.00	0.00
成都电大崇州分校	5900.00	2300.00	1740.00	140.00	420.00	0.00	0.00	0.00
独立使用	5900.00	2300.00	1740.00	140.00	420.00	0.00	0.00	0.00
成都电大邛崃分校	11550.00	3800.00	2500.00	300.00	0.00	100.00	400.00	500.00
独立使用	11550.00	3800.00	2500.00	300.00	0.00	100.00	400.00	500.00
成都电大郫县分校	3735.00	3081.00	2281.00	50.00	750.00	0.00	0.00	0.00
独立使用	3735.00	3081.00	2281.00	50.00	750.00	0.00	0.00	0.00
成都电大温江分校	5063.00	3805.00	3805.00	0.00	0.00	0.00	0.00	0.00
共同使用	5063.00	3805.00	3805.00	0.00	0.00	0.00	0.00	0.00
成都电大直属学院	400.00	300.00	200.00	0.00	0.00	0.00	0.00	100.00
独立使用	400.00	300.00	200.00	0.00	0.00	0.00	0.00	100.00
成都电大直属城北学院	310.00	280.00	60.00	200.00	0.00	0.00	0.00	20.00
独立使用	310.00	280.00	60.00	200.00	0.00	0.00	0.00	20.00
成都电大直属城中教学点	13.00	8.00	8.00	0.00	0.00	0.00	0.00	0.00
独立使用	13.00	8.00	8.00	0.00	0.00	0.00	0.00	0.00
成都电大直属城东教学点	2400.00	2250.00	2250.00	0.00	0.00	0.00	0.00	0.00
独立使用	2250.00	2100.00	2100.00	0.00	0.00	0.00	0.00	0.00
共同使用	150.00	150.00	150.00	0.00	0.00	0.00	0.00	0.00
成都电大富士康教学点	400.00	300.00	200.00	0.00	0.00	0.00	0.00	100.00
独立使用	400.00	300.00	200.00	0.00	0.00	0.00	0.00	100.00
成都电大青羊分校	3900.00	2400.00	1800.00	100.00	500.00	0.00	0.00	0.00
独立使用	3900.00	2400.00	1800.00	100.00	500.00	0.00	0.00	0.00
成都电大新津分校	3075.00	1625.00	1300.00	25.00	100.00	0.00	100.00	100.00
独立使用	3075.00	1625.00	1300.00	25.00	100.00	0.00	100.00	100.00
成都电大蒲江分校	14222.00	6558.00	4500.00	120.00	1938.00	0.00	0.00	0.00

建筑面积(续表 83)

单位:平方米

行政办公用房	生活用房						教工住宅	其他用房
	计	学生宿舍(公寓)	学生食堂	教工宿舍(公寓)	教工食堂	生活福利及附属用房		
605	0.00	0.00	0.00	0.00	0.00	0.00	0.00	0.00
605.00	0.00	0.00	0.00	0.00	0.00	0.00	0.00	0.00
0.00	0.00	0.00	0.00	0.00	0.00	0.00	0.00	0.00
13325.00	**45873**	**34254.00**	**5504.00**	**4434.00**	**631.00**	**1050.00**	**8408.00**	**700.00**
13157.00	45672.00	34254.00	5304.00	4434.00	630.00	1050.00	7518.00	700.00
168.00	201.00	0.00	200.00	0.00	1.00	0.00	890.00	0.00
6400.00	30274.00	22800.00	4000.00	3364.00	0.00	110.00	0.00	0.00
6400.00	30274.00	22800.00	4000.00	3364.00	0.00	110.00	0.00	0.00
2.00	1.00	0.00	0.00	0.00	1.00	0.00	0.00	0.00
2.00	0.00	0.00	0.00	0.00	0.00	0.00	0.00	0.00
0.00	1.00	0.00	0.00	0.00	1.00	0.00	0.00	0.00
282.00	490.00	450.00	0.00	0.00	0.00	40.00	2254.00	0.00
282.00	490.00	450.00	0.00	0.00	0.00	40.00	2254.00	0.00
600.00	0.00	0.00	0.00	0.00	0.00	0.00	3000.00	0.00
600.00	0.00	0.00	0.00	0.00	0.00	0.00	3000.00	0.00
0.00	7750.00	6000.00	700.00	1000.00	50.00	0.00	0.00	0.00
0.00	7750.00	6000.00	700.00	1000.00	50.00	0.00	0.00	0.00
654.00	0.00	0.00	0.00	0.00	0.00	0.00	0.00	0.00
654.00	0.00	0.00	0.00	0.00	0.00	0.00	0.00	0.00
168.00	200.00	0.00	200.00	0.00	0.00	0.00	890.00	0.00
168.00	200.00	0.00	200.00	0.00	0.00	0.00	890.00	0.00
100.00	0.00	0.00	0.00	0.00	0.00	0.00	0.00	0.00
100.00	0.00	0.00	0.00	0.00	0.00	0.00	0.00	0.00
30.00	0.00	0.00	0.00	0.00	0.00	0.00	0.00	0.00
30.00	0.00	0.00	0.00	0.00	0.00	0.00	0.00	0.00
5.00	0.00	0.00	0.00	0.00	0.00	0.00	0.00	0.00
5.00	0.00	0.00	0.00	0.00	0.00	0.00	0.00	0.00
150.00	0.00	0.00	0.00	0.00	0.00	0.00	0.00	0.00
150.00	0.00	0.00	0.00	0.00	0.00	0.00	0.00	0.00
0.00	0.00	0.00	0.00	0.00	0.00	0.00	0.00	0.00
100.00	0.00	0.00	0.00	0.00	0.00	0.00	0.00	0.00
100.00	0.00	0.00	0.00	0.00	0.00	0.00	0.00	0.00
900.00	300.00	0.00	0.00	0.00	300.00	0.00	0.00	300.00
900.00	300.00	0.00	0.00	0.00	300.00	0.00	0.00	300.00
550.00	900.00	0.00	0.00	0.00	0.00	900.00	0.00	0.00
550.00	900.00	0.00	0.00	0.00	0.00	900.00	0.00	0.00
2000.00	5664.00	5004.00	380.00	0.00	280.00	0.00	0.00	0.00

4.3 学校产权校舍

	合计	教学科研及辅助用房						
		计	教室	图书馆	实验室、实习场所	专用科研用房	体育馆	会堂
独立使用	14222	6558.00	4500.00	120.00	1938.00	0.00	0.00	0.00
成都电大金堂分校	7771.00	5120.00	880.00	120.00	4000.00	0.00	0.00	120.00
独立使用	7771.00	5120.00	880.00	120.00	4000.00	0.00	0.00	120.00
成都广播电视大学五冶分校	4826.00	3927.00	2650.00	200.00	120.00	0.00	877.00	80.00
独立使用	4826.00	3927.00	2650.00	200.00	120.00	0.00	877.00	80.00
成都市建设学校	4600.00	4200.00	4000.00	0.00	0.00	200.00	0.00	0.00
独立使用	4600.00	4200.00	4000.00	0.00	0.00	200.00	0.00	0.00
成都电大西越教学点	7.00	5.00	5.00	0.00	0.00	0.00	0.00	0.00
独立使用	7.00	5.00	5.00	0.00	0.00	0.00	0.00	0.00
兴华学校	470.00	410.00	350.00	60.00	0.00	0.00	0.00	0.00
独立使用	470.00	410.00	350.00	60.00	0.00	0.00	0.00	0.00
成都市蒲公英艺术学校	310.00	280.00	60.00	200.00	0.00	0.00	0.00	20.00
独立使用	310.00	280.00	60.00	200.00	0.00	0.00	0.00	20.00
成都电大青年职业学校教学点	1300.00	1000.00	1000.00	0.00	0.00	0.00	0.00	0.00
独立使用	1300.00	1000.00	1000.00	0.00	0.00	0.00	0.00	0.00
重庆	**811818.67**	**376350.86**	**233056.13**	**36947.56**	**81081.95**	**1265.00**	**7095.00**	**16905.22**
独立使用	759657.96	359926.27	221440.99	36046.90	78730.25	1265.00	7095.00	15348.13
共同使用	52160.71	16424.59	11615.14	900.66	2351.70	0.00	0.00	1557.09
重庆广播电视大学	332282.00	140526.00	82239.00	10211.00	41066.00	500.00	2385.00	4125.00
独立使用	332282.00	140526.00	82239.00	10211.00	41066.00	500.00	2385.00	4125.00
渝中区电大分校	1870.00	1640.00	1600.00	40.00	0.00	0.00	0.00	0.00
独立使用	1870.00	1640.00	1600.00	40.00	0.00	0.00	0.00	0.00
重钢电大分校	61959.00	27581.00	10937.00	721.00	12928.00	120.00	2000.00	875.00
独立使用	61959.00	27581.00	10937.00	721.00	12928.00	120.00	2000.00	875.00
南岸区电大分校	5930.00	5730.00	4600.00	200.00	530.00	0.00	0.00	400.00
独立使用	5930.00	5730.00	4600.00	200.00	530.00	0.00	0.00	400.00
江津广播电视大学	19230.00	12250.00	11598.00	0.00	488.00	0.00	0.00	164.00
独立使用	19230.00	12250.00	11598.00	0.00	488.00	0.00	0.00	164.00
九龙坡电大分校	10678.96	9958.27	8303.99	108.90	1138.25	0.00	0.00	407.13
独立使用	10678.96	9958.27	8303.99	108.90	1138.25	0.00	0.00	407.13
江北区电大分校	61.00	31.00	30.00	1.00	0.00	0.00	0.00	0.00
共同使用	61.00	31.00	30.00	1.00	0.00	0.00	0.00	0.00
沙坪坝区电大分校	8340.00	5381.00	4467.00	246.00	248.00	0.00	0.00	420.00
独立使用	8340.00	5381.00	4467.00	246.00	248.00	0.00	0.00	420.00
永川市广播电视大学	22755.00	10500.00	7000.00	200.00	900.00	0.00	0.00	2400.00
独立使用	22755.00	10500.00	7000.00	200.00	900.00	0.00	0.00	2400.00
北碚电大工作站	8782.00	5806.00	5575.00	231.00	0.00	0.00	0.00	0.00

建筑面积(续表 84)

单位:平方米

行政办公用房	生活用房						教工住宅	其他用房
	计	学生宿舍(公寓)	学生食堂	教工宿舍(公寓)	教工食堂	生活福利及附属用房		
2000	5664.00	5004.00	380.00	0.00	280.00	0.00	0.00	0.00
387.00	0.00	0.00	0.00	0.00	0.00	0.00	2264.00	0.00
387.00	0.00	0.00	0.00	0.00	0.00	0.00	2264.00	0.00
605.00	294.00	0.00	224.00	70.00	0.00	0.00	0.00	0.00
605.00	294.00	0.00	224.00	70.00	0.00	0.00	0.00	0.00
0.00	0.00	0.00	0.00	0.00	0.00	0.00	0.00	400.00
0.00	0.00	0.00	0.00	0.00	0.00	0.00	0.00	400.00
2.00	0.00	0.00	0.00	0.00	0.00	0.00	0.00	0.00
2.00	0.00	0.00	0.00	0.00	0.00	0.00	0.00	0.00
60.00	0.00	0.00	0.00	0.00	0.00	0.00	0.00	0.00
60.00	0.00	0.00	0.00	0.00	0.00	0.00	0.00	0.00
30.00	0.00	0.00	0.00	0.00	0.00	0.00	0.00	0.00
30.00	0.00	0.00	0.00	0.00	0.00	0.00	0.00	0.00
300.00	0.00	0.00	0.00	0.00	0.00	0.00	0.00	0.00
300.00	0.00	0.00	0.00	0.00	0.00	0.00	0.00	0.00
61779.72	**297498.52**	**230480.40**	**39395.35**	**6438.42**	**2249.35**	**18935.00**	**65638.42**	**10551.15**
49765.69	282733.00	220044.00	38692.00	3294.00	1968.00	18735.00	57895.00	9338.00
12014.03	14765.52	10436.40	703.35	3144.42	281.35	200.00	7743.42	1213.15
12791.00	154802.00	133632.00	20670.00	0.00	500.00	0.00	24163.00	0.00
12791.00	154802.00	133632.00	20670.00	0.00	500.00	0.00	24163.00	0.00
200.00	30.00	0.00	0.00	0.00	30.00	0.00	0.00	0.00
200.00	30.00	0.00	0.00	0.00	30.00	0.00	0.00	0.00
4863.00	14051.00	10551.00	2359.00	790.00	0.00	351.00	15464.00	0.00
4863.00	14051.00	10551.00	2359.00	790.00	0.00	351.00	15464.00	0.00
200.00	0.00	0.00	0.00	0.00	0.00	0.00	0.00	0.00
200.00	0.00	0.00	0.00	0.00	0.00	0.00	0.00	0.00
420.00	6560.00	4860.00	1700.00	0.00	0.00	0.00	0.00	0.00
420.00	6560.00	4860.00	1700.00	0.00	0.00	0.00	0.00	0.00
720.69	0.00	0.00	0.00	0.00	0.00	0.00	0.00	0.00
720.69	0.00	0.00	0.00	0.00	0.00	0.00	0.00	0.00
30.00	0.00	0.00	0.00	0.00	0.00	0.00	0.00	0.00
30.00	0.00	0.00	0.00	0.00	0.00	0.00	0.00	0.00
1400.00	0.00	0.00	0.00	0.00	0.00	0.00	1287.00	272.00
1400.00	0.00	0.00	0.00	0.00	0.00	0.00	1287.00	272.00
4100.00	6247.00	4000.00	800.00	350.00	50.00	1047.00	1908.00	0.00
4100.00	6247.00	4000.00	800.00	350.00	50.00	1047.00	1908.00	0.00
1772.00	574.00	464.00	0.00	0.00	0.00	110.00	630.00	0.00

4.3 学校产权校舍

	合计	教学科研及辅助用房						
		计	教室	图书馆	实验室、实习场所	专用科研用房	体育馆	会堂
独立使用	8782	5806.00	5575.00	231.00	0.00	0.00	0.00	0.00
荣昌电大分校	11074.00	5021.00	3431.00	410.00	860.00	0.00	0.00	320.00
独立使用	11074.00	5021.00	3431.00	410.00	860.00	0.00	0.00	320.00
大渡口区电大分校	1288.00	806.00	806.00	0.00	0.00	0.00	0.00	0.00
独立使用	1288.00	806.00	806.00	0.00	0.00	0.00	0.00	0.00
合川广播电视大学	4739.71	2348.74	1443.48	496.66	266.70	0.00	0.00	141.90
共同使用	4739.71	2348.74	1443.48	496.66	266.70	0.00	0.00	141.90
长寿区电大分校	14130.00	6560.00	4374.00	200.00	0.00	0.00	986.00	1000.00
独立使用	14130.00	6560.00	4374.00	200.00	0.00	0.00	986.00	1000.00
铜梁电大分校	14000.00	2510.00	1440.00	400.00	200.00	0.00	0.00	470.00
独立使用	14000.00	2510.00	1440.00	400.00	200.00	0.00	0.00	470.00
渝北区电大分校	4667.00	1775.00	1040.00	210.00	380.00	0.00	0.00	145.00
独立使用	3548.00	1775.00	1040.00	210.00	380.00	0.00	0.00	145.00
共同使用	1119.00	0.00	0.00	0.00	0.00	0.00	0.00	0.00
潼南县电大工作站	8240.00	8240.00	7020.00	1220.00	0.00	0.00	0.00	0.00
独立使用	8240.00	8240.00	7020.00	1220.00	0.00	0.00	0.00	0.00
巴南区电大分校	13375.00	10672.00	6686.00	3986.00	0.00	0.00	0.00	0.00
独立使用	13375.00	10672.00	6686.00	3986.00	0.00	0.00	0.00	0.00
璧山县电大分校	11334.00	3300.00	2400.00	100.00	500.00	0.00	0.00	300.00
共同使用	11334.00	3300.00	2400.00	100.00	500.00	0.00	0.00	300.00
经贸学院	114113.00	65050.00	32575.00	15705.00	16500.00	0.00	0.00	270.00
独立使用	114113.00	65050.00	32575.00	15705.00	16500.00	0.00	0.00	270.00
建筑工程学院	27294.00	6659.85	4106.66	189.00	1249.00	0.00	0.00	1115.19
共同使用	27294.00	6659.85	4106.66	189.00	1249.00	0.00	0.00	1115.19
万州广播电视大学	12057.00	1681.00	1345.00	110.00	78.00	0.00	0.00	148.00
独立使用	12057.00	1681.00	1345.00	110.00	78.00	0.00	0.00	148.00
开县电大工作站	9711.00	4693.00	2056.00	223.00	1000.00	200.00	564.00	650.00
独立使用	9711.00	4693.00	2056.00	223.00	1000.00	200.00	564.00	650.00
巫山县电大分校	11347.00	6113.00	5624.00	184.00	305.00	0.00	0.00	0.00
独立使用	11347.00	6113.00	5624.00	184.00	305.00	0.00	0.00	0.00
巫溪县电大工作站	1738.00	848.00	740.00	0.00	108.00	0.00	0.00	0.00
共同使用	1738.00	848.00	740.00	0.00	108.00	0.00	0.00	0.00
城口县电大工作站	1170.00	950.00	880.00	70.00	0.00	0.00	0.00	0.00
独立使用	1170.00	950.00	880.00	70.00	0.00	0.00	0.00	0.00
云阳县电大工作站	1535.00	1085.00	1030.00	0.00	0.00	0.00	0.00	55.00
独立使用	1535.00	1085.00	1030.00	0.00	0.00	0.00	0.00	55.00
梁平县电大工作站	4920.00	3093.00	2793.00	150.00	150.00	0.00	0.00	0.00

建筑面积(续表85)

单位:平方米

行政办公用房	生活用房						教工住宅	其他用房
	计	学生宿舍（公寓）	学生食堂	教工宿舍（公寓）	教工食堂	生活福利及附属用房		
1772	574.00	464.00	0.00	0.00	0.00	110.00	630.00	0.00
2960.00	3093.00	1911.00	625.00	0.00	0.00	557.00	0.00	0.00
2960.00	3093.00	1911.00	625.00	0.00	0.00	557.00	0.00	0.00
321.00	161.00	0.00	0.00	83.00	78.00	0.00	0.00	0.00
321.00	161.00	0.00	0.00	83.00	78.00	0.00	0.00	0.00
772.03	1577.02	1268.40	133.35	41.92	133.35	0.00	41.92	0.00
772.03	1577.02	1268.40	133.35	41.92	133.35	0.00	41.92	0.00
3020.00	4550.00	2500.00	1800.00	0.00	250.00	0.00	0.00	0.00
3020.00	4550.00	2500.00	1800.00	0.00	250.00	0.00	0.00	0.00
650.00	10840.00	2600.00	400.00	0.00	200.00	7640.00	0.00	0.00
650.00	10840.00	2600.00	400.00	0.00	200.00	7640.00	0.00	0.00
1002.00	1272.00	1104.00	0.00	0.00	168.00	0.00	0.00	618.00
501.00	1272.00	1104.00	0.00	0.00	168.00	0.00	0.00	0.00
501.00	0.00	0.00	0.00	0.00	0.00	0.00	0.00	618.00
0.00	0.00	0.00	0.00	0.00	0.00	0.00	0.00	0.00
0.00	0.00	0.00	0.00	0.00	0.00	0.00	0.00	0.00
860.00	1843.00	0.00	0.00	0.00	0.00	1843.00	0.00	0.00
860.00	1843.00	0.00	0.00	0.00	0.00	1843.00	0.00	0.00
1200.00	1000.00	400.00	200.00	300.00	0.00	100.00	5834.00	0.00
1200.00	1000.00	400.00	200.00	300.00	0.00	100.00	5834.00	0.00
1170.00	47893.00	41226.00	6567.00	0.00	0.00	100.00	0.00	0.00
1170.00	47893.00	41226.00	6567.00	0.00	0.00	100.00	0.00	0.00
7484.00	11037.50	8552.00	370.00	1867.50	148.00	100.00	1867.50	245.15
7484.00	11037.50	8552.00	370.00	1867.50	148.00	100.00	1867.50	245.15
2268.00	865.00	0.00	204.00	30.00	0.00	631.00	7243.00	0.00
2268.00	865.00	0.00	204.00	30.00	0.00	631.00	7243.00	0.00
1200.00	3818.00	2000.00	390.00	574.00	54.00	800.00	0.00	0.00
1200.00	3818.00	2000.00	390.00	574.00	54.00	800.00	0.00	0.00
1775.00	3459.00	3203.00	0.00	0.00	0.00	256.00	0.00	0.00
1775.00	3459.00	3203.00	0.00	0.00	0.00	256.00	0.00	0.00
540.00	0.00	0.00	0.00	0.00	0.00	0.00	0.00	350.00
540.00	0.00	0.00	0.00	0.00	0.00	0.00	0.00	350.00
220.00	0.00	0.00	0.00	0.00	0.00	0.00	0.00	0.00
220.00	0.00	0.00	0.00	0.00	0.00	0.00	0.00	0.00
450.00	0.00	0.00	0.00	0.00	0.00	0.00	0.00	0.00
450.00	0.00	0.00	0.00	0.00	0.00	0.00	0.00	0.00
850.00	977.00	0.00	0.00	0.00	0.00	977.00	0.00	0.00

4.3 学校产权校舍

	合计	教学科研及辅助用房						
		计	教室	图书馆	实验室、实习场所	专用科研用房	体育馆	会堂
独立使用	4920	3093.00	2793.00	150.00	150.00	0.00	0.00	0.00
涪陵广播电视大学	12288.00	2460.00	1380.00	115.00	230.00	105.00	0.00	630.00
独立使用	12288.00	2460.00	1380.00	115.00	230.00	105.00	0.00	630.00
垫江县电大分校	5700.00	1150.00	700.00	100.00	0.00	0.00	0.00	350.00
独立使用	5700.00	1150.00	700.00	100.00	0.00	0.00	0.00	350.00
丰都县电大工作站	1030.00	955.00	837.00	47.00	0.00	0.00	0.00	71.00
独立使用	1030.00	955.00	837.00	47.00	0.00	0.00	0.00	71.00
武隆县电大分校	688.00	240.00	132.00	0.00	0.00	0.00	0.00	108.00
独立使用	688.00	240.00	132.00	0.00	0.00	0.00	0.00	108.00
黔江广播电视大学	4596.00	2762.00	2762.00	0.00	0.00	0.00	0.00	0.00
独立使用	4596.00	2762.00	2762.00	0.00	0.00	0.00	0.00	0.00
石柱县电大分校	5875.00	3237.00	2895.00	114.00	228.00	0.00	0.00	0.00
共同使用	5875.00	3237.00	2895.00	114.00	228.00	0.00	0.00	0.00
食品医药学院	14574.00	2723.00	1743.00	300.00	360.00	0.00	0.00	320.00
独立使用	14574.00	2723.00	1743.00	300.00	360.00	0.00	0.00	320.00
酉阳县电大分校	11184.00	4642.00	2804.00	180.00	200.00	0.00	0.00	1458.00
独立使用	11184.00	4642.00	2804.00	180.00	200.00	0.00	0.00	1458.00
秀山电大分校	1630.00	1045.00	450.00	135.00	280.00	100.00	0.00	80.00
独立使用	1630.00	1045.00	450.00	135.00	280.00	100.00	0.00	80.00
企业管理学院	15633.00	6328.00	3213.00	344.00	889.00	240.00	1160.00	482.00
独立使用	15633.00	6328.00	3213.00	344.00	889.00	240.00	1160.00	482.00
贵州	**2755561.76**	**1563482.31**	**681291.55**	**204620.84**	**284152.06**	**104281.00**	**187299.78**	**101837.08**
独立使用	1292074.10	684363.46	224455.20	106163.16	159003.66	51277.00	90500.01	52964.43
共同使用	1463487.66	879118.85	456836.35	98457.68	125148.40	53004.00	96799.77	48872.65
贵州广播电视大学	203659.02	89392.61	38435.33	17672.21	29773.07	0.00	0.00	3512.00
独立使用	203659.02	89392.61	38435.33	17672.21	29773.07	0.00	0.00	3512.00
成人开放教育学院册亨县农中教学点	25340.00	8395.00	2142.00	80.00	120.00	25.00	5860.00	168.00
独立使用	25340.00	8395.00	2142.00	80.00	120.00	25.00	5860.00	168.00
成人开放教育学院六枝教育培训中心教学点	11289.00	6345.00	2468.00	145.00	2128.00	0.00	0.00	1604.00
独立使用	11289.00	6345.00	2468.00	145.00	2128.00	0.00	0.00	1604.00
贵州电大成人开放教育学院织金教学点	18995.00	3930.00	750.00	180.00	0.00	0.00	3000.00	0.00
独立使用	18995.00	3930.00	750.00	180.00	0.00	0.00	3000.00	0.00
纳雍县进校教学点	4764.00	1130.00	730.00	400.00	0.00	0.00	0.00	0.00
独立使用	4764.00	1130.00	730.00	400.00	0.00	0.00	0.00	0.00
贵州电大成人开放教育学院兴仁职中教学点	15642.00	6373.00	1836.00	74.00	4463.00	0.00	0.00	0.00
独立使用	15642.00	6373.00	1836.00	74.00	4463.00	0.00	0.00	0.00
成人开放学院望谟职中学习中心	25070.00	13634.00	10854.00	540.00	2060.00	0.00	0.00	180.00

建筑面积(续表86)

单位:平方米

行政办公用房	生活用房						教工住宅	其他用房
	计	学生宿舍(公寓)	学生食堂	教工宿舍(公寓)	教工食堂	生活福利及附属用房		
850	977.00	0.00	0.00	0.00	0.00	977.00	0.00	0.00
1100.00	978.00	628.00	350.00	0.00	0.00	0.00	7200.00	550.00
1100.00	978.00	628.00	350.00	0.00	0.00	0.00	7200.00	550.00
450.00	4100.00	3900.00	200.00	0.00	0.00	0.00	0.00	0.00
450.00	4100.00	3900.00	200.00	0.00	0.00	0.00	0.00	0.00
75.00	0.00	0.00	0.00	0.00	0.00	0.00	0.00	0.00
75.00	0.00	0.00	0.00	0.00	0.00	0.00	0.00	0.00
392.00	56.00	0.00	0.00	0.00	56.00	0.00	0.00	0.00
392.00	56.00	0.00	0.00	0.00	56.00	0.00	0.00	0.00
1834.00	0.00	0.00	0.00	0.00	0.00	0.00	0.00	0.00
1834.00	0.00	0.00	0.00	0.00	0.00	0.00	0.00	0.00
1487.00	1151.00	216.00	0.00	935.00	0.00	0.00	0.00	0.00
1487.00	1151.00	216.00	0.00	935.00	0.00	0.00	0.00	0.00
621.00	4690.00	2345.00	2145.00	200.00	0.00	0.00	0.00	6540.00
621.00	4690.00	2345.00	2145.00	200.00	0.00	0.00	0.00	6540.00
1170.00	5372.00	0.00	0.00	1072.00	100.00	4200.00	0.00	0.00
1170.00	5372.00	0.00	0.00	1072.00	100.00	4200.00	0.00	0.00
380.00	0.00	0.00	0.00	0.00	0.00	0.00	0.00	205.00
380.00	0.00	0.00	0.00	0.00	0.00	0.00	0.00	205.00
1032.00	6502.00	5120.00	482.00	195.00	482.00	223.00	0.00	1771.00
1032.00	6502.00	5120.00	482.00	195.00	482.00	223.00	0.00	1771.00
215752.15	**691040.32**	**491548.93**	**99060.92**	**58939.97**	**28721.49**	**12769.01**	**223460.63**	**61826.34**
130874.43	328892.58	234073.78	44654.27	26657.81	15100.71	8406.01	118355.63	29588.00
84877.72	362147.74	257475.15	54406.65	32282.16	13620.78	4363.00	105105.00	32238.34
17766.00	71123.40	53814.90	12962.70	4345.80	0.00	0.00	11621.00	13756.00
17766.00	71123.40	53814.90	12962.70	4345.80	0.00	0.00	11621.00	13756.00
480.00	7577.00	5017.00	1000.00	780.00	0.00	780.00	6528.00	2360.00
480.00	7577.00	5017.00	1000.00	780.00	0.00	780.00	6528.00	2360.00
1392.00	3552.00	2426.00	1126.00	0.00	0.00	0.00	0.00	0.00
1392.00	3552.00	2426.00	1126.00	0.00	0.00	0.00	0.00	0.00
10313.00	4752.00	1602.00	840.00	0.00	0.00	2310.00	0.00	0.00
10313.00	4752.00	1602.00	840.00	0.00	0.00	2310.00	0.00	0.00
1850.00	1784.00	1700.00	28.00	0.00	56.00	0.00	0.00	0.00
1850.00	1784.00	1700.00	28.00	0.00	56.00	0.00	0.00	0.00
484.00	6675.00	6160.00	515.00	0.00	0.00	0.00	1320.00	790.00
484.00	6675.00	6160.00	515.00	0.00	0.00	0.00	1320.00	790.00
1930.00	9506.00	7200.00	1610.00	0.00	0.00	696.00	0.00	0.00

4.3 学校产权校舍

	合计	教学科研及辅助用房						
		计	教室	图书馆	实验室、实习场所	专用科研用房	体育馆	会堂
独立使用	21416	9980.00	7200.00	540.00	2060.00	0.00	0.00	180.00
共同使用	3654.00	3654.00	3654.00	0.00	0.00	0.00	0.00	0.00
贵州电大成人开放学院丹寨教学点	4721.00	805.00	640.00	165.00	0.00	0.00	0.00	0.00
独立使用	4721.00	805.00	640.00	165.00	0.00	0.00	0.00	0.00
从江县委党校学习中心	10845.95	5000.00	1200.00	900.00	800.00	1000.00	1100.00	0.00
共同使用	10845.95	5000.00	1200.00	900.00	800.00	1000.00	1100.00	0.00
开阳职校学习中心	27990.00	12340.00	10000.00	639.00	1701.00	0.00	0.00	0.00
独立使用	27990.00	12340.00	10000.00	639.00	1701.00	0.00	0.00	0.00
贵州电大毕节直属学习中心	95954.00	38964.00	13196.00	890.00	15976.00	0.00	7402.00	1500.00
独立使用	95954.00	38964.00	13196.00	890.00	15976.00	0.00	7402.00	1500.00
贵州电大贵阳市分校	6596.47	5107.29	4689.01	96.14	0.00	0.00	0.00	322.14
独立使用	6596.47	5107.29	4689.01	96.14	0.00	0.00	0.00	322.14
贵州电大遵义市分校	2138.97	1838.32	1838.32	0.00	0.00	0.00	0.00	0.00
独立使用	2138.97	1838.32	1838.32	0.00	0.00	0.00	0.00	0.00
遵义分校湄潭县工作站	248180.00	242600.00	238800.00	500.00	500.00	300.00	2000.00	500.00
独立使用	80.00	0.00	0.00	0.00	0.00	0.00	0.00	0.00
共同使用	248100.00	242600.00	238800.00	500.00	500.00	300.00	2000.00	500.00
遵义分校务川县工作站	174.00	76.00	43.00	4.00	9.00	7.00	7.00	6.00
独立使用	115.00	48.00	33.00	2.00	6.00	5.00	1.00	1.00
共同使用	59.00	28.00	10.00	2.00	3.00	2.00	6.00	5.00
遵义分校桐梓工作站	85426.50	39141.02	19964.17	212.20	18427.05	0.00	0.00	537.60
共同使用	85426.50	39141.02	19964.17	212.20	18427.05	0.00	0.00	537.60
遵义分校绥阳县工作站	8539.70	2557.43	1423.15	156.00	786.23	0.00	0.00	192.05
独立使用	1072.24	0.00	0.00	0.00	0.00	0.00	0.00	0.00
共同使用	7467.46	2557.43	1423.15	156.00	786.23	0.00	0.00	192.05
贵州电大遵义分校道真县工作站	2605.00	1920.00	1300.00	120.00	50.00	0.00	300.00	150.00
独立使用	135.00	100.00	100.00	0.00	0.00	0.00	0.00	0.00
共同使用	2470.00	1820.00	1200.00	120.00	50.00	0.00	300.00	150.00
遵义分校赤天化工作站	72897.09	34499.80	12011.86	2727.08	12052.73	0.00	7708.13	0.00
共同使用	72897.09	34499.80	12011.86	2727.08	12052.73	0.00	7708.13	0.00
遵义分校仁怀市工作站	31391.00	15314.00	10074.00	2870.00	2370.00	0.00	0.00	0.00
共同使用	31391.00	15314.00	10074.00	2870.00	2370.00	0.00	0.00	0.00
遵义分校凤冈县工作站	5037.00	2574.00	1450.00	0.00	0.00	0.00	0.00	1124.00
共同使用	5037.00	2574.00	1450.00	0.00	0.00	0.00	0.00	1124.00
遵义分校正安县工作站	16110.40	8901.20	2787.80	113.40	0.00	0.00	6000.00	0.00
独立使用	2787.80	2787.80	2787.80	0.00	0.00	0.00	0.00	0.00
共同使用	13322.60	6113.40	0.00	113.40	0.00	0.00	6000.00	0.00

建筑面积(续表 87)

单位:平方米

行政办公用房	生活用房						教工住宅	其他用房
	计	学生宿舍(公寓)	学生食堂	教工宿舍(公寓)	教工食堂	生活福利及附属用房		
1930	9506.00	7200.00	1610.00	0.00	0.00	696.00	0.00	0.00
0.00	0.00	0.00	0.00	0.00	0.00	0.00	0.00	0.00
2001.00	1915.00	1505.00	360.00	0.00	50.00	0.00	0.00	0.00
2001.00	1915.00	1505.00	360.00	0.00	50.00	0.00	0.00	0.00
1520.00	4325.95	2400.00	365.95	800.00	200.00	560.00	0.00	0.00
1520.00	4325.95	2400.00	365.95	800.00	200.00	560.00	0.00	0.00
1000.00	14650.00	12000.00	2650.00	0.00	0.00	0.00	0.00	0.00
1000.00	14650.00	12000.00	2650.00	0.00	0.00	0.00	0.00	0.00
28495.00	28495.00	22544.00	5951.00	0.00	0.00	0.00	0.00	0.00
28495.00	28495.00	22544.00	5951.00	0.00	0.00	0.00	0.00	0.00
1047.16	442.02	442.02	0.00	0.00	0.00	0.00	0.00	0.00
1047.16	442.02	442.02	0.00	0.00	0.00	0.00	0.00	0.00
300.65	0.00	0.00	0.00	0.00	0.00	0.00	0.00	0.00
300.65	0.00	0.00	0.00	0.00	0.00	0.00	0.00	0.00
980.00	4000.00	1000.00	600.00	1800.00	100.00	500.00	500.00	100.00
80.00	0.00	0.00	0.00	0.00	0.00	0.00	0.00	0.00
900.00	4000.00	1000.00	600.00	1800.00	100.00	500.00	500.00	100.00
7.00	67.00	30.00	2.00	30.00	2.00	3.00	22.00	2.00
2.00	44.00	20.00	1.00	20.00	1.00	2.00	20.00	1.00
5.00	23.00	10.00	1.00	10.00	1.00	1.00	2.00	1.00
8207.96	22610.69	10226.94	6859.81	2909.16	2614.78	0.00	0.00	15466.83
8207.96	22610.69	10226.94	6859.81	2909.16	2614.78	0.00	0.00	15466.83
458.12	4496.02	2845.40	982.00	143.00	102.00	423.62	403.62	624.51
0.00	668.62	0.00	0.00	143.00	102.00	423.62	403.62	0.00
458.12	3827.40	2845.40	982.00	0.00	0.00	0.00	0.00	624.51
85.00	600.00	0.00	400.00	0.00	200.00	0.00	0.00	0.00
35.00	0.00	0.00	0.00	0.00	0.00	0.00	0.00	0.00
50.00	600.00	0.00	400.00	0.00	200.00	0.00	0.00	0.00
5247.44	21740.85	15847.61	5893.24	0.00	0.00	0.00	0.00	11409.00
5247.44	21740.85	15847.61	5893.24	0.00	0.00	0.00	0.00	11409.00
2182.00	13895.00	11035.00	2600.00	0.00	260.00	0.00	0.00	0.00
2182.00	13895.00	11035.00	2600.00	0.00	260.00	0.00	0.00	0.00
0.00	2463.00	2100.00	363.00	0.00	0.00	0.00	0.00	0.00
0.00	2463.00	2100.00	363.00	0.00	0.00	0.00	0.00	0.00
2857.20	4136.00	2956.00	1180.00	0.00	0.00	0.00	0.00	216.00
0.00	0.00	0.00	0.00	0.00	0.00	0.00	0.00	0.00
2857.20	4136.00	2956.00	1180.00	0.00	0.00	0.00	0.00	216.00

4.3 学校产权校舍

	合计	教学科研及辅助用房						
		计	教室	图书馆	实验室、实习场所	专用科研用房	体育馆	会堂
贵州电大遵义分校习水县工作站	39325	17446.00	8836.00	40.00	0.00	0.00	8570.00	0.00
独立使用	40.00	40.00	0.00	40.00	0.00	0.00	0.00	0.00
共同使用	39285.00	17406.00	8836.00	0.00	0.00	0.00	8570.00	0.00
遵义分校余庆县工作站	1265240.00	770000.00	180000.00	160000.00	130000.00	100000.00	120000.00	80000.00
独立使用	642120.00	390000.00	90000.00	80000.00	70000.00	50000.00	60000.00	40000.00
共同使用	623120.00	380000.00	90000.00	80000.00	60000.00	50000.00	60000.00	40000.00
遵义分校遵义县工作站	39100.00	8600.00	5000.00	300.00	600.00	600.00	900.00	1200.00
独立使用	15700.00	3200.00	2000.00	100.00	200.00	200.00	300.00	400.00
共同使用	23400.00	5400.00	3000.00	200.00	400.00	400.00	600.00	800.00
贵州电大安顺市分校	16300.04	11000.01	11000.01	0.00	0.00	0.00	0.00	0.00
独立使用	16300.04	11000.01	11000.01	0.00	0.00	0.00	0.00	0.00
贵州电大安顺市分校紫云县工作站	485.00	455.00	350.00	0.00	60.00	0.00	0.00	45.00
独立使用	485.00	455.00	350.00	0.00	60.00	0.00	0.00	45.00
安顺分校普定县工作站	44.00	38.00	38.00	0.00	0.00	0.00	0.00	0.00
独立使用	1.00	0.00	0.00	0.00	0.00	0.00	0.00	0.00
共同使用	43.00	38.00	38.00	0.00	0.00	0.00	0.00	0.00
安顺分校镇宁自治县工作站	1984.00	1516.00	1468.00	28.00	0.00	0.00	0.00	20.00
独立使用	1984.00	1516.00	1468.00	28.00	0.00	0.00	0.00	20.00
贵州电大黔南州分校	2886.10	1050.05	520.01	50.01	120.01	0.00	200.01	160.01
独立使用	2886.10	1050.05	520.01	50.01	120.01	0.00	200.01	160.01
黔南州分校福泉县工作站	1680.00	1250.00	1000.00	200.00	0.00	0.00	0.00	50.00
独立使用	1180.00	750.00	500.00	200.00	0.00	0.00	0.00	50.00
共同使用	500.00	500.00	500.00	0.00	0.00	0.00	0.00	0.00
黔南州分校独山县工作站	40610.00	19218.00	11853.00	362.00	6801.00	0.00	0.00	202.00
独立使用	48.00	36.00	18.00	15.00	1.00	0.00	0.00	2.00
共同使用	40562.00	19182.00	11835.00	347.00	6800.00	0.00	0.00	200.00
黔南州电大长顺县工作站	5000.00	1800.00	500.00	300.00	0.00	0.00	0.00	1000.00
独立使用	5000.00	1800.00	500.00	300.00	0.00	0.00	0.00	1000.00
黔南州分校瓮安县教学点	5000.00	1800.00	500.00	300.00	0.00	0.00	0.00	1000.00
独立使用	5000.00	1800.00	500.00	300.00	0.00	0.00	0.00	1000.00
黔南州分校惠水县工作站	10.00	0.00	0.00	0.00	0.00	0.00	0.00	0.00
共同使用	10.00	0.00	0.00	0.00	0.00	0.00	0.00	0.00
黔南州分校荔波县工作站	13440.00	4360.00	3000.00	360.00	0.00	0.00	1000.00	0.00
独立使用	6720.00	2180.00	1500.00	180.00	0.00	0.00	500.00	0.00
共同使用	6720.00	2180.00	1500.00	180.00	0.00	0.00	500.00	0.00
黔东南分校	70592.88	41606.03	15631.00	1393.00	19068.39	0.00	3513.64	2000.00
共同使用	70592.88	41606.03	15631.00	1393.00	19068.39	0.00	3513.64	2000.00

建筑面积(续表88)

单位:平方米

行政办公用房	生活用房						教工住宅	其他用房
	计	学生宿舍（公寓）	学生食堂	教工宿舍（公寓）	教工食堂	生活福利及附属用房		
540	20139.00	18519.00	1500.00	0.00	0.00	120.00	0.00	1200.00
0.00	0.00	0.00	0.00	0.00	0.00	0.00	0.00	0.00
540.00	20139.00	18519.00	1500.00	0.00	0.00	120.00	0.00	1200.00
80000.00	235000.00	180000.00	20000.00	20000.00	11000.00	4000.00	180000.00	240.00
40000.00	122000.00	90000.00	10000.00	10000.00	10000.00	2000.00	90000.00	120.00
40000.00	113000.00	90000.00	10000.00	10000.00	1000.00	2000.00	90000.00	120.00
1500.00	14000.00	8000.00	2000.00	2000.00	2000.00	0.00	15000.00	0.00
500.00	7000.00	4000.00	1000.00	1000.00	1000.00	0.00	5000.00	0.00
1000.00	7000.00	4000.00	1000.00	1000.00	1000.00	0.00	10000.00	0.00
5000.02	300.01	0.00	300.01	0.00	0.00	0.00	0.00	0.00
5000.02	300.01	0.00	300.01	0.00	0.00	0.00	0.00	0.00
30.00	0.00	0.00	0.00	0.00	0.00	0.00	0.00	0.00
30.00	0.00	0.00	0.00	0.00	0.00	0.00	0.00	0.00
3.00	3.00	0.00	1.00	1.00	1.00	0.00	0.00	0.00
1.00	0.00	0.00	0.00	0.00	0.00	0.00	0.00	0.00
2.00	3.00	0.00	1.00	1.00	1.00	0.00	0.00	0.00
112.00	356.00	280.00	76.00	0.00	0.00	0.00	0.00	0.00
112.00	356.00	280.00	76.00	0.00	0.00	0.00	0.00	0.00
258.01	798.03	600.01	0.00	18.01	0.00	180.01	780.01	0.00
258.01	798.03	600.01	0.00	18.01	0.00	180.01	780.01	0.00
0.00	430.00	0.00	200.00	100.00	80.00	50.00	0.00	0.00
0.00	430.00	0.00	200.00	100.00	80.00	50.00	0.00	0.00
0.00	0.00	0.00	0.00	0.00	0.00	0.00	0.00	0.00
2.00	21388.00	13174.00	1591.00	6302.00	1.00	320.00	2.00	0.00
2.00	8.00	4.00	1.00	2.00	1.00	0.00	2.00	0.00
0.00	21380.00	13170.00	1590.00	6300.00	0.00	320.00	0.00	0.00
1500.00	1700.00	1500.00	200.00	0.00	0.00	0.00	0.00	0.00
1500.00	1700.00	1500.00	200.00	0.00	0.00	0.00	0.00	0.00
1500.00	1700.00	1500.00	200.00	0.00	0.00	0.00	0.00	0.00
1500.00	1700.00	1500.00	200.00	0.00	0.00	0.00	0.00	0.00
10.00	0.00	0.00	0.00	0.00	0.00	0.00	0.00	0.00
10.00	0.00	0.00	0.00	0.00	0.00	0.00	0.00	0.00
4100.00	4980.00	3500.00	1080.00	0.00	400.00	0.00	0.00	0.00
2050.00	2490.00	1750.00	540.00	0.00	200.00	0.00	0.00	0.00
2050.00	2490.00	1750.00	540.00	0.00	200.00	0.00	0.00	0.00
5831.00	23155.85	19063.20	4092.65	0.00	0.00	0.00	0.00	0.00
5831.00	23155.85	19063.20	4092.65	0.00	0.00	0.00	0.00	0.00

4.3 学校产权校舍

	合计	教学科研及辅助用房						
		计	教室	图书馆	实验室、实习场所	专用科研用房	体育馆	会堂
黔东南州分校岑巩县教学点	7900	4500.00	2000.00	0.00	500.00	0.00	1500.00	500.00
共同使用	7900.00	4500.00	2000.00	0.00	500.00	0.00	1500.00	500.00
贵州电大黔西南州分校	9926.01	3579.00	2995.00	164.00	420.00	0.00	0.00	0.00
独立使用	9926.01	3579.00	2995.00	164.00	420.00	0.00	0.00	0.00
黔西南分校晴隆教学点	5540.00	840.00	360.00	60.00	60.00	60.00	240.00	60.00
独立使用	5180.00	840.00	360.00	60.00	60.00	60.00	240.00	60.00
共同使用	360.00	0.00	0.00	0.00	0.00	0.00	0.00	0.00
黔西南分校贞丰工作站	3100.00	2300.00	2000.00	0.00	300.00	0.00	0.00	0.00
共同使用	3100.00	2300.00	2000.00	0.00	300.00	0.00	0.00	0.00
黔西南州分校安龙县教学点	34.00	26.00	20.00	1.00	3.00	0.00	0.00	2.00
共同使用	34.00	26.00	20.00	1.00	3.00	0.00	0.00	2.00
贵州电大黔西南分校普安县教学点	43100.00	13900.00	3600.00	300.00	2400.00	1000.00	6000.00	600.00
独立使用	19750.00	5150.00	0.00	150.00	1200.00	500.00	3000.00	300.00
共同使用	23350.00	8750.00	3600.00	150.00	1200.00	500.00	3000.00	300.00
贵州电大毕节地区分校	58.52	0.00	0.00	0.00	0.00	0.00	0.00	0.00
独立使用	58.52	0.00	0.00	0.00	0.00	0.00	0.00	0.00
贵州电大毕节分校大方县职校教学点	21658.00	7575.00	6210.00	54.00	162.00	0.00	0.00	1149.00
独立使用	972.00	864.00	810.00	54.00	0.00	0.00	0.00	0.00
共同使用	20686.00	6711.00	5400.00	0.00	162.00	0.00	0.00	1149.00
毕节地区分校赫章教学点	856.17	856.17	856.17	0.00	0.00	0.00	0.00	0.00
共同使用	856.17	856.17	856.17	0.00	0.00	0.00	0.00	0.00
毕节分校威宁工作站	17130.00	10700.00	5350.00	4000.00	600.00	300.00	0.00	450.00
共同使用	17130.00	10700.00	5350.00	4000.00	600.00	300.00	0.00	450.00
贵州电大六盘水市分校	33693.08	12052.72	10385.00	440.00	300.00	100.00	0.00	827.72
独立使用	33693.08	12052.72	10385.00	440.00	300.00	100.00	0.00	827.72
六盘水市分校盘县教学点	27780.00	8080.00	1400.00	800.00	420.00	800.00	4000.00	660.00
独立使用	8200.00	4600.00	1200.00	500.00	300.00	300.00	2000.00	300.00
共同使用	19580.00	3480.00	200.00	300.00	120.00	500.00	2000.00	360.00
贵州电大铜仁地区分校	4903.85	2547.04	2266.48	0.00	0.00	0.00	0.00	280.56
独立使用	4903.85	2547.04	2266.48	0.00	0.00	0.00	0.00	280.56
贵州电大铜仁分校思南县工作站	32449.00	19560.00	14676.00	4284.00	0.00	0.00	0.00	600.00
共同使用	32449.00	19560.00	14676.00	4284.00	0.00	0.00	0.00	600.00
贵州电大铜仁分校石阡县工作站	52180.00	3505.00	1800.00	300.00	1103.00	86.00	0.00	216.00
独立使用	1460.00	902.00	200.00	300.00	100.00	86.00	0.00	216.00
共同使用	50720.00	2603.00	1600.00	0.00	1003.00	0.00	0.00	0.00
贵州电大铜仁分校德江县工作站	74.00	52.00	30.00	3.00	12.00	2.00	2.00	3.00
独立使用	54.00	40.00	25.00	1.00	10.00	1.00	1.00	2.00

建筑面积(续表89)

单位:平方米

行政办公用房	生活用房						教工住宅	其他用房
	计	学生宿舍(公寓)	学生食堂	教工宿舍(公寓)	教工食堂	生活福利及附属用房		
1000	2400.00	500.00	800.00	1000.00	100.00	0.00	0.00	0.00
1000.00	2400.00	500.00	800.00	1000.00	100.00	0.00	0.00	0.00
1135.01	2812.00	920.00	520.00	400.00	0.00	972.00	2400.00	0.00
1135.01	2812.00	920.00	520.00	400.00	0.00	972.00	2400.00	0.00
120.00	4580.00	4100.00	120.00	0.00	0.00	360.00	0.00	0.00
120.00	4220.00	4100.00	120.00	0.00	0.00	0.00	0.00	0.00
0.00	360.00	0.00	0.00	0.00	0.00	360.00	0.00	0.00
200.00	600.00	0.00	600.00	0.00	0.00	0.00	0.00	0.00
200.00	600.00	0.00	600.00	0.00	0.00	0.00	0.00	0.00
2.00	5.00	2.00	1.00	1.00	1.00	0.00	1.00	0.00
2.00	5.00	2.00	1.00	1.00	1.00	0.00	1.00	0.00
800.00	26400.00	10000.00	2400.00	12000.00	2000.00	0.00	0.00	2000.00
400.00	13200.00	5000.00	1200.00	6000.00	1000.00	0.00	0.00	1000.00
400.00	13200.00	5000.00	1200.00	6000.00	1000.00	0.00	0.00	1000.00
58.52	0.00	0.00	0.00	0.00	0.00	0.00	0.00	0.00
58.52	0.00	0.00	0.00	0.00	0.00	0.00	0.00	0.00
108.00	13975.00	10528.00	2098.00	0.00	1049.00	300.00	0.00	0.00
108.00	0.00	0.00	0.00	0.00	0.00	0.00	0.00	0.00
0.00	13975.00	10528.00	2098.00	0.00	1049.00	300.00	0.00	0.00
0.00	0.00	0.00	0.00	0.00	0.00	0.00	0.00	0.00
0.00	0.00	0.00	0.00	0.00	0.00	0.00	0.00	0.00
30.00	4000.00	2500.00	1300.00	0.00	200.00	0.00	400.00	2000.00
30.00	4000.00	2500.00	1300.00	0.00	200.00	0.00	400.00	2000.00
150.00	11650.00	3778.00	2047.00	3778.00	2047.00	0.00	280.00	9560.36
150.00	11650.00	3778.00	2047.00	3778.00	2047.00	0.00	280.00	9560.36
3600.00	11800.00	8000.00	2000.00	1000.00	600.00	200.00	4200.00	100.00
3600.00	0.00	0.00	0.00	0.00	0.00	0.00	0.00	0.00
0.00	11800.00	8000.00	2000.00	1000.00	600.00	200.00	4200.00	100.00
870.45	1486.36	1204.73	80.67	0.00	0.00	200.96	0.00	0.00
870.45	1486.36	1204.73	80.67	0.00	0.00	200.96	0.00	0.00
0.00	12889.00	9544.00	3345.00	0.00	0.00	0.00	0.00	0.00
0.00	12889.00	9544.00	3345.00	0.00	0.00	0.00	0.00	0.00
10203.00	38472.00	26472.00	5218.00	1527.00	5255.00	0.00	0.00	0.00
200.00	358.00	0.00	126.00	69.00	163.00	0.00	0.00	0.00
10003.00	38114.00	26472.00	5092.00	1458.00	5092.00	0.00	0.00	0.00
6.00	12.00	3.00	3.00	2.00	2.00	2.00	2.00	2.00
5.00	7.00	2.00	2.00	1.00	1.00	1.00	1.00	1.00

4.3 学校产权校舍

	合计	教学科研及辅助用房						
		计	教室	图书馆	实验室、实习场所	专用科研用房	体育馆	会堂
共同使用	20	12.00	5.00	2.00	2.00	1.00	1.00	1.00
铜仁分校玉屏县工作站	7.00	7.00	6.00	0.00	1.00	0.00	0.00	0.00
独立使用	7.00	7.00	6.00	0.00	1.00	0.00	0.00	0.00
铜仁分校江口县工作站	1.00	1.00	0.00	0.00	0.00	0.00	0.00	1.00
共同使用	1.00	1.00	0.00	0.00	0.00	0.00	0.00	1.00
贵州电大铜仁分校松桃县工作站	2482.00	2.00	2.00	0.00	0.00	0.00	0.00	0.00
独立使用	102.00	2.00	2.00	0.00	0.00	0.00	0.00	0.00
共同使用	2380.00	0.00	0.00	0.00	0.00	0.00	0.00	0.00
铜仁分校沿河县工作站	27.00	8.00	3.00	1.00	1.00	1.00	1.00	1.00
独立使用	9.00	2.00	1.00	1.00	0.00	0.00	0.00	0.00
共同使用	18.00	6.00	2.00	0.00	1.00	1.00	1.00	1.00
贵州电大水城钢铁集团分校	67599.01	52414.62	11003.24	2396.80	30004.58	0.00	7996.00	1014.00
独立使用	67599.01	52414.62	11003.24	2396.80	30004.58	0.00	7996.00	1014.00
云南	**450266.00**	**225569.00**	**112125.00**	**35758.00**	**47425.00**	**510.00**	**11839.00**	**17912.00**
独立使用	369922.00	189053.00	92482.00	35188.00	33713.00	510.00	10878.00	16282.00
共同使用	80344.00	36516.00	19643.00	570.00	13712.00	0.00	961.00	1630.00
云南开放大学	218225.00	124361.00	64633.00	19924.00	24238.00	0.00	4086.00	11480.00
独立使用	218225.00	124361.00	64633.00	19924.00	24238.00	0.00	4086.00	11480.00
昆明广播电视大学	12519.00	6021.00	3679.00	570.00	1142.00	0.00	0.00	630.00
共同使用	12519.00	6021.00	3679.00	570.00	1142.00	0.00	0.00	630.00
石林县电大工作站	1615.00	1495.00	450.00	45.00	0.00	0.00	0.00	1000.00
独立使用	1615.00	1495.00	450.00	45.00	0.00	0.00	0.00	1000.00
富民县职业高级中学	5571.00	3102.00	1678.00	229.00	1195.00	0.00	0.00	0.00
独立使用	5571.00	3102.00	1678.00	229.00	1195.00	0.00	0.00	0.00
晋宁县教师进修学校	3163.00	588.00	532.00	0.00	56.00	0.00	0.00	0.00
独立使用	3163.00	588.00	532.00	0.00	56.00	0.00	0.00	0.00
中共宜良县委党校	6560.00	1560.00	500.00	30.00	0.00	30.00	0.00	1000.00
独立使用	3360.00	360.00	300.00	30.00	0.00	30.00	0.00	0.00
共同使用	3200.00	1200.00	200.00	0.00	0.00	0.00	0.00	1000.00
昆明东川区职业成人教育培训中心	43919.00	26100.00	10260.00	10260.00	4374.00	280.00	800.00	126.00
独立使用	43919.00	26100.00	10260.00	10260.00	4374.00	280.00	800.00	126.00
禄劝县委党校	1759.00	944.00	800.00	0.00	144.00	0.00	0.00	0.00
独立使用	1759.00	944.00	800.00	0.00	144.00	0.00	0.00	0.00
寻甸县教师进修学校	1070.00	950.00	950.00	0.00	0.00	0.00	0.00	0.00
独立使用	1070.00	950.00	950.00	0.00	0.00	0.00	0.00	0.00
思茅电大分校	4998.00	1080.00	961.00	119.00	0.00	0.00	0.00	0.00
独立使用	4998.00	1080.00	961.00	119.00	0.00	0.00	0.00	0.00

建筑面积(续表90)

单位:平方米

行政办公用房	生活用房						教工住宅	其他用房
	计	学生宿舍(公寓)	学生食堂	教工宿舍(公寓)	教工食堂	生活福利及附属用房		
1	5.00	1.00	1.00	1.00	1.00	1.00	1.00	1.00
0.00	0.00	0.00	0.00	0.00	0.00	0.00	0.00	0.00
0.00	0.00	0.00	0.00	0.00	0.00	0.00	0.00	0.00
0.00	0.00	0.00	0.00	0.00	0.00	0.00	0.00	0.00
0.00	0.00	0.00	0.00	0.00	0.00	0.00	0.00	0.00
2480.00	0.00	0.00	0.00	0.00	0.00	0.00	0.00	0.00
100.00	0.00	0.00	0.00	0.00	0.00	0.00	0.00	0.00
2380.00	0.00	0.00	0.00	0.00	0.00	0.00	0.00	0.00
2.00	15.00	6.00	2.00	3.00	2.00	2.00	1.00	1.00
1.00	5.00	1.00	1.00	1.00	1.00	1.00	0.00	1.00
1.00	10.00	5.00	1.00	2.00	1.00	1.00	1.00	0.00
5997.61	7188.14	5003.12	996.89	0.00	398.71	789.42	0.00	1998.64
5997.61	7188.14	5003.12	996.89	0.00	398.71	789.42	0.00	1998.64
42629.00	**155676**	**122245.00**	**26984.00**	**1990.00**	**435.00**	**4022.00**	**5249.00**	**21143.00**
39022.00	117455.00	89618.00	22898.00	1990.00	435.00	2514.00	5249.00	19143.00
3607.00	38221.00	32627.00	4086.00	0.00	0.00	1508.00	0.00	2000.00
23639.00	70225.00	56372.00	13853.00	0.00	0.00	0.00	0.00	0.00
23639.00	70225.00	56372.00	13853.00	0.00	0.00	0.00	0.00	0.00
1658.00	4840.00	2820.00	1300.00	0.00	0.00	720.00	0.00	0.00
1658.00	4840.00	2820.00	1300.00	0.00	0.00	720.00	0.00	0.00
75.00	45.00	0.00	0.00	0.00	45.00	0.00	0.00	0.00
75.00	45.00	0.00	0.00	0.00	45.00	0.00	0.00	0.00
406.00	911.00	0.00	660.00	0.00	0.00	251.00	1152.00	0.00
406.00	911.00	0.00	660.00	0.00	0.00	251.00	1152.00	0.00
200.00	2375.00	1090.00	40.00	60.00	0.00	1185.00	0.00	0.00
200.00	2375.00	1090.00	40.00	60.00	0.00	1185.00	0.00	0.00
2000.00	0.00	0.00	0.00	0.00	0.00	0.00	1000.00	2000.00
2000.00	0.00	0.00	0.00	0.00	0.00	0.00	1000.00	0.00
0.00	0.00	0.00	0.00	0.00	0.00	0.00	0.00	2000.00
3212.00	9443.00	6971.00	2322.00	0.00	150.00	0.00	0.00	5164.00
3212.00	9443.00	6971.00	2322.00	0.00	150.00	0.00	0.00	5164.00
607.00	208.00	0.00	208.00	0.00	0.00	0.00	0.00	0.00
607.00	208.00	0.00	208.00	0.00	0.00	0.00	0.00	0.00
120.00	0.00	0.00	0.00	0.00	0.00	0.00	0.00	0.00
120.00	0.00	0.00	0.00	0.00	0.00	0.00	0.00	0.00
178.00	2515.00	1426.00	221.00	671.00	0.00	197.00	1225.00	0.00
178.00	2515.00	1426.00	221.00	671.00	0.00	197.00	1225.00	0.00

4.3 学校产权校舍

	合计	教学科研及辅助用房						
		计	教室	图书馆	实验室、实习场所	专用科研用房	体育馆	会堂
西双版纳电大分校	64625	29295.00	15764.00	0.00	12570.00	0.00	961.00	0.00
共同使用	64625.00	29295.00	15764.00	0.00	12570.00	0.00	961.00	0.00
保山电大分校	12698.00	5004.00	2550.00	108.00	86.00	0.00	1988.00	272.00
独立使用	12698.00	5004.00	2550.00	108.00	86.00	0.00	1988.00	272.00
云南电大政法分校	59944.00	18425.00	5968.00	4293.00	2720.00	0.00	4004.00	1440.00
独立使用	59944.00	18425.00	5968.00	4293.00	2720.00	0.00	4004.00	1440.00
昆明职工开放学院	2200.00	1800.00	960.00	0.00	640.00	200.00	0.00	0.00
独立使用	2200.00	1800.00	960.00	0.00	640.00	200.00	0.00	0.00
文山州民族干部学校教学点	5700.00	2422.00	1220.00	90.00	130.00	0.00	0.00	982.00
独立使用	5700.00	2422.00	1220.00	90.00	130.00	0.00	0.00	982.00
文山州民族干部学校	5700.00	2422.00	1220.00	90.00	130.00	0.00	0.00	982.00
独立使用	5700.00	2422.00	1220.00	90.00	130.00	0.00	0.00	982.00
陕西	**1009673.00**	**495076.00**	**272428.00**	**20786.00**	**114572.00**	**16986.00**	**45254.00**	**25050.00**
独立使用	720770.00	338904.00	170136.00	13538.00	86878.00	12994.00	35096.00	20262.00
共同使用	288903.00	156172.00	102292.00	7248.00	27694.00	3992.00	10158.00	4788.00
陕西广播电视大学	116419.00	37247.00	30063.00	600.00	5667.00	279.00	0.00	638.00
独立使用	116419.00	37247.00	30063.00	600.00	5667.00	279.00	0.00	638.00
陕西省城市经济学校	24500.00	11800.00	10000.00	200.00	1200.00	0.00	0.00	400.00
独立使用	24500.00	11800.00	10000.00	200.00	1200.00	0.00	0.00	400.00
延安分校直属教学点	15460.00	7797.00	4017.00	200.00	2620.00	0.00	0.00	960.00
独立使用	15460.00	7797.00	4017.00	200.00	2620.00	0.00	0.00	960.00
黄龙职业中学教学点	19200.00	6400.00	400.00	200.00	400.00	400.00	4000.00	1000.00
独立使用	9600.00	3200.00	200.00	100.00	200.00	200.00	2000.00	500.00
共同使用	9600.00	3200.00	200.00	100.00	200.00	200.00	2000.00	500.00
宜川工作站	26800.00	19620.00	12740.00	4040.00	1340.00	500.00	0.00	1000.00
共同使用	26800.00	19620.00	12740.00	4040.00	1340.00	500.00	0.00	1000.00
延安电大富县党校教学点	4340.00	440.00	60.00	100.00	40.00	40.00	40.00	160.00
独立使用	4340.00	440.00	60.00	100.00	40.00	40.00	40.00	160.00
吴旗县职教中心	5780.00	3080.00	240.00	1000.00	0.00	240.00	600.00	1000.00
共同使用	5780.00	3080.00	240.00	1000.00	0.00	240.00	600.00	1000.00
延长职中教学点	3760.00	920.00	300.00	60.00	200.00	60.00	0.00	300.00
独立使用	3760.00	920.00	300.00	60.00	200.00	60.00	0.00	300.00
黄陵教学点	45894.00	30914.00	27254.00	300.00	560.00	800.00	1500.00	500.00
独立使用	23240.00	8260.00	4600.00	300.00	560.00	800.00	1500.00	500.00
共同使用	22654.00	22654.00	22654.00	0.00	0.00	0.00	0.00	0.00
子长县委党校教学点	2700.00	1092.00	1020.00	45.00	27.00	0.00	0.00	0.00
独立使用	2700.00	1092.00	1020.00	45.00	27.00	0.00	0.00	0.00

建筑面积(续表91)

单位:平方米

行政办公用房	生活用房						教工住宅	其他用房
	计	学生宿舍(公寓)	学生食堂	教工宿舍(公寓)	教工食堂	生活福利及附属用房		
1949	33381.00	29807.00	2786.00	0.00	0.00	788.00	0.00	0.00
1949.00	33381.00	29807.00	2786.00	0.00	0.00	788.00	0.00	0.00
612.00	5210.00	4394.00	229.00	0.00	0.00	587.00	1872.00	0.00
612.00	5210.00	4394.00	229.00	0.00	0.00	587.00	1872.00	0.00
6133.00	21407.00	15125.00	4865.00	1259.00	0.00	158.00	0.00	13979.00
6133.00	21407.00	15125.00	4865.00	1259.00	0.00	158.00	0.00	13979.00
400.00	0.00	0.00	0.00	0.00	0.00	0.00	0.00	0.00
400.00	0.00	0.00	0.00	0.00	0.00	0.00	0.00	0.00
720.00	2558.00	2120.00	250.00	0.00	120.00	68.00	0.00	0.00
720.00	2558.00	2120.00	250.00	0.00	120.00	68.00	0.00	0.00
720.00	2558.00	2120.00	250.00	0.00	120.00	68.00	0.00	0.00
720.00	2558.00	2120.00	250.00	0.00	120.00	68.00	0.00	0.00
95274.00	**318306**	**185490.00**	**44961.00**	**44091.00**	**15665.00**	**28099.00**	**88395.00**	**12622.00**
67006.00	230848.00	144989.00	29693.00	19922.00	10659.00	25585.00	75840.00	8172.00
28268.00	87458.00	40501.00	15268.00	24169.00	5006.00	2514.00	12555.00	4450.00
9829.00	43304.00	37526.00	3683.00	254.00	544.00	1297.00	26039.00	0.00
9829.00	43304.00	37526.00	3683.00	254.00	544.00	1297.00	26039.00	0.00
1000.00	7200.00	6000.00	1200.00	0.00	0.00	0.00	4500.00	0.00
1000.00	7200.00	6000.00	1200.00	0.00	0.00	0.00	4500.00	0.00
3399.00	4264.00	2500.00	240.00	0.00	100.00	1424.00	0.00	0.00
3399.00	4264.00	2500.00	240.00	0.00	100.00	1424.00	0.00	0.00
1200.00	11600.00	5600.00	4000.00	1200.00	400.00	400.00	0.00	0.00
600.00	5800.00	2800.00	2000.00	600.00	200.00	200.00	0.00	0.00
600.00	5800.00	2800.00	2000.00	600.00	200.00	200.00	0.00	0.00
2100.00	5080.00	1080.00	2200.00	0.00	1200.00	600.00	0.00	0.00
2100.00	5080.00	1080.00	2200.00	0.00	1200.00	600.00	0.00	0.00
2500.00	1400.00	200.00	300.00	400.00	400.00	100.00	0.00	0.00
2500.00	1400.00	200.00	300.00	400.00	400.00	100.00	0.00	0.00
600.00	1100.00	1000.00	0.00	0.00	100.00	0.00	0.00	1000.00
600.00	1100.00	1000.00	0.00	0.00	100.00	0.00	0.00	1000.00
100.00	2640.00	1440.00	600.00	0.00	600.00	0.00	0.00	100.00
100.00	2640.00	1440.00	600.00	0.00	600.00	0.00	0.00	100.00
1900.00	13080.00	5500.00	2000.00	2680.00	800.00	2100.00	0.00	0.00
1900.00	13080.00	5500.00	2000.00	2680.00	800.00	2100.00	0.00	0.00
0.00	0.00	0.00	0.00	0.00	0.00	0.00	0.00	0.00
450.00	495.00	450.00	0.00	0.00	45.00	0.00	0.00	663.00
450.00	495.00	450.00	0.00	0.00	45.00	0.00	0.00	663.00

4.3 学校产权校舍

	合计	教学科研及辅助用房						
		计	教室	图书馆	实验室、实习场所	专用科研用房	体育馆	会堂
甘泉县职业中学	8471	5330.00	4890.00	50.00	390.00	0.00	0.00	0.00
独立使用	8471.00	5330.00	4890.00	50.00	390.00	0.00	0.00	0.00
洛川职业中等专业学校	42929.00	18130.00	3240.00	210.00	9860.00	1800.00	2320.00	700.00
独立使用	42929.00	18130.00	3240.00	210.00	9860.00	1800.00	2320.00	700.00
安塞县职业中学	14442.00	8859.00	5014.00	134.00	3411.00	0.00	0.00	300.00
独立使用	11831.00	6248.00	3014.00	34.00	3000.00	0.00	0.00	200.00
共同使用	2611.00	2611.00	2000.00	100.00	411.00	0.00	0.00	100.00
陕西电大榆林分校	2936.00	1336.00	1196.00	70.00	70.00	0.00	0.00	0.00
独立使用	2936.00	1336.00	1196.00	70.00	70.00	0.00	0.00	0.00
米脂县电大教学辅导站	1425.00	600.00	600.00	0.00	0.00	0.00	0.00	0.00
独立使用	1425.00	600.00	600.00	0.00	0.00	0.00	0.00	0.00
神木工作站	750.00	510.00	300.00	140.00	70.00	0.00	0.00	0.00
独立使用	750.00	510.00	300.00	140.00	70.00	0.00	0.00	0.00
吴堡县电大教学辅导站	620.00	380.00	240.00	140.00	0.00	0.00	0.00	0.00
独立使用	620.00	380.00	240.00	140.00	0.00	0.00	0.00	0.00
陕西广播电视大学咸阳分校	4595.00	2833.00	2617.00	64.00	32.00	0.00	0.00	120.00
独立使用	4595.00	2833.00	2617.00	64.00	32.00	0.00	0.00	120.00
兴平电大工作站	1800.00	1300.00	600.00	100.00	500.00	100.00	0.00	0.00
独立使用	1800.00	1300.00	600.00	100.00	500.00	100.00	0.00	0.00
咸阳分校旬邑高级职业中学	25486.00	13147.00	839.00	153.00	2334.00	2187.00	1302.00	6332.00
独立使用	11669.00	7156.00	50.00	25.00	444.00	335.00	545.00	5757.00
共同使用	13817.00	5991.00	789.00	128.00	1890.00	1852.00	757.00	575.00
礼泉电大工作站	2960.00	1590.00	1100.00	120.00	120.00	100.00	50.00	100.00
独立使用	2960.00	1590.00	1100.00	120.00	120.00	100.00	50.00	100.00
彬县工作站	97120.00	45535.00	31280.00	160.00	10320.00	0.00	3000.00	775.00
独立使用	320.00	320.00	320.00	0.00	0.00	0.00	0.00	0.00
共同使用	96800.00	45215.00	30960.00	160.00	10320.00	0.00	3000.00	775.00
淳化工作站	12906.00	5584.00	3662.00	0.00	1922.00	0.00	0.00	0.00
共同使用	12906.00	5584.00	3662.00	0.00	1922.00	0.00	0.00	0.00
武功电大工作站	24.00	4.00	2.00	0.00	0.00	0.00	2.00	0.00
独立使用	12.00	2.00	1.00	0.00	0.00	0.00	1.00	0.00
共同使用	12.00	2.00	1.00	0.00	0.00	0.00	1.00	0.00
咸阳分校泾阳县教学点	365.00	320.00	120.00	130.00	70.00	0.00	0.00	0.00
共同使用	365.00	320.00	120.00	130.00	70.00	0.00	0.00	0.00
咸阳分校乾县县委党校	16.00	11.00	9.00	1.00	1.00	0.00	0.00	0.00
独立使用	16.00	11.00	9.00	1.00	1.00	0.00	0.00	0.00
岐山县工作站	5745.00	1425.00	300.00	55.00	20.00	0.00	1000.00	50.00

建筑面积(续表92)

单位:平方米

行政办公用房	生活用房						教工住宅	其他用房
	计	学生宿舍（公寓）	学生食堂	教工宿舍（公寓）	教工食堂	生活福利及附属用房		
1234	1683.00	792.00	326.00	0.00	0.00	565.00	0.00	224.00
1234.00	1683.00	792.00	326.00	0.00	0.00	565.00	0.00	224.00
3190.00	21609.00	8349.00	2800.00	3760.00	400.00	6300.00	0.00	0.00
3190.00	21609.00	8349.00	2800.00	3760.00	400.00	6300.00	0.00	0.00
992.00	4591.00	2114.00	503.00	974.00	100.00	900.00	0.00	0.00
992.00	4591.00	2114.00	503.00	974.00	100.00	900.00	0.00	0.00
0.00	0.00	0.00	0.00	0.00	0.00	0.00	0.00	0.00
960.00	300.00	0.00	0.00	0.00	300.00	0.00	0.00	340.00
960.00	300.00	0.00	0.00	0.00	300.00	0.00	0.00	340.00
825.00	0.00	0.00	0.00	0.00	0.00	0.00	0.00	0.00
825.00	0.00	0.00	0.00	0.00	0.00	0.00	0.00	0.00
240.00	0.00	0.00	0.00	0.00	0.00	0.00	0.00	0.00
240.00	0.00	0.00	0.00	0.00	0.00	0.00	0.00	0.00
240.00	0.00	0.00	0.00	0.00	0.00	0.00	0.00	0.00
240.00	0.00	0.00	0.00	0.00	0.00	0.00	0.00	0.00
882.00	880.00	480.00	160.00	240.00	0.00	0.00	0.00	0.00
882.00	880.00	480.00	160.00	240.00	0.00	0.00	0.00	0.00
500.00	0.00	0.00	0.00	0.00	0.00	0.00	0.00	0.00
500.00	0.00	0.00	0.00	0.00	0.00	0.00	0.00	0.00
1055.00	7622.00	2605.00	803.00	1878.00	1504.00	832.00	3085.00	577.00
75.00	1856.00	555.00	77.00	58.00	778.00	388.00	2530.00	52.00
980.00	5766.00	2050.00	726.00	1820.00	726.00	444.00	555.00	525.00
850.00	220.00	0.00	0.00	100.00	0.00	120.00	0.00	300.00
850.00	220.00	0.00	0.00	100.00	0.00	120.00	0.00	300.00
12211.00	38109.00	15988.00	7642.00	13269.00	1210.00	0.00	0.00	1265.00
0.00	0.00	0.00	0.00	0.00	0.00	0.00	0.00	0.00
12211.00	38109.00	15988.00	7642.00	13269.00	1210.00	0.00	0.00	1265.00
2570.00	4752.00	2452.00	200.00	2000.00	100.00	0.00	0.00	0.00
2570.00	4752.00	2452.00	200.00	2000.00	100.00	0.00	0.00	0.00
20.00	0.00	0.00	0.00	0.00	0.00	0.00	0.00	0.00
10.00	0.00	0.00	0.00	0.00	0.00	0.00	0.00	0.00
10.00	0.00	0.00	0.00	0.00	0.00	0.00	0.00	0.00
45.00	0.00	0.00	0.00	0.00	0.00	0.00	0.00	0.00
45.00	0.00	0.00	0.00	0.00	0.00	0.00	0.00	0.00
2.00	3.00	1.00	1.00	1.00	0.00	0.00	0.00	0.00
2.00	3.00	1.00	1.00	1.00	0.00	0.00	0.00	0.00
40.00	4200.00	2800.00	150.00	1200.00	50.00	0.00	0.00	80.00

	合计	教学科研及辅助用房						
		计	教室	图书馆	实验室、实习场所	专用科研用房	体育馆	会堂
共同使用	5745	1425.00	300.00	55.00	20.00	0.00	1000.00	50.00
凤翔县电大工作站	5016.00	3280.00	3120.00	80.00	80.00	0.00	0.00	0.00
独立使用	3416.00	2080.00	1920.00	80.00	80.00	0.00	0.00	0.00
共同使用	1600.00	1200.00	1200.00	0.00	0.00	0.00	0.00	0.00
宝鸡分校陈仓区工作站	44.00	12.00	10.00	1.00	1.00	0.00	0.00	0.00
独立使用	44.00	12.00	10.00	1.00	1.00	0.00	0.00	0.00
扶风教师进修学校	15073.00	3043.00	1041.00	201.00	400.00	400.00	600.00	401.00
独立使用	7712.00	1622.00	521.00	200.00	200.00	200.00	300.00	201.00
共同使用	7361.00	1421.00	520.00	1.00	200.00	200.00	300.00	200.00
太白县农业广播电视学校	6637.00	2932.00	2332.00	600.00	0.00	0.00	0.00	0.00
独立使用	6637.00	2932.00	2332.00	600.00	0.00	0.00	0.00	0.00
宝鸡分校麟游县教学点	1.00	0.00	0.00	0.00	0.00	0.00	0.00	0.00
独立使用	1.00	0.00	0.00	0.00	0.00	0.00	0.00	0.00
陕西省安康电大分校	5838.00	2245.00	1717.00	75.00	453.00	0.00	0.00	0.00
独立使用	5838.00	2245.00	1717.00	75.00	453.00	0.00	0.00	0.00
陕西省旬阳县师训教研中心	1480.00	660.00	420.00	60.00	30.00	30.00	60.00	60.00
独立使用	1480.00	660.00	420.00	60.00	30.00	30.00	60.00	60.00
陕西省白河县职教中心	2580.00	1880.00	1200.00	100.00	500.00	0.00	0.00	80.00
共同使用	2580.00	1880.00	1200.00	100.00	500.00	0.00	0.00	80.00
陕西省汉阴县县委党校	1200.00	1000.00	800.00	200.00	0.00	0.00	0.00	0.00
独立使用	1200.00	1000.00	800.00	200.00	0.00	0.00	0.00	0.00
陕西省石泉县职教中心	954.00	464.00	224.00	100.00	80.00	0.00	0.00	60.00
独立使用	754.00	264.00	24.00	100.00	80.00	0.00	0.00	60.00
共同使用	200.00	200.00	200.00	0.00	0.00	0.00	0.00	0.00
陕西省平利县职教中心	3250.00	1680.00	1500.00	80.00	100.00	0.00	0.00	0.00
共同使用	3250.00	1680.00	1500.00	80.00	100.00	0.00	0.00	0.00
安康汉滨区电大工作站	400.00	200.00	150.00	0.00	50.00	0.00	0.00	0.00
独立使用	400.00	200.00	150.00	0.00	50.00	0.00	0.00	0.00
安康分校宁陕县委党校	2200.00	2000.00	800.00	200.00	500.00	0.00	0.00	500.00
独立使用	2200.00	2000.00	800.00	200.00	500.00	0.00	0.00	500.00
陕西电大汉中分校	8340.00	2100.00	1400.00	100.00	500.00	0.00	0.00	100.00
独立使用	8340.00	2100.00	1400.00	100.00	500.00	0.00	0.00	100.00
南郑县职业教育中心	2100.00	1000.00	700.00	100.00	200.00	0.00	0.00	0.00
共同使用	2100.00	1000.00	700.00	100.00	200.00	0.00	0.00	0.00
镇巴县农业广播电视学校	2760.00	750.00	600.00	50.00	0.00	0.00	0.00	100.00
独立使用	2760.00	750.00	600.00	50.00	0.00	0.00	0.00	100.00
略阳县工作站	1580.00	720.00	720.00	0.00	0.00	0.00	0.00	0.00

建筑面积(续表93)

单位:平方米

行政办公用房	生活用房						教工住宅	其他用房
	计	学生宿舍(公寓)	学生食堂	教工宿舍(公寓)	教工食堂	生活福利及附属用房		
40	4200.00	2800.00	150.00	1200.00	50.00	0.00	0.00	80.00
256.00	1280.00	240.00	400.00	240.00	400.00	0.00	0.00	200.00
256.00	880.00	240.00	200.00	240.00	200.00	0.00	0.00	200.00
0.00	400.00	0.00	200.00	0.00	200.00	0.00	0.00	0.00
5.00	25.00	3.00	0.00	22.00	0.00	0.00	0.00	2.00
5.00	25.00	3.00	0.00	22.00	0.00	0.00	0.00	2.00
2600.00	8310.00	4800.00	300.00	1960.00	300.00	950.00	0.00	1120.00
1300.00	4230.00	2400.00	150.00	980.00	150.00	550.00	0.00	560.00
1300.00	4080.00	2400.00	150.00	980.00	150.00	400.00	0.00	560.00
1716.00	1989.00	1456.00	283.00	0.00	0.00	250.00	0.00	0.00
1716.00	1989.00	1456.00	283.00	0.00	0.00	250.00	0.00	0.00
1.00	0.00	0.00	0.00	0.00	0.00	0.00	0.00	0.00
1.00	0.00	0.00	0.00	0.00	0.00	0.00	0.00	0.00
1079.00	1543.00	1543.00	0.00	0.00	0.00	0.00	971.00	0.00
1079.00	1543.00	1543.00	0.00	0.00	0.00	0.00	971.00	0.00
760.00	60.00	0.00	0.00	0.00	60.00	0.00	0.00	0.00
760.00	60.00	0.00	0.00	0.00	60.00	0.00	0.00	0.00
600.00	80.00	0.00	0.00	0.00	80.00	0.00	0.00	20.00
600.00	80.00	0.00	0.00	0.00	80.00	0.00	0.00	20.00
200.00	0.00	0.00	0.00	0.00	0.00	0.00	0.00	0.00
200.00	0.00	0.00	0.00	0.00	0.00	0.00	0.00	0.00
50.00	440.00	0.00	300.00	80.00	60.00	0.00	0.00	0.00
50.00	440.00	0.00	300.00	80.00	60.00	0.00	0.00	0.00
0.00	0.00	0.00	0.00	0.00	0.00	0.00	0.00	0.00
220.00	1350.00	1200.00	150.00	0.00	0.00	0.00	0.00	0.00
220.00	1350.00	1200.00	150.00	0.00	0.00	0.00	0.00	0.00
200.00	0.00	0.00	0.00	0.00	0.00	0.00	0.00	0.00
200.00	0.00	0.00	0.00	0.00	0.00	0.00	0.00	0.00
200.00	0.00	0.00	0.00	0.00	0.00	0.00	0.00	0.00
200.00	0.00	0.00	0.00	0.00	0.00	0.00	0.00	0.00
1900.00	4340.00	3500.00	840.00	0.00	0.00	0.00	0.00	0.00
1900.00	4340.00	3500.00	840.00	0.00	0.00	0.00	0.00	0.00
100.00	1000.00	400.00	300.00	300.00	0.00	0.00	0.00	0.00
100.00	1000.00	400.00	300.00	300.00	0.00	0.00	0.00	0.00
320.00	1690.00	1200.00	380.00	0.00	110.00	0.00	0.00	0.00
320.00	1690.00	1200.00	380.00	0.00	110.00	0.00	0.00	0.00
200.00	660.00	0.00	0.00	300.00	300.00	60.00	0.00	0.00

4.3 学校产权校舍

	合计	教学科研及辅助用房						
		计	教室	图书馆	实验室、实习场所	专用科研用房	体育馆	会堂
独立使用	240	120.00	120.00	0.00	0.00	0.00	0.00	0.00
共同使用	1340.00	600.00	600.00	0.00	0.00	0.00	0.00	0.00
宁强职中教学点	1400.00	1200.00	1200.00	0.00	0.00	0.00	0.00	0.00
独立使用	200.00	0.00	0.00	0.00	0.00	0.00	0.00	0.00
共同使用	1200.00	1200.00	1200.00	0.00	0.00	0.00	0.00	0.00
陕西电大渭南分校直属教学点	6900.00	5900.00	5600.00	60.00	240.00	0.00	0.00	0.00
独立使用	6900.00	5900.00	5600.00	60.00	240.00	0.00	0.00	0.00
华阴进校教学点	807.00	146.00	146.00	0.00	0.00	0.00	0.00	0.00
独立使用	807.00	146.00	146.00	0.00	0.00	0.00	0.00	0.00
韩城进校教学点	4998.00	648.00	648.00	0.00	0.00	0.00	0.00	0.00
共同使用	4998.00	648.00	648.00	0.00	0.00	0.00	0.00	0.00
陕西省大荔教师进修学校	560.00	560.00	560.00	0.00	0.00	0.00	0.00	0.00
独立使用	560.00	560.00	560.00	0.00	0.00	0.00	0.00	0.00
陕西澄城县职业中专	3550.00	3500.00	3400.00	0.00	100.00	0.00	0.00	0.00
共同使用	3550.00	3500.00	3400.00	0.00	100.00	0.00	0.00	0.00
陕西蒲城农校	10750.00	5500.00	1200.00	700.00	2600.00	300.00	500.00	200.00
独立使用	4350.00	4000.00	1000.00	500.00	2400.00	100.00	0.00	0.00
共同使用	6400.00	1500.00	200.00	200.00	200.00	200.00	500.00	200.00
渭南分校华县教师进修学校	2.00	2.00	2.00	0.00	0.00	0.00	0.00	0.00
独立使用	2.00	2.00	2.00	0.00	0.00	0.00	0.00	0.00
渭南电大分校富平直属教学点	212.00	140.00	120.00	20.00	0.00	0.00	0.00	0.00
独立使用	212.00	140.00	120.00	20.00	0.00	0.00	0.00	0.00
渭南电大分校合阳直属教学点	70.00	70.00	70.00	0.00	0.00	0.00	0.00	0.00
共同使用	70.00	70.00	70.00	0.00	0.00	0.00	0.00	0.00
商洛分校	7060.00	4100.00	3000.00	100.00	1000.00	0.00	0.00	0.00
独立使用	7060.00	4100.00	3000.00	100.00	1000.00	0.00	0.00	0.00
洛南电大工作站	2990.00	621.00	50.00	391.00	72.00	0.00	0.00	108.00
共同使用	2990.00	621.00	50.00	391.00	72.00	0.00	0.00	108.00
镇安县职教中心	27440.00	15420.00	4160.00	300.00	3360.00	400.00	5700.00	1500.00
独立使用	27440.00	15420.00	4160.00	300.00	3360.00	400.00	5700.00	1500.00
洛南县职教中心教学点	10500.00	7000.00	5000.00	500.00	500.00	0.00	0.00	1000.00
独立使用	10500.00	7000.00	5000.00	500.00	500.00	0.00	0.00	1000.00
成教中心工作站镇安财校教学点	2352.00	1140.00	880.00	100.00	60.00	0.00	0.00	100.00
独立使用	2352.00	1140.00	880.00	100.00	60.00	0.00	0.00	100.00
陕西电大铜川分校	1800.00	1600.00	1378.00	60.00	162.00	0.00	0.00	0.00
独立使用	1800.00	1600.00	1378.00	60.00	162.00	0.00	0.00	0.00
陕西电大铜川分校宜君工作站	440.00	330.00	300.00	30.00	0.00	0.00	0.00	0.00

建筑面积(续表94)

单位:平方米

行政办公用房	生活用房						教工住宅	其他用房
	计	学生宿舍(公寓)	学生食堂	教工宿舍(公寓)	教工食堂	生活福利及附属用房		
120	0.00	0.00	0.00	0.00	0.00	0.00	0.00	0.00
80.00	660.00	0.00	0.00	300.00	300.00	60.00	0.00	0.00
200.00	0.00	0.00	0.00	0.00	0.00	0.00	0.00	0.00
200.00	0.00	0.00	0.00	0.00	0.00	0.00	0.00	0.00
0.00	0.00	0.00	0.00	0.00	0.00	0.00	0.00	0.00
1000.00	0.00	0.00	0.00	0.00	0.00	0.00	0.00	0.00
1000.00	0.00	0.00	0.00	0.00	0.00	0.00	0.00	0.00
585.00	0.00	0.00	0.00	0.00	0.00	0.00	0.00	76.00
585.00	0.00	0.00	0.00	0.00	0.00	0.00	0.00	76.00
0.00	3350.00	3000.00	350.00	0.00	0.00	0.00	0.00	1000.00
0.00	3350.00	3000.00	350.00	0.00	0.00	0.00	0.00	1000.00
0.00	0.00	0.00	0.00	0.00	0.00	0.00	0.00	0.00
0.00	0.00	0.00	0.00	0.00	0.00	0.00	0.00	0.00
50.00	0.00	0.00	0.00	0.00	0.00	0.00	0.00	0.00
50.00	0.00	0.00	0.00	0.00	0.00	0.00	0.00	0.00
200.00	4700.00	1000.00	1000.00	2000.00	500.00	200.00	350.00	0.00
0.00	0.00	0.00	0.00	0.00	0.00	0.00	350.00	0.00
200.00	4700.00	1000.00	1000.00	2000.00	500.00	200.00	0.00	0.00
0.00	0.00	0.00	0.00	0.00	0.00	0.00	0.00	0.00
0.00	0.00	0.00	0.00	0.00	0.00	0.00	0.00	0.00
50.00	12.00	0.00	0.00	0.00	12.00	0.00	0.00	10.00
50.00	12.00	0.00	0.00	0.00	12.00	0.00	0.00	10.00
0.00	0.00	0.00	0.00	0.00	0.00	0.00	0.00	0.00
0.00	0.00	0.00	0.00	0.00	0.00	0.00	0.00	0.00
1000.00	1960.00	1000.00	0.00	800.00	0.00	160.00	0.00	0.00
1000.00	1960.00	1000.00	0.00	800.00	0.00	160.00	0.00	0.00
638.00	1731.00	1131.00	0.00	600.00	0.00	0.00	0.00	0.00
638.00	1731.00	1131.00	0.00	600.00	0.00	0.00	0.00	0.00
1720.00	6400.00	3600.00	1500.00	600.00	200.00	500.00	2400.00	1500.00
1720.00	6400.00	3600.00	1500.00	600.00	200.00	500.00	2400.00	1500.00
1000.00	2500.00	1500.00	1000.00	0.00	0.00	0.00	0.00	0.00
1000.00	2500.00	1500.00	1000.00	0.00	0.00	0.00	0.00	0.00
230.00	982.00	100.00	60.00	100.00	40.00	682.00	0.00	0.00
230.00	982.00	100.00	60.00	100.00	40.00	682.00	0.00	0.00
200.00	0.00	0.00	0.00	0.00	0.00	0.00	0.00	0.00
200.00	0.00	0.00	0.00	0.00	0.00	0.00	0.00	0.00
110.00	0.00	0.00	0.00	0.00	0.00	0.00	0.00	0.00

4.3 学校产权校舍

	合计	教学科研及辅助用房						
		计	教室	图书馆	实验室、实习场所	专用科研用房	体育馆	会堂
独立使用	440	330.00	300.00	30.00	0.00	0.00	0.00	0.00
矿务局教学点	31360.00	13880.00	2640.00	240.00	8200.00	800.00	2000.00	0.00
独立使用	320.00	240.00	240.00	0.00	0.00	0.00	0.00	0.00
共同使用	31040.00	13640.00	2400.00	240.00	8200.00	800.00	2000.00	0.00
陕西航空工业管理局	50828.00	25659.00	12607.00	879.00	11733.00	0.00	80.00	360.00
独立使用	50828.00	25659.00	12607.00	879.00	11733.00	0.00	80.00	360.00
陕西广播电视大学航空工业局工作站秦岭教学点	23750.00	20130.00	10130.00	3200.00	100.00	6600.00	0.00	100.00
独立使用	23750.00	20130.00	10130.00	3200.00	100.00	6600.00	0.00	100.00
西飞技术学院	21156.00	15332.00	13797.00	283.00	1052.00	0.00	0.00	200.00
独立使用	500.00	500.00	500.00	0.00	0.00	0.00	0.00	0.00
共同使用	20656.00	14832.00	13297.00	283.00	1052.00	0.00	0.00	200.00
中国飞行试验研究院航空机务技工学校	9230.00	3430.00	1700.00	30.00	1700.00	0.00	0.00	0.00
独立使用	9230.00	3430.00	1700.00	30.00	1700.00	0.00	0.00	0.00
电子局工作站	11370.00	5100.00	4100.00	400.00	400.00	0.00	0.00	200.00
独立使用	11370.00	5100.00	4100.00	400.00	400.00	0.00	0.00	200.00
电子局凌云	900.00	840.00	600.00	240.00	0.00	0.00	0.00	0.00
独立使用	480.00	420.00	300.00	120.00	0.00	0.00	0.00	0.00
共同使用	420.00	420.00	300.00	120.00	0.00	0.00	0.00	0.00
陕西建光技工学校	660.00	460.00	320.00	40.00	0.00	0.00	100.00	0.00
独立使用	660.00	460.00	320.00	40.00	0.00	0.00	100.00	0.00
长岭培训中心	54860.00	17960.00	1200.00	160.00	15000.00	200.00	1000.00	400.00
独立使用	54860.00	17960.00	1200.00	160.00	15000.00	200.00	1000.00	400.00
兵工局惠安教学点	5480.00	2480.00	1600.00	80.00	800.00	0.00	0.00	0.00
独立使用	5480.00	2480.00	1600.00	80.00	800.00	0.00	0.00	0.00
冶金局电大工作站	13900.00	13000.00	12000.00	200.00	600.00	0.00	200.00	0.00
独立使用	13900.00	13000.00	12000.00	200.00	600.00	0.00	200.00	0.00
陕西通信技术学院	33925.00	12484.00	6141.00	120.00	4897.00	0.00	0.00	1326.00
独立使用	31867.00	10426.00	5000.00	100.00	4000.00	0.00	0.00	1326.00
共同使用	2058.00	2058.00	1141.00	20.00	897.00	0.00	0.00	0.00
陕西省纺织工业协会教学点	1810.00	1130.00	680.00	100.00	150.00	0.00	200.00	0.00
独立使用	1810.00	1130.00	680.00	100.00	150.00	0.00	200.00	0.00
陕西省水利技工学校	48420.00	32200.00	4800.00	600.00	5000.00	0.00	20000.00	1800.00
独立使用	48420.00	32200.00	4800.00	600.00	5000.00	0.00	20000.00	1800.00
陕西电大高新分校	7221.00	1200.00	720.00	160.00	320.00	0.00	0.00	0.00
独立使用	7221.00	1200.00	720.00	160.00	320.00	0.00	0.00	0.00
陕西广播电视大学新城分校	8936.00	2355.00	1007.00	0.00	1148.00	0.00	0.00	200.00
独立使用	8936.00	2355.00	1007.00	0.00	1148.00	0.00	0.00	200.00

建筑面积(续表 95)

单位:平方米

行政办公用房	生活用房						教工住宅	其他用房
	计	学生宿舍(公寓)	学生食堂	教工宿舍(公寓)	教工食堂	生活福利及附属用房		
110	0.00	0.00	0.00	0.00	0.00	0.00	0.00	0.00
680.00	4800.00	3200.00	200.00	1100.00	190.00	110.00	12000.00	0.00
80.00	0.00	0.00	0.00	0.00	0.00	0.00	0.00	0.00
600.00	4800.00	3200.00	200.00	1100.00	190.00	110.00	12000.00	0.00
9419.00	11650.00	6790.00	380.00	200.00	3600.00	680.00	4100.00	0.00
9419.00	11650.00	6790.00	380.00	200.00	3600.00	680.00	4100.00	0.00
130.00	240.00	120.00	120.00	0.00	0.00	0.00	0.00	3250.00
130.00	240.00	120.00	120.00	0.00	0.00	0.00	0.00	3250.00
5324.00	500.00	0.00	0.00	0.00	0.00	500.00	0.00	0.00
0.00	0.00	0.00	0.00	0.00	0.00	0.00	0.00	0.00
5324.00	500.00	0.00	0.00	0.00	0.00	500.00	0.00	0.00
800.00	5000.00	4800.00	200.00	0.00	0.00	0.00	0.00	0.00
800.00	5000.00	4800.00	200.00	0.00	0.00	0.00	0.00	0.00
4000.00	2270.00	1000.00	500.00	340.00	430.00	0.00	0.00	0.00
4000.00	2270.00	1000.00	500.00	340.00	430.00	0.00	0.00	0.00
60.00	0.00	0.00	0.00	0.00	0.00	0.00	0.00	0.00
60.00	0.00	0.00	0.00	0.00	0.00	0.00	0.00	0.00
0.00	0.00	0.00	0.00	0.00	0.00	0.00	0.00	0.00
200.00	0.00	0.00	0.00	0.00	0.00	0.00	0.00	0.00
200.00	0.00	0.00	0.00	0.00	0.00	0.00	0.00	0.00
600.00	24000.00	20000.00	400.00	2000.00	100.00	1500.00	12000.00	300.00
600.00	24000.00	20000.00	400.00	2000.00	100.00	1500.00	12000.00	300.00
400.00	2200.00	1600.00	200.00	160.00	0.00	240.00	0.00	400.00
400.00	2200.00	1600.00	200.00	160.00	0.00	240.00	0.00	400.00
500.00	400.00	400.00	0.00	0.00	0.00	0.00	0.00	0.00
500.00	400.00	400.00	0.00	0.00	0.00	0.00	0.00	0.00
809.00	17632.00	11180.00	1500.00	1883.00	200.00	2869.00	3000.00	0.00
809.00	17632.00	11180.00	1500.00	1883.00	200.00	2869.00	3000.00	0.00
0.00	0.00	0.00	0.00	0.00	0.00	0.00	0.00	0.00
180.00	500.00	300.00	0.00	0.00	0.00	200.00	0.00	0.00
180.00	500.00	300.00	0.00	0.00	0.00	200.00	0.00	0.00
1600.00	8620.00	3000.00	400.00	1600.00	400.00	3220.00	6000.00	0.00
1600.00	8620.00	3000.00	400.00	1600.00	400.00	3220.00	6000.00	0.00
939.00	3682.00	2100.00	500.00	400.00	0.00	682.00	1400.00	0.00
939.00	3682.00	2100.00	500.00	400.00	0.00	682.00	1400.00	0.00
929.00	50.00	0.00	0.00	0.00	50.00	0.00	5602.00	0.00
929.00	50.00	0.00	0.00	0.00	50.00	0.00	5602.00	0.00

4.3 学校产权校舍

	合计	教学科研及辅助用房						
		计	教室	图书馆	实验室、实习场所	专用科研用房	体育馆	会堂
陕西电大工运学院教学中心	16719	8673.00	7123.00	450.00	710.00	0.00	0.00	390.00
独立使用	16719.00	8673.00	7123.00	450.00	710.00	0.00	0.00	390.00
陕西航空技术学院	29074.00	14054.00	1600.00	454.00	10000.00	1500.00	0.00	500.00
独立使用	29074.00	14054.00	1600.00	454.00	10000.00	1500.00	0.00	500.00
西安华山技工学校	7477.00	4312.00	2312.00	550.00	400.00	250.00	500.00	300.00
独立使用	7477.00	4312.00	2312.00	550.00	400.00	250.00	500.00	300.00
咸阳职业技术学院	3870.00	2350.00	800.00	120.00	200.00	0.00	500.00	730.00
独立使用	3870.00	2350.00	800.00	120.00	200.00	0.00	500.00	730.00
西安	**18661.91**	**10170.32**	**8854.32**	**363.00**	**490.00**	**0.00**	**0.00**	**463.00**
独立使用	3660.91	1763.32	1563.32	63.00	50.00	0.00	0.00	87.00
共同使用	15001.00	8407.00	7291.00	300.00	440.00	0.00	0.00	376.00
西安广播电视大学	14978.00	8384.00	7268.00	300.00	440.00	0.00	0.00	376.00
共同使用	14978.00	8384.00	7268.00	300.00	440.00	0.00	0.00	376.00
现代教育培训学院工作站	105.00	105.00	105.00	0.00	0.00	0.00	0.00	0.00
独立使用	105.00	105.00	105.00	0.00	0.00	0.00	0.00	0.00
长安分校	750.00	180.00	180.00	0.00	0.00	0.00	0.00	0.00
独立使用	750.00	180.00	180.00	0.00	0.00	0.00	0.00	0.00
临潼分校	1117.00	625.00	470.00	63.00	50.00	0.00	0.00	42.00
独立使用	1117.00	625.00	470.00	63.00	50.00	0.00	0.00	42.00
翠华工作站	450.00	50.00	50.00	0.00	0.00	0.00	0.00	0.00
独立使用	450.00	50.00	50.00	0.00	0.00	0.00	0.00	0.00
直属一分校	23.00	23.00	23.00	0.00	0.00	0.00	0.00	0.00
共同使用	23.00	23.00	23.00	0.00	0.00	0.00	0.00	0.00
直属二分校	850.76	443.32	398.32	0.00	0.00	0.00	0.00	45.00
独立使用	850.76	443.32	398.32	0.00	0.00	0.00	0.00	45.00
西安电大高新分校	388.15	360.00	360.00	0.00	0.00	0.00	0.00	0.00
独立使用	388.15	360.00	360.00	0.00	0.00	0.00	0.00	0.00
甘肃	**1036207.69**	**524966.39**	**270697.03**	**30860.93**	**172669.43**	**7037.00**	**22933.00**	**20769.00**
独立使用	337045.03	175094.00	103737.00	11606.00	46271.00	1552.00	5474.00	6454.00
共同使用	699162.66	349872.39	166960.03	19254.93	126398.43	5485.00	17459.00	14315.00
甘肃广播电视大学	54707.47	7875.54	5043.08	0.00	2832.46	0.00	0.00	0.00
共同使用	54707.47	7875.54	5043.08	0.00	2832.46	0.00	0.00	0.00
甘肃电大兰州分校直属教学点	3710.00	1300.00	700.00	80.00	200.00	200.00	60.00	60.00
独立使用	3710.00	1300.00	700.00	80.00	200.00	200.00	60.00	60.00
甘肃电大兰州分校永登工作站	3397.00	2540.00	600.00	240.00	1000.00	200.00	300.00	200.00
独立使用	3397.00	2540.00	600.00	240.00	1000.00	200.00	300.00	200.00
甘肃电大兰州分校红古党校工作站	2485.00	1650.00	1000.00	`50.00	0.00	0.00	100.00	500.00

建筑面积(续表96)

单位:平方米

行政办公用房	生活用房						教工住宅	其他用房
	计	学生宿舍(公寓)	学生食堂	教工宿舍(公寓)	教工食堂	生活福利及附属用房		
500	1448.00	0.00	570.00	100.00	200.00	578.00	5963.00	135.00
500.00	1448.00	0.00	570.00	100.00	200.00	578.00	5963.00	135.00
1000.00	14020.00	6760.00	5760.00	1000.00	500.00	0.00	0.00	0.00
1000.00	14020.00	6760.00	5760.00	1000.00	500.00	0.00	0.00	0.00
620.00	1500.00	730.00	260.00	350.00	80.00	80.00	985.00	60.00
620.00	1500.00	730.00	260.00	350.00	80.00	80.00	985.00	60.00
260.00	1260.00	960.00	300.00	0.00	0.00	0.00	0.00	0.00
260.00	1260.00	960.00	300.00	0.00	0.00	0.00	0.00	0.00
6625.84	**1856**	**0.00**	**0.00**	**0.00**	**460.00**	**1396.00**	**0.00**	**9.75**
1755.84	132.00	0.00	0.00	0.00	132.00	0.00	0.00	9.75
4870.00	1724.00	0.00	0.00	0.00	328.00	1396.00	0.00	0.00
4870.00	1724.00	0.00	0.00	0.00	328.00	1396.00	0.00	0.00
4870.00	1724.00	0.00	0.00	0.00	328.00	1396.00	0.00	0.00
0.00	0.00	0.00	0.00	0.00	0.00	0.00	0.00	0.00
0.00	0.00	0.00	0.00	0.00	0.00	0.00	0.00	0.00
540.00	30.00	0.00	0.00	0.00	30.00	0.00	0.00	0.00
540.00	30.00	0.00	0.00	0.00	30.00	0.00	0.00	0.00
390.00	102.00	0.00	0.00	0.00	102.00	0.00	0.00	0.00
390.00	102.00	0.00	0.00	0.00	102.00	0.00	0.00	0.00
400.00	0.00	0.00	0.00	0.00	0.00	0.00	0.00	0.00
400.00	0.00	0.00	0.00	0.00	0.00	0.00	0.00	0.00
0.00	0.00	0.00	0.00	0.00	0.00	0.00	0.00	0.00
0.00	0.00	0.00	0.00	0.00	0.00	0.00	0.00	0.00
407.44	0.00	0.00	0.00	0.00	0.00	0.00	0.00	0.00
407.44	0.00	0.00	0.00	0.00	0.00	0.00	0.00	0.00
18.40	0.00	0.00	0.00	0.00	0.00	0.00	0.00	9.75
18.40	0.00	0.00	0.00	0.00	0.00	0.00	0.00	9.75
79107.18	**320916.94**	**226076.11**	**44670.67**	**14352.00**	**5577.00**	**30241.16**	**74546.00**	**36671.18**
32383.00	92694.03	62242.44	10194.59	4102.00	1897.00	14258.00	34697.00	2177.00
46724.18	228222.91	163833.67	34476.08	10250.00	3680.00	15983.16	39849.00	34494.18
4704.36	12146.39	10973.47	286.46	0.00	0.00	886.46	0.00	29981.18
4704.36	12146.39	10973.47	286.46	0.00	0.00	886.46	0.00	29981.18
1450.00	960.00	0.00	0.00	0.00	0.00	960.00	0.00	0.00
1450.00	960.00	0.00	0.00	0.00	0.00	960.00	0.00	0.00
557.00	300.00	0.00	0.00	0.00	0.00	300.00	0.00	0.00
557.00	300.00	0.00	0.00	0.00	0.00	300.00	0.00	0.00
0.00	835.00	0.00	0.00	0.00	0.00	835.00	0.00	0.00

4.3 学校产权校舍

	合计	教学科研及辅助用房						
		计	教室	图书馆	实验室、实习场所	专用科研用房	体育馆	会堂
共同使用	2485	1650.00	1000.00	50.00	0.00	0.00	100.00	500.00
甘肃电大兰州分校榆中工作站	2550.00	1200.00	600.00	100.00	200.00	0.00	0.00	300.00
独立使用	2550.00	1200.00	600.00	100.00	200.00	0.00	0.00	300.00
甘肃电大兰州分校西固区工作站	1080.00	860.00	800.00	60.00	0.00	0.00	0.00	0.00
独立使用	220.00	0.00	0.00	0.00	0.00	0.00	0.00	0.00
共同使用	860.00	860.00	800.00	60.00	0.00	0.00	0.00	0.00
甘肃电大兰州分校红古区工作站	8621.00	7226.00	4350.00	53.00	2589.00	0.00	0.00	234.00
独立使用	8621.00	7226.00	4350.00	53.00	2589.00	0.00	0.00	234.00
甘肃电大天水分校直属教学点	21187.00	8131.00	6521.00	0.00	450.00	0.00	0.00	1160.00
独立使用	21187.00	8131.00	6521.00	0.00	450.00	0.00	0.00	1160.00
甘肃电大天水分校张家川工作站	5250.00	2790.00	2100.00	40.00	350.00	0.00	100.00	200.00
独立使用	220.00	100.00	100.00	0.00	0.00	0.00	0.00	0.00
共同使用	5030.00	2690.00	2000.00	40.00	350.00	0.00	100.00	200.00
甘肃电大天水分校清水工作站	4484.00	4430.00	390.00	560.00	3250.00	0.00	0.00	230.00
独立使用	4484.00	4430.00	390.00	560.00	3250.00	0.00	0.00	230.00
甘肃电大天水分校武山工作站	2895.00	2149.00	1828.00	20.00	0.00	0.00	0.00	301.00
独立使用	2895.00	2149.00	1828.00	20.00	0.00	0.00	0.00	301.00
甘肃电大天水分校麦积山区工作站	6415.00	1744.00	1312.00	103.00	103.00	103.00	0.00	123.00
独立使用	6415.00	1744.00	1312.00	103.00	103.00	103.00	0.00	123.00
甘肃电大天水分校秦安工作站	18568.00	7382.00	4085.00	60.00	3087.00	0.00	0.00	150.00
独立使用	180.00	0.00	0.00	0.00	0.00	0.00	0.00	0.00
共同使用	18388.00	7382.00	4085.00	60.00	3087.00	0.00	0.00	150.00
甘肃电大天水分校甘谷工作站	8114.00	5190.00	4610.00	200.00	380.00	0.00	0.00	0.00
独立使用	8114.00	5190.00	4610.00	200.00	380.00	0.00	0.00	0.00
甘肃电大白银分校直属教学点	7233.00	2290.00	1890.00	80.00	160.00	0.00	160.00	0.00
独立使用	7233.00	2290.00	1890.00	80.00	160.00	0.00	160.00	0.00
甘肃电大白银分校白银区工作站	840.00	570.00	486.00	30.00	0.00	0.00	54.00	0.00
独立使用	840.00	570.00	486.00	30.00	0.00	0.00	54.00	0.00
甘肃电大白银分校景泰工作站	958.00	723.00	510.00	213.00	0.00	0.00	0.00	0.00
独立使用	958.00	723.00	510.00	213.00	0.00	0.00	0.00	0.00
甘肃电大白银分校会宁工作站	4215.00	2900.00	2600.00	200.00	0.00	0.00	0.00	100.00
独立使用	4215.00	2900.00	2600.00	200.00	0.00	0.00	0.00	100.00
甘肃电大白银分校靖远工作站	25589.00	16371.00	5900.00	150.00	10000.00	0.00	0.00	321.00
独立使用	570.00	500.00	500.00	0.00	0.00	0.00	0.00	0.00
共同使用	25019.00	15871.00	5400.00	150.00	10000.00	0.00	0.00	321.00
甘肃电大白银分校平川区工作站	13.00	6.00	5.00	0.00	0.00	0.00	0.00	1.00
独立使用	8.00	1.00	0.00	0.00	0.00	0.00	0.00	1.00

建筑面积(续表97)

单位:平方米

行政办公用房	生活用房						教工住宅	其他用房
	计	学生宿舍(公寓)	学生食堂	教工宿舍(公寓)	教工食堂	生活福利及附属用房		
0	835.00	0.00	0.00	0.00	0.00	835.00	0.00	0.00
200.00	1150.00	0.00	0.00	150.00	0.00	1000.00	0.00	0.00
200.00	1150.00	0.00	0.00	150.00	0.00	1000.00	0.00	0.00
220.00	0.00	0.00	0.00	0.00	0.00	0.00	0.00	0.00
220.00	0.00	0.00	0.00	0.00	0.00	0.00	0.00	0.00
0.00	0.00	0.00	0.00	0.00	0.00	0.00	0.00	0.00
572.00	823.00	567.00	256.00	0.00	0.00	0.00	0.00	0.00
572.00	823.00	567.00	256.00	0.00	0.00	0.00	0.00	0.00
4210.00	4531.00	3315.00	174.00	0.00	0.00	1042.00	4315.00	0.00
4210.00	4531.00	3315.00	174.00	0.00	0.00	1042.00	4315.00	0.00
200.00	2020.00	1000.00	500.00	120.00	400.00	0.00	240.00	0.00
0.00	0.00	0.00	0.00	0.00	0.00	0.00	120.00	0.00
200.00	2020.00	1000.00	500.00	120.00	400.00	0.00	120.00	0.00
54.00	0.00	0.00	0.00	0.00	0.00	0.00	0.00	0.00
54.00	0.00	0.00	0.00	0.00	0.00	0.00	0.00	0.00
0.00	746.00	0.00	0.00	307.00	0.00	439.00	0.00	0.00
0.00	746.00	0.00	0.00	307.00	0.00	439.00	0.00	0.00
213.00	0.00	0.00	0.00	0.00	0.00	0.00	4458.00	0.00
213.00	0.00	0.00	0.00	0.00	0.00	0.00	4458.00	0.00
1200.00	9986.00	6500.00	3386.00	0.00	100.00	0.00	0.00	0.00
180.00	0.00	0.00	0.00	0.00	0.00	0.00	0.00	0.00
1020.00	9986.00	6500.00	3386.00	0.00	100.00	0.00	0.00	0.00
367.00	2557.00	1800.00	185.00	210.00	150.00	212.00	0.00	0.00
367.00	2557.00	1800.00	185.00	210.00	150.00	212.00	0.00	0.00
1890.00	2783.00	1260.00	500.00	0.00	1000.00	23.00	40.00	230.00
1890.00	2783.00	1260.00	500.00	0.00	1000.00	23.00	40.00	230.00
270.00	0.00	0.00	0.00	0.00	0.00	0.00	0.00	0.00
270.00	0.00	0.00	0.00	0.00	0.00	0.00	0.00	0.00
235.00	0.00	0.00	0.00	0.00	0.00	0.00	0.00	0.00
235.00	0.00	0.00	0.00	0.00	0.00	0.00	0.00	0.00
300.00	1015.00	800.00	215.00	0.00	0.00	0.00	0.00	0.00
300.00	1015.00	800.00	215.00	0.00	0.00	0.00	0.00	0.00
854.00	8364.00	8085.00	152.00	0.00	0.00	127.00	0.00	0.00
70.00	0.00	0.00	0.00	0.00	0.00	0.00	0.00	0.00
784.00	8364.00	8085.00	152.00	0.00	0.00	127.00	0.00	0.00
7.00	0.00	0.00	0.00	0.00	0.00	0.00	0.00	0.00
7.00	0.00	0.00	0.00	0.00	0.00	0.00	0.00	0.00

4.3 学校产权校舍

	合计	教学科研及辅助用房						
		计	教室	图书馆	实验室、实习场所	专用科研用房	体育馆	会堂
共同使用	5	5.00	5.00	0.00	0.00	0.00	0.00	0.00
甘肃电大白银分校靖煤教学点	5020.00	720.00	576.00	144.00	0.00	0.00	0.00	0.00
独立使用	5020.00	720.00	576.00	144.00	0.00	0.00	0.00	0.00
甘肃电大白银分校会宁职专教学点	200.00	200.00	200.00	0.00	0.00	0.00	0.00	0.00
共同使用	200.00	200.00	200.00	0.00	0.00	0.00	0.00	0.00
甘肃电大金昌分校直属教学点	4020.00	1890.00	1735.00	65.00	0.00	45.00	0.00	45.00
独立使用	4020.00	1890.00	1735.00	65.00	0.00	45.00	0.00	45.00
甘肃电大嘉峪关分校	8660.00	5560.00	3640.00	100.00	1820.00	0.00	0.00	0.00
独立使用	8660.00	5560.00	3640.00	100.00	1820.00	0.00	0.00	0.00
甘肃电大庆阳分校直属教学点	8381.00	3183.00	3183.00	0.00	0.00	0.00	0.00	0.00
独立使用	8381.00	3183.00	3183.00	0.00	0.00	0.00	0.00	0.00
甘肃电大庆阳分校环县工作站	46938.00	30061.00	7964.00	282.00	21575.00	240.00	0.00	0.00
独立使用	46938.00	30061.00	7964.00	282.00	21575.00	240.00	0.00	0.00
甘肃电大庆阳分校合水工作站	18002.70	10333.60	6283.50	0.00	4050.10	0.00	0.00	0.00
共同使用	18002.70	10333.60	6283.50	0.00	4050.10	0.00	0.00	0.00
甘肃电大庆阳分校正宁工作站	22678.00	15450.00	7775.00	4875.00	2540.00	0.00	0.00	260.00
独立使用	22678.00	15450.00	7775.00	4875.00	2540.00	0.00	0.00	260.00
甘肃电大庆阳分校华池工作站	16550.00	10130.00	6599.00	109.00	3422.00	0.00	0.00	0.00
共同使用	16550.00	10130.00	6599.00	109.00	3422.00	0.00	0.00	0.00
甘肃电大庆阳分校宁县工作站	12680.00	8300.00	4800.00	0.00	3500.00	0.00	0.00	0.00
共同使用	12680.00	8300.00	4800.00	0.00	3500.00	0.00	0.00	0.00
甘肃电大庆阳分校镇原工作站	17404.00	8293.00	2870.00	154.00	4955.00	90.00	154.00	70.00
独立使用	2960.00	2870.00	2870.00	0.00	0.00	0.00	0.00	0.00
共同使用	14444.00	5423.00	0.00	154.00	4955.00	90.00	154.00	70.00
甘肃电大平凉分校直属教学点	3830.00	2280.00	1000.00	60.00	550.00	260.00	60.00	350.00
独立使用	3830.00	2280.00	1000.00	60.00	550.00	260.00	60.00	350.00
甘肃电大平凉分校静宁工作站	20000.00	4700.00	2400.00	300.00	1000.00	0.00	0.00	1000.00
共同使用	20000.00	4700.00	2400.00	300.00	1000.00	0.00	0.00	1000.00
甘肃电大平凉分校庄浪工作站	168.00	0.00	0.00	0.00	0.00	0.00	0.00	0.00
独立使用	168.00	0.00	0.00	0.00	0.00	0.00	0.00	0.00
甘肃电大陇南分校直属教学点	11992.00	7295.00	5773.00	761.00	761.00	0.00	0.00	0.00
独立使用	11992.00	7295.00	5773.00	761.00	761.00	0.00	0.00	0.00
甘肃电大陇南分校宕昌工作站	14648.00	8320.00	4800.00	120.00	3400.00	0.00	0.00	0.00
独立使用	4800.00	4800.00	4800.00	0.00	0.00	0.00	0.00	0.00
共同使用	9848.00	3520.00	0.00	120.00	3400.00	0.00	0.00	0.00
甘肃电大陇南分校康县工作站	4515.00	216.00	192.00	0.00	24.00	0.00	0.00	0.00
独立使用	4515.00	216.00	192.00	0.00	24.00	0.00	0.00	0.00

建筑面积(续表98)

单位:平方米

行政办公用房	生活用房						教工住宅	其他用房
	计	学生宿舍(公寓)	学生食堂	教工宿舍(公寓)	教工食堂	生活福利及附属用房		
0	0.00	0.00	0.00	0.00	0.00	0.00	0.00	0.00
1900.00	0.00	0.00	0.00	0.00	0.00	0.00	2400.00	0.00
1900.00	0.00	0.00	0.00	0.00	0.00	0.00	2400.00	0.00
0.00	0.00	0.00	0.00	0.00	0.00	0.00	0.00	0.00
0.00	0.00	0.00	0.00	0.00	0.00	0.00	0.00	0.00
2010.00	120.00	0.00	0.00	0.00	0.00	120.00	0.00	0.00
2010.00	120.00	0.00	0.00	0.00	0.00	120.00	0.00	0.00
900.00	2200.00	1500.00	700.00	0.00	0.00	0.00	0.00	0.00
900.00	2200.00	1500.00	700.00	0.00	0.00	0.00	0.00	0.00
2956.00	2242.00	2072.00	170.00	0.00	0.00	0.00	0.00	0.00
2956.00	2242.00	2072.00	170.00	0.00	0.00	0.00	0.00	0.00
1460.00	15153.00	10434.00	450.00	0.00	0.00	4269.00	0.00	264.00
1460.00	15153.00	10434.00	450.00	0.00	0.00	4269.00	0.00	264.00
1223.70	6445.40	5016.20	628.50	0.00	0.00	800.70	0.00	0.00
1223.70	6445.40	5016.20	628.50	0.00	0.00	800.70	0.00	0.00
1526.00	5142.00	4502.00	240.00	400.00	0.00	0.00	0.00	560.00
1526.00	5142.00	4502.00	240.00	400.00	0.00	0.00	0.00	560.00
1860.00	4560.00	2367.00	465.00	0.00	0.00	1728.00	0.00	0.00
1860.00	4560.00	2367.00	465.00	0.00	0.00	1728.00	0.00	0.00
980.00	3400.00	2500.00	900.00	0.00	0.00	0.00	0.00	0.00
980.00	3400.00	2500.00	900.00	0.00	0.00	0.00	0.00	0.00
1586.00	7525.00	4463.00	500.00	2067.00	150.00	345.00	0.00	0.00
90.00	0.00	0.00	0.00	0.00	0.00	0.00	0.00	0.00
1496.00	7525.00	4463.00	500.00	2067.00	150.00	345.00	0.00	0.00
1100.00	450.00	450.00	0.00	0.00	0.00	0.00	0.00	0.00
1100.00	450.00	450.00	0.00	0.00	0.00	0.00	0.00	0.00
2500.00	9800.00	6000.00	500.00	500.00	1000.00	1800.00	3000.00	0.00
2500.00	9800.00	6000.00	500.00	500.00	1000.00	1800.00	3000.00	0.00
140.00	28.00	0.00	0.00	0.00	0.00	28.00	0.00	0.00
140.00	28.00	0.00	0.00	0.00	0.00	28.00	0.00	0.00
761.00	3936.00	3044.00	892.00	0.00	0.00	0.00	0.00	0.00
761.00	3936.00	3044.00	892.00	0.00	0.00	0.00	0.00	0.00
1200.00	2520.00	1800.00	720.00	0.00	0.00	0.00	0.00	2608.00
0.00	0.00	0.00	0.00	0.00	0.00	0.00	0.00	0.00
1200.00	2520.00	1800.00	720.00	0.00	0.00	0.00	0.00	2608.00
486.00	3813.00	2933.00	880.00	0.00	0.00	0.00	0.00	0.00
486.00	3813.00	2933.00	880.00	0.00	0.00	0.00	0.00	0.00

4.3 学校产权校舍

	合计	教学科研及辅助用房						
		计	教室	图书馆	实验室、实习场所	专用科研用房	体育馆	会堂
甘肃电大陇南分校两当工作站	1689	885.00	524.00	71.00	290.00	0.00	0.00	0.00
独立使用	1689.00	885.00	524.00	71.00	290.00	0.00	0.00	0.00
甘肃电大陇南分校文县工作站	50.00	50.00	50.00	0.00	0.00	0.00	0.00	0.00
独立使用	50.00	50.00	50.00	0.00	0.00	0.00	0.00	0.00
甘肃电大陇南分校礼县工作站	2150.00	1070.00	720.00	0.00	0.00	170.00	40.00	140.00
独立使用	2150.00	1070.00	720.00	0.00	0.00	170.00	40.00	140.00
甘肃电大陇南分校西和工作站	28461.00	18713.00	9352.00	3616.00	144.00	3709.00	1300.00	592.00
独立使用	1370.00	1260.00	630.00	420.00	0.00	210.00	0.00	0.00
共同使用	27091.00	17453.00	8722.00	3196.00	144.00	3499.00	1300.00	592.00
甘肃电大定西分校直属教学点	33201.97	18878.94	9138.38	4349.81	4390.75	0.00	0.00	1000.00
独立使用	11823.03	0.00	0.00	0.00	0.00	0.00	0.00	0.00
共同使用	21378.94	18878.94	9138.38	4349.81	4390.75	0.00	0.00	1000.00
甘肃电大定西分校陇西工作站	1100.00	800.00	800.00	0.00	0.00	0.00	0.00	0.00
共同使用	1100.00	800.00	800.00	0.00	0.00	0.00	0.00	0.00
甘肃电大定西分校岷县工作站	13859.00	7540.00	5526.00	55.00	1700.00	0.00	0.00	259.00
独立使用	95.00	0.00	0.00	0.00	0.00	0.00	0.00	0.00
共同使用	13764.00	7540.00	5526.00	55.00	1700.00	0.00	0.00	259.00
甘肃电大定西分校漳县工作站	10314.00	5864.00	2160.00	162.00	3542.00	0.00	0.00	0.00
共同使用	10314.00	5864.00	2160.00	162.00	3542.00	0.00	0.00	0.00
甘肃电大定西分校通渭工作站	11840.00	6964.00	3482.00	2508.00	78.00	896.00	0.00	0.00
共同使用	11840.00	6964.00	3482.00	2508.00	78.00	896.00	0.00	0.00
甘肃电大定西分校渭源工作站	1204.00	620.00	200.00	70.00	230.00	70.00	0.00	50.00
独立使用	1204.00	620.00	200.00	70.00	230.00	70.00	0.00	50.00
甘肃电大定西分校临洮工作站	882.48	306.24	0.00	90.12	216.12	0.00	0.00	0.00
共同使用	882.48	306.24	0.00	90.12	216.12	0.00	0.00	0.00
甘肃电大武威分校直属教学点	209384.00	101558.00	45209.00	2580.00	50652.00	0.00	0.00	3117.00
共同使用	209384.00	101558.00	45209.00	2580.00	50652.00	0.00	0.00	3117.00
甘肃电大武威分校天祝工作站	8136.00	5339.00	5339.00	0.00	0.00	0.00	0.00	0.00
共同使用	8136.00	5339.00	5339.00	0.00	0.00	0.00	0.00	0.00
甘肃电大武威分校古浪工作站	14310.00	9710.00	6800.00	1200.00	1500.00	0.00	0.00	210.00
共同使用	14310.00	9710.00	6800.00	1200.00	1500.00	0.00	0.00	210.00
甘肃电大武威分校民勤工作站	3400.00	1700.00	1000.00	100.00	300.00	0.00	0.00	300.00
独立使用	3400.00	1700.00	1000.00	100.00	300.00	0.00	0.00	300.00
甘肃电大武威分校凉州区工作站	60.00	0.00	0.00	0.00	0.00	0.00	0.00	0.00
独立使用	60.00	0.00	0.00	0.00	0.00	0.00	0.00	0.00
甘肃电大张掖分校直属教学点	2420.00	2013.00	2003.00	10.00	0.00	0.00	0.00	0.00
独立使用	2420.00	2013.00	2003.00	10.00	0.00	0.00	0.00	0.00

建筑面积(续表99)

单位:平方米

行政办公用房	生活用房						教工住宅	其他用房
	计	学生宿舍(公寓)	学生食堂	教工宿舍(公寓)	教工食堂	生活福利及附属用房		
52	752.00	279.00	116.00	141.00	0.00	216.00	0.00	0.00
52.00	752.00	279.00	116.00	141.00	0.00	216.00	0.00	0.00
0.00	0.00	0.00	0.00	0.00	0.00	0.00	0.00	0.00
0.00	0.00	0.00	0.00	0.00	0.00	0.00	0.00	0.00
666.00	414.00	270.00	0.00	144.00	0.00	0.00	0.00	0.00
666.00	414.00	270.00	0.00	144.00	0.00	0.00	0.00	0.00
2720.00	6678.00	5200.00	1478.00	0.00	0.00	0.00	0.00	350.00
110.00	0.00	0.00	0.00	0.00	0.00	0.00	0.00	0.00
2610.00	6678.00	5200.00	1478.00	0.00	0.00	0.00	0.00	350.00
2500.00	11823.03	10476.44	1346.59	0.00	0.00	0.00	0.00	0.00
0.00	11823.03	10476.44	1346.59	0.00	0.00	0.00	0.00	0.00
2500.00	0.00	0.00	0.00	0.00	0.00	0.00	0.00	0.00
300.00	0.00	0.00	0.00	0.00	0.00	0.00	0.00	0.00
300.00	0.00	0.00	0.00	0.00	0.00	0.00	0.00	0.00
919.00	5400.00	4100.00	1300.00	0.00	0.00	0.00	0.00	0.00
95.00	0.00	0.00	0.00	0.00	0.00	0.00	0.00	0.00
824.00	5400.00	4100.00	1300.00	0.00	0.00	0.00	0.00	0.00
756.00	3694.00	2864.00	830.00	0.00	0.00	0.00	0.00	0.00
756.00	3694.00	2864.00	830.00	0.00	0.00	0.00	0.00	0.00
1524.00	3352.00	1676.00	1503.00	121.00	0.00	52.00	0.00	0.00
1524.00	3352.00	1676.00	1503.00	121.00	0.00	52.00	0.00	0.00
0.00	324.00	76.00	76.00	172.00	0.00	0.00	0.00	260.00
0.00	324.00	76.00	76.00	172.00	0.00	0.00	0.00	260.00
360.12	216.12	0.00	216.12	0.00	0.00	0.00	0.00	0.00
360.12	216.12	0.00	216.12	0.00	0.00	0.00	0.00	0.00
3545.00	81172.00	63401.00	11855.00	342.00	350.00	5224.00	23109.00	0.00
3545.00	81172.00	63401.00	11855.00	342.00	350.00	5224.00	23109.00	0.00
1201.00	1596.00	879.00	0.00	0.00	0.00	717.00	0.00	0.00
1201.00	1596.00	879.00	0.00	0.00	0.00	717.00	0.00	0.00
600.00	4000.00	2200.00	1000.00	600.00	200.00	0.00	0.00	0.00
600.00	4000.00	2200.00	1000.00	600.00	200.00	0.00	0.00	0.00
1000.00	700.00	500.00	200.00	0.00	0.00	0.00	0.00	0.00
1000.00	700.00	500.00	200.00	0.00	0.00	0.00	0.00	0.00
60.00	0.00	0.00	0.00	0.00	0.00	0.00	0.00	0.00
60.00	0.00	0.00	0.00	0.00	0.00	0.00	0.00	0.00
254.00	0.00	0.00	0.00	0.00	0.00	0.00	0.00	153.00
254.00	0.00	0.00	0.00	0.00	0.00	0.00	0.00	153.00

4.3 学校产权校舍

	合计	教学科研及辅助用房						
		计	教室	图书馆	实验室、实习场所	专用科研用房	体育馆	会堂
甘肃电大张掖分校高台工作站	28744	12430.00	3400.00	150.00	8110.00	0.00	60.00	710.00
共同使用	28744.00	12430.00	3400.00	150.00	8110.00	0.00	60.00	710.00
甘肃电大张掖分校山丹工作站	31682.00	13622.00	7510.00	464.00	2600.00	0.00	1085.00	1963.00
独立使用	19252.00	3172.00	2253.00	139.00	780.00	0.00	0.00	0.00
共同使用	12430.00	10450.00	5257.00	325.00	1820.00	0.00	1085.00	1963.00
甘肃电大张掖分校临泽工作站	32234.00	21264.00	5404.00	1000.00	10632.00	900.00	1500.00	1828.00
独立使用	700.00	400.00	400.00	0.00	0.00	0.00	0.00	0.00
共同使用	31534.00	20864.00	5004.00	1000.00	10632.00	900.00	1500.00	1828.00
甘肃电大张掖分校肃南教学点	7295.00	1992.00	1582.00	50.00	0.00	0.00	0.00	360.00
共同使用	7295.00	1992.00	1582.00	50.00	0.00	0.00	0.00	360.00
甘肃电大酒泉分校直属教学点	12500.00	7700.00	6600.00	200.00	600.00	0.00	0.00	300.00
独立使用	12500.00	7700.00	6600.00	200.00	600.00	0.00	0.00	300.00
甘肃电大酒泉分校敦煌工作站	260.00	60.00	60.00	0.00	0.00	0.00	0.00	0.00
独立使用	260.00	60.00	60.00	0.00	0.00	0.00	0.00	0.00
甘肃电大酒泉分校肃北工作站	280.00	180.00	120.00	0.00	0.00	0.00	0.00	60.00
共同使用	280.00	180.00	120.00	0.00	0.00	0.00	0.00	60.00
甘肃电大甘南分校直属教学点	5028.07	4467.07	4235.07	54.00	178.00	0.00	0.00	0.00
共同使用	5028.07	4467.07	4235.07	54.00	178.00	0.00	0.00	0.00
甘肃电大甘南分校舟曲工作站	2000.00	1070.00	540.00	54.00	108.00	54.00	0.00	314.00
独立使用	882.00	702.00	540.00	0.00	108.00	54.00	0.00	0.00
共同使用	1118.00	368.00	0.00	54.00	0.00	0.00	0.00	314.00
甘肃电大甘南分校卓尼工作站	1224.00	732.00	672.00	0.00	0.00	0.00	0.00	60.00
共同使用	1224.00	732.00	672.00	0.00	0.00	0.00	0.00	60.00
甘肃电大甘南分校临潭工作站	1859.00	1259.00	600.00	106.00	102.00	0.00	0.00	451.00
独立使用	1859.00	1259.00	600.00	106.00	102.00	0.00	0.00	451.00
甘肃电大甘南分校迭部工作站	962.00	961.00	800.00	60.00	100.00	0.00	0.00	1.00
独立使用	100.00	100.00	0.00	0.00	100.00	0.00	0.00	0.00
共同使用	862.00	861.00	800.00	60.00	0.00	0.00	0.00	1.00
甘肃电大临夏分校直属教学点	6680.00	5300.00	5300.00	0.00	0.00	0.00	0.00	0.00
独立使用	6680.00	5300.00	5300.00	0.00	0.00	0.00	0.00	0.00
甘肃电大临夏分校积石山工作站	430.00	110.00	110.00	0.00	0.00	0.00	0.00	0.00
独立使用	430.00	110.00	110.00	0.00	0.00	0.00	0.00	0.00
甘肃电大临夏分校康乐工作站	2786.00	1992.00	1992.00	0.00	0.00	0.00	0.00	0.00
共同使用	2786.00	1992.00	1992.00	0.00	0.00	0.00	0.00	0.00
甘肃电大临夏分校广河工作站	601.00	401.00	400.00	1.00	0.00	0.00	0.00	0.00
独立使用	601.00	401.00	400.00	1.00	0.00	0.00	0.00	0.00
甘肃电大农垦分校直属教学点	17100.00	5920.00	4715.00	370.00	335.00	0.00	0.00	500.00

建筑面积(续表100)

单位:平方米

行政办公用房	生活用房						教工住宅	其他用房
	计	学生宿舍(公寓)	学生食堂	教工宿舍(公寓)	教工食堂	生活福利及附属用房		
2060	14254.00	7847.00	1907.00	2712.00	0.00	1788.00	0.00	0.00
2060.00	14254.00	7847.00	1907.00	2712.00	0.00	1788.00	0.00	0.00
1300.00	9660.00	7000.00	620.00	180.00	60.00	1800.00	7100.00	0.00
0.00	8980.00	7000.00	0.00	180.00	0.00	1800.00	7100.00	0.00
1300.00	680.00	0.00	620.00	0.00	60.00	0.00	0.00	0.00
800.00	9720.00	7420.00	1200.00	800.00	300.00	0.00	0.00	450.00
150.00	0.00	0.00	0.00	0.00	0.00	0.00	0.00	150.00
650.00	9720.00	7420.00	1200.00	800.00	300.00	0.00	0.00	300.00
2247.00	2482.00	1800.00	209.00	126.00	110.00	237.00	0.00	574.00
2247.00	2482.00	1800.00	209.00	126.00	110.00	237.00	0.00	574.00
510.00	2490.00	0.00	0.00	1140.00	500.00	850.00	1800.00	0.00
510.00	2490.00	0.00	0.00	1140.00	500.00	850.00	1800.00	0.00
200.00	0.00	0.00	0.00	0.00	0.00	0.00	0.00	0.00
200.00	0.00	0.00	0.00	0.00	0.00	0.00	0.00	0.00
100.00	0.00	0.00	0.00	0.00	0.00	0.00	0.00	0.00
100.00	0.00	0.00	0.00	0.00	0.00	0.00	0.00	0.00
561.00	0.00	0.00	0.00	0.00	0.00	0.00	0.00	0.00
561.00	0.00	0.00	0.00	0.00	0.00	0.00	0.00	0.00
180.00	750.00	0.00	0.00	600.00	150.00	0.00	0.00	0.00
180.00	0.00	0.00	0.00	0.00	0.00	0.00	0.00	0.00
0.00	750.00	0.00	0.00	600.00	150.00	0.00	0.00	0.00
87.00	405.00	285.00	60.00	0.00	60.00	0.00	0.00	0.00
87.00	405.00	285.00	60.00	0.00	60.00	0.00	0.00	0.00
300.00	300.00	180.00	120.00	0.00	0.00	0.00	0.00	0.00
300.00	300.00	180.00	120.00	0.00	0.00	0.00	0.00	0.00
0.00	0.00	0.00	0.00	0.00	0.00	0.00	0.00	1.00
0.00	0.00	0.00	0.00	0.00	0.00	0.00	0.00	0.00
0.00	0.00	0.00	0.00	0.00	0.00	0.00	0.00	1.00
930.00	450.00	0.00	0.00	0.00	0.00	450.00	0.00	0.00
930.00	450.00	0.00	0.00	0.00	0.00	450.00	0.00	0.00
200.00	120.00	0.00	0.00	0.00	80.00	40.00	0.00	0.00
200.00	120.00	0.00	0.00	0.00	80.00	40.00	0.00	0.00
494.00	300.00	0.00	0.00	300.00	0.00	0.00	0.00	0.00
494.00	300.00	0.00	0.00	300.00	0.00	0.00	0.00	0.00
200.00	0.00	0.00	0.00	0.00	0.00	0.00	0.00	0.00
200.00	0.00	0.00	0.00	0.00	0.00	0.00	0.00	0.00
2890.00	1480.00	600.00	580.00	300.00	0.00	0.00	6810.00	0.00

	合计	教学科研及辅助用房						
		计	教室	图书馆	实验室、实习场所	专用科研用房	体育馆	会堂
共同使用	17100	5920.00	4715.00	370.00	335.00	0.00	0.00	500.00
甘肃电大农垦分校黄羊教学点	17400.00	6220.00	4715.00	370.00	335.00	0.00	0.00	800.00
共同使用	17400.00	6220.00	4715.00	370.00	335.00	0.00	0.00	800.00
甘肃电大农垦河西分校直属教学点	32968.00	16031.00	8791.00	2100.00	90.00	0.00	4800.00	250.00
独立使用	32968.00	16031.00	8791.00	2100.00	90.00	0.00	4800.00	250.00
甘肃电大农垦河西分校金塔教学点	552.00	434.00	434.00	0.00	0.00	0.00	0.00	0.00
独立使用	552.00	434.00	434.00	0.00	0.00	0.00	0.00	0.00
甘肃电大农垦河西分校玉门教学点	213.00	170.00	130.00	0.00	0.00	0.00	0.00	40.00
独立使用	213.00	170.00	130.00	0.00	0.00	0.00	0.00	40.00
甘肃电大直属学院	8.00	3.00	0.00	1.00	0.00	0.00	0.00	2.00
独立使用	5.00	3.00	0.00	1.00	0.00	0.00	0.00	2.00
共同使用	3.00	0.00	0.00	0.00	0.00	0.00	0.00	0.00
甘肃电大直属学院教学分部	1063.00	849.00	849.00	0.00	0.00	0.00	0.00	0.00
独立使用	1063.00	849.00	849.00	0.00	0.00	0.00	0.00	0.00
甘肃电大水电五局工作站	56939.00	30043.00	8676.00	1638.00	6169.00	100.00	13160.00	300.00
共同使用	56939.00	30043.00	8676.00	1638.00	6169.00	100.00	13160.00	300.00
甘肃电大滨河分校	27909.00	15215.00	5638.00	150.00	7997.00	0.00	0.00	1430.00
独立使用	27909.00	15215.00	5638.00	150.00	7997.00	0.00	0.00	1430.00
甘肃电大兰州铁路技工学校教学点	7031.00	271.00	0.00	72.00	72.00	0.00	0.00	127.00
独立使用	7031.00	271.00	0.00	72.00	72.00	0.00	0.00	127.00
青海	**320680.00**	**258203.00**	**127160.00**	**62986.00**	**39711.00**	**18852.00**	**7576.00**	**1918.00**
独立使用	33449.00	23350.00	9599.00	900.00	8973.00	2000.00	380.00	1498.00
共同使用	287231.00	234853.00	117561.00	62086.00	30738.00	16852.00	7196.00	420.00
青海广播电视大学	9400.00	3400.00	2000.00	700.00	0.00	0.00	0.00	700.00
独立使用	9400.00	3400.00	2000.00	700.00	0.00	0.00	0.00	700.00
乐都县广播电视大学	5000.00	0.00	0.00	0.00	0.00	0.00	0.00	0.00
共同使用	5000.00	0.00	0.00	0.00	0.00	0.00	0.00	0.00
格尔木市广播电视大学	237156.00	191735.00	76057.00	61660.00	29970.00	16852.00	7196.00	0.00
共同使用	237156.00	191735.00	76057.00	61660.00	29970.00	16852.00	7196.00	0.00
都兰县广播电视大学	40166.00	40166.00	39878.00	0.00	210.00	0.00	0.00	78.00
独立使用	156.00	156.00	78.00	0.00	0.00	0.00	0.00	78.00
共同使用	40010.00	40010.00	39800.00	0.00	210.00	0.00	0.00	0.00
湟中县广播电视大学	17217.00	15097.00	5597.00	100.00	6300.00	2000.00	380.00	720.00
独立使用	17211.00	15091.00	5591.00	100.00	6300.00	2000.00	380.00	720.00
共同使用	6.00	6.00	6.00	0.00	0.00	0.00	0.00	0.00
平安县广播电视大学	500.00	500.00	500.00	0.00	0.00	0.00	0.00	0.00
独立使用	500.00	500.00	500.00	0.00	0.00	0.00	0.00	0.00

建筑面积(续表 101)

单位:平方米

行政办公用房	生活用房						教工住宅	其他用房
	计	学生宿舍（公寓）	学生食堂	教工宿舍（公寓）	教工食堂	生活福利及附属用房		
2890	1480.00	600.00	580.00	300.00	0.00	0.00	6810.00	0.00
2890.00	1480.00	600.00	580.00	300.00	0.00	0.00	6810.00	0.00
2890.00	1480.00	600.00	580.00	300.00	0.00	0.00	6810.00	0.00
1650.00	4263.00	3500.00	310.00	68.00	35.00	350.00	10464.00	560.00
1650.00	4263.00	3500.00	310.00	68.00	35.00	350.00	10464.00	560.00
0.00	118.00	60.00	0.00	40.00	18.00	0.00	0.00	0.00
0.00	118.00	60.00	0.00	40.00	18.00	0.00	0.00	0.00
0.00	43.00	0.00	0.00	43.00	0.00	0.00	0.00	0.00
0.00	43.00	0.00	0.00	43.00	0.00	0.00	0.00	0.00
5.00	0.00	0.00	0.00	0.00	0.00	0.00	0.00	0.00
2.00	0.00	0.00	0.00	0.00	0.00	0.00	0.00	0.00
3.00	0.00	0.00	0.00	0.00	0.00	0.00	0.00	0.00
100.00	114.00	0.00	0.00	0.00	114.00	0.00	0.00	0.00
100.00	114.00	0.00	0.00	0.00	114.00	0.00	0.00	0.00
3254.00	22962.00	16257.00	3100.00	1362.00	800.00	1443.00	0.00	680.00
3254.00	22962.00	16257.00	3100.00	1362.00	800.00	1443.00	0.00	680.00
1260.00	11434.00	5224.00	3064.00	987.00	0.00	2159.00	0.00	0.00
1260.00	11434.00	5224.00	3064.00	987.00	0.00	2159.00	0.00	0.00
340.00	2420.00	2000.00	300.00	120.00	0.00	0.00	4000.00	0.00
340.00	2420.00	2000.00	300.00	120.00	0.00	0.00	4000.00	0.00
14733.00	**47372**	**16840.00**	**13282.00**	**5995.00**	**2826.00**	**8429.00**	**0.00**	**372.00**
6700.00	3399.00	2869.00	470.00	0.00	0.00	60.00	0.00	0.00
8033.00	43973.00	13971.00	12812.00	5995.00	2826.00	8369.00	0.00	372.00
5500.00	500.00	500.00	0.00	0.00	0.00	0.00	0.00	0.00
5500.00	500.00	500.00	0.00	0.00	0.00	0.00	0.00	0.00
0.00	5000.00	0.00	0.00	0.00	0.00	5000.00	0.00	0.00
0.00	5000.00	0.00	0.00	0.00	0.00	5000.00	0.00	0.00
7642.00	37407.00	12790.00	12746.00	5890.00	2778.00	3203.00	0.00	372.00
7642.00	37407.00	12790.00	12746.00	5890.00	2778.00	3203.00	0.00	372.00
0.00	0.00	0.00	0.00	0.00	0.00	0.00	0.00	0.00
0.00	0.00	0.00	0.00	0.00	0.00	0.00	0.00	0.00
0.00	0.00	0.00	0.00	0.00	0.00	0.00	0.00	0.00
720.00	1400.00	1200.00	200.00	0.00	0.00	0.00	0.00	0.00
720.00	1400.00	1200.00	200.00	0.00	0.00	0.00	0.00	0.00
0.00	0.00	0.00	0.00	0.00	0.00	0.00	0.00	0.00
0.00	0.00	0.00	0.00	0.00	0.00	0.00	0.00	0.00
0.00	0.00	0.00	0.00	0.00	0.00	0.00	0.00	0.00

4.3 学校产权校舍

	合计	教学科研及辅助用房						
		计	教室	图书馆	实验室、实习场所	专用科研用房	体育馆	会堂
海南州广播电视大学	1980	1860.00	720.00	360.00	360.00	0.00	0.00	420.00
共同使用	1980.00	1860.00	720.00	360.00	360.00	0.00	0.00	420.00
化隆县广播电视大学	3079.00	1242.00	978.00	66.00	198.00	0.00	0.00	0.00
共同使用	3079.00	1242.00	978.00	66.00	198.00	0.00	0.00	0.00
湟源县广播电视大学	6182.00	4203.00	1430.00	100.00	2673.00	0.00	0.00	0.00
独立使用	6182.00	4203.00	1430.00	100.00	2673.00	0.00	0.00	0.00
宁夏	**262347.27**	**144441.27**	**74489.97**	**3496.30**	**63957.00**	**104.00**	**290.00**	**2104.00**
独立使用	125214.00	73018.00	40628.00	2942.00	27316.00	36.00	200.00	1896.00
共同使用	137133.27	71423.27	33861.97	554.30	36641.00	68.00	90.00	208.00
宁夏广播电视大学	167869.00	91744.00	53193.00	3275.00	33650.00	104.00	200.00	1322.00
独立使用	116944.00	68914.00	37631.00	2841.00	26911.00	36.00	200.00	1295.00
共同使用	50925.00	22830.00	15562.00	434.00	6739.00	68.00	0.00	27.00
直属一分校	1970.00	1710.00	990.00	0.00	450.00	0.00	90.00	180.00
独立使用	260.00	0.00	0.00	0.00	0.00	0.00	0.00	0.00
共同使用	1710.00	1710.00	990.00	0.00	450.00	0.00	90.00	180.00
石嘴山分校	47.00	25.00	12.00	1.00	10.00	0.00	0.00	2.00
独立使用	41.00	19.00	12.00	1.00	5.00	0.00	0.00	1.00
共同使用	6.00	6.00	0.00	0.00	5.00	0.00	0.00	1.00
吴忠电大分校	1300.00	1200.00	1200.00	0.00	0.00	0.00	0.00	0.00
独立使用	1000.00	900.00	900.00	0.00	0.00	0.00	0.00	0.00
共同使用	300.00	300.00	300.00	0.00	0.00	0.00	0.00	0.00
中宁教学点	400.00	300.00	300.00	0.00	0.00	0.00	0.00	0.00
独立使用	400.00	300.00	300.00	0.00	0.00	0.00	0.00	0.00
宁夏广播电视大学盐池县工作站	2000.00	1600.00	1200.00	0.00	400.00	0.00	0.00	0.00
独立使用	1400.00	1000.00	600.00	0.00	400.00	0.00	0.00	0.00
共同使用	600.00	600.00	600.00	0.00	0.00	0.00	0.00	0.00
宁夏广播电视大学同心工作站	429.00	5.00	5.00	0.00	0.00	0.00	0.00	0.00
独立使用	429.00	5.00	5.00	0.00	0.00	0.00	0.00	0.00
宁夏中卫市电大	65846.00	37146.00	11799.00	0.00	25347.00	0.00	0.00	0.00
共同使用	65846.00	37146.00	11799.00	0.00	25347.00	0.00	0.00	0.00
永宁县电大工作站	3920.00	1700.00	1000.00	100.00	0.00	0.00	0.00	600.00
独立使用	3920.00	1700.00	1000.00	100.00	0.00	0.00	0.00	600.00
宁夏平罗电大工作站	320.00	180.00	180.00	0.00	0.00	0.00	0.00	0.00
独立使用	320.00	180.00	180.00	0.00	0.00	0.00	0.00	0.00
宁夏隆德县电大教学点	17746.27	8831.27	4610.97	120.30	4100.00	0.00	0.00	0.00
共同使用	17746.27	8831.27	4610.97	120.30	4100.00	0.00	0.00	0.00
宁夏新闻培训中心	500.00	0.00	0.00	0.00	0.00	0.00	0.00	0.00

建筑面积(续表102)

单位:平方米

行政办公用房	生活用房						教工住宅	其他用房
	计	学生宿舍(公寓)	学生食堂	教工宿舍(公寓)	教工食堂	生活福利及附属用房		
120	0.00	0.00	0.00	0.00	0.00	0.00	0.00	0.00
120.00	0.00	0.00	0.00	0.00	0.00	0.00	0.00	0.00
271.00	1566.00	1181.00	66.00	105.00	48.00	166.00	0.00	0.00
271.00	1566.00	1181.00	66.00	105.00	48.00	166.00	0.00	0.00
480.00	1499.00	1169.00	270.00	0.00	0.00	60.00	0.00	0.00
480.00	1499.00	1169.00	270.00	0.00	0.00	60.00	0.00	0.00
36069.00	**77693**	**49433.00**	**18206.00**	**6948.00**	**300.00**	**2806.00**	**3600.00**	**544.00**
18150.00	30226.00	17436.00	7390.00	3474.00	300.00	1626.00	3600.00	220.00
17919.00	47467.00	31997.00	10816.00	3474.00	0.00	1180.00	0.00	324.00
23289.00	48971.00	31393.00	11298.00	3474.00	0.00	2806.00	3600.00	265.00
15004.00	29426.00	17436.00	6890.00	3474.00	0.00	1626.00	3600.00	0.00
8285.00	19545.00	13957.00	4408.00	0.00	0.00	1180.00	0.00	265.00
260.00	0.00	0.00	0.00	0.00	0.00	0.00	0.00	0.00
260.00	0.00	0.00	0.00	0.00	0.00	0.00	0.00	0.00
0.00	0.00	0.00	0.00	0.00	0.00	0.00	0.00	0.00
22.00	0.00	0.00	0.00	0.00	0.00	0.00	0.00	0.00
22.00	0.00	0.00	0.00	0.00	0.00	0.00	0.00	0.00
0.00	0.00	0.00	0.00	0.00	0.00	0.00	0.00	0.00
100.00	0.00	0.00	0.00	0.00	0.00	0.00	0.00	0.00
100.00	0.00	0.00	0.00	0.00	0.00	0.00	0.00	0.00
0.00	0.00	0.00	0.00	0.00	0.00	0.00	0.00	0.00
100.00	0.00	0.00	0.00	0.00	0.00	0.00	0.00	0.00
100.00	0.00	0.00	0.00	0.00	0.00	0.00	0.00	0.00
400.00	0.00	0.00	0.00	0.00	0.00	0.00	0.00	0.00
400.00	0.00	0.00	0.00	0.00	0.00	0.00	0.00	0.00
0.00	0.00	0.00	0.00	0.00	0.00	0.00	0.00	0.00
424.00	0.00	0.00	0.00	0.00	0.00	0.00	0.00	0.00
424.00	0.00	0.00	0.00	0.00	0.00	0.00	0.00	0.00
9122.00	19578.00	11624.00	4480.00	3474.00	0.00	0.00	0.00	0.00
9122.00	19578.00	11624.00	4480.00	3474.00	0.00	0.00	0.00	0.00
1200.00	800.00	0.00	500.00	0.00	300.00	0.00	0.00	220.00
1200.00	800.00	0.00	500.00	0.00	300.00	0.00	0.00	220.00
140.00	0.00	0.00	0.00	0.00	0.00	0.00	0.00	0.00
140.00	0.00	0.00	0.00	0.00	0.00	0.00	0.00	0.00
512.00	8344.00	6416.00	1928.00	0.00	0.00	0.00	0.00	59.00
512.00	8344.00	6416.00	1928.00	0.00	0.00	0.00	0.00	59.00
500.00	0.00	0.00	0.00	0.00	0.00	0.00	0.00	0.00

4.3 学校产权校舍

	合计	教学科研及辅助用房						
		计	教室	图书馆	实验室、实习场所	专用科研用房	体育馆	会堂
独立使用	500	0.00	0.00	0.00	0.00	0.00	0.00	0.00
新疆	**530142.06**	**204037.59**	**134531.95**	**16973.60**	**23969.30**	**3055.00**	**9119.00**	**16388.74**
独立使用	358731.26	134863.79	99151.95	7883.80	11941.30	755.00	4919.00	10212.74
共同使用	171410.80	69173.80	35380.00	9089.80	12028.00	2300.00	4200.00	6176.00
新疆广播电视大学	7895.00	1640.00	1045.00	55.00	110.00	55.00	0.00	375.00
独立使用	7895.00	1640.00	1045.00	55.00	110.00	55.00	0.00	375.00
乌鲁木齐广播电视大学	59600.00	7600.00	3000.00	2000.00	100.00	500.00	1000.00	1000.00
独立使用	2100.00	600.00	500.00	0.00	100.00	0.00	0.00	0.00
共同使用	57500.00	7000.00	2500.00	2000.00	0.00	500.00	1000.00	1000.00
哈密电大直属	8329.00	5780.00	5400.00	0.00	0.00	0.00	0.00	380.00
独立使用	8329.00	5780.00	5400.00	0.00	0.00	0.00	0.00	380.00
昌吉广播电视大学直属	22465.30	9065.30	5600.00	200.00	365.30	0.00	2400.00	500.00
独立使用	22465.30	9065.30	5600.00	200.00	365.30	0.00	2400.00	500.00
昌吉电大玛纳斯教学点	635.00	80.00	30.00	15.00	35.00	0.00	0.00	0.00
独立使用	475.00	52.00	30.00	10.00	12.00	0.00	0.00	0.00
共同使用	160.00	28.00	0.00	5.00	23.00	0.00	0.00	0.00
昌吉电大呼图壁县电大分校	14509.00	8310.00	4814.00	120.00	3376.00	0.00	0.00	0.00
独立使用	14509.00	8310.00	4814.00	120.00	3376.00	0.00	0.00	0.00
昌吉电大米泉工作站	14520.11	7420.00	6800.00	60.00	560.00	0.00	0.00	0.00
独立使用	14520.11	7420.00	6800.00	60.00	560.00	0.00	0.00	0.00
昌吉电大阜康分校	3065.00	3065.00	1766.00	150.00	519.00	0.00	0.00	630.00
独立使用	3065.00	3065.00	1766.00	150.00	519.00	0.00	0.00	630.00
昌吉电大奇台电大分校	4030.00	2480.00	1680.00	150.00	450.00	0.00	0.00	200.00
共同使用	4030.00	2480.00	1680.00	150.00	450.00	0.00	0.00	200.00
昌吉电大木垒教学点	868.00	351.00	351.00	0.00	0.00	0.00	0.00	0.00
独立使用	868.00	351.00	351.00	0.00	0.00	0.00	0.00	0.00
克拉玛依电大	35187.00	18296.00	12880.00	2936.00	2100.00	0.00	0.00	380.00
共同使用	35187.00	18296.00	12880.00	2936.00	2100.00	0.00	0.00	380.00
阿勒泰广播电视大学	4996.00	2798.00	2594.00	54.00	0.00	0.00	0.00	150.00
独立使用	4996.00	2798.00	2594.00	54.00	0.00	0.00	0.00	150.00
阿勒泰电大布尔津县工作站	3470.00	3270.00	2360.00	54.00	464.00	0.00	0.00	392.00
独立使用	200.00	0.00	0.00	0.00	0.00	0.00	0.00	0.00
共同使用	3270.00	3270.00	2360.00	54.00	464.00	0.00	0.00	392.00
阿勒泰电大富蕴县工作站	1000.00	700.00	650.00	50.00	0.00	0.00	0.00	0.00
共同使用	1000.00	700.00	650.00	50.00	0.00	0.00	0.00	0.00
阿勒泰福海县电大工作站	1200.00	700.00	600.00	100.00	0.00	0.00	0.00	0.00
共同使用	1200.00	700.00	600.00	100.00	0.00	0.00	0.00	0.00

建筑面积（续表103）

单位：平方米

行政办公用房	生活用房						教工住宅	其他用房
	计	学生宿舍（公寓）	学生食堂	教工宿舍（公寓）	教工食堂	生活福利及附属用房		
500	0.00	0.00	0.00	0.00	0.00	0.00	0.00	0.00
53408.36	**188797.11**	**138934.00**	**23008.11**	**15307.00**	**2360.00**	**9188.00**	**73758.00**	**10141.00**
42360.36	106241.11	70836.00	13198.11	15195.00	2160.00	4852.00	73458.00	1808.00
11048.00	82556.00	68098.00	9810.00	112.00	200.00	4336.00	300.00	8333.00
6255.00	0.00	0.00	0.00	0.00	0.00	0.00	0.00	0.00
6255.00	0.00	0.00	0.00	0.00	0.00	0.00	0.00	0.00
1000.00	51000.00	50500.00	500.00	0.00	0.00	0.00	0.00	0.00
1000.00	500.00	500.00	0.00	0.00	0.00	0.00	0.00	0.00
0.00	50500.00	50000.00	500.00	0.00	0.00	0.00	0.00	0.00
1332.00	1217.00	987.00	230.00	0.00	0.00	0.00	0.00	0.00
1332.00	1217.00	987.00	230.00	0.00	0.00	0.00	0.00	0.00
3800.00	3100.00	2100.00	260.00	0.00	260.00	480.00	6500.00	0.00
3800.00	3100.00	2100.00	260.00	0.00	260.00	480.00	6500.00	0.00
0.00	555.00	520.00	0.00	35.00	0.00	0.00	0.00	0.00
0.00	423.00	400.00	0.00	23.00	0.00	0.00	0.00	0.00
0.00	132.00	120.00	0.00	12.00	0.00	0.00	0.00	0.00
981.00	5218.00	3841.00	996.00	0.00	0.00	381.00	0.00	0.00
981.00	5218.00	3841.00	996.00	0.00	0.00	381.00	0.00	0.00
1300.00	5800.11	5200.00	600.11	0.00	0.00	0.00	0.00	0.00
1300.00	5800.11	5200.00	600.11	0.00	0.00	0.00	0.00	0.00
0.00	0.00	0.00	0.00	0.00	0.00	0.00	0.00	0.00
0.00	0.00	0.00	0.00	0.00	0.00	0.00	0.00	0.00
150.00	1400.00	800.00	600.00	0.00	0.00	0.00	0.00	0.00
150.00	1400.00	800.00	600.00	0.00	0.00	0.00	0.00	0.00
517.00	0.00	0.00	0.00	0.00	0.00	0.00	0.00	0.00
517.00	0.00	0.00	0.00	0.00	0.00	0.00	0.00	0.00
3000.00	9769.00	5360.00	2749.00	0.00	0.00	1660.00	0.00	4122.00
3000.00	9769.00	5360.00	2749.00	0.00	0.00	1660.00	0.00	4122.00
1200.00	998.00	378.00	620.00	0.00	0.00	0.00	0.00	0.00
1200.00	998.00	378.00	620.00	0.00	0.00	0.00	0.00	0.00
200.00	0.00	0.00	0.00	0.00	0.00	0.00	0.00	0.00
200.00	0.00	0.00	0.00	0.00	0.00	0.00	0.00	0.00
0.00	0.00	0.00	0.00	0.00	0.00	0.00	0.00	0.00
300.00	0.00	0.00	0.00	0.00	0.00	0.00	0.00	0.00
300.00	0.00	0.00	0.00	0.00	0.00	0.00	0.00	0.00
500.00	0.00	0.00	0.00	0.00	0.00	0.00	0.00	0.00
500.00	0.00	0.00	0.00	0.00	0.00	0.00	0.00	0.00

4.3 学校产权校舍

	合计	教学科研及辅助用房						
		计	教室	图书馆	实验室、实习场所	专用科研用房	体育馆	会堂
阿勒泰电大青河工作站	600	540.00	540.00	0.00	0.00	0.00	0.00	0.00
独立使用	600.00	540.00	540.00	0.00	0.00	0.00	0.00	0.00
阿勒泰电大吉木乃县工作站	12865.00	8404.00	4202.00	3244.00	0.00	0.00	958.00	0.00
独立使用	12865.00	8404.00	4202.00	3244.00	0.00	0.00	958.00	0.00
塔城地区广播电视大学	8574.00	4191.00	3841.00	0.00	0.00	0.00	0.00	350.00
独立使用	8574.00	4191.00	3841.00	0.00	0.00	0.00	0.00	350.00
塔城电大额敏县电大分校	9559.00	2000.00	1880.00	120.00	0.00	0.00	0.00	0.00
共同使用	9559.00	2000.00	1880.00	120.00	0.00	0.00	0.00	0.00
乌苏市电大	3380.00	3000.00	3000.00	0.00	0.00	0.00	0.00	0.00
独立使用	3080.00	3000.00	3000.00	0.00	0.00	0.00	0.00	0.00
共同使用	300.00	0.00	0.00	0.00	0.00	0.00	0.00	0.00
沙湾县电大	4780.00	1180.00	400.00	150.00	130.00	0.00	0.00	500.00
独立使用	4780.00	1180.00	400.00	150.00	130.00	0.00	0.00	500.00
塔城电大托里县电大分校	3320.00	500.00	500.00	0.00	0.00	0.00	0.00	0.00
共同使用	3320.00	500.00	500.00	0.00	0.00	0.00	0.00	0.00
塔城电大和布克赛尔县电大分校	3806.05	1076.69	546.95	227.60	0.00	0.00	0.00	302.14
独立使用	2976.25	699.89	283.95	113.80	0.00	0.00	0.00	302.14
共同使用	829.80	376.80	263.00	113.80	0.00	0.00	0.00	0.00
巴州广播电视大学直属	2860.00	2200.00	1920.00	50.00	230.00	0.00	0.00	0.00
独立使用	2860.00	2200.00	1920.00	50.00	230.00	0.00	0.00	0.00
巴州尉犁县广播电视大学	1200.00	540.00	420.00	0.00	120.00	0.00	0.00	0.00
独立使用	1200.00	540.00	420.00	0.00	120.00	0.00	0.00	0.00
巴州若羌县电大	64.00	43.00	38.00	1.00	0.00	0.00	0.00	4.00
共同使用	64.00	43.00	38.00	1.00	0.00	0.00	0.00	4.00
巴州焉耆县电大	7003.00	3169.00	1360.00	268.00	1541.00	0.00	0.00	0.00
共同使用	7003.00	3169.00	1360.00	268.00	1541.00	0.00	0.00	0.00
阿克苏广播电视大学	13391.00	2540.00	1500.00	0.00	640.00	0.00	0.00	400.00
独立使用	13391.00	2540.00	1500.00	0.00	640.00	0.00	0.00	400.00
阿克苏电大乌什县分校	60.00	8.00	5.00	1.00	0.00	0.00	1.00	1.00
独立使用	60.00	8.00	5.00	1.00	0.00	0.00	1.00	1.00
阿克苏温宿县广播电视大学	7828.00	5000.00	2000.00	0.00	3000.00	0.00	0.00	0.00
独立使用	64.00	0.00	0.00	0.00	0.00	0.00	0.00	0.00
共同使用	7764.00	5000.00	2000.00	0.00	3000.00	0.00	0.00	0.00
柯坪县电大	650.00	400.00	400.00	0.00	0.00	0.00	0.00	0.00
共同使用	650.00	400.00	400.00	0.00	0.00	0.00	0.00	0.00
阿克苏拜城县电大	3700.00	3600.00	3000.00	100.00	0.00	200.00	0.00	300.00
独立使用	3700.00	3600.00	3000.00	100.00	0.00	200.00	0.00	300.00

建筑面积(续表104)

单位:平方米

行政办公用房	生活用房 计	学生宿舍(公寓)	学生食堂	教工宿舍(公寓)	教工食堂	生活福利及附属用房	教工住宅	其他用房
60	0.00	0.00	0.00	0.00	0.00	0.00	0.00	0.00
60.00	0.00	0.00	0.00	0.00	0.00	0.00	0.00	0.00
0.00	4461.00	3503.00	958.00	0.00	0.00	0.00	0.00	0.00
0.00	4461.00	3503.00	958.00	0.00	0.00	0.00	0.00	0.00
600.00	2555.00	1684.00	540.00	331.00	0.00	0.00	0.00	1228.00
600.00	2555.00	1684.00	540.00	331.00	0.00	0.00	0.00	1228.00
150.00	4468.00	3843.00	625.00	0.00	0.00	0.00	0.00	2941.00
150.00	4468.00	3843.00	625.00	0.00	0.00	0.00	0.00	2941.00
380.00	0.00	0.00	0.00	0.00	0.00	0.00	0.00	0.00
80.00	0.00	0.00	0.00	0.00	0.00	0.00	0.00	0.00
300.00	0.00	0.00	0.00	0.00	0.00	0.00	0.00	0.00
600.00	3000.00	2800.00	200.00	0.00	0.00	0.00	0.00	0.00
600.00	3000.00	2800.00	200.00	0.00	0.00	0.00	0.00	0.00
420.00	1200.00	1200.00	0.00	0.00	0.00	0.00	0.00	1200.00
420.00	1200.00	1200.00	0.00	0.00	0.00	0.00	0.00	1200.00
156.36	2573.00	2267.00	306.00	0.00	0.00	0.00	0.00	0.00
156.36	2120.00	1967.00	153.00	0.00	0.00	0.00	0.00	0.00
0.00	453.00	300.00	153.00	0.00	0.00	0.00	0.00	0.00
660.00	0.00	0.00	0.00	0.00	0.00	0.00	0.00	0.00
660.00	0.00	0.00	0.00	0.00	0.00	0.00	0.00	0.00
60.00	120.00	0.00	0.00	0.00	0.00	120.00	0.00	480.00
60.00	120.00	0.00	0.00	0.00	0.00	120.00	0.00	480.00
19.00	0.00	0.00	0.00	0.00	0.00	0.00	0.00	2.00
19.00	0.00	0.00	0.00	0.00	0.00	0.00	0.00	2.00
1481.00	2353.00	678.00	1234.00	0.00	0.00	441.00	0.00	0.00
1481.00	2353.00	678.00	1234.00	0.00	0.00	441.00	0.00	0.00
0.00	1709.00	1323.00	0.00	0.00	0.00	386.00	9142.00	0.00
0.00	1709.00	1323.00	0.00	0.00	0.00	386.00	9142.00	0.00
6.00	46.00	45.00	1.00	0.00	0.00	0.00	0.00	0.00
6.00	46.00	45.00	1.00	0.00	0.00	0.00	0.00	0.00
128.00	2700.00	1400.00	1000.00	100.00	200.00	0.00	0.00	0.00
64.00	0.00	0.00	0.00	0.00	0.00	0.00	0.00	0.00
64.00	2700.00	1400.00	1000.00	100.00	200.00	0.00	0.00	0.00
250.00	0.00	0.00	0.00	0.00	0.00	0.00	0.00	0.00
250.00	0.00	0.00	0.00	0.00	0.00	0.00	0.00	0.00
100.00	0.00	0.00	0.00	0.00	0.00	0.00	0.00	0.00
100.00	0.00	0.00	0.00	0.00	0.00	0.00	0.00	0.00

4.3 学校产权校舍

	合计	教学科研及辅助用房						
		计	教室	图书馆	实验室、实习场所	专用科研用房	体育馆	会堂
新和县电大	1200	1200.00	60.00	200.00	40.00	0.00	100.00	800.00
共同使用	1200.00	1200.00	60.00	200.00	40.00	0.00	100.00	800.00
阿克苏沙雅县教育局	240.00	180.00	180.00	0.00	0.00	0.00	0.00	0.00
独立使用	60.00	0.00	0.00	0.00	0.00	0.00	0.00	0.00
共同使用	180.00	180.00	180.00	0.00	0.00	0.00	0.00	0.00
博州电大直属	9696.00	2645.00	2104.00	54.00	325.00	0.00	0.00	162.00
独立使用	9696.00	2645.00	2104.00	54.00	325.00	0.00	0.00	162.00
新疆温泉县党校	2030.00	619.00	565.00	54.00	0.00	0.00	0.00	0.00
共同使用	2030.00	619.00	565.00	54.00	0.00	0.00	0.00	0.00
奎屯市广播电视大学	2400.00	1700.00	1200.00	50.00	200.00	50.00	50.00	150.00
独立使用	2400.00	1700.00	1200.00	50.00	200.00	50.00	50.00	150.00
克孜勒苏电大	2870.00	1570.00	1500.00	70.00	0.00	0.00	0.00	0.00
独立使用	2870.00	1570.00	1500.00	70.00	0.00	0.00	0.00	0.00
克州电大阿克陶县教学点	3960.00	3780.00	1080.00	300.00	600.00	0.00	1500.00	300.00
共同使用	3960.00	3780.00	1080.00	300.00	600.00	0.00	1500.00	300.00
克州广播电视大学阿合奇工作站	108.00	90.00	90.00	0.00	0.00	0.00	0.00	0.00
独立使用	108.00	90.00	90.00	0.00	0.00	0.00	0.00	0.00
乌恰县电大	2220.00	2120.00	2000.00	120.00	0.00	0.00	0.00	0.00
独立使用	2220.00	2120.00	2000.00	120.00	0.00	0.00	0.00	0.00
喀什广播电视大学	34858.60	11358.60	10000.00	0.00	0.00	0.00	0.00	1358.60
独立使用	34858.60	11358.60	10000.00	0.00	0.00	0.00	0.00	1358.60
和田电大直属	15732.00	3946.00	2196.00	300.00	300.00	300.00	450.00	400.00
独立使用	15732.00	3946.00	2196.00	300.00	300.00	300.00	450.00	400.00
于田县广播电视大学	2900.00	1800.00	300.00	300.00	300.00	300.00	300.00	300.00
共同使用	2900.00	1800.00	300.00	300.00	300.00	300.00	300.00	300.00
墨玉县电大	2800.00	1650.00	350.00	300.00	300.00	300.00	100.00	300.00
共同使用	2800.00	1650.00	350.00	300.00	300.00	300.00	100.00	300.00
皮山县中等职业技术学校	2700.00	1600.00	300.00	200.00	200.00	300.00	300.00	300.00
共同使用	2700.00	1600.00	300.00	200.00	200.00	300.00	300.00	300.00
洛浦县电大	3000.00	1800.00	300.00	300.00	300.00	300.00	300.00	300.00
共同使用	3000.00	1800.00	300.00	300.00	300.00	300.00	300.00	300.00
策勒县电大	3000.00	1800.00	300.00	300.00	300.00	300.00	300.00	300.00
共同使用	3000.00	1800.00	300.00	300.00	300.00	300.00	300.00	300.00
民丰县电大	3000.00	1800.00	300.00	300.00	300.00	300.00	300.00	300.00
共同使用	3000.00	1800.00	300.00	300.00	300.00	300.00	300.00	300.00
伊犁州广播电视大学直属	8389.00	6689.00	3970.00	450.00	1169.00	0.00	600.00	500.00
独立使用	8389.00	6689.00	3970.00	450.00	1169.00	0.00	600.00	500.00

建筑面积(续表105)

单位:平方米

行政办公用房	生活用房						教工住宅	其他用房
	计	学生宿舍(公寓)	学生食堂	教工宿舍(公寓)	教工食堂	生活福利及附属用房		
0	0.00	0.00	0.00	0.00	0.00	0.00	0.00	0.00
0.00	0.00	0.00	0.00	0.00	0.00	0.00	0.00	0.00
60.00	0.00	0.00	0.00	0.00	0.00	0.00	0.00	0.00
60.00	0.00	0.00	0.00	0.00	0.00	0.00	0.00	0.00
0.00	0.00	0.00	0.00	0.00	0.00	0.00	0.00	0.00
3148.00	3111.00	1869.00	438.00	0.00	0.00	804.00	792.00	0.00
3148.00	3111.00	1869.00	438.00	0.00	0.00	804.00	792.00	0.00
234.00	1177.00	744.00	0.00	0.00	0.00	433.00	0.00	0.00
234.00	1177.00	744.00	0.00	0.00	0.00	433.00	0.00	0.00
300.00	400.00	0.00	0.00	0.00	0.00	400.00	0.00	0.00
300.00	400.00	0.00	0.00	0.00	0.00	400.00	0.00	0.00
1300.00	0.00	0.00	0.00	0.00	0.00	0.00	0.00	0.00
1300.00	0.00	0.00	0.00	0.00	0.00	0.00	0.00	0.00
180.00	0.00	0.00	0.00	0.00	0.00	0.00	0.00	0.00
180.00	0.00	0.00	0.00	0.00	0.00	0.00	0.00	0.00
18.00	0.00	0.00	0.00	0.00	0.00	0.00	0.00	0.00
18.00	0.00	0.00	0.00	0.00	0.00	0.00	0.00	0.00
100.00	0.00	0.00	0.00	0.00	0.00	0.00	0.00	0.00
100.00	0.00	0.00	0.00	0.00	0.00	0.00	0.00	0.00
10000.00	13500.00	6000.00	2000.00	4000.00	1500.00	0.00	0.00	0.00
10000.00	13500.00	6000.00	2000.00	4000.00	1500.00	0.00	0.00	0.00
585.00	1140.00	490.00	300.00	150.00	0.00	200.00	10061.00	0.00
585.00	1140.00	490.00	300.00	150.00	0.00	200.00	10061.00	0.00
300.00	800.00	300.00	300.00	0.00	0.00	200.00	0.00	0.00
300.00	800.00	300.00	300.00	0.00	0.00	200.00	0.00	0.00
300.00	850.00	150.00	100.00	0.00	0.00	600.00	0.00	0.00
300.00	850.00	150.00	100.00	0.00	0.00	600.00	0.00	0.00
300.00	800.00	200.00	300.00	0.00	0.00	300.00	0.00	0.00
300.00	800.00	200.00	300.00	0.00	0.00	300.00	0.00	0.00
300.00	600.00	300.00	300.00	0.00	0.00	0.00	300.00	0.00
300.00	600.00	300.00	300.00	0.00	0.00	0.00	300.00	0.00
300.00	900.00	300.00	300.00	0.00	0.00	300.00	0.00	0.00
300.00	900.00	300.00	300.00	0.00	0.00	300.00	0.00	0.00
300.00	900.00	300.00	300.00	0.00	0.00	300.00	0.00	0.00
300.00	900.00	300.00	300.00	0.00	0.00	300.00	0.00	0.00
740.00	960.00	960.00	0.00	0.00	0.00	0.00	0.00	0.00
740.00	960.00	960.00	0.00	0.00	0.00	0.00	0.00	0.00

4.3 学校产权校舍

	合计	教学科研及辅助用房						
		计	教室	图书馆	实验室、实习场所	专用科研用房	体育馆	会堂
伊犁州电大特克斯县分校	1240	960.00	800.00	80.00	0.00	0.00	80.00	0.00
独立使用	1240.00	960.00	800.00	80.00	0.00	0.00	80.00	0.00
伊犁州电大新源工作站	9336.00	7622.00	4304.00	1008.00	2110.00	0.00	0.00	200.00
共同使用	9336.00	7622.00	4304.00	1008.00	2110.00	0.00	0.00	200.00
伊犁州电大巩留县电大教学点	4944.00	1154.00	454.00	50.00	0.00	150.00	0.00	500.00
独立使用	4944.00	1154.00	454.00	50.00	0.00	150.00	0.00	500.00
伊犁州电大伊宁县工作站	3640.00	1040.00	320.00	170.00	50.00	0.00	0.00	500.00
独立使用	3640.00	1040.00	320.00	170.00	50.00	0.00	0.00	500.00
察布查尔县电大	5520.00	2070.00	1000.00	260.00	50.00	0.00	380.00	380.00
独立使用	5520.00	2070.00	1000.00	260.00	50.00	0.00	380.00	380.00
尼勒克县职业培训中心教学点	3916.00	930.00	750.00	60.00	0.00	0.00	0.00	120.00
独立使用	3916.00	930.00	750.00	60.00	0.00	0.00	0.00	120.00
霍城县委党校教学点	5468.00	1360.00	230.00	30.00	0.00	0.00	0.00	1100.00
共同使用	5468.00	1360.00	230.00	30.00	0.00	0.00	0.00	1100.00
石河子广播电视大学	16196.00	10476.00	9946.00	230.00	300.00	0.00	0.00	0.00
独立使用	16196.00	10476.00	9946.00	230.00	300.00	0.00	0.00	0.00
吐鲁番电大	19868.00	5894.00	2664.00	630.00	2600.00	0.00	0.00	0.00
独立使用	19868.00	5894.00	2664.00	630.00	2600.00	0.00	0.00	0.00
潞安新疆煤化工(集团)有限公司广播电视大学	13400.00	3536.00	2145.00	178.00	205.00	0.00	0.00	1008.00
独立使用	13400.00	3536.00	2145.00	178.00	205.00	0.00	0.00	1008.00
新疆司法警官学校	80101.00	12701.00	10001.00	874.00	580.00	0.00	0.00	1246.00
独立使用	80101.00	12701.00	10001.00	874.00	580.00	0.00	0.00	1246.00
新疆兵团	**192049.58**	**85292.07**	**52721.07**	**5580.00**	**23461.00**	**212.00**	**244.00**	**3074.00**
独立使用	56471.00	27389.00	20827.00	2236.00	2944.00	0.00	0.00	1382.00
共同使用	135578.58	57903.07	31894.07	3344.00	20517.00	212.00	244.00	1692.00
兵团广播电视大学	18600.58	10541.07	8929.07	366.00	538.00	0.00	244.00	464.00
共同使用	18600.58	10541.07	8929.07	366.00	538.00	0.00	244.00	464.00
农二师分校	42771.00	8869.00	3251.00	247.00	4851.00	212.00	0.00	308.00
共同使用	42771.00	8869.00	3251.00	247.00	4851.00	212.00	0.00	308.00
农三师分校	17392.00	9464.00	6665.00	2399.00	0.00	0.00	0.00	400.00
共同使用	17392.00	9464.00	6665.00	2399.00	0.00	0.00	0.00	400.00
农五师分校	14867.00	4475.00	1620.00	332.00	2003.00	0.00	0.00	520.00
共同使用	14867.00	4475.00	1620.00	332.00	2003.00	0.00	0.00	520.00
农六师分校	36148.00	18754.00	5629.00	0.00	13125.00	0.00	0.00	0.00
共同使用	36148.00	18754.00	5629.00	0.00	13125.00	0.00	0.00	0.00
农七师分校	21358.00	11050.00	10700.00	150.00	200.00	0.00	0.00	0.00
独立使用	15558.00	5250.00	4900.00	150.00	200.00	0.00	0.00	0.00

建筑面积(续表106)

单位:平方米

行政办公用房	生活用房						教工住宅	其他用房
	计	学生宿舍（公寓）	学生食堂	教工宿舍（公寓）	教工食堂	生活福利及附属用房		
200	80.00	0.00	0.00	80.00	0.00	0.00	0.00	0.00
200.00	80.00	0.00	0.00	80.00	0.00	0.00	0.00	0.00
0.00	1714.00	1263.00	349.00	0.00	0.00	102.00	0.00	0.00
0.00	1714.00	1263.00	349.00	0.00	0.00	102.00	0.00	0.00
200.00	3540.00	2790.00	750.00	0.00	0.00	0.00	0.00	50.00
200.00	3540.00	2790.00	750.00	0.00	0.00	0.00	0.00	50.00
850.00	1750.00	1250.00	500.00	0.00	0.00	0.00	0.00	0.00
850.00	1750.00	1250.00	500.00	0.00	0.00	0.00	0.00	0.00
0.00	3400.00	3020.00	380.00	0.00	0.00	0.00	0.00	50.00
0.00	3400.00	3020.00	380.00	0.00	0.00	0.00	0.00	50.00
156.00	2830.00	2600.00	230.00	0.00	0.00	0.00	0.00	0.00
156.00	2830.00	2600.00	230.00	0.00	0.00	0.00	0.00	0.00
2200.00	1840.00	840.00	1000.00	0.00	0.00	0.00	0.00	68.00
2200.00	1840.00	840.00	1000.00	0.00	0.00	0.00	0.00	68.00
530.00	5190.00	4630.00	560.00	0.00	0.00	0.00	0.00	0.00
530.00	5190.00	4630.00	560.00	0.00	0.00	0.00	0.00	0.00
1860.00	12114.00	3540.00	1089.00	7485.00	0.00	0.00	0.00	0.00
1860.00	12114.00	3540.00	1089.00	7485.00	0.00	0.00	0.00	0.00
1248.00	8616.00	2832.00	608.00	3126.00	400.00	1650.00	0.00	0.00
1248.00	8616.00	2832.00	608.00	3126.00	400.00	1650.00	0.00	0.00
2094.00	18343.00	16127.00	1785.00	0.00	0.00	431.00	46963.00	0.00
2094.00	18343.00	16127.00	1785.00	0.00	0.00	431.00	46963.00	0.00
7697.52	**67492.23**	**53297.00**	**12073.00**	**730.23**	**1023.00**	**369.00**	**19350.76**	**12217.00**
2935.00	15332.00	12224.00	2868.00	120.00	120.00	0.00	4818.00	5997.00
4762.52	52160.23	41073.00	9205.00	610.23	903.00	369.00	14532.76	6220.00
1494.52	5147.23	3781.00	643.00	470.23	86.00	167.00	1417.76	0.00
1494.52	5147.23	3781.00	643.00	470.23	86.00	167.00	1417.76	0.00
0.00	24011.00	20748.00	3012.00	0.00	251.00	0.00	9171.00	720.00
0.00	24011.00	20748.00	3012.00	0.00	251.00	0.00	9171.00	720.00
1736.00	6192.00	4023.00	2169.00	0.00	0.00	0.00	0.00	0.00
1736.00	6192.00	4023.00	2169.00	0.00	0.00	0.00	0.00	0.00
670.00	5778.00	3542.00	1530.00	140.00	566.00	0.00	3944.00	0.00
670.00	5778.00	3542.00	1530.00	140.00	566.00	0.00	3944.00	0.00
862.00	11032.00	8979.00	1851.00	0.00	0.00	202.00	0.00	5500.00
862.00	11032.00	8979.00	1851.00	0.00	0.00	202.00	0.00	5500.00
0.00	5490.00	4400.00	850.00	120.00	120.00	0.00	4818.00	0.00
0.00	5490.00	4400.00	850.00	120.00	120.00	0.00	4818.00	0.00

4.3 学校产权校舍

	合计	教学科研及辅助用房						
		计	教室	图书馆	实验室、实习场所	专用科研用房	体育馆	会堂
共同使用	5800	5800.00	5800.00	0.00	0.00	0.00	0.00	0.00
农八师分校	16196.00	10476.00	9946.00	230.00	300.00	0.00	0.00	0.00
独立使用	16196.00	10476.00	9946.00	230.00	300.00	0.00	0.00	0.00
农九师分校	17919.00	6265.00	2233.00	206.00	2444.00	0.00	0.00	1382.00
独立使用	17919.00	6265.00	2233.00	206.00	2444.00	0.00	0.00	1382.00
农十三师分校	6798.00	5398.00	3748.00	1650.00	0.00	0.00	0.00	0.00
独立使用	6798.00	5398.00	3748.00	1650.00	0.00	0.00	0.00	0.00
八一学院	**2660.00**	**800.00**	**800.00**	**0.00**	**0.00**	**0.00**	**0.00**	**0.00**
独立使用	2660.00	800.00	800.00	0.00	0.00	0.00	0.00	0.00
国家开放大学八一学院	2660.00	800.00	800.00	0.00	0.00	0.00	0.00	0.00
独立使用	2660.00	800.00	800.00	0.00	0.00	0.00	0.00	0.00
总参学院	**50.00**	**50.00**	**50.00**	**0.00**	**0.00**	**0.00**	**0.00**	**0.00**
独立使用	50.00	50.00	50.00	0.00	0.00	0.00	0.00	0.00
国家开放大学总参学院	50.00	50.00	50.00	0.00	0.00	0.00	0.00	0.00
独立使用	50.00	50.00	50.00	0.00	0.00	0.00	0.00	0.00
残疾人教育学院	**12467.00**	**6652.00**	**6400.00**	**87.00**	**165.00**	**0.00**	**0.00**	**0.00**
独立使用	12467.00	6652.00	6400.00	87.00	165.00	0.00	0.00	0.00
宁夏电大开放教育学院	12467.00	6652.00	6400.00	87.00	165.00	0.00	0.00	0.00
独立使用	12467.00	6652.00	6400.00	87.00	165.00	0.00	0.00	0.00
空军学院	**21300.00**	**21000.00**	**21000.00**	**0.00**	**0.00**	**0.00**	**0.00**	**0.00**
独立使用	21300.00	21000.00	21000.00	0.00	0.00	0.00	0.00	0.00
国家开放大学空军学院	21300.00	21000.00	21000.00	0.00	0.00	0.00	0.00	0.00
独立使用	21300.00	21000.00	21000.00	0.00	0.00	0.00	0.00	0.00

建筑面积(续表107)

单位:平方米

行政办公用房	生活用房						教工住宅	其他用房
	计	学生宿舍(公寓)	学生食堂	教工宿舍(公寓)	教工食堂	生活福利及附属用房		
0	0.00	0.00	0.00	0.00	0.00	0.00	0.00	0.00
530.00	5190.00	4630.00	560.00	0.00	0.00	0.00	0.00	0.00
530.00	5190.00	4630.00	560.00	0.00	0.00	0.00	0.00	0.00
1005.00	4652.00	3194.00	1458.00	0.00	0.00	0.00	0.00	5997.00
1005.00	4652.00	3194.00	1458.00	0.00	0.00	0.00	0.00	5997.00
1400.00	0.00	0.00	0.00	0.00	0.00	0.00	0.00	0.00
1400.00	0.00	0.00	0.00	0.00	0.00	0.00	0.00	0.00
1860.00	**0**	**0.00**	**0.00**	**0.00**	**0.00**	**0.00**	**0.00**	**0.00**
1860.00	0.00	0.00	0.00	0.00	0.00	0.00	0.00	0.00
1860.00	0.00	0.00	0.00	0.00	0.00	0.00	0.00	0.00
1860.00	0.00	0.00	0.00	0.00	0.00	0.00	0.00	0.00
0.00	**0**	**0.00**	**0.00**	**0.00**	**0.00**	**0.00**	**0.00**	**0.00**
0.00	0.00	0.00	0.00	0.00	0.00	0.00	0.00	0.00
0.00	0.00	0.00	0.00	0.00	0.00	0.00	0.00	0.00
0.00	0.00	0.00	0.00	0.00	0.00	0.00	0.00	0.00
1200.00	**4615**	**3000.00**	**1615.00**	**0.00**	**0.00**	**0.00**	**0.00**	**0.00**
1200.00	4615.00	3000.00	1615.00	0.00	0.00	0.00	0.00	0.00
1200.00	4615.00	3000.00	1615.00	0.00	0.00	0.00	0.00	0.00
1200.00	4615.00	3000.00	1615.00	0.00	0.00	0.00	0.00	0.00
300.00	**0**	**0.00**	**0.00**	**0.00**	**0.00**	**0.00**	**0.00**	**0.00**
300.00	0.00	0.00	0.00	0.00	0.00	0.00	0.00	0.00
300.00	0.00	0.00	0.00	0.00	0.00	0.00	0.00	0.00
300.00	0.00	0.00	0.00	0.00	0.00	0.00	0.00	0.00

4.4 非学校产权校舍

	合计	教学科研及辅助用房						
		计	教室	图书馆	实验室、实习场所	专用科研用房	体育馆	会堂
总计	**5253377.92**	**2888058.27**	**1376111.29**	**259742.83**	**784790.70**	**57877.50**	**273691.71**	**135844.24**
独立使用	1138955.19	581567.80	346188.38	36364.39	116236.03	9124.00	37201.00	36454.00
共同使用	4114422.72	2306490.47	1029922.91	223378.44	668554.67	48753.50	236490.71	99390.24
北京	**157593.00**	**80810.00**	**49345.00**	**8479.00**	**16636.00**	**500.00**	**2900.00**	**2950.00**
独立使用	8231.00	2469.00	2080.00	110.00	279.00	0.00	0.00	0.00
共同使用	149362.00	78341.00	47265.00	8369.00	16357.00	500.00	2900.00	2950.00
宣武学院	8000.00	6000.00	2000.00	100.00	400.00	0.00	2500.00	1000.00
独立使用	300.00	300.00	300.00	0.00	0.00	0.00	0.00	0.00
共同使用	7700.00	5700.00	1700.00	100.00	400.00	0.00	2500.00	1000.00
海淀分校	24646.00	9007.00	8338.00	669.00	0.00	0.00	0.00	0.00
共同使用	24646.00	9007.00	8338.00	669.00	0.00	0.00	0.00	0.00
房山分校	9340.00	5180.00	2230.00	600.00	650.00	500.00	0.00	1200.00
独立使用	725.00	0.00	0.00	0.00	0.00	0.00	0.00	0.00
共同使用	8615.00	5180.00	2230.00	600.00	650.00	500.00	0.00	1200.00
怀柔分校	2361.00	859.00	580.00	0.00	279.00	0.00	0.00	0.00
独立使用	2361.00	859.00	580.00	0.00	279.00	0.00	0.00	0.00
密云分校	245.00	110.00	0.00	110.00	0.00	0.00	0.00	0.00
独立使用	245.00	110.00	0.00	110.00	0.00	0.00	0.00	0.00
纺织工作站	8766.00	1814.00	1664.00	150.00	0.00	0.00	0.00	0.00
共同使用	8766.00	1814.00	1664.00	150.00	0.00	0.00	0.00	0.00
首钢工作站	87595.00	46100.00	30793.00	6400.00	8907.00	0.00	0.00	0.00
共同使用	87595.00	46100.00	30793.00	6400.00	8907.00	0.00	0.00	0.00
供销社分校	6300.00	2100.00	1200.00	250.00	0.00	0.00	0.00	650.00
独立使用	4400.00	1200.00	1200.00	0.00	0.00	0.00	0.00	0.00
共同使用	1900.00	900.00	0.00	250.00	0.00	0.00	0.00	650.00
中德中心教学点	1840.00	1640.00	540.00	100.00	500.00	0.00	400.00	100.00
独立使用	200.00	0.00	0.00	0.00	0.00	0.00	0.00	0.00
共同使用	1640.00	1640.00	540.00	100.00	500.00	0.00	400.00	100.00
工业技师工作站	8500.00	8000.00	2000.00	100.00	5900.00	0.00	0.00	0.00
共同使用	8500.00	8000.00	2000.00	100.00	5900.00	0.00	0.00	0.00
天津	**641593.00**	**388553.00**	**146807.00**	**35803.00**	**136303.00**	**17800.00**	**41018.00**	**10822.00**
独立使用	57219.00	44496.00	33399.00	2020.00	8459.00	0.00	0.00	618.00
共同使用	584374.00	344057.00	113408.00	33783.00	127844.00	17800.00	41018.00	10204.00
河北分校	57219.00	44496.00	33399.00	2020.00	8459.00	0.00	0.00	618.00
独立使用	57219.00	44496.00	33399.00	2020.00	8459.00	0.00	0.00	618.00
红桥分校	15722.00	11821.00	8639.00	776.00	1940.00	0.00	0.00	466.00
共同使用	15722.00	11821.00	8639.00	776.00	1940.00	0.00	0.00	466.00
塘沽分校	186020.00	124374.00	41458.00	5692.00	54874.00	0.00	21240.00	1110.00

建筑面积

单位:平方米

行政办公用房	生活用房						教工住宅	其他用房
	计	学生宿舍（公寓）	学生食堂	教工宿舍（公寓）	教工食堂	生活福利及附属用房		
569576.02	**1636050.73**	**1140715.19**	**242707.19**	**83185.81**	**48432.94**	**121009.60**	**0.00**	**159692.90**
142631.93	399215.36	263287.02	49486.32	33784.51	10995.81	41661.70	0.00	15540.10
426944.09	1236835.37	877428.17	193220.87	49401.30	37437.13	79347.90	0.00	144152.80
10180.00	**53271.00**	**37905.00**	**5659.00**	**790.00**	**2692.00**	**6225.00**	**0.00**	**13332.00**
1753.00	3365.00	2930.00	0.00	315.00	0.00	120.00	0.00	644.00
8427.00	49906.00	34975.00	5659.00	475.00	2692.00	6105.00	0.00	12688.00
1500.00	500.00	0.00	0.00	0.00	500.00	0.00	0.00	0.00
0.00	0.00	0.00	0.00	0.00	0.00	0.00	0.00	0.00
1500.00	500.00	0.00	0.00	0.00	500.00	0.00	0.00	0.00
2440.00	511.00	0.00	0.00	0.00	0.00	511.00	0.00	12688.00
2440.00	511.00	0.00	0.00	0.00	0.00	511.00	0.00	12688.00
1120.00	3040.00	2000.00	450.00	590.00	0.00	0.00	0.00	0.00
180.00	545.00	430.00	0.00	115.00	0.00	0.00	0.00	0.00
940.00	2495.00	1570.00	450.00	475.00	0.00	0.00	0.00	0.00
738.00	120.00	0.00	0.00	0.00	0.00	120.00	0.00	644.00
738.00	120.00	0.00	0.00	0.00	0.00	120.00	0.00	644.00
135.00	0.00	0.00	0.00	0.00	0.00	0.00	0.00	0.00
135.00	0.00	0.00	0.00	0.00	0.00	0.00	0.00	0.00
1230.00	5722.00	0.00	236.00	0.00	192.00	5294.00	0.00	0.00
1230.00	5722.00	0.00	236.00	0.00	192.00	5294.00	0.00	0.00
1817.00	39678.00	33405.00	4273.00	0.00	2000.00	0.00	0.00	0.00
1817.00	39678.00	33405.00	4273.00	0.00	2000.00	0.00	0.00	0.00
500.00	3700.00	2500.00	700.00	200.00	0.00	300.00	0.00	0.00
500.00	2700.00	2500.00	0.00	200.00	0.00	0.00	0.00	0.00
0.00	1000.00	0.00	700.00	0.00	0.00	300.00	0.00	0.00
200.00	0.00	0.00	0.00	0.00	0.00	0.00	0.00	0.00
200.00	0.00	0.00	0.00	0.00	0.00	0.00	0.00	0.00
0.00	0.00	0.00	0.00	0.00	0.00	0.00	0.00	0.00
500.00	0.00	0.00	0.00	0.00	0.00	0.00	0.00	0.00
500.00	0.00	0.00	0.00	0.00	0.00	0.00	0.00	0.00
100227.00	**152813.00**	**117277.00**	**27675.00**	**0.00**	**338.00**	**7523.00**	**0.00**	**0.00**
8200.00	4523.00	0.00	1523.00	0.00	0.00	3000.00	0.00	0.00
92027.00	148290.00	117277.00	26152.00	0.00	338.00	4523.00	0.00	0.00
8200.00	4523.00	0.00	1523.00	0.00	0.00	3000.00	0.00	0.00
8200.00	4523.00	0.00	1523.00	0.00	0.00	3000.00	0.00	0.00
2327.00	1574.00	0.00	0.00	0.00	238.00	1336.00	0.00	0.00
2327.00	1574.00	0.00	0.00	0.00	238.00	1336.00	0.00	0.00
6843.00	54803.00	47591.00	7212.00	0.00	0.00	0.00	0.00	0.00

4.4 非学校产权校舍

	合计	教学科研及辅助用房						
		计	教室	图书馆	实验室、实习场所	专用科研用房	体育馆	会堂
共同使用	186020.00	124374.00	41458.00	5692.00	54874.00	0.00	21240.00	1110.00
化工局工作站	283522.00	132802.00	47216.00	20404.00	20000.00	17800.00	19778.00	7604.00
共同使用	283522.00	132802.00	47216.00	20404.00	20000.00	17800.00	19778.00	7604.00
机械局工作站	50305.00	45511.00	5000.00	5211.00	35300.00	0.00	0.00	0.00
共同使用	50305.00	45511.00	5000.00	5211.00	35300.00	0.00	0.00	0.00
一商局工作站	48805.00	29549.00	11095.00	1700.00	15730.00	0.00	0.00	1024.00
共同使用	48805.00	29549.00	11095.00	1700.00	15730.00	0.00	0.00	1024.00
河北	**143483.07**	**69163.20**	**36628.41**	**3846.79**	**19118.00**	**634.00**	**4622.00**	**4314.00**
独立使用	11118.07	6305.20	5154.41	337.79	283.00	130.00	130.00	270.00
共同使用	132365.00	62858.00	31474.00	3509.00	18835.00	504.00	4492.00	4044.00
石家庄广播电视大学	57043.00	3203.00	0.00	0.00	1170.00	0.00	2033.00	0.00
共同使用	57043.00	3203.00	0.00	0.00	1170.00	0.00	2033.00	0.00
石家庄广播电视大学行唐分校	460.00	360.00	300.00	60.00	0.00	0.00	0.00	0.00
独立使用	40.00	0.00	0.00	0.00	0.00	0.00	0.00	0.00
共同使用	420.00	360.00	300.00	60.00	0.00	0.00	0.00	0.00
石家庄市矿区电大工作站	21355.00	16554.00	10343.00	400.00	5316.00	0.00	350.00	145.00
共同使用	21355.00	16554.00	10343.00	400.00	5316.00	0.00	350.00	145.00
唐山广播电视大学迁西分校	5000.00	5000.00	0.00	0.00	5000.00	0.00	0.00	0.00
共同使用	5000.00	5000.00	0.00	0.00	5000.00	0.00	0.00	0.00
唐山广播电视大学迁安分校	2180.20	1421.33	1368.54	52.79	0.00	0.00	0.00	0.00
独立使用	2180.20	1421.33	1368.54	52.79	0.00	0.00	0.00	0.00
唐山广播电视大学乐亭分校	590.00	180.00	0.00	60.00	120.00	0.00	0.00	0.00
独立使用	85.00	60.00	0.00	60.00	0.00	0.00	0.00	0.00
共同使用	505.00	120.00	0.00	0.00	120.00	0.00	0.00	0.00
开平农广校	1250.00	800.00	800.00	0.00	0.00	0.00	0.00	0.00
独立使用	1250.00	800.00	800.00	0.00	0.00	0.00	0.00	0.00
秦皇岛广播电视大学昌黎分校	2571.87	1861.87	1861.87	0.00	0.00	0.00	0.00	0.00
独立使用	2571.87	1861.87	1861.87	0.00	0.00	0.00	0.00	0.00
山海关电大	1601.00	1373.00	460.00	110.00	163.00	0.00	640.00	0.00
独立使用	611.00	383.00	340.00	0.00	43.00	0.00	0.00	0.00
共同使用	990.00	990.00	120.00	110.00	120.00	0.00	640.00	0.00
邯郸广播电视大学武安分校	216.00	0.00	0.00	0.00	0.00	0.00	0.00	0.00
独立使用	216.00	0.00	0.00	0.00	0.00	0.00	0.00	0.00
邯郸广播电视大学曲周分校	400.00	300.00	200.00	25.00	75.00	0.00	0.00	0.00
共同使用	400.00	300.00	200.00	25.00	75.00	0.00	0.00	0.00
邯郸广播电视大学大名分校	2800.00	1880.00	1320.00	100.00	100.00	60.00	200.00	100.00
共同使用	2800.00	1880.00	1320.00	100.00	100.00	60.00	200.00	100.00
邯郸广播电视大学邱县工作站	201.00	201.00	200.00	1.00	0.00	0.00	0.00	0.00

建筑面积(续表1)

单位:平方米

行政办公用房	生活用房						教工住宅	其他用房
	计	学生宿舍(公寓)	学生食堂	教工宿舍(公寓)	教工食堂	生活福利及附属用房		
6843.00	54803.00	47591.00	7212.00	0.00	0.00	0.00	0.00	0.00
79981.00	70739.00	58003.00	12016.00	0.00	0.00	720.00	0.00	0.00
79981.00	70739.00	58003.00	12016.00	0.00	0.00	720.00	0.00	0.00
0.00	4794.00	0.00	4794.00	0.00	0.00	0.00	0.00	0.00
0.00	4794.00	0.00	4794.00	0.00	0.00	0.00	0.00	0.00
2876.00	16380.00	11683.00	2130.00	0.00	100.00	2467.00	0.00	0.00
2876.00	16380.00	11683.00	2130.00	0.00	100.00	2467.00	0.00	0.00
9263.69	**64157.00**	**59848.00**	**2964.00**	**444.00**	**282.00**	**619.00**	**0.00**	**899.18**
3491.69	850.00	124.00	100.00	136.00	100.00	390.00	0.00	471.18
5772.00	63307.00	59724.00	2864.00	308.00	182.00	229.00	0.00	428.00
0.00	53840.00	52090.00	1750.00	0.00	0.00	0.00	0.00	0.00
0.00	53840.00	52090.00	1750.00	0.00	0.00	0.00	0.00	0.00
100.00	0.00	0.00	0.00	0.00	0.00	0.00	0.00	0.00
40.00	0.00	0.00	0.00	0.00	0.00	0.00	0.00	0.00
60.00	0.00	0.00	0.00	0.00	0.00	0.00	0.00	0.00
2320.00	2481.00	2154.00	327.00	0.00	0.00	0.00	0.00	0.00
2320.00	2481.00	2154.00	327.00	0.00	0.00	0.00	0.00	0.00
0.00	0.00	0.00	0.00	0.00	0.00	0.00	0.00	0.00
0.00	0.00	0.00	0.00	0.00	0.00	0.00	0.00	0.00
538.69	0.00	0.00	0.00	0.00	0.00	0.00	0.00	220.18
538.69	0.00	0.00	0.00	0.00	0.00	0.00	0.00	220.18
360.00	0.00	0.00	0.00	0.00	0.00	0.00	0.00	50.00
0.00	0.00	0.00	0.00	0.00	0.00	0.00	0.00	25.00
360.00	0.00	0.00	0.00	0.00	0.00	0.00	0.00	25.00
450.00	0.00	0.00	0.00	0.00	0.00	0.00	0.00	0.00
450.00	0.00	0.00	0.00	0.00	0.00	0.00	0.00	0.00
420.00	290.00	0.00	0.00	0.00	0.00	290.00	0.00	0.00
420.00	290.00	0.00	0.00	0.00	0.00	290.00	0.00	0.00
228.00	0.00	0.00	0.00	0.00	0.00	0.00	0.00	0.00
228.00	0.00	0.00	0.00	0.00	0.00	0.00	0.00	0.00
0.00	0.00	0.00	0.00	0.00	0.00	0.00	0.00	0.00
192.00	24.00	24.00	0.00	0.00	0.00	0.00	0.00	0.00
192.00	24.00	24.00	0.00	0.00	0.00	0.00	0.00	0.00
100.00	0.00	0.00	0.00	0.00	0.00	0.00	0.00	0.00
100.00	0.00	0.00	0.00	0.00	0.00	0.00	0.00	0.00
100.00	800.00	600.00	200.00	0.00	0.00	0.00	0.00	20.00
100.00	800.00	600.00	200.00	0.00	0.00	0.00	0.00	20.00
0.00	0.00	0.00	0.00	0.00	0.00	0.00	0.00	0.00

4.4 非学校产权校舍

	合计	教学科研及辅助用房						
		计	教室	图书馆	实验室、实习场所	专用科研用房	体育馆	会堂
共同使用	201.00	201.00	200.00	1.00	0.00	0.00	0.00	0.00
邯郸广播电视大学馆陶分校	750.00	660.00	600.00	60.00	0.00	0.00	0.00	0.00
共同使用	750.00	660.00	600.00	60.00	0.00	0.00	0.00	0.00
邯郸广播电视大学永年分校	864.00	864.00	648.00	108.00	108.00	0.00	0.00	0.00
共同使用	864.00	864.00	648.00	108.00	108.00	0.00	0.00	0.00
邯郸广播电视大学广平分校	890.00	560.00	480.00	80.00	0.00	0.00	0.00	0.00
共同使用	890.00	560.00	480.00	80.00	0.00	0.00	0.00	0.00
邯郸广播电视大学魏县分校	100.00	60.00	60.00	0.00	0.00	0.00	0.00	0.00
共同使用	100.00	60.00	60.00	0.00	0.00	0.00	0.00	0.00
邯郸广播电视大学肥乡分校	1310.00	1260.00	520.00	60.00	120.00	150.00	360.00	50.00
共同使用	1310.00	1260.00	520.00	60.00	120.00	150.00	360.00	50.00
邯郸市成安县电大工作站	340.00	200.00	200.00	0.00	0.00	0.00	0.00	0.00
共同使用	340.00	200.00	200.00	0.00	0.00	0.00	0.00	0.00
承德广播电视大学围场工作站	766.00	766.00	440.00	0.00	0.00	0.00	126.00	200.00
共同使用	766.00	766.00	440.00	0.00	0.00	0.00	126.00	200.00
承德县工作站	694.00	520.00	360.00	0.00	160.00	0.00	0.00	0.00
共同使用	694.00	520.00	360.00	0.00	160.00	0.00	0.00	0.00
邢台广播电视大学临西分校	162.00	144.00	90.00	54.00	0.00	0.00	0.00	0.00
独立使用	54.00	36.00	36.00	0.00	0.00	0.00	0.00	0.00
共同使用	108.00	108.00	54.00	54.00	0.00	0.00	0.00	0.00
邢台广播电视大学沙河分校	1970.00	1850.00	300.00	50.00	0.00	0.00	0.00	1500.00
共同使用	1970.00	1850.00	300.00	50.00	0.00	0.00	0.00	1500.00
邢台广播电视大学任县工作站	21.00	15.00	10.00	1.00	1.00	1.00	1.00	1.00
独立使用	1.00	0.00	0.00	0.00	0.00	0.00	0.00	0.00
共同使用	20.00	15.00	10.00	1.00	1.00	1.00	1.00	1.00
邢台广播电视大学威县分校	840.00	240.00	120.00	120.00	0.00	0.00	0.00	0.00
共同使用	840.00	240.00	120.00	120.00	0.00	0.00	0.00	0.00
邢台广播电视大学南宫分校.	1039.00	408.00	216.00	36.00	120.00	0.00	0.00	36.00
独立使用	135.00	0.00	0.00	0.00	0.00	0.00	0.00	0.00
共同使用	904.00	408.00	216.00	36.00	120.00	0.00	0.00	36.00
邢台广播电视大学清河分校	1650.00	1600.00	1000.00	100.00	500.00	0.00	0.00	0.00
共同使用	1650.00	1600.00	1000.00	100.00	500.00	0.00	0.00	0.00
邢台广播电视大学内邱分校	649.00	499.00	104.00	52.00	39.00	52.00	52.00	200.00
共同使用	649.00	499.00	104.00	52.00	39.00	52.00	52.00	200.00
平乡县委党校	1429.00	909.00	590.00	39.00	60.00	60.00	60.00	100.00
独立使用	419.00	159.00	0.00	19.00	30.00	30.00	30.00	50.00
共同使用	1010.00	750.00	590.00	20.00	30.00	30.00	30.00	50.00
保定广播电视大学曲阳分校	596.00	72.00	36.00	36.00	0.00	0.00	0.00	0.00

建筑面积(续表2)

单位:平方米

行政办公用房	生活用房						教工住宅	其他用房
	计	学生宿舍(公寓)	学生食堂	教工宿舍(公寓)	教工食堂	生活福利及附属用房		
0.00	0.00	0.00	0.00	0.00	0.00	0.00	0.00	0.00
90.00	0.00	0.00	0.00	0.00	0.00	0.00	0.00	0.00
90.00	0.00	0.00	0.00	0.00	0.00	0.00	0.00	0.00
0.00	0.00	0.00	0.00	0.00	0.00	0.00	0.00	0.00
0.00	0.00	0.00	0.00	0.00	0.00	0.00	0.00	0.00
90.00	0.00	0.00	0.00	0.00	0.00	0.00	0.00	240.00
90.00	0.00	0.00	0.00	0.00	0.00	0.00	0.00	240.00
40.00	0.00	0.00	0.00	0.00	0.00	0.00	0.00	0.00
40.00	0.00	0.00	0.00	0.00	0.00	0.00	0.00	0.00
50.00	0.00	0.00	0.00	0.00	0.00	0.00	0.00	0.00
50.00	0.00	0.00	0.00	0.00	0.00	0.00	0.00	0.00
100.00	0.00	0.00	0.00	0.00	0.00	0.00	0.00	40.00
100.00	0.00	0.00	0.00	0.00	0.00	0.00	0.00	40.00
0.00	0.00	0.00	0.00	0.00	0.00	0.00	0.00	0.00
0.00	0.00	0.00	0.00	0.00	0.00	0.00	0.00	0.00
174.00	0.00	0.00	0.00	0.00	0.00	0.00	0.00	0.00
174.00	0.00	0.00	0.00	0.00	0.00	0.00	0.00	0.00
18.00	0.00	0.00	0.00	0.00	0.00	0.00	0.00	0.00
18.00	0.00	0.00	0.00	0.00	0.00	0.00	0.00	0.00
0.00	0.00	0.00	0.00	0.00	0.00	0.00	0.00	0.00
120.00	0.00	0.00	0.00	0.00	0.00	0.00	0.00	0.00
120.00	0.00	0.00	0.00	0.00	0.00	0.00	0.00	0.00
2.00	1.00	0.00	0.00	0.00	1.00	0.00	0.00	3.00
1.00	0.00	0.00	0.00	0.00	0.00	0.00	0.00	0.00
1.00	1.00	0.00	0.00	0.00	1.00	0.00	0.00	3.00
600.00	0.00	0.00	0.00	0.00	0.00	0.00	0.00	0.00
600.00	0.00	0.00	0.00	0.00	0.00	0.00	0.00	0.00
135.00	496.00	360.00	136.00	0.00	0.00	0.00	0.00	0.00
135.00	0.00	0.00	0.00	0.00	0.00	0.00	0.00	0.00
0.00	496.00	360.00	136.00	0.00	0.00	0.00	0.00	0.00
0.00	50.00	0.00	0.00	0.00	0.00	50.00	0.00	0.00
0.00	50.00	0.00	0.00	0.00	0.00	50.00	0.00	0.00
130.00	20.00	0.00	20.00	0.00	0.00	0.00	0.00	0.00
130.00	20.00	0.00	20.00	0.00	0.00	0.00	0.00	0.00
520.00	0.00	0.00	0.00	0.00	0.00	0.00	0.00	0.00
260.00	0.00	0.00	0.00	0.00	0.00	0.00	0.00	0.00
260.00	0.00	0.00	0.00	0.00	0.00	0.00	0.00	0.00
362.00	36.00	0.00	0.00	36.00	0.00	0.00	0.00	126.00

4.4 非学校产权校舍

	合计	教学科研及辅助用房						
		计	教室	图书馆	实验室、实习场所	专用科研用房	体育馆	会堂
独立使用	596.00	72.00	36.00	36.00	0.00	0.00	0.00	0.00
保定广播电视大学雄县分校	180.00	180.00	180.00	0.00	0.00	0.00	0.00	0.00
共同使用	180.00	180.00	180.00	0.00	0.00	0.00	0.00	0.00
保定广播电视大学定兴分校	100.00	100.00	100.00	0.00	0.00	0.00	0.00	0.00
共同使用	100.00	100.00	100.00	0.00	0.00	0.00	0.00	0.00
保定广播电视大学易县分校	210.00	210.00	40.00	50.00	0.00	0.00	0.00	120.00
独立使用	170.00	170.00	0.00	50.00	0.00	0.00	0.00	120.00
共同使用	40.00	40.00	40.00	0.00	0.00	0.00	0.00	0.00
保定广播电视大学安国分校	4810.00	560.00	560.00	0.00	0.00	0.00	0.00	0.00
共同使用	4810.00	560.00	560.00	0.00	0.00	0.00	0.00	0.00
保定广播电视大学安新工作站	755.00	600.00	560.00	40.00	0.00	0.00	0.00	0.00
独立使用	80.00	0.00	0.00	0.00	0.00	0.00	0.00	0.00
共同使用	675.00	600.00	560.00	40.00	0.00	0.00	0.00	0.00
保定广播电视大学涞水分校	1925.00	1850.00	1125.00	150.00	225.00	0.00	0.00	350.00
共同使用	1925.00	1850.00	1125.00	150.00	225.00	0.00	0.00	350.00
保定广播电视大学高阳分校	1100.00	1100.00	1100.00	0.00	0.00	0.00	0.00	0.00
共同使用	1100.00	1100.00	1100.00	0.00	0.00	0.00	0.00	0.00
保定广播电视大学顺平分校	1378.00	995.00	600.00	395.00	0.00	0.00	0.00	0.00
共同使用	1378.00	995.00	600.00	395.00	0.00	0.00	0.00	0.00
保定广播电视大学唐县分校	1250.00	1250.00	250.00	700.00	100.00	0.00	0.00	200.00
独立使用	50.00	50.00	0.00	0.00	50.00	0.00	0.00	0.00
共同使用	1200.00	1200.00	250.00	700.00	50.00	0.00	0.00	200.00
定州分校	1195.00	1195.00	125.00	50.00	70.00	50.00	400.00	500.00
独立使用	100.00	100.00	100.00	0.00	0.00	0.00	0.00	0.00
共同使用	1095.00	1095.00	25.00	50.00	70.00	50.00	400.00	500.00
张家口广播电视大学怀来分校	706.00	586.00	550.00	36.00	0.00	0.00	0.00	0.00
共同使用	706.00	586.00	550.00	36.00	0.00	0.00	0.00	0.00
张家口广播电视大学涿鹿分校	3602.00	3455.00	315.00	140.00	3000.00	0.00	0.00	0.00
独立使用	147.00	0.00	0.00	0.00	0.00	0.00	0.00	0.00
共同使用	3455.00	3455.00	315.00	140.00	3000.00	0.00	0.00	0.00
张家口广播电视大学蔚县分校	4510.00	2280.00	700.00	400.00	250.00	200.00	400.00	330.00
独立使用	1300.00	600.00	100.00	100.00	100.00	100.00	100.00	100.00
共同使用	3210.00	1680.00	600.00	300.00	150.00	100.00	300.00	230.00
张家口广播电视大学阳原分校	720.00	600.00	180.00	0.00	60.00	0.00	0.00	360.00
独立使用	300.00	180.00	120.00	0.00	60.00	0.00	0.00	0.00
共同使用	420.00	420.00	60.00	0.00	0.00	0.00	0.00	360.00
张家口广播电视大学赤城分校	62.00	9.00	4.00	1.00	1.00	1.00	0.00	2.00
共同使用	62.00	9.00	4.00	1.00	1.00	1.00	0.00	2.00

建筑面积(续表3)

单位:平方米

行政办公用房	生活用房 计	学生宿舍(公寓)	学生食堂	教工宿舍(公寓)	教工食堂	生活福利及附属用房	教工住宅	其他用房
362.00	36.00	0.00	0.00	36.00	0.00	0.00	0.00	126.00
0.00	0.00	0.00	0.00	0.00	0.00	0.00	0.00	0.00
0.00	0.00	0.00	0.00	0.00	0.00	0.00	0.00	0.00
0.00	0.00	0.00	0.00	0.00	0.00	0.00	0.00	0.00
0.00	0.00	0.00	0.00	0.00	0.00	0.00	0.00	0.00
0.00	0.00	0.00	0.00	0.00	0.00	0.00	0.00	0.00
0.00	0.00	0.00	0.00	0.00	0.00	0.00	0.00	0.00
0.00	0.00	0.00	0.00	0.00	0.00	0.00	0.00	0.00
0.00	4250.00	4000.00	200.00	0.00	50.00	0.00	0.00	0.00
0.00	4250.00	4000.00	200.00	0.00	50.00	0.00	0.00	0.00
155.00	0.00	0.00	0.00	0.00	0.00	0.00	0.00	0.00
80.00	0.00	0.00	0.00	0.00	0.00	0.00	0.00	0.00
75.00	0.00	0.00	0.00	0.00	0.00	0.00	0.00	0.00
0.00	75.00	0.00	0.00	0.00	0.00	75.00	0.00	0.00
0.00	75.00	0.00	0.00	0.00	0.00	75.00	0.00	0.00
0.00	0.00	0.00	0.00	0.00	0.00	0.00	0.00	0.00
0.00	0.00	0.00	0.00	0.00	0.00	0.00	0.00	0.00
383.00	0.00	0.00	0.00	0.00	0.00	0.00	0.00	0.00
383.00	0.00	0.00	0.00	0.00	0.00	0.00	0.00	0.00
0.00	0.00	0.00	0.00	0.00	0.00	0.00	0.00	0.00
0.00	0.00	0.00	0.00	0.00	0.00	0.00	0.00	0.00
0.00	0.00	0.00	0.00	0.00	0.00	0.00	0.00	0.00
0.00	0.00	0.00	0.00	0.00	0.00	0.00	0.00	0.00
0.00	0.00	0.00	0.00	0.00	0.00	0.00	0.00	0.00
0.00	0.00	0.00	0.00	0.00	0.00	0.00	0.00	0.00
120.00	0.00	0.00	0.00	0.00	0.00	0.00	0.00	0.00
120.00	0.00	0.00	0.00	0.00	0.00	0.00	0.00	0.00
147.00	0.00	0.00	0.00	0.00	0.00	0.00	0.00	0.00
147.00	0.00	0.00	0.00	0.00	0.00	0.00	0.00	0.00
0.00	0.00	0.00	0.00	0.00	0.00	0.00	0.00	0.00
300.00	1730.00	600.00	330.00	400.00	200.00	200.00	0.00	200.00
100.00	500.00	100.00	100.00	100.00	100.00	100.00	0.00	100.00
200.00	1230.00	500.00	230.00	300.00	100.00	100.00	0.00	100.00
120.00	0.00	0.00	0.00	0.00	0.00	0.00	0.00	0.00
120.00	0.00	0.00	0.00	0.00	0.00	0.00	0.00	0.00
0.00	0.00	0.00	0.00	0.00	0.00	0.00	0.00	0.00
19.00	34.00	20.00	1.00	8.00	1.00	4.00	0.00	0.00
19.00	34.00	20.00	1.00	8.00	1.00	4.00	0.00	0.00

4.4 非学校产权校舍

	合计	教学科研及辅助用房						
		计	教室	图书馆	实验室、实习场所	专用科研用房	体育馆	会堂
张家口广播电视大学宣化分校	120.00	0.00	0.00	0.00	0.00	0.00	0.00	0.00
独立使用	40.00	0.00	0.00	0.00	0.00	0.00	0.00	0.00
共同使用	80.00	0.00	0.00	0.00	0.00	0.00	0.00	0.00
张家口广播电视大学沽源县分校	360.00	160.00	100.00	0.00	0.00	0.00	0.00	60.00
独立使用	40.00	0.00	0.00	0.00	0.00	0.00	0.00	0.00
共同使用	320.00	160.00	100.00	0.00	0.00	0.00	0.00	60.00
张家口广播电视大学怀安分校	190.00	120.00	120.00	0.00	0.00	0.00	0.00	0.00
共同使用	190.00	120.00	120.00	0.00	0.00	0.00	0.00	0.00
沧州广播电视大学河间分校	200.00	200.00	200.00	0.00	0.00	0.00	0.00	0.00
共同使用	200.00	200.00	200.00	0.00	0.00	0.00	0.00	0.00
沧州广播电视大学泊头分校	220.00	120.00	100.00	20.00	0.00	0.00	0.00	0.00
共同使用	220.00	120.00	100.00	20.00	0.00	0.00	0.00	0.00
沧州广播电视大学黄骅分校	180.00	180.00	0.00	180.00	0.00	0.00	0.00	0.00
共同使用	180.00	180.00	0.00	180.00	0.00	0.00	0.00	0.00
沧州广播电视大学盐山分校	1392.00	1192.00	892.00	0.00	300.00	0.00	0.00	0.00
独立使用	592.00	392.00	392.00	0.00	0.00	0.00	0.00	0.00
共同使用	800.00	800.00	500.00	0.00	300.00	0.00	0.00	0.00
沧州广播电视大学肃宁分校	2340.00	2220.00	200.00	20.00	2000.00	0.00	0.00	0.00
独立使用	140.00	20.00	0.00	20.00	0.00	0.00	0.00	0.00
共同使用	2200.00	2200.00	200.00	0.00	2000.00	0.00	0.00	0.00
廊坊广播电视大学香河分校	6240.00	6240.00	6000.00	60.00	60.00	60.00	0.00	60.00
共同使用	6240.00	6240.00	6000.00	60.00	60.00	60.00	0.00	60.00
山西	**41304.00**	**17719.00**	**12488.00**	**1252.00**	**1161.00**	**466.00**	**685.00**	**1667.00**
独立使用	12589.00	4998.00	4273.00	338.00	143.00	242.00	1.00	1.00
共同使用	28715.00	12721.00	8215.00	914.00	1018.00	224.00	684.00	1666.00
大同机车技师学院学习中心	521.00	521.00	400.00	120.00	0.00	0.00	0.00	1.00
共同使用	521.00	521.00	400.00	120.00	0.00	0.00	0.00	1.00
省直属大同大学教学点	400.00	100.00	100.00	0.00	0.00	0.00	0.00	0.00
共同使用	400.00	100.00	100.00	0.00	0.00	0.00	0.00	0.00
太原电大直属教学点	1853.00	1475.00	1097.00	76.00	61.00	241.00	0.00	0.00
独立使用	1853.00	1475.00	1097.00	76.00	61.00	241.00	0.00	0.00
太原电大杏花岭区教学点	480.00	480.00	480.00	0.00	0.00	0.00	0.00	0.00
共同使用	480.00	480.00	480.00	0.00	0.00	0.00	0.00	0.00
太原电大万柏林区教学点	590.00	500.00	300.00	0.00	0.00	0.00	0.00	200.00
共同使用	590.00	500.00	300.00	0.00	0.00	0.00	0.00	200.00
古交市电大工作站	270.00	225.00	225.00	0.00	0.00	0.00	0.00	0.00
独立使用	45.00	0.00	0.00	0.00	0.00	0.00	0.00	0.00
共同使用	225.00	225.00	225.00	0.00	0.00	0.00	0.00	0.00

建筑面积(续表4)

单位:平方米

行政办公用房	生活用房						教工住宅	其他用房
	计	学生宿舍(公寓)	学生食堂	教工宿舍(公寓)	教工食堂	生活福利及附属用房		
90.00	30.00	0.00	0.00	0.00	30.00	0.00	0.00	0.00
40.00	0.00	0.00	0.00	0.00	0.00	0.00	0.00	0.00
50.00	30.00	0.00	0.00	0.00	30.00	0.00	0.00	0.00
200.00	0.00	0.00	0.00	0.00	0.00	0.00	0.00	0.00
40.00	0.00	0.00	0.00	0.00	0.00	0.00	0.00	0.00
160.00	0.00	0.00	0.00	0.00	0.00	0.00	0.00	0.00
70.00	0.00	0.00	0.00	0.00	0.00	0.00	0.00	0.00
70.00	0.00	0.00	0.00	0.00	0.00	0.00	0.00	0.00
0.00	0.00	0.00	0.00	0.00	0.00	0.00	0.00	0.00
0.00	0.00	0.00	0.00	0.00	0.00	0.00	0.00	0.00
100.00	0.00	0.00	0.00	0.00	0.00	0.00	0.00	0.00
100.00	0.00	0.00	0.00	0.00	0.00	0.00	0.00	0.00
0.00	0.00	0.00	0.00	0.00	0.00	0.00	0.00	0.00
0.00	0.00	0.00	0.00	0.00	0.00	0.00	0.00	0.00
200.00	0.00	0.00	0.00	0.00	0.00	0.00	0.00	0.00
200.00	0.00	0.00	0.00	0.00	0.00	0.00	0.00	0.00
0.00	0.00	0.00	0.00	0.00	0.00	0.00	0.00	0.00
120.00	0.00	0.00	0.00	0.00	0.00	0.00	0.00	0.00
120.00	0.00	0.00	0.00	0.00	0.00	0.00	0.00	0.00
0.00	0.00	0.00	0.00	0.00	0.00	0.00	0.00	0.00
0.00	0.00	0.00	0.00	0.00	0.00	0.00	0.00	0.00
0.00	0.00	0.00	0.00	0.00	0.00	0.00	0.00	0.00
18070.00	**5020.00**	**2475.00**	**743.00**	**543.00**	**587.00**	**672.00**	**0.00**	**495.00**
5147.00	2443.00	927.00	109.00	501.00	585.00	321.00	0.00	1.00
12923.00	2577.00	1548.00	634.00	42.00	2.00	351.00	0.00	494.00
0.00	0.00	0.00	0.00	0.00	0.00	0.00	0.00	0.00
0.00	0.00	0.00	0.00	0.00	0.00	0.00	0.00	0.00
100.00	0.00	0.00	0.00	0.00	0.00	0.00	0.00	200.00
100.00	0.00	0.00	0.00	0.00	0.00	0.00	0.00	200.00
378.00	0.00	0.00	0.00	0.00	0.00	0.00	0.00	0.00
378.00	0.00	0.00	0.00	0.00	0.00	0.00	0.00	0.00
0.00	0.00	0.00	0.00	0.00	0.00	0.00	0.00	0.00
0.00	0.00	0.00	0.00	0.00	0.00	0.00	0.00	0.00
90.00	0.00	0.00	0.00	0.00	0.00	0.00	0.00	0.00
90.00	0.00	0.00	0.00	0.00	0.00	0.00	0.00	0.00
45.00	0.00	0.00	0.00	0.00	0.00	0.00	0.00	0.00
45.00	0.00	0.00	0.00	0.00	0.00	0.00	0.00	0.00
0.00	0.00	0.00	0.00	0.00	0.00	0.00	0.00	0.00

4.4 非学校产权校舍

	合计	教学科研及辅助用房						
		计	教室	图书馆	实验室、实习场所	专用科研用房	体育馆	会堂
娄烦县教师进修学校	576.00	451.00	451.00	0.00	0.00	0.00	0.00	0.00
共同使用	576.00	451.00	451.00	0.00	0.00	0.00	0.00	0.00
大同电大阳高县教学点	540.00	440.00	180.00	60.00	0.00	0.00	0.00	200.00
共同使用	540.00	440.00	180.00	60.00	0.00	0.00	0.00	200.00
阳泉电大盂县教学点	360.00	360.00	360.00	0.00	0.00	0.00	0.00	0.00
独立使用	360.00	360.00	360.00	0.00	0.00	0.00	0.00	0.00
晋城电大直属教学点	4907.00	993.00	863.00	130.00	0.00	0.00	0.00	0.00
独立使用	4907.00	993.00	863.00	130.00	0.00	0.00	0.00	0.00
晋城阳城县教师进修校	2000.00	800.00	700.00	100.00	0.00	0.00	0.00	0.00
共同使用	2000.00	800.00	700.00	100.00	0.00	0.00	0.00	0.00
晋城电大城区教学点	2000.00	1360.00	780.00	100.00	100.00	0.00	0.00	380.00
共同使用	2000.00	1360.00	780.00	100.00	100.00	0.00	0.00	380.00
晋城市泽州县教学点	10478.00	985.00	934.00	51.00	0.00	0.00	0.00	0.00
共同使用	10478.00	985.00	934.00	51.00	0.00	0.00	0.00	0.00
忻州电大静乐县教学点	700.00	700.00	0.00	0.00	0.00	0.00	350.00	350.00
共同使用	700.00	700.00	0.00	0.00	0.00	0.00	350.00	350.00
晋中电大直属教学点	1000.00	780.00	570.00	0.00	210.00	0.00	0.00	0.00
共同使用	1000.00	780.00	570.00	0.00	210.00	0.00	0.00	0.00
晋中电大平遥县教学点	626.00	324.00	324.00	0.00	0.00	0.00	0.00	0.00
独立使用	464.00	162.00	162.00	0.00	0.00	0.00	0.00	0.00
共同使用	162.00	162.00	162.00	0.00	0.00	0.00	0.00	0.00
晋中电大太谷县教学点	7.00	7.00	4.00	1.00	1.00	0.00	0.00	1.00
共同使用	7.00	7.00	4.00	1.00	1.00	0.00	0.00	1.00
晋中电大祁县教学点	400.00	330.00	210.00	100.00	20.00	0.00	0.00	0.00
共同使用	400.00	330.00	210.00	100.00	20.00	0.00	0.00	0.00
晋中电大灵石县教学点	800.00	200.00	200.00	0.00	0.00	0.00	0.00	0.00
独立使用	800.00	200.00	200.00	0.00	0.00	0.00	0.00	0.00
吕梁电大交城县教学点	40.00	0.00	0.00	0.00	0.00	0.00	0.00	0.00
共同使用	40.00	0.00	0.00	0.00	0.00	0.00	0.00	0.00
吕梁电大临县教学点	5.00	1.00	0.00	1.00	0.00	0.00	0.00	0.00
独立使用	5.00	1.00	0.00	1.00	0.00	0.00	0.00	0.00
吕梁电大兴县教学点	320.00	320.00	50.00	0.00	270.00	0.00	0.00	0.00
共同使用	320.00	320.00	50.00	0.00	270.00	0.00	0.00	0.00
吕梁电大孝义市教学点	430.00	340.00	340.00	0.00	0.00	0.00	0.00	0.00
独立使用	430.00	340.00	340.00	0.00	0.00	0.00	0.00	0.00
孝义供电支公司教培中心	40.00	19.00	3.00	3.00	4.00	3.00	3.00	3.00
独立使用	15.00	7.00	1.00	1.00	2.00	1.00	1.00	1.00
共同使用	25.00	12.00	2.00	2.00	2.00	2.00	2.00	2.00

建筑面积(续表5)

单位:平方米

行政办公用房	生活用房						教工住宅	其他用房
	计	学生宿舍(公寓)	学生食堂	教工宿舍(公寓)	教工食堂	生活福利及附属用房		
125.00	0.00	0.00	0.00	0.00	0.00	0.00	0.00	0.00
125.00	0.00	0.00	0.00	0.00	0.00	0.00	0.00	0.00
40.00	40.00	0.00	0.00	40.00	0.00	0.00	0.00	20.00
40.00	40.00	0.00	0.00	40.00	0.00	0.00	0.00	20.00
0.00	0.00	0.00	0.00	0.00	0.00	0.00	0.00	0.00
0.00	0.00	0.00	0.00	0.00	0.00	0.00	0.00	0.00
2914.00	1000.00	0.00	0.00	500.00	500.00	0.00	0.00	0.00
2914.00	1000.00	0.00	0.00	500.00	500.00	0.00	0.00	0.00
600.00	600.00	400.00	100.00	0.00	0.00	100.00	0.00	0.00
600.00	600.00	400.00	100.00	0.00	0.00	100.00	0.00	0.00
360.00	280.00	180.00	100.00	0.00	0.00	0.00	0.00	0.00
360.00	280.00	180.00	100.00	0.00	0.00	0.00	0.00	0.00
9493.00	0.00	0.00	0.00	0.00	0.00	0.00	0.00	0.00
9493.00	0.00	0.00	0.00	0.00	0.00	0.00	0.00	0.00
0.00	0.00	0.00	0.00	0.00	0.00	0.00	0.00	0.00
0.00	0.00	0.00	0.00	0.00	0.00	0.00	0.00	0.00
220.00	0.00	0.00	0.00	0.00	0.00	0.00	0.00	0.00
220.00	0.00	0.00	0.00	0.00	0.00	0.00	0.00	0.00
302.00	0.00	0.00	0.00	0.00	0.00	0.00	0.00	0.00
302.00	0.00	0.00	0.00	0.00	0.00	0.00	0.00	0.00
0.00	0.00	0.00	0.00	0.00	0.00	0.00	0.00	0.00
0.00	0.00	0.00	0.00	0.00	0.00	0.00	0.00	0.00
0.00	0.00	0.00	0.00	0.00	0.00	0.00	0.00	0.00
70.00	0.00	0.00	0.00	0.00	0.00	0.00	0.00	0.00
70.00	0.00	0.00	0.00	0.00	0.00	0.00	0.00	0.00
0.00	600.00	600.00	0.00	0.00	0.00	0.00	0.00	0.00
0.00	600.00	600.00	0.00	0.00	0.00	0.00	0.00	0.00
40.00	0.00	0.00	0.00	0.00	0.00	0.00	0.00	0.00
40.00	0.00	0.00	0.00	0.00	0.00	0.00	0.00	0.00
4.00	0.00	0.00	0.00	0.00	0.00	0.00	0.00	0.00
4.00	0.00	0.00	0.00	0.00	0.00	0.00	0.00	0.00
0.00	0.00	0.00	0.00	0.00	0.00	0.00	0.00	0.00
0.00	0.00	0.00	0.00	0.00	0.00	0.00	0.00	0.00
90.00	0.00	0.00	0.00	0.00	0.00	0.00	0.00	0.00
90.00	0.00	0.00	0.00	0.00	0.00	0.00	0.00	0.00
3.00	15.00	3.00	3.00	3.00	3.00	3.00	0.00	3.00
2.00	5.00	1.00	1.00	1.00	1.00	1.00	0.00	1.00
1.00	10.00	2.00	2.00	2.00	2.00	2.00	0.00	2.00

4.4 非学校产权校舍

	合计	教学科研及辅助用房					体育馆	会堂
		计	教室	图书馆	实验室、实习场所	专用科研用房		
临汾电大乡宁县教学点	1450.00	100.00	0.00	100.00	0.00	0.00	0.00	0.00
独立使用	1450.00	100.00	0.00	100.00	0.00	0.00	0.00	0.00
运城电大河津市教学点	100.00	100.00	0.00	0.00	0.00	0.00	0.00	100.00
共同使用	100.00	100.00	0.00	0.00	0.00	0.00	0.00	100.00
朔州电大直属教学点	1132.00	400.00	400.00	0.00	0.00	0.00	0.00	0.00
共同使用	1132.00	400.00	400.00	0.00	0.00	0.00	0.00	0.00
朔州电大平鲁区教学点	300.00	0.00	0.00	0.00	0.00	0.00	0.00	0.00
独立使用	300.00	0.00	0.00	0.00	0.00	0.00	0.00	0.00
朔州电大怀仁县教学点	432.00	324.00	108.00	108.00	72.00	36.00	0.00	0.00
共同使用	432.00	324.00	108.00	108.00	72.00	36.00	0.00	0.00
中条山电大直属教学点	5237.00	2524.00	959.00	272.00	343.00	186.00	332.00	432.00
共同使用	5237.00	2524.00	959.00	272.00	343.00	186.00	332.00	432.00
省统计局直属教学点	1000.00	800.00	800.00	0.00	0.00	0.00	0.00	0.00
独立使用	1000.00	800.00	800.00	0.00	0.00	0.00	0.00	0.00
省直中化学习中心教学点	1350.00	1200.00	1200.00	0.00	0.00	0.00	0.00	0.00
共同使用	1350.00	1200.00	1200.00	0.00	0.00	0.00	0.00	0.00
省直柳林学习中心教学点	960.00	560.00	450.00	30.00	80.00	0.00	0.00	0.00
独立使用	960.00	560.00	450.00	30.00	80.00	0.00	0.00	0.00
内蒙古	**535610.00**	**347971.00**	**102445.00**	**36735.00**	**107925.00**	**8771.00**	**66956.00**	**25139.00**
独立使用	35141.00	18317.00	13860.00	948.00	1691.00	16.00	221.00	1581.00
共同使用	500469.00	329654.00	88585.00	35787.00	106234.00	8755.00	66735.00	23558.00
呼和浩特市电大托克托县教师进修学校	500.00	500.00	500.00	0.00	0.00	0.00	0.00	0.00
独立使用	300.00	300.00	300.00	0.00	0.00	0.00	0.00	0.00
共同使用	200.00	200.00	200.00	0.00	0.00	0.00	0.00	0.00
包头市电大达茂旗电大工作站	29400.00	24400.00	12400.00	3000.00	1000.00	1500.00	500.00	6000.00
共同使用	29400.00	24400.00	12400.00	3000.00	1000.00	1500.00	500.00	6000.00
内蒙古中等职业技术学校	21.00	14.00	12.00	0.00	2.00	0.00	0.00	0.00
独立使用	3.00	3.00	3.00	0.00	0.00	0.00	0.00	0.00
共同使用	18.00	11.00	9.00	0.00	2.00	0.00	0.00	0.00
赤峰市电大	2500.00	0.00	0.00	0.00	0.00	0.00	0.00	0.00
独立使用	2500.00	0.00	0.00	0.00	0.00	0.00	0.00	0.00
赤峰市电大阿鲁科尔沁旗职教中心	100.00	100.00	100.00	0.00	0.00	0.00	0.00	0.00
独立使用	100.00	100.00	100.00	0.00	0.00	0.00	0.00	0.00
锡林郭勒盟广播电视大学	304677.00	172130.00	40740.00	17286.00	78876.00	4153.00	28000.00	3075.00
独立使用	1681.00	951.00	861.00	0.00	0.00	0.00	0.00	90.00
共同使用	302996.00	171179.00	39879.00	17286.00	78876.00	4153.00	28000.00	2985.00
乌兰察布市电大察右前旗教师进修学校	2500.00	1600.00	1500.00	100.00	0.00	0.00	0.00	0.00
共同使用	2500.00	1600.00	1500.00	100.00	0.00	0.00	0.00	0.00

建筑面积(续表6)

单位:平方米

行政办公用房	生活用房						教工住宅	其他用房
	计	学生宿舍(公寓)	学生食堂	教工宿舍(公寓)	教工食堂	生活福利及附属用房		
682.00	668.00	326.00	108.00	0.00	54.00	180.00	0.00	0.00
682.00	668.00	326.00	108.00	0.00	54.00	180.00	0.00	0.00
0.00	0.00	0.00	0.00	0.00	0.00	0.00	0.00	0.00
0.00	0.00	0.00	0.00	0.00	0.00	0.00	0.00	0.00
460.00	0.00	0.00	0.00	0.00	0.00	0.00	0.00	272.00
460.00	0.00	0.00	0.00	0.00	0.00	0.00	0.00	272.00
300.00	0.00	0.00	0.00	0.00	0.00	0.00	0.00	0.00
300.00	0.00	0.00	0.00	0.00	0.00	0.00	0.00	0.00
108.00	0.00	0.00	0.00	0.00	0.00	0.00	0.00	0.00
108.00	0.00	0.00	0.00	0.00	0.00	0.00	0.00	0.00
1066.00	1647.00	966.00	432.00	0.00	0.00	249.00	0.00	0.00
1066.00	1647.00	966.00	432.00	0.00	0.00	249.00	0.00	0.00
200.00	0.00	0.00	0.00	0.00	0.00	0.00	0.00	0.00
200.00	0.00	0.00	0.00	0.00	0.00	0.00	0.00	0.00
150.00	0.00	0.00	0.00	0.00	0.00	0.00	0.00	0.00
150.00	0.00	0.00	0.00	0.00	0.00	0.00	0.00	0.00
230.00	170.00	0.00	0.00	0.00	30.00	140.00	0.00	0.00
230.00	170.00	0.00	0.00	0.00	30.00	140.00	0.00	0.00
24610.00	**146658.00**	**112993.00**	**21729.00**	**6043.00**	**1303.00**	**4590.00**	**0.00**	**16371.00**
5713.00	10608.00	6906.00	2597.00	901.00	201.00	3.00	0.00	503.00
18897.00	136050.00	106087.00	19132.00	5142.00	1102.00	4587.00	0.00	15868.00
0.00	0.00	0.00	0.00	0.00	0.00	0.00	0.00	0.00
0.00	0.00	0.00	0.00	0.00	0.00	0.00	0.00	0.00
0.00	0.00	0.00	0.00	0.00	0.00	0.00	0.00	0.00
400.00	4600.00	3000.00	1000.00	500.00	100.00	0.00	0.00	0.00
400.00	4600.00	3000.00	1000.00	500.00	100.00	0.00	0.00	0.00
1.00	6.00	3.00	1.00	1.00	1.00	0.00	0.00	0.00
0.00	0.00	0.00	0.00	0.00	0.00	0.00	0.00	0.00
1.00	6.00	3.00	1.00	1.00	1.00	0.00	0.00	0.00
2500.00	0.00	0.00	0.00	0.00	0.00	0.00	0.00	0.00
2500.00	0.00	0.00	0.00	0.00	0.00	0.00	0.00	0.00
0.00	0.00	0.00	0.00	0.00	0.00	0.00	0.00	0.00
0.00	0.00	0.00	0.00	0.00	0.00	0.00	0.00	0.00
15729.00	100651.00	84088.00	12077.00	0.00	0.00	4486.00	0.00	16167.00
430.00	0.00	0.00	0.00	0.00	0.00	0.00	0.00	300.00
15299.00	100651.00	84088.00	12077.00	0.00	0.00	4486.00	0.00	15867.00
0.00	900.00	500.00	100.00	200.00	100.00	0.00	0.00	0.00
0.00	900.00	500.00	100.00	200.00	100.00	0.00	0.00	0.00

4.4 非学校产权校舍

	合计	教学科研及辅助用房						
		计	教室	图书馆	实验室、实习场所	专用科研用房	体育馆	会堂
乌兰察布市电大商都科技培训中心	12.00	8.00	6.00	2.00	0.00	0.00	0.00	0.00
独立使用	6.00	4.00	3.00	1.00	0.00	0.00	0.00	0.00
共同使用	6.00	4.00	3.00	1.00	0.00	0.00	0.00	0.00
乌审旗教师进修学校	28.00	14.00	4.00	2.00	2.00	2.00	2.00	2.00
独立使用	15.00	8.00	3.00	1.00	1.00	1.00	1.00	1.00
共同使用	13.00	6.00	1.00	1.00	1.00	1.00	1.00	1.00
巴彦淖尔市电大磴口县电大工作站	636.00	496.00	450.00	46.00	0.00	0.00	0.00	0.00
独立使用	336.00	196.00	150.00	46.00	0.00	0.00	0.00	0.00
共同使用	300.00	300.00	300.00	0.00	0.00	0.00	0.00	0.00
巴彦淖尔市电大五原县移动通信	840.00	540.00	360.00	60.00	120.00	0.00	0.00	0.00
独立使用	120.00	0.00	0.00	0.00	0.00	0.00	0.00	0.00
共同使用	720.00	540.00	360.00	60.00	120.00	0.00	0.00	0.00
巴彦淖尔市电大乌拉特中旗检察院	260.00	260.00	260.00	0.00	0.00	0.00	0.00	0.00
独立使用	260.00	260.00	260.00	0.00	0.00	0.00	0.00	0.00
巴彦淖尔市电大农牧场职工中专	6.00	6.00	6.00	0.00	0.00	0.00	0.00	0.00
共同使用	6.00	6.00	6.00	0.00	0.00	0.00	0.00	0.00
巴彦淖尔市电大临河区农业广播学校	430.00	430.00	400.00	30.00	0.00	0.00	0.00	0.00
独立使用	230.00	230.00	200.00	30.00	0.00	0.00	0.00	0.00
共同使用	200.00	200.00	200.00	0.00	0.00	0.00	0.00	0.00
呼伦贝尔市新巴尔虎左旗教师教育培训中心	1600.00	400.00	200.00	0.00	200.00	0.00	0.00	0.00
共同使用	1600.00	400.00	200.00	0.00	200.00	0.00	0.00	0.00
开放教育学院薛家湾准能公司	6680.00	3680.00	2880.00	0.00	800.00	0.00	0.00	0.00
独立使用	2880.00	2880.00	2880.00	0.00	0.00	0.00	0.00	0.00
共同使用	3800.00	800.00	0.00	0.00	800.00	0.00	0.00	0.00
开放教育学院托克托县高级职业中学	1410.00	1360.00	500.00	240.00	120.00	0.00	0.00	500.00
独立使用	200.00	150.00	150.00	0.00	0.00	0.00	0.00	0.00
共同使用	1210.00	1210.00	350.00	240.00	120.00	0.00	0.00	500.00
内蒙古广播电视大学财贸金融专修学院	101578.00	91018.00	20000.00	8772.00	21791.00	586.00	31869.00	8000.00
独立使用	2560.00	2000.00	2000.00	0.00	0.00	0.00	0.00	0.00
共同使用	99018.00	89018.00	18000.00	8772.00	21791.00	586.00	31869.00	8000.00
内蒙古职工专修学院	820.00	480.00	480.00	0.00	0.00	0.00	0.00	0.00
独立使用	580.00	240.00	240.00	0.00	0.00	0.00	0.00	0.00
共同使用	240.00	240.00	240.00	0.00	0.00	0.00	0.00	0.00
内蒙古网络教育专修学院	810.00	810.00	500.00	60.00	60.00	30.00	0.00	160.00
独立使用	305.00	305.00	150.00	30.00	30.00	15.00	0.00	80.00
共同使用	505.00	505.00	350.00	30.00	30.00	15.00	0.00	80.00
呼和浩特市鸿德教育	12020.00	8500.00	1800.00	300.00	300.00	100.00	3000.00	3000.00
共同使用	12020.00	8500.00	1800.00	300.00	300.00	100.00	3000.00	3000.00

建筑面积(续表7)

单位:平方米

行政办公用房	生活用房						教工住宅	其他用房
	计	学生宿舍（公寓）	学生食堂	教工宿舍（公寓）	教工食堂	生活福利及附属用房		
4.00	0.00	0.00	0.00	0.00	0.00	0.00	0.00	0.00
2.00	0.00	0.00	0.00	0.00	0.00	0.00	0.00	0.00
2.00	0.00	0.00	0.00	0.00	0.00	0.00	0.00	0.00
2.00	10.00	2.00	2.00	2.00	2.00	2.00	0.00	2.00
1.00	5.00	1.00	1.00	1.00	1.00	1.00	0.00	1.00
1.00	5.00	1.00	1.00	1.00	1.00	1.00	0.00	1.00
140.00	0.00	0.00	0.00	0.00	0.00	0.00	0.00	0.00
140.00	0.00	0.00	0.00	0.00	0.00	0.00	0.00	0.00
0.00	0.00	0.00	0.00	0.00	0.00	0.00	0.00	0.00
200.00	100.00	0.00	0.00	0.00	0.00	100.00	0.00	0.00
120.00	0.00	0.00	0.00	0.00	0.00	0.00	0.00	0.00
80.00	100.00	0.00	0.00	0.00	0.00	100.00	0.00	0.00
0.00	0.00	0.00	0.00	0.00	0.00	0.00	0.00	0.00
0.00	0.00	0.00	0.00	0.00	0.00	0.00	0.00	0.00
0.00	0.00	0.00	0.00	0.00	0.00	0.00	0.00	0.00
0.00	0.00	0.00	0.00	0.00	0.00	0.00	0.00	0.00
0.00	0.00	0.00	0.00	0.00	0.00	0.00	0.00	0.00
0.00	0.00	0.00	0.00	0.00	0.00	0.00	0.00	0.00
0.00	0.00	0.00	0.00	0.00	0.00	0.00	0.00	0.00
0.00	1200.00	600.00	600.00	0.00	0.00	0.00	0.00	0.00
0.00	1200.00	600.00	600.00	0.00	0.00	0.00	0.00	0.00
0.00	3000.00	3000.00	0.00	0.00	0.00	0.00	0.00	0.00
0.00	0.00	0.00	0.00	0.00	0.00	0.00	0.00	0.00
0.00	3000.00	3000.00	0.00	0.00	0.00	0.00	0.00	0.00
50.00	0.00	0.00	0.00	0.00	0.00	0.00	0.00	0.00
50.00	0.00	0.00	0.00	0.00	0.00	0.00	0.00	0.00
0.00	0.00	0.00	0.00	0.00	0.00	0.00	0.00	0.00
560.00	10000.00	7000.00	0.00	3000.00	0.00	0.00	0.00	0.00
560.00	0.00	0.00	0.00	0.00	0.00	0.00	0.00	0.00
0.00	10000.00	7000.00	0.00	3000.00	0.00	0.00	0.00	0.00
240.00	0.00	0.00	0.00	0.00	0.00	0.00	0.00	100.00
240.00	0.00	0.00	0.00	0.00	0.00	0.00	0.00	100.00
0.00	0.00	0.00	0.00	0.00	0.00	0.00	0.00	0.00
0.00	0.00	0.00	0.00	0.00	0.00	0.00	0.00	0.00
0.00	0.00	0.00	0.00	0.00	0.00	0.00	0.00	0.00
0.00	0.00	0.00	0.00	0.00	0.00	0.00	0.00	0.00
360.00	3160.00	600.00	2000.00	60.00	500.00	0.00	0.00	0.00
360.00	3160.00	600.00	2000.00	60.00	500.00	0.00	0.00	0.00

4.4 非学校产权校舍

	合计	教学科研及辅助用房						
		计	教室	图书馆	实验室、实习场所	专用科研用房	体育馆	会堂
内蒙古电力通讯职业技术学校	12091.00	4000.00	3000.00	240.00	360.00	0.00	0.00	400.00
独立使用	12091.00	4000.00	3000.00	240.00	360.00	0.00	0.00	400.00
内蒙古计算机专修学院	3390.00	1930.00	1800.00	30.00	0.00	0.00	0.00	100.00
共同使用	3390.00	1930.00	1800.00	30.00	0.00	0.00	0.00	100.00
内蒙古正镶白旗农业广播电视学校	2000.00	2000.00	2000.00	0.00	0.00	0.00	0.00	0.00
共同使用	2000.00	2000.00	2000.00	0.00	0.00	0.00	0.00	0.00
内蒙古莫力达瓦达斡尔族自治旗农广校	1060.00	560.00	500.00	60.00	0.00	0.00	0.00	0.00
独立使用	50.00	0.00	0.00	0.00	0.00	0.00	0.00	0.00
共同使用	1010.00	560.00	500.00	60.00	0.00	0.00	0.00	0.00
内蒙古北方科技专修学院	2700.00	1500.00	600.00	200.00	600.00	0.00	0.00	100.00
独立使用	2000.00	800.00	300.00	100.00	300.00	0.00	0.00	100.00
共同使用	700.00	700.00	300.00	100.00	300.00	0.00	0.00	0.00
内蒙古电大人文学院	2590.00	2060.00	960.00	260.00	350.00	0.00	0.00	490.00
独立使用	2220.00	2060.00	960.00	260.00	350.00	0.00	0.00	490.00
共同使用	370.00	0.00	0.00	0.00	0.00	0.00	0.00	0.00
内蒙古职工培训学院	820.00	480.00	480.00	0.00	0.00	0.00	0.00	0.00
独立使用	580.00	240.00	240.00	0.00	0.00	0.00	0.00	0.00
共同使用	240.00	240.00	240.00	0.00	0.00	0.00	0.00	0.00
呼和浩特市恒联职业学校	7000.00	6800.00	2500.00	3000.00	100.00	0.00	800.00	400.00
独立使用	800.00	600.00	500.00	0.00	100.00	0.00	0.00	0.00
共同使用	6200.00	6200.00	2000.00	3000.00	0.00	0.00	800.00	400.00
内蒙古扎兰屯职业学院	28812.00	17151.00	4787.00	2685.00	2622.00	2400.00	2505.00	2152.00
共同使用	28812.00	17151.00	4787.00	2685.00	2622.00	2400.00	2505.00	2152.00
呼和浩特市悦鑫电子工程技术学校	2904.00	1550.00	500.00	240.00	470.00	0.00	220.00	120.00
独立使用	2904.00	1550.00	500.00	240.00	470.00	0.00	220.00	120.00
煤化专修直属	501.00	420.00	320.00	0.00	0.00	0.00	0.00	100.00
独立使用	240.00	160.00	160.00	0.00	0.00	0.00	0.00	0.00
共同使用	261.00	260.00	160.00	0.00	0.00	0.00	0.00	100.00
内蒙古动漫专修学院	2180.00	1280.00	900.00	0.00	80.00	0.00	0.00	300.00
独立使用	2180.00	1280.00	900.00	0.00	80.00	0.00	0.00	300.00
内蒙古煤矿安全培训中心	2734.00	1494.00	1000.00	122.00	72.00	0.00	60.00	240.00
共同使用	2734.00	1494.00	1000.00	122.00	72.00	0.00	60.00	240.00
辽宁	**98839.68**	**50945.44**	**33517.44**	**3786.00**	**6598.00**	**0.00**	**4500.00**	**2544.00**
独立使用	13252.68	7751.44	7271.44	380.00	0.00	0.00	0.00	100.00
共同使用	85587.00	43194.00	26246.00	3406.00	6598.00	0.00	4500.00	2444.00
辽宁广播电视大学	6410.00	5040.00	4740.00	300.00	0.00	0.00	0.00	0.00
独立使用	6410.00	5040.00	4740.00	300.00	0.00	0.00	0.00	0.00
鞍山电大分校	7000.00	0.00	0.00	0.00	0.00	0.00	0.00	0.00

建筑面积(续表8)

单位:平方米

行政办公用房	生活用房						教工住宅	其他用房
	计	学生宿舍(公寓)	学生食堂	教工宿舍(公寓)	教工食堂	生活福利及附属用房		
200.00	7891.00	4905.00	2186.00	600.00	200.00	0.00	0.00	0.00
200.00	7891.00	4905.00	2186.00	600.00	200.00	0.00	0.00	0.00
200.00	1260.00	900.00	300.00	60.00	0.00	0.00	0.00	0.00
200.00	1260.00	900.00	300.00	60.00	0.00	0.00	0.00	0.00
0.00	0.00	0.00	0.00	0.00	0.00	0.00	0.00	0.00
0.00	0.00	0.00	0.00	0.00	0.00	0.00	0.00	0.00
50.00	450.00	300.00	150.00	0.00	0.00	0.00	0.00	0.00
50.00	0.00	0.00	0.00	0.00	0.00	0.00	0.00	0.00
0.00	450.00	300.00	150.00	0.00	0.00	0.00	0.00	0.00
200.00	1000.00	800.00	100.00	100.00	0.00	0.00	0.00	0.00
200.00	1000.00	800.00	100.00	100.00	0.00	0.00	0.00	0.00
0.00	0.00	0.00	0.00	0.00	0.00	0.00	0.00	0.00
180.00	350.00	0.00	350.00	0.00	0.00	0.00	0.00	0.00
160.00	0.00	0.00	0.00	0.00	0.00	0.00	0.00	0.00
20.00	350.00	0.00	350.00	0.00	0.00	0.00	0.00	0.00
240.00	0.00	0.00	0.00	0.00	0.00	0.00	0.00	100.00
240.00	0.00	0.00	0.00	0.00	0.00	0.00	0.00	100.00
0.00	0.00	0.00	0.00	0.00	0.00	0.00	0.00	0.00
200.00	0.00	0.00	0.00	0.00	0.00	0.00	0.00	0.00
200.00	0.00	0.00	0.00	0.00	0.00	0.00	0.00	0.00
0.00	0.00	0.00	0.00	0.00	0.00	0.00	0.00	0.00
2214.00	9447.00	6095.00	2152.00	1200.00	0.00	0.00	0.00	0.00
2214.00	9447.00	6095.00	2152.00	1200.00	0.00	0.00	0.00	0.00
340.00	1012.00	900.00	110.00	0.00	0.00	2.00	0.00	2.00
340.00	1012.00	900.00	110.00	0.00	0.00	2.00	0.00	2.00
80.00	1.00	0.00	1.00	0.00	0.00	0.00	0.00	0.00
80.00	0.00	0.00	0.00	0.00	0.00	0.00	0.00	0.00
0.00	1.00	0.00	1.00	0.00	0.00	0.00	0.00	0.00
200.00	700.00	300.00	200.00	200.00	0.00	0.00	0.00	0.00
200.00	700.00	300.00	200.00	200.00	0.00	0.00	0.00	0.00
320.00	920.00	0.00	400.00	120.00	400.00	0.00	0.00	0.00
320.00	920.00	0.00	400.00	120.00	400.00	0.00	0.00	0.00
3382.00	**38173.81**	**23295.00**	**3105.00**	**0.00**	**8479.81**	**3294.00**	**0.00**	**6338.43**
330.00	1478.81	0.00	0.00	0.00	1478.81	0.00	0.00	3692.43
3052.00	36695.00	23295.00	3105.00	0.00	7001.00	3294.00	0.00	2646.00
0.00	1370.00	0.00	0.00	0.00	1370.00	0.00	0.00	0.00
0.00	1370.00	0.00	0.00	0.00	1370.00	0.00	0.00	0.00
0.00	7000.00	0.00	0.00	0.00	7000.00	0.00	0.00	0.00

	合计	教学科研及辅助用房						
		计	教室	图书馆	实验室、实习场所	专用科研用房	体育馆	会堂
共同使用	7000.00	0.00	0.00	0.00	0.00	0.00	0.00	0.00
鞍山电视大学台安分校	2715.00	2035.00	960.00	75.00	0.00	0.00	0.00	1000.00
独立使用	180.00	0.00	0.00	0.00	0.00	0.00	0.00	0.00
共同使用	2535.00	2035.00	960.00	75.00	0.00	0.00	0.00	1000.00
本溪电大分校	5332.68	1561.44	1561.44	0.00	0.00	0.00	0.00	0.00
独立使用	5332.68	1561.44	1561.44	0.00	0.00	0.00	0.00	0.00
丹东电大分校	4000.00	3000.00	3000.00	0.00	0.00	0.00	0.00	0.00
共同使用	4000.00	3000.00	3000.00	0.00	0.00	0.00	0.00	0.00
营口电大分校	1000.00	1000.00	0.00	0.00	1000.00	0.00	0.00	0.00
共同使用	1000.00	1000.00	0.00	0.00	1000.00	0.00	0.00	0.00
朝阳电大分校	7861.00	2000.00	1394.00	181.00	425.00	0.00	0.00	0.00
共同使用	7861.00	2000.00	1394.00	181.00	425.00	0.00	0.00	0.00
朝阳广播电视大学喀左教学中心	1410.00	1350.00	1150.00	100.00	100.00	0.00	0.00	0.00
独立使用	210.00	150.00	150.00	0.00	0.00	0.00	0.00	0.00
共同使用	1200.00	1200.00	1000.00	100.00	100.00	0.00	0.00	0.00
朝阳广播电视大学北票教学中心	390.00	350.00	300.00	50.00	0.00	0.00	0.00	0.00
独立使用	40.00	0.00	0.00	0.00	0.00	0.00	0.00	0.00
共同使用	350.00	350.00	300.00	50.00	0.00	0.00	0.00	0.00
调兵山县电大	100.00	100.00	100.00	0.00	0.00	0.00	0.00	0.00
共同使用	100.00	100.00	100.00	0.00	0.00	0.00	0.00	0.00
清河电厂电大工作站	200.00	200.00	200.00	0.00	0.00	0.00	0.00	0.00
共同使用	200.00	200.00	200.00	0.00	0.00	0.00	0.00	0.00
盘山县电大	2.00	1.00	0.00	0.00	0.00	0.00	0.00	1.00
共同使用	2.00	1.00	0.00	0.00	0.00	0.00	0.00	1.00
葫芦岛电大分校	500.00	0.00	0.00	0.00	0.00	0.00	0.00	0.00
共同使用	500.00	0.00	0.00	0.00	0.00	0.00	0.00	0.00
水利厅电大工作站	60739.00	33208.00	19192.00	3000.00	5073.00	0.00	4500.00	1443.00
共同使用	60739.00	33208.00	19192.00	3000.00	5073.00	0.00	4500.00	1443.00
沈阳成教教学部	380.00	300.00	120.00	80.00	0.00	0.00	0.00	100.00
独立使用	380.00	300.00	120.00	80.00	0.00	0.00	0.00	100.00
辽宁电大辽中教学中心	800.00	800.00	800.00	0.00	0.00	0.00	0.00	0.00
独立使用	700.00	700.00	700.00	0.00	0.00	0.00	0.00	0.00
共同使用	100.00	100.00	100.00	0.00	0.00	0.00	0.00	0.00
沈阳	**7546.00**	**5015.00**	**4046.00**	**1.00**	**3.00**	**0.00**	**0.00**	**965.00**
独立使用	7546.00	5015.00	4046.00	1.00	3.00	0.00	0.00	965.00
沈阳广播电视大学	6855.00	4704.00	3739.00	0.00	0.00	0.00	0.00	965.00
独立使用	6855.00	4704.00	3739.00	0.00	0.00	0.00	0.00	965.00
沈阳电大鸿泰教学点	14.00	11.00	7.00	1.00	3.00	0.00	0.00	0.00

建筑面积(续表9)

单位:平方米

行政办公用房	生活用房						教工住宅	其他用房
	计	学生宿舍(公寓)	学生食堂	教工宿舍(公寓)	教工食堂	生活福利及附属用房		
0.00	7000.00	0.00	0.00	0.00	7000.00	0.00	0.00	0.00
180.00	0.00	0.00	0.00	0.00	0.00	0.00	0.00	500.00
180.00	0.00	0.00	0.00	0.00	0.00	0.00	0.00	0.00
0.00	0.00	0.00	0.00	0.00	0.00	0.00	0.00	500.00
0.00	108.81	0.00	0.00	0.00	108.81	0.00	0.00	3662.43
0.00	108.81	0.00	0.00	0.00	108.81	0.00	0.00	3662.43
1000.00	0.00	0.00	0.00	0.00	0.00	0.00	0.00	0.00
1000.00	0.00	0.00	0.00	0.00	0.00	0.00	0.00	0.00
0.00	0.00	0.00	0.00	0.00	0.00	0.00	0.00	0.00
0.00	0.00	0.00	0.00	0.00	0.00	0.00	0.00	0.00
1552.00	2163.00	2163.00	0.00	0.00	0.00	0.00	0.00	2146.00
1552.00	2163.00	2163.00	0.00	0.00	0.00	0.00	0.00	2146.00
60.00	0.00	0.00	0.00	0.00	0.00	0.00	0.00	0.00
60.00	0.00	0.00	0.00	0.00	0.00	0.00	0.00	0.00
0.00	0.00	0.00	0.00	0.00	0.00	0.00	0.00	0.00
40.00	0.00	0.00	0.00	0.00	0.00	0.00	0.00	0.00
40.00	0.00	0.00	0.00	0.00	0.00	0.00	0.00	0.00
0.00	0.00	0.00	0.00	0.00	0.00	0.00	0.00	0.00
0.00	0.00	0.00	0.00	0.00	0.00	0.00	0.00	0.00
0.00	0.00	0.00	0.00	0.00	0.00	0.00	0.00	0.00
0.00	0.00	0.00	0.00	0.00	0.00	0.00	0.00	0.00
0.00	0.00	0.00	0.00	0.00	0.00	0.00	0.00	0.00
0.00	1.00	0.00	0.00	0.00	1.00	0.00	0.00	0.00
0.00	1.00	0.00	0.00	0.00	1.00	0.00	0.00	0.00
500.00	0.00	0.00	0.00	0.00	0.00	0.00	0.00	0.00
500.00	0.00	0.00	0.00	0.00	0.00	0.00	0.00	0.00
0.00	27531.00	21132.00	3105.00	0.00	0.00	3294.00	0.00	0.00
0.00	27531.00	21132.00	3105.00	0.00	0.00	3294.00	0.00	0.00
50.00	0.00	0.00	0.00	0.00	0.00	0.00	0.00	30.00
50.00	0.00	0.00	0.00	0.00	0.00	0.00	0.00	30.00
0.00	0.00	0.00	0.00	0.00	0.00	0.00	0.00	0.00
0.00	0.00	0.00	0.00	0.00	0.00	0.00	0.00	0.00
0.00	0.00	0.00	0.00	0.00	0.00	0.00	0.00	0.00
1613.00	**918.00**	**0.00**	**0.00**	**0.00**	**0.00**	**918.00**	**0.00**	**0.00**
1613.00	918.00	0.00	0.00	0.00	0.00	918.00	0.00	0.00
1233.00	918.00	0.00	0.00	0.00	0.00	918.00	0.00	0.00
1233.00	918.00	0.00	0.00	0.00	0.00	918.00	0.00	0.00
3.00	0.00	0.00	0.00	0.00	0.00	0.00	0.00	0.00

4.4 非学校产权校舍

	合计	教学科研及辅助用房						
		计	教室	图书馆	实验室、实习场所	专用科研用房	体育馆	会堂
独立使用	14.00	11.00	7.00	1.00	3.00	0.00	0.00	0.00
沈阳电大直属和平分校	677.00	300.00	300.00	0.00	0.00	0.00	0.00	0.00
独立使用	677.00	300.00	300.00	0.00	0.00	0.00	0.00	0.00
大连	**7097.00**	**3084.00**	**2630.00**	**292.00**	**162.00**	**0.00**	**0.00**	**0.00**
共同使用	7097.00	3084.00	2630.00	292.00	162.00	0.00	0.00	0.00
大连广播电视大学庄河分校	7097.00	3084.00	2630.00	292.00	162.00	0.00	0.00	0.00
共同使用	7097.00	3084.00	2630.00	292.00	162.00	0.00	0.00	0.00
吉林	**42526.00**	**32379.00**	**25682.00**	**367.00**	**3830.00**	**21.00**	**687.00**	**1792.00**
独立使用	34260.00	24274.00	19955.00	267.00	3290.00	21.00	87.00	654.00
共同使用	8266.00	8105.00	5727.00	100.00	540.00	0.00	600.00	1138.00
吉林广播电视大学吉林分校	6176.00	2775.00	1426.00	87.00	500.00	21.00	87.00	654.00
独立使用	6176.00	2775.00	1426.00	87.00	500.00	21.00	87.00	654.00
吉林市北华万桥培训学校	1000.00	700.00	700.00	0.00	0.00	0.00	0.00	0.00
独立使用	600.00	300.00	300.00	0.00	0.00	0.00	0.00	0.00
共同使用	400.00	400.00	400.00	0.00	0.00	0.00	0.00	0.00
梅河口市管理站	25300.00	19940.00	17280.00	60.00	2600.00	0.00	0.00	0.00
独立使用	25300.00	19940.00	17280.00	60.00	2600.00	0.00	0.00	0.00
吉林广播电视大学辉南管理站	13.00	5.00	5.00	0.00	0.00	0.00	0.00	0.00
独立使用	12.00	4.00	4.00	0.00	0.00	0.00	0.00	0.00
共同使用	1.00	1.00	1.00	0.00	0.00	0.00	0.00	0.00
吉林广播电视大学东辽管理站	345.00	184.00	46.00	0.00	0.00	0.00	0.00	138.00
共同使用	345.00	184.00	46.00	0.00	0.00	0.00	0.00	138.00
吉林广播电视大学抚松县电大工作站	5970.00	5800.00	5200.00	100.00	500.00	0.00	0.00	0.00
独立使用	170.00	0.00	0.00	0.00	0.00	0.00	0.00	0.00
共同使用	5800.00	5800.00	5200.00	100.00	500.00	0.00	0.00	0.00
吉林广播电视大学靖宇县电大工作站	917.00	485.00	215.00	60.00	110.00	0.00	100.00	0.00
独立使用	817.00	385.00	215.00	60.00	110.00	0.00	0.00	0.00
共同使用	100.00	100.00	0.00	0.00	0.00	0.00	100.00	0.00
镇赉县电大管理站	345.00	230.00	230.00	0.00	0.00	0.00	0.00	0.00
独立使用	345.00	230.00	230.00	0.00	0.00	0.00	0.00	0.00
吉林广播电视大学前郭管理站	960.00	760.00	580.00	60.00	120.00	0.00	0.00	0.00
独立使用	840.00	640.00	500.00	60.00	80.00	0.00	0.00	0.00
共同使用	120.00	120.00	80.00	0.00	40.00	0.00	0.00	0.00
扶余电大工作站	1500.00	1500.00	0.00	0.00	0.00	0.00	500.00	1000.00
共同使用	1500.00	1500.00	0.00	0.00	0.00	0.00	500.00	1000.00
长春	**21414.73**	**11684.73**	**9484.73**	**300.00**	**500.00**	**400.00**	**0.00**	**1000.00**
独立使用	700.00	500.00	400.00	100.00	0.00	0.00	0.00	0.00
共同使用	20714.73	11184.73	9084.73	200.00	500.00	400.00	0.00	1000.00

建筑面积(续表10)

单位:平方米

行政办公用房	生活用房						教工住宅	其他用房
	计	学生宿舍(公寓)	学生食堂	教工宿舍(公寓)	教工食堂	生活福利及附属用房		
3.00	0.00	0.00	0.00	0.00	0.00	0.00	0.00	0.00
377.00	0.00	0.00	0.00	0.00	0.00	0.00	0.00	0.00
377.00	0.00	0.00	0.00	0.00	0.00	0.00	0.00	0.00
1242.00	**2771.00**	**520.00**	**360.00**	**32.00**	**1859.00**	**0.00**	**0.00**	**0.00**
1242.00	2771.00	520.00	360.00	32.00	1859.00	0.00	0.00	0.00
1242.00	2771.00	520.00	360.00	32.00	1859.00	0.00	0.00	0.00
1242.00	2771.00	520.00	360.00	32.00	1859.00	0.00	0.00	0.00
4189.00	**5466.00**	**3300.00**	**1260.00**	**0.00**	**436.00**	**470.00**	**0.00**	**492.00**
4074.00	5420.00	3300.00	1260.00	0.00	390.00	470.00	0.00	492.00
115.00	46.00	0.00	0.00	0.00	46.00	0.00	0.00	0.00
2591.00	810.00	0.00	0.00	0.00	340.00	470.00	0.00	0.00
2591.00	810.00	0.00	0.00	0.00	340.00	470.00	0.00	0.00
250.00	50.00	0.00	0.00	0.00	50.00	0.00	0.00	0.00
250.00	50.00	0.00	0.00	0.00	50.00	0.00	0.00	0.00
0.00	0.00	0.00	0.00	0.00	0.00	0.00	0.00	0.00
520.00	4560.00	3300.00	1260.00	0.00	0.00	0.00	0.00	280.00
520.00	4560.00	3300.00	1260.00	0.00	0.00	0.00	0.00	280.00
8.00	0.00	0.00	0.00	0.00	0.00	0.00	0.00	0.00
8.00	0.00	0.00	0.00	0.00	0.00	0.00	0.00	0.00
0.00	0.00	0.00	0.00	0.00	0.00	0.00	0.00	0.00
115.00	46.00	0.00	0.00	0.00	46.00	0.00	0.00	0.00
115.00	46.00	0.00	0.00	0.00	46.00	0.00	0.00	0.00
170.00	0.00	0.00	0.00	0.00	0.00	0.00	0.00	0.00
170.00	0.00	0.00	0.00	0.00	0.00	0.00	0.00	0.00
0.00	0.00	0.00	0.00	0.00	0.00	0.00	0.00	0.00
220.00	0.00	0.00	0.00	0.00	0.00	0.00	0.00	212.00
220.00	0.00	0.00	0.00	0.00	0.00	0.00	0.00	212.00
0.00	0.00	0.00	0.00	0.00	0.00	0.00	0.00	0.00
115.00	0.00	0.00	0.00	0.00	0.00	0.00	0.00	0.00
115.00	0.00	0.00	0.00	0.00	0.00	0.00	0.00	0.00
200.00	0.00	0.00	0.00	0.00	0.00	0.00	0.00	0.00
200.00	0.00	0.00	0.00	0.00	0.00	0.00	0.00	0.00
0.00	0.00	0.00	0.00	0.00	0.00	0.00	0.00	0.00
0.00	0.00	0.00	0.00	0.00	0.00	0.00	0.00	0.00
0.00	0.00	0.00	0.00	0.00	0.00	0.00	0.00	0.00
3471.00	**6259.00**	**5912.00**	**347.00**	**0.00**	**0.00**	**0.00**	**0.00**	**0.00**
200.00	0.00	0.00	0.00	0.00	0.00	0.00	0.00	0.00
3271.00	6259.00	5912.00	347.00	0.00	0.00	0.00	0.00	0.00

4.4 非学校产权校舍

	合计	教学科研及辅助用房						
		计	教室	图书馆	实验室、实习场所	专用科研用房	体育馆	会堂
长春广播电视大学农安分校	700.00	500.00	400.00	100.00	0.00	0.00	0.00	0.00
独立使用	700.00	500.00	400.00	100.00	0.00	0.00	0.00	0.00
长春市东北科技职业技术学校	20714.73	11184.73	9084.73	200.00	500.00	400.00	0.00	1000.00
共同使用	20714.73	11184.73	9084.73	200.00	500.00	400.00	0.00	1000.00
黑龙江	**414507.21**	**179196.40**	**87278.40**	**19957.00**	**41455.00**	**3091.00**	**19204.00**	**8211.00**
独立使用	30377.21	12807.40	9242.40	580.00	2435.00	200.00	300.00	50.00
共同使用	384130.00	166389.00	78036.00	19377.00	39020.00	2891.00	18904.00	8161.00
黑龙江广播电视大学龙江分校	180.00	180.00	0.00	0.00	180.00	0.00	0.00	0.00
共同使用	180.00	180.00	0.00	0.00	180.00	0.00	0.00	0.00
黑龙江广播电视大学甘南分校	840.00	800.00	300.00	100.00	0.00	0.00	0.00	400.00
共同使用	840.00	800.00	300.00	100.00	0.00	0.00	0.00	400.00
黑龙江广播电视大学克东分校	1300.00	1300.00	1000.00	100.00	200.00	0.00	0.00	0.00
独立使用	600.00	600.00	500.00	50.00	50.00	0.00	0.00	0.00
共同使用	700.00	700.00	500.00	50.00	150.00	0.00	0.00	0.00
黑龙江广播电视大学富裕分校	500.00	350.00	320.00	30.00	0.00	0.00	0.00	0.00
独立使用	500.00	350.00	320.00	30.00	0.00	0.00	0.00	0.00
牡丹江广播电视大学	300.00	200.00	200.00	0.00	0.00	0.00	0.00	0.00
独立使用	300.00	200.00	200.00	0.00	0.00	0.00	0.00	0.00
宁安分校	530.00	330.00	330.00	0.00	0.00	0.00	0.00	0.00
独立使用	230.00	30.00	30.00	0.00	0.00	0.00	0.00	0.00
共同使用	300.00	300.00	300.00	0.00	0.00	0.00	0.00	0.00
佳木斯广播电视大学	294.00	294.00	0.00	72.00	72.00	0.00	0.00	150.00
共同使用	294.00	294.00	0.00	72.00	72.00	0.00	0.00	150.00
同江分校	9580.00	5420.00	4000.00	0.00	600.00	320.00	0.00	500.00
共同使用	9580.00	5420.00	4000.00	0.00	600.00	320.00	0.00	500.00
黑龙江广播电视大学富锦分校	8300.00	4700.00	2300.00	1000.00	300.00	400.00	600.00	100.00
独立使用	4150.00	2350.00	1150.00	500.00	150.00	200.00	300.00	50.00
共同使用	4150.00	2350.00	1150.00	500.00	150.00	200.00	300.00	50.00
黑龙江广播电视大学逊克分校	7101.00	5919.00	3774.00	54.00	1540.00	0.00	266.00	285.00
共同使用	7101.00	5919.00	3774.00	54.00	1540.00	0.00	266.00	285.00
黑龙江广播电视大学北安分校	6530.00	6530.00	6200.00	0.00	180.00	0.00	0.00	150.00
共同使用	6530.00	6530.00	6200.00	0.00	180.00	0.00	0.00	150.00
黑龙江广播电视大学五大连池分校	18150.00	13650.00	9950.00	300.00	3300.00	0.00	0.00	100.00
共同使用	18150.00	13650.00	9950.00	300.00	3300.00	0.00	0.00	100.00
黑龙江广播电视大学嘉荫分校	7772.00	4689.00	2360.00	96.00	1993.00	0.00	0.00	240.00
共同使用	7772.00	4689.00	2360.00	96.00	1993.00	0.00	0.00	240.00
大庆广播电视大学	17155.00	2235.00	0.00	0.00	2235.00	0.00	0.00	0.00
独立使用	17155.00	2235.00	0.00	0.00	2235.00	0.00	0.00	0.00

建筑面积(续表11)

单位:平方米

行政办公用房	生活用房						教工住宅	其他用房
	计	学生宿舍（公寓）	学生食堂	教工宿舍（公寓）	教工食堂	生活福利及附属用房		
200.00	0.00	0.00	0.00	0.00	0.00	0.00	0.00	0.00
200.00	0.00	0.00	0.00	0.00	0.00	0.00	0.00	0.00
3271.00	6259.00	5912.00	347.00	0.00	0.00	0.00	0.00	0.00
3271.00	6259.00	5912.00	347.00	0.00	0.00	0.00	0.00	0.00
89229.81	**145831.00**	**92190.00**	**11816.00**	**2400.00**	**1570.00**	**37855.00**	**0.00**	**250.00**
4989.81	12430.00	800.00	200.00	300.00	200.00	10930.00	0.00	150.00
84240.00	133401.00	91390.00	11616.00	2100.00	1370.00	26925.00	0.00	100.00
0.00	0.00	0.00	0.00	0.00	0.00	0.00	0.00	0.00
0.00	0.00	0.00	0.00	0.00	0.00	0.00	0.00	0.00
40.00	0.00	0.00	0.00	0.00	0.00	0.00	0.00	0.00
40.00	0.00	0.00	0.00	0.00	0.00	0.00	0.00	0.00
0.00	0.00	0.00	0.00	0.00	0.00	0.00	0.00	0.00
0.00	0.00	0.00	0.00	0.00	0.00	0.00	0.00	0.00
0.00	0.00	0.00	0.00	0.00	0.00	0.00	0.00	0.00
100.00	0.00	0.00	0.00	0.00	0.00	0.00	0.00	50.00
100.00	0.00	0.00	0.00	0.00	0.00	0.00	0.00	50.00
100.00	0.00	0.00	0.00	0.00	0.00	0.00	0.00	0.00
100.00	0.00	0.00	0.00	0.00	0.00	0.00	0.00	0.00
200.00	0.00	0.00	0.00	0.00	0.00	0.00	0.00	0.00
200.00	0.00	0.00	0.00	0.00	0.00	0.00	0.00	0.00
0.00	0.00	0.00	0.00	0.00	0.00	0.00	0.00	0.00
0.00	0.00	0.00	0.00	0.00	0.00	0.00	0.00	0.00
0.00	0.00	0.00	0.00	0.00	0.00	0.00	0.00	0.00
3200.00	960.00	360.00	120.00	360.00	120.00	0.00	0.00	0.00
3200.00	960.00	360.00	120.00	360.00	120.00	0.00	0.00	0.00
300.00	3100.00	1600.00	400.00	600.00	400.00	100.00	0.00	200.00
150.00	1550.00	800.00	200.00	300.00	200.00	50.00	0.00	100.00
150.00	1550.00	800.00	200.00	300.00	200.00	50.00	0.00	100.00
556.00	626.00	300.00	286.00	0.00	0.00	40.00	0.00	0.00
556.00	626.00	300.00	286.00	0.00	0.00	40.00	0.00	0.00
0.00	0.00	0.00	0.00	0.00	0.00	0.00	0.00	0.00
0.00	0.00	0.00	0.00	0.00	0.00	0.00	0.00	0.00
1000.00	3500.00	3000.00	500.00	0.00	0.00	0.00	0.00	0.00
1000.00	3500.00	3000.00	500.00	0.00	0.00	0.00	0.00	0.00
0.00	3083.00	2883.00	0.00	0.00	0.00	200.00	0.00	0.00
0.00	3083.00	2883.00	0.00	0.00	0.00	200.00	0.00	0.00
4040.00	10880.00	0.00	0.00	0.00	0.00	10880.00	0.00	0.00
4040.00	10880.00	0.00	0.00	0.00	0.00	10880.00	0.00	0.00

4.4 非学校产权校舍

	合计	教学科研及辅助用房						
		计	教室	图书馆	实验室、实习场所	专用科研用房	体育馆	会堂
黑龙江广播电视大学肇州分校	6000.00	6000.00	6000.00	0.00	0.00	0.00	0.00	0.00
独立使用	6000.00	6000.00	6000.00	0.00	0.00	0.00	0.00	0.00
鸡西广播电视大学	230551.00	67919.00	27204.00	5474.00	27059.00	0.00	4714.00	3468.00
独立使用	520.00	520.00	520.00	0.00	0.00	0.00	0.00	0.00
共同使用	230031.00	67399.00	26684.00	5474.00	27059.00	0.00	4714.00	3468.00
黑龙江广播电视大学集贤电大	200.00	200.00	0.00	0.00	0.00	0.00	0.00	200.00
共同使用	200.00	200.00	0.00	0.00	0.00	0.00	0.00	200.00
建三江农垦电大分校	20046.00	9583.00	6501.00	180.00	350.00	0.00	1564.00	988.00
共同使用	20046.00	9583.00	6501.00	180.00	350.00	0.00	1564.00	988.00
黑龙江广播电视大学北安农管局分校	48119.00	31288.00	15644.00	12283.00	660.00	2371.00	0.00	330.00
共同使用	48119.00	31288.00	15644.00	12283.00	660.00	2371.00	0.00	330.00
绥化农垦电大分校	26704.00	13894.00	100.00	148.00	286.00	0.00	12060.00	1300.00
共同使用	26704.00	13894.00	100.00	148.00	286.00	0.00	12060.00	1300.00
松花江林区广播电视大学	922.21	522.40	522.40	0.00	0.00	0.00	0.00	0.00
独立使用	922.21	522.40	522.40	0.00	0.00	0.00	0.00	0.00
黑龙江广播电视大学兴隆林业局分校	90.00	50.00	50.00	0.00	0.00	0.00	0.00	0.00
共同使用	90.00	50.00	50.00	0.00	0.00	0.00	0.00	0.00
黑龙江广播电视大学清河林业局分校	270.00	240.00	120.00	120.00	0.00	0.00	0.00	0.00
共同使用	270.00	240.00	120.00	120.00	0.00	0.00	0.00	0.00
黑龙江广播电视大学苇河林业局分校	120.00	100.00	100.00	0.00	0.00	0.00	0.00	0.00
共同使用	120.00	100.00	100.00	0.00	0.00	0.00	0.00	0.00
黑龙江广播电视大学沾河林业局分校	2500.00	2500.00	0.00	0.00	2500.00	0.00	0.00	0.00
共同使用	2500.00	2500.00	0.00	0.00	2500.00	0.00	0.00	0.00
黑龙江广播电视大学绥棱林业局分校	450.00	300.00	300.00	0.00	0.00	0.00	0.00	0.00
共同使用	450.00	300.00	300.00	0.00	0.00	0.00	0.00	0.00
黑龙江广播电视大学亚布力林业局分校	3.00	3.00	3.00	0.00	0.00	0.00	0.00	0.00
共同使用	3.00	3.00	3.00	0.00	0.00	0.00	0.00	0.00
哈尔滨	**17850.00**	**10960.00**	**7500.00**	**460.00**	**2800.00**	**0.00**	**0.00**	**200.00**
独立使用	17850.00	10960.00	7500.00	460.00	2800.00	0.00	0.00	200.00
哈尔滨电大直属香坊区分校	400.00	260.00	200.00	60.00	0.00	0.00	0.00	0.00
独立使用	400.00	260.00	200.00	60.00	0.00	0.00	0.00	0.00
黑龙江医药卫生职业学校	11620.00	7400.00	5300.00	100.00	1800.00	0.00	0.00	200.00
独立使用	11620.00	7400.00	5300.00	100.00	1800.00	0.00	0.00	200.00
哈尔滨蓝领职业培训学校	5830.00	3300.00	2000.00	300.00	1000.00	0.00	0.00	0.00
独立使用	5830.00	3300.00	2000.00	300.00	1000.00	0.00	0.00	0.00
上海	**145140.00**	**98307.00**	**45447.00**	**9885.00**	**28254.00**	**0.00**	**4991.00**	**9730.00**
独立使用	11361.00	8890.00	7385.00	231.00	876.00	0.00	0.00	398.00
共同使用	133779.00	89417.00	38062.00	9654.00	27378.00	0.00	4991.00	9332.00

建筑面积(续表12)

单位:平方米

行政办公用房	生活用房						教工住宅	其他用房
	计	学生宿舍(公寓)	学生食堂	教工宿舍(公寓)	教工食堂	生活福利及附属用房		
0.00	0.00	0.00	0.00	0.00	0.00	0.00	0.00	0.00
0.00	0.00	0.00	0.00	0.00	0.00	0.00	0.00	0.00
77037.00	85595.00	58762.00	5631.00	1440.00	1050.00	18712.00	0.00	0.00
0.00	0.00	0.00	0.00	0.00	0.00	0.00	0.00	0.00
77037.00	85595.00	58762.00	5631.00	1440.00	1050.00	18712.00	0.00	0.00
0.00	0.00	0.00	0.00	0.00	0.00	0.00	0.00	0.00
0.00	0.00	0.00	0.00	0.00	0.00	0.00	0.00	0.00
1357.00	9106.00	8306.00	800.00	0.00	0.00	0.00	0.00	0.00
1357.00	9106.00	8306.00	800.00	0.00	0.00	0.00	0.00	0.00
660.00	16171.00	4979.00	3269.00	0.00	0.00	7923.00	0.00	0.00
660.00	16171.00	4979.00	3269.00	0.00	0.00	7923.00	0.00	0.00
0.00	12810.00	12000.00	810.00	0.00	0.00	0.00	0.00	0.00
0.00	12810.00	12000.00	810.00	0.00	0.00	0.00	0.00	0.00
399.81	0.00	0.00	0.00	0.00	0.00	0.00	0.00	0.00
399.81	0.00	0.00	0.00	0.00	0.00	0.00	0.00	0.00
40.00	0.00	0.00	0.00	0.00	0.00	0.00	0.00	0.00
40.00	0.00	0.00	0.00	0.00	0.00	0.00	0.00	0.00
30.00	0.00	0.00	0.00	0.00	0.00	0.00	0.00	0.00
30.00	0.00	0.00	0.00	0.00	0.00	0.00	0.00	0.00
20.00	0.00	0.00	0.00	0.00	0.00	0.00	0.00	0.00
20.00	0.00	0.00	0.00	0.00	0.00	0.00	0.00	0.00
0.00	0.00	0.00	0.00	0.00	0.00	0.00	0.00	0.00
0.00	0.00	0.00	0.00	0.00	0.00	0.00	0.00	0.00
150.00	0.00	0.00	0.00	0.00	0.00	0.00	0.00	0.00
150.00	0.00	0.00	0.00	0.00	0.00	0.00	0.00	0.00
0.00	0.00	0.00	0.00	0.00	0.00	0.00	0.00	0.00
0.00	0.00	0.00	0.00	0.00	0.00	0.00	0.00	0.00
860.00	**5950.00**	**4730.00**	**1000.00**	**100.00**	**120.00**	**0.00**	**0.00**	**80.00**
860.00	5950.00	4730.00	1000.00	100.00	120.00	0.00	0.00	80.00
60.00	0.00	0.00	0.00	0.00	0.00	0.00	0.00	80.00
60.00	0.00	0.00	0.00	0.00	0.00	0.00	0.00	80.00
500.00	3720.00	2730.00	800.00	100.00	90.00	0.00	0.00	0.00
500.00	3720.00	2730.00	800.00	100.00	90.00	0.00	0.00	0.00
300.00	2230.00	2000.00	200.00	0.00	30.00	0.00	0.00	0.00
300.00	2230.00	2000.00	200.00	0.00	30.00	0.00	0.00	0.00
20592.00	**25216.00**	**14722.00**	**9019.00**	**370.00**	**820.00**	**285.00**	**0.00**	**1025.00**
1986.00	385.00	0.00	0.00	0.00	100.00	285.00	0.00	100.00
18606.00	24831.00	14722.00	9019.00	370.00	720.00	0.00	0.00	925.00

4.4 非学校产权校舍

	合计	教学科研及辅助用房						
		计	教室	图书馆	实验室、实习场所	专用科研用房	体育馆	会堂
上海开放大学浦东东校	3630.00	3230.00	3230.00	0.00	0.00	0.00	0.00	0.00
独立使用	3630.00	3230.00	3230.00	0.00	0.00	0.00	0.00	0.00
上海开放大学崇明分校	800.00	600.00	0.00	0.00	0.00	0.00	0.00	600.00
共同使用	800.00	600.00	0.00	0.00	0.00	0.00	0.00	600.00
上海开放大学嘉定分校	38442.00	31749.00	12901.00	2676.00	14180.00	0.00	1012.00	980.00
共同使用	38442.00	31749.00	12901.00	2676.00	14180.00	0.00	1012.00	980.00
上海开放大学光明食品集团分校	4199.00	1969.00	1594.00	231.00	144.00	0.00	0.00	0.00
独立使用	2594.00	1289.00	914.00	231.00	144.00	0.00	0.00	0.00
共同使用	1605.00	680.00	680.00	0.00	0.00	0.00	0.00	0.00
上海开放大学百联集团分校	9.00	5.00	5.00	0.00	0.00	0.00	0.00	0.00
独立使用	7.00	5.00	5.00	0.00	0.00	0.00	0.00	0.00
共同使用	2.00	0.00	0.00	0.00	0.00	0.00	0.00	0.00
上海开放大学新世界集团分校	3822.00	3058.00	2676.00	0.00	382.00	0.00	0.00	0.00
独立使用	3822.00	3058.00	2676.00	0.00	382.00	0.00	0.00	0.00
上海开放大学西区分部	60.00	60.00	60.00	0.00	0.00	0.00	0.00	0.00
独立使用	60.00	60.00	60.00	0.00	0.00	0.00	0.00	0.00
上海开放大学徐汇财贸分校	1248.00	1248.00	500.00	0.00	350.00	0.00	0.00	398.00
独立使用	1248.00	1248.00	500.00	0.00	350.00	0.00	0.00	398.00
上海开放大学闸北分校	92930.00	56388.00	24481.00	6978.00	13198.00	0.00	3979.00	7752.00
共同使用	92930.00	56388.00	24481.00	6978.00	13198.00	0.00	3979.00	7752.00
江苏	**182693.70**	**107391.00**	**26163.00**	**9255.00**	**24766.00**	**50.00**	**42420.00**	**4737.00**
独立使用	133308.00	66541.00	24913.00	8855.00	24616.00	0.00	3820.00	4337.00
共同使用	49385.70	40850.00	1250.00	400.00	150.00	50.00	38600.00	400.00
江苏电大直属学院河海大学办学点	50.00	0.00	0.00	0.00	0.00	0.00	0.00	0.00
独立使用	50.00	0.00	0.00	0.00	0.00	0.00	0.00	0.00
江苏钟山教育进修学院	1.00	0.00	0.00	0.00	0.00	0.00	0.00	0.00
独立使用	1.00	0.00	0.00	0.00	0.00	0.00	0.00	0.00
无锡市广播电视大学	3852.85	0.00	0.00	0.00	0.00	0.00	0.00	0.00
共同使用	3852.85	0.00	0.00	0.00	0.00	0.00	0.00	0.00
无锡市广播电视大学(燎)	3852.85	0.00	0.00	0.00	0.00	0.00	0.00	0.00
共同使用	3852.85	0.00	0.00	0.00	0.00	0.00	0.00	0.00
苏州市广播电视大学吴中分校	128583.00	64737.00	24911.00	8355.00	24114.00	0.00	3520.00	3837.00
独立使用	128583.00	64737.00	24911.00	8355.00	24114.00	0.00	3520.00	3837.00
泰州市广播电视大学泰兴分校	38500.00	38500.00	0.00	0.00	0.00	0.00	38500.00	0.00
共同使用	38500.00	38500.00	0.00	0.00	0.00	0.00	38500.00	0.00
江苏电大燎校太仓市岳王分校(燎)	4.00	4.00	2.00	0.00	2.00	0.00	0.00	0.00
独立使用	4.00	4.00	2.00	0.00	2.00	0.00	0.00	0.00
江苏电大燎校常州孟河镇成人学校(燎)	5400.00	1800.00	0.00	500.00	500.00	0.00	300.00	500.00

建筑面积(续表13)

单位:平方米

行政办公用房	生活用房						教工住宅	其他用房
	计	学生宿舍（公寓）	学生食堂	教工宿舍（公寓）	教工食堂	生活福利及附属用房		
200.00	100.00	0.00	0.00	0.00	100.00	0.00	0.00	100.00
200.00	100.00	0.00	0.00	0.00	100.00	0.00	0.00	100.00
0.00	200.00	200.00	0.00	0.00	0.00	0.00	0.00	0.00
0.00	200.00	200.00	0.00	0.00	0.00	0.00	0.00	0.00
2573.00	4120.00	0.00	3400.00	0.00	720.00	0.00	0.00	0.00
2573.00	4120.00	0.00	3400.00	0.00	720.00	0.00	0.00	0.00
1020.00	285.00	0.00	0.00	0.00	0.00	285.00	0.00	925.00
1020.00	285.00	0.00	0.00	0.00	0.00	285.00	0.00	0.00
0.00	0.00	0.00	0.00	0.00	0.00	0.00	0.00	925.00
4.00	0.00	0.00	0.00	0.00	0.00	0.00	0.00	0.00
2.00	0.00	0.00	0.00	0.00	0.00	0.00	0.00	0.00
2.00	0.00	0.00	0.00	0.00	0.00	0.00	0.00	0.00
764.00	0.00	0.00	0.00	0.00	0.00	0.00	0.00	0.00
764.00	0.00	0.00	0.00	0.00	0.00	0.00	0.00	0.00
0.00	0.00	0.00	0.00	0.00	0.00	0.00	0.00	0.00
0.00	0.00	0.00	0.00	0.00	0.00	0.00	0.00	0.00
0.00	0.00	0.00	0.00	0.00	0.00	0.00	0.00	0.00
0.00	0.00	0.00	0.00	0.00	0.00	0.00	0.00	0.00
16031.00	20511.00	14522.00	5619.00	370.00	0.00	0.00	0.00	0.00
16031.00	20511.00	14522.00	5619.00	370.00	0.00	0.00	0.00	0.00
6067.00	**62959.90**	**43262.00**	**9973.00**	**2675.00**	**2576.00**	**4473.90**	**0.00**	**6275.80**
6037.00	60130.00	42462.00	9373.00	2675.00	2376.00	3244.00	0.00	600.00
30.00	2829.90	800.00	600.00	0.00	200.00	1229.90	0.00	5675.80
50.00	0.00	0.00	0.00	0.00	0.00	0.00	0.00	0.00
50.00	0.00	0.00	0.00	0.00	0.00	0.00	0.00	0.00
1.00	0.00	0.00	0.00	0.00	0.00	0.00	0.00	0.00
1.00	0.00	0.00	0.00	0.00	0.00	0.00	0.00	0.00
0.00	1014.95	0.00	300.00	0.00	100.00	614.95	0.00	2837.90
0.00	1014.95	0.00	300.00	0.00	100.00	614.95	0.00	2837.90
0.00	1014.95	0.00	300.00	0.00	100.00	614.95	0.00	2837.90
0.00	1014.95	0.00	300.00	0.00	100.00	614.95	0.00	2837.90
5916.00	57930.00	41462.00	8773.00	2375.00	2276.00	3044.00	0.00	0.00
5916.00	57930.00	41462.00	8773.00	2375.00	2276.00	3044.00	0.00	0.00
0.00	0.00	0.00	0.00	0.00	0.00	0.00	0.00	0.00
0.00	0.00	0.00	0.00	0.00	0.00	0.00	0.00	0.00
0.00	0.00	0.00	0.00	0.00	0.00	0.00	0.00	0.00
0.00	0.00	0.00	0.00	0.00	0.00	0.00	0.00	0.00
0.00	3000.00	1800.00	600.00	300.00	100.00	200.00	0.00	600.00

4.4 非学校产权校舍

	合计	教学科研及辅助用房						
		计	教室	图书馆	实验室、实习场所	专用科研用房	体育馆	会堂
独立使用	4600.00	1800.00	0.00	500.00	500.00	0.00	300.00	500.00
共同使用	800.00	0.00	0.00	0.00	0.00	0.00	0.00	0.00
江阴市开明进修学校	2450.00	2350.00	1250.00	400.00	150.00	50.00	100.00	400.00
独立使用	70.00	0.00	0.00	0.00	0.00	0.00	0.00	0.00
共同使用	2380.00	2350.00	1250.00	400.00	150.00	50.00	100.00	400.00
南京	**42266.19**	**28429.00**	**18329.00**	**6340.00**	**260.00**	**3500.00**	**0.00**	**0.00**
独立使用	5967.00	5847.00	3307.00	2400.00	140.00	0.00	0.00	0.00
共同使用	36299.19	22582.00	15022.00	3940.00	120.00	3500.00	0.00	0.00
南京广播电视大学	9700.00	9600.00	4800.00	4800.00	0.00	0.00	0.00	0.00
独立使用	4800.00	4800.00	2400.00	2400.00	0.00	0.00	0.00	0.00
共同使用	4900.00	4800.00	2400.00	2400.00	0.00	0.00	0.00	0.00
南京广播电视大学六合区分校	8712.00	4812.00	4772.00	40.00	0.00	0.00	0.00	0.00
共同使用	8712.00	4812.00	4772.00	40.00	0.00	0.00	0.00	0.00
南京市广播电视大学秦淮区分校	6847.19	2730.00	2730.00	0.00	0.00	0.00	0.00	0.00
共同使用	6847.19	2730.00	2730.00	0.00	0.00	0.00	0.00	0.00
南京广播电视大学汇文教学点	1167.00	1047.00	907.00	0.00	140.00	0.00	0.00	0.00
独立使用	1167.00	1047.00	907.00	0.00	140.00	0.00	0.00	0.00
南京汽车集团有限公司培训中心	15840.00	10240.00	5120.00	1500.00	120.00	3500.00	0.00	0.00
共同使用	15840.00	10240.00	5120.00	1500.00	120.00	3500.00	0.00	0.00
浙江	**335285.00**	**149406.00**	**55038.00**	**22395.00**	**68932.00**	**0.00**	**3041.00**	**0.00**
独立使用	7583.24	4612.00	4612.00	0.00	0.00	0.00	0.00	0.00
共同使用	327701.75	144794.00	50426.00	22395.00	68932.00	0.00	3041.00	0.00
浙江广播电视大学东阳学院	296765.00	132100.00	47150.00	12977.00	68932.00	0.00	3041.00	0.00
独立使用	869.24	542.00	542.00	0.00	0.00	0.00	0.00	0.00
共同使用	295895.75	131558.00	46608.00	12977.00	68932.00	0.00	3041.00	0.00
浙江广播电视大学龙游分校	900.00	0.00	0.00	0.00	0.00	0.00	0.00	0.00
独立使用	900.00	0.00	0.00	0.00	0.00	0.00	0.00	0.00
浙江广播电视大学柯城分校	2.00	0.00	0.00	0.00	0.00	0.00	0.00	0.00
独立使用	2.00	0.00	0.00	0.00	0.00	0.00	0.00	0.00
台州广播电视大学	26360.00	9390.00	0.00	9390.00	0.00	0.00	0.00	0.00
共同使用	26360.00	9390.00	0.00	9390.00	0.00	0.00	0.00	0.00
浙江广播电视大学龙泉分校	844.00	430.00	430.00	0.00	0.00	0.00	0.00	0.00
独立使用	844.00	430.00	430.00	0.00	0.00	0.00	0.00	0.00
浙江广播电视大学庆元分校	2600.00	1600.00	1600.00	0.00	0.00	0.00	0.00	0.00
共同使用	2600.00	1600.00	1600.00	0.00	0.00	0.00	0.00	0.00
浙江广播电视大学松阳分校	2580.00	1800.00	1800.00	0.00	0.00	0.00	0.00	0.00
独立使用	1380.00	600.00	600.00	0.00	0.00	0.00	0.00	0.00
共同使用	1200.00	1200.00	1200.00	0.00	0.00	0.00	0.00	0.00

建筑面积(续表14)

单位:平方米

行政办公用房	生活用房						教工住宅	其他用房
	计	学生宿舍（公寓）	学生食堂	教工宿舍（公寓）	教工食堂	生活福利及附属用房		
0.00	2200.00	1000.00	600.00	300.00	100.00	200.00	0.00	600.00
0.00	800.00	800.00	0.00	0.00	0.00	0.00	0.00	0.00
100.00	0.00	0.00	0.00	0.00	0.00	0.00	0.00	0.00
70.00	0.00	0.00	0.00	0.00	0.00	0.00	0.00	0.00
30.00	0.00	0.00	0.00	0.00	0.00	0.00	0.00	0.00
4020.00	**5817.19**	**4722.19**	**1095.00**	**0.00**	**0.00**	**0.00**	**0.00**	**4000.00**
120.00	0.00	0.00	0.00	0.00	0.00	0.00	0.00	0.00
3900.00	5817.19	4722.19	1095.00	0.00	0.00	0.00	0.00	4000.00
100.00	0.00	0.00	0.00	0.00	0.00	0.00	0.00	0.00
0.00	0.00	0.00	0.00	0.00	0.00	0.00	0.00	0.00
100.00	0.00	0.00	0.00	0.00	0.00	0.00	0.00	0.00
1600.00	2300.00	1920.00	380.00	0.00	0.00	0.00	0.00	0.00
1600.00	2300.00	1920.00	380.00	0.00	0.00	0.00	0.00	0.00
1400.00	2717.19	2202.19	515.00	0.00	0.00	0.00	0.00	0.00
1400.00	2717.19	2202.19	515.00	0.00	0.00	0.00	0.00	0.00
120.00	0.00	0.00	0.00	0.00	0.00	0.00	0.00	0.00
120.00	0.00	0.00	0.00	0.00	0.00	0.00	0.00	0.00
800.00	800.00	600.00	200.00	0.00	0.00	0.00	0.00	4000.00
800.00	800.00	600.00	200.00	0.00	0.00	0.00	0.00	4000.00
47373.00	**138168.00**	**99709.00**	**21906.00**	**14436.00**	**1517.00**	**600.00**	**0.00**	**338.00**
2602.24	31.00	0.00	0.00	0.00	31.00	0.00	0.00	338.00
44770.76	138137.00	99709.00	21906.00	14436.00	1486.00	600.00	0.00	0.00
44098.00	120567.00	90841.00	15564.00	12676.00	1486.00	0.00	0.00	0.00
327.24	0.00	0.00	0.00	0.00	0.00	0.00	0.00	0.00
43770.76	120567.00	90841.00	15564.00	12676.00	1486.00	0.00	0.00	0.00
870.00	30.00	0.00	0.00	0.00	30.00	0.00	0.00	0.00
870.00	30.00	0.00	0.00	0.00	30.00	0.00	0.00	0.00
1.00	1.00	0.00	0.00	0.00	1.00	0.00	0.00	0.00
1.00	1.00	0.00	0.00	0.00	1.00	0.00	0.00	0.00
0.00	16970.00	8868.00	6342.00	1760.00	0.00	0.00	0.00	0.00
0.00	16970.00	8868.00	6342.00	1760.00	0.00	0.00	0.00	0.00
76.00	0.00	0.00	0.00	0.00	0.00	0.00	0.00	338.00
76.00	0.00	0.00	0.00	0.00	0.00	0.00	0.00	338.00
1000.00	0.00	0.00	0.00	0.00	0.00	0.00	0.00	0.00
1000.00	0.00	0.00	0.00	0.00	0.00	0.00	0.00	0.00
780.00	0.00	0.00	0.00	0.00	0.00	0.00	0.00	0.00
780.00	0.00	0.00	0.00	0.00	0.00	0.00	0.00	0.00
0.00	0.00	0.00	0.00	0.00	0.00	0.00	0.00	0.00

4.4 非学校产权校舍

	合计	教学科研及辅助用房						
		计	教室	图书馆	实验室、实习场所	专用科研用房	体育馆	会堂
浙江广播电视大学乐清分校	1600.00	1600.00	1600.00	0.00	0.00	0.00	0.00	0.00
独立使用	1600.00	1600.00	1600.00	0.00	0.00	0.00	0.00	0.00
杭州东方舰桥教育培训中心	3634.00	2486.00	2458.00	28.00	0.00	0.00	0.00	0.00
独立使用	1988.00	1440.00	1440.00	0.00	0.00	0.00	0.00	0.00
共同使用	1646.00	1046.00	1018.00	28.00	0.00	0.00	0.00	0.00
宁波	**49430.70**	**30122.00**	**21582.00**	**2800.00**	**2500.00**	**0.00**	**3120.00**	**120.00**
独立使用	14991.70	6232.00	6232.00	0.00	0.00	0.00	0.00	0.00
共同使用	34439.00	23890.00	15350.00	2800.00	2500.00	0.00	3120.00	120.00
宁波广播电视大学	1622.70	1285.00	1285.00	0.00	0.00	0.00	0.00	0.00
独立使用	1622.70	1285.00	1285.00	0.00	0.00	0.00	0.00	0.00
宁波广播电视大学鄞州学院	29118.00	10747.00	4947.00	2680.00	0.00	0.00	3120.00	0.00
独立使用	13369.00	4947.00	4947.00	0.00	0.00	0.00	0.00	0.00
共同使用	15749.00	5800.00	0.00	2680.00	0.00	0.00	3120.00	0.00
宁波广播电视大学宁海学院	18690.00	18090.00	15350.00	120.00	2500.00	0.00	0.00	120.00
共同使用	18690.00	18090.00	15350.00	120.00	2500.00	0.00	0.00	120.00
安徽	**5975.50**	**5466.60**	**3767.80**	**1056.60**	**275.20**	**15.00**	**252.00**	**100.00**
独立使用	3434.50	2925.60	2454.80	56.60	147.20	15.00	252.00	0.00
共同使用	2541.00	2541.00	1313.00	1000.00	128.00	0.00	0.00	100.00
怀远县工作站	17.00	11.00	11.00	0.00	0.00	0.00	0.00	0.00
独立使用	17.00	11.00	11.00	0.00	0.00	0.00	0.00	0.00
淮北分校	2200.00	2200.00	1200.00	1000.00	0.00	0.00	0.00	0.00
独立使用	200.00	200.00	200.00	0.00	0.00	0.00	0.00	0.00
共同使用	2000.00	2000.00	1000.00	1000.00	0.00	0.00	0.00	0.00
当涂县工作站	910.00	750.00	750.00	0.00	0.00	0.00	0.00	0.00
独立使用	610.00	450.00	450.00	0.00	0.00	0.00	0.00	0.00
共同使用	300.00	300.00	300.00	0.00	0.00	0.00	0.00	0.00
太湖县工作站	550.00	400.00	120.00	0.00	180.00	0.00	0.00	100.00
独立使用	330.00	180.00	120.00	0.00	60.00	0.00	0.00	0.00
共同使用	220.00	220.00	0.00	0.00	120.00	0.00	0.00	100.00
颍上县工作站	315.00	315.00	63.00	0.00	0.00	0.00	252.00	0.00
独立使用	315.00	315.00	63.00	0.00	0.00	0.00	252.00	0.00
临泉县工作站	460.00	350.00	275.00	30.00	30.00	15.00	0.00	0.00
独立使用	460.00	350.00	275.00	30.00	30.00	15.00	0.00	0.00
绩溪县工作站	130.00	130.00	130.00	0.00	0.00	0.00	0.00	0.00
独立使用	130.00	130.00	130.00	0.00	0.00	0.00	0.00	0.00
砀山县工作站	611.80	558.60	478.80	26.60	53.20	0.00	0.00	0.00
独立使用	611.80	558.60	478.80	26.60	53.20	0.00	0.00	0.00
灵璧县工作站	744.70	715.00	715.00	0.00	0.00	0.00	0.00	0.00

建筑面积(续表15)

单位:平方米

行政办公用房	生活用房						教工住宅	其他用房
	计	学生宿舍（公寓）	学生食堂	教工宿舍（公寓）	教工食堂	生活福利及附属用房		
0.00	0.00	0.00	0.00	0.00	0.00	0.00	0.00	0.00
0.00	0.00	0.00	0.00	0.00	0.00	0.00	0.00	0.00
548.00	600.00	0.00	0.00	0.00	0.00	600.00	0.00	0.00
548.00	0.00	0.00	0.00	0.00	0.00	0.00	0.00	0.00
0.00	600.00	0.00	0.00	0.00	0.00	600.00	0.00	0.00
2254.00	**17054.70**	**7902.00**	**7295.00**	**520.00**	**1000.00**	**337.70**	**0.00**	**0.00**
0.00	8759.70	7902.00	0.00	520.00	0.00	337.70	0.00	0.00
2254.00	8295.00	0.00	7295.00	0.00	1000.00	0.00	0.00	0.00
0.00	337.70	0.00	0.00	0.00	0.00	337.70	0.00	0.00
0.00	337.70	0.00	0.00	0.00	0.00	337.70	0.00	0.00
2254.00	16117.00	7902.00	7295.00	520.00	400.00	0.00	0.00	0.00
0.00	8422.00	7902.00	0.00	520.00	0.00	0.00	0.00	0.00
2254.00	7695.00	0.00	7295.00	0.00	400.00	0.00	0.00	0.00
0.00	600.00	0.00	0.00	0.00	600.00	0.00	0.00	0.00
0.00	600.00	0.00	0.00	0.00	600.00	0.00	0.00	0.00
488.90	**0.00**	**0.00**	**0.00**	**0.00**	**0.00**	**0.00**	**0.00**	**20.00**
488.90	0.00	0.00	0.00	0.00	0.00	0.00	0.00	20.00
0.00	0.00	0.00	0.00	0.00	0.00	0.00	0.00	0.00
6.00	0.00	0.00	0.00	0.00	0.00	0.00	0.00	0.00
6.00	0.00	0.00	0.00	0.00	0.00	0.00	0.00	0.00
0.00	0.00	0.00	0.00	0.00	0.00	0.00	0.00	0.00
0.00	0.00	0.00	0.00	0.00	0.00	0.00	0.00	0.00
0.00	0.00	0.00	0.00	0.00	0.00	0.00	0.00	0.00
160.00	0.00	0.00	0.00	0.00	0.00	0.00	0.00	0.00
160.00	0.00	0.00	0.00	0.00	0.00	0.00	0.00	0.00
0.00	0.00	0.00	0.00	0.00	0.00	0.00	0.00	0.00
150.00	0.00	0.00	0.00	0.00	0.00	0.00	0.00	0.00
150.00	0.00	0.00	0.00	0.00	0.00	0.00	0.00	0.00
0.00	0.00	0.00	0.00	0.00	0.00	0.00	0.00	0.00
0.00	0.00	0.00	0.00	0.00	0.00	0.00	0.00	0.00
0.00	0.00	0.00	0.00	0.00	0.00	0.00	0.00	0.00
90.00	0.00	0.00	0.00	0.00	0.00	0.00	0.00	20.00
90.00	0.00	0.00	0.00	0.00	0.00	0.00	0.00	20.00
0.00	0.00	0.00	0.00	0.00	0.00	0.00	0.00	0.00
0.00	0.00	0.00	0.00	0.00	0.00	0.00	0.00	0.00
53.20	0.00	0.00	0.00	0.00	0.00	0.00	0.00	0.00
53.20	0.00	0.00	0.00	0.00	0.00	0.00	0.00	0.00
29.70	0.00	0.00	0.00	0.00	0.00	0.00	0.00	0.00

4.4 非学校产权校舍

	合计	教学科研及辅助用房						
		计	教室	图书馆	实验室、实习场所	专用科研用房	体育馆	会堂
独立使用	744.70	715.00	715.00	0.00	0.00	0.00	0.00	0.00
广德学院	37.00	37.00	25.00	0.00	12.00	0.00	0.00	0.00
独立使用	16.00	16.00	12.00	0.00	4.00	0.00	0.00	0.00
共同使用	21.00	21.00	13.00	0.00	8.00	0.00	0.00	0.00
福建	**13222.00**	**9296.00**	**6336.00**	**1857.00**	**273.00**	**270.00**	**410.00**	**150.00**
独立使用	4845.00	3633.00	2858.00	375.00	100.00	100.00	100.00	100.00
共同使用	8377.00	5663.00	3478.00	1482.00	173.00	170.00	310.00	50.00
福州电大分校长乐市工作站	6800.00	4440.00	3460.00	480.00	120.00	120.00	260.00	0.00
共同使用	6800.00	4440.00	3460.00	480.00	120.00	120.00	260.00	0.00
三明电大分校清流县工作站	1500.00	750.00	0.00	150.00	150.00	150.00	150.00	150.00
独立使用	900.00	500.00	0.00	100.00	100.00	100.00	100.00	100.00
共同使用	600.00	250.00	0.00	50.00	50.00	50.00	50.00	50.00
泉州电大分校晋江市工作站	1700.00	1700.00	1500.00	200.00	0.00	0.00	0.00	0.00
独立使用	1700.00	1700.00	1500.00	200.00	0.00	0.00	0.00	0.00
泉州电大分校安溪工作站	29.00	25.00	20.00	2.00	3.00	0.00	0.00	0.00
独立使用	2.00	2.00	2.00	0.00	0.00	0.00	0.00	0.00
共同使用	27.00	23.00	18.00	2.00	3.00	0.00	0.00	0.00
泉州电大分校鲤城工作站	2113.00	1381.00	1356.00	25.00	0.00	0.00	0.00	0.00
独立使用	2113.00	1381.00	1356.00	25.00	0.00	0.00	0.00	0.00
泉州电大分校泉港工作站	1080.00	1000.00	0.00	1000.00	0.00	0.00	0.00	0.00
独立使用	130.00	50.00	0.00	50.00	0.00	0.00	0.00	0.00
共同使用	950.00	950.00	0.00	950.00	0.00	0.00	0.00	0.00
厦门	**2000.00**	**1820.00**	**1630.00**	**40.00**	**150.00**	**0.00**	**0.00**	**0.00**
独立使用	2000.00	1820.00	1630.00	40.00	150.00	0.00	0.00	0.00
同安工作站	2000.00	1820.00	1630.00	40.00	150.00	0.00	0.00	0.00
独立使用	2000.00	1820.00	1630.00	40.00	150.00	0.00	0.00	0.00
江西	**38012.00**	**19077.00**	**10967.00**	**1362.00**	**3942.00**	**922.00**	**882.00**	**1002.00**
独立使用	20133.00	9606.00	7538.00	396.00	569.00	151.00	201.00	751.00
共同使用	17879.00	9471.00	3429.00	966.00	3373.00	771.00	681.00	251.00
江西电大开放学院井冈山市工作站	360.00	360.00	240.00	120.00	0.00	0.00	0.00	0.00
共同使用	360.00	360.00	240.00	120.00	0.00	0.00	0.00	0.00
南昌市电大安义县工作站(工会职校)	1260.00	0.00	0.00	0.00	0.00	0.00	0.00	0.00
共同使用	1260.00	0.00	0.00	0.00	0.00	0.00	0.00	0.00
南昌电大分校进贤县教师进修学校教学点	2400.00	0.00	0.00	0.00	0.00	0.00	0.00	0.00
独立使用	2400.00	0.00	0.00	0.00	0.00	0.00	0.00	0.00
景德镇电大分校本部	4622.00	3274.00	2876.00	0.00	248.00	0.00	0.00	150.00
独立使用	4622.00	3274.00	2876.00	0.00	248.00	0.00	0.00	150.00
九江电大分校德安县工作站	4000.00	500.00	200.00	200.00	100.00	0.00	0.00	0.00

建筑面积(续表16)

单位:平方米

行政办公用房	生活用房						教工住宅	其他用房
	计	学生宿舍(公寓)	学生食堂	教工宿舍(公寓)	教工食堂	生活福利及附属用房		
29.70	0.00	0.00	0.00	0.00	0.00	0.00	0.00	0.00
0.00	0.00	0.00	0.00	0.00	0.00	0.00	0.00	0.00
0.00	0.00	0.00	0.00	0.00	0.00	0.00	0.00	0.00
0.00	0.00	0.00	0.00	0.00	0.00	0.00	0.00	0.00
2230.00	**1587.00**	**1060.00**	**102.00**	**180.00**	**100.00**	**145.00**	**0.00**	**109.00**
778.00	375.00	50.00	50.00	130.00	50.00	95.00	0.00	59.00
1452.00	1212.00	1010.00	52.00	50.00	50.00	50.00	0.00	50.00
1400.00	960.00	960.00	0.00	0.00	0.00	0.00	0.00	0.00
1400.00	960.00	960.00	0.00	0.00	0.00	0.00	0.00	0.00
150.00	500.00	100.00	100.00	100.00	100.00	100.00	0.00	100.00
100.00	250.00	50.00	50.00	50.00	50.00	50.00	0.00	50.00
50.00	250.00	50.00	50.00	50.00	50.00	50.00	0.00	50.00
0.00	0.00	0.00	0.00	0.00	0.00	0.00	0.00	0.00
0.00	0.00	0.00	0.00	0.00	0.00	0.00	0.00	0.00
2.00	2.00	0.00	2.00	0.00	0.00	0.00	0.00	0.00
0.00	0.00	0.00	0.00	0.00	0.00	0.00	0.00	0.00
2.00	2.00	0.00	2.00	0.00	0.00	0.00	0.00	0.00
678.00	45.00	0.00	0.00	0.00	0.00	45.00	0.00	9.00
678.00	45.00	0.00	0.00	0.00	0.00	45.00	0.00	9.00
0.00	80.00	0.00	0.00	80.00	0.00	0.00	0.00	0.00
0.00	80.00	0.00	0.00	80.00	0.00	0.00	0.00	0.00
0.00	0.00	0.00	0.00	0.00	0.00	0.00	0.00	0.00
180.00	**0.00**	**0.00**	**0.00**	**0.00**	**0.00**	**0.00**	**0.00**	**0.00**
180.00	0.00	0.00	0.00	0.00	0.00	0.00	0.00	0.00
180.00	0.00	0.00	0.00	0.00	0.00	0.00	0.00	0.00
180.00	0.00	0.00	0.00	0.00	0.00	0.00	0.00	0.00
3739.00	**10314.00**	**4434.00**	**1012.00**	**3316.00**	**692.00**	**860.00**	**0.00**	**4882.00**
2858.00	7488.00	3372.00	571.00	2715.00	201.00	629.00	0.00	181.00
881.00	2826.00	1062.00	441.00	601.00	491.00	231.00	0.00	4701.00
0.00	0.00	0.00	0.00	0.00	0.00	0.00	0.00	0.00
0.00	0.00	0.00	0.00	0.00	0.00	0.00	0.00	0.00
120.00	120.00	0.00	0.00	120.00	0.00	0.00	0.00	1020.00
120.00	120.00	0.00	0.00	120.00	0.00	0.00	0.00	1020.00
0.00	2400.00	0.00	0.00	2400.00	0.00	0.00	0.00	0.00
0.00	2400.00	0.00	0.00	2400.00	0.00	0.00	0.00	0.00
900.00	448.00	0.00	0.00	0.00	0.00	448.00	0.00	0.00
900.00	448.00	0.00	0.00	0.00	0.00	448.00	0.00	0.00
0.00	0.00	0.00	0.00	0.00	0.00	0.00	0.00	3500.00

4.4 非学校产权校舍

	合计	教学科研及辅助用房						
		计	教室	图书馆	实验室、实习场所	专用科研用房	体育馆	会堂
共同使用	4000.00	500.00	200.00	200.00	100.00	0.00	0.00	0.00
共青城工作站	7076.00	4000.00	3500.00	200.00	0.00	0.00	0.00	300.00
独立使用	7076.00	4000.00	3500.00	200.00	0.00	0.00	0.00	300.00
萍乡电大分校湘东区工作站	4291.00	3160.00	1688.00	200.00	1272.00	0.00	0.00	0.00
共同使用	4291.00	3160.00	1688.00	200.00	1272.00	0.00	0.00	0.00
萍乡电大分校芦溪县工作站	3050.00	710.00	100.00	70.00	120.00	100.00	200.00	120.00
独立使用	1545.00	375.00	50.00	35.00	80.00	50.00	100.00	60.00
共同使用	1505.00	335.00	50.00	35.00	40.00	50.00	100.00	60.00
赣州市电大石城县教师进修学校教学点	200.00	200.00	0.00	0.00	200.00	0.00	0.00	0.00
共同使用	200.00	200.00	0.00	0.00	200.00	0.00	0.00	0.00
上饶市电大弋阳县工作站	480.00	400.00	400.00	0.00	0.00	0.00	0.00	0.00
共同使用	480.00	400.00	400.00	0.00	0.00	0.00	0.00	0.00
上饶市电大鄱阳县工作站	2800.00	1200.00	200.00	200.00	200.00	200.00	200.00	200.00
独立使用	1400.00	600.00	100.00	100.00	100.00	100.00	100.00	100.00
共同使用	1400.00	600.00	100.00	100.00	100.00	100.00	100.00	100.00
上饶市电大玉山县工作站	2317.00	691.00	691.00	0.00	0.00	0.00	0.00	0.00
独立使用	2317.00	691.00	691.00	0.00	0.00	0.00	0.00	0.00
抚州市电大金溪县工作站	760.00	660.00	380.00	60.00	140.00	0.00	0.00	80.00
独立使用	600.00	500.00	220.00	60.00	140.00	0.00	0.00	80.00
共同使用	160.00	160.00	160.00	0.00	0.00	0.00	0.00	0.00
抚州市电大黎川县工作站	2000.00	1540.00	240.00	110.00	1100.00	0.00	0.00	90.00
共同使用	2000.00	1540.00	240.00	110.00	1100.00	0.00	0.00	90.00
抚州市电大崇仁县工作站	1660.00	1660.00	0.00	0.00	560.00	620.00	480.00	0.00
共同使用	1660.00	1660.00	0.00	0.00	560.00	620.00	480.00	0.00
抚州市电大资溪县工作站	300.00	300.00	300.00	0.00	0.00	0.00	0.00	0.00
独立使用	100.00	100.00	100.00	0.00	0.00	0.00	0.00	0.00
共同使用	200.00	200.00	200.00	0.00	0.00	0.00	0.00	0.00
抚州市电大南丰县工作站	26.00	12.00	2.00	2.00	2.00	2.00	2.00	2.00
独立使用	13.00	6.00	1.00	1.00	1.00	1.00	1.00	1.00
共同使用	13.00	6.00	1.00	1.00	1.00	1.00	1.00	1.00
抚州市电大乐安县工作站	410.00	410.00	150.00	200.00	0.00	0.00	0.00	60.00
独立使用	60.00	60.00	0.00	0.00	0.00	0.00	0.00	60.00
共同使用	350.00	350.00	150.00	200.00	0.00	0.00	0.00	0.00
山东	**379027.05**	**224423.04**	**152437.00**	**8137.01**	**53395.01**	**942.00**	**5062.01**	**4450.01**
独立使用	70967.00	41639.00	19535.00	4408.00	14385.00	240.00	669.00	2402.00
共同使用	308060.05	182784.04	132902.00	3729.01	39010.01	702.00	4393.01	2048.01
济南电大长清工作站	9864.00	5964.00	2982.00	2700.00	82.00	0.00	0.00	200.00
独立使用	9864.00	5964.00	2982.00	2700.00	82.00	0.00	0.00	200.00

建筑面积(续表17)

单位:平方米

行政办公用房	生活用房						教工住宅	其他用房
	计	学生宿舍(公寓)	学生食堂	教工宿舍(公寓)	教工食堂	生活福利及附属用房		
0.00	0.00	0.00	0.00	0.00	0.00	0.00	0.00	3500.00
560.00	2516.00	2182.00	220.00	114.00	0.00	0.00	0.00	0.00
560.00	2516.00	2182.00	220.00	114.00	0.00	0.00	0.00	0.00
200.00	931.00	461.00	90.00	280.00	50.00	50.00	0.00	0.00
200.00	931.00	461.00	90.00	280.00	50.00	50.00	0.00	0.00
120.00	2060.00	1000.00	500.00	200.00	200.00	160.00	0.00	160.00
60.00	1030.00	500.00	250.00	100.00	100.00	80.00	0.00	80.00
60.00	1030.00	500.00	250.00	100.00	100.00	80.00	0.00	80.00
0.00	0.00	0.00	0.00	0.00	0.00	0.00	0.00	0.00
0.00	0.00	0.00	0.00	0.00	0.00	0.00	0.00	0.00
80.00	0.00	0.00	0.00	0.00	0.00	0.00	0.00	0.00
80.00	0.00	0.00	0.00	0.00	0.00	0.00	0.00	0.00
400.00	1000.00	200.00	200.00	200.00	200.00	200.00	0.00	200.00
200.00	500.00	100.00	100.00	100.00	100.00	100.00	0.00	100.00
200.00	500.00	100.00	100.00	100.00	100.00	100.00	0.00	100.00
1037.00	589.00	589.00	0.00	0.00	0.00	0.00	0.00	0.00
1037.00	589.00	589.00	0.00	0.00	0.00	0.00	0.00	0.00
100.00	0.00	0.00	0.00	0.00	0.00	0.00	0.00	0.00
100.00	0.00	0.00	0.00	0.00	0.00	0.00	0.00	0.00
0.00	0.00	0.00	0.00	0.00	0.00	0.00	0.00	0.00
220.00	240.00	0.00	0.00	0.00	240.00	0.00	0.00	0.00
220.00	240.00	0.00	0.00	0.00	240.00	0.00	0.00	0.00
0.00	0.00	0.00	0.00	0.00	0.00	0.00	0.00	0.00
0.00	0.00	0.00	0.00	0.00	0.00	0.00	0.00	0.00
0.00	0.00	0.00	0.00	0.00	0.00	0.00	0.00	0.00
0.00	0.00	0.00	0.00	0.00	0.00	0.00	0.00	0.00
0.00	0.00	0.00	0.00	0.00	0.00	0.00	0.00	0.00
2.00	10.00	2.00	2.00	2.00	2.00	2.00	0.00	2.00
1.00	5.00	1.00	1.00	1.00	1.00	1.00	0.00	1.00
1.00	5.00	1.00	1.00	1.00	1.00	1.00	0.00	1.00
0.00	0.00	0.00	0.00	0.00	0.00	0.00	0.00	0.00
0.00	0.00	0.00	0.00	0.00	0.00	0.00	0.00	0.00
0.00	0.00	0.00	0.00	0.00	0.00	0.00	0.00	0.00
23910.01	**128107.00**	**92895.00**	**22564.00**	**2689.00**	**1473.00**	**8486.00**	**0.00**	**2587.00**
8440.00	20520.00	12265.00	4659.00	2029.00	772.00	795.00	0.00	368.00
15470.01	107587.00	80630.00	17905.00	660.00	701.00	7691.00	0.00	2219.00
1300.00	2600.00	1900.00	700.00	0.00	0.00	0.00	0.00	0.00
1300.00	2600.00	1900.00	700.00	0.00	0.00	0.00	0.00	0.00

4.4 非学校产权校舍

	合计	教学科研及辅助用房						
		计	教室	图书馆	实验室、实习场所	专用科研用房	体育馆	会堂
威海广播电视大学	100.00	0.00	0.00	0.00	0.00	0.00	0.00	0.00
独立使用	100.00	0.00	0.00	0.00	0.00	0.00	0.00	0.00
淄博广播电视大学淄川分校	6.00	5.00	0.00	1.00	1.00	1.00	1.00	1.00
共同使用	6.00	5.00	0.00	1.00	1.00	1.00	1.00	1.00
莱阳广播电视大学	97.00	24.00	18.00	1.00	4.00	0.00	0.00	1.00
独立使用	97.00	24.00	18.00	1.00	4.00	0.00	0.00	1.00
烟台国瑞财会培训中心	1250.00	1150.00	1000.00	150.00	0.00	0.00	0.00	0.00
独立使用	1250.00	1150.00	1000.00	150.00	0.00	0.00	0.00	0.00
潍坊广播电视大学昌乐分校	400.00	200.00	200.00	0.00	0.00	0.00	0.00	0.00
共同使用	400.00	200.00	200.00	0.00	0.00	0.00	0.00	0.00
泰安电大岱岳区教学点	11300.00	6100.00	800.00	800.00	1500.00	800.00	1100.00	1100.00
独立使用	4700.00	2300.00	300.00	300.00	500.00	200.00	500.00	500.00
共同使用	6600.00	3800.00	500.00	500.00	1000.00	600.00	600.00	600.00
济宁电大汶上分校	188.00	83.00	8.00	15.00	15.00	15.00	15.00	15.00
独立使用	124.00	54.00	4.00	10.00	10.00	10.00	10.00	10.00
共同使用	64.00	29.00	4.00	5.00	5.00	5.00	5.00	5.00
德州电大宁津分校	260.05	230.04	0.00	30.01	60.01	0.00	60.01	80.01
共同使用	260.05	230.04	0.00	30.01	60.01	0.00	60.01	80.01
德州纺织技工学校	3800.00	2270.00	2090.00	90.00	90.00	0.00	0.00	0.00
共同使用	3800.00	2270.00	2090.00	90.00	90.00	0.00	0.00	0.00
滨州广播电视大学惠民县分校	16845.00	10234.00	5184.00	0.00	5050.00	0.00	0.00	0.00
独立使用	16845.00	10234.00	5184.00	0.00	5050.00	0.00	0.00	0.00
莱钢广播电视大学	31400.00	19400.00	9000.00	1200.00	8000.00	0.00	0.00	1200.00
独立使用	31400.00	19400.00	9000.00	1200.00	8000.00	0.00	0.00	1200.00
东营广播电视大学	245395.00	138985.00	102857.00	3050.00	28603.00	0.00	3475.00	1000.00
共同使用	245395.00	138985.00	102857.00	3050.00	28603.00	0.00	3475.00	1000.00
山东德州汽车摩托车专修学院	49907.00	36292.00	26522.00	0.00	9770.00	0.00	0.00	0.00
独立使用	1092.00	1092.00	522.00	0.00	570.00	0.00	0.00	0.00
共同使用	48815.00	35200.00	26000.00	0.00	9200.00	0.00	0.00	0.00
山东电大莒南分校	5935.00	1954.00	574.00	98.00	98.00	124.00	409.00	651.00
独立使用	4428.00	1095.00	524.00	46.00	48.00	29.00	158.00	290.00
共同使用	1507.00	859.00	50.00	52.00	50.00	95.00	251.00	361.00
山东电大德城区分校	2254.00	1520.00	1200.00	0.00	120.00	0.00	0.00	200.00
独立使用	1054.00	320.00	0.00	0.00	120.00	0.00	0.00	200.00
共同使用	1200.00	1200.00	1200.00	0.00	0.00	0.00	0.00	0.00
山东电大文登分校直属教学点	26.00	12.00	2.00	2.00	2.00	2.00	2.00	2.00
独立使用	13.00	6.00	1.00	1.00	1.00	1.00	1.00	1.00
共同使用	13.00	6.00	1.00	1.00	1.00	1.00	1.00	1.00

建筑面积(续表18)

单位:平方米

行政办公用房	生活用房						教工住宅	其他用房
	计	学生宿舍(公寓)	学生食堂	教工宿舍(公寓)	教工食堂	生活福利及附属用房		
100.00	0.00	0.00	0.00	0.00	0.00	0.00	0.00	0.00
100.00	0.00	0.00	0.00	0.00	0.00	0.00	0.00	0.00
1.00	0.00	0.00	0.00	0.00	0.00	0.00	0.00	0.00
1.00	0.00	0.00	0.00	0.00	0.00	0.00	0.00	0.00
18.00	42.00	36.00	1.00	5.00	0.00	0.00	0.00	13.00
18.00	42.00	36.00	1.00	5.00	0.00	0.00	0.00	13.00
100.00	0.00	0.00	0.00	0.00	0.00	0.00	0.00	0.00
100.00	0.00	0.00	0.00	0.00	0.00	0.00	0.00	0.00
200.00	0.00	0.00	0.00	0.00	0.00	0.00	0.00	0.00
200.00	0.00	0.00	0.00	0.00	0.00	0.00	0.00	0.00
400.00	4300.00	900.00	500.00	1600.00	800.00	500.00	0.00	500.00
200.00	2000.00	300.00	200.00	1000.00	300.00	200.00	0.00	200.00
200.00	2300.00	600.00	300.00	600.00	500.00	300.00	0.00	300.00
15.00	75.00	15.00	15.00	15.00	15.00	15.00	0.00	15.00
10.00	50.00	10.00	10.00	10.00	10.00	10.00	0.00	10.00
5.00	25.00	5.00	5.00	5.00	5.00	5.00	0.00	5.00
30.01	0.00	0.00	0.00	0.00	0.00	0.00	0.00	0.00
30.01	0.00	0.00	0.00	0.00	0.00	0.00	0.00	0.00
500.00	1030.00	550.00	480.00	0.00	0.00	0.00	0.00	0.00
500.00	1030.00	550.00	480.00	0.00	0.00	0.00	0.00	0.00
1915.00	4696.00	3510.00	673.00	190.00	0.00	323.00	0.00	0.00
1915.00	4696.00	3510.00	673.00	190.00	0.00	323.00	0.00	0.00
4500.00	7500.00	5000.00	1800.00	700.00	0.00	0.00	0.00	0.00
4500.00	7500.00	5000.00	1800.00	700.00	0.00	0.00	0.00	0.00
14446.00	91964.00	67585.00	16989.00	0.00	100.00	7290.00	0.00	0.00
14446.00	91964.00	67585.00	16989.00	0.00	100.00	7290.00	0.00	0.00
0.00	11825.00	11825.00	0.00	0.00	0.00	0.00	0.00	1790.00
0.00	0.00	0.00	0.00	0.00	0.00	0.00	0.00	0.00
0.00	11825.00	11825.00	0.00	0.00	0.00	0.00	0.00	1790.00
243.00	3471.00	978.00	1404.00	177.00	556.00	356.00	0.00	267.00
156.00	3033.00	914.00	1274.00	123.00	461.00	261.00	0.00	144.00
87.00	438.00	64.00	130.00	54.00	95.00	95.00	0.00	123.00
140.00	594.00	594.00	0.00	0.00	0.00	0.00	0.00	0.00
140.00	594.00	594.00	0.00	0.00	0.00	0.00	0.00	0.00
0.00	0.00	0.00	0.00	0.00	0.00	0.00	0.00	0.00
2.00	10.00	2.00	2.00	2.00	2.00	2.00	0.00	2.00
1.00	5.00	1.00	1.00	1.00	1.00	1.00	0.00	1.00
1.00	5.00	1.00	1.00	1.00	1.00	1.00	0.00	1.00

4.4 非学校产权校舍

	合计	教学科研及辅助用房						
		计	教室	图书馆	实验室、实习场所	专用科研用房	体育馆	会堂
青岛	**18080.00**	**12000.00**	**5900.00**	**2300.00**	**3300.00**	**0.00**	**0.00**	**500.00**
独立使用	2080.00	1100.00	600.00	200.00	300.00	0.00	0.00	0.00
共同使用	16000.00	10900.00	5300.00	2100.00	3000.00	0.00	0.00	500.00
青岛广播电视大学直属市北学院（青岛市机械职工中等专业学校）	10080.00	6100.00	3600.00	1200.00	1300.00	0.00	0.00	0.00
独立使用	2080.00	1100.00	600.00	200.00	300.00	0.00	0.00	0.00
共同使用	8000.00	5000.00	3000.00	1000.00	1000.00	0.00	0.00	0.00
青岛广播电视大学直属李沧学院（青岛工贸职业学校）	1900.00	1400.00	300.00	100.00	1000.00	0.00	0.00	0.00
共同使用	1900.00	1400.00	300.00	100.00	1000.00	0.00	0.00	0.00
青岛广播电视大学胶南分校	6100.00	4500.00	2000.00	1000.00	1000.00	0.00	0.00	500.00
共同使用	6100.00	4500.00	2000.00	1000.00	1000.00	0.00	0.00	500.00
河南	**11846.00**	**8358.00**	**3314.00**	**984.00**	**1954.00**	**614.00**	**254.00**	**1238.00**
独立使用	4374.00	2864.00	650.00	640.00	960.00	290.00	150.00	174.00
共同使用	7472.00	5494.00	2664.00	344.00	994.00	324.00	104.00	1064.00
洛阳广播电视大学汝阳县分校	420.00	420.00	0.00	0.00	420.00	0.00	0.00	0.00
独立使用	420.00	420.00	0.00	0.00	420.00	0.00	0.00	0.00
洛阳广播电视大学吉利区学习中心	180.00	180.00	180.00	0.00	0.00	0.00	0.00	0.00
共同使用	180.00	180.00	180.00	0.00	0.00	0.00	0.00	0.00
濮阳广播电视大学台前县分校	70.00	70.00	0.00	0.00	70.00	0.00	0.00	0.00
共同使用	70.00	70.00	0.00	0.00	70.00	0.00	0.00	0.00
濮阳广播电视大学清丰县分校	2870.00	1950.00	180.00	700.00	500.00	300.00	180.00	90.00
独立使用	1820.00	1350.00	100.00	500.00	400.00	200.00	100.00	50.00
共同使用	1050.00	600.00	80.00	200.00	100.00	100.00	80.00	40.00
三门峡广播电视大学继续教育学习中心	1310.00	870.00	650.00	40.00	40.00	40.00	0.00	100.00
独立使用	1110.00	670.00	450.00	40.00	40.00	40.00	0.00	100.00
共同使用	200.00	200.00	200.00	0.00	0.00	0.00	0.00	0.00
许昌广播电视大学襄城县分校	1316.00	568.00	124.00	124.00	124.00	74.00	74.00	48.00
独立使用	1024.00	424.00	100.00	100.00	100.00	50.00	50.00	24.00
共同使用	292.00	144.00	24.00	24.00	24.00	24.00	24.00	24.00
信阳广播电视大学光山县分校	680.00	680.00	180.00	0.00	500.00	0.00	0.00	0.00
共同使用	680.00	680.00	180.00	0.00	500.00	0.00	0.00	0.00
漯河广播电视大学舞阳分校	5000.00	3620.00	2000.00	120.00	300.00	200.00	0.00	1000.00
共同使用	5000.00	3620.00	2000.00	120.00	300.00	200.00	0.00	1000.00
湖北	**42650.00**	**27662.00**	**8810.00**	**2317.00**	**6559.00**	**2815.00**	**4942.00**	**2219.00**
独立使用	13677.00	7636.00	4160.00	749.00	568.00	102.00	1252.00	805.00
共同使用	28973.00	20026.00	4650.00	1568.00	5991.00	2713.00	3690.00	1414.00
荆州市广播电视大学松滋分校	10839.00	3126.00	459.00	272.00	14.00	1315.00	577.00	489.00
独立使用	6517.00	1281.00	305.00	179.00	8.00	102.00	452.00	235.00

建筑面积(续表19)

单位:平方米

行政办公用房	生活用房						教工住宅	其他用房
	计	学生宿舍(公寓)	学生食堂	教工宿舍(公寓)	教工食堂	生活福利及附属用房		
1700.00	3380.00	2600.00	100.00	0.00	600.00	80.00	0.00	1000.00
200.00	780.00	600.00	100.00	0.00	0.00	80.00	0.00	0.00
1500.00	2600.00	2000.00	0.00	0.00	600.00	0.00	0.00	1000.00
200.00	2780.00	2600.00	100.00	0.00	0.00	80.00	0.00	1000.00
200.00	780.00	600.00	100.00	0.00	0.00	80.00	0.00	0.00
0.00	2000.00	2000.00	0.00	0.00	0.00	0.00	0.00	1000.00
500.00	0.00	0.00	0.00	0.00	0.00	0.00	0.00	0.00
500.00	0.00	0.00	0.00	0.00	0.00	0.00	0.00	0.00
1000.00	600.00	0.00	0.00	0.00	600.00	0.00	0.00	0.00
1000.00	600.00	0.00	0.00	0.00	600.00	0.00	0.00	0.00
1348.00	**1332.00**	**348.00**	**88.00**	**128.00**	**184.00**	**584.00**	**0.00**	**808.00**
304.00	1002.00	274.00	44.00	64.00	140.00	480.00	0.00	204.00
1044.00	330.00	74.00	44.00	64.00	44.00	104.00	0.00	604.00
0.00	0.00	0.00	0.00	0.00	0.00	0.00	0.00	0.00
0.00	0.00	0.00	0.00	0.00	0.00	0.00	0.00	0.00
0.00	0.00	0.00	0.00	0.00	0.00	0.00	0.00	0.00
0.00	0.00	0.00	0.00	0.00	0.00	0.00	0.00	0.00
0.00	0.00	0.00	0.00	0.00	0.00	0.00	0.00	0.00
0.00	0.00	0.00	0.00	0.00	0.00	0.00	0.00	0.00
60.00	460.00	100.00	40.00	80.00	40.00	200.00	0.00	400.00
40.00	230.00	50.00	20.00	40.00	20.00	100.00	0.00	200.00
20.00	230.00	50.00	20.00	40.00	20.00	100.00	0.00	200.00
240.00	200.00	200.00	0.00	0.00	0.00	0.00	0.00	0.00
240.00	200.00	200.00	0.00	0.00	0.00	0.00	0.00	0.00
0.00	0.00	0.00	0.00	0.00	0.00	0.00	0.00	0.00
48.00	672.00	48.00	48.00	48.00	144.00	384.00	0.00	28.00
24.00	572.00	24.00	24.00	24.00	120.00	380.00	0.00	4.00
24.00	100.00	24.00	24.00	24.00	24.00	4.00	0.00	24.00
0.00	0.00	0.00	0.00	0.00	0.00	0.00	0.00	0.00
0.00	0.00	0.00	0.00	0.00	0.00	0.00	0.00	0.00
1000.00	0.00	0.00	0.00	0.00	0.00	0.00	0.00	380.00
1000.00	0.00	0.00	0.00	0.00	0.00	0.00	0.00	380.00
4410.00	**9983.00**	**6869.00**	**499.00**	**1375.00**	**862.00**	**378.00**	**0.00**	**595.00**
1256.00	4334.00	2355.00	245.00	1250.00	231.00	253.00	0.00	451.00
3154.00	5649.00	4514.00	254.00	125.00	631.00	125.00	0.00	144.00
1705.00	5413.00	2479.00	499.00	1375.00	682.00	378.00	0.00	595.00
451.00	4334.00	2355.00	245.00	1250.00	231.00	253.00	0.00	451.00

4.4 非学校产权校舍

	合计	教学科研及辅助用房						
		计	教室	图书馆	实验室、实习场所	专用科研用房	体育馆	会堂
共同使用	4322.00	1845.00	154.00	93.00	6.00	1213.00	125.00	254.00
荆州电大石首分校	940.00	620.00	480.00	70.00	0.00	0.00	0.00	70.00
独立使用	940.00	620.00	480.00	70.00	0.00	0.00	0.00	70.00
宜昌市电大远安分校	4100.00	4100.00	100.00	0.00	4000.00	0.00	0.00	0.00
共同使用	4100.00	4100.00	100.00	0.00	4000.00	0.00	0.00	0.00
秭归电大分校	2000.00	2000.00	0.00	0.00	0.00	0.00	2000.00	0.00
共同使用	2000.00	2000.00	0.00	0.00	0.00	0.00	2000.00	0.00
咸宁电大嘉鱼分校	1050.00	1050.00	1050.00	0.00	0.00	0.00	0.00	0.00
独立使用	500.00	500.00	500.00	0.00	0.00	0.00	0.00	0.00
共同使用	550.00	550.00	550.00	0.00	0.00	0.00	0.00	0.00
十堰电大丹江口分校	180.00	0.00	0.00	0.00	0.00	0.00	0.00	0.00
共同使用	180.00	0.00	0.00	0.00	0.00	0.00	0.00	0.00
恩施州电大利川分校	1.00	1.00	1.00	0.00	0.00	0.00	0.00	0.00
共同使用	1.00	1.00	1.00	0.00	0.00	0.00	0.00	0.00
恩施州电大宣恩分校	4320.00	0.00	0.00	0.00	0.00	0.00	0.00	0.00
共同使用	4320.00	0.00	0.00	0.00	0.00	0.00	0.00	0.00
天门电大	600.00	600.00	0.00	0.00	0.00	0.00	0.00	600.00
共同使用	600.00	600.00	0.00	0.00	0.00	0.00	0.00	600.00
湖北中山专修学院	5620.00	5400.00	4100.00	400.00	900.00	0.00	0.00	0.00
独立使用	2120.00	2000.00	2000.00	0.00	0.00	0.00	0.00	0.00
共同使用	3500.00	3400.00	2100.00	400.00	900.00	0.00	0.00	0.00
荆门市东宝区成人教育中心	12300.00	10200.00	2400.00	1500.00	1500.00	1500.00	2300.00	1000.00
独立使用	3400.00	3100.00	800.00	500.00	500.00	0.00	800.00	500.00
共同使用	8900.00	7100.00	1600.00	1000.00	1000.00	1500.00	1500.00	500.00
湖北电大民建学院	700.00	565.00	220.00	75.00	145.00	0.00	65.00	60.00
独立使用	200.00	135.00	75.00	0.00	60.00	0.00	0.00	0.00
共同使用	500.00	430.00	145.00	75.00	85.00	0.00	65.00	60.00
武汉	**35794.00**	**17149.00**	**11923.00**	**450.00**	**4112.00**	**64.00**	**110.00**	**490.00**
独立使用	1063.00	394.00	150.00	50.00	50.00	34.00	60.00	50.00
共同使用	34731.00	16755.00	11773.00	400.00	4062.00	30.00	50.00	440.00
江汉区分校	2934.00	2334.00	2204.00	50.00	0.00	0.00	0.00	80.00
共同使用	2934.00	2334.00	2204.00	50.00	0.00	0.00	0.00	80.00
硚口区分校	650.00	250.00	250.00	0.00	0.00	0.00	0.00	0.00
独立使用	450.00	50.00	50.00	0.00	0.00	0.00	0.00	0.00
共同使用	200.00	200.00	200.00	0.00	0.00	0.00	0.00	0.00
武汉应用科技学校	31037.00	13901.00	9269.00	300.00	4032.00	0.00	0.00	300.00
共同使用	31037.00	13901.00	9269.00	300.00	4032.00	0.00	0.00	300.00
武汉工业技术学校	1173.00	664.00	200.00	100.00	80.00	64.00	110.00	110.00

建筑面积(续表20)

单位:平方米

行政办公用房	生活用房						教工住宅	其他用房
	计	学生宿舍（公寓）	学生食堂	教工宿舍（公寓）	教工食堂	生活福利及附属用房		
1254.00	1079.00	124.00	254.00	125.00	451.00	125.00	0.00	144.00
320.00	0.00	0.00	0.00	0.00	0.00	0.00	0.00	0.00
320.00	0.00	0.00	0.00	0.00	0.00	0.00	0.00	0.00
0.00	0.00	0.00	0.00	0.00	0.00	0.00	0.00	0.00
0.00	0.00	0.00	0.00	0.00	0.00	0.00	0.00	0.00
0.00	0.00	0.00	0.00	0.00	0.00	0.00	0.00	0.00
0.00	0.00	0.00	0.00	0.00	0.00	0.00	0.00	0.00
0.00	0.00	0.00	0.00	0.00	0.00	0.00	0.00	0.00
0.00	0.00	0.00	0.00	0.00	0.00	0.00	0.00	0.00
0.00	0.00	0.00	0.00	0.00	0.00	0.00	0.00	0.00
0.00	180.00	0.00	0.00	0.00	180.00	0.00	0.00	0.00
0.00	180.00	0.00	0.00	0.00	180.00	0.00	0.00	0.00
0.00	0.00	0.00	0.00	0.00	0.00	0.00	0.00	0.00
0.00	0.00	0.00	0.00	0.00	0.00	0.00	0.00	0.00
0.00	4320.00	4320.00	0.00	0.00	0.00	0.00	0.00	0.00
0.00	4320.00	4320.00	0.00	0.00	0.00	0.00	0.00	0.00
0.00	0.00	0.00	0.00	0.00	0.00	0.00	0.00	0.00
0.00	0.00	0.00	0.00	0.00	0.00	0.00	0.00	0.00
220.00	0.00	0.00	0.00	0.00	0.00	0.00	0.00	0.00
120.00	0.00	0.00	0.00	0.00	0.00	0.00	0.00	0.00
100.00	0.00	0.00	0.00	0.00	0.00	0.00	0.00	0.00
2100.00	0.00	0.00	0.00	0.00	0.00	0.00	0.00	0.00
300.00	0.00	0.00	0.00	0.00	0.00	0.00	0.00	0.00
1800.00	0.00	0.00	0.00	0.00	0.00	0.00	0.00	0.00
65.00	70.00	70.00	0.00	0.00	0.00	0.00	0.00	0.00
65.00	0.00	0.00	0.00	0.00	0.00	0.00	0.00	0.00
0.00	70.00	70.00	0.00	0.00	0.00	0.00	0.00	0.00
1962.00	**16623.00**	**13234.00**	**1100.00**	**729.00**	**500.00**	**1060.00**	**0.00**	**60.00**
440.00	199.00	30.00	34.00	45.00	60.00	30.00	0.00	30.00
1522.00	16424.00	13204.00	1066.00	684.00	440.00	1030.00	0.00	30.00
600.00	0.00	0.00	0.00	0.00	0.00	0.00	0.00	0.00
600.00	0.00	0.00	0.00	0.00	0.00	0.00	0.00	0.00
400.00	0.00	0.00	0.00	0.00	0.00	0.00	0.00	0.00
400.00	0.00	0.00	0.00	0.00	0.00	0.00	0.00	0.00
0.00	0.00	0.00	0.00	0.00	0.00	0.00	0.00	0.00
892.00	16244.00	13184.00	1016.00	644.00	400.00	1000.00	0.00	0.00
892.00	16244.00	13184.00	1016.00	644.00	400.00	1000.00	0.00	0.00
70.00	379.00	50.00	84.00	85.00	100.00	60.00	0.00	60.00

4.4 非学校产权校舍

	合计	教学科研及辅助用房						
		计	教室	图书馆	实验室、实习场所	专用科研用房	体育馆	会堂
独立使用	613.00	344.00	100.00	50.00	50.00	34.00	60.00	50.00
共同使用	560.00	320.00	100.00	50.00	30.00	30.00	50.00	60.00
湖南	**127177.10**	**67522.08**	**40359.00**	**2280.00**	**11220.08**	**1603.00**	**3000.00**	**9060.00**
独立使用	92104.10	44211.08	22098.00	1878.00	9774.08	902.00	1500.00	8059.00
共同使用	35073.00	23311.00	18261.00	402.00	1446.00	701.00	1500.00	1001.00
湖南广播电视大学	9523.00	0.00	0.00	0.00	0.00	0.00	0.00	0.00
独立使用	9523.00	0.00	0.00	0.00	0.00	0.00	0.00	0.00
长沙电大分校直属点	7640.00	5939.00	0.00	140.00	0.00	0.00	0.00	5799.00
独立使用	7640.00	5939.00	0.00	140.00	0.00	0.00	0.00	5799.00
长沙县教师进修学校	10500.00	10500.00	10500.00	0.00	0.00	0.00	0.00	0.00
独立使用	500.00	500.00	500.00	0.00	0.00	0.00	0.00	0.00
共同使用	10000.00	10000.00	10000.00	0.00	0.00	0.00	0.00	0.00
宁乡玉潭点	2340.00	1800.00	1600.00	100.00	100.00	0.00	0.00	0.00
独立使用	2340.00	1800.00	1600.00	100.00	100.00	0.00	0.00	0.00
湘潭电大分校直属点	35834.10	15776.08	10092.00	120.00	4426.08	300.00	0.00	838.00
独立使用	35834.10	15776.08	10092.00	120.00	4426.08	300.00	0.00	838.00
湘潭新华电脑学校	9251.00	4690.00	2594.00	896.00	1200.00	0.00	0.00	0.00
独立使用	9251.00	4690.00	2594.00	896.00	1200.00	0.00	0.00	0.00
临湘市电大工作站	8.00	8.00	0.00	0.00	8.00	0.00	0.00	0.00
独立使用	4.00	4.00	0.00	0.00	4.00	0.00	0.00	0.00
共同使用	4.00	4.00	0.00	0.00	4.00	0.00	0.00	0.00
岳阳县电大工作站	8000.00	4900.00	1700.00	200.00	800.00	500.00	1300.00	400.00
独立使用	6000.00	3700.00	1500.00	100.00	300.00	300.00	1200.00	300.00
共同使用	2000.00	1200.00	200.00	100.00	500.00	200.00	100.00	100.00
涟源市教研师训中心	300.00	300.00	0.00	0.00	0.00	200.00	100.00	0.00
共同使用	300.00	300.00	0.00	0.00	0.00	200.00	100.00	0.00
新化县教师进修学校	6600.00	3600.00	600.00	600.00	600.00	600.00	600.00	600.00
独立使用	3300.00	1800.00	300.00	300.00	300.00	300.00	300.00	300.00
共同使用	3300.00	1800.00	300.00	300.00	300.00	300.00	300.00	300.00
新田县电大工作站	50.00	0.00	0.00	0.00	0.00	0.00	0.00	0.00
独立使用	50.00	0.00	0.00	0.00	0.00	0.00	0.00	0.00
江永县教师进修学校	2.00	2.00	0.00	0.00	0.00	2.00	0.00	0.00
独立使用	2.00	2.00	0.00	0.00	0.00	2.00	0.00	0.00
安乡县电大工作站	1474.00	600.00	600.00	0.00	0.00	0.00	0.00	0.00
共同使用	1474.00	600.00	600.00	0.00	0.00	0.00	0.00	0.00
常德电大鼎城工作站	350.00	350.00	300.00	50.00	0.00	0.00	0.00	0.00
独立使用	250.00	250.00	200.00	50.00	0.00	0.00	0.00	0.00
共同使用	100.00	100.00	100.00	0.00	0.00	0.00	0.00	0.00

建筑面积(续表21)

单位:平方米

行政办公用房	生活用房						教工住宅	其他用房
	计	学生宿舍(公寓)	学生食堂	教工宿舍(公寓)	教工食堂	生活福利及附属用房		
40.00	199.00	30.00	34.00	45.00	60.00	30.00	0.00	30.00
30.00	180.00	20.00	50.00	40.00	40.00	30.00	0.00	30.00
15301.73	**43064.97**	**30866.00**	**6280.77**	**1874.20**	**1134.00**	**2910.00**	**0.00**	**1288.32**
7196.73	39708.97	29548.00	5336.77	1572.20	743.00	2509.00	0.00	987.32
8105.00	3356.00	1318.00	944.00	302.00	391.00	401.00	0.00	301.00
0.00	9523.00	9523.00	0.00	0.00	0.00	0.00	0.00	0.00
0.00	9523.00	9523.00	0.00	0.00	0.00	0.00	0.00	0.00
1621.00	80.00	0.00	0.00	0.00	80.00	0.00	0.00	0.00
1621.00	80.00	0.00	0.00	0.00	80.00	0.00	0.00	0.00
0.00	0.00	0.00	0.00	0.00	0.00	0.00	0.00	0.00
0.00	0.00	0.00	0.00	0.00	0.00	0.00	0.00	0.00
0.00	0.00	0.00	0.00	0.00	0.00	0.00	0.00	0.00
540.00	0.00	0.00	0.00	0.00	0.00	0.00	0.00	0.00
540.00	0.00	0.00	0.00	0.00	0.00	0.00	0.00	0.00
1322.73	18317.97	15164.00	2057.77	674.20	262.00	160.00	0.00	417.32
1322.73	18317.97	15164.00	2057.77	674.20	262.00	160.00	0.00	417.32
0.00	4561.00	2006.00	2057.00	498.00	0.00	0.00	0.00	0.00
0.00	4561.00	2006.00	2057.00	498.00	0.00	0.00	0.00	0.00
0.00	0.00	0.00	0.00	0.00	0.00	0.00	0.00	0.00
0.00	0.00	0.00	0.00	0.00	0.00	0.00	0.00	0.00
0.00	0.00	0.00	0.00	0.00	0.00	0.00	0.00	0.00
1100.00	1600.00	300.00	300.00	300.00	300.00	400.00	0.00	400.00
1000.00	1000.00	200.00	200.00	200.00	200.00	200.00	0.00	300.00
100.00	600.00	100.00	100.00	100.00	100.00	200.00	0.00	100.00
0.00	0.00	0.00	0.00	0.00	0.00	0.00	0.00	0.00
0.00	0.00	0.00	0.00	0.00	0.00	0.00	0.00	0.00
600.00	2000.00	400.00	400.00	400.00	400.00	400.00	0.00	400.00
300.00	1000.00	200.00	200.00	200.00	200.00	200.00	0.00	200.00
300.00	1000.00	200.00	200.00	200.00	200.00	200.00	0.00	200.00
0.00	0.00	0.00	0.00	0.00	0.00	0.00	0.00	50.00
0.00	0.00	0.00	0.00	0.00	0.00	0.00	0.00	50.00
0.00	0.00	0.00	0.00	0.00	0.00	0.00	0.00	0.00
0.00	0.00	0.00	0.00	0.00	0.00	0.00	0.00	0.00
576.00	298.00	216.00	42.00	0.00	40.00	0.00	0.00	0.00
576.00	298.00	216.00	42.00	0.00	40.00	0.00	0.00	0.00
0.00	0.00	0.00	0.00	0.00	0.00	0.00	0.00	0.00
0.00	0.00	0.00	0.00	0.00	0.00	0.00	0.00	0.00
0.00	0.00	0.00	0.00	0.00	0.00	0.00	0.00	0.00

4.4 非学校产权校舍

	合计	教学科研及辅助用房						
		计	教室	图书馆	实验室、实习场所	专用科研用房	体育馆	会堂
花垣县电大工作站	39.00	12.00	12.00	0.00	0.00	0.00	0.00	0.00
独立使用	35.00	8.00	8.00	0.00	0.00	0.00	0.00	0.00
共同使用	4.00	4.00	4.00	0.00	0.00	0.00	0.00	0.00
张家界电大分校直属点	5438.00	5068.00	3968.00	0.00	0.00	0.00	1000.00	100.00
共同使用	5438.00	5068.00	3968.00	0.00	0.00	0.00	1000.00	100.00
桑植县电大工作站	24.00	10.00	6.00	1.00	1.00	1.00	0.00	1.00
共同使用	24.00	10.00	6.00	1.00	1.00	1.00	0.00	1.00
湖南广播电视大学卫生分校直属教学点	12429.00	4225.00	3083.00	1.00	641.00	0.00	0.00	500.00
共同使用	12429.00	4225.00	3083.00	1.00	641.00	0.00	0.00	500.00
涟钢电大分校直属点	17375.00	9742.00	5304.00	172.00	3444.00	0.00	0.00	822.00
独立使用	17375.00	9742.00	5304.00	172.00	3444.00	0.00	0.00	822.00
广东	**18904.17**	**10108.00**	**4714.00**	**206.00**	**1669.00**	**0.00**	**3191.00**	**328.00**
独立使用	18462.17	10108.00	4714.00	206.00	1669.00	0.00	3191.00	328.00
共同使用	442.00	0.00	0.00	0.00	0.00	0.00	0.00	0.00
汕头广播电视大学南澳县教学点	1200.00	1080.00	720.00	40.00	320.00	0.00	0.00	0.00
独立使用	1200.00	1080.00	720.00	40.00	320.00	0.00	0.00	0.00
汕头广播电视大学潮南区教学点	440.00	0.00	0.00	0.00	0.00	0.00	0.00	0.00
共同使用	440.00	0.00	0.00	0.00	0.00	0.00	0.00	0.00
中山市广播电视大学	11149.00	7935.00	3074.00	166.00	1299.00	0.00	3191.00	205.00
独立使用	11149.00	7935.00	3074.00	166.00	1299.00	0.00	3191.00	205.00
江门市广播电视大学	2.00	0.00	0.00	0.00	0.00	0.00	0.00	0.00
共同使用	2.00	0.00	0.00	0.00	0.00	0.00	0.00	0.00
湛江市广播电视大学	1473.00	1093.00	920.00	0.00	50.00	0.00	0.00	123.00
独立使用	1473.00	1093.00	920.00	0.00	50.00	0.00	0.00	123.00
遂溪县广播电视大学	4230.17	0.00	0.00	0.00	0.00	0.00	0.00	0.00
独立使用	4230.17	0.00	0.00	0.00	0.00	0.00	0.00	0.00
怀集县广播电视大学	410.00	0.00	0.00	0.00	0.00	0.00	0.00	0.00
独立使用	410.00	0.00	0.00	0.00	0.00	0.00	0.00	0.00
广州	**156120.25**	**44875.81**	**26045.06**	**1361.00**	**10003.75**	**1.00**	**521.00**	**6944.00**
独立使用	148330.25	41633.81	23945.06	1358.00	8868.75	0.00	520.00	6942.00
共同使用	7790.00	3242.00	2100.00	3.00	1135.00	1.00	1.00	2.00
广州电大东山分校	6300.00	5587.00	5534.00	53.00	0.00	0.00	0.00	0.00
独立使用	6300.00	5587.00	5534.00	53.00	0.00	0.00	0.00	0.00
广州电大芳村分校	1590.00	1320.00	1200.00	0.00	0.00	0.00	60.00	60.00
独立使用	1590.00	1320.00	1200.00	0.00	0.00	0.00	60.00	60.00
广州电大荔湾分校	2910.00	2640.00	1320.00	1200.00	0.00	0.00	60.00	60.00
独立使用	2910.00	2640.00	1320.00	1200.00	0.00	0.00	60.00	60.00
广州电大侨光分校	4546.00	0.00	0.00	0.00	0.00	0.00	0.00	0.00

建筑面积(续表22)

单位:平方米

行政办公用房	生活用房						教工住宅	其他用房
	计	学生宿舍（公寓）	学生食堂	教工宿舍（公寓）	教工食堂	生活福利及附属用房		
6.00	1.00	0.00	0.00	0.00	1.00	0.00	0.00	20.00
6.00	1.00	0.00	0.00	0.00	1.00	0.00	0.00	20.00
0.00	0.00	0.00	0.00	0.00	0.00	0.00	0.00	0.00
320.00	50.00	0.00	0.00	0.00	50.00	0.00	0.00	0.00
320.00	50.00	0.00	0.00	0.00	50.00	0.00	0.00	0.00
8.00	5.00	1.00	1.00	1.00	1.00	1.00	0.00	1.00
8.00	5.00	1.00	1.00	1.00	1.00	1.00	0.00	1.00
6801.00	1403.00	801.00	601.00	1.00	0.00	0.00	0.00	0.00
6801.00	1403.00	801.00	601.00	1.00	0.00	0.00	0.00	0.00
2407.00	5226.00	2455.00	822.00	0.00	0.00	1949.00	0.00	0.00
2407.00	5226.00	2455.00	822.00	0.00	0.00	1949.00	0.00	0.00
2236.00	**1952.00**	**1400.00**	**492.00**	**0.00**	**60.00**	**0.00**	**0.00**	**4608.17**
2236.00	1510.00	1400.00	110.00	0.00	0.00	0.00	0.00	4608.17
0.00	442.00	0.00	382.00	0.00	60.00	0.00	0.00	0.00
120.00	0.00	0.00	0.00	0.00	0.00	0.00	0.00	0.00
120.00	0.00	0.00	0.00	0.00	0.00	0.00	0.00	0.00
0.00	440.00	0.00	380.00	0.00	60.00	0.00	0.00	0.00
0.00	440.00	0.00	380.00	0.00	60.00	0.00	0.00	0.00
1736.00	1100.00	1100.00	0.00	0.00	0.00	0.00	0.00	378.00
1736.00	1100.00	1100.00	0.00	0.00	0.00	0.00	0.00	378.00
0.00	2.00	0.00	2.00	0.00	0.00	0.00	0.00	0.00
0.00	2.00	0.00	2.00	0.00	0.00	0.00	0.00	0.00
380.00	0.00	0.00	0.00	0.00	0.00	0.00	0.00	0.00
380.00	0.00	0.00	0.00	0.00	0.00	0.00	0.00	0.00
0.00	0.00	0.00	0.00	0.00	0.00	0.00	0.00	4230.17
0.00	0.00	0.00	0.00	0.00	0.00	0.00	0.00	4230.17
0.00	410.00	300.00	110.00	0.00	0.00	0.00	0.00	0.00
0.00	410.00	300.00	110.00	0.00	0.00	0.00	0.00	0.00
7632.56	**103611.88**	**81723.02**	**8979.55**	**11763.31**	**146.00**	**1000.00**	**0.00**	**0.00**
7632.56	99063.88	77177.02	8978.55	11763.31	145.00	1000.00	0.00	0.00
0.00	4548.00	4546.00	1.00	0.00	1.00	0.00	0.00	0.00
470.00	243.00	0.00	0.00	198.00	45.00	0.00	0.00	0.00
470.00	243.00	0.00	0.00	198.00	45.00	0.00	0.00	0.00
270.00	0.00	0.00	0.00	0.00	0.00	0.00	0.00	0.00
270.00	0.00	0.00	0.00	0.00	0.00	0.00	0.00	0.00
270.00	0.00	0.00	0.00	0.00	0.00	0.00	0.00	0.00
270.00	0.00	0.00	0.00	0.00	0.00	0.00	0.00	0.00
0.00	4546.00	4546.00	0.00	0.00	0.00	0.00	0.00	0.00

4.4 非学校产权校舍

	合计	教学科研及辅助用房						
		计	教室	图书馆	实验室、实习场所	专用科研用房	体育馆	会堂
共同使用	4546.00	0.00	0.00	0.00	0.00	0.00	0.00	0.00
广州市广播电视大学中奥物业工作站	13950.00	6950.00	5850.00	100.00	200.00	0.00	400.00	400.00
独立使用	13950.00	6950.00	5850.00	100.00	200.00	0.00	400.00	400.00
轻职工作站	6792.00	3405.00	2270.00	0.00	1135.00	0.00	0.00	0.00
独立使用	5657.00	2270.00	2270.00	0.00	0.00	0.00	0.00	0.00
共同使用	1135.00	1135.00	0.00	0.00	1135.00	0.00	0.00	0.00
广州电大增城分校	16366.00	0.00	0.00	0.00	0.00	0.00	0.00	0.00
独立使用	16366.00	0.00	0.00	0.00	0.00	0.00	0.00	0.00
蓝星工作站	38.00	15.00	3.00	8.00	0.00	1.00	1.00	2.00
独立使用	29.00	8.00	3.00	5.00	0.00	0.00	0.00	0.00
共同使用	9.00	7.00	0.00	3.00	0.00	1.00	1.00	2.00
广州电大黄埔工作站	3912.00	2860.00	0.00	0.00	2860.00	0.00	0.00	0.00
独立使用	3912.00	2860.00	0.00	0.00	2860.00	0.00	0.00	0.00
广州电大东方分校	5300.00	5300.00	5300.00	0.00	0.00	0.00	0.00	0.00
独立使用	3200.00	3200.00	3200.00	0.00	0.00	0.00	0.00	0.00
共同使用	2100.00	2100.00	2100.00	0.00	0.00	0.00	0.00	0.00
广州康大职业技术学院	94416.25	16798.81	4568.06	0.00	5808.75	0.00	0.00	6422.00
独立使用	94416.25	16798.81	4568.06	0.00	5808.75	0.00	0.00	6422.00
深圳	131264.00	65749.00	42742.00	4111.00	7939.00	576.00	7542.00	2839.00
独立使用	105179.00	50764.00	31637.00	3743.00	7139.00	192.00	5214.00	2839.00
共同使用	26085.00	14985.00	11105.00	368.00	800.00	384.00	2328.00	0.00
深圳广播电视大学	112079.00	55864.00	36437.00	3943.00	7239.00	192.00	5214.00	2839.00
独立使用	105179.00	50764.00	31637.00	3743.00	7139.00	192.00	5214.00	2839.00
共同使用	6900.00	5100.00	4800.00	200.00	100.00	0.00	0.00	0.00
深圳市宝安区观澜成人文化技术学校教学点	6.00	5.00	5.00	0.00	0.00	0.00	0.00	0.00
共同使用	6.00	5.00	5.00	0.00	0.00	0.00	0.00	0.00
深圳电大直属东部华侨城教学点	9641.00	4940.00	3150.00	84.00	350.00	192.00	1164.00	0.00
共同使用	9641.00	4940.00	3150.00	84.00	350.00	192.00	1164.00	0.00
深圳电大蛇口试点教学点	1500.00	0.00	0.00	0.00	0.00	0.00	0.00	0.00
共同使用	1500.00	0.00	0.00	0.00	0.00	0.00	0.00	0.00
深圳电大沙头角试点教学点	8038.00	4940.00	3150.00	84.00	350.00	192.00	1164.00	0.00
共同使用	8038.00	4940.00	3150.00	84.00	350.00	192.00	1164.00	0.00
广西	**61086.00**	**35631.00**	**23313.00**	**3696.00**	**4518.00**	**250.00**	**1130.00**	**2724.00**
独立使用	7830.00	2420.00	1990.00	150.00	0.00	0.00	80.00	200.00
共同使用	53256.00	33211.00	21323.00	3546.00	4518.00	250.00	1050.00	2524.00
岑溪市电大工作站	655.00	475.00	475.00	0.00	0.00	0.00	0.00	0.00
独立使用	180.00	0.00	0.00	0.00	0.00	0.00	0.00	0.00
共同使用	475.00	475.00	475.00	0.00	0.00	0.00	0.00	0.00

建筑面积(续表23)

单位:平方米

行政办公用房	生活用房						教工住宅	其他用房
	计	学生宿舍（公寓）	学生食堂	教工宿舍（公寓）	教工食堂	生活福利及附属用房		
0.00	4546.00	4546.00	0.00	0.00	0.00	0.00	0.00	0.00
1000.00	6000.00	4000.00	300.00	600.00	100.00	1000.00	0.00	0.00
1000.00	6000.00	4000.00	300.00	600.00	100.00	1000.00	0.00	0.00
0.00	3387.00	3387.00	0.00	0.00	0.00	0.00	0.00	0.00
0.00	3387.00	3387.00	0.00	0.00	0.00	0.00	0.00	0.00
0.00	0.00	0.00	0.00	0.00	0.00	0.00	0.00	0.00
0.00	16366.00	16366.00	0.00	0.00	0.00	0.00	0.00	0.00
0.00	16366.00	16366.00	0.00	0.00	0.00	0.00	0.00	0.00
6.00	17.00	0.00	1.00	15.00	1.00	0.00	0.00	0.00
6.00	15.00	0.00	0.00	15.00	0.00	0.00	0.00	0.00
0.00	2.00	0.00	1.00	0.00	1.00	0.00	0.00	0.00
0.00	1052.00	1052.00	0.00	0.00	0.00	0.00	0.00	0.00
0.00	1052.00	1052.00	0.00	0.00	0.00	0.00	0.00	0.00
0.00	0.00	0.00	0.00	0.00	0.00	0.00	0.00	0.00
0.00	0.00	0.00	0.00	0.00	0.00	0.00	0.00	0.00
0.00	0.00	0.00	0.00	0.00	0.00	0.00	0.00	0.00
5616.56	72000.88	52372.02	8678.55	10950.31	0.00	0.00	0.00	0.00
5616.56	72000.88	52372.02	8678.55	10950.31	0.00	0.00	0.00	0.00
21273.00	44242.00	23923.00	3881.00	966.00	707.00	14765.00	0.00	0.00
17982.00	36433.00	18230.00	2791.00	966.00	707.00	13739.00	0.00	0.00
3291.00	7809.00	5693.00	1090.00	0.00	0.00	1026.00	0.00	0.00
18282.00	37933.00	19730.00	2791.00	966.00	707.00	13739.00	0.00	0.00
17982.00	36433.00	18230.00	2791.00	966.00	707.00	13739.00	0.00	0.00
300.00	1500.00	1500.00	0.00	0.00	0.00	0.00	0.00	0.00
1.00	0.00	0.00	0.00	0.00	0.00	0.00	0.00	0.00
1.00	0.00	0.00	0.00	0.00	0.00	0.00	0.00	0.00
1495.00	3206.00	1603.00	1090.00	0.00	0.00	513.00	0.00	0.00
1495.00	3206.00	1603.00	1090.00	0.00	0.00	513.00	0.00	0.00
0.00	1500.00	1500.00	0.00	0.00	0.00	0.00	0.00	0.00
0.00	1500.00	1500.00	0.00	0.00	0.00	0.00	0.00	0.00
1495.00	1603.00	1090.00	0.00	0.00	0.00	513.00	0.00	0.00
1495.00	1603.00	1090.00	0.00	0.00	0.00	513.00	0.00	0.00
6374.00	**19061.00**	**15815.00**	**2740.00**	**156.00**	**100.00**	**250.00**	**0.00**	**20.00**
1660.00	3750.00	3570.00	180.00	0.00	0.00	0.00	0.00	0.00
4714.00	15311.00	12245.00	2560.00	156.00	100.00	250.00	0.00	20.00
180.00	0.00	0.00	0.00	0.00	0.00	0.00	0.00	0.00
180.00	0.00	0.00	0.00	0.00	0.00	0.00	0.00	0.00
0.00	0.00	0.00	0.00	0.00	0.00	0.00	0.00	0.00

4.4 非学校产权校舍

	合计	教学科研及辅助用房						
		计	教室	图书馆	实验室、实习场所	专用科研用房	体育馆	会堂
广西电大直属荔浦县教学点	200.00	100.00	100.00	0.00	0.00	0.00	0.00	0.00
独立使用	100.00	0.00	0.00	0.00	0.00	0.00	0.00	0.00
共同使用	100.00	100.00	100.00	0.00	0.00	0.00	0.00	0.00
广西宜州市委党校教学点	150.00	100.00	100.00	0.00	0.00	0.00	0.00	0.00
独立使用	50.00	0.00	0.00	0.00	0.00	0.00	0.00	0.00
共同使用	100.00	100.00	100.00	0.00	0.00	0.00	0.00	0.00
广西电大直属融安教学点	150.00	100.00	100.00	0.00	0.00	0.00	0.00	0.00
独立使用	50.00	0.00	0.00	0.00	0.00	0.00	0.00	0.00
共同使用	100.00	100.00	100.00	0.00	0.00	0.00	0.00	0.00
隆安县电大工作站	30.00	0.00	0.00	0.00	0.00	0.00	0.00	0.00
共同使用	30.00	0.00	0.00	0.00	0.00	0.00	0.00	0.00
柳州市电大	3080.00	2820.00	1660.00	820.00	140.00	0.00	0.00	200.00
共同使用	3080.00	2820.00	1660.00	820.00	140.00	0.00	0.00	200.00
柳州市电大鹿寨工作站	700.00	550.00	400.00	50.00	100.00	0.00	0.00	0.00
独立使用	500.00	350.00	300.00	50.00	0.00	0.00	0.00	0.00
共同使用	200.00	200.00	100.00	0.00	100.00	0.00	0.00	0.00
桂林市电大龙胜县工作站	200.00	200.00	200.00	0.00	0.00	0.00	0.00	0.00
独立使用	200.00	200.00	200.00	0.00	0.00	0.00	0.00	0.00
来宾市兴宾区财政局电大工作站	400.00	300.00	300.00	0.00	0.00	0.00	0.00	0.00
共同使用	400.00	300.00	300.00	0.00	0.00	0.00	0.00	0.00
来宾市分校兴宾区直属点	250.00	150.00	100.00	50.00	0.00	0.00	0.00	0.00
独立使用	100.00	0.00	0.00	0.00	0.00	0.00	0.00	0.00
共同使用	150.00	150.00	100.00	50.00	0.00	0.00	0.00	0.00
来宾市分校合山市教育局教学点	2300.00	1410.00	1120.00	160.00	130.00	0.00	0.00	0.00
共同使用	2300.00	1410.00	1120.00	160.00	130.00	0.00	0.00	0.00
来宾市忻城县教学点	200.00	200.00	100.00	0.00	50.00	0.00	0.00	50.00
独立使用	50.00	50.00	0.00	0.00	0.00	0.00	0.00	50.00
共同使用	150.00	150.00	100.00	0.00	50.00	0.00	0.00	0.00
象州县教师进修学校工作站	250.00	150.00	100.00	0.00	50.00	0.00	0.00	0.00
独立使用	100.00	0.00	0.00	0.00	0.00	0.00	0.00	0.00
共同使用	150.00	150.00	100.00	0.00	50.00	0.00	0.00	0.00
金秀县职业技术学校工作站	1500.00	1200.00	600.00	300.00	0.00	0.00	0.00	300.00
共同使用	1500.00	1200.00	600.00	300.00	0.00	0.00	0.00	300.00
武宣县中等职业技术学校工作站	200.00	100.00	100.00	0.00	0.00	0.00	0.00	0.00
独立使用	100.00	0.00	0.00	0.00	0.00	0.00	0.00	0.00
共同使用	100.00	100.00	100.00	0.00	0.00	0.00	0.00	0.00
来宾市分校来宾校区教学点	864.00	756.00	432.00	324.00	0.00	0.00	0.00	0.00
共同使用	864.00	756.00	432.00	324.00	0.00	0.00	0.00	0.00

建筑面积(续表24)

单位:平方米

行政办公用房	生活用房						教工住宅	其他用房
	计	学生宿舍（公寓）	学生食堂	教工宿舍（公寓）	教工食堂	生活福利及附属用房		
100.00	0.00	0.00	0.00	0.00	0.00	0.00	0.00	0.00
100.00	0.00	0.00	0.00	0.00	0.00	0.00	0.00	0.00
0.00	0.00	0.00	0.00	0.00	0.00	0.00	0.00	0.00
50.00	0.00	0.00	0.00	0.00	0.00	0.00	0.00	0.00
50.00	0.00	0.00	0.00	0.00	0.00	0.00	0.00	0.00
0.00	0.00	0.00	0.00	0.00	0.00	0.00	0.00	0.00
50.00	0.00	0.00	0.00	0.00	0.00	0.00	0.00	0.00
50.00	0.00	0.00	0.00	0.00	0.00	0.00	0.00	0.00
0.00	0.00	0.00	0.00	0.00	0.00	0.00	0.00	0.00
30.00	0.00	0.00	0.00	0.00	0.00	0.00	0.00	0.00
30.00	0.00	0.00	0.00	0.00	0.00	0.00	0.00	0.00
260.00	0.00	0.00	0.00	0.00	0.00	0.00	0.00	0.00
260.00	0.00	0.00	0.00	0.00	0.00	0.00	0.00	0.00
150.00	0.00	0.00	0.00	0.00	0.00	0.00	0.00	0.00
150.00	0.00	0.00	0.00	0.00	0.00	0.00	0.00	0.00
0.00	0.00	0.00	0.00	0.00	0.00	0.00	0.00	0.00
0.00	0.00	0.00	0.00	0.00	0.00	0.00	0.00	0.00
0.00	0.00	0.00	0.00	0.00	0.00	0.00	0.00	0.00
80.00	0.00	0.00	0.00	0.00	0.00	0.00	0.00	20.00
80.00	0.00	0.00	0.00	0.00	0.00	0.00	0.00	20.00
100.00	0.00	0.00	0.00	0.00	0.00	0.00	0.00	0.00
100.00	0.00	0.00	0.00	0.00	0.00	0.00	0.00	0.00
0.00	0.00	0.00	0.00	0.00	0.00	0.00	0.00	0.00
600.00	290.00	230.00	60.00	0.00	0.00	0.00	0.00	0.00
600.00	290.00	230.00	60.00	0.00	0.00	0.00	0.00	0.00
0.00	0.00	0.00	0.00	0.00	0.00	0.00	0.00	0.00
0.00	0.00	0.00	0.00	0.00	0.00	0.00	0.00	0.00
0.00	0.00	0.00	0.00	0.00	0.00	0.00	0.00	0.00
100.00	0.00	0.00	0.00	0.00	0.00	0.00	0.00	0.00
100.00	0.00	0.00	0.00	0.00	0.00	0.00	0.00	0.00
0.00	0.00	0.00	0.00	0.00	0.00	0.00	0.00	0.00
300.00	0.00	0.00	0.00	0.00	0.00	0.00	0.00	0.00
300.00	0.00	0.00	0.00	0.00	0.00	0.00	0.00	0.00
100.00	0.00	0.00	0.00	0.00	0.00	0.00	0.00	0.00
100.00	0.00	0.00	0.00	0.00	0.00	0.00	0.00	0.00
0.00	0.00	0.00	0.00	0.00	0.00	0.00	0.00	0.00
108.00	0.00	0.00	0.00	0.00	0.00	0.00	0.00	0.00
108.00	0.00	0.00	0.00	0.00	0.00	0.00	0.00	0.00

4.4 非学校产权校舍

	合计	教学科研及辅助用房						
		计	教室	图书馆	实验室、实习场所	专用科研用房	体育馆	会堂
钦州市电大分校	37005.00	18984.00	10710.00	1372.00	3828.00	200.00	1050.00	1824.00
共同使用	37005.00	18984.00	10710.00	1372.00	3828.00	200.00	1050.00	1824.00
钦州市钦北区委党校工作站	2452.00	2216.00	1226.00	520.00	220.00	50.00	0.00	200.00
共同使用	2452.00	2216.00	1226.00	520.00	220.00	50.00	0.00	200.00
北海电大出口加工区教学点	1000.00	970.00	920.00	50.00	0.00	0.00	0.00	0.00
独立使用	1000.00	970.00	920.00	50.00	0.00	0.00	0.00	0.00
电大检察分校	5320.00	850.00	570.00	50.00	0.00	0.00	80.00	150.00
独立使用	5320.00	850.00	570.00	50.00	0.00	0.00	80.00	150.00
贵港市电大兴业县工作站	4180.00	4000.00	4000.00	0.00	0.00	0.00	0.00	0.00
独立使用	80.00	0.00	0.00	0.00	0.00	0.00	0.00	0.00
共同使用	4100.00	4000.00	4000.00	0.00	0.00	0.00	0.00	0.00
海南	**8435.00**	**6700.00**	**4200.00**	**0.00**	**2000.00**	**0.00**	**0.00**	**500.00**
独立使用	5735.00	5000.00	4000.00	0.00	1000.00	0.00	0.00	0.00
共同使用	2700.00	1700.00	200.00	0.00	1000.00	0.00	0.00	500.00
海南电大直属儋州教学点	1080.00	900.00	900.00	0.00	0.00	0.00	0.00	0.00
独立使用	1080.00	900.00	900.00	0.00	0.00	0.00	0.00	0.00
海南电大直属东方教学点	360.00	300.00	300.00	0.00	0.00	0.00	0.00	0.00
独立使用	360.00	300.00	300.00	0.00	0.00	0.00	0.00	0.00
海南电大屯昌直属教学点	900.00	800.00	800.00	0.00	0.00	0.00	0.00	0.00
独立使用	900.00	800.00	800.00	0.00	0.00	0.00	0.00	0.00
海南电大直属文昌教学点	890.00	800.00	800.00	0.00	0.00	0.00	0.00	0.00
独立使用	890.00	800.00	800.00	0.00	0.00	0.00	0.00	0.00
海南电大直属琼海教学点	1335.00	1200.00	200.00	0.00	1000.00	0.00	0.00	0.00
独立使用	1335.00	1200.00	200.00	0.00	1000.00	0.00	0.00	0.00
海南电大直属三亚教学点	770.00	600.00	600.00	0.00	0.00	0.00	0.00	0.00
独立使用	770.00	600.00	600.00	0.00	0.00	0.00	0.00	0.00
呀诺达教学点	3100.00	2100.00	600.00	0.00	1000.00	0.00	0.00	500.00
独立使用	400.00	400.00	400.00	0.00	0.00	0.00	0.00	0.00
共同使用	2700.00	1700.00	200.00	0.00	1000.00	0.00	0.00	500.00
四川	**215987.00**	**128355.00**	**62862.00**	**19240.00**	**22442.00**	**2525.00**	**13420.00**	**7866.00**
独立使用	19468.00	12853.00	11029.00	988.00	500.00	135.00	0.00	201.00
共同使用	196519.00	115502.00	51833.00	18252.00	21942.00	2390.00	13420.00	7665.00
四川电大直属学院直属部	1700.00	1100.00	900.00	200.00	0.00	0.00	0.00	0.00
独立使用	1600.00	1000.00	900.00	100.00	0.00	0.00	0.00	0.00
共同使用	100.00	100.00	0.00	100.00	0.00	0.00	0.00	0.00
四川电大直属学院温江分校	600.00	470.00	390.00	80.00	0.00	0.00	0.00	0.00
独立使用	600.00	470.00	390.00	80.00	0.00	0.00	0.00	0.00
四川电大直属学院省检察院教学点	1230.00	950.00	900.00	50.00	0.00	0.00	0.00	0.00

建筑面积(续表25)

单位:平方米

行政办公用房	生活用房						教工住宅	其他用房
	计	学生宿舍(公寓)	学生食堂	教工宿舍(公寓)	教工食堂	生活福利及附属用房		
3000.00	15021.00	12015.00	2500.00	156.00	100.00	250.00	0.00	0.00
3000.00	15021.00	12015.00	2500.00	156.00	100.00	250.00	0.00	0.00
236.00	0.00	0.00	0.00	0.00	0.00	0.00	0.00	0.00
236.00	0.00	0.00	0.00	0.00	0.00	0.00	0.00	0.00
30.00	0.00	0.00	0.00	0.00	0.00	0.00	0.00	0.00
30.00	0.00	0.00	0.00	0.00	0.00	0.00	0.00	0.00
720.00	3750.00	3570.00	180.00	0.00	0.00	0.00	0.00	0.00
720.00	3750.00	3570.00	180.00	0.00	0.00	0.00	0.00	0.00
180.00	0.00	0.00	0.00	0.00	0.00	0.00	0.00	0.00
80.00	0.00	0.00	0.00	0.00	0.00	0.00	0.00	0.00
100.00	0.00	0.00	0.00	0.00	0.00	0.00	0.00	0.00
740.00	**975.00**	**500.00**	**200.00**	**75.00**	**200.00**	**0.00**	**0.00**	**20.00**
640.00	75.00	0.00	0.00	75.00	0.00	0.00	0.00	20.00
100.00	900.00	500.00	200.00	0.00	200.00	0.00	0.00	0.00
180.00	0.00	0.00	0.00	0.00	0.00	0.00	0.00	0.00
180.00	0.00	0.00	0.00	0.00	0.00	0.00	0.00	0.00
60.00	0.00	0.00	0.00	0.00	0.00	0.00	0.00	0.00
60.00	0.00	0.00	0.00	0.00	0.00	0.00	0.00	0.00
100.00	0.00	0.00	0.00	0.00	0.00	0.00	0.00	0.00
100.00	0.00	0.00	0.00	0.00	0.00	0.00	0.00	0.00
90.00	0.00	0.00	0.00	0.00	0.00	0.00	0.00	0.00
90.00	0.00	0.00	0.00	0.00	0.00	0.00	0.00	0.00
40.00	75.00	0.00	0.00	75.00	0.00	0.00	0.00	20.00
40.00	75.00	0.00	0.00	75.00	0.00	0.00	0.00	20.00
170.00	0.00	0.00	0.00	0.00	0.00	0.00	0.00	0.00
170.00	0.00	0.00	0.00	0.00	0.00	0.00	0.00	0.00
100.00	900.00	500.00	200.00	0.00	200.00	0.00	0.00	0.00
0.00	0.00	0.00	0.00	0.00	0.00	0.00	0.00	0.00
100.00	900.00	500.00	200.00	0.00	200.00	0.00	0.00	0.00
20334.00	**46128.00**	**33028.00**	**5760.00**	**1550.00**	**1700.00**	**4090.00**	**0.00**	**21170.00**
5905.00	450.00	360.00	40.00	50.00	0.00	0.00	0.00	260.00
14429.00	45678.00	32668.00	5720.00	1500.00	1700.00	4090.00	0.00	20910.00
600.00	0.00	0.00	0.00	0.00	0.00	0.00	0.00	0.00
600.00	0.00	0.00	0.00	0.00	0.00	0.00	0.00	0.00
0.00	0.00	0.00	0.00	0.00	0.00	0.00	0.00	0.00
110.00	0.00	0.00	0.00	0.00	0.00	0.00	0.00	20.00
110.00	0.00	0.00	0.00	0.00	0.00	0.00	0.00	20.00
220.00	0.00	0.00	0.00	0.00	0.00	0.00	0.00	60.00

4.4 非学校产权校舍

	合计	教学科研及辅助用房						
		计	教室	图书馆	实验室、实习场所	专用科研用房	体育馆	会堂
独立使用	1230.00	950.00	900.00	50.00	0.00	0.00	0.00	0.00
四川电大直属学院华西分校	1850.00	1698.00	1510.00	0.00	112.00	0.00	0.00	76.00
独立使用	200.00	200.00	200.00	0.00	0.00	0.00	0.00	0.00
共同使用	1650.00	1498.00	1310.00	0.00	112.00	0.00	0.00	76.00
四川电大直属学院幼师分校	508.00	388.00	300.00	88.00	0.00	0.00	0.00	0.00
独立使用	448.00	328.00	240.00	88.00	0.00	0.00	0.00	0.00
共同使用	60.00	60.00	60.00	0.00	0.00	0.00	0.00	0.00
四川电大直属学院人才分校	870.00	780.00	530.00	50.00	0.00	0.00	200.00	0.00
独立使用	620.00	530.00	530.00	0.00	0.00	0.00	0.00	0.00
共同使用	250.00	250.00	0.00	50.00	0.00	0.00	200.00	0.00
四川电大直属学院棠湖分校	687.00	524.00	524.00	0.00	0.00	0.00	0.00	0.00
独立使用	687.00	524.00	524.00	0.00	0.00	0.00	0.00	0.00
四川电大直属学院大邑党校	730.00	530.00	400.00	80.00	0.00	0.00	0.00	50.00
独立使用	730.00	530.00	400.00	80.00	0.00	0.00	0.00	50.00
四川电大直属学院工商管理分院	2100.00	1250.00	950.00	150.00	50.00	100.00	0.00	0.00
独立使用	2100.00	1250.00	950.00	150.00	50.00	100.00	0.00	0.00
四川电大直属学院龙泉行政校	550.00	450.00	450.00	0.00	0.00	0.00	0.00	0.00
独立使用	200.00	100.00	100.00	0.00	0.00	0.00	0.00	0.00
共同使用	350.00	350.00	350.00	0.00	0.00	0.00	0.00	0.00
四川电大直属学院成都市继续教育中心	605.00	505.00	505.00	0.00	0.00	0.00	0.00	0.00
独立使用	600.00	500.00	500.00	0.00	0.00	0.00	0.00	0.00
共同使用	5.00	5.00	5.00	0.00	0.00	0.00	0.00	0.00
四川电大直属学院成都市就业训练中心	370.00	300.00	300.00	0.00	0.00	0.00	0.00	0.00
独立使用	340.00	300.00	300.00	0.00	0.00	0.00	0.00	0.00
共同使用	30.00	0.00	0.00	0.00	0.00	0.00	0.00	0.00
凉山广播电视大学宁南工作站	749.00	647.00	540.00	42.00	0.00	0.00	0.00	65.00
独立使用	154.00	52.00	52.00	0.00	0.00	0.00	0.00	0.00
共同使用	595.00	595.00	488.00	42.00	0.00	0.00	0.00	65.00
四川戴氏教育有限公司	920.00	770.00	450.00	100.00	20.00	0.00	50.00	150.00
独立使用	150.00	100.00	100.00	0.00	0.00	0.00	0.00	0.00
共同使用	770.00	670.00	350.00	100.00	20.00	0.00	50.00	150.00
四川电大水电工程学院	323.00	323.00	323.00	0.00	0.00	0.00	0.00	0.00
独立使用	323.00	323.00	323.00	0.00	0.00	0.00	0.00	0.00
四川省级机关电大高新教学点	275.00	260.00	260.00	0.00	0.00	0.00	0.00	0.00
独立使用	15.00	0.00	0.00	0.00	0.00	0.00	0.00	0.00
共同使用	260.00	260.00	260.00	0.00	0.00	0.00	0.00	0.00
四川省级机关电大政治学院	950.00	850.00	500.00	350.00	0.00	0.00	0.00	0.00
独立使用	100.00	0.00	0.00	0.00	0.00	0.00	0.00	0.00

建筑面积(续表26)

单位:平方米

行政办公用房	生活用房						教工住宅	其他用房
	计	学生宿舍(公寓)	学生食堂	教工宿舍(公寓)	教工食堂	生活福利及附属用房		
220.00	0.00	0.00	0.00	0.00	0.00	0.00	0.00	60.00
152.00	0.00	0.00	0.00	0.00	0.00	0.00	0.00	0.00
0.00	0.00	0.00	0.00	0.00	0.00	0.00	0.00	0.00
152.00	0.00	0.00	0.00	0.00	0.00	0.00	0.00	0.00
120.00	0.00	0.00	0.00	0.00	0.00	0.00	0.00	0.00
120.00	0.00	0.00	0.00	0.00	0.00	0.00	0.00	0.00
0.00	0.00	0.00	0.00	0.00	0.00	0.00	0.00	0.00
90.00	0.00	0.00	0.00	0.00	0.00	0.00	0.00	0.00
90.00	0.00	0.00	0.00	0.00	0.00	0.00	0.00	0.00
0.00	0.00	0.00	0.00	0.00	0.00	0.00	0.00	0.00
123.00	0.00	0.00	0.00	0.00	0.00	0.00	0.00	40.00
123.00	0.00	0.00	0.00	0.00	0.00	0.00	0.00	40.00
200.00	0.00	0.00	0.00	0.00	0.00	0.00	0.00	0.00
200.00	0.00	0.00	0.00	0.00	0.00	0.00	0.00	0.00
400.00	450.00	360.00	40.00	50.00	0.00	0.00	0.00	0.00
400.00	450.00	360.00	40.00	50.00	0.00	0.00	0.00	0.00
100.00	0.00	0.00	0.00	0.00	0.00	0.00	0.00	0.00
100.00	0.00	0.00	0.00	0.00	0.00	0.00	0.00	0.00
0.00	0.00	0.00	0.00	0.00	0.00	0.00	0.00	0.00
100.00	0.00	0.00	0.00	0.00	0.00	0.00	0.00	0.00
100.00	0.00	0.00	0.00	0.00	0.00	0.00	0.00	0.00
0.00	0.00	0.00	0.00	0.00	0.00	0.00	0.00	0.00
70.00	0.00	0.00	0.00	0.00	0.00	0.00	0.00	0.00
40.00	0.00	0.00	0.00	0.00	0.00	0.00	0.00	0.00
30.00	0.00	0.00	0.00	0.00	0.00	0.00	0.00	0.00
52.00	0.00	0.00	0.00	0.00	0.00	0.00	0.00	50.00
52.00	0.00	0.00	0.00	0.00	0.00	0.00	0.00	50.00
0.00	0.00	0.00	0.00	0.00	0.00	0.00	0.00	0.00
150.00	0.00	0.00	0.00	0.00	0.00	0.00	0.00	0.00
50.00	0.00	0.00	0.00	0.00	0.00	0.00	0.00	0.00
100.00	0.00	0.00	0.00	0.00	0.00	0.00	0.00	0.00
0.00	0.00	0.00	0.00	0.00	0.00	0.00	0.00	0.00
0.00	0.00	0.00	0.00	0.00	0.00	0.00	0.00	0.00
15.00	0.00	0.00	0.00	0.00	0.00	0.00	0.00	0.00
15.00	0.00	0.00	0.00	0.00	0.00	0.00	0.00	0.00
0.00	0.00	0.00	0.00	0.00	0.00	0.00	0.00	0.00
100.00	0.00	0.00	0.00	0.00	0.00	0.00	0.00	0.00
100.00	0.00	0.00	0.00	0.00	0.00	0.00	0.00	0.00

4.4 非学校产权校舍

	合计	教学科研及辅助用房						
		计	教室	图书馆	实验室、实习场所	专用科研用房	体育馆	会堂
共同使用	850.00	850.00	500.00	350.00	0.00	0.00	0.00	0.00
成都铁路局电大直属部	1061.00	841.00	760.00	30.00	0.00	0.00	0.00	51.00
独立使用	1061.00	841.00	760.00	30.00	0.00	0.00	0.00	51.00
绵阳广播电视大学江油分校	5000.00	5000.00	0.00	0.00	5000.00	0.00	0.00	0.00
共同使用	5000.00	5000.00	0.00	0.00	5000.00	0.00	0.00	0.00
绵阳电大梓潼直属分校	690.00	645.00	350.00	60.00	150.00	35.00	0.00	50.00
独立使用	690.00	645.00	350.00	60.00	150.00	35.00	0.00	50.00
乐山广播电视大学直属部	17278.00	2310.00	0.00	750.00	1000.00	0.00	0.00	560.00
独立使用	990.00	200.00	0.00	200.00	0.00	0.00	0.00	0.00
共同使用	16288.00	2110.00	0.00	550.00	1000.00	0.00	0.00	560.00
乐山广播电视大学五通分校	360.00	260.00	260.00	0.00	0.00	0.00	0.00	0.00
独立使用	100.00	0.00	0.00	0.00	0.00	0.00	0.00	0.00
共同使用	260.00	260.00	260.00	0.00	0.00	0.00	0.00	0.00
乐山沙湾区教师进修校	1130.00	294.00	230.00	10.00	0.00	0.00	0.00	54.00
独立使用	50.00	0.00	0.00	0.00	0.00	0.00	0.00	0.00
共同使用	1080.00	294.00	230.00	10.00	0.00	0.00	0.00	54.00
乐山广播电视大学夹江分校	380.00	260.00	260.00	0.00	0.00	0.00	0.00	0.00
独立使用	120.00	0.00	0.00	0.00	0.00	0.00	0.00	0.00
共同使用	260.00	260.00	260.00	0.00	0.00	0.00	0.00	0.00
乐山广播电视大学峨眉分校	1200.00	950.00	800.00	50.00	0.00	0.00	0.00	100.00
独立使用	500.00	350.00	300.00	50.00	0.00	0.00	0.00	0.00
共同使用	700.00	600.00	500.00	0.00	0.00	0.00	0.00	100.00
宜宾广播电视大学江安工作站	1480.00	1130.00	980.00	50.00	0.00	0.00	0.00	100.00
独立使用	260.00	0.00	0.00	0.00	0.00	0.00	0.00	0.00
共同使用	1220.00	1130.00	980.00	50.00	0.00	0.00	0.00	100.00
宜宾广播电视大学屏山县工作站	1000.00	1000.00	1000.00	0.00	0.00	0.00	0.00	0.00
独立使用	500.00	500.00	500.00	0.00	0.00	0.00	0.00	0.00
共同使用	500.00	500.00	500.00	0.00	0.00	0.00	0.00	0.00
宜宾广播电视大学兴文工作站	2880.00	2380.00	1500.00	40.00	240.00	0.00	0.00	600.00
共同使用	2880.00	2380.00	1500.00	40.00	240.00	0.00	0.00	600.00
宜宾广播电视大学宜宾县电大工作站	2760.00	2580.00	2000.00	120.00	180.00	30.00	0.00	250.00
共同使用	2760.00	2580.00	2000.00	120.00	180.00	30.00	0.00	250.00
泸州广播电视大学龙马潭工作站	200.00	0.00	0.00	0.00	0.00	0.00	0.00	0.00
共同使用	200.00	0.00	0.00	0.00	0.00	0.00	0.00	0.00
南充广播电视大学高坪工作站	260.00	230.00	200.00	30.00	0.00	0.00	0.00	0.00
独立使用	60.00	30.00	0.00	30.00	0.00	0.00	0.00	0.00
共同使用	200.00	200.00	200.00	0.00	0.00	0.00	0.00	0.00
达州广播电视大学渠县工作站	150.00	0.00	0.00	0.00	0.00	0.00	0.00	0.00

建筑面积(续表27)

单位:平方米

行政办公用房	生活用房						教工住宅	其他用房
	计	学生宿舍(公寓)	学生食堂	教工宿舍(公寓)	教工食堂	生活福利及附属用房		
0.00	0.00	0.00	0.00	0.00	0.00	0.00	0.00	0.00
180.00	0.00	0.00	0.00	0.00	0.00	0.00	0.00	40.00
180.00	0.00	0.00	0.00	0.00	0.00	0.00	0.00	40.00
0.00	0.00	0.00	0.00	0.00	0.00	0.00	0.00	0.00
0.00	0.00	0.00	0.00	0.00	0.00	0.00	0.00	0.00
45.00	0.00	0.00	0.00	0.00	0.00	0.00	0.00	0.00
45.00	0.00	0.00	0.00	0.00	0.00	0.00	0.00	0.00
1300.00	13668.00	12568.00	600.00	0.00	500.00	0.00	0.00	0.00
790.00	0.00	0.00	0.00	0.00	0.00	0.00	0.00	0.00
510.00	13668.00	12568.00	600.00	0.00	500.00	0.00	0.00	0.00
100.00	0.00	0.00	0.00	0.00	0.00	0.00	0.00	0.00
100.00	0.00	0.00	0.00	0.00	0.00	0.00	0.00	0.00
0.00	0.00	0.00	0.00	0.00	0.00	0.00	0.00	0.00
736.00	0.00	0.00	0.00	0.00	0.00	0.00	0.00	100.00
50.00	0.00	0.00	0.00	0.00	0.00	0.00	0.00	0.00
686.00	0.00	0.00	0.00	0.00	0.00	0.00	0.00	100.00
120.00	0.00	0.00	0.00	0.00	0.00	0.00	0.00	0.00
120.00	0.00	0.00	0.00	0.00	0.00	0.00	0.00	0.00
0.00	0.00	0.00	0.00	0.00	0.00	0.00	0.00	0.00
150.00	0.00	0.00	0.00	0.00	0.00	0.00	0.00	100.00
150.00	0.00	0.00	0.00	0.00	0.00	0.00	0.00	0.00
0.00	0.00	0.00	0.00	0.00	0.00	0.00	0.00	100.00
260.00	0.00	0.00	0.00	0.00	0.00	0.00	0.00	90.00
260.00	0.00	0.00	0.00	0.00	0.00	0.00	0.00	0.00
0.00	0.00	0.00	0.00	0.00	0.00	0.00	0.00	90.00
0.00	0.00	0.00	0.00	0.00	0.00	0.00	0.00	0.00
0.00	0.00	0.00	0.00	0.00	0.00	0.00	0.00	0.00
0.00	0.00	0.00	0.00	0.00	0.00	0.00	0.00	0.00
500.00	0.00	0.00	0.00	0.00	0.00	0.00	0.00	0.00
500.00	0.00	0.00	0.00	0.00	0.00	0.00	0.00	0.00
180.00	0.00	0.00	0.00	0.00	0.00	0.00	0.00	0.00
180.00	0.00	0.00	0.00	0.00	0.00	0.00	0.00	0.00
0.00	200.00	0.00	0.00	0.00	200.00	0.00	0.00	0.00
0.00	200.00	0.00	0.00	0.00	200.00	0.00	0.00	0.00
30.00	0.00	0.00	0.00	0.00	0.00	0.00	0.00	0.00
30.00	0.00	0.00	0.00	0.00	0.00	0.00	0.00	0.00
0.00	0.00	0.00	0.00	0.00	0.00	0.00	0.00	0.00
150.00	0.00	0.00	0.00	0.00	0.00	0.00	0.00	0.00

4.4 非学校产权校舍

	合计	教学科研及辅助用房						
		计	教室	图书馆	实验室、实习场所	专用科研用房	体育馆	会堂
独立使用	150.00	0.00	0.00	0.00	0.00	0.00	0.00	0.00
达州广播电视大学万源工作站	5000.00	1000.00	0.00	0.00	0.00	0.00	1000.00	0.00
共同使用	5000.00	1000.00	0.00	0.00	0.00	0.00	1000.00	0.00
越西县教师进修学校	200.00	140.00	100.00	40.00	0.00	0.00	0.00	0.00
共同使用	200.00	140.00	100.00	40.00	0.00	0.00	0.00	0.00
会理第一职业中学	8230.00	3150.00	1500.00	50.00	1400.00	100.00	50.00	50.00
共同使用	8230.00	3150.00	1500.00	50.00	1400.00	100.00	50.00	50.00
攀枝花广播电视大学米易工作站	40800.00	30700.00	17600.00	10800.00	2100.00	0.00	0.00	200.00
共同使用	40800.00	30700.00	17600.00	10800.00	2100.00	0.00	0.00	200.00
攀枝花广播电视大学盐边工作站	500.00	200.00	200.00	0.00	0.00	0.00	0.00	0.00
独立使用	230.00	200.00	200.00	0.00	0.00	0.00	0.00	0.00
共同使用	270.00	0.00	0.00	0.00	0.00	0.00	0.00	0.00
攀枝花广播电视大学仁和分校	480.00	480.00	400.00	80.00	0.00	0.00	0.00	0.00
共同使用	480.00	480.00	400.00	80.00	0.00	0.00	0.00	0.00
巴中广播电视大学平昌分校	1060.00	700.00	510.00	20.00	0.00	0.00	120.00	50.00
独立使用	700.00	580.00	510.00	20.00	0.00	0.00	0.00	50.00
共同使用	360.00	120.00	0.00	0.00	0.00	0.00	120.00	0.00
建设厅广播电视大学直属部	3100.00	2200.00	1100.00	850.00	0.00	0.00	0.00	250.00
共同使用	3100.00	2200.00	1100.00	850.00	0.00	0.00	0.00	250.00
建设厅广播电视大学泸州市规划局职工培训中心	570.00	450.00	0.00	300.00	90.00	60.00	0.00	0.00
共同使用	570.00	450.00	0.00	300.00	90.00	60.00	0.00	0.00
建设厅广播电视大学达州市建设局培训中心	300.00	300.00	0.00	0.00	300.00	0.00	0.00	0.00
独立使用	300.00	300.00	0.00	0.00	300.00	0.00	0.00	0.00
建设厅广播电视大学宜宾市建设局教育培训中心	30.00	0.00	0.00	0.00	0.00	0.00	0.00	0.00
共同使用	30.00	0.00	0.00	0.00	0.00	0.00	0.00	0.00
建设厅广播电视大学广安市建筑技术培训中心	290.00	200.00	200.00	0.00	0.00	0.00	0.00	0.00
独立使用	290.00	200.00	200.00	0.00	0.00	0.00	0.00	0.00
建设厅广播电视大学内江建设局培训中心	1500.00	690.00	690.00	0.00	0.00	0.00	0.00	0.00
共同使用	1500.00	690.00	690.00	0.00	0.00	0.00	0.00	0.00
建设厅广播电视大学华西集团培训中心	340.00	250.00	250.00	0.00	0.00	0.00	0.00	0.00
独立使用	240.00	150.00	150.00	0.00	0.00	0.00	0.00	0.00
共同使用	100.00	100.00	100.00	0.00	0.00	0.00	0.00	0.00
建设厅广播电视大学南充教学部	270.00	120.00	0.00	60.00	0.00	0.00	0.00	60.00
共同使用	270.00	120.00	0.00	60.00	0.00	0.00	0.00	60.00
建设厅广播电视大学成都市城建科技培训中心	270.00	110.00	90.00	20.00	0.00	0.00	0.00	0.00
共同使用	270.00	110.00	90.00	20.00	0.00	0.00	0.00	0.00

建筑面积(续表28)

单位:平方米

行政办公用房	生活用房						教工住宅	其他用房
	计	学生宿舍(公寓)	学生食堂	教工宿舍(公寓)	教工食堂	生活福利及附属用房		
150.00	0.00	0.00	0.00	0.00	0.00	0.00	0.00	0.00
0.00	4000.00	2000.00	0.00	0.00	0.00	2000.00	0.00	0.00
0.00	4000.00	2000.00	0.00	0.00	0.00	2000.00	0.00	0.00
60.00	0.00	0.00	0.00	0.00	0.00	0.00	0.00	0.00
60.00	0.00	0.00	0.00	0.00	0.00	0.00	0.00	0.00
700.00	4380.00	1200.00	100.00	1500.00	80.00	1500.00	0.00	0.00
700.00	4380.00	1200.00	100.00	1500.00	80.00	1500.00	0.00	0.00
1900.00	7700.00	4400.00	2800.00	0.00	0.00	500.00	0.00	500.00
1900.00	7700.00	4400.00	2800.00	0.00	0.00	500.00	0.00	500.00
300.00	0.00	0.00	0.00	0.00	0.00	0.00	0.00	0.00
30.00	0.00	0.00	0.00	0.00	0.00	0.00	0.00	0.00
270.00	0.00	0.00	0.00	0.00	0.00	0.00	0.00	0.00
0.00	0.00	0.00	0.00	0.00	0.00	0.00	0.00	0.00
0.00	0.00	0.00	0.00	0.00	0.00	0.00	0.00	0.00
120.00	120.00	0.00	0.00	0.00	120.00	0.00	0.00	120.00
120.00	0.00	0.00	0.00	0.00	0.00	0.00	0.00	0.00
0.00	120.00	0.00	0.00	0.00	120.00	0.00	0.00	120.00
300.00	600.00	500.00	100.00	0.00	0.00	0.00	0.00	0.00
300.00	600.00	500.00	100.00	0.00	0.00	0.00	0.00	0.00
120.00	0.00	0.00	0.00	0.00	0.00	0.00	0.00	0.00
120.00	0.00	0.00	0.00	0.00	0.00	0.00	0.00	0.00
0.00	0.00	0.00	0.00	0.00	0.00	0.00	0.00	0.00
0.00	0.00	0.00	0.00	0.00	0.00	0.00	0.00	0.00
30.00	0.00	0.00	0.00	0.00	0.00	0.00	0.00	0.00
30.00	0.00	0.00	0.00	0.00	0.00	0.00	0.00	0.00
90.00	0.00	0.00	0.00	0.00	0.00	0.00	0.00	0.00
90.00	0.00	0.00	0.00	0.00	0.00	0.00	0.00	0.00
600.00	210.00	0.00	120.00	0.00	0.00	90.00	0.00	0.00
600.00	210.00	0.00	120.00	0.00	0.00	90.00	0.00	0.00
90.00	0.00	0.00	0.00	0.00	0.00	0.00	0.00	0.00
90.00	0.00	0.00	0.00	0.00	0.00	0.00	0.00	0.00
0.00	0.00	0.00	0.00	0.00	0.00	0.00	0.00	0.00
150.00	0.00	0.00	0.00	0.00	0.00	0.00	0.00	0.00
150.00	0.00	0.00	0.00	0.00	0.00	0.00	0.00	0.00
160.00	0.00	0.00	0.00	0.00	0.00	0.00	0.00	0.00
160.00	0.00	0.00	0.00	0.00	0.00	0.00	0.00	0.00

4.4 非学校产权校舍

	合计	教学科研及辅助用房						
		计	教室	图书馆	实验室、实习场所	专用科研用房	体育馆	会堂
眉山广播电视大学直属部	8271.00	1410.00	100.00	1310.00	0.00	0.00	0.00	0.00
独立使用	1300.00	100.00	100.00	0.00	0.00	0.00	0.00	0.00
共同使用	6971.00	1310.00	0.00	1310.00	0.00	0.00	0.00	0.00
眉山广播电视大学仁寿分校	85800.00	49000.00	16800.00	3200.00	11000.00	1000.00	12000.00	5000.00
共同使用	85800.00	49000.00	16800.00	3200.00	11000.00	1000.00	12000.00	5000.00
眉山广播电视大学丹棱分校	2200.00	1900.00	1600.00	100.00	100.00	0.00	0.00	100.00
独立使用	800.00	800.00	800.00	0.00	0.00	0.00	0.00	0.00
共同使用	1400.00	1100.00	800.00	100.00	100.00	0.00	0.00	100.00
眉山广播电视大学彭山分校	2030.00	2010.00	530.00	30.00	200.00	1200.00	0.00	50.00
独立使用	30.00	30.00	30.00	0.00	0.00	0.00	0.00	0.00
共同使用	2000.00	1980.00	500.00	30.00	200.00	1200.00	0.00	50.00
眉山广播电视大学洪雅教师进修校	2900.00	2900.00	2400.00	0.00	500.00	0.00	0.00	0.00
共同使用	2900.00	2900.00	2400.00	0.00	500.00	0.00	0.00	0.00
都江堰分校直属部	1000.00	770.00	720.00	50.00	0.00	0.00	0.00	0.00
独立使用	1000.00	770.00	720.00	50.00	0.00	0.00	0.00	0.00
成都	**11233.00**	**10420.00**	**10027.00**	**77.00**	**53.00**	**1.00**	**1.00**	**261.00**
独立使用	10634.00	9922.00	9637.00	75.00	50.00	0.00	0.00	160.00
共同使用	599.00	498.00	390.00	2.00	3.00	1.00	1.00	101.00
成都电大彭州分校	8380.00	7900.00	7800.00	40.00	0.00	0.00	0.00	60.00
独立使用	8280.00	7900.00	7800.00	40.00	0.00	0.00	0.00	60.00
共同使用	100.00	0.00	0.00	0.00	0.00	0.00	0.00	0.00
成都电大直属城西学院	730.00	660.00	560.00	0.00	0.00	0.00	0.00	100.00
独立使用	270.00	200.00	200.00	0.00	0.00	0.00	0.00	0.00
共同使用	460.00	460.00	360.00	0.00	0.00	0.00	0.00	100.00
成都电大直属学院大邑分校教学点	7.00	7.00	7.00	0.00	0.00	0.00	0.00	0.00
独立使用	5.00	5.00	5.00	0.00	0.00	0.00	0.00	0.00
共同使用	2.00	2.00	2.00	0.00	0.00	0.00	0.00	0.00
青白江	320.00	280.00	280.00	0.00	0.00	0.00	0.00	0.00
独立使用	320.00	280.00	280.00	0.00	0.00	0.00	0.00	0.00
成都电大西越教学点	31.00	31.00	25.00	1.00	2.00	1.00	1.00	1.00
共同使用	31.00	31.00	25.00	1.00	2.00	1.00	1.00	1.00
成都电大旅游分校	10.00	7.00	5.00	1.00	1.00	0.00	0.00	0.00
独立使用	4.00	2.00	2.00	0.00	0.00	0.00	0.00	0.00
共同使用	6.00	5.00	3.00	1.00	1.00	0.00	0.00	0.00
成都电大青年职业学校教学点	1000.00	1000.00	1000.00	0.00	0.00	0.00	0.00	0.00
独立使用	1000.00	1000.00	1000.00	0.00	0.00	0.00	0.00	0.00
成都电大信息管理学校	755.00	535.00	350.00	35.00	50.00	0.00	0.00	100.00
独立使用	755.00	535.00	350.00	35.00	50.00	0.00	0.00	100.00

建筑面积(续表29)

单位:平方米

行政办公用房	生活用房						教工住宅	其他用房
	计	学生宿舍(公寓)	学生食堂	教工宿舍(公寓)	教工食堂	生活福利及附属用房		
6861.00	0.00	0.00	0.00	0.00	0.00	0.00	0.00	0.00
1200.00	0.00	0.00	0.00	0.00	0.00	0.00	0.00	0.00
5661.00	0.00	0.00	0.00	0.00	0.00	0.00	0.00	0.00
2000.00	14800.00	12000.00	2000.00	0.00	800.00	0.00	0.00	20000.00
2000.00	14800.00	12000.00	2000.00	0.00	800.00	0.00	0.00	20000.00
300.00	0.00	0.00	0.00	0.00	0.00	0.00	0.00	0.00
0.00	0.00	0.00	0.00	0.00	0.00	0.00	0.00	0.00
300.00	0.00	0.00	0.00	0.00	0.00	0.00	0.00	0.00
20.00	0.00	0.00	0.00	0.00	0.00	0.00	0.00	0.00
0.00	0.00	0.00	0.00	0.00	0.00	0.00	0.00	0.00
20.00	0.00	0.00	0.00	0.00	0.00	0.00	0.00	0.00
0.00	0.00	0.00	0.00	0.00	0.00	0.00	0.00	0.00
0.00	0.00	0.00	0.00	0.00	0.00	0.00	0.00	0.00
180.00	0.00	0.00	0.00	0.00	0.00	0.00	0.00	50.00
180.00	0.00	0.00	0.00	0.00	0.00	0.00	0.00	50.00
793.00	**0.00**	**0.00**	**0.00**	**0.00**	**0.00**	**0.00**	**0.00**	**20.00**
692.00	0.00	0.00	0.00	0.00	0.00	0.00	0.00	20.00
101.00	0.00	0.00	0.00	0.00	0.00	0.00	0.00	0.00
480.00	0.00	0.00	0.00	0.00	0.00	0.00	0.00	0.00
380.00	0.00	0.00	0.00	0.00	0.00	0.00	0.00	0.00
100.00	0.00	0.00	0.00	0.00	0.00	0.00	0.00	0.00
70.00	0.00	0.00	0.00	0.00	0.00	0.00	0.00	0.00
70.00	0.00	0.00	0.00	0.00	0.00	0.00	0.00	0.00
0.00	0.00	0.00	0.00	0.00	0.00	0.00	0.00	0.00
0.00	0.00	0.00	0.00	0.00	0.00	0.00	0.00	0.00
0.00	0.00	0.00	0.00	0.00	0.00	0.00	0.00	0.00
0.00	0.00	0.00	0.00	0.00	0.00	0.00	0.00	0.00
40.00	0.00	0.00	0.00	0.00	0.00	0.00	0.00	0.00
40.00	0.00	0.00	0.00	0.00	0.00	0.00	0.00	0.00
0.00	0.00	0.00	0.00	0.00	0.00	0.00	0.00	0.00
0.00	0.00	0.00	0.00	0.00	0.00	0.00	0.00	0.00
3.00	0.00	0.00	0.00	0.00	0.00	0.00	0.00	0.00
2.00	0.00	0.00	0.00	0.00	0.00	0.00	0.00	0.00
1.00	0.00	0.00	0.00	0.00	0.00	0.00	0.00	0.00
0.00	0.00	0.00	0.00	0.00	0.00	0.00	0.00	0.00
0.00	0.00	0.00	0.00	0.00	0.00	0.00	0.00	0.00
200.00	0.00	0.00	0.00	0.00	0.00	0.00	0.00	20.00
200.00	0.00	0.00	0.00	0.00	0.00	0.00	0.00	20.00

4.4 非学校产权校舍

	合计	教学科研及辅助用房						
		计	教室	图书馆	实验室、实习场所	专用科研用房	体育馆	会堂
重庆	**22208.00**	**13727.00**	**9550.00**	**815.00**	**675.00**	**1477.00**	**560.00**	**650.00**
独立使用	11361.00	5900.00	3560.00	580.00	300.00	1240.00	0.00	220.00
共同使用	10847.00	7827.00	5990.00	235.00	375.00	237.00	560.00	430.00
綦江县电大工作站	3300.00	1900.00	1700.00	100.00	0.00	0.00	0.00	100.00
独立使用	2300.00	1900.00	1700.00	100.00	0.00	0.00	0.00	100.00
共同使用	1000.00	0.00	0.00	0.00	0.00	0.00	0.00	0.00
大足县电大工作站	2432.00	2297.00	760.00	235.00	175.00	237.00	560.00	330.00
独立使用	135.00	0.00	0.00	0.00	0.00	0.00	0.00	0.00
共同使用	2297.00	2297.00	760.00	235.00	175.00	237.00	560.00	330.00
奉节电大分校	4300.00	1720.00	1600.00	120.00	0.00	0.00	0.00	0.00
独立使用	1700.00	720.00	600.00	120.00	0.00	0.00	0.00	0.00
共同使用	2600.00	1000.00	1000.00	0.00	0.00	0.00	0.00	0.00
忠县电大工作站	2420.00	1560.00	1000.00	60.00	400.00	0.00	0.00	100.00
独立使用	1000.00	560.00	300.00	60.00	200.00	0.00	0.00	0.00
共同使用	1420.00	1000.00	700.00	0.00	200.00	0.00	0.00	100.00
南川区电大分校	2546.00	240.00	240.00	0.00	0.00	0.00	0.00	0.00
独立使用	2546.00	240.00	240.00	0.00	0.00	0.00	0.00	0.00
丰都县电大工作站	2970.00	2970.00	2970.00	0.00	0.00	0.00	0.00	0.00
共同使用	2970.00	2970.00	2970.00	0.00	0.00	0.00	0.00	0.00
武隆县电大分校	560.00	560.00	560.00	0.00	0.00	0.00	0.00	0.00
共同使用	560.00	560.00	560.00	0.00	0.00	0.00	0.00	0.00
彭水县电大分校	3680.00	2480.00	720.00	300.00	100.00	1240.00	0.00	120.00
独立使用	3680.00	2480.00	720.00	300.00	100.00	1240.00	0.00	120.00
贵州	**131975.56**	**67965.58**	**25859.25**	**1701.43**	**19415.35**	**6862.50**	**11975.70**	**2151.35**
独立使用	62834.27	29630.27	10567.27	643.00	8220.00	3923.00	5503.00	774.00
共同使用	69141.29	38335.31	15291.98	1058.43	11195.35	2939.50	6472.70	1377.35
黔南州分校独山县工作站	11.00	11.00	0.00	0.00	11.00	0.00	0.00	0.00
独立使用	11.00	11.00	0.00	0.00	11.00	0.00	0.00	0.00
黔南州分校荔波县工作站	13440.00	4360.00	3000.00	360.00	0.00	0.00	1000.00	0.00
独立使用	6720.00	2180.00	1500.00	180.00	0.00	0.00	500.00	0.00
共同使用	6720.00	2180.00	1500.00	180.00	0.00	0.00	500.00	0.00
黔东南电大镇远工作站	10296.00	8501.00	3074.00	0.00	5427.00	0.00	0.00	0.00
共同使用	10296.00	8501.00	3074.00	0.00	5427.00	0.00	0.00	0.00
黔东南州分校三穗县工作站	15.00	14.00	12.00	1.00	0.00	0.00	0.00	1.00
共同使用	15.00	14.00	12.00	1.00	0.00	0.00	0.00	1.00
黔东南州分校天柱工作站	9109.75	3752.00	1876.00	480.00	0.00	96.00	1000.00	300.00
共同使用	9109.75	3752.00	1876.00	480.00	0.00	96.00	1000.00	300.00
黔东南州麻江县教学点	850.25	800.20	550.05	50.05	100.05	0.00	0.00	100.05

建筑面积(续表30)

单位:平方米

行政办公用房	生活用房						教工住宅	其他用房
	计	学生宿舍（公寓）	学生食堂	教工宿舍（公寓）	教工食堂	生活福利及附属用房		
5881.00	**2600.00**	**800.00**	**640.00**	**160.00**	**1000.00**	**0.00**	**0.00**	**0.00**
5461.00	0.00	0.00	0.00	0.00	0.00	0.00	0.00	0.00
420.00	2600.00	800.00	640.00	160.00	1000.00	0.00	0.00	0.00
400.00	1000.00	0.00	0.00	0.00	1000.00	0.00	0.00	0.00
400.00	0.00	0.00	0.00	0.00	0.00	0.00	0.00	0.00
0.00	1000.00	0.00	0.00	0.00	1000.00	0.00	0.00	0.00
135.00	0.00	0.00	0.00	0.00	0.00	0.00	0.00	0.00
135.00	0.00	0.00	0.00	0.00	0.00	0.00	0.00	0.00
0.00	0.00	0.00	0.00	0.00	0.00	0.00	0.00	0.00
980.00	1600.00	800.00	640.00	160.00	0.00	0.00	0.00	0.00
980.00	0.00	0.00	0.00	0.00	0.00	0.00	0.00	0.00
0.00	1600.00	800.00	640.00	160.00	0.00	0.00	0.00	0.00
860.00	0.00	0.00	0.00	0.00	0.00	0.00	0.00	0.00
440.00	0.00	0.00	0.00	0.00	0.00	0.00	0.00	0.00
420.00	0.00	0.00	0.00	0.00	0.00	0.00	0.00	0.00
2306.00	0.00	0.00	0.00	0.00	0.00	0.00	0.00	0.00
2306.00	0.00	0.00	0.00	0.00	0.00	0.00	0.00	0.00
0.00	0.00	0.00	0.00	0.00	0.00	0.00	0.00	0.00
0.00	0.00	0.00	0.00	0.00	0.00	0.00	0.00	0.00
0.00	0.00	0.00	0.00	0.00	0.00	0.00	0.00	0.00
0.00	0.00	0.00	0.00	0.00	0.00	0.00	0.00	0.00
1200.00	0.00	0.00	0.00	0.00	0.00	0.00	0.00	0.00
1200.00	0.00	0.00	0.00	0.00	0.00	0.00	0.00	0.00
17185.70	**46073.28**	**24015.98**	**12854.87**	**6775.30**	**1604.13**	**823.00**	**0.00**	**751.00**
6372.00	26083.00	12304.00	7074.00	4922.00	962.00	821.00	0.00	749.00
10813.70	19990.28	11711.98	5780.87	1853.30	642.13	2.00	0.00	2.00
0.00	0.00	0.00	0.00	0.00	0.00	0.00	0.00	0.00
0.00	0.00	0.00	0.00	0.00	0.00	0.00	0.00	0.00
4100.00	4980.00	3500.00	1080.00	0.00	400.00	0.00	0.00	0.00
2050.00	2490.00	1750.00	540.00	0.00	200.00	0.00	0.00	0.00
2050.00	2490.00	1750.00	540.00	0.00	200.00	0.00	0.00	0.00
0.00	1795.00	1180.00	615.00	0.00	0.00	0.00	0.00	0.00
0.00	1795.00	1180.00	615.00	0.00	0.00	0.00	0.00	0.00
1.00	0.00	0.00	0.00	0.00	0.00	0.00	0.00	0.00
1.00	0.00	0.00	0.00	0.00	0.00	0.00	0.00	0.00
3137.00	2220.75	1564.48	656.27	0.00	0.00	0.00	0.00	0.00
3137.00	2220.75	1564.48	656.27	0.00	0.00	0.00	0.00	0.00
50.05	0.00	0.00	0.00	0.00	0.00	0.00	0.00	0.00

4.4 非学校产权校舍

	合计	教学科研及辅助用房						
		计	教室	图书馆	实验室、实习场所	专用科研用房	体育馆	会堂
共同使用	850.25	800.20	550.05	50.05	100.05	0.00	0.00	100.05
黔东南州分校台江县工作站	460.00	400.00	400.00	0.00	0.00	0.00	0.00	0.00
共同使用	460.00	400.00	400.00	0.00	0.00	0.00	0.00	0.00
黔东南州分校锦屏县工作站	36.00	34.00	20.00	2.00	9.00	0.00	2.00	1.00
独立使用	28.00	28.00	20.00	1.00	5.00	0.00	1.00	1.00
共同使用	8.00	6.00	0.00	1.00	4.00	0.00	1.00	0.00
黔东南州分校剑河县工作站	6705.83	4073.90	1493.20	78.90	456.30	301.50	1568.70	175.30
共同使用	6705.83	4073.90	1493.20	78.90	456.30	301.50	1568.70	175.30
黔东南州分校黎平县工作站	57.00	56.00	45.00	2.00	7.00	1.00	0.00	1.00
独立使用	15.00	14.00	8.00	1.00	3.00	1.00	0.00	1.00
共同使用	42.00	42.00	37.00	1.00	4.00	0.00	0.00	0.00
黔东南州分校施秉县教学点	49492.00	24980.00	2900.00	0.00	8600.00	6280.00	6800.00	400.00
独立使用	26496.00	13340.00	1700.00	0.00	4300.00	3740.00	3400.00	200.00
共同使用	22996.00	11640.00	1200.00	0.00	4300.00	2540.00	3400.00	200.00
黔东南分校黄平工作站	1380.00	1080.00	960.00	120.00	0.00	0.00	0.00	0.00
独立使用	480.00	400.00	400.00	0.00	0.00	0.00	0.00	0.00
共同使用	900.00	680.00	560.00	120.00	0.00	0.00	0.00	0.00
黔东南分校榕江教学点	7126.00	3240.00	1620.00	120.00	900.00	0.00	0.00	600.00
共同使用	7126.00	3240.00	1620.00	120.00	900.00	0.00	0.00	600.00
贵州电大毕节地区分校	845.21	0.00	0.00	0.00	0.00	0.00	0.00	0.00
共同使用	845.21	0.00	0.00	0.00	0.00	0.00	0.00	0.00
毕节地区分校赫章教学点	894.44	894.44	894.44	0.00	0.00	0.00	0.00	0.00
独立使用	38.27	38.27	38.27	0.00	0.00	0.00	0.00	0.00
共同使用	856.17	856.17	856.17	0.00	0.00	0.00	0.00	0.00
毕节地区分校黔西工作站	373.08	325.04	300.56	24.48	0.00	0.00	0.00	0.00
共同使用	373.08	325.04	300.56	24.48	0.00	0.00	0.00	0.00
六盘水市分校盘县教学点	11540.00	4760.00	2300.00	300.00	260.00	180.00	1600.00	120.00
独立使用	9740.00	2960.00	500.00	300.00	260.00	180.00	1600.00	120.00
共同使用	1800.00	1800.00	1800.00	0.00	0.00	0.00	0.00	0.00
铜仁分校印江县工作站	19283.00	10650.00	6400.00	160.00	3640.00	0.00	0.00	450.00
独立使用	19283.00	10650.00	6400.00	160.00	3640.00	0.00	0.00	450.00
贵州电大铜仁分校德江县工作站	26.00	12.00	2.00	2.00	2.00	2.00	2.00	2.00
独立使用	13.00	6.00	1.00	1.00	1.00	1.00	1.00	1.00
共同使用	13.00	6.00	1.00	1.00	1.00	1.00	1.00	1.00
铜仁分校江口县工作站	18.00	18.00	12.00	1.00	3.00	1.00	1.00	0.00
共同使用	18.00	18.00	12.00	1.00	3.00	1.00	1.00	0.00
铜仁分校沿河县工作站	17.00	4.00	0.00	0.00	0.00	1.00	2.00	1.00
独立使用	10.00	3.00	0.00	0.00	0.00	1.00	1.00	1.00

建筑面积(续表31)

单位:平方米

行政办公用房	生活用房 计	学生宿舍(公寓)	学生食堂	教工宿舍(公寓)	教工食堂	生活福利及附属用房	教工住宅	其他用房
50.05	0.00	0.00	0.00	0.00	0.00	0.00	0.00	0.00
60.00	0.00	0.00	0.00	0.00	0.00	0.00	0.00	0.00
60.00	0.00	0.00	0.00	0.00	0.00	0.00	0.00	0.00
1.00	1.00	0.00	1.00	0.00	0.00	0.00	0.00	0.00
0.00	0.00	0.00	0.00	0.00	0.00	0.00	0.00	0.00
1.00	1.00	0.00	1.00	0.00	0.00	0.00	0.00	0.00
600.40	2031.53	889.50	450.60	651.30	40.13	0.00	0.00	0.00
600.40	2031.53	889.50	450.60	651.30	40.13	0.00	0.00	0.00
0.00	1.00	0.00	1.00	0.00	0.00	0.00	0.00	0.00
0.00	1.00	0.00	1.00	0.00	0.00	0.00	0.00	0.00
0.00	0.00	0.00	0.00	0.00	0.00	0.00	0.00	0.00
6750.00	17762.00	8280.00	5832.00	2850.00	800.00	0.00	0.00	0.00
3450.00	9706.00	4740.00	2916.00	1650.00	400.00	0.00	0.00	0.00
3300.00	8056.00	3540.00	2916.00	1200.00	400.00	0.00	0.00	0.00
300.00	0.00	0.00	0.00	0.00	0.00	0.00	0.00	0.00
80.00	0.00	0.00	0.00	0.00	0.00	0.00	0.00	0.00
220.00	0.00	0.00	0.00	0.00	0.00	0.00	0.00	0.00
500.00	3386.00	2786.00	600.00	0.00	0.00	0.00	0.00	0.00
500.00	3386.00	2786.00	600.00	0.00	0.00	0.00	0.00	0.00
845.21	0.00	0.00	0.00	0.00	0.00	0.00	0.00	0.00
845.21	0.00	0.00	0.00	0.00	0.00	0.00	0.00	0.00
0.00	0.00	0.00	0.00	0.00	0.00	0.00	0.00	0.00
0.00	0.00	0.00	0.00	0.00	0.00	0.00	0.00	0.00
0.00	0.00	0.00	0.00	0.00	0.00	0.00	0.00	0.00
48.04	0.00	0.00	0.00	0.00	0.00	0.00	0.00	0.00
48.04	0.00	0.00	0.00	0.00	0.00	0.00	0.00	0.00
500.00	6180.00	1200.00	1600.00	3000.00	260.00	120.00	0.00	100.00
500.00	6180.00	1200.00	1600.00	3000.00	260.00	120.00	0.00	100.00
0.00	0.00	0.00	0.00	0.00	0.00	0.00	0.00	0.00
290.00	7696.00	4612.00	2015.00	270.00	100.00	699.00	0.00	647.00
290.00	7696.00	4612.00	2015.00	270.00	100.00	699.00	0.00	647.00
2.00	10.00	2.00	2.00	2.00	2.00	2.00	0.00	2.00
1.00	5.00	1.00	1.00	1.00	1.00	1.00	0.00	1.00
1.00	5.00	1.00	1.00	1.00	1.00	1.00	0.00	1.00
0.00	0.00	0.00	0.00	0.00	0.00	0.00	0.00	0.00
0.00	0.00	0.00	0.00	0.00	0.00	0.00	0.00	0.00
1.00	10.00	2.00	2.00	2.00	2.00	2.00	0.00	2.00
1.00	5.00	1.00	1.00	1.00	1.00	1.00	0.00	1.00

4.4 非学校产权校舍

	合计	教学科研及辅助用房						
		计	教室	图书馆	实验室、实习场所	专用科研用房	体育馆	会堂
共同使用	7.00	1.00	0.00	0.00	0.00	0.00	1.00	0.00
云南	**15230.00**	**10465.00**	**1225.00**	**0.00**	**1540.00**	**0.00**	**7700.00**	**0.00**
独立使用	15230.00	10465.00	1225.00	0.00	1540.00	0.00	7700.00	0.00
云南开放大学	15230.00	10465.00	1225.00	0.00	1540.00	0.00	7700.00	0.00
独立使用	15230.00	10465.00	1225.00	0.00	1540.00	0.00	7700.00	0.00
陕西	**171556.00**	**100508.00**	**31780.00**	**7547.00**	**39235.00**	**407.00**	**15310.00**	**6229.00**
独立使用	62368.00	28379.00	15552.00	398.00	4747.00	35.00	6000.00	1647.00
共同使用	109188.00	72129.00	16228.00	7149.00	34488.00	372.00	9310.00	4582.00
咸阳分校旬邑高级职业中学	12815.00	8979.00	510.00	75.00	1628.00	47.00	6100.00	619.00
独立使用	10769.00	8310.00	300.00	23.00	1587.00	35.00	6000.00	365.00
共同使用	2046.00	669.00	210.00	52.00	41.00	12.00	100.00	254.00
武功电大工作站	10.00	0.00	0.00	0.00	0.00	0.00	0.00	0.00
共同使用	10.00	0.00	0.00	0.00	0.00	0.00	0.00	0.00
永寿县职教中心	2810.00	1410.00	0.00	1200.00	0.00	0.00	210.00	0.00
共同使用	2810.00	1410.00	0.00	1200.00	0.00	0.00	210.00	0.00
咸阳分校乾县县委党校	1.00	1.00	0.00	0.00	1.00	0.00	0.00	0.00
共同使用	1.00	1.00	0.00	0.00	1.00	0.00	0.00	0.00
陕西电大宝鸡市分校	5530.00	1296.00	0.00	1296.00	0.00	0.00	0.00	0.00
共同使用	5530.00	1296.00	0.00	1296.00	0.00	0.00	0.00	0.00
凤县农广校	25.00	0.00	0.00	0.00	0.00	0.00	0.00	0.00
共同使用	25.00	0.00	0.00	0.00	0.00	0.00	0.00	0.00
安康紫阳党校教学点	1290.00	760.00	680.00	50.00	0.00	0.00	0.00	30.00
独立使用	1290.00	760.00	680.00	50.00	0.00	0.00	0.00	30.00
安康汉滨区电大工作站	240.00	240.00	180.00	0.00	60.00	0.00	0.00	0.00
共同使用	240.00	240.00	180.00	0.00	60.00	0.00	0.00	0.00
韩城进校教学点	845.00	485.00	15.00	80.00	160.00	0.00	0.00	230.00
独立使用	473.00	473.00	3.00	80.00	160.00	0.00	0.00	230.00
共同使用	372.00	12.00	12.00	0.00	0.00	0.00	0.00	0.00
潼关县财政局	300.00	240.00	240.00	0.00	0.00	0.00	0.00	0.00
共同使用	300.00	240.00	240.00	0.00	0.00	0.00	0.00	0.00
白水县财政局	282.00	180.00	132.00	0.00	48.00	0.00	0.00	0.00
共同使用	282.00	180.00	132.00	0.00	48.00	0.00	0.00	0.00
洛南电大工作站	2990.00	621.00	50.00	391.00	72.00	0.00	0.00	108.00
共同使用	2990.00	621.00	50.00	391.00	72.00	0.00	0.00	108.00
商洛分校山阳工作站	19868.00	12478.00	1800.00	1080.00	8238.00	360.00	0.00	1000.00
共同使用	19868.00	12478.00	1800.00	1080.00	8238.00	360.00	0.00	1000.00
陕西电大商洛分校柞水工作站	27969.00	20280.00	4812.00	1870.00	12878.00	0.00	0.00	720.00
独立使用	394.00	187.00	187.00	0.00	0.00	0.00	0.00	0.00

建筑面积(续表32)

单位:平方米

行政办公用房	生活用房						教工住宅	其他用房
	计	学生宿舍(公寓)	学生食堂	教工宿舍(公寓)	教工食堂	生活福利及附属用房		
0.00	5.00	1.00	1.00	1.00	1.00	1.00	0.00	1.00
1273.00	**3492.00**	**2721.00**	**0.00**	**0.00**	**771.00**	**0.00**	**0.00**	**0.00**
1273.00	3492.00	2721.00	0.00	0.00	771.00	0.00	0.00	0.00
1273.00	3492.00	2721.00	0.00	0.00	771.00	0.00	0.00	0.00
1273.00	3492.00	2721.00	0.00	0.00	771.00	0.00	0.00	0.00
13616.00	**56690.00**	**39277.00**	**8264.00**	**2732.00**	**4911.00**	**1506.00**	**0.00**	**742.00**
4884.00	29041.00	25244.00	2262.00	41.00	432.00	1062.00	0.00	64.00
8732.00	27649.00	14033.00	6002.00	2691.00	4479.00	444.00	0.00	678.00
801.00	2933.00	2052.00	553.00	93.00	113.00	122.00	0.00	102.00
147.00	2268.00	2000.00	71.00	41.00	78.00	78.00	0.00	44.00
654.00	665.00	52.00	482.00	52.00	35.00	44.00	0.00	58.00
10.00	0.00	0.00	0.00	0.00	0.00	0.00	0.00	0.00
10.00	0.00	0.00	0.00	0.00	0.00	0.00	0.00	0.00
0.00	1400.00	900.00	200.00	100.00	0.00	200.00	0.00	0.00
0.00	1400.00	900.00	200.00	100.00	0.00	200.00	0.00	0.00
0.00	0.00	0.00	0.00	0.00	0.00	0.00	0.00	0.00
0.00	0.00	0.00	0.00	0.00	0.00	0.00	0.00	0.00
0.00	4234.00	0.00	0.00	0.00	4234.00	0.00	0.00	0.00
0.00	4234.00	0.00	0.00	0.00	4234.00	0.00	0.00	0.00
25.00	0.00	0.00	0.00	0.00	0.00	0.00	0.00	0.00
25.00	0.00	0.00	0.00	0.00	0.00	0.00	0.00	0.00
480.00	30.00	0.00	0.00	0.00	0.00	30.00	0.00	20.00
480.00	30.00	0.00	0.00	0.00	0.00	30.00	0.00	20.00
0.00	0.00	0.00	0.00	0.00	0.00	0.00	0.00	0.00
0.00	0.00	0.00	0.00	0.00	0.00	0.00	0.00	0.00
0.00	360.00	360.00	0.00	0.00	0.00	0.00	0.00	0.00
0.00	0.00	0.00	0.00	0.00	0.00	0.00	0.00	0.00
0.00	360.00	360.00	0.00	0.00	0.00	0.00	0.00	0.00
60.00	0.00	0.00	0.00	0.00	0.00	0.00	0.00	0.00
60.00	0.00	0.00	0.00	0.00	0.00	0.00	0.00	0.00
102.00	0.00	0.00	0.00	0.00	0.00	0.00	0.00	0.00
102.00	0.00	0.00	0.00	0.00	0.00	0.00	0.00	0.00
638.00	1731.00	1131.00	0.00	600.00	0.00	0.00	0.00	0.00
638.00	1731.00	1131.00	0.00	600.00	0.00	0.00	0.00	0.00
2000.00	4860.00	1710.00	2100.00	900.00	150.00	0.00	0.00	530.00
2000.00	4860.00	1710.00	2100.00	900.00	150.00	0.00	0.00	530.00
1270.00	6419.00	4460.00	720.00	1039.00	0.00	200.00	0.00	0.00
207.00	0.00	0.00	0.00	0.00	0.00	0.00	0.00	0.00

4.4 非学校产权校舍

	合计	教学科研及辅助用房						
		计	教室	图书馆	实验室、实习场所	专用科研用房	体育馆	会堂
共同使用	27575.00	20093.00	4625.00	1870.00	12878.00	0.00	0.00	720.00
陕西电大商洛分校丹凤工作站	708.00	408.00	308.00	40.00	60.00	0.00	0.00	0.00
共同使用	708.00	408.00	308.00	40.00	60.00	0.00	0.00	0.00
洛南县职教中心教学点	3371.00	1561.00	1351.00	120.00	90.00	0.00	0.00	0.00
共同使用	3371.00	1561.00	1351.00	120.00	90.00	0.00	0.00	0.00
商南县职教中心	3521.00	1469.00	1402.00	45.00	0.00	0.00	0.00	22.00
独立使用	3521.00	1469.00	1402.00	45.00	0.00	0.00	0.00	22.00
陕西航空工业管理局	23134.00	17100.00	4200.00	400.00	8000.00	0.00	4500.00	0.00
独立使用	1634.00	0.00	0.00	0.00	0.00	0.00	0.00	0.00
共同使用	21500.00	17100.00	4200.00	400.00	8000.00	0.00	4500.00	0.00
西飞技术学院	16110.00	7000.00	0.00	0.00	4000.00	0.00	1500.00	1500.00
独立使用	7110.00	0.00	0.00	0.00	0.00	0.00	0.00	0.00
共同使用	9000.00	7000.00	0.00	0.00	4000.00	0.00	1500.00	1500.00
陕西电大高新分校	1300.00	1200.00	900.00	100.00	200.00	0.00	0.00	0.00
共同使用	1300.00	1200.00	900.00	100.00	200.00	0.00	0.00	0.00
陕西省商务信息中心	11500.00	7800.00	2400.00	600.00	800.00	0.00	3000.00	1000.00
独立使用	240.00	180.00	180.00	0.00	0.00	0.00	0.00	0.00
共同使用	11260.00	7620.00	2220.00	600.00	800.00	0.00	3000.00	1000.00
陕西广播电视大学新城分校	36937.00	17000.00	12800.00	200.00	3000.00	0.00	0.00	1000.00
独立使用	36937.00	17000.00	12800.00	200.00	3000.00	0.00	0.00	1000.00
西安	**11298.00**	**8239.00**	**4899.00**	**150.00**	**3150.00**	**0.00**	**40.00**	**0.00**
独立使用	1051.00	402.00	322.00	0.00	80.00	0.00	0.00	0.00
共同使用	10247.00	7837.00	4577.00	150.00	3070.00	0.00	40.00	0.00
现代教育培训学院工作站	1020.00	670.00	500.00	30.00	140.00	0.00	0.00	0.00
独立使用	510.00	160.00	80.00	0.00	80.00	0.00	0.00	0.00
共同使用	510.00	510.00	420.00	30.00	60.00	0.00	0.00	0.00
西安电大莲湖工作站	2059.00	1045.00	955.00	90.00	0.00	0.00	0.00	0.00
共同使用	2059.00	1045.00	955.00	90.00	0.00	0.00	0.00	0.00
长安分校	4000.00	4000.00	1200.00	0.00	2800.00	0.00	0.00	0.00
共同使用	4000.00	4000.00	1200.00	0.00	2800.00	0.00	0.00	0.00
高陵分校	3419.00	2023.00	1743.00	30.00	210.00	0.00	40.00	0.00
共同使用	3419.00	2023.00	1743.00	30.00	210.00	0.00	40.00	0.00
直属三分校	105.00	0.00	0.00	0.00	0.00	0.00	0.00	0.00
独立使用	105.00	0.00	0.00	0.00	0.00	0.00	0.00	0.00
西安电大高新分校	666.00	480.00	480.00	0.00	0.00	0.00	0.00	0.00
独立使用	426.00	240.00	240.00	0.00	0.00	0.00	0.00	0.00
共同使用	240.00	240.00	240.00	0.00	0.00	0.00	0.00	0.00
直属四分校	29.00	21.00	21.00	0.00	0.00	0.00	0.00	0.00

建筑面积(续表33)

单位:平方米

行政办公用房	生活用房						教工住宅	其他用房
	计	学生宿舍(公寓)	学生食堂	教工宿舍(公寓)	教工食堂	生活福利及附属用房		
1063.00	6419.00	4460.00	720.00	1039.00	0.00	200.00	0.00	0.00
240.00	60.00	0.00	0.00	0.00	60.00	0.00	0.00	0.00
240.00	60.00	0.00	0.00	0.00	60.00	0.00	0.00	0.00
400.00	1320.00	1320.00	0.00	0.00	0.00	0.00	0.00	90.00
400.00	1320.00	1320.00	0.00	0.00	0.00	0.00	0.00	90.00
990.00	1062.00	600.00	154.00	0.00	154.00	154.00	0.00	0.00
990.00	1062.00	600.00	154.00	0.00	154.00	154.00	0.00	0.00
2000.00	4034.00	3534.00	300.00	0.00	200.00	0.00	0.00	0.00
0.00	1634.00	1434.00	0.00	0.00	200.00	0.00	0.00	0.00
2000.00	2400.00	2100.00	300.00	0.00	0.00	0.00	0.00	0.00
0.00	9110.00	7110.00	2000.00	0.00	0.00	0.00	0.00	0.00
0.00	7110.00	7110.00	0.00	0.00	0.00	0.00	0.00	0.00
0.00	2000.00	0.00	2000.00	0.00	0.00	0.00	0.00	0.00
100.00	0.00	0.00	0.00	0.00	0.00	0.00	0.00	0.00
100.00	0.00	0.00	0.00	0.00	0.00	0.00	0.00	0.00
1500.00	2200.00	2000.00	200.00	0.00	0.00	0.00	0.00	0.00
60.00	0.00	0.00	0.00	0.00	0.00	0.00	0.00	0.00
1440.00	2200.00	2000.00	200.00	0.00	0.00	0.00	0.00	0.00
3000.00	16937.00	14100.00	2037.00	0.00	0.00	800.00	0.00	0.00
3000.00	16937.00	14100.00	2037.00	0.00	0.00	800.00	0.00	0.00
2463.00	**596.00**	**0.00**	**0.00**	**0.00**	**0.00**	**596.00**	**0.00**	**0.00**
649.00	0.00	0.00	0.00	0.00	0.00	0.00	0.00	0.00
1814.00	596.00	0.00	0.00	0.00	0.00	596.00	0.00	0.00
350.00	0.00	0.00	0.00	0.00	0.00	0.00	0.00	0.00
350.00	0.00	0.00	0.00	0.00	0.00	0.00	0.00	0.00
0.00	0.00	0.00	0.00	0.00	0.00	0.00	0.00	0.00
1014.00	0.00	0.00	0.00	0.00	0.00	0.00	0.00	0.00
1014.00	0.00	0.00	0.00	0.00	0.00	0.00	0.00	0.00
0.00	0.00	0.00	0.00	0.00	0.00	0.00	0.00	0.00
0.00	0.00	0.00	0.00	0.00	0.00	0.00	0.00	0.00
800.00	596.00	0.00	0.00	0.00	0.00	596.00	0.00	0.00
800.00	596.00	0.00	0.00	0.00	0.00	596.00	0.00	0.00
105.00	0.00	0.00	0.00	0.00	0.00	0.00	0.00	0.00
105.00	0.00	0.00	0.00	0.00	0.00	0.00	0.00	0.00
186.00	0.00	0.00	0.00	0.00	0.00	0.00	0.00	0.00
186.00	0.00	0.00	0.00	0.00	0.00	0.00	0.00	0.00
0.00	0.00	0.00	0.00	0.00	0.00	0.00	0.00	0.00
8.00	0.00	0.00	0.00	0.00	0.00	0.00	0.00	0.00

4.4 非学校产权校舍

	合计	教学科研及辅助用房						
		计	教室	图书馆	实验室、实习场所	专用科研用房	体育馆	会堂
独立使用	10.00	2.00	2.00	0.00	0.00	0.00	0.00	0.00
共同使用	19.00	19.00	19.00	0.00	0.00	0.00	0.00	0.00
甘肃	323171.00	169136.00	82303.00	27246.00	52948.00	1516.00	196.00	4927.00
独立使用	21515.00	8621.00	3474.00	867.00	3930.00	0.00	0.00	350.00
共同使用	301656.00	160515.00	78829.00	26379.00	49018.00	1516.00	196.00	4577.00
甘肃电大兰州分校永登工作站	57.00	0.00	0.00	0.00	0.00	0.00	0.00	0.00
独立使用	57.00	0.00	0.00	0.00	0.00	0.00	0.00	0.00
甘肃电大兰州分校永登党校工作站	4279.00	3730.00	3338.00	392.00	0.00	0.00	0.00	0.00
共同使用	4279.00	3730.00	3338.00	392.00	0.00	0.00	0.00	0.00
甘肃电大兰州分校园艺学校教学点	25843.00	13841.00	4306.00	1705.00	6149.00	0.00	0.00	1681.00
共同使用	25843.00	13841.00	4306.00	1705.00	6149.00	0.00	0.00	1681.00
甘肃电大天水分校清水工作站	61459.00	21955.00	7710.00	2000.00	11315.00	0.00	0.00	930.00
独立使用	4094.00	4040.00	0.00	560.00	3250.00	0.00	0.00	230.00
共同使用	57365.00	17915.00	7710.00	1440.00	8065.00	0.00	0.00	700.00
甘肃电大天水分校麦积山区工作站	1020.00	1020.00	0.00	0.00	1020.00	0.00	0.00	0.00
共同使用	1020.00	1020.00	0.00	0.00	1020.00	0.00	0.00	0.00
甘肃电大天水分校甘谷工作站	3574.00	500.00	0.00	200.00	300.00	0.00	0.00	0.00
独立使用	150.00	0.00	0.00	0.00	0.00	0.00	0.00	0.00
共同使用	3424.00	500.00	0.00	200.00	300.00	0.00	0.00	0.00
甘肃电大白银分校平川区工作站	20.00	20.00	0.00	0.00	0.00	0.00	0.00	20.00
独立使用	20.00	20.00	0.00	0.00	0.00	0.00	0.00	20.00
甘肃电大白银分校会宁职专教学点	14508.00	1592.00	0.00	120.00	1050.00	0.00	196.00	226.00
共同使用	14508.00	1592.00	0.00	120.00	1050.00	0.00	196.00	226.00
甘肃电大金昌分校永昌工作站	5360.00	4840.00	3840.00	100.00	500.00	100.00	0.00	300.00
共同使用	5360.00	4840.00	3840.00	100.00	500.00	100.00	0.00	300.00
甘肃电大金昌分校金川区工作站	710.00	650.00	520.00	60.00	0.00	35.00	0.00	35.00
共同使用	710.00	650.00	520.00	60.00	0.00	35.00	0.00	35.00
甘肃电大平凉分校泾川工作站	28213.00	12566.00	6541.00	766.00	5259.00	0.00	0.00	0.00
共同使用	28213.00	12566.00	6541.00	766.00	5259.00	0.00	0.00	0.00
甘肃电大平凉分校灵台工作站	26626.00	14143.00	9766.00	400.00	3977.00	0.00	0.00	0.00
共同使用	26626.00	14143.00	9766.00	400.00	3977.00	0.00	0.00	0.00
甘肃电大平凉分校华亭工作站	11040.00	10980.00	5743.00	3611.00	220.00	840.00	0.00	566.00
独立使用	566.00	506.00	506.00	0.00	0.00	0.00	0.00	0.00
共同使用	10474.00	10474.00	5237.00	3611.00	220.00	840.00	0.00	566.00
甘肃电大平凉分校崇信工作站	4872.00	2960.00	1780.00	60.00	1120.00	0.00	0.00	0.00
共同使用	4872.00	2960.00	1780.00	60.00	1120.00	0.00	0.00	0.00
甘肃电大平凉分校庄浪工作站	30000.00	15417.00	5662.00	2140.00	7615.00	0.00	0.00	0.00
共同使用	30000.00	15417.00	5662.00	2140.00	7615.00	0.00	0.00	0.00

建筑面积(续表34)

单位:平方米

行政办公用房	生活用房						教工住宅	其他用房
	计	学生宿舍(公寓)	学生食堂	教工宿舍(公寓)	教工食堂	生活福利及附属用房		
8.00	0.00	0.00	0.00	0.00	0.00	0.00	0.00	0.00
0.00	0.00	0.00	0.00	0.00	0.00	0.00	0.00	0.00
28468.00	125267.00	74439.00	24042.00	11158.00	3052.00	12576.00	0.00	300.00
12038.00	856.00	500.00	50.00	156.00	100.00	50.00	0.00	0.00
16430.00	124411.00	73939.00	23992.00	11002.00	2952.00	12526.00	0.00	300.00
57.00	0.00	0.00	0.00	0.00	0.00	0.00	0.00	0.00
57.00	0.00	0.00	0.00	0.00	0.00	0.00	0.00	0.00
120.00	429.00	0.00	0.00	429.00	0.00	0.00	0.00	0.00
120.00	429.00	0.00	0.00	429.00	0.00	0.00	0.00	0.00
2971.00	9031.00	7793.00	793.00	232.00	213.00	0.00	0.00	0.00
2971.00	9031.00	7793.00	793.00	232.00	213.00	0.00	0.00	0.00
4500.00	35004.00	17502.00	9900.00	4280.00	1880.00	1442.00	0.00	0.00
54.00	0.00	0.00	0.00	0.00	0.00	0.00	0.00	0.00
4446.00	35004.00	17502.00	9900.00	4280.00	1880.00	1442.00	0.00	0.00
0.00	0.00	0.00	0.00	0.00	0.00	0.00	0.00	0.00
0.00	0.00	0.00	0.00	0.00	0.00	0.00	0.00	0.00
467.00	2607.00	1800.00	185.00	210.00	150.00	262.00	0.00	0.00
100.00	50.00	0.00	0.00	0.00	0.00	50.00	0.00	0.00
367.00	2557.00	1800.00	185.00	210.00	150.00	212.00	0.00	0.00
0.00	0.00	0.00	0.00	0.00	0.00	0.00	0.00	0.00
0.00	0.00	0.00	0.00	0.00	0.00	0.00	0.00	0.00
280.00	12636.00	9442.00	2056.00	967.00	0.00	171.00	0.00	0.00
280.00	12636.00	9442.00	2056.00	967.00	0.00	171.00	0.00	0.00
400.00	0.00	0.00	0.00	0.00	0.00	0.00	0.00	120.00
400.00	0.00	0.00	0.00	0.00	0.00	0.00	0.00	120.00
60.00	0.00	0.00	0.00	0.00	0.00	0.00	0.00	0.00
60.00	0.00	0.00	0.00	0.00	0.00	0.00	0.00	0.00
0.00	15647.00	11204.00	2104.00	0.00	0.00	2339.00	0.00	0.00
0.00	15647.00	11204.00	2104.00	0.00	0.00	2339.00	0.00	0.00
1680.00	10803.00	5880.00	1600.00	2724.00	0.00	599.00	0.00	0.00
1680.00	10803.00	5880.00	1600.00	2724.00	0.00	599.00	0.00	0.00
60.00	0.00	0.00	0.00	0.00	0.00	0.00	0.00	0.00
60.00	0.00	0.00	0.00	0.00	0.00	0.00	0.00	0.00
0.00	0.00	0.00	0.00	0.00	0.00	0.00	0.00	0.00
180.00	1732.00	1040.00	212.00	200.00	0.00	280.00	0.00	0.00
180.00	1732.00	1040.00	212.00	200.00	0.00	280.00	0.00	0.00
3600.00	10983.00	4472.00	1000.00	0.00	0.00	5511.00	0.00	0.00
3600.00	10983.00	4472.00	1000.00	0.00	0.00	5511.00	0.00	0.00

4.4 非学校产权校舍

	合计	教学科研及辅助用房						
		计	教室	图书馆	实验室、实习场所	专用科研用房	体育馆	会堂
甘肃电大陇南分校礼县工作站	1370.00	540.00	0.00	0.00	0.00	540.00	0.00	0.00
共同使用	1370.00	540.00	0.00	0.00	0.00	540.00	0.00	0.00
甘肃电大陇南分校徽县工作站	12413.00	9659.00	4055.00	289.00	5315.00	0.00	0.00	0.00
共同使用	12413.00	9659.00	4055.00	289.00	5315.00	0.00	0.00	0.00
甘肃电大武威分校直属教学点	13050.00	13050.00	0.00	13050.00	0.00	0.00	0.00	0.00
共同使用	13050.00	13050.00	0.00	13050.00	0.00	0.00	0.00	0.00
甘肃电大武威分校古浪工作站	9910.00	8510.00	6800.00	0.00	1500.00	0.00	0.00	210.00
独立使用	200.00	0.00	0.00	0.00	0.00	0.00	0.00	0.00
共同使用	9710.00	8510.00	6800.00	0.00	1500.00	0.00	0.00	210.00
甘肃电大武威分校凉州区工作站	1080.00	1080.00	540.00	540.00	0.00	0.00	0.00	0.00
共同使用	1080.00	1080.00	540.00	540.00	0.00	0.00	0.00	0.00
甘肃电大酒泉分校瓜州工作站	16189.00	12143.00	8080.00	145.00	3560.00	0.00	0.00	358.00
共同使用	16189.00	12143.00	8080.00	145.00	3560.00	0.00	0.00	358.00
甘肃电大酒泉分校玉门工作站	15167.00	7527.00	4182.00	780.00	2565.00	0.00	0.00	0.00
独立使用	820.00	610.00	360.00	70.00	180.00	0.00	0.00	0.00
共同使用	14347.00	6917.00	3822.00	710.00	2385.00	0.00	0.00	0.00
甘肃电大酒泉分校敦煌工作站	10280.00	2680.00	1600.00	300.00	380.00	0.00	0.00	400.00
共同使用	10280.00	2680.00	1600.00	300.00	380.00	0.00	0.00	400.00
甘肃电大酒泉分校阿克塞工作站	13.00	8.00	2.00	1.00	3.00	1.00	0.00	1.00
共同使用	13.00	8.00	2.00	1.00	3.00	1.00	0.00	1.00
甘肃电大酒泉分校肃北工作站	600.00	600.00	0.00	0.00	600.00	0.00	0.00	0.00
共同使用	600.00	600.00	0.00	0.00	600.00	0.00	0.00	0.00
甘肃电大临夏分校和政工作站	6780.00	3500.00	3200.00	200.00	0.00	0.00	0.00	100.00
共同使用	6780.00	3500.00	3200.00	200.00	0.00	0.00	0.00	100.00
甘肃电大临夏分校积石山工作站	290.00	0.00	0.00	0.00	0.00	0.00	0.00	0.00
独立使用	290.00	0.00	0.00	0.00	0.00	0.00	0.00	0.00
甘肃电大临夏分校永靖工作站	870.00	800.00	800.00	0.00	0.00	0.00	0.00	0.00
共同使用	870.00	800.00	800.00	0.00	0.00	0.00	0.00	0.00
甘肃电大临夏分校东乡工作站	2540.00	1660.00	1510.00	150.00	0.00	0.00	0.00	0.00
独立使用	280.00	280.00	280.00	0.00	0.00	0.00	0.00	0.00
共同使用	2260.00	1380.00	1230.00	150.00	0.00	0.00	0.00	0.00
亚盛分校生地湾农场教学点	216.00	96.00	96.00	0.00	0.00	0.00	0.00	0.00
独立使用	216.00	96.00	96.00	0.00	0.00	0.00	0.00	0.00
甘肃电大农垦河西分校敦煌教学点	587.00	232.00	232.00	0.00	0.00	0.00	0.00	0.00
独立使用	587.00	232.00	232.00	0.00	0.00	0.00	0.00	0.00
甘肃电大农垦河西分校瓜州教学点	255.00	157.00	0.00	157.00	0.00	0.00	0.00	0.00
独立使用	255.00	157.00	0.00	157.00	0.00	0.00	0.00	0.00
甘肃电大兰州石化公司工作站	13980.00	2680.00	2000.00	80.00	500.00	0.00	0.00	100.00

建筑面积(续表35)

单位:平方米

行政办公用房	生活用房						教工住宅	其他用房
	计	学生宿舍(公寓)	学生食堂	教工宿舍(公寓)	教工食堂	生活福利及附属用房		
0.00	650.00	0.00	650.00	0.00	0.00	0.00	0.00	180.00
0.00	650.00	0.00	650.00	0.00	0.00	0.00	0.00	180.00
601.00	2153.00	1526.00	278.00	0.00	0.00	349.00	0.00	0.00
601.00	2153.00	1526.00	278.00	0.00	0.00	349.00	0.00	0.00
0.00	0.00	0.00	0.00	0.00	0.00	0.00	0.00	0.00
0.00	0.00	0.00	0.00	0.00	0.00	0.00	0.00	0.00
600.00	800.00	0.00	0.00	600.00	200.00	0.00	0.00	0.00
200.00	0.00	0.00	0.00	0.00	0.00	0.00	0.00	0.00
400.00	800.00	0.00	0.00	600.00	200.00	0.00	0.00	0.00
0.00	0.00	0.00	0.00	0.00	0.00	0.00	0.00	0.00
0.00	0.00	0.00	0.00	0.00	0.00	0.00	0.00	0.00
0.00	4046.00	2560.00	874.00	400.00	89.00	123.00	0.00	0.00
0.00	4046.00	2560.00	874.00	400.00	89.00	123.00	0.00	0.00
910.00	6730.00	4600.00	2080.00	0.00	50.00	0.00	0.00	0.00
210.00	0.00	0.00	0.00	0.00	0.00	0.00	0.00	0.00
700.00	6730.00	4600.00	2080.00	0.00	50.00	0.00	0.00	0.00
0.00	7600.00	5000.00	2000.00	500.00	100.00	0.00	0.00	0.00
0.00	7600.00	5000.00	2000.00	500.00	100.00	0.00	0.00	0.00
5.00	0.00	0.00	0.00	0.00	0.00	0.00	0.00	0.00
5.00	0.00	0.00	0.00	0.00	0.00	0.00	0.00	0.00
0.00	0.00	0.00	0.00	0.00	0.00	0.00	0.00	0.00
0.00	0.00	0.00	0.00	0.00	0.00	0.00	0.00	0.00
400.00	2880.00	1120.00	260.00	0.00	0.00	1500.00	0.00	0.00
400.00	2880.00	1120.00	260.00	0.00	0.00	1500.00	0.00	0.00
0.00	290.00	240.00	50.00	0.00	0.00	0.00	0.00	0.00
0.00	290.00	240.00	50.00	0.00	0.00	0.00	0.00	0.00
70.00	0.00	0.00	0.00	0.00	0.00	0.00	0.00	0.00
70.00	0.00	0.00	0.00	0.00	0.00	0.00	0.00	0.00
150.00	730.00	0.00	0.00	460.00	270.00	0.00	0.00	0.00
0.00	0.00	0.00	0.00	0.00	0.00	0.00	0.00	0.00
150.00	730.00	0.00	0.00	460.00	270.00	0.00	0.00	0.00
0.00	120.00	60.00	0.00	60.00	0.00	0.00	0.00	0.00
0.00	120.00	60.00	0.00	60.00	0.00	0.00	0.00	0.00
301.00	54.00	0.00	0.00	54.00	0.00	0.00	0.00	0.00
301.00	54.00	0.00	0.00	54.00	0.00	0.00	0.00	0.00
56.00	42.00	0.00	0.00	42.00	0.00	0.00	0.00	0.00
56.00	42.00	0.00	0.00	42.00	0.00	0.00	0.00	0.00
11000.00	300.00	200.00	0.00	0.00	100.00	0.00	0.00	0.00

4.4 非学校产权校舍

	合计	教学科研及辅助用房						
		计	教室	图书馆	实验室、实习场所	专用科研用房	体育馆	会堂
独立使用	13980.00	2680.00	2000.00	80.00	500.00	0.00	0.00	100.00
青海	**286130.00**	**135322.00**	**68925.00**	**3764.00**	**58403.00**	**1120.00**	**1050.00**	**2060.00**
独立使用	16780.00	12130.00	3460.00	1150.00	5500.00	1120.00	250.00	650.00
共同使用	269350.00	123192.00	65465.00	2614.00	52903.00	0.00	800.00	1410.00
果洛州广播电视大学	4418.00	2338.00	1240.00	90.00	918.00	0.00	0.00	90.00
共同使用	4418.00	2338.00	1240.00	90.00	918.00	0.00	0.00	90.00
乐都县广播电视大学	9030.00	3030.00	2150.00	220.00	260.00	0.00	0.00	400.00
独立使用	450.00	350.00	350.00	0.00	0.00	0.00	0.00	0.00
共同使用	8580.00	2680.00	1800.00	220.00	260.00	0.00	0.00	400.00
互助县广播电视大学	114533.00	31683.00	9850.00	0.00	21833.00	0.00	0.00	0.00
独立使用	900.00	750.00	750.00	0.00	0.00	0.00	0.00	0.00
共同使用	113633.00	30933.00	9100.00	0.00	21833.00	0.00	0.00	0.00
海西州广播电视大学	79136.00	37173.00	14888.00	1083.00	19802.00	0.00	800.00	600.00
独立使用	650.00	360.00	360.00	0.00	0.00	0.00	0.00	0.00
共同使用	78486.00	36813.00	14528.00	1083.00	19802.00	0.00	800.00	600.00
乌兰县广播电视大学	360.00	330.00	210.00	0.00	120.00	0.00	0.00	0.00
独立使用	30.00	0.00	0.00	0.00	0.00	0.00	0.00	0.00
共同使用	330.00	330.00	210.00	0.00	120.00	0.00	0.00	0.00
黄南州广播电视大学	2145.00	1245.00	500.00	125.00	300.00	0.00	0.00	320.00
共同使用	2145.00	1245.00	500.00	125.00	300.00	0.00	0.00	320.00
湟中县广播电视大学	6720.00	4670.00	0.00	150.00	2500.00	1120.00	250.00	650.00
独立使用	6720.00	4670.00	0.00	150.00	2500.00	1120.00	250.00	650.00
民和县广播电视大学	16714.00	12876.00	10560.00	1096.00	1220.00	0.00	0.00	0.00
共同使用	16714.00	12876.00	10560.00	1096.00	1220.00	0.00	0.00	0.00
平安县广播电视大学	8000.00	6000.00	2000.00	1000.00	3000.00	0.00	0.00	0.00
独立使用	8000.00	6000.00	2000.00	1000.00	3000.00	0.00	0.00	0.00
贵德县职业技术学校教学点	407.00	377.00	377.00	0.00	0.00	0.00	0.00	0.00
独立使用	30.00	0.00	0.00	0.00	0.00	0.00	0.00	0.00
共同使用	377.00	377.00	377.00	0.00	0.00	0.00	0.00	0.00
大通县广播电视大学	21310.00	21310.00	21310.00	0.00	0.00	0.00	0.00	0.00
共同使用	21310.00	21310.00	21310.00	0.00	0.00	0.00	0.00	0.00
海北州广播电视大学	23357.00	14290.00	5840.00	0.00	8450.00	0.00	0.00	0.00
共同使用	23357.00	14290.00	5840.00	0.00	8450.00	0.00	0.00	0.00
宁夏	**49025.01**	**36753.39**	**22633.20**	**664.00**	**10875.31**	**104.00**	**0.00**	**2476.88**
独立使用	2307.00	1239.00	780.00	176.00	27.00	36.00	0.00	220.00
共同使用	46718.01	35514.39	21853.20	488.00	10848.31	68.00	0.00	2256.88
宁夏广播电视大学	8891.00	7623.00	5960.00	316.00	303.00	104.00	0.00	940.00
独立使用	1507.00	939.00	580.00	176.00	27.00	36.00	0.00	120.00

建筑面积(续表36)

单位:平方米

行政办公用房	生活用房						教工住宅	其他用房
	计	学生宿舍(公寓)	学生食堂	教工宿舍(公寓)	教工食堂	生活福利及附属用房		
11000.00	300.00	200.00	0.00	0.00	100.00	0.00	0.00	0.00
19626.00	**62125.00**	**40923.00**	**10090.00**	**4548.00**	**3687.00**	**2877.00**	**0.00**	**69057.00**
2250.00	2400.00	1800.00	300.00	100.00	100.00	100.00	0.00	0.00
17376.00	59725.00	39123.00	9790.00	4448.00	3587.00	2777.00	0.00	69057.00
300.00	1780.00	360.00	214.00	80.00	140.00	986.00	0.00	0.00
300.00	1780.00	360.00	214.00	80.00	140.00	986.00	0.00	0.00
1300.00	4700.00	3800.00	800.00	0.00	100.00	0.00	0.00	0.00
100.00	0.00	0.00	0.00	0.00	0.00	0.00	0.00	0.00
1200.00	4700.00	3800.00	800.00	0.00	100.00	0.00	0.00	0.00
7900.00	12556.00	10521.00	1115.00	0.00	920.00	0.00	0.00	62394.00
150.00	0.00	0.00	0.00	0.00	0.00	0.00	0.00	0.00
7750.00	12556.00	10521.00	1115.00	0.00	920.00	0.00	0.00	62394.00
6290.00	29010.00	14430.00	6114.00	4268.00	2407.00	1791.00	0.00	6663.00
290.00	0.00	0.00	0.00	0.00	0.00	0.00	0.00	0.00
6000.00	29010.00	14430.00	6114.00	4268.00	2407.00	1791.00	0.00	6663.00
30.00	0.00	0.00	0.00	0.00	0.00	0.00	0.00	0.00
30.00	0.00	0.00	0.00	0.00	0.00	0.00	0.00	0.00
0.00	0.00	0.00	0.00	0.00	0.00	0.00	0.00	0.00
100.00	800.00	600.00	80.00	100.00	20.00	0.00	0.00	0.00
100.00	800.00	600.00	80.00	100.00	20.00	0.00	0.00	0.00
650.00	1400.00	1200.00	200.00	0.00	0.00	0.00	0.00	0.00
650.00	1400.00	1200.00	200.00	0.00	0.00	0.00	0.00	0.00
606.00	3232.00	2912.00	320.00	0.00	0.00	0.00	0.00	0.00
606.00	3232.00	2912.00	320.00	0.00	0.00	0.00	0.00	0.00
1000.00	1000.00	600.00	100.00	100.00	100.00	100.00	0.00	0.00
1000.00	1000.00	600.00	100.00	100.00	100.00	100.00	0.00	0.00
30.00	0.00	0.00	0.00	0.00	0.00	0.00	0.00	0.00
30.00	0.00	0.00	0.00	0.00	0.00	0.00	0.00	0.00
0.00	0.00	0.00	0.00	0.00	0.00	0.00	0.00	0.00
0.00	0.00	0.00	0.00	0.00	0.00	0.00	0.00	0.00
0.00	0.00	0.00	0.00	0.00	0.00	0.00	0.00	0.00
1420.00	7647.00	6500.00	1147.00	0.00	0.00	0.00	0.00	0.00
1420.00	7647.00	6500.00	1147.00	0.00	0.00	0.00	0.00	0.00
11829.62	**41.00**	**0.00**	**0.00**	**0.00**	**0.00**	**41.00**	**0.00**	**401.00**
1068.00	0.00	0.00	0.00	0.00	0.00	0.00	0.00	0.00
10761.62	41.00	0.00	0.00	0.00	0.00	41.00	0.00	401.00
1228.00	40.00	0.00	0.00	0.00	0.00	40.00	0.00	0.00
568.00	0.00	0.00	0.00	0.00	0.00	0.00	0.00	0.00

4.4 非学校产权校舍

	合计	教学科研及辅助用房						
		计	教室	图书馆	实验室、实习场所	专用科研用房	体育馆	会堂
共同使用	7384.00	6684.00	5380.00	140.00	276.00	68.00	0.00	820.00
吴忠电大分校	880.00	880.00	500.00	60.00	120.00	0.00	0.00	200.00
独立使用	200.00	200.00	200.00	0.00	0.00	0.00	0.00	0.00
共同使用	680.00	680.00	300.00	60.00	120.00	0.00	0.00	200.00
宁夏青铜峡市电大工作站	1000.00	360.00	360.00	0.00	0.00	0.00	0.00	0.00
共同使用	1000.00	360.00	360.00	0.00	0.00	0.00	0.00	0.00
中宁教学点	4600.00	3600.00	3400.00	0.00	0.00	0.00	0.00	200.00
独立使用	600.00	100.00	0.00	0.00	0.00	0.00	0.00	100.00
共同使用	4000.00	3500.00	3400.00	0.00	0.00	0.00	0.00	100.00
宁夏广播电视大学盐池县工作站	700.00	700.00	600.00	0.00	100.00	0.00	0.00	0.00
共同使用	700.00	700.00	600.00	0.00	100.00	0.00	0.00	0.00
宁夏平罗电大工作站	32946.01	23586.39	11809.20	288.00	10352.31	0.00	0.00	1136.88
共同使用	32946.01	23586.39	11809.20	288.00	10352.31	0.00	0.00	1136.88
西吉教学点	8.00	4.00	4.00	0.00	0.00	0.00	0.00	0.00
共同使用	8.00	4.00	4.00	0.00	0.00	0.00	0.00	0.00
新疆	**30416.00**	**19413.00**	**11923.00**	**1481.00**	**2449.00**	**0.00**	**1780.00**	**1780.00**
独立使用	1110.00	820.00	790.00	30.00	0.00	0.00	0.00	0.00
共同使用	29306.00	18593.00	11133.00	1451.00	2449.00	0.00	1780.00	1780.00
阿勒泰电大哈巴河县电大工作站	990.00	830.00	500.00	80.00	150.00	0.00	0.00	100.00
共同使用	990.00	830.00	500.00	80.00	150.00	0.00	0.00	100.00
阿勒泰电大青河工作站	500.00	500.00	0.00	200.00	0.00	0.00	0.00	300.00
共同使用	500.00	500.00	0.00	200.00	0.00	0.00	0.00	300.00
塔城电大裕民县电大分校	250.00	220.00	220.00	0.00	0.00	0.00	0.00	0.00
独立使用	30.00	0.00	0.00	0.00	0.00	0.00	0.00	0.00
共同使用	220.00	220.00	220.00	0.00	0.00	0.00	0.00	0.00
巴州若羌县电大	2000.00	1664.00	1584.00	80.00	0.00	0.00	0.00	0.00
共同使用	2000.00	1664.00	1584.00	80.00	0.00	0.00	0.00	0.00
巴州和静电大工作站	840.00	740.00	740.00	0.00	0.00	0.00	0.00	0.00
共同使用	840.00	740.00	740.00	0.00	0.00	0.00	0.00	0.00
巴州电大和硕工作站	450.00	350.00	350.00	0.00	0.00	0.00	0.00	0.00
共同使用	450.00	350.00	350.00	0.00	0.00	0.00	0.00	0.00
阿克苏电大阿瓦提县电大分校	4600.00	4300.00	2100.00	800.00	0.00	0.00	800.00	600.00
独立使用	500.00	500.00	500.00	0.00	0.00	0.00	0.00	0.00
共同使用	4100.00	3800.00	1600.00	800.00	0.00	0.00	800.00	600.00
阿克苏库车县教育局	1120.00	920.00	840.00	0.00	0.00	0.00	0.00	80.00
独立使用	320.00	120.00	120.00	0.00	0.00	0.00	0.00	0.00
共同使用	800.00	800.00	720.00	0.00	0.00	0.00	0.00	80.00
博州电大精河分校	3399.00	3199.00	1200.00	0.00	1999.00	0.00	0.00	0.00

建筑面积(续表37)

单位:平方米

行政办公用房	生活用房						教工住宅	其他用房
	计	学生宿舍(公寓)	学生食堂	教工宿舍(公寓)	教工食堂	生活福利及附属用房		
660.00	40.00	0.00	0.00	0.00	0.00	40.00	0.00	0.00
0.00	0.00	0.00	0.00	0.00	0.00	0.00	0.00	0.00
0.00	0.00	0.00	0.00	0.00	0.00	0.00	0.00	0.00
0.00	0.00	0.00	0.00	0.00	0.00	0.00	0.00	0.00
240.00	0.00	0.00	0.00	0.00	0.00	0.00	0.00	400.00
240.00	0.00	0.00	0.00	0.00	0.00	0.00	0.00	400.00
1000.00	0.00	0.00	0.00	0.00	0.00	0.00	0.00	0.00
500.00	0.00	0.00	0.00	0.00	0.00	0.00	0.00	0.00
500.00	0.00	0.00	0.00	0.00	0.00	0.00	0.00	0.00
0.00	0.00	0.00	0.00	0.00	0.00	0.00	0.00	0.00
0.00	0.00	0.00	0.00	0.00	0.00	0.00	0.00	0.00
9359.62	0.00	0.00	0.00	0.00	0.00	0.00	0.00	0.00
9359.62	0.00	0.00	0.00	0.00	0.00	0.00	0.00	0.00
2.00	1.00	0.00	0.00	0.00	0.00	1.00	0.00	1.00
2.00	1.00	0.00	0.00	0.00	0.00	1.00	0.00	1.00
3837.00	**7126.00**	**4138.00**	**2788.00**	**200.00**	**0.00**	**0.00**	**0.00**	**40.00**
250.00	0.00	0.00	0.00	0.00	0.00	0.00	0.00	40.00
3587.00	7126.00	4138.00	2788.00	200.00	0.00	0.00	0.00	0.00
160.00	0.00	0.00	0.00	0.00	0.00	0.00	0.00	0.00
160.00	0.00	0.00	0.00	0.00	0.00	0.00	0.00	0.00
0.00	0.00	0.00	0.00	0.00	0.00	0.00	0.00	0.00
0.00	0.00	0.00	0.00	0.00	0.00	0.00	0.00	0.00
30.00	0.00	0.00	0.00	0.00	0.00	0.00	0.00	0.00
30.00	0.00	0.00	0.00	0.00	0.00	0.00	0.00	0.00
0.00	0.00	0.00	0.00	0.00	0.00	0.00	0.00	0.00
336.00	0.00	0.00	0.00	0.00	0.00	0.00	0.00	0.00
336.00	0.00	0.00	0.00	0.00	0.00	0.00	0.00	0.00
100.00	0.00	0.00	0.00	0.00	0.00	0.00	0.00	0.00
100.00	0.00	0.00	0.00	0.00	0.00	0.00	0.00	0.00
100.00	0.00	0.00	0.00	0.00	0.00	0.00	0.00	0.00
100.00	0.00	0.00	0.00	0.00	0.00	0.00	0.00	0.00
300.00	0.00	0.00	0.00	0.00	0.00	0.00	0.00	0.00
0.00	0.00	0.00	0.00	0.00	0.00	0.00	0.00	0.00
300.00	0.00	0.00	0.00	0.00	0.00	0.00	0.00	0.00
160.00	0.00	0.00	0.00	0.00	0.00	0.00	0.00	40.00
160.00	0.00	0.00	0.00	0.00	0.00	0.00	0.00	40.00
0.00	0.00	0.00	0.00	0.00	0.00	0.00	0.00	0.00
0.00	200.00	0.00	0.00	200.00	0.00	0.00	0.00	0.00

4.4 非学校产权校舍

	合计	教学科研及辅助用房						
		计	教室	图书馆	实验室、实习场所	专用科研用房	体育馆	会堂
共同使用	3399.00	3199.00	1200.00	0.00	1999.00	0.00	0.00	0.00
克州电大阿克陶县教学点	900.00	900.00	400.00	0.00	300.00	0.00	0.00	200.00
共同使用	900.00	900.00	400.00	0.00	300.00	0.00	0.00	200.00
伊犁州电大巩留县电大教学点	2250.00	1500.00	1000.00	0.00	0.00	0.00	0.00	500.00
共同使用	2250.00	1500.00	1000.00	0.00	0.00	0.00	0.00	500.00
吐鲁番电大鄯善工作站	260.00	200.00	170.00	30.00	0.00	0.00	0.00	0.00
独立使用	260.00	200.00	170.00	30.00	0.00	0.00	0.00	0.00
铁路电大	12857.00	4090.00	2819.00	291.00	0.00	0.00	980.00	0.00
共同使用	12857.00	4090.00	2819.00	291.00	0.00	0.00	980.00	0.00
新疆兵团	41385.00	14267.00	8302.00	4090.00	807.00	560.00	0.00	508.00
独立使用	10563.00	4807.00	3572.00	180.00	647.00	0.00	0.00	408.00
共同使用	30822.00	9460.00	4730.00	3910.00	160.00	560.00	0.00	100.00
农一师分校	10332.00	2514.00	1836.00	120.00	150.00	0.00	0.00	408.00
独立使用	3970.00	2514.00	1836.00	120.00	150.00	0.00	0.00	408.00
共同使用	6362.00	0.00	0.00	0.00	0.00	0.00	0.00	0.00
农十师分校	6593.00	2293.00	1736.00	60.00	497.00	0.00	0.00	0.00
独立使用	6593.00	2293.00	1736.00	60.00	497.00	0.00	0.00	0.00
农十二师分校	24460.00	9460.00	4730.00	3910.00	160.00	560.00	0.00	100.00
共同使用	24460.00	9460.00	4730.00	3910.00	160.00	560.00	0.00	100.00
总参学院	40.00	40.00	40.00	0.00	0.00	0.00	0.00	0.00
共同使用	40.00	40.00	40.00	0.00	0.00	0.00	0.00	0.00
国家开放大学总参学院	40.00	40.00	40.00	0.00	0.00	0.00	0.00	0.00
共同使用	40.00	40.00	40.00	0.00	0.00	0.00	0.00	0.00
西藏学院	4195.00	2850.00	2850.00	0.00	0.00	0.00	0.00	0.00
独立使用	1975.00	630.00	630.00	0.00	0.00	0.00	0.00	0.00
共同使用	2220.00	2220.00	2220.00	0.00	0.00	0.00	0.00	0.00
国家开放大学西藏学院	1560.00	900.00	900.00	0.00	0.00	0.00	0.00	0.00
独立使用	840.00	180.00	180.00	0.00	0.00	0.00	0.00	0.00
共同使用	720.00	720.00	720.00	0.00	0.00	0.00	0.00	0.00
国家开放大学西藏学院日喀则学习中心	495.00	450.00	450.00	0.00	0.00	0.00	0.00	0.00
独立使用	135.00	90.00	90.00	0.00	0.00	0.00	0.00	0.00
共同使用	360.00	360.00	360.00	0.00	0.00	0.00	0.00	0.00
国家开放大学西藏学院山南学习中心	855.00	615.00	615.00	0.00	0.00	0.00	0.00	0.00
独立使用	375.00	135.00	135.00	0.00	0.00	0.00	0.00	0.00
共同使用	480.00	480.00	480.00	0.00	0.00	0.00	0.00	0.00
西藏学院林芝地区学习中心	480.00	330.00	330.00	0.00	0.00	0.00	0.00	0.00
独立使用	240.00	90.00	90.00	0.00	0.00	0.00	0.00	0.00
共同使用	240.00	240.00	240.00	0.00	0.00	0.00	0.00	0.00

建筑面积(续表 38)

单位:平方米

行政办公用房	生活用房						教工住宅	其他用房
	计	学生宿舍(公寓)	学生食堂	教工宿舍(公寓)	教工食堂	生活福利及附属用房		
0.00	200.00	0.00	0.00	200.00	0.00	0.00	0.00	0.00
0.00	0.00	0.00	0.00	0.00	0.00	0.00	0.00	0.00
0.00	0.00	0.00	0.00	0.00	0.00	0.00	0.00	0.00
0.00	750.00	0.00	750.00	0.00	0.00	0.00	0.00	0.00
0.00	750.00	0.00	750.00	0.00	0.00	0.00	0.00	0.00
60.00	0.00	0.00	0.00	0.00	0.00	0.00	0.00	0.00
60.00	0.00	0.00	0.00	0.00	0.00	0.00	0.00	0.00
2591.00	6176.00	4138.00	2038.00	0.00	0.00	0.00	0.00	0.00
2591.00	6176.00	4138.00	2038.00	0.00	0.00	0.00	0.00	0.00
2916.00	23795.00	14668.00	4199.00	3728.00	1200.00	0.00	0.00	407.00
1716.00	3633.00	1406.00	499.00	1728.00	0.00	0.00	0.00	407.00
1200.00	20162.00	13262.00	3700.00	2000.00	1200.00	0.00	0.00	0.00
1456.00	6362.00	6362.00	0.00	0.00	0.00	0.00	0.00	0.00
1456.00	0.00	0.00	0.00	0.00	0.00	0.00	0.00	0.00
0.00	6362.00	6362.00	0.00	0.00	0.00	0.00	0.00	0.00
260.00	3633.00	1406.00	499.00	1728.00	0.00	0.00	0.00	407.00
260.00	3633.00	1406.00	499.00	1728.00	0.00	0.00	0.00	407.00
1200.00	13800.00	6900.00	3700.00	2000.00	1200.00	0.00	0.00	0.00
1200.00	13800.00	6900.00	3700.00	2000.00	1200.00	0.00	0.00	0.00
0.00	0.00	0.00	0.00	0.00	0.00	0.00	0.00	0.00
0.00	0.00	0.00	0.00	0.00	0.00	0.00	0.00	0.00
0.00	0.00	0.00	0.00	0.00	0.00	0.00	0.00	0.00
0.00	0.00	0.00	0.00	0.00	0.00	0.00	0.00	0.00
615.00	730.00	0.00	0.00	730.00	0.00	0.00	0.00	0.00
615.00	730.00	0.00	0.00	730.00	0.00	0.00	0.00	0.00
0.00	0.00	0.00	0.00	0.00	0.00	0.00	0.00	0.00
360.00	300.00	0.00	0.00	300.00	0.00	0.00	0.00	0.00
360.00	300.00	0.00	0.00	300.00	0.00	0.00	0.00	0.00
0.00	0.00	0.00	0.00	0.00	0.00	0.00	0.00	0.00
45.00	0.00	0.00	0.00	0.00	0.00	0.00	0.00	0.00
45.00	0.00	0.00	0.00	0.00	0.00	0.00	0.00	0.00
0.00	0.00	0.00	0.00	0.00	0.00	0.00	0.00	0.00
60.00	180.00	0.00	0.00	180.00	0.00	0.00	0.00	0.00
60.00	180.00	0.00	0.00	180.00	0.00	0.00	0.00	0.00
0.00	0.00	0.00	0.00	0.00	0.00	0.00	0.00	0.00
60.00	90.00	0.00	0.00	90.00	0.00	0.00	0.00	0.00
60.00	90.00	0.00	0.00	90.00	0.00	0.00	0.00	0.00
0.00	0.00	0.00	0.00	0.00	0.00	0.00	0.00	0.00

4.4 非学校产权校舍

	合计	教学科研及辅助用房						
		计	教室	图书馆	实验室、实习场所	专用科研用房	体育馆	会堂
西藏学院昌都地区学习中心	805.00	555.00	555.00	0.00	0.00	0.00	0.00	0.00
独立使用	385.00	135.00	135.00	0.00	0.00	0.00	0.00	0.00
共同使用	420.00	420.00	420.00	0.00	0.00	0.00	0.00	0.00
残疾人教育学院	5756.00	3624.00	2064.00	856.00	285.00	0.00	219.00	200.00
独立使用	50.00	0.00	0.00	0.00	0.00	0.00	0.00	0.00
共同使用	5706.00	3624.00	2064.00	856.00	285.00	0.00	219.00	200.00
国家开放大学残疾人教育学院	87.00	0.00	0.00	0.00	0.00	0.00	0.00	0.00
独立使用	50.00	0.00	0.00	0.00	0.00	0.00	0.00	0.00
共同使用	37.00	0.00	0.00	0.00	0.00	0.00	0.00	0.00
青岛电大教学点	2589.00	804.00	404.00	36.00	145.00	0.00	219.00	0.00
共同使用	2589.00	804.00	404.00	36.00	145.00	0.00	219.00	0.00
柳州市广播电视大学	3080.00	2820.00	1660.00	820.00	140.00	0.00	0.00	200.00
共同使用	3080.00	2820.00	1660.00	820.00	140.00	0.00	0.00	200.00

建筑面积(续表39)

单位:平方米

行政办公用房	生活用房 计	学生宿舍(公寓)	学生食堂	教工宿舍(公寓)	教工食堂	生活福利及附属用房	教工住宅	其他用房
90.00	160.00	0.00	0.00	160.00	0.00	0.00	0.00	0.00
90.00	160.00	0.00	0.00	160.00	0.00	0.00	0.00	0.00
0.00	0.00	0.00	0.00	0.00	0.00	0.00	0.00	0.00
570.00	651.00	276.00	85.00	0.00	170.00	120.00	0.00	911.00
50.00	0.00	0.00	0.00	0.00	0.00	0.00	0.00	0.00
520.00	651.00	276.00	85.00	0.00	170.00	120.00	0.00	911.00
87.00	0.00	0.00	0.00	0.00	0.00	0.00	0.00	0.00
50.00	0.00	0.00	0.00	0.00	0.00	0.00	0.00	0.00
37.00	0.00	0.00	0.00	0.00	0.00	0.00	0.00	0.00
223.00	651.00	276.00	85.00	0.00	170.00	120.00	0.00	911.00
223.00	651.00	276.00	85.00	0.00	170.00	120.00	0.00	911.00
260.00	0.00	0.00	0.00	0.00	0.00	0.00	0.00	0.00
260.00	0.00	0.00	0.00	0.00	0.00	0.00	0.00	0.00

V 发展与比较

本章将开放大学的历史发展和现状与全国普通高等学校和其他成人高等学校同期的有关统计数据进行比较，通过图和表的形式，展示开放大学和全国普通高等学校、其他成人高等学校的发展状况。

主要内容包括：

- 全国高等院校学生和教职工发展情况比较；
- 全国高等学历本专科网络教育学生情况；
- 开放大学各分部开放教育学生数比较；
- 开放大学各分部开放教育学生数占当地人口数比例；
- 开放大学各分部教职工数比较。

指标解释

- **普通高校**：指按国家规定的设置标准和审批程序批准举办的，通过全国普通高等教育统一招生考试，招收高中毕业生为主要培养对象，实施高等学历教育的全日制大学、独立设置的学院和高等专科学校、高等职业学校及其他机构（独立学院和分校、大专班）。
- **成人高校**：指按国家规定的设置标准和审批程序批准举办的，通过全国成人高等教育统一招生考试，招收具有高中毕业或同等学力的人员为主要培养对象，利用函授、业余、脱产等多种形式对其实施高等学历教育的学校，包括职工高等学校、农民高等学校、管理干部学院、教育学院、独立函授学院、广播电视大学、开放大学其他机构（承担国家成人招生计划任务不计校数的机构）。
- **普高成人教育**：指普通高等学校举办的成人本专科学历教育。
- **其他成人高校**：指广播电视大学、开放大学以外的全国成人高等学校。
- **全国高校**：指全国普通高等学校和成人高等学校。
- **成人高教**：即成人高等教育，指普通高等学校和成人高等学校举办的成人本专科学历教育。

5.1 全国高等院校学生和

5.1.1 全国普通高校、成人高校、开放大学毕业生、

年份	毕业生数						招生数					
	合计	普通高校	成人高校				合计	普通高校	成人高校			
			小计	普高举办的成人教育	其他成人高校	电大(开放大学)			小计	普高举办的成人教育	其他成人高校	电大(开放大学)
1979	8.51	8.51	/	/	/	/	/	27.5	/	/	/	9.77
1980	25.07	14.66	10.41	1.30	9.11	/	48.47	28.1	20.37	7.23	5.20	7.94
1981	23.38	13.96	9.42	0.70	8.72	/	/	27.9	/	5.61	3.85	/
1982	68.41	45.72	22.69	3.19	10.30	9.20	58.92	31.5	27.42	3.91	5.01	18.50
1983	47.15	33.53	13.62	1.68	5.15	6.79	80.78	39.1	41.68	8.87	9.25	23.56
1984	45.09	28.70	16.39	5.33	9.36	1.70	94.86	47.5	47.36	12.25	14.52	20.59
1985	66.33	31.63	34.70	6.27	11.91	16.52	140.68	61.9	78.78	23.53	27.94	27.31
1986	84.29	39.28	45.01	7.11	13.02	24.88	113.64	57.2	56.44	15.13	19.79	21.52
1987	101.32	53.19	48.13	10.61	19.63	17.89	111.53	61.7	49.83	16.90	19.93	13.00
1988	130.74	55.35	75.39	20.06	27.83	27.50	136.80	66.97	69.83	24.76	25.88	19.19
1989	107.55	57.62	49.93	15.81	21.00	13.12	117.55	59.71	57.84	25.28	20.11	12.45
1990	110.24	61.36	48.88	16.87	19.96	12.05	110.13	60.89	49.24	20.76	17.26	11.22
1991	123.47	61.43	62.04	26.12	19.63	16.29	108.54	61.99	46.55	20.42	15.78	10.35
1992	112.20	60.42	51.78	26.24	13.44	12.10	134.59	75.42	59.17	21.38	23.43	14.36
1993	101.19	57.07	44.12	13.66	20.66	9.80	179.17	92.90	86.27	25.30	39.11	21.86
1994	109.28	63.74	45.54	17.82	17.65	10.07	168.48	89.98	78.50	50.13	5.15	23.22
1995	144.15	80.54	63.61	25.44	22.39	15.78	183.97	92.59	91.38	46.74	24.58	24.25
1996	161.01	83.86	77.15	34.40	23.74	19.01	206.70	96.58	110.12	48.12	25.79	32.03
1997	172.38	82.91	89.47	45.35	25.41	18.71	211.66	100.04	111.62	52.46	27.87	31.29
1998	182.88	82.98	99.90	42.88	39.69	17.33	239.76	108.36	131.40	54.39	45.75	31.50
1999	174.93	84.76	90.17	47.65	24.03	18.49	281.22	154.86	126.36	66.74	29.57	33.05
2000	192.14	94.98	97.16	55.16	23.00	19.00	404.05	220.61	183.44	104.88	35.35	43.21
2001	207.49	103.63	103.86	61.42	20.72	21.72	503.41	268.28	235.13	143.55	35.89	55.69
2002	265.16	133.73	131.43	80.35	23.18	27.90	587.85	320.50	267.35	171.75	36.21	59.39
2003	371.90	187.75	184.15	117.00	27.07	40.08	443.71	382.17	61.54	00.00	00.00	61.54
2004	466.36	239.12	227.24	147.28	28.89	51.07	732.68	447.34	285.34	178.27	31.06	76.01
2005	524.65	306.80	217.85	138.93	18.36	60.56	762.58	504.46	258.12	163.26	21.40	73.46
2006	525.60	377.47	148.13	63.82	11.17	73.14	800.58	546.05	254.53	159.80	18.40	76.33
2007	686.05	447.79	238.26	151.09	17.81	69.36	830.85	565.92	264.93	167.73	17.44	79.76
2008	739.66	511.95	227.71	146.44	16.26	65.01	896.71	607.66	289.05	180.35	15.88	92.82
2009	780.99	531.10	249.89	172.55	15.54	61.80	935.71	639.49	296.22	180.40	14.38	101.44
2010	838.34	575.42	262.92	177.30	13.93	71.69	961.53	661.76	299.77	190.07	12.51	97.19
2011	871.26	608.16	263.1	171.68	12.11	79.31	997.81	681.5	316.31	201.05	11.78	103.48
2012	879.67	618.64	261.03	178.67	11.2	71.16	1022.84	683.85	338.99	224.48	13.15	101.36
2013	913.96	638.72	275.24	184.36	9.92	80.96	1057.08	699.83	357.25	237.26	12.41	107.58
2014	960.10	659.37	300.73	204.16	11.01	85.56	1072.03	721.40	350.63	246.99	11.23	92.41
2015	997.06	680.89	316.17	218.76	11.58	85.83	1057.04	737.85	319.19	220.93	8.92	89.34
累计	12319.96	7816.74	4503.22	2637.46	634.38	1231.38	15793.91	10131.36	5717.95	3320.68	701.78	1717.97

注：本表学生数为高等教育本科、专科学生数。

教职工发展情况比较

招生、在校生、教职工数比较表（1979—2015 年）

单位：万人

在校生数						教职工数							
合计	普通高校	成人高校				合计	其中：专任教师	普通高校		其他成人高校		电大(开放大学)	
		小计	普高举办的成人教育	其他成人高校	电大(开放大学)			计	其中：专任教师	计	其中：专任教师	计	其中：专任教师
/	102.0	/	/	/	9.75	63.32	27.01	57.4	23.66	5.00	2.96	0.92	0.39
269.80	114.4	155.40	18.78	119.82	16.80	69.65	28.01	63.2	24.69	5.21	2.77	1.24	0.55
262.50	127.9	134.60	22.65	94.91	17.04	73.12	28.27	66.6	24.99	5.03	2.63	1.49	0.65
232.70	115.4	117.30	19.73	71.72	25.85	81.70	33.48	73.0	28.70	6.44	3.69	2.06	1.09
233.50	120.7	112.80	26.45	44.94	41.41	86.52	35.77	76.3	30.29	7.94	4.33	2.28	1.15
268.89	139.6	129.29	31.91	37.47	59.91	91.85	38.33	80.4	31.50	9.09	5.66	2.36	1.17
342.80	170.3	172.50	49.30	55.84	67.36	101.44	41.35	87.1	34.43	11.86	5.80	2.48	1.12
373.57	188.0	185.57	56.31	68.82	60.44	111.12	45.78	93.1	37.24	14.95	7.23	3.07	1.31
381.70	195.9	185.80	61.28	67.93	56.59	115.71	46.97	96.9	38.54	16.46	7.52	2.35	0.91
379.36	206.6	172.76	63.51	63.87	45.38	118.85	47.71	99.4	39.32	17.03	7.42	2.42	0.97
382.31	208.2	174.11	70.95	61.42	41.74	120.09	48.49	100.4	39.74	17.12	7.72	2.57	1.03
372.94	206.3	166.64	72.53	53.34	40.77	120.66	48.26	100.5	39.46	16.55	7.68	3.61	1.12
351.71	204.4	147.31	72.37	41.47	33.47	121.35	48.00	100.9	39.08	16.61	7.39	3.84	1.53
366.31	218.44	147.87	56.21	58.62	33.04	121.95	47.65	101.36	38.76	16.56	7.26	4.03	1.63
439.84	253.55	186.29	58.13	84.30	43.86	122.59	47.73	102.12	38.78	16.17	7.15	4.30	1.80
515.03	279.86	235.17	112.77	67.61	54.79	125.03	49.13	104.03	39.64	16.25	7.40	4.75	2.09
547.65	290.64	257.01	133.87	68.61	58.72	125.92	49.89	104.06	40.07	16.84	7.55	5.02	2.27
583.28	302.11	281.17	142.91	69.04	69.22	125.00	50.11	103.58	40.25	16.00	7.35	5.42	2.51
616.60	317.44	299.16	148.95	71.57	78.64	125.18	50.75	103.15	40.45	16.49	7.67	5.54	2.63
711.91	340.87	371.04	161.41	120.81	88.82	106.58	50.69	85.57	40.73	15.43	7.29	5.58	2.67
760.26	408.59	351.67	182.84	73.66	95.17	108.55	51.14	88.11	42.57	14.69	5.75	5.75	2.82
989.89	556.09	433.80	241.87	77.07	114.86	130.52	55.92	111.28	46.28	13.03	6.51	6.21	3.13
1286.12	719.07	567.05	333.38	82.57	151.10	139.54	62.40	121.44	53.19	11.55	5.85	6.55	3.36
1574.97	903.36	671.61	432.98	87.67	150.96	147.65	70.99	130.36	61.84	10.35	5.46	6.94	3.69
1666.57	1108.56	558.01	315.98	60.60	181.43	162.46	81.78	145.26	72.47	9.40	5.06	7.80	4.25
1932.57	1333.50	599.07	345.69	52.71	200.67	177.57	95.04	161.07	85.84	8.55	4.82	7.95	4.38
2198.93	1561.78	637.15	365.76	50.28	221.11	190.26	105.68	174.21	96.58	7.92	4.57	8.13	4.53
2461.95	1738.84	723.11	454.67	51.43	217.01	203.07	116.79	187.26	107.60	7.32	4.36	8.49	4.83
2615.09	1884.90	730.19	461.09	46.56	222.54	212.72	125.81	197.45	116.83	6.66	4.02	8.61	4.96
2796.61	2021.03	775.58	488.88	43.25	243.45	219.95	132.64	205.10	123.75	6.27	3.83	8.58	5.06
2954.20	2144.66	809.54	487.16	37.77	284.61	225.64	138.26	211.15	129.53	5.86	3.63	8.63	5.10
3047.18	2231.79	815.39	489.40	30.67	295.32	230.21	143.19	215.66	134.31	5.10	3.17	9.45	5.71
3148.97	2308.51	840.46	504.66	28.23	307.57	234.67	148.42	220.48	139.27	4.80	2.98	9.39	5.72
3291.01	2374.91	916.10	539.28	28.92	347.90	237.56	151.53	225.44	144.03	4.52	2.83	7.60	4.67
3444.84	2468.07	976.77	581.64	28.40	366.73	241.15	156.82	229.63	149.69	3.80	2.37	7.72	4.76
3543.79	2547.70	996.09	607.90	27.72	360.47	247.13	162.27	233.57	153.45	3.49	2.19	10.07	6.63
3593.51	2625.30	968.21	594.27	23.55	350.39	250.31	166.01	236.93	157.26	3.29	2.04	10.09	6.71
/	/	/	/	/	/	/	/	/	/	/	/	/	/

5.1.2 全国普通高校、成人高校与开放教育毕业生发展情况比较图 (1996—2015年)

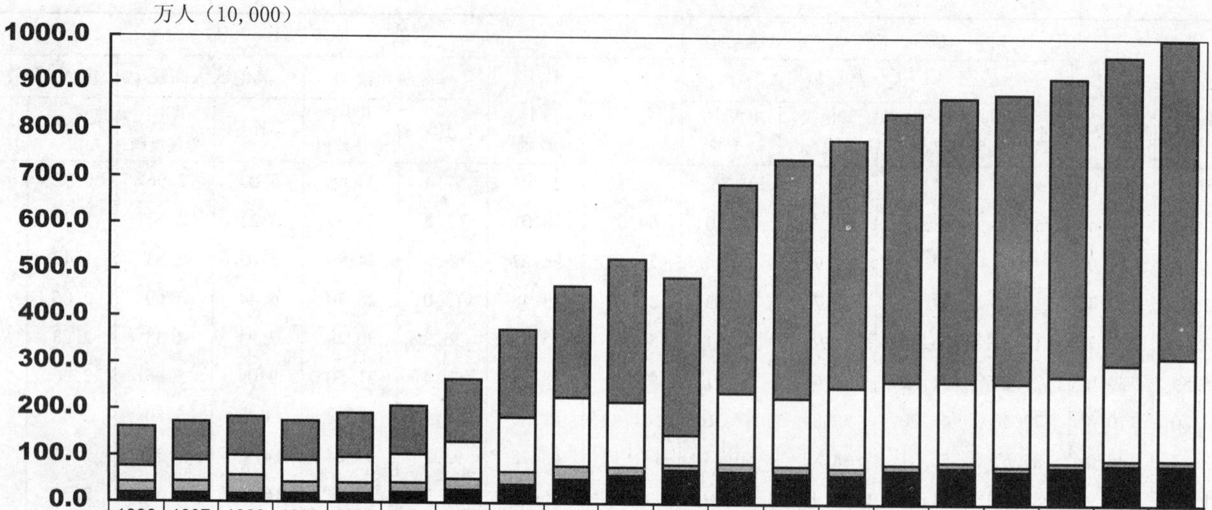

	1996	1997	1998	1999	2000	2001	2002	2003	2004	2005	2006	2007	2008	2009	2010	2011	2012	2013	2014	2015
普通高校	83.9	82.9	83	84.8	94.98	103.9	133.7	187.8	239.1	306.8	337.5	447.8	512	531.1	575.4	608.2	618.6	638.7	659.4	680.9
普高成人教育	34.4	45.4	42.9	47.7	55.16	61.42	80.35	117.0	147.3	138.9	63.82	151.1	146.4	172.6	177.3	171.7	178.7	184.4	204.2	218.8
其他成人高校	23.7	25.4	39.7	24	23	20.72	23.18	27.07	28.89	18.36	11.17	17.81	16.26	15.54	13.93	12.11	11.2	9.92	11.01	11.58
开放教育	19	18.7	17.33	18.49	19	21.72	27.90	40.08	51.07	60.56	73.14	69.36	65.01	61.8	71.69	79.31	71.16	80.96	85.56	85.83

5.1.3 开放教育毕业生在全国高校、成人高等教育、成人高校毕业生中所占比例 (1996—2015年)

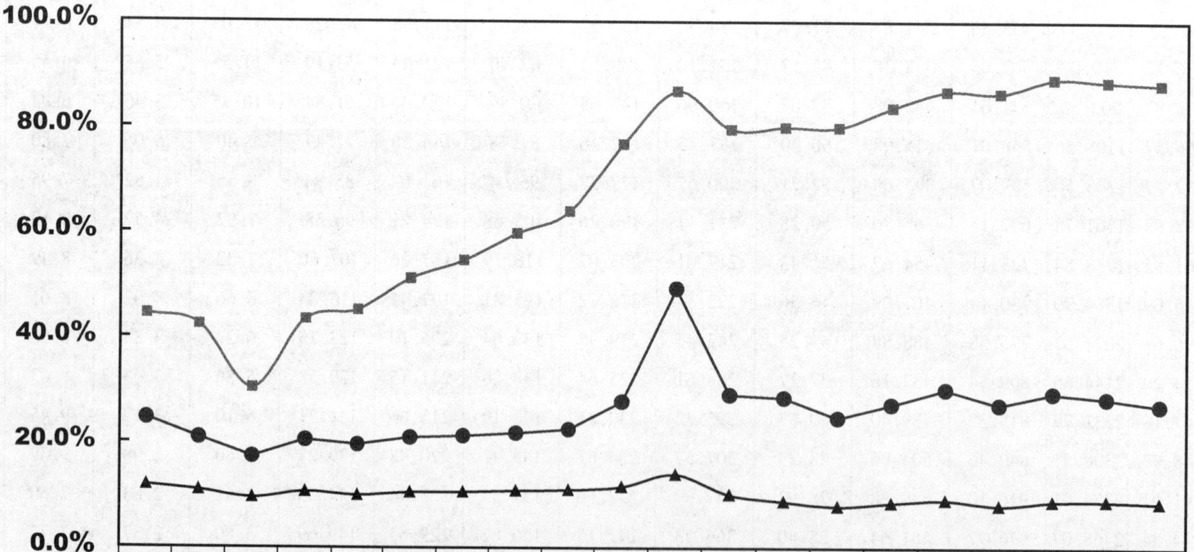

	1996	1997	1998	1999	2000	2001	2002	2003	2004	2005	2006	2007	2008	2009	2010	2011	2012	2013	2014	2015
在成人高校中	44.47	42.41	30.39	43.49	45.24	51.18	54.62	59.69	63.87	76.74	86.75	79.57	79.99	79.91	83.7	86.75	86.4	89.08	88.6	88.11
在成人高教中	24.6	20.9	17.34	20.51	19.56	20.91	21.23	21.76	22.47	27.8	49.38	29.11	28.55	24.73	27.3	30.14	27.26	29.41	28.45	27.14
在全国高校中	11.8	10.9	9.48	10.57	9.9	10.47	10.52	10.78	10.95	11.54	13.92	10.11	8.79	7.9	8.6	9.1	8.09	8.86	8.91	8.61

5.1.4 全国普通高校、成人高校与开放教育招生发展情况比较图（1996—2015 年）

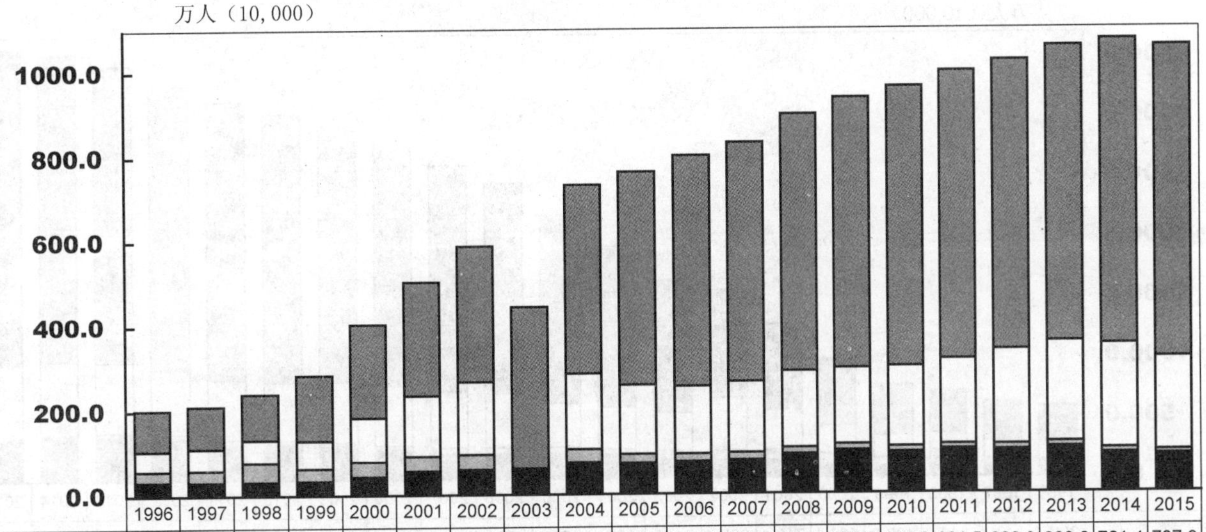

	1996	1997	1998	1999	2000	2001	2002	2003	2004	2005	2006	2007	2008	2009	2010	2011	2012	2013	2014	2015
普通高校	96.6	100	108.4	154.9	220.6	268.3	320.5	382.2	447.3	504.5	546.1	565.9	607.7	639.5	661.8	681.5	683.9	699.8	721.4	737.9
普高成人教育	48.1	52.5	54.4	66.7	104.9	143.6	171.8	0	178.3	163.3	159.8	167.7	180.4	180.4	190.1	201.1	224.5	237.3	247	220.9
其他成人高校	25.8	27.9	45.8	29.6	35.35	35.89	36.21	0	31.06	21.4	18.4	17.44	15.88	14.38	12.51	11.78	13.15	12.41	11.23	8.92
开放教育	32.03	31.29	31.5	33.05	43.21	55.69	59.39	61.54	76.01	73.46	76.33	79.76	92.82	101.4	97.19	103.5	101.4	107.6	92.41	89.34

5.1.5 开放教育招生在全国高校、成人高等教育、成人高校招生中所占比例（1996—2015 年）

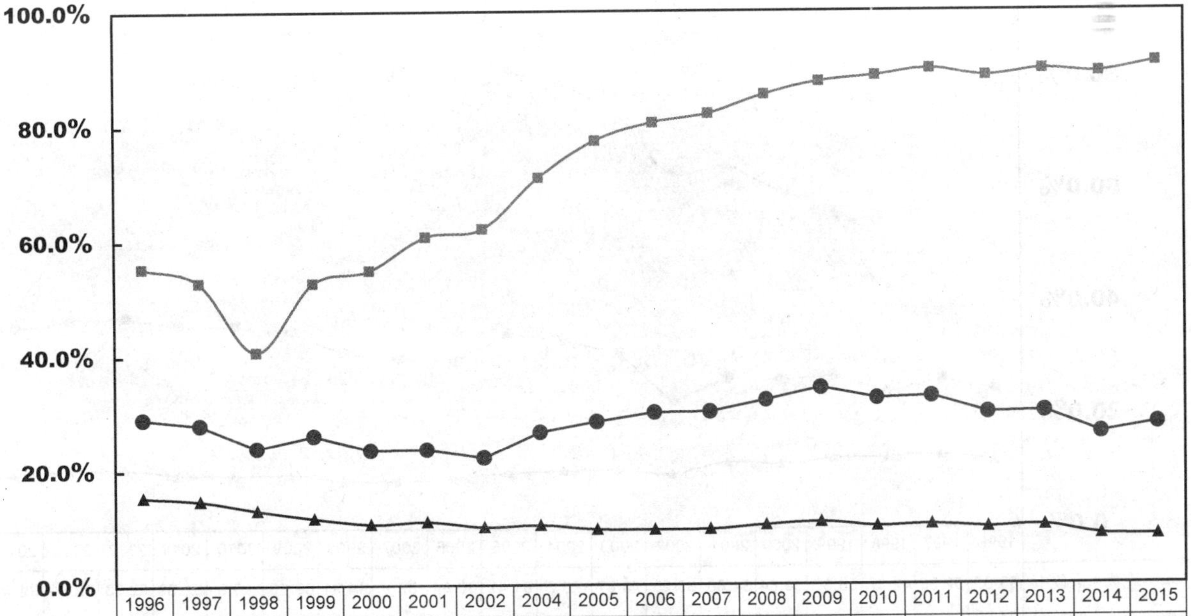

	1996	1997	1998	1999	2000	2001	2002	2004	2005	2006	2007	2008	2009	2010	2011	2012	2013	2014	2015
在成人高校中	55.4	52.89	40.78	52.78	55	60.81	62.12	70.99	77.44	80.58	82.06	85.39	87.58	88.6	89.78	88.52	89.66	89.16	90.92
在成人高教中	29.09	28.03	23.97	26.16	23.56	23.68	22.21	26.64	28.46	29.99	30.11	32.11	34.24	32.42	32.71	29.9	30.11	26.36	27.99
在全国高校中	15.5	14.78	13.14	11.75	10.69	11.06	10.10	10.37	9.63	9.53	9.6	10.35	10.84	10.11	10.37	9.91	10.18	8.62	8.45

5.1.6　全国普通高校、成人高校与开放教育在校生发展情况比较图（1996—2015 年）

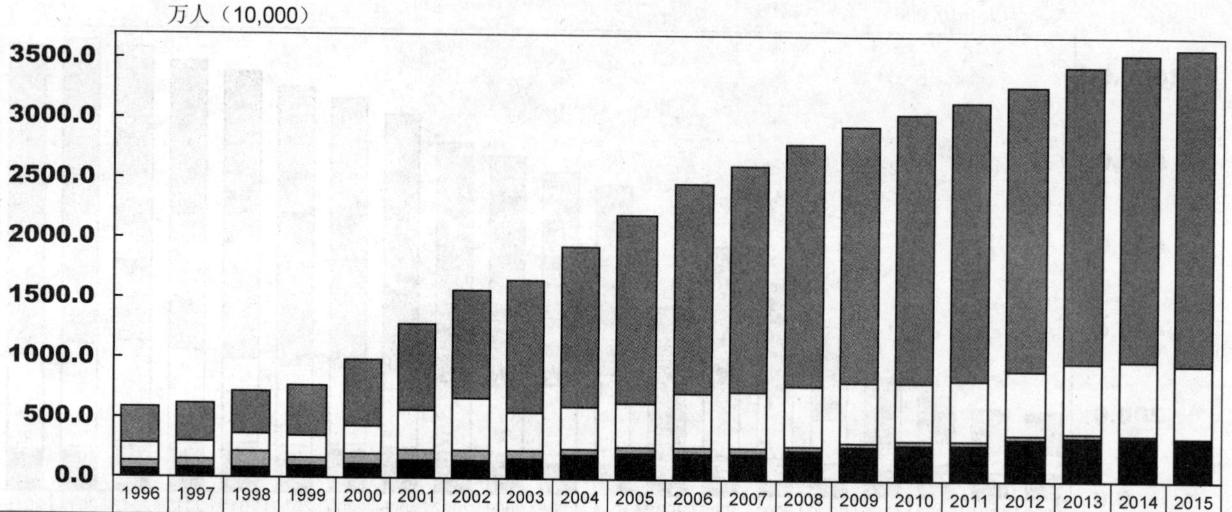

	1996	1997	1998	1999	2000	2001	2002	2003	2004	2005	2006	2007	2008	2009	2010	2011	2012	2013	2014	2015
普通高校	302.1	317.4	340.9	408.6	556.1	719.1	903.4	1109	1334	1562	1739	1885	2021	2145	2232	2309	2375	2468	2548	2625
普高成人教育	142.9	149	161.4	182.8	241.9	333.4	433	316	345.7	365.8	454.7	461.1	488.9	487.2	489.4	504.7	539.3	581.6	607.9	594.3
其他成人高校	69	71.6	120.8	73.3	77.07	82.57	87.67	60.6	52.71	50.28	51.43	46.56	43.25	37.77	30.67	28.23	28.92	28.4	27.72	23.55
开放教育	69.22	78.64	88.82	95.17	114.9	151.1	151	171.4	200.7	221.1	217	222.5	243.5	284.6	295.3	307.6	347.9	366.7	360.5	350.4

5.1.7　开放教育在校生在全国高校、成人高等教育、成人高校在校生中所占比例（1996—2015 年）

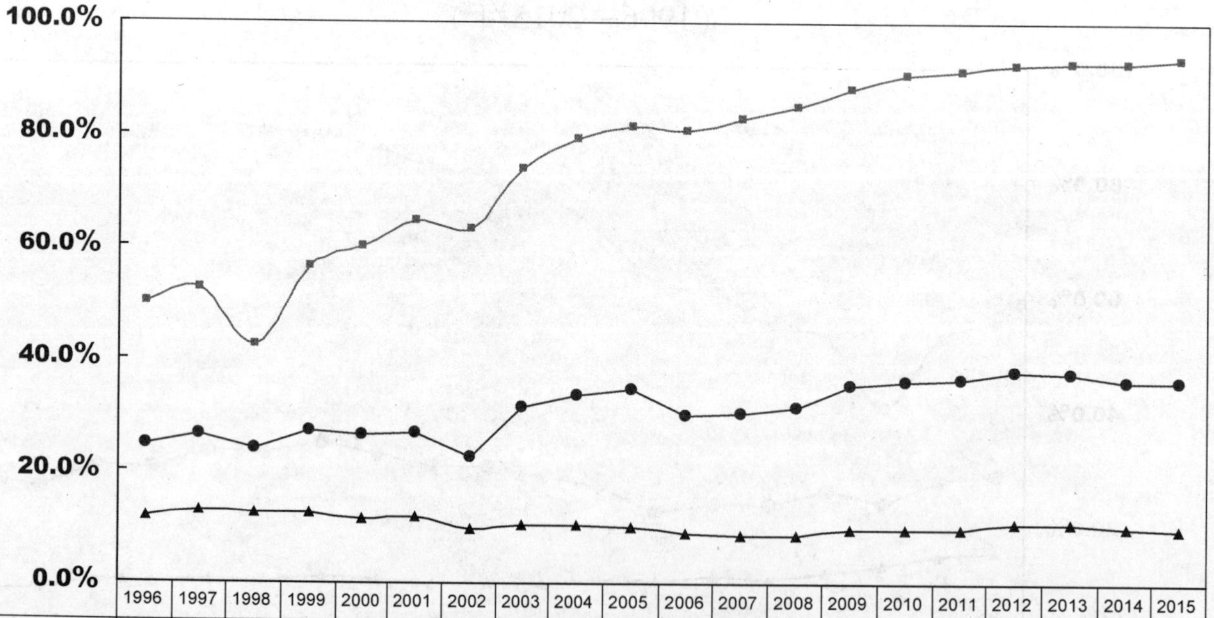

	1996	1997	1998	1999	2000	2001	2002	2003	2004	2005	2006	2007	2008	2009	2010	2011	2012	2013	2014	2015
在成人高校中	50.07	52.35	42.37	56.37	59.84	64.66	63.26	73.87	79.2	81.47	80.84	82.7	84.91	88.28	90.6	91.59	92.33	92.81	92.86	93.7
在成人高教中	24.62	26.29	23.94	27.06	26.48	26.65	22.48	31.27	33.49	34.7	30.01	30.48	31.39	35.26	36.2	36.6	37.98	37.55	36.19	36.19
在全国高校中	11.87	12.75	12.48	12.52	11.6	11.75	9.58	10.34	10.38	10.06	8.82	8.51	8.71	9.63	9.69	9.77	10.57	10.65	10.17	9.75

5.1.8 全国普通高校、其他成人高校与广播电视大学(开放大学)教职工发展情况比较图(1996—2015年)

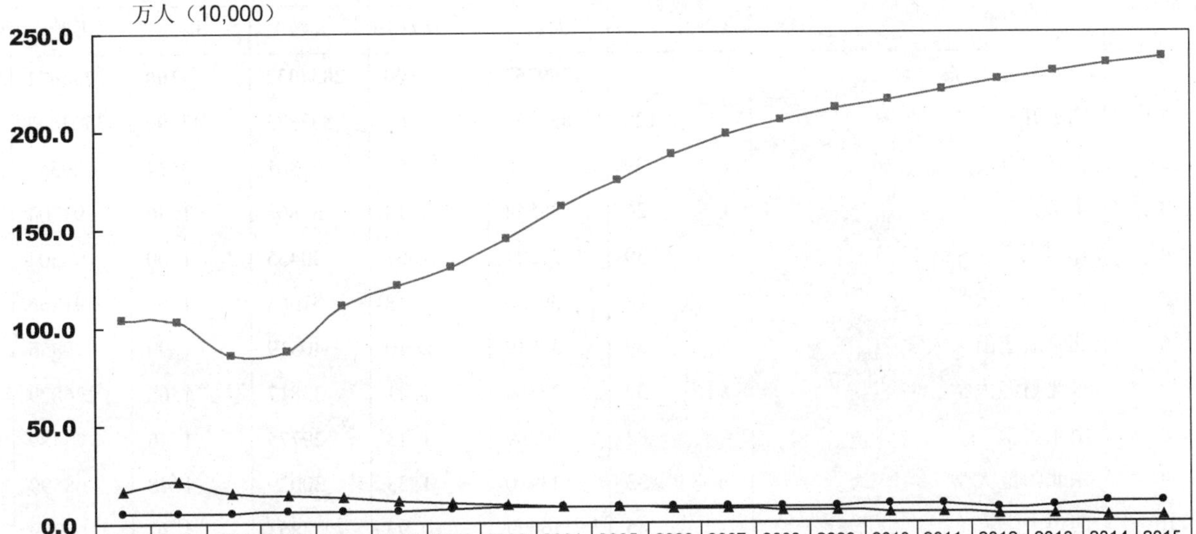

	1996	1997	1998	1999	2000	2001	2002	2003	2004	2005	2006	2007	2008	2009	2010	2011	2012	2013	2014	2015
普通高校	103.6	103.2	85.6	88.1	111.3	121.4	130.4	145.3	161.1	174.2	187.3	197.5	205.1	211.2	215.7	220.5	225.4	229.6	233.6	236.9
其他成人高校	16	21.5	15.4	14.7	13	11.6	10.35	9.4	8.55	7.92	7.32	6.66	6.27	5.86	5.1	4.8	4.52	3.8	3.49	3.29
开放大学	5.4	5.5	5.6	5.8	6.2	6.6	6.9	7.8	7.95	8.13	8.49	8.61	8.58	8.63	9.5	9.39	7.6	7.72	10.07	10.09

5.1.9 全国普通高校、其他成人高校与广播电视大学(开放大学)专任教师发展情况比较图(1996—2015年)

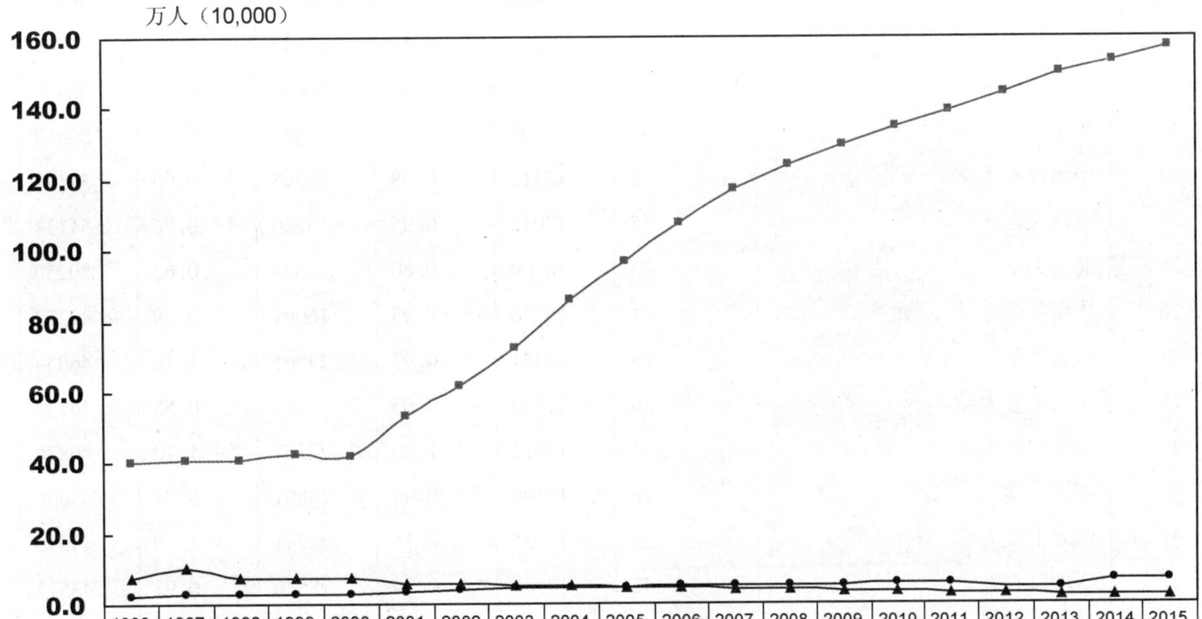

	1996	1997	1998	1999	2000	2001	2002	2003	2004	2005	2006	2007	2008	2009	2010	2011	2012	2013	2014	2015
普通高校	40.3	40.5	40.7	42.6	42	53.2	61.84	72.47	85.84	96.58	107.6	116.8	123.8	129.5	134.3	139.3	144	149.7	153.5	157.3
其他成人高校	7.4	10	7.3	7.2	7.5	5.9	5.46	5.06	4.82	4.57	4.36	4.02	3.83	3.63	3.17	2.98	2.83	2.37	2.19	2.04
开放大学	2.5	2.6	2.7	2.8	3	3.4	3.70	4.25	4.38	4.53	4.83	4.96	5.06	5.1	5.71	5.72	4.67	4.76	6.63	6.71

5.2 2015年全国高等学历本专科网络教育学生情况

序号	学校名称	专业数	毕业生		招生		在校生	
			人数	%	人数	%	人数	%
	总　计		**1799757**	**100**	**2034032**	**100**	**6284671**	**100**
1	国家开放大学	128	858334	47.69	893373	43.92	3503872	55.75
2	吉林大学	29	28180	1.57	63861	3.14	129554	2.06
3	重庆大学	26	38548	2.14	37863	1.86	97704	1.55
4	郑州大学	39	27221	1.51	20435	1.00	93504	1.49
5	大连理工大学	28	39286	2.18	31065	1.53	91866	1.46
6	北京航空航天大学	39	37819	2.10	40519	1.99	79855	1.27
7	东北财经大学	32	25364	1.41	33817	1.66	76829	1.22
8	山东大学	83	20289	1.13	29775	1.46	74489	1.19
9	东北师范大学	33	23910	1.33	30029	1.48	68599	1.09
10	四川大学	45	16699	0.93	22863	1.12	68339	1.09
11	中南大学	29	27105	1.51	28049	1.38	67737	1.08
12	北京外国语大学	14	14056	0.78	33487	1.65	66887	1.06
13	中国石油大学(华东)	42	24671	1.37	22497	1.11	66603	1.06
14	四川农业大学	59	22507	1.25	34230	1.68	65905	1.05
15	北京交通大学	45	25071	1.39	29886	1.47	60279	0.96
16	西南大学	98	26463	1.47	38903	1.91	59073	0.94
17	天津大学	14	14097	0.78	25874	1.27	58694	0.93
18	上海开放大学	43	20124	1.12	20000	0.98	56329	0.90
19	兰州大学	24	16806	0.93	20737	1.02	56189	0.89
20	北京邮电大学	19	10382	0.58	13149	0.65	52701	0.84
21	中国人民大学	24	15496	0.86	16061	0.79	52439	0.83
22	华中师范大学	39	9995	0.56	23462	1.15	52359	0.83
23	中国医科大学	8	12312	0.68	19395	0.95	52171	0.83
24	西南交通大学	35	17012	0.95	15520	0.76	51134	0.81
25	北京大学	25	10799	0.60	12634	0.62	50250	0.80
26	华南师范大学	41	16726	0.93	16091	0.79	47277	0.75
27	东北大学	28	17421	0.97	23565	1.16	46854	0.75
28	中国农业大学	39	11692	0.65	11271	0.55	46733	0.74
29	东北农业大学	35	17912	1.00	22357	1.10	46376	0.74
30	浙江大学	28	16190	0.90	14891	0.73	45606	0.73
31	西北工业大学	29	13426	0.75	20241	1.00	44340	0.71
32	华中科技大学	42	17881	0.99	18520	0.91	43513	0.69
33	江南大学	42	16394	0.91	20066	0.99	42998	0.68
34	南开大学	38	13163	0.73	14454	0.71	42445	0.68
35	电子科技大学	50	17237	0.96	23812	1.17	42360	0.67

5.2 2015年全国高等学历本专科网络教育学生情况(续表)

序号	学校名称	专业数	毕业生		招生		在校生	
			人数	%	人数	%	人数	%
36	中国地质大学(北京)	32	24613	1.37	20607	1.01	41807	0.67
37	北京语言大学	28	15020	0.83	18305	0.90	40789	0.65
38	西安电子科技大学	37	9614	0.53	23542	1.16	40050	0.64
39	中国地质大学(武汉)	42	14944	0.83	15975	0.79	38470	0.61
40	福建师范大学	49	20198	1.12	16653	0.82	38304	0.61
41	陕西师范大学	28	13850	0.77	15409	0.76	36380	0.58
42	北京理工大学	30	6350	0.35	9834	0.48	35677	0.57
43	西安交通大学	29	22943	1.27	28130	1.38	35435	0.56
44	北京师范大学	30	9628	0.53	12200	0.60	32372	0.52
45	北京科技大学	29	5663	0.31	20505	1.01	31356	0.50
46	西南科技大学	26	11428	0.63	11892	0.58	30876	0.49
47	武汉理工大学	79	12883	0.72	5689	0.28	30103	0.48
48	华南理工大学	70	12124	0.67	7575	0.37	28750	0.46
49	厦门大学	18	5972	0.33	8376	0.41	20448	0.33
50	武汉大学	75	6297	0.35	7275	0.36	20178	0.32
51	西南财经大学	21	8086	0.45	9301	0.46	19367	0.31
52	华东理工大学	44	9158	0.51	4086	0.20	17898	0.28
53	中山大学	38	5040	0.28	5878	0.29	17830	0.28
54	华东师范大学	33	9524	0.53	8761	0.43	17685	0.28
55	中国石油大学(北京)	29	8562	0.48	8819	0.43	17014	0.27
56	北京中医药大学	12	4437	0.25	4630	0.23	14128	0.22
57	上海交通大学	42	6460	0.36	6887	0.34	13816	0.22
58	南京大学	19	3403	0.19	4457	0.22	13131	0.21
59	哈尔滨工业大学	29	3481	0.19	3848	0.19	11382	0.18
60	对外经济贸易大学	30	2127	0.12	3020	0.15	8514	0.14
61	东南大学	17	2828	0.16	2395	0.12	7859	0.13
62	东华大学	29	1038	0.06	4339	0.21	7309	0.12
63	中国传媒大学	18	871	0.05	1166	0.06	6899	0.11
64	中央音乐学院	2	1069	0.06	1484	0.07	6487	0.10
65	中国科学技术大学	18	161	0.01	140	0.01	1967	0.03
66	上海外国语大学	6	253	0.01	102	0.01	283	0.00
67	复旦大学	17	1136	0.06	0	0.00	244	0.00
68	同济大学	7	8	0.00	0	0.00	0	0.00

注:按在校生数排序。

5.3 2015年开放大学各分部开放教育学生数比较

序号	学校	毕业生/人	招生/人	在籍生/人
	总 计	**836377**	**848888**	**3355918**
1	广东	52325	47318	225830
2	四川	43971	45525	163823
3	浙江	40717	32448	161061
4	安徽	35374	32617	156557
5	湖南	37257	44170	143271
6	河北	39104	37568	128677
7	河南	36406	34985	125313
8	江苏	35023	20208	118666
9	重庆	34597	25941	112993
10	江西	28627	35847	111855
11	陕西	29755	26987	111006
12	新疆	16935	25798	110160
13	广州	20586	27785	107376
14	湖北	26506	28250	101264
15	贵州	22807	26456	95543
16	山东	32874	21459	90857
17	内蒙古	21643	31119	88712
18	北京	15767	13469	85911
19	甘肃	19174	19738	82358
20	辽宁	20947	24129	76260
21	福建	15682	18014	72484
22	西安	11461	11670	61903
23	成都	15873	17550	60228
24	黑龙江	17406	19778	57103
25	吉林	19187	13099	55520
26	天津	13538	17853	55011
27	沈阳	10230	20181	53954
28	山西	19000	11706	53541
29	广西	11937	13341	50587
30	新疆兵团	8557	11807	46884
31	深圳	5814	6058	44049
32	云南	8854	7583	43757
33	上海	7689	5852	37461
34	哈尔滨	7032	13308	35022

5.3 2015年开放大学各分部开放教育学生数比较（续表）

序号	学校	毕业生/人	招生/人	在籍生/人
35	宁夏	6795	7504	33530
36	宁波	7093	5440	30046
37	青岛	5261	7918	29116
38	大连	8357	9355	27701
39	长春	6473	8694	24294
40	武汉	5591	5752	23505
41	青海	5655	6462	22199
42	南京	4839	3384	21863
43	海南	2872	4151	13778
44	厦门	786	611	4889

注：(1)按在籍生数排序；(2)本表不含国家开放大学各学院的学生数。

5.4　2015 年开放大学各分部开放教育学生数占当地人口数比例

序号	行政区划	人口数		毕业生数		招生数		在籍生数	
		万人	%	人	1/10,000	人	1/10,000	人	1/10,000
		1	2	3	4 = 3/1	5	6 = 5/1	7	8 = 7/1
	总　计	**136247**	**100**	**837178**	**6.14**	**850260**	**6.24**	**3360698**	**24.67**
1	北京	2152	1.58	15767	7.33	13469	6.26	85911	39.93
2	天津	1517	1.11	13538	8.93	17853	11.77	55011	36.27
3	河北	7384	5.42	39104	5.30	37568	5.09	128677	17.43
4	山西	3648	2.68	19000	5.21	11706	3.21	53541	14.68
5	内蒙古	2505	1.84	21643	8.64	31119	12.42	88712	35.42
6	辽宁	4391	3.22	39534	9.00	53665	12.22	157915	35.96
7	吉林	2752	2.02	25660	9.32	21793	7.92	79814	29.00
8	黑龙江	3833	2.81	24438	6.38	33086	8.63	92125	24.03
9	上海	2426	1.78	7689	3.17	5852	2.41	37461	15.44
10	江苏	7960	5.84	39862	5.01	23592	2.96	140529	17.65
11	浙江	5508	4.04	47810	8.68	37888	6.88	191107	34.70
12	安徽	6083	4.46	35374	5.82	32617	5.36	156557	25.74
13	福建	3806	2.79	16468	4.33	18625	4.89	77373	20.33
14	江西	4542	3.33	28627	6.30	35847	7.89	111855	24.63
15	山东	9789	7.19	38135	3.90	29377	3.00	119973	12.26
16	河南	9436	6.93	36406	3.86	34985	3.71	125313	13.28
17	湖北	5816	4.27	32097	5.52	34002	5.85	124769	21.45
18	湖南	6737	4.94	37257	5.53	44170	6.56	143271	21.27
19	广东	10724	7.87	78725	7.34	81161	7.57	377255	35.18
20	广西	4754	3.49	11937	2.51	13341	2.81	50587	10.64
21	海南	903	0.66	2872	3.18	4151	4.59	13778	15.25
22	四川	8140	5.97	59844	7.35	63075	7.75	224051	27.52
23	重庆	2991	2.20	34597	11.57	25941	8.67	112993	37.77
24	贵州	3508	2.57	22807	6.50	26456	7.54	95543	27.24
25	云南	4714	3.46	8854	1.88	7583	1.61	43757	9.28
26	西藏	318	0.23	801	2.52	1372	4.32	4780	15.05
27	陕西	3775	2.77	41216	10.92	38657	10.24	172909	45.80
28	甘肃	2591	1.90	19174	7.40	19738	7.62	82358	31.79
29	青海	583	0.43	5655	9.69	6462	11.08	22199	38.05
30	宁夏	662	0.49	6795	10.27	7504	11.34	33530	50.68
31	新疆	2298	1.69	25492	11.09	37605	16.36	157044	68.33

注:1. 表中人口数据摘自国家统计局的《中国统计年鉴 2015》。

2. 开放教育学生数为开放教育本科、专科学生数之和。

3. 全国学生数总计中不包括除西藏学院外的其他国家开放大学学院;开放大学分部学生数按行政区域分别填列。

4. 表中,如“4 = 3/1”表示编号为 4 的列中值等于编号为 3 的列中数字除以编号为 1 的列中数字,其他相同。第 4、6、8 列的数字表示每万人中开放大学相应的开放教育学生数。

5.5　2015 年开放大学各分部教职工数比较

序号	学校	教职工		其中			
		人数	%	高级职称/人	中级职称/人	初级职称/人	未定职级/人
	总　计	**99134**	**100**	**28064**	**40281**	**17269**	**13520**
1	江苏	9676	9.76	3072	4102	1514	988
2	山东	7194	7.26	2268	2758	1307	861
3	广东	4904	4.95	688	2189	1051	976
4	湖北	4513	4.55	1496	2126	642	249
5	四川	4501	4.54	1266	1772	722	741
6	浙江	4345	4.38	1282	2047	562	454
7	河北	4242	4.28	1462	2063	470	247
8	甘肃	4169	4.21	909	1711	1112	437
9	湖南	3619	3.65	1166	1627	507	319
10	辽宁	3559	3.59	1053	1482	567	457
11	贵州	3549	3.58	716	1143	1221	469
12	陕西	3498	3.53	997	1492	644	365
13	内蒙古	2802	2.83	1063	949	310	480
14	河南	2788	2.81	578	1257	558	395
15	重庆	2565	2.59	688	940	475	462
16	黑龙江	2546	2.57	1051	907	354	234
17	新疆	2389	2.41	500	940	546	403
18	山西	2341	2.36	507	983	545	306
19	吉林	2223	2.24	626	824	434	339
20	江西	2186	2.21	933	789	281	183
21	广州	2002	2.02	267	628	448	659
22	天津	1944	1.96	766	700	259	219
23	北京	1839	1.86	309	783	339	408
24	安徽	1665	1.68	346	711	314	294
25	武汉	1500	1.51	546	652	188	114
26	云南	1481	1.49	386	667	275	153
27	深圳	1253	1.26	386	326	85	456
28	哈尔滨	1237	1.25	336	400	211	290
29	成都	753	0.76	197	304	112	140
30	上海	718	0.72	127	355	111	125
31	广西	707	0.71	110	334	134	129
32	长春	699	0.71	225	303	135	36
33	福建	697	0.70	213	276	136	72

5.5 2015年开放大学各分部教职工数比较(续表)

序号	学校	教职工		其中			
		人数	%	高级职称/人	中级职称/人	初级职称/人	未定职级/人
34	新疆兵团	629	0.63	120	202	176	131
35	南京	585	0.59	192	218	105	70
36	西安	538	0.54	61	110	51	316
37	沈阳	520	0.52	226	154	19	121
38	大连	472	0.48	249	141	44	38
39	宁波	465	0.47	132	237	37	59
40	青海	457	0.46	198	166	62	31
41	青岛	450	0.45	119	208	76	47
42	宁夏	403	0.41	147	148	47	61
43	海南	289	0.29	26	63	44	156
44	厦门	222	0.22	59	94	39	30

注:按教职工人数排序。